KB041847

국가 형사사법 체계 및 수사구조 연구

개정 형사소송법 및 군사법원법 등 해설

정웅석 저

박영사

서 문

형사사법제도와 관련하여, 문재인정권의 개혁을 한 단어로 정리하면 '검찰개혁'일 것이다. 검찰개혁의 미비로 형사사법의 모든 문제가 발생한다는 입장으로 보이지만, '어떻게 개혁해야 하는가'라고 물으면 돌아오는 대답은 무소불위의 권력을 가진 검찰제도를 해체해야 한다거나 고위공직자범죄수사처(이하 '공수처'로 약칭함)를 설치해야 한다는 등 총론적인 논의만 있을 뿐 각론적인 내용이 없다. 이에 수사구조 개편과 관련된 검사의 수사지휘권 폐지와 경찰에게 1차적 수사종결권 부여 및 공수처라는 새로운 기구의 신설만 있었을 뿐이며, 이제는 소위 '검수완박'(검찰수사권 완전 박탈)이라는 명제 하에 중대범죄수사청의 입법까지 추진하려고 한다.

문제는 집권층의 의도대로 형사소송법이 개정되었건만, 이제 한국의 형사사법시스템이 완전히 망가졌다고 보는 실무가가 갈수록 늘고 있다는 점이다. 반면, 그 정도는 아니더라도, 첫째, 고소 접수가 제대로 안 된다, 둘째, 불송치 사유를 제대로 알 수가 없다, 셋째, 사건종결까지 시간이 너무 오래 걸린다는 이야기는 정설처럼 들린다. 더욱이 2022년부터는 검찰조서의 증거능력 강화로 공판정 사용이 사실상 어려워진다는 점에서, 검찰조서에 의지한 재판실무도 큰 변화를 겪을 수밖에 없는 상황이 되었다.

그런데 어떤 사법체계를 따르더라도 형사사법제도는 국가형벌권을 실현하는 과정에서 국민의 기본권을 침해하는 작용을 수반하여 국민의 권익과 직결되어 있고, 제도의 특성상 불완전하게 설계될 경우 이를 바로잡기 어렵다는 점이다. 따라서 그동안 대륙법계 사법체계를 따르고 있었던 우리나라 수사구조상 검사의 사법적 통제가 적정하게 행사되고 있는지 여부가 우리나라 형사사법절차의 적정한 운용을 판가름하는 시금석임에도 불구하고, 특수부를 중심으로 한 검찰의 일부 직접수사 폐해로 인해 국가 수사체계의 단골메뉴로 검찰개혁이 논의된 점은 부인할 수 없는 사실이다. 문제는 사법개혁이라는 미명 하에 형사소송법이 개정되었지만, 사건의 상당부분이 사법경찰관리에 의해 수사되는 우리나라의 현실을 외면한 채, 사법경찰관에게 수사종결권까지 부여한 것은 대륙법계는 물론 영미법계 사법체계와도 다른 변형적 구조라는 점이다.

더욱이 범죄척결을 위한 국가 수사체계(형사사법체계)를 구성하는 소추절차(기소·불기소 결정)에 대해서는 영미법계 국가와 대륙법계 국가 사이에 근본적인 차이가 존재한다는 점이다. 전자는 쉽게 기소하고 재판에 보내는 구조인 반면, 후자는 소추절차의 적정성은 재판절차를 통하여 통제가 이루어질 수 있으나, 수사절차의 적정성을 사후에 재판절차를 통하여 통제한다는 것은 명백히 한계가 있으므로 소추권을 갖고 있는 검사에게 수사절차를 통제하도록 하고 있다. 따라서 입법의 전제조건으로 우리나라 형사사법체계를 영미법 체계로 할 것인지 아니면 대륙법 체계로 할 것인지를 먼저 결정한 후, 만약 수사도 영미법 체계로 변경하고자 한다면, 영미의 사법시스템을 전면적으로 도입해야 할 것이다. 반면에 대륙법 체계를 고수한다면 검찰의 사법기관성을 더 강조하는 방안을 모색하는 것이 종국적인 해결방안으로 보인다.

그런데 미국식 형사사법구조(당사자주의)로 개편을 하고자 한다면, 유죄인부협상(plea bargaining)을 통한 재판으로 가는 사건의 대폭 감소, 자백의 임의성을 확인하기 위한 영상녹화제도, 경찰권력의 중앙집중화를 방지하기 위한 다양한 수사기구의 설치 및 자치경찰제도의 확립, 일방당사자 및 행정기관으로서의 검찰기능 개편, 배심제도(기소배심 및 대배심)의 도입, 수사 중심이 아닌 기소 중심(낮은 증명)에 따른 공판 위주의 재판시스템(공판정 진술을 확보하기 위한 면책조건부증언제도 등 다양한 제도의 도입), 배심재판에 따른 원칙적 단심주의 및 유죄평결에 이유 미설시, 완전한 배심재판을 위한 전문증거금지법칙 및 심판의 대상(소송물)으로서의 소인(count)제도 도입 등이 전제되어야 한다. 그리고 국민이 사법에 참여하는 이러한 사법구조를 유지하기 위해서는 막대한 비용이 드는 것은 물론이다.

공판절차를 중시하는 영미법계 국가인 미국의 경우 2017년 기준 연방법무부 예산이 약 30조 원, 연방법원 예산이 약 7조 원이고, 각 주별로 따지면 약 4천만 명 정도의 인구를 가지고 있는 캘리포니아 주의 경우도 법무부 예산이 약 9,000억 원, 법원 예산이 약 3조 8천억 원이 사용되고 있으므로 캘리포니아 주가 미국 GDP의 약 10%를 부담한다는 점에 비추어 볼 때, 결국 주에서는 대략 47조 원, 연방에서는 37조 원 도합 84조 원을 사법예산으로 사용하고 있다. 영국에서도 재판을 진행하는 판사가 모두 3만 명 가량 있다는 점에 비추어 볼 때, 적어도 우리나라 사법예산의 10배는 필요하다고 판단된다. 직권주의 국가인 독일의 경우에도 우리나라의 2배 정도 되는 연간 500만 건(2016년)을 처리하면서 판사 2만 명, 검사 6천 명을 필요로 하여 비율상 판사는 우리보다 7.7배, 검사는 2.7배를 더 고용하고 있다. 그리고 일본의 경우에는 검찰이 실제로 거의 수사를 하지 않고 공소관으로서만 기능하고 있음에도 불구하고, 판사는 3천 명(2002년), 검사는 부검사 포함 2,500명을 운용하고 있으며, 예산은 법원이 3조 3천억 원, 검찰이 1조 원 정도를 사용하고 있다. 반면에 유죄율은 미국의 경우 10%(영국의 경우는 20%)를 상회하고 있을 뿐만 아니라, 치안은 우리나라에 비해 훨씬 열악하다. 마피아 등 기업형 조직폭력단이 활개를 치고 있으며, 마약 · 매춘 등 사회적 문제 역시 해결되지 못하고 있다.

결국 독재권력이 막을 내린 오늘의 시점에서 '국가권력으로부터 국민을 어떻게 보호할 것인지 여부'(국가로부터의 자유)만이 중요한 문제가 아니라, 이제는 '국가가 범죄로부터 국민을 어떻게 보호할 것인지 여부'(국가에서의 자유)에 보다 더 큰 가치를 두는 논의와 입법이 필요한 시점이라고 본다. 즉 '행복의 최대화'보다는 **'불행의 최소화'**에 중점을 두는 피해자 중심의 사법, 즉 '증거능력판단의 주도권'을 피고인에게 주는 시스템이 아니라 국가(법원)가 갖는 시스템을 논할 시점인 것이다. 국가권력을 침해의 대상으로만 바라보는 한, 매일매일 쏟아지는 범죄의 홍수 속에서 무방비 상태에 노출되어 있는 일반시민을 보호할 방법이 없기 때문이다. 각 시대마다 시대정신이 있듯이 이제는 '국가를 바라보는 발상의 대전환이 필요한 시점'이라고 생각된다. 물론 아직까지 국민들의 가슴속에 독재시대의 잔영과 수사기관의 권한남용이 겹쳐있는 우리나라의 상황속에서, 수사단계에서는 물론 공판단계에서조차 '열 사람의 범인을 놓치는 한이 있더라도 한 사람의 죄 없는 사람을 벌하여서는 안 된다'라는 명제도 중요한 의미가 있다. 다만, 피의자 · 피고인의 인권을 이야기하면 개혁적 내지 진보적이고, 피해자의 억울한 한(恨)을 대신 풀어주는 국가(수사기관)의 역할에 주목하면 반개혁적 내지 수구적인 사람으로 몰리는 학계의 풍토나, 그동안 피의자 · 피고인의 인권보장에 지나치게 무게중심을 두면서 형사소송이 현실세계와 유리된 이론적 사고의 틀 속에 움츠려 들어가 있었으며, 범죄로부터 고통받는 자신의 주변세계에 눈을 감아버린 것은 아닌지 진지한 고민이 있어야 할 것이다.

검찰개혁 역시 필요하다면 '수사'와 '기소'의 분리가 아닌 검사의 '(직접)수사'와 '수사지휘'의 분리를 통한 검찰의 (준)사법적 성격을 회복하는 방향으로 개혁이 이루어져야 할 것이며, 이것만이 막강한 권력작용인 수사권 자체에 대한 통제장치로 작동하게 될 것이다. 그리고 대안으로 국가수사청을 신설한다면 수사청(국가수사청 및 지방수사청)에 직접수사권을 부여하되(수사에 대한 책임도 수사청의 수사관이 짐), 국가검찰청 및 지방검찰청 소속 검사의 수사지휘를 받도록 하는 것이며, 굳이 검사의 수사지휘를 부정하고자 한다면 영미식의 사법체계에 따라 지체 없이 사건을 법원에 송치하여 공판정에서 유 · 무죄를 다투는 시스템(공판중심주의)으로 변경되어야 할 것이다.

다만, 우리나라 검찰제도의 가장 큰 문제점은 무소불위의 권력을 가진 청와대에서 평검사를 포함한 모든 검사인사를 행하는 것이므로, 대통령의 독점적 검찰인사권에 대한 개선이 없이는 어떤 개혁도 무의미할 것이다. 통제받지 않는 청와대의 검찰인사는 절대로 위험하며, 결국 그 몫은 고스란히 국민의 인권침해로 돌아올 것이다.

iv

　　끝으로 어려운 출판여건 속에서도 전문서적의 개정을 허락해 준 박영사와 까다로운 편집작업을 세심하게 수행해 주신 장유나 과장님 및 오치웅 대리님께 깊은 감사의 말씀을 드린다.

　　언젠가 **'역사적인 평가'**가 있을 것을 기대하면서 본고를 마무리한다.

2022. 3. 1.

저　　자

차 례

01

총 설

제1절 서 설

I. 검찰개혁 논의

1. 의 의

형사사법제도와 관련하여, 문재인정권의 개혁을 한 단어로 정리하면 '검찰개혁'일 것이다. 검찰개혁의 미비로 형사사법의 모든 문제가 발생한다는 입장으로 보이지만, '어떻게 개혁해야 하는가'라고 물으면 돌아오는 대답은 무소불위의 권력을 가진 검찰제도를 해체해야 한다거나 고위공직자범죄수사처(이하 '공수처'로 약칭함)를 설치해야 한다는 등 총론적인 논의만 있을 뿐 각론적인 내용이 없다. 이에 수사구조 개편과 관련된 형사소송법의 대폭 개정(검사의 수사지휘권 폐지 및 경찰에게 1차적 수사종결권 부여) 및 공수처라는 새로운 기구의 신설만 있었을 뿐이며, 이제는 소위 '검수완박'(검찰수사권 완전 박탈)이라는 명제하에 중대범죄수사청(중수청)의 입법까지 추진하려고 한다.

그런데 권력형 부패범죄를 공수처로 분산시키고, 일반 형사사건에 대한 수사권은 경찰에게 분산시켜 검찰이 제대로 자신의 역할을 수행하게 하겠다는 주장은 검찰을 공수처 기소사건을 제외한 일반사건의 '기소청' 정도로 축소하겠다는 말과 다름없다. 이는 사실상 대륙법계 국가들의 전통인 검찰제도를 폐지하겠다는 것으로, 이러한 논의는 영미법계 사법제도에 대한 치밀한 고민 없이 실제 우리나라 형사사법의 근간이 되었던 대륙법계 사법제도를 후진적인 시스템으로 폄하하는 확증편향에 기인한 것 같다. 반면에 군사법제도에서는 대륙법계 사법구조에 따라 고등군사법원을 폐지하고(평시 군사법원도 폐지하자는 입장이었으나, 성범죄 등에 한정하여 민간법원 관할 인정), 영미법계 군사법제도에서 인정되던 관할관제도 및 심판관제도를 폐지하였다. 아이러니하게도 일반 형사사건에서는 영미법계 사법구조로 개편하자고 하면서, 군사법제도에서는 대륙법계 사법구조를 추종하고 있는 것이다.

한편, 대장동 개발 의혹이 제기되면서부터는 갑자기 여당인 더불어민주당에서 '선(先) 검찰 수사론'을, 야당인 국민의힘에선 '특검 도입'을 주장하고 있는데, 특이한 건 양당이 과거 '검찰개혁' 정국 때와 사실상 반대 주장을 하고 있다는 점이다. 특히 그토록 '검수완박'을 주장한 더불어민주당 국회의원들 중심(박주민·이재정·김남국·황운하 의원 등 처럼회 출신)으로 검찰의 직접수사 결과를 먼저 지켜보자고 한다.[1] 그러나 아무리 대선(2022. 3. 9.)을 불과 몇 개월 앞둔 상황이라고 하더라도 학문적 성찰없이 정치적 유·불리에 따라 국가의 사법체계(수사체계)를 뜯어고치려고 시도하는 것은 어떤 이유로도 그 정당성을 인정받지 못할 것이다.

물론 오늘날 문명국가에서 범죄가 발생하는 경우 어느 나라를 불문하고 국가에서 범죄를 수사하고 그에 따라 범인으로 지목된 자를 재판에 회부하는 사법절차 사이에 본질적인 차이가 있다고 보기는 어렵다. 왜냐하면 각국의 역사적 배경이나 국민의 법의식에 다소 차이가 있더라도 국민과 사회를 보호하기 위해 범죄에 대한 진상을 확인하고 국가형벌권을 실행해 나가는 **'실체적 진실발견'**과 헌법정신에 따라 인간의 존엄과 가치를 실현하고 기본적 인권을 보장하는 **'적법절차에 의한 인권옹호'**를 그 목표로 하고 있다는 점에서는 큰 차이가 없기 때문이다. 형사소송법 역시 개인에 대한 국가의 형벌권을 구체적으로 실현하기 위한 절차를 규율하는 법으로서 다른 법의 경우와 마찬가지로 궁극적으로 정의를 실현하는 데 그 목적이 있고, 다만 그러한 목적을 형사사법을 통하여 이룬다는 점에 그 특색이 있다. 즉, 형사소송법은 죄 있는 자를 벌하고 죄 없는 자가 무고하게 벌을 받는 일이 없도록 함으로써, 형사사법을 통한 정의를 실현하여 판결의 실질적 정당성을 확보하는 데 그 목적이 있다. 이러한 형사절차는 수사절차·소추절차·재판절차·집행절차로 단계적으로 구분되어 있으므로, 공정한 재판을 통한 형벌권의 적정한 실현을 위해서는 그 전(前)단계인 수사절차와 소추절차가 공정하게 이루어지지 않으면 안 된다. 수사는 범죄의 혐의 유무를 명백히 가려 공소의 제기 및 유지 여부를 결정하는 일련의 활동 전체이고, 수사의 목적은 '공소제기 여부'를 결정하는 데 있으므로 결국 수사는 **'기소·불기소 결정'**으로 종결되기 때문이다.

문제는 범죄척결을 위한 국가수사체계(형사사법체계)를 구성하는 소추절차(기소·불기소 결정)에 대해서는 영미법계 국가와 대륙법계 국가 사이에 근본적인 차이가 존재한다는 점이다. 전자는 쉽게 기소하고 재판에 보내는 구조인 반면, 후자는 소추절차의 적정성은 재판절차를 통하여 통제가 이루어질 수 있으나, 수사절차의 적정성을 사후에 재판절차를 통하여 통제한다는 것은 명백히 한계가 있으므로 소추권을 갖고 있는 검사에게

---

1) 중앙일보 2021. 9. 30.자, 「대장동이 부른 역설…'검수완박' 외쳤던 與 "檢 수사 믿어라"」(…민주당이 검찰의 직접 수사에 무게를 싣는 이 같은 상황은, 여당이 올해 초까지 "검수완박(검찰 수사권 완전 박탈)"을 외쳤던 것에 비춰 보면 매우 역설적이다. 민주당 내 '검수완박 강경파' 대다수(박주민·이재정·김남국·황운하 의원 등)가 이재명 캠프에 포진한 것도 특이한 점이다. 박주민 의원은 지난 5월까지만 해도 검수완박의 핵심인 중대범죄수사청(중수청) 설치 법안과 관련 "올해 정기국회 내 처리가 가능하다"며 의지를 드러내곤 했다).

수사절차를 통제하도록 하고 있는 것이다. 왜냐하면 기소는 물론 불기소 사유의 대부분이 '혐의없음'인데, '혐의없음' 중 '증거불충분'은 법률가가 판단해야 하는 규범 영역이기 때문이다. 따라서 검사제도를 갖고 있는 대부분의 대륙법계 국가에서는 검사에게 사법경찰관리에 대한 수사지휘·감독권자(수사주재자)로서의 지위를 맡기고 있다.

　　그런데 경찰청2) 및 일부 학자들3)은 혐의자(피의자)를 수사의 객체로 삼아 수사하는 피의자신문제도가 없는 영미법계 국가의 사법시스템을 거론하면서, 수사/기소 분리(수사권독립)야말로 검찰·경찰 간의 수사권 배분을 통한 '법치국가' 이념의 실현 및 수사권의 정치적 중립성 확보, 실체적 진실발견과 사법정의의 실현, 수사기관 간의 견제와 균형을 통한 피의자의 인권보호, 수사현실과 법제도의 불일치 제거, 사법경찰조직의 발전 등을 위하여 반드시 성취되어야 할 형사사법 분야의 가장 중요한 개혁과제로 주장하고 있다. 이에 따라 검사의 지휘·감독권을 규정하고 있는 (舊)형사소송법 조문을 '노예법규'라고 주장하면서 정권교체기마다 소위 「수사권독립」이라는 명제하에 검사의 사법적 통제를 더 이상 받지 않겠다고 끊임없이 요구해 온 바 있다.

　　그러나 영미법계 사법체계는 체포 후 즉시(통상 48시간) 피의자를 법원으로 보낸 후 형사사법절차가 진행되는 당사자주의(當事者主義) 구조로서, 일방 당사자에 불과한 소추인이 상대방 당사자인 범죄혐의자를 수사의 객체로 삼아 수사하고 수사한 결과 범죄혐의가 인정된다고 판단되는 경우에만 상대방을 법원에 기소한다는 것은 생각하기 어렵다. 국가형벌권을 전제로 수사단계에서 실체진실을 발견하는 사법시스템이 아니기 때문이다. 이처럼 혐의자(피의자)를 수사의 객체로 하는 수사기관의 수사가 인정되지 않기 때문에 결국 피고인에 대한 혐의는 법정(배심재판)에서 가릴 수밖에 없고, 기소 이전의 수사가 불가피한 경우에도 대배심을 통한 수사 이외에는 다른 방도가 없다. 따라서 당사자주의를 따르는 영미법계 국가에서는 상대방으로부터 불법행위를 당하였다고 주장하는 당사

---

2) 자세한 내용은 「합리적인 수사권 조정방향 － 경찰의 수사 주체성 인정 및 검·경간 상호협력관계 설정 －」, 경찰청, 2005, 3－14면 참조.

3) 처럼회, 「검찰개혁 연속세미나」, 1차(완전한 수사·분리 법안의 조속한 처리 필요성과 입법전략(2021. 10. 27.), 발제: 조성식 작가(윤석열과 검찰개혁 공저자); 2차(검찰조직의 바람직한 개편방향 － 인력·예산·직제·검찰처우를 중심으로 －(2021. 11. 3.), 발제: 황희석 변호사(열린민주당 최고위원; 3차(검사 직접 수사권 행사의 모순성과 폐단(2021. 11. 10.), 발제: 추미애 前법무부 장관. 참고로 '행동하는 의원 모임 처럼회'에는 더불어민주당 김남국, 김승원, 김용민, 문정복, 민병덕, 민형배, 윤영덕, 유정주, 이수진(동작을), 장경태, 최혜영, 홍정민, 한준호, 황운하 의원과 최강욱(열린민주당 대표)이 활동하고 있다. 토론에는 대표적인 친경찰학자인 서보학 교수(경희대), 오병두 교수(홍익대, 참여연대 사법감시센터소장)는 물론 안진걸 소장(민생경제연구소장), 김지미 변호사(민변 사법센터 검·경개혁 소위원장) 등 친정부적인 시민단체 인사들이 참여하였다.

자가 상대방을 법원에 고발(고소)하고, 민사소송과 동일하게 자신의 주장을 뒷받침할 증거를 수집하여 법정에 제출하는 방법으로 피고인의 유죄를 입증할 수밖에 없는 것이다.

그런데 어떤 사법체계를 따르더라도 형사사법제도는 국가형벌권을 실현하는 과정에서 국민의 기본권을 침해하는 작용을 수반하여 국민의 권익과 직결되어 있고, 제도의 특성상 불완전하게 설계될 경우 이를 바로잡기 어렵다. 따라서 그동안 대륙법계 사법체계를 따르고 있었던 우리나라 형사사법구조상 검사의 사법적 통제가 적정하게 행사되고 있는지 여부가 우리나라 형사사법절차의 적정한 운용을 판가름하는 시금석임에도 불구하고, 특수부를 중심으로 한 검찰의 일부 직접수사 폐해로 인해 국가수사체계의 단골메뉴로 검찰개혁이 논의된 점은 부인할 수 없는 사실이다. 문제는 사법개혁이라는 미명하에 형사소송법이 개정되었지만, 사건의 상당부분이 사법경찰관리에 의해 수사되는 우리나라의 현실을 외면한 채, 사법경찰관에게 수사종결권까지 부여한 것은 대륙법계는 물론 영미법계 사법체계와도 다른 변형적 구조라는 점이다.

이에 우리나라에 검찰제도가 도입된 시기부터 검사의 기능과 역할을 살펴보고자 하며, 다만, 경찰대가 신설(1981년)[4]된 이후부터 검·경 갈등이 본격적으로 주장되었다는 점에서, 1980년대(권위주의 정부시절) 이후부터는 수사권조정을 중심으로 분석하고자 한다.

2. 검찰개혁의 필요성

우리에게 검찰은 어떤 존재일까? TV 드라마나 영화에선 진실과 비리를 파헤치는 정의의 사도로 그려지기도 하지만, 현실에서는 정치권과 시민사회로부터 그 공정성을 의심받는 '정치집단', '권력의 하수인'이라는 비난이 끊이지 않고 있다. 이는 수사와 기소권에 내재하는 적극적 권력, 즉 법원의 재판권처럼 검사의 기소가 있어야 재판권을 행사할 수 있고 그 권한도 주로 판단권에 중심이 있는 것이 아니라 스스로 범죄를 찾아 절차를 개시할 수 있고, 나아가 수사에 의해 증거를 수집하여 사건을 형성하여 나가는 권력이라는 성격에 기인한다고 본다.

이에 따라 기존의 학연·지연·혈연을 넘어 이념적·세대적 갈등으로까지 정치적 이해관계가 확대된 우리나라의 특수한 상황에서 권력을 가진 사람은 수사와 기소를 담당하는 검찰권을 장악하여 자기에게 유리한 환경을 만들고 싶은 욕망을 추구하는 반면, 권력을 잃고 그 권력을 다시 찾으려는 사람들에게는 반대의 입장에서 검찰권을 자신의 편으로 만들고 싶거나 적어도 중립성을 요구하기 위하여 끊임없이 검찰을 비난할 수밖에 없을 것이다.[5] 왜냐하면 사회·정치적으로 큰 영향력을 가지고 있는 적극적 권력인

---

4) 경찰대학교는 1979. 12. 28. 법률 제3172호로 경찰대학법이 제정·공포되어 설립되었으며, 1981년도에 경찰대 제1기생이 선발되었다.

5) 과거에는 야당측이 주로 검찰개혁을 주장하였는데, 박근혜 정권 당시에는 상황이 역전되어 박근

검찰권이 정의의 이념에 따라 공정하게 행사되지 않고 스스로 사회·정치적 영향력을 강화한다든지 어느 한편을 들어 편파적으로 행사되면 반대편의 입장에서는 재기불능의 상태에 빠질 수밖에 없기 때문이다.

그간 검찰개혁과 관련된 논의의 대부분도 정치적 의혹사건의 부실처리,[6] 각종 검찰 관련 게이트사건,[7] 법조비리 사건[8] 등에서 촉발되었는데, 이를 내용에서 본다면 많은 부분이 **'검찰의 정치적 중립성 및 수사의 공정성 확보'**에 집중되었다고 볼 수 있다.

이는 국민이 바라는 검찰개혁의 방향에 대한 YTN 국민신문고 "바로 서는 대한민국, 2017人에게 묻다" 여론조사 결과, 수사의 공정성 확보(34.5%), 검찰권한 축소(27.0%), 비리 전담기구 설치(19.3%), 인사권 독립(15.4%)의 순위로 응답이 이루어진 것은 물론, 과거 민주당 법제사법위원회 소속 의원들이 대한변호사협회 소속 변호사 323명을 대상으로 공동 설문조사를 벌인 결과, 응답자의 78.8%가 검찰이 '중립적이지 못하다'고 답했으며, 검찰의 수사관행에 대해서도 응답자의 76.1%가 '부적절하다'고 답한 통계[9]도 별반 다르지 않다.

한편, 국정농단 등 수사과정에서 원칙을 지키며 단호하게 범죄를 단죄했던 윤석열 검찰총장이 취임하자, **'검찰이 정치와 경제 권력으로 독립성과 중립성을 지키며 성역 없는 철저한 부패범죄 수사와 검찰개혁에 나서줄 것'**을 기대하면서, 경실련이 검찰개혁의 현주소를 묻는 시민 인식조사를 온라인으로 진행한 내용(【표 1-1】)을 보면,[10] 시민들은 <그동안 검찰의 활동에 대한 평가>에 대해 74.7%(매우 못함 42.7%, 못함 32.0%)가 "검찰이 매우 못하고 있다"고 부정적으로 평가했다. 구체적으로 내용을 살펴보면, ▲ 검찰 수사에서의 <정치적 중립성>에 대해서는 '매우 중립적이지 못함(54.8%)', '중립적이지

혜 대통령 탄핵심판 대리인측 손범규 변호사가 검찰을 비난하는 것을 보면, 얼마나 이율배반적인 문제인가를 알 수 있다(손범규 변호사는 2017년 2월 7일 CBS 라디오 인기 시사프로그램 '김현정의 뉴스쇼'에 출연해서 박근혜-최순실 게이트에 대한 검찰수사에 대하여, "우리 국민들은 검찰을 제일 믿을 수 없는 기관이라고 한다"면서도 "검찰의 공소장이라는 건 검찰의 의견일 뿐이고 검찰의 수사자료라는 건 그 의견을 뒷받침하기 위해서 검찰이 밀실에서 만든 자료일 뿐"이라고 폄하하였다); 문재인 정권에서도 윤석열 검찰총장이 조국 법무부장관에 대한 수사를 계기로 비난 및 징계를 추진한 것을 보면 결국 '내편'인지 여부만이 중요한 의미를 갖는 것이다

6) 무리한 법 적용의 결과 무죄판결을 초래한 'MBC PD 수첩사건', 'KBS 정연주 전 사장사건', 'YTN 노조사건', '미네르바 사건', '시국선언 전교조 교사사건', 부실수사로 인하여 특검으로 이어진 'MB 내곡동 사저매입 사건', 'BBK 사건', 박근혜 대통령 탄핵의 단초를 제공한 '정윤회 문건'에 대한 무혐의 처리 등을 들 수 있다.

7) 진경준 검사장의 주식대박 사건이나 벤츠 여검사 사건 등을 들 수 있다.

8) 홍만표 변호사의 수십 억대 수임사건 등을 들 수 있다.

9) 한겨레 2009. 10. 11.자 신문.

10) 설문조사는 2019년 7월 19일부터 28일까지 10일간 진행됐으며, 시민 562명이 참여했다고 한다.

못함(33.6%) 등 88.4%가 검찰의 정치적 중립성을 부정적으로 응답했으며, ▲ 검찰의 <권력형 범죄에 대한 기소권 발동>은 '매우 적절하지 못함(55.3%), '적절하지 못함(32.0%)'으로 87.3%가 부정적으로 응답했다. 이에 시민들은 <검찰이 시급히 해결해야 할 과제>에 대해 40%가 "정치적 중립성 확보"를, 다음으로 검찰 수사권 오남용 방지 21.4%, 검찰 조직문화개선 21.2%, 검찰의 기소권에 대한 시민견제 17.4% 순으로 응답을 했다.

【표 1-1】 검찰개혁 시민 인식조사 (%)

	검찰에 대한 종합 평가	정치권력으로부터 중립성	검찰조직 문화	권력형 범죄 기소권 발동
부정	74.7	88.4	97.3	87.3
보통	19.0	7.7	1.4	8.4
긍정	6.2	3.9	1.3	4.3

이 결과(【표 1-2】)는 경실련의 지난 조사(1994년/2001년)와 비교할 때 검찰에 대한 평가 중 가장 부정적인 내용으로, 이 결과로 단순비교할 수는 없겠지만 검찰에 대한 국민들의 부정적 평가가 증가하고, 불신도 커지고 있는 것으로 판단된다.

【표 1-2】 경실련의 역대 검찰개혁 인식조사 (%)

1994년 7월	2001년 11월	2019년 7월
27.9% '못한다' • 매우 못하고 있다(3.0%) • 다소 못하고 있다(24.9%) (응답자 800명)	70.9% '못한다' (응답자 1075명)	74.7% '못한다' • 매우 못하고 있다(42.7%) • 못하고 있다(32.0%) (응답자 562명)

그리고 【표 1-3】에서 보는 것처럼, 결론적으로 검찰개혁 차원에서 추진되는 <검·경 수사권 조정>에 대해 시민들은 84%가 찬성하였고, <공수처 설치>에 대해서는 93%가 찬성했다는 사실은 검찰을 바라보는 국민들의 시각이 얼마나 부정적인지 잘 알 수 있다.

【표 1-3】 공수처 설치 및 검/경수사권 조정 시민 인식조사 (%)

	공수처 설치	검경수사권 조정
필요(찬성)	93.4%	83.9%
보통	2.7%	8.4%
불필요(반대)	3.9%	7.7%

문제는 검찰 스스로 정치적으로 행동하는 것도 있지만, 정치권이 스스로 합의나 토론에 의해 해결책을 모색하는 것이 아니라 극단적으로 대립하다가, 모든 중요한 사안을 고소·고발에 의해 해결하고자 하기 때문에[11] 정치적으로 검찰의 영향력이 커질 수밖에 없는 구조일 뿐만 아니라 어떤 결론을 내리더라도 반대편으로부터 비난을 받는 양면성을 무시할 수는 없다[12]고 할 것이다. 왜냐하면 '정치적인 것'의 특성은 '네편이냐, 내편이냐'라는 동지와 적의 관계를 속성으로 하므로, **'결정의 합리성과 논리적 설득력'**을 그 내용으로 하는 사법의 속성인 **'정치적 중립성'**과는 처음부터 양립할 수 없기 때문이다. 따라서 검찰은 결코 한 정권의 권력의지를 대변하는 기관이어서는 안 되며, 그럴 때에야 국민의 눈에서 검찰이 정치권력의 시녀라는 나쁜 인상을 지울 수 있을 것이다.

결국 검찰개혁의 본질은 수사/기소 분리론(수사권독립문제)이나 공수처의 설치 등 검찰조직의 개편에 관한 문제가 아니라 검찰의 본래적 모습, 즉 **'법률의 감시자'**로서 1차 수사기관인 경찰에 대한 법치국가적 통제에 의하여 국민(피의자 포함)의 소송법적 권리를 보호하는 보호기능에서 찾아야 할 것이다. 왜냐하면 대부분 범죄의 경우 한쪽에 범죄자가 있고, 다른 한쪽에는 법익을 침해당한 주체가 있으므로 양자 간에 범죄의 존부, 즉 유·무죄와 처벌의 양, 즉 형량에 대하여 첨예한 이해관계가 대립되는데, 재판 결과의 대부분은 수사단계에서 수집되는 증거들에 의하여 결정되기 때문이다. 따라서 재판뿐만

---

11) 박근혜 대통령 탄핵과 관련하여, 보수진영과 진보진영 사이에 무수한 고소·고발이 전개되었으며 '최순실 태블릿PC의 확보'와 관련해서도 JTBC 손석희 사장이 변희재를 명예훼손죄로 고소하자 변희재도 JTBC 손석희 사장을 모해증거위조죄로 고발한 바 있고, 문재인 정권의 윤석열 (전)검찰총장이 대통령후보로 나오자, 진보진영(더불어민주당 등 여당 포함)은 맹렬한 비난을, 보수진영(국민의힘 등 야당 포함)은 대대적으로 환영하는 웃지 못할 상황에까지 이르고 있다; 최근 대장동 사건을 두고, 여·야 간에 끊임없는 고소·고발전도 동일한 맥락에서 이해할 수 있다(세계일보 2021. 9. 27.자, 「꼬리 무는 의혹들… 여야 '대장동' 고소·고발전」).

12) 과거부터 현재까지 민주사회를 위한 변호사모임이나 참여연대는 물론 더불어민주당도 개혁작업의 최일선으로 검찰개혁을 들고 있으며, 과거 박근혜 대통령도 "탄핵 기각시 국민 힘으로 언론 및 검찰을 정리하겠다"고 하여 진보는 물론 보수 양 진영이 검찰을 비난한 적도 있지만, 아이러니하게도 윤석열 (전)검찰총장이 입당한 야당인 국민의힘은 현재의 검찰개혁은 검찰 죽이기에 불과하다는 입장을 취하고 있다.

아니라 수사나 기소의 전 영역에 불편부당의 공정성과 진실발견으로 정의를 세우고자 하는 **'사법적 이념'**이 필요한 것이다. 그래서 대륙법계에서는 재판뿐만 아니라 수사와 기소도 광의의 의미에서 사법(Justiz)에 포함시켜 제도를 만들어 온 것이다. 즉, 규문시대에 판사가 모두 관장하던 재판과 수사 및 기소에 대하여 프랑스 혁명 후에 검찰제도가 도입되면서 판사와 마찬가지의 **'사법관'**인 검사에게 수사와 기소를 맡긴 것이다. 이는 검사에게도 판사와 동일한 '사법관'으로서의 지위를 보장할 경우에만 객관적 관청으로 기능할 것이라는 법률적 이념이 있었기에 가능한 것이다.

그런데 검찰개혁이 거론될 때마다 경찰은 모든 경찰작용이 마치 검찰에 예속된 것처럼 이야기를 하고 있다. 그러나 경찰작용에는 보안·교통·작전·경비·통신·정보활동 등 많은 부분이 있는데, 이러한 경찰활동에 대하여는 아무런 검사의 지휘를 받지 않는다. 오로지 구체적 범죄사건이 발생했을 때, 경찰보다는 법률전문가인 검사의 사법적 통제를 받아서 사건을 처리하라는 것이고, 그 근저에는 국민의 인권을 침해하는 이러한 경찰작용에 부조리나 부패가 작용할 수 있으므로 12만 경찰 중 2만 여명에 달하는 사법경찰에 대한 감독을 통해 국민에 대한 인권침해의 소지를 줄이자는 것이다. 따라서 엄밀한 의미에서는 '독립'(獨立)이라는 용어 자체도 문제의 소지가 있는 말이다.[13) 왜냐하면 '독립'이라는 말은 일제 강점기 때 우리나라의 독립운동처럼 추구해야 할 가치를 전제해 두고 현재의 상태는 잘못되었기 때문에 무조건 지양해야 할 그 무엇으로 생각하게 만들기 때문이다. 따라서 수사권독립이란 표현도 검사의 경찰에 대한 사법적 통제(지휘·감독)가 마치 신분적 예속관계에 있는 듯한 오해를 불러 일으켜 이것을 언젠가는 쟁취해야 할 필연적인 가치로 볼 수 있도록 만들 우려가 있다.

이런 정치적 맥락에서 그동안 정치권은 표를 의식하여 대선공약의 단골메뉴로 올려놓는 데 주저하지 않았고, 수사권독립을 외친 경찰의 목소리 역시 정치권력의 물결에 편승했으며, 일부 시민단체들도 문제를 꼼꼼히 분석하거나 비판적으로 성찰하는 이성을 잃어버리고, 지금 현 상태는 무언가 잘못되었기 때문에 경찰의 수사권을 독립시키는 것만이 사회정의를 실현하는 일이라고 생각했던 것 같다. 그러나 수사권문제는 '국민의 권리를 어떻게 더 보호할 것인가'라는 법적 정의의 관점에서 바라보아야지 어떤 권력을 뺏고 뺏기는 투쟁의 문제가 아니라고 보아야 한다.

결론적으로 수사권논쟁은 검찰과 경찰의 기관 간 권한다툼의 문제가 아니라 구체적 범죄사건이 발생했을 때 수사의 효율성이나 이중조사로 인한 국민의 불편을 고려해서 경찰이 자체적으로 사건을 처리하는 것이 타당한 것인가, 아니면 다소 불편하더라도 이에 대한 사법적 통제를 가하여 국민의 인권을 보호하는 것이 더 타당한 것인가라는 선

---

13) 이와 관련하여 과거 경찰대학교 교재는 '수사권 독립'이라는 표현 대신 '독자적 수사권'이라는 용어를 사용한 바 있다(경찰수사론, 경찰대학, 1998, 54면 이하).

택의 문제이다. 물론 종래 검찰권 남용의 단골사례로 등장하는 파주 스포츠파 폭행치사 사건(일명 서울중앙지검 피의자사망사건)이나 제이유(JU)관련 피의자 허위자백강요사건(일명 서울동부지검 백검사사건), 김학의 전(前) 법무부차관사건에서 볼 수 있듯이, 인권보장에 있어서 검찰도 개혁해야 할 부분이 많은 것은 사실이다.

그러나 검찰의 문제는 권력형 부패사건이나 정치적 사건에 대하여 정치권력의 눈치를 살피면서 수사를 주저하는 검찰의 행태가 문제되는 것이지, 이것과 아무런 관계가 없는 민생침해사건에 대해서도 경찰에 대한 사법적 통제를 포기하라는 것은 논리적으로 말이 되지 않는다. 즉 검찰에 대한 개혁은 정치권력으로부터 중립성을 어떻게 보장할 것인가에 초점을 맞추어야지, 이와 아무런 상관성이 없는 수사권독립의 문제를 거론하는 것은 논리의 비약이다. 즉, **'검찰의 정치적 중립성'**과 **'검찰 제자리 바로세우기'**는 권위주의 옷을 입은 검찰권이 도덕성을 지닌 검찰권으로 거듭나 국민을 섬기고, 국민을 위해 봉사하라는 이념과 철학 이외에 다른 것이 아니다.

문제는 개혁이라는 명분으로 정당한 절차와 법치주의 틀을 벗어난 통치형태, 특정인과 특정세력의 손에 휘둘리는 제왕적 통치의 모습, 적폐척결이라는 미명 하에 반대세력의 추방과 근절을 위한 검찰의 과도한 수사권의 남용 그리고 정권이 바뀔 때마다 그 해결책으로 검·경 수사권조정 및 새로운 기구(공수처 등)의 신설 시도 등은 **'법치주의'**를 신봉하는 보통 사람들의 불안과 걱정을 자아내고 있다는 점이다. 더욱이 검찰수사가 이러한 고도의 정치싸움에 자주 휘말리다보면 정작 경찰수사에 대한 소극적 불개입현상이 두드러지게 나타날 수밖에 없다.[14] 적폐수사를 밀어붙인 문재인정부 들어서, 민생범죄분야에서 검찰수사가 경찰수사기록을 반복하는데 불과한 경우가 일상화된 점이 단적인 예이다. 이 점은 시민적 자유의 관점에서 볼 때, 매우 위험스러운 현상이 아닐 수 없다.

진정 검찰이 수사의 주재자이면서 법의 수호자로서 피의자의 인권이익과 자유를 위한 소위 **'객관의무'**를 지는 주체라면, 경찰수사에 대한 사법적 통제에 민감하게 깨어있어야 한다. 왜냐하면 검찰의 경찰에 대한 사법적 통제가 단지 의전적인 형식이나 법전상의 장식품에 지나지 않게 된다면 경찰의 수사독주에서 일어날 수 있는 법치국가적 원칙의 훼손, 인권침해적 요소는 더 심대해질 위험이 있고, 시민의 자유의식은 그만큼 위태로워질 수밖에 없을 것이기 때문이다.[15]

---

14) 부산일보 2021. 3. 10.자, 「'LH 수사' 검찰 참여 가시화… 직접 수사 범위는 제한적」(…검찰이 이번 의혹 수사에 참여하게 됐지만 검·경 수사권 조정에 따라 검찰의 직접 수사 범위는 제한 적이다. 개정된 검찰청법에 따라 검찰은 이번 LH 직원 투기 의혹에 대한 직접 수사는 불가능하 며, 부패·공직자 범죄 중에서도 4급 이상 공직자와 3000만 원 이상 뇌물 사건만 직접 수사할 수 있다. 고위 공직자의 연루 여부가 드러나지 않은 상황에서 검찰이 수사 중심에 등장하기는 어려운 상황이다…).

15) 김일수, 「독일·오스트리아·스위스의 형사법 개정추이 연구」(법무부 용역과제), 법무부, 2005,

Ⅱ. 검찰개혁의 이론적 배경

1. 검찰이 정치권력의 도구로 쓰인다는 데 대한 불신

검찰은 그동안 국민전체에 대한 봉사자가 아니라 특정집단(정치·경제)을 위한 봉사자로 의심받아왔으며, 민주화가 이루어진 지금까지도 국민들은 검찰에 대하여 의심의 눈초리를 보내고 있다. 즉, 기소독점주의에 기초한 검찰의 공소권은 때로는 '권력 비호'의 대가로 자신의 지위와 권한을 공고히 하는 수단으로, 때로는 '자기 식구의 죄를 덮어주기' 위한 방편[16]으로 공소권을 자의적으로 행사하고 불기소처분 권한을 남용함으로써 권력화·정치화 되었다는 것이다.

2012. 12. 10.자 한겨레신문을 보면, "1948년 10월 '여순사건' 당시 좌익 소탕작전을 핑계로 경찰이 나무꾼을 사살하는 일이 일어나자 광주지검 순천지청 박찬길 검사는 해당 경찰관을 기소해 징역 10년을 구형했다. 이 사건으로 박 검사를 '좌익검사'로 낙인찍은 경찰은 여순사건 경찰토벌대를 통해 박 검사를 체포한 뒤 재판 절차도 없이 총살했다. 동료 검사가 재판도 없이 살해당했지만, 이승만 정권의 눈치만 살피던 검찰은 이 사건을 불문에 부쳤고, 이후 아무도 처벌받지 않았다. 범죄를 눈앞에 두고도 정권의 눈치를 보며 몸을 사리는 검찰의 나쁜 습성은 검찰의 역사와 함께 시작됐다. 박정희 정권 아래에서 검찰은 1961년 거창 민간인 학살 유족회 사건, 1964년 인민혁명당 사건, 1967년 동백림(동베를린) 사건, 1968년 태영호 납북어부 사건, 1974년 민청학련 사건과 인혁당 재건위 사건 등에서 경찰·중앙정보부와 함께 사건 조작과 사법살인에 가담해 무고한 희생자를 낳았다. 전두환·노태우 정부 시절도 마찬가지였다. 1987년 1월 대한변호사협회 인권위원회는 최근 개봉한 영화 <남영동 1985>의 실제 주인공인 김근태 민청련 의장을 고문한 경찰들을 검찰에 고발했지만, 서울지검은 무혐의 결정을 했다. 1986년 부천경찰서 성고문 사건이 터졌을 땐 가해 경찰관을 기소유예하면서 '급진좌파 사상에 물들고 성적도 불량하여 가출한 자가 성적 모욕이라는 허위사실을 날조 왜곡해 공권력을 무력화시키려는 의도'라는 허위 보도자료를 발표하기도 했다. 1993년 문민정부를 표방한 김영삼 정부가 들어섰지만 검찰의 인식 수준은 군사독재 시절에 머물러 있었다. 정승화 전 육군참모총장 등 12·12 군사 쿠데타의 피해자들이 1993년 7월 전두환·노태우 전 대통령을 내란목적 살인죄 등으로 고소했지만, 검찰은 기소유예였다. '14년간 우리나라를 통치하면서 국가 발전에 기여한 점을 인정하지 않을 수 없고', '과거에 집착하여 미래를 그르치는 것은 결코 바람직하지 아니하며' 등 갖은 미사여구를 들이댔다. 오직 법률에 의해서만 판단하고 수사해야 할 검찰이 스스로 정치검찰임을 드러냈다........ 불과

184면.

16) 한겨레신문 2019. 10. 18.자. 「"검찰, 경찰이 신청한 '제 식구' 관련 영장 55건 중 10건만 청구"」.

2년 뒤 5·18 특별법이 제정되자 검찰의 태도는 180도 바뀌었다. 검찰은 전두환·노태우 전 대통령을 내란목적 살인죄 등으로 구속 기소했고, 각각 무기징역과 징역 17년이 확정됐다. 이즈음 검찰 안에선 '우리는 물라면 물고, 물지 말라면 안 무는 개'라는 자조가 터져나왔다."고 기술하고 있다.

> 2011년 현직 여검사가 사표를 제출하면서 올린 "...... 역사적 연원 등 여러 가지 이유가 있겠지만, 현재 검찰이 국민들로부터 신뢰를 얻지 못하고 비판의 대상이 되는 가장 큰 원인은 국민적 관심사가 집중되는 큰 사건, 정치적 중립성과 독립성이 고도로 요구되는 사건들의 처리에 있어 저희 검찰이 엄정하게 정치적 중립성과 독립성을 지키며 제대로 된 사건처리를 하지 못하고 있는 것에 기인한다고 생각합니다. ...... **아무리 형사부에서 수만 건의 고소사건을 공정하게 처리해도 국민들의 이목이 집중되는 단 하나의 사건을 공정하게 제대로 처리를 하지 못하면 검찰이 쌓아올린 신뢰는 바로 무너져 버리는 것이 현실입니다**...... 어찌하다 저희 검찰이 여당 국회의원에게조차 '정치를 모르는 정치검찰'이라는 말을 듣게 되었는지 모르겠습니다."라는 검사 사직의 변[17]이 검찰의 당시 주소를 웅변적으로 표현하고 있다고 본다.

한편 군사정권에 직접 참여한 검사들이 원조 '정치검사'였다면 민주화 이후 검찰권이 막강해지자, 수사를 통해 권력에 아부하는 새로운 '정치검사'의 유형이 등장했다. 즉, 이명박/박근혜 정부시절 집권권력에는 솜방망이수사, 야당에는 표적수사를 해주면, 권력집단은 인사특혜로 보답하는 '기브앤테이크'(주고받기) 관계에 있는 '검찰유형'이 등장한 것이다. 특히 상층부의 인사일수록 정권이 바뀔 때마다 마치 썰물이 빠져나가고 밀물이 들어오듯이 특정지역 출신이 중용되고 나머지 지역 출신은 소외되는 등 업무능력과 전문성에 따른 인사배치보다는 학연·지연 등의 인맥에 따라 인사가 이루어진 것이 작금의 현실이다. 종래 이명박 대통령의 대학 후배인 한상대 검찰총장이 민간인 불법사찰, 내곡동 사저 부지, BBK 가짜편지 등 '3대 의혹' 수사에서 이 대통령과 측근들에게 면죄부를 안긴 것을 보면 잘 알 수 있다.

---

17) 다만, 사직의 변을 올린 백혜련 검사조차도 2011년 검사 사직 후, 2012년 정계에 진출했고, 민주당 추천으로 20·21대 국회의원에 당선되어 현재 더불어민주당 최고위원으로 활동하면서, 검찰에 가장 비판적인 입장을 취하고 있다는 사실이 아이러니하다.

【표 1-4】 2012년 이명박정부 고검장급 이상 TK 또는 고려대 출신 현황[18]

법무부장관	권재진	서울대/대구
검찰총장	한상대	고려대/서울
법무부차관	길태기	고려대/서울
법무연수원장	노환균	고려대/경북 상주
대검찰청 중앙수사부장	최재경	서울대/경남 산청
서울중앙지검장	최교일	고려대/경북 영주

문재인 정부 역시 집권권력층을 수사하면 인사보복을 하는 반면, 집권권력층에 대한 수사를 무마하면 인사특혜로 보답하는 패턴이 반복되었다. 이는 대검찰청이 2021. 9. 28. 국민의힘이 대장동 개발 사업 특혜 의혹과 관련해 이재명 경기도지사 등 9명을 고발한 사건을 직접 수사하기로 결정하면서 서울중앙지검에 이첩하자, 이정수 서울중앙지검장[19]은 사건을 김태훈 서울중앙지검 4차장[20] 산하의 경제범죄형사부(부장 유경필,[21] 부부장 김영준[22])에 배당했고, 경제범죄형사부를 중심으로 전담수사팀을 구성했지만, 친정권 검사들로 구성되었다는 점에서 공정성을 의심하기에 충분하기 때문이다. 문제는 과

---

18) 국민일보 2012. 7. 16.자(실제 현 정부 출범 후 김경한·권재진 법무장관이 같은 고향(TK) 출신 검사들을, 한상대 검찰총장은 고려대 후배들을 중용해 조직 내 반발을 샀다. 김 전 장관이 결재한 2008년 검찰 인사에서 검사장 승진자 10명 가운데 TK 출신이 3명이었고, 검사장 이상 간부 52명 가운데는 10명에 달했다. 야당이 대법관 부적격자로 지목한 김병화 후보자는 경북고 선배인 김 장관이 검사장으로 승진시켰고, 권 장관이 검찰 몫 대법관 후보로 추천했다. 한상대 검찰총장은 지난해 8월 인사에서 고려대 출신들을 주요보직에 대거 포진시켰다. 현재 고검장급 9명 가운데 노환균(연수원 14기) 법무연수원장, 길태기(15기) 법무차관, 최교일(15기) 서울중앙지검장 등 3명이 고려대 출신이다. 대검찰청은 특수·공안수사의 핵심라인인 이금로(20기) 수사기획관과 이진한(21기) 공안기획관이 고대 출신이다. 최초의 여성 대검대변인도 이 학교 출신 박계현(22기) 검사를 발탁했다. 서울중앙지검도 한 총장의 친정체제가 구축됐다. 최 지검장을 비롯해 백방준 형사1부장, 이상호 공안1부장, 이중희 특수1부장 등 1, 2, 3차장 산하의 선임부장에 모두 고려대 출신을 앉혔다. 형사부의 경우 8명의 부장검사 중 5명이 고대 출신이다); 무엇보다도 검찰의 핵심 중 핵심인 서울중앙지검장에 세 차례 연속으로 최초로 MB와 같은 고려대 출신인 노환균 – 한상대 – 최교일 검사장으로 임명되었다는 사실은 검찰의 인사권이 얼마나 청와대의 입김에 좌우되었는가를 잘 보여주고 있다.
19) 이정수 지검장은 박범계 법무부장관의 고교 후배로서, 이번 정권 들어서 승승장구한 사람이다.
20) 김태훈 검사는 2020년 법무부 검찰과장 시절, 당시 추미애 법무부장관이 밀어붙였던 윤석열 검찰총장 징계의 실무를 담당하면서 서울중앙지검 4차장으로 승진한 사람이다.
21) 유경필 검사는 이정수 지검장의 측근으로 알려져 있다.
22) 김영준 검사는 조국 법무부장관 청문회준비단 신상팀 소속으로, 울산시장 선거개입 사건의 송철호 울산시장의 사위이다.

거에는 일부 검사들의 일탈이 있었다고 하더라도 검찰 조직 전체가 '친정부적'이니 하는 말은 나오지 않았을 뿐만 아니라, 수사의 '가혹성'을 비난했을지언정 수사의 '공정성'을 의심하지는 않았다는 점이다.[23]

그런데 현 정부 들어서 검찰 조직 내에 친정부적이니, 법무부장관파 내지 윤석열총 장파 등 이념의 골이 너무나 깊게 들어와 있으며, 이는 다른 조직도 마찬가지라는 점이 다. 더욱이 정권에 반하는 수사를 하였다는 이유로 중간 간부들까지 좌천성 인사를 한 것은 문재인정권이 처음으로 보인다. "현재 검찰의 정치종속이 심화돼 있고, 인사 운용 이 검사로서 공판과 수사 업무에 대한 능력과 강직함이 아니라 정치적 입장을 같이 하 는지, 같은 동지인지 등에 따라 이루어지는 것이 아닌지 생각에 씁쓸하다"는 강백신 서 울동부지검 공판부장의 공개 비판이 웅변적으로 표현하고 있다[24]고 할 것이다.

【표 1-5】 수사 사건에 따라 보직 엇갈린 검찰 중간 간부들[25]

영전 인사	채널A 사건: 정진웅 서울중앙지검 형사1부장 → 광주지검 차장
	윤석열 검찰총장 장모 관련 고발 사건 기소: 최성필 의정부지검 차장 → 서울중앙지검 2차장
	코로나 역학조사지원단장 역할: 형진휘 서울고검 검사 → 서울중앙지검 4차장
좌천 인사	라임 펀드 환매 중단 사건: 이정환 서울남부지검 2차장 → 대구지검 차장
	울산시장 선거 개입 사건: 이근수 서울중앙지검 2차장 → 안양지청장 김태은 서울중앙지검 공공수사2부장 → 대구지검 형사1부장
	조국 일가 사건: 강백신 서울중앙지검 반부패수사2부 부부장 → 통영지청 형사1부장
	유재수 감찰 무마 사건: 이정섭 서울동부지검 형사6부장 → 수원지검 형사3부장
	한명숙 전 총리 불법 정치자금 수수 사건(2010년) 신응석 청주지검 차장 → 대구고검 검사(대구고검 차장 직무대리) 엄희준 수원지검 사업기술범죄수사부장 → 창원지검 형사3부장

문제는 수사기관의 수사가 '친정부적/반정부적(적과 아군)'으로 구분된다면, 어떤 수 사를 하더라도 공정성에 의심을 받을 수밖에 없다는 점이다. 이 점에서 페이스북 등에 친정부적인 성향을 드러낸 임은정 검사[26]나 진혜원 검사[27] 등에 대해서는 언젠가 조직

---

23) 우병우 사건을 수사한 윤갑근 특별수사팀이나 정윤회 문건을 수사한 유상범 검사장에 대해서, '친정부적'이라는 수식어가 따라다닌 적은 없었다.

24) 조선일보 2021. 9. 28.자, 「조국 수사 검사 "검찰의 정치 종속 심화되고 있다" 공개 비판」.

25) 조선일보 2020. 8. 28.자, 「차장 4명 모두 秋·이성윤 측근… 윤석열 고립 완결판」.

26) NEWSIS 2021. 9. 25.자, 「임은정, '한명숙 수사방해' 20쪽 진술서 더 냈다」.

27) 머니투데이 2021. 8. 24.자, 「'박원순 팔짱' 진혜원 검사…"2차 가해 몰이 시도" 반박」.

내에서는 물론 학자들 사이에서 역사적인 평가가 있을 것으로 보인다.[28]

【표 1-6】 친정부 인사로 분류되는 검사 대거 승진 및 요직 장악(2021. 10. 20. 현재)[29]

전(前) 보직	승진 보직
이성윤 서울중앙지검장	서울고검장
김관정 동부지검장	수원고검장
이정수 검찰국장	서울중앙지검장
신성식 대검 반부패·강력부장	수원지검장
이종근 대검 형사부장	서울서부지검장
문홍성 수원지검장	대검 반부패부장
구자현 서울중앙지검 3차장	법무부 검찰국장
이근수 안양지청장	대검 공판송무부장
정진우 의정부지검차장	서울중앙지검 1차장
박철우 법무부 대변인	서울중앙지검 2차장
진재선 서산지청장	서울중앙지검 3차장
김태훈 법무부 감찰과장	서울중앙지검 4차장
박은정 법무부 감찰담당관	성남지청장
임은정 대검 감찰연구관	법무부 감찰담당관

2. 검찰권 행사가 편파적이고 불공정하다는 의심

검찰의 수사가 표적사정이라거나 기획사정이 아닌가 라는 문제가 계속 제기되는데, 이는 특정한 정치목적을 달성하려고 하거나 정치보복을 하고자 할 때 가장 손쉬운 수단인 검찰을 통해 그 비리를 추적하는 관행이 이어져 내려왔기 때문이다.[30] 특히 권력형 부정부패사건이 발생할 때마다 '살아있는 권력'인 집권층의 비리의혹에 대해서는 검찰이 의혹해소 차원에서 애초에 소극적으로 수사에 임하거나 '봐주기수사'로 관대하게 처리하

---

28) 동아일보 2021. 10. 7.자, 「페북에 '野인사 비난' 진혜원 검사… 檢, 선거법위반혐의 불구속 기소」.

29) 서울1TV 2021. 6. 25.자, 「박범계, '文정권 수사 검사' 일제히 좌천·교체… 친정부 인사들 '요직' 장악」.

30) 한인섭, 「한국 검찰의 정치적 중립성 ― 풀리지 않는 숙제? ―」, 서울대 법학 제40권 제3호 (1999), 서울대학교 법학연구소, 192면.

는 반면, 집권층의 반대세력에 대해서는 검찰수사가 처음부터 정적 제거의 정치적 수단으로 악용된다는 의혹 속에서 '표적수사'라는 비판이 자주 제기된다. 예컨대 BBK사건이나 MB 내곡동 사저 매입사건, 민간인 불법사찰사건[31] 등 여당과 관련된 사건에서 검찰이 보여준 수사역량과 한명숙 전 국무총리 뇌물사건 등 야당과 관련된 사건에서 검찰이 보여준 수사역량은 너무나 이율배반적이어서, 검찰의 수사 및 기소권 행사가 편파적이고 불공정하다고 의심을 하는 것이다. 즉, 국민적 관심이 집중된 사건에서 검찰은 줄곧 '법과 원칙'을 강조했지만, 외관상 국민들 눈높이에 한참 부족한 사건처리가 반복되어 국민불신이 고조된 상황인 것이다. 이는 '**채널 A 사건**'[32]은 물론 이번에 문제된 '**화천대유 사건**'[33]에서도 적나라하게 드러난 바 있다. 이에 따라 항상 집권층의 반대세력은 검찰의 정당한 소추활동마저 정치사정이라고 강변하여 자신의 잘못을 중화하려고 함으로써 검찰의 신뢰도는 논란의 소용돌이 속에 계속 함몰되어 있을 수밖에 없었던 것이 지난날 검찰의 모습이다.

3. 검찰권 행사에 성역이 존재한다는 의심

국민이 가장 원하는 것은 현재의 권력형 범죄를 엄정하게 처단하는 검찰의 역할이다. 즉 권력과 돈이 집중되어 있는 정치집단이나 재벌그룹들의 범죄행위에 대한 단호한 법집행을 원하는 것이다. 그러나 그동안 검찰은 권력핵심의 비리에 대하여는 제대로 접근조차 못하거나 접근하더라도 여론의 공세에 못 이겨 마지못해 접근하였으며,[34] 발표한 수사결과도 축소수사라는 비난을 받아왔다. 이처럼 지나치게 권력에 굴종하는 행태를 보여 줌으로써 국민들은 검찰이 '권력의 시녀'로 전락했다고 생각하는 것이다. 더욱이 최근 유동규 전(前)성남도시개발공사 기획본부장의 구속기소와 관련하여, 검찰 역사상 법원에서 발부한 구속영장에 기재된 혐의를 빼고 기소한 것은 사상 초유의 일이다.

원래 서울중앙지검이 유동규 전(前)성남도시개발공사 기획본부장에 대해 구속영장을 청구할 때 적용한 혐의는 ① 2013년 대장동 개발사업 관련자 A 등으로부터 3억여 원을 받은 혐의(뇌물수수), ② 2015년 대장동 개발사업 관련자 김만배로부터 5억 원을 받은

---

31) 공직자윤리지원관실을 설치한 지 한 달 뒤인 2008년 8월 28일 진경락 전 총괄과장이 작성한 '공직윤리지원관실의 업무 추진 지휘체계' 문건에 따르면 이명박 정부는 공직윤리지원관실을 국무총리 산하에 두는 1안과 BH(청와대) 민정비서관 산하에 두는 2안의 장단점을 비교한 끝에 국무총리 산하에 설립하면서도 '**VIP께 일심(一心)으로 충성하는 별도 비선을 통해 총괄 지휘**'하며 '**운용의 묘를 살려, 특명 사항은 VIP께 절대 충성하는 친위 조직이 비선에서 총괄 지휘한다**'는 단서를 달았다고 한다.

32) 연합뉴스 2021. 7. 18.자, 「'채널A 사건' 1심 무죄… 한동훈·제보자X 수사 향방은」.

33) 서울경제 2021. 10. 1.자, 「화천대유 사건, BBK 데자뷔? … 특검론 놓고 공방」.

34) 최순실 사건에 대한 초기의 미숙한 대응 등이 여기에 해당한다.

혐의(뇌물수수), ③ 대장동 개발사업자들에게 유리하게 편의를 봐주는 대가로 700억 원을 약속받은 혐의(부정수사후 수뢰약속), ④ 대장동 개발사업자들에게 유리한 계약조건을 관철해 자신이 기획본부장으로서 사무를 맡았던 성남도시개발공사에 손해를 끼친 혐의(업무상 배임) 등이었는데, 2021. 10. 21. 구속기소할 때에는 ①번(2013년 뇌물수수 혐의)과 ③번(700억 뇌물 약정) 혐의만 적용하고, ②번(2015년 뇌물수수)과 ④번(업무상 배임) 혐의를 제외한 것이다. 여당 대통령 후보인 이재명 지사와의 공모의혹이 제기되는 배임 혐의를 처음부터 제외한 것인데, 유동규 기획본부장을 배임혐의로 기소할 경우, 이재명 지사 관련부분을 공소장에 담지 않을 수 없기 때문에 뺀 것으로 '이재명 경기지사 봐주기'라는 지적이 나오는 이유[35]도 여기에 있다. 어쨌든 보수정권·진보정권을 불문하고, 검찰권 행사에 성역이 존재한다는 의심은 충분한 것으로 보인다.

4. 한국 검찰의 무소불위의 권력 견제 수단의 부재

한국의 검찰은 기소권을 독점할 뿐만 아니라 수사권과 수사지휘권, 영장청구권, 공소유지권, 형집행권 등 형사사법의 핵심권한을 배타적 독점적으로 행사하고 있는 막강한 권한의 집단으로서 세계적으로 유래를 찾아보기 힘들다[36]는 것이다. 이에 집권당은 이를 통해 반대세력을 견제하거나 자신의 부패를 감추는 데 검찰을 이용하려는 유혹에 빠지기 쉽고, 검찰 또한 정치권력에 예속되거나 공생관계를 유지하며, 부패에 둔감한 특권계급이 되어 간다는 것이다. 한마디로 '거악에 물든 검찰, 도덕성 잃은 검찰'이라는 것이다.[37]

2003년 4월 18일 한국형사법학회 춘계학술대회에서 발표한 전지연 연세대 교수의 논문을 보면 이러한 논지가 잘 나타나 있다.[38]

"노무현정부에서 사법개혁은 현재까지는 주로 검찰개혁에 초점이 맞추어졌다. 이에 대해 검찰은 외부로부터의 개혁을 거부하고 검찰이 개혁의 주체가 되어 검찰개혁을 진행하는 것이 정당하다며 개혁작업에 들어갔다. .... 검찰문제는 단적으로 말해 검찰에 대한 국민들의 심각한 불신

---

35) 조선일보 2021. 10. 22.자, 「배임도 김만배 5억도 뺐다, 檢내부 "유동규 영장혐의 3분의 2 날아가"」.
36) 김희수/서보학/오창익/하태훈, 「검찰공화국, 대한민국」, 삼인, 2011, 142면; 이윤제, 「고위공직자 비리수사처 설립방안에 관한 연구」, 중소기업과 법 제5권 제2호, 아주대학교 법학연구소, 2014, 4-8면.
37) 하태훈, "검찰권에 대한 통찰 및 정책적 과제-고위공직자비리수사처 신설 등 조직·행정 측면의 개선과제를 중심으로", 「검찰권에 대한 통찰 및 정책적 과제」, 국회입법조사처 세미나 자료집(2017. 2. 23.), 12-13면.
38) 전지연, "법왜곡죄의 도입을 위한 시론", 형사법연구 제20호(2003 겨울), 한국형사법학회, 191-216면 참조.

이다. 국민들은 수사와 기소단계에서 막강한 권한을 가진 검찰이 법을 왜곡하여 권한을 행사한다는 인식을 가지고 있다. 국민의 눈에 검찰은 처벌받아 마땅한 사람들은 자의적으로 수사조차 하지 않거나 수사하여도 이들에 대한 기소를 포기하고, 처벌받지 않아야 되거나 선처가 필요한 사람들에게는 강력한 수사권과 무차별적인 기소권을 행사하여 권한을 남용하고 있다고 비쳐진다. 이러한 검찰의 왜곡적인 권한행사에도 불구하고 현실적으로 어떠한 형식으로든 통제나 제한을 가하는 것이 쉽지 않다는 점이다. …… 검찰권에 대한 통제부재는 필연적으로 내부 통제와 불성실한 수사와 공소제기라는 검찰권의 왜곡행사로 이어진다. 통제받지 않는 권한과 권력은 언제든지 왜곡된 현실과 부패를 낳기 마련이기 때문이다. 또한 왜곡된 권력행사의 사후적 여과장치 마저 없으면 법왜곡은 끊임없이 대물림되는 것이다. 예컨대 군사독재시절에 그리고 권위주의적 시대에 권력의 수호천사 역할을 담당하던 검찰이 정권의 교체와 함께 독재와 권위의 최상층이 법정에서 단죄를 받을 때 그들은 또다시 새로운 정권의 수호천사가 되어 단죄에 앞장서고 있다는 점이다."[39]

특히 2009년 노무현 대통령에 대한 대검찰청 중앙수사부의 수사와 노무현 대통령의 자살, 2010년 검사와 스폰서의 관계를 폭로한 MBC PD수첩 방송을 계기로 검찰개혁에 대한 진보진영의 분노가 폭발한 것이다.[40]

5. 검 토

위에서 언급한 검찰의 문제점을 바라보는 시각을 단순화하면, 내재론(內在論)과 외인론(外因論)으로 구분할 수 있을 것으로 보인다. 전자는 검찰의 현재상황을 정치검찰, 부패검찰이라고 진단하고 그 궁극적 해결책을 검찰권의 견제·축소에서 찾는다. 즉, 검찰의 문제는 권력의 집중, 그리고 검사의 위계화, 관료화라는 현재의 검찰제도 그 자체에 내재한 것이므로,[41] 검찰개혁 방안도 검찰권의 축소, 검찰에 대한 통제·견제를 중심으로 한다. 이에 검찰권을 견제하고 통제하기 위하여 공수처 도입, 수사와 기소의 분리, 수사권분점, 검사장 직선제, 검찰인사위원회 개혁, 법무부 탈검찰화, 검찰심급제 폐지 등

---

39) 그 후 연세대 법전원 전지연 교수는 문재인정권이 임명한 윤석열 검찰총장이 강제로 물러난 후, 검찰 고위직 및 중간간부 인사를 심의·의결하는 법무부 검찰인사위원회 위원장으로 활동한 바 있다(2021. 5. 27.자 뉴스 참조).

40) MBC PD수첩팀의 「검사와 스폰서, 묻어버린 진실 - PD수첩 그리고 못다한 이야기」, 김희수/서보학/오창익/하태훈의 「검찰공화국, 대한민국」, 문재인/김인회의 「문재인 김인회의 검찰을 생각한다」, 황창화의 「피고인 한명숙과 대한민국 검찰」 등 검찰개혁에 관한 대중적인 서적이 출판된 시기도 이 무렵(2011년)이다.

41) 김인회, "검찰개혁 원리와 형사소송법 개혁과제", 검찰권에 대한 통찰 및 정책적 과제, 「국회입법조사처 세미나 자료집」(2017. 2. 23.), 26-35면.

다양하게 제시되고 있다.[42]

반면에 외인론은 검찰의 본질적 문제는 권력형 부패사건이나 정치적 사건에서 정치 권력에 순종한 검찰의 행태(정치검찰)라고 진단하고, 그 궁극적 해결책을 인사권자인 대통령으로부터 정치적 독립성 및 중립성을 확보하는 방안에서 찾는다.[43] 즉, 우리나라 검찰의 문제는 인사권자인 대통령이 검사의 인사를 좌우할 수 있는 인사제도 때문에 정치 검찰화가 발생하였으므로 정치권력으로부터 검찰의 독립과 중립을 확보하는 인사시스템을 확보하면 검찰의 문제가 해소된다[44]는 입장이다. 따라서 굳이 영미법계 국가처럼 수사권·기소권 분리, 특별수사기구(공수처) 설치, 검사장 직선제 등 형사사법구조를 개편시키기 위해서는 그 전제조건이 필요하다는 입장이다.

그런데 검찰인사위원회 개혁은 외인론에서 주장하는 것이므로 별론으로 하고, 후술 (後述)하는 것처럼 검찰개혁의 수단으로 내재론이 드는 근거 중 ① 공수처 역시 수사권과 제한된 기소권을 가지고 있을 뿐만 아니라, 통제장치가 전무(全無)하며, ② 수사와 기소를 분리하는 경우 사법경찰에 대한 통제는 누가 할 것인지 문제되고, ③ 수사권 분점은 국가 수사기관을 이원화하는 것으로 양 기관의 의견이 불일치할 때 심각한 문제를 발생시키며, ④ 검사장 직선제는 정치적 중립성 및 독립성을 보장하는 방안으로 거론되지만, 원조인 미국에서도 수사기관의 정치화를 초래한다는 점에서 많은 비판을 받고 있고, ⑤ 법무부 탈검찰화의 개념은 이론상으로는 타당하지만, 법률관련 주요 부서에 검찰 최고의 에이스를 저렴한 보상(?)으로 활용할 수 있는데도 불구하고, 굳이 민간법률가(공모 변호사)를 사용할 필요성이 있는지 여부 및 그 봉급을 받고 최선을 다할 것인지도 의문이며, ⑥ 검찰심급제 폐지는 영미식으로 형사사법구조를 개편하는 문제와 직결되는

---

42) 검찰의 문제점과 개혁 방안에 관한 내재론과 외인론에 관한 보다 자세한 내용은 이윤제, "검찰 개혁과 고위공직자비리수사처", 형사법연구 제29권 제1호(2017 봄), 120 – 125면 참조.

43) 2002. 3. 25.~3. 30. 검찰미래기획단이 무작위로 이메일·팩스·전화를 통해 설문조사를 실시하였는데, 총 132명(변호사 66명, 법학자 66명)이 응답한 내용을 보면, 검찰위기의 가장 근본적 원인으로 '대통령을 비롯한 집권층의 부당한 간섭과 개입'(41.3%), '일선 검사들의 권력지향적 의식'(18.1%), '일부 권력형 비리사건에 대한 공정치 않은 법집행태도'(17.4%) 등 순위로 응답이 이루어졌고, 검찰이 바로 서기 위한 우선 개혁과제로 '정치적 중립성 확보'(27.2%), '검찰인사의 공정한 기준과 독립성 확보'(26.4%), '검사들의 자발적인 의식개혁'(10.5%), '기속독점권 견제장치 도입'(7.2%) 등으로 응답한 것을 보면 잘 알 수 있다(검찰개혁 관련 논의사항 검토보고서, 56면).

44) 정웅석, "검찰개혁의 바람직한 방향", 2017 한국형사정책연구원/한국형사소송법학회 공동학술세미나 자료집, 35 – 42면; 윤웅걸, "올바른 검찰개혁 방향에 대한 논의", 「고위공직자비리수사처 설치 및 운영에 관한 법률안 등 검찰개혁 방안에 대한 공청회」, 국회법제사법위원회 자료집 (2017. 2. 17.), 75면 이하; 김영기, "검찰개혁의 바람직한 방향 – 검찰의 경찰 수사지휘를 중심으로", 2017 한국형사정책연구원/한국형사소송법학회 공동학술세미나 자료집, 61면 이하.

것으로, 반드시 타당하다고 볼 수는 없다.

문제는 양 입장 중 어느 분석이 더 설득력이 있는지는 별론으로 하고, 국민의 입장에서는 검찰이 엄정한 법집행을 통해 범죄를 처벌하는 사회적 정의의 수호자로서, 또한 범죄에 취약한 일반 서민을 안전하게 보호하는 법적 울타리로서, **"범죄에 대한 국가적 대응"**이라는 본연의 임무를 충실히 수행할 것을 요구하고 있다는 점이다. 이는 고소·고발 사건을 경찰이 아닌 검찰에 접수하기를 더 원하는 것만 보아도 알 수 있다. 특히, 과학기술의 급속한 발전으로 인하여 각종 첨단·신종 범죄(해킹, 바이러스 유포, 사이버폭력, 보이스 피싱 등)들이 발생하는 상황에서, 검찰이 사건의 실체를 규명하고 국가형벌권을 행사하여 국민의 재산과 안전을 지켜주기를 바라는 것이다. 즉, '행복의 최대화'를 요구하는 것이 아니라 **'불행의 최소화'**에 중점을 두고, 그 역할의 중심에 검찰이 있기를 바라는 것이다. 특히 우리나라의 특이한 현상으로 1970년 유신정권하의 개발독재시대때 형성된 "경제력이 집중된 기업 등(소위 '재벌' 등 거대집단)의 부도덕한 행위(거악)에 대한 척결"에도 큰 의미를 부여하는 것 같다. 따라서 국민들이 분노하는 이유는 일부 부도덕한 검사가 거악척결을 하라고 준 권한을 '재벌' 등 거대집단과 결탁하여 개인적 이익을 챙겼다는 점에도 그 원인이 있을 것이다.

물론 검찰을 바라보는 국민의 시각은 복합적인 것으로 보인다. 검찰에 대한 개혁을 요구하면서도, 다른 한편으로 '검찰권에 대한 과도한 제약이나 통제'로 인하여 힘 있는 자에 대한 검찰권의 또 다른 형태인 '권력의 시녀화'도 원하지 않는 것이다. 즉, 국민은 무소불위의 권력을 휘두르는 검찰을 원하지도 않지만, 우리나라처럼 학연·혈연·지연 및 이념적 갈등이 첨예하게 대립된 나라에서 갈등조정의 능력을 상실한 검찰은 더욱 원하지 않는 것이다.

그렇다면 외국에서 검찰제도의 탄생배경으로 꼽는 "검사에게 '법률의 감시자'로서 경찰에 대한 법적 통제에 의하여 피의자의 소송법적 권리를 보호하는 보호기능을 수행하도록 한 것"이라는 태생적 기능과 함께 우리나라에 필요한 '거악에 대한 척결'이라는 두 가지 기능을 잘 할 수 있도록 제도를 개선하는 것이 개혁이지, 분노를 표출하는 방식으로 검찰제도를 없애는(사실상 1985년 이전의 영국제도) 것이 타당한 것인지는 의문이다.

한편, 검찰개혁을 주장하는 사람들이 이구동성으로 제기하는 주장은 검찰에 대한 불신이 너무 크다는 것이며, 그 근거로 통계[45]를 종종 들고 있다.[46] 그러나 매일 언론

---

45) 국가인권위원회, 국민인권의식 실태조사, 2011, 56면.

46) 김인회, "검찰에 불신과 신뢰의 뿌리", 형사정책 제25권 제1호(2013. 4.), 한국형사정책학회, 95면(2011년 국가인권위원회가 실시한 국민인권의식 실태조사에 의하면 가장 인권을 침해하는 사람으로 경찰(16.9%), 군대상급자(16.3%), 검찰(15.1%)로 검찰이 3위를 차지하고 있다. 검찰에 대한 인식이 경찰과 군대와 같은 수준이다).

이 수사기관인 검찰의 이야기를 생중계하는 우리나라 상황에서, 누구를 압수·수색하고 체포·구속하는 기관에 좋은 인상을 가질 수는 없는 것이다. 하지만, 누군가는 부패를 수사하는 악역을 맡아야만 하지 않겠는가? 과거 '세계에서 가장 안전한 나라', '마약청 정인 나라',[47] '기업형 조폭이 없는 나라' 등 이러한 국가브랜드가 그냥 생겨난 것인가? 더욱이 검찰의 편파수사를 비난해온 진보를 자처하는 시민단체는 물론 교수들이 단군 이래 최악의 부패 카르텔이라는 '대장동'사건에는 말 한마디 하지 않고 있다는 점에서, 그동안 그들의 비판[48]이 얼마나 편향되어 있는가를 적나라하게 보여주고 있다. 그들의 주장대로 검찰을 없애고 공수처의 신설 및 경찰이 수사종결권을 가지면, 수사의 편향성 이 갑자기 사라지고, 과거 대검의 중수부(경제사범 등 부패범죄) 및 마약조직부(마약범죄와 조직범죄)에서 범죄를 척결한 것처럼, 다시 안전한 나라로 회귀하는가?

결론적으로 검찰의 사법기관성을 전제로, '사법경찰에 대한 법치국가적 통제'와 '거 악척결'을 더 잘할 수 있는 방향으로의 개편, 즉 사법경찰의 수사에 대한 일상적인(잠재 적인) 개입가능성 및 거악에 대한 예외적인(잠재적인) 직접수사 가능성을 열어두는 것이 검찰개혁의 나아가야 할 방안이라고 본다.

Ⅲ. 한국 검찰은 무소불위의 권력을 가진 집단인가?

1. 수사권의 내재적 속성

흔히들 한국 검찰은 무소불위의 권력을 가진 집단이라고 한다. 외국의 입법례를 소 개하는 대부분의 표 역시 구체적인 입법내용에 대한 설명이나 근거 없이 한국 검찰에

---

47) 세계일보 2021. 9. 23.자, 「'마약 청정국' → '마약 수출국'… 최근 5년간 밀수출입 2조원 규모」 (...(중략) 최근 5년간 국내 마약류 밀수출입 적발 현황은 △2016년 382건, 50kg, 887억원 △ 2017년 429건, 69.1kg, 880억원 △2018년 659건, 361.9kg, 6792억원 △2019년 661건, 412kg, 8733억원 △2020년 696건, 148.4kg, 1592억원으로 5년 새 두 배 가량 증가했다. 올해는 7월 기준 721건, 870.1kg, 2740억원으로 반년 새 지난 해 밀수출입 적발 규모를 뛰어넘었다...).

48) 현재의 검찰이 아니라, 이미 조직을 떠난 윤석열 전(前)총장을 흠집내기 위한 대표적인 기사로 는, 한겨레21 2021. 10. 1.자(김선식 기자), 「검찰의 민낯은 그게 전부가 아니었다」(...(중략) 오 병두 참여연대 사법감시센터 소장(홍익대 법학부 교수)은 "검찰 스스로 인지수사 하기 부담스러 운 상황에서 정치적으로 중립적인 모양새를 취하면서 정치적 목적을 달성하려고 한 것으로 보 인다"며 "의혹이 사실이라면 통상적인 직권남용 선을 넘은 위법행위"라고 지적했다. 오창익 인 권연대 사무국장 역시 "국민이 부여한 수사권과 기소권을 남용한 극단적인 사례"라며 "검찰은 여전히 총장과 가족, 검찰 기득권을 위해서라면 '주문 고발'이든 뭐든 할 수 있다는 놀라운 발 상을 가지고 있는 것 같다"고 말했다...(중략) 서보학 교수는 "공수처는 본래 존재 이유가 검찰 권 남용 견제인 만큼 이번 의혹을 철저히 수사해야 한다"며 "21세기 대한민국에 검찰이란 조직 이 왜 필요한지 묻지 않을 수 없는 지경에 왔다"고 지적했다).

대해서는 막강한 권한을 가진 기관으로 표현하는 반면, 대륙법계를 포함한 외국 검찰에 대해서는 아무런 권한이 없거나 '기소청' 수준 정도로 권한을 비교하고 있다. 다만, 이러한 각 표의 시시비비를 가리는 것이 본 책의 의도가 아니므로, 이하에서는 기자, 민변 소속 변호사, 대표적인 경찰수사권 독립론자인 교수의 표를 소개한 후, 간단한 코멘트만 하고자 한다.

【표 1-7】 한국과 주요국 검찰 권한 비교[49]

구 분	한국	일본	미국	독일	프랑스	영국
기소 독점	○	○	X	○	X	X
수사권	○	○	○	○	X	X
수사종결권	○	△	X	○	X	X
공소취소권	○	○	○	X	X	○
긴급체포 사후승인	○	X	X	X	X	X
체포 · 구속 피의자 석방 지휘권	○	X	X	X	X	X
경찰 수사지휘권	○	△	X	○	X	X

【표 1-7】의 내용 중 대륙법계 국가인 프랑스의 경우는 완전히 잘못된 내용이다(**제2장 프랑스 부분 참조**). 영미법계 국가인 영국 및 미국의 경우 체포와 동시에 법원에 인치하므로 검사의 '긴급체포 사후승인'이나 '체포 · 구속 피의자 석방 지휘권'이라는 개념이 있을 수 없다.

【표 1-8】 각국 검사의 수사권과 기소권 및 검사의 수사상의 지위 비교[50]

구 분	한국	프랑스	영국	미국	독일	일본
수사권	○	△	X	○	○	○

---

49) [출처: 중앙일보] 영국 수사 주체는 경찰, 미국선 검찰이 경찰 지휘 안 해(오이석 · 송승환 기자), http://news.joins.com/article/20625103(2016. 9. 23.).

50) 김지미(민변소속), 「기소독점주의의 폐해와 개혁방안」, 견제와 균형을 위한 검찰 개혁 어떻게 할 것인가?, 국회의원 민병두/소병훈/금태섭/민주사회를 위한 변호사모임 주최 자료집(2017. 1. 24.), 3면.

수사지휘권	○	△	×	×	○	△
수사종결권	○	△	×	×	○	△
자체 수사인력	○	×	×	○	×	○
검찰과 경찰의 조서의 증거능력 차이	○	×	×	×	×	×
수사권의 중앙집권여부	○	○	○	×	×	
기소권 · 기소권 여부	○	○	○	○	○	○
기소권 · 기소독점주의	○	×	×	×	○	○
기소권 · 기소편의주의	○	○	○	○	×	○
공소유지권	○	○	○	○	○	○

【표 1-8】의 내용 역시 대륙법계 국가인 프랑스의 경우는 오류가 있으며(수사지휘권 및 수사종결권 △)(제2장 프랑스 부분 참조), 검찰과 경찰의 조서의 증거능력 차이와 관련해서도 직접주의 및 구두주의 원칙상 조사자증언이 우선한다는 점에서 조서의 증거능력 차이를 논할 이유가 없다(제5장 제8절 수사기관 작성 조서의 증거능력 부분 참조). 영미법계 국가인 영국 및 미국의 경우도 피의자를 체포한 후 통상 24시간 이내에 법원에 인치하므로 '수사지휘권' 및 '수사종결권'을 논할 가치가 없는 것이다(제3장 영국 및 미국 부분 참조). 공소유지권 역시 권한이 아니라 공소유지'의무'로 분류하는 것이 타당하다. 왜냐하면 공소권의 주체로서 검사의 객관의무가 인정될 뿐만 아니라,[51] 어떤 행위를 '유지'한다는 것은 의무이지 권한으로 볼 수 없기 때문이다.[52] 더욱이 미국의 경우 형사소송에만 적용되는 증거법이 따로 있는 것이 아니라 연방증거법만 존재하며, '연방형사증거법'이나 '연방민사증거법'이 없다. 그러므로 미국 연방증거법은 검찰이나 피고인을 모두 당사자(party)로 지칭하고, 검찰피의자신문조서나 경찰피의자신문조서 등을 별도로 취급하는 규정을 아예 두고 있지 않다.

다음 【표 1-9】와 관련해서도 동일한 비판이 가능하다. 더욱이 서보학교수는 과거

---

51) 이재상/조균석, 형사소송법 제11판, 박영사, 2017, 107면; 정웅석/최창호, 형사소송법, 대명출판사, 2017, 65면.
52) 일부 견해는 형집행권을 검찰의 권한으로 예시하고 있으나 행형의 개념을 의미한다면, 이는 법무부 소속의 교정본부 사무이며, 단순히 법원이 선고한 형을 집행하는 집행지휘를 의미한다면 이는 검사의 권한인 동시에 의무(직무)로 보아야 할 것이다(형사소송법 제460조; 검찰청법 제4조 제1항 제4호 참조). 결국 검찰권한의 핵심은 수사권과 기소권의 보유여부로 한정하는 것이 타당하다.

검사작성 피의자신문조서의 증거능력을 사법경찰관과 동일하게 주장하면서, 영상녹화 및 조사자증언의 증거능력(제316조 제1항)도 부인하는 입장이다. 이는 기본적으로 영미법계 입장을 변형한 것으로 보이지만(영미법계 국가에서는 조사자증언을 인정), 후술하는 것처럼, 영미법계 대표적인 제도인 유죄협상제도(plea bargaining) 등 관련 제도의 도입에 대해서도 부정적인 입장이다. 결국 모든 사건을 공판정에 보내면서도 수사상 진술은 일체 공판정에 현출시킬 수 없다는 입장으로 보이는데, 어떻게 재판을 하자는 것인지 의문이 아니들 수 없다.

【표 1-9】 각국 검찰의 수사/기소권 비교[53]

구 분	기 소 권				수 사 권			
	수사종결권	기소독점주의	기소편의주의	공소취소권	수사권	수사지휘권	자체수사력	검경조서의 증거능력 차등
우리나라	○	○	○	○	○	○	○	○
일 본	△	○	○	○	○	△	○	×
독 일	○	○	×	×	○	○	×	×
프랑스	△	×	○	×	△	△	×	×
미 국	×	×	○	○	×	×	×	×
영 국	×	×	○	○	×	×	×	×

과거를 돌아볼 때, '나는 새도 떨어뜨린다'는 국가안전기획부(현 '국가정보원')가 있던 시절 국가안전기획부가 수사권, 기소권, 형집행권을 가지고 있어서 위세를 떨쳤는가? 바로 **'수사권'**(정보권 포함)을 가지고 있었기 때문에 모든 국민이 무서워한 것이다. 이처럼 수사권은 그 자체에 내재하는 적극적 권력, 즉 법원의 재판권처럼 검사의 기소가 있어야 재판을 행사할 수 있고, 그 권한도 주로 판단권에 중심이 있는 것이 아니라 스스로 범죄를 찾아 절차를 개시할 수 있고, 나아가 수사에 의해 증거를 수집하여 사건을 형성하여 나가는 권력적 성격 때문에 무서운 힘을 발휘하는 것이다. 우리나라를 포함한

---

53) 서보학, 「글로벌 스탠더드에 부합하는 수사·기소 분리」, 견제와 균형을 위한 검찰 개혁 어떻게 할 것인가?, 국회의원 민병두/소병훈/금태섭/민주사회를 위한 변호사모임 주최 자료집(2017. 1. 24.), 55면.

많은 국가에서 수사기관의 조사에 강력한 통제장치[헌법상 '무죄추정의 원칙'(헌법 제27조 제4항) 및 영장제도(동법 제12조 제3항, 제16조), 형사소송법상 불구속수사의 원칙(형사소송법 제198조 제1항)이나 소위 'Miranda'원칙[54](동법 제244조의3), 위법수집증거배제원칙(동법 제308조의2) 등]를 마련하는 이유도 여기에 있다. 따라서 검찰이 무소불위의 권력을 가진 당연한 집단이 아니라 수사권을 가지고 있다는 점에서, 또는 '수사권' 자체가 무서운 것이다. 즉, 검찰이 막강해서가 아니라 수사권이라는 권한 자체의 속성일 뿐이다. 왜냐하면 경찰에 관한 외국의 입법례를 피상적으로 비교하면 동일한 이야기가 가능하기 때문이다.

【표 1-10】 각국 경찰의 권한비교

순번	주요 권한	한국	미국	영국	일본	프랑스	독일
1	중앙집권조직	○	×	×	×	△	×
2	경찰 자체 구속기간	○	×	×	×	×	×
3	구속영장 신청권	○	×	×	×	×	×
4	피의자신문조서 작성 권한	○	×	×	×	△ (보호유치)	○
5	독자적 기소권 행사 (즉결심판권)	○	×	△	×	×	×
6	검찰의 인사관여 배제	○	○	○	○	×	△
7	검찰의 징계관여 배제	○	○	○	×	×	○
8	행정경찰의 사법경찰 지휘	○	×	×	×	×	×
9	경찰대학(간부임용 특혜)	○	×	×	×	×	×

이에 따라 검찰이 직접수사(인지사건)를 하는 경우 정치적 타격을 입을 수밖에 없는 정치세력은 "정치검찰"이라는 슬로건으로, 경찰은 "검찰과 경찰이 무엇이 다른가?"라는 비난을 끊임없이 제기하는 과정 속에서, 검찰의 신뢰도는 점점 추락할 수밖에 없었던 구조인 것이다.

---

54) Miranda v. Arizona, 384 U.S. 436, 478−79 (1966).

2. 검찰인사의 청와대 독점에 따른 정치종속성 심화

검찰인사가 행해질 때마다 '특정인맥 대거 승진', '특정지역·특정학교 출신 약진' 등의 말들이 무성한 게 어제 오늘의 일이 아니다. 권력의 정점인 청와대가 모든 검찰인사에 대한 실질적 권한을 보유하면서도 이에 대한 감시와 견제장치가 부재한 반면, 검찰총장·검사장 등 검찰 핵심간부의 인사에 대하여는 과도한 정치적 고려와 입김이 작용할 수 있어 인사시스템의 불안정을 초래할 뿐더러 소신 있는 검찰권의 행사에도 장애가 되고 있는 것이다. 더욱이 위계화된 서열과 승진의 인사구조는 검사 개개인이 단독관청으로서 법률과 양심에 따라 소신있게 검찰권을 행사하도록 독려하는 것이 아니라, 권위적이고 폐쇄적인 조직논리와 관행에 무비판적으로 순응하게 만듦으로써 검찰조직의 관료화를 강화하는 기제로 작용할 수 있다는 점에서 문제의 심각성이 있다.[55]

결국 한국 검찰이 무소불위의 권력을 가진 집단이 아니라, 무소불위의 권력을 가진 청와대에서 평검사를 포함한 모든 검사인사를 하는 상황이 문제인 것이다. 윤석열 대전고검 검사(사법연수원 23기)를 중앙지검장[56] 및 전임자인 문무일 총장보다 연수원 5기수를 건너뛰어 검찰총장에 임명한 곳도,[57] 박근혜정권을 수사할 때는 그렇게 찬양하다가도 조국 법무부장관에 대한 수사를 계기로 적폐로 몰면서 검찰총장에 대한 징계를 청구한 곳도 모두 청와대(청와대에서 임명한 추미애 법무부장관)[58]였기 때문이다. 실제 수사를

---

55) 이호중, 「검찰에 대한 민주적 통제와 검찰개혁의 과제」, 서강법학 제9권 제2호, 51면.

56) 2017. 5. 19.자 중앙일보, 「文 대통령이 직접 밝힌 '윤석열 중앙지검장' 임명 이유」(문재인 대통령이 19일 서울중앙지검장에 윤석열(57) 대전고검 검사를 임명한 이유에 대해 직접 설명했다. 문 대통령은 이날 오후 청와대 춘추관에서 헌법재판소장 지명을 위한 기자회견을 갖는 도중 기자들이 '오전 발표한 중앙지검장 인사의 배경이 무엇인가'라고 묻자 "지금 현재 대한민국 검찰의 가장 중요한 현안은 국정농단 사건에 대한 수사와 공소유지라고 생각한다"며 "(윤석열 검사가)그 점을 확실하게 해 낼 수 있는 적임자라고 판단했다"고 밝혔다. 문 대통령은 "중앙지검장은 같은 지방 검사장인데 그간 고검장급으로 보임됐었다. 그 부분이 맞지 않다고 생각한다"며 "다시 지방 검사장 직급으로 하향조정하면서 윤석열 신임 검사장을 임명했다"고 설명했다).

57) 서울신문 2019. 7. 19.자, 「문 대통령, 윤석열 검찰총장 임명… "불통 대통령", "검찰개혁 적임자"」.

58) 서울신문 2020. 11. 24.자, 「추미애 법무부 장관 "윤석열 검찰총장 직무배제"」(추미애 법무부 장관이 24일 윤석열 검찰총장의 직무를 배제했다. 법무부 장관이 현직 검찰총장을 직무에서 배제한 것은 헌정사상 초유의 일이다… 추 장관은 이날 오후 6시 5분쯤 서울고등검찰청 기자실을 찾아 직접 브리핑을 갖고 "오늘 검찰총장의 징계를 청구하고 검찰총장의 직무 집행정지 명령을 했다"고 밝혔다. 추 장관은 직무배제 사유로 ▲언론사 사주와의 부적절한 접촉 ▲조국 전 장관 사건 등 주요 사건 재판부 불법 사찰 ▲채널A 사건·한명숙 전 총리 사건 관련 감찰·수사 방해 ▲총장 대면조사 과정에서 감찰 방해 ▲정치적 중립에 관한 신망 손상 등 5가지 혐의를 들었다).

담당하는 실무진 검사도 예외가 아니어서, 추미애 장관이 이끄는 법무부가 청와대와 여권이 껄끄러워할 만한 사건들의 수사를 지휘했던 차장검사들을 전원 인사이동시키고 해당 사건에서 손을 떼게 하자, 야당에서는 권력 수사를 막기 위한 인사 폭거라고 비난한 바 있다.59) 이에 노무현-이명박-박근혜-문재인 정권에 이어진 검사인사의 맥락을 분석해 보면, 객관적 평가에 따른 공정한 인사가 이루어진 것이 아니라 '내편'인지에 따른 인사를 하다보니, 대통령 임기(5년)의 시작과 함께 고위직 검사의 부침 및 이전 정권에서 적폐로 몰린 검사들의 복수 등 조선시대의 사화(士禍)와 같은 동일패턴이 반복되고 있다는 점이다.

【표 1-11】 문재인정권에서 청와대 수사 후 좌천된 실무진 검사 주요 내용60)

	수사 당시 직책	좌천 직책
청와대 선거개입 의혹	신봉수 서울중앙지검 2차장	평택지청장
조국 전 장관 가족비리 의혹	송경호 서울중앙지검 3차장	여주지청장
	고형곤 서울중앙지검 반부패수사2부장	대구지검 반부패수사부장
유재수 전 부산시 경제부시장 감찰 무마 의혹	홍승욱 서울동부지검 차장	천안지청장
우리들병원 대출 관련 의혹	신자용 서울중앙지검 1차장	부산동부지청장
	한석리 서울중앙지검 4차장	대구서부지청장

---

59) 세계일보 2020. 1. 23.자, 「'정권 수사' 차장검사 전원 교체… 한국당 "문 정권은 막가파식 깡패 집단"」.

60) 연합뉴스 2020. 1. 23.자, 「'청와대 수사' 차장검사 3명 전원 지청장 발령」.

제2절 우리나라 검찰제도의 연혁

I. 갑오개혁과 근대 검찰제도의 도입

1. 재판소구성법

　　우리나라는 조선조 말엽에 이르기까지 근대적 의미의 검찰제도는 없었다. 물론 그 이전에도 범죄의 소추를 담당하는 기구가 없었던 것은 아니지만 그 당시까지는 국왕을 정점으로 하여 행정권과 사법권이 명확히 구분되지 않은 채 일반 관리들이 행정사무와 겸하여 재판사무를 취급하였을 뿐만 아니라, 재판절차도 일반 관리들이 직접 범죄 및 범죄자를 일방적으로 심리·재판하는 전근대적인 규문절차이었기 때문에 탄핵주의적인 소송구조를 전제로 하는 근대적 의미의 검찰제도는 아니었다. 따라서 우리나라에 검찰제도가 최초로 등장한 것은 1894년부터 시작한 갑오개혁때 국정전반에 걸친 일대개혁을 단행하면서 사법제도를 근대화하기 위하여 1895년 3월 25일 법률 제1호로 「재판소구성법」을 제정·공포하고, 이어 동년 4월 16일 법부령(法部令) 제2호로 「검사직제」를, 동년 4월 29일 법부령 제3호로 「민·형사소송규정」을 제정·공포한 이후로 보아야 할 것이다. 왜냐하면 이 「재판소구성법」과 「검사직제」 및 「민·형사소송규정」은 대륙법계를 계수한 일본제도를 모방하여 완전한 형태는 아니었으나, 재판을 담당하는 판사와 범죄의 조사 및 소추를 담당하는 검사의 직무상 분화를 전제로 하는 근대적 탄핵주의 형사절차의 도입을 의미한 것으로 볼 수 있기 때문이다.

　　이러한 「재판소구성법」은 제1조에서 재판전담기관으로 지방재판소, 한성(漢城) 및 인천 기타 개항장재판소, 순회재판소, 고등재판소, 특별재판소 등 5종의 재판소를 설치하도록 하고, 제2조는 각 재판소의 위치와 관할구역은 법부대신[61]이 정하며, 제7조는

---

[61] 1894년 6월 25일 고종은 일본의 강압에 못이겨 국정개혁의 중추기관으로 오늘날 입법기관에 해당하는 군국기무처를 설치하였는데, 군국기무처는 새로운 국가통치체제로 근대국가적 행정기구를 답습하여 의정부 산하에 내무·외무·재무·군무·법무·학무·공무 및 농상 아문의 각 부서를 두고 각 아문 하에 국을 설치하여 의정부를 8아문 56국의 행정기구로 만들었다. 이후 1895년 3월 관제개혁에 따라 종전의 법무아문이 법부로 개칭되었으며, 법부대신은 사법행정, 은사·복권에 관한 사무, 검찰사무를 지휘하며, 특별법원·고등재판소 이하 각 지방재판소를 감독하고,

법부대신이 지방 실정에 따라 지방재판소 지청을 설치할 수 있도록 하고, 제8조는 재판소 직원으로 판사·검사·서기 및 정리를 배치하여 검찰권을 행사하도록 하였는데, 이처럼 각급재판소에 검사를 두도록 함으로써[62] 우리나라 최초로 **"검사"**라는 용어와 관직이 등장하게 되었으며, 그 결과 재판을 전담하는 판사와 소추를 담당하는 검사를 분별하는 근대적 검찰제도의 발아를 보게 된 것이다.[63]

그리고 동법 제38조는 "**檢事는 令狀의 發付**, 證據의 蒐集 及 裁判의 執行 其他 檢察의 事務를 行ᄒᆞᆷ이 可ᄒᆞ고 又는 監獄에 臨檢ᄒᆞ여서 無故로 捕獲 及 拘留ᄒᆞ는 事의 有無를 法意ᄒᆞᆷ이 可ᄒᆞ고 旦 拘留人은 其 審訴를 速行ᄒᆞᆷ을 務ᄒᆞᆷ이 可흠"이라고 규정하고, 동법 제39조는 "**檢事는 其 職務로 司法警察에게 命令**ᄒᆞᆷ을 **得함**"이라고 규정하여 재판소구성법은 검사에게 영장발부를 포함한 수사권, 수사지휘권 및 구속장소 감찰권(감옥 임검권), 재판집행권을 부여하였다. 다만 법원과 별도로 검찰청을 설치하지 않고 검사를 판사, 서기, 정리와 함께 재판소의 직원으로 규정한 것이 특색인데, 이 구상은 판사에 대한 사법행정상의 지휘권을 법부대신에게 부여하는 구상(동법 제4조, 제9조 등) 등과 함께 독일식의 모델[64]이 일본법의 영향 하에 채택된 것으로 보인다. 이처럼 당시의 검사는 독자적인 지위와 직무권한을 가지고 있었으나, 조직체계상으로는 각급 재판소의 직원으로서 현재와 같이 독립된 조직과 기구를 갖고 있지는 아니하였다.

그러나 이러한 「재판소구성법」의 제정으로 말미암아 제도사적으로 사법권을 행정권으로부터 분리·독립시킴과 동시에 재판을 전담하는 판사와 범죄수사 및 소추를 담당하는 검사의 역할을 분리시킴으로써 근대 서구의 개혁된 형사소송법에서 등장한 탄핵주의가 우리나라에도 도입된 것은 그 의미가 매우 크다고 할 것이다.

2. 재판소처무규정통칙(裁判所處務規程通則)

1895년 3월 25일 칙령(勅令) 제50호로 재판소처무규정통칙을 제정·공포하였는데,

고등재판소의 재판장과 특별법원의 재판장이 되며, 법부 산하에 있는 법관양성소에 대한 감독권도 갖게 되었다고 한다(김일수, "대한민국 검찰이 나아갈 방향과 독일 검찰제도가 주는 시사점". 독일형사법연구회 2014년 춘계발표회 자료집, 20면).

62) 재판소구성법 제3조(각 재판소의 직원 및 그 인원수에 관한 총칙규정), 제8조(지방재판소 직원으로서의 검사) 및 제13조(한성 및 인천 기타 개항장재판소 직원으로서의 검사), 제20조(순회재판소 직원으로서의 직원), 제24조(고등재판소 직원으로서의 검사) 등에서 우리나라 사법사상 최초로 '검사'의 용어를 사용하고 있다.

63) 송해은, "한국검찰의 연혁에 관한 고찰", 저스티스 제27권 제2호, 한국법학원, 28면.

64) 독일의 입법례에서 언급하는 것처럼 독일의 법무부(Justizministerium)는 글자 그대로 사법(Justiz)부이다. 법원행정과 법무행정을 엄격히 분리하는 우리와는 달리 독일은 판사와 검사가 공히 법무부장관에 의하여 임명되며, 검찰에 관한 규정도 법원조직법(GVG)내에 두고 있다.

그중 검사의 사무처리에 관한 규정을 살펴보면, ① 재판소에 수인의 검사가 있으면 수석검사가 사무분담을 정할 수 있고, ② 피고인신분이나 사건의 본질에 비추어 중대한 경우에는 수석검사가 장리(掌理)하고 만약 친히 장리하지 못할 경우에는 특별한 주의를 요하고, ③ 중대한 범죄에 대한 공소장, 고소사건에 대하여 기소를 하지 아니하는 통첩서(通牒書), 감독상관에게 제출하는 서류, 검사의 변리(辨理)65)에 대한 항고의 판정서(判定書), 각 부 및 지방관서 간의 왕복서(往復書)의 각 正本上에 수석검사가 서명날인을 하여야 하고, ④ 수석검사가 사고가 있을 때에는 기히 수석검사의 지명을 받은 검사가 대리하고, ⑤ 검사는 범죄의 고소가 있을 때 필요하면 범죄현장에 나가 임검(臨檢)할 수 있고, ⑥ 검사는 처리하는 사건에 대하여 수시로 법부대신에게 보고할 수 있고, ⑦ 수석검사는 매 6월과 12월에 그 재판소에서 반년간 장리한 사무의 성적 및 폐해가 있을 때에는 그 교정하는 방법을 갖추어 법부대신에게 보고하여야 하고, ⑧ 검사는 개정시각 전에 사진기(仕進記)66)에 날인하고 수석검사가 입즉조사(立卽調査)한 후 검인하고 만약 부진자(不進者)가 있으면 부진한 이유 및 결말을 사진기에 주기(注記)하고 그 초록(抄錄)은 수석검사가 법부대신에게 제진(堤進)하여야 하고, ⑨ 검사가 문서를 접수하였을 때에는 그 처리안을 여백이나 별지에 적어 서기에게 교부하고 바로 처리하지 못할 때에는 후일 제출할 기한을 예상하여 서기에게 교부하여야 하고, ⑩ 수석검사는 각기 주장(主掌)에 관한 제표(諸表)의 조제를 장리하여 법부대신에게 제진하여야 하고, ⑪ 수석검사는 검사의 고적(古蹟)67)에 대하여 매년 말에 법부대신에게 보고하여야 하고, ⑫ 수석검사는 소속서기의 분담을 정하여 그중 1인을 감독서기로 명할 수 있고, ⑬ 검사의 사무장리에 대한 항고는 그 감독상관이 판정하고 최종의 항고는 법부대신이 판정한다는 것 등이 있다.

특이한 점은 수석검사가 재판소의 소속직원에 대한 고과(考課)를 매년 말에 법부대신에게 보고하도록 하고 있음에도 불구하고 이러한 수석검사의 고과보고대상에서 검사를 제외하고 수석검사가 검사에 대한 고과를 하였다는 점을 들 수 있고, 이는 비록 검사가 재판소의 소속직원으로 되어 있으나 업무처리에 있어서는 판사와 별도로 독자성을 보유하면서 궁극적으로는 당시 사법행정의 수장격인 법부대신의 감독과 지휘를 받았다는 점이다.68)

---

65) 일을 판별하여 처리한다는 의미로 결정이나 처분을 의미한다.
66) 사진(仕進)은 벼슬아치가 정해진 시각에 출근한다는 의미이므로 사진기는 출근부를 뜻한다.
67) 관리의 성적을 詳考하는 것으로 考課라고도 한다.
68) 송해은, 앞의 논문, 30면.

3. 검사직제 및 민형소송규정

재판소구성법 제38조에서 규정한 검사의 일반적인 직무권한 규정 이외에 1895년 4월 16일 법부령 제2호로 공포한 "검사직제"에서 더욱 구체적으로 검사의 직무에 관하여 규정하고 있는데, 그 내용을 요약하면 검사는 ① 범죄의 수사, 공소제기 및 공소불제기, ② 형사상 법률의 정당한 적용의 감시, ③ 형벌과 부과형의 집행청구 및 그 집행에 임검 감시(臨檢監視), ④ 법부대신의 지휘를 받아 사형집행, ⑤ 민사상 유자(幼子)나 부녀(婦女)에 관한 소송, 실종자와 대를 이를 사람이 없는 유산에 관한 소송, 증서위조에 관한 소송 등에의 입회, ⑥ 범죄의 고소 고발의 수리, ⑦ 관리의 부정부당한 행위를 발견하였을 때에 증거를 수집하여 징계처분을 구하는 한편 공소를 제기하는 것, ⑧ 제마음대로 체포나 구류를 자행하는 사람이 없도록 주의하고 피고인이 오래 구금되지 않도록 주의하는 것, ⑨ 판사에 대한 피고사건의 선사청구(先查請求), ⑩ 피고사건의 취초(取招)를 위한 피고인의 인치 및 구류, ⑪ 범죄에 관한 증거수집과 증인신문, ⑫ 행흉현장(行兇[69]現場)에 임하여 관계인 및 현장에 있는 자의 신문, ⑬ 범죄성질과 행흉정황(行兇情況)을 알기 위한 때에 특별기술자를 입회시키는 것, ⑭ 증거발견을 위하여 피고인 및 관계인의 가택수색, 증거물건의 압수, ⑮ 범죄수사, 영장집행, 피고인 인치 등과 관련한 사법경찰관의 지휘 등을 주요직무로 규정하고 그 밖에도 직무집행에 있어서 분력(分力)할 것, 검사는 재판소에 대하여 독립하여 사무를 행할 것 등을 규정하고 있다.

한편, 1895년 4월 29일 법부령 제3호로 「민형소송규정」이 제정되고 같은 해 5월 2일 관보에 게재되어 공포되었는데, 「민형소송규정」이 비록 동일한 법규정 안에 민소·형소를 함께 포괄하고 있었다고 하더라도, 제1장 민사, 제2장 형사로 나누어 총 44개조에 걸쳐 각 소송절차를 체계적으로 설시한 우리나라 최초의 절차법이라는 점에서 그 의미가 크다. 이러한 「민형소송규정」 중 검사의 직무와 관련된 중요한 부분을 요약하면 ① 공소장은 서식에 따라 검사가 작성하고, ② 검사는 고소 고발을 받아 수사를 전개하고 유죄로 인정될 때에는 공소장을 작성하고 증거물과 함께 재판소에 심판을 청구하고, ③ 검사는 공판정에서 피고사건에 대하여 진술하고 증거를 제출하며 법률적용에 관한 의견을 진술하고, ④ 검사는 사형을 제외하고는 상소기간이 경과한 후 곧 형벌의 집행을 명하고 이에 입회하고, ⑤ 상소는 검사·피고인·피해자가 할 수 있으며 상소제기기간은 3일내이고, ⑥ 재판소가 상소를 포기하였을 때에는 원재판소검사에게 통첩하여 형집행절차를 취하도록 한다고 규정하고 있다.

1895년 3월 25일 칙령 제49호 법관양성소 규정에 의해 같은 해 5월 법관양성소가 개설되었고, 6개월간의 교육을 거쳐 같은 해 47명이 수료하였다. 1896년 2월 3일 이준

---

69) 사람을 죽이는 것을 말한다.

(李儁)이 한성재판소 검사시보로 발령받아 제1호 검사가 되었으나 1개월 2일 만에 면관되고, 후임으로 대한민국 제3대 부통령을 지낸 함태영이 임명되었다. 그 후, 이준은 1906년 6월 18일 평리원 검사로 임명되었다가, 1907년 네덜란드 헤이그에서 개최된 만국평화회의에 고종의 특사로 파견되어 을사조약의 무효와 한국의 독립에 대한 열강의 지원을 요청하다가 순국하였다.

4. 개정 재판소구성법

수년간의 편법과 시행착오를 거치면서 1899년 5월 30일 법률 제3호로 개정된 재판소구성법은 재판소의 심급에 관한 조정(재판소 조직을 지방재판소, 한성부 및 개항시장재판소, 순회재판소, 평리원(고등재판소의 개칭), 특별법원의 5종으로 함)을 시도한 이외에 새로운 형사사법제도를 종래의 구제도와 절충시켜 현실성을 제고하려는 노력을 나타내고 있다. 즉 개정 재판소구성법은 잠정적 조치로서 지방재판소를 각도 관찰청에 권설(權設)하고 관찰사가 판사를 겸임하며(동법 제59조) 각 개항장재판소는 각 개항서(港市署)에 겸설(兼設)하고 판사는 감리(監理)로 겸임토록 하고(동법 제60조), 또 순회재판소를 설치하지 않기로 하였다(동법 제61조). 또 동년 법부훈령 '개항장재판소 판사를 예겸(例兼)하는 각항부윤(各港府尹)의 소관지 방명안(方命案)은 해항경무관(該港警務官)으로 하여금 초검사무(初檢事務)를 담당케 하고 복검이상(覆劒以上)은 해관하군수(該管下郡守)로 하여금 담당케 하는 건'을 발하여 검찰업무의 변칙적 처리를 허용하였는데,[70] 이때 개정된 재판제도의 특색은 갑오개혁 당시의 본뜻과는 달리 재판기관을 모두 지방행정기관에 합설하게 하고, 판사도 지방관으로 충당하게 함으로써 복고의 길을 걷게 했다는 점이다.

한편 동법은 종전의 검사직무와 대동소이한 검사의 직무에 관한 사항(동법 제42조)과 검사가 사법경찰관에 대해 지휘권을 행사할 수 있다(동법 제43조)는 규정을 두고 있었으며, 이와 같은 법상태는 일제의 통감부가 설치되기까지 유지되었다.

Ⅱ. 통감부시대의 검찰제도

1. 신재판소구성법(新裁判所構成法)

1905년 11월 17일 일본의 강압에 의하여 이른바 을사조약이 체결되고, 같은 달 20일 통감부가 설치됨에 따라, 일본의 영향을 받아 1907년 12월 23일 법률 제8호로 새로운 「재판소구성법」(신재판소구성법)과 법률 제9호로 「재판소구성법시행법」이 제정·공포되었는데, 신재판소구성법에 의하면 재판소의 종류를 대심원(大審院)·공소원(控訴院)·지방재판소(地方裁判所)·구재판소(區裁判所)의 4종으로 하고, 각 재판소에 대하여 검사국을 두

---

70) 신동운, 「韓國檢察의 沿革에 관한 小考」, 檢察 通卷第100號紀念特輯號, 大檢察廳, 44면.

고(동법 제3조 제1항) 이에는 검사장(대심원 검사국에는 검사총장)을 두었으며 재판소 및 검사국의 행정업무와 검찰업무는 법부대신의 감독에 속하도록 함으로써(동법 제6조) 최초로 검사에 대한 조직체제를 재판소와 병치(併置)[71]하는 검사국의 형식으로 분리하였다.[72]

그리고 검사의 일반적인 직무권한에 관하여는 동법 제3조에 "검사는 공익을 대표하여 형사에 관하여 공소를 제기하고 판결의 집행을 감독하며, 민사에 대하여는 필요한 때에 통지를 구하여 의견을 진술할 수 있다. 경찰관리와 기타 행정관리는 검사의 요구에 의하여 그 직무를 방조(幇助)하여야 한다"고 규정하여 공익의 대표자로서의 검사의 지위를 최초로 천명함과 동시에 검사의 사법경찰에 대한 지휘·명령권을 명시하였다.

2. 민·형사소송규칙(民·刑事訴訟規則)

1908년 7월 13일 법률 제13호로 제정된 「민·형사소송규칙」 역시 검사에게 범죄수사권 및 사법경찰관에 대한 지휘권 그리고 인신구속에 있어서 영장발부권을 규정하고 있다.

【표 1-12】 민·형사소송규칙

제149조: 檢事는 犯罪가 有홈으로 思量혼 時는 其 搜査를 行홈이 可홈
제150조: 警觀·警部는 司法警察官이라 ᄒ야 檢事의 指揮를 受ᄒ야 犯罪를 搜査홈이 可홈 　　　巡査는 司法警察吏라 ᄒ야 檢事 及 司法警察官의 指揮를 受ᄒ야 犯罪搜査의 補助를 行홈이 可홈
제151조: 司法警察官은 司法警察事務에 關ᄒ야 檢事의 命令을 從홈이 可홈
제153조 제1항: 搜査에 當ᄒ야는 被告의 訊問·逮捕·拿引·拘留, 證人의 訊問·拿引, 鑑定, 檢證, 家宅搜索 及 物件押收를 行홈을 得홈 旦 司法警察官은 檢事의 許可를 有치 아니ᄒ면 十日以上 被告를 拘留홈을 得지 못홈
제158조 제1항: 拿引이나 拘留를 命홈에는 令狀을 發홈이 可홈

3. 사법경찰관집무규정(司法警察官執務規程)

1909년 4월 17일 법부령 제2호로 사법경찰관집무규정을 제정하여 같은 달 20일·22일·5월 20일 관보에 게재하여 공포함으로써 검사의 사법경찰관에 대한 지휘·명령권

---

71) 병치(併置)란 검찰이 법원의 소속이라는 말이 아니라 각 법원에 대응하여 각 검찰을 둔다는 것이다. 예컨대 서울지방법원에 대응하여 서울지방검찰청을 둔다는 의미이다. 따라서 통감부시대에는 총독부 법무부 소속인 각 재판소와 총독부 법무부 소속인 각 검사국이 있었던 것이다.
72) 당시 일본인 감독관 34명, 판사 74명, 검사 32명에 비해 한국인은 판사 36명, 검사 9명에 불과하였다(서울고등검찰청, 서울고등검찰청사, 2000, 26면)고 한다.

에 따른 사법경찰관의 업무처리준칙을 확립하였는데, 동규정은 全文 제69조로 구성되어 있고, 제1장 총칙, 제2장 수사, 제3장 사건송치, 제4장 영장집행, 제5장 군인, 군속에 관한 특별수속, 제6장 장부 및 서류로 구분되어 각 장별로 세부적인 지침을 규정하고 있다. 중요한 사항을 열거하면 다음과 같다.[73]

【표 1-13】 사법경찰관집무규정

① 사법경찰관은 검사의 지휘를 받아 범죄를 수사한다.
② 사법경찰관은 순사를 지휘하여 그 직무를 보조하게 하며, 필요한 때에는 순사를 경부대리로 명하여 사법경찰사무를 집행하게 할 수 있다. 이때에는 소관 경찰서장은 신속히 그 명단을 소관 지방재판소 검사장 및 구재판소 검사에게 보고해야 한다.
③ 사법경찰관은 다음과 같은 범죄가 발생하였을 때에는 신속히 이를 소관 지방재판소 검사장 및 사건 소관청의 검사에게 보고해야 한다.
   • 관리, 4등 이상 대훈자, 2품 이상의 유위자, 변호사의 금옥 이상에 해당하는 범죄
   • 형법대전 제4편 제1장 반란에 대한 범죄
   • 인명에 관한 범죄
   • 화폐위조에 관한 범죄(경미범죄 제외)
   • 신문지법에 관한 범죄(경미범죄 제외)
   • 보안법에 관한 범죄(경미범죄 제외)
   • 위 이외에 공안에 중대한 관계가 있는 범죄
④ 사법경찰관은 매월 처리한 범죄건수와 범죄원인에 관한 월표를 작성하여 다음달 10일 이내에 소관 지방재판소 검사장에게 제출한다.
⑤ 사법경찰관이 피고인을 구금한 후 검사에게 송치함이 없이 9월을 경과하면 이를 석방해야 하나, 사건 소관청 검사의 허가를 얻은 때에는 석방하지 않고 계속 수사할 수 있다.
⑥ 친임관이나 칙임관을 체포·인치 또는 구류하고자 할 때에는 사건 소관청의 검사에게 이를 보고하여 지휘를 받아야 하고, 주임관을 체포·인치 또는 구류한 때는 신속히 사건 소관청의 검사에게 그 뜻을 보고해야 한다.
⑦ 사법경찰관이 피고사건에 대한 수사를 종결한 때에는 원칙적으로 그 사건을 검사에게 송치해야 하나, 고소나 관청으로부터 고발받은 사건을 제외하고 피고사건이 경미하여 처벌할 실익이 없다고 사료하는 때에는 피고인에게 훈계를 가한 후, 사건을 검사에게 송치하지 않을 수 있다. 그러나 그 사실을 사건 소관청 검사에게 보고해야 한다.
⑧ 영장의 집행에 있어 재판소나 판사가 발부한 영장을 검사가 집행지휘서나 검인을 찍어 사법경찰관에게 집행지휘를 한다. 사법경찰관은 구인장이나 체포장을 집행했을 때 영장과 함께 그 지휘를 한 검사에게 압송하고, 구류장을 집행했을 때는 지정한 감옥이나 유치장에 압송한 후, 그 영장은 집행지휘한 검사에게 제출한다.

---

73) 김일수, 앞의 논문, 25면.

4. 통감부재판소령(統監府裁判所令)

일제는 1905년 을사보호조약을 통해 우리나라의 외교고권을 강탈한 후 1909년 한일의정서를 통해, ① 사법 및 감옥사무의 일본에의 위탁, ② 일본인의 사법관리채용, ③ 한국의 관계관청에 대한 일본측의 지휘명령권 부여 등을 강요하였다. 이 한일의정서를 계기로 하여 사법 및 감옥사무에 관한 일본국칙령, 통감부령, 통감부고시 등이 쏟아져 나오게 되었으며, 동일 맥락에서 1909년 10월 31일 대한제국의 재판소구성법 등 사법제도 관련 법령을 모두 폐지한 후, 이에 갈음하여 1909년 11월 1일 일본의 칙령인 통감부재판소령을 시행함에 따라 사법부 침탈이 완료되었다. 이에 따라 그때까지 대한제국 내각의 법부의 지휘·감독하에 있던 각 재판소 및 그에 부치된 검사국(檢事局)은 통감부의 지휘·감독에 예속되었고, 이들 기관에 대한 사법행정상의 지휘·감독권은 통감이 직접 행사하는 것으로 되었다.[74]

구체적으로 변혁된 주요 내용을 살펴보면, ① 종래의 각급재판소와 검사국이 대한제국 내각의 법부에 속하여 법부대신의 지휘·감독을 받았으나, 통감부재판소령에 의하여 통감의 지휘·감독을 받도록 하였고(제1조, 제9조), ② 종전의 대심원을 고등법원으로 개칭하고, 그 원장은 고등법원의 행정사무를 지휘·감독할 뿐이고 전국의 행정상의 지휘·감독권은 통감이 직접 행사하도록 하였으며(제12조), ③ 통감은 지방재판소의 사무의 일부를 취급하기 위하여 관할구역내의 구재판소에 지방재판소의 지부를 설치할 수 있고(제5조), ④ 통감은 지방재판소나 그 지부의 재판권에 속하는 형사사건의 예심을 명할 수 있고, 고등법원장도 일정한 경우에 고등법원 또는 하급재판소의 판사에게 예심을 명할 수 있게 하여 소위 **"예심제도"**를 창설하였다(제8조). 이와 관련하여 한국인 출신 판·검사에 대한 재판권 행사를 제한한 것이 특이한 점인데, 즉 한국인 출신 판·검사는 민사에 있어서 원·피고가 모두 한국인인 경우, 형사에 있어서는 피고인이 한국인인 경우에 한하여 재판할 수 있고, 일본인에 대하여는 일본인 판사만이 재판할 수 있게 하여 같은 재판소의 판·검사이면서도 차별대우를 명문화하였다(제25조)는 점이다.

한편 통감부재판소령의 시행에 의하여 종래에는 대심원 검사국의 검사총장이 법부대신의 명을 받아 전국 검찰사무를 지휘·감독하던 것을 대심원 검사국의 검사총장의 명칭을 고등법원 검사국 검사장으로 변경하고, 고등법원 검사국 검사장이 통감의 지휘·감독을 받아 검사국의 사무를 장리(掌理)하고 하급사무국을 지휘·감독하도록 하였으며(제17조), 지방재판소 검사국의 검사장을 검사정(檢事正)으로 명칭을 변경하였다(제19조). 또한 검사는 검찰사무에 대하여 상관의 명령에 복종하여야 한다(제9조)고 규정하여 검사

---

74) 신동운, "日帝下의 刑事節次에 관한 研究", 한국법사학 논총 제401호(박병호 교수님 화갑기념), 한국법사학회, 403면.

동일체의 원칙을 확립하였다.

【표 1-14】통감부재판소령

제2조 統監府裁判所를 나누어 區裁判所, 地方裁判所, 控訴院 및 高等法院으로 한다.
　　統監府裁判所의 설치, 폐지 및 관할구역은 통감이 이를 정한다.
　　統監府裁判所에 통감부판사를 설치하되, 판사는 勅任 또는 奏任으로 한다.
제9조 統監府裁判所에 檢事局을 倂置한다.
　　檢事局은 統監의 관리에 속하며 조선에 있어서의 검찰사무를 관장한다.
　　檢事局의 관할구역은 이를 병치하는 재판소의 관할구역과 같다.
　　檢事局에 統監府검사를 두고 검사는 勅任 또는 秦任으로 한다.
　　檢事는 검찰사무에 대하여 상관의 명령에 복종하여야 한다.
제17조 高等法院檢事局에 고등법원검사장을 둔다. 고등법원검사장은 統監의 지휘·감독을 받아 그
　　국의 사무를 掌理하고 하급검사국을 지휘·감독한다.
제26조 區裁判所檢事의 직무는 統監府警視, 統監府警部 또는 統監府裁判所書記로 하여금 이를 행
　　하게 할 수 있다.

한편, 1909년 11월부터 일본인들로 구성된 통감부재판소가 전면적으로 민형사재판을 담당하게 되면서, 법적 근거를 마련하기 위한 위의 통감부재판소령 뿐만 아니라 통감부재판소사법사무취급령, 한국인에 계(係)하는 사법에 관한 건이라는 일련의 법령들이 공포되었다.

【표 1-15】日本勅令 제238호 한국인에 계(係)한 사법에 관한 건

勅令 第二百三十八號(明治四十二年十月十六日)
韓國人에 係한 司法에 關한 件
第一條 統監府裁判所는 本令 其他 法令에 特別흔 規定이 有흔 境遇를 除흔 外에 韓國人에 對ㅎ야는 韓國法規를 適用홈
第二條 韓國人과 韓國人이 아닌 者의 間의 民事事件에 對ㅎ야는 左의 變更으로써 日本法規를 適用홈
但 韓國人에 對흔 裁判의 執行은 韓國法規에 依홈
　　一. 原告 又는 被告가 口頭辯論의 期日에 出頭치 아니흔 境遇에 在ㅎ야는 裁判所에서 適當홈으로 恩料흔 時에 限ㅎ야 申陳에 依ㅎ거느 又는 職權으로써 闕席判決을 行홈을 得홈
　　二. 民事訴訟法 第百十一條 第二項 第三項, 第二百十條, 第二百四十六條 乃至 第二百四十八條, 第二編 第二章 第二節, 第四百二十八條 及 第四百二十九條의 規定은 此를 適用치 아니홈
第三條 檢事 又는 司法警察官은 統監의 許可를 受ㅎ야 韓國의 親任官 又는 勅任官을 逮捕홈을 得홈 但 急速을 要ㅎ는 時는 直히 此를 逮捕ㅎ고 報告홈이 可홈
第四條 假出獄에 關흔 規定은 韓國法規에 依ㅎ야 處刑흔 者에게 亦 此를 適用홈

附則

本令은 明治四十二年 十一月 一日로붓터 此를 施行홈

　　특히 통감부재판소의 사법사무취급에 관해서는 "통상 재판소의 례에 의하도록"하였으므로 형사사건에 관한 한 이때부터 1890년 일본 명치형사소송법이 이 땅에서 우리 민족에게 적용되기 시작하였다. 그러나 의용의 기초가 된 통감부재판소의 사법사무취급령은 동시에 민사소송절차 및 형사소송절차에 관한 특례를 아울러 규정하였는바, 형사절차에 관한 한 수사기관의 권한강화, 예심 및 공판절차의 간소화 등을 들 수 있다.

【표 1-16】 日本勅令 제237호 統監部裁判所 司法事務取扱令[75]

第一章 總則

第一條 統監府裁判所에 在흔 司法事務의 取扱에 關ㅎ야ᄂ 通常 裁判所에 在흔 例에 依홈

第二條 司法事務에 關ㅎ야 司法大臣에 屬ᄒᄂ 職務ᄂ 統監이 此를 行홈

第三條 執達吏에 屬ᄒᄂ 職務ᄂ 統監府裁判所 書記가 此를 行홈 但 裁判所 又ᄂ 檢事局의 長은 警察官吏 其他 適當으로 認ᄒᄂ 者로 ᄒ야금 此를 行케 홈을 得홈

第四條 辯護士의 行홈이 可흔 職務ᄂ 韓國의 辯護士가 亦 此를 行홈을 得홈

第五條 裁判所ᄂ 必要흔 境遇에 在ㅎ야 辯護士가 아닌 者를 訴訟代理人 又ᄂ 辯護人으로 選任홈을 得홈

第二章 民事訴訟節次

第六條 民事의 當事者ᄂ 辯護士가 有흔 時라도 裁判所의 許可를 得ㅎ야 訴訟能力者를 代理人으로 홈을 得홈

　前項의 許可ᄂ 何時라도 此를 繳消홈을 得홈

第七條 假住所에 ㅎᄂ 送達은 此를 受홈이 可흔 人에 出會치 못ㅎᄂ 時ᄂ 假住所의 主人 又ᄂ 成長흔 同居의 親族 或은 雇人에게 此를 홈을 得홈

第八條 書記가 裁判所 內에서 送達을 受홈이 可흔 者에게 書類를 交付ㅎ고 受取證을 提出케 흔 時ᄂ 送達을 홈과 同一흔 效力을 生홈

第九條 訴訟關係人이 期日에 出頭홈이 可흔 旨를 記載흔 書面을 提出흔 時ᄂ 期日呼出을 홈과 同一흔 效力을 生홈

第十條 期日의 變更 又ᄂ 期間의 伸長은 當事者가 合意흔 境遇라도 相當흔 理由가 有홈이 아니면 此를 許치 아니홈

第十一條 受命判事 又ᄂ 受托判事ᄂ 檢証의 境遇에 在ㅎ야 申陳에 依ᄒ거ᄂ 又ᄂ 職權으로써 裁判所의 決定을 待치 아니ㅎ고 檢證事項에 關ㅎ야 證人을 訊問ᄒ거ᄂ 又ᄂ 鑑定을 命홈을 得홈

第十二條 證人 及 鑑定人은 此를 忌避홈을 得치 못홈

第十三條 判決은 職權으로써 此를 送達홈

　判決의 送達은 其 正本을 交付ㅎ야 此를 爲홈

第十四條 再度의 闕席判決에 對ㅎ야ᄂ 故障을 申陳홈을 得치 못홈

75) 관련된 법령들에 관하여는, 대한민국국회도서관, 統監府法令資料集 下, 97면 이하 참조.

第十五條 控訴의 提起는 控訴狀을 原裁判所에 提出ᄒ야 此를 爲홈

第十六條 判然히 許치 못홀 控訴 又는 判然히 法律上의 方式에 適치 아니ᄒ거나 或은 其 期間의 經過 後에 起ᄒ 控訴는 原裁判所 決定으로ᄡ 此를 却下홈 此決定에 對ᄒ야는 卽時 抗告홈을 得홈

第十七條 前條의 境遇를 除ᄒ 外 控訴의 提起가 有ᄒ 時는 書記는 速히 訴訟記錄과 共히 控訴狀을 控訴裁判所에 送致홈이 可홈

第十八條 控訴裁判所는 事件을 原裁判所에 返還홈이 可ᄒ 境遇에 在ᄒ야도 當事者 合意의 申陳이 有ᄒ 時는 直히 本案의 辯論 及 判決을 홈을 得홈

第十九條 事件의 移送 又는 返還의 判決을 受ᄒ 當事者가 其 判決確定의 日로붓터 六月內에 移送 又는 返還을 受ᄒ 裁判所에 口頭辯論期日 指定의 申請을 ᄒ지 아니ᄒ는 時는 其 申請을 ᄒ는 權을 失홈

第二十條 第十五條 乃至 第十七條의 規定은 上告에 此를 準用홈

第二十一條 檢事는 必要로 認ᄒ는 時는 裁判所의 通知를 求ᄒ야 其 意見을 述홈을 得홈

第二十二條 民事訴訟法 第五編의 規定은 此를 適用치 아니홈

第三章 刑事訴訟節次

第二十三條 裁判所나 官吏, 公吏의 作ᄒ 書類로셔 刑事訴訟法 第二十條, 第二十一條 其他 同法 規定의 形式에 瑕疵가 有ᄒ 者에 對ᄒ야는 當該官吏 公吏로 ᄒ야금 此를 補正케 ᄒ야 有效되게 홈을 得홈

第二十四條 刑事訴訟法 第七十八條 及 第百四條의 規定에 依ᄒ야 市町村長의 立會를 要ᄒ는 境遇에 在ᄒ야는 相當ᄒ 立會人이 有홈으로ᄡ 足홈

第二十五條 檢事는 急速의 處分을 要ᄒ는 者로 思料ᄒ는 時는 公訴提起 前에 限ᄒ야 檢證, 搜索, 物件執留를 ᄒ고 又는 被告人 證人을 訊問ᄒ거나 或은 鑑定을 命ᄒ는 等 豫審判事에 屬ᄒ 處分을 홈을 得홈 但 句留狀을 發ᄒ고 罰金, 科料 及 費用賠償의 言告를 ᄒ거나 又는 宣誓를 ᄒ게 홈을 得치 못홈

檢事는 司法警察官으로 ᄒ야금 前項의 處分을 ᄒ게 홈을 得홈

第二十六條 裁判所 又는 豫審判事는 必要ᄒ 境遇에 在ᄒ야는 司法警察官으로 ᄒ야금 檢證, 搜索, 物件執留를 ᄒ고 又는 證人을 訊問ᄒ거나 或은 鑑定을 命케 홈을 得홈

前項의 境遇에 在ᄒ야는 司法警察官은 罰金, 科料 及 費用賠償의 言告를 ᄒ고 又는 宣誓를 ᄒ게 홈을 得치 못홈

第二十七條 受命判事 又는 受托判事는 檢證의 境遇에 在ᄒ야 必要가 有홈으로 認ᄒ는 時는 裁判所의 決定을 待치 아니ᄒ고 搜索, 物件執留를 ᄒ고 證人을 訊問ᄒ거나 又는 鑑定을 命홈을 得홈

第二十八條 裁判所는 公判開廷 前이라도 檢證, 搜索, 物件執留 又는 證人, 鑑定人의 呼出을 決定홈을 得홈

第二十九條 刑事訴訟法 第二百三十七條 及 第二百六十四條 第三項의 規定은 死刑 又는 無期의 懲役 或은 禁錮에 該當홈이 可ᄒ 事件에 限ᄒ야 此를 適用홈

第三十條 裁判所는 一年 以下의 懲役, 禁錮 又는 三百圓 以下의 罰金에 處홈이 可ᄒ 者로 認ᄒ 事件에 在ᄒ야 被告人이 其 罪를 自白ᄒ 時는 他의 證憑의 取調를 ᄒ지 아니홈을 得홈

第三十一條 一年 以下의 懲役, 禁錮 又는 三百圓 以下의 罰金을 宣告ᄒ 判決에 對ᄒ야는 證據에 關ᄒ 理由를 省略홈을 得홈

前項의 境遇에 在ᄒ야 控訴의 申陳이 有ᄒ 時는 判決裁判所는 理由書를 作成ᄒ야 記錄과 共히

此를 控訴裁判所에 送致홈이 可홈

第三十二條 刑事訴訟法 第二百六十九條의 境遇를 除흔 外 第一審의 訴訟節次가 法律에 違反된 事가 有ㅎ더리도 判決에 影響를 及치 아니ㅎᄂ 時ᄂ 控訴裁判所ᄂ 控訴를 棄却홈이 可홈

第三十三條 故障, 控訴, 上告 又ᄂ 抗告를 홈을 得홈이 可ㅎ 者ᄂ 期間 內라도 其 權利를 抛棄 홈을 得홈

第三十四條 辯護人은 上訴를 홈을 得치 못홈

附則

本令은 明治四十二年 十一月 一日로붓터 此를 施行

그런데 위의 사법사무취급령에 보듯이, 일본은 이 땅에 근대적 형사절차를 도입하는 첫 순간부터 법관에 의한 강제수사권의 통제라는 근대 형사소송법의 대원칙을 철저하게 배제하였는데, 이것은 검찰·경찰 등 수사기관에게 예심판사에 준하는 권한을 부여하는 방식으로 행해진 것이다. 즉 검사는 급속의 처분을 요하는 것으로 사료할 시는 공소제기 전에 한하여 검증, 수색, 물건차압을 하고 또는 피고인, 증인을 신문하고 혹은 감정을 명하는 등 예심판사에 속하는 처분을 할 수 있었다(위 사법사무취급령 제25조 제1항 본문). 검사는 예심판사에 한하여 구류장을 발하고, 벌금, 과료 및 비용배상의 선고를 하거나 또는 선서를 하게 할 수 없다는 점에서 제한이 있을 뿐이었다. 검사는 또한 사법경찰관으로 하여금 자신에게 인정된 처분을 하게 할 수 있었다(동조 제1항 단서 및 제2항). 한편 경미사건의 경우에는 피고인의 자백이 있을 경우 증거조사 및 유죄판결의 이유설시를 생략할 수 있도록 하였으며(동령 제30조, 제31조), 변호인의 상소를 불허하였다(동령 제34조). 또 중한 사건의 경우를 제외하고는 제1심 소송절차가 법률에 위반하는 흠이 있다 하더라도 그것이 판결에 영향을 미치지 않을 때에는 공소재판소는 공소를 기각하도록 하였다(동령 제32조).

5. 한국에 있어서의 범죄즉결령(犯罪卽決令)

1909년 10월 16일 칙령(勅令) 제240호로 "한국에 있어서의 범죄즉결령"을 제정하고 같은 달 18일 관보에 게재하여 공포하고 같은 해 11월 1일부터 시행하도록 하였는데, 이는 일정한 범죄에 대하여 사법경찰관의 즉결심판권을 인정하여준 제도였다.[76]

【표 1-17】일본칙령 제240호 韓國에 재(在)한 범죄즉결령

第一條 統監府 警視 又ᄂ 統監府 警部로서 韓國의 警察署長 分署長된 職務를 有흔 者 又ᄂ 其 代

---

76) 1910. 6. 24. 체결된 한일약정각서에서 '한국정부는 경찰사무를 일본국 정부에 위탁한다고'고 규정히였고, 이에 따리 대한제국의 경시청을 폐지하고 통감부 산하 경무총장을 일본군 헌병대장이 겸임하도록 하였다.

理를 훈 者는 其 警察署 又는 分署의 管轄區域 內에 在훈 左의 犯罪를 即決홈을 得홈

  一. 拘留 又는 科料의 刑에 處홈이 可훈 罪

  二. 韓國法規에 依ᄒ야 笞刑 拘留 又는 三十圓 以下의 罰金의 刑에 處홈이 可훈 罪

 第二條 即決은 正式의 裁判을 用치 아니ᄒ며 被告人의 陳述을 聽ᄒ고 證憑을 取調ᄒ야 直히 其 言告를 홈이 可홈

 被告人을 呼出홀 必要가 無훈 時 又는 此를 呼出ᄒ야도 出頭치 아니ᄒ는 時는 即히 其 言告書의 謄本을 本人 又는 其 住居에 送達홈을 得홈

 第三條 即決의 言告를 受훈 者가 此에 服치 아니ᄒ는 時는 管轄 裁判所에 正式의 裁判을 請求홈을 得홈

 第四條 正式의 裁判을 請求ᄒ는 者는 即決의 言告를 훈 官署에 申陳書를 提出홈이 可홈

 其 期間은 第二條 第一項의 境遇에 在ᄒ야는 言告가 有훈 日로붓터 三日 同條 第二項의 境遇에 在ᄒ야는 送達이 有훈 日로붓터 五日로 홈

 前項의 期間 內에 正式의 裁判을 請求치 아니ᄒ는 時는 即決의 言告는 確定훈 者로 홈

 第五條 前條의 申陳을 受훈 官署는 速히 訴訟에 關훈 一切의 書類를 管轄 裁判所 檢事에게 送致홈이 可홈

 第六條 拘留의 言告를 훈 境遇에 在ᄒ야 必要로 認ᄒ는 時는 第四條에 定훈 期間 內 被告人을 留置홈을 得홈 但 刑期에 相當훈 日數를 超홈을 得치 못홈

 科料 又는 罰金의 言告를 훈 時는 其 金額을 假納케 홈이 可홈 若 納치 아니ᄒ는 時는 第四條에 定훈 期間 內 被告人을 留置홈을 得홈

 前項 留置의 期間은 一圓을 一日에 折算훈 日數를 超홈을 得치 못홈 但 一圓 未滿의 端數는 一日에 折算홈

 第七條 前條 第一項의 留置期間은 拘留의 刑期에 此를 通算ᄒ고 同條 第二項의 留置期間은 其 折算훈 金額로써 科料 又는 罰金의 金額에 算入홈

 第八條 留置를 被훈 者가 正式의 裁判을 請求ᄒ야 呼出狀의 送達이 有훈 時는 直히 其 留置를 解홈이 可홈

 附則

 本令은 明治四十二年 十一月 一日로붓터 此를 施行홈

    여기서 주목할 점은 통감부 경시 또는 경찰서장 분서장에게 ① 구류 또는 과료의 형에 처할 죄, ② 한국법규에 의하여 태형,[77] 구류 또는 30원 이하의 벌금형에 처할 경미범죄에 대하여 피고인의 진술을 듣고 증거를 조사하여 정식재판없이 즉시 형의 선고를 할 수 있도록 하는 고유의 즉결처분권을 부여하였다는 것이다(위 범죄즉결령 제1조, 제2조). 그리고 구류의 선고를 할 경우에 필요하다고 인정될 때에는 정식재판청구기간인 3일 또는 5일간 피고인을 유치할 수 있도록 하였다(동령 제4조, 제6조). 또한 즉결의 대상이 되는 범죄를 행위유형별로 특정하지 않고 법정형이 아닌 처단형(處斷刑)을 기준으

---

77) 1905년 4월 29일 대한제국의 형법이 제정되어 같은 해 5월 29일 관보에 게재·공포되었는 바, 동법 제93조에 주형을 死刑, 流刑, 役刑, 禁獄刑, 笞刑의 5종으로 한다고 규정하고 있다.

로 일반범죄에도 적용할 수 있도록 하였는데,[78] 이것은 통상 법원간의 업무분담을 결정하는 관할의 분배에 있어서 법정형이라는 추상적 기준을 사용하는 것과 극히 대조된다. 무엇보다도 봉건적 형벌제도인 태형을 '한국에 있어서의 범죄즉결령'을 통하여 한국인에 대해서만 경찰관이 즉결로 과할 법적 근거를 규정한 점은 근대적 형사절차 내지 형사사법의 구성원리로서는 도저히 이해할 수 없는 순전한 식민지폭압기구의 제도화로 해석할 수밖에 없는 것이다.

결국 검사 및 판사의 사법적 통제를 배제함으로써 근대적 형사사법체계의 정신에 배치되는 인권의 사각지대를 조장하였던 것이다.

Ⅲ. 조선총독부시대의 검찰제도

1910년 8월 29일 한일합방을 단행한 일본에 의하여 설치된 조선총독부는 1910년 10월 1일 제정 제5호로 「조선총독부재판소령」을 제정·공포하였다. 그 후 일제는 1911년 조선총독부의 명령, 제령(制令)에 법률과 같은 효력을 부여하는 일본국 칙령 제324호 「조선에 施行할 법령에 관한 건」을 제정하여 식민지사법조직의 구축을 마련한 후 식민통합의 불가결한 도구인 형사사법제도의 재편에 본격적으로 착수하였다.

【표 1-18】 일본국 칙령 제324호 「조선에 施行할 법령에 관한 건」

제1조 조선에서 법률이 필요한 사항은 조선 총독의 명령으로써 규정할 수 있다.
제2조 전조의 명령은 내각총리대신을 거쳐 칙령을 청하여야 한다.
제3조
  ① 임시, 긴급을 요할 경우 조선 총독은 바로 제1조의 명령을 내릴 수 있다.
  ② 전항의 명령은 발포 후 바로 칙령 재가를 청하거나 칙령 재가를 얻지 못한 경우, 조선 총독은 바로 그 명령이 장래를 향하여 효력이 없어진다고 공포하여야 한다.
제4조 법률 전부나 일부를 조선에 시행할 필요가 있는 것은 칙령으로 정한다.
제5조 제1조의 명령은 제4조에 따라 조선에 시행할 법률 및 특히 조선에 시행할 목적으로 제정할 법률 및 칙령에 어긋날 수 없다.
제6조 제1조의 명령은 제령(制令)으로 칭한다.

이 작업은 ① 조선총독부재판소령의 전면개정, ② 조선형사령의 제정 및 ③ 조선태형령의 제정[79]이라는 세 가지 입법을 통하여 이루어졌다. 특히 검사의 공소권과 관련하

---

78) 신동운, 앞의 논문, 50-51면.
79) 조선형사령은 일제에 의하여 1912년 3월 18일 制令 제11호로 제정된 이래 1945년 우리 민족의 해방에 이르기까지 12회에 걸쳐 개정되었다.

여, 위에서 언급한 것처럼 1909년 「한국에 있어서의 범죄즉결령」에 따라 경찰관에게 경미범죄에 대한 고유의 즉결처분권이 부여됨으로써 검사 및 판사가 전혀 개입하지 않는 형사사법체계가 이 땅에 도입되는 계기가 되었고, 이는 1910년 12월 「범죄즉결례」로 대체되는데 그 구상은 「한국에 있어서의 범죄즉결령」과 같았으나 그 적용대상을 행정법규위반죄까지 확대한 점이 주목된다. 즉, ① 구류 또는 과료의 형에 처할 죄, ② 3월 이하의 징역 또는 백 원 이하의 벌금 또는 과료의 형에 처할 도박의 죄 및 구류 또는 과료의 형에 처할 형법 제208조[80]의 죄, ③ 3월 이하의 징역, 금고 또는 구류 또는 백 원 이하의 벌금 또는 과료의 형에 처할 행정법규위반의 죄 등으로 식민지경찰의 즉결처분권을 확정하였다(범죄즉결례 제1조).

이에 따라 경찰서장이나 그 직무를 취급하는 자인 헌병분대장, 헌병분견소장에 의하여 즉결언도를 받아 많은 한국인들이 처벌을 받았고, 특히 태형은 한국인에게만 적용된 탄압의 수단이었으며, 헌병 및 경찰은 한국인을 불법으로 체포하고 고문하여 정식재판을 이용하지 않고 언도를 하는 방법으로 항일운동을 규제하는데 범죄즉결례를 악용하였던 것이다.

【표 1-19】 범죄즉결례(犯罪卽決例)

제1조 경찰서장 또는 그 직무를 취급하는 자는 그 관할구역 내에 있어서 좌(左)의 범죄를 즉결할 수 있다.

  1. 拘留 또는 科料의 형에 처할 죄

  2. 3월 이하의 징역 또는 백 원 이하의 벌금 또는 과료의 형에 처할 도박의 죄 및 구류 또는 과료의 형에 처할 형법 제208조의 죄

  3. 3월 이하의 징역, 금고 또는 구류 또는 백 원 이하의 벌금 또는 과료의 형에 처할 행정법규위반의 죄

제2조 ① 즉결은 재판의 정식을 사용하지 않고 피고인의 진술을 듣고 證憑을 취조하여 즉시 그 언도를 하여야 한다.

  ② 피고인을 호출할 필요가 없는 때 또는 그를 호출하여도 출두하지 아니한 때에는 즉시 그 흠渡書의 등본을 본인 또는 그 주소에 송달할 수 있다.

제7조 징역 또는 그 금고의 언도를 받은 피고인에 대하여는 경찰서장 또는 그의 직무를 취급하는 자는 拘留狀을 발할 수 있다.

제8조 구류의 언도를 할 경우에 있어서 필요한 때에는 제5조에 정한 기간[81] 내에 피고인을 유치할 수 있다. 단 언도한 형기에 상당한 일수를 초과할 수 없다.

---

80) 당시 시행중이던 일본형법 제208조는 "暴行을 가한 자가 사람을 상해함에 이르지 아니한 때에는 1년 이하의 징역 혹은 50원 이하의 벌금 또는 구류 혹은 과료에 처한다. 전조의 죄는 고소를 기다려서 이를 논한다"라고 규정되어 있다.

그 후 1911년에는 이 칙령을 일본국 법률 제30호로 격상시켰으며, 형사법제와 관련해서는 1912. 3. 18. 제령 제1호 조선형사령이 기본이 되었고, 조선형사령에 의해 시행된 일본법률로 형법 · 형법시행령 · 형사소송법 등이 있었다.

1. 조선총독부재판소령

1912년 조선총독부재판소령은 종래의 재판소제도를 폐지하면서 '공소원'을 '복심법원'으로(제21조), 구재판소를 '지방법원지청'으로 개칭하였으며(제26조), 조선총독부재판소를 지방법원 · 복심법원 및 고등법원의 삼심 삼급제를 채택하였으나(제2조 제1항), 검찰조직에 대하여는 지방법원지원을 설치할 때에 그 지원에 검사분국을 설치한다(제9조 제1항)는 규정 이외에는 통감부시대와 큰 차이가 없다. 즉 최고 정점에 검사가 아닌 조선총독이 존재하고, 경찰이 검사의 직무를 대리할 수 있다는 점 등은 통감부시대와 동일하다.

【표 1-20】 조선총독부재판소령

제2조 朝鮮總督府裁判所를 나누어 地方法院, 覆審法院 및 高等法院으로 한다. 　(이하 동일함) 제9조 朝鮮總督府裁判所에 檢事局을 併置한다. 지방법원지원을 설치할 때에는 그 지원에 검사분국을 설치한다. 　檢事局은 조선총독의 관리에 속하며 조선에 있어서의 검찰사무를 관장한다. 　檢事局의 관할구역은 이를 병치하는 재판소의 관할구역과 같다. 　檢事局에 조선총독부검사를 두고 검사는 勅任 또는 奏任으로 한다. 검사는 검찰사무에 관하여 상관의 명령에 복종하여야 한다. 제17조 高等法院檢事局에 고등법원검사장을 둔다. 고등법원검사장은 조선총독의 지휘 · 감독을 받아 그 국의 사무를 掌理하고 하급검사국을 지휘 · 감독한다. 제21조 중 「控訴院」을 「覆審法院」으로 바꾼다. 제26조 중 「區裁判所」를 「地方法院支廳의」로 바꾼다.

2. 1912년 조선형사령

조선형사령은 명치 44년(1911년) 법률 제30호 제1조에 기하여 일본의 형사법령을 이 땅에 '의용'(依用)하도록 함으로써 근대 형사법령으로서 당시 일본의 1907년 형법, 1890년 형사소송법(소위 명치형사소송법)이 기본적인 형사재판의 준칙으로 사용되게 되었다.[82] 즉, 조선형사령은 조선에 있어서 형사에 관한 실체적 규정 및 절차규정을 포괄하

---

81) 징식재판청구기간인 3일 또는 5일을 말한다.

82) 1912년 조선형사령은 1890년 일본의 소위 명치형사소송법을 依用하였는데, 이 법률은 1922년 전면개

며, 대부분 형사에 관한 법규의 전체를 이루는 중요한 법원(法源)인 것이다. 물론 명치 43년(1910년) 8월 29일 한국이 일본에 강제로 합병됨과 동시에 일본의 법령이 조선에 그 효력이 미치는 것은 당연한 일이지만, 조선의 특수사정에 부응하기 위하여 같은 날 긴급칙령으로써 "법률의 전부 또는 일부를 조선에 시행함을 요하는 것은 칙령으로써 정한다. 조선에서 법률을 요하는 사항은 조선총독의 명령으로 규정할 수 있다"[83]고 규정하여 일본의 법률이 조선에 효력을 미치는 것을 제한하는 한편, 헌법상의 소위 입법사항에 관하여 규정하는 것을 조선총독의 명령에 위임한 것이다. 또한 조선총독은 칙령(勅令; 천황이 의회의 심의를 거치지 않고 내린 명령)으로써 규정하여야 할 소위 대권사항(大權事項)에 관하여 그 관제(官制) 제4조에 의하여 수여된 직권 또는 특별한 위임에 기한 조선총독부령을 발할 수 있게 되었다.[84]

【표 1-21】 조선형사령

제1조 형사에 관한 사항은 본령, 기타의 법령에 특별한 규정이 있는 경우를 제외하고는 다음의 법률에 의한다.
1. 형법
1의2. 도범 등의 방지 및 처분에 관한 건
2. 형법시행법
3. 폭발물단속벌칙
4. 결투죄에 관한 건
5. 통화 및 증권모조(模造)단속법
6. 외국에서 유통하는 화폐·지폐·은행권 위조·변조 및 모조에 관한 건
7. 인지범죄처벌법
8. 해저전신선보호만국연합조약벌칙
9. 형사소송법
10. 외국재판소의 촉탁으로 인한 공조법

정되어 소위 대정형사소송법으로서 1924년부터 시행되었다. 이에 따라 조선형사령도 1924년 개정을 보게 되었고, 이 개정된 조선형사령과 대정형사소송법이 일제말까지 식민지 형사절차에 관한 법령의 기반이 되었다.

83) 동 긴급칙령은 명치 44년(1911년) 법률의 형식으로 개정되었다. 즉, 명치 44년 법률 제30호 '조선에 시행할 법령에 관한 건'이 이것으로, 이 위임에 기초하여 조선총독의 명령은 천황의 재결을 거쳐서 발포되어야 할 것으로서(위 법률 제1조, 제2조), 특히 이 명령을 제령(制令)이라고 부른다(동 제6조). 이에 속하는 법규는 대단히 많지만, 그중 가장 중요한 것은 조선총독부재판소령, 조선민사령 및 조선형사령으로 민법, 상법, 파산법, 민사소송법, 형법, 형사소송법의 대법전들은 이 민사령 또는 형사령의 내용을 이루는 것이다.

84) 국역 朝鮮刑事令釋義, 법원도서관, 2면.

> 10의2. 일만(日滿)사법사무공조법
>
> 11. 형사소송비용법
>
> 12. 형사보상법
>
> 제2조 전조의 법률 중 대심원의 직무는 고등법원, 대심원장의 직무는 고등법원장, 검사총장의 직무
> 는 고등법원 검사장, 검사장의 직무는 복심법원 검사장(覆審法院 檢事長), 항소원 검사의 직무
> 는 복심법원 검사(覆審法院 檢事), 지방재판소 검사(地方裁判所 檢事) 및 구법원 검사의 직무는
> 지방법원 검사(地方法院 檢事)가 이를 행한다(대정 11년(1922년) 제령 제14호로 개정).

그러나 표면상의 근대 형사법전의 시행에도 불구하고 식민지 형사사법의 편의를 꾀하기 위하여 각종 독소조항(동법 제12조 등)이 일본 형법, 형사소송법에 대한 소위 특례로서 규정되어 근대적 형사소송법의 핵심부분, 특히 강제수사권에 관한 제반 규제를 완벽하게 배제함으로써 인권보장을 그 출발점으로 하는 서구식 근대 형사사법의 근간을 형해화하였다. 특히 조선형사령은 식민지통치를 목적으로 사법경찰관에게 구류장발부의 권한을 제외하고는 검사와 거의 대등한 강제수사권을 부여하면서 한편으로는 검사와 동일한 직권을 가지는 조선총독부경무총장(朝鮮總督府警務總長, 조선총독부 도지사에 해당)을 정점으로 기능하는 한편 검사의 수사보조자로서 검사의 명령에 복종한다는 이원적 명령체계(二元的 命令體系)에 따르고 있었다.[85]

【표 1-22】 조선형사령

> 제4조 조선총독부경무총장은 사법경찰관으로 하여금 범죄를 수사함에 대하여 지방법원검사와 동일
> 한 직권을 갖는다.
>
> 제5조 左 기재한 관리는 검사의 보좌로 하여 그 지휘를 받아 사법경찰관으로서 범죄를 수사하여야 한다.
>
> 一, 조선총독부경무부장[86]
>
> 二, 조선총독부경시, 경부
>
> 三, 헌병장교, 준사관, 下士
>
> 전항의 사법경찰관은 검사의 직무상 발한 명령에 따른다.
>
> 제11조 검사 또는 사법경찰관은 형사소송법 제144조·제146조 또는 제147조의 경우에 범죄 장소를 임검
> 할 필요가 없다고 인정하는 때에는 임검을 하지 아니하고 예심판결에 속하는 처분을 할 수 있다.
>
> 제12조 ① 검사는 현행범 아닌 사건이라도 수사의 결과 급속한 처분을 요할 것으로 사료하는 때에
> 는 공소제기전에 한하여 영장을 발하여 검증, 수색, 물건차압(物件差押)을 하고 피고인, 증인을
> 신문하거나 또는 감정을 명할 수 있다. 단 벌금, 과료 혹은 비용배상의 언도를 하거나 또는 선
> 서를 하게 할 수는 없다.
>
> ② 전항의 규정에 의하여 검사에게 허한 직무는 사법경찰관도 또한 가(假)로 이를 행할 수 있

---

85) 송해은, 앞의 논문, 45면.

86) 경찰부장인 조선총독부 도사무관을 말한다.

다. 단 구류장을 발할 수는 없다.

제13조 ① 사법경찰관은 전조 제2항의 규정에 의하여 피고인을 신문한 후 금고 이상의 형에 해당하는 자로 인정되는 때에는 14일을 초과하지 아니하는 기간 유치할 수 있다.

② 사법경찰관은 전항의 유치기간 내에 증빙서류 및 의견서와 함께 피고인을 관할 재판소의 검사에게 송치하여야 한다.

③ 전2항의 규정은 사법경찰관이 형사소송법 제147조 제1항의 직무를 행하는 경우에 준용한다.

제14조 전2조의 경우에 대하여는 제1조의 법률 중 예심에 관한 규정을 준용한다.

제15조 검사가 피고인을 구류한 경우에 20일 이내에 기소의 절차를 밟지 아니하는 때에는 이를 석방하여야 한다. 형사소송법 제146조 제2항의 규정[87]은 이를 적용하지 아니한다.

제16조 검사는 범죄의 수사를 종료하여 유죄로 사료하는 때에는 공판을 구하여야 한다. 단 구류 또는 과료에 해당하는 사건을 제(除)한 외 사건이 번잡할 때에는 예심을 구할 수 있다.

제17조 재판소 또는 예심판사는 필요하다고 인정하는 때에는 사법경찰관에게 검증·수색·물건의 차압을 하게 하거나 감정을 명하도록 할 수 있다. 이 경우에는 제12조 제1항의 단서 규정을 준용한다.

제20조 ① 재판소는 급속을 요하는 것으로 인정하는 때에는 공판개정 전이라 하더라도 검사에게 통지하여 수색, 물건을 차압하거나 증인을 신문 또는 감정을 명할 수 있다. 이 경우에는 소송관계인은 입회를 하지 아니한다.

② 재판소는 그 부원 1명에게 명하여 전항의 처분을 하게 할 수 있다.

제26조 ① 1년 이하의 징역·금고 또는 300원 이하의 벌금을 언도한 제1심의 판결에 대하여는 증거에 관한 이유를 생략할 수 있다.

② 전항의 경우에 공소의 제기가 있은 때에는 판결재판소는 이유서를 작성하여 공소재판소에 송부하여야 한다.

이처럼 제4조는 조선총독부경무총장(도지사)에 한하여 그의 행정관할지 안에서 사법경찰관으로서 범죄수사에 관하여 지방법원 검사와 동일한 직권을 가지도록 규정하고 있으므로 수사에 관하여는 지방법원 검사의 지휘·명령을 받지 아니한다. 그러나 지방법원 검사의 상관, 즉 고등(高等)·복심(覆審)의 검사장(檢事長) 및 검사정(檢事正)의 지휘·명령에는 복종하여야 한다. 예컨대 고등법원의 특별권한에 속하는 범죄수사에 관하여 고등법원 검사장(高等法院 檢事長)의 지휘를 받아야 하는 것은 보통의 사법경찰관과 마찬가지이다.

제5조는 범죄수사에 대하여 검사의 보좌로서 그 지휘를 받는 사법경찰관으로 경찰부장인 도사무관, 도경시, 도경부, 도경부보, 헌병장교, 준사관, 하사를 열거하고 있는데, 동조 제2항의 규정은 재판소구성법 제84조 제1항[88]과 동일한 취지라고 할 것이다.

---

87) 명치형사소송법 제146조 제2항은 「만일 피고인에 대하여 구류장을 발한 때에는 3일내에 기소의 절차를 행하여야 한다」라고 규정하고 있다.

88) 재판소구성법 제84조 제1항은 사법경찰관은 검사가 직무상 그 검사국 관할구역 안에서 발한 명령과 그 검사의 상관이 발한 명령에 따른다고 규정하고 있다.

제12조는 검사 또는 사법경찰관은 현행범이 아닌 사건이라도 수사의 결과 급속한 처분을 요하는 것이라고 사료하는 때에는 공소제기 전에 영장을 발하여 검증, 수색, 물건차압(物件差押)을 하고 피고인,[89] 증인을 신문하거나 또는 감정을 명할 수 있도록 규정하였다. 명치형사소송법에서는 당초 현행범일 경우에만 검사, 사법경찰관이 직권으로 강제처분을 할 권한이 있었으나, 조선형사령 제12조 및 제13조는 현행범이 아니어도 급속한 처분을 요한다고만 판단하면 영장을 발부하여 검증, 수색, 물건차압(物件差押) 등 대물적 강제처분은 물론 구류에 의한 피고인신문 등 대인적 강제처분까지 할 수 있도록 허용하고, 사법경찰관도 피고인을 신문하고 금고 이상 형에 해당한다고 판단하면 14일 까지 유치할 수 있도록 허용하는 등 강제처분 권한을 확대해 준 것이다. 이때 '급속한 처분을 요한다'는 요건의 판단은 해당 관헌의 판단에 맡긴다는 것이 당시 판례였기에[90] 그 재량행사에 대한 사법심사는 사실상 불가능하였다.

제15조는 검사는 구류장(拘留狀)을 발하여 피의자의 신병을 확보한 후 20일 내에 공소를 제기하도록 규정하였으며, 사법경찰관은 구류장을 발할 권한은 없었으나, 그 대신 14일 간 피의자의 신병을 확보할 수 있는 유치명령권이 부여되었다(동령 제13조). 특히, 식민지검찰 및 경찰의 강제수사처분에 대해서는 명치형사소송법 중 예심에 관한 규정이 준용되었으므로(제14조), 수사기관작성의 각종 조서가 예심판사의 조서와 동일한 효력을 갖는다는 점이다. 즉, 증거능력에 별다른 제한이 없는 것으로 해석되었다.

제20조는 재판소 또는 예심판사는 필요하다고 인정하는 때에는 사법경찰관에게 검증·수색·물건의 차압을 하게 하거나 감정을 명할 수 있도록 하였으며, 급속을 요한다고 인정할 때에는 공판개장 전이라 하더라도 검사에게 통지하여 수색, 물건을 차압하거

---

89) 대륙법계 형사소송법과 동일하게 명치형사소송법 '피고인'의 개념에는 '피의자' 개념이 포함되어 있다.

90) 사법정책연구원 연구총서(2021 – 14), 「수사기관 작성 조서의 증거 사용에 관한 연구: 2020년 개정 형사소송법에 따른 실무 변화 모색」, 14면(朝鮮高等法院 判決 明治 44年(1911) 9月 4日 朝高録 1卷 176頁, 「상고이유 제4점은 다음과 같다. 원심판결에 원용한 감정인 산기용장(山﨑勇藏, 야마자키) 외 1명의 감정서는 제1심법원 검사가 공소제기 전에 명한 감정으로서 이 경우에는 검사가 급속의 처분을 요한다고 사료한 경우에 한정해야 하므로 조서에 그 사실을 기재하여 검사의 직권 내의 처분인 점을 명백히 해야 한다. 그런데도 본건 조서에 아무런 기재가 없기 때문에 그 처분은 무효이고 따라서 감정서도 또한, 무효라고 해야 한다. 따라서 그 무효의 서류를 증거로 이용한 것은 위법하다. 그러나 급속의 처분을 필요로 하든 안 하든 그것은 오로지 당해 공무원의 판단에 일임되어 있으므로 적어도 그 판단상 급속의 처분을 필요로 하여 그 처분을 한 경우에는 그 처분이 유효한 것은 물론이다. 게다가 형사소송법상 급속의 처분을 필요로 하였다는 점을 조서에 기재하여 명확히 하여야 한다는 규정은 없으므로 소론의 처분은 당해 검사가 급속의 처분을 필요로 한 것에서 비롯된 것이라고 인정해야 히는 것이 당언하므로 이것을 무효라고 하여 원심판결을 공격하는 본 논지는 그 이유가 없다」).

나 증인을 신문 또는 감정을 명할 수 있도록 하였다. 그리고 이 경우에는 소송관계인은 입회를 요하지 않도록 하였다.

제26조는 1년 이하의 징역·금고 또는 300원 이하의 벌금을 언도한 제1심의 판결에 대하여는 증거에 관한 이유를 생략할 수 있도록 하였다.

결국 수사기관에 대한 수사절차상 특례조항을 두어 준법관적 권한을 부여한 것으로 식민지 형사사법 특유의 전근대성을 나타냄과 동시에 법관에 의한 수사기관의 권한남용을 견제한다는 근대적 형사소송법의 기본구도가 완전히 배제되는 것을 의미한다고 볼 것이다.

3. 1912년 조선태형령(朝鮮笞刑令)

조선형사령은 1907년 일본형법을 의용하기로 하면서 구한말(舊韓末)의 법령이었던 형법대전(刑法大典)을 폐지하였는데, 일제가 대한제국의 법령이었던 형법대전을 그때까지 사용하였던 것은 그 봉건적 형벌체계, 특히 태형을 활용하기 위함이었다. 그런데 형법대전이 폐지되면 태형의 법적 근거가 소멸하게 될 것이므로 이에 대비하여 일제는 「조선태형령」을 발하여 종래의 봉건적 태형제도를 유지하여 식민지 지배를 위한 야만적, 비인간적, 폭압적 직접 강제수단을 확보하였던 것이다. 이것이 바로 근대적 경찰기구가 이 땅에 들어오면서 우리 민족에 대하여 체벌, 즉 매질을 가하는 기관 내지 장소로 일반인들이 인식하게 되었다는 사실을 의미한다.[91]

【표 1-23】 조선태형령

제1조 3月 以下의 징역 또는 拘留에 處해야 할 것은 그 情狀에 의하여 笞刑에 處할 수 있다. 제3조 百圓 以下의 罰金 또는 科料의 言渡를 받은 자가 그 言渡確定後 5日內에 이를 完納치 아니할 때에는 檢事 또는 卽決官署의 長으로 그 情狀에 依하여 笞刑으로 換刑할 수 있다. 但 笞刑 執行 中 아직 執行하지 아니한 笞數에 相當하는 罰金 또는 科料를 納付한 때에는 笞刑을 免함. 제11조 笞刑은 監督 또는 卽決官署에서 秘密히 이를 執行함. 제13조 本令은 朝鮮人에 限하여 이를 適用함.

---

91) 신동운, "일제하의 형사절차에 관한 연구", 박병호 교수 화갑기념(Ⅱ), 한국법사학논문집(1991), 408-409면(...(중략)... 이 조선태형령은 범죄즉결례와 결합하여 일제식민지통치의 첨병인 경찰, 헌병 등에게 태형을 수반하는 즉결처분권을 부여하였고, 일제는 이를 통하여 식민지 지배에 있어서 절대적 공포분위기의 조성과 극도의 소송경제라는 이중의 효과를 거둘 수 있었다... (중략)... 식민지 경찰은 태형을 통하여 합법을 가장한 고문을 가할 수 있었고, 이 때문에 일제가 이땅에 근대적 경찰기구를 도입하는 초기부터 우리 민족은 경찰을 매질을 하는 기관으로 인식하게 되었다...).

위에서 보는 것처럼, 조선태형령의 적용대상은 ① 3월 이하의 징역 또는 구류에 처할 사람, ② 100원 이하의 벌금 또는 과료에 처할 사람, ③ 벌금 또는 과료가 미납된 사람들이었으며(조선태형령 제1조 내지 3조), 환형처분의 주체는 검사와 즉결관서의 장이었다(동령 제3조). 그리고 태형의 집행은 감옥 또는 즉결관서에서 비밀히 집행하도록 하였다(동령 제11조).

결국 조선태형령은 범죄즉결례와 결합하여 일제식민지통치의 첨병인 경찰, 헌병 등에게 태형을 수반하는 즉결처분권(검사·판사 관여없이 경찰이 피고인의 진술을 듣고 형을 선고하는 권한), 태형집행권(볼기를 때리는 야만적 형벌로서 조선인에 대해서만 집행), 훈계방면권(경찰이 경미사건이라고 판단하면 피의자를 훈계방면하는 권한), 행정검속권(공안을 해할 우려가 있다고 판단하면 3일간 예방구금 권한)을 부여하였고, 일제는 이를 통하여 식민지지배를 위한 절대적인 공포분위기의 조성 및 극도의 소송경제라는 이중의 효과를 거둘 수 있었던 것이다. 당시 전체사건의 40% 가량을 판사와 검사의 관여없이 경찰이 단독으로 범죄즉결처분을 하였다[92]고 한다.

4. 1922년 조선형사령

조선형사령에 의하여 의용되는 일본의 형사소송법이 1922년 5월 4일 법률 제75호로 전면 개정되자(소위 대정형사소송법), 이의 시행에 맞추어 1922년 12월 7일 조선형사령도 제령(制令) 제14호로 전면개정되었는데(1924년 시행), 그중 검찰에 관한 부분을 살펴보면 다음과 같다.

【표 1-24】 조선형사령 제12조

> 제12조 ① 검사는 형사소송법에 규정한 경우 이외에 사건이 금고 이상의 형에 해당하고 급속한 처분을 요할 것으로 사료하는 때에는 공소제기 전에 한하여 押收, 搜索, 檢證 및 被疑者의 勾引, 被疑者 또는 證人의 訊問, 鑑定, 通譯 또는 飜譯의 處分을 할 수 있다.[93]
> ② 前項의 規定에 의하여 檢事에게 허용된 처분은 司法警察官도 또한 이를 할 수 있다.
> ③ 형사소송법 제87조 제1항, 제88조 및 제131조의 規定은 前2項의 被疑者의 勾引에, 형사소송법 제1편 제12장 내지 제15장 중 檢事 또는 司法警察官이 하는 처분에 관한 규정은 前 제2항의 證人의 訊問, 鑑定, 通譯 또는 飜譯의 처분에 관하여 이를 준용한다.

---

92) 문준영, 『법원과 검찰의 탄생』, 역사비평사, 1991, 574면.
93) 형사소송법은 검사, 사법경찰관이 증인, 감정인, 통역인, 번역인을 신문하는 경우에 선서를 하게 할 수 없는 것(동법 제215조, 제228조, 제236조)을 규정하고 있다. 이 일반적인 규정이 형사령에 의하여 검사 또는 사법경찰관이 급속처분을 하는 경우에도 당연히 적용되는 것은 물론이다.

1922년 조선형사령 제12조는 1912년 조선형사령과 달리 금고 이상의 형에 해당하는 사건에 한하여 급속한 처분을 허용하고 있다.[94] 그러나 위에서 보는 것처럼 대정형사소송법 제56조[95] 및 조선형사령 제12조가 사법경찰관리 작성의 조서에도 절대적 증거능력을 인정함으로써 일단 사법경찰관리가 작성한 조서에 자백이 기재되어 있기만 하면 그것으로 유죄의 증거가 확보된 것이었다. 즉, 제12조는 피의자구인, 증인신문, 검증, 감정, 통역, 번역 등 검사 및 사법경찰관의 강제수사에 대하여 대정형사소송법상 예외적으로만 인정되었던 수사기관의 강제수사의 규정을 준용하게 함으로써 수사기관 작성 조서에 대하여 **'법령에 의하여 작성된 신문조서'**의 지위를 부여한 것이다. 이는 특히 사법경찰관 작성의 각종 신문조서에 대하여 의미가 있는데, 절대적 증거능력이 있는 사법경찰관 작성 조서에 피의자의 자백을 담기 위하여 일제가 고문이 자행되었던 것은 잘 알려진 사실이다.

결국 절대적 증거능력이 인정된 一件 수사서류는 검사의 공소유지에 있어서 아무런 어려움을 남기지 않았으며, 법관의 입장에서도 일본어로 재판되는 공판의 실제에서 한국인 피고인의 법정진술을 통역하거나 번역하는 번거로움을 피하기 위하여 수사서류를 중심으로 심리를 행하는 것이 일반적이었으며, 이러한 관행은 특히 일제 말 전시형사특별법(戰時刑事特別法)[96]의 발효에 따라 순수한 서면심리에 의한 형사재판이 가능하게 됨으로써 본격적인 조서재판제도(調書裁判制度)의 완성을 보게 된 것이다.[97]

【표 1-25】 조선형사령 제13조

제13조 ① 司法警察官은 前條 제2항의 규정에 의하여 被疑者를 訊問한 후 刑事訴訟法 제87조 제1

---

94) 제12조 검사는 형사소송법에서 규정한 경우 외에 사건이 금고이상의 형에 해당하며 급속의 처분이 필요하다고 인정하는 때에는 공소의 제기전에 한하여 압수, 수색, 검증 및 피의자의 구인, 피의자 혹은 증인의 신문, 감정, 통역 또는 번역의 처분을 할 수 있다. 전항의 규정에 의하여 검사에게 許한 처분은 사법경찰관 또한 이를 할 수 있다. 형사소송법 제87조 제1항(구인사유), 제88조(구인장) 및 제131조(기타 준용규정)의 규정은 전 제2항의 勾引에, 형사소송법 제1편 제13장 내지 제15장(증인신문, 감정, 통역에 관한 장) 중 검사 또는 사법경찰관이 하는 처분에 관한 규정은 전2항의 증인의 신문, 감정, 통역 또는 번역의 처분에 대하여 이를 준용한다.

95) 大正刑事訴訟法 제56조 被告人, 被疑者, 證人, 鑑定人, 通事 또는 飜譯人의 訊問에 관하여는 調書를 作成하여야 한다(이하 생략).
  大正刑事訴訟法 제343조 被告人, 其他者의 供述을 錄取한 書類로서 法令에 의하여 作成한 訊問調書가 아닌 것은 다음의 경우에 한하여 이를 證據로 할 수 있다(이하 생략).

96) 戰時刑事特別法 제22조의3: 裁判所 또는 豫審判事가 상당하다고 認定한 때에는 證人 또는 鑑定人의 訊問에 대신하여 書面의 提出을 하게 할 수 있다.

97) 신동운, 「韓國 檢察制度의 現況과 改善策」, 서울대 법학 제29권 제2호, 40면.

항 각 호에 규정한 사유가 있다고 사료한 때에는 10일을 넘지 않는 기간 이를 留置할 수 있다.
② 司法警察官은 前項의 留置期間 內에 서류 및 증거물과 함께 被疑者를 관할법원의 검사 또
는 相當官署에 송치하는 절차를 취하여야 한다.
③ 前 2項의 規定은 司法警察官이 刑事訴訟法 제127조의 규정에 의하여 被疑者를 訊問하여 禁
錮 이상의 刑에 해당하는 者라고 사료하는 경우에 준용한다.

1922년 조선형사령 제13조는 1912년 조선형사령과 달리 사법경찰관의 유치기간이
10일(이전에는 14일)로 단축되었다. 구체적으로 살펴보면, 본조 제1항은 사법경찰관이 피
의자를 유치함에 있어 "피고사건이 형사소송법 제87조 제1항 각호에 규정하는 사유(구속
사유: 주거부정, 죄증인멸, 도망하거나 도망의 염려가 있는 때)가 있다고 사료하는 때에는"이
라고 하여 일견 '금고 이상의 형에 해당하는' 사건임을 조건으로 하지 않는 것 같지만,
이미 본령 제12조에서 피의자신문을 할 수 있는 것은 금고 이상의 형에 해당하는 자로
한정되었기 때문에 '금고 이상의 형에 해당하는 자라고 사료하는 때'라는 문자를 중복하
여 표시할 필요가 없었던 것이다. 제2항의 '상당관서'란 군법회의와 같은 특별법원을 말
하는 것으로, 예를 들면 체포된 자가 군인임이 신문 결과 판명된 때와 같다. 제3항은 사
법경찰관이 형사소송법 제127조의 규정(현행범체포 또는 구인영장이 집행된 피의자를 인취
한 즉시 신문하여 유치할 필요가 있다고 판단한 경우) 또는 사건이 금고 이상의 형에 해당
하는 것이라고 사료하는 때에는 다른 경미한 사안과 달리 그 조사에 시일을 소요하는
일이 많기 때문에 형사소송법 제127조와 같이 48시간 이내에 송치함을 요구하지 아니한
것이다. 즉, 본조 제3항에서 본조 제1항 및 제2항의 규정을 준용하여 10일을 넘지 않는
기간 이를 유치하고, 그 기간 이내에 서류 및 증거물과 함께 피의자를 관할법원의 검사
나 상당관서에 송부하는 절차를 취하도록 한 것이다.[98]

【표 1-26】 조선형사령 제15조

제15조 ① 檢事가 제12조의 규정에 의하여 被疑者를 訊問한 후 刑事訴訟法 제90조에 규정된 사유
(被疑者가 住居를 가지지 아니하고 證據湮滅의 염려가 있는 때)가 있다고 사료하는 때에는 이
를 拘禁할 수 있다. 이 경우에는 刑事訴訟法 제91조 및 제131조의 규정을 준용한다.
② 檢事가 전항의 규정에 의하여 被疑者를 拘禁한 경우에 10일 이내에 公訴를 제기하지 아니한
때에는 拘禁을 取消하여야 한다.
③ 檢事가 被疑者를 拘禁한 때에는 다시 刑事訴訟法 제255조의 규정에 의하여 拘禁을 請求할
수 없다.

---

98) 국역 朝鮮刑事令釋義, 법원도서관, 71면.

형사소송법은 피고인 또는 피의자를 구금함에는 반드시 금고 이상의 형에 해당하는 자임을 필요로 하지 않는다.[99] 그러나 검사가 조선형사령에 의하여 피의자를 구금하는 것은 금고 이상의 형에 해당할 것으로 사료하는 경우로 한정한 것이다. 또한 형사소송법 제90조 제1항은 법원이 피고인을 구금함에는 언제나 제87조 제1항 각 호에 규정된 사유가 있는 경우에 한정하고 있으므로, 조선형사령에 의하여 검사가 구금처분을 하는 경우에도 이 조건을 준수하여야 하는 것으로 하였다. 즉, 조선형사령에 의하여 검사가 피의자를 구금함에는 사건이 금고 이상의 형에 해당하고, 피의자가 주거부정, 증거인멸, 도망의 염려가 있는 경우로 한정한 것이다.

한편, 본조 제2항은 구법하에서는 20일 간 구금할 수 있었지만, 현시점의 실정에 비추어 그 기간이 약간 지나치게 길다는 경향이 있다고 하여 10일 간으로 단축한 것이다. 따라서 이 10일 이내에 공소를 제기하지 아니한 때에는 신병을 석방하여야 한다.

【표 1-27】 조선형사령 제16조

> 제16조 형사소송법 제113조 중 2월로 쓰여 있는 것은 3월로 하고, 1월마다로 쓰여 있는 것은 2월마다로 한다.

1922년 조선형사령이 검사의 구류장에 의한 유치기간을 종래 20일에서 10일로(동령 제15조 제2항), 사법경찰관의 유치기간은 14일에서 10일로(동령 제13조) 다소 단축한 반면, 대정형사소송법상 기본 2개월, 매 1개월마다 연장하도록 되어 있던 예심판사와 법원의 구류 및 그 갱신기간을 3개월 및 2개월로 각각 연장하였다(동령 제16조). 형사소송법에 비하여 그 기간을 연장한 것은 조선 현시(現時)의 교통 실정에 비추어 형사소송법의 규정이 지나치게 짧다는 경향이 있음에 기인한 것이지만, 무제한의 구류기간갱신을 통해 사상범에 대한 제한 없는 미결구금이 가능하다는 점에서, 예심제도가 일제에 의하여 악용되는 계기가 되었다.

【표 1-28】 조선형사령 제17조

> 제17조 法院 또는 豫審判事는 필요하다고 인정하는 때에는 司法警察官으로 하여금 檢證을 하게 하거나 鑑定을 명하게 할 수 있다. 이 경우에 鑑定에 관하여는 刑事訴訟法 제1편 제14장(鑑定에

---

99) 형사소송법 제90조, 제129조. 「500원 이하의 벌금, 구료, 과료에 해당하는 사건의 피고인이 주거부정인 경우는 구금할 수 있고, 현행범인을 체포·인도받아 구인영장집행을 받은 피의자에 대하여 유치할 필요가 있고, 판사에게 구금영장을 구하기 곤란한 경우에는 구금할 수 있다」.

> 관한 규정) 중 司法警察官이 하는 處分에 관한 규정을 준용한다.

　형사소송법 제150조(법원이 압수·수색을 사법경찰관에게 명하는 것) 및 제169조(예심판사는 압수·수색에 관하여 법원과 동일한 권한을 가진다)에는 법원 및 예심판사는 사법경찰관으로 하여금 압수나 수색을 하게 할 수 있다는 취지를 규정하고 검증 및 감정에 관하여는 사법경찰관에게 이를 명할 수 있는 것을 규정하고 있지 않지만, 조선의 현재에 있어서는 그 필요가 있으므로 본조에 이를 규정하였다. 사법경찰관, 검사는 사람의 주거 또는 사람이 간수하는 저택·건조물이나 함선 안에 현행범이 있는 경우에 급속을 요하는 때에는 언제든지 그 장소에 들어가 검증을 할 수 있다(형사소송법 제181조).

　조선형사령은 본조에 의하여 검증과 감정도 사법경찰관으로 하여금 하게 할 수 있게 하였는데, 사법경찰관이 하는 검증에는 당연히 형사소송법 제183조의 규정이 적용되므로 조선형사령 제17조를 개정함에 있어 특별히 위의 제183조를 인용할 필요가 없어서 이를 게시하지 아니하였다. 다만, 감정의 경우에는 형사소송법 제1편 제14장 중 규정된 사법경찰관이 행하는 처분에 관한 규정(형사소송법 제228조, 제13장(증인)의 규정을 감정에 준용, 구인은 제외함. 다만 병원유치는 허용되지 않음)을 준용할 필요가 있으므로 그 취지를 규정한 것이다.[100]

　한편, 대정형사소송법 제279조가 「범인의 성격, 연령 및 환경과 범죄의 정황 및 범죄후의 정황에 의하여 소추를 필요치 않을 때에는 공소를 제기하지 않을 수 있다」고 규정하여 기소편의주의를 도입하였으며, 공판중심주의 및 직접심리주의의 근대 형사소송법의 대원칙을 무시한 구(舊)조선형사령 제18조 내지 제22조 규정은 삭제되었다.

5. 검사의 사법경찰관리에 대한 지휘·명령권에 관한 법령

　검사는 범죄수사의 주체로서 검사와 사법경찰관리간에는 엄격한 상명하복의 관계에 있었으므로 사법경찰관리는 검사의 직무상 발한 명령에 복종하여야 하였다. 그에 관한 법령으로는 조선형사령 제5조[101] 및 그에 따라 의용된 일본 형사소송법 외에도 "사법경찰관리의 직무를 행할 자 및 직무의 범위"(1924년 府令 제33호)[102]와 "사법경찰관리집무

---

100) 국역 朝鮮刑事令釋義, 법원도서관, 89면.
101) 1912년 조선형사령은 후에 다음과 같이 개정된다.
　제5조 左에 記載된 官吏는 檢事의 補佐로서 그 指揮를 받아 司法警察官으로서 犯罪를 搜査한다.
　一, 警務部長인 朝鮮總督府道事務官
　二, 朝鮮總督府道警視, 道警部, 道警部補
　三, 憲兵將校, 准士官, 下士
　前項의 司法警察官은 檢事의 職務上 發한 命令에 따른다.

규정"(1923년 訓令 제52호)을 공포하여 사법경찰관리가 범죄를 수사함에 있어 지켜야 할 여러 준칙을 정하는 외에 검사와의 관계에 있어서 중요범죄가 발생하였거나 비상상태에 있어 범죄가 일어날 우려가 있을 때의 보고의무, 변사사건(變死事件)의 보고의무 등을 상세히 규정하고 있는데, 그 본질적인 내용은 1909년 4월 법부령 제2호 "사법경찰관집무규정"의 정신을 그대로 답습한 것이라고 할 수 있다. 이하에서는 검사와의 관계에 관한 규정만을 요약하도록 한다.

【표 1-29】 사법경찰관리집무규정[103]

① 사법경찰관은
- 형법 제2편 제1장 내지 제4장 및 제8장에 규정된 죄
- 형법 제2편 제16장 및 "외국에 있어서 유통되는 화폐·지폐·은행권·증권의 위조·변조에 관한 법률"위반죄(경미사건 제외)
- 형법 제154조 내지 제158조 및 제164조 내지 제166조의 죄(경미사건 제외)
- 살인의 죄
- 강도의 죄
- 보안법 및 "정치에관한범죄처벌의건"위반죄
- 군기 및 요새지대에 관한 죄
- 신문지 및 출판물에 관한 죄
- 폭발물에 관한 죄
- 선거에 관한 죄
- 공무원, 有爵者 및 從四位, 勳三等, 功三級 이상의 자가 범한 벌금 이상에 해당하는 죄
- 외국인에 관한 죄(중국인 및 경미사건 제외)
- 기타 사회의 이목을 끄는 범죄
등이 발생하였거나 또는 비상상태에 있어 범죄가 일어날 우려가 있다고 사료하는 때에는 신속히 관할지방법원 검사정 및 사건 소관청의 검사에게 보고하여야 한다.
② 사법경찰관이 변사자 또는 변사의 의심있는 사체를 발견한 때에는 신속히 所轄 검사에게 보고하여 그 지휘를 받아야 한다.
③ 사법경찰관이 검증을 함에 있어 사체의 해부나 분묘의 발굴이 필요한 때에는 검사의 허가를 받아야 한다.
④ 사법경찰관은 구금 중의 피의자 또는 피고인이 도주하거나 사망했을 때는 신속히 이를 所轄 지

---

102) 府令 제33호는 地方法院 檢事正은 地方法院 檢事局 또는 地方法院支廳 檢事分局의 書記 또는 雇員을 司法警察官吏로 指名하여 受理事件에 관하여 司法警察官吏의 職務를 행하게 할 수 있고, 監獄·山林·專賣 등 특수직원에 대하여는 소속장관과 管轄 檢事正이 협의하여 특별 사법경찰관리로 지명하여 특수분야에 관련된 범죄에 대해 사법경찰관리의 직무를 행하도록 규정하고 있다.
103) 대검찰청, 한국검찰사, 176-178면.

> 방법원 검사정 및 사건 소관청의 검사에게 보고해야 하고 도주한 피의자 또는 피고인을 체포했
> 을 때도 역시 이를 보고해야 한다.
> ⑤ 사건송치 후의 수사자료, 발견한 전과 등도 소관청 검사에게 送付·報告해야 한다.
> ⑥ 검사가 기소중지처분한 사건은 검사의 지휘가 있는 경우에 한하여 계속 수사하고 검사로부터 기
> 록을 첨부하여 수사명령을 받은 사건에 대하여 그 기간 내에 피의자를 검거하지 못한 때에는
> 즉시 관계서류를 첨부하여 검사에게 보고하여야 한다.
> ⑦ 사법경찰관은 수사를 종료한 결과, 사건이 경미하여 처벌의 실익이 없다고 사료하는 때에는 피
> 의자에 대해 訓戒를 하고 기타 필요한 조치를 취한 후 이를 검사에게 송치하지 않을 수 있는데
> 이러한 경우에도 그 처분한 뜻을 管轄地方法院 檢事正 및 事件 所管廳의 검사에게 보고해야
> 한다.

Ⅳ. 미군정시대의 검찰제도

1. 미군정 초기의 상황

1945년 8월 15일 일본이 패망하고 남한에 미군정이 실시되자, 근대 형사사법제도의 위대한 유산들이 우리나라에 본격적으로 도입되기 시작하였다. 다만, 우리의 힘으로 일본을 물리친 것이 아니었으므로 우리가 일본으로부터 통치권의 인수를 받을 수 없는 상황이었다. 일본의 식민지 통치기구로서 총독부 기구들이 폐지되고 일본인 관료들이 모두 본국으로 돌아갈 것이 예정된 상황에서 국내적으로도 이를 대체할 국가기구가 없었다.

2. 군정 초기의 치안문제와 중앙집권적 경찰기구 형성

1945. 9. 7. 태평양 미육군총사령부 사령관 맥아더 장군이 사령부 포고 제1호 '조선국민에게 고함'을 발하여 미군정 실시를 선언하였는데 국가기관들은 일단 그대로의 기능을 수행하도록 하였다. 1945. 9. 20. 미군정청의 조직 편제가 구성되었고 10월 초경까지 서울시내 경찰서장을 발령하였다. 당시 서울시내 10개서에 발령된 경찰서장은 모두 일제 때 경찰관이거나 군수를 지낸 사람들이었다.[104]

1945. 9. 7. 자 포고 제1호는 공무원들에 대한 원대복귀명령이기도 하였는데 초기에는 일본인 경찰관들은 90%정도 복귀하였으나 조선인 경찰관들은 20%정도만 복귀하는 상황이었으며,[105] 10말경에 이르면 최운하, 노덕술, 최린 등 일제 고등계 형사인 친일조선인 경찰관들이 대부분 복귀하는 상황이 되었다.[106]

---

104) 경향신문, 1977. 2. 28. 비화한세대(80), 군정경찰(11) 민주적 서장선출.
105) 경향신문 1977. 2. 25. 비화한세대(79), 군정경찰(10) 미군의 진주.
106) 경향신문 1977. 2. 25. 비화한세대(79), 군정경찰(10) 미군의 진주.

1945. 10. 21. 군정청에 중앙경찰기관으로 경무국(警務局)을 창설하였고 군정청이 1945. 12. 27. 국립경찰의 조직에 관한 건을 발표하였는데 이 안은 경무국장이 전국경찰을 지휘감독하고 기존의 도지사의 권한에 있던 경찰행정권을 분리시켜 예산과 인사 등 중요한 권한을 경무국장에게 부여하는 내용으로서 중앙집권적인 국립경찰을 만드는 것이었다.

1946. 4. 11. '국립경찰에 관한 건'에 의해 기존의 각 도 경찰부가 관구경찰청으로 변경되었고 계급도 중앙의 경무부장을 제외하고는 경찰청장, 경찰부청장, 총경, 감찰관, 경감, 경위, 경사, 순경으로 변경되었다. 이에 따라 8개의 관구경찰청이 생겼고 1946. 9. 18. 서울특별시가 설치되어 서울이 제1관구경찰청에서 분리되어 수도관구경찰청이 창설되었다.

이러한 조직 개편은 경찰행정권을 도지사의 권한으로부터 분리하여 독립된 경찰부를 설치하는 결과를 가져오게 되었고 해방 후의 한국 경찰은 미군정 하에서 자치경찰제도를 확립한 일본과는 달리 자치경찰을 일체 인정하지 않는 중앙집권적 국립경찰체제로 방향을 잡게 되었다. 즉, 조직의 면에 있어서 미군정은 경찰기구의 재건과 치안유지, 좌우익간의 이념대결과 좌익에 대한 대응 등의 필요에 따라 중앙집권적인 군정경찰을 구성하였고 이에 따라 자치경찰에 의한 분권화나 분야별로 다양한 수사경찰기구를 창설하는 등의 분권화는 추진되지 못하였으며 이 부분도 후대로 넘겨지게 되었다.

3. 군정 초기의 검찰기구 형성

(1) 해방 직후의 검찰 상황

1945. 8. 15. 당시 경찰은 2만 6,671명(그중 조선인 경찰은 1만 619명, 최고위급인 경시는 전체 48명 중 21명이 조선인)인 반면, 총독부 검사국의 검사는 139명이었으며 그중 조선인은 10여명에 불과하였다.[107] 해방에 따라 일본인 검사가 귀국하게 되어 있었으므로 일본인 검사들의 귀국에 따른 공백을 해결하려면 시급히 한국인 검사를 임명할 필요가 있었다. 1945. 10. 11. 38도선 이남의 전 일본인 판사 및 검사에 대한 면직 발령이 있었고,[108] 1945. 10. 11.부터 1945. 12. 20.까지 5회에 걸쳐 각급 법원 검사국의 검사 92명을 신규로 임명 또는 전보발령하였는데 시급한 충원의 필요로 서기특별채용의 방법도 사용되었다.

(2) 검사국의 체제

이와 같이 검사국의 검사와 직원들을 시급히 충원하면서 검찰기구를 재건하던 중에

---

107) 문준영, 앞의 책, 451면.
108) 대검찰청, 『한국 검찰사』, 1976, 215면.

1945. 11. 2. 군정법률 제21호 '이전 법령등의 효력에 관한 건'이 공포되었는데 이 법률에서는 그동안 폐지된 것 이외에는 종전 법률의 효력을 유지한다고 하면서 종래 조선총독이 행사한 모든 권한행사는 군정장관이 행사하며(제1조), 남한 내 모든 재판소는 육군점령재판소를 구성한다고 하여(제2조) 조선총독부재판소는 육군점령재판소가 되었다.

그런데 1945. 10. 1.경부터는 법원의 명칭에 대해 최고법원인 조선고등법원을 영문임명사령에서 Supreme Court로, 복심법원을 Court of Review로 표시한 것을 번역문에서 대법원, 공소원으로 호칭하기 시작하여 법원의 명칭이 일제시대의 고등법원, 복심법원, 지방법원에서 대법원, 공소원(控訴院), 지방법원으로 변경되었다. 이에 따라 검사국도 대법원 검사국, 공소원 검사국, 지방법원 검사국으로 변경되었으며 대법원 검사국의 장은 대법원 검사국 검사장이라고 하다가 검사총장으로 변경되었다.109) 조선전시형사특별령, 조선총독부재판소령전시특별례 등이 효력을 유지하고 있었으므로110) 지방법원이 1심, 공소원, 대법원이 2심을 담당하는 2심제가 유지되었다.

검찰의 지휘관계도 조선총독부재판소령이 유지되므로 검사총장을 정점으로 하여 검사총장, 공소원 검사국 검사장, 지방법원 검사정 등으로 이어지는 지휘체계가 유지되었다. 그런데 새로이 재건되는 상황인데다가 구성원들도 새로 임명되는 사람들이 많아 혼란이 있을 수밖에 없었다.

4. 미군정의 사법개혁

(1) 군정법령 제11호 및 제20호

우선 검찰과 관련하여 최초로 주목되는 미군정의 사법개혁은 1945년 10월 9일자 軍政法令 제11호이다. 이 제11호 군정법령은 정치범처벌법·예비검속법·치안유지법·출판법·정치범보호관찰령·신사법(神社法)·경찰의 사법권에 관한 규정 등 일제하의 각종 악법을 우선적으로 폐지함을 주목적으로 하고 있었는데, 그 가운데에서도 경찰의 사법권을 폐지한 것111)이 주목된다. 즉 일제하의 犯罪卽決例가 위 미군정법령 제11호에 의하여 폐지됨으로써 전근대적 식민형사사법의 상징이었던 경찰서장의 범죄즉결권이 이 땅에서 사라지게 되었다.

그러나 법생활의 계속성을 위하여 미군정청은 같은 해 11월 2일 군정법령 제21호 제1조에 의거, 조선총독부재판소령을 포함한 일본법령이 당분간 유효함을 확인하여 각급 법원 및 검사국도 변동이 없었으나, 명칭만은 조선고등법원이 'Supreme Court'(대법원)

---

109) 대검찰청, 앞의 책, 216면.
110) 조선전시형사특별령은 1948. 4. 1. 폐지, 조선총독부재판소령전시특별례는 1948. 5. 법원조직법 제정, 공포로 효력을 상실하였다.
111) 미군정법령 제11호는 제1조 제1항 (사)목에서 경찰의 사법권이 폐지대상임을 명시하였다.

로, 복심법원이 'Court of Review'(공소원)로 각각 개칭되었다.[112] 그리고 1946년 12월 16일 사법부부령에 의해 법원과 검사국의 명칭을 각각 대법원 − 고등심리원 − 지방심리원 및 대검찰청 − 고등검찰청 − 지방검찰청으로 변경함과 동시에 판사와 검사의 직명도 각각 심판관과 검찰관으로 변경하고 1947년 1월 1일부터 신제도를 시행하게 된다.[113] 즉, 조선총독부재판소령이 1948. 5. 4. 군정법령 제192호 법원조직법과 1948. 8. 2. 군정법령 제213호 검찰청법이 제정·공포될 때까지 그대로 효력을 유지하게 되어, 검찰제도의 근본적인 변화는 미군정 초기에 없었다.

한편 검찰과 경찰의 관계는 미군정의 훈령과 통첩들에서 보이는 표현의 애매함 때문에 검찰과 경찰이 서로 다른 해석을 하면서 혼란이 있었으며, 이러한 문제는 지금까지도 논란이 되고 있다. 즉 1945년 10월 30일자 군정법령 제20호에 의하여 군정청 경무국[114] 형사조사과를 설치하여 형사조사과의 임무를 "군정청에 의해 의뢰된 범죄사건의 수사실행"(Conducting investigation of criminal matters which are referred to it by Military Government)이라고 규정한 것(동법령 제1조 제a호)과 1945면 12월 29일자 미군정 법무국장 메트 테일러(Matt Taylor)소령 명의의 "법무국검사에 대한 훈령 제3호"(Instructions to prosecutors No.3.)가 대표적인 것이다.

먼저 전자의 경우를 살펴보면 형사조사과의 임무로 (가) 군정청에서 교부한 형사사건의 조사를 행할 것, (나) 범인의 조사 및 체포에 관하여 청구가 있을 때에는 육군경찰, 역정보단 및 조선경찰을 원조 협력할 것, (다) 내국지문록(內國指紋錄)의 형사조사제(刑事調査制)[115]를 설정 유지할 것을 직무로 하고 있으므로, 이처럼 경무국 형사조사과가 행정경찰작용인 치안질서의 유지가 아니라 형사사건의 조사를 행하는 기관이었다는 점에서 독자적인 수사권을 가지는 경찰조직으로 보는 견해가 있는 반면,[116] 권한에 관한 규정만으로 독자적 권한이 부여되었다고 보는 것은 적절하지 않다는 견해[117]도 있다.

---

112) 대검찰청, 앞의 책, 216면.
113) 문준영, 「한국검찰제도의 역사적 형성에 관한 연구」, 서울대학교 박사학위논문(2004.2), 166면.
114) 1945. 10. 21. 미군정청에 조선인으로 구성된 경찰조직을 관장하는 경무국(The Police Bureau)이 창설되었고, 조병옥 박사가 동일자로 경무국장에 취임하였다.
115) 이 형사조사과의 설치와 함께 종래 조선총독부 법무국 형사과 지문계가 가지고 있던 제반 지문에 대한 직무, 직능, 문서, 재산 및 직원이 경무국으로 이관되었으며, 그 결과 경무국은 범죄수사에 필수적인 지문록 및 형사조사제도의 수립과 유지의 기능을 확보하게 된 것이다(경찰청, 경찰 50년사, 65면).
116) 신동운, 「수사지휘권의 귀속에 관한 연혁적 고찰(Ⅰ) − 초기 법규정의 정비를 중심으로 −」, 서울대 법학 제42권 제1호(2001. 5), 197면.
117) 이완규, 검찰제도와 검사의 지위, 성민기업, 246면.

후자의 규정에 대해서도 구(舊)법령으로서 효력을 유지하고 있었던 의용 대정형사소송법상 검사의 수사주재자로서의 지위에 일대 수정을 가하여 검사를 단순히 공소제기권자로 파악하려고 한 것으로, ⅰ) 수사권독립에 의한 검찰·경찰의 분리, ⅱ) 경찰의 자치경찰화를 통한 통일성의 해체와 지방분권화, ⅲ) 사법행정분야에 있어서 법원·검찰의 분화에 기한 법원의 독립성확보 등 미군에 의한 일본검찰·경찰제도의 재편성과 같은 맥락이라고 하면서,[118] 아래의 법무국훈령 제3호 제2항 (나)와 (마)에서 통상적인 수사활동(routine investigation)은 경찰이 담당하고, 검사는 법률적 분석을 요하는 부분에 한하여 수사에 관여하도록 하고 있는데(Engage, if necessary, only in that part of an investigation that actually requires legal analysis), 이처럼 검사의 수사관여영역이 제한적이고 예외적으로 인정된다는 점에서 이 훈령에 의하여 '일반적으로 경찰이 수사권을 보유'하며, 검사는 '예외적으로', 그것도 '법리적 분석을 요하는 부분에 대해서만 제한적으로' 수사권을 보유하게 되었다고 해석하는 견해도 있다.[119] 실제로 이러한 해석가능성대로 당시 경찰이 독자적 수사권으로 해석하여 검찰과 충돌하는 사태가 벌어지는데, 그것이 1945년 12월 발생한 홍형사사건[120]이다.

【표 1-30】 법무국검사에 대한 훈령 제3호

1. 검사의 선결직무는 관할재판소에 사건을 공소함에 있음. 세밀한 조사는 검사의 책무가 아님. 검사의 특별한 교양은 법적 직무에 관할 때 일층 중요성을 유(有)함(The primary function of all prosecutor is the successful prosection of cases before a Court of competent jurisdiction. The detail of investigations are a burden, which Prosecutors should not be required to assume. The specialized training of is vastly more important when directed to the legal aspects of their office).
2. 재판소의 검사는 수사시간의 절용(節用)과 일층 조흔 효과를 득(得)하기 위하야 좌기(左記) 훈령을 준수할 사(事)(In the interests of time saving and better efficiency, the prosecutors of all courts shall observe the following instructions:).
   (가) (생략)
   (나) 검사는 경무국이 행할 조사사항을 경무국에 의뢰할 사, 차(此)는 경찰관의 직무요 검사의 직무가 안임(Request routine investigations be conduc- ted by the Police Bureau. This is

---

118) 신동운, 「韓國檢察의 沿革에 관한 小考」, 檢察 通卷第100號紀念特輯號, 大檢察廳, 66면.

119) 신동운, 「수사지휘권의 귀속에 관한 연혁적 고찰(Ⅰ) — 초기 법규정의 정비를 중심으로 —」, 서울대 법학 제42권 제1호(2001.5), 210면.

120) 경기도 경찰부의 홍 형사과장이 검사의 양해와 지휘에 의하여 피의자를 검거하였는데, 경찰부장이 오히려 홍 형사과장의 구속명령을 취소시키고 도리어 홍 형사과장을 구속하여 군정재판에 회부하고 처벌한 사건이다(자유신문, 1945. 12. 1).

a function of the Police, not the Prosecutor's).

(다) 검사는 법정(法定) 구비조건에 만전을 기하기 위하야 경찰관보고서를 검토할 사(Analyze Police report for legal sufficiency).

(라) 검사는 증거의 불비를 경찰관에 지적하고 될 수 있으면 증거의 정정(訂正)을 의뢰할 사(Point out to police any deficiencies of evidence and request they be corrected, if possible).

(마) 검사는 실제로 법적 검토를 요하는 조사에 관하여 필요하다면 관여할 사(Engage, if necessary, only in that part of an investigation that actually required legal analysis).

(바) 검사는 조사에 부수되는 사건에 관하야 경찰서장과 연락을 취할 사, 사법재판소에서 만족히 공소하는 때 필요한 증거에 관련한 사항에 관하여 특히 연락을 취함. 검사는 자유로 조선의 법률시행의 수준을 향상하기 위하야 협력할 사(Maintain liaison with Police chiefs on all matters incident to investigation. Especially, in regard to matters related to the evidence necessary to satisfactorily prosecute in a court of law. Prosecutors and police must work together to raise the standard of law enforcement in liberated Korea).

(사) 상기 훈령의 운영을 원조함을 검사장의 임무로 함(It is duty of chief prosecutors to assist in the administration of these instruction).

3. 상기 훈령은 검사의 법정권한(法定權限), 특권, 위신 혹은 지위를 개정, 변경, 축소치 못함. 상기 령(上記令)은 검사, 경찰관이 각자 책무를 명확히 함. 법무국의 방침사항에 관하야 절대적 복종을 자(玆)에 지령함(These instructions are not intended to modify, change or reduce the lawful authori- ty, prerogatives, prestige or station of any prosecutors. They are intended to clarify the respective responsibilities of the Prosecu- tors and the Police. As a matter of policy for the Bureau of Justice, full compliance is hereby directed).

4. 법무국과 경무국에 관한 사건에 관한 전술사항은 관계당사자가 인정 우(又)는 정합(整合)했다. 경무국통첩 제1호, 검사와의 관계에 관한 건은 법무국이 필요한 때 검사에 제시됨(The aforementioned, being a matter of concern to both the Bureau of Justice and the Police Bureau, same was approved and coordinated by all parties concerned. Bureau of Police Memorandum No.1, Relations with Prosecutors, will be forwarded to prosecutors when it is made available to this Bureau).

그러나 이러한 해석은 일본의 예를 그대로 적용한 해석론으로 보이는데, 일본의 미군정이 일본에 대해 가지고 있었던 방향성과 한국의 미군정이 가지고 있었던 방향성의 차이를 간과한 것으로,[121] 미군정은 전쟁을 발발하였던 일본에 대해서는 그 군국주의적

---

121) 물론 법무시책 등을 입안한 미국사령부 법무감 푸레시컷트 대령 등 법무장교들의 지식과 사고가 영미법적인 테두리를 벗어나기 어려운 반면, 한국의 실정에 비교적 어두워 한국의 검찰제도나 형사소송제도를 근본적으로 이해하지 못했을 뿐더러 총독부 치하의 형사소송제도는 비민주적이고 인권보장절차를 결한 것으로 단정하고, 이러한 관념이 그들의 시책에 수시로 반영된 점을 무시할 수는 없을 것이다(한국검찰사, 220면).

기반을 철저히 파괴하여 다시는 미국을 위협하거나 그 지역의 안정을 해치지 못하게 만들되 경제적으로는 자급을 유지하고 그 지역의 부흥에 어느 정도 기여할 수 있게 만든다는 기본적 구상하에 철저한 대비를 하여 정책을 펴나갔는바,[122] 특히 미국식의 철저한 분권화정책 특히 지방자치정부를 위주로 하는 지방분권화를 도모하여 국가권력의 탈중앙집권화를 추진하고 있었고[123] 이에 따라 점령 초기부터 경찰에 대하여도 경찰의 지방분권화가 추진되었던 것이다. 그러나 한국에 대해서는 지정학적 위치가 전략적으로 중요하고 주변국간의 이해관계가 복잡하게 얽혀있어 어느 한 강대국의 독주를 막고 미국 주도하의 지역안보체계를 마련한다는 기본구상을 가지고 있었으며,[124] 소련국의 참전으로 소련의 남진이 급박해지자 일본의 항복 이후 일단 신속히 일본군의 무장을 해제하고 소련의 전 한반도 점령을 막기 위해 남한을 그 보루로 만드는 것이 급한 현안이 되었던 것이다.[125] 그리하여 1945년 10월 중순 맥아더와 하지 중장[126]에게 전달된 삼부조정위원회(SWNCC, State-War-Navy Coordination Committee)[127]의 지령에서는 일본으로부터 한국의 완전한 정치적·행정적 분리, 일본의 사회적·경제적·재정적 통제로부터 한국의 완전한 자유 획득을 민정의 목표로 제시하면서 「이 목표의 실현을 위하여 기존의 행정기구와 실정법을 활용할 것」을 지시하였는바, 국가권력의 탈중앙집권화를 추진하고 있던 주일미군정의 접근방법과는 서로 다른 기반에 서 있었다고 볼 수 있다.[128]

무엇보다도 동 훈령이 경찰에게 독자적 수사권을 인정하고 있다는 해석은 검사가 수사절차의 주재자로서 사법경찰에 대한 수사지휘권을 가진다고 할 때, 그 수사지휘권의 의미를 모든 수사활동을 일일이 구체적으로 완전히 통제하는 의미로 이해하는 데에 기인한 것 같다. 그러나 검사가 사법경찰관에 대하여 수사지휘권을 가진다는 의미는 사법경찰관은 검사의 구체적·개별적·사전적 지휘가 없더라도 독자적으로 수사권(수사행위의 주체)을 행사할 수 있으며, 다만 그러한 수사권 행사는 검사의 수사지휘를 전제로 하여 이루어지고 있다는 의미에 불과하다. 즉 사법경찰관은 검사의 수사지휘권이라는 연결고

---

122) 정용욱, 「해방전후 미국의 대한정책」, 서울대학교 출판부, 31면.

123) 문준영, 앞의 논문, 188-189면.

124) 정용욱, 앞의 책, 33면.

125) 정용욱, 앞의 책, 129면.

126) 하지는 1945년 8월 19일 태평양 방면 미육군사령관 맥아더로부터 한반도점령 작전계획을 하달받고, 이 날로 미육군남조선주둔군(US Army Force in Korea) 사령관으로 임명된 자이다(정용욱, 앞의 책, 127면).

127) 미국 국무부·육군부·해군부의 합동 위원회로서, 군부와 국무부의 정책 조정과 협조를 위해 만들어졌다고 한다(정용욱, 앞의 책, 28면).

128) 이완규, 「검사의 지위에 관한 연구 ― 형사시법체계외의 관련성을 중심으로 ―」, 서울대학교 박사학위논문(2005. 2.), 252면.

리를 통하여 일반적으로 위임된 수사권을 가지는 것으로, 다만 그 수사권을 행사함에 있어 수사절차의 주재자로서 검사가 일정한 경우에 발하는 지시에 따라야 한다는 것이므로 독자적 수사권 또는 독립된 수사권이 아니라는 것일 뿐이다.

결국 검사의 수사지휘권은 사법경찰관의 개개의 수사활동에 일일이 지시나 명령을 내림으로서 행사되는 것이 아니라, 통상적인 경우는 사법경찰의 수사활동을 스스로의 판단에 의하도록 위임하고, 강제처분 등 인권침해 소지가 있는 경우이거나 법률적으로 복잡한 경우 등 필요한 경우에만 개별적 지시를 하는 것이며, 이는 인력 등 현실적인 면에서도 어쩔 수 없는 것이다. 따라서 검사의 수사지휘권하에 있다는 의미는 사법경찰관이 필요한 경우 내려지는 검사의 지시에 따르라는 것을 의미하는 바 사법경찰관이 전혀 수사권이 없다든가 경미한 사건까지도 독자적으로 수사하지 못하고 일일이 지시를 받아야만 수사할 수 있는 것이라는 식으로 이해하는 것은 적절하지 않다고 본다.[129]

이러한 관점에서 법무국 훈령 제3호를 다시 보면, 제2항 (나)와 같이 통상적인 수사활동은 사법경찰이 하도록 하고(routine investigation be conducted by the Police), 훈령 제2항 (다)와 같이 검사는 사법경찰의 보고서(그것이 송치전이든 송치후든 관계없이)를 분석하여 증거관계 등이 법률적으로 충분한지 검토하며, 훈령 제2조 (라)항과 같이 증거가 불충분하면 그 보완을 지시하여 보완하게 하는 것은 현재 한국의 검사들이 일반적인 사건에 있어 송치전에 하는 수사지휘의 전형적인 모습이다.[130] 용어상으로도 제2항 (나)의 번역문에는 경찰관의 직무로 해석되어 있으나, function은 말 그대로 기능 또는 역할의 의미로서 검사는 사건의 소추에 주된 역할이 있으니 검사가 일상적인 조사활동에 일일이 나서는 것은 검사의 역할에 비추어 적절하지 않으므로 경찰에 지시하여 하게 하라는 것에 불과한 것이며, 이는 제1항의 '세밀한 조사는 일종의 짐으로 검사가 맡도록 해서는 안 된다(The details of investigations are a burden, which Prosecutors should not be required)'라는 문구를 보더라도 명백하다. 더욱이 법무국 훈령 제3호에서 "상기훈령은 검사의 법적 권한, 특권, 위신 혹은 지위를 개정·변경·축소치 못함. 상기령은 검사·경찰관이 각자 책무를 명확히 함"이라고 규정하고 있다는 점에서도 이러한 해석은 문제가 있다고 생각된다.

연역적으로도 훈령 제3호가 하달되기 이전의 1945년 12월 18일자 미군정 경무국장 챔퍼니(Auther S. Champeny) 명의로 경부보 이상의 경찰관 및 공안담당 미국인 군정관에게 발한 지령통첩 제1호 "검사와의 관계"(Instruction Memorandum No.1 Subject: Relation with Prosecutor)를 살펴보면, 이 통첩은 수사가 이루어지는 경우로 세 가지를 상정하고

---

129) 이완규, 앞의 논문, 253면; 한국형사정책연구원, 「국민의 시각에서 바라본 미래검찰의 기능과 역할」, 대검찰청 연구용역과제, 14면.

130) 이완규, 앞의 논문, 253면.

있는데,[131] 첫째, 경찰에서 사건을 수리하여 수사가 시작되는 경우로 이 경우 경찰관은 검사와 긴밀한 연락을 유지하면서(경무국장 통첩 제1호 검사와의 관계 제2항 (가)) 수시로 검사에게 여러 가지 형태의 혐의사실을 뒷받침하는 데 필요한 증거를 결정하기 위해 자문을 구하고(제2항 (나)), 검사로부터 지적된 불비사항에 대하여 그 요구에 따라 즉시 이를 정정하며(제2항 (다)), 송치 후라도 검사의 추가요구가 있으면 이에 응하여야 한다(제2항 (라))는 것이다. 한마디로 표현하면, 수사에 있어 공소제기여부를 결정하기 위한 검사의 요구에 송치전이나 송치후를 불문하고 따라야 한다는 것이다. 이는 독일 법원조직법상의 「지시에 따라야 한다(verpflichtet, den Anordnung... Folge zu leisten)」는 경우와 다르지 않으며 현행 검찰청법상의 명령에 복종하여야 한다는 것과 차이가 없다. 왜냐하면 '요청에 응하여 그 요청에 해당하는 사항을 이행하는 것'이나, '지시에 따르는 것'이나 '명령에 복종하는 것' 등이 형식에 있어서 어감상 표현의 차이일 뿐이지 실질에 있어서는 차이가 없기 때문이다. 둘째, 검사가 사건을 수리한 경우 검사가 직접 수사하지 않고 사건을 경찰에 이첩하거나, 검사가 수사하더라도 통상적인 조사활동을 경찰에게 '의뢰'하는 경우가 있는데(제2항 (바)), 이 경우는 첫 번째와 같은 방식으로 진행될 것이다. 셋째, 특별한 법적 분석을 요하여 검사가 직접 조사활동을 하는 경우인데 이때에도 검사의 요구가 있으면 경찰의 책임자는 검사의 요구에 따라 검사를 보조할 경찰관을 검사에게 파견하여 도와주게 되는 것(제2항 (마))이다. 그런데 이 세 가지의 진행상황은 현재 검사들이 사법경찰관에 대하여 수사지휘권을 행사하는 방식과 아무런 차이가 없다.

【표 1-31】 경무국장 통첩 제1호 검사와의 관계

> 1. 경찰관의 중요한 의무는 구인된 사람의 형사기소를 도웁기 위해 검사에게 제출할 필요한 증거를 수집하는데 있다(An important duty of the necessary evidence to be prepared to a prosecutor, to support the criminal changes against a person arrested).
> 2. 이 의무를 완수키 위해서 경부보이상의 지휘권이 있는 경찰관은 맛당히 좌기 지시를 열심 이행할 것이다(To accomplish this duty efficiently, Commanding Officer of police, to include assistant Inspector, should:).
>   (가) 관할지역의 검사와 밀접한 연락을 보지할 것(Maintain close liaison with the prosecutors in their area of jurisdiction).
>   (나) 여러 가지 기소를 도웁는데 필요한 증거의 확정을 기(期)해서 수시로 검사에 자문협조 할 것(Consult frequently with the prosecutor to determine the evidence necessary to support the various categories of charge).
>   (다) 검사로부터 지적된 증거에 불비한 것이 있으면 신속히 정정할 것(Correct promptly any

---

131) 이완규, 앞의 논문, 249-250면.

deficiencies of evidence pointed out by the prosecutor).

(라) 사건을 검사에게 송치한 후이라도 검사의 요구하는 당해사건의 추가증거를 수집할 것(After a case is in the hands of the prosecutor, obtain such additional evidence he may request).

(마) 특별한 법적분석 탐구를 요하는 사건에 있어서 검사의 요구로 선발되어 경찰취조인의 자격으로 검사의 일시적 직무를 대행함으로써 검사를 보좌할 것(Assist the prosecutor in those cases which required special legal analysis, by detailing on temporary duty with prosecutor, at his request, qualified police investigators).

(바) 검사가 경찰에게 의뢰하는 조사는 상규관례에 의하야 취급할 것(Conduct routine investigation referred to the police by the prosecutor).

3. 경찰의 고급관리의 임무는 각자의 지위계급에 따라 이 지령에 순응할 것이라고 본다(It is the duty of the superior officers of the Police, each in his respective rank, to see that these instruction ar followed).

4. 경찰관과 검사는 맛당히 해방조선의 법적기준의 향상을 위해서 상호협조력할 것이다(Police and prosecutors must work together to raise the standards of law enforcement in liberated Korea).

(2) 검사에 대한 형사의 임무

1946년 4월 8일 군정청 경찰부장 김태일 명의의 공안담당 미군장교, 각 관구 경찰부장 및 수사과장에게 발한 "검사에 대한 형사의 임무"(Assignment of Detectives to Prosecutors) 지령을 살펴보면, 1945년 12월 18일자 통첩 "검사와의 관계"의 취지를 재확인하면서, 경무국 형사가 수사책무를 이행하기 위하여 항상 범죄수사에 관하여 "검사의 지휘하에, 검사에 대해 책임을 지"는(they are under the orders of, and responsible to, the Prosecutors to whom they are assigned) 형사의 인원수를 검찰당국과 협조하여 결정하고, 경찰관이 당번제근무하는 것을 예정하고 있다는 점이다. 물론 '검사의 지휘하에 있고, 검사에 대해 책임을 진다'라는 말이 반드시 검사와 형사가 상하관계에 있음을 의미한다고 단정할 수는 없지만, 적어도 '지휘'(order)라는 표현을 고려해 볼 때, 검사가 수사지휘권을 갖는 기존의 체제를 부정하는 것은 아니라고 할 것이다.[132]

그리고 이론적으로도 권한에 관한 규정만으로 독자적 권한이 부여되었다고 보는 것은 문제가 있다고 보여진다. 왜냐하면 권한부여의 규정과는 별도로 조직법상의 지시·명령관계가 설정되면 이는 독자적이라고 할 수는 없는 것이므로 조직법적 규정까지도 정립되어야 독자적이라는 말을 사용할 수가 있는 것인데, 당시에도 이미 조선형사령의 의용에 따라 사법경찰관이 검사의 지시에 따라야 하는 관계가 적용되고 있는 상황이었기 때문이다.[133] 만약 권한부여 규정만으로 독자적 수사권이라고 말한다면 현행의 경찰법은

---

132) 문준영, 앞의 논문, 186면.

133) 이완규, 앞의 논문, 248면.

제3조에 경찰의 임무로서 '수사'를 규정하고 있는바,[134] 그렇다면 경찰이 이 법규에 의해 독자적 수사권을 가진다는 논리도 가능할 것이다. 그러나 형사소송법과 검찰청법 제53조[135]에 의하여 경찰의 수사권은 검사와의 관계에 있어 지휘를 받는 관계, 즉 수사에 관하여 검사의 지시가 있으면 따라야 하는 관계가 전제되므로 독자적인 수사권을 부여하였다고 해석하지 않는 것처럼, 단순한 권한부여 규정이 법무국 검사에 대한 훈령 제3호에 있다고 하여 이를 독자적인 수사권부여로까지 해석하는 것은 문제가 있다.

결국 1945년 11월 2일 군정법령 제21호 제1조에 의거 조선형사령의 의용에 따른 기존 법령의 유효성 및 동년 12월 18일 경무국장 통첩 제1호 '검사와의 관계'와 동년 12월 29일 법무국장 테일러 명의의 법무국검사에 대한 훈령 제3호, 그리고 1946년 4월 8일자 군정청 경찰부장 김태일 명의의 공안담당 미군장교, 각 관구 경찰부장 및 수사과장에게 발한 '검사에 대한 형사의 임무' 등 관련법규를 종합해 볼 때, 목적론적 해석상[136] 법무국검사에 대한 훈령 제3조가 경찰에게 독자적인 수사권을 부여한 규정이었다고 보는 것은 적절하지 않다고 생각된다.

【표 1-32】검사에 대한 형사의 임무

1. 수사국은 재판에 부치는 근거가 되는 증거의 획득, 확보, 제출을 포함한 범죄사건의 수사책임이 유함. 검사는 구류자에 대한 재판에 유용한 증거를 준비할 책임이 유함. 검사는 자기 시간내에 할 일이 대단히 많음으로 그의 수사직무는 경감되어야 함. 이러한 것은 경무부의 형사가 함. 1945년 12월 18일부 훈령 제1호 「검사와의 관계」를 참조할 것(The Detectives Division is charged with the responsibility for investigation of criminal metters which includes the acquiring, safeguarding, and presentation of evidence to the prosecuting authority for trial. Prosecutors are responsible for the preparation of this evidence for use in the trial against the person arrested. Because of the many demands made upon his time, the prosecutors should be relieved of all investigative responsibilities. These will be accomplished by det-ectives of the Police Department.
Reference: instruction Memorandum No.1, SUBJECT: Relations with Prosecutors, date 18 December 1945).
2. 경찰부장, 수사과장은 사법부의 대표자, 검사와 직시(直時) 타합하야 범죄사건의 수사상 필요한

---

134) 제3조(경찰의 임무) 경찰은 국민의 생명·신체 및 재산의 보호와 범죄의 예방·진압 및 수사, 치안정보의 수집, 교통의 단속 기타 공공의 안녕과 질서유지를 그 임무로 한다.

135) 제53조(사법경찰관리의 의무) 사법경찰관리는 범죄수사에 있어서 소관 검사가 직무상 발한 명령에 복종하여야 한다.

136) 목적론적 해석이란 법률의 의미내용에 상이한 해석의 여지가 있는 경우에 그 규정의 發生史를 고려하여 의미의 목적에 따라 해석하는 것을 말한다.

직무를 이행하는데 필요한 형사의 인원수를 상호간에 결정할 것. 그 후에 이 일에 대하야 적합한 유자격자인 형사가 검사에게 할당될 것임(Police and Detective Chiefs will immediately contact Department of Police representative and Prosecutors and determine mutually the required criminal matters. Detectives suitably qualified for this work will then be assigned to the Prosecutors).

3. 그렇게 할당된 형사는 그 직무의 수행상 다음의 지령에 의하여 행동함을 요함(In the accomplishment of their mission, Detectives so assigned must comply with the following instructions:).

　(가) 소정의 경찰행정을 제외코는 자기가 소속한 검사의 지휘 하에 잇고 검사에 대하여 책임을 져야 함(Except for routine Police Department administration they are under the orders of, and responsible to, the Prosecutors to whom they are assigned).

　(나) 자기임무의 비밀성 특별히 재판전의 수사에 관해서는 기밀을 확보할 것(They must safeguard the confidential character of their assignment, particularly pre-trial investigation).

4. 이 지령으로써 형사는 검사에 대한 임무에 의하야 경찰부와는 분리된다는 해석은 성립치 않음. 그들은 계속하여 형사에 유임하고 경찰부의 모든 규칙과 취체법에 복종해야 함. 그러나 그들은 자기의 직무에 의하여 검사에게 범죄사건을 기초조사하고, 재판할 수 있도록 검사가 필요하다고 요구한 직무를 수행할 것. 이렇게 할당된 형사는 이 직무와 근무 중인 형사와 교대함을 요함(Nothing will be construed in this instruction that Detectives will be separated from the Police Department by virtue of assignment to Prosecutors. They will continue to be Detectives and subject to all rules and regulations of the Police Department. They will, however, perform such duties required of them by the Prosecutors thereby permitting Prosecutors to prepare and try criminal cases in accordance with their mission. Commanding Officer of Detectives so assigned should rotate detectives on this duty).

　　그런데 이와 같은 영미식 검찰·경찰의 관계모델은 그동안 수사보조자로서 검찰의 지속적인 지휘·감독을 받아왔던 경찰측으로 보아서는 일대 희소식이 아닐 수 없었는데, 여기에서 수사지휘권을 둘러싼 검찰·경찰의 각종 대립상태가 발생하게 되었던 것이다. 즉 이 훈령의 취지에 대하여 경찰은 수사를, 검사는 공소를 책임지면서 서로 대등한 지위에서 협력한다는 미국법적인 시각에 따라 "경찰에게 수사권을, 검사에게 공소의 제기 및 유지의 권한을 각각 분배"하여 "검사의 사법경찰에 대한 수사지휘권을 배제"하려고 하였다고 해석되었기 때문이며,[137] 따라서 검찰의 초미의 관심사였던 검찰·경찰의 관계는 여러 가지 형태로 문제가 제기되었다[138]고 한다.

---

137) 신동운, 「수사지휘권의 귀속에 관한 연혁적 고찰(Ⅰ) - 초기 법규정의 정비를 중심으로 -」, 서울대 법학 제42권 제1호(2001.5), 210면.

138) 신동운, 「한국검찰의 연혁에 관한 소고」, 검찰 통권 제100호 기념특집호, 대검찰청, 67면.

첫째, 사법경찰관의 조직재편성에 관한 문제였다. 검찰측은 1947년 7월 검찰총장으로부터 군정장관에게 보내는 "司法警察官을 檢察機關에의 直屬에 관한 件"이라는 요망문을 통하여 사법경찰관리가 행정경찰에 속하고 있는 당시의 조직을 개편하여 사법경찰을 검찰기관에 이관하여 검사의 수사주재자로서의 지위를 명실상부한 것으로 만들어 주도록 요청하였다.[139]

한편, 1947년 6월 대검찰청·서울고등검찰청·서울지방검찰청이 합동명의로 러취군정장관에게 제출한 건의서, 다음달 7월 이인 검찰총장이 역시 러취군정장관에게 제출한 건의서에서 사법경찰기구를 검찰에 직속시키는 방안을 건의하였는데, 특히 3검찰청 합동명의의 건의서에는 대검찰청에 사법경찰총감부를 설치하여 전국의 사법경찰관을 통할지휘한다는 내용을 담고 있었다고 한다.[140] 또한 1947년 6월초 사법부고문 코넬리(John W. Connelly Jr.)를 통하여 군정장관에게 제출된 제안서에서도 행정경찰과 사법경찰의 분리, 사법부장관과 검찰총장의 통제를 받는 사법경찰청의 설치를 내용으로 하고 있었다. 구체적으로 내용을 살펴보면, ① 경무부수사국을 사법부 또는 검찰청으로 이관할 것, ② 각 경찰관구내 수사과와 정보과는 이를 분리하여 각 도별로 사법경찰청을 설치할 것, ③ 각 경찰서의 수사계와 사찰계는 이를 분리하여 사법경찰서를 설치할 것, ④ 모든 사법경찰관의 임명은 사법부장 또는 검찰총장이 보유할 것 등이다.

그러나 아직 검찰청과 법원이 조직상으로 완전히 분화·독립되지 아니하여 종래의 독일식 내지 총독부식의 사법부체계하에서 1947년 10월 경무국, 사법부, 검찰청의 수뇌회의를 거쳐, 1947년 11월 10일 각 경찰청과 경찰서에서 검찰관의 지휘사건을 담당할 사법경찰관 상당수를 지명배치하는 것을 사법부장(김병로)과 경무부장(조병옥)이 협의하여 "搜查事務擔當警察官에 關한 件"이라는 다음과 같은 타협의 결과가 사법부장으로부터 검찰총장에게 통첩되었다고 한다.

【표 1-33】 수사사무담당경찰관에 관한 건

> (1) 各警察廳 및 警察署에 檢察官의 指揮事件을 擔當할 司法警察官 相當員數를 指名配置할 것.
> (2) 各警察廳 및 警察署의 搜查主任은 檢察官의 指揮事件을 所定期間內에 迅速處理할 것.
> (3) 各搜查主任 또는 司法警察官은 前一, 二號擔當事務를 怠慢한 時는 適正한 行政處分을 行할 것.
> (4) 各搜查主任 또는 檢察官의 指揮事件을 擔當한 司法警察官의 異動이 有할 時는 遲滯없이 所管 檢察廳에 通報할 것.

---

139) 대검찰청, 「수립될 신정부의 사법, 검찰기구에 관한 건」 검찰제요 自紀元四二七八年八月 至紀元四二八一年三月, 부록, 72면.

140) 신동운, 「수사지휘권의 귀속에 관한 연혁적 고찰(Ⅰ) – 초기 법규정의 정비를 중심으로 –」, 서울대 법학 제42권 제1호(2001. 5), 219–221면.

이 구상은 현재의 사법경찰관운용실태와 매우 유사한 것이어서 오늘날 제도의 모태를 이 당시의 위 타협안에서 찾아 볼 수 있으나, 당초 이인 검찰총장은 일정 수의 사법경찰관을 지방검찰청에 배치하고 배치경찰관의 인사와 상벌에 관하여 지방검찰청장의 승인을 얻을 것을 요하는 내용의 안을 제출하였으나, 사법경찰관리의 검찰청배치는 남한의 실정상 경찰의 통합력을 분해할 수 있으므로 불가하다는 경찰측의 반대로 보류되었다.[141]

그런데 협정이 있은 후, 12월 5일 김병로 사법부장은 이인 검찰총장의 건의를 채택할 것을 밝혔는데, 즉 사법경찰관리를 지방검찰청에 배속하는 방식을 채택하는 방향으로 선회한 것이다. 그러나 이에 대해 1948년 2월 조병옥 경무국장은 검찰총장의 안은 애초의 협정의 범위를 넘어가므로 결코 응낙할 수가 없다고 하면서, 본래 협정과 같이 각 관구경찰청과 경찰서 단위로 검찰관의 수사지휘를 받는 사법경찰관을 지명하는 방침을 시행할 것임을 사법부에 통보하였는데,[142] 1946년 4월의 군정청 경찰부장 지시 '검사에 대한 형사의 할당'이 예정하였던 조치가 2년 뒤인 1948년 2월에 되어서야 실현을 보게 된 것이다.[143]

둘째, 1948년 2월 20일자로 검찰총장이 군정장관에게 보낸 "犯罪搜査에 관한 指揮命令의 件"[144]이라는 건의문을 통하여 검사의 권한을 공소제기와 유지에만 국한하기로 해석될 수 있는 1945년 12월 29일자 法務局長의 「檢事에 대한 訓令 제3호」 및 警察局 通牒 제1호를 폐지할 것을 강력히 요청했다[145]는 점이다. 다만 검찰측은 법무국 훈령 제3호의 의미를 검사의 수사지휘권을 부정한 것으로 보지는 않았으며, 검찰측이 주로 문제삼은 것은 경찰측의 오해와 비협조로 훈령의 본래의 취지가 실효를 거두지 못하고 있다는 점이었고, 따라서 법무국 훈령 제3호와 경무국장의 지령통첩 제1호를 폐지하고 '경찰관은 검찰관의 보좌(保佐)로서 검찰관의 지휘와 명령을 받아 사법경찰로서 범죄를 수사한다는 점을 명확히 할 것'을 요구하였던 것이다.[146]

---

141) 검찰예규에 관한 기록, 「수사사무담당경찰관에 관한 건」(1947. 11. 10. 사검(司檢) 제82호 사법부장 통첩), 229면.

142) 검찰예규에 관한 기록, 「사법경찰관배치에 관한 건」(1948. 2. 16., 사검 제10호, 검찰총장에 대한 사법부장통첩; 「사법경찰관배치에 관한 건」(1948. 2. 11., 경수총(警首總) 제92호, 사법부장에 대한 경부부장답신), 전주지방검찰청, 38－39면.

143) 문준영, 앞의 논문, 196면.

144) 대검찰청, 검찰제요, 부록 99면.

145) 신동운, 「한국검찰의 연혁에 관한 소고」, 검찰 통권 제100호 기념특집호, 대검찰청, 68면.

146) 문준영, 앞의 논문, 187면.

(3) 군정법령 제176호

1948년 3월 20일 군정법령 176호로 '형사소송법의 개정'이 공포되어 법관의 영장에 의한 인신구속(최초로 법관영장제 도입), 구속기간 제한, 불법인신구속에 대한 구속적부심 제도의 도입, 검찰관의 유치장감찰권의 명문화, 수사 및 공판단계에서의 보석 인정, 피고인과의 교통권 등 인권보장을 위한 제도가 도입되었다.

【표 1-34】軍政廳 官報(法令 第一七六號 一九四八年 三月 二十日)

南朝鮮過渡政府

法令 第一七六號

刑事訴訟法의 改正

朝鮮過渡立法議院에서 本件을 審議하여 法律을 制定할 때까지 다음에 依한다

第一條 本令은 不法拘束에 對한 人民의 自由權을 充分히 保障하기 爲하여 刑事訴訟法을 改正함
  을 目的으로 한다

第二條 本令中

 가. 拘束이라고 하는 것은 勾引·勾留·勾置·逮捕 또는 檢束等 엇더한 名稱이든지 身體를 拘束하
  는 모든 境遇를 말한다

 나. 第十七條에 規定한 申請을 審査하는 管轄裁判所라고 하는 것은 被拘束者가 實際上 拘束되
  고 있는 地를 管轄하는 地方審理院 또는 그 支院을 말한다 그 法院所屬 審判官은 單獨으로
  그 申請을 受理하여 그에 對한 決定을 한다 特別審判員은 그 申請을 受理하며 또는 그에 對
  하여 決定할 權限이 없다

 다. 拘束令狀을 發付하는 「管轄裁判所」라고 하는 것은 管轄地方審理院 또는 그 支院을 말한다
  特別審判員은 拘束令狀을 發付할 權限이 없다

 라. 本令中 「相當한 憂慮」 「相當한 理由」의 有無 또는 「必要한 措置」의 適否가 法律上 問題가
  되는 境遇에는 裁判所가 諸般證據에 依하여 決定한다

第三條 누구든지 拘束당할 者의 姓名 및 被疑事件을 記載한 裁判所가 發한 拘束令狀없이는 身體
  의 拘束을 받지 아니한다 그러나 다음 事項의 一에 該當하며 또한 緊急을 要하는 境遇에는 그
  럿치 아니하다

 一. 被疑者가 一定한 住居를 갖지 않는 境遇

 二. 그 場所에 있고 없음을 不問하고 刑事訴訟法 第百三十條에 規定한 現行犯인 境遇
  그러나 犯行終了後 四十八時間 以內에 身體를 拘束하는 境遇에 限한다

 三. 現行犯의 取調에 依하여 共犯을 發見한 境遇 그러나 犯行終了後 四十八時間 以內에 身體를
  拘束하는 境遇에 限한다

 四. 卽決의 囚人 또는 法令에 依하여 拘束된 者가 逃亡한 境遇

 五. 死體의 檢證에 依하여 犯人을 發見한 境遇

 六. 被疑者가 罪證을 湮滅할 相當한 憂慮가 있는 境遇

七. 被疑者가 逃亡할 相當한 憂慮가 있는 境遇

八. 被疑者가 死刑‧無期 또는 長期 一年 以上의 有期의 懲役‧禁錮에 處할 수 있는 罪를 犯하였다고 믿을만한 相當한 理由가 있는 境遇

第四條 檢察官 또는 警察官은 法令에 規定한 以外에 死刑‧無期 또는 長期 一年 以上의 有期의 懲役‧禁錮에 處할 수 있는 犯罪가 現行中 또는 着手될려는 狀態에 있다고 믿을만한 相當한 理由가 있는 境遇에 限하여는 그 犯罪의 防止 또는 搜査에 必要한 措置를 取하기 爲하여 晝間 또는 夜間을 不問하고 어느 때든지 令狀없이 他人의 住居 또는 建造物에 드러가 被疑者를 卽時 拘束하여 臟品 또는 그 犯罪行爲에 供用되었다고 믿을만한 相當한 理由가 있는 物件을 押收할 수 있다

第五條 檢察官‧司法警察官 其他 어떠한 官憲이라도 第四條에 規定한 以外에는 裁判所가 發한 搜査令狀없이는 押收 또는 搜索을 하지 못한다 그러나 本令第三條의 規定에 依하여 拘束令狀없이 拘束할 수 있는 者의 所有‧所持 또는 保管한 物件에 對하여서는 本令 第六條에 規定한 期間內에 限하여 押收 또는 搜索할 수 있다 本條의 搜索令狀에는 刑事訴訟法의 規定에 依하여 搜索할 場所와 押收할 物件을 記載하여야 한다

第六條 檢察官‧司法警察官 또는 其他 官憲이 第三條 및 第四條의 規定에 依하여 拘束令狀없이 身體를 拘束한 境遇에는 서울市와 裁判所가 있는 府‧郡‧島에 있어서는 그 拘束한 때부터 四十八時間 以內에 裁判所가 없는 府‧郡‧島에 있어서는 五日 以內에 裁判所로부터 拘束令狀의 發付를 얻어야 한다

前項에 規定한 期間內에 拘束令狀의 發付를 얻지 못한 境遇에는 拘束 當한 者를 卽時 釋放하여야 한다

그 境遇에는 搜索令狀없이 押收한 物件은 押收當한 本人에게 還付하여야 한다

第二項의 規定에 依하여 釋放된 者는 裁判所가 發付한 拘束令狀없이는 同一犯罪 事實에 依하여 再次 拘束되지 아니한다

第七條 刑事訴訟法中 勾人狀‧勾留狀에 關한 規定은 本令中 拘束令狀에 勾人‧勾留에 關한 規定은 本令中 拘束令狀에 依한 拘束에 이를 準用한다 刑事訴訟法中 押收‧搜索의 命令狀에 關한 規定은 本令中 搜索狀에 押收‧搜索에 關한 規定은 本令中 搜索令狀에 依한 押收‧搜索에 이를 準用한다

第八條 司法警察官이 被疑者를 拘束한 境遇에는 實際로 拘束한 날로부터 十日 以內에 取調를 完了하여 被疑者를 檢察官에게 送致하지 않는 限 釋放하여야 한다 그러나 그 十日의 期間滿了前 管轄裁判所로부터 拘束期間延長決定을 얻은 境遇에는 그렇치 아니하다 取調의 完了에 十日을 超過하는 日數를 要할때는 司法警察官은 檢察官을 經由하여 理由를 갖추어 管轄裁判所에 拘束期間 延長決定을 申請할 수 있다

裁判所가 必要하다고 認定하는 境遇에는 十日을 超過하지 않는 限度로 拘束期間 延長을 許可할 수 있다

拘束期間 延長은 一回에 限하여 許與한다

司法警察官은 裁判所에서 決定한 拘束期間 滿了前에 被疑者를 檢察官에게 送致하지 않는 限 釋放하여야 한다

第九條 檢察官은 被疑者를 實際로 拘束 또는 司法警察官으로부터 送致를 받은 날로부터 十日 以

內에 起訴하지 않는 限 釋放하여야 한다 그러나 그 期間滿了前에 管轄裁判所로부터 拘束期間 延長決定을 얻은 境遇에는 그렇치 아니하다

檢察官이 理由를 갖추어 拘束期間 延長申請을 한 때에 裁判所가 必要하다고 認定하는 때는 決定으로써 十日을 超過하지 않는 期間 拘束期間 延長을 許可할 수 있다

拘束期間 延長은 一回에 限하여 許與한다

檢察官은 拘束期間 滿了前에 起訴하지 않는 限 被疑者를 釋放하여야 한다

第十條 第八條의 拘束期間 延長許可는 그 延長期間을 明示하여야 하며 審判官이 署名한 卽時로 效力이 發生한다

第十一條 被疑者 또는 被告人을 拘束한 境遇에는 卽時로 그 具體的 犯罪事實과 第十四條의 規定에 依한 辯護人을 選任할 수 있는 趣旨를 알여야 한다 家族의 面前에서 被疑者를 拘束하는 境遇 또는 被疑者의 家族이 拘束의 理由를 뭇는 境遇에는 그 家族에게도 具體的 犯罪事實과 辯護人을 選任할 수 있다는 趣旨를 알여야 한다

第十二條 身體의 拘束을 當한 境遇에는 그 本人·法定代理人·保佐人·直系尊屬·直系卑屬·配偶者 및 戶主는 各々 辯護人을 選任할 수 있다 그 選任은 選任한 날로부터 第一審 公判때까지 效力이 있다

第十三條 被疑者 또는 被告人의 辯護人이 그 拘束의 理由를 뭇는 境遇에는 具體的 犯罪事實을 알여야 한다 辯護人은 裁判所·檢察官·司法警察官에게 被告人 또는 被疑者를 爲하여 證據를 提出할 權利가 있다

第十四條 被疑者와 辯護人의 接見 및 信書의 往復은 禁止하지 못한다 그러나 罪證을 湮滅·捏造 또는 被疑者를 逃避케 할 相當한 憂慮가 있는 境遇에는 그렇치 않니하다

前項에 規定한 例外에 依하여 接見 또는 信書의 往復을 禁止한 境遇에는 그 事由를 갖추어 管轄裁判所에 報告하여야 한다

辯護人이 第一項에 例外로 規定한 禁止處分에 不服이 있는 境遇에는 裁判所에 對하여 그 解除命令을 申請할 수 있다 裁判所가 그 申請을 受理한 境遇에는 二日 以內에 그 許否를 決定하여야 한다

第十五條 被告事件이 公判에 回附된 以後에는 辯護人과 拘束된 被告人과의 接見 및 信書의 往復은 禁止하지 못한다

第十六條 다음 事項의 一에 該當하는 境遇에 辯護人이 出頭하지 않는 때 또는 辯護人이 選任되지 아니한 때는 裁判所는 檢察官의 意見을 들은 後 辯護人을 選任할 수 있다

一. 被告人이 二十歲未滿 또는 七十歲 以上인 境遇

二. 被告人이 婦女인 境遇

三. 被告人이 聾者 또는 啞者인 境遇

四. 被告人이 心神喪失者 또는 心神耗弱者인 疑心이 있는 境遇

五. 其他 必要하다고 認定되는 境遇

第十七條 官憲 其他 他人에게 身體의 拘束을 當한 者 그 辯護人 또는 第十二條에 規定된 者는 管轄裁判所에 對하여 그 身體拘束의 適否 與否의 審査를 申請할 수 있다

申請書에는 當該事實과 다음 事項을 記載하여야 한다

(一) 拘束이 法律上 不當하다는 理由

(二) 從前에 그 事件에 對하야 釋放申請을 한 事實의 有無

(三) 從前에 申請한 事實이 있는 境遇에는 그 申請한 裁判所名과 裁判의 結果

(四) 申請書의 提出이 再次인 때는 그 理由

(五) 被拘束者가 拘束令狀에 依하여 拘束된 有無

(六) 拘束令狀에 依하여 拘束된 境遇에는 그 令狀을 發付한 裁判所名과 令狀의 瑕疵

申請書를 受理한 裁判所는 卽時 審査에 着手하여야 한다

申請書 自體로서 그 拘束이 適法하다고 認定하는 境遇에는 그 申請書를 却下한다 申請書에 依하여 그 拘束이 一應不法하다고 認定하는 境遇에는 裁判所는 申請書受理日로부터 七日 以內의 審問期日을 指定하여 拘束者에게 被拘束者를 裁判所에 同行出頭하여 그 拘束을 繼續할 理由를 說明할 것을 命하여야 한다

前項 審問期日 以前에 拘束者가 第八條 및 第九條의 規定에 依한 效力이 있는 拘束令狀을 裁判所에 提出한 境遇에는 口頭審問을 하지 않고 그 申請을 却下할 수 있다

裁判所는 拘束의 理由 被拘束者의 主張 및 拘束의 適法與否에 關하여 必要한 證據를 調査한 後 그 拘束이 不法하다고 認定되는 때는 被拘束者의 釋放을 命한다

前項의 規定에 依하여 釋放된 者는 裁判所의 發付한 令狀없이는 同一犯罪事實에 依하여 再次 拘束되지 아니 한다

第十八條 前條의 規定에 依한 決定에 不服이 있는 者는 三日 以內에 直近 上級裁判所에 抗告할 수 있다 抗告裁判所는 前條의 規定에 依하여 그 事件을 處理한다 그러나 原審裁判所가 釋放을 命한 境遇에는 抗告에 不拘하고 被拘束者를 卽時 釋放하여야 한다

第十九條 裁判所는

가 公訴提起의 前後를 不問하고 自由로 拘束令狀의 執行을 받은 者에 對하여 相當한 條件으로 保釋을 許與할 수 있다

保釋金의 額은 諸般事情을 考慮하여 被疑者 또는 被告人이 逃亡을 企圖하지 않음을 充分히 保障할만 한 金額이여야 한다

나 被疑事件 또는 被告事件이 罰金、六月 以下의 懲役 또는 禁錮에만 處할 수 있는 事件인 境遇에는 相當한 條件으로 保釋을 許與하여야 한다

다 拘束된 被告人이 公判에 回附된 後 三十日 以上 公判이 開廷되지 않는 境遇에는 裁判所는 檢察官이 그를 拒否할 充分한 理由를 提示하지 않는 限 被告人 本人 또는 被告人을 爲하여 申請하는 者의 申請에 依하여 相當한 條件으로 保釋을 許與하여야 한다

拘束된 被告人이 公判에 回附된 後 六十日 以上 公判이 開廷되지 않는 境遇에는 被告人 本人 또는 被告人을 爲하여 申請하는 者의 申請에 依하여 相當한 條件으로 保釋을 許與하여야 한다

라 (다)項의 規定은 死刑、無期 또는 十五年 以上의 有期의 懲役、禁錮에 處할 事件에는 이를 適用하지 않는다

마 本令에 規定한 保釋에 關하여는 本條에 規定한 事項 以外는 刑事訴訟法中 保釋에 關한 規定을 準用한다

바 被告人이 原審에서 無罪、免訴 또는 公訴棄却의 判決 또는 決定을 받아 檢察官이 上訴한 境遇에는 原審에서 許與한 保釋의 決定은 刑事訴訟法에 規定한 事由가 있지 아니하면 取消하

지 못한다 그러나 原審에서 保釋을 許與하지 않은 境遇에는 相當한 條件으로 保釋을 許與하여야 한다

사 被告人이 上訴한 境遇에 保釋의 許與 또는 原審에서 許與한 保釋의 取消는 다음 各號에 依한다

(一) 原審에서 科料、拘留罰金 또는 六月 以下의 懲役 또는 禁錮의 言渡를 받은 境遇에는 原審이 許與한 保釋의 決定은 刑事訴訟法에 規定한 事由가 있지 아니하면 取消할 수 없다 그러나 原審에서 保釋을 許與하지 않은 境遇에는 相當한 條件으로 保釋을 許與하여야 한다

(二) 原審에서 六月을 超過하여 十五年 未滿의 懲役 또는 禁錮의 言渡를 받은 境遇에는 保釋의 許與 또는 原審에서 許與한 保釋의 取消는 上訴裁判所의 自由이다

(三) 原審에서 死刑、無期 또는 十五年 以上의 有期의 懲役 또는 禁錮의 言渡를 받은 境遇에는 保釋을 卽時 取消하며 上訴審에서 原判決을 變更하지 않는 限 保釋을 許與할 수 없다

(四) 保釋에 關한 決定에 不服이 있는 檢察官、被告人 또는 被疑者는 三日 以內에 上訴裁判所에 抗告할 수 있다

第二十條 刑事訴訟法 第四百七十一條 第二項을 다음과 같이 改正한다

司法警察官이 한 拘束·押收 또는 押收物의 還付에 關한 處分에 不服이 있는 者는 司法警察官의 職務執行地를 管轄하는 裁判所에 그 處分의 取消 또는 變更을 請求할 수 있다

第二十一條 地方檢察廳長은 不法拘束의 有無를 調査하기 爲하여 所屬檢察官 一人 以上을 指名하여 管下警察署·同支署 및 留置場을 監察케 하여야 한다 地方檢察廳長은 적어도 每月 一回 以上 管下警察署·同支署 및 留置場을 監察케 하는 責任이 있다

監察하는 檢察官은 被拘束者를 審訊하며 拘束에 關한 書類를 調査하여야 한다

檢察官이 被拘束者가 不法으로 拘束되었다고 認定하는 境遇에는 警察官署에서 送致하는 普通事件의 例에 依하여 卽時 警察官署로부터 檢察廳에 事件을 送致케 하여야 한다

拘束 또는 被疑者에 對한 處遇에 있어 不法이 있다고 認定하는 境遇에는 檢察官은 이를 調査하여 法律에 依하여 訴追하여야 한다

本條에 規定한 檢察官의 職務執行을 妨害한 者는 六月 以上 七年 以下의 懲役에 處한다

第二十二條 가. 他人의 身體를 不法으로 拘束한 者는 被拘束者에 對하여 不法拘束의 期間中 그 一日에 對하여 金千圓으로 計算한 民事上 損害를 賠償하여야 한다

本令에 依한 裁判所의 命令 또는 第三條·第五條·第六條·第八條 및 第九條의 規定을 遵守하지 않는 者는 六月 以上 七年 以下의 懲役에 處한다

나. 地方檢察廳長·支廳上席檢察官·管區警察廳長 및 警察署長이 그 直屬 部下職員으로서 本令의 規定에 違反함을 看過하고 適切한 措置를 取하지 아니한 境遇에는 卽時 罷免되며 그 後 二年間 司法府 또는 警務部의 官職에 就任하지 못한다

第二十三條 刑事訴訟法 第百十三條에 規定한 拘束期間은 本令에 規定한 拘束令狀의 發付日부터 起算한다 그러나 刑事訴訟法 第百十三條의 規定은 起訴되지 않는 限 被拘束者를 第八條 및 第九條에 規定한 期間을 超過하여 拘束할 수 있게 하는 取旨는 아니다

第二十四條 다음의 法令은 이를 廢止한다

(一) 一九一四年 七月 制令 第二十三號 行政執行令

(二) 一九一二年 二月 十八日 制令 第十一號 朝鮮刑事令 第一條 第一項第十號의 二·第三條·

第十二條 及至 第十六條·第二十七條,第三十八條의 二
(三) 本令과 抵觸되는 法令 規程
第二十五條 本令은 一九四八年 四月 一日부터 效力을 發生한다
西紀 一九四八年 三月 二十日
右 建議함
民政長官 安在鴻
右 認准함
朝鮮軍政長官
美國陸軍少將 윌리암·에프·띈

1948년 5월 4일에는 군정법령 제194호로 '법원조직법'이 제정·공포되어 사법권의 독립이 이루어졌으며, 1948년 8월 2일에는 군정법령 제203호로 '검찰청법'이 제정·공포되어 검찰청이 법원으로부터 분리되는 효시가 되었고, 이것이 우리 검찰제도 창설의 모태가 되었다. 이에 따라 1945년 12월 29일자 법무장관의 「검사에 대한 훈령 제3호」는 검찰청법 제32조 가항의 규정에 의하여 폐지되었으며, 동법 제6조 제1호는 "범죄수사에 관하여 사법경찰관을 지휘감독함"을 명시하였다.

【표 1-35】 검사에 대한 훈령 제3호

① 검찰관의 직무와 권한(제6조)
- 범죄수사, 공소제기 및 유지에 필요한 행위
- 사법경찰관에 대한 수사지휘 및 감독권
- 법원에 대하여 법령의 정당한 적용청구
- 재판의 집행 지휘감독
- 다른 법령에 의해 검찰관의 권한에 속한 사무처리
② 검찰관의 신분보장(제18조, 제19조, 제22조)
③ 검찰관의 상명하복과 검사동일체의 원칙(제12조)
④ 부장의 검찰사무의 일반적 지휘감독권과 개별사건에 관한 한 검찰총장에게 그 조사와 처분지휘 (제14조)

이 양대 법률에 의하여 지금까지 사법부의 소관이었던 법원행정이 대법원으로 넘어가게 되었으나, 역으로 검사국(檢事局)이 법원에 병치(倂置)되었던 구법의 조직체계는 종료되고 조직상으로 검찰이 법원으로부터 완전히 독립된 계기가 되었다. 이렇게 하여 법원과 검찰을 司法(Justiz)이라는 개념하에 통합적으로 조직을 관리·운용하는 독일식 내지 구법체계는 종료하였으며, 이제 종래의 사법행정이라는 법원행정과 법무행정으로 분화되

게 되었고 후자의 한 분야로서 검찰행정이 자리잡게 된 것이다.147)

　　이와 관련하여 사법경찰이 구속영장을 신청함에 있어 검찰관을 경유하느냐 법원에 바로 신청하느냐의 문제로 검찰과 경찰간에 논란이 야기되었는데, 검찰에서는 군정법령 제176호 개정 형사소송법 제8조에서 사법경찰이 구속기간 연장결정 신청시 검찰관을 경유하도록 한 취지로 보아 구속영장 신청 역시 검찰관 경유가 순리라고 본 반면, 경찰은 명문규정이 없음을 이유로 이와 다른 입장을 취했다. 이에 1948. 3. 31. 법령 제180호 (법령 제176호의 보충) 제5조 구속영장 신청절차에서 '사법경찰 및 기타 관헌은 소관 검찰청에 청구하며, 검찰관은 이를 재판소에 신청한다'고 명시함으로써 이 문제는 일단락 되었다.148)

---

147) 신동운, 「수사지휘권의 귀속에 관한 연혁적 고찰(Ⅱ)」, 253면; 신동운. 「한국 검찰의 연혁에 관한 소고」, 검찰 100호(1990), 68-69면.

148) 대검찰청, 한국검찰사, 1976, 250면.

제3절   제1공화국 - 제4공화국

I. 제1공화국(정부수립후 검찰제도)

1. 입법과정

사법제도와 관련하여 1947. 1.부터 대법원을 비롯한 각급 법원이 삼심제의 부활, 사법부로부터 법원의 분리 등을 요구하는 건의서를 군정 당국에 제출하였는데, 미군정은 이러한 건의를 받아들여 1947. 2. 법안기초를 위한 법률가들로 구성되는 사법제도에 관한 법규편제위원회를 구성하였다.149) 이와 별도로 김용무(金用茂) 대법원장의 지시에 의하여 1947. 2.부터 대법원에 대법관 및 서울고등심리원 원장 및 판사, 서울지방심리원장 등으로 '법원조직법 기초위원회'를 구성하여 법원조직법 초안을 기초하였다.150)

검찰은 1946. 5. 대법원 검사국 검사총장에 취임한 이인(李仁)이 검찰 분리화를 언급하였고, 법원에서 법원조직법 기초위원회를 구성하여 법원조직법 초안을 기초하는 움직임에 대응하여 검찰도 검찰기구에 관한 준비를 하였다. 1947. 6. 20. 서울지역 검찰청이 연명으로 군정당국에 '수립될 신정부의 사법·검찰 등 기구에 관한 건'을 제출하였다.

1947. 6. 30. 남조선과도정부 행정명령 제3호에 의하여 법전기초위원회(세칭 법전편찬위원회)가 구성되었고 위원장 대법원장 김용무(金用茂), 위원에 사법부장 김병로(金炳魯), 검찰총장 이인(李仁)이 임명되었다(제5조). 한편, 미국에 사법제도시찰단을 보내 사법제도 관련 구상을 하게 하였는데 1947. 7. 미국사법제도시찰단이 보고서를 제출하였다.

1947. 11. 14. 유엔총회는 남북한 총선거안을 채택했고, 이에 따라 1948. 1. 8. 유엔임시한국위원단이 서울에 도착, 활동을 개시했으나 38선 이북에 주둔한 소련군사령관의 방해로 북한에서의 활동은 봉쇄되었다. 1948. 1. 24.부터 3일간 개최된 유엔임시총회는 「한국의 가능한 지역에서 유엔감시단의 선거실시」를 거듭 결의하고, 1948. 3. 1. 유엔임시한국위원단은 위원단이 들어갈 수 있는 한국의 일부지역에서 늦어도 같은 해 5. 10.까지 선거를 실시한다고 발표함에 따라, 1948. 3. 17. 미군정 법령 제175호 국회의원

---

149) 문준영, 앞의 책, 724면.

150) 법원행정처, 「사법부의 어제와 오늘 그리고 내일(上)」, 사법발전재단, 2008, 109면.

선거법이 공포되고, 1948. 5. 10. 역사적인 총선거가 실시되었다. 이어서 1948. 5. 31. 제헌국회가 개원되었고, 같은 해 7. 12. 대한민국헌법이 국회를 통과했고, 같은 해 7. 16. 정부조직법이 제정되어 헌법과 정부조직법이 1948. 7. 17. 공포되었다. 같은 해 7. 20. 국회에서 이승만이 초대대통령으로 선출되었고, 이승만 대통령은 1948. 8. 2. 과도정부 대검 총장인 이인(李仁)을 초대 법무부장관에, 같은 해 8. 7. 과도정부 사법부차장 이던 권승렬(權承烈)을 초대 법무부 차관에 각각 임명한 후, 1948. 8. 15. 대한민국 정부 수립을 공포하였다.

그 후 신생정부는 정부조직법과 국회법 그리고 '법원조직법'(1948. 9. 26. 법률 제51 호), '변호사법'(1949. 11. 7. 법률 제63호)에 이어 '검찰청법'(1949. 12. 20. 법률 제81호)을 제정·공포하였으며, 이것이 우리나라 검찰제도의 근간을 담은 것으로 전문 제44개조에 달했다. 물론 전술(前述)한 것처럼, 당초 미군정 말기인 1948. 8. 2. 법령 제213호로 검찰청법이 제정·공포되어, 검찰조직이 처음으로 법원에서 분리되긴 했으나, 이는 미군정 하의 과도기적 입법이었으므로 정부수립 후 민선 입법기관에서 새로 이를 제정할 필요성이 있었던 것이다.

그런데 후술(後述)하는 것처럼, 제헌헌법에서 대륙법계 국가와 달리 검사와 관련된 내용 및 영장청구권자에 대하여 명확한 태도를 밝히지 않은 관계로, 영미법계 국가와 같이 사법경찰관이 법관에게 직접 영장을 청구하는 것도 이론상 불가능하지는 않다는 지적이 나올 여지가 있었다. 다만 제헌헌법 제72조 제11호는 국무회의에서 검찰총장의 임명을 국무회의의 심의를 거쳐야 할 사항으로 규정하고 있었고, 이 규정은 지금도 계속 이어져 오고 있다.[151]

2. 과도정부 검찰청법(1948. 8. 2.)

(1) 검찰청의 조직

검찰청은 검찰관의 사무를 통할하는 기관으로서(제2조 가항), 대검찰청, 고등검찰청 및 지방검찰청으로 하였으며 지방검찰청에 부를 둘 수 있다(제2조 나항). 지방법원지원에 대응하여 지방검찰청지청을 간이법원에 대응하여 간이검찰청을 둘 수 있다(제2조 다항).

검찰청에 검찰총장을 두며, 검찰총장은 대검찰청의 사무를 장리하고 국내 검찰사무를 통할하며 이를 지휘·감독한다(제7조). 고등검찰청[152] 및 지방검찰청에 검사장을 두며, 검사장은 소속청의 사무를 장리하고 소관검찰청의 사무를 지휘·감독한다(제8조). 지

---

151) 현행 헌법 제89조 제16호 참조.

152) 정부 수립 당시의 고등검찰청은 서울고등검찰청과 대구고등검찰청이 있었으며, 1951년 11월 27일 광주고등법원설치법이 제정·공포됨에 따라 광주고등검찰청이 신설되어 1952년 4월 2일에는 서울, 대구, 광주로 고등검찰청이 3개로 되었다.

방검찰청지청에 지청장을 간이검찰청에 청장을 두며 지청장 및 간이검찰청장은 지방검찰청장의 명을 받아 소속사무를 장리하고 소속직원을 지휘·감독한다(제11조).

(2) 검사의 직무

검찰관은 공익의 대표자로서 형사에 관하여 범죄를 수사하고, 공소를 제기하며 그 유지에 필요한 행위를 하고, 범죄수사에 관하여 사법경찰관을 지휘·감독하며, 법원에 대하여 법령의 정당한 적용을 청구하고, 재판의 집행을 지휘·감독하며 그 외 다른 법령에 의하여 검찰관의 권한에 속하는 사무를 행한다(제6조).

(3) 검사의 복무관계

검찰관은 상사의 명령에 복종하며, 검찰총장 및 검사장은 소속검찰관으로 하여금 그 권한에 관하여 직무의 일부를 처리케 할 수 있고, 검찰총장 및 검사장은 소관검찰관의 사무를 자신이 처리하거나 또는 다른 검찰관으로 하여금 처리케 할 수 있다. 그리고 이 규정은 지방검찰청지청장 및 간이검찰청장에게 준용한다(제12조).

사법부장은 검찰사무의 최고감독기관으로서 일반적으로 검찰관을 지휘·감독하며, 개별적 사건에 대하여는 검찰총장에게 그 조사와 처분을 지휘한다(제14조).

(4) 검찰청 직원

대검찰청에 서기국을 두고 서기국에 서기과 및 정보과를 두며, 고등검찰청에 서기과 및 회계과를 두고, 지방검찰청에 서기과, 회계과 및 수사과를 두는데, 그러나 고등검찰청소재지의 지방검찰청에는 회계과를 두지 아니한다. 지방검찰청지청 및 간이검찰청에 서기과를 두며, 서기국에 국장, 각과에 과장을 둔다. 서기국장, 각 과장은 소속장관의 명을 받아 소관국 또는 과의 사무를 장리하며 소속직원을 지휘·감독한다(제25조).

이와 같이 각 국과 근무할 직원으로서 각 검찰청에 서기관 및 서기를 두고, 서기관은 검찰관의 명을 받아 수사에 관한 사무에 종사하며 서무회계사무를 처리한다. 한편, 대검찰청 정보과 및 지방검찰청 수사과 서기관은 범죄수사에 관하여 사법경찰관의 직무를 행한다. 또는 서기를 서기관을 보좌하며 대검찰청 정보과 및 지방검찰청 수사과 서기는 사법경찰리의 직무를 행한다. 서기관은 수사상의 조서의 작성에 관하여 검찰관의 명령이 자기의 의견과 상위되는 때에는 그 말미에 자기의 의견을 첨서할 수 있다(제26조).

3. 대한민국 검찰청법 제정(1949. 12. 20.)

1948. 8. 15. 대한민국 정부 수립 후, 신정부는 정부조직법과 국회법의 제정에 이어 법원조직법을 새로 제정하고, 이와 관련있는 검찰청법안을 1949년 1월 22일 국회에 제출하였으나 국회의 회기만료로 자동폐기되었으며, 동년 7월 8일 재제출된 정부안에 대

하여 국회 법제사법위원회는 정부관계부처와 협의하여 원안을 대폭 수정한 법제사법위원회의 대안(代案)을 작성, 동년 12월 3일 국회에서 통과시켰는데, 이것이 1949년 12월 20일 법률 제81호로 공포된 검찰청법이다.[153]

우리나라 역사상 민선 입법기관에서 제정된 최초의 검찰조직의 기본법인 동 법률은 전문 제44조로 구성되어 있는데, 그 주요 내용은 검찰청의 조직 및 검사의 직무권한 등을 정하고, 법무부장관은 검찰사무의 최고책임자로서 일반적으로 검사를 지휘·감독하며, 구체적 사건에 대해서는 검찰총장만을 지휘·감독한다고 규정하는 등 검찰조직의 기본법이 되었다. 이는 위 과도정부 검찰청법의 틀을 대체로 유지하고 있는데, 세부적인 면에서 달라진 점은 다음과 같다.

(1) 검찰청의 조직

대검찰청, 고등검찰청, 지방검찰청을 각급 법원에 대치하도록 하고, 지방법원지원 설치지역에는 이에 대응하여 지방검찰청지청을 둘 수 있도록 하였으며 검찰관이란 용어를 검사로 개칭하였다(제2조). 간이법원에 대응하여 설치할 수 있는 간이검찰청제도는 신법에서 이를 규정하지 아니하였으므로 자동폐지되었다.

(2) 검사의 직무와 권한

검사는 다른 법령에 의하여 그 권한에 속하는 사항 이외에 형사에 관하여 공익의 대표자로서 범죄수사, 공소제기와 그 유지에 필요한 행위, 범죄수사에 관한 사법경찰관리의 지휘·감독, 법원에 대한 법령의 정당한 적용 청구, 재판집행의 지휘·감독권 등의 직무와 권한이 있다(제5조).

(3) 검사의 복무관계

검사는 검찰사무에 관하여 상사의 명령에 복종한다. 검찰총장과 검사장은 소속 검사로 하여금 그 권한에 속하는 직무의 일부를 처리케 할 수 있다. 검찰총장과 검사장은 소관 검사의 직무를 자신이 처리하거나 또는 다른 검사로 하여금 처리케 할 수 있다. 전2항의 규정은 지청장에게 준용한다(제11조).

법무부장관은 검찰사무의 최고감독자로서 일반적으로 검사를 지휘·감독한다. 구체적 사건에 대하여는 검찰총장만을 지휘·감독한다(제14조).

(4) 고소사건의 항고절차

검사의 불기소처분에 불복이 있는 고소인은 그 검사가 속하는 검찰청을 경유하여 서면으로써 직근 상급검찰청의 장에게 항고할 수 있다. 단, 지방검찰청지청검사의 불기

---

153) 대검찰청, 앞의 책, 255면.

소처분에 대한 항고는 지방검찰청검사장에게 한다. 항고를 기각하는 처분에 대하여는 그 직근 상급검찰청의 장에게 재항고를 할 수 있다(제12조).

(5) 검찰청 직원 및 사법경찰기구

대검찰청에 서기국과 중앙수사국을 둔다. 서기국은 기록의 작성, 보존, 서무에 관한 사무를 장리(掌理)하며, 서기국에는 서무과(庶務課)와 사건과(事件課)를 둔다. 중앙수사국은 범죄수사의 지도연구와 검찰총장이 중요하다고 인정하는 범죄의 수사를 장리하기 위하여 설치하는 기구인 바, 「국내수사기구의 일원화(一元化)가 절실히 요청되고 검찰총장에게 그와 같은 기능을 발휘할 수 있도록 하기 위하여 이 기구가 필요하다」는 것이 제안이유였다. 그러나 정부에서는 예산상의 이유를 들어 이 기구의 설치를 회피하므로 이 규정은 오래도록 사문화된 바 있다. 중앙수사국에는 수사과(搜査課), 사찰과(査察課)와 특무과(特務課)를 둔다.

각 검찰청에 서기관, 수사관, 서기와 서기보를 두며, 서기관과 수사관은 3급, 서기는 4급으로 하고, 검사의 명을 받아 수사에 관한 사무에 종사하며, 기록의 작성, 보존과 서무, 회계에 관한 사무를 처리한다. 서기보는 5급으로 하고 서기관 또는 서기를 보좌하며 특명에 의하여 사법경찰관리의 직무를 행한다(제30조).

(6) 사법경찰관에 대한 체임요구권

사법경찰관으로서 서장 아닌 경감 이하가 직무집행에 관하여 부당한 행위가 있을 때에는 지방검찰청 검사장은 당해사건의 수사중지를 명하며 또는 임면권자에게 그 체임을 요구할 수 있다. 전항의 요구가 있는 경우에는 임면권자는 정당한 이유를 제시치 않는 한 체임의 요구에 응하여야 한다(제36조). 이 규정은 법제사법위원회안에 있던 것으로서 당초 동안(同案)의 규정에는 서장 아닌 경감 이하란 부분이 없고, 모든 사법경찰관을 그 대상으로 하고 3급 이상은 검찰총장이, 그 이하는 지방검찰청 검사장이 체임요구를 할 수 있게 되어 있었던 바, 국회의 심의과정에서 수정된 것이다. 이외 사법경찰관리는 범죄수사에 있어서 소관 검사의 직무상 발한 명령에 복종하여야 한다(제35조)는 규정을 두어 검사의 수사지휘에 대한 사법경찰관리 복종의무를 강조하고 있다.

(7) 검 토

10개월 차이를 두고 제정된 검찰청법 사이에는 다른 부분도 많지만, 가장 중요한 검찰조직의 기본성격과 검찰의 기능 및 역할에 관한 기본골격은 그대로 유지되었다. 즉, 검사를 공익의 대표자로 명시한 뒤 그 직무와 권한으로 범죄수사, 공소제기와 그 유지에 필요한 행위, 범죄수사에 관한 사법경찰관리의 지휘감독 등은 신·구 검찰법상 차이가 없다. 더 나아가 검사의 신분보장도 검사의 정년이 구법보다 인하된 것 외에는 별

차이가 없다. 다만 검찰기구에서 검사를 보좌하며 그 지휘를 받아 범죄수사를 하는 수사관제도가 새로 신설된 것은 외국의 법제에서도 유례가 드문 특기사항이라 할 것이다.[154] 그리고 구검찰청법상 제도인 간이검찰청이 폐지됨에 따라 그와 연계되었던 검사보 제도도 폐지되었다. 그 밖에도 법무부장관의 지휘감독권과 검사동일체의 원칙도 구법의 규정내용과 같다. 다만, 검사의 불기소처분에 대한 항고제도(제12조)와 사법경찰관에 대한 체임요구권(제36조)은 새롭게 규정된 것이다. 항고제도는 고소인의 권익을 보호하려는 제도로서, 일본의 검찰기관 아닌 외부인에 의한 검찰심사회를 두어 검사의 불기소처분의 당부를 심사하게 하지만, 여기에서는 그 심사를 상급청 검사에게 맡긴 것이 특색이다. 그리고 사법경찰의 검사수사지휘에 대한 복종의무(제35조)와 체임요구권은 미군정시절 경찰이 수사에 관한 검사의 정당한 명령에 순응하지 않은 사례가 빈발했던 전례에 비추어 이를 제어하기 위한 것이었다.[155] 당시 경찰권에 대한 이러한 불신은 1954년 형사소송법 제정에도 영향을 미쳤는데, 우리나라 사법제도 근대사를 연구한 문준영 교수는 당시의 상황을 다음과 같이 기술하고 있다.[156]

"……경찰을 제외한 법조계의 인식이 일치한 부분이 있었다. 바로 검사의 사법경찰에 대한 수사지휘가 실효적으로 이루어질 수 있도록 제도개선이 이루어져야 한다는 것이었다……(중략)…… 해방 이후 한국경찰은 예전보다도 훨씬 중앙집권적인 조직으로 재편되었고, 고문 등 심각한 인권유린을 자행했으며, 정치권력(미군정, 이승만 정권)에 기대어 법원과 검찰의 통제로부터 벗어나려 하고 있었다. 때문에 사법경찰을 확고하게 검찰의 통제 아래 두어야 한다는 인식이 힘을 얻었다. 검찰청법과 형사소송법에 담긴 경찰통제장치들은 단순히 대륙형 형사사법제도가 연속된 것으로서가 아니라, 이 시기 강렬한 경찰불신의 산물로서도 이해할 수 있다".

이에 법전편찬위원회에서 기초한 "형사소송법초안(정부제출법안)"이 제출되었고, 국회법제사법위원회는 총 74개조에 달하는 수정안을 마련하였으며, 동 국회법제사법위원회 수정안이 국회 본회의(1954. 2. 19.)에서 그 전부가 통과되었다. 그러나 정부는 7개 항에 걸치는 거부의 이유를 붙여서 국회에 재의결을 요구하는 환부를 하였는데, 여기에서 지적된 항목은 다음과 같다: (1) 사법경찰관작성 피의자신문조서의 증거능력제한 조항, (2) 사형, 무기 또는 10년 이상의 징역이나 금고를 구형한 사건 이외의 사건에 대하여 무죄, 면소, 형의 면제, 형의 선고유예, 공소기각 또는 벌금이나 과료를 과하는 판결이 선고된 때에는 구속영장은 효력을 상실한다는 조항(제331조), (3) 동일한 범죄사실에 대한 재구속금지 조항(제208조 제1항), (4) 구속된 국회의원에 대한 국회의 석방결의에 관한 조항,

---

154) 김일수, 앞의 논문, 35면.

155) 대검찰청, 앞의 책, 260면.

156) 문준영, 앞의 책, 682－683면.

(5) 석방을 허가하는 결정에 대한 항고불허의 조항(제97조 제2항), (6) 재정신청제도에 관한 조항(제260조 내지 제265조), (7) 보석허가신청시 3일 이내에 검사의 의견을 표명하도록 한 조항(제97조 제1항).

그중에서도 대검찰청에서 반대의견을 표명한 바 있는 경찰작성 피의자신문조서에 대한 증거능력제한 부분을 첫 번째로 비판하였는데, 그 내용은 다음과 같다.

【표 1-36】 정부의 거부권 행사의 논거[157]

검사 이외의 수사기관이 작성한 피의자의 진술조서는 피고인이나 변호인이 공판정에서 그 내용을 인정할 때에 한하여 증거로 할 수 있고 그렇지 않은 경우에는 증거로 할 수 없게 되어 있다(법안 제312조 단행).

그러나 우리나라의 범죄 수사의 실정은 사법경찰관이 중추적인 임무를 당하고 있으며 이에 대하여 검사는 법률적인 견지에서 그 지휘와 감독을 담당하며 또 이에 대한 소추권을 행사하는 직책을 가지고 있다. 그러므로 범죄의 실체적인 사실 발견의 대부분이 검사 수사 이전의 각종 수사보조기관(사법경찰관리)에서 행하여지고 있는데, 이 수사 단계에서 작성된 조서를 공판정에서 피고인이나 그 변호인이 인정하지 않으면 증거로 할 수 없다면은 일반적으로 피고인에게 불리한 진술 내용은 거의 전부가 부인될 것이고 이렇게 되면은 일반적으로 공판에 있어서의 진실 발견은 도저히 기대하기 어려울 것이며 검사는 범죄사건의 수사 전부를 처음부터 다시 반복하여야만 될 것이니 이것은 사실상 불가능한 결과가 될 뿐만 아니라 사법경찰관리의 범죄 수사를 법률적으로 무의미하게 만들어서 그 기능을 상실케 하는 결과가 된다.

이에 대한변호사협회에서는 1954. 3. 15. 대통령의 거부권 행사를 조목조목 비판하면서, 국회에 당초 원안 그대로의 통과를 건의하였는데, 그 건의서 중 조서와 관련한 내용은 다음과 같다.

【표 1-37】 대한변호사협회의 건의서[158]

현행 일제의 형사소송법 급(及)[및] 식민지통치시의 조선형사령에는 수사기관이 작성한 신문조서 급(及) 청취서가 증거로 될 수 있음으로 무수한 애국자를 고문하여 허위자백을 강요한 후 이를 증거로 채용하였었다.

그러하나 민주주의국가에서는 피의자의 인권을 존중하여 과학적 수사를 원칙으로 하고 공판중심주의를 채택함으로 검사 이외의 수사보조기관인 경찰기관 등이 작성한 신문조서를 그 피의자나 변호인이 인정치 아니하는 때에는 이를 구하여 증거로 하지 않이 한다.

---

157) 신동운 편저, 형사소송법 제정 자료집, 한국형사정책연구원(1990), 240면.
158) 신동운 편저, 위의 책, 246-247면.

정부의 거부이유로서 검사가 모든 피의사건에 대하여 일일히[일일이] 상세한 구체적 조사를 할 수 없는 실정이며, 피고인이나 변호인이 자기에게 불리한 증거서류를 자인할 것을 기대키 곤란하는 것을 표시하였다. 그러하나 수사직무는 본시 검사에게 있고 사법경찰 등 기관은 수사보조기관으로서 검사의 지휘로 수사를 수행하는 것임으로 검사가 피의사건에 관하여 주밀(周密)히 조사하여 기소 또는 불기소를 결정하여야 할 것은 검사의 본래의 사명에 빛치어 당연한 것이라 아니할 수 없다. 또 현재의 검찰사무의 실정으로 보아 사무가 과중타 하나 이는 개량정비 함으로써 법치국가로서의 인권옹호를 기할 수 있을 것이다.

더욱이 아국(我国)에는 수사보조기관이 경찰 이외에 허다하여 영장이 남발되고, 과학적 수사에 치중치 아니하고 고문 기타 부당한 방법이 근절되지 아니하는 현실에 빛이워 이를 단연코 혁신하여야 한다. 도로혀 본 규정을 둠으로써 자백의 강요를 방지하는 동시에 과학적 수사방법을 발전시키는 호결과(好結果)를 초래할 것이다. 그러므로 영미식 공판중심주의를 지향하는 과도기에 있어서 위 규정은 당연히 채택되어야 할 것은 다언을 요하지 아니한다.

이러한 정부의 환부에 대하여 국회 본회의에서 재표결한 결과 在席 149인, 可에 120표, 좀에 27표, 기권 1표, 무효가 1표로서 재적의원 3분의2 출석, 출석의원 3분의2의 득표로 1954. 9. 23. 형사소송법안은 법률 제341호로 확정되었다.

그런데 후술(後述)하는 것처럼, 1954년 제정형사소송법에서는 영장청구의 주체를 "검사 또는 사법경찰관"으로 규정하여 사법경찰관이 검사를 경유하지 않고도 곧바로 법원에 영장을 청구하는 것을 허용하고 있었다. 그 결과 1950년대에도 일본 식민시대와 마찬가지로 경찰의 무리한 강제수사가 끊이지 않았고, 당시의 언론기사에 따르면 구속된 피의자의 70% 가량이 검찰에서 석방되거나 불기소되었다[159]고 한다. 이와 같은 경찰의 인권유린 수사관행에 대한 또 하나의 통제장치로 경찰의 영장은 검사를 거쳐서 법원에 청구하도록 하는 이른바 '사법경찰 영장의 검사 경유원칙(검사 영장청구 조항)' 필요성에 대한 논의가 국회에서 이루어지게 된 것이다.

4. 국가보안법 등 공안사범 처벌 강화

1948. 12. 1. 시행된 국가보안법(법률 제10호)과 1949. 12. 19. 공포된 국가보안법 개정법률은 6. 25. 사변 이후의 북한정권에 의한 위장평화, 통일전선, 간첩활동, 국헌문란 행위 등에 대처하기에 불충분하다는 인식하에 1958. 12. 26. 신국가보안법(법률 제500호)으로 대체되었는데, 동 법은 대공용의자 등 공안사범에 대한 형사소송절차의 특례를 규정하였다. 즉, 보석허가결정에 대한 즉시항고, 구속적부심에 대한 즉시항고, 수사단계에서의 증인의 구속유치, 사법경찰의 신청에 의한 구속기간 연장허가, 형소법 제312조

---

159) 1957. 3. 4.자 법률신문 제239호.

단서의 적용배제 등이다. 또한 검사에 의한 공소보류제도가 신설되어 공소권 행사에 보다 신축성을 기할 수 있게 했다.[160] 이처럼 1956년부터 1960년까지 자유당 말기의 검찰사무 운영방향은 매 선거기에 공정선거의 원활을 돕는 업무지침 하달 외에 대공사찰 강화, 경제사범 엄단, 강력범의 철저한 단속, 공무원범죄의 단속 등이 주류를 이루었던 것이다.

Ⅱ. 제2공화국 검찰제도

1. 시대적 상황

1960년 3월 15일에 실시된 정·부통령선거에서 자유당정부가 부정과 불법을 자행하여 대통령에 이승만, 부통령에 이기붕이 당선되자, 대규모 시위가 전개되었고, 이에 이승만 대통령의 하야성명으로 자유당정권의 제1공화국은 12년만에 막을 내리게 되었다. 그 후 내각책임제 정부형태를 골자로 하는 개헌안이 통과·확정되고, 1960년 7월 29일 새 헌법에 따른 국회의원 총선거가 실시되어 민의원·참의원의 양원제 국회가 구성되었으며, 이 국회에서 선출된 윤보선 대통령이 8월 12일 취임하고, 8월 19일 민주당의 장면 국무총리가 새 내각을 구성함으로써 내각책임제인 제2공화국이 출범하였다.

이 기간 중 검찰제도에는 별다른 변화가 없었으나, 1949년 12월 20일 검찰청법이 제정되고 1951년 10월 25일 대검찰청중앙수사국사무규정(법무부령 제6호)이 공포되었음에도 불구하고,[161] 그로부터 10년이 경과하도록 그 발족을 보지 못하던 대검찰청 중앙수사국이 1961년 4월 9일 정식으로 출범하였다.[162] 중앙수사국은 본래 범죄수사의 지도연구와 검찰총장이 중요하다고 인정하는 범죄의 수사를 장리(掌理)하기 위한 기구로서, 당초 미국의 연방수사국(FBI)과 비등한 기구로 발족하고자 하였으나 전술(前述)한 것처럼, 정부는 예산상의 이유로 기구의 설치를 미뤄왔다.

그런데 민주당정부의 출범 후 용공사상과 혁신세력이 대두하기 시작하자, 장면 총

---

160) 대검찰청, 앞의 책, 296면 이하.

161) 1951년 4월 14일부터 4월 30일까지 실시된 국회의 국정감사 결과 법제사법위원회 소관의 시정 및 지적사항 중 검찰관계의 첫째 사항이 중앙수사국 설치문제였는데, 「검찰청법은 정부에서 제안한 법률임에도 불구하고 국회를 통과한 지 2년이 되어도 중앙수사국이 설치되지 아니하고 있고 법무당국의 비상한 요구와 검찰청의 열망 속에서 국회를 통과한 법이 그대로 실시되지 못하고 있는 반면, 6.25 사변을 계기로 법률에 하등 근거없는 수사기관이 난립하고 있는 실정에 비추어 중앙수사국의 설치로 수사기관을 일원화함이 마땅하다」는 것이 위 결과보고서의 요지라고 한다(대검찰청, 앞의 책, 300면).

162) 최호진, "한국검찰제도의 역사적 발전과정과 개선방향", 한국행정사학지 제15호(2004), 한국행정사학회, 290면.

리가 민의원에서의 첫 시정연설에서 중앙수사국의 발족을 언명함으로써 8개월간의 준비 끝에 발족하게 된 것이다.[163] 다만, 내부무당국이 치안국(治安局)의 사법경찰에 대한 수사지도권(捜査指導權)까지 중앙수사국으로 이관된다는 점을 들어 이를 견제하자, 국회에서 법제사법위원회와 내무분과위원회 관계자 간의 절충 끝에 치안국의 수사지도권과 상충되지 않게 하기 위하여 국내 대공정보 수사업무의 통할기구로 발족한다는 원칙에 합의를 보게 된 것이다. 초대국장에는 대검찰청 정희택(鄭喜澤) 검사가 임명되었는데, 발족 당시의 중앙수사국은 4과로 잠정(暫定)하고, 제1과는 서무에 관한 사항, 제2과는 수사과 사무, 제3과는 사찰과사무, 제4과는 특무과사무를 관장토록 하였다. 이것이 폐지된 대검찰청 중앙수사부의 기원이다.

2. 검찰조직의 보강과 검찰권 행사

4·19 의거 이후 전례없이 고소·고발사건이 격증하였고, 구 정권하에서의 부정부패·부정선거·정치깡패사건 등을 처리하기 위한 검찰인력의 필요상 1961년 4월 10일 검사정원법(법률 제594호)이 개정되어 1956년 10월 23일 검사정원법이 제정된 이래 190명에 불과하였던 인원이 220명으로 보강되었다.

그런데 4·19 학생의거 관련자들을 투옥하기 위하여 구속영장을 청구한 검사가 학생들에게 발포명령을 내린 자에 대해 공소를 제기하는 것은 부당하다는 사회적 분위기 속에서, 구정권하에서 누적되어온 조직내부의 반성과 비리를 스스로 척결함으로써 검찰의 기풍을 쇄신하려는 반성적 의도 하에 검찰 역시 자체정화를 단행하였다.

이에 법무부에서는 정무·사무 양 차관과 각 국장들로 구성된 공무원정리위원회를 설치하여 숙정대상자를 심사하였고, 검찰은 서울고등검찰청 검사장을 책임자로 하여 특별수사반을 구성하여 부정축재를 하였거나 비리를 범한 검찰공무원에 대한 수사를 하였으며, 그 결과 3·15 부정선거 당시의 검사장을 비롯한 검찰고위간부가 인책사퇴를 하였으며, 일부 검사는 해직되기도 하였다. 그러나 「혁명적 정치개혁을 비혁명적 수단으로 단행하겠다」는 방침에 따라 자유당정권 하의 반민주행위자와 부정축재자의 처단을 위한 특별법 제정을 하지 아니한 관계로 반민주사범에 대한 수사와 재판은 제1공화국 당시의 법에 따라 판단할 수밖에 없었으므로 부정선거관련자는 선거법위반혐의로, 발포책임자는

---

163) 중앙수사국에서는 수사과(捜査課), 사찰과(査察課), 특무과(特務課)를 두었으며, 각과별 분장사무는 수사과의 경우 일반범죄, 경제범죄 및 조세범의 수사에 관한 사항, 공무원범죄수사에 관한 사항, 사형감찰에 관한 사항, 형사감식 및 지문관리에 관한 사항이었으며, 사찰과의 경우 각종 단체범죄수사에 관한 사항, 반국가적 범죄수사에 관한 사항, 특무과의 경우 외국인과 간첩에 관한 범죄수사에 관한 사항, 재외 본국인의 범죄수사에 관한 사항, 범죄수사에 필요한 여론조사와 국제정보 수집에 관한 사항, 범죄수사에 관한 사항이었다.

형법상의 살인죄로 입건하는 등 지극히 궁색한 법률적용에 따른 힘든 수사를 개시할 수밖에 없었으며, 이로 인한 법률적용상 많은 문제점이 나타났다.

결국 내각책임제로 개정된 헌법에서는 근거를 상실한 대통령선거법 등을 적용, 처단할 수 없다는 등의 의견이 나오기 시작하였을 뿐만 아니라 1960년 10월 8일 서울지방법원에서 발포명령사건 등 이른바 6대 사건 언도공판에서 발포관계사건의 유충렬에게 극형인 사형을 선고하였을 뿐 대부분의 관련피고인에게 경미한 징역형과 집행유예·공소기각·형면제·무죄 등의 판결이 내려지게 되자, 혁명입법을 요구하는 여론이 들끓었고, 이에 1960년 10월 13일 민주반역자에 대한 형사사건임시처리법(법률 제562호)이, 그해 12월 31일에는 부정선거관련자처벌법(법률 제586호)이 제정·공포됨으로써 부정선거책임자의 처리는 1960년 12월 19일 공포된 특별재판소 및 특별검찰부조직법(법률 제567호)에 따라 설치된 특별검찰부와 특별재판소에서 담당하게 되었다. 이에 지방법원에서 재판진행중이던 모든 피고인이 서울의 특별재판소로 이송되게 되었는데, 특별재판소 심판부의 심판은 원칙적으로 단심으로 하고, 예외적으로 사형·무기의 판결에 한하여 연합심판부의 재심판을 청구할 수 있도록 하였다.[164]

3. 경찰중립화를 위한 시도

제4대 국회의 마지막 기(期)인 1960년 5월 국회는 내각책임제 개헌작업 시에 경찰의 중립화를 헌법에 규정하도록 하였다. 동년 6월 15일 국회를 통과한 헌법 제75조에 「행정각부의 조직과 직권범위는 법률로써 정한다. 전항의 법률에는 경찰의 중립을 보장하기에 필요한 규정을 두어야 한다」라고 규정하고 있다. 또한 1960년 7월 1일의 정부조직법개정법률은 제13조에서 「① 경찰의 중립성을 보장하기 위하여 공안위원회를 둔다. ② 공안위원회의 조직과 경찰행정에 관하여 필요한 사항은 법률로써 정한다」라고 규정하였다. 이보다 앞서 국회의 경찰중립화법안기초특별위원회는 법안을 기초하여 공청회까지 개최하였는바, 논의의 핵심은 경찰의 관리기관, 경찰의 조직, 범죄수사의 주체 문제 등이었다.

그러나 경찰을 정치권력으로부터 독립시켜야 한다는 필요성은 자유당 치하에서 경찰이 집권당의 사병화된 결과, 수많은 적폐가 있었던 사실에 통감하면서도, 경찰의 중립화 과제를 두고 구체적인 법률제정에 임하였을 때에는 서로의 이해에 따라 경찰 내부는 물론 정치세력 간의 이견(異見)이 너무 현저하게 나타나게 되었다. 다만, 국민으로부터 3.15 부정선거의 공범으로 몰려 백안시되고 지탄의 대상이 되고 있던 상황이라 완전한 경찰중립화를 주장하면서도 검찰의 수사지휘권을 배제할 것을 요구하였음이 주목된다. 즉, 1960년 7월 1일 내무부의 경찰행정개혁심의회에서 성안한 「경찰청법」에 사법경찰관

---

164) 대검찰청, 앞의 책, 307면.

리인 경찰관은 범죄의 혐의가 있다고 사료할 때에는 범인 및 증거를 수사하는 제1차 책임을 갖는 수사기관으로 하고, 검사에게는 사법경찰관에 대한 일반적인 수사지시권만 인정하도록 한 것이다.

동 법안에 첨부한 「경찰의 수사주체화의 이유」에는 만일 검사동일체의 원칙의 지배를 받고 있는 통일적 국가기관인 검사가 전국적으로 사법경찰관을 지휘명령할 수 있는 제도를 그대로 계속시킨다면 이는 경찰법 제정의 정신에 위배되며, 행정기구상의 개혁만으로 경찰중립화를 도모한다는 것은 무의미하며 경찰의 중립화란 유명무실화할 것이 명약관화하다고 설명하고 있다.[165] 그러나 구체적인 입법단계에 이르지 못하고, 5·16 군사쿠데타로 좌초되고 말았다.

Ⅲ. 제3공화국 검찰제도

1. 시대적 상황

4.19 의거로 국민의 절대적 지지속에서 출범한 민주당 장면 정권이 신구파의 내분에 휘말려 당면과제인 민주재건과 국민경제의 부흥, 구정권의 부정부패 척결이라는 국민적 기대를 충족하지 못하면서 혼란이 가중되던 중, 1961년 5월 16일 박정희 소장을 중심으로 군부쿠데타가 발생하였다. 5월 19일 쿠데타세력은 기존의 군사혁명위원회를 국가재건최고회의로 변경하면서, 6월 5일 최고회의를 국가최고통치기관으로 하고 헌법규정의 효력을 정지하는 것을 골자로 한 국가재건비상조치법을 제정·공포하였다. 1961년 6월 21일 5·16 쿠데타 이전 또는 이후에 반국가적·반민주적 부정행위 또는 반혁명적 행위를 한 자를 처벌하기 위하여 혁명재판소 및 혁명검찰조직법이 제정되었다.

이에 7월 12일 발족한 혁명검찰부는 현직 검사등을 검찰관으로 임명하고, 그해 12월 11일까지 3·15 부정선거사건, 7·29 선거난동사건, 혁신계열의 특수반국가행위사건, 반혁명사건, 단체적 폭력행위사건, 특수밀수사건, 군사 및 국가에 관한 독직사건, 부정축재사건 등을 수사하여 총 713명을 기소하였다.

민정이양을 준비해온 쿠데타세력은 1962년 12월 26일 공포된 새 헌법에 따라 대통령선거와 국회의원 선거를 실시하고, 1963년 12월 17일 제5대 대통령으로 박정희 대통령이 취임함으로써 제3공화국이 출범하였다.

2. 헌법에 검사의 영장청구 규정 명시

제헌헌법과 제2공화국 헌법에서의 사법경찰관의 직접 영장청구 해석상의 가능성을 봉쇄하면서 검찰의 수사지휘권을 확보하기 위하여 1962. 12. 26. 제5차 헌법개정[166]을

---

165) 대검찰청, 앞의 책, 310면.

통하여 헌법 제10조 제3항에서 영장을 "검찰관의 신청에 의하여" 법관이 발부하는 것으로 처음 규정되었다. 이러한 헌법개정은 검찰의 수사지휘권을 확보하기 위한 규정인 동시에 법률전문가에 의하여 영장발부의 합법성을 높여서 궁극적으로 기본권 침해방지를 위한 이중적 장치로 규정된 것으로,[167] 이제 한국의 검찰은 헌법에 의하여 설치된 기관은 아니지만 적어도 헌법에 규정된 기관으로 격상되었으므로 형사소송법의 개정을 통한 영장청구권자의 변경은 불가능하게 되었다[168]고 할 것이다. 주거의 자유에 관한 헌법규정 역시 원래는 모든 국민에게 주거의 자유가 보장된다는 내용만을 규정하고 있었으나, 제5차 헌법개정을 통하여 "주거에 대한 수색이나 압수에는 법관의 영장을 제시하여야 한다."는 규정이 신설되어 영장주의에 의한 주거보호를 명시하였다.

3. 형사소송법 개정

국가재건최고회의에서는 1961. 8. 29. 법제사법위원장이 형사소송법 개정 형사소송법률안을 제안하고, 1961. 9. 1. 상임위원회에서 원안대로 가결하여 개정 형사소송법을 법률 제705호로 공포, 시행하였다. 당시 제안이유에서는 「영·미법하에서의 교호신문제도라는 새로운 방식을 규정하여 전문증거의 증거능력을 제한」하는 취지를 밝혔고, 개정이유에서도 「공판준비 또는 공판기일에서의 진술에 대신하여 진술을 기재한 서류나 공판준비 또는 공판기일 외에서의 타인의 진술을 내용으로 하는 진술은 이를 증거로 할 수 없도록」한다고 밝혔다.

【표 1-38】 신·구 조문(증거편) 대비

구법(1954년 제정 형사소송법)	신법(1961년 개정형사소송법)
	제310조의2(전문증거와 증거능력의 제한) 제311조 내지 제316조에 규정한 것 이외에는 공판준비 또는 공판기일에서의 진술에 대신하여 진술을 기재한 서류나 공판준비 또는 공판기일 외에서의 타인의 진술을 내용으로 하는 진술은 이를 증거

---

166) 1961. 5. 16. 박정희를 중심으로 한 군부 쿠데타가 발생하여 장면정권이 사퇴하였고 국가재건 최고회의와 국가재건비상조치법에 의해 국정이 운영되었다. 군사정부는 1962년 7월 헌법심의위원회를 구성하여 헌법 개정을 추진하여 제5차 개헌안이 국가재건최고회의의 의결을 거쳐 1962. 12. 27. 국민투표로써 확정된 것이다.

167) 문성도, "영장주의의 도입과 형성에 관한 연구" 서울대학교 법학박사학위논문(2001), 247면 이하.

168) 신동운, "영장실질심사제도의 실시와 영장주의의 새로운 전개 - 영장제도에 대한 연혁적 고찰을 중심으로"「새로운 인신구속제도 연구」(법원행정처, 1996년), 40면 이하.

	로 할 수 없다.
제311조(증거능력) 공판준비 또는 공판기일에 피고인 또는 피고인 아닌 자의 진술을 기재한 조서와 법원 또는 법관의 검증, 감정의 결과를 기재한 조서와 압수한 서류 또는 물건은 증거로 할 수 있다.	제311조(법원 또는 법관의 조서) 공판준비 또는 공판기일에 피고인이나 피고인 아닌 자의 진술을 기재한 조서와 법원 또는 법관의 검증, 감정의 결과를 기재한 조서는 증거로 할 수 있다. 제184조의 규정에 의하여 작성한 조서도 또한 같다.
제312조(동전) 검사 또는 사법경찰관의 피의자 또는 피의자 아닌 자의 진술을 기재한 조서, 검증 또는 감정의 결과를 기재한 조서와 압수한 서류 또는 물건은 공판준비 또는 공판기일에 피고인 또는 피고인 아닌 자의 진술에 의하여 그 성립의 진정함이 인정된 때에는 증거로 할 수 있다. 단, 검사 이외의 수사기관에서 작성한 피의자의 신문조서는 그 피의자였던 피고인 또는 변호인이 공판정에서 그 내용을 인정할 때에 한하여 증거로 할 수 있다.	제312조(검사 또는 사법경찰관의 조서) ① 검사가 피의자나 피의자 아닌 자의 진술을 기재한 조서와 검사 또는 사법경찰관이 검증의 결과를 기재한 조서는 공판준비 또는 공판기일에서의 원진술자의 진술에 의하여 그 성립의 진정함이 인정된 때에는 증거로 할 수 있다. 단, 피고인이 된 피의자의 진술을 기재한 조서는 그 진술이 특히 신빙할 수 있는 상태하에서 행하여진 때에 한하여 피의자였던 피고인의 공판준비 또는 공판기일에서의 진술에 불구하고 증거로 할 수 있다. ② 검사 이외의 수사기관 작성의 피의자 신문조서는 공판준비 또는 공판기일에 그 피의자였던 피고인이나 변호인이 그 내용을 인정할 때에 한하여 증거로 할 수 있다.
제313조(동전) 전2조의 규정 이외에 피고인 또는 피고인이 아닌 자가 작성한 서류 또는 그 진술을 기재한 서류로서 작성 또는 진술한 자의 자필이거나 그 서명 또는 날인이 있는 것은 공판준비 또는 공판기일에 피고인 또는 피고인 아닌 자의 진술에 의하여 성립의 진정함이 증명된 때에는 증거로 할 수 있다.	제313조(진술서등) ① 전2조의 규정 이외에 피고인 또는 피고인이 아닌 자가 작성한 진술서나 그 진술을 기재한 서류로서 그 작성자 또는 진술자의 자필이거나 그 서명 또는 날인이 있는 것은 공판준비나 공판기일에서의 그 작성자 또는 진술자의 진술에 의하여 그 성립의 진정함이 증명된 때에는 증거로 할 수 있다. 단, 피고인의 진술을 기재한 서류는 공판준비 또는 공판기일에서의 그 작성자의 진술에 의하여 그 성립의 진정함이 증명되고 그 진술이 특히 신빙할 수 있는 상태하에서 행하여진 때에 한하여 피고인의 공판준비 또는 공판기일에서의 진술에 불구하고 증거로 할 수 있다. ② 감정의 경과와 결과를 기재한 서류도 전항과 같다.
제314조(증거능력에 대한 예외) 전2조의 경우에 공판준비 또는 공판기일에 진술을 요할 자가 사망, 질병 기타 사유로 인하여 진술할 수 없는 때에는 그 조서 기타 서류 또는 물건을 증거로 할	제314조(증거능력에 대한 예외) 전2조의 경우에 공판준비 또는 공판기일에 진술을 요할 자가 사망, 질병 기타 사유로 인하여 진술할 수 없는 때에는 그 조서 기타 서류를 증거로 할 수 있다.

수 있다. 단, 그 조서 또는 서류는 그 진술 또는 작성이 특히 신빙할 수 있는 상태하에서 행하여진 때에 한한다.	단, 그 조서 또는 서류는 그 진술 또는 작성이 특히 신빙할 수 있는 상태하에서 행하여진 때에 한한다.
제316조(증거능력의 제한) 피고인 아닌 자의 공판준비 또는 공판기일에 있어서의 진술이 피고인 아닌 자의 진술을 그 내용으로 하는 것인 때에는 원진술자가 사망, 질병 기타 사유로 인하여 진술할 수 없는 때에 한하여 증거로 할 수 있다. 단, 그 진술이 특히 신빙할 수 있는 상태하에서 행하여진 때에 한한다.	제316조(전문의 진술) ① **피고인이 아닌 자의 공판준비 또는 공판기일에서의 진술이 피고인의 진술을 그 내용으로 하는 것인 때에는 그 진술이 특히 신빙할 수 있는 상태하에서 행하여진 때에 한하여 이를 증거로 할 수 있다.** ② 피고인 아닌 자의 공판준비 또는 공판기일에서의 진술이 피고인 아닌 타인의 진술을 그 내용으로 하는 것인 때에는 원진술자가 사망, 질병, 기타 사유로 인하여 진술할 수 없고, 그 진술이 특히 신빙할 수 있는 상태하에서 행하여진 때에 한하여 이를 증거로 할 수 있다.
	제318조의2(증명력을 다투기 위한 증거) 제312조 내지 제316조의 규정에 의하여 증거로 할 수 없다는 서류나 진술이라도 공판준비 또는 공판기일에서의 피고인 또는 피고인 아닌 자의 진술의 증명력을 다투기 위하여는 이를 증거로 할 수 있다.

신·구 조문을 대비해 볼 때, 1961년 개정 형사소송법은 제정 형사소송법보다 전반적으로 증거능력의 제한을 강화한 것으로 평가할 수 있다. 왜냐하면 첫째, 공판 진술을 대신하는 진술, 서류는 제311~316조에서 정한 것만 증거로 삼을 수 있음을 명시하고(제310조의2), 둘째, 검사 작성 조서, 진술서는 진정성립을 인정하는 주체가 원진술자, 원작성자로 국한됨을 명시하며, 셋째, 검사 작성 피의자신문조서, 피고인 진술서는 종전 진정성립에 더하여 해당 진술 당시 특신상태였어야만 증거로 삼을 수 있도록 하였고(제312조 제1항 단서, 제313조 제1항 단서), 넷째, 피고인 아닌 사람이 피고인의 진술을 내용으로 삼은 진술을 한 경우는 종전 아무런 증거능력 제한이 없었으나, 해당 진술 당시 특신상태였어야만 증거로 삼을 수 있도록 하였다(제316조 제1항). 그리고 위와 같은 증거능력 강화에 대한 보완책으로는 증명력을 다투기 위한 증거, 이른바 탄핵증거에는 증거능력 제한 규정을 적용하지 아니함을 명시하였기 때문이다(제318조의2).

4. 검찰조직의 개편

5·16 쿠데타 이후 과도혁명정부하에서는 중요사건의 수사는 주로 혁명감찰부에서 담당하였고, 혁명 당시 수사중이던 중요사건도 혁명감찰부로 이관되었다. 그 후 민정이

양으로 출범한 제3공화국 초기에는 한일협상 반대데모가 연일 계속되고, 이것이 반정부적 활동으로 확산되어 서울지구 일원에 계엄령이 선포되는 등 혼란한 상황이 계속되면서 강력사건과 공무원독직사건이 발생하였다. 특히 1962년부터 경제개발 5개년계획을 강력히 추진하게 됨에 따라 검찰은 국가경제개발정책을 저해하는 밀수사범, 탈세사범, 재산도피사범, 폭리행위·고액부도사범, 매점매석행위 등 경제사범을 반민족적·반사회적 악질경제사범으로 분류하고 이를 근절하기 위해 수사력을 집중하였다.

한편, 1969년 사법경찰관리의 자질향상과 기강확립을 지도하기 위하여 수사지도부(搜査指導部)를 신설하였는데, 수사지도부는 불구속사건에 대한 송치전 품신(稟申) 등 경찰수사사건에 대한 일반적 수사지도를 하도록 하였다. 수사지도부에는 상석검사(上席檢事) 2인을 배치하여 각 경찰서가 수사중인 사건 중 공안사건 등 특수한 경우를 제외하고는 일반적으로 수사지휘를 하도록 하였으며, 구속영장도 주간의 경우에는 수사지도부를 경유하도록 하여 인신구속을 신중히 하는 하나의 장치로 활용하였다. 그러나 운영과정상의 직무의 편중 및 중복의 폐단이 나타나, 1971년 9월 1일자로 폐지되고 다시 각 부장검사 책임하에 사법경찰관서를 분담하여 지휘·감독하는 체계로 회귀하였다.

Ⅳ. 제4공화국(유신체제) 검찰제도

1. 시대적 상황 − 유신헌법의 공포

1972년 10월 17일 대통령 특별선언으로 국회가 해산되고 헌법은 일부조항의 기능이 정지되었으며, 전국에 비상계엄이 선포되었다. 그리고 11월 22일 유신헌법이 국민투표에 의하여 확정되고, 그 헌법에 따라 구성된 통일주체국민회의는 12월 17일 임기 6년의 박정희 대통령을 선출함으로써 제4공화국이 탄생하였다.

2. 헌법상 주거의 자유에 관한 검사의 영장요구 규정 신설

제5차 헌법개정을 통해 규정된 주거의 자유에 관한 규정은 1972. 12. 27. 제7차 개정헌법에서 "주거에 대한 압수나 수색에는 검사의 요구에 의하여 법관이 발부한 영장을 제시하여야 한다."고 규정하여 검사에 의한 영장요구를 명시하였다.169)

3. 형사소송법 등의 개정

1973년 1월 25일자 비상국무회의에서 의결된 법률 제2450호 및 12월 20일자 법률 2653호로 형사소송법이 개정되어, (1) 동일한 범죄사실에 대한 재구속금지 조항(제208조

---

169) 본 규정은 1980. 10. 27. 제8차 개정헌법 제15조에서 "검사의 신청에 의하여 법관이 발부"하는 것으로 바뀐 후, 현재에 이르고 있다.

제1항) 개정, (2) 석방을 허가하는 결정에 대한 검사의 즉시항고권 인정(제97조 제3항), (3) 재정신청제도에 관한 조항 축소(형법 제123조 타인의 권리행사방해죄, 제124조 불법체포·불법감금죄, 제125조 폭행·가혹행위죄), (4) 구속의 취소시 검사의 의견을 듣도록 하는 조항 추가(제97조 제2항) 등 많은 면에서 인권의 후퇴를 가져왔다.

　　검찰청법은 1973년 1월 25일 법률 제2449호로 개정되었는데, 그 주요골자는 대검찰청에 부(部) 설치, 대검찰청 검사를 보좌하고 검찰업무에 관한 조사연구에 종사하기 위한 검찰연구관제 신설, 검사 임용경력연한의 인상, 65세에서 63세로 검찰총장의 정년 조정, 대통령에게 모든 검사에 대한 보직권 이관, 검찰청직원의 직명세분화, 체임요구대상자에 경찰의 새 계급인 경정의 추가 등이다. 무엇보다도 검찰총장을 비롯한 지방검찰청 검사장급 이상의 각급 검사장 또는 지방검찰청 차장검사 등의 임명자격 연한을 검찰총장은 15년에서 20년으로, 고등검찰청 검사장과 대검찰청 차장검사는 10년에서 15년으로, 지방검찰청 검사장, 대검찰청 검사는 7년에서 10년으로, 고등검찰청 검사, 지방검찰청 차장검사, 지방검찰청 부장검사는 부(部)를 두는 지청의 지청장과 지청 부장검사는 5년에서 7년으로 상향조정됨에 따라, 종래 지방검찰청 부장검사급 이하의 일반검사의 보직을 법무부장관이 행하도록 한 규정을 삭제하고, 모든 검사에 대한 보직권을 대통령이 행사하도록 개정한 것은 **'검찰의 정치종속성'**을 한층 강화시킨 계기가 되었다고 할 것이다.

　　한편, 1976년 1월 박정희 대통령이 법무부 연두순시에서 법원·검찰 주변의 고질적인 부조리를 연내에 뿌리 뽑으라고 지시함에 따라, 대검찰청은 구체적인 방안을 마련하여 전국 검찰에 시달하였으며, 이에 검찰은 법조주변 부조리척결에 나서 수사중이거나 재판중인 각종 민·형사사건에 대한 사건브로커의 농간과 일부 변호사들 탈선, 법원·검찰직원들의 사건청탁 및 이에 따른 금품수수 등에 대하여 집중적인 수사를 전개하였다. 그런데 이러한 법조부조리사범의 척결작업이 제4공화국 기간동안 내내 지속되면서, 검찰이 사정기관의 핵심으로 부상하는 계기가 되었지만, 반면에 상명하복과 폐쇄적인 조직문화, 권위주의와 엘리트주의, 검찰 만능주의, 공안적 사고방식, 정부에 대한 종속성, 정치적 편향성 등 부정적인 유산을 남기게 되었다.

V. 검 토

　　제1공화국부터 제4공화국까지 경찰의 지위를 분석해 보면, 일제 강점기의 순사제도를 거쳐, 미군정시대때 검찰과의 권력다툼을 거쳤지만, 일선 치안을 맡고 있던 관계로 제2공화국때 3.15 부정선거의 공범으로 몰려 국민의 지탄의 대상이 되었고, 이에 정부차원에서 검찰 중심의 사법제도를 완비함에 따라 제4공화국까지는 권한행사에 상당한 제약이 있었다.

그런데 제5공화국에 들어서면서, 경찰대 설립을 계기로 조금씩 목소리를 내기 시작하였고, 20년이 지난 지금 형사사법기관의 주류로 등장한 것이다. 검찰의 경우 로스쿨의 설립에 따른 우수자원의 고갈이 심화된 반면, 경찰대 출신은 이미 경찰청장을 배출한 것은 물론 학계, 정치계 등에 막강한 인맥을 구축하였기 때문이다. 이와 관련하여, 제5공화국 이후부터는 검·경 관계와 관련된 많은 자료가 있는 관계로, 이하에서는 검·경 수사권조정을 중심으로 살펴보고자 한다.

제4절 제5공화국 – 문재인 정부

Ⅰ. 1980년–1990년대 중반(권위주의 정부 시절)

1. 시대적 상황

수사권독립과 관련된 1980년대 상황을 살펴보면, 경찰은 10·26 사태 이후 유신헌법의 민주적 개정이 부각되자 「대한경우회」 명의로 1980. 2. "경찰의 정치적 중립과 독자수사권 확립을 위한 제도적 장치 마련 건의" 제하의 헌법개정에 대한 건의서를 발표하고, 경찰의 정치적 중립을 위하여는 유신헌법의 잔재인 검사의 영장청구권 조항의 폐지가 필요하다고 주장한 바 있다.

그러나 이에 대하여 대한변호사협회의 반대성명과 반대여론이 비등하자, 경찰은 「수사권독립」 주장을 포기하였다고 해명한 바 있으며, 1980. 4. 4. 경찰이 국회의원(주로 내무위원회 소속 국회의원)에 대한 로비자료로 만들어 서장급 이상 간부들에게 배포한 '대화자료' 제하의 문건이 언론에 공개되어 다시 논란이 제기되었는데, 동 '대화자료'에는 경찰이 권력에의 예속에서 벗어나기 위해서는 수사권독립이 이루어져야 한다고 전제하면서 "① 수사지휘권은 선진 미국·일본 등에서는 찾아볼 수 없다. ② 검찰의 수사지휘권 때문에 자주적 수사가 불가능하고 이에 따라 권력형 부조리에는 손을 댈 엄두도 내지 못한다. ③ 수사권과 공소권을 독점하는 현행제도는 민주주의 원칙에 위배된다. ④ 검사의 지휘가 계속되는 한 경찰이 강력범을 신속히 검거한다는 것은 거의 불가능하다"고 주장하였고, 이에 대하여 검찰에서 '소위 경찰 대화자료의 허구성'이라는 자료를 공표하고, 공화·신민 양당 대부분의 의원들이 인권보호 및 시기상조 등을 이유로 반대의사를 표명함에 따라 경찰의 시도가 무산된 바 있다.

그런데 1988년 노태우 대통령이 취임하자 다시 「수사권독립」 주장을 제기하면서, 경찰의 영장청구권을 주장하는 등 검찰의 수사지휘권에서 벗어나기 위한 시도를 계속해오던 중 부정적인 여론에 부딪히자 1990년대 이후에는 검찰의 수사지휘권을 전면 부정하는 대신 수사지휘권 중 일부를 무력화시키려는 주장을 한 바 있는데, 예를 들면, 1994년 형사소송법 개정문제가 제기되자 "공소권 없는 교통사고 사건에 대한 경찰의 수사종결권 부여" 또는 "공소제기를 필요로 하지 않는 모든 사건에 대한 경찰의 수사종결권 부여"를 주장한 바 있다.

문제는 경찰이 박종철 고문치사사건으로 국민의 신뢰를 잃은 반면, 검찰은 이른바 '범죄와의 전쟁'을 거치면서, 국민의 전폭적인 신뢰를 바탕으로 수사의 전면에 등장하였다는 점이다. 즉, 1990년 10월 13일 노태우 대통령이 '범죄와 폭력에 대한 전쟁'선포에 따라 기존의 민생침해사범 합동수사본부를 확대개편하여 조직폭력배를 비롯한 각종 강력사범의 소탕에 총력을 기울려 전국의 조폭조직이 대부분 와해되는 성과를 거두었고, 1991년 4월에는 공직 및 사회지도층 비리특별수사본부를 설치하여 부정비리, 부동산투기, 호화사치생활 등으로 지탄받는 고위공직자 및 사회지도층 인사에 대한 철저한 단속을 실시한 바 있다. 이는 민주화가 진행되면서 국군보안사(현 국군정보사령부) 및 국가안전기획부(현 국가정보원)나 경찰의 불법적 사찰, 체포·구금 등이 곤란해짐에 따라 이들 조직의 역할이 축소된 반면, 검찰이 전체 공안사건 처리의 주역으로 떠오르게 된 것이다.[170] 이에 초임검사가 현장에서 음주단속이나 배기가스 단속을 직접할 정도로 경찰작용까지 개입하게 된 검찰은 정치권력(집권세력)과의 결탁을 통해 반대세력을 억압하면서 자신들의 지위를 공고히 하였으며, 1996년 참여연대가 공수처 신설 취지의 부패방지법안을 최초로 발의하게 된 계기가 되었다.

2. 형사소송법 등 개정

1988년 2월 25일 시행된 개정형사소송법(법률 제3955호)의 주요 내용을 살펴보면, 1987. 10. 29. 공포된 헌법개정에 따라 ① 구속적부심사청구에 대한 제한규정을 삭제하고, ② 형사피해자의 진술권을 보장하였으며, ③ 체포·구속된 자가 고지받을 사항과 그 가족 등이 통지받을 사항에 체포 또는 구속의 이유를 추가하고, ④ 현행범체포의 경우에도 변호인 선임의뢰권을 인정하였다.

한편, 1981년 4월 13일자 개정검찰청법(제3430호)은 검사직급제와 검사의 직급정년제를 신설하여 검사의 직급을 검찰총장·고등검사장·검사장·고등검찰관 및 검찰관으로 구분하고, 고등검사장의 직급정년은 4년, 검사장의 직급정년은 8년으로 하되, 고등검사장은 1년, 검사장은 2년의 범위안에서 그 정년을 연장할 수 있도록 하며, 법무부장관의

---

170) 문민정부 출범후 5, 6공 시절의 '관계기관 대책회의'가 사실상 형해화되었으며, 특히 1996년 연세대 한총련 통일축전 사건을 계기로 검찰이 공안업무의 중심축을 담당하게 되었는데, 그 대표적인 것이 1996년 9월 '한총련좌익합동수사본부'의 발족이었으며, 이것이 1997년 5월에는 '좌익사업합동수사본부'로 개편되었고, 다시 1998년에는 '공안합동수사본부'로, 그리고 1999년에는 '공안대책협의회'로 전환되었는데, 이 공안대책협의회는 의장인 대검 공안부장이 매달 1회씩 소집하고, 경찰·국정원·국군기무사·노동부 등 13개 정부부처와 기관의 국장급 간부들이 참여한 것으로 확인된 바 있다(1999년 국정감사자료).

자문기관으로 검찰인사위원회를 두어 검사의 임용, 승진 기타 인사에 관한 필요한 사항에 관하여 법무부장관의 자문에 응하도록 하였으며, 대검찰청 검찰연구관으로 하여금 검찰총장을 보좌하고 기획·조사·연구 업무에 종사하게 하여 대검찰청의 기획역량을 강화하는 등 검찰인사제도를 개편하였다.

1988년 검찰청법을 개정하면서, 제12조(검찰총장) 제3항에 "검찰총장의 임기는 2년으로 하며, 중임할 수 없다"는 규정을 신설하였으며, 1997년에는 검찰청법 제12조(검찰총장) 제4항에 "검찰총장은 퇴직일부터 2년이내에는 공직에 임명될 수 없다"는 규정을 신설한 바 있는데, 후자에 대해서는 위헌결정이[171] 내려져서 삭제되었다.

Ⅱ. 1990년 후반 - 2000년대 중반(국민의 정부 및 참여정부 시절)

1. 시대적 상황

(1) 수사권 조정

경찰은 1998. 2. 김대중 대통령 취임을 전후하여 "경미사건에 대한 경찰의 수사종결권"을 주장한 이래, 경찰대 출신을 중심으로 같은 취지의 주장을 한 바 있으며, 특히 '국민의 정부'가 공약으로 내걸었던 「자치경찰제」를 '참여정부' 역시 강력히 추진하자 경찰 또한 과거의 부정적 태도와는 달리 자치경찰제 추진의사를 대통령직인수위원회 보고에서 공식적으로 밝히면서, 행정자치부 자치경찰제실무추진단은 2005. 9. 2. 자치경찰 법안 공청회를 개최한 바 있다.

하지만 수사권 독립론에 대한 여론의 호응이 크지 않자, 경찰은 다시 교통사고·폭력·절도 등을 「민생치안범죄」라고 지칭하면서 이러한 사건에 국한하여 검사의 수사지휘 배제와 사건종결권을 요구하였다. 즉 절도·폭력·교통사고 등 민생치안범죄에 대하여

---

171) <사실관계>

1997년 1월 13일 검찰청법 제12조 제4항·제5항에서 "검찰총장은 퇴직일부터 2년 이내에는 공직에 임명되거나, 정당의 발기인이 되거나 당원이 될 수 없다."는 조항을 내용으로 하는 검찰청법이 개정되었다(관련 정당법 조항도 동시에 개정됨). 이에 현직 검찰총장을 비롯한 7인의 현직 고등검찰청 검사장급이 동 조항은 헌법상 평등권, 직업선택의 자유, 참정권, 공무담임권 등을 침해받게 된 것을 이유로 1997년 1월 22일 헌법소원심판을 청구하였다.

<결정요지>

검찰청법 제12조 제4항은 검찰총장 퇴임 후 2년 이내에는 법무부장관과 내무부장관직 뿐만 아니라 모든 공직에의 임명을 금지하고 있으므로 심지어 국·공립대학교 총·학장, 교수 등 학교의 경영과 학문 연구직에도 임명받을 수 없게 되어 있다. 그 입법목적에 비추어 보면 그 제한은 필요 최소한의 범위를 크게 벗어나 직업선택의 자유와 공무담임권을 침해하는 것으로서 헌법상 허용될 수 없다(헌재 1997.7.16, 97헌마26 검찰청법 제12조 제4항등 위헌확인).

경찰에 독자적인 수사권 부여를 추진하겠다는 것으로, 이는 경미한 정형적 범죄에 대하여 일선 수사기관인 경찰이 검사의 수사지휘를 받지 않고 독자적으로 수사한 후 사건을 종결할 수 있도록 하여 국민의 불편을 해소하자는 것이다. 그 근거로 경찰은 그동안 사법고시 및 행정고시합격자, 경찰대 학생, 법학과 및 경찰행정학과 졸업생, 간부후보생 등 우수한 인재들의 양성과 유치를 위하여 꾸준히 노력을 기울인 결과, 상당한 성과를 거두어 이제는 옛날과 같이 '자질미달'이나 '역량부족' 등의 문제가 더 이상 일어나지 않는다는 점을 들고 있다.

더욱이 노무현 대통령이 2004. 10. 21. 경찰의 날 기념식에서 "지금 논의되고 있는 수사권 조정문제는 자율과 분권이라는 민주주의 원리와 국민 편익을 고려해서 반드시 실현될 수 있도록 하겠다"거나, 2005. 3. 16. 경찰대학 졸업식에서 "민주사회에서 권력기관은 국민을 위한 봉사기관이 되어야 하고, 그러자면 견제와 균형의 원리가 작동되어야 하며, 경찰이 책임감있게 범죄에 대응할 수 있도록 제도를 정비할 필요가 있다"고 언급한 이래, 수사권조정문제는 양 기관의 치열한 입법로비를 가져온 계기가 되었다. 다만 이 과정에서 검찰과 경찰이 지난 50년간 끊임없이 제기되어 온 수사권조정문제를 공식적으로 논의하기 위하여 대검찰청·경찰청 공동으로 구성된 "수사권조정협의체"를 발족하여, 2004. 9. 15. 경찰청 회의실에서 첫 회의를 개최한 것을 비롯하여 12. 14.까지 대검찰청과 경찰청을 오가면서 9회에 걸친 회의를 통해 양 기관에서 제기된 총 34개의 안건을 심도있게 논의한 바 있고,172) 이에 대한 자문에 응하기 위하여 수사권조정자문위원회173)가 결성되어 15차에 걸친 조정을 시도하였으며, 검·경 수사권조정에 관한 공

---

172) 2005. 9. 15. 개최된 제1차 회의에서는 협의체 회의 운영 일정 및 방식, 논의 주제 및 순서를 협의하였고, 9. 23. 개최된 제2차 회의에서는 경찰측에서 제안한 '긴급체포승인 폐지' 등 6개 안건에 대하여 논의하였으며, 10. 6. 개최된 제3차 회의에서는 경찰측에서 제안한 '검사의 체포·구속장소 감찰제도 폐지' 등 4개 안건과 검찰측에서 제안한 '진정·내사중지 및 불입건지휘 범위' 등 2개 안건을 논의하였고, 10. 22. 개최된 제4차 회의에서는 경찰측에서 제안한 '사법경찰 수사주체 지위 명문화' 등 3개 안건과 검찰측에서 제안한 '민생범죄 수사자율성 보장' 등 2개 안건을 논의하였으며, 11. 5. 개최된 제5차 회의에서는 검찰측에서 제안한 '고소·고발사건 처리 혁신방안'과 경찰측에서 제안한 '중요범죄발생보고·정보보고 폐지' 등 안건을 논의하였고, 11. 22. 개최된 제6차 회의에서는 수사권조정과 관련하여 각계각층의 의견을 수렴하기 위한 '수사권조정자문위원회 설치·운영방안'에 대하여 논의하였으며, 11. 29. 개최된 제7차 회의에서는 수사권조정자문위원회관련 운영방식 등에 대하여 추가논의가 이루어졌고, 경찰측에서 제안한 '긴급통신제한조치시 검사의 사전지휘 및 사후승인 폐지' 등 17개 안건에 대하여 논의하였고, 12. 7. 개최된 제9차 회의에서는 그동안 논의된 전체 안건에 대한 추가 조정 및 수사권조정자문위원회 구체적 운영일정 등을 논의하였다고 한다(2004. 12. 20. 검·경 수사권조정 협의체 경과보고).

173) 수사권조정자문위원회는 「합리적인 수사제도와 관행을 정착시키는 방안에 대한 각계각층의 의

청회174)도 개최하였으나, 일부 핵심적인 의안에 대하여는 조정이 이루어지지 못하였다.

【표 1-39】수사권조정 관련 민변 및 참여연대 입장

O 2005년 수사권조정 논의시, '민변'의 입장발표 내용("검·경 수사권 조정 논란에 대한 우리의 우려") – "수사권 조정이 검찰의 경찰수사에 대한 완전한 불간섭 또는 형사절차에서 검찰과 경찰의 완전한 분리를 의미해서는 안 될 것이다. 수사권조정의 결과 경찰이 대부분의 직접수사 권한을 가지게 될 경우 현재의 중앙집권적 경찰제도의 권력집중 현상에 대한 시정과 강력한 인권감시체제의 재정비가 없다면, 경찰권한의 비대화와 직권남용으로 인한 인권침해의 가능성이 제기될 수밖에 없다." "이에 대한 제도적 대비책으로 중앙집권적인 경찰권의 분산, 행정경찰과 수사경찰의 분리, 경찰의 인권침해 방지를 위한 보완책 등이 함께 논의되어야 함에도 불구하고 무시되고 있는 실정이다."
O 2005년 수사권 조정 논의시, '참여연대'의 입장발표 내용("검·경 수사권 조정에 대한 참여연대의 입장") – "경찰을 수사주체로 인정하고 경찰에게 수사권을 부여하는 등 수사권을 조정한다고 하면, 그 결과 나타날 경찰권력의 비대화 방지나 경찰수사의 공정성과 독립성 확보에 대한 방안도 함께 논의되거나 병행해야 한다." "예를 들어 분권적 자치경찰제의 도입 등 경찰조직을 민주적으로 통제할 수 있는 제도적 방안이나, 수사경찰과 이른바 '행정경찰'의 엄격한 분리 등 경찰권력의 비대화 방지와 수사의 독립성 보장 방안, 경찰수사과정에서의 인권침해방지와 수사의 공정성과 전문성을 높이기 위한 방안에 대한 논의도 필요하다."

이와 관련하여, 참여정부 당시 수사권 조정문제가 정책이슈로 등장했을 때, 한국비교형사법학회(회장 허일태 동아대 교수)와 한국형사정책학회(회장 배종대 고려대 교수)가 수사권조정에 관한 공동의견서를 낸 적이 있는데, 주요 내용은 다음과 같다.175) ① 국민을 위한다는 차원에서 수사권 조정 문제를 보면, 검찰은 머리역할, 경찰은 손발역할을 함으로써 상호 견제와 균형을 갖출 수 있도록 해야 한다는 점, ② 이를 위해 검찰과 경찰

견을 수렴하고 검찰총장과 경찰청장의 자문에 응하기 위하여」 대검찰청과 경찰청 훈령에 근거하여(대검찰청훈령 제112호; 경찰청훈령 제436호) 2004. 12. 20. 설치되었다.

174) 2005. 4. 11. 세종문화회관에서 검·경 입장 발표 및 검찰측 위원으로 황덕남(변호사)위원과 정웅석(서경대 법학과 교수)위원이, 경찰측 위원으로 조국(서울대 법대 교수)위원과 서보학(경희대 법대 교수)위원이 주제발표를 하였으며, 오창익(인권실천시민연대 사무국장), 김주덕(변호사), 김형성(성균관대 법대 교수), 하창우(변호사), 이동희(경찰대 교수), 차동언(의정부지검 부장검사) 등이 지정토론자로 참가하였다.

175) 이진국, "비교형사법연구 20년간의 논의와 성과: 형사소송법 분야", 비교형사법연구 제22권 제1호(2020), 한국비교형사법학회, 102면.

모두 수사를 할 수 있지만, 검찰은 독자적 수사조직을 갖지 않고 수사지휘를 통해서 수사를 하게 되고, 수사종결권은 검찰에게만 주어야 한다는 점, ③ 경찰도 수사의 개시와 진행을 할 수 있어야 하지만 수사착수 직후에는 곧바로 검사의 지휘를 받도록 해야 하는 반면, 경찰이 수사를 마무리하고 난 후 사건을 종결처분할 때에만 검찰의 통제를 받게 하는 것은 경찰에게 손발 뿐만 아니라 머리까지 주는 격이 되므로 이를 피해야 한다는 점, ④ 마약범죄, 테러범죄, 경찰비위사건 등 경찰수사가 적합하지 않는 일정한 범죄유형에 대해서는 검찰 특수부가 자체적으로 수사를 할 수 있는 제도적 장치(중점수사제도의 도입)를 남겨두어야 한다는 점 등이었다.176)

(2) 사법개혁

2003년 전국 판사의 연판장과 성명서 낭독으로 이어지면서 사법부를 휘몰아친 대법관 후보 제청 파문으로 사법개혁을 논의하기 위하여 청와대와 대법원이 공동으로 '사법개혁위원회'(이하 사개위로 약칭함)를 설치,177) 2003. 10. 28. 첫 회의를 시작하여 2004. 12. 27. 제27차 회의를 마지막으로 종료하고, 사개위가 건의한 사법개혁의 종합적·체계적 추진을 위하여 대통령 직속의 사개추위를 설치·운영하기로 하고, 2004. 11. 2. 대법원장이 대통령에게 사개위 논의결과를 체계적으로 이행하기 위한 후속 입법 추진기구를 대통령 산하에 설치하여 줄 것을 건의하여 2004. 12. 15. 사법제도개혁추진위원회규정(대통령령)이 제정·공포되었다.178)

이러한 사개추위는 사법개혁추진을 위한 기본계획의 수립에 관한 사항, 사법개혁추

---

176) 검·경 수사권 조정에 대한 한국비교형사법학회·한국형사정책학회 공동 의견서, 비교형사법연구 별첨자료, 비교형사법연구 제7권 제2호(2005), 389 – 391면.

177) 사개위 구성원은 21명으로서, 위원장은 조준희 변호사(초대 민변 대표 간사), 위원은 이공현(사개위 부위원장, 대법원 법원행정처 차장), 이인재(법원행정처 사법정책연구실장), 유원규(사법연수원 수석교수, 후에 목영준 법원행정처 기획조정실장으로 교체), 박상길(법무부 기획관리실장, 후에 김회선 기획관리실장으로 교체), 문영호(대검 기획조정부장, 후에 문성우 기획조정부장으로 교체), 박주범(국방부 법무관리관), 김갑배(변협 법제이사), 김선수(변호사, 노사정위원회 상임위원, 현 사개추위 기획추진단장), 박홍우(변호사), 박원순(변호사, 아름다운 재단 상임이사), 서범석(교육부 차관, 후에 김영식 현 차관으로 교체), 곽배희(가정법률상담소장), 박상기(1분과 위원장, 연세대 교수, 경실련 시민입법위원회 위원장), 신동운(2분과 위원장, 서울대 교수), 이은영(외대 교수, 사개위 출범 후 열린우리당 비례 국회의원이 되어 후에 한인섭 서울대 교수로 변경), 박동영(한국방송공사 해설위원실 실장), 박삼구(금호아시아나 그룹 대표), 서상홍(헌법재판소 사무차장), 이혁주(조선일보 판매국장), 임종훈(국회 법사위 수석 전문위원, 후에 김종두 수석전문위원으로 교체)이었으며, 간사는 이광범(법원행정처 송무국장), 박범계(국회의원 출마로 이용철 법무비서관으로 교체)였다.

178) 2004. 12. 31. 사법개혁위원회 건의문 참조.

진과 관련되는 법령의 제정 또는 개정에 관한 사항, 사법개혁추진상황의 점검·평가에 관한 사항, 사법개혁추진에 관한 부처 간의 의견조정에 관한 사항, 그 밖에 사법개혁추진과 관련하여 대통령 또는 위원장이 부의하는 사항을 심의사항으로 하는데, 사개추위179)는 전체위원회, 실무위원회, 기획추진단 등으로 구성되었으며, 기획추진단에서 실무를 맡았다고 한다. 그리고 형사소송법 개정작업은 기획추진단 2팀에서 담당하였는데, 시민이 참여하는 재판제도를 도입하는 등 재판구조의 획기적인 변경이 일어났으며, 이후 형사소송법 분야에서는 시민참여재판제도를 계기로 하여 기존의 증거법분야 등을 획기적으로 변경하자는 노력이 **'공판중심주의'**라는 이름하에 진행된 바 있다.

2. 형사소송법 등 개정

(1) 1997년 형사소송법 개정

1995년 12월 29일에 공포되어 1997년 1월 1일부터 시행된 개정형사소송법의 수사와 관련된 주요 내용을 살펴보면, ① 체포영장제도를 도입하고, ② 긴급구속을 긴급체포로 바꾸고, ③ 구속전피의자심문제도를 신설하였으며, ④ 검사의 구속장소 감찰을 강화하였고, ⑤ 보석허가결정에 대한 검사의 즉시항고와 무죄가 선고되어도 10년 이상의 구형시에 구속영장의 효력을 유지하도록 한 규정을 삭제하였다. 다만, 긴급체포와 현행범인의 체포시 영장 없는 체포를 인정하고, 구속피의자심문제도를 도입하면서 이를 임의적인 것으로 한 점은 아쉬운 부분이었는데, 1997년 12월 13일 제9차 형사소송법 개정법률(법률 제5435호)에 의하여 신청에 의한 심문제도로 개정되었다. 즉, 제9차 개정법률은 ① 구속전피의자심문제도를 지방법원판사가 피의자 또는 변호인 등의 신청이 있을 때에만 피의자를 심문할 수 있게 제한하고, ② 이에 따라 검사 또는 사법경찰관은 피의자에 대하여 심문청구권을 고지하게 하고, ③ 구속전피의자심문에 소요된 기간을 구속기간에 산입하지 않도록 개정하였다.

(2) 2007년 형사소송법 개정

정부는 사법제도개혁추진위원회 의결 내용에 따라 형사소송법 개정안을 마련하여 2006. 1. 6. 국회에 제출하였다. 이에 소관 상임위원회인 국회 법제사법위원회에서는 다

---

179) 사개추위는 총 20명으로 구성되어 있고, 국무총리와 한승헌 변호사가 공동위원장을 맡고 있으며, 법무부장관, 관련부처 장관(교육, 국방, 행자, 노동, 기획예산처, 법제처), 국무조정실장, 민정수석, 법원행정처장 등 10명의 정부위원과 김금수(노사정위원장), 박삼구(전경련 부회장), 박재승(전 변협회장), 송상현(한국법학교수회장), 채이식(고대법대 학장), 김효신(경북법대 교수), 신인령(이대 총장), 장명수(한국일보 이사) 등 8명의 민간위원으로 구성되었다. 그리고 안건을 사전 검토, 조정할 차관급 실무위원회와 사무처리 및 조사, 연구를 담당할 기획추진단을 두어 2006. 12. 31.까지 2년간 한시기구로 존속, 활동하였다.

른 개정안과 함께 검토한 결과, 위원장 명의로 2007. 4. 30. 본회의에 단일안을 제출하였고, 위 단일안은 같은 날 본회의에서 그대로 의결되어 2007. 6. 1. 공포되었다. 개정 형사소송법은 부칙 제1조에 따라 2008. 1. 1. 시행되었다.

【표 1-40】신·구 조문(증거편) 대비

구법(1961년 형사소송법)	신법(2007년 개정형사소송법)
	제308조의2(위법수집증거의 배제) 적법한 절차에 따르지 아니하고 수집한 증거는 증거로 할 수 없다.
제312조(검사 또는 사법경찰관의 조서) ① 검사가 피의자나 피의자 아닌 자의 진술을 기재한 조서와 검사 또는 사법경찰관이 검증의 결과를 기재한 조서는 공판준비 또는 공판기일에서의 원진술자의 진술에 의하여 그 성립의 진정함이 인정된 때에는 증거로 할 수 있다. 단, 피고인이 된 피의자의 진술을 기재한 조서는 그 진술이 특히 신빙할 수 있는 상태하에서 행하여진 때에 한하여 피의자였던 피고인의 공판준비 또는 공판기일에서의 진술에 불구하고 증거로 할 수 있다. ② 검사 이외의 수사기관 작성의 피의자 신문조서는 공판준비 또는 공판기일에 그 피의자였던 피고인이나 변호인이 그 내용을 인정할 때에 한하여 증거로 할 수 있다.	제312조(검사 또는 사법경찰관의 조서 등) ① 검사가 피고인이 된 피의자의 진술을 기재한 조서는 적법한 절차와 방식에 따라 작성된 것으로서 피고인이 진술한 내용과 동일하게 기재되어 있음이 공판준비 또는 공판기일에서의 피고인의 진술에 의하여 인정되고, 그 조서에 기재된 진술이 특히 신빙할 수 있는 상태하에서 행하여졌음이 증명된 때에 한하여 증거로 할 수 있다. ② 제1항에도 불구하고 피고인이 그 조서의 성립의 진정을 부인하는 경우에는 그 조서에 기재된 진술이 피고인이 진술한 내용과 동일하게 기재되어 있음이 영상녹화물이나 그 밖의 객관적인 방법에 의하여 증명되고, 그 조서에 기재된 진술이 특히 신빙할 수 있는 상태 하에서 행하여졌음이 증명된 때에 한하여 증거로 할 수 있다. ③ 검사 이외의 수사기관이 작성한 피의자신문조서는 적법한 절차와 방식에 따라 작성된 것으로서 공판준비 또는 공판기일에 그 피의자였던 피고인 또는 변호인이 그 내용을 인정할 때에 한하여 증거로 할 수 있다. ④ 검사 또는 사법경찰관이 피고인이 아닌 자의 진술을 기재한 조서는 적법한 절차와 방식에 따라 작성된 것으로서 그 조서가 검사 또는 사법경찰관 앞에서 진술한 내용과 동일하게 기재되어 있음이 원진술자의 공판준비 또는 공판기일에서의 진술이나 영상녹화물 또는 그 밖의

	객관적인 방법에 의하여 증명되고, 피고인 또는 변호인이 공판준비 또는 공판기일에 그 기재 내용에 관하여 원진술자를 신문할 수 있었던 때에는 증거로 할 수 있다. 다만, 그 조서에 기재된 진술이 특히 신빙할 수 있는 상태하에서 행하여졌음이 증명된 때에 한한다. ⑤ 제1항부터 제4항까지의 규정은 피고인 또는 피고인이 아닌 자가 수사과정에서 작성한 진술서에 관하여 준용한다. ⑥ 검사 또는 사법경찰관이 검증의 결과를 기재한 조서는 적법한 절차와 방식에 따라 작성된 것으로서 공판준비 또는 공판기일에서의 작성자의 진술에 따라 그 성립의 진정함이 증명된 때에는 증거로 할 수 있다.
제314조(증거능력에 대한 예외) 전2조의 경우에 공판준비 또는 공판기일에 진술을 요할 자가 사망, 질병 기타 사유로 인하여 진술할 수 없는 때에는 그 조서 기타 서류를 증거로 할 수 있다. 단, 그 조서 또는 서류는 그 진술 또는 작성이 특히 신빙할 수 있는 상태하에서 행하여진 때에 한한다.	제314조(증거능력에 대한 예외) 제312조 또는 제313조의 경우에 공판준비 또는 공판기일에 진술을 요하는 자가 사망·질병·외국거주·소재불명 그 밖에 이에 준하는 사유로 인하여 진술할 수 없는 때에는 그 조서 및 그 밖의 서류를 증거로 할 수 있다. 다만, 그 진술 또는 작성이 특히 신빙할 수 있는 상태하에서 행하여졌음이 증명된 때에 한한다.
제316조(전문의 진술) ① 피고인이 아닌 자의 공판준비 또는 공판기일에서의 진술이 피고인의 진술을 그 내용으로 하는 것인 때에는 그 진술이 특히 신빙할 수 있는 상태하에서 행하여진 때에 한하여 이를 증거로 할 수 있다. ② 피고인 아닌 자의 공판준비 또는 공판기일에서의 진술이 피고인 아닌 타인의 진술을 그 내용으로 하는 것인 때에는 원진술자가 사망, 질병, 기타 사유로 인하여 진술할 수 없고, 그 진술이 특히 신빙할 수 있는 상태하에서 행하여진 때에 한하여 이를 증거로 할 수 있다.	제316조(전문의 진술) ① 피고인이 아닌 **자(공소제기 전에 피고인을 피의자로 조사하였거나 그 조사에 참여하였던 자를 포함한다. 이하 이 조에서 같다)**의 공판준비 또는 공판기일에서의 진술이 피고인의 진술을 그 내용으로 하는 것인 때에는 그 진술이 특히 신빙할 수 있는 상태하에서 행하여졌음이 증명된 때에 한하여 이를 증거로 할 수 있다. ② 피고인 아닌 자의 공판준비 또는 공판기일에서의 진술이 피고인 아닌 타인의 진술을 그 내용으로 하는 것인 때에는 원진술자가 사망, 질병, 외국거주, 소재불명 그 밖에 이에 준하는 사유로 인하여 진술할 수 없고, 그 진술이 특히 신빙할 수 있는 상태하에서 행하여졌음이 증명된 때에 한하여 이를 증거로 할 수 있다.

제318조의2(증명력을 다투기 위한 증거) 제312조 내지 제316조의 규정에 의하여 증거로 할 수 없다는 서류나 진술이라도 공판준비 또는 공판기일에서의 피고인 또는 피고인 아닌 자의 진술의 증명력을 다투기 위하여는 이를 증거로 할 수 있다.	제318조의2(증명력을 다투기 위한 증거) ① 제312조부터 제316조까지의 규정에 따라 증거로 할 수 없는 서류나 진술이라도 공판준비 또는 공판기일에서의 피고인 또는 피고인이 아닌 자**(공소제기 전에 피고인을 피의자로 조사하였거나 그 조사에 참여하였던 자를 포함한다. 이하 이 조에서 같다)**의 진술의 증명력을 다투기 위하여 증거로 할 수 있다. ② 제1항에도 불구하고 피고인 또는 피고인이 아닌 자의 진술을 내용으로 하는 영상녹화물은 공판준비 또는 공판기일에 피고인 또는 피고인이 아닌 자가 진술함에 있어서 기억이 명백하지 아니한 사항에 관하여 기억을 환기시켜야 할 필요가 있다고 인정되는 때에 한하여 피고인 또는 피고인이 아닌 자에게 재생하여 시청하게 할 수 있다.

2007년 개정형사소송법은 기존의 「조서재판」의 제도와 관행을 타파하고 공판중심주의를 실현하기 위한 규정을 대폭 삽입하였다. 구체적으로 살펴보면, 첫째, 증거 전반에 걸쳐 위법수집증거가 배제됨을 명시하고(제308조의2), 둘째, 검사작성 피의자신문조서는 적법절차에 따라 작성되고, 피고인의 진술 또는 영상녹화물 등 객관적인 방법에 의한 실질적 진정성립도 인정될 뿐 아니라, 특신상태가 「증명」되어야만 증거로 삼을 수 있으며(제312조 제1항, 제2항), 셋째, 피고인 아닌 사람에 대한 진술조서는 적법절차, 실질적 진정성립, 특신상태 증명은 물론 피고인 측의 반대신문 기회까지 보장되어야만 증거로 삼을 수 있도록 하였다(제312조 제4항). 한편으로 공판중심주의의 강화 및 검찰작성 피의자신문조서의 증거능력을 상대화하는 방안의 일환으로[180] '특신상태'의 증명을 조건으로 조사자증언제도가 도입되었다(제316조 제1항).

---

[180] 신동운, "사법개혁추진과 형사증거법의 개정", 서울대학교 법학 제47권 제1호, 서울대학교 법학연구소(2006), 120면; 2007년 개정 형사소송법의 조사자증언에 관한 상세는 김환수, "조사자증언의 요건, 범위 및 한계", 형사재판의 쟁점과 과제, 사법발전재단(2008), 259면 이하 참조.

Ⅲ. 2000년 후반 - 2010년 중반(이명박 - 박근혜정부 시절)

1. 사법경찰관의 수사개시·진행권 인정

이명박 정부가 들어서면서 사법제도에 대한 국민의 신뢰를 회복하기 위하여 구성된 사법제도개혁특별위원회는 2010년 2월부터 2011년 6월까지 1년 4개월의 논의를 거쳐, 피의자·피고인의 인권침해를 최소화하며, 수사현실과 법률규정이 부합하도록 현행법을 정비하는 한편, 누구든지 확정된 형사사건의 판결서와 증거목록 등을 인터넷 등 전자적 방법으로도 열람 및 등사할 수 있도록 함으로써 판결서 등에 대한 접근성을 높여 재판의 공개원칙이 실질적으로 보장되도록 형사소송법의 일부 조문을 개정하였으며, 검찰의 정치적 중립성과 독립성을 강화하고, 수사의 공정성을 확보하기 위하여 검찰 인사제도를 개선하며, 사법경찰관리로 하여금 검사의 명령에 복종하도록 하는 조항을 삭제하여 검찰과 경찰의 관계 재정립을 도모하고자 검찰청법을 개정하였다.[181]

특히 검찰과 경찰의 관계 재정립과 관련하여, 개정 형사소송법 제196조 제2항은 「사법경찰관은 범죄의 혐의가 있다고 인식하는 때에는 범인, 범죄사실과 증거에 관하여 수사를 개시·진행하여야 한다」고 규정하면서도, 동조 제3항은 「사법경찰관리는 검사의 지휘가 있는 때에는 이에 따라야 한다. 이 경우 검사의 지휘에 관한 구체적 사항은 대통령령으로 정한다」라고 규정하여 사법경찰관의 수사개시·진행권 및 검사의 수사지휘권을 모두 인정하고 있는데, 이의 해석과 관련하여 많은 논란이 있었다.

수사체제에 관한 이번 형사소송법 개정의 시발점은 2011. 3. 9. 국회 사법제도개혁특별위원회(이하 사개특위라 함)의 간사였던 주성영, 김동철 위원의 6인 소위 합의사항 발표였다. 당시 두 간사는 수사권조정과 관련하여 경찰 수사개시권 명문화와 검찰청법 제53조의 명령복종의무의 삭제를 합의하였다고 발표하였는데, 그 취지는 첫째, 현재는 수사권조정 단계는 아니라는 결론이나 대신에 현재 경찰이 대부분의 사건에서 검사의 지휘없이도 수사를 개시하는 현실을 규범화하여 경찰의 수사개시권을 명문화하자는 것, 둘째, 검찰청법 제53조의 명령복종의무 규정은 복종이라는 용어가 구태의연한 표현이고, 수사지휘규정이 있으므로 중복되어 불필요한 조항이라는 것이다.[182]

---

181) 법무부장관이 검찰총장을 제청할 때에는 검찰총장후보추천위원회의 추천을 받도록 하되 추천위원회는 위원장 1명을 포함한 9명의 위원으로 구성하고, 검찰총장후보자를 3명 이상 추천하도록 하였으며(검찰청법 제34조의2 신설), 현재 대통령령으로 위임되어 있는 검찰인사위원회의 구성과 심의사항을 법률로 정하되 검찰인사위원회 위원 11명중 8명을 외부인사로 하고, 검사의 사건 평가와 관련하여 무죄사건이나 사회적 이목을 끈 사건 등을 심의사항에 추가하고(동법 제35조 제2항, 제3항부터 제6항까지 신설), 검사의 근무성적과 자질을 공정하게 평정하기 위하여 관련 평정규정을 신설하며(동법 제35조의2 신설), 사법경찰관리가 검사의 직무상 명령에 복종하도록 한 규정을 삭제하였다(동법 제53조 삭제).

결국 현재의 수사체제를 변화시키지 않으면서도 경찰이 검사에게 일일이 지휘를 받지 않고도 수사를 개시하고 있는 현실을 규범화한다는 것이었다.[183] '수사현실의 반영'이라는 이러한 6인소위 합의의 취지는 개정된 형사소송법의 해석 및 그 위임을 받은 대통령령의 제정에 있어 중요한 잣대가 되었다.

그런데 18회에 걸친 사개특위 검찰소위가 난항을 겪은 데에는 기존의 형사소송법 제196조 제1항 「수사관, 경무관, 총경, 경감 및 경위는 사법경찰관으로서 검사의 지휘를 받아 수사하여야 한다」는 규정을 개정할 것인지, 개정한다면 어떻게 개정할 것인지에 관한 논란이 거의 전부였다고 해도 과언이 아니다. 경찰 측은 위 조항과 관련하여 형사소송법 제196조 제1항의 문구가 검사의 지휘가 없으면 경찰이 수사를 할 수 없다는 의미라고 주장하며, 그 개정을 주장하였고, 검찰의 수사지휘권 배제론자들도 대부분의 범죄에 대한 수사개시는 경찰의 독자적 판단으로 이루어지고 있는데도 법률상 수사주체가 검사로 되어 있어 현실과 법규범이 괴리되어 있으므로 이를 개선해야 한다[184]고 주장하였다. 만약 사법경찰이 검사의 지휘를 받아서만 수사해야 한다는 법규범을 엄격히 적용한다면, 경찰이 처리하는 우리나라 수사의 97%가 사실상 불법수사가 된다는 것이다. 간사인 두 위원도 형사소송법 제196조 제1항에서 사법경찰관이 "검사의 지휘를 받아 수사하여야 한다"는 문구의 해석에서 사법경찰관은 매 사건마다 검사의 지휘를 받아야만 수사를 할 수 있다는 것이어서 현실적으로 사법경찰관이 대부분의 사건에서 검사의 지휘를 받지 않고 행하는 수사가 위법한 수사로 되기 때문에 규범과 현실이 괴리되어 있다는 경찰 측 주장을 그대로 되풀이하고 있다.

그러나 첫째, 법의 해석·적용에 대한 판단권한, 즉 불법여부의 판단은 법원의 권한인데, 법원이 한 번도 형사소송법 제196조 제1항에 대하여 불법이라고 판단한 적이 없는데도 불구하고 이것을 위법이라고 보는 것은 법원의 법해석능력이 경찰보다 부족해서

---

182) 2011. 3. 11. 국회 사법제도개혁특별위원회 제11차 회의에서 주성영 위원의 6인 소위 합의사항 중 수사권조정에 대한 설명은 다음과 같다. "경찰 수사권 조정은 우리 6인 소위원회나 검찰관계법 소위원회에서도 수사권 조정단계가 아니다 하는 결론을 내려 놨습니다. 다만, 이 명문화하는 규정은 현재도 경찰에 수사권이 있습니다. 경찰이 검사도 수사할 수 있고 국회의원도 수사할 수 있습니다. 수사할 수 있는 수사개시권이 있음에도 불구하고 형사소송법에는 마치 없는 것처럼 되어 있기 때문에 이걸 명문화해주는 겁니다. 두 번째 검찰청법에 규정되어 있는 경찰의 복종의무를 삭제하는 것은 형사소송법에도 검사의 수사지휘 권한이 명시되어 있고, 검찰청법 제4조에도 수사지휘 규정이 명시되어 있습니다. 또 중복해서 검찰청법 제53조에 똑같은 규정이 들어있기 때문에 이 규정을 삭제하는 것입니다."라고 한다. 제298회 국회(임시회) 사법제도개혁특별위원회회의록(제11호)(2011. 3. 11.), 3면.

183) 이완규, 「개정 형사소송법상 수사체제」, 법조 통권 660호(2011. 9.), 법조협회, 3면.

184) 서보학, 「수사권의 독점 또는 배분? - 경찰의 수사권 독립 요구에 대한 검토」, 형사법연구 제12권, 한국형사법학회(1999), 405면.

불법을 모르고 있다는 논리로 밖에 보이지 않는다. 둘째, 경찰의 이러한 주장을 뒤집어 생각해 보면 경찰이 법제도상의 결함때문에 수사를 못하고 있는 것이 아님을 역설적으로 말해주는 것으로 실제로 경찰이 검사의 수사지휘때문에 범죄를 인지하거나 수사하지 못하는 경우는 거의 없으며, 현행 제도하에서도 경찰은 방대한 조직과 인력을 통하여 수사정보를 수집하고, 그 판단에 따라 자율적인 수사를 개시할 수 있다. 즉 경찰이 민생침해사건이건, 지능적 경제사범이건 범죄를 인지할 때 검사의 수사지휘 때문에 사건화하지 못한 경우가 거의 없다.

다만 경찰이 수사개시시 일정한 경우 검찰에 보고를 하도록 되어 있는데, 검찰이 이러한 보고를 받는 이유는 검사가 사법경찰관의 범죄수사개시에 간섭하려고 하는 것이 아니라 수사방향 및 적법절차 등을 지도·감독함으로써 사법경찰관의 수사에 도움을 주는 한편, 현실적으로 모든 사건에 대한 구체적인 지휘가 불가능하다고 하더라도 사법경찰의 불법·부당한 수사에 대하여 검사가 즉시 개입할 수 있는 합법적 통로를 열어 두어 인권보호의 기능을 다하도록 하자는 취지에 불과하다. 말하자면 비상시에 발동되는 브레이크나 안전판 내지 이중잠금 장치와 같은 것이다. 왜냐하면 사법경찰관에 대한 검사의 수사지휘는 ① 사법경찰관의 수사에 있어 그 권한을 남용한다든가 불법을 저지르는 등 문제가 발생할 때 이를 시정하기 위한 통제기능과 ② 공소제기여부의 결정권을 갖는 검사가 공소제기여부의 결정을 위한 수사에 있어 사법경찰관이 행하는 수사의 부족한 부분을 보충하거나 부적정, 비효율적인 부분이 없도록 지도하여 사법경찰관의 수사를 보완하는 기능을 수행하기 때문이다.

따라서 검사와 사법경찰관의 관계에 대하여 수사지휘권을 인정하는 입법례와 수사지휘권을 인정하지 않는 입법례가 있으나 수사지휘를 인정하지 않는 후자의 경우도 이와 같은 통제기능과 지도기능을 대체할 수 있는 다른 제도적 장치는 마련해 놓고 있다. 예컨대 자치경찰제에 의한 경찰분권화, 사법경찰의 수사에 있어 중립성과 객관성을 보장할 수 있도록 사법경찰과 행정경찰을 행정과 기능상으로 일정 정도 분리하는 것, 사법경찰의 전문화 등을 들 수 있다. 법해석론으로도 그 조항이 경찰이 주장하는 식으로 해석되는 것이 아니고 검사의 포괄적 지휘권의 근거조항일 뿐이라는 것은 이미 대법원 판례로 설시되었으므로[185] 경찰이 주장하는 바와 같은 법규범과 현실의 괴리가 없다는 점

---

185) 대법원 1982. 6. 8. 선고 82도117 판결. "사법경찰관은 형사소송법과 사법경찰관리직무규정 등이 정하는 바에 따라 검사의 지휘를 받아 수사를 하여야 하나 형사소송법 제196조의 검사의 수사지휘권에 관한 규정은 일반적 포괄적인 규정이라고 풀이 할 것이며 사법경찰관리직무규정의 범죄인지보고는 그에 열거되어 있는 따위의 중요사건에 관한 것이고 범죄의 혐의가 있으면 그 어떠한 경우를 막론하고 반드시 검사에게 범죄 인지보고를 하여 그 지휘를 받아 수사를 하여야 되는 것은 아니라고 할 것이다."

은 적어도 형사사법의 실무에서는 명백하다.186) 그럼에도 불구하고 그러한 주장을 하는
것은 그 조항을 변경함으로써 그 조항이 가지고 있는 수사지휘체제의 붕괴와 변화를 시
도하려는 의도가 있었기 때문이다.187) 왜냐하면 검사 수사지휘의 근거조항인 형사소송법
제196조 제1항에 변경을 가할 경우 자칫 '수사현실의 반영'이라는 애초의 취지를 일탈
하여 국가 수사체계의 대변혁을 가져오는 결과를 초래할 수도 있기 때문이다. 종래 경
찰 및 검찰의 수사지휘권 배제론자들이 끊임없이 '규범과 현실이 괴리되어 있다는 수사
현실의 반영'을 주장하면서, (구)형사소송법 제196조 제1항의 '검사의 지휘를 받어'의 개
폐를 주장한 이유도 여기에 있다. 더욱이 2011년 6월 20일 법무부장관, 행안부장관과
검찰총장, 경찰청장이 서명한 합의문에는 "금번 법률 개정은 수사권을 조정하는 것이 아
니며, 수사현실을 법으로 뒷받침하기 위한 것이라는 데 의견을 같이 하고"라는 규정이
명확히 기재되어 있다.188) 그럼에도 불구하고, 대통령령안에 대한 토론이 그 위임법령인
개정 형소법의 법리와는 동떨어진 '수사권조정론'의 일환으로 이루어진 것이다.

결국 거대권력화 방지를 위한 주요수단은 경찰의 분권이며, 이를 위해서는 ① 실질
적 자치경찰제 전면 실시 및 행정경찰·사법경찰의 분리 등 경찰 기능의 분산, ② 즉심
제도, 유래 없는 자체 구속기간 등 경찰의 과도한 권한 폐지, ③ 심사승진제도 개선 등
을 통한 경찰 인사제도 개혁 등이 함께 논의되어야 하는데, 이러한 점을 외면한 채 '검

---

186) 이 점에 관해 국회 논의과정 중 2011. 5. 19. 사개특위 검찰소위에서 손범규 위원은 "지금 형
    사소송법 제195조, 제196조만 계속 봐서 그러는데 제200조부터 해가지고 제201조, 제202조 계
    속 가면서 보면 전부 다 그렇게 되어 있지 않습니까. 검사 또는 사법경찰관은 뭐뭐뭐 할 수
    있다. 검사 또는 사법경찰관은 무슨 무슨 수사를 할 수 있다. 영장청구할 수 있다, 뭐할 수 있
    다, 전부 검사 또는 사법경찰관은, 다 그렇게 되어 있습니다. 그리고 일부 몇 개만 검사만이
    할 수 있는 것이 있고. 그렇기 때문에 극단적으로 얘기하면 경찰의 독자적 수사개시권을 한 줄
    도 안 써줘도 얼마든지 독자적으로 수사를 그냥 할 수 있어요. 그런데 다만 너무나 사기가 저
    하되고... 지금 독자적 수사개시권 자체를 우리가 법조문에 없다고 해서 경찰이 그러면 강도가
    있고 강간을 당하는데 보고만 있고 '검사님 지휘를 기다립니다. 우리는 검사 지휘가 없어서 수
    사를 못합니다' 이렇게 해석을 해야된다거나 그렇게 되는 그건 궤변이거든요"라고 지적한다.
    제300회 국회(임시회) 사법제도개혁특별위원회회의록(검찰관계법심사소위원회), 제18호(2011.
    5. 19), 16-17면.
187) 이완규, 「개정 형사소송법상 수사체제」, 법조 통권 660호(2011. 9.), 법조협회, 6면.
188) 같은 날 오후 개최된 사개특위 제18차 전체회의에서의 조현오 경찰청장의 다음과 같은 발언
    또한 같은 취지라고 판단됨. "법규정이 이렇게 개정된다고 해서 경찰 수사 현실에서 달라질 게
    없습니다. 저희 경찰 입장에서 수사권 조정이 아니라는 게 국회로부터도 여러 번 언급을 받았
    고 내부적으로도 그런 이야기를 해 왔었고 검찰도 그것을 분명히 인식을 하고 있습니다. 수사
    권 조정은 차후에 논의될 문제이지 이것은 수시 현실의 법제화에 불과한 것으로 그렇게 이해
    를 하고 있습니다".

찰 개혁'이라는 미명 아래 수사지휘권 만을 축소 또는 폐지함으로써 결과적으로 경찰의 권한만을 극도로 확대시킨 것은 개악으로 볼 수밖에 없다.

2. 헌법상 검사의 영장청구권 삭제 논의

이 시기부터 경찰은 수사권 독립을 위하여 검사의 영장청구와 관련된 헌법규정의 삭제를 지속적으로 추진한 것으로 보인다. 즉 2010. 1. 28. 세계일보가 경찰청 내부자료 '2010년도 성과관리 시행계획' 수사구조 개혁편에 검찰이 독점적으로 영장을 청구할 수 있는 근거인 헌법 제12조 제3항과 제16조의 삭제를 추진하고 있다고 보도한 바 있는데,[189] 이처럼 경찰이 다시 수사권 독립에 적극 나선 데는 정치권이 추진 중인 사법개혁 논의에 기댄 측면이 있는 것 같다.[190] 특히, 2010년 김광준 서울고검 검사의 '10억 원대 뇌물수수 사건'을 시작으로 피의자와 부적절한 성관계를 맺은 '성추문 검사', '향응 수수 검사' 등 계속된 검찰 내부비리·비위사건이 터지면서, 검찰이 자체개혁안을 내놓은바 있는데, 이 과정에서 '중수부 폐지'문제를 둘러싸고 최재경 대검 중앙수사부장 등이 공개적으로 반발하는 등 소위 '검란'이 발생하였다. 이에 한상대 검찰총장이 전격 사퇴하면서 사태가 일단락됐지만, 검찰의 권위는 땅에 떨어졌다.

특히, 2016년에 들어와서, 진경준 전 검사장의 주식대박사건과 서울남부지검 김 모 검사의 자살사건을 계기로 또다시 검찰개혁이 화두로 등장하였다. 즉, 검찰의 막강한 권한을 통제하기 위하여, 정치권을 중심으로 공직자비리수사처를 신설하자는 주장,[191] 수사와 기소의 분리, 검사인사제도 개혁, 법무부 탈검찰화(법무부 문민화), 검찰심급제 폐지, 검사의 전속적 영장청구권 폐지, 검사 작성 피의자신문조서의 증거능력 요건 엄격화, 재정신청 확대, 시민단체를 중심으로 검사장을 직선하자는 주장, 학자들을 중심으로 대배심

---

189) 2009년 경찰백서(경찰청) 165면도 "헌법에 명시된 검사의 영장청구권 독점규정은 지난 1962년 5차 개헌 당시 추가된 것으로 헌법이 정한 절차에 의한 개정이 아니라 비상입법기구인 국가재건최고회의에서 마련된 개정안에 근거한 것이며 비교법적으로도 유래를 찾아볼 수 없을 뿐만 아니라, 영장의 법관발부 원칙을 실질적으로 제약하여 영장주의의 본질을 왜곡시키고 검찰의 경찰에 대한 수사지휘권 강화의 논리적 배경이 되었던 조항으로 새로이 정비되는 헌법에는 반드시 삭제되어야 할 규정이다"라고 기술하고 있다.

190) 2009년 민주당 김희철 의원 등은 "경찰은 1차적 수사주체, 검찰은 2차적 보완적 수사주체"로 규정하는 형사소송법 개정안을 발의한 바 있으며, 국회의장 직속 헌법연구자문위원회는 영장청구권의 검사독점 조항 개정을 다수의견으로 채택한 바 있다.

191) 국회 세미나 「검찰 개혁 방향과 과제」,(2016년 7월 18일 국회 의원회관 2층 제1세미나실)라는 주제로 발표자는 한상훈 교수(연세대), 패널토론자는 오병두 교수(홍익대), 정웅석 교수(서경대), 이민 변호사(대한변호사협회), 차동언 변호사(법무법인 화우), 김태규 기자(한겨레신문), 박근용 사무처장(참여연대), 이건령 검사(부산지검) 등이며, 금태섭/백혜련/송기헌/조응천 의원 등이 주최자로 참여하였다.

내지 기소배심(Grand Jury)을 신설하여 검찰의 기소권을 통제하자는 주장 등 백가쟁명식 개혁안이 쏟아져 나왔다.[192] 그리고 이에 편승하여 경찰에서는 다시 검·경 수사권조정 을 강력하게 밀어붙였으며,[193] 검찰에서는 대검찰청 산하 형사정책자문위원회[194] 및 검 찰개혁추진위원회[195]를 신설하여, 이러한 주장들의 수용 여부를 검토한 바 있다.

---

192) 구체적 검찰개혁 방안에 대하여는 한인섭, 한국형사법과 법의 지배, 도서출판 한울, 1998, 262 – 276면; 하태훈 "검찰·법무부 개혁의 방향", 형사정책연구 소식, 한국형사정책연구원, 2013 봄, 18 – 21면; 서보학, "검찰의 현주소와 법치주의의 위기", 법과 사회 제39호, 2010, 104 – 106면; 김선수, "국회 법사위 검찰개혁 공청회 진술", 고위공직자비리수사처 설치 및 운 영에 관한 법률안 등 검찰개혁 방안에 대한 공청회: 2017. 2. 17. 국회법제사법위원회 공청회 자료집, 25면 이하; 김인회, "검찰개혁 원리와 형사소송법 개혁과제", 검찰권에 대한 통찰 및 정책적 과제: 2017. 2. 23. 국회입법조사처 세미나 자료집, 26 – 35면; 이호중, "검찰개혁의 방 향, 과제, 전망: 박근혜 정부의 검찰개혁논의에 부쳐", 법과사회 제44호, 2013. 6., 39 – 62면 참조.

193) 국회 세미나 「검경 개혁과 수사권 조정, 공수처 설치 방향」,(2016년 8월 10일 국회 의원회관 제1소회의실)이라는 주제로 발제자는 김희수 변호사/이창무 교수(중앙대 산업보안학과)/박노섭 교수(한림대 국제학부)가, 토론자는 한상훈 교수(연세대), 박근용 사무처장(참여연대), 오창익 사무국장(인권연대), 최종상 수사연구관(경찰청), 정웅석 교수(서경대), 이윤제 교수(아주대), 황운하 경찰대학 교수부장 등이며, 표창원 의원이 주최자로 참여하였다.

194) 대검찰청 형사정책자문위원회는 법령의 제·개정, 형사정책의 결정 등 검찰 업무와 관련된 제 반 사항에 대한 학계의 자문을 구하기 위하여 검찰총장의 자문기구로 설치되었는데(대검찰청 훈령 제212호 '형사정책자문위원회 운영규정' 참조), 위원장에 손동권 교수(건국대), 위원으로 오영근 교수(한양대), 김정오 교수(연세대), 박광민 교수(성균관대), 김상겸 교수(동국대), 박노 형 교수(고려대), 노명선 교수(성균관대), 정현미 교수(이화여대), 장영수 교수(고려대), 오경식 교수(강릉원주대), 정웅석 교수(서경대), 원혜욱 교수(인하대), 조홍식 교수(서울대), 이효원 교 수(서울대), 김희균 교수(서울시립대), 박균택 대검 형사부장(검사장) 등이 참여하였다.

195) 대검찰청 검찰개혁추진위원회는 국민의 눈높이에 맞는 검찰 조직문화와 제도의 개선 등 검찰 개혁 방안의 수립 및 추진 등에 대한 사회 각계각층의 의견을 수렴·반영하기 위하여, 기존의 검찰미래발전위원회의 명칭을 검찰개혁추진위원회로 변경하고 검찰개혁추진단 상정 안건에 대 하여 심의·의결한 후 검찰총장에게 개혁안을 권고하는 기구로 설치되었는데(대검찰청 훈령 제 213호 '검찰개혁추진위원회 운영규정' 참조), 위원장에 정갑영 교수(연세대 총장), 위원으로 최 정표 교수(건국대 상경대학, 경제정의실천시민연합 공동대표), 박균성 교수(경희대), 조현정 비 트컴퓨터 회장(한국소프트웨어산업협회 회장), 이철수 교수(서울대), 공병호 경영연구소장(전 자유경제원 초대 원장), 정웅석 교수(서경대), 정병두 변호사(전 법무부 법무실장), 송우철 변 호사(전 서울고법부장판사 겸 서울행정법원 수석부장판사), 강대희 교수(서울대 의대), 권도균 프라이머 대표, 이은경 변호사(한국여성변호사회 회장), 박순애 교수(서울대 행정대학원), 임지 봉 교수(서강대), 최종학 교수(서울대 경영대), 우민호 영화감독(영화 '간첩', '내부자들' 등 제 작), 박지은 방송작가('별에서 온 그대', '프로듀사' 등 극본 집필), 김주현 대검차장, 윤웅걸 대검 기획조정부장(검사장) 등이 참여하였다.

Ⅳ. 문재인 정부 시절(2017년~현재)

1. 시대적 상황

(1) 조국 민정수석 및 박상기 법무부장관 임명

박근혜 대통령 탄핵을 거치면서, 촛불집회를 계기로 집권한 문재인 정부는 수사구조의 개편(수사권/기소권 분리) 및 고위공직자범죄수사처의 설치 등 고강도의 검찰개혁을 추진[196]하고자 초대 민정수석에 조국 서울대학교 법학전문대학원 교수 및 초대 법무부장관에 박상기 연세대학교 법학전문대학원 교수를 임명하였으며, 경찰에서도 경찰권 비대화에 대한 우려의 목소리가 높아짐에 따라 내부의 입장을 벗어나 국민의 시각에서 현 경찰 조직을 객관적으로 진단하고 경찰이 나아갈 방향과 전략을 추진할 필요가 있다고 판단해 2017년 6월 민간전문가들을 위원으로 한 경찰개혁위원회[197]를 공식 출범시켰다.

그리고 경찰개혁위원회에서 논의된 사항을 중심으로 2018년 3월 5일 이철성 경찰청장이 국회 사법개혁특별위원회(위원장 정성호)에 검·경 수사권 조정 등 경찰 개혁과 관련한 업무보고를 하였는데, 이날 업무보고에서 이 청장은 여야 사개특위 위원들에게 △검사의 수사지휘권 폐지 △검사 작성 피의자신문조서의 증거능력 개선 △경찰 수사종결권 부여 △검사의 직접수사권 폐지 △검사 독점적 영장청구제도 개선 △긴급체포에 대한 검사 승인제 개선 △압수물 처분 주체 변경 △변사자 검시 주체 변경 등 수사구조 개혁 방안을 설명했다고 한다.

(2) 추미애 법무부장관의 등장

조국 전 법무부장관의 사퇴를 계기로 정부여당과 윤석열 검찰총장과의 갈등이 고조된 후, 법무부장관에 임명된 정치인 출신의 추미애는 노골적으로 정치를 검찰에 끌어들

---

196) 돈봉투사건을 계기로 이영렬 서울중앙지검장 및 안태근 검찰국장이 좌천되었으며, 언론에서 우병우 사단으로 지목된 일부 검사장들이 면직된 후 사표를 제출하였다. 대신 국정원 댓글사건에서 '사람에 충성하지 않는다'는 유명한 말을 남긴 윤석열 대전고검 검사가 기수를 뛰어넘어 서울중앙지검장에 임명되었다.

197) 위원장에 초대 유엔 대한민국 인권대사를 역임한 동국대 석좌교수가, 18명의 위원들은 인권보호 분과(권영철 CBS 보도국 선임기자, 문경란 인권정책연구소 이사장, 박찬운 한양대 법학전문대학원 교수, 오창익 인권연대 사무국장, 이찬희 서울지방변호사회 회장, 최경희 이화여자대학교 교수), 자치경찰 분과(김효선 여성신문 대표이사, 박재율 지방자치발전위원회 위원, 안영훈 한국지방행정연구원 대외협력단장, 양영철 제주대학교 행정학과 교수, 이세리 김앤장 법률사무소 변호사, 이창무 중앙대학교 산업보안학과 교수), 수사개혁 분과(김선택 고려대학교 법학전문대학원 교수, 김희수 법무법인 리우 변호사, 박래용 경향신문 논설위원, 박봉정숙 한국여성민우회 이사, 서보학 경희대 법학전문대학원 교수, 최강욱 법무법인 청맥 변호사) 등 3개로 나누어 활동한 바 있다(다음뉴스 2017. 06. 16.).

였다. 즉, 2020. 7. 2. 추미애장관은 윤석열 총장에게 '한명숙 전 총리 사건 위증교사 의혹'건과 관련하여 참고인 한모씨를 서울중앙지검 인권감독권이 아닌 대검 감찰부에서 조사하도록 하고, 이어서 '채널A 검·언 유착의혹'사건과 관련하여 대검찰청 전문수사자문단 소집절차를 중단하고 서울중앙지검장이 지휘 중인 수사에 관하여 수사를 보고받거나 지휘하지 말라고 제1차 수사지휘권을 발동한 바 있다.[198] 그 지휘권 발동 근거로 ▲ 수사자문단 소집 결정 및 단원 선정 과정에서 검찰 내부의 이견, ▲'대검 부장회의'에서 심의중인 사안에 대해 수사자문단을 중복 소집한 것, ▲ 수사자문단 결론이 검찰수사심의위원회와 대검 부장회의의 결론과 다를 경우 있을 혼란 등을 들었다. 이에 2020. 7. 3. 소집된 전국 검사장 회의에서 추미애 법무부장관의 수사지휘권 발동이 부당하다고 의견을 모은 반면, 조국 전 법무부장관은 검사장 회의는 '임의기구'에 불과하다면서 장관 수사지휘 거부는 헌법과 법률 위반에 해당한다는 입장을 보인 바 있다.[199]

또한 추미애장관은 2020. 10. 19. '라임자산운용 로비 의혹사건'과 '윤석열 검찰총장의 가족 관련사건'에 대한 수사지휘권을 발동하면서, "여야 정치인 및 검사들의 비위사건을 포함한 총장 본인, 가족, 측근과 관련된 라임사건에 대해 공정한 수사를 보장하기 위해 서울남부지검과 서울중앙지검 수사팀이 독립적으로 수사한 후 그 결과만을 총장에게 보고하도록 조치할 것을 지휘한다"[200]고 제2차 수사지휘권을 발동한 바 있다.

이처럼 대통령이 임명한 법무부장관과 검찰총장의 갈등이 극에 달하면서, 2020. 10. 23. 윤석열 검찰총장은 대검찰청 국정감사에서 "검찰총장은 장관의 부하가 아니다"라는 발언을 하였으며, 2020. 11. 24. 헌정사 초유의 추미애 장관은 윤석열 검찰총장에 대한 징계청구 및 직무 집행정지를 명령했는데,[201] 그 근거로 "첫째, 언론사 사주와의 부적절한 접촉 사실, 둘째, 조국 전 장관 사건 등 주요사건 재판부에 대한 불법사찰 사실, 셋째, 채널A 사건 및 한명숙 전 총리 사건 관련, 측근을 비호하기 위한 감찰방해 및 수사방해, 언론과의 감찰 관련 정보 거래 사실, 넷째, 총장 대면조사 과정에서 협조의무 위반 및 감찰방해 사실, 다섯째, 정치적 중립에 관한 검찰총장으로서의 위엄과 신망이 심각히 손상된 사실을 확인하였다는 입장을 표명하였다.

그 후 2020. 12. 10. 검사징계위원회(위원장 직무대행: 정한중)는 정직 2개월을 처분한 바 있으며,[202] 이에 윤석열 총장은 헌법소원[203] 외에도 징계 효력 집행정지 신청, 징

198) 매일경제 2020. 7. 2.자, 「추미애 "채널A 사건 수사자문단 소집 중단하라" 지휘권 발동」.
199) 한국일보 2020. 7. 4.자, 「조국 "검사장 회의는 '임의기구'에 불과, 장관 수사지휘 거부는 헌법 위반"」.
200) 서울신문 2020. 10. 19.자, 「秋 "尹, 라임사건 손 떼라" 수사지휘권 발동」.
201) 연합뉴스 2020. 11. 24.자, 「추미애, 윤석열 검찰총장 징계 청구·직무배제」.
202) 징계위원회는 위원장인 장관과 차관, 장관이 지명하는 검사 2명, 장관이 위촉하는 외부인사 3명 등 모두 7명으로 구성되는데, 징계 청구 당사자가 장관인 관계로 추미애 장관은 심의에서

계처분취소청구소송 등 다양한 법률적 대응으로 문재인 정부의 법무부와 대립한 후, 2021. 3. 4. 사표를 제출하였고, 3. 5. 사표가 수리되었다.

2. 검찰개혁 추진

(1) 정부합의문 내용

위에서 언급한 것처럼 문재인정부가 들어서면서, 검찰개혁에 대한 논의가 연일 뜨거운데, 이러한 검찰개혁 문제는 이미 오래 전부터 사법개혁의 일환으로[204] 또는 검경 수사권조정 문제와 맞물려서 끊임없이 제기되었고, 이제는 적폐청산의 이름으로 더 이상 미룰 수 없는 국정개혁을 위한 제1과제로 인식되기에 이르렀다. 이에 2018년 1월 14일 박종철 열사 서거 30주년을 맞이하여 조국 청와대 민정수석이 현 정부의 '권력기관 개

배제되었다. 윤석열 징계위원회 구성을 살펴보면, 정한중 한국외대 로스쿨 교수, 이용구 법무부 차관, 안진 전남대 로스쿨 교수, 신성식 대검 반부패 강력부장, 심재철 법무부 검찰국장, 변호사 1명(불참) 등이다.

203) 2021. 6. 24. 헌법재판소는 법무부 장관 주도로 검사징계위원회를 구성하도록 한 검사징계법 조항이 부당 해임이나 면직 위험이 있어 위헌이라는 윤 전 총장의 헌법소원 심판 청구를 재판관 7:1 의견으로 각하했다. 헌법재판소는 "청구인(윤석열)이 주장하는 기본권 침해는 심판대상 조항 자체에 의해 발생하는 게 아니라, 해임, 면직, 정직 등 징계처분이 있을 때 발생하는 것"이라며, 헌법소원 청구 자체가 부적법하다고 판단했다. 즉, 헌법재판소는 징계처분이 아닌 징계위 구성만으로 윤 전 총장의 기본권이 침해됐다고 보기 어렵다며, 법률 자체로 기본권 침해가 우려되는 헌법소원의 '직접성' 요건을 충족하지 못했다는 점을 지적한 것이다.

204) 사법개혁국민연대, 「참여정부의 출범과 사법개혁의 과제」, 2003; 사법개혁 실현을 위한 인권시민사회단체 공동대책위원회/박영선의원/김학재의원/신건의원 공동주최, 「권력형 비리로 본 검찰개혁의 필요성과 대안 토론회」(2011. 6. 9.); 금태섭의원/백혜련의원/송기헌의원/조응천의원 공동 주최, 「검찰 개혁 방향과 과제」(2016. 7. 18.); 더불어민주당 정책위원회 민주주의회복 TF(표창원 의원) 주최, 「검경개혁과 수사권 조정, 공수처 설치방안」 토론회(2016. 8. 10.); 민주사법연석회의/노회찬의원/이용주의원 공동주최, 「제2차 민주적 사법개혁 연속토론회: 검찰개혁 이렇게 하자」(2016. 11. 11); 민병두의원/소병훈의원/금태섭의원/민주사회를 위한 변호사모임 공동 주최, 「견제와 균형을 위한 검찰 개혁 어떻게 할 것인가?」(2017. 1. 24.); 한국형사정책연구원/한국형사소송법학회 공동 주최, 「한국의 형사사법개혁 I : 검찰개혁」(2017. 2. 13.); 국회입법조사처 주최, 「검찰권에 대한 통찰 및 정책적 과제」(2017. 2. 23.); 한국형사정책연구원/서울대학교 법학연구소/한국공법학회 공동 주최, 「한국의 형사사법개혁 II : 강제처분의 현대적 의미와 인권보호」(2017. 3. 24.); 법조언론인클럽 주최, 「국민을 위한 법조개혁, 어떻게 할 것인가?」 법조언론인클럽 10주년 기념 세미나(2017. 7. 12.); 한국헌법학회/김경협의원실/경찰청 주최, 「개헌토론회 — 영장청구제도를 중심으로 —」(2018. 2. 20.); 제364회 국회(정기회), 검·경 수사권 조정에 관한 공청회(2018. 11. 14.), 국회 사법개혁특별위원회; 대한변호사협회/한국형사소송법학회 공동주최, 「개정 형사소송법의 평가(개정방향)」(2019. 12. 20.); 대한변호사협회주최, 국민을 위한 수사개혁방향 심포지엄, 대한변협회관 14층 대강당(2020. 7. 17.).

편방안'을 발표하면서 검찰은 특수사건(경제, 금융 등)을 제외하고는 2차적·보충적 수사만을 하도록 검찰개혁을 발표한 바 있으며, 2018년 6월 21일 이낙연 국무총리, 박상기 법무부 장관, 김부겸 행정안전부 장관이 모여서 '검/경 수사권조정 합의문'(이하 '정부합의문'이라고 약칭함)을 발표하였다.

그 핵심은 첫째, 사법경찰관은 모든 사건에 대하여 '1차적 수사권'을 가지고, 둘째, 사법경찰관이 수사하는 사건에 관하여 검사의 송치 전 수사지휘는 폐지하며, 셋째, 검사는 송치 후 공소제기 여부 결정과 공소유지 또는 경찰이 신청한 영장의 청구에 필요한 경우 사법경찰관에게 보완수사를 요구할 수 있고, 사법경찰관은 정당한 이유가 없는 한 검사의 보완수사요구에 따라야 하며, 넷째, 사법경찰관이 정당한 이유 없이 검사의 보완수사요구에 따르지 않은 경우 검찰총장 또는 각급 검찰청검사장은 경찰청장을 비롯한 징계권자에게 직무배제 또는 징계를 요구할 수 있고, 징계에 관한 구체적 처리는 '공무원 징계령'(대통령령) 등에서 정한 절차에 따른다는 것이다. 반면에 검사는 ① 경찰, 공수처 검사 및 그 직원의 비리사건, 부패범죄, 경제·금융범죄, 공직자범죄, 선거범죄 등 특수사건205) 및 이들 사건과 관련된 인지사건(위증·무고 등)에 대하여는 경찰과 마찬가지로 직접적 수사권을 가지며, ② ①항 기재 사건 이외의 사건에 관하여 검찰에 접수된 고소·고발·진정 사건은 사건번호를 부여하여 경찰에 이송한다는 내용이다.

이는 일반수사는 경찰, 일반수사에 대한 기소 및 공소유지는 검찰, 특수수사 및 권력형 비리는 특별기구(고위공직자수사처)에 맡기는 '수사 3륜' 체제를 갖춰, 수사기관 간 견제와 균형을 확보하고자 하는 것으로 보이지만,206) 양쪽 기관 모두 이에 반발하였다. 우선 경찰 측은 검찰과 경찰의 관계가 상호협력관계로 전환된 점을 긍정적으로 평가하면서도, 모든 범죄에 대해 1차적·본래적 수사기관인 경찰이 사건을 수사하고, 검사는 기소

---

205) 부패범죄(뇌물, 알선수재, 배임수증재, 정치자금, 국고등손실, 수뢰 관련 부정처사, 직권남용, 범죄수익 은닉 등), 경제범죄(사기, 횡령, 배임, 조세 등(기업·경제비리 등)), 금융·증권범죄(사기적 부정거래, 시세조정, 미공개정보이용 등/ 인수합병비리, 파산·회생비리 등), 선거범죄(공직선거, 공공단체등위탁선거, 각종 조합 선거 등), 기타(군사기밀보호법(방산 비리 관련), 위증, 증거인멸, 무고 등(사법방해 관련)) 등이다.

206) 2018. 6. 21. 발표된 정부의 '검·경 수사권조정 합의문에 대한 논평으로, 동 합의문이 검사의 직접수사권을 인정하는 것은 수사권과 기소권을 분리하여 수사절차에서의 균형을 이룩하고 검사에 의한 경찰 수사에 대한 법치국가적 통제를 유효하게 하는 것을 내용으로 하는 문재인 정부의 수사권조정의 목적에 반하는 것이라는 주장(조기영, "수사권조정과 수사절차개선", 비교형사법연구 제21권 제1호(2019), 37-61면) 및 동 합의문은 타당하지만 검·경의 협력관계를 기반으로 비록 형식적이지만 일본의 검찰관에게 인정되고 있는 지시·지휘권은 충분히 참고할 가치가 있다는 견해(문희태, "합리적인 수사권조정에 대한 논의의 검토 - 일본의 국가수사구조(검찰·경찰)와 개혁방향을 중심으로 -", 비교형사법연구 제21권 제1호(2019), 199-230면) 등이 있었다.

권자로서 수사 결과를 검토하는 것, 즉 수사와 기소 분리를 통한 견제와 균형이라는 수사권 조정 취지에 최종적으로 부합할 것이라고 강조하였다.[207] 이 합의에 대하여 민주사회를 위한 변호사모임에서는 기본적으로 환영의 뜻을 표하면서도, 검찰의 직접수사권의 범위가 너무 넓고 그 기준이 모호하다고 거론하였고, 경찰 수사단계에서 수사가 중지되거나 중단되는 경우에 대한 구체적인 통제방안이 없어 경찰의 수사종결권의 남용이 우려된다는 등의 지적사항을 내놓기도 하였다.[208] 반면에 검찰은 이 합의에 대하여 "형사사법제도의 근간을 바꾸는 문제를 국가기관간 타협하는 방식으로 결정하는 것은 매우 위험하다."고 강조하면서, 중앙집권적이고 민주통제가 약한 국가사법경찰에 대해서는 인권보호를 위하여 검사의 사법통제를 당시 규정대로 유지해야 한다고 주장한 것이다.[209]

이처럼, 각 기관의 입장이 상이하지만, 6월 21일 발표한 정부합의문(개정된 형사소송법도 동일)은 다음 【표 1-41】에서 보는 것처럼 사실상 공안기관(경찰)[210]이 큰 권력을 가지고 있는 중국의 형사사법모델과 비슷한 형태로 평가된다. 왜냐하면 중국 검찰의 특정범죄(사법업무자의 소송활동 관련 직무범죄, 공안기관의 중대 직무범죄)[211] 수사 및 한국 검찰의 직접 수사범위(5대 특별범죄), 검찰의 수사지휘권 부정,[212] 경찰의 수사종결권 인

---

207) 김태명, "수사준칙의 제정방안에 관한 연구", 경찰법연구(제17권 제1호), 한국경찰법학회 (2019). 3-4면.

208) 김태명, 앞의 논문, 4면.

209) 김태명, 앞의 논문, 3면.

210) 공안과 경찰은 별도의 개념으로서, 공안이란 국무원 소속 경찰의 일종이다. 즉, 중국 경찰은 크게 국무원 소속 경찰과 사법기관 소속 경찰(法警, Fajing)로 구분되는데, 법경은 사법기관의 일상적인 업무수행인 안전과 질서유지를 담당하며, 수사권한이 없다.

211) 중국 형사소송법 제18조.
① 법률에서 달리 정하는 경우를 제외하고, 형사사건의 수사는 공안기관이 담당한다.
② 인민검찰원은 소송활동에 대한 법률 감독을 하는 중에 사법업무자가 직무권한을 사용하여 불법으로 구금하는 행위, 고문으로 자백을 강요하는 행위, 불법으로 수색하는 행위 등 공민의 권리를 침범하고 사법 공정성을 훼손하는 범죄를 저지르는 것은 발견하는 경우 인민검찰원이 곧바로 사건으로 등록하여 수사할 수 있다. 공안기관 관할인 국가기관 업무자가 직무권한을 사용하여 중대한 범죄를 저지른 사건을 인민검찰원이 직접 수리하여야 하는 때에는 성급 이상 인민검찰원의 결정을 거쳐 해당 인민검찰원이 사건으로 등록, 조사할 수 있다.
③ 자소사건은 인민법원이 직접 수리한다.

212) 중국 형사소송법 제3조
① 형사사건에 관한 수사, 체포, 구속의 집행, 예심은공안기관이 담당한다. 검찰, 구속의 비준, 검찰기관이 직접 수리한 사건에 대한 수사와 공소의 제기는 인민검찰원이 담당한다. 재판은 인민법원이 담당한다. 법률에 특별한 규정이 있는 경우를 제외하고는 어떠한 기관이나 단체, 개인도 위와 같은 권력을 행사할 권한이 없다.
② 인민법원, 인민검찰원과 공안기관은 형사소송을 진행함에 있어서 본법과 그 밖의 법률의 관

정,213) 구속영장 기각(구속불비준)에 대한 불복 인정214) 등에서 거의 동일하기 때문이다. 더욱이 한국의 3급 이상 고위공직자의 부패범죄에 대하여 고위공직자범죄수사처가 우선적 관할권을 가지는 것과 동일하게, 중국도 2018. 3. 11. 제13기 전국인민대표대회 1차 회의 제3차 전체회의에서 「중화인민공화국 각급 감찰위원회는 국가의 감찰기관이다」라는 조항을 헌법에 넣고 국가기관 제1장에 감찰위원회(監察委員会)를 추가한 헌법 개정안이 통과된 후,215) 2018. 3. 20. 중국 전국인민대표대회 제8차 전체회의에서 헌법 제124조 제4항에 따라, 감찰법 초안216)을 표결하여 「중화인민공화국 감찰법」을 제정하였

련규정을 엄격히 준수하여야 한다.

213) 중국 형사소송법 제160조. 공안기관이 수사를 종결한 사건은 범죄사실을 명백히 하고, 증거가 확실하고 충분해야 하며 또 기소의견서를 작성하여 사건기록자료, 증거와 함께 동급 인민검찰원에 송치하여, 심사, 결정하게 하는 동시에 사건송치 상황을 범죄피의자와 그의 변호사인 변호인에게 고지하여야 한다.

214) 중국 형사소송법 제90조. 공안기관은 인민검찰원의 구속불비준 결정에 대하여 잘못이 있다고 인정하는 경우에는 재심의를 요구할 수 있다. 다만, 피체포자를 즉시 석방하여야 한다. 만약 의견이 받아들여지지 아니할 경우에는 직근 상급 인민검찰원에 다시 재심사를 제청할 수 있다. 상급 인민검찰원은 즉시 재심사하여 변경여부의 결정을 하고 하급 인민검찰원 및 공안기관에 통지하여 집행하게 하여야 한다.

215) 헌법 제3장 '국가기구' 중에 하나의 절을 추가하며, 이를 제7절 '감찰위원회'로 삼는다. 5개의 조문을 추가하여 제123조 내지 제127조로 삼으며 내용은 다음과 같다.
제123조 중화인민공화국 각급감찰위원회는 국가감찰기관이다.
제124조 ① 중화인민공화국은 국가감찰위원회와 지방각급감찰위원회를 설립한다.
② 감찰위원회는 다음과 같이 구성된다: 주임, 부주임 약간명, 위원 약간명
③ 감찰위원회 주임의 임기는 해당 인민대표대회의 임기와 같다. 국가감찰위원회 주임의 연임은 2회를 초과할 수 없다.
④ 감찰위원회의 조직과 권한은 법률로 정한다.
제125조 ① 중화인민공화국 국가감찰위원회는 최고감찰기관이다.
② 국가감찰위원회는 지방각급감찰위원회의 업무를 영도하고, 상급감찰위원회는 하급감찰위원회의 업무를 영도한다.
제126조 국가감찰위원회는 전국인민대표대회와 전국인민대표대회상무위원회에 대해 책임을 진다. 지방각급감찰위원회는 해당 위원회를 구성한 국가권력기관과 직상급감찰위원회에 대해 책임을 진다.
제127조 ① 감찰위원회는 법률에 따라 독립적으로 감찰권을 행사하고, 행정기관·사회단체 및 개인의 간섭을 받지 않는다.
② 감찰기관은 직무위법(職務違法)과 직무범죄(職務犯罪) 사건을 처리하고, 심판기관·검찰기관·집행부문(执法部门)과 상호 협력·견제여야 한다.

216) 감찰법 초안의 내용에 보면, 감찰법은 총 9개의 장으로 구성되는데, 이는 각, 총칙, 감찰기관과 그 직책, 감찰범위와 관할, 감찰권한, 감찰절차, 반부패국제협력, 감찰기관 및 감찰인원에

다.[217] 그리고 동법을 근거로 하여 공산당원뿐만 아니라 비공산당원인 공무원, 공공기관
종사자, 공무 담당자를 대상으로 부패를 감시하는 국가감찰위원회(State Committee of
Supervisory; SCS)를 공식으로 설립하였으며, 시진핑 친위세력인 '시자쥔(習家軍)'으로 분
류되는 양샤오두 공산당 중앙기율검사위원회(中央紀律檢查委員会) 부서기를 감찰위 초대
주임으로 임명하였다.[218] 즉, 감찰법 제11조에서 "횡령, 뇌물수수, 직권남용, 직무유기,
권력을 통한 경제적 이익 취득, 이익 수송, 사리사욕으로 인한 불법행위 및 국가 재산낭
비 등 직무상 위법행위 및 직무범죄에 대하 조사한다"고 규정하여, 종래 검사의 관할이
었던 직무범죄에 대한 수사권한을 신설된 감찰위원회에서 수사하도록 규정한 것이다.

한편, 중국 형사소송법 제170조 제1항[219]과 동일하게 감찰법 제47조 제3항은 인민
검찰원에서 심사를 거쳐 자료 보완 및 확인이 필요하다고 주장할 경우 보충수사를 하도록
감찰기관에 반송해야 하며, 필요 시 인민검찰원에서도 보충수사를 진행할 수 있도록 하였
다. 다만, 중국에서도 보충수사 반송 기간 내 감찰위원회와 인민검찰원 간 강제적 조치가
어떻게 연결되는지에 대해서는 양 법률에서 모두 규정하고 있지 않으므로 논란이 있다.

현재 중국의 국가감찰위원회는 국가기관 서열상 국무원과 중앙군사위원회 다음이며,
이는 국무원 감찰부·국가예방부패국·인민검찰원 반부패 수사조직을 통합한 거대 사정

대한 감독, 법률책임 및 부칙이며, 총 69개 조문으로 구성되어 있다.

217) 2018년 3월 11일 개최된 제13기 전국인민대표대회 제1차 회의에서 새로운 시대적 요청을 반영
한다는 대의(大義) 아래 개정된 헌법의 핵심내용을 살펴보면, 헌법 서문에서는 "과학발전관"과
더불어 "시진핑 신시대 중국 특색 사회주의사상"을 국가 지도이념으로 추가하여 명문화하였고,
본문에서는 "중국공산당의 영도는 중국 특색 사회주의에서 가장 본질적인 특징"임을 명시하였
으며, 특히 중국 국가주석의 임기에 관한 제한규정(연속하여 2기를 초과할 수 없다)이 삭제되
었다는 점을 들 수 있다.

218) 중국공산당의 최고감찰기관인 중앙기율검사위원회의 부서기가 국가감찰위원회의 주임을 겸하고
있다. 그 외에도 국가감찰위원회의 부주임과 위원 대부분은 최고감찰기관인 중앙기율검사위원
회의 상무위원회 위원이다.

219) 중국 형사소송법 제170조.

① 인민검찰원은 사건을 심사함에 있어 공안기관에 법정재판에 필요한 증거자료의 제공을 요
구할 수 있다. 본 법 제54조에서 규정하고 있는 불법적인 방법으로 증거를 수집한 상황이 있
을 수 있다고 인정하는 경우에는 증거 수집의 합법성에 대하여 설명할 것을 요구할 수 있다.

② 인민검찰원은 사건을 심사함에 있어 보충수사가 필요한 경우에 대하여 공안기관에 반려
하여 보충수사를 하게 할 수도 있고 스스로 수사할 수 있다.

③ 보충수사를 하는 사건에 대하여는 1개월 이내에 보충수사를 완료하여야 한다. 보충수사
는 2차에 한하여 할 수 있다. 보충수사가 완료되어 인민검찰원에 송치된 후 인민검찰원은
새로이 기소심사기간을 계산한다.

④ 보충수사를 한 사건에 대하여 인민검찰원이 여전히 증거가 부족하여 기소요건에 부합하
지 않다고 인정하는 경우에는 불기소결정을 할 수 있다.

기구다. 헌법상 행정기관·사법기관과 동일한 지위를 부여받은 국가감찰위원회는 「감찰법」에 따라 감찰대상을 조사·심문·구금하거나 재산 동결·몰수[220]할 권한을 가지는데, 중국공산당 기관지 인민일보에 따르면, 국가감찰위가 출범한 2018년 3월 이래 조사한 각종 비리사항은 모두 63만 8000여건으로, 이 중 62만 1000명이 각종 처분을 받았으며, 기율위반을 인정해 자수한 사람만 무려 2만 7000명에 달한다[221]고 한다. 중국 공직사회가 국가감찰위원회로 인해 살얼음판을 걷고 있다는 사실을 짐작할 수 있는 것이다.

【표 1-41】 한국·일본·중국 검찰/경찰(공안기관) 수사권 비교

구 분	한국(구법)	일 본	중 국	한 국(개정법)
검찰 수사범위	모든 범죄	모든 범죄 (제191조)	특정범죄 (사법업무자의 소송활동 관련 직무범죄, 공안기관의 중대 직무범죄)	특정범죄 (6대 중요범죄)
검찰 수사지휘권	인정	인정 (제193조)	부정 (보충수사 요청)	부정 (보완수사 요구)
경찰 수사종결권	부정 (일부 경미사건 외 전건 검찰송치	부정(일부 경미사건 외 전건 검찰 송치)	인정 (무혐의·불기소 의견 사건종결)	인정 (무혐의 의견 사건 종결)
구속영장 기각(구속불비준) 에 대한 불복	부정	부정	인정(상급검찰원에 재심사 요청)	인정(고등검찰청에 이의신청)

이에 병행하여 국회에 형사소송법 등을 개정하는 관련 법률안이 다수 제출되었으며, 국회 사법개혁특별위원회 주도로 검·경 수사권조정에 관한 공청회가 열렸다.[222]

---

220) 감찰법 제23조. 감찰기관은 횡령, 뇌물 수수, 직무 유기 등 심각한 직무상 위법행위 또는 직무범죄 혐의를 조사할 때 필요 시 규정에 따라 사건과 관련된 기관 및 개인의 예금, 송금, 채권, 주식, 펀드 할당액 등 재산을 조회할 수 있으며 동결할 수 있다. 해당 기관과 개인은 협조해야 한다.
동결된 재산이 사건과 관련 없는 것으로 밝혀졌으면 밝혀진 날부터 3일 이내에 동결을 해제하여 반환해야 한다.
221) 인민일보 한국어판, 2019. 3. 4.자.
222) 제364회 국회(정기회), "검·경 수사권 조정에 관한 공청회", 국회 사법개혁특별위원회(2018. 11. 14.), 국회 제3회의장(본관 245호).

【표 1-42】 제1차 검찰 · 경찰개혁소위원회(2018. 11. 27.(화) 15:00)

연번	건 명	국회제출일	사개특위 회부일	소위회부일	담당전문위원 (조사관)
1	형사소송법 일부개정법률안(표창원의원 등 13인)	2017.1.9.	2018.11.7.	2018.11.23.	전상수수석전문위원 (우영진T2972)
2	형사소송법 일부개정법률안(금태섭의원 등 37인)	2017.3.27.	2018.11.7.	2018.11.23.	전상수수석전문위원 (우영진T2972)
3	형사소송법 일부개정법률안(이동섭의원 등 15인)	2017.9.12.	2018.11.7.	2018.11.23.	전상수수석전문위원 (우영진T2972)
4	형사소송법 일부개정법률안(박범계의원 등 44인)	2018.1.8.	2018.11.7.	2018.11.23.	전상수수석전문위원 (우영진T2972)
5	형사소송법 일부개정법률안(오신환의원 등 10인)	2018.1.12.	2018.11.7.	2018.11.23.	전상수수석전문위원 (우영진T2972)
6	형사소송법 일부개정법률안(김석기의원 등 13인)	2018.2.2.	2018.11.7.	2018.11.23.	전상수수석전문위원 (우영진T2972)
7	형사소송법 일부개정법률안(심상정의원 등 12인)	2018.11.8.	2018.11.9.	2018.11.23.	전상수수석전문위원 (우영진T2972)
8	형사소송법 일부개정법률안(백혜련의원 등 19인)	2018.11.12.	2018.11.12.	2018.11.23.	전상수수석전문위원 (우영진T2972)
9	형사소송법 일부개정법률안(박지원의원 등 16인)	2018.11.14.	2018.11.14.	2018.11.23.	전상수수석전문위원 (우영진T2972)
10	고위공직자비리수사처 설치에 관한 법률안(노회찬의원 등 11인)	2016.7.21.	2018.11.7.	2018.11.23.	전상수수석전문위원 (이은정T4791)
11	고위공직자비리수사처 설치 및 운영에 관한 법률안(박범계의원 등 2인 외 69인)	2016.8.8.	2018.11.7.	2018.11.23.	전상수수석전문위원 (이은정T4791)
12	고위공직자비리조사처 설치 및 운영에 관한 법률안(양승조의원 등 10인)	2016.12.14.	2018.11.7.	2018.11.23.	전상수수석전문위원 (이은정T4791)
13	고위공직자부패방지처법안(오신환의원 등 10인)	2017.10.31.	2018.11.7.	2018.11.23.	전상수수석전문위원 (이은정T4791)
14	고위공직자범죄수사처 설치 및 운영에 관한 법률안(송기헌의원 등 11인)	2018.11.13.	2018.11.14.	2018.11.23.	전상수수석전문위원 (이은정T4791)

(2) 백혜련 의원안 ⇒ '간담회안' 주요 변경사항

형사소송법 개정안에 대한 논의 중, 갑자기 정부에서 소위 '간담회안'을 마련하여 사개특위 소위안으로 확정하려는 시도가 있었다. 즉, 2018년 12월 21일 당/정/청 회의 및 자유한국당 경찰 출신 이철규 의원을 접촉하여 위의 백혜련 의원안에 이철규 의원의 수정 요구를 반영한 소위 '간담회안'을 마련한 후, 2018년 12월 26일 사개특위 검경소위에서 오신환 소위원장 및 민주당 의원들은 '간담회안'을 관계기관의 의견조회 등도 거치지 아니한 채, 소위안으로 확정하려고 강력하게 시도하였다. 이에 절차상 문제 등을 제기한 자유한국당 곽상도 의원 등의 반대로 확정이 무산된 후, 연장된 사개특위에서 추가 논의하기로 한 바 있으나, 그 내용은 너무나 충격적이다.

첫째, '사법경찰관은 검사 보완수사 요구 및 시정조치 요구를 지체 없이 이행하여야 한다'는 내용을 "사법경찰관은 검사 보완수사 요구 및 시정조치 요구를 정당한 이유가 없는 한 이행하여야 한다"로 변경하였다.

둘째, '사법경찰관 불기소 처분시 검사에게 사건기록의 등본을 송부하여야 한다'는 내용을 "사법경찰관은 불기소 처분시 검사에게 관계서류와 증거물을 송부하고, 검사는 30일 이내에 반환하여야 한다"로 변경하였다.

셋째, 검사의 직접수사 범위를 축소한 것이다. 즉 백혜련 의원의 검찰청법 개정안 중 검사의 직접수사 범위에서 "등 중요범죄" 문구를 삭제한 것이다.

넷째, 수사준칙을 법무부령에서 "대통령령"으로 변경하였다.

다섯째, '고등검찰청 영장심의위원회 10명 이내 위원으로 구성한다'는 내용을 "10명 이내 중립적 외부위원으로 구성하되, 사법경찰관이 출석하여 의견을 개진하는 것이 가능"하도록 변경하였다.

그러나 첫째와 관련하여, 보완수사 및 시정조치 요구는 사법경찰의 수사권에 대한 검사의 사법적 통제인데, 그 불이행에 대한 '정당한 이유' 판단을 통제의 대상인 사법경찰이 하도록 하는 것은 사실상 보완수사요구를 사문화하는 것이다. 왜냐하면 사법경찰이 정당한 이유가 있다는 이유로 불응할 경우 이에 대한 보완방법이 없기 때문이다. 또 '보완수사요구'는 '수사지휘'와 달리 이행강제력이 없고 규범력이 부족하여 경찰이 이행하지 않을 경우 이를 바로, 현실적으로 시정할 방법이 없음에도 이를 더욱 형해화하는 것은 사실상 아무런 제한 없이 수사권을 행사하겠다는 것이다. 그런데 검사의 수사지휘는 OECD 35개국 중 프랑스·독일·일본 등 28개국에서 헌법 또는 법률에서 규정하고 있는 일반적·보편적인 사법통제 제도로서,[223] 선진 민주국가에서 '(보완)수사요구'라는 법률

---

223) 지세한 내용은 신태훈, "이른바 '수사와 기소 분리론'에 대한 비교법적 분석과 비판", 형사법의 신동향 통권 제57호(2017. 12.), 대검찰청 미래기획단, 33 - 128면 참조.

용어는 존재하지 않는다.

둘째와 관련하여, 수사종결은 법률판단의 문제로서 사법기관의 역할인데, 사법경찰관에게 수사종결권을 부여하는 것은 기소/불기소를 결정하는 '소추결정권'을 주는 것으로 치안을 담당하는 비법률가인 경찰이 시민사회에 사법작용을 담당하는 검찰이나 법관과 비슷한 모습으로 등장하는 것이다. 더욱이 검사로 하여금 30일 이내에 불기소기록을 전부 파악하여 그 적정 여부를 검토하라는 것은 수사실무에 대한 무지에서 나온 발상으로, 사실상 사법경찰의 불기소처분에 무제한 면책을 주는 것에 불과하다.

셋째와 관련하여, OECD 국가 중에서 법률로 검사의 수사범위를 제한하는 입법례는 없을 뿐만 아니라 죄명이나 범죄유형으로 직접수사의 범위를 정하는 방식은 그 용어의 해석을 두고 많은 논란이 생길 수밖에 없다. 이는 검찰의 직접 수사가 필요한 중대사건에서 죄명의 제약을 받으며 수사를 해야 하고, 소송법적 효력에도 문제가 발생할 가능성이 있다. 그런데 검찰의 직접수사 범위를 죄명 등을 기준으로 제한한 백혜련 의원안에서, 더 나아가 '등 중요범죄' 문구를 추가로 삭제할 경우 검사의 직접수사 범위에 반드시 포함되어야 하는 범죄 영역224)이 제외될 우려 있다.

결국 검사의 수사를 폐지하거나 제한하고, 검사의 수사지휘를 폐지하며, 경찰의 수사종결권을 인정하는 간담회안은 전술한 '중국 검찰과 공안의 수사체계'와 유사한 것으로 중국 외에는 그 유례를 찾기가 어렵다. 무엇보다도 수사권조정이 검찰의 권한을 일부 분리하여 경찰에 단순 이양하는 방법으로 해서는 또 다른 권력 집중과 부패의 문제를 야기할 것이다. 특히, 수사와 정보기능을 한 손에 쥐게 될 경찰권이 어느 방향으로 악용될지 쉽게 예측이 가능한 것이다. 이는 미국 등 주요 선진국이 수사와 정보의 독점이 얼마나 위험한지 인식하고 철저히 분리 원칙을 고수하는 것을 보면 잘 알 수 있다.

(3) 수사권조정 법안 주요 내용 및 쟁점별 의견

【표 1-43】 수사권조정 법안 주요 내용 및 쟁점별 의견

대표발의	주요 내용
표창원 의원 ('17. 1. 발의)	▶ 검사의 ① <u>수사 폐지</u> (경찰관 범죄만 수사) ② <u>수사지휘 폐지</u> ('<u>보완수사요구</u>'로 대체) ▶ ③ <u>영장점검 형식화</u> (절차와 방식만 심사), ④ 검사의 <u>영장기각시 법원에 이의제기</u> 가능 ⑤ <u>긴급체포시, 검사의 승인절차 폐지</u>

---

224) 공안 관련 범죄(대공범죄, 노동범죄, 집단행동 관련 범죄), 외사범죄, 기술유출범죄, 정보통신범죄, 다중인명피해사고 관련 범죄, 강력범죄(조직범죄, 마약범죄) 등을 들 수 있다.

	▶ ⑥ **전건송치주의 폐지** (기소의견 사건만 검찰에 송치, 불송치사건 상급경찰 서에 이의제기 가능) ⑦ **검경 피신조서 증거능력 동일** (내용인정 要)
금태섭 의원 ('17. 3. 발의)	▶ ① **사경이 1차 수사** 담당 ▶ ② **검사의 수사**는 원칙적으로 **송치사건에 한정** ③ 수사필요성 있으면 **검사의 직접 수사 가능하되, 고검장 승인 要** ▶ ④ 검사의 **수사지휘는 유지**
이동섭 의원 ('17. 9. 발의)	▶ 검사의 ① **수사 폐지**(경찰관 범죄만 수사) ② **수사지휘 폐지** ('**보완수사요구**'로 대체) ▶ ③ 검사의 **영장기각시 법원에 이의제기 가능** ▶ ④ **전건송치주의 폐지** (기소의견 사건만 검찰에 송치, 불송치사건 검찰청에 이의제기 가능) ⑤ **검경 피신조서 증거능력 동일** (내용인정 要)
박범계 의원 ('18. 1. 발의)	▶ 검사의 ① **수사 범위 제한** (송치사건, 경찰관 범죄, **대통령령으로 정한 부패·** **경제·선거·강력범죄 등만 수사**) ② **수사지휘 폐지** ('**보완수사요구**'로 대체) ▶ ③ **체포영장 점검 형해화**(절차와 방식만 심사) ④ **긴급체포시, 검사의 승인절차 폐지** ⑤ **전건송치주의 폐지**(기소의견 사건만 검찰에 송치) ⑥ **검경 피신조서 증거능력 동일**(내용인정 要)
오신환 의원 ('18. 1. 발의)	▶ 검사의 ① **수사시, 법무부장관 사전승인 要** ② **수사지휘 폐지** ('**보완수사요청**'으로 대체) ▶ ③ 영장은 원칙적으로 사경이 집행 (검사지휘 배제) ▶ ④ **검경 피신조서 증거능력 동일** (내용인정 要)
김석기 의원 ('18. 2. 발의)	▶ 검사의 ① **수사 폐지** (경찰관 범죄에 한하여 수사가능), ② **수사지휘 폐지** ('보완수사요청'으로 대체) ▶ ③ **사경이 체포·압수수색영장 직접 청구** ④ 검사의 **구속영장 불청구시 법원에 이의제기** 가능 ⑤ **긴급체포시, 검사의 승인절차 폐지** ▶ ⑥ **전건송치주의 폐지** (기소의견 사건만 검찰에 송치, 불송치 사건은 상급 경찰서에 이의제기 가능) , ⑦ **검경 피신조서 증거능력 동일** (내용인정 要)
심상정 의원 ('18. 11. 발의)	▶ 검사의 ① **수사 폐지** (경찰관 범죄만 수사) ② **수사지휘 폐지** ('보완수사요구'로 대체) ▶ ③ **영장점검 형식화** (절차와 방식만 심사), ④ 검사의 **영장기각시 법원에 이의제기** 가능 ▶ ⑤ **전건송치주의 폐지** (기소의견 사건만 검찰에 송치, 불송치사건 **경찰옴부** **즈맨에 이의제기** 가능, 경찰옴부즈맨이 검찰 송치여부 결정) ▶ ⑥ **검경 피신조서 증거능력 동일** (내용인정 要)

백혜련 의원 ('18. 11. 발의)	▶ 검사의 ① <u>수사 범위 제한</u> (송치사건, 경찰관 범죄, **대통령령으로 정한 부패·경제·선거범죄 등만 수사**) ② <u>수사지휘 폐지</u> ('보완수사요구'로 대체) ▶ ③ 검사의 <u>영장기각시 고검 영장심의위원회에 이의제기 가능</u> ▶ ④ <u>전건송치주의 폐지</u> (기소의견 사건만 검찰에 송치, **불송치사건은 기록 등본을 검찰에 송부**하되, 이의제기시 검찰에 사건 송치) ▶ ⑤ 검·경 수사경합시, 검사가 사경에 송치요구 가능하나, 사경이 영장을 먼저 신청한 경우에는 사경이 계속 수사
박지원 의원 ('18. 11. 발의)	▶ 검사의 ① <u>수사 범위 제한</u> (송치사건, 경찰관 범죄, **대통령령으로 정한 부패·경제·선거범죄 등만 수사**) ② <u>수사지휘 폐지</u> ('보완수사요구'로 대체) ▶ ③ <u>검사 및 검찰청 직원 대상 영장점검 형식화</u> (절차와 방식만 심사) ④ 검사의 <u>영장기각시 고검 영장심의위원회에 이의제기</u> 가능 ▶ ⑤ <u>전건송치주의 폐지</u> (기소의견 사건만 검찰에 송치, 불송치사건 해당 경찰서에 이의제기 가능, 이의제기시 검찰 송치) ▶ ⑥ <u>검경 피신조서 증거능력 동일</u> (내용인정 要)
곽상도 의원 ('18. 11. 발의)	▶ ① <u>수사청 설치, 검사의 수사 폐지</u> ② <u>검사는 영장청구에 필요한 범위 내 수사지휘, 공소제기·유지 범위 내 보완수사 요구</u> ▶ ③ <u>수사청 수사관이 검사에게 신청하여 검사의 청구로 영장 발부</u> ▶ ④ <u>전건송치주의 폐지</u> (기소의견 사건만 검찰에 송치, 불송치사건 검찰청에 이의제기 가능)

위의 발의된 수사권 조정 법안의 주요 내용을 묶어보면, 첫째, 검사의 수사지휘 폐지 및 영장 점검 형식화 내지 사법경찰의 영장 직접 청구안(표창원 의원안, 박범계 의원안, 심상정 의원안, 오신환 의원안, 김석기 의원안; 이하 'A안'이라고 칭한다), 둘째, 검사의 수사지휘 유지 및 검사의 예외적 수사 인정안(금태섭 의원안),[225] 셋째, 검사의 수사지휘 폐지 및 국가수사청 신설안(곽상도 의원안)으로 분류할 수 있다. 이에 따르면, 다수 법안(A안)이 검사의 수사지휘 폐지 및 헌법상의 영장청구 규정을 형해화시키는 내용이다. 따라서 검사의 수사지휘가 국민의 인권보장에 불필요한 것인지, 또 영장에 대한 통제를 형해화시키면 어떤 문제가 발생하는 것인지 여부는 뒤에서 자세히 살펴보기로 하고, 여기서는 결론만 언급하고자 한다.

첫째, 표창원 의원안 등 개정안은 검사가 영장신청에 대한 절차와 방식만 심사(영장

---

225) 금태섭 의원안을 '수사권과 기소권의 분리'로 소개하는 자료가 많으나, 검사의 수사지휘를 인정하고 있다는 점에서, 필자가 주장하는 '수사권과 수사지휘권의 분리' 주장과 동일한 것으로 보인다.

점검의 형식화)하자는 입장으로 보인다. 그러나 이러한 논리를 따른다면, 후술하는 것처럼 검사의 헌법상 영장청구 규정을 삭제하는 것이 지금보다 인권보장에 도움이 된다는 것인지, 또 국정원 등 특별사법경찰도 직접 영장을 청구하는 것이 인권보장에 유리한 것인지 등에 대한 답을 해야 할 것이다.

둘째, 경찰 출신인 김석기 의원안 등 개정안은 사법경찰이 체포 · 압수 · 수색영장을 직접 청구하자는 입장이다. 이는 헌법상 영장청구권자 규정을 개정하자는 것으로, 영장청구권의 주체에 관한 규율은 수사 권한과 절차에 관한 구체적 입법이라고 할 수 있는 형사소송법 등의 형사절차법의 영역이라고 할 수 있고, 따라서 국회 등 입법자가 구체적인 국가사정을 고려하여 정할 입법사항이므로 오히려 국회 법률 이하의 차원에서 규율하는 것이 더 바람직하다는 입장으로 보인다. 일부 학자들도 영장주의 규정은 신체의 자유라는 국민의 기본권을 보장하기 위한 규정이므로 실질적 의미의 헌법에 해당하는 사항으로 볼 수 있는 반면, 영장청구권을 누구에게 귀속시키느냐 하는 문제는 수사절차상 수사기관의 권한문제이고 현행 헌법이 규정하고 있는 검사의 경우, 국정운영에 있어서 주도적 위치에 있는 헌법기관 또는 헌법이 명문으로 규정할만한 핵심적인 국가기관으로 보기 어려우므로 '실질적 의미의 헌법에 해당하는 사항'이 아니라는 입장이다. 즉, 인신구속을 비롯한 수사기관의 강제처분은 검찰에 의하든 경찰에 의하든 다 신체의 자유의 침해를 의미하는 것이고 따라서 법관에 의한 사법판단의 대상이 되어야 마땅하며, 그 점에서는 차이가 없다는 점을 근거로, 영장청구 주체를 누구로 하느냐, 영장청구 절차를 어떻게 짜느냐 하는 문제는 수사기관 내부의 문제인 것이고, 따라서 여러 사정을 고려하여 입법자가 법률로 규정하면 될 사항인데도 이것을 굳이 헌법에 명문으로 검사로 한정해 놓을 실익이 없다[226]고 주장한다.

그러나 판사의 영장점검은 발부 또는 기각 등 OX 식 점검인 반면, 검사의 영장점검은 수사 방향 지도 등 주관식 점검으로서, 만약 위 규정을 삭제하기 위해서는 지금의 시스템보다 국민의 인권보호를 위하여 더 나은 제도나 대안이 있는 상태에서 삭제를 논의해야 할 것이다. 왜냐하면 검사의 영장점검은 판사 영장점검과 같은 사항에 대한 단순 반복점검이 아니라 그 사각지대를 메워주는 기능을 수행하는 등 고유의 가치도 있어 인권보장적 기능이 더욱 뚜렷하기 때문이다. 따라서 김석기 의원안처럼 어떤 방안이나 대안 없이 헌법상 영장규정을 삭제하자고 주장(사법경찰이 체포 · 압수 · 수색영장 직접 청구)하는 것은 국민의 인권보호 및 신체의 자유에 대한 명백한 후퇴에 지나지 않는다.

---

226) 김선택, "헌법상 영장청구 주체규정의 개정방향", 국회의원 강창일/헌법이론실무학회/비교형사법학회 공동정책토론회, 「국가형사사법체계 정상화를 위한 헌법적 과제」(2017. 3. 3.), 발표자료집, 40면; 서보학, 동 자료집 토론문, 52면 이하; 박노섭, "사법경찰관의 수사에 관한 일반근거조항과 검사의 사법적 통제", 비교형사법연구 제7권 제1호(2005), 241면.

결국 【표 1-43】의 수사권조정 법안(A안)을 검토해보면, 검찰에 집중되었던 권한을 경찰에 이전한 것일 뿐, 각각의 기관이 더욱 공정하게 권한을 행사할 수 있다거나, 통제장치가 더욱 강화되었거나, 이를 통해 국민의 기본권이 더욱 보장될 것이라는 개혁방향은 보이지 않고, 자칫 검사의 공소권 행사는 더욱 부실해지고, 경찰의 수사권 행사는 더욱 남용될 위험성만 드러나 보인다. 왜냐하면 사법경찰에 대한 수사지휘의 폐지와 수사종결권의 부여는 기존의 문제점이 노정될 뿐만 아니라 구속 등 강제수사의 영역은 물론 시민들이 쉽게 접할 수 있는 고소·고발사건 등 일반 형사사건에 있어서 적법절차에 대한 통제 기능의 약화를 초래할 가능성이 크기 때문이다.[227]

(4) 패스트 트랙 법안

2019. 4. 29. 여야의 극렬한 대치 끝에 자유한국당을 뺀 여야 4당이 추진해 온 고위공직자범죄수사처 설치, 검/경 수사권 조정 관련 법안과 선거제 개편안이 각각 사법개혁특위와 정치개혁특위에서 패스트 트랙(신속처리 안건)으로 지정됐다. 즉, 선거법은 민주주의원리인 다수결이 중요하지만, 형사소송법은 인권의 문제로 다수결로 밀어부칠 정치사안이 아님에도 불구하고, 선거법개정과 형사소송법 개정 등을 연계하여 통과시킨 것이다(자세한 내용은 후술). 이러한 검/경 수사권조정과 관련된 형사소송법 개정안은 위의 백혜련 의원안을 약간 손질한 것으로, 도저히 논리적으로 수긍할 수 없는 내용이다. 이에 한국형사소송법학회(회장: 이상원 서울대 교수)에서는 다음과 같은 성명서를 발표하였다.

【표 1-44】 수사권조정 논의에 관한 한국형사소송법학회 입장

수사권조정 논의에 대한 한국형사소송법학회 입장   우리는 형사소송법을 연구하는 연구자들로서 최근 정부와 국회에서 추진되고 있는 수사권조정 논의에 관하여 그 논의가 진정 국민을 위한 제도 개혁으로 이어지기를 소망하여 왔다. 그런데 현실에서 진행되고 있는 입법과정은 그 절차와 내용에 있어 우리의 소망과 기대를 저버리고 있다는 느낌을 지울 수 없다. 이에 우리는 국민과 국가의 앞날에 대한 심각한 우려를 떨칠 수 없어 입장을 밝

227) 대한변협 보도자료(2018. 6. 21.), 「검경수사권조정 합의안, 인권보장 측면에서 검토하자」(첫째, 경찰이 수사과정에서 부실수사를 하는 경우 종결 전까지 이를 통제할 방법이 없고, 고소인이 없는 중요 국가적, 사회적 법익 침해범죄의 경우 이의제기권조차 인정되지 않으므로 이를 통제할 방법이 없다. 둘째, 경제적 능력이 없는 사회적 약자가 이의제기권을 자유롭게 행사한다는 것은 사실상 기대하기 어렵다. 경제적 능력에 따라 국민의 사법적 정의구현 기회의 차등이 과연 타당하다고 볼 수 있는지 걱정스럽다. 셋째, 인력과 예산이 검찰보다 약 5배 많은 경찰권력의 분산을 위해 자치경찰제 전면도입이 선행되어야 한다고 보인다).

히고자 한다. 이는 결코 어느 일방을 편들기 위함이 아니요 오직 국민과 국가를 위하여 바람직한 형사사법제도가 수립되기를 바라는 학자적 양심에서 비롯된 것이다.

***

1. 절차적 정당성의 보장이 필요하다.

형사사법제도는 나라의 근간을 이루는 제도이다. 현재 논의되는 내용은 이러한 제도에 근본적인 변혁을 시도하는 것으로서 관련 기관이나 전문가들의 의견을 충분히 경청하고 국민적인 합의가 이루어진 바탕 위에서 입법이 이루어질 때 비로소 그 절차가 정당하다고 할 수 있다. 정당하지 않은 절차를 통하여 마련된 입법은 가사 그것이 내용적으로 수긍할만한 것이라 하더라도 절차적 정의를 핵심 가치로 하는 민주주의에 반하여 민주적 정당성을 가질 수 없다. 예컨대, 아무런 연관성을 발견할 수 없는 두 분야의 특정 법안을 함께 묶어 패스트트랙으로 가져가는 것은 국가의 근간인 형사사법제도를 흥정의 대상으로 전락시키는 것이 아닌가 하는 의구심을 떨치기 어렵다.

2. 경찰의 1차적 수사종결권 행사에 반대한다.

수사권조정은 사법절차의 근본을 훼손하지 않는 범위에서 이루어져야 한다. 공소제기 여부에 관한 결정은 기소뿐만 아니라 불기소를 포함하는 것으로서 현행 형사소송법은 준사법기관인 검사로 하여금 하도록 하고 있다. 기소뿐만 아니라 불기소 역시 사법적 결정의 성격을 가지고 있고 양자는 논리적으로 밀접하게 연관되어 있으므로, 법관과 유사한 자격과 신분보장이 되는 검사가 준사법기관으로서 수사종결권을 행사하는 것이 탄핵주의 형사소송구조에서 바람직하기 때문이다. 경찰에게 불송치결정이라는 일종의 불기소처분권을 부여하는 것은 사법절차의 본질을 훼손하는 것이다.

나아가 검사의 개입 없는 경찰의 불송치결정은 독자적 수사종결권으로서 통제받지 않은 권력으로 남용될 위험이 크다. 그동안 검찰이 비판받아 온 문제의 핵심도 바로 이 점에 있었다. 이제 경찰에게 그러한 권한을 부여하는 것은 그러한 위험을 단순히 이전하는 것이거나 더욱 키우는 것에 지나지 않는다. 현재 통제방안이라고 제시된 것들은 미흡하거나 실질적으로 공허하여 이러한 위험을 없애지 못한다.

경찰의 수사종결권은 수사기관의 권한 남용을 방지한다는 수사권 조정의 목적에 정면으로 배치되는 것이고 국민의 기본권에 대한 심각한 위험을 초래할 수 있는 것이므로 받아들여져서는 안 된다.

3. 검찰의 정치적 중립성 확보 방안을 촉구한다.

검찰의 정치적 중립성은 수사권조정 논의의 출발점이기도 하였다. 이는 주로 검찰의 직접수사와 관련하여 지적되어 왔다. 그런데 현재 논의되고 있는 수사권조정 방안에는 검찰의 직접수사권을 부패범죄, 경제범죄, 공직자범죄, 선거범죄 등으로 제한하는 내용만 있을 뿐이다.

검찰의 정치적 중립성은 단순히 검찰의 직접수사 범위를 제한한다고 달성되는 것이 아니다. 오히려 유보된 직접수사권은 정치적으로 민감할 여지가 많은 사건들에 대한 것으로서, 여기에 검찰의 수사권이 집중됨으로써 수사의 비례성이 약화되고 검찰의 정치적 중립성이 더욱 훼손될 위험이 있다.

따라서 검찰의 직접수사권의 제한이나 범위 설정에 관한 논의는 반드시 검찰의 정치적 중립성을 확보하는 방안에 관한 논의와 동시에 이루어져야 한다.

4. 수사권 남용에 대한 통제방안을 촉구한다.

그동안 검찰의 각종 권력남용과 비리 문제는 검찰에 집중된 권력의 부작용이라고 할 수 있다. 따라서 검경 수사권조정 논의에 앞서 검찰권 남용에 대한 효과적인 통제장치를 마련하는 방안에 대한 논의가 반드시 이루어져야 한다. 그런데 이러한 통제장치는 검찰의 권한을 일부 분리하여 공수처나 경찰에 이전한다고 하여 마련되는 것은 아니다. 단순 이전은 문제의 전이나 악화를 가져올 뿐이다. 수사권이 어느 기관에게 있든 그 수사권과 각 기관 수사권의 총량이 남용되지 않도록 하는 통제방안이 마련되어야 하고, 이에 관한 논의가 수사권 분산 논의에 앞서 이루어져야 비로소 수사권 분산이 의미를 가지게 된다.

***

수사권조정은 단순히 특정 수사기관에게 집중된 권한을 분산하는 것만을 의미하는 것이 아니다. 집중된 권한의 분산을 통하여 국가기관의 권한 행사가 보다 더 공정하게 이루어져야 하고, 보다 더 통제 가능하게 되어야 하며, 이를 통해 인권보장이라는 궁극적 목적을 달성할 수 있어야 한다.

그런데 현재의 수사권조정 논의는 하나의 기관에 집중되었던 권한이 또 다른 기관으로 이전되는 것일 뿐, 각각의 기관이 더욱 공정한 권한을 행사할 수 있다거나, 견제장치가 더욱 강화되었거나, 이를 통해 기본권이 더욱 보장될 수 있는 내용이 아니다.

자칫 검사의 공소권 행사는 더욱 부실해지고, 준사법적 통제기능은 더욱 약화되는 한편, 다른 기관에게 이전된 수사권한은 통제장치 없이 남용될 염려가 더욱 커졌다. 뿐만 아니라 수사기관의 정치적 중립성을 확보하기 위한 의미 있는 노력도 보이지 않는다. 그로 인한 피해가 고스란히 국민에게 돌아갈 것이 우려된다.

우리는 검찰개혁이 시대적 과제라는 데 인식을 같이 하고 검찰개혁이 온전하게 이루어지기를 절실하게 바라고 있다. 우리의 의견이 곧 검찰개혁을 훼방하거나 지연하려는 의도로 곡해되기를 원하지 않는다. 또한 어떠한 정파적 입장에서 비롯된 것이라고 오해되지 않기를 바란다. 우리의 입장은 형사소송법을 연구하고 가르치는 학자들의 입장에서 수사권조정이 형사절차의 본질을 훼손하고 원래의 목적과 다른 방향으로 나아가는 것을 염려하는 진심에서 나오는 호소일 뿐이다.

2019. 5. 10.

한국형사소송법학회

(5) 수정안

2019. 12. 24. 형사소송법 일부개정법률안에 대한 수정안(박주민의원 대표발의)이 통과되었는데, 첫째, 안 제245조의5 각 호 외의 부분 중 "사법경찰관은"을 "사법경찰관은 고소·고발사건을 포함하여"로 하고, 같은 조 제2호 후단 중 "60일"을 "90일"로, 둘째, 안 제245조의8 제2항 중 "재수사하여 제245조의5 각 호에 따라 처리하여야 한다"를 "재수사하여야 한다"로, 셋째, 안 부칙을 "이 법은 공포 후 6개월이 경과한 때로부터 1년 내에 시행하되, 그 기간 내에 대통령령으로 정하는 시점부터 시행한다. 다만 제312조 제1항의 개정규정은 공포 후 4년 내에 시행하되, 그 기간 내에 대통령령으로 정하는 시

점부터 시행한다."는 내용이다. 그 후, 2020년 1월 13일 국회는 발의된 법률안의 내용 등을 수렴한 「형사소송법」과 「검찰청법」의 개정법률을 통과시켰는데, 수사구조와 관련된 가장 실질적인 제도적 변화로는 검사의 수사지휘가 폐지되고 직접수사 범위가 특정범죄로 제한되었다는 점과 사법경찰 단독으로 불송치 결정을 내리고 사건을 잠정적으로 종결할 수 있는 권한이 인정된 부분을 꼽을 수 있다.

(6) 후속조치

법무부는 개정 형사소송법 제195조 제2항의 일반적 수사준칙에 관한 사항을 규정한 대통령령인 「검사와 사법경찰관의 상호협력과 일반적 수사준칙에 관한 규정」[228] 및 개정 검찰청법 제4조 제1항 단서[229]에 따라 검사가 수사를 개시할 수 있는 범죄의 범위를 규정한 대통령령인 「검사의 수사개시 범죄범위에 관한 규정」을 공포하였다. 또한 검찰청법 제11조에 따라 각급 검찰청의 사건의 수리 · 수사 · 결정, 기록의 접수 · 처리 및 공판수행 등에 관한 사항을 정한 법무부령 제992호인 「검찰사건사무규칙」 및 형사소송법 제221조의5 제5항에 따라 영장심의위원회의 구성과 운영 등에 필요한 사항을 규정한 법무부령 제996호인 「영장심의위원회 규칙」이 2021. 1. 1. 개정되어 시행되고 있다.

한편, 2020. 12. 29. 김용민 의원 및 총 13인의 국회의원은 이른바 「공소청법(안)」을 발의하면서 동시에 이 법률안 통과의 전제로 「검찰청법 폐지법률(안)」을 대표발의하였으며, 더불어민주당 황운하 의원 등 민주당 의원들과 열린민주당 최강욱 의원이 모인 '행동하는 의원 모임 처럼회(처럼회)'는 김용민 의원이 대표발의한 위 두 법안 의결을 전제로 검사의 사권을 완전히 박탈하는 「중대범죄수사청 설치 및 운영에 관한 법률(안)」(중대범죄수사청 설치법 제정안)을 발의하였다.[230] 동 법안은 검찰이 기존의 6대 범죄(부패

---

228) [대통령령 제31090호, 2020. 10. 7. 제정].

229) [법률 제17566호, 시행 2020. 2. 4.]

제4조(검사의 직무) ① 검사는 공익의 대표자로서 다음 각 호의 직무와 권한이 있다.

1. 범죄수사, 공소의 제기 및 그 유지에 필요한 사항. 다만, 검사가 수사를 개시할 수 있는 범죄의 범위는 다음 각 목과 같다.

가. 부패범죄, 경제범죄, 공직자범죄, 선거범죄, 방위사업범죄, 대형참사 등 대통령령으로 정하는 중요 범죄

나. 경찰공무원이 범한 범죄

다. 가목 · 나목의 범죄 및 사법경찰관이 송치한 범죄와 관련하여 인지한 각 해당 범죄와 직접 관련성이 있는 범죄

2. 범죄수사에 관한 특별사법경찰관리 지휘 · 감독

3. 법원에 대한 법령의 정당한 적용 청구

4. 재판 집행 지휘 · 감독

5. 국가를 당사자 또는 참가인으로 하는 소송과 행정소송 수행 또는 그 수행에 관한 지휘 · 감독

범죄, 경제범죄, 선거범죄, 방위사업범죄, 공직자 범죄, 대형참사) 등 관련 수사권을 중대범죄수사청에 이관하는 것으로, 대통령령으로 정하는 범죄, 수사 및 공소 업무에 종사하는 공무원의 범죄를 대상으로 하고 있다.[231] 이에 따르면, 검찰의 직접수사 기능은 전면 폐지되고, 기소 및 공소 유지만 담당하는 기관이 될 것이다.

【표 1-45】 중대범죄수사청(중수청)의 수사범위

중대범죄수사청(중수청) 설치로 예상되는 형사사법체계의 변화

3. 형사소송법(증거법) 개정

국회에서는 검·경 수사권 조정 합의문의 이행을 입법으로 뒷받침하기 위하여 형사소송법 개정안 3건(대표 발의: 권성동·채이배·최경환 의원)을 발의하고, 사법개혁 특별위원회에서 심의를 거쳐 법제사법위원회에 회부하였는데,[232] 당시 전문위원 검토보고서 중 수사기관 작성 조서에 관한 부분은 다음과 같다.[233]

---

230) 아시아경제 2021. 8. 19.자, 「민주당, 다음달 '검수완박' 입법청문회 추진… 이낙연 "연내 입법해야"」.

231) 세계일보 2021. 2. 16.자, 「巨與, 이번엔 '중대범죄수사청' 밀어붙이기 …,'검찰개혁 시즌2' 속도」; 이데일리 2021. 2. 25.자, 「황운하 "검수완박 '시즌2'개혁 저항 검찰이 자초"」.

232) 개정이유에 대한 명확한 언급이 없는 점을 비판하는 견해로는 김성룡, "검사작성 피의자신문조서의 증거능력 관련 규정 개정이 남긴 과제", 인권과 정의 통권 제491호, 대한변호사협회 (2020), 52면 이하 참조.

233) 전상수, "형사소송법 일부개정 형사소송법률안 검토보고", 제369회 국회(임시회) 제15차 사법

【표 1-46】 수사기관 작성 조서에 관한 국회 전문위원 검토보고서

---

3. 피의자신문조서 증거능력에 관한 사항

(1) 각 개정안은 검사가 작성한 피의자신문조서에 대해서도 검사 이외의 기관이 작성한 피의자신문조서와 동일하게 적법한 절차와 방식에 따라 작성된 것으로서 공판준비 또는 공판기일에 그 피의자였던 피고인 또는 변호인이 그 "내용을 인정"할 때에 한하여 증거로 할 수 있도록 하려는 것임(안 제312조).

다만, 채이배 의원 안의 경우 부칙에서 해당 사항을 공포 후 4년 내에 시행하되, 그 기간내에 대통령령으로 정하는 시점부터 시행하도록 규정하고 있음.

(2) 현행 「형사소송법」에서는 검사가 작성한 피의자신문조서와 검사 이외 수사기관이 작성한 피의자신문조서의 증거능력 인정 요건을 달리 규정하고 있는데, 검사가 작성한 피의자신문조서의 증거능력 인정 요건이 검사 이외 수사기관이 작성한 피의자신문조서보다 완화되어 있음.

○ 즉, 검사가 작성한 피의자신문조서는 피고인이 그 조서의 성립의 진정을 인정한 경우에 증거능력이 인정될 수 있고, 피고인이 성립의 진정을 부인한 경우에도 영상녹화물이나 그 밖의 객관적인 방법에 의하여 조서에 기재된 진술이 피고인이 진술한 내용과 동일하게 기재되어 있음이 증명되면 증거능력이 인정될 수 있음.

○ 반면에, 검사 이외 수사기관 작성의 피의자신문조서는 공판준비 또는 공판기일에 그 피의자였던 피고인 또는 변호인이 그 내용을 인정할 때에 증거능력이 인정되도록 하고 있어, 피고인이 성립의 진정을 인정하더라도 내용을 부인하면 증거능력이 인정되지 않음.

(3) 이와 같이 검사 작성 피의자신문조서의 증거능력이 특별하게 인정되고 있는 상황에서, 조서 중심의 재판으로 공판중심주의가 형해화 되고, 공소유지를 위하여 검사 수사 단계에서 피의자신문조서를 다시 작성하게 되어 이중조사가 이루어진다는 문제 제기 등이 있음.

이에 개정안은 수사기관이 작성한 피의자신문조서의 증거능력 인정 요건을 "공판준비 또는 공판기일에 그 피의자였던 피고인 또는 변호인이 그 내용을 인정할 때"로 일원화하려는 것으로, 실질적인 공판중심주의 구현에 기여하고 피고인의 인권을 보다 보장하려는 긍정적 입법 취지로 보임.

(4) 이에 대하여 법무부는 사법경찰관이 작성한 피의자신문조서에 대하여 검사 작성 피의자신문조서와 달리 증거능력 부여에 엄격한 요건을 정한 것은 인권 보호를 위한 입법정책적 고려에서 기인한 것이고, 공판중심주의는 공판정 외에 수집된 모든 증거의 증거능력을 배제하려는 취지가 아니므로 검찰의 피의자신문조서에 대한 증거능력의 인정과 공판중심주의는 무관하며, 우리나라는 피의자신문조서가 광범위하게 활용되고 있는 것은 다른 나라와 달리 영상녹화물을 본증으로 사용할 수 없고, 조사자의 증언도 제한적으로만 활용 가능하기 때문이라는 점 등도 고려할 필요가 있다는 입장임.

(5) 피의자신문조서의 증거능력에 대한 해외사례를 살펴보면, 작성 주체에 따라 피의자신문조서의 증거능력 인정 요건이 상이한 사례는 찾기 어렵고, 조서의 증거능력 인정 요건은 이하에서 기술함.

○ 미국의 경우 수사기관이 피의자를 신문할 때 조서를 작성할 의무가 없고 피의자신문조서의

개혁특별위원회(2019. 6.), 43－48면.

> 증거능력에 관한 규정이 별도로 마련되어 있지 않음. 다만, 사법경찰관 또는 검사에 의해 작성된 보고서 또는 메모에 피의자 진술이 담겨 있는 경우 피의자신문조서와 유사하다고 볼 수 있으나, 작성 주체에 따라 증거능력 인정 요건이 다르지 않고 일반적인 전문법칙에 의해서 결정됨.
>
> ○ 독일은 피고인 또는 증인을 공판정 내에서 직접 신문해야 하는 공판 '직접주의'를 규정하고 있음. 다만, 피의자신문조서의 경우 검사·변호인·피고인의 동의, 원진술자의 사망 등으로 인한 법정에서의 신문 불가능 등 일정한 요건하에서 조서를 낭독하는 것으로 구두신문을 대체할 수 있고 원진술자 및 신문관련자의 증언으로 조서의 내용이 피고인의 혐의를 인정하는 데 사용됨.
>
> ○ 일본은 조서에 피고인의 서명 또는 날인이 있는 경우에 진술자에게 불이익한 진술을 내용으로 하거나, 특별히 신빙할 수 있는 상태하에서 조서가 작성될 때에 증거능력이 있음. 이때 수사기관이 작성한 피고인 진술조서의 작성 주체가 사법경찰관인지 검사인지에 따라 증거능력 인정 요건이 다르지 않음.
>
> (6) 이상에서 살펴본 바를 종합하여 볼 때, <u>수사기관이 작성한 피의자신문조서의 증거능력을 "내용인정"으로 통일하려는 개정안은 피고인의 방어권 보장과 실체적 진실 발견이라는 형사소송법상 이념하에서 전문법칙(傳聞法則)에 대한 검토와 함께, 해외사례 및 관계기관 의견 등을 종합적으로 고려하여 입법정책적으로 결정할 사항으로 사료됨.</u>

수사기관 작성 조서와 관련한 부분은 당초 개정안 내용이 그대로 유지되었으며, 개정 형사소송법은 부칙 제1조에 따라 제312조 제1항의 개정규정은 공포 후 4년, 나머지 개정 내용은 공포 후 6개월이 지나고서 1년 안에 대통령령으로 정하는 시점부터 시행하기로 하였다. 이후 「법률 제16908호 검찰청법 일부개정법률 및 법률 제16924호 형사소송법 일부개정법률의 시행일에 관한 규정」이 2020. 10. 7. 대통령령 제31091호로 공포 및 시행되었는데, 위 규정 제2조에서는 형사소송법 제312조 제1항의 개정규정은 2022. 1. 1., 나머지는 2021. 1. 1.부터 시행하도록 정하였다(자세한 평가는 후술).

【표 1-47】 신·구 조문(증거편) 대비

구법(2007년 형사소송법)	신법(2020년 개정형사소송법)
제312조(검사 또는 사법경찰관의 조서 등) ① 검사가 피고인이 된 피의자의 진술을 기재한 조서는 적법한 절차와 방식에 따라 작성된 것으로서 피고인이 진술한 내용과 동일하게 기재되어 있음이 공판준비 또는 공판기일에서의 피고인의 진술에 의하여 인정되고, 그 조서에 기재된 진술이 특히 신빙할 수 있는 상태하에서 행하여졌음이	제312조(검사 또는 사법경찰관의 조서 등) ① 검사가 작성한 피의자신문조서는 적법한 절차와 방식에 따라 작성된 것으로서 공판준비, 공판기일에 그 피의자였던 피고인 또는 변호인이 그 내용을 인정할 때에 한정하여 증거로 할 수 있다. 〈개정 2020.2.4〉 ② 삭제

증명된 때에 한하여 증거로 할 수 있다. ② 제1항에도 불구하고 피고인이 그 조서의 성립의 진정을 부인하는 경우에는 그 조서에 기재된 진술이 피고인이 진술한 내용과 동일하게 기재되어 있음이 영상녹화물이나 그 밖의 객관적인 방법에 의하여 증명되고, 그 조서에 기재된 진술이 특히 신빙할 수 있는 상태 하에서 행하여졌음이 증명된 때에 한하여 증거로 할 수 있다.	

4. 검찰청법 개정

(1) 개정 검찰청법 제안이유

본 「검찰청법 일부개정법률안」은 「검·경 수사권 조정 합의문」의 문언과 취지를 반영함으로써, 검사의 특정 사건에 관한 직접 수사권을 구체화하여 검사의 직무 조항에 검사의 직접수사 범위를 규정하고, 검사의 범죄수사에 관한 지휘·감독 대상에서 일반사법경찰관리를 제외하며, 「형사소송법 일부개정법률안」상의 검찰청 직원 조항 신설에 따라 검찰청 직원의 사법경찰관리로서의 직무 근거를 규정하기 위한 것이다.

주요 내용을 살펴보면, 첫째, 검사가 수사를 개시할 수 있는 범죄의 범위를 구체적으로 규정하고 있다(제4조 제1항 제1호 단서 신설). 그러나 미국·독일·프랑스·일본 등 OECD 회원국들은 검사의 직접수사 범위를 법령으로 제한하지 않고 실무상 중요사건에 한하여 검사가 직접수사를 행하고 있으며, 공안(경찰)이 형사사법절차의 중심이 되고 있는 중국에서만 형사소송법으로 검사의 직접수사 범위를 제한하고 있다. 특히 검찰은 ① 2017년 8월 이후 전국 41개 지청의 특별수사 전담을 폐지하고, 울산·창원지방검찰청의 특별수사부를 형사부로 전환하였으며, ② 2019년 1월부터 특별수사부를 두고 있지 아니한 검찰청에서 특별수사를 개시하는 경우 사전에 검찰총장의 승인을 받도록 하였고, ③ 2019년 10월 서울·대구·광주 등 3곳을 제외한 지방검찰청의 특별수사부를 폐지하기로 하는 등 검사의 직접수사를 축소하기 위한 조치를 진행해 온 결과, 2016–2018년 검찰 인지사건은 36.7% 감소(13,581건 → 8,568건)하였다고 한다.

둘째, 검사의 범죄수사에 관한 지휘·감독 대상을 특별사법경찰관리로 한정하였다(제4조 제1항 제2호). 자치경찰 역시 별도의 규정을 두지 아니하였다는 점에서, 검사의 수사지휘 폐지 등 일반사법경찰관에 대한 규정이 자치경찰에도 적용될 수밖에 없을 것이다.

셋째, 검찰청 직원의 사법경찰관리로서의 직무근거를 규정하였다(제46조 제2항, 제47조, 제49조 제2항). 다만, 특별사법경찰관은 검사와의 관계에서 수사준칙이 아닌 「특별사법경찰관리 집무규칙」의 적용을 받고, 각 직무범위에 속하는 모든 수사에 관하여 검사의 지휘를 받고 있으므로(형사소송법 제245조의10 제2항) 검사는 수사 개시범위 외의 사건이라도 그 판단에 따라 특별사법경찰관에 대한 지휘가 가능할 것이다.

(2) 검사의 수사개시 범위 설정

구(舊)법	개정법
제4조(검사의 직무) ① 검사는 공익의 대표자로서 다음 각 호의 직무와 권한이 있다 1. 범죄수사, 공소의 제기 및 그 유지에 필요한 사항 〈단서 신설〉	제4조(검사의 직무) ① 검사는 공익의 대표자로서 다음 각 호의 직무와 권한이 있다. 1. 범죄수사, 공소의 제기 및 그 유지에 필요한 사항. 다만, 검사가 수사를 개시할 수 있는 범죄의 범위는 다음 각 목과 같다. 가. 부패범죄, 경제범죄, 공직자범죄, 선거범죄, 방위사업범죄, 대형참사 등 대통령령으로 정하는 중요범죄 나. 경찰공무원이 범한 범죄 다. 가목·나목의 범죄 및 사법경찰관이 송치한 범죄와 관련하여 인지한 각 해당 범죄와 직접 관련성이 있는 범죄
2. 범죄수사에 관한 사법경찰관리 지휘·감독	2. ――――――――――――특별사법경찰관리―――――
3. ~ 6. (생 략)	3. ~ 6. (현행과 같음)

가. 법규정의 의미

개정 검찰청법은 조직규범인 검찰청법에 검사의 수사개시권을 제한하는 문구를 두고 있다. 즉, 검찰은 ① 부패범죄, 경제범죄, 공직자범죄, 선거범죄, 방위사업범죄, 대형참사 등 대통령령으로 정하는 중요범죄, ② 경찰공무원이 범한 범죄, ③ 위 각 범죄 및 사법경찰관이 송치한 범죄와 관련하여 인지한 각 해당 범죄와 직접 관련성이 있는 범죄에 한하여 1차적 수사권을 가지게 된다.[234] 이에 ① 부패범죄, 경제범죄, 공직자범죄,

---

234) 중국 검찰의 수사권 범위는 중국 형법 제8장 탐오회뢰죄(貪汚賄賂罪), 제9장 독직죄(瀆職罪), 제10장 공민의 인신권리 및 민주권리르 침해한 범죄 중 비법구금죄(非法拘禁罪) 등 일부 범죄에 불과하고, 전체 413개 죄명 중 나머지 332개 죄명은 공안기관이 수사한다.
　〈중국 형사소송법 제18조〉
　법률에 별도의 규정이 있는 경우를 제외하고, 형사사건의 수사는 공안기관이 한다.
　공무원의 부패뇌물사건, 국가공무원의 독직범죄, 국가기관 공무원이 직권을 이용하여 저지른 불법구금, 고문에 의한 자백의 강요, 보복모함, 불법수사로 공민의 인신에 대한 권리를 침해하는 범죄 및 공민의 민주권리를 침해하는 범죄는 인민검찰원이 입건, 수사한다. 국가기관 공무

선거범죄, 방위사업범죄, 대형참사 등 대통령령으로 정하는 중요범죄의 구체적인 범위와 관련하여, 대통령령인 「검사의 수사개시 범죄범위에 관한 규정」(이하 '대통령령'이라고 함)이 신설되었는바, '등'의 의미와 관련하여 논란이 있다.

한편, 검찰의 직접수사 범위를 대폭 축소한 대통령령 제31863호인 '검찰 직제개편안'이 2021. 7. 2. 관보를 통해 공포, 즉시 시행에 들어갔는데, 공식적인 명칭은 '검찰청 사무기구에 관한 규정 일부개정령'이며, 대한민국 전자관보에 따르면, 검찰 직제개편안으로 검찰의 직접수사 범위는 대폭 축소된다. 즉, 각 일선 지방검찰청의 일반 형사부는 6대 범죄(부패·경제·공직자·선거·방위사업·대형참사)를 직접 수사하지 못하며, 사기 등 경제범죄 고소사건에 한해 직접 수사가 가능하다.[235] 따라서 검사라고 하더라도 6대 범죄 수사를 직접 할 수 있는 것이 아니라, 전담부서(반부패강력수사부)만 직접수사에 나설 수 있고, 전담부서가 없는 검찰청·지청의 경우 형사 말(末)부의 검사가 '검찰총장의 사전 승인'을 받은 뒤라야 직접수사에 나설 수 있다. 다만, 애초 추진되었던 '직접수사 시 법무부장관 승인' 조건은 최종적으로는 삭제되어 검찰총장 승인으로 변경되었는데, 이는 대검찰청을 비롯한 일선 검사들의 반발을 불러왔고, 이에 김오수 검찰총장이 일선 의견을 적극 법무부에 개진하여 이루어진 절충적인 조치라고 할 것이다.

결국 경찰수사권 독립론을 주장하는 정부와 여당의 입장이 적극 반영되어, 형사소송법과 검찰청법 등 검사제도에 근원적 수정이 이루어진 것으로, 근대 형사사법제도 도입 이래 유지되어 온 검사의 우월적 지위와 수사권 등 각종 권한의 근원적 변화와 제약이 이미 이루어진 상황에서 이에 그치지 않고, 추가로 수사권의 사실상 전면 삭제를 원칙으로 하는 제도가 도입된 것이다. 더욱이 이를 시행령(대통령령), 즉 행정입법(Adminstrative Rulemaking)을 통하여 이를 단행하였다는 점은 충격적이라고 아니할 수 없다. 이에 "'검사동일체 원칙'에 따라 내부적으로 영장 청구 및 기소 여부에 대해선 총장의 결재를 받는 것이 불가피하나, 형사소송법에 의해 보장되는 검사의 수사권을 총장의 승인을 받도록 하는 것은 명백히 문제가 있다."라고 비판하는 견해도 있지만, 박범계 법무부장관은 "지금도 반부패수사부가 없는 곳에서의 직접 수사는 대검 예규상 총장 승인을 받게 돼 있다."고 지적하면서, 새 승인 강제 제도는 "이(대검 예규)를 법규화하는 것이고, 수사지휘와는 다르다."는 점에서 정당하다는 입장이다.[236]

원의 직권을 이용하여 저지른 그 밖의 중대한 범죄사건에 대하여 인민검찰원이 직접 수리할 필요가 있는 경우, 성급 이상 인민검찰원의 결정을 거쳐 인민검찰원이 입건, 수사할 수 있다.

235) 뉴데일리 2021. 7. 2.자, '검찰 직제개편안 2일부터 바로 시행… 직접수사 범위 대폭 축소'(http://www.newdaily.co.kr/site/data/html/2021/07/02/2021070200157.html).

236) 이데일리 2021. 5. 26.자, '檢 6대 범죄 수사, 총장·장관 승인해야 가능?… 현행법에 반한다' (https://www.edaily.co.kr/news/read?newsId=01390726629052856).

나. '등 대통령령으로 정하는 중요범죄'의 의미

검찰청법 제4조 제1항 제1호 가목의 '등 대통령령으로 정하는 중요범죄'의 의미에 대하여 상반된 견해가 대립하고 있다. 경찰측을 포함한 일부 견해는 검사의 직접수사 범위를 개념적으로 한정하되, 세부적이고 구체적 범위를 하위 법령에서 최소화하여 정하라는 의미이므로 '등'을 '중'으로 해석하는 것이 수사권과 기소권의 분리라는 입법취지에 맞는 해석이라는 입장인 반면,[237] 타법에서 의존명사 '등'을 사용한 경우에는 그 앞의 열거된 부분을 포함하고 그와 같은 종류의 것을 더 규정한 것으로 확인되는 반면, 앞의 열거된 대상에 대해 하위법령으로 제한하고자 하는 경우에는 의존명사 '중'을 사용하여 규정하고 있는데, 개정법은 '부패범죄' 등의 예시범죄 외에 이와 유사한 종류의 중요범죄를 대통령령으로 정하도록 한 것으로 해석하는 것이 타당하다는 것이다.[238] 결국 타법령과의 체계 비교를 통하여 '등'의 사전적 의미 및 입법 연혁 등을 고려하여 해석되어야 할 것이지만, 다음과 같은 문제점이 제기되고 있다.

첫째, 부패·경제범죄 등 예시범죄의 각 개념은 다양한 개념을 포괄하는 바, 그 개념에서 파생되는 범죄유형을 빠짐없이 규정화하는 것은 규범적·현실적으로 한계가 있을 수밖에 없다. 전술(前述)한 것처럼, 해외 입법례를 보더라도 검사의 수사개시 범위에 대한 규정이나 제한을 두는 경우가 없으며, 단지 특정사건을 관할로 하는 특별검찰청에서 대상범죄의 개념을 명시하는 입법례[239]만 확인되고 있을 뿐이다. 결국 예시범죄에 대해서는 죄명·적용법조나 유형을 규정하여 그 범위를 한정하는 것은 부적절하고, 구체적인 사안에 따라 그 해당 여부를 검사가 판단하는 것이 상당하다고 본다.

둘째, 검찰청법상 '직접 관련성'의 범위 및 정의규정에 대한 위임이 없는데도 불구하고 이를 대통령령에서 정할 수 있는 것인지 의문이지만, 이를 인정하더라도 헌법상의 적법절차의 원리나 형사절차법정주의 원칙에 벗어나지 않은 범위 내에서 인정하는 것이 타당하다.

이에 **관련 사건**의 의미에 대한 판례를 살펴보면, 이른바 '이용호 게이트' 사건의 진상규명을 위한 특별검사법상 특별검사의 수사 및 기소대상에 포함되는지 여부의 판단 기준과 관련하여, 「주식회사지앤지대표이사이용호의주가조작·횡령사건및이와관련된정·

---

237) 김지미, "검·경 수사권 조정의 의미와 향후 과제", 국민을 위한 수사개혁방향 심포지엄(2020. 7. 17.), 대한변호사협회 발표자료집, 51면.

238) 경찰은 사법개혁 검·경 소위 5차 회의(2019. 1. 8.)에서 「등 중요범죄」 대신에 '중 중요범죄'로 규정해 줄 것」을 주장하였으나, 위 주장은 배척되어 입법에 전혀 반영되지 아니하였다고 한다.

239) 독일의 경제사범 전담부(Sonderwirtschaftsabteilung), 오스트리아의 경제·부패검찰청, 스페인의 부패·조직범죄 특별검찰청(POCOC) 등을 들 수 있다(자세한 내용은 정웅석, 고위공직자범죄수사처 법과 제도의 이해, 박영사(2021), 675면 이하 참조).

관계로비의혹사건등의진상규명을위한특별검사의임명등에관한법률이 제2조에 규정한 사건의 진상규명을 위한 것이고(제1조), 이해관계 충돌의 측면에서 일반 검찰제도로 다루기에 부적절한 사건에 대하여 일반 검사가 아닌 임시적이고 특별한 지위에 있는 검사를 임명하여 사건에 대한 수사와 기소를 담당하게 함으로써 공정성과 객관성을 담보하기 위하여 사건의 의혹 단계에서 입법된 점에 비추어 보면, 구체적인 사건이 특별검사의 수사대상이나 이에 기한 특별검사의 직무범위에 포함되는지 여부는 헌법상의 적법절차 원리나 형사절차의 법정주의 원칙에서 벗어나지 않는 한도 내에서 특별검사법의 입법 배경과 목적 및 법의 특수성 등을 감안하여 제2조가 규정하는 '이용호의 주가조작·횡령 사건'과 사이에 합리적인 관련성이 있는지 여부에 따라 판단하여야 하고, 이러한 합리적인 관련성이 인정되는 경우라면, 제2조에 열거되지 않은 사람이라도 특별검사의 수사 및 기소의 대상이 되는 것이며, 제2조가 규정하는 '정·관계 로비 의혹사건'이라는 것도 로비활동의 직접적이고 최종적인 대상이 정·관계 인사인 경우에 한정되는 것이 아니다」[240] 라고 판시한 바 있으며, '압수·수색영장의 범죄 혐의사실과 관계있는 범죄'의 의미 및 범위에 대하여, 「압수·수색영장의 범죄 혐의사실과 관계있는 범죄라는 것은 압수·수색 영장에 기재한 혐의사실과 객관적 관련성이 있고 압수·수색영장 대상자와 피의자 사이에 인적 관련성이 있는 범죄를 의미한다. 그중 혐의사실과의 객관적 관련성은 압수·수색영장에 기재된 혐의사실 자체 또는 그와 기본적 사실관계가 동일한 범행과 직접 관련되어 있는 경우는 물론 범행 동기와 경위, 범행 수단과 방법, 범행 시간과 장소 등을 증명하기 위한 간접증거나 정황증거 등으로 사용될 수 있는 경우에도 인정될 수 있다. 그 관련성은 압수·수색영장에 기재된 혐의사실의 내용과 수사의 대상, 수사 경위 등을 종합하여 구체적·개별적 연관관계가 있는 경우에만 인정되고, 혐의사실과 단순히 동종 또는 유사 범행이라는 사유만으로 관련성이 있다고 할 것은 아니다. 그리고 피의자와 사이의 인적 관련성은 압수·수색영장에 기재된 대상자의 공동정범이나 교사범 등 공범이나 간접정범은 물론 필요적 공범 등에 대한 피고사건에 대해서도 인정될 수 있다」[241]고 판시한 바 있다.

결국 형사소송법 제11조(관련사건), 제208조 제2항(재구속이 제한되는 동일한 사건), 제196조(검사의 수사)의 체계적 해석에 의하면, 직접관련성은 수개 범죄 사이에 ㉠ 범인, ㉡ 범죄사실, ㉢ 증거 중에 하나 또는 둘 이상이 다른 매개물 없이 관련되거나 ㉠ 범인, ㉡ 범죄사실, ㉢ 증거가 서로 공유·공통되는 경우로 개념을 설정하는 것이 타당할 것이다.

---

240) 대법원 2002. 12. 24. 선고 2002도5296 판결.
241) 대법원 2017. 12. 5. 선고 2017도13458 판결.

다. 대통령령으로 정하는 중요범죄의 유형

2020. 7. 30. 더불어민주당과 정부, 청와대는 국회에서 '국민을 위한 권력기관 개혁' 협의를 열고 검찰의 직접수사 범위 등을 합의했는데, 검/경 수사권조정에 따른 구체적인 직접수사 범위를 확정한 대통령령인 「검사의 수사개시 범죄범위에 관한 규정」에 따르면, 다음과 같다. 이와 관련하여, 수사대상이 되는 공직자 직급과 범죄액수의 기준은 법무부령에 담기로 했는데, "대통령령에 구체적인 직급과 액수까지 설정하면 위법성 논란이 있을 수 있다"는 점을 고려하여, "대통령령에 이어 법무부령으로 한번 더 제한해 대폭 축소하겠다"는 입장으로 보인다.[242]

① **부패범죄**: 부패범죄란 '불법 또는 부당한 방법으로 물질적·사회적 이득을 얻거나 이를 다른 사람으로 하여금 얻도록 도울 목적으로 범한 죄로 정의할 수 있을 것이다. 이에는 뇌물·알선수재, 국고손실, 배임수증재, 정치자금법 위반, 의료리베이트, 외국공무원에 대한 뇌물, 범죄수익은닉 부정수수 등 9개 종류가 포함됐다. 다만, 뇌물사건은 4급 이상 공직자가 연루됐을 경우에만 검찰이 직접 수사할 수 있게 했으며, 뇌물액수가 3000만원 이상으로 특정범죄가중처벌법에 저촉되면 공직자 직급에 상관없이 수사가 가능하다. 그러나 고위공직자범죄수사처가 3급 이상 공직자의 부패범죄 등을 수사하므로 검찰은 주로 4급 이하가 연루된 부패 및 공직자 범죄를 수사할 수 있는 것이다.

② **경제범죄**: 경제범죄는 개념상 가장 넓은 영역으로, 당·정·청의 협의에 따라 「특정경제범죄가중처벌등에관한법률」(5억원 이상인 사기, 횡령, 배임), 「특정범죄가중처벌등에관한법률」(관세포탈, 밀수, 조세포탈, 세금계산서), 금융증권범죄(인수합병 포함), 회생파산비리, 산업기술 유출, 공정거래, 재산국외도피, 마약수출입(마약범죄), 범죄수익은닉 등이 포함되었다. 마약범죄가 경제범죄에 포함될 수 있는지 논란이 있으나, 마약 수출입·제조·매매·매매알선 등은 긴밀한 사법공조가 필요한 국제적 범죄로서 검찰의 전문성과 노하우가 필요하다는 점에서 타당하다고 본다.

③ **공직자범죄**: 직무유기, 직권남용, 피의사실 공표, 공무상 비밀누설, 허위공문서작성, 특수직무유기 등이 포함되었다.

④ **선거범죄**: 공무원의 정치관여, 공직선거법 위반, 교육감선거, 정당법 위반, 공공단체 등 위탁선거, 각종 조합선거 등이 포함되었다.

⑤ **방위사업범죄**: 방위사업과 관련된 범죄를 말하지만, 이는 대부분 부패, 경제, 공직자 범죄에 해당할 것이다.

⑥ **대형참사범죄**: 주로 사회적 재난과 관련된 범죄를 말하지만, 국가기관이나 금

---

242) 정희완/고희진 기자(경향신문), 검찰, 공직자 비리 수사 사실상 '4급 이하'만 가능해질 듯 (2020. 7. 30.).

융·보안분야 정보통신망 해킹, 파괴 등으로 국가·사회질서에 혼란을 야기하거나 국민의 일상생활에 큰 피해를 발생시킨 중요 사이버범죄가 포함되어 있다.

　　⑦ 기 타: 당·정·청 합의문에는 포함되지 않았지만, ㉠ 국가의 존립이나 안위와 관계된 국가보안법, 테러방지법, 남북교류협력에관한법률, 군사기밀보호법, 형법상의 내란·외환 등 중요 공안범죄, ㉡ 검사의 전문성과 노하우가 필요하거나 특사경 전속관할243)에 해당하는 사건(일반 사경의 수사가 불가한 사건) 중 특사경이 단독으로 수사하기 곤란한 중요 특별사법경찰관리 관할 범죄, ㉢ 법률에서 범죄혐의가 있는 경우 검찰총장이나 검찰에만 고발 내지 수사를 의뢰하도록 규정한 사건이나 고발 등의 대상기관을 수사기관으로 정하고 있음에도 해당기관에서 검찰수사가 필요하다고 판단하여 검찰에 고발 내지 수사를 의뢰한 기관 고발·수사의뢰 사건, ㉣ 검찰의 즉각적 대응을 통해 형사사법질서와 신뢰회복의 필요가 있는 무고, 위증, 범인은닉·도피, 증거인멸·위조, 공무집행방해 등 사법방해죄 및 ㉤ 검사의 수사개시 제한으로 예측하지 못한 중대범죄 발생 시 긴급한 상황대처가 불가능한 상황 등에 대비하여, 검찰총장의 지정 또는 승인이 있는 경우 수사를 개시하는 보충조항 등도 포함시키는 것이 타당할 것이다.

5. 공수처의 신설

　공수처는 고위공직자와 그 가족의 범죄를 척결하고 사회의 신뢰성을 높이기 위하여 설치된 독립적인 수사·기소기관이다. 이러한 공수처 설치와 관련된 논의는 지난 1996년 11월에 참여연대에서 「부패방지법안」을 마련하여 고위공직자에 대한 비리를 전담하는 기관의 설치를 주장하였고, 같은 해 12월 류재건의원 등 80명이 국회에 고위공직자비리조사처의 설치에 관한 내용이 포함된 법안을 최초로 제출한 것이 시작이었다.

　이후, 박근혜 대통령의 탄핵으로 2017년 5월 출범한 문재인 정부는 적폐 및 부패청산을 위한 주요 수단으로 공수처 설립을 100대 국정과제 중 하나로 선정하였고, 법무부는 '법무·검찰개혁위원회'의 제안 등을 종합하여 정부안을 발표하였으며, 상설특검 및 특별감찰관제 구성과 맞물려 논의가 거듭되었는데, 20대 국회에서 제출된 공수처 관련 법률안만 10여 개에 달했다. 이러한 과정을 거쳐서 2019년 12월 30일 '고위공직자범죄수사처 설치 및 운영에 관한 법률안'이 국회 본회의를 통과하였고, 2020년 1월 7일 국무회의를 통해 공포되었다. 이에 정부는 2020년 7월 15일로 예정된 공수처 출범에 발맞추어 국무총리 소속으로 '고위공직자범죄수사처 설립추진단'244)을 발족시킨 바 있으며,

---

243) 근로기준법 및 선원법상 노동관계 법령은 근로감독관, 선원근로관계 법령은 선원근로감독권의 전속관할로 규정하고 있으며, 출입국관리법 및 관세법상 출입국사범 사건은 출입국관리공무원에게, 관세범 사건은 세관공무원에게 인계하도록 규정하고 있다.

244) 추진단장에 남기명 전 법제처장이 임명되었으며, 9개 부처 25명(조직·법령·행정분과로 구분)

2020. 12. 10. 공수처법 일부개정으로 공수처장후보추천위원회의 의결정족수가 완화됨에 따라 공수처장후보자 2인(김진욱 헌법재판소 선임연구관, 이건리 국민권익위원회 부위원장)의 추천 및 그중 대통령이 지명한 1인(김진욱 헌법재판소 선임연구관)에 대한 인사청문회를 거쳐 김진욱 공수처장이 임명되었다.

6. 검 토

그동안 학계에서도 위의 논의를 배경으로 검찰에 대한 개혁의 단골메뉴로 민주국가의 주된 가치인 권력의 참여적 배분과 맞물려, 검찰과 경찰이 상호 견제하여 힘의 균형을 이루도록 하자는 소위 '수사권 분점론'이 끊임없이 제기되었다. 즉, 수사·소추·재판절차를 입법·행정·사법과 같이 서로 분리시키고 견제와 균형의 원리를 도입하여 수사는 경찰, 소추는 검찰, 재판은 법원이 담당토록 권한을 분산하여 검찰권의 남용을 방지해야 한다고 주장하면서, 검사는 공소관으로서의 직무에 전념하여 기소·불기소 결정권과 공소활동의 권한만을 갖고 예단을 방지하기 위하여 수사활동에는 관여하지 않아야 한다는 것이다.[245] 왜냐하면 검찰권의 부패사건에서 보듯이, 기소권과 수사권을 독점한 절대권력으로서의 검찰이 존재하는 한 수사과정에서의 가혹행위 시비는 그치지 않을 것이며, 경찰수사과정에서의 가혹행위 역시 그 감독자요 통제권자인 검찰 스스로가 가혹행위를 하는 마당에 근절되기를 기대하는 것은 어불성설이기 때문이라는 것이다.

물론 국민의 인권을 보호하고 권익을 증진하기 위하여 현재의 수사제도나 관행보다 더 훌륭한 시스템이 있다면 개선책을 마련해야 한다는 점에 대해서는 누구나 공감할 것이다. 수사권독립(조정)문제 역시 현재 검찰과 경찰 두 기관이 가지고 있는 수사권한을 보다 효율적으로 행사하도록 함으로써 수사과정에서 일어나는 인권침해를 최소화하면서도 신속하고 효율적인 사건처리가 이루어질 수 있는 개선방안을 마련하자는 데 그 의미가 있다고 볼 수 있을 것이다. 이에 그동안의 형사소송법의 개정사를 간략하게 정리해 보면 다음과 같다.

전술(前述)한 것처럼, 2004년 검/경 수사권조정과 병행하여 검찰조서의 증거능력을 강화하는 논의가 격렬하게 진행되었다. 즉, 2004. 12. 16. 대법원 전원합의체 판례[246]를

을 파견받아 2020년 2월 10일 국무총리 소속으로 발족한 이후, 법 시행일인 7월 15일에 맞춰 공수처가 출범할 수 있도록 업무처리체계 설계, 조직 구성, 법령 정비, 청사 마련 등 인적·물적 시스템을 구축하여 출범 준비를 마무리하였다. 현재 공수처 청사는 정부과천청사 5동에 마련되어 있다.

245) 서보학, "수사권의 독점 또는 배분? ― 경찰의 수사권 독립 요구에 대한 검토", 형사법연구 제12권, 한국형사법학회, 1999, 407면; 서보학, "글로벌 스탠더드에 부합하는 수사·기소 분리", 「견제와 균형을 위한 검찰 개혁 어떻게 할 것인가?」, 국회의원 민병두/소병훈/금태섭/민주사회를 위한 변호사모임 주최 자료집(2017. 1. 24.), 58면 이하 참조.

계기로 종전의 추정론(형식적 진정성립이 있으면 실질적 진정성립 추정)이 가중요건론(실질적 진정성립론)으로 변경되는 단초가 된 것이다. 어쨌든 법원·검찰·경찰 각 기관의 총력적 대결속에서 2007년 개정 형사소송법은 수사권 규정은 유지하는 대신, 검사작성 조서의 증거능력 규정을 제312조 제1항(가중요건설 채택)과 제2항(부인시 검사가 객관적인 방법으로 증명)으로 분리한 후, 조서의 진정성립을 증명하는 객관적 방법으로 영상녹화물 규정 및 제316조 제1항에 조사자증언 규정을 추가한 다음 마무리되었다. 다만, 이명박정부가 들어서면서, 검·경 수사권조정 문제가 다시 대두되었고, 경찰의 수사개시·진행권을 인정하는 대신, 헌법상 검사의 영장 신청(청구) 및 수사종결권은 인정(검사의 수사지휘권 인정)하는 방향으로 형사소송법의 일부개정이 이루어졌다.

그런데 박근혜 대통령의 탄핵을 거쳐 집권한 문재인정부는 줄곧 검찰개혁을 논의하면서, 그 결과물로 공수처의 신설 및 검/경 관계의 획기적인 변화를 추진하였다. 이에 검사의 수사지휘권 폐지, 검/경의 상호협력관계 및 경찰에 수사종결권 부여 그리고 형사소송법 제312조 제2항 폐지 및 제312조 제1항의 요건 강화(사경작성 조서의 증거능력 요건과 동일하게 '내용인정' 채택)로 입법이 이루어졌으며, 영상녹화물의 근거규정(제312조 제2항) 역시 사라지게 되었다. 따라서 이제 헌법상 검사의 영장신청(청구) 규정을 삭제할 것인지 여부만 검·경 관계에서 남은 논쟁거리이다.

문제는 집권층의 의도대로 형사소송법이 개정되었건만, 이제 한국의 형사사법시스템이 완전히 망가졌다고 보는 실무가가 갈수록 늘고 있다는 점이다. 반면, 그 정도는 아니더라도, 첫째, 고소 접수가 제대로 안 된다, 둘째, 불송치 사유를 제대로 알 수가 없다, 셋째, 사건종결까지 시간이 너무 오래 걸린다는 이야기는 정설처럼 들린다. 더욱이 2022년부터는 검찰조서의 증거능력 강화로 공판정 사용이 사실상 어려워진다는 점에서, 검찰조서에 의지한 재판실무도 큰 변화를 겪을 수밖에 없는 상황이 되었다.

---

246) 대법원 2004. 12. 16. 선고 2002도537 전원합의체 판결(형사소송법 제312조 제1항 본문은 "검사가 피의자나 피의자 아닌 자의 진술을 기재한 조서와 검사 또는 사법경찰관이 검증의 결과를 기재한 조서는 공판준비 또는 공판기일에서의 원진술자의 진술에 의하여 그 성립의 진정함이 인정된 때에 증거로 할 수 있다."고 규정하고 있는데, 여기서 성립의 진정이라 함은 간인·서명·날인 등 조서의 형식적인 진정성립과 그 조서의 내용이 원진술자가 진술한 대로 기재된 것이라는 실질적인 진정성립을 모두 의미하는 것이고, 위 법문의 문언상 성립의 진정은 '원진술자의 진술에 의하여' 인정되는 방법 외에 다른 방법을 규정하고 있지 아니하므로, 실질적 진정성립도 원진술자의 진술에 의하여서만 인정될 수 있는 것이라고 보아야 하며, 이는 검사 작성의 피고인이 된 피의자신문조서의 경우에도 다르지 않다고 할 것인바, **검사가 피의자나 피의자 아닌 자의 진술을 기재한 조서는 공판준비 또는 공판기일에서 원진술자의 진술에 의하여 형식적 진정성립뿐만 아니라 실질적 진정성립까지 인정된 때에 한하여 비로소 그 성립의 진정함이 인정되어 증거로 사용할 수 있다고 보아야 한다**).

그러나 실체적 진실발견을 위해서는 적어도 수사상 진술을 공판정에 제출하는 통로는 열어두어야 하며, 수사상 진술의 증거능력을 인정하더라도 자유심증주의에 따라 판사가 믿을지 여부는 다른 문제이다(증거능력과 증명력의 구별). 사법방해죄 및 면책특권제도(Immunity)가 없는 우리나라에서 피고인은 수사상 진술과 달리 공판정에서 무조건 부인할 것이기 때문이다. 후술하는 것처럼, 미국에서 수사상 자백사건은 유죄협상제도(plea-bargaining)로 해결되므로(미국 중죄사건의 92%가 pleabargaining으로 해결) 조서의 증거능력 인정문제가 논의될 이유가 없으며, 조사자증언도 수사상 진술을 기억해내서 복기하는 것이 아니라 부인하는 피고인에 대해서 수사 당시의 상황을 증언하는 것이다. 영상녹화물도 유죄협상절차에서 자백의 임의성을 증명하기 위한 수단으로 사용될 뿐이다. 더욱이 진술거부권을 행사하는 것은 허용되지만, 수사상 거짓말을 하면 허위진술죄(사법방해죄)로 처벌받을 수도 있다. 우리나라와는 전혀 다른 시스템인 것이다.

흔히 과학적 증거를 찾으면 되지 않느냐고 반문하는데, CSI처럼 살인사건에서나 과학증거가 있을 수 있는 것이지, 뇌물사건이나 성범죄사건, 우리나라 고소사건의 대다수를 차지하는 경제사범(사기죄 등 재산범죄) 및 공범관계 등에서는 당사자의 진술이 필수적이다. 영미재판에서 왜 피고인 1명만을 두고 (배심)재판을 하는지, 검사가 왜 증인의 진술확보에 필사적인지를 생각해 보면 잘 알 수 있다. 우리나라에서는 오염된 증거로 표현하지만, 미국검사는 진술할 증인과 사전미팅도 자주 갖는다. 따라서 현재 형사사건의 97-98%를 담당하는 경찰수사에 대한 스크린을 해서 20-30%만 시정해도 그만큼 국민의 이익에 도움이 되는데, 100%를 적발하지 못했다고 비난하는 것인지는 모르겠으나, 검사의 수사지휘가 국민의 인권보호에 도움이 된다는 점은 누구도 부인하지 못할 것이다. 더욱이 수사권조정을 찬성하는 그들이 비난하는 검찰공화국 논리는 검찰이 담당하는 2-3% 사건(직접수사/인지사건)에 대한 별도의 통제장치를 마련해서 해결하면 된다. 2-3% 사건이 문제라고 97-98%에 해당하는 민생사건을 방치하라는 것은 말이 되지 않는다.

한편, 경찰 출신의 국회의원은 물론 일부 학계와 경찰을 중심으로 '수사와 기소의 분리가 Global Standard'라는 주장[247]이 당연한 진실인 것처럼 호도되는 것도 문제이다.[248] 그들은 수사는 경찰이 전담하고 검사는 기소만 전담하는 것이 세계적 표준이므

---

247) 서보학 등, Global Standard에 부합하는 수사·기소 분리 모델 설정 및 형사소송법 개정안 연구, 경찰청 연구용역보고서(2016); 서보학, "Global Standard에 부합하는 수사·기소 분리", 「견제와 균형을 위한 검찰 개혁 어떻게 할 것인가?」, 국회의원 민병두/소병훈/금태섭/민주사회를 위한 변호사모임 주최 자료집(2017. 1. 24.), 19면 이하.

248) 원혜욱/김태명, Global Standard에 부합하는 국가 수사시스템 설계를 위한 수사실태 분석 및 개선방안 연구 - 수사지휘와 영장 절차를 중심으로 -, 경찰청 연구용역보고서(2014).

로, 검사의 수사 권한과 수사지휘 권한을 폐지하고 경찰에게 수사 관련 권한을 독점하게 하는 것이 검찰개혁의 본질이라는 입장이지만,[249] OECD 35개 회원국 중 접근이 가능한 국가들의 헌법만을 개관해 보더라도, 적어도 14개국 이상의 국가에서 검사의 독립성, 검사의 중립성, 검사의 사법기관성, 검사의 존재가치 등을 헌법에 규정하고 있고, 심지어 압수명령(영장발부)권까지도 헌법에 규정하고 있으며, 헌법 혹은 법률에 검사의 수사권을 명문으로 규정하고 있는 나라도 27개국, 약 77%에 이르고 있다.[250] 검사의 수사지휘에 대해서도 OECD 회원국 중 28개국이 헌법이나 법률에 명문으로 규정하고 있는데,[251] 주로 대륙법계 국가들이고, OECD 회원국의 약 80%에 해당하는 비율이다. 그리고 21세기에 들어 수사 및 기소제도를 전면적으로 개혁한 나라는 오스트리아[252]와 스위스[253]인데, 이 두 나라는 모두 개혁입법을 통해 기존에는 인정되지 않았던 검사의 수사권한과 사법경찰에 대한 수사지휘 권한을 새로이 확립하였다. 국내언론에 소개된 대륙법계 검찰의 직접수사 사례를 보더라도, '수사와 기소의 분리가 Global Standard'라는 주장이 얼마나 허황된 주장인지 잘 알 수 있다.

　물론 검사의 지위를 헌법에 규정할 것인가의 여부는 각국의 역사, 정치, 사회적 환경과 국민의 선택에 따른 문제이다. 전술(前述)한 것처럼, 헌법에 검사의 지위와 조직에 관해 직접 규정하고 있는 입법례의 시기를 살펴보면, 2차 대전 이후(프랑스, 이탈리아, 벨기에, 스페인, 포르투갈, 그리스 등), 구소련의 붕괴로 동구권이 자유화된 이후(헝가리, 체코, 슬로바키아 등) 또는 군사정권이 종식된 뒤 민정으로 이양한 이후(브라질, 칠레 등)라는 공통점이 발견된다. 즉, 나치와 파시스트, 공산주의나 군사정권 하에서 검찰의 도구화가 자행되고, 검찰의 독립성과 정치적 중립성이 심각하게 위협받은 역사적 경험을 모두 갖고 있다는 점이다.

---

249) 서보학 등, 위의 보고서, 222면(이 보고서에 첨부된 형사소송법 개정안에 이러한 내용이 잘 표현되어 있다).

250) 김성룡, 「헌법상 검사 영장청구권의 현대적 의미」, 한국의 형사사법개혁Ⅱ: 강제처분의 현대적 의미와 인권보호, 한국형사정책연구원/서울대학교 법학연구소/한국공법학회 공동학술세미나(2017. 3. 24.) 자료집, 80면 이하 참조.

251) 신태훈, 앞의 논문, 104면.

252) 자세한 내용은, 이경렬, "오스트리아 검찰의 헌법상 지위와 수사절차에서의 검·경 관계", 형사법의 신동향 통권 제59호(2018. 6.), 대검찰청 미래기획단, 123면 이하 참조.

253) 이원상, "스위스 형사사법개혁 취지를 통해 살펴본 한국의 검찰개혁", 비교형사법연구 제19권 제3호(2017. 10.), 한국비교형사법학회, 211면 이하 참조.

【표 1-48】 국내언론에 소개된 대륙법계 검찰의 직접수사사례

- 프랑스 검찰, 폭스바겐 배기가스 조작 수사착수('15. 10. 2.자 KBS뉴스)
- 프랑스 검찰, 리우·도쿄올림픽 유치 비리의혹 수사('16. 3. 2.자 연합뉴스)
- 러시아 검찰, '도핑 스캔들' 수사 착수('16. 5. 20.자 KBS)
- 프랑스 검찰, 구글 압수·수색... 탈세 자금세탁혐의('16. 5. 25.자 일본 교도뉴스)
- 프랑스 검찰, 니스테러 범인은 IS 동조자('16. 7. 19.자 한국일보)
- 러시아 검찰, '도핑 스캔들' 수사 착수('16. 5. 20.자 KBS)
- 스위스 검찰, 독일 축구영웅 베켄바우어 수사 개시('16. 9. 1.자 SBS)
- 이탈리아 검찰, 지진 복구 과정 마피아 이권개입 수사('16. 8. 29.자 연합뉴스TV)
- 중국 검찰, 선전 산사태 불법행위 수사착수('15. 12. 27.자 연합뉴스)
- 브라질 룰라 전 대통령, 비리 혐의로 검찰 수사('15. 7. 17.자 연합뉴스)
- 독일검찰, 2016년 5월부터 최순실 일당 자금세탁 수사('16 11. 1.자 TV조선)
- 덴마크 검찰, 정유라에 대한 구속기간 연장 청구('17. 1. 27.자 매일경제)
- 프랑스 검찰, 대선후보 피용 횡령의혹 수사착수('17. 2. 25.자 연합뉴스)
- 대만 성폭행기사, 검찰 조사받다(한국인 관광객 성폭행) ('17. 1. 17.자 연합뉴스)
- 일본 검찰, 아베 직접수사 착수... '벚꽃 모임' 전야제 의혹 관련('20. 12. 3.자 서울신문)
- 일본 검찰, 총리 특보도 검찰 수사망에 ... 스가 덮친 '계란 스캔들'('20. 12. 10.자 조선일보)

후술하는 외국의 입법례에서 보는 것처럼, 영미법계 국가들도 일정한 경우에는 검찰이 직접수사에 나서고 있으므로 영미법계 국가의 검찰이 오로지 기소권만 가지고 있다는 주장 역시 사실이 아니다. 국내언론에 소개된 영미법계 검찰의 직접수사 사례를 소개하면 다음과 같다.

【표 1-49】 국내언론에 소개된 영미법계 검찰의 직접수사사례

- 미국 검찰, 엑손모빌 기후변화 왜곡 여부 수사('15. 11. 6.자 연합뉴스)
- 미국 검찰, 제약회사 불법거래관행 수사 고삐 죈다('16. 5. 12.자 연합뉴스)
- 영국 SFO, 우나오일 조사중... 뇌물과 돈세탁 등 혐의('16. 7. 20.자 뉴스1)
- 뉴욕주 검찰, 트럼프 재단 조사 착수('16. 9. 15.자 미주 중앙일보)
- 미국 연방검찰, 반기문 전 총장 동생 기소('17. 1. 11.자 다음뉴스)
- 미 검찰, 바이든 차남 수사 본격화... 탈세 돈세탁 추적('20. 12. 10.자 국민일보)
- '칼 갈아온' 檢, 퇴임만 기다렸다.. '끈 떨어진' 트럼프 정조준('21. 1. 23.자 중앙일보)

현재 국민이 경찰에 원하는 것은 생존에 대한 위험의 방지이며, 검찰에 원하는 것은 형벌권의 공정한 행사와 인권보장이다. 더욱이 경찰은 이미 수사활동을 자율적으로

전개하고 있다. 따라서 경찰이 수사에서 더 독립해야 할 것이 있다면, 경찰의 수사종결권 그리고 영장청구권의 획득으로 볼 수 있는데, 수사종결권과 영장청구권의 행사는 수사의 성격을 넘어 '사법작용'의 성격을 지니고 있다. 왜냐하면 이들 권리의 행사는 범죄혐의 유무에 대한 판단을 넘어서 법률상 범죄가 성립하는지, 또 피의자의 구속이 헌법상 비례성원칙에 부합하는지 등을 판단하는 법의 해석작용이기 때문이다. 검사를 '준사법기관'[254]이라고 부르는 이유도 바로 여기에 있다.

결국 검사와 사법경찰의 관계에 대한 논의에서 무엇보다 중요한 것은 범죄수사와 해명에 효과적이고 기능적인 관계만을 도출하는 것이 아니라 어떤 체계가 국민의 기본권보장에 유리하고 형사소송법의 이념과 조화를 이룰 수 있는지를 찾아내는 것이다. 즉 국가형벌권의 행사를 법치국가이념에 따라 적절하게 통제함으로써 국민의 기본권보장에 어느 것이 유리한가라는 관점에서 검사와 사법경찰의 관계를 설정하여 수사구조를 정립하는 것이 보다 중요한 문제인 것이다. 왜냐하면 1차(직접) 수사기관에 대한 사법적 통제문제는 국가기관 간의 대립문제나 행정편의 등의 차원에서 볼 것이 아니라 과연 검사의 경찰에 대한 사법적 통제(지휘·감독)가 국민의 인권보호에 기여하는가, 또한 형사사법정의의 실현에 유익한 것인가라는 측면에서 형사사법제도 전체의 운영문제와 결부하여 그 논의에 신중을 기해야 할 것이기 때문이다. 어쨌든 형사소송법의 개정으로 지금보다 더 안전한 나라가 될 것인지, 또 국민의 인권이 더 보장될 것인지 지켜볼 것이다. 왜냐하면 개정형사소송법에 따르면, 검찰의 권한은 대폭 축소되는 반면, 경찰의 권한은 막강해질 뿐만 아니라 일본의 사법경찰직원[255] 및 중국의 공안기관[256]처럼 수사를 하는 경찰의 수(행정경찰과 사법경찰의 구별 부인 및 개개 경찰이 단독관청이 아닌 관계로 경찰청 및 공안기관에 소속되어 있다면 모두 수사권을 부여받음)가 대폭 확대되기 때문이다.[257]

---

254) 헌재결 1995. 6. 29. 93헌바45. 「검사는 행정기관이면서도 동시에 사법기관인 이중의 성격을 가진 기관이고, 오로지 진실과 법령에 따라 직무를 수행하여야 할 의무를 가지고 있는 준사법기관이며, 검사는 판사와 동일한 자격을 갖춘 자로서 임명되고 공익의 대표자라는 지위에서 활동하므로...」.

255) 일본 경찰법 제62조 경찰관의 계급(장관을 제외한다)은 警視總監, 警視監, 警視長, 警視正, 警視, 警部, 警部補, 巡査部長 및 巡査로 한다.
일본 형사소송법 제189조(司法警察職員) ① 경찰관은 각각 다른 법률 또는 國家公安委員會 혹은 都道府縣公安委員會가 정하는 바에 의하여 사법경찰직원으로서 직무를 행한다.

256) 중국 형사소송법 제113조.
공안기관은 이미 입건한 형사사건에 대하여 수사를 진행하여야 하며, 범죄피의자의 유죄 또는 무죄, 죄의 경중에 관한 증거자료를 수집하고, 조사하여야 한다. 현행범이나 중대한 범죄피의자에 대하여는 법에 따라 우선 체포할 수 있고, 구속요건에 부합하는 범죄피의자는 법에 따라 구속하여야 한다.

257) 정웅석, "우리나라 수사절차 구조 개편에 관한 연구", 형사소송 이론과 실무 제10권 제1호

이하에서는 대륙법계 국가 및 영미법 국가의 입법체계 및 이를 대표하는 주요 국가의 검찰제도를 살펴본 후, 수사기관에 대한 사법적 통제(수사지휘·감독제도)에 관한 영미법과 대륙법계의 차이점을 비교법적 관점에서 고찰하기로 한다.

(2018), 한국형사소송법학회, 54면 이하 참조.

대륙법계 형사사법구조 및 수사체계

제1절 서 설

Ⅰ. 검찰제도의 연원

1. 의 의

재판기관이 아닌 별개의 국가기관으로 하여금 공익의 대표자로서 범죄의 수사와 소추를 담당하게 하는 근대적 의미의 검찰제도는 프랑스의 '國王代官'(Procureur du roi)제도에 기원을 두고 많은 발전과정을 거쳐 오늘에 이르렀다고 한다.[1]

원래 프랑스의 게르만적 관습법하에서는 소송에 있어 대리인제도를 허용하지 않고 당사자가 직접 법정에 나와 소송행위를 하는 것을 원칙(私人訴追制度)으로 하였으며, 극히 예외적으로만 소송대리가 허용되었는데, 13세기경 소송행위의 대리가 허용되는 로마법이 계수되면서, 왕도 왕의 대리인을 법정에 내세우게 되었다고 한다. 즉 왕도 처음에는 왕 자신의 이익을 옹호하는 임무를 전담할 관리를 임명하고 있지 않았기 때문에 재판소에서 이익을 옹호하고자 할 때마다 일반고객과 마찬가지로 단순한 의뢰인으로서 代官(Procureur)[2]과 辯護士(Avocat) 중에서 특정인물을 왕의 대관과 왕의 변호사로 선정하여 '국왕대관'(Procureur du roi)에게는 서류의 작성을, '국왕의 변호사'(訟務代官, Avocat du roi)에게는 법정에서의 변론을 각 위임하여 활동하도록 하였던 것이라고 한다.[3]

그러나 14세기경에 이르러 왕권이 강화되자 종전의 국왕대관은 국고를 책임지는 왕실의 관리가 되어 국왕의 주요 재정 수입원이었던 벌금징수 및 재산몰수를 집행하기 위하여 형사절차에도 관여하게 되었으며, 다만 형사절차상 국왕대관의 역할은 재정적 목적을 위하여 재판절차와 판결의 집행을 감시하는 것에 머물러 있었다고 한다. 이처럼 국왕대관이 사법외적인 정치적·행정적 기원을 갖는 것과는 달리, 송무대관은 국왕의 이익과 직접 관련되는 소송(주로 민사소송)에서 국왕을 대리하여 법정에서 변론을 담당하는

---

1) 이준보·이완규, 한국검찰과 검찰청법, 박영사(2017), 30면.

2) Procureur는 왕 뿐만 아니라 귀족, 기타 사인도 선임하여 소송대리를 하게 하는 사람을 말하는 것으로, 형사소송에서는 제소자와 피제소자 양측 모두가 Procureur를 선임할 수 있었다고 한다.

3) 정구환, 「프랑스검찰의 제도와 운영」, 검찰 통권 제100호 기념특집호, 대검찰청, 130면.

등 처음부터 사법적 기능을 담당하는 기관으로 탄생하였는데, 이는 국왕의 변호인 (Avocat)이라는 명칭을 통해서도 알 수 있다.

그 후 16세기경부터 왕권이 더욱 신장되고 중앙집권적인 절대군주제도가 확립되어 왕이 곧 국가라는 관념이 지배하게 되자, 국왕대관의 권한도 더욱 확대되어 왕의 개인적 이익뿐만 아니라 국가와 사회의 일반적 이익(공익)을 보호하는 새로운 임무가 추가되었으며, 그 후 세월이 흐름에 따라 국왕대관은 재판소에서 오로지 사회전체의 이익을 옹호하는 임무에만 전념하게 되었고, 왕의 이익을 옹호하는 임무의 수행은 중단하게 되었다고 한다. 그리하여 국왕대관의 임무가 공공질서의 준수, 사회전체 이익의 보호, 법의 정당한 적용을 감시하는 것으로 귀착하게 되었던 것이다.

이러한 국왕대관제도는 1789년 프랑스대혁명이 일어난 후 제헌의회가 구성되자, 그 입법자들은 구제도하에서 왕권과 밀접한 관계를 갖고 있던 국왕대관제도를 존치시킬 것인가, 폐지할 것인가라는 문제에 대하여 심각하게 논의하기 시작하였으나,[4] 국왕대관제도를 통하여 혁명행정부는 법원과 재판절차에 대한 적정통제를 할 수 있게 된다는 생각에서 국왕대관제도를 완전히 폐지하지는 아니하고 순수한 사법기관으로 변형시켜 존치하기로 타협을 보아 관할주민에 의하여 임기 4년으로 선출되는 공소관(Accusateur public)에게 소추권을 부여한 기소배심제도로 변경되었으며, 그 후 이 제도는 배심재판의 역사적 경험이 없는 상황에서 인민재판의 형태를 띤 공포의 형사절차로 전락하였다고 한다. 이에 따라 혁명 말기에는 이를 폐지하고, 다시 '국왕대관'을 '정부의 대리인'(Commissaire du gouvernement)이라는 이름으로 부활시켜 국가기관인 '정부의 대리인'에게 소추권을 부여하였으며, 나폴레옹이 집권한 후 제정된 구(舊)형사소송법은 그 명칭을 '황제의 代官'(Procureur imperial)으로 변경하였고, 제정이 공화정으로 변하자 이 '황제의 대관'은 다시 1808년 치죄법(治罪法; Code d'instruction criminelle: 이하 CIC라고 함)[5]에 의하여 그 명칭이 「공화정의 代官」(Procureur de la République)으로 변경되어 오늘날과 비슷한 대륙법계 검찰제도의 기본이 되었다[6]고 한다. 이러한 대륙법계 검찰의 본질은 1790년 8월 16일 및 24일 법률 제8편 titre Ⅷ에 잘 나타나 있다. 검사를 **"사회를 대표하고, 사회의 이름으로 법원이 공공질서에 관련되는 법을 선언하는지 여부를 감시하며, 판결을 집행하기 위한 목적으로 법원에 소속된 특별사법관이자 법원에 대한 '행정권의**

---

4) 1789년 삼부회에서 만장일치로 통과된 개혁강령은 재판의 공개, 피고인의 변호인의 조력을 받을 권리, 피고인의 묵비권, 공격과 방어의 대등, 수사판사의 권한 제약, 인신구속의 제한과 보석의 확대, 영국의 형사사법제도를 모델로 삼을 것(특히 구두주의와 배심절차) 등의 내용이 담겨 있었다고 한다.

5) 1808년 12월 16일 공포·1811년 1월 1일부터 시행되었으며, 형사소송법이 시행된 1959년 3월 2일 이전까지 약 150년간 형사소송절차의 기본법으로서, 범죄수사법이라고 번역되기도 한다.

6) 검찰실무Ⅰ, 사법연수원, 3-4면.

대리인'(agent de pourvoir exécutive)으로 정의하고 있다.

더욱이 치죄법 이전에는 효과적인 범죄소추를 도모하면서도 무고한 소추에 의한 시민의 자유를 보장한다는 이념하에 범죄소추와 공소기관을 다단계 기구로 나누었는데(치안판사, 왕의 대리인, 배심지도관, 기소배심, 공소관 등), 혁명 직후 법의 감시자로서의 왕의 대리인제도와 공소담당자로서의 공소관제도가 나폴레옹 시대때 검찰(Ministère public)로 통합되고, 이에 더하여 현행범에 대하여 제한적으로 검찰에 수사권이 부여됨으로써 수사와 공소를 담당하는 근대적 검찰제도가 형성되었던 것이다.[7] 대륙법계 검사는 이처럼 단순히 피해자를 대리한 경찰의 소추대리인에 불과한 영미법계 검사와는 달리 '행정권을 대리하는 사회와 공익의 대표자'로 탄생한 것이다.

2. 치죄법의 특징

이러한 치죄법은 그 특색 중의 하나로 수사절차와 재판절차의 분리에서 찾을 수 있다. 종래 규문주의 소송절차에서는 법관이 스스로 수사를 개시하여 조사한 후 다시 재판기관이 되어 판단하게 됨으로써 형사피의자·피고인의 보호에 충실하지 못하고 예단에 빠져 공정한 재판을 기할 수 없다[8]는 점이 비판되었는데, 이러한 비판을 받아들여 개혁된 형사소송법인 치죄법은 사법기능 분리원칙에 따라 수사절차를 수사판사 내지 검사와 그의 지휘를 받는 사법경찰관의 활동영역으로 넘기고, 법원은 검사의 기소후 공판절차에서 심리와 재판을 전담하도록 형사소송절차를 분리하였던 것이다.[9] 즉 형사사법에 있어 밀행주의·서면주의의 문제점을 해소하기 위한 공개주의의 강화와 피고인의 소송주체성에 따라 검사가 가지게 되는 공소활동자로서의 지위 및 판결을 하는 공판단계와 공판전 단계를 준별하여 사법권력이 법원으로 집중되어 있음으로 인하여 발생하는 폐해를 극복하기 위해 공판법원과 수사판사 사이를 단절시키고, 수사판사를 검찰의 감독하에 두게

---

7) 이완규, 「검사의 지위에 관한 연구 – 형사사법체계와의 관련성을 중심으로 –」, 서울대학교 박사학위논문(2005.2), 156면.

8) 프랑크 시대에 만들어진 규문방법에 의한 규문절차는, 우선 규문관에 의하여 罪體에 대한 일반규문, 범인에 대한 특별규문이 이루어지고, 그 결과를 서면으로 녹취하며, 이를 기초로 간접주의·서면주의에 의한 재판이 이루어지는데, 증거법정주의에 따라 유죄인정을 위해서는 신빙성이 있는 自白이나 최소한 2인 이상의 증인에 의한 유죄입증이 필요하였다. 즉 유죄판결의 증거로는 먼저 피고인의 (법정)자백이 원칙이었으며, 보충적으로 2명 이상의 증인에 의한 유죄입증에 따라 유죄판결이 가능하였던 것이다. 그러나 피의자가 임의적으로 자백을 하지 않은 경우 그리고 2명 이상의 충분한 증인도 획득되지 않은 경우에는 고문을 행할 수 있었으므로, '자백은 증거의 왕'이 될 수밖에 없었고, 이로 인하여 자백을 받아내기 위한 특별절차에서의 고문이 허용되었다고 한다(平野龍一, 刑事訴訟法, 有斐閣, 1996, 13면).

9) 신동운, 「일제하의 예심제도에 관하여 – 그 제도적 기능을 중심으로 –」, 서울대 법학 제27권 제1호, 150면.

하며, 구체적 활동자로서의 사법경찰관들을 검사의 보조자로 위치지움으로써 공판전 조사에 있어 검사의 최고기관성을 부여하고, 공판전 단계의 법원의 주재자성을 제한하여 법원을 재판기능에 충실하게 한 것 등은 바로 규문절차의 문제점을 해소하기 위한 제도화이고 그러한 제도화로 근대적 검찰제도의 모습이 형성된 것이다.[10) 이때부터 검사는 '代官'이라는 어원 자체가 보여주는 바와 같이 공익의 대표자로서 단지 소추관으로서 뿐만 아니라 수사판사도 지휘·감독하고 법률해석의 통일에 관한 감시와 경찰관·변호사·집행관·재판소 서기를 감독하는 권한까지 가지게 되었다고 한다.

이처럼 역사적으로 검사제도는 원래 사법작용으로 司法의 영역에서 이루어져야 하는 수사가 법원의 인적·물적 자원의 제약이라는 현실상의 이유로 인해 경찰에게 상당 부분이 위임되어 수행되어 오던 상황에서, 합목적성이 지배하는 경찰의 수사활동을 법적으로 통제하고, 수사를 사법적 절차로 형성하여 국민들의 인권을 보장함과 동시에 국가 형벌권을 적정하게 실현하기 위해 탄생된 것이다.

특히 치죄법은 형사사법체계를 공판절차와 공판전 조사절차로 나누고 후자를 다시 예비적 조사단계와 예심단계로 나누고 있는데, 이러한 예비적 조사단계와 예심단계는 모두 사법적 조사로서 이 조사활동의 담당자들이 그 조사활동의 담당자로서의 직무를 행하는 경우에는 개념상 모두 사법경찰이 되므로, 이에 따라 헌병과 경찰의 관리 이외에 "검사장[11)과 그 대리검사, 수사판사, 치안판사[12) 등"도 사법경찰이 되며, 다만 이들 중 현장성이 있는 구체적 조사활동을 담당할 헌병장교·경찰서장 등을 공화국 검사의 보조자로서의 사법경찰관[13)으로 임명하여 검사의 지휘를 받도록 하였으며, 수사판사도 비록 예심조사는 독자적으로 하지만 고등검찰청의 장의 감독을 받도록 함으로써 검찰을 공판전 조사단계의 최고기관이 되게 하여 수사절차의 주재자로서의 지위를 갖도록 하였다. 즉 치죄법은 모든 사법경찰관과 수사판사, 사법경찰관의 직무를 행하는 행정공무원이 고

---

10) 이완규, 앞의 논문, 158면.

11) 지방법원검사국의 장의 명칭은 제정·왕정·공화정의 정체변화에 따라 procucureur imperial, procucureur du Roi, procucureur de la Républqiue으로 변화하는데, 여기서는 검사장(檢事長)으로 호칭하기로 한다.

12) 실제 경찰관은 아니지만, 범죄의 고소·고발을 수리하며, 범죄를 수사하고 증거를 수집하며, 범인의 신병을 확보하여 판결법원에 인도하는 사법경찰의 직무의 전부 또는 일부를 수행한다는 점에서 사법경찰에 포함된다고 한다(문준영, 「한국 검찰제도의 역사적 형성에 관한 연구」, 서울대학교 박사학위논문(2004.2), 27면).

13) 치죄법 제9조는 사법경찰직무를 수행하는 자로서, 전원·삼림감시관(les gardes champètres et les garges forestiers), 지방경찰의 경찰서장(commissaire de police), 시·군·구의 장(maire) 및 그 보좌역(adjoint), 검사장 및 동대리, 치안판사, 수사판사(예심판사), 헌병장교(헌병사법경찰관), 국가경찰의 총경(les commissaires généraux de police) 등을 열거하고 있다.

등검찰청 검사장의 감시를 받으며(CIC §279), 사법경찰관 및 수사판사가 직무를 해태하는 때에는 검사장이 경고하고 고발하도록 규정함으로서(CIC §280, 281), 이를 효과적으로 통제할 수 있도록 한 것이다.

이처럼 규문주의 절차의 폐해를 극복하면서 공판법원과 수사판사의 연결을 단절하고 공판전 조사의 절차적 주도성이 검사에게 이전되자, 검사가 사법경찰을 지휘·감독하게 되는 것은 자연스럽게 갈 수 있는 길이었고 이에 따라 검사는 수사권을 가짐과 동시에 수사절차에 있어 사법경찰의 활동을 통제하는 기능을 갖게 되었던 것이다.

그럼에도 불구하고 일부에서는 프랑스에서 수사활동의 대부분을 수사판사가 독자적으로 하고 검사는 예심청구나 예심진행에 대한 각종 청구 또는 견제를 하는 식으로 분리한 점을 강조하면서 검사의 수사절차에 대한 주재자성을 부인하거나, 검사의 소추기관적 성격만을 강조하면서 프랑스에서 수사·소추·재판의 세 기능 중 검사는 주로 소추에 집중되고 있는 것만을 강조한다.[14] 이러한 주장은 한국에서 검찰제도의 주된 기능으로서 사법경찰에 대한 통제기능을 들고 이에 따라 사법경찰에 대한 수사지휘권의 필요성을 논하는 주장에 대하여 반박하기 위한 것으로 수사가 원래 검사가 기능하던 부분이 아니었다는 점을 강조하려는 것으로 보인다.

그러나 이러한 주장을 하려면 프랑스에서 '수사'는 판사의 기능이고 오히려 이 판사의 기능이 일부만 검사에게 이전되었으며 상당부분은 아직도 판사의 기능으로 남아 있다는 점, 즉 수사의 사법적 성격을 강하게 유지하고 있는 점을 이야기해야지 프랑스를 예로 들면서 검사의 주된 기능은 소추기능에 있다고 하면서 따라서 경찰이 수사를 독자적으로 해야 한다는 식으로 논리를 전개하는 것은 타당하지 않다.[15] 왜냐하면 위에서 언급한 것처럼 수사는 원래 판사가 행하던 기능이었는데, 규문주의절차가 타파되고 근대적 형사절차가 형성되면서 수사절차의 **'절차적 주재자성'**[16]이 판사로부터 검사에게 이전되고 따라서 사법경찰에 대한 지휘·감독기능도 검사에게 이전된 것인바, 이러한 지휘·감독의 다른 한 면이 바로 사법경찰의 수사활동에 대한 통제기능이기 때문이다.

결국 사법경찰에 대한 통제기능은 프랑스 혁명 이후에 규문절차를 극복하기 위한 형사사법체계의 여러 가지 개혁적 제도의 도입과정에서 그 한 부분을 차지하는 검찰제도를 형성함에 있어서 매우 중요한 기능인 것으로, 그 구체적 내용을 살펴보면, 치죄법은 제1권 제4장 제1절에서 '사법경찰에 대한 검사장의 권한'이라는 제하에 검사장의 임무를 규정하고(CIC §22 이하), 제2절 '검사장의 직무수행절차'라는 제하에 현행범사건, 변사자발견, 기타 비현행범사건에서의 범죄발생을 인지하였을 때의 처리방법 등에 관하

---

14) 박창호 외 4인, 비교수사제도론, 박영사(2004), 190－200면.

15) 이완규, 앞의 논문, 159면.

16) 검사가 수사활동을 주로 하는 것이 아니라 수사절차를 절차적으로 주재한다는 의미이다.

여 규정하고 있으며, 이어서 제5장 '검사장의 보조경찰관'의 제하에 사법경찰관의 직무에 관하여 규정하고 있다(CIC §48 이하). 즉 중죄·경죄에 해당하는 현행범 등의 사건에서 사법경찰관은 검사장에게 인정되는 직권을 독자적으로 행사할 수 있으나, 검사장이 현장에 임검하여 착수한 경우에는 사건처리를 인계하며, 비현행범사건에서 고소·고발장을 접수하면 검사장에게 이를 인계하여 검사의 예심청구의 준비행위에 조력하는 것으로 경찰관의 임무가 설정되어 있었던 것이다.[17]

II. 이론적 배경

대륙법계 형사사법은 국가의 형벌권을 전제로 출발하므로 범죄를 개인 간의 불법행위임과 동시에 국가의 법질서 위반행위로 간주하여, 국가는 국법질서 확립을 위해 수사 및 재판을 통하여 진실을 규명하고 범인을 처벌할 권한과 의무를 가진다는 이념과 철학을 바탕으로 하고 있다. 따라서 국가는 원칙적으로 피해자의 의사와 관계없이 범죄를 저지른 자를 색출하여 형벌을 과함으로써 다른 국민의 생명과 재산을 보호하는 등 국법질서를 확립하게 되고, 이와 같이 국가가 범죄를 저지른 자를 색출하여 형벌을 과할 수 있는 권한을 보통 국가형벌권이라고 한다.[18]

피고인 자신의 유죄인정에 기초한 유죄판결 역시 인정되지 않는다. 즉, 설령 피고인이 자신의 유죄를 인정한다 하더라도 (비록 피고인의 자백이 유죄증거의 하나가 될 수 있지만) 법원은 증거법에 따른 증거조사를 거쳐 피고인의 유죄를 인정해야만 하는 것이다. 즉, 국가형벌권은 죄를 지은 자에게만 행사되어야 하기 때문에 국가가 수사와 재판을 통하여 피의자 내지 피고인이 실제 범인인지의 여부 및 범죄행위의 구체적 내용을 정확하게 밝혀 실제 범죄를 범한 자에게 그의 범행에 상응하는 형벌을 과하게 되는 것이다.

나아가 민주국가에서는 자의적이고 부당한 국가형벌권의 행사로부터 국민의 인권을 보장하고 실체진실을 발견하기 위해 특정 국가기관의 일방적인 형벌권행사를 부인하고, 3권분립에 의한 통제를 원칙으로 한다. 즉, 국회는 형법과 형사소송법 등 법률의 제정을 통하여 형벌의 근거 및 처벌절차를 정하고, 행정부에 소속된 수사기관은 국회가 정한 처벌법규에 위반한 자를 가려내어 법원에 기소하고, 법원은 수사기관이 기소한 자를 상대로 재판을 통하여 혐의유무를 확정하고 그에 따라 형을 정한다.[19] 따라서 이 제도에서는 법정에서 당사자의 공격과 방어를 통하여 범죄혐의를 가리는 것이 아니라 공판 이전 단계에서 국가 수사기관에 의한 수사를 통하여 혐의가 입증된 자들만 기소하여 법정

---

17) 자세한 내용은 문준영, 앞의 논문, 10-34면 참조.
18) 김용진, 영미법해설, 박영사, 2009, 9면.
19) 김용진, 위의 책, 10면.

에 세우고, 법원의 재판절차는 이러한 수사기관의 결론을 확인하는 의미가 강하여 기소되어 재판을 받는 피고인에 대한 무죄율이 매우 낮을 수밖에 없다.

결국 프랑스 및 독일과 같은 대륙법계 형사사법 원리는 첫째, 범인 발견과 증거 수집을 위한 수사활동을 단순한 국가작용(치안질서)이 아닌 형사사법작용으로서 사법관에 의한 사법적 통제하에 두어야 할 것으로 보는 점, 둘째, 그 주재자를 판사와 동격의 사법관인 검사로 한다는 점에 있다.[20] 이에 따라 종전에 행해지던 광범위한 경찰작용 중 범죄수사와 소추에 관한 영역은 사법작용으로서 법치주의에 기한 사법적 통제를 받게 되고, 그 감시통제 임무는 국가를 대표하는 새로운 사법관인 검사가 이를 맡게 된 것이며, 이것이 프랑스를 시발로 하는 검사제도에 의한 형사사법 구조의 기본원리이다.[21]

Ⅲ. 제도적 특징

1. 직권주의 소송구조

직권주의 형사사법체계는 공판절차를 주재하는 법원과 공판전 절차를 주재하는 검찰 및 공판전 절차에서 수사활동의 대부분을 담당하는 사법경찰로 권력이 분배되어 있다. 그런데 직권에 의한 조사 특히 피고인(피의자)에 대한 조사가 직권주의의 특징인데, 법원의 직권조사가 너무 초기단계부터 시작되어 판결에까지 이르면 객관성을 유지하기 어려우므로 공판전 조사절차를 두어 사실심 법원으로 하여금 수사활동으로부터 자유롭게 하였으며, 공판전 단계의 조사권한도 쪼개서 중죄사건의 공판전 조사는 원칙적으로 예심판사가 하게 하는 등 조사권한을 여러 단계로 나누는데, 프랑스는 이러한 구조를 현재에도 유지하고 있으나, 독일에서는 효율성의 측면에서 예심판사제도를 폐지하고 공판전 조사절차인 수사절차를 검사가 주재하도록 하였다.

반면, 법원의 역할은 원고와 피고 사이의 공격과 방어, 즉 당사자 사이의 형사소송을 이끌어가는 심판으로서의 역할을 맡아서 하는 것이 아니라 수사기관의 수사결과를 토대로 신분이 보장된 독립된 법률전문가의 입장에서 법원 주도적으로 국가수사기관이 범죄혐의자로 인정하여 기소한 자가 실제 범인이 맞는지 여부를 가리는 것을 그 임무로 한다. 따라서 피고인의 인권보장과 함께 실체진실의 발견이 형사소송의 또 다른 중요한 가치가 된다.

경찰조직도 영미법계와 달리 철저한 자치경찰이 아니다. 이러한 구조 아래서 직권주의적 형사사법체계는 권력을 분점한 법원, 검찰, 사법경찰이 힘의 균형을 유지하면서

---

20) 방희선, 「검사 영장청구권의 법적 의의와 타당성 검토 (上)」, 법조 제62권 제1호(통권 제676호), 법조협회, 2013, 10면.

21) 방희선, 위의 논문, 10-11면.

한 기관이 다른 기관을 견제하거나 통제하는 방식으로 기관간 통제구조를 갖는다. 즉 중앙집권적인 사법경찰의 수사를 검찰이 지휘권을 가지고 통제하고, 검찰의 처분 등을 법원이 통제하며, 예심제도를 두는 경우는 중죄사건 수사를 담당하는 예심판사를 검사가 통제하고, 예심결과에 의견을 제시한다. 또한 공판절차에서도 검사가 법원을 견제하고 법원의 오류를 상소권 등으로 견제하는 것이다.

2. 사법경찰의 개념 및 수사지휘의 형태

검사제도가 시작된 프랑스와 이를 계승한 독일, 이탈리아, 스코틀랜드 등 대륙법계 국가에서는 검사의 사법경찰에 대한 수사지휘권이 확립되어 있다. 왜냐하면 수사는 범죄 발생 이후에 사법적으로 국가 형벌권의 존부를 규명·확정하는 절차인「검찰권(Justiz)」에 속하는 권능으로, 치안유지 내지 위험방지 등을 목적으로 하는「경찰권(Polizei)」작용과는 근본적으로 다른 것임이 확고히 인식되어 있기 때문이다.

【표 2-1】 대륙법계 국가에서의 행정경찰과 사법경찰의 차이점

범죄발생 및 수사권발동 이전	범죄발생 및 수사권발동 이후
행정권	사법권
(경찰)행정작용(Polizei)	(형사)사법작용(Justiz)
현장성 중시	절차과정 중시
치안 유지·위험 방지를 위한 질서확립·범죄예방·진압 활동	형벌권의 존부 확인을 위한 수사·기소·재판 활동
행정경찰(Schutzpolizei)이 담당	검사 및 그 지휘를 받는 사법경찰(Kriminalpolizei)이 담당
연방경찰청(Bundespolizeiamt)	연방수사청(BundesKriminalamt)

즉, 권력분립상 수사는 본질적으로 행정작용이 아니라 사법작용이므로 수사권은 사법관(수사판사, 치안판사 등)이나 준사법관인 검사에게 귀속되는 것으로 본다. 따라서 대륙법계에서는 형사사법을 담당하는 국가 사법관료(판사, 검사)가 '사실을 규명(확정)'하는 자로서 역할하며 '스스로 조사활동'을 수행하는 형사사법 체계가 형성·정착되어 있다.

이에 따라 대륙법계 국가에서는 규문주의 형사사법의 폐해를 해결하기 위하여 소추 시점을 전후로 전(前)단계 사실규명(수사)의 책임은 검사에게, 그 후 단계 사실확정의 책임은 판사에게 맡겨 검사와 법원이 서로 견제토록 하는 "사법권력의 분할"에서 그 방안

을 찾았던 것이다. 다만, 소수인 검사가 모든 수사활동을 직접 담당할 수 없으므로 수사를 보조할 인력이 필요하게 되며, 이 보조인력이 바로 「사법경찰」로서 행정경찰과 엄격히 구별되는 개념인 것이다. 그리고 이러한 사법경찰의 구성방법으로는 사법기관 내에 별도로 설치하는 방법과 행정경찰 일부를 사법경찰로 지명하는 방법이 있는바, 우리나라를 비롯한 대부분 대륙법계 국가가 후자의 방식을 채택하고 있다. 따라서 검사의 수사지휘가 전제되지 않는 사법경찰의 수사란 성립될 수 없는 것이며, 사법경찰이 수사권을 보유하고 수사주체로 활동하는 근거가 바로 **'검사의 수사지휘'**에 있는 것이다.

그런데 대륙법계 국가 중 프랑스처럼 사법관인 수사판사[22]가 수사를 직접 담당하여 수사권의 귀속과 개념에 대한 인식이 정착된 나라에서는 수사권독립 논쟁의 소지가 적다. 그러나 독일이나 우리나라처럼 수사판사 제도 없이 대부분의 수사를 검사의 지휘하에 경찰이 담당하는 체계에서는 경찰이 다시 수사상 큰 권력으로 등장하여 경찰이 독자적 수사권을 행사하던 과거 규문시대로 회기하려는 시도가 지속될 가능성이 있다. 더욱이 경찰이 초동수사를 하는 경우, 행정경찰과 사법경찰의 구분이 명확하지 않은 우리나라에서 과거 검사의 지휘를 받지 않는 초동수사와 그 이후의 수사를 동일한 (사법)경찰이 계속하는 경우에 그 한계가 불명확해질 수밖에 없는데,[23] 바로 이 점 때문에 검사의 사법경찰에 대한 수사지휘가 논란이 된 것이다. 따라서 독일의 수사권독립 논쟁과정을 보더라도 학자들의 실증적 수사실무 연구를 통해 검사의 지휘가 미치지 못하는 광범위한 경찰수사 영역이 존재함을 확인, 그 폐해를 방지하기 위하여 검사의 수사주재자로서의 지위 강화가 오히려 논의되고 있는 실정이다.

3. 참심재판 및 심급제도

사법참여의 유형으로는 크게 두 가지로 나눌 수 있는데, 전문가가 재판에 참여하는

---

22) 종래에는 예심판사로 번역하는 것이 일반적인 관행이었으나, 프랑스 형사절차상의 예심제도는 미국과 달리 실질적으로 수사기능과 다른 점이 없다는 점에서 근래에는 수사판사라는 용어를 많이 사용하고 있으며(한명관, 「프랑스 형사소송절차 개관」, 법조 제46권 제5호(통권 제488호), 법조협회, 1977, 235면), 판사라는 명칭에도 불구하고 우리나라의 검사와 유사하게 수색·압수·통신감청, 사법경찰에 대한 수사지휘(공조촉탁의 방식)를 통한 수사, 피의자 및 증인신문 등을 한다.

23) 2019. 2. 20. 정책토론회(자유한국당 곽상도·정종섭 의원/한국형사소송법학회 공동 주최)에 참석한 모 경찰관이 치안활동을 하다가 범죄현장을 발견한 경우 사건을 신속하게 처리해야 하므로 범죄예방(진압)과 수사는 분리될 수 없다고 강변을 하던데, 기본적으로 현장성이 중시되는 영역(상황)은 행정경찰(질서행정)의 영역이며, '수사'란 현장성이 마무리된 후, 범죄의 혐의유무를 명백히 하여 공소의 제기 및 유지여부를 결정하기 위하여 범인을 발견·확보하고 증거를 수집·보전하는 수사기관의 활동을 말하는 것이므로, 행정작용(일반경찰)과 사법작용(사법경찰)은 개념적으로 분리가 가능한 것이다.

참심제(參審制)와 일반국민이 재판에 참여하는 배심제(陪審制)가 그것이다. 참심제는 독일 뿐만 아니라 프랑스·이탈리아·오스트리아 등 대륙법계 형사사법구조에서 채택하고 있다.

참심제의 장점은 대체로 배심제의 장점과 유사하나, 배심제에 비하여 비용이 적게 들게 된다는 점에서 효율적이고, 전문지식이 필요한 소송에서 전문가를 활용할 수도 있다. 반면에 평의와 평결에 있어 직업법관이 함께 참여하므로 사실상 법관이 사실판단 및 법적용을 주도하게 되어 참심원이 일종의 들러리 역할에 머물 수가 있다. 왜냐하면 직업법관과 일반시민인 참심법관이 대등한 위치에서 합의한다는 것은 사실상 기대하기 곤란하고, 참심법관이 직업법관의 영향을 받을 수밖에 없으므로 형식적인 역할에 그칠 가능성이 크기 때문이다.

한편, 헌법에 의하여 신분과 독립성을 보장받고 있는 법관으로 하여금 유·무죄를 가리게 하면서, 1회의 재판만으로 발생할 수 있는 오류를 방지하기 위해 3심제도를 원칙으로 한다.

4. 형벌권의 근거

피고인에게 형벌을 과함에 있어 그 판단의 기준은 국가이고 피해자가 아니다. 따라서 피고인이 여러 건의 살인죄를 범한 경우 형벌을 과함에 있어 여러 건의 범죄를 전체적으로 보고 그에 따라 어떠한 형벌이 적정한지를 국가의 입장에서 판단하여 결정한다. 그 결과 여러 건의 범죄(경합범)를 범한 피고인에게 선고되는 형은 하나의 형이 원칙이다.

5. 불구속재판 및 무죄추정의 원칙

수사기관의 수사 결과 피의자의 자백과 참고인의 진술 또는 물적 증거 등으로 범죄의 전모가 드러난 이상 일정한 기준 예컨대 증거인멸, 도주우려, 재범가능성, 피해자나 증인에 대한 위해 가능성, 사안의 중대성 그리고 실형가능성 등의 기준에 따라 구속할 자는 구속하고 불구속할 자는 불구속 상태에서재판을 받도록 하는 것이 원칙이다.[24]

또한 무죄추정의 원칙도 대륙법계 국가에서는 피고인의 유·무죄가 명확하지 않은 경우 입증책임을 검사가 부담하므로 유죄확정판결 전에는 무죄로 추정하여 피고인에게 유죄판결에 따르는 불리한 처분을 미리 하지 못하게 하는 의미로 보아야 한다(in dubio pro reo).

---

[24] 우리나라의 구속사유인 '증거인멸 및 도망 내지 도망할 염려'를 기준(형사소송법 제70조)으로 대부분의 피고인을 불구속상태에서 재판하도록 하는 것은 영미제도의 오해에서 비롯된 것으로 보인다.

6. 형사미성년제도

국가가 국민 중에서 죄를 지은 자를 처벌하는 대륙법계 국가의 경우 일정 연령 이하의 자에 대하여는 형벌을 가할 수 없는 형사미성년제도를 채택하고 있다. 특히 독일의 경우 검사선의제도(檢事善意制度)를 채택하고 있으므로 검사의 기소가 있는 경우에만 소년법원은 심리에 들어갈 수 있는데(JGG 제2조, 제45조, 제46조), 그 절차는 예비절차(Vorverfahren)와 심판절차(Harptverfahren)로 나누어져 있으며, 소년법원은 범죄소년에 대하여 그 범죄와 책임성을 확정함과 동시에 소년의 요보호성과 교육가능성을 과학적으로 조사하여 보호처분, 징계처분, 형사처분을 하게 된다. 이와 관련하여, 독일 형사소송법 제112조 제1항은 성인범에 대한 구속요건으로 ① 범죄행위에 대한 상당한 혐의(dringend Tatverdacht), ② 구속사유(Haftgrund)의 존재, ③ 구속의 상당성 내지 비례성(Verhältnis)의 원칙을 요구하고 있는 반면, 범죄소년의 미결구금은 성인의 형사소송절차와는 상이한 면이 있는데, 원칙적으로 심리에서 어떤 교육적 수단을 부과할 것인가를 충분히 파악하기 위한 임시조치라고 할 수 있다. 따라서 구금은 교육적인 관점에서만 집행되는 것이다.

7. 소송비용

국가형벌권을 전제로 하는 대륙법계 국가의 경우 국가형벌권에 따라 국가가 죄를 지은 자를 붙잡아 형벌을 과하는 재판과정에서 소송비용이 소요되었다고 하여 이를 피고인에게 부담하게 하는 것은 논리적으로 어려운 일이다. 따라서 대륙법계 국가에서 피고인에 대한 유죄판결을 선고하면서 피고인에게 재판과정을 통하여 국가가 지출한 소송비용을 부담하도록 하는 일은 거의 없다. 마찬가지로 피고인이 법원에서 무죄판결을 선고받은 경우라 하더라도 피고인이 국가를 상대로 소송비용을 청구할 수 있는 것은 아니다. 다만, 피고인이 구속·기소되어 재판을 받아 무죄판결을 선고받은 경우에는 국가로부터 형사보상을 받게 된다.

8. 법정모욕

국가형벌권을 전제로 하면 피고인의 법정모욕행위에 대하여도 죄형법정주의에 따라 처벌규정을 두고 그에 위반한 자를 다른 범죄의 경우와 마찬가지로 국가에서 수사와 기소 그리고 재판을 통하여 처벌하면 된다. 따라서 법정모욕이 다른 범죄와 달리 취급될 이유가 없다.

9. 양형의 기준

독일의 경우 Graβberger, Haag를 중심으로 수학적인 공식을 이용한 수량적 모델의 도입 논의가 있었지만,[25] 크게 주목을 받지는 못했으며, 주로 양형의 원칙에 관한 논의를 중심으로 양형에 관한 이론과 실무가 발전해 왔다.[26] 이는 일반적으로 양형의 기본원칙으로서 책임원칙을 택하되 특별예방의 관점을 가미한 것으로 풀이되고 있다. 다만, 독일은 형사소송절차상 양형통제를 위한 실효성 있는 장치를 마련하였는데, 이는 합리적 양형통제를 위한 양형원칙의 법제화에도 불구하고 형법 제46조 제1항 문언의 불확정성과 추상성 때문이다. 이를 위하여 독일 형사소송법 제267조 제3항은 판사의 양형이유 설시의무를 구체화하였는데, 유죄판결의 이유에 적용된 형법규정을 명시하고 양형의 결정적인 사정을 명시하도록 하였고, 형의 감경사유의 적용과 관련해서는 그 사유의 존재 인정 여부에 대한 판단을 명시할 것과 형법에 따라서 일반적으로 특히 중한 경우에 해당하는 요건이 인정된 때에는 특히 중한 경우를 인정하지 아니한 이유를 명기하여야 하며, 이러한 요건이 없음에도 불구하고 특히 중한 경우가 인정된 때에도 이를 준용하여 그 이유를 명시하도록 하였고, 형의 집행유예나 선고유예를 선고하는 경우 또는 그러한 집행유예(또는 선고유예)를 배척하는 경우에도 각기 그 이유를 명시하도록 하였다.

---

25) 오병주, "양형의 합리화방안에 관한 검토", 해외연수검사연구논문(2000) 참조.
26) 독일형법 제46조 ① 행위자의 책임은 양형의 기초이다. 행위자의 장래의 사회생활에 미치게 될 형벌의 효과가 고려되어야 한다.
   ② 양형에서 법원은 행위자에게 유리한 사정과 불리한 사정을 상호 비교형량하여야 한다. 여기서 특히 다음과 같은 사정이 고려되어야 한다.
   − 행위자의 동기와 목적
   − 범행에 의해 드러난 심정과 범행의지
   − 의무위반의 정도
   − 실행방식과 범행의 유책한 결과
   − 행위의 전력, 인적 관계와 경제적 상태
   − 범행후 행위자의 태도, 특히 손해의 원상회복을 위한 노력과 침해의 상쇄를 위한 행위자의 노력
   ③ 이미 법률의 구성요건요소인 사정이 고려되어서는 안 된다.

제2절 프랑스의 검찰제도

Ⅰ. 서 설

1. 프랑스 사법제도의 특징

프랑스 사법제도의 특징을 살펴보면, 첫째 행정법원과 사법법원이 엄격히 분리된 이원적(二元的) 구조로 되어 있으며,[27] 둘째, 상사사건에 관한 1심법원인 상사법원, 노사관계분쟁에 관한 1심법원인 노사조정법원, 주택·농지 등의 임대차에 관한 다툼을 관할하는 농사법원(農事法院), 사회보장에 관한 일반소송을 담당하는 사회보장법원 등 각 전문분야별로 많은 특별법원을 설치하면서 동시에 이러한 특별법원의 재판에 법률 문외한인 비직업 재판관을 관여시킴으로써 국민의 사법참여를 이루는 동시에 일반 법원의 업무량을 경감시키고 있고, 셋째 형사사건의 경우 검사의 예심수사개시청구(réquisitoire introductif)를 받은 예심수사판사가 사법경찰관을 통해 압수·수색을 하거나 피의자신문 등 수사를 전개하여 증거를 수집한 후 판결법원으로의 이송 여부를 결정하는 (예심)수사법원(juridiction d'instruction)과 위와 같은 예심수사판사의 이송결정 또는 그 외 방법으로 기소된 사건을 심리하여 판결을 선고하는 판결법원(juridiction de jugement)으로 기능상 분리하여 수사법원에 소속된 수사판사에게 예심수사를 담당시킴으로써 수사의 독자성을 제도적으로 보장하고 있다는 점이다. 즉 범죄수사를 위하여 검사와 사법경찰관에게 광범위한 수사권을 부여하고 있는 한편, 수사의 독립성·공정성을 보장하기 위하여 정치권력으로부터 중립적 지위에 있는 판사를 수사의 단계에 관여시켜 인권보장에 만전을 기하고 있는 것이다. 이처럼 형사사건의 판결법원과 수사법원(juridiction d'instruction)[28]

---

27) 프랑스는 대혁명 이래 행정소송사건에 대한 재판권은 행정법원에, 행정소송 사건 이외의 소송사건에 대한 재판권은 일반법원에 각 맡기고 있는데, 행정법원의 최고 정점에는 국사원(최고행정위원회)이 있고, 일반법원의 최고정점에는 파기원이 있다(각각의 기능에 대하여는 신태영, 프랑스의 사법제도, 법무부 법무자료 제211집, 433-442면 참조).

28) (예심)수사법원은 범죄수사를 담당하여 증거를 수집하고, 수집된 증거가 범인이 유죄판결을 받기에 충분한지 여부를 평가하여 판결법원으로의 이송여부를 결정하는 법원으로, 프랑스 법원은 기능상 예심수사법원과 판결법원(juridiction de jugement)으로 구별된다.

이 분리되어 있으며, 검사는 중요한 사건의 수사에 직접 나서지 아니하고 수사법원에 소속된 수사판사(juge d'instruction)가 중요사건의 예심수사를 담당함으로써 수사의 독자성을 제도적으로 보장하고 있다는 점에 특징이 있다.[29]

이러한 예심수사제도는 프랑스 형사절차의 큰 특징 중 하나로서, 이 경우 피의자는 검사의 예심수사개시청구에도 불구하고 피고인이 아닌 피의자(mise en examen)의 신분으로 예심수사판사의 수사를 받으며, 추후 예심수사판사의 이송결정에 따라 그 사건이 판결법원에 이송되면 비로소 피고인의 신분으로 재판을 받게 된다.[30]

이처럼 프랑스에서는 수사권이 수사판사, 검사, 경찰에 세분되어 있다. 즉, 형사소송법상 수사는 ① 검사의 지휘와 사법경찰이 행하는 수사(enquête), ② 수사판사가 담당하는 예심수사(instruction)로 나뉘고, 사법경찰이 행하는 수사(enquête)는 현행범수사(enquête de flagrance)와 내사를 거쳐 이뤄지는 인지수사 혹은 기획수사 성격의 예비수사(enquête préliminaire)로 나뉘어져 있다. 따라서 범죄의 단서가 될 수 있는 정보의 수집이나 범죄가 발생한 경우 범죄를 특정하고 범인을 확인할 수 있는 자료를 수집하는 기초수사는 사법경찰관의 의무와 권한에 속한다. 즉 사법경찰관은 형벌법규에 위반한 범죄를 검증하고, 증거를 수집하며, 범인을 수사할 임무를 지닌다(CPP 제14조).

한편 수사판사의 수사를 'l'instruction'라고 하는 반면, 사법경찰의 수사는 'l'enquête'라 부르는데 사법경찰의 수사는 현행범수사(l'enquête de flagrante)와 예비수사(l'enquête préliminaire)로 구별된다. 현행범수사와 예비수사는 '범죄의 현행성' 여부를 기준으로 나뉘는데, 각 수사별 개시요건·수사절차·압수수색과 같은 수사방법이 달리 규율된다. 특히, 현행범수사의 경우에는 사법경찰[31]도 기초자료 수집의 정도를 넘어 상당한 범위까지 사건의 실체를 확인하는 조사를 벌일 수 있도록 권한을 부여받고 있다.

검찰에게도 소송법상으로 수사권이 부여되어 있으나, 실무상 직접 수사를 하는 것

---

29) 예심수사 결과 범죄혐의를 인정하는 것이 어렵다고 판단되면 (예심)수사판사는 무혐의결정을 하며 그 반대의 경우에는 기록을 판결법원에 이송하는데, 이송된 죄가 중죄에 해당하면 중죄법원이, 경죄에 해당하면 경죄법원이, 위경죄에 해당하면 경찰법원이나 근접법원이 각 재판을 담당한다. 그리고 중죄법원의 재판에는 3명의 판사와 9명의 배심원이 참여하는데 특이한 것은 12명이 표결로 유죄와 형량을 결정한다는 점이다(김영기, "프랑스 형사절차의 현재와 개혁동향", 형사소송이론과 실무, 2009. 창간호, 한국형사소송법학회, 101면).

30) 김영기, 앞의 논문, 106면. 프랑스 예심수사제도와 예심수사판사의 업무 등에 대해 상세한 것은 이진한, "프랑스 수사판사제도에 관한 고찰", 해외연수검사논문집 제15집(1999), 475면; 박재억, "프랑스 예심제도 실무", 대검찰청(www.spo.go.kr) 해외연구자료(2007) 참조.

31) 형사소송법(CPP) 제15조 사법경찰은 다음의 자를 포함한다.
   1. 사법경찰관
   2. (1987.7.8.자 법률 제78-788호) <사법경찰리 및 사법경찰 보조원>
   3. 법률에 의하여 특정한 분야의 사법경찰권을 부여받은 공무원 및 직원

이 아니라 사법경찰에 대한 수사지휘나 수사판사에 대한 수사청구를 통하여 사실상 수사의 주재자적 역할을 하고 있다. 즉 직접 수사를 담당하지는 않고 사법경찰에 대한 수사지휘, 수사판사에 대한 수사청구를 통한 본격적인 수사착수 여부의 결정, 수사판사의 수사과정 중 중요 수사행위에 대한 의견제시, 수사범위의 조정 등을 통해 수사를 주재하는 역할을 한다.

한편 프랑스의 경우 우리나라와 같은 형식적인 삼권분립제도는 존재하지 아니하며, 재판도 법 집행의 한 형태라는 사고에 따라 사법기관이 행정부에 소속되어 있다. 즉 우리나라의 대법원에 해당하는 파기법원을 비롯한 각급 법원은 모두 행정조직상 법무부 소속이며, 법원의 행정업무 전반을 관장하는 부서로서 우리나라의 법원행정처와 같은 조직도 없으며, 법무부장관이 검찰·법원에 대한 예산·인사 등 모든 사법행정사무를 통괄하고 있다.[32]

2. 2004. 3. 9.자 형사소송법(Perben II)의 개정내용

2004. 3. 9.자 개정 형사소송법은 당시 법무성장관(ministre de la justice)인 Dominique Perben의 이름을 붙여 "Perben II"라고도 불리나, 정식 명칭은 『범죄의 발전에 따른 사법의 대응에 관한 법률』로서, 구체적인 내용을 살펴보면, 제1장은 조직범죄 등 특정범죄에 대해 형법과 형사소송법의 효과를 강화하기 위한 개략적인 사항을, 그리고 제2장은 형사소송절차를 현대화하고 그 효율성을 증진시키기 위한 여러 가지 수단들과 유럽 인권회의와 유럽재판소의 판례에 부합시키기 위한 사항들로 규정되어 있다.[33] 특히 위 개정 법률은 경찰·검찰의 수사단계에서 검사의 권한을 강화시키고 있는데, 첫째, 형사소송법 제706-73조에 해당하는 범죄에 관하여 검사의 주도로 진행하는 검·경의 수사단계 및 수사판사가 진행하는 예심수사단계에서 적용될 수 있는 특별한 수사방법에 관하여 규정하고, 다만 검·경의 수사단계에서는 석방구금판사의 통제를 받도록 하고 있다(CPP 제706-80조 이하). 즉 종래에는 인정하지 않았던 수사단계에서의 감시 (surveillance), 야간의 압수수색(perquisition), 재산거래금지(gel des avoirs), 특정 장소나 차량에 대한 도청(sonorisation), 잠입(infiltration), 초기수사단계에서의 전화감청(interception téléphonique), 보호유치(garde à vue)의 4일까지의 연장 등 특별규정을 신설하였다. 또한 종전에는 도주한 경죄의 피의자를 관할법원에 인치할 목적으로 구인영장(mandat d'amener)을 발부하기 위해서는 예심수사를 개시하여야 하는 불편함이 있었으나, 개정 법률은 검사에게 새로운 권한을 부여하여 중죄 또는 구금형 3년 이상의 경죄를 범하였

---

32) 자세한 내용은 신태영, 「프랑스 사법제도」, 법무부 법무자료 제211집(1997), 90면 이하.

33) 김유철, "프랑스의 2004년 개정 형사소송법에 관한 연구 – 유죄를 인정한 경우의 특례절차를 중심으로", 해외연수검사 연구논문, 11면.

다고 의심할 만한 사유가 있는 피의자를 체포하기 위하여 검사로 하여금 직접 수색영장 (mandat de recherche)을 발부할 수 있도록 하였는데, 이 수색영장에 의하여 발견된 피의자는 보호유치할 수 있고, 이는 피의자를 발견한 곳의 사법경찰관도 같은 권한을 가지며, 영장을 발부한 검사에게 그 체포 직후에 즉시 보고해야 하고, 검사는 그 보호유치 기간 중에 그 사건조사를 담당할 지역으로 피의자를 인도하도록 명령할 수 있다(CPP 제70조).

둘째, "체계적인 사법대응의 원칙"을 규정하여 전통적인 기소편의주의 원칙을 재확인하였는데, 범죄사실과 피의자가 밝혀진 경우에도 검사는 기소, 기소대체수단, 불기소처분을 적절하게 선택할 수 있다는 것으로,34) 이미 시행중인 형사합의제도나 새로 입법한 "유죄를 인정한 경우의 특례절차"의 근거규정을 마련한 것이다(CPP 제495-7조 내지 제495-16조). 즉 검사가 법정형 5년 이하의 형에 해당하는 범죄의 혐의를 인정하는 피의자에게 1년 이하의 실형이 포함된 하나 또는 수 개의 형벌을 제안할 수 있도록 하였는데, 피의자가 이 제안에 동의한 경우에는 제안된 형벌은 그 경죄사건 관할 지방법원장의 승인에 의하여 판결과 같은 효력을 지닌다.

Ⅱ. 일반수사기관으로서의 사법경찰관리의 지위

1. 사법경찰의 탄생배경

치죄법은 수사판사에 의한 예심수사에 있어 경찰에 대한 수사권의 위임을 허용하였고, 사건의 폭증으로 인하여 실무상 예심수사판사에 의해 직접 수행되는 중요한 중죄수사 이외에는 사법경찰에 대한 수사위임을 통해 수사가 이루어졌으며 이에 따라 경찰내에 사법수사와 관련된 특별수사기구가 창설되게 되었는바, 이것이 프랑스에 있어 사법경찰(police judiciaire)이 탄생하게 된 배경이 되었다35)고 한다. 다만 당시의 사법경찰은 특정한 경찰의 조직을 의미하는 것은 아니었고 사법경찰권을 행사하는 직무집단(service)의 개념이었는데, 그 이유는 경찰공무원 외에 사법경찰 자격이 부여된 다른 행정공무원도 사법경찰권을 행사하였기 때문이라고 한다.36)

---

34) 형사소송법(CPP) 제40-1조. 제40조의 규정을 적용하여 밝혀진 사실이 범죄를 구성하고, 그 신원과 주소가 확인된 행위자에게 어떠한 기소장애사유가 없을 경우라도, 검사는 다음 중 적절하다고 생각되는 결정을 할 수 있다.
 - 기소
 - 제41-1조(기소대체수단) 또는 제41-2조(형사합의)를 적용한 기소대체조치
 - 정당화할 수 있는 특별한 범죄 배경이 있는 경우의 불기소처분

35) 김종민, 「각국의 사법경찰제도에 관한 연구」, 검찰미래기획단, 2006, 17면.

36) Gaston stefani 외 2인, Procédure pénale 18판(2001), p.349.

그 후, 2차대전 당시 Vichy 정부하에서 자행되었던 나치경찰의 가혹행위와 야만성은 해방 이후 경찰의 권력남용에 대해 여론으로 하여금 각별한 주의를 기울이도록 하였고 입법자들과 법률가들은 개인의 자유를 보호하고 인간을 존중할 수 있도록 수사과정에서의 사법적 통제를 강화하는 방향으로 새로운 형사사법체계의 수립에 착수하였는데, 그 결과 150년간 시행되어 오던 치죄법이 폐지되고 1957년 12월 31일 이를 대체하는 형사소송법이 공포된 것이다. 동 형사소송법은 개인의 자유보호와 사법관의 권한강화에 가장 주안점을 두었는데, 예컨대 사법관의 완전한 독립성 보장, 고등검사장이 감독하고 있던 수사판사와 치안판사에 대한 감독권 배제, 중죄법원 소추부의 통제하에 있던 1심 검사에 대한 통제권 배제 등의 개혁조치를 취하면서 지방검찰청 검사에게만 사법경찰권을 갖도록 하고 아울러 검사에게 사법경찰권을 부여할 수 있는 권한 및 특권을 보유 (CPP 제41조 제4항)하도록 하였다고 한다.[37]

2. 사법경찰과 행정경찰의 분리

사법경찰의 개념은 두 가지로 정의되는데, 하나는 형법상 범죄를 인지하고 증거를 수집하며 예심수사가 개시되기 전 범인수색을 하는 행위의 총체이고, 다른 하나는 위와 같은 행위를 하는 공무원을 호칭하는 개념으로서의 사법경찰을 의미한다. 이러한 사법경찰의 임무는 형사상 제재규정의 준수여부를 감시하고 그에 위반한 범죄를 인지하며, 범죄인지를 위해 권한있는 기관에 의해 위임된 증거수집, 피의자수색 등 모든 행위를 집행하고 특히 수사판사의 수사지휘사항을 집행하는 것이므로, 사법경찰의 직무가 발생한 '범죄의 진압'을 위한 수사(investigation répressive) 등 제재적 활동을 주로 의미하는 반면, 행정경찰(police administrative)은 사회의 안전과 위생, 평온의 유지 등 공공질서유지를 위한 활동과 '범죄예방'과 관련된 직무를 주로 수행한다. 따라서 행정경찰과 사법경찰은 엄격히 구분되며 행정경찰은 행정권에 속하고, 사법경찰은 사법권의 영역에 속한다.

일찍부터 프랑스는 1790년 8월 16일 및 24일 법률을 통해 행정권과 사법권을 엄격히 분리하여 행정경찰행위와 관련된 사안의 법원에의 수리가 금지되었고, 행정관리에 의한 법원의 사법적 행위에 대한 관여도 금지되었으며, 1795. 10. 5. 형법전(le Code des délits et des peines du 3 Brumaire de l'An IV) 제1편(livre premier)에 최초로 규정되었다.

그런데 사법경찰과 행정경찰을 엄격히 구별해야 하는 이유는 바로 행정경찰은 소속 행정기관에 의하여 직무상 감독과 지휘를 받지만, 사법경찰은 검사에 의해 지휘를 받고 관련규정에 따라 통제받기 때문이다. 이는 현실적으로 경찰조직내 지휘계통에 따라 사법경찰의 직무수행에 대해 조직내 상관인 행정경찰의 부당한 관여나 통제로부터 배제되어

---

37) 김종민, 앞의 논문, 18면.

야 한다는 당위성의 측면에서도 인권보장과 수사의 공정성확보와 관련하여 매우 중요한 의미를 갖는다. 인사와 예산권을 가지고 있는 경찰조직의 수장이 이를 바탕으로 사법경찰의 수사에 부당히 개입할 소지나 위험성은 언제나 존재하기 때문이다. 또한 법리적으로도 행정권을 행사하는 행정경찰이 사법권의 영역인 수사권을 행사하는 사법경찰을 지휘통제하게 되면 헌법상 규정하고 있는 권력분립에 정면으로 반한다는 문제도 있다. 이에 따라 행정경찰은 경찰내부의 조직적·위계적 통제를 받고 그 위법여부에 대한 심사를 행정법원이 하지만, 사법경찰은 조직적으로는 경찰에 속함에도 불구하고 검사의 지휘를 받으므로 그 위법여부를 사법법원에서 심사한다.[38]

【표 2-2】 프랑스 행정경찰과 사법경찰 관련 1790년 형사소송법 규정

제16조 경찰은 공공질서, 개인의 자유와 재산, 안전을 보호하기 위하여 설립된다. § 16 La police est institée pour maintenir l'ordre public, la liberté, la propriété, la sûreté individuelle.
제17조 경찰의 주된 임무는 순찰이다. 전체적으로 보았을 때 사회는 경찰의 보호 대상이다. § 17 Son caractère principal est la vigilance. La société, considérée en masse, est l'objet de sa sollicitude.
제18조 경찰은 행정경찰과 사법경찰로 구분된다. § 18 Elle se divise en police administrative et en police judiciaire.
제19조 행정경찰은 각 일반 행정기관에 소속되어 각 소관사무에 관한 통상적인 공공질서를 유지하는 것을 목표로 한다. § 19 La police administrative a pour objet le maintien habituel de l'ordre public dans chaque lieu et dans chaque partie de l'administration générale.
제20조 사법경찰은 행정경찰이 예방하지 못한 (경)범죄를 수사하고, 증거를 수집하며, 법률에 따라 형사처벌을 담당하는 법관에게 범인을 송치한다. § 20 La police judiciaire recherche les délit que la police administrative n'a pas pu empê cher de commettre, en rassemble les preuves, et en livre les auteurs aux tribunaux chargés par la loi de les punir.

다만 경찰의 어떤 직무행위가 행정경찰적 행위인지 또는 사법경찰적 행위인지의 구분은 위와 같은 의미에서 중요하다 아니할 수 없지만, 그 구분은 양자가 복합되어 이루어지는 경우도 많다는 점에서 그에 대한 법이론적 견해도 매우 복잡하고 다양하게 전개

---

38) 이윤제, "개정 경찰법의 시법경찰과 행정경찰 분리", 형사법의 신동향 통권 제72호(2021.), 대검찰청, 33면.

되고 있다.[39] 통상 사법경찰과 행정경찰을 구분하는 기준으로는 수행한 행위의 목적에 따라 구분하는 견해가 다수를 차지하는 바, 공공질서의 유지 내지 범죄예방적 행위인지 또는 발생한 범죄의 진압을 위한 수사와 관련된 행위인지에 따라 구별한다[40]고 한다. 판례도 행위의 목적에 따라 양자를 구분하는 견해를 주로 취하고 있으며, 최근에는 '권한의 범주'(blocs de compétence)라는 개념으로 해석하는 경우가 많다고 한다.

3. 사법경찰의 조직

프랑스 경찰의 기원은 13세기로 거슬러 올라가지만, 근대 경찰제도는 1791년 7월 19/22 데크레(décret)로 지방경찰(police municipale)이 창설된 것을 계기로 각 지방마다 지방경찰이 공공치안을 담당하였으며, 이와 별도로 전쟁부 소속이었던 헌병대도 오랜 경찰조직을 보유하고 있었고 주로 시골지역과 주요 간선도로의 경비를 담당하였다.

그런데 Ben Barka사건[41]을 계기로 1966. 7. 9.자 법률에 의하여 내무부 국가치안국(la Sûreté Nationale)과 파리지방경찰국(파리경시청)(la Préfecture de police de Paris)[42]의 실행조직을 통합하여 국가경찰(la Police nationale)[43]로 일원화시킴으로써 1만 이상의 도시치안은 국립경찰이 담당하도록 하였으나, 인구 1만 이하의 촌락지역(commune)과

---

39) 황문규, "형사법 편향적 경찰활동에 대한 비판적 고찰", 경찰법연구 제18권 제2호, 57－58면(경찰법적 경찰활동과 형사법적 경찰활동이 동시에 이루어지거나 시간·장소적으로 밀착한 상황에서 이루어지게 되는 경우에는 두 가지 활동이 명확히 구별되지 않을 수 있다. 이처럼 이중적 측면이 공존하는 경우에는 중점이론에 따라 사건의 전체적인 인상을 기준으로 어느 측면에 더 중점이 있는지를 선택할 필요가 있다).

40) 김종민, 「각국의 사법경찰제도에 관한 연구」, 검찰미래기획단, 2006, 22면.

41) 1965년 10월 모로코 왕정에 반대하던 재야지도자 Ben Barka가 프랑스 파리에서 납치되어 그 이후 살해된 것(시신은 찾지 못하였다고 함)은 프랑스 사회에 엄청난 충격을 준 사건으로서, 납치과정에 프랑스 정보경찰과 사법경찰이 개입되었고 당시 사법경찰은 검사에 대한 형사소송법상 보고의무를 이행하지 아니하고 직속 상관에게만 보고한 것이 문제되어 형사소송법 개정을 통해 경찰조직 및 사법경찰에 대한 검사의 수사지휘 통제를 대폭 강화하는 계기가 되었다.

42) 파리지방경찰국의 기원은 프랑스 혁명 이전의 구체제 시대로 거슬러 올라가며, 경찰권이 부여된 것은 Seine道에서의 경찰업무를 담당하도록 규정한 1800년 7월 1일 명령과 1853년 6월 10－15 법률에서 비롯되었는데, 제도개혁으로 국가경찰이 창설될 때도 그 명칭과 그 기능은 그대로 유지되었으며, 현재 파리와 오 드 센느, 센느 생 드니, 발 드 마른道 등 수도권 지역의 치안유지와 범죄수사업무 등을 담당하고 있다(김종민, 앞의 논문, 31면)고 한다.

43) 내각에서 임명되는 내무부 장관 산하의 경찰국 소속으로 11개 室 또는 局이 있고 6개 직속기관(마약수사단, 테러방지대책반, 마피아대책반, 내무부 보안처, 기동순찰단, 수색·지원·개입·억제단)이 있는데, 우리와 달리 내무부의 외청으로 독립되어 있지 아니하며, 2002년 6월 1일 현재 145,765명의 인력(파리지방경찰국 포함)에 사법경찰국 소속직원은 4,228명이라고 한다(자세한 내용은 김종민, 앞의 논문, 24－30면 참조).

도시 교외의 인구가 작은 지역에는 面·里長이 경찰임무수행자를 자치적으로 모집하고
배치하는 자치경찰이 담당하고 있다. 다만, 인구 5,000명이 넘는 마을(la villa)에는 국가
경찰인 경찰서장(commissaire)이 배치되어 자치경찰을 지휘하며, 그밖에 전국적으로 헌병
(2009년 이전은 국방부 소속)[44]이 배치되어 경찰의 임무 등을 수행하고 있다[45]고 한다.

이처럼 프랑스 사법경찰제도에서 특이한 것은 국가헌병[46]이 일반 행정경찰과 사법
경찰의 기능을 수행하고 있다는 점인데, 헌병은 나폴레옹 시대부터 경찰의 업무를 담당
하여 왔으며, 원칙적으로 작은 도시와 지방의 순찰업무를 담당하고 주로 도로교통질서에
관련된 업무를 처리하며, 특히 시골의 경찰업무는 원칙적으로 이들이 수행하고 있는 실
정이다. 결국 프랑스의 경우 1만 이상 도시의 치안은 국립경찰이, 1만 이하 도시의 치안
은 자치경찰이 담당하고, 군인경찰(헌병)도 경찰업무를 수행한다는 점에서 경찰조직의
다원성을 특징으로 꼽을 수 있을 것이다.

한편 프랑스의 사법경찰관리는 일반 경찰공무원 중에서 임명하도록 되어 있는데,[47]
권한범위에 따라 사법경찰관,[48] 사법경찰리,[49] 보조사법경찰리[50]의 세 가지로 분류되고

---

44) 헌병은 신분은 군인이지만, 군 관련사건 이외에 세관업무, 출입국관리와 주요 도시의 주요건물
보호, 순찰, 테러와 폭동진압 등 일반 치안도 담당하는 정복경찰이며, Décret du 20 Mai 1903
에 의하여 설치되었다(CPP 제51조 이하, 동 제81조 이하 참조).

45) 김종구, 형사사법개혁론 – 새로운 패러다임의 비교법적 모색 –, 299–300면.

46) 국가헌병은 파리헌병단(la garde républicaine)이나 항공·해상헌병과 같이 특수한 조직을 제외
하면 크게 지역헌병(gendarmerie départemental)과 기동헌병(gendarmerie mobile)의 두 가지로
분류되는데, 먼저 전자의 경우 1983년 현재 프랑스 전국의 邑(canton)마다 5명 내지 40명으로
구성된 3,676개 소대(brigade)를, 郡(arrondissement)에는 중대(compagnie)를, 道(département)
에는 대대(groupement)를 두고 있으며, 몇 개의 도를 묶어 21개의 연대(conscription)를 두고
군부대의 관할지역인 군단지역에 따라 7개의 管區(région)를 설치하고 있으며, 후자의 경우 고
정적인 지역적 관할은 갖지 아니하나, 각 헌병 연대 사령부마다 기동헌병대대(groupement)가 조
직되어 있는데, 현재 파리지역을 포함하여 총 23개의 기동헌병대대가 조직되어 있다(신태영, 「프
랑스의 사법경찰제도」, 각국의 사법경찰제도, 법무자료 제98집, 법무부, 178–179면)고 한다.

47) 프랑스의 사법경찰조직은 행정경찰과 사법경찰을 조직상으로 구분하지 않고 행정경찰기관에 사
법경찰의 기능을 겸무(兼務)시키는 일원주의를 채택하고 있다.

48) 형사소송법(CPP) 제16조는 ① 시장 및 그 보조원, ② 헌병장교 및 하사관, 3년 이상 헌병대에
서 근무하고 위원회의 동의를 얻어 법무부장관과 국방부장관의 명령에 의하여 개별적으로 지명
받은 헌병병사, ③ 국가경찰의 경찰청장, 차장, 지방경찰청장, 수사경찰서장, 국가경찰의 지휘
관·간부 직단에 속하는 공무원으로서 위원회의 동의를 얻어 법무부장관과 내무부장관의 명령에
의하여 개별적으로 지명된 자 및 지휘관, 간부직위를 부여받은 수습공무원으로서 위원회의 동의
를 얻어 법무부장관과 내무부장관의 명령에 의해 지명된 자, ④ 국가경찰의 기동대에서 3년 이
상 근무한 공무원으로서 위 3호에서 말한 위원회의 동의를 얻어 법무부장관과 내무부장관의 명
령에 의해 지명된 자, 내무부장관에 직속하는 사법경찰의 국장 또는 차장의 임무를 행하는 자

있으며, 이 중에서 사법경찰리와 보조사법경찰리가 사법경찰관을 보조하는 임무를 수행하고 있고, 그밖에 특정 사법경찰권을 가진 공무원이 있다.[51] 따라서 사법경찰리는 수사

<hr/>

및 국방부장관에 직속하는 헌병대의 국장 또는 차장의 직무를 행하는 자도 사법경찰관의 자격을 갖는다. 제2호 내지 제4호에 규정된 공무원이 그 사법경찰관으로서의 자격에 따른 권한을 유효하게 행사하거나 또는 그 자격을 이용할 수 있는 것은 그 자가 그 권한의 행사를 수반하는 직에 배속되어 있고, 또 고등검사장의 결정에 의하여 개별적으로 그 자격이 부여된 경우에 한한다. 그 권한의 행사는 부대원으로서 치안유지활동에 참가하고 있는 동안은 일시적으로 정지된다. 이들 공무원이 하나의 항소원의 관할구역을 초과하는 관할을 갖는 부분에 속하고 있는 때에는 그 자격부여의 결정은 그 직무를 행하는 지역의 항소원의 고검장이 이를 행한다. 단 제4호에 규정된 공무원은 법무부장관 및 내무부장관 명령으로 확정된 명단에 명시되고, 제15-1조에 따라 결정된 기관이나, 예외적으로 같은 명령에서 언급된 기관이나 조직에 배속되어야 전항의 사법경찰관 자격을 부여받을 수 있다.

49) 형사소송법(CPP) 제20조 사법경찰리는 다음의 자로 한다.
1. 헌병사병으로서 사법경찰관의 자격을 갖지 아니한 자
2. 국가경찰지휘관·간부직단에 속하는 공무원으로서 사법경찰관의 자격을 갖지 아니한 자 및 동 직단의 수습생과 치안감독관의 후보생
3. 국가경찰견습·실습직단에 속하는 공무원으로서 당해 자격으로서 2년 이상 근무한 자, 단 제4호 및 제5호에 규정된 공무원에 관한 규정의 적용을 방해하지 아니한다.
4. 구(舊)국가경찰순사·순사부장직단에 속하고 있던 경찰관으로서, 1985. 12. 31. 이전에 수습생에 임명되어 당해 자격에서 2년간 근무하고 또는 국참사원령이 정하는 조건하에서 기능시험에 합격하거나 또는 상위직급으로 보직이 가능한 직업자격을 갖는 자
5. 구(舊)수사형사 직단에 속하고 있던 경찰관으로서 1979.3.1. 이전에 수습생에 임명되어 당해 자격에서 2년간 근무하고 또 사법경찰 및 중죄법원 배심원에 관한 형사절차의 개정에 관한 1978.7.28. 법률 제78-788호에 규정된 적격조건을 충족하거나 또는 국참사원령이 정하는 조건하에서 기능시험에 합격하거나 또는 상위직급으로 보직이 가능한 직업자격을 갖는 자
   <단 제1호부터 제5호까지의 공무원이 그 사법경찰직원의 자격에 붙여진 권한을 유효하게 행사하거나 또는 그 자격을 이용하는 것이 가능한 것은 그 자가 그 권한행사를 수반하는 직에 배속되어 있는 경우에 한한다. 단 그 자가 사법경찰직무가 아닌 치안유지활동에 종사하고 있는 동안은 그 권한의 행사는 일시적으로 정지된다>.
50) 형사소송법(CPP) 제21조는 ① 국가경찰의 실질업무에 종사하는 공무원으로서 제20조에 규정된 요건을 충족하지 아니하는 자, ② 헌병대에서 군무원 자격이 있는 지원병, ③ 공공안전의 방침과 프로그램에 관한 1995년 1월 21일 법률 제95-73호 제36조에 명시된 공안공무원, ④ 파리지방감시국 직원, ⑤ 지방자치단체의 경찰리를 보조사법경찰리로 규정하고 있다.
51) 산림 또는 공공재산을 훼손하는 경죄와 위경죄에 대하여는 水林技士·技員·地域長·山林監視員이 수사권을 행사하며, 세무사범에 대하여는 세무담당공무원, 관세사범에 대하여는 관세담당공무원, 公道路에 피해를 준 위경죄에 대하여는 교량·도로관리 공무원이 수사권을 행사한다(CPP 제22조-제29조)고 한다(이의권, "프랑스 형사사법상 검사의 지위 및 권한", 해외파견검사연구논문집 제4집, 법무부, 1983, 239면).

판사의 권한대리인이 될 수 없으며, 보호유치를 할 권한도 없고, 그 기본권한은 기초조사와 일반적으로 사법경찰관을 보조하는 것이므로(CPP 제21조 제2항) 사법경찰관의 권한보다 현저히 적다. 물론 보조사법경찰리도 조서작성권을 가지나 이들이 작성한 조서는 단순한 보고서로서의 가치만 있을 뿐이므로 결국 이들의 임무는 사법경찰관리를 보조하는 것이다.

반면에 사법경찰관은 법률에 의하여 사법경찰관 자격을 부여받고 있는 사람 중에서 시험을 거친 우수한 사람들을 선발하여 내무부장관이 임명하도록 되어 있는데, 이때 내무부장관은 법무부장관의 의견을 참작하여 사법경찰관을 임명한다. 다만 이와 같이 사법경찰관으로 임명된 후에도 즉시 사법경찰관으로서 업무를 수행할 수 있는 것은 아니고, 고등검찰청 검사장에 의하여 근무지 부여명령(habilitation)을 받아 사법경찰권을 행사할 수 있는 부서에 배치받은 후에 비로소 사법경찰권을 행사하도록 되어 있다(CPP 제16조 제4항).

4. 사법경찰관리의 권한과 의무

(1) 고소와 고발의 접수

사법경찰관리는 고소와 고발을 접수한다(CPP 제17조). 고소는 사법경찰관리에게 할 수 있고, 또한 검사에게 직접 할 수도 있다(CPP 제40조). 우리나라와 다른 점은 피해자[52]가 사소(私訴)원고인을 구성하여 수사판사에게 고소하면서 당사자참가신청[53]을 할 수 있는 점이다(CPP 제85조). 고발은 공무원에 의해서 혹은 사인에 의해서 행해지고, 구두나 서면으로 기명 또는 무기명으로 할 수 있다. 특히 범죄피해자 보호를 위하여 2000년 6월 15일 법률 제2000-515호에 의한 개정을 통해 사법경찰에게 범죄피해자로터 제기된 고소의 접수의무를 신설하였다(CPP 제15-3조). 한편 모든 관공서나 법원소속 공무

---

52) 직접적이고도 개인적인 피해(CPP 제2조)를 입은 범죄의 피해자는 참가절차에 의하거나 또는 직접 사소를 제기할 수 있는데, 전자의 경우에는 수사판사가 수사 중인 사건 또는 판결법원에 이미 공판계속 중인 사건에 참가하면서 피해배상을 구하는 것이고, 후자의 경우에는 공소기관의 부작위에 대하여 사소당사자의 지위에서 수석 수사판사에게 고소를 제기하거나 또는 일반 형사법원 또는 치안법원에 범죄행위자를 상대로 고소를 제기하는 것으로 후자의 경우에는 미리 소송비용을 납입하여야 한다(김종구, 앞의 책, 120면)고 한다.

53) 사소당사자란 범죄의 피해자의 자격이 인정되는 자로서 고소권과 범죄로 인한 피해에 대한 손해배상청구권이 인정되는데, 프랑스의 경우 범죄의 피해자인 사소당사자가 손해배상을 청구하기 위한 별도의 민사소송을 제기함이 없이 형사법원에 직접 손해배상청구를 하는 사소당사자참가신청을 하면, 형사법원은 형사사건에 대한 판결과 함께 사소당사자의 손해배상청구에 대한 판결도 함께 선고함으로써 형사사건과 민사사건을 동시에 해결하고 있으며, 이는 우리나라의 배상명령제도와 유사한 제도로서 범죄로 인하여 발생된 피해에 관한 손해배상제도는 거의 대부분 민사법원이 아닌 형사법원에서 해결되고 있다(이진한, 앞의 논문, 483면)고 한다.

원이 그 직무를 수행함에 있어서 중죄 또는 경죄의 사실을 알았을 때에는 지체없이 이를 검사에게 통고하고, 이에 관계되는 모든 정보, 조서 및 관계서류를 송부하여야 한다(CPP 제40조 제2항).

(2) 조사행위[54]
가. 현행범에 대한 조사

벌금형에 처해질 경죄[55]와 위경죄[56]를 제외한 중죄[57]의 현행범에 대하여 사법경찰관리가 그 제보를 받은 경우에는 즉시 검사에게 이를 보고하고, 신속하게 중죄의 현장에 출동하여 유용한 일체의 검증을 행한다(CPP 제54조). 이때 검사는 현장의 지시를 위하여 필요하다고 생각하면 현장에 직접 출동하기도 하는데, 이 경우 사법경찰관의 조사권은 박탈당하고 모든 권한은 검사가 갖는다. 다만 검사는 모든 사법경찰관에게 조사를 계속하도록 명할 수 있다(CPP 제68조). 사법경찰관리는 범죄사실이나 압수된 물건 및 문서에 관한 정보를 제공할 수 있다고 인정되는 모든 자를 소환하여 그 진술을 들을 수 있으며(CPP 제62조 제1항), 사법경찰관리에 의하여 소환된 자는 출두를 해야만 하는데, 만일 소환된 사람이 이에 불응하면 이를 검사에게 보고하여야 하고, 검사는 출석강제허가장을 발부하여 경찰력에 의해 그 출두를 강제할 수 있다(동조 제2항). 이 경우 진술을 청취하는데 필요한 시간에 한하여 유치가 가능하다(동조 제5항). 한편 사법경찰관리는 조사의 필요가 있는 경우 범죄혐의자(피의자나 준피의자)를 유치할 수 있고, 가급적 신속하게 검사에게 경찰유치사실을 보고해야 하지만, 이 경우 경찰유치에 처해진 자는 24시간을 초과하여 유치되지 않는다(CPP 제63조 제1항). 다만 24시간이라는 기간은 1회에 한하여 연장될 수 있는데, 이는 검사의 서면허가에 의하여 가능하다.

나. 현행범 이외의 자에 대한 조사(예비조사)

예심수사가 개시된 때에는 사법경찰은 독자적 수사를 할 수 없고 수사판사의 위임

---

54) 사법경찰의 현행범조사와 예비조사에 대해 상세한 것은, 김영기, 앞의 논문, 108면, 113－114면 참조.

55) 경죄(délit)는 장기 10년 이하의 징역형 또는 3,750유로 이상의 벌금형에 처하는 범죄로서 경죄법원에서 재판한다(CPP 제131－3조, 131－4조).

56) 위경죄(contravention)는 3,000유로 이하의 1급부터 5급까지 벌금형이 법정형으로 되어있는 범죄로서 원칙적으로 위경죄법원(경찰법원)에서 재판하는데(CPP 제131－12조, 제131－13조), 제1급 위경죄는 38유로 이하, 제2급 위경죄는 150유로 이하, 제3급 위경죄는 450유로 이하, 제4급 위경죄는 750유로 이하, 제5급 위경죄는 1,500유로 이하의 벌금에 각 처할 수 있다.

57) 중죄(crime)는 법정형이 무기징역, 장기 10년 이상 30년 이하의 징역형에 처하는 범죄(제131－1조)로서 12인의 배심원으로 구성되는 비상설의 중죄법원에서 재판한다. 프랑스의 경우 사형제도는 1981년도에 폐지되었다.

에 의하여 예심법원의 수사촉탁을 집행하고 또 그 요구에 응해야 하는데(CPP 제14조), 수사판사의 보조자로서 유죄여부에 대한 판단은 할 수 없고, 결정에 필요한 증거를 수집하는데 그친다. 반면에 예심이 개시되지 않은 때에는 사법경찰관리는 검사의 지휘에 의거하여(CPP 제12조)[58] 형벌법규에 반하는 범죄를 검증하고, 그 증거를 수집하며, 그 범인을 수사하는 것을 임무로 하는데, 이 경우 사법경찰관은 조사를 받은 자의 진술에 대한 조서작성(CPP 제54조) 및 압수·수색을 할 수 있다. 또 사법경찰관은 검사의 허가를 얻어 기술적 또는 과학적인 검사를 자격있는 자에게 하도록 할 수 있으나(CPP 제71-1조), 통신감청은 할 수 없다. 프랑스는 통신감청권한을 수사판사에게만 부여하고 있고, 수사판사는 사법경찰에게 수사지휘를 하여 집행한다. 그러나 금융계좌 거래내역 조회는 관계 법률에 따른 금융비밀에 저촉되지 않는 한 이를 할 수 있고 판사로부터 별도의 영장을 받을 필요가 없다. 이러한 수사가 종결되면 사법경찰관은 스스로 또는 검사의 요구에 의해 수사기록을 검찰에 송치하는데, 보호유치된 피의자에 대해서는 검사가 석방을 명하거나 증거물과 함께 검사에게 출두하도록 송치명령을 내릴 수 있다.

(3) 보호유치
가. 의 의

보호유치(La garde à vue)[59]란 검사 또는 사법경찰관이 일정한 범죄를 행하였거나 행하려고 하였다고 의심할 만한 사유가 있는 자를 법관의 관여없이 24시간 이내에 유치할 수 있는 권한을 말한다. 이러한 보호유치제도는 경찰 구속제도가 없는 프랑스에서 경찰의 수사절차를 용이하게 할 뿐만 아니라 수사행위를 합법화하기 위하여 인정된 제도이다.

보호유치할 수 있는 대상은 현행범의 경우에 사법경찰관이 수사상 필요한 경우(CPP 제63조 제1항), 예비수사의 경우(CPP 제77조 제1항), 수사판사가 사법경찰관 또는 다른 수사판사에게 예심촉탁을 한 범위내에서 사법경찰관이 수사판사의 권한을 행사하는 경우(CPP 제152조 제1항)를 들 수 있다.

나. 연 혁

프랑스 구형사소송법 시대하에서 사법경찰관은 관행에 따라 명백한 법적 근거없이 피의자나 참고인 등을 24시간 동안 유치할 수 있었다. 즉 경찰은 필수불가결한 범죄사

---

[58] 형사소송법(CPP) 제12조 사법경찰관은 검사의 지휘하에 본편에 정하는 관리, 공무원 및 직원이 이를 행한다.

[59] 국내 번역의 보호유치개념은 강제성을 수반하지 않는 것으로 이해되기 때문에 사안의 실체를 왜곡시키지 않는다는 차원에서 "통상체포"로 번역·사용하는 것이 타당하다는 입장도 있다(박창호 외 4인, 앞의 책, 77면).

실의 확인, 혐의자의 도주방지, 자료의 소멸방지, 공범의 체포 등 사람을 상당한 기간동안 유치하는 것이 불가피하다는 이유로 형사소송법 등에 근거규정이 없어도 실무적으로 보호유치를 하였다[60]고 한다.

그 후 현재의 형사소송법 입법과정에서 수많은 논란을 거쳐 보호유치를 정면으로 인정하고 이를 적절히 통제하는 것이 합리적이라고 판단하여 근 150년간 관행적으로 시행하던 보호유치를 정면으로 수용하여 1957. 12. 31. 신형사소송법 제77조에 규정하는 한편, 보호유치의 남용에 대한 대비책을 마련하였다. 그런데 형사소송법 제77조는 사법경찰관으로 하여금 '예비수사의 필요'(les nécessités de l'enquête préliminaire)를 위하여 개인을 유치할 수 있도록 한 것이지만, 이 제도는 범죄를 범한 것으로 의심되는 자에 대해서만 구금을 가능하게 한 '인권과 기본적 자유의 보호에 관한 유럽조약' 제5−3조에 반하는 것이었다. 이에 따라 2000. 6. 15.자 형사소송법은 예비수사를 위하여 보호유치를 할 수 있는 경우에 관하여 '범죄를 범하였거나 범하려고 시도하였다고 추정할 만한 징표가 있는 모든 자'로 새로이 규정하였으며, 2003. 3. 18.자 법률개정에 의하여 다시 '범죄를 행하였거나 행하려고 하였다고 의심할 만한 하나 또는 수 개의 그럴 듯한 사유가 있는 모든 자'로 변경되어 현재에 이르고 있다.

다. 보호유치기간

① **현행범인 경우:** 사법경찰관은 가급적 신속하게 검사에게 보호유치의 사실을 보고해야 하며, 보호유치된 자를 24시간 초과하여 구속할 수 없으나 검사의 서면에 의한 허가를 받으면 다시 24시간을 연장하는 것은 가능하다(CPP 제63조 제2항). 지휘관인 교통경찰관은 보호유치권한이 없다(도로교통법 L.23−1 제2항). 검사는 이 허가에 대한 판단을 위하여 보호유치된 자를 자기에게 출두시킬 수 있는데, 검사에의 이 출두는 1993. 4. 1.자 형사소송법에 의하여서는 필요적인 것이었으나, 1993. 8. 24.자 형사소송법 이래 임의적인 것으로 되었다(CPP 제63조 제2항).

이러한 보호유치에는 두 가지 예외적인 제도가 있는데 첫째, 마약범죄에 있어서는 최초의 유치기간인 24시간을 1회 연장한 후에도 다시 48시간을 더 연장할 수 있으며(CPP 제706−29조), 둘째, 테러범죄에 있어서도 마찬가지로 48시간의 추가연장이 가능하다. 따라서 이 두 분야에서의 보호유치의 기간은 총 96시간이 될 수 있는데, 이 경우 48시간의 추가연장은 검사의 청구에 의하여 보호유치의 집행지를 관할하는 재판소의 석방구금판사 또는 제72조 및 제154조에 의한 경우에는 수사판사가 이것을 허가할 수 있으며, 관계자는 이 결정이 내려지기 전에 재연장에 대하여 판단하는 당국에 출두하기 위하여 인치되며, 재연장이 결정된 경우에는 당연히 의사에 의한 검사가 행하여진다

---

60) 「구속제도정비방안연구」, 대검찰청 검찰21세기연구기획단, 101면.

(CPP 제706-23조).

물론 이러한 규정은 성인에게만 적용되고, 미성년자에 대해서는 상황이 전혀 다르다. 헌법원도 경찰에 의한 13세 미성년자의 경찰유치는 인간과 시민의 권리선언에 반하는 것으로 결정한 바 있다.[61] 이러한 이유로 1994. 2. 1.자 형사소송법은 10세에서 13세까지의 미성년자들에 대한 보호유치에 관하여 특별규정을 두었는데, 최소 7년의 구금형에 처해질 중죄나 경죄를 범하였거나 범하려고 한 것으로 의심받을 경우에는 소년보호사건을 전문으로 하는 검사와 수사판사의 통제 및 사전동의를 얻어 사법경찰관의 재량하에 그들을 보호유치할 수 있으며, 1차 10시간, 2차 10시간을 연장할 수 있다. 또한 13세 이상 16세 미만의 미성년자들에 대한 보호유치는 1차 24시간, 2차 24시간을 연장할 수 있으며(성년자에 비하여 요건을 강화), 16세 이상 18세 미만은 1차 24시간, 2차 24시간을 연장할 수 있지만 수사판사 앞에 출두시켜야 한다[62]고 한다.

② 예비수사의 경우: 사법경찰관은 체포즉시 보호유치의 사실을 검사에게 보고하고, 보호유치된 자는 24시간을 초과하여 구속되지 않는다. 검사는 24시간이 경과하기 전에 다시 보호유치를 최장 24시간 연장하는 것이 가능하며, 보호유치를 연장하는 경우에는 피유치자를 검사에게 먼저 인치시켜야만 한다. 이처럼 예비수사에 있어서의 검사 앞의 인치는 원칙적으로 의무적인 것이지만, 검사는 예외적으로 당사자의 출석없이 이유를 부가한 서면에 의한 결정으로 연장을 허가할 수 있다(CPP 제77조 제2항).

③ 예심촉탁에 있어서의 보호유치: 촉탁집행을 위한 공조의 필요상 사법경찰관이 사람을 보호유치한 경우에는 가급적 신속하게 사건을 담당 수사판사에게 그 취지를 통고하고, 수사판사는 그 보호유치의 조치를 감독하며, 이 경우 사법경찰관은 그 자를 24시간 초과하여 유치하는 것이 불가능하다(CPP 제154조 제1항). 따라서 사법경찰관이 혐의자를 보호유치할 경우에는 24시간 이내에 관할법관에게 인치하여야 하며, 법관은 인치된 자를 신문한 후 서면으로 보호유치기간을 다시 1회에 한하여 연장할 수 있도록 허가할 수 있다. 연장의 허가는 보호유치된 자가 수사판사 앞에 인치되는 것이 원칙적으로 의무적인 것이지만, 예외적으로 당사자의 출석없이 이유를 부가한 서면에 의한 결정으로 연장을 허가할 수 있다(CPP 제154조 제2항). 이는 예심수사에 있어서의 보호유치와 동일하나, 다만 주체가 검사가 아니라 수사판사인 점에서 다를 뿐이다.

라. 남용에 대한 구제책

1993. 4. 1.자 형사소송법은 보호유치의 검사에 대한 보고시기를 '지체없이'로 규정

---

61) 11 août 1993(décision n. 93-326 DC), J.O. 15 août 1993, p.11599.
62) 최순용, 「프랑스 경찰의 수사와 그 통제에 관한 고찰」, 해외연수검사연구논문 제14집, 745-753면 참조.

하고 있었으나, 2000. 6. 15.자 개정 형사소송법은 이를 '체포즉시'로 변경하였고(CPP 제77조), 아울러 검사의 보호유치장소 방문권을 신설하여 검사는 필요하다고 판단하면 언제나 그리고 적어도 1년 1회는 방문하도록 의무화하였다(CPP 제41조).[63]

또한 사법경찰관은 보호유치 도중에 발생한 사고를 즉시 검사에게 보고하여야 하며, 검사는 직권으로 의사를 지명하여 신체검사를 행하도록 할 수 있고(CPP 제63-3조), 피보호유치자를 검사면전에 인치할 것을 요구할 수 있으며, 보호유치의 종료를 명할 수 있다. 피보호유치자도 검사나 사법경찰관에 의하여 지명된 의사로부터 의료검사를 받게 해 줄 것을 요구할 수 있으며, 보호유치 초기와 보호유치된 후 20시간이 경과한 경우에는 변호사와의 접견·교통을 청구할 수 있고, 변호사를 임명하는 것이 가능하지 않거나 선임된 변호사와 연락을 취하는 것이 가능하지 않는 경우에는 피보호유치자는 변호사회장이 직권에 의해서 변호사를 선임해 줄 것을 청구할 수 있다(CPP 제63-4조).

그러나 범죄의 대상이 범죄단체에의 가입, 가중 매춘알선 또는 가중 재물강요, 범죄단체에 의하여 저질러진 범죄에 대한 수사에 있어서는 보호유치개시로부터 36시간이 경과한 후에야 변호인과의 접견이 가능하다(CPP 제63-4조 제6항). 1994. 2. 1.자 형사소송법은 테러범죄와 마약거래에 대해서는 이 기간을 다시 72시간으로 연장하여 규정하고 있다(CPP 제63-4조 제8항).

한편 사법경찰관은 피보호유치자에게 이와 같은 권리를 통지하여야 할 뿐만 아니라, 피보호유치자에 대한 진술조서에 심문을 행한 시간 및 심문 중에 부여된 휴식시간, 보호유치 일자 및 석방 또는 관할사법관에게 유치시킨 일시를 기재한 후 피보호유치자의 난외(欄外)서명을 받아야 한다(CPP 제64조). 그러나 사법경찰관은 피보호유치자에게 체포의 사유와 묵비권을 고지할 의무는 없다.

결국 보호유치제도는 범죄를 진압, 예방하여 사회를 보호한다는 수사목적의 달성과 적법절차를 준수하여 인권을 보장하여야 한다는 고민을 동시에 해결하기 위하여 오랜 논란 끝에 입법화한 것으로 볼 수 있을 것이다.

(4) 정보수집 및 보고의무

사법경찰관리는 고등검찰청 검사장의 감독을 받으며, 동 검사장은 사법의 적정한 운용을 위하여 유용하다고 인정되는 일체의 정보를 수집하는 것을 사법 경찰관리에게 위촉할 수 있다(CPP 제38조). 또한 사법경찰관리는 중죄, 경죄, 위경죄의 사실을 알았을

---

63) 2000. 6. 15.자 법률 제2000-516호 개정을 통해 검사가 필요하다고 판단할 때 최소한 3개월에 1회 이상 보호유치장소를 의무적으로 감찰하도록 하였으나, 검사들이 자주 경찰관서를 방문한다는 것이 일거리가 많은 검사에게도 부담스럽고, 경찰도 거부감을 갖고 있어 2002. 3. 4.자 법률 제2002-307호는 이를 1년에 1회씩 실시하는 것으로 수정입법되었다.

때에는 지체없이 검사에게 보고하여야 한다(CPP 제19조).

Ⅲ. 검사의 지위

1. 의 의

프랑스는 행정권과 입법권으로 두 국가권력이 분리되어 있는 이권분립 형태의 국가이고, 사법권은 일종의 법집행작용으로서 행정권에 속해 있다. 그리고 사법부는 일반적인 민·형사사건을 담당하는 사법법원과 행정사건을 담당하는 행정법원의 두 계통으로 구분되어 행정부 내에 사법법원 조직과 행정법원 조직이 별도로 설치되어 있는데, 행정법원 조직은 사법법원 조직과 그 인적 구성이나 기능이 완전히 다르며,[64] 우리의 사법부와 마찬가지로 법원과 검찰청이 설치되어 있고 우리와 동일한 성격의 판사와 검사가 소속되어 있는 것은 사법법원 조직이다. 따라서 우리나라의 대법원에 해당하는 파기법원(Cour de cassation)[65]을 비롯한 각급 법원은 모두 법무부 소속이며, 프랑스의 각급 검찰청도 지방법원 이상의 각급 법원과 대치(對置)되어 있는 것이 아니라 파기법원, 고등법원, 지방법원에만 부치(附置)되어 있다(CPP 제32조 제1항). 즉 파기법원·고등법원·지방법원으로 구성되는 법원조직에 맞춰 우리의 대검찰청에 해당하는 파기법원 부치 검찰청(parquet près de la cour de cassation), 고등검찰청에 해당하는 고등법원 부치 검찰청(parquet près de la cour d'appel), 지방검찰청에 해당하는 지방법원 부치 검찰청(parquet du tribunal de grande instance)이 각 법원 내에 설치되어 있다. 따라서 굳이 비유하자면 파기법원 부치 검찰청장이 우리의 검찰총장에, 고등법원 부치 검찰청장이 고등검찰청 검사장에, 지방법원 부치 검찰청장이 지방검찰청 검사장에 각 해당한다고 할 수 있으나, 지위·권한 등에 있어서 우리의 경우와 많은 차이점이 있다.[66] 왜냐하면 파기법원(대법원) 소속 검찰청의 수장은 단지 그가 속해 있는 파기법원 소속 검찰청의 사법업무 및

---

64) 행정법원 조직은 국사원(Conseil d'Etat)이라 불리는 기관을 정점으로 하여 역시 3심 구조로 각급 행정법원이 설치되어 있고, 행정법원의 재판관은 행정부 고급 공무원의 양성을 목표로 하는 전문학교인 국립행정관학교(Ecole Nationale d'Administration)의 졸업생 중에서 선발한다(한제희, "프랑스 형사증거법 연구 – 조서와 영상녹화물을 중심으로 –", 해외연수검사연구논문(2008), 7면)고 한다.

65) 파기원이 최상급의 법원인 점은 맞지만, 하급법원에서 법률적용을 정당하게 하였는지, 적용된 법률이 바르게 해석되었는지 여부를 심사하여 원심판결에 대한 파기여부만을 결정할 수 있는 등 그 권한이 매우 제한되어 있을 뿐만 아니라 파기자판 및 사실문제에 대하여 재심리 등을 할 수 없다는 점에서 우리나라의 대법원과는 큰 차이가 있다.

66) 김영기, "프랑스 형사절차의 현재와 개혁동향", 형사소송이론과 실무, 2009. 창간호, 한국형사소송법학회, 106면.

행정업무를 담당할 뿐이고, 전체 검찰 구성원에 대한 지휘·감독권한이 없으며, 대신 검찰의 위계질서의 정점은 법무부장관이고, 그 하위 단계는 각 고등법원에 소속된 검찰청의 수장들로서, 이들이 법무부장관으로부터 직접 지휘를 받는(CPP 제36조) 한편, 각 고등법원 관내의 전 검사를 지휘·감독하는(CPP 제37조) 등 실질적으로 우리의 검찰총장과 유사한 역할을 담당하고 있기 때문이다.

그 외의 치안법원, 경죄법원, 중죄법원[67] 등에는 검찰청이 부치되어 있지 않고 위에서 언급한 검찰청의 검사들에 의하여 검찰권이 행사되고 있다.[68] 이처럼 법원과 검찰청 모두가 법무부 소속기관이므로 법원에서 재판업무를 담당하는 판사와 검찰청에서 공소제기 등 업무를 담당하는 검사를 통칭하여 사법관(magistrats)이라고 부르고, 검사와 판사는 같은 법무부 소속공무원으로서 대등한 자격을 부여받고 있을 뿐만 아니라 일종의 보직개념이어서 상호교류도 우리에 비해 빈번하게 이루어지고 있다[69]고 한다.

결국 형사분야에 관한 검사의 임무는 사법경찰의 수사로부터 재판법원의 판결에 이르는 모든 절차에 관여하여 사건의 진행을 주관하고, 사법경찰과 법원의 수사 및 재판 활동을 견제하는 것으로 요약할 수 있을 것이다.

---

67) 중죄법원은 프랑스의 모든 법원 가운데 가장 독특한 제도로서, 법정형 10년 이상의 징역이나 무기형에 해당하는 형사사건만을 관할하며, 원칙적으로 각 도의 도청소재지에 위치하고, 일정한 회기를 정하여 비상설적으로 운영되며, 원칙적으로 3개월마다 한 번씩 개정되는데, 중죄법원의 재판에 참여하는 배심재판관의 생업을 고려하여 매 재판은 2주일 이내에 종결하도록 되어 있다(김종구, 앞의 책, 149면)고 한다.

68) 시군구법원이나 근접법원, 경찰법원의 경우, 검찰이 부치되어 있지 아니하므로 그 법원 소재지를 관할하는 지방검찰청 부치 검찰청장이 검찰업무를 수행한다. 특히 제5급 위경죄에 관해서는 필수적으로 지방검찰청 검사가 검찰권을 행사하여야 하며 제1급 내지 제4급 위경죄에 대하여는 통상 그 관할구역의 경찰서장(commissaire de police)이 검찰의 직무를 수행한다.

69) 김영기, 앞의 논문, 103면.

【표 2-3】 프랑스 사법기능 조직구성도72)

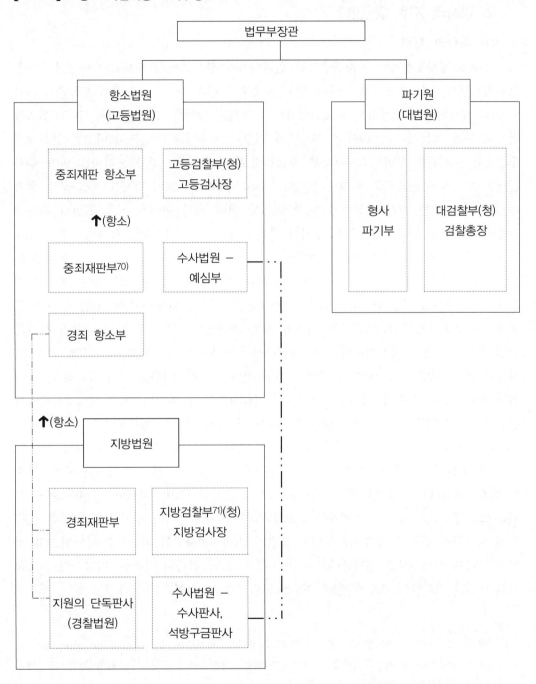

70) 중죄법원은 고등법원 부장판사 또는 고등법원 판사가 재판장이 된다(프랑스 형소법 제244조), 고등법원은 고등검사장의 청구에 따라 필요한 수만큼의 재판부를 둘 수 있다(프랑스 형소법 제233조)

2. 검사의 지위 및 권한

(1) 검사의 지위

프랑스 형사소송법상 공소권행사를 위하여 소추관으로서 검사제도가 탄생하였지만, 검사의 권한은 공소권행사에 그치지 않고 처음부터 범죄수사권 내지 수사지휘권도 부여되었다. 왜냐하면 실효성있는 공소권행사를 위해서는 당연히 수사권 내지 수사지휘권을 전제로 하기 때문이다. 그리하여 1808년에 제정된 치죄법(舊刑事訴訟法)에서는 검사에게 우선적인 수사권을 부여하고, 예외적·보조적으로 사법경찰이 검사의 지휘를 받아 수사를 할 수 있도록 규정하고 있었던 것이다. 그러나 실무적으로는 검사가 직접 모든 범죄에 대하여 수사를 하기에 인적·장비적 여건상 여러 가지 어려운 점이 있었기 때문에 나중에는 일반적으로 사법경찰이 수사를 행하고 검사는 이를 지휘·통제하는데 그치게 되자, 1958년 제정된 신형사소송법전(Code de Procédure Pénale, 1953. 12. 23. 공포, 1959. 3. 2. 시행)에서는 이와 같은 현실을 받아들여 모두(冒頭)에 사법경찰은 검사의 지휘를 받아 수사를 행한다(CPP 제12조)는 전제규정을 두고 이하 수사에 관한 규정은 사법경찰의 권한편에 두고 있다. 즉 치죄법 시행 초기에는 검사장과 그 보조자인 사법경찰의 수사는 현행범 사건에서의 소위 예비수사에 한정되어 인정되고 있었지만, 이후 검사장이 고소·고발 또는 사법경찰관의 조서를 접수하고 기소여부를 결정하기 전에, 추가적인 증거수집을 위하여 검사장이 이른바 '비공식수사'를 하거나 이를 사법경찰관에게 위임하는 식의 실무가 자리를 잡았으며, 수사판사 역시 과중한 업무부담을 피하기 위하여 피고인신문을 제외한 각종 예심처분을 사법경찰관에게 위임하는 경향이 나타났다. 이에 따라 법률에서는 수사판사와 검사장이 수사를 책임지지만, 현실 속에서는 사법경찰관이 범죄수사의 대부분을 담당하는 새로운 양상이 전개되었으며, 이러한 가운데 법규정이 없음에도 불구하고 경찰이 피의자를 보호유치하는 실무관행까지 생겨나자, 이러한 문제점을 해결하기 위하여, 신형사소송법은 종전의 비현행범사건의 비공식수사를 단순히 경찰조사 내지 예비수사로 개념화하고, 예비수사의 절차, 검사의 지휘권, 경찰관의 보호유치의 요건과 피의자의 보호에 관한 규정을 도입하게 된 것이라고 한다.[73]

---

71) 프랑스 법무부에서 지방법원의 검찰에 대해 사용하는 용어로는 'le parquet de tribunaux de grande instance'이 있는데, 이를 그대로 풀이하면 '지방재판소 검찰부' 정도의 의미이고, 일반적으로 우리식으로 지방검찰청으로 해석하고 있다.

72) 프랑스는 대법원(cour de cassation) 1개, 항소법원(cours d'appel) 36개, 지방법원(tribunaux de grande instance) 164개, 지원(tribunaux d'instance et tribaux de police) 307개이고, 그 외 소년법원 등이 다양하게 있다.

73) 문준영, 앞의 논문, 33−34면.

(2) 검사의 권한

가. 수사권

검사는 형사소송법상 공소 및 수사의 주재자로서 범죄 수사권을 가진다(CPP 제41조 제1항)[74] 따라서 검사는 자신이 현장에 출동하는 것이 필요하다고 판단할 때에는 직접 출동할 수 있다. 이 경우 사법경찰관의 조사권은 박탈당하고 모든 권한은 검사가 가지지만, 검사는 그들의 업무를 계속 수행하도록 명할 수도 있다(CPP 제68조). 이와 관련하여 종래 수사판사가 현장에 도착한 때에는 검사와 사법경찰관의 권한은 당연히 박탈되고 수사판사가 모든 사법경찰행위를 행하도록 규정하고 있었는데, 1999. 6. 15.자 법률은 검사의 권한을 강화하여 이러한 규정을 삭제하고 현재는 검사의 예심개시청구가 있는 경우에만 수사판사가 수사를 행할 수 있도록 변경하였다(CPP 제72조).[75] 즉 수사판사는 스스로 범죄를 인지하여 수사에 착수할 수 없고, 검사의 예심개시청구 또는 피해자의 고소에 의해서만 비로소 수사를 개시하며, 이러한 예심수사의 각 단계에서 검사는 법률적용에 관한 의견을 개진할 수 있다.

한편, 2004년 3월 9일자 제2004 – 204호 법률은 중범죄와 조직범죄 수사에 관한 특별한 권한을 검사장에게 부여하였는데, 검사장은 이 권한을 이용하여 예심수사에 앞서 경찰수사 단계에서 야간수색, 통화감청, 데이터 입수, 장소에 대한 감청과 사람에 대한 사진채증, 디지털 데이터 입수에 관한 허가를 석방구금판사로부터 얻을 수 있게 되었다. 그리고 예심수사 단계보다 예비수사나 현행범수사 단계에서 검사장 지휘 하에 사법경찰 권한이 점점 더 확대되었다.

다만, 검사에게 소송법상으로는 수사권이 부여되어 있으나 사실상 거의 직접 수사를 담당하지는 않고 사법경찰관리에 대한 수사지휘, 수사판사에 대하여 수사청구를 통한 본격적인 수사착수 여부의 결정, 수사판사의 수사과정 중 중요 수사행위에 대한 의견제

---

74) 박창호 외 4인, 비교수사제도론은 검사는 수사권자가 아니고 기소권자이며, 수사의 주재자는 예심 판사라고 기술하고 있으나(200면), 실질적으로 사법경찰을 지휘하여 수사하고, 중죄에 대해서는 필요적으로 수사판사에게 수사개시청구를 하는 등 수사에 깊이 관여하며 이를 주재하고 있다.

75) 형사소송법(CPP) 제72조
　① 수사판사가 현장에 도착한 때에는 검사와 사법경찰관은 당연히 그 직무를 면한다.
　② 수사판사는 이후 이 장에 규정된 사법경찰의 모든 행위를 수행한다.
　③ 수사판사는 모든 사법경찰관에게 수사를 속행하도록 명령할 수 있다.
　(제1항부터 제3항까지는 1999. 6. 15.자 법률 99 – 515로 폐지)
　검사 및 수사판사는 동시에 현장에 있을 때에는, 검사는 정규의 예심을 청구할 수 있다. 이 경우에는 그 현장에 있는 수사판사는 필요한 때에는 제83조의 규정에 불구하고 이를 수리하는 것으로 한다.

시, 수사범위의 조정 등을 통해 수사를 주재하는 역할을 하고 있다.[76]

▶ 제12-1조 검사와 예심수사판사는 재량에 따라 사법경찰권을 행사할 기관을 특정할 수 있다.
▶ 제16조 제4항 제1항 제2호 내지 제4호에 규정된 공무원(사법경찰관)이 실제로 사법경찰직을 수행하고 있고, 고등검찰청 검사장의 결정에 따라 개별적으로 그 자격이 부여된 경우에만 사법경찰관의 권한을 유효하게 행사하거나 사법경찰관의 자격을 주장할 수 있다.
▶ 제35조 제5항 고등검찰청 검사장은 그 직무를 행함에 있어 필요한 경찰력을 요구할 수 있다.
▶ 제42조 검사는 그 직무를 행함에 있어 직접 경찰력을 청구할 권리를 갖는다.

나. 수사지휘권

사법경찰관은 권한행사를 함에 있어 검사의 지휘를 받아야 한다(CPP 제12조). 즉 검사는 수사의 보조자인 사법경찰관에게 기초수사, 중죄·경죄의 현행범에 대한 조사를 행하도록 명령할 수 있고, 범죄혐의자 및 참고인에 대하여 보호유치할 것을 명령할 수 있으며, 사법경찰관에게 특정한 행위나 특정인의 진술을 청취하도록 명령할 수 있고, 사법경찰관은 검사가 지시한 내용에 따라 수행한 내용을 계속적으로 검사에게 보고하여야 한다. 특히 중죄나 현행범사건이 발생한 경우에는 사법경찰관은 현장에 출동하기 전에 신속하게 검사에게 이를 보고하여야 한다(CPP 제54조 제1항).

▶ 제12조 사법경찰관은 검사의 지휘 하에 본편에 정하는 사법경찰관, 공무원 및 사법경찰관리가 행사한다.
▶ 제13조 사법경찰은 각 고등법원 관할구역별로 고등검찰청 검사장의 부탁을 받고 제224조 이하에 정한 바에 따라 고등법원 예심부의 통제를 받는다.
▶ 제19조 제1항 사법경찰관이 중죄·경죄 및 위경죄를 인지한 경우에는 지체 없이 이를 검사에게 보고하여야 한다. 사법경찰관이 임무를 완료한 경우에는 작성한 조서의 원본 및 그 인증등본 1통을 직접 검사에게 제출하여야 하고, 일체의 관련 서류 및 기록, 압수한 물건 등도 동시에 검사에게 송부하여야 한다.
▶ 제41조 제2항 전항의 목적을 위하여 검사는 그 지방법원 관할구역 내에서 사법경찰관 및 사법경찰리의 활동을 지휘한다.
▶ 제54조 제1항 중죄의 현행범이 발생하여 사법경찰관이 그 통지를 받은 때에는 즉시 이를 검사에게 보고하여야 한다.
▶ 제74조 제1항 사체를 발견한 경우, 그 사인이 불명하거나 의심스러운 때에는 변사인지 여부

---

76) 하만석, "프랑스 수사기관과 강제수사권", 각국의 구속제도에 관한 연구, 법무연수원, 192면.

를 불문하고 사법경찰관은 즉시 검사에게 이를 보고하여야 한다.

▶ 제75조

제1항 사법경찰관 및 그 감독 하에 있는 제20조의 사법경찰리는 검사의 지휘에 기하여 또는 직권으로 예비수사를 행한다.

제2항 전항의 수사는 고등검찰청 검사장의 감독을 따른다.

▶ 제75-1조

제1항 검사가 사법경찰관에게 예비수사를 명할 때에는 예비수사가 실시될 기간을 정한다. 검사는 사법경찰관이 제시하는 이유를 검토하여 그 기간을 연장할 수 있다.

제2항 예비수사가 직권으로 시작된 경우 사법경찰관은 6월이 경과한 때에 검사에게 수사의 진행상황을 보고한다.

▶ 제75-2조 중죄 또는 경죄에 관한 예비수사를 실시하는 사법경찰관은 혐의자의 인적사항이 확인된 때에는 이를 검사에게 보고한다.

▶ 제151조 제1항 예심수사판사가 사법경찰에게 수사지휘를 할 경우 지휘를 받은 사법경찰은 그 사실을 검사에게 보고하여야 한다.

이러한 검사의 사법경찰에 대한 수사지휘 및 통제와 관련하여 특히 1993. 1. 4.자 법률 제93－2호에 의한 개정을 통해 대폭적으로 이를 강화하는 입법이 이루어졌는데, 첫째, 제41조 제3항을 신설하여 검사의 보호유치에 대한 통제, 구속장소 감찰권이 규정되었으며, 둘째, 후술하는 것처럼 제19－1조[77]를 신설하여 관할내 모든 사법경찰관에 대하여 고등검사장이 근무평정을 하도록 하고 이를 사법경찰관의 승진인사에서 반드시 반영하도록 의무화하였다. 이에 덧붙여 2016월 6월에는 형사소송법 제39－3조[78]를 신설하여, 검사에게 사법경찰의 수사를 통제할 핵심적인 역할을 인정하면서, 아울러 검사의 객관의무도 확인하고 있다.

결국 검사가 사법경찰에 대해 수사지휘권을 행사할 수 없는 경우는 그 사건에 대해 예심수사가 진행되고 있어 예심수사판사의 지휘에 따라 수사가 진행되어야 하는 경우뿐이다.

---

77) 제19－1조 사법경찰관에 대한 고등검찰청 검사장의 근무평정은 승진 결정에 참고한다.

78) 형사소송법(Cpp) 제39－3조 ① 사법경찰(police judiciaire)을 지휘하는 영역에서, 검사는 수사관(enquêteur)에게 일반적인 지시나 구체적인 지시를 할 수 있다. 검사는 수사관에 의해 행해지는 수사절차의 적법성, 사실관계의 본질과 중요도에 따른 수사행위의 비례성, 수사의 방향 및 수사의 질 등을 통제한다.

② 검사는 피해자, 고소인, 피의자의 권리를 존중하는 범위 내에서, 수사가 실체적 진실을 증명히는데 이르고 있는지, 이들에게 불리한 내용뿐만 아니라 유리한 내용에 대해서도 수시가 이루어지고 있는지를 감독한다.

다. 수사종결권

프랑스 검사는 자신이 접수한 사건에 대해 재판법원에의 기소, 예심수사판사에의 예심수사 개시 청구 또는 불기소 처분 등의 방법으로 수사를 종결하고 있다.

라. 보호유치 사후 승인권

프랑스에는 긴급체포와 유사한 제도로서 흔히 '보호유치'(garde à vue)로 번역되는 제도가 있는데, 사법경찰은 피의자를 보호유치한 경우 즉시 검사에게 이를 보고하여야 하고, 24시간 이상 보호유치를 연장하고자 하는 경우에는 검사의 승인을 받아야 하며, 석방하는 경우에도 검사의 지휘를 받아야 한다.

> ▶ 제41조 제3항 검사는 보호유치를 감독한다. 검사는 최소한 1년에 1회 이상, 또 필요하다고 판단하는 경우 보호유치장소를 감찰하여야 한다. 검사는 이를 위하여 각기 다른 장소에서 취해진 보호유치의 수와 빈도를 일목요연하게 기재한 대장을 작성한다. 검사는 매년 보호유치장소와 보호유치 조치에 관한 사항을 고등검찰청 검사장에게 보고하고, 보고서는 고등검찰청 검사장을 경유하여 법무부장관에게 제출된다. 법무부장관은 보호유치에 대한 보고내용을 총괄하여 연차보고서 형태로 일반에 공개한다.
> ▶ 제62-3조 제4항 검사는 언제든지 보호유치된 자를 면담하거나 석방할 수 있다.
> ▶ 제63조 제1항 사법경찰은 직권으로 또는 검사의 지휘에 따라 사람을 보호유치할 수 있다. 사법경찰은 보호유치를 시작하자마자 어떤 방법으로든지 검사에게 이를 보고한다. (중략)
> 제2항 보호유치의 기간은 24시간을 초과할 수 없다. 다만, 피의자가 중죄 또는 1년 이상의 징역형에 처할 수 있는 경죄를 저지른 것으로 의심되고 보호유치가 제62-2조 제1호부터 제6호까지 규정된 목적을 달성할 수 있는 유일한 수단인 경우, 보호유치는 검사의 이유를 기재한 서면승인에 의해 24시간 연장될 수 있다. 검사는 피의자를 면담한 후에만 연장승인을 할 수 있는데, 화상면담도 가능하고, 예외적인 경우에는 면담 없이 승인할 수도 있다.

마. 영장청구 및 체포·구속 피의자 석방지휘권

프랑스 형사소송법상 인신구금과 관련한 영장으로는, ① 체포유치영장(mandat de recherche), ② 소환영장(mandat de comparution), ③ 구인영장(mandat d'amener),[79] ④ 체포영장(mandat d'arrêt), ⑤ 구속영장(mandat de dépôt) 등이 있다.

앞의 네 가지 영장은 예심수사판사가 발부하고, 마지막의 구속영장은 석방구금판사

---

79) 체포영장이 주거가 일정하지 않고 도주한 피의자에 대한 것인 반면, 구인영장은 주거가 일정한 피의자에 대한 것이다. 판사는 구인된 피의자를 즉시 심문하여야 하고, 그렇지 못한 경우에는 최대 24시간 동안 구치소에 구금할 수 있다.

가 발부하며, 필요시 직권으로 발부하는 것이 원칙이다. 다만, 체포유치영장은 수사판사 뿐만 아니라 검사도 중죄 현행범과 구금형 3년 이상의 경죄 현행범의 경우 발부할 수 있는데(제70조, 제77조의4), 판사의 개입 없이 초동수사 단계에서 직접 검사가 영장을 발부하게 하여 중범죄자를 강제수사할 수 있도록 권한을 강화한 것이다(2004. 3. 9. 도입, L. n⁰ 2004−204 du 9 mars 2004).[80)

> ▶ (현행범수사) 제70조 제1항 제73조가 적용되는 경우(현행범체포)를 제외하고, 3년 이상의 징역에 처할 중죄 또는 경죄의 현행범 수사에 필요한 경우, 검사는 범죄를 범하였거나 범하려고 하였다는 의심이 들게 하는 하나 또는 수개의 사유가 있는 자에 대하여 체포유치영장을 발부할 수 있다.
> ▶ (예비수사) 제77-4조 제1항 3년 이상의 징역에 처할 중죄 또는 경죄의 수사에 필요한 경우, 검사는 범죄를 범하였거나 범하려고 하였다는 의심이 들게 하는 하나 또는 수개의 사유가 있는 자에 대한 체포유치영장을 발부할 수 있다.

예심수사가 진행 중인 체포·구속 피의자에 대해서는 물론 검사가 석방이든 무엇이든 관여할 여지는 없지만, 예심수사가 진행 중인 사건이 아닌 이상 사법경찰이 체포·구속한 피의자에 대해 검사는 석방을 지휘할 권한이 있다. 사법경찰의 체포·구속은 검사의 사전 지휘 또는 사후 승인에 따라 이루어지는 것이므로, 당연히 석방을 지휘할 권한도 포함하고 있기 때문이다.

바. 형사합의권(Composition pénale)

형사합의란 경미사건을 검찰단계에서 신속하게 처리하기 위해 1999. 6. 23.자 개정 형사소송법이 신설한 제도로서, 검사가 범죄사실을 자인하는 성년의 피의자에 대하여 형벌을 대신할 1개 또는 수 개의 제재조치를 제안하고, 피의자의 수락과 판사의 확인이 있을 경우 공소권을 소멸시키는 기소 대체수단을 말한다(CPP 제41−2조). 원래 위 제도의 신설 당시에는 그 적용범위가 일부 형법위반사범, 도로교통법위반사범, 공중보건법위반사범 등으로 제한되어 있었으나, 개정 법률은 그 활성화를 위해 주형이 5년 미만인 징역형 또는 벌금형에 해당하는 경죄와 위경죄를 범한 피의자로 확대하였다. 또 피의자에게 부과할 수 있는 제재수단 역시 기존에는 ⅰ) 법정형의 1/2 이하로서 3,750유로 이하에 해당하는 벌금의 예납, ⅱ) 범죄에 제공되었거나 제공되려 한 물건의 몰수, ⅲ) 최대 6개월 간의 운전면허 정지 또는 최대 4개월간의 수렵면허 정지, ⅳ) 60시간 이내의 공공무상근로 등에 한정되어 있었으나, 개정법은 '보건 등 전문기관에서의 교육', '최대

---

80) 김종구/김종민 외, 검찰제도론, 법문사(2011), 70면.

6개월 간의 차량 유치', '최대 6개월 간의 피해자 또는 일정 장소에의 접근 금지' 등 9
가지 제재수단을 추가하였다[81]고 한다.

사. 구속가처분(référé-détetion)

검사의 구속관련 권한을 강화하기 위하여 1999. 6. 23.자 개정 형사소송법은 피의
자의 석방과 관련하여 구속가처분제도를 신설하였는바, 검사가 석방구금판사 또는 수사
판사의 석방결정에 대하여 그 통보를 받은 후 4시간 이내에 항소법원 수석부장에게 항
고할 수 있고, 이와 동시에 구속가처분을 신청할 수 있으며, 그 결정이 있을 때까지 구
금을 계속하는 것을 말한다(CPP 제148－1－1조). 다만 검사가 4시간 내에 석방에 반대하
지 아니한다는 의견을 표시하거나, 아무런 의사표시 없이 4시간이 경과된 경우에는 피
의자를 석방하여야 한다.

아. 사전유죄인정에 감형권

프랑스는 2004. 3. 9. 형사소송법 개정 시에 미국의 유죄 협상 제도로부터 영향을 받은
사전유죄인정에 따른 특례절차(la Comparution sur Reconnaissance Préalable de Culpabilité;
CRPC)를 도입하였다. 이 절차는 법정형 주형이 장기 5년 이하 구금형 또는 벌금형인 경
죄사건에 대해서 피의자의 자백을 전제로 변호인의 필수적 참여하에 검사가 형을 제안
하면 피의자가 그 수락 여부를 결정하고, 수락 시 법원이 최종적으로 형을 승인함으로
써 진행된다(제495－7조 이하). 2019년 기준 프랑스 검찰 전체 유죄사건 처리의 15.7%를
차지할 정도로[82] 활발하게 운영되고 있어 형사사법의 효율에 기여하고 있다고 한다.

자. 기 타

검사는 이외에도 사법경찰관이 갖고 있지 않은 고유한 권한을 가짐으로써 사법경찰
관을 지휘한다. 즉 범죄의 수사상 필요가 있을 때는 검사는 그가 소속되어 있는 법원의
관할구역외에서까지 조사를 행할 수 있으며(CPP 제69조), 중죄 현행범인인 경우에 수사
판사가 아직 사건을 수리하지 않은 경우에는 검사는 범죄에 관여한 혐의가 있는 모든
자에 대하여 구인영장을 발부할 수 있으며, 동 영장에 의하여 인치된 자를 즉시 신문할
수 있다(CPP 제70조). 또한 앞에서 언급한 것처럼 현행범에 대한 조사과정에서 사법경찰
관의 소환에 응하지 않은 자에 대하여는 검사만이 공권력을 이용하여 강제로 이들을 출
두시킬 수 있다(CPP 제62조 제2항, 제78조).

---

81) 김유철, 앞의 논문, 223면 이하 참조,

82) 프랑스에서 2019년 집계된 전체 유죄사건 총 540,377건 중 84,749건이다: Ministère de la
Justice, Références Statistiques Justice (Année 2019), p.81.

3. 검찰의 독립성 논쟁

(1) 검사 개인의 지위

프랑스에서 판사와 검사는 '**사법관**'(magistrat)[83]이라는 용어로 통칭되는데, 사법관이 되기 위한 선발절차와 연수과정이 동일하고, 사법관으로의 임용 후에도 동일한 지위를 가지고 있다. 판사와 검사가 몸담고 있는 조직도 사실상 동일하다. 법무부 내에 대법원을 비롯한 각급 법원이 소속되어 법무부가 법원의 예산이나 조직 등 행정적 관리를 담당하고 있고, 검찰은 법원과 다른 별개의 기관이 아니라 각급 법원에 소속된 하나의 부서로서 설치되어 있다. 즉, 우리나라의 판사와 검사는 법원과 검찰이라는 별개의 기관에 소속되어 사법기관과 준사법기관이라는 표현만큼 그 성격이 다르나, 프랑스의 판사와 검사는 법원이라는 같은 기관에서 같은 지위의 '사법관'일 뿐이다. 따라서 사법관의 판사 또는 검사로서의 직위는 일종의 보직 개념처럼 취급되어, 고위사법관을 제외하고는 둘 사이에 보직이동이 있기도 한다.

다만, 프랑스 판사와 검사도 둘 사이에 중대한 차이가 존재하는데, 이는 판사에게 신분보장은 물론 독립성이 인정되어 법무부장관이 판사의 재판 업무에 관여할 수 없는 반면, 검사에게는 이러한 신분보장이나 독립성이 인정되지 않고 법무부장관을 정점으로 한 위계조직 내에 위치하여 상급자의 지시에 따를 의무가 있으며, 특히 최고사법관회의의 기속력 있는 의견에 따른 법무부장관이 제청(법원장과 대법원 판사에 대해서는 최고사법관회의가 제청)을 받아 대통령이 인사를 하는 판사와 달리, 검사는 최고사법관회의의 기속력 없는 단순의견만을 받은 법무부장관의 제청으로 대통령이 인사를 한다는 점이다.

프랑스 헌법은 판사에 대한 '**부동성 원칙**'(不動性, inamovibilité)[84]을 규정하고(제64조 제4항), 사법관의 지위에 관한 사항은 법률로써 정하도록 위임하고 있다(제64조 제3항). 이에 따라 사법관의 지위에 관한 기본법률인 '사법관의 지위에 관한 위임입법'(Ordonnance n° 58-1270 du 22 décembre 1958, Ordonnance portant loi organique relative au statut de la magistrature) 제4조도 판사는 그의 동의 없이는 전보나 승진이 불가능하다고 규정하고 있다. 다만, 검사에 대해서는 이러한 부동성 원칙이 인정되지 않고, '사법관의 지위에 관한 위임입법' 제5조에서 다음과 같이 규정하고 있다.

---

83) 판사의 경우 'magistrat du siège' 혹은 'juge'라 불리고, 검사의 경우 'magistrat du parquet' 혹은 'procureur'라 불린다. 한편 변호사의 경우에는 사법관과는 다른 별도의 선발절차 및 연수과정을 거친다.

84) 판사와 재판의 독립을 보장하기 위하여 판사는 법률에 정한 징계절차에 의하지 아니하고는 본인의 의사에 반하여 전보되거나 승진되지 않는다는 원칙이다.

제5조 검찰의 사법관은 법무부장관에 소속되어, 위계조직상 상급자의 지시와 통제를 따른다. 법정에서의 발언은 자유롭다.[85]

개개의 판사가 독자적으로 재판권을 행사하는 법원과 달리, 검찰의 경우 제1심을 관할하는 각 지방검찰청의 수장을 'Procureur de la République', 직역하면 '공화국 검사'라고 하고, 그 밑으로는 우리로 치면 부장검사급인 Vice−Procureur(직역하면 '부검사')와 평검사급인 Substitut(직역하면 '대리인')가 배치되어 있다. 그리고 형사소송법상 각 검찰청별로 1명씩의 '공화국 검사'가 검찰권을 행사하도록 되어 있고, 다만 위계조직 구조에 의해 그의 지시와 통제에 따라 Vice−Procureur와 Substitut가 대리인으로서 우리의 개개 검사와 같은 임무를 수행하는 구조이다.[86] 검찰권은 각 공화국 검사가 행사할 수 있고 이를 위임받아 Vice−Procureur와 Substitut가 대리하여 행사하게 되므로, 대리 행사자인 이들이 상급자의 지시와 통제에 따르게 되는 것은 당연한 이치인 것이다.[87]

그리고 고등검찰청의 수장은 'Procureur Général'(직역하면 '검사장')이라고 하는데, 역시 위계조직상 우리로 치면 고등검찰청 부장검사급인 'Avocat Général'과 고등검찰청 검사급인 'Substitut Général'이 그 대리인으로서 검찰권을 행사하고, 그 관할 내 각 지방검찰청의 공화국 검사들은 고등검찰청 검사장의 지시와 통제에 따른다. 다만, 프랑스는 우리의 검찰총장과 같이 전체 검찰을 지휘·감독한다는 개념의 직급이나 직위는 존재하지 않고, 각 고검장들이 우리의 검찰총장과 같은 역할을 각 관할별로 수행하고 있으며, 이 여러 고검장들을 지휘·감독하는 것은 대검찰청에 있는 검찰총장이 아니라 법무부장관이다. 즉, 프랑스의 대검찰청의 검찰총장도 여러 명의 고검장들 중 하나에 불과하고, 그는 대검찰청에 근무하는 검사들만을 지휘·감독할 뿐 각 고등검찰청이나 지방검찰청의 검사를 지휘·감독할 권한은 없으며, 단지 검찰총장이 전체 검찰을 대표한다는

---

85) "Les magistrats du parquet sont placés sous la direction et le contrôle de leurs chefs hié rarchiques et sous l'autorité du garde des sceaux, ministre de la justice. A l'audience, leur parole est libre".

86) 검사를 단독관청으로 하고 있는 우리나라와 달리, 프랑스 각 지방검찰청 또는 지청의 검사는 '공화국 검사'(Procureur de la Répulic)라고 불리는 검사장 또는 지청장 1명이고, 소속 검사들은 모두 공화국 검사의 '대리'(Substitut)이다. 검사는 개인의 이름으로 법률행위를 하는 것이 아니라 '검사의 이름으로'(au nom du parquet) 하며, 다만 어떤 검사가 하였는지 구분하기 위해 검사의 이름을 부기하고 있다. 즉, 프랑스의 경우 각 검찰청마다 동일체로서 1명의 검사밖에 없고, 소속 검사들은 검사 대리의 지위를 갖는 것이다. 이에 따라 프랑스 검사의 경우 사회와 공익의 대표자이고, 형사소송의 필요적 당사자이므로 판사와는 달리 기피의 대상이 되지 않는다 (Bemard Bouloc, Procédure pénale, 20e édition, Dalloz, 2006, p.141).

87) 한제희, 앞의 논문, 68면.

상징적인 지위만 갖고 있을 뿐이다.

결국 위 제5조에서 말하는 '검찰의 사법관'이란 바로 지방검찰청 공화국 검사와 고등검찰청 검사장을 제외한, 지방검찰청과 고등검찰청에 소속되어 있는 사법관들을 말하는 것이다. 나아가 각 고등검찰청 검사장들은 법무부장관에 소속되어 있어, 결국 법무부장관을 정점으로 하는 피라미드 구조로 검찰이 구성되어 있다.[88]

(2) 법무부장관과 검찰의 관계

고등검찰청 검사장은 위계조직상 법무부장관의 하부에 위치하고 있어 그의 지시와 통제를 따르기는 하지만, 법무부장관의 대리인이라거나 그의 권한을 위임받아 행사하는 것이 아니라, 단지 법무부장관이 행정부의 각료로서 행사하는 행정권상의 지시와 통제에 따르는 것이다.

법무부장관과 검찰과의 관계를 더 살펴보면, 종전 형사소송법 제1 – 1장은 '법무부장관의 권한에 관하여'라는 제목의 장에 제30조를 두고 다음과 같이 규정하고 있었다.

▶ 제30조

제1항 법무부장관은 정부의 공소수행과 관련된 정책을 집행한다. 이를 위하여 국내 모든 관할구역에서의 법 적용을 감독한다.

제2항 이를 위하여 법무부장관은 검찰의 사법관들에게 공소수행에 관하여 일반적인 지시를 한다.

제3항 법무부장관은 그가 인지한 사건 및 지시받은 사건에 대해서는 의견을 담은 문서로써 또는 정식 서류로써 고등검찰청 검사장에게 인계하여 직접 소추 또는 소추를 하게 하거나, 장관이 적절하다고 판단하는 조치를 할 수 있는 관할권 있는 법원에 회부하도록 한다.

법무부장관은 정부가 국가의 정책을 결정하고 지도한다는 헌법 제20조 제1항의 규정에 따라 행정권의 일부인 검찰을 지휘하여 공소수행에 관한 정책을 집행한다. 국민주권주의 이념에 비추어 법무부장관이 검찰을 지휘하여 법집행작용을 하는 것은 당연한 일이다. 한편으로, 검찰권은 사회와 개인에 미치는 영향이 매우 큰 중요한 권한이고 검사가 행사할 수 있는 권한도 광범위하여 검사 개개인이 독단에 빠져 사건을 잘못 처리하는 경우 국민들에게 미칠 피해가 막대할 것이므로, 이를 적절히 통제하고 시정하기 위해서라도 개개 검사에 대한 위계조직상의 지시와 통제, 검찰에 대한 법무부장관의 지휘권이 필요한 것이다.

---

88) 한제희, 앞의 논문, 68면.

법무부장관은 고등검찰청 검사장을 통해 검찰이 수사 중인 사건에 관한 정보를 제공받고 있는데,[89] 법무부장관의 검찰 지휘에는 개별 사건과 관련 없는 일반적인 내용의 지휘와 개별 사건에 관한 구체적인 내용의 지휘가 있다. 법무부장관의 일반적 지휘권은 대개 일반훈령(circulaire)의 형태로 행사되고, 종래 개별 사건에 관한 구체적 지휘권은 종래 고등검찰청 검사장에게 서면지휘로써 그 사건에 대해 소추하거나 소추하도록 할 것을 명하는 방법으로 행사되고 있었다.[90]

다시 말하면, 법무부장관의 고등검찰청 검사장에 대한 구체적 지휘권은 오직 개별 사건이 범죄혐의가 있을 경우 기소명령권을 행사할 수 있음에 그치는 것이고, 법무부장관이 그 사건에 대해 피의자의 구속 여부에 관하여 지휘하거나 불기소 처분을 하도록 지휘하는 것은 허용되지 않는다.[91] 법무부장관에게 기소명령권을 인정하는 이유는 범죄혐의가 명백함에도 부당하게 불기소되는 것을 방지하기 위한 것이다. 이처럼 법무부장관의 검찰에 대한 지휘는 개별 사건에 관한 한 제한된 범위에서 소극적인 형태로 행사되고 있는 것이었고, 후술하는 것처럼 이마저도 검찰의 독립성을 보장한다는 취지로 마련된 '형사정책과 공소권 행사에서의 법무부장관과 검찰의 권한에 관한 2013년 7월 25일자 법률 제2013-669호'에서 법적으로 금지되고 말았다(형사소송법 제30조 제3항 삭제).

(3) 검찰의 독립성과 검사의 지위

프랑스 검찰은 우리와 마찬가지로 행정부에 속해 있고 법무부장관을 정점으로 한 위계조직 속에 놓여 있는 관계로, 수시로 정치적 중립성과 관련한 논쟁의 대상이 되고 있다. 예를 들어, 2010년에는 빌팽(Villepain) 전 총리 사건의 무죄판결에 대해 그와 정치적으로 반대편 입장에 서 있던 당시 대통령 사르코지가 개입하여 파리 검찰로 하여금 항소하게 하였다는 의혹이 제기된 사례 등이 그것이다.[92]

앞에서 본 바와 같이 판사는 부동성의 원칙으로 상징되는 지위의 독립성이 명시적으로 인정되고 있어, 판사 개개인이 편향적인 판결로 인해 정치적 중립성 시비에 오르내리는 경우는 있어도 법원조직 자체가 그 조직구성 형태로 말미암아 정치적 중립성 논란을 불러일으키는 경우는 드물다. 반면, 검사는 법무부장관에 소속되어 있고 상급자의 지휘에 따라야 하는 구조상, 검사 개개인은 몰라도 검찰조직 자체가 정치적 중립성 시비에 상대적으로 취약하게 되어 있다. 이에 정치적 중립성이 취약한 검찰에 소속되어 있는 검사들에게 판사와 동일한 성격의 '사법관'으로서의 지위를 인정해도 되는 것인지,

---

89) 김종구/김종민 외, 앞의 책, 33면.
90) 김종구/김종민 외, 앞의 책, 32면.
91) 김종구/김종민 외, 앞의 책, 33면.
92) Bastien Bonnefous, "Justice: un parquet à rénover", http://www.slate.fr/story/30109/parquet-justice-contestations, Slate(2010. 11. 13.).

검사가 사법관임을 근거로 강제처분권을 행사하거나 판결의 성질을 가지는 처분을 행하는 것이 적정한 것인지에 대해 종종 의문이 제기되고, 국제법원이나 국내법원에 의해 제동이 걸리는 경우도 있었다.[93]

특히, 2010년 11월 23일 유럽인권법원[94]과 프랑스 대법원이 우리의 긴급체포와 유사한 강제처분인 '보호유치'의 적법성 여부가 문제된 사건에서, "사법 분야의 사법관 조직이 헌법 제66조에서 말하는 사법권을 대표한다면, 검사가 그러하듯이 판사를 다른 권력에게 종속되게 한다는 것은 내부법의 영역에 속한다. 검사는 위계조직상 상급자인 법무부장관에게 종속되는데, 법무부장관은 정부의 구성원이다. 판사의 경우와는 달리, 검사는 헌법 제64조가 정하는 신분보장이 적용되지 않는다. 검사는 검찰의 위계조직상 그 상급자와 법무부장관의 지휘감독에 종속된다. 형사소송법 제33조에 따라, 검사는 그가 정의를 위해 필요하다고 판단하는 의견을 구두로 자유롭게 개진할 수 있다 하더라도, 제36, 37, 44조에서 정한 요건에 따라 자신에게 부여된 지시에 부합하도록 서면으로 업무를 수행하여야 한다."고 하면서, "유럽인권법원은 법무부장관과 검찰 사이의 효과적인 의존관계를 내부적인 논의의 목적으로 삼는 것을 도외시하지 않는다. 그러나 국가권력 내부의 논의에 대해 입장을 밝히는 것은 유럽인권법원의 권한에 속하지 않는다. 유럽인권법원은 사실상 유럽인권협약 제5조 제3항에 관한 유일한 해석, 그리고 여러 규정과 관련된 기존 판례에 따라 발전된 개념들을 검토하였다. 이러한 관점에서 유럽인권법원은 프랑스 검찰의 지위는 행정권으로부터의 독립성[95]을 충족하지 못하여 제5조 제3항이 의미하는 '사법관'의 개념을 충족할만한 객관성 개념이 부족하다고 판단한다"고 선고하였는데, 이는 프랑스 검사가 '독립성과 객관성 있는 사법기관'이 아니라는 취지의 판결이므로 프랑스 법조계에서 논란이 있었다.

이 사건의 실제 사실관계는 좀 복잡하지만 간단하게 요약하면, 2005년 4월 13일 '프랑스 물랭'(France MOULIN)이라는 이름의 여성 변호사가 수사기밀 누설 혐의로 사법경찰에 의해 보호유치되었고(이 사건은 예심수사판사가 사법경찰에 수사지휘한 사건이다), 4월 14일 예심수사판사가 별도의 신문이나 면담 없이 보호유치 연장결정을 하였고, 4월 15일 예심수사판사가 본격적인 예심수사를 위해 보호유치를 종료하고 구인영장을 발부하자 관할 검찰청의 검사가 구치소에 대한 수용지휘를 위해 이 변호사를 면전에 인치하

93) 문준영, "검찰제도의 연혁과 현대적 의미", 비교형사법연구 제8권 제1호, 한국비교형사법학회 (2006). 695면.

94) CEDH 23/11/2010, Moulin c/ France, n°37104/06.(프랑스의 검사는 독립성과 객관성을 인정할 수 없어 인신구속을 통제할 권한이 있는 사법기관으로 볼 수 없다).

95) 여기서 논의하고자 하는 것은 '검찰(조직)의 (정치권력으로부터의) 독립성' 문제이지 '검사(개인)의 (직무상의) 독립성' 문제는 아니다. 검사 개개인이 누구로부터도 아무런 간섭 없이 권한을 행사하는 독립관청이 되어야 한다는 의미의 '검사의 독립성' 주장은 프랑스에서도 없다.

였다가 구치소에 수용하였고, 4월 18일 이 변호사가 처음으로 예심수사판사의 면전에 인치되어 제1회 피의자신문을 받은 사안이다.

유럽인권법원의 설치근거인 유럽인권협약(Convention de sauvegarde des droits de l'homme et des libertés fondamentales) 제5조 제3항은, "동조 제1항 c호 규정에 따라 체포 또는 구금된 모든 사람은 법관 또는 법률에 의하여 사법권을 행사할 권한을 부여받은 다른 사법관에게 신속히 인치되어야 한다"[96]라고 규정하고 있다.

이 사건에서 MOULIN 변호사는, 보호유치된 때로부터 신속하게 사법관 면전에 인치되어야 함에도 보호유치 된 지 5일 만에 예심수사판사의 면전에 인치되었고, 비록 보호유치된 지 2일 만에 검사의 면전에 인치되기는 하였으나 검사는 위 인권협약에서 말하는 '사법권을 행사할 권한을 부여받은 사법관'이 아니므로 결국 자신에 대한 보호유치가 위법하다고 주장하며 유럽인권법원에 이 사건을 제소하였던 것이다.

이에 대해 유럽인권법원은, '사법관'의 핵심 개념요소는 '독립성'(indépendance)과 '객관성'(impartialité)인데, 프랑스의 검사는 법무부장관을 정점으로 하는 위계조직으로 구성되어 있어 독립성과 객관성을 인정할 수 없고 기소하는 측의 일방당사자이므로, 결국 위 인권협약 제5조 제3항에서 말하는 사법관으로 볼 수는 없다고 판시하였다. 유럽인권법원은 이미 2008년 마약사범에 대한 구속의 적법성 여부가 쟁점이 되었던 Medvedyev et autres c. France 사건에서도 유럽인권협약 제5조 제1항과 제3항에 관하여 "검찰은 유럽인권법원 결정에서 말하는 의미에서의 '사법권'에 해당하지 않는다. 검찰은 특히 행정권에 대한 관계에서 독립성이 부족하다"는 취지의 판결을 선고한 적이 있다.

한편, 체포 또는 구금 후 사법관의 면전에 대상자의 인치가 이루어져야 하는 시한인 '신속히'의 개념에 대해서는, 유럽인권법원은 과거 체포 또는 구금일로부터 3일째부터 4일째 사이에는 사법관 면전에의 인치가 이루어져야 한다고 판단한 사례[97] 및 4일 미만인 경우에는 적법하다고 판단한 사례 등이 있는데, 이번 MOULIN 사건에서 5일 만의 인치는 지나치게 길다고 판단한 것이다. 이에 프랑스 대법원도 유럽인권법원의 위 판결취지를 반영하여, 그 직후인 2010년 12월 15일 "검사가 유럽인권협약이 요구하는 독립성과 객관성에 대한 보장이 없고 기소하는 측의 당사자임에도 불구하고, 원심인 고등법원 예심부가 검사를 유럽인권협약 제5조 제3항의 사법관에 해당하는 것으로 인정한 것은 잘못이다"[98]라는 취지로 판시하였던 것이다. 이 사건은 보호유치를 24시간 연장한

---

96) "Toute personne arrêtée ou détenue, dans les conditions prévues au paragraphe 1.c du présent article, doit être aussitôt traduite devant un juge ou un autre magistrat habilité par la loi à exercer des fonctions judiciaires".

97) CEDH Brogan c/ RU, 29/11/1988 ; CEDH Varga c/ Roumanie, 01/04/2008.

검사의 처분이 유효한지 여부가 다투어진 사안인데, 대법원은 위와 같이 판단하면서도 검사의 연장처분 자체는 적법하다고 인정하여 청구인의 상고를 기각하였다.[99]

　　이러한 유럽인권법원과 대법원의 판결에 따라 검찰의 독립성을 보완토록 하는 입법이 필요한 상황이 되었으나, 이후 보호유치와 관련한 형사소송법 개정과정에서 보호유치 절차를 통제하는 검사의 권한에 대해 특별한 변화가 생기지는 않았으나, 검찰의 독립성과 관련해서는 형사소송법 제30조 제3항이 삭제되었으므로 '사법관'으로서의 지위 논쟁이 제기될 것으로 보인다.

　　사실 이미 그 이전에도 법무부장관과의 관계에 있어 검찰의 독립성과 관련한 논란이 종종 있어왔는데, 1997년에는 검찰을 법무부로부터 완전히 독립시켜 정치성을 배제시키고 검찰의 독립성을 보장하자는 내용의 개정안이 시도되었다가 정치권의 이해충돌 등의 이유로 실패로 끝나고 만 일이 있었다.[100] 1999년에는 법무부장관의 기소에 관한 지휘권을 전면 폐지하는 내용의 형사소송법 개정안이 제안되기도 하였다.[101]

　　그리고 최근에는 검찰의 독립성과 객관성을 강화하기 위해 '형사정책과 공소권 행사에서의 법무부장관과 검사의 권한에 관한 2013년 7월 25일자 법률 제2013−669호'[102]가 마련되었다. 이미 2012년 9월 19일 법무부장관의 형사정책에 관한 일반훈령

---

98) Crim. 15/12/2010, nº 10−83.674.

99) 파리고등검찰청의 검사장 프랑수와 팔르티(François Falletti)는 위 대법원 판결 직후인 2010년 12월 16일 일간지 '르 피가로'(Le Figaro)지와의 인터뷰에서, "이번 대법원의 판결을 존중하고, 검사는 앞으로도 본연의 임무를 계속 수행해 나갈 것입니다. 다만, 보호유치 절차에 있어서 검사의 통제는 반드시 유지되어야 합니다. 누구도 검사에게 불기소처분을 명령하지 못하고, 고등사법위원회가 임명권 행사 등을 통해 검사의 권한을 통제하고 있습니다. 정의를 가장 위협하는 것은 검사를 도구화하고 희화화하는 것입니다. 검사는 진실 발견과 개인의 자유 보호에 관심이 있음에도, 너무나 자주 공격을 당하고 있습니다"라고 말하며 최근의 판결과 검찰에 대한 우호적이지 않은 여론에 대해 답답한 심경을 밝히기도 하였다(Le Figaro, "Le parquet est souvent violemment attaqué", http://www.lefigaro.fr/actualite−france/2010/12/16/01016−20101216ARTFIG 00637−le−parquet−est−souvent−violemment−attaque.php, 2010. 12. 16.).
　　또한, 2011년 1월 7일 신임 검찰총장 장루이 나달(Jean−Louis NADAL)은 취임사에서 "검찰에 대한 의심을 없애기 위해서는 정치권과의 연결고리를 끊고, 검사의 임명과 관련한 고등사법위원회의 결정에 법무부장관이 관여할 여지를 줄일 필요가 있습니다"라는 의견을 제시하여, 향후 검찰의 독립성 회복을 위한 대책이 필요함을 강조하기도 하였다(Jean−Louis NADAL, http://libertes. blog.lemonde.fr/files/2011/01/nadal.1294467963.pdf, 2011. 1. 7.).

100) 백원기, "검찰제도에 관한 가치론적 고찰", 형사법의 신동향 통권 제31호, 대검찰청(2011), 237면.

101) 문준영, 앞의 글, 696면.

102) Loi nº 2013−669 du 25 juillet 2013 relative aux attributions du garde des sceaux et des magistrats du ministère public en matière de politique pénale et de mise en œuvre de l'action publique.

(Circulaire JUS D. 1234837 C / CRIM 2012-1/E 19. 09. 20. 2012)[103]에 명시되어 있었던 사항이긴 하나, 이 새로운 법률에서는 법무부장관이 검찰에 개별 사건에 관한 지시를 하는 것을 금지하였고,[104] 검찰이 공소권을 행사할 때 객관성 원칙(principe d'impartialité)[105]을 존중하도록 하였다.

즉, 앞에서 본 종전 형사소송법 제30조 제3항의 "법무부장관은 그가 인지한 사건 및 지시받은 사건에 대해서는 의견을 담은 문서로써 또는 정식 서류로써 고등검찰청 검사장에게 인계하여 직접 소추 또는 소추를 하게 하거나, 장관이 적절하다고 판단하는 조치를 할 수 있는 관할권 있는 법원에 회부하도록 한다"라는 부분을 모두 삭제하고, 다음과 같이 새로운 내용의 제3항을 마련함으로써 개별 사건에 관한 구체적 지휘를 아예 금지한 것이다.

제30조 제3항 그(법무부장관)는 그들(고등검찰청 검사장)에게 개별 사건에 대해서는 어떠한 지시도 할 수 없다.[106]

그리고 "검사는 공소를 수행하고 법률의 적용을 청구한다"[107]라고 규정하고 있었던 종전 형사소송법 제31조도 "검사는 객관성 원칙을 존중하면서 공소를 수행하고 법률의 적용을 청구한다"[108]라는 내용으로 개정함으로써, 검사로 하여금 업무수행 과정에서 객관성, 중립성, 공정성을 담보하도록 하였다.

---

103) 2012년 5월 프랑스 대통령 선거에서 당선된 올랑드 후보는 선거운동 과정에서 검찰에 대한 구체적 지휘권을 행사하지 않겠다고 공약하였고, 이후 올랑드 행정부의 법무부장관이 검찰에 대해 구체적 지휘권을 행사하지 않겠다는 방침을 이 일반훈령을 통해 명시적으로 밝힌 것인데, 위 일반훈령의 내용을 요약하면, 법무부장관이 검찰을 상대로 개별 사건에 대한 구체적 지휘는 하지 않는 대신, 고검장으로부터 중요 사건에 대한 보고는 받고, 고검장으로부터 받는 보고를 통해 필요한 경우 전국적인 형사정책 사항을 결정하여 다시 고검장을 상대로 일반적 내용이 지휘를 하겠다는 것이다.

104) dalloz-actu-etudiant.fr, "Les nouvelles règles de compétences respectives du garde des Sceaux et du parquet", http://actu.dalloz-etudiant.fr/a-la-une/article/les-nouvelles-regles-de-competences-respectives-du-garde-des-sceaux-et-du-parquet/h/ba2b713cf654096dc7e102af0d0c203c.html(2013. 9. 13.).

105) '객관성 원칙' 대신 '중립성 원칙' 또는 '공정성 원칙' 등으로 번역할 수 있겠다.

106) "Il ne peut leur adresser aucune instruction dans des affaires individuelles".

107) "Le ministère public exerce l'action publique et requiert l'application de la loi".

108) "Le ministère public exerce l'action publique et requiert l'application de la loi, <u>dans le respect du principe d'impartialité auquel il est tenu</u>".

4. 특별수사기구

(1) 재정 · 경제전담 거점수사부

가. 설치배경

프랑스는 반부패수사기구를 별도로 설치하고 있지 않다. 그러나 현대사회에서는 새롭고 복잡한 재정 · 경제관련 범죄가 급증하고 있고, 해당 범죄로 인해 사회가 입는 피해가 점점더 심각해지면서 부패범죄에 대해 보다 효과적이고 효율적으로 대응하기 위해 '재정 · 경제전담 거점수사부(Pôle financier)'를 설치하였다. 1975년 재정 · 경제범죄수사를 전문화할 필요성이 대두되면서 재정 · 경제수사를 전담하는 거점수사조직이 고려되었다. 구체적으로 실현이 된 것은 1994년 3월 25일 법률 제94-259호에서 설치 법원 및 그 관할이 명시되면서 부터이고, 1998년 7월 2일 법률로 재정 · 경제수사부의 수사를 지원하는 '전문자문관(assistant spécialisé)'에 대한 근거규정이 형사절차법에 마련되었다. 그리고 1999년 및 2000년에는 파리 이외에도 리용(Lyon)과 마르세이유(Marseille), 바스티아(Bastia) 등에도 설치되었으며, 2004년 3월 9일에는 형사절차법 개정을 통해 재정 · 경제전담 거점수사부는 해당 범죄수사를 위한 핵심기관으로의 역할과 권한이 강화되었다.[109] 다만, 재정 · 경제전담 거점수사부에는 검찰만을 위한 특별수사기구 조직은 아니다. 해당 부서에는 재정 · 경제범죄수사에 전문적 지식을 보유한 검사 및 수사판사를 배치하고 있으며, 전문자문관 등과 같은 지원 인력 자원, 그리고 관련 데이터베이스 등과 같은 물적 지원을 집중시키고 있다. 따라서 검찰과 수사법원이 중요하게 활용할 수 있는 집중화되고 전문화된 거점수사기구를 마련한 것이다.

나. 재정 · 경제전담 거점수사부의 조직

앞서 언급한 바와 같이 재정 · 경제전담 거점수사부를 설치하게 된 배경은 새롭고 복잡한 재정 · 경제관련 범죄에 효과적으로 대응하기 위해서이다. 무엇보다 재정 · 경제범죄는 피해자가 명확치 않거나 없는 경우가 많기 때문에 그에 대해 국가가 적극적으로 개입하지 않는다면 결국 국가경제 뿐 아니라 사회적으로도 막대한 피해가 발생할 수 있다. 따라서 프랑스 뿐 아니라 유럽의 여러 국가들은 수사기관에 대해 전문화 및 집중화, 유럽국가간 형사사법공조 등를 통해 적극적으로 대응하고 있다. 그에 대해서는 이미 앞서 독일의 예에서도 확인할 수 있었다. 프랑스의 재정 · 경제전담 거점수사부도 그와 같

---

109) 보다 상세히는 http://recherche.assemblee-nationale.fr의 국민의회보고서 n.856 Rapport portant adaption de la justice aux évolutions de la criminalité par M.Jean-Luc Warsmann TOME 1 Chapitre Ⅲ 참조; 김종민, 「프랑스 재정경제범죄 수사시스템에 관한 연구」, 각국의 특별수사기구 연구, 미래기획단 연구총서 Ⅲ, 검찰미래기획단, 9면.

은 맥락으로 이해할 수 있다.

재정·경제전담 거점수사부의 조직상황을 살펴보면 2004년 이전 파리지방검찰청에는 일반재산관련범죄 및 지능범죄를 담당하는 F1 부서, 보험·조세·외환·기업도산·자금세탁 등 재정관련범죄를 담당하는 F2 부서, 경쟁법·소비자보호법·산업관련 등 경제·사회관련범죄를 담당하는 F3 부서, 회사 및 상사관련 범죄를 담당하는 F4 부서 등 모두 4개 부서로 구성되어 있었다. 재정·경제전담 거점수사부가 일반적인 재정·경제범죄까지도 모두 담당하고 있었던 것이다. 그러다가 2004년부터 재정·경제전담 거점수사부의 역할과 기능을 대형 및 중요 재정·경제범죄에만 집중하도록 역할을 변경하여 재정·경제관련범죄를 전담하는 F1 부서와 회사·상사관련 범죄를 전담하는 F2 부서만 남겨두고 나머지 재정·경제 사건들은 5차장실 산하 S1과 S2에서 담당하도록 조직개편 및 업무조정을 이루었다.

현재는 재정·경제전담 거점수사부가 재정·경제범죄가 주로 문제가 되는 주요 고등법원 관할구역 내에 설치되어 있는데, 파리, 마르세이유, 리용, 바스티아[110] 등 4곳에 설치되어 있다. 그리고 보르도(Bordeaux), 포르 드 프랑스(Fort−de France), 낭테르(Nanterre)[111] 등에는 재정·경제전담 거점수사부가 정식 설치되지는 않았지만, 재정·경제 관련 업무를 담당하는 전문자문관이 근무하면서 실질적으로 재정·경제전담 거점수사부로서의 역할을 수행하도록 하고 있다.[112]

(2) 금융경제검찰의 신설
가. 설치배경

2000년 이후 프랑스는 형사사법분야에서 상당히 의미있는 제도개혁을 위해서 법률을 개정하였으며, 그를 바탕으로 계속해서 개혁작업을 진행하고 있다. 이는 기본적으로 프랑스가 마주하고 있는 상황이 급격히 변화하고 있기 때문인데, 세계화가 지속되고 있으며, EU의 통합으로 인한 유럽의 단일화가 이루어지게 되었고, IT 혁명으로 인해 사회 전반에서 커다란 변화가 일어나고 있기 때문이다. 그처럼 프랑스 사회의 정치와 경제, 사회환경 등이 급속히 변화하면서 범죄도 함께 변화하고 있다. 그래서 프랑스 내에서도 국가 및 사회의 근간을 위협할 수 있는 조직범죄와 재정·금융범죄 등이 많이 발생하고

---

110) 바스티아는 코르시카 섬에 있는 지역인데, 이탈리아와 인접하고 있어 마피아와 관련된 조직범죄, 자금세탁범죄 등이 심각하여 설치되었다고 한다.

111) 낭테르는 파리 북쪽 라데팡스가 있는 지역인데, 신도시가 건설되면서 프랑스 국내외의 많은 기업 및 금융기관들이 입주하고 있다고 한다. 따라서 탈세나 자금세탁 등과 같은 재정·경제관련 범죄가 많이 발생하고 있으며, 그로 인해 파리지방검찰청과 함께 재정·경제 관련 수사에 있어 핵심적인 거점지역이라고 한다.

112) 김종민, "프랑스 형사사법 개정 동향", 형사법의 신동향 제3호(2006. 8.), 대검찰청 미래기획단, 10면.

있는데, 기존의 형사사법시스템으로는 효과적이고 충분한 사회방위를 할 수 없다는 현실 진단과 위기인식에서 나타나기 시작한다. 따라서 프랑스는 2002년에서 2004년에 걸쳐 치밀한 준비를 하였고, 그 결과 프랑스의 형사사법제도 개혁안을 입법하게 된다.

그 결과로 2002년 9월 9일 법률 제2002-1138호 "사법의 계획과 방향에 관한 법률 (loi d'orientation et de programmation pour la justice)"과 2004년 3월 9일 법률 제2004-204호 "범죄의 발전에 따른 사법의 대응에 관한 법률」(loi portant adaption de la justice aux évolutions de la criminalité)"이 법제화 되었다. 해당 법률들은 그 명칭에서 알 수 있듯이 프랑스 사회에서 새롭고 중대하게 발생하고 있는 조직범죄 등 중대범죄에 대해 사법체계가 보다 효과적으로 대응하여 사회를 방위하는 것에 방점을 두고 있다.[113] 해당 법률은 크게 2부분으로 나누어지는데, 하나는 조직범죄 등과 같은 특정범죄에 대해 형법과 형사절차법의 효과를 강화하는 것이고, 다른 하나는 법률이 각각의 형사절차에 있어 정합성 있고, 일관성 있게 작용하여 적절한 효력을 발휘할 수 있도록 하면서도 프랑스가 국제 차원의 범죄에 개입하는 경우 관련규정에 따라 조화롭게 대처할 수 있도록 하는 것이다. 이와 같은 법률개정은 프랑스가 1959년에 형사소송법을 제정한 이후 가장 광범위하게 개정을 한 것으로서 모두 400개 이상의 조문이 신설 및 개정 또는 폐지되었으며, 미국의 유죄협상제도(plea bargaining)과 같은 제도도 전면적으로 도입하는 등 형사절차법전반에 걸쳐 근본적으로 중대한 개정이 이루어졌다. 그와 같은 맥락에서 프랑스는 금융경제범죄와 조직범죄 등과 같은 복잡하고 대형화 하는 범죄에 대해 수사역량을 집중하고, 수사기관의 전문화하며, 조직의 효율성을 위해 중앙집중화하기 위해서 지속적으로 관련 전략을 추진하였다. 그 결과로 2014년 2월에 프랑스는 파리고등검찰청 소속임에도 고등검사장의 지휘를 받지 않고 프랑스 전국을 관할권으로 하는 독립된 금융경제검찰을 신설하였다.

나. 경제금융범죄에 대응하기 위한 개혁입법

프랑스는 2013년 12월 6일 조세포탈 및 대규모 경제금융범죄에 대응하기 위한 개혁입법을 단행한다. 해당 개혁입법의 내용에서는 크게 두 가지를 주목할 필요가 있다. 첫째로 조세포탈 및 주요 경제금융범죄에 효과적이고 효율적으로 대응하기 위해서 경제범죄 전문 검사직을 신설하고, 조세범죄 및 부패범죄 척결에만 집중할 수 있도록 조직을 개편하였다. 특히 해당 법률에서는 기존에는 조직범죄나 중범죄에서만 주로 활용하던 수사기법들을 경제금융범죄에도 활용할 수 있도록 근거를 마련한 것이다. 예를 들어, 경제금융범죄 수사를 위해서 서신·전기통신을 검열하거나 감시할 수 있도록 하였고, 잠입수사 등도 활용할 수 있도록 하였다.

---

113) 자세한 내용은 김종민, 위의 논문, 118면 이하.

둘째로, 해당 법률에서는 돈세탁(money laundering)을 한다고 의심되는 거래가 있는 경우 불법적인 수익으로 추정할 수 있는 내용을 프랑스 형법 제324-1-1조의 '추정'규정을 신설하고 있다.[114] 기존의 형법 제324-1조에서는 "중죄 또는 경죄를 통해서 범죄행위자가 얻은 직접 또는 간접적인 수익과 재산의 출처를 적법한 것으로 가장하는 모든 행위 및 중죄 또는 경죄로부터 유래한 직접 또는 간접적인 수익을 통한 분산, 전환, 재투자하는데 협조한 행위"를 돈세탁 범죄로 규정하고 있었다. 그런데 해당 규정에서는 특히 범죄수익을 분산, 전환, 재투자하는 것과 관련된 증거를 확보하기가 상당히 어려웠다. 이는 돈세탁 범죄의 경우 범죄 관련성을 철저하게 은닉하는 것이 가장 큰 특성이기 때문이다. 따라서 형법 제324-1-1조에서는 불법자금의 입증책임을 완화해 주는 것, 즉, 입증책임의 전환을 통해서 수사기관의 입증의 어려움을 해결해 주는 것을 목표로 제정되었다. 법률의 개정으로 인해 소유자는 범죄로부터 얻은 직·간접적인 수익과 범죄로부터 유래한 자산을 분산·전환·재투자하는 모든 행위들이 돈세탁과 관련이 없다는 것을 스스로 입증해야 한다.

그런데 해당 규정에 따르면 돈세탁 범죄의 구성요건 중 어떤 것이 추정되는지가 문제가 된다. 해당 규정을 엄격하게 해석하면 추정한다는 의미는 돈세탁 '행위'를 추정한다 의미가 아니라 돈세탁의 대상이 되는 '물건 또는 수익의 출처가 불법'이라는 것을 추정한다는 것이다. 그로 인해 해당 규정은 무죄추정의 원칙에 위배되지 않는다는 것이다. 다시 말해 해당 규정은 물건이나 수익의 '출처의 불법성'에 대한 입증을 용이하게 하여 결과적으로 돈세탁 범죄에 대한 입증을 용이하게 하는 것이 목적이기 때문에 해당 규정으로 인해 기존 돈세탁 범죄의 구성요건은 달라지는 것이 아니다. 그런 점을 고려해서 해당 추정규정은 돈세탁 범죄의 고의 및 인식과 연관해서 크게 두 부분으로 나누어 살펴볼 필요성이 있다. 하나는 프랑스 형법 제324-1조 제1항의 범죄에 대해서는 합법적으로 범죄수익을 얻었다고 주장하는 자가 해당 행위 당시 대상 수익이 중죄 및 경죄로부터 얻었다는 것에 대해서 알았다는 것이 증명되어야 한다. 반면에 다른 하나는 프랑스 형법 동조 제2항에 규정하고 있는 '어떤 수익을 분산, 전환, 재투자하는 행위'에 대해서는 그것이 범죄수익이라는 것을 알고 있었다는 사실이 추정된다. 다시 말해 돈세탁 범죄 행위에 대한 고의가 추정된다는 것이다. 다만, 행위자가 불법적인 수익 여부를 알았는지에 대해서는 법관이 혐의자가 관련된 정황과 대가의 적절성, 예치과정의 복잡성, 돈세탁 가담 행위자들의 전문성 등 여러 가지 정황들을 종합적으로 고려하여 판단할 수

---

[114] 법무부장관 명의의 2014년 1월 24일 자 유권해석에 의하면 "본 규정은 입증책임의 전환규정으로서 자금 소유자가 그것이 정당한 경제활동 또는 상속의 대가라는 점을 입증하지 못하는 한 불법적으로 취득한 자금으로 추정되며, 따라서 앞으로는 자금 흐름의 복잡성에 신경 쓸 필요 없이 그 자금이 출처를 입증할 수 있는 자금인가"만 판단하면 된다.

있다고 한다.[115)]

해당 규정에 대해서는 또 다른 문제가 제기되기도 한다. 프랑스 형법 제324-1-1
조가 형사소추를 당한 모든 사람들은 법에 따라 유죄의 증명이 있기까지는 무죄로 추정
되는 유럽인권협약의 무죄추정의 원칙에 반하는 것은 아니지만 법률의 한계도 부인할 수
없다고 본다. 하나는 해당 규정은 추정규정에 불과하기 때문에 행위자가 반대 사실을
충분히 증명할 수 있을 가능성이 열려 있다는 것이다. 그리고 다른 하나는 해당 규정은
자금의 최종 소지자 및 자금 출처를 은닉하는 것 외에는 정당한 다른 이유가 없는 거래
가 있었다는 사실이 증명되는 경우에만 작동될 수 있다는 것이다. 결과적으로 해당 규
정의 도입으로 인해 금융경제범죄에 대해 수사의 대응력이 상대적으로 높아지기는 했지
만, 그 한계도 명확히 존재하게 되었다.

다. 금융조세범죄 전담 조직과 지원

2013년 12월 6일 법률의 제65조에 의해 금융조세범죄를 전담하는 검사장 직이 창
설되었으며, 현재 파리지방법원에는 독립된 부서가 설치되어 있다. 해당 부서에는 한 명
의 검사장과 15명의 검사 및 검사보 등이 근무하고 있으며, 전국의 모든 금융조세범죄
사건에 대해 관할권을 갖고 있다. 해당 부서에서 만들어진 서류는 곧바로 금융범죄를
담당하고 있는(pole financier) 수사판사에게 전달된다. 여기서 구체적으로 금융조세범죄
사건에 속한다는 것은 범죄 가운데 사건이 매우 복잡하거나 국제적인 차원의 범죄를
의미하게 된다. 그 유형으로는 "청렴 관련 범죄", "부패범죄 또는 권한 남용 범죄", "부
가가치세 포탈", "유럽연합 소속 공무원의 부패범죄 또는 권한남용 범죄", "죄질이 중한
조세포탈 범죄" 등이 있다. 그뿐 아니라 금융조세범죄 전담 검사장은 돈세탁 범죄 및
그와 관련된 범죄, 그리고 형사절차법 제705-1조와 관련된 증권범죄에 대한 관할권도
갖고 있다. 그에 따라 주가조작이나 내부자거래도 수사대상에 포함된다. 또한 금융조세
범죄 전담 검사장은 수사판사의 의견을 고려하여 혐의사실과 연관된 조서, 수사보고서,
기타 서류 등을 금융시장감독위원회(la commission des sanctions de l'autorité des
marchés financiers: CSAMF)에 송부할 수도 있다.

라. 새로운 수사기법의 개발 및 통합관할권

프랑스 형사절차법 제706-1-1조에 의하면 부패범죄나 권한남용 범죄, 가중 조세
포탈 범죄, 그리고 5년 이상의 징역에 처할 수 있는 관세법 위반 범죄 수사를 위해서
다음과 같은 특수 수사기법을 활용할 수 있다. 그 유형에는 "관할 바깥에서의 감시",
"잠입 수사", "공공 또는 사적 장소 또는 차량에서의 대화의 청취, 녹음, 전송, 기록과

---

115) 장 폴 알베르, "2013년 개혁 법률의 의의와 성과", 2016년 5개국 국제학술대회 「범죄수익의
　　　동결과 박탈」 자료집(2016. 7. 8.), 한국형사소송법학회, 70면.

사적 장소에서의 사진의 촬영, 녹화, 전송, 기록", "전자정보의 취득, 보전, 전송", "가압류" 등이 있다. 그러나 그와 같이 특수 수사를 수행하기 위해서는 기술적인 문제뿐 아니라 더 많은 인력도 요구된다. 무엇보다 상당히 복잡한 경제 및 조세 사건 등을 장기간에 걸쳐 수사를 진행하거나, 심지어 해외에서까지 수사를 진행하는 경우라면 검사나 수사판사가 해당 수사를 위해 요구되는 전문인력과 경찰력 등을 충분히 동원할 수 없기 때문이다. 그래서 재정경제부 장관의 이름을 딴 "SAPIN II"라는 새로운 조치가 발령되었고, 시행중에 있다.

범죄가 발생하였는데 행위자, 공범, 피해자 등이 수 명이거나 발생한 범죄의 지역이 여러 지역에 걸쳐 있기 때문에 사건을 처리하기 복잡한 경우에는 특수통합관할(JIRS)의 관할권이 미치게 된다. 무엇보다 유리한 판결을 받기 위해 공무원이 권한을 남용하는 범죄 및 평결에 대해 불법적으로 영향을 미치는 범죄에 대해서도 통합관할권을 행사할 수 있다.

마. 국제공조 수사

2013년 12월 6일 법률의 주요 특징 가운데 하나는 불법재산을 몰수 및 추징하는 것과 관련해서 국제공조를 강화하는 근거를 마련하고 있다는 것이다. 그에 따라 프랑스 형사절차법 제694 – 12조가 개정되었으며, 수익의 출처에 대해 알았을 것이라는 조문이 삭제되었고, 국제협력을 명하는 규정이 도입되었다. 그에 따르면 "외국의 사법기관의 요청이 있거나 국제협약에 따라 프랑스 내에 있는 자산에 대하여 압류 요구가 있는 때에는 수사판사가 검사의 의견을 물어 이를 집행하며, 그 비용은 국가가 부담하고 이를 나중에 구상하도록 한다"라고 하고 있다. 그뿐 아니라 프랑스 형사절차법 규정 가운데 범죄인의 재산을 특정하고 추적하는 것에 있어서 프랑스가 회원국의 집행기관과 협력을 하도록 강조하는 내용들이 포함되었다. 그와 관련된 프랑스의 집행기관은 '경찰청 내의 범죄인 재산특정센터(Plate – forme d'Identification des Avoirs Criminels)'와 별개의 독립행정기관인 '몰수청(Agence de Gestion et de Recouvrement des Avoirs Criminels et Confisqués)'이 있다. 해당 기관들은 수사정보를 사실조회나 기타 강제력 있는 조치를 통해서 얻은 것이 아니고, 정보를 처리하는 과정에서 획득한 정보 및 자신이 보유하고 있는 정보나 확인 가능한 정보 등을 가지고 외국의 집행기관과 공유하게 된다. 이를 위해서 해당 기관들은 공사기관을 구분하지 않고 개인이나 법인으로부터 필요한 정보를 수집하는데, 변호인과 의뢰인 간의 비밀유지특권을 침해하는 것이 아닌 이상 직무상의 비밀을 이유로 해당 기관의 정보수집에 대해서 이의를 제기할 수 없도록 하고 있다.

또한 프랑스 형사절차법 제695 – 9 – 53조에서는 프랑스와 회원국의 몰수 집행기관 간의 협력규정을 범죄수익을 추적 · 압류 · 환수하는 것과 관련된 내용을 규정하는 모든 국제협약에 준용하도록 하고 있다. 그리고 범죄수익을 환수하는 것에 있어 실효성을 확보하기 위해 프랑스 형법 제434－41조(수형자가 몰수형의 집행에 관하여 의무를 위반하는 경우에 이를 처벌하는 조항)를 개정하였다. 그로 인해 몰수 판결 대상이 된 유형·무형의 재산을 반환하는 것을 거부하거나 은닉·손괴하거나 또는 은닉·손괴를 시도한 경우 2년 이상의 징역이나 30,000유로 이상의 벌금형으로 처벌될 수 있도록 하고 있다. 이를 통해 부동산과 관련된 몰수 판결이 있는 경우 그 집행을 보다 용이하게 할 수 있다. 다만, 이와 같은 조치들이 실효성을 갖기 위한 전제조건으로서 수사단계에서 수사판사가 회원국에게 요청을 하는 경우 해당 회원국들이 성실하게 그 요청에 대해 협조하는 것이 요구된다.

또한 사법절차와 관련해서 개혁입법의 주요 내용 중 하나는 수사판사가 프랑스 형사절차법 제180－1조에 정하고 있는 간이공판절차와 유사한 제도인 사전 유죄인정 출두제도를 개시하는 경우 해당 사건을 검사에게 이송할 수 있도록 한 것이다. 그리고 사전 유죄인정이 실패하였거나 3개월이 지나도록 합의가 이루어지지 않는 경우 다시금 피고인을 경죄법원 정식절차에 회부할 수 있다. 만일 검사 측의 잘못이 아닌 사유로 검사에게 회부한 결정이 무효가 된다면 피고인을 15일 안에 경죄법원 공판절차에 회부할 수 있다. 이와 같은 절차를 마련한 이유는 사전 유죄인정 출두제도를 활성화함으로써 프랑스 형사절차법 제180－1조가 가능한 많은 사건에서 활용될 수 있도록 하기 위해서이다. 그리고 합의에 이르지 못하거나 이해관계인의 반대가 있는 등 그것이 실패했을 경우에만 정식재판에 회부하여 법원의 재판부담을 감경시키고, 신속한 해결이 가능하게 된다. 그와 함께 조세·경제와 관련된 중범죄에 대해서는 수사판사를 통한 수사를 강화함으로써 신속하게 재판에 회부할 수 있도록 하였다. 그런데 그와 같은 복잡한 범죄들은 수사서류가 많고 복잡하기 때문에 수사판사의 능력만으로만 사건을 처리하기가 쉽지 않다. 그래서 프랑스는 독립된 국가금융검찰(PNF)로 하여금 경찰을 지휘하여 수사를 진행하고, 회계사나 포렌식 전문가, 프랑스 은행들, 증권 및 세무 전문가 등이 협력할 수 있도록 중앙집중식 수사체계를 구축하고 있는 것이다. 이를 위해 금융정보시스템(FICOBA)은 검찰과 연결되어 있어서 검찰은 해당 시스템을 활용하여 프랑스에 개설된 모든 금융계좌 내력을 바로 확인할 수 있다. 따라서 별도의 계좌추적영장은 필요하지 않으며, 검찰이 국세청에 해당 금융계좌의 구체적 거래내역을 요청하게 되면, 국세청은 2~3일내에 조사해 통보해 주고 있다.

Ⅳ. 검사와 사법경찰관리의 관계

1. 의   의

검사는 수사의 주재자로서 보조자인 사법경찰관리에 대한 지휘권을 가지고 있을 뿐만 아니라 사법경찰관리에 대한 감독·통제권을 가지고 있어 강력한 상명하복관계를 유지하고 있다. 즉 프랑스의 사법경찰관리는 지방검찰청 검사장의 지휘를 받아 업무를 수행하고(CPP 제12조), 관할 고등검찰청 검사장의 감독을 받으며(CPP 제75조 제2항), 관할 고등법원 예심수사부의 통제를 받고 있다(CPP 제13조, 제244조).

2. 사법경찰관리에 대한 감독

(1) 사법경찰관에 대한 자격부여권

1966. 7. 9.자 형사소송법 제16조 제4항이 개정된 이후 사법경찰관인 헌병과 국가경찰의 구성원이 실제로 사법경찰관의 직무를 수행하기 위하여는 이러한 직무에 관련된 직책으로 배치되어야 하고,[116] 사법경찰관의 직무를 수행하는 직책으로 배치되기 위해서는 관할 고등검찰청의 고등검사장으로부터 자격부여결정을 받아야만 가능하게 되었는데, 이러한 자격부여는 사법경찰관에게만 해당하는 문제이고 사법경찰리는 상관이 없다. 그리고 이와 같은 자격부여결정을 받기 위하여, 즉 사법경찰관의 직무를 수행하는 직책에 배치하기 위해서는 당해 사법경찰관이 소속된 기관의 장이 사법경찰관의 직무수행지를 관할하는 고등검찰청 검사장에게 임무의 성격 및 관할구역 등을 상세히 기재한 신청서를 제출하여야 하며(형사소송규칙 R. 제15조의3 제2항), 그 신청서에는 당해 사법경찰관에게 부과하는 임무의 성격, 직무를 수행하는 관할구역 등을 상세히 기재하여야 한다. 고등검사장은 위 신청에 대하여 자격부여결정을 하거나 이를 거절하는 결정을 한다. 자격부여결정을 하는 경우, 그 결정문에는 자격을 부여하는 목적으로 된 임무를 특정시키고 사법경찰관이 그와 같은 임무를 수행하는 기간동안만 자격부여가 유효하다는 점을 명시하여야 한다(형사소송규칙 R. 제15조의5 제2항). 따라서 당해 관할구역에서의 직무수행을 그만 둔 때에는 자격부여결정이 당연무효가 되는 것이다. 고등검사장이 위 신청에 대하여 거절을 하는 결정을 하고자 할 때에는 사전에 이를 당사자에게 통지하고, 당사자는 15일내에 자신의 기록을 열람하거나 의견을 진술할 수 있다(형사소송규칙 R. 제15조의5 제3항). 이처럼 고등검사장에게 자격부여의 권한을 부여하고, 후술하는 예심수사부에 특별징계의 권한을 인정한 것은 입법자들이 국가경찰관 및 헌병을 사법기관에 엄격하게 복종시켜 그 관리하에 두려고 하는 의도를 갖고 있었던 것으로 보인다고 한다.[117]

(2) 사법경찰관의 자격정지·취소권

고등검찰청 검사장은 사법경찰관에게 자격부여를 한 후 징계사유가 있음을 이유로 직권 또는 사법경찰관 소속 기관장의 요청에 의하여 자격부여를 취소하거나 그 자격을

---

116) 사법경찰관의 자격요건은 일반적으로 계급 + 근무기간 + 공동부령 + 위원회 동의가 충족되어야 하며, 자격요건이 갖추어진 자에 대하여는 다시 수사부서배치 + 고검장의 개별적인 자격부여가 있어야 하는데, 이와 관련된 자세한 내용은, 박창호 외 4인, 앞의 책, 77면 이하 참조.
117) 정구환, 앞의 논문, 161면.

일정 기간동안 정지시킬 수 있다(형사소송규칙 R. 제15조의6 제1항). 다만 이러한 자격정
지의 기간은 2년을 초과하지 못한다. 자격이 정지된 사법경찰관은 그 정지기간이 경과
됨으로 인하여 자격을 완전히 회복하게 되며, 자격이 취소된 경우는 신규로 자격부여신
청을 하는 절차를 다시 거쳐야만 자격부여를 받을 수 있게 되는데, 고등검찰청 검사장
은 언제든지 위 정지기간을 단축할 수 있는 권한을 갖고 있다(형사소송규칙 R. 제15조의6
제2항). 다만 종래에는 이러한 자격의 취소 또는 정지결정에 대하여 사법경찰관이 불복
할 수 있는 방법이 없었는데, 1975. 8. 6.자 개정 형사소송법 제16조의1은 「사법경찰관
은 취소 또는 정지결정을 통고받은 날로부터 1개월 내에 고등검사장에게 위 결정을 철
회하여 줄 것을 요청할 수 있다」라고 규정하고 동법 제16조의2는 「그 요청이 명시적,
묵시적으로 기각된 날로부터 1개월 내에 사법경찰관은 파기법원 3명으로 구성되는 위원
회에 이의신청을 할 수 있다」라고 규정하여 사법경찰관에게 불복방법을 인정하고 있다.

(3) 사법경찰관의 직무능력 평가

1993. 1. 4.자 개정법률(CPP 제19-1조)은 「고등검찰청 검사장의 사법경찰관에 대한
평가는 모든 승진에 있어서 참고가 된다」라고 규정함으로써 고등검찰청 검사장의 통제
를 강화하였고, 이러한 통제수단을 사법경찰의 업무를 수행하는 모든 공무원들에게 확대
하였다(CPP 제230조). 따라서 각 지방검찰청 검사장은 관내 사법경찰관에 대한 개인별
평가서(Notice individuelle de renseignements)를 3부 작성하여 매년 1월 15일부터 1월
31일까지 사이에 관할 고등검찰청 검사장에게 제출하여야 한다(동법 시행령 D. 제45조).
위 평가서는 경찰관의 보고서와 조서의 작성, 검찰에 보고된 정보의 가치, 직무능력, 신
뢰도, 총점 등 5개 항목을 점수로 평가하고 그 총평을 기재하는 방법으로 작성되고 있
다고 한다.[118] 그런데 위 평가서는 고등 검찰청에 비치된 사법경찰관의 개인별 인사기
록철에 편철하여 영구보존하면서, 사법경찰관의 징계 등의 자료로 활용하고 있는데(CPP
제226조), 이상의 감독 권한은 검사가 사법경찰관의 직무집행을 지휘하는 과정에서 구체
적으로 발현되고 있다고 한다.

(4) 고등검찰청 검사장의 징계요구권

사법경찰관이 검사의 명령에 불복종하거나 직무태만 등의 비위사실이 적발된 경우
에는 고등검찰청 검사장은 사법경찰관의 징계를 고등법원 예심수사부에 회부할 수 있고,
위 예심수사부에서 결정한 징계내용을 사법경찰관 소속기관에 통보하면, 통보받은 기관
은 위 징계결정에 기속된다(제226조 내지 제229조). 종전에는 사법경찰관만을 예심수사
부[119]의 통제대상으로 하고 사법경찰리는 제외시키고 있었으나 1978. 7. 28.자 개정 형

---

118) 정구환, 앞의 논문, 164면.

사소송법에 의하여 사법경찰리도 그 대상에 포함시키게 되었는데, 프랑스에서는 실무상 고등검찰청 검사장의 사법경찰관 자격의 취소 또는 정지제도보다는 예심수사부의 징계제도가 자주 활용되고 있다[120]고 한다. 결국 사법경찰관리는 자신이 소속한 기관의 징계권에 복종하는 동시에 사법경찰의 자격에서 행한 활동 중에서 비위사실이 적발되면 고등검사장으로부터 자격취소 등을 당하게 되고 이어 예심수사부에서는 특별징계책임을 묻게되는 것이다.

(5) 기타 - 고등법원 예심수사부의 통제

1978. 7. 28.자 법률 제78-788호로 신설된 것으로 형사소송법 제1권 제3절에서 「사법경찰관리 활동의 감독」(CPP 제224조 이하)이라는 제목으로 상세히 규정하고 있는데, 그 구체적인 내용을 살펴보면, 고등법원 예심수사부는 민간공무원인지 군인(일반인에 대한 사법경찰권을 행사하는 헌병대와 관련된 규정임)인지를 불문하고 사법경찰관리의 자격으로 행하여진 공무원의 활동을 감독하며(CPP 제224조), 또한 고등법원장 또는 검사를 통해 사법경찰관리의 징계사안을 수리하여 징계여부를 결정하는데 단순히 훈계를 할 수도 있고, 프랑스 전역에서 일시적 또는 영구적으로 사법경찰관리로서의 직무에 종사할수 없다는 결정을 할 수도 있다(CPP 제227조). 이 조치는 당해 경찰관의 행정계통상 직속상관에 의한 징계회부 처분을 방해하지 아니하며, 사법경찰관리가 형벌법규에 위반하는 범죄를 범하였다고 인정하는 때에는 징계조치 이외에 고등검사장에게 이에 대한 조치를 취하도록 하기 위하여 관련기록을 송부할 것을 명할 수도 있다(CPP 제228조).

Ⅴ. 수사판사의 기능과 권한

1. 의 의

프랑스 형사소송법의 가장 큰 특징은 소추기관인 검찰과 판결기관인 법원과의 사이에 예심수사를 행하는 수사법원이 존재한다는 점이다. 즉 지방법원이나 고등법원 내의 일반법원을 수사법원과 판결법원으로 구분하여, 전자는 범죄수사를 담당하여 증거를 수집하고, 수집된 증거가 범인이 유죄판결을 받기에 충분한지 여부를 평가하여 기소·불기

---

119) 종전 중죄소추부(La chambre d'accusation)가 2000. 6. 15.자 법률에 의하여 예심수사부(La chambre d'instruction)로 명칭이 변경되었다. 예심수사부는 수사판사나 석방구금판사의 모든 결정에 대한 항고재판을 담당하며, 관할 내 수사판사들에 대한 감독권 등의 행정적 권한도 행사한다. 이러한 예심수사부는 그 자체로서 독립된 법원이며, 최고사법관회의의 제청에 의하여 법규명령으로 임명된 3명의 고등법원 판사로 구성되고 재판장급의 판사가 部를 주재하지만, 예심수사부의 배석판사들은 다른 재판부의 구성원이 될 수도 있다.

120) 김종구/김종민 외, 앞의 책, 141면.

소 여부를 결정하고, 후자는 기소된 형사피고인에 대하여 유·무죄를 가리고 판결을 선고하는 역할을 하고 있다. 이러한 예심제도는 프랑스 혁명 이후 소추, 예심수사, 판결의 각 권한을 분리하면서 도입된 제도로서, 형사소송법상의 소송절차도 소추(poursuite), 예심수사(instruction préparatoire), 판결(jugement)의 3단계로 분리되어 있고, 소추는 검찰에 의하여, 예심수사는 수사판사에 의하여, 판결은 판결법원에 의하여 이루어진다. 따라서 수사판사는 민사는 물론 형사재판에도 관여하지만 그가 수사판사로서 예심수사를 진행한 사건은 관여하지 못한다.[121]

이러한 수사판사가 존재하는 이유에 대하여 프랑스에서는 「형사법원의 재판에 회부된다는 사실은 만약 무죄가 되는 경우에는 피고인에게는 중대한 문제에 해당할 뿐만 아니라 진실발견을 지나치게 피의자에게 의존하여서는 안 될 것이며, 또한 형사사건의 피고인은 대개 신상에 중대한 결정을 받게 된다는 점을 고려하지 않을 수 없기 때문에 수사업무를 판결법원과 구별되는 특별한 법원에 맡겨야 할 이유가 있다」[122]고 한다.

【표 2-4】 검사 및 예심판사의 사건진행 구성도

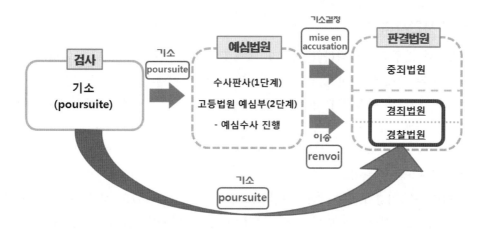

2. 수사판사의 임명

수사판사는 지방법원의 판사 중에서 최고사법관회의의 의견과 법무부장관의 제청에 따라 대통령 법규명령에 의하여 임명되며, 임기는 3년이고 무제한으로 연임될 수 있으

---

121) 프랑스 형소법 제49조 ① 예심판사는 제3편 제1장에 정한 바에 따라 예심수사를 행하는 것을 임무로 한다. ② 예심판사는 예심판사의 자격으로 수사하였던 사건의 공판에 관여할 수 없다. 이를 위반할 경우 재판은 무효로 한다. ③ 예심판사는 소속 지방법원 판사로서의 업무를 담당한다.
122) 신태영, 「프랑스의 사법제도」, 법무부 법무자료 제211집(1997), 270면.

며, 이러한 절차에 따라 임명된 수사판사는 그 자신 혼자서 독립한 제1심 수사법원을 구성하는데,[123] 수사판사의 토지관할권은 원칙적으로 수사판사가 소속된 지방법원의 관할구역과 동일하다. 그러나 수사판사는 수사상 필요한 경우 관할구역 밖에서도 예심수사를 할 수 있는데, 이 경우 수사판사는 자기가 소속된 관할구역의 검사장 및 관할구역 밖의 검사장에게 사전에 통지하여야 한다(CPP 제93조).

그런데 원래 1808년 치죄법에 의하여 제정된 수사판사는 최고사법경찰관의 지위를 가지고 단순히 증거를 수집하는 의무를 가진 수사관이었고(CIC 제9조), 사법관의 지위는 없었을 뿐만 아니라 당시 수사판사는 대검찰청에 종속되어 검찰총장의 감독을 받았기 때문에(CIC 제57조) 그 독립성이 제대로 보장되지 않았으며, 더구나 검사장이 직접 수사판사에게 사건을 배당할 권한이 있었기 때문에 소추자인 검찰은 검찰에 유리한 수사판사를 선택할 수도 있었는데, 이러한 치죄법이 폐지된 후 제정된 현행 형사소송법(1958년 신형사소송법)은 수사판사를 검찰로부터 완전히 독립시켜 최고사법경찰관의 지위를 박탈하고 소속 수사법원의 상급기관인 고등법원 예심수사부장의 감독을 받도록 하였으며, 사건배당도 수사판사 소속의 지방법원장이 하도록 규정하고 있다.[124]

3. 수사판사의 기능

프랑스의 경우도 우리나라와 마찬가지로 검찰과 법원이 소추와 판결을 담당하고 있으므로 검찰의 소추에 의하여 곧바로 법원의 재판이 진행되는 경우도 있으나, 중죄나 예외적으로 경죄 및 위경죄의 경우, 검찰의 예심수사개시결정 또는 피해자의 사소당사자 참가신청과 함께 고소에 의하여 사건을 접수한 수사법원의 예심수사를 거쳐 판결법원(juridiction de jugement)으로 이송하는 결정을 하면 판결법원에서의 재판이 이루어지는데, 이는 프랑스의 법률이 형벌의 경중에 따라 관할법원을 각기 달리 규정하고 있는 점에 근거한다. 즉 위경죄 위반사건을 1심으로 관할하는 판결법원은 경찰법원이고, 경죄위반사건을 1심으로 관할하는 법원이 경죄법원이며, 중죄위반사건을 관할하는 법원이 중죄법원이다.[125] 그리고 경찰법원 및 경죄법원의 판결에 대한 항소는 2심 원칙에 따라 고

---

123) 2007. 3. 5.의 형사소송법 개정으로 2010. 1. 1.부터는 3인의 예심수사판사로 구성된 예심합의부(collégialité de l'instruction)가 예심수사를 담당하게 된다(CPP 제83조).

124) 이진한, 앞의 논문, 478면.

125) 중죄법원 · 경죄법원 · 경찰법원이라는 명칭은 별개의 조직과 시설을 갖춘 법원을 의미하는 것이 아니라, 각각 중죄 · 경죄 · 위경죄 사건의 공판을 담당하는 '재판부'를 의미하는데, 중죄법원은 고등법원('항소법원'으로 표현하기도 한다)으로 2~3개 지방법원 소재지 중 하나에 설치하되 3명의 직업법관과 9명의 배심원으로 구성되고, 경죄법원은 지방법원에 1개씩 설치하되 원칙적으로 3명의 직업법관으로 구성되며, 경찰법원은 1개 지방법원당 수 개를 설치하되 보통 단독판사가 벌금형만 규정된 위경죄를 관할한다. 참고로, 현재 프랑스 사법행정 조직단위로서의 지방법

등법원 형사항소부에서 관할한다.[126]

특히 중죄사건에 대해서는 중죄법원으로 가기 전에 의무적으로 수사판사의 예심수사를 거쳐야 한다. 수사판사는 중죄가 인정된다고 판단하면 중죄법원으로 이송결정을 하고 중죄가 인정되지 아니한 경우에는 불기소결정을 하지만, 불기소결정의 경우 새로운 증거가 발견되면 다시 수사할 수 있다.

한편 중죄는 성립되지 않으나 경죄나 위경죄가 성립되는 경우에는 경죄법원이나 치안법원으로 이송하는 결정을 할 수도 있다.[127] 이처럼 예심은 모든 중죄에 대하여 필요적으로 행하여지지만, 경죄사건의 경우에는 사안이 복잡하여 특별한 조사가 요구되는 경우, 범죄구성이 까다로운 경우, 피의자에 대한 구속 또는 사법통제가 필요한 경우에만 검사의 예심수사개시청구에 의하여 수사판사의 예심수사를 거쳐(CPP 제79조), 그 수사결과에 따라 경죄사건의 판결법원인 경죄법원으로 이송하거나 또는 불기소할지 여부를 결정하고, 사건이 간단하고 명확한 경우에는 수사판사의 예심수사절차를 거치지 아니하고 검찰에서 경찰기록을 토대로 판결법원인 경죄법원으로 기소하거나 또는 불기소할지 여부를 결정하는데, 이 경우 검사는 경찰수사가 미진할 경우 직접수사는 하지 않고 경찰에 다시 수사지휘를 하여 그 결과에 따라 사건을 처리한다고 한다. 반면에 위경죄사건의 경우에는 원칙적으로 수사판사의 예심수사절차를 거치지 않으나, 증거조사의 필요성이 있는 경우 극히 예외적으로 수사판사의 예심수사절차를 거쳐 위경죄사건의 판결법원인 치안법원으로의 이송 또는 불기소 여부를 결정한다.

4. 수사판사의 역할

수사판사는 검찰의 예심수사개시청구 또는 피해자의 사소당사자청구와 함께 고소에 의하여 사건을 수리하거나 중죄 또는 경죄의 현행범의 경우에 검사의 예심개시 청구가 있으면(CPP 제51조), 수사에 필요한 모든 활동, 예컨대 피의자신문, 증인심문, 대질, 압수·수색·검증 및 통신감청 등을 수행하며, 이러한 활동을 수행하기 위하여 수사판사는

원은 181개, 고등법원은 35개이고, 형사재판 관할 단위로서의 중죄법원은 99개, 경죄법원은 181개, 경찰법원은 454개이다{프랑스 법무성 인터넷 사이트인 www.justice.gouv.fr 중 2006년 발표 연간사법통계(Annuaire statistique de la justice) 125면 이하 참조}.

126) 2000. 6. 15.자 법률개정 이전에는 중죄법원의 판결에 대하여 사실심에 대한 항소가 허용되지 않았으나, 동 개정으로 다른 관할의 2심법원의 중죄법원에 순환항소방식으로 항소를 할 수 있게 되었다.

127) 각 범죄별 사건 수를 살펴보면, 2006년의 경우 한 해 동안 프랑스의 전체 검찰청에 접수된 5,311,024건의 사건 중, 중죄사건이 17,953건(0.34%), 경죄사건이 4,947,709건(93.16%), 5급 위경죄사건이 293,324건(5.52%)[1])으로서, 경죄사건이 형사사건에서 가장 큰 비중을 차지하고 있음을 알 수 있다(2007년도 법무부 연간사법통계(Annuaire statistique de la Justice, Edition 2007, 105면).

소환영장, 구인영장, 수색영장, 체포영장을 발부할 권한을 가진다(CPP 제122조). 이러한 수사행위는 수사판사 자신이 행하는 것이 보통이지만, 전문가에게 의뢰하거나 또는 사법경찰관리에게 위임하여 수사를 하게 하고 결과를 보고받기도 한다. 수사가 종결되면 수사판사는 소추여부를 결정하는데, 범죄가 인정되지 않은 경우에는 불기소결정을 하고, 범죄가 인정된다고 볼만한 충분한 증거가 있으면 판결법원으로 이송결정을 한다. 한편 종래 수사판사는 피의자를 판결없이 최하 4개월에서 최장 4년까지 구속할 수 있는 권한이 있었는데, 자신이 수사하는 피의자에 대하여 구속영장을 직접 발부하는 것은 공정한 재판을 받을 권리를 침해하는 것이라는 강한 비판과 함께 유럽인권법원의 입장에도 배치된다는 지적에 따라 2000. 6. 15.자 법률 개정에 의해 석방구금판사 제도를 신설하여 수사판사의 구속영장발부권한을 이전하였다(CPP 제143－1조 이하). 따라서 수사판사가 피의자를 구속하거나 구속기간을 연장하기 위해서는 석방구금판사의 허가를 받아야만 한다.

한편 수사판사는 그 진술을 듣는 것이 유익하다고 생각되는 모든 자를 집달관 또는 경찰을 통하여 소환하며, 증인은 주로 소환장에 의하여 소환되나 통상의 서신, 등기우편 또는 행정적 수단을 통하여도 이를 할 수 있다(CPP 제101조). 이때 수사판사는 서기의 입회하에 피의자를 참석시키지 아니하고 증인을 분리하여 신문하며 그 조서에 기재한다 (CPP 제102조).

VI. 프랑스 형사사법 개혁동향[128)

1. 레제르 보고서

(1) 개혁배경 및 경과

앞에서 언급한 것처럼 예심수사판사는 2000. 6. 15. 형사소송법 개정으로 석방구금판사제도가 도입되기 전까지 예심수사판사 자신이 수사하는 피의자를 아무런 제한없이 직권으로 구속하는 등 막강한 권한을 휘둘러왔다. 그러나 우트로 사건(l'affaire d'Outreau)[129) 등을 계기로 수사판사의 수사역량, 예심수사의 비효율성 등에 대한 비판

---

128) 김영기, "프랑스 형사절차의 현재와 개혁동향", 형사소송이론과 실무, 2009. 창간호, 한국형사소송법학회, 152－156면에서 인용한 내용임을 밝힌다.

129) '우트로 사건'이란 프랑스 북서쪽 '우트로' 마을에서 발생한 아동 상대 성범죄사건을 말한다. 2000. 12.경 '부모로부터 성적학대를 당했다'는 당시 10세 여아의 보모에 대한 고백이 단서가 되어 예심수사가 개시되었는데 '자신들 뿐만 아니라 마을의 다수인이 아이를 성적학대하였다' 는 소녀 부모의 자백을 토대로 소녀의 부모를 포함, 총 18명이 예심수사를 받았다. 그중 17명 은 구속되었고 1명은 사법통제결정을 받았으며 구속된 1명은 억울함을 호소하다 수감 중 약물자살하였다. 예심수사판사는 소녀 및 소녀 부모의 진술, '이들의 진술이 정상적인 심리 상태에서 이루어졌다'는 감정인의 감정결과 등을 토대로 17명에 대해 가중강간죄 등 혐의를 적용, 중

이 비등해졌고, '수사판사는 판사도 아니고 수사관도 아니다'(il n'est pas totalement juge, et pas totalement enquêteur), '예심수사판사는 검찰의 보조자일 뿐이다'(ce juge n'était statutairement qu'un auxiliaire du par- quet)라는 비판이 거세어졌으며, 급기야 예심수사제도의 폐지는 2007년 제23대 프랑스 대통령 후보였던 니콜라 사르코지의 대선 공약 중 하나로 등장하였다. 이에 2008. 10. 14. 법무부 산하에 형소법·형법개혁위원회(Comité de Réforme du Code Pénal et du Code de Procédure Pénale)가 설치되었는데, 유럽법원 검사를 역임한 고위 사법관 출신의 필립 레제르(Philippe LEGER)가 위원장으로 임명되었으며, 언론인·교수·검사·변호사·수사판사 등 총 15명이 위원으로 지명되었다.

이들은 2008. 10. 23. 1차 회의를 시작으로 각국 제도, 국제조약 등 광범위한 자료를 검토하면서 '수사, 공판, 형 집행'의 각 절차별 개혁의제를 논의하였고, 위원회의 활동이 한창이던 2009. 1. 6. 사르코지 대통령은 파기법원 신년 연설시 '예심수사제도의 폐지'를 공개적으로 천명하였으며, 2009. 3. 6. 드디어 예비보고서(일명 '레제르 보고서'라고 부른다)가 공표되기에 이르렀다.

레제르 보고서(Rapport LEGER)는 위 3가지 단계 중 수사절차에 대한 개혁방향과 구체적 과제를 제시하고 있는데, 그중 핵심은 예심수사제도를 폐지하고 검찰을 수사의 중심에 위치하게 하는 등 강도 높은 변혁을 주문하고 있다고 한다.

죄법원에 사건을 이송하였으나 2004. 7. 2. 제1심인 빠-드-깔레(pas-de-calais) 중죄법원은 10명에 대하여 유죄를 선고하고 나머지 7명에 대하여는 무죄를 선고하였다. 혐의를 인정한 4명을 제외한 6명은 파리중죄법원에 항소하였고 항소심 재판진행 중 소녀 부모가 '사실 그들은 아무런 관계가 없다'며 종전 예심단계에서의 진술을 번복한 결과 2005. 12. 1. 파리중죄법원은 6명 전원에 대해서도 무죄를 선고하였다. 동 사건은 프랑스 사회에 엄청난 충격을 가져다주었고 이에 의회는 '우트로 사건 조사위원회'를 구성하여 진상규명에 들어가는 한편 예심수사판사제도의 폐지, 사법관의 직무상 책임 강화 등 형사절차 전반에 대한 개정작업에 착수한 끝에 2007. 2. 22. '사법관의 채용, 교육 및 책임에 관한 법률안'(Loi organique recrutement, formation et responsabilité des magistrats)과 '형사절차의 균형성 강화를 위한 법률안'(Loi tendant à renforcer l'équilibre de la procédure pénale)을 가결하여 2007. 3. 5. 형사소송법을 개정한 것이다. 동 형사소송법 개정의 주된 내용은 2010. 1. 1.부터 거점예심수사부(pôle d'instruction)을 설치하여 예심수사의 관할을 광역화하고, 예심수사를 합의제(collégialité)로 운영하는 것이었다. 그러나 후술히는 바와 같이 예심수사판사제도 자체의 폐지가 검토됨으로써 개정의미가 크게 반감되었다고 한다.

(2) 주요 개혁내용130)

가. 수사판사를 수사견제판사로 전환(Transformer le juge d'instruction en juge de l'enquête et des libertés)131)

보고서의 내용에 의하면, 현재의 수사판사는 수사견제판사로 전환될 전망인데 구체적으로 내용을 살펴보면, 수사견제판사는 현행범수사나 당사자가 동의한 경우가 아닌 때의 감청, 압수수색 등 강제수사를 허가하고, 검사의 청구에 따라 체포영장을 발부하며, 48시간을 초과하는 보호유치(garde à vue) 승인권한을 보유하게 된다. 또 피의자를 사법통제 하에 두거나 구속할 수도 있다(동 보고서 13면).

한편 피의자는 검사나 검사의 지휘를 받은 사법경찰의 수사상 행위에 대해 이의가 있는 경우 수사견제법원(chambre de l'enquête et des libertés)에 항고할 수 있게 하는 방안도 검토되고 있다(동 보고서 13면).

나. 검사 중심의 수사시스템 구축

보고서는 현재와 같이 검사가 사법경찰에 대한 유일한 수사지휘자이고 기소권자이어야 함을 확인하고 있다(동 보고서 9면, 10면).

특히 주목할 것은, 점점 복잡하고 다양해지는 범죄수사에 가장 효율적으로 대처할 수 있는 국가기관은 바로 검찰이라는 판단 아래, 검사의 직접 수사를 인정하고 있다는 점이다.(동 보고서 8면) 뿐만 아니라 검사는 독립성이 보장되어 있으며, 검찰동일체원칙(principes de hiérarchisation)에 의해 진실을 규명(manifestation de la verité)하는데 가장 효율적임을 강조하고 있다(동 보고서 8면).

결국 동 보고서 내용이 현실화되면, 프랑스의 검사는 사법경찰을 지휘하여 수사를 하거나 검사 자신이 직접 예심수사판사와 마찬가지로 수사를 행할 수 있으며, 수사지휘, 공소제기, 공소유지, 형 집행 이외에 직접 수사까지 할 수 있어 프랑스 검사는 우리나라의 검사 지위와 유사해지게 될 것이다.

다. 피해자의 권리 보호

피해자의 권리보호도 크게 강화된다. 수사의 당사자(partie à une enquête)로서 수사

---

130) 동 보고서는 5면에서 '범죄에 대한 신속한 대처 및 사회 보호와 인권 존중을 어떻게 조화시킬 것인가'를 염두에 두고 개혁 방안을 검토하였음을 분명히 하고 있다. 프랑스의 경우, 2000년 이래 범죄의 발전에 적절히 대응하기 위해 형사소송법을 세 번이나 개정하였는데 그 때마다 범죄척결이라는 형사절차 고유의 기능이 침해받지 않으면서도 피의자의 권리를 지켜낼 절충점을 찾는데 몰두해왔다고 한다.

131) 'juge de l'enquête et des libertés'는 직역하면 '수사인신판사'라 할 수 있으나 그 실질적 권한을 고려하여 수사견제판사로 부른다고 한다.

기록을 열람하고, 피의자신문에 참여하며, 변호인의 조력을 받고, 수사상 필요한 행위 (actes)나 행위의 무효(nuillité d'un acte)를 청구할 수 있다(동 보고서 16면). 그리고 만약 피해자의 위와 같은 청구에 대해 검사가 그 청구일로부터 1개월 이내에 결정을 하지 않 거나 청구를 기각하는 경우에는 피해자는 수사견제판사에게 그 행위를 청구할 수 있다. 아울러 피해자는 검사의 불기소결정에 대해 검사에게 이의(plainte)를 신청할 수도 있으 며, 검사가 피해자의 이의신청을 기각하거나 이의신청일로부터 3개월 동안 아무런 결정 을 하지 않으면 피해자는 다시 수사견제판사에게 이의신청을 할 수 있다. 기록을 검토 한 수사견제판사는 검사의 결정과 달리 공소제기가 가능하다고 판단되면 검사에게 공소 제기명령을 할 수도 있다(동 보고서 16면).

라. 보호유치 개선 및 사법유치 신설

프랑스 형사실무에서 보호유치는 수사 초기의 원칙적 처분이라 해도 과언이라 하기 어려울 만큼 빈번히 활용되고 있으며, 이에 따라 보호유치의 폐해를 우려하는 목소리도 적지 않았는데, 동 보고서는 보호유치가 범죄 발생 초기 진술규명을 위한 불가결 (indispensable)의 수단이라는 점 또한 부인하기 어렵다는 판단 아래 보호유치 단계 피의 자의 변호인 조력을 강화하는 방향으로 제도 개선을 모색하고 있다(동 보고서 17면).

구체적으로 내용을 살펴보면, 보호유치 직후 약 30분간 변호인의 접견이 보장되고, 12시간 경과시 피의자는 다시 변호인을 접견할 수 있으며 그때 변호인은 피의자에 대한 조서를 열람할 수 있고, 24시간 이후 보호유치가 연장된 때부터 변호인은 피의자에 대 한 사법경찰의 신문에 참여할 수 있다. 특히 사법경찰 수사 단계에서 변호인의 피의자 신문참여를 인정하고 있는 법규정이 없어 그간의 실무상 변호인은 사법경찰의 피의자신 문에 전혀 참여할 수 없었는데, 추후 형사소송법이 이와 같이 개정된다면 변호인은 보 호유치절차에서부터 사법경찰의 피의자신문에 참여가 가능해지게 된다.

중요한 점은, 법정형이 1년 이하의 구금형에 해당하는 경죄 피의자에 대해서는 보 호유치를 할 수 없도록 제한한 것으로,[132] 그동안 법정형의 경중에 관계없이 보호유치 가 가능한 나머지 보호유치가 남용될 염려를 제도적으로 규제한 것이다.(동 보고서 20면) 그러나 이에 따르면 현행범인체포제도가 없는 프랑스에서 법정형 1년 이하의 구금형 경 죄 피의자에 대한 대처 공백이 발생하게 되는데, 위원회는 이를 방지하기 위해 사법유 치(retenue judiciaire)의 신설을 제안하고 있다(동 보고서 21면). 즉 사법유치는 법정형 5 년 이하의 경죄를 저지른 성인 피의자를 대상으로, 최대 6시간 동안 피의자를 인치하여 조사할 수 있으며, 다만 보호유치된 피의자가 건강검진 등을 요구할 권리(동 형사소송법 제63-3조 등)를 갖는데 반해 사법유치 피의자는 그러한 권리를 행사하지 못한다.

---

132) 중죄 피의자에 대해서는 이와 같은 제한이 적용되지 않는다.

마. 구속제도 개선

동 보고서는 구속 관련 내용에 대해서도 심도 있는 검토가 진행 중임을 보여주는데, 그중 재산범죄를 저지른 피의자는 구속의 대상에서 제외하는 내용의 파격적인 의견도 제시되었으나 채택되지 못하였고(동 보고서 21면), 주된 관심은 구속기간의 합리적인 조정으로 모아졌다. 즉 동 위원회는 중죄의 구속기간은 최장 2년, 조직범죄나 테러 관련 범죄의 경우에는 최장 3년, 법정형이 3년 이상 5년 이하인 경죄는 최장 6개월, 5년 초과 10년 이하인 경죄는 최장 1년으로 할 것을 제의하고 있다(동 보고서 22면).

그 외 수사견제판사의 참여를 전제로 한 구속결정의 합의제, 합의제 결정시까지 피의자의 가구금(l'incarcération provisoire), 종전 예심수사판사가 행하던 구속피의자의 접견교통권 제한조치 등 권한의 검사 이양도 검토되고 있다.[133]

바. 구인영장

예심수사제도의 폐지에 따라 예심수사판사의 예심수사를 위해 인정되고 있는 구인영장의 존폐도 논의되고 있다(동 보고서 25면).

사. 수사상황 공표제한 완화

프랑스 형사소송법 제11조는 '수사 및 예심수사절차는 방어권을 침해하지 않는 한 비밀로 하며(제1항), 전항의 절차에 관여한 자는 누구든 직무상 비밀을 엄수하여야 하고 이를 위반할 시 처벌하며(제2항), 잘못된 정보가 확산되는 것을 방지하고 공공질서의 회복을 위해 필요한 경우 검사는 직권 또는 예심법원이나 당사자의 요청에 따라 객관적 절차진행상황을 발표할 수 있으나 이 경우에도 피의자의 혐의사실 적법성 여부에 대한 평가는 할 수 없다(제3항)'고 규정하고 있었다.

그러나 이와 같은 금지규정은 알권리를 침해하는 것으로 평가받아왔고, 입법에 의해 '공개의 창'(fenêtre de publicité)이 만들어지고 있는 현실 등을 감안할 때 수사절차나 수사상황의 누설행위를 형사처벌하는 것은 타당하지 않은 것으로 여겨지고 있으며, 이에 동 보고서는 위 제11조 제2항 '직무상 비밀엄수위반 처벌규정'[134]의 삭제를 제안하고 있다. 다만 비밀누설자에 대한 징계처분에는 아무런 변화가 없다(동 보고서 28면, 29면).

(3) 검 토

현재 진행 중인 사법개혁에 대해 프랑스 내부의 의견은 통일되어 있지 않다. 필립

---

133) 프랑스의 사법통제와 구속제도에 대해 상세한 것은, 김영기, '프랑스의 구속제도와 그 시사점', 형사법의 신동향(2009. 4. 제19호), 대검찰청 검찰미래기획단, 62 – 151면 참조.

134) 직무상 비밀 누설은 프랑스 형법 제226 – 13조에 의해 '1년 이하의 구금형 및 15,000유로 이하의 벌금형'에 처해지고 있는데, 동법 제226 – 14조는 제226 – 13조의 예외를 규정하고 있다.

레제르 위원장은 물론 법무부장관이었던 미셸 알리오-마리(Michèle Alliot-Marie)는 '검사들이 수사의 95% 이상을 담당하고 있고 예심수사판사는 전체 사건의 4%가량만 취급하고 있음에도 너무 비대한 권한이 주어져 있다'면서 개혁의 당위성을 강조하고 있지만, 예심수사판사들은 '정부가 판사를 예속시키려 한다'며 반발하고 있고, 일부 변호사단체들도 '정치적 중립성이 보장되어 있지 않은 상태에서 검사가 직접수사를 할 수 있도록 하는 것은 위험하다'며 신중한 태도를 보이며, 수차례에 걸쳐 반대시위를 하는 등 논란이 심해지는 양상이다.

2. 최고사법관회의법 개정 논의

프랑스는 현재 검찰의 독립성과 객관성을 제고하기 위하여 최고사법관회의의 권한을 강화시켜 검찰의 독립성과 객관성을 확보하고자 하는 방안이 시도되고 있다. '최고사법관회의' 또는 '고등사법위원회'(Conseil supérieur de la magistrature, 이하에서는 '최고사법관회의'라고 한다)는 사법권의 독립을 제도적으로 보장하기 위해 헌법 제65조 제2항에 의해 설치된 헌법기관으로, 사법관의 인사와 징계 업무 등을 담당하는 조직이다.

최고사법관회의는 판사 분과와 검사 분과로 구성되어 있다. 인적 구성을 보면, 판사 분과는 대법원장을 위원장으로 하여 5명의 판사와 1명의 검사, 1명의 국사원(Conseil d'état, 최고심 행정법원) 판사, 1명의 변호사, 총리와 상하원 의장에 의해 지명된 6명(법학전문가 등)으로 구성되고, 검사 분과는 검찰총장을 위원장으로 하여 5명의 검사와 1명의 판사, 1명의 국사원 판사, 1명의 변호사, 판사 분과와 같은 6명의 지명자로 구성된다.

종래 최고위급 판사는 최고사법관회의의 추천에 의해 정부에서 임명이 이루어지고, 나머지 판사는 최고사법관회의의 구속력 있는 의견에 따라 임명된다. 반면, 검사의 임명, 전보, 징계 등 인사와 관련해서는 최고사법관회의의 의견은 구속력이 인정되지 않는다.[135)

검사의 경우 판사와 같은 부동성 원칙이 인정되지 않고 법무부장관을 정점으로 한 위계조직에 위치하여 그 지시를 따르도록 되어 있는데, 인사권도 법무부장관에게 전적으로 부여되어 있는 구조여서 지속적으로 인사의 공정성과 검찰의 독립성 논란이 제기되어 왔고, 검사의 인사에 관여하는 최고사법관회의의 역할도 재고되어야 한다는 논의가 있어 왔다. 특히, 2010년에는 당시 사르코지 대통령이 최고사법관회의의 반대의견에도 불구하고 필립 쿠루와(Phillipe Courroye)를 낭떼르 지방검찰청 검사장으로 임명하자, 당

---

135) Le Monde, "Comprendre le projet de réforme du Conseil supérieur de la magistrature", <http://www.lemonde.fr/police-justice/article/2016/04/05/comprendre-le-projet-de-reforme-du-conseil-superieur-de-la-magistrature_4896245_1653578.html.>; 김종구/김종민 외, 앞의 책, 44면.

시 두 사람의 친분이 이러한 결과에 이른 것이고 그 때문에 행정부로부터 검찰을 독립시켜야 한다는 논란이 다시 제기되기도 하였다.

이러한 논란을 일부 반영하여, 종래에는 최고사법관회의의 의장과 부의장이 대통령과 법무부장관으로 되어 있어 최고사법관회의의 의사결정과정에 행정부가 직접적으로 영향력을 미칠 수 있는 구조였으나, 2008년 7월 23일 개정법에서 사법권 독립을 보장하는 최고기관으로서의 독립성을 보장한다는 취지로 현재와 같이 대법원장과 검찰총장이 각 분과의 의장을 맡도록 하고 그 구성원도 사법관 7명과 외부위원 8명으로 다양화하였다.[136]

또한, 직전 정부의 올랑드 대통령도 취임 이후 검찰의 독립성을 강화하기 위한 방안을 검토한 끝에, 2016년 1월 13일 최고사법관회의법 개정안(Projet de loi constitutionnelle portant réforme du Conseil supérieur de la magistrature)을 의회에 제출하였다.

그 주요 내용은 판사의 임명방식과 마찬가지로 검사의 임명에 관한 최고사법관회의의 의견에 구속력을 인정하여 정부가 이를 의무적으로 따르도록 한 것이다. 검사의 징계 역시 현재는 최고사법관회의가 구속력 없는 단순의견만 개진할 수 있으나, 개정안에 따르면 검사의 징계를 결정할 수 있는 유일한 기관은 최고사법관회의가 될 것이다.[137] 이러한 내용의 최고사법관회의법 개정을 통해 국민들에게 사법권이 정의의 실현을 위해 행사된다는 신뢰를 주고 사법관이 외부의 개입, 특히 정부의 개입 없이 자신의 임무를 다하는 것을 보장할 수 있도록 최고사법관회의의 권한을 강화함으로써 결국 최고사법관회의의 개입에 의해 사법권의 독립성을 강화한다는 것이 이번 개정안의 목적이다.[138]

2017년 5월 새로 집권한 마크롱 정부 역시 전임 정부의 이러한 정책을 그대로 이어가고 있다. 마크롱 정부는 2018년 3월 새로운 헌법개정안을 발표했는데, 그 내용 중에는 검찰의 독립성 보장을 위해 검사의 인사와 징계를 최고사법관회의의 의견에 기속되도록 하는 방안이 포함되어 있다. 따라서 이러한 변화는 그동안 프랑스 검찰의 독립성에 비판적인 시각을 가져온 유럽인권법원에도 어느 정도 호응을 보내주는 계기가 될 것이라는 평가가 있다.[139]

---

136) 김종구/김종민 외, 앞의 책, 43면.

137) Le Monde, 앞의 기사.; 프랑스 법무부, "L'indépendance de la justice mérite un congrès", <http://www.justice.gouv.fr/le−garde−des−sceaux−10016/lindependance−de−la−justice−merite−un−congres−28846.html>; 프랑스 법무부, "La réforme du Conseil supérieur de la magistrature", <http://www.presse.justice.gouv.fr/archives−discours−10093/discours−de− 2016−12822/la−reforme−du−conseil−superieur−de−la−magistrature−28849.html>.

138) 프랑스 법무부, 법안 개정이유서, <https://www.legifrance.gouv.fr/affichLoiPreparation.do; jsessionid=645 F4D2B4D4C651A0656213443249E17.tpdila14v_2?idDocument=JORFDO LE0000 27174144&type=expose&typeLoi=&legislature>.

Ⅶ. 운영실태 및 평가

1. 운영실태

프랑스의 경우 위에서 언급한 것처럼 법률상 검사의 수사지휘권이 명시되어 있지만, 이러한 검사의 수사지휘권이 실제로는 제한적으로 행사되고 있다고 한다. 즉 사법경찰관의 범죄발생 등의 보고의무는 중요사건이나 법률상 미묘한 사건에 한하여 요구되고 있으며, 검사의 수사지휘도 실제로는 모든 사건에 대한 지휘가 불가능하므로 중요한 사건에 국한되어 행사되고 있고, 검사는 전통적으로 직접수사를 하지 않는 것이 관행으로 되어왔으며, 사법경찰 단계에서의 충분한 수사지휘로 검찰송치후 보완수사하는 예도 거의 없다140)고 한다. 하지만 사법경찰에 대한 검사의 수사지휘 정도는 우리에 비해 훨씬 강해서 마치 사법경찰의 직속상관처럼 수사지휘가 이루어지고 있다.141)

검사는 수사의 필요성이 있는 경우 경찰에 대한 수사지휘를 통하여 수사를 하거나 수사판사에게 예심수사개시청구를 하여 수사판사의 예심수사를 거친 후 사건을 처리하는데, 특히 수사판사의 예심수사시 검사는 수사판사로부터 수사판사의 조서는 물론 결정서 등본을 넘겨받아 수사진행상황을 알 수 있고, 이에 대하여 의견을 제시하고 부당한 경우 예심수사부에 불복할 수도 있다. 이처럼 프랑스에서는 경미한 사건의 경우 검사가 1차 수사로 수사를 종결하고, 사안이 중하거나 복잡한 사건은 수사판사가 재수사하는 이원적인 조직을 가지고 있는데, 이는 역사적인 산물로서 최근에는 앞서 살펴본 것처럼 이 기능을 모두 검사에게 통합하자는 의견이 대두되고 있는 것이다.

한편 프랑스의 수사판사의 역할은 우리나라의 검사와 유사하지만, 수사법원에 소속된 판사의 신분이고, 그 권한도 다르다. 이는 연혁적으로 수사·재판회부 등 검찰기능의 수행자에 대하여 그 지위와 신분을 판사와 동일하게 보장해 줌으로써, 검찰기능의 독립성과 공정성을 확보하려는 취지에서 특별히 고안된 제도라고 볼 수 있을 것이다.

2. 평 가

프랑스의 경우 수사단계에서의 인권보호라는 연혁적인 이유뿐만 아니라, 범죄에 대한 효율적 대처를 위하여 수사와 소추의 일원화 차원에서 법률상 검사의 수사지휘권을 명시하고 있으며, 검사와 사법경찰의 상명하복 관계가 확립되어 있고, 사법경찰은 단기

---

139) La Criox, "La réforme du parquet relancée", <http://www.la-croix.com/France/Justice/
La-reforme-parquet-relancee-2016-01-14-1200731254>.

140) 수사지휘론, 42면.

141) 김영기, "프랑스 형사절차의 현재와 개혁동향", 형사소송이론과 실무, 2009. 창간호, 한국형사소송법학회, 108면.

간(24시간)의 보호유치권한만을 보유하고 있다. 그리고 검사의 사법경찰관리에 대한 수사지휘권을 담보하는 방법으로 위에서 살펴본 것처럼 사법경찰관 자격취소·정지권, 징계회부권, 직무능력 평가제도 등의 방안을 마련하여 우리나라보다 더 강력한 수사지휘권을 검사에게 부여하고 있다. 더욱이 프랑스에서는 이러한 사법경찰관에 대한 통제장치에도 불구하고 기본적 인권의 확대 및 경찰기능의 광역화, 복잡화, 비대화에 따른 실질적 사법통제를 위하여 내무부 소속의 사법경찰관리를 법무부로 편입시켜 그 통제를 강화하자는 논의가 활발히 진행되고 있다142)고 한다.143) 또한 프랑스의 형사소송법도 다른 유럽의 나라처럼 검찰권을 강화하는 추세에 있는 것으로 보인다. 예컨대 2000. 6. 15.자 법률이 보호유치장소 감찰제도를 도입한 것(CPP 제41조)이나, 현행범에 대한 예심개시여부를 검찰이 결정하도록 변경한 것(CPP 제72조)이나, 검사의 지휘를 받는 사법경찰관의 범위를 확대(CPP 제16조)한 일련의 조치 및 2004. 3. 9.자 법률이 검사에게 직접 수색영장을 발부할 수 있도록 한 것(CPP 제70조)이나, 유죄를 인정한 경우의 특례절차(CPP 제40-1조) 그리고 현재 진행되고 있는 사법개혁논의 등이 여기에 해당한다. 결국 프랑스의 사법제도를 정리하면, 소추·예심수사·판결의 3단계로 분리되어 있고, 소추는 검찰이, 예심수사는 수사법원이, 판결은 판결법원이 담당하고 있으며, 검사는 주로 사법경찰관리에 대한 수사지휘·기소여부의 결정, 공소유지 등 수사 및 재판관여와 형 집행의 임무를 담당하고, 중죄 사건에 대한 수사는 법원에 소속된 수사판사로 하여금 수행토록 함으로써 이에 대한 통제를 하고 있다.

그러나 위의 모든 사법관은 행정조직상 모두 법무부 소속이므로, 법무부장관이 검찰을 포함하여 법원에 대한 인사·예산 등 모든 사법행정사무를 통괄하고 있으며, 수사제도도 대륙법 체계를 취하는 유럽의 다른 나라와 동일하게 일반(보안)경찰과 사법경찰을 분리하고 있고, 수사는 사실상 사법경찰이 담당하고 있으나, 일단 수사가 개시된 이상 수사를 행하는 사법경찰에 대하여 검찰 내지 수사판사를 통한 철저한 통제를 함으로써 국민의 기본적 인권을 보호하는 구조라고 볼 수 있을 것이다. 따라서 수사지휘와 무관한 사법경찰의 **'독자적인 수사개시·진행권'** 및 **'독자적인 수사종결권'**은 인정되지 않는다고 할 것이다. 다만 대표적인 대륙법계 국가인 프랑스가 영미법계 형사절차의 핵심적인 제도라고 할 수 있는 유죄협상(Plea Bargaining)제도를 도입한 것은 우리에게도 시사하는 바가 크다고 할 것이다.

---

142) 신태영, 각국의 사법경찰제도, 법무부자료 제98집, 법무부, 216면.
143) 이에 대한 비판적 견해로는 박창호 외 4인, 앞의 책, 193면.

제3절 독일의 검찰제도

I. 서 설

1. 검찰제도의 연혁

독일에서도 1820-40년대에 규문절차의 폐해를 제거하고 새로운 형사절차를 확립하고자 하는 논의가 활발히 전개되었다. 즉 소추기능과 재판기능을 분리하는 탄핵주의를 실현하는 전제로서, 새롭게 특별한 공소권자가 필요하였고, 당시의 독일인들은 그 모델을 프랑스의 검찰제도에서 찾았던 것이다. 왜냐하면 프랑스의 통치하에 있던 라인강 좌안지역(Reinland)에서는 프랑스의 나폴레옹법전이 시행되고 있었으므로 프랑스의 검찰제도가 매우 친숙하게 느껴진 반면, 프랑스 이외의 다른 나라의 공소제기나 형사소송제도는 알려져 있지 않았기 때문이다. 이처럼 검찰제도는 그 자체 하나의 개혁목표로 논하여졌다기보다는 공개주의와 구두주의절차 및 탄핵주의의 필수적 결과물로 논해졌으며, 검찰제도 도입에 대한 입장도 각 주마다 상이하게 전개되었는데,[144] 도입불요론에서는 검찰제도를 경찰과 비슷한 것으로 생각하고 범죄수사는 경찰이 할 수 있으므로 이를 위하여 검찰제도를 도입하는 것은 불필요하고, 행정권력이 사법에 대해 영향력을 미칠 가능성이 있으며, 피고인에게 불리한 또 다른 국가기관을 도입할 필요가 없을 뿐만 아니라, 검찰제도는 프랑스제도로서 독일에 맞지 않는다는 점 등이 주장되었다. 도입론 중에서도 법원 판결에 대한 상소권만을 인정하자는 안, 공판절차를 개시하게 하는 권한과 상소권을 인정하는 안, 공소권·상소권 및 수사에 있어 수사판사의 권한 발동을 개시하게 하고 그 활동을 감시하는 권한을 가지되 직접 수사하는 권한은 인정하지 않는 안, 직접수사권까지를 포함하는 포괄적 권한을 가져야 한다는 안 등이 제시되었다[145]고 한다.

그러나 1848년 혁명 이전의 논의에서는 각 주 정부의 전반적 개혁에 대한 소극적 입장으로 인하여 몇 개의 주를 제외하고는 아직 검찰제도가 실제로 도입되지 못하였는

---

144) 이상문 역, 「독일에서의 검찰의 탄생」(Rüping Hinrich, Die Geburt der Staatsanwaltschaft im Deutschland, GA 1992), 형사법의 신동향 제7호(2007. 4), 대검찰청, 223면.

145) 이완규, 「독일 검찰제도의 역사와 전망」, 해외연수검사연구논문집(Ⅱ) 제17집, 법무연수원, 203면.

데, 독일에서 검찰제도가 최초로 입법화된 것은 1831. 12. 28.의 바덴주(당시 바덴대공작령)에서였고, 당시 국가공무원 모욕사건 및 출판물에 관한 범죄에서 법원의 활동을 개시하게 하고 상소를 제기할 수 있는 권한을 가지는 검찰제도가 도입되었다146)고 한다.147) 그 후 Hannover왕국에서 1841. 2. 16. 상소권을 행사하는 검찰제도가 도입되었고, 주목할 것으로 1846. 7. 17. 프로이센에서 임시법률로 「베를린 형사법원에서 수행되는 조사절차에 관한 법률(Gesetz betreffend das Verfahren in den bei dem Kammergericht zu Berlin zu führenden Untersuchungen)」에서 베를린의 형사법원과 항소법원의 관할사건에 한정하여 최초로 수사권을 가지는 검찰제도가 도입되었는데,148) 이 제도는 그 후 프로이센 전역에 확대되었고 프로이센의 주도에 의하여 1871년 독일제국이 성립되면서 독일제국 형사소송법(Strafprozeßordnung)의 기본이 되었다149)고 한다.150)

그런데 독일 형사소송법에서 검사제도를 도입하게 된 결정적인 이유는 당시 소추권과 심판권이 법관에게 집중되어 있던 규문절차를 폐지하기 위한 것이었다고 한다. 즉 검사라는 국가기관을 새로이 만들어 수사와 공소제기의 권한을 부여함으로써 법원이 공평한 심판자로서 재판을 할 수 있게 한 것이 바로 검사제도인 것이었다. 그러나 규문절차의 결함은 법원의 권한집중에만 그치는 것이 아니라 피의자 보호장치의 누락과 절차의 불명확성에도 있었기 때문에 규문절차의 이러한 결함을 시정하는 것도 독일형사절차에 검사제도가 도입된 중요한 이유가 되었다고 한다.151) 즉 검사는 '법률의 감시

---

146) Wolfgang Wohlers, 「Entstehung und Funktion der Staatsanwaltschaft」, Duncker & Humbolt, Berlin, 1994, S.70.

147) 이완규, 앞의 논문, 203면(초기에 검찰제도를 도입한 주들은 법원과의 관계에서 공소수행과 법원에 대한 상소권을 소추와 관련된 권한으로 인정하였는데, 당시에는 법원의 판결에 대해 상소가 허용되지 않았던 시대였기 때문에 검찰제도를 도입하면서 검사에게 법원의 판결에 대해 상소를 할 권한을 부여하였던 것은 법원에 대한 견제수단으로 중요한 제도의 도입이었다).

148) 프로이센 정부가 검찰제도를 도입하게 된 배경으로, 1846년 1월 프로이센령의 폴란드공국에서 폴란드인 254명이 가담한 대규모 반란사건(국가보안법 관련사건)의 처리때문이었다고 한다. 즉 이들은 곧 체포되어 재판을 받았는데, 피고인의 수가 너무 많은데다, 1805년의 형사법에 의한 규문절차로는 신속한 재판이 불가능하자, 재판의 장기화가 공공질서에 미칠 영향을 우려한 프로이센 정부(프리드리히 빌헬름 4세)가 신속한 재판종결을 위하여 긴급히 임시법을 제정하고 1846년 7월 17일 동법을 공포한 것이라고 한다(문준영, "한국검찰제도의 역사적 형성에 관한 연구", 서울대 박사학위논문, 2004, 38면).

149) Roxin, 「Zur Rechtsstellung der Staatsanwaltschaft damals und heute」, DRiZ, 1997, S.113.

150) 프로이센 정부의 검찰제도 도입에 관한 논의경과는, Wolfgang W., a.a.O., S.101f 참조.

151) 이러한 일반적 견해와 달리 경찰대 출신인 동국대 임준태 교수는 비교수사제도론(박창호 외 4인), 196면에서 독일에서 검사제도를 도입한 배경에 관하여 「검사제도의 도입은 정치적인 산물로 법관의 자의견제와 행정부의 전횡에 대한 차단책으로 변형도입된 것이지, 경찰의 자의로부터 피의자를 보호하는 기능을 위해 탄생된 것이 아니다」라고 기술하고 있는데, 검찰제도 도입

자'(Wächter des Gesetzes)로서 경찰에 대한 법적 통제에 의하여 피의자의 소송법적 권리를 보호하는 보호기능을 수행하게 한 것이다. 이러한 의미에서 독일의 검찰제도는 규문주의재판과 경찰의 자의로부터 피의자를 보호하는 이중의 통제기관으로 기능할 수 있도록 마련된 것으로 볼 수 있다. 결국 검사는 범죄인에 대한 형사소추기관에 그치는 것이 아니라 정의에 대한 국가의 의지를 상징하는 「법치국가원리의 대리인(Vertreter des rechtstaatlichen Prinzips)」으로 기능하고 있다고 할 것이다.

2. 검찰제도의 도입 - 1846. 7. 17. 베를린특별법

위에서 언급한 것처럼 현재의 독일 형사소송법(StPO) 및 검찰제도의 기본은 프로이센 형사소송법 및 검찰제도에 기원하고 있으므로 프로이센 주를 중심으로 그 내용을 살펴보고자 한다.152)

(1) 법의 수호자로서의 지위

베를린 특별법은 검사의 지위를 법의 수호자로 규정한 데 특징이 있다. 동법 제6조는 「검사는 형사절차에 있어 법규정이 전체적으로 충족되도록 감시할 의무를 진다. 따라서 어떠한 범죄자도 형벌을 피하지 못하도록 주의할 뿐만 아니라 누구도 죄없이 소추되지 않도록 주의하여야 한다」라고 규정하고 있는데, 이 규정을 법의 수호자로서의 검사의 직무를 규정한 것으로 보고 있다고 한다. 이러한 법의 수호자로서의 검사개념은

과 경찰과의 관계에 대한 주장부분은 그 근거도 불명확할 뿐만 아니라 이는 잘못된 소개이다. 왜냐하면 검찰제도 도입에 있어 검사에게 부여된 여러 기능 중 중요한 두 가지가 법원에 대한 견제와 경찰 수사에 대한 통제기능이기 때문이다. 특히, 사법의 영역이던 수사를 행정경찰이 초동수사권을 근거로 하여 전 부분을 장악하게 되어 아무런 통제없이 남용하게 됨에 따라 불법구금 등 폐해가 심하여 이를 시정하기 위하여 당시 광의의 사법(즉, 법무부의 기관)의 기관으로 도입되는 검사에게 수사권과 사법경찰에 대한 지휘권을 부여함으로써 수사의 사법적 성격을 회복하도록 하였고 그리하여 피의자를 보호하는 것이 법의 수호자로서의 기능 중 중요한 일부였다는 것은 독일 형사사법의 역사에 대한 문헌을 몇 개만 읽어 보아도 알 수 있는 일반적 견해이다(Görgen Friedrich, Die organisationsrechtlichen Stellung der Staatsanwaltshcaft zu ihren Hilfsbeamten und zur Polizei, Ludwig Röhrscheid Verlag, 1973, S.36－51; Wohlers W., a.a.O., S.101－105; Collin Peter, "Wächter des Gesetzes" oder "Organ der Staatsregierung"?, Vittorio Klostermann Frankfurt am Main, 2000, S.62－90; Gössel Heinz, Überlegeun über die Stellung der Staatsanwaltschaft im rechtsstaatlichen Strafvefahren und über ihr Verhältnis zur Polizei, GA 1980, S.338－339; Rüping Hinrich, Die Geburt der Staatsanwaltschaft im Deutschland, GA 1992, S.150－156; Roxin C., a.a.O, S.112－113 등 다수 문헌 참조).

152) 이하 내용은 이완규, 앞의 논문, 205면－213면까지를 요약한 것임.

검찰제도의 도입에 있어서 상소권능만 가지는 기관으로 할 것인지, 상소기관 및 공소기관으로서 폭넓은 권한을 가지는 기관으로 할 것인지에 관한 논쟁에서 법무장관이던 Mühler에 의해 주장되기 시작하였는데, Mühler는 1843. 9. 1. 제출한 초안 및 1843. 12. 2. 집필한 의견서에서 법의 수호자로서의 검사를 임명해야 한다고 하면서, 검사는 법무장관의 기관으로서 일반적인 법무감독의 과제뿐만 아니라 형사소추를 담당하여야 한다고 하고, 형사소송에 있어서 검사는 법원에 범죄행위를 알리고 법원의 공판활동개시를 신청하며 상소권을 행사하여야 한다고 하였으며, 나아가 새로 도입되는 검사제도는 상소권이 제한되어서는 안 되며 그 임무는 오히려 수사와 공소에 있다고 하였다고 한다.

이처럼 Mühler의 법의 수호자 개념이 '범죄자의 소추'에 무게를 둔 반면, 이를 객관적 관청으로서의 법의 수호자 개념으로 발전시킨 사람은 Heinrich Friedberg였는데, 그는 당시 검사의 수사관여권에 대하여 그 필요성을 인정하면서도 정치적 사건에만 한정하려는 논의와 검사제도의 도입이 피의자의 지위를 악화시킨다는 반론에 대하여 이를 반박하면서, 검사의 법의 수호자로서의 지위를 강조하고 이 지위는 피고인에게 불리하게도 나타나지만 피고인에게 유리하게도 나타나는 것이라고 하고 따라서 검사는 정치적 사건뿐만 아니라 모든 범죄사건을 소추할 의무를 가지는 것이라고 주장하였으며, 나아가 그는 검사의 경찰에 대한 지위에 대해서도 언급하면서 이러한 법의 수호자의 지위로부터 검사는 수사절차에 있어서도 법준수를 감시할 권한을 가지며 따라서 경찰에 대하여 실질적인 지휘권을 가져야 하는바 즉 경찰의 수사단계에 있어서도 활동하여 경찰을 통제하는, 예컨대 긴급체포의 경우처럼 경찰이 피의자의 권리영역 안으로 들어오는 행위를 할 때는 즉시 경찰에 적정한 지시를 할 권한을 가져야 하는데, 이 경우는 피의자에 대한 법익침해의 우려가 있으므로 司法事案(Justizsache)에 해당하며 따라서 사법기관(Justizbehörde)에 유보되어야 한다고 하였다.

반면에 당시 내무부측에서는 경찰을 검사의 지휘를 받는 하위기관으로 하면 검사의 법률가적 관점에서의 관여가 경찰의 범죄수사를 방해하고 수사에 있어 효율적이고 합목적적인 관점에서 규정되는 형사소추활동에 장애가 될 것이라고 주장하였는데, 이에 대하여 그는 오히려 검사의 활동이 경찰의 수사를 보충하고 도와주게 될 것이라고 반박하였으며, 이러한 객관적 관청으로서의 법의 수호자 개념이 드디어 베를린 특별법에서 성문화되게 되었고, 이 개념은 그 후 검사의 권한 확대를 위한 근거개념으로 작용하였다고 한다.

(2) 수사권
가. 검찰 수사권의 도입
베를린특별법 제2조는 경죄를 제외한 모든 범죄에 있어 검사는 범죄자를 수사하고 법원에 그를 소추할 임무를 가진다고 하여 검찰의 수사권이 인정되었으나, 아직 수사의 주재자로서의 모습은 아니었고 예심판사에 의한 수사활동과 경찰의 수사활동 사이에서 그 활동영역을 확보하는 노력을 해여야만 하는 불완전한 것이었다. 나아가 특별법 제7조는 체포·구속·압수·수색 등의 행위를 검사가 직접 행하지 않고 경찰이나 법원에 요청하도록 되어 있었으므로 이에 따라 수사활동도 법원이나 경찰에 의존할 수밖에 없었다. 물론 특별법 제4조는 경찰에 대하여 검사의 요청에 응할 의무를, 특별법 제5조는 법원에 대하여 「검사의 구성요건 확정과 그 외 필요한 수사를 위한 신청을 충족해 주어야 한다」라고 하여 법원이나 경찰의 협조의무를 규정하고 있었으나, 그 현실화는 각 기관이 가지는 권력관계나 현실적인 힘의 역학관계에서 해결될 수밖에 없었다고 한다.

나. 예심판사에 의한 예심과의 관계

예심판사에 의한 예심과 관련하여 특별법은 검사의 공소여부 결정을 위한 자료수집에 있어 징역 3년 이상에 해당하는 범죄와 공무원범죄의 경우와 같이 특히 중한 경우는 예심판사에 의한 예심을 반드시 거치도록 하고, 나머지 사건은 검사가 필요하다고 판단하는 경우 예심을 신청할 수 있도록 하여 예심을 거치는 경우와 예심없이 하는 두 가지의 수사절차를 규정하고 있었다.

예심이 시작되면 수사의 주도권은 예심판사의 수중에 들어가게 되어 비록 검사가 특정한 수사활동을 할 것을 예심판사에 신청하는 등의 권한은 있었으나 그 결정은 예심판사의 재량에 맡겨져 있었으며, 예심판사는 예심을 종결하면 기록을 검사에게 송부하고 검사는 이를 검토한 후 피의자의 소추가 부적절하다고 판단하면 기록을 보관하고 피의자가 구속된 경우 이를 석방하며, 공판을 개시할 만한 이유가 있다고 판단하면 공소장을 작성하여 법원에 제출한다(동법 제49조).[153]

다. 경찰과의 관계

검사에게 경찰에 대한 지시권을 부여하여 경찰을 통제하고 수사절차의 실질적인 지휘자로 만들려던 Friedberg의 안은 국무회의 심의과정에서 반대에 부딪혀 약화되었는데, 이는 당시의 새로운 제도에 대하여 가졌던 의구심에 더하여 큰 정치적 영향력을 가졌던 내무장관의 발언력, 그리고 큰 권력을 행사하고 있었던 경찰조직의 반발에도 그 원인이 있었던 것으로 보이며, 그럼에도 불구하고 경찰의 수사활동에 대하여 검사의 통제력을 확보하려고 한 시도가 여러 곳에서 보이고 있다고 한다. 왜냐하면 경찰에 대하여는 특별법 제4조[154]에서 초동수사권을 인정하고 있는데, 이는 법문에 '이전과 같이'(wie

---

153) 이 점이 공판회부여부를 예심판사가 정하는 프랑스 예심제도와 다른 점이다.
154) 베를린특별법 제4조. 「경찰청 및 그 소속 공무원은 이전과 같이 모든 종류의 범죄를 수사하고 사안의 규명과 행위자의 체포를 위하여 지체할 수 없는 예비적 조치들을 할 의무가 있다. 그러

bisher)라고 표현되고 있는 것을 보면 이미 당시 경찰이 현실적으로 통제되지 않는 수사활동을 하고 있었던 것으로 보이지만, 그러면서도 경찰의 수사권을 초동수사권에 한정하고 초동수사 후에는 검사에게 송치하게 하였으며, 나아가 인신구속의 경우 24시간 내에 보고하게 하여 검사가 이를 통제할 수 있게 한 점 등은 검사의 통제권을 확보하기 위한 규정들로 볼 수 있기 때문이라고 한다.

라. 사법경찰논쟁 및 검사의 지휘권 논쟁

먼저 1849. 9. 24. 제정된 인신자유보호법(Gesetz zum schutz der persönlichen Freiheit) 제6조가 일정한 소송법상의 강제조치를 할 수 있는 권한을 '사법경찰'(gerichtlichen Polizei)에게 부여하고, 사법경찰이 없는 경우에 행정경찰이 이를 행하도록 한 규정의 해석을 둘러싸고 검사의 지휘를 받는 사법경찰의 도입 및 이 법률이 기존 경찰의 권한을 제한하는 것인지를 둘러싼 논쟁이 있었다. 즉 내무장관은 당시의 경찰에 대해 이 법률상의 사법경찰의 지위를 요구하면서 법 제4조가 경찰에 대해 초동수사권을 인정하는 것을 근거로 사실상 경찰이 사법경찰기관이라고 하고 경찰이 검사의 지휘를 받는 기관으로 되는 것을 반대하면서 이는 라인 좌안지역의 법원조직법상의 개념일 뿐 프로이센에서는 경찰의 독립성이 인정되므로 경찰이 다른 기관의 지시를 받는 것은 인정할 수 없다고 한 반면, 법무장관은 이 법률상의 사법경찰은 라인 좌안지역의 사법경찰을 모델로 한 것이지 당시의 프로이센 경찰과는 다른 것이라고 내무장관의 견해에 異見을 표시하였으며, 법무부는 라인 좌안지역의 사법경찰의 예에 따라 법무부 내에 자체 인력을 두어 법무장관이나 고등검사의 지휘를 받는 경찰제를 입법화하려고 시도하였는데 국무회의의에서 특히 내무부측의 반대에 부딪혀 무산되었다[155]고 한다.

한편, 베를린 특별법 제4조 및 그 이후인 1849. 1. 3.의 프로이센의 개정법에서도 경찰은 검사의 요청(Requisition)에 응해야 한다고 규정하고 있었는데, 이 요청이 기속력이 있는 명령(Befehl)인지 아니면 이에 응하는 것이 경찰의 재량에 속하는 청원(Gesuch) 정도의 의미를 가진 것인지 논란이 있었다. 즉 경찰은 이를 청원의 의미로 보고 이에 응하는 것을 '호의'(Gefälligkeit)를 베푸는 것으로 표현하였고 따라서 종종 수사에 있어 협조를 거부하는 사태가 벌어졌으나, 법무장관은 이에 대해 내무부측에 시정을 요구할 수 있는 상황이 아니었으므로 검사들에게 경찰과 검찰이 '협조'기관이라는 원칙론을 인정하라고 할 수밖에 없었으며, 나아가 경찰은 이 요청도 사건을 담당하는 개개 경찰에

나 행해진 조치들을 관할 검사에게 송부하여 검사가 이후의 조치를 할 수 있도록 해야 하며, 이러한 경찰의 수사활동개시나 그 완수를 위하거나 또는 혐의자의 소추 또는 구속으로 인한 검사의 요청에 응해야 한다. 범죄를 원인으로 행해진 구속에 대하여는 어떤 경우라도 관할 검사에게 24시간 내에 보고할 의무가 있다」.

155) Collin P., a.a.O., S.207f.

대하여 하지 못하고 경찰관서를 통해서만 하도록 요구하여 검찰의 경찰에 대한 지휘는 사실상 불가능해지게 되었다고 한다. 결국 수사단계에서 경찰이 우세하게 되었고 검찰이 알지 못하는 상황에서 경찰의 수사가 진행되고 검사들은 뒤늦게 경찰의 수사에 대하여 알 수 있었는바, 당시에도 이미 어느 검사는 '현재 경찰은 검찰을 단지 자신들이 수사한 사건을 법원에 소추하는 정도의 일을 하는 기관으로 생각한다'고 할 정도였다고 한다.

이러한 논의들은 결국 제국형사소송법에서 경찰의 초동수사권을 그대로 인정하되 즉시 수사결과를 검찰에 보내도록 하여 경찰의 독자적인 초동수사로 인한 권한남용을 막고,[156] 또한 검사가 수사와 관련하여 경찰에 의뢰나 요청을 하면 경찰이 이에 응할 의무를 부여하여[157] 검사의 수사활동의 원활을 도모하면서 나아가 경찰 및 기타 행정관청 공무원의 일부를 검찰의 보조공무원(Hilfsbeamte)으로 하여 검사의 지시에 따르는 관계속에서 형사소송법상의 초동수사를 넘는 수사활동을 할 수 있게 하였다.[158] 예컨대 긴급압수·수색 등은 경찰의 초동수사권의 범위를 벗어나므로 이는 검찰의 보조자로서 사법경찰만이 할 수 있게 한 것이다. 결국 경찰 조직내의 일부가 사법경찰관으로서 검사의 지시에 복종하면서 검사가 하는 수사를 위임받아 수사하는 방식으로 검사와 사법경찰관의 관계를 정립하는 것으로 해결하였던 것이다.[159] 즉, 검사와 사법경찰의 관계는 검사의 사후적(초동수사의 경우) 또는 위임에 의한 간접적 지휘 아래 경찰의 수사가 실질적으로 행해지는 구도라고 할 수 있으며, 이러한 체제는 현재에도 계속 유지되고 있다.

(3) 경찰검사(Polizeianwalt)제도

베를린특별법 규정 중에서 주의할 만한 것으로 경찰검사제도가 있다. 경찰검사는 특별법 제24조 소정의 경죄, 즉 50 Taler 이하의 벌금형, 6주 미만의 자유형 또는 체형 (körperliche Züchtigung)에 해당하는 죄에 있어 검사의 직을 행하는 자로 경찰청장에 의하여 임시직으로 임명되었고 그 직무감독도 경찰청장이 하였으나 그 불기소결정에 대한 이의에 대하여는 법무장관이 결정하였으며(동법 제25조), 경찰검사는 그 외에 위경사건

---

156) 독일제국 형사소송법 제161조(현행 독일형사소송법 제163조).

157) 독일제국 형사소송법 제159조 「검찰은 전 장에 규정된 목적을 위하여 모든 공적 관청에 사실 관계를 알려줄 것을 요구할 수 있으며, 선서하의 신문을 제외하고는 모든 종류의 수사활동을 직접하거나 경찰관청 또는 경찰공무원에게 하도록 할 수 있다. 경찰관청이나 경찰공무원은 검찰의 이러한 요청이나 의뢰에 응할 의무가 있다」.

158) 독일제국 형사소송법 제10조 제1문을 보면, 「수색의 명령은 판사가 하며 지체의 위험이 있는 때에는 검찰 및 검찰의 보조공무원으로서 검찰의 지시에 따라야 하는 경찰공무원도 명할 수 있다」라고 규정되어 있다.

159) 독일제국 법원조직법 제153조 「경찰공무원들은 검사의 보조공무원이며 그러한 직무적 성격하에서는 관할지역의 지방법원에 대응하여 있는 검사들과 그 상관인 공무원들의 지시에 따라야 할 의무가 있다」.

(Polizeivergehen)의 수사도 관할하였는데(동법 제113조) 이러한 경찰검사가 이후 현재의 독일 부검사(Amtsanwalt)제도160)로 발전하였다고 한다. 즉, 검찰제도 도입초기에 경미사건에 대하여 일부 경찰소추를 인정하였다가 제도가 정착되면서 소추기관을 검찰로 단일화한 것이다.

(4) 공소권 및 상소권

베를린특별법 제40조는 법원의 공판 개시에 검사의 공소장 제출 및 이에 근거한 법원의 공판개시결정이 있어야 한다고 규정하고 있고, 검사에게 항소권(동법 제72조) 및 상고권(동법 제81조)도 인정하였다.

(5) 법무장관의 지시권

베를린특별법 제3조는 검사가 판사직 공무원은 아니므로 그 직무에 있어 법원의 감독을 받지 아니하고, 법무장관의 지휘하에서 그 지시를 따라야 한다고 규정하여 검사를 행정부인 법무부 소속으로 하고, 법무장관의 지시권을 인정하였다.

3. 독일제국 형사소송법의 성립 및 이후의 검찰제도

프로이센이 독일을 통일하여 독일제국이 성립하자 기존의 프로이센 형사소송법이 독일형사소송법의 기본이 되었으며, 검찰제도 역시 프로이센의 검찰제도가 독일 전역으로 확대되게 되었다. 다만, 이전의 프로이센의 형사소송법과 다른 점은 검사의 직접 수사활동이 인정된 점 및 법원조직법에서 사법경찰관의 검사의 지시에 대한 복종의무가 명시적으로 규정된 점 등이다.161)

그러나 그 실체는 여전히 규문적, 비밀적, 서면적인 공판절차 특히 예심절차가 그대로 유지되었다는 점에서, 반탄핵주의(半彈劾主義), 반구조주의(半構造主義), 반공개주의(半公開主義)라는 비판을 받았다.162) 이러한 제국 형사소송법상의 검찰제도는 권한, 조직 면에서 큰 변화없이 그 근간을 유지하였고 나치시대에 인권 보장기관으로서의 역할을 하지 못한 암흑기를 거쳐 독일 연방공화국 시대에 들어와 다시 바이마르 시대로의 복귀에 따라 검찰제도도 제국 형사소송법상의 제도로 복귀하였으나, 그간에 이루어진 변화 중

---

160) 경찰검사는 그 후 1867년 형사소송법에 의하여 임명권자가 법무장관으로 바뀌고 검찰의 한 조직으로 편입되었으며, 1877년의 제국 형사소송법에서는 區法院에 대응하여 검찰의 업무를 행하는 직으로서 구검사로 명칭을 변경한 채로 승계되어 그 후 1심법원 관할의 검찰은 검사들과 구검사들로 조직되게 되어 현재에까지 이르고 있다.

161) 이완규, 「검사의 지위에 관한 연구 — 형사사법체계와의 관련성을 중심으로 —」, 서울대 박사학위논문(2005.2), 175면.

162) Goldschmidt, Die Neuordnung der Strafgerichte und des Strafverfahrens, JW 1920, S.230.

크게 주목할 만한 것은 1974년의 형사소송법 개정으로 인하여 예심제도가 폐지된 점을 들 수 있다. 예심제도를 가지고 있던 이전 단계에서는 중죄사건의 수사활동을 원칙적으로 예심판사가 행하였으므로 검사가 직접적인 수사활동에 나서는 경우는 거의 없을 수밖에 없었으나, 예심제도가 폐지됨으로써 이전의 예심판사에 의해 행해지던 공판전 조사활동을 누가 맡게 될 것인지의 문제가 발생한 것이다. 이에 대해 형사소송법은 검사의 직접 조사시 검사의 피의자신문조서 작성규정을 도입하고, 검사에 대한 증인(참고인)163)ㆍ감정인의 출석의무와 진술의무(StPO §161a), 피의자의 출석의무(StPO §163a) 등을 신설하였다.

현재 독일 형사소송법 하에서 검찰의 경찰에 관한 수사지휘권은 현실에서는 잠재적인 성격을 띠고 있어 보이지만, 필요한 경우에는 언제라도 현실화될 수 있으므로 경찰수사가 법적으로는 검찰의 지휘통제망 아래서 현실적으로 광범위하게 수행되고 있는 실정이다. 즉, 일반형사사건의 경우 검사는 사법경찰을 지휘하여 수사하는 방식을 취하고, 공직비리ㆍ경제사범 등 중요사범에 대해서는 검찰이 직접수사를 하고 있는데, 향후 직접수사영역이 어떤 식으로 전개될 것인가는 후술하는 중점검찰청제도(Schwerpunkt Staatsanwltschaften)가 어떻게 운영되는지에 달려 있다고 할 것이다.

4. 현행 독일의 형사사건 처리절차

독일의 형사법 체계는 범죄를 중죄(Verbrechen), 경죄(Vergehen), 질서위반사범(Ordnungswidrigkeit)으로 구분하고 있으며,164) 그중 중죄와 경죄는 형사소송법에 따라서 처리하는데 반하여 질서위반사범은 1차적으로 질서위반법(Gesetz über Ordnungswidrigkeiten: OWiG)을 적용하여 처리하고 있다.165) 형사사건에의 기소여부는 기본적으로 검사가 결정하지만, 기소법정주의(Legalitätsprinzip)를 취하고 있기 때문에 일부 범죄는 법률에 의

---

163) 독일 형사소송법 제161조a 제1항은 「증인과 감정인은 검사의 소환에 응하여 출석하여 사건에 관하여 진술하거나 감정을 행할 의무가 있다」고 규정하고 있는데, 독일 형사소송법은 증인의 개념을 우리나라 형사소송법과는 달리 '법원 또는 법관'에 대한 것이 아니라 人證(Personliche Beweismittel)으로 자기 자신과 관련이 없는 형사절차에서 사실관계에 대한 정보를 제공할 수 있는 제3자로 보므로 증인과 참고인을 개념상 구별하여 규정하지 않는다. 따라서 독일 형사소송법상 '證人(Zeuge)'의 개념은 공소제기 후에 법원에 채택된 피고인 이외의 자에 국한되지 아니하고 수사기관에서의 참고인 또한 증인으로 규정하고 있다.

164) 중죄(verbrechen)는 법정형 1년 이상의 자유형에 처해지는 죄를 말하며, 경죄(vergehen)는 최소한 1년 이하의 자유형 또는 벌금형에 처해지는 범죄로 정의된다(독일형법 제12조).

165) 질서위반법은 한국의 경범죄처벌법과 유사하며, 형벌과 행정벌의 중간에 위치하여 소위 행정형벌로 분류될 수 있다(이재일, "독일의 질서위반법", 최신 외국법제정보, 한국법제연구원, 2008, 13면).

해서 자동적으로 기소가 되기도 하고,[166] 사인이 소추(Privatklage)[167]하는 것도 가능하다. 독일은 참심제를 택하고 있다.[168] 그러므로 법관이 참심원[169]과 함께 기소된 사건의 재판을 수행하는 직권주의적 소송구조를 취하고 있다. 이는 전형적인 대륙법계 형사절차의 특징으로서 독일 법원은 사실 규명과 법원의 재판에 중요하다고 판단되는 일체의 사실 및 증거에 대해서 스스로 조사활동을 수행하는 의무를 지고 있다. 우리 형사소송법이 직권주의를 보충적으로 활용하고 있는 것에 비하면 독일의 직권주의는 전형적인 대륙법계의 특징을 나타나고 있다.

기소된 사건의 경우 그 경중에 따라서 법원의 관할이 달라지게 된다. 법원의 1심 재판관할을 살펴보면, 경미한 범죄에 허용되는 사인소추사건 및 검사가 기소하는 경죄사건(경죄 중 벌금이나 4년 이하의 구금형이 선고될 사건)은 구법원(Amtsgericht)에서 관할하게 된다. 그리고 중죄 및 4년을 초과하는 구금형을 선고할 수 있는 경죄는 지방법원(Landesgericht)에서 관할한다. 그에 반하여 국가안보에 관한 죄와 중죄에 관한 불고지죄 등에 대하여는 고등법원(Obergericht)이 1심을 관할하게 된다. 구법원의 사물관할에서 약식명령[170] 및 신속절차 사건,[171] 2년 이하의 구금형이 예상되는 사소(私訴) 등과 같은

---

166) 고경희/이진국, 검사의 불기소처분 실태와 개선방안, 한국형사정책연구원 연구총서, 2006, 98면; 김종구 외, 검찰제도론, 법문사, 2011, 268면.

167) 독일의 경우 국가소추주의를 채택하여 검찰의 기소독점을 인정하고 있지만, 예외적으로 사안이 경미하거나 공공의 이익과 관련이 적은 범죄에 대하여 제한된 범위 내에서 사인소추를 인정하고 있다(StPO § 374). 이러한 사인소추는 원래 모욕죄와 같은 친고죄의 경우에만 인정되었으나, 1921년 이후 주거침입죄, 협박죄, 상해죄, 신서비밀침해죄, 재물손괴죄 등에 대해서도 인정하고 있다.

168) 하태영, "독일 형사소송에서 참심원", 비교형사법연구 제16권 제1호, 2014, 200면; 도중진, 형사재판절차에 있어서 배심 및 참심제도의 도입방안, 한국형사정책연구원, 2003, 83면 이하; 선의종, "참심제의 헌법적합성", 저스티스 통권 제84호, 2005, 7면 이하.

169) 독일의 경우 일반 민사재판을 제외한 모든 분야의 재판과 특별법원에 일반시민출신의 비직업법관(Laienrichter)제도가 채택되어 국민의 사법참여가 높은 수준으로 유지되고 있는데, 이러한 비직업법관을 형사재판에서는 참심원(Schöffe), 상사부에서는 상사법관(Handelsrichter), 그리고 기타 법원에서는 명예직법관(Strasrechtspflege)이라고 칭하고 있다(선의종, 위의 논문, 7면).

170) 원래 독일의 약식절차의 대상은 벌금형과 3개월의 자유형이 선고되는 사건이었으나, 1975년의 형사소송법 개정시 단기자유형은 벌금형으로 대치되거나 폐지되었고 따라서 자유형은 약식절차의 대상에서 제외되었는데, 1987년의 형사소송법 개정시 집행유예부 1년 이하의 자유형의 선고에까지 약식명령의 범위가 확대된 것이다. 현재 독일에서 약식명령청구는 전체기소사건의 57%에 이르며 구법원에 계속중인 형사사건의 약 30%가 약식절차에 의하여 처리된다고 한다(박미숙, 「형사사건의 신속처리방안에 관한 연구」, 한국형사정책연구원. 1998, 54면 이하 참조).

171) 1년 이하의 구금형 실형까지 선고될 것을 예상하여 구형할 사건으로서 사실관계가 단순하고 증거가 명백하며 즉각적인 심리에 적합한 경우 검사는 법원에 신속절차에 의한 처리를 신청하

경죄사건은 단독판사가 관할하며, 그 외의 사건들은 참심재판부에서 담당하게 된다.

II. 일반수사기관으로서의 사법경찰관리의 지위

1. 의 의

독일기본법 제30조[172])에 따르면 경찰의 시설과 조직은 기본적으로 각 주들의 관장사항에 속하고, 연방은 주들이 동의하는 제한된 범위내에서만 독자적인 경찰권을 행사할 수 있게 된다.[173]) 따라서 독일 연방경찰은 각 주에서 부여한 권한의 범위와 독일 기본법에서 연방 정부에게 인정한 법률에 근거해서만 업무를 수행할 수 있다. 그에 따라 독일 연방경찰의 업무는 기본적으로 국경경비로 한정되어 있었다. 그러다가 주의 경계를 넘나드는 범죄, 조직범죄, 유럽연합과의 경찰부문의 협력, 각 주들에 대한 지원 요청 등이 늘어나면서 연방경찰에 업무범위도 증가하게 되었다. 따라서 독일 내 행정사무 전반을 관할하고 있는 연방내무부(Bundesministerium des Innern: BMI)가 경찰 및 국경수비에 대하여 내무부의 경찰국[174])을 통해서 관장하고 있다.

【표 2-5】 연방경찰법(BpolG) 조문

연방경찰법(BpolG) 내용
제1장 임무 및 활용(Aufgaben und Verwendungen)
제1조 일반(Allgemeines) 제2조 국경경비대(Grenzschutz) 제3조 철도경찰(Bahnpolizei) 제4조 항공보안(Luftsicherheit) 제4a조 항공기 탑승시 보안조치(Sicherheitsmaßnahmen an Bord von Luftfahrzeugen)

는데(StPO § 417), 이러한 신속절차는 절도·교통범죄·폭력 등 비교적 정형화된 사건에 주로 적용되고, 1995년 Brandenburg 지역의 경우를 보면 전체 기소사건의 약 10%가 신속절차로 처리되었으며, 전국적으로 그 활용빈도가 높아지는 추세라고 한다(박미숙, 위의 보고서, 60면).

172) 독일기본법 제30조. 「국가적 기능의 행사와 국가적 임무의 수행은 이 기본법이 다른 규정을 두지 아니하거나 허용하지 않는 한 州의 사항이다」.

173) Claus Roxin, Strafverfahrensrecht, 24.Auf., S.52.

174) 연방내무부 장관을 중심으로 한 연방내무부 중 내부국장(Staatsekretär) 소속내의 B파트에서 연방경찰관련 업무를 맡고 있다(www.bmi.bund.de 참조). 이러한 연방경찰에는 약 30,000명의 남녀 경찰관을 포함하여 모두 약 40,000여 명이 일하고 있는데, 경찰관 30,000명 중 약 21,000명은 국경수비, 철도 및 항공 경찰업무를 맡고 있고 약 6,000명은 비상경찰(als Bereitschaftspolizei)로서, 나머지 30,000명은 항공서비스 업무 또는 정보통신부서 등에서 각 활동하고 있다.

제5조 연방기관 보호(Schutz von Bundesorganen)

제6조 수상입무(Aufgaben auf See)

제7조 긴급상황 및 방위상황에서의 임무(Aufgaben im Notstands- und Verteidigungsfall)

제8조 해외에서의 활용(Verwendung im Ausland)

제9조 기타 연방기관을 지원하기 위한 활용(Verwendung zur Unterstützung anderer Bundesbehörden)

제10조 무선기술 분야에서 헌법보호를 위한 연방기관을 지원하기 위한 활용(Verwendung zur Unterstützung des Bundesamtes für Verfassungsschutz auf dem Gebiet der Funktechnik)

제11조 주를 지원하기 위한 활용(Verwendung zur Unterstützung eines Landes)

제12조 범죄행위자 추적(Verfolgung von Straftaten)

제13조 절서위반자 추적 및 징벌(Verfolgung und Ahndung von Ordnungswidrigkeiten)

제2장 권한(Befugnisse)

제1절 일반 권한 및 일반 규정(Allgemeine Befugnisse und allgemeine Vorschriften)

제14조 일반권한(Allgemeine Befugnisse)

제15조 비례성원칙(Grundsatz der Verhältnismäßigkeit)

제16조 재량 및 수단의 선택(Ermessen, Wahl der Mittel)

제17조 사람의 행동에 대한 책임(Verantwortlichkeit für das Verhalten von Personen)

제18조 동물 및 사물의 상태에 대한 책임(Verantwortlichkeit für das Verhalten von Tieren oder den Zustand von Sachen)

제19조 조치의 직접수행(Unmittelbare Ausführung einer Maßnahme)

제20조 책임없는 사람의 활용(Inanspruchnahme nicht verantwortlicher Personen)

제2절 특별권한(Besondere Befugnisse)

제1관 데이터 수집(Datenerhebung)

제21조 개인 관련 데이터 수집(Erhebung personenbezogener Daten)

제22조 조회 및 정보제공의무(Befragung und Auskunftspflicht)

제22조 통신자료수집(Erhebung von Telekommunikationsdaten)

제23조 면허증 검사 및 신원확인(Identitätsfeststellung und Prüfung von Berechtigungsscheinen)

제24조 감식작업(Erkennungsdienstliche Maßnahmen)

제25조 소환(Vorladung)

제26조 공식 행사 및 모임에서의 데이터 수집(Datenerhebung bei öffentlichen Veranstaltungen oder Ansammlungen)

제27조 자동 이미지 촬영 및 저장장치(Selbsttätige Bildaufnahme- und Bildaufzeichnungsgeräte)

제27a조 모바일 이미지 및 음성장치(Mobile Bild- und Tonaufzeichnungsgeräte)

제27b조 원동기 관련 자동 번호인식(Anlassbezogene automatische Kennzeichenerfassung)

제27c 통화녹음(Gesprächsaufzeichnung)

제28조 특수한 데이터 수집 수단(Besondere Mittel der Datenerhebung)
제28a조 자신의 안전을 위한 기술수단 사용(Einsatz technischer Mittel zur Eigensicherung)

제2관 데이터 처리 및 사용(Datenverarbeitung und Datennutzung)
제29조 개인 관련 데이터의 저장, 수정 및 사용(Speicherung, Veränderung und Nutzung personenbezogener Daten)
제30조 검색요청(Ausschreibung zur Fahndung)
제31조 국경경비대의 관찰 요청(Ausschreibung zur grenzpolizeilichen Beobachtung)
제31a조 항공승객데이터의 전송(Übermittlung von Fluggastdaten)
제32조 개인관련 데이터의 전송(Übermittlung personenbezogener Daten)
제32a조 유럽연합 회원국으로의 개인관련 데이터 전송(Übermittlung personenbezogener Daten an Mitgliedstaaten der EuropäischenUnion)
제33조 전송을 위한 보충규정(Ergänzende Regelungen für die Übermittlung)
제33a조 위원회의 2006/960/JI 결정에 따라 전송된 데이터 사용(Verwendung von nach dem Rahmenbeschluss 2006/960/JI des Rates übermittelten Daten)
제34조 개인관련 데이터의 비교(Abgleich personenbezogener Daten)
제35조 개인관련 데이터의 수정, 삭제 및 차단(Berichtigung, Löschung und Sperrung personenbezogener Daten)
제36조 장치명령(Errichtungsanordnung)
제37조 연방데이터보호법의 적용(Geltung des Bundesdatenschutzgesetzes)

제3관 퇴거, 유치, 수색(Platzverweisung, Gewahrsam, Durchsuchung)
제38조 퇴거명령(Platzverweisung)
제39조 유치(Gewahrsam)
제40조 법원의 결정(Richterliche Entscheidung)
제41조 체포된 자에 대한 처우(Behandlung festgehaltener Personen)
제42조 자유박탈 기간(Dauer der Freiheitsentziehung)
제43조 사람 수색(Durchsuchung von Personen)
제44조 사물 수색(Durchsuchung von Sachen)
제45조 주거지 진입 및 수색(Betreten und Durchsuchung von Wohnungen)
제46조 주거지 수색시 절차(Verfahren bei der Durchsuchung von Wohnungen)
제4관 보충규정(Ergänzende Vorschriften)
제47조 안전조치(Sicherstellung)
제48조 압류(Verwahrung)
제48조 매각 및 폐기(Verwertung, Vernichtung)
제50조 압류물건의 환부 또는 매각대금, 수수료 및 비용(Herausgabe sichergestellter Sachen oder des Erlöses, Gebühren und Auslagen)

제3장 손실보상(Schadensausgleich)

제51조 의무규정에 따른 보상(Zum Ausgleich verpflichtende Tatbestände)
제52조 보상의 내용과 종류 및 범위(Inhalt, Art und Umfang des Ausgleichs)
제53조 사망사건에서의 보상(Ausgleich im Todesfall)
제54조 보상청구의 시효(Verjährung des Ausgleichsanspruchs)
제55조 보상책임자 및 배상청구(Ausgleichspflichtiger, Ersatzansprüche)
제56조 법적절차(Rechtsweg)

제4장 조직 및 관할(Organisation und Zuständigkeiten)

제57조 연방경찰청(Bundespolizeibehörden)
제58조 사물 및 토지관할(Sachliche und örtliche Zuständigkeit)
제59조 경찰연합의 임무수행(Verbandspolizeiliche Aufgabenwahrnehmung)
제60조 헬리콥터의 사용(Einsatz von Hubschraubern)
제61조 국경 및 통과허가(Grenzübergangsstellen, Grenzerlaubnis)
제62조 지원의무(Unterstützungspflichten)
제63조 집행업무, 보조경찰관(Vollzugsdienst, Hilfspolizeibeamte)
제64조 주의 집행경찰관 및 연방경찰의 관할에 있는 다른 국가 기관의 집행공무원의 공무수행
　(Amtshandlungen von Polizeivollzugsbeamten der Länder sowie von Vollzugsbeamten
　anderer Bundesbehörden oder anderer Staaten im Zuständigkeitsbereich der
　Bundespolizei)
제65조 주 또는 다른 국가 기관에 있는 연방경찰의 공무집행(Amtshandlungen von Beamten der
　Bundespolizei im Zuständigkeitsbereicheines Landes oder Tätigkeiten in anderen Staaten)
제66조 연방경찰의 관할에 있는 관세청 공무원의 공무수행(Amtshandlungen von Beamten der
　Zollverwaltung im Zuständigkeitsbereichder Bundespolizei)
제67조 관세청 관할에 있는 연방경찰의 공무수행(Amtshandlungen von Beamten der
　Bundespolizei im Zuständigkeitsbereich der Zollverwaltung)
제68조 관세청에 의한 임무 수행(Wahrnehmung von Aufgaben durch die Zollverwaltung)

종결규정(Schluß bestimmungen)
제69조 행정규정(Verwaltungsvorschriften)
제69a조 벌금규정(Buß geldvorschriften)
제70조 기본권의 제한(Einschränkung von Grundrechten)

연방내무부에는 총 35개 기관이 있으며, 치안과 관련된 기관으로 연방범죄수사청(Bundeskriminalamt),[175] 연방경찰(Bundespolizei),[176] 연방헌법수호청(Bundesamt für

---

175) 연방범죄수사청은 연방내무부산하 외청으로서 독일기본법(GG 제73조 제10호 및 제87조 제1항)

Verfassungsschutz)[177] 등이 있는데, 연방내무부장관이 해당 기관의 직무집행에 관한 지휘·감독을 행한다. 또한 경찰임무 및 직접강제사용권이 있는 집행경찰(Polizeivollzugsbeamte)로서 연방범죄수사청의 공무원, 연방하원의 경호공무원이 있으며 이들 기관의 최상급기관도 연방내무부장관이다.

독일 각 주들도 연방정부처럼 내무부(또는 일부 주들은 '스포츠 및 내무부'로 되어 있음)를 정점으로 주의 공공 안전과 질서를 유지하는 체계가 구축되어 있으므로 각 주의 내무부는 경찰의 최고기관의 역할을 수행한다. 주 경찰은 크게 위험방지 목적과 범죄진압 목적에 따라 법적인 임무 및 권한을 분배받는다. 위험방지 목적에 대한 책임 및 권한 등은 경찰 관련 법률에 규정되어 있다. 경찰 관련 법률은 각 주마다 차이가 있는데 경찰의 조직, 임무, 자치경찰 등의 내용을 통합적으로 규정한 주도 있고, 각각의 내용들을 분리하여 규정하고 있는 주도 있다. 하지만 범죄진압 목적에 대한 규정은 독일 형사소송법 하나로 통일하여 규정하고 있다. 그에 따라 위험방지를 위한 결정과 수단에 있어서는 독일 경찰의 재량권이 작용될 가능성이 높지만, 범죄진압을 위한 결정과 수단은 법원이나 검찰의 통제를 받아야 한다. 그러므로 독일 경찰은 경찰법상의 권한과 형사소송법상의 권한을 모두 가지고 있는 '이중적인 조치권한'(doppelfunktionale Massnahme)을 갖게 된다. 따라서 구체적인 상황에서 경찰이 경찰법상의 권한을 먼저 사용할지, 아니면 형사소송법상 권한을 먼저 사용할지 문제가 되기도 한다.[178]

및 연방범죄수사국설치법에 의거하여 연방수사기구로서 연방내무부장관의 직무와 사무감독을 받는데, 특정한 범죄유형의 수사, 즉 국제적 범죄, 조직범죄, 마약, 폭발물, 화폐위조사건, 무기밀매, 요인암살기도 등에 있어서 관할권을 가지며, 범죄정보수집과 분석업무가 부여되어 있다(김홍창, 「독일의 경찰제도에 관한 소고」, 각국의 사법경찰제도에 관한 연구, 검찰미래기획단, 82면). https://www.bka.de/DE/UnsereAufgaben/Deliktsbereiche/deliktsbereiche_node.html 참조.

176) 2005. 6. 21. 개정(BGBl, I S. 1818)에 의하여, 연방국경수비대(Bundesgrenzschutz)가 연방경찰(Bundespolizei)로 명칭이 변경되었다. 이에 따라 연방경찰은 국경수비 외에도 철도부분에서의 위험방지, 항공교통, 체류허가 또는 독일 항공기내에서의 안녕과 질서유지, 다른 연방행정관청(연방수사청 등) 지원, 예방적 차원에서의 범죄자 추적, 자연재해와 특별한 대형사고시의 지원 등을 행하고 있다(https://www.bundespolizei.de/Web/DE/03Unsere−Aufgaben/unsere−aufgaben_node.html 참조).

177) 연방헌법수호청은 1950년 공포된 '헌법수호를 위한 연방과 주의 공동협력에 관한 법률'에 의해 설치된 기구로서, 헌법수호를 위하고 공공의 안전을 보호하는 경찰영역에 속하지만, 체포·조사·압수·수색 등 사법경찰의 권한을 가지고 있지 아니하므로 정보기관의 성격이 짙으며, 정보수집대상은 좌익테러분자, 연방헌법의 기본질서를 파괴할 위험성을 갖고 있는 이념단체나 정당 그리고 이들과 연계된 국제조직, 극우세력, 신나치 추종세력 및 그 조직원, 이들과 연계된 단체, 내적 안전을 위협하는 극단적인 외국인 관련사항, 외국 첩보기관의 침투에 대한 방첩업무 등을 담당하고 있다(https://www.verfassungsschutz.de/DE/home/home_node.html 참조).

또한 주 경찰의 경우 업무의 연관성 및 경중에 따라 행정관청 및 자치경찰과 업무 분배를 하게 된다. 주로 행정관청 내 질서유지청에서 업무를 수행하게 되는 질서위반행 위나 주 법률을 통해 행정관청에 배분된 업무는 행정관청 및 자치경찰이 수행한다. 대개 경찰은 긴급하고 중대한 업무를 수행하며, 질서유지청은 일반적이고 일상적인 업무를 수행하게 되고, 질서유지청의 업무 가운데 지역적인 성격을 가지고 있는 업무를 자치경 찰이 수행한다고 보면 될 것이다. 한국과 비교해 본다면 질서유지청 및 자치경찰의 업 무는 우리의 경범죄처벌법 및 질서위반행위 규제법에 따른 업무 등을 기본적으로 수행 하고 있다고 볼 수 있으며,179) 일부 특별사법경찰관이 수행하고 있는 업무도 함께 수행 하고 있다고 볼 수 있다.

【표 2-6】 주 경찰의 업무180)

	일반적인 위험방지	특별히 법률로 규정된 위험방지	
현장	경찰(집행경찰)	소방, 긴급구조대, 재해방지	
사무업무	질서유지청(경찰청)	질서유지청(경찰청)	특별질서유지청

앞서 언급한 것처럼 각 주의 경찰은 주 내무부의 산하기관에 속하기 때문에 직무집 행에 대하여 주 내무부장관의 지휘·감독에 따라야 한다. 다만, 독일은 각 주마다 경찰 의 구성형태 및 행정기관내의 편입형태가 천차만별이기 때문에 국가 차원에서 기능상 분류하는 것이 보다 적절하다고 본다. 이에 따르면, 주 경찰의 기능상 기본구조는 사법 경찰(Kriminalpolizei),181) 보안경찰(Schutzpolizei), 긴급경찰(Bereitschaftpolizei)로 분류될

---

178) Kingreen/Poscher, Polizeiund Ordnungsrecht(10.Auf.), C.H.BECK, 2018, S23f; 예를 들어, 경찰이 불법으로 마약을 운반하고 있는 자동차를 발견한 경우, 경찰은 형사소송법상 압수수색 절차를 통해서 차량 안에 있는 마약을 발견하여 압수할 수 있다. 그러나 위험방지를 위해 경찰 법상의 차량수색 및 압류의 권한에 의해 마약을 발견하여 압류할 수도 있게 된다. 따라서 이와 같은 경우에는 형사소송법이 우선될 지, 경찰 관련 법률이 우선될 지가 문제시 된다. 그에 대 해서는 정답이 있기 보다는 상황에 따라서 경찰이 선 판단해서 조치를 취하고, 이 후에 사후 그 정당성을 판단하도록 하고 있는 것으로 보인다. 이에 대해서는 독일에서도 다양한 논의가 진행되고 있다.

179) 신현기/홍의표, "독일 자치경찰제도에 관한 연구", 자치경찰연구 제6권 제1호(2013. 3.), 18면.

180) Kingreen/Poscher, a.a.O., S.18.

181) 독일의 경우 형사소송법상 사법경찰이란 용어는 나타나지 않고, 검찰의 수사요원(Ermittlungs- personen der Staatsanwaltschaft)이라는 용어가 사용된다. 즉 이들이 하는 수사가 검사의 수사 를 도와주는 것이라는 독일법상의 관념이 이 용어에 배어 있다. 이 용어는 종래의 보조공무원

수 있고,[182] 그 가운데 보안경찰은 일반교통경찰과 수상경찰(Wasserschutzpolizei)[183]로 나눌 수 있다. 이처럼 보안경찰과 사법경찰을 분리하고 있는 대부분의 주 경찰은 승진과 인사이동 등이 제한되어 있으며, 보안경찰 가운데 사법경찰을 지망하는 경찰의 경우 별도의 선발절차를 거치게 되고, 보통 7개월 정도 걸리는 전문화교육과정을 수료한 후에야 비로소 사법경찰에 배치될 수 있다.

한편, 독일의 경우 경찰 가운데 일부가 검사의 수사요원(Ermittlungsperson)이라는 자격으로 수사를 담당하도록 하고 있다. 수사요원은 21세 이상의 공무원으로서 2년 이상 수사업무에 종사했어야 하는데, 주정부는 법규명령에 따라서 해당 권한을 주 법무행정당국에 위임할 수 있다(독일법원조직법 제152조 제1항, 제2항). 그러므로 주로 실무에서는 주 법무부 및 주 검찰총장에 의하여 검사의 수사요원이 임명된다.[184] 다만, 고위직 경찰을 제외한 거의 대부분의 사법경찰이 검사의 수사요원으로 임명되기 때문에 사실상 검사는 수사과정에서 사법경찰을 지휘할 수 있게 된다. 그리고 일반행정의 비경찰화정책에 의하여 기타 실질적인 경찰사무는 주나 자치단체의 소관 행정관청들에 분배되어 있기 때문에 독일의 사법경찰관은 경찰 중에서 검사의 수사요원이 되는 특정부류의 경찰을 의미한다고도 할 수 있다.

2. 사법경찰과 행정경찰의 분리

독일의 경우 경찰의 수사는 행정경찰에 주어진 초동수사권에 의한 초동수사와 검찰

(Hilfsbeamte)라는 용어를 2000년도 개정시에 바꾼 것인데 이는 보조공무원이라는 용어가 주는 명예감에 있어서의 불만감 때문에 변경하였다고 한다. 이 검찰의 수사요원은 경찰의 일부 중에서 수사업무를 담당하는 경찰관들(우리나라 형사소송법상 사법경찰의 개념에 해당한다)과 일반 행정관청에서 수사업무를 담당하는 사람들(우리나라 형사소송법상 특별사법경찰의 개념에 해당한다)이 모두 포함되는 개념이다. 이에 따라 초동수사권의 권한을 가진 자도 경찰에 한정하지 않고 「경찰임무를 담당하는 관청 및 공무원」(Die Behörden und Beamten des Polizeidienstes)으로 쓰고 있으며, 이에는 경찰 및 경찰공무원뿐 아니라 일반행정관청 및 특별사법경찰의 업무를 담당하는 공무원이 모두 포함되는 것이다. 이러한 검찰의 수사요원이 우리나라에 있어 사법경찰뿐 아니라 특별사법경찰을 포함하는 개념이기는 하나 경찰에서 수사업무를 하는 경찰인 Kriminalpolizei가 주로 검찰의 수사요원의 지위에서 수사를 담당하고 이것이 우리나라의 사법경찰개념과 대응되므로 이하에서는 Kriminalpolizei를 사법경찰로 호칭하기로 한다.

182) 김인호, "독일의 검찰제도 소고", 법조, 제38권 제5호(법조협회, 1989. 5.), 105면; 정웅석, "독일의 검찰제도에 관한 연구", 연세법학연구, 제12권 제1호(2005), 연세법학회, 77면

183) 수상경찰은 독일의 경우 하천과 호수가 많아 주에 따라 설치되어 있는 경찰로서 넓은 의미에서 예방경찰에 포함된다고 할 수 있다.

184) 이승우, "독일의 검찰과 경찰간의 관계", 해외연수검사연구논문집 제14집, 17면.

의 보조공무원으로서의 경찰이 행하는 수사로 나누어지지만, 현실에서는 조직상 하나인 '경찰'에서 양자가 전부 행하여진다. 따라서 초동수사 후에 즉시 사건을 검찰에 송치하는 것이 아니고 같은 경찰 내의 사법경찰이 수사를 계속할 수 있는바, 이는 검찰로부터 특별한 위임이 없어도 추정적인 위임이 있다고 전제되어 왔기 때문이다.

그런데 수사 현실에서는 이러한 위임이 있다는 전제하에서 경찰이 검찰의 관여없이 광범위한 영역에서 독자적으로 수사를 행하였고, 이에 따라 검찰은 특히 중한 범죄가 아닌 한 대부분 송치 후에야 비로소 사건에 대하여 알게 될 뿐만 아니라 중죄인 경우에도 영장청구 단계에서야 비로소 검찰이 경찰수사에 관여하게 되는 것이 일반적이었다[185]고 한다.

이러한 수사현실에 기초하여 경찰은 1971. 8. 4. 뮌헨에서 발생한 은행강도 인질사건을 계기로 검찰의 수사를 받지 않는 독자적인 수사권을 주장하고 나섰다. 즉 1971. 8. 4. 뮌헨의 Prinzregenten가에 있는 독일은행 지점에 폐점 직전 2명의 강도가 침입하여 200만 마르크의 석방금을 요구하면서 5명의 은행직원과 13명의 고객을 인질로 하여 경찰과 대치하는 상황이 벌어지자, 사건 현장에서 한 부장검사가 범인체포를 위한 경찰의 진입을 지시하였고 경찰이 총기를 사용한 체포작전 도중 인질 1명이 총격을 받아 사망하였는데, 이 사건[186]을 계기로 위험예방과 범죄소추가 동시에 추구되는 현장에서 "검사의 경찰의 작전 및 총기사용에 관한 지휘를 하는 것이 타당한가"하는 논쟁과 함께 경찰권과 검찰권의 한계에 대한 논쟁을 불러 일으켰다[187]고 한다. 당시 검찰과 경찰 간에 의견대립은 없었으나, 현장을 지휘하던 부장검사의 진압작전 개시 명령이 너무 성급한 것이었다는 비난이 제기되었는데, 이러한 상황은 경찰이 예방적 관점에서는 내무부장관 휘하에, 검찰의 수사공무원의 지위에서는 법무부장관의 예하에 있다는 명령하달 체계의 혼선에서 비롯된 것으로, 이는 경찰법과 소송법, 실체법이 상호 교착하는 어려운 문제였다.

이에 따라 1975. 10. 법무장관회의, 1975. 12. 내무장관회의를 거쳐 검찰과 경찰의 공동위원회가 구성되고 이 위원회에서 경찰과 검찰의 관계를 새롭게 정립하기 위한 규

---

185) 이완규, 앞의 논문, 262면.

186) 2명의 무장 강도 중 1인은 돈이 실려 있는 도주차량에 은행 창구 여직원을 동승시켰으나 경찰 진압 과정에서 차량에 탑승한 강도는 중상 이후 숨졌고, 동승한 인질 역시 5발의 총상을 입고 사망하였으며, 나머지 인질과 함께 은행에 잔류한 다른 강도 1명은 경찰과의 총격전 끝에 체포된 사안인데, 전후 발생한 최초의 은행인질 강도사건이었다는 점, 사건이 발생하고 사건 현장 근처에서 약 5,000명의 시민들이 사건진행을 목도하였고, 나아가 총격전을 포함한 진압과정이 TV를 통해 생중계되어 독일 사회에 커다란 충격을 주었다. 특히 도주차량에 강도뿐만 아니라 인질이 동승하고 있었음에도 경찰이 총격을 가했다는 점, 강도 1인이 17인의 인질과 함께 은행에 잔류하고 있었음에도 진압 작전이 개시되었다는 점에서 거센 비판이 있었다.

187) Günter Hertweck, Staatsanwalt und Schießbefehl, DRiZ 1971, S.308f.

준(Leitsätze)이 만들어져 향후의 입법방향이 제시되었으며,[188] 그 내용을 보면 다음과 같다.[189]

1. **검찰과 경찰은 조직상 독립된 기관으로서** 효율적인 범죄투쟁을 위하여 범죄소추를 행함에 있어 상호신뢰를 가지고 긴밀하게 협력한다. 양기관의 협력사항에 속하는 것으로서 상호간의 정보제공이 포함된다. 상호간의 정보제공을 위하여 법무부(Justiz)와 경찰은 각각 자신들이 보유하고 있는 정보 및 의사전달체계에 상대기관이 참여할 수 있도록 보장하여야 한다.

2. **검찰은 수사절차 전체에 대한 책임을 진다.** 검찰의 전적인 책임은 경찰에게 독자적으로 행동할 수 있는 권한이 부여되어 경찰도 책임을 부담하는 경우라 할지라도 영향을 받지 않는다.

3. 경찰은 이 지침이 제시한 기준에 따라서 범죄행위를 수사할 권한과 의무가 있다. 이 의무와 권리는 지체할 수 없는 조치에 제한되지 않는다. **경찰은 검찰이 달리 지휘하지 않는 한도와 범위에서 수사활동의 종류와 범위, 그리고 그 실행방법의 종류와 범위를 결정한다.**

4. 경찰은 다음과 같은 사안에 대하여는 알게 된 범죄행위와 행한 조치를 검찰에 즉각적으로 보고하여야 한다.

   a) 법률적 또는 사실적 관점에서 해결이 어렵거나 중요한 사안

   b) 검찰이 개별사안에 대하여 또는 절차법상의 이유나 형사정책적인 이유에서 일정한 유형의 사건에 대하여 보고를 요구한 경우

5. 검찰이 경찰을 수사에 개입시키지 아니하였기 때문에 경찰이 즉시 알지 못한 사건이 있을 경우에 검찰은 그 사건에 대하여 수사개시한 사실을 경찰에게 통지하여야 한다.

6. **경찰은 수사를 종료한 때에는 즉시 검찰에 수사결과를 송치하여야 한다.** 법률적 또는 사실적인 이유로 경찰이 더 이상 수사를 계속할 수 없는 때에도 같다.

7. **경찰은 다음 각 경우에는 수사가 종결되기 전이라도 검찰에 사건을 송치하여야 한다.**

   a) **검찰이 사건의 송치를 요구한 경우**

   b) 법관의 영역 또는 검사의 영역에 속하는 수사활동을 할 필요가 있는 경우. 다만 **검찰이 개별사안에서 송치하지 않도록 지휘한 경우에는 그러하지 아니한다.**

   c) 범행건수가 많거나 용의자가 다수이어서 사건에 대한 수사가 특별히 확대되거나 **사건이 법률적으로 해결하기 어려운 경우.** 다만 검찰이 개별사안에서 송치하지 않도록 지휘한 경우에는 그러하지 아니한다.

---

188) 독일에 있어서 검찰과 경찰의 관계에 관한 당시의 논의상황에 대해서는 1976년 10월 12일부터 10월 15일까지 독일 연방범죄수사청에서 열린 학술회의의 발표문과 결과를 수록한 책자인 Bundeskriminalamt, Polizei und Justiz, Arbeitstagung des Bundeskriminalamtes Wiesbaden vom 12. bis 15. Oktober 1976.(BKA - Vortragsreihe Band 23)에 기술되어 있다.

189) Kuhlmann, 「Gedanken zum Bericht über das Verhältnis "Staatsanwaltschaft und Polizei"」. DRiZ, 1976, S.266.에 원문이 게재되어 있다.

d) 경찰에 고발이 접수된 시점 또는 통상적인 경우라면 경찰이 범죄사건이라고 인지하기에 충분한 단서가 존재한 시점으로부터 10주가 경과하도록 검찰에 사건을 송치하지 아니한 경우; 검찰은 특별한 유형의 사건들이나 개별사건의 경우에 송치기간을 더 부여할 수 있다.

8. **검찰은 언제든지 수사의 전체 또는 일부를 직접 할 수 있으며, 일반적 지시 또는 개별사건에 대한 구체적 지시를 통하여 경찰 수사의 종류나 범위를 결정할 수 있다. 검찰은 이 경우 개별수사행위의 실행에 대하여도 개별적이고 구체적인 지시를 할 수 있다. 검찰은 지시를 함에 있어 경찰이 보유하고 있는 수사기법상의 전문지식을 존중하여야 한다. 경찰은 검찰의 지시를 이행하여야 할 의무가 있다.**

검찰이 경찰에게 직접 강제력의 사용을 지시하는 경우에는 '검찰의 지시에 의한 경찰의 직접적 강제수단의 적용에 관한 연방 및 주 법무장관과 내무장관의 공동규칙'(Gemeinsame Richtlinien der Justizminister/-senatoren und der innenminister/-senatoren über die Anwendung unmittelbaren Zw- anges durch Polizeibeamte auf Anordnung des Staatsanwalts)의 원칙에 따른다.

9. 수사기록에 대한 열람의 허용여부는 검찰이 결정한다. 경찰이 사건을 송치하기 전에는 경찰은 원칙적으로 사실적 성격의 내용(Auskünfte tätsachlicher Art)을 범죄행위로 인한 손해배상청구권, 보험회사 및 기타 관련자(sonstige Beteiligte)들에게 알려줄 수 있다. 다만 피의자 및 그의 변호인에 대한 정보의 제공은 할 수 없다. 그 이외의 경우에는 검찰이 정보의 제공 여부를 결정한다. 언론기관에 대한 정보의 제공 및 보고의무에 관한 규정들은 본조에 의하여 영향을 받지 아니한다.

10. **검찰은 지시를 함에 있어 지원요청(Ersuchen: StPO 제161조 제2문)의 형식으로 원칙적으로 경찰관청에 대하여 행하여야 한다.** 특별한 사정이 존재하여 예외적으로 특정한 경찰공무원에게 사건의 수사를 맡기면 좋겠다는 검사의 지시는 가능한 한 존중되어야 한다.

경찰관서에 의하여 일정한 개별사건을 담당할 경찰공무원이 지정되어 있는 경우에는 검찰은 그 경찰공무원에게 직접 지시(Auftrag)를 할 수 있다.

지체의 위험이 있는 경우에는 검찰은 사물관할권 및 토지 관할권이 있는 기관에 소속된 개별 경찰공무원에게 직접 지시의 형식으로 할 수 있다.

11. 검찰은 사물관할권 및 토지관할권이 있는 경찰관서에 대하여 지원요청(Ersuchen)을 행하여야 한다.

중대한 사유가 있어서 예외적으로 원래의 토지관할권을 가진 경찰관서가 아닌 다른 기관을 상대로 검찰이 수사에 대한 지원요청을 하는 경우에 대비하여 각 주는 그 요건을 주법률로 규정하여야 한다.

12. 협의의 경찰영역에 대하여는 검찰의 보조공무원제도를 폐기한다.

일정한 최소요건을 구비한 경찰공무원들은 현행법상 지체의 위험이 있는 경우(Gefahr im Verzug)에 검찰의 보조공무원으로서의 신분을 가진 경찰에게 부여된 권한들을 법률상 당연히 보유하여야 한다.

13. 경찰공무원에 대한 이의에 대하여는 원칙적으로 경찰이 결정한다. 이의 내용으로 형사소송법적 조치, 조치의 거부 또는 부작위로 인하여 피해를 입었다는 주장이 있는 경우는 검찰이 결정한다.

이의 내용을 시정할 경찰의 권한은 검찰의 판단권에 의하여 영향을 받지 아니한다.

이의가 검사의 지시에 따른 경찰의 조치를 대상으로 하는 경우에는 그 지시의 한도에서 검찰이 결정한다.

14. 경찰공무원이 진술을 행하는 경우에 그 진술에 대한 승인은 경찰관서가 행한다. 경찰공무원의 진술이 검사의 지시에 기초한 처분을 그 내용으로 하는 경우에는 경찰관서가 검찰과 합의하여 그 진술의 승인여부를 결정한다. 경찰공무원의 진술이 수사목적을 위태롭게 할 여지가 있는 사건의 경우에도 경찰관서는 합의에 기하여 진술의 승인여부를 결정한다.

15. 형사소추 이외의 사항으로서 검찰이 형사사법의 영역에서 수행하여야 할 의무 및 다른 업무영역에서 법률에 의하여 검찰에게 위임된 임무를 검찰이 수행하는 경우에는 검찰은 경찰의 지원을 받는다. 검찰의 지원요청이 있으면 경찰은 이를 이행한다.

검찰은 검찰 자체의 보유인력을 동원하거나 경찰 이외의 다른 기관에 대한 공조요청을 하더라도 특히 직접강제력을 행사하여야 할 필요성 때문에 지원요청의 대상이 된 목적을 효율적으로 달성할 수 없거나 또는 경찰의 지원을 받는 경우와 대등한 정도의 효율성을 가지고 목적달성을 할 수 없는 경우에 한하여 경찰의 지원을 요청할 수 있다.

이 권고안에 대하여 독일 학계에서는 여러 가지 상이한 평가가 나타났는데, 우선 국가가 수행하는 수사업무가 사법활동의 영역에서 행정부로 이관되는 우려할 만한 현상이 이 권고안에 나타나고 있다고 지적하면서 검찰조직 내부에 수사경험이 많은 경찰관들로 구성된 지원부서를 설치하여 검사의 지휘를 받아 수사하도록 하는 견해가 제시되었는데,[190] 이처럼 사법경찰을 검찰에 소속시키자는 구상에 따르면 검찰조직 내에 배치된 수사경찰관들이 검사의 지휘에 따라 수사를 행하되 필요한 경우에 기타의 경찰기관으로부터 보조를 받도록 함으로써 검사가 경찰을 직접적으로 지휘할 수 있게 된다는 것이다. 반면에 검찰과 경찰이 상호간 조직상의 독립성을 유지하면서 검사가 수사절차에 대하여 법적으로 전체적 책임을 지도록 하는 현행체계를 고수하여야 한다는 견해[191] 및 여기에서 한 걸음 더 나아가 현재의 일선실무를 존중하여 경찰에서 범죄사건의 실체규명을 위한 독자적 수사권한을 부여하자는 견해[192]도 있는데, 이는 경찰에게 독자적 수

190) Roxin, a.a.O., S.62.

191) Rüpping, 「Das Verhältnis von Staatsanwaltschaft und Polizei」, ZStW 95(1983), S.894.

192) Gössel, a.a.O., S.325; Rupprecht, Keine Bedenken gegen die Leitsätze zum Verhältnis

사권을 인정하되 수사권의 행사에 있어서 보다 광범위하게 검사의 통제를 받도록 하자는 것이다.

그 후 1978. 11. 17. 연방법무부에서 검찰과 경찰의 관계에 관한 법률 예비초안(Vorentwurf eines Gesetzes zum Verhältnis von Staatsanwaltschaft und Polizei)[193]이 마련되는 등 검찰과 경찰의 관계에 대한 논의가 광범위하게 행해졌는데, 다수의 의견은 오히려 경찰의 비대화에 따른 통제의 필요성을 강조하였고, 위 초안과 규준은 입법안으로 제출되지도 못한 채 1990년대 초반에 이미 그 동요가 가라앉았으며, 그 후의 논의도 정보화·국제화 사회에 있어 정보력을 독점한 경찰력의 비대화에 대한 우려와 검찰의 실질적 통제의 필요성 및 이를 위한 방안들이 제시될 뿐이었다고 한다.[194]

Staatsanwaltschaft – Polizei, ZRP 1977, S.275.

193) 형사소송법 및 법원조직법상의 검찰과 경찰에 관한 규정을 개정하는 내용으로 주요 내용은 다음과 같다.

형사소송법(StPO)

제161조 제1항 검찰은 사실관계 조사를 위하여 모든 공공기관에 사실조회를 할 수 있으며, 모든 종류의 수사를 스스로 하거나 경찰로 하여금 하게 할 수 있다. 검찰은 경찰에 의한 수사시 수사의 종류나 범위 및 개개 수사활동의 종류와 방식을 결정할 수 있다.

제2항 검찰은 관할 경찰관청에 대해 협조의뢰(Ersuchen)를 한다. 지체의 위험이 있는 경우에는 그 관청의 개별 경찰관에 대하여 직접 지시할 수 있다. 일정 경찰관이 사건을 담당하고 있는 경우에도 직접 지시할 수 있다. 경찰은 검찰의 지시를 이행할 의무가 있다.

제163조 경찰은 범죄혐의를 알게 된 때에는 즉시 스스로 사실을 조사하여야 한다. 검찰이 지시하지 않는 한 경찰이 수사의 종류와 범위 및 수사행위의 종류와 방법을 결정한다. 제160조 제2항 및 제3항의 1문도 준용된다. 특히 중요한 사건은 지체없이 검찰에 보고하여야 한다.

제163조의a 제1항 경찰은 수사를 종료한 때 즉시 검찰에 수사결과를 송치하여야 한다. 다음 각 경우에는 수사종료전이라도 송치하여야 한다.

  a) 검찰이 송치를 요구하는 때
  b) 수사가 특별히 광범위한 때(besonderen Umfang annehemen) 또는 법률적 또는 사실적으로 어려운 사건
  c) 경찰이 사건을 인지한 후 검찰에 수사결과를 제시하지 않고 10주를 경과한 때

제2항 판사의 영역 또는 검사의 영역의 수사활동을 필요로 하는 경우에도 경찰은 검찰에 수사결과를 송치하여야 한다(2문 생략).

법원조직법

제152조 주정부는 경찰의 일정 공무원군을 형사소송상 일정한 권한을 행사할 자로 정할 수 있다.

제152조의a 제1항 검찰은 그 임무의 수행을 위하여 형사소추의 영역에 있어 다른 공무원 및 공공기관의 소속원들의 보조를 받을 수 있다. 보조공무원은 관할 검찰 및 그 상급공무원의 지시를 이행하여야 한다. 보조공무원은 다른 규정이 없는 한 법 제152조에 의한 경찰 공무원군에 속한 권한을 갖는다.

그런데 독일에서 주장되었던 경찰의 독자적 수사권에 대한 찬성론의 논거는 첫째, 다발범죄(Bagatelldelikte)에 있어 대부분의 사건이 검찰의 지휘를 받지 않은 채, 경찰 독자적으로 수행되어 검찰이 수사의 주재자임을 정한 형사소송법의 규정과는 괴리되어 있다는 것이다. 즉 사회의 변화 및 기술적 진보, 그리고 정보화에 따라 사회가 경찰에게 바라는 경찰상이 변화되었고, 규범적으로는 경찰이 검찰의 지휘를 받아 수사를 하는 것으로 되어 있지만, 현실적으로 거의 모든 사건을 경찰이 송치시까지 독자적으로 수사하고 있으므로 이러한 현실에 맞게 규범도 바꿀 필요가 있으며 그렇게 함으로써 경찰도 이제 '검찰의 보조자'가 아닌 독자적인 수사권을 가진 기관이 되어야 한다는 것이다.[195] 둘째, 현대 법치국가에 있어서는 경찰도 법정주의(法定主義)의 제약을 받고 있고, 셋째, 위험예방과 범죄진압 및 수사행위는 공통적인 과제로서 1개의 기관에 통일시키는 것이 바람직하며, 넷째, 경찰이 검찰의 요구에 따라 수사를 할 경우, 자신의 책임으로 이 요구를 실행할 것인가의 여부를 결정하여야 하며, 그 요구를 맡은 기관이 그 조력의 종류와 방법을 결정하고, 또한 외부에 대하여 책임을 지는 법적 기구에 의하여 수행되어야 하므로, 이를 위하여 검사의 구체적인 지시가 배제되어야 할 뿐더러, 다섯째, 범죄행위에 대한 대책은 수사전략과 수사기술을 요하는 것으로서 원래 내부행정에 속하는 문제임에도 입법자들이 이러한 업무의 분담을 무시하여 공공질서의 유지임무를 맡지 않은 후견인(검찰) 밑에 둔 것이라는 점 등을 내세우고 있다.[196]

이에 대하여 반대론의 논거는 첫째, 역사적 관점에서 검찰제도가 도입된 이유가 경찰의 통제와 이를 통한 수사절차의 司法的 形成(Justizförmigkeit)이었다는 점을 들고 있다. 즉 19세기 전반기에 초동수사권에 의한 경찰의 수사형태도 이미 초동수사를 넘어 거의 모든 사건을 독자적으로 수사하여 수사종료후 형사법원으로 넘기는 식이 되었고, 이에 따라 경찰은 거의 아무런 통제없이 수사를 하게 되어 피의자는 경찰의 재량과 자의에 맡겨지게 되었고, 심지어 공판전에 경찰이 수개월간 경찰구금 상태에 둘 수 있었는데, 바로 이러한 폐단을 시정하기 위하여 검찰제도가 도입되었고 법무부에 속한 검찰이 수사를 맡아 법치국가적으로 수사를 수행토록 하였던 것이며,[197] 그럼에도 불구하고 당시 경찰을 검찰 예하에 두지 않고 조직적으로 분리된 채로 단지 검찰의 지휘를 받게 한 체계를 택한 이유 때문에 현실적으로 수사에 있어 경찰의 영향력이 강화되고 검찰의

---

194) Lilie, 「Das Verhältnis von Polizei und Staatsanwaltschaft in Ermittlungsverfahren」, ZStW 106, S.625; Roxin, a.a.O., S.109; Hans Christoph Schäfer, 「zur Entwicklung des Verhältnisses Staatsanwaltschaft－Polizei」, Festschrift für Ernst Walter Hanack, 1999, S.191; Schünemann, Polizei und Staatsanwaltschaft, Kriminalistik, 74(1999), S.146.

195) R. Rupprecht, a.a.O., S.275.

196) Weyer, 「Zum Verhältnis Staatsanwaltschaft－Polizei」, Die Neue Polizei, 1972, S.50f.

197) Schünemann, a.a.O., S.76.

통제력이 약화되는 것은 다시 19세기 전반기의 상황처럼 되어 가는 것으로 이는 바람직한 방향이 아니라는 것이다.[198]

둘째, 법과 법현실을 일치시키는 것은 국가적 과제인데, 이러한 과제를 법의 실현을 맡지 않은 국가기관의 손에 맡기게 된다면 유해하므로 이러한 과제를 수행하기 위하여는 특별히 법률상 책임있는 공적기관이 필요하다는 것이다.[199]

셋째, 경찰의 수사활동은 예방경찰적 활동영역 외에서도 합목적적인 범죄대응이라는 미명하에 모든 국가권력에 부여된 정의에의 기속을 무시하기 쉬우므로 경찰의 활동에 대하여 지속적인 통제를 가할 필요가 있다는 것이다. 물론 경찰도 헌법과 법률에 기속되어 활동해야 하는 것은 당연하지만, 범죄행위를 수사하고 국가와 사회를 범죄자로부터 보호하는 것과 다른 한편으로 피의자의 권리를 보장하는 것의 대립관계는 지속적인 법적 검토와 고려를 요청하는 것으로 경찰이 맡고 있는 임무의 중요성을 감안할 때, 경찰의 활동에 대해 지속적인 통제를 할 필요가 있으며 이 법적 통제는 어떠한 경우에도 완화되어서는 안 된다는 것이다.[200] 특히 조직범죄에 대한 대책 등과 같이 예방적 활동과 소추활동이 복합적으로 이루어져야 하는 영역이 증대하면서 형사소추에 있어 경찰의 권한확대가 주장되고 있고 또 경찰의 이러한 목적성 및 힘에의 지향성이 공공의 안녕질서 유지라는 포괄적인 임무를 등에 업고는 司法(Justiz)을 넘어서려 하고 국민들에게 '형사사법의 인간화가 범죄로부터의 사회보호를 어렵게 한다'는 주장을 하기까지 하고 '정의를 추구하는 형사소추보다는 사회방어가 우선한다'느니 '경찰법에 대한 형사소송법의 우위성이 폐기되어야 한다'는 등의 주장까지 대두되고 있는바, 이러한 생각이 경찰 내에 있다는 것 자체가 경찰조직에 내재한 힘과 합목적성 추구의 우위성을 보여주는 것이고 그 자체가 바로 통제의 필요성을 보여주는 것이라고 한다는 것이다.[201]

넷째, 수사의 목표는 공소제기에 있으며 공소제기여부의 결정권이 검찰에 있으므로 이에 따라 검사는 전체 경찰수사에 대한 법적 통제를 하게 되고 이에 대한 책임을 지는 것이며, 경찰수사의 사법적 형성을 위한 지휘를 할 의무를 지는 것으로, 수사절차에서 이미 적정한 판결을 위한 기초가 광범위하게 형성되고 또 경찰수사에서 이루어진 오류를 공판절차에서 시정하는 것은 매우 어렵기 때문에 검찰로부터 자유로운 경찰의 수사영역이 존재해서는 안 된다는 것이다.[202]

---

198) Roxin, a.a.O., S.120; Schäfer, a.a.O., S.205.

199) 김원치, "한독검찰제도의 비교연구 – 우리 검찰제도의 입법론적 과제를 위하여 –", 해외파견 검사연구논문집 제4집, 법무부, 389면.

200) Kuhlmann, a.a.O., DRiZ, 1976, S.265.

201) Gössel, a.a.O., S.339.

202) Josef Römer, Zukünftige rechtliche Ausgestaltung des Verhältnisses Staatsanwalts–chaft–Polizei–aus der Sicht der Justiz, Kriminalistik 6/79 S.275ff.

다섯째, 경죄 영역(Klein und Mittelkriminalität)에 대한 경찰의 독자적 수사론에 대하여도 이를 일축하면서 겉으로 보기에 중요하지 않은 사건도 수사가 부적절하게 이루어졌을 경우 공소유지가 어렵게 되므로 경미한 범죄라고 하여 일률적으로 경찰에게 맡기자는 주장은 잘못된 것으로서, 공소제기 여부를 결정하고 공판활동에서 그 수사의 적정성까지도 책임을 지게 되는 검찰에 모든 수사를 맡기는 것이 타당하다는 것이다.[203]

실제로 수사에 있어 검찰의 통제적 기능이 어떠한가를 법사회학적으로 연구·검증한 결과에 의하면,[204] 재산범죄 등 다발범죄에 있어 경찰은 그 자신 독자적으로 수사를 행하며, 검찰은 극히 예외적인 경우에만 재수사지시를 통하여 보충적으로 수사에 관여하는 반면, 강력범죄·경제범죄·정치범죄·마약범죄 등 중요범죄에 있어서는 검찰의 수사 주재자적 성격이 뚜렷하게 입증되었다고 한다. 즉 실증적인 조사결과 경찰은 통상 자발적으로 독립하여 수사를 행하고 있었으며, 검사는 매우 드물게("sehr wenig") 직접 수사하였고 제한된 범위에서만 경찰에 직접적인 지시를 하고 있었다고 한다. 또 사소한 사건 혹은 중급 정도의 사건에 있어서 검찰은 경찰이 수사를 완료한 후에야 비로소 그 절차의 존재에 대하여 보고를 받았으며, 검사가 경찰에 재수사지시를 하는 경우는 극히 적었고, 설령 그러한 처분이 있었다 하더라도 이는 수사결과를 변경하기 위해서라기보다는 검사의 공소제기결정을 보다 확실히 뒷받침하기 위한 경우가 대부분이었다고 한다.

결국 법이 예상하였던 검사의 모습은 대량으로 발생하는 범죄현실에 직면하여 상당부분 변화되어 사소한 사건이나 중급 정도의 사건의 경우 경찰이 사실상 '수사의 주재자'가 된 것이었다.[205] 특히 범죄수사에 있어서 경찰은 인적·물적 지원도 충분할 뿐만 아니라 정보를 독점함으로써 그 자신의 주도하에 수사를 실행할 수 있게 되었다. 즉 경찰의 전산망(INPOL)과 같은 현대의 전산정보기술 및 데이터수집 시스템들은 경찰의 권한을 훨씬 더 강화시켰는데, 이러한 정보를 갖추지 못한 검찰이 광범위한 수사기법상의 재량을 경찰에게 위임함으로써 경찰은 그 자신의 주도하에 수사를 실행할 수 있게 된 것이다. 따라서 몇몇 영역을 제외하고는 독일의 수사현실에 있어 경찰이 수사를 지배하고 있으며, 그 결과 경찰이 독립적으로 수사하여 그 결과를 검사에게 보내면 검사는 이를 기소할지 여부만을 결정하는 것이 흔히 있는 일이며, 검사는 이로 인하여 상당수의 경우 수사기관이 아니라 '서류작업기관'(Aktenbearbeitungsbehörde)이 되었다[206]고 한다.

---

203) Armin Schoreit, 「Staatsanwaltschaft und Polizei im Lichte fragwürdiger Beiträge zur Reform des Rechts der Staatsanwaltschaft」, ZRP, 1982, S.289.

204) 1978년 막스플랑크연구소(Max-Planck-Institut für ausländisches und internationales Strafrecht)에서 8개 검찰청을 상대로 한 법사실적인 연구결과를 내놓은 바 있다(Blankenburg/Sessar/Steffen, "Die Staatsanwaltschaft im Prozeß strafrechtlicher Sozialkontrolle", 1978).

205) Volker Krey, Strafverfahrensrecht, 1988, S.198.

206) Lars hendrik Schröder, Das verwaltungsrechtlich organisatorische Verhältnis der

이러한 연구결과에 대하여, 독일학계는 경찰이 사실상 수사절차의 대부분을 지배하게 된 현실상황이 부당하다는 견지에서 검찰의 경찰에 대한 통제기능을 회복시키는 방향으로 논의를 진행하게 된 것이다.

3. 수사절차 개혁에 관한 선택초안(AE-EV)

독일에서의 수사절차 논의와 관련하여 Roxin, Weigend, Wolter, Maihofer 등 독일, 오스트리아, 스위스 학자 들 20명이 함께 연구를 하여 2001년도에 발표한 '수사절차 개혁에 관한 선택초안'[207]에서도 검사의 수사주재자로서의 지위를 확고히 인정하면서, 경찰수사에 대해서는 검사가 언제든지 개입할 수 있고, 검사는 경찰이 가지고 있는 현재의 형사절차 또는 장래의 범죄소추관련 개인자료에 언제든지 접근할 수 있으며, 검사가 경찰에게 수사를 위임하면서 독자적으로 수사하도록 지시한 경우를 제외하고는 지체없이 기록내용도 제출하도록 규정함으로써, 검사의 수사상 책임성과 주재성을 강조하고 그러한 규범이 현실에 있어서도 관철될 수 있도록 제도장치를 마련하고자 한 바 있다. 즉 수사절차에 있어서의 검사의 수사주재성을 전제로 하여 그 한계 안에서의 경찰의 자율적 수사를 인정하자는 것이다.

먼저 경찰의 수사권에 관하여 독일 형사소송법상의 초동수사권 개념을 그대로 유지하여 사건인멸방지를 위한 급박한 조치로서의 '초동수사'를 검사의 요청이나 위임이 없이도 행할 수 있다는 식으로 초동수사의 **'독자개시권'**을 명확히 하여 경찰의 초동수사권을 부여하나(AE-EV 제162조 제1항), 선택초안(AE-EV) 제162조의a 제2항[208]은 경찰이

---

strafverfolgenden Polizei zur Staatsanwaltschaft, 1995, S.51.

207) Arbeitskreis deutscher, österreichischer und schweizerischer, Alternativ-Entwurf Reform des Ermittlungsverfahrens(AE-EV), Verlag C.H.Bcck, München, 2001.

208) § 162a. Eigenständige Ermittlungspflicht der Polizei.

(1) Werden Der Polizei zureichende tatsächliche Anhaltspunkte dafür bekannt, dass eine verfolgbare Straftat begangen worden ist, so sind die Behörden und Beamten des Polizeidienstes auch ohne Ersuchen oder Auftrag der Staatsanwaltschaft verpflichtet, Ermittlungen vorzunehmen, Beweise zu sichern und alle keinen Aufschub gestattenden Anordnungen zu treffen.

(2) Wenn die Polizei die Ermittlungen nicht nach § 161 Abs.4 selbstständig vornimmt, informiert sie die Staatsanwaltschaft unverzüglich über den bekannt gewordenen Tatverdacht und die ergriffenen Ermittlungshan-dlungen und übermittelt ihr den Akteninhalt.

제162조의a 경찰의 독자적 수사의무

제1항 소추 가능한 범죄행위가 행하여졌다는 충분한 사실적 근거를 알게 된 때에는 경찰임무를 담당하는 관청과 공무원은 검사의 의뢰나 지시가 없더라도 수사를 행하고, 증거를 보전하며

수사에 착수하는 경우에는 검사가 자신의 수사를 위임하면서 독자적으로 수사하도록 지시하여 이에 따라 독자적으로 수행하게 된 경우를 제외하고는 지체없이 범죄혐의와 행해진 수사활동을 보고하고 기록내용을 제출하여야 한다고 규정하고 있다. 즉 선택초안 (AE-EV) 제161조 제3항과 제4항에 규정된 검사의 경찰에 대한 지시권한과 관련하여 제162조의a는 최초의 혐의가 존재하는 경우 초동조치를 할 경찰의 의무를 부과하고 있는 것으로, 동 규정에 의하여 현행법에 대한 내용상 변경이 있는 것은 아니며, 형사소추 기관의 임무와 권한을 형사소송 체계상 충분히 구분하고자 하는 입장에 따라 제162조의 a 제1항에서 경찰의 수사의무를, 그리고 제162조의b[209])에서는 경찰에게 인정되는 권한에 대해 규정하고 있을 뿐이며, 제162조의a 제2항은 경찰이 초동조치를 취한 경우에도 수사절차에 대한 전체적 책임은 검사에게 있다는 점을 인정하여 경찰에게 알게 된 범죄혐의를 검사에게 지체없이 보고하고 기록내용을 송부할 의무를 부과하고 있으며, 이에 대한 예외로 검사가 사전에 지정하여 경찰이 독자적으로 수사할 수 있도록 한 경우에만 제161조 제4항에 의하여 경찰이 독자적으로 수사할 수 있도록 규정하고 있는 것이다.

또한 선택초안(AE-EV) 제163조 제1항은 검사가 수사절차를 주재한다는 선언적 규정을 둔 후, 제2항에는 경찰이 수사를 진행하는 한 검사는 그 수사를 언제든지 스스로 할 수 있다고 하여 검사의 개입가능성을 열어놓고 있으며, 제3항에는 경찰이 수사를 종료하거나 검사가 개입하면 즉시 기록을 검사에 송치하도록 하고 있고, 나아가 제4항에서는 검사가 언제든지 경찰이 가지고 있는 현재의 형사절차 또는 장래의 범죄소추와 관련된 개인적 관련자료에 접근할 수 있도록 하였다.[210])

모든 지체할 수 없는 조치를 취해야 할 의무가 있다.

제2항 경찰이 제161조 제4항에 의하지 아니하고 독자적으로 수사에 착수한 때에는 지체없이 검사에게 알게 된 범죄혐의와 행해진 수사행위를 보고하고 검사에게 기록내용을 송부하여야 한다.

209) § 162b. Ermittlungsbefugnis der Polizei.

(1) Zu dem in § 161 Abs.3, 4 und § 162a Abs.1 bezeichneten Zweck dürfen die Behörden und Beamten des Polizeidienstes Ermittlunhandlungen vorzunehmen,

(2) Die Behörden und Beamten des Polizeidienstes sind befugt, von allen öffentlichen Behörden die Erteilung von Auskünften sowie nach Maßgabe von § 492 Abs.3 Satz 2 und Abs.6 die Übermittlung von Daten zu verlangen.

제162조의b 경찰의 수사권한

제1항 제161조 제3항, 제4항과 제162조의a 제1항의 목적을 위하여 경찰임무를 담당하는 관청과 공무원은 수사행위를 할 수 있다.

제2항 경찰임무를 담당하는 관청과 공무원은 모든 공공기관에 조회하여 필요한 사항의 보고를 요구할 수 있고, 제492조 제3항 제2문과 제6문에 따라 자료의 인도를 요구할 수 있다.

210) § 163. Gesamtverantwortung der Staatsanwaltschaft

그런데 동 초안(AE-EV)의 의미에 대하여 경찰측 자료는 「검찰과 경찰의 관계에 있어서 검사가 수사의 중심이 된다는 법률적인 의미는 살리되, 중요범죄를 제외하고 경찰에게 독자적 수사권을 인정하는 방향으로 형사소송법을 개정하여 법과 현실간의 괴리를 좁히고자 한 것이며, 동 초안은 경찰에게 완전한 수사권 부여와 검사에 의한 세세한 지시 사이의 절충점을 찾고자 했던 것으로 평가받고 있다」[211]고 하거나, 「검찰은 여전히 수사절차상의 주재자로 남아야 하지만, 단순한 사건(einfachere Faelle)들과 피의자불명 사건들(Unbekanntsachen)에 대해서는 경찰이 독자적으로 처리할 수 있도록 이양해야 하는데, 이러한 내용은 독일경찰의 정보독점권과 관련되어 경찰의 사실상의 독자적인 수사를 인정하고자 하는 독일 전반적인 분위기를 보여준다고 할 수 있다」고 주장하는 견해[212]도 있다.

그러나 이러한 주장은 동초안의 의미를 제대로 이해하지 못하고 있는 것으로 보인다. 왜냐하면 동 초안(AE-EV)에 관여한 Wolter교수에 따르면, 검찰·경찰간의 관계는 기본적으로 형사소송법상의 문제로서, 선택초안(AE-EV) 제163조 제2항에서 경찰의 자율적 수사영역을 인정하되 그 범위는 검사가 지정하고, 송치 전에도 검사의 지휘 및 개입은 언제든지 가능하다고 한 규정은 현실을 반영한 의미밖에는 없다고 언급하면서, 선

---

(1) Die Staatsanwaltschaft leitet das Ermittlungsverfahren.

(2) Sofern die Polizei Ermittlungen durchführt, kann die Staatsanwaltschaft die Ermittlungen jederzeit an sich ziehen.

(3) Sobald die Ermittlungen von der Polizei abgeschlossen oder von der Staatsanwaltschaft übernommen worden sind, übersendet die Polizei die Akten an die Staatsanwaltschaft. Ingeeigneten Fällen soll sie eine zusammenfassende Sachdarstellung geben.

(4) Die Staatsanwaltschaft hat jederzeit Zugang zu personenbezogenen Daten, die im Zusammenhang mit einem Strafverfahren oder einer allfälligen künftigen Strafverfolgung erlangt und gespeichert worden sind. Dies gilt auch für Daten, die in Dateien der Polizei gespeichert worden sind.

제163조 검찰의 전체적 책임

제1항 검사는 수사절차를 주재한다.

제2항 경찰이 수사를 실행하는 경우 검사는 언제든지 그 수사를 직권인수할 수 있다.

제3항 경찰의 수사가 종료되었거나 검사에게로 인계된 경우에는 경찰은 즉시 기록을 검사에게 송부한다. 필요한 경우에는 경찰은 사건개요를 보고하여야 한다.

제4항 검사는 언제든지 형사절차 또는 장래 이루어질 형사소추와의 관련하여 획득되고 보관되어 있는 개인관련 자료에 접근할 수 있다. 경찰의 자료시스템에 보관되고 있는 자료에 대해서도 같다.

211) 「합리적인 수사권 조정방향 - 경찰의 수사주체성 인정 및 검·경간 상호협력관계 설정」, 경찰청, 143면.

212) 임준태, 독일형사사법론, 21세기사, 2004, 381-382면.

택초안 제161조가 검사의 일반적·구체적 권한에 대해 자세히 규정하고 있다[213]는 점을 강조하고 있기 때문이다. 더욱이 경찰권한과 관련하여 Wolter교수는, 경찰은 검사의 연장된 팔로서 경찰에 대하여도 수사상 특별한 규정이 있고, 경찰은 검사의 일반적인 지휘·감독하에서 수사의 일반적인 권한을 갖고 사실을 조사하고 있는 것이며, 선택초안 (AE-EV) 제163조도 경찰이 자율적으로 수사할 수 있는 범위를 검사가 지정해 주도록 하고 있을 뿐 독일법체계하에서 경찰이 완전히 독자적으로 수사를 할 수는 없으며, 다만, 검찰의 업무 가중, 경찰의 정보 장악 등의 이유로 경찰이 사실상 독자적으로 수사를 개시·진행하고 있는 것이 현실이라고 한다. 즉 독일에서는 원칙적으로 검사의 지휘하에서만 수사가 가능하므로 송치전 지휘배제는 불가하며, 선택초안(AE-EV)에서도 검사가 사전에 지정하여 경찰이 독자적으로 수사할 수 있도록 인정한 경찰의 수사영역에 있어서도 검찰은 언제든지(Jederzeit) 관여할 수 있는 것이 전제가 되고 있다는 것이다.

  이처럼 Wolter교수에 따르면 선택초안(AE-EV) 제163조 제2항을 특별히 규정한 이유로 수사의 현실을 반영한 의미밖에 없었으나, 그럼에도 불구하고 위 규정이 독일 법조계 및 학계에 매우 센세이셔널하게 받아들여졌으며, 법조계 및 다수 학자에 의하여 채택되지 못하였다는 점이다.[214]

---

213) § 161. Ermittlungsbefugnis der   Gesamtverantwortung der Staatsanwaltschaft; Beauft-ragung der Polizei

  (1) Zur Erforschung des Sachverhalts darf die Staatsanwaltschaft Ermittlungshandlungen vornehmen.

  (2) Die Staatsanwaltschaft ist befugt, von allen öffentlichen Behörden die Erteilung von Auskünften sowie nach Maßgabe von § 492 Abs. 3 Satz 2 und Abs. 6 die Übermittlung von Daten zu verlangen.

  (3) Die Staatsanwaltschaft kann Ermittlungshandlungen durch die Polizei vornehmen lassen. Die Behörden und Beamten des Polizeidienstes sind verpflichtet, dem Ersuchen oder Auftrag der Staatsanwaltschaft nachzu-kommen.

  (4) Die Staatsanwaltschaft kann Sachverhalte benenen, die sie der Polizei zur selbstständigen Ermittlung überlässt.

제161조 검사의 수사권한; 경찰에의 위임
  제1항 사실관계의 조사를 위하여 검사는 사실행위를 할 수 있다.
  제2항 검사는 모든 공공기관에 조회하여 필요한 사항의 보고를 요구할 수 있고 제492조 제3항 제2문과 제6항에 따라 자료의 인도를 요구할 수 있다.
  제3항 검사는 경찰로 하여금 수사행위를 행하도록 할 수 있다. 경찰의 임무를 담당하는 관청과 공무원은 검사의 의뢰 또는 지시를 이행할 의무가 있다.
  제4항 검사는 사안을 지정하여 경찰이 독자적으로 수사하도록 위임할 수 있다.

214) 뮌헨대학의 Schaefer교수에 따르면, Wolter교수의 선택초안(AE-EV) 자체도 독일의 다수 법률가 및 학자들이 반대하여 채택되지 못했다고 한다(정웅석, 수사지휘에 관한 연구, 대명출판사,

동 초안(AE-EV)자체의 원문을 살펴보면, 「초안의 본질적인 특징은 검사의 법적인 수사주재권한을 강조하면서 경찰의 사실적인 주도적 역할을 제한하고 수정하려는 데에 있다. 검사와 경찰의 관계에 있어서의 균형은 기본적으로 변화되어서는 안 되지만, 수사절차에서의 검사의 지도적 역할수행의 부활이라는 의미에서 새롭게 균형을 맞추어 정비되어야 한다. 상이한 행정조직체계를 가지고 있는 검찰과 경찰이라는 두 개의 독립된 기관의 관계를 새롭게 정립함에 있어서, 그간에 경찰 수사활동의 독립성이 증가한 것에는 법률적 측면에서보다는 여러 가지의 사실적인 측면의 상황들과 발전들의 상호작용이 오히려 더 중요한 역할을 하였다는 것을 간과하지 않았다. 이러한 상황들로는 경찰이 인적·범죄 수사학적·기술적 그리고 공학적으로 개선된 점, 수사를 위한 인적·물적 자원의 투입이나 어디에 수사활동의 중점을 설정할 것인가가 검사가 아닌 경찰에 의해 결정된다는 점, 경찰이 검찰과는 달리 전자적 정보처리장치(컴퓨터)에 의한 광범위한 자료들을 가지고 있으며(다양한 항목들의 Inpol-System), 이 자료들로 인하여 검사에 비해 현저한 정보우위를 가능하게 하는 점, 또한 경찰은 검찰과는 달리 국제적인 영역에서도 광범위한 정보자료와 정보시스템(인터폴, 유로폴, Schengener정보시스템)[215]을 사용할 수 있는 점, 그리고 거의 대부분의 수사가 경찰에 행해지는 신고에 의해 개시되는바 이에 따라 "초동수사"라는 규정에 양적으로 현저한 비중이 부여되게 된 점 등을 들 수 있다. 따라서 이러한 전개과정을 수정하는 것은 법집행이라는 실무적인 측면에서 접근하여야 할 것이며 법률적인 원칙의 측면에서 접근할 것은 아니다」라고 언급하면서, 「시안 준비모임의 생각으로는 검사로 하여금 경찰이 가지고 있는 개인관련 자료와 전자적 정보처리장치 내의 자료들에 대하여 접근하는 문제가 형사소추의 목적에 기여하는 한 특별한 의미를 가진다고 생각하였다. 현재에는 검사가 경찰의 자료들에 접근할 수 없고 협소한 범위에서 자신이 수집한 자료들을 이용할 수 있을 뿐이기 때문에 검사는 전자적 정보처리장치에 근거한 혐의발견에 관하여 주도권에서 배제되어 있다(Lilie, ZStW 106(1994), 634 참조). 검사는 경찰이 피의자에 대하여 부여한 혐의가 어떤 자료를 근거로 한 것인지를 통제할 수 없으며, 경찰에 의해 피의자로 지정되지 않은 다른 사람에게도 혐의가 부여되지 않았었는지 등에 대하여 통제할 수 없다. 또한 검사는 경찰의 자료들에 접근할 수 없는 결과, 기본권과 관련이 있는 일정한 수사처분(내지는 이러한 처분의 청구나 이러한 처분에 대한 승인)을 명함에 있어서 그 처분명령의 조건이 존재하는지 특히 그 필요성이 있는지 여부를 독자적으로 자신의 책임하에 판단할 수 있는 상황에 있지 않다(Lilie, ZStW 106(1994), 639f; Roxin, DRiZ(1997), 120 참조). 또한 비밀수사요원 처분과 관련하여 항상 검토하여야 하는 문제, 즉 "사실관계의 수사가 … 다른 방법에 의하는 경우에는 실효성이 극히 낮거나 매우 어렵게 될 때(형사소송법 제98조의a 제1항 제2문)"에 해당하는지는 다른 대체적인 수사방

106면 이하 참조).

215) 이에 관한 상세한 논의에 대해서는 Riegel, in Erbs/Kohlhaas, Strafrechtliche Nebengesetze, BKAG, § 1 Anm. Ⅲ 2 b 참조.

법이 알려져 있고 개별적인 수사처분의 효율성을 평가할 수 있는 경우에만 판단할 수 있다. 형사소송법 제492조 이하의 규정에 의한 검찰의 사건자료시스템은 이러한 사건들에 있어서는 모든 경우 수사절차의 주재자로서의 역할을 수행하기 위하여 경찰의 협조에 의존할 수밖에 없다. 따라서 검사에게 경찰의 전자적 정보처리장치에 저장된 자료들에 접근할 수 있는 독자적인 권리를 인정하는 것이 법치국가적 근거에서 볼 때 중요하며 필요하다. 그리하여 제4항 제1문은 경찰이 가지고 있는 개인과 관련된 자료와 전자적 정보처리장치 내지 자료들에 대한 검사의 독자적인 접근권한을 규정하고 있다. 경찰의 자료들에 있는 정보는 범죄발생 후의 사후진압적인 형사소추와 형사소추의 준비를 위한 정보(시안 제150조)뿐만 아니라 예방적 위험방지나 범죄예방이라는 의미에서의 범죄에 대한 사전예방적인 투쟁을 위한 정보들을 포함하고 있는 반면, 검사의 임무는 이미 밝혀진 범죄행위에 대한 소추와 장래에 일어날 또는 아직 밝혀지지 않은 범죄행위에 대한 소추의 준비에 제한되므로, 법문에 어떤 범주의 정보들에 대하여 검사가 접근할 수 있는가에 대하여 명확하게 규정해야만 한다. 그렇기 때문에 제4항 제2문은 형사절차와 관련하여 경찰에 의해 획득된 개인과 관련된 자료(사후진압적 자료)와 경찰이 장래의 형사소추를 목적으로 보관한 자료(준비적 자료)에 대한 검사의 접근을 허용할 것을 제안하고 있다. 이 두 범주의 정보들은 그 성질상 범죄행위에 대한 소추와 관련이 있는 자료들이다(Lilie, ZStW 106(1994), 634ff; Siebrecht, Rasterfahndung, 1997, 164ff). 이러한 자료들을 순수하게 예방적인 경찰의 자료와 구분하는 것은 어느 정도 기술적인 비용이 소요될 것이다(Ringwald, ZRP, 1988, 183 참조). 그러나 법적인 관점에서는 이에 대해 심각한 장애가 존재하지 않는다. 경찰의 예방적 자료와 이러한 자료들을 형사소추의 목적으로 이용하는 권한에 관하여는 시안 제163조의g가 적용된다(시한 제161조 제2항)」고 보고 있는데, 결론적으로 「수사절차에서의 경찰의 개별적인 권한을 강화하는 것은 초안의 기본입장에 배치되는 것이며 초안의 기본입장은 경찰의 권한을 제한하고 경찰의 권한에 강한 통제를 두는 것을 목적으로 하고 있다. 다만 경찰측에서 자주 표명한 것으로, "검찰의 보조공무원(Hilfsbeamten der Staatsanwaltschaft(법원조직법 제152조)"이라는 용어가 여러 가지 면에서 차별적인 인상을 주므로 이 용어를 없애야 한다는 의견은 받아들여야 할 것이다. 그래서 초안에서는 "수사공무원(Ermittlungsbeamten)"이라는 중립적으로 적정한 개념을 선택할 것을 제안하였다」는 입장이다. 따라서 선택초안이 경찰의 독자적인 수사권을 인정한 것이라고 해석하는 것은 잘못된 것이다.[216]

덧붙여 Wolter교수는 경찰의 임무는 미래 범죄를 예방하는 것과 이미 발생한 범죄를 추적하는 두 가지로 분류될 수 있고, 두 번째 기능은 검사의 보조자로서 하는 것이므로, 경찰 전산망에 검사가 기술적으로 들어갈 수는 없게 되어 있지만 검사의 수사지휘권에 기초하여 경찰 정보에 접근할 수 있는 것이고, 더욱이 검사가 수사주재자이므로, 경

---

216) Arbeitskreis deutscher, österreichischer und schweizerischer, a.a.O., S.120.

찰의 자료를 변경하지 않는다는 전제하에 반드시 경찰 정보자료에 대한 접근권이 있어야 한다고 주장하면서,[217] 선택 초안은 검사가 수사의 주재자로서 반드시 경찰의 정보에 접근할 수 있어야 한다는 점을 명시하고 있고, 또 검찰의 지휘하에 경찰이 독자적인 수사영역을 가지도록 규정하고 있는데, 이는 경미한 범죄에 대해 경찰이 독자적으로 수사하고 검찰이 마지막에 결정하고 감찰하는 현실(검사가 다른 결정도 가능)을 반영한 것이라고 한다. 다만 경찰에 독자적인 수사영역을 열어줄 경우 경찰이 사건을 독자적으로 종결해 버릴 위험도 있으나 그런 일이 있어서는 안 된다고 하면서, 독일 경찰은 법적인 교육이 부족하고 법률가가 아니기 때문에 관계자를 소환하여 신문하는 등의 권한을 가지고 있지 않은 바, 경찰이 자기의 권한과 능력을 벗어나는 competence를 추구해서는 절대 안 되며, 검찰은 사법수호자로서의 지위를 반드시 유지해야 한다고 언급하였다.

그리고 2000년 법원조직법 개정 당시 "Hilfsbeamte"의 명칭을 "Ermittlu-ngsperson"으로 변경하게 된 이유는 존중의 의미(경찰에 대한 예우)를 담으려고 한 것일 뿐 검사와 경찰의 관계가 변경된 것은 전혀 없으며, 현행 형사소송법 제163조 제1항 제2문에 경찰의 임무가 추가된 이유도, 종래 의무 형태로 규정되어 있던 부분을 권한 (general competence) 형태로 규정한 것일 뿐이며, 선택초안도 이를 권한을 가지는 형태로 규정하고 있는데 그렇다고 하더라도 경찰 수사는 항상 검찰의 통제하에 놓이는 것이며, 경찰을 독자적 수사주체로 인정한 것은 아니라는 것이다.

동초안(AE-EV)도 「시안 준비모임의 생각으로는 검사로 하여금 경찰이 가지고 있는 개인관련 자료와 전자적 정보처리장치 내의 자료들에 대하여 접근하는 문제가 형사소추의 목적에 기여하는 한 특별한 의미를 가진다고 생각하였다. 현재에는 검사가 경찰의 자료들에 접근할 수 없고 협소한 범위에서 자신이 수집한 자료들을 이용할 수 있을 뿐이기 때문에 검사는 전자적 정보처리장치에 근거한 혐의발견에 관하여 주도권에서 배제되어 있다(Lilie, ZStW 106(1994), 634 참조). 검사는 경찰이 피의자에 대하여 부여한 혐의가 어떤 자료를 근거로 한 것인지를 통제할 수 없으며, 경찰에 의해 피의자로 지정되지 않은 다른 사람에게도 혐의가 부여되지 않았었는지 등에 대하여 통제할 수 없다. 또한 검사는 경찰의 자료들에 접근할 수 없는 결과, 기본권과 관련이 있는 일정한 수사처분(내지는 이러한 처분의 청구나 이러한 처분에 대한 승인)을 명함에 있어서 그 처분명령의

---

217) 독일 학자들 사이에서도 경찰 전산자료를 치안예방적 자료와 형사소추절차자료로 나누어 형사소추적 자료에만 검찰의 접근권을 인정하자는 견해(Schaler, Zur Entwicklung des Verhältnisses Staatsanwaltschaft-Polizei, FS-Hanack, 1999, S.191ff.)가 있는 반면, 현대사회에서 예방적 범죄투쟁활동과 사후진압적인 형사소추활동은 밀접불가분의 관계에 있으므로 이를 구분하지 말고 검찰이 이 자료에 접근할 수 있어야 한다는 견해(Lilie, Das Verhältnis von Polizei und Staatsanwaltschaft im Ermittlungsverfaren, ZStW 106, 1994, S.625ff.)도 있다.

조건이 존재하는지 특히 그 필요성이 있는지 여부를 독자적으로 자신의 책임하에 판단할 수 있는 상황에 있지 않다(Lilie, ZStW 106 (1994), 639f; Roxin, DRiZ(1997), 120 참조). 또한 비밀수사요원 처분과 관련하여 항상 검토하여야 하는 문제, 즉 "사실관계의 수사가 … 다른 방법에 의하는 경우에는 실효성이 극히 낮거나 매우 어렵게 될 때(형사소송법 제98조의a 제1항 제2문)"에 해당하는지는 다른 대체적인 수사방법이 알려져 있고 개별적인 수사처분의 효율성을 평가할 수 있는 경우에만 판단할 수 있다. 형사소송법 제492조 이하의 규정에 의한 검찰의 사건자료시스템은 이러한 사건들에 있어서는 모든 경우 수사절차의 주재자로서의 역할을 수행하기 위하여 경찰의 협조에 의존할 수밖에 없다. 따라서 검사에게 경찰의 전자적 정보처리장치에 저장된 자료들에 접근할 수 있는 독자적인 권리를 인정하는 것이 법치국가적 근거에서 볼 때 중요하며 필요하다. 그리하여 제4항 제1문은 경찰이 가지고 있는 개인과 관련된 자료와 전자적 정보처리장치 내지 자료들에 대한 검사의 독자적인 접근권한을 규정하고 있다. 경찰의 자료들에 있는 정보는 범죄발생 후의 사후진압적인 형사소추와 형사소추의 준비를 위한 정보(시안 제150조)뿐만 아니라 예방적 위험방지나 범죄예방이라는 의미에서의 범죄에 대한 사전예방적인 투쟁을 위한 정보들을 포함하고 있는 반면, 검사의 임무는 이미 밝혀진 범죄행위에 대한 소추와 장래에 일어날 또는 아직 밝혀지지 않은 범죄행위에 대한 소추의 준비에 제한되므로, 법문에 어떤 범주의 정보들에 대하여 검사가 접근할 수 있는가에 대하여 명확하게 규정해야만 한다. 그렇기 때문에 제4항 제2문은 형사절차와 관련하여 경찰에 의해 획득된 개인과 관련된 자료(사후진압적 자료)와 경찰이 장래의 형사소추를 목적으로 보관한 자료(준비적 자료)에 대한 검사의 접근을 허용할 것을 제안하고 있다. 이 두 범주의 정보들은 그 성질상 범죄행위에 대한 소추와 관련이 있는 자료들이다(Lilie, ZStW 106(1994), 634ff; Siebrecht, Rasterfahndung, 1997, 164ff). 이러한 자료들을 순수하게 예방적인 경찰의 자료와 구분하는 것은 어느 정도 기술적인 비용이 소요될 것이다(Ringwald, ZRP, 1988, 183 참조). 그러나 법적인 관점에서는 이에 대해 심각한 장애가 존재하지 않는다. 경찰의 예방적 자료와 이러한 자료들을 형사소추의 목적으로 이용하는 권한에 관하여는 시안 제163조의g가 적용된다(또한 시안 제161조 제2항 참조)」고 하면서 결론적으로 「수사절차에서의 경찰의 개별적인 권한을 강화하는 것은 초안의 기본입장에 배치되는 것이며 초안의 기본입장은 경찰의 권한을 제한하고 경찰의 권한에 강한 통제를 두는 것을 목적으로 하고 있다. 다만 경찰측에서 자주 표명한 것으로, "검찰의 보조공무원(Hilfsbeamten der Staatsanwaltschaft(법원조직법 제152조)"이라는 용어가 여러 가지 면에서 차별적인 인상을 주므로 이 용어를 없애야 한다는 의견은 받아들여야 할 것이다. 그래서 초안에서는 "수사공무원(Ermittlungsbeamten)"이라는 중립적으로 적정한 개념을 선택할 것을 제안하였다」고 언급하고 있다.

【표 2-7】 수사권 규정과 관련된 입법권고안/예비초안(1978)/선택초안(2001) 비교[218]

수사권 규정		당시 현행	입법권고안 (1975)	예비초안 (1978)	대안적 초안 (2001)
직접수사권		○	○	○	○
수사 지휘	위임권	○	○	○	○
	위임대상	경찰관청 경찰공무원	원칙: 경찰관청 예외: 특정 경찰공무원 – 경찰의 존중 의무 경찰관청이 지정하는 경우 특정 경찰공무원에 직접지시	원칙: 경찰관청 예외: 지체의 위험이 있는 경우 특정 경찰공무원에 직접지시 특정 경찰공무원이 사건담당하는 경우 직접지시	경찰관청 경찰공무원
	이행의무	○	○	○	○
수사 인수		항시가능	항시 가능	항시 가능	항시 가능
경찰의 수사권	인정여부	○	○	○	○
	개 시	범죄 인지시 수사 개시	범죄 인지시 수사 개시	범죄 인지시 수사 개시	범죄 인지시 수사 개시
	보고의무	즉시보고	해결이 어려운 사건 검찰 요구시	특별히 중요한 사건인 경우	즉시 보고
송치의무		수사 종료시 검찰 요구시	수사 종료시 검찰 요구시 검찰 영역의 수사 해결이 어려운 사건 인지 후 10주가 경과한 사건	수사 종료시 검찰 요구시 해결이 어려운 사건 인지 후 10주가 경과한 사건	수사 종료시 검찰 요구시
수사 종결권		검 찰	검 찰	검 찰	검 찰
수사의 주재자 지위		검 찰	검 찰	검 찰	검 찰

---

218) 차종진·이경렬, 「1970년대 독일의 수사권 조정 논의와 시사점」, 형사법의 신동향 통권 제60호 (2018. 9.), 대검찰청 미래기획단, 60면.

위의 입법권고안(1975), 예비초안(1978), 선택초안(2001) 모두 검찰과 경찰의 관계
설정에 있어서 '수사절차의 주재자'로서 검찰의 지위를 박탈하거나 약화하려는 시도는
어디에도 보이지 않는다는 점이다.219) 더욱이 실질적으로 수사를 담당하고 있는 경찰에
게 수사종결권을 부여하고자 하는 시도 역시 적어도 어떤 개정안에서도 찾아볼 수 없다
는 점이다.220)

다만,【표 2-7】의 수사의 위임과 관련하여, 검찰이 경찰에 수사를 요청 내지 위임
할 수 있는 권한을 명시적으로 두고 있지만, 위임의 대상에서는 차이를 보이고 있다.
즉, 종전에는 검찰이 특정 수사관에게 직접적인 수사지시를 할 수 있었던 반면, 1975년
의 입법권고안과 1978년의 예비초안에서는 원칙적으로 경찰관청에 요청하고, 예외적인
경우에만 특정 경찰공무원에 대한 개별적 직접지시를 규정하고 있다. 입법권고안(1975)
에서는 검찰의 경찰공무원에 대한 직접지시의 의사 표명을 한 경우 경찰에게 이를 존중
할 의무만을 규정하고 있으며, 예비초안(1978)에서는 지체의 위험이 있는 경우로 한정하
여 직접지시를 허용하고 있다.221) 양 제언 모두 경찰관청에 의하여 특정 경찰공무원이
개별 사건을 담당하고 있는 상황에서는 검찰의 직접지시를 허용하고 있는데, 이는 특정
경찰공무원이 개별 사건에서 이미 경찰관청에 의하여 지정되어 수사를 담당하고 있는
경우라면 검찰의 직접지시를 용인한다는 것으로 해석할 수 있는 것이다.222)

이렇게 규정한 이유는 경찰이 예방적 관점에서는 내무부장관 휘하에, 검찰의 수사
공무원의 지위에서는 법무부장관의 예하에 있다는 명령하달 체계(이중적 명령체계)의 혼
선을 어느 정도 일원화시키려는 시도로 보인다. 즉, 신속성 또는 내밀성이 요구되는 수
사에서 매번 경찰관청을 통한 지시는 자칫 비효율성을 야기할 수 있으므로, 일단 구체
적 사건의 담당 경찰공무원이 정해지는 경우에는 직접 지휘할 수 있도록 규정한 것이다.
이는 후술하는 2017년 개정 형사소송법(StPO) 제163조 제3항223)이 '검사의 위임(Auftrag)
에 근거한 경우' 증인·참고인에게 검사의 수사요원(Ermittlungsperson)의 소환에 응하고
사안에 대해 진술할 의무를 도입한 사실로 더 명확해졌다고 할 것이다.

결국 검사의 주된 임무는 검사가 경찰에 대한 법치국가적 통제로 기능하는데 있는
것으로, 이러한 의미에서 검사는 국가권력을 행사하기 위한 수단이 아니라 국가권력으로

---

219) 이완규, 검찰제도와 검사의 지위, 성민기업, 2005, 348면.
220) 차종진·이경렬, 앞의 논문, 61면.
221) 위의 표 1. 입법권고안 제9항 및 표 2. 예비초안 제161조 제2항 참조.
222) 차종진·이경렬, 앞의 논문, 61면.
223) StPO 제163조(수사절차에서 경찰의 임무) (3) 증인은 검사의 수사요원의 출석요구가 검찰의
    위임에 근거하는 경우에 그 출석요구에 따라 검사의 수사요원에게 출석하여 사안에 관하여 진
    술할 의무가 있다. 달리 정한 바가 없는 한, 제1편 제6장의 규정을 준용한다. 선서에 의한 신
    문은 법원에 유보되어 있다.

부터 국민의 자유를 보장하기 위한 제도로 등장한 것이며, 따라서 정의에 대한 국가의 의지를 상징하는 법치국가원리의 대변인(Vertreter des rechtsstaatlichen Prinzips)[224] 또는 법률 감시인(Wächter des Gesetzes)[225]으로 기능하는 것이고, 이는 사법경찰에 대한 수사 지휘를 통해서 실현되는 것이다.[226] 독일에서 "세상에서 가장 객관적인 기관"(Staatsanwaltschaft als "objektivste Behörde der Welt")[227]으로서의 검찰을 논하는 이유도 여기에 있으며, 객관적 요청의 법률적 근거규정으로 법원조직법 제150조[228] 및 형사소송법 제160조 제1항의 "실체적 진실발견의 의무"와 제2항의 "불리한 사정뿐만 아니라 유리한 사정도…" 규정[229]을 들고 있다.[230]

　　문제는 독일에서 왜 이러한 입법례를 취하고 있는가이다. 그 이유에 대하여 1994. 11. 4. Trier대학에서 개최된 '형사소송법상 검찰과 경찰의 관계에 대한 국제 심포지움'

---

224) Eb. Schmidt, "Die Rechtsstellung der Staatsanwälte", DRiZ 57, S.278.

225) Eb. Schmidt, Einfürung in die Geschichte der deutschen Strafrechtspflege, 3. Aufl. 1965, S.330f.; auch Schlüter, Das Strafverfahren, 2. Aufl. 1983, Rn 61.3("Bindung an Wahrheit und Gerechtigkeit").

226) 사법경찰이 수사하여 송치하는 사건은 연간 150만 건(전체 사건의 98%)인데, 그중 경찰이 혐의 있다고 판단하여 독자적으로 수사 개시·진행하였으나, 검찰에서 무혐의 처분된 사건이 2011년에 10만 명에 해당한 반면, 2015년에는 15만 명으로, 50%나 증가하여 '죄 없는 국민'에 대한 경찰 수사가 계속 증가하는 추세에 있다.

227) Franz von Liszt, DJZ 1901, 179, 180.

228) 법원조직법(GVG) § 150 GVG: „Die Staatsanwaltschaft ist in ihren amtlichen Verrichtungen von den Gerichten unabhägig."(검찰은 공적 업무상 법원으로부터 독립해 있다).

229) 독일형사소송법(StPO) § 160 Abs. 1 und 2 StPO: Abs. 1(Pflicht zur Ermittlung der materiellen Wahrheit) und Abs. 2(nicht nur die zur Belastung, sondern auch die zur Entlastung dienenden Umstäde…).

230) Friedrich Carl v. Savigny, Promemoria die Revision des Strafprozesses betreffend, 1846, gemeinsam mit v. Uhden(Die Staatsanwaltschaft soll „ls Wähter des Gesetzes befugt sein, bei dem Verfahren gegen den Angeklagten von Anfang an dahin zu wirken, dass üerall dem Gesetz Genüe geschehe… Der Staatsanwalt ist eben so sehr zum Schutze des Angeklagten als zu einem Auftreten wider denselben verpflichtet… Die Einlegung von Rechtsmitteln ist nur eine der dem Staatsanwalte obliegenden Funktionen… <u>Seine Wirksamkeit als Wähter der Gesetze hat nicht erst mit der Uerweisung eines Angeklagten an die Gerichte, sondern schon bei den vorbereitenden Operationen der Polizeibehöde einzusetzen.</u>"; 검찰은 "법률의 감시자로서 절차에서 피고인에 대하여 처음부터 어디든 법률에 충만하도록 작용하는 권한을 가져야 한다… 검사는 피고인에 맞서야 하는 의무도 있지만, 피고인을 보호해야 하는 의무도 가진다.,, 상소제기는 검사에게 의무로서 주어진 기능 중 하나이다… <u>법률감시자로서 검찰의 작용은 피고인을 법원에 송치함으로써 시작되는 것이 아니라 이미 경찰기관의 준비활동에서부터 시작되어야 한다</u>").

에서, 크라이(Krey)교수는 "검사의 절차적 주재성이 없으면 위험예방 업무영역과 범죄수사 업무영역을 모두 갖는 경찰은 법치국가적으로 허용할 수 없는 거대권력(Übergewalt)이 될 것이다. 형사소송에 있어 경찰, 검찰, 법원간의 권력적 균형은 현실에 있어 권력 분권의 가장 중요한 부분이라 할 수 있다. 검찰의 권한을 약화시키고 대신에 경찰의 권한을 강화함으로써 이 균형성을 흔들려고 하는 사람은 일반적으로는 법치국가성에 대해, 그리고 특히 시민의 기본권 보호에 있어 적절하지 않은 생각을 하는 것이다"라고 결론을 내린바 있다.[231]

또 하나 주목해야 할 점은 초동수사시에 경찰의 보고의무에 어느 정도 차이가 나타난다는 점이다.[232] 종전 형사소송법에서 경찰이 범죄를 인식하고 수사를 개시한 경우 검찰에 대한 즉각적인 보고의무를 규정한 반면, 입법권고안(1975)와 예비초안(1978)에서는 일반적 보고의무를 삭제하고 해당 사건이 난해하거나 중대한 경우와 검찰의 요구가 있는 등 예외적인 경우에만 보고의무를 인정하고 있다.[233] 이에 따르면 경찰이 수사를 개시하고 위의 예외적인 상황에 해당하지 않는다면 검찰보고 없이 수사를 자율적으로 종료시까지 진행하고, 종료한 후 검찰에 송치할 수 있을 것이다. 이는 후술하는 것처럼, 많은 사건에서 검찰이 종료 후 검찰 송치에서 사건을 인지한다는 현실을 어느 정도 반영하여, 입법권고안(1975년)과 예비초안(1978년)은 이러한 규범에 합치하지 않는 수사 실무에 법적 근거를 부여하고자 하는 것으로 해석된다. 이에 따르면, 경찰은 초동수사를 개시하고 예외적인 상황을 제외하고는 합법적 근거를 가지고 종료시까지 수사 활동을 수행할 수 있게 되는 것이다.

결론적으로 입법권고안(1975년)과 예비초안(1978년) 그리고 선택초안(2001년)에 따르면, 경찰이 초동수사를 개시하고 일정 범위에서 수사 종료시까지 검찰의 지휘 없이 독자적인 수사를 할 수 있는 법적 근거가 확보된 것은 사실이다.[234] 하지만 이것이 종전의 수사절차와 비교하여 검찰의 지휘권 약화를 초래했는지의 여부는 의문이다. 모든 안에서 검찰은 여전히 언제든 사건을 인수할 수 있고, 검찰이 요구하는 경우 경찰은 사건의 종류를 불문하고 보고 내지 송치해야 할 의무를 부담하고 있으며, 경찰이 검찰의 지시에 복종할 의무를 명시적으로 적시하고 있고, 나아가 범죄인지 후 10주가 경과한 사건에 대하여 검찰 송치의무를 규정하고 있기 때문이다.[235] 따라서 독일의 수사권 조정 논쟁은 경찰의 '독자적 수사권' 확보라는 목적을 지향했다기보다는 종전에 이어져 오던

231) Juristen Zeitung, Tagungsbericht(1995. 10.), S.503.
232) 차종진·이경렬, 앞의 논문, 62면.
233) 위의 표 1. 입법권고안 제3항과 제4항 및 표 2. 예비초안 제163조 참조.
234) 위의 표 1. 입법권고안 제3항 및 표 2. 예비초안 제163조 참조.
235) 위의 표 1. 입법권고안 제7항 및 표 2. 예비초안 제163a조 참조.

경찰의 수사 실무에 대한 법적 근거를 마련함으로써 규범합치적 수사의 가능성을 넓혀 준 것으로 판단된다. 나아가 경찰의 자율적 수사권의 내용과 범위를 더욱 명확히 하는 것에 비례하여 검찰의 수사지휘권 행사범위도 명확해지는 만큼, 이에 대한 실질적 통제 가능성의 확대를 꾀한 것이라 할 것이다.

4. 경찰(검사의 보조관 포함)의 권한과 의무

(1) 경찰의 권한

가. 초동수사권(Rechtt zum ersten Zugriff)

형사소송법(StPO) 제163조 제1항은 「경찰임무를 담당하는 관청 및 공무원(Die Behörden und Beamten des Polizeidienstes)은 범죄행위를 수사하고 사건의 증거인멸을 방지하기 위하여 지체할 수 없는 모든 조치를 수행하여야 한다」라고 하여 소위 검사의 지휘를 받는 사법경찰뿐만 아니라 행정경찰을 포함한 경찰임무를 담당하는 모든 관청과 공무원의 초동수사권을 규정하고 있다. 따라서 모든 경찰공무원은 검찰의 보조관의 자격 여부에 상관없이 초동수사를 할 수 있으며, 최근에는 이 초동수사권으로 할 수 있는 수 사활동에 관한 범위를 명확히 하기 위하여 2000년도 형사소송법 개정시 종래 학계에서 해석론으로 인정되던 임의수사활동, 즉 모든 관청에의 사실조회의뢰권(긴급한 경우는 요 청권)과 다른 법률에 그 권한을 달리 정함이 없는 한 모든 종류의 수사활동을 할 수 있 다는 문장이 부가되었다. 이처럼 독일 형사소송법이 2000년도에 개정되어 제2문이 추가 된 것은 사실이지만,[236] 그것은 종래의 초동수사권 규정이 초동수사를 할 의무만 규정 하고 있을 뿐 초동수사로서 어떠한 행위를 할 수 있는지에 대한 권한규정이 없어서 논 란이 있었으므로 종래 해석상 인정되어 오던 것을 입법적으로 규정한 것에 불과할 뿐이 다. 즉, 경찰의 초동개입권을 규정하고 있는 형사소송법 제163조는 경찰에게 검사로부터 독립하여 수사에 착수하고 진행할 청구권을 부여하는 것이 아니다. 검사는 경찰의 수사 결과의 송치를 기다릴 필요없이 언제든지 당해 사건에 대한 진행상황을 통지해 줄 것을 경찰에 요청할 수 있고, 필요한 경우에는 당해 사건의 처리에 관한 지시를 발해야 한

---

236) 독일 형사소송법 제163조(경찰의 임무) ① 경찰관청과 경찰공무원은 범죄행위를 조사하여야 하 며, 사건의 증거인멸을 방지하기 위하여 지체해서는 안 될 모든 조치를 하여야 한다. **이 목적 을 위해 경찰관청 및 경찰공무원은 다른 법률에 그 권한을 달리 규정하고 있는 않는 한 모든 관청에 사실관계를 조회할 수 있으며, 급박한 경우는 조회결과를 요구할 수 있고 모든 종류의 수사행위를 할 수 있다**(alle Behörden um Auskunft zu ersuchen, bei Gefahr im Verzug auch, die Auskunft zu verlangen, sowie Ermittlungen jeder Art vorzunehmen, soweit nicht andere gesetzliche Vorschriften ihre Befugnisse anders regeln). ② 경찰관청과 경찰공무원은 모든 수사결과물을 지체없이 검사에게 송부하여야 한다. 판사의 신 속한 조사행위가 필요하다고 인정하는 때에는 모든 수사자료를 직접 구법원에 이송할 수 있다.

다.[237] 또한 비록 검사가 문제되는 사건에 대한 수사를 형사소송법 제163조에 따라 경찰에게 위임하는 경우에도 검사는 경찰에 대하여 피의자신문, 참고인조사 등과 같은 특정한 수사방법을 활용하지 못하도록 할 수 있고 검사의 동의를 받도록 할 수도 있다.

그런데 초동수사권은 범죄예방적 업무라는 경찰업무와 발생한 범죄의 수사라는 사법적 업무의 한계에 대하여 범죄대처에 있어서의 효율성을 기하기 위하여 예방적 업무를 수행하는 경찰적 기관에 초동적 조치를 할 권한을 부여한 것이므로 초동적 조치를 한 후에는 그 수사가 검사의 지휘권 안으로 들어와 검사의 지시대상이 됨은 물론이다. 즉, 경찰의 위험예방활동과 범죄행위의 소추가 '현장'에서 같이 이루어져야 하는 경우가 많기 때문에 초동수사는 경찰이 할 수 있게 하되, 초동수사 이후는 수사의 본래 담당자인 '사법'(Justiz)기관이 해야 한다는 원리에 입각하고 있는 것이다.[238] 따라서 초동수사권에 의한 수사라고 하여 검사의 통제를 전혀 받지 않는 경찰의 독자적 수사영역이라고 주장하는 것은 잘못된 것으로, 검사의 수사주재자로서의 지위를 규정한 제160조, 검사의 수사를 규정한 제161조와 경찰의 초동수사를 규정한 제163조의 관계에 관한 독일문언의 원문을 번역하면 다음과 같다.

> 「먼저 수사의 개시여부에 대하여는 원칙적으로 검사가 결정을 하여야 한다. 다만 제163조에 의하여 경찰적 관청이 초동적 수사를 개시할 수 있는데, 이에 근거하여 (검사의 승인없이) 일정한 사람에 대하여 피의자로서 소송법적인 외적 조치를 행하였다면(피의자신문, 참고인신문, 압수수색, 체포 등) 검사는 수사절차의 단일성과 불가분성으로 인하여 관련자의 이익을 고려하여 경찰에 의해 개시된 수사절차를 스스로 개시한 수사절차와 마찬가지로 취급하여야 한다(따라서 **경찰적 수사절차는 존재하지 않는다**). 검사는 수사절차에 대하여 책임을 지며 따라서 경찰수사를 지도하고 감독할 권한을 가질 뿐만 아니라 의무를 진다.[239] (사법)경찰은 제163조의 영역에 있

---

237) LR-Rieß, §163 Rn. 8.

238) 경찰대 출신인 동국대 임준태 교수는 비교수사제도론 319면에서 독일 형사소송법 제163조 제1항이 겸찰의 범죄(초동)수사권과 긴급수사권을 병렬적으로 보장하고 있다고 하면서, 이를 근거로 수사개시와 수사진행에 대한 일반적인 권리를 경찰에게 보장하고 있다고 서술하고 있으나, 초동수사권 내지 긴급수사권을 인정하는 것과 일반적인 (독자적인)수사권을 인정하는 것은 차원이 다른 문제이다.

239) Wache, StPO-Karlsruher Kommentar, C. H. Beck, 2003, § 163 Rn.2(Über die Einleit-ung eines Ermittlungsverfahrens entscheidet grundsätzlich die StA. Hat die Polizei ind-essen (ohne abstimmung mit der StA) nach §163 bereits strafprozessuale Massnahme mit aussenwirkung gegen eine bestimmte Person als Beschuldigten getroffen (Beschu-ldigte-oder Zeugenvernehmung, Durchsuchung, vorl. Festnahme ua.), so hat auch die StA wegen der Einheit und nteilbarkeit des ermittlungsverfahrens(**es gibt kein polizeiliches Vorverfahren!**) und mit Rücksicht auf die Interessen des Betroffenen das

어서도 검사의 수사기관이며 그 활동도 검사의 직접수사활동과 마찬가지로 검사에게 부과되어 있는 공소제기여부의 결정을 위한 준비로서의 검사의 수사활동을 위한 것이다. 따라서 검사는 경찰이 제163조에 의하여 스스로 활동을 한 경우에도 경찰수사에 대한 사법형성적 사건지휘를 할 권한을 가지며 의무를 진다. 따라서 경찰 수사에 대하여 항상 살피고, 때로는 적절한 지시를 하여 수사가 법적으로 문제 없고 사안에 적절하게 행해지도록 보장하여야 한다.[240] <u>이러한 통제와 지휘권한에 의하여 검사는 언제든지 제163조 제1항에 의한 경찰의 초동수사활동에 대하여도 개별적 지시를 하여 개입할 수도 있고 그 사건을 검사에게 보내게 하여 직접 수사할 수도 있다</u>.[241]

결국 제163조 제1항이 경찰의 초동수사권(Recht und Pflicht des ersten Zugriff der Polizei)을 규정하고 있으므로, 모든 경찰공무원은 검찰의 보조공무원의 자격여부에 상관없이 초동수사를 할 수 있지만, 그 수사활동의 범위는 초동수사에 그치며, 그 수사활동도 또한 개시되면 검사의 통제와 지휘의 범위안에 들어오는 것이다. 따라서 초동수사 후 경찰은 지체없이 검사에게 수사결과를 송부해야 하며(StPO 제163조 제2항), 검사는 이러한 초동수사 이후의 수사를 직접 할 수도 있고 검찰의 보조공무원인 경찰로 하여금 하게 할 수도 있는 것이다. 따라서 독일 형사소송법상의 이러한 초동수사권 규정을 근거로 경찰에게 독자적인 일차의 수사권을 보장하고 있다고 보는 견해[242]는 독일 형사소송법 해석의 일반적인 이론이 아니다.

나. 일시체포권(Das Recht zur vorläufigen Festnahme)

어떤 자가 현행범으로 체포되었거나 추적을 받는 경우에 도주의 우려가 있거나 그 자의 신원이 즉시 확인될 수 없는 때에는 누구든지 그를 판사의 영장없이 체포할 수 있으며(StPO 제127조 제1항), 긴급한 경우이고 또한 구속요건 또는 시설수용명령의 요건이 존재할 경우에는 검사 및 경찰공무원은 일시 체포할 권한이 있다(동조 제2항).

---

von der Polizei eingeleitete ermittlungsverfahren als solches zu behandeln).

240) Wache, a.a.O., § 163 Rn.2(Die (Kriminal) Polizei ist auch im Rahmen des §163 Ermittlungsorgan der StA; ihre Tätigkeit dient ebenso wie die eigene Ermittlung-stätigkeit der StA der Vorberitung der der StA obliegenden Entscheidung darüber, ob die öffentliche Klage zu erheben oder das Verfahren einzustellen ist).

241) Wache, a.a.O., § 163 Rn.3(<u>In Ausübung ihrer Kontrollund Leitungsbefugnis kann die StA sich jederzeit in die Tätigkeit der Polizei nach §163 Abs.1, durch einzelne Anordnungen einschaten oder das Ermittlungsverfahren an sich ziehen</u>).

242) 손동권, 「수사독립권, 경찰에게 보장하여야 한다」, 시민과 변호사(1994.11), 204면.

다. 신원확인권(Das Recht zur Identitätsfeststellung)

어떤 자에게 범죄의 혐의가 있는 때에는 검사 및 경찰임무를 담당하는 공무원은 그의 신원을 확인하기 위하여 필요한 조치를 할 수 있다. 혐의자에 대하여 신원을 확인할 수 없거나 이것이 현저히 어려운 경우 일시 구속하거나 감식조치를 취할 수 있으며 그가 소지한 물건에 한하여 수색할 수 있다(StPO 제163조의b 제1항). 범죄해결을 위하여 필요한 경우에는 범죄혐의가 없는 자의 신원도 확인할 수 있다. 또한 사건의 중요성과 관계있는 경우에는 유치할 수도 있다(동조 제2항). 여기서 '사건의 중요성과 관계있는 경우'란 중대한 사건과 관련있는 참고인을 의미한다. 예컨대 중대한 교통사고가 아닌 경우 이를 목격한 참고인의 신원확인이 불가능하다고하여 이를 이유로 유치할 수는 없는 것이다.[243]

그러나 위와 같은 신원확인을 위한 유치는 그 목적을 위하여 불가피한 기간동안만 지속되며 유치된 피의자는 구속행위의 승인 및 그 계속 여부에 대한 판단을 위하여 구법원판사에게 즉시 인치되어야 한다. 그러나 판사의 결정을 기다리는 시간이 신원을 확인하는 시간보다 장기간이 될 것으로 예상되는 경우에는 즉시 인치할 필요가 없다. 다만 어떠한 경우에도 유치기간은 12시간을 초과할 수 없다(StPO 제163조의c 제1항, 제3항).

라. 감식조치를 취할 권리(Das Recht zur Vornahme erkennungsdienstlicher Maßnahmen)

형사절차 수행을 위하여 또는 감식목적으로 필요한 경우에 한하여 경찰은 사진촬영 또는 지문채취 등 필요한 조치를 피의자의 의사에 반하여 할 수 있다(StPO 제81조의b, 제163조의b 제1항).

(2) 경찰의 의무

가. 검사의 위임 및 요청에 응할 의무

경찰임무를 담당하는 관청 및 공무원은 검사의 요청(Ersuchen) 또는 지시(Weisung) 이행할 의무를 진다(StPO 제161조 제2문). 이 규정은 검사가 자신의 수사를 함에 있어 다른 기관을 통하여 수사를 하고자 할 때 그 요청이나 지시를 받은 기관이 이에 반드시 응하도록 하게 함으로써 검사의 수사활동을 가능하게 하려는 것이다. 특히 모든 수사활동을 검사가 직접 다할 수는 없으므로 검사는 다른 기관, 특히 경찰을 통하여 수사를 할 수밖에 없는바 이러한 검사의 요청에 경찰 등 다른 기관이 응하지 않아도 된다면 검

---

243) Kleinknecht/Meyer-Goßner, Kommentar zu Strafprozeßordnung, 43 Auf., S.619.

사는 기능을 할 수 없을 것이다.

여기서 지시는 사법경찰관의 직을 수행하는 자에 대한 것이고, 요청은 일반적 경찰 관청 및 그 공무원에게 대한 것이지만, 어느 경우든 요청이나 지시에 응하여야 할 의무는 동일하게 적용된다.[244]

나. 사법경찰 등 검사의 수사요원(보조공무원)의 검사의 지시에 대한 복종의무

사법경찰 및 경찰적 업무를 행하는 일반 행정관청의 공무원으로서 검사의 수사요원으로서의 직을 수행하는 자들은 검사의 지시에 대하여 복종하여야 한다(법원조직법 제152조). 이 복종의무는 제161조에 의하여 지시를 받아 수사를 하는 경우이든 제163조에 의하여 스스로 수사를 개시한 경우이든 적용되는 것이며, 검사와 수사를 실행하는 개별 사법경찰관과의 관계에 대한 것이다.

경찰은 위 지시에 대하여 설사 경찰 판단에 의하면 위 지시 등이 불필요하거나 목적에 부합하지 않거나 혹은 오류가 있다고 판단되더라도 이를 수행해야만 한다. 경찰은 또한 검찰에 의해 지시된 수사행위가 검찰 스스로 혹은 다른 조직에 의해 동일하거나 혹은 훨씬 적은 노력으로 수행될 수 있는지 여부를 검토해서도 안 되며 검찰지시의 수행으로 인하여 자신들의 일반 업무가 지장을 받는다는 사실을 주장해서도 안 된다. 그러나 불법적인 지시에 대하여는 복종할 필요가 없다. 다만 이때 지시의 적법성 여부에 대한 판단은 검사가 한다. 따라서 검사에게 지시의 불법성에 대한 견해를 보고한 후에도 검사가 그 지시를 고집할 경우 경찰은 일견 위법한 지시라도 수행할 의무가 있는 것이다.[245]

그러나 경찰이 지시의 수행을 거부할 경우 이를 강제하거나 혹은 사법적 진상규명을 할 권한은 검사에게 없으므로, 감독체계상의 상급관청의 개입으로 해결될 수밖에 없을 것이다. 다만 해당 경찰관이 형법상의 직무상 범인은닉죄에 해당될 경우에는 이를 통한 강제방법으로 해결할 수 있다.

다. 수사사건 송치의무

형사소송법 제163조 제2항은, "경찰관서와 경찰직공무원은 모든 수사내용을 지체 없이 검사에게 송치(Übersendung)하여야 한다. 판사의 신속한 조사행위가 필요하다고 인정하는 때에는 모든 수사자료를 직접 지방법원에 송치할 수 있다."고 명시하고 있다. 이 조항에 대해서는 '**수사절차의 통일성원칙**'(Grundsatz der Einheitlichkeit des Ermittlungsverfahrens)을 규정한 것으로 해석하는 것이 일반적이다.[246]

---

244) Wache, a.a.O., § 161 Rn.28.

245) Löwe‒Rosenberg, die Strafprozeßordnung und das Gerichtsverfassungsgesetz, 24 Aufl., §161 Rn.59, 60.

경찰이 행한 모든 수사내용을 가장 신속한 방식으로 검사에게 송치해야 한다는 경찰의 무제한적인 의무를 규정한 형사소송법 제163조 제2항을 통하여 검사의 임무, 즉 검사가 당해 사건에 대한 광범위한 인식하고 경우에 따라서는 직접 수사에 개입하고 계속적으로 사건처리에 영향을 미칠 수 있도록 해준다. 또한 경찰의 송치의무를 통하여 검사가 모든 고소나 고발 및 경찰이 파악하고 있는 최초의 범죄혐의 사건에 대하여 광범위한 정보를 취득함으로써 형사소송법 제152조 제2항의 기소법정주의를 실천하게 하고, 나아가 형사소송법 제153조 이하 및 제170조에 따른 검사의 수사종결 독점권을 보장한다.[247]

형사소송법 제163조 제2항의 수범자는 형사소송법 제163조 제1항에 따라 혐의사건에 대한 수사를 하는 경찰관서, 경찰공무원 및 이와 동등한 관서들이다. 경찰관서가 형사소송법 제161조에 따라 검사의 요청에 근거하여 수사활동을 하는 경우에는 형사소송법 제163조 제2항 1문을 원용할 필요가 없다. 경찰이 검사의 요청에 근거하여 수사를 하는 경우에는 그 수사내용의 송치의무는 검사의 요청에서 직접 도출되기 때문이다. 또한 경찰이 행정경찰작용, 즉 위험예방 또는 위험방지의 과정에서 획득한 정보는 형사소송법 제163조 제2항의 적용대상이 아니다.

형사소송법 제163조 제2항의 규범목적은 경찰이 검사에게 수사내용에 관한 정보를 광범위하게 제공함으로써 검사가 수사종결을 위한 판단을 하고 필요한 경우에는 공판절차의 개시를 준비하도록 해야 한다는 데 있다. 이러한 규범목적으로부터 "수사내용"(Verhandlungen)이란 최광의의 개념으로 이해된다. 수사내용에는 경찰의 수사시 발견되었거나 생성된 물적 정보나 저장된 정보를 포함하며, 그러한 수사내용이 전통적인 서류의 방식이든 전자정보의 형태로 저장되어 있는 것이든 불문한다.[248]

경찰의 수사내용 내지 수사자료 송치의무는 경찰의 관점에서 보았을 때 범죄혐의가 아직 남아있는 경우에도 존재한다. 범죄를 조사하기 위한 목적으로 생성된 모든 수사과정(Ermittlungsvorgang)이 검사에게 송치되어야 한다. 경찰이 고소나 고발을 접수할 당시에 이미 범죄혐의가 없다고 판단하는 경우에도 경찰은 그때까지의 수사내용을 모두 검사에게 송치해야 한다. 이러한 사건에 대한 불기소처분은 오로지 검사의 권한에 속하기 때문이다. 이 경우 경찰의 직무상 상관은 당해 사건에 대한 수사내용을 검사에게 송치하는 것이 옳은 것인지에 대한 의문을 가지고 있다 하더라도 하급 경찰이 검사에게 수사내용을 송치하는 것을 저지할 수 없다. 다만, 경찰의 직무상 상관은 검사에게 송치하는 서류에 자신의 의견을 기재할 수 있다.[249]

246) LR-Rieß, §163 Rn. 74.
247) LR-Rieß, §163 Rn. 74.
248) LR-Rieß, §163 Rn. 80.

한편, 범죄사건에 초동개입한 경찰이 검사에게 송치해야 할 수사내용에는 각각의 범죄혐의 사건의 조사와 관련하여 생성되었거나 경찰이 보관하게 된 일체의 서류와 그 밖의 물건들이다.[250] 다만, 전자정보 등 컴퓨터에 저장되어 있는 정보는 경찰이 그것을 출력하여 송치하거나 검사와 협의하여 데이터를 검사에게 넘겨줌으로써 송치한다. 그러나 오로지 경찰조직 내부에서 직무상 작성된 서류는 검사에게 송치하지 않아도 된다.[251] 참고로 경찰이 검사에게 송치해야 할 서류로는 고소장, 고발장, 공공기관이 범죄혐의를 인식했다는 표지(이른바 직권고발장), 신문조서, 조서로 작성된 수사행위의 결과, 형사기술적인 의견표현서, 범행현장 사진과 현장주변 상황도, 정보제공자 등으로부터 제공받은 문서 등이다. 또한 물적 증거, 압수된 물건 또는 그 밖에 수사과정에서 확보된 몰수대상 물건도 송치의 대상이 된다. 그러나 물건의 경우 부피가 많이 나가거나 검찰에서 보관하기 어려운 경우에는 사실상 경찰의 보관 하에 둘 수 있으며, 이에 관한 사실을 검사에게 송치하는 관련 서류에 기재하면 된다.

경찰은 광범위한 수사과정을 요약한 수사종결보고서를 작성하여 검사에게 송치한다. 이 수사종결보고서에는 검사가 수사결과를 신속하게 알게 하기 위하여 수사결과를 개관할 수 있도록 요약되어 있다. 또한 이 수사종결보고서를 통하여 당해 수사를 담당했던 경찰의 상관과 수사의 결과에 관한 정보도 알 수 있다.

5. 검사의 보조공무원만의 권한과 의무

(1) 검사의 보조공무원의 권한

검사의 보조공무원은 앞에서 언급한 것처럼 대부분 경찰공무원으로 구성되어 있으며 또한 거의 모든 집행경찰은 검사의 보조공무원으로 임명되어 있으므로, 검사의 보조공무원으로서의 경찰의 지역적 관할은 일반 경찰의 그것과 동일하다. 이처럼 검사의 보조공무원으로 임명되는 한 이 보조공무원은 검찰기관이 되므로, 검사의 보조기관인 경찰은 검사와 동일한 강제처분권한을 갖는다. 다만 검사의 보조공무원은 검사의 보조기관이 아닌 일반 경찰공무원이 갖고 있지 않은 특별한 강제권한을 갖고 있는데, 즉 압수명령(die Anordnung von Beschlagnahmen)(StPO 제98조 제1항, 제111조의e 제1항), 수색명령(die Anordnung von Durchsuchungen)(StPO 제105조 제1항), 피의자의 혈액검사 또는 신체검사(die Anordnung einer Blutprobe oder einer sonstigen körperlichen Untersuchung des Beschuldigten)(StPO 제81조의a), 증인의 신체검사명령(die Anordnung einer

---

249) KK—Wache, §163 Rn. 30; Meyer—Goßner, §163 Rn. 25.

250) 이렇게 이해하는 것이 통설이다(AK—Achenbach, §163 Rn. 26; KK—Wache, §163 Rn. 24; Meyer—Goßner, §163 Rn. 22; SK—Wohlers, §163 Rn. 21).

251) LR—Rieß, §163 Rn. 81.

körperlichen Untersuchung von Zeugen)(StPO 제81조의c), 검문소설치명령(die Anordnung, Kontrollstellen einzurichten)(StPO 제111조 제2항) 등이 그것이다.252)

(2) 검사의 보조공무원의 의무

경찰관인 검사의 보조공무원은 이중적 명령권, 즉 경찰 고유조직상의 명령권 및 관할지역 검사 또는 그 상급자의 명령권(GVG 제152조 제1항)에 복종한다. 이처럼 이들은 원칙적으로 고유의 직무관계상의 명령권에 복종하지만, 형사소송법상의 수사가 문제되는 경우에는 검사의 구체적인 개별지시가 일반적인 직무관계보다 우선한다. 다만 앞에서 언급한 것처럼 위험예방적 명령은 검사의 권한이 아니며, 형사소추와 예방조치가 경합하는 경우에는 어느 영역에 중점이 놓이는지 여부가 결정적이라고 한다.

Ⅲ. 검사의 지위

1. 의 의

(1) 법관대응조직

독일은 우리나라 검찰청법과 같은 별도의 규정없이 법원조직법(GVG)에 법원과 함께 검찰청의 조직에 관한 규정을 두고 있는데, 이에 따르면 검찰청은 각급 법원에 대응하여 설치되며(GVG§141), 그 관할구역은 법원의 경우와 동일하다는 규정(GVG§143) 등 검찰에 관한 규정은 불과 13개(GVG 제141조-제152조) 조문에 불과하다. 다만 여기서 '각급 법원에 대응하여 설치한다'는 의미는 법원에 대하여 기관적으로 독립적인 검찰기관을 설치한다는 의미가 아니라 각급 법원에 대응하는 검찰업무를 처리하는 권한을 가진 1인 또는 다수의 공무원을 두어야 한다는 의미로서 수 개의 법원에 대하여 1개의 공통적인 검찰기관을 설치할 수도 있으므로 특히 본 규정은 구(區)법원의 검찰조직을 위하여 특별한 의미를 가질 것이다. 현재 법원조직법(GVG) 제141조의 규정에 의해서 각 주의 고등법원(Oberlandesgericht)에 대응하는 주의 최고검찰청(Generalstaatsanwaltschaft 또는 Staatsanwaltschaft bei dem Oberlandesgericht)을 두고 있으며, 지방법원(Landgericht)에 대응하는 지방검찰청(Staatsanwalt-schaft bei dem Landesgericht)을 두고 있다. 또한 사물관할이 작은 지역을 관할하는 구법원(Amtsgericht)에 대응해서 GVG 제142조 제1항 제3호에서는 구법원에 대응하는 검찰직무는 지방검찰청에서 검사 1인, 다수 검사 또는 부검사(Amtsanwalt)가 수행하도록 하고 있으며,253) 베를린(Berlin)과 프랑크푸르트 암 마인(Frankfurt am Mein)에서만 독자적

---

252) Claus Roxin, Strafverfahrensrecht, 24.Auf., S.53.

253) 부검사는 법관자격이 없는 검찰 일반직 공무원으로서 경미한 사건을 다루는 것 외에는 검사와 동일한 권한을 갖고 있다(http://www.globale.co.kr/news/articleView.html?idxno=12526).

인 구검찰청(Amtsanwaltschft bei dem Amtsgericht)이 설치되어 있다.254)

　이처럼 연방국가인 독일의 경우 연방검찰청(Bundesanwaltschaft)255)과 주검찰청이 있으나, 연방검찰청은 우리나라의 대검찰청과는 달리 고등검찰청의 상위(上位)에 있는 것이 아니라 법관과 마찬가지로 연방정부의 법무부에 소속되어 법률에 규정된 일정한 권한을 행사하는 독립된 검찰청이다. 즉, 연방검찰청은 주 최고법원이 1심으로 관할하는 형사사법을 관할하므로 법원조직법 제120조 제1항에 규정된 특정한 사항인 국가보안 관련사건(테러사건, 국가기밀유출, 간첩범죄 등)을 포함하여 연방법원에 계류 중인 상고사건, 주검찰청 간의 관할쟁의가 있는 경우 관할검찰청의 결정 등의 업무만 처리할 뿐이며, 일반 형사사건에 대하여는 주검찰청이 관할권을 가지므로 연방검찰청은 주검찰청의 상급기관이 아니다. 조직은 법원조직법(GVG) 제142조, 제123조에 의해 한 명의 연방검찰총장(Generalbundesanwalt)과 여러 명의 연방검사(Bundesanwalt)로 구성되어 있다. 법원조직법(GVG) 제149조에 따른 연방 검찰의 임명절차를 살펴보면, 연방검찰총장과 연방검사는 연방법무부장관(Bundesminister der Justiz)의 추천으로 연방참의원(Bundesrat)256)의 동의를 얻어 연방대통령(Bundespräsident)257)이 임명한다.

　검사는 물론 판사의 인사와 행정, 즉 국내의 법원행정처의 역할까지도 함께 하는 독일 연방 법무·소비자보호부 장관(BMJV)은 연방검찰총장과 연방검찰에 대한 지휘감독권을, 주의 검사와 법관의 인사와 행정을 총괄하는 주사법행정부(주법무부; Justizverwaltung)는 해당 주의 모든 검찰에 대한 지휘감독권을 가지고(법원조직법 제147조), 주최고법원과 주법원에 상응하는 검찰청의 검사장(die erste Staatsanwaltschaft)에게 해당 구역의 모든 검찰공무원의 지휘감독권이 주어지는 것이다.

　현재 독일은 16개 주로 구성된 연방국가로서 연방제에 따라 각 주의 사법은 각 주

254) 김종구 외, 검찰제도론, 법문사, 2011, 229면.

255) 독일연방검찰은 흔히 연방검찰(Bundesanwaltschaft)이라고 불리기도 하나, 공식 명칭은 '연방통상대법원에 대응한 독일연방검찰총장(Generalbundesanwalt beim Bundesgerichtshof)'이다. 여기서 연방검찰총장은 연방검찰의 지휘자가 아니라 그 자체가 하나의 관청이다(김종구 외, 앞의 책, 230면).

256) 독일 의회는 양원제로서 연방의회(Bundestag)와 연방참의원(Bundesrat)으로 이루어져 있다. 연방참의원은 주정부에 의해 임명되며, 연방의 입법과 행정업무에 참여하게 된다. 연방의회의 경우 2021년 선거를 통해 총 의석수는 735석(2017년 총선 대비 26석 증가)으로서 사민당 206석, 기민/기사당 196석, 녹색당 118석, 자민당 92석, 독일대안당 83석, 좌파당 39석, SSW 1석으로 구성되었다(https://www.kiep.go.kr/gallery.es?mid=a10102030000&bid=0004&act=view&list_no=9758&cg_code=).

257) 독일 연방대통령은 연방총회에서 선출되며, 임기는 5년이고 1회에 한해 중임이 가능하다. 연방대통령은 국가 원수의 역할을 수행하며, 연방차원의 법률의 최종 서명권자이고, 의회를 소집 및 해산할 수 있으며, 연방수상의 추천 및 임명권한을 갖고 있다.

의 자치에 맡겨져 있는데, 연방의 통일적 형사사법 운영을 위해 형사소송법, 법원조직법 등을 연방법으로 규정하고 있다. 법원과 검찰은 연방법원과 연방검찰, 주법원과 주검찰로 나누어져 있는데, 연방 각 주마다 별도의 검찰이 있으므로 독일에는 16개의 주검찰이 존재하는 것이다. 따라서 각 주의 최고검찰청 검사장은 한국의 검찰총장과 같다고 볼 것이다. 독일 각 주에는 관할구역이 다른 1개 내지 3개의 주상급법원이 있으며, 그에 맞추어 각 주의 최고검찰청도 1개 내지 3개가 설치되어 있다. 이는 한국의 법원과 검찰청의 설치와 유사하다고 할 것이다. 주의 최고검찰청 산하에는 여러 지방검찰청이 있는데, 이것은 한국의 지방검찰청과 동일하다고 할 것이다.[258] 즉, 독일 검찰체계를 이해하기 위해서는 연방검찰청을 살펴봐야 하는 것이 아니라 각 주의 검찰조직을 살펴보아야 하는 것이다.

이에 따라 독일의 주요 주들의 검찰청 조직을 살펴보면, 먼저 헤센(Hessen) 주는 프랑크푸르트 암 마인(Frankfurt am Main)에 주최고검찰청이 있고, 다름슈타트(Darmstadt), 프랑크푸르트 암 마인(Frankfurt am Main), 풀다(Fulda), 기센(Gießen), 하나우(Hanau), 카셀(Kassel), 림부르크(Limburg a. d. Lahn und Zweigstelle Wetzlar), 마부르크(Marburg), 오펜바흐(Offenbach), 비스바덴(Wiesbaden) 등에 각각 검찰청이 있다.[259]

바이에른 주의 경우에는 암베르크, 안스바흐, 아샤펜부르크, 아우스부르크, 밤베르크, 바이로이트, 코브루크, 데겐도르프, 호프, 잉골슈타트, 캠프텐, 란트슛, 메밍엔, 뮌헨1, 뮌헨2, 뉘른베르크-퓌어트, 파사우, 레겐스부르크, 슈바인푸르트, 트라운슈타인, 바이덴, 뷔르츠부르크에 검찰청이 있다. 바이에른 주의 경우에는 밤베르크, 뮌헨, 뉘른베르크 세 곳에 최고검찰청을 두고 있다. 먼저 밤베르크 최고검찰청은 2,430,000명 정도의 인구가 거주하고 오버프랑켄 및 운터프랑캔 행정구역의 7개 지방 검찰청을 담당하고 있으며, 바이에른 중앙 사이버 범죄 사무소(Zentralstelle Cybercrime Bayern: ZCB), 아샤펜부루크(Aschaffenburg), 밤베르크(Bamberg), 바이로이트(Bayreuth), 코부르크(Coburg), 호프(Hof), 슈바인푸르트(Schweinfurt), 그리고 뷔르츠부르크(Würzburg) 등에 그에 속한다.[260] 밤베르크에서는 바이에른 중앙 사이버범죄 사무소가 사이버범죄의 중점검찰청 역할을 수행하게 된다.

뮌헨 최고검찰청의 책임지역은 10개의 하위 검찰청으로서 아우스부르크(Augsburg), 데겐도르프(Deggendorf), 인골슈타트(Ingolstadt), 켐프텐(Kempten), 란트슛(Landshut), 메밍엔(Memmingen), 뮌헨 I(München I), 뮌헨 II(München II), 파사우(Passau) 그리고 트라운

---

258) 독일 각 주의 자세한 검찰청 현황은 김종구 외, 앞의 책, 235면 참조.

259) https://justizministerium.hessen.de/Gerichte-Behoerden/Staatsanwaltschaften.

260) https://www.justiz.bayern.de/gerichte-und-behoerden/generalstaatsanwaltschaft/bamberg/bezirk_generalstaatsanwaltschaft.php.

슈타인(Traunstein) 등 바이에른 최대 지역(Upper Bavaria, Swabia, Lower Bavaria 일부)을 담당하게 되는데, 현재 뮌헨 최고검찰청 지역에는 700만 명이 이상이 거주하고 있다.[261] 뮌헨 최고검찰청에서는 유럽 사법네트워크(Bayerische Kontaktstelle des Europäischen Justiziellen Netzes: EJN) 바이에른 연락처가 있으며, 극단주의 및 테러 방지를 위한 바이에른주 중앙 사무소(Bayerische Zentralstelle zur Bekämpfung von Extremismus und Terrorismus: ZET)가 있다.[262] 또한 바이에른 범죄수익환수 위한 중앙 조정 사무소(Zentrale Koordinierungsstelle Vermögensabschöpfung in Bayern: ZKV BY)가 있다.[263]

뉘른베르크 최고검찰청의 책임영역은 뉘른베르크 고등 지방 법원의 지역과 Middle Franconia, Upper Palatinate 및 Lower Bavaria의 일부 행정 구역으로 구성되며 497개의 지방 자치 단체, 16개의 지역, 총 9개의 독립 도시로 인구는 300만 명 가량이 된다. 뉘른베르크 최고검찰청은 해당 지역의 암베르크(Amberg), 안스바흐(Ansbach), 뉘른베르크(Nürnberg), 레겐스부르크(Regensburg), 바이덴(Weiden)의 인적자원 관리 등을 담당한다. 인적자원 관리의 일환으로 그는 인사문제와 지방 검찰청의 인사 요구사항 평가를 담당하며, 직무감독으로 검찰청의 업무에 대한 기술적 심사와 관찰, 진정에 대한 결정에 관한 업무를 수행한다.[264] 뉘른베르크 최고검찰청에는 의료 시스템의 사기 및 부패 방지를 위한 바이에른 중앙 사무소(Bayerische Zentralstelle zur Bekämpfung von Betrug und Korruption im Gesundheitswesen: ZKG)가 있다.[265]

노르트라인-베스트팔렌(Nordrhein-Westfalen) 주의 최고검찰청은 뒤셀도르프(Düsseldorf), 함(Hamm), 그리고 쾰른(Köln)에 있다. 노르트라인-베스트팔렌 주에 속해 있는 지방 검찰청은 뒤스부르크(Duisburg), 뒤셀도르프(Düsseldorf), 클레베(Kleve), 클레펠트(Krefeld), 묀헨글라드바흐(Mönchengladbach), 부퍼탈(Wuppertal), 안스베르크(Arnsberg), 빌레펠트(Bielefeld), 보훔(Bochum), 데트몰트(Detmold), 도르트문트(Dortmund), 에센(Essen), 하겐(Hagen), 뮌스터(Münster), 파더보른(Paderborn), 지겐(Siegen), 아헨(Aachen), 본(Bonn), 쾰른(Köln) 등이다.[266]

---

261) https://www.justiz.bayern.de/gerichte-und-behoerden/generalstaatsanwaltschaft/muenchen/bezirk_generalstaatsanwaltschaft.php.
262) https://www.justiz.bayern.de/gerichte-und-behoerden/generalstaatsanwaltschaft/muenchen/spezial_3.php.
263) https://www.justiz.bayern.de/gerichte-und-behoerden/generalstaatsanwaltschaft/muenchen/spezial_5.php.
264) https://www.justiz.bayern.de/gerichte-und-behoerden/generalstaatsanwaltschaft/nuernberg/bezirk_generalstaatsanwaltschaft.php.
265) https://www.justiz.bayern.de/gerichte-und-behoerden/generalstaatsanwaltschaft/nuernberg/spezial_2.php.

결국 독일연방과 각 주의 법무부와 검찰조직은 서로 독립적이므로 연방법무부장관이나 연방검찰총장은 주법무부나 주검사들에게 지휘·감독권이 없다.

법원조직법 제10장(GVG Zehnter Titel)
제141조[소재지] 각 법원에 대응하여 하나의 검찰청이 설치되어야 한다.
제142조[검찰청의 관할] ① 검찰의 직무는 다음 각 호의 사람에 의하여 수행된다.
1. 연방대법원에서는 연방검찰총장 및 한 명 또는 수 명의 연방검사
2. 고등주법원과 주법원에서는 한 명 또는 수 명의 검사
3. 구법원에서는 한 명 또는 수 명의 검사 또는 구검사
② 구검사의 관할은 구법원이 아닌 다른 법원의 관할에 속하는 형사사건에 있어서 공소의 준비를 위한 구법원의 절차에는 미치지 않는다.
③ 사법관시보는 구검사의 임무 및 개개의 사건에 있어서 검사의 임무를 그 감독 하에 위임받을 수 있다.
제142조a[연방검찰총장] ① 연방검찰총장은 제1심에서 고등주법원의 관할에 속하는 형사사건(제120조 제1항 및 제2항)에 있어서 검찰의 직무를 이러한 법원에서도 수행한다. 제120조 제1항의 사안에서 주의 검찰 공무원과 연방검찰공무원이 그들 중 누가 소추를 담당할 것인가에 대해 합의할 수 없는 경우에는 연방검찰총장이 이를 결정한다.
② 연방검찰총장은 다음 각 호의 경우 그 절차를 공소장 또는 신청서류(형사소송법 제440조)의 제출전에 주검찰에 인도한다.
1. 다음의 범행을 그 목적으로 하는 경우:
  a) 형법 제82조, 제83조 제2항, 제98조 또는 제102조에 따른 범행,
  b) 그 행위가 주의 기관 또는 기관의 구성원에 대하여 이루어지는 경우, 형법 제105조 또는 제106조에 따른 범행,
  c) a에 규정된 형벌규정과 관련된 형법 제138조에 따른 범행 또는,
  d) 특허법 제52조 제2항, 특허법 제52조 제2항과 관련된 실용신안법 제9조 제2항 또는 실용신안법 제9조 제2항 및 특허법 제52조 제2항 관련된 반도체관련법 제4조 제4항에 따른 범행,
2. 중요성이 낮은 사건인 경우
③ 주검찰에의 인도는 다음 각 호의 경우 중지된다.
1. 그 행위가 특별한 정도로 연방의 이익에 관련되는 경우 또는
2. 법통일의 이익에서 연방검찰총장이 그 행위를 소추할 것이 요구되는 경우
④ 연방검찰총장은 사안의 특별한 의미가 더 이상 존재하지 않을 경우에는 제120조 제2항 제2

호 또는 제3호 또는 제74조의a 제2항에 따라 인수하였던 사건을 다시 주검찰에 인도한다.

제143조[토지관할] ① 검찰공무원의 토지관할은 그에 대응하여 설치된 법원의 토지관할에 의하여 정하여진다.

② 관할이 없는 검찰공무원은 지체의 위험이 있고 그의 관내에서 행하여져야만 하는 직무행위를 담당하여야 한다.

③ 여러 주의 검찰공무원이 그들 중 누가 소추를 담당할 것인가에 대해 합의할 수 없는 경우에는 그들의 공통 상관인 검찰공무원이 결정하고, 그렇지 않으면 연방검찰총장이 결정한다.

④ 검찰공무원에게는 다수의 주법원 또는 고등주법원의 관할구역을 위하여, 그것이 절차의 적절한 촉진 또는 신속한 처리를 위하여 합목적적인 한 특정 유형의 형사사건 소추, 그러한 사건에서의 형집행 및 이 법의 공간적 적용범위를 벗어난 장소에서의 법률상 원조 요청의 담당을 위한 관할이 배정될 수 있다. 이러한 사안에서 검찰공무원의 토지관할은 그에게 배정된 사건에서 이러한 사건이 배정된 관할구역의 모든 법원에까지 미친다.

제144조[검찰청의 조직] 어느 법원에 대응하는 검찰이 다수의 공무원으로 구성되는 경우, 그 수장에게 부속된 사람이 그의 대리인으로 행동한다; 그는 대리시에 모든 직무수행을 특별한 위임의 증명없이 할 수 있는 권한이 있다.

제145조[직무승계권 및 직무이전권] ① 고등주법원 및 주법원에 대응하는 검찰의 수장은 그 관할구역의 모든 법원에서 검찰의 직무수행을 스스로 담당하거나 이미 관할하고 있는 공무원이 아닌 다른 사람에게 그 대리를 위탁할 수 있는 권한이 있다.

② 구검사는 단지 구법원에서만 검찰의 직무를 수행할 수 있다.

제146조[지시권] 검찰의 공무원은 상관의 직무상 지시에 따라야 한다.

제147조[직무감독권] 감독 및 지휘권은 다음 사람에게 있다:

1. 연방검찰총장과 연방검사에 대하여는 연방법무부장관

2. 관계된 주의 모든 검찰공무원에 대하여는 주법무부

3. 그 관할구역의 모든 검찰공무원에 대하여는 고등주법원 및 주법원에 대응하는 검찰청의 수장

제148조[자격] 연방검찰총장과 연방검사는 공무원이다.

제149조[연방검사의 임명] 연방검찰총장과 연방검사는 연방법무장관의 제청에 따라 연방참의원의 동의를 얻어 연방대통령에 의하여 임명된다.

제150조[법원으로부터의 독립] 검찰은 공적 직무수행에 있어서 법원으로부터 독립되어 있다.

제151조[판사적 업무의 배제] 검사는 판사적 업무를 담당할 수 없다. 또한 그에게 판사에 대한 직무감독이 위임되어서도 아니된다.

제152조[검사의 수사요원] ① 검사의 수사요원은 그러한 자격에서 그 관할구역 검찰 및 그 상급자의 명령에 복종할 의무가 있다.

② 주정부는 법규명령에 의해 이러한 규정이 적용될 수 있는 공무원 및 직원집단을 정할 수 있

는 권한이 있다. 직원은 현재 공직에 있어야 하고, 만 21세 이상이어야 하며 최소한 2년간 정해진 공무원 또는 직원집단에서 근무한 경력이 있어야 한다. 주정부는 법규명령에 의해 그 수권을 주법무부에 위임할 수 있다.

　한편 독일에서 검찰의 조직구성에 관한 가장 세부적인 통일규정은 '검찰청의조직및운영에관한규정'(Anordnung über Organisation und Dienstbetrieb der Staatsanwaltschaft: OrgStA)이며, 이를 기초로 각 주에서 독자적인 검찰청의 조직 및 운영에 관한 규정을 주법률로 제정하여 시행하고 있다. 그러므로 일반적으로 검찰청의 조직은 주의 권한에 속하고, 주검찰청으로는 고등검찰청, 지방검찰청과 동 지청이 있다. 따라서 수사현장에서 직접 대부분의 수사를 담당하고 있는 지방검찰청검사의 사무분담을 살펴보면, 6명 이상의 검사가 있는 검찰청의 경우 검사장은 검찰총장의 허가를 받아 부(部)를 구성할 수 있으며, 부원(部員)은 부장검사의 지휘감독을 받는다. 부의 편성은 검찰청의 규모에 따라 다르지만 일반적으로 공안부·경제부·일반형사부·소년부·교통부 등이 있는데, 일반 형사사건은 각 부에 지역적으로 나누어지고, 각 부원은 피의자의 이름의 알파벳 순으로 그 관할이 결정된다. 그러나 소년범·공안범·경제범·교통범 등 특수범죄는 전담검사에 의하여 처리하도록 되어 있다(검찰청조직규정 제27조).

　부의 편성과 배치는 검사장이 하지만, 검사의 전문화라는 이념에 의하여 부의 배치는 특별한 사유가 없는 한 변경되지 아니하고, 전담검사(Dezernent)는 장기간 동종사건을 처리하는데, 통상 7-8년 이상 같은 부에 소속되어 전담사건을 처리하고 있다[267]고

---

267) '검찰청의조직및운영에관한규정'(Anordnung über Organisation und Dienstbetrieb der Staatsanwaltschaft: OrgStA)이 전담분야사건으로 분류한 것은 다음과 같다(동법 제9조).
  1. 노동사건(Arbeitsschutzsachen)
  2. 방화, 폭발물사건(Brandstiftungs und Sprengstoffsachen)
  3. 식품사건(Lebensmittel-einschl. Weinstrafsachen)
  4. 통화 위·변조사건(Münzestrafsachen
  5. 정치 및 언론사건Politische und Pressestrafsachen)
  6. 마약사건(Rauschgiftstrafsachen
  7. 해양사건(Schiffahrsstrafsachen)
  8. 세금, 관세, 외환사건(Steuer-, Zoll-, und Divisenstrafsachen)
  9. 군인범죄(Verfahren wegen militärischer Straftaten)
  10. 폭력 찬양 또는 인종적 반감·증오 등 선동사건(Verfahren wegen Verherlichung von Gewalt oder Aufstachelung zum Rassenhaß
  11. 포르노그라피 또는 소년유해 문서 전파사건(Verfahren wegen Verbreitung pornog-raphischer oder jugendgefährdender Schriften)
  12. 교통사건(Verkehrsstrafsachen)

한다.

(2) 검찰조직의 근거

검찰 조직의 기본이 되는 법적근거로는 '검찰청의 조직 및 운영에 관한 규정(Anordnung über Organisation und Dienstbetrieb der Staatsanwaltschaft: OrgStA)'가 있다. 물론 검찰조직은 각 주마다 다소 특색이 있다. 그러나 검찰조직이 서로 상이하게 될 경우 상당한 혼란이 발생할 수 있으므로 모범적인 규범을 통해 큰 틀에서는 동일한 검찰조직 구조를 만들 필요성이 있었다. 이를 위해 해당 규정은 검찰 조직 구성에 대한 세부적이고 구체적인 통일규정을 마련하고 있으며, 전체 6절, 27개 조문으로 이루어져 있다. 따라서 각 주에서는 해당 규정을 기초로 해서 각 주의 상황에 맞는 독자적인 규정을 주법률을 제정하고 시행한다.268) 따라서 각 주의 검찰청 조직 및 운영에 관한 법률들을 살펴보면 기본적으로는 해당 규정을 수용하고 있지만, 각 주의 특색에 맞게 세부적인 규정에 있어서는 다소 차이가 나는 것을 알 수 있다. 현재 독일은 전국 16개 주에 걸쳐 116개의 지방검찰청이 설치되어 있다.269)

【표 2-8】 검찰청의 조직 및 운영에 관한 규정(Anordnung über Organisation und Dienstbetrieb der Staatsanwaltschaft)

제1절 검찰청의 표시와 구성(Bezeichnung und Gliederung der Staatsanwaltschaften) 제1조 소재와 표시(Sitz und Bezeichnung) 제2조 검찰청의 공무원(Beamter der Staatsanwaltschaft) 제3조 부의 구성(Abteilung) 제2절 감독과 지도(Aufsicht und Leitung)

---

13. 경제 또는 파산사건(Wettbewerbs-, Wirtschafts-, und Konkursstrafsachen)
14. 환경사건(Umweltschutzsachen)
15. 민사사건(Zivilsachen)
268) 김홍창, "독일의 경찰제도에 관한 소고", 각국의 사법경찰제도에 관한 연구, 검찰미래기획단, 18면
269) 독일은 16개 주[바덴 뷔르템부르크(Baden-Württemberg), 바이에른(Bayern), 베를린(Berlin), 브란덴부르크(Brandenburg), 브레멘(Bremen), 함부르크(Hamburg), 헤센(Hessen), 메클렌부르크 포포메른(Mecklenburg-Vorpommern), 니더작센(Niedersachsen), 노르트라인 베스트팔렌(Nordrhein-Westfalen), 라인란트 팔츠(Rheinland-Pfalz), 자아란트(Saarland), 작센(Sachsen), 작센 안할트(Sachsen-Anhalt), 슐레스비히 홀슈타인(Schleswig-Holstein), 튀링엔(Thüringen)]로 구성된 연방국가이며, 그 가운데 베를린, 함부르크, 브레멘 3개 주는 도시 자체가 하나의 주가 되는 '도시주(Stadtsstaat)'이다.

제4조 기관장의 임무(Aufgaben des Behördenleiters)
제5조 부장의 임무(Aufgaben des Abteilungsleiters)
제6조 지청장의 지위(Stellung des Zweigstellenleiters)
제7조 대리(Vertretung)

제3절 업무분장(Geschäftsverteilung)
제8조 기본원칙(Grundsätze)
제9조 전담 부서(Besondere Sachgebiete)
제10조 소년검사(Jugendstaatsanwalt)
제11조 대형사건(Einzelfälle von besonderem Umfang)

제4절 업무운영(Dienstbetrieb)
제12조 전담검사의 책임(Veranwortlichkeit des Dezernenten)
제13조 기관장의 서명(Zeichnung durch den Behördenleiter)
제14조 부장의 서명(Zeichnung durch den Abteilungsleiter)
제15조 공동서명(Mitzeichnung)
제16조 주최고검찰청에서의 서명(Zeichnung bei der Generalstaatsanwaltschaft)
제17조 수습기간(Einarbeitungszeit)
제18조 서명의 방법(Art der Zeichnung)
제19조 공판업무(Sitzungsdienst), 제5절 구검사(Amtsabwälte)
제20조 형사사건 관할(Zuständigkeit in Strafsachen)
제21조 과태료 이의사건 관할(Zuständigkeit bei Einsprüchen gegen Bußgeldbescheide)
제22조 관할의 배제(Ausschluß der Zuständigkeit)
제23조 관할의 한계(Begrenzung der Zuständigkeit)
제24조 특별규정(Sonderregelung in Einzelfällen)
제25조 구검찰청 직원에게 서명권의 부여(Verleihung der Zeichnungsbefugnis an Beamte im Amtsanwaltsdienst)
제26조 공판대리(Sitzungsvertretung)

제6절 부칙(Schluß bestimmungen)
제27조 효력발생(Inkraftetreten)

(3) 특별한 수사부서의 중점검찰청

독일 검찰조직에 있어 주목할 만한 것으로서 '중점검찰청'이 있다. 중점검찰청은 검찰의 해당 업무를 지역적 관할에 따라 수행하는 것이 아니라 업무의 성격에 따라 특정 검찰청에 관련 조직을 창설하여 배정하고, 주 전체의 차원에서 관련 업무를 수행하도록 하는 것이다. 그러므로 독일 각 주에서는 특정 검찰청을 선별하여 해당 검찰청에 관련 자원을 집중하여 처리하는 모습을 보이고 있다. 그 가운데 가장 대표적인 것이 경제범죄 사건에 대한 중점검찰청이다. 따라서 여러 주에서는 경제범죄에 대응하기 위해서 특정 검찰청에 경제사건 전담검사를 비롯해서 경제 분야 전문가를 수사요원으로 배치하여 해당 관할지역의 경제범죄(Wirtschaftskriminalität) 수사 및 형사소추를 전담하게 할 뿐 아니라, 다른 지방검찰청의 관할에 속하는 경제사건도 함께 수사할 수 있도록 함으로서 지역적 관할이 아닌 사안중심적인 '중점검찰청(Schwerpunktstaatsanwaltschaft) 제도'를 운영하고 있다.270) 좀 더 구체적으로 살펴보자면 GVG 제74c조 제1항에 규정된 범죄는 중점검찰청의 수사대상이 되는 것이다. 그리고 그 외에도 실무적으로는 노동범죄 뿐 아니라 환경공해범죄, 식품위생범죄, 해운범죄, 항만범죄 등도 중점검찰청의 수사대상이 된다고 할 것이다.271)

독일 중점검찰청의 핵심은 검사가 특정 사안에 대해서 전체적인 관점에서 직접수사를 수행할 수 있는지 여부에 있다고 할 것이다. 그러므로 경제범죄의 경우 일반적인 형사사건과 달리 중점검찰청에서 검사가 직접적으로 수사를 수행는 경우가 많게 된다. 즉, 중점검찰청은 검사 관할권의 사안별 광역화와 검사의 전문화를 염두해 두고 있다고 할 것이다. 따라서 중점검찰청 소속 검사는 각자가 전담 분야별로 사건 수사를 수행하고, 수사의 진행상황에 대해서는 수시로 부장검사 및 검사장에게 보고를 하게 된다. 그러다가 수사를 수행하고 있는 검사가 필요하다고 판단되는 경우 소속 부장검사와 상의하여 중점검찰청에 배속된 경제연구원(Wirtschaftsreferent)의 지원을 받기도 하고,272) 경찰서(Polizeiamt)나 세관(Zollamt), 세무서(Steueramt) 등에 소속된 담당 공무원으로 부터 수사

---

270) 최기식, 「독일의 '중점특별수사부'에 관한 고찰」, 각국의 특별수사기구 연구, 미래기획단 연구총서 Ⅳ, 검찰미래기획단, 7면; 베를린 지방검찰청에는 모두 8개의 중심부(Hauptabteilung, central department) 산하에 37개의 부가 있으며 그 가운데 중범죄부, 부패사범전담부, 조직범죄전담부, 성범죄전담부, 경제부 등 전문부가 설치되어 있다. 경제부에는 6개의 과를 두고 있으며, 그 아래 42명의 전담검사들이 경제사범을 수사하고 있으며 이들을 지원하기 위하여 10명의 경제전문가가 배치되어 있어 중점검찰청 형태로 운영되고 있다(한생일, "독일 검찰청 조직과 검찰공무원의 역할", 형사법의 신동향 통권 제22호, 2009, 162면).

271) 최기식, 앞의 연구총서, 28면

272) 중점검찰청의 특징은 경제연구원의 배치에 있다. 경제연구원은 보통 대학에서 경제관련 분야를 공부한 경제학사(Diplom Volkswirtschaft), 경영학사(Diplom Betriebswirtschaft), 상학사(Diplom Kaufleute), 재정학사(Diplom Finanzwirtschaft)들이며, 대학졸업 후 일반기업에서 수년간 근무한 경력이 있고, 기업 내의 전문적인 경영실태를 제3자에게 설명하거나 이해시켜 줄 수 있는 능력을 가진 자들이다. 독일 각 주에서 특별한 필기시험을 치르지 않고 서류전형 및 면접과정을 통하여 채용하며, 경제연구원은 검찰청의 고위급에 속하는 사무원(Angesteller)으로서 독일 공무원(Beamter)의 보수등급 A14(우리나라의 경우 중앙부처 과장급)에 해당하는 보수를 받는다(최기식, 앞의 연구총서, 19-20면).

지원을 받을 수 있게 된다.[273)

(4) 구검찰청

법원조직법(GVG) 제142조 제1항 제3호에 따르면 구검찰청은 한 명이나 여러 명의 검사 및 부검사로 이루어져 있다. 검사는 기본적으로 검찰청에 배정되지만 베를린과[274) 프랑크푸르트 암 마인[275)의 경우에는 검찰청 외에 독자적인 구검찰청을 두어 부검사를 배정하고 자유형이나 벌금형이 비교적 경한 경우에 해당하는 범죄의 기소를 담당하고 있다.[276) 앞서 언급한 바와 같이 부검사는 검찰 직원이지만 일부 사건에 대해서는 검사와 같은 권한을 갖고 있다. 따라서 '검찰청의 조직 및 운영에 관한 규정'(OrgStA) 제22조 및 제23조에 의하면 부검사는 주로 교통사고사건과 같이 법정형이 징역 6월 이하인 형사사건, 그리고 경미한 절도죄나 횡령죄, 장물죄, 사기죄 등과 같은 소위 일상범죄를 처리하게 된다.[277) 따라서 부검사의 권한의 제한은 사물관할에만 있게 되고, 해당 사물관할에 속하는 직무범위에 있어서는 검사의 권한과 동일하게 되는 것이다. 그러므로 부검사는 수사, 공소제기, 공판관여 등과 관련된 업무도 수행할 수 있게 된다. 그러므로 사법경찰관에 대한 수사지휘권도 행사할 수 있으며, 영장청구권 등과 같이 형사소송법에서 검사에게 부여되고 있는 모든 권한을 행사할 수 있게 된다.[278)

부검사는 대개의 경우 법과대학 출신으로서 사법보좌관(Rechtspflege) 시험에 합격한 후, 3년에 걸쳐 관련 교육을 이수하고, 그에 더하여 15개월간 검찰실무와 이론에 관한 교육을 받은 다음 채용된다. 따라서 부검사에게는 직업법관의 자격은 부여되지 않는다. 또한 근속기간이 오래되었다고 정식 검사로 임용될 수도 없으며, 퇴직 후 변호사자격이 인정되지도 않는다.[279) 이와 같은 인사상 지위구조는 독일 사회가 가지고 있는 특수성에 기인한다고 할 것이다.[280) 독자적인 구검찰청을 두고 있는 프랑크푸르트 암 마인의

---

273) 최기식, 앞의 연구총서, 28 – 29면

274) https://www.berlin.de/amtsanwaltschaft/.

275) https://staatsanwaltschaften.hessen.de/aa – frankfurt.

276) 한생일, 앞의 논문, 165면.

277) 최기식, 앞의 연구총서, 23면 각주 50.

278) 김종구 외, 검찰제도론, 법문사, 2011, 242 – 243면.

279) 김종구, '형사사법개혁론 – 새로운 패러다임의 비교법적 모색', 법문사, 2002, 523면.

280) 예컨대 연구분야의 경우에도 독일에서는 박사급 연구원의 업무를 도와주는 테크니커를 따로 두고 있다. 따라서 박사급 연구원은 실험을 설계하고, 논문을 작성하는 업무 뿐 아니라 직접 실험업무를 수행할 수 있지만, 테크니커는 박사급 연구원이 부여해 주는 실험업무만을 수행할 수 있게 된다. 테크니커 경력이 오래되었다고 하더라도 독자적인 연구를 수행할 수는 없으며, 연구자로서의 시위를 갖는 것도 아니다. 이처럼 독일이 인사싱 특수한 구조를 갖게 되는 것은 독일의 독특한 교육체계에서 기인한다.

경우를 보면, 2021년 현재 약 130명이 근무하고 있으며,[281] 사물관할로는 신체 상해 및 위험한 신체 상해, 최고 € 2500의 절도 및 사기, 도로교통법 위반, 주거법에 따른 절차, 총기법에 따른 범죄 등이다.[282]

(5) 독일법관법(Deutsches Richtergesetz: DRiG)

법관에 대한 자격, 임명, 직무외 법률업무취급의 금지, 징계 등의 규정은 검사에게도 준용됨을 정하고 있는데(동법 제122조), 개략적인 내용은 다음과 같다.

제1항: 법관의 자격을 가진 자 중에 검사를 임명한다.[283]
제2항: 종신 검사가 되기 위하여는(Zur Staatsanwalt auf Lebenszeit) 최소한 3년 이상 검사 업무에 종사하여야 한다(동법 제10조 제1항 준용).
제3항: 검사는 업무 외적인 법률감정이나 유상의 법률상담을 할 수 없다. (동법 제41조 제1항 준용)
제4항: 검사에 대한 징계절차는 법관직무법원(Dienstgericht für Richter)에서 결정한다.

2. 수사권 및 수사지휘권

(1) 제161조 제1항: 검사의 수사권 및 수사지휘권

독일 형사소송법 제160조 제1항은 "검사는 고발 또는 기타의 방법으로 어떤 범죄행위의 혐의에 관하여 알게 되는 즉시 공소를 제기하여야 할 것인지의 여부를 결정하기 위하여 사건의 진상을 규명하여야 한다"고 명시하고 있다. 이 점에서 독일 형사소송법은 우리나라 형사소송법 제196조와 마찬가지로 수사기관이 범죄의 혐의가 있다고 판단되는 경우 반드시 수사에 착수해야 한다는 의미의 수사강제주의를 취하고 있다. 수사의 목적을 달성하기 위하여 형사소송법 제161조 제1항은 검사의 수사권 및 수사지휘권을 규정하고 있다.[284] 따라서 독일의 검사는 수사권과 수사지휘권 및 수사종결권을 가지고 범

---

281) https://staatsanwaltschaften.hessen.de/staatsanwaltschaften/aa−frankfurt−am−main/beh%C3%B6rdenaufbau.

282) https://staatsanwaltschaften.hessen.de/staatsanwaltschaften/aa−frankfurt−am−main/zust%C3%A4ndigkeit.

283) 검사임명은 판사의 임명자격과 같으며, 법학을 전공한 후 1차 국가시험에 합격하고 2년간의 예비과정을 거쳐 2차 국가시험에 합격한 사람과 법학교수가 판사와 검사로 임명될 수 있다.

284) 제161조(수사 비밀수사로 획득한 정보의 사용) ① 제160조 제1항 내지 제3항에 명시된 목적에 따라 검사는 모든 공공기관에 대하여 정보를 요구할 권한이 있고, 그 권한에 대한 다른 특별한 법규정이 없는 한 모든 종류의 수사를 스스로 수행하거나 경찰관서와 경찰직공무원이 이를 수행하도록 할 권한이 있다. 경찰관서와 경찰직공무원은 검사의 요청이나 지시를 이행할 의무가

죄를 수사하는 수사의 주재자이다.

그런데 독일형사소송법은 1999년 제161조가 개정되기 전까지만 해도 형사소송법 제161조 제1항에는 "검사는… 권한이 있다"는 문언을 두고 있지 않았다. 그 당시 형사소송법 제161조 제1항의 법적 성격을 단순한 검사의 임무만 규정한 조항이라고 해석하는 것이 일반적이었다. 그러나 1999년 형사소송법 개정으로 인하여 이 문언이 삽입됨으로써 현재 형사소송법 제161조 제1항은 검사의 임무규정임과 동시에 제한적인 수권의 근거조항(이른바 수사의 일반조항)을 규정한 것으로 이해되고 있다.[285]

이러한 형사소송법 제161조 제1항의 법적 성격으로부터 이 조항이 전체적으로 세 가지 중요한 사항을 포함하고 있다는 것을 알 수 있다. 첫째, 검사는 형사소송법 제161조에 따라서 수사관련 정보를 요청할 권한을 가지고 있다. 검사는 모든 국가기관, 공공기관에 대하여 정보를 요청할 수 있고, 사인에 대해서도 정보를 요청할 수 있다. 다만, 검사가 이러한 정보요청권을 행사할 수 있기 위해서는 형사소송법 제161조 제1항 1문의 규정에 따라 다른 특별한 법규정이 없어야 한다. 한편, 검사가 경찰에 대하여 정보를 요청할 경우에는 그 근거규정은 법원조직법 제152조 제1항이며, 다른 형사사건의 조서에 대한 열람은 형사소송법 제474조 제1항에 따라서 가능하다.[286] 검사로부터 정보를 요청받은 기관은 법규정에 위배되는 경우, 연방과 주의 안녕에 위해가 초래될 것으로 우려되는 경우, 공적인 과제의 수행에 심각한 위해가 초래되거나 이러한 과제의 수행이 현저하게 어렵게 되는 경우에 한하여 정보제공을 거부할 수 있다. 다만, 관계기관의 정보제공거부는 직무감독의 과정을 통해서 심사될 수 있다.[287] 둘째, 검사는 형사소송법 제161조에 근거하여 기본법상으로 보호된 개인의 권리에 대해 일정하게 개입할 권한도 가지고 있다. 그러나 형사소송법 제161조에 근거한 검사의 수사는 기본권에 대한 침해의 강도가 낮은 정도의 것이어야 한다. 따라서 검사는 영장주의가 적용되지 않는 사건(이 경우에는 판사의 영장이 필요함)과 강제처분에 해당하지 않는 사건(이 경우에는 법률상 특별한 근거가 필요함)에 한하여 형사소송법 제161조 제1항에 따라서 모든 유형의 수사를 진행할 수 있다. 셋째, 형사소송법 제161조는 수사에 관한 관할권을 규정하고 있다. 검사는 스스로 수사에 착수하여 진행할 수 있다. 경우에 따라서는 검사의 독자적인 신문이 요구될 수도 있다. 피의자, 참고인 및 감정인은 경찰의 경우와는 달리 검사의 소환에 대하여 출석할

있으며, 이 경우 다른 모든 기관에게 정보를 요구할 권한을 갖는다. ② ~ ③ 생략.

285) LR − Rieß, §161 Rn. 2.; 형사소송법 제161조를 수사절차의 자유로운 형성의 원칙을 규정하고 있는 것으로 이해하기도 한다. 이에 대해서는 HK − GS/Pflieger, §161 Rn. 1.

286) HK − GS/Pflieger, §161 Rn. 2.

287) Ellbogen, Anfechtung der behördlichen Verweigerung einer Aussage genehmigung durch die Staatsanwaltschaft?, NStZ 07, 310.

의무가 있기 때문이다. 그러나 검사는 수사를 경찰관서, 세무관서 및 행정관서(예컨대 질서위반사건의 처리를 위탁받은 경우)를 통해서도 수행하게 할 수 있다. 이 경우 경찰관서, 세무관서 및 행정관서는 검사의 요청과 지시를 이행할 의무가 있다. 검사의 지시는 법원조직법 제152조에 근거하여 경찰의 수사요원(Ermittlungspersonen)에 대하여 행하고, 그 밖의 관서에 대해서는 요청의 형식으로 행한다.

이처럼 검사는 수사절차에 있어서의 적법성과 허용성에 대하여 책임이 있으므로 수사권과 수사지휘권은 독일 검찰의 가장 본질적인 권한이라고 할 수 있다. 따라서 검사는 중요사건이나 법률적으로 복잡한 사건에 있어서는 직접 수사하고 피의자와 참고인을 신문해야 하며, 사법경찰관리로 하여금 수사하게 한 때에도 검사는 수사를 지휘해야 하고 수사의 방향과 범위를 지정하거나 구체적·개별적 지시를 할 수 있다(형사사건처리기준 제3조, 제5조 제2항). 물론 경찰이 수사기술 및 수사전략의 영역에서는 전문지식(Sachkunde)을 가지고 있으므로 수사절차에서 세부사항을 경찰에 위임하는 것 또한 수사지휘권의 내용에 포함된다.

(2) 법원조직법 제152조상 검사의 수사지휘권

독일 법원조직법 제152조에 명시되어 있는 검사의 수사요원(Ermittlungsperson der Staatsanwaltschaft) 제도는 법관의 명령을 받을 수 없거나 법관의 명령을 적시에 받는 것이 불가능하여 경우에 따라서는 수사결과가 좌초될 경우(즉 지체의 위험이 있는 경우)에 대비하여 창설된 제도이다. 2004년 8월 30일까지 검사의 수사요원은 검사의 보조공무원(Hilfsbeamte der Staatsanwaltschaft)으로 불리었다. 그러나 검사의 보조공무원이라는 용어가 오늘날 수사절차상 경찰 및 다른 집행기관의 기능에 용어상으로나 사실상으로 더 이상 맞지 않다는 반성적 고려에서 검사의 수사요원으로 명칭을 변경하였다.

검사의 수사요원에 대한 법적 근거는 연방법의 경우 법원조직법 제152조 제1항에 명시되어 있지만, 주정부는 법규명령을 통하여 검사의 수사요원을 정의하고 있다. 검사의 수사요원은 대부분 경찰직공무원이지만, 산림관리공무원, 조세공무원, 국경감시공무원, 수산행정담당공무원 등 일반 행정공무원들도 검사의 수사요원에 임명된다. 검사의 수사요원임을 증명하는 증명서 등은 별로도 존재하지 않고, 다만 검사의 수사요원으로 임명된 경찰직공무원의 경우 경찰공무원증에 검사의 수사요원이라는 취지의 문구가 새겨져 있기도 한다. 또한 경찰조직에 국한시켜보면, 일반 경찰과 수사요원의 구분은 형사경찰과 보호경찰(또는 행정경찰)간의 구분에 따른 것이 아니라 일반 경찰조직내 계급에 따라서 구분한다.[288] 우리나라의 관점에서 보면, 경찰조직내에서 임명되는 검사의 수사요원은 사법경찰관과 유사한 계급을 가지고 있는 것으로 볼 수 있다.

---

288) Roxin/Schünemann, Strafverfahrensrecht 27. Aufl., §9 Fn. 15.

검사의 수사요원은 하나의 독립된 직업이 아니라 자신의 고유한 공무원직업을 가지고 있으면서 검사의 수사요원으로 활동하는 직무이다. 이 점에서 검사의 수사요원은 기능적으로 이해되어야 한다. 검사의 수사요원은 검찰의 직원(Mitarbeiter)이 아니라 검사의 보조원(Zuarbeiter)이다. 따라서 검사는 자신의 관할범위에 속하는 사안에 대하여 수사요원에 대한 지시권(지휘권)을 가지고 있다.

(3) 형사절차 및 과태료절차에 관한 지침 제3조상의 수사지휘권

형사절차 및 과태료절차에 관한 지침(Die Richtlinien für das Strafverfahren und das Bußgeldverfahren; RiStBV)은 형사절차와 과태료절차를 보충하는 행정규정들을 담고 있다. 이 지침은 연방법무부가 주법무부와의 협의를 통하여 형사절차와 과태료절차에 대한 통일적인 사무처리를 확보하기 위하여 제정·시행된 것이다. 이 지침은 행정규정으로서 법률적 효력은 없지만, 수사절차에 관해서는 일선 검찰과 경찰의 통일적인 지침을 제시한다는 점에서 실무에 미치는 영향을 적지 않다. 이 지침 가운데 검사와 경찰의 관계를 규정하고 있는 제3조[289])에서 특징적인 것은 검사가 경찰에 대하여 수사를 지휘할 경우 수사의 수행방식과 방법을 구체적으로 지시해야 한다는 점이다(동 지침 제3조 제2항 참조).

또한 형사절차 및 과태료절차에 관한 지침 부칙 1에서는 검사의 지시에 따라 경찰직공무원에 의한 직접강제력의 행사에 관한 연방과 주 법무부장관 및 내무부장관의 공통지침이 규정되어 있다.[290]) 이 공통지침에는 검사의 수사지휘권 행사의 대상, 지휘권의 범위, 경찰관의 의무, 지휘권행사의 한계 등이 비교적 상세하게 규정되어 있다. 검사의 지시에 따라 경찰직공무원에 의한 직접강제력의 행사에 관한 연방과 주 법무부장관 및 내무부장관의 공통지침의 내용을 옮기면 다음과 같다.

---

289) 형사절차 및 과태료절차에 관한 지침 제3조(검사의 직접 수사) ① 검사는 중요하거나 법적으로 또는 실제로 난해한 사건에 대하여 최초의 개입에 의해 사실관계를 독자적으로 밝혀야 하고, 특히 범행현장을 직접 검증하고, 피의자들과 중요 참고인을 신문해야 한다. 검사가 직접 피해자를 참고인으로 신문할 것인지 여부를 결정함에 있어서는 범행결과도 중요한 의미를 가질 수 있다.
② 검사가 사실관계를 단독으로 규명하지 않고, 수사요원(법원조직법 제152조 1항), 경찰직공무원과 경찰관서(형사소송법 제161조) 또는 다른 관서에 위임하는 때에도 검사는 수사를 지휘해야 하며 최소한의 수사방향과 수사범위를 확정해 주어야 한다. 검사는 동시에 또한 개별적 수사처리의 수행방식과 방법에 대한 구체적인 개별지시를 발할 수 있다.
③ 고소인, 피의자 또는 다른 관련자들과 형식을 갖추지 않은 구두에 의한 설명의 경우 형사소송법 제52조 제3항 1문, 제55조 제2항, 제163a조의 제3항 2문이 준수되어야만 한다. 설명의 결과는 기재해야 한다.
290) Anlage 1 RiStBV - Gemeinsame Richtlinien der Justizminister/−senatoren und der Innenminister/−senatoren des Bundes und der Länder über die Anwendung unmittelbaren Zwanges durch Polizeibeamte auf Anordnung des Staatsanwalts.

A. 수사절차에 대한 검사의 책임완수, 이를 위한 철저한 수사 및 적법절차에 의한 수사를 위하여 검사의 경찰에 대한 지휘권 및 지시권은 직접강제력의 행사에 관한 지시권한을 그 내용으로 포함한다. 단, 위험예방은 경찰의 직무영역이며, 이 영역에서는 검사의 지시권한이 존재하지 않는다.

B. 직접강제방법의 사용에 대한 지시권한의 실행을 위하여 형사소송법 제161조(검사의 지휘권 및 경찰의 복종의무에 대한 규정) 및 법원조직법(GVG) 제152조(검사의 보조관)에 저촉되지 않는 한도에서 다음과 같은 업무처리지침을 준수하여야 한다.

I. 검사는 구체적인 사건을 담당하는 경찰공무원이 특정되어 있지 않는 한 원칙적으로 관할권 있는 경찰관서에 대하여 지시권을 행사하여야 한다. 구체적인 사건에 있어서 다수의 경찰관이 명령권을 가진 상급경찰관(예컨대, 반장, 특수부서장 등)에 배속되어 있는 경우에 검사는 원칙적으로 지휘권 있는 상급경찰관에 대하여 지시권을 발하여야 한다. 이 경우 상급경찰관은 법원조직법 제152조에 의하여 지정된 공무원(소위 검찰의 보조공무원－수사요원)인지 여부에 관계없이 검사로부터 하달 받은 지시를 부하 경찰관에게 전달하고, 이 지시를 실행하도록 지시하여야 한다. 경찰 내부에 사건담당부서가 구성되어 있는 경우에 경찰의 직접강제력 행사에 관여하고자 하는 검사는 원칙적으로 부서의 장을 지시의 상대방으로 하여야 한다. 검사는 사건처리의 총책임을 지고 있는 부서의 장을 상대로 명령을 발하여야 한다. 여러 단계의 명령 계통이 존재하는 경우 검사는 원칙적으로 최상급 명령권자를 상대로 지시를 발하여야 한다. 하위 명령권자를 상대로 지시하게 되는 경우에는 검사는 상급지휘자의 지휘권 및 하급지휘자의 재량권의 범위 내에 포함되는 사항에 한하여 명령을 발할 수 있다.

II. 검사는 경찰의 직접강제력 행사의 방법에 대하여 일반적인 지시만을 발하여야 하며 직접 강제조치의 구체적 실행은 경찰이 하도록 하여야 한다. 검사는 다음의 경우에 한하여 직접강제력 행사에 관한 구체적 사항의 지시를 할 수 있다.

1. 경찰이 검찰에 대하여 구체적인 지시를 요청한 경우
2. 법령에 의하여 검사의 지시가 불가피한 경우
3. 직접강제력의 행사가 향후 수사절차에 영향을 미칠 경우

제2호 및 3호의 요건이 구비되어 있는가 하는 판단은 검사가 행한다.

검사는 직접강제력의 행사를 요하는 개별상황과 실행 가능한 직접강제수단을 숙지한 후에 구체적인 사항을 지시하여야 한다. 이러한 요인들을 숙지하기 위하여 검사는 직접강제력을 행사하는 투입현장 또는 투입지시현장에 임하고 있어야 한다. 검사가 총기의 사용에 관하여 구체적인 지시를 내리려면 반드시 총기사용의 현장에 임하고 있어야 한다. 검사는 구체적인 지시를 발함에 있어 경찰의 특수한 전문지식을 고려하여야 한다.

III. 동일한 상황에서 동시에 그리고 직접적으로 형사소추(Strafverfolgung)의 임무

와 위험예방(Gefahrenabwehr)의 임무를 수행해야 하는 경우에 형사소추의 임무를 수행하기 위한 조치의 실시권은 검찰에게, 위험방지의 임무를 수행하기 위한 조치의 수행권은 경찰에게 각각 부여된다. 형사소추와 위험방지의 임무가 동시에 수행되어야 하는 사건에 있어서는 검찰과 경찰사이에 긴밀하고 신뢰에 넘치는 협력관계가 특히 더 필요하다. 검찰과 경찰의 동반자적 협력관계에 비추어 볼 때 검찰 또는 경찰은 각각 맡은 바 임무를 수행함에 있어서 문제되는 사실관계에서 요구되는 경찰 또는 검찰의 관심사를 고려하여야 한다. 검찰이 사건에 개입하는 경우에는 검사와 경찰은 가능한 한 합의하에 행동하여야 한다. 구체적인 상황의 성질 때문에 형사소추의 임무와 위험방지의 임무를 동시에 적절하게 수행할 수 없는 경우에도 상호합의의 요청은 존중되어야 한다. 두 임무가 충돌하는 경우에는 구체적인 상황이 형사소추의 임무가 보다 높은 법익을 보호하는가 아니면 위험방지의 임무가 상위의 법익을 보호하는가 하는 법익교량 및 의무교량의 관점에서 해결책을 구하여야 한다. 구체적인 상황에 비추어 볼 때 직접강제력의 행사에 관한 판단을 즉각적으로 내려야 하는 경우로서 형사소추와 위험방지의 임무 가운데 어느 것을 우선하여야 할 것인가 하는 점에 대하여, 때로는 상급기관을 경유하였음에도 불구하고, 검찰과 경찰 사이에 합의가 이루어지지 아니하는 때에는 경찰이 판단권을 갖는다.

3. 강제수단

(1) 영장청구권

검사의 수사활동을 보장하기 위하여 검사에게는 강제수단이 허용되고 있다. 구속영장을 비롯한 압수수색, 검증 등 모든 영장의 청구는 검사에게 전속되어 있고(StPO 제125조), 사법경찰관에게는 이에 대한 관여권이 인정되어 있지 않다. 즉 우리나라에서와 같이 사법경찰관의 영장 신청권도 인정되지 않는다. 물론 긴급한 경우에는 영장에 의하지 아니하고 긴급체포, 압수·수색을 할 수도 있다.

독일의 구속제도는 구속절차에 있어서 법관에 의한 신문제도가 채택되어 있음에 반하여, 구속기간에는 제한이 없다는 점에 특색이 있다. 이처럼 구속심사의 청구기간에는 제한이 없으나 법원은 2개월에 1회 구두심문의 의무가 있고(제118조), 구속이 3개월 이상 진행되고 피의자가 구속심사를 청구하지 않은 때에는 직권에 의하여 심사하여야 한다(제117조 제4항). 다만 구속이 6개월 이상 초과하는 경우에는 고등법원의 허가를 받아야 하며 (제121조), 고등법원에 의한 심사는 그 후 3개월마다 계속되어야 한다(제122조).

(2) 피의자에 대한 강제처분권

피의자는 검사의 소환에 응하여 검사앞에 출석할 의무가 있다(StPO 제163조의a 제3항). 즉, 피의자는 소환에 의하여 경찰에 출석할 의무는 없으나 검사앞에 출석할 의무를 진

다.291) 소환에 응하지 않을 경우 검사는 피의자의 구인을 명할 수 있으며, 이를 위하여
는 소환시 소환불응에 대하여 구인을 할 수 있음을 미리 경고해야 한다. 그러나 구속사
유가 존재하는 경우에는 즉시 구인을 명할 수 있다. 구인된 피의자는 구인이 시작된 때
로부터 24시간을 초과하여 구류될 수 없다(StPO 제135조).

(3) 참고인에 대한 강제처분권

참고인과 감정인은 검사의 소환에 응하여 사실을 진술하거나 감정할 의무가 있으며
(StPO 제161조의a 제1항), 참고인이나 감정인이 정당한 이유없이 불출석 또는 출석거부시
검사는 참고인 등을 강제구인(die zwangsweise Vorführung)할 수 있고, 비용부담·과료
등의 제재를 가할 수 있다(동조 제2항).292) 위 검사의 참고인 구인제도는 1975년 독일의
제1차 형사소송법 개정시 추가된 조문이다. 이러한 권한은 객관성과 정의로 의무지워진
사법기관으로서의 검사에게 보다 효과적으로 그의 법적 지시를 달성할 필요에 따라 부
여된 것이므로, 경찰은 이러한 권한을 가지고 있지 않다.

(4) 기 타

검사는 지체의 위험이 있는 경우에는 긴급체포를 명하거나 직접 실행할 수 있으며,
압수·수색 및 통신감시라는 강제처분권을 행사할 수도 있다.

4. 기소권

독일 형사소송법(StPO)은 검찰이 공소를 제기한다고 하여 기소일원주의(우리나라에서

---

291) Kleinknecht/Meyer, a.a.O., S.614.
292) ▶ 제51조 ① 적법한 소환에 응하지 않은 증인에게는 그 불출석으로 유발된 비용이 부과된다.
　　(중간 생략) 증인의 강제구인 또한 허용되며 이 경우 제135조를 준용한다.
　　▶ 제133조 ① 신문을 위하여 피의자를 서면으로 소환하여야 한다. ② 불출석의 경우 구인된다
　　는 경고와 함께 소환할 수 있다.
　　▶ 제134조 ① 구속영장발부를 정당화할 만한 근거가 존재하는 경우 피의자에 대한 즉시 구인
　　을 지시할 수 있다. ② 구인장에는 피의자를 정확히 적시하고 그의 책임을 묻게 될 범죄행위
　　및 구인사유를 명시하여야 한다.
　　▶ 제135조 피의자는 즉시 판사에게 인치되어야 하고 당해 판사가 신문하여야 한다. 구인장을
　　근거로 한 구류는 구인이 시작된 때로부터 24시간을 초과하여서는 안 된다.
　　▶ 제161조a ① 증인과 감정인은 검사의 소환에 응하여 출석하고 사건에 관하여 진술하거나 감정
　　을 행할 의무가 있다.(이하생략) ② 증인이나 감정인이 정당한 이유 없이 불출석하거나 출석을 거
　　부하는 경우 검사는 제51조, 제70조 및 제77조에 규정된 처분을 행할 권한이 있다. (이하 생략)
　　▶ 제163조a ③ 피의자는 검사의 소환에 응하여 출두하여야 할 의무가 있다. 제133조 내지 제
　　136조a 및 제168조c 제1항과 제5항을 준용한다.

는 '기소독점주의'로 번역됨)를 규정하고 있다(형소법 제152조, 제170조).[293] 다만 이에 대한 예외로서, 조세범 사건에 있어서 '세무관청의 약식명령 청구권'이 인정되고(독일 조세법 제399조 제1항, 제499조), 독일 형사소송법 제374조[294]에 따라 일정한 경죄나 사적 영역 보호의 성격이 강한 범죄에 대하여 '사소(私訴)'가 인정되고 있다. 또 기소법정주의를 원칙으로 하고 있으나, 형사소송법 제150조 제2항에 "법률에 다른 규정이 없는 때에는"이라는 예외를 열어놓고, 이에 따라 합리적인 사정이 있는 때에는 기소하지 않을 수 있는 '기소합리주의' 규정들이 개별조항[295] 차원에서 많이 도입되어 있다.

이와 관련하여, 우리나라 수사권조정을 찬성하는 일부 학자들이 우리나라 검사의 권한이 막강하다는 논거로 기소법정주의를 취하는 독일과 달리 우리나라는 기소편의주의를 취하고 있다는 점을 들고 있다.

그러나 기소편의주의를 채택한 우리나라의 기소유예 비율(건수 기준)이 2011년 12.1%, 2012년 12.4%, 2013년 12.2%, 2014년 12.5%, 2015년 14.1%인 반면, 독일의 경우 기소법정주의의 예외로서 기소유예 처분 건수에 대한 2011년도부터 2020년도까지 그 비율을 살펴보면 2016년까지는 점차 증가하는 추세였지만, 2017년부터 다소 완만하게 감소하는 추세라고 하더라도 아래의 표에서 보는 것처럼 우리나라보다 그 비율이 매우 높다.

---

293) ▶ 제152조 ① 공소제기는 검사의 권한에 속한다. ② 법률에 다른 규정이 없는 때에는, 검사는 충분한 사실적 근거가 존재하는 모든 형사소추 가능한 범죄행위에 대하여 공소를 제기하여야 한다.
　▶ 제156조 공판절차개시 이후에는 공소를 취소할 수 없다.
　▶ 제170조 ① 수사결과 공소제기를 위한 충분한 근거가 밝혀진 경우 검사는 관할법원에 공소장을 제출함으로써 공소를 제기한다. ② 그렇지 않을 때에는 검사는 절차를 중지한다. (이하 생략)
294) 독일 형사소송법 제374조 제1항에 따라 사소가 가능한 범죄는 '주거침입죄(형법 제123조), 모욕죄(형법 제185조 내지 제189조) 가운데 형법 제194조 제4항에 규정된 정치단체에 대한 것이 아닌 경우, 서신비밀침해죄(형법 제202조), 상해죄(형법 제223조 및 제229조), 스토킹죄(형법 제238조 제1항) 또는 협박죄(형법 제241조), 업무상 수뢰 또는 증뢰죄(형법 제299조), 재물손괴죄(형법 제303조), 형법 제323조a에 따른 행위로서 그 행위가 명정상태에서 저질러진 위 죄들에 해당하는 경우, 부정경쟁방지법 제16조 내지 제19조에 따른 범죄행위, 특허법 제142조 제1항, 실용신안법 제25조 제1항, 반도체보호법 제10조 제1항, 종자보호법 제39조 제1항, 상표법 제143조 제1항과 제143조a 제1항과 제144조 제1항과 제2항, 의장법 제51조 제1항, 제65조 제1항, 저작권법 제106조 내지 제108조b 제1, 2항 및 조형미술과 사진작품 저작권관련법 제33조에 따른 범죄행위이다.
295) 형사소송법 제153조, 제153조a, 제153조b, 제153조c, 제153조d, 제153조e, 제153조f, 제154조, 제154조a, 제154조b, 제154조c, 제376조, 소년법원법 제45조, 마약류관리법 제31조 등.

【표 2-9】 독일의 기소유예 처분현황296)

연도 \ 구분	전체 처리 사건 수	조건부 기소유예	단순 기소유예	기소유예 비율 (조건부+단순 기소유예 /전체사건 수)
2011	4,609,786	197,024	1,085,270	27.82%
2012	4,556,600	188,657	1,080,499	27.85%
2013	4,537,363	183,333	1,094,682	28.17%
2014	4,696,112	180,811	1,191,546	29.22%
2015	4,989,559	174,956	1,421,570	31.99%
2016	5,181,670	174,143	1,509,679	32.50%
2017	4,858,212	169,801	1,262,717	29.49%
2018	4,939,174	167,775	1,222,234	28.14%
2019	4,938,651	167,561	1,214,311	27.98%
2020	4,996,494	161,621	1,212,739	27.50%

5. 특별수사기구(중점검찰청)의 설치

(1) 설치배경

독일은 경제범죄에 대한 효과적인 수사를 위하여 2차 세계대전을 전후하여 중점검찰청과 유사한 기관인 독일제국 형사경찰청 부설 부패사범단속본부,297) 뮌헨 검찰총장 소속 부패사범규제본부,298) 노르트라인－베스트팔렌(Nordrhein－Westfalen)주의 부패 및 부정경

296) Statistisches Bundesamt, 「Fachserie 10 Reihe 2.6, Rechtspflege, Staatsanwaltschaften 2015」 pp. 26; Statistisches Bundesamt, 「Fachserie 10 Reihe 2.6, Rechtspflege, Staatsanwaltschaften 2014」 pp.26; Statistisches Bundesamt, 「Fachserie 10 Reihe 2.6, Rechtspflege, Staatsanwaltschaften 2013」 pp.26 등(독일 연방통계청 통계시리즈, 사법 통계의 검찰 관련 통계 중 2011.~2020).
297) Reichzentrale zur Bekamfung von Korruption beim Reichskriminaldolizeiamt(1938－1945).
298) Zentralstelle für Korruptionsbekampfung beim General staatsanwalt in München(1947).

제사범규제위원회(1950) 등이 설치되어 효율적이고 신속한 사건처리를 한 바 있다.[299]

그 후 1963년에 연방범죄수사청(Bundeskriminalamt, BKA)이 개최한 경제범죄연구발표회(Arbeitstagung für die Bekämfung der Wirtschaftskriminaltät)에서 재량권이 있는 전문가들을 포함해서 좀 더 잘 양성된 검사들에 대한 필요성이 제기되었으며,[300] 특히 물더(Mulder)가 이 회의에서 베네룩스 국가들의 그러한 특수부에 대한 긍정적인 경험을 보고한 이후부터 적극적으로 논의되기 시작하였고,[301] 연방법무부측에서도 당시 달걀장려법에 따른 조정금액을 지원하던 보조금 사기, 곡물피해의 보조금 사기, 독일연방군의 신규장비 도입과 관련된 부정과 가격담합과 관련된 범죄들의 빈번한 발생에 대응하여 개선된 설비와 경제관련 분야에 익숙한 부기계원, 회계검사원 내지 이른바 경제전문가들과 같은 인력을 확보할 필요성을 느끼게 되어, 이러한 현대사회의 경제범죄에 대응하여 철저하고 신속한 수사가 이루어지려면 경제분야에 관한 고도의 전문지식과 경험 및 광역수사체제의 확립이 필요하다는 인식에서 중점특별수사부가 도입된 것이다.[302] 즉, 각종 경제범죄를 모든 지방검찰청에서 산발적으로 처리하기보다는 선별된 몇몇 검찰청의 전담검사로 하여금 경제분야 전문가의 지원을 받아 집중적인 수사를 하게 함으로써 전문지식과 경험의 부족에서 오는 수사상의 오류를 방지하고 범죄척결의 효율성을 제고하기 위한 것이다. 이에 이러한 기관들을 선례로 하여, Nordrhein Westfalen주[303]의 1968. 3. 30.자 주법무장관회시(Rundverfugung)를 통해 1968. 6. 1.부터 Köln 등 4개 지방검찰청을 중점검찰청으로 개편할 것이 지시되어 설치되기 시작하여 독일의 거의 모든 주에서 점차적으로 중점검찰청이 설치된 것이다.

1970. 1.경 노르트라인 – 베스트팔렌(Nordrhein – Westfalen)주의 일부 규모가 큰 법원에 전문교육을 받은 판사들로 구성된 경제형사부(Wirtschaftsstrafkammer)가 설치되어 경제사건을 집중적으로 심리함으로써 신속한 재판이 이루어질 수 있도록 하였는데, 그 후 이러한 제도가 독일 각 주에 확산되기 시작하여 현재는 거의 모든 주의 법원에 경제형사부가 설치되어 운영되고 있다.

원래 독일은 1974년까지 현재의 프랑스와 마찬가지로 예심판사제도를 두고 있었고, 이에 따라 중죄 사건 등 중요사건의 수사활동은 예심판사가 하였으며, 따라서 이때까지

---

299) 1950년대 석탄이 매우 부족하였을 때, 노스트라인 베스트팔렌주 전역을 관할로 하여 에센(Essen)지방검찰청내에 설치되었던 석탄운반에 관련된 사기 및 뇌물사범을 특별단속하기 위한 에센특별본부도 이와 유사하다.

300) Bundeskriminalamt, *Grundfragen der Wirtschaftskriminalität*, Wisbaden, 1963, S.10. 이하.

301) Bundeskriminalamt, a.a.O., S.251 – 259.

302) 최기식, 앞의 연구총서, 32면.

303) 당시 Nordrhein Westfalen주는 Ruhr를 비롯히여 중요한 대부분의 공업지대를 가지고 있어 경제사범의 발생이 가장 많은 주였다.

검사가 직접 수사하는 것은 제도적으로 제한될 수밖에 없었으나, 1974년 형사소송법 개정으로 예심제도가 폐지되자 예심판사가 하던 수사활동 중 중요사건 수사를 검찰이 맡게 된 것이다. 이에 따라 부정부패사건, 경제사건 등에서 검찰이 직접 인지 수사하는 영역이 확대되었고, 수사의 효율성을 위하여 전문인력을 두는 중점검찰청을 만들게 된 것이며, 한꺼번에 모든 검찰청에 전문인력을 둘 수 없으므로 주요 검찰청에만 이러한 기구를 만든 것이다. 즉, 독일의 중점검찰청은 독일 검찰의 인지수사 영역이 확대되어 가면서 일부 검찰청에 대규모 인지부서를 설치하여 주는 형태일 뿐이고, 다른 검찰청의 인지부서를 폐지하거나 인지를 하지 못하게 하는 것은 아니며, 일정한 범죄에 대하여는 다른 청의 관할 사건도 수사하여 기소할 수 있도록 광역적인 토지관할을 창설하여 준데 의의가 있다.

(2) 설치근거

독일에서 중점검찰청의 설치근거 법령은 관할권과 관련된 특별 규정에서 볼 수 있다. 일반적인 형사사건의 토지관할과 사물관할과 별도로 광역적인 특별관할을 규정함으로서 경제범죄를 담당하는 경제전담 재판부를 설치하고 있다. 그러므로 검찰청에서도 그에 상응하여 경제범죄를 인지하고 수사할 수 있도록 광역 관할권을 갖게 되는 중점검찰청을 설치하고 있는 것이다.304) 그 근거 규정으로 GVG 제141조는 "각 법원에 대응하여 검찰청이 설치되어야 한다."고 규정하고 있으며, 동법 제143조 제1항에서는 "검찰공무원의 토지관할은 그에 대응하여 설치된 법원의 토지관할에 의하여 정하여 진다"라고 규정하고 있는데, 이와 같은 규정은 한국의 규정과 거의 유사하다고 할 수 있다. 그러나 동법 제74c조에서는305) 법원의 경제형사부의 관할에 대해서 특별규정을 두고 있으며, 동

---

304) 독일 검찰은 한국처럼 입회계장 제도가 없기 때문에 직접수사기능이 없다고 말하기도 한다. 그러나 독일은 전국적으로 검사 인력이 충분하기 때문에 구태여 입회계장을 둘 필요가 없다. 따라서 검사가 연명으로 서명날인하고 조서를 작성하거나, 조사 내용을 녹음해서 법원에 제출하는 방식 등으로 직접 조사를 한다. 그와 같은 독일 검찰의 직접 수사 또는 인지수사는 지금도 계속 늘어나고 있는 추세이다.

305) GVG 제74조의 c [경제형사부의 관할] ① 다음 각 호의 범죄행위에 대하여는, 제74조 제1항에 따라 제1심 법원으로서 그리고 제74조 제3항에 따라 참심법원의 판결에 대한 항소심의 심리와 판결에 대하여 주법원에 관할이 있는 한, 형사부가 경제형사부로서 관할이 있다.

  1. 특허법, 실용신안법, 반도체보호법, 식물종자보호법, 상표법, 의장법, 저작권법, 부정경쟁방지법, 주식법, 특정기업 및 콘체른의 회계에 관한 법률, 유한회사법, 상법, 유럽경제이익단체에관한 유럽경제공동체명령의 시행을 위한 법률, 조합법 및 법인변경법

  2. 은행·기탁(寄託)·증권 및 신용제도에 관한 법률과 보험감독법 및 유가증권거래법,

  3. 1954년의 경제형법, 대외경제법, 외환관리법과 재정독점·조세 및 관세법, 또한 이들의 형벌규정이 다른 법률에 따라 적용되는 경우, 다만, 동일한 행위가 마취제법에 따른 범죄행위가 되는

법 제143조 제4항에서는 검찰에 대한 부분적인 집중 규정을 두고 있다.[306) 또한 동법 제145조에서는 고등검찰청의 장에게 고등검찰청 관할 내의 사건에 대해 개별관할을 지정할 수 있는 권한을 부여하고 있다.[307) 따라서 고등검찰청의 장이 특정 경제범죄에 대하여 일반적인 토지관할 및 사물관할과는 구분되는 광역 관할을 특별히 부여할 수 있도록 하여 경제범죄에 대해서 집중적으로 수사할 수 있는 전담 수사기관인 중점검찰청을 설치할 수 있도록 근거를 마련하고 있다. 다만, 동법 제74c조 제1항에 규정된 모든 범죄를 중점검찰청이 수사하는 경우 일반 검찰청에서는 쉽게 처리할 수 있는 사건까지도 중점검찰청이 수사하게 되어 업무부담이 가중되면, 오히려 그 설치 취지와는 달리 경제범죄 수사의 비효율성이 나타날 수 있게 된다. 그러므로 동법 동조 제3항에서는 구체적인 관할구역의 결정에 대해서는 주의 법규명령(Rechtsverordnung)에 위임하고 있으며, 동법 제145조는 각 주의 검찰총장에게 업무를 조정할 수 있도록 하고 있다. 또한 각 주에서는 중점검찰청을 설치하는 여부를 강제가 아니라 자치적으로 결정하도록 함으로서 각 주의 법무부장관이 중점검찰청 설치규정을 마련할 수 있도록 하고 있다.

경우, 그리고 자동차에 관한 조세범죄행위에 대하여는 그러하지 아니하다.

4. 포도주법 및 식료품법

5. 컴퓨터사기, 보조금사기, 투자사기, 신용사기, 파산, 채권자비호 및 채무자비호,

5a. 입찰에서의 경쟁제한적 담합 및 업무적 거래에 있어 중(重)수뢰와 중(重)뇌물공여.

6. 그 사안의 판단을 위하여 경제생활의 특별한 지식이 필요한 경우의 사기, 배임, 폭리, 뇌물공여 및 중뇌물공여

② 제1항에 따라 경제형사부가 관할이 있는 사건에서는, 경제형사부가 또한 제73조 제1항에 기재된 재판을 한다.

③ 주정부는 절차의 적절한 촉진 또는 신속한 처리를 위하여 법규명령에 의해 수 개의 주법원 관할구역을 위하여 하나의 주법원에 전적으로 혹은 부분적으로 제1항에 기재된 형사사건을 배정할 수 있는 권한이 있다. 주정부는 그 수권을 법규명령에 의해 주법무부에 위임할 수 있다.

④ 제3항의 범위 내에서 그에 따라 정해진 주법원의 관할구역은 다른 주법원의 관할구역에 확장된다.

306) 제143조 제4항. 「검찰공무원에게는 다수의 주법원 또는 신속한 처리를 위하여 합목적적인 한, 특정 유형의 형사사건 소추, 그러한 사건에서의 형집행 및 이 법의 공간적 적용범위를 벗어난 장소에서의 법률상 원조 요청의 담당을 위한 관할이 배정될 수 있다. 이러한 사안에서 검찰공무원의 토지관할은 그에게 배정된 사건에서 이러한 사건이 배정된 관할구역의 모든 법원에까지 미친다」.

307) GVG 제145조 [대체권한] ① 고등주법원 및 주법원에 대응하는 검찰의 수장(Die ersten Beamten Staatanwaltschaft)은 그 관할구역의 모든 법원에서 검찰의 직무수행을 스스로 담당하거나 이미 관할하고 있는 공무원이 아닌 다른 사람에게 그 대리를 위탁할 수 있다.

(3) 각 주의 설치 현황

노르트라인-베스트팔렌 주에서 중점검찰청이 설치되기 시작한 이래 우리나라 중앙수사부처럼 주 전체 단위로 중점검찰청이 설치된 곳을 보면, 슈레스비히 홀스타인(Schleswig-Holstein) 주는 가장 모범적인 중점검찰청으로 평가받고 있는데, 검찰총장(Generalstaatsanwalt) 산하에 부정부패 중앙수사부(Zentrale Stelle Korruption)가 설치되어 있고, 경제전문가, 경찰 등이 함께 수사팀에서 활동하고 있고, 니더작센(Niedersachsen) 주, 노르트라인-베스트팔렌(Nordrhein-Westfalen) 주, 튀링엔(Thüringen) 주에도 "조직범죄 및 부정부패사범" 수사를 위하여 주최고검찰청에 중앙수사부를 설치하고 있다.

각 州 지방검찰청 단위의 중점검찰청 설치현황을 보면, 바덴-뷔르템베르크(Baden-Württemberg) 주에는 17개의 지방검찰청 중 Mannheim과 Stuttgart 등 2개, 바이에른(Bayern) 주에는 22개의 지방검찰청 중, MunchenⅡ,[308] Augusburg, Landshut, Nürnberg-Furth, Hof, Würzburg 등 6개, 헤센(Hessen) 주에는 Darmstat, Frankfurt, Kassel 등 3개, 니더작센(Niedersachsen) 주에는 11개 지방검찰청 중 Hannover, Buckeburg, Hildesburg 등 3개, 노르트라인-베스트팔렌(Nordrhein-Westfalen) 주에는 19개 지방검찰청 중 Bielefeld, Bochum, Köln, Wuppertal 등 4개, 슈레스비히-홀스타인(Schleswig-Holstein) 주에는 4개의 지방검찰청 중 Kiel, Lübeck 등 2개, 브란덴부르그(Brandenburg) 주에는 Neuruppin 1개, 튀링엔(Thüringen) 주에는 Erfurt 1개 등이 설치되어 있고, 도시 州들인 베를린(Berlin)과 자아란트(Saarland)는 각 특별부(Sonderdeznat)에서, 브레멘(Bremen)과 함부르크(Hamburg)에서는 각 한 개의 부에서 각 경제범죄를 전담하고 있다.[309]

(4) 조 직

현재 독일은 전국의 16개주(Land)[310]에 115개의 지방검찰청[311]이 설치되어 있는데,

---

308) MunchenⅡ 검찰청은 중점검찰청에서 부패 및 경제범죄를 담당하면서 활발한 인지수사를 하고 있는 반면, MunchenⅠ 검찰청에는 중점검찰청이 없다.

309) 라인란트 팔츠(Rheinland-Pfalz)주에는 경제범죄 관련사건이 비교적 빈발하지 않기 때문에 중점검찰청 또는 특별부를 설치하지 않고 일반 검찰이 부정부패사범에 대한 수사를 하고 있다.

310) 1990. 10. 3. 동·서독의 통일이 이루어지고 난 후 구 서독지역의 11개주에 구동독 지역의 5개 주가 편입되어 통일독일은 모두 16주로 구성되었는데, 새로 편입된 5개주는 브란덴부르크(Brandenburg), 작센안할트(Sachsen-Anhalt), 메클렌부르크 포포메른(Mecklenburg-Vorpommern), 작센(Sachsen), 튀링엔(Thüringen) 등이고, 동베를린은 서베를린과 재통합하였다.

311) 독일은 연방국가로 검찰조직이 연방검찰청(Bundesanwaltschaft)과 주검찰청(Landesanwaltschaft)으로 이원화되어 있는데, 연방검찰청은 법원조직법 등에 규정된 특정한 사항, 예컨대 국가보안 관련사건, 연방법원에 계류 중인 상고사건, 주검찰청간의 관할쟁의가 있는 경우 관할검

중점검찰청은 새로운 특수검찰청을 창설한 것이 아니라 기존의 몇몇 지방검찰청경제부를 강화·개편하는 방식으로 만들어졌다. 즉, 원래보다 검사수를 증원하고 경제연구원(Wiltschaftsreferent)과 회계검사원(Buchhalter)을 배치하여 전문지식을 통하여 경제사건수사에 협력케 하며, 경제부 소속 검사는 오로지 경제사건 수사만을 전담토록 사무분담을 조정함으로서, 집중화와 전문화를 통한 효율적인 수사체제를 갖추고 있는 것이다. 그리고 중점검찰청으로 지정되지 못한 지방검찰청의 경우에도 경제범죄에 대한 인지·수사권이 박탈된 것이 아니므로 각종 경미한 부패 및 경제범죄를 처리하고 있다.

중점검찰청 경제사범 전담부에는 부 전체(Hauptabteilung)를 책임지는 1인의 수석부장검사(Oberstaatsanwalt)가 있고, 그 밑에는 3-4개의 과(Abteilung)를 책임지는 부장검사가 있으며, 각 과에는 여러 명의 검사들이 소속되어 있고, 아울러 3-5명의 경제연구원과 회계검사원이 배치되어 있다.312)

(5) 구성원과 그 역할
가. 중점검찰청 검사(Staatsanwalt)

대학에서 경제, 경영, 회계, 조세 분야를 공부하고 검찰실무 경력이 보통 3년 이상 되는 검사로서 본인이 원할 경우 지방검찰청 검사장이 소속부장의 의견을 듣고 선발하는데, 중점검찰청 검사(경제사범 전담부 소속 검사)로 선발되면 독일 법무연수원(Deutsche Richterakademie)에서 1-2주일간 특수 교육을 받는다. 이후 중점검찰청 검사는 경제범죄(Wirtschaftskriminalität) 및 부패범죄(뇌물, Korruption)에 대한 수사활동을 하면서 수사와 관련하여 경찰은 물론 세무관서, 세관심리국, 무역 및 외환사범에 대한 검색소 등 경제사범 관련기관을 지휘·조정한다.313)

찰청의 결정 등의 업무만 처리할 뿐 주검찰청의 상급기관이 아니며, 일반형사사건에 대하여는 주검찰청이 관할권을 가지므로 주검찰청이 독일 검찰조직의 근간을 이루고 있다. 주검찰청으로는 주최고검찰청(Staatsanwaltschaft bei dem Oberlandesgericht), 지방검찰청(Staatsanwaltschaft bei dem Landesgericht), 구검찰청(Amtsanwaltschaft bei dem Amtsgericht)이 있는데, 주최고검찰청은 주의 최고검찰청이다. 독일의 각 주에는 관할구역이 다른 1개 내지 3개의 고등법원(주의 최고법원)이 있으므로 이에 따라 주 최고검찰청인 고등검찰청도 각 주에 1개 내지 3개가 설치되어 있다. 고등검찰청 산하에 여러 개의 지방검찰청이 있는데 우리나라의 지방검찰청과 거의 동일하다. 구검찰청은 구법원에 대응하여 설치된 것으로 독일에서 독자적인 구검찰청이 설치된 곳은 Berlin과 Hessen주뿐이며 그 외의 주에서는 지방검찰청에서 구법원의 검찰업무를 함께 수행하고 있다(최기식, 앞의 연구총서, 33면)고 한다.

312) 참고로 노르트라인-베스트팔렌 주에서는 중점검찰청에 55명의 전담검사, 검사 3명에 1명씩의 경제연구원, 경제연구원 3명에 1명씩 회계검사원을 배치되어 있다.

313) 참고로, 바덴 뷔르템베르크(Baden-Wuerttemberg)주의 중앙경찰조직인 주 수사청(Landeskriminalamt) 제6국은 재산범죄를 담당하는 곳으로 슈투트가르트(Stuttgart)중점검찰청 소속 검사들과 긴밀한

나. 중점검찰청 경제연구원(Wirtschaftsreferent)

경제연구원은 일반적으로 대학에서 경제학 또는 경영학을 전공한 경제학사(Diplom Volkswirtschaft), 경영학사(Dipl. Betriebs wirt.), 상학사(Dipl.Kaufleute)들로서, 대학졸업 후 일반기업에 수년간 근무한 경력이 있고, 기업내의 전문적인 경영실태를 제3자에게 설명, 이해시켜 줄 수 있는 능력을 가지고 있으며, 각 주에서 특별한 필기시험을 치르지 않고 서류전형 및 면접과정을 통하여 채용하는데, 경제연구원은 검찰청의 고위직급에 속하는 사무원(Angesteller)으로서 독일 공무원(Beamter)의 보수등급 A14(우리나라의 경우 중앙부처 과장급)에 해당하는 높은 보수를 받는다고 한다.[314]

이러한 경제연구원은 경제관계 형사사건에 관하여 검찰이나 경찰의 수사절차에 참여할 수 있는 권한이 있으며, 업무수행상 필요한 경우 다른 관청으로부터 정보를 수집하거나 회사 경영실태에 관한 각종자료를 요구할 수 있고, 수사의 방법과 범위를 결정하는 주임검사와 긴밀히 협력하며, 형사소송의 증거수단이 되는 회사 경영실태 자료를 검토 분석하고, 수사진행과정에서 제기되는 경제적 내지 경제법적 문제에 관한 판단을 내리는데, 경제연구원이 수집 조사한 자료는 형사소송법상 증거능력이 인정되고 다만 증명력에 있어서만 문제된다고 한다. 다만, 검사의 수사개시 결정이 없는 한 경제연구원은 독자적으로 수사를 개시하지 못하고, 일단 수사가 시작되어 경제연구원에게 임무가 부여되면 그는 해당서류 등을 조사 검토하여 독자적으로 평가의견을 제시할 수 있으며, 검사는 경제범죄를 수사함에 있어서 경제연구원을 통하여 필요한 자료를 수집·검토하는데, 자료수집 범위 및 수집된 경제범죄 관련자료에 관한 평가에 있어서 경제연구원과의

관계 속에 경제범죄 수사초동단계부터 검사의 지휘를 받아 수사활동을 전개한다고 한다.

314) 독일에 있어서 국가로부터 봉급을 받는 사람을 공직자(Beschaeftigte im oeffentlichen Dienst)라고 하는데 공직자는 2개의 부류로 구분되고 있다. 하나는 우리나라 경우와 같은 "공무원"(Beamter)이고, 다른 하나는 "사무원"(Angesteller)과 "작업원"(Arbeiter)이라고 불리우는 부류인데, 이 2개의 부류는 임용자격, 임용절차, 봉급결정, 담당직무 등 인사관리상의 체계를 달리하고 있다. "사무원"과 "작업원"은 민간 경제부문의 근로자들처럼 사회보장보험료를 납부해야 하고("공무원"은 납부하지 않음), 그들은 처음부터 평생동안 임용되는 것이 아니라 근무기간이 15년 이상되고 41세 이상되어야 해고되지 않는 지위를 얻게 된다. 독일의 공직자는 약 40%가 공무원이고 나머지가 사무원, 직업원들이다. 한편 독일의 공무원은 단순직, 중급직, 상급직, 고급직의 4그룹으로 분류되는데, 우리나라와 비교해 볼때 단순직은 타자원, 중급직은 서기급, 상급직은 주사급에 해당되고, 고급직은 다시 A13(중학교 교원, 중앙부처 사무관급), A14(고등학교 교원, 중앙부처 과장급), B2(중앙부처 국장급), B11(차관)으로 세분되고 있다. 중점검찰청의 경제연구원은 BAT(연방사무원 임금액계약서)에 따라 봉급을 받는데 이는 공무원 고급직 A14에 해당하는 보수이다. 참고적으로 2002년 현재 A7의 본봉은 월 1,620유로(당시 1유로당 1,200원 상당)이고, B9의 본봉은 월 8,096유로이다.

사이에 의견이 일치하지 않을 경우 검사장 또는 부검사장의 지시에 따라야 한다.

다. 중점검찰청 회계검사원(Buchhalter)

중점검찰청의 회계검사원은 주로 상업계 직업학교를 졸업하고 기업회계 업무에 종사한 경력이 있는 자가 업무를 수행하게 된다. 회계검사원은 경제연구원을 도와서 관련 기업의 회계장부 등을 정리·검토하고, 해당 기업의 재무구조 등을 평가할 때 경제연구원에게 자신의 견해를 밝히고 함께 논의를 한다. 주로 경제연구원의 지시를 받아 활동하게 되며, 자신 명의의 문서를 외부에 발송하는 경우는 거의 없다. 독일은 이와 같이 주 업무를 보호할 수 있는 인력을 교육과정에서 양성하는 것이 일반적이다. 예를 들어, 비서업무의 경우에도 교육과정에서 비서업무를 수행할 수 있는 인력을 구분하여 교육시키고, 사회에서 전문적인 비서업무를 수행하도록 하고 있다. 한국의 마이스터 고등학교 개념이 독일의 그와 같은 개념에 유사한 제도라고 할 수 있다.

라. 중점검찰청 부검사(副檢事; Amtsanwalt)[315]

부검사는 대개 법률전문대학 졸업자 가운데 검사보시험에 합격하고, 대략 3년 동안 사법보조관교육(Rechtspflege Ausbildung)을 받은 다음, 추가로 약 15개월 동안 검찰실무와 이론에 관한 특별교육을 받은 후 채용된다.[316] 부검사는 검사 보조원으로 업무를 수행하게 되며, 검사와 같이 직업법관으로서의 자격을 부여받지는 않는다.[317] 실무에서 보면 경제범죄의 경우 관련 참고인이 수십 명 또는 수백 명에 이르는 경우도 있고, 방대한 조사를 수행해야 하는 경우 있다. 그와 같은 경우 참고인조사 등과 같은 평범한 조사는 부검사에게 일임하게 되며, 검사는 중요한 참고인은 조사를 직접수행하게 된다.

---

315) 독일의 구법원(Amtsgericht)에 대응하는 구검찰청(Amtsanwaltschaft)에 소속된 검사이므로 "구검사"라고도 한다.

316) 부검사는 독일의 구법원(Amtsgericht)에 상응하는 구검찰청(Amtsanwaltschaft)에 소속된 검사를 의미하기 때문에 '구검사'라고 말하기도 한다.

317) 한국에서도 부판사 및 부검사 제도를 도입할 필요성이 있다는 주장이 제기되기도 한다(박형관, "부판사, 부검사 필요성 재음미 – 형사절차상 권력의 합리적 분산과 인권보호의 관점에서", 형사법의 신동향 제65호, 2019; 힌생일, "독일 검찰청 조직과 검찰공무원의 역할", 형사법의 신동향 통권 제22호, 2009, 219면 참조).

【표 2-10】 중점검찰청 조직례

【Braunschweig 중점검찰청】318)

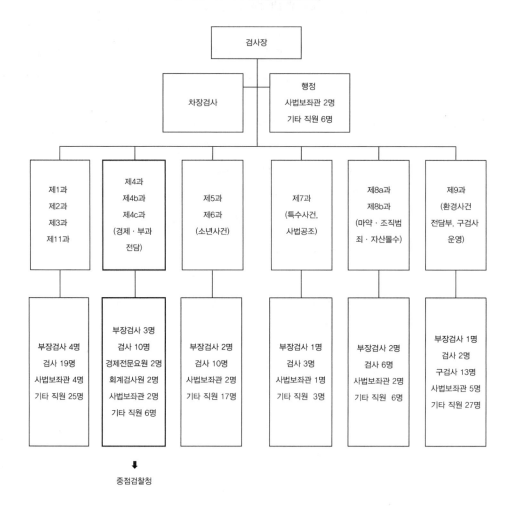

Ⅳ. 검사와 사법경찰관리의 관계

1. 관련규정

독일 형사소송법(StPO) 제163조 제1항은 「경찰관청과 경찰공무원은 범죄행위를 조사하여야 하며, 사건의 증거인멸을 방지하기 위하여 지체해서는 안 될 모든 조치를 하여야 한다」라고 하여 소위 검사의 지휘를 받는 사법경찰뿐만 아니라 행정경찰을 포함한 경찰임무를 담당하는 모든 관청과 공무원의 초동수사권을 규정하고 있다.

318) http://www.staatsanwaltschaften.niedersachsen.de/portal/live.php?navigation_id=32005&article_id=110530&_psmand=165.

전술(前述)한 법원조직법(GVG) 제152조 제1항도 검사의 수사요원은 '검찰의 명령'에 복종할 의무가 있다고 규정하고 있는바, 이는 검사의 수사요원이 제161조에 의하여 검사의 요청이나 위임에 의하여 검사의 수사를 실행하는 경우뿐만 아니라 앞에서 언급한 것처럼 제163조에 의하여 초동수사권을 근거로 스스로 수사를 개시한 경우에도 적용된다. 따라서 형사소송법 제161조의 규정이 검사와 경찰관청 및 경찰공무원 등에 대한 기관간의 외부적 관계를 규정한 것이라면, 법원조직법 제152조 제1항은 검사와 수사요원간의 내부적 관계를 규정한 것이라고 할 수 있다. 이에 따라 검사는 그 관할구역 수사요원에게 개별적으로 실행을 요구할 수도 있다. 그리고 그 동일한 권한을 그 지역 검찰의 상관인 공무원도 가지며, 연방검찰총장의 관할구역은 독일연방 전체에 미치므로 그는 모든 수사요원들에게 구속력 있는 지시를 할 수 있다. 이러한 특정공무원에 대한 특별한 지시는 범행장소나 검증장소와 같이 긴급한 경우 그리고 그 밖에 중요한 사유가 있는 경우에 역할을 한다. 왜냐하면 법원조직법(GVG) 제152조의 의미에 따라 수사요원들이 다른 경찰공무원들보다 검찰에 더 강하게 구속되기 때문이다.

2. 양자의 관계

검사는 수사의 주재자이며, 사법경찰관리는 검사의 보조기관이다. 따라서 검사는 사법경찰관리에 대하여 수사지휘권(Leitungsbefugnis)을 가지며, 사법경찰관리는 검사의 명령에 복종하여야 한다. 범죄수사에 있어서 검찰의 기능을 사법경찰의 그것과 비교하면 검사는 '손이 없는 머리'(Kopf ohne Hände) 내지 '몸체 없는 머리'(Kopf ohne Körper)[319] 이며, 사법경찰관리는 소위 '검사의 연장된 팔'(verlängter Arm der Staatsanwaltschaft)이라고 할 수 있는데, 이러한 연장된 팔로서의 관계는 제163조에 의한 경찰의 초동수사에도 미친다. 왜냐하면 검사의 수사지휘의 실효성을 위하여 법원조직법 제152조 제1항은 검사와 사법경찰인 검사의 보조공무원간의 개별적 관계에 대하여 「검찰의 보조공무원은 그 자격하에서 관할지역 검찰 및 상급 공무원의 지시를 따라야 한다」라고 규정하여 지시복종관계를 명시하고 있기 때문이다.

이에 대하여 수사권의 주체가 검찰이고 검찰의 경찰에 대한 수사지휘권이 인정되고 있음에도 불구하고 양기관간의 관계는 수평적이고 대등한 관계로 보는 견해도 있다.[320] 그 이유로 독일의 검찰이 자체 수사인력을 확보하고 있지 않고 언제나 경찰의 도움을 받아서만 수사를 할 수 있으며, 따라서 독일의 검찰을 "손·발 없는 머리"(Kopf ohne

---

319) Gerhard Schäfer, a.a.O., S.106.
320) 서보학, 「검찰·경찰간의 합리적 수사권 조정방안」, 검·경 수사권조정에 관한 공청회 자료집 (2005. 4. 11), 수사권조정자문위원회, 200면.

Hände)라고 하는데, 이는 우리나라 검찰이 자체 수사인력을 확보한 상태에서 경찰을 완전히 배제하고 독자적으로 수사를 할 수 있는 것과는 전혀 다른 상황이라는 것이다. 즉 수사를 지휘할 수는 있지만 반드시 손과 발이라고 할 수 있는 경찰의 도움을 받아서만 수사를 할 수 있다면 양자의 관계는 협조적·수평적이 되지 않을 수 없는 것이며, 이런 점에서 독일의 검·경 관계는 오히려 미국이나 일본식의 관계에 가깝다고 평가할 수 있다는 것이다.

그러나 **"손·발 없는 머리"**(Kopf ohne Hände) 내지 **"늘어난 팔"**(verlängerter Arm)의 의미는 검사의 명령에 근거하여 수사요원이 검사의 '기관'(Orgen) 내지 검사의 '늘어난 팔'로 행동하는 것을 뜻하는 것이지, 검사가 자체 수사요원을 가지지 않기 때문에, 직접 수사를 할 수 없는 기구, 즉 손과 발이 없는 소추기관에 불과하다는 의미로 '검사의 늘어난 팔'이라는 말을 원용하는 것은 그 말의 올바른 사용이 아니다. 왜냐하면 독일에서 그 언어의 올바른 사용은 검사의 수족과 같은 역할을 하는 수사요원은 그 본래의 소속이 혹은 본직이 어디인가와 무관하게 검사의 지휘를 받는 검사의 몸의 일부, 곧 식구라는 말을 의미하기 때문이다.[321]

결국 대륙법계 형사사법체계의 수사절차는, 공판에 회부할 사건을 선택하기 위하여 공판전 수사절차를 만들고 또 그 수사절차에서 공판정에서의 조사절차를 준비하게 되며, 그 수사를 할 자로 사실심 법원과 분리된 판사 내지 판사에 준하는 사법적 성격을 가진 광의의 사법기관인 검사를 만든 것이다. 그러므로 예심판사제도를 두지 않는 한, 수사는 오히려 검사가 하는 것이 원칙적인 모습인 것이다. 다만 모든 사건을 검사가 직접 하고 모든 수사활동을 검사가 다 할 수는 없으므로 이를 보조할 인력으로 사법경찰을 두어 일반적인 수사활동을 맡기고 중요한 경우는 지휘하는 방식으로 수사권을 행사하는 것이며, 필요한 경우에만 직접 수사활동을 하는 방식으로 제도화된 것이므로 본질적으로 독일의 검·경 관계에서는 협조적·수평적이라는 개념이 성립될 수 없다.

더욱이 독일에서의 수사권논쟁은 사실상 대부분의 사건을 경찰이 처리하는 현실인식에 기초하면서도 **'수사절차에 있어서의 검사의 주재자성'**(Herr des Ermittlungsverfahrens)은 결코 훼손할 수 없는 원칙임을 전제로 하여 그 안에서 현실적인 문제로서 사법경찰관의 자율성을 얼마만큼 인정하여 줄 것인가에 관한 찬/반 논의인 것으로, 우리나라에서 주장하는 것처럼 검사의 수사지휘를 배제하는 논의는 결코 아니다. 즉 수사의 개시와 진행에 있어서도 강제처분 등 기본권침해의 위험이 있는 부분이나 사건이 복잡한 경우, 중요한 경우 등 일정한 경우는 사건의 송치 이전에 검찰이 개입할 수 있고 검찰의 지휘를 받아야 하는 경우를 인정하는 점에는 전혀 이견(異見)이 없으며, 다만 이를 어떤 식으로 범위

---

321) 김성룡, 「청와대의 '수사권 조정안'과 검찰 개혁」, 형사정책 제30권 제2호(통권 제55호: 2018. 8.), 한국형사정책학회, 14면.

를 정하여 나머지 영역에서의 수사의 개시와 진행에 있어서의 경찰의 자율성을 부여할
것인가의 논쟁일 뿐이다. 즉 독일에서도 1970~80년경 경찰이 사실상 독자적으로 수사하
고 있다는 이유로 검찰의 통제를 배제한 경찰의 독자적 수사권을 주장하여 현재 우리나
라 상황과 유사한 수사권 논쟁322)이 제기된 바 있으나,323) 그런 경찰의 주장은 국민의
인권보장에 심각한 위험을 야기할 우려가 있고 검찰제도의 존재 자체를 부정하는 결과를
초래한다는 이유로 주목을 받지 못하고 학계의 거센 반대로 배척되었으며,324)325) 오히려
그러한 주장은 경찰에 대한 검찰의 통제력이 약화되어 경찰이 사실상 독자적인 수사권을
행사하고 있다는 현실에 대한 비판인식을 확산시켰고, 이러한 경찰력 비대화에 대한 우
려와 함께 검찰의 경찰에 대한 통제력을 회복시키고 실질적 통제가능성을 확보하는 방안
에 대한 논의를 유발시켜 그 이후에는 검찰과 경찰의 관계에 대한 논의가 주로 이에 중

322) Karl Heinz Gössel, "Überlegung über Stellung der Staatsanwaltschaft im rechtsstaatlichen Strafverfahren und über ihr Verhältnis zur Polizei", GA 1980, S.325(In einem "Vorentwurf eines Gesetzes zum Verhätnis von Staatsanwaltschaft und Polizei" werden z. T. einschneidende Gesetzesänderungen vorgeschlagen: wegen der Entwicklung der Polizei u. a. "in organisatorischer Hinsicht", aber auch hinsichtlich der "technischen Ausstattung" und "der fachlichen Aus−und Firtbildung" wird vor allem die grundsätzliche Abschaffung des unmittelbaren Weisungsrehts der Staatsanwaltschaft gefordert sowie das Recht der Polizei zu grundsätzlich selbständigen Ermittlungen aufgrund eigener Entscheidung und damit zugleich das weitere Recht, die polizeilichen Ermittlungsvorgänge grundsätzlich erst nach deren Abschluß an die Staatsanwaltschaft zu übersenden; 「검찰과 경찰의 관계에 관한 법률 초안」에서 부분적으로 영향력 있는 법률개정이 제안되었는 바: "조직적 관점에서" 경찰의 발전 그리고 "기술 장비"와 "전문적인 교육 및 재교육" 등을 이유로 검찰의 직접 지시권의 원칙적 폐지를 요구하였을 뿐만 아니라 경찰 자체의 결정에 근거한 경찰의 원칙적인 독자적 수사권 및 그와 동시에 원칙적으로 수사종료 후에야 검찰에게 경찰의 수사관련서류를 송부하는 권리가 요구되었다).

323) Auf der Grundlage des "Gesamtbericht(s) zur Klarstellung und teilweisen gesetzlichen Neuregelung des Verhätnisses von Staatsanwaltschaft und Polizei" einer von den Konferenzen der Justiz und Innenminister (−senatoren) eingesetzten Gemeinsamen Kommission; Stand: 17. November 1978.

324) Lilie, 「Das Verhältnis von Polizei und Staatsanwaltschaft in Ermittlungsverfahren」, ZStW 106, S.625; Hans Christoph Schäfer, 「zur Entwicklung des Verhältnisses Staatsanwaltschaft−Polizei」, Festschrift für Ernst Walter Hanack, 1999, S.191; Schünemann, Polizei und Staatsanwaltschaft, Kriminalistik, 74(1999), S.146.

325) 독일과 달리 우리나라의 경우는 지방대학교에 법학과보다 경찰(행정)학과가 많을 뿐만 아니라 더 인기가 높으며, 경찰대까지 설치되어 있는 점을 고려하면, 사실상 학계에서 이러한 반대를 기대히는 것은 무리이며, 오히려 수사권논의를 할 때마다 경찰(행정)학과 교수들이 '사법경찰의 독자적인 수사권 인정'에 찬성하는 성명서를 낭독하고 있는 실정이다.

점을 두고 있다. 즉, 만약 경찰수사권의 독립을 법적으로 확립한다면 그것은 1846년 이전의 법상태로 복귀하는 일이며, 그것이야말로 경찰국가의 재도래와 법치주의의 퇴조를 야기할 위험이 있다는데, 학계와 실무계의 의견이 대부분 일치하고 있는 것이다. 바로 이런 맥락으로부터 종종 경찰진영에서 내놓는 '수사는 주로 경찰이, 검찰은 공소관으로 순화시키자'는 제안이 설득력을 얻지 못하고 있는 이유를 이해할 수 있다.326)

이와 관련하여 1994. 11. 4. Trier대학에서 개최된 '형사소송법상 검찰과 경찰의 관계에 대한 국제 심포지움'에서 독일 연방검찰총장 냄(Nehm)은, "현재의 형사사법의 현실에서 수사절차는 이미 검사의 손에서 벗어나 있으며 검사의 역할은 더욱더 수사절차상의 단순한 법률가로 국한되어 가고 있다"고 분석하였는바, 그 원인으로 서로 상이한 개인적 재능, 예방조치에 있어서의 경찰의 우월적 지배, 그리고 범죄기술 등을 들었으며, 록신(Roxin)교수도 1997년 베를린 검찰 탄생 150주년 기념강연회에서 검찰의 법적 지위가 약화되는 이유로서, "첫째, 경찰의 인적·수사학적(kriminalistische)·기술적 (technische und technologische) 우위성, 둘째, 대부분의 신고가 경찰에 접수되며 나아가 경찰이 범죄사건발생 상황에 더 근접하여 일한다는 점, 셋째, 경찰이 범죄예방활동영역에서 행하는 상시적인 예방적 내사활동이 범죄행위 수사에도 영향을 미친다는 점, 넷째, 경찰도 형식적으로는 기소법정주의에 기속되는 것으로 되어 있지만 실제로는 경찰의 인적·물적 자원을 어느 부분에 투입할 것인지, 어느 부분에 집중적인 수사를 할 것인지 등에 대하여는 널리 그 스스로 결정하고 있다는 점, 다섯째, 점차로 광범위해지는 전자정보처리체계에 의하여 뒷받침되는 수사방식의 영역에서 경찰이 정보자료의 지배성 (Datenherrschaft)를 가지게 된 점, 여섯째, 인터폴(Interpol)이나 유로폴(Europol) 체계 등에 의한 경찰활동의 국제화가 경찰에게 검찰에 대하여 정보우위성을 만들어주는 점, 일곱째, 경찰이 비밀 수사요원(Verdeckte Ermittler)이나 정보원(Vertrauensleute)들을 사용하는데 이들에 대한 검찰의 통제가 이루어질 수 없다는 점, 여덟째, 경찰은 비밀수사요원 투입 등의 상황판단에서 경찰고유의 축적된 지식으로 판단할 수 있는 반면, 승인이나 지시권, 명령권을 보유하고 있는 검찰 내지 법원은 경찰을 통해서만 상황 자체를 알 수 있으므로 경찰의 힘을 크게 제한할 수 없다는 점"327) 등을 열거하고 있다.

3. 지휘권과 감독권

검사의 수사요원, 즉 「경찰임무를 담당하는 관청 및 공무원(Die Behörden und Beamten des Polizeidienstes)」은 형사소송법 제161조 제1항과 법원조직법 제152조 제1항에

---

326) 김일수, 「대한민국 검찰이 나아갈 방향과 독일 검찰제도가 주는 시사점」, 독일형사법연구회 2014년 춘계발표회 자료집(2014. 5. 9.), 100면.

327) Roxin, Zur Rechtsstellung der Staatsanwaltschaft damals und heute, DRiZ 1997, S.109 f.

근거한 검사의 명령·지휘권 외에 그의 본직인 경찰청의 상급자의 일반 직무상의 감독권 (allgemeinen Dienstaufsichtrecht)과 상관의 징계권(Disziplinargewalt des Dienstvorgesetzten) 에도 종속된다.[328]

두 가지가 충돌하는 경우, 즉 검사의 수사지휘와 경찰상관의 직무상의 지시가 충돌 하는 경우 법원조직법 제152조에 따르면 검사의 지시에 기본적으로 우선순위가 주어진 다. 본직의 직무상 상관의 지시들이 법원조직법 제152조의 검사의 명령에 모순된다면, 이 지시들은 임무를 수행하는 수사요원과 관련해서는 대상이 없는 명령이라고 이해하기 때문이다. 즉, 수사활동에서는 경찰의 지휘를 받는 것이 아니라는 의미이다.

수사요원은 위임된 일을 수행할 때에는 검사에 대하여 완전하고 정확하고 진실인 정보를 제공할 의무를 진다. 공무상 알게 된 비밀의 누설금지의무는 여기에 적용되지 않는다는 말이다.

이에 반해 다양한 유형의 수사상 강제처분 등에 대해 비밀로 유지할 것을 검사가 지시한 경우에는 행정부의 경찰로서 경찰내부의 직무상으로는 상관에게 보고할 의무가 있다고 하더라도 이를 누설할 수 없다고 보는 것이다.[329] 수사업무를 수행하는 임무영 역에서는 검사의 지시가 우선이라는 의미이다. 본직은 경찰이라고 하더라도 검사의 수사 요원으로서의 직무를 수행할 때는 검찰의 기관으로 행동하는 것이며, 검사의 늘어난 팔 이라는 말은 바로 그런 의미인 것이다.[330]

4. 2015년 전문가위원회가 제출한 독일 형사소송법 개혁안

독일 정부는 연정계약(Koalitionsvertrag)에 따라 제18대 독일 연방의회 회기 (Legislaturperiode) 동안 법치국가적 기본원칙을 보장하면서 보다 효율적이고 실무에 유 용하게 일반 형사소송절차와 소년형사절차를 개혁한다는 합의를 이행하기 위해 2014. 7.에 전문가위원회(Expertenkommission)를 설치하였다. 법무·소비자보호부(Bundesministerium der Justiz und für Verbraucherschutz, BMJV) 장관 하이코 마아스(Heiko Maas)는 학계, 법실무 계, 연방 각주의 법무관청, 연방 내무부와 법무·소비자보호부의 대표자 등 총 43인으로 구 성된 위원회를 설치했고,[331] 동 위원회는 2015. 10. 13. 최종보고서(Abschlussbericht)를

---

328) MüKoStPO/Brocke GVG §152 Rn.17.

329) MüKoStPO/Brocke GVG §152 Rn.18.

330) 김성룡, 앞의 논문, 16면.

331) 위원회의 구성원은 위원장인 독일 연방법무·소비자보호부 사법과장(법무부차관급)과 행정직원 들을 제외하고 각급 전문가 42명으로 구성되었다. Bundesministerium der Justiz und für Verbrau - cherschutz(Hrsg.), 「Bericht der Expertenkommission zur effektiveren und praxistauglicheren Ausgestaltung des allgemeinen Strafverfahrens und des jugendgerichtlichen Verfahrens」, 2015, S. 11–13. 독일 연방법무·소비자보호부 홈페이지, http://www.bmjv.de/SharedDocs/

마아스에게 제출했다.[332]

최종보고서에는 총 50개의 개혁항목이 제안되었는바, 효율적이고 실무적합성이 있는 형사소송·소년형사소송법의 개혁은 무엇보다 '**절차의 신속화와 단순화**'(Beschleunigungen und Verfahrensvereinfachungen)를 통해 도달될 수 있다는 점이 강조되고 있다. 물론 형사소송의 목적인 '**가능한 최대한의 진실발견**'(bestmögliche Wahrheitsfindung)과 '**모든 절차 참여자들의 권리들(Rechte aller verfahrensbeteiligten)의 보장**'이라는 원칙이 그 출발점임을 강조하고 있다. 전문가위원회가 제시한 전문가보고서의 내용 중 수사절차와 관련하여 기술된 내용을 소개하면 다음과 같다.[333]

(1) 검사의 사건지휘권의 명문화

3.1 검사의 사건지휘권의 명문화(Ausdrückliche Normierung der staatsanwaltlichen Sachleitungsbefugnis)

수사절차에서 검사의 사건지휘권이 법률에 명문으로 규정되어야 한다(Die staatsanwaltliche Sachleitungsbefugnis im Ermittlungsverfahren sollte ausdrücklich gesetzlich geregelt werden).

검사와 경찰의 관계는 검사의 사건지휘권(Sachleitungsbefugnis)으로 특징지워진다. 검사는 수사절차를 지휘하고, 법치국가적이고 공정하며 합법적인 절차의 진행에 대해 책임을 지며, 그것은 경찰에 의해 수행되는 경우에도 다를 바 없다. 이러한 광범위한 책임을 근거로 검사에게 그들의 수사인력(Ermittlungspersonen)에 대해서, 그들이 사실관계조사(Sachverhaltserforschung)에 향해진 형사소추적 활동과 관련하여 무제한적인 지시·명령권(uneingeschränktes Weisungsrecht)이 인정되는 것이다. 따라서 **검사는 개별적 수사행위들의 유형과 수행에 대한 구체적인 개별지시·명령을 내릴 수 있고, 혹은 개별사례와는 무관하게 범죄의 규명(Aufklärung)이라는 범위 내에서 그들의 지휘권을 일반적인 지시·명령을 통해 미리 행사할 수도 있는 것이다.**[334]

Downloads/DE/PDF/Abschlussbericht_Reform_StP

O_Kommission.pdf?__blob=publicationFile&v=2

332) 「Expertenkommission übergibt Abschlussbericht zur Reform des Strafprozessrechts」, Bundesministerium der Justiz und für Verbraucherschutz, 13 Oktober 2015, https://www. bmjv.de/SharedDocs/Artikel/DE/2015/10132015_Abschlussbericht_Reform_Strafprozessrecht.html

333) Bundesministerium der Justiz und für Verbraucherschutz(Hrsg.), a.a.O., S. 54 ff.

검사의 사건지휘권은 현행법에서는 물론 그 자체로 규정되어있는 것은 아니고, 단지 간접적으로 독일 형사소송법(StPO), 법원조직법(GVG), 형사 및 과료소송절차에 관한 지침(RiStBV)의 다양한 규정에서 표현되고 있다. 형사소송법 제161조 제1항 제2문에 따르면 경찰청의 기관들과 공무원들은 검사의 공조요청이나 지시·위임을 만족시킬 의무를 지며, 형사소송법 제163조 제2항 제1문에 따라 경찰관서와 경찰공무원은 그들의 수사내용(Verhandlungen)을 지체 없이 검사에게 송부해야만 한다. 나아가 법원조직법 제152조 제2항은 이러한 자격·신분을 가진 수사인력은 그의 관할지역의 검사의 명령(Anordnung)과 그 검사의 상급관청의 명령에 복종하여야 한다. 사건지휘권에 대한 이외의 추가적인 사실적인 형태는 동 지침 제3조[335])와 제11조[336])에 규정되어 있다.

전문가위원회는 수사절차에서의 검사의 사건지휘권을 법률에 명문으로 규정할 것을 제안한다.

명문으로 규정하는 것에 반대하여, 지금까지의 법 상태와 비교할 때 이것으로 결정적으로 더 나아지는 것이 없다는 이의가 제기되기는 한다. 검사의 감시자기능(Wächterfunktion)의 강화는 단지 명시적인 규정을 마련하는 것으로 성취되는 것은 아니라는 것이었다. 그 밖에, 검사는 그들에게 사건이 충분하게 조사되어 제출된 사건들에서도 그들의 지휘권과 감시기능을 충분히 행사할 수 있다는 것이다. 검사는 (수사)절차를 종결하는 처분을 내릴 때, 경찰 측에서 사용한 모든 증거방법을 가치가 있는지 그리고 사용할 수 있는지에 대해 심사해야만 한다는 것이다. 경우에 따라서 검사는 새로운 증거수집, 보충적인 증거조사가 이루어지도록 해야 한다. 나아가 경찰관청들은 법률(Gesetz)과 법(Recht)에 구속된다. 경범죄와 중급 정도의 범죄들이 문제되는 사건들에서는 검사의 사건지휘권은 서류가 제출된 다음에 그리고 (검사의 수사)절차 종결처분을 내리기 전에 행사되는 것도 기본적으로는 사건지휘권과 그 효력범위와 부합할 수 있다는 것이다. 이것은 입법자의 기본적인 결단과 일치하는 것이고, 특히 형사소송법에서는 피의자신문을 포함한 모든 증거수집을 검사가 있는 자리에서 혹은 구체적으로 검사와 합의한 다음에 해야만 하는 것으로 하고 있지 않다고 한다.

이에 반해, 사건지휘권을 법률에 명시하자는 주장은, 검사는 단지 그에 종속하는 소추기관들의 저마다의 모든 수사활동이 그들의 지휘와 책임 아래 놓일 때 "법률의 감시자"라는 그들의 과제를 충분하게 수행할 수 있다고 한다. 다수의 법원 판결들에서 구체화된 이러한 입법자의 근본결단이 지금 삶의 현실과 여전히 부합하는지에 대한 의심이 든다는 것이다. 아주 많은 수의 사건들, 특히 교통범죄나 경미범죄나 중급 정도의 범죄에서는 경찰의 수사가 검사에게 서류를 제출할 때까지 대부분 독자적으로 수행된다. 경찰관청은 그들의 광범위한 정보수집(umfangreicher Datensammlungen)을 근거로 다양한 측면에서 정보우위(Informationsvorsprung)를 점하고 있고, 이것은 검사로 하여금 그들의 사건지휘권을 사안에 적합하게 행사하는 것을 어렵게 만들고 있다. 단지, 경찰이 이른 시기에 형사소송법적 처분을 하게 되거나, 중대범죄(Kapitaldelikt) 혹은 그 밖에 절차관계자 혹은 그 자의 지위로 인해, 피의사실의 유형과 범위로 인해 혹은 다른 이유들로 해서 전국적으로 국민들이나 언론들이 관심을 가지게 될 것으로 보이는 사건들에서만 조기에 검사에게 보고하며 따라서 이런 경우에만 사건지휘가 사실상 가능하게 된다. 따라서 명시적으로 법적 규범화할 필요가 있는 것이다.

요약하자면, 검사의 사건지휘권(수사지휘권)을 보다 강화하고, 법문에 명시적인 규정을 두어 법치국가적 통제를 보다 강화하는 대책이 시급하다는 것이다.

---

334) 이에 대해서는 BGH, Beschluss vom 27. Mai 2009 – 1 StR 99/09, NJW 2009, 2612, 2613 참조; Bundesministerium der Justiz und für Verbraucherschutz(Hrsg.), a.a.O., S. 54.

335) RiStBV Nr. 3 Persönliche Ermittlungen des Staatsanwalts

   (1) Der Staatsanwalt soll in bedeutsamen oder in rechtlich oder tatsächlich schwierigen Fällen den Sachverhalt vom ersten Zugriff an selbst aufklären, namentlich den Tatort selbst besichtigen, die Beschuldigten und die wichtigsten Zeugen selbst vernehmen. Bei der Entscheidung, ob er den Verletzten als Zeugen selbst vernimmt, können auch die Folgen der Tat von Bedeutung sein.

   (2) Auch wenn der Staatsanwalt den Sachverhalt nicht selbst aufklärt, sondern seine Ermittlungspersonen (§ 152 Abs. 1 GVG), die Behörden und Beamten des Polizeidienstes (§ 161 Abs. 1 StPO) oder andere Stellen damit beauftragt, hat er die Ermittlungen zu leiten, mindestens ihre Richtung und ihren Umfang zu bestimmen. Er kann dabei auch konkrete Einzelweisungen zur Art und Weise der Durchführung einzelner Ermittlungshandlungen erteilen (vgl. auch Anlage A).

   (3) Bei formlosen mündlichen Erörterungen mit dem Anzeigenden, dem Beschuldigten oder mit anderen Beteiligten sind die Vorschriften der §§ 52 Abs. 3 Satz 1, 55 Abs. 2, 163a Abs. 3 Satz 2 StPO zu beachten. Über das Ergebnis der Erörterung ist ein Vermerk niederzulegen.

336) RiStBV Nr. 11 Ermittlungen durch andere Stellen

   (1) Den Behörden und Beamten des Polizeidienstes und den anderen Stellen, die zu den Ermittlungen herangezogen werden, ist möglichst genau anzugeben, welche Erhebungen sie vornehmen sollen; Wendungen wie "zur Erörterung", "zur weiteren Aufklärung" oder "zur weiteren Veranlassung" sind zu vermeiden.

   (2) Ist zu erwarten, dass die Aufklärung einer Straftat schwierig sein wird oder umfangreiche Ermittlungen erforderlich werden, empfiehlt es sich, die durchzuführenden Maßnahmen und deren Reihenfolge mit den beteiligten Stellen zu besprechen.

(2) 증인의 경찰 출석의무 도입

전문가보고서는 증인의 경찰 출석의무에 대해서 다음과 같이 말하고 있다.337)

3.2 경찰에 출석할 증인의 의무(Erscheinenspflicht von Zeugen bei der Polizei)

경찰의 소환이 개별 사안과 관련된 검사의 위임(Auftrag)에 근거한 경우에 증인은 검사의 수사인력의 신문에 출석해야 한다. 증인의 특성이나, 증언거부권 혹은 답변(정보제공) 거부권의 존재와 관련하여 의문이 있다면, 지체 없이 검사와 접촉할 의무가 경찰에게 부과 **되어야 한다**(Zeugen sollten zur Vernehmung vor Ermittlungspersonen der Staatsanwaltschaft erscheinen müssen, wenn der polizeilichen Ladung ein einzelfallbezogener Auftrag der Staatsanwaltschaft zugrunde liegt. Bestehen Zweifel hinsichtlich der Zeugeneigenschaft oder hinsichtlich des Vorliegens von Zeugnis— oder Auskunftsverweigerungsrechten, soll die Polizei verpflichtet werden, unverzüglich Kontakt mit der Staatsanwaltschaft aufzunehmen).

증인이 출석하여 증언할 의무는 독일 형사소송법(StPO)에서 단지 법원과 검찰의 신문에 한해서만 인정하고 있다(StPO 제48조 제1항, 제161조의a 제1항). 검사의 수사인력으로서의 경찰에 대해서는 증인은 어떠한 출석의무 혹은 진술의무도 없으며; 경찰을 통한 소환(Vorladung)은, 따라서, 단지 구속력 없는 출석에 대한 요구이다. 경찰은 단지 증인에게 만약 그가 출석을 거부하는 경우에는 검찰이나 법원을 통한 신문이 이루어지게 하겠다고 알릴 수 있을 뿐이다. 경찰의 소환에 출석하지 않거나 법적으로 승인된 이유 없이 진술을 거부하는 증인은 단지 검사에 의해 혹은 법원에 의해 신문이 가능할 뿐이다. 증인이 출석하지 않는 경우에 이것은 규정을 통한 소환에 따라 통상 대상자의 강제 구인을 통해 이루어진다(StPO 제51조 제1항 제3문, 제135조). 그 외에 예를 들면 질서벌(금) 혹은 대체적인 질서구금과 같은 강제수단이 명해질 수 있다(StPO 제51조, 제70조).

전문가위원회는 검사의 수사인력을 통한 신문에 증인의 일반적인 출석의무와 진술의무를 도입하는 것에는 동의하지 않는다. 하지만 소환이 검사의 개별사례에 관련된 위임에 근거하고 있는 사례들에서는 증인의 출석과 진술의무를 규정하는 것에 찬성한다.

경찰에 일반적으로 출석할 의무를 도입하는 것에는 반대하며, 검사의 권한의 어떤 것도 경찰에게 주어진다면 이는 검사의 일반적인 사건지휘권에 문제를 야기하는 것임

---

337) Bundesministerium der Justiz und für Verbraucherschutz(Hrsg.), a.a.O., S. 57 f.

을 밝힌다. 그 외에도 독일 형사소송법 제52조 이하, 제55조에 따라 이루어진 증인에 대한 고지와 관련된 법적 문제는 경찰에 의해서보다는 검사에 의해서 더 신뢰할 만하게 판단될 수 있다. 특히 증인의 조력자에게는, 경찰신문에서 증인에게 묵비할 것으로 조언하는 것은 불가능해질 것이다. 왜냐하면 의뢰인에게 질서벌이 부과될 것이기 때문이라는 것이다.

그럼에도 잊어서는 안 되는 것은 경찰도 현행법에 따라 아주 많은 사건들에서 증인을 사실상 신문한다는 것이다. 대부분의 증인은 자의로 출석하거나 검사를 통한 상응한 '경고'(Ermahnung) 후에 출석한다. 또한 형사소송법 제52조 이하 및 제55조에 따른 증언거부권과 진술거부권에 관한 고지의무와 관련된 법적 문제들은 아주 드물게 발생하는데, 특히 경찰에서 신문을 담당하는 공무원이 그에 부합하는 교육을 받은 상태이고 실무적으로는 검사보다 더 많이 증인신문을 하고 있다. 증인으로서의 자격(속성)에 대한 의심이 있거나 증언 혹은 진술거부권의 영역(Umfang)과 작용범위(Reichweite) 등에 관하여 의문이 있는 경우에는 그 시점에서 이미 그 신문의 적법성을 확보하기 위하여 검사와 접촉을 하게 된다.

나아가 경찰에 출석할 의무와 진술의무가 존재하지 않으면, 신문의 대상과 관련하여 그러한 사실상의 이유가 없어도 혹은 검사의 개입·참여(Mirwirkung)가 법치국가적 이유에서 당연히 요구되는 경우가 아니어도, 검사에 의해 신문되어야만 한다는 것도 고려되어야 한다. 특히 검사를 통한 신문은 종종 증인의 진술에서 핵심적인 의미를 가지는 것이 아니거나 전적으로 특별히 어려운 사건에 해당한다. 검사가 활동하게 되는가 여부는 오히려 단지 증인의 행태에 의존하게 된다. 경찰관청의 공무원을 통한 신문이 이루어질 수 있을지 혹은 검사에 의해 수행되어만 하는지에 대해서는 그(증인)의 신빙성이 결정한다. 법치국가적으로 언급할 만한 유용성이 존재하지 않는데도 검찰 측이 과도한 업무 부담을 지는 경우가 빈번하다.

부족한 자원이라는 배경을 지닌 검찰에게 사실상 필요불급하지 않은 증인신문의 부담을 덜어주기 위해서, 동시에 수사절차에서 검찰의 사건지휘권에 의문이 생기지 않도록 하기 위해서 전문가위원회는 하나의 중간적 해결방법을 지지한다. **경찰에게 출석하고 진술할 증인의 의무는 검사의 사전 결정에 달려 있고 단지 검사가 증인을 경찰에 출석하고 진술하게 할 의무를 명령하는 경우에만 인정되는 것으로 하는 것이다.** 검사에게서 경찰로 완전한 권한의 이전을 피하는 것이고 사건지휘권의 범위에서 검사의 책임은 변함이 없는 것이다. 동시에 증인의 불출석이나 진술거부와 경합된 시간적인 수사의 지연은 대부분 방지된다. 경찰을 통한 신문은 통상 검찰에 의한 경우보다 빠르게 행해질 수 있다. 이것은 통상 수사절차의 신속화에 기여한다.

개별사례에 관련된 증인의 경찰에서의 출석의무와 진술의무 규정과 관련하여 전문가위원회는 특히 증인의 특성 혹은 증인거부 혹은 진술거부권의 유형과 범위와 관련하여 의심이 있는 경우 검사와 협의하는 현재의 실무를 법률에 명시하는 것을 추천한다.

결국 참고인과 증인이 검사나 법관의 소환에 응하여 진술할 의무를 부과하고 있으므로, 검사의 수사인력(관)으로 불리는 수사(사법)경찰은 참고인을 소환하더라도 그가 응하지 않으면 인적 신문이 불가능하다. 하지만 검사의 개별사안에 특정된 위임을 받아 참고인(증인)을 소환한다면 그 사람은 경찰에 출석하여 진술할 의무를 지게 되는 것이다. 따라서 이러한 관행을 명시하여 「경찰소환불응 - 검사의 출석경고 - 경찰에 출석하여 진술」과 같은 절차의 지연을 막고, 검사가 보다 중대한 사건 수사에 집중하게 하는 소송경제를 실현하자는 것이다.

(3) 수사절차의 영상녹화 및 문서화

수사절차와 관련하여 다른 중요한 제안의 하나는 수사절차를 영상녹화하고 과정을 조서화하는 것과 연관된 것이다.[338]

4. 수사절차의 문서화(Dokumentation des Ermittlungsverfahrens)

피의자신문과 참고인조사는 어느 경우든 중한 범죄혐의 혹은 복잡하고 어려운 사실상태 혹은 법률상태에서는 통상적인 경우 영상녹화되어야만 한다. 신문은 이를 규정하는 현행 규정에 따라 추가적으로 조서화되어야만 한다(Beschuldigten−und Zeugenvernehmungen sollten jedenfalls bei schweren Tatvorwürfen oder bei einer schwierigen Sach−oder Rechtslage im Regelfall audiovisuell aufgezeichnet werden. Die Vernehmung sollte nach den hierfür geltenden Regelungen zusätzlich protokolliert werden.).

제안의 근거로 제시된 내용을 요약하자면 다음과 같다.

현행 독일 형사소송법(StPO) 제58조의a 제1항 제1문[339])에 따르면 증인(참고인)신문의 영상녹

---

338) Bundesministerium der Justiz und für Verbraucherschutz(Hrsg.), a.a.O., S. 67 ff.

339) StPO § 58a Aufzeichnung der Vernehmung in Bild und Ton

　　(1) Die Vernehmung eines Zeugen kann auf Bild−Ton−Träger aufgezeichnet werden. Sie soll nach Würdigung der dafür jeweils maßgeblichen Umstände aufgezeichnet werden und als richterliche Vernehmung erfolgen, wenn

　　1.　damit die schutzwürdigen Interessen von Personen unter 18 Jahren sowie von

화는 '할 수 있다'는 형태로 규정되어 있다. 제2문에서는 몇 가지 경우에 예외적으로 당위규정을 통해 영상녹화하도록 하고 있으나, 지금까지 입법자의 기본적인 태도는 다소 소극적인 태도를 보이고 있다는 것이다.

하지만 영상으로 신문을 기록하는 것(audiovisuelle Vernehmungsdokumentation)은 수사절차에서 진실발견을 최적화하는데 가치 있는 기여를 할 수 있고, 독일 형사소송법(StPO) 제163조의a와 제58조의a를 통해 이미 열려 있는 가능성에도 불구하고 그러한 기록을 하지 않는 광범위한 실무경향은 이제 더 이상 시의적절한 태도가 아니라는 것이다. 따라서 전문가위원회에서는 피의자와 증인신문시의 영상녹화의 가능성을 강력하게 이용하고 수사절차에서 형사소추기관에 대해 이러한 가능성을 법적으로 규율할 것을 주장했다.340) 여하튼 중한 범죄혐의가 있는 경우, 복잡하고 어려운(schwierig) 사실관계 혹은 법적 상태가 문제되는 경우에는 증인신문과 참고인신문은 통상 영상녹화되어야만 한다는 것이다.

이러한 제안에 찬성하는 위원들의 추가적인 논거로는, 형사절차를 효과적으로 만드는 것은 바로 확장된 문서화의 결과로 진실발견의 향상을 통해서 도달될 수 있다는 것, **성립의 진정이 인**

Personen, die als Kinder oder Jugendliche durch eine der in § 255a Absatz 2 genannten Straftaten verletzt worden sind, besser gewahrt werden können oder

2. zu besorgen ist, dass der Zeuge in der Hauptverhandlung nicht vernommen werden kann und die Aufzeichnung zur Erforschung der Wahrheit erforderlich ist.

(2) Die Verwendung der Bild−Ton−Aufzeichnung ist nur für Zwecke der Strafverfolgung und nur insoweit zulässig, als dies zur Erforschung der Wahrheit erforderlich ist. § 101 Abs. 8 gilt entsprechend. Die §§ 147, 406e sind entsprechend anzuwenden, mit der Maßgabe, dass den zur Akteneinsicht Berechtigten Kopien der Aufzeichnung überlassen werden können. Die Kopien dürfen weder vervielfältigt noch weitergegeben werden. Sie sind an die Staatsanwaltschaft herauszugeben, sobald kein berechtigtes Interesse an der weiteren Verwendung besteht. Die Überlassung der Aufzeichnung oder die Herausgabe von Kopien an andere als die vorbezeichneten Stellen bedarf der Einwilligung des Zeugen.

(3) Widerspricht der Zeuge der Überlassung einer Kopie der Aufzeichnung seiner Vernehmung nach Absatz 2 Satz 3, so tritt an deren Stelle die Überlassung einer Übertragung der Aufzeichnung in ein schriftliches Protokoll an die zur Akteneinsicht Berechtigten nach Maßgabe der §§ 147, 406e. Wer die Übertragung hergestellt hat, versieht die eigene Unterschrift mit dem Zusatz, dass die Richtigkeit der Übertragung bestätigt wird. Das Recht zur Besichtigung der Aufzeichnung nach Maßgabe der §§ 147, 406e bleibt unberührt. Der Zeuge ist auf sein Widerspruchsrecht nach Satz 1 hinzuweisen.

340) 상세한 내용은 Bundesministerium der Justiz und für Verbraucherschutz(Hrsg.), a.a.O., S. 67 f. 참조.

정되는 비디오녹화(authentische Videoaufzeichnung)는 전통적인 서면 조서보다는 우위라는 것은 의심의 여지가 없다는 것, 서면의 내용조서는 신문자와 피신문자 사이에 이루어진 대화를 축약된 형태로 기록한 문서를 포함하는 것이고, 그러한 과정에서 양 당사자의 인지적 흠결이 배제될 수 없다는 점, 신문의 내용은 질문의 유형과 신문자의 대화소재의 선택 등을 통해서 조종된다는 것 등이 있다. 나아가 전통적인 서면조서의 약점은 신문을 행하는 공무원(Vernehmungsbeamten)의 신문이라는 방법으로 공판절차에 도입할 때에도 지속된다는 것이다. 왜냐하면 신문하는 자는 단지 자신의 고유한 인지와 체험의 지평을 재현하기 때문이라는 것이다. 인지와 이해의 흠결이나 오류 등이 영상녹화에 의해 추가적인 절차에서 밝혀질 수 있기 때문에 이러한 흠결들에 대처할 수 있다는 것이다. 나중의 공판절차라는 관점에서, 그리고 수사절차에서의 인식을 공판절차로 옮겨간다는, 소위 증거전이(Beweistransfer)라는 측면에서도 비디오녹화를 통한 기록은 어떤 경우건 내용조서의 낭독을 거쳐 도입하는 것에 비해서는 보다 높은 질적 가치를 가진다는 것이고, 신문한 공무원을 전문증인으로 신문하는 것보다도 높은 질적 가치를 가진다는 것이다.[341]

"나아가 신문을 비디오녹화(Videodokumentation)하는 절차는 보다 더 투명한 절차가 되고, 신문의 형식에 해당하는 절차적 흠결이 있는지를 보다 쉽게 증명할 수 있게 됨으로써 특히 피의자의 권리가 강화된다. 또한 기록은 신문하는 자가 신문의 형식성을 지켜야 한다는 것을 떠올리는 효과를 가진다. 이러한 훈련·지도기능(Disziplinierungsfunktion) 외에 신문자가 신문의 적법절차를 지키지 않았다는 부적절한 의심으로부터 보호된다"[342]는 것도 논거로 제시되었다. 또한 현행 유럽연합법률이나 국제법규정에 따른다면 아직 신문을 비디오녹화해야 하는 구체적인 의무는 존재하지 않지만, 향후 공포되거나 기대되는 법제도를 전체적으로 조망해 보면 그러한 의무를 국내법제로 도입해야하는 것은 멀지 않았다는 것이다.[343] 여러 국가들 간의 증거의 이동이 용이해지고, 해당 신문시에 법적 요구들이 충족되었는지를 쉽게 확인할 수 있다는 것이다. 미국에서의 긍정적인 활용결과도 이를 지지한다고 본다.

특히 범죄혐의가 중한 범죄의 경우에 제한하는 방식은 실무에서 관철되기도 어려울 뿐만 아니라, 그 중대성의 기준을 만들기도 어렵다는 지적이 있지만, 전문가위원회의 의견은 중한 범죄혐의를 받는 경우에 제한하는 것으로 모아졌다. 특히 종래 기소편의주의로 절차중지가 이루어졌던 사건에도 영상녹화가 확장될 수 있고, 거의 30% 이상의 사건에 달하는 이런 경우까지 확장된다면 실무의 부담이 너무 커져 동 제도 자체의 관철이 어려워진다는 정책적 고려가 있었다.

341) Bundesministerium der Justiz und für Verbraucherschutz(Hrsg.), a.a.O., S. 69.

342) Bundesministerium der Justiz und für Verbraucherschutz(Hrsg.), a.a.O., S. 69.

343) Bundesministerium der Justiz und für Verbraucherschutz(Hrsg.), a.a.O., S. 70. 예를 들자면 유럽검찰청 설립에 관한 유럽위원회 규정에 대한 제안(Vorschlags der Kommission für eine Verordnung über die Errichtung einer Europäischen Staatsanwaltschaft) 제30조 참조(KOM (2013) 851 vom 27. November 2013).

5. 개정 법률의 내용

2017년 8월 17일 독일연방 대통령, 수상, 사법(법무) 및 소비자보호부장과, 내무부장관, 그리고 환경·자연보호·건설 및 원자력안전부장관은 이른바 「형사절차를 보다 더 효율적이고 실무에 적합하도록 구성하기 위한 법률(Gesetz zur effektiveren und praxistauglicheren Ausgestaltung des Strafverfahrens)」에 최종 서명하였고, 동 법률은 8월 23일 연방법률공보에 공포되었다.[344] 이 법률은 연방법무부에서 정부안으로 제출한 「형법, 소년법원법 그리고 형사소송법의 개정을 위한 법률안(Entwurf eines Gesetzes zur Änderung des Strafgesetzbuches, des Jugendgerichtsgesetzes und der Strafprozessordnung)」을 흡수하는 방식으로 통합하여 완성된 법률이다.[345] 그중 수사절차와 관련된 주요 내용을 중심으로 살펴보면 다음과 같다.

(1) 수사기관 소환에 대한 참고인의 출석의무 확대

현행 형사소송법(StPO) 제163조 제3항을 삭제하고, 제3항부터 제7항까지 4개의 항을 추가하는 개정[346]을 통해 증인·참고인이 검사의 수사요원(Ermittlungsperson)의 소환에 응하고 사안에 대해 진술할 의무를 도입하였다. 이는 증인(참고인)에 대한 법원과 검사의 신문과 달리 사법경찰관의 출석요구에 응하거나 진술할 의무가 없으므로 진술의무가 없는 경찰에서의 진술과 진술의무가 있는 검사 앞에서의 진술의 신빙성(Verlässlichkeit)이 달리 평가되고 증인의 행동에 따라 국가의 인적 자원이 증인신문에 묶이게 되고, 결국 사법자원의 효율적 분배와 절차의 신속성에 반하는 결과가 나타난다는 것이다. 이에 증인이 정당한 이유 없이 출석을 거부하거나 진술을 거부하는 경우에 강제수단의 활용 여부에 대한 결정은 여전히 검사에게 있음을 명확하게 하여 검사의 통제권(Kontrolle der Staatanwaltschaft)을 유지한 것이라면, 위임에 의한 출석·진술의무의 인정은 오히려 검사의 통솔·지휘기능(Leitungsfunktion)을 더욱 강화하는 것이 될 것이며, 이를 통해 일반적이 사건지휘권의 의미에서 법치국가적이고 공정하며 합법적인 수사절차에 대한 모든 책임(Geamtverantwortung)은 여전히 검사에게 있음을 다시 확인할 수 있다는 것이다.[347]

---

344) Bundesgesetzblatt Jahrgang 2017 Teil I Nr. 58, ausgegeben zu bonn am 23. August 2017, S. 3202ff.; Drucksache 18/11277.

345) 김성룡, 앞의 논문, 247면.

346) StPO 제163조(수사절차에서 경찰의 임무) (3) 증인은 검사의 수사요원의 출석요구가 검찰의 위임에 근거하는 경우에 그 출석요구에 따라 검사의 수사요원에게 출석하여 사안에 관하여 진술할 의무가 있다. 달리 정한 바가 없는 한, 제1편 제6장의 규정을 준용한다. 선서에 의한 신문은 법원에 유보되어 있다.

(2) 피의자의 최초신문의 영상녹화규정 신설

형사소송법 제136조에 제4항을 신설하여 피의자신문을 영상녹화(audiovisuelle Aufzeichnung)할 수 있도록 하고, 특히 몇 가지 사례에서는 영상녹화를 의무화하는 조치를 취했다. 즉 "피의자신문은 영상과 음성으로 기록될 수 있다. 신문은 만약 1. 고의의 살인죄가 절차의 기초가 되고 영상녹화(기록)가 신문의 외적 사정들이나 특별한 시급성에 저촉되지 않은 경우; 2. 제한된 정신능력 혹은 중대한 정신적 장애를 겪고 있는 피의자의 보호가치 있는 이익이 기록을 통해 더 보장될 수 있는 때에는 녹화되어야만 한다"라고 하여 의무적인 녹화대상도 규정하였다.

물론 피의자신문을 영상녹화하는 것이 개정전 법률(제163조a)에 의해서도 가능했지만, 앞으로는 고의의 살인죄가 문제되거나 피의자에 대한 특별한 보호필요성이 있는 경우에는 의무적으로 영상녹화를 하도록 한 것이다. 특히 연방사법(법무) 및 소비자보호부는 이 조항을 통해 살인죄와 같이 중한 범죄에서 영상녹화가 진실발견을 향상시키는데 얼마나 기여할 수 있는지 5년 정도 지켜보고, 다른 중대범죄로 확대할지 여부를 결정하겠다는 복안을 밝혔는데, 이는 직접대화나 대화의 기록인 문서보다는 영상녹화물이 진실발견에 보다 적합하고 왜곡을 줄일 수 있는 방법이라는 인식에 기초하고 있는 것이다.[348] 의무적 녹화대상 중 예외로 들고 있는 경우는, 피의자가 진술할 준비는 되어있으나, 유독 카메라 앞에서는 진술하지 않겠다고 하거나, 급속을 요하는 경우, 또는 범죄장소나 그 주변에서 바로 신문이 이루어져야 하는 급박한 경우이지만 녹화설비장치가 없거나 기술적인 장애가 있는 경우 등이다.

Ⅴ. 운영실태 및 평가

1. 운영실태

실제로 수사에 있어 검찰의 통제적 기능이 어떠한가를 법사회학적으로 연구·검증한 결과에 의하면,[349] 재산범죄 등 다발범죄에 있어 경찰은 그 자신 독자적으로 수사를 행하며, 검찰은 극히 예외적인 경우에만 재수사지시를 통하여 보충적으로 수사에 관여하는 반면, 강력범죄·경제범죄·정치범죄·마약범죄 등 중요범죄에 있어서는 검찰의 수사 주재자적 성격이 뚜렷하게 입증되었다고 한다. 즉 실증적인 조사결과 경찰은 통상 자발

---

347) 세부적인 내용은 Gesetzesentwurf der Bundesregierung, S.31－32.

348) BT Drs. 18/11277, S.24.

349) 1978년 막스플랑크연구소(Max－Planck－Institut für ausländisches und internationales Strafrecht)에서 8개 검찰청을 상대로 한 법사실인 연구결과를 내놓은 바 있다(Blankenburg/ Sessar/Steffen, "Die Staatsanwaltschaft im Prozeß strafrechtlicher Sozialkontrolle", 1978).

적으로 독립하여 수사를 행하고 있었으며, 검사는 매우 드물게("persönlich sehr wenig") 직접 수사하였고 제한된 범위에서만 경찰에 직접적인 지시를 하고 있었다고 한다. 또 사소한 사건 혹은 중급정도(großen Zahl der kleinen und mittleren Delikte)의 사건에 있어서 검찰은 경찰이 수사를 완료한 후에야 비로소 그 절차의 존재에 대하여 보고를 받았으며, 검사가 경찰에 재수사지시를 하는 경우는 극히 적었고, 설령 그러한 처분이 있었다 하더라도 이는 수사결과를 변경하기 위해서라기보다는 검사의 공소제기결정을 보다 확실히 뒷받침하기 위한 경우가 대부분이었다고 한다.

결국 법이 예상하였던 검사의 모습은 대량으로 발생하는 범죄현실에 직면하여 상당부분 변화되어 사소한 사건이나 중급정도의 사건의 경우 경찰이 사실상 '수사의 주재자'가 된 것이었다.350) 특히 범죄수사에 있어서 경찰은 인적·물적 장비도 충분할 뿐만 아니라 정보를 독점함으로써 경찰은 그 자신의 주도하에 수사를 실행할 수 있게 되었다고 한다. 즉 경찰의 전산망(INPOL)과 같은 현대의 전산정보기술 및 데이터수집 시스템351)들은 경찰의 권한을 훨씬 더 강화시켰는데, 이러한 정보를 갖추지 못한 검찰이 광범위한 수사기법상의 재량을 경찰에게 위임함으로써 경찰은 그 자신의 주도하에 수사를 실행할 수 있게 되었다고 한다.

물론 중범죄·경제범죄 및 연방검찰청에 의한 테러사건 수사의 경우는 이와 다르다. 위 중범죄에는 특히 살인죄, 인명이 희생된 특별히 중한 강도 및 사고가 포함되어 있으며, 범죄로 인하여 발생하는 파장 때문에 특별한 관심이 요구되는 범죄도 위 중범죄에 포함되는데, 각 검찰청에는 위 중범죄를 전담할 전담자가 지정되어 있으며, 위 중범죄의 비율은 독일 전체 범죄의 약 1%의 비중을 차지하고 있다. 더욱이 경제범죄의 경우 검찰의 전문성을 경찰이 따라갈 수 없기 때문에 이 분야에서는 검찰이 직접 수사를 행하거나 직접 수사를 하지는 않더라도 최소한 검사의 실질적 지휘하에 경찰(중점검찰청)이 함께 수사를 진행하며 검사가 전면에 나서고 있는데, 이러한 경제범죄의 비중은 전체 독일 범죄의 0.3%를 차지하고 있다.

결국 몇몇 영역을 제외하고는 독일의 수사현실에 있어 경찰이 수사를 지배하고 있으며, 그 결과 경찰이 독립적으로 수사하여 그 결과를 검사에게 보내면 검사는 이를 기소할지 여부만을 결정하는 것이 흔히 있는 일이며,352) 검사는 이로 인하여 상당수의 경우 수사기관이 아니라 '서류작업기관'(Aktenbearbe–itungsbehörde)이 되었다353)고 한다.

---

350) Volker Krey, Strafverfahrensrecht, 1988, S.198.
351) 만하임대학의 Zöller박사에 따르면 400만 건의 사건별 정보를 보유한 경찰의 개인별추적 시스템을 통하여 개인의 이름만 입력하면 모든 정보에 접근하는 것이 가능하다고 한다.
352) 독일의 검사는 검사 1–2인이 검사실을 사용하면서 주 2회 정도 공판에 관여하고, 나머지 시간에는 수사기록을 검토하고 있으므로 우리나라 판사의 일상과 비슷하다.

한편 검사의 직접 수사와 관련하여 선택초안(AE-EV)에 관여한 Wolter교수는, 독일에서 검사의 직접 수사가 예외적인 형태(전체의 20% 이하)인바, 수사와 수사 감독기능이 충돌될 우려가 있기 때문이며, 다만 경찰이 도저히 하기 힘든 수사 영역(예컨대 정치적 사건 등)은 검찰이 직접 할 수밖에 없을 것이라고 한다.

특히 독일의 기소법정주의(Legalitätsprinzip)는 그 의미가 상당히 퇴색되어 있는데, 그 이유로 Wolter교수는 유죄판결을 받을 만한 사건만 검찰이 기소하고 있기 때문이라고 한다(기소사건의 4% 정도만 무죄판결). 즉 기소법정주의(StPO 제152조)와 관련하여 거의 50% 이상의 사건이 예외적으로 규정되어 있는 기소편의주의의 적용을 받고 있으며, 형사소송법에는 검사가 법원의 허락을 받아서 기소재량권을 행사하도록 되어 있으나 법원의 허락은 거의 자동적이고 형식적이라고 한다.[354] 그런데 이러한 기소편의주의가 적용되는 이유 중 하나는, 법원의 업무과중으로, 업무경감을 위해 절차정지 절차를 활용하고 있는 바, 정치적 사건이나 경미한 사건 등은 정상을 참작하여 사건종결(한국의 기소유예에 해당)을 하고 있고, 사건수사 도중 기소중지에 해당하는 절차(StPO 제153조b)도 활용하고 있다고 한다.

결론적으로 볼터(Wolter)교수는 선택초안이 검찰과 경찰의 권한분배라든가 경찰의 권한강화를 의도한 것은 절대 아니며, 검·경간의 수사권 배분이 중요한 문제가 아니라, 검찰 권한이 약해진 부분을 법관의 권한으로 하자는 것일 뿐이라고 한다(사법적 통제의 강화). 더욱이 연방법무성(베를린)의 네터싸임(Nettersheim) 국장 및 발터(Walter)검사에 따르면, 독일에서도 법무부와 내무부간 업무분장에 있어서 알력이 있으나, 기본적으로 내무부는 치안을 담당하고 법무부는 인권침해 방지를 위하여 수사에 있어 지도적 역할을 담당하고 있으며, 전 수사과정에서 검사의 지휘·감독이 가능하고, 소추여부 결정을 위해 수집된 기초증거에 의한 수사방향의 결정은 전적으로 검사의 권한이며, 경미범죄에 관하여 경찰수사에 검사가 침묵하고 있으나, 언제든지 개입이 가능할 뿐더러, 검사가 사

---

353) Lars hendrik Schröder, Das verwaltungsrechtlich organisatorische Verhältnis der strafverfolgenden Polizei zur Staatsanwaltschaft, 1995, S.51.

354) 독일의 경우 기소법정주의가 원칙이지만(StPO 제152조), 그 예외로서 기소편의주가 적용되어 검사가 기소유예를 할 수 있는 경우가 확대되고 있다. 즉 1975년에 개정된 형사소송법 및 1993년에 제정된 '사법업무경감에 관한 법률'(Das Gesetz zur Entlastung der Rechtspflege)에 의하면 경죄에 대하여는 형사소송법 규정상의 법원동의 요건(StPO 제153조)이 삭제되었으며, 소추에 대한 공공의 이익이 있더라도 犯情이 다소 중한 경죄뿐만 아니라 중죄에 대하여도 조건부 기소유예가 가능하게 되어, 검사는 법원의 허가 및 피해자의 승낙을 얻어 피해변상(StPO 제153조a 1), 국고납입(StPO 제153조a 2), 공공봉사(StPO 제153조a 3), 일정한 수준의 부양의무의 이행(StPO 제153조a 4) 등의 조건을 붙여 그 조건을 이행한 경우, 피의자에 대하여 소추를 면제하는 적극적인 재량권을 광범위하게 행사하고 있다(StPO 제153조a).

안에 따라 직접수사 결정을 하는 것도 가능하며, 행정경찰과 사법경찰은 기능상으로는 구분되어 있으나, 조직상의 구분은 없다고 한다. 예컨대 중범죄에 해당하는 폭력사건 등은 검사가 직접 신문을 하고, 법적 판단이 필요한 경우나 강제수사인 수색 등을 할 경우에는 현장에 검사가 직접 나가기도 한다고 한다. 이처럼 검사가 직접 수사를 행함에 있어 인지의 방법은 제한이 없고 인지 후 경찰에 수사를 명할 수 있고, 검찰에 범죄신고가 접수되면 경찰에 수사명령이 가능하며, 실제 전체 범죄의 30~40%는 경찰에 의해 수사가 시작되는 것이 아니라고 한다.

특히 조직범죄·뇌물·부패 범죄 등은 초동단계(기초증거 수집)만 경찰이 수사할 뿐, 본격적인 수사는 검사가 직접 하고, 검사의 명령이 없이는 수사가 불가능하며, 일반 사건에 있어서도 영장 등의 집행은 검사의 명의로 하는데, 이는 경찰이 검사의 수사보조자이기 때문이라고 한다. 다만 양쪽 당사자를 모두 불러 대질조사할 수 있는지 여부는 이론상·법상으로는 가능하나 실무상 아무도 하지 않으려 할 것이라고 한다. 그리고 범죄발생 보고와 관련, 중범죄는 전부 검사에게 즉시 보고하고, 경범죄는 송치과정이 있으므로 결국 검사가 알게 되는 구조이며, 경미범죄 등에 대한 당사자의 이의제기가 있는 경우 검사의 직접 개입여부와 관련해서는, 검찰에 고소장 접수시 경찰에 지휘할 때 증거수집, 탐문수사 절차 등에 대해 상세히 규정함으로써 문제를 해결한다고 한다. 그리고 송치시 모든 서류와 증거를 검사에게 보내고, 검사는 수사가 미진할 경우 다시 수사하도록 지휘하는데, 송치후 지휘 여부 및 형태는, 검사가 기록을 검토한 후 ① 수사미진에 대한 보완이 간단하면 경찰에 재지휘하고(실무상 상당히 많음) ② 경찰의 권한을 벗어나 증인의 강제소환 등이 필요하면 검사가 직접 조사하지만, 연간 1,600건의 사건을 담당하는 검사로서는 일일이 직접 보완(기록정리)이 불가능하므로 경찰에 대한 재지휘를 많이 활용한다고 한다.

그리고 경찰에 실무상 자율을 부여하고 있는바, 그 범위와 기준이 명료한 것은 아니고 사안에 따라 다르며, 독일 형사소송법 제163조 제1항의 경찰은 검사의 보조자인 사법경찰뿐만 아니라 행정경찰까지 포함하는 개념인데, 행정경찰과 사법경찰은 기능상·업무상 구분은 있으나, 조직상으로는 구분이 되고 있지 않기 때문이라는 것이다(예컨대 강력계 형사가 교통경찰관으로 전보). 더욱이 검사의 수사보조자는 꼭 경찰일 필요가 없고, 이는 긴급수사가 필요할 경우 이를 할 수 있는 권한이 있다는 점에서 의미가 큰 개념이며(예컨대, 산림감시원 등 어떤 범죄의 전문가라는 개념이지 경찰조직과는 관계가 없음), 그 범위 및 자격은 각 주법에 나와 있다고 한다. 즉 Ermittlungsperson과 Kriminal Polizei와는 개념상 관계가 없다는 것이다. 그리고 2000년 법원조직법 개정 당시 "Hilfsbeamte"의 명칭을 "Ermittlungsperson"으로 변경하게 된 이유는 용어가 현대적 감각에 맞지 않는다는 이유에서이며, 그 이상의 의미는 없다고 한다.

특히 바이에른주 법무성(뮌헨)의 마크바르트(Markwardt)국장과 부장검사 및 경찰관계자(Clemens Merkl)에 따르면, 검사의 경찰에 대한 지휘권은 법적으로 완전히 보장되어 있으나, 양자가 조직상 분리되어 있으므로 갈등의 소지는 있다고 하면서, 현실적으로 경찰의 막강한 정보력, 수사장비 등 문제 때문에 경찰의 광범위한 수사활동을 허용할 수밖에 없으나, 다만 상호 이해, 정보교환, 사안에 따른 협력수위 결정 등을 통해 수사에 있어서 협력하고 있으며, 경미범죄라도 송치전 당사자의 이의 등이 있으면, 언제든지 검사의 개입 및 송치명령 등이 가능하다고 한다. 즉 범죄의 종류에 따라 협력의 수위를 결정하는데, 검·경 관계에 있어서 검증된 좋은 방법이라면, 경미 범죄들은 경찰이 독자적으로 수사하고 그 결과를 검찰에 보고하도록 하고 다만 경찰이 강제수단을 동원해야 할 경우에는 검사의 지휘와 법원의 허가를 받도록 하고, 살인, 조직범죄 등 중죄의 경우에는 초동수사 단계부터 거의 완벽할 정도로 검사와 경찰이 함께 수사를 하는 것이며, 이 경우 중한 죄인가 경한 죄인가의 구분에 있어서, 중죄임이 명확하면 판단이 쉬우나 그렇지 않으면 그 구분은 1차적으로 경찰이 하게 될 것이라고 한다. 특히 현재 독일에서는 검·경 수사권배분의 문제보다는 헌법재판소가 수사활동에 있어 기본권 침해 등을 이유로 계속 문제를 삼자, 가택수색 및 감청 등 강제수사에 있어 법원통제를 강화하는 방향으로 논의가 전개 중인데, 이에 대하여 경찰관계자는 검사의 지휘 등 현 수사실태에 별다른 이의가 없으며, 경찰의 실질적인 불만은 검사와의 관계가 아니라 검찰의 권한이 헌법재판소 판결을 통해 자꾸 법원으로 넘어가고 있다는 점으로 이는 수사의 효율성을 저하시킨다는 것이다.[355]

결론적으로 마크바르트(Markwardt)국장은 형사소추에 관한 한 검사가 지휘하고 경찰이 따르는 것이 법체제이나, 조직상으로는 검사와 경찰이 분리되어 있는 현행 체제를 검증된 좋은 제도로 보면서(이중적 시스템이 완벽하게 작동), 95% 이상을 경찰이 사실상 독자적으로 수사하고 검사는 지휘한다는 인상을 주지도 않고 있으며, 검·경 관계에 대하여는 1년에 두 번씩 검·경의 지도부가 만나 계속 논의를 하고 있고, 다만 검사가 수사의 지휘권을 가지기 때문에, 검찰의 기소 및 공소유지 과정에서 누적된 노하우가 수사에 반영되고 수사와 소추가 유기적이 되며 독립성이 보장되지 않고 조직의 일원으로 움직이는 경찰수사를 준사법기관인 검사의 지휘를 통해 바른 쪽으로 이끌어 가는 장점이 있는 것이고, 경찰은 치안기능이 있기 때문에 경찰을 완전한 사법기관으로 둘 수는 없는 것이고 또 의미도 없다고 생각하고 있었다.[356]

---

355) 부장검사에 따르면, 피의자 핸드폰 발신시 검사지휘로 통화내역을 확인할 수 있었던 것이 이제는 법원의 허가를 받도록 변경되었는데, 이는 업무과중 측면에서 불만 요인이라고 한다.

356) 질의에 대한 응답으로 만약, 경찰이 완전히 독자적으로 수사하고 결과만을 검찰에 넘기게 된다면 공판과 수사가 완전히 분리되거나 초동수사가 잘못되어 증거확보에 있어서 큰 문제가 발생

2. 개별적 범죄별 수사실무

지금까지 독일에서는 검사의 수사지휘 실태를 광범위하게 연구한 자료는 존재하지 않았다. 그러나 독일연방법무부가 독일법관협회의 대형법위원회(Große Strafrechtskommission des deutschen Richterbundes)에 발주하여, 2008년에 발표한 용역자료에는 검사의 수사지휘에 관한 실태가 분명하게 기재되어 있다.

(1) 일상범죄 사건

일상범죄(Alltagskriminalität)란 법률상의 개념이 아니라 학계나 실무에서 일반적으로 사용되는 용어로서 일반적으로 절도나 상해 등 일반적으로 빈번하게 발생하는 범죄를 말한다. 일상범죄에 관한 수사지휘 실태를 보면, 모든 수사절차의 약 80%가 일상범죄 사건에 해당하는데, 이러한 80%가 경찰에 의하여 독자적으로 수사되고 있고, 경찰의 독자적인 수사를 종료한 이후에야 검사에게 수사관련 서류 등을 송치하고 있다.357) 경찰이 수색 등과 같은 영장이 필요한 경우에는 검사로 하여금 법원에 영장을 청구하도록 하기 위하여 비로소 수사관련 서류를 검사에게 제출하고 있다.358) 이와 같이 일상범죄의 영역에서 경찰이 수사내용을 지체없이 검사에게 송치하지 않고, 독자적으로 수사를 진행한 이후에야 송치하는 이유는 다양하지만, 독일법관협회 대형법위원회는 개별 주가 범죄사건을 간략하게 처리하기 위하여 관련 행정규정을 통하여 수사주체로서 검사와 경찰을 동일하게 보면서 경찰의 독자수사를 어느 정도 용인하고 있기 때문이라고 진단하고 있다.359)

(2) 중범죄 사건

중범죄 사건의 경우 검사는 실무에서 대부분 조기에 경찰의 수사에 개입하고 있다.

하게 될 것이며, 이는 검사로 하여금 황당한 수사결과를 가지고 공판에 임하도록 하는 결과를 초래하게 되며(부장검사), 경찰의 예방적 임무와 형사소추 업무를 완전히 분리하기는 어려우나 근본적으로 현 형사소송 시스템을 바꾸려는 시도는 연방차원이나 주차원에서 없는 것으로 알고 있으며, 다만 사건종결권을 경찰에 부여하는 문제에 대해 논의가 있는 것으로 알고 있다(경찰측)고 한다. 이러한 사건 종결과 관련하여 검사와 경찰의 의견이 충돌하는 경우는 거의 없기 때문에 경찰의 종결권이 크게 필요하지 않다고 판단되며(부장검사, 국장), 형사소송법상 "Hilfsbeamte"를 "Ermittlungsperson"으로 변경한 이유는 내용이 변경된 것이 아니라 현실을 감안하여 법률용어를 바꾼 것이라고 한다(국장).

357) Große Strafrechtskommission des deutschen Richterbundes, Das Verhältnis von Gericht, Staatsanwaltschaft und Polizei im Ermittlungsverfahren, strafprozessuale Regeln und faktische (Fehl－?)Entwicklungen, 2008, S.82.

358) Große Strafrechtskommission des deutschen Richterbundes, a.a.O., S.82.

359) Große Strafrechtskommission des deutschen Richterbundes, a.a.O., S.82.

사건이 인지되면 일반적으로 경찰이 범행현장에 출동한 후 곧바로 담당 검사에게 통지를 한다. 경찰은 모든 특별한 사건에 대비하여 담당 검사 명부를 가지고 있다.[360] 다만, 개별적으로는 일반 경찰이 검사를 개입시킴이 없어 살인미수 사건을 사건발생 수개월 후에 구속영장 신청을 위하여 검사에게 송치하고, 이 시점에서 검사가 개입하여 공동수사를 진행하고 있다고 한다.[361] 그러나 중범죄 수사와 관련하여 검사는 중범죄 사건에 대한 형사소송법상의 조치에 관한 법률적 지식을 갖추고 있지만, 구체적 수사와 관련한 명령을 발하기 위한 수사기술적 인식이 충분한지 의문이 제기되고 있는 반면, 경찰은 충분한 물적 자원과 충분한 수사기술적인 교육으로 인하여 중범죄 사건에 대한 수사에 보다 더 잘 대처할 수 있다는 장점을 가지고 있다.[362]

(3) 인질범죄 및 이와 유사한 사건

인질범죄나 이와 유사한 협박사건의 경우 경찰은 검사에게 지체없이 당해 사건을 보고하고, 보고를 받은 검사는 경찰과 긴밀하게 협력하여 필요한 판단을 하고 있다.[363] 이러한 사건에서 검사의 지휘권과 경찰의 위험방지 내지 수사전략 간의 협력작용에 큰 문제가 없다. 그러나 문제되는 인질사건의 실제적 해결에 대한 경찰의 책임과 경찰이 보유하고 있는 인적 · 물적 장비 및 훈련 시나리오에 따른 경험 등에 비추어볼 때 인질범죄 및 이와 유사한 사건에서는 수사의 실질적인 권력이 경찰에게 있는 것으로 판단되고 있다.[364]

(4) 테러범죄 사건

테러범죄 사건의 경우에는 잘 훈련된 수사요원들을 갖춘 특별한 절차가 있다. 검찰의 측면에서는 테러사건에 대한 관할이 연방검찰에 있다. 테러사건에 대한 정보 등은 대부분 연방형사경찰(Bundeskriminalamt)에서 나오기 때문에 연방형사경찰의 주도로 사건이 처리되고 있다.[365]

(5) 조직범죄 사건

조직범죄 사건의 경우에도 실무에서는 검사와 경찰간의 협력이 비교적 잘 이루어지고 있다. 검사와 경찰간의 조기의 정보제공, 함정수사 진행과정에 관한 공통의 전략수립

---

360) Große Strafrechtskommission des deutschen Richterbundes, a.a.O., S.86.
361) Große Strafrechtskommission des deutschen Richterbundes, a.a.O., S.86.
362) Große Strafrechtskommission des deutschen Richterbundes, a.a.O., S.87.
363) Große Strafrechtskommission des deutschen Richterbundes, a.a.O., S.87.
364) Große Strafrechtskommission des deutschen Richterbundes, a.a.O., S.87.
365) Große Strafrechtskommission des deutschen Richterbundes, a.a.O., S.88.

및 시행 등이 행해지고 있으며, 검사의 지휘권이 대부분 행사되고 있다.366) 다만, 조직범죄 사건의 경우 검사의 수사지휘권 행사에 대해서는 일부 문제가 있는 것으로 지적되고 있다. 우선, 검사가 조직범죄사건에 대한 수사절차를 구성함에 있어 적극적인 역할을 하는 것인지, 아니면 검사가 단지 경찰의 수사자료와 제안에 대해서만 대응하는 것인지 의문이 제기되고 있다. 독일에서 조직범죄 사건은 주로 함정수사의 방식으로 수사가 진행되고 있는데, 이와 관련하여 검사와 경찰간의 협력이 제한적일 수 있다. 물론 함정수사 방식으로 진행되는 조직범죄 사건에 대한 수사에서 검사가 어느 정도로 지휘권을 행사하는지에 대해서는 관련 문헌은 존재하지 않는다. 다만, 독일법관협회의 대형법위원회는, 조직범죄 사건의 경우 수사를 담당하는 자들 간에 고도의 긴장관계가 있고, 검사의 수사지휘를 보이콧하는 경우도 있으며 검사에게 정보를 제공하지 않는 경우도 있다고 추정한다.367) 특히 경찰 측 함정수사관은 검사의 수사지시를 무시하고 독자적으로 활동하는 경향을 보이고 있다.368) 이와 관련하여 독일법관협회의 대형법위원회는, 경찰이 소송절차의 수행을 위하여 필요한 조서를 검사에게 완전하게 제출하고 있는지 의문을 제기하고 있다.369)

(6) 기타 사건

그 밖에 부패 사건, 성범죄 사건, 일반적 경제범죄 사건의 경우 검사의 지휘기능이 적극적으로 활용되고 있다.370) 교통범죄 사건의 경우에도 사망, 중상해 등의 결과를 초래하는 중대한 교통범죄 사건에서는 경찰이 검사에게 일반적으로 사건 발생 후 지체없이 통지하고 있다.371) 이에 반해 컴퓨터범죄 사건에서는 경찰의 경우 전담조직이 있는 반면, 검찰에서는 전담조직이 없어서 검사의 수사지휘권 행사가능성이 무력화되고 있다. 조세범죄 사건의 경우에도 경찰이 수사에 착수한 지 수년이 지나서야 검사에게 관련 수사자료가 제출되어 검사의 수사지휘가 제 기능을 발휘하지 못하고 있다.372)

3. 수사방법과 관련한 검사와 경찰의 관계

(1) 특수수사방법

독일의 수사실무에서 일정한 특수수사방법의 영역에서는 전담검사가 지정되어 있어

---

366) Große Strafrechtskommission des deutschen Richterbundes, a.a.O., S.88.
367) Große Strafrechtskommission des deutschen Richterbundes, a.a.O., S.88.
368) Große Strafrechtskommission des deutschen Richterbundes, a.a.O., S.89.
369) Große Strafrechtskommission des deutschen Richterbundes, a.a.O., S.89.
370) Große Strafrechtskommission des deutschen Richterbundes, a.a.O., ff89-91.
371) Große Strafrechtskommission des deutschen Richterbundes, a.a.O., S.94.
372) Große Strafrechtskommission des deutschen Richterbundes, a.a.O., S.93.

서, 통상적인 업무시간 이외에도 일정한 특수수사방법에 관하여 검사로서의 직무를 행사
하고 있다. 여기서 특수수사방법이란 ① 형사소송법 제110a조에 다른 비공개수사관의
투입, ② 비공개경찰공무원의 투입, ③ 정보제공자에 대한 비밀유지의 확약, ④ 형사소
송법 제100a조에 따른 통신감청, ⑤ 형사소송법 제100c조에 따른 주거에 대한 감청, ⑥
형사소송법 제100f조에 따른 주거 이외의 영역에서 이루어진 비공개 대화내용의 감청,
⑦ 형사소송법 제100h조에 따른 당사자의 부지상태에서 이루어지는 촬영 등의 처분, ⑧
형사소송법 제163f조에 다른 장기간의 관찰 등을 말한다. 이러한 특수수사방법에 관해서
는 검찰청 내 당직검사는 아무런 권한이 없고, 필요한 경우에는 이러한 특수사사방법을
관할하는 전담검사를 알려주고 있을 뿐이다.[373)]

(2) 통신감청

통신감청의 영역에서는 검사의 수사지휘가 제대로 확보되고 있다. 통신감청을 담당
하는 경찰은 감청의 개시, 중단, 종료를 지체없이 검사에게 통지하고 있다. 통신감청의
녹취록은 원칙적으로 매주 간격으로 담당 검사에게 송부하고 있다. 통신감청을 담당하는
경찰은 자신의 책임하에 모든 녹화된 통신대화의 과정과 내용(대화, SMS, e-mail 등)이
개인의 핵심적 내밀영역을 침해하지 않았는지 검토해야 하고, 만약 감청된 내용이 개인
의 핵심적 내밀영역을 침해하는 것이라고 판단되는 경우에는 지체없이 담당 검사와 교
섭하여 검사로 하여금 그러한 내용에 대한 지체없는 삭제 여부를 판단하도록 한다. 통
신감청을 담당하는 경찰은 통신감청을 개시하는 시점부터 담당 검사와 협의를 진행하고,
이러한 협의의 내용과 결과를 서면으로 작성한다. 통신감청 내용의 삭제 여부에 관한
검사의 결정도 서면으로 작성한다. 나아가 통신감청 조서나 녹취록을 소송절차 참가자들
이나 그 밖의 관서에 전달하는 경우에도 그 전에 담당 검사의 동의를 받고 있다.[374)]

(3) 그 밖의 비밀수사

정보원(V-Personen)을 투입함에 있어 검사와 경찰간의 협력 — 특히 검사의 동의
내지 검사에 대한 사후 통지 — 은 아직 이에 관한 통계나 학술적 자료는 존재하지 않
지만 큰 문제없이 기능하고 있는 것으로 판단되고 있다.[375)]

범죄사건을 규명함에 있어 장기간 경찰과 신뢰관계를 유지하면서 조력을 하는 신뢰
인은 행정법상의 위험방지의 영역과 형사소송법상의 범죄수사의 영역에 부분적으로 중
첩된 활동을 하고 있다. 이 점에서 신뢰인의 신원이 수사절차로 흘러들어오고 또 다른
형사절차상의 조치를 취하기 위한 계기를 형성하는 경우에 한하여 검사는 경찰로부터

---

373) Große Strafrechtskommission des deutschen Richterbundes, a.a.O., S.95.

374) Große Strafrechtskommission des deutschen Richterbundes, a.a.O., S.96.

375) Große Strafrechtskommission des deutschen Richterbundes, a.a.O., S.97.

신뢰인에 관한 사항을 통지받고 있다.[376)]

또한 함정수사관(verdekter Ermittler)의 투입과 관련한 검사와 경찰간의 협력 문제는 무엇보다도 함정수사관의 투입에 관한 검사의 동의와 관련하여 등장한다. 실무의 분석으로는 함정수사관 투입에 있어서 검사와 경찰관의 협력이 큰 문제가 없는 것으로 보고 있지만, 실제에 있어서는 검사는 경찰의 함정수사관 투입과 관련한 동의 여부만 판단함으로써 자신의 수사지휘권을 행사하고 있다.[377)]

(4) 구속사건

검사는 구속사건의 처리에 있어 경찰에 대한 지속적인 지휘와 통제를 가하고 있다. 경찰의 수사에서 나타나는 절차지연은 항상 형사절차의 신속성원칙을 침해하기 때문에 검사는 자신의 수사지휘권을 활용하여 지속적으로 경찰의 수사상황을 보고받고 피할 수 있는 절차지연의 문제를 해결해야 한다. 구속사건의 처리는 모든 검찰에 훈령(Rundverfügung)을 통하여 규율하고 있고, 형사소송법 제121조[378)]의 규정내용을 주목하여 구속사건의 신속한 처리에 업무를 집중시키고 있다. 따라서 검사의 경찰에 대한 수사지휘권의 행사의 범위도 재량의 여지가 거의 없이 매우 좁게 된다. 일선 검사들은 경찰의 지연된 수사에 대한 책임을 자신이 부담해야 한다는 것을 알고 있기 때문이다. 형사소송법 제121조에서 의미하는 신속한 수사의 문제와 관련하여 검사는 실무적으로 경찰에 비하여 월등한 법적 지식을 갖추고 있고, 형사절차의 신속성에 관한 연방법원의 판례에도 해박하다. 따라서 구속사건의 경우 경찰은 검사의 법적 전문지식을 존중하여

---

376) Große Strafrechtskommission des deutschen Richterbundes, a.a.O., S.97.

377) Große Strafrechtskommission des deutschen Richterbundes, a.a.O., S.98.

378) 형사소송법 제121조(6개월 이상의 구속)

① 자유형 또는 자유를 박탈하는 보안처분의 판결이 선고되지 않은 한, 수사가 특별히 어렵거나 수사의 범위가 특별히 넓은 경우 또는 기타 중요한 사유에 비추어 판결을 선고할 수 없고 당해 구금의 계속이 정당하다고 여겨지는 때에만 동일한 행위를 이유로 6개월 이상 구속의 집행이 가능하다.

② 제1항에 해당하는 경우 제116조에 따른 구속영장의 집행이 정지되지 않거나 주 고등법원이 구속의 계속을 명하지 않은 때에는 6개월이 경과하면 구속을 취소하여야 한다.

③ 제2항에 서술된 기간이 경과하기 이전에 소송기록이 주 고등법원에 제출된 경우 그에 대한 판결이 내려질 때까지는 기간의 진행이 정지된다. 기간의 종료 이전에 공판이 시작된 때에는 판결을 선고할 때까지 기간의 진행이 정지된다. 공판이 정지되고 그 즉시 소송기록을 주고등법원에 제출한 경우에도 당해 법원의 판결이 선고될 때까지는 기간의 진행이 정지된다.

④ 법원조직법 제74조a에 따라 형사합의부가 관할하는 사안에 대해서는 법원조직법 제120조에 따라 관할 주 고등법원이 재판한다. 법원조직법 제120조에 의하여 주 고등법원이 관할하는 사안에 대해서는 연방법원이 재판한다.

검사가 지휘하는 데로 따르고 있는 것이 일반적이다.379)

4. 평 가

이상에서 살펴본 것과 같이 독일은 검사에게 수사권 및 수사지휘권을 부여하여 사법경찰과의 관계를 엄격한 상명하복의 관계로 규정하고 있다. 역사적 관점에서 살펴보아도 검사의 보조공무원제도를 창설함으로써 형사사법의 영역에서 검사 이외에는 독자적 활동영역을 주지 아니하고 수사절차에 처음부터 합법적이고 사법적 형식의 기초를 주기 위하여 보안경찰의 범주에 속하는 경찰을 검사에게 종속시켰던 것이다. 즉 검사는 '손이 없는 머리'(Kopf ohne Hände)로서 아무런 집행기관을 가지고 있지 아니하므로 법률에 의하여 검사의 범죄수사를 원조하기 위하여 사법경찰관을 그에게 종속시킨 것이다.380)

그러나 범죄수사에 있어서 대부분의 사건에 대하여는 사법경찰관리가 사실상 독립적으로 수사권을 행사하고 있고, 검사는 이들 사건에 대하여 검찰 송치후 이를 통제하고 있을 뿐이며, 더욱이 독일 형사소송법은 직접심리주의를 강조함으로써 법관 이외의 기관이 작성한 조서에 증거능력을 부여하고 있지 않다.381) 따라서 이러한 수사현실 및 사법경찰관리의 질적 향상과 수사기술의 발달로 인하여 사법경찰의 독자적 수사권을 인정해야 한다는 주장이 있었으나, 다음과 같은 이유로 검사의 수사지휘권을 당연한 것으로 받아들여지고 있다382)고 한다.

첫째, 검사의 수사지휘권은 수사현실과는 별개로 수사에 있어서의 인권보장과 적정절차를 실현하기 위한 법치국가원리의 불가결한 요소로서 이념적 차원에서 당연한 제도로서 보장되어야 하며, 둘째 법관과 같은 자격을 가지고 신분이 보장된 검사의 수사지휘권을 인정함으로써 수사의 공정성이 담보될 수 있고 수사의 쟁점이 정리되어 신속한 수사가 가능할 뿐만 아니라, 셋째 검사의 수사지휘권을 부정할 경우 사실조사와 법률적용이 분리되는 부당한 결과를 초래하지 않을 수 없으며, 넷째 실무상 강력범죄 · 경제범죄 · 정치범죄 · 마약범죄 등 고도의 정책판단과 법률지식 등이 요구되는 중요사건에서 검찰은 전문부서의 배치 등으로 이를 수행하고 있으며, 독일은 특히 국가보안사건 · 경제사건 · 부패범죄 등에 관할의 집중화와 전문화를 기하기 위하여 기존의 지방검찰청 경제부를 확대 · 개편한 중점검찰청383)을 설치하고 있는 바, 이러한 것은 검찰이 일상적 범죄에

---

379) Große Strafrechtskommission des deutschen Richterbundes, a.a.O., S.99.

380) Roxin, a.a.O., S.53.

381) StPO 제250조(증거조사의 직접성) 어떤 사실에 관한 증명이 개인의 지각에 근거하고 있는 경우에는 공판정에서 그 사람을 신문한다. 이 신문은 종전의 신문을 기록한 조서나 서류의 진술로 대체할 수 없다.

382) 수사지휘론, 49면.

383) 법원조직법 제143조 제4항은 특수한 종류의 형사사건을 처리하기 위하여 한 개의 주에서 여러

서보다는 중요사건에 그의 기능을 선택적으로 집중시키기 위한 고려로 보인다는 것이다. 결국 검사의 경찰에 대한 수사지휘라는 것은 수사상의 현실적인 문제로 인하여 발생한 것이 아니라 수사절차에 대한 법치국가적 통제와 수사과정에서의 견제와 균형이라는 규범론적인 요청에서 비롯된 것이기 때문이라고 할 수 있다.

이상에서 살펴본 것과 같이 독일은 검사에게 수사권 및 수사지휘권을 부여하여 사법경찰과의 관계를 엄격한 상명하복의 관계로 규정하고 있다. 역사적 관점에서 살펴보아도 검사의 보조공무원제도를 창설함으로써 형사사법의 영역에서 검사 이외에는 독자적 활동영역을 주지 아니하고 수사절차에 처음부터 합법적이고 사법적 형식의 기초를 주기 위하여 보안경찰의 범주에 속하는 경찰을 검사에게 종속시켰던 것이다. 즉 검사는 '손이 없는 머리'(Kopf ohne Hände)로서 아무런 집행기관을 가지고 있지 아니하므로 법률에 의하여 검사의 범죄수사를 원조하기 위하여 사법경찰을 그에게 종속시킨 것이다.[384] 그러나 현실적으로 범죄수사에 있어서 대부분의 사건에 대하여는 사법경찰관리가 사실상 독립적으로 수사권을 행사하고 있고, 검사는 이들 사건에 대하여 검찰 송치후 이를 통제하고 있을 뿐이며, 더욱이 독일 형사소송법은 직접심리주의를 강조함으로써 법관 이외의 기관이 작성한 조서에 증거능력을 부여하고 있지 않다. 따라서 이러한 수사현실 및 사법경찰관리의 질적 향상과 수사기술의 발달로 인하여 사법경찰의 독자적 수사권을 인정해야 한다는 주장이 있었으나, 앞에서 언급한 것처럼 검사의 경찰에 대한 수사지휘가 수사상의 현실적인 문제로 인하여 발생한 것이 아니라 수사에 있어서의 인권보장과 적정절차를 실현하기 위한 법치국가원리의 불가결한 요소이므로 이념적 차원에서 당연한 제도로 보장되어야 한다는 점 및 법관과 같은 자격을 가지고 신분이 보장된 검사의 수사지휘권을 인정함으로써 수사의 공정성이 담보될 수 있을 뿐만 아니라 검사의 수사지휘권을 부정할 경우 사실조사와 법률적용이 분리되는 부당한 결과를 초래하지 않을 수 없다는 점 등을 근거로 독일에서는 검사의 수사지휘권을 당연한 것으로 받아들이고 있는 것이다.

2018년 10월 26일 대검찰청 포렌식센터에서 독일 괴팅엔 대학교 형사법 교수인 군나르 두트게(Gunnar Duttge)박사는 '검사의 법적 지위와 책임 - 독일 시각에서의 평가(Rechtsstellung und Verantwortung der Staatsanwaltschaft - Anmerkungen aus deutscher Sicht)'라는 초청강연과 질의응답 과정에서 다음과 같은 말을 했다.[385]

지방검찰청 또는 고등검찰청의 지역을 담당하도록 검찰청의 토지관할을 변경할 수 있다고 규정하여 중점검찰청의 설치에 대한 법적 근거를 제공하고 있다.

384) Roxin, a.a.O., S.53.
385) 김성룡, "수사권한이 조정의 대상인가?", 형평과 정의 제33집(2018), 대구지방변호사회, 171면 이하.

- 권력분립과 균형을 찾는 것은 검찰에만 적용되는 것이 아니라 경찰에게도 중요하다.
- 제일 중요한 것은 경찰의 역할이 계속해서 검사의 조력자의 역할로 남아 있어야 한다는 것이다.
- 만약 내가 한국에서 현재 진행되는 수사권 조정이라는 논의를 결정할 수 있다면 1초도 생각할 필요가 없을 듯 같고, 그 답은 너무나 명확한데, 경찰이 당연히 더 많은 권한을 가져서는 안 된다는 것이다.
- 경찰은 사법적인 전문성이 떨어지기 때문에 그 권한을 남용할 위험성이 크다.
- 판사나 검사도 당연히 권한을 남용할 수 있겠으나, 사법적인 기질이나 교육과정으로 인해 경찰과는 다르다.
- 경찰의 역할은 당연히 위험을 예방하고, 잘못된 일이 있을 때 그 주체를 수사하는 것이다. 이런 경찰에게는 어떤 한계선이 있어야 한다.
- 특히 수사와 관련해서는 통제가 굉장히 중요하고 필요한 것이다.
- 사법적 교육을 받은 사람인 검사가 통제해야 하며, 이를 나누어 줄 수는 없는 것이다.
- 검찰의 권한이 강하다면 법원을 통한 통제를 강화하면 될 일이지, 경찰에게 권한을 더 부여할 일은 아니다.

결국 우리 검찰제도의 모체가 된 독일의 검찰제도는 그 탄생시부터 경찰기능에 대한 법치국가적 통제를 위하여 창설되었으며, 검사의 지휘에 대한 경찰의 복종의무를 규정한 것 역시 바로 이 법치국가적 이념을 형사절차의 전 과정을 통하여 관철하려는 목적에서 비롯된 것으로, 수사지휘와 무관한 사법경찰의 **'독자적인 수사개시 · 진행권'** 및 **'독자적인 수사종결권'**은 인정되지 않는다고 할 것이다. 2004년에 열린 제65차 독일 법률가대회에서도 "경찰과의 관계에서 검찰에 의한 절차의 지휘가 유지되어야 하는가에 대해 '만장일치'로 긍정하였으며, 경찰의 독자적인 수사종결권도 규정될 수 없다는 점에 절대다수가 동의하였다"[386]고 한다. 특히, 제65회 독일법률가대회에 제출된 보고서에서 Satzger 교수는, **"잠재적 절차지배"**(virtuellen Verfahrensherrschaft)라는 용어를 사용하면서, 경찰의 독자적인 수사활동의 가능성이 적지 않은 현 시점에서 경찰에게 검사에 대한 광범위한 정보제공의무를 부과해야 하고, 이를 통하여 검사에게 경찰의 정보체계에 아무런 제한없이 접근할 수 있도록 해야 한다고 주장하였다.

결국 국민의 의식수준과 사회 각 분야의 제반여건이라는 토양을 바탕으로 각기 고유의 장 · 단점과 특질을 가지고 있는 경찰과 검찰의 위상 정립을 정확한 실태의 파악없이 이상형으로서의 수사구조에 맞추려 한다면 자칫 탁상공론에 흐를 뿐만 아니라 적법한 절차의 준수에 차질이 생길 소지가 있다. 왜냐하면 일반적으로 검찰관은 법관에 상

---

386) 65 Deutscher Juristentag Bonn 2004 Beschlüsse, S. 15(www.djt.de/fileadmin/downloads/65/beschlüsse.pdf).

응하는 법률지식을 가지고 있어 법률적으로 복잡한 사건을 수사함에 적합하고, 법적 절차의 준수라는 측면에서도 경찰보다는 상대적으로 국민의 신뢰도가 높으며 법관에 유사한 신분보장을 받고 있어 기소·불기소의 결정과 원고인 당사자로서의 책무수행 나아가 정치적 색채가 강한 사건의 수사에 있어서 국가기관 중 가장 적격이라고 논하여지고 있기 때문이다.

03

영미법계 형사사법구조 및 수사체계

제1절 서 설

I. 의 의

보통법계에서는 범죄를 국가 구성원인 국민이 저지른 국가에 대한 불법행위로 보지 않고 시민이 국왕을 포함하여 다른 시민에게 가한 일종의 불법행위로 보았다. 이러한 관점에서 비롯된 영국의 형사재판제도는 국가가 범죄를 저지른 범죄자를 색출하여 국가의 입장에서 형벌을 과하는 것이 아니라 서양 중세의 결투 재판과 마찬가지로 가해자와 피해자를 서로 개인 대 개인으로 맞서게 하는 것이었다. 따라서, 보통법계에서는 민사적 불법행위와 형사적 불법행위를 준별하지 않는다. 모든 위법행위는 개인이 다른 개인에 대해 저지른 불법행위였다.

형사소송도 기본적으로 피해자와 가해자 사이의 소송이므로 서로 대등한 당사자인 피해자가 가해자를 상대로 수사를 하여 범죄혐의를 밝힌다는 것은 생각할 수 없고, 민사소송처럼 당사자가 증거를 수집하여 법원에 제출하고, 법정에서 구두 변론에 의한 공격과 방어를 통해 피고인의 유·무죄를 가리는 소송절차가 원칙이 되었다. 결국 피해자에 의한 사인소추(private prosecution), 피해자와 가해자가 형사소송에서 대등한 당사자가 되는 대심주의 내지 당사자주의(adversarial system), 법정에서 양 당사자의 공격과 방어를 통해 범죄혐의를 가리는 공판중심주의가 논리적 귀결이 된다. 다만, 공판중심주의에서 공정한 재판을 통하여 피고인의 인권을 보장하기 위해서는 법정에서 공격과 방어를 하는 양 당사자 사이의 힘의 대등(무기대등의 원칙)이 무엇보다 중요한데, 공권력을 행사하는 막강한 경찰이나 검사에 대하여 범죄혐의를 받고 기소된 피고인이 대등한 당사자가 되어 법정에서 자신을 방어하는 것이 어렵다. 따라서 공판중심주의를 제대로 실현하기 위해서는 재판 이전 단계에서 수사기관에 의한 수사를 인정하지 않는 한편, 경찰이나 검사의 권한을 대폭 축소 내지 제한하여 피고인과 대등한 당사자로 만드는 경우에만 가능할 것이다.

국가형벌권을 전제로 하는 대륙법계에서는 허위 자백을 통한 국가형벌권의 부당한 행사를 방지하기 위해 피고인이 자신의 범행을 자백하는 경우에도 보강증거 유무를 따져 실제 범인이 맞는지 여부를 확인한 후 유죄를 인정하지만, 보통법계에서는 당사자의 처분권이 인정되어서 피고인이 기소인부절차에서 자신의 유죄를 인정하게 되면 더 이상 사실관계를 확인하지 않은 채 곧바로 유죄인정절차가 종료되고, 양형재판 절차로 넘어가게 된다. 같은 맥락에서 피고인이 부인함에도 유죄를 인정하는 경우에 대륙법계에서는 판결에 유죄를 인정하는 이유를 설시하게 되나, 보통법계 배심재판에서는 유죄인지 무죄인지만 판단하고 어떤 이유로 그런 결론에 이르게 되었는지 따로 설시하지 않는다. 다만 영국과 미국의 경우에 약간의 차이가 존재하므로 이하에서는 나누어서 설명하기로 한다.

Ⅱ. 이론적 배경

영미법계의 형사사법체계를 살펴보면, 경찰은 피의자를 체포한 후 통상 48시간 이내의 짧은 기간동안만 조사가 허용되며, 이후에는 법원에 의한 예비심문절차가 이루어지게 되고, 공판정에서 사실확인 절차가 이루어지게 된다. 이때, 공판정에서의 사실확인 절차의 진행을 위해 일방 당사자로서 소추관인 검사가 임무를 수행하도록 하고 있다. 그러므로 영미법계 형사사법체계에서는 초동단계의 수사를 수행하는 경찰과 형사소추를 수행하는 검사, 공판정에서 소송지휘와 양형을 판단하는 판사 및 사실에 대한 판단자로서 역할을 수행하고 있는 배심원단으로 구성된 법원에게 수사권과 소추권, 재판권 등이 분배되는 구조를 갖고 있다. 그와 같이 경찰과 검찰, 법원에게 권력이 분배되지만 당사자주의에 따라 각 기관들은 모두 독립적인 지위에 서게 된다. 그러므로 영미법계 형사사법체계의 특징은 각 기관간에 지휘관계 및 통제관계를 성정하는 대신 권력기관들의 권한을 철저하게 분산하여 특정 기관이 형사사법체계에서 커다란 권력을 갖는 것을 사전에 차단하고, 시민이 직접 참여하도록 함으로서 지방자치 및 주민자치를 통한 시민의 직접적인 통제가 가능하도록 하고 있다는 것이다. 예를 들면, 미국은 한국처럼 통일된 국립경찰조직이 존재하지 않으며, 연방(Federal)이나 주(State), 카운티(County), 시(City)별로 다양한 유형의 경찰조직을 가지고 있다. 그리고 해당 자치단체의 경찰조직은 피라미드 구조처럼 다른 상급 자치단체의 지휘 및 감독을 받지 않는다. 미국 법원도 연방대법원과 주법원 사이에 위계관계가 존재하고 있지 않다. 그리고 주 내에서도 지방법원판사, 항소법원판사, 주상고법원 판사 사이에 일반적인 관료적 구조에서 나타나는 위계관계가 존재하지 않으며, 승진이라는 개념도 존재하지 않는다.

Ⅲ. 제도적 특징

1. 당사자주의 소송구조

영미법계 형사사법체계에서는 국가가 형벌권의 주체가 아니기 때문에 그 이념과 철학적에서 민사소송과 같이 형사소송도 시민 대 시민, 시민 대 국왕 간의 사인 간 분쟁을 해결하는 과정으로 이해하고 있다.[1] 그러므로 시민이 대배심이 되어 직접 사실을 확인하고 판단하고, 사법관은 재판의 주재자로서 사인간의 공방절차가 공정하게 이루어질 수 있는 절차적 부분에 한해서만 관여하기 때문에 직권적인 조사활동을 할 수 없도록 하는 것이 체계 내에 형성되어 정착되어 있다.[2] 이는 사인소추제도, 당사자주의, 그리고 공판중심주의의 관점에서는 형사절차와 민사절차가 구분되는 것은 그 결과에 있어 민사제재를 받는 것인지, 아니면 형사처벌을 받는 것인지에만 있고, 절차적인 부분에 있어서는 차이점이 없기 때문이다. 그러므로 일방 당사자가 상대방 당사자의 범죄혐의를 규명하도록 하는 수사가 인정되지 않고, 단지 일방 당사자는 승소를 위해 공판정에 제출할 증거만을 수집할 수 있게 된다. 그러므로 소송절차가 개시되기 전 국가 공권력이 사실관계의 철저하고 객관적으로 수사하는 것을 인정할 수 없게 된다. 법원은 공판정에서 피해자 내지 소추인이 불법행위를 당하였다 주장하는 것과 피고인이 그를 부인하는 주장, 그리고 양 당사자가 수집·제출하는 증거만을 통해서 형사불법행위의 성립여부를 판단하게 된다. 국가가 범죄자를 처벌하기 위해 배타적인 형벌권을 실현하는 것이 아니기 때문에 고발인이나 변호사측에서는 사설탐정을 고용하여 범죄 단서를 발견하고 법정에 제출할 증거를 수집하게 되는데,[3] 그로 인해 변호사가 독자적으로 뛰어난 조사능력을 가지고 있는지 여부가 소송 승패에 중요한 영향을 미치게 된다. 이는 범죄혐의자를 수사의 객체로 하여 수사를 수행하는 수사기관의 수사가 진행되지 않기 때문에 상대방으

[1] 영미법계 당사자주의 기원에 대해 상세히는 John H. Langbein, *The Origins of Adversary Criminal Trial*, Oxford University Press, 2003 참조.

[2] Dammer, Harry R./Albanese Jay S., Comparative Criminal Justice Systems, 5th ed., Wadsworth Publishing, 2013, p.127.

[3] 사인소추제도를 인정하고 있는 영국의 경우 누구든지 탐정으로서 탐정업무를 수행할 수 있다. 미국의 대부분 주도 탐정업을 허용한다. 한국에서는 그동안 탐정업을 인정하지 않았지만, 최근 신용정보법의 개정을 통해 일부 탐정업을 인정하게 되었다. 즉, 2018년 8월 헌법재판소가 탐정업무가 가능하다고 결정한 후, 2020년 2월 국회에서 신용정보법 개정안이 통과되었는데, 탐정업과 탐정 명칭 사용을 금지한다는 기존 법의 내용이 삭제되었으며, 6개월의 유예기간을 거쳐 2020년 8월 5일부터 전격적인 시행을 맞았다. 다만, 걸림돌이 제거되었을 뿐이고, 탐정업에 대한 구체적인 근거규정은 아직까지 마련되지 않고 있다(http://www.siminilbo.co.kr/news/newsview.php?ncode=1065591957107194; https://www.lawtimes.co.kr/Legal-News/Legal-News-View?serial=163110).

로부터 불법행위로 인한 피해를 당했다고 주장하는 당사자가 그를 법원에 고발하게 되면 민사소송과 마찬가지로 피고인의 유죄를 입증하기 위해서는 자신의 주장을 뒷받침할 증거를 스스로 수집하여 법정에 제출해야 하기 때문이다.

또한 유죄판결에 따라 형을 집행하는 것에 있어서도 영미법계는 대륙법계와 구별이 된다. 검찰이 형을 집행집행 하도록 하는 대륙법계 국가들과는 달리, 영미법계에서는 교도관 등이 법원의 명령에 따라 형벌을 집행하게 되기 때문에 검찰주의가 아닌 법원주의의 형식을 취하고 있다. 이는 당사자주의를 취하고 있는데 한편의 당사자가 상대편 당사자에 대해 형을 집행하는 것은 이론적으로 인정될 수 없으며, 재판의 집행은 검찰의 업무가 아닌 법원의 업무로 귀속시키고 있는 이유에서이다. 그러므로 보호관찰관 등의 소속도 한국처럼 법무부에 소속되는 것이 아니라 모두 법원소속이다. 그로 인해 검사의 집행지휘는 당연히 있을 수 없으며, 형벌집행기관으로서 법원이 판결의 내용에 따라 그 집행에 대한 책임을 지게 된다.

2. 사법경찰의 개념 및 수사지휘의 형태

영미법계 국가의 경찰관이 행하는 수사 활동은 사인의 대리인 자격으로 법원에 소추하기 위한 자료를 수집하는 행위가 그 본질이며, Charge[4] 이후 사실규명(수사) 과정은 전적으로 법원의 절차주도 하에 당사자 간 법정(法廷) 공방으로 진행된다. 배심제도와 사인소추를 원칙으로 하는 당사자주의적 소송구조 하에서, 특정인에게 범죄혐의가 지워진 후에는 사실규명 및 형벌부과를 위한 모든 절차가 법원에서 사인 간 투쟁으로 진행되기 때문이다. 따라서 영미법계에서는 법원·검찰·경찰 등 어떤 기관도 혐의자를 직권적으로 신문하는 사실규명 활동을 할 수 없으며, 영미법계 검사도 소추대리인 자격으로 출발한 일방 당사자의 지위에 불과하므로 법적으로 검사가 경찰의 수사행위를 지휘·통제한다는 것은 애초부터 상정하기 어렵고, 또 그렇게 할 이유도 없다. 예컨대 영국의 경우, 우리나라처럼 검찰이 치안판사법원에 피고인을 기소하여 재판에 회부되는 것이 아니라 사인이나 경찰에 의해서 특정인의 범죄에 관한 정보(information)가 치안판사법원에게 제공되고, 그의 독자적인 판단에 따라 범죄혐의가 있으면 범인으로 지목된 특정인(고소 또는 고발된 자, the accused)에 대하여 소환장(a summons) 내지 체포영장

---

4) charge란 경찰이나 다른 공소기관이 피고발자를 범죄혐의로 법원에 고발하는 절차를 의미하는데, 위 경찰의 Charge는 사인(私人)의 자격으로 행한 것일 뿐, 경찰에게만 부여된 특별한 권한이 아니다. 일반적으로 영미에 있어서는 경찰 또는 검사(public prosecutor)가 법원에 범죄혐의자에 대한 재판을 청구하는 것을 보통 'charge' 또는 'lay information'이라 하지만, 이를 대륙법계제도와 비교하여 검사의 '기소'로 보는 것보다는 범죄의 피해자 또는 경찰이 법원에 고소 내지 고발하는 것으로 보는 것이 상당하다(김종구 외, 검찰제도론, 법문사, 2011, 408면).

(Warrant for arrest)을 발부하거나, 영장 없이 경찰이 범죄자를 체포하여 법원에 인치함으로써 재판절차가 시작되는 것이며,[5] 범죄혐의가 인정되지 아니하면 소환장을 발부하지 아니하고 면소결정(discharge)을 하는 것이다. 즉 피의자를 체포한 후 정식재판 이전까지의 모든 수사는 법정수사절차에서 계속되며, 중한 범죄에 대한 실질적인 수사만 대배심에서 이루어지는 것이다.

그러므로 영미법계 경찰에는 구속권, 피의자신문권, 대질조사권 등 직권적·사법적 수사권한이 전혀 없으며, 영미법계의 '검사'는 대륙법계의 검사와 달리, 사실조사를 하는 수사절차의 주재자가 아니라 피해자 내지 경찰을 대리한 소송의 일방 당사자에 불과하다. 결국 검사가 수사상 경찰을 지휘할 필요도 적은 것이며,[6] 그러한 연유로 영미법계에서는 본래의 행정경찰과 구별되는 사법경찰이라는 개념 자체가 존재하지 않는다.

물론 영미에서도 수사기관이 범죄혐의자를 체포하거나 체포한 혐의자를 법원에 고발하는 과정에서 그를 신문(interview)하는 등 외관상 우리 수사기관과 비슷한 수사를 하는 것은 사실이지만, 이는 일방 당사자로서 상대방 당사자를 상대로 하는 임의적인 증거수집활동에 불과한 것이고, 우리의 수사기관과 같이 혐의자를 수사의 대상으로 삼아 피의자신문조서를 받거나 필요한 경우 구속수사를 통하여 국가의 입장에서 객관적으로 혐의를 명백히 한 후 혐의자를 법원에 기소하는 것이 아니다. 즉, 영미의 수사기관은 민사소송의 원고와 마찬가지로 소추인의 입장에서 피고인을 법원에 고발하는 경우 유죄판결을 받을 수 있을 것인지 여부를 검토하여 유죄판결의 가능성이 있으면 고발을 하게 되는 것이고, 그러한 가능성이 없는 경우 소추행위를 그만두는 것이지, 우리의 경우와 같이 범죄혐의를 수사하여 혐의가 드러나는 경우 혐의자를 기소하고 혐의가 인정되지 않는다고 하여 이유를 달아 불기소처분을 따로 하지 않는다.[7] 따라서 불기소결정에 대한 불복방법도 원칙적으로 인정될 여지가 없다. 다만, 경찰의 신문이 임의적인 것이어서 혐의자가 그에 응할 의무가 없는 것은 당연하지만, 일단 경찰의 신문에 응하여 범죄사실을 자백하면 이는 결정적인 유죄의 증거로 될 수 있으므로 그 사정을 잘 모르는 혐의

---

5) Criminal Justice Act 1988, §102(11).

6) 한국에서의 형사사법 구조의 모델로서 영미식의 '수사/기소 분리모델'이 보다 적합하다고 주장하는 견해로는 황운하, "정의롭고 공정한 형사사법시스템의 도입을 위하여", 「견제와 균형을 위한 검찰 개혁 어떻게 할 것인가?」, 국회의원 민병두/소병훈/금태섭/민주사회를 위한 변호사모임 주최 자료집(2017. 1. 24.), 140면; 서보학 등, 「Global Standard에 부합하는 수사·기소 분리 모델 설정 및 형사소송법 개정안 연구」, 경찰청 연구용역보고서, 2016; 원혜욱/김태명, 「Global Standard에 부합하는 국가 수사시스템 설계를 위한 수사실태 분석 및 개선방안 연구 —수사지휘와 영장 절차를 중심으로—」, 경찰청 연구용역보고서, 2014 참조.

7) 김용진, 영미법해설, 박영사, 2009, 21면; 도중진, "영미법계 수사절차 관련 법령 체계의 고찰과 시사점", 비교형사법 연구 제21권 제3호, 2019, 163면 이하.

자에게 이를 알려 주도록 강제하는 수단이라 할 수 있는 Miranda원칙이 미국의 형사소송에서 매우 중요한 의미를 갖는 이유는 여기에 있다.

그런데 수사권독립을 주장하는 사람들이 이러한 영미법계의 제도를 빗대어 "수사는 경찰, 소추는 검찰"이라는 논리를 전개하고 있으나, 이는 대륙법계의 직권적 수사권(예컨대, 수사기관 구속권, 신문권 등)이 영미법계에서는 일체 인정되지 않으며, 소추 역시 검사의 관여가 인정되는 것일 뿐 피해자의 의사·치안판사의 예심 그리고 대배심 등에 의해 최종적으로 결정되는 사법체계의 기본 틀을 이해하지 못한 데서 비롯된 것이다. 영국의 경우 검사제도 자체가 없었던 1985년 이전에도 그 나름의 절차에 따라 형사소추 및 재판을 진행하였다는 점이 이를 뒷받침한다. 따라서 영미법계 경찰에는 구속권, 피의자신문권, 대질조사권 등 직권적·사법적 수사권한이 전혀 없으며, 영미법계의 '검사'도, 대륙법계의 검사와는 달리, 사실조사를 하는 수사절차의 주재자가 아니라 피해자 내지 경찰을 대리한 소송의 일방 당사자의 지위에 불과하다. 결국 검사가 수사상 경찰을 지휘할 필요도 적은 것이며, 그러한 연유로 영미법계에서는 본래의 행정경찰과 구별되는 사법경찰이라는 개념 자체가 존재하지 않는다. 다만 시대의 변화와 함께 수사만을 전담하는 수사경찰이 등장하였는데, 이를 Detective 또는 Investigator라고 부르며 일반 경찰(Police)과는 완전히 별개의 조직으로 운영되고 있다.

결국 OECD 35개국 가운데 뉴질랜드, 미국, 아일랜드, 영국(스코틀랜드 제외), 이스라엘, 캐나다 호주 등 대략 20%에 달하는 7개국은 모두 Common Law에 따른 영미법계 국가들이므로 검사에게 사법경찰에 대해 수사지휘를 하거나 통제를 하고, 수사를 주제할 수 있는 권한이 없다고 할 것이다. 다만, 해당 국가의 검사들은 비록 사법경찰에 대해 구속력 있는 형태는 아니지만 '조언(Advice)' 등의 형식을 통해 사법경찰 수사에 실질적으로 관여하고 있으며, 현대 사회가 보다 전문화되고 복잡해짐에 따라 수사절차에서 사법경찰에 대한 검사의 실질적인 영향력의 정도가 더욱 강화되고 있다고 할 것이다.

3. 배심재판 및 원칙적 단심제

공판중심주의에 따라 법정에서 양 당사자의 공격과 방어를 통하여 그리고 증인의 증언을 통하여 피고인의 유·무죄를 결정하는 경우 전지전능한 신이 아닌 판사가 아무런 오류 없이 정확하게 피고인의 유·무죄를 가린다는 것은 현실적으로 매우 어려운 일이다. 특히 재판 이전 단계에서 피고인의 혐의유무에 대한 수사절차를 거치지 않고 무죄가 추정되는 백시상태에서 피고인에 대한 재판절차를 진행하고 그에 따라 피고인의 유·무죄를 가린다는 것은 사실상 그것이 불가능한 경우도 있을 수 있다. 나아가 피고인에 대한 유죄판결 이후 진범이 검거되거나 증거에 대한 뒤늦은 유전자 검사 등으로 피고인에 대한 유죄판결이 오판으로 드러날 때 발생할 수 있는 어려운 문제를 생각한다면 직업 법관인 판사로서는 이를 감당하기 어려울 수 있다. 이러한 현실적인 문제를 해결하기 위해서는 매 사건마다 각기 다른 피고인에 대한 재판을 위하여 소집하였다가 피고인에 대한 유·무죄의 결정, 즉 평결 이후에는 해산해 버리는 배심과 같은 제도 따라서 어떤 의미에 있어서 오판에 대하여 그 누구도 아무런 책임도 지지 않는 배심과 같은 제도를 채택하는 것이 불가피할 것이라 할 수 있다.

또한 법정에서 양 당사자의 공격과 방어를 토대로 기소된 범죄사실에 대한 피고인의 유·무죄를 판사가 결정하게 하는 것은 지나치게 판사 개인에게 의존하는 것이 되어 재판의 공정성과 신뢰성에 문제가 제기될 수밖에 없고, 이는 민주주의의 기본원칙이라 할 수 있는 법치(rule of law)가 아니라 인치 다시 말해 소위 '원님재판'으로 흐를 가능성이 있다. 이러한 이유로 공판중심주의에서는 판사와 별도로 객관적인 입장에서 공정하게 피고인의 유무죄를 판단할 수 있는 제도가 필요하게 되고,[8] 이러한 의미에서 배심제도는 공판중심주의와 불가분의 관계에 있는 것이다.[9] 다만, 일반 국민이 유·무죄를 판단한다는 점에서, 원칙적인 단심제로 운영되고 있을 뿐만 아니라 배심의 유죄평결에 그 이유를 설시하지 않는다. 즉, 법조자격을 갖고 있지 아니한 일반 시민으로 구성된 배심은 양 당사자에 의해 법정에 제시된 증거를 기초로 피고인이 유죄(guilty)인지 또는 무죄(not guilty)인지를 판단하면 되고 어떠한 이유로 그러한 결론에 도달하였는지 그 이유를 따로 설시하지 않는다. 다만, 이처럼 배심이 피고인의 유죄 또는 무죄평결에 대하여 이유를 제시하지 않으므로 피고인으로서는 어떠한 증거에 의하여 유죄가 되었는지 알 수 없고, 따라서 배심의 증거판단과 관련하여 상소를 하기도 어려운 것이 현실이다. 이론적으로도 국민의 이름으로 재판을 하였는데, 항소를 인정하는 것은 제1심과 항소심의 배심원 사이에 등급을 인정할 아무런 근거 없이 항소심의 배심원에게 제1심의 배심원을 재심사하는 권한을 주는 것이 되므로 논리적으로 부당한 문제가 발생한다.

특히 공판중심주의를 원칙으로 하는 영미에서는 유·무죄를 가리는 절차와 양형을 정하는 절차가 엄격히 구분된다(공판절차 이분론). 따라서 재판을 통하여 피고인에 대한 유죄가 인정된 경우에만 피고인에 대한 양형(sentencing)절차로 이어진다. 즉, 유무죄를 가리는 재판단계에서는 피고인에 대한 양형자료가 수집되지 않고 유죄가 인정된 이후에만 양형자료를 수집한다. 이 경우 양형에 관한 권한은 법원의 전권이 된다.[10] 따라서

---

8) 소위 '조국재판'으로 인해, 우리나라의 판사를 적폐로 모는 분위기도 있는데, 배심제도에서는 설사 오심의 결과로 판결에 불만이 있는 당사자라 하더라도 배심제도 자체를 비난하는 것은 가능하지만, 판사 또는 법관에 대한 불신이나 비난을 할 가능성은 높지 않다.

9) 김용진, 앞의 책, 56면.

10) 영국의 형사재판에 있어서 검사는 양형에 관한 의견을 진술할 수 없고, 미국의 검사는 양형에 관하여 의견을 진술(recommendation)할 수 있지만, 우리나라 검사의 구형과는 다르다. 즉, 국가형벌권을 전제로 이를 주도적으로 행사하는 검사가 피고인의 죄상에 상응하는 형을 선고하여

법원은 양형조사관의 조사 결과를 근거로 선고형을 정하게 되고, 양형과 관련하여 검찰 측의 항소도 인정되지 않는 것이 원칙이다. 그 결과 당사자가 양형의 결정에 있어 위법행위를 주장하는 경우가 아니면 양형부당을 이유로 항소하는 것도 원칙적으로 인정되지 않는다.[11)]

결국 공판중심주의를 원칙으로 하는 형사재판에 있어서 판사는 공정하게 재판절차를 진행하면서 그 사안의 재판과 관련된 법률문제를 결정하면 되고, 피고인의 유·무죄는 배심이 결정하는 것이 원칙이다.

4. 형벌권의 근거

국가형벌권을 부인하는 영미법계 국가의 경우 피고인에 대한 형벌의 근거 및 그 죄질을 국가의 입장에서 보는 것이 아니라 피고인의 불법행위로 인해 피해자를 입은 피해자의 입장에서 결정한다. 따라서 여러 건의 범죄(경합범)를 범한 피고인에게 국가의 입장에서 범죄 전체를 종합하여 하나의 형을 선고하는 것이 아니라, 피해자의 수에 따라 각 형벌을 과하는 것이 원칙이다. 예컨대 5건의 살인죄를 범한 경우 A를 살해한 행위는 사형, B를 살해한 행위도 사형, C를 살해한 행위는 무기징역, D를 살해한 행위는 무기징역, E를 살해한 행위는 징역 15년 등으로 피해자의 수에 따라 2개의 사형과 2개의 무기징역 그리고 징역 15년이 선고되는 것이다.

기소 역시 피고인이 범한 여러 개의 범죄를 함께 기소하여 재판하는 것이 아니라 함께 재판하여야 할 특별한 사정이 없는 한 각자 별개의 기소장을 통하여 기소하고 재판도 별도의 배심을 구성하여 따로 하는 것이 원칙이다. 이러한 이유로 영미의 형사재판에서는 여러 건의 죄를 범한 1명의 피고인에게 합계 수백 년의 징역형이 선고되는 경우도 있고, 또한 여러 개의 사형판결이 선고되는 경우도 있는 것이다.[12)]

5. 불구속재판 및 무죄추정의 원칙

영미법계 국가에서는 피고인이 범죄혐의로 고발되었다 하더라도 이는 일방 당사자의 고발만 있는 상태이고, 공판중심주의에 따라 범죄혐의는 법정에서 재판을 통하여 가려지는 것이므로 도주나 증거인멸의 우려가 없는 한 불구속재판이 원칙이고, 또한 법정

달라고 법원에 청구하는 구형과 피고인의 양형에 관하여 전권을 갖고 있는 법원에 대하여 당사자로서 그 의견을 제시하는 것에 불과한 의견진술은 서로 구별되는 개념인 것이다.

11) 반면에 우리나라 형사소송법 제361조의5 15호는 "형의 양정이 부당하다고 인정할 사유가 있는 때"를 항소사유로, 제383조 4호는 "사형, 무기 또는 10년 이상의 징역이나 금고가 선고된 사건에 있어서 중대한 사실의 오인이 있어 판결에 영향을 미친 때 또는 형의 양정이 심히 부당하다고 인정할 현저한 사유가 있는 때"를 상고사유로 규정하고 있다.

12) 김용진, 앞의 책, 18면.

에서 유죄판결을 받을 때까지 피고인은 당연히 무죄로 추정된다.

6. 형사미성년제도

국가형벌권을 부인하는 영미법계 국가의 경우 굳이 형사미성년제도를 둘 이유가 없다. 피고인의 나이가 어린 경우에도 자신의 행위에 대한 의미를 알고 있는 경우에는 형벌을 피하기 어려운 것이 Commmon Law의 일반원칙이었다. 특히 오랜 세월 미국의 주도적인 형벌이념으로 자리잡았던 재사회화(교화) 형벌이념이 1960년대와 1970년대를 거치면서 범죄율의 증가와 함께 가석방자들의 범죄율이 증가하자 재사회화의 이념에 기반을 두고 있는 부정기형, 가석방제도 등에 대한 국민들의 불만이 높아졌고, 소년범에 대한 소년법원의 처벌이 미약하다는 비판과 함께 소년범도 죄에 상응하는 응분의 처벌(Just deserts)을 받아야 한다는 여론이 강하게 제기되었다. 이에 따라 소년에 대한 개선, 교화와 사회복귀에 초점을 둔 과거의 소년사법제도는 책임과 사법 정의를 강조하는 소년사법제도의 새로운 흐름과 마찰을 빚게 되었다.[13]

소년범에 대한 강경책을 주장하는 자들은 소년범죄가 높은 비율을 유지하는 가장 큰 원인으로 소년법원의 미약한 처벌에 있다고 하면서, '너무나 많은 소년들이 회전문절차(revolving door process)에 의한 체포·구속·석방의 과정을 되풀이하는데, 위와 같은 절차는 극악한 범죄가 발생할 때까지 반복된다'[14]고 주장하였다. 이는 다음의 소년범죄의 실태에 관한 통계를 살펴보면, 잘 알 수 있다.

【표 3-1】 2018년 소년법원 사건의 각 범죄별 통계[15]

Most serious offense	Number of cases	Percentage of total juvenile court cases, 2018		
		Younger than 16	Female	White
Total delinquency	744,500	53%	27%	44%
Total person	232,400	60	30	41
Criminal homicide	1,100	33	14	28
Rape	8,000	60	4	54
Robbery	19,200	46	11	14
Aggravated assault	26,100	55	25	33
Simple assault	146,800	62	37	42

---

13) 권용석, "미국의 소년사법제도에 대한 연구", 해외연수검사연구논문집 17(1), 2001, 법무연수원, 17면.

14) Franklin E. Zimring, *American Youth Violence*, Oxford university press, 1998, p.7.

Other violent sex offenses	7,800	72	6	60
Other person offenses	23,400	62	29	58
Total property	**225,900**	**54**	**25**	**43**
Burglary	42,600	54	12	37
Larceny–theft	96,200	52	35	44
Motor vehicle theft	15,200	51	22	31
Arson	2,200	73	16	52
Vandalism	35,600	61	18	54
Trespassing	20,200	54	21	42
Stolen property offenses	7,500	44	13	23
Other property offenses	6,500	48	27	48
Drug law violations	**101,000**	**38**	**25**	**55**
Total public order	**185,100**	**51**	**28**	**43**
Obstruction of justice	90,500	43	27	40
Disorderly conduct	48,000	64	36	42
Weapons offenses	16,400	53	12	34
Liquor law violations	3,900	31	31	58
Nonviolent sex offenses	11,100	62	22	60
Other public order offenses	15,200	56	23	51

Note: Detail may not add to totals because of rounding.

위의 【표 3-1】에 따르면 2018년 한 해 동안 처리된 소년범죄사건은 1,236,200건에 달하고, 그중 16세 미만의 소년이 연루된 경우는 53%, 여성소년범의 비율은 28%, 백인 소년의 범죄의 비율은 64%로 집계되었다. 특히 16세 미만 소년의 비율이 전체 소년사건에서 절반 이상을 차지하고 있다는 점이 저연령화 현상을 뒷받침해주고 있다.

【표 3-2】 범죄유형에 따른 연령별 점유비율[16]

Offense profile of delinquency cases by age group:		
Most serious offense	Age 15 or younger	Age 16 or older
2018		
Person	35%	27%

---

15) The Office of Juvenile Justice and Delinquency Prevention, Juvenile Court Statistics 2018, 9면.

16) The Office of Juvenile Justice and Delinquency Prevention, Juvenile Court Statistics 2018, 9면.

Property	31	30
Drugs	10	18
Public order	24	26
Total	100%	100%
2005		
Person	29%	22%
Property	38	35
Drugs	8	15
Public order	25	28
Total	100%	100%
Note: Detail may not total 100% because of rounding.		

　　앞의 【표 3-2】를 분석해볼 때 2005년과 비교하여 2018년도의 경우, 16세 미만의 소년과 16세 이상의 소년이 범한 대인 및 대물범죄, 마약범죄의 비율은 소폭 증가하였으나, 공공질서위반범죄는 큰 차이를 보이지 않는다.

【표 3-3】 소년범의 대인범죄 및 대물범죄의 연령별 추이[17]

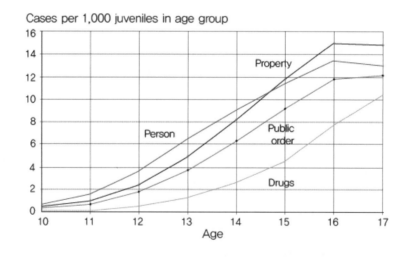

　　위의 【표 3-3】을 살펴보면 대인(person), 대물(property), 마약범죄(drug offense)는 꾸준히 증가하는 반면, 공공질서위반죄(public offense)는 16세 이후로 감소하는 추세라는 점을 알 수 있다.

---

17) The Office of Juvenile Justice and Delinquency Prevention, Juvenile Court Statistics 2018, 10면.

【표 3-4】 연령 및 성별에 따른 소년범의 구금 비율[18)

Most serious offense	Percentage of cases detained			
	Age 15 and younger	Age 16 and older	Male	Female
2018				
Delinquency	25%	28%	28%	21%
Person	29	35	34	26
Property	23	25	26	16
Drugs	16	17	18	13
Public order	25	31	30	23
2005				
Delinquency	24%	26%	26%	20%
Person	30	34	33	28
Property	19	20	22	13
Drugs	23	23	24	19
Public order	24	28	27	23

위 【표 3-4】를 검토해볼 때, 2018년의 경우 16세 이상 소년의 구금 비율이 15세 이하의 소년범 구금 비율보다 더 높은 것으로 나타났다. 특히 대인범죄의 구금 비율이 다른 범죄의 구금 비율보다 더 높다는 사실을 알 수 있다.

결국 이러한 실태를 반영하여 미국의 많은 주에서는 성인법정에서 재판이 가능한 소년의 하한 연령을 낮추고 성인법정으로의 자동송치조항(automatic transfer)을 신설하거나,[19) 판사에게 중대한 강력범죄를 저지른 소년에 대하여 혼합판결(blended sentencing)

---

18) The Office of Juvenile Justice and Delinquency Prevention, Juvenile Court Statistics 2018, 34면.

19) 1970년대 이후 미국 대부분의 주는, 중죄를 저지른 소년에 대하여 성인법정에서 재판받게 하는 내용의 입법을 하였는데, 성인법정에서 재판 가능한 소년의 연령에 대하여, 1975년 캘리포니아 주는 18세에서 16세로 일리노이 주는 17세에서 14세로, 뉴욕 주는 16세에서 14세로 각 낮추었고, 1994년 캘리포니아 주와 알칸사스 주는 16세에서 14세로, 1995년 오레곤 주는 14세에서 12세로, 위스콘신 주는 10세로 각 낮추었으며, 1996년 테네시 주는 아예 하한 연령을 폐지하였다. 현재 미국의 28개 주는 특정 소년에 대하여는 소년법원의 관할권을 배제하고, 성인법정으로 자동 송치토록 하는 소위 '자동 송치(automatic transfer)' 조항을 두고 있고, 26개의 주와 콜롬비아 특별구는 소년법원 판사에게 소년사건에 대한 관할권을 포기하고, 성인법원으로 관할권을 양도할 수 있는 재량을 부여하고 있으며(judicial waiver), 14개 주와 콜롬비아 특별구는 일정 소년사건에 대하여 소년법원과 성인법원 모두에게 관할권을 인정하면서, 어느 법원에 기소할지 여부에 대한 재량을 검사에게 부여하고 있다.

을 선고할 수 있도록 하는 식의 입법을 하였다. 또 종래 소년법원에서 소년사건을 심리함에 있어서는 일반 형사절차에 적용되는 증거법칙, 즉 합리적 의심의 여지가 없을 정도(beyond reasonable doubt)의 증거를 요구하지 않고 유죄의 증거가 우월한 정도(preponderance evidence)로 증명의 정도를 다소 완화하였지만, 미국 연방대법원은 In re Winship(1970) 판결에서, 소년사건에 있어서도 일반 형사범에 적용되는 증거법칙 즉 합리적 의심의 여지가 없는 정도의 증명이 있어야 한다고 판시한 바 있다. 다만, 현재 영국의 경우 1933년 제정된 소년법(Children and Young Persons Act, 1933)에 의하여 10세 미만의 소년에 대한 형사처벌은 인정되지 않고 있다.

7. 소송비용

영미법계 국가의 경우 형사소송을 그 실질에 있어 민사소송의 경우와 마찬가지로 불법행위의 성립을 둘러싼 양 당사자 사이의 소송으로 보므로 그 비용은 패소자가 부담하는 것이 원칙이다. 반면, 피고인이 구금상태로 재판을 받아 무죄판결을 선고받았다 하더라도 그에 대한 보상이 이루어지는 것은 아니다. 국가 수사기관이 피고인에 대한 범죄혐의가 인정된다고 오인하여 피고인을 구속한 것이 아니라 법원이 범죄혐의에 대한 입증과 무관하게 오로지 도주나 증거인멸의 염려가 있다고 하여 피고인을 구속하였으므로 피고인이 무죄를 선고받았다고 하여 보상을 해줄 이유가 없기 때문이다.[20]

8. 법정모욕

국가형벌권을 부인하고 피해자에 의한 사인소추와 당사자주의를 전제로 한다면 법원이 일종의 피해당사자가 되는 법정모욕의 경우 법원이 스스로 나서지 않는다면 그 행위자를 처벌하는 것이 어렵다.[21] 다만, 국가라는 형벌의 주체를 인정하지 않고 양 당사자가 법원의 재판을 통하여 유·무죄를 가지고 그에 따라 법원이 형벌을 과하는 구조에서 법원의 원활한 재판을 보장하고 법원의 판결이나 결정 또는 명령에 대한 집행을 담보하기 위해서는 법원에 대한 모욕행위를 넓게 인정하고, 이를 엄격하게 규제하는 것이 필요하게 된다. 따라서 영미법계 국가에서는 법정모욕행위가 민사소송이나 형사소송에서 매우 중요한 문제로 광범위하게 다루어지고 있다(후술). 특히 판사의 면전에서 행한 모욕에 대하여는 고발절차를 거치지 않고 그 즉석에서 벌금 또는 징역형을 과할 수 있다.

9. 양형의 기준

영국의 경우 치안법원의 약식재판에 있어서는 치안판사협회에서 정한 자세한 양형

---

20) 김용진, 앞의 책, 34면.
21) 김용진, 앞의 책, 32면.

기준(sentencing guideline)이 마련되어 있어 치안판사는 양형기준에 따라 형을 정하는 것이 원칙이고, 정식으로 기소된 형사재판의 경우 양형기준이 마련되어 있지 않았으나, 2003년 양형기준 위원회(Sentencing Guidelines Council)을 창설한 후 2009년 검시관 및 사법에 관한 법률(Coroners and Justice Act 2009)을 통해 양형기준에 원칙적 기속력을 부여하였다.22) 미국의 경우도 사형판결 등 중요한 사건에 대해서는 배심이 형을 정하기도 하지만, 대부분의 경우 판사는 양형기준법에 의한 양형기준에 따라 피고인에 대한 형을 정하여야 하고, 양형기준을 따르지 않는 형을 선고하고자 할 때에는 그에 합당한 이유를 제시하여야 한다. 다만, 하나의 양형기준이 적용되는 범죄의 범위와 관련해서는, 양형기준 설정 대상 범죄에 통일적으로 적용되는 하나의 양형기준(망라적 양형기준)을 설정하는 입법(미국 연방 양형기준)과 범죄를 그 특성에 따라 몇 가지 유형으로 구분한 후 유형별 양형기준(개별적 양형기준)을 설정하는 입법(영국 등23))으로 대립하고 있다.

---

22) Andrew Ashworth · Julian V. Roberts, "The Origins Nature of the Sentencing Guidelines in England and Wales", Sentencing Guidelines: Exploring the English Model, Oxford University Press, 2013, p.3.

23) 영국은 개별 범죄유형과 관련하여서는 고살죄, 강도죄, 성범죄 등 6개 범죄유형에 대한 양형기준을 설정하였고, 그 외에도 범죄의 중대성 등 양형의 일반원칙과 관련하여 5개의 양형기준을 설정하였다(http://www.sentencing-guidelines.gov.uk/guidelines/council/final.html 참조).

제2절 영국의 수사기구 체계

Ⅰ. 서 설

1. 의 의

영국[24]의 형사사법제도는 대륙법계의 그것과 그 기본이념을 달리하고 있는 바, 형사재판을 국가형벌권의 행사과정으로 보는 것이 아니라 기본적으로는 민사소송과 마찬가지로 당사자 사이의 분쟁으로 파악하고 있다는 점이다. 따라서 개인을 상대로 우월적 지위를 가지는 국가형벌권이라는 개념은 처음부터 상정되지 아니하였으며, 그 결과 국가소추주의, 기소독점주의, 기소편의주의라는 것도 받아들여지지 아니하였다.[25] 즉 개인 위에 군림하여 국민을 통치하는 국가라는 존재를 법률상 인정하지 않음으로써 범죄를 국법질서 침해행위로 보지 않고 피해자에게 가한 불법행위(사법상의 계약)로 보았으며, 소추에 관해서도 "누구도 국왕을 위하여 형사절차를 개시하고 수행할 수 있다"는 원칙 하에 범죄를 당한 피해자나 그 가족, 친구 등 이해관계 있는 자는 국가의 관여 없이 가해자를 소추할 수 있는 소위 사적 소추(private prosecution)의 전통을 유지하여 왔다.[26]

그 결과 한 쪽 당사자가 상대방 당사자를 수사의 객체로 삼아 혐의유무를 가리고, 법원에 공소제기를 한다는 것은 "당사자주의"에 반하여 허용될 수 없었으며, 피해자나 그를 대리하는 소추인의 고발에 따라 모든 것을 법정에서 재판을 통하여 규명하는 "공

---

24) 영국은 Great Britain의 세 영역인 잉글랜드(England), 웨일즈(Wales), 스코틀랜드(Scotland)와 북아일랜드(Northern Ireland)의 네 지역으로 구성되어 있으며, 이 네 지역을 모두 합한 공식 명칭은 United Kingdom이지만(통상 대영제국으로 칭함), 각 지방은 정치·경제·사회·문화 등이 다소 상이한 결과 독자적인 사법제도를 가지고 있다. 그중 스코틀랜드(Scotland) 지방에서는 이미 16세기 경부터 Lord Advocate의 일반적 감독 하에 검찰이 수사의 주재자로서 경찰에 대하여 강력한 수사지휘권을 행사하는 대륙법계 검찰제도를 확립하고 있다. 따라서 여기서는 영미법계 제도를 채택하고 있는 잉글랜드와 웨일즈(이하에서는 편의상 영국이라고 함)를 중심으로 설명하기로 한다.

25) 김용진, 영국의 형사재판, 청림출판, 1995, 34면.

26) Joan E. Jacoby, *The American Prosecutor: A Search for Identity*(신배식 역), 서울지방검찰청 (1995), 12면.

판중심주의"가 필연적으로 수반되었던 것이다.

영국에서 이처럼 공적 소추기관이 발달하지 못한 이유는 국가와 행정부는 항상 그 권력이 묶여 있어야 한다는 헌법적 입장 때문이었던 것으로, 이러한 입장 때문에 경찰제도를 도입함에 있어서도 그 도입에 매우 소극적이었고 나아가 경찰이 하는 업무에도 제한을 가하였던 것이며, 경찰제도가 도입된 이후에도 사적 소추의 원칙이 그대로 유지되었던 것이다.

그러나 새로운 경찰제도의 도입은 사적 소추의 쇄락 및 공적 소추로의 발전에 많은 영향을 미쳤다고 한다. 즉 영국의 형사사법체계가 시민에 의한 소추(사인소추)의 원칙하에 있지만, 경찰제도의 출현으로 이러한 원칙의 실질에 있어 변화가 생기게 되었는데, 법리적 관점에서는 물론 경찰에 의한 절차개시도 경찰이 사인으로서 소추하는 것과 마찬가지로 취급되었으나, 경찰이 자신들을 위한 소추업무를 맡길 사람을 고용하는 체제가 되면서 경찰은 수사뿐만 아니라 소추까지도 맡게 되었으며, 공적 기관인 경찰이 이와 같은 역할을 맡게 된 이후부터 사인들에 의한 사적 소추가 감소하게 되었다고 한다.

물론 1879년 공소책임자(Director of Public Prosecutions)를 임명하고 소추기능을 전담하는 법률가집단을 두었으나, 그 이후에도 형사사건 중 8% 정도만이 이들에 의하여 소추될 뿐 대부분의 사건은 개인 또는 경찰에 의하여 처리되었다. 더욱이 1887년 런던 경시청이 사설의 법률회사를 지정하여 자신들을 위한 소추를 맡긴 이후, 대부분의 경찰들이 경찰서내에 소추변호인담당과를 설치하자, 소추변호인들은 경찰서장(Chief Constable)을 그들의 주 고객으로 의존하게 되었으며, 치안판사법원에서는 경찰관(police inspector)이 스스로 소추관이 되는 경우도 많았다[27]고 한다. 다만 이러한 경찰의 소추도 근본적으로는 법질서 유지에 관심이 있는 사인의 자격으로 하는 것으로, 경찰은 일반 시민보다 약간 넓은 체포권을 가질 뿐이라는 구조였고, 사적 소추의 원칙이 근본적으로 변화되지는 않았다[28]고 한다.

그런데 이와 같이 경찰이 수사와 소추의 업무를 함께 맡게 됨으로써 여러 가지 문제점, 즉 소추를 할 것인지 아니면 훈방을 할 것인지와 같은 문제에 대하여 전국적으로 적용되는 절차와 기준들이 달라서 통일성이 결여된다든지, 이와 같은 체제가 공판을 위한 증거수집과 사건에 대한 판단 등의 준비 부실을 초래하여 아예 평결에도 가지 못한 채로 무죄로 석방되는 사례가 많다는 점 등이 제기되었고, 이러한 문제점을 해결하기

---

27) Uglow S., *Criminal Justice*, Sweet&Maxwell, pp.114-115; S. Uglow. '*Independent Prosecutions*', 11 Journal of Law and Society, 1984, p.235; J. Fionda, *Public Prosecutors and Discretion: A Comparative Study*, Oxford University, 1995, p.14.; A. Ashworth and M. Redmayne, *The criminal process*, 3rd., Oxford University Press, 2005, p.174.

28) Joan E. Jacoby, 앞의 책, 13면.

위하여 1978년 형사절차에 관한 왕립위원회(Royal Commission on Criminal Procedure)[29]
가 설치되고, 그 위원회의 1981년 1월 보고서는 왕립검찰청(Crown Prosecution Service,
CPS)의 설치를 제안하였다. 검찰제도도 경찰조직의 모델에 따라 분권적으로 하여 각 경
찰관할지역에 독립적인 검찰을 두고 그 검사장이 지역적으로는 감독관청의 감독을 받고
국가적 차원에서는 검찰총장(The Director of Public Prosecution; '공소국장'으로 번역하기
도 함)에게 책임을 지는 체계를 권고하였으나, 이러한 지역적 성격은 정부에 의해 거절
되었고, 1985년의 범죄소추법(The Prosecution of Offences Act)에 의하여 국가적 차원에
서 경찰이 법원에 고발한 형사사건을 경찰로부터 인수하여 소추행위를 담당하는 기관으
로서 공소국(the Crown Prosecution Service), 즉 검찰제도가 생겨났다.[30] 물론 새로 탄생
한 공소국은 각 경찰서에 소속되어 있던 기존의 변호사부를 경찰로부터 분리, 독립시켜
구성해 놓은 독립된 형사소추 전담기관에 불과하였으며, 따라서 그 명칭도 '소추행위를
지원(prosecution service)'하는 기관으로 되어 있었다.

어쨌든 시민에 의한 소추(사인소추)제도에서 시작된 영국의 형사사법은 경찰이 사인
을 대신하여 소추하는 단계를 거쳐 1985년 범죄소추법을 제정, 검찰총장제도를 신설하
여 연 100여건 가량의 중요사건을 처리하여 오다가 급기야 1986년 검찰제도를 도입한
이후 수사과정상 검찰에 의한 법률적 조언제도, 소추요건의 엄격한 심사 등을 통하여
검찰제도가 자리를 잡아가면서 국가소추주의가 점차 확립되는 추세로 나아가고 있는데,
이러한 검찰제도의 도입은 경찰의 수사 및 증거에 대한 성문법규로서의 1984년 경찰 및
형사증거법(The Police and Criminal Evidence Act, 통상 PACE법이라고 함)[31]과 함께 영국
형사사법체제의 큰 변화로 평가되고 있다.

그런데 영국에서 1986년 검찰조직을 창설한 배경에는 ① 경찰로부터 소추의 독립,
② 결정의 높은 수준으로의 고양과 부적절한 영향의 배제, ③ 지방의 지역성을 고려한
유연성의 확보, ④ 공적인 이해관계에 있는 사건의 공소유지, ⑤ 사건의 성의있는 처리
와 신속성의 확보, ⑥ 기소업무의 효율성·능률성·경제성의 확보, ⑦ 전체로서의 형사

---

29) Report by the Royal Commission on Criminal Procedure under the Chairmanship of Sir
   Cyril Phillips in 1981.
   이 위원회는 경찰소추에 다음과 같은 결점이 있다고 보고하였다.
   – 경찰이 수사와 동시에 소추권까지 행사하게 되면 공정한 소추권을 행사할 수 없다.
   – 영국 각지의 경찰은 소추와 관련하여 서로 다른 기준을 갖고 있다.
   – 경찰은 증거가 빈약한 경우에도 마구 소추를 하여 무죄율을 높이고 있다.
30) 자세한 내용은 반지, "영국의 검찰과 경찰 상호간의 관계", 국외훈련검사 연구논문집 제32집
   (Ⅲ), 2017, 183면 이하 참조.
31) PACE법은 형사절차의 전(全)단계를 규율하는 전국적 차원의 최초 단일입법으로, 전문가적 경찰
   상(police professionalism)을 위한 기본틀이라고 할 수 있다.

사법 체계의 개선을 목표로 하였다[32]고 한다.[33] 즉 경찰의 수사·기소·공소유지의 독점은 국가기관이나 지방기관의 직접적인 지휘·감독을 받지 않은 관계로 경찰의 권한이 막강하고 고도의 법률적 지식과 공판활동의 전문성의 결여로 인하여 효과적인 공소수행이 어려워 대부분의 경찰내에서는 변호사를 고용하여 공소유지를 담당하여 왔으나, 변호사는 경찰의 기소내용에 기속되어 공소유지활동만 수행할 뿐 기소된 사안에 대한 독자적인 처리권이 없었는데, 그러한 관계로 인하여 적정한 기소권의 행사를 보장하고 복잡다양한 사건의 적정처리, 공익의 견지에서 공소취소 및 경찰의 기소남용을 방지하기 위한 배려에서 경찰의 권한행사에 대한 일정한 범위의 간섭이 불가결하여 왕립검찰청을 창설하게 된 것이라고 한다.[34]

한편 1994년 「형사사법과 공공질서법」(Criminal Justice and Public Order Act 1994)이 제정되어 Common Law의 권리인 묵비권 행사를 제한할 수 있도록 하는 등 경찰의 직무집행 권한을 강화시켰으며, 2003년 「형사사법법」(Criminal Justice Act 2003)은 기존의 경찰의 형사소추 개시권한과 기소유예 권한을 검찰이 인수하게 하였고, 검찰의 증거개시의무를 단일화하고 피고인의 증거개시의무 부담을 강화시켰으며, 검찰의 항소권이 확대되고, 전문법칙의 증거능력이 보다 완화되고, 중대하거나 또는 복잡한 사기사건 등 일정한 경우 배심재판을 제한하는 등의 내용을 규정하여 형사사법에 있어 큰 변화를 가져왔다.[35] 또한 2005년 총 17개의 장과 179개 조문으로 되어 있는 「중대조직범죄 및 경찰법」(the Serious Organised Crime and Police ACT 2005)은 중대범죄에 효율적으로 대처하기 위하여 체포제도 강화와 사법협조자에 대한 형벌감면제도를 입법화한 것으로, 이에 따라 2006년 4월 1일부터 영국의 FBI로 명칭되는 중대조직범죄조사국(Serious Organised Crime Agency, SOCA)이 설립되어 2006년 4월 1일부터 그 기능을 시작하였다.[36]

---

32) Eryl H. Williams, *The Role of the Prosecutor*, London: Avebury(1988), pp.8−11.

33) 표창원, "경찰수사권 독립이 인권보장의 첩경", 형사정책 제15권 제1호(2003), 56면은 「수사를 행한 경찰이 기소업무까지 수행하는데서 발생하는 문제'를 해소한다는 것과 아울러, "유럽인권협약 제6조(Article 6 of the European Convention on Human Rights)"에 따른 법적 요구사항인 "기소측과 피고측간의 무기의 대등(equality of arms between prosecution and defence)" 원칙을 준수해야 한다는 상황이 전제되어 있었다」는 점 등을 들고 있다.

34) 박주선, 「영국의 사법경찰제도」, 법무부 법무자료 제98집(1988), 596면.

35) 김한수, "'2003 형사사법법' 제정에 따른 최근 영국 검찰제도의 변화", 해외연수검사논문 제20집 제1권(2005), 대검찰청. 562면 이하 참조.

36) The Serious Organised Crime and Police Act 2005, Tim Owen QC, Julian B. Knowles, Alison MacDonald, Matthew Ryder, Debbie Sayers, Hugh Tomlinson QC, OXFORD, p.1.

2. 영국의 형사사법절차

영국의 형사재판은 죄의 경중과 기소유형에 따라 상급법원(superior courts)인 형사법원(Crown Court)[37]과 하급법원(inferior courts)인 치안판사법원(Magistrates' Court)으로 관할이 나누어진다. 그리고 상급법원에는 형사법원 이외에 민사재판권을 주로 행사하는 고등법원(the High Court of Justice)[38]과 형사법원의 항소사건을 처리하는 항소법원(the court of appeal) 및 대법원에 해당하는 귀족원(the House of Lords)[39]이 있으며, 고등법원과 항소법원 그리고 형사법원을 최고법원이라고 부른다(§ 1 Supreme Court Act 1981). 반면에 하급법원에는 치안법원 이외에 민사재판권을 행사하는 약 220여개의 군법원(County Court)이 존재하는데, 군법원은 가벼운 민사사건에 대한 재판을 하고, 치안법원은 가벼운 형사사건에 대한 재판과 형사법원(Crown Court)에서 재판할 사건에 대한 예

---

37) 1971년 법원법(Courts Act)이 제정되기 이전에는 기소사건은 사계법원(Quarter Session)이나 순회법원(Assize Court)이 관할하였다. 그런데 이들 법원은 모두 지방적 관할권만을 가지고 있고 그 조직도 지방단위로 이루어져서 행정이나 조직방법이 지방에 따라 상이하여 1971년 법원법은 모든 순회법원과 사계법원을 폐지하고 그 자리에 Crown Court라는 이름의 단일법원을 설치하고 종래 양법원이 가지고 있던 모든 관할권을 행사하도록 했다. Crown Court는 세 부류의 법관으로 구성되어 있는데, 첫째, 고등법원의 여왕좌부판사로서 종래의 순회법원에서 다루었던 중범죄를 심리한다. 둘째, 귀족원장의 추천으로 여왕이 임명하는 순회판사(Circuit Judge)로서 Crown Court의 전임판사이다. 셋째, 10년 경력이 있는 barrister나 soliciter 중 귀족원장의 추천에 의하여 여왕이 임명하는 임시직판사(Recorders)로서 한정된 기간동안에만 근무한다. 이러한 Crown Court는 모든 기소범죄사건에 대한 배타적 관할권을 가지고 있으며, 치안판사법원에서 판결한 약식재판의 상소사건을 심리한다. 또한 제한된 범위의 민사관할권(예컨대 치안판사의 인·허가결정에 대한 항소사건의 처리 등)도 가지고 있다.

38) 고등법원은 민형사사건에 걸쳐 제1심 및 상소심으로서의 관할권을 가지고 있으며, 관할권을 달리하는 3개의 부, 즉 형평법부, 여왕좌부, 가사부(family division)로 이루어진다. 형평법부는 신탁의 집행, 저당권의 상환 및 행사, 조합소송, 유산관리, 토지문서의 정정 및 취소, 토지의 양도 또는 임대계약의 특수이행, 회사청산, 파산사건의 제1심 관할권을 갖는다. 여왕좌부라는 이름은 초기 국왕의 판사들이 웨스트민스터궁의 벤치에 앉았다는 사실에서 유래하는데, 여왕좌부는 민사와 형사사건에 걸쳐 광범위한 제1심 상소심 관할권을 행사한다고 한다(한상진, "영국 검찰의 권한 변화와 전망 - 경찰에 대한 통제 및 수사지휘권을 중심으로 -", 해외연수검사 연구논문(2006), 18면).

39) 의회의 상원으로 실질적으로는 대부분의 상고심사건 심리는 5인의 상임 항소귀족에 의해서 구성되는 귀족원에서 행하여지고 있었는데, 귀족원은 스스로 '판결'을 행할 권한을 갖고 있지는 않고, 단지 의견을 첨부하여 사실심 판사에게 사건을 이송할 수 있을 뿐이며, 그 의견은 사건을 이송받은 사실심 판사에 의해 판결에 반영되었으나, 그 후 2009년에 독립한 대법원이 설치되어 운영되고 있다.

심을 한다. 이러한 치안법원은 사법부(Lord Chancellor's Department)의 산하에 있지 아니
하고 내무성(Home Office)의 산하에 속해 있으나,[40] 치안판사의 임명만은 지역자문위원
회의 건의를 받은 The Government of the Counties의 추천에 따라 Lord Chancellor[41]
의 제청으로 국왕이 임명한다.

한편 영국에서 범죄의 유형은 크게 3종류로 대별되는데, 첫째, 5,000파운드 이하의
벌금 또는 1년 이하의 구금형(경합범에 대하여는 65주)을 과할 수 있는 경죄(summary
offences)[42]에 대하여는 정식기소를 할 수 없고, 약식재판으로만 처리되며, 치안판사법원
의 전속관할에 속한다. 둘째, 모살(murder), 고살(manslaughter), 강간(rape), 강도
(robbery)죄와 같은 중죄(serious offences)에 대하여는 기소에 의한 정식재판으로만 처리
할 수 있고 형사법원의 전속관할에 속한다. 셋째, 절도·상해·강제추행 등의 범죄와 같
이 그 사건의 죄상에 따라 약식재판이나 기소에 의한 정식재판 어느 편으로도 처리가
가능한 사건(eitherway cases)이 있는데, 이 경우에는 당사자의 신청이나 죄상을 참작한
치안판사법원의 결정에 의하여 재판형태가 결정된다. 즉 이러한 사건에 대하여는 원칙적
으로 치안판사법원에서 간이한 절차로 재판하게 되지만, 당사자가 형사법원에서의 배심
재판을 원하거나, 치안판사법원의 심리결과, 죄상에 비추어 1년 이상의 구금형에 처함이
상당하다고 판단되는 경우에는 형사법원으로 사건을 회부하는 것이다.

치안법원판결에 대한 항소사건은 형사법원(Crown Court)에서 심리하고, 형사법원판
결에 대한 항소사건은 항소법원에서 심리한다. 고등법원은 원칙적으로 사안이 중한 민사
사건에 대한 1심 재판을 맡아 처리하지만, 치안법원이나 형사법원의 형사재판 중 판결
의 결과가 아닌 절차나 법률문제와 관련된 항소는 고등법원이 한다. 항소법원과 고등법
원의 결정이나 판결에 대한 상고사건은 대법원(UK Supreme Court)에서 심리한다.

---

40) 영국의 내무성은 우리의 내무부와는 다른 기능을 갖고 있으며, 우리나라의 내무부와 법무부에
속하는 권한을 모두 행사하는 정부부처이다.

41) 영국의 총리실은 2003. 6. 12. 상원의원인 법률귀족 중 총리가 임명하던 Lord Chancellor(종래
상원의장이자 법관인사권과 임면권을 가진 대법원장 그리고 행정부 각료의 기능을 함께 가지고
있었음)란 관직을 폐지하고, 헌법부(Department of Constitutional Affairs)와 법관인사위원회를
신설해 검찰·경찰권과 법관인사권을 넘겨주고 아울러 이때까지 상원의 법률귀족들로 이루어진
대법관 사무소가 맡던 대법원 역할을 미국식 대법원을 신설하여 이를 이관하기로 했다는 헌법
부와 대법원 신설을 골자로 하는 대대적인 정부조직개편안을 개각과 함께 발표했다. 이로써 '앵
글로·색슨'족이 영국에 정착한 이후 서기 605년부터 1383년의 역사를 지닌 Lord Chancellor란
국왕 다음의 최고관직이 사라지게 되었으며, 헌법부장관이 새로 임명되었고, 상원은 별도의 상
원의장을 선출하게 되었다고 한다(조선일보 2003. 6. 13. 토요일 42판 A14면; 중앙일보 동일자
43판 13면; 한국경제신문 동일자 A9면 참조).

42) 2003년 형사사법법(Criminal Justice Act 2003)은 단일범죄에 대하여 51주(약 1년)의 실형을, 경
합범에 대하여는 65주의 실형을 선고할 수 있도록 치안법원의 과형범위를 확대하였다.

【표 3-5】 영국의 형사소송절차 구조[43]

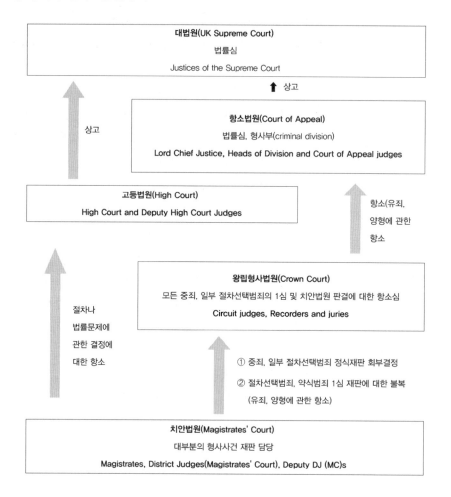

영국에는 아직도 형법과 형사소송법이 별도로 제정되어 있지 않으며, 형벌의 대상이 되는 범죄는 Common Law에 의하여 인정되는 Common Law상의 범죄와 개개의 법률에 의하여 범죄로 인정되는 제정법상의 범죄가 있을 뿐이다. 따라서 형법이나 형사소송법에 해당하는 법률들은 각 개별 법률에 분산되어 규정되어 있다. 형사소송도 Common Law의 내용이나 전통에 따르는 것이 원칙이지만, 오늘날 영국 법원의 관할이나 권한 그리고 소송절차는 대부분 의회에서 제정된 Power of Criminal Courts Act, Magistrates' Courts Act, Courts Act, Criminal Appeal Act, Criminal Procedure and Investigations Act, Juries Act, Police and Criminal Evidence Act 등 개별 법률에 의

43) Judicial office, 「The Judicial System of England and Wales, A visitor's guide」 pp.6; 「The Structure of the Courts」 2015. 참조(www.judiciary.gov.uk/about−the−judiciary/the−justice−system/court−sructure/)

하여 규율되고 있다.

Ⅱ. 일반수사기관으로서의 경찰의 지위

1. 의 의

영국의 경찰조직은 중앙정부의 직속인 경시청(수도경찰대: Metropolitan Police Force)[44]과 철도경찰 등 특별경찰을 제외한 나머지 일반경찰은 그 지방의회에 설치된 경찰위원회 또는 공안위원회 등의 경찰관리기관(Police Authority)의 통제를 받으면서 지방자치단체별로 운용되고 있다.[45] 그러나 각 경찰청도 실제로는 중앙정부의 강력한 영향을 받고 있으며, 잉글랜드와 웨일즈 지방에 설치되어 있는 43개의 지방경찰청(Lacal Police Force)은 사실상 내무부장관의 책임하에 운용되었다. 따라서 종래 영국 경찰은 경찰관리기관과 내무부장관, 경찰서장 등 3개 기관의 상호 견제와 균형에 의하여 조직되어 운용되었다고 할 수 있다. 위 3자의 상호관계는 1964년에 제정된 경찰법(Police Act)에서 규정하고 있는 바와 같이 경찰관리기관은 관할지역 경찰서의 적정하고 능률적인 조직의 유지·관리를 담당하고, 내무부장관은 경찰복종제도의 확립을 위한 책임을 지며, 경찰서장은 자신의 지휘·감독하에 여타 기관이나 조직에서 독립하여 경찰서를 독자적으로 운용하는 관계이다. 이로써 수도경찰, 런던시경찰 외에 43관할구로 구분되는 카운티, 카운티특별시 및 내무부장관의 지방경찰 통합권한에 의하여 설치하게 된 통합경찰이 존재하게 되었으나, 그 후 1972년 지방자치법 개정에 의하여 카운티 특별시는 폐지되고 주에 일원화된 것 및 맨체스터가 대도시카운티가 된 것에 수반하여 현재는 런던(런던경찰청과 런던시티경찰청) 이외의 경찰관할구역(지방경찰청)이 41개(잉글랜드 지역에 37개, 웨일즈 지역에 4개)가 되었다고 한다.[46] 이처럼 영국은 우리와 같이 중앙집권화된 경찰 조직이 별도로 없어 자치경찰이 주로 지역치안을 책임지고 있으며, 그 외 NCA,[47] 국세청 등 다

---

44) 경시청은 내무부장관 소속의 국가경찰로서 수도경찰대장은 내무부장관의 제청으로 국왕이 임명하며, 런던 수도지역의 치안유지와 범죄수사 및 형사소추를 담당하고 있다.

45) 2007년 조사에 의하면 잉글랜드와 웨일즈에는 141,892명의 경찰이 있고, 지역사회에서 지원하는 경찰과 같은 역할을 하는 공무원(Community support officers, CSOs)도 16,000명에 이른다고 한다(정은혜, 「케임브리지대학교의 형사절차에 있어 당사자들에 대한 수강결과 보고서」, 2009 참조); 신현기, "영국경찰제도의 구조와 특징에 관한 연구", 한국유럽행정학회보 제7권 제1호, 2010, 8면.

46) 박주선, 「영국의 사법경찰제도」, 법무부 법무자료 제98집, 1988, 557면.

47) NCA(National Crime Agency)는 내무부 소속 수사기관으로서 ① 자치경찰이 수행하기 어려운 조직범죄, 자금세탁 등 경제범죄, 인신매매·아동성착취 범죄 등 수사(crime－reduction function) ② 이와 관련된 정보를 수집·보관·분석·전파(criminal intelligence function)를 담

양한 법집행기관들(law enforcement agencies)이 별도로 존재한다. 지방경찰에 대한 통제방식도 2011년 이전에는 내부무장관, 경찰관리기관(지역경찰위원회), 지역경찰청장이 중심이 된 3원 체제였으나, 2011년 이후에는 지역경찰위원회를 폐지하고 대신 지역치안위원장, 지역치안평의회를 신설하여 내무부장관, 지역경찰청장 이외에 지역치안위원장 및 지역치안평의회가 권한과 책임을 분담하는 4원 체제로 변경되었다. 현재 선거를 통해 선출된 각 지역치안위원장이 잉글랜드 및 웨일즈 지역의 41개 지역경찰청장을 임명함으로써 중앙정부로부터의 독립성을 확보하고 있다.

전술(前述)한 것처럼, 영국은 불문법 국가의 전통에 따라 판례법과 법원의 규칙에 따라 수사절차를 규율해오고 있었으나, 1978년에 설치된 '형사절차에 관한 왕립위원회(The Royal Commission on Criminal Procedure)'의 권고에 따라 수사절차를 규율하는 법률들이 다수 제정되고, 이에 따라 경찰의 권한이 전국적으로 통일적으로 운용되도록 하였다.[48] 그중 '1984년 경찰 및 형사증거법(Police and Criminal Evidence Act 1984, 이하 PACE 1984)', '1996년 형사절차 및 수사법(Criminal Procedure and Investigation Act 1996, CPIA)' 등이 있고, '2003년 형사사법법(Criminal Jutice Act 2003, 이하 CJA 2003)', '2009년 검시관 및 사법법(Coroners and Jutice Act 2009)' 등이 대표적이다.

특히 PACE법의 시행은 영국 경찰의 형사사법과 관련된 업무집행에 있어서 상전벽해의 변화를 가져왔는데, 동법에 따라 범인의 검거로부터 최초 법정출두에 이르기까지의 절차가 제정법으로 규제되게 되었다. 구체적인 내용을 살펴보면, 기본적으로 경찰의 권한에 관한 것, 예컨대 일반 시민을 정지시켜 신체를 수색하고(stop and search), 범죄의 증거를 발견하기 위하여 가택을 수색하며, 혐의자를 체포하여 경찰서에 구금하고, 체포 전후에 걸쳐 혐의자를 신문하는 내용으로 이루어져 있다. 이러한 수사와 관련된 경찰의 권한과 자세한 그 행사절차는 내무부장관이 발령한 실무규칙(code of Practice)에 자세하게 내용이 규정되어 있는데, 이 실무규칙은 비록 법률로 제정된 것은 아니고 내무부장관이 발령한 명령의 형식을 취하고 있지만 의회 양원의 승인을 받도록 되어 있다.

내무부장관의 실무규칙은 5개로 되어 있으며, Code A는 경찰의 정지와 수색(stop and search)의 권한, Code B는 수색과 압수(search and seizure)의 절차, Code C는 피의자의 구금, 처우, 신문(detention, treatment and questioning)의 절차, Code D는 범인식별절차(identification) 그리고 Code E는 신문한 내용의 녹음절차(tape recording)를 규정하고 있다. 그 후 3개가 더 추가되었는데, 추가된 실무규칙 Code F는 피의자신문의 녹화에 관한 것(visual recording with sound of interviews with suspects), Code G는 경찰

당한다.

48) 위 흐름에 대한 소개로, 이영돈, "영국의 「경찰과 형사증거법」상 유치관리관 제도 연구", 법학논문집 제43집 제1호, 중앙대학교 법학연구원, 2019, 233면.

의 체포권한(Powers of Arrest)의 관한 것이며, Code H는 테러사건과 관련된 혐의자의 구금, 처우, 신문에 관한 것이다.

그런데 영국 경찰조직에 새로운 변화가 생겨나게 되었다. 현대 사회에서 급속하게 증가하고 있는 중요하고 복잡한 경제사건을 수사하기 위하여 1988년에 특별수사기구로 중대경제범죄수사청(Serious Fraud Office)이 창설된 것이다. 기존의 지역경찰 체계만으로 는 조직적이면서 광범위한 경제범죄에 효과적이고 효율적으로 대처하기 미흡하다고 판 단하여 법무총감의 감독하에 그에 대응할 수 있는 중대경제범죄수사청을 독립기구로 조 직하였고, 특정 경제범죄에 대해 수사권 뿐 아니라 기소권까지 부여하게 되었다(후술).

2. 범죄수사권

영국에서는 어떤 사람이 범죄를 저질렀다는 증거를 발견한 경우 경찰관은 그 증거 를 치안판사법원에 제출하도록 하는 절차를 밟아야 한다. 치안법원에서의 해당 절차에서 우선 첫 번째 이루어지는 것은 피의자를 체포하여 소추절차와 공소절차를 진행할 것인 지 아니면 불구속상태에서 경찰에서 조사를 받게 할 것인가이다. 경범죄는 소환장을 보 내어 피의자를 법원에 출석하도록 하면서, 중한 범죄의 경우에는 피의자를 체포하는 것 이 일반적이다.

영국 경찰은 광범위한 체포권을 보유하고 있어 많은 경우 영장 없이 피의자를 체포 하는 것이 가능하다. 우선, 피의자가 죄를 범하였다고 의심할만한 합리적인 이유가 있 고,[49] 그 범죄가 체포가능범죄(arrestable offences)[50]에 해당하는 경우 피의자를 영장 없 이 체포할 수 있으며, 체포가능범죄가 아니더라도 피의자가 그의 성명이나 주소를 밝히 기를 거부하거나 가명이나 허위주소를 대는 등 법원의 소환장에 따른 후속절차가 부적 절할 것으로 여겨진다거나, 피의자가 그 자신이나 다른 사람에게 위해를 가하거나, 재산 상의 손해를 가하거나, 공서양속에 반하는 범죄를 범하거나 고속도로의 통행을 방해하려 고 하는 것을 방지하기 위해 체포가 가능하다.[51]

---

49) Police and Criminal Evidence Act 1984(PACE법) S.24(Arrest without warrant for arrestable offences). 6. "Where a constable has reasonable grounds for suspecting that an arrestable offence has been comitted, he may arrest without a warrant anyone whom he has reasonable grounds for suspecting to be guilty of the offence."(경찰관이 체포 가능한 범죄 가 행하여졌다고 믿을 만한 합리적인 근거가 있는 경우, 그는 그 범죄에 대하여 혐의가 있다고 의심할 만한 합리적인 근거를 갖고 있는 어떤 사람도 영장없이 체포할 수 있다).

50) '1967년 형사법(Criminal Law Act 1967)'에서 처음 나타나 '1984년 경찰및형사증거법(Police and Criminal Evidence Act 1984)'에 반영된 분류로서, 원칙적으로 21세 이상의 초범에게 5년 이상의 징역형 신고가 가능한 범죄를 말한다.

51) PACE Act 1984 S.25.

한편, 모든 범죄의 수사는 원칙적으로 일반 경찰이 담당하고, 특별경찰은 그 소속기관내의 범죄나 관련범죄 등 제한된 범위내에서 수사할 수 있을 뿐이다. 따라서 국가기관 중에서 경찰관만이 불심검문권, 압수·수색권, 체포·구금권, 피의자신문(24시간 동안 유치가 가능하므로 그동안 경찰서에 마련된 심문실에서 피의자신문을 하게 됨)과 참고인 진술청취,52) 경미범죄에 대한 경고처분(caution), 사건종결권 등의 권한을 가지고 있다.53)

경찰(Constable)이 피의자를 체포하여 경찰서로 데리고 가면, 수사경찰과는 독립적인 지위에서 체포의 적법성 여부를 검토하고 구금의 필요성 여부를 판단하는 구금담당경찰관(Custody Officer)54)에게 신병을 인도하여야 하며, 구금담당경찰관은 Charge를 위한 증거의 충분여부를 검토한 후, 증거가 충분하다고 판단되면 Charge의 절차를 이행하고, 증거가 불충분하거나 증거확보를 위해 구금상태의 피의자조사가 필요하다고 판단되면 피의자에 대한 구금을 결정하고 이를 피의자에게 통고한 후 구금기록(Custody Record)을 작성한다. 이러한 구금기록에는 체포된 자가 구금된 이유, 구금과 관련하여 그의 권리를 서면으로 고지 받았다는 확인서, 법률구조를 원하는지 여부에 대한 그의 의견서, 그로부터 압수한 물건과 그의 소지품, 접견한 사람들의 명단, 식사가 제공된 시간, 주의(caution)를 준 시간과 장소, 신문을 위하여 수사담당직원에게 인계한 시간, 고발이 된 시간, 고발에 대하여 그가 보인 반응, 부적절한 처우에 대하여 그가 제기한 불평 등이 포함되어 있다.

또한 수사 경찰이 피의자를 조사 중이라고 할지라도, 구금담당경찰관은 처음부터 6시간, 그 후에는 9시간마다 계속 구금의 필요성 여부를 점검(Review)하는데, 예외적으로 모살, 고살, 강간, 13세 미만의 소녀와의 성행위, 16세 미만의 자와 함께 범한 주거침입절도, 일부 총기류범죄와 마약사범 그리고 위험한 자동차운전으로 야기한 사망사고 등 범죄혐의가 중대한 체포가능범죄(serious arrestable offences)에 해당하고, 공판회부 여부 결정을 위해서는 24시간55)을 초과하여 계속 수사가 필요하다고 판단될 경우 수사경찰관

---

52) 1996년 형사절차및수사법(Criminal Procedure and Investigation Act) 이후에는 검찰도 정보제공을 거부하는 참고인을 소환할 수 있으며, 그로 하여금 치안판사 앞에서 선서하고 신문에 답하게끔 할 수 있게 되었다.

53) 1984년 PACE법 및 PACE법에 의해 제정된 '경찰관집무규칙'(Code of Practice)이 경찰수사의 세부적인 절차 및 권한을 규정하고 있는데, 동규칙은 모두 5부분으로 구성되어 있으며, Code A는 경찰관의 검문검색권(stop and search), Code B는 경찰의 장소수색 및 사람이나 장소에서 발견된 물품의 압수권한, Code C는 경찰관의 체포·구금 및 신문권한, Code D는 경찰관에 의한 신원확인, Code E는 경찰관이 경찰관서에서 피의자를 신문할 때 그 내용을 녹음·녹화하는 절차와 과정을 규정하고 있다.

54) 구금담당경찰관(Custody Officer)의 임명 및 그 밖의 구체적인 내용은 PACE법 S.36.을 참조할 것.

55) 24시간은 '연루된 시간'부터 진행되는데, 즉 혐의자가 경찰서에 도착한 시간 또는 혐의자가 신

은 총경(superintendent)급 이상의 승인을 얻어 36시간까지 피의자를 유치하는 것이 가능하다. 체포한 다음 바로 혐의자에게 혐의내용, 묵비권[56] 및 변호사 선임권을 고지하는데, 체포 직전에 고지할 필요는 없다. 다만 24시간(총경급 이상 간부의 허가가 있으면 36시간) 이상 피의자를 구금하기 위해서는 영장(warrent)이 필요하고,[57] 위 영장은 경찰의 신청에 의하여 Magistrates' Court에서 발부되는데, 영장 신청시에 경찰은 구두선서를 하고, 서면으로 된 고발장(Information)을 법원에 제출하여야 한다. 위와 같은 영장발부는 피의자가 참석한 가운데 최소 두 명 이상의 치안판사 앞에서 비공개(in camera)로 이루어지며, 치안판사는 첫째, charge없는 구금의 계속으로 신문을 통하여 증거를 확보하는 것이 범죄와 관련된 증거의 안전이나 보존에 필요하다는 점, 둘째, 구금자는 기소가능한 범죄로 체포된 상태라는 점, 셋째, 수사가 성실하고 신속하게 이루어져왔다는 점 등이 충족될 때만 영장을 발부한다.[58] 위 심리과정에서 피의자의 참석은 필수적이며, 법원에 제출되는 경찰의 서면으로 된 Information의 사본이 피의자에게도 제공되어야 하고, 피

체구속을 고지받은 시각부터를 의미한다(PACE Act 1984. S.41. Limits on period of detention without charge. (2) The time from which the period of detention of a person is to be calculated (in this Act referred to as "the relevant time")—.

(a) in the case of a person to whom this paragraph applies, shall be—.

(i) the time at which that person arrives at the relevant police station; or.

(ii) the time 24 hours after the time of that person's arrest,

whichever is the earlier;

56) The Criminal Justice and Public Order Act 1994. S.34. You do not have to say anything. But it may harm your defence if you do not mention when questioned something which you later rely on in court. Anything you do say may be given in evidence(당신은 아무 말도 할 필요가 없다. 그러나 당신이 나중에 법정에서 주장하고자 하는 내용에 관하여 질문을 받고 대답을 하지 아니하면 당신의 변호에 손해가 될 수 있다. 당신이 말하는 모든 것은 증거가 된다).

57) PACE Act 1984 S.43. Warrants of further detention. (1) Where, on an application on oath made by a constable and supported by an information, a magistrates' court is satisfied that there are reasonable grounds for believing that the further detention of the person to whom the application relates is justified, it may issue a warrant of further detention authorising the keeping of that person in police detention..

58) PACE Act 1984 S.43. (4) A person's further detention is only justified for the purposes of this section or section 44 below if—.

(a) his detention without charge is necessary to secure or preserve evidence relating to an offence for which he is under arrest or to obtain such evidence by questioning him;.

(b) an offence for which he is under arrest is an indictable offence; and.

(c) the investigation is being conducted diligently and expeditiously.

의자는 변호인을 선임하여 변론할 수 있다. 위와 같은 추가구금 연장은 36시간 범위 이내이며, 위와 동일한 조건하에서 치안판사는 다시 36시간 범위 내에서 재연장을 허가할 수 있지만, 구금자가 기소없이 유치되는 최대시간은 연루된 시간으로부터 총 96시간 범위내로 제한된다.[59]

이러한 체포·구금은 피의자에 대한 조사를 통하여 charge를 위한 증거확보에 그 목적이 있는 바, 언제든지 증거가 충분히 확보되면 위와 같은 체포·구금절차는 종료되고 즉시 charge절차가 이행되는데, 구금담당경찰관이 피의자를 Charge한 후에는 원칙적으로 보석 또는 무보석으로 피의자를 석방하여야 하고, 예외적으로 피의자의 성명 또는 주소가 진정하지 않다고 의심되거나, 피의자 자신의 보호 또는 피의자의 제3자에 대한 신체적·재산적 침해를 예방하기 위하여 또는 피의자가 법정 소환에 응하지 않거나 수사를 방해할 것으로 믿을 만한 상당한 근거가 있을 경우, 구금담당경찰관은 피의자를 계속 구금할 수 있다.[60] 피의자를 석방하지 않고 계속 구금한 때에는 구금담당경찰관은

---

59) John Sprack, *CRIMINAL PROCEDURE*(TWELFTH EDITION), OXFORD, 2008, p.32.

60) PACE Act S.38. Duties of custody officer after charge. (1) Where a person arrested for an offence otherwise than under a warrant endorsed for bail is charged with an offence, the custody officer shall subject to section 25 of the Criminal Justice and Public Order Act 1994, order his release from police detention, either on bail or without bail, unless—.

(a) If the person arrested is not an arrested juvenile—.

(i) his name or address cannot be ascertained or the custody officer has reasonable grounds for doubting whether a name or address furnished by him as his name or address is his real name or address;.

(ii) the custody officer has reasonable grounds for believing that the person arrested will fail to appear in court to answer to bail;.

(iii) in the case of a person arrested for an imprisonable offence, the custody officer has reasonable grounds for believing that the detention of the person arrested is necessary to prevent him from committing an offence;.

(iiia) in a case where a sample may be taken from the person under section 63B below, the custody officer has reasonable grounds for believing that the detention of the person is necessary to enable the sample to be taken from him;.

(iv) in the case of a person arrested for an offence which is not an imprisonable offence, the custody officer has reasonable grounds for believing that the detention of the person arrested is necessary to prevent him from causing physical injury to any other person or from causing loss of or damage to property;.

(v) the custody officer has reasonable grounds for believing that the detention of the person arrested is necessary to prevent him from interfering with the administration of justice or with the investigation of offences or of a particular offence; or.

실현 가능한 한 빨리(As soon as practical) 피의자를 Magistrates' Court로 데리고 가야 한다. 위와 같이 구금담당경찰관은 보석으로 피의자를 석방할 수 있는데, 이를 '경찰보석(PoliceBail)'이라고 한다.

위에서 보는 것처럼 영국 수사제도의 특징은 체포·구금에 대한 경찰의 권한이 크고, 이에 대한 법원의 관여가 많지 않기 때문에 그로 인한 인권침해를 방지하기 위한 경찰내부의 통제장치로서, 경찰서마다 구금담당경찰관이 임명되어 있다는 점이다. 따라서 체포담당경찰관이 범죄혐의자를 체포하여 구금담당경찰관에게 인계하면 구금담당경찰관은 체포자료를 검토하여 경찰관서에 구금한 다음, 조사담당경찰관에게 조사를 지시하고, 조사담당경찰관이 피의자신문 등 간단한 증거수집을 마친 후 구금담당경찰관에게 보고하면, 구금담당경찰관이 구금을 계속할 것인지 여부, 소추 여부 등을 결정한다.

3. 범죄소추권

사인소추를 원칙으로 하는 영국에 있어서 경찰소추도 사건을 담당한 경찰관으로서가 아니라(Not by Virtue of his Office) '질서유지에 관심이 있는 한 시민으로서'(as a Private Citizen)의 행위로 간주되고 있으며, 대개 사인이 직접 형사소추를 하지 아니하려는 사건이나 피해자가 처벌을 바라지 아니하는 사건에 대하여 하게 되는데, 강도나 주거침입, 폭행의 경우가 이에 해당한다. 다만 경찰은 범죄가 발생한 경우에 범죄혐의자를 찾아내고 유죄의 증거가 있다고 인정되는 경우 뒤에서 보는 것처럼, 검찰의 법률적 조언과 소추적격심사를 거쳐 소추법원에 고발(Lay an information)[61]하거나 체포 후 인치(arrest and charge)하는 절차를 거쳐 치안법원에 범죄사실을 알리고 재판절차의 진행을 구한다.

영국에서는 범죄를 수사한 경찰은 공소도 제기할 수 있다. 영국 경찰은 공소제기의 구성요건과 형량의 선택에 대하여 폭넓은 재량권이 있다. 영국경찰은 증거를 확보할 수 있다고 예측되는 모든 범죄에 대해 가급적 기소하려는 것을 선호하여 과잉기소가 아닌지 비판을 받기도 한다. 이러한 영국경찰의 태도는 피고인의 자백을 받아내려고 하거나 유죄답변(plea of guilty)을 하도록 유도하기 위해서라고 한다.

영국경찰이 어떠한 범죄 구성요건으로 기소할 것인가를 선택할 때, 상관인 경찰관과 상의를 하기도 하고, 고용 변호사나 자문 변호사에게 법적 조언을 듣기도 한다. 경찰들은 항상 특정한 사항이나 특정한 경우에 있어서는 법을 집행하지 않도록 하는 결정을

(vi) the custody officer has reasonable grounds for believing that the detention of the person arrested is necessary for his own protection;

61) Lay an information의 개념을 사인소추제도 하에서는 사인이나 경찰에 의한 고발 또는 고소로 보아야 하므로 기소로 번역하는 것은 타당하지 않다.

내리기도 한다. 이러한 영국 경찰의 재량권행사에 대하여 비판적인 견해도 있다.[62] 반면에 영국 경찰제도 아래에서 이러한 경찰의 재량권이 불가피하다고 보는 반대의 입장도 있다.

최근의 연구에 의하면 잉글랜드와 웨일즈의 기소사건의 75% 이상은 경찰이 기소한 것이라고 한다. 경찰은 경찰서에서 피고인을 기소하기도 하고 경찰이 직무수행을 하는 과정에서 약식공소장 (information)을 발부하기도 한다. 경찰은 공소를 하기 전에 혐의사실에 대한 수사를 행하고 증거를 수집한다. 검찰청(Crown Prosecution Service)이 설립되기 이전에는 영국 경찰이 법원에서 공소를 유지하는 임무까지도 수행하였다. 영국 경찰은 변호사를 고용하여 치안법원에서 공소를 유지하도록 하고 형사법원에서 법적 의견을 제시하도록 하였다. 대부분의 영국 경찰서는 특정 부서에서 내부에 유급의 변호사를 두어서 이에 대비하고 있었다고 한다.[63]

그러나, 보통법계의 전통에 따라 경찰이 수사와 소추를 모두 담당하던 것에 대하여 영국에서조차 소추권의 남용과 그로 인한 높은 무죄율 등으로 인해 문제점에 대한 지적이나 권한 제한 필요성에 대한 논의는 끊이지 않았다고 한다.[64]

1870년경 경찰 소추제도에 대한 반대 의견은 1879년 범죄소추법(Prosecution of Offences Act1879)의 제정으로 이어졌다. 이 법에 따라 복잡하고 중대한 범죄 사건에서 법무장관(Attorney General)의 명령을 받아 국가를 대표하여 형사소추를 담당할 공공 소추국(Office of the Director of Public Prosecutions)이 설립되었다. 흥미로운 것은 이러한 공공 소추국의 창설은 형사소추에 대한 영국의 접근방법을 변함없이 유지하기 바라는 세력과 당시 대부분의 유럽에서 행해지고 있던 체계화되고 통제된 형사소추를 원하는 세력 간의 타협의 산물이라고 보기도 한다는 것이다. 그러나 공공소추국은 산하기관을 설치하여 각 지역의 소추를 담당할 검사까지 둔 것은 아니었다. 따라서 공공소추국이 지역의 형사소추업무까지 담당할 수 없었고, 그 부분은 여전히 경찰의 몫이었다고 한다.

이후로도 영국에서는 수사와 소추를 모두 경찰이 담당하는 방식에 대한 문제점의 지적이 끊임없이 지적되었는데, 1908년 매트로폴리탄 경찰의 의무에 관한 왕립위원회, 1962년 경찰에 관한 왕립위원회 등의 문제해결의 시도과정을 거쳐서 1970년에 다시 사법위원회(Committee of Justice)가 설립되었다고 한다. 1970년의 사법위원회는 소추와 관련하여 경찰의 독점적 지위가 시민들에게 위험하다는 인식을 주면서 형사사법의 질적 수준을 저하시키게 될 위험이 있다고 강조하였다.

또한 경찰이 피의자를 법원에 공판회부(Charge)할지를 결정하고 그 내용을 선별하는

---

62) 오영근, 영국의 검찰과 경찰, 법학논총, 제16권, 1999, 250면.

63) 오영근, 위의 논문, 251면.

64) 김한수, "영국 검사의 지위와 기능(영국분야)", 한국형사소송법학회 학술대회 논문집, 2016, 138면.

등 소추기관처럼 행동하면서도, 동일한 경찰관이 소추기관측의 주요 증인으로서 나서는 모순점도 구조적으로 가지고 있다는 것을 파악하게 되었다.

이에 1977년에는 형사절차에 관한 왕립위원회가 구성되었으며, 동 위원회는 1981년 보고서에서, 「① 경찰은 범죄를 수사하고 증거를 수집하며 피의자를 체포하는 당사자의 지위에 있으므로 중립적이고 객관적인 관점에서 형사소추 여부를 공정하게 결정하기 어렵다. ② 영국 경찰의 무리한 소추와 기소로 인하여 잘못된 증거판단으로 무죄 선고가 증가하였다.」고 보면서, 형사소추를 전담할 수 있도록 독립적인 검찰청의 설치를 권고하였다. 다만, 그러면서도 당시 경찰의 강력한 로비와 반대에 직면하자, 비록 검찰이 창설되더라도 경찰이 여전히 공판회부결정을 하거나 기소유예 등 불기소 결정을 할 수 있는 권한을 보유하도록 권고하였고, 영국 정부는 권고를 받아들여 1985년 범죄소추법 (Prosecution of Offences 1985)을 제정한 후 1986년 10월 1일 검찰(Crown Prosecution Service)을 창설하였다.

결국 우리나라처럼 검찰이 치안판사법원에 피고인을 기소하여 재판에 회부되는 것이 아니라 사인이나 경찰에 의해서 특정인의 범죄에 관한 고발이 치안판사법원에 제공되고, 그의 독자적인 판단에 따라 범죄의 혐의가 있다고 인정되면, 범인으로 지목된 특정인(고소 또는 고발된 자)에 대하여 소환장(a summons) 또는 체포영장(a warrant for the arrest)을 발부하거나 영장에 의하지 아니하고 경찰이 범죄자를 체포하여 법원에 인치함으로써 재판절차가 개시되는 것이다.[65] 이 경우 치안판사법원에서는 법률에 규정된 범죄의 세 가지 유형 중 경죄(summary offences)에 대하여 재판하고, 기소범죄(inditable only offences)에 대하여는 형사법원에 기소하며, 어느 쪽으로 재판이 가능한 범죄(offences triable eitherway)에 대하여는 기소여부를 결정한다.

그런데 경찰이 소추권을 행사하는 경우, 각 지방경찰대별로 소추권행사의 기준이 상이하여 통일적인 소추권행사 기준을 마련할 필요가 제기되었으며, 이에 따라 1984년 검찰총장이 "형사소추준칙"(Criteria for Prosecution)을 처음으로 제정하여 경찰에 시달하였는데, 이 준칙에 의하면 소추권의 남용을 방지하기 위하여 유죄에 대한 개연성이 없는 사건은 기소를 하지 못하며 경미한 사건, 사건발생후 상당한 기간이 경과한 사건, 청소년, 노쇠·병약자, 사건발생후 사정변경이 있는 경우 등은 원칙적으로 소추권행사를 자제하도록 하고 있다[66]고 한다. 따라서 경찰이 불기소결정을 한 경우라도 경찰임무의 적정성을 보장하기 위하여 법원이 이해당사자에게 집행명령을 허가하는 경우도 있으며, 어떤 범죄에 있어서는 법무총감이나 검찰총장의 동의를 얻어야만 경찰이 기소할 수 있고 어느 경우에는 법무총감이나 검찰총장이 직접 기소를 하는 경우도 있다고 한다.[67]

---

65) Criminal Justice Act 2003. § 102(11).

66) 한상진, 앞의 논문, 21면.

그러나 각 경찰의 최고책임자는 그 자신의 책임에 의하여 독자적으로 증거를 판단하고 기소여부를 결정하는 것이 원칙이며, 검찰총장이나 법무총감의 동의를 얻어야만 기소하거나 검찰총장이 직접 기소할 수 있는 범죄를 제외한 모든 범죄에 대하여 어느 기관으로부터도 기소여부에 관한 지시를 받지 아니한다고 한다. 이처럼 사인소추의 전통이 남아 있는 영국에서는 원칙적으로 사인이 소추를 담당하며 관계기관 또는 국가기관인 경찰이 소추하는 경우에도 사인의 자격에서 소추를 담당하는 것으로 인식되므로 경찰이 혐의자의 범죄사실을 법원에 알리는 행위를 국가공소주의에서의 검사의 기소와 같은 의미로 해석하는 것은 곤란하고, 오히려 치안법원에서 형사법원으로 사건을 회부하는 절차(committal proceedings)가 국가공소주의에서의 기소와 유사하다고 볼 수 있을 것이다.

그러나 후술하는 것처럼 '2003 형사사법법(Criminal Justice Act 2003)'의 제정으로 일부 경미한 범죄를 제외한 모든 범죄에 대하여 경찰에 주어져 있던 공판회부권이 소멸됨에 따라, 이제 영국의 경찰은 전통적 의미의 수사기관일 뿐 더 이상 소추기관의 지위를 가진다고 할 수는 없게 되었다.

4. 훈 방

영국 경찰은 피의자를 공소하는 것을 선택하지 않고 훈방(Caution)할 수 있는 권한도 가지고 있다. 교통범죄를 제외하면, 훈방되는 사건 중 가장 많은 비중을 차지하는 것은 경미한 절도와 주거침입, 경미한 성범죄 등이라고 한다. 1969년의 아동 및 소년법(Children and Young Persons Act 1969)은 소년범에 대해서는 훈방을 많이 하도록 규정하였다.[68]

Ⅲ. 특별수사기구의 설치

1. 특별수사청의 설치

(1) 입법배경

영국은 전통적으로 개개인의 자율을 중요시하였고 민간 부분에 대한 국가의 개입을 자제하여 왔으나 경제범죄에 대한 심각성이 나타나자, 중대사기 범죄에 대처하기 위해 영국 정부는 1983년에 사기범죄대책위원회(위원장 Lord Roskill)를 발족시켰는데, 동 위원회는 1986년에 발간된 '사기범죄대책위원회 보고서(The Fraud Trials Committee Report)'에서 중대사기사건을 인지·수사·기소를 전담할 새로운 특별수사 기구를 만들어야 한다는 주장하였다. 이에 따라 검찰제도 도입 2년 후 형사사법법(The Criminal Justice Act

---

67) 박주선, 「영국의 사법경찰제도」, 법무부 법무자료 제98집, 1988, 590면.
68) 오영근, 앞의 논문, 252면.

1987) 제1조 제3항 SFO 규정[69]에 따라 특별수사청(SFO, Serious Fraud Office; '중대사기범죄수사청'이라고도 함)이 신설되었으며,[70] 1988. 4.부터 공식적인 업무를 개시하였다.[71] Roskill 리포트에서는 중대 사기사건은 사안 자체가 복잡하여 전문성이 필요하다는 고려하에 민간 경제전문가로 구성된 배심원과 고등법원 전문 판사 등이 참여한 중대사기사건전문법원의 설치도 권고[72]하였으나, 정부의 반대로 인해 설립에까지는 이르지 못하였다.[73]

(2) 조직 및 구성

특별수사청은 법무총감(Attorney General)[74] 산하의 독립 외청으로 독립성이 보장된다.[75] 수사청장(the director of the Serious Fraud Offfice)은 법률상 법무총감(the Attorney General)의 감독을 받도록 되어 있으나,[76] 사건에 대해서는 거의 관여를 받지 않는다. 특별수사청의 2018 – 2019 예산은 약 53,600,000 파운드이다.[77] 구성원으로는 변호사·회계사·금융전문가·컴퓨터전문가·파견 경찰관·그래픽디자이너 등이 팀을 이루어 효과적으로 수사를 하는데, 현재 약 290명의 정규직원과 10명의 비정규직 직원이 있으며, 직원은

---

69) Criminal Justice Act 1987. 제1조 (특별수사청)

　① 잉글랜드, 웨일즈, 북아일랜드를 위해 특별수사청을 창설한다.

　③ 청장은 중요하고 복잡한 사기범죄와 관련된 상당한 근거가 있다고 여겨지는 어떠한 의심스러운 범죄에 대하여 수사할 수 있다.

　⑤ 청장은 (a) 중대하거나 복잡한 사기사건과 관련되어 있다고 보여지는 사람에 대한 형사절차를 개시하거나 수행할 수 있고, (b) 어떤 단계에서 어느 절차에서라도 형사소송 수행을 인수할 수 있다.

　⑧ SFO의 구성원은 형사절차의 개시나 진행과 관련하여 그 지위에 따라 맡겨진 역할에 따라 청장의 모든 권한을 행사할 수 있다. 다만, 청장의 지휘 아래에서 권한을 행사하여야 한다.

　제2조 (수사청장의 수사권한)

　② 청장은 서면으로 특정 장소에서 특정시간 또는 곧바로 피조사자 또는 관련 정보를 가지고 있다고 믿을 만한 이유가 있는 참고인에게 문답을 요구하거나 수사 중인 사건과 관계된 정보 제출을 요청할 수 있다.

70) 영국 특별수사청 홈페이지(https://www.sfo.gov.uk/).

71) 이정수, 「영국 특별수사청(SFO) 개관」, 형사법의 신동향 제6호(2007. 2.), 대검찰청 미래기획단, 31면.

72) Lord Roskill, Fraud Trials Report, 1988, p.27.

73) <http://www.legislation.gov.uk/ukpga/1987/38>.

74) 형사소송법(Criminal Justice Act 1987) 제38장 제1조 제2항 참조.

75) Attorney General's Office, Framework agreement between the Law Officers and the Director of the Serious Fraud Office, 2019.1.21, p.2.

76) The Criminal Justice Act 1987. Art.1(2).

77) https://www.sfo.gov.uk/about – us/#ourfundingandbudget.

아니지만 59명의 유관기관 직원과 13명의 컨설턴트를 계약직으로 고용하고 있다.

경제범죄의 경우 보통 지역경찰이나 국가범죄수사청(NCS), 국세청 등이 조사를 하고 국가기소청(CPS)에 사건을 송치하는 구조로 이루어져 있지만, 특별수사청은 수사와 기소를 같이 하는 독특한 기관으로 설계되었다. 영국 내에서 특별수사청과 유사한 기관으로는 금융감독원(Financial conduct authority, FCA)이 있으며, 금융거래와 관련한 범죄에 대해 수사권과 기소권을 갖는다.[78] 즉, 수사가 끝나고 나면 기소해서 유죄판결을 받을 수 있을 만큼 충분한 증거가 있는지와 기소하는 것이 공익에 부합하는지를 검토한 후, 이 두 가지가 충족되면 기소하는데, 이는 일반 검찰청의 기소기준인 승소가능성과 공익성이라는 두 가지 기준을 반영하고 있다.[79] 예컨대 승소가능성에는 그 증인이 현실적으로 나이가 너무 많거나 하여 그 사건이 끝나기 전에 사망하는 경우도 포함된다. 또한 사건을 조사하는 데 비용이 과다하게 요구된다면 공익에 어긋날 수도 있으며, 그 경우에는 기소를 하지 않을 수 있다. 이 두 가지 기준이 충족되면 기소가 결정된다.

특별수사청에 대한 비판의 중점은 다른 수사기관들은 내무부(Home secretary) 산하에 있는데 특별수사청은 법무총감 아래에 있어서 내무부의 견제를 받지 않는다는 점에 있었다. 하지만 그 후 수상 산하의 위원회에서 국가범죄수사청과 특별수사청, 금융감독원 같은 기관들의 실적들을 비교해 본 결과, 특별수사청의 성과가 상당하다는 점을 확인한 후 비판은 철회되었고 기관이 유지되게 되었다.

법무총감은 수사청장을 공채절차를 통해서 선출하여 임명한다. 청장은 공무원으로서, 회계책임자로서 역할도 맡고 있으며,[80] 관련 절차는 공무원임명규칙(civil service appointment rules)에 따른다. 법무총감은 국무조정실(cabinet office) 및 인사위원회(civil service commission)와 협의하여 임명절차를 진행한다. 법무총감은 청장을 임의로 파면할 수 없다. 특별수사청은 청장의 인사와 관련된 모든 비용을 처리하며, 청장은 직원을 임명할 권한을 가진다. 청장의 임기는 3년이며 6년까지 연장이 가능하다.

(3) 권 한

모든 경제사건이 특별수사청의 관할이 되는 것은 아니다. 영국은 한국 형법 제347조와 같은 사기죄 규정이 없다. 그래서 영국의 경우 '사기죄'라는 단일 죄명의 범죄가 존재하는 것이 아니라 대개 기망성 경제범죄를 포괄하여 '사기(fraud)'라고 칭한다. 따라서 영국의 사기(fraud)라는 개념은 법률적 개념이 아니라 포괄적 개념일 뿐이고, 그 개

---

78) https://www.fca.org.uk/about/the-fca.

79) The Code for Crown Prosecutors, 2018.10.26., 4.2.

80) Attorney General's Office, Framework agreement between the Law Officers and the Director of the Serious Fraud Office, 2019.1.21, p.4.

넘 아래 다양한 범죄 유형이 존재하게 된다. 따라서 영국의 사기의 개념에는 사기성 범죄(Conspiracy to defraud), 절도성 범죄(Theft), 기망에 의한 재산취득·재산이동·금전적 이익 취득(Obtaining property/Money transfer/Pecuniary advantage by deception), 회계 조작(False Accounting), 부정 내부자거래(Fraudulent Trading), 문서위조(Forgery), 뇌물(Corruption), 범죄재산 세탁(Money Laundering), 기업 담합(Cartel Offence) 등을 망라하여 포함하게 되며, 세금포탈도 그에 해당한다.[81] 따라서 특별수사청의 수사대상에 해당하는 사건은 일반 경찰들이 감당하기 어려울 정도의 중대하거나 복잡한 기망성 범죄여야 한다. 이때, 중대·복잡한 사기사건의 기준(Case Acceptance Criterion)으로는 사기 피해금액이 100만 파운드 이상인 경우, 사기 범행이 국제적으로 상당한 연관성이 있는 경우, 광범위하게 공익과 관련이 있는 경우, 해당 사건을 수사하는데 있어 금융시장에 대한 지식 등 상당한 전문지식이 요구되는 경우, 그리고 특별수사청이 막강한 권한을 가지고 개입할 필요성이 있는 경우 등이 제시되고 있다.

특히 특별수사청의 관할은 잉글랜드, 웨일즈, 북아일랜드에서 발생한 중대하고 복잡한 사기범죄, 뇌물범죄, 대규모 경제범죄나 기업범죄 등이며, 그 외에도 투자 사기나 주식사기, 기업사기 등도 포함된다.[82] 특별수사청은 관할에 해당하는 범죄에 대해서 독립적으로 수사개시와 기소를 결정할 수 있는 권한을 갖고 있다. 그를 위해 법무총감은 특별수사청장이 독립적으로 의사결정을 할 수 있도록 보호할 책임을 지고 있다.[83] 다만, 예외적으로 법무총감은 국가안보를 보호하기 위해 특정 사건의 수사나 기소를 개시하지 않도록 하거나 개시되어 진행되고 있는 경우 그를 중단하도록 의견을 제시할 수는 있다.[84] 기관 간 관계 합의에 따라 국가기소청과 특별수사청 법무총감이 내각에 책임을 지게 된다. 그러나 특별수사청은 법률을 통해 강력하게 그 독립성을 보장받고 있기 때문에 법무총감은 특정 사건에 대해 지시하거나 자의로 변경할 수 없다. 다만, 법무총감은 특별수사청에 대한 일반적인 감독자 역할만을 수행하게 된다.

(4) 특별수사청의 정보요구권

영국에서는 일반적으로 수사기관이 금융기관의 범죄혐의자 개인정보에 접근(Accessing Confidential Material)하여 개인정보를 수집하기 위해서는 판사의 '정보제공명

---

81) 이정수, 앞의 논문, 37면.

82) https://webarchive.nationalarchives.gov.uk/20150331150233/http://www.sfo.gov.uk// fraud/what-is-fraud.aspx.

83) Attorney General's Office, Framework agreement between the Law Officers and the Director of the Serious Fraud Office, 2019.1.21., p.9.

84) Attorney General's Office, Framework agreement between the Law Officers and the Director of the Serious Fraud Office, 2019.1.21, p.10.

령장(Production Order)'을 발부받아야 한다. 그러나 수사기관이 법원의 정보제공명령장 없이 금융기관의 정보를 수집할 수 있는 두 가지 예외가 인정된다. 하나는 특별수사청의 '정보요구권'이고, 다른 하나는 테러범죄를 수사하는 기관의 '정보요구권'이다. 다만, 테러수사기관의 정보요구권은 '반테러범죄 및 보안에 관한 법률(The Anti Terrorism Crime and Security Act 2001)'에 근거하고 있는데, 경찰 내 수사감독관(Superintendent) 2명의 승인을 요건으로 하고 있다.

특별수사청이 관할 사건을 수사하는 경우에는 법원의 정보제공명령장을 발부받을 필요가 없이 사건과 관련된 개인 및 은행 등에 대해 필요한 정보를 진술하거나 제공해줄 것을 요구할 수 있다.[85] 이것이 가능한 이유는 'Section 2 Powers'라고 불리우는 권한으로 1997년 형사사법법 제2조(Section 2 Criminal Justice Act 1997)에 규정되어 있는 '개인정보요구권' 때문이다. 그러므로 특별수사청장의 권한을 위임받은 수사관들은 법원의 정보제공명령장 없이도 사건 관련자들에게 질문에 대한 답변 및 파일 등을 포함한 문서를 제출할 것 등을 요구할 수 있다. 특별수사청은 범죄와 관련된 개인이나 회사에 대해서 일체의 정보제출을 요구할 수 있으며, 관련 정보를 알고 있는 누구에게나 관련 답변 또는 진술을 요구할 수 있다. 그 뿐 아니라 관련 범죄와 관련된 서류나 전산자료 등을 보관하고 있는 자에게 해당 서류를 요구할 수도 있으며, 그 경우 정보 보관자 업무를 방해하지 않으려고 사본을 활용하게 된다.[86] 대개 특별수사청이 정보를 요구하는 당사자는 은행이나 금융기관, 회계사, 기타 업무로 인해 사기사건과 관련된 정보 및 서류 등을 취급하는 업종에 종사하는 사람들이다. 따라서 일반적으로 그들은 고객의 개인 정보에 대한 비밀유지의무가 있다. 그러나 특별수사청 수사관이 요청하는 경우 더 이상 비밀준수의무의 준수가 적용되지 않으며, 고객의 정보를 해당 수사관에게 제공해야 할 의무가 생긴다. 다만, 화재로 인해 장부가 멸실되는 등 실제로 협조할 수 없는 상당한 이유(reasonable excuse)가 있는 경우 협조를 거부할 수 있다.

특별수사청이 정보를 요구하는 경우 대개 은행권은 불응하지 않는 것에 반해 범인과 관련이 있는 개인 사업자 및 공범은 불응할 가능성이 있고, 경우에 따라서는 증거를 인멸할 수도 있다. 그러므로 만일 정보를 요구받은 당사자가 상당한 이유없이 불응하는 경우 형사사법법(Criminal Justice Act 1987) 제38장 제2조 제4항에 따라 수사기관은 법원에 압수·수색영장을 청구하여 관련 사무소 및 주거지를 압수·수색한다. 또한 수사기관은 당사자에게 사전에 서면통지를 하면 증거를 인멸하는 등 수사를 심각하게 방해할 가능성이 있다고 판단하는 경우 바로 법원에 압수·수색영장을 청구할 수 있다. 다만, 그

---

85) 우리나라에서는 법원의 금융계좌용 압수수색영장을 발부받아야 하지만, 영국에서는 사건의 중대성에 비추어 법원 영장주의의 예외를 인정한 것이다.
86) 이정수, 앞의 논문, 117면.

와 같은 경우 형사사법법(Criminal Justice Act 1987) 제38장 제2조 제5항에 따라 특별수
사청 수사관이 법원의 압수·수색영장 집행을 집행하는 것이 아니라 일반경찰관이 집행
하게 되는데, 대개의 경우 특별수사청 검사나 수사관 등이 청에 파견된 경찰관에게 영
장을 주고 특정 장소에서 집행하도록 사실상 지휘를 하게 된다.

만일 특별수사청의 정보요구에 상당한 이유없이 불응하거나 잘못된 정보를 제공하
는 경우에는 형사처벌을 받게 된다. 따라서 형사사법법(Criminal Justice Act 1987) 제38장
제2조 제15항에 따라 그로 인해 간이재판에 회부되면 6월 이하의 징역 또는 벌금에 처
해지고, 정식재판에 회부되면 2년 이하의 징역 또는 벌금에 처해진다. 또한 특별수사청
이나 경찰에서 중대하거나 복잡한 기망사건을 수사하는 중이거나 수사가 예상되는 것을
알면서 관련 증거를 인멸하게 되면 가중하여 처벌된다. 따라서 형사사법법(Criminal
Justice Act 1987) 제38장 제2조 제17항에 따라 간이재판에 회부되면 동일하게 6월 이하
의 징역 또는 벌금이 부과되지만, 정식재판에 회부되면 형벌이 가중되어 7년 이하의 징
역 또는 벌금으로 처벌된다.

2. 중대조직범죄조사국의 신설

특별수사청과 함께 특정된 범죄에 대응하기 위한 기관으로 중대조직범죄조사국이
신설되었다. 1998년 영국은 점차 광역화되는 강력사건에 대처하기 위해 지방자치경찰과
같은 경찰조직으로는 대응할 수 없다고 판단하고 특별한 국가경찰 조직인 국립범죄수사
대(National Crime Squad)를 창설하였다. 그러다가 미국의 FBI를 벤치마킹하여 마약과의
전쟁을 선포하면서 조직화된 마약범죄에 대응하기 위해 2006년 4월 1일자로 국립범죄수
사대(NCS)과 국립범죄정보청(National Criminal Intelligence Service), 그리고 세관과 이민
국 소속의 조직범죄·마약 조사팀(Investigate units at Customs and Excise and the
Immigration service)을 통합하여 '중대조직범죄조사국(Serious Organised Crime Agency)'
을 창설하게 된다. 기존에는 마약밀매범죄법 및 형사법원법에 따라서 규율되던 범죄수익
몰수에 대하여 모두 12개의 장, 462개 조문으로 구성된 '2002년 범죄수익법(Proceeds of
Crime Act 2002; POCA)'이 제정되었다. 해당 법률은 2002년 6월 31일 국왕의 재가(royal
assent)를 얻었지만 관련 규정들은 단계적으로 발효되었는데, 자산회수국(The Assets
Recovery Agency) 관련 규정은 2003년 2월 24일부터 발효되었고, 몰수 및 구금과련 규
정은 2003년 3월 24일부터 발효되었으며, 재산압류 관련규정은 2002년 12월30부터 발
효되었고, 돈세탁 및 수사 관련 규정은 2003년 2월 24일부터 발효되었다. 자산회수국은
동법률의 Part I에 근거하여 설립되어 2003년 2월부터 운용되기 시작하였다. 그러나
자산회수국이 범죄수익을 몰수하는 성과가 기대에 미치지 못하게 되면서 그 실효성에
대한 비판이 제기되었다.[87] 또한 조직범죄를 퇴치하기 위한 21세기 국가전략의 일환으

로 2005년 4월에 모두 17개 장과 179개 조문으로 구성된 '중대조직범죄 및 경찰법(The Serious Organised Crime and Police Act)'이 제정되었다. 그에 따라 2006년 4월 1일에는 소위 영국의 FBI로 일컬어지는 '중대조직범죄조사국(Serious Organised Crime Agency)'이 창설되어 운용되기 시작하였다.[88]

중대조직범죄조사국이 창설되면서 조직화된 범죄사업에 대응하기 위해 4,500여명의 전문가들이 동원될 것이라고 하였다. 중대조직범죄조사국은 경찰청과 구분되는 별도의 조직으로서 내무부 소속임에도 불구하고 관련 업무를 수행함에 있어 내무부장관의 지휘를 받지 않아서 독립성을 보장받고 있다. 다만, 중대조직범죄조사국은 수사권은 있지만 기소권이 없다. 따라서 해당 기관이 수사를 하게 되면 기소 및 공소유지는 검찰청이 담당하게 된다. 그러나 중대조직범죄 및 경찰법에 따라 중대조직범죄조사국은 강력한 조사권한을 부여받고 있다. 따라서 증인에게 질문에 대답하도록 강요하거나 서류 및 기타 정보를 제공하도록 요구할 수도 있는데, 그와 같은 강제적인 조사권한으로 인해 중대한 사기 사건에서 효과를 보이고 있다고 한다.

Ⅳ. 검사의 지위

1. 1985년 이전의 검찰제도

영국은 1879년의 범죄소추법(the Prosecution of Offences Act)을 기점으로 하여 공소제도를 도입하였다. 그런데 사인소추제도에 바탕을 둔 영국의 전통은 법원에 제소하기 위해서는 사인이 사비를 들여 변호사를 선임해야 했으며, 검사는 존재하지 않았다. 전술한 바와 같이 경찰제도는 1829년부터 만들어지기 시작하였다. 영국에서의 이러한 상황들이 결합되어 공소제도가 도입되었을 때, 검찰이 존재하지 않았던 상황 속에서 경찰이 공소제기업무를 담당한 것이다. 그러나 경찰이 범죄수사·공소제기·공소유지업무를 모두 담당하여 권력이 남용되고 모순적인 상황들이 발생하자, 이에 대한 비판이 증가하게 되었으며, 이에 영국에서는 후발기관으로 검찰청을 설치하게 된 것이다.

영국에서는 국민이 범죄에 대하여 다른 국민을 소추할 권리를 보유한다는 것이 소추제도의 기본을 이루고 있었다. 즉 대륙법계에서는 개인에 의한 고소가 검사의 공소제기를 촉진하는 역할을 할 뿐이지만, 영국에서의 범죄에 대한 소추는 원칙적으로 개인에

---

87) 2007년 2월 21일 감사원(National Audit Agency) 보고서에서는 2003년부터 조사를 시작한 사건가운데 절반가량이 2006년 8월까지도 계속 조사 중이었으며, 단지 자산발견이 이루어진 경우는 52건에 불과한 것으로 나타나고 있다.

88) The Serious Organised Crime and Police Act 2005, Tim Owen QC, Julian B. Knowles, Alison MacDonald, Matthew Ryder, Debbie Sayers, Hugh Tomlinson QC, OXFORD, p.1.

게 맡겨져 있으므로, 사인이 직접 법원에 소추를 제기함으로써 형사재판절차가 개시되는 것이다. 물론 경찰은 사인의 소추에 협력할 의무가 있었으므로 피고인의 소환과 체포는 경찰이 수행하였다.

그러나 사회가 근대화되면서, 사인소추 제도의 불합리한 부분이 점점 드러나면서, 로버트 필 경(Sir Robert Peel)이 창설한 신경찰(new police force)이 그 빈자리를 메워갔고, 형사소추 업무를 담당하였다. 이에 범죄 피해자들이 범인 추적과 증거수집에 점점 더 경찰에 의존하는 현상이 나타나면서, 경찰도 점점 효율적으로 형사소추 업무를 담당하게 되었으나, 수사 종료 후 피해자가 형사소추를 하지 않겠다고 결정하면, 범죄자를 추적한 경찰의 노력은 모두 물거품이 되는 현상도 나타났다.

로버트 필 경을 포함하여 수많은 개혁가들이 스코틀랜드의 독립적 공적소추기관 제도를 영국에 도입하여 노력하였으나, 당시 형사법원(Crown Court)에서 피해자 및 경찰로부터 사건을 수임하는 대가로 부를 축적하던 법정변호사(barrister)의 반대에 부딪혀 번번이 무산되었다. 또한 당시 귀족계층에게 중앙정부의 역할과 권한이 커지는 것은 곧 자신들의 자유에 대한 침해를 의미하였으며, 결국 사인소추는 이를 감당할 수 있는 부를 가진 사람을 위해서는 여전히 그 효용이 높았던 것이다.[89]

이처럼 공판중심주의, 당사자주의를 근간으로 한 사인소추를 위주로 형사절차가 진행되다가 19세기에 이르러 법규의 다양화, 인구의 도시집중으로 인한 범죄의 격증으로 그 한계를 맞게 되자, 사인소추는 사실상 그 모습을 감추고 경찰이 사인을 대신하여 소추행위를 맡게 되었다. 그러나 경미한 범죄는 경찰관이 법정활동을 할 수 있으나 사건이 폭주할 뿐더러 법정활동은 그 자체 고도의 전문지식을 요구하는 업무이므로 경찰관이 이 활동을 맡는 것이 부당하지 않느냐라는 문제가 제기되었으며, 이에 따라 각급 경찰서별로 변호사를 공소제기에 대한 결정과 공판의 준비에 대하여 경찰관에게 조언을 할 수 있는 공설변호사(公訴辯護士)를 임용하라고 정부에서 권유하기에 이르렀다고 한다. 이렇게 각 경찰서에 신설된 Prosecuting Solicitor의 기구가 Solicitor's Department in Police(경찰서내 변호사부)이다. 물론 1870년경 경찰 소추제도에 대한 반대의 목소리는 중대 범죄사건에서 국가를 대표하여 형사소추를 담당할 공공소추국(Office of the Director of Public Prosecutions: DPP)을 설립하는 1879년 범죄소추법(Prosecution of Offences Act 1879)의 제정으로 일단락이 되었지만, 그 하부조직은 여전히 존재하지 아니하였다. 이후 많은 위원회가 만들어져 소추방식의 문제점에 대한 지적이 끊이지 않았고, 1970년 사법위원회(Committee of Justice)에서 경찰의 소추가 사법에 관한 일반인의 인식을 위태롭게 할 뿐 아니라 사법의 질적 수준을 저하시키게 될 위험이 있다고 강조하였다. 이처럼 경찰의 강압수사 내지 경찰

---

89) 조용후, "영국 검찰과 경찰의 관계 연구", 국외훈련검사 연구논문집(Ⅱ) 제29집, 법무연수원, 404면.

소추의 문제점이 사회문제로 대두되던 중 1975. 경찰 허위자백 때문에 오심판결에 이른 Maxwell Confait 살인사건90)이 발생하자, 1977. 필립스(Cyril Philips) 경을 의장으로 하는 형사절차에 관한 왕립위원회(Royal Commission)가 구성되었고, 1981. 모든 범죄에 대한 소추를 담당하는 독립된 소추기관의 설립을 권고하면서,91) 1985년 범죄소추법(Prosecution of Offences Act 1985), 검사직무규칙(The Code for Crown Prosecutors) 등 법제를 정비하고 왕립검찰청을 창설하는 등 1986. 10. 1.부터 검찰제도를 도입하게 된 것이다. 다만, 초창기에는 검사들이 치안판사 법원에서의 변론권만 인정되어서 형사법원 사건의 경우에는 법정변호사를 선임하고 사건에 대해 공소유지 업무를 위임하면서 필요한 보완 작업과 지시를 하는(instruction) 업무를 수행하였을 뿐이다.

2. 1985년 이후의 검찰제도

영국 검찰(C.P.S.)은 정부의 독립된 부처로서 책임자는 검찰총장(the Director of Public Prosecutions; D.P.P.)이며, 법무총감(Attorney General)의 감독을 받는데, 검찰총장은 10년 이상의 변호사자격을 갖고 있는 자 중에서 법무총감이 임명하며,92) 검찰총장의 권한 및 의무는 범죄소추법에 규정되어 있다.93) 반면에 검사는 검찰총장이 임명하며, 변호사의 자격이 있어야 한다.

영국 검찰은 검찰총장을 정점으로 13개 권역, 42개의 지방검찰청으로 조직되어 있는데, 지방검찰청은 당초 31개에서 출발하였으나 1999년 법무총감 존 모리스(Jhon

---

90) 위 사건은 1972년 영국런던에서 맥스월 콘페라는 남창(男娼)이 불탄 집에서 질식사한 채로 발견된 후 3명의 청소년들이 경찰에서 범행을 자백하여 살해혐의로 기소되었으나, 재판과정에서 그 사인(死因)이 피의자들의 행위로 인한 것이 아니라 경찰에서의 자백이 허위로 밝혀져 무죄가 선고된 사안이다(Henry Fisher, Report of an Inquiry into the circumstances leading to the trial of three persons on charges arising out of the death of Maxwell Confait and the fire at 27 Dogget Read, London SE6, HMSO, 1977).

91) 필립스 위원회의 주된 권고 내용은 "a) 수사와 소추의 역할의 결합은 하나의 조직에 너무 많은 힘과 책임을 주는 것이라는 우려, b) 대중의 신뢰(공신력)라는 관점에서 보면, 그리고 균형 잡힌 형사사법제도를 보장하기 위해서는 수사와 소추의 기능을 분리시키는 일이 바람직함, c) 전국적으로 볼 때 일관성 없는 소추정책 그리고 너무 많은 사건들이 불충분한 증거를 토대로 소추되었다는 우려, 그리고 d) 검사에 대한 보다 큰 책임과, 개방성, 그리고 공통의 기준을 향한 요구." 등을 들고 있다(Criminal Justice Review Group, Northern Ireland, Review of the Criminal Justice System in Northern Ireland, Belfast: Stationery Office, 2000, pp.69－70).

92) 범죄소추법(1879년)이 제정되어 검찰총장을 둘 수 있는 법적 근거가 마련된 이래, 초기에는 내무부장관이 임명하고 법무총감의 감독을 받았으나, 그 후 법무총감이 검찰총장을 임명, 감독하는 내용으로 범죄소추법이 개정(1985년)되었다.

93) Prosecution of Offences Act. 1985. § 3.

Morris) 취임 이후 보다 효과적인 소추권 행사를 위하여 각급 지방 검찰청을 경찰서 소재지와 일치하게 42개 구역94)으로 나누어 확대·재편되었다.

한편 지방검찰청 이외에 런던과 요크에 있는 검찰청 본부(Head-quarters in London & York)에 중앙송무부(Central Casework)를 두어 특이하거나 사회적으로 민감한 사건들을 처리하고 있다. 이러한 지방검찰청은 검사장(Chief Crown Prosecutor)이 책임자이고 검사장은 검찰총장에 의하여 임명된다. 현재 13개 권역에는 이를 대표하는 검사장(CCP, Chief Crown Prosecutors)에 의하여 처리되는데, 각 지방 경찰청에 대응한 42개 지부는 15명-25명의 검사와 사무국으로 구성되어 있으며, 검사는 7개의 직급으로 되어 있고, 법학사 취득자로서 1년의 연구 및 시험과정과 1년의 실무수습 과정 등 2년간의 연수과정을 이수하여 사무변호사나 법정변호사의 자격을 취득한 중에서 공무원 임용위원회의 면접을 거쳐 임명된다95)고 한다.

이처럼 영국 검찰은 전국규모의 통일적인 조직체이지만 한국의 검찰처럼 검찰총장을 정점으로 한 상명하복관계의 일사분란한 피라미드 형태의 조직체는 아니며, 법원의 심급에 대응하여 단계별 구조로 되어 있지도 않다. 따라서 검찰총장은 지방정부나 정부 각 부처의 기소권 행사, 공소유지에 간여하지 못한다.

한편 검사는 소추행위와 관련하여 검찰총장이 갖고 있는 모든 권한을 행사할 수 있으나, 검찰총장의 지시에 따라야 하고 검사가 행한 소추행위는 검찰총장이 행한 것으로 간주되는데, 검찰총장은 검사의 소추행위와 관련하여 검사직무규칙을 정하여 시행하고 있다.96)

그러나, 영국에서 사인소추의 전통과 검찰보다 경찰이 먼저 창설되어 검찰의 역할을 대신하였다는 전통들이 결합하여 대륙법계 국가들의 검찰제도의 장점들이 충분히 나타나지 못하였다. 예컨대 1985년 범죄소추법에 의하면 영국 검찰은 프랑스나 스코틀랜드의 검찰과 비교하여 한계가 뚜렷하였다고 한다.

첫째, 영국 검찰은 충분한 증거가 갖춰지지 못한 사건에서 경찰로 하여금 보완 조사를 하도록 지휘할 수 없었다. 이는 영국 검찰의 기소권이 공익적 기능을 온전히 발휘할 수 없었다는 것을 의미한다고 평가할 수 있다.

둘째, 영국 검찰은 맨 처음으로 공판회부(charging)를 결정할 권한이 없었으며, 단지 공소취소결정권만을 보유하고 있었다.

셋째, 영국 검찰은 피의자나 참고인을 직접 조사할 권한이 없으므로 경찰에서 제공

---

94) 경찰은 43개의 경찰청으로 구성되는데, 런던에 런던시 경찰청과 수도경시청이 있고, CPS London 은 런던시 경찰청과 수도경시청을 모두 관할토록 하였다.

95) 한상진, 앞의 논문, 12면.

96) Prosecution of Offences Act. 1985. § 10.

하는 정보에 의존할 수밖에 없었다.

3. 공소유지권

경찰이 어떤 사건을 기소하기로 결정하여 그 사건을 검찰에 송치한 이상, 검찰은 경찰의 의견에 기속되지 않고 공소의 유지 또는 철회에 있어서는 완전히 독자적 권한을 행사한다. 즉 재판절차가 진행되면 검찰은 모든 소추절차를 인수하고 검사직무규칙의 소추적격심사기준에 적합한지를 심사하여 계속 소추를 진행할 것인지 아니면 취소할 것인지 혹은 소추내용을 변경할 것인지를 결정한다. 소추적격이 없다고 판단되면 소추취소결정을 하는 바 매년 소추를 취소하는 사건의 비율이 12 - 13%에 이르고 있는 등 실질적 심사가 이루어지고 있다[97]고 한다.[98] 다만 종래 검사들이 공소유지를 담당하는 치안법원 사건과 달리 형사법원의 정식재판에 회부된 사건에 대해서는 '법정변호사'(Barrister) 만이 기소측을 대리하여 공소를 유지할 수 있으며, 검사는 형사법정에 출두할 수 없었다. 따라서 사인소추제도를 취하고 있는 영국에서 피해자인 사인은 경찰에 고소하거나 직접 치안판사에게 고소장을 제출하고 법정에 나가 검사의 역할을 수행하지만, 형사법원에 회부될 사건에 대해서는 법정변호사(Barrister)를 선임해야만 한다.[99] 이 경우 소송비용은 국가가 부담하며 대개 범죄발생지의 자치단체의 예산으로 충당되지만, 사건이 중대하고 복잡한 경우에는 사인소추자는 소송비용을 스스로 부담하여야만 유능한 법정변호

---

97) 2001. 4.부터 2002. 3.까지 치안법원 계속사건 1,303,364건 중 13.1%인 171,381건에 대한 소추가 취소되었다고 한다(CPS, Annual Report 2001 - 2002, 32면).

98) 수사지휘론, 63면.

99) 영국의 변호사는 사무변호사(solicitor)와 법정변호사(barrister)로 나뉘어 있으며, 따라서 변호사협회도 사무변호사들로 구성된 The Law Society와 법정변호사들로 구성된 The General Council of Bar의 두 개가 존재한다. 법정변호사(barrister)의 경우 경찰에 고용되는 것이 아니고 사건별로 수임하는 형태로 업무를 처리해왔으며, 그 경우에도 단순한 사건의뢰인인 경찰의 대변인이 되어 수단방법을 가리지 않고 의뢰인의 이익을 추구하는 것이 아니라 사법제도와 공익의 수호자로서 의뢰인인 경찰의 주장내용을 검토하여 법적으로 정당한지 여부를 확인하고 법정에서 변론을 하는 것이 전통이라고 한다(안경환, 「영국법과 미국법의 비교연구(III)」, 법학 제32권 3·4호(1991), 130면). 다만 현재는 '1990년 법원및법률서비스에관한법률(the Court and Legal Service Act 1990)' 제정 이후, 사무변호사(solicitor)도 하급법원에서 변론이 가능한 것은 물론 상급법원에서도 추가적인 자격만 획득하면 변론이 가능하게 되었으므로 이제는 법정변호사, 사무변호사라는 명칭은 적합한 것이라고 보기 어려우며, 더구나 barrister의 공익성 등을 이유로 반드시 solicitor를 통하여 사건내용을 설명받고 수임하던 과거와 달리, barrister들도 특허 등 일정한 분야에서는 직접 일반 의뢰인과 접촉하여 수임계약을 체결하는 것이 허용된 상태이므로 barrister와 solicitor 양자간의 벽도 점차 허물어져 가는 추세로 보인다(The Times(2004. 1. 20), student law section 제11면 참조)고 한다(김한수, 앞의 논문, 563면).

사를 확보할 수 있다[100]고 한다.

현재 영국에서의 검사는 점차 소추기관으로서의 역할을 확대해 가면서 전통적인 영국 경찰이 모두 담당하던 것을 분담하여 법률전문가로서 역할을 담당해 나가고 있다. 따라서 영국 검찰은 ① 영국 경찰이 공판회부한 모든 형사재판 사건에 대해 공소유지를 담당하면서, ② 사건을 지속적으로 검토하여 증거 기준이나 공익적 기준에 부합하지 못하는 경우라고 판단하면 공소 취소를 할 수 있는 재량이 있다. ③ 영국 검찰은 사인소추에 의해 진행되는 사건에 대해서도 검사로 하여금 소송을 인수하게 할 수 있다. 그러면서도 영국의 검찰은 사인소추 제도가 소추기관의 불기소 처분에 대해서 이에 불복하는 직접적인 권리구제 방식이라는 제도적 의미도 고려한다.

물론 영국은 형사소추를 제기할 수 있는 주체가 다양하게 분산되어 있다고 볼 수 있다. 영국 검찰은 환경 단체, 동물애호단체 등이 자체 보유 법률가를 통해 제기하는 사인소추 등에 대해서는 소송을 인수하지 않는 것이 보통이기 때문이다. 또한 일반 개인이 비용을 부담하여야 하는 사인소추에 대해서도 법률구조를 받기 어렵다. 따라서 사인 소추를 진행하는 사인은 치안판사 법원에게 제소할 때에는 사무변호사(solicitor) 비용을 부담해야 하고, 형사법원에게 제소하는 경우는 법정변호사(barrister) 선임 비용을 부담해야 한다. 경찰 이외에도 운전자 및 자동차등록청(DVLA, Driver and Vehicle Licensing Agency) 등 각종 행정기관에서도 납세 불이행 등을 이유로 형사소추를 제기하고 있다.

2003년 형사사법법(Criminal Justice Act 2003)에서는 살인, 강간, 유괴 등 중범죄에 대해서 무죄가 선고된 경우 새로운 증거가 발견되면 검사가 항소할 수 있도록 하고 있다. 영국에서는 지방경찰청장이나 차장 이상의 재수사 신청에 대해 검찰총장이 서면으로 동의하는 방식으로 이루어지게 된다. 검찰은 무죄가 선고된 사건에서 나타나지 않았던 새롭고 강력한 증거가 나타난 경우에 항소법원(Court of Appeal)에 무죄판결을 파기할 것과 다시 재판을 받도록 명령할 것을 신청할 수 있다. 일반적인 사건의 경우 영국의 검찰은 양형부당을 이유로 항소하지 못하는 것이 원칙이다. 그렇지만 영국 법무장관은 형사법원의 판결이 과도할 정도의 형량불비례를 이유로(unduly lenient sectence) 항소법원에 재선고허가를 청구할 수 있다.[101]

---

100) 김종구, 앞의 책, 183면.
101) 김한수, 앞의 논문, 147면.

4. 법무총감(General Attorney)과 검찰총장(DPP)과의 관계

의원내각제 국가인 영국의 경우는 과거 대법원이나 법무부가 없었다. 최고법원의 역할은 상원(House of Lords) 상고심위원회(Appellate Committee) 소속 상임상고법관 (Lords of Appeal in Ordinary)이 담당해 왔으며, 법무부의 역할은 대부분 내무부(Home Office)가 담당하였다. 2005년 헌정개혁법(Constitutional Reform Act)에 따라, 2009년 10월 대법원(Supreme Court)이 설립되면서, 각각 선임 상임상고법관(Senior Lord of Appeal in Ordinary)이 대법원장(president)의 직을 맡게 되고, 사법부의 수장은 항소법원형사부 수석법관(Lord Chief Justice)이 맡게 되었다. 2005년 헌정개혁 이전에는 대법원장(Lord Chancellor)이 상원의장인 동시에 사법부의 수장으로서, 내각에서는 사법행정을 관할하는 헌정부(Department for Constitutional Affairs)의 장관을 담당했다. 2005년 헌법개혁법으로 종래 상원의장(Lord Chancellor)은 최고법원장이나 대법관의 역할을 수행하지 않게 되었으며, 신설된 법무부(Ministry of Justice) 장관(Secretary of Justice)으로서 법무행정을 총괄하며, 사법정책, 법원인사정책, 입법정책의 최고책임자가 된다. 즉, 법무부장관(Lord Chancellor)은 내각으로서 법원, 교도소, 보호관찰소, 갱생센터 등의 업무를 총괄하는 사법·법무행정 영역을 담당한다. 그러나 소추기관에 대한 지휘, 감독권은 없다.[102]

법무총감(Attorney General)[103]은 법무행정을 총괄하는 장관급 정무직(minister)으로서 법무차장(Solicitor General), 공소국장(Director of Public Prosecutor), 특별수사청장(Director of Serious Fraud Office), 북아일랜드 공소국장(Director of Public Prosecutions in Northern Ireland)을 임명한다. 법무총감은 의회에 대해 검찰청(Crown Prosecution Serivce)의 업무에 대한 책임을 진다. 검찰의 기소권한의 감독권 행사에 있어서 법무총감은 행정부로부터 독립된 지위를 보장받는다.

그런데 'BAE Systems' 사건[104]으로 법무총감(General Attorney)과 형사소추기관 간의 권한과 책임을 명확히 할 필요가 있다는 주장이 제기되었고, 이는 2009년 7월 1일 '영국 법무총감과 형사소추기관 간의 규약(Protocol between the Attorney and Prosecution

---

102) 우리나라와 비교한다면, 우리 법무부의 법무행정 일부와 법원행정처의 사법행정 일부를 합친 것이 영국의 법무부(Ministry of Justice)에 해당하고, 우리 법무부의 검찰청 지휘, 감독 영역은 영국의 법무총감(Attorney General)이 담당하고 있다.

103) '법무장관'으로 번역하는 책도 있으나, 앞의 법무부장관(Lord Chancellor)의 개념과 혼동되므로 본서에서는 '법무총감'으로 통일하기로 한다.

104) BAE Systems는 영국의 최대 군수물품, 무기 제조회사로, 2006년 칠레, 체코, 사우디아라비아 등 외국에 무기를 판매하며 뇌물을 제공한 혐의로 중대사기범죄수사청(SFO, Serious Organised Office)의 수사를 받았으나, 당시 법무총감 Lord Goldsmith는 국가안보를 이유로 수사중단을 명하였고, 이로 인해 여론의 거센 비판을 받은 사건이다.

Department)' 제정으로 이어졌다. 위 규약에 따라 법무총감은 검사의 독립을 보호하여야 할 책임이 있고, 형사소추 여부(특별수사청의 경우는 수사 및 기소여부)는 준사법작용인 것을 고려하여 영국 검찰업무지침에 따라 전적으로 검사에 의하여 공정하게 이루어져야 하며, 법무총감은 국가안전보장에 관계된 사안이 아닌 한 개별 사안에 대하여 지휘를 하지 않는다는 원칙을 천명하였다. 즉, 공판회부에 법무총감의 동의가 필요한 사건은 법률로 명확하게 규정하도록 하였으며, 그 동의권한을 대부분 공소국장(DPP) 등 형사소추 기관에게 이양하였다. 국가안보와 관련된 사안에 대해서는 여전히 개별적 지휘가 가능하나 이 경우 형사소추 기관장의 의견을 사전에 청취하여야 하고, 국회의원, 정당 등이 관련된 정치적으로 민감한 사안에 대해서는 의견을 제시할 수 없다. 다만, 형사사법 정책과 밀접한 관련이 있는 사건, 양형 재심사 요청 등 법무총감의 고유권한과 관련된 경우, 형사소추 기관장이 협의를 요청하는 경우, 사건의 법률적 쟁점이 복잡한 경우는 개별 사건에 대한 보고를 받거나 의견을 제시할 수 있다.

Ⅴ. 검사와 수사기관(경찰 등)의 관계

1. 의 의

전술한 것처럼, 영국에서는 경찰이 오랫동안 사인소추를 대체해 나가는 형사기관으로서 먼저 도입되어 형사사법을 담당해 온 역사적 배경을 가지고 있다. 이러한 이유로 검찰이 도입된 이후에도 수사상 조언을 받을지 여부 조차 여전히 경찰의 전권이었다. 따라서 형사사법의 오류가 종종 발생되기도 하였다. 예를 들면 경찰의 잘못된 죄명 적용이나 과도한 혐의 적용으로 인해 조기에 피의자의 유죄인정진술을 얻지 못하고 오히려 불필요한 피의자의 반발을 초래하기도 하고, 법률을 잘못 적용하거나 증거가 부족한 상태에서 공판회부결정을 내려 사건 초기에 확보해 두어야 할 인적, 물적 증거 수집을 소홀히 하게 되는 문제점들이 지적되었다고 한다.[105]

특히, 1980년대 이후 영국에서 길포드 4인조(Gilford four), 버밍햄 6인조(Birmingham Six) 등 형사사법에 대한 국민의 신뢰를 무너뜨리는 유명한 무죄사건이 빈발하자, 1991년 3월 영국 내무부장관은 형사사법에 관한 왕립위원회를 설립하여 형사사법에서 무고한 자에 대한 무죄 선고를 확보할 수 있는 효율적인 형사사법체계를 연구하도록 하였다. 이에 1993년 7월 왕립위원회의 보고서가 영국의회에 제출되었는데, 동 보고서는 검찰과 경찰의 관계에 대해서 대륙법계와 달리 검사가 수사권을 갖지 않는 영국에서도 검찰이 공판절차개시할 권한을 가지도록 하는 것은 수사담당기관과 공판담당기관을 명확하게 구분시켜 준다는 장점이 있다고 지적하였다. 다만, 영국의 위 보고서는 당시 각 경찰서

---

105) 김한수, 앞의 논문, 143−144면.

에서 이 같은 권한을 즉시 행사하도록 할 배치할만한 검사의 인원이 부족한 상태인 등 제반 여건이 마련되지 않은 상태라는 이유로 일단 기존 제도대로 경찰이 공판회부결정권을 행사하게 하자는 잠정적 결론을 내렸다.

1997년 Narey 보고서에서는 영국 형사사법제도의 구조를 개혁하기 위해서는 영국 검찰과 경찰의 협력의 필요성을 강조하였는바, 위 보고서의 권고에 따라 '경찰서 내 검사 상주 제도'(LAPS, Lawyers At Police Station)를 도입할 수 있게 되었다.

1998년 Glidewell 보고서는 영국 검찰 관할 구역을 경찰과 대응하여 종래 13개에서 43개 지부로 재편성하고, 각 경찰서에 검사가 파견되어 기관간 연락, 업무 중복 방지를 목적으로 하는 형사사법팀(CJU, Criminal Justice Unit)을 설치하자는 제안이 제시되었다.

그러나 형사소송절차가 공판중심주의로 운영되어 인적 증거 위주로 공판정에서의 증거의 현출이 중요한 의미를 가질 뿐만 아니라 수사기관이 작성한 조서도 증거능력이 없으므로 검찰이 수사기관인가 여부는 중요한 문제가 아니다. 다만 소추기관(공소제기기관)과 수사기관을 엄격히 분리할 경우, 법률전문가가 아닌 경찰이 법률적으로 복잡다기한 모든 형사사건에 대해 수사권을 독점적으로 행사하게 되고, 그 결과 검찰의 소추 및 공소유지 과정에서 뒤늦게 수사과정의 법률상 문제점이 노출되어 소송절차가 중도하차되거나 무죄사건이 여전히 감소하지 않는 등의 문제점을 해결할 수 없게 된다. 즉 경찰의 수사권 독점시 수사과정에서의 법률적 판단 실수로 인해 무고한 사람에 대한 구속수사, 진범에 대한 무죄의 양산으로 이어지게 될 우려가 여전히 예상되는 것이다. 법률적으로 소추적격이 없는 사건이라면 보다 빨리 수사절차를 종료시키되, 수사 대상자가 진범이 확실하다면 소송과정에서 문제될 수 있는 법률적 쟁점을 사전에 검토하여 정확한 수사가 이루어지도록 하는 것이 인권보호라는 견지에서나 범죄로부터 사회방위라는 측면에 있어서나 형사소송절차를 이상적으로 실현하는 길이라는 논리가 정립되게 된 것이다.

이러한 논리에 따라 영국에서는 법률전문가인 검사가 수사단계에서부터 경찰의 수사에 대해 법률적 조언을 하고, 미비점을 보완할 수 있도록 하는 다양한 제도를 두게 된 것이며,[106] 이에 따라 형사소추법도 검찰의 기능으로 절차를 시작하고 경찰이 행한 행위결과를 넘겨받고 경찰에 조언(giving advice to police forces)하는 것을 규정하게 된 것인데, 근자에는 소추의 진행여부에 따라 이러한 재량을 통하여 검찰이 경찰에 대한 감독기능을 발전시키고 공판전의 수사와 신문에 있어 좀 더 적극적인 기능을 수행할 수도 있을 것이고, 따라서 검찰이 영국 형사사법에 있어 수사와 공판 사이의 비어있는 부분을 채워줄 수 있을 것으로 전망하면서 그 필요성을 주장하는 견해까지 등장하였다.[107]

---

106) 이준명, 「영국 검찰제도상 수사의 공정성 및 정확성 확보를 위한 장치」, 해외연수검사연구논문집(Ⅱ) 제16집, 법무연수원, 32면.

2001년 경찰의 공판회부(charge) 결정 권한이 검찰로 이전되는 영국 형사사법체계의 큰 변화를 초래한 보고서가 발표되었는데, 대법관 Auld경이 주책임자로 관여한 Auld보고서(Review of the Criminal Courts of England and Wales)가 그것이다. Auld 보고서는 "형사법원에서의 절차의 간소화, 효율성 증대, 형사사법체계 전반에 걸친 형사법원과 다른 기관간의 관계 강화, 피해자와 증인을 비롯한 모든 이해당사자의 이익 고려 등의 방법을 통해, 공정한 정의 실현을 목표로 형사법원의 실무, 절차, 증거법칙 등을 검토하여 법치주의에 대한 대중의 신뢰를 증진"할 목적으로 발간되었다.

위 보고서 제10장은 형사사건에 대한 충분한 검토를 통해 효율적으로 사건을 처리하기 위해서는 쟁점을 신속히 파악하는 것이 중요한데, 이를 위하여 강력한 독립 검찰, 유능하고 적절한 보수가 지급된 변호사, 구금된 피의자의 신속한 변호인 접견, 현대적인 의사소통 시스템 등 4가지 요소가 필수적이라고 주장하였다. 특히 "강력하고 독립된 검찰"(A strong and independent prosecutor) 편에서 Auld는 검찰은 공판회부(charge) 단계 또는 그 이전 단계에서 사건에 대한 장악력을 가져야 하는데, 이를 위해서는 검찰이 특히 공판회부(charge) 단계 또는 그 이전 단계부터 완전하고 효율적으로 사건을 장악할 수 있도록 충분한 지원을 받아야 한다고 권고하였다. 특히 소송당사자의 재판 준비와 법원의 효율적인 재판 진행을 위해 사건 초기의 올바른 판단(charge)이 중요한데, 경찰의 공판회부(charge) 결정은 개별 경찰청장의 감독 하에 이루어지고 검찰과 경찰의 소추 기준이 동일하지 않다는 점을 지적하면서, 검찰은 경미하고 일상적인 범죄 또는 특별한 경우를 제외한 모든 범죄에 대한 공판회부(charge) 결정 권한을 보유해야 한다고 권고하였다. 이에 영국 정부는 2002년 2월부터 5개 검찰청 관내를 시범지역으로 선정하여 검찰이 공판회부(charge) 결정 권한을 행사토록 하였고, 그 결과 유죄율 증가, 공판회부(charge) 이후의 공소취소율 감소, 신속한 공판회부(charge) 여부 결정으로 인한 각종 비용 감소 등 고무적인 성과를 거두게 되었다.

Auld 보고서 이후 영국 정부는 "Justice for All"이라는 백서를 발표하였는데, 위 보고서를 통해 영국 정부는 피의자의 권리 보호나 적법절차 준수의 맹목적 강조보다는 효율적 공판회부 결정을 통해 범죄의 효과적 통제에 형사사법 절차 개혁의 지향점이 있음을 분명히 하였다. 위 보고서는 다음과 같이 분석하였다.

> 「우리는 형사사법체계가 범죄 수사, 기소절차, 유죄 및 양형 절차에 있어 보다 효율적으로 변화될 것이라는 확실하고도 가능한 신호를 보낼 필요가 있다. 더 나은 수사를 위하여 근본적인 경찰 개혁에 착수하여야 한다. 더 많은 범죄자를 법정에 세우기 위해 부족한 준비와 부적절한 공판회부 결정으로 실패하지 않도록 경찰과 검찰 사이에 보다 밀접한 협력이 있어야 한다.」[108]

---

107) Uglow S., Ibid, pp.102 – 103.

이처럼 경찰의 권한에 대한 사법적 감독의 필요성의 인식에 따라 2002. 11. 21. 영국 하원에서 채택된 'Criminal Justice Bill 2002'에서는 경찰의 charge결정에 대한 검찰의 통제를 도입할 것을 정하였고, 이에 따라 제정된 '2003 형사사법법(Criminal Justice Act 2003)'의 Part 4. 제28조 및 이에 대한 Schedule 2에 의해 1984년의 PACE상 경찰의 입건결정권이 수정되어 검찰의 통제를 받게 되었다.[108) 즉, 종래에는 수사를 하여 소추를 진행할 것인지, 즉 입건을 할 것인가는 전적으로 경찰의 판단에 의하며 이 영역에 대하여 검찰이 관여하지 않았으나, '2003년 형사사법법'에 의하여 검찰은 소추지침(The Director's Guidance on Charging)을 정하고, 경찰이 소추 결정시 검찰청(the Crown Prosecution Service, 이하 CPS)의 소추지침을 준수하고, 경찰이 소추 결정시 검찰총장(Director of Public Prosecution, DPP)의 사전 승인을 얻도록 규정한 것이다.[110) 즉, 경미범죄[111)를 제외한 그 외 범죄의 경우 그동안 공판회부 결정 권한을 행사하여 왔던 유치담당 경찰관(Custody Officer)은 공판회부함이 상당하다고 판단되더라도 검찰에 통보하여야 하며, 경찰의 통보를 받은 검찰이 기소 여부를 서면으로 회신하면, 이에 따라 경찰이 공판회부(charge)를 하게 된다. 물론 공판회부 결정과 관련하여, 검찰은 경찰에게 보강수사를 요구할 수도 있다. 그러나 검찰총장(DPP) 등의 동의를 요하는 사건, 사망사건, 테러활동이나 공공기밀이 관련된 사건, 증오범죄나 가정폭력으로 분류된 사건, 폭력을 수

---

108) the Secretary of State for Home Department, "Justice for All", p.26.

109) Criminal Justice Act 2003, Schedule 2(Charging or release of persons in police dentention)에서 Police and Criminal Evidence Act 1984(PACE) 37(7)을 수정하고, 37A, 37B를 신설
   · 37 Duties of custody officers before charge (7) Subject to section 41(7) below, if the custody officer determines that he has before him sufficient evidence to charge the person arrested with the offence for which he was arrested, the person arrested—(a) shall be (i) released without charge and on bail, or (ii) kept in police detention, for the purpose of enabling the Director of Public Prosecutions to make a decision under section 37B below, (b) shall be released without charge and on bail but not for that purpose, (c) shall be released without charge and without bail, or (d) shall be charged.

110) John Sprack, *CRIMINAL PROCEDURE*, 12th. Ed., p.40.

111) 경찰 단독으로 Charge가 가능한 범죄(경미범죄)에 대해서는 검찰총장의 소추지침(The Director's Guidance on Charging)에서 별도로 규정하고 있다. 즉, 경찰은 ① 유죄 인정 여부의 답변과 무관하게 약식기소 범죄(형사 피해가 5,000파운드 미만인 경우)에 대하여, ② 유죄 인정 여부의 답변과 무관하게 치안판사법원(최대 선고 형량은 12개월의 구금형 또는 5,000파운드의 벌금형; CJA 2003 §154)에서 선고되는 것이 적절한 소액절도 범죄에 대하여, ③ 유죄 인정 답변이 예상되고 치안판사법원에서 선고되는 것이 적절한 선택기소 범죄(triable either way offences)에 대하여 법원에 바로 공판회부(charge)를 할 수 있다.

반한 질서파괴범죄나 공공장소에서의 폭행, 심각한 상해를 야기한 사건, 18세 미만자가 범하거나 18세 미만자를 대상으로 한 성범죄, 라이센스법(Licensing Act 2003) 위반사건 등은 경찰이 독자적으로 공판회부를 할 수 없고, 검찰의 공소결정을 따라야 한다. 물론 개정된 법률에 따르더라도 법문상 여전히 경찰은 자체적으로 범죄혐의가 인정되지 않는다고 판단하는 사안에 대해서는 검찰의 조언을 구하지 않고 불기소 결정을 내리는 것이 가능하다. 이러한 과정에서 경찰은 검찰에게 조언을 구하거나 통제를 받을 아무런 의무가 없다.

기소유예 권한도 사실상 검찰로 이관되었다. 조건부 기소유예 제도가 도입되면서, 경찰이 정식기소 범죄에 대하여 단순 기소유예를 하려거나, 범죄 종류에 관계없이 조건부 기소유예를 하기 위해서는 검찰의 승인을 받아야 한다.

결국 위에서 살펴본 것처럼 경찰의 독점적 수사권 행사로 인한 각종 폐해를 방지하기 위하여 형사소추 개시권한[112] 및 기소유예 권한의 검찰에의 이전, 경찰관서 주재 검사의 경찰에 대한 법률조언제도 내지 검사의 소추적격심사제도 등 각종 수사권 통제제도를 마련하여 '수사권은 경찰에게, 기소권은 검찰에게'라는 그동안의 명제는 더 이상 영국의 형사법체계에 적용할 수 없는 단계에 이르렀으며, 학계 및 실무관행도 검찰이 수사과정에 적정하게 관여하는 것을 허용하고 있는 것으로 보인다. 영국의 검사직무규칙 제4조의3 '검찰은 경찰과 긴밀하게 협조하여 함께 일하지만, 기소할 것인지, 사건수사를 계속할 것인지 여부에 대한 최종적인 책임은 검찰에게 있다'[113])는 규정이 최근 영국에서의 변화된 검찰과 경찰의 관계를 잘 표현하고 있다고 할 것이다.

물론 이번 법률개정 이후에도 단순교통사범을 중심으로 한 간단하고(straightforward) 중하지 않은(minor) 범죄에 대해서는 계속해서 경찰이 공판회부결정을 행사하는 것은 물론 자체적으로 범죄혐의가 인정되지 않는다고 판단하는 사안에 대해서는 검찰의 조언을 구하지 않고 불기소 결정을 내리는 것이 가능하므로, 경찰의 **'독자적인 수사개시 · 진행권'** 및 **'독자적인 수사종결권'**이 인정된다고 볼 수 있지만, 일단 경찰이 charge결정을 내리면, 검찰의 통제를 받게 되는 것이다.

---

112) Criminal Justice Act 2003. 제29조(새로운 절차개시 수단)

　　(1) 검사는 피소추자를 범죄로 소추하는 서류(서면고발장, written charge)를 발부함으로써 형사절차를 개시할 수 있다.

　　(2) 검사는 서면소추장을 발부할 경우, 그와 동시에 피소추자에게 소추된 범죄사실에 답변하기 위해서 치안판사 앞에 출석하도록 하는 서류(소환장, requisition)를 발부하여야 한다.

113) The Crown Prosecution Service and the police work closely together, but the final responsibility for the decision whether or not a charge or a case should go ahead rests with the Crown Prosecution Service(The Code For Crown Prosecutors 4.3).

2. 구체적 내용

(1) 정보보고의무

경찰은 소추하기 위하여 법무총감과의 동의를 필요로 하는 범죄, 검찰총장의 조언이나 조력이 필요하다고 경찰의 최고책임자가 판단하는 범죄, 사형에 처할 범죄, 모든 살인죄(교통사고로 인한 경우는 제외), 반역 등 국가보안사범 등에 관하여는 수사결과를 보고하여야 한다.[114]

(2) 검찰총장에의 회부

경찰관에 대한 불복사건 중 경찰서장이 형사소추가 필요하다고 인정하는 사안이나 경찰불복위원회(Police Complaint Authority)의 조사결과 형사소추가 필요한 사안은 검찰총장에게 회부하여 검찰총장이 소추하여 처리한다.

(3) 경찰소추에의 법무총감 동의권

공무원 뇌물에 관한 법률(Public Bodies Corrupt Practice Act, 1889)과 부패방지법(Prevention of Corruption Act, 1906) 등에 규정된 수뢰, 공무비밀법(Official Secret Act, 1911)상의 범죄, 공공질서법(Public Order Act, 1936)상의 범죄, 테러행위방지법(Prevention of Terrorism Act, 1984)상의 범죄, 폭발물에 관한 법률(Explosive Substances Act, 1883)상의 범죄에 대하여는 법무총감의 동의를 받지 않으면 경찰은 기소할 수 없다. 또한 법정모욕 등 일부 범죄에 대하여는 법무총감이 직접 기소할 수 있고, 위법행위를 한 공동단체에 대하여 금지명령을 할 수 있으며, 기소된 범죄에 대하여는 법원의 판결전까지는 언제든지 공소를 취소할 수 있다.

(4) 경찰관련범죄

경찰관이 범한 형사사건은 전부 검찰에 보고해야 하므로 문제가 된 경찰관이 소속

---

114) 1985년 범죄소추법(Prosecution of Offense Act 1985) 제8조.

    8. Reprots to Director by chief officers of police

    (1) The Attorney General may make regulations requiring the chief officer of any police force to which the regulations are expressed to apply to give to the Director information with respect to every offence of a kind prescribed by the regulations which is alleged to have been committed in his area and in respect of which it appears to him that there is a prima facie case for proceedings.

    (2) The regulations may also require every such chief officer to give to the Director such information as the Director may require with respect to such cases or classes of case as he may from time to time specify.

한 경찰관서의 장은 명백히 혐의가 없다고 인정한 사건을 제외한 모든 사건을 검찰에 송치해야 한다. 그러나 실제로는 교통사고가 경찰관범죄의 대종을 이루고 그 나머지라도 폭행죄정도라서 폭행의 경우 피해자의 일방적 주장에 그치는 사안이 많아 검찰에서 기소하지 않는 때가 적지 않다[115]고 한다.

(5) 규칙제정권

법무총감은 경찰서장에게 형사소추 개시가 명백한 당해 경찰 관할지역내의 중요범죄에 대하여 정보보고를 하도록 규정하는 규칙을 제정할 수 있고, 이를 검찰총장에게 보고하도록 요구할 수 있다.

(6) 경찰서주재 검사의 경찰에 대한 법률적 조언제도

경찰서주재 검사의 경찰에 대한 법률적 조언제도(LAPS: Lawers At Police Stations Scheme)란 법률지식이 부족한 경찰관에게 수사과정에서 법률전문가인 검사가 법률적 조언을 해 주는 제도로서, 이 제도는 위 범죄소추법 도입이전에 경찰관의 수사와 관련한 법률지식을 보완하기 위해 경찰서내에 두었던 변호사부(Solicitor's Department)에 그 기원을 두고 있다. 즉 형사소추 및 유지 경험이 부족한 일반 변호사 대신 경험이 풍부한 검사들을 관할 경찰서에 주재시키면서 경찰관의 수사에 관하여 법률적 조언을 해주는 것이다.

1985년 제정된 범죄소추법은 검사가 범죄수사와 관련된 모든 사항에 대해 수사경찰관에게 조언해 줄 것을 검찰의 의무로 부과하고 있고,[116] 검사직무규칙에서는 경찰이 자문을 구하는 모든 사건에 대해 검사가 법률적 조언을 함에 있어 적용해야 할 일정한 기준을 마련해 놓고 있다. 원래 영국 형사소송절차는 전통적으로 소추기관과 수사기관은 명백히 구분되어야 하는 것을 이상으로 여겨왔기 때문에 소추기관인 검사가 수사기관인 경찰관서에 주재하면서 수사에 관여하는 것은 상상할 수 없는 제도였다. 그러나 검사는 경찰의 결정과 경찰에서 수집한 증거, 경찰이 제출한 자료를 기초로 하여 소추여부를 결정하여야 하는 바, 소송절차의 공정성, 신속성 등을 목적으로 설립된 영국 검찰제도를 보다 충실히 달성하기 위하여 검찰이 경찰과의 긴밀한 협조관계에 있어야 하고, 이를 위하여는 수사초기단계에서부터 검사가 경찰의 수사권 행사에 대해 법률적 검토를 하여야 하고 그렇게 하기 위해서는 검사가 경찰관서에 주재하면서 수시로 수사상 조언을 할 필요가 있다는 견해가 등장하였다. 즉 소추절차 자체도 일종의 형벌이라는 관념에서 출발하여 무고한 사람은 판결선고를 받지 아니할 권리가 있을 뿐 아니라 기소되지 아니할

---

115) 선우영, 「영국의 검찰제도」, 검찰(1990), 187면.

116) 위 법에서는 "CPS has duty to give advice to police forces on all matters relating to criminal offences"라는 취지로 규정하고 있다.

권리도 있다는 이론에 따라 증거가 불충분한 사건(weak case)에 대하여는 당사자의 인권을 보호하기 위하여 조기에 사건을 종결하여야 하며 그렇게 하기 위해서는 법률가인 검사가 경찰의 수사과정에 개입할 수밖에 없다는 논리가 성립된 것이라고 한다.[117] 이 경우 경찰은 모든 범죄의 수사과정에서 발생하는 법률적 의문에 대해서는 검찰에 기록을 송치하기 전에 경찰서에 주재하는 검사에게 자문을 구할 수 있고, 검사는 이에 적정한 조언을 할 수 있으며, 자문 요청시 구두로 하든 수사파일 일부를 제출하면서 문서로 하든 상관없다. 다만 수사초기 단계에서 검사의 조언이 있었다 할지라도 경찰관은 수사상 검사의 조언에 구속될 의무는 없다. 그러나 경찰이 검사의 조언을 받아들이지 않은 상태에서 소추하였을 경우 검사는 위 소추사건을 인수하여 검토한 다음 소송계속이 부적절할 경우 경찰로 하여금 보완수사를 하도록 명하거나 소송절차를 중단시킬 수 있어 사실상 구속력이 인정된다.

(7) 검찰의 소추적격심사제도(prosecutorial Review)

경찰이 수사를 종결한 다음 수사기록을 검찰에 송치하게 되면 검찰은 경찰의 수사기록을 검토하여 소추 가능성 여부를 결정하고 소추하기에 부적당한 경우 검찰은 경찰에 이러한 사실을 통보하여 보완수사를 요청하도록 되어 있는데, 그 구체적인 기준은 검사직무규칙에 규정되어 있다. 이는 법률지식이 부족한 경찰이 수사 종결후 소추까지 담당하게 됨으로 인해 여러 가지 폐해가 생기게 되자, 범죄소추법을 제정하여 소추 결정권을 경찰로부터 독립시켜 검사에게 부여하였고, 검찰은 소추여부를 결정함에 있어 전적으로 경찰의 수사기록만을 기준으로 공소를 제기·유지하게 됨에 따라 수사과정에서 경찰이 저지른 법률적 착오를 제어할 필요가 제기되었기 때문이다. 이는 앞에서 언급한 것처럼 소추도 일종의 형벌이 될 수 있다는 점에서 결백한 사람은 판결선고를 받지 아니할 권리뿐만 아니라 소추받지 아니할 권리를 가지고 있다는 이론이 정립되게 됨에 따라 법률전문가인 검사가 경찰 수사기록을 검토하여 재판에 회부하는 것이 합당하지 아니할 경우 소추전에 사건을 종결시키는 것이 당사자의 인권을 보호하는 길이라는 관념에 따라 도입된 제도라고 한다.

그런데 이는 송치전 검사의 수사과정에서의 조언제도와는 달리 검사가 소추여부를 검토후 경찰에 보완지시를 하고, 그래도 소추하기 부적당할 경우에는 최종적으로 검사가 소추절차를 개시하지 않을 수 있는 권한을 가지고 있기 때문에 보다 강력하게 경찰의 수사를 통제할 수 있는 제도이지만, 경찰의 수사가 종결된 후 소추여부를 결정하는 것이기 때문에 송치전 조언제도에 비해 하자의 치유가 어렵고, 보다 신속하게 피의자의 인권을 보호하지 못한다는 단점을 가지고 있다고 할 것이다.

---

117) Ashworth, The Criminal Process, Chapter 6. 참조.

구체적으로 내용을 살펴보면, 검사가 소추여부를 결정하기까지는 두 가지 심사단계를 거치는데, 첫 번째 단계가 경찰의 수사내용이 소송유지에 필요한 "충분한 증거"(sufficient evidence)가 구비되어 있는지 여부를 검토하는 증거적격심사(The Evidential Test)이고, 두 번째 단계가 소추하는 것이 "공공의 이익"(public interest)에 합치되는지 여부를 결정하는 공익적격심사(The Public Interest Test)이다.[118] 그런데 경찰의 수사내용이 검사의 증거적격심사를 통과하였을 경우 공익적격심사를 거쳐 소추여부가 결정되지만, 만일 위 증거적격심사를 통과하지 못하였을 경우에는 공공의 이익에 관한 심사를 거칠 필요도 없이 소추로 나아가지 못하므로, 검사는 위 두 가지 심사를 거친 사건만을 기소하게 될 것이다. 특히 두 번째 기준인 '공공의 이익'에 대해서는 검사직무규칙이 매우 구체적으로 '기소 결정사유'(공익상 소추적격이 인정되는 경우)[119]와 '불기소 결정사유'(공익상 소추적격이 부정되는 경우)[120]들을 명시하고 있다.[121]

한편 검사가 경찰 기록을 토대로 위 증거적격심사 및 공익적격심사를 한 결과 소추하기에 부적당하다고 판단할 경우 경찰에 이를 통지하고, 경찰은 검사의 지적에 따라 보완수사를 마친 다음 다시 검사에게 기록을 송치하여야 한다. 이때 경찰의 수사가 검사를 만족시키지 못한 경우 검사는 사건을 종료시키는 결정을 하게 된다. 이러한 소추적격심사 후 소추여부의 결정권이 검사에게 있어 경찰관은 사실상 검사의 보완수사통지

---

118) Code for Crown Prosecutors. §§ 4, 7.

119) 검사직무규칙에 규정되어 있는 대표적인 공익상 소추적격사유를 살펴보면, ① 형량이 무거운 범죄, ② 범죄 실행 당시 무기나 흉기를 소지하였을 경우, ③ 공적인 임무에 종사하는 자, 예컨대 경찰관, 교도관, 간호사 등을 상대로 폭력 등을 행사한 경우, ④ 피의자가 공공의 신뢰를 바탕으로 직업에 종사하였던 자일 경우, ⑤ 피의자가 범행의 주도자이거나 범죄조직을 구성한 자일 경우, ⑥ 사전 모의에 의해 범행이 이루어진 경우, ⑦ 다중의 위력으로 범행이 이루어진 경우, ⑧ 피해자가 유약한 경우이거나 범행당시 상당한 두려움에 처해 있었던 경우 및 이전에 같은 종류의 공격, 손해, 곤란을 겪은 경험이 있었던 경우, ⑨ 피의자가 피해자의 인종, 국적, 성, 종교적 신념, 정치적 견해에 대한 차별의식을 가지고 범행을 가하거나 피해자가 동성연애자 등이라는 이유로 범행을 가한 경우, ⑩ 피해자와 피의자간에 연령의 차이가 많은 경우, ⑪ 피의자의 범죄전력이 있는 경우, ⑫ 집행유예 기간 중 범행한 경우, ⑬ 재범의 가능성이 있는 경우, ⑭ 범행이 심각하지는 않으나 범행 당시 그런 종류의 범행이 그 지역에 만연되어 있는 경우 등이다.

120) 검사직무규칙에 규정되어 있는 대표적인 공익상 소추부적격사유를 살펴보면, ① 경미한 형의 선고가 예상되는 경우, ② 과실범, ③ 피해회복을 위한 범행, ④ 범행 후 상당한 기간이 경과하였을 경우, ⑤ 기소할 경우 오히려 피해자의 육체적, 정신적 건강에 해를 가져올 우려가 있는 경우, ⑥ 피의자가 피해자와 특수한 관계에 있는 경우, ⑦ 피해정도가 극히 경미한 경우 등이다.

121) 지세한 내용은 R.C. White, *The English Legal System in Action*, The Administration, 3rd Edition, Oxford: Oxford University Press(1999) 참조.

에 기속되는데, 이 점에서 검사의 소추적격심사는 경찰 수사의 공정성과 정확성을 담보하게 되는 것이다.

(8) 공판 전 증인 조사제도 등

2003년 이후 영국 형사사법 절차에서 획기적인 변화로 주목하여야 할 것이 영국 검찰의 '공판전 증인 조사(Pre-trial interview witness)'제도이다.

종래 영국에서는 검찰이 공판 전 증인을 만나는 것을 금지하였거나 스스로 삼가해 왔는데, 이는 수사에 관해 객관성을 유지하기 위한 장치로 이해되었다. 그러나 영국 검찰은 2004년 영국 법무장관이 증인이 제공하는 증거를 명확히 하거나 그 신빙성을 확인하기 위하여 검찰이 직접 증인을 조사할 수 있는 방안이 필요하다는 보고서 발표 이후, 실무규칙(Pre-trial interview Witness: The Code)을 제정하여 '공판 전 증인조사 제도(Pre-trial interview Witness)'를 시행하고 있다. 제도 시행 전에는 종래 경찰이 담당해오던 영역인 수사 부분에 검사가 뛰어들게 하는 과격한 제안으로, 참고인의 기억을 오염시키거나 증인을 사실상 지시하게 되는 등의 문제점이 있음을 지적하는 견해도 있었으나, 이 제도를 통해 증거의 신빙성을 신속히 확인할 수 있어 증거가 미약한 사건은 조기에 종결할 수 있고, 서류상 증거가 미약하던 사건이 증인 조사 후 오히려 유죄의 확신이 드는 경우도 있을 수 있으며, 법정 증언을 꺼리는 증인을 설득할 수 있는 장점도 지적되었다[122]고 한다. 다만 증인을 강제로 소환하거나 조사할 수는 없으며, 아동 및 사회적 약자에 대한 증언 녹화는 이들이 형사절차에서 반복적 증언을 해야 하는 것을 피하기 위한 것[123]이라고 한다.

3. 소추권의 다원화

검찰제도가 도입된 후에도 영국의 소추기관의 다원화는 그대로 유지되고 있다. 즉 사소제도가 그대로 유지되고 있고, 공적 소추기관도 ① 경찰 및 경찰에 의해 소추를 개시할 수 있는 권한이 부여된 자, ② 중사기(重詐欺)사범 수사국장(the Director of the Serious Fraud Office) 및 해당국에서 소추개시권한이 부여된 자, ③ 법무총감(Attorney General) 및 그에 의해 소추개시권한이 부여된 자, ④ 국무장관(Secretary of State) 및 그에 의해 소추개시권한이 부여된 자, ⑤ 내부재정위원회 위원(Commissioners of Inland Revenue) 및 그들에 의해 소추개시권한이 부여된 자, ⑥ 관세, 국세위원회 위원(Commissioners of Customs and Excise) 및 그들에 의해 소추개시권한이 부여된 자, ⑦

---

122) 김한수, "2003 형사사법법 제정에 따른 최근 영국 검찰제도의 변화", 국외훈련검사논문집 제20집 제1권(2005), 법무연수원, 599면.

123) 조용후, 앞의 논문, 447면.

국무장관의 명에 의한 자 및 명령을 받은 자로부터 소추개시권한이 부여된 자 등이 있는바 수사와 소추권한이 매우 분산되어 있는 것이 특징이다.124)

그러나 왕립검찰이 연간 140만 건의 치안법원사건과 12만 건의 왕립법원사건을 처리하는 가장 큰 규모의 소추기관이며, 42개 지방 및 하나의 대검찰청으로 구성된 전국조직으로(스코틀랜드와 북아일랜드에는 독립적인 검찰조직이 있음) 소속직원은 7,000명이 넘고, 그중 1/3 가량인 2,000여명이 변호사이며, 각 지청의 규모는 소추하는 사건 수에 따라 다르지만, 각 지청은 사소한 교통범칙사건부터 살인 등 가장 중대한 범죄에 이르기까지 하나 또 둘 이상의 전담 경찰서로부터 송치되는 사건에 대해 형사소추를 행사하며, 전국관할인 대검찰청은 런던과 요크에 소재하고 테러·사기·마약 등 가장 중요한 사건들을 처리하고 있다.

VI. 치안판사의 지위 및 기능

1. 치안판사의 지위

(1) 치안판사와 치안법원(MAGISTRATES AND THEIR COURTS)

영국에서는 치안판사법원과 형사법원이 형사사건을 취급하는데, 치안판사법원에서 치안판사가 하는 재판(trial by magistrates)을 약식재판(summary trial)이라고 하고 형사법원(the Crown Court)에서 정식판사가 하는 재판을 기소에 의한 정식재판(trial on indictment)이라고 하며, 기소된 사건의 약 95%가 치안판사법원에서 시작되고 종결된다.125) 다만 1987년 이후 중대사기(serious frauds)가, 1991년 이후 성범죄 및 아이들에 대한 폭력 혹은 잔인성을 포함하는 범죄가 직접 형사법원에 이관될 수 있게 되었고, 2001년 1월 15일 이후 기소(indictment)에 의해서만 재판 가능한 모든 범죄가 직접 형사법원에 보내지게 되었다. 그리고 어느 쪽으로도 재판이 가능한 범죄(either-way cases)들의 경우 치안판사법원은 정식재판절차로 이송할 수도 있고, 약식으로 재판을 진행할수 있으나 피고인의 동의를 전제로 한다. 그러나 정식재판을 받게 될 기소가능범죄(either-way cases)도 일단 치안판사법원에서 예심을 거쳐 형사법원으로 이송하는 것이므로 모든 형사범죄에 대한 재판절차는 치안판사법원에서 시작된다. 다만 전에 약식으로 재판이 진행되었으나, 치안판사의 양형권능을 초과하는 결정을 하여야 할 경우에는 형의 선고를 위해서 피고인을 형사법원에 이관하여야 한다.

---

124) Criminal Justice Act 2003, 제29조 제5항 참조.

125) Dr Penny Darbyshire, *An Essay on the Importance and Neglect of the Magistracy*, 1997, Crim LR 627, pp.628-629.

(2) 치안판사의 기원

치안판사의 기원은 중세의 郡(county)에서 국왕을 대표하는 sheriff를 도와 법과 질서의 유지를 담당하였던 치안기사(knights of the peace)제도의 설치를 규정한 1195년의 한 칙령에 있었다[126]고 하며, 그들은 윈체스터 제정법(Statute of Winchester, 1285)에 의하여 조직되었고, EdwardⅢ(1327-1377)가 즉위한 1327년부터 지방의 덕망있고 일정한 재산을 소유한 사람들에게 그 지방의 형사절차를 감독하도록 임명함으로써 각 도시의 치안을 담당할 선량하고 적법한 사람(Good and Lawful Man), 즉 평화의 수호자(Conservators of the Peace)라는 이름으로 정식임명이 시작되었는데, 당시 그들의 역할은 국왕의 판사들이 재판을 하러 올 때까지 피고인들을 감옥에 유치해 두는 것이었으나, 1344년과 1360년의 제정법은 이들이 그 州의 몇 몇 '법에 정통한 자'들과 함께 중죄 혐의자들 및 공안 방해범들에 대하여 재판할 수 있는 권한을 부여하였다고 한다.

그 후 1388년에 이르러서는 연 4회 치안법원을 개정하고 중대한 범죄에 대한 체포권까지 가지게 되었고, 이 치안판사들은 1년에 4회씩 집합하여 四季法院(Quarter Sessions)을 구성하였는데, 사계법원(1971년의 법원법(Courts Act)에 의하여 폐지되었으며, 동법에 의하여 설립된 형사법원이 관할권을 가지게 되었음)은 문제점이 있는 사건에 대해서는 순회법관이 처리할 수도 있다는 단서아래 중죄도 다루게 되었다[127]고 한다. 그리고 이러한 치안판사의 권한이 15-16세기로 접어들면서 점점 강화되었는데, 첫째, 사계법원에서의 심리를 필요로 하지 않는 경죄의 개념을 끌어내어 이들 범죄를 약식으로 심리하는 권한을 가지게 된 것이며, 둘째 행정적인 사무의 상당한 분량이 의회에 의하여 치안판사들에게 넘겨진 것이고(행정적 권한은 1888년 및 1894년의 지방자치법(Local Government Act)에 의하여 소멸됨), 셋째 순회법원(Assize)이나 사계법원에서 심리될 범죄에 대한 예비심문을 할 수 있도록 된 것이라고 한다.[128]

(3) 치안판사의 임명

치안판사에는 법률 비전문가로서 파트타임으로 재판에 관여하는 무급치안판사(Lay Magistrate, 일반인치안판사라고도 함)와 법률전문가로서 풀타임으로 재판에 관여하는 유급치안판사(Stipendiary Magistrate)가 있다.

---

126) 최대권, 영미법, 박영사, 192면.
127) 문인구, 영미검찰제도개론, 법률문화연구회, 43면.
128) 김학세, "Magistrate's Court(治安判事 法院)와 영국의 형사재판", 재판자료 제10집, 외국사법연수논집[3], 법원행정처, 417면.

가. 무급(일반인) 치안판사

무급 치안판사[129]는 여왕의 명의로 대법관(Lord Chanceller)이 여왕을 대리하여 임명한다.[130] 누구를 임명해야 할지 결정할 때, 대법관은 임명 후보자가 인격 및 능력에 있어서 치안판사 업무에 적절한지, 그리고 후보자가 동료들에 의해 그 직에 적절하다고 인정을 받을지에 중점적으로 관심을 둔다. 실제로, 특정한 범주의 사람들(예: 60세 이상 고령자, 군인 또는 경찰관, 중범죄 유죄선고를 받은 자)은 심사대상이 되지 못한다. 특히 어떤 사람이 치안판사로서 적합한지 여부를 결정할 때 정치적 제휴관계(political affiliations)는 무시되지만, 많은 치안판사들이 지역 정치에 참여하고 있거나 참여한 경력을 가지고 있다. 따라서 특정한 지역의 치안판사 수가 한 정당에 유리하도록 과도하게 편중되어서는 아니되므로 대법관은 치안판사를 임명할 때 정치적 균형을 유지하기 위해 노력할 뿐만 아니라 성비 균형을 유지하고(실제로, 대략적으로 여성 2명 대 남성 3명 비율이다), 30대 내지 40대 초반의 젊은 층을 채용하려고 노력하고 있다고 한다.[131]

한편 무급 치안판사는 대법관에 의해 해임될 수 있는데,[132] 해임은 무능력이나 부정행위, 규정된 자격기준의 지속적인 미달, 또는 치안판사로서 직무수행에 있어서 적절한 역할의 거부 또는 태만과 같은 사유로 행해질 수 있다. 치안판사가 건강상의 이유로 또는 기타 사유로 사법적 직무 수행을 중단하는 것이 마땅한 경우, 또는 의무적인 법원 출석 빈도를 채우지 못하는 경우[133]에 대법관은 그 치안판사의 이름을 충원 명부에 올리도록 명령할 수 있다.[134] 충원 명부에 오른 치안판사는 치안판사 지위를 유지하지만 행사할 수 있는 권한들은 서류 공증(witnessing of documents)과 관련된 사소한 권한들에 한정되며, 법원에 출석할 수도 없고 심지어 소환장이나 영장도 발부할 수 없다. 70세가 되면(사법부 고위직에 있거나 또는 있었던 사람의 경우에는 75세) 치안판사는 자동적으로 충원 명부에 등재된다. 따라서 실제에 있어서 무급 치안판사는 70세가 정년이다.[135]

나. 유급 치안판사(지방법원 판사; district judge)

지방법원 판사(치안법원)는 과거에는 유급 치안판사로 알려졌던 전문직 유급 재판관

---

129) 무급 치안판사는 1975년에 17,000명 수준이었으나, 1989년에는 28,000명 수준으로 늘었으며, 그 중 3분의 1 이상이 여성으로서 그 역할이 큰 편이라고 하는데(이주영, "영국의 사법제도 현황과 법관인사제도", 외국사법연수논집[12], 법원행정처, 1994, 46면), 2005.4.1. 현재 28.253명이 있다(국외출장 결과보고, 「영국출장 결과보고」, 사법제도개혁추진위원회 기획추진단, 1면)고 한다.

130) Courts Act 2003, s.10.

131) John Sprack, Ibid, p.91.

132) Courts Act 2003, s.11.

133) 무급 치안판사는 1년에 최소한 26번 재판에 임하도록 되어 있다.

134) Courts Act 2003, s.12.

135) John Sprack, Ibid, p.91.

이다. 이들은 최소한 7년 이상의 경력을 가진 법정 변호사(barrister)와 사무 변호사(solicitor) 중에서 대법관의 추천으로 여왕에 의해 임명된다.136) 지방법원 판사는 특정한 센터 또는 치안판사법원위원회 지역에 배정되지만 업무 필요에 따라 장소를 막론하고 재판에 임석하도록 요구받을 수 있으며, 상근 판사직 임명을 받은 판사 중에서 약 절반은 런던에서, 나머지 절반은 지방에서 재판에 임석한다고 한다. 지방법원 판사의 경우도 무능력 또는 부정행위와 같은 사유로 대법관에 의해 해임될 수 있으나, 그러한 경우가 아니라면, 70세 정년이 될 때까지 계속하여 직위를 유지할 수 있다고 한다.137)

한편 지방법원 판사는 단독재판을 할 수 있지만, 약식 재판을 목적으로 하는 경우에는 최소한 2인의 치안판사가 재판에 임석해야 하므로, 법률 지식 및 경험과 함께 이러한 사실 덕분에 지방법원 판사는 판사들 간의 협의와 법원서기의 자문을 필요로 하는 무급(일반인) 치안판사보다 훨씬 더 신속하게 판결을 할 수 있다고 한다. 그러나 단독재판을 진행하는 지방법원 판사의 권한을 제외하고는, 현재 지방법원판사의 권한과 무급(일반인) 치안판사의 권한 사이에는 엄격한 구별이 없다.138)

2. 치안판사의 기능

치안판사의 기능은 첫째, 범죄혐의가 제기된 자에 대한 체포영장(warrant)을 발부하거나 그러한 혐의제기에 대하여 답변하도록 치안법원에 출두할 것을 요구하는 소환장(summons)을 발부할 수 있다. 그러나 이는 실무적으로 치안판사 업무의 주요부분을 구성하는 것이 아닌데, 그 이유는 중대한 범죄를 저지른 사람들에 대한 법적 절차들은 보통 경찰관에 의한 영장없는 체포로 시작되는 한편, 소환장 발부는 치안판사 자신보다는 치안판사의 법원서기(cleck)에 의해 행해질 수 있고, 또한 실제로 그렇게 행해지기 때문이다.139)

둘째, 간이절차에 의하여 배심없이 형사사건을 처리하는 것으로, 이른바 약식기소범죄뿐만 아니라 일정한 조건아래 기소범죄도 처리할 권한이 있다. 즉 치안판사법원은 약식절차에 의할 범죄사건에 대한 공판을 하여 선고까지 하며, 1년 이상의 구금이나 5,000파운드 이상의 벌금에 처할 사건일 경우에는 그 양형의 선고만을 형사법원에 회부한다. 또 특별법원인 소년법원으로서 18세 미만의 소년범죄사건도 처리한다.

---

136) 치안판사법(Justice of Peace Act)은 런던지역에 60명, 기타 지역에 40명까지 두도록 규정되어 있으나, 1989년 런던지역에 45명, 기타 지역에 15명 정도가 있으며, 2005. 6. 1. 현재 128명이 있다 (국외출장 결과보고, 「영국출장 결과보고」, 사법제도개혁추진위원회 기획추진단, 1면)고 한다.

137) John Sprack, Ibid, p.92.

138) Ibid, p.93.

139) Ibid, p.90.

셋째, 중죄로서 앞으로 형사법원에서 재판을 받아야 할 모든 사건에 대하여 피고인이 charg된 범죄사실에 대하여 배심이 유죄로 인정할 만한 증거를 갖추고 있느냐의 여부를 확인하기 위한 예비심문을 하는 예심판사의 역할을 한다. 이 절차에서 치안판사는 피고인이 형사법원에서 재판을 받음에 어떠한 상태에서 누구로부터 재판을 받을지를 결정하는 것으로, 피고인이 동의하는 경우에는 형사법원의 정식절차에 의할 사건에 관하여도 예비적인 조사를 할 수 있다. 다만 종래에는 심리결과 치안법원에서 형을 선고하기에는 사안이 중하다고 판단되면 형사법원에 형선고를 위한 사건을 회부하는 절차(committal for sentencing)가 있었으나, 절차지연을 초래한다는 이유로 2003년 형사사법법은 심리를 개시하기 이전에 사안이 중하다는 이유로 형사법원으로 이송하는 것만 허용하고 심리종결 이후에는 사건이송을 금지하고 있다[140]고 한다.

넷째, 치안판사법원은 형사절차 외에도 퍼브와 오락실의 허가, 극장 영화관의 허가, 지방세와 일정액 미만의 소득세에 대한 강제징수, 별거 및 부양료사건에서의 필요한 명령(부양명령; maintenance order), 입양, 혼인상의 명령, 아동에 대한 후견, 정신보건법에 의한 일정한 명령, 기타 청소년의 보호, 통제에 관한 사건 등 민사·행정·가사에 관한 사건도 처리하고 있다.

Ⅶ. 운영실태 및 평가

1. 운영실태

검사는 위에서 언급한 특정한 소추절차를 제외하고는 경찰이 고발(instituted on behalf of police force)한 모든 형사소추절차를 인수한다. 소추절차를 인수하는 방법은 먼저 경찰이 범인을 법원에 고발(charge)하고 그에 따라 재판일정이 결정되면 경찰이 사건기록을 검찰청으로 송치하며 이때 비로소 검찰은 그 사건을 접하게 되고 소추행위를 담당한다. 검사는 수사권이 없고 경찰이 송치한 사건기록을 검토하여 증거가 공소유지에 부족한 경우 경찰에 관련부분의 보강 또는 재수사를 요청할 수 있지만 이를 이행하느냐의 여부는 전적으로 경찰의 판단에 맡겨져 있다.[141] 검찰총장은 또한 사인이 법원에 고발하여 소추행위를 하고 있는 사건에 대한 소추절차를 언제든지 인수할 수 있다. 또한 검찰은 법원에 고발된 모든 사건을 검토하여 공소유지하며, 공소취소나 변경을 할 수 있고, 검찰총장은 경찰의 공소권 행사의 방향과 기준 등의 지침을 제정·시달할 수 있으므로, 검사와 경찰의 관계가 형식적으로는 상호 협력관계이나 실질적으로는 경찰 수사에

---

140) 국외출장 결과보고, 「영국출장 결과보고」, 2면.
141) 서우정, 「영국 Crown Prosecution Service 실무수습보고서, 해외파견검사연구논문집 제7집, 법무부, 597면.

대하여 검찰이 지휘·감독하는 관계를 형성하고 있다고 할 것이다. 왜냐하면 경찰은 중요 사건의 확실한 공소유지나 처벌시의 형사정책적 목표를 고려하여 범죄가 동의사건에 해당하는 경우, 검찰총장의 조언이나 도움이 필요하다고 생각되는 범죄나 살인죄·낙태죄·반란죄 등의 경우에는 그 범죄에 관하여 정보보고를 하여 법무총감의 동의를 받아야 소추를 할 수 있고, 특정범죄에 대하여는 검찰청에게만 소추권을 인정하고 있을 뿐만 아니라 검사의 법률적 조언제도, 소추적격심사제도 등을 통하여 사실상의 수사지휘를 하고 있기 때문이다.

2. 평 가

영국의 최근 수사 및 형사소송절차를 제대로 이해하지 못한 채, 검찰의 수사지휘권 배제론자들은 영국의 경우 수사에 관한 한 경찰이 검찰의 간섭없이 독점적 권한을 행사하고 있음에도 불구하고 수사 및 소송절차의 목적이 이상적으로 실현되고 있다고 주장하면서 영국의 형사소송절차를 소위 수사권독립권의 근거로 삼고 있다.[142] 더욱이 검찰은 창설과 함께 '경찰로부터의 독립'이 선언되었지만, 실제로는 '경찰에 대한 종속'상황이 초래되었는데, 그 이유로 검찰은 기소여부의 결정 및 공소유지에 있어 오직 경찰이 작성한 '사건개요서'(summary)에만 의존할 수밖에 없었기 때문이라고 한다.[143]

그러나 위에서 살펴본 것처럼 경찰의 독점적 수사권 행사로 인한 각종 폐해를 방지하기 위하여 형사소추 개시권한[144] 및 기소유예 권한의 검찰에의 이전, 경찰관서 주재검사의 경찰에 대한 법률조언제도 내지 검사의 소추적격심사제도 등 각종 수사권 통제제도를 마련하여 '수사권은 경찰에게, 기소권은 검찰에게'라는 그동안의 명제는 더 이상 영국의 형사법체계에 적용할 수 없는 단계에 이르렀으며, 학계 및 실무관행도 검찰이 수사과정에 적정하게 관여하는 것을 허용하고 있다. 영국의 검사직무규칙 제4조 3의 '검찰은 경찰과 긴밀하게 협조하여 함께 일하지만, 기소할 것인지, 사건수사를 계속할 것인지 여부에 대한 최종적인 책임은 검찰에게 있다'[145]는 규정은 최근 영국에서의 변화된

---

142) 표창원, 「경찰수사권 독립이 인권보장의 첩경」, 형사정책 제15권 제1호(2003), 37면－72면.

143) 표창원 외 4인, 앞의 책, 432면.

144) Criminal Justice Act 2003. 제29조(새로운 절차개시 수단)

    (1) 검사는 피소추자를 범죄로 소추하는 서류(서면고발장, written charge)를 발부함으로써 형사절차를 개시할 수 있다.

    (2) 검사는 서면소추장을 발부할 경우, 그와 동시에 피소추자에게 소추된 범죄사실에 답변하기 위해서 치안판사 앞에 출석하도록 하는 서류(소환장, requisition)를 발부하여야 한다.

145) The Crown Prosecution Service and the police work closely together, but the final responsibility for the decision whether or not a charge or a case should go ahead rests with the Crown Prosecution Service(The Code For Crown Prosecutors 4.3).

검찰과 경찰의 관계를 잘 표현하고 있다고 할 것이다. 더욱이 사적 소추를 원칙으로 하는 영국의 경우, 일반 개인 사이의 법률적 분쟁은 개인 스스로 권리구제를 할 수밖에 없어 계약관계 법률문화가 국민의 일상생활에 깊이 자리잡고 있는데 반하여, 국가형벌권의 보호아래 살아온 우리의 법률문화에 있어서 법률분쟁을 예상한 사전 안전장치보다는 사후에 국가형벌권의 발동을 통한 권리구제에 익숙해져 있는 우리나라와는 사정이 많이 다르다. 사기 등 고소사건이 전체 사건의 약 25% 정도나 차지하고 있는 우리의 현실이 이를 잘 말해주고 있다. 따라서 기본적으로 형사재판을 민사소송과 마찬가지로 당사자 사이의 분쟁으로 파악하고 있는 영국의 형사사법제도를 근거로 수사권독립의 입법론으로 주장하는 것은 타당하지 않다.

결국 경찰은 자체적으로 범죄혐의가 인정되지 않는다고 판단하는 사안에 대해서는 검찰의 조언을 구하지 않고 불기소 결정을 내리는 것이 가능하므로, 경찰의 **'독자적인 수사개시 · 진행권'** 및 **'독자적인 수사종결권'**이 인정된다고 볼 수 있지만, 일단 경찰이 charge결정을 내리면, 검찰의 통제를 받게 되는 것이다.

제3절 미국의 수사기구 체계

Ⅰ. 서 설

1. 의 의

미국도 일찍이 영국과 같이 사인소추를 원칙으로 하였으나, 비교적 일찍부터 프랑스의 검찰제도를 계수하여 연방 및 각 주 혹은 도시에 검찰청을 두고, 공선된 검사가 소추를 하는 국가소추주의를 채택하였다. 즉 1704년 코네티컷주는 사인소추를 배제하고 모든 county법원에 검사를 임명하였고 다른 대부분의 주가 이를 따랐으며, 독립 당시에는 이미 미국의 독자적이고 고유한 제도인 지방검사제도(District Attorney)가 자리잡고 있었다.

이처럼 사인소추가 공소제도로 대치하게 된 이유로서 미국이 본국으로부터 멀리 떨어져 중앙정부의 통제력이 약한 식민지였다는 점, 미국으로 이주한 상당수의 이민이 진취적이고 민주적인 사상을 가진 사람들이었다는 사실을 강조하는 견해[146] 및 식민지사회에서는 사인소추가 만족스러운 구제수단이 되지 못하였고 식민지 주민들은 낯선 환경 속에서 자신들의 생존자체에 중점을 둠으로써 공적 보호(public protection)라는 관념이 나타나게 되었으며, 보다 민주적인 사회를 갈구하던 그들은 영국의 사인소추제도를 부자에 의한 부자를 위한 제도라고 보아 보다 진보적이고 손쉬운 구제수단인 공소제도를 받아들였다는 견해[147]도 있다. 피해자가 직접 소추를 하는 것은 부유하고 권력을 가진 집단에만 유리한 제도로서 사회적으로 열악한 위치에 놓인 사람들은 설령 범죄로 피해를 입었다고 하더라도 가해자의 처벌을 구하기가 어려웠던 것이 당시 영국의 현실이었기 때문이다. 어쨌든 그들은 범죄를 영국에서처럼 개인이나 왕에 가한 사적인 불법행위로 보지 아니하고 공적인 것으로 보아 사회전체가 피해자라고 보았고 종국에는 범죄를 본질적으로 주의 평화와 존엄을 침해하는 것으로 간주하였던 것이다. 또한 사인(私人)이

---

146) 김종구, 「형사사법개혁론 – 새로운 패러다임의 비교법적 모색 –」, 법문사, 387면.

147) Bill Isaeff, H. Lane Kneedler, James E. Mountain Jr., Catherine A. Rivlin, *The Attorney General*(소병철 역), 서울지방검찰청(1995), 27면 이하.

소추여부를 결정하는 것보다 공적인 지위에 있는 법률가 등이 소추문제를 전담함으로써 혐의자의 인권도 보다 철저하게 보장할 수 있다는 점이 인식되어 민주적인 사회를 갈구하던 식민지의 미국 주민들에게는 공소제도가 보다 손쉽고 또한 진보적인 구제수단으로 받아들여졌다고 할 수 있다.148) 이러한 이유로 현재 사인소추를 허용하는 주는 거의 없고, 허용하는 주도 아주 제한적으로만 이를 인정하고 있다.

물론 사인소추제도가 계속된 영국에서도 개인의 사인소추는 사실상 오래전에 사라진 것처럼, 미국이 사인소추를 금지하고 공소제도를 도입하였다고 해서 곧 대륙법계의 검사제도를 도입한 것이라고 볼 수는 없다. 왜냐하면 검사제도의 도입으로 소추 담당자만 변경된 것이지 Common Law의 법 원칙은 계속 살아있었으며, 범죄를 주나 연방에 대한 것으로 보고 주법이나 연방법을 위반한 자를 주나 연방이 수사하여 처벌할 수 있다고 하여도 이로써 주와 연방의 형벌권을 인정한 것은 아니고, 영국에서 개인이나 왕에 대한 범죄가 미국에서는 주나 연방에 대한 범죄로 바뀐 것에 불과한 것이기 때문이다.149)

그러나 미국에서는 검찰이 주도적으로 수사를 개시할 필요성을 인정하여 각 주 및 연방의 법률에 검찰의 수사기능을 명시하고 있으며,150) 미국변호사협회의 '형사사법에 관한 기준(Standards for Criminal Justice)' 중 기소 기능편(The Prosecution Function) 3-3. 1(a)에서는 "검사는 통상적으로는 범법행위에 대한 수사에 관하여 경찰이나 다른 수사기관에 의존하지만 다른 기관이 적절하게 취급하지 아니하는 경우로 의심되는 불법적인 행동에 대하여 수사할 책임이 있다"고 지적하고 있다. 또한 지방검사협의회 (National District Attorneys Association)의 '기소기준(National Prosecution Standards)'에서는 예컨대 조직범죄나 환경범죄, 경제범죄 등과 같이 경찰이 수사하기 힘든 복잡한 사건의 경우 검사가 수사를 개시할 수 있는 재량권과 책임을 부여하는 것이 매우 중요하다는 것을 강조하고 있다.151) 이에 대해서는 미국의 여러 학자들도 같은 의견을 피력하

---

148) 미국이 영국식의 사인소추주의를 버리고 공중소추주의를 채택한 배경에 대하여, Jacoby는 범죄란 피해자가 그 처벌여부를 결정하는 개인적인 문제라기보다 반사회적 현상이며 국가, 사회가 공동으로 대처하여야 한다는 사고가 보편적이었던 점을 들고 있으며(John E. Jacoby, *The American Prosecutor: A Search for Identity*(신배식 역), 서울지방검찰청(1995), 16면), 미국 변호사협회의 형사사법에 관한 기준(Standards for Criminal Justice) 중 기소기능편(The Prosecution Function)의 평석에 의하면 범죄의 기소여부를 私人이 결정하게 되면 복수의 악법으로 사용될 우려가 있고 또한 정의의 전통에 부합하지 않은 남용되고 우연적이며 월권적인 결정의 위험이 크다(미변협의 기소기능 3-2-1.)는 점을 지적하고 있다.

149) 김종구, 앞의 책, 법문사, 388면.

150) 미국 연방법 28 U.S.C.A. § 547(1964).

151) Harry I. Subin, Chester L. Mirsky Ian S. Weinstein, *The Criminal Process: Prosecution*

고 있다고 한다.152) 다만, 영국의 판사 및 검사는 임명직이고, 대배심에 따른 기소절차가 치안판사의 예심으로 대체되었지만, 미국은 사법부에 대해 국민이 참여하고, 감독해야 한다는 민주주의관념이 강하게 반영되어 연방을 제외하고 대부분의 판사 및 검사는 선거직으로 선출되고, 대배심에 따른 기소가 여전히 중요한 역할을 수행하고 있다.153)

2. 미국의 형사사법절차

미국형사절차의 두드러진 특색은 연방과 주의 二元的 법체계를 중심으로 배심제도와 당사자주의 및 엄격한 증거법칙이 지배하는 공판중심주의로 볼 수 있는 바, 미국은 형사재판에서도 민사재판의 원·피고와 같이 검사와 변호인이 상호 대립하여 주장과 입증을 하고, 판사는 마치 운동경기의 심판처럼 중립적으로 재판을 진행하는 Adversary System이 철저하게 유지되고 있다. 그리고 기소인부절차와 답변거래(유죄협상제도)는 당사자주의에 입각한 것으로서 피고인이 답변거래를 거쳐 기소인부절차에서 유죄답변을 하면 배심에 의한 유죄평결이 있는 경우와 동일한 효력이 발생하고, 이 경우 엄격한 증거법칙이 적용되지 아니하므로 법원은 증거조사없이 판결을 선고한다. 다만 미국의 당사자주의적 사법절차는 어떠한 사안의 실체적 진실을 파악하는 것이라기보다는 당사자들에 의하여 제시되는 각종 자료를 기초로 하여 당사자간의 분쟁을 해결하는 것이 목적이므로 소송절차가 개시되기 전(前)단계에 있어서 철저하고 객관적인 사실관계에 대한 규명절차가 없다. 따라서 공판 전의 조사단계에서 수사를 담당하는 우리나라의 경찰이나 검찰과 같은 수사기관이 없다. 이처럼 객관적인 사실관계 규명기관으로서의 검찰을 인정하지 아니하고 검찰을 일방 당사자로만 보는 결과, 모든 것은 공판절차에서 결정되고 이러한 공판절차에서 정부를 대리하는 검사와 피고인을 양 당사자로 대립시키는 관계로 약한 입장에 서게 되는 피고인을 위한 변호인의 조력이 매우 중요한 의미를 가진다.

Ⅱ. 일반수사기관으로서의 경찰의 지위

1. 의　　의

미국의 경찰은 흔히 자치체 경찰(municipal police)이라고 한다. 미국내에는 통일된 조직으로서의 국립경찰은 없으며, 다만 연방(Federal), 주(State), 카운티(County),154) 시

---

and Defence Functions, West Pub. Co., 1995, p.162.

152) 표성수, 미국의 검찰과 한국의 검찰, 육법사, 94면.

153) 김종구 외, 검찰제도론, 법문사, 2011, 208면.

154) 미국의 각 주에는 행정구역단위로 County가 있는데, 미국의 주를 하나의 국가로 볼 때, 道의 개념에 해당하는 것이 County이고, County 안에 City가 있다. County는 주 정부가 그 공권력

(City)별로 다양한 경찰조직을 갖고 있기 때문이다. 즉 전국적으로 40,000여개의 각자 독립된 법집행기관인 경찰기구에 50여만 명의 경찰관이 재직하고 있으며, 이 중 39,700여개는 시나 카운티 등 지방정부를 위한 지치경찰이며, 200여개는 주정부의 경찰이고, 중앙에 본부를 둔 연방수사기관만도 50여개가 된다.[155]

이처럼 연방정부, 주정부 그리고 지방정부(city, township, county 등)에 매우 다양하고 복잡하게 분산되어 있을 뿐만 아니라 대부분의 조직이 지방정부에 설치되어 있는 점 등이 미국경찰제도의 특징으로 볼 수 있다. 따라서 연방의 경찰은 연방법만을 집행하고 주나 지방의 법률은 집행할 수 없고 반대로 주나 지방의 경찰은 연방법을 집행할 수 없으며, 연방의 경찰이라고 하여 주나 지방의 경찰에 대하여 하등의 권한이 없고 지방의 경찰이라고 하여 주나 연방경찰의 요구에 대하여 응하여야 할 아무런 의무도 없는 것이 원칙이다. 이와 같이 미국의 경찰이 철저히 분열될 수밖에 없는 이유는 미국정부의 바탕인 지방자치가 경찰제도의 근본원칙으로 작용하기 때문이다.[156]

미국에서 일반경찰은 순찰경찰(Patrol)이라 불리며 정복(Uniform)을 입고 근무하는 것을 원칙으로 하고 있다. 예를 들어, 미국 최대도시인 뉴욕시에서는 경찰본부를 두고 그 아래 시의 구역(Zone)을 다시 작은 구역(Precinct)으로 구분하여 경찰서를 두고 있으며, 순찰대에 소속되어 있는 총경이 서장을 맡고 있다. 미국의 역사를 볼 때, 미국 경찰은 본래 시민들이 범죄를 예방하여 거리의 안전을 유지하는 것을 목적으로 선출한 경비원이라고 할 수 있으므로 애초부터 국가의 수사를 위한 기구가 아니었다. 하지만 비록 경찰이 예방목적을 수행한다고 하더라도 범죄가 발생하게 되면 사건 초기에 범인과 접촉하므로 경찰에게 범인 체포의무 및 권한을 주고, 범인을 체포할 때 범죄를 목격하였거나 피해를 당한 시민이 조력하도록 하는 의무가 주어졌다.[157] 따라서 체포경찰관은

을 지역적으로 행사하기 위하여 인위적으로 획정한 행정구역으로서 당초부터 독립한 법원의 설치 단위로 획정되어 행정적인 권한은 크지 않고, 사법부의 관할단위라는 특징을 갖고 있다. 예컨대 캘리포니아주에는 58개 County가 있으며, 실리콘밸리로 유명한 산타크라라 County의 인구는 130만 명이며 9개 시(City)가 소속되어 있다. County의 행정은 주민의 선거에 의하여 선출되는 임기 4년의 5명의 위원으로 구성되는 합의체에서 운영되고 있다. 샌프란시스코와 같이 County와 City가 겹치는 곳도 있다. 특이하게도 뉴욕은 다른 지역과 달리 주와 City사이에 뉴욕City를 관할하는 County가 없고, 오히려 City안에 독립구인 5개의 borough가 있으며, 검찰청도 City 전체를 관할하는 기구는 없고 각 borough를 관할하는 검찰청만 두고 있다고 한다 (김종구, 앞의 책, 395면).

155) 윤종남, 「미국의 사법경찰제도」, 법무자료 제98집, 각국의 사법경찰제도, 401−402면.

156) Waldron, *The Criminal Justice System*(Law Enforcement in the United States), An Introduction Third Edition, P.140.

157) 영미법계 국가에서는 고소권이라는 개념이 없다. 일반적으로 미국에서는 범죄피해자가 범죄피해를 수사기관에 신고(Report)하게 되면, 범죄피해자로서 보호를 받을 뿐 형사소송절차에서 고

형사사법 절차에서 중요한 증인으로서 임무도 갖게 된다. 즉, 범죄가 발생하는 경우 경찰은 사건을 수사하고, 피의자를 체포하여 검사와 처음 접촉하는 경우 검사는 수사상황을 보고 받아 검토한 후, 해당 사건을 소추해야 할지 여부를 판단하게 된다. 이때, 범죄사건을 보고하는 경찰관은 범인의 체포경위와 조사 당시 피의자의 행동 등과 같이 수사초기의 상황 등을 법정에서 증언하게 될 중요한 증인이 된다.

2. 경찰의 조직

(1) 각 주의 경찰

미국 각 주의 경찰기관은 대부분 주법률에 따라 설치·운영되며, 해당 주 내에서 모든 형사사법을 집행할 수 있는 책무와 권한을 가진다. 각 주의 경찰조직은 'State Police'나 'Highway Patrol' 등과 같이 명칭도 다양하며,[158] 각 주마다 그 업무내용도 다르다. 예를 들어 펜실베니아 주경찰(Pennsylvania State Police)과 미시건 주경찰(Michigan State Police)은 일반경찰권을 가진 주경찰이다. 노스캐롤라이나 교통경찰(North Carolina Highway Patrol)과 캘리포니아 교통경찰(California Highway Patrol)은 교통관계법의 집행, 교통사고조사, 교통사고예방, 일반 교통안전에 관해 제한된 권한만을 수행한다. 반면 노스캐롤라이나 주의 수사국(Bureau of Investigation)은 교통범죄 이외에 형사범죄를 담당한다.[159] 플로리다 주에서는 플로리다 주경찰과 플로리다 법집행 기관(Florida Department of Law Enforcement)이라는 두 유형의 경찰기관을 설치하여 전자는 교통사고와 사소한 형사범죄를 담당하고, 후자는 특수수사와 중한 범죄를 담당하도록 하고 있다. 이처럼 미국은 각 주마다 다양한 임무를 수행하는 다양한 유형의 경찰기관이 존재한다.

(2) 지방자치단체의 경찰

앞서 언급한 바와 같이 미국은 카운티와 시 등 자치체단위(city, town, village, borough 또는 township)로 경찰조직을 운영하고 있다. 미국의 카운티에 소속되어 있는

소인으로서 어떠한 권리도 보장받지 않는다. 그러므로 범죄가 신고되었더라도 검사가 피의자를 기소하지 않기로 결정하는 경우 마땅하게 불복할 만한 수단이 없게 된다. 그러므로 범죄로 인한 불법행위로 피해를 입은 것에 대한 권리보호 수단으로서 피해자는 필연적으로 민사절차를 진행할 수밖에 없다. 다만, 징벌적 손해배상제도를 통해 악의적인 불법행위의 경우 가해자에게 피해액을 초과하는 배상을 명령이 내려질 수 있기 때문에 형사절차를 통하지 않더라도 피해자가 가해자에게 경제적인 고통을 주는 것과 동시에 자신의 피해를 초과하는 금액의 배상을 받을 수 있다.

158) 캘리포니아 고속도로 순찰(California Highway Patrol)의 경우 약 1만 명 규모로서 미국 주 경찰 가운데 최대 규모이며, 캘리포니아 주지사가 임명하게 된다.

159) 윤종남, 앞의 책, 409면.

경찰조직은 약 3,050개 정도인데, 대개 카운티 보안관(Sheriff)과 카운티 경찰(Police)의 두 유형이 있다. 아칸소(Alaska)를 제외한 모든 주의 카운티에는 보안관이 있으며, 경찰은 자치시민들이 자신들을 보호하기 위해 고용한 경비원이라고 할 수 있는데 반하여, 보안관은 주에 속한 카운티 소속 공무원이다.

조금 더 구체적으로 살펴보면, 카운티 보안관(County Sheriff)은 대개 주 헌법에 따라 설치·운영되고, 주민선거에 따라 선출되는데, 임기는 2년에서 6년까지 다양하다. 보안관은 부보안관(Deputy Sheriff)이라고 호칭되는 직원들의 보좌를 받고 있으며, 미국내 모든 보안관이 하나의 유형으로서 동일한 업무를 수행하지는 것이 아니라 수백 종의 유형으로서 다양한 임무를 수행하고 있다. 보안관의 주요 임무와 권한으로는 우선 관할구역 내 치안을 유지하고, 범죄를 수사하는 것이 있으며, 다음으로는 관내 구치소 및 교정시설을 관리하는 것이 있다. 그리고 소환장을 송달하거나 소송절차를 진행하고, 법정질서를 유지하는 등과 같이 재판과 관련된 사무를 수행하기도 하며, 경우에 따라서는 세금을 징수하는 임무를 부여하는 경우도 있다.160) 예를 들어, 동북방지역 주의 보안관들은 일반적으로 법정을 관리하는 기능을 수행하고, 교통 및 형사사건 수사 등의 업무는 주나 다른 지방의 경찰기관이 수행토록 한다. 그에 반해 미국 서부와 남부 주의 보안관은 개척시대부터 치안유지 업무와 범죄 수사업무를 수행하여 온 전통이 유지되면서 법정업무 외에도 교통관련 업무와 형사사건 수사업무 등을 모두 수행하고 있는 것이 일반적이다. 시의 경찰기관을 책임지는 시의 경찰책임자(Chief of Police)는 통상적으로 주민에 의하여 선출된 시장이 임명한다.

그 외에 자치단체 수준의 경찰조직의 수는 약 36,700개 정도이다. 미국 전체의 경찰조직 40,000여개 정도 되기 때문에 대부분의 경찰조직은 city, town, village, borough, township 등에 속해있다. 그러나 모든 자치단체들이 각자 독자적인 경찰조직을 가지고 있지는 않다. 자치단체의 예산상황에 따라 스스로 경찰을 고용할 수 없는 자치단체는 상급자치단체에 경찰업무를 위임하게 되고, 해당 자치단체는 일정한 비용을 부담하는 형태로 경찰체계 유지하기도 한다.

3. 수사경찰의 권한과 의무

미국의 일반경찰은 주로 치안만을 담당하며, 수사는 수사경찰이 전담하게 된다. 수사경찰은 'Detective' 또는 'Investigator'라고 호칭되며, 일반 경찰조직과는 전혀 다른 별개의 조직으로 운영된다. 수사경찰은 현장검증반, 확인반 등과 같이 고도로 전문화되어 있으며, 범죄가 발생하게 되면 각 부서는 출동하여 부서간 협력을 하되 독립적으로 자기분야의 업무를 수행하는 방식으로 운영되고 있다. 그런데 업무의 본질상 수사경찰은

---

160) 윤종남, 앞의 책, 481면. 신현기, 비교경찰제도론, 2014, 362면.

검찰과 밀접한 관계를 유지해아 하므로 예를 들어, 뉴욕시의 퀸즈와 같은 경우에는 검찰청 소속으로 수사경찰관만으로 구성된 수사경찰서를 설치하고 있다.[161] 그래서 뉴욕시의 퀸즈 카운티는 수사경찰의 총경을 따로 두어서 돌아가면서 몇 개의 관할서(Precinct)를 지휘를 하도록 하고 있으며, 각 관할서마다 경위나 경사를 장으로 하는 10여명으로 구성된 수사경찰이 있다. 따라서 그들은 일반경찰인 경찰서장의 지휘를 받지 않는다. 수사경찰은 주로 상당한 규모의 범죄 수사를 요하는 사건들을 처리하게 되는데, 왠만한 시 재정으로는 수사경찰을 운영하는 것이 쉽지 않다. 그러므로 예를 들어, L.A. 카운티 내의 자치시들 가운데 절반 정도는 수사경찰 조직이 없어서 가까운 시의 경찰이나 주 경찰 수사조직의 도움을 받고 있다.[162]

Ⅲ. 특별수사기관의 설치

1. 의 의

미국의 강제적인 수사과정을 살펴보면, 미국은 연방수정헌법 제4조에 따라 수색영장은 특정된 장소만을 그 대상으로 하고 있다. 그러므로 금융정보나 통화내역 등 서류를 제출받고자 하면 대배심으로부터 서류제출소환장(Subpoena)을 받아서 강제로 자료보관자에게 그 제출을 명할 수 있다. 그러므로 수사절차에서는 수색영장(search warrant), 서류제출소환장(document subpoena), 대배심절차에 따른 증인신문, 자발적 증인면담(voluntary witness interviews) 등의 방법이 사용된다. 미국 형사사법절차에서는 모든 피의자가 진술거부권을 사용하고, 변호인의 조력을 받을 수 있기 때문에 수사기관이 구태여 피의자를 소환하여 조사하지 않는다. 그러나 경찰이 용의자를 체포하였다면 해당 용의자를 범죄현장이나 경찰서에서 조사하게 되는데, 이 과정에서 담당 경찰관은 자신의 명의로 보고서(Report)를 작성한다.[163] 경우에 따라서는 검사가 피의자나 참고인을 직접 조사하기도 한다. 예를 들어 뉴욕검찰은 담당경찰의 입회 하에 검사가 피의자를 직접 조사하기도 하고, 체포 경찰관이나 피해자, 목격자 등을 직접 조사하기도 한다.[164]

또한 수사기관은 비밀수사 또는 비밀수사관(undercover operations), 몰래 사진이나 비디오녹화, 음성녹음 등과 같은 물리적 감시, 협조적인 개인의 이용해서 비밀리에 용의자에 대한 증거확보, 도청·전화이용상황기록부·추적장치 등 법원의 허가를 받은 전자

161) 김종구 외, 검찰제도론, 법문사, 2011, 403면.
162) 이문제, 공무해외여행귀국보고, 1987, 108면~109면; 이정회, "미국의 사법경찰과 행정경찰 분리", 법무부해외연수검사논문, 2007, 17면.
163) 김재훈, "미국 지방검찰청의 조직운영과 수사실무", 법무부해외연수검사논문, 2006, 34면.
164) 백종수, "뉴욕검찰 운영 및 사건처리에 관한 실무적 고찰", 법조 562호, 2003, 204면~206면.

감시 등과 같은 비밀수사기법(Covert Technique)을 활용하기도 한다.165) 다른 비밀수사 방법들도 법무부와 수사기관 자체의 내부 규정 등에 의한 규제를 받는다.166) 특별수사 의 경우에도 기본적으로는 수색명장이나 대배심과 같은 일반적 수사절차를 활용하지만, 비밀수사관(undercover)과 같은 예방적 수사방법(pro-active technique), 서류에 근거한 재무적 수사기법, 증인 사용 등을 포함한 보다 다양한 수사방법을 사용하게 된다. 즉, 특별수사의 경우 수사 중인 사안의 속성을 고려해서 일반적인 수사기법으로는 활용되지 않는 수사기법들도 다양한 조합을 통해 수사를 진행한다.167) 경찰 뿐 아니라 연방검사 도 범죄첩보를 수집하는 경우 광범위한 내사를 벌인다. 그리고 비밀수사관을 장기간 활 용하여 증거 수집을 하거나, 공범에 대한 유죄답변협상(plea bargain)을 통해 수사에 협 조하도록 하고, 주범의 범행을 입증할 수 있는 증거들을 수집하기도 한다. 다만, 특별수 사를 위해 특별한 수사방법이 활용될 수 있다고 하더라도 해당 수사를 수행하는 검사와 수사관에게 무제한적인 재량을 허용하고 있지는 않다. 그들에게는 수사를 받는 피의자의 권리에 대한 헌법규정들, 보통법상 전통에 따른 선례들, 수사기관 자체에 규정되어 있는 지침 등에 따라서 법률적·절차적·윤리적인 제약이 설정된다.

　　미국의 법무부 형사국은 수사를 지원할 전문가로서 회계사나 재무분석관 등과 함께 자체적으로 수사관(investigator)도 보유하고 있다. 대규모 지방검찰청의 경우에도 회계사, 규제문제 전문가, 재무분석관 등 수사지원 인력과 자체 수사인력을 보유하고 있다. 이는 현대의 화이트칼라범죄가 복잡하고, 전문화 되었으며, 은밀한 특성을 가지고 있기 때문 에 해당 수사를 수행하기 위해서는 관련 분야의 전문지식을 보유한 수사지원 인력 뿐아 니라 자체적으로 신속하고 강력하게 수사를 수행할 수 있는 수사인력이 필요하기 때문 이다. 특히 해당 수사관들은 소환장이 발부된 증인을 찾아내서 법정으로 동행하기도 하 고, 피해자 및 목격자의 소재를 알아내기도 하며, 전과기록이나 의료기록, 관공서기록 등과 같이 수사를 위해 필요한 각종 기록을 입수하기도 한다. 또한 해당 수사관들은 피 해자 등을 면담하여 그 내용을 보고서로 작성하며, 기소 이후에는 법정에서 그와 관련 된 증언 업무를 담당하기도 하는 등 주로 범죄에 대한 실체를 발견하는 수사 뿐아니라 검사가 재판을 준비하는 것에 도움을 주는 역할도 하게 된다. 다만, 지방검찰청 소속 수 사관이 피의자를 체포하거나 수색영장을 집행하기 위해 경찰력을 가지고 있는지 여부는 각 주에 따라 상이하다. 예를 들어, 펜실베니아주나 뉴욕주에서는 지방검찰청 소속 수사 관에게 경찰력을 보유하도록 하고 있지만,168) 메사추세츠주에서는 경찰력을 보유하고 있

---

165) 다만 대화 또는 전기통신 감청과 관련해서 모든 방법들은 18 U.S.C. 2510 et seq. 법률에 따 라 엄격하게 통제를 받게 된다.

166) Evaluation Report on the United States of America, 2003, 21면.

167) Evaluation Report on the United States of America, 2003, 21면.

지 않기 때문에169) 경찰에서 파견받은 수사전문가들로 구성된 특별 수사부서를 설치·운영하기도 한다.170)

그와 같은 특별 수사기관으로서 연방차원의 연방사법경찰이다. 미국의 대표적인 연방사법경찰로는 법무부 소속 연방수사국(Federal Bureau of Investigation), 이민귀화국(Immigration and Naturalization Service), 마약청(Drug Enforcement Adminisration), 국경순찰대(Border Patrol) 등이 있고, 재무부 소속의 국세청(Internal Revenue Service), 경호실(Secret Service), 주류·담배 및 총기국(Bureau of Alcohol, Tobacco and Firearms), 관세청(Customs Service) 등이 있는데, 대략 50여개의 연방경찰조직이 존재한다. 하지만 미국은 자국의 전역에서 모든 연방법률을 집행할 수 있는 단일한 경찰조직은 존재하지 않는다. 그래서 연방의 경찰권은 각 경찰기구에 대한 근거법령에 따라서 약 50여개의 기관으로 분산되어 있는 것이며, 가장 광범위한 관할을 가지고 있는 연방수사국(FBI)도 연방범죄 가운데 200여종에 대해서만 관할권을 갖고 있다.

2. 미연방 법무부(The Department of Justice)

미국의 헌법에서는 연방범죄에 대한 수사 및 기소에 대한 책임을 행정부에 귀속시키고 있다. 그래서 1870년 설치된 법무부는 공직부패와 화이트칼라범죄, 조직범죄를 비롯해서 연방의 법률위반한 범죄에 대해 수사를 수행하고, 기소하는 책임을 지고 있다. 그를 위해 미법무부는 연방검찰청(the Offices of U.S. Attorneys), 연방수사국(Federal Bureau of Investigation), 마약청(Drug Enforcement Administration), 이민귀화국(Immigration and Naturalization Service), 국경순찰(Bureau Patrol)을 비롯해서 법무부 형사국(the Criminal Division)을 포함 대략 39개의 부서와 기관들을 설치·운영하고 있다. 무엇보다 연방검찰청들은 해당 기관에 소속 수사관들을 두어 인지수사활동을 강화해 왔다. 그를 통해 연방수사기관 또는 주정부 수사기관이 관련 수사에 착수하도록 요청하기도 하고, 연방검사보들과 연방 수사관들이 공동 참여하는 수사팀(task force)을 구축하여 운영하기도 한다.171)

3. 기업사기범죄대책반

미국에서는 엔론사의 회계사기사건 등과 같은 기업사기 사건들로 인한 막대한 피해

---

168) http://www.manhattanda.org/office_overview/investigation/support; *Evaluation Report on the United States of America, 2003*, 19면.

169) 김재훈, "미국 지방검찰청의 조직운영과 수사실무", 법무부 해외연수검사논문, 2006, 22면~23면.

170) 표성수, 미국의 검찰과 한국의 검찰, 육법사, 2000, 98면.

171) 표성수, 위의 책, 103면.

가 발생함에 따라 2002년 7월 9일 대통령령(Executive Order) 제13271호로서 '기업사기범죄대책반(the Corporate Fraud Task Force)'을 설립하였다. 해당 기구의 설립목적은 주요한 금융범죄를 수사하여 기소하기 위한 연방정부와 주정부, 각 지방자치단체의 법집행 기관들이 노력을 강화하고, 범죄로 얻어진 수익을 환수하며, 금융범죄를 범한 자들에 대해 공정하고 효과적인 처벌을 보장하기 위한 것이다.[172] 해당 기구의 주요 기능으로는 첫째로, 증권사기, 회계사기, 통신판매사기(mail and wire fraud), 자금세탁, 조세포탈 및 영리법인, 그 경영진·임원·고문(professional advisers) 및 직원이 저지른 관련 금융범죄 사건을 효과적으로 수사하고 기소하기 위한 지침을 제공함으로써 법무부차관이 대통령령의 목적을 부합한 사건인지 여부를 결정하도록 하는 것이다.

둘째로, 주요한 금융범죄를 수사하고 기소하기 위해 법무부의 자원을 적절히 배분하고, 법령이 허용하는 최고 한도까지 범죄수익을 회수할 수 있도록 하고, 관련 범죄를 수사하고 기소하기 위한 협의체에서 최우선인 사안으로 결정된 것들 위해 법무부장관에게 권고안을 제공하는 것이다. 그리고 간혹 법무부장관을 통해 대통령에게 ① 주요 금융범죄를 수사하고 기소하는 경우 연방정부 부서 및 기관들 사이에 협조를 강화하기 위한 조치들, ② 주요 금융범죄에 대한 수사와 기소를 책임지는 연방정부나 주정부, 지방자치단체의 기관들간의 협조를 강화하기 위한 조치들, ③ 주요 금융범죄를 수사하고 기소하는데 있어 효율성 개선을 위한 법령이나 규칙, 정책의 변경 사항들, ④ 주요 금융범죄 및 그에 대한 수사와 기소 등과 관련되어 대통령이 긴급하게 필요하다고 할 수 있는 조치들에 관하여 의회 권고안들을 제출하는 것과 같은 업무 등도 수행하게 된다.[173]

4. 연방수사국

법무부 소속 수사기구인 연방수사국(the Federal Bureau of Investigation)은 연방법위반사건을 수사함으로서 미연방법률을 집행할 뿐 아니라 미국을 해외의 정보활동 및 테러리스트들의 활동으로부터 보호한다. 또한 연방정부와 주정부, 지방자치단체 및 국제기관들에 대해 지도력과 법집행을 위한 조언을 제공하는 임무도 수행하고 있다. 그러나 연방수사국은 지역의 경찰과는 개념이 구분되기 때문에 일반적인 경찰(police)이 아니고 미국의 연방법률을 집행하는 별도의 기구로서 모든 범죄가 아니라 연방차원의 형사법위반행위를 수사하기 위해 일반적인 수사권한을 가진 수사기구이다. 그를 위해 연방수사국의 수장인 연방수사국장(the Director)은 대통령이 지명하여 상원 인준을 받아 임명된다.[174] 연방수사국 본부는 워싱턴 D.C.에 위치하고 있으며, 그를 중심으로 56개 지부

---

172) 전승수, 「각국의 특별수사기구 연구」, 미래기획단 연구총서 Ⅳ, 검찰미래기획단, 77면.

173) 전승수, 위의 책, 78면.

174) 따라서 연방수사국장은 미법무부장관 및 차관의 지휘와 감독을 받게 되며, 법무부 내의 서열은

(field offices)와 400개 분사무소, 45개 해외주재관사무소를 두고 있고, 각 지부에는 특별부패수사반(specialized corruption squads)을 두고 있다. 연방수사국의 특별수사관과 전문지원인력은 법률, 회계, 공학, 전자, 재무 및 기타 여러 분야에 대한 전문 훈련을 받고 그와 관련된 경험을 축적하며, 그와 같은 특정분야에 대한 전문성에 대해서는 주기적으로 평가를 받고, 그와 관련해서 신규 채용 프로그램이 이루어진다고 알려져 있다.[175]

연방수사국 부서를 살펴보면, 마약범죄를 포함한 조직범죄, 공갈범, 자금세탁, 수배자 검거·교도소 탈주범·기소 회피를 위한 불법 도피·폭력조직·연쇄살인·유괴·은행강도 등 폭력범죄, 여러 주에 걸친 폭력 및 재산범죄, 인디언 보호구역의 범죄, 해외 거주 미국인 관련 범죄, 국유재산 절도범죄, 화이트칼라 범죄, 정부 대상 사기범죄, 공무원 부정부패, 선거법위반 범죄, 건강보험 사기범죄, 공민권 침해범죄 등에 대한 수사 등을 통합하고 조정하는 부서로서 범죄조사국(the Criminal Investigative Division)이 있다.[176] 그리고 범죄조사국 내에 금융범죄과(Financial Crimes Section)가 있는데 해당 과는 의료사기전담반(Health Care Fraud Unit), 정부사기전담반(Governmental Fraud Section), 금융기관사기전담반(Financial Institution Fraud Unit), 경제사범전담반(Economic Crimes Unit), 자금세탁전담반(Money Laundering Unit), 인터넷범죄신고센터(Internet Crime Complaint Center)로 구성되어 있다. 그에 따라 각 전담반에서는 의료보험사기, 기업사기, 정부사기, 통신판매사기, 수표사기, 유통증권사기 등을 포함한 화이트칼라범죄에 대한 수사 업무를 수행하고 있다.[177]

5. 국세청

미재무부 소속의 최대 규모 청으로서 국세청(Internal Revenue Service)이 있는데, 국세청은 연방세를 과세하거나 탈세단속업무를 담당하고 있다.[178] 국세청 내에 범죄수사부

부차관(Associate Attorney General)과 차관보(Assistant Attorney General)의 중간서열에 해당한다; 사법연수원, 미국의 형사법, 2003, 23면).

175) *Evaluation Report on the United States of America*, 2003, 15면.
176) 연방범죄는 18 U.S.C. 제1장 제2절 이하 제119절까지 약 600조에 걸쳐 규정되어 있다.
177) 김후곤, 「각국의 특별수사기구 연구(FBI 연구)」, 미래기획단 연구총서 Ⅳ, 검찰미래기획단, 135면.
178) 미국에 있어서 금융기관 보고의무는 고액현금거래보고(CTR), 국제지급수단이송보고(CMIR), 혐의거래보고(SAR), 해외금융계좌보고(FBAR) 등이 있는데, 고액현금거래보고는 1만 달러 이상의 현금거래가 행해지는 경우 국세청에 신고하는 것이고, 국제지급수단이송보고는 출입국시 1만 달러 이상 현금이나 금융수단을 소지하는 경우에 미국세관에 보고하는 것이며, 혐의거래보고는 5천 달러 이상의 금융거래 중 자금세탁의 의심이 있는 거래를 미국의 금융정보분석기구(FIU)인 FinCen에 보고토록 하는 것이고, 해외금융계좌보고는 외국 소재 은행에 1만 달러 이상 계좌를 보유하는 경우에 재무부에 보고하도록 하는 제도를 말한다.

(the Division of Criminal Investigation)를 설치하여 탈세, 자금세탁 및 은행비밀법(Bank Secrecy Act) 등과 같이 각종 연방세법을 위반한 사건을 전담해서 수사하도록 하고 있다.[179] 그를 위해 회계기록을 열람하고, 관계자 면담 및 체포영장을 집행할 수 있는 등의 업무를 수행하는 경찰력을 보유하고 있다.[180]

Ⅳ. 검사의 지위

1. 의 의

미국은 영국의 법체계를 계수하였으나 유럽의 영향과 식민지로서 가지는 내재적 요인들 때문에 영국 common law 제도상의 사소제도 대신에 공소제도를 채택함으로써 영국과는 달리 연방 및 주를 대표할 검사가 필요하게 되었다. 이러한 각 주의 검찰제도는 연방이 탄생되기에 앞서 약 2세기에 달하는 역사를 가지고 있으며, 영국으로부터 독립할 때에는 이미 지방검사제도를 가지고 있었다고 한다.

그러나 미국의 모든 제도가 경찰제도에서 본 것처럼 연방, 주 및 지방별로 다양하고 복잡하여 이해하기가 매우 어렵듯이 검찰제도도 예외는 아니어서 연방과 주 및 지방별로 설치배경과 근거, 선임방법과 기능 등에 있어 다양하기 때문에 한마디로 특징을 지울 수는 없고, 다만 구태여 표현한다면 U.S. Attorney General은 연방정부의, State Attorney General은 주정부의, 그리고 County나 City 등 지방정부수준에서는 그 칭호대로 District Attorney 혹은 District Prosecutor 또는 City Attorney 등이 각 형사절차에 있어서 소속 정부를 대표하는 최고법집행기관이라는 것뿐이다.

이러한 미국의 검사제도는 대륙법계 제도하의 검사와 달리 지방정부의 공무원으로서 정부의 다른 단계로부터의 감독을 받지 않으며, 관할내 최고의 법집행공무원으로서 거의 심사받지 않는 재량을 행사하는 대신, 대륙의 경우와 달리 임명직이 아니고 선거직인 것이 특징이다. 따라서 검사들은 임명에서부터 정치적인 고려가 개입되게 마련인바, 연방검사의 경우 정치적으로 선출된 대통령이 정치적 역학관계에 따라 지명하는 경우가 대부분이고, 주 검찰총장이나 지방검사도 선거에 의하여 선출되는 만큼 정당의 추천 등 정치적 영향을 크게 받게 되며, 선거에 의한 검사의 경우 선거구민의 여론으로부터의 영향을 벗어날 수 없는 것도 문제여서 이에 대한 비판과 개선의견이 적지 않다.

---

179) *Evaluation Report on the United States of America*, 2003, p.29.
180) 사법연수원, 미국의 형사법, 2003, 24면.

2. 연방검찰

(1) 검찰과 법무부의 관계

1798년 건국의회에서 제정한 사법제도에 관한 법률(The Judiciary Act)에 따라 연방의 검찰총장(Attorney General)과 각 지역의 연방검사들(U.S.Attorneys)이 임명되었으며, 초기 Attorney General의 임무는 연방대법원의 관할에 속하는 사건 중 연방정부가 관계된 민·형사사건의 소송을 수행하고 대통령이나 각 부처 장관의 요청에 따라 법률문제에 대한 의견을 개진하고 조언하는 것으로 상당한 독립성이 보장되었다. 이처럼 연방검찰기구의 설립초기 연방검찰청은 중앙기구의 특별한 지휘·감독을 받지 아니하였으나, 남북 전쟁후 중앙집권의 강화로 1870년 법무부설치에 관한 법률(An Act to establish the Department of Justice)에 따라 연방 법무부가 신설되면서 Attorney General은 내각의 일원이 되기에 이르렀으며, 연방검사에 대한 광범위한 지휘·감독권을 행사하게 되었다[181]고 한다.

우리나라의 법무부장관 겸 검찰총장의 기능을 수행하고 있는 연방 법무부장관(Attorney General)은 상원의 동의를 얻어 대통령이 임명하는데, 집권당의 유력 변호사 중에서 임명되는 것이 관례라고 한다. 이러한 연방 법무부장관(검찰총장)은 연방 법무부(Department of Justice: DOJ)의 장으로서 또한 연방정부 제1의 집행관으로서 법무부 직원 및 연방검찰청을 비롯한 산하기관 전부에 대하여 지휘·감독권을 행사하고, 특히 일반적 지휘·감독권 외에 구체적인 사건에 대한 지휘권도 행사할 수 있으며, 법률문제에 대하여 미 연방정부를 대표하는데, 법무부장관 산하에는 연방검찰은 물론 연방수사국(FBI), 마약청(DEA), 이민국(INS) 등의 수사기구들이 있다. 또 연방법무국에는 소관업무를 처리하는 부서가 설치되어 있는데, 그중 형사국(Criminal Division)에서 법무부장관의 일반적 감독과 법무차관의 지휘에 따라 연방정부와 관련된 모든 민사·형사·행정사건 업무를 수행하며 연방검찰에 대한 지휘·감독업무를 수행하고 있다.[182]

(2) 연방검찰청

연방검찰청은 1789년의 사법조직법(The Judiciary Act of 1789)에 설치되기 시작하였으며, 연방검찰청(U.S. Attorney's Office)은 미국 50개주, Washington D.C., 괌(Guem), 푸에르토리코(Puerto Rico), 북마리아나 군도(Nothern Mariana Islands) 등 3개 속령을 포함한 미국 전역을 94개의 권역으로 나누어, 대개 주별로 1개의 검찰청을 두었으나, California와 Texas와 같은 큰 주에는 4개의 연방검찰청이 설치되었으며, 각 연방검찰청

---

181) Bill Isaeff 외 3인, *The Attorney General*(소병철 역), p.77.

182) 미국형사법, 사법연수원, 16 – 17면.

에는 각 1명의 U.S. Attorney[183]를 임명함을 원칙으로 하나, 괌과 북마리아나 군도의 2
개 청은 1명이 겸직하여 모두 93명의 U.S. Attorney가 임명되어 있다. 이러한 연방검사
들은 대통령이 임명하되 상원의 동의를 얻어야 되며(28 U.S.C. § 541), 임기는 4년이고,
그 밑에 수 명 내지 수십 명의 연방검사보(Assisant U.S. Attorney)들이 있다(예컨대 로스
앤젤레스의 경우 250명, 샌프란시스코의 경우 80여명, 새크라멘토의 경우 43명). 다만, 임명에
있어서 검사로서의 경력·능력을 중시하는 것은 사실이지만, 정치적 성향·대통령과의
관계 등 정치적 고려도 중요한 요소로 작용하므로 연방검사들은 전통적으로 임기와 관
계없이 대통령의 요구에 의하여 사임하고, 대통령이 교체될 경우 함께 바뀌며 대개의
연방검사들은 대통령과 정당을 같이 하고 지방의 상·하원의원의 천거로 임명된다.[184]

　연방검사보들은 민사·형사·항소·특별 등 여러 부서(Division)로 나누어져 있고, 각
부서는 또 몇 개의 작은 단위부서(Unit)로 나누어지며, 각 부서에는 우리나라의 차장검
사·부장검사에 해당하는 중간책임자들이 있는데, 연방검사의 추천으로 법무부장관이 임
명하고(28 U.S.C. § 542) 연방검사의 지휘·감독을 받아 직무를 처리한다[185]고 한다. 이
러한 연방검사보는 변호사의 자격을 갖추고 지방검찰이나 다른 정부기관 또는 법무법인
에서 2-3년간 근무한 경력이 있는 사람들을 선발하는 것이 보통인데, 검사보의 임기에
는 특별한 제한이 없으며 신분보장의 제도도 없다고 한다. 따라서 특별한 문제가 없으
면 사실상 본인이 원하는 기간동안 오래 근무할 수 있으나, 장기간 검사보로 근무하기
보다는 자신의 입지향상을 위한 발판의 목적으로 검사보로 지원하는 젊은 법률가들이
많아 이직율이 높으며, 경력 검사보들이 많지 않다는 것이 문제점으로 지적되고 있
다.[186] 따라서 미국 검사(보)들은 검사직을 일정한 수입을 가지면서 법률실무경험을 쌓
고 또한 재직 중에 중요한 사건을 성공적으로 처리함으로써 세평을 얻어 보다 높은 공
직, 즉 법관이나 정치적 지위에 진출하는 발판으로 삼기 위한 수단으로 보는 경향이 있
다[187]고 한다. 다만 연방검사보는 독립한 소추기관이 아니며, 그의 법적 신분은 우리나
라의 검사와는 달리 연방검사의 보좌기관에 불과하므로 공소유지 등 대외적인 소송행위

---

183) U.S. Attorney를 직역하면 연방검사이나, 한국과 비교하면 연방검사는 주의 크기에 따라 각 주
　　당 1명 내지 4명만이 있을 뿐이므로 '연방검찰청 검사장'이라고 번역하는 것이 우리의 감각에
　　맞는다. 오히려 Assistant U.S. Attorney(검사보)를 연방검사(한국의 차장검사 이하의 검사에 해
　　당)라고 보는 것이 쉽게 이해가 되지만, 여기서는 U.S. Attorney를 일반적인 용어인 연방검사
　　로 호칭하기로 한다.
184) Yale Kamisar 외 2인, Mordern Criminal Procedure, 7th ed. West Pub. Co.(1991), p.824.
185) 미국의 검찰제도(Ⅲ), 법무부(1996), 115면.
186) John E. Jacoby, *The American Prosecutor: A Search for Identity*(신배식 역), 서울지방검찰
　　청(1995), 56-57면.
187) 미국의 검찰제도(Ⅰ), 법무부(1994), 228면·332면.

는 원칙적으로 연방검사의 명의로 수행되고, 연방검사보는 공소장에 부서만을 하고 있다.

　　U.S. Attorney's Office는 연방법 위반 등 소관 형사사건의 소추 및 연방항소법원의 공판관여, 연방정부의 권익을 대표한 소송수행, 벌금 징수 업무 등을 담당한다. 실제 취급 사건의 대부분은 마약 및 조직범죄사범과 소위 White colour범죄에 국한되고 있으며, 주로 은행사기(bank fraud), 증권사기(securities fraud), 신용카드이용사기, 파산사기(bankruptcy fraud), 조세포탈(tax evation) 등 전통적인 지능범죄와 환경범죄(environmental crimes)가 그 대상인데, 연방검찰청에서 취급하는 사건들은 대부분 FBI·DEA 등 법무부 산하 수사기관과 IRS·EPA·U.S. POSTAL SERVICE·U.S. SECRET SERVICE 등 연방정부의 SPECIAL AGENT로부터 송치받은 사건들이다.[188] 연방검사는 각자의 관할구역 안에서 최고의 법집행관으로서 다수 수사기관들의 수사에 조정책임을 진다.

3. 주 또는 지방의 검찰

　　대부분의 州에서 State Attorney General(주검찰총장 또는 주법무장관)은 공선되지만, Alaska·Hawaii·New Hampshire·New Jersey·Pennsylvania 및 Wyoming州에 있어서는 주지사(governor)에 의해 임명되고 Maine州는 입법부가 그리고 Tenesee州는 대법원이 각 State Attorney General을 임명하며, State Attorney General'Office(주대검찰청)도 Montana·Nebraska 및 South Dakota州 등과 같이 4명 이하의 검사를 두고 있는 곳부터 New York州의 462명에 이르기까지 그 인원구성이 다양하다고 한다.[189]

　　지방검찰은 각주의 County단위로 설치된 District Attorney's Office를 의미하는데, District Attorney는 지방검사를 지칭하며, 관할구역내에서 연방검찰의 관할이 아닌 일체의 형사사건과 County관련 민사사건을 처리하며 County정부에 대한 법률자문을 해주고 있으나, 대체적으로 형사사건의 처리보다 지방정부와 주민을 위한 법률서비스의 제공이 중심이다.[190] 구체적으로 보면 지방정부를 대리하여 당사자로서 소송을 수행하는 외에 소비자권리보호, 환경보호 등 공공의 이익을 수호하기 위한 업무와 법집행 업무를 담당

---

188) 김종구, 「형사사법개혁론 – 새로운 패러다임의 비교법적 모색 –」, 법문사, 392면.

189) Waldron, Ibid, pp.215–216.

190) LA 카운티 검찰청의 경우 관내 14개 경찰관서로부터 연간 약 7만건의 중범죄와 11만건의 경범죄를 송치받는데, 모든 사건은 기소평가부로 접수되어 사건의 종류에 따라 처리부서가 배당된다. 일반 형사사건은 기소평가부 소속 기소전담 검사가 경찰이 가져온 사건과 증거관계를 보고 즉시 판단하여 기소(File), 불기소(Reject), 추가수사(Further Investigation) 등을 결정하며, 중요사건 전담 특수부서(중요범죄수사부(Major Crime), 공직수사부(Public Integrity), 마약수사부(Narcotics), 성범죄부(Sex Crime) 등) 관련사건은 해당 부서로 사건을 배당하고, 담당경찰관이 직접 주임검사를 찾아가 사건내용을 보고하고 처리방향을 상의한다. 현재 검사 1,000여명(인구 1,000만), 검찰수사관 약 350여명이 근무하고 있으며, 검사장은 선거(4년 임기)로 선출된다.

하며 주의 법률서비스에 있어서 이를 통합하는 기능을 수행한다고 한다. 이러한 지방검
사는 알래스카 등 몇 개의 주를 제외하고는 대부분 주민들의 선거에 의하여 선출되
며,191) 지방검사는 County의 예산 범위내에서 Deputy District Attorney를 임명하는데,
이들은 연방검사보와 마찬가지로 지방검사의 명을 받아 검찰업무를 취급하며, 법률상 소
송행위가 원칙적으로 검사의 명의로 이루어지므로 검사의 보좌기관이다.

　　흔히 우리나라의 검찰은 수사를 하는데 비하여 미국 검찰은 수사를 하지 않는다는
도그마가 있으나, 이는 잘못된 것으로 양국의 양태는 비슷한 것으로 볼 수 있다. 즉, 미
국의 경우 피의자의 진술거부권, 변호인의 조력을 받을 권리 등 헌법에 근거한 기본권
이 발달하여 수사단계에서 수사기관에 의한 피의자신문(피의자가 자발적으로 응하는 경우
를 제외하고는)은 거의 불가능하다. 따라서 수사단계에서의 수사는 참고인 인터뷰, 물적
증거조사에 그치며 더구나 구속사건의 경우 48시간 이내에 피의자를 법원에 출석시켜야
하기 때문에 검찰의 수사는 시간적 한계가 있을 수밖에 없고, 법정출석후 기소사실인부
절차(Arraignment)에서 기소사실을 부인하면(대부분의 경우 일단 부인한다고 함) 검사와 변
호인의 협상절차(Plea Bargain)로 가게 되는 바, 원래 사건이 수사미진인 경우 장기간에
걸쳐 협상이 진행되면서 이후의 필요한 수사는 자연히 검사의 몫이 된다고 한다.192) 따
라서 연방 및 지방검사가 진행하는 주요직무의 내용은 관할 범죄에 대한 소추를 독점하
여 기소·불기소 결정권 및 공소유지를 담당하면서, 지정사건에 대하여 직접 수사를 하
고, 개별사건 수사를 협의하는 과정에서 경찰의 수사방향과 증거수집 등에 대하여 실질
적인 수사지휘를 하는 것이다. 다만, 검사가 예외적으로 수사를 개시할 필요가 있는 경
우에도 우리나라와 같이 스스로 수사를 개시하지는 않으며, 다른 수사기관에 수사를 요
청하거나 대배심 등의 수사기관을 활용하고 있을 뿐이다.

　　그런데 미국의 검사가 직접 수사에 나서지 않은 배경에는 첫째, 미국은 형사사법절
차에 있어서 공판중심주의를 택하고 있어 수사관이 직접 법정에서 증언을 하게 되는 경
우가 허다하며 만일 검사가 직접 수사를 하였을 경우 검사가 공소관이면서 동시에 증언
을 하게 되는 모순으로 귀착되고 이것은 명백히 불합리하며,193) 둘째 공판중심주의 구
조상 공판은 사건의 실체를 가리는 유일한 장이므로 검사들은 공판준비에 전력을 기울
이게 되는데, 미국의 증거법과 공판절차는 복잡하고 중첩적으로 구성되어 있어 공판에
임하는 검사는 어렵고 지루한 과정을 감내하여야 할 뿐만 아니라 각별한 노력을 필요로

---

191) 45개 주에서는 지방검사를 주민들의 선거로 선출하며, 2개 주만 주지사 등이 임명하는데, 선거
　　직의 경우 임기는 4년으로 연임이 가능하다(표성수, 미국의 검찰과 한국의 검찰, 육법사(2000),
　　44면).
192) 미국의 검찰제도(Ⅰ), 앞의 책, 261면.
193) 미국의 검찰제도(Ⅰ), 앞의 책, 52·54·262면 참조.

하므로 현실적으로 검사는 1차적인 수사를 경찰 등 다른 기관에 맡기고 공판에 노력을 집중할 수밖에 없으며,194) 셋째 검사가 직접 사건수사에 관여할 경우 준사법적 업무수행에 따르는 절대적 면책이 부정되고 손해배상책임을 부담하는 경우가 생길 수 있는데,195) 일반적으로 검사의 업무 중 기소와 관련된 부분은 준사법적 성격이 널리 인정되므로 손해배상에 관하여 절대적 면책이 인정되나 수사에 관한 업무는 경찰의 수사행위와 마찬가지로 민사책임에 노출되어 있어서196) 검사들이 직접 수사를 꺼리는 것은 당연하고,197) 넷째 형사절차상 검사에게는 판사와 같이 소환대상자에게 법적인 출두의무를 부과하는 소환방법이 부여되어 있지 아니하므로 굳이 직접수사를 원한다면 대배심의 subpoena를 활용할 수밖에 없으며,198) 다섯째 검사에게 한 진술이나 경찰관에게 한 진술이 증거법상의 취급에서 아무런 차이가 없다는 것199) 등 궁극적으로 혐의자, 참고인들에 대한 조사를 토대로 사건의 실체적 진실을 가리는 것은 검사의 몫이라기보다는 법

---

194) 지방검사협의회(National District Attorneys Association)의 기소기준(National Prosecution Standards, 이하 'NDAA의 기소기준'이라고 약칭) p.51.

195) NDAA의 기소기준 p.41 · p.111.

196) 미국 연방대법원은 Imbler v. Pachtman사건(Imbler v. Pachtman, 424 U.S. 409, 96 S.Ct. 984, 47 L.Ed.2d 128(1976))에서 근거없는 소송으로 괴롭힘을 당하게 되면 검사의 노력이 낭비되어 그 의무를 다하기 어려워지고, 검사가 공공의 신뢰에 의해 요구되는 대로 독립적인 판단을 하기보다는 이러한 소송으로 인해서 판단에 영향을 받을 우려가 있다는 점을 근거로 검사를 상대로 민사소송이 제기된 경우에 절대적 면책이 인정된다고 판시하면서, 그 근거로 검사가 의도적으로 헌법상의 권리를 침해했을 때에는 형사기소를 당할 수도 있고, 징계에 회부될 수도 있기 때문이라는 점을 들고 있다. 다만 Imbler사건에서 연방대법원은 면책은 검사의 행위가 "형사절차에 있어서 사법적 단계와 밀접한 관련이 있는 경우" 예컨대 "공소의 제기나 공소유지"가 이에 해당한다고 보면서, 이러한 면책이 검사가 "법률가라기보다는 행정관이나 수사관의 역할을 담당하는 경우에도 적용되는 것인지는 판단하지 않았다"고 덧붙였는데, 그 후 연방대법원은 검사가 체포에 필요한 상당한 이유가 있는지 여부에 대하여 경찰에 법률적인 조언을 할 때(Burns v. Reed, 500 U.S. 478, 111 S.Ct. 1934, 114 L.Ed.2d 547(1991)), 혐의자를 체포할지 결정하기 위해서 수사를 할 때(Buckley v. Fitzsimmons, 509 U.S. 259, 113 S.Ct. 2606, 125 L.Ed.2d 209(1993)), 영장을 발부받기 위해서 제시한 기초사실이 진실한 것이라고 선서할 때(Kalina v. Fletcher, 522 U.S. 118, 118 S.Ct. 502, 139 L.Ed.2d 471(1997))에만 면책이 인정된다고 판시하였다.

197) NDAA의 기소기준 p.111 · p.114.

198) 실제 대부분의 주에서는 검사의 subpoena발부권을 부정하나 Florida, North Dakoka주에서는 검사에게 직접 subpoena를 발부하는 권한을, Kansas주에서는 법원의 통제하에 특정한 범죄에 대하여만 이를 발부하는 권한을 검사에게 부여하고 있다(NDAA의 기소기준 pp.121－122)고 한다.

199) 미국의 검찰제도(Ⅲ), 앞의 책, 52면.

정에서 배심 또는 판사가 담당할 수밖에 없도록 형사사법제도와 절차가 맞추어져 있는 점에 기인한다고 한다.

실무적으로도 피의자에게는 자기부죄금지원칙과 묵비권이 인정되므로 공소관인 검사 앞에서 피의자가 스스로 불리한 진술을 하지 않게 마련이며 변호인 또한 그러한 진술을 거부하도록 조언하므로 실제 피의자를 상대로 하는 수사가 이루어질 수 없다[200]고 한다. 즉 미국은 철저한 공판중심주의와 당사자주의 소송구조를 가지고 있기 때문에 거의 모든 증거는 최종적으로 법정에 직접 제출해야 하며, 공판중심주의의 특성상 현출된 피의자의 자백이나 진술조서 등 서증이 Miranda 법칙이나 Hearsay Rule 등에 의하여 거의 무용지물이 되므로 검사가 수사기관이 확보한 증거를 다시 조사하거나 조서를 작성하는 것은 거의 의미가 없게 되는 것이다.[201] 따라서 미국의 검사들은 피의자나 참고인을 정식으로 조사하지 아니하고 증언이 예정된 참고인들을 미리 인터뷰하여 그 신빙성을 점검하는 정도에 그치는 것이 보통이라고 한다.[202] 물론 수사기관이 혐의자를 수사의 객체로 인정하여 피의자신문 등의 수사를 할 수 없다는 사실과 실제 이러한 수사가 이루어지고 있는 것은 별개의 문제이다. 미국의 경우 경찰이 피의자를 상대로 강제로 피의자신문을 할 수 없지만 피의자가 경찰의 요구에 따라 임의로 피의자신문에 응하거나 진술서를 작성하여 주고 법정에서 검사가 제출하는 이러한 서면자료에 대하여 이의를 제기하지 않는 경우 이를 증거로 사용하는 것은 널이 인정되는 입증방식이기 때문이다.

4. 검사의 권한

(1) 수사권

영미법계 국가에서 수사는 기본적으로 경찰이 하지만, 미국의 경우 검찰이 직접수사(기능)를 하는 법규정이 많이 존재하고 있다. 예컨대 미국 연방 검찰의 직제[203]와 기능을 자세히 검토해 보면, 연방 검찰의 형사국(Criminal Division)이 연방 범죄[204]들의 수사와 기소를 담당하고 있는데, 실무상으로 많이 접할 수 있는 대표적인 연방범죄로는

---

200) 미국의 검찰제도(Ⅱ), 앞의 책, 54면.

201) 김종구, 앞의 책, 398면.

202) 표성수, 앞의 책, 98면.

203) 미 연방 법무부의 상세한 직제에 관하여는 미 연방 법무부 홈페이지 참조
(<http://www.justice.gov/agencies/index-list.html>).

204) 연방범죄로는 (i) 반역, 간첩 등 연방의 존립을 위태롭게 하는 범죄, (ii) 수뢰, 공무집행방해 등 연방공무원의 범죄, (iii) 범죄지가 2개주 이상에 걸쳐있는 범죄, (iv) 마약사범 등 공중보건 위생에 관한 범죄, (v) 독점금지법 위반, 파산법 위반 등 주요 경제사범, (vi) 관세사범, 출입국관리사범, (vii) 해상범죄 등이 있다.

조직범죄, 마약유통범죄, 부정부패범죄, 사기범죄, 은행강도 등이 있다. 한국의 수사권조
정 찬성론자 대부분은 '미 연방 검찰은 독립된 수사권한이 없고, 오로지 공소유지 기능
만 담당한다'고 평가하지만, 국내에서 널리 알려진 바와는 달리, 미 연방 검찰의 중요한
기능 중 하나가 바로 수사(Investigation)기능이다.

예컨대 뉴욕 맨해튼을 관할하는 뉴욕남부 연방검찰청(U.S. Attorney's Office of Southern
District of New York)의 형사국은 테러 및 국제마약범죄(Terrorism and International
Narcotics) 수사부, 증권 및 상품사기(Securities and Commodities) Task Force, 복잡한 형
태의 사기사건을 관할하는 Complex Fraud Unit, 조직범죄(Organized Crime) 수사부, 공
직자 부정부패(Public Corruption) 수사부 등을 둠으로써 특정한 유형의 범죄들에 대해서
는 소추 기능뿐만 아니라, 수사권한을 가지고 있음을 명백하고 하고 있다. 즉, "형사국
은 증권범죄, 국내 및 국제 마약범죄, 테러범죄, 조직범죄, 공직자 부패범죄...등의 범죄
에 관하여 수사 및 소추권한을 가진다"는 점을 밝히고 있다.[205]

【표 3-6】 미국 검찰의 직접수사 사례

미국 검찰, 엑손모빌 '기후변화 왜곡' 여부 수사[206]

기후변화 영향 왜곡해 유리한 투자환경 조성했는지가 초점

(뉴욕=연합뉴스) 이강원 특파원 = **미국 뉴욕 주 검찰이 미국 최대 에너지기업인 엑손모빌이 기후변
화의 영향을 사실과 다르게 조작해 투자 유치에 유리한 환경을 만들었는지를 수사하고 있다**고 5일
(현지시간) 뉴욕타임스가 보도했다.
이와 관련, 에릭 슈나이더 뉴욕 주 법무장관[207]은 전날 압수수색 영장을 발부받아 엑손모빌 쪽에
그간 회사가 해온 기후변화 관련 금융자료 전반을 제출하라고 요구했다.
**뉴욕 주 검찰이 수사하는 대상은 엑손모빌이 화석연료 사용에 따른 기후변화의 영향을 왜곡한 보고
서를 만들어 투자 유치에 유리한 여건을 조성했는지다.**
이에 따라 뉴욕 주 검찰은 1970년대 후반부터 엑손모빌이 기후변화의 영향을 연구하는 각종 과학
적 연구에 반대하거나, 이들 연구의 결과를 왜곡하려 부당한 자금을 지원했는지를 집중적으로 캐고
있다.

---

205) The Division **investigates** and prosecutes crimes, including: financial and securities
    fraud; domestic, international, and narco-terrorism; cyber crime; international and
    traditional organized crime; RICO enterprises; international drug cartels; domestic drug
    trafficking organizations; violent street gangs; public corruption at the local, state and
    national level; tax evasion and fraud; sex trafficking; credit card fraud; identity theft; and,
    "immigration fraud."; 뉴욕남부 연방검찰청 홈페이지 참조<http://www.justice.gov/usao/nys/
    divisions.html>).

실제로 엑손모빌은 1970년대 후반부터 진행된 각종 주요 기후변화 관련 과학적 연구에 막대한 자금을 지원한 뒤 연구 결과 보고서를 투자자들에게 제공해왔다.
따라서 **뉴욕 주 검찰은 엑손모빌이 투자자들에게 제공한 보고서가 어떤 방식으로 기후변화의 영향을 왜곡했는지도 수사하고 있다.**
엑손모빌에서 대외 업무를 맡은 케네스 P. 코언 부회장은 "**뉴욕 주 검찰로부터 영장을 받았으며,** 이에 대한 대처 방안을 논의하고 있다"면서 수사를 받고 있다고 시인했다.
그러나 그는 "엑손모빌이 기후변화의 영향을 왜곡하려 시도했다는 주장은 명백히 잘못됐다"고 부인했다.
이와 관련, **뉴욕 주 검찰은 최근 2년 전부터 미국 최대 석탄생산업체인 '피바디 에너지'를 상대로 엑손모빌에 적용한 것과 같은 혐의로 수사를 벌이고 있다**고 뉴욕타임스는 전했다.

주 검찰청 역시 대부분의 중요한 사건들에 대해서는 직접 수사기능을 담당하고 있다. 예컨대 뉴욕의 브룩클린 지방검찰청의 경우에는 부패사범 수사부(Corruption Bureau), 마약수사부(Major Narcotics Investigation Bureau), 조직범죄수사부(Gang Bureau), 자금세탁수사부(Money Laundering Bureau), 중요사기범죄 및 방화사범 수사부(Major Fraud and Arson Bureau) 등을 두고 있다. LA 카운티 검찰청 수사국의 경우도 약 300여명의 검찰수사국이 연간 약 3,000건의 복잡한 사건을 직접 수사하고 있으며, 쿡카운티 검찰청 수사국에서는 약 120명의 검찰수사관이 경찰이 수사하지 않는 공직비리, 선거범죄, 복잡한 금융범죄 등을 수사한다고 웹사이트에 명시하고 있다.[208]

하버드 로스쿨에서 발간하는 자료에 따르더라도, 미국 연방 검사는 기소 및 공소유지 권한 외에도 직접 수사기능을 담당하고 있음이 명백하며,[209] 실무에서도 활성화되어 있다.[210]

---

206) 연합뉴스 2015. 11. 6.(미국 검찰, 엑손모빌 '기후변화 왜곡' 여부 수사).

207) 미국은 법무장관이 검찰총장을 겸임하고 있다.

208) Cook County State's Attorney. **Investigations Bureau.**

The Investigations Bureau consists of more than 120 sworn officers who provide investigative and logistical support to Assistant State's Attorneys in their preparation and presentation of cases. Investigators also complement and supplement local law enforcement efforts by providing them with investigative assistance, expertise and technical resources. Working with prosecutors in the Criminal Prosecutions and Special Prosecutions Bureau, Investigators also launch investigations of very specialized crimes that may not be handled by other law enforcement agencies, such as official misconduct, public integrity, election fraud, child support, and complex financial crimes.

209) Harvard law school, "*The Fast Track to a U.S. Attorney's Office*"(2008), p.3.

210) 캘리포니아 항소법원 판례, Pearson v. Reed, 6 Cal.App.2d 277, 286 (Cal.App. 1935): "검사

【표 3-7】 법무부 연방 검사 직무규정

U.S. Attorney's Mannual
9-2.010조 수사(Investigation) **연방검사는 해당 관할 구역에서 최고 법집행기관으로서, 적절한 연방수사기구 등에 대하여 연방법 위반 사건의 수사를 개시할 것을 명할 수 있다.** 이 경우 해당 사건의 수사는 통상 연방 검사가 직접 감독하는 것이 아닌 해당 연방수사기구 자체 적으로 수행을 한다. 수사를 명받은 수사기구가 적절한 기한까지 사건수사결과보고를 하지 않는 경우, 법무부 형사부의 협조를 요청할 수 있다. 이 경우 연방검사는 해당 수사기구 등으로 하여금 수사팀을 편성하여 수사 하도록 할 수 있다.211) 연방검사의 수사에는 대배심이 이용될 수 있는 바, 이 경우 관할 수사기구 등과의 상의 후에 사건 을 공개할 수 있다.212)

▶ 전국검사협회 표준검찰규범(National Prosecution Standards, Third Edition (2009), p.44). 3-1.1 Authority to Investigate: "검사는 범죄혐의에 관한 수사를 개시하는 데 있어서 재량권 이 있어야 한다."213)

▶ 연방법 규정(28 USC §547)214): '수사한 결과' 형사절차를 진행하는 것이 정의에 부합하지 아

는 수사에 관해서 무제한적인 권한을 가지며, 그것은 그의 자유재량에 달려있다."

211) The United States Attorney, <u>as the chief federal law enforcement officer</u> in his district, is <u>authorized to request the appropriate federal investigative agency to investigate</u> alleged or suspected violations of federal law. The federal investigators operate under the hierarchical supervision of their bureau or agency and consequently are not ordinarily subject to direct supervision by the United States Attorney. If the United States Attorney requests an investigation and does not receive a timely preliminary report, he may wish to consider requesting the assistance of the Criminal Division. In certain matters the United States Attorney may wish to request the formation of a team of agents representing the agencies having investigative jurisdiction of the suspected violations.

212) <u>The grand jury may be used by the United States Attorney to investigate</u> alleged or suspected violations of federal law. Unless circumstances dictate otherwise, a grand jury investigation should not be opened without consultation with the investigative agency or agencies having investigative jurisdiction of the alleged or suspected offense.

213) <u>A prosecutor should have the discretionary authority to initiate investigations of criminal activity in his or her jurisdiction</u>. The exercise of this authority will depend upon many factors, including, but not limited to, available resources, adequacy of law enforcement agencies' investigation in a matter, office priorities, and potential civil liability.

니한다고 보일 때에는 벌금의 징수, 처벌의 부과, 범죄수익의 환수 등의 절차에 나아가지 않을 수 있다는 규정도 검사의 수사기능을 예정한 규정이다.

▶ 미국 변호사협회(American Bar Association)의 '검사의 기능에 관한 형사절차 기준'(Criminal Justice Standards for Prosecution Function) 검찰의 수사기능을 명백하게 규정하고 있다.[215]

【표 3-8】 검사의 기능에 관한 형사절차 기준(2017)

3-1.2	[검사의 기능과 의무] (b) 검사의 최우선 의무는 단순히 기소를 함에 있는 것이 아니라 법의 범위 내에서 정의를 구현하는 것이다. (Functions and Duties of the Prosecutor) (b) The primary duty of the prosecutor is to seek justice within the bounds of the law, not merely to convict.
3-2.3	[수사자원과 전문가지원] 검사가 업무를 함에 있어서는 검사의 수사를 위해 필요한 자금이 충분히 지원되고 수사관을 고용하고 기타 포렌식 등 관련 전문가를 고용할 수 있는 충분한 지원이 이루어져야 한다. (Investigative Resources and Experts) The prosecutor should be provided with funds for qualified experts as needed for particular matters. When warranted by the responsibilities of the office, funds should be available to the prosecutor's office to employ professional investigators and other necessary support ersonnel, as well as to secure access to forensic and other experts.

---

214) 28 USC § 547.

Except as otherwise provided by law, each United States attorney, within his district, shall—

(1) prosecute for all offenses against the United States; (중략)

(4) institute and prosecute proceedings for the collection of fines, penalties, and forfeitures incurred for violation of any revenue law, <u>unless satisfied on investigation that</u> justice does not require the proceedings;

215) ABA, Fourth Edition(2017) of the CRIMINAL JUSTICE STANDARDS for the PROSECUTION FUNCTION.

3-4.1	**[검사의 직접수사기능]** **(a) 검사가 직접수사를 함에 있어서는, 검사는 '검사의 수사에 관한 기준'을 숙지하 여야 한다.** **(b) 검사가 직접수사를 함에 있어서는, 불법적으로 또는 비윤리적인 방법으로 증거 를 수집하여서는 안 된다.** (Investigative Function of the Prosecutor) (a) When performing an investigative function, prosecutors should be familiar with and follow the ABA Standards on Prosecutorial Investigations. (b) A prosecutor should not use illegal or unethical means to obtain evidence or information, or employ, instruct, or encourage others to do so. Prosecutors should research and know the law in this regard before acting, understanding that in some circumstances a prosecutor's ethical obligations may be different from those of other lawyers.

〈실무 규정〉

▶ 뉴욕(맨해튼) 지방검찰청 책자소개: to investigate and prosecute[216]

▶ 대배심(The Grand Jury)을 이용한 직접수사기능: 미국 검찰의 직접수사기능은 대부분 대배
심과 그에 부여된 Subpoena Power에 의하여 이루어진다.[217] 왜냐하면 대배심 절차를 이용
할 경우 경찰 단계에서는 불가능한 여러 가지 이점이 있기 때문이다. 첫째, 연방검사는 제한 없
이 수사의 개시와 진행을 할 수 있다는 점, 둘째, 증인소환명령(Subpoena Ad Testificandum)과
증거제출명령(Subpoena Duces Tecum)이 증언과 증거제출을 강제한다는 점, 셋째, 증언에
대한 면책(Immunity)이 부여된다는 점, 넷째, 연방 대배심의 경우에는 전문법칙(Hearsay)의
제한을 받지 아니한다[218]는 점 등이다.

(2) 기소(소추)권

미국의 경우에도 검사는 기소에 대한 광범위한 재량권을 가진다. 즉, 미국의 검사들
은 형사범죄에 해당하는 행위에 대하여 이를 기소할 것인가의 여부뿐만 아니라 어떤 죄
명으로 기소할 것인가를 재량에 의하여 결정하고 있다. 또는 검사는 단순히 범죄자를

---

216) 뉴욕(맨해튼)지방검찰청을 소개하는 책자를 보면 "The Office of the District Attorney of the
County of New York has the responsibility and authority to investigate and prosecute
crimes in the borough of Manhattan"(맨해튼 검찰은 범죄를 수사하고 공소를 제기하는 업무
를 수행한다)라고 기재되어 있다(New York County District Attorney's Office, *Criminal
Justice in New York County*, 2015, p.1).

217) 미 연방 대배심 절차를 규정한 것으로는 Federal Criminal Procedure §§ 8.1-8.15 참조.

218) United States v. Calandra, 414 U.S. 338 (1974).

불기소하는 이외에 형벌 이외의 대체수단 등 여러 가지 조건을 부과할 수 있고, 유죄인 부협상(plea bargaining)의 제도가 공식화되어 있어 기소·불기소의 결정, 기소의 범위, 선 고형의 추천 등에 관하여 혐의자와 협상을 벌일 수 있으며, 일단 기소한 경우에 이를 취 소할 수도 있는 등 그 재량의 범위와 정도가 어느 나라의 검찰에 못지않게 크다.

물론 사법관(judicial officer)에게 설명하거나 그의 승인을 얻지 않고 기소하지 않을 수 있다고 하더라도 일정한 단계가 진행된 경우에는 상황이 달라질 수 있는데, 대부분 의 경우 대배심기소(indictment) 또는 검사기소(information)가 진행된 이후에만 법원에게 그러한 사유를 설명하거나 승인을 받도록 하고 있다. 일부 관할의 경우에는 예비심문 (preliminary hearing) 단계를 거친 이후에 그러한 제약을 두고 있는 곳도 있으나, 이러한 철회는 법원에서 거의 형식적으로(perfunctorily) 승인되고 있다고 한다.

한편, 연방사건의 경우 검사는 법원의 허가(by leave of)를 받은 경우에만 대배심기 소, 검사기소, 고발(complaint) 등을 철회(dismissal)할 수 있으며, 특히 공판 중에는 피고 인의 동의가 없으면 철회할 수 없도록 규정하고 있다.[219] 이처럼 연방대법원이 철회에 대한 제한을 두는 주된 목적은 피고인이 소추로 인하여 괴로움을 당하지 않도록 하기 위한 것으로, 예를 들면 입건·철회·입건 등을 반복하지 못하도록 하기 위한 것이라고 한다.[220]

그런데 미국의 경우 연방소송형사규칙(Federal Rules of Criminal Procedure, Amended Dec. 1. 2003)[221]에 의하면, 피의자에 대한 수사가 종결된 경우 피의자는 크게 두 가지 형태로 소추될 수 있는데, 첫째, 중죄(felony)[222]의 경우에는 원칙적으로 대배심(grand jury)에서 소추하되(prosecuted by an indictment), 피의자가 대배심에 의하여 소추되는 것 을 포기하는 경우에는 검사가 기소할 수도 있으며,[223] 둘째, 경죄(misdemeanor)[224]의 경

---

219) Federal Rules of Criminal Procedure(이하 F.R.Crim.P. 이라고 한다) § 48(b).

220) Wayne R. LaFave외 2, *Criminal Procedure*, 3rd. ed., p.677−678.

221) 연방대법원은 1945년 연방의회의 권한위임에 따라 연방소송형사규칙(Federal Rules of Criminal Procedure)을 제정할 권한을 부여받았으므로 연방대법원이 제정한 규칙안이 의회에서 통과되 면 그 효력이 발생한다(F.R..Crim.P. § 7).

222) 통상 사형 또는 1년을 초과하는 자유형에 처할 수 있는 범죄를 말하는데, 종신형 또는 최고형 이 사형인 경우는 A급 중죄, 25년 이상인 경우는 B급 중죄, 10년 이상 25년 미만의 경우는 C 급 중죄, 5년 이상 10년 미만의 경우는 D급 중죄, 1년 초과 5년 미만의 경우는 E급 중죄로 분류된다(18 U.S.C. § 3559(a)).

223) 피의자가 대배심에 의한 기소를 포기하기 위해서는 해당 범죄가 사형에 처할 수 있는 범죄가 아닌 것으로, 1년을 초과하는 자유형에 처할 수 있는 범죄이고, 피의자가 공개된 법정에서 그 범죄의 본질과 자신의 권리에 대한 조언을 받아야 한다(F.R.Crim.P. § 7(b)).

224) 통상 1년 이하의 자유형 또는 그 미만의 형에 처할 수 있는 범죄를 말하는데, 6월 초과 1년 이하의 형은 A급 경죄, 1월 초과 6월 이하는 B급 경죄, 5일 초과 30일 이하는 C급 경죄, 5일

우에는 대배심에서 소추되거나 검사에 의하여 소추될 수 있다.[225] 즉, 검사는 대배심에 의한 소추절차 또는 검사에 의한 소추절차 중 하나를 임의로 선택할 수 있다.

한편 피고인이 소추된 경우, 법원은 정식재판절차를 진행하기 전에 재판전 절차 (pretrial procedure)로서 피고인에게 대배심기소 또는 검사기소에 의한 공소사실을 인정 하는지 여부를 확인하는 절차인 기소인부절차(arraignment)를 진행하는데, 이 절차에서 피고인이 공소사실을 다투지 아니하고, 법원이 이를 수용하는 경우에는 바로 양형절차로 이행된다. 반면에 피고인이 공소사실을 다투는 경우에는 배심에 의하여 재판을 받게 되 나,[226] 배심재판을 포기하는 경우에는 판사로부터 재판을 받게 되는데, 그 후 이러한 배 심재판 또는 판사에 의한 재판에 의하여 유죄가 인정되면 양형절차를 거쳐 형이 선고되 고, 그 이후에는 상소절차가 진행된다.

주사건의 경우에도 검사보가 송치관서로부터 송치된 사건을 배당받으면 먼저 사건 내용을 검토하여 사건의 기각 또는 기소 여부를 결정하는데, 사건을 기각할 경우 내부 적으로는 반드시 기각결정서를 작성하여 상사에게 제출하며, 사건을 기소할 수 있다고 판단하면 검찰청의 사건으로 접수시키고 사건번호를 부여받은 후 사건이 경죄에 해당하 거나 혐의자가 대배심에 의한 수사를 받을 권리를 포기하면 즉시 기소하고 그밖에는 일 단 대배심에 의한 수사절차를 밟게 된다. 대배심 종료 후 대배심의 결정에 따라 공소장 을 작성하여 공소를 제기하면 그 사건은 비로소 case라고 부르게 되는데, 통상 검사보 들이 가장 많은 시간을 할애하고 심혈을 기울이는 부분은 배심설명문의 작성과 실제 공 판정에서 배심원들에게 어떻게 요령있게 증거관계를 설명하느냐 하는 것이라고 한다.

그런데 미국의 경우 공소제기 여부를 판단하기 위한 증거의 출발점은 '상당한 이유' 의 존재 유무이다. 특히, 연방검사교본(United States Attorneys' Manual)에 의하면, 검사는 특정인이 연방범죄를 저질렀다고 믿을만한 '상당한 이유'(probable cause)가 있는 경우에 는 다음의 사항을 판단하여야 한다. 즉, ⓐ 추가수사를 하거나 대배심에 추가수사를 요 구할 것인지 ⓑ 기소를 하거나 대배심에 기소하도록 권고할 것인지 ⓒ 기소하지 않고 다른 관할에서의 소추에 대한 검토를 위하여 그 문제를 보낼 것인지 ⓓ 다른 조치를 취 하지 않고 불기소 할 것인지 여부 등이다.[227] 여기서 상당한 이유는 영장의 발부요건과

이하 또는 자유형이 없는 것은 범칙행위(infraction) 등으로 분류된다.(18 U.S.C. § 3559(a)).

225) 경죄(misdemeanor)의 경우에는 complaint(위반행위에 대한 필수적 사실을 기재한 서면으로서 치안판사 앞에서 선서를 하여야 함)에 의하여도 형사절차가 진행되고, 특히 자유형에 처할 수 없는 위경죄(petty offense)의 경우는 소환장(citation) 또는 위반통지서(violation notice)에 의 하여도 형사절차가 진행될 수 있다(F.R.Crim.P. § 58).

226) 다만, 6개월 이하의 형에 처할 수 있는 범죄에 대하여는 배심재판을 받을 헌법적 권리가 없다 (Blaton v. City of North Las Vegas, 489 U.S. 538(1989)).

227) United Attorneys' Manual(이하 USAM으로 표시한다) 9−27.200.A. 한편, USAM 중 형사부분

동일한 기준이고, 대배심기소를 위한 최소한의 요건(minimal requirement)이 되는데,[228] 절차적으로는 12명 이상의 배심원이 공소제기에 대하여 동의해야 하지만,[229] 상당한 이유가 있다고 자동적으로 기소할 수 있는 것은 아니므로, 검사는 여러 사항을 고려하도록 하고 있다.

구체적으로 살펴보면, 검사가 피고인의 행위가 연방범죄에 해당하고 유죄를 받을 수 있는 정도로 증거능력이 있는 증거가 상당히 충분하다고(probably sufficient) 믿는 경우에만 기소하거나 또는 대배심기소를 권고하도록 하고 있다.[230] 한편, 검사는 모든 증거를 미리 확보하지 않더라도 특정한 증거가 공판과정에서 제출될 수 있는 경우에도 기소할 수 있는데, 예컨대 핵심 증인이 외국에 있고, 합리적 확신에 의하여 그 증인이 법정에서 증언할 수 있을 것이 예상되는 경우이다.[231]

(3) 유죄협상제도

미국에 있어서 대부분의 범죄는 재판절차에 해결되는 것이 아니고 유죄답변(plea bargaining)에 의하여 해결된다. 특히 절차적 측면에서 가장 중요한 절차 중의 하나가 바로 기소인부절차인데, 피고인이 여기서 어떻게 답변하느냐(plead)에 따라 그 이후의 절차가 확연하게 달라진다. 통상적으로 대배심기소 또는 검사기소가 된 경우, 법원은 공개된 법정에 피고인을 출석시켜 그 기소에 대한 인부(arraignment)절차를 행하여야 하는데, 이 절차에서 판사는 피고인이 공소장 부본을 받았는지를 확인하고, 피고인에게 그 내용을 읽어 주거나 요지를 말해 준 다음 피고인에게 기소 내용에 대하여 답변하도록 하여야 한다.[232] 다만, 피고인은 기소인부절차에서 not guilty 답변을 하고자 하는 경우에는 그러한 취지와 법정에 출석할 권리를 포기하겠다는 내용의 서면에 자신과 변호인의 서명을 기재하여 법원에 제출하면 출석하지 않아도 된다.[233]

이러한 기소사실인부절차에서 피고인이 할 수 있는 답변의 종류는 크게 세 가지인데, 무죄답변(not guilty plea), 유죄답변(guilty plea), 불항쟁답변(nolo contendere plea)으로,[234] 무죄답변은 공소사실에 대한 부인에 해당하고, 유죄답변은 공소사실에 대한 자백

은 http://www.usdoj.gov/usao/eousa/foia_reading_room/usam/title9/title9.htm에 게시되어 있다.
228) U.S. v. Calandra, 414 U.S. 338, 343(1974); Branzburg v. Hayes, 408 U.S. 665, 686(1972).
229) F.R.Crim.P. § 6(f).
230) USAM 9-27.220A.
231) USAM 9-27.220B.
232) F.R.Crim.P. § 10(a).
233) F.R.Crim.P. § 10(b).
234) F.R.Crim.P. § 11(a)(1). 여기서 "*nolo contendere*"는 글자 그대로 "나는 기소된 것에 대하여 다투지 않는다."는 것을 의미하는데 '불항쟁답변'이라고 번역되기도 한다.

에 해당하며, 불항쟁답변은 다투지 않는다는 뜻으로 유죄답변과 같은 효과가 있다.

　한편 무죄답변을 하는 경우에는 바로 재판절차로 이행되지만, 유죄답변 또는 불항쟁답변을 하는 경우 법원이 이를 검토하고 수용하기 전에 반드시 일정한 절차를 거쳐야 한다. 즉, 법원은 유죄답변 또는 불항쟁답변을 수용하기 전에, 피고인에게 선서 후에 답변하도록 할 수 있으며, 법원은 반드시 공개된 법정에서 피고인에게 필요한 사항을 알려주어야 하고, 답변이 자발적인지를 확인하여야 하며, 답변에 대한 사실적 기초(factual basis)가 있는지를 결정하여야 한다.

(4) 공소유지권

　미국의 재판절차는 당사자주의와 공판중심주의가 지배하는 배심재판이므로 재판관여행위는 검사의 가장 중요한 업무이다. 따라서 미국의 형사부나 수사부의 검사들은 경찰 등 수사관들이 수집한 증거를 정리한 후, 법정에 증거로 제출하여 판사와 배심원을 설득하는 것이 중요한 임무이다.

　다만 이러한 미국의 당사자주의적 형사사법제도에 대하여 많은 비판이 제기되고 있는데, 그중에서도 소송절차가 개시되기 전(前)단계에 있어서 철저하고 객관적인 사실관계에 대한 규명절차가 없다는 점이다. 이는 피고인을 수사의 객체가 아니라 대등한 당사자라는 사인소추제도의 전통에 기인하는 것이지만, 객관적인 사실관계 규명기관으로서의 검찰을 인정하지 아니하고 검찰을 일방 당사자로만 보는 결과, 모든 것이 공판정에서 결정되고 이러한 공판절차에서 정부를 대리하는 검사와 피고인을 양 당사자로 대립시키는 관계로 약한 입장에 서게 되는 피고인을 위한 변호인의 조력이 매우 중요하게 된다. 그러나 이 때문에 미국이 변호사의 천국이 되는 동시에 다른 한편으로는 그들이 법정에서 온갖 수단과 방법을 동원하여 형사재판을 왜곡하고 있다[235]는 비판이 높은 것 또한 사실이다.

5. 대배심기소

　대배심기소(grand jury indictment)란 검사가 피의자를 기소하는 기소장(bill of indictment)을 대배심에 제출하여 기소여부에 대한 승인을 받는 절차를 말한다. 보통법상 대배심은 미국 형사사법절차의 '방패와 칼' 모두를 구성하는 것으로 알려져 왔는데, 기소의 증거가 충분치 않거나 불공정할 경우에 대배심이 기소를 거절함으로써 기소하는 자(정부)와 기소되는 자(개인) 사이에서 '방패'로서의 기능을 하게 되며, 이로 인해 압제적이고 근거없는 정부의 기소로부터 개개인을 보호할 수 있게 되는 반면, 대배심이 조사기관으로 활동함으로써 "칼"의 역할을 하게 되는 경우도 있다(후술).[236]

---

235) 김종구, 앞의 책, 211면.

6. 징벌적 손해배상제도

미국은 일반 시민이 민사소송의 증거공개(Discovery) 제도 및 징벌적 손해배상 등을 통해 손쉽게 경찰의 수사 중 위법행위에 대한 통제가 가능하다. 즉, 우리나라와 달리 '징벌적 손해배상'이 일반적으로 인정되어 경찰관의 직무상 불법행위로 인한 손해배상 액수가 매우 다액이고, 고액 변호사 비용까지 경찰관이 부담하는 등 매우 강한 민사책임이 부과될 수 있다. 이와 관련된 City of Riverside v. Rivera(1986) 사건[237]을 살펴보면, 1975. 8. 원심 피고 리버사이드(Riverside) 시 경찰관들은 영장 없이 원심 원고 8명(Santos Rivera 등)의 파티 현장을 급습하여 그들을 체포하였으나, 이후 합리적 근거(probable cause) 없이 체포하였다는 이유로 관련 형사사건은 불기소처분이 되었다. 이에 원고들은 체포 경찰관, 리버사이드(Riverside) 시 경찰서장, 리버사이드(Riverside) 시를 상대로 불법체포(false arrest), 불법구금(false imprisonment) 등을 이유로 민사소송을 제기하였고, 원심법원(캘리포니아주 항소법원)은 9일 간의 배심원 재판을 통해 위 피고 경찰관 등에게 원고들에 대한 불법체포, 불법감금에 기한 불법행위 책임을 인정하여 보상금과 징벌적 손해배상금 명목으로 33,350만 달러 및 변호사 비용(소송비용) 245,456달러의 지급을 인정하였으며, 미 연방대법원도 합리적인 근거와 영장 없이 원고들을 체포한 경찰관들에게 불법행위에 의한 손해배상책임을 인정하여 원심을 확정하였다.

결국 검사 이외에 피해자가 직접 민사소송의 증거개시 제도 등으로 용이한 민사적 통제장치를 통하여 경찰관의 직무상 불법행위를 통제할 수 있다는 점이 확인된 것이다.

Ⅴ. 검사와 수사기관(경찰 등)의 관계

1. 의 의

미국인들은 전통적으로 경찰에 대한 불신과 경찰력 남용에 대한 두려움으로 사법경찰을 통일적으로 조직되지 못한 4만여 개의 별도기관으로 분리시켜 놓은 결과, 여러 주내지 지역에 걸쳐 행해지는 대규모 조직범죄·지능범죄에 대한 대처에 많은 어려움을 초래하였다. 또한 미국법 특유의 복잡한 증거법과 인권보호장치 등으로 인하여 경찰의 수사만으로는 효율적인 형벌권의 행사가 어려워짐으로써 보다 강력한 법집행을 요구하는 목소리가 높아지게 되었다.

이러한 문제점들에 대한 반성으로 한편으로는 전국적인 경찰조직인 연방수사국(FBI)의 인원과 예산을 계속 확충하여 왔으나, 이에 대한 부작용도 적지 않았으므로 수사의

---

236) Wayne R. LaFave 외 2인, *CRIMINAL PROCEDURE*, 4th. Ed., p.406.
237) City of Riverside v. Rivera, 477 U.S.561 (1986).

적법절차와 법집행의 효율성을 조화시킨다는 요청에 따라 검찰에 수사기능을 부여하고 이를 강화시키는 추세로 발전하게 되었다. 다만, 미국 형사사법체계에서 법집행 내지 범죄수사는 원칙적으로 경찰에게 맡겨져 있고, 검찰은 소추기능을 담당하여 왔으므로 검찰의 수사는 대륙법계에서의 검사의 수사권 행사와는 다른 형태로 행해지고 있다. 검찰이 체포·피의자신문 등의 직접 수사행위를 할 경우 대립당사자구조의 공판과정에서 소추관이 증인으로 수사의 정당성을 증언하여야 할 위치가 될 수 있기 때문이다. 이러한 소송구조상의 특성을 고려하여 미국검찰은 대배심절차를 활용하여 참고인 소환과 증거제출을 강제하고, 대배심의 기소승인 또는 고발형식으로 조직범죄·공직자부정·경제범죄 등 특수범죄에 대하여 사실상 수사권을 행사하고 있다.

2. 양자의 관계

미국의 검사와 경찰의 관계는 형식적으로는 상호 협력관계이다. 이는 연방이나 자치단체의 경우 모두 마찬가지이다. 즉, 경찰은 검사의 보조기관이 아니고 독자적인 수사권을 보유하고 있다. 따라서 경찰에 입건된 사건에 대하여 이를 모두 검찰에 송치해야 하는 것은 아니며, 기소할 가치가 있다고 판단되는 사건에 한하여만 검찰에 송치하고, 기소가 불가능하거나 그럴만한 가치가 없다고 판단한 사건은 경찰에서 독자적으로 사건을 종결할 수 있다.

그러나 대부분의 사건에 있어서 검사는 초동단계에서부터 수사에 관하여 경찰의 업무를 조정하고 지도하는 중요한 기능을 행사하고 있다. 왜냐하면 경찰은 자신이 담당하는 사건의 기록을 검사로부터 사전에 검토받아 사전구속영장이나 압수·수색영장을 신청하고, 공소제기 여부를 검토하는 과정에서나 공소유지과정에서 계속적으로 검사의 지휘를 받아 조사를 하고 있기 때문이다. 즉, 구체적 업무수행에 있어서 검사만이 어떠한 증거를 확보하는 것이 수사목적상 효과적인지 또는 범죄구성요건상 필요한 것인지 경찰에 설명해 줄 수 있을 뿐만 아니라 수사관들에게 법적으로 허용되는 것과 허용되지 아니하는 것, 법정에서 필요한 것들을 가려 줌으로써 사건이 적절하게 행사되고 있는지, 엄격한 범죄구성요건을 충족시키는데 필요한 증거를 수집하고 있는지를 확인하여 주는 등 공소제기에 필요한 법적인 문제들을 검토해 줄 수 있기 때문이다. 더욱이 검사는 유죄인부협상에 관하여 거의 전적인 재량권을 가지고 있고, 이에 따라 수사의 범위와 방향도 크게 달라지게 된다.

물론 제도상으로는 경찰관이 직접 법원에 체포영장을 청구할 수 있으나, 이러한 경우 치안판사는 법률전문가인 검사의 검토를 거치지 않았다는 이유로 영장을 반려하는 것이 관례라고 한다.[238] 따라서 사실상 경찰관이 검찰을 거치지 않고 직접 영장을 청구

---

238) 석진강, 「왜 검사의 수사지휘가 필요한가」, 시민과 변호사(1995.1), 241면.

하는 사례는 거의 없고 검사의 사전 기록검토를 받게 되는데,[239] 그 과정에서 검사는 경찰의 수사를 실질적으로 지휘·감독하게 된다. 즉 실무상 경찰이 검사의 검토없이 영장을 청구하는 경우는 거의 없고, 인권보장·적법절차 준수·수사의 효율성·엄격한 증거법칙 등을 이유로 검사의 경찰수사에 대한 조언 및 지도 관행이 점차 입법화·제도화를 통해 수사지휘의 형태로 강화되고 있는 추세이다. 심지어는 검사보들이 경찰서에 상주하면서 사건수사에 관한 조언을 하거나 경찰의 수사를 지도하며, 부당한 인권침해사례가 발생하는지를 감독하기도 한다. 예컨대 워싱턴주의 King county검찰의 경우 develop unit이라는 이름으로 경찰서에 상주하면서 경찰을 지도하는 검사보들을 두고 있는데, 이들은 경찰서에 상주사무실을 두고 사건수사에 관하여 지도를 하거나 부당한 인권침해사례가 발생하지 않도록 경찰의 수사를 감시하는 기능을 하고 있으며, 심지어는 경찰의 마약수사현장에도 출동하여 수사를 지도하고 있다[240]고 한다.

또한 뉴욕, 시카고 등 대도시 검찰청에서는 중요범죄 담당부서(Felony Review Units)를 설치하여 경찰의 수사에 대한 자문을 해 주고 있다고 한다. 왜냐하면 경찰이 사건수사에 있어 엄격한 민·형사적 책임을 지는 관계로 미국의 복잡한 증거법 등 적법절차의 숲을 헤쳐나가야 하는 경찰로서는 매 사건을 검찰로 가지고 가서 일일이 법률전문가인 검사의 검토·지휘를 받을 수밖에 없기 때문이다.[241] 이러한 방법으로 검사는 경찰의 수사개시에 관여함은 물론 수사절차 전체에 관하여 사실상 지휘·감독관계를 형성하고 있다고 한다.

---

239) 체포영장 청구에 필요한 수사개시서(complaint)는 연방수사관 이름으로 서명하지만, 연방검사가 꼼꼼히 사전검토하여 승인한 이후에 체포영장을 청구한다.

240) 미국의 검찰제도(Ⅰ), 앞의 책, 350면.

241) Jacoby, "*The American Prosecutor: A Search for Identity*", LexingtonBooks, 1980, p.107(Intake is the first stage of prosecution and probably the most important with respect to the prosecutor's discretionary power. It is during this stage that the prosecutor is notified of the occurrence of a crime and the arrest of a defendant. He reviews the facts and/or the evidence available, evaluates the case, and ends the process with a charging decision. .... Optimally, an efficient and effective intake process is one where all the relevant information reaches the prosecutor as quickly as possible after an arrest or criminal event so that the facts of the case can be properly reviewed and analyzed prior to a charging decision or the intiation of any court proceeding. Of all the areas of prosecutorial activity, the screening and charging functions at the intake stage have generated the most interest. It is here that the prosecutor's discretionary power is first utilized in the charging decision, that prosecutorial policy is first implemented, and that the character of the justice system is first set by this gatekeeper.

한편 주와 지방수준의 검찰에 있어서도 검찰의 수사기능 및 경찰에 대한 감독기능을 강화해 나가고 있는데, 예컨대 캘리포니아주·하와이주·펜실바니아주 등 대부분의 주에서는 카운티의 지방검사가 수사관(investigator)을 임명하여 직접 범죄수사를 하고, 경찰의 업무수행에 관하여 검사에게 보고하도록 규정하고 있으며, 또한 지방검사들이 정규경찰관을 아예 검찰에 흡수시켜 초동수사나 보조수사를 담당하게 하는 것도 늘어나고 있다고 한다. 또한 이러한 검찰의 수사권과 수사기능이 크게 확대·강화되고 있는 외에 검찰의 경찰에 대한 일반적인 지휘·감독권을 인정하는 주가 점차 늘어가는 추세에 있는데, 예컨대 캘리포니아주법은 「주 검찰총장은 필요한 경우 주내의 지방검사(District Attorney), 보안관(Sheriff), 경찰장(Chief of police)에 대하여 직접 지휘·감독을 할 수 있다. 주 검찰총장은 필요한 경우 관내의 수사·처벌의 상황에 관하여 서면의 보고를 요구할 수 있다. 주 검찰총장은 공공의 이익을 위하여 필요하다고 인정하는 경우에는 개개의 보안관의 활동에 대하여 범죄의 수사에서부터 소환장, 체포영장의 송달·집행까지 직접 지휘를 행할 수 있다」[242]라고 규정하여 주 검찰총장은 58개의 카운티 지방검사장, 보안관 및 캘리포니아 내 모든 사법경찰관에 대한 일반적 지휘·감독권을 인정하고 있다.

뉴욕의 퀸즈 검찰청(Queens District Attorney's Office)에는 자체 수사관도 있지만 아예 뉴욕 검찰청 소속 수사경찰서를 하나 만들어 두고 사실상 검찰의 지휘를 받도록 하고 있는데, 이를 검찰청 기동대(District Attorney's Squad)라고 하며, 뉴욕의 브롱스 검찰청(Bronx District Attorney's Office)은 검사가 약 400명이고 그중 여성검사가 55%가량 되는 검찰청인데, 특별수사부(Investigation Division)에 약 60명의 검사가 소속되어 50여 명의 검찰수사관과 30여 명의 파견 경찰관을 지휘하면서 부정부패사범·경제사범 등 중요사건에 대한 조사와 기소 및 재판을 담당하고 있다[243]고 한다.

특이한 것은 경제범죄에 대한 수사로서 경제범죄는 원래 경찰의 수사영역이 아니므

---

242) California State Government Code, Sections 12560(The Attorney General has direct supervision over the sheriffs of the several counties of the State, and may require of them written reports concerning the investigation, detection and punishment of crime in their respective jurisdictions. Whenever he deems it necessary in the public interest he shall direct the activities of any sheriff relative to the investigation or detection of crime within the jurisdiction of the sheriff, and he may direct the service of subpenas, warrants of arrest, or other processes of court in connection therewith).

243) 특수부는 브롱스 검찰청 전체사건의 약 10%에 해당하는 연간 약 7,000건 정도를 처리하고 있는데, 경찰송치사건의 약 70%를 차지하고 행정기관의 고발이나 검찰 인지 등으로 인한 직접조사사건이 약 30%를 차지하며, 중대범죄인 경우 연방검사와 합동으로 조사하고 기소하기도 한다고 한다(백종수, "뉴욕 검찰 운용 및 사건처리에 관한 실무적 고찰", 법조 562호(2003. 7), 185 – 186면).

로 L.A.의 경우 경찰이 정보를 입수하여도 검찰청 대형사기전담과(Major Fraud Division)
의 검사와 함께 합동하여 수사하고 공소유지도 함께 하는데, 우리의 경우 경제사건이라
면 사기·횡령·배임사건을 생각하게 되지만, 미국에서는 그러한 사건들은 당사자주의
및 사인소추의 전통에 따라 일반 민사사건으로 해결하므로 검찰 경제부의 주된 임무는
일반 소비자의 보호에 있는 것으로, 주로 독점금지법위반사건과 허위광고에 의한 소비자
우롱사건 등을 많이 다룬다고 한다. 다만 수사결과 범법자를 형사사건으로 소추하는 것
이 아니라 민사소송을 제기하는 것이 특이한데, 이는 형사소송은 너무나 빠져나갈 틈이
많으므로 증거관계의 입증이 훨씬 수월한 민사소송을 택함으로써 형사사법제도가 해결
할 수 없는 한계점을 합리적이고 실용적인 방법으로 극복하고자 하는 것이다. 즉 주민
을 대표해서 검찰이 판매행위 금지와 손해배상을 청구하는 민사소송을 제기함으로써 우
선 영업을 정지시켜 결정적인 타격을 줄 수 있고, 민사벌로서 거액을 청구하여 카운티
의 수입도 올리고 실질적인 응징도 하는 방법을 택하고 있는 것이다.[244]

결국 미국의 경우 경찰에 대한 수사지휘권을 검사가 법률상 확보하고 있지 아니하
므로 개개사건에 대하여 지휘권을 행사할 수 없다는 점을 고려하면, 검사와 경찰의 관
계가 형식적으로 상호 협력관계로 볼 수 있지만, 경찰의 수사방향·증거수집·법률적용
등에 있어서 의견을 제시하고 체포영장, 압수·수색영장을 검사가 사전에 검토한 후 법
원에 청구하는 등 실질적으로는 우리 검찰과 유사하게 경찰의 수사를 지도하고 있다[245]
고 볼 수 있다. 다시 말하면 우리 검찰은 수사지휘권의 바탕위에 권한을 갖추어 경찰을
지휘하는데 반하여, 미국의 검사들은 현실적인 필요에 의하여 경찰을 실질적으로 지도하
고 있으며 따라서 형식은 다르나 실질적인 운영의 범위와 형태는 상당히 유사하므로 미
국의 검찰을 오로지 공소기관에 한정시키는 우리의 시각은 상당히 잘못된 것으로 실질
적인 장악력은 미국 검찰이 훨씬 더 강하다고 볼 수 있다.[246] 다만, 경찰이 직접 치안판
사에게 사건을 송치한다는 점을 고려하면, 경찰의 **'독자적인 수사개시·진행권'** 및 **'독자적
인 수사종결권'**이 인정된다고 볼 수 있지만, 일단 치안판사에게 송치된 이후에는 검찰의
통제를 받게 되는 것이다. 왜냐하면 미국의 경우 '징벌적 손해배상'이 일반적으로 인정
되어 경찰관의 직무상 불법행위(false arrest, false imprisonment 등)로 인한 손해배상 액
수가 매우 다액이고,[247] 고액 변호사 비용까지 경찰관이 부담하는 등 매우 강한 민사책

244) 이문재, 공무해외여행귀국보고(1987. 4), 99-101면.
245) NDAA는 "검사는 자신의 관할구역 내에서 실질적인 모든 중죄의 고발이 집행되어야 하는 경우
     에 모든 압수·수색영장의 신청을 검토하여야 하고"(기소기준 7. 3. A.), "어떤 체포영장도 검사
     의 사전검토와 승인 없이 법원에 제출되어서는 안 된다"(기소기준 7. 3. B.)고 규정하고 있다.
246) 미국의 검찰제도(Ⅰ), 앞의 책, 260-263면.
247) 참고로 미국에서 2009. 4. - 2010. 6.까지 국기경찰의 불법행위(Misconduct)가 5,986건이 보
     고되었고, 이의 조정 및 해결을 위하여 347,355,000달러($)가 지불되었다고 한다(The National

임이 부과될 수 있기 때문이다.

Ⅵ. 운영실태 및 평가

1. 운영실태

미국의 연방조직을 보면 법무부내에 전국적인 조직으로 FBI나 DEA 등 강력한 경찰 조직이 있으므로 연방수사기관이 1차적인 수사를 하는 것이 통상적이나, 중요한 연방범 죄에 대하여 법무부나 연방검사가 연방수사기관으로 하여금 수사에 착수하도록 요청하 거나 수사관들과 연방검사보들이 공동으로 참여하는 수사팀을 만들어 운영하는 경우가 있으며, 이 경우 초기수사단계에서는 각 부서가 독자적으로 수사를 개시하므로 검사가 수사를 지휘하는 것은 아니지만 해당 사건의 기소여부, 기소내용 등을 검사가 결정하므 로 사실상 검사가 수사팀을 주도하게 된다고 한다. 수사기관 종사자들도 대배심을 이용 할 것인지, 도청장치 등 강제수사의 방법을 사용할 것인지 등 수사방법과 수사에 관한 법률문제에 대하여 검사로부터 자문을 받아 수사에 구체적으로 착수하게 되며, 이러한 수사팀의 조직과 활동은 중요범죄인 조직범죄·마약범죄 등에서 주로 이루어지고 있고, 각 지역의 연방검사가 지역의 특수범죄를 수사하기 위하여 task force를 조직·운영하는 경우도 있다고 한다. 예컨대 미국 법무부의 조직범죄 및 마약범죄합동수사본부에는 연방 검사, FBI, DEA, U.S. Customs Service 등 8개 기관이 참여하고 있고, 샌프란시스코지 역의 경우 밀수사범을 수사하기 위하여 연방검찰과 IRS, FDI, U.S. Customs Service 등 이 참여하는 task force를 조직하여 공동으로 수사에 참여하고 있으며, 폭력조직에 대한 수사를 위하여 FBI 등과 수사팀을 조직하여 운용하는 등 1차적인 수사에 공동으로 참여 하기도 한다고 한다.[248] 더욱이 전국의 연방검찰청에서는 점차 많은 수사관을 두어 인 지수사활동을 강화해 나가고 있는데, 워싱턴 D.C. 연방검찰청의 경우 중요범죄수사반을 두어 조직범죄·공무원범죄·마약범죄 등의 범죄를 직접 수사하여 소추하는 등 공소유지 의 기능뿐만 아니라 수사기능도 강화해 나가고 있다고 한다.

지방검찰의 경우에도 검사가 직접 수사를 행하거나 주도적으로 수사에 착수하는 경 우는 흔하지 아니하나, 검찰에 특수범죄의 수사를 위한 수사관들을 확보하여 수사에 착 수하게 하거나 경우에 따라서는 검찰이 경찰과 함께 중요범죄를 단속하기도 한다[249]고

Police Misconduct Statistics and Reporting Project(NPMSRP) was started in March of 2009 as a method of recording and analyzing police misconduct in the United States through the utilization of news media reports to generate statistical and trending information).

248) 미국의 검찰제도(Ⅱ), 앞의 책, 380-382면.

249) LA 카운티 검찰과 경찰의 관계를 살펴보면, 경찰송치사건 중 일반형사부 사건은 기소전담검사

한다. 특히 미국의 주 검찰청에는 우리 검찰의 수사과와 유사한 부서가 설치된 곳이 있으며, 규모가 큰 곳은 수십 명에서 수백 명까지의 수사관을 두고 조직범죄·마약범죄·자금세탁 등 지역의 특수범죄를 집중적으로 감시·단속하는 기능을 수행하고 있으며, 대도시의 지방검찰청에도 대개 수사를 담당하는 부서가 설치되어 있어 송치사건에 대한 보완수사를 하는 한편, 특수한 범죄를 직접 인지·수사하는바 주로 공직자부패사범·조직범죄·화이트칼라범죄·소비자상대사기범죄 등이 그 대상이라고 한다.[250] 다만 이들의 조직이나 인원은 경찰에 비하여 훨씬 적고 수사를 위한 장비·시설도 부족하므로 일반적인 정보는 경찰에 통보하여 수사하게 하고 특수한 경우에만 직접수사에 착수하는 것이 보편적이며, 이외에 필요한 경우에는 검찰에 경찰관들을 파견받거나 경찰과 합동으로 지역의 중요범죄를 직접 단속하는 경우도 있다고 한다.

한편 미국경찰의 경우도 검사가 경찰의 송치사건을 검토하여 기소할 가치가 없거나 기소가 불가능한 경우 불기소할 수 있으나, 수사가 충분하지 못한 경우 일응 charge의 과정을 밟은 이후 보완수사의 절차를 밟는 경우도 있다.[251] 즉, 초기수사와 체포 및 complaint[252]의 작성·제출, 치안판사에의 최초출두 등에 48시간 이내라는 시간의 제약이 있어 중요하고 복잡한 사건[253]에 있어서는 초기수사가 완전하지 못한 경우가 많으므

가 즉시 기소여부를 결정하는 반면, 경찰송치사건 중 특수부서사건은 초기부터 주임검사와 긴밀한 의사소통을 한다. 즉, 중요범죄수사부(Major Crime), 공직수사부(public Integrity), 마약수사부(Narcotics), 성범죄부(Sex Crime) 등 전담부서에서는 주임검사가 사건 초기부터 공판까지 전담하고 있다.

250) 미국의 검찰제도(Ⅱ), 앞의 책, 27면.

251) 표성수, 영미형사사법의 구조, 비봉출판사, 105면.

252) complaint는 특정인을 소추하는 의사를 표시한 일종의 고발장이나 우리 형사소송법상의 고발장과는 의미를 달리하며 수사기관의 범죄수사보고서의 형식에 오히려 유사하고 원래 혐의자의 체포나 체포에 이은 억류를 정당화하는 서면으로 통상 경찰관이 선서진술하는 형식을 취하나, 사안이 가벼운 경우는 별도의 기소절차없이 이에 의하여 심판절차가 개시된다. 즉 미국의 형사사법절차는 사건내용이 중죄, 경죄, 기타 사소한 범죄인지에 따라 소추절차가 달라지는 것이 보통인데, 가벼운 교통범죄·매춘·폭행 등 사소한 범죄에 있어서는 이러한 complaint에 의하여 소추가 이루어지고 이에 의하여 치안판사가 유·무죄의 답변을 들은 후 사건을 결정하는 것이 보편적이다.

253) 사건이 경죄에 해당하는 경우에는 연방이나 대부분의 주에서 통상 complaint나 검사가 작성하는 공소장(information)에 의하여 기소가 이루어지나, 사건이 중죄에 해당하는 경우에는 연방이나 대배심을 두고 있는 주에서는 혐의자가 권리를 포기하지 않는 한 대배심이 검사와 함께 작성, 서명한 공소장(indictment)에 의하여 기소가 이루어지고 이에 의하여 형사심판절차가 개시된다. 이와 같이 경죄 이상의 범죄에 있어서의 정식기소는 검사 또는 대배심이 작성한 공소장에 의하여 이루어지게 되지만, 대개의 형사절차는 혐의자의 체포로부터 시작되므로 체포와 관련하여 complaint의 작성·제출, 즉 법정절차의 개시를 위한 고발장의 제출절차가 먼저 이루

로 결국 검사가 사건에 개입하여 미진한 부분을 보완할 수밖에 없는 경우가 충분히 발생하는 것이다. 이 경우 LA 시검찰청은 LA 경찰청(LAPD)에게 보완수사를 지휘하게 되는데, 경찰이 사건을 송치하였으나 혐의가 기소에 충분할 정도로 입증되지 않아 추가증거확보가 필요한 경우, ① 서면으로 보완수사가 필요한 사항을 기재하여 기록에 첨부하거나, ② 사안이 간단하거나 보완사항이 적은 경우 유선으로 수사지휘를 하거나, ③ 민감한 사안의 경우 경찰관과 직접 대면 상담하여 수사지휘를 한다고 한다. 이처럼 검사는 1차 수사에 참여한 경찰에 보완수사를 지휘하게 되지만, 드물게는 경찰관들을 파견받거나 검찰에 소속된 수사관을 활용하여 추가수사를 하는 경우도 있다고 한다. 다만 보완수사과정에서 검사가 직접 증인을 조사하면 후일 법정에서 검사가 증언을 하여야 할 경우가 생기는 등 문제의 소지가 있으므로 직접 조사하지 않는 것이 관행이며, 따라서 검사는 증언이 예정된 사람을 인터뷰하여 진술의 진위를 확인하고 그 신빙성을 사전에 파악하는데 그친다[254]고 한다.

　　그리고 우리나라에서는 경찰이 사건을 송치한다는 것은 수사기록을 검찰에 송부하는 것이지만 미국에서는 경찰관이 범인을 체포한 후 법정출두장(Desk Appearance; DAT)을 주어 석방한 경우에는 후에 기록만 송치되나, 그 밖의 경우에는 경찰관이 즉시 기록을 가지고 검사를 찾아간다고 한다. 불구속의 경우에는 기소인부절차까지 시간이 있지만 피의자가 체포된 상태이면 체포된 피의자는 대체로 체포 뒤 24시간 내에 하급법원의 기소인부절차를 거쳐야 하며, 그 시간 안에 검사의 사전검토 및 complaint 작성과 법원제출이 모두 이루어져야 하므로 기소인부절차를 담당하는 치안판사 등 하급법원 판사의 심문까지 시간이 없기 때문이다. 이때의 수사기록이란 잘 정비된 우리의 경우와는 달라서 소정의 보고용지에 피의자의 인적사항·체포경위·죄명 등을 기재하여 작성한 체포보고서(arrest report), 사건요지서(complaint report), 온라인 입건서(on line-booking sheet), 경찰수첩 사본(copies of officers memo book), 압수물보고서(property clerk's invoice) 등이며, 우리나라처럼 참고인 진술조서·피의자신문조서 등이 편철된 정리된 기록철이 아니다. 경찰은 이러한 기록을 지참하고 담당검사와 interview하면서 주로 자신이 별도로 준비한 수첩의 메모를 보고 사건을 검사에게 설명하는데, 드물기는 하지만 고소인이 직접 검사를 찾아오는 경우도 있다고 한다. 이때 해당사건을 담당한 경찰관은 Complaint Room에 사건을 송치하여 접수시키면서 검찰조서의 편의를 위하여 관련참고인들을 동행하며, 시간이 촉박하여 송치서류를 fax로 송부할 경우에는 참고인을 경찰서로 출석시켜 검사의 조사에 응할 수 있도록 조치한다고 한다.[255]

어지고, 그 이후에 다시 공소장(indictment)을 제출하는 절차(치안판사의 법정심리를 거친 사건에 대한 정식기소)로 이어지는 것이 보통이다.

254) 미국의 검찰제도(Ⅲ), 앞의 책, 261면.

이때 검사는 체포과정과 압수물 및 범인식별(Identification)의 합법성을 주로 검토하여 증거가 부족하거나 체포할 정당한 근거가 없다고 판단되면 즉시 사건을 기각(Drop)해 버린다. 그런데 사건을 기각당한 경찰관은 사안에 따라 불법체포 등 상당한 책임을 지게 될 우려도 있으므로 자유스러운 분위기이기는 하지만 자기의 체포행위를 심판받는 위치에서 체포행위가 정당하다는 인정을 받기 위하여 검사의 이해를 구하는데 최대한의 노력을 기울이게 되므로 검사의 지시에 순응하여 즉석에서 재확인을 하거나 추가 수사 사항을 이행하는데, 담당검사의 결정에 승복하지 못하면 검사의 상사에게 재심사를 요청할 수 있지만, 실제로 재심사를 요청하는 경우는 거의 없다고 한다. 이렇게 미국의 경찰관들은 제도적으로 그들의 체포행위를 즉시 검사에게 심판받아야 하므로 체포권의 남용이 제도적으로 억제될 뿐만 아니라 검사가 실질적인 수사지휘를 하게 되는 것이다.256)

한편 경찰관의 체포행위가 정당하다고 평가되면 경찰관의 체포행위는 바로 소추행위의 시작으로 간주된다. 즉 기소여부에 대한 평가가 거의 경찰관의 체포행위의 정당성에 대한 평가와 일치하므로 실질적인 소추권은 경찰관에게 있는 셈이고, 검사는 경찰관이 체포함으로써 실질적으로 소추가 개시된 사건을 법정절차가 계속되도록 조치를 취하거나(filling complaint) 취소(Drop)할 권한을 가지고 있을 뿐이다. 즉 경찰이 체포한 사건을 체포한 시점에서 소추행위를 계속할 가치가 있는가를 법적으로 평가해주고 처리해줄 뿐이며, 사건의 결과에 대한 책임은 경찰이 느낀다. 더욱이 검사는 사건을 기소할 근거가 없으면 Drop해 버리면 그만이고 보완수사 여부도 경찰의 몫이지만, 경찰은 자기가 담당한 사건이 중죄로 기소되면 근무평가에 도움이 되므로 이를 위해서 전력을 기울이게 된다고 한다. 따라서 검사는 일반 형사사건에서 피의자를 만나지도 아니하는데, 미국의 검사들은 경찰의 처분을 법적으로 평가해서 처리하면 족하지 그 이상은 월권이라는 관념마저 가지고 있다257)고 한다.

결론적으로 경찰관의 체포행위가 정당하다고 인정되면 검사는 법정절차를 개시하는데, 이것을 미국에서는 Investigation이라고 하며, 다만 경찰관의 체포 후 법정절차가 개시되기 위해서는 치안법원(magistrate court) 등 하급법원에 complaint가 제출되어야 하고, 이러한 고발장은 대개 검사가 준비한다. 반면에 경찰관의 체포행위가 근거없다고 판단하면 검사는 고발장을 제출하지 아니하고 사건을 즉시 종결하는 것이다.

---

255) Complaint Room은 Complaint작성을 위한 공동조사실로서 뉴욕이나 L.A. 같은 대도시의 검찰청에는 대개 넓은 공간을 여러 개의 작은 칸(booth)으로 나누어 사용하는데, 검사는 이곳에서 경찰과 인터뷰하며 송치서류를 검토하고 체포경찰과 피해자 및 목격자 등 참고인을 조사한 후 Complaint 등 기소여부에 대한 결정문과 공판카드를 작성한다고 한다(이문제, 공무해외여행귀국보고(1987. 4), 22－27면).

256) 김종구, 앞의 책, 400－401면.

257) 이문재, 공무해외여행귀국보고(1987. 4), 22－30면.

2. 평 가

무릇 어느 나라의 어떤 제도이건 모두 그 나라의 역사와 문화의 산물이다. 미국의 검찰제도와 경찰제도 또한 미국의 역사와 문화의 변천에 따라 세계에서 유래를 찾아 볼 수 없는 미국만의 독특한 모습으로 발전되어 온 것이다. 그런데 미국 경찰의 가장 큰 특징은 위에서 언급한 것처럼 50여만 명의 경찰관이 4만여 개의 경찰기구에서 근무한다는 것이다. 이는 경찰청을 정점으로 하여 전국을 하나의 인사체계와 조직체계로서 16만 명의 인원을 거느리고 있는 우리나라와는 비교도 안 되는 독특하고 고유한 경찰제도라고 할 것이다.

이처럼 미국의 4만여 개 경찰기구는 각자 고유한 법적 근거와 목적하에 설치되어 상이한 관할권과 조직체계 및 인사체계를 가지고 각자의 관리방식에 따라 상호 독립하여 기능을 수행하고 있는 것이다. 반면에 이러한 경찰조직의 약점으로 지적되는 강력하고 효율적인 법집행기관의 필요성을 충족시키기 위하여 연방검찰조직내에 FBI와 DEA 등을 창설하여 전국적인 연방범죄에 능동적으로 대처하는 한편, 전국의 주 및 지방의 자치경찰에 대하여 지도와 훈련 등 후견인적 역할을 담당하게 하고 있다.

한편 미국 형사절차법의 특징을 보호법익적인 관점에서 본다면 인권보호의 이념과 사회방위의 필요성이 절차 전반에 걸쳐 적절하게 조화를 이루고 있는 것으로 보인다. 즉 피의자에 대한 'Miranda' 원칙을 고수하면서도 한편으로는 거의 모든 체포행위가 영장없이 이루어지고, 최초 출두(First Appearance)를 전후하여 광범위한 보석을 허용하면서도 예방구금된 피의자에 대해서는 구속기간의 제한이 없는 것과 마찬가지로 운영되고 있다는 점에서, 사법정의의 구현을 방해하는 행위에 대해서는 우리나라보다 훨씬 더 엄격한 자세로 임하고 있다. 또한 국민과 수사·소추기관 및 법원간의 관계에서 보면 형사절차 전반에 걸쳐 상호 적정한 견제와 균형을 이루기 위하여 노력하는 것을 엿볼 수 있다. 영·미의 공판중심주의에서는 검사가 일방 당사자에 불과하고 모든 것이 법정에서 결정된다고 하지만, 판사가 전권을 가지고 형사사법을 주도하는 것이 아니다. 우선 검사가 하는 정식기소도 치안판사나 대배심의 결정을 거쳐야 한다. 그리고 정식재판에서 유·무죄를 결정하는 것은 판사가 아니라 배심이며, 다만 법원은 보석과 예비심문 등 법정수사절차를 통하여 체포의 적법성과 소추행위의 당부 등을 심리함으로써 수사·소추기관을 통제하고, 검찰은 유죄협상제도를 통하여 광범위한 기소·구형의 재량권을 행사함으로써 실질적으로 법원을 견제하며, 국민은 대배심을 통하여 검찰의 기소권을 제한하는 한편, 기소배심과 양형기준법 및 삼진－아웃법 등을 통하여 법원을 견제하고 있는 것이다.[258]

수사제도와 관련해서도 미국 국민들은 경찰이 강해질수록 그리고 그 조직이 비대해

---

258) 김종구, 앞의 책, 214면.

질수록 시민의 인권침해의 우려가 커지는 것으로 믿고 있어 위와 같은 경찰조직을 40,000개 이상으로 분산시켜 최대한도로 경찰의 비대화를 막는 대신, 국민의 인권보호와 범죄에 효율적인 대처를 하기 위하여 높은 인권의식과 전문적인 법률지식을 갖추고 있는 검찰을 중심으로 그 기능을 강화시키고 경찰에 대한 지휘·감독을 강화해야 한다고 보는 것 같다. 따라서 수사지휘권의 배제론자들이 자주 들고 있는 영미법계는 원래 사인 소추주의를 원칙으로 하던 나라로, 경찰조직 자체가 지방자치체 경찰을 바탕으로 광범위하게 분권화되어 있으므로 국가경찰로 강력히 통합되어 있는 우리나라와는 판이하게 다르다. 나아가 미국이나 영국에서도 수사의 적법절차 요구때문에 검사가 법률상 후견자로서 광범위하게 사실상 수사지도를 하고 있으며, 그 역할이 계속 확대되는 추세에 있다.

결국 미국의 연방국가적 특성에 따른 법제도의 다양성 때문에 미국의 제도를 정확히 이해하기 어려운 점이 많지만, 연방이나 주를 막론하고 미국 형사절차법과 관행에 흐르고 있는 근본이념은 실용주의와 합리주의에 입각한 조화와 견제라고 볼 수 있을 것이다.

04

OECD 회원국의 검사와
관련된 헌법규정 등을 통해
본 검사의 기능과 역할

제1절 서 설

    각 국의 형사사법 체계나 수사권 체계는 오랜 세월동안 형성되어 온 당해 국가의 문화나 관습, 법제도, 그리고 국민의식 등에 의하여 정착된 역사적 산물이기 때문에 다른 나라의 형사사법 제도를 참고하기 위해서는 당해 국가의 형사사법 제도 전반에 흐르는 법의식과 실태에 대한 깊이 있는 연구와 이해가 전제되어야 한다. 따라서 단편적 시각으로 다른 나라 제도의 일면적 현상만을 원용하거나 이를 도입하고자 하는 시도는 의미가 없는 수준을 넘어서 상당히 위험한 발상일 수 있다. 대륙법계 체계와 영미법계 체계 중 어느 제도가 더 훌륭한 것인지는 각국의 역사적 배경과 경험, 문화에 기인하여 각각 형성된 것이므로 우열을 가리기 어려울 뿐만 아니라 무엇이 더 나은 제도인지를 판단하는 것이 의미가 없는 이유도 여기에 있다. 따라서 어떤 법체계를 받아들일 것인지 여부는 국민의 몫이라고 본다.

    물론 개인이 저지른 범죄를 어떤 관점에서 볼 것인지, 즉 범죄를 개인과 개인 사이의 불법행위로 볼 것인지 아니면 개인 사이의 문제가 아니라 개인과 국가의 관계에서 보아 범죄를 국가의 법질서를 위반한 것으로 볼 것인지, 그리고 피해자와 국가 중 누구의 입장에서 범죄를 저지른 자를 처벌할 것인지에 따라 그 입장이 서로 다를 수 있다. 전술(前述)한 것처럼, 과거 영국에서 발전되어 영미법의 기초가 된 Common Law상 범죄를 가해자/피해자 사이의 불법행위로 파악하여 이를 당사자 사이의 문제로 파악한 것이 전자의 입장이라면, 우리나라와 같은 대륙법계 국가에서는 범죄를 국가의 법질서를 침해한 위법행위로 보고 국가가 범죄로 인한 피해당사자의 의사와 관계없이 국가의 관점에서 처벌하자는 것이 후자의 입장이라고 할 수 있다. 따라서 대륙법계 국가에 따라 국가형벌권을 주도적으로 행사하는 검사의 지위를 헌법에서 인정할 것인지 여부는 별론으로 하더라도, 영미법계 국가에 따라 소추당사자를 대리하는 변호사(attorney)가 소추행위(prosecution)를 하고 이들 소추담당자들을 검사(prosecutor)라고 부르더라도 우리식의 검사와 동일한 개념으로 볼 수는 없는 것이다.

    그런데 일부 학계와 경찰을 중심으로 '수사와 기소의 분리가 Global Standard'라는 주장이 끊임없이 제기되고 있다.[1] 수사는 경찰이 전담하고 검사는 기소만 전담하는 것이 세계적 표준이므로 검사의 수사 권한과 수사지휘 권한을 폐지하고 경찰에게 수사 관련 권한을 독점하게 하자는 것이다.[2] 이에 따라 전술(前述)한 것처럼, 2018년 6월 21일 이낙연 국무총리, 박상기 법무부 장관, 김부겸 행정안전부 장관의 '검/경 수사권조정 합의문' 및 개정형사소송법도 동일한 내용으로 규정되어 있다.

문제는 위 주장이 독일, 미국, 영국, 일본, 프랑스 등 5개 국가의 수사·기소 제도에 대한 분석에 그 기초를 두고 있고, 그것을 근거로 '수사와 기소의 분리'가 'Global Standard'라고 강변하지만, 앞에서 살펴본 4개국(독일, 프랑스, 미국, 영국)만 보더라도 '수사와 기소가 분리'된 나라는 전혀 없다.

전술(前述)한 것처럼, 독일 형사소송법 제160조 제1항은 "검사는 범죄보고 또는 다른 방법에 의해 범죄가 범해졌다는 인상을 창출하는 사실관계를 알게 될 경우, 공소제기 여부를 결정하기 위해 즉시 사실관계를 수사하여야 한다"고 규정하고 있으며, 프랑스 형사소송법 제41조 제1항은 "검사는 형벌법규에 반하는 범죄의 수사 및 소추를 위하여 필요한 일체의 처분을 행하거나 또는 이를 행하게 한다"고 규정하고 있다. 일본 형사소송법 제191조 제1항도 "검사는 필요하다고 인정하는 때에는 스스로 범죄를 수사할 수 있다"고 하여 검사의 수사권을 인정하고 있다. 미국 역시 검사가 수사권을 가지고 있다. 미국 변호사협회(American Bar Association)의 '검사의 기능에 관한 형사절차 기준'(Criminal Justice Standards for Prosecution Function)은 물론 '전국검사협회 표준검찰규범'(National Prosecution Standards, Third Edition)역시 "검사는 범죄혐의에 관한 수사를 개시하는 데 있어서 재량권이 있어야 한다"[3]고 규정하고 있다. 경찰권이 강력한 영국의 경우 경찰의 독점적 수사권 행사로 인한 각종 폐해를 방지하기 위하여 형사소추 개시권한 및 기소유예 권한의 검찰에의 이전 등을 마련하고 있으며, 검사직무규칙 제4조의3의 "검찰은 경찰과 긴밀하게 협조하여 함께 일하지만, 기소할 것인지, 사건수사를 계속할 것인지 여부에 대한 최종적인 책임은 검찰에게 있다"[4]는 규정 역시 최근 영국에서의 변화된 검찰과

---

1) 원혜욱/김태명, Global Standard에 부합하는 국가 수사시스템 설계를 위한 수사실태 분석 및 개선방안 연구 —수사지휘와 영장 절차를 중심으로—, 경찰청 연구용역보고서(2014); 서보학 등, Global Standard에 부합하는 수사·기소 분리 모델 설정 및 형사소송법 개정안 연구, 경찰청 연구용역보고서(2016); 서보학, "Global Standard에 부합하는 수사·기소 분리", 「견제와 균형을 위한 검찰 개혁 어떻게 할 것인가?」, 국회의원 민병두/소병훈/금태섭/민주사회를 위한 변호사모임 주최 자료집(2017. 1. 24.), 19면 이하.

2) 서보학 등, 앞의 보고서, 222면(이 보고서에 첨부된 형사소송법 개정안에 이러한 내용이 잘 표현되어 있다).

3) 3-1.1 Authority to Investigate(2009). <u>A prosecutor should have the discretionary authority to initiate investigations of criminal activity in his or her jurisdiction.</u>

경찰의 관계를 잘 표현하고 있다고 할 것이다. 즉, 공공소추제도가 뒤늦게 확립되고 이를 위해 검찰제도가 80년대 이후에 도입된 커먼로 국가의 경우 검사에게 소추권을 부여한 이후 다시 소추권에 덧붙여 수사권마저도 검사에게 귀속되는 통합을 지향하고 있으므로 수사와 소추의 관계에 관한 규범적인 측면에서의 디폴트 모델은 '수사권 + 소추권'이지 수사권과 소추권의 분리독립은 아닌 것이다.5)

　　무엇보다도 '수사와 기소의 분리'가 옳은 방향이라면, 왜 절대 다수의 선진국이나 각종 국제형사재판소, 그리고 '유럽검찰청'이 그러한 시스템을 채택하지 않는 것인지 깊이 생각해 보아야 한다. 이들이 일치하여 인권의 중요성을 무시하거나 권력분립의 원칙을 몰라서 그러는 것은 아닐 것이다. 오히려 검사가 수사를 주재하고 경찰을 통제하는 것이 실체진실의 발견과 국민의 인권보호에 더 적합하다는 확고한 인식이 있기 때문이라고 보아야 한다. 왜냐하면 'Global Standard'는 문언 그대로 세계적인 표준을 의미하는데, 1990. 8. 27.부터 9. 7.까지 쿠바의 아바나에서 개최된 "범죄예방과 범죄자에 대한 대응과 관련된 8차 유엔 회의"에서 채택한 검사의 역할에 관한 가이드라인을 보면, 형사절차에서의 검사의 역할에 대한 부분에서 "검사는 고소제기를 포함하여 법령과 실무에 의해 인정되는 수사, 수사에 대한 감독(supervision), 법원의 재판의 집행에 대한 감독, 기타 공익의 대표자로서 인정되는 다른 기능의 행사 등 형사절차에 있어 적극적인 역할을 수행하여야 한다(제11조)"고 하여 검사가 수행할 기능 중 하나로 수사를 들고 있기 때문이다.

　　우리나라 검찰제도는 우리나라에서 발명한 것이 아니다. 일본을 거쳐 독일과 프랑스 등 대륙법계의 검찰제도를 계수한 것으로, 절대 다수의 선진국에서 채용된 시스템과 유사한 제도이고, 그에 따라 검사가 수사 전반을 통제하는 체제를 보유하고 있는 것이다. 즉, 일부 견해와 같이 전세계적으로 유별난 제도가 아니라 세계적으로 보편적인 시스템의 일부인 것이다. 그럼에도 불구하고 일각에서는 위와 같은 사실을 도외시하면서, 우리 검찰제도가 일제의 잔재라는 뉘앙스를 주기 위하여 앞뒤 다 자르고 우리나라가 일제강점기의 검찰제도를 그대로 유지하고 있다고 주장한다.6)

　　그러나 앞에서 언급한 것처럼, 1945. 8. 15. 당시 경찰은 2만 6,671명(그중 조선인 경찰은 1만 619명, 최고위급인 경시는 전체 48명 중 21명이 조선인)인 반면, 총독부 검사국

---

4) The Crown Prosecution Service and the police work closely together, but the final responsibility for the decision whether or not a charge or a case should go ahead rests with the Crown Prosecution Service(The Code For Crown Prosecutors 4.3).

5) 김성돈, 「영미법계 국가에서 진행된 검찰기능 및 역할 강화에 대한 연혁적 고찰」, 대검 정책연구보고서(2012), 113면.

6) 서보학, 앞의 논문, 20면.

의 검사는 139명이었으며 그중 조선인은 10여 명에 불과하였다.[7] 요컨대, 수사·기소
제도의 'Global Standard'가 존재한다면 그것은 검사가 수사 전반을 통할하는 시스템이
다. 이것이 세계적인 표준이며 국제적인 추세인 것이다. 즉, '수사·기소 분리가 Global
Standard'라는 주장은 '팩트'와는 거리가 멀고, 정치적 슬로건에 가까운 주장이라고 볼
수밖에 없다.

　그렇다면 왜 우리나라에서만 유독 검찰이 국민의 혹독한 비판을 받고 검찰개혁 여
론이 강력한 것인가? 우리나라와 유사한 시스템을 가진 대다수의 선진국이나 국제형사
재판소에서 이런 여론이 발생하지 않는 것을 보면 '수사와 기소가 분리'되지 않아서 발
생하는 문제는 아니다. 즉 기본적인 시스템에 거대한 문제점이 있는 것으로 침소봉대하
여 해결할 일은 아닌 것으로, 세부적인 제도설계와 운용의 문제라고 할 수밖에 없다.[8]
즉, 검찰이 인권옹호기관으로서 역할을 하지 못한다면 그 역할을 제대로 할 수 있도록
제도와 관행을 고쳐야 할 것이다. 다만, 검찰의 수사 권한과 수사지휘 권한을 박탈하여
이를 공수처 및 경찰에게 부여한다고 하여 국민의 인권이 보장되는 것은 아니라는 점이
다.[9] 오히려 존재하는 통제장치마저 제거함으로써 그 반대의 결과가 초래될 것이라고
보는 것이 더 합리적인 예상이다.

　결국 위 5개국에 대한 왜곡된 분석만으로 'Global Standard'를 단언하는 것은 내용
여하를 불문하고 '성급한 일반화'의 오류인 것으로, 다분히 의도적으로 볼 수 있다. 따
라서 위 5개국의 제도를 포함하여, 수사·기소 제도의 Global Standard가 존재하는지,
존재한다면 그것이 무엇인지 확인하기 위해 모든 유엔 회원국(현재 193개국)의 형사사법
구조를 분석해야 하지만, 여건상 이른바 '선진국 클럽'으로 지칭되는 OECD(Organization
for Economic Cooperation and Development, 경제협력개발기구) 회원국(총 35개국)의 검사
와 관련된 헌법 및 형사소송법 규정 등을 통해 검사의 기능과 역할을 살펴보고자 한다.
다만, 영미법계 입법례로 수사구조를 개편하건 대륙법계 입법례를 그대로 유지하건 삼권
분립의 원리를 수사·소추·재판으로 이어지는 국가형벌권을 실현하기 위한 연속적 절차
에까지 유추적용하여 경찰·검찰·법원에 분배해야 한다는 논리는 검찰개혁과 아무런 관
련이 없다는 점이다.

---

7) 문준영, 『법원과 검찰의 탄생』, 역사비평사, 2010, 451면.

8) 신태훈, "'이른바 수사와 기소 분리론'에 대한 비교법적 분석과 비판", 형사법의 신동향 통권 제
　　57호(2017. 12.), 대검찰청 미래기획단, 119면.

9) 조설일보 2021. 12. 29.자, 「野의원 절반 이상이 통신조회 당했다」.

제2절 대륙법계 국가의 검사 관련 헌법 등 규정

Ⅰ. 동아시아 2개국[10]

1. 대한민국(Korea)

(1) 헌법 규정

<헌 법>

제12조

③ 체포·구속·압수 또는 수색을 할 때에는 적법한 절차에 따라 <u>검사의 신청에 의하여 법관이 발부한 영장을</u> 제시하여야 한다.

제16조 모든 국민은 주거의 자유를 침해받지 아니한다. 주거에 대한 압수나 수색을 할 때에는 <u>검사의 신청에 의하여 법관이 발부한 영장을</u> 제시하여야 한다.

제89조 다음 사항은 국무회의의 심의를 거쳐야 한다.

16. 검찰총장·합동참모의장·각군참모총장·국립대학교총장·대사 기타 법률이 정한 공무원과 국영기업체관리자의 임명

우리나라는 검사의 지위나 권한에 대해서는 헌법에 규정이 없는 반면, 영장은 검사의 신청에 의하여 법관이 발부한다는 규정과 검찰총장의 임명에 관한 규정이 있을 뿐이다. 그러나 우리나라의 경우 해방 직후부터 1950년대 이승만 대통령의 자유당 정권 하에서 경찰이 인권침해적 수사를 자행했음은 많은 역사적 사실이 뒷받침하고 있다.[11] 1961년 형사소송법 개정시 검사경유 원칙이 도입되고, 1962년 제5차 헌법개정시에 헌법 규정으로 격상된 것은 이러한 역사적 배경이 있었기 때문이다.

---

10) 지역별 국가 분류는 유엔의 분류에 따랐다. <https://unstats.un.org/unsd/methodology/m49/> 참조.

11) 자세한 내용은 이준보/이완규, 한국검찰과 검찰청법, 박영사, 2017, 176면 이하 참조.

(2) 형사소송법 규정

<개정 형사소송법>

제195조(검사와 사법경찰관의 관계 등) ① 검사와 사법경찰관은 수사, 공소제기 및 공소유지에 관하여 서로 협력하여야 한다.

② 제1항에 따른 수사를 위하여 준수하여야 하는 일반적 수사준칙에 관한 사항을 대통령령으로 정한다.

제196조(검사의 수사) 검사는 범죄의 혐의가 있다고 사료하는 때에는 범인, 범죄사실과 증거를 수사한다.

제197조(사법경찰관리) ① 경무관, 총경, 경정, 경감, 경위는 사법경찰관으로서 범죄의 혐의가 있다고 사료하는 때에는 범인, 범죄사실과 증거를 수사한다.

② 경사, 경장, 순경은 사법경찰리로서 수사의 보조를 하여야 한다.

<개정 검찰청법 제4조>

제4조(검사의 직무) ① 검사는 공익의 대표자로서 다음 각 호의 직무와 권한이 있다.

1. 범죄수사, 공소의 제기 및 그 유지에 필요한 사항. 다만, 검사가 수사를 개시할 수 있는 범죄의 범위는 다음 각 목과 같다.

   가. 부패범죄, 경제범죄, 공직자범죄, 선거범죄, 방위사업범죄, 대형참사 등 대통령령으로 정하는 중요범죄

   나. 경찰공무원이 범한 범죄

   다. 가목·나목의 범죄 및 사법경찰관이 송치한 범죄와 관련하여 인지한 각 해당 범죄와 직접 관련성이 있는 범죄

개정 형사소송법(법률 제16924호, 2020. 2. 4., 일부개정) 제195조는 제명을 '검사와 사법경찰관의 관계 등'으로 하고, '① 검사와 사법경찰관은 수사, 공소제기 및 공소유지에 관하여 서로 협력하여야 한다. ② 제1항에 따른 수사를 위하여 준수하여야 하는 일반적 수사준칙에 관한 사항을 대통령령으로 정한다'는 규정을 신설한 후, 기존 제196조 제1항의 '수사관, 경무관, 총경, 경정, 경감, 경위는 사법경찰관으로서 모든 수사에 관하여 검사의 지휘를 받는다'는 내용을 개정 형사소송법은 제197조 제1항에서 '경무관, 총경, 경정, 경감, 경위는 사법경찰관으로서 범죄의 혐의가 있다고 사료하는 때에는 범인, 범죄사실과 증거를 수사한다'고 변경하고, 제196조 제3항 '사법경찰관리는 검사의 지휘가 있는 때에는 이에 따라야 한다. 검사의 지휘에 관한 구체적 사항은 대통령령으로 정한다'는 규정을 삭제하고 있다. 그리고 개정법은 제197조의2에 '보완수사요구' 규정과

제197조의3에 '시정조치요구 등'의 규정을 신설하고 있다. 이에 따르면 개정법은 검찰과 경찰 양 기관을 상호협력관계로 규정하여, 검사의 경찰에 대한 수사지휘권을 폐지하는 대신 그 보완책으로 검사에게 경찰에 대한 보완수사요구권과 시정조치요구권을 부여하고 있다고 할 것이다.

다만, 개정 검찰청법 제4조 가목의 '등'과 관련하여 논란이 있으나, 개정법은 '부패범죄' 등의 예시범죄 외에 이와 유사한 종류의 중요범죄를 대통령령으로 정하도록 한 것으로 해석하는 것이 타당할 것이다. 왜냐하면 타법에서 의존명사 '등'을 사용한 경우에는 그 앞의 열거된 부분을 포함하고 그와 같은 종류의 것을 더 규정한 것으로 확인되는 반면, 앞의 열거된 대상에 대하여 하위법령으로 제한하고자 하는 경우에는 의존명사 '중'을 사용하여 규정하기 때문이다.

그러나 OECD 국가 중에서 법률로 검사의 수사범위를 제한하는 입법례는 없을 뿐만 아니라 죄명이나 범죄유형으로 직접수사의 범위를 정하는 방식은 그 용어의 해석을 두고 많은 논란이 생길 수밖에 없다. 이는 검찰의 직접 수사가 필요한 중대사건에서 죄명의 제약을 받으며 수사를 해야 하고, 소송법적 효력에도 문제가 발생할 가능성이 있다.

2. 일　본(Japan)

(1) 헌법 규정

헌법에 검찰조직에 관한 명시적인 규정이 없으며, 검찰사무를 관장하는 기관의 조직에 관한 법률에서 이를 규정하고 있다. 즉, 법무성설치법(法務省設置法) 제14조[12])에 따르면, 일본의 검찰청은 법률상 법무성에 소속된 행정기관이다.[13]

(2) 검찰제도의 성립

일본의 검찰관제도는 그 기원을 프랑스 법제에서 찾을 수 있다. 즉 검찰관제도가 일본 법제에 도입된 것은 프랑스법 계수기인 1872년(명치 5년)의 '사법직무정제'(司法職務定制)에서 비롯되었다[14]고 한다. 여기에서 법원과 검사국을 분리하여 검사국에 검찰관에 해당하는 검사를 두어 범죄수사의 감독지령, 형사재판의 청구 및 재판의 입회 등을 주임무로 하게 하였는데, 사법직무정제 제6장 검사장정(檢事章程)은 검찰관을 '법헌(法憲)과 인민의 권리를 보장하고, 선을 권장하고 악을 제거하며, 재판의 당부를 감시하는 직

---

12)　法務省設置法 第十四条
　　1　別に法律で定めるところにより法務省に置かれる特別の機関で本省に置かれるものは、検察庁とする。
　　2　検察庁については、検察法（これに基づく命令を含む。）の定めるところによる。
13)　법무자료 제261집, 「각국의 법무제도」(대검찰청, 2004), 211면의 '일본 법무성 조직도' 참조.
14)　일본 법무부의 조직과 기능, 법무자료 제71집, 법무부, 91면.

(職)'으로 규정하고, 검찰관의 지휘하에 범죄수사에 종사하는 체부(逮部)를 두었다고 한다. 따라서 이 시기의 검찰의 임무는 판사의 심판을 감시하고 또 사법경찰을 관장하는 것으로 되어 있어, 기소를 독점하는 국가기관으로서의 지위는 부여되지 않았다[15]고 한다. 따라서 검사의 기소를 기다리지 아니하고 법원이 직권으로 심판을 개시하는 규문주의적 절차가 행하여졌으며, 수사는 예심판사가 주도하고 검사도 재판소에 소속된 사법관이었고, 경찰도 형사경찰이 아닌 사법경찰이었다. 그 후 1878년(명치 11년)의 사법성달(司法省達)에 의하여 국가소추주의에 의한 탄핵주의가 확립되었으며, 1880년 7월 17일 제정(1882년 1월 1일 시행)된 治罪法(太政官布告 제35호)에 의하여 처음으로 검사가 공소권을 독점하고 불고불리의 원칙이 확립되었다.

이와 관련하여 각 기구의 변천과정을 살펴보면, 명치신정부는 명치원년(1868) 4월 현재의 내각에 해당하는 7개 부서의 太政官(현재의 내각에 해당)을 두고 그중 군무관(軍務官)으로 하여금 지방의 경비·폭도의 진압 등의 치안유지를, 형법관(刑法官)으로 하여금 범죄의 수사·검거·규탄 등의 사법경찰 및 재판에 관한 사무를 각 관장하도록 하였으며, 이듬해 관제개혁으로 軍務官을 兵務省으로, 刑法官을 刑部省으로 각 개편하고, 정치적 음모의 정찰만을 전담하는 탄정태(彈正台)를 창설하였다. 나아가 명치 4년(1871년)에는 형부성 및 탄정태를 폐지하고 司法省을 설치하여 그때까지 형부성 및 탄정태가 관장하던 직무권한을 사법성에 이관시킴과 동시에, 폐번치현(廢藩置縣)에 따른 兵制의 정리로 병부성이 경찰관할의 권한을 상실함에 이르러 사법성이 명실상부하게 전국경찰권을 장악하게 되었다고 한다. 명치 8년(1875년)에는 대심원(大審院)설치 및 제재판소직제장정(諸裁判所職制章程)을 제정하여 사법재판소를 행정권에서 분리시켜 대심원을 최고법원으로 하고, 그 하부조직으로 東京·大阪·福島·長岐에 상등(上等)재판소를, 각 부현(府懸)에 부현재판소를 설치하는 법원제도의 대개혁이 행해졌으며, 1876년에는 부현재판소의 명칭을 바꾸어 23개의 지방재판소가 세워졌고 또 지방재판소 아래에 구(區)재판소가 설치되었다.

한편 명치원년(1868) 江戶를 東京으로 개칭, 東京府를 설치하고, 府에는 경찰사무를 장리(掌理)하는 포망방(捕亡方)을 두어 수도의 치안을 담당시키다가 명치 5년(1872) 사법성에 경보료(警保寮)가 설치되기에 이르러 동경부의 치안책임은 경보료가 관장하게 되었으나,[16] 불과 2년 후 동경경시청이 창설되어 수도치안의 책임을 맡게 되었으며,

---

15) 三井 誠, 「公訴提起の原則」, 法學敎室(1993.11), 93면 이하.

16) 사법직무직제는 사법성 내에 경보료(警保寮)를 두고, 사법경의 지휘하에 경보료를 통하여 지방의 경찰을 지휘감독하는 체계를 예정하고 있었으며, 사법성경보료는 그 휘하에 500명의 나졸을 두고 있있는데, 이들은 단순한 수도의 치안유지기구에 그치지 않고 일종의 군사조직으로서 각 지방에 파견되어 소요진압부대로서의 역할을 하고 있었다(橫山晃一朗, 「刑罰·治安機構の整備」, 福

1874년 그때까지 사법성에 설치되어 있던 국가경찰조직인 경보료가 내무성으로 이관되어 경찰기능이 재판기능과 분리됨으로써 일본은 비로소 근대 경찰제도를 가지게 되었다. 이렇게 된 연유는 1873년 정한론(征韓論)을 둘러싼 정치국면 속에서, 정한파인 초대 사법경(司法卿, 후의 사법대신)인 에토 신페이가 정치적으로 몰락하면서 사법성의 위세가 하락하고, 내치우선파가 정부내에서 실권을 장악하면서, 이들의 주도하에 내무성이 설치되고 내무성 휘하에 중앙집권적 경찰기구가 조직되었기 때문이라고 한다. 다만 범죄수사는 사법관헌인 검찰관의 지휘하에 두었으며, 내무성소속경찰의 주된 임무는 행정경찰로서 범죄의 예방, 국사범의 단속에서부터 국민의 일상생활에까지 미치는 광범위한 것이었다.

그리고 이때의 조직원리는 대체적으로 1874년의 사법경찰규칙,[17] 1880년의 치죄법,[18] 1890년(明治 23년)의 형사소송법(明治刑事訴訟法)[19]을 거쳐 독일법의 영향하에서 제정된 1922년(大正 11년)의 구(舊)형사소송법(大正刑事訴訟法)에 이르기까지 답습되었다고 한다.[20] 요컨대 여기에서 수사의 주체는 검찰관이었고, 범죄의 수사는 공소권을 행사하기 위한 준비단계로서 행하여지는 것으로서 이해되었는데, 그 이유는 구(舊)형사소송법 제248조가 경찰관을 '검찰관의 보좌로서 그 지휘를 받아' 범죄를 수사하는 검찰관의 수사보조기관으로 규정하고 있었기 때문이다.[21] 따라서 검찰관은 공소의 제기, 수행에

島正夫編, 日本近代法体制の形成 上卷, 313－315면)고 한다.

17) 동규칙에서는 체부(逮部)를 사법경찰관리로 개칭하였다.

18) 명치유신 초기의 근대법전편찬에 큰 영향을 미쳤던 파리대학 법학교수 브와소나드(G. Boissonade)의 활동에 힘입어 일본 최초의 근대적 형사소송법전이며 법원조직법전이었던 일본의 치죄법이 제정되었는데, 동법은 프랑스법과 유사하게 범죄를 위경죄·경죄·중죄로 구분하고, 재판소도 治安裁判所·始審裁判所·控訴裁判所로 구분하여 죄의 종류에 따라 재판소를 달리하도록 하였으며, 수사절차와 재판절차를 분리하여 수사는 검사와 검사의 지휘를 받는 사법경찰관에게 맡기는 예심제도를 도입하였다.

19) 명치형사소송법은 독일인 루돌프가 기초한 관계로 이때부터 일본 형사소송법이 프랑스 법체계를 대신하여 독일법계의 영향을 강하게 받는 계기가 되었다.

20) 박종록, 「일본의 사법경찰제도」, 각국의 사법경찰제도, 법무자료 제98집, 법무부, 364면.

21) 제246조(검찰관) 검찰관은 범죄가 있다고 사료되는 때에는 범인 및 증거를 수사하여야 한다.
제248(사법경찰관) 다음 각호에 해당하는 자는 검찰관의 보좌로서 그 지위를 받아 사법경찰관으로서 범죄를 수사하여야 한다.
1. 청부현(廳府懸)의 경찰관
2. 헌병인 장교, 준사관 및 하사
제249조(사법경찰리) 다음 각호에 해당하는 자는 검찰관 또는 사법경찰관의 명령을 받아 사법경찰리로서 수사의 보조를 하여야 한다.
1. 순사(巡査)
2. 헌병졸(憲兵卒)

관하여 권한을 가질 뿐만 아니라 유일한 수사기관으로서 수사절차의 주재자로서의 지위
도 아울러 가졌던 것이다.

(3) 구(舊)형사소송법(大正刑事訴訟法)

1922년 구(舊)형사소송법(大正刑事訴訟法; 1912－1926년)은 명치형사소송법(1868－1912
년)과는 달리 독일의 영향을 많이 받아 형식적 탄핵주의를 취하였으나, 당시 일본 사회
를 풍미한 자유주의와 민주주의 사상의 영향을 받아 종래의 형사소송법보다 자유주의의
색채가 강화되었는데,[22] 예컨대 예심변호제도의 도입, 미결구류기간의 제한과 그 요건의
엄격화, 묵비권의 보장, 수사검찰기관작성조서의 원칙적 증거능력 배제 등이 여기에 해
당한다.[23]

그러나 기소장일본주의를 채택하지 아니하였고 공소제기와 함께 수사에 관한 기록일
체를 법원에 제출하고 법원은 공판절차에 있어서 직권주의에 근거하여 절차를 진행하였으
므로 검찰관의 공판절차에의 관여는 일반적으로 그렇게 중요한 임무수행이 아니었으므로,
수사절차야말로 검찰관이 무엇보다도 힘을 기울이지 않으면 안 되는 분야라고 할 수 있었
다. 이에 대정형사소송법은 수사검찰기관의 긴급처분으로서, 피의자의 구인·구류·신문,
압수·수색 등의 강제처분권한을 부여하고 나아가 강제처분을 예심판사 또는 구재판소 판
사에게 청구하여 처분할 수 있도록 하였다(재판상 수사처분). 이처럼 검찰관의 중심책무는
수사였던 것인데, 명치형사소송법 이후 검사의 신분보장을 판사와 동일하게 하고 수사의

---

22) 大正刑事訴訟法에 대한 역사적 평가로는 高田卓爾, 형사소송법 개정판(昭和 34년), 15면 이하
   참조(이 법전은 독일형사소송법 및 1920년의 동법 초안을 주로 하여 참조한 것인데, 당시 일본
   에 넘친 자유주의, 민주주의사상의 영향을 받아 종래 형사소송법에 비하여 자유주의적 색채가
   꽤 강하게 드러났다. 그것은 강제처분에 대한 법적 규제의 강화, 불고불리원칙의 철저, 피고인
   의 당사자지위의 강화와 변호제도의 확충, 상고이유의 확장 등에 나타나 있다. 또한 민주주의
   사상은 더욱 배심제도의 채용도 촉진하고 1923년에는 배심법이 제정되어 1927년부터 시행되었
   다. 그러나 구 형소 운용은 반드시 그 입법자의 의도에 따를 수는 없었다. 정당정치의 쇠퇴, 민
   주주의 사상의 압살, 봉건적 색채가 강한 관헌의 지배자의식과 이에 대응하는 일반국민의 관존
   민비의 피지배자의식 등은 자연히 법률의 권위주의적인 해석운용을 조장하고 당사자주의 원리
   는 최소한으로, 직권주의 원리는 최대한으로 발휘되는 경향이 강했을 뿐만 아니라 법를 빠져나
   가는 강제력의 남용까지도 횡행했다(임의동행, 임의유치, 행정집행법에 의한 검속의 남용, 위경
   죄즉결례의 남용에 의한 다른 경찰서로 돌리기 등). 그리고 치안유지법(1925년 제정, 1941년
   전면개정), 국방보안법(1941년 제정), 전시 형사특별법(1942년 제정) 등 전쟁수행의 필요가 더
   해져서 현저하게 압도적인 특별절차를 마련하기에 이르렀고, 구 형소의 이상은 완전히 묵살되었
   다. 한편 배심법도 그 실시 이래 반드시 소기의 목적을 달성할 수 없게 되어 전시하 1943년에
   시행정지의 비운에 부딪히게 되었다).
23) 김종구, 형사사법개혁론 － 새로운 패러다임의 비교법적 모색 －, 법문사, 353면.

주재자를 검사로 한 것도 범죄수사의 공정성을 담보하고 경찰의 권한남용 방지와 수사책임의 소재를 명확히 하여 사법경찰관에 대한 철저한 교양훈련으로 수사의 능률화를 도모하기 위한 것으로 볼 수 있다.

그러나 현실적으로 통상의 사건은 주로 경찰에 의하여 수사절차가 이루어지고 검찰관은 보충적·2차적 역할을 수행하였음에 지나지 않은 것도 사실이다. 또 실제상 검찰과 경찰은 그 소속 관청을 달리하고 검찰관의 지휘권을 실효성있게 하기 위한 경찰에 대한 신분상의 감독권을 검찰관에게 부여하지 않는 등 사법경찰직원으로 하여금 검찰관의 지휘·명령을 철저히 수행하도록 하는 보장이 결여되었고 그 결과 현실적으로 수사기관의 이원화 현상을 빚어내고 있다는 자성과 비판이 있었다고 한다.[24]

한편 검찰은 1900년대 초기의 대규모 부정(不正)사건[25]과 공안(公安)사건[26]을 통하여 내각을 붕괴시킬 정도의 수사를 거듭하면서[27] 일본 사회에서 일본 양심의 상징이며, 정의의 구현자로 인식되어 예심판사의 권한을 형식화하고 실제로는 수사의 주체로 활약하여 사실상 형사사법의 전 분야를 총괄하게 되었는데, 이러한 '규문주의적 검찰관사법'은 국민의 정치적·사회적 자유를 억압하고 전쟁협력을 위한 거국일치체제를 만들기 위한 강력한 무기가 되었다. 특히 군국일본이 전쟁수행에 매진하면서 검찰은 군국일본의 일익이 되어 전국의 경찰에 대하여 강대한 지휘권을 행사하면서 제국주의적 국가관에 입각한 사상통제의 소용돌이 속에서 이른바 사상검찰로 각인되었으며, 이른바 「검찰파쇼」[28]

---

24) 박종록, 앞의 논문, 386면.

25) 教科書 疑獄사건, 日糖疑獄사건(代議士, 20명 기소), 씨-멘스 사건(해군 현역장성들이 군함건조를 둘러싸고 영국의 씨-멘스 회사로부터 거액의 뇌물 수수로 山本, 權兵衛 내각 붕괴), 鐵道疑獄사건(鐵道相 등 구속기소), 勳章疑獄사건(賞勳局 총재 등 구속기소), 朝鮮總督府疑獄사건(육군대장 등 구속기소) 등이 여기에 해당한다.

26) 日比谷 燒打사건(1905년 露·日 講和條約에 반대하던 정치운동사건), 赤旗사건(1908), 大逆사건(1910), 憲政擁護사건(1913) 등이 여기에 해당한다.

27) 패전전에는 1914년 씨-멘스사건(山本, 權兵衛 내각), 1933년 帝人사건(帝國人造絹주식회사 주식매매를 둘러싸고 商工大臣, 大藏省 차관 등 고관이 뇌물수수; 齊藤實내각). 패전 후에도 1948년 昭電사건(昭和電工사로부터 전·현직 대신과 국회의원들이 뇌물수수, 芦田내각), 1954년 造船疑獄사건(조선업계로부터 정계 요로에 정치자금 명목으로 뇌물수수; 吉田 내각), 1976년 록히드사건(록히드회사의 전세계적인 정치헌금사건을 일본검찰만이 수사하여 田中角榮 전 총리대신 등 18명 구속; 三木내각), 1989년 리쿠르트 사건(미공개주식 양도방법으로 정계 요로에 뇌물공여, 국회의원 등 17명 기소; 竹田내각, 宇野내각) 등이 여기에 해당한다.

28) 이 용어는 1933년의 帝人사건 당시 검찰의 무리한 수사에서 유래되었다고 한다. 즉 당시 검찰은 심혈을 기울여 수사하였으나 법원에서는 검사가 조작하여 기소한 것이라는 설시와 함께 무죄가 선고되었는바, 1935. 1. 귀족원에서 동경대 명예교수인 美濃部達吉의원이 검사의 자백강요 등을 비판하면서 '검찰파쇼'라는 말이 등장하였다고 한다. 위 사건 수사를 계기로 소위 '검찰파

라는 이름과 함께 비판의 초점이 되었다.[29]

(4) 패전 후의 형사절차(新형사소송법; 1948년 형사소송법)

패전 후 미군점령 당시인 1946년 3월 연합군총사령부측이 형사소송법 개정과 관련하여 영미의 형사소송절차인 당사자주의적 요소[30]를 대폭 도입하면서 사법경찰관리를 검찰관으로부터 독립된 수사의 주체로 하였다. 즉 맥아더사령부측은 "검사와 사법경찰의 관계에 대하여 범죄수사는 제1차적으로 경찰관의 직무로 하고 검사는 필요하다고 인정되는 범위 내에서 수사를 행하며 그 수사를 행하는데 있어서 사법경찰관에 대하여 지휘·명령하는 것이 아니고 수사의 보조를 청구할 수 있도록 하자"고 제시하였는데, 그 이유는 전후 점령군의 '권력의 분산'라는 기본 방침에 따라 자치경찰제가 도입되어 경찰의 지방분권화가 이루어진 반면, 검찰관 동일체 원칙의 지배를 받는 통일적 국가기관인 검찰관이 경찰을 전면적으로 지휘·명령한다는 것은 경찰의 지방분권 원칙에 반할 뿐더러, 구법(舊法)하에서도 실제 운용은 검찰관의 지휘·명령이 반드시 철저하지는 아니하여, 사법경찰관리가 행하는 범죄수사에 대한 책임소재의 불명확화를 초래하였으며, 형사소송절차에 당사자주의가 도입되어 공소관으로서의 검찰관의 책임과 부담이 무거워짐에 반하여, 검찰관에게 필요한 엄격한 자격요건으로 인하여 충분한 수의 검찰관을 확보할 수 없어, 검찰관의 수사책임을 경감할 필요가 있었기 때문이라고 한다. 이때 검찰권을 약화시키기 위한 논리로 등장한 것이 '공판전종론'(公判專從論)[31] 내지 '공판전담론'(公判專擔論)[32]으로 이는 영·미에서와 같이 일체의 수사는 경찰에 맡기고 검사는 공판활동에만 전념하도록 하자는 주장인데, 이는 검사가 당사자주의하의 미국처럼 전국적인 통일조직체의 일원이 아닌 고소·고발인의 대리인으로서 공소를 제기하고 유지하며, 공소제

쇼'를 방지하기 위한 제도적 장치로서 검찰청법에 의회와 국가원수에 대하여 정치적인 책임을 지는 법무대신의 검찰에 대한 지휘·감독권이 규정되었다고 한다(박영관, 「일본검찰의 수사권운영 역사·실태 및 그 전망」, 해외파견검사연구논문집 제7집, 법무부 법무자료 제124집, 342면).

29) 김종구, 앞의 책, 354면.

30) 군국주의자의 권력과 군국주의의 영향력을 일본의 정치생활·경제생활로부터 일소하며, 군국주의의 정신을 표시하는 제도는 강력히 억압한다는 1945.9.22.자 미국의 對日本方針 제1부 (2)항에 따라 제2차 세계대전의 수행을 위한 전시동원체제를 뒷받침하였던 일본제국 검찰의 권한을 제약하는 것을 주안으로 형사소송법을 제정하였고, 제약의 수단으로 사용된 것이 당사자주의적 소송구조의 요소였다고 한다(김종구, 앞의 책, 262면).

31) 谷川輝, 「檢察の課題」, 判例時報 456號(1967); 伊達秋雄, 「檢察官 公判專從論」, 判例タイムス 제148號(1963) 참조.

32) 공판전담론의 계기는 1959년 고검 검사정 市島成一의 의견서 "검찰의 재건에 관하여" 그리고 安部治夫 검사의 "新檢察觀"(中央公論 1963년 5월 162면)에서 시작되었다고 한다(노명선, "일본검찰의 수사지휘권 확립방안 및 수사지휘 실태연구, 대검 정책연구보고서, 2014, 39면 참조).

기를 위한 증거수집의 활동범위 내에서 직무를 수행할 뿐 사법경찰을 지휘할 수 없도록 입안된 것이다.33) 이러한 공판전담론은 송치받은 사건으로 불충분한 점에 대한 보충수사를 하는 경우 검찰수사가 종종 경찰의 '덧바르기 수사'가 되고, 직접수사를 하는 경우 선입관으로 인해 객관적 입장에서 기소여부를 결정하기 힘들어진다는 주장을 뒷받침하였으며, 특히 보완수사의 필요성을 전면적으로 부정할 수는 없지만, 피의자 측면에서 보자면, 경찰에서 수사를 받고, 또 검찰이 겹치기 수사를 하여 수사가 비대화·장기화된다는 주장이었다.34)

그러나 당시 일본측 법무관계자들이 영·미 법계의 제도가 일본적 전통, 이념, 현실과 부합하지 않는다는 점과 경찰은 독직사건이나 경제사건 등에 대한 처리능력이 부족하다는 점 등을 들어 강력히 저항하였으며, 이에 따라 현행제도와 같은 타협적 형사사법구조가 탄생하게 되었던 것이다.

1945년 9월부터 이상과 같은 논의를 거쳐 결국 맥아더사령부의 반강요에 의하여 1948년 제정(昭和 23년)되고 1949년 1월 1일 시행된 신(新)형사소송법은 예심제도를 폐지하면서 경찰관을 사법경찰직원으로 호칭하는 한편, 이를 검찰관과 같은 수준의 독립된 수사기관으로 하였을 뿐만 아니라 나아가 제1차적인 수사기관으로 하였다. 즉 경찰이 독립적 수사기관으로 제1차적으로 범죄수사에 책임을 지고, 다만 검찰관은 수사에 관하여 경찰관에게 필요한 일반적 지휘를 하고 수사의 준칙을 정할 수 있으며, 경찰관에 대하여 수사의 협력을 구하기 위하여 필요한 일반적 지휘를 하고, 경찰관을 지휘하여 검찰관이 행하는 수사를 보조하게끔 할 수 있도록 하였던 것이다.

그러나 원래 범죄의 수사란 수사자체로서 끝나는 것이 아니고 처벌을 궁극적인 목표로 하므로 재판과정을 거치지 않으면 안 된다. 따라서 수사의 최종 목적은 적정한 공소권의 행사 및 유죄판결, 나아가 적정한 양형의 도출에 집중된다 할 것이다. 이 점에서 수사라는 것이 공소제기의 전단계라는 측면을 가지고 있음을 부정할 수 없는 것이다. 더구나 현실적으로 사법경찰관리의 수사는 시간적 제약, 법률적 지식과 소양의 상대적 부족 등으로 말미암아 공소의 제기·불기소 및 양형의 심증형성에 충분한 자료를 반드시 제공한다고 볼 수도 없다. 이러한 관점에서 검찰관에게도 뒤에서 보는 것처럼 수사권을 존치시켜 검찰관은 소추기관임과 동시에 수사기관으로서의 기능도 아울러 가지게 한 것이다(형사소송법 제191조 제1항).

결국 세계에 유례가 없는 유죄율을 유지해 온 일본검찰의 전통은 검사의 직접수사에 기인한 것이라는 이른바 '수사호지론(搜查護持論)'35)이 강하여, 전후의 형사소송법은

---

33) 김종구, 앞의 책, 355면.

34) 이정민, "일본의 수사제도 운영과 그 전제", 형사법의 신동향 통권 제60호(2018. 9.), 대검찰청 미래기획단, 191면.

결국 경찰을 범죄수사의 제1차적 수사기관으로 하되, 검찰에도 수사권을 인정하여 제2 차적 수사기관으로 하고 양자의 관계를 협력관계로 하는 한편, 공소권을 독점하고 있는 검찰관에게 특정한 경우에 사법경찰관에 대한 일반적 지시권·일반적 지휘권·구체적 지 휘권 등 수사지휘권을 인정한 것이다. 다만 경찰이 제1차 수사기관이고 검찰이 제2차 수사기관이라는 의미가 「경찰이 제1차 수사권을 보유하고 검찰은 보충적인 제2차 수사 권을 보유한다」는 의미가 아니라, 검찰은 인력의 한계 등으로 인하여 많은 사건을 수사 할 수 없으므로 「범죄에 대하여 경찰이 제1차적으로 수사할 의무를 부담하며, 검찰은 필요하다고 인정되는 경우 수사한다」는 의미를 말한다.[36] 아울러 예심제도 아래에서도 검찰이 일본 제일의 사정수사기관이라는 위치를 확립하였지만, 산업화의 진행과 함께 범 죄가 증가하고 사법예산의 부담이 커지게 된 현실적인 이유 때문에 1947년 재판소법의 시행과 함께 재판소를 사법성으로부터 분리하고, 재판소 관련사무를 최고재판소로 이양 시킨 반면, 재판소의 예심판사 대신 검사를 수사의 주재자로 규정하고 '재판소로부터의 검사의 독립'을 선언하여 수사 및 공소권과 재판권을 분리하였다.

한편 전후 검·경 관계에 대한 형사소송법 개정논의가 다시 제기되었는데, 그 배 경에는 첫째, 전후 혼란기에 여러 가지 대형사건이 발생하여 치안정세가 불안하였음에 도 낮은 검거율 등 경찰 수사능력에 대한 문제가 제기되었고, 둘째, 새로 도입된 자치 경찰제의 운영이 비능률적이고, 수사에 있어서도 간부의 지도·교양능력이 부족하다는 것이 사실로 드러났으며, 셋째, 경찰관에게 수사주체로서 재판관에게 직접 체포장을 청구하는 권한이 부여된 결과 체포장의 남용 사례가 빈발하였고, 넷째, 경찰조직이 국 가·자치경찰의 2원 체제에서 도도부현경찰로 통합되어 경찰권한이 강화됨에 따라 이에 대한 체크기능의 필요성이 대두되었으며, 다섯째, 형벌권의 적정 운용을 위하여는 戰前 의 검찰관 제도를 부활시키는 정도에는 이르지 않을지라도 경찰관이 갖는 제1차적 수사

---

35) 出射義夫, 「檢察の實踐的說得機能」, ジリスト 223號(1961); 早川晴雄, 「聲無聲一檢の立場よソ法 曹に訴う」, 法曹 154號(1963) 참조.

36) 비교수사제도론(이동희 외 4인, 박영사, 2005) 709면은 「현행 일본의 수사체계는 경찰관이 제1차적 내지 본래적 수사를 담당하고, 검찰관은 경찰이 송치한 이후에 당해 사건에 대한 제 2차적 내지 보충적 수사를 담당하는 기본적 구조를 취하고 있으며, 이에 대한 異論은 없다」 고 설명하는 반면, 716면은 「제2차적·보충적 수사책임이라고 하는 것은 수사권한에 있어서 제2차적 내지 보충적이라는 의미는 아니다」라고 설명하고 있으나, 권한이 있으면 책임도 있 는 것이므로 경찰이 제1차적 수사기관이고 검찰이 제2차적 수사기관이라는 의미는 '경찰이 제1차 수사권을 보유하고 검찰은 보충적인 제2차 수사권을 보유한다'는 의미가 아니라 검찰 은 인력의 한계 등으로 인하여 많은 수사를 할 수 없으므로 '범죄에 대하여 경찰이 제1차적 으로 수사할 의무를 부담하며, 검찰은 필요하다고 인정되는 경우 수사한다'는 의미로 보아야 할 것이다.

에 검찰이 관여할 수 있는 제도가 마련되어야 한다는 주장이 검찰에서 대두되었기 때문이라고 한다.

이후 검·경의 대립과정을 살펴보면, 「수사의 일반준칙인 범죄수사규범37)은 경찰이 제정할 것이 아니라 검찰의 일반적 지시로 제정되어야 한다」는 검찰의 주장을 경찰이 거부하였으며, 파괴활동방지법위반사건의 수사절차에 관한 검찰의 통첩38)에 대하여, 경찰은 위 통첩이 형사소송법 제193조 제1항의 일반적 지시권의 범위를 넘었다는 이유로 거부하였고, 1953. 7. 법무성의 형사소송법개정안39)에 대하여도, 경찰은 위 개정안은 검찰관이 일반적 지시권과 체포장청구동의를 통하여 경찰수사에 일반적으로 간섭하게 됨으로써, 수사의 실권을 戰前과 같이 검찰관에게 넘기는 것이라며 반발하였던 것인데, 일반적 지시에 관하여는 원안대로 통과되었으나, 중의원 법무위원회는 「위 일반적 지시에 의하여 개별 사건의 수사를 직접지휘하지 않도록 유의할 것」이라는 부대결의를 첨부하였으며, 체포장청구에 대하여는 「검찰관 동의」를 요건으로 하지 아니하는 대신, 체포장청구권자를 공안위원회가 지정하는 경부(警部) 이상의 자로 제한하는 관련 형사소송법 규정을 개정하였던 것이다.

(5) 현행 형사소송법 및 검찰청법 규정

<형사소송법>40)

제191조 ① 검찰관은 필요하다고 인정하는 때에는 스스로 범죄를 수사할 수 있다.

제192조 검찰관과 都道府縣 공안위원회 및 사법경찰직원은 수사에 관하여 상호 협력하여야 한다.

---

37) 패전 전의 사법성훈령의 형태로 정해져 범죄수사의 일반준칙을 규정하였던 '사법경찰직무규범'이 폐지되고 국가지방경찰본부장관의 훈령으로 '범죄수사규범'이 제정되어 1949년 4월 1일부터 시행되었는데, 그 내용에 있어서 불충분한 점이 많아 곧 재검토되어 이듬해인 1950년 4월 개정된 범죄수사규범이 국가공안위원회규칙으로서 제정되어 같은 해 5월 1일부터 시행되었다. 그 후 1953년의 형사소송법 일부개정 및 1954년의 경찰법 전면개정에 따라 새롭게 정비된 현행의 '범죄수사규범'(1957년 7월 11일 국가공안위원회규칙 제2호)이 제정되었다(이동회 외 4인, 앞의 책, 726면)고 한다.

38) 사법경찰직원이 수사 단서를 얻었을 때에는 사전에 사안의 개요를 검사정(檢事正)에게 보고하고 그의 승인을 얻어야 한다.

39) 일반적 지시에 관하여 종래 「공소를 실행하기 위하여 필요한 범죄수사의 중요한 사항에 관하여 준칙을 정하는 것에 한한다」(형사소송법 제193조 단서)로 되어 있던 것을 「수사를 적정하게 하고 기타 공소의 수행을 완전히 하기 위하여 필요한 사항에 관한 일반적 준칙을 정하는 것에 의하여 행한다」로 개정하고, 사법경찰직원의 체포장청구에 검찰관의 동의가 필요하도록 개정하였다.

40) <http://law.e-gov.go.jp/htmldata/S23/S23HO131.html>.

제193조 ① 검찰관은 그 관할구역에 따라 <u>사법경찰직원에 대하여 그 수사에 관하여 필요한 일반적 지시</u>를 할 수 있다. 이 경우의 지시는 수사를 적정히 하고 기타 공소의 수행을 완전히 하기 위하여 필요한 사항에 관한 일반적 준칙을 정하는 것에 의하여 행한다.

② 검찰관은 그 관할구역에 따라 <u>사법경찰직원에 대하여 수사의 협력을 구하기 위하여 필요한 일반적 지휘</u>를 할 수 있다.

③ <u>검찰관은 스스로 범죄를 수사하는 경우에 필요한 때에는 사법경찰직원을 지휘하여 수사의 보조</u>를 하도록 할 수 있다.

④ 전 3항의 경우에 <u>사법경찰직원은 검찰관의 지시 또는 지휘에 따라야 한다.</u>

제194조 ① <u>검사총장, 검사장 또는 검사정</u>은 사법경찰직원이 정당한 이유 없이 검찰관의 지시 또는 지휘에 따르지 아니하는 경우에 필요하다고 인정하는 때에는, 경찰관인 사법경찰직원에 대해서는 국가공안위원회 또는 都道府縣 공안위원회에, 경찰관 이외의 사법경찰직원에 대해서는 그 자를 징계 또는 파면할 권한을 가진 자에게 각각 <u>징계 또는 파면의 소추</u>를 할 수 있다.

② 국가공안위원회·都道府縣 공안위원회 또는 경찰관 이외의 사법경찰직원을 징계하거나 파면할 권한을 가진 자는 전항의 소추가 이유 있다고 인정하는 때에는 별도의 법률에 규정된 바에 의하여 소추를 받은 자를 징계 또는 파면하여야 한다.

<검찰청법>[41]

제6조 검찰관은 모든 범죄에 관해서 수사를 할 수 있다.

가. 검찰관의 지위

일본의 검찰청법 제4조는 '검찰관의 직무'라는 제목으로 「검찰관은 형사에 관하여 공소를 행하고 재판소에 법의 정당한 적용을 청구하고 재판의 집행을 감독하고 …… 공익의 대표자로서 다른 법령에 의하여 그 권한에 속한 사무를 행한다」라고 규정하고 있으며, 동법 제6조는 '범죄의 수사'라는 제목으로 「검찰관은 어떠한 범죄에 대해서도 수사를 할 수 있다」라고 규정하고 있다. 따라서 검찰관의 권한은 이를 범죄수사의 권한, 공소의 권한, 재판의 집행을 지휘·감독할 권한 등을 주된 직무로 한다.[42] 즉, 검찰관은 공소제기 여부의 결정권을 가지고 있고(형사소송법 제247조, 제248조), 범죄에 대한 수사권을 보유하고 있다(동법 제191조).

---

41) < http://law.e-gov.go.jp/htmldata/S22/S22HO061.html >.

42) 일본의 법원과 법무성은 출향판사 제도라는 불리는 판사와 검사의 교류제도를 운영하고 있다. 판사가 일시 검사로 전관하여 법무성 등에서 2-3년 근무한 후 다시 법원에 복귀하는 제도이나. 법원·검찰간 상호 이해를 도모하고 국가를 상대로 한 민사, 행정사건이 증가함에 따라 업무 효율성 제고의 목적도 있다고 한다.

이러한 검찰관의 수사권은 사법경찰직원보다 광범위한 사항에 미친다. 즉, 위에서 언급한 것처럼 구류청구권은 검찰관에게만 인정되어 있고, 사법경찰직원에게는 검찰관이 이를 신청할 수 있는 권한조차도 없고(동법 제204조 제1항, 제205조 제1항), 기타 수사를 위한 증인신문의 청구도 검찰관만이 할 수 있으며(동법 제226조), 변사체 검시도 검찰관의 권한으로 되어 있다(동법 제229조 제1항). 또한 공소관으로서의 검찰관은 대응재판소의 관할구역 및 사물관할에 따라야 하는 직무상의 제약이 있으나(검찰청법 제5조), 수사관으로서의 검찰관에게는 이러한 사물관할의 제한이 없다(동법 제6조 제1항). 따라서 수사관으로서의 검찰관은 그 직무집행 구역은 물론 수사를 위하여 필요가 있는 때에는 관할구역외에서도 직무를 행할 수 있다(동법 제195조).

2021년 현재 일본 검찰은 최고검찰청, 8개 고등검찰청,[43] 50개 지방검찰청, 437개 구(區)검찰청[44]으로 구성되어 있고, 검사직책은 검사총장·차장검사·검사장·검사·부(副)검사[45]로 나누어지며, 1급 검사와 2급 검사로 등급이 구분되어 있다. 검사총장·차장검사·검사장은 내각이 임명하고, 검사와 부검사는 법무대신이 임명한다. 우리의 검사장에 해당하는 검사정(檢事正)은 보직 개념으로, 검사장과 검사, 부검사의 보직은 법무대신의 소관이다. 일본도 검사동일체의 원칙이 적용되어 검사총장은 최고검찰청 소속 검사의 검찰권 행사를 지휘·감독한다. 동일한 형태로 검사장, 검사정, 상석검찰관도 각 청의 검사와 하급청 검사의 각 검찰권 행사를 지휘·감독하고 양자는 상명하복 관계에 있다.

나. 경찰 등 수사기관의 지위

일본 경찰제도의 근간은 경찰조직을 국가경찰과 자치제경찰의 이원체제로 하고 국가와 자치단체에 공안위원회를 설치하여 경찰에 대한 관리를 담당하게 하고 있는 점이다. 즉 2차대전 패전 이후 GHQ(연합군최고사령부)에 의하여 이전까지의 모든 경찰관계 법령이 폐지되고, 1947년 12월 경찰법(구 경찰법)이 새로 제정되면서 경찰제도의 전면적

---

43) 삿포로 고등검찰청, 센다이 고등검찰청, 도쿄 고등검찰청, 나고야 고등검찰청, 오사카 고등검찰청, 히로시마 고등검찰청, 다카마쓰 고등검찰청, 후쿠오카 고등검찰청이 여기에 해당한다.

44) 우리나라에 없는 검찰조직인 구검찰청은 간이재판소에 대응한 검찰청으로서 상석검찰관, 부검사, 검찰사무관으로 이루어진 조직이다. 벌금사건에 해당하는 약식사건 등 간이한 사건을 관할한다.

45) 부검사는 1947년 시행된 검찰청법에 의해 신설된 것으로 재판소법 소정의 시험에 합격한 사람이나 3년 이상 2급 관리 기타 공무원에 있었던 사람, 경부 이상의 경찰관 중에서 부검사선고심사회의 심사를 거쳐 법무대신이 임명한다. 3년 이상 부검사직에 있었던 사람은 검사특별고시를 거쳐 2급 검사로 임명될 수 있으나, 변호사 자격은 주어지지 않는다. 부검사는 검찰사무관 출신이 대부분이지만, 교정, 보호, 출입국 직원은 물론 노동감독관, 자위대원, 경찰 등 다양한 직종에서 선발한다.

인 개혁이 이루어졌는데, 세 가지로 그 특징을 정리하면, 첫째, 집중된 권력으로 인해 각종 폐해를 낳았던 국가경찰제도에 대한 반성으로서 경찰권을 지방자치단체(市町村)에 이양하여 권력을 분산시키는 것, 둘째 국민의 대표기관으로 공안위원회를 설립하여 경찰 운영의 민주화를 보장하는 것, 셋째 너무 광범위하게 확산되어 있던 경찰업무를 축소하여 경찰 본연의 업무인 국민의 신체·재산의 보호 및 공공의 안전유지와 관련된 업무로 그 영역을 특정하는 것 등이다.46) 그러나 자치경험이 부족했을 뿐만 아니라, 경찰단위의 세분화가 경찰활동의 광역적·능률적 운영에 저해가 되고, 지방자치단체(市町村) 재정을 과도하게 압박하는 등 비효율적 문제가 부각되면서 정촌(町村)을 중심으로 자치체 경찰의 폐지가 요구되었다47)고 한다. 또한 이원화된 경찰제도가 조직의 복잡화는 물론 시설·인원 등의 중복을 초래하여 비경제적이고, 나아가 정치로부터의 중립성을 담보하기 위하여 설치된 공안위원회의 독립성이 강화되면서 정치상의 치안책임 소재가 불명확하다는 주장도 제기되었다고 한다.48)

이후 이러한 주장이 받아들여져, 1954년 경찰법의 개정(신 경찰법) 등을 통해 국가공안위원회 – 경찰청 – 도도부현49)공안위원회 – 도도부현경찰로 이루어지는 조직이 완성되어 현재에 이르고 있는데, 신 경찰법의 특징으로 첫째, '구 경찰법'상의 국가지방경찰과 자치제 경찰의 양립운영을 폐지하고 관련 사무를 도도부현 경찰로 일원화한 점을 들 수 있다. 물론 경찰청장의 지휘·감독제도나 예산의 국고지원제도, 지방 경찰간부의 국가 직원화 등을 통하여 일정 범위 내에서 지방경찰운영의 국가관여를 인정하고 있다. 둘째, 공안위원회 제도를 유지시켜 경찰의 민주적 운영을 보장하되, 주민의 감시를 받도록 한 것이다. 구체적으로 살펴보면, 국가경찰로는 경찰청과 경찰청직속의 지방기관인 7개의 관구경찰국(管區警察局)50)이 있으며, 자치제경찰로는 동경도경시청(東京道警視廳) 및 도부현경찰본부(道府縣警察本部)가 있다.51)

---

46) 심재천, 「일본 경찰제도의 운용과 실태」, 각국의 사법경찰제도에 관한 연구, 검찰미래기획단, 96면.

47) 김정해 외 3인, 「한국과 선진국의 형사사법기관 구성 및 운영차이에 관한 연구」, 형사정책연구원 연구총서, 한국형사정책연구원, 2004, 232 – 233면.

48) 문희태, "합리적인 수사권조정에 대한 논의의 검토 – 일본의 국가수사구조(검찰·경찰)와 개혁 방향을 중심으로 –", 비교형사법연구 제21권 제1호(2019. 04), 한국비교형사법학회, 18면.

49) 도도부현(都道府縣)은 우리나라의 광역시 도에 해당하는 일본의 공역 행정구역을 총칭하는 말로, 1都(東京都), 1道(北海道), 2府(大阪府, 京都府), 43縣으로 구성되어 있다.

50) 경시청이 있는 동경도와 북해도경찰본부가 있는 북해도에는 관구경찰국이 없다.

51) 경찰청에 근무하는 경찰과 도도부현에 근무하는 경시정 이상의 경찰(지방경무관)은 국가경찰관이고(경찰법 제56조 제1항), 도도부현에 근무하는 경시정 이하의 경찰은 지방공무원으로 분류된다(동법 제56조 제2항). 따라서 국가공무원인 국가경찰에게는 국가공무원법과 경찰법이, 지방공무원인 지방경찰에게는 지방공무원법과 경찰법이 적용된다.

432 제 4 장   OECD 회원국의 검사와 관련된 헌법규정 등을 통해 본 검사의 기능과 역할

이 중 경찰청[52])은 내각총리대신의 소할(所轄)[53])하에 있는 국가공안위원회[54])가 이를 관리하고(경찰법 제15조) 경찰청장관[55])과 경찰청솔하의 각 관구경찰국장은 도도부현경찰을 지휘·감독하지만, 도도부현경찰은 도도부현지사의 소할하에 있는 도도부현공안위원회가 이를 관리하고, 경시청장과 도부현경찰본부장은 각 산하의 방면본부(方面本部)[56])·시경찰부(市警察部)[57])·경찰서(警察署)[58])를 지휘·감독한다.[59]) 다만 동경도(東京都)에 있는 경시청[60])은 정치·외교의 중심인 수도 경찰의 중앙실시기관이라는 특별한 지위를 점하고 있으므로, 도경찰에 경시총감(警視總監)[61])을 두고 있는데, 그것은 경찰관(장관을 제외

---

52) 경찰청은 국가공안위원회에 설치되는 경찰행정에 관한 국가의 행정기관으로서(경찰법 제15조) 경찰청의 장은 경찰청장관으로 하고 국가공안위원회가 내각총리대신의 승인을 얻어 임면한다 (동법 제16조 제1항). 경찰청장관은 국가공안위원회의 관리에 따르고 경찰청의 廳務를 통괄하고 소관 부서의 직원을 임면하고 그 복무에 관하여 이것을 統督하며, 또한 경찰청의 소관사무에 관하여 도도부현경찰을 지휘·감독한다(동조 제2항).

53) 소할(所轄)이란 일본의 행정조직상의 특이한 개념으로서 그 통괄하에 있지만 지휘 명령권이 없는 "약한 관리" 또는 권한행사의 독립성이 강한 행정기관과의 "단순한 소속"정도의 관계를 나타내는 용어이다.

54) 국가공안위원회는 국가행정조직법이 정하는 '국가의 행정기관'이 아니라 동법 제8조에서 정하는 심의회 등의 성격을 가지지만 내각부의 外局으로서 경찰법에 의해 설치된 일종의 행정위원회이자 국가의 경찰의 최고기관이다(藤田宙靖, 行政組織法(新版), 良書普及會, 2001, 157면). 이러한 국가공안위원회는 위원장 및 5인의 위원으로 구성되며, 위원은 최근 5년간 검찰 또는 경찰 관련 직업적 공무원의 경험이 없는 자 가운데 총리대신이 양원의 동의를 얻어 임명하는데(경찰법 제7조 제1항), 위원의 임기는 5년이며, 출석위원 과반수의 동의로 의결이 이루어지고 가부동수의 경우에는 의장이 결정권을 갖는다.

55) 일본에서 '장관'의 의미는 우리나라와 달리 보통 외청(外廳)의 수장을 의미한다.

56) 道의 구역을 5이내의 방면으로 구분하여 방면의 구역내에 있어서의 경찰의 사무를 처리하게 하기 위하여 방면마다 방면본부를 둔다. 단 도경찰본부의 소재지를 포괄하는 방면에는 두지 않는 것으로 한다(동법 제51조 제1항).

57) 지정시의 구역내에 있어서의 도부현경찰본부의 사무를 분장하기 위하여 당해 지정시의 구역에 시경찰부를 둔다. 시경찰부에는 부장을 두는데, 시경찰부장은 시경찰부의 사무를 통괄하고 도부현경찰본부장의 명을 받아 시경찰부의 소속 경찰직원을 지휘·감독한다(경찰법 제52조).

58) 도도부현(都道府縣)의 구역을 구분하여 각 지역을 관할하는 경찰서를 둔다. 경찰서장은 경시총감 경찰본부장 방면본부장 또는 시경찰부장의 지휘 감독을 받고, 그 관할구역내에 있어서의 경찰의 사무를 처리하며 소속 경찰직원을 지휘·감독한다(경찰법제53조).

59) 박종록, 앞의 논문, 243면.

60) 경시청(警視廳)은 통칭이 아니라 법률상의 명칭이며, 이러한 까닭에 도도부현경찰을 관명으로 칭할 때에는 '警視廳 및 都道府縣警察本部'라는 표현을 쓴다.

61) 경시총감(警視總監)의 경우 경찰로서의 최고계급이고, 경찰청장관은 경찰계급이 아닌 행정청의 수장을 칭하는 직명이라는 점에서, 양자의 관계는 다소 미묘한데, 그 이유는 경찰내부 서열관계

한다)의 최고계급으로 국가공안위원회가 도공안위원회의 동의를 얻은 다음 내각총리대신
의 승인을 얻어 임면한다(경찰법 제62조, 제49조). 국가경찰인 경찰청은 기본적으로 행정
업무를 담당하는 기관으로서, 수사업무는 국제수사공조 등에 한정되므로 수사기구를 두
지 않으며, 집행 인력은 모두 자치경찰 소속이다. 따라서 일본 경찰수사의 중심은 경찰
서가 아니라 경시청과 수사본부이며, 경시청과 수사본부에 전문화·세분화된 많은 수사
인력이 있다.

　　이러한 국가공안위원회는 경찰청에 대하여 수사에 관한 지휘를 할 수 없고, 경찰청
은 소요 등 공안관련 사항에 관하여 도도부현경찰을 지휘하는 경우를 제외하고 스스로
의 수사권행사가 불가능하며, 도도부현공안위원회도 도도부현경찰에 대한 수사지휘권이
없으며 경시총감 또는 경찰본부장 이하의 사법경찰직원이 수사권을 행사한다. 다만 국가
공안위원회와 도도부현공안위원회는 상시 긴밀한 연락을 유지하여야 하고 국가공안위원
회가 지방경무관(警視正 이상)을 임명함에는 도도부현공안위원회의 동의를 얻어야 한다.
그리고 경찰청장관의 도도부현경찰에 대한 지휘·감독의 범위는 경찰청의 소관사무에 한
하며, 도도부현경찰의 관리기관인 도도부현공안위원회를 통하여 행하여지는데, 공안관련
사항을 제외한 통상의 형사사건에 관한 수사지휘는 할 수 없다.

　　한편, 종래 수사의 주재자인 검찰관의 보조자로서 독자적 수사권을 갖지 못하던 사
법경찰직원은 1948년 형사소송법 개정으로 통상적인 사건의 일차적이고 독립적인 수사
권을 갖게 되었는데(형사소송법 제189조 제1항),[62] 사법경찰직원이라 함은 사법경찰원(司
法警察員)과 사법순사(司法巡査)를 총괄하는 호칭이다(형사소송법 제39조 제3항). 이처럼 사
법경찰직원을 사법경찰원과 사법순사로 구별하는 것은 사법경찰원에게 독립적인 수사주
체로서의 임무와 권한을 부여하는 한편, 사법순사에게는 사법경찰원의 지휘하에 수사보
조자로서의 기능을 수행하도록 하였기 때문이다.

　　로는 경찰청장관이 경시총감보다 상위임이 분명하지만, 대부분의 경우 경시총감을 최후 보직으
　　로 인식하고 있으며, 경시총감을 거쳐 경시청장관으로 임명된 경우는 거의 드물기 때문이다. 그
　　임명절차에 있어서도 경시총감은 국가공안위원회가 東京都公安委員會의 동의와 총리대신의 승인
　　을 얻어 임명하는 대신, 都道府縣警察本部長은 총리대신의 승인없이 국가공안위원회가 道府縣公
　　安委員會의 동의를 얻어 임명한다는 점에서 조직체계상 동급인 道府縣警察本部와 격이 다르다.
62)　형사소송법 제189조(司法警察職員) ① 경찰관은 각각 다른 법률 또는 國家公安委員會 혹은 都道
　　府縣公安委員會가 정하는 비에 의히여 사법경찰직원으로서 직무를 행한다.
　　② 사법경찰직원은 범죄가 있다고 사료되는 때에는 범인 및 증거를 수사한다.

【표 4-1】(신)경찰법상 경찰조직63)

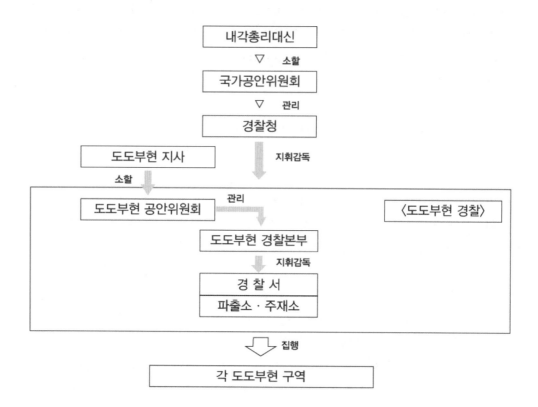

이러한 사법경찰직원에는 일반사법경찰직원과 특별사법경찰직원64)이 있는데, 전자는 경찰법에서 규정하고 있는 경찰관65)이 사법경찰직원으로 된 경우이고(형사소송법 제189조 제1항), 후자는 경찰관 이외의 자로서 특히 법률에 의하여 사법경찰직원으로서의 직무를 행하도록 정하여진 자를 의미한다. 다만 사법경찰직원에게도 구류청구권 등의 강제수사의 권한은 없다. 즉, 구류청구권은 검찰관에게만 부여되어 있어 사법경찰직원이 피의자를 체포한 경우 48시간 이내에 피의자의 신병과 기록 일부를 검찰관에게 송치하여야 한다(동법 제203조 제3항).

또한 사법경찰직원은 범죄수사를 한 때에는 검찰관이 지정한 사건을 제외하고는 원

---

63) 일본 경찰백서(2021) 인용 편집.

64) 형사소송법 제190조(特別司法警察職員) 山林·鐵道 기타 특별한 사항에 대하여 사법경찰직원으로서 직무를 행할 자 및 그 직무범위는 별도의 법률로 이를 정한다.

65) 경찰관에는 警視總監·警視監·警視長·警視正·警視·警部·警部補·巡査部長·巡査의 9계급이 있고(경찰법 제62조), 이 계급을 기준으로 하여 巡査部長 이상은 司法警察官, 巡査는 司法巡査라고 한다(1930년 國家公安委員會規則 제5호 제1조).

직적으로 신속히 서류 및 증거물과 함께 사건을 검찰관에게 송치하여야 하고(동법 제246조), 고소 또는 고발을 접수한 경우에도 신속히 이에 관한 서류 및 증거물을 검찰관에게 송부하여야 하며(동법 제242조), 검찰관의 지휘에 의하여 변사체 검시를 할 수 있을 뿐이다(동법 제229조).[66] 그리고 사법경찰직원은 검찰관이 직무상 발한 지휘·지시에 복종하여야 할 의무가 있는데(동법 제193조 제4항), 검찰관의 지시 및 지휘를 실효성있게 하기 위하여 형사소송법은 이에 대한 복종의무를 규정함과 동시에 동법 제194조는 사법경찰직원에 대한 검찰관의 징계요구권을 규정하고 있다.

다만 사법경찰원은 여러 강제수사방법에 있어서 검사와 동등한 권한을 보유하고 있는 부분이 많다. 예컨대 체포장을 법원에 청구(국가공안위원회 또는 도도부현 공안위원회가 시정하는 경부 이상의 자에 한하여 청구)할 수 있는 권한(동법 제199조 제2항),[67] 사법순사에 의하여 체포된 피의자를 인수할 권한(동법 제202조, 제215조 제1항), 체포후 피의자를 석방하거나 검찰관에게 송치할 권한(동법 제203조 제1항, 제216조), 차압(差押)·수색·검증영장의 청구(동법 제218조 제3항), 감정유치의 청구(동법 제224조 제1항) 등이 이에 해당한다.

다. 검찰관과 사법경찰직원의 상호협력관계

현행법상 검찰관과 사법경찰직원은 계통적으로 분리된 상호 별개의 수사기관이며, 양자의 관계는 상하관계가 아니다. 즉 일본의 경찰과 검찰간의 관계는 기본적으로 경찰은 독립된 제1차적 수사기관이고 검찰은 제2차적 수사기관으로서 상호 협력관계에 있다. 그러나 수사의 목적에 있어서 양자간에 상위(相違)가 있는 것은 아니므로, 수사와 관련하여 양자의 관계를 어떻게 정립할 것인지 여부가 문제된다.

그런데 일본 검찰청법 제6조 제2항은 「검찰관과 다른 법령에 의하여 수사의 직권을 행사하는 자의 관계는 형사소송법이 정하는 바에 의한다」라고 규정하고 있으며, 특별사법경찰직원도 일반적으로 형사소송법의 규정에 의하여 사법경찰직원으로서의 직무를 행하는 것으로 되어 있으므로(예컨대 해상보안청법 제31조) 검찰관과의 관계도 형사소송법이 정하는 바에 따르게 된다. 이와 관련하여 형사소송법 제192조는 「검찰관과 도도부현공안위원회 및 사법경찰직원은 수사에 관하여 상호 협력하여야 한다」라고 규정하고 있는

---

66) 형사소송법 제229조(檢視) ① 變死者 또는 變死의 의심이 있는 사체가 있는 때에는 그 소재지를 관할하는 지방검찰청 또는 구검찰청의 검찰관은 검시를 하여야 한다.
   ② 검찰관은 검찰사무관 또는 사법경찰원에게 전항의 처분을 하도록 할 수 있다.
67) 일본의 경우에는 '체포전치주의'라고 하여 인신구속(拘留)을 위해서는 반드시 체포절차가 선행되도록 하고 있으며, 우리나라와 마찬가지로 '체포장에 의한 체포', '긴급체포(제210조 제1항)', '현행범체포(제212조)' 등 3가지가 인성되지만, 긴급체포를 하였을 경우에 사후 즉시 제포장을 청구해야 한다는 점에서 차이가 있다.

데, 이는 사법경찰직원의 경우 인적·물적 자원이 충분하여 수사설비면에서 우수하고, 전국 방방곡곡에서 국민과 직접 접촉하고 있으므로 범죄정보에도 신속한 반면, 검찰관은 일반적으로 법률적 소양의 면에서 우수하여 적법절차의 준수라는 측면에서 상대적으로 국민의 신뢰를 더 많이 받고 있고, 고도의 법률지식을 요하는 복잡한 사건의 수사를 담당하기에 적합한 지위에 있다고 볼 수 있으므로 양자의 장·단점을 조화시켜 수사에 있어 상호 협력하게 하는 것이 이상적이라는 데 법의 취지가 있다고 할 것이다. 실제에 있어서도 구체적 사건과 관련된 법률적 자문, 사건의 송치 및 소송수행과 관련된 의견 청취를 위하여 사법경찰직원은 검찰관과 긴밀한 연락을 가지며 법률상·사실상 지휘를 받고 있다.

그러나 범죄수사는 형사절차의 제1단계로서 그 다음 단계로 재판과정이 따르게 되고 그 사이에 재판과정을 거칠 것인가 여부의 결정이 접속되어 있다. 따라서 수사를 검찰관 이외의 다른 기관이 담당하는 경우에도 그 다음 단계를 승계하는 검찰관에게 그 준비단계인 수사에 관여할 수 있는 길을 열어놓지 않는다면 그 다음 단계의 추행(追行)에 있어서 불합리한 결과를 초래할 우려가 있는 것이다. 여기에 경찰수사가 조직상 전혀 별개기관의 직무임에도 불구하고 검찰관의 지시·지휘에 따르게 하지 않을 수 없는 근거가 있다. 즉 현행법상 검찰관은 스스로 수사할 수 있음과 동시에, 다른 수사기관을 지시·지휘하여 수사를 적정한 방향으로 이끌고 불충분한 점을 보완케 할 수 있도록 하는 것이 인정된다.

라. 검찰관의 지시·지휘권

① **일반적 지시권**: 형사소송법 제193조 제1항은 「검찰관은 그 관할구역에 따라 사법경찰직원에 대하여 그 수사에 관하여 필요한 일반적 지시를 할 수 있다. 이 경우의 지시는 수사를 적정하게 하고, 기타 공소의 수행을 완전하게 하기 위하여 필요한 사항에 관한 일반적 준칙을 정하는 것에 의하여 행한다」라고 규정하고 있다. 이러한 일반적 지시권을 부여한 이유는, 비록 검찰관과 사법경찰직원의 기본적 관계가 상명하복의 관계는 아니지만, 검찰관이 공소를 제기·유지한다는 관점으로부터 수사의 불비·결점을 보정·보충할 필요성이 있기 때문이라고 한다.[68]

이 일반적 지시권에 근거하는 것으로서 검찰총장이 발하는 서류작성에 관한 「사법경찰직원수사서류기본서식례」(1961. 6. 1. 검찰총장 일반적 지시), 「사법경찰직원수사서류간이서식례」(1963. 6. 1. 검찰총장 일반적 지시), 법무성형사국장의 依命指示에 의해 각 검사정(檢事正)[69]이 관내 일반사법경찰직원에 대하여 발한 「도로교통법위반사건처리를 위

---

68) 臼井滋夫, 「捜査における檢察と警察の關係」, ジュリスト 刑事訴訟法の爭點, 1979, 31면.
69) 지방검찰청의 장을 검사정이라고 한다.

한 공용서식」의 사용에 관한 일반적 지시, 사건송치에 관한 「송치절차의 특례에 관한 건」 및 이것에 의거한 각 지방검찰청의 검사정 등의 지시, 즉 「미죄(微罪)처분의 기준준 칙」[70]의 일반적 지시 등이 있다.

② **일반적 지휘권**: 형사소송법 제193조 제2항은 「검찰관은 그 관할구역에 따라 사법경찰직원에 대하여 수사의 협력을 요구하기 위하여 필요한 일반적 지휘를 할 수 있다」라고 규정하고 있다. 이때의 지휘는 법문상 사법경찰직원의 수사 그 자체를 의미하는 것은 아니며, 검찰관의 수사가 행하여지는 것을 전제로 하고 그 수사방침에 따라 검찰관측의 수사에 협력하도록 한다는 취지라고 한다.[71] 즉 검찰관측 수사와의 관계에서 행사되는 권한이라는 점에서 일반적 지시와 다르다. 따라서 구체적 사건의 수사를 전제로 하지 아니하는 경우는 일반적 지시의 방법(제193조 제1항)에 의하여야 한다.

이것은 검사가 구체적 사건에 대하여 수사의 방침 및 계획을 세워 관계되는 사법경찰직원에 대해서 그 방침 및 계획에 의해서 수사의 협력을 구할 경우, 각 사법경찰직원의 구체적 수사의 불균형을 시정·조정하기 위하여 필요에 따라 검사 자신이 당해 사건의 수사를 주재하여 그 시정·조정을 할 경우에 행하여진다. 다만 개개의 사법경찰직원이 아니라 수사의 협력을 구하는 사법경찰직원의 일반에 대한 것이므로 일반적 지휘권이라고 한다. 예컨대 검사가 광역에 걸친 선거위반사범을 수사하고 복수의 사법경찰직원도 동시에 동일범죄의 수사에 착수한 때에 경찰수사 방침이 각각 다르다면 적절한 수사를 기대할 수 없으므로 수사방침 및 계획을 세워 관계 사법경찰관에 대해 사법경찰직원 상호간 수사의 조정을 위해 경찰수사의 계획이나 방침을 통일시키는 지휘를 하는 것이다.

한편, 사법경찰직원이 수사 중인 사건이 검찰관의 협력·요구에 장애가 된다면 검찰관은 사법경찰직원의 수사를 변경, 중지시킬 수 있다.

③ **구체적 지휘권**: 형사소송법 제193조 제3항은 「검찰관은 스스로 범죄를 수사하는 경우에 필요한 때에는 사법경찰직원을 지휘하여 수사의 보조를 하도록 할 수 있다」라고 규정하고 있다. 또한 검찰관의 수사권에는 관할구역의 제한이 없으므로 수사상 필요한 지역의 사법경찰직원을 지휘할 수 있다.

이 지휘는 개개의 사건, 개개의 사법경찰직원에 대해 행하여지는 점에서 일반적 지시권 및 일반적 지휘권과 구별된다. 다만 이러한 검찰관의 사법경찰직원에 대한 구체적 지휘는 검찰관이 구체적 사건을 직접 수사중인 경우에 한하여 허용되므로 사법경찰직원이 직접 수사중인 경우에는 구체적 지휘권의 행사가 허용되지 아니한다는 견해도 있으나,[72] 경찰의 수사진행중인 개별사건에 대하여 송치이전에 검사가 직접적으로 개입하여

---

70) 2015년(平成 27년) 미죄처분으로 처리된 전체 인원은 71,496명인데, 이는 전체 검거인원 (239,355명)의 35.7%에 해당하는 수치라고 한다(이정민, 앞의 논문, 34면).

71) 高田卓爾, 刑事訴訟法 I, 靑林書院, 579면.

수사에 관한 지휘를 할 수 없다는 의미이지, 검사가 필요하다고 인정할 때에는 사법경찰직원으로부터 사건을 인계받아 검사 자신의 지휘하에서 수사를 속행할 수는 있다고 보아야 할 것이다.[73] 따라서 검찰관이 현재 수사중이면 족하고 수사개시의 원인은 이를 불문하므로, 검찰관이 직접 수사를 인지하여 수사하거나 고소·고발에 의하여 검찰관이 수사를 하는 경우[74]는 물론 사법경찰직원으로부터 사건을 인계받아 수사를 하는 경우에도 사법경찰직원에 대한 구체적 지휘가 허용된다고 본다.

이처럼 검찰관이 구체적 지휘권을 행사한 경우 사법경찰직원은 검찰관의 수사를 보조하게 되어 완전히 검찰관의 지휘하에 들어가므로[75] 사법경찰직원의 독자적 수사권이 상실된다고 할 것이다.[76] 이 경우 사법경찰직원이 보조하는 수사의 종류에는 제한이 없으므로 피의자신문·참고인조사와 같은 임의수사는 물론 체포·차압(差押)·수사·검증과 같은 강제수사에 대해서도 보조가 허용된다고 보아야 한다.

④ **사법경찰직원의 복종의무와 검찰관의 징계권**: 형사소송법 제193조 제4항은 「전항의 경우에 사법경찰직원은 검찰관의 지시 또는 지휘에 따라야 한다」라고 규정하고 있다. 물론 검찰권의 지시·지휘가 적법한 경우에 한하여 사법경찰직원은 복종의무가 있으며 그 지시·지휘가 위법인 경우에는 복종의무가 없다.

이러한 검찰관의 지시 및 지휘를 실효성 있게 하기 위하여 일본 형사소송법 제194조는 복종의무를 규정함과 동시에 사법경찰직원에 대한 검찰관의 징계요구권을 규정하고 있다. 즉, 사법경찰직원이 정당한 이유없이 검찰관의 지시 또는 지휘에 복종하지 않는 경우에는 검사총장(檢事總長), 검사장(檢事長)[77] 또는 검사정(檢事正)은 일반사법경찰직원에 대하여는 국가공안위원회 또는 소속 도도부현공안위원회에, 특별사법경찰직원에 대하여는 징계 또는 파면의 권한을 가진 자에게 각각 징계 또는 파면의 소추를 할 수 있으며(제194조 제1항), 소추를 받은 국가공안위원회 등의 징계하거나 파면할 권한을 가진 자는 위 소추가 이유있다고 인정하는 때에는 별도의 법률이 정하는 바에 의하여 소추를 받은 자를 징계 또는 파면하여야 하는데(동조 제2항), 이에 관한 절차에 관해서는

---

72) 安富潔, 演習講座 搜査手續法, 立花書房, 1995, 10면.

73) 高野利雄, 「搜査における檢察と警察の關係」, ジュリスト 刑事訴訟法の爭點(新版), 有斐閣, 1992, 27면.

74) 平場安治/高田卓爾, 注解刑訴(中), 靑林書院新社, 28면.

75) 渥美東洋, 刑事訴訟法, 有斐閣, 60면.

76) 平場安治/高田卓爾, 앞의 책, 28면.

77) 일본 검찰청에는 최고검찰청·고등검찰청·지방검찰청·구검찰청이 있으며, 검찰총장은 최고검찰청의 장이며, 검사장은 고등검찰청의 장이고, 검사정은 지방검찰청의 장이다. 구검찰청에는 상석검찰관이 구검찰청의 장으로서 청무(廳務)를 장리(掌理)한다. 고등검찰청 또는 지방검찰청의 지부에는 지부장을 둔다(일본 검찰청법 제1조 제2항).

'형사소송법 제194조에 근거한 징계처분에 관한 법률'[78]이 규정하고 있다.

이러한 징계·파면을 위한 소추권을 규정한 일본 형사소송법 제194조는 검찰관과 사법경찰직원의 관계를 철저한 상명하복관계로 하고 있던 구법에서도 없었던 조문으로 체포장의 남용 등 경찰조사에 대한 각계의 비판을 배경으로 1953년의 형사소송법 개정시 신설된 규정이다.

(6) 운영실태 및 평가
가. 운영실태

먼저 송치후를 살펴보면, 일본은 전건송치주의(全件送致主義)를 채택하고 있으므로 경찰은 입건한 사건을 전부 송치하여야 하며(형사소송법 제246조),[79] 검찰은 경찰로부터 사건이 송치되면 구체적 지휘권에 근거하여 그 송치사건에 관한 보완수사지휘를 자유롭게 할 수 있다고 한다. 즉, 일본에서는 경찰이 피의자를 체포하면 48시간 이내에 석방하거나 검찰관에게 모두 송치해야 하므로 송치하기 전에 경찰에서 필요한 수사를 전부 마치는 것이 어렵고, 따라서 거의 모든 구속사건에서 송치를 받은 후 검찰관이 구체적 지휘권을 행사해서 경찰관으로 하여금 보완수사를 하는 것이다. 통상 미죄처분을 제외하고 75~85% 이상 사건이 검찰로 송치되는데, 검찰관은 직접 고소·고발을 접수하거나 스스로 인지한 사건에 대해서는 경찰에 수사를 시키지 않고 검찰에서 모든 수사를 직접 행하며, 경찰에서 수사하는 것이 적당한 사건은 검찰에서 고소·고발을 접수하지 않고 경찰에 가서 고소·고발시키는 경우가 많다[80]고 한다.

이에 따르면 사법경찰 송치인원은 매년 감소하여 2011년 대비 2015년의 경우 약 20% 감소하였으며, 검사 인지·직수 인원은 매년 증가하여 2011년 대비 2015년의 경우

---

78) <형사소송법 제194조에 기한 징계처분에 관한 법률 제1조(징계의 청구)>
형사소송법 제194조에서 정한 소추는 경찰관인 사법경찰직원 중, 국가공무원인 자에 대해서는 국가공안위원회에, 그 외의 자에 대해서는 도도부현공안위원회에, 경찰관인 자 이외의 사법경찰직원에 대해서는 그 자를 징계 또는 파면할 권한이 있는 자에 대해 서면으로 청구하는 것으로 한다.
<형사소송법 제194조에 기한 징계처분에 관한 법률 제2조(징계의 처분)>
전조의 청구를 받은 자가 징계 또는 파면에 관한 처분을 하는 경우에 있어서 처분의 종류, 절차(처분에 대한 심사에 관한 것을 포함) 및 효과에 대해서는 형사소송법에서 정한 것 외 각각 당해 직원에 대한 통상의 징계처분의 예에 의한다.
79) 형사소송법 제246조(사법경찰원은 범죄의 수사를 한 때에는 이 법률에 특별히 정한 경우를 제외하고는 신속히 서류 및 증거물과 함께 사건을 검찰관에게 송치하여야 한다. 단 검찰관이 지정한 사건에 대해서는 그러하지 아니하다).
80) 小池忠太(코이케타다히로; 일본 법무성 검시), "일본에 있어서의 검찰과 경찰 수사에 대하여", 2018년 제1회 형사법아카데미 발표문(2018. 4. 6.), 10면.

【표 4-2】 일본의 검찰 수사 관련 주요 통계[81]   기준(명)

구 분 연 도	수 리					
	총 계	구 수	신 수			
			계	검찰 인지, 직수	사법경찰 송치	기타 (타청 수리 등)
2011	1,170,263	11,877	1,158,386	5,608	1,055,699	97,079
2012	1,130,551	13,349	1,117,202	5,941	1,015,459	95,802
2013	1,080,962	16,854	1,064,108	5,518	967,464	91,126
2014	1,012,147	16,368	995,779	5,265	902,701	87,813
2015	964,819	16,569	948,250	6,192	854,813	87,245

【표 4-3】 일본의 기소율 및 무죄율[82]

구 분	2011년	2012년	2013년	2014년	2015년
기소율 (기소/전체사건)	27.67%	27.04%	26.31%	26.44%	27.08%
기소유예율 (기소유예/전체사건)	47.30%	48.09%	49.20%	49.10%	46.97%
1심 무죄율 (무죄/선고사건)	0.01%	0.01%	0.02%	0.02%	0.01%

약 10% 증가하였음을 알 수 있다.

이러한 검찰 기소 관련 주요통계에 따르면, 높은 기소유예율과 낮은 무죄율을 일본 형사사법의 특징으로 볼 수 있을 것이다.

다음으로 송치전을 살펴보면, 송치전에 있어서는 검찰은 일반적 지시로 수사에 사용되는 서식 등을 경찰에 지시하는 외에 경찰의 개별수사에 관하여는 관여하지 아니하는 것을 원칙으로 하고 있다. 다만 전형적·일반적인 사건이 아닌 중요·복잡한 사건 및 고소사건 등에 관하여 경찰은 송치전이라도 상담이라는 형식으로 검찰의 지도를 받아 수사를 하는 관행이 성립되어 있고, 체포장 청구에 있어서도 긴급체포·현행범체포가 아닌 통상체포의 경우 같은 방법으로 검찰관과의 상담 후 체포장을 청구하고 있다고 한다.

---

81) 출처: 일본 법무성〔2011~2015. 일본 검찰 피의사건 수리·처리통계(도로교통법위반 제외)〕

82) 출처: 정부통계 종합창구(http://www.e-stat.go.jp/SG1/estat/List.do?lid=000001157683)

특히 상담에 대하여 경찰은 말 그대로 사전 상담·지도에 불과할 뿐 지휘는 아니라고 생각하나, 이에 반하여 검찰은 수사는 소추를 위하여 하는 것이므로 소추를 위한 증거수집은 당연히 지시할 수 있고 그 지시에 대하여 경찰은 따르지 않을 수 없다고 생각하고 있어, 양자간의 수사구조론에 대한 인식차이는 아직도 완전히 불식된 것으로는 보이지 않는다.[83]

그런데 일본 형사소송법이 송치전 경찰수사에 대한 검찰관의 수사지휘권을 인정하지 아니함으로써, 경찰이 검찰관의 의견을 따르지 아니하는 경우에 사건처리가 문제되는데, 이에 대하여 한때 검찰에서는 방치론(突き放し論), 즉 경찰이 검찰의 지휘에 따르지 않는 경우 그 사건을 기소하지 않으면 된다고 하는 주장이 제기된 바 있었으나, 이 방법은 검찰관으로서 취할 수 있는 적절한 방법이 아니라는 이유로 실제 사용된 적은 없다고 한다. 대신 일본 검찰은 경찰이 검찰의 지시를 충실히 이행하지 아니한 것에 대하여 검찰지휘가 불충분하여 왜 그 수사가 필요한 지를 납득시키지 못하였거나 지휘내용이 불필요한 것까지 요구하였기 때문이 아닌지에 대한 반성을 토대로 경찰의 지휘방법에 대하여 장기간 연구하고 수사능력을 길러 「사전상담」이라는 관행을 확립시켰다고 한다. 그러나 검·경간의 의견대립시 이를 통합·조정할 수 있는 제도적 장치가 없다는 문제점은 여전히 남아있다고 한다.

이러한 검찰의 대응에 대하여, 前 경찰청장관 쿠니마츠 타카츠키(國松孝次)의 술회는 일본경찰이 검찰을 바라보는 시각을 적절하게 나타내 주고 있다고 볼 수 있다. 즉 "…… 전후의 새로운 경찰제도와 형사소송제도가, 관계자의 자율적이고 충분한 논의 끝에 탄생하였다기보다는, 타율적으로 미국流의 제도를 받아들일 수밖에 없는 상황 하에서 탄생하였다는 경위로 인하여, 戰前 수사의 주재자였던 검찰로서는, 신제도는 받아들이기 어려운 것이었음은 무리가 아니었을 것이며, 1953년의 형사소송법 개정 논의는 이러한 사정을 배경으로 하여 일어났던 면도 있을 것이다. 그리고 그 당시의 곡절이 지금까지도 이어지고 있음은 사실이다. 무엇보다 그 당시의 논의를 경찰과 검찰의 대립구도로만 파악하는 것은 잘못이며, 그 후 형사경찰이 그 경험과 반성을 바탕으로 하여, 자기 역량의 충실을 도모하여 왔다는 면에서의 의의를 강조하여야 함은 이미 기술한 바이며, 또 경찰과 검찰이 수사구조상 바람직한 관계를 생각하는 경우의 원점으로서, 순수 이론적으로 1953년의 논의를 오늘날 되살려 가는 것도 좋다고 생각한다. 그러나 양자의 바람직

---

83) 필자가 면담한 동경지검 형사부 나가사키(長崎) 부부장 및 아즈마(東) 검사에 따르면, 일반사건의 경우 경찰 입장에서도 자기가 수사한 사건이 기소되기를 원하므로 검사의 법적 조언에 따를 수밖에 없고, 이런 점에서 상호 갈등의 요인은 크게 없으며, 중요사건의 경우 검사가 범행현장 등 초동단계부터 직접 관여하여 체포장 청구시 검사가 실질적으로 가·부를 결정하고, 송치후에는 검사가 대부분 직접 수사한다고 한다(정웅석, 수사지휘에 관한 연구, 대명출판사, 2011, 208면).

한 모습의 전체를 1953년의 구조안에서만 생각하는 것은 비현실적이고, 그러한 시대는 이미 지나갔다.

나의 경우이기는 하나, 나 자신은 지금까지 훌륭한 검찰관의 덕택으로, 제일선에 있을 때에는 어려운 사건이면 어려울수록, 그리고 중요한 사건이면 중요할수록, 대응하는 검사정, 지검 형사부장 등에게 폭넓게 상담을 하여, 그 지도와 조언을 받아왔다. 일이 있는 때에만 찾아가는 것이 아니라, 잡담 중에서도 수사운영의 힌트를 얻을 수 있도록 일상적 인간관계의 양성에 힘써 왔다. 여기에서 얻어진 것은, 무한히 크다. 그러나 이 경우 나는 결코 지휘나 지시를 받으러 갔던 것은 아니며, 조금이라도 그러한 생각은 없었다.

경찰과 검찰과의 관계는 이것으로 좋다고 생각한다. 현재 세간에 '지휘다, 지시다' 라는 것을 껄끄럽게 생각하고 있는데 이렇게 해서는 전향적인 건설적 관계 등을 낳지 못한다. 수사가 더욱 어려워지고 있는 시대에서, 우리들은 참으로 바람직한 경찰과 검찰의 모습을 재확인하여야 한다. 이 경우 무엇보다 중요한 것은, 양자 공통의 목표는 '사안의 진상을 증거에 의하여 명백히 하는 것'이며, 공통의 인식은 '나쁜 짓을 한 자에게는 법의 제재를 받게 한다'라는 소박한 정의감임을 망각하지 말고, 폭넓고 숨김없는 논의를 해가는 것이라고 생각한다."[84]

현재 일본에서 독자적인 수사권을 행사하고 있는 검찰기관은 도쿄(東京), 오사카(大阪), 나고야(名古屋) 등 3개 지검의 특별수사부 검사이며, 이들은 고소·고발을 직접 수리하거나(이러한 사건을 直告事件이라고 부른다) 대규모의 증수뢰나 탈세·상법위반 등의 수사를 담당하고 있고, 그 외 부(部)가 설치되어 있는 横浜, 京都, 新戸, 千葉, 浦和, 高松 등 10개의 지방검찰청에 독자수사의 강화를 위한 특별형사부(공안·특수)가 설치되어 있다.

나. 미죄처분

일본의 경찰은 검찰관이 미리 지정한 경미한 사건에 대해서는 송치하지 않을 수 있는데(일본 형사소송법 제246조 단서), 이 경미사건에 대한 불송치처분을 미죄처분(微罪處分)이라고 한다.[85] 그런데, 미죄처분의 대상이 될 수 있는 기준은 공개될 경우 형사정책

---

84) 講座 日本の警察, 제2권 20－22면.
85) 일본 범죄수사규범
　　▶ 제198조(미죄처분이 가능한 경우) 수사한 사건에 관하여 범죄사실이 극히 경미하고 검찰관으로부터 송치절차를 취할 필요가 없다고 미리 지정된 것에 관하여는 송치하지 않을 수 있다.
　　▶ 제199조(미죄처분의 보고) 전조의 규정에 의하여 송치하지 아니하는 사건에 관하여는 그 처리 연월일, 피의자의 성명, 연령, 직업 및 주거, 죄명 및 범죄사실의 요지를 1월마다 일괄하여 미죄처분사건보고서(별기양식 제19호)에 의하여 검찰관에 보고하여야 한다.

적으로 문제가 될 소지가 있어 현재 공개되어 있지 않고, 그 기준도 검찰총장의 지시에
의해 각 지방검찰청의 지침으로 정하기 때문에 각 도도부현마다 공안위원회에서 지역의
경제사정, 범죄의 현황 등에 따라 다른 기준을 설정하고 있는데, 일반적인 기준은 (1)
성인사건일 것 (2) 범죄가 경미할 것 (3) 재범의 우려가 없을 것 (4) 피해자가 있는 경
우 합의가 되었을 것으로 보인다[86]고 한다.

【표 4-4】 미죄처분 관련 통계[87]

연도	A 형법범 총수(명)	B 특별법범[88] 총수(명)	C 미죄처분 총수	미죄처분 비율 (A+B)/C×100 (형법범, 특별법범)
2007	1,184,336	741,723	122,263	6.3%
2008	1,081,955	641,744	114,228(114,204)[89]	6.6% (10.5%, 0.003%)
2009	1,051,838	604,098	108,032(108,015)	6.5% (10.2%, 0.002%)
2010	1,023,537	558,181	105,120(105,115)	6.6% (10.2%, 0.0008%)
2011	986,068	517,138	99,615(99,599)	6.6% (10.1%, 0.003%)
2012	939,826	491,278	88,536(88,517)	6.1% (9.4%, 0.003%)
2013	884,540	450,390	76,160(76,151)	5.7% (8.6%, 0.001%)
2014	819,136	420,881	73,907(73,894)	5.9% (9.0%, 0.003%)
2015	770,674	415,944	71,505(71,496)	6.0% (9.2%, 0.002%)

▶ 제200조(미죄처분시의 조치) 제198조의 규정에 의하여 사건을 송치하지 아니하는 경우에는
다음 각호의 처분을 취한다.
1) 피의자에 대하여 엄중히 훈계하여 장래 조심하게 할 것.
2) 친권자, 고용주 기타 피의자를 감독할 지위에 있는 자 또는 이들을 대신할 자를 출석하게 하
여 장래의 감독에 필요한 주의를 부여하고 승낙서(請書)를 받을 것.
86) 양중진, "일본의 신속처리절차 연구", 9-12면.
87) 일본 법무성 http://www.moj.go.jp/housouken/houso_hakusho2.html 중 平成 20년~28년.
88) 도로교통법위반, 각성제단속법위반, 경범죄법위반, 입관법위반(출입국관리법위반) 등이 해당한다.

이러한 미죄처분의 통계자료를 분석해보면, ① 일본의 경우 전체 범죄 입건자수가 지속적으로 감소하는 추이를 보이고 있으며, ② 일본 미죄처분 비율이 전체 입건 사건 중 5~6%를 지속적으로 유지하고 있는 것이 특색이고, ③ 대부분의 미죄처분은 형법범에 대하여 이루어지고 있고, 특별법범에 대하여는 극히 예외적으로 이루어지고 있음을 알 수 있다.

다. 평 가

사법경찰관은 1948년의 형사소송법의 개정에 의하여 독립적인 수사권을 부여받아 검찰관과 형식적으로는 상호 협력관계가 되었다. 그러나 구류청구권 등의 강제수사권한은 검찰관에게 전속되어 있고(형사소송법 제204조 제1항 제205조 제1항), 사법경찰직원은 체포[90]후 48시간 이내에 피의자의 신병과 수사기록 일체를 검찰관에게 송치하지 않으면 안 된다(동법 제203조 제3항). 또한 수사절차의 진행에 따른 증인신문(동법 제226조) 및 증거보전을 위한 증인신문(동법 제227조) 청구권도 검찰관에게만 있고, 변사체검시도 검찰관의 권한으로 되어 있다(동법 제229조 제1항). 또한 일반사건에 대하여도 검찰관이 사법경찰직원이 수사한 결과에 대하여 공소를 제기·수행하는 입장에서 사건을 검토하고 부족한 부분이나 오류가 있는 부분을 보완·시정하기 위한 수사를 한다는 측면을 본다면 검찰관의 수사는 보충적·제2차적이라고 할 수 있으나, 실제로 검찰관이 사법경찰직원이 체포하여 송치한 피의자에 대하여 구류를 청구하지 않거나, 일반적 지휘권에 근거하여 절차적으로 적정하지 않은 사건의 송치를 접수하지 않거나 나아가 기소하지 않음으로써 경찰의 수사권 남용을 규제하는 한편, 수사에의 적극성 독려 등으로 경찰관의 직무소홀과 태만을 방지하고 있기 때문에 수사절차의 전과정에 걸쳐 사법경찰직원은 검찰관과 긴밀한 관계를 갖고 수시로 자문 및 지시를 받으면서, 검찰관의 지시에 절대적으로 복종하고 있으므로 법률적으로나 사실적으로나 검찰관이 수사지휘권을 행사하고 있다고 할 수 있다.

따라서 이러한 점을 종합하여 보면, 실질적으로는 수사절차진행의 주도적 지위는 검찰관에게 부여되어 있다고 하지 않을 수 없을 것이다. 더구나 복잡다기화해 가는 일본의 사회구조에 대처하기 위하여 경찰의 능률화 요청은 점차 경찰의 중앙집권화 내지 국가경찰일원주의로의 환원현상을 나타내고 있어 공안위원회에 의한 경찰의 민주화 관리 내지 정치적 중립성의 확보라는 기능도 명목화, 형식화해가고 있는 현실에서 검찰의

---

89) 괄호안의 숫자는 형법범에 대한 미죄처분 총수로 일본의 경우 대부분의 미죄처분이 형법범에 대해 이루어지고 있다.

90) 동경지검 형사부 나가사키(長崎) 부부장검사 및 아즈마(東) 검사에 따르면, 법 규정상 경찰에게 독자적이 체포권이 있으나 소추여부는 전적으로 검사의 권한이므로 경찰이 자발적으로 상담한다고 한다.

경찰에 대한 감독기능의 강화라는 측면이 강조되고 있을 뿐만 아니라,[91] 일반적으로 검찰관은 법관에 상응한 법률지식을 가지고 있어 법률적으로 복잡한 사건을 수사함에 적합하고, 법적 절차의 준수라는 측면에서도 경찰보다는 상대적으로 국민의 신뢰도가 높으며, 법관에 유사한 신분보장을 받고 있어 기소·불기소의 결정과 원고인 당사자로서의 책무수행 나아가 정치적 색채가 강한 사건의 수사에 있어서 국가기관 중 가장 적격이라고 논하여지고 있다.[92]

결국 일본의 경우도 형사소송법 규정에 의하면 검사와 사법경찰관의 관계를 협력관계로 표현하고 있는 것은 사실이나, 한편으로는 검사의 사법경찰에 대한 일반적 지시권, 일반권 지휘권, 구체적 지휘권, 나아가 불복종 사법경찰에 대한 징계요구권(일본 형사소송법 제194조)을 규정하고 있으므로 수사지휘권이 제도적으로 확립되어 있다고 볼 수 있다. 더욱이 일본은 우리나라와 같이 경찰서장이 즉결심판을 청구할 수 있는 제도가 없고, 우리나라와는 달리 구속후 10일 동안을 수사하지 못하고 단지 체포하여 48시간 내에 검찰에 송치하도록 되어 있어 우리나라 경찰의 수사권이 일본의 경찰보다 오히려 강력하다는 점도 간과할 수 없는 대목이다.

Ⅱ. 서아시아 2개국

1. 터 키(Turkey)

(1) 헌법 규정

<헌 법>[93]

제139조(B. 판사 및 검사의 재직권 보호) 판사와 검사는 해임되지 않고, 그들이 요청하지 않는 한 헌법에 규정된 연령에 달하기 전에 퇴직되지 않는다. 또한 법원 또는 직위의 폐지에 의해서도 그들의 지위와 관련된 급여, 수당 등을 박탈당하지 않는다.

제140조(C. 판사 및 검사) 판사와 검사는 사법 법원과 행정 법원의 판사와 검사로 복무한다. 이러한 의무는 전문 판사와 검사가 수행해야 한다.

판사는 법원의 독립성 원칙과 판사의 재직권 보장에 따라 그 의무를 수행해야 한다.

판사와 검사의 자격, 임명, 권리와 의무, 봉급과 수당, 승진, 의무 또는 직위의 일시적 또는 영구적 변경, 이들에 대한 징계절차의 발의 및 후속 징계처벌 부과, 이들에 관한 조사 실시 및 그 의무를 수행하는 과정에서 또는 그와 관련하여 행한 범죄를 이유로 이들을 기소하는 후속 결

91) 井戸田侃,「搜査における檢察の役割」, 법학세미나 특집 제16권, 94면.
92) 鈴木義男외 4,「現代日本の檢察」, 법학세미나 특집 제16권, 59면 이하; 河上和雄,「社會正義と檢察」, 법학세미나 특집 제16권, 25－26면.
93) <https://www.constituteproject.org/constitution/Turkey_2011?lang＝en>.

정, 파면을 요구하는 유죄 확정 또는 부적격 권고, 재직 중 교육 및 그 밖에 신분과 관련된 사안은 법원의 독립성 원칙과 판사의 재직권 보장에 따라 법률로 규정해야 한다.

판사와 검사는 65세가 될 때까지 그 의무를 수행해야 한다. 나이에 따른 승진과 군 판사의 퇴임은 법률로 규정해야 한다.

판사와 검사는 법률로 규정된 기능 이외의 공적 또는 공적 직무를 맡을 수 없다.

판사와 검사는 그 행정적 기능을 관장하는 법무부에 소속되어야 한다.

제144조(G. 판사 및 검사 감독) 법률, 규정, 조례 및 회보(판사의 경우 행정 회보)에 따른 그 의무 이행, 의무 이행 과정에서 또는 그와 관련하여 범죄를 행하였는지에 대한 조사, 행위와 태도가 그 신문과 의무에 적합한지 여부, 필요한 경우 판사와 검사에 관련된 질의와 조사와 관련하여 판사와 검사의 감독은 법무부의 허가 하에 사법 감시부에서 수행한다. 법무부는 조사 대상 판사 또는 검사보다 선임인 판사 또는 검사가 조사 또는 질의를 수행할 것을 요구할 수 있다. (그 외 검사에 관한 규정이 다수 있음)

터키 헌법은 국민에게 자유와 안전을 보장하면서도, 인권의 보호 임무와 기능을 주로 판사에게 부과하고 기대하는 태도를 보이고 있다. 기소에 관한 규정이 있지만 구체적으로 담당기관이 어디인지에 대하여는 공백규정인 형태이며, 개방적인 형태로 헌법을 입법하고 있다. 다만 자유를 박탈당한 자에게 적절한 사법기관에게 재판절차에 따른 신속한 판결이 가능하도록 요청할 수 있는 규정을 두고 있다. 이는 터키의 사법기관이 인권의 보호기능을 담당하고 있다는 것을 규정하고 있다고 볼 수 있다. 특히, 터키 헌법 제139조 등에서 검사의 해임 금지 등 신분의 보장과 임기 등 검사의 독립성을 보장하기 위한 규정이 다수 발견되는 것이 특징이다.

(2) 형사소송법 규정

형사소송법[94]

제160조 ① 검사는 범죄보고 또는 다른 방법에 의해 범죄가 범해졌다는 인상을 창출하는 사실관계를 알게 될 경우, 공소제기 여부를 결정하기 위해 즉시 사실관계를 수사하여야 한다.

② 사실관계를 수사하고 공정한 재판을 확보하기 위해 검사는 그의 지휘를 받는 사법경찰을 통해서 피의자에게 유리하거나 불리한 증거를 수집, 확보하고 피의자의 권리를 보호할 의무가 있다.

제161조 ① 검사는 직접 또는 그의 지휘를 받는 사법경찰을 통해 여하한 종류의 수사를 수행할 수 있다. 또한 검사는 전조에 규정된 목적을 달성하기 위해 모든 공무원으로부터 모든 종류의

---

94) 원문: <http://www.ceza-bb.adalet.gov.tr/mevzuat/5271.htm>.

영문: <http://www.legislationline.org/documents/section/criminal-codes/country/50>.

정보 제공을 요구할 수 있다……

② <u>사법경찰</u>은 다루기 시작한 사건, 영장 없이 체포한 사람, 착수한 조치를 그들을 지휘하는 검사에게 즉시 알려야 하고, <u>검사의 모든 사법적 지시를 지체 없이 이행할 의무가 있다.</u>

터키의 구(舊) 형사소송법에 따르면, 법무부 장관이 검찰총장에게 기소를 요구할 수 있었고 또한 지방 주지사들도 검찰에게 공개적인 기소를 요구할 수 있었다.[95] 이러한 과거의 형사소송법의 태도는 형사소송절차에서 법무부 장관이나 지방 주지사들에 의한 인권침해가 얼마든지 가능할 수 있었다는 점을 반증해 준다.

터키의 구(舊) 형사소송법에 따르면, 수사와 관련해서도 터키 경찰이 수사를 주도하면서 발생했던 피해자들의 인권침해가 결정적인 이유가 되어 개정 형사소송법에서는 검찰이 수사를 지휘하고 지시하도록 개정되었다.[96] 물론 이러한 법의 개정에도 불구하고 여전히 경찰에 의한 수사과정에서의 인권침해 사례들이 종종 발생하였으며, 이로 인하여 터키 경찰은 검찰에게 수사와 조사 사실 등에 대한 보고를 반드시 하도록 규정되었다.

1992년 개정 형사소송법도 경찰이 모든 범죄에 대하여 즉시 검찰에 신고할 의무를 이행하도록 규정하고 있었다.[97] 그럼에도 불구하고 경찰 수사 과정에서 인권 침해를 효과적으로 방지하고 통제하지 못하였기 때문에 2004년 터키 형사소송법(new Penal Procedure Code)은 사법경찰관들이 검사의 수사 지시와 수사명령에 따르도록 의무지우는 입법을 한 것이다. 따라서 터키의 새로운 형사소송법에 따르면 경찰은 검찰의 특정한 명령이 없이는 수사를 개시할 권한이 없다.[98] 즉, 터키의 경우에는 범죄의 수사에 관하여 철저하게 검찰에게 수사의 개시 결정 권한과 수사의 지시와 지휘 권한을 부여하고 있으며, 경찰에 대하여는 철저하게 인권 침해를 방지할 수 있도록 검찰의 지시와 지휘를 받도록 하고 있다.

또한 개정 형사소송법에 따라 사인소추가 폐지되고, 국가소추가 원칙이 되면서 모든 범죄는 국가 이름으로 기소된다. 그리고 이러한 기소에 대하여 검찰청은 정부의 행정부를 대표하여 기소를 담당한다. 이런 점은 사인소추에 의한 인권침해가 터키에서 극심하였다는 것을 반증하는 것으로서 공신력이 있고 법률에 대한 해박한 지식과 인권을 존중하는 방식의 법적 처리 능력을 갖춘 검찰에게 기소를 맡기는 것이 인권보장이라는

---

95) Article 148/3, CMUK.

96) Article 154, repealed CMUK.

97) Article 154/2, repealed CMUK.

98) According to the new Penal Procedure Code, the police have no authority to conduct any investigation unless there is a specific order of the Public Prosecutor (Article 160/1, CMK).

근본 목표에 더 부합한다고 보는 것이다.

2. 이스라엘(Israel)

영미법계 국가에 속하므로 후술한다.

Ⅲ. 서유럽 7개국

1. 독 일(Germany)

(1) 헌법 규정

독일 연방헌법은 검사에 대하여 별도의 규정을 두고 있지 않으며, 독일에서 검찰의 조직과 검찰에 대한 법적 규제는 법원이나 판사와 함께 법원조직법(Gerichtverfassungsgesetz: GVG)과 독일법관법(Deutsches Richtergesetz: DRiG)에 규정되어 있다. 이러한 사실은 검사가 객관적으로 진실을 수사하는 사법기관이고 형사사법에 대하여 법원과 함께 책임을 부담해야 하기 때문에 자격과 보수의 측면에서 판사와 동일한 지위가 보장되어야 한다는 점에 근거하고 있다고 한다.

전술(前述)한 것처럼 법원조직법에 따르면, 독일 검찰청은 각급 법원관할 내에 설치한다. 그리고 연방대법원에서는 연방검찰총장(Generalbundesanwalt), 고등법원에서는 주(州)검찰총장(Generalstaatesanwalts), 지방법원에서는 검사장인 고등검사(Leitend Oberstaatesanwalt)가 검찰권을 행사한다. 검찰의 위계조직을 살펴보면, 연방에는 연방법무부장관–연방검찰총장–연방검사의 순으로, 주(州)에는 주(州)법무부장관–주(州)검찰총장(Generalstaatesanwalt beim OLG)–지방검찰청검사장–검사로 이어진다.[99] 연방검찰은 연방법원의 관할사건에 대해서만 검찰사무를 담당하며, 주검찰청의 권한에 속하는 사항에 관해서는 고등검찰청이나 지방검찰청의 검사를 지휘·감독할 권한을 갖지 않는다.[100] 검찰총장은 연방법무부장관의 제청으로 연방상원의 동의를 거쳐 연방대통령이 임명하는데, 독일에서 살아있는 정치권력이라 할 수 있는 내각수상이나 하원이 인사권이나 지휘감독권을 갖고 있지 않다는 점에서 권력으로부터 독립되어 있다고 볼 수 있다.

---

99) 법무자료 제261집, 「각국의 법무제도」(대검찰청, 2004), 137–138면 참조.

100) Gerichtsverfassungsgesetz§ 147. Das Recht der Aufsicht und Leitung steht zu: 1. dem Bundesminister der Justiz und für Verbraucherschutz hinsichtlich des Generalbundesanwalts und der Bundesanwälte.

(2) 형사소송법 규정

형사소송법[101]

제160조 ① 고발이나 그 밖의 수단에 의해 어떤 범죄행위의 혐의를 알게 되는 즉시 검사는 공소제기 여부를 결정하기 위하여 사실관계를 조사하여야 한다.

제161조 ① 제160조 제1항 내지 제3항에 명시된 목적에 따라 검사는 모든 공공기관에 대하여 정보를 요구할 수 있고, 그 권한에 대한 다른 특별한 법규정이 없는 한 모든 종류의 수사를 스스로 수행하거나 경찰기관과 경찰직 공무원이 이를 수행하도록 할 수 있다. 경찰기관과 경찰직 공무원은 검사의 의뢰나 지시를 이행할 의무가 있으며, 이 경우 다른 모든 기관에게 정보를 요구할 권한을 갖는다.

제163조 ① 경찰관청과 경찰공무원은 범죄행위를 조사하여야 하며, 사건의 증거인멸을 방지하기 위하여 지체해서는 안 될 모든 조치를 하여야 한다. 이 목적을 위해 경찰관청 및 경찰공무원은 다른 법률에 그 권한을 달리 규정하고 있는 않는 한 모든 관청에 사실관계를 조회할 수 있으며, 급박한 경우는 조회결과를 요구할 수 있고 모든 종류의 수사행위를 할 수 있다.

독일 형사소송법(StPO) 제161조 제1항은 「검사는 모든 공공기관에 대하여 정보를 요구할 수 있고, 그 권한에 대한 다른 특별한 법규정이 없는 한 모든 종류의 수사를 스스로 수행하거나 경찰기관과 경찰직 공무원이 이를 수행하도록 할 수 있다. 경찰기관과 경찰직공무원은 검사의 의뢰나 지시를 이행할 의무가 있으며...」라고 하여 검사의 수사권한과 사법경찰에 대한 수사지휘 권한을 모두 인정하고 있다.

이에 대하여, 일부 견해는 독일이 "......실무상 수사와 기소의 분리를 가져오고 있다."고 주장하면서 독일이 '검사 우위형 수사·기소 분리모델'이라고 지칭하고 있으나,[102] 독일이 '수사와 기소가 실무상 분리'되어 있다고 할 수 있는 것인지는 매우 의문이다. 근거로 제시되는 독일의 법제도와 실무가 모두 우리나라와 거의 차이가 없기 때문이다.[103]

양국 검찰 사이에 존재하는 단 하나의 실질적인 차이점은 우리나라 검찰이 독일에 비하여 직접 수사를 많이 한다는 점뿐이다. 그런데 독일 검찰이 직접 수사를 많이 하지 않는 이유는 '손발 없는 머리'에 비유되는 독일 검찰의 수사지휘에 '손발'인 사법경찰이 잘 따르기 때문이다. 따라서 검사가 수사를 하여야 할 경우 사법경찰을 지휘하여 수사하면 되므로 굳이 많은 자체 수사인력을 두어 수사를 할 필요가 없는 것이다. 즉, 우리

---

101) <https://www.gesetze-im-internet.de/stpo/>.

102) 서보학, "Global Standard에 부합하는 수사·기소 분리", 「견제와 균형을 위한 검찰개혁 어떻게 할 것인가?」, 국회의원 민병두/소병훈/금태섭/민주사회를 위한 변호사 모임 주최 자료집, 2017, 46면.

103) 신태훈, 앞의 논문, 46면.

나라 검찰이 직접 수사를 많이 하고 독일 검찰이 적게 하는 것은 검경간의 관계에서 비롯된 차이일 뿐, 우리나라 경찰의 자율성이 부족해서가 아니다. 오히려 검사가 자신의 수사요원인 경찰을 활용하여 수사하는 독일보다 다양한 이유를 들어 검사의 수사지휘를 거부해 온 우리나라 경찰이 더 많은 자율성을 향유하고 있는 것이다.

결국 독일에서의 수사권논쟁은 사실상 대부분의 사건을 경찰이 처리하는 현실인식에 기초하면서도 수사절차에 있어서의 '검사의 주재자성'은 결코 훼손할 수 없는 원칙임을 전제로 하여 그 안에서 현실적인 문제로서 사법경찰관의 자율성을 얼마만큼 인정하여 줄 것인가에 관한 찬/반 논의인 것으로, 우리나라에서 주장하는 것처럼 검사의 수사지휘를 배제하는 논의는 결코 아니다. 즉 수사의 개시와 진행에 있어서도 강제처분 등 기본권침해의 위험이 있는 부분이나 사건이 복잡한 경우, 중요한 경우 등 일정한 경우는 사건의 송치 이전에 검찰이 개입할 수 있고 검찰의 지휘를 받아야 하는 경우를 인정하는 점에는 전혀 이견(異見)이 없으며, 다만 이를 어떤 식으로 범위를 정하여 나머지 영역에서의 수사의 개시와 진행에 있어서의 경찰의 자율성을 부여할 것인가의 논쟁일 뿐이다.

2. 프랑스(France)

(1) 헌법 규정

<헌 법>[104]

제64조 ① 공화국 대통령은 사법권 독립의 보장자이다.

② 공화국 대통령은 최고사법관회의의 보좌를 받는다.

③ 사법관의 신분은 조직법[105]으로 정한다.

④ 법관은 파면되지 아니한다.

헌법 제65조 ① 최고사법관회의는 판사 관할부와 **검사 관할부**로 구성된다.

② 판사 관할부는 대법원 제1재판장이 주재한다. 또한 판사 관할부는 재판관 5인, 검찰관 1인, 행정최고재판소에 의해 지명된 위원 1인, 변호사 1인, 그리고 의회·사법부·행정부에 속하지 않는 자격 있는 6인으로 구성된다. 공화국 대통령, 국민의회 의장, 상원 의장은 각각 자격 있는 2

---

104) https://www.legifrance.gouv.fr/affichTexte.do?cidTexte=LEGITEXT000006071194.

105) 조직법은 우리나라에는 없는 개념으로 헌법상 국가권력의 조직에 관한 법률을 의미한다. 위계상 헌법보다는 하위에 있으나, 일반 법률보다 상위에 있다. 헌법상 국가권력과 통치구조에 관한 규정이 하위 법률에 의해 구체적으로 제정 또는 개정될 때 헌법에 부합될 수 있게 만든 제도라는 점에 의미가 있다. 프랑스 조직법의 경우 일반 법률에 비해 입법요건을 강화하고 있는데, 반드시 헌법위원회의 사전 위헌심사를 받아야야 하고, 하원의 재적과반수 찬성과 상원의 재적과반수 찬성이 있어야만 최종적으로 법안이 채택된다.

인을 지명한다. 제13조 마지막 항에서 규정된 절차는 자격 있는 인물의 지명에 적용된다. 국민
의원과 상원의 의장에 의해 행해진 지명은 해당 의회의 관계상임위원회의 의견에만 구속된다.

③ 검사 관할부는 대법원 소속의 검찰총장이 주재한다. 또한 검찰관 관할부는 검찰관 5인, 재판
관 1인, 그리고 제2항에서 언급한 행정최고재판소 위원, 변호사, 자격 있는 6인으로 구성된다.

④ 최고사법관회의는 대법원 재판관, 항소법원의 제1재판장, 지방법원의 재판장의 임명을 제청
한다. 이외의 재판관은 법관 관할부의 동의로 임명된다.

⑤ 최고사법관회의의 검사 관할부는 검사의 임명에 관한 의견을 제시한다.

⑥ 최고사법관회의의 판사 관할부는 재판관의 징계위원회로서 결정을 내린다. 최고사법관회의
의 판사 관할부는 제2항에서 정한 구성원 외에 검사 관할부에 속하는 재판관을 포함한다.

⑦ 최고사법관회의의 검사 관할부는 검사의 징계조치에 대한 의견을 제시한다. 최고사법관회의
의 검사 관할부는 제3항에서 정한 구성원외에 검사 관할부에 속하는 검사를 포함한다.

⑧ 최고사법관회의는 제64조에 따른 공화국 대통령의 의견요구에 답하기 위하여 전체회의가
소집된다. 최고사법관회의는 전체회의에서 사법관의 윤리에 관한 문제와 법무부장관이 제기하
는 재판의 기능에 관련된 모든 문제에 대해 의견을 표명한다. 전체회의는 제2항에서 언급한 5
명의 판사 중 3명, 제3항에서 언급한 5명의 검사 중 3명, 그리고 제2항에서 언급한 행정최고재
판소 위원, 변호사, 자격 있는 6명으로 구성된다. 전체회의는 대법원의 제1재판장이 주재하며,
대법원 소속의 검찰총장이 대신할 수 있다.

⑨ 징계문제를 제외하고 법무부장관은 최고사법관회의의 회의에 참석할 수 있다.

⑩ 최고사법관회의는 조직법률에 의해 정해진 조건에 따라 소송당사자에 의해 제소될 수 있다.

⑪ 조직법률은 본 조항의 적용요건을 정한다.

　　프랑스는 형식적 의미의 헌법(constitution au sens formel)인 헌법전에 검사에 관한
규정을 두고 있다. 헌법 제8장(Titre Ⅷ)에서는 사법권(De l'autorité judiciaire)에 대하여
규정하고 있는데, 여기에서 판사(magistrats du siège)와 검사(magistrats du parquet)를 합
하여 사법관(magistrat)으로 보고 있다. 먼저 헌법 제64조에서는 사법관의 신분은 조직법
률로 정하도록 하고 있으며, 헌법 제65조에 규정된 최고사법관회의(Conseil supérieur de
la magistrature)에서 판사관할부와 검사관할부를 나누어 사법관에 대한 인사를 결정하도
록 규정하고 있다. 다만 동조 제4항에서는 "재판관(magistrat du siège)은 파면되지 아니
한다"는 규정의 경우에는 검사는 제외된 것으로 본다. 그 이유는 검사는 사법관이기는
하지만 판결을 하지는 않기 때문에 문언에 반할 뿐 아니라, 검사는 집행권을 가진 공무
원으로서 법무부장관 및 위계상 상급자에게 종속되어 있기 때문이다. 이를 종합하면 프
랑스에서는 검사가 헌법에 규정되어 있기는 하나 재판관에게 보장되는 헌법상 신분보장
을 받지는 못한다고 할 것이다.[106)]

한편, 헌법에서 위임한 조직법률에 해당하는 '1958년 12월 22일자 오르도낭스(ordonnance: 법률대위명령) 제 58-1270호[107]'와 사법조직법전(Code de l'organisation judiciaire)이 그 구체적인 내용들을 담고 있다. 이에 따르면 프랑스의 검찰은 법원에 부속되어 있는 조직이다. 우리나라의 대법원격인 파기원(Cour de cassation), 고등법원격인 항소법원(Cour d'appel) 및 지방법원격인 대심법원(Tribunal de grande instances)에 설치되어 있다.[108] 그런데, 이 법원을 관장하는 사법행정의 정점에 법무부장관이 있으며,[109] 프랑스 검찰은 법무부장관을 정점으로 하는 위계조직을 구성한다.[110] 검사(magistrat du parquet)는 판사(magistrat du siège)와 함께 사법관단(corps judiciaire)을 구성하며, 상호 인사교류가 이루어진다.[111] 법무부장관은 전체 검찰조직을 통할하면서 형사정책의 일관성 있는 집행의 감독을 위한 일반적 지시(instruction générale)를 내리는 반면,[112] 구체적인 사건(affaires individuelles)에 관해서는 지시할 수 없다.[113] 검찰총장은 대법원에 대응하는 검찰청의

---

106) 유일준, "검사의 헌법상 지위", 공법연구회 편, 『형사법과 헌법이념(제1권)』, 박영사, 2006, 5-6면. 형사절차의 발생 초기에 국가는 피해자에게 복수할 권리를 인정해주고, 개인의 복수를 한 방향으로 유도해주며, 그 진행을 위한 간단한 규칙을 만들고 진행의 적법성(régularité)을 통제하는 공정한 재판관을 제공하는 것에 그친 바, 이러한 절차의 예로 선서후 벌이는 사법결투(combat judiciaire)와 같은 것이 있다. 대법원, 『바람직한 형사사법시스템의 모색 결과보고서(Ⅱ) ― 독일·프랑스·일본의 형사사법시스템』, 대법원, 2004, 345면.

107) Ordonnance n° 58-1270 du 22 décembre 1958 portant loi organique relative au statut de la magistrature.

108) 사법조직법전(Code de l'organisation judiciaire) L122-1조, L122-2조, L122-3조. 지방법원에 대응하는 검찰청의 장을 'procureur de la République'이라 하고, 항소법원과 파기원에 대응하는 검찰청의 장을 'procureur général'이라고 한다. 편의상 우리 식으로 각각 검사장, 고등검사장, 검찰총장이라고 부르기로 한다.

109) 프랑스 형사소송법 제30조 ① 법무부장관은 정부에 의해 결정된 형사정책을 집행한다. 국토 내에서의 정책 적용의 일관성을 감독한다(Le ministre de la justice conduit la politique pénale déterminée par le Gouvernement. Il veille à la cohérence de son application sur le territoire de la République).

110) 1958년 12월 22일자 오르도낭스 제 58-1270호(Ordonnance n° 58-1270 du 22 décembre 1958 portant loi organique relative au statut de la magistrature) 제5조: 검사들은 그들의 위계선상 수장의 지휘와 감독 및 법무부장관의 통제 하에 놓인다. (Les magistrats du parquet sont placés sous la direction et le contrôle de leurs chefs hiérarchiques et sous l'autorité du garde des sceaux, ministre de la justice. A l'audience, leur parole est libre).

111) 1958년 12월 22일자 오르도낭스 제 58-1270호(Ordonnance n° 58-1270 du 22 décembre 1958 portant loi organique relative au statut de la magistrature) 제1조.

112) 형사소송법 제30조 제2항.

113) 형사소송법 제30조 제3항.

장일 뿐, 검찰조직 일반에 대한 지휘·감독권을 가지지 않으며 고등검찰청의 장이 소속 검사들을 지휘·감독한다.[114]

이처럼 프랑스에서 권력분립은 조직의 분리보다는 독립성(indépendance)에 초점을 두고 있다.[115] 권력분립론의 프랑스적 개념은 집행권(pouvoir exécutif)과 재판기능 (fonction juridictionnelle) 간 관계에서 독립성을 지키는 것이 가장 핵심이다.[116] 프랑스는 행정권과 입법권 간 이권분립 형태로 권력분립이 이루어져 있고, 사법권은 법집행 작용으로서 행정권에 속해 있으므로 법원 조직이 법무부에 소속되어 있다.[117] 그러나 이것은 어디까지나 조직상의 의미이고 법무부장관은 사법정책과 사법행정을 총괄할 뿐 재판업무에 관여하지 않는다.

(2) 형사소송법 규정

<형사소송법>[118]

제12조 사법경찰권은 검사의 지휘 하에 본편에 정하는 사법경찰관, 공무원 및 사법경찰리가 행사한다.

제13조 사법경찰은 각 고등법원의 관할구역별로 고등검사장의 감독을 받고 제224조 이하에 정한 바에 따라 고등법원 예심부의 통제를 받는다.

제39-3조 ① 사법경찰을 지휘하는 영역에서, 검사는 사법경찰에게 일반적인 지시나 구체적인 지시를 할 수 있다. 검사는 사법경찰에 의해 행해지는 수사절차의 적법성, 사실관계의 본질과 중요도에 따른 수사행위의 비례성, 수사의 방향 및 수사의 질 등을 통제한다.

② 검사는 피해자, 고소인, 피의자의 권리를 존중하는 범위 내에서, 수사가 실체적 진실을 증명하는데 이르고 있는지, 이들에게 불리한 내용 뿐 아니라 유리한 내용에 대해서도 수사가 이뤄지고 있는지를 감독한다.

제41조 ① 검사는 형벌법규에 반하는 범죄의 수사 및 소추를 위하여 필요한 일체의 처분을 행하거나 또는 이를 행하게 한다.

② 전항의 목적을 위하여 검사는 그 지방법원 관할구역 내에서 사법경찰관 및 사법경찰리의 활동을 지휘한다……

---

114) 형사소송법 제35조.
115) Ferdinand Mélin−Soucramanien et Pierre Pactet, Droit constitutionnel, 33ᵉ éd., Dalloz, 2014, p.103.
116) Ferdinand Mélin−Soucramanien et Pierre Pactet, Droit constitutionnel, op. cit., p.106.
117) 전학선/오승규, 프랑스 헌법과 법률을 통해 본 사법관 인사시스템 연구, 대검찰청 연구보고서, 2017, 71면.
118) <https://www.legifrance.gouv.fr/affichCode.do?cidTexte=LEGITEXT000006071154>.

④ 검사는 제1권 제1편 제1장 제2절 및 특별법에 따라 <u>사법경찰관에게 부여된 일체의 권한 및 특권을 행사한다.</u>

⑤ 검사는 현행범의 경우에 제68조에 따라 부여된 권한을 행사한다.

제68조 ① <u>검사가 현장에 도착한 때에는 사법경찰관의 권한은 정지된다.</u>

② 전항의 경우 검사는 본장에 규정된 사법경찰의 일체의 처분을 완성한다.

③ 검사는 모든 사법경찰관에 대하여 이미 행한 조치를 속행할 것을 명할 수 있다.

검사의 구체적인 직무와 권한에 대해서는 형사소송법(Code de procédure pénale)이 규정하고 있다.

검사는 형사소송법상 공소 및 수사의 주재자로서 범죄 수사권을 가지며(동법 제41조 제1항), 사법경찰관은 권한행사를 함에 있어 검사의 지휘를 받아야 한다(동법 제12조). 즉 검사는 수사의 보조자인 사법경찰관에게 기초수사, 중죄·경죄의 현행범에 대한 조사를 행하도록 명령할 수 있고, 범죄혐의자 및 참고인에 대하여 보호유치할 것을 명령할 수 있다. 또한, 사법경찰관에게 특정한 행위나 특정인의 진술을 청취하도록 명령할 수 있고, 사법경찰관은 검사가 지시한 내용에 따라 수행한 내용을 계속적으로 검사에게 보고하여야 한다. 특히 중죄나 현행범사건이 발생한 경우에는 사법경찰관이 현장에 출동하기 전에 신속히 검사에게 이를 보고하여야 한다(동법 제54조 제1항).[119] 이처럼 검사의 수사는 주로 그의 '무장한 팔(bras armé)'[120]인 사법경찰을 지휘함으로써 이루어진다. 지역 관할의 보통경찰기관이 수행하도록 하거나 필요한 경우 특별행정기관 또는 전문기관이 수사에 참여하도록 지휘할 수 있고 이런 과정을 총체적으로 일관성 있게 지휘하는 것이 검사의 임무이자 존재 이유인 것이다.[121]

결국 프랑스의 형사절차를 우리의 형사절차와 비교해 볼 때 '검사가 직접 수사를 하지 않는다'는 점과 '우리의 검사 수사에 해당하는 수사를 수사판사가 담당한다'는 점이 가장 크게 다르다. 즉, 검사는 사법경찰을 지휘하여 수사를 전개하고 사건을 송치받아 검토한 후 기소·불기소 또는 대체소추 결정을 하게 되는데, 당해 사건이 중죄에 해당하면 필요적으로, 경죄나 위경죄에 해당하면 임의적으로 수사판사에게 예심수사개시를 청구한다. 기소방식도 다양해, 혐의가 명백하고 증거가 충분하면 즉시출두재판이 이루어져 신속하게 사건이 종결될 수도 있고, 미국식의 플리바기닝(plea bargaining)을 모델로 한 '사전유죄인정 제안형 승인제도'도 도입되어 있어, 검사는 범행을 자백하는 피의자에

---

119) En cas de crime flagrant, l'officier de police judiciaire qui en est avisé, informe immédiatement le procureur de la République, se transporte sans délai sur le lieu du crime et procède à toutes constatations utiles.

120) Jean−Pierre Dintilhac, Le procureur de la République, L'Haarmattn, 2003, p.48.

121) Jean−Pierre Dintilhac, Le procureur de la République, L'Haarmattn, 2003, p.54.

게 일정 범위 내의 형을 제의하고 피의자가 동의하면 법원의 승인을 얻어 사건을 종결 지을 수도 있다.

한편 검사의 예심수사개시청구를 받은 수사판사는 독자적인 판단 아래 예심수사를 전개하는데, 이때 구속이 필요하다고 판단되면 검사의 신청을 받아 석방구금판사에게 구속을 청구한다. 예심수사 결과, 범죄혐의인정이 어렵다고 판단되면 수사판사는 무혐의결정을 하고, 그 반대의 경우에는 기록을 판결법원에 이송한다. 형사재판에 증거로 제출된 조서는 증거자유의 원칙에 따라 증거능력인정에 별 다른 제한이 없으며 자유심증주의 원칙에 의해 증거가치가 판단된다.

검사의 사법경찰에 대한 수사지휘 및 통제와 관련하여, 1993년 1월 4일자 법률 제 93-2호[122])에 의한 개정을 통해 대폭적으로 이를 강화하는 입법이 이루어졌는데, 첫째, 형사소송법 제41조 제3항[123])을 신설하여 검사의 보호유치(garde à vue)에 대한 통제 및 구속장소 감찰권이 규정되었고, 둘째, 형사소송법 제19-1조[124])를 신설하여 관할내 모든 사법경찰관에 대하여 고등검사장이 근무평정을 하도록 하고 이를 사법경찰관의 승진인사에서 반드시 반영하도록 의무화하였으며, 전술(前述)한 것처럼 2016년 6월에는 형사소송법 제39-3조를 신설하여, 검사에게 사법경찰의 수사를 통제할 핵심적인 역할을 인정하면서, 아울러 검사의 객관의무도 확인하고 있다. 위 규정은 검사로 하여금 수사관(enquêteurs)들에게 일반적 혹은 개별적 지시(instructions générales ou particulières)를 내릴 수 있게 하고, 검사가 경찰 수사의 적법성(légalité)은 물론 수사의 비례성(proportionnalité), 수사의 방향(orientation), 수사의 질(qualité)까지 통제하도록 하고 있다. 또한 수사의 진척 상황이 진실을 발견하고 있는지 피해자·고소인·피의자의 인권을 존중하면서 진행되고 있는지를 감시하는 것도 검사의 임무로 규정하고 있다. 따라서 수사의 지휘는 인권보호를 목적으로 한 포괄적인 사법작용이라고 볼 수 있다.

물론 주지하듯이 프랑스는 다른 유럽 국가에서는 폐지하는 등 쇠락해 가는 수사판사 제도를 아직 유지하고 있어[125]) 중죄에 대한 수사는 수사판사의 주재 하에 행해진다. 그러나 검사에게 경죄에 대한 수사 권한과 중죄에 대한 예심수사 청구권이 있고,[126]) 위

---

122) Loi n° 93-2 du 4 janvier 1993 portant réforme de la procédure pénale.

123) Le procureur de la République contrôle les mesures de garde à vue.

124) La notation par le procureur général de l'officier de police judiciaire habilité est prise en compte pour toute décision d'avancement.

125) Gwladys Gilliéron, *Public Prosecutors in the United States and Europe: A Comparative Analysis with Special Focus on Switzerland, France, and Germany*, 2014, Springer International Publishing, p.59.

126) 전체 사건 중 5% 미만이 수사판사에 의한 예심수사의 대상이라고 한다. Juliette Tricot, "France", Katalin Ligeti(ed.), Toward a Prosecutor for the European Union Volume 1 A

와 같이 사법경찰에 대한 수사지휘 권한이 인정되므로 프랑스가 '수사와 기소가 분리'되어 있는 나라라고 주장한다면 그것이 바로 견강부회의 전형이다. 그리고 프랑스 검사는 형사소송법에 인정되는 수사 권한에 따라 수사의 필요성이 있을 경우 사법경찰관을 활용하여 수사한다. 검사가 사법경찰관을 지휘하여 수사하는 것을 두고 검사의 수사 권한이 없다고 아전인수 할 수 있는 것이 아니다. 왜냐하면 스스로 피의자를 신문하고 참고인을 조사하며 물건을 압수하고 피의자를 체포하여야 수사를 한다고 할 수는 없기 때문이다.

3. 네덜란드

(1) 헌법 규정

<헌 법>

제57조 ① 상원의원과 하원의원은 동시에 겸직할 수 없다.

② 의회의 의원은 장관, 국무장관, 국무위원, 감사위원, 국가행정감찰관 또는 부감찰관, 대법원 판사 또는 대법원의 **검찰총장** 내지 법무장관을 겸직할 수 없다.

③ 상기 규정에도 불구하고 사표 제출 의사를 밝힌 장관 또는 국무장관은 그러한 사의에 대한 결정이 있을 때까지 의회의 의원직을 겸직할 수 있다.

제117조 ① 사법을 담당하는 사법부의 구성원, 대법원의 **검찰총장**은 네덜란드 국왕의 칙령에 따라 종신직으로 임명된다.

② 상기의 공직자들은 사임을 할 경우 또는 법률에서 정한 연령에 이르면 각자의 직위를 상실한다.

③ 법률에 규정된 경우 상기 공직자들은 사법부에 속하며 법률로 지정된 법원에 의해 정직 또는 해임될 수 있다.

④ 상기 공직자들의 법적 지위는 법률로 정한다.

네덜란드 헌법에는 검찰총장의 겸직금지 조항만 있을 뿐, 수사권관련 규정은 없다. 다만, 본 규정을 통해서 검찰의 위상이 나타나는데, 의회의 의원은 검찰총장을 겸직할 수 없도록 하고 있고 또한 검찰총장은 종신직으로 헌법에서 규정한 것으로 보아 대법관에 준하는 지위를 인정하고 있는 것으로 보인다. 이는 프랑스 사법체계의 영향을 많이 받아서 나온 결과인 것으로 판단된다.

한편, 네덜란드 검찰은 법무부 장관의 책임 하에 있지만, 법무부 소속은 아닌 특수한 형태로 되어 있다. 검사는 행정부 공무원으로 분류된다. 네덜란드에서는 사법조직법을 근거로 10개의 지방검찰청이 존재하고 있고, 여기에는 검사장(chief prosecutor), 부장검사 (senior prosecutor), 검사(prosecutor) 대리검사(substitute prosecutor)와 단독재판부 담당 검사(prosecutor acting in single sessions)가 근무한다. 반면 4개의 고등검찰이 존재하는데 여기에는 검사장(chief advocates-general)과 검사(advocates-general)가 주로 항소심에서 새로 진행되는 수사나 공소제기 등의 업무를 담당한다. 이는 10개의 지방법원과 4개의 고등법원에 상응해서 나온 결과이다. 네덜란드에는 이러한 지방검찰청과 고등검찰청과는 대응하는 법원과 상관없이 국제범죄나 조직범죄 및 테러와 같은 범죄 등을 수사하고 기소하기 위한 별도의 국립검찰청(National Public Prosecutor's office)이 존재한다. 뿐만 아니라 여기서는 특이하게 전국에 걸친 철도, 도로, 항로 등의 교통정책과 관련 법률을 집행하기도 한다.

물론 지방검찰청과 고등검찰청 그리고 국립검찰청은 상호 독립적인 기관으로서 상하관계에 있지 않지 않고, 각자 맡은 임무를 독자적으로 수행한다. 이 세 기관을 전부 통제하는 것은 3명에서 5명으로 구성된 검찰총장위원회이다. 따라서 네덜란드에서의 검찰은 검찰총장 위원회를 최고상급기관으로 한 검사들로 구성된 국가기관으로 평가된다.[127]

(2) 형사소송법 규정

<형사소송법>[128]

제149조 검사는 그가 기소하여야 할 책임이 있는 범죄에 관하여 알게 되었을 경우에는 필요한 수사를 개시하여야 한다.

제132a조 "수사"란 형법에 따라 절차를 개시할지 여부에 대한 결정을 하기 위하여 검사가 지휘하는 범죄에 대한 조사를 의미한다.

제141조 다음 사람은 범죄를 수사할 책임이 있다.

  a. 검사

  b. 경찰법 제2조 (a)항에 규정된 경찰 및 경찰업무를 수행하도록 지명된 한도에서 경찰법 제2조 (c) 및 (d)항에 규정된 경찰......

제148조 ① 검사는 그가 지명된 지방법원의 재판 대상인 범죄를 수사하고, 그 법원 관할에서 발생한 다른 지역 법원의 재판 대상인 범죄를 수사할 책임이 있다.

② 이를 위해 검사는 수사할 책임이 있는 다른 사람에게 지시를 할 수 있다.

---

127) 김주경, 네덜란드 사법개혁과 법조인 양성제도에 관한 연구, 사법정책연구원 연구총서 2016-14, 180면.

128) 원문: <http://wetten.overheid.nl/BWBR0001903/2017-01-01>.

영문: <http://www.legislationline.org/documents/section/criminal-codes/country/12>.

제149조 <u>검사는</u> 그가 기소하여야 할 책임이 있는 범죄에 관하여 알게 되었을 경우에는 필요한 수사를 개시하여야 한다.

제156조 ① 보조검사가 아닌 형사범죄를 적발한 공무원은 해당 형사범죄와 관련된 공적기록과 신고 또는 통신을 압수된 범죄와 함께 <u>검찰이 직접 지휘하거나</u> 감독하는 검사에게 즉시 전달해야 한다.

② 보조검사는 공적기록과 통신, 압수물 등을 검찰에 즉시 전달해야 한다.

③ 검찰의 허락을 받아 기록, 통신 및 물체의 전달을 생략할 수 있다.

네덜란드 역시 유럽에 위치했기 때문에 로마법 전통을 받아들여 서유럽의 제도와 상당한 유사성을 보이고 있다. 특히 네덜란드는 나폴레옹 시기 프랑스에 병합되면서 프랑스 사법제도를 상당히 많이 받아들일 수밖에 없는 구조였다. 이 시기에 프랑스 민법과 민사소송법 등이 큰 영향을 받게 되는데, 형사소송법 역시 마찬가지였다. 여기서 검찰제도가 처음 나오게 된 프랑스식의 검찰제도도 도입된 것으로 추정된다.

이후 프랑스로부터 벗어나게 되면서 기존의 프랑스 법을 대체할 네덜란드의 독자적인 법률들이 제정되었지만, 프랑스의 영향력으로부터 완전히 벗어났다고 보기에는 어려울 것으로 보인다. 네덜란드 법의 역사는 정치권력의 중앙집중화와 법의 통일성 과정으로 평가되고 있다. 네덜란드의 역사전개 과정에서 정치나 법제도의 경우 통일성과 다양성 그리고 대중주의와 엘리트주의의 지속적인 긴장과 투쟁의 산물이고 이러한 과정은 고스란히 현행 법체계에 녹아있다고 볼 수 있다.[129)]

네덜란드 형사소송법 제132조a는 수사의 정의를 "형법에 따라 절차를 개시할지 여부에 대한 결정을 하기 위하여 검사가 지휘하는 범죄에 대한 조사"로 규정하면서, 다만 일정 수준의 경찰에게도 검사와 동일하게 수사책임을 부여하고 있다. 그리고 제148조 및 제149조에서는 검사에게 필요한 수사개시 및 지시권을 규정하고 있다. 이에 따라 네덜란드는 검사, 경찰, 왕립헌병대(Royal military service), 특별수사기관의 수사관을 범죄수사의 주체로 인정하고 있다(제141조, 제142조). 따라서 검사는 공식적으로 수사의 주재자이며, 직접수사권을 갖는다. 하지만 실무적으로는 경찰이 검사의 수사지휘 하에 수사를 담당하고 있고, 경미한 범죄의 경우 검사가 범죄수사에 거의 관여하지 않고 경찰이 자율성을 갖고 수사에 임하고 있다. 반면 검사는 중한 범죄의 경우 범죄수사에 직접 관여하는데, 이는 강제처분과 같은 중요한 수사방법의 사용여부에 대한 결정권한이 검사에게 있고 검사가 범죄수사의 범위와 방법에 대해 결정하기 때문이다.

물론, 네덜란드에서도 수사는 경찰이 실질적으로 수행하고 있다. 따라서 일련의 수사과정인 증거수집 및 증인과 피해자 신문, 체포와 관련 형사기록 등의 작업은 경찰에

---

129) 김주경, 앞의 연구총서, 28면.

의해서 진행된다. 하지만 수사의 궁극적인 책임자는 검사이다. 따라서 모든 수사는 검사의 책임 하에 진행되며 검사는 경찰이 행한 일련의 수사과정이 합법적으로 이루어졌는지를 감독한다. 물론 검사는 절도물에 대한 압수나 현행범이 아닌 피의자 체포와 같은 사안은 경찰에게 권한을 부여하기도 한다. 그러나 법원의 영장을 필요로 하는 감청이나 주거수색 같은 사안에서는 검사의 권한이 제한될 수밖에 없다.[130]

한편, 검사는 경찰에 의한 수사활동에 대해 감독권을 갖고,[131] 수사지휘권을 발동하여 감독권을 행사한다. 검사의 경찰에 대한 수사지휘권은 경찰법 제12조 상에서도 인정되는데, 검사는 경찰에 대한 책임과 권한이 있으므로 경찰에 지휘를 내려 수사를 감독한다. 검사의 구체적인 수사지휘권은 형사소송법 제148조 제2항을 근거로 한다. 검사의 지휘는 경찰에 대하여 구속력을 가지므로 경찰이 검사의 수사지휘에 불응할 수 없다.[132]

네덜란드에서 검사는 기소권도 독점하고 있다. 아울러 네덜란드 형사소송법 제167조의 규정[133]에 따라 검사가 공익을 이유로 기소하지 않을 수 있는 기소편의주의도 인정되고 있다. 따라서 검사가 증거부족이나 법리상의 이유로 불기소 결정을 내릴 수 있다.[134]

이러한 기소독점주의와 기소편의주의와 맞물려서 네덜란드에는 협상(transaction)이라는 특이한 제도가 있다. 이는 피의자가 스스로 국가에 일정금액 이상의 비용을 지급하거나 검사가 제시한 조건들을 하나 또는 그 이상 이행하는 경우 기소나 재판을 면해 주는 제도이다. 네덜란드 내에서도 법원의 승인 없이 검사가 형사사건과 관련하여 아무런 제한 없이 이러한 권한을 행사하는 것에 대해서 정의의 관념에 반하고 유죄협상제도(plea bargaining)를 사실상 우회적으로 도입했다는 비판도 없진 않지만, 현재 형사사건의 3분의 1 이상이 이와 같은 협상제도를 통해서 해결되고 있는 것으로 나타나고 있다.[135] 이는 피의자의 경우 혹시 발생할 수 있는 유죄판결을 통한 형사처벌을 미연에

---

130) 김주경, 앞의 연구총서, 183면.
131) 형사소송법 제132a조.
132) 실무에서는 검사와 경찰 간의 사전 내지 사후 합의를 거친다(CPEG(2005)09, 113면).
133) 네덜란드 형사소송법 제167조(The Dutch Code of Criminal Procedure, CCP) – Article 167 (1) If the Public Prosecution Service considers on the basis of the results of the criminal investigation instituted that prosecution is required by the issuance of a punishment order or otherwise, it shall proceed to do so as soon as possible. (2) A decision not to prosecute may be taken on grounds of public interest. The Public Prosecution Service may, subject to specific conditions to be set, postpone the decision on prosecution for a period of time to be set in said decision.
134) 김주경, 앞의 연구총서, 185면.
135) 김주경, 앞의 연구총서, 186면.

방지할 수 있고, 검찰입장에서는 시간과 비용의 절감이라는 장점이 많이 부각된 것으로 판단된다.

현재 검사는 최고검찰위원회에서 제정하여 시행하는 일반적인 지침(Aanwijzing)[136]을 통해 경찰에 대한 수사지휘를 실행하고 있는데, 이러한 지침은 경찰력의 활용, 형사 사건에서 증거수집 방법, 범죄유형에 따른 수사방법 등을 상세하고 규정하고 있다. 또한 검사는 일반지침을 통해 개별사건의 수사에 있어 수사의 우선순위와 방향을 제시한다.[137] 수사에 대한 일반적인 지침 외에도 특정 법률의 집행을 구체화한 지침,[138] 특정 분야의 수사와 기소에 대한 내용을 담은 지침도 있다.[139] 경찰은 검사에게 사건기록을 보내 추가 수사지휘를 받을 수도 있다. 검사는 특정 사건의 수사를 담당하는 경찰관에게 서면 또는 구두의 수사지휘를 함으로써 범죄수사에 있어 보다 적극적인 역할을 담당한다.

다만, 네덜란드에도 프랑스와 동일하게 아직 수사판사제도가 남아 있다는 점이 특징이다.[140] 즉, 프랑스와 동일하게, 경찰이나 수사판사(examining judge)에 의한 수사나 예비조사(judicial preliminary investigation)가 이루어지고 나면 바로 검찰에 송치된다. 그러나 2000년의 사법조사법 개정으로 인해 기소 이전 단계에서 수사판사의 역할은 점점 더 축소되어 현재는 큰 의미를 지니고 있지 못하며, 주된 일은 필요시 증인에게 증언을 듣거나 피의자의 정신감정 등을 의뢰하는 정도에 불과하다. 그나마도 검사가 수사를 위해서 필요하다고 생각할 때 수사판사에게 의뢰하는 경우 예비조사 등을 실시하고, 이 경우에 경찰에게 도움을 요청할 수도 있다. 현재로서는 수사판사에 의한 활동은 거의 이루어지지 않고 있다고 한다.[141]

---

136) 각 검찰청 검사장은 최고검찰위원회와의 협의를 거쳐 법무부가 정하는 국가적 출발점과 우선순위를 전제로 하여 지방검찰청 또는 국가검찰청, 중점검찰청에서 추구해야 할 수사와 소추의 질과 정도(우선순위 포함)에 대한 책임을 진다. 즉 검사의 수사지휘권은 최고검찰위원회-각 검찰청 검사장-검사-경찰이라는 조직상의 위계구조에 따른다. CPEG(2005/09), 113면.

137) 2003년 최고검찰위원회가 어떤 범죄에 대해 우선순위를 두어 조사할 것인지에 대하여 정한 지침(Aanwijzing voor de osporing, 2003A002)에 따르면 첫째, 피의자의 인적사항이 확인된 경우에는 조사가 이루어져야 하고 둘째, 중대 범죄일수록 더욱 강도 높은 수사가 이루어져야 한다.

138) 마약법상 대마초 판매가 가능하다고 명시하고 있지만 구체적인 허용요건에 대한 규정이 없어 1996년 최고검찰위원회에서 마약범죄의 수사와 기소에 대한 지침을 통해 허용요건을 규정한 경우를 예로 들 수 있다.

139) 2010년 최고검찰위원회가 사법조직법 제130조 제4항에 따른 지침으로 성폭력 사건의 수사와 기소에 대한 지침을 제정한 경우를 예로 들 수 있다.

140) Idlir Peci, "The Netherlands", Katalin Ligeti(ed.), Toward a Prosecutor for the European Union Volume 1 A Comparative Analysis, Hart Publishing, 2013, p.99.

141) 김주경, 앞의 연구총서, 184면.

4. 룩셈부르크(Luxembourg)

(1) 헌법 규정

<헌 법>

제12조

개인의 자유는 보장된다. 법률에 의하여 규정된 경우와 법률이 규정한 형식에 의하지 않고는 어느 누구도 체포되거나 구금될 수 없다. 현행범인 경우를 제외하고, 체포 당시 또는 늦어도 24 시간 이내에 판사가 근거를 제시한 명령서에 의하지 않고는 누구도 체포될 수 없다. 모든 사람은 자신의 자유를 회복하기 위해 사용할 수 있는 법적 불복 수단을 지체 없이 통보받아야 한다.

제86조

법률에 의해서만 법원을 설립할 수 있다. 어떠한 명칭으로도 위원회나 예외법원을 설립할 수 없다.

제87조

대법원의 조직은 법률로 정한다.

제92조

사법조직의 구성원에 대한 처우는 법률로 정한다.

룩셈부르크는 입헌군주국(monarchie constitutionnelle)으로서 공식명칭은 룩셈부르크 대공국(Le Grand-Duché de Luxembourg)이고, 나소(Nassau)가문이 군주의 지위를 세습한다. 통치구조는 의회민주주의(démocratie parlementaire) 원칙에 따라 완화된 권력분립 형태인 의원내각제를 채택하고 있어 입법부와 행정부 사이에는 긴밀한 연결 관계가 있으나, 사법부는 기능적으로 완전히 독립되어 있다.[142]

룩셈부르크의 사법구조는 프랑스와 유사하다. 가장 최고의 위치에 헌법재판소(Cour constitutionnelle)가 있고, 사법재판(juridiction judiciaire)과 행정재판(juridiction administrative)이 분리되어 있으며, 그 사이에 중간적 성격의 사회보장재판(juridiction sociale)이 있다.

헌법재판소는 '법률의 합헌성(conformité des lois à la Constitution)'을 심사하는 기관[143]으로서 총 9인의 재판관으로 구성되는데, 헌법재판소장이 따로 있는 것이 아니라 대법원장(Président de la Cour supérieure de justice)이 당연직으로 보임하고, 행정법원장

---

142) http://luxembourg.public.lu/fr/le-grand-duche-se-presente/systeme-politique/
143) 1997년 7월 27일자 헌법재판소의 조직에 관한 법률(Loi du 27 juillet 1997 portant organisation de la Cour Constitutionnelle, 이하 "헌법재판소조직법"이라 한다) 제2조.

(Président de la Cour administrative), 파기원(Cour de cassation) 판사 2인, 국가원수인 대공(Grand‑Duc)이 지명한 사법관(magistrat) 5인으로 구성된다.144) 헌법재판소는 사법재판과 행정재판에서 당사자의 요구 또는 재판부의 직권 판단으로 법률의 합헌성 여부의 문제가 제기되어 재판부가 청구한 경우에 법률의 헌법적합성을 심사한다.145) 민사, 형사 및 노동 사건을 재판하는 일반법원인 사법재판은 대법원(Cour supérieure de justice)을 정점으로 하여 지방법원(tribunal d'arrondissement)과 치안법원(justice de paix)으로 구성되어 있다. 우리나라의 법원조직법에 해당하는 「1980년 3월 7일자 사법조직에 관한 법률」(Loi du 7 mars 1980 sur l'organisation judiciaire), (이하 "사법조직법"이라 한다.) 제32조에 따르면, 룩셈부르크 대법원은 파기원(Cour de cassation)과 항소법원(Cour d'appel) 및 대검찰청(Parquet général) 그리고 공동사무국(greffe commun)으로 구성되어 있다.

각 지역 사법관할별로 지방법원(tribunal d'arrondissement)이 설치되어 운영되고 있다. 대부분 우리나라의 지방법원처럼 1심 사건을 주로 맡고 있으나, 노동 사건을 제외하고 치안법원의 판결에 대해서는 항소심을 담당한다.146) 가장 낮은 심급으로 치안법원(justices de paix)이 있다. 치안법원은 민·상사사건을 다루는 치안재판소(tribunal de paix), 위경죄(contravention)와 일부 경죄(délit)에 관한 형사사건을 담당하는 경찰재판소(tribunal de police) 및 노동 사건을 다루는 노동재판소(tribunal du travail)의 3개의 재판부로 구성되어 있다.

한편, 룩셈부르크에서 검사의 직무는 공익을 대표하고, 범죄자를 수사하여 소추함으로써 법의 적용을 요구하며, 형벌을 집행하는 것이다.147) 이러한 검찰의 조직법상 근거는 헌법 제86조와 제87조에 따른 법률인 사법조직법148)에 마련되어 있다. 따라서 우리나라에서와 같은 별도의 검찰청법은 없다.

검찰(Ministère public) 조직의 최상위에는 대법원(Supreme Court of Justice, Cour supérieure de justice)에 소속된 대검찰청(Public Prosecutor's Office, Parquet général)의 수장인 검찰총장(State Public Prosecutor, Procureur général d'État)이 있다. 대검찰청은 대법원의 관할권을 따라 전국을 관할하며 검찰총장의 대리인격인 검사(procureur)와 검사보(substituts)들이 지방법원(district court, tribunal d'arrondissement) 소속의 지방검찰청(district prosecutors' office, parquet)을 구성한다. 이러한 검찰조직은 법무부장관(Ministère de la Justice)에게 소속되어 있다. 매년 검사는 사법활동에 관한 연차보고서(rapport

---

144) 헌법재판소조직법 제3조.
145) 헌법재판소조직법 제6조.
146) 룩셈부르크 형사소송법(Code de procédure pénale) 제172조.
147) https://justice.public.lu/fr/organisation‑justice/ministere‑public.html.
148) Loi du 7 mars 1980 sur l'organisation judiciaire.

annuel)를 법무부장관에게 제출한다.

검찰총장은 대법원(Cour supérieure de justice) 소속의 대검찰청을 지휘하는 검찰의 수장으로서 2인의 부총장(procureur général adjoint)과 여러 차장검사(premier avocat géné ral) 및 대검검사(avocat générl)들의 보좌를 받는다.[149] 대검찰청에서는 형벌의 집행, 교화를 위한 사회지원중앙센터(Service central d'assistance sociale) 운영, 사법정보 제공, 민사공정증서(répertoire civil) 관리 등의 일을 소관업무로 하는데, 2018년 11월 1일부터는 금융정보국(Cellule de renseignement financier: CRF)의 활동을 감독하는 일도 맡게 되었다.

결국 룩셈부르크 헌법상 형식적 의미의 헌법에서는 검사에 대하여 직접 규정한 특별한 조문이 없고, 우리나라 헌법의 신체의 자유에 관한 규정에 해당하는 조문, 사법부의 조직에 관한 조문이 검사와 관련 있는 조문이다.

(2) 형사소송법 규정

<형사소송법>[150]
제9조 (L. 16 juin 1989) 사법경찰권은 검사의 지휘에 따라 이 장에서 정한 공무원, 기관에 의해 수행되어야 한다.
제15조의2 (L. 31 mai 1999) 법에 의하여 수사 권한을 부여받은 모든 사법경찰관, 공무원, 기관은 검사의 지휘를 받아야 한다.
제18조 (L. 16 juin 1989) ① 검찰총장은 전 영토 내 형법의 적용을 감시할 책무를 지니고 있다.
② 이를 위해, 검찰총장은 매월 각 검사장들로부터 관할 구역 내 업무 현황을 보고받는다.
③ 검찰총장은 직무를 수행함에 있어서, 공권력을 직접적으로 요구할 권리가 있다.
제24조 (L. 16 juin 1989) ① 검사는 형법에 위반되는 범죄의 수사 및 기소에 필요한 모든 행위를 수행하거나 수행되게 하여야 한다.
② 이를 위해 검사는 관할 내 사법경찰관 및 공무원의 행위를 지휘한다.
③ 검사는 이 법 제1장 제1절 제2조 및 특별법에 규정된 사법경찰관에 부여된 모든 권한과 특권을 갖는다.

검찰은 그 업무수행을 위해 사법경찰의 지원을 받는데, 사법경찰이 형사법위반사실을 기록하며, 범죄자를 직접 수사하고 증거를 수집한다.[151] 경찰이 사전적인 수사권을 갖는 정도이므로, 직접적인 수사에 대한 책임은 검찰이 부담한다.[152] 이처럼 사법경찰관

---

149) https://justice.public.lu/fr/organisation-justice/ministere-public/parquet-general.html.
150) <http://legilux.public.lu/eli/etat/leg/code/instruction_criminelle/20161001>.
151) 룩셈부르크 검찰청 사이트: http://www.justice.public.lu/fr/organisation-justice/ministere-public/index.html.

은 원칙적으로 주 검찰의 지시에 따라 수사를 진행하지만, 경우에 따라 직권으로 예비조사를 수행할 수 있다(형사소송법 제46조 제1항). 그러나 이러한 경우에도 모든 수사는 검찰총장의 감독 하에 있는 것이다(동법 제46조 제3항). 따라서 기본적으로 수사권은 검사에게 있으며, 사전단계에서 수사기관이 수사하는 경우에도 지휘할 수 있다. 즉, 검사는 형법에 위반되는 범죄의 수사 및 기소에 필요한 모든 행위를 수행하거나 수행되게 하여야 하며(동법 제24조), 검사는 관할 내 사법경찰관 및 공무원의 행위를 지휘한다(동법 제24조 제2항). 또한 검사는 형사소송법 및 특별법에 규정된 사법경찰관에 부여된 모든 권한과 특권을 갖는다(동법 제24조 제3항).

수사지휘권도 검사에게 있다. 즉 사법경찰권은 검사의 지휘에 따라 형사소송법에서 정한 공무원, 기관에 의해 수행되어야 하며(형사소송법 제9조), 수사 권한을 부여받은 모든 사법경찰관, 공무원, 기관은 검사의 지휘를 받아야 한다(동법 제15조의2). 실무적으로는 경찰이 직접 수사를 하고 검찰이 보고를 받아 처리하지만, 중요사건에서는 구체적인 지시를 하는 경우도 있다고 한다.[153] 더불어 검찰은 경찰이 수사에 있어 법과 절차를 준수할 것을 요청할 수 있다.[154] 또한 수사판사(investigating judge)는 개인의 자유가 침해된 모든 경우에 있어 해당 수사절차가 적법했는지 여부를 판단하여야 한다.[155]

범죄수사 및 공소제기 판단을 위하여 검사는 수사판사(juge d'instruction)에게 중범죄 또는 복잡한 사건에 관한 예심(instruction préparatoire 또는 information judiciaire)을 청구할 수 있다(형사소송법 24-1조). 검사는 형사절차의 진행을 감독하고 상소 등 불복절차를 행한다. 형사사법절차 외에도 민사절차에서도 검사가 일정한 역할을 수행한다.

이처럼 검사는 범죄의 피해자로부터의 고소 또는 고발이나 범죄사실을 인지한 경찰기관으로부터 보고 또는 통보를 받아 수사를 개시하고, 기소 여부를 기소편의주의 원칙(principe de l'opportunité des poursuites)에 따라 독자적으로 결정한다. 이러한 임무를 수행하기 위한 목적으로 검사는 소속 지방검찰청 관할에 속하는 사법경찰관리의 활동을 지휘하는 것이다.[156] 따라서 모든 사법경찰관리는 검찰총장의 감독 하에 놓이고, 검찰총장은 사법의 원활한 운영을 위하여 필요하다고 판단하는 모든 정보에 대한 수집을 사법경찰관리에게 명할 수 있다.

위와 같은 각 규정에 대한 해석상 검사의 수사 권한과 사법경찰에 대한 수사지휘 권한이 모두 인정된다고 해석하여야 하고, 달리 해석할 여지가 없다. 다만, 프랑스와 매우 유

---

152) CPGE(2005/06), 102면.

153) CPGE(2005/06), 102면.

154) CPGE(2005/06), 102면.

155) CPGE(2005/06), 102면.

156) https://justice.public.lu/fr/organisation-justice/ministere-public.html.

사하고 아직 수사판사 제도도 남아 있다는 점이 특징이다.[157]

5. 벨기에(Belgium)

(1) 헌법 규정

<헌 법>[158]

제103조 장관은 직무를 수행함에 있어서 행한 위반행위에 대하여 항소법원에만 회부된다. ..... 검사만이 관할 항소법원에 장관에 대한 형사소추를 제기하고 지휘할 수 있다.

제151조 ① 판사는 직무수행에 있어 독립적이다. 검사는 장관의 기소를 명하는 권한과 수사 및 기소에 관한 정책을 포함하여 형사정책에 관한 구속력 있는 명령을 하는 권한을 침해하지 않는 범위에서, 개별 수사 및 기소에 있어 독립적이다.

② 벨기에 전국에 하나의 사법고등평의회를 둔다. 사법고등평의회는 권한의 행사에 있어서 제1항에 따른 독립성을 존중한다. ....

③ 사법고등평의회는 다음 사항에 대하여 권한을 행사한다.

1. 제4항의 첫 단락의 규정에 따른 법관 및 검사의 임용 후보자의 지명

2. 제5항의 첫 단락의 규정에 따른 검찰청장직에 대한 임용 후보자의 지명

제153조 국왕은 법원에 부치된 검찰청 공무원을 임면한다.

벨기에는 3개 공동체[159](la Communauté française, la Communauté flamande et la Communauté germanophone)와 3개 권역[160](la Région wallonne, la Région flamande et la Région bruxelloise)으로 이루어진 연방국가(Etat fédéral)이자 입헌군주국이다.[161] 국왕(Roi)은 헌법에서 정한 바에 따라 연방집행권(pouvoir exécutif fédéral)을 보유하고,[162] 상원(Sénat) 및 하원(Chambre des représentants)과 공동으로 입법권을 행사한다.[163]

사법권(pouvoir judiciaire)은 법원(cour)과 재판소(tribunal)에 속한다.[164] 법원조직은 법률로 정하며,[165] 국가 내 유일한 파기원은 사실에 관한 심리를 할 수 없다.[166]

---

157) Martin Petschko/Marc Schiltz/Stanislaw Tosza, "Luxembourg", Katalin Ligeti(ed.), 앞의 책, p.451.

158) <http://www.senate.be/doc/const_fr.html>.

159) 벨기에헌법 제2조.

160) 벨기에헌법 제3조.

161) 벨기에헌법 제85조.

162) 벨기에헌법 제37조.

163) 벨기에헌법 제36조.

164) 벨기에헌법 제40조.

165) 벨기에헌법 제146조.

166) 벨기에헌법 제147조.

벨기에헌법은 검찰(ministère public)에 관한 몇 개의 규정을 두고 있다. 헌법 제103조에 따르면, 각부장관들(ministres)은 직무상 행한 범죄에 대해서는 항소법원(cour d'appel)에 의해서 재판을 받는데(제1항), 사건에 대한 관할권을 행사하는 항소법원 소속의 검찰이 독점적으로 기소권과 소추지휘권을 행사한다(제4항).[167] 검찰관(officier du ministère public)은 국왕이 임명하지만,[168] 검찰은 판사와 마찬가지로 독립성을 보장받으며 그에 관한 헌법상 명문의 규정을 두고 있다.[169] 검찰관의 인사 역시 최고사법회의(Conseil supérieur de la justice)에서 심의하여 결정한다(헌법 제151조 제3항).

벨기에의 검사(magistrats de parquet)도 프랑스와 마찬가지로 사법관(magistrat)의 지위를 가지며 검찰(ministère public)을 구성한다.[170] 검찰은 각급 법원에 소속하여 설치되어 직무를 수행[171]하며, 법률이 정한 방식에 따라 공소(action publique)를 실행한다.[172]

재판정에서 검찰은 사회를 대표한다.[173] 가장 주요한 임무는 범죄를 수사하고 소추하는 것이다. 검찰 소속 사법관(magistrats du ministère public), 즉 검사는 수사를 지휘하여 범죄자를 찾아내고 재판에 회부한다. 또한 민사사건, 특히 미성년자사건과 관련해서 의견을 제시하고,[174] 노동 사건에서도 사실의 조회 등 중요한 역할을 수행한다.[175] 검찰은 판결을 집행하고,[176] 법원의 정상적인 운영 여부를 감시한다.[177]

대법원 소속 검찰청은 법무부장관(ministre de la Justice)의 감독 하에 검사장(procureur général)이 운영하고, 수석부장검사(premier avocat général)와 부장검사(avocat générl)들이 보좌한다.[178] 각 항소법원에 대응하는 검찰청에도 검사장(procureur général) 1인을 두며, 전국을 관할하는 연방검사(procureur fédéral) 1인을 둔다.[179] 항소법원 소속 검사장들로 구성되는 검사장회의(collège des procureurs généraux)는 법무부장관이 주재하며 형사정책의 연계 및 조정, 검찰조직의 운영, 검사의 보직 배치 등에 관한 중요사항

---

167) Seul le ministère public près la cour d'appel compétente peut intenter et diriger les poursuites en matière répressive à l'encontre d'un ministre.

168) 벨기에헌법 제153조.

169) 벨기에헌법 제151조.

170) https://www.om‒mp.be/fr/propos‒mp. 사법법전(Code judiciaire) 제58조의2.

171) 사법법전 제137조.

172) 사법법전 제138조.

173) https://www.om‒mp.be/fr/propos‒mp.

174) 사법법전 제138조의2.

175) 사법법전 제138조의3.

176) 사법법전 제139조.

177) 사법법전 제140조.

178) 사법법전 제142조.

179) 사법법전 제143조.

을 결정한다.[180] 항소법원의 검사장들은 수석부장검사(premier avocat général)와 부장검사(avocat général)들 및 검사보(substitut du procureur général)들이 보좌한다.[181] 검사보는 기소를 위한 수사보고서를 검토하고 공소장을 작성한다.[182]

법무부장관은 검찰조직의 정점에서 총괄하는 지위에 있다. 검찰청은 법무부장관의 소속 하에 있으며, 장관은 형사정책에 관한 지시사항을 명하고, 이 명령은 검찰의 구성원들을 기속한다.[183]

우리나라의 검찰총장에 비견될 수 있는 직책으로 연방검사(procureur fédéral)가 있다. 연방검사는 연방검찰청(parquet fédéral)을 지휘·감독하며, 사법법전 제144조의3에서 특정한 범죄들에 대한 기소, 공소권행사에 대한 협조 확보, 연방경찰(police fédérale)의 운영에 대한 감독 등의 권한을 행사한다.[184] 이를 위해 연방검사는 법무부장관의 권한 하에 사법경찰관을 감독한다.[185] 그리고 이러한 조직과 관할을 저해하지 않는 범위 내에서, 사법구역(arrondissment judiciaire)별로 국왕검사를 두어 법률에서 따로 정하는 직무를 담당하게 한다.[186]

이에 따르면, 벨기에 검사는 헌법에 의해 수사권과 기소권을 부여받은 사법관이다. 판사와 더불어 사법관의 지위를 보유하고 있으면서 법원에 속한 검찰조직이란 점, 법원조직 역시 법무부장관의 관장 하에 있으며 수사판사(juge d'instruction)가 있다는 점은 프랑스법과 유사하다. 조직법적 근거인 사법법전에서 수사를 검찰의 권한으로 규정함으로써 법적 근거에 관한 논란을 차단하고 있다. 이처럼 벨기에는 헌법에 검사의 수사에 관한 권한 및 검사의 독립성에 관하여 규정하고 있는 것이 특징이다.

(2) 형사소송법 규정

<형사소송법>[187]

제22조 검사는 중죄법원, 형사재판소, 경찰재판소의 재판관할 중 형사재판소와 경찰재판소에의 공소가 노동감독관에게 주어지는 경우를 제외하고, 범죄의 수사와 소추를 담당한다.

제26조 경찰의 역할에 대해서는 1992. 8. 5.법 제5조의 폐지 없이, 검사는 관할 사법경찰관의

---

180) 사법법전 제143조의2.
181) 사법법전 제144조.
182) 사법법전 제147조.
183) 사법법전 제143조의4.
184) 사법법전 제144조의2.
185) 사법법전 제148조. 이외에는 항소법원 소속 검사장이 사법경찰관과 관계 공무원들을 감독한다.
186) 사법법전 제150조.
187) <http://www.droitbelge.be/codes.asp#ins>.

임무 수행에 있어 필요한 수사지휘를 한다. 지휘내용은 수사판사와 상충되지 않는 한 이행되어야 한다. 지휘내용은 검사장에게 보고된다.

제28조의2 ① 수사는 범죄, 범죄자 및 증거를 조사하고 공소권 행사와 관련된 정보를 수집하는 것을 목적으로 하는 일련의 행위를 지칭한다. 경찰의 독립적인 활동과 관련된 일반원칙은 법률로 정해지고 절차법 제143조a와 143조b에서 따른 지침에 정한 구체적인 규칙들에 부합하여야 한다. 위 문단의 규정에도 불구하고, 수사는 검사의 지시와 권한 하에서 이루어진다. 이는 검사의 책임이다.

제28조의3 ① 검사는 수사에 대한 의무 및 권리가 있다. 절차법 제143조bis와 제143ter에 따라 확립된 원칙에 따라, 검사는 관할 구역에서 발생한 사건에 대해 결정권을 가진다.

② 수사를 개시한 사법경찰은 가능한 신속하게 지휘내용에 부합하는 형식으로 수사진행 상황을 검사에게 보고한다.

③ 검사는 사법경찰의 기능에 관한 법 제2조에 규정된 경찰관의 직무를 요구할 권한, 법에 따라 제한된 경위를 제외하고 수사에 필요한 모든 활동을 사법경찰로 하여금 수행하게 할 권한을 가진다.

④ 검사는 특정 사건 수사에서 사법경찰의 임무를 담당하는 경찰권을 지휘할 수 있고, 예외적인 경우를 제외하고 지휘내용은 수행된다. 만약 복수의 기관이 지휘를 받는 경우 검사는 기관 간 상호 조율에 주의를 기울인다.

제47조의12 ① 연방검사는 그 권한을 행사함에 있어 법이 검사에게 부여한 모든 권한을 보유한다. 이러한 틀 안에서 연방검사는 전 영토에서 그 소관의 수사 또는 예심수사 행위, 공소제기를 수행하거나 수행하게 할 수 있다.

벨기에 형사소송법의 공식명칭은 '범죄심리법전(犯罪審理法典, Code d'Instruction Criminelle)'이다. 1808년 11월 17일에 제정될 당시의 명칭을 그대로 사용하고 있다. 여기서는 편의상 "형사소송법"으로 부르기로 한다.

형사소송법 제9조는 사법경찰(police judiciaire)이 항소법원의 권한 하에서, 권한의 분야별로, 검사장의 권한 하에 행사됨을 명시하고 있다. 형사소송법 제22조는 검사가 범죄의 수사와 소추의 주체임을 명시하고 있다. 이어 형사소송법 제26조에서는 검사의 사법경찰에 대한 수사지휘권을 규정하고 있다.

한편, 형사소송법 제28조의2는 수사(information)에 대한 정의규정과 함께 적법절차의 원칙 및 수사가 검사의 권한과 책임에 속하는 사항임을 밝히고 있다. 이어서 형사소송법 제28조의3은 수사에 관한 검사의 권한 및 의무의 내용과 사법경찰과의 관계를 규정하고 있다. 또한 형사소송법 제47조의2는 검찰총장격인 연방검사의 포괄적 수사권과 지휘권을 규정하고 있다. 따라서 위와 같은 각 규정에 대한 해석상 검사의 수사 권한과 사법경찰에 대한 수사지휘 권한이 모두 인정된다고 해석된다. 다만, 형사소송법 제26조에서 보이듯이 아직 수사판사 제도가 남아 있다.

벨기에 형사소송법 제28조의2에 의하면, 수사는 적법한 관할권이 있는 검사의 지휘와 권한에 의하여 이루어져야 하며, 검사가 그 수사에 대하여 책임을 진다고 규정하고 있다. 이로써 벨기에 형사소송법상 검사는 수사절차의 주재자로서 수사권과 수사지휘권을 모두 보유하고 있다.

검사가 경찰에 대한 수사를 지휘하는 경우에는 상세한 세부지침을 경찰에게 발할수 있다. 검사는 경찰법 제2조에 규정된 경찰권을 요구할 수 있는 권한과 다른 모든 범죄수사기관에 법에 의하여 규정된 범위내에서 수사를 위한 특별한 활동을 요구할 권한을 가지고 있다. 따라서 경찰권의 발동은 검사의 지시에 부합하여야 하고 당해 사건을위해 필요한 경찰관들을 지원한다(형사소송법 제28조의3 제3항). 검사는 지시한 수사와 관련하여 어떠한 사건에 대하여 어떤 경찰부서를 지휘할 것인지 자유롭게 결정할 수 있다. 만약 여러 부서가 같은 사건에 결부되어 있는 경우에는 검사가 그 부서들의 업무를 조정한다. 검사가 구체적 사건에서 수사를 지시한 경우 경찰은 그 수사와 관련된 검사의 명령을 따라야 한다. 경찰이 이러한 절차에 따라 수사를 개시한 경우 2주 이내에 검사에게 보고하여야 하고, 40일 이내에 수사를 완료하여야 한다.

경찰이 자체적으로 범죄를 인지한 경우에는 범죄를 수사한 후 그 수사결과를 즉시적법한 권한이 있는 사법기관에 보고해야 한다(사법수사법 제28조의3 제4항, 경찰법 제16조). 다만, 경찰이 이른바 〈기회제공형〉 함정수사를 하고자 할 경우 원칙적으로 수사가 행하여지기 이전에 검사로부터 사전 동의를 서면으로 받아야 한다(형사소송법 제28조 제2항).

벨기에 형사소송법에 의하면 모든 사건에 대하여 경찰은 검사에게 보고를 해야 한다. 그러나 검사의 업무부담을 경감시키기 위하여 1998년 3월 12일자 법률에서 경찰이협박, 재물손괴, 명예훼손, 일부 유형의 절도 등과 같은 제한된 범위의 범죄사건의 경우검사에게 보고함이 없이 독자적으로 수사할 수 있는 재량을 인정하였다(형사소송법 제28조 제1항).

결국 위와 같은 각 규정에 대한 해석상 검사의 수사 권한과 사법경찰에 대한 수사지휘 권한이 모두 인정된다고 해석하여야 하고, 달리 해석할 여지가 없다. 왜냐하면 프랑스와 동일하게 수사는 사법경찰이 하되, 검사의 지휘와 권한 하에서 이루어지도록 했으며, 최종책임도 검사가 지도록 체계적으로 정리했기 때문이다. 다만, 형사소송법 제26조에서 보이듯이 아직 수사판사 제도가 남아 있다.

6. 스위스

(1) 헌법 규정

스위스헌법 제1조 및 제3조에 의하면, 스위스는 26개의 주권을 가진 칸톤(Canton)으로 이루어진 연방국가이며, 2,400여 개의 지방자치단체(Gemeinde)가 속해 있는 각 칸톤은 연방에 의하여 연방의 권한에 속하지 않는 한, 모든 주권을 행사하므로 형사소송법 및 경찰조직도 주마다 상이하다. 그러므로 스위스의 연방구조는 지방자치단체와[188] 칸톤,[189] 연방의[190] 3단계 구조를 가지고 있으며, 칸톤은 독자적인 헌법과 국회, 정부, 사법부 등 국가조직을 가지고 있다.[191] 또한 포괄적인 권한은 칸톤에게 부여되어 있기 때문에 연방헌법에 규정되어 있거나 연방에 위임되지 않은 한 모든 권한은 칸톤이 행사한다.[192] 그러므로 스위스에서 연방 형사절차법을 제정하기 위해 칸톤들이 연방에 권한을 위임하는 과정이 필요하였고, 그로 인해 관련 내용이 스위스 연방헌법에 반영되어 스위스 연방 형사절차법이 제정되었다. 그리고 국가언어로는 독일어, 프랑스어, 이탈리아어, 그리고 레토로망어(Rätoromanisch)를 사용하고 있다. 따라서 모든 법률은 국가언어로 제공되고 있다. 예컨대 독일어를 말하는 칸톤에서는 수사경찰(Kriminal polizei), 보안경찰(Sicherheitspolizei)과 교통경찰(Verkehrspolizei)의 3가지 임무에 따른 구분을 하고 있는 반면에 프랑스어를 말하는 칸톤에서는 일반적으로 헌병(Gendarmerie)과 보안경찰(Sûreté)로 구분되어 있는데, 프랑스어권 칸톤의 헌병은 독일어권 칸톤에서의 보안경찰에 해당하고 일반적으로 교통경찰은 보안경찰에 부속되어 있거나 그 하부조직으로 되어 있으며, 프랑스어권 칸톤의 보안경찰은 독일어지역 칸톤에서의 수사경찰과 동일하다. 한편 바젤시 칸톤의 경우에는 수사경찰은 칸톤 검찰청에 소속되어 있고, 보안경찰은 경찰부에 소속되어 있다.[193] 특히 스위스의 수도인 베른에는 특별규정이 적용되고 있는데, 1972년

---

188) 지방자치단체는 대부분 모든 유권자가 참여하는 주민총회를 통해 지역문제를 결정하지만, 1/5 정도의 지방자치단체는 의회를 통해 결정을 하기도 한다. 지방자치단체는 주로 그 지장의 건축이나 도로, 가스, 전기, 학교운영 등과 관련된 사무 및 연방과 칸톤에게 위임을 받은 주민등록이나 민방위 등과 같은 업무를 수행한다; 이기우, 스위스의 지방세 제도, 한국지방세연구원, 2013, 11면.

189) 칸톤은 보건이나 사회부조, 지역정체성과 관련된 문화, 교육, 언어, 종교 등과 관련된 사무를 수행하며, 연방정부로부터 위임받은 사무를 수행한다; 이기우, 앞의 책, 11면.

190) 연방은 연방헌법에 근거한 연방조직이나 외교, 금융, 국방, 국도, 핵에너지 등과 관련된 사무와 민사법, 형사법, 사회안전 등 국가차원에서 수행하고 조정할 필요가 있는 사무를 수행한다; 이기우, 앞의 책, 11면.

191) 이기우, 앞의 책, 11면.

192) 이기우, 앞의 책, 9~10면; 스위스 연방헌법 제3조 참조.

193) 각국의 사법경찰제도(Ⅱ), 법무자료 제139집, 법무부, 186면.

에 체결된 베른시내에서의 수사경찰 임무의 수행에 관한 베른칸톤과 베른市간의 협정은 베른시가 베른시 지역내의 수사경찰 업무에 대한 책임을 지는 것으로 규정하여 베른시 경찰은 완전한 범위의 경찰임무를 담당하고 있다.

다만, 헌법에 검찰과 관련된 특별한 규정이 없다. 이와 같이 스위스 헌법은 검찰에 관하여 공백규정을 두고 있는 것이 특징이다. 그러나 헌법은 협의의 성문헌법 뿐만 아니라 형사소송과 관습헌법 및 스위스의 헌법의 역사 등을 총합하여 고려하여 파악하여야 한다.

(2) 형사소송법 규정

<형사소송법>194)

제15조 경찰 ② 경찰은 자체적으로, 또는 공공기관 구성원들의 신고에 대응하여, 또는 검사의 지휘에 따라 범죄를 수사하고, 범죄를 수사함에 있어 검사의 지휘와 감독에 따라야 한다.

제307조 검사와의 협력 ① 경찰은 중대범죄와 기타 중요한 사건을 검사에게 즉시 보고하여야 한다. 연방 또는 칸톤 검사는 정보를 제공할 의무에 관한 보다 상세한 지침을 발할 수 있다. ② 검사는 언제든 경찰에게 지시 또는 위임을 발할 수 있고 절차수행을 인수할 수 있다. 제1호의 경우에 검사는 보고를 받은 후 가능한 경우에는 최초의 중요 신문을 스스로 수행하여야 한다. ③ 경찰은 그들이 발견한 것과 그들이 취한 조치를 모두 서면보고서로 기록하여야 하고, 수사가 종료될 때에는 범죄보고서, 신문조서, 기타 기록, 압수물을 검사에게 송치하여야 한다.

제309조 수사 개시 ① 검사는 다음의 경우 수사를 개시하여야 한다.

    a. 경찰 보고서, 고소장 또는 자체적인 발견에 의해 범죄가 범해졌다는 합리적인 의심이 있는 경우,

    b. 강제처분을 명할 경우,

    c. 제307조 제1호에 의하여 경찰로부터 정보를 접수한 경우

② 검사는 경찰보고서 또는 고소장이 범죄가 범해졌다는 것을 뚜렷하게 보여주지 않을 경우 경찰이 추가적인 수사를 하도록 그것을 경찰에 돌려보낼 수 있다.

제312조 검사의 경찰에 대한 지시 ① 검사는 수사가 개시된 이후 경찰에게 추가적인 조사를 수행하도록 지휘할 수 있다. 검사는 서면으로 지휘하여야 하고 급속한 경우 구두로 지휘할 수 있으며, 지휘는 분명하게 정의된 이슈로 조사를 국한하여야 한다.

스위스는 1937년 12월 21일에 연방형법을 제정하여 통일된 형법을 적용하였지만, 형사소송법에 있어서는 각 칸톤마다 서로 다른 약 30개의 상이한 형사소송법이 있었는

---

194) <http://www.legislationline.org/documents/section/criminal‒codes/country/48>.

데, 이 중 4개는 연방의 형사소송법이었고, 26개는 칸톤의 형사소송법이었다.[195) 이후 사법개혁을 위해 2000년 3월 12일에 헌법 개정을 위한 국민투표가 실시되었고, 이에 따라 연방헌법 제122조[196)와 제123조[197)에 근거해 연방은 민사절차법과 형사절차법에 관해 입법할 수 있게 되었다.[198)

그러나 이미 1994년부터 스위스 연방정부(Bundesrat)는 경제범죄와 조직범죄에 대처하기 위해 스위스 형사절차법을 부분적으로 할 것인지 아니면 전체를 통합할 것인지 여부를 판단하기 위해 위원회를 설립했었다.[199) 당시의 위원회는 1998년에 스위스의 통일 형사절차법에 관한 기본개념을 공표하였고, 이를 바탕으로 2001년 6월에 스위스 연방경찰청의 위임을 받은 전문가들이 스위스 연방 형사절차법의 가초안(Vorentwurf)을 작성하게 되었으며, 동년 6월 27일에 연방정부는 가초안을 심의에 붙여 2003년 7월 2일에 심의결과를 받아 스위스 연방경찰청에게 스위스 연방 형사절차법의 초안(Entwurf)에 대한 보고서를 작성하도록 하였다.[200) 이후 2005년 12월 21일에 형사절차법 통일화를 위한 보고서(Botschaft zur Vereinheitlichung des Strafprozessrechts: BVStP)가 완성을 보게 되어 당일 연방의회에 제출하여 의결을 받도록 하였지만, 이후에도 치열한 논쟁은 지속되었고, 마침내 2010년 1월 1일에 스위스 연방 형사절차법이 발효하게 되어 지금에 이르고 있다.[201)

이러한 스위스의 형사사법개혁은 스위스 연방의 형사절차법이 제정되면서 구체적으로 일정한 권한이 연방에 주어지게 되었다. 이러한 스위스 형사사법개혁은 크게 두 부분으로 나누어 볼 수 있는데, 하나는 각 칸톤과 연방이 형사절차와 관련된 권력을 나누는 방식이며, 다른 하나는 각 칸톤들이 가지고 있던 다양한 형사절차를 연방 차원에서 통일적으로 규율하는 것이다.[202) 전자의 경우는 법률에 연방의 권한을 열거함으로써 해결하였고, 후자

---

195) 이원상, "스위스 형사사법개혁 취지를 통해 살펴본 한국의 검찰개혁", 비교형사법연구 제19권 제3호, 2017.10, 213면.

196) 스위스 헌법 제122조(민법)

① 민사 및 민사소송에 관한 법률의 제정은 연방의 권한에 속한다.

② 민사에 관한 법원의 조직 및 행정은 법률에서 달리 정하지 아니하는 한, 주의 권한에 속한다.

197) 스위스 헌법 제123조(형법)

① 형사 및 형사소송에 관한 법률의 제정은 연방의 권한에 속한다.

② 형사에 관한 법원의 조직 및 행정, 형벌과 처분의 집행은 법률에서 달리 정하지 아니하는 한, 주의 권한에 속한다.

198) 김일수, "독일·오스트리아·스위스의 형사법 개정추이 연구 — 특히 수사체계에서 검사의 지위와 역할을 중심으로", 2005년도 법무부 용역과제, 2005, 146면.

199) 김일수, 앞의 보고서, 153면.

200) 김일수, 앞의 보고서, 153면.

201) 이원상, 앞의 논문, 214면.

의 경우는 검찰모델을 채택하여 형사절차법 체계를 구축함으로써 해결되었다.[203)

이와 관련하여, 후자의 검찰모델의 채택에 관하여 살펴보면, 종래의 수사체계는 일원적 수사체계와 이원적 수사체계의 구조로 발전해 왔다. 전자인 일원적 수사체계는 사법경찰(Kriminalpolizei)과 수사판사(Untersuchungsrichter)가 수사절차를 담당하는 것으로, 사법경찰은 수사의 개시와 포기가 가능했고, 수사판사는 수사절차에 관여하거나 직접 수사를 할 수 있다. 이러한 일원적 체계는 경찰조직이 가지고 있는 조직적 특성을 활용하는 체계로서 경찰의 수사전문성과 인력 및 과학수사능력 등을 활용하는데 수사의 효율성을 위한 체계라고 할 수 있다. 다만, 일원적 수사체계에서 공소제기나 수사절차의 중단 여부는 수사판사가 결정하고, 강제처분권도 예심판사가 갖게 되어 검찰은 주로 위경죄와 같은 가벼운 범죄에 대한 수사 및 공소유지와 관련된 역할을 수행하게 되었다. 이와 같은 모델을 제1수사판사모델(Untersuchungsrichtermodell I)이라고 한다. 이를 변용한 제2수사판사모델은 수사판사와 검찰이 수사과정에 적극적으로 관여하는 모델이지만, 칸톤에 따라서는 수사판사가 절차중지 및 기소권을 갖는 경우에 절차중지 및 조사 · 심리권한을 갖는 경우 등 여러 형태가 존재했다.

반면에 후자인 이원적 수사체계도 두 가지 모델로 제1검찰모델(Staatsanwalt-schaftsmodell I)과 제2검찰모델이 있는데, 제1검찰모델은 사법경찰에 의해 초동수사가 이루어지고, 수사절차는 검찰의 지휘 하에서 이루어지는 것이다. 다만, 수사 이후에 진행되는 예심조사는 수사판사가 담당하게 되어 있다. 이때, 검찰은 예심기간 동안 일방당사자로서의 역할만을 수행하고, 예심조사가 끝난 후에는 수사판사가 검찰에게 조사서류를 넘겨주게 되고 검사는 공소제기 여부를 결정하게 된다. 이에 반해 제2검찰모델은 수사판사 없이 검찰이 수사의 주재자가 되어 사법경찰의 초동수사부터 예심조사까지 수행하며, 이후 공소제기와 공소유지까지 담당하는 모델이다.

결국 스위스 연방의 형사절차법은 제2검찰모델을 채택하여 검찰이 수사판사의 권한까지 행사할 수 있도록 하고 있고, 검찰의 통제방안으로서 강제처분법원을 통한 강제처분 제한이나 피의자 방어권 강화를 위한 장치 등에 대하여 스위스 연방 형사절차법에 규정을 두게 되었다.[204) 이처럼, 스위스는 2011년 형사사법시스템의 전면적인 개혁을 단행하여 통합 형사소송법을 제정 · 시행하였는데, 그 골자는 수사판사 제도를 폐지하면서 검사를 수사의 주재자로 내세우고, 기존에 없던 검사의 수사 권한과 사법경찰에 대한 수사지휘 권한을 새로이 도입한 것이다. 따라서 각 규정에 대한 해석상 검사의 수사 권

---

202) Raphael/Nicole/Andre, Organisation der kantonalen und eidgenossischen Strafbehorden und strafrechtliche Ausfuhrungsbestimmungen, Helbing Lichtenhahn Verlag, 2011 참조.

203) 이원상, 앞의 논문, 213면.

204) 이원상, 앞의 논문, 215면.

한과 사법경찰에 대한 수사지휘 권한이 모두 인정된다고 해석된다.

참고로 전술(前述)한 국제형사재판소(ICC)의 시스템이 스위스의 형사사법개혁에 영향을 미친 것도 주목할 만한 부분이다. 즉, 스위스는 2011년 형사사법시스템의 전면적인 개혁을 단행하는 과정에서 검사의 지위와 역할에 대하여 많은 논의가 있었는데, 이러한 내용으로 개혁한 하나의 근거로 '스위스가 가입 비준한 1998. 7. 17.자 상설국제형사법원의 로마규약도 검찰모델을 취하고 있는 점'을 들고 있다[205]는 점이다.

한편, 스위스 연방헌법 제123조는 형법 및 형사절차법의 제정을 연방의 권한으로 두고 있지만(제1항), 법원의 조직, 형사사건의 판결, 형벌 및 집행과 관련된 사항은 법률에 특별한 규정이 없어 여전히 칸톤에게 주어져 있다(제2항). 스위스 연방검찰조직에 대해서는 기본적으로 스위스 형사절차법 제1장 제2절 이하에 관련 규정을 두고 있지만, 구체적인 내용들은 「연방형사사법 기관에 대한 연방법률(Bundesgesetz über die Organisation der Strafbehörden des Bundes: StBOG)」과 「연방검찰의 조직 및 행정에 대한 사무규칙 (Reglement über die Organisation und Verwaltung der Bundesanwaltschaft)」 등에 규정되어 있다.[206]

그리고 StBOG에 따르면 양원합동회의에서는 연방검사와 연방검사대리를 선출하며(제20조 제1항), 재직연한은 4년이다(제3항). 연방검찰은 초동수사에 있어서는 특히 연방수사경찰(die Bundeskriminalpolizei: BKP)에 대한 지휘권이 있으며, 제한된 경우지만 칸톤의 경찰조직에 대해서도 지휘권을 행사하게 된다.[207] 그리고 연방검찰에 대한 감독은 연방의회에 의해서 지정된 감독기관에 의해 행해진다. 연방검찰의 임무는 크게 연방의 형사소추, 사법공조요청의 집행, 행정적 임무로 나눌 수 있다. 연방검찰은 스위스 연방 형사절차법 제23조와 제24조 및 다른 법률에서 연방검찰의 관할권을 명시해 놓은 범죄에 대해 수사 및 기소를 담당하는 기관이다. 따라서 법률에 명시해 놓지 않은 범죄에 대한 관할권은 각 칸톤의 검찰에게 있기 때문에 연방검찰이 각 칸톤의 검찰을 감독하거나 지휘할 수는 없다. 그러므로 연방검찰과 각 칸톤 검찰들은 서로 협력관계를 맺게 된다.

연방검찰의 관할권은 국가보호(Staatsschutz), 조직범죄·테러리즘·돈세탁·부패범죄, 국제형사법 관련 사건들이며, 스위스 연방 형사 절차법에서는 국제사회의 이익과 관련된 범죄까지도 포함시키고 있다. 또한 연방검찰은 형사사건에 있어 「국제사법공조에 관한 연방법률(Bundesgesetz uber internationale Rechtshilfe in Strafsachen: IRSG)」 제17조 제4항에 따라 사법공조집행을 담당하고 있으며, 연방의 형법 및 형사절차법의 입법과 관련

---

205) 김일수, 수사체계와 검찰문화의 새 지평, 세창출판사, 2010, 260면.

206) 스위스 연방검찰은 베른(Bern)에 본원을 두고 있으며, 취리히(Zürich)와 라우자네(Lausanne), 그리고 루가노(Lugano)에 각각 지원을 두고 있다.

207) 스위스 연방검찰청 홈페이지 https://www.bundesanwaltschaft.ch/mpc/de/home.html 참고.

해서 협력을 하고, 연방형사사법 기관의 결정을 집행하며, 경우에 따라서는 칸톤의 판결을 검토하여 상소하는 기능도 하고 있다.

그리고 StBoG 제2장 제2절에 따르면 연방검사는 연방법원에 재판권이 있는 사건에 대해 전문적이고 효과적으로 형사소추를 수행하며, 조직을 합목적으로 구성하고 운영해 나가야 하며, 인력이나 재정 및 물품 등을 효과적으로 투입하여야 한다(제9조 제2항). 연방검사는 연방에 속해있는 동료들에게 지시를 할 수 있으며, 부서의 장인 연방검사도 해당 부서의 동료들에게 지시를 내릴 수 있다(제13조 제1항). 지시의 내용을 보면 개별 사건에 대한 절차의 개시, 수행, 종료뿐 아니라 기소의 대리, 항소의 여부에 관한 것들이 있다(동조 제2항). 연방검사가 형사절차를 종결하거나 대체처분을 하는 경우, 또는 중지처분을 하는 경우에는 부서의 장에게, 반대로 부서의 장이 그와 같은 처분을 하는 경우에는 다른 연방검사에게서 동의를 받아야 한다(제14조). 그리고 연방검찰은 독립적인 행정업무를 수행한다(제16조 제1항). 또한 연방검찰은 자신의 행정업무에 대해 스스로 계획하고, 필요한 인력을 고용한다(동조 제2항). 그리고 고유한 회계업무를 수행한다(동조 제3항). 다만, 연방검찰은 연방의회에 보고 될 수 있도록 예산안과 회계보고서를 매년 감독기관에 제출하며, 연방검찰의 업무보고를 한다(제17조 제1항). 업무보고의 내용에는 내부조직, 일반적인 지시사항, 종료되었거나 계속 중인 사건의 종류와 숫자 및 각 부서별 업무부담, 인력·재정·물품의 투입, 연방검찰의 항고 처리와 소송행위의 결과 및 숫자 등에 관한 것이다(동조 제2항).

한편, 연방검찰의 독립성보장과 관련하여, 연방검찰에 대한 감독은 매우 중요한 부분이라고 할 수 있다. 이에 연방검찰에 대한 감독은 연방의회에 의해서 지정된 독립된 감독기관에 의해 행해지는데, 연방의 형사절차법에 따르면 "감독기관위원은 양원합동회의의 선거를 통해서 선출되며(제23조 제1항), 감독기관위원의 재직기간은 4년이고(제25조 제1항), 만일 구성원이 재직기간을 모두 채우지 못하게 되는 경우 후임자는 잔여기간 동안만 재직하게 된다(제2항)."고 규정하고 있다. 또한 양원합동회의는 감독기관위원이 고의 또는 중대한 과실로 공무원의 의무를 심각하게 침해하거나 공무수행 능력이 영구히 소멸되지 않는 이상 재직기간 내에는 면직을 할 수 없도록 하여(제26조) 법률적으로 지위를 확고히 하고 있다. 그리고 감독기관은 독자적인 사무국을 운영하며, 인력을 고용할 수 있다(제27조 제2항). 다만, 감독기관은 그들의 업무상황에 대해 연방의회에 보고서를 제출하여야 한다(제29조 제1항). 감독기관은 연방검찰에 대해 일반적인 업무지시만을 할 수 있다. 따라서 개별 사건에 있어서 절차의 개시와 수행 및 종료, 법원에 기소된 사건의 대리, 그리고 상소 등에 대해서는 그 어떤 지시도 할 수 없다(동조 제2항). 그리고 감독기관은 일반 업무지시의 이행을 검토하고 필요한 경우에는 연방검찰에 대해 조치를 취할 수 있다(제3항). 또한 연방검찰에 대해 그들의 업무에 대한 정보 및 추가적인 보고를 요구할 수 있으며, 감찰을 수행할 수 있다(제30조 제1항). 감독기관에 의해 정보의 수집이나 감찰을 위임받은 자는 그들의 위임을 충족시키는 데 필요하다면 절차와 관련된 서류들을 열람할 수 있다(동조 제2항). 그리고 감독기관은 양원합동회의로부터 연방검찰이나 연방검찰 대표의 면직과 관련된 사무를 위임받아 수행한다(제31조 제1항). 또한 공무원 의무위반의 경우 감독기관은 양원합동회의에 의해 선출된 연방검찰의 구성원에 대하여 경고나 견책, 감봉 등의 조치를 취할 수 있다(동조 제2항). 또한 감독기관은 연방정부에 자신들의 예산안과 회계보고서 및 연방검찰의 예산안과 회계보고서를 제출하여야 한다. 다만, 연방정부는 그것들에 대해 그 어떤 통제도 할 수 없고, 단지 연방의회로 송부하는 업무만을 수행하도록 하여(동조 제4항) 감독기관이 연방정부의 통제를 받지 않도록 하고 있다.

현재 스위스의 검찰과 경찰의 수사권 문제는 연방의 형사소송법에 명확하게 규정되어 있는데, 경찰은 스스로 또는 사인 및 기관의 고발, 검찰의 위임에 따라 범죄 수사를 수행하며, 검찰의 감독과 지시에 따라야 한다(제15조 제2항). 다만, 법원에 계류 중인 형사사건의 경우 법원이 경찰에 대한 지시와 위임을 할 수 있다(동조 제3항). 그리고 검찰은 국가의 형벌요구를 공평하게 수행하는 책임을 지고(제16조 제1항), 수사절차를 주재하고(제7조 제1항), 예심절차에서 범행을 추적하며, 기소 및 공소업무를 수행한다(동조 제2항). 특히 검사는 예심절차의 주재자가 되기 때문에 경찰에 대한 지시권과 감독권을 행사할 수 있다. 이처럼 스위스의 연방검찰은 공소권과 수사지휘권을 가지고 있는데, 이는 우리의 경우와 거의 유사하다고 할 수 있다.

결국 위와 같은 각 규정에 대한 해석상 검사의 수사 권한과 사법경찰에 대한 수사지휘 권한이 모두 인정된다고 해석하여야 하고 달리 해석할 여지가 없다. 특히 2011년 형사사법시스템의 전면적인 개혁을 단행하여 통합 형사소송법을 제정·시행하였는데 그 골자는 수사판사 제도를 폐지하면서 검사를 수사의 주재자로 내세우고, 기존에 없던 검사의 수사 권한과 사법경찰에 대한 수사지휘 권한을 새로이 도입한 것이다.[208] 따라서 스위스의 사법경찰관리와 검사와의 관계는 다른 대륙법계 국가의 경우와 마찬가지로 검사는 수사의 주재자인 반면, 사법경찰관리는 수사의 보조자로서 수사에 있어서 검사의 지휘를 받아야 하는 구조를 취하고 있다. 이와 같은 구조는 공익의 대표자인 검사로 하여금 사법경찰관리의 보조를 받도록 하여 신속하고도 엄정한 사건처리가 가능하도록 함과 동시에 검사에게 사법경찰관리에 대한 강력한 지휘·감독권을 부여하여 사법경찰관리에 의한 불법수사 및 인권침해의 위험을 사전에 예방할 수 있도록 하였다는 점에서 매우 합리적인 구조라고 평가되고 있다.

---

208) Gwladys Gilliéron, 앞의 책, 172면.

7. 오스트리아

(1) 헌법 규정

<헌 법>209)

제90조의a 검사는 사법기관이다. 검사는 사법적으로 형사처벌이 가능한 행위로 인한 절차에서 수사와 공소기능을 담당한다. 상급기관의 지시에 대한 검사의 구속력에 대해 보다 자세한 규율은 연방 법률을 통해 이루어진다.

오스트리아 법원의 조직과 구조는 연방헌법(Bundesverfassungsgesetz, B-VG), 법원조직법(GOG) 등에서 규율되고 있는데, 오스트리아 9개 州(Land)에는 각 1개 내지 수 개의 지방법원(Landesgericht, LG)이 설치되어 있으며,210) 4대 도시인 비엔나(Wien), 그라쯔(Graz), 인스부르크(Insbruck), 린쯔(Linz)에는 고등법원(Oberlandesgericht, OLG)이 설치되어 있고, 수도인 비엔나에는 대법원(ObersterGerichthof, OGH)이 설치되어 있으며, 각 지방법원 관할에는 구법원(Bezirksgericht, BG)211)이 설치되어 있다. 그리고 일반법원의 조직과는 별도로 연방헌법재판소(Bundesgesetzsgerichthof, BvfG), 행정재판소(Verwaltungsgerichthof, VwGH)가 설치되어 있다. 구체적으로 살펴보면, 지방법원의 재판부는 수사판사·예심재판부212)·단독판사213)·합의부214)·참심재판부,215) 배심재판부216)로 구성되어 있으며, 고등법원217)은 모두 3명의 직업법관으로 구성된 합의부로 구성되어 있다. 대법원218)은 무

---

209) <https://www.ris.bka.gv.at/GeltendeFassung.wxe?Abfrage=Bundesnormen&Gesetzesnummer=10 000138>.

210) 현재 21개의 지방법원이 설치되어 있고 특히 수도인 비엔나에는 소년, 상사, 형사, 민사, 노동 사건을 담당하는 5개의 지방법원이 설치되어 있다.

211) 2003. 1. 1. 현재 166개의 구법원이 있으며, 전원 단독판사로 구성되어 있고, 보통 법정형이 단지 벌금형과 징역 1년 이하 사건을 관할로 하나 예외적으로 강요죄, 협박죄 및 피의자가 구속된 경우에는 지방법원 단독판사의 관할이 된다.

212) 예심절차에서 한 수사판사의 결정에 대한 항고, 중요한 결정을 위한 수사판사의 요청 사건을 관할로 한다.

213) 통상 법정형이 징역 1년 초과, 5년 이하 사건을 관할로 한다.

214) 3명의 법관으로 구성되며 구법원의 판결에 대한 항소사건을 관할로 한다.

215) 2명의 직업법관과 2명의 참심원으로 구성되며 통상 징역 5년 초과, 10년 이하 범죄를 관할로 한다.

216) 3명의 직업법관과 8명의 배심원(Geschworene)으로 구성되며, 살인·중강도·정치적 범죄, 기타 10년 초과 유기징역 및 무기징역 사건을 관할로 하고 있다.

217) 예심 재판부의 결정 및 수사판사의 중요한 결정에 대한 항고사건, 지방법원의 배심재판부, 합

효항소와 비상상고를 관할하고 있는데, 전자는 배심 및 참심 재판부의 판결이나 재판절차가 법률에 위반한 경우에 검사나 피고인이 제기하는 불복방법이고, 후자는 판결이 확정된 후 검찰총장이 판결이 법령에 위반함을 이유로 제기하는 불복방법이다.

오스트리아 검찰구조[219]는 위에서 언급한 각급 법원에 대응하여 지방검찰청(Staatsanwaltschaft)[220] · 고등검찰청(Oberstaatsanwaltschaft) · 대검찰청(General-prokuratur)이 설치되어 있고, 지방검찰청 소속하에 구검사(Bezirksanwalt)[221]가 파견되어 구법원 관할사건[222]에 대해서는 검사를 대리하여 검사의 업무를 처리한다. 특히, 9개의 주(州)로 구성된 연방공화국인 오스트리아는 프랑스와 유사한 수사 및 검찰제도를 가지고 있다. 즉 오스트리아 검찰은 헌법상 제3장 연방의 집행권 중 B. 법원의 관할권에 '사법기관(Organe der Gerichtsbarkeit)'으로 규정되어 있다. 즉, 2008. 1. 4. 연방헌법 제90조의a 신설로써 오스트리아의 검찰은 형사소추와 이를 위한 수사를 담당하는 사법기관으로서의 헌법적 지위가 명문화되었고, 수사주재자로서 검사의 지위가 이제 형사소송법을 넘어서 헌법적으로 보장받게 된 것이다. 그런데 오스트리아 연방헌법상 검사의 사법기관으로서의 지위를 명확하게 이해하기 위해서는 후술하는 것처럼, 연방헌법 제82조의 권한규정(Kompetenzbestimmung)과 제94조에서 정하고 있는 권한분할(권한배분) 규정을 고찰해야 한다. 이처럼 개헌까지 하면서 검사의 수사에 대한 권한을 확립한 것은 특히 주목할 만한 부분이다.[223]

의재판부, 단독판사의 판결에 대한 항소 및 전부 항소사건을 관할로 하고 있다.

218) 11명의 대법관으로 구성된 강화 재판부와 5명으로 구성된 단순 재판부로 되어 있다.

219) 독일이 헌법, 법원조직법, 법관법에서 검찰청의 조직과 구조를 규정하고 있는 것과는 달리 오스트리아 검찰청의 조직과 구조는 대부분 검찰청법(Staatsanwaltgesetz, StAG), 검찰청법시행령(Verordnung zur Durchführung des Staatsanwaltgesetzes, DV-StAG) 등에서 규율되고 있다. 따라서 검찰청은 조직상, 기능상 법원으로부터 분리된 행정관청이다.

220) 2003. 1. 1. 현재 17개의 지검이 있으며, 비엔나에는 소년사건만을 담당하는 소년검찰청이 따로 설치되어 있다.

221) 검사의 업무를 보좌하는 연방공무원으로서 정식 검사는 아니므로 검사보(檢事補)라고도 번역하며 독일의 amtanwalt 제도와 비슷하다.

222) 법정형이 벌금형이거나 징역 1년 이하로 규정된 사건을 취급한다.

223) Harald Eberhard & Konrad Lachmayer, "Constitutional Reform 2008 in Austria Analysis and Perspectives", p.10. <https://www.lachmayer.eu/wp-content/uploads/2014/05/2008_ICL-Journal_No-2_Constitutional-Reform-2008-in-Austria.pdf>.

(2) 형사소송법 규정

<형사소송법>[224]

제98조. ① 사법경찰과 검사는 가능한 한 협의하여 이 법의 기준에 따라 수사절차를 진행하여야 한다. 그러하지 못할 경우에는 <u>검사는 사법경찰에게 적절한 지시를 하여야 하며, 사법경찰은 검사의 이 지시에 따라야 한다.</u>

제99조. ① 사법경찰은 직권으로 또는 고발에 근거하여 수사하며, 검찰과 법원의 지시(제105조 제2항)에 따라야 한다.

② 수사상의 처분을 위해 검찰의 지시가 필요한 경우에도 사법경찰은 긴급한 때에는 그와 같은 지시 없이도 이를 수행할 권한이 있다. 이 경우 사법경찰은 지체 없이 허가를 요청하여야 한다(제100조 제2항 제2호). 검사의 허가가 없으면 사법경찰은 수사행위를 즉시 종료하여야 하고 이를 가능한 한 원래의 상태로 복구해야 한다.

③ 그러나 지시가 법원의 승인을 필요로 하는 경우에도 수사상의 처분이 긴급한 때에는 그와 같은 승인이 없더라도 이 법률이 명시적으로 정하고 있는 경우에 한하여 허용된다.

④ 사법경찰은 다음 각 호의 어느 경우에 수사를 연기(Aufschub)할 수 있다.

1. 본질적으로 중요한 범죄의 규명이나 또는 가벌적인 행위의 수행을 주도한 공범자의 발견(Ausforschung)에 지연이 요구되고, 그 지연이 타인의 생명, 건강, 신체적 완전성이나 또는 자유에 대한 심각한 위험과 결부되어 있지 않는 경우 또는

2. 그렇지 않다면, 다른 방법으로는 예방할 수 없는 타인의 생명, 건강, 신체적 완전성이나 또는 자유에 대한 심각한 위험이 발생할지도 모르는 경우

⑤ 사법경찰은 제4항에 따르는 지연에 대해서는 지체 없이 검찰에 통고하여야 한다. 검찰은 제2조 제1항에 따라 수행해야 할 의무를 이행함이 없이, 연방영토에서 또는 이를 통과하는데 거래가 제한되거나 또는 금지된 물품의 운송인 통제배달(kontrollierte Lieferung)의 경우에 유럽연합 가입국과의 형사사법공조에 관한 연방법(EU-JZG) 제71조, 제72조의 규정들이 준용된다.

제100조. ① 사법경찰은 수사의 원인, 실행 및 결과를 사후에 확인할 수 있도록 기록을 통해 확정하여야 한다. 권리 침해와 결부된 강제와 권한의 행사는 이유가 설명되어야 한다.

② 사법경찰은 아래의 경우 즉시 검찰청에 서면으로(제1항) 또는 컴퓨터 기반 데이터 처리방식으로(im Wege automationsunterstützter Datenverarbeitung) 보고하여야 한다.

1. 중한 범죄 또는 그 밖에 특별한 공적인 이해관계(제101조 제2항 제2문)에 관련되는 범죄혐의를 인식하기에 이른 경우(발생/개시 보고; Anfallsbericht),

2. 검찰의 승인, 지시 또는 법원의 결정이 필요하거나 합목적적인 경우 또는 검찰이 보고를 요

---

224) < https://www.ris.bka.gv.at/GeltendeFassung.wxe?Abfrage = Bundesnormen&Gesetzesnummer = 10002326 >.

구하는 경우(원인 보고; Anlassbericht),

3. 보고 없이 3개월이 경과한 수사 혹은 마지막 보고로부터 3개월이 경과한 수사(중간/수시 보고; Zwischenbericht),

4. 사실관계 혹은 행위혐의에 대해 검찰이 기소, 소추 철회, 정지 혹은 절차의 취소 여부를 결정할 수 있을 정도로 규명된 경우(종결 보고; Abschlussbericht).

③ 제2항에 따른 보고는 이러한 상황이 이미 보고되지 않은 한, 아래 사항을 특히 포함하여야 한다.

1. 피의자의 이름, 이름이 알려지지 않은 경우 신원확인 혹은 추적에 필요한 특징, 범죄혐의를 받고 있는 행위 및 법적 명칭,

2. 고발인, 피해자 및 중요 참고인의 이름

3. 충분히 검토되지 않았거나 유보된 경우에는 사건의 요약 및 계획된 추가 조치

4. 피의자 혹은 다른 절차 참여인의 중요 신청

③의a 사법경찰은 자기의 견해에서 보아 초기혐의(Anfangsverdacht)가 존재하지 않거나 또는 그 존재에 대해 의심이 있는 경우에도 또한 검찰에 보고해야 한다.

④ 각 보고와 더불어 검찰은 사실관계 또는 법적 상황에 대한 판단을 위해 모든 필요한 사법경찰 기록을 전달받거나 또는 전자적 방법으로 접근할 수 있다.

제101조. ① 검찰은 수사절차를 지휘하고, 또한 그 절차의 진행과 종결을 결정해야 한다. 검찰이 수사절차를 개시하지 않거나 그 절차를 정지시키는 결정을 한다면, 이러한 검사의 결정에 대해 사법경찰은 구속된다.

② 검찰은 수사절차를 지휘하고, 또한 그 절차의 진행과 종결을 결정해야 한다. 검찰이 수사절차를 개시하지 않거나 그 절차를 정지시키는 결정을 한다면, 이러한 검사의 결정에 대해 사법경찰은 구속된다.

제103조. ① 이 법에 다른 규정이 없는 한, 사법경찰은 검사의 지시를 이행할 책임이 있다. 검찰은 특히 절차의 진행을 위해 수사의 중요성이 인정되는 경우와 같이 그 지시가 법적, 사실적 이유에 의해 적절한 한, 사법경찰의 모든 수사에 관여할 수 있고, 사법경찰 직무수행의 책임자에게 개별적인 지시를 할 수 있다.

② 검찰은 스스로 수사를 수행하거나 전문가로 하여금 수행하게 할 수 있다.

헝가리 지역을 제외한 오스트리아 및 보헤미아의 지방·주에 통일적으로 적용된 오스트리아의 최초의 형사소송법은 1768년 12월 31일에 발효된 테레지아 형사법전(Constitutio Criminalis Theresiana)이라고 할 수 있는데, 이 형사법전은 형법 및 형사소송법이 단일법전으로 되어 있었다. 이 법전의 형사절차는 소추권자 없이 직권으로 특정인에 대해 법률에서 정해진 혐의점들(Inzichten)이 있는 경우에 개시되어 진행되는 규문절

차를 따르고 있었다.[225] 이러한 규문재판은 기소와 재판이 분리되지 않은 상태에서 규문관인 한 명의 법관에 의해 수행되었고, 서면주의와 밀행주의를 그 특징으로 하였는데, 규문절차로 불리는 조사절차 과정에서 고문이 중요한 역할을 담당하였는데 통상 세 단계로 나뉘어 행해졌다. 첫째는 자백을 하지 않으면 가혹한 고문이 있을 것이라는 경고단계, 둘째는 말로써 고문을 행하는 위협단계, 마지막은 실제로 준비를 통해 고문을 행하는 실행단계이었다.[226]

그러나 당시의 '자유와 민주의 시대정신'에 부합하는 형사절차는 법원과 분리된 별개의 소추권자(Ankläger)를 필요로 하는 탄핵주의였다. 따라서 프랑스 혁명에 따른 구체제의 폐지와 제도의 변혁이 낳은 새로운 법제들은 1808년 나폴레옹 치죄법(治罪法: Code d'instruction criminelle)에 수용되어 실정법에 규정되었다. 이러한 나폴레옹 치죄법의 형사재판절차와 본질적으로 동일한 제도를 오스트리아에서 도입하여 시행할 수밖에 없었던 계기는 1848년 비엔나 혁명의 기본요구사항 속에 이것이 들어있었기 때문이었다.[227]

그리고 오스트리아는 1848년 3월 비엔나 혁명에서 요구되었던 사항을 빈 대학 형사법학자이자 법률실무가였던 글라저(Julius Anton Glaser; 1831~1885)가 법무부장관 재임시절에 초안하여 제정한 1873년 형사소송법(Strafprozessordnung des Jahres 1873)에 수용하여 규정함으로써 비로소 실현되었다. 이러한 1873년 형사소송법은 당시 지배 권력을 대표하는 경찰에 의해 진행되던 수사절차를 시민법적인 (수사)판사에게로 이양시켜 수사절차는 이 예심판사가 직접 주도하였고, 경찰은 예심판사가 지체 없는, 직접 개입할 수 없는 상황에서 그리고 사전에 승인된 (수사)지시만을 실행할 수 있었다. 이와 같이 규문주의 타파를 위해 검찰제도가 규정되었으나 검사는 단지 공소권자로만 기능하고 독자적인 수사권한은 허용되지 않았다.

이러한 1873년 형사소송법은 1938년 히틀러에 의한 합병과 더불어, 이미 독일제국에서 시행되고 있던 내용과 합병된 오스트리아를 위해 새로이 규정한 내용이 추가된 독일제국 명령(Verordnung)에 의해 대체되었다. 이로써 1873년 형사소송법에 의해 구축된 오스트리아의 독자적이고 근대적인 형사소송절차는 일시에 붕괴되는 결과를 맞이하게 되었고, 종전 후인 1945년 6월 12일 법률에 의해 이른바 '오스트리아 형사령'이 폐지됨

---

225) 이경렬, "오스트리아 검찰의 헌법상 지위와 수사절차에서의 검·경관계", 대검찰청, 형사법의 신동향 제59호, 116면.
226) 이경렬, 위의 논문, 116-117면(오스트리아에서 고문은 1776년에 이르러 폐지되기에 이른다. 그리고 테레지아 형사법은 요셉 형법에 의해(im Josephinischen Strafgesetz) 고문이 완벽하게 삭제된 시기인 1787년까지만 그 효력이 있었다).
227) 김일수, 수사체계와 검찰문화의 새 지평, 세창출판사, 2010, 195-196면 참조.

으로써, 형사소송 절차는 합병전인 1938년 3월의 상황으로 복귀하게 된다. 그 후 1960년과 1975년 두 번에 걸쳐 법명을 바꾸어 공포되었고 현재의 형사소송법의 근간은 바로 1975년 형사소송법('Strafprozessordnung 1975')이라고 할 수 있다.

현행 1975년 형사소송법의 주요 개정내용을 살펴보면, 1873년 형사소송법을 근간으로 하여 유지되어 오던 오스트리아의 수사절차는 오래전부터 통일되어 검사에 의해 지휘되고 있는 것이 현실인데, 그러한 수사현실이 법률에 전혀 반영되어 있지 않는 괴리현상이 있었다. 그리고 법원이 수사를 주재한다는 것은 법원에 고유한 사법판단기관으로서의 지위에 부합되지 않을 뿐만 아니라 사법과 행정 내지 집행이라는 권력분립의 원칙에도 반한다는 비판을 면할 수 없었다. 따라서 법치국가의 위배·법과 현실의 괴리라는 문제점의 인식하에 법무부는 1974년부터 1983년까지 형사소송법 개정을 위한 실무위원회(Arbeitskreis)을 운용하여, 1998년 4월경에 공판전의 절차를 새롭게 구성한 초안(Diskussionsentwurf)을 제안하였다.

그러나 이 초안이 의결되지는 못하였고 많은 토론과 보완 끝에 제22 입법회기 중 2003년 3월 4일 정부입법제안 25(RV 25)가 다시 제출되었고, 이 정부입법안은 수정 없이 법사위원회에서 채택된 후, 상·하원의 의결의 거쳐 2004년 2월 26일에 형사소송개혁법(Strafprozessreformgesetz)으로 공포되었다.[228] 이 형사소송개혁법[229]은 1975년 형사소송법상의 공판전 절차에 해당하는 부분인 제1조부터 제215조까지의 규정을 수정하는 내용의 입법이었다. 그 주요 내용은 현실과 유리된 수사판사제도를 폐지하고 'Vorerhebung'과 'Voruntersuchung'으로 분리되어 있던 수사절차를 통일하고 법원과 검찰, 경찰 간의 권한과 임무를 새롭게 분장하여 현실과 상응되게 규율하는 것이었다. 특히 검찰의 수사지휘권을 담보하기 위하여 사법경찰에게 다양한 보고의무(형사소송법 제100조)를 부과하고 있다. 동법의 시행과 함께 다른 한편으로 검찰은 수사절차에서 전문지식이 필요한 경우 감정인을 선임하여 수사절차를 진행할 수 있도록 정하고 있다(제126조 제3항). 이처럼 2004년에 개정된 형사소송법은 2008년 발효된 새로운 수사절차의 지침이 되었다.

한편, 2004년 형사소송법의 개정으로 수사판사제도가 폐지됨으로써 이제 오스트리아에서 검사는 수사의 주재자로 자리매김하면서 수사상 지위가 강화되었다. 이러한 검찰의 수사지휘권(Leitungsbefugnis)의 법적 근거로는 개정 형사소송법 제99조 제1항, 제100조, 제101조 제1항, 제102조 등을 들 수 있다. 대표적으로는 동법 제101조 제1항에서는

---

228) 1873년 형사소송법 제정 당시 경찰권한의 통제(황제밑에 경찰이 있었음)가 가장 큰 쟁점이 되어 수사판사제도를 도입하였으나, 수사판사의 인력 부족 등으로 법에도 규정이 없는 경찰의 수사영역 확대 등이 계속 문제되었으며, 그 후 30년간에 걸친 논쟁과 법무부·내무부간의 검·경 관계 등을 논의한 끝에 개정안이 마련되었다고 한다.

229) BGBl. I 19/2004; NR: GP XXII RV 25 AB 406 S. 51. BR: 6999 S. 706.

"검사는 수사절차를 지휘하고, 수사의 계속, 수사의 종결 여부를 결정한다. 검찰의 명백한 의사에 반하여 수사절차가 개시되거나 계속되어서는 안 된다"라고 명문화함으로써 검찰의 수사상 지위를 더욱 공고히 하였다. 또한 이러한 검찰의 수사지휘권을 담보하기 위하여 동법 제100조 제2항에서는 사법경찰에게 각종 보고의무를 이행하도록 명문화하였는데, 구체적으로는 사법경찰로 하여금 검사에게 발생보고(Anfallsbericht) · 원인보고(Anlassbericht) · 경과보고(Zwischenbericht) · 종결보고(Abschlussbericht) 등에 대하여 법적인 의무를 부담시키고 있다. 그런데 이러한 경찰의 각종 보고는 서면 뿐만 아니라 컴퓨터 기반 데이터전송시스템으로도 보고할 수 있도록 함으로써[230] 효율성을 기하고 있으며, 나아가 검찰의 사법경찰에 대한 강제처분의 지시도 원칙적으로는 근거를 제시하면서 문서로 고지하도록 하고 있으나, 다만 긴급한 경우에는 구두로 지시와 승인을 할 수 있고, 또한 문서 대신 컴퓨터기반 정보처리 장치로 고지할 수 있도록 하고 있다.[231]

　　이러한 형사소송법 개정으로 검사가 수사의 실질적인 주재자로 자리잡게 되면서 경찰의 수사활동도 보다 구체적으로 세분화되어 개정법에 반영되었다. 그 내용을 보면 첫째, 수사활동 중 경찰이 독자적으로 할 수 있는 것으로서 보전(Sicherstellung)(제110조) · 신원확인(Identitätsfeststellung)(제118조　제2항) · 변사체검시(Leichenbeschau)(제128조　제1항) · 내사(Erkundigungen)(제152조) · 신문(Vernehmungn)　(153조) 등을 규정하고 있으며, 둘째, 검사의 지시 또는 승인이 필요한 경우로는 부검(Obduktion)(제128조 제3항) · 기술적 수단 투입을 통한 감시(Observation durch Einsatz technischer Mittel)(제130조 제2항) · 수배(Fahndung)(169조 제1항) 등으로 구체화하고 있다. 이어서 셋째, 검사의 사전영장을 받을 수 없는 긴급한 경우여서 추후 검사의 사후승인이나 법원의 동의가 필요한 경우로는 수색(제120조, 제122조 제1항), 급박한 경우의 일시적 체포(제171조 제2항)를 규정하였으며, 넷째, 검사의 지시와 법원의 동의가 필요한 경우로는 가택수색(Durchsuchungen von Orten)(제120조　제1항) · 신체수색(Durchsuchungen von Person)(제123조　제3항) · 체포(Festnahme)(제171조 제1항) 등으로, 그리고 다섯째, 검사의 신청을 통한 법원의 동의가 필요한 경우로서 통신감시(Überwachung von Nachrichten)(제135조 제3항) · 수사절차에서의 구속(Untersuchungshaft)(제174조　제1항) · 압수(Beschlagnahme)(제115조　제2항) · 금융정보수색(Durchsuchung von Auskunft über Bankkonten und Bankgeschifte)(제116조) 등을 명문화하였다.

　　한편, 2008년 1월 1일부로 발효된 오스트리아의 신형사소송법의 핵심내용을 살펴보면,[232] 공판절차(Hauptverfahren)는 거의 변경되지 않았으나, 사전소송절차(Vorverfahren)

---

230) 오스트리아 형사소송법 제100조 제2항.

231) 오스트리아 형사소송법 제102조 제1항.

232) Große Strafrechtskommission des Deutschen Richterbundes; Das Verhältnis von Gericht,

에 해당하는 수사절차(Ermittlungsverfahren)는 완전히 새롭게 구성되었다. 즉 사전조사와 판사의 예심으로 구성된 예심판사제도(Untersuchungsrichtersystem mit Vorerhebungen und richterlicher Voruntersuchung)는 폐지되고, 검찰의 수사지휘하에 있는 통일된 수사절차(ein einheitliches unter der Sachleitung der Staatsanwaltschaft stehendes Ermittlungsverfahren)가 도입되었다.233) 이러한 개정의 근본 이유를 독일 판사연합의 형법위원회에서는 대다수의 (강제적) 처분과 절차적 지시에 대해 명확한 법적인 근거 없이 수행된 수사실무에서의 효율성의 결여와 법규범과 실무의 괴리에서 찾고 있다.234)

먼저, 개정법상 검사의 지위를 살펴보면, 검찰은 공소기관이며 피해자에 의한 사소 및 부대소송의 경우를 제외하고는, 검찰의 의사에 반한 형사소송절차의 진행은 허용되지 않는다. 법원은 (소송상의 사건개념의 의미에서) 검사의 공소제기에 종속되지만, 사건에 대한 법적 판단에 있어서는 그에 구속되지 않는다(제4조). 공소의 제기와 함께 검찰은 절차의 당사자가 되며(제201조 제2항) 그 당사자로서의 역할을 수행한다. 사건이 경미하거나 또는 다이버전(Diversion)의 영역에서의 절차 정지는 법원의 책임이다(제191조 제2항 및 제199조). 이에 모든 지방법원에는 검찰청(Staatsanwaltschaft)을, 각 고등법원에는 고등검찰청을 설치한다. 법무기관으로서(als Organe der Rechtspflege) 검찰청은 그의 활동을 검사를 통하여 수행한다(제19조 제2항).235) 검찰은 상급기관의 명령이나 지시에 구속되어 복종해야 하는 사법행정관청(Justizverwaltungsbehörde)이다.

이처럼, 2008년 신 형사소송법은 검사에게 지금까지의 공소기관으로서의 기능을 능가하여 수사절차에서의 지휘권한을 부여하면서, 예심판사제도를 폐지하고 수사절차에서 판사의 역할은 지방법원의 개별판사(Haft-und Rechtsschutzrichter; 우리의 영장전담판사에 해당)에게 배정되었다(제31조 제1항). 영장전담판사는 구속이나 다른 강제처분의 부과에 관한 신청에 대하여 결정을 하는 이외에도 영장전담판사는 개별사건에 대한 증거보전을 행할 뿐만 아니라 검찰과 사법경찰의 처분에 대한 이의신청(Rechtsbehelfe) 및 절차중지

Staatsanwaltschaft und Polizei im Ermittlungsverfahren, strafprozessuale Regeln und faktische (Fehl-?)Entwicklungen; Ergebnisse der Sitzung vom 28. Juli bis 2. August 2008 in Miltenberg, Bundesministeriums der Justiz, S. 71 ff.

233) 이경열, "오스트리아 검찰의 헌법상 지위와 수사절차에서의 검·경관계", 대검찰청, 형사법의 신동향 제59호(2018. 6.), 123면.

234) Große Strafrechtskommission des Deutschen Richterbundes; Das Verhältnis von Gericht, Staatsanwaltschaft und Polizei im Ermittlungsverfahren, strafprozessuale Regeln und faktische (Fehl-?)Entwicklungen; Ergebnisse der Sitzung vom 28. Juli bis 2. August 2008 in Miltenberg, Bundesministeriums der Justiz, S. 71 ff.

235) 오스트리아 형사소송법 제19조 제2항: "Die Staatsanwaltschaften üben ihre Tätigkeit als **Organe der Rechtspflege** durch Staatsanwälte aus".

신청에 관해서도 결정권한을 지니고 있다(제107조 및 제108조). 피고인의 체포는 검찰의 신청에 의해 법원이 결정하고, 수사절차에서의 다른 강제처분이나 증거의제출에 대해서는 감찰의 지시나 허가에 따르지만, 공소가 제기된 후에는 법원에 의하여 명령되거나 허용된다(제210조 제3항 제1문).

둘째, 검·경 관계와 관련하여, 경찰은 조직상으로는 독자적이지만 형사소추의 영역에서 검찰의 지휘·지시(Weisungen)에 복종하여야 한다(제99조). 또한 검찰의 명령(Anordnungen)을 수행하여야 할 의무가 있다. 수사절차는 검찰의 표시된 의사에 반하여 개시되지도 않고 또 수행되지도 않는다(제101조 제1항). 나아가 검찰은 관할 사법경찰에 대해 지시 및 승인을 할 수 있다(제102조). 강제처분에 대한 지시는 서면으로 그 이유를 설시하여야 한다. 다만, 긴급을 요하는 경우에는 임시로 구도로 지시할 수 있다.

한편 사법경찰은 직권으로 또는 고소·고발 등에 근거하여 수사한다. 검찰과의 협력에 있어서는 보고의무를 통해 담보되는 지시권한이 특징적이다. 이들 보고의무는 또한 미지의 범죄자에 의해 실행된 범죄에 대해서도 적용되는데, 이에 관해서는 오스트리아 형사소송법 제100조가 규정하고 있다.

경찰은 치안확보의 경우와 주거권이 없는 장소에 대한 수색에 대해 독자권한을 지니고 있으나, 지체의 위험(Gefahr im Verzug)이 있는 경우에는 독자적인 긴급처분권이 인정되어 있다. 하지만 이 경우에도 검찰 및 경찰에 대해 동일한 형태도 수행되는 것이 아니다. 그래서 검찰에게는 해당되나 경찰에서는 해당하지 아니하는 명령의 경우도 있다. 예컨대 검찰은 판사의 허가를 받아(구강세포추출을 제외하고) 신체검사를 지시할 수 있고(이를 경찰에게 명령될 수도 있다), 긴급한 경우에는 그 허가를 사후적으로 받을 수 있다.[236] 이 긴급처분권 규정은 경찰에게는 인정되지 않는다. 특히 오스트리아 형사소송법 제123조 제6항에서는 절차에 하자가 있는 때에는 증거로 사용할 수 없다는 위법수집증거배제법칙을 규정하고 있다.

구체적으로 오스트리아의 형사소송법상의 수사절차를 살펴보면, 원칙적으로 범죄의 실체적 진실을 발견하기 위한 조사는 사법경찰의 역할로 일임되어 있고(제18조), 수사절차는 사법경찰과 검찰이 가능한 한 협력(Einvernehmen)하여 수행하지만, 이것이 불가능한 경우에는 검찰이 사법 경찰에 의해 수행되어야 할 필요한 조치를 지시하도록 정하고 있다(제98조 제1항). 그리고 사법경찰은 수사절차에서 독자적인 수사권한과 임무를 부여받고 있는데, 이와 관련하여 형사소송법 제99조 제1항은 "사법경찰은 직권으로 또는 고

---

236) §123 Abs.3 ÖStPO (So darf die Staatsanwaltschaft die körperliche Untersuchung (mit Ausnahme des Mundhöhlenabstrichs, der von der Polizei angeordnet werden darf) nach richterlicher Genehmigung anordnen, bei Gefahr im Verzug kann die Genehmigung nachträglich eingeholt werden).

발에 근거하여 수사하며, 검찰과 법원의 지시(제105조 제2항)에 따라야 한다."고 규정하고 있는데, 이는 사법경찰이 인지하거나 고발된 사건에 대해서 범행의 혐의가 충분하면 수사절차를 개시할 수 있지만 검찰과 법원의 지시에 따라한다는 것이다. 제2항은 "수사상의 처분을 위해 검찰의 지시가 필요한 경우에도 사법경찰은 긴급한 때에는 그와 같은 지시 없이도 이를 수행할 권한이 있다. 이 경우 사법경찰은 지체없이 허가를 요청하여야 한다(제100조 제2항 제2호). 검사의 허가가 없으면 사법경찰은 수사행위를 즉시 종료하여야 하고 이를 가능한 한 원래의 상태로 복구해야 한다."고 규정하고 있는데, 이는 긴급한 사건일 경우에 사법경찰은 검찰의 지시 없이도 우선 수행할 수 있는 권한이 있음을 규정하고 있지만 지체 없이 검사의 허가를 요청하도록 하고 있고 허가가 없으면 수사행위를 즉시 종료하도록 하고 있다. 그리고 제3항은 "그러나 지시가 법원의 승인을 필요로 하는 경우에도 수사상의 처분이 긴급한 때에는 그와 같은 승인이 없더라도 이 법률이 명시적으로 정하고 있는 경우에 한하여 허용된다."고 규정하고 있는데, 이는 긴급시 한정된 범위 내에서 법원의 승인이 없더라도 사법경찰의 수사상의 처분을 허용하고 있다. 또한 제4항은 "사법경찰은 ① 본질적으로 중요한 범죄의 규명이나 또는 가벌적인 행위의 수행을 주도한 공범자의 발견(Ausforschung)에 지연이 요구되고, 그 지연이 타인의 생명, 건강, 신체적 완전성이나 또는 자유에 대한 심각한 위험과 결부되어 있지 않는 경우 또는 ② 그렇지 않다면, 다른 방법으로는 예방할 수 없는 타인의 생명, 건강, 신체적 완전성이나 또는 자유에 대한 심각한 위험이 발생할지도 모르는 경우에 수사를 연기(Aufschub)할 수 있다."고 규정하고 있다. 또한 제5항은 "사법경찰은 제4항에 따르는 지연에 대해서는 지체없이 검찰에 통고하여야 한다. 검찰은 제2조 제1항에 따라 수행해야 할 의무를 이행함이 없이, 연방영토에서 또는 이를 통과하는데 거래가 제한되거나 또는 금지된 물품의 운송인 통제배달(kontrollierte Lieferung)의 경우에 유럽연합 가입국과의 형사사법공조에 관한 연방법(EU−JZG) 제71조, 제72조의 규정들이 준용된다"고 규정하고 있다.

이 규정에 의하면 검찰과 법원의 다른 지시가 없는 한 범죄의 혐의를 밝히고 혐의자를 찾아 추적하는 수사활동에 대해 사법경찰은 자신의 책임 하에 독자적으로 수행할 수 있도록 규정하고 있으며, 긴급시에는 우선 수사활동을 진행하고 후에 검사의 허가를 받도록 하고 있으며, 한정된 범위내에서 법원의 승인없이 수사상 처분을 할 수 있도록 규정하고 있다. 이러한 규정들은 사법경찰이 검찰의 지시의 준수를 전제로 하고 있지만, 정해진 범위 안에서 언제, 어떤 방식으로 그 지시된 조사와 강제처분을 집행할지는 사법경찰이 스스로 결정할 수 있다.

또한 이와 관련하여 검찰은 수사절차를 지휘하고, 그 절차의 진행과 종결을 결정해야 한다. 검찰이 수사절차를 개시하지 않거나 그 절차를 정지시키는 결정을 한다면, 이러한 검사의 결정에 대해 사법경찰은 구속된다(제101조 제1항). 이는 사법경찰에게 자신들의 책임 하에 수사하게 할 것인지 아니면 사법 경찰의 수사활동에 관해 구체적으로 요청(Ersuchen)하여 일정한 방향으로 유도할 것인지, 아니면 법원의 사법적 통제를 청구할 것인지에 대한 결정권한은 검찰에 유보되어 있음을 밝히고 있는 규정이라고 할 수 있다. 그리고 검찰은 현장에서 직접 수사할 수 있을 뿐만 아니라 수사를 지휘할 수도 있으며 경우에 따라서는 감정인으로 하여금 수행하게 할 수도 있다(제103조 제2항).

한편, 오스트리아의 헌법 제90조의a는 "검사는 사법기관이다. 재판으로 형벌이 부과되는 절차에서 검사는 수사와 공소업무를 담당한다. 검사의 상급기관의 지시에 대한 구속력에 관하여는 자세한 사항을 연방의 법률로서 정한다."고 규정하고 있어서 검찰의 지위를 헌법기관으로 격상시키고 있으며, 그 권한을 강화시키고 있다. 다만, 오스트리아 검찰의 가장 상부조직인 '대검찰청(Generalprokurator)'은 오스트리아에서만 볼 수 있는 독특한 성격을 갖는다. 왜냐하면 일반적으로 대륙법계에서 대검찰청은 "Staatsanwalt"라는 호칭을 쓰는데 반하여 오스트리아에서는 다르게 부르기 때문이다. 대검찰청은 공소권을 가지지 않으므로 공소관청(Anklägebehörde)에 해당하지 않으며 보다 중립적이고 객관적인 준사법기관으로서 독립된 행정관청(Verwaltungsbehörde)의 지위를 갖는다.[237] 이러한 대검찰청은 형사소추기관이 아니므로 법무부장관의 지시와 감독을 받기는 하지만, 행정직 감독으로부터는 독립된 지위를 갖는 것이다. 이처럼 오스트리아의 헌법이 검찰을 행정부로부터 독립된 사법기관으로 규정하고 있는 것은 검찰을 정치권력으로부터 자유로울 수 있게 하여 검사의 권한 행사를 보다 엄정하고 공정하게 집행될 수 있게 하기 위한 것으로 보인다. 또한 이는 국민의 권리 및 인권보호에 보다 비중을 둔 헌법 개정으로 향후 사법기관으로서 공정성 확보라는 이념을 실천적으로 실현시키고자 하는 헌법 이념을 구현한 것으로 보인다.

결국 위와 같은 각 규정에 대한 해석상 검사의 수사 권한과 사법경찰에 대한 수사지휘 권한이 모두 인정된다고 해석하여야 하고 달리 해석할 여지가 없다.[238] 특히, 오스트리아도 2008년 개헌을 포함하여 전면적인 형사사법시스템 개혁을 단행하였는데, 스위스와 마찬가지로 기존의 수사판사 제도를 폐지하면서 검사를 수사의 주재자로 내세우고, 검사의 수사 권한, 사법경찰에 대한 수사지휘 권한을 도입하였다는 점이다. 개헌까지 하면서 검사의 수사에 대한 권한을 확립한 것은 특히 주목할 만한 부분이다.[239]

---

237) Fabrizy, StPO und wichtige Nebengesetze, Kurtkommentar, 10.Aufl.(2008), 59면에서는 대검찰청을 "법의 수호자(Hüterin des Rechts)"로 언급하였다고 한다(이에 대해서는 이정봉, 앞의 논문, 164면 참조).

238) Robert Kert & Andrea Lehner, "Austria", Katalin Ligeti(ed.), 앞의 책, p.11.

239) Harald Eberhard & Konrad Lachmayer, "Constitutional Reform 2008 in Austria Analysis

Ⅳ. 북유럽 9개국

1. 덴마크(Denmark)[240], [241], [242]

(1) 헌법 규정

헌법에 검찰조직에 관한 명시적인 규정이 없으며, 검찰사무를 관장하는 기관의 조직에 관한 법률에서 이를 규정하고 있다. 현재 덴마크의 검찰체계는 3개의 층위, 검찰총장(Director of Public Prosecutions), 지방검찰청(Regional Public Prosecutors), 경찰청장(Commissioner)으로 구성되어 있는데, 주로 경미한 범죄의 경우에는 경찰청장이 수사와 기소를 함께 관장하고 있다.[243] 뒤의 노르웨이의 경우와 유사하게 광의의 검찰체계 안에 경찰조직이 있으며 이들 모두는 법무부에 소속되어 있다. 다만 법무부는 구체적 사건의 수사에 원칙적으로 관여하지 못하고, 관여하고자 하는 경우에는 서면으로 이를 공개해야 하며 국회에도 이를 보고하여야 한다.[244] 또한 법무부는 검찰에 관한 일반적인 정책지침을 발령하는 등의 형태로 간접적인 지시를 내릴 수 있으며, 검사의 인사권은 법무부에 있다.[245]

---

and Perspectives", p.10. <https://www.lachmayer.eu/wp-content/uploads/2014/05/2008_ICL-Journal_No-2_Constitutional-Reform-2008-in-Austria.pdf>.

240) <https://www.ejn-crimjust.europa.eu/ejnupload/InfoAbout/The_Danish_Prosecution_Service.pdf>.

241) <https://www.politi.dk/en/About_the_police/prosecution_service/>.

242) <http://www.anklagemyndigheden.dk/Sider/Forside.aspx>.

243) Administration of Justice Act, Retsplejeloven Kapitel 10 Anklagemyndigheden 및 Kapitel 11 Politiet.

244) Gerichtsverfassungsgesetz 98. Stk. 3. Justitsministeren kan give de offentlige anklagere på læg vedrørende behandlingen af konkrete sager, herunder om at begynde eller fortsætte, undlade eller standse forfølgning. Et pålæg i medfør af denne bestemmelse om at begynde eller fortsætte, undlade eller standse forfølgning skal være skriftligt og ledsaget af en begrundelse. Endvidere skal Folketingets formand skriftligt underrettes om på lægget. Hvis de hensyn, der er nævnt i § 729 c, stk. 1, gør det påkrævet, kan underretning udsættes. Pålægget betragtes i relation til aktindsigt i medfør af §§ 729 a-d som materiale, politiet har tilvejebragt til brug for sagen.

245) § 98. Stk. 2. Justitsministeren kan fastsætte bestemmelser om de offentlige anklageres udførelse af deres opgaver.

§ 103. Justitsministeren fastsætter antallet af statsadvokater og fordelingen af forretningerne mellem disse.

(2) 형사소송법 규정

사법법[246]

제95조 <u>소추기관은 검찰총장, 국가검사, 지구경찰청장 그리고 형사사건에 관한 법적 절차에 있</u>어 위 사람들을 보조하는 사람이다.

제101조 ① 국가검사는 고등법원에서 형사사건을 담당한다.

② <u>국가검사는 경찰의 형사사건 처리를 감독하고 소추에 관한 지구경찰청장의 결정에 대한 이의사건을 담당한다</u>......

제104조 <u>지구경찰청장과 그에 의해 고용된 검사와 기타 직원은 지방법원에서 형사사건의 처리를 담당한다</u>......

제108조 <u>법무부장관은 경찰의 최고 책임자로서 경찰청장과 지구경찰청장을 통해 권한을 행사</u>한다......

덴마크의 수사·기소 제도는 상당히 독특한데, 상세히 설명하면 다음과 같다. 우선, 검찰과 경찰은 모두 법무부에 소속된 기관이다. 법무부장관 산하에 검찰총장과 경찰청장을 함께 두고 법무부장관이 검찰총장과 경찰청장을 모두 감독한다. 또한 법무부장관은 검찰과 경찰에 대한 일반적 지휘 권한과 구체적 사건에 관한 지휘 권한을 모두 갖는다.

경찰은 경찰청장-지구경찰청장-경찰서의 3단계로 구성된다. 경찰청장은 일반 경찰업무에 관하여 전국 경찰을 지휘한다. 그리고 전국을 12개 경찰지구(Police Districts)로 나누고, 각 경찰지구의 수장인 지구경찰청장이 수사와 기소를 모두 담당하면서 해당 경찰지구 소속 검사[247]와 경찰관을 지휘한다. 즉, 경찰지구 레벨에서는 검경이 통합되어 있는 특이한 구조이다. 위 12개 경찰지구에 각 경찰서가 소속되어 있다.

검찰도 검찰총장-국가검사-지구경찰청장 및 지구경찰청 소속검사의 3단계로 구성되어 있다. 검찰총장은 대법원 사건을 담당하고 전국 검사를 지휘한다. 국가검사는 3명인데 2명의 '지역 국가검사'(Regional State Prosecutor)는 12개 경찰지구를 6개씩 분담하여 지구경찰청장의 수사 및 기소를 감독하고 배심원 사건 및 고등법원 항소사건을 담당하며 경찰의 비위사건을 수사한다. 1명의 '특정 경제범죄·국제범죄 국가검사'(State

---

246) Danish Administration of Justice Act, <http://www.themis.dk/synopsis/docs/Lovsamling/Retsplejeloven.html>.

247) 덴마크의 지구경찰청 소속 검사는 비록 경찰에 소속되어 있으나, 호주 등의 경찰소추관과 달리 강제수사를 통제하는 등 수사에 관여할 수 있는 법률적 권한이 있고 지역 국가검사의 지휘를 받는다. 즉, 경찰서에 소속되어 단순 소추업무만 담당하고 검사의 지휘를 받지 않는 호주 등의 경찰소추관과는 차원을 달리 하므로 '검사'로 번역하였다.

Prosecutor for Special Economic and International Crime)[248]는 중대한 경제범죄 및 국제 범죄에 대한 전국적 관할권을 보유하고 있고, 수사 권한과 기소 권한을 모두 보유한다. 마지막으로 지구경찰청장과 경찰지구에 소속된 검사는 지방법원 사건을 담당한다.

각 경찰지구에서의 기소는 해당 경찰지구 소속 검사가 담당하고 수사는 해당 경찰 지구 소속 경찰이 담당한다. 경찰지구 소속 검사와 경찰은 원칙적으로 협력관계이나 검 사는 경찰 수사의 적법성을 감독한다. 특히 구속, 압수·수색 등의 강제수사는 검사의 승인이 필요하다.

여기서 주목할 부분은 지구경찰청장의 이중적 지위이다. 지구경찰청장은 검사와 경 찰관이라는 이중의 지위 및 해당 경찰지구의 경찰과 검찰의 수장이라는 이중의 지위를 보유하고 있다. 즉, 일반 경찰업무에 있어서는 경찰청장의 지휘를 받으나, 수사 및 기소 에 있어서는 지역 국가검사의 지휘를 받는 것이다.

한편, 덴마크 검찰청은 검찰총장(the General Prosecutor)이 이끄는 3단계로 구성된 조직체이다. 2단계는 지방 검찰(Regional Public Prosecutors)이라고 불리는 6개의 단위와 심각한 경제 범죄와 특별한 국제 범죄를 다루는 2개의 특수 단위로 구성되어 있다. 지 방 차원에서 검찰은 지방경찰청장(Commissioner)이 이끄는 12개 구역으로 나뉘어 있다. 지방경찰청장은 지방 검찰과 지방 경찰을 겸직하고 있다. 이런 종류의 조직은 다른 나 라에서는 거의 발견하기 힘든 구조이다. 즉 지방경찰청장은 검사와 경찰이라는 이중의 지위를 지니고 있으며 해당 지역의 검찰 및 경찰의 장의 역할을 담당한다. 검찰과 경찰 과 교도소는 법무부 장관의 소관이다. 오늘날 덴마크 검찰은 약 600명의 변호사를 검사 로 고용하고 있다. 덴마크 검사들의 50% 이상이 여성이다. 경범죄의 경우, 특별한 교육 을 받은 경찰도 검사로서 법정에 출두할 수 있다. 덴마크에서 검사들은 법무부 소속이 며, 고위직은 여왕이 형식적으로 임명 하지만 실제로는 법무부가 검찰총장의 추천을 받 은 후 임명한다. 이에 따라 법무부 장관이 검찰의 임용에 대해서 책임을 진다.[249]

덴마크는 약 11,000명의 경찰관을 보유한 하나로 통일된 경찰권을 가지고 있다. 경 찰은 경찰청장, 지방경찰청장, 경찰서의 3단계로 되어 있다. 경찰청장은 일반 경찰업무 에 관하여 전국 경찰을 지휘한다. 덴마크 경찰은 12개의 지방 경찰(Police Districts)로 나 뉘어져 있는데, 이러한 지방경찰의 장이 지방경찰청장이고 특이하게 검찰수사와 검찰기 소를 모두 담당하면서 소속 검사와 경찰관을 지휘한다. 즉 검경이 융합되어 있는 독특 한 구조이다. 여기에서 덴마크의 지방검찰에 소속된 검사는 경찰에 소속되어 있긴 하지

---

248) <http://www.anklagemyndigheden.dk/Sider/statsadvokaten−for−saerlig−oekonomisk− og−int ernational−kriminalitet.aspx>.

249) https://www.ejn−crimjust.europa.eu/ejnupload/InfoAbout/The_Danish_Prosecution_Serv ice.pdf

만, 법적으로는 실질적으로 수사에 관여할 수 있고 지방검찰의 지휘를 받는다. 지방경찰은 경찰운영에 있어 많은 행정 업무를 수행하는 국가경찰청장(National Commissioner of Police)에 종속되어 있다.

구체적으로 검찰과 경찰과의 관계를 살펴보면 사건발생 시 수사 단계에서는 경찰이 책임지고 자체적으로 조사를 담당한다. 그러나 수사 중에도 각 경찰에게 법적인 자문을 위한 목적으로 검사가 배정된다. 즉 수사 단계는 궁극적으로 경찰의 책임이지만, 기소단계로 넘어가면 그때부터는 모든 책임이 검사에게 이전된다. 이와 같이 수사권은 경찰에게, 기소권은 검찰에게 있다. 그럼에도 불구하고 같은 사건을 두고 업무는 분담하지만, 의사결정은 같이 내릴 수 있다. 왜냐하면 12명으로 구성되어 있는 지방경찰청장이 수사 결과를 최종적으로 검토하고 결정하기 때문이다. 이들은 형사사건에서 수사를 진행한 경찰의 결정과 기소를 책임진 검찰의 결정을 검토해서 이들이 제기한 공소를 취하하기도 하고 보완이나 수정을 요구할 수 있다. 또한 검찰이 불기소한 사건을 경찰이 재수사를 요구하거나 문제를 제기하면 수사를 진행하고 공소를 유지하기도 한다. 이와 같은 방식으로 검찰과 경찰은 서로 유기적으로 연결되어 있다.[250]

결국 위와 같이 국가검사의 지구경찰청장에 대한 지휘 권한이 인정되는 점, 경찰지구 레벨에서 수사 권한과 기소 권한을 행사하는 지구경찰청장이 검사의 지위를 보유하고 있는 점, '특정 경제범죄·국제범죄 국가검사'의 수사 권한이 인정되는 점 등을 종합하면 덴마크에서도 검사의 수사 권한 및 사법경찰에 대한 수사지휘 권한이 모두 인정된다고 봄이 상당하다.

2. 스웨덴
(1) 헌법 규정

<헌 법>[251]
CHAPTER 9 감독과 소추
제1조 법무부장관은 언론의 자유에 관해 이 법에 규정된 한계를 벗어나지 않도록 주의한다.
제2조 법무부장관은 언론의 자유 위반 사건을 전담하는 **검사**이다. 법무부장관 외에는 누구도 언론의 자유 위반과 관련하여 불리한 내사를 개시할 수 없다. 이 법에 다른 규정이 없는 이상, 법무부장관과 법원만 그 범죄혐의에 관한 강제 조치를 승인할 수 있다. 정부는 언론의 자유 위반을 이유로 인쇄물을 법무부장관에게 고발할 수 있다. 언론의 자유 위반을 이유로 한 공소제기는 정부의 동의가 있어야만 제기할 수 있음을 법률에 규정할 수 있다. 법무부장관은 언론의

---

250) http://nakeddenmark.com/archives/7740
251) <https://constituteproject.org/constitution/Sweden_2012?lang=en>.

자유 위반 사건뿐 아니라 이 법 위반 사건도 전담한다. 다만 유사한 성격의 사건에서 **검사**의 역할을 하는 의회 옴부즈맨의 권리는 법률로 정한다.

제5조 위반행위에 대해 제8조에 따라 책임질 자가 아무도 없거나, 책임질 자에 대한 소환장을 국내에서 송달할 수 없으면, **검사**나 고소인은 형사절차를 진행하는 대신 인쇄물을 압수해 줄 것을 신청할 수 있다.

CHAPTER 10. 특별 강제 조치

제1조 언론의 자유 위반을 이유로 인쇄물을 압수할 수 있는 근거가 있으면, 소송 계류 중에도 인쇄물을 압수할 수 있다. 제7장 제8조에 따른 경우, 법원의 판결을 기다리는 중에도 정기간행물의 출판을 금지하는 명령을 발할 수 있다.

제2조 위반행위가 형사소추의 범위에 속하면, 법무부장관은 언론의 자유 위반을 이유로 소송을 제기하거나 인쇄물 압수를 법원에 신청하기 전에, 제1조에 따라 인쇄물의 압수 및 출판 금지를 명령할 수 있다. **검사**는 관할지역 내에서 인쇄물 압수를 명령할 수 있다고 법률에 규정할 수 있다.

제3조 법원 명령 없이 압수되면, 압수당한 자는 법원에 이의를 제기할 수 있다. **검사**가 인쇄물 압수를 명령한 경우 즉시 법무부장관에게 통지한다. 법무부장관은 그 명령의 승인 여부를 즉시 결정한다.

제4조 법무부장관이 인쇄물 압수를 명령했거나 **검사**의 명령을 승인했으면, 그 결정을 발표한 날로부터 2주내에 형사 소송을 제기하거나 인쇄물 압수 신청을 한다. 이를 위반할 경우 압수명령과 출판을 금지하는 부수명령은 무효가 된다.

대부분 국가의 헌법은 하나의 문서로 되어 있으나, 스웨덴 헌법은 정부조직법(스웨덴어: Regeringsformen, RF), 왕위계승법(스웨덴어: Successionsordningen, SO), 언론자유법(스웨덴어: Tryckfrihetsförordningen, TF), 표현의 자유에 관한 기본법(스웨덴어: Yttrandefrihets-grundlagen, YFL)과 같은 4개의 기본법으로 구성되어 있다. 그중에서 검사와 관련된 규정은 언론자유법에서 발견된다. 즉, 검사의 명령에 의한 출판물의 압수 등 언론의 자유와 관련된 검사의 직무에 관한 규정이 다수 발견되는 것이 특징이다. 다만, 헌법에 검찰조직에 관한 명시적인 규정이 없으며, 검찰사무를 관장하는 기관의 조직에 관한 법률에서 이를 규정하고 있다.

(2) 형사소송법 규정

<사법절차법>[252]

제23장 수사 ③ 수사 개시 여부의 결정은 경찰, 보안경찰 또는 검사가 한다. 경찰 또는 보안경

---

252) <http://www.riksdagen.se/sv/dokument-lagar/dokument/svensk-forfattningssamling/rattegangsbalk-1942740_sfs-1942-740>.

찰이 수사를 개시한 사건이 간단한 성질의 것이 아닌 경우, 검사는 누군가 범죄를 범했다고 합리적으로 의심이 되는 경우 즉시 수사를 수행할 책임을 맡아야 한다. 또한 특별한 사유가 있는 경우 검사는 수사의 수행을 인수하여야 한다. 검사가 수사를 수행할 경우 검사는 경찰 또는 보안경찰에게 수사를 하도록 위임할 수 있다. 검사는 또한 처분의 본질에 비추어 적절한 경우 수사와 관련된 특정 조치를 취하도록 경찰을 지휘할 수 있다.

스웨덴 검찰은 1965년 대대적인 개혁 이후 오늘에 이르렀다. 과거에는 경찰과 검찰이 한 지붕 아래 조직되었다. 하지만 오늘날에는 경찰, 법원 그리고 검찰이 명확하게 정의되고 분리된 독립체로 구분되었다. 1996년에는 지방 검찰을 6개의 지방 검찰로 통합하면서 또 다른 대대적인 개편이 있었다. 2005년 이들 6개의 지방검찰이 단일기관으로 합병되어 지금의 스웨덴 검찰청을 구성하게 되었다.[253]

스웨덴 검찰청에는 약 1,350명의 직원이 있다. 900명은 검사이고 다른 직원들은 다양한 지원을 하는 사람들이다. 스웨덴 전역에 32개의 검찰청이 있으며, 본부는 스톡홀름에 있다. 이러한 스웨덴 검찰은 법원과 경찰 두 기관으로부터 독립되어 있으며, 법무부나 다른 부의 소속도 아니다.

한편, 스웨덴 형사소송법 제23장 제3항은 수사개시의 권한을 검사와 경찰(보안경찰 포함)에게 부여하고 있으나, 수사에 대한 책임은 검사가 지도록 규정하고 있다. 따라서 각 규정에 대한 해석상 검사의 수사 권한과 사법경찰에 대한 수사지휘 권한이 모두 인정된다고 해석된다.

구체적으로 살펴보면, 범죄가 경찰의 주목을 받게 되면 예비수사(Preliminary investigation)가 이루어진다. 이때 검사는 특정 개인이 범죄를 저지른 것으로 합리적으로 의심될 수 있는 시점부터 이 수사를 지휘하게 된다. 중대한 범죄가 아닌 경우에는 경찰이 처음부터 끝까지 예비수사(Preliminary investigation)를 진행한다. 예비수사의 지휘관으로서 검사는 가능한 한 최선의 방법으로 범죄를 수사할 책임이 있다. 그리고 경찰은 검사의 지시에 따라 수사를 수행한다. 검사는 지속적으로 수사 과정을 점검하며 어떤 수사 조치와 결정이 필요한지 주기적으로 점검해야 한다. 범죄수사가 심각하거나 복잡한 범죄에 관련된 경우 검사는 종종 범죄 현장 재구성이나 중요한 조사(Interview)에 직접 참여한다. 예비수사단계에서의 검찰의 의무는 강제적 조치(예컨대 체포, 수색, 압수 등)에 대한 결정을 포함한다. 개인은 수사 도중에 법원의 결정에 의해서 구속될 수 있다. 이 과정에서 검찰은 이들의 혐의와 구금이유를 진술해야 하며, 범죄 피해자의 손해가 적절히 표현되었는지도 확인해야 한다.

---

253) Swedish Prosecution Authority. Archived from the original on 1 October 2014. Retrieved 20 July 2014.

이러한 검찰의 사법통제는 스웨덴 사법절차법 제23조 규정에 잘 드러나 있다. 앞에서 언급한 바와 같이 스웨덴의 검찰은 다른 나라에서 찾아보기 힘들 만큼 막강한 권한을 보유하고 있다. 즉, 수사 개시 여부는 조문 상으로는 경찰과 검사가 한다고 되어 있지만, 그 내용을 보면 전부 검사의 지시에 의해서 수사가 진행되는 것을 확인할 수 있다. 간단한 사건의 경우 경찰이 수사를 진행하기도 하지만, 사건이 조금만 복잡하거나 중대한 범죄의 경우 직접 검찰이 나서서 수사를 지휘하고 있다.

검사의 인권보장적 기능과 관련하여, 특이한 사실은 언론의 자유와 관련해서 검사의 역할을 스웨덴 헌법 중의 하나인 언론자유법에 명시하고 있다는 점이다. 언론자유법 제2조에 의하면 언론의 자유를 침해하는 형사사건의 경우 법무부 장관이 전담 검사로서 수사를 담당한다. 따라서 법무부 장관 이외에는 어느 누구도 언론의 자유 위반과 관련한 사건에 개입할 수 없다. 여기서 단지 법원과 법무부 장관만이 이러한 사건에 수반한 혐의 입증을 위한 강제조치를 승인할 수 있다. 다만 법무부 장관이 언론의 자유를 위반한 사건을 공소제기 하기 위해서는 정부의 동의를 필요로 하고 있다. 여기서 언론의 자유는 스웨덴에서 표현의 자유와 더불어서 가장 중요시하고 있는 기본권임을 알 수 있다. 스웨덴의 경우 우리와 같은 단일 헌법을 가지고 있는 것이 아니라 4개의 개별 법률을 헌법으로 보고 있는데 정부조직법과 입헌군주국이기 때문에 필요로 하는 왕위계승법을 제외하고는 언론자유법과 표현의 자유에 관한 기본법이 사실상 헌법상의 헌법으로 볼 수 있다. 특히 양 기본권은 헌법적으로 인정받고 있는 기본권임을 감안할 때 언론의 자유침해는 사실상 위헌적인 사건이 되는 것이고, 여기에 법무부 장관이 담당 검사로서 담당하게 된다는 것은 그만큼 검찰이 언론의 자유를 지키는 핵심부서로 인정받고 있다는 취지일 것이다. 그래서 언론자유법 제2조 제3항에 의하면 법무부 장관은 언론자유법 위반에 대한 모든 사건을 담당하고 검사들은 역시 언론자유법에 의거하여 강제조치 등을 수행하고 있다. 이는 다른 나라와 비교해 보았을 때 스웨덴에서는 검찰에 대한 신뢰가 상당히 강하다는 것을 알 수 있다.

결국 위와 같은 각 규정에 대한 해석상 검사의 수사 권한과 사법경찰에 대한 수사 지휘 권한이 모두 인정된다고 해석하여야 하고 달리 해석할 여지가 없다.[254] 특히, 스웨덴의 헌법에서는 검사의 명령에 의한 출판물의 압수 등 언론의 자유와 관련된 검사의 직무에 관한 규정이 다수 발견되는 것이 특징이다.

3. 노르웨이

(1) 헌법 규정

헌법에 검찰조직에 관한 명시적인 규정이 없으며, 검찰사무를 관장하는 기관의 조

---

254) Christoffer Wong, "Sweden", Katalin Ligeti(ed.), 앞의 책, p.745.

직에 관한 법률에서 이를 규정하고 있다. 즉, 정부조직상 법무공안부(Ministry of Justice and Public Security) 안에 소추국(Prosecuting Authority)이 있고, 소추기관으로 검찰총장 (Director of Public Prosecutions), 지방검찰청(Regional Public Prosecution Offices), 경찰 내 소추국(The Prosecuting Authority in the Police)이 있다. 이 중 검찰총장과 지방검찰청을 고등소추국(The Higher Prosecuting Authorities)이라 하며, 대부분의 경미한 사건에 대해서는 경찰이 수사 및 기소를 모두 수행하고, 주요한 사건에 관해서만 지방검찰청 또는 간혹 검찰총장이 수사·기소를 한다.255) 사건의 중대성에 따라 경찰과 검찰에 수사 및 기소권이 분산되어 있다는 특징이 있기는 하나, 두 조직 모두 법무공안부 소속이라는 점을 감안할 때 법무부직속 모델에 속한다고 할 수 있다.

(2) 형사소송법 규정

<형사소송법>256)

제55조. 소추기관의 구성원은 다음과 같다:

1) 검찰총장 및 부검찰총장

2) 검사, 부(副)검사, 검사보

3) 경찰서장, 부경찰서장, 보안청장, 경찰서장보, 경찰검사, 경찰 감독관1, 경찰 감독관2(법학 학위가 있고 소추권이 부여된 직책에 근무하는 경우)

4) 각 관할 보안관

제58조. 소추기관으로서, 각 경찰서장들은 검찰총장 및 지방검사보다 낮은 직위에 위치한다. 검찰총장 및 검사는 경찰관에게 직접 지시를 내릴 수 있다.

제59조. 상급 검사 기관은 하위 검사 권한으로 내려지는 사건의 수행을 전체 또는 부분적으로 인수하거나 개별 사건의 결정에 따라 다른 하위 검사 당국에 이관할 수 있다. 검찰총장은 일부 사건의 범주에 속하는 수사가 그렇지 않았다면 해당 사건에 해당하지 않았을 임원이 수행해야 한다는 취지의 규정을 제정할 수 있다.

제225조. 범죄수사는 경찰이 개시하고 수행한다.……검찰총장 및 담당검사는 수사를 개시할 것과 수사방법을 지시할 수 있고, 수사의 중단을 지시할 수 있다.

검찰은 검찰총장(The Director of Public Prosecution), 일반검사(The Public Prosecutors), 경찰 내 검찰(The Prosecution Authority in the Police)으로 구성된다. 일반검사(The

---

255) Lov om rettergangsmåten i straffesaker (Straffeprosessloven), Kap 6. Påtalemyndigheten; Kap 7. Påtalen.(노르웨이 소추당국 영문홈페이지, http://www.riksadvokaten.no/no/english/).

256) 원문: <https://lovdata.no/dokument/NL/lov/1981−05−22−25>.

영문: <http://www.coe.int/t/dghl/cooperation/ccpe/profiles/norwayCriminalProcedureCode _en.asp>.

Public Prosecutor)와 검찰총장(The Director of Public Prosecution)은 고등검찰(The Higher Prosecution Authority)이라고 불린다. 2000년대 이후 보통 고등검찰은 대략 150여명 수준의 정규직 직원을 보유하고 있으며, 이는 81명의 검사직과 57명의 행정직으로 나뉜다. 검찰총장(The Director of Public Prosecutor: DPP)은 고등검찰의 모든 행정에 대한 책임이 있다. 검찰역할은 노르웨이의 형사 정책 감독과 형사 사건 처리, 즉 법원에 기소할 사건을 결정하는 조사에 국한된다. 대부분의 사건은 경찰 내 검찰국에 의해 결정되지만, 가장 심각한 범죄에 관한 사건은 검찰관 또는 검찰총장이 결정한다. 검찰총장은 형사 사건의 처리를 지시하는데 이는 검찰관 및 경찰 관할지구의 대상과 우선 사항을 결정하는 것을 의미한다. 지방 검사들은 동일한 지역에 포함된 경찰 관할구역의 활동을 감독한다. 검찰은 또한 국가범죄수사국(NCIS)에서 형사사건 처리를 감독하는 조직범죄 및 기타 중범죄 기소를 담당하는 중앙집권화되고 특수한 기관의 일부와 통합되거나 연결되어 있다. 범죄 소추 처리에 있어서의 전문 기준에 대한 책임이 검찰총장에게 할당되어 있다. 구체적인 형사사건의 처리와 통제수단의 부여 및 우선순위의 지시를 통해 이루어지며 이는 국가형사정책의 방향을 확고히 한다. 검찰총장은 연례 우선순위 회람(an annual priority circular) 및 기타 다수의 회람 형태로 발행된 포괄적 지시를 통해 검찰을 지휘하고 있다. 또한 검찰총장은 검사 및 경찰청장과의 회의를 통해 일반집행과 중요지시(priority directive)를 발동하고 있다.

노르웨이에는 검사 중에 고위 검사로서 12명의 일반검사(public prosecutor)가 있는데, 특히 그중 2개 기관은 "조직범죄와 기타 중범죄를 기소하는 국가기관(The National Authority for Prosecution of Organised and Other Serious Crime)"과 "노르웨이 경제 및 환경범죄 수사 및 기소하는 국가기관(The Norwegian National Authority for the Investigation and prosecution of Economical and Environmental Crime)"이다. 이 두 기관은 필요에 의해서 형성된 기관으로, 조직범죄나 경제범죄 및 환경범죄와 같이 지능적인 범죄를 관리하고 해외에서 저지른 집단학살이나 반인륜범죄 등을 단죄하기 위한 조직이다.

한편, 노르웨이 검찰은 덴마크 검찰과 매우 유사한 시스템으로 검찰총장－검사－경찰 소속 검사의 3단계 구조이고, 최하위 지역(local) 레벨에서는 검찰과 경찰이 통합되어 있어 경찰서장이 검사의 지위를 겸유하고, 경찰에 소속된 검사가 수사를 주도하며, 검찰총장과 검사가 경찰서 소속 검사를 지휘한다.257) 다만, 노르웨이 형사소송법 제225조에 따르면 경찰은 수사를 개시하고 진행할 수 있다. 경찰관은 수사를 더 이상 미룰 수 없는 경우 상급자의 결정 없이 수사를 개시할 수 있다. 그러나 사건이 수사되어야 할 것인가에 관하여는 일반적으로 검사에 의하여 결정된다.258) 수사와 관련하여 검사는 수사

---

257) <http://www.riksadvokaten.no/no/english/>.
258) CPGE(2005/06), 116면.

개시, 수사 방법 및 수사의 중단을 지시할 수 있다(동법 제225조). 검사는 수사와 관련된 모든 사항과 수사절차에 있어서 심문 등과 같은 특정한 수사기법을 사용하는 것과 관련하여 경찰관을 지휘할 수 있다.[259] 나아가 개시된 수사 또는 제기된 공소에 대하여 상급 검찰은 그 중단을 명할 수 있다(동법 제75조).

현재 노르웨이 범죄 정책은 "투 트랙 시스템"으로 되어 있다. 다시 말해 노르웨이 경찰과 검찰은 2개의 시스템에 조직되어 있다는 의미이다. 법무부(Ministry of Justice)와 검찰총장(Director General of Public Prosecution)에게 범죄 소탕 책임이 있다는 의미이다. 검찰총장은 형사사건의 기소에 대한 책임을 지고 있다. 비록 이 책임이 대부분 경찰청장(National Police Directorate)에게 위임되어 있지만, 다른 모든 영역은 법무부의 책임이다. 여기에서 원칙은 검찰은 독립적으로 본인들의 판단에 따른 결정을 내린다는 점이다. 심지어 법무부 장관도 검찰에게 어떠한 지시나 지휘는 내릴 기회를 갖지 못한다.

노르웨이의 경찰 서비스는 경찰청장의 지휘 아래 조직된다. 경찰청장은 2001년 창설되었고 노르웨이의 법무부 산하로 조직되었다. 경찰은 법무부 장관 밑에서 헌법적 책임을 담당한다. 경찰청장의 주요 목표는 정부가 설정한 전략과 예산의 한계 범위 내에서 노르웨이 경찰 서비스의 전문적 리더십 함양, 경찰 서비스의 관리 및 발전이다. 경찰청장은 총 1만2000여 명을 고용하고 있는 지역경찰서(police districts)와 특수경찰(special police agencies)을 관리하고 운영한다. 특히 경찰청장은 국제범죄와 조직범죄와 싸우는데 중요한 역할을 한다. 경찰청장은 약 120명의 직원을 두고 있다. 노르웨이 현지 지역 경찰(local police)은 단 하나의 경찰 서비스만 있다. 노르웨이 경찰의 조직은 통합 경찰의 원칙에 주로 바탕을 두고 있는데, 이것은 경찰의 모든 기능이 하나의 조직으로 수렴된다는 것을 의미한다. 노르웨이에서는 법학자로서 교육을 받은 25곳의 경찰서장과 경찰아카데미에서 교육을 받은 2명을 포함한 총 27명의 경찰서장(Chief of Police)이 지휘하는 27곳의 지역경찰서가 존재하고 있다. 경찰서장은 그 지역의 모든 종류의 치안 유지에 전적인 책임이 있다. 각 지역경찰서에는 여러 파출소뿐만 아니라 본부도 있다. 모든 경찰관들은 범죄 수사, 공공질서, 지역치안 등 일반적인 경찰업무의 모든 측면을 충족시킬 수 있도록 전반적으로 훈련된다. 노르웨이에는 지역 경찰 외에도 경찰청장 산하에 7개의 특수기관이 조직되어 있다. 특수기관은 경찰에 전문적 지원을 제공하는 중앙기관이며, 일부 경우에는 검찰 기관으로서 활동하기도 한다. 대표적인 곳이 바로 "조직 범죄 및 기타 중범죄의 기소를 위한 국가기관(The National Authority for Prosecution of Organised and Other Serious Crime integrated in the special agency: NCIS)이다. NCIS의 핵심 요소는 조직적인 범죄와 다른 형태의 심각한 범죄를 예방하고 해결하는 것이다. 이외에도 살인 및 방화사건 조사에 있어 전술적이고 법의학적 지원과 같은 전문적인 지

---

259) CPGE(2005/06), 116면.

원을 노르웨이 경찰에 제공한다. 특히 NCIS는 조직범죄와 관련된 중대하고 복잡한 사건들을 수사하고 기소한다. 노르웨이 국립법의학 연구소도 NCIS에 속하며 모든 유형의 범죄 사건에서 나온 대부분의 법의학 증거들을 조사한다. 뿐만 아니라 인터폴이나 유로폴과 같은 국제적인 경찰협력 조직과 연대하여 활동하기도 한다.

노르웨이에 있는 27개의 모든 지역경찰서에 검찰 관계부서의 직원이 나와 있는데, 이 검찰부서의 장은 관할 경찰의 장(Deputy Chief of Police)의 직을 담당한다. 노르웨이에는 약 650명의 경찰검사(police prosecutors)가 있다. 첫 번째 레벨의 기소를 경찰서에서 통합적으로 하는 방안은 노르웨이에서 아주 오래된 전통이다. 다만, 검찰이 경찰에 통합되더라도 이들은 형사사건에 있어서 중요한 권한을 경찰과 공유하지 않는다는 점이다. 구체적인 범죄 사건을 다루는 데 있어서 경찰 검찰은 일반검찰(public prosecutors)과 검찰총장에 종속된다.

휴대전화 도난부터 살인까지 노르웨이에서 발생하는 모든 범죄 사건의 수사 책임자로 경찰검사(police prosecutor)가 임명되고, 모든 절차에 대한 책임을 지게 된다. 이러한 절차는 보통 1주에 한 번씩 작성되는 검찰의 업무계획에 따라 배정된 사건이 등록되자마자 바로 진행된다. 이와 동시에 검찰은 이 사건에 대해서 컴퓨터를 통해 통보받거나 혹은 경찰과의 아침 회의에서 알게 된다. 동시에 이 사건을 주로 수사할 담당경찰이 지명된다. 그리고 순차적으로 검사가 수사의 진행상황과 수준을 용이하게 감독할 수 있도록 사건의 데이터 파일에 모든 수사절차가 기록된다. 검사가 최종적으로 사건을 접수하게 되면 검사는 항상 사건을 담당 수사관에서 되돌려 보낼 수 있으며 추가 수사를 요구할 수 있다. 형사사건의 대부분은 사건이 끝날 때까지 경찰검사(police prosecutor)에 의해 처리된다. 이는 경찰검사가 기소나 불기소에 관한 모든 결정권을 가지는 것을 의미한다. 지역경찰서에서의 실무는 당연히 검찰총장과 지방검찰청(local public prosecutors)에서 받은 지시사항과 지침을 준수해야 한다. 이와 같이 통제와 조사를 통해 특정 활동을 감시하는 것이 일반검찰(public prosecutor)의 업무이다. 이러한 방식으로 경찰검사(police prosecutor)는 법조문에 따라 단순히 1년 이하의 징역에 해당하는 범죄의 기소여부를 결정한다. 또한 단순 절도, 단순 사기, 단순 횡령, 심각한 신체적 위해가 없는 폭행, 회계 정보의 기록과 문서화 조항의 단순 위반, 단순 기물파손 등의 범죄에 대해서도 기소 여부를 결정한다. 수사 중 사전구속이나 기타 강압적 조치에 대해 법원에 소송을 제기하고, 그러한 결정에 대해 항고를 제기하는 것은 경찰검사(police prosecutor)들이다. 경찰검사의 권한은 일반검사(public prosecutor) 권한에 의해 제한된다. 이것은 법에서 규정된 바와 같이 더 심각한 성격의 범죄에 적용된다. 이러한 경우 경찰검사가 기소를 해야 한다고 결론을 내리면 일반검사에게 기소를 제안하는 사건 파일이 송부된다. 만약 일반검사가 이 제안을 수용한다면 그는 기소장을 제출하고 경찰검사는 기소장을 청문절

차를 위해 법원에 가져간다. 만약 기소된 사건이 6년 이상의 범죄에 해당한다면 일반
검사는 이 사건을 법원에 직접 기소한다.

이처럼 노르웨이의 검찰제도는 다른 나라에서는 보기 힘든 특이한 구조로 구성되어
있다. 바로 경찰검사이다. 경찰 내에 검사가 있어서 실질적인 수사와 기소를 담당하고
있다는 점이다. 아예 경찰에 검사가 상주하고 있어서 크고 작은 모든 경찰업무에 검사
의 지시감독이 이루어지고 있는 것으로 보인다. 더구나 실질적으로는 경찰에 있으면서도
경찰과 수사 및 기소에 있어서 경찰과 논의하는 구조가 아니라 상급기관은 일반검사
(public prosecutor)와 검찰총장에 종속되어 있다는 점이다. 따라서 이른바 경미한 범죄의
경우 경찰 검사가 주로 수사와 기소를 담당하고 중대한 사건의 경우 상급기관인 일반검
사(public prosecutor)가 담당하고 있어 그 분화가 잘 되어 있다.

노르웨이에서 경찰은 법무부 산하로 되어 있으므로 범죄정책과 관련하여, 법무부
산하의 경찰과 검찰이 이원적으로 담당하지만, 수사와 기소는 거의 전적으로 검찰에 속
한다.

결국 위와 같은 각 규정에 대한 해석상 검사의 수사권한 및 검사의 사법경찰에 대
한 수사지휘 권한이 인정된다고 해석된다.

4. 핀란드

(1) 헌법 규정

<헌 법>260)

제104조 검사 검찰은 최고위 검사인 검찰총장이 지휘하고, 검찰총장은 대통령이 임명한다. 검
찰에 관한 보다 자세한 사항은 법률로 정한다.

핀란드 검찰청(Finnisch Prosecution Service)은 행정부인 법무부 소속으로 대략 540
명의 직원이 있으며 이들 중 2/3가 검사이다. 그리고 검찰청 산하에 전국 11개의 지방
에 검찰청(the Office of the Prosecutor General)을 두고 있다. 그리고 그 산하에 23개 지
역검찰국을 두고 있다. 핀란드 검찰의 지위는 헌법 제104조에서 보장되고 있으며(헌법기
관), 검찰의 수장인 검찰총장(the Prosecutor General)은 대통령이 임명한다. 검찰총장은
핀란드 검찰의 중앙행정, 조정, 통제 등의 임무를 담당하며 핀란드 검사들을 지휘 · 감독
한다.

핀란드에서도 형사사건의 경우, 재판전 예비조사단계(the pre-trial investigation)를
거치는데 이러한 예비조사과정에서는 검찰과 법원이 협력하여 혐의사실을 조사하게 된

---

260) <https://www.constituteproject.org/constitution/Finland_2011.pdf?lang=en>.

다. 그리고 이때 검사는 피의자에 대한 신문 및 조사당시 수집된 증거를 근거로 기소 (charge)여부를 결정하게 된다.

(2) 형사소송법 규정

<범죄수사법>261)

제2장 수사의 참여자

제1조 수사기관 ① 수사는 경찰이 행한다.

② 경찰 외에 국경경비대, 관세 또는 군사당국도 국경경비대법, 관세법, 군사훈련법, 방위군의 경찰기능 수행에 관한 법률에 정한 바에 따라 수사기관이다.

③ 수사기관 외에, 검사는 범죄수사에 참여한다.

제4조 수사에 관한 특별조항 ① 경찰관이 직무수행중 범한 범죄의 피의자인 경우에는 검사가 수사를 지휘한다. 경찰관이 범했다고 의심되는 범죄가 직무수행중 범해진 것이 아닌 경우라고 하더라도 검사는 범죄의 중대성 또는 사건의 성질에 따라 수석수사관의 직무를 맡을 수 있다. 위와 같은 경우에 사건의 규명을 위해 필요한 경우에는 경찰관 외에 다른 피의자가 있는 경우에도 수사를 지휘할 수 있다. 검사는 사건이 약식벌금 또는 약식명령에 해당되는 사건으로 간주되는 경우에는 수석수사관의 직무를 맡아서는 아니 된다.

제5장 수사기관과 검사의 협력

제2조 수사에 있어 검사의 권한 ① 검사의 요구에 의해 수사기관은 범죄수사를 하거나 범죄수사를 위한 조치를 수행하여야 한다. 또한 수사기관은 제1장 제2조에 정한 바에 따라 사건을 규명하기 위하여 검사가 발하는 지시에 따라야 한다.

현재 핀란드에서 수사기관은 범죄수사법(Criminal Investigation Act) 제2장 제1조 제2항에 의해 경찰뿐만 아니라, 국경경비대, 세관, 군사당국도 국경경비대법, 관세법, 군사훈련법, 방위군의 경찰기능 수행에 관한 법률에 따라 수사기관의 지위를 보장받는다. 그런데 핀란드 범죄수사법 제2장 제1조는 '수사는 경찰이 행한다'고 하면서, 제4조 제1항은 '경찰관이 직무수행 중 범한 범죄의 피의자인 경우에는 검사가 수사를 지휘한다'고 규정하고 있으므로 각 규정에 대한 해석상 경찰이 피의자인 경우를 제외하고는 검사의 일반적인 수사 권한은 인정되지 않는다고 해석함이 상당하다. 다만, 검사의 사법경찰에 대한 수사지휘 권한에 대하여 보건대, 사법경찰은 공소제기 여부 결정을 위한 사실 규명을 위해 검사가 발하는 지시에 따라야 하는 점, 사법경찰은 수사의 진행상황 등 주요

---

261) <http://www.finlex.fi/en/laki/kaannokset/2011/en20110805?search%5Btype%5D=pika &search%5Bpika%5D=investigation>.

사항을 검사에게 알려야 하는 점, 검사가 요구할 경우 사법경찰은 수사를 하여야 하는 점, 검사에게 알린 사건은 종결 전에 검사의 의견을 들어야 하는 점 등에 비추어 검사의 수사지휘 권한은 인정된다고 봄이 상당하다.[262]

한편 핀란드 검사도 동법 동조 제3항에 의해 범죄수사에 참여한다고 명문화되어 있으나, 통상적으로 이를 수사권으로 이해하지는 않는다. 다만 경찰관이 직무수행중 범한 범죄로 피의자가 되는 경우인 경찰의 비위사건에 대해서는 검사에게 수사권이 인정되나 (범죄수사법 제2장 제4조 제1항), 이 또한 검사가 직접 수사하는 것이 아니며 '수석수사관 (Head Investigator)'[263]의 지위에서 수사를 지휘하는 것에 불과하다. 이와 관련하여 핀란드에서는 범죄수사법 제5장의 표제어에서 수사기관과 검사의 관계(Cooperation between the criminal investigation authority and the public prosecutor)에 대하여 '협력'(cooperation) 으로 규정하고 있는데, 그 내용을 보면 다음과 같다.

첫째, 동법 제5장 제2조 제1항에 의해 수사기관은 검사의 요청이 있으면 이에 따라 범죄수사를 하거나 또는 범죄수사를 위한 조치를 수행하여야 하며, 사건규명을 위해 검사가 발하는 지시에 따라야 한다.

둘째, 동법 제5장 제1조에 의하면 수사기관은 경찰관이 피의자인 사건에 있어서 지체 없이 검사에게 통보하도록 의무지우고 있다. 다만 약식명령으로 다뤄지는 사건의 경우에는 예외로 한다.

셋째, 동법 제5장 제3조 제1항에 의해 수사기관은 범죄수사에 필요한 조치 및 이와 관련된 상황, 그리고 범죄수사의 진행상황 등을 검사에게 통보하도록 규정하고 있으며, 또한 범죄수사 개시와 관련하여 수사기관이 검사에게 통보한 경우, 사건의 성질 및 범위가 검사의 의견개진이 필요하거나 또는 검사에게 송치하지 않고 사건을 종결하려고 하는 경우, 수석수사관은 수사를 완료하기에 앞서 사건이 충분히 규명되었는지 여부에 대해서 검사에게 의견을 들도록 규정하고 있다. 이에 따라 검사는 제5장 제3조 제2항에 따라 사건이 충분히 규명되었는지 여부를 명확히 가리기 위해 필요한 만큼 수사에 참여하도록 권한을 부여하고 있다.

결국 앞서 살펴본 것처럼 핀란드 검찰은 직접적으로 수사를 담당하지는 않으나, 범죄혐의 명백성을 가리기 위해 필요한 범위 내에서 수사에 참여하도록 하고 있으며, 또한 범죄수사법 제5조에서 수사기관으로 하여금 검사에 대해 수사와 관련하여 많은 의무를 부담지우는 것을 볼 때, 검찰의 경찰에 대한 수사지휘권은 인정되는 것으로 보는 것이 상당할 것이다.

---

262) 신태훈, 앞의 논문, 63면.
263) 이러한 수석수사관의 역할을 수행할 경우 검사는 고위경찰관이 수석수사관의 역할 할 경우와 동일한 권한이 부여되어 있다(범죄수사법 제2장 제4조 (2)).

5. 아이슬란드

(1) 헌법 규정

헌법에 검찰에 관한 특별한 규정은 없다.

(2) 형사소송법 규정

<형사소송법>264)

제18조 소추관은 국가검사, 지방검사, 지방경찰청장이다……

제21조 검찰총장은 국가의 검찰권 행사에 관한 일반적인 지침과 지시를 발할 수 있다…… 검찰총장은 다른 검사에게 개별사건에 대한 지시를 내릴 수 있고 그 지시는 준수되어야 한다. 검찰총장은 사건의 수사에 관하여 규정할 수 있고, 그 이행을 지시하고 감독한다.

제23조 지방검사는 형법 중 다음 조항 위반에 대한 사건을 담당한다.

제9절(제99조 및 제101조 제외)

제12절 내지 제16절……

지방검사는 지방검사가 제정하는 규칙에 따라 조세법, 경쟁법의 중대한 위반을 담당한다.

행위가 제1단락 및 제2단락에 따라 지방검사가 담당하는 범죄 외의 범죄와 관련된 경우 지방검사는 그가 직접 담당할 것인지 지방경찰청장이 담당할 것인지 결정한다……

제21조 제3항에 반하지 않는 한 지방검사는 특정 사건에 관하여 경찰을 지휘할 수 있고 그 지휘는 준수되어야 한다. 지방검사는 사건의 수사를 규정할 수 있고 그 이행을 지시하고 감독한다.

<경찰법>265)

제8조 경찰 수사 ① 경찰은 소추기관과 의논하여 범죄를 수사하여야 한다.

제11조 경찰과 기타 당국 및 기관 간 협력 ① 경찰은 업무에 있어 소추기관을 지원하여야 한다.

제35조 ① 경찰공무원이 업무 중 범한 범죄에 대한 고발은 검찰총장에게 제출되어야 하고, 검찰총장은 그 사건의 수사를 담당하여야 한다.

② 위와 같은 사건의 수사에 있어 검찰총장은 경찰이 일반적으로 갖는 권한을 활용할 수 있다.

③ 경찰은 이 조에 정한 사건의 수사에 관하여 검찰총장을 지원해야 한다.

아이슬란드는 과거에 덴마크의 식민지배를 받은 역사로 인해, 검찰제도도 덴마크와 매우 유사한 형태를 보인다. 즉, 검사에게 직접수사권과 경찰에 대한 수사지휘권이 모두

---

264) 원문: <http://www.althingi.is/altext/stjt/2008.088.html>.
　　영문: <https://eng.innanrikisraduneyti.is/laws−and−regulations/nr/1339>.
265) 원문: <http://www.althingi.is/lagas/nuna/1996090.html>.
　　영문: <https://eng.innanrikisraduneyti.is/laws−and−regulations/english/police/nr/120>.

인정되고 있다. 먼저 아이슬란드 경찰법(Police Act) 제8조(경찰수사) 제1항[266])에 의하면 "1. 경찰은 소추기관 또는 경찰위원회의 지시에 따라 범죄를 수사하여야 한다"고 규정하고 있다. 또한 동법 제11조[267])에서는 경찰과 기타 당국 및 기관간의 협력관계를 규정하면서 구체적으로 "1. 경찰은 업무에 있어 소추기관을 지원하여야 한다"고 하여 검찰이 경찰에 대한 지휘권이 있음을 간접적으로 시사해주고 있다.

최근의 동향을 살펴보면, 아이슬란드에서는 조세사건, 경찰비위사건, 범죄수익환수 등과 같은 전문적인 범죄에 보다 능동적으로 대응할 필요성이 제기되어, 2016. 1. 1. 지역검사(District Prosecutor)를 신설하여 이러한 특정범죄에 직접 수사 및 공소를 제기할 수 있도록 하였다.[268]), [269]) 이 기관은 조세, 관세, 외환, 경쟁법, 증권거래, 신용, 노동현장에서의 건강과 안전, 무역 관련 조직범죄 등에 대한 수사ㆍ기소, 사법경찰이 범한 범죄의 수사ㆍ기소, 범죄수익환수 등의 업무를 담당하고 있다.[270])

한편 검찰은 경찰공무원의 비위사건에 대해서 수사를 담당하고 있는데, 경찰법 제35조에 의하면, "경찰공무원이 업무 중 범한 범죄에 대한 고발은 검찰총장에게 제출되어야 하고, 검찰총장은 그 사건의 수사를 담당"하도록 명시하고 있다. 이때 검찰총장은 경찰이 갖는 수사시의 권한을 활용할 수 있으며, 경찰은 이러한 수사에 지원하도록 동조에 함께 규정되어 있다. 특히 형사소송법(Law on criminal procedure) 제18조에서 검찰의 역할에 대해 "검찰은 범죄자들을 법적 제재에 따라 처벌받도록" 하는 지위에 있음을 규정하고 있다. 또한 형사소송법 제21조에서는 "검찰총장은 국가의 검찰권 이행에 관한 일반적인 규칙과 지침을 발할 수 있다. 동시에 다른 검사들과 함께 기소권의 집행을 감독한다"[271])고 규정하고 있다.

---

266) Police Act Article 8 [Police investigations.

　　1. The police shall carry out investigations of offences under the direction of the National Prosecuting Authority or a commissioner of police.

267) Article 11 (Collaboration between the police and other authorities and institutions)

　　1. The police shall assist the prosecuting authority in its work.

268) http://www.hersak.is/english.

269) 형사소송법 제22조, 제23조, 제24조.

270) <http://www.hersak.is/english>, "The District Prosecutor is one of the branches of the prosecution in Iceland. It exercises prosecuting functions and pleads on behalf of the state in criminal cases before the courts, in addition to handling the investigation of criminal cases as prescribed by law. The authority also operates a Financial Intelligence Unit and handles procedure in cases involving the recovery and confiscation of illicit gains from criminal activities. It also has various other administrative functions."

271) Article 21. The Director of Public Prosecutions issues general rules and instructions on the implementation of the state's prosecuting power. He/she at the same time supervises

결국 아이슬란드 검찰시스템은 덴마크와 거의 동일한 구조이므로 덴마크에 대한 분석과 동일한 이유로 검사의 수사 권한, 사법경찰에 대한 수사지휘 권한이 모두 인정된다고 봄이 상당하다.

6. 영 국

영미법계 입법체계를 가지고 있으므로 후술한다.

7. 아일랜드

영미법계 입법체계를 가지고 있으므로 후술한다.

8. 라트비아

(1) 헌법 규정

라트비아는 헌법에서 수사나 공소에 관한 규정을 두고 있지 않다.

(2) 형사소송법 규정

<형사소송법>272)

제36조 형사절차에서의 검사 ① 형사절차에서 검사는 수사지휘, 수사, 공소제기, 공소유지, 그리고 이 법에 규정된 다른 업무를 수행하여야 한다.

② 검사는 법에 규정된 사건에서는 형사절차의 개시에 관하여 결정하여야 하고 스스로 수사를 수행하여야 한다.

제37조 수사를 지휘하는 검사 ① 검찰청의 업무 분장에 따라, 또는 구체적인 범죄 수사에서의 지시에 따라 수사지휘 임무를 지는 검사가 담당 수사지휘 검사가 된다.

② 수사 과정에서, 수사지휘 검사는 다음의 의무가 있다.

    1) 절차를 담당하는 자가 수사목적을 달성하지 못하거나 타인의 생활에 부당한 간섭을 하거나 수사의 지연을 허용하는 경우에, 절차 종류의 선택, 수사의 방향 및 수사 행위 수행에 관한 지시 하달;

    2) 지시가 이행되지 않거나 형사 절차의 진행을 방해하는 절차적 위법이 저질러진 경우 수사관의 상관에게 수사관을 교체할 것을 요구;

③ 수사지휘 검사는 다음의 권리가 있다.

---

the implementation of the prosecuting power with other prosecutors.

272) 원문: <http://likumi.lv/doc.php?id=107820>.

    영문: <http://www.legislationline.org/documents/section/criminal-codes/country/19>.

    1) <u>형사절차의 개시 및 수사기관으로의 이첩에 관한 결정;</u>

    2) <u>하달한 지시의 이행을 요구;</u>

    3) 절차를 담당하는 수사관에게 그 수사행위의 이행에 대하여 사전 고지하고, <u>수사행위 수</u>
    <u>행;</u>

제29조 절차를 담당하는 수사관의 의무와 권리 ① 수사관은 다음의 의무가 있다:

    5) 직속 상관, 수사지휘 검사 또는 그보다 상위의 검사의 지시 및 수사 판사의 명령 이행

<검찰청법>[273]

제2조 검사의 기능

<u>검사는</u>

    1) <u>수사를 지휘하고...</u>

    2) 재판전 예비조사단계를 위한 <u>수사를 행한다.</u>

    3) 공소를 제기하고 수행한다.

    4) 공소를 유지한다.

    라트비아의 검찰조직(The Office of the Public Prosecutor, Prokuratūra)은 3단 구조로 통합·집중되어 있으며(검찰청법 제4조 제1항), 그 수장은 검찰총장(Prosecutor－General, ǧenerālprokurors)이다.[274] 기본적으로 검찰청은 법무부 산하에 있으나(동법 제23조 제1항), 검사는 법관과 마찬가지의 법적 독립성을 갖는다.[275] 검찰조직은 ① 검찰총장, ② 사법부 검찰청, ③ 지방검찰청, ④ 특별검찰청 등의 기구로 구성된다.[276] 필요한 경우 검찰총장은 지역 혹은 지방검사와 동일한 지위를 갖는 특별검찰청을 설립할 수 있으며 (동법 제28조), 현재 ① 조직범죄 등을 위한 특별검찰청, ② 광역검찰청, ③ 리가(Rīga)[277] 도로교통 검찰청, ④ 재무, 경제범죄 조사 전문 검찰청, ⑤ 마약유통 조사 전문 검찰청 등 5개의 특별검찰청이 존재한다.[278]

---

273) ＜http://likumi.lv/ta/id/57276－prokuraturas－likums/redakcijas－datums/2013/01/01＞.

274) Anyshchenko, Transformation of the Ukrainian public prosecution according to the European democratic standards in comparison with the Baltic states (Master's thesis, University of Twente), 2010, p.41.

275) Anyshchenko, ibid, p.41.

276) EU 회원국의 사법체계 중 "라트비아": https://e－justice.europa.eu/content_legal_professions－29－lv－maximizeMS－en.do?member＝1.

277) 라트비아의 수도.

278) Anyshchenko, ibid, p.41.

【표 4-5】 라트비아 검찰 조직 체계

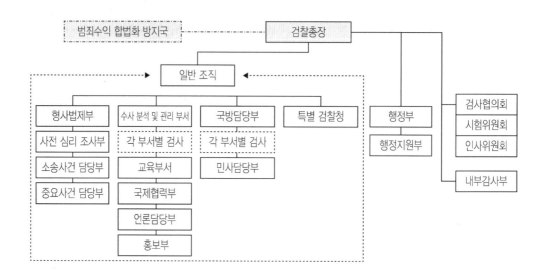

또한 검찰총장은 검찰청 외에 검찰청에 배당된 형사사건과 관련된 업무를 수행하는데 도움을 주기 위한 기구를 설립할 수 있으며, 이 기관은 검찰총장에 의해 설립되고 재편되며 해산한다.[279] 또한 검찰총장은 예산의 범위 내에서 해당 기관의 조직과 구성원을 결정할 수 있는 권한도 있다.[280] 현재 설립되어 있는 기관은 "자금세탁방지국 (Noziedzīgi iegūtu līdzekḷu legalizācijas novērŠanas dienests)"뿐이다.[281]

검찰총장은 조직 및 기관에 대한 권한뿐만 아니라 검사의 임면권한도 갖는데, 다음의 경우(① 공무원법상 결격사유가 있는 경우, ② 정당에 가입한 경우, ③ 부패방지법을 위반한 경우, ④ 공무를 수행하는 동안 위법한 행위를 하거나 위법한 결과에 대해 과실이 인정되는 경우, ⑤ 검찰청의 명예를 훼손하는 행위를 한 경우)에는 해임당할 수 있다.[282]

라트비아 형사소송법은 검사의 수사지휘권을 명문으로 인정하고 있는데(제36조), 이에 따라 수사검사는 수사지휘를 효과적이고 성공적으로 수행할 수 있도록 경찰관 등에게 지시를 할 수 있음은 물론, 이에 복종하지 않거나 수사를 수행하기에 부적합한 수사관의 교체까지도 요구할 수 있도록 되어 있다(제37조 제2항). 이러한 검사의 수사지휘권을 효과적이고 확실하게 담보하기 위하여 제29조에서는 수사검사나 그의 상급자인 검사로부터 받은 지시를 이행할 의무가 있음을 규정하고 있다. 구체적으로 형사절차에서 검

---

279) Anyshchenko, ibid, p.41.

280) EU 회원국의 사법체계 중 "라트비아": https://e-justice.europa.eu/content_legal_professions-29-lv-maximizeMS-en.do?member=1.

281) 라트비아 검찰청 자금세탁방지국(http://www.lrp.gov.lv/lv).

282) Anyshchenko, ibid, p.41.

사는 수사지휘·수사·공소제기 및 공소유지, 그리고 형사소송법에 규정된 다른 업무를
수행할 의무를 부담하며(형사소송법 제36조 제1항), 법률에 규정된 사건에 대해 형사절차
개시를 결정할 의무와 수사를 수행할 의무를 부담한다(동법 제36조 제2항).

결국 위와 같은 각 규정에 대한 해석상 검사의 수사 권한과 사법경찰에 대한 수사
지휘 권한이 모두 인정된다고 해석하여야 하고 달리 해석할 여지가 없다.

9. 에스토니아

(1) 헌법 규정

에스토니아 헌법도 검찰과 관련된 규정을 두고 있지 않다. 수사와 기소에 대해서는
헌법에서 규정하고 있지 않고, 법률에서 규정하는 형태를 취한다.

(2) 형사소송법 규정

<형사소송법>[283]

제30조 형사절차에서의 검찰 ① 검찰은 수사절차를 지휘하여야 하고 수사의 적법성과 효율성
을 보장하여야 하며 법정에서 공소를 대표하여야 한다.

② 형사절차에서 검찰의 권한은 검찰청의 이름으로 검사에 의해 독립적으로 행사되어야 하고
검사는 법에 의해 지배된다.

제213조 수사절차에서의 검찰 ① 검찰은 수사절차를 지휘하여야 하고 수사의 적법성과 효율성
을 보장하여야 하며 다음과 같은 권한이 있다.

  1) 필요한 경우 절차적인 행위를 수행한다.

  2) 절차적 행위의 수행에 참여하고 그 과정에 개입한다.

  3) 형사절차를 종결한다.

  4) 심사와 확인을 위해 형사기록과 다른 물건을 제출하도록 요구한다.

  5) 수사기관에 명령을 발한다.

  6) 수사기관의 명령을 취소하거나 변경한다.

  7) 형사절차에서 수사기관 수사관을 배제한다.

  8) 형사사건에 관한 수사관할권을 변경한다.

  9) 수사절차가 종결되었음을 선언한다.

  10) 수사기관 수사관에게 절차에 관한 상황에 관하여 구두 또는 서면으로 설명할 것을 요구한다.

  11) 보호관찰 감독기관의 수장에게 보호관찰관을 지명할 의무를 할당한다.

  12) 이 법에 의해 수사절차에서 발생하는 기타 의무를 수행한다.

---

283) 원문: <https://www.riigiteataja.ee/akt/782861>.

영문: <https://www.riigiteataja.ee/en/eli/530102013093/consolide>.

② 본조 ① 1)와 2)의 권한을 행사할 때에는 검찰은 수사기관으로서의 권한을 갖는다.

③ 검찰청이 수사절차에서 수사기관의 수사관에 대한 징계사유를 발견할 경우, 검찰은 징계권이 있는 자에게 서면으로 그 수사관에 대한 징계절차가 개시되도록 제안하여야 한다. 징계권자는 제안을 받은 이후 1개월 내에 서면으로 그 제안에 대한 결정과 그 근거를 검찰청에 통보하여야 한다.

현재 에스토니아 검찰은 법무부 소속이며, 수장격인 검찰총장(the Prosecutor General)이 이끄는 검찰청과 네 개의 지방검찰청으로 2단계로 조직되어 있다. 검찰총장은 에스토니아 전 지역을 관할하며, 검찰총장은 5년의 임기를 갖는다. 에스토니아 검찰도 상명하복관계를 이루는데, 검찰총장이 전체 검찰청을 지휘하며, 또한 5년의 임기를 갖는 수석검사(chief prosecutor)가 지방검찰을 지휘한다.[284] 이러한 에스토니아 검찰은 에스토니아 형사절차 전반에 있어서 권한을 행사하는데, 소추기관으로서의 역할 뿐만 아니라, 범죄예방, 범죄감시 등의 전반적인 업무를 수행하고, 나아가 수사기관에 대해서도 수사를 지시하는 등의 역할을 담당하고 있다.

에스토니아에서는 현재 2015년 9월 7일 기준으로 171명의 검사가 활동 중인데, 1명의 검찰총장(the Prosecutor General), 2명의 지방검찰청장(chief state prosecutor), 4명의 수석검사(chief prosecutor) 그리고 13명의 주검사(state prosecutor)와 11명의 선임검사(senior prosecutor), 5명의 전문검사(specialised prosecutor), 56명의 지방검사(district prosecutor)가 있으며, 79명의 보조검사(assistant prosecutor)가 배치되어 있다.[285]

먼저 검찰의 수사권과 관련하여 살펴보면 에스토니아 형사소송법 제213조 제2항에서는 검찰청의 권한에 대해 상세히 규정하고 있는데, 검찰의 '수사권'과 관련된 내용을 보면, 검찰청은 ① 필요시 형사절차적 행위를 수행하고, ② 형사절차행위의 수행에 참여하고 그 전과정에 개입하며, 또한 ③ 형사절차(criminal proceedings)를 종결하고, ④ 수사절차(a pre-trial proceeding)를 종결함을 선언하는 권한을 갖고 있음을 명시하고 있다. 이처럼 에스토니아 검찰은 수사과정에 있어서 전반적인 권한을 행사하고 있음을 알 수 있다.

경찰에 대한 검찰의 수사지휘권도 형사소송법에서 보장하고 있다. 에스토니아 형사소송법 제30조 제1항 전단에 의하면 "검찰청은 수사절차를 지휘하여야 하고 수사의 적법성과 효율성을 보장하여야" 함을 규정하고 있으며, 또한 동법 제213조 제1항에서도 "검찰청은 수사절차를 지휘하여야" 한다고 명시하고 있다. 나아가 제213조 제1항에서는 세부적으로 검찰의 수사지휘내용을 추론할 수 있는 사항들을 명시하고 있는데, ① 심사와 확인을 위해 형사기록 및 기타 자료들의 제출을 다른 수사기관에 요구하여야 하며,

---

284) http://www.prokuratuur.ee/en/prosecutors-office.

285) http://www.prokuratuur.ee/en/prosecutors-office/interesting-facts-about-prosecutors-office.

② 수사기관에 명령을 발하고, ③ 수사기관의 명령을 취소하거나 변경할 수 있으며, ④ 형사절차에서 수사기관을 배제할 수 있으며, ⑤ 형사사건에 관한 수사관할권을 변경할 수 있고, 나아가 ⑥ 수사기관의 수사관에게 절차에 관한 상황에 대하여 구두 또는 서면으로 설명할 것을 요구할 수 있는 권한을 부여하고 있다.

이러한 수사지휘권은 또한 사법경찰의 징계권에도 관여함으로써 폭넓게 작용하는 것으로 보인다. 즉 검찰청은 수사관의 비위사실이 발견된 경우, 그 징계권이 있는 자에게 비위수사관에 대하여 징계절차가 개시되도록 제안할 권한을 부여하고 있는데, 이러한 제안은 징계권자에게는 단순히 추상적인 권고가 아닌 지시에 따를 것을 요하는 구속력이 있는 제안에 해당한다. 왜냐하면 징계권자는 이러한 제안을 받은 후 1개월 이내에 서면으로 그 제안에 대한 결정의 결과와 그 근거를 검찰청에 통보하도록 의무지우고 있기 때문이다(형사소송법 제213조 제3항).

에스토니아에서도 형사소송법(law on criminal procedure) 제131조, 제132조에 의해 기본적인 체포, 구속, 압수, 수색 등의 강제수사는 검사의 영장청구로부터 법원의 승인 하에 행사될 수 있다. 체포영장발부를 위해 예비수사관(a preliminary investigation)은 범죄파일을 조사하고 구금자를 심문할 수 있다.

결국 위와 같은 각 규정에 대한 해석상 검사의 수사 권한과 사법경찰에 대한 수사지휘 권한이 모두 인정된다고 해석된다.

V. 남유럽 5개국

1. 이탈리아

(1) 헌법 규정

<헌 법>[286]

제104조 사법부는 자치 조직이며 다른 모든 권력으로부터 독립되어 있다. 최고사법위원회는 대통령이 주재한다. 초대 대법원장과 검찰총장은 최고사법위원회의 당연직 구성원이다. 구성원의 3분의 2는 다양한 범주에 속한 모든 일반 판사 중에서 선출하고, 3분의 1은 양원합동회의가 15년 경력의 법학 교수와 변호사 중에서 선출한다. 최고사법위원회는 의회가 지명한 구성원 중에서 부의장을 선출한다. 선출된 구성원의 임기는 4년이고 연임할 수 없다. 이들은 재임 중 변호사 명부에 등록되거나 의회 또는 주의회에서 일할 수 없다.

제105조 최고사법위원회는 사법부의 조직에 관한 법률에 따라서 법관의 임용, 보직, 전보, 승진, 징계의 권한을 가진다.

제107조 사법부 조직에 관한 규정에 따른 방어권이 보장되고 이유가 명시된 또는 판사 본인의

---

286) <https://www.senato.it/documenti/repository/istituzione/costituzione.pdf>.

동의를 받은 최고사법회의 결정에 의하지 않고는 판사는 파면, 해임, 정직되거나 다른 법원 또는 직무에 배치되지 않는다. 법무장관은 징계 조치를 취할 권한이 있다. 판사는 각자의 서로 다른 직무로만 구별된다. 검사는 사법조직법이 정하는 바에 따른 보장을 받는다.

제108조 사법부의 조직과 판사에 관한 규정은 법률로 정한다. 특별법원의 판사, 특별법원의 **검사**, 그 외의 사법 집행에 참여하는 자의 독립성을 법률로 보장한다.

제109조 사법부는 사법경찰을 직접 보유한다.

※ 헌법 제4편은 사법부에 관한 규정이고, 검찰에 관한 조항도 제4편에 규정되어 있는 등 검찰은 사법부 소속임

제111조 관할권은 법률에 규정된 적법 절차를 통해 이행된다. 모든 법원 재판은 당사자주의로 진행되며, 당사자들은 제3자 자격의 공정한 판사 앞에서 동등한 조건을 적용받을 자격이 있다. 적절한 재판 기간은 법률로 정한다. 형사 재판에서는, 범죄 용의자에게 기소 혐의의 성격과 이유를 즉시 사적으로 통지하고 방어를 준비할 충분한 시간과 환경을 제공하도록 법률로 정한다. 피고인은 고소인을 판사 앞에서 반대신문하거나 반대신문을 하도록 시키고 검사와 동일한 조건으로 방어를 위해 증인을 소환 및 신문할 권리와, 방어에 유리한 여타증거를 제시할 권리를 가진다. 피고인이 재판 절차에서 사용되는 언어를 구사하거나 이해할 수 없는 경우 통역자의 도움을 받을 수 있다. 형사 절차에서 증거 구성은 당사자주의 심리 원칙을 기반으로 한다. 자신의 자유로운 선택으로 피고인이나 변호사의 반대신문을 항상 자발적으로 피한 자의 진술을 토대로 피고인의 유죄를 증명할 수는 없다. 피고인의 동의를 받거나 객관적 불가능성을 확인한 경우 또는 불법행위가 입증됨으로 인해 당사자주의에서 증거가 구성되지 않는 경우는 법률로 정한다. 모든 판결에는 이유를 명시한다. 일반법원과 특별법원이 선고한 개인의 자유에 영향을 주는 조치와 판결이 법률에 위반되는 경우 대법원에 대한 상고는 항상 허용된다. 이 규정은 전시의 군사법원 판결의 경우에만 배제될 수 있다. 국가회의 및 회계감사원의 결정에 대해서는 관할 위반을 이유로만 대법원에 상고할 수 있다.

제112조 검찰은 형사소송 절차를 개시할 의무가 있다.

이탈리아는 헌법에 검사의 사법경찰에 대한 수사지휘 권한 및 형사소송절차 개시의무를 규정하고 있는 것이 하나의 특징이다. 즉, 이탈리아는 1948년 헌법 제107조 제4항에 "검사는 사법조직법이 정하는 바에 따른 보장을 받는다"라고 규정하여 검사를 판사와 완전히 동일한 지위로 인정하였다. 그리고 헌법 제104조에 사법권 독립의 보장기구로 최고사법위원회(Consiglio Superiore della Magistratura, CSM)라는 독립된 헌법기관을 설치하였다. 최고사법위원회는 사법관 시보부터 최고위직에 이르기까지 검사와 판사의 임용, 임명, 승진, 전보, 징계에 관한 사항을 관장한다.[287] 현실에서는 판사와 검사가 같

---

287) 최고사법위원회는 대통령이 위원장이고, 대법원장, 검찰총장은 당연직 위원이다. 위원 30명 중

은 건물에서 함께 근무하고 상호 인사교류가 자유롭게 이루어지며 최고사법위원회를 통해 동일하게 인사관리가 이루어진다. 이처럼 검사를 헌법기관으로 규정한 것은 2차 세계대전 당시 파시스트 정권에 의한 검찰의 권력도구화에 대한 역사적 반성 때문이다.

이와 관련하여 이탈리아 헌법 제109조는 "사법부는 사법경찰을 직접 보유한다"고 규정하여 사법경찰이 사법권 소속임을 명시하고 있다. 여기에서 의미하는 사법부에는 당연히 검찰도 포함된다. 즉 법원과 검찰은 둘 다 사법부 소속의 정부조직이고, 판사와 검사는 사법부 내에서 기능적으로만 분리가 되어 있고, 인사교류가 자유롭게 되어 있다. 이탈리아 헌법 제105조에 의하면 "최고사법위원회는 사법부의 조직에 관한 법률에 따라서 법관의 임용, 보직, 전보, 승진, 징계의 권한을 가진다". 아울러 이탈리아 헌법 제104조에 의하면 검찰총장은 최고사법위원회(Consiglio superiore della magistratura)의 당연직 구성원으로 되어 있다. 따라서 검찰도 사법부의 일원으로서 결국 경찰에 대한 지휘권을 행사하게 되어 있는 구조이다. 따라서 이탈리아에서 검사는 헌법 제109조와 형사소송법 제327조, 제347조 제1항에 의해 3개 사법경찰의 수사를 통합적으로 지휘하게 된다.[288] 이러한 수사지휘권은 1989년 이탈리아 형사사법의 개혁으로 더 강화되었다. 왜냐하면 이탈리아 경찰조직이 비대화 되어 있기에 이러한 경찰권을 견제하기 위해서는 사법기관의 권한이 더 강화되어야 힘의 균형을 맞출 수 있기 때문인 것으로 판단된다.

(2) 형사소송법 규정

<형사소송법>[289]

제58조. 사법경찰에 대한 지휘권 ① 지방검찰청은 해당 사법경찰 부서를 지휘한다. 항소심에 대응하는 고등검찰청은 해당 지역에 구성되어 있는 모든 사법경찰 부서를 지휘한다.

② 해당 지역의 판사를 위한 사법경찰 활동은 그에 대응하는 지방검찰청에 설치된 사법경찰 부서에 의해서 수행된다.

③ 사법권은 제1항과 제2항에 규정된 사법경찰 부서의 소속원을 직접 활용하며, 각 사법경찰 기관이나 다른 사법경찰 조직도 역시 활용할 수 있다.

제59조. 사법경찰의 지휘이행 ① 사법경찰 부서는 그 부서가 설립된 사무실을 감독하는 사법관의 지휘에 따른다.

② 사법경찰 기관에 속한 공무원은, 직접 또는 직원을 통해 사법경찰 활동을 수행하는 기관이 설치된 일반형사법원에 대응하는 지방검찰청 검사의 지휘에 따른다.

20명은 각 사법관회의의 선거로 선출되고, 10명은 각 경력 15년 이상의 변호사, 법학교수 중에서 의회가 선출한다. 부위원장은 의회가 선출한 위원 중에서 선출된다. 위원의 임기는 4년이다.

288) 형사소송법 제327조 검사는 수사를 지휘하고 사법경찰을 직접 활용한다. 제347조 제1항 사법경찰은 범죄정보를 입수하면 지체 없이 검찰에 보고하여야 한다.

289) <http://www.brocardi.it/codice-di-procedura-penale/>.

③ 사법경찰관리들은 형소법 제1항에 규정된 사법경찰 직무에 속하는 것으로서 그 자신에게 부여된 업무를 수행하여야 할 의무가 있다. 사법경찰 부서에 속한 자들은 위 제1항의 지휘를 행하는 사법관의 결정에 의하지 않고서는 사법경찰 업무에서 배제될 수 없다.

제370조. 수사지휘와 수사위임 ① 검사는 직접 모든 수사를 수행한다. 검사는 수사와 구체적으로 위임된 행위를 수행하기 위해 사법경찰을 활용할 수 있다……

19세기 중엽 이후 이탈리아 반도가 통일되기 이전에는 프랑스와 국경을 마주하고 있는 북부를 중심으로 프랑스의 검찰제도가 도입되었다. 이후 이탈리아 각 지역별로 지역에 맞는 검찰제도가 발전하게 된다. 통일 이후에는 중앙집권적인 검찰로 개편된 이래, 2차 대전 당시 파시스트 정권하에서 검찰은 정권의 도구로 이용되기도 하였다. 당시 검찰은 행정부에 소속되었으며, 철저한 상명하복의 구조로 이루어져 있었다. 2차 대전 이후 이러한 폐단을 시정하고자 1946년 법무부장관의 검찰지휘권을 폐지하고 2년 후 1948년 이탈리아 헌법 제107조 제4항에서는 "검사는 사법조직법이 정하는 바에 따른 보장을 받는다"고 규정하여 검사를 판사와 동일한 위치로 규정하였다.[290] 이처럼 이탈리아도 프랑스와 마찬가지로 검사가 법무부 소속이 아닌 사법부 소속으로 전환되었다. 즉, 사법부가 재판부와 수사기소부로 이루어져 있는 것이다. 따라서 검사의 신분도 판사와 동일하게 보장되고 기존의 상명하복관계가 아니라 각각의 독립성을 보장받게 되었다.

물론 역사적인 배경으로 인해 이탈리아도 프랑스와 같은 수사판사(giuduce istruttore)제도를 두고 있었다. 이러한 수사판사는 1930년부터 있었으나 1989년에 폐지되고 수사기능을 없앤 수사심의 판사(giudice per le indagini preliminari)가 신설되었다. 이는 수사판사의 수사권과 재판권을 분리한 것인데 수사판사의 수사기능은 검사에게 부여한 것이다. 따라서 사실상 검사의 수사권과 사법경찰에 대한 수사지휘권이 모두 인정되고 있다. 이처럼 1989년 이탈리아 형사소송법의 개정으로 인해 수사판사가 폐지되면서 검사가 수사의 주재자가 됨과 동시에 공소자로서의 지위가 강조되었다.

이탈리아 형사소송법상의 특징 중의 하나는 마피아와 같은 중대한 조직범죄에 대응하기 위한 규정을 따로 두고 있다는 점이다. 예를 들어 이탈리아 형사소송법 제171조에 따르면 서로 다른 검찰청간의 협력의무를 규정하고 있는데, 실제 각 지검에는 지역마피아 수사부가, 중앙에는 중앙마피아 수사부가 설치되어 있다. 현재 전국 160개가 넘는 지검 중에 20여개 이상의 검찰청에서 마피아 수사를 전문으로 담당하고 있다. 그리고 정치적인 간섭을 배제하기 위해 검찰 사법조직법은 각 검찰청장이 지휘권과 조직에 관한 권한을 가진다고 규정하고 있다. 그러나 이 경우에도 평검사에게는 독립성이 보장되어

---

290) https://m.blog.naver.com/PostView.nhn?blogId=magist418&logNo=220649699753&referrerCode=0&searchKeyword=%EC%99%B8%EA%B5%5A%E2%80%A6.

있으며 상당한 자율권이 보장되어 있다고 볼 수 있다. 왜냐하면 파시스트 정권하에서 정치권력으로부터 휘둘렸던 역사적 경험을 바탕으로 정치권력으로부터의 독립을 위해 검찰 내부의 상명하복의 위계구조를 완전히 폐지했으며, 조직상으로도 형식적으로는 법무부 장관의 산하에 있지만 각 검찰은 내부적으로 완전히 독립된 기관으로서 활동하고 있기 때문이다. 따라서 고검장은 일반적인 감독권만을 지닐 뿐, 이 외의 어떠한 명령도 내릴 수 없는 구조이다. 따라서 이탈리아 검찰과 관련된 헌법과 형사소송법의 특징은 철저한 독립과 분권화로 요약될 수 있다.291) 이는 마피아라는 이탈리아의 정계와 재계와 깊은 관련을 맺고 있는 범죄조직과의 대응전략 차원에서 마련된 불가피한 선택으로 판단된다.

이와 관련하여, 형사소송법 제58조는 '사법경찰 부서에 대한 지휘권'을 규정하면서, 제59조 제2항은 사법경찰 기관에 속한 공무원은 지방검찰청 검사의 지휘에 따르도록 하였다. 아울러 제370조 제1항은 '검사는 직접 모든 수사를 수행한다'고 규정하여, 검찰이 수사권의 주체임을 명확하게 하고 있다. 이처럼 검사는 직접수사권을 가지므로 검사가 범죄정보를 취득하여 수사를 개시하고 구체적 수사를 위임이나 수사지휘를 통해 사법경찰에게 맡기는 것이 통상적이다. 이는 검사와 동일한 건물에서 근무하면서 검사로부터 직접 지휘를 받는 사법경찰 부서(sezione)가 존재하기에 가능하다. 사법경찰부서에 속한 사법경찰은 인사에 있어서도 소속기관의 장이 임의로 결정할 수 없고 담당 검사의 의견에 직접 영향을 받는다는 점 역시 고려되어야 한다. 사법경찰부서 제도를 통해 이탈리아의 검사와 사법경찰은 마치 하나의 조직인 것처럼 운영되고, 검사와 사법경찰이 소속된 각 경찰기관 사이에 일어날 수 있는 여러 갈등들이 방지, 제거되었다고 평가된다.

한편, 수사의 개시 및 진행권과 관련하여 이탈리아의 형사소송법은 검사와 더불어 사법경찰의 수사주체성을 인정하고 사법경찰의 독자적인 수사개시·진행권을 명시하고 있다. 하지만 권한이 아닌 의무로 표현하여 수사의 의무성을 강조하고 있다. 형사소송법 제347조에 따라 사법경찰은 자체개시 수사사건이라 할지라도 범죄정보(notitia criminis)의 취득 후 지체 없이 주된 사실관계, 수집된 증거자료, 수행했던 수사활동의 내용을 검사에게 서면으로 보고해야 할 의무를 부담한다. 이는 검사가 적시에 사법경찰의 수사를 인수하여 수사지휘를 할 수 있도록 하기 위한 것이다. 사법경찰이 독립수사를 하는 참심재판(giudice di pace) 대상사건292)의 경우에도 범죄정보의 보고 시기가 사법경찰의 수

---

291) https://m.blog.naver.com/PostView.nhn?blogId=magist418&logNo=220649699753&referrerCode=0&searchKeyword=%EC%99%B8%EA%B5%25A%E2%80%A6.

292) 전문법관이 아닌 일반인이 법관(참심원)으로서 재판을 주재하고 판결을 내리는 참심재판 제도는 주로 폭행사건 등 경범죄를 대상으로 한다. 미성년자의 형사범죄는 적용대상에서 제외된다.

사종결일로 미루어질 뿐 여전히 검사에 대한 범죄정보의 보고의무는 인정된다. 사법경찰이 검사에 대한 범죄정보 보고의무를 해태하는 경우에는 형벌[293]과 징계를 받을 수 있다. 실무에서도 사법경찰은 사안을 다루는 검사와 매일 연락을 취한다(daily contact)고 한다.[294]

　　이러한 이탈리아 검사의 특징은 정치권의 부정부패 수사에 있어서 과감하게 수사를 진행하기 때문에 국민들에게 전적으로 신뢰를 받고 있다는 점이다. 대표적인 사건이 바로 1992년부터 진행된 '마니 풀리테(Mani pulite, 깨끗한 손)'운동이었다. 마니 풀리테는 밀라노 검찰청 검사 안토니오 디 피에트로가 1992년 2월 17일 이탈리아 사회당 간부로서 자선기관 Pio Albergo trivulzio를 운영하던 마리오 키에자의 거액 뇌물수수 사실[295]을 밝혀 체포하면서 본격적으로 시적되었다. 스위스 금융계좌 추적 등을 통해 정파와 관계없이 대부분의 정당과 기업가들이 뇌물 커넥션으로 연결되어 있다는 사실이 밝혀졌고, 수사 도중 치러진 1992년 4월 총선에도 불구하고 철저한 수사가 진행되었다. 그 결과 뇌물에 연루된 정당들이 많은 의석을 잃었고, 총선 이후 이탈리아 전역으로 수사가 확대되어 수많은 정치인과 경제인들이 부패범죄로 체포되었으며, 그 여파로 오랜 역사를 가진 기독민주당(La Democrazia cristiana), 사회당(Ⅱ Partio Socialista)등 정당이 사라지거나 대폭 축소되어 정치지형이 바뀌었고, 범죄에 연루된 장관들의 사임과 정치인의 자살이 잇달았다.

　　이러한 살아있는 권력에 대한 검찰권의 발동은 20여 년간 이탈리아 정계를 지배한 언론재벌 출신인 벨루스코니 총리도 피해 가지 못했다. 당시 검찰은 탈세와 미성년자 성매매 혐의로 기소하자 입법부를 장악했던 벨루스코니 총리는 현직 총리의 기소를 면제하는 '고위공직자 면책특권법'이라는 법률을 제정했으나 이탈리아 헌법재판소의 위헌 결정으로 재판을 피해 가지 못하게 되었다.[296]

참심재판 절차에서도 다른 절차와 마찬가지로 수사가 이루어지며 이 경우 사법경찰이 독립적 수사권을 갖는다.

293) 형법 제361조와 제363조.

294) Council of Europe, CONFERENCE OF PROSECUTORS GENERAL OF EUROPE 6th SESSION, Relationship between Public Prosecutors and the Police, 2005, 81면. 이 문헌은 이하 CPGE(2005/06)로 표기함.

295) 키에자는 청소용역업체를 운영하는 사업가 루카 만니와 1억 4,000만 리라 상당의 용역계약을 체결하면서 그 대가로 계약금액의 10%인 1,400만 리라를 요구하였다. 그런데 뇌물에 염증을 느낀 루카 만니가 그 사실을 군경찰 carabinieri(국방부 소속 일반사법경찰)에 제보하면서 디 피에트로 검사의 수사가 시작되었다. 체포 당시 키에자는 옆방에서 별도로 다른 사업자로부터 3,700만 리라의 뇌물을 받았고 증거인멸을 위해 화장실에 돈을 버리려다 실패하였다. 그 사실이 언론에 대대적으로 보도되었고, 열광적인 국민들의 지지 속에 역사에 큰 획을 그은 마니 풀리테 수사가 시작된 것이다.

이와 같이 정치권에 대한 과감한 수사가 가능한 이유는 검찰의 조직적인 특성과 인사권으로부터의 독립으로 꼽을 수 있다. 앞에서 살펴본 바와 같이 이탈리아 검찰은 사법부 소속이어서 행정부와 완전히 분리되어 있기에 정권의 영향력을 쉽게 물리칠 수 있는 구조이다. 실제로 이탈리아 행정부 소속의 법무부는 검찰의 권한에 어떠한 영향력도 미칠 수 없고 오히려 검찰의 행정지원이나 법안작성 및 입법에 대한 자문 등을 수행하고 있다.297)

특히 검찰의 인사와 관련해서 이탈리아의 최고사법기구는 순수하게 재판만을 담당하는 대법원(Corte Suprema di Cassazione)과 법관의 인사권을 담당하는 최고사법위원회(Consiglio superiore della magistratura)로 구분된다. 최고사법위원회의 헌법적인 근거는 이탈리아 헌법 제104조로서 최고사법위원회의 설치 목적을 사법부의 독립으로 명시하고 있다. 그리고 최고사법위원회는 자신들이 직접 선출한 위원이 대다수를 차지하는 인사위원회에서 이루어지기 때문에 이른바 같은 검찰이라도 그 윗선에서 입김을 불어넣기 어려운 구조이다. 따라서 이탈리아 검찰은 정치권의 비리에 대해서 더욱 소신 있고 과감하게 수사를 진행할 수 있게 된다.

결국 사법경찰은 수사개시와 진행의 주체이지만 자체 수사개시 사건을 포함하여 모든 범죄정보에 대하여 검사에게 보고하여야 할 의무가 있고, 검사가 이를 토대로 기소 여부를 결정하도록 되어 있으므로 이탈리아 형사소송법상 사법경찰의 수사종결권은 인정되지 않는다. 따라서 각 규정에 대한 해석상 검사의 수사 권한과 사법경찰에 대한 수사지휘 권한이 모두 인정된다고 해석된다. 특히, 헌법에 검사의 사법경찰에 대한 수사지휘 권한을 규정하고 있는 것이 하나의 특징이다.

2. 스페인(Spain)

(1) 헌법 규정

<헌 법>298)

제70조 ① 선거법은 하원의원 및 상원의원의 결격사유 및 겸직금지의 경우를 정한다. 다음 각 호의 경우에는 의원으로 선출될 수 없다.

 a) 헌법재판소의 구성원

 b) 법률이 정하는 국가의 고급공무원, 다만 정부각료는 그러하지 아니하다.

---

296) https://www.sisain.co.kr/?mod=news&act=articleView&idxno=6447

297) https://m.blog.naver.com/PostView.nhn?blogId=magist418&logNo=220649699753&referrerCode=0&searchKeyword=%EC%99%B8%EA%B5%5A%E2%80%A6.

298) <https://www.boe.es/diario_boe/txt.php?id=BOE-A-1978-31229>.

    c) 호민관

    d) 현직 재판관 및 <u>검찰관</u>

    e) 현역 직업군인, 국방대원, 보안 및 경찰기관 종사자

    f) 선거관리위원회의 위원

② 양원의원의 당선 및 신임장의 유효성은 선거법의 정하는 바에 따라 재판소의 통제에 따른다.

제76조 ① 하원 및 상원, 그리고 경우에 따라서 양원전체회의는 공공의 이익과 관련되는 조사위원회를 임명할 수 있다. 그 결과는 재판소를 구속하지 아니하며 재판소의 결정에 영향을 미치지 아니한다. 다만 조사의 결과는 필요한 경우 적절한 조치를 행하도록 하기 위하여 <u>검찰총장</u>에게 송부한다.

② 양원의 소환이 있으면 출두하여야 한다. 이 의무를 이행하지 아니할 경우의 처벌에 대하여는 법률로 규정한다.

제124조 ① 검찰(El Ministerio Fiscal)은 다른 기관의 기능을 침해하지 않으면서, 직권이든 이해관계자의 요청에 의하든 불문하고, 법의 지배, 시민의 권리, 법에 의해 보호되는 공익을 수호하는 과정에서, 정의의 작동을 촉진하고, 법원의 독립성을 지키며, 사회적 이해관계의 만족을 확보할 의무가 있다.

② <u>검찰은</u> 모든 사건에서 법의 지배와 공평성을 따르면서, 작용의 동일성 원칙 및 위계적 종속의 원칙에 따라 검찰기관을 통해 그 의무를 수행하여야 한다.

③ <u>검찰의 조직은 법률로 정한다.</u>

④ <u>검찰총장(El Fiscal General del Estado)은</u> 사법부 총평의회의 자문을 거쳐 내각의 제청에 따라 국왕이 임명한다.

제126조 <u>사법경찰은 범죄수사와 범인의 발견 및 체포에 관한 업무 수행에 있어 법률이 정하는 바에 따라 판사, 재판부와 검찰청에 종속한다.</u>

제127조 ① 재판관 및 <u>검찰</u>은 현직에 있는 동안에는 다른 공직을 가질 수 없으며 정당 또는 조합에 가입할 수 없다. 법률은 재판관 및 검찰의 전문직단체의 제도 및 방식을 정한다.

② 법률은 사법부 구성원의 겸직금지의 제도를 정하여 그 완전한 독립성을 보장하여야 한다.

제159조 ① 헌법재판소는 국왕이 임명하는 12인의 재판관에 의하여 구성된다. 그중 4인은 의원 5분의 3의 다수에 의하여 하원이 추천하고, 4인은 동일한 수의 다수에 의하여 상원이 추천하며, 2인은 내각이 추천하고, 나머지 2인은 사법부 총평의회가 추천한다.

② 헌법재판소의 재판관은 15년 이상의 전문경력을 가진 유능한 재판관, <u>검찰관</u>, 대학교수, 공무원 및 변호사 중에서 임명한다.

③ 헌법재판소 재판관의 임기는 9년으로 하고 3년마다 그 3분의 1이 새로 임명된다.

④ 헌법재판소의 재판관은 모든 대의적 직무, 정치적 또는 행정적 직무, 정당 또는 노동조합의 지도적 직무 집행, 정당, 노동조합의 직원, 재판관, <u>검찰관의 직무</u>, 기타 전문직 또는 상업적 활동의 종사자의 지위와 겸할 수 없다. 사법부 구성원의 겸직금지의무는 헌법재판소 재판관에게

도 동일하게 적용된다.

제162조 ① 다음 각 호의 사항은 적법한 것으로 본다.

    a) 총리, 호민관, 50인의 하원의원, 50인의 상원의원, 자치주의 집행기관 및 경우에 따라서는 자치주의회가 위헌소송을 제기하는 것.

    b) 적법한 이익을 가지는 자연인, 법인 및 호민관, 검찰관이 보호청구소송을 제기하는 것.

② 기타의 경우 조직법이 누가 헌법재판소에 제소할 자격이 있는지를 정한다.

스페인은 역사적으로 왕이 임명한 판사가 범죄를 추적하여 피의자를 소추하고 증거를 검토하여 유·무죄를 결정하는 전통을 가지고 있었다. 다시 말해 중세유럽부터 수사, 소추 및 재판권이 검찰이 아닌 법원에 귀속되어 있었다. 즉 검찰과 법원은 서로 분리되어 있지 않았고, 사법기관으로서 법원이 실질적인 수사나 재판 등의 권한을 전속적으로 행사하고 검찰은 법원에 협력하고 상황에 따라서는 통제하는 기관으로서의 역할을 담당했다.[299], [300] 일반적으로 수사권은 검찰에는 부여되지 않고 법원과 사법경찰에만 부여되어 있었는데 나날이 조직적이고 중대한 범죄가 발생함에 따라 이를 효율적으로 대체하기 위해 각종 특별검찰청이 설립하게 되었고 각 특별검찰청마다 필요한 권한을 부여하여 각종 범죄에 대처하게 되었다.[301] 이와 같이 스페인에서 검찰은 법원에 귀속되어 있고 독자적인 수사권도 부여되지 않았으나 점차 필요성에 의해 내용적인 분화가 일어나고 있는 것이 확인된다.

스페인 헌법은 검찰에 대해 명시적으로 규정하고 있다. 가장 대표적인 규정이 바로 스페인 헌법 제124조이다. 여기에서는 "검찰은 다른 기관의 직무를 방해하지 아니하고 합법성, 시민의 권리 및 법률이 보호하는 공공의 이익을 변호하여 소송을 제기하고 법원의 독립을 감시하며 법원에 대하여 사회이익의 만족을 구하는 것을 그 사명으로 한다"고 규정하고 있으며 제2항에서 "검찰은 활동의 단일성 및 계급적 종속성의 원칙에 의하여 모든 경우에 합법성, 공평성의 원칙에 따라 자체기구를 통하여 그 직무를 수행한다"고 규정하고 있다. 이와 같이 검찰에 대한 명시적인 헌법조항은 검찰 자체가 헌법기구임을 분명히 하고 있는 것으로 파악할 수 있다. 이러한 헌법 규정을 구체화한 법이 바로 검찰기본법이다. 스페인 검찰기본법은 제2조 제1항[302]에서 '검찰은, 독자적이며 자

299) Alberto Manuel Lopez Lopez, 'EL MINISTERIO FISCAL ESPANOL', COLEX 2001, p.112.
300) 노상길, 스페인 검찰조직과 그에 따른 검사의 권한에 대한 소고, 2006, 해외연수검사연구논문, 1면.
301) 노상길, 위의 논문, 2면.
302) Artículo 2. (스페인 검찰기본법 제2조 제1항 원문).
    1. El Ministerio Fiscal, integrado con autonomía funcional en el Poder Judicial, ejerce su misión por medio de órganos propios, conforme a los principios de unidad de actuación y dependencia jerárquica y con sujeción, en todo caso, a los de legalidad e

치적인 기능을 가지고 사법권에 구성되어서 행동단일체, 계급조직, 상명하복관계의 원칙에 입각한 고유의 기관을 통하여 그 기능을 수행하되 모든 경우에 있어 합법성과 공정성의 원칙에 따라야 한다.'라고 규정하고 있다. 이러한 조항을 통해 확인할 수 있는 것은 검찰이 형식적으로는 사법부에 속하면서도 실질적으로는 독립적이고 자치적인 위치에 있다는 점이다.

이상을 종합하면 결국 검찰은 자체적으로 활동하고 기능적 독립성을 유지하면서, 합법성 원칙을 바탕으로 다른 국가기관을 통제하고, 여러 법률이 부여한 특별한 직무를 수행하는 헌법상의 국가기관으로 볼 수 있다. 이러한 입법배경으로 스페인 헌법의 검찰 관련 규정과 검찰기본법이 나온 것으로 파악할 수 있다.

(2) 형사소송법 규정 등
가. 형사소송법

<형사소송법>303)

제287조 사법경찰을 구성하는 공무원은 각자의 권한 내에서, 범죄와 범죄자의 수사를 위하여 검찰청 공무원이 그들에게 위임한 조치와 소송절차 내에서 예심판사와 재판부에서 위임한 그 밖의 모든 조치를 지체 없이 이행하여야 한다.

제773조 ② 직접 또는 고소나 조서가 제출되어 검사가 범죄에 관하여 알게 된 경우...... 사실관계 확인 또는 관련자의 책임을 규명하기 위해 직접 또는 사법경찰에게 지시하여 적절하다고 판단되는 조치를 취하여야 한다.

검사의 수사 권한과 관련하여, 아직 수사판사 제도가 남아 있으나, '마약범죄 검찰청', '부패 및 조직범죄 검찰청' 등 특수검찰청은 수사 권한이 인정되고, 통상의 검찰청도 형사사건의 대부분을 차지하는 약식 사건(법정형 9년 이하)에 대한 수사 권한이 인정되므로 검사의 수사 권한도 인정된다고 해석함이 상당하다. 특히 후술하는 검찰조직법 제4조 제4항은 '검사는 사법경찰을 구성하는 모든 사람에게 각 경우에 적절한 명령과 지시를 할 수 있다'고 규정하고 있다. 따라서 각 규정에 대한 해석상 검사의 사법경찰에 대한 수사지휘 권한도 인정된다고 보아야 한다.

---

imparcialidad.

303) <http://www.boe.es/buscar/act.php?id=BOE−A−1882−6036&p=20151006&tn=1#a96>.

나. 검찰조직법

<검찰조직법>304)

제4조 검사는 그 기능의 행사를 위해 다음과 같은 권한이 있다.

④ 사법경찰을 구성하는 모든 사람에게 각 경우에 적절한 명령과 지시를 할 수 있다.

제5조 ② 마찬가지로, 검사는 신고받은 사건이나 경찰이 확인한 조서에 기재된 사건의 내용을 명백하게 하기 위해 예방적 조치 또는 권리의 제한을 수반하지 않는, 형사소송법에 따른 적법한 조치들에 대하여 직접 수사하거나 사법경찰에게 수사를 하게 할 수 있다. 다만, 검사는 예방적 구금을 명령할 수 있다.

제8조 ① 수상은 공익의 수호차원에서 검찰총장에게 법원에 대하여 적정한 사법권의 행사를 조장·촉진토록 관여할 수 있다.

② 수상의 검찰에 대한 관여는 원칙적으로 법무부장관의 중개에 의하여 검찰총장을 통하여 하고 예외적으로 필요한 경우 직접검사에 대하여 할 수 있다. 검찰총장은 수상이 요청한 행위의 실행가능성, 상당성 여부에 관하여 대검찰청 검사장회의를 거쳐 결정하고 그 내용을 이유를 붙여 서면으로 수상에 개진한다.

제19조 ② 마약범죄검찰청과 부패및조직범죄검찰청은 특수검찰청이다.

③ 마약범죄검찰청은 다음의 권한을 행사한다.

   a) 마약·향정신성물질 밀매 및 그 밀매와 관련된 자금세탁과 관련된 모든 절차에 직접 관여한다.

   b) 이 법 제5조에 따라, 전항에 기재된 범죄의 하나를 구성하는 징후를 보이는 사실관계를 수사한다.

④ 부패및조직범죄검찰청은 특별히 중요하고, 검찰총장이 인정하는 다음에 관하여 이 법 제5조에 기재된 절차를 수행하고, 형사절차에 직접 관여한다.

   a) 국고를 해하는 죄, 사회안전을 해하는 죄, 밀매의 죄

   b) 배임의 죄

   d) 공적 자금의 유용

   g) 뇌물죄

   l) 지식·산업재산, 시장, 소비자와 관련된 죄

   m) 기업범죄

   n) 자금세탁……

   o) 사경제부분에서 부패범죄

   p) 위 각 범죄와 관련된 범죄

---

304) < https://www.boe.es/buscar/act.php?id=BOE-A-1982-837 > .

제22조 ① 검찰청은 스페인 전역에 관할권을 행사하는 유일한 기구이다.

② 검찰총장은 검찰의 수장이고 스페인 전역을 통하여 검찰권을 대표한다. 검찰총장은 직무와 관련하여 명령·지시를 내리고 조직내부에 대한 감독권을 행사하며 지휘·통제한다.

③ 각 검찰청의 검사장은 소속 검찰청을 지휘하며 검찰총장과 상급 검찰청의 검사장 예속하에 소속 검찰청을 대표한다.

제29조 ① 검찰총장의 법률가로서 직업상의 실제경력이 15년 이상인 명망 있는 스페인의 법조인일 것을 요한다.

② 검찰총장의 취임은 국왕앞에서 법률이 정한 선서를 하고 대법원장 및 전 대법원판사가 참여한 가운데 취임식을 갖는다.

다. 검찰평의회 구성과 기능에 관한 왕령

검찰평의회 구성과 기능에 관한 왕령

(1983. 2. 9. 제정, Real Decreto sobre constitucion y funcionamiento del Consejo Fiscal)

제2조

전체회의는 당연직 및 선출직 전원으로 구성되며, 상임위원회는 검찰총장, 감찰부장검사 및 전체회의에서 과반수의 찬성으로 선출된 3명의 위원으로 구성된다. 단 상임위원회의 3명의 선출직 중 1명은 대검찰청 부장검사, 1명은 제2직급의 현직검사, 나머지 1명은 제3직급의 현직검사에서 선출되어야 한다.

제3조

① 검찰평의회 전체회의 주요 내부 운영기준 수립

② 검찰기구의 구성 및 운영과 관련하여 검찰 활동의 단일성을 확보하기 위한 일반적 기준의 수립

③ 검찰총장이 회부한 의제에 대한 심의 등으로 검찰총장을 보좌

④ 직업검사의 승진 및 재량임명 직책의 임명에 대한 의견제시

⑤ 징계결정을 위한 심리 및 공적에 대한 평가

⑥ 절대적 겸직금지 원칙 위반 여부에 대한 의견제시

⑦ 검사장이 내린 징계결정에 대한 불복 심사

⑧ 검찰기능과 관련한 업무개선안에 대한 심의

⑨ 검사의 정원 및 직제에 관한 의견제시

⑩ 검찰의 계급종속성 및 활동의 단일성에 영향을 줄 수 있는 의견의 불일치에 대한 심사를 통한 검찰총장의 보좌

⑪ 강제전보의 징계결정 여부에 대한 의견제시

⑫ 검사장 면직에 대한 의견제시

⑬ 상대적 겸직금지 원칙 위반여부에 대한 판단

⑭ 파면에 대한 징계결정을 위한 사전의견제시

⑮ 기타 법률규정 및 상임위원회에서 특별한 중요성 또는 복잡성으로 전체회의에서 의결할 것으로 회부한 사안

제4조

① 법정기준에 의하여 실시되는 검사의 승진을 위한 의견서 작성

② 한명 또는 여러 명의 검사들을 특별검찰청 또는 사법관련기관에 파견하는 경우 파견명령의 상당성 여부에 대한 의견제시

③ 검찰기본법 제21조에 의하여 판사 또는 검사의 상호 전직가능여부에 대한 의견제시

④ 검찰기본법 제23조 Artículo 23. (스페인 검찰기본법 제23조 원문)

Los miembros del Ministerio Fiscal son autoridad a todos los efectos. Actuarán siempre en representación de la Institución y por delegación de su jefe respectivo. En cualquier momento del proceso o de la actividad que un Fiscal realice, en cumplimiento de sus funciones, podrá su superior inmediato sustituirlo por otro, si razones fundadas así lo aconsejan. Esta sustitución será comunicada al Consejo Fiscal.(각 검사는 모든 사건에 관하여 독립관청의 성격을 갖는다. 검사는 항상 소속검찰청을 대표하고 소속검찰청 검사장의 위임에 따라 행동한다. 특정검사가 직무수행을 위하여 행하는 직권의 행사 또는 절차의 어떠한 단계에서도 상급자는 상당한 이유가 있을 때에는 다른 검사로 교체할 수 있다.)

에 의한 검사 교체의 정당성 여부에 대한 의견제시

⑤ 특정직책의 임명에 대한 의견제시

⑥ 중징계, 일반징계의 취소에 관한 심사

⑦ 기타 전체회의에서 위임한 사안

제5조

검찰평의회의 의사결정에 대하여는 대법원에 상고할 수 있다.

제6조

전체회의나 상임위원회의 총무는 각 최하위서열 검사가 맡는다. 검찰총장이 부재시에는 전체회의의 경우 대검찰청 차장검사가 의장직을 대행하고, 상임위원회의 경우 감찰부장검사가 의장직을 대행한다.

제10조 후단

검찰평의회의 의사결정은 위원의 과반수로 하나, 위원으로서의 의무에 대한 중대한 불이행 또는 부적격으로 인한 해임에 대한 의결의 경우에는 당사자의 반론절차를 거쳐 전체회의의 위원 3분의 2 다수결로 결정한다.

제14조

선출직 위원은 현직에 있는 직업검사의 보통, 평등, 직접, 비밀투표에 의하여 선출되며, 우편을 통한 투표도 유효하다.

제18조

입후보자가 되기 위한 필수요건은 현직에 있는 검사이어야 하며 하나의 검사협회의 추천이나 15인 이상의 현직검사의 추천을 받아야 한다.

제29조

입후보자는 선거 당일로부터 3일전까지 후보직에서 사퇴할 수 있다.

제30조

투표가 실시된 후 지방선거위원회는 부분개표를 실시하고, 중앙선거위원회는 총개표를 실시하여 당선된 후보를 공표한다.

　　스페인 헌법 제126조에 의하면 사법경찰은 범죄수사와 범인의 발견 및 체포에 관한 업무 수행에 있어서 법률이 규정하는 절차와 요건에 따라 판사, 재판부와 검찰청에 기속된다고 규정되어 있다. 즉 검찰의 지휘를 받고 있다는 점이 헌법에 명시적으로 나타나 있다.

　　이를 구체화한 스페인 형사소송법 제287조에 의하면 "사법경찰을 구성하는 공무원은 각자의 권한 내에서, 범죄와 범죄자의 수사를 위하여 검찰청 공무원이 그들에게 위임한 조치와 소송절차 내에서 예심판사와 재판부에서 위임한 그 밖의 모든 조치를 지체없이 이행하여야 한다"고 규정함으로써 다시 한 번 사법경찰이 검사의 수사지휘를 받고 있음을 확인하고 있다. 이를 보다 구체화 한 조문은 스페인 형사소송법 제773조이다. 제2항에 의하면 "직접 또는 고소나 조서가 제출되어 검사가 범죄에 관하여 알게 된 경우, 검사는 사실관계 확인 또는 관련자의 책임을 규명하기 위해 직접 또는 사법경찰에게 지시하여 적절하다고 판단되는 조치를 취하여야 한다"고 명시하고 있다.

　　스페인 검찰기본법 제4조에서도 검사의 권한을 규정하고 있는데, 특히 제4항에 "사법경찰을 구성하는 모든 사람에게 각 경우에 적절한 명령과 지시를 할 수 있다"고 규정하고 있어 분명히 사법경찰에 대한 수시지휘를 명시하고 있다. 같은 맥락에서 스페인 검찰기본법 제5조에 의하면 검사는 신고 받은 사건이나 경찰이 확인한 조서에 기재된 사건의 내용을 명백히 하기 위해 형사소송법에 따른 적법한 조치들에 대하여 직접 수사하거나 사법경찰에게 수사를 하게 할 수 있다.

　　한편, 검사의 사법통제적 기능은 먼저 검찰의 권한으로부터 확인된다. 지금까지 살펴본 스페인 검찰은 사법권에 대한 협력자로서 헌법에서 부여한 권한을 통해 법치주의 확립에 기여한다. 특히 기능적으로 독립관청으로서의 성격을 지니고 있으며 사법경찰관을 지휘한다. 아울러 검찰기본법 제5조에서 "검사가 수행하고 검사의 지휘아래 수행되는 모든 절차는 진실성의 추정아래 이루어져야 한다"라고 규정함으로써 사실상 검찰의 활동여지를 넓혀 놓음으로써 사법통제적인 기능을 보장하고 있다고 보아야 할 것이다.305)

지금까지 살펴본 스페인의 검찰은 인권보장적 기능을 담당하기 위한 제도적인 장치를 마련하고 있다고 판단된다. 가장 주목할 만한 것이 바로 헌법소원에 있어서 검사가 직접 관여할 수 있다는 점이다.

우리나라의 헌법재판소법에 해당하는 스페인 헌법재판소기본법은 "공권력에 의하여 권리의 침해를 받은 모든 자연인 또는 법인은 동법이 정하는 바에 의하여 헌법소원을 제기할 수 있다"고 규정하고 있는데, 여기서 특이하게 검찰에게도 헌법소원을 제기할 수 있는 자격을 부여하고 있다. 즉 검찰은 헌법과 법률에 따라 국민의 인권을 보호하고 법치주의를 실현하기 위한 객관적인 기관이라는 점에서 헌법소원능력을 인정하고 있다. 사실상 검찰의 인권보장적 기능의 대표적인 특성으로 파악할 수 있다.306) 이러한 인권보장적 기능은 헌법재판소 기본법 제47조 제2항에서도 확인할 수 있는데 이에 의하면 개인이 공권력의 행사로 인한 기본권 침해를 이유로 헌법소원을 제기한 경우에도 합법성, 기본권 존중, 공익의 보호 등을 위해 검사가 적극적으로 관여할 수 있도록 되어 있다.

앞에서 살펴본 바와 같이 스페인 헌법에서 규정한 검찰의 역할을 보다 구체화한 검찰기본법 제3조에서는 검찰의 직무를 구체적으로 규정하고 있다. 이에 의하면 검찰은 사법권의 행사가 법률에 따라 효율적으로 수행되고, 소송이 적절한 절차와 수단에 의하여 진행이 되는지 살피고, 법원의 독립을 수호하기 위하여 법률이 부여한 기능을 수행하며, 헌법기관, 기본권 및 공공의 자유를 보호하고, 범죄로 비롯된 민·형사소송을 제기 및 응소하며, 사법당국에 대하여 상당한 형사가처분결정과 범죄행위의 규명을 위하여 필요한 절차를 요청하고 사법경찰에 대하여 범죄행위의 규명을 위하여 필요한 수사 활동의 지휘를 하며, 합법성, 공공 또는 사회 이익의 수호, 국가관련 소송절차 및 검찰기본법이 정한 사항에 대한 소송절차에 참여하고, 무능력자 및 미성년자들의 후견기관으로서 법적으로 이들을 보호하고, 사법의 존엄성 및 법원, 판사의 권한을 지키며, 공공의 이익에 영향을 미치는 사법적 결정의 집행을 감시하고, 헌법소원을 제기하고, 합법성을 수호하기 위하여 법률이 정하는 절차에 따라 헌법재판소의 일정한 심리절차에 관여하며, 헌법소원에 관여하고, 행정쟁송절차에서 합법성을 변호하며, 국제사법공조절차에의 관여하고, 법률이 정한 기타 직무를 수행한다고 규정하고 있다. 이러한 일련의 모든 역할과 직

---

305) Articulo 5 (스페인 검찰기본법 제5조 원문).

　　Todas las diligencias que el Ministerio Fiscal practique o que se lleven a cabo bajo su dirección, gozarán de presunción de autenticidad.

306) 노상길, 앞의 논문, 43면.

무는 전부 직간접적으로 인권보장을 위한 업무와 관련되어 있다고 볼 수 있을 것이다.

　　결국 위와 같은 각 규정에 대한 해석상 검사의 사법경찰에 대한 수사지휘 권한은 인정된다고 해석하여야 하고 달리 해석할 여지가 없다. 또 검사의 수사 권한에 대하여 보건대, 스페인에는 아직 수사판사 제도가 남아 있으나, '마약범죄 검찰청', '부패 및 조직범죄 검찰청' 등 특수검찰청은 수사 권한이 인정되고, 통상의 검찰청도 형사사건의 대부분을 차지하는 약식 사건(법정형 9년 이하)에 대한 수사 권한이 인정되므로 검사의 수사 권한도 인정된다고 해석함이 상당하다.

3. 포르투갈(Portugal)

(1) 헌법 규정

<헌 법>307)

제219조 기능, 지위 및 역할 ① 검찰은 국가를 대표하고 법이 정한 이익을 수호하며, 아래 항에 따라, 그리고 법률이 정한 바에 따라, 주권을 행사하는 주체에 의해 정의된 형사정책의 실행에 참여하며, 적법성의 원칙에 따라 형사처벌을 집행하고, 민주적 법치주의를 수호할 책임이 있다.

② 검찰은 법률에 규정된 바에 따라 자체 규정과 자율성을 갖는다.

③ 군 범죄와 관련된 각 사건에서 검찰청에 제공할 특별한 형태의 지원은 법률로 정한다.

④ 검찰청 공무원은 책임있는 사법공무원이어야 하고, 위계적인 조직을 구성하고 그 조직에 따라야 하며, 법에 규정된 경우를 제외하고는 전보, 정직, 퇴직, 파면을 당하지 않는다.

⑤ 검찰청 공무원의 임명, 보직, 전보, 승진, 징계는 검찰총장의 책임이다.

제220조 검찰총장 ① 검찰총장은 검찰청의 상위 기관에 해당되며, 법률로 정해진 구성 및 제반 책임을 진다.

② 검찰청의 감독은 검찰총장이 담당하고, 검찰총장은 검찰청 최고위원회를 구성한다. 검찰청 최고위원회에는 공화국의회에 의해 선출된 위원과 검사들이 검사들 중에서 선출한 위원들을 포함한다.

③ 본 헌법 제133조 제12호 규정을 침해하지 않는 한, 검찰총장의 임기는 6년으로 한다.

　　포르투갈 검찰은 형사소추기관으로서 헌법상의 기관이다. 검찰은 국가에 의하여 확정된 형사정책 실행에 참여하고, 국가를 대표하며, 민주적 법치질서를 수호하는 한편, 법에서 인정한 이익을 보호하는 임무를 수행한다(헌법 제219조 제1항). 헌법기관으로서 포르투갈 검찰은 업무수행에 있어 다른 권력기관에 의하여 간섭받지 않으며, 사법부로부터 독립된 지위가 인정된다.308)

---

307) <https://www.constituteproject.org/constitution/Portugal_2005?lang=en>.

검찰총장은 전체 검찰을 지휘한다. 검찰총장은 국회의 추천에 의하여 대통령이 임명하며, 임기는 6년이다(동법 제220조 제3항). 검찰총장은 법에서 정한 사유를 제외하고는 면직되지 않으며, 그 직무에서 배제되지 않는다. 포르투갈 검찰은 ① 대검찰청, ② 4개의 고등검찰청(DISTRICT DEPUTY PROSECUTORS GENERAL'S OFFICES), ③ 23개의 지방검찰청(COUNTY DISTRICT PROSECUTORS' OFFICES)의 피라미드형 위계구조로 조직된다(검찰청법 제7조).

포르투갈헌법은 검찰조직에 대하여 직접 규정하고 있다. 검찰조직은 헌법상으로 법원조직과 구별되고, 검사 역시 판사와 완전히 구별된다. 검찰은 국가를 대표하는 공익의 수호자이며 형사정책의 실행자이자 민주주의의 수호자이다. 검찰은 '자체 규정과 자율성을 갖는다'고 규정하여 검찰의 독립성을 강력하게 보장하고 있는 것이 특징이다. 검찰공무원의 신분을 사법공무원으로 정하였으며, 인사권을 검찰총장이 행사하도록 하였다.

헌법에 근거하여 검찰은 조직법적 의미의 자체 규정309)을 가지고 있다. 222개의 조문에 달하는 이 규정은 우리나라의 검찰청법에 해당한다고 할 수 있다. 따라서 편의상 여기에서는 "포르투갈 검찰청법"으로 부르기로 한다.

포르투갈 검찰청법은 제1부(PARTE I) 검찰청(Do Ministério Público)과 제2부(PARTE II) 검찰사법관(Da magistratura do Ministério Público)으로 크게 나누어져 있다. 제1부는 다시 제1편에서 검찰청의 구조, 기능 및 개입시스템을 규정하고, 제2편에서 검찰청의 내부조직과 구성원 특히 검사의 직위를 규정하고 있다. 제2부는 검찰공무원의 신분과 인사에 관해 규정하고 있다.

우선 포르투갈 검찰청법 제1조는 검찰의 정의를 내리고 있다. 대부분 헌법 제129조 제1항의 검찰의 기능을 되새기면서 소추를 수행한다는 점을 추가하였다. 제2조는 검찰의 자율성을 천명하고 있으며, 제75조는 검사가 법원과 대등하고 독립적으로 임무를 수행한다는 점을 명시하고 있다. 비록 검찰이 재판권과는 다른 권한을 보유하고 법원에게 인정된 권한에 한정되지는 않지만, 검찰은 사법권과 관련이 있으며 사법 행정에 자율적으로 참여한다.310) 특히 검찰청법 제3조 제1항에 의해 검찰에 부여된 권한은 다음과 같이 실로 광범위하다.

- 검찰은 국가뿐만 아니라 지역, 지방정부, 법적 무능력자, 주거지가 없는 자 및 소재불명자를 대표한다.
- 검찰은 주권기관에 의해 정의된 형사정책의 집행에 참여한다.

---

308) 포르투갈 검찰청 홈페이지: http://en.ministeriopublico.pt/.
309) Estatuto do Ministério Público. 영문명은 Statute of the Public Prosecution Service.
310) http://en.ministeriopublico.pt/.

- 검찰은 합법성의 원칙에 따라 기소한다.
- 검찰은 직권으로 노동자와 그 가족의 사회적 권리를 지키기 위해 그들을 대표한다.
- 검찰은 법률의 범위 안에 있는 경우 집단적 및 분산된 이익을 방어한다.
- 검찰은 법원의 권한 내에서 법원의 독립성을 확인하고 헌법과 그에 적용되는 법률에 따라 사법권의 직무가 이행되도록 보장한다.
- 검찰은 그 권한의 범위 내에서 법원의 결정을 집행한다.
- 검찰은 범죄수사를 주도한다.
- 검찰은 범죄 예방 계획을 홍보하고 시행한다.
- 검찰은 입법의 합법성을 감독한다.
- 검찰은 공익이 포함된 사건에 개입한다.
- 검찰은 자문적 기능을 수행한다.
- 검찰은 형사경찰기관의 절차적 활동을 감독한다.
- 법을 사칭하려는 당사자 간의 합의로 결정에 도달 할 때마다 또는 이러한 결정이 법을 명백히 위반하여 제시될 때마다 항의를 제기한다.

검찰조직은 대검찰청(Procuradoria-Geral da República), 고등검찰청(procuradorias-gerais distritais), 지방검찰청(procuradorias da República)으로 구성되며, 검사의 위계는 검찰총장(Procurador-Geral da República), 검찰부총장(Vice-Procurador-Geral da República), 고등검사장(procuradores-gerais-adjuntos), 지방검사장(procuradores da República), 평검사(procuradores-adjuntos)의 순서로 편성된다.

검사는 수직적 위계질서에 복종해야 하는 반면,[311] 법관 수준의 신분보장을 받는다.[312] 법무부장관은 검찰총장을 통해서만 지시나 요구를 할 수 있으며 형사사건에는 개입할 수 없다.[313]

포르투갈 검찰조직은 그 자체가 헌법기관으로서 법원과 더불어 대등하게 사법부를 구성하는 실체이고, 상당히 독립성과 자율성이 강한 조직임을 알 수 있다. 즉, 검찰은 포르투갈 헌법 제219조에 따라 독립적인 지위를 갖는다.

검사는 사법공무원이며 검찰조직의 위계구조에 속하며, 법률에 정해진 사유를 제외하고는 면직되거나 그의 사무에서 배제되지 않는다.[314]

---

311) 검찰청법 제76조.

312) 검찰청법 제78조.

313) 검찰청법 제80조.

314) Council of Europe, Consultative Council Of European Prosecutors, Questionnaire with a view of the preparation of Opinion No. 7 on the management of the means of the prosecution services, Replies from Portugal, 2011, 2면(본 문헌은 이하 CCPE(2011/07)

한편, 검찰을 지휘하는 검찰총장의 임무는 법에 정해져 있으며, 검찰은 검찰최고위원회를 구성한다. 검찰최고위원회의 구성원은 국회에서 5인, 법무부 장관의 임명에 의해 2명, 검사들 중 검사에 의한 선거로 7명 등으로 구성되며, 검찰총장이 위원장이 된다. 포르투갈의 검찰은 조직의 수장으로서 검찰총장과 국회, 정부 및 검찰의 인사로 이루어진 검찰최고위원회에 의하여 지휘된다.[315]

반면, 법무부장관의 검찰에 대한 영향력 행사는 극도로 제한되어 있다. 법무부장관은 검찰최고위원회에 2명의 위원을 임명한 권한을 갖는다. 또한 법무부장관은 특별한 현안에 대하여 설명하기를 원하는 경우 등에 검찰최고위원회 회의에 참석할 수 있다.[316] 즉 포르투갈 검찰은 법무부장관으로부터 구체적인 지시는 물론 일반적인 지시로도 지휘를 받지 않는다.

(2) 형사소송법 규정

형사소송법[317]

제53조 절차에서 검사의 지위와 권한

② 특히 검사는

  b) 수사를 실행하여야 한다.

제262조 수사의 목적 및 범위 ① 수사는 범죄실행에 관한 조사, 범인 확인, 책임 확인, 그리고 기소 여부를 결정하기 위한 증거발견 및 수집을 목적으로 하는 법적 조치들로 구성된다.

제263조 수사의 지휘 ① 수사는 검사가 지휘하고 사법경찰의 보조를 받는다.

② 제1항의 목적을 위해 사법경찰은 검사의 직접적인 감독 및 기능적인 지휘 하에 활동한다.

포르투갈 형사소송법에서 검사의 수사는 의무이며 수사의 정의에 대해서도 명확히 규정하고 있다. 수사의 주체가 검사이고 사법경찰은 그것을 보조하는 지위에 있는 점도 분명히 하고 있다.

형사소송법 제53조는 절차에서 검사의 권한과 관련하여, '검사는 수사를 실행하여야 한다'고 하면서, 제263조 제1항에서는 '수사는 검사가 지휘하고 사법경찰의 보조를 받는다'고 규정하여 검사의 수사권 및 수사지휘권을 인정하고 있다. 따라서 소추절차를 개시하고 수사를 감독하는 법률적 권한은 검찰청에 있다. 포르투갈 형사소송법 제53조 제2

Portugal로 표기함).

315) CCPE(2011/07) Portugal, 2면.

316) CCPE(2011/07) Portugal, 3면.

317) 원문: <http://www.pgdlisboa.pt/leis/lei_mostra_articulado.php?nid=199&tabela=leis>.
   영문: <http://www.gddc.pt/codigos/code_criminal_procedure.html>.

항에서는 검사가 직접 수사를 실행한다고 정하고 있다. 또한 검사는 법에서 정한 범위 내에서 경찰이 수사 활동을 적법하게 수행하는지를 감독한다. 특히 경찰은 자체적으로 예방적 수사수단을 통해 증거를 수집하는 등의 수사 활동에서 검사의 지휘 하에 있다.318) 수사는 검사가 지휘하고 경찰관은 이를 보조하며, 경찰관은 검사의 직접적인 감독 하에, 그리고 기능적인 지휘 하에 활동한다(동법 제263조).

범죄행위가 신고 된 경우에 경찰은 검사의 지휘와 관계없이 수사를 실행하고 증거를 수집할 수 있다(동법 제249조). 형사사건의 수사와 관련하여 검사는 세부적 지침을 발할 수 있지만, 수사의 기한이나 구체적인 수사 방법에 관하여는 지시할 수 없다.

물론 포르투갈 형사소송법 제255조는 혐의자가 현행범이고 징역 이상의 형을 받을 범죄를 저질렀다는 인상을 주는 경우 경찰에 의한 긴급체포를 규정하고 있다. 그러나 이러한 긴급체포는 물론 법원 또는 검사에 의하여 체포영장을 발부받을 수 없는 경우에 인정될 수 있는 예외적인 조치이다.319)

포르투갈에서 현행범 체포와 같은 긴급조치로서의 체포를 제외한 모든 인신구속은 법원 또는 검찰에서 발부하는 체포영장에 의하여야 한다(동법 제257조 제1항). 체포가 혐의자를 즉결심판 법정에 출두시키기 위하여 행해지거나 구속 사전 절차로 행해지는 경우 경찰은 혐의자를 48시간 동안 유치할 수 있다. 이와 달리 체포가 수사절차에서 수사판사 또는 검찰 출석을 위하여 행해지는 경우에는 24시간을 넘지 못한다(동법 제254조 제1항 b). 혐의자에게 구속사유가 인정되는 경우 법원은 검사의 청구에 따라 구속영장을 발부한다(동법 제194조 제1항).

결국 각 규정에 대한 해석상 검사의 수사 권한과 사법경찰에 대한 수사지휘 권한이 모두 인정된다고 해석된다. 특히, 헌법에 검사의 수사와 관련된 직접적인 규정은 없으나 '자체 규정과 자율성을 갖는다'고 규정하여 검찰의 독립성을 강력하게 보장하고 있는 것이 특징이다.

4. 그리스(Greece)

(1) 헌법 규정

<헌 법>320)

제14조 표현과 언론의 자유 ③ 출판 전후 신문이나 다른 출판물의 압수는 금지된다. 검사의 명

---

318) 대검찰청, 유럽 국가의 검사와 경찰관계, 2005 유럽검찰총장 회의, 2005, 342면.

319) European Criminal Bar Association, An analysis of minimum standards in pre-trial detention and the grounds for regular review in the Member States of the EU, PORUTUGAL, 6면.

320) <https://www.constituteproject.org/constitution/Greece_2008?lang=en>.

<u>령에 의한 압수</u>는 다음의 경우에 출판 후에 예외적으로 허용된다.

    a. 기독교 또는 기타 알려진 종교에 대한 범죄

    b. 공화국 대통령에 대한 모욕......

제87조 사법권 독립 ① 재판은 기능적 및 개인적 독립성을 향유하는 일반 판사로 구성된 법원이 행한다.

② 판사는 헌법과 법률에 의해서만 직무를 수행한다. 어떤 경우에도 판사는 헌법을 위반하여 제정된 법규정을 준수할 의무가 없다.

③ 일반 판사는 직급이 높은 판사와 최고 민·형사법원의 검사 및 부검사의 감독을 받는다. 검사는 최고 민·형사법원 판사와 직급이 높은 검사의 감독을 받는다.

제90조 최고법관회의 ① 사법공무원의 승진, 직무 배정, 전임, 파견 및 다른 부서로 전출은 최고법관회의의 사전 결정 후에 대통령령에 의해 발효된다. 이 회의는 법규정에 따라 각 최고법원의 법원장과 동 법원에서 최소한 2년 이상 근무한 판사 중에서 추첨으로 선정된 자로서 구성된다. <u>법률에 따라 최고 민·형사법원의 검사와 최고 민·형사법원의 검사실에서 최소 2년간 근무한 사람 중에서 추첨된 부검사 2명</u>은 민사 및 형사재판에 대한 최고법관회의에 참여한다. 최고행정법원과 행정재판에 대한 최고법관회의에는 국가총괄위원장이 참여하여 일반 행정법원과 국가총괄위원회의 사법공무원과 관련된 사안을 담당한다. 또한 감사법원에 대한 최고법관회의에도 국가총괄위원장이 참여한다.

<그 외에 검사의 직무 등에 관한 다수 규정 있음>

    헌법이 검찰의 조직을 직접 규정하고 있지는 않으나, 법관의 독립에 관한 규정(헌법 제87조)에서 "법원의 검사·부검사", 최고사법평의회 규정(헌법 제90조)에서 "민·형사법원의 검사실 검사" 등에 비추어 볼 때, 법원 내에 검찰청을 둘 것을 예정하고 있다고 볼 수 있으므로 사법부직속 모델이라고 할 수 있다. 현재 그리스 헌법에서 검사의 명령에 의한 출판물의 압수 등 검사의 직무에 관한 다수의 규정이 발견된다.

    먼저 수사권과 관련한 법적 근거로는 그리스 헌법 제14조를 들 수 있는데, 동조에서는 출판물에 대한 압수를 원칙적으로 금지하면서, 다만 출판 후 "검사의 명령에 의한 압수는 … 예외적으로 허용된다"고 규정하고 있음으로써 검사의 수사권을 제한적으로 인정하고 있다. 보다 더 직접적으로 검사의 수사권 및 수사지휘권을 규정하고 있는 법률은 형사소송법(The Greek Code of Criminal Procedure; GCCP)이다. 그리스 형사소송법 제31조에서는 '치안법원 검사에게 첫째, 형사소추개시여부를 결정하기 위한 예비수사권과 범죄를 확인하기 위한 수사를 할 권한이 있다'라고 명시하고 있으며, 또한 동조에서 '검사는 직접 또는 검사보를 통하여 수사와 관련된 모든 수사행위에 항상 참여할 수 있다'고 규정함으로써 검사의 수사권을 명시적으로 인정하고 있다.

한편, 그리스 검사는 수사기관인 경찰, 해양경찰 및 세관 등에 대하여 수사지휘권을 가지며, 피고인에 대한 공소권 행사보다는 주로 사건 자체에 대한 해명을 주목적으로 한다고 한다.[321] 먼저 사법경찰에 대한 수사지휘권의 법적 근거로는 형사소송법 제33조, 제246조, 제251조를 들 수 있는데, 형사소송법 제33조에서는 '수사와 예비수사는 검사의 지시에 따라 이뤄진다'고 규정하고 있으며, 동법 제246조 제2항에서는 '검사는 기소개시 직후 및 수사의 모든 과정에서 수사관에게 지시할 수 있다'고 하며, 보다 구체적으로 동법 제251조에서 '수사관과 수사에 종사하는 모든 공무원은 검사의 지시를 받은 경우 지체 없이 범죄 및 범죄에 책임 있는 자에 대한 정보를 수집할 의무가 있다'고 규정함으로써 수사관 및 수사종사자들 모두 검사의 지휘를 받고 있음을 알 수 있다.

또한 이러한 그리스 검사의 수사지휘권은 경찰로 하여금 검사에게 보고할 의무를 명문화함으로써 구체화되고 있는데, 그리스 형사소송법 제37조에서는, 사법경찰은 수사 시 인지한 정보를 관할 검사에게 알려야 하며, 사법경찰 외 다른 공무원도 직무수행상 범죄 관련 정보를 인지한 경우 사법경찰처럼 검사에게 알릴 의무가 있음을 내용으로 하고 있다.[322]

이처럼 그리스에서 사법경찰은 검사로부터 명령을 받으면 수행하여야 하는데, 반면에 예비조사(Preliminary inquiries)와 수사(Investigations)는 치안판사의 지시에 따라 수행하여야 한다.

(2) 형사소송법 규정

형사소송법[323]

제31조

① 치안법원 검사는 다음과 같은 권한이 있다.

  a) 형사소추 개시 여부를 결정하기 위한 예비수사

  b) 범죄를 확인하기 위한 수사

검사는 직접 또는 검사보를 통하여 수사와 관련하여 언제든 모든 수사행위에 참여할 수 있다.

제33조 ① 수사와 예비수사는 검사의 지시에 따라 이루어진다……

제246조 ② 검사는 기소 개시 직후와 모든 수사의 어느 단계에서든 수사관에게 지시를 할 수

---

321) http://grc.mofa.go.kr/webmodule/htsboard/template/read/korboardread.jsp?typeID=15 &boardid=1884&seqno=1334326&c=&t=&pagenum=1&tableName=TYPE_LEGATION&pc =&dc=&wc=&lu=&vu=&iu=&du=.

322) 유럽국가의 검사와 경찰관계 - 2005 유럽 검찰총장 회의 -, 대검찰청 자료, 279면.

323) 원문: <http://www.ministryofjustice.gr/site/Default.aspx?alias=www.ministryofjustice.gr/site/ kodikes> 에서 Criminal Procedure Code 선택.

있다.

제251조 수사관과 수사에 종사하는 공무원은 검사의 지시를 받은 경우에 지체 없이 범죄 및 그 범죄에 책임있는 자에 대한 정보를 수집할 의무가 있다.

형사소송법 제33조 제1항은 '수사와 예비수사는 검사의 지시에 따라 이루어진다'고 하면서, 동법 제246조 제2항은 '검사는 기소 개시 직후와 모든 수사의 어느 단계에서든 수사관에게 지시를 할 수 있다'고 규정하여 수사권 및 수사지시권을 인정하고 있다.

그리스 헌법은 1975년 6월에 제정되어 1986년과 2001년에 개정되었는데, 헌법에서 강제수사를 원칙적으로 금하고 있다. 그리스 헌법에서는 그리스 국민은 현행범의 경우를 제외하고는 영장 없는 체포 및 구속이 금지되며, 이러한 영장청구는 검사에 의해서 행해진다.324) 현행범의 경우 체포시로부터 24시간 이내에 예심수사판사에게 인치되어야 하고, 예심수사판사는 구속 및 석방여부를 3일내에 결정하여야 한다.

그리스에서는 수사시 원칙적으로 강제적인 수단은 사용할 수 없는데, 강제수단을 사용할 경우 그리스 형법(the penal code) 제239조의 권한남용죄에 해당할 뿐만 아니라, 동법 제137a조에 따른 '고문 및 인간의 존엄성에 대한 기타범죄'와 동법 제137b조의 '가중범죄'에 따라 처벌될 수 있다. 이처럼 수사시 사법경찰은 특별한 수단을 사용할 수 없으나, 다만 조직범죄 수사를 위해 정보원을 잠입하게 하려는 등의 예외적인 경우에는 검사의 신청에 의해 관할 사법평의회(the competent judicial council)에서 승인명령이 내려지면 가능하도록 하고 있다.

결국 위와 같은 각 규정에 대한 해석상 검사의 수사 권한과 사법경찰에 대한 수사지휘 권한이 모두 인정된다고 해석하여야 하고 달리 해석할 여지가 없다.325) 특히, 그리스의 헌법에서는 검사의 명령에 의한 출판물의 압수 등 검사의 직무에 관한 다수의 규정이 발견되는 것이 특징이다.

5. 슬로베니아

(1) 헌법 규정

<헌 법>326)

제135조 검사. 검사는 공소를 제기하고, 그 외에 법에 규정된 다른 권한이 있다. 검찰청의 조직 및 권한은 법률로 정한다.

---

324) CRIMINAL PROCEEDING AND DEFENCE RIGHTSIN GREECE.

325) Replies by country, Greece, 각주 20의 Questionnaire.

326) < http://www.us – rs.si/en/about – the – court/legal – basis/constitution/ >.

제136조 검사의 직무의 양립불가능성. 검사의 직무는 다른 국가 조직, 지방자치정부 조직, 정당 조직의 직무와 양립할 수 없고, 법률이 정하는 바에 따라 다른 직무나 활동과도 양립할 수 없다.

슬로베니아는 스탈린시대로 불리는 1940년대에 대규모 정치적 억압으로 인하여 대규모의 투옥과 인권침해가 있었다. 공산주의의 박해로 인하여 많은 사람들이 슬로베니아를 탈출하였다. 1948년에는 티토와 스탈린의 분할과 대립으로 인하여 반대로 공산주의자들이 대규모로 기소되었고, 교도소에 수감되었다. 슬로베니아는 거기다가 1950년까지 나치 협력지식인에 대한 재판으로 인하여 더욱 많은 기소의 남발과 투옥이 반복되었다. 슬로베니아는 이러한 정치적인 흐름에 따라 검찰과 경찰의 수사와 기소의 남발 및 재판의 악용 등으로 인권침해로 얼룩진 역사를 남기게 되었다.

슬로베니아는 민주주의를 열망하는 민주주의 운동과 민족주의 운동 등이 결합되어 결국 유고슬라비아에서 1990년 1월 23일에 독립하게 되었고, 1989년 9월에 헌법 개정을 이루게 된다. 이러한 슬로베니아의 역사를 배경을 통해서 왜 슬로베니아가 검찰을 헌법기관으로 입법하였는지를 이해할 수 있게 된다. 즉, 슬로베니아 헌법은 제f절에서 법원에 대한 헌법 규정들을 두면서 제g절에서는 별도로 검찰에 대하여 규정을 두고 있는 점이 특징이다.

이처럼 슬로베니아 헌법은 검사에게 공소의 제기와 유지 등에 대한 권한을 귀속시키고 있는데, 비록 검찰에 대한 규정이 두 조문 밖에 없다고 하더라도 이는 헌법에서 독립된 장으로 입법하겠다는 슬로베니아 헌법 제정자들의 입법적 결단으로 보인다.

(2) 형사소송법 규정

<형사소송법>[327]

제45조 ① 검사의 기본적인 권한 및 의무는 범죄자를 소추하는 것이다.

② 직권에 따라 소추되는 범죄에 관하여 검사는 다음의 관할권이 있다.

1. 범죄의 인지, 범인의 추적 및 수사절차의 지휘와 관련된 필요한 조치의 수행

2. 수사 개시 요구

3. 관할 법원에 대한 정식 기소 또는 약식 기소

4. 확정되지 않은 재판에 대한 항소 제기 및 확정된 재판에 대한 비상 구제수단 청구

제160조 ① 검사는 이 법에 따른 권한을 행사함에 있어 범죄와 범인을 발견하거나 결정을 위

---

327) 원문: <https://www.uradni-list.si/glasilo-uradni-list-rs/vsebina/2003-01-5043?sop=2003-01-5043>.

영문: <http://www.legislationline.org/documents/section/criminal-codes/country/3>.

해 필요한 자료를 수집하기 위해, 구속력있는 지시, 전문가 의견, 경찰이 그 책임하에 수행하는 정보수집 및 기타 조치의 이행과 관련된 제안 등을 통해 경찰의 업무를 지휘할 수 있다.

슬로베니아 경찰은 원칙적으로 범죄혐의를 포착하는 경우 사건을 해결하기 위하여 직권으로 수사를 개시할 수 있다. 그러나 경찰은 수사절차에 검사의 참여를 위하여 범죄혐의 포착과 함께 수사를 개시한 경우 이를 검찰에 보고 하여야 한다. 경찰은 범죄혐의 탐지 3일 이내에 이를 관할 검찰에 알려야 한다. 이 경우 사건의 대부분은 지방검찰청의 검사가 접수하게 된다.[328]

검사는 수사절차에서 자신의 결정으로 경찰의 수사를 지휘할 수 있다. 이 경우 검사는 법적으로 중요한 사실관계에 대한 정보수집과 증거수집의 과정에서 구속적인 지시를 내릴 수 있다.[329] 수사절차에서 검사의 지휘가 없는 경우 경찰은 합법적 범위 안에서 독립적으로 수사를 진행한다. 조직범죄나 경제범죄의 경우 검사는 경찰의 수사에 적극적으로 개입하여 수사를 지휘하는 경우가 많다. 다시 말해 검사가 수사를 지휘할 수는 있지만 모든 경우에서는 아니고, 검사가 일정한 시간 내에 수사 지휘에 대하여 고지하지 않는 경우 경찰이 독자적으로 수사를 진행한다.[330]

슬로베니아 형사소송법 제45조 제1항은 검사에게 수사와 기소에 대한 권한과 책임을 부여하고 있다. 슬로베니아 검사는 수사의 인지와 개시에 대한 권한뿐만 아니라 수사절차를 지휘할 수 있는 수사지휘권을 가지고 있다. 슬로베니아 검사에게 수사개시와 요구 및 공소권을 인정하면서도 그 반대로 피의자와 피고인을 보호하는 권한과 의무도 부여하여 검사의 객관적이고 중립적인 지위를 인정하고 있다.

그런데 주목할 부분 중의 하나는 슬로베니아의 인권침해의 역사 속에서 검사에게 확정되지 않은 재판에 대한 항소 제기 및 확정된 재판에 대한 비상 구제수단 청구권을 인정하고 있다는 것이다. 미확정 재판에 대한 경우뿐만 아니라 심지어 확정된 재판에 대하여도 비상 구제 청구권을 인정함으로써 슬로베니아 검사에게 혹시라도 있을 수 있는 억울한 인권피해를 막을 수 있는 권한을 부여하고 있는 것이다.

특히 슬로베니아의 인권침해가 또 다시 되풀이 되지 않도록 하기 위하여 일선의 경찰이 책임을 지고 담당하는 정보의 수집 및 기타 조치 등 수사와 관련하여 경찰의 업무를 지휘할 수 있도록 권한을 부여하고 있다. 검사가 경찰에 대하여 가지는 지휘권은 수

328) Renier, The Organization and Structure of the State Prosecutor's Service in the Republic of Slovenia, Judicial Reform The Prosecution Office And Investigation Authorities In The Context Of Eu, Center For the Study of Democraty, 2008, 100면.
329) Renier, 앞의 논문, 100면.
330) CPGE(2005)06, 138면 이하.

사지휘권에 국한하지 않고, 여러 가지 업무에 대한 지휘권으로 확장되어 있다는 점이 특징인데, 이 역시 광범위하게 이루어졌던 인권침해의 역사를 되풀이 하지 않으려는 슬로베니아 사회의 합의와 공감대가 바탕을 이루고 있는 입법적 결단으로 보인다.

한편, 슬로베니아 검사는 법원과 더불어서 경찰에게 영장을 발부할 수 있다. 경찰은 일반적으로 판사뿐만 아니라 검사가 발부한 영장에 의해서도 체포와 구속이 가능하다.[331]

검사와 판사가 대등하게 경찰에게 수사에 관한 영장을 발부할 수 있다는 것은 슬로베니아 검찰 제도의 특수한 면을 보여 준다. 슬로베니아에서 얼마나 치열하게 인권 침해가 반복 되었는지를 극명하게 반영하고 있으며, 이러한 인권침해의 역사를 극복하기 위하여 검찰에게 법관과 대등한 헌법적인 책임을 지우고 있는 것이다.

결국 위와 같은 각 규정에 대한 해석상 검사의 사법경찰에 대한 수사지휘 권한은 인정된다고 해석하여야 하고 달리 해석할 여지가 없다.[332] 다만, 검사의 수사 권한과 관련하여, 사법경찰 등 공무원이 범한 범죄에 대한 검사의 수사 권한은 인정되지만,[333] 일반적인 수사 권한은 수사판사와 사법경찰의 직무이고, 검사는 수사판사에 대한 수사청구권만 있는 것으로 해석된다.

Ⅵ. 동유럽 4개국

1. 폴란드

(1) 헌법 규정

<헌 법>
제188조
헌법재판소는 다음의 사항에 관하여 결정한다.
1. 법률과 조약의 합헌성
2. 그 비준에 있어서 법률로 부여 되는 사전 동의를 요하는 비준된 조약에 대한 합헌성
3. 국가기관이 공포한 법규의 합헌성 및 비준된 국제조약, 법률에의 합치성
4. 정당의 목적 또는 활동의 합헌성
5. 제79조 제1항에 정한 기본권 침해에 대한 헌법소원
제191조
① 다음 각 호의 자는 제188조에 정한 사안에 관하여 헌법재판소에 제소할 수 있다.

---

331) United States Department of State · Bureau of Democracy, Human Rights and Labor,   at 5.

332) Primoz Gorkic, "Slovenia", Katalin Ligeti(ed.), 앞의 책, p.655.

333) 검찰법 제199조, < https://www.uradni-list.si/glasilo-uradni-list-rs/vsebina/104629 >.

1. 대통령, 하원의장, 상원의장, 수상, 50명의 하원의원, 30명의 상원의원, 수석대법원장, 최고
행정법원장, **검찰총장**, 감사원장, 국민권리감독관(옴부즈맨)

2. 제186조 제2항이 정한 범위 내에서 국가사법위원회

3. 지방자치단체 단위의 의결기관

4. 노동조합의 전국적 기관, 사용자단체 및 직업단체의 전국적 기관

5. 교회와 종교단체

6. 제79조에 정한 범위 내에서 제79조의 주체

② 제1항 제3호부터 제5호까지의 주체는 법규가 활동 범위에 대한 사항과 관련된 경우에 제소
할 수 있다.

헌법에 검찰조직에 관한 명시적인 규정은 없으며, 검찰사무를 관장하는 기관의 조
직에 관한 법률에서 이를 규정하고 있다. 2010년~2016년에는 검찰조직을 법률상 법무
부로부터 독립시키기도 하였으나, 2016년 법개정으로 검찰청이 다시 법무부의 소속기관
이 되었고, 검찰청법 제1조 제2항에서는 검찰총장이 법무부장관(Attorney General)을 겸
하고 있음을 규정하고 있다.[334]

다만, 폴란드 헌법은 검찰에게 국민의 기본권 보호를 위한 매우 중요한 의미 있는
조항을 헌법재판과 관련하여 두고 있다. 이러한 점이 폴란드 헌법이 다른 나라의 헌법
들과 구별되는 특징적인 점이다. 즉, 폴란드 헌법에서 특이한 것은 검찰총장이 헌법재판
소에 국민의 기본권 침해와 법률의 합헌성 등에 대한 헌법소원을 제기할 수 있다고 규
정하고 있다. 이런 폴란드 헌법의 태도는 검찰의 인권보장 지위를 인정하고 강조하는
것이라고 평가할 수 있다.

폴란드 헌법 제191조는 특히 기본권 보호 등을 위하여 합헌성 등에 대한 헌법소원
을 제기할 수 있는 자로서 검찰총장을 규정하고 있으며, 동시에 대법원장이나 감사원장
등과 나란히 그 지위를 규정하고 있음이 매우 특징적이다.

---

334) 2015년 10월 우파 민족주의 정당인 '법과정의당(PiS)'이 총선에서 승리하면서, 집권당인 '법과
정의당(PiS)'은 2016년 개혁을 통해 판사 임면·징계권을 쥔 위원회를 사실상 집권당 휘하로
만들고, 헌법 재판관을 친정부 판사로 채웠으며, 검찰총장을 법무부장관이 겸직하도록 해 검찰
을 무력화시켰다. 한편, 대법원 판사(대법관)의 정년 연령을 70세에서 65세로 낮추는 개혁을
단행했는데, 대법관의 정년을 65세로 낮출 경우 현 대법원장인 말고르자타 게르즈도르프 대법
원장을 포함하여 전체 대법관의 3분의 1이 조기 퇴진해야 하며, 정년 연장을 신청할 수는 있으
나 대통령의 승인을 얻어야 한다. 이 과정에서 대통령은 이른바 '전국사법평의회'가 천거하는
인물을 대법관에 선임할 수 있는데, '전국사법평의회'가 집권당의 영향 아래에 놓여 있기 때문
에 사실상 집권당이 원하는 인물을 대법관으로 선출할 수 있게 되는 것이다(관련내용은 연합뉴
스 2019. 6. 25.자, 「ECJ(유럽사법재판소) "폴란드 사법개혁 EU법 위반" 공식 판결」 참조).

(2) 형사소송법 규정

<형사소송법>335)

제15조 ① 형사절차에서 경찰과 다른 수사기관은 법원과 검사의 지시를 이행하여야 하고, 법에 규정된 제한 내에서 검사의 지휘 하에 조사 또는 수사를 진행하여야 한다.

제311조 ① 수사는 검사에 의하여 수행되어야 한다.

② 검사는 경찰에게 수사의 전부 또는 특정 범위 수사의 수행, 수사의 개별적 행위의 이행을 위임할 수 있다;

형사소송법 제15조 제1항은 '경찰과 다른 수사기관은 법에 규정된 제한 내에서 검사의 지휘 하에 조사 또는 수사를 진행하여야 한다'고 규정하고 있고, 동법 제311조 제1항은 '수사는 검사에 의하여 수행되어야 한다'고 하면서, 동조 제2항에서 '검사는 경찰에게 수사의 전부 또는 특정 범위 수사의 수행, 수사의 개별적 행위의 이행을 위임할 수 있다'고 규정하고 있으므로 각 규정에 대한 해석상 검사의 수사 권한과 사법경찰에 대한 수사지휘 권한이 모두 인정된다고 해석하여야 할 것이다. 다만, 2015년 개정 형사소송법에서는 중한 범죄를 다루는 사건과 경미한 범죄를 다루는 사건 두 가지로 유형을 나누어서 수사의 관할을 분할하고 분배하고 있다는 점336)이 특징이다. 중한 범죄에 대하여는 검사에 의하여 수사가 개시 · 진행되고, 경미한 범죄에 대하여는 경찰이나 유사한 수사기관들에 의하여 진행된다.337)

2. 체 코

(1) 헌법 규정

<헌 법>338)

제80조 ① 검찰청은 형사절차에서 공소를 제기하고 유지하여야 한다. 검찰청은 법률이 정한

---

335) 원문: <http://isap.sejm.gov.pl/DetailsServlet?id=WDU19970890555>.

영문: <http://www.legislationline.org/documents/section/criminal-codes/country/10>.

336) Provisions of the Polish Code of Criminal Procedure set forth two types of preparatory proceedings. Investigation (śledztwo) is more formalised, conducted in serious cases and to a greater extent managed by a prosecutor. On the other hand, inquiry (dochodzenie) is conducted by the Police (or other law enforcement agency), in different kinds of cases and is less formalised than the investigation.

337) Jasiński, POLISH CRIMINAL PROCESS AFTER THE REFORM, Warsaw, June 2015, at 8.

338) <http://www.psp.cz/docs/laws/constitution.html>.

바에 따라 다른 기능도 수행한다.

② 검찰청의 지위와 권한은 법률로 정한다.

체코는 법원과 헌법재판소를 사법권에 귀속시키고 검찰은 이와 달리 행정권에 소속된 기관으로 규정하고 있다. 그러면서도 체코는 헌법에서 형사 절차에서 검찰 당국을 대표하는 기관이 검사라고 하는 점을 밝히고 있다. 즉, 체코의 검찰도 헌법 제80조에서 보는 바와 같이 헌법기관이다.

체코 검찰은 행정부인 법무부 소속이다. 그러나 법무부 소속이라 하더라도 법무부나 법무부장관이 우월한 지위에서 검찰청 또는 검사를 지배하는 것은 아니다. 즉 법무부는 검찰이 적절하게 업무를 수행하도록 보조하고, 검찰의 임용, 고용, 처벌 등에 관여할 뿐이다.[339]

한편 체코 검찰청도 각급 법원에 상응하여 같은 법원 내에 설치되어 있으나, 각자의 임무는 독립성을 보장받는다. 체코 검찰은 공공소추법(Act on Public Prosecution) 제6조에 의해 대검찰청(Supreme Public Prosecutor's Office), 고등검찰청(High Public Prosecutor's Offices), 지방검찰청(Regional Public Prosecutor's Offices), 지역검찰청(District Public Prosecutor's Offices)의 조직체계를 갖는다.[340] 이러한 직제에서 체코 검찰도 상명하복관계를 가지고, 대검찰청은 고등검찰청을 지휘감독하고 고등검찰청은 지방검찰청을 지휘감독하며, 지방검찰청은 지역검찰청을 지휘·감독하는 구조를 갖는다.

기본적으로 체코 검찰은 수사권을 보장받으며 경찰에 대한 수사지휘권도 모두 인정된다. 주요업무로는 소추를 담당하는데, 이러한 공소권의 지위는 헌법 제80조에 의해 보장되고 있다.

(2) 형사소송법 규정

<형사소송법>[341]

제157조 일반 조항 ① 검사와 경찰은 범죄소추의 시의적절성 및 합리성에 효과적으로 기여하기 위하여 그들의 활동을 관리할 의무가 있다.

② 검사는 사건을 명확히 하거나 범인을 확인하기 위해 필요한 것으로서 경찰이 수행할 권한이 있는 행동을 수행하도록 지시할 수 있다. 또한 검사는 범죄가 범해졌다는 것을 나타내는 사실관계를 수사하기 위해 다음과 같은 권한이 있다.

339) http://www.nsz.cz/index.php/en/about/public-prosecution-system.
340) http://www.nsz.cz/index.php/en/about/public-prosecution-system.
341) 원문: <https://www.zakonyprolidi.cz/cs/1961-141>.
영문: <http://www.legislationline.org/documents/section/criminal-codes/country/35>.

a) 형사절차가 진행되지 않은 사건을 포함하여 <u>사건기록, 서류, 고소장의 조사과정에 관한</u>
<u>보고서를 경찰에게 요구할 수 있다.</u>

b) <u>경찰로부터 사건을 가져오고, 다른 경찰에게 사건이 배당되도록 조치를 취할 수 있다.</u>

c) <u>형사소추의 시작을 일시적으로 중단할 수 있다.</u>

제174조 검사의 감독 ① 검사는 수사절차에서 적법성이 준수되도록 감독하여야 한다.

② 제157조 ② 항에 언급된 권한 외에, <u>검사는 감독을 수행함에 있어 다음과 같은 권한이 있다.</u>

a) <u>범죄수사에 관한 구속력 있는 지시를 발할 수 있다.</u>

b) <u>경찰이 시의적절하게 형사소추를 시작하였는지 그리고 적절하게 진행하고 있는지 심사하</u>
<u>기 위하여 경찰로부터 사건기록, 서류, 물건, 범죄에 관한 보고서를 요구할 수 있다.</u>

c) <u>경찰이 취한 조치의 수행에 참여할 수 있고, 직접 개별적 조치를 취하거나 전체 수사를</u>
<u>진행할 수 있고, 모든 문제에 관하여 결정을 발할 수 있다.</u> 이 경우 검사는 경찰에 적용
되는 이 법의 조항에 따라 절차를 진행하고, 경찰의 결정에 관한 이의와 동일한 이의가
검사의 결정에도 가능하다.

d) <u>보완지시와 함께 사건을 경찰에 되돌려 보낼 수 있다.</u>

e) <u>경찰의 위법하거나 부당한 결정이나 조치를 취소하고, 자신의 결정으로 대체할 수 있다.</u>……

체코 형사소송법 제1장 제2조 제3항에 의하면 검사는 범죄 사실에 대해서 인지를
했을 때 기소할 의무가 있다고 규정하면서 다른 법률이나 국제조약에서 다르게 규정하
는 때에는 기소할 의무를 면할 수 있다고 규정한다.

한편, 체코 형사소송법 제1장 제2절 제5조에서는 검사를 피고와 대립하는 당사자로
서 주장하고 증거를 제출할 수 있다고 하여 공판중심주의의 한 축을 담당하는 소송의
당사자로 보기도 한다. 그리하여 검사를 피고의 유죄를 입증하여야 할 의무를 가진 당
사자로 국가를 대표하는 자로 규정하고 있는 것이다.

체코는 수사와 관련해서도 형사소송법에서 검사에게 폭넓은 권한을 부여하고 있다.
구체적으로 체코 형사소송법 제157조를 보면, 검사에게 범죄를 입증하기 위한 사실관계
를 조사할 수 있도록 보장하고 있으며, 이를 위하여 첫째, 아직 형사절차가 진행되기 전
의 사건을 포함하여 사건기록, 서류, 고소장의 조사과정에 관한 보고서를 경찰에게 요청
할 수 있는 권한이 있다. 둘째, 체코 검찰은 경찰로부터 사건을 가져오게 할 수 있으며,
나아가 다른 경찰에게 사건을 배당하도록 조치를 취할 권한도 가지고 있다. 이처럼 체
코 검찰에게는 범죄수사와 관련하여 보다 적극적으로 직접적인 수사권이 인정되는 것을
알 수 있다.

또한 체코 검사는 사법경찰에 대한 지휘감독권도 법적으로 보장받고 있다. 즉 형사
소송법 제174조에 의해 검사는 사법경찰을 "수사절차에서 적법성이 준수되도록 감독"할

권한을 부여받았으며(동조 제1항) 또한 이러한 수사감독을 수행함에 있어서 동조 제2항
에서 다음과 같이 권한을 세분화하여 명문화하고 있다. ① 검사는 범죄수사에 관하여
구속력있는 지시를 내릴 수 있으며, ② 경찰이 시의적절하게 형사소추를 착수하고 있는
지 또한 적절히 수행해 나가고 있는지를 심사하는데, 이러한 심사를 위해 경찰로부터
사건기록, 서류, 물건 및 범죄 관련 보고서를 요청할 권한을 검사에게 부여하고 있다.
또한 ③ 경찰이 착수한 조치의 수행에 참여할 수 있으며, 직접 개별적인 조치를 취하거
나 또는 전체 수사를 진행할 수도 있고, 그리고 모든 문제에 관하여 결정을 내릴 수 있
음을 밝히고 있다. 나아가 ④ 검사는 경찰로부터 보고를 받은 후 보완하도록 지시를 내
릴 수 있으며 이러한 보완지시와 함께 사건을 다시 경찰로 되돌려 보낼 수 있는 권한도
가지고 있다. 덧붙여 ⑤ 경찰의 결정이 위법하거나 부당한 경우에는 조치를 취소하고,
경찰의 결정을 검사 자신의 결정으로 대체할 수 있도록 하고 있다.

결국 위와 같은 각 규정에 대한 해석상 검사의 수사 권한과 사법경찰에 대한 수사
지휘 권한이 모두 인정된다고 해석하여야 하고 달리 해석할 여지가 없다. 특히, 헌법 제
80조에서 보는 바와 같이 검찰이 헌법기관이라는 점이 특징이다.

3. 헝가리

(1) 헌법 규정

<헌 법>342)

제29조 ① 검찰총장 및 검찰은 독립적이어야 하고, 처벌에 대한 국가의 수요를 독점적으로 집
행함으로써 사법에 기여하여야 한다. 검찰은 범죄를 소추하고 기타 불법적인 행위 또는 불이행
에 대하여 조치를 취하며 불법행위의 방지에 기여하여야 한다.

② 검찰총장 및 검찰은 다음의 의무가 있다.

    a. 법률이 정한 바에 따라 수사와 관련된 권한을 행사한다.

    b. 법원에서 공소를 대표한다.

    c. 형법의 집행을 감독한다.

    d. 공익의 수호자로서 헌법 또는 법률에 규정된 기능과 권한을 행사한다.

제51조 ① 헝가리 공화국의 검찰총장과 검찰청은 자연인, 법인 및 비법인 단체의 권리를 보호
하고 헌정 질서를 유지하며 국가의 안전과 독립을 침범하거나 위태롭게 만드는 모든 행위를 법
률에 따라 엄중하게 기소하여야 한다.

② 검찰청은 조사와 관련하여 법률에 의하여 명시된 권리를 행사하고, 법원의 소송절차에서 기
소하는 측을 대표하며, 형벌의 적법성을 감독할 책임을 진다.

---

342) <https://www.constituteproject.org/constitution/Hungary_2013>.

③ 검찰청은 모든 사람이 법률을 준수하도록 보장하는 일을 지원해야 한다. 법률 위반행위가 발생할 경우 검찰청은 법률에 의거하여 법을 수호하여야 한다.

제52조 ① 국회는 공화국 대통령의 추천에 따라 <u>검찰총장 후보</u>를 선출하여야 한다. 공화국 대통령은 검찰 총장의 추천을 근거로 검찰 부총장들을 선임하여야 한다. 검찰 총장은 국회의 질문에 답변하고 자신의 활동에 대한 보고서를 제출하여야 한다.

② 검찰 총장은 국회의 질문에 답변하고 자신의 활동에 대한 보고서를 제출하여야 한다.

제53조 ① <u>검사</u>는 헝가리 공화국의 검찰총장이 임명한다.

② <u>검사</u>는 정당에 소속되어서는 안 되며 정치 활동에 참여해서도 안 된다.

③ <u>검사</u>는 검찰총장의 지시를 받는다.

④ <u>검찰청</u>에 관한 법규는 법률에 의하여 결정되어야 한다.

헝가리는 검찰청의 지위와 검사의 지위에 대하여 헌법에서 독립된 장을 두어서 특별한 의미를 부여하고 있다. 즉, 헝가리 헌법에서는 검찰총장과 검찰청에게 기소권이 귀속된다고 명시적으로 규정하고 있다. 이처럼 헝가리 헌법에서는 기소하는 측을 대표하는 것도 검찰청이라고 규정하고 있다. 나아가서 형벌의 적법성을 감독할 책임까지 지우고 있다. 이러한 헝가리 헌법의 규정 취지는 검찰총장을 비롯한 검찰청에게 인권보호책임과 의무가 있다고 보기 때문으로 보인다.

(2) 형사소송법 규정

<형사소송법>[343]

제28조 ③ 검사는 공소제기를 위하여 <u>수사를 지휘하거나 수사를 한다.</u>

④ <u>수사기관이 독립적으로 수사 또는 특정한 수사행위를 할 경우[제35조 ②], 검사는 절차를 통틀어 이 법을 준수하도록 감독</u>하여야 하고 절차에 관여한 자들이 그들의 권리를 행사할 수 있도록 보장한다. 이 점을 고려하여 <u>검사</u>는

    a) <u>수사를 지시하거나, 수사기관에 수사를 수행하도록 위임하거나, 관할 내에서 수사기관이 추가 수사행위 또는 추가 수사를 하도록 지휘할 수 있고, 검사가 정한 기한 내에 수사를 완료하도록 지휘</u>할 수 있다.

    c) <u>수사기관의 결정을 수정하거나 취소</u>할 수 있고 수사기관의 결정에 대한 이의가 접수된 경우 이를 고려하여야 한다.

    d) 고발을 거부하거나, 수사를 종결하거나, <u>수사기관으로 하여금 수사를 종결하도록 지시</u>할

---

343) 원문: <https://net.jogtar.hu/jr/gen/hjegy_doc.cgi?docid=99800019.TV>.

    영문: <http://www.legislationline.org/documents/section/criminal-codes>.

수 있다.

　　e) 절차를 인수할 수 있다.

⑤ 검사가 수사할 경우, 수사기관으로 하여금 그 관할 내에서 수사행위를 수행하도록 지휘할 수 있다.......

제165조 ① 수사는 검사의 지시에 따라 수행된다. 검사는 수사기관을 지휘하여야 한다......

② 수사기관은 사건 수사에 관한 검사의 지휘를 이행하여야 한다......

　　헝가리 형사소송법 제17조 제9항에서는 검사의 기소에 의하여 개시되는 법규정을 가장 중요한 사건에서 진행되는 법원의 재판으로 규정하고 있다. 이런 점은 검사의 기소로 재판이 개시되는 것이야말로 공정하고 인권을 보호하는 정식의 재판 절차라는 의미를 내포하고 있다.

　　한편, 헝가리 형사소송법 제18조 제1항에서는 법원의 권한 또는 관할권이 상충하는 경우, 법원은 검찰의 동의를 얻은 후에 지정되어야 한다고 규정하고 있다. 또한 헝가리 형사소송법 제28조 제3항은 검사에 대하여 수사를 지휘할 수 있는 권한과 직접 수사권을 보유하면서 동시에 수사기관에 대하여 수사절차를 통틀어 헌법과 법률이 제대로 준수되고 있는지에 대한 준법 감독을 할 권한과 의무를 부여하고 있다.

　　헝가리 형사소송법은 검사를 단순한 대심 구조의 반대 당사자로만 바라보는 것이 아니라, 피의자나 피고인의 인권을 가장 잘 보호할 수 있으며, 객관적이고, 중립적인 입장에서 법원의 관할권의 경합에 관하여 조언을 할 수 있는 지위에 있는 자로서의 지위를 인정하고 있는 특징을 보이고 있다. 따라서 각 규정에 대한 해석상 검사의 수사 권한과 사법경찰에 대한 수사지휘 권한이 모두 인정된다고 해석하여야 할 것이다.

4. 슬로바키아

(1) 헌법 규정

<헌 법>[344)]

제149조 검사는 국가, 개인, 기업의 법적 권리와 이익을 보호하여야 한다.

제150조 검찰청은 검찰총장이 지휘하고, 검찰총장은 슬로바키아 의회의 조언에 따라 대통령에 의해 임명되고 해임된다.

제151조 검사의 임명, 해임, 권한, 의무, 검찰의 구조에 관한 상세한 사항은 법률로 구체적으로 정한다.

---

344) <https://www.constituteproject.org/constitution/Slovakia_2014?lang=en>.

슬로바키아 공화국 헌법 제149조에서 규정하고 있는 헌법의 규정은 인권침해의 역사를 경험하였던 이 나라의 검찰에게 매우 큰 책임과 역할에 대한 기대를 구하고 있다고 분석할 수 있다. 슬로바키아 공화국 검찰은 헌법에서 주어진 광범위한 재량권한의 범위를 가지고 있다.

슬로바키아 검사는 첫째, 공익을 보호하는 지위를 수행하는데, 법에 위반되는 사례들을 조사하고 공개하며 이를 제거하기도 한다.

둘째, 슬로바키아 검사는 인권을 보호하는 지위에서 인권을 침해하는 그 어떠한 법위반행위로부터도 구제를 하며 또한 인권을 보호하도록 되어 있다.[345]

셋째, 슬로바키아 검사는 조정자의 지위에서 이러한 지위들을 수행하는 과정에서 적절한 결론과 합의점을 도출해낼 수 있다.

이처럼 슬로바키아 검사는 헌법기관으로서 헌법상 광범위한 재량과 이를 담당할 헌법적 지위를 부여받는다.

슬로바키아 헌법에서 특징적인 것은 제7장에서 사법부에 헌법재판소와 법원을 규정하면서 제8장(슬로바키아공화국 검찰청 및 국민권리보호관)에서 검찰청을 국민권리보호관(옴브즈만)과 더불어 별도의 인권보호기관으로 규정하고 있다는 점이다.

(2) 형사소송법 규정

<형사소송법>[346]

제230조 ① 검사는 소추 시작 및 수사절차에서 법이 준수되는지 감독하여야 한다.

② 감독을 수행하는 동안 검사는 다음과 같은 권한이 있다.

    a) 제197조에 따른 절차 진행, 범죄에 대한 수사 및 약식수사의 수행 및 그 집행에 관한 시한을 정하는 구속력있는 지시를 할 수 있다. 그 지시는 기록에 첨부되어야 한다.

    b) 경찰관이 적시에 수사를 시작하였는지 확인하고, 적절한 절차를 수행하기 위하여, 경찰관에게 진행중인 소추사건에 관한 파일, 문서, 자료, 보고서를 제출하도록 요구할 수 있다.

    c) 이 법에 따라 경찰관에 의한 절차의 집행에 참여하고, 개별 절차 혹은 전체 수사 또는 약식 수사를 직접 수행하고, 어떤 사건에서든 결정을 내릴 수 있다; 검사의 결정에 대하여는 경찰관의 결정과 마찬가지로 이의를 제기할 수 있다.

    d) 추가적인 수사 또는 약식수사를 위해 경찰관에게 사건을 반려하고 시한을 정할 수 있다.

---

345) Kunosik, The Slovak Prosecution Service, Judicial−Reform−Book, at 104.

346) 원문: <https://www.slov−lex.sk/pravne−predpisy/SK/ZZ/2005/301/20170101#paragraf−10.odsek−8.pismeno−a>.

    영문: <https://e−justice.europa.eu/fileDownload.do?id=11f9da19−253e−4f02−9a26−2e2285184e7a>.

검사는 피의자와 피해자에게 이를 알려야 한다.

　　e) 경찰관의 위법하거나 부당한 결정 및 조치를 취소하고 그의 결정으로 대체할 수 있다……

　　f) 사건을 경찰관으로부터 가져와 다른 경찰관에게 배당할 수 있다.

　　형사소송법 제230조 제1항은 검사에게 소추 시작 및 수사절차에서 법의 감독자 역할을 부여하면서, 동조 제2항에서는 '경찰관에 대한 수사지휘권'을 규정하고 있다. 즉, 제230조 제2항에서 검사는 소추 시작 및 수사절차에서 법이 준수되는지 여부에 대한 감독을 효과적으로 수행하기 위하여 제2항에서 범죄에 대한 수사 및 약식수사의 수행 및 그 집행에 관한 시한을 정하는 구속력 있는 지시를 할 수 있도록 권한을 부여하고 있다. 또한 나아가서 검사는 경찰관이 적시에 수사를 시작하였는지 확인하고, 적절한 절차를 수행하기 위하여, 경찰관에게 진행 중인 소추사건에 관한 파일, 문서, 자료, 보고서를 제출하도록 요구할 수 있는 권한도 가진다.

　　이처럼 검찰은 모두 형사사건 수사를 직접 실행할 수 있으나, 실무상으로는 검찰이 직접수사하는 경우는 예외적인 상황이며, 경찰이 수사를 진행하고 검찰은 이를 지휘·감독하는 구조로 수사가 이루어진다.[347] 경찰은 판사의 결정 또는 승인이 필요한 행위나 검사가 요구하는 행위를 제외하고는 독립적으로 수사활동을 진행한다. 검사는 제기된 형사고소를 기각하거나, 경찰에 의하여 시작된 수사활동을 중단시킬 수 있다.[348] 따라서 각 규정에 대한 해석상 검사의 수사 권한과 사법경찰에 대한 수사지휘 권한이 모두 인정된다고 해석하여야 할 것이다. 특히 슬로바키아 형사소송법 제230조 제2항 e)조에 의하면 검사는 수사에 있어서의 지도적인 지위에서 경찰관의 위법하거나 부당한 결정이나 조치를 취소하고 검사의 결정으로 대체할 수 있다. 또한 검사는 사건에 문제가 있는 경우 경찰관으로부터 이관하여 문제가 없는 경찰관에게 다시 배당할 수 있다.

　　결국 슬로바키아 검사는 법률 전문가로서 자신이 결정을 내리며 수사기관을 감독하고 권력을 통제하게 된다. 즉, 슬로바키아 형사소송법 제230조 제1항에서 검사는 소추 시작 및 수사절차에서 법이 준수되는지 감독하여야 한다고 하여 감독권을 가지도록 규정하고 있다. 따라서 위와 같은 각 규정에 대한 해석상 검사의 수사 권한과 사법경찰에 대한 수사지휘 권한이 모두 인정된다고 해석하여야 할 것이다.

---

347) Council of Europe, Questionnaire Preparation of the Opinion No. 10 of the CCPE on the relationship between prosecutors and police, Slovak Republic, 2면(이 문헌은 아래에서 CCPE 10 Slovak Republic으로 표기함).

348) CCPE 10 Slovak Republic, 2면.

Ⅶ. 아메리카 4개국

1. 미 국

영미법계 입법체계를 따르고 있으므로 후술한다.

2. 캐나다

영미법계 입법체계를 따르고 있으므로 후술한다.

3. 멕시코

(1) 헌법 규정

<헌 법>349)

제16조350)

① 누구나 개인, 가족, 주거지, 문서 또는 재산을 침해받지 아니하나, 법적 근거 및 해당 조치의 정당한 이유가 기재된 관할 기관의 명령이 있는 경우는 예외로 한다. 구두심리를 원칙으로 정한 재판 및 기타 재판 형태로 진행되는 절차인 경우 어떤 수단을 통해서든 해당 내용과 이 규정을 준수하였음을 적시한 기록을 남기는 것으로 족하다. (2017.9.15. 개정)

② 모든 국민은 개인자료를 보호받으며 그 자료에의 접근권과 정정권 및 취소권을 가지며, 법률이 정하는 바에 따라 자료의 공개에 이의를 제기할 권리를 가진다. 국가안보, 공공질서, 공중보건 및 제3자의 권리보호를 이유로 해당 자료의 처리에 적용하는 원칙에 대한 예외규정은 법률로 정한다. (2009.6.1.신설)

③ 사법기관만이 체포영장을 발부할 수 있다. 체포영장은 항상 법률이 징역형으로 처벌할 수 있는 범죄로 규정하는 위법행위에 대한 공식적인 기소 또는 고발이 선행되고, 범죄 사실을 입증하는 증거가 있고, 피의자가 해당 범죄를 범하였거나 범행에 가담하였을 가능성이 있어야 한다. (2009.6.1. 개정)

④ 법원의 체포영장을 집행하는 기관은 지체 없이 엄격한 책임 하에 피의자를 판사에게 인계해야 한다. 그렇지 않으면 형법상 처벌을 받는다. 현행범인 경우 누구나 범인을 체포하여 지체 없이 가장 가까운 기관에 구인하여 갈 수 있고 그곳에서는 가급적 신속하게 검찰로 인계하여야 한다. 체포 사실은 즉시 기록하여야 한다.

⑤ 검사는 긴급하고, 범죄가 중대하고, 피의자가 사법 조치를 피할 수 있는 합리적인 위험이 있으며, 시간과 장소 또는 상황으로 인하여 피의자를 사법 기관에 인계할 수 없는 경우에 한하여 구속을 결정하는 사유를 설명하고 자신의 책임 하에 피의자의 구속을 명령할 수 있다.

---

349) <https://constituteproject.org/constitution/Mexico_2015?lang=en>.

350) 제16조의 동그라미번호는 검토의 편의상 붙인 것임을 밝혀두는 바임.

⑥ 긴급한 경우 또는 흉악범인 경우에는 피의자를 인수한 판사는 법률이 정하는 바에 따라 즉시 구속을 확정하거나 석방을 명령하여야 한다.

⑦ 조직범죄의 경우에 조사가 필요하고 사람 또는 재산을 보호할 필요가 있거나 피의자가 사법조치를 회피할 수 있는 합리적인 위험이 있는 때에는, 사법기관은 **검사의 요청**에 따라 법률이 정한 시간과 장소를 준수하여 피의자를 구속할 것을 명령할 수 있다. 다만 그 기간은 40일을 초과할 수 없고, 검사가 구속이 연장되어야 하는 사유를 증명하는 때에는 연장할 수 있다. 어떠한 경우에도 구속 기간은 80일을 초과할 수 없다. 조직범죄란 해당 법률이 규정하는 바에 따라 범죄를 실행하기 위하여 영구적 또는 일시적으로 3명 이상이 구성한 조직을 말한다.

⑧ 검사는 피의자를 48시간 이상 구속할 수 없다. 이 기한 내에 피의자의 석방을 명령하거나 사법기관에 인계하여야 한다. 법률이 규정하는 조직범죄의 경우에는 이 기한을 두 배로 연장할 수 있다. 이 조항을 준수하지 아니한 때에는 형법에 따른 처벌을 받는다.

⑨ 수색영장은 **검사의 요청**에 따라 사법기관만이 발부할 수 있다. 수색영장에는 수색할 장소, 체포할 대상자 및 압류할 물품을 기재하여야 하고, 그 기재한 내용으로 범위가 제한된다. 수색이 종료된 때에는 수색한 장소의 거주자가 지정한 두 명의 증인이 입회하거나, 그 지정한 증인이 없거나 거부한 때에는 수색 집행기관이 입회하여 현장에서 조서를 작성하여야 한다.

⑩ 사적 통신은 침해되어서는 안 된다. 관련된 당사자가 자발적으로 제출한 경우를 제외하고는 사적 통신의 자유와 프라이버시를 위협하는 행위는 법률에 따른 처벌을 받는다. 판사는 해당 통신이 범행과 관련된 정보를 포함하고 있는지를 판단하여야 한다. 어떠한 경우에도 법률이 규정하는 비밀 유지의무를 위반하는 통신은 허용되지 아니한다. 전화도청 또는 사적 통신의 방해는 관할 연방 기관 또는 주(州)의 검사의 요청에 따라 연방 사법기관만이 허가할 수 있다. 이를 요청하는 기관은 필요한 도청의 종류, 대상자 및 기간을 기재하여 해당 요청을 하는 법적 사유를 서면으로 제출하여야 한다. 연방 사법기관은 선거, 회계, 상업, 민사 또는 행정업무와 관련되거나 피의자와 변호인간의 통신인 때에는 도청 또는 통신의 방해를 허가할 수 없다. 사법부는 판사가 피의자와 피해자의 권리를 보호하면서 즉시 모든 수단을 이용하여 금지명령 및 수사방법을 해결할 수 있도록 통제하여야 한다. 판사, 검사 및 기타 관할 당국 사이의 모든 통신 기록은 정본을 보관해야 한다. 허가된 도청 및 통신의 방해는 법률에서 정한 요건과 한계의 적용을 받는다. 이 요건을 준수하지 아니한 전화도청 및 통신의 방해 결과는 증거로 인정되지 아니한다.

⑪ 행정 공무원은 위생 및 경찰 규칙 준수 여부를 확인할 목적으로만 개인의 주거에 들어갈 수 있고, 회계 규칙 준수를 입증하는 데 필요한 장부와 서류를 요구할 수 있는데, 후자의 경우 각각의 법률 규정을 준수하고 공식 수색 절차에 따라야 한다.

⑫ 우편으로 발송하는 봉인서신은 수색대상에서 제외되고, 이를 위반한 때에는 법률에 따른 처벌을 받는다.

⑬ 평상시에는 군대의 구성원은 소유자의 동의 없이 개인의 주거지를 숙소로 삼을 수 없고 어떤 의무도 부과할 수 없다. 그러나 전시에는 군대는 적용되는 계엄령이 정하는 바에 따라 숙소,

물품, 음식, 기타 편익을 요구할 수 있다.(2008.6.18. 개정)

제19조

① 사법당국의 재판 이전의 사전구속은 72시간을 초과할 수 없으며, 범죄사실, 장소, 시간 및 범죄 상황과 법률이 범죄로 규정하는 행위가 있었고, 피의자가 해당 행위를 하였거나 가담했을 가능성이 있음을 입증하는 자료를 첨부한 구속영장이 있어야 한다.

② 검사는 다른 예방조치가 피의자의 재판 출석, 조사의 진행, 피해자, 증인 또는 지역사회의 보호에 충분하지 아니 한 경우와 피의자가 재판 중에 있거나 계획적 범죄를 범하여 이미 유죄판결을 받은 경우에 한하여 판사에게 미결구금을 청구할 수 있다. 판사는 조직범죄, 살인강간, 유괴, 마약 거래, 무기 및 폭발물과 같은 폭력 수단을 사용하여 범한 범죄, 국가안보, 자유롭게 인격을 추구할 권리 및 공중보건을 위협하는 중대한 범죄인 때는 형식에 구애받지 아니하고 미결구금을 명령하여야 한다. (2011.7.14.개정)

③ 판사가 재판의 대상인 사람에게 부여한 자유를 제한할 수 있는 경우는 법률로 정한다.

④ 구금명령의 기간은 법률이 정하는 절차에 따라 피의자의 요청이 있는 경우에 한하여 연장될 수 있다. 이를 위반하여 구금을 연장한 때에는 형법에 따른 처벌을 받는다. 피의자가 구금된 시설을 관할하는 기관이 첫 번째 문단에 규정하는 기한 내에 미결구금을 명령하는 구속영장 또는 기간 연장 신청서의 정본을 수령하지 아니하는 때에는 담당 판사에게 그 사실을 통지하여야 하고, 통지 후 3시간 이내에 해당 서류를 수령하지 아니하는 때에는 피의자를 석방하여야 한다.

⑤ 모든 법적 절차는 구속영장에 명시된 범죄에 한하여 진행하여야 한다. 법적 절차의 진행 중에 다른 범죄가 확인된 때는 별도로 수사 하여야 하며, 해당되는 경우에는 사건의 병합을 명령할 수 있다.

⑥ 체포 또는 수감 중의 학대, 법적으로 정당한 사유가 없는 괴롭힘, 구치소 내에서 강제 부담금 또는 기부금의 징수는 권한남용을 구성하여 법률에 따라 처벌을 받고 관할 당국의 통제를 받는다. (2008.6.18. 개정)

제21조

① 경찰과 함께 범죄를 수사하는 것은 검찰의 책임이며, 경찰은 검사의 지시에 따라 활동한다.

② 법원에 공소를 제기하는 것은 검찰의 배타적인 활동이다. 시민이라도 법률로 정하는 경우에는 법원에 대하여 형사기소권을 행사할 수 있다.

③ 형벌의 부과 변경 및 형벌 기간을 결정할 권한은 사법기관의 독점적 권한에 속한다.

④ 관할 행정기관은 정부 법령 및 경찰 규정의 위반을 처벌하고, 그 처벌은 벌금, 36시간 이하의 구류 또는 지역사회 노역으로 구성된다. 위반자가 부과된 벌금을 납부하지 아니하는 때에는 36시간을 초과하지 아니하는 범위 내에서 해당하는 구류기간으로 대체할 수 있다.

⑤ 정부 법령 및 경찰 규정의 위반자가 임금 근로자인 때에는 1일 임금을 초과하는 벌금을 부과할 수 없다. 위반자가 자영업자인 때에는 정부 법령 및 경찰 규정의 위반에 대비하여 부과하는 벌금은 1일 수입에 해당하는 금액을 초과할 수 없다.

⑥ 검사는 법률이 정하는 상황과 조건에 따라 형사기소권의 행사에 관한 기준을 정할 수 있다. 연방행정부는 각각의 경우에 상원의 승인을 얻어 국제 형사재판소의 관할권을 인정할 수 있다. ⑦ 범죄의 예방, 효율적인 수사와 기소, 헌법이 정하는 개별 권한 내에서 법률이 정하는 바에 따른 행정적 위반의 제재를 포함한 공공안전은 연방, 주(州) 및 시(市)가 이행할 의무이다. 공공의 안전을 담당하는 기관의 활동은 적법성, 객관성, 효율성, 전문가 정신, 진실성 및 이 헌법이 인정하는 인권에 대한 존중의 원칙에 따라야 한다. (2016.1.29. 개정)

⑧ 공공의 안전을 담당하는 기관은 민간 형태일 수 있고 법을 준수하여야 하며 전문적으로 운영되어야 한다. 검사와 정부 3부의 경찰 기관은 다음에 규정하는 최소한의 기준에 따라 공공안전의 목표를 달성하고 국가의 공공안전 시스템을 구성하기 위하여 상호 협력하여야 한다.

> a) 공공안전기관 구성원의 선발, 가입, 훈련, 존속, 평가, 조사 및 인증에 관한 규정이 있어야 한다. 연방, 주(州) 및 시는 각 권한의 범위 내에서 공공 안전조치를 운영하고 개발하여야 한다.
>
> b) 공공안전기관에 범죄자 데이터베이스를 둔다. 누구라도 시스템 상에서 적절히 인정되고 등록되어 있지 않으면 공공안전기관에 출입할 수 없다.
>
> c) 범죄의 예방을 목적으로 한 공공정책을 수립하여야 한다.
>
> d) 범죄의 예방을 목적으로 한 공공안전기관 및 경찰의 평가 과정에 지역사회가 참가하여야 한다.
>
> e) 연방정부가 주(州) 및 시에 제공하는 공공안전기금은 해당 목적을 위해서만 사용하여야 한다. (2008.6.18. 개정)

멕시코 헌법에서는 수색영장은 검사의 요청에 따라 사법기관이 발부하도록 규정하고 있다. 검사의 요청을 필수적인 요건으로 규정하고 있다는 점이 멕시코 헌법의 두드러진 특징이다. 또한 수색영장에 대하여 체포영장과 마찬가지로 사법기관이 발부할 수 있도록 함으로써 오직 법원만이 영장을 발부할 수 있는 다른 국가들과 비교되는 특징을 보이고 있다.

이처럼 멕시코 헌법에서는 개인의 자유와 재산권에 대하여 철저한 보호를 규정하면서도 체포와 구속, 압수나 수색 등 인신의 자유 제한에 관한 조직과 절차에 대하여 상세하게 규정을 하고 있다. 형사적인 절차 측면에서 멕시코 헌법은 인신의 자유를 철저하게 보호하기 위하여 선진적인 입법의 형태를 갖추고 있다.

멕시코 헌법에서는 체포영장을 발부하는 주체를 법원에 국한하지 않고 사법기관으로 확대하여 규정하고 있다는 점이 특징적이다. 다만, 멕시코 헌법에서는 인권의 보호 기능을 강화하기 위하여 현행범이라 하더라도 체포되어 어떠한 기관이든지 구인하더라도 신속하게 검찰로 신병을 인계하여 검찰에 의하여 체포나 구속이 통제되도록 하고 있다.

이 점 역시 검찰의 인권보장 기능을 헌법에서 강조하고 있다고 볼 수 있는 근거가 된다.

이처럼, 멕시코 헌법에서는 구속의 확정이나 석방명령과 관련하여 판사에게 그 결정권한을 부여함으로써 판사에게 중요한 인권 보호의 지위와 책임을 부여하고 있다. 동시에 검사에게는 합리적인 이유가 있을 때는 구속의 연장을 결정하도록 하고 있다. 이렇게 멕시코 헌법은 법원의 판사와 검찰의 검사에게 인권보호 권한과 책임을 공동으로 부여하고 있다.

한편, 멕시코 헌법에서는 수사의 목적으로 전화도청이나 통신의 방해행위를 할 필요가 있다고 하더라도 검사의 요청이 반드시 필수적인 요건이 되어야 하며 이에 따라 연방 사법기관이 그 허가를 할 수 있도록 규정하고 있다. 검사가 전화 도청이나 통신 방해 행위를 요청하지 않는다면 결국 수사목적이 있고 필요성이 있더라도 전화도청이나 통신방해 행위가 불가능함을 의미한다. 이런 점은 검사를 통신의 자유와 프라이버시 등에 대한 인권의 최후의 보루이자 보호자로서 신뢰하고 선택하고 있음을 헌법에서 보여주고 있다는 것을 의미한다.

또한 멕시코 헌법은 검사에게 헌법에서 정한 사유가 있는 때는 판사에게 미결구금을 청구할 수 있도록 하고 있다. 이는 검사에게 미결구금에 관한 재량을 주고 있다는 점을 의미하는데, 이 역시 검사에게 인권침해의 막강한 권한을 부여하였다기보다는 검사에게 미결구금에 대한 결정권한을 주고 유보시킴으로써 어느 다른 국가기관보다 인권을 보다 잘 보호할 수 있다는 신뢰를 헌법에서 결단하고 있음을 보이고 있다고 평가할 수 있다.

특히, 멕시코 헌법 제21조에서는 수사권과 기소권 및 형벌권 등에 대하여 국가기관들 사이에 적절한 권한분배를 명확하게 헌법규정을 통하여 하고 있다. 즉, 멕시코 헌법 제21조 제1항에서 수사권에 대해서는 검사와 경찰에게 공동으로 수사권이 귀속되지만, 경찰은 '검사의 지시 및 통제에 따라야 한다'고 명문으로 규정을 두고 있다.

그러나 멕시코 헌법 제21조 제2항에서 기소권에 대하여는 검사에게 배타적으로 귀속되게 하고 있다. 그러면서 특이한 것은 검사의 기소권의 남용을 보완하기 위하여 경찰에게 기소권을 주는 것이 아니라 법률로 정하는 경우에는 시민들이 기소권을 행사할 수 있다는 점이다.

최근 테러의 발생과 이에 대한 사전 방지 등 안전에 대한 역할이 중요해지자 멕시코 헌법에서는 안전에 대한 민간위탁을 인정하면서 이들 민간단체와 검찰과 경찰이 공동으로 협력하여야 하는 관계에 있음을 제21조에서 명시하고 있다. 이 점 역시 검찰과 경찰은 민간과 더불어 협력적인 관계에 있음을 잘 보여주는 것이다. 그러면서도 멕시코 헌법 제21조는 경찰은 검찰의 지시와 통제를 받아 수사를 하여야 한다는 관계를 명시하고 있다는 점 역시 주목할 부분이다.

결국 검찰의 새로운 역할은 테러 등 공공의 안전을 위협하는 범죄에 대하여 사전에 예방하고 대비하는 역할로 확대되고 있으며, 이러한 역할의 확대는 검찰의 지위가 기본적으로 인권보장에 있고, 그 어떤 기관보다 인권을 보호할 수 있다는 헌법적 결단과 신뢰를 의미하기 때문이다.

(2) 형사소송법 규정

<형사소송법>[351]

제127조. 검찰의 권한. 수사를 행하고, 수사과정에서 경찰과 전문가 업무를 조율하며, 법에 규정된 방식에 따라 형사적 행위의 실현에 관하여 결정하는 것은…… 검찰의 의무이다.

제132조. 경찰의 의무. 경찰은 적법성, 객관성, 효율성, 전문가 정신, 정직성 그리고 헌법이 인정하는 인권에 대한 존중을 고수하면서, 범죄 수사에 관하여 검찰의 지휘와 명령에 따라 활동하여야 한다.

2008년도 사법개혁의 주된 관심사는 형사소송절차에 있어서의 변화이다. 전통적인 멕시코의 구(舊) 형사시스템에 따르면 대부분의 경우 경찰은 범죄를 예방하는 데 역할이 집중되어 있었으며 검찰과 판사의 업무에서 중심적인 지위를 함께 차지할 수는 없었다. 그러나 새로운 멕시코 형사소송법의 개정내용에 따르면 이제 경찰은 자신의 수사 능력과 증거채증 능력을 향상시켜서 판사와 검사들로 하여금 사실관계를 확정짓는 것을 도와서 정의가 실현되도록 하여야 한다.[352]

결국 위와 같은 각 규정에 대한 해석상 검사의 수사 권한과 사법경찰에 대한 수사지휘 권한이 모두 인정된다고 해석하여야 하고 달리 해석할 여지가 없다. 특히, 멕시코는 헌법에 검사의 수사 권한, 사법경찰에 대한 수사지휘 권한과 함께 검사의 영장신청권에 관하여 규정하고 있는 것이 특징이다.

4. 칠   레

(1) 헌법 규정

<헌 법>[353]

제83조

독립적이고 계급적 조직인 검찰은 범죄를 구성하는 사실, 기소 여부를 결정하는 사실, 피의자의

---

351) <http://www.diputados.gob.mx/LeyesBiblio/pdf/CNPP_170616.pdf>.

352) Shirk, CRIMINAL JUSTICE REFORM IN MEXICO: AN OVERVIEW, MEXICAN LAW REVIEW, Vol. III, No. 2, at

353) <https://constituteproject.org/constitution/Chile_2015?lang=en>.

무혐의를 입증하는 사실에 대한 <u>수사를 독점적으로 지휘하고</u>, 법률에 정한 바에 따라 소추한다. 또한 검찰은 필요한 경우 피해자 및 증인을 보호하기 위한 조치를 취한다. 다만 어떠한 경우에도 검찰이 재판 기능을 수행할 수는 없다.

범죄 피해자 및 법률에서 정한 다른 자도 검찰과 마찬가지로 기소할 수 있다.

검찰은 조사·수사를 전개하는 동안 치안유지조직에 직접 명령을 하달할 수 있다. 다만 피의자 또는 제3자가 헌법으로 보장된 권리를 행사하지 못하도록 이와 같은 권리를 박탈하거나 제한 또는 방해하는 행위는 법적 승인을 필요로 한다. 검찰 명령을 하달 받은 당국은 추가적인 수속 없이 해당 명령을 이행하여야 하며, 사전에 법적 승인을 제시하도록 요청한 경우를 제외하고는 이와 같은 검찰의 수사명령에 근거나 적절성, 이행하여야 할 판결의 정당성이나 적법성을 평가할 수 없다.

그러나, 군사법원이 관할하는 사안인 경우에는 공적 기소권을 행사하고 처벌 대상에 해당하는 행위에 참여하고, 피의자의 무죄를 입증하는 사실 등 범죄 사실에 대한 조사를 지휘하며 범죄의 피해자와 증인을 보호하기 위한 조치를 취하는 것은 군사재판법 및 관련 법률에서 정한 기관과 관련 책임자에게 속한다.

제84조 ......헌법조직법은 검사가 담당하는 사건의 수사지휘, 소추권 행사에 있어 <u>검사가 갖는 독립성, 자율성</u>, 그리고 책임의 정도에 대하여 규정한다.

제85조 <u>검찰총장(the National Attorney)</u>은 대법원이 작성한 5인의 추천인 명단에서 공화국 대통령이 선택한 후 검찰총장의 승인을 얻기 위해 소집한 상원회의에서 재적의원 3분의 2의 동의를 얻어 임명한다. 공화국 대통령이 제안한 후보를 상원이 승인하지 않은 경우, 대법원은 거부된 후보를 대체할 5인의 후보자를 새로이 추천해야 하며 임명 동의가 이루어질 때까지 전술한 절차를 반복한다.

<u>검찰총장</u>은 투표권이 있는 40세 이상 시민으로서 최소 10년 이상의 변호사 경력이 있어야 하고 검찰총장의 임기는 8년이며 중임할 수 없다. 검찰의 정년에는 제80조 제2문의 규정을 적용한다.

제86조 국가의 행정구역의 따라 주별로 <u>1인의 지방 검사(Regional Attorney)</u>를 배치하지만, 주의 인구 또는 지리적 면적을 고려해 필요한 경우 1인 이상의 지방검사를 들 수 있다. 지방 검사는 해당 주의 고등법원이 제안한 3인의 후보자 명단에서 검찰총장(the National Attorney)이 임명한다. 한 주에 두 개 이상의 고등법원이 있는 경우 후보자명단은 해당 주에서 가장 오래된 고등법원장이 모든 고등법원을 대상으로 회의를 소집해 정한다. 지방 검사는 투표권 있는 30세 이상의 시민으로서 최소 5년의 변호사 경력이 있어야 하고, 임기는 8년이며 중임할 수 없다. 다만, 중임할 수 없다는 규정이 검찰의 다른 직위에 임명되는 것을 금지하지는 아니한다.

제87조 대법원과 고등법원은 해당되는 경우에 따라 5인의 검찰총장 후보와 3인의 지방검사 후보자의 선정을 위하여 공채를 실시하며 이러한 목적을 위하여 특별 소집된 총회에서 절대 다수를 차지한 자를 후보자로 선정한다. 사법부의 현 구성원 또는 연금 수령자는 검찰총장의 5인의

후보자 및 지방 검사의 3인의 후보자가 될 수 없다. 검찰 총장의 5인의 후보자 및 지방 검사의 3인의 후보자는 한 차례의 투표를 통해 모두 선정하며 이를 위해 총회의 모든 구성원은 각각 3인 또는 2인의 후보에게 투표할 권리가 있다. 해당되는 경우에 따라 검찰총장의 5인 또는 지방검사의 3인의 최다 득표자를 후보자로 선정하며 동수인 경우에는 추첨을 통하여 결정한다.

제88조 <u>검사보는</u> 각 지방 검사가 헌법조직법(constitutional organic law)에 따라 사전에 실시한 공개모집으로 3인의 후보자를 추천하면 검찰총장(the National Attorney)이 후보자 명단에서 선택해 임명한다. 검사보 후보자는 투표권이 있는 시민으로서 변호사 자격을 보유하여야 한다.

제89조 <u>검찰총장 및 지방검사는</u> 자격 상실, 부정행위 또는 직무태만을 이유로 공화국 대통령 또는 하원 의원 10인이 해임을 요구한 경우에 오직 대법원에서만 해임될 수 있다. 대법원은 해임과 관련하여 소집된 특별총회에서 사안을 심의하며 검찰총장 및 지방검사의 해임 결의는 총회 구성원의 과반수이상의 찬성이 필요하다. 지방 검사의 해임은 검찰총장도 요구할 수 있다.

제90조 <u>검찰 총장, 지방 검사 및 검사보에게는</u> 제81조의 규정을 적용한다.

제91조 <u>검찰총장은</u> 위에서 규정한 헌법조직법(constitutional organic law)에 근거하여 직접 효과적으로 검찰조직을 지휘한다.

칠레는 헌법에서 법원에 관한 장을 제6장으로 두고 있으면서 동시에 제7장에서 검찰에 대한 독립된 장을 두고 매우 상세한 규정을 입법하고 있다는 점이 특징이다. 칠레의 경우 검찰의 비중을 매우 높게 두고 있고 검찰의 지위와 역할에 대하여 헌법기관으로서 인권보호기능을 강조하는 입법을 하고 있다. 한편, 칠레 헌법에서는 기소권에 대하여도 검찰에게 명시적으로 귀속시키고 있다. 그러면서도 범죄피해자와 법률에서 정한 다른 자들도 기소권을 가질 수 있다고 하여, 시민 등에 의하여 검찰의 기소권을 보완하는 규정을 두고 있다.

이처럼 칠레 헌법은 법률이 아니라 헌법전 내에서 헌법조직법의 형태로 검사가 보유한 수사지휘권과 공적 기소권에 대하여 독립성, 자율성, 책임성 등을 규정하고 있다. 나아가서 칠레 헌법은 검찰의 조직과 권한 역시 법률이 아니라 헌법에서 규정하고 있어 헌법조직법을 이루게 하고 있다. 이런 칠레 헌법의 입법 태도는 검사의 수사지휘권과 공소권을 법률적 차원이 아니라 헌법적 차원의 규율대상으로 보고 있는 것으로, 매우 특징적인 것이다.

한편, 칠레 헌법에서는 검찰총장은 임명직이 아니라 선거직이며, 검찰총장이 가지는 헌법기관으로서의 임무의 중요성을 고려하여 중임할 수 없도록 하고 있다(제85조). 이처럼 칠레헌법에서는 검찰총장과 지방검사의 엄중하고도 막중한 인권보장 등의 책임을 위하여 그 선출에 대하여 다음과 같은 공정하고 엄격한 절차를 거치도록 하고 있다.

칠레 헌법에서는 검사보의 지위 역시 단순한 법률적 사항으로 보지 않고 헌법조직법으로 규정(제88조)하고 있는데, 이는 그만큼 검사의 지위와 역할이 엄정하고 중요하다는 것을 강조하고 있는 것으로 보인다.

또한 칠레 헌법에서는 검찰총장뿐만 아니라 지방검사의 해임에 대하여도 매우 엄격한 사유와 절차를 요구하고 있다(제89조). 이는 검찰총장을 비롯한 검사의 지위가 인권보장 등을 비롯하여 막중한 책임을 수행하는 자리라고 보고 있기 때문에 검찰총장을 비롯한 검사의 해임사유를 법률에서 규정하는 것이 아니라 헌법에서 규정하고 있는 것이다.

(2) 형사소송법 규정

<형사소송법>[354]

제3조. 범죄수사의 독점. 검찰은 헌법과 법률이 정한 바에 따라 범죄를 구성하는 사실, 기소 여부를 결정하는 사실, 피의자의 무혐의를 입증하는 사실에 대한 수사를 독점적으로 지휘한다.

제77조. 권한. 검사는 법률이 정한 바에 따라 공소를 실행하고, 유지한다. 이 목적을 위하여 검사는 검찰조직법에서 부여한 기본원칙을 엄격히 준수하면서 수사를 성공적으로 이끌 수 있는 모든 업무를 수행하고 경찰을 지휘한다.

제79조. 형사절차에서의 경찰의 역할. 수사경찰은 수사업무에 있어서 검사를 보조하여야 하고, 이 법 특히 제180조, 제181조, 제187조에 규정된 목적을 달성하기 위하여 검사의 지휘에 따라 필요한 업무를 수행하여야 한다.

제180조. 검사의 수사. 검사는 수사를 지휘하고, 사실을 명백히 할 수 있는 것으로 판단되는 모든 수사를 스스로 수행하거나 경찰에 위임할 수 있다.

연혁적으로 볼 때 칠레의 검찰은 1875년 법원조직법상 판사의 이해관계인, 조력자로 규정되었고, 1906년 형사소송법상 형벌권 행사, 기소 및 항소 등 형사소송의 다양한 단계에서 판단을 하는 사법부의 조력기관으로 여겨졌다. 이후 1958년 국가안전법 제27조를 통하여 각 법원의 검사에게 소송절차에서 당사자로서의 지위가 인정되었다.[355] 1987년 형사소송법 개정을 통해 검찰은 특정한 공무원들을 위한 모욕에 대한 소송을 이끌 권한을 갖게 되었고 모든 항소에 관여할 수 있도록 허용되었다. 칠레공화국은 1997년 헌법개정을 통해 헌법 제7장에 검찰제도(el Ministerio Público)를 도입하였고 헌법 제80조 B에 따라 1999년 검찰조직법(La Ley Orgánica Constitucional del Ministerio Público)을 제정하였다. 그리고 검찰에 대한 규정을 담은 새로운 형사소송법이 2000년 12월에 발효되었다.

---

354) <http://www.leychile.cl/Navegar?idNorma=176595&idVersion=2014-06-14>.
355) 박현주, 칠레의 검사제도 연구, 2008, 1면.

한편, 2000년 형사소송법은 1907년 이후 자리잡아온 종래의 서면주의, 비밀주의, 규문주의적 형사소송 제도를 구두주의, 공개주의, 당사자주의 제도로 대체하였다.[356] 기존의 형사제도 하에서는 범죄사건의 수사, 기소 및 판결의 업무가 수사판사(juez de instrucción)에게 있었으나, 2000년 형사소송법을 통해 검찰의 권한이 새로이 정립됨으로써 형사소송 제도에 큰 변화가 생긴 것이다. 현재 칠레의 검찰조직은 국가검찰(la Fiscalia Nacional)과 간부회의(Consejo Generali), 지방검찰(la Fiscalia Regional), 지역검찰(Fiscalia Local)로 구분된다.

결국 형사소송법 제3조가 '검찰은 수사를 독점적으로 지휘한다'고 하면서, 동법 제77조는 '검사는 수사를 성공적으로 이끌 수 있는 모든 업무를 수행하고 경찰을 지휘한다'고 규정하고 있으므로, 각 규정에 대한 해석상 검사의 수사 권한과 사법경찰에 대한 수사지휘 권한이 모두 인정된다고 해석된다. 특히, 헌법에 검사의 사법경찰에 대한 수사지휘 권한과 검사의 독립성에 관하여 규정하고 있는 점이 특징적이다.

---

356) Kauffman, Chile's Revamped Criminal Justice System, Geo. J. Int'l Law: The Summit, vol.40, p.621.

제3절 영미법계 국가의 검사 관련 헌법 등 규정

I. 영연방 국가 입법례

1. 영 국

(1) 헌법 규정

영국은 불문법 국가이므로 헌법관련 내용이 없다. 영국(United Kingdom)은 England, Wales, Scotland, Northern Ireland로 구성된 연합왕국이고, 구성국마다 검찰 시스템이 각기 다르다. 즉, England와 Wales의 CPS(Crown Prosecution Service, 왕립소추청[357])는 기소 권한만 있고 수사 관련 권한은 없는 반면, SFO(Serious Fraud Office, 특별수사청)는 수사 및 기소 권한이 모두 있다. Scotland의 검찰인 COPFS(The Crown Office and Procurator Fiscal Service)는 기소 권한은 물론 중요 범죄에 대한 수사 권한, 그리고 사법경찰에 대한 수사지휘 권한을 보유하고 있다.[358] 한편, Northern Ireland의 PPS(The Public Prosecution Service for Northern Ireland)는 CPS와 유사하게 기소 권한만 있다.[359]

그런데 해외 사례를 분석하는 논자들이 영국이라고 칭하면서 분석하는 곳은 주로 England와 Wales에 국한되므로 이에 대해서 상세히 살펴본다. England와 Wales는 Common Law에 기반을 둔 국가로서 대륙법계와 같이 범죄를 국가의 법질서에 대한 침해로 보는 것이 아니라 일반 시민인 가해자가 다른 시민인 피해자에게 가한 일종의 불법행위로 파악한다. 이러한 사인소추주의의 전통에 따라 경찰과 일반 행정기관이 수사·기소·공소유지를 독점해 온 것이다. 즉 불과 30년 전만 해도 검찰이라는 개념이나 기관 자체가 존재하지 않았다.

그런데 무고한 사람에 대한 기소와 이에 따른 무죄 속출, 전국적인 폐해를 양산하는 부패범죄 등에 대한 대응 미숙 등 구(舊)체제의 심각한 문제점이 노정되자 경찰의 강력한 반발에도 불구하고, 1980년대에 이르러 국가의 법률업무를 총괄하는 법무총감

---

357) 이 기관에 대한 번역은 다양하나, 문언 그대로 '왕립소추청'으로 번역하였다.

358) <http://www.copfs.gov.uk/about-us/what-we-do/our-role-in-detail>.

359) <http://www.ppsni.gov.uk/Role-5031.html>.

(Attorney General) 산하에 경찰이 기소한 사건의 공소유지를 담당하는 검찰청(CPS)과 중요 부패사건 등에 대한 수사·기소·공소유지를 담당하는 특별수사청(SFO)을 각각 창설하였다.

물론 그 이후에도 여전히 경찰이 경미범죄(전체 사건의 약 72%)에 대한 기소 권한을 행사하고 있다.[360], [361], 그리고 일반경찰 외에도 보건안전위원회(Health and Safety Executive[362]) 등 수사 권한과 기소 권한을 동시에 보유한 경찰기관이 다수 있다.[363]

(2) 형사소송법 등 규정

영국(United Kingdom)은 각각의 구성국뿐만 아니라 하나의 구성국 내부에서도 수사와 기소에 있어 다양한 스펙트럼이 존재하는바, 구성국의 다양한 검찰기관 중, England와 Wales의 CPS(the Crown Prosecution Service)만 잘라내어 '영국 검찰'의 수사 권한이 없다거나 영국이 '수사·기소가 분리'되어 있다고 주장하는 것은 매우 부적절하다. 왜냐하면 영국의 검사직무규칙 제4조의3 '검찰은 경찰과 긴밀하게 협조하여 함께 일하지만, 기소할 것인지, 사건수사를 계속할 것인지 여부에 대한 최종적인 책임은 검찰에게 있다'[364]는 규정이 최근 영국에서의 변화된 검찰과 경찰의 관계를 잘 표현하고 있기 때문이다. 나아가 CPS와 마찬가지로 Attorney General의 감독을 받으면서 수사와 기소 권한을 모두 보유하고 있는 SFO를 검찰의 개념에 포함시킬 경우 만연히 검찰에 수사권한이 없다고 단정할 수도 없는 것이다. 이른바 '경찰수사권 독립론'을 주장하면서 England 제도의 계수를 외치는 논자들이 유독 CPS만을 강조할 뿐 SFO를 언급하지 않는 것은 바로 이러한 이유로 보인다. 현재 CPS는 스스로 제1의 소추기관(the principal prosecuting authority)이라고 자칭하고 있는 대표적인 소추기관[365]으로서 수사와 관련된 공식적인 권한은 없다. 다만, 자문(Consultation), 조언(Advice), 정보제공(the provision of information) 등의 형태로 경찰수사에 관여하고 있다.[366] 반면에, SFO는 중요 경제범죄, 부패범죄, 뇌

---

360) <https://www.police.uk/information−and−advice/court−service/the−process/>.

361) <http://www.cps.gov.uk/about/charging.html>.

362) <http://www.hse.gov.uk/foi/internalops/og/ogprocedures/prosecutions/index.htm>.

363) CPS에 의하면 다른 소추기관(Attorney General's Office, Civil Aviation Authority, Department for Business, Innovation and Skills, Department of Work and Pensions, Environment Agency, Financial Services Agency, Food Standards Agency, Gambling Commission, Health and Safety Executive, Maritime and Coastguard Agency, Office of Fair Trading, Office of Rail Regulation, Serious Fraud Office and Service Prosecuting Authority)과의 협업과 조정을 위해 협약을 체결한 상태이다. <http://www.cps.gov.uk/legal/p_to_r/prosecuting_ agencies_relations_with_other_agencies/>.

364) The Code For Crown Prosecutors 4.3.

365) <http://www.cps.gov.uk/about/>.

물범죄 등에 대한 수사, 범죄수익환수 등을 담당하고 있고, 수사 권한과 기소 권한을 모두 보유하고 있다.[367]

2. 캐나다

(1) 헌법 규정

캐나다 헌법은 미국헌법에서 보듯이 기소권이나 수사권에 관한 국가기관 사이의 권한의 배분에 대하여는 개방된 채로 공백규정을 두고 있다고 볼 것이다. 종래 캐나다의 연방검찰청은 법무부에 속해 있었으나, 2006년 검찰청법(An Act respecting the office of the Director of Public Prosecutions)의 시행으로 현재는 법무부로부터 독립한 행정기관이라고 할 수 있다.[368] 따라서 연방검찰의 수장은 검찰총장이며 법무부장관이 겸직하고 있으나 실제적으로는 연방검찰청의 검찰청장이 캐나다 연방검찰을 지휘, 감독하고 있다. 검찰청장은 효율적인 권한행사를 위하여 연방검찰차장(Deputy Attorney General of Canada)을 겸임한다.[369] 총독은 검찰청장과의 상의를 거친 검찰총장(법무부장관)의 추천을 받아 경력 10년 이상의 법조인 중 1명을 검찰부청장(Deputy Director of Public Prosecution)으로 임명하여야 한다. 다만 캐나다의 주 가운데 노바스코티아, 퀘벡 등 일부 주에서는 연방검찰조직과 별도로 '공공소추국(Office of Director of Public Prosecutions)'이라는 독자적인 소추기구를 두고 있다.[370]

(2) 형사소송법 등 규정

사인소추주의의 전통을 따른 캐나다 형사법은 누구든지(anyone who) 기소할 수 있다고 규정하고 있으나,[371] 대부분 사건의 기소는 경찰기관 등 치안공무원이 담당하고

---

366) <http://www.cps.gov.uk/legal/a_to_c/cps_relations_with_the_police/>.

367) <https://www.sfo.gov.uk/download/sfo‒organogram/?wpdmdl=2687>.

368) 최태원, "캐나다 경찰제도 및 검사와 경찰과의 관계 연구", 「국외훈련검사 연구논문집(Ⅲ)」 제29집, 대검찰청, 2014, 57면.

369) 검찰청장법 제3조 4항.

370) 이에 관하여는 김성돈, 「커먼로 국가에서 진행된 검찰기능 및 역할강화에 대한 연혁적 고찰」, 대검찰청 연구용역보고서, 2012, 40‒42면 참조(http://www.prism.go.kr/homepage/ theme/retrieve ThemeDetail.do;jsessionid=22FA4DFE809BE8CB65A73449352FFDF3.node 02?cond_research_name=&cond_organ_id=&cond_research_year_start=&cond_research_ye ar_end=&cond_brm_super_id=NB000120061201100041870&research_id=1280000‒2012000 58&pageIndex=8&leftMenuLevel=110).

371) Criminal Code 504

Any one who, on reasonable grounds, believes that a person has committed an indictable offence may lay an information in writing and under oath before a justice.......

있고 그밖에 검사가 직접 기소하는 경우, 그리고 사인이 소추하는 경우도 있다. 검찰은 경찰기관 등이 기소한 범죄의 공소유지를 담당한다. 즉, 검사의 수사 권한 및 사법경찰에 대한 수사지휘 권한에 관한 규정은 없다. 경찰을 포함하는 개념인 치안공무원(Peace Officer[372])이 수사를 담당하고 검찰은 조언, 자문 등의 형태로 수사에 관여하나 구속력 있는 지휘의 형태는 아니다. 이처럼 Common Law 국가인 캐나다는 수사 및 기소는 경찰기관이 담당하고, 신생 조직(연방검찰은 2006년 법무부 산하 부서에서 독립하여 신설)[373] 인 검찰은 공소유지와 일부 범죄에 대한 제한적인 기소 권한을 행사하고 있는바, 아직 검찰제도가 발전단계에 있는 실정이라고 할 수 있다.

3. 호 주

(1) 헌법 규정

영연방에 속하는 호주는 1787년부터 약 100여 년간 영국의 식민지배를 받아왔다. 이러한 역사적 배경에 따라 호주는 영국의 사법제도인 보통법체계(Common Law System)를 자연스레 받아들이게 되었으며,[374] 오늘날에도 형사사법제도의 큰 틀은 영국과 크게 다르지 않다. 따라서 호주도 영국식 사법제도를 도입·발전시킨 관계로 전형적인 영미법 소송제도가 자리잡게 되어, 호주도 당사자주의, 배심재판제도를 채택하고 있으며, 피고인의 방어권보장을 위한 무죄추정원칙, 진술거부권, 합리적 의심의 여지가 없는 증명, 진술거부권 등의 원칙도 그대로 준수되고 있다. 다만, 호주는 영국과는 달리 다양한 민

---

372) Criminal Code

   2 In this Act,

   ......

   peace officer includes

   (a) a mayor, warden, reeve, sheriff, deputy sheriff, sheriff's officer and justice of the peace,

   (b) a member of the Correctional Service of Canada who is designated as a peace officer pursuant to Part I of the Corrections and Conditional Release Act......,

   (c) a police officer, police constable, bailiff, constable, or other person employed for the preservation and maintenance of the public peace or for the service or execution of civil process,

373) <http://www.ppsc-sppc.gc.ca/eng/bas/index.html#intro>.

374) 전통적으로 영국사법체계를 받아들인 호주의 법원(法源)은 보통법의 전통에 따라 일찍이 판례법이 자리잡았으나, 중간에 판례법 외에도 성문법(statute law), 원주민관습법(aboriginal customary law)도 혼재하고 있다. 현재 호주는 판례법의 비중이 적지 않기는 하나, 퀸즐랜드(Queensland)주를 중심으로 하여 대부분의 주에서는 판례법에서 성문법으로 변경하였다고 한다(이에 대해서는 박장우, 호주의 형사사법제도 개관, 해외연수검사연구논문집, 법무연수원, 685면, 참조).

족이 공존하는 연방제국가375)이므로 이러한 연방국가의 특성에 기인한 독특한 사법형태가 결합되어 있다. 대표적으로는 이들 다양한 민족의 분쟁을 효과적으로 해결할 수 있도록 법원(Court) 외에 여러 특별재판소(Tribunal)를 설치·운영하고 있다.376)

호주는 1900년 연방헌법이 제정됨과 동시에 1901.1.1. 호주 연방이 발족되어 현재는 연방정부와 주정부(6개의 주와 2개의 특별자치구) 그리고 약 700개의 지방정부로 구성되어 있다. 이러한 연방국가의 특성은 사법제도에서도 그대로 드러나는데, 연방과 각 주가 각자 독특한 사법제도를 갖는 이원적 사법시스템으로 운용되고 있다. 먼저 호주에서 법원은 크게 연방 관련 사건을 다루는 연방법원과 각 州 별로 설치된 주법원이 있으며, 주법원은 다시 간이법원(Magistrate Court), 지방법원(District Court), 대법원(Supreme Court)으로 분류된다. 연방법원의 경우 연방보통법원(Federal Court), 연방가정법원(Family Court) 및 연방최고법원(High Court)으로 구분된다.

다만, 호주는 영연방이어서 영국의 보통법(common law)을 계수하면서 대배심(Grand Jury)제도를 오래도록 유지하여 왔으나, 최근 들어 검찰제도를 도입하면서 이러한 전통적인 대배심제를 폐지하고 검찰이 형사사법체계에서 중요한 역할로 자리잡아가고 있다.

(2) 형사소송법 규정

호주의 검찰은 연방377)이나 주(州)378)를 불문하고 수사 권한 및 사법경찰에 대한 수사지휘 권한이 없고, 기소 권한만 있다. 다만, 사법경찰의 수사에 대한 조언(advice)은 당연히 가능하다.379) 구체적으로 살펴보면, 대부분의 형사사건을 다루고 있는 주(州)의 경우 경찰이 수사 권한을 행사함은 물론이고 사인소추주의의 전통에 따라 대부분의 사건에 대한 기소 권한을 행사한다. 특히 호주 인구의 약 1/3이 거주하는 뉴사우스웨일즈 州의 경우 경찰에 소속된 경찰소추관380)(Police Prosecutor)이 약 95%의 형사사건을 기소

---

375) 퀸즐랜드(Queensland)州, 뉴사우스웨일즈(New South Wales)州, 노던준주(Northern Territory) 州, 사우스오스트레일리아(South Australia)州, 웨스턴오스트레일리아(Western Australia) 州, 빅토리아(Victoria)州의 6개의 州로 구성된 호주에서 퀸즐랜드주가 성문법체계가 가장 발달되었다.

376) 박장우, 앞의 논문, 686면.

377) <https://www.cdpp.gov.au/prosecution−process/steps−prosecution>.

378) 예컨대 뉴사우스웨일즈 州 검찰, <http://www.odpp.nsw.gov.au/faqs/faq−odpp>.

379) PROSECUTION POLICY OF THE COMMONWEALTH 3.3 The DPP does not investigate allegations that offences have been committed. Investigations are carried out by the Australian Federal Police (AFP) or another Government investigation agency or agency with investigative capabilities ("investigative agency"). The DPP may provide advice to the investigative agency on legal issues during the investigation.

380) 조직법상 검찰에 소속된 검사가 아니라 경찰에 소속되어 소추업무를 담당하는 경찰관이고 법률

한다.[381] 연방의 경우, 연방검찰청은 2015.~2016. 연간에 43개 연방수사기관으로부터 3,253건을 접수받아 3,029건을 처리하였으나, 같은 기간 연방국세청(Australian Taxation Office)은 1,900건, 연방증권및투자위원회(The Australian Securities and Investments Commission)가 410명을 기소하는 등, 아직 검찰이 아닌 기관이 기소까지 담당하고 있는 상황이다.[382]

결국 호주는 Common Law의 전통에 따라 경찰기관이 수사 권한은 물론 대부분의 사건에 대한 기소 권한을 행사하고 있고, 신생 조직(1984년 연방검찰 설립[383])인 검찰은 공소유지와 일부 범죄에 대한 제한적인 기소 권한을 행사하고 있다. 즉 검찰제도가 발전단계에 있는 실정이라고 할 수 있다. 다만, 호주에서는 특별수사기구의 기능과 권한이 방대하여 이로부터 발생할 권력남용 및 인권침해 등을 방지하기 위해 수사와 기소를 분리하여 검사에게 기소에 관한 전권을 부여하고 있다. 대표적으로는 연방 차원에서 1982년에 설립된 국가범죄국(National Crime Authority)을 들 수 있으며, 주 차원에서는 1988년 뉴사우스웨일즈(New South Wales)州에 설립된 반부패독립위원회(Independent Commission Against Corruption), 1989년 퀸즐랜드州에 설립된 형사정의위원회(Criminal Justice Commission) 등이 있다.

4. 뉴질랜드

(1) 헌법 규정

뉴질랜드도 영미법계 국가이므로 헌법상 검찰에 관한 규정이 없다.

(2) 형사소송법 등 규정

뉴질랜드의 경우 경찰이 수사 권한은 물론 대부분의 범죄에 대한 기소 권한까지 행사하고 있고, 경찰에 소속된 212명의 경찰소추관이 기소 권한을 행사한다.[384] 중범죄에 대한 소추기능을 담당하는 Crown Law Office가 있으나, 이는 그 기관의 다양한 기능 중 일부에 불과하다.[385] 즉, 뉴질랜드에는 검찰이라고 칭할만한 기관이 따로 없는 형편이다.

한편 뉴질랜드도 England와 같이 중대 경제범죄 등의 수사를 위해 따로 중대비리수

적으로 수사에 관한 권한이 공식적으로 부여되지 않은 기관이므로 '경찰소추관'으로 번역하였다.

381) <http://www.police.nsw.gov.au/about_us/structure/specialist_operations/police_prosecutions_command>.

382) ANNUAL REPORT 2015－16 COMMONWEALTH DIRECTOR OF PUBLIC PROSECUTIONS.

383) <https://www.cdpp.gov.au/about－us>.

384) <http://www.police.govt.nz/about－us/structure/teams－units/police－prosecution－service>.

385) <http://www.crownlaw.govt.nz/about－us/law－officers/>.

사청(SFO, Serious Fraud Office)을 설립하여 수사 권한과 기소 권한을 부여하고 있다.386)

결국 뉴질랜드는 아직 Common Law의 전통을 충실히 따르고 있는 국가로 수사 권한을 행사하는 경찰이 기소 권한을 행사하고 있고 검찰이라고 칭할만한 기관도 따로 없는 상황으로 검찰제도 자체가 제대로 발전되지 않은 국가라고 볼 수밖에 없다.

II. 기타 국가 입법례

1. 미 국

(1) 헌법 규정

헌법에 검찰조직에 관한 명시적인 규정이 없으며, 검찰사무를 관장하는 기관의 조직에 관한 법률에서 이를 규정하고 있다. 즉, 연방 법무부장관(United States Attorney General)이 연방 검찰총장을 겸하고 있고, 법무부장관 밑에 부법무부장관(Deputy Attorney General)이 있고 우리나라 법무차관에 해당하는 Assistant Attorney General, 연방과 관련된 사건에서 연방정부를 대리하는 송무차관(Solicitor General)이 있다. 이들은 모두 미국 의회로부터 청문회를 거치고 승인을 받은 뒤에 임명되는 직책들이다. 미국에는 한국의 대검찰청과 같은 조직이 없으므로 연방 법무부가 그 역할을 담당하게 되고 연방 법무부 밑으로 본격적인 검찰조직이 구성된다. 예컨대, 한국의 고등검찰청과 비슷한 조직으로 연방검찰청(United States Attorney's Office)이 있으며, 각 주에는 한국의 지방고등검찰청이라고 볼 수 있는 State Attorney General를 두고 있다. 미국의 검찰청도 수사를 하기는 하지만 연방수사국(FBI), 마약단속국(DEA), 증권거래위원회(SEC), 국세청(IRS) 등 수사를 전담하는 기관이 있기 때문에 검찰은 송무에 더 집중한다고 할 수 있다.

(2) 형사소송법 등 규정

<연방법률>387)

28 U.S. Code § 547

법에 달리 규정된 경우를 제외하고, 각 연방검사는 그 관할 구역에서

① 미합중국에 대한 범죄를 소추하여야 하고,

④ 수사한 결과 절차진행이 정의에 부합하지 않는다고 판단될 경우를 제외하고는 벌금의 징수, 형벌의 부과, 세법위반에 의해 초래된 몰수 등의 절차를 개시 및 추진하여야 한다.

---

386) <https://www.sfo.govt.nz/our-purpose-and-role>.

387) <http://uscode.house.gov/view.xhtml?req=granuleid:USC-prelim-title28-section547&num=0&edition=prelim>.

<변호사협회 기준>388)

기준 3-3.1 검사의 수사기능(Standard 3-3.1 Investigative Function of Prosecutor)

(a) 검사는 혐의를 받는 범죄행위에 대한 수사에 관하여 통상 경찰 또는 다른 수사기관에 의존하나, 의심되는 불법행위가 다른 기관에 의해 적절히 다루어지지 않는 때에는 이를 수사하여야 할 적극적인 책임이 있다.

<연방 검사 직무 규정>389)

9-2.001 - 총칙(Introduction)

형사문제와 관련된 연방검사의 권한, 재량권, 책임은 열거된 것에 제한 없이 다음을 포함한다.

① 의심되는 또는 혐의를 받는 미합중국에 대한 범죄의 수사

② 적절한 연방법집행기관으로 하여금 수사가 실행되도록 하는 것

9-2.010 - 수사(Investigations)

…… 연방검사는 해당 관할 구역에서 최고 법집행기관으로서, 적절한 연방수사기구 등에 대하여 연방법위반 사건의 수사를 개시할 것을 명할 수 있다.

이 경우 해당 사건의 수사는 통상 연방 검사가 직접 감독하는 것이 아닌 해당 연방수사기구 자체적으로 수행을 한다.

수사를 명받은 수사기구가 적절한 기한까지 사건수사결과보고를 하지 않는 경우, 법무부 형사부의 협조를 요청할 수 있다. 이 경우 연방검사는 해당 수사기구 등으로 하여금 수사팀을 편성하여 수사하도록 할 수 있다.

연방검사의 수사에는 대배심이 이용될 수 있는 바, 이 경우 관할 수사기구 등과의 상의 후에 사건을 공개할 수 있다.

전술(前述)한 것처럼, 미국의 경우 경찰에 대한 수사지휘권을 검사가 법률상 확보하고 있지 아니하므로 개개사건에 대하여 지휘권을 행사할 수 없다는 점을 고려하면, 검사와 경찰의 관계는 형식적으로 상호 협력관계로 볼 수 있다. 다만, 경찰의 수사방향·증거수집·법률적용 등에 있어서 의견을 제시하고 체포영장, 압수·수색영장을 검사가 사전에 검토한 후 법원에 청구하는 등 실질적으로는 우리 검찰과 유사하게 경찰의 수사를 지도하고 있다고 볼 수 있다.

결국 미국은 50개의 주(州)로 구성된 국가이고 주별로 검찰시스템이 다양하므로 연방검찰만을 살펴볼 때, 위의 각 규정에 대한 해석상 연방검사의 수사 권한은 인정된다

---

388) <http://www.americanbar.org/publications/criminal_justice_section_archive/crimjust_standards_pfunc_blk.html>.

389) <https://www.justice.gov/usam/usam-9-2000-authority-us-attorney-criminal-division-mattersprior-approvals#9-2.010>.

고 해석하여야 하고 달리 해석할 여지가 없다.

2. 이스라엘

(1) 헌법 규정

이스라엘은 성문의 단일 헌법을 가지고 있지 않다. 다만 11개의 기본법으로 국가조직, 권력구조 및 기본권 등 헌법적 사항을 규율하고 있다. 일반 법률에 대한 기본법이 더 우월한지에 대하여는 아직 견해가 나뉘고 있다. 다만 이스라엘 대법원은 기본법에 반하는 일반 법률 조항을 수차례 무효화한 바 있다. 한편 전세계 유대인들의 이스라엘 귀환권 및 자동적 시민권 취득을 보장하고 있는 귀환법(Law of Return) 등 일부 법률들은 헌법적 성격을 보유하고 있다고 보여진다.[390]

(2) 형사소송법 규정

수사권한은 전적으로 경찰기관이 행사한다. 기소 권한은, 중죄에 대하여는 State Attorney가 행사하고, 경죄에 대하여는 경찰에 소속된 약 350명의 경찰소추관이 행사한다.[391] 즉, 사법경찰관이 원칙적으로 법원의 영장을 발부받아 주거 등을 수색하고 증거물을 압수할 수 있다(형사소송법 시행규칙 제23조 및 제24조 (a)항). 또한 법원은 영장을 발부함에 있어 경찰 이외의 제3자에게 수색 및 압수 절차의 권한을 부여할 수 있다(동규칙 제24조 (a)항). 사법경찰관은 중범죄가 범해지고 있거나, 최근에 범해졌다고 믿을 만한 정황이 존재하는 경우 법원의 영장 없이 수색 및 압수 절차를 진행할 수 있다(동규칙 제32조 (a)항).

다만, 원칙적으로 공소의 제기는 검사가 담당한다(이스라엘 형사소송법 제67조). 그러나 경범죄의 경우에는 경찰서에 소속된 법률가의 자격을 갖춘 경찰이 담당하며, 중범죄의 경우에만 검사가 담당한다.[392] 이외에 환경범죄, 노동범죄, 세금범죄 및 소비자 보호와 관련한 범죄의 경우 각 관련 정부기관의 법률가 자격을 가진 변호사에 의하여 공소가 제기될 수 있다.[393] 즉 이스라엘 검사는 공소를 제기할 권한을 가지고 있으나, 이를 독점하지는 않는다. 한편, 이스라엘에서는 검사가 피고인이나 변호사에게 협상(plea bargaining)을 할 권한을 보유[394]하고 있기 때문에 기소편의가 일반적으로 인정되는 것으로 이해할 수 있다.

---

390) http://world.moleg.go.kr/web/wli/nationReadPage.do?ISO_NTNL_CD=IL.

391) <https://www.police.gov.il/english_contentPage.aspx?pid=21&menuid=28>.

392) Weismann, World Fact Book of Criminal Justice System, 12면.

393) Weismann, 위의 책, 12면.

394) Sebba/Horovitz/Geva, ISRAEL, Criminal Justice Systems in Europe and North America, HEUNI, 2003, 49면.

이처럼 이스라엘은 Common Law의 전통을 가진 국가395)로서 아직 경찰기관이 수사 권한은 물론 기소 권한까지 행사하고 있는바, 검찰제도가 제대로 정착되지 않은 나라라고 볼 수밖에 없다. 왜냐하면 이스라엘의 검찰로 볼 수 있는 기관인 State Attorney는 수사 또는 수사지휘 권한이 없고, 중죄에 대한 기소와 공소유지만을 담당하기 때문이다.

3. 아일랜드

(1) 헌법 규정

아일랜드 헌법에는 검찰과 관련된 특별한 규정은 없다. 다만, 아일랜드 헌법에서 특징적인 점은 인권을 보호하는 지위와 기능을 고등법원 판사에게 또는 고등법원에게 담당시키고 있다(동법 제40조 제4항)396)는 점이다. 이런 점은 다른 국가들이 검사나 판사에

---

395) <https://www.bjs.gov/content/pub/pdf/wfbcjsis.pdf>.
396) 제40조
① 모든 국민은 인간으로서 법률 앞에 평등하다. 이것은 국가가 법을 제정 할 때 신체적인 능력과 정신적인 능력 및 사회적 기능의 차이를 충분히 고려하지 않는 것을 의미하는 것은 아니다.
② 1. 국가는 귀족의 신분을 부여하지 않는다.
   2. 내각의 사전 승인을 얻는 경우를 제외하고는 어떠한 국민도 귀족이나 높은 신분을 인정받을 수 없다.
③ 1. 국가는 국민의 인권을 존중하고, 법률상 실행이 가능한 한 최대한도로 지키고 보호할 것을 법률로 보장한다.
   2. 국가는 권리의 침해가 발생한 경우에 모든 국민의 생명, 인격, 명성 및 재산권을 보호하며, 부당한 공격으로부터 국가가 할 수 있는 최선을 다하여 특히 법률에 의하여 보호한다.
   3. 국가는 모성의 동등한 생명권을 충분히 고려함으로써 태아의 생명권을 인정하며, 해당 권리를 존중하고, 법률상 실행 가능한 최대한도로 지키고 보호할 것을 법률에 의하여 보장한다. 본 호는 국가와 다른 국가 간의 여행의 자유를 제한하지 않는다. 본 호는 법률로 제정될 수 있는 조건하에 다른 국가에서 합법적으로 이용 가능한 서비스와 관련된 정보를 국가 내에서 획득하거나 이용할 자유를 제한하지 않는다.
④ 1. 어떠한 국민도 법률에 의하는 경우를 제외하고는 개인의 자유를 함부로 박탈당하지 않는다.
   2. 불법구금 되어 있음을 주장하는 내용의 고소가 어떤 개인에 의하여 또는 어떤 개인을 대리하여 고등법원이나 고등법원 판사에게 제기되는 경우, 해당 고등법원 또는 고등법원 판사는 즉시 고소 내용을 조사하고 해당 개인을 구금하고 있는 자에게 지명된 날에 해당 개인을 고등법원에 출두하게 하여 구금의 이유를 서면으로 증명할 것을 명할 수 있으며, 고등법원은 해당 개인이 법원에 출두할 때에 해당 개인을 구금하고 있는 자에게 구금의 정당성을 입증할 기회를 부여한 후, 법률에 따라 해당 개인의 구금이 정당화되지 않는 한 해당 개인의 구금해제를 명한다.
   3. 불법으로 구금되어있음을 주장하는 개인이 본 항에 따라 그에 관하여 내려진 명령을 이행

게 인권보호의 지위와 기능을 담당시키는 것과는 차이가 나는 특징을 가지고 있다. 이러한 점들은 아일랜드의 법의 역사와 무관해 보이지 않는다.

(2) 형사소송법 규정

아일랜드는 Common Law 국가로서 그 전통에 따라 아일랜드의 경찰인 Garda

하고 고등법원에 출두하는 경우에 해당 개인이 법률에 따라 구금되어 있음에도 불구하고 본 헌법의 규정을 고려할 때 해당 법률이 무효인 것으로 판단되는 경우에는 고등법원은 해당 법률에 효력에 관한 문제를 사건의 설명과 함께 대법원에 회부할 수 있는데. 그와 같은 회부시에는 또한 그 후 언제라도 대법원이 회부된 문제에 대하여 결정을 내릴 때까지 고등법원이 정하는 조건에 따라 해당 개인을 보석으로 방면할 것을 허용할 수 있다.

4. 불법으로 구금되었음을 주장하는 개인이 본 항에 따라 그에 관하여 내려진 명령을 이용하여 출두하는 경우에 고등법원은 고등법원장이나 또는 고등법원장의 부재 시에는 고등법원의 선임 판사가 특정한 경우에 대하여 아 그와 같이 지시하는 경우에는 세 명의 판사로 구성하여 결정하지만, 그 밖의 다른 모든 경우에는 한 명의 판사만으로 구성되어 이에 대한 결정을 한다.

5. 그럼에도 불구하고 본 항의 어떠한 규정도 전쟁 또는 무장 반란 시의 국방군의 행동을 금지, 통제 또는 방해하기 위한 근거로 사용될 수 없다.

6. 중죄로 기소된 사람의 범행을 방지하기 위하여 필요한 것으로 합리적으로 간주되는 경우에는 법원에 의한 해당 개인의 보석을 거부할 수 있는 규정이 법률로 지정될 수 있다.

⑤ 모든 국민의 주거는 함부로 침범할 수 없으며, 법률에 따른 경우를 제외하고는 강제 침입을 당하지 아니 한다.

⑥ 1. 국가는 공공의 질서 및 도덕을 준수할 것을 전제로 다음의 권리를 행사할 자유를 보장한다.

ⅰ. 자신의 신념과 의견을 자유롭게 표현할 국민의 권리

다만, 여론의 형성이 공익상 매우 중대한 문제에 해당하는 경우에는 국가는 라디오, 언론, 영화 같은 여론 기관에 의한 정부 정책에 대한 비판을 포함하여 정당한 표현의 자유를 보장하도록 노력하는 한편, 위와 같은 공공 여론의 형성 기관이 공공의 질서 또는 도덕 및 국가의 권위를 훼손하는 데 사용되지 아니 하도록 노력한다. 불경스럽거나 선동적이거나 음란한 내용을 공개하거나 또는 유포하는 것은 법률에 따라 처벌 될 수 있는 범죄에 해당한다.

ⅱ. 비무장한 상태로 평화롭게 집회를 열 국민의 권리

치안의 방해를 야기하거나 일반 대중에 대한 위험이나 혐오를 야기시킬 목적으로 계획된 모임은 법률에 따라 금지 또는 통제를 결정할 수 있고, 국회 양원 부근에서 이 모임을 금지 또는 통제하기 위한 조항은 법률로 제정될 수 있다.

ⅲ. 단체 또는 조합을 결성할 시민의 권리

다만 전술한 권리의 행사를 규제하거나 통제하기 위해서는 공익을 위한 목적으로 법률에 의하여 제정될 수 있다.

2. 단체 및 조합을 결성할 권리와 집회를 열 권리의 행사 방식을 제한하는 법률은 정치적, 종교적 또는 계급적 차별을 포함해서는 안 된다.

Síochána가 수사 권한은 물론 경죄(보통 1년을 초과하지 않는 구금형에 처하는 범죄[397])에 대한 기소 권한까지 행사하고 있다.[398], [399] 즉, 아일랜드에서 검찰은 직접 수사권도 없고, 나아가 경찰에 대한 수사지휘권도 없다. 일반적으로 아일랜드의 수사권은 아일랜드 경찰인 Garda Síochána가 전적으로 행사한다.[400]

검찰로 볼 수 있는 DPP(The Office of Director of Public Prosecutions)[401]는 1974년 설립된 신생 조직으로 수사 권한 및 사법경찰에 대한 수사지휘 권한은 없고 중대 범죄에 대한 기소 권한만 행사한다. 다만, DPP는 사법경찰에게 일반적 지침이나 조언, 자문을 제공하고 있고, 사법경찰이 요청한 경우 구체적인 지침을 제공한다.[402]

한편, 아일랜드에서는 사소한 경미범죄와 관련하여서는 지방법원에서 대부분 약식기소로 기소를 진행한다. 그러나 중대하고 심각한 범죄에 대해서는 검찰청에 소속된 검사와 지방검찰청에 소속된 검사가 기소를 담당한다.[403]

결국 검찰로 볼 수 있는 DPP가 수사 권한 및 사법경찰에 대한 수사지휘 권한은 없고, 중대 범죄에 대한 기소 권한만 행사한다는 점에서 전형적인 영미식 제도를 답습하고 있다고 볼 수 있다.

---

397) <http://www.citizensinformation.ie/en/justice/criminal_law/criminal_offences/classification_of_crimes_in_criminal_cases.html>.

398) Andrea Ryan, "Ireland", Katalin Ligeti(ed.), 앞의 책, p.342.

399) <http://www.garda.ie/Controller.aspx?Page=7981>.

400) https://www.dppireland.ie/about_us/.

401) <https://www.dppireland.ie>.

402) <https://www.dppireland.ie/about_us/>, "She enforces the criminal law in the courts on behalf of the People of Ireland; directs and supervises public prosecutions on indictment in the courts; and gives general direction and advice to the Garda Síochána in relation to summary cases and specific direction in such cases where requested."

403) https://www.dppireland.ie/about_us/criminal_process_chart/.

제4절   OECD 회원국의 입법례 비교·분석

Ⅰ. OECD 회원국의 영장 규정 비교·분석

1. 동아시아 2개국

(1) 한 국

헌법 제12조 및 제16조에서 검사의 신청을 명문으로 규정하고 있다. 그런데 우리 헌법상 검사의 영장청구권 조항의 진정한 가치는, 강제처분에 있어서 경찰의 권한남용을 방지하기 위해서는 단순히 법관의 영장을 받는 제도만으로 하여 법관의 심사만으로는 부족하고, 검사가 영장청구 전에 한 번 더 심사하여 2중의 심사 장치를 만듦으로써 더욱 강력한 통제장치를 만들고자 함에 있다고 보아야 할 것이다.

(2) 일 본

형사소송법에 의하면 검찰·경찰 모두 체포영장(제199조)[404]·압수수색영장(제218조)[405]을 법원에 청구하는 것이 가능하지만, 구류권한은 검찰에게만 인정된다. 따라서 경찰은 체포 후 48시간 내 검찰에 신병을 인계해야 하며(제203조),[406] 검찰은 신병을 인계받아 피의자에게 변명의 기회를 주고 24시간 이내에 구류청구 및 석방을 결정하거나 곧바로 공소를 제기할 수도 있다(제205조).[407] 이와 같이 체포전치주의를 취하는 이유는

---

404) 제199조 ① 검찰관, 검찰사무관 또는 사법경찰직원은 피의자가 죄를 범하였다고 의심하기에 족한 상당한 이유가 있는 때에는 재판관이 미리 발부한 체포영장에 의하여 체포할 수 있다.

405) 제218조 ① 검찰관, 검찰사무관 또는 사법경찰직원은 범죄의 수사를 함에 대하여 필요가 있는 때에는 재판관이 발부한 영장에 의하여 압수, 수색 또는 검증을 할 수 있다. 이 경우에 있어서 신체의 검사는 신체검사영장에 의하여 하지 아니하면 아니된다.

406) 제203조 ① 사법경찰원은 체포장에 의하여 피의자를 체포한 때 또는 체포장에 의하여 체포된 피의자를 인수한 때는 즉시 범죄사실의 요지 및 변호인을 선임할 수 있다는 취지를 알린 후 변명의 기회를 주고, 유치의 필요가 없다고 사료하는 때에는 즉시 석방하며, 유치의 필요가 있다고 사료하는 때에는 피의자의 신체를 구속된 때부터 48시간 이내에 서류 및 증거물과 함께 피의자를 검찰관에게 송치하는 절차를 취하지 아니하면 아니된다.

407) 제205조 ① 검찰관은 제203조의 규정에 의하여 송치된 피의자를 인수한 때에는 변명의 기회를

피의자의 신병을 구속하더라도 처음 신병을 구속할 때부터 혐의의 존재와 구속의 필요
성을 일의적으로 명백하게 하기는 어렵고, 또한 처음부터 10일간의 구속을 하기보다는
우선은 체포라는 단기간의 신병구속을 하고 그 사이에 일정한 수사를 진행하여 혐의가
없거나 신병구속이 필요 없는 사람은 석방시키고, 아울러 검찰관이 신병구속의 필요가
있다고 판단한 사람에 대하여는 체포보다 더 한층 엄격한 요건에 따라 재차 사법심사를
거치게 함으로써, 피의자의 인권을 지키면서 수사의 유동적인 상황에 대처하려고 하였기
때문이다.[408]

검찰의 구류기간은 최대 20일이 원칙이고, 내란·외환의 범죄 등 일부 범죄에 한해
최대 25일까지 연장이 가능하다.[409] 통상 경찰은 구속영장신청권이 없기 때문에 구속사
건은 필연적으로 검찰사건이지만, 구속 이후라도 경찰은 검사의 지휘나 스스로 판단에
따라 증거관계에 필요한 내용에 대해서 수사를 진행할 수 있는데, 다만, 경찰이 구속 이
후 조사나 압수수색 등 수사를 진행한 경우에는 그 내용 및 결과를 검사에게 보고해야
하며, 검사가 조사할 경우, 경찰 사건에 대해서는 피의자를 검찰청으로 호송하도록 한
후 조사하고, 검찰 직접 사건에 대해서는 구치소에서 검찰청에 피의자를 호송하지 아니
하므로 검사가 구치소에 있는 조사실에 직접 가서 피의자를 조사한다.

2. 서아시아 2개국

(1) 터 키

검사가 수사의 주체이며, 경찰은 검찰과는 독립되어 있는 독자적인 수사권을 가지
고 있지 않다. 따라서 검사가 영장청구권을 가지며, 경찰은 독자적 영장청구권을 가지고

주고, 유치의 필요가 없다고 사료하는 때에는 즉시 피의자를 석방하며, 유치의 필요가 있다고
사료하는 때에는 피의자를 인수한 때로부터 24시간 이내에 재판관에게 피의자의 구류를 청구
하지 아니하면 아니된다.

③ 전2항의 시간의 제한 내에 공소를 제기한 때에는 구류의 청구를 할 것을 요하지 아니한다.

④ 제1항 및 제2항의 시간의 제한 내에 구류의 청구 또는 공소의 제기를 하지 아니한 때에는
즉시 피의자를 석방하지 아니하면 아니된다.

408) 히라라기 토키오(조균석 역), 일본형사소송법, 박영사, 2012, 130면.

409) 제208조 ① 전조의 규정에 의하여 피의자를 구류한 사건에 대하여 구류의 청구를 한 날로부터
10일 이내에 공소를 제기하지 아니한 때에는 검찰관은 즉시 피의자를 석방하지 아니하면 아니
된다.

② 재판관은 부득이한 사유가 있다고 인정하는 때에는 검찰관의 청구에 의하여 전항의 기간을
연장할 수 있다. 그 기간의 연장은 합하여 10일을 초과할 수 없다.

제208조의2 재판관은 형법 제2편 제2장 내지 제4장 또는 제8장의 죄에 해당하는 사건에 대하
여는 검찰관의 청구에 의하여 전조 제2항의 규정에 의하여 연장된 기간을 다시 연장할 수 있
다. 그 기간의 연장은 합하여 5일을 초과할 수 없다.

있지 않다.

(2) 이스라엘

영미법계 국가이므로 '체포'와 별도로 공판 전 수사를 위한 '구속'제도가 존재하지 않는다. 체포영장은 경찰이 법관에게 신청할 수 있다.

3. 서유럽 7개국

(1) 독 일

독일에서 신병에 관한 제도는 ① 영장에 의한 구속과 ② 영장에 의하지 아니한 가체포(현행범체포, 긴급체포로 나뉘지만, 계속 구금을 위해서는 사후영장이 필요함)로 구별되는데, 이 중 구속(미결구금)은 수사절차(형소법 제112조 제2항 제1호)와 집행절차에서의 피의자(피고인)의 신병확보(형소법 제457조 제2항) 이외에 재범의 위험성을 방지(형소법 제112조a)하고 증거인멸을 막는(형소법 제112조 제2항 제3호) 제도로서, 구속영장410)에 의한 미결구금의 부과주체는 예외 없이 판사이다. 다만, 이 중 영장에 의한 체포제도는 별도로 없어 우리와 같이 신병이 확보되지 않은 피의자의 구속을 위해서 먼저 체포영장을 발부받는 방식이 아니라, 가체포하거나 가체포 사유가 없는 경우 판사로부터 구속영장을 발부받아 이를 집행하고 익일까지 판사에게 피의자를 인치하여 구속을 유지할지 여부를 판단받는 방식이다.

현재 독일 형사소송법상 피의자의 출석을 확보하기 위한 제도로 미결구금,411) 체포,412) 구인,413) 체포를 위한 수배명령414)이 인정되고 있고, 체포와 구인 및 수배명령의 요건은 부분적으로 미결구금의 요건과 동일하다. 그리고 수사단계에서 구속사유는 도망(Flucht) 또는 도망의 위험(Fluchtgefahr),415) 증거인멸위험(Verdunkelungsgefahr),416) 범죄의 중대성(bestimmten Straftaten der Schwerkriminalität),417) 재범의 위험성(Wiederholungsgefahr)418)이다.

현재 검사가 수사의 주체이며, 경찰은 검찰과 독립된 독자적인 수사권을 가지고 있

---

410) 서면으로 행해진다(형소법 제114조).

411) 구속을 의미 - 형소법 제112조, 제112조a, 제457조 제2항.

412) 형소법 제127조, 제127조b, 제128조, 제163조a, 제163조c, 형소법 제230조 제2항 등.

413) 형소법 제134조 제1항, 제163조a 제3항 제2문.

414) 형소법 제131조, 제131조a.

415) 형소법 제112조 제2항 제1호, 제2호.

416) 형소법 제112조 제2항 제3호.

417) 형소법 제112조 제3항(타인의 생명과 신체를 위태롭게 하는 특정한 중범죄(예컨대, 테러단체조직, 살인, 인종학살, 중상해, 중방화 등)에 한함).

418) 형소법 제112조a(강간 등 성범죄, 중상해, 상해치사, 중절도, 강도, 공갈, 사기, 방화 등 특정한 중범죄에 한함).

지 않다. 따라서 검사가 영장청구권을 가지며 경찰은 독자적 영장청구권을 가지고 있지 않다. 즉, 검사의 구속영장 청구에 대하여 판사가 피의자를 직접 신문(Vernehmung)하고, 판사는 구속·구속유지결정 또는 구속청구기각·구속취소결정·구속집행유예[419](StPO 제 116조, Aussetzung des Vollzugs des Haftbefehls) 결정을 한다. 다만, 우리나라와 달리 독일에서 수사기관의 구속기간에 대하여는 별다른 제한이 없는 바, 수사·재판단계의 구분 없이 구속기간을 6개월로 하되 고등법원의 구속심사를 거치면 계속적인 연장이 가능하며,[420] 구속되면 판결시까지 하나의 구속으로 본다.

한편, 압수·수색·검증 등과 같은 강제처분에는 원칙적으로 법관의 명령을 필요로 하고, 그 형식은 서면에 국한되지 않고 구두, 전화 또는 팩스로도 가능하며, 사법경찰의 신청권이 별도로 존재하지 않고, 긴급을 요하는 경우 검사와 그 수사요원(Ermittlungspersonen der Staatsanwaltschaft)은 압수가 가능하다(StPO 제98조 단서). 전술(前述)한 것처럼 독일은 강제처분의 종류가 다양하고, 그 요건을 죄명에 따라 특색있게 규정하고 있으며, "판사만이 …"강제처분권을 가짐을 원칙으로 규정하고, 구체적 압수대상에 따라 사법경찰관(검찰의 수사요원)의 처분권을 배제한 채 검사만이 할 수 있는 강제처분권도 규정하고 있다. 특히, 최근 혈액샘플압수명령권한이 형사소송법 개정(StPO 제81조의a 제2항)으로 검사와 그 수사요원에게도 인정되어 법관과 동일한 명령권한을 가지게 되었다.

(2) 프랑스

전술(前述)한 것처럼, 프랑스 형사소송법상 영장[421]으로 ① 체포유치영장(mandat de recherche), ② 소환영장(mandat de comparution),[422] ③ 구인영장(mandat d'amener),[423] ④ 체포영장(mandat d'arrêt), ⑤ 구금영장(mandat de dépôt) 등이 있는데, 구금영장을

---

419) 구속결정은 하되 구속보다 경한 조건을 부과하여 구속을 대체하는 제도로서, 영미법상 보석제도와 그 실질이 같다고 평가할 수 있다.

420) 형소법 제121조 참조(예외 제112조a – 재범위험성을 이유로 한 구속은 1년 초과 불가 / 제130조 – 친고죄의 경우 고소가 없으면 구속은 1주일의 한도 내에서만 허용). 구속연장을 위한 고등법원의 구속심사는 늦어도 3개월 단위로 반복되어야 한다(형소법 제122조 제4항).

421) 대물적 강제처분을 위한 압수수색영장이나 통신제한 조치와 관련된 영장은 없다(김종구 외, 앞의 책, 75면).

422) 소환영장과 관련하여서는 예심참고인(témoin – assisté), 예심피의자도 발부대상이고, 영장에 지시된 일시·장소에 영장 기재된 사람을 수사판사 앞에 출석하도록 통지하는 형태이고(형소법 제122조 제3, 4항), 만약 영장을 송달받은 사람이 출석하지 않는다면 구인영장을 발부할 수 있다.

423) 체포영장이 주거가 일정치 않고 도주한 피의자에 대한 것인 반면, 구인영장은 주거가 일정한 피의자에 대한 것으로서 수사판사는 구인된 피의자를 즉시 심문하여야 하고(구금영장을 청구한 경우에는 구치소에 구금할 수 있음), 그렇지 못한 경우에는 최대 24시간 동안 구치소에 구금할 수 있고, 이송하여야 하는 경우에는 최대 4일까지 구금이 가능하다.

제외한 4개의 영장은 수사판사가 발부하며, 필요시 직권으로 발부하는 것이 원칙이고, 구금영장은 석방구금판사가 발부한다. 다만, 체포유치영장은 수사판사 뿐 아니라 검사도 중죄 현행범과 구금형 3년 이상의 경죄 현행범의 경우 발부할 수 있는데(CPP 제70조, 제77조의4), 판사의 개입없이 초동수사 단계에서 직접 검사가 영장을 발부하게 하여 중범죄자를 강제수사할 수 있도록 권한을 강화하였다(2004. 3. 9. 도입, L. nº 2004-204 du 9 mars 2004).

통상 검사가 예심수사 개시청구(réquisitoire introductif) 또는 보완청구(réquisitoire supplétif)를 수사판사에게 청구하면, 수사판사는 검사의 청구를 첨부하여 이유를 붙인 결정으로 석방구금판사에게 구속을 청구한다. 다만, 예외적으로 중죄 또는 10년 구금형에 해당하는 경죄로서 특정 구속사유가 존재하는 경우, 검사는 수사판사를 경유하지 않고 직접 석방구금판사에게 구속을 청구할 수 있다.

프랑스의 경우 수사과정에서 구속기간을 별도로 지정하지 않으나, 경죄의 경우 원칙적으로 4개월을 초과할 수 없고(최대 2년 4개월까지 가능),[424] 중죄의 경우 원칙적으로 1년을 초과할 수 없다(최대 4년 8개월까지 가능).[425]

한편, 검사가 수사의 주체이며, 경찰은 검찰과는 독립되어 있는 독자적인 수사권을 가지고 있지 않다. 따라서 검사가 영장청구권을 가지며, 경찰은 독자적 영장청구권을 가지고 있지 않다. 다만, 사법경찰관은 현행범수사[426]의 경우 혐의자에 대한 보호유치, 압수수색 등 폭넓은 권한이 인정되지만, 보호유치시 검사에게 즉시 보고한 후 검사의 통제를 받고, 압수시 압수유지를 위해서는 검사의 동의를 받아야 하며, 예비수사에서의 압수수색은 현행범수사와 달리 검사의 지시 또는 사전 허가를 얻어야 가능하다.

(3) 네덜란드

네덜란드 형사소송법상 3일을 최장기로 하는 '구속'(Police custody)은 검사나 보조

---

424) 형소법(CPP) 제145조의1(예외적인 경우 4개월을 초과하지 않는 기간 동안 연장 가능하며, 국외 범죄나 마약·조직범죄 등에 대해서는 2년까지 연장 가능하고, 나아가 피의자 석방이 사람들과 재산에 관한 안전에 대해 특별하게 심각한 위험을 야기시킬 수 있을 때에는 고등법원 예심부의 결정으로 최장 2년에서 4개월 추가 연장이 가능(총 2년 4개월)하다).

425) 형소법(CPP) 제145조의2(6개월 기간으로 구속연장 가능하고, 법정형이 20년 미만인 경우에는 2년, 그 외에는 3년을 초과할 수 없음. 경죄와 마찬가지로 국외 범죄나 마약·조직범죄 등에 대해서는 4년까지 연장 가능하고, 나아가 피의자 석방이 사람들과 재산에 관한 안전에 대해 특별하게 심각한 위험을 야기시킬 수 있을 때에는 고등법원 예심부의 결정으로 최장 4년에서 4개월 추가 연장 가능하고 같은 요건·방식으로 1회 더 갱신이 가능(총 4년 8개월)하다).

426) 현행범수사는 8일 동안만 가능하고, 8일 동안 하루라도 수사가 중단되어서는 아니되는 제한이 있다(검사는 중죄 또는 5년 이상의 구금형에 처해지는 경죄의 경우 최대 8일간 연장결정 가능).

검사의 명령으로, 그 이상을 기간으로 하는 '재구속'(Detention on remand, 우리나라 형사소송법상의 구속이 이에 해당)은 검사의 청구에 의해 법원이 행한다.[427] 따라서 법률상 영장청구권은 검사에게 있다.

(4) 룩셈부르크

검사가 수사의 주체이며, 경찰은 검찰과는 독립되어 있는 독자적인 수사권을 가지고 있지 않다. 따라서 검사가 영장청구권을 가지며, 경찰은 독자적 영장청구권을 가지고 있지 않다.

(5) 벨기에

벨기에 형사소송법상 대인적 강제처분에는 체포와 구속이 있다. 체포에는 영장에 의한 체포와 무영장 체포가 있다. 검사와 검사를 조력하는 경찰관은 현행범 상태의 피의자를 체포할 수 있다(형사소송법 제40조, 제49조, 제50조). 이 경우 자유의 박탈(공식적인 체포를 포함)은 혐의자가 더 이상 이동의 자유를 행사할 수 없게 된 시점부터 24시간을 초과할 수 없다(헌법 7조). 검사가 혐의자를 24시간 이상 체포하여야 할 경우 수사판사에게 체포영장을 발부하여 줄 것을 청구한다. 현행범 이외의 경우에는 수사판사가 이유를 기재해 발부한 영장에 의하여 피의자를 체포할 수 있다. 이 경우 체포영장청구의 주체는 검사이며, 영장발부에 대한 검사의 청구를 수사판사가 기각하더라도 검사는 이에 대하여 불복할 수 없다. 영장에 의한 체포가 가능하기 위해서는 당해 피의사실에 해당하는 범죄의 법정형이 장기 1년 이상이어야 한다.

한편, 구속은 판사에 의하여 결정되는데, 구속영장은 수사판사의 직권으로 또는 검사의 청구에 의하여 발부되고 영장 발부를 거부하는 수사판사의 결정에 대하여 불복방법이 없다. 경찰은 판사에 대한 구속영장발부를 청구할 권한이 없다. 주거에 대한 압수수색의 경우 원칙적으로 수사판사가 발부한 영장에 의하여 이루어져야 한다(형사소송법 제89조). 다만, 현행범의 경우 수사판사의 영장 없이 검사나 경찰이 압수수색할 수 있다(형사소송법 제35조 내지 제39조, 제49조, 제52조). 이에 반해 신체에 대한 압수수색의 경우에는 경찰관의 독자적인 처분이 가능하다. 즉, 경찰관은 안전을 이유로 체포된 사람, 무기 또는 위험한 물건을 소지하고 있다고 믿을만한 합리적인 근거가 있는 사람에 대한 수색을 행할 수 있고, 이 수색에는 소지품뿐만 아니라 의복과 신체에 대한 수색이 포함된다(1992년 8월 5일자 법률 제28조 제1항). 또한 사법경찰의 지시 또는 책임 하에 경찰관은 체포된 피의자 또는 범죄를 입증할 증거물을 소지하고 있다는 의심을 받는 사람을

---

427) 하재욱, "네덜란드 형사소송법상 피의자의 지위", 국회훈련검사 연구논문집 제26집, 2011, 304−305면.

수색할 수 있다(1992년 8월 5일자 법률 제28조 제2항). 다만, 공판전 구금은 형사소송법이 아닌 '공판전 구금에 관한 법률(Statute on Detention on Remand, SDR)'로 규율하고 있다. 이 법률에 의하면 수사판사에게 구금영장의 발부를 청구할 권한은 경찰이 아닌 검사에게 주어져 있다.[428]

(6) 스위스

형사소송법에 의하면 검사가 법관에게 구금영장 청구권을 가지고 있다(제224조 제2항).

(7) 오스트리아

영장청구권은 법률상 검사에게 전속한다.[429] 즉, 오스트리아에서 체포는 원칙적으로는 검찰의 청구에 의한 법원의 승인으로부터 검찰이 사법경찰에 지시를 함으로써 사법경찰이 수행한다. 이때 검찰의 사법경찰에 대한 지시는 문서로 하여야 하나, 급박한 경우에는 구두로도 가능하다. 반면에 검찰지시 없이 사법경찰 스스로 체포할 수 있는 경우가 있다(제171조 제2항). 첫째, 현행범과 관련된 경우로서, 이때에는 사법경찰은 검사의 승인 없이 독자적으로 피의자를 체포할 수 있다(제170조 제1항 제1호). 둘째, '급박한 경우'[430]로서, 검사의 승인을 받을 시간적 여유가 없는 경우에는 사법경찰 스스로 피의자를 체포할 수 있도록 하고 있다(제171조 제2항). 이러한 급박한 경우시에는 도주우려, 증거인멸우려, 범죄실행위험이 아니라도 체포할 수 있다.

4. 북유럽 9개국

(1) 덴마크

법률상 사법경찰관이 수사와 기소를 모두 담당하는 경미한 범죄를 제외한 나머지 범죄에 대하여는 검사가 영장청구권을 가진다.[431]

---

428) Kalmthout, et al., *Pre-trial Detention in the European Union: An Analysis of Minimum Standards in Pre-trial Detention and the Grounds for Regular Review in the Member States of the EU*(Wolf Legal Publishers, 2009), 173면.

429) 유럽연합의 'GREEN PAPER: Strengthening mutual trust in the European judicial area - A Green Paper on the application of EU criminal justice legislation in the field of detention'에 대한 오스트리아 법무부의 설문응답서(http://ec.europa.eu/justice/newsroom/ criminal/opinion/files/110510/grunbuch_-_beantwortete_fragen_en.pdf), 1면.

430) '급박한 경우'에 대하여, 헌법재판소에서는 피의자를 즉시 체포하지 않으면 도주하거나 은닉하여 실체진실을 발견하기 어렵게 하거나 범행을 반복할 우려가 있는 경우로 판시하였다(VfGJ Slg 1697).

431) 유럽연합의 'European Judicial Network' 형사법 부분 홈페이지에 수록된 덴마크 검찰체계 설명자료(https://www.ejn-crimjust.europa.eu/ejnupload/InfoAbout/The_Danish_

(2) 스웨덴

법률상 검사가 법관에게 공판 전 구금을 청구할 권한을 가지고 있다.[432]

(3) 노르웨이

법률상 협의의 검찰이 영장청구권을 가지고 있으나, 경찰이 광의의 검찰조직(소추당국)에 속해 있다고 볼 수 있고, 실제상으로도 경찰이 대부분의 일반사건을 수사·기소하며 이 경우 영장청구도 경찰이 독자적으로 한다.[433]

(4) 핀란드

핀란드는 영장청구권을 형사소송법이 아닌 별도의 '강제처분에 관한 법률(Coercive Measures Act)'에서 규정하고 있다. 동법 제12조 제1항은 사법경찰이 아닌 검찰에 공판 전 구금영장 청구권을 부여하고 있다.

(5) 아이슬란드

법률상 사법경찰관이 수사와 기소를 모두 담당하는 경미한 범죄를 제외한 나머지 범죄에 대하여는 검사가 영장청구권을 가진다.

(6) 영 국

영미법계 국가이므로 '체포'와 별도로 공판 전 수사를 위한 '구속'제도가 존재하지 않는다. 즉, 체포(arrest)가 영국의 유일한 인신구속제도이고, ① 영장없는 체포와 ② 영장에 의한 체포로 나누어지나, 영장없는 체포가 대부분이다.[434] 따라서 경찰관은 피의자가 범죄를 범하였거나, 범하고 있거나 혹은 범할 것이라고 믿을만한 상당한 이유가 있는 경우에는 체포영장을 발부받지 않고 피의자를 체포하는 것이 가능하다.[435] 이 경우 체포경찰관은 체포된 자를 경찰서의 '구금담당 경찰관'(Custody Officer)에게 신병을 인계하고, 구금담당 경찰관은 증거 충분여부 등을 판단하는데, 체포된 피의자는 ① 통상 24시간까지 구금이 가능하나, ② 경찰서장(station superintendent)의 승인이 있으면 36시간까지 구금이 가능하고, ③ 36시간을 초과하기 위해서는 치안법원으로부터 계속구금의

Prosecution_Service.pdf).

432) "Prosecutor: A Part of the Legal System"(스웨덴 검찰청 안내책자, 2014), 8면.

433) 노르웨이 소추당국 영문홈페이지(http://www.riksadvokaten.no/no/english/).

434) 정진수, 「인신구속제도의 일원화에 관한 연구 – 주요 선진국의 인신구속제도 비교를 중심으로」, 형사정책연구원 연구총서, 한국형사정책연구원, 2006, 37면.

435) 김용진, 영미법해설, 2009, 박영사, 113면; John Sprack, *CRIMINAL PROCEDURE*, 12th. Ed., OXFORD, 13면; Police and Criminal Evidence Act 1984, 24조.

영장(warrant of further detention)을 발부받아야 하며, ④ 치안법원의 허가를 받아 연장이 가능하나, 그러한 경우에도 최대 구금기간은 96시간까지이다.[436] 따라서 위 구금기간 내에 Charge 여부가 결정되어야 하고, Charge가 이루어지지 않으면 석방되어야 한다.

그러나 사안이 비교적 가벼운 경우에는 구두 또는 서면에 의한 고발(laying of an information)과 절차진행을 위한 영장의 발부(issue of process, 소환장 혹은 체포영장)로 절차가 개시되는 것이 보통이다.[437] 고발장(information)은 치안판사에게 피의자에 대한 형사절차를 개시하도록 청구하는 문서로서 주로 경찰이 제출하지만, 사인도 제출이 가능하다.[438] 고발장(information)이 치안판사에게 제출되면, 치안판사는 피의자의 출석을 확보하기 위하여 소환장(summons) 또는 체포영장(warrant)을 발부하는데,[439] 고발장을 제출받은 치안판사는 ① 고발이 서면고발로서 선서에 의하여 입증되고, ② 피고인이 유소년(juvenile)이거나 소환장에 기재할 피의자의 주소가 명확하지 않거나 혹은 고발장에 기재된 범죄가 징역형에 처할 수 있는 범죄인 경우에 소환장이 아닌 체포영장을 발부하는 것이 가능하다.[440]

이처럼 체포영장은 경찰이 법관에게 신청할 수 있으나, 공소국장(Director of Public Prosecutions)은 법률의 위임에 따라 경찰의 구금·석방에 대한 가이드라인(Guideline)을 제정할 수 있고,[441] 경찰은 해당 기준을 준수해야 할 의무가 법정되어 있다.[442] 또한 경찰은 구금된 피의자에 대한 기소 여부에 대한 결정에 있어서 검찰에 관련 수사기록을 제공해야 하고, 검찰은 기소 가능 또는 불가 의견을 회신하도록 되어 있으므로 검찰의 기소 가부 의견을 반영하여, 경찰은 계속 구금 또는 석방을 결정하게 된다.

(7) 아일랜드

영미법계 국가이므로 범죄의 수사기능은 사법경찰(Garda Síochána)의 전속적인 권한으로서, 검찰은 수사권을 가지지 않으며, 검찰은 중죄 전부와 경죄 중 일부에 대하여 검찰청이 기소권을 가진다. 이와 같이 검찰총장 이하 검찰조직은 수사기능을 가지고 있지 않기 때문에, 검찰의 수사과정에서의 영장청구권도 부여되어 있지 않다.[443] 이러한 구

---

436) 김용진, 앞의 책, 119-212면.

437) 김용진, 앞의 책, 123면.

438) 정진수, "인신구속제도의 일원화에 관한 연구 - 주요 선진국의 인신구속제도 비교를 중심으로", 형사정책연구원 연구총서, 한국형사정책연구원, 2006, 37면.

439) 정진수, 앞의 논문, 37면.

440) 김용진, 영미법해설, 2009, 박영사, 129면.

441) Police and Criminal Evidence Act 1984 Part4 37A (1).

442) Police and Criminal Evidence Act 1984 Part4 37A (3).

443) 아일랜드 검찰청 홈페이지에 수록되어 있는 소책자 *Role of the DPP* (https://www.dppirel

속, 체포, 압수, 수색 등의 강제수사는 형사사법법 1984(Criminal Justice Act 1984)를 근거로 허용되고 있다. 이때 구속 및 체포의 권한은 각각 구속위원회(Member in Charge: MIC)와 체포위원회(Arresting Member)에 의해서 결정된다.

(8) 라트비아

검사가 수사의 주체이며, 경찰은 검찰과는 독립되어 있는 독자적인 수사권을 가지고 있지 않다. 따라서 검사가 영장청구권을 가지며, 경찰은 독자적 영장청구권을 가지고 있지 않다.

(9) 에스토니아

검사가 수사의 주체이며, 경찰은 검찰과는 독립되어 있는 독자적인 수사권을 가지고 있지 않다. 따라서 검사가 영장청구권을 가지며, 경찰은 독자적 영장청구권을 가지고 있지 않다.

5. 남유럽 5개국

(1) 이탈리아

형사소송법상 구금영장의 청구권은 검사에게 부여되어 있다.[444]

(2) 스페인

법률상 검사는 전속적으로 법관에게 영장을 청구할 권한을 가지고 있다.

(3) 포르투칼

형사소송법에 의하면 영장청구권은 검사에게 있다(제194조).

(4) 그리스

그리스는 헌법상 검찰의 영장청구권이나 발부에 관한 규정이 존재하지 않는다. 다만 헌법에서 검사의 권한과 관련하여 예외적인 부분을 일정 언급하고 있고(헌법 제14조 제3항), 형사소송법에 의하면 공판 전 구금은 수사판사가 검사의 동의를 얻어 행한다.

---

and.ie/filestore/documents/victims_directive_publications/ENGLISH_-_Role_of_the_DPP.pdf), 8-9면.

444) Grazia Parisi, et al., The practice of pre-trial detention in Italy-Research report-(https://www.fairtrials.org/wp-content/uploads/The-practice-of-pre-trial-detention-in-Italy1.pdf), 14면.

(5) 슬로베니아

검사가 수사의 주체이며, 경찰은 검찰과는 독립되어 있는 독자적인 수사권을 가지고 있지 않다. 따라서 검사가 영장청구권을 가지며, 경찰은 독자적 영장청구권을 가지고 있지 않다.

6. 동유럽 4개국

(1) 폴란드

형사소송법 제244조 제4항에 의하면, 사법경찰이 피의자를 체포한 후에 구속사유가 있는 경우에는 검사에게 구속영장청구를 신청해야 한다. 따라서 법관에게 영장을 청구할 권한은 검사에게 부여되어 있다.

(2) 체 코

검사가 수사의 주체이며, 경찰은 검찰과는 독립되어 있는 독자적인 수사권을 가지고 있지 않다. 따라서 검사가 영장청구권을 가지며, 경찰은 독자적 영장청구권을 가지고 있지 않다.

(3) 헝가리

법률상 영장청구권은 검사에게 부여되어 있다.[445]

(4) 슬로바키아

형사소송법상 체포 또는 구속영장은 검사의 청구에 의하여 판사가 발부한다(동법 제73조 제1항). 체포영장은 경찰이 집행한다. 주거수색, 압수, 통신감청 등의 강제수사 절차 역시 검찰의 영장청구에 의하여 법원이 영장을 발부하여 진행될 수 있다(동법 제99조 이하).

7. 아메리카 4개국

(1) 미 국

영미법계 국가이므로 '체포'와 별도로 공판 전 수사를 위한 '구속'제도가 존재하지 않는다. 따라서 체포(arrest)는 미국의 유일한 인신구속제도이며,[446] 전술한 바와 같이,

---

445) "Pre-Trial Detention in Hungary", Communiqué issued after the meeting of the Local Expert Group (Hungary), Fair Trials International, 2013, 1면.

446) 정진수, "인신구속제도의 일원화에 관한 연구 - 주요 선진국의 인신구속제도 비교를 중심으로", 형사정책연구원 연구총서, 한국형사정책연구원, 2006, 21면.

체포된 피의자는 24시간(최대 48시간) 이내에 치안판사에게 신병이 인계되어야 한다.447)

　미국에서 체포(arrest)란, 형사적 소추(prosecution)나 심문(interrogation)을 목적으로 사람의 의사에 반하여 그 사람을 구금하는 것을 의미하는데,448) 이러한 체포는 ① 영장에 의한 체포(arrest with warrant)와 ② 영장 없는 체포(arrest without warrant)로 구분되며,449) '영장없는 체포'가 전체 체포의 95%를 차지한다.450)

　그리고 체포영장(arrest warrant)을 발부받기 위해서는, 피해자나 경찰관의 complaint가 치안판사에게 제출되어야 하고, 치안판사는 피의자 체포에 상당한 이유(probable cause)가 있으면, 체포영장을 발부하는데,451) ① 범죄가 경찰관 주변에서 발생하지 않은 경우, ② 범인이 사적인 주거지에 있고, 긴급히 체포할 이유가 없는 경우, ③ 경미범죄 피의자 체포를 위하여 주거지에 들어갈 경우 등에는 '영장없는 체포'가 정당화되기 어렵고, 체포영장이 필요하다고 한다.452) 다만, 보다 경미한 범죄의 경우, 피의자에게 법원에 출석하도록 하는 소환장(summons, citation)을 발부하고, 피의자가 불출석한 경우에 법원이 체포영장(bench warrant)을 발부한다.453)

　결국 영장없는 체포(arrest without warrant)는, ① 중죄나 경죄가 경찰관 주변에서 발생한 경우, ② 범죄가 공공장소에서 발생한 경우, ③ 긴급한 상황이 있는 경우, ④ 경찰관에게 위험이 있는 경우 등에 가능하며,454) 州 경찰이 피의자를 체포한 후 72시간(캘리포니아 등 일부 주의 경우 48시간이고, 연방은 시간규정 없음) 내에 검사가 기소 여부를 결정해야 한다. 그 충족 여부는 1차로 체포자인 경찰관이 판단하며, 이후 최초 출석 절차에서 고발장 및 선서진술서 등의 자료를 법원에 제출함으로써455) 법원에서 영장 없는

---

447) 영미법계에서는 경찰의 초동수사권과 그에 필요한 신병확보 차원의 체포행위가 인정되는 것이지, 대륙법계와 같은 수사과정에서의 수사기관에 의한 구금(즉, 피의자 구속)은 원천적으로 배제되어 있다.

448) Rolando V. del Carmen, *Criminal Procedure* — Law and Practice —, 1995, 174면.

449) Rolando V. del Carmen, 위의 책, 37면.

450) Rolando V. del Carmen, 위의 책, 38면.

451) Rolando V. del Carmen, 위의 책, 180 – 182면; Complaint의 기본적인 목적은 체포영장 신청의 기초가 되는 것이고, 치안판사가 피의자를 체포할만한 상당한 이유(probable cause)가 있는지 여부를 결정할 수 있게 함; Levenson, *Federal Rules of Criminal Procedure*, (Thomson/West, 2003), 30면.

452) Rolando V. del Carmen, 앞의 책, 179 – 180면.

453) Rolando V. del Carmen, 앞의 책, 38 – 39면; 연방형사소송규칙(Federal Rules of Criminal Procedure) 제4조(a)에서도 동일 내용 규정.

454) Rolando V. del Carmen, 앞의 책, 184 – 185면.

455) 연방 형사소송규칙 제5조(a)(3); 미국 지방검사협의회(NDAA) 기소기준(National Prosecution Standards) 2 - 5.6 (수사경찰관 등을 상대로 한 체포혐의 · 증거의 충분성 등에 관한 검사의 법

체포의 정당성을 판단받는다.

【표 4-6】단계별 피의자 구금기간 및 신병 소재지 흐름도

〈각 단계별 신병 소재지〉

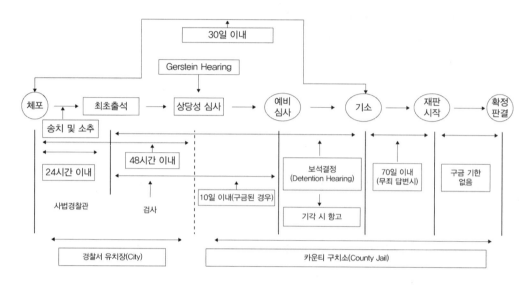

(2) 캐나다

영미법계 국가이므로 우리나라와 같이 '체포'와 별도로 수사단계에서의 '구속'제도가 존재하지 않으며, 체포영장의 신청은 사법경찰관이 독자적으로 할 수 있다.[456]

(3) 멕시코

헌법에 검사의 수사권한 및 영장청구권에 관하여 규정하고 있는 것이 특징이다. 검사가 수사의 주체이며, 경찰은 검찰과는 독립되어 있는 독자적인 수사권을 가지고 있지 않다. 따라서 검사가 영장청구권을 가지며, 경찰은 독자적 영장청구권을 가지고 있지 않다.

(4) 칠 레

형사소송법상 경찰은 검사에게 영장을 신청할 수 있을 뿐이고, 영장청구권은 검사에게 있다.[457]

적 조언) 참조. 이에 의할 때 영장 없는 체포 후 제출할 고발장 등 작성 및 검사의 검토, 증거 보완 등이 최초 출석 절차 개시 전까지 완료될 필요가 있다.

456) 최태원, "캐나다 경찰제도 및 검사와 경찰과의 관계 연구", 국외훈련검사 연구논문집(Ⅲ) 제29 집, 2014, 42-43, 46-47면.

457) 박현주, 칠레의 검사제도 연구, 대검찰청, 2008, 30면.

8. 오세아니아 2개국

(1) 호 주

영미법계 국가이므로 '체포'와 별도로 공판 전 수사를 위한 '구속'제도가 존재하지 않는다. 체포영장은 경찰이 법관에게 신청할 수 있다.

(2) 뉴질랜드

영미법계 국가이므로 '체포'와 별도로 공판 전 수사를 위한 '구속'제도가 존재하지 않는다. 체포영장은 경찰이 법관에게 신청할 수 있다.

9. 검 토

위와 같이 조사대상 OECD 35개국의 헌법을 분석한 결과 영장청구권에 대한 헌법 규정을 가지고 있는 국가는 멕시코 1개국에 국한되어 있다. 그 외 헌법에 명문규정이 없는 국가들을 분석해보면 우선 대부분의 국가에서 영장청구권은 검사에게 부여하고 있으며, 영미법계 국가들(아일랜드, 캐나다, 호주)이 경찰에게 전속적으로 영장청구권을 부여하고 있다. 그 외 검사와 경찰에게 동시에 영장청구권을 부여하는 경우(덴마크)와 법률상 수사판사에게 강제수사권을 부여하는 경우(그리스)도 있다.

결국 수사의 구조 자체가 다른 영미법국가들을 제외하고 대부분의 국가에서 영장청구의 권한은 검사에게 부여되어 있다. 다만, 외국의 헌법례에 비추어 보면 헌법에 검사를 영장청구권자로 명시하는 규정을 두고 있는 경우는 극히 일부에 불과하고 대부분의 국가들에서 이를 법률에서 정하고 있다. 따라서 영장청구권의 소재를 헌법에 명시할지 여부는 헌법정책적인 영역에 해당하므로 향후 헌법개정시 기존의 명문규정을 유지할 것인지 아니면 법률차원의 규정으로 할 것인지 여부는 헌법이론적으로 정해지는 것은 아님을 알 수 있다. 다만, 검사의 수사 또는 수사지휘를 헌법에 규정하고 있는 나라도 7개국이나 되며, 검사가 직접 수사를 한다거나 사법경찰의 수사를 지휘한다는 규정에 영장신청에 대한 통제는 당연히 포함되는 것이므로 우리나라보다 훨씬 강력한 규정을 두고 있다고 보아야 할 것이다. 왜냐하면 헌법에 검사의 수사 또는 수사지휘에 대한 포괄적인 권한을 규정해 놓고 하위규범인 법률에서 검사의 통제 없이 사법경찰이 임의대로 수사하거나 구속영장을 신청하도록 규정할 수는 없기 때문이다.

II. OECD 회원국의 인권보장 규정

1. 검사의 지위와 권한에 대한 헌법규정

검사의 수사 권한 또는 수사지휘 권한을 법령에 명시적으로 규정하고 있는 29개국 중, 7개국은 검사의 수사 또는 수사지휘에 대한 포괄적인 권한을 헌법에 규정하고 있다. 즉, 벨기에, 오스트리아, 헝가리는 헌법에 검사의 수사 권한을 명기하고 있고, 스페인, 이탈리아, 칠레는 헌법에 검사의 사법경찰에 대한 지휘 권한을 규정하고 있으며, 멕시코는 헌법에 검사의 수사 권한과 수사지휘 권한을 모두 규정하고 있고, 특히 검사의 영장 신청권까지 규정하고 있다. 또 그리스와 스웨덴은 언론의 자유와 관련하여 검사의 명령에 의한 출판물의 압수 등에 대하여 규정하고 있다. 한편 검사가 헌법상 지위를 갖고 있는 나라는 위 9개국에 더하여 슬로바키아, 슬로베니아, 체코, 포르투갈, 핀란드를 포함하여 14개국이다. 다만, 우리나라는 검사의 지위나 권한에 관하여 헌법에 규정하고 있지 않는 대신, 영장은 검사의 신청에 의하여 법관이 발부한다는 규정이 있을 뿐이다.

2. 검사의 수사

OECD 회원국 35개국 중 27개국(약 77%)은 헌법이나 법률에 명문으로 검사의 수사 권한에 관하여 규정하고 있다. 앞에서 본 바와 같이 미국은 영미법계 국가임에도 불구하고 검사의 수사 권한을 인정하고 있다. 물론 법제도적 측면에서 검사가 수사할 권한이 있다는 것을 의미하고 실제 어느 정도 검사가 수사를 하는지는 나라마다 각기 다를 것이다.

35개국 중 약 23%에 해당하는 8개국{뉴질랜드, 슬로베니아, 아일랜드, 영국(스코틀랜드 제외), 이스라엘, 캐나다, 핀란드, 호주}은 검사의 수사권한이 명문으로 규정되어 있지 아니하다. 다만, 이들 나라 중 뉴질랜드와 영국에는 우리 검찰의 특수부와 유사한 중대부정수사처(SFO)가 설치되어 뇌물 등 중대범죄에 대한 수사와 기소를 전담하고 있다. 이 기관은 대륙법계의 검찰과 유사한 작용을 하고 있으므로 이들 나라의 경우 중대범죄에 대해서는 검사의 수사 권한이 인정되는 것으로 분류할 여지도 없지 아니하다. 그러나 일반적인 공소기관의 수사 권한이 인정되지 않으므로 일응 위 8개국에 포함시켰다. 한편, 슬로베니아와 핀란드에서는 검사의 일반적인 수사 권한은 인정되지 아니하나 경찰공무원에 대한 수사 권한은 인정된다는 점은 앞에서 본 바와 같다.

3. 검사의 수사지휘

앞에서 상세히 살펴 본 바와 같이, OECD 회원국 35개국 중 28개국은 헌법이나 법률에 명문으로 검사의 사법경찰에 대한 구속력 있는 수사지휘 권한을 규정하고 있다. 주로 대륙법계 국가들이고 OECD 회원국의 약 80%에 해당하는 비율이다.

한편, 35개국 중 약 20%에 해당하는 7개국{뉴질랜드, 미국, 아일랜드, 영국(스코틀랜드 제외), 이스라엘, 캐나다, 호주}의 검사는 사법경찰에 대한 구속력 있는 지휘권한이 없다. 모두 Common Law, 즉 영미법계 국가들이고 대륙법계 국가는 한 곳도 없다. 그러나 전술한 것처럼, 비록 구속력 있는 형태는 아니나 이들 나라에서도 조언(Advice) 등의 형식으로 검사가 사법경찰의 수사에 적법하게 관여하고 있고, 아울러 전문화·복잡화되는 범죄의 양상에 대응하여 검사의 관여가 강화되는 추세이다.

4. 수사·기소 제도 개혁의 국제적 동향

21세기 들어 수사·기소 제도를 전면적으로 개혁한 나라는 오스트리아와 스위스이다. 오스트리아는 2008년에 개헌까지 하면서 수사·기소 제도를 혁신하였고, 스위스는 2011년에 통합 형사소송법을 제정·시행하면서 제도를 대폭 개혁하였다. 그리고 이 두 나라는 모두 개혁입법을 통해 기존에는 인정되지 않았던 검사의 수사 권한과 사법경찰에 대한 수사지휘 권한을 새로이 확립하였다.

결국 이들의 사례는 최근의 세계적인 추세를 보여주는 것으로서 여기에서 충분히 21세기 형사사법개혁의 방향성을 유추할 수 있다고 본다. 정녕 '수사와 기소의 분리가 Global Standard'라면 스위스와 오스트리아에서도 검사가 아닌 경찰에게 수사와 관련된 독점적인 권한을 부여하였을 것이다. 그런데 이들이 모두 그와는 정반대 방향으로 제도를 설계하였다는 점은 시사하는 바가 매우 크다고 할 것이다.

5. '수사와 기소의 분리' 여부

OECD 회원국 35개국 중, 검사의 수사 권한 또는 수사지휘 권한을 법령에 명시적으로 규정하고 있는 나라는 우리나라를 포함하여 독일, 프랑스 등 29개국이고,[458] 이들 나라에서는 기소 권한을 갖고 있는 검사가 수사 또는 수사지휘를 통해 수사에도 주도적으로 관여한다. 따라서 제도적으로 '수사와 기소가 분리'되어 있지 않다.

검사의 수사 권한과 수사지휘 권한이 법령에 규정되어 있지 않은 국가는 6개국이다. 뉴질랜드, 아일랜드, 영국(스코틀랜드 제외), 이스라엘, 캐나다, 호주가 이에 해당한다. 그리고 검찰제도 도입 이후에도 아직 경찰기관이 수사는 물론 대부분 사건에 대한 기소까지 담당하는 실정이고, 신생조직인 검찰은 중요 사건에 대한 기소와 경찰기관이 기소한 사건의 공소유지만을 담당한다. 즉 이들 나라에서는 위 29개국과는 반대 방향으

---

458) 위에서 살핀 바와 같이 검사의 수사지휘 권한을 인정하는 국가는 28개국, 수사 권한을 인정하는 국가는 27개국이다. 대부분의 국가는 두 권한을 모두 인정하나 둘 중 하나만 인정하는 국가도 있는바, 둘 중 하나라도 인정되는 국가가 모두 29개국이라는 것이다.

로 '수사·기소가 분리'되어 있지 아니한 것이다. 따라서 경찰에게 독자적인 수사권이 법적으로 인정되는지 여부 또한 각국의 법체계 전통에 따라 분류될 수 있다. 커먼로의 전통을 갖는 국가들은, 즉 대표적인 국가인 영국을 비롯하여, 미국, 캐나다, 호주, 아일랜드, 뉴질랜드의 경우에는 경찰이 오랜 기간동안 수사기관으로서 자리잡고 있었으므로 오늘날까지도 이러한 전통이 그대로 유지되어 경찰은 독립된 수사기관으로서 독자적인 수사를 진행할 수 있는 근거를 법적으로 명시하고 있다. 이들 국가들에서 수사는 통상적으로 경찰의 업무로, 검찰은 소추기관으로 인식하는 경향이 강하다.

그 외에도 대륙법계 전통을 갖는 스페인, 덴마크, 핀란드, 아이슬란드, 이스라엘, 폴란드, 포르투갈, 슬로베니아, 일본, 룩셈부르크, 네덜란드의 경우에는 검찰이 수사권과 수사지휘권을 가지면서도 동시에 경찰에게도 독자적인 수사권을 인정하고 있다. 나아가 벨기에, 슬로바키아, 스웨덴의 경우에는 일반적인 수사권은 검찰에게 있으나, 경미범죄에 있어서만 경찰에게 법적으로 독자적인 수사를 인정하고 있을 뿐이다. 또한 이탈리아도 참심재판에서는 사법경찰이 독자적인 수사권을 가지나, 참심재판의 경우 전문법관이 아닌 일반인이 재판을 주재하며 그 심판대상이 되는 범죄 또한 주로 폭행사건과 같은 경범죄가 대부분이므로 이들 국가들에서 사법경찰관이 갖는 수사권 범위와 같은 선상으로 이해될 수 있다.

결국 위에서 본 바와 같이 대륙법계·영미법계 국가를 불문하고, 검사는 기소만 전담하고 수사는 오직 경찰이 전담하는 식으로 '수사와 기소가 분리'되어 있는 국가는 단연코 없다는 점이다.

6. 검찰의 독립성에 대한 보장

유럽연합 이사회와 집행위원회는 유럽검찰청을 설치함에 있어 검찰의 독립성이 중요하다는 점을 인식하여 유럽검찰청의 설치에 관한 집행명령 초안을 작업하는 과정에서 유럽검찰의 독립성에 관한 조문을 명시적으로 포함시켰다. 참고로 2014. 5. 21.자 유럽검찰청 설치에 관한 유럽연합 이사회의 집행명령 초안[459]에 규정되어 있는 유럽검찰의 중립성 관련 규정을 옮기면 다음과 같다.

---

459) Council of the Eurorean Union, Proposal for a Regulation on the establishment of the European Public Prosecutor's Office(9834/1/14 REV 1), 21 May 2014.

【표 4-7】 OECD 35개 회원국의 수사·기소제도 요약[460]

순 번	국가 (가나다순)	검사의 수사 권한	검사의 사법경찰에 대한 수사지휘 권한	비 고
1	그리스	○	○	
2	네덜란드	○	○	
3	노르웨이	○	○	
4	뉴질랜드	×(SFO)	×	
5	대한민국	○	○	
6	덴마크	○	○	
7	독일	○	○	
8	라트비아	○	○	
9	룩셈부르크	○	○	
10	멕시코	○	○	헌법에 수사 권한·수사지휘 권한 명기
11	미국	○	×	
12	벨기에	○	○	헌법에 수사 권한 명기
13	스웨덴	○	○	
14	스위스	○	○	
15	스페인	○	○	헌법에 수사지휘 권한 명기
16	슬로바키아	○	○	
17	슬로베니아	×	○	
18	아이슬란드	○	○	
19	아일랜드	×	×	
20	에스토니아	○	○	
21	영국	×(SFO)	×	
22	오스트리아	○	○	헌법에 수사 권한 명기
23	이스라엘	×	×	
24	이탈리아	○	○	헌법에 수사지휘 권한 명기
25	일본	○	○	
26	체코	○	○	
27	칠레	○	○	헌법에 수사지휘 권한 명기
28	캐나다	×	×	
29	터키	○	○	
30	포르투갈	○	○	
31	폴란드	○	○	
32	프랑스	○	○	
33	핀란드	×	○	
34	헝가리	○	○	헌법에 수사 권한 명기
35	호주	×	×	

460) 신태훈, 앞의 논문, 121면.

【표 4-8】유럽검찰청 설치에 관한 유럽연합 이사회 집행명령 초안

제6조 독립성과 공정성(Independence and accountability)

1. 유럽검찰과 그 전체 구성원은 독립적이다. 유럽검찰총장, 유럽검찰청 차장검사, 유럽검사, 유럽파견검사 및 유럽검찰청의 직원은 전체적으로 법률에 명시되어 있는 유럽연합의 이익을 위하여 업무를 수행하며 이 집행명령의 범위 내에서 그 의무를 이행함에 있어 <u>유럽검찰청 외부에 있는 사람의 지시 또는 회원국이나 유럽연합의 기관, 기구 또는 그 밖의 관서로부터의 지시를 받아서는 아니되며 들어주어서도 아니된다.</u> 회원국과 유럽연합의 기관, 기구 또는 그 밖의 관서는 유럽검찰청의 독립을 존중하며 유럽검찰청이 자신의 임무를 수행함에 있어 영향을 미치려고 시도하지 아니한다(The European Public Prosecutor's Office and all its staff shall be independent. The European Chief Prosecutor, the Deputy European Chief Prosecutors, the European Prosecutors, the European Delegated Prosecutors as well as the staff of the European Public Prosecutor's Office shall act in the interest of the Union as a whole ,as defined by law, and neither seek nor take instructions from any person external to the office, any Member State or any institution, body, office or agency of the Union in the performance of their duties under this Regulation. The Member States and the Union institutions, bodies, offices or agencies shall respect the independence of the European Public Prosecutor's Office and shall not seek to influence it in the exercise of its tasks).

2. 유럽검찰청은 유럽검찰청의 일반적인 활동에 관하여 유럽연합 의회와 이사회 및 집행위원회에 대하여 보고할 의무가 있고, 특히 제70조[461]에 따라 연례보고서를 제출해야 한다(The European Public Prosecutor's Office shall be accountable to the European Parliament, the Council and the European Commission for the general activities of the Office, in particular by giving an annual report in accordance with Article [70]).

제10조 유럽검찰총장과 차장검사(The European Chief Prosecutor and the Deputies)

1. 유럽검찰총장은 유럽검찰청의 수장이어야 한다. 유럽검찰총장은 이 집행명령과 내부절차규정에 따라 유럽검찰청의 업무를 조직하고, 그 활동을 지휘하며, 결정을 내려야 한다(The European Chief Prosecutor shall be the head of the European Public Prosecutor's Office. The European Chief Prosecutor shall organise the work of the Office, direct its activities and take decisions in accordance with this Regulation and the internal Rules of Procedure).

2. [5인의] 차장검사는 유럽검찰총장의 임무 수행을 돕기 위해 임명되어야 하며, 유럽검찰총장이 부재하거나 자신의 임무를 수행할 수 없는 경우에 그를 대신하여 행동한다([Five] Deputies shall be appointed to assist the European Chief Prosecutor in the discharge of his/her duties and act as replacement when he/she is absent or is prevented from attending to his/her duties).

---

461) European Commission, Proposal for Council Regulation on the establishment of the European Public Prosecutor's Office, COM(2013) 534, 17 July 2013, p.47.

3. 유럽검찰총장은 - 유럽파견검사로부터 얻은 정보나 그 밖의 다른 방법으로 얻은 정보에 기반하여 - 유럽검찰청의 권한 내에 있는 범죄가 행해지고 있거나 행해져 왔다고 믿기에 합리적인 근거가 있는 경우에, 제X조와 내부절차규정에 따라 상설 소추부가 사건을 담당할 것인지 여부를 결정해야 한다. 그런 다음 상설 소추부의 부장은 사건을 유럽검사나 사건에 대해 우려하는 회원국의 유럽검사에게 배정하여야 한다(When the European Chief Prosecutor - on the basis of information received from a European Delegated Prosecutor or otherwise - has reasonable grounds to believe that an offence within the competence of the Office is being or has been committed, it shall, in accordance with Article[X] and the internal Rules of Procedure, decide which Permanent Chamber shall be in charge of a case. The Chair of the Permanent Chamber shall then assign the case to a European Prosecutor or European Prosecutors from Member States concerned by the case).

4. 유럽검찰총장은 유럽연합의 기관, 회원국 및 제3자에 대하여 유럽검찰청을 대표하여야 한다. 유럽검찰총장은 대표행위와 관련된 업무를 차장검사 중 1인에게 위임할 수 있다(The European Chief Prosecutor shall represent the European Public Prosecutor's Office towards the Union Institutions, the Member States and third parties. The European Chief Prosecutor may also delegate his/her tasks relating to representation to one of the Deputies).

5. 유럽검찰총장과 차장검사는 이 집행명령에 따른 임무에 있어서 유럽검찰청 중앙본부 직원의 지원을 받아야 한다(The European Chief Prosecutor and his/her Deputies shall be assisted by the staff of the Central Office in their duties under this Regulation).

제11조 유럽검사들(The European Prosecutors)

1. 유럽검사들은, 사건을 담당한 상설 소추부를 대표하여 상설 소추부의 지시에 따라, 자신들에게 배정된 수사와 소추를 감독한다. 유럽검사들은 상설 소추부와 유럽파견검사 사이의 연락담당과 정보채널로서 기능하여야 한다(The European Prosecutors shall, on behalf of the Permanent Chamber in charge of the case and in accordance with its instructions, supervise investigations and prosecutions assigned to them. They shall function as liaisons and channels of information between the Permanent Chambers and the European Delegated Prosecutors).

2. 유럽검사들은 유럽파견검사와 긴밀히 협의하여 각 회원국들에서의 유럽검찰청 업무 이행을 감시하여야 하고 이 집행명령과 내부절차규정에 따라 검찰청 중앙본부로부터 관련 정보가 유럽파견검사에게 제공되고 있고 마찬가지로 그 반대로도 정보가 제공되고 있다는 것을 보증하여야 한다(The European Prosecutors shall monitor the implementation of the tasks of the Office in their respective Member States in close consultation with the European Delegated Prosecutors, and shall ensure in accordance with this Regulation and the internal Rules of Procedure that all relevant information from the Central Office is provided to European Delegated Prosecutors and vice versa).

3. 유럽검사들은 유럽검찰청의 이익에 저촉되지 않는다면, 일시적으로 자신의 임무를 비상근으로 이행하는 것이 허용될 수 있다. 그러한 허가는 국가 소추 당국의 서면 요청으로, 유럽검찰총장에 의해 최대 6개월까지 부여될 수 있다. [이 기간은 요청에 따라 유럽검찰총장의 새로운 결정에 의하여 연장될 수 있다.] 허가는 관계 당국과 협의 후에 언제든지 취소될 수 있다(The European Prosecutors may temporarily be authorised to discharge their duties on a part-time basis provided that this does not conflict with the interest of the European Public Prosecutor's Office. Such an authorisation may be granted, upon the written request of the national prosecution authorities, by the European Chief Prosecutor for a maximum period of up to 6 months. [This period may upon request be extended by a new decision of the European Chief Prosecutor.] The authorisation may be revoked at any time after consultation with the appropriate authorities).

반면에 우리나라는 검사의 독립성에 대한 선언적인 규정조차 없다. 검찰청법에 있는 검사의 신분보장 규정[462]과 '법무부장관은……구체적 사건에 대하여는 검찰총장만을 지휘·감독한다.'는 규정[463] 외에는 특별히 검사가 '부적절한 영향력'이나 '정당화할 수 없는 간섭'에서 자유로울 수 있도록 보장하는 규정이 없는 것이다. 이는 유럽연합의 정책과는 너무 다르다고 하지 않을 수 없다.

7. 유럽 46(48)개국 검찰의 권한

2018년 발간된 유럽 평의회 산하 '사법의 효율성을 위한 유럽위원회'(European Commission for the Efficiency of Justice; CJPEJ)[464]의 보고서, "유럽사법체계의 효율성과 정의의 품질"(European Judicial System. Efficiency and quality of Justice, CEPEJ Studies No. 26, 2018 Edition(2016 data))의 보고서의 자료를 소개한다. 총 46개국 회원국의 현황을 격년으로 정리 발행하는 보고서인데, 이스라엘과 모로코를 포함하면 총 48개국이다. 전술한 것처럼, UK(England & Wales, Scotland), 러시아, 덴마크, 핀란드, 아일랜드, 몰타, 슬로베니아를 제외하고는 모든 국가의 검찰은 경찰의 수사를 지휘 또는 감독하고, 13개국을 제외하고는 33개 국가의 검찰은 직접 수사를 한다. 또 이스라엘과 모로코를 합하면 전체 48개국 중 40개국으로 약 84%의 국가의 검사는 사법경찰관의 수사를 지휘·감독한다. 수사상 필요한 경우 법원에 대해 영장(강제처분)을 신청할 수 있는 권한을 검사에게 부여한 나라가 46개국 중 35개국, 이스라엘과 모로코를 포함하면 48개국 중 37개국이다.

---

462) 검찰청법 제37조.
463) 검찰청법 제8조.
464) 사법의 효율성을 위한 유럽위원회는 유럽평의회의 각료위원회에서 2002년 설치, 현재 47개국의 대표로 파견된 해당 분야 전문가들의 위원회이다.

검사에게 기소권을 부여하고 있는 국가가 46개국 중 43개국, 공판정에 참석하여 소송수행역을 검사에게 부여한 국가는 100%이며, 형집행기관의 집행을 감독하는 권한을 부여한 국가도 46개국 중 24개국에 이른다.

결국 구소련, 러시아, 대영제국 전통의 국가를 제외하고 사실상 대부분 유럽국가의 검사는 직접수사, 경찰의 수사에 대한 지휘감독, 영장청구권을 전속적으로 행사하고 있다[465]고 할 것이다.

8. 유럽자문위원회장관 회의 및 유럽 검찰총장 회의자료

2000년 유럽이사회(Council of Europe) 각료회의에서 채택된 '형사사법체제에서 검사역활에 대한 권고'(Recommendation [2000] 19 on the role of Public Prosecution in the Criminal Justice System) 및 2005년 5월 29일부터 같은 달 31일까지 헝가리 부다페스트에서 개최되었던 제6차 유럽 검찰총장 회의(Conference of Prosecution General of Europe) 관련자료를 발췌하여 필요한 부분만 소개하고자 한다. 위 제6차 유럽 검찰총장 회의는 '유럽국가의 검사와 경찰 관계'(The Relationship between Public Prosecutors and the Police in Europe)를 총회의 주제로 설정하였고, 이에 따라 유럽 검찰총장 회의 사무국에서는 위 주제에 관한 상세한 질문서를 미리 회원국들에 배포한 후 이에 대한 각국의 답변을 취합하여 회의자료를 완성한 것이다.

(1) 형사사법체계에서 검사 역할에 대한 권고사항
가. 검사와 경찰과의 관계
– 일반적으로 검사는 공소를 제기하거나 공소를 계속할 것인가를 결정하는 바로 그 시점에서 경찰수사의 적법성을 면밀히 조사하여야 한다. 이러한 관점에서 검사는 또한 경찰에 의한 인권 준수여부를 감시하는 것이다.

– 경찰이 검사의 권한아래 놓여 있거나 또는 경찰 수사가 검사에 의해 이루어지거나 검사의 지휘에 의해 이루어지는 나라에 있어서는 그 국가는 다음 활동을 할 수 있도록 보장하는 효과적인 조치를 취하여야 한다.

a. 형사정책 우선순위의 효과적인 수행이라는 관점에서 경찰에 대한 지시를 내리는 것, 특히 그중에서도 어느 범주의 사건들을 먼저 처리할 것인지의 결정, 증거를 찾는 방법, 사용될 직원, 수사기관, 검사에게 제공되어야 할 정보 등.

b. 다른 경찰 직원들의 활용이 가능한 경우에는 개개의 사건을 그것을 가장 잘 다룰 수 있다고 보는 직원에게 할당하는 것.

c. 수사지휘 및 법률에 순응하는지 여부를 감시하기 위하여 필요로 하는 경우 평

---

465) 김성룡, "수사권한이 조정의 대상인가?", 형평과 정의 제33집(2018), 대구지방변호사회, 182면.

588 제4장 OECD 회원국의 검사와 관련된 헌법규정 등을 통해 본 검사의 기능과 역할

가와 통제를 수행하는 것.

　　d. 최종적 위반에 대하여는 제재를 가하거나 가능하다면 제재를 권장하는 것.

　－ 경찰이 검찰로부터 독립적인 나라인 경우에는 그 국가는 검찰과 경찰의 적절하고도 기능적인 협력체계를 유지할 수 있도록 효과적인 조치를 취하여야 한다.

(2) 유럽검찰총장회의 사무국 질의사항 및 이에 대한 답변466)
가. 누가 (적정한) 수사의 최종 책임자인가?

　① 프랑스: 범죄를 수사하고 기소하는데 있어서 경찰의 활동을 지휘할 권한을 법적으로 부여받은 사람은 검사이다(The Code of Criminal Procedure 제41조). 물론 수사를 담당하는 경찰이 검사의 지시에 심각하게 태만하거나 이를 따르지 않는 것으로 보인다면, 이에 대한 조치가 따르는 것을 배제하지 않는다.

　② 독　일: 기소에 의한 수사의 최종 단계까지는 검사가, 그 이후는 형사 법원이 책임을 진다.

　③ 오스트리아467): 수사에 대한 책임은 그 수사를 담당하는 주체가 진다. 그것은 경찰, 검찰, 수사판사 등이 될 수 있다.

　④ 스위스: 검사장(principal public prosecutors)들이 완전히 독립적으로 업무를 수행하면서 경찰의 수사에 대한 책임을 진다. 그들은 이러한 업무를 그들의 대리인들(deputies and representatives)에게 위임할 수 있다(1934년 6월 15일자 연방형사소송법 제15조, 제16조, 제17조 제1항, 제104조 제1항). 경찰은 검찰에 의해 운영되고(the police service is run by the public prosecution service) 연방형사재판소 이의신청법원(Complaints Court)에 의해 감독된다(동법 제17조 제1항; 2002년 10월 4일 연방형사재판소법 제28조 제2항).

　경찰은 연방검사들이 지휘하는 수사업무와는 별개의 업무인 행정업무 수행의 책임자이다. 이러한 업무에는 경찰 데이터베이스의 구축 및 사용, 인터폴과의 연락, 주(州)경찰 사이 및 국가경찰 사이의 상호 협조 등이 포함된다. 아래의 진술은 오로지 연방검사들에 의해 이루어지는 범죄수사업무에 관한 것이다.

　⑤ 영　국: 수사의 실행은 경찰의 작용문제이다. 검찰관리자(Director of Public Prosecution)는 경찰에게 수사를 수행해서 자신에게 보고할 것을 요구할 수 있다. 수사가 이루어지는 방법은 경찰자체의 문제이다.

---

466) 유럽나라 중 프랑스, 독일, 오스트리아, 스위스, United Kingdom(북구 아일랜드로부터의 답변)의 경우만 소개하기로 한다.

467) 오스트리아는 기본적인 형사소송절차의 구조를 근본적으로 변경하는 과정에 있으며, 수사판사가 없어지고 검사가 수사를 지휘하는 권한을 가지게 될 것인데, 새로운 법은 2008. 1. 1.부터 시행될 예정이다. 질문에 대한 답변은 현재 시행중인 법에 근거한 것이다.

나. 누가 범죄척결의 효율과 관련하여 경찰이 범죄수사상 모든 법규와 절차를 준
　　수하도록 담보하고, 또 경찰이 인권(특히 사람의 자유가 박탈된 곳)을 존중하
　　도록 담보하는 업무를 맡고 있는가?

① **프랑스**: 이와 관련하여 몇 가지 계층의 권한과 책임이 있다.

－ 검사는 초기수사 또는 초동수사 단계에서부터 절차적 원칙이 준수되는 것을 담
보할 책임이 있다(예컨대 경찰의 구금을 감독하는 것).

－ 수사판사는 사법수사 동안 지휘기능을 수행하여야만 한다.

－ 자유와 구금의 결정에 책임이 있는 판사는 일반법의 영역 밖에서 일어나는 예외
적인 절차를 처리한다; 예를 들면, 조직범죄에 대응하기 위하여 수단이 선택되어졌을 때
판사가 48시간을 초과하는 경찰의 구속기간의 예외적 연장, 법정시간이 아닌 경우의 실
시되는 수색, 통신감청, 도청기구의 설치 그리고 사람, 장소 또는 사람의 대화의 녹음
또는 녹화.

② **독　일**: 개별사건은 검사가 담당하며, 일반적인 경우 부가적으로 상급 경찰당국
(superior police authority)의 감독을 받는다.

③ **오스트리아**: 일선 경찰조직의 수뇌부와 그 계층적 상관들(내무부 최상부에 속한)
이 그에 대한 책임을 진다.

④ **스위스**: 경찰의 행동에 대한 이의 제기는 검찰청에 접수된다(연방형사소송법 제
105조, 제1항). 피고인도 언제든지 검찰청에 대하여 자신들의 석방을 신청할 수 있다(동
법 제52조 제1항).

⑤ **영　국**: 경찰이 공적 권한을 가진 기관이고, 위의 모든 요구(the requirments of
ECHR)를 충족할 것을 요구받고 있다. 인권침해가 있는 경우 법원에 의한 제재를 받게
될 것이고, 인권침해로 획득한 증거는 증거능력의 배제가 이루어질 것이다.

다. 경찰이 수사를 함에 있어서 검사의 사전자문을 받을 의무가 있는가? 그렇다
　　면 모든 범죄에 있어서 그러한가, 아니면 중요한 사건에 있어서만 그러한가?

① **프랑스**: 특별히는 없다. 그러나 사전자문은 관례적이며 민감한 사건에서는 권장
된다. 사전자문이 권장되는 구체적 사건의 영역은 없다. 이것은 조사관의 자유재량에 속
한다.

② **독　일**: 경찰은 중요 사건의 수사에 한하여 검사의 사전자문을 받을 의무가 있
다.

③ **오스트리아**: 형사소송법의 규정에 따르면, 경찰단계의 수사임무는 수사를 위한
사전준비 수행에 국한된다. 그러나 실질적으로 검사의 자문을 받지 않고 경찰이 전 과
정의 수사를 실행하는 사례가 일반적이다. 다만 이는 강제조치를 수반하지 않은 사건의

경우에만 가능하다.

④ **스위스:** 경찰은 순수하게 경찰과 관련된 성질(police-related nature)을 갖는 수사활동만을 수행한다. 즉 인터폴을 통한 자료수집, 데이터베이스 검색, 주 정부로부터의 정보 획득, 경찰관의 신문, 경찰 전략수립(police tactics)이 그것이다. 경찰은 법률상의 명문규정이 없으면 강제 조치를 취할 수 없다(마. 문항에 대한 답변 참조).

경찰은 독자적 활동을 통해 범죄가 저질러졌음을 암시할 수 있는 충분한 단서를 확보한 후 검사에게 이를 알린다. 검사는 법률상의 소추요건들이 구비되었는지 여부를 체크하는데, 그 요건이 구비되지 않았다면 수사는 개시되지 아니한다(연방형사소송법 제100조, 제3항). 그 결정은 종국적이다. 연방검사가 공식적으로 절차를 개시하면 경찰은 검사에게 자문을 받아야 한다.

⑤ **영 국:** 경찰이 수사와 관련하여 검사의 사전자문을 받을 의무가 없다. 그러나 어떠한 특별한 사건에 있어서는 요구에 의하여 경찰이 검사로부터 조언을 받을 수 있다는 약정이 존재한다.

라. 검사가 경찰에게 세부지침(지휘)을 발(명)할 수 있는가? 그렇다면 상세하게 설명해 주기 바람

① **프랑스:** 수사의 성공을 위해 그들이 하는 것이 필요하다고 판단하는 것에 따라서 그렇다. 지침은 일반적으로 수색운용, 증인조사, 피의자의 구금을 위한 유치, 증인 또는 피의자로부터 생물학적 샘플을 취하는 것 등등에 관련된다.

② **독 일:** 경찰 당국에 구체적인 지침을 내릴 수 있으나 특정한 경찰관을 선택할 권한은 없는 검사의 지휘 하에서 모든 수사가 이루어진다.

③ **오스트리아:** 검사가 수사를 지휘하는 경우에는 검사가 경찰에게 세부 지침(지휘)을 발(명)할 수 있다.

④ **스위스:** 다. 문항에 대한 답변 참조. 검찰이 수사를 맡고 있기 때문에 검찰은 수사의 목적과 사용될 수단에 관한 지침을 내릴 수 있으나, 경찰의 전략 수립에는 영향을 미칠 수 없다. 검사는 강제조치에 관한 명령을 발하고 경찰은 이를 집행한다.

민감한 사건들의 경우 두 기관이 함께 처리방향을 결정한다. 검찰은 우선적 목표를 설정할 수 있다.

⑤ **영 국:** 우리의 사법체계에서는 검사가 경찰을 직접 지휘할 수 없다. 또한 가. 문제에 대한 답변을 참조하기 바람.

마. 어느 경우에 경찰관이 어떤 강제수단 사용을 위해 검사의 허락을 받거나 검사와 미리 협조해야 하는가?

① **프랑스:** 심각한 범죄사건에 있어서 예외적인 절차가 고려될 때마다 이러한 질문

은 발생한다(예컨대, 범죄조직으로의 잠입). 더 일반적으로, 검사의 승인은 조사관이 고려되는 수단(수색, 구금, 서류의 압수 등; 압수와 수색에 관련하여 조사관이 그들의 주도로 행동하지 못하고 국가법률부서(national legal service)의 직원과 동행하여야 하는 제한된 문제가 있다)의 적정성에 관한 의문을 품을 때마다 추구될 것이다.

② **독　일**: 경찰은 검사와의 협조없이 현행범으로 체포된 용의자를 구금하고 신원 및 전과 담당부서의 기재사항 확인을 위한 조치를 취할 수 있다. 만일 판사나 검사에게 도달할 수 없고 조사의 성공이 위험에 처한 경우, 경찰은 의사를 통한 신체검사나 혈액검사를 정하고, 수색을 실시하며, 우편물 이외의 것에 대하여 압수권한(confiscatory power)을 갖는다. 다른 모든 사건에서는 강제수단 사용을 위해 판사나 검사의 허락이 필요하다.

③ **오스트리아**: 모든 경우에 — 긴급체포나 압수수색의 경우를 제외하고 — 경찰은 검사가 청구하여 발행한 수사판사의 영장이 필요하다. 따라서 경찰은 모든 강제수사를 하기 전에 검사에게 보고하여야 한다.

④ **스위스**: 법률에 의하면 강제조치는 검사의 명령이 있어야 하는데, 다만 예외적인 상황 하에서는(예를 들어 급박한 위험을 방지하기 위한 체포) 경찰관이 자체 판단하에 강제조치를 취할 수 있다. 이러한 원칙은 모든 유형의 사건과 절차에 적용된다.

⑤ **영　국**: 질문 라와 질문 가.에 대한 답변을 참조하기 바람.

바. 경찰이 사전 허락없이 특별한 수사수단을 사용할 수 있는가(예컨대 정보원의 사용, 잠입 등등)?

① **프랑스**: 특별한 원칙을 규정한 법률에 자세히 서술된 수사방법(잠입, 전화녹음, 도청 등)과 경찰관의 재량으로 배치할 수 있는 정보원의 이용과 같은 "전통적인" 경찰방법과의 사이에는 구별이 있어야만 한다.

② **독　일**: 아니다. 그 직후 지체 없이 검사에게 허락을 요청해야 할 정도의 긴급상황을 제외하고는 경찰이 할 수 없다.

③ **오스트리아**: 경찰은 사전 허락없이 정보원의 사용, 잠입 등 특별한 수사수단을 사용할 수 있다.

④ **스위스**: 마. 문항에 대한 답변 참조. 경찰은 독자적으로 정보원과 만나 정보를 취득할 수 있고, 감시 업무(observation task)도 수행할 수 있다. 게다가 검사에 의해 지휘되는 수사 이외의 경우에는 경찰서장들(police chiefs)이 법원의 동의 하에 함정수사요원을 사용할 수도 있다.

⑤ **영　국**: 수사권한규율법(The Regulation of Investigatory Power Act) 2002는, 예를 들면 전화감청과 같은 일정한 문제에 대하여는 반드시 허가를 받도록 하는 내용을 규정

하고 있다. 검사는 이러한 수사상 조치에 관여하지 않는다.

사. 검사가 경찰 또는 다른 수사기관으로부터 사건 전체 또는 일부를 인수할 수 있는가? 그렇다면 어떤 경우인가?

① 프랑스: 검사는 항상 특정 경찰반(unit) 또는 과(service)로부터 사건을 박탈할 수 있다. 일반적으로, 검사가 수사를 수행하기 위해 더 나은 조건의 다른 반 또는 부문을 지정하는 것이 더 낫다는 것을 결정할 수 있는 사건에 있어서는, 수사를 계속함에 어려움이 있기 때문에 사건을 박탈한다(예를 들면, 경찰에 계류 중인 사건을 헌병(gendamerie)으로 또는 그 반대도 가능하다).

② 독 일: 그렇다. 개개의 조사는 검사의 지휘하에서 이루어지는 것이기 때문에 자신의 결정에 따라서 이와 같이 조사할 수 있지만(라. 답변 참조), 일반적으로 경찰과의 협조에 의존한다.

③ 오스트리아: 검사가 스스로 수사와 관련된 조치를 수행하는 것은 허용되지 않는다. 만일 검사가 수사를 지휘하는 경우에는 경찰에게 수사관련 지침을 내릴 수는 있다.

④ 스위스: 검찰과 연방경찰은 연방 형사사법시스템 내에서 각자 독립적으로 운영된다. 법률은 필요한 경우 주 정부도 그들 자신의 경찰을 가질 수 있다고 정하고 있다(연방형사소송법 제17조 제2항). 실무상 경찰의 수사가 경찰 구성원에 대한 것이거나 경찰의 권위가 도전받는 경우에는 그 사건이 (검사에게) 넘겨질 수 있다.

⑤ 영 국: 아니오.

아. 검찰이 수사착수에 관해 우선순위를 정할 수 있는가?

① 프랑스: 관할 내에서 어떤 수사가 우선순위에 있는지를 결정할 '범죄정책'을 수립하는 것은 검사의 역할이다. 그러나 경찰수사관들도 역시 그의 주도로 수사를 착수할 수 있고 이런 경우, 검사에게 이를 보고한다.

② 독 일: 검찰과 경찰은 모두 적법성의 원칙(principle of legality)에 구속되므로 수사 착수에 관한 우선순위를 정하는 법적 근거는 없다. 관행상 검찰과 경찰은 주요 범죄의 기소에 초점을 맞추기 위하여 덜 중요한 사건의 수사를 연기하는 문제에 협조한다.

③ 오스트리아: 특정한 사건에 대하여 검사가 수사를 지휘하는 경우 검사는 그 우선 순위를 정할 수 있다. 그러나 검찰이 경찰에게 특정한 종류의 범죄에 대하여 다른 사건 보다 먼저 종결하도록 지휘할 수는 없다.

④ 스위스: 검찰은 그 업무범위(형법 제340조 참조) 내의 사건에 관하여 연방형사소송법 제101조 제1항에 규정된 합법성의 원칙에 따라 수사를 개시하여야 한다. 가능하다면 우선순위의 문제는 배제될 수 있고 사실상 그래야만 한다. 연방관할에 속하는 연방형사사건에 관한 수사와 재판은 또한 주 관할 당국에 위임될 수 있다(동법 제18조).

⑤ **영 국**: 검찰이 결과적으로는 북아일랜드(Northerm Ireland)의 법에 위반하여 범죄가 될 수 있는 어떠한 사실이나 상황에 대하여 경찰에 수사할 것을 요청할 수 있는 반면, 검찰이 경찰에 의한 수사에 있어서 우선순위를 정할 수는 없다.

자. 검찰이 경찰에 적용되는 일반적 범죄정책기준(우선목표)을 정할 수 있나? 어떤 식으로? 만약 검사가 아니라면 누가?

① **프랑스**: 이 질문은 위의 것과 중복된다. 프랑스에서, 범죄정책은 주로 법무부의 소관사항이며, 법무부는 일반적 지침을 하부조직에 전파할 주요한 주(state) 검사들에게 주고, 그것이 실제로 적용되는 것을 확인한다.

② **독 일**: 아니다. 그러나 주 검찰총장들(General state prosecutors), 상급 경찰당국(superior police authority) 내지 사법내무부(Governmental departments of judicial and inner affairs)가 발한 공통된 행정지침에 의한 일반적 기준은 있다.

③ **오스트리아**: 검찰이 경찰에 적용되는 일반적 범죄정책기준(우선 목표)을 정할 수 없다. 경찰의 일반적 범죄정책기준은 내무부장관이 최고책임자인 경찰행정부서에서 정한다.

④ **스위스**: 경찰의 동의하에 검찰은 수사의 일부로서의 우선 목표 (priority objectives)를 정할 수 있다(예를 들어 사용할 수 있는 자원이 부족한 경우); 아. 문항에 관한 답변 참조.

⑤ **영 국**: 없다.

차. 경찰이 인지한 전체 범죄/일부 범죄를 검사에게 보고할 일반적인 의무가 있는가? 실무에서 그렇게 하는가?

① **프랑스**: 그렇다. 경찰관 또는 헌법(gendarmes)의 직업적 임무 중 하나는 그들이 인지한 모든 범죄를 검사에게 알리는 것이다. 이는 강제적인 것이며 원칙으로서 반드시 준수되어야 한다. 만약 이를 위반시, 징계절차가 진행될 것이다.

② **독 일**: 그렇다. 그들은 연방 법률에 의하여 모든 형사사건을 검사에게 보고할 의무가 있으며 이를 준수한다. 행정범죄(예컨대, 교통사고 범죄)는 기회성의 원칙(principle of opportunity)에 의하여 지배된다.

③ **오스트리아**: 경찰은 범죄자가 특정되지 않은 사건을 비롯하여 검사가 기소하여야 하는 모든 범죄에 대하여 보고하여야 한다. 경찰은 실무에 있어 위와 같이 모든 보고를 한다. 그렇지 않으면 그 사건수사 책임이 있는 경찰관은 직권남용의 범죄를 범하는 것이 된다(Missbrauch der Amtsgewalt).

④ **스위스**: 있다. 연방 관할에 속하는 범죄가 발생하였다고 의심할 충분한 근거가 있는 경우 경찰은 이를 검찰에 즉시 고지하여야 한다(연방형사소송법 제101조). 실무상으로도 경찰은 이와 같이 하고 있다.

⑤ **영 국**: 최근에 모든 중대범죄 또는 몇몇 이미 정해진 경미 범죄(minor crime)들

에 대한 경찰수사 사건은 형사절차상의 기소를 개시할 것인지 아니면 다른 형사절차의 외적인 진행을 할 것인지를 결정하기 위해 검찰에 보내진다. 이는 곧 경찰의 모든 범죄수사가 위와 같은 결정을 위해 검찰에 보내지는 것으로 변할 것이다. 경찰은 본질적으로 재판에 이르는 절차에 관하여 검찰에게 지시를 할 수 없다. 이는 완전히 검찰권한 자체의 문제이다.

타. 경찰이 검사의 수사실행 명령을 거부하거나 그 실행을 지연할 수 있는가? 실무에서는 어떻게 되고 있나?

① 프랑스: 할 수 없다. 원칙상, 경찰은 수사의 초기 또는 과정 중에 주어진 지시를 수행할 의무가 있다. 지시를 수행하는데 지연되는 문제 때문에 원칙은 때때로 실무상 적용하기는 어렵다. 그러나 이런 종류의 지연은 단순한 편의의 입장만으로는 정당화될 수 없다. 실무상, 검사와 경찰수사팀의 수장은 개별적인 민감한 사건을 다룰 때 수사를 어떻게 진행할지를 수립하기 위해 서로를 자문할 것이다.

② 독　일: 아니다. 그들은 그러한 명령을 거부해서는 아니되지만 때때로 직원이 부족하기 때문에 실행이 연기되는 경우는 있다. 장기간 연기되는 경우, 상급당국에 의하여 조정된다. 형사 업무집행을 방해하는 것은 범죄에 해당한다.

③ 오스트리아: 경찰은 검사의 수사실행 명령이 위법하거나, 경찰이 그 명령을 실행할 권한이 없는 경우에 그 명령을 거부할 수 있다. 경찰은 그 수사실행 명령의 시기와 방법 등을 결정할 수 있다.

④ 스위스: 원칙적으로 경찰은 이를 할 수 없다. 경찰이 검사의 수사명령을 실행할 요원을 충분히 갖고 있지 않다면, 검사에게 상당한 시간 내에 이를 알린다. 검사는 경찰서장과 협의해서 필요한 요원을 확보하거나 우선순위를 변경시킨다. 수사요원이 부족한 경우에는 검사는 우선적으로 주 경찰관들을 소집할 수 있다(연방형사소송법 제17조, 제2항).

⑤ 영　국: 경찰이 수사할 것을 요구받은 경우 경찰은 반드시 수사를 하여 이를 검사에게 보고하여야 한다. 실무에서 이는 항상 이루어지고 있다. 수사가 어떻게 수행되느냐는 경찰(재량)의 문제이다.

카. 범죄수사를 하는 경찰에 대한 불만(이의)은 어떤 기관이 처리하고 있는가?

① 프랑스: 검사는 불만을 the Inspectorate of the Judicial Services의 구성원으로부터 조력을 받는 경찰 내부조직(또는 헌병)인 국가경찰감독위원회(the Inspectorate General of the National Police)에 회부할 수 있다. 국가경찰감독위원회는 사실을 수사하고 그것의 보고서 및 결론을 검사에게 제출하면, 검사는 불만에 대응한 어떤 조치를 할 것인가를 결정할 것이 요구된다. 그러나 검사는 아울러 수사판사에게 적절한 수사를 요청할 것을 결정할 수 있다.

② **독　일**: 상급 경찰당국이 사건과 마찬가지로 경찰관들의 올바른 행동을 감독하고 그들에게 징계처분을 내리는 반면, 검사와 형사판사는 절차적 문제에 관한 결점을 조사해야 한다.

③ **오스트리아**: 경찰이 검사나 수사판사의 명령을 위반하는 경우에는 독립된 행정재판소(Unabhängiger Verwaltungssenat)에 대한 이의제기가 가능하다.

④ **스위스**: 경찰의 행동에 대한 이의제기는 검찰청에 접수된다(연방형사소송법 제105조, 제1항); 나. 문항에 대한 답변 참조.

⑤ **영　국**: 북아일랜드의 경찰 옴부즈만의 관리가 경찰에 대한 모든 불만에 대한 수사를 책임지고 있다. 경찰 옴부즈만은 경찰로부터 완전히 독립되어 있다.

파. 실무상, 검사나 경찰이 언론에 범죄수사 정보를 공개하는가?

① **프랑스**: 원칙적으로, 수사관은 비밀엄수의무가 있다. 그러나 수사가 의혹을 키운다면, 검사는 언론에 공개를 지시할 수 있다. 비슷하게 만약 사건이 공중질서를 심각하게 저해한다면, 경찰 최고수사관의 보좌를 받아 검사 또는 그의 대리인이 무죄추정의 원칙때문에 피고인의 신원을 숨긴 채 수사결과를 공표할 것이다.

② **독　일**: 검찰과 경찰이 함께 언론에 정보를 전해주지만, 실무상 일반사건은 경찰에 의하여, 보다 중요한 사건은 검찰에 의하여 이루어진다.

③ **오스트리아**: 일반적으로 검찰에서 언론에 범죄수사에 대한 정보를 자발적으로 제공하지 않는다. 범죄수사에 대한 정보는 언론의 요구에 의하여 수사 중인 사건의 진행상황이나 사건관련자들을 고려하여 제공한다. 경찰은 관할권 있는 검찰이나 법원의 결정에 따라 범죄수사 정보를 언론에 제공한다.

④ **스위스**: 검사가 자신이 책임을 부담하는 수사개시 명령을 내린 경우에는 언론에 대한 공개는 검사나 그 대리인이 한다. 경찰은 법원의 동의하에 스스로 언론에 알리거나 검사와 함께 알린다.

⑤ **영　국**: 검찰청은 범죄수사에 관하여 대중매체에 정보를 제공하지 않는다. 경찰은 수사에 관한 약간의 상세한 보도(bare detail)를 하기도 한다. 현재 진행되고 있는 수사에 대하여 상세한 보도를 하는 것은 매우 보기 드문 경우일 것이다.

하. 검사와 경찰의 합동수사에 대한 경험이 있다면, 그 장점과 단점에 대해 언급해 주기 바람

① **프랑스**: 합동수사조직은 프랑스에서는 매우 화제가 되는 문제이나 또한 매우 급박한 문제이기도 하다. 왜냐하면 당분간 이와 같은 조직을 설치하는 것에 대한 권한은 오로지 법무부에 있기에 지방당국은 이를 결정할 수 없다.

② **독　일**: 수사는 검사의 지휘에 의하여 이루어지기 때문에 고유한 의미의 합동수

사단은 존재하지 않는다. 그러나 특히 살인사건과 조직범죄를 기소하는 경우 검사와 경찰은 밀접하게 함께 일하여 성공적으로 불법이득을 제거한다.

③ **오스트리아**: 검사와 경찰의 합동수사에 대한 사례는 없다.

④ **스위스**: 두 기관은 같은 수준의 정보를 가지고 있고 공통의 전략을 알고 있으며 각자의 역할을 할 수 있다; 따라서 (합동수사기구는) 노력의 반복(duplication)을 방지할 수 있다(장점). 그러나 이러한 시스템은 다소 번거롭다(cumbersome)(단점).

⑤ **영 국**: 우리는 그러한 경험이 없다.

제5절 국제기구의 검찰관련 규정

Ⅰ. 유럽평의회의 검찰제도에 관한 논의

1. 의 의

유럽평의회[468]는 47개 회원국들의 사법제도에 관하여 지속적으로 모니터링을 하면서 결의, 권고, 의견 등의 방식을 통하여 회원국의 사법제도를 인권친화적으로 구성하는데 협력하고 있는데, 유럽평의회가 권고나 의견 등의 형식으로 내놓은 검찰관련 논의는 다음과 같다.

2. 형사사법체계에서 검찰의 역할에 관한 권고(2000)

유럽평의회는 2000. 10. 6. 각료위원회에서 권고 제19호로 '형사사법체계에서 검찰의 역할'[469]을 채택하여 검찰의 독립성, 검찰과 타 기관 간의 관계 등 검찰제도 전반에 걸친 기준을 정립하여 각 회원국의 검찰제도가 이 권고에 부합되게 개혁되도록 권고하였다. 이 권고의 내용 중에는 여기서 문제되는 검찰의 독립성과 검찰과 경찰 간의 관계도 포함되어 있다.

---

468) 유럽평의회는 제2차 세계대전 직후인 1948년 5월 5일 윈스턴 처칠의 주도로 10개국이 참여한 가운데 런던조약에 의해, 인권, 민주주의, 법치주의 수호 등을 목적으로 설립되었다. 현재 28개 유럽연합 회원국 이외에 러시아, 터키 등 모두 47개 국가가 가입해 있으며, 미국, 일본, 멕시코 등은 옵저버로 참여한다. 본부는 프랑스 스트라스부르에 있다. 이러한 유럽평의회와 관련해서는 유럽인권협약과 유럽평의회의 독립기구인 유럽인권재판소가 매우 중요하다. 왜냐하면 유럽인권협약은 국내적 구제조치를 모두 마친 개인에게 제소권을 부여하고 있어 사실상 유럽헌법재판소로 기능하고 있기 때문이다.

469) Council of Europe, Committee of Ministers, Recommendation Rec(2000)19 of the Committee of Ministers to Member States on the Role of Public Prosecution in the Criminal Justice System (Adopted by the Committee of Ministers on 6 October 2000).

【표 4-9】 형사사법체계에서 검찰의 역할에 관한 권고(2000)

형사사법체계에서 검찰의 역할에 관한
회원국들에 대한 각료위원회의 권고 제19호(2000년)
RECOMMENDATION REC(2000)19
OF THE COMMITTEE OF MINISTERS TO MEMBER STATES
ON THE ROLE OF PUBLIC PROSECUTION
IN THE CRIMINAL JUSTICE SYSTEM

각료위원회는, 유럽평의회 헌장 15조 b 규정에 따라, 유럽평의회의 목표가 회원국 간의 보다 높은 단일성을 성취함에 있음을 상기하고, 유럽평의회의 또 다른 목표가 진정한 민주주의의 바탕을 이루는 법의 지배를 증진함에 있음을 마음에 새기며, 법의 지배를 보호함에 있어 형사사법제도가 핵심 역할을 수행함을 고려하고, 국내 및 국제적 범죄에 대한 투쟁을 진전시키는 것이 회원국 공통으로 필요로 함을 인식하고, 이를 위해서는, 인권과 기본적 권리보호를 위한 협약상의 원칙을 보호하면서도 국내 형사사법제도의 효율성과 아울러 형사사법 분야 국제협력을 증진시켜야 함을 고려하고, 검찰이 형사사법제도와 형사사법 분야 국제협력에서 핵심역할을 수행함을 인식하고, 이를 위하여 회원국의 검찰과 관련하여 공통의 원칙을 정의하는 것이 장려되어야 함을 확인하고, 각료위원회가 채택한 형사사법에 관한 문건상의 원칙과 규칙들을 고려하여, 회원국 정부에게 다음의 원칙들을 형사사법제도에서의 검찰의 역할과 관련한 입법과 실무에서 기초로 삼을 것을 권고한다(The Committee of Ministers, under the terms of Article 15.b of the Statute of the Council of Europe, Recalling that the aim of the Council of Europe is to achieve a greater unity between its members; Bearing in mind that it is also the Council of Europe's purpose to promote the rule of law; which constitutes the basis of all genuine democracies; Considering that the criminal justice system plays a key role in safeguarding the rule of law; Aware of the common need of all member states to step up the fight against crime both at national and international level; Considering that, to that end, the efficiency of not only national criminal justice systems but also international co-operation on criminal matters should be enhanced, whilst safeguarding the principles enshrined in the Convention for the Protection of Human Rights and Fundamental Freedoms; Aware that the public prosecution also plays a key role in the criminal justice system as well as in international co-operation in criminal matters; Convinced that, to that end, the definition of common principles for public prosecutors in member states should be encouraged; Taking into account all the principles and rules laid down in texts on criminal matters adopted by the Committee of Ministers, Recommends that governments of member states base their legislation and practices concerning the role of public prosecution in the criminal justice system on the following principles):

검사의 기능(Functions of the public prosecutor)
1. "검사"는 사회를 대신해 공공의 이익을 위하여 법 위반행위에 대해, 개인의 권리와 형사사법제도의 필연적인 효율성을 모두 고려하여 형사상 제제를 보장하는 공공의 기관이다("Public

prosecutors" are public authorities who, on behalf of society and in the public interest, ensure the application of the law where the breach of the law carries a criminal sanction, taking into account both the rights of the individual and the necessary effectiveness of the criminal justice system).

2. 모든 형사사법제도에서, 검사는(In all criminal justice systems, public prosecutors):
- 소추를 시작 또는 계속할 것인지 여부를 결정하고(decide whether to initiate or continue prosecutions);
- 법원에 대한 소추를 지휘하고(conduct prosecutions before the courts);
- 전부 또는 일부의 법원 결정과 관련된 항소를 하거나 항소를 하도록 지휘한다(may appeal or conduct appeals concerning all or some court decisions).

3. 일부 형사사법제도에서, 검사는 또한(In certain criminal justice systems, public prosecutors also):
- 지방과 지역의 환경에 적합한 적절한 국내 형사정책을 이행하고(implement national crime policy while adapting it, where appropriate, to regional and local circumstances);
- 수사를 지휘, 지시, 감독하고(conduct, direct or supervise investigations);
- 피해자가 효과적으로 조력을 받을 수 있도록 보장하고(ensure that victims are effectively assisted);
- 대체적 소추 여부를 결정하고(decide on alternatives to prosecution);
- 법원 결정의 집행을 감독한다(supervise the execution of court decisions).

검사의 기능 수행을 위하여 부여되는 보호수단(Safeguards provided to public prosecutors for carrying out their functions)

4. 국가는 검사들이 적절한 법적·조직적 조건과 특히 처분가능한 예산 등 적절한 수단과 관련된 조건하에서 직업적인 의무와 책임 수행을 보장할 수 있도록 효과적인 조치를 취하여야 한다. 이러한 조건들은 검사 대표자들과의 긴밀한 협력하에서 수립되어야 한다(States should take effective measures to guarantee that public prosecutors are able to fulfil their professional duties and responsibilities under adequate legal and organisational conditions as well as adequate conditions as to the means, in particular budgetary means, at their disposal. Such conditions should be established in close co-operation with the representatives of public prosecutors).

5. 국가는 아래 조치를 취할 것을 보장하여야 한다(States should take measures to ensure that):
   a. 검사의 임용, 승진, 전보는 특정 집단의 이해를 반영하는 접근으로부터 보호되고, 성별, 인종, 피부색, 언어, 종교, 정치 기타 의견, 국가 또는 사회적 출신, 국가의 소수자 집단, 재산, 출생, 기타 지위와 관련된 차별을 배제하는, 공정하고 중립적인 절차에 의해 이행된다(the recruitment, the promotion and the transfer of public prosecutors are carried out according to fair and impartial procedures embodying safeguards against any approach which favours the interests of specific groups, and excluding discrimination on any ground such as sex, race, colour, language, religion, political or other opinion, national

or social origin, association with a national minority, property, birth, or other status);

b. 검사의 경력, 승진 및 전보는 능력이나 경험과 같은 알려지고 객관적인 기준에 의한다(the careers of public prosecutors, their promotions and their mobility are governed by known and objective criteria, such as competence and experience);

c. 검사의 전보는 또한 기관의 필요에 의해 이루어진다(the mobility of public prosecutors is governed also by the needs of the service);

d. 검사는 핵심적 역할 수행 및 적절한 퇴직연령과 관련하여 보수, 임기, 연금 등 서비스를 합리적인 조건하에 받으며 이러한 조건들은 법률에 의해 규정된다(public prosecutors have reasonable conditions of service such as remuneration, tenure and pension commensurate with their crucial role as well as an appropriate age of retirement and that these conditions are governed by law);

e. 징계절차는 법률에 의해 규정되고 공정하고 객관적인 평가가 보장되어야 하며 그 결정은 독립적이고 중립적인 재심사의 대상이 되어야 한다(disciplinary proceedings against public prosecutors are governed by law and should guarantee a fair and objective evaluation and decision which should be subject to independent and impartial review);

f. 검사는 법적 지위가 영향을 받을 경우 법원에 대한 적절한 제소 등 만족할 수 있는 불복절차에 접근할 수 있어야 한다(public prosecutors have access to a satisfactory grievance procedure, including where appropriate access to a tribunal, if their legal status is affected);

g. 검사는 적절한 임무수행의 결과로 개인적인 안전을 위협받을 경우 그 가족과 함께 당국에 의해 신체적으로 보호받아야 한다(public prosecutors, together with their families, are physically protected by the authorities when their personal safety is threatened as a result of the proper discharge of their functions).

6. 국가는 검사들이 효과적인 표현, 종교, 집회, 결사의 자유를 가질 수 있도록 보장하여야 한다. 특히 검사들은 법률, 사법행정, 인권의 증진과 보호와 관련된 논의에 참여하고, 지역·국가·국제적 기구에 참여하거나 조직하며, 이러한 합법적인 행동 또는 합법적인 기구의 구성원이라는 이유로 직업적인 불이익이 없도록 하며, 개인적인 능력으로 회합에 참여할 수 있는 권리를 가져야 한다. 위에 열거한 권리들은 법률의 규정에 의하여서만 제한될 수 있으며 검사들의 지위는 법률적으로 보호될 필요가 있다. 위 권리들이 침해되었을 경우 효과적인 구제조치가 가능하여야 한다(States should also take measures to ensure that public prosecutors have an effective right to freedom of expression, belief, association and assembly. In particular they should have the right to take part in public discussion of matters concerning the law, the administration of justice and the promotion and protection of human rights and to join or form local, national or international organisations and attend their meetings in a private capacity, without suffering professional disadvantage by reason of their lawful action or their membership in a lawful organisation. The rights mentioned above can only be limited in so far as this is prescribed by law and is necessary to preserve the constitutional1 position of the public prosecutors. In cases where the rights mentioned above are

violated, an effective remedy should be available).

7. 교육은 모든 검사들에게 있어 임용 전이나 후를 막론하고 의무이자 권리이다. 따라서 국가는 검사들이 임용 전후에 적절한 교육과 훈련을 받을 수 있도록 하여야 한다(Training is both a duty and a right for all public prosecutors, before their appointment as well as on a permanent basis. States should therefore take effective measures to ensure that public prosecutors have appropriate education and training, both before and after their appointment).

검사는 특히 다음 사항을 숙지하고 있어야 한다(In particular, public prosecutors should be made aware of):

a. 직무와 관련된 원칙과 윤리적 의무(the principles and ethical duties of their office);

b. 피의자, 피해자, 증인의 헌법적·법률적 보호(the constitutional and legal protection of suspects, victims and witnesses);

c. 인권과 기본권을 보호하기 위한 협약상의 인권과 자유, 특히 유럽인권협약 제5조 및 제6조에 규정된 권리(human rights and freedoms as laid down by the Convention for the Protection of Human Rights and Fundamental Freedoms, especially the rights as established by Articles 5 and 6 of this Convention);

d. 사법적 환경에 있어서의 직무, 관리, 인적자원의 조직과 관련된 원칙과 실무(principles and practices of organisation of work, management and human resources in a judicial context);

e. 직무수행에 있어서의 영속성에 기여하는 메커니즘과 물적 수단(mechanisms and materials which contribute to consistency in their activities).

또한 국가는 특히 범죄 형태의 발전과 형사 범죄에 있어서의 국제협력을 감안하고 현재의 조건을 고려하여 특정한 사안 또는 특정한 분야에 대한 추가적인 교육을 실시할 수 있는 효과적인 조치를 강구하여야 한다(Furthermore, states should take effective measures to provide for additional training on specific issues or in specific sectors, in the light of present-day conditions, taking into account in particular the types and the development of criminality, as well as international co-operation on criminal matters).

8. 조직범죄 등 범죄의 발전형태에 적절히 대처하기 위하여 검사의 조직 및 교육, 경력 등에 있어 전문화는 우선순위에 있어야 한다. 다중 훈련 팀을 포함하여 직무수행을 위하여 검사들을 지원하기 위한 전문가 팀의 자원 또한 개발되어야 한다(In order to respond better to developing forms of criminality, in particular organised crime, specialisation should be seen as a priority, in terms of the organisation of public prosecutors, as well as in terms of training and in terms of careers. Recourse to teams of specialists, including multi-disciplinary teams, designed to assist public prosecutors in carrying out their functions should also be developed).

9. 검찰의 조직과 내부 운영과 관련하여, 특히 사건배당 및 재배당과 관련하여, 중립성과 공정성, 형사사법제도 운영에 있어서의 최선의 적절성에 관한 요구, 특히 법률적 결정의 수준, 각 사건에 있어서의 전문성에 대한 요구가 충족되어야 한다(With respect to the organisation and the internal operation of the Public Prosecution, in particular the assignment and

re-assignment of cases, this should meet requirements of impartiality and independence and maximise the proper operation of the criminal justice system, in particular the level of legal qualification and specialisation devoted to each matter).

10. 모든 검사는 그에 대한 지휘를 서면으로 할 것을 요구할 권리를 향유한다. 검사가 지휘를 불법적인 것으로 믿거나 그의 양심에 반한다고 생각할 경우, 직무교체를 할 수 있는 적절한 내부적 절차가 갖추어져야 한다(All public prosecutors enjoy the right to request that instructions addressed to him or her be put in writing. Where he or she believes that an instruction is either illegal or runs counter to his or her conscience, an adequate internal procedure should be available which may lead to his or her eventual replacement).

검사와 행정권, 입법권과의 관계(Relationship between public prosecutors and the executive and legislative powers)

11. 회원국은 검사가 부당한 개입을 받음이 없이 자신의 임무를 완수할 수 있도록 적절한 조치를 취해야 하고, 민·형사 또는 그 밖에 부당한 정도를 뛰어넘어 책임을 지게 될 위험에 놓이지 않도록 적절한 조치를 취해야 한다. 그러나 검찰은 정기적으로 검찰이 행한 모든 활동을 보고해야 하고 특히 검찰이 설정한 우선순위를 어떻게 실행하였는지를 보고해야 한다(States should take appropriate measures to ensure that public prosecutors are able to perform their professional duties and responsibilities without unjustified interference or unjustified exposure to civil, penal or other liability. However, the public prosecution should account periodically and publicly for its activities as a whole and, in particular, the way in which its priorities were carried out).

12. 검찰은 입법부 또는 행정부의 관할사항에 대해 개입하여서는 아니 된다(Public prosecutors should not interfere with the competence of the legislative and the executive powers).

13. 검찰이 정부에 속해있거나 정부의 하위조직으로 구성되어 있는 국가에서는 다음과 같은 내용을 확보하기 위한 모든 조치를 취해야 한다(Where the public prosecution is part of or subordinate to the government, states should take effective measures to guarantee that):

   a. 검찰에 대한 정부의 권한의 종류와 범위를 법률에 분명하게 규정할 것(the nature and the scope of the powers of the government with respect to the public prosecution are established by law);

   b. 정부가 자신의 권한을 투명한 방식으로 행사하고 국제조약, 국내 법규정 및 보편적 법원칙에 따라 행사하도록 할 것(government exercises its powers in a transparent way and in accordance with international treaties, national legislation and general principles of law);

   c. 정부의 모든 일반적인 지휘가 서면의 형식으로 행해지고 적절하게 공개되도록 할 것(where government gives instructions of a general nature, such instructions must be in writing and published in an adequate way);

   d. 정부가 특별한 사건에서 형사소추에 대한 지휘를 발할 권한을 가지고 있는 경우에는 국내 법규정에 상응하게 투명성보장과 상당성보장을 충분하게 갖추고 있을 것. 이 경우 정부의 의무를 예로 들면 다음과 같다(where the government has the power to give instructions to prosecute a specific case, such instructions must carry with them adequate guarantees that transparency and equity are respected in accordance with national law, the government being under a duty, for example):

- 사전에 관할 검찰 또는 형사소추를 실행하는 기관에 대하여 서면에 의한 입장표명을 요청할 것(to seek prior written advice from either the competent public prosecutor or the body that is carrying out the public prosecution);
- 서면에 의한 지휘에 적절한 근거를 제시할 것. 특히 정부의 지휘와 검찰 또는 형사소추를 실행하는 기관의 입장표명이 일치하지 않아서 그 지휘를 직무상의 서열순서대로 이전하는 경우에는 지휘에 대한 적절한 근거를 제시할 것(duly to explain its written instructions, especially when they deviate from the public prosecutor''s advices and to transmit them through the hierarchical channels);
- 공판 이전에 형사소송서류에 정부의 지휘내용과 검찰의 입장표명을 담아서 이를 당사자 공판심리에 제출할 것(to see to it that, before the trial, the advice and the instructions become part of the file so that the other parties may take cognisance of it and make comments);

e. 검찰은 정부의 지휘를 서면으로 반영할 의무가 있는 경우에도 검찰의 선택에 따라 법원에 대하여 모든 법적인 논증을 자유롭게 제출할 권리를 보유한다(public prosecutors remain free to submit to the court any legal arguments of their choice, even where they are under a duty to reflect in writing the instructions received);

f. 형사소추를 하지 말라는 개별적 지휘는 원칙적으로 금지된다. 이러한 경우가 아니라면 매우 예외적인 경우에 행사되어야 할 개별적 지휘는 위의 d.와 e.에 명시된 규정에 따라야 할 뿐만 아니라 특히 투명성을 보장하기 위하여 적절하고 특별한 통제를 받아야 한다(instructions not to prosecute in a specific case should, in principle, be prohibited. Should that not be the case, such instructions must remain exceptional and be subjected not only to the requirements indicated in paragraphs d. and e. above but also to an appropriate specific control with a view in particular to guaranteeing transparency).

14. 검찰이 독립되어 있는 국가에서는 검찰의 독립성의 유형과 범위를 법규정으로 정확하게 명시하기 위한 모든 조치를 취해야 한다(In countries where the public prosecution is independent of the government, the state should take effective measures to guarantee that the nature and the scope of the independence of the public prosecution is established by law).

15. 공정하고 효과적인 형사정책을 증진시키기 위하여 검사는 법률이 규정하는 한도 내에서 정부기관이나 기구들과 협력하여야 한다(In order to promote the fairness and effectiveness of crime policy, public prosecutors should co-operate with government agencies and institutions in so far as this is in accordance with the law).

16. 검사는, 어떤 경우에도, 범죄를 범한 공무원, 특히 부패, 직권남용, 중대한 인권침해 기타 국제법에 의한 범죄를 범한 공무원을 아무런 장애 없이 기소할 수 있는 지위에 있어야 한다(Public prosecutors should, in any case, be in a position to prosecute without obstruction public officials for offences committed by them, particularly corruption, unlawful use of power,

grave violations of human rights and other crimes recognised by international law).

검사와 판사와의 관계(Relationship between public prosecutors and court judges)

17. 국가는, 법원 판사의 독립성, 중립성과 관련하여 합리적 의심이 없어야 하는 것처럼 검사의 법률적 지위, 권한, 소송상 역할에 대해 법률로 규정하는 적절한 조치를 취하여야 한다. 일부 국가에서는 한 사람이 동시에 검사와 판사의 직무를 수행할 수 없도록 보장하여야 한다(States should take appropriate measures to ensure that the legal status, the competencies and the procedural role of public prosecutors are established by law in a way that there can be no legitimate doubt about the independence and impartiality of the court judges. In particular states should guarantee that a person cannot at the same time perform duties as a public prosecutor and as a court judge).

18. 그러나, 사법제도가 이를 허용할 경우 국가는 검사의 직무와 판사의 직무를 순차적으로 수행할 수 있도록 적절한 조치를 취하여야 한다. 이러한 직무의 전환은 당사자의 명시적인 요청에 따라 보호조치가 존중되는 가운데 이루어져야 한다(However, if the legal system so permits, states should take measures in order to make it possible for the same person to perform successively the functions of public prosecutor and those of judge or vice versa. Such changes in functions are only possible at the explicit request of the person concerned and respecting the safeguards).

19. 검사는 판사의 독립성과 중립성을 엄격히 존중하여야 한다. 특히 법원의 결정에 대해, 항소권의 실행 또는 진술절차에서 이의를 제기하는 경우는 별도로 하고, 의심을 표명하여서도 안 되고 그 집행을 방해하여서도 안 된다(Public prosecutors must strictly respect the independence and the impartiality of judges; in particular they shall neither cast doubts on judicial decisions nor hinder their execution, save where exercising their rights of appeal or invoking some other declaratory procedure).

20. 검사는 법정 절차에서 객관적이고 공정하여야 한다. 특히 검사는 법원이 사법의 공정한 운영을 할 수 있도록 필요한 모든 관련 사실과 법률적 의견이 제출되도록 보장하여야 한다(Public prosecutors must be objective and fair during court proceedings. In particular, they should ensure that the court is provided with all relevant facts and legal arguments necessary for the fair administration of justice).

검사와 경찰과의 관계(Relationship between public prosecutors and the police)

21. 일반적으로 검찰은 늦어도 형사소추의 개시 또는 계속수행을 결정할 때 경찰이 행한 수사의 적법성을 심사해야 한다. 이 점에 있어서 검찰은 경찰이 인권을 준수했는지도 심사해야 한다(In general, public prosecutors should scrutinise the lawfulness of police investigations at the latest when deciding whether a prosecution should commence or continue. In this respect, public prosecutors will also monitor the observance of human rights by the police).

22. 경찰이 검찰의 하위조직으로 구성되어 있거나 검찰이 경찰의 수사를 지휘 또는 감독하는 국가에서는 다음과 같은 조치를 취해야 한다(In countries where the police is placed under the

authority of the public prosecution or where police investigations are either conducted or supervised by the public prosecutor, that state should take effective measures to guarantee that the public prosecutor may):

a. 검찰이 특히 사건을 규명할 때 증거수집의 방법, 투입되는 인력, 수사기간, 검찰에 대한 정보 보고 등 범죄관련 정책에서 우선순위를 효과적으로 적용하기 위한 적절한 지휘를 할 수 있도록 할 것(give instructions as appropriate to the police with a view to an effective implementation of crime policy priorities, notably with respect to deciding which categories of cases should be dealt with first, the means used to search for evidence, the staff used, the duration of investigations, information to be given to the public prosecutor, etc.);

b. 다수의 경찰관서가 있는 경우에는 검찰이 적절하다고 판단되는 경찰관서에 대하여 개별 사건을 배정하여 수사를 처리할 수 있도록 할 것(where different police agencies are available, allocate individual cases to the agency that it deems best suited to deal with it);

c. 검찰이 경찰에 대한 지시사항과 경찰의 법규준수 여부를 모니터링하기 위해 필요한 경우 평가와 통제를 수행하도록 할 것(carry out evaluations and controls in so far as these are necessary in order to monitor compliance with its instructions and the law);

d. 적절한 경우 검찰이 경찰의 위반에 대해 제재를 하거나 제재를 할 수 있도록 할 것(sanction or promote sanctioning, if appropriate, of eventual violations).

23. 경찰이 검찰로부터 독립되어 있는 국가에서는 검찰과 경찰이 적절하고 효과적으로 협력하기 위한 모든 조치를 취해야 한다(States where the police is independent of the public prosecution should take effective measures to guarantee that there is appropriate and functional co-operation between the Public Prosecution and the police).

개인에 대한 검사의 의무(Duties of the public prosecutor towards individuals)

24. 검사는 직무를 수행함에 있어, 특히(In the performance of their duties, public prosecutors should in particular):

a. 공정하고, 불편부당하고, 객관적으로 직무를 수행하여야 한다(carry out their functions fairly, impartially and objectively);

b. 인권과 기본권을 보호하기 위한 협약에서 규정하고 있는 바와 같이, 인권을 존중하고 보호하도록 노력하여야 한다(respect and seek to protect human rights, as laid down in the Convention for the Protection of Human Rights and Fundamental Freedoms);

c. 형사사법제도가 가능한 신속히 운영될 수 있도록 노력하여야 한다(seek to ensure that the criminal justice system operates as expeditiously as possible).

25. 검사는 성별, 인종, 피부색, 언어, 종교, 정치적 또는 기타 견해, 국가적 또는 사회적 출신, 국가 소수자 단체, 재산, 출생, 건강, 장애 기타 지위등에 근거한 차별을 삼가야 한다(Public prosecutors should abstain from discrimination on any ground such as sex, race, colour, language, religion, political or other opinion, national or social origin, association with a national minority, property, birth, health, handicaps or other status).

26. 검사는 법 앞의 평등을 보장하여야 하며, 피의자에게 영향을 미치는 모든 관련 상황을, 그것이 피의자에게 유리한지 불리한지 여부와 관계없이, 알고 있어야 한다(Public prosecutors should ensure equality before the law, and make themselves aware of all relevant circumstances including those affecting the suspect, irrespective of whether they are to the latter's advantage or disadvantage).

27. 검사는 공정한 수사를 거쳐 기소가 이유없다고 보이는 때는 소추를 개시하거나 계속하여서는 안 된다(Public prosecutors should not initiate or continue prosecution when an impartial investigation shows the charge to be unfounded).

28. 검사는 합리적인 근거에 기해, 그가 법률에 반하는 수단에 의지하여 얻어진 것으로 알고 있거나 믿는 증거를 유죄입증의 증거로 제출하여서는 안 된다(Public prosecutors should not present evidence against suspects that they know or believe on reasonable grounds was obtained through recourse to methods which are contrary to the law. In cases of any doubt, public prosecutors should ask the court to rule on the admissibility of such evidence.).

29. 검사는 특히 소송절차의 정의에 영향을 줄 수 있는 그가 보유한 어떤 정보라도, 법률에 달리 보존하도록 규정하고 있지 않는 한, 다른 당사자에게 공개함으로써 무기평등의 원칙을 보호하여야 한다(Public prosecutors should seek to safeguard the principle of equality of arms, in particular by disclosing to the other parties — save where otherwise provided in the law — any information which they possess which may affect the justice of the proceedings).

30. 검사는 공개가 사법적 이익이나 법률의 규정에 의하지 않는 한, 특히 무죄추정과 관련하여 제3자로부터 얻은 비밀정보를 공개하여서는 안 된다(Public prosecutors should keep confidential information obtained from third parties, in particular where the presumption of innocence is at stake, unless disclosure is required in the interest of justice or by law).

31. 검사에게 피의자의 기본적 권리와 자유를 침해할 수 있는 조치를 취할 수 있도록 권한이 부여된 곳에서는 그 조치에 대한 사법적 통제가 가능할 수 있어야 한다(Where public prosecutors are entitled to take measures which cause an interference in the fundamental rights and freedoms of the suspect, judicial control over such measures must be possible).

32. 검사는 목격자의 이익에 대해 적절한 고려를 하여야 하며, 특히 그들의 생명, 안전을 보호할 수 있는 조치를 취하거나, 취할 수 있도록 도와주어야 하고, 그 조치가 취해졌는지 여부를 살펴보아야 한다(Public prosecutors should take proper account of the interests of the witnesses, especially take or promote measures to protect their life, safety and privacy, or see to it that such measures have been taken).

33. 검사는 피해자의 개인적 이익이 영향을 받을 수 있을 때 그의 견해와 우려를 적절히 고려하여야 하며, 피해자가 그의 권리와 소송절차의 진행상황에 관한 정보제공을 보장받을 수 있도록 조치를 취하거나 이를 도와주어야 한다(Public prosecutors should take proper account of the views and concerns of victims when their personal interests are affected and take or promote actions to ensure that victims are informed of both their rights and

developments in the procedure).

34. 승인 또는 증명된 지위의 이해관계자, 특히 피해자는 검사의 불기소 결정에 대해 불복할 수 있어야 한다. 이러한 불복은 적절한 심급적인 재심사 절차가 종료된 후에, 사법적 방법에 의하거나 사인소추를 허용하는 방식으로 할 수 있다(Interested parties of recognised or identifiable status, in particular victims, should be able to challenge decisions of public prosecutors not to prosecute; such a challenge may be made, where appropriate after an hierarchical review, either by way of judicial review, or by authorising parties to engage private prosecution).

35. 국가는 검사들이 직무를 수행함에 있어 "직무규범"을 준수하도록 하여야 한다. 위 규범 위반은 제5항의 규정에 따라 적절한 제재가 이루어져야 한다. 검사들의 직무수행은 정기적인 내부심사 대상이 되어야 한다(States should ensure that in carrying out their duties, public prosecutors are bound by "codes of conduct". Breaches of such codes may lead to appropriate sanctions in accordance with paragraph 5 above. The performance of public prosecutors should be subject to regular internal review).

36. a. 공정하고, 지속적이며 효과적인 검사의 활동을 장려하기 위하여 국가는 다음 사항을 추구하여야 한다(With a view to promoting fair, consistent and efficient activity of public prosecutors, states should seek to):
    - 비효율적이거나 방해되는 관료적 구조로 되지 않도록 조직의 위계적 수단에 대한 최상의 고려를 할 것(give prime consideration to hierarchical methods of organisation, without however letting such organisational methods lead to ineffective or obstructive bureaucratic structures);
    - 형사정책의 실행을 위한 일반 가이드라인을 설정할 것(define general guidelines for the implementation of criminal policy);
    - 개별적인 사건결정에 있어 자의적인 결정이 이루어지는 것을 방지할 수 있도록 참고적인 방법으로 일반적 원칙과 범위를 설정할 것(define general principles and criteria to be used by way of references against which decisions in individual cases should be taken, in order to guard against arbitrary decisionmaking).
    b. 위의 조직수단, 가이드라인, 원칙, 범위는 정부 또는 의회 또는 국내법이 검사의 독립성을 부여하고 있을 경우, 검찰의 대표자가 결정한다(The above-mentioned methods of organisation, guidelines, principles and criteria should be decided by parliament or by government or, if national law enshrines the independence of the public prosecutor, by representatives of the public prosecution).
    c. 국민들은 위의 조직, 가이드라인, 원칙 및 범위에 대해 정보를 제공받는다. 위 사항은 요청한 누구에게도 통지되어야 한다(The public must be informed of the above-mentioned organisation, guidelines, principles and criteria; they shall be communicated to any person on request).

국제협력(International co-operation)
37. 국제사법공조에 관한 역할이 다른 기관에 속해 있더라도, 다른 국가 검찰 과의 직접 접촉은 존

재하는 국제협정의 틀 또는 실무적인 협정의 기초 아래 더욱 확대되어야 한다(Despite the role that might belong to other organs in matters pertaining to international judicial co-operation, direct contacts between public prosecutors of different countries should be furthered, within the framework of international agreements where they exist or otherwise on the basis of practical arrangements).

38. 국제사법협력에 있어서 검찰 간의 직접 접촉을 확대하기 위해 많은 영역에서 조치가 이루어져야 한다. 그러한 조치들은 특히 다음과 같다(Steps should be taken in a number of areas to further direct contacts between public prosecutors in the context of international judicial co-operation. Such steps should in particular consist in):

a. 문서적 도구의 확산(disseminating documentation);

b. 접촉리스트 및 전문분야, 책임분야 등을 포함하여 다른 검찰 기구에 있는 관련 접촉 인물의 성명과 주소 수집(compiling a list of contacts and addresses giving the names of the relevant contact persons in the different prosecuting authorities, as well as their specialist fields, their areas of responsibility, etc);

c. 다른 나라 검사들 간의 만남을 정례화하는 것, 특히 검찰총장간의 정기적 모임을 조직화하는 것(establishing regular personal contacts between public prosecutors from different countries, in particular by organising regular meetings between Prosecutors General);

d. 교육, 지식교환을 위한 회합을 조직하는 것(organising training and awareness-enhancing sessions);

e. 외국에 주재하는 법무협력관 기능을 도입하고 발전시키는 것(introducing and developing the function of liaison law officers based in a foreign country);

f. 외국어 교육(training in foreign languages);

g. 전자데이터 통신을 발전시키는 것(developing the use of electronic data transmission);

h. 상호협력 및 공통 범죄이슈와 관련된 문제에 대해 다른 국가와 실무세미나를 개최하는 것(organising working seminars with other states, on questions regarding mutual aid and shared crime issues).

39. 상호공조절차의 합리화와 협력을 증진시키기 위하여 다음과 같은 노력들이 이루어져야 한다(In order to improve rationalisation and achieve co-ordination of mutual assistance procedures, efforts should be taken to promote):

a. 검사들간에 활발한 국제협력에의 참여 필요성에 관한 인식을 제고할 것(among public prosecutors in general, awareness of the need for active participation in international co-operation, and)

b. 국제협력분야 검사들의 전문화(the specialisation of some public prosecutors in the field of international co-operation),

이러한 취지로, 국가들은 국제협력을 담당하는 공조요청국 검사가 그 요청 사항을 실행할 수 있는 피요청국 기관에 직접 공조요청을 할 수 있고, 피요청국 기관은 확보한 증거를 직접 그 검사에게 전달할 수 있도록 조치하여야 한다(To this effect, states should take steps to ensure that the public prosecutor of the requesting state, where he or she is in charge of

international co-operation, may address requests for mutual assistance directly to the
authority of the requested state that is competent to carry out the requested action, and
that the latter authority may return directly to him or her the evidence obtained).

3. 유럽검사자문회의의 업무를 위한 종합적 행동계획 체계(2006)

2006. 11. 29. 유럽평의회 각료위원회에서 승인된 '유럽검사자문회의의 업무를 위한
종합적 행동계획'470)은 2010년에 채택된 유럽평의회 각료위원회 권고 제19호(형사사법체
계에서 검찰의 역할)에는 포함되어 있지 않지만, 유럽지역에서 검찰의 임무 및 기능과 밀
접한 관련을 맺고 있는 사항들을 포함시켰다. 이 중에서 검찰의 독립성과 관련한 내용
을 발췌하면 다음과 같다.

【표 4-10】 유럽검사자문회의의 업무를 위한 종합적 행동계획 체계(2006)

〈검찰과 입법권 및 행정권과의 관계〉
(Relationship between public prosecutors and the executive and legislative powers)

10. 유럽 국가들의 검찰은 입법부 및 행정부와의 관계에서 상당한 차이를 보이고 있다. 일부 국가
  의 사법제도에서는 검찰이 의회와 정부로부터 완전히 독립되어 있지만 그 밖의 다른 국가에서
  는 어느 정도 독립성이 보장되기는 하지만 입법부나 행정부에 종속되어 있다. 적어도 유럽평의
  회 권고 제19호(형사사법체계에서 검찰의 역할)가 채택될 당시만 하더라도 검찰과 입법부 및 행
  정부의 관계가 조화를 이룰 가능성은 시기상조이지만 현재 다양한 유럽평의회 회원국들의 내부
  개혁은 유럽평의회 권고 제19호에서 제시하고 있는 '안전망'의 효과적 이행을 평가해야 할 필요
  성을 잘 보여주고 있다(Prosecution services in European States represent widespread
  differences with respect to their institutional relationship with the executive and legislative
  powers. While in some legal systems the public prosecutor enjoys complete
  independence from parliament and government, in others he or she is subordinate to
  one or another while still enjoying some degree of scope for independent action.
  Although possibilities for harmonisation on this issue seemed premature, at least when
  Recommendation (2000)19 was adopted, current internal reforms in various member
  States of the Council of Europe might justify a need to assess the effective
  implementation of the safety nets enshrined in the Recommendation to avoid possible

---

470) Consultative Council of European Prosecutors(CCPE), Framnework Overall Action Plan for
the Work of the CCPE as approved by the Committee of Ministers at the 981st meeting
of the Ministers'Deputies (29 November 2006).

weaknesses of both models).

11. 유럽평의회 권고 제19호에서 설명하고 있는 제 원칙과 안전망은 모든 사법제도에서 입법부, 사법부 그리고 행정부 간의 권력의 분립이라는 근본적인 원칙을 보장하면서, 한편으로는 검찰이 부당하게 간섭을 받음이 없이 자신에게 주어진 임무를 다할 수 있도록 운영의 자치성을 확보하고 다른 한편으로는 검찰의 업무수행에 있어 민주적 책임과 징계, 행정, 민사 및 형사에 있어 각각의 문제점들에 대한 법적 책임을 다하도록 하는 데 있다(The principles and safety nets contained in Recommendation (2000)19 aim to guarantee, in all systems, the fundamental principle of the separation of powers between the legislative, the executive and the judiciary while ensuring, on the one hand, a sufficient level of operational autonomy of public prosecutors to perform their duties without unjustified interference and, on the other hand, a sufficient level of democratic accountability for the activities of the prosecution services and liability for individual shortcomings at disciplinary, administrative, civil and criminal levels).

12. 위에서 언급한 맥락에서 보면 다음의 쟁점은 반드시 다루어져야 한다(In the above context, the following issues might be addressed):

　　a. 모든 사법시스템에서(In all systems):

　　　　ⅰ. 공무원과 정부관료들이 자행한 위법행위에 대해 검찰이 이들을 기소할 의무를 포함하여 부당한 개입 또는 방해 없이 검찰이 자신의 의무를 수행할 수 있는 검찰의 업무 역량(capacity of public prosecutors to perform their duties without unjustified interference or obstruction, including their duty to prosecute public officials for offences committed by them);

　　　　ⅱ. 검찰의 모든 활동에 대한 검찰의 책임(accountability of the prosecution service for its activities as a whole);

　　　　ⅲ. 검사의 개인적 책임(민사, 형사 또는 기타)(personal liability of public prosecutors (civil, penal or other)).

　　b. 검찰이 정부 기관의 일부분이거나 또는 종속되어 있는 시스템의 경우(In systems where the public prosecution is part of or subordinate to the government):

　　　　ⅰ. 법률에 규정된 정부 권한의 본질과 범위(nature and scope of the powers of the government as established by law);

　　　　ⅱ. 특히 정부의 검찰에 대한 지시와 관련한 정부의 권한 행사(the exercise of these powers, in particular with regard to instructions);

　　　　ⅲ. 지시와 관련한 검사와의 협의(consultation of public prosecutors with regard to instructions);

　　　　ⅳ. 검사가 서면으로 지시받은 사항을 반영해야 할 의무가 있을 때에도 검사가 법원에 자신이 선택한 의견을 제시할 가능성(possibility for public prosecutors to submit to the court any legal argument of their choice, even when they are under a duty to reflect in writing the instructions received).

　　c. 검찰이 정부로부터 독립된 시스템인 경우(In systems where the public prosecution is

---

independent of the government):

   ⅰ. 법률에 규정된 정부 권한의 본질과 범위(nature and scope of the independence of the public prosecution as established by law);

   ⅱ. 검찰과 정부기관 및 기타 기관과의 업무 관계(working relationship between the public prosecution service and government agencies and other institutions).

한편, 2006년의 '유럽검사자문회의의 업무를 위한 종합적 행동계획'은 검찰과 경찰의 관계에 관해서도 기존의 유럽평의회 각료위원회 권고 제19호(형사사법체계에서 검찰의 역할)의 내용을 다시금 언급하면서도 이를 보완하는 지침을 제공하고 있다.

【표 4-11】 유럽평의회 각료위원회 권고 제19호(형사사법체계에서 검찰의 역할)

〈검찰과 경찰의 관계〉

(Relationship between public prosecutors and the police)

14. 검사와 경찰의 제도상의 연관성과 관련해 경찰이 검사로부터 독립되어 있어 경찰이 수사를 하는 경우뿐만 아니라 종종 기소여부를 결정함에 있어서도 상당한 재량권을 갖고 있는 국가와 경찰이 검사로부터 감독을 받거나 지시를 받는 국가를 구분해야 한다(With regard to the institutional link between public prosecutors and the police a distinction is to be made between States in which the police service is independent of the public prosecution, and enjoys considerable discretion not only in the conduct of investigations but also often in deciding whether to prosecute, and those in which policing is supervised, or indeed directed, by the public prosecutor).

15. 경찰이 검사의 지휘를 받는 국가에서는 다음의 쟁점을 고려해야 한다(In countries where the police are placed under the authority of the public prosecutor, the following issues are to be considered):

  a. 특히 다음의 개별적인 사항을 포함하여, 범죄정책의 적정한 이행을 위해 검사가 경찰에 내리는 지침(instructions by the public prosecutor to the police with a view to an adequate implementation of crime policy priorities, including in particular):

    ⅰ. 최우선으로 다루어야 할 사건(cases to be dealt with as a priority);

    ⅱ. 증거수집의 방법(means used to search for evidence);

    ⅲ. 투입되는 인력(staff used);

    ⅳ. 수사기간(duration of investigation);

    ⅴ. 검사에 대한 정보보고(information to be given to the public prosecutor);

  b. 다수의 경찰관서를 이용할 수 있는 경우 개별 사건을 배정함에 있어 각각의 기관의 적합성(where different police agencies are available, allocation of individual cases to the agency that deems best suited to deal with it);

c. 검사의 지시 및 법이 정한 범위 내에서 지시의 준수여부를 감독하기 위한 평가와 관리(evaluations and control necessary to monitor compliance with the instructions of the public prosecutor and with the law);

d. 위반에 대한 제재조치(sanctioning of violations).

16. 경찰이 검찰로부터 독립되어 있는 경우 검찰과 경찰의 효과적이고 실질적인 협력의 가능성을 고려해야 한다(Where the police are independent of the public prosecution, attention should be given to the availability of effective and functional co-operation between the public prosecution and the police).

17. 일반적으로 향후 고려해야 할 검사가 수행가능한 역할은 다음과 같다(In general, the possible role of public prosecutors could be further considered in):

a. 검찰이 소추판단을 하기 전에 경찰이 행한 수사의 적법성 검토(scrutinising the lawfulness of police investigations before any decision to proceed with public prosecution can be taken);

b. 경찰의 인권준수에 대한 모니터링(monitoring the observance of human rights by the police).

4. 사법체계의 독립성과 관련한 유럽표준(2011)

'사법체계의 독립성과 관련한 유럽표준'(European Standards as regards the Independence of the Judicial System)471)은 유럽평의회의 한 기구인 '법을 통한 민주주의를 위한 유럽위원회'(이른바 베니스위원회)472)가 2011. 1. 3. 채택한 규범이다. '사법체계의 독립성과 관련한 유럽표준' 제2부에서는 검찰제도에 관한 표준을 명시해두고 있다. 그 주된 내용으로는, 유럽의 경우 일반적으로 검찰이 경찰에 대하여 수사지휘를 하는 등 수사를 통제하고 있으며, 수사와 기소를 분리하는 것이 검찰의 권한남용을 줄일 수는 있지만, 경찰이 권한을 남용하게 될 더 큰 위험을 만들어낸다고 경고하고 있다.

---

471) Eurprean Commission for Democracy through Law(Venice Commission), Report on European Standards as Regards the Independence of the Judicial System: Part II – The Prosecution Service, Adopted by the Venice Commission at its 85th plenary session (Venice, 17–18 December 2010).

472) 베니스위원회(법을 통한 민주주의를 위한 유럽위원회)는 1990. 3. 10. 유럽평의회 각료위원회에 의하여 설치된 자문기구로서 특히 동유럽 국가들이 헌법을 수정할 때 헌법적 자문을 하는 것을 핵심적인 업무로 하고 있다. 현재 베니스위원회의 회원국은 총 58개국이다. 47개의 유럽평의회 회원국 이외에 알제리, 브라질, 칠레, 이스라엘, 키르키스탄, 모로코, 페루, 튀니지 등도 회원국이며 대한민국도 베니스위원회의 회원국이다.

【표 4-12】 사법체계의 독립성과 관련한 유럽표준(2011)

III. 모델의 다양성(Variety of models)

7. 형사사법체계는 유럽과 전 세계에 걸쳐 다양하다. 서로 다른 (형사사법)체계들은 서로 다른 법문화에 뿌리를 두고 있으며, 모든 나라들을 아우르는 통일된 모델은 존재하지 않는다. 예를 들어, 사실상 당사자주의적인 체계와 규문주의적인 체계 사이에, 그리고 사법공무원이 수사를 통제하는 체계와 비사법적인 검사나 경찰이 수사를 통제하는 체계 사이에는 중요한 차이점들이 있다. 소추가 강제적인 체계(기소법정주의)가 있는가 하면, 공공의 이익이 (소추를) 요구하지 않는 경우에 검사가 소추하지 않을 수 있는 재량을 갖는 체계(기소편의주의)도 있다. 일부 체계에서는 형사소송 및 증거 원칙들의 결과로 배심원, 참심원, 시민법관의 참여를 통해 사실확인 및 법률적용 과정에 시민들이 참여하기도 한다. 어떤 체계에서는 사인소추를 허용하지만 다른 체계에서는 사인소추를 허용하지 않거나 사인소추 가능성을 제한적으로만 인정한다. 일부 체계에서는 "사인(私人)당사자"로서 형사소송절차의 결과에 피해자의 참여를 인정하나 다른 체계에서는 공중과 국가를 대표하는 검사와 피고인 간의 다툼만을 인정할 뿐이다(Systems of criminal justice vary throughout Europe and the World. The different systems are rooted in different legal cultures and there is no uniform model for all states. There are, for example, important differences between systems which are adversarial in nature and those which are inquisitorial, between systems where a judicial officer controls the investigation and those where a non-judicial prosecutor or the police control investigations. There are systems where prosecution is mandatory (the legality principle) and others where the prosecutor has discretion not to prosecute where the public interest does not demand it (the opportunity principle). In some systems there is lay participation in the fact-finding and/or law-applying process through the participation of jurors, assessors or lay judges, with consequences for the rules of criminal procedure and evidence. Some systems allow for private prosecution while others do not do so or recognise the possibility of private prosecution only on a limited basis. Some systems recognise the interests of a victim in the outcome of criminal proceedings as a "partie civile" where others recognise only a contest between the prosecutor representing the public or the state and the individual accused).

8. 경찰과 검찰의 관계도 다양하다. 많은 국가에서는 경찰이 사실상 종종 독립적으로 수사를 진행한다 하더라도 원칙적으로 검사의 지시에 종속되어 있다. 일부 다른 국가에서는 경찰이 원칙적으로 독립되어 있다. 제3의 모델에서는 경찰과 검찰이 통합되어 있다(The relationship between police and prosecutor also varies. In many countries the police are in principle subordinate to the prosecutor's instructions, although often in practice enjoying functional independence. In others the police are in principle independent. In a third model the police and the prosecutor's office are integrated).

V. 검사의 자질(Qualities of prosecutors)

14. 검사는, 사회 전체를 대표하여 행동하기 때문에 그리고 형사유죄판결의 중대한 결과로 인하여, 민사사건에

서의 소송당사자보다 높은 수준으로 행동해야 한다(The prosecutor, because he or she acts on behalf of society as a whole and because of the serious consequences of criminal conviction, must act to a higher standard than a litigant in a civil matter).

15. 검사는 공정하고 불편부당하게 행동해야 한다. 검사를 사법부의 일부로 간주하지 않는 체계에서도, 검사는 사법부와 같은 태도로 행동할 것이 기대된다. 어떤 대가를 치르더라도 유죄판결을 받아내는 것은 검사의 기능이 아니다. 검사는 신뢰할 만한 모든 증거를 이용할 수 있게 법정에 제시하여야 하고 무엇이 적합한지를 가려 뽑을 수 없다. 검사는 소추 측 주장에 유리한 증거만이 아니라 관련된 모든 증거를 피고인에게 공개하여야 한다. (예를 들어, 공개하는 것이 다른 사람의 안전을 위태롭게 하기 때문에) 피고인에게 유리한 경향이 있는 증거가 공개될 수 없는 경우에는 소추를 중지하는 것이 검사의 의무가 될 수 있다(The prosecutor must act fairly and impartially. Even in systems which do not regard the prosecutor as part of the judiciary, the prosecutor is expected to act in a judicial manner. It is not the prosecutor's function to secure a conviction at all costs. The prosecutor must put all the credible evidence available before a court and cannot pick and choose what suits. The prosecutor must disclose all relevant evidence to the accused and not merely the evidence which favours the prosecution case. Where evidence tending to favour the accused cannot be disclosed (for example, because to do so would compromise the safety of another person) it may be the duty of the prosecutor to discontinue the prosecution).

16. 개인에 대한 형사재판의 중대한 결과로 인하여, 그 재판이 무죄판결로 귀결된다 하더라도, 검사는 소추 여부와 범죄혐의를 결정하는 데 있어서 공정하게 행동하여야 한다(Because of the serious consequences for the individual of a criminal trial, even one which results in an acquittal, the prosecutor must act fairly in deciding whether to prosecute and for what charges).

17. 검사는, 판사와 마찬가지로, 자신과 개인적 이해관계가 있는 사안에서 행동할 수 없으며 그의 중립성과 진실성을 보호하는 것을 목표로 하는 제한들의 대상이 될 수 있다(A prosecutor, like a judge, may not act in a matter where he or she has a personal interest, and may be subject to certain restrictions aiming to safeguard his or her impartiality and integrity).

18. 이러한 의무들은 모두 높은 지위와 훌륭한 성품에 걸맞는 사람을 검사로 임용할 필요성을 시사한다. 검사에게 요구되는 자질은 판사에게 요구되는 자질과 유사하며, 임명 및 승진을 위해 적절한 절차가 마련될 것을 요한다. 필연적으로, 검사는, 판사와 마찬가지로, 때로 대중매체의 비판의 대상이 될지 모를 그리고 정치적 논란의 대상이 될 수도 있는 인기 없는 결정을 내릴 것이다. 이런 이유로 검사가 인기 없는 결정을 내렸다고 해서 희생되지 않을 수 있도록 보증하는 적절한 임기와 적합한 승진, 징계 및 해임 방식을 확보할 필요가 있다(These duties all point to the necessity to employ as prosecutors suitable persons of high standing and good character. The qualities required of a prosecutor are similar to those of a judge, and require that suitable procedures for appointment and promotion are in place. Of necessity, a prosecutor, like a judge, will have on occasion to take unpopular decisions which may be the subject of criticism in the media and may also become the subject of political

controversy. For these reasons it is necessary to secure proper tenure and appropriate arrangements for promotion, discipline and dismissal which will ensure that a prosecutor cannot be victimised on account of having taken an unpopular decision).

19. 물론, 검사가 요구되는 기준에 미치지 못할 경우에, 공정한 판사가 잘못된 것을 바로잡을 수 있다. 하지만 그와 같은 정정이 있을 것이라는 보장은 없으며 어떤 경우에는 심각한 피해가 야기될 수 있다. 판사에게만 의존하는 시스템보다는 검사와 판사 양자가 가장 높은 수준의 진실성과 중립성으로 행동하는 시스템이 보다 더 나은 인권보호를 제공하는 것은 분명하다(Of course, where a prosecutor falls short of the required standard, the impartial judge may be able to correct the wrong that is done. However, there is no guarantee of such correction and in any event great damage can be caused. It is evident that a system where both prosecutor and judge act to the highest standards of integrity and impartiality presents a greater protection for human rights than a system which relies on the judge alone).

VII. 검찰조직의 주요 모델들(Main models of the organisation of the prosecution service)

23. 주요 참조 텍스트들은 검찰체계가 행정부로부터 독립되지 않은 체계들을 감안하고 있으며, 그와 같은 체계들과 관련해서는 개별 사건 수준에서 주어진 지시에 관해 투명성이 있을 것이라는 보장의 필요성에 집중한다(The major reference texts allow for systems where the prosecution system is not independent of the executive, and in relation to such systems concentrate on the necessity for guarantees at the level of the individual case that there will be transparency concerning any instructions which may be given).

24. 그럼에도 불구하고, 검찰청이 향유해야 하는 독립의 범위와 정도는 수년간 논의를 불러일으켰다. 이는 다른 국가 조직과 비교하여 유럽 기준이 검찰의 지위를 해결하는 데 있어서 두 가지 다른 방식을 허용하고 있다는 사실에 상당 부분 기인한다(Nonetheless, for years, the scope or degree of independence which the prosecution office should enjoy has evoked discussion. That stems to a large extent from the fact that European standards allow for two different ways of resolving the position of the prosecution vis-à-vis other state organs):
    "법률상 유럽은 검찰청이 의회와 정부로부터 완전한 독립을 향유하는 체계와 여전히 어느 정도 범위의 독립적 행동을 누리면서 이러한 (입법·행정) 당국들 중 어느 하나에 종속되는 체계 사이의 이와 같은 핵심 이슈를 두고 갈라진다. 현재 상황에서는 검찰청이라는 단일 개념에 대한 바로 그 유럽의 조화라는 관념은 시기상조인 것 같다는 것이 지배적인 생각으로 보인다(Legal Europe is divided on this key issue between the systems under which the public prosecutor's office enjoys complete independence from parliament and government and those where it is subordinate to one or other of these authorities while still enjoying some degree of scope for independent action. As a prevailing concept, it can be seen, that in the current situation the very notion of European harmonisation round a single concept of a prosecutor's office seemed premature)."

25. 결과적으로 2000년의 형사사법체계에서의 검찰의 역할에 관한 유럽평의회 각료위원회의 권고

제19호는 다수의 모델을 허용한다. 동 권고 제13항은 검찰이 정부의 일부이거나 정부에 종속된 국가들에 대한 기본 가이드라인을 포함한다(Consequently, Recommendation (2000) 19 allows for a plurality of models. Its paragraph 13 contains basic guidelines for those states where the public prosecution is part of or subordinate to the Government).

26. 그럼에도 불구하고, 단지 유럽평의회에 소속된 몇몇 국가들만이 행정권한의 일부를 구성하거나 법무부에 종속된 검찰청을 갖고 있다(예를 들어, 오스트리아, 덴마크, 독일, 네덜란드). 위원회는 행정부에 종속되거나 행정부와 연계된 검찰청 대신에 보다 독립적인 검찰청을 허용하는 광범위한 경향이 있다는 데 주목한다. 예를 들면, 폴란드에서 최근에 이루어진 검찰청법에 대한 개정은 법무부의 역할과 검찰총장의 역할을 분리하였다. 또한, 그와 같은 간섭에 대항할 공식적인 보호수단이 없을 수 있기에 행정부는 사실상 특히 신중하게 다루어야 할 문제로 남아 있다는 의미에서 일부 국가들에서는 검찰의 행정권한에의 종속은 현실보다는 원칙의 문제가 되고 있다는 점에 주목하는 것이 중요하다. 현재 오스트리아에서 벌어지고 있는 검사를 지휘할 수 있는 행정부의 권한에 대한 논쟁에서 볼 수 있듯이, 간섭 현상은 실제 개입만큼이나 피해를 줄 수 있다(Nonetheless, only a few of the countries belonging to the Council of Europe have a prosecutor''s office forming part of the executive authority and subordinate to the Ministry of Justice (e.g. Austria, Denmark, Germany, the Netherlands). The Commission notes that there is a widespread tendency to allow for a more independent prosecutor's office, rather than one subordinated or linked to the executive. For example, in Poland recent amendments to the Law on the Prosecutor''s Office separated the role of the Ministry of Justice from that of the Prosecutor General. Also, it is important to note that in some countries, subordination of the prosecution service to the executive authority is more a question of principle than reality in the sense that the executive is in fact particularly careful problem remains as there may be no formal safeguards against such intervention. The appearance of intervention can be as damaging as real interference, as can be seen in the current Austrian debate on the power of the executive to give instructions to the prosecutors).

27. 위에서 설명한 경향은 유럽평의회의 대륙법계 회원국들 사이에서만이 아니라 보통법 국가들에서도 보이고 있다. 캐나다 연방검찰은 최근 법무부장관/법무부에 필수적인 부분으로서 기능하는 모델에서 독립적인 검찰총장 모델로 옮겨갔다. 북아일랜드 또한 독립적인 검찰청을 설립하였다. 잉글랜드와 웨일즈 그리고 아일랜드 또한 모두 검찰 편에 서서, 점진적으로 보통법 체계의 전통적 특징이라 할 경찰의 소추권을 배제해 나가고 있는 것으로 보인다(The tendency described above is visible not only among the civil law member states of the Council of Europe but also in the common law world. The federal prosecution service in Canada recently moved from the model of a service as an integral part of the Attorney General/Ministry of Justice to the model of an independent Director of Public Prosecutions (DPP). Northern Ireland has now also established its DPP''s Office as independent. England and Wales and Ireland have also all seen the gradual elimination of police powers to prosecute, which was a traditional feature of common law systems, in favour of a public prosecutor).

28. 이러한 경향들과는 별개로, 검찰청과 달리 판사에게 적용할 경우에 독립성 또는 자율성의 개념을 어떻게 받아들일 것인가에 관해서는 근본적인 차이점이 있다. 사법체계의 일부일 때에도, 검찰청은 법원이 아니다. 사법부의 독립과 행정 권력으로부터의 사법부 분립은 법의 지배의 초석이며, 여기에는 예외가 있을 수 없다. 사법부의 독립에는 두 가지 측면이 있는데, 제도적 측면에서는 사법부 전체뿐만 아니라 (다른 판사들에 의한 영향력으로부터의 독립을 포함해서) 판결을 내리는 개별 판사들도 독립적이다. 하지만 검찰청의 독립성 및 자율성은 현실적으로 법원의 독립성 내지 자율성만큼 단정적이지는 못하다. 기관으로서 검찰청이 독립적이라 하더라도 검찰총장 이외에 그 밖의 검사들의 결정 및 활동에 대해서는 위계적 통제가 있을 수 있다(Apart from those tendencies, there is an essential difference as to how the concept of independence or autonomy is perceived when applied to judges as opposed to the prosecutor's office. Even when it is part of the judicial system, the prosecutor's office is not a court. The independence of the judiciary and its separation from the executive authority is a cornerstone of the rule of law, from which there can be no exceptions. Judicial independence has two facets, an institutional one where the judiciary as a whole is independent as well as the independence of individual judges in decision making (including their independence from influence by other judges). However, the independence or autonomy of the prosecutor's office is not as categorical in nature as that of the courts. Even where the prosecutor's office as an institution is independent there may be a hierarchical control of the decisions and activities of prosecutors other than the prosecutor general).

A. "내부적" 및 "외부적" 독립("Internal" and "external" independence)

29. '독립적'이라기보다는 '자율적'인 검찰총장 이외에 그 밖의 검사들의 지위와 대조적으로 검찰청 또는 검찰총장의 가능성 있는 독립 사이에는 분명한 구별이 존재해야 한다. 검찰청은 종종 '자율적'이라고 언급되며 개별 검사들은 '독립적'이라고 언급될 수 있다(A clear distinction has to be made between a possible independence of the prosecutor's office or the Prosecutor General as opposed to the status of prosecutors other than the prosecutor general who are rather 'autonomous' than 'independent'. The prosecutor's offices are often referred to as 'autonomous' and individual prosecutors would be referred to as 'independent').

30. 검찰청의 '독립'은 바로 그 본질에 의해 판사의 독립과 범위가 달라진다. 검찰청 또는 검찰총장의 그러한 "외부적" 독립의 주요 요소는 개별 사건들에서 행정부가 검찰총장(그리고 물론 직접적으로 기타 다른 검사)에게 지시를 내리는 것에 대한 불허용성에 있다. 일반적 지시, 예를 들어 어떤 유형의 범죄를 보다 엄격하게 또는 신속하게 소추할 것인지는 문제의 소지가 적어 보인다. 이러한 지시는 의회 또는 정부에 의해 적절하게 결정될 수 있는 정책의 한 측면으로 간주될 수 있다(Any 'independence' of the prosecutor's office by its very essence differs in scope from that of judges. The main element of such "external" independence of the prosecutor's office, or for that of the Prosecutor General, resides in the impermissibility of the executive to give instructions in individual cases to the Prosecutor General (and of

course directly to any other prosecutor). General instructions, for example to prosecute certain types of crimes more severely or speedily, seem less problematic. Such instructions may be regarded as an aspect of policy which may appropriately be decided by parliament or government).

31. 그러한 검찰의 독립은 검찰총장 이외에 그 밖의 검사들의 "내부적 독립"과 구별되어야 한다. 위계적 종속 체계에서 검사들은 상급자가 발한 명령, 가이드라인과 지시에 구속된다. 좁은 의미에서, 독립은 검찰총장 이외에 그 밖의 검사들이 법적으로 권한이 부여된 활동들을 행함에 있어서 상급자의 사전 승낙을 얻거나 자신들의 행동을 확인시켜줄 필요가 없는 체계라고 볼 수 있다. 검찰총장 이외에 그 밖의 검사들은 종종 위계적 상급자들로부터의 불간섭에 대한 보증을 어느 정도 향유하기도 한다(The independence of the prosecution service as such has to be distinguished from any "internal independence" of prosecutors other than the prosecutor general. In a system of hierarchic subordination, prosecutors are bound by the directives, guidelines and instructions issued by their superiors. Independence, in this narrow sense, can be seen as a system where in the exercise of their legislatively mandated activities prosecutors other than the prosecutor general need not obtain the prior approval of their superiors nor have their action confirmed. Prosecutors other than the prosecutor general often rather enjoy guarantees for noninterference from their hierarchical superior).

32. 부당한 지시를 피하기 위해서는, 검사의 활동에 대해 이러한 불간섭의 보증 목록을 개발하는 것이 필수적이다. 불간섭은 공판절차에서 검찰의 활동이 외부의 압력뿐만 아니라 소추 체계 내에서의 부당하거나 불법적인 내부 압력으로부터 자유로울 것을 보장하는 것을 의미한다. 이러한 보증은 임명, 징계/해임뿐 아니라 사건운영 및 의사결정 과정에 관한 특정 규칙들을 포함해야 한다(In order to avoid undue instructions, it is essential to develop a catalogue of such guarantees of non-interference in the prosecutor''s activities. Non-interference means ensuring that the prosecutor''s activities in trial procedures are free of external pressure as well as from undue or illegal internal pressures from within the prosecution system. Such guarantees should cover appointment, discipline / removal but also specific rules for the management of cases and the decision-making process).

33. 이 보고서의 다음 장에서, 검찰총장, 그 밖의 다른 검사들과 (소추위원회, 훈련과 같은) 몇 가지 구조적 요소들과 관련된 보증들이 논의될 것이다. 앞에서 지적하였듯이, 본 보고서는 기존의 기준들과 장래 기준들에 대한 제안들 양자에 대해 언급한다(In the following chapters of this report, guarantees relating to the Prosecutor General, other prosecutors and some structural elements (Prosecutorial Council, training) will be discussed. As pointed out above, the present report refers both to existing standards and proposals for future ones).

XII. 사법부의 독립을 위한 검찰청의 과도한 권력의 위험(Dangers of excessive powers of the prosecutor's office for the independence of the Judiciary)

71. 국가권력 소유자들의 이익과 공익 사이에는 구별이 필요하다. 양자가 동일하다는 가정이 상당수

유럽 체계들에 퍼져 있다. 이상적으로 말해서 (형사소추를 포함하여) 공익 기능의 행사는 현 정부의 이익, 기타 국가기관의 이익 또는 심지어 정당의 이익을 보호하는 기능과 결합되거나 혼동되어서는 안 된다. 많은 나라들에서, 형사소추 영역 이외에, 공익을 주장하는 기능은 옴부즈만이나 핀란드의 사정감독원장과 같은 관료에게 달려 있다. 일부 보통법 국가들에서의 법무부장관 모델과 같이, 국가 이익과 공익을 수호하는 두 기능이 결합된 다수의 민주주의 국가들이 존재한다. 하지만 그러한 체계의 기능은 법문화에 의존한다 하겠는데, 특히 정치적 목적을 위한 소추 남용의 역사를 지닌 덜 성숙한 민주주의 국가들에서는 특별한 예방책이 요구된다(A distinction needs to be made between the interests of the holders of state power and the public interest. The assumption that the two are the same runs through quite a number of European systems. Ideally the exercise of public interest functions (including criminal prosecution) should not be combined or confused with the function of protecting the interests of the current Government, the interests of other institutions of state or even the interests of a political party. In many countries the function of asserting public interest, outside the field of criminal prosecution, would rest with an ombudsman or with an official such as the Chancellor of Justice in Finland. There are a number of democracies where the two functions of defending state interest and public interest are combined, as in the Attorney General model in some common law countries. The functioning of such a system however depends on legal culture, and especially in younger democracies, where there is a history of abuse of prosecution for political goals, special precautions are needed).

72. 개별 국가들에 대한 작업 과정에서, 베니스위원회는 때로 검찰청의 과도한 권한 행사에 비판적인 태도를 취했다. 소비에트 체제에서 검찰청은 사법부를 통제하는 강력한 수단이었으며, 몇몇 국가들에 이러한 체제의 잔재가 남아 있다. 지나치게 강력한 검찰은 책임 없는 제4의 권력이 될 위험이 있다. 이러한 위험요소를 피하는 것이 본 보고서의 목적 중 하나이다(In the course of its work on individual countries, the Venice Commission has sometimes been critical of excessive powers of the prosecutor''s office. In the Soviet system, the prosecutor''s office was a powerful means to control the judiciary and in a few countries remnants of this system linger on. There is a danger that an over-powerful prosecution service becomes a fourth authority without accountability. Avoiding this risk is one of the aims of the present report).

73. 이 쟁점은 검찰이 어떤 권한을 가져야 하는가 하는 문제와 밀접하게 관련되어 있다. 검찰을 형사소추권력으로 제한하고 검찰에게 "(소비에트식 검찰인) 프로쿠라투라" 유형 체계에서 일반적으로 찾아볼 수 있는 일종의 일반감독권한을 부여하지 않아야 한다는 매우 강력한 주장이 있다. 문제는 체계 내에서의 견제와 균형에 있는 것으로 보인다. 어쨌거나, 수색이나 구금과 같이 인권에 영향을 주는 검찰의 행동은 판사의 통제 아래 남아야 한다. 일부 국가에서 '검찰의 편견'은 검사의 그러한 모든 요청에 대한 준-자율적 승인으로 이어지는 것처럼 보인다. 이는 관련당사자의 인권뿐만 아니라 사법부 전체의 독립에 대해서도 위험이 된다(This issue is closely linked to the question of what powers the prosecution service should have. There is a very

strong argument for confining prosecution services to the powers of criminal prosecution and not giving them the sort of general supervisory powers which were commonly found in "prokuratura" type systems. The question seems very much one of checks and balances within the system. In any case, prosecutor''s actions which affect human rights, like search or detention, have to remain under the control of judges. In some countries a 'prosecutorial bias' seems to lead to a quasi-automatic approval of all such requests from the prosecutors. This is a danger not only for the human rights of the persons concerned but for the independence of the Judiciary as a whole).

74. 물론 검찰이 수사를 통제하는 것이 일반적으로 받아들여지고 있다. 그러나 어떤 점에서는 검사가 수사를 통제하지 않는다면 이는 그 자체로 권한을 남용할 수 있는 막강한 소추의 가능성을 줄일 수 있게 된다. 기소와 수사가 분리되는 모델이 약점을 가지고 있기는 하지만 이러한 체계의 장점 중 하나는 권한을 남용하는 막강한 기관의 위험을 줄이는 것이다. 그러나 다른 한편으로 수사와 기소의 분리는 경찰이 그들의 권한을 남용하게 될 더 큰 위험을 만들어낸다(While it is of course normal and permissible for prosecution services to control the investigation, in some ways where the prosecutor does not control the investigation this in itself reduces the possibility for an over-powerful prosecution which can abuse that authority. While there are weaknesses in the model whereby the prosecutor and investigator are separate, one advantage of such a system is to reduce the risk of an over-powerful institution abusing its powers. On the other hand, it creates a greater risk that the police will abuse their powers).

75. 판사의 독립에 관한 본 보고서의 제1부에서 이미 위원회는 다음과 같이 주장하였다(Already in Part I of the present report on the Independence of Judges the Commission insisted that):

"사법부의 결정은 항소절차를 제외하고서는 어떤 정정의 대상이 되어서는 안 되는바, 특히 항소기간 이외에 검찰이나 기타 국가기관의 이의를 통하여 정정의 대상이 되어서는 안 된다(Judicial decisions should not be subject to any revision outside the appeals process, in particular not through a protest of the prosecutor or any other state body outside the time limit for an appeal)."

76. 이는 검사에게 법률적 측면을 감독하고 심지어 검사가 법률이 부정확하게 적용되었다고 생각한 경우에 (민법에서의 사적 당사자들을 포함하여) 최종심에서 결정된 사안을 재개하는 것을 일반업무로 부여하는, 소비에트 체계의 검열(nadzor)을 배제한다. 물론, 이러한 권한에 대한 베니스위원회의 강력한 입장은 절차를 재개하도록 법원에 요청하는 것을 배제하지 않는다. 그러나 사건 재개 여부에 대한 결정은 검사가 아니라 법원에게로 돌아가야 한다(This excludes the Soviet system of nadzor, giving the prosecutor a general task to oversee legality and even to re-open cases —— including in civil law between private parties — decided in final instance when the prosecutor deems that the law has been applied incorrectly. Of course, the Venice Commission's strong stance against such powers do not exclude a request to a court to re-open proceedings. However, the decision on re-opening a case

has to remain with a court, not the prosecutor).

XIII. 결론(Conclusion)

84. 본 보고서의 제1부에서 논의된 판사의 독립에 관한 사안은 명백한 것이다. 권력분립과 공정한 재판을 받을 권리는 독립된 판사 없이는 상상도 할 수 없다. 이는 검사의 경우에 있어서는 덜 명백하다 하겠는데, 특히 독립된 체계에서부터 행정 권력에 전면적으로 통합된 체계에 이르기까지 그 범위가 넓은 체제의 다양성을 고려할 때 그러하다(The case for the independence of Judges, discussed in Part I of the present report is a clear cut one. Separation of powers and the right to a fair trial are inconceivable without independent judges. This is less obvious for prosecutors, especially in the light of the variety of systems ranging from independence to full integration into the executive power).

85. 이러한 다양성을 고려하여, 검찰에 관한 본 보고서의 제2부는 외부 압력으로부터의 검찰의 보증에 초점을 둔다. 특히 검찰이 행정부에 종속된 경우에, 행정부에 의한 부당한 정치적 영향으로부터 검찰을 보호하기 위해서 이러한 보증이 요구되는 것이다. 이 보고서에서 논의된 그 밖의 다른 보증들 중에서 자주 사용되는 수단은 임용, 승진 및 징계를 다루는 독립된 검찰 위원회나 소추위원회의 설립이다(In view of this diversity, the present Part II of the Report on the Prosecution Service focuses on guarantees for the prosecution service from outside pressures. Especially when there is subordination of the prosecution to the executive, such guarantees are required in order to shield the former from undue political influence by the latter. Among other guarantees discussed in this report, a frequently used tool is the establishment of an independent board of prosecutors or prosecutorial council, dealing with appointments, promotion and discipline).

86. 검사의 '독립'은 판사의 독립과 그 성격이 동일하지 않다. 소추 체계에 보다 많은 독립성을 제공하려는 것이 일반적인 경향임에도 불구하고 그에 요구되는 공통 표준은 없다. 독립성과 자율성은 그 자체로 종결되는 것이 아니며 각각의 경우에 이루고자 한 목표를 참조하여 정당화되어야 한다(The 'independence' of prosecutors is not of the same nature as the independence of judges. While there is a general tendency to provide for more independence of the prosecution system, there is no common standard that would call for it. Independence or autonomy are not ends in themselves and should be justified in each case by reference to the objectives sought to be attained).

87. 불간섭에 대한 보증을 제공하기 위하여, 베니스위원회는 다음과 같이 권고하는 바이다(In order to provide for guarantees of non-interference, the Venice Commission recommends):

   1. 검찰총장 임명 절차에서, 후보자의 전문 자격에 대한 조언이 (검사를 포함한) 법조계와 시민사회의 대표들과 같은 관련자들로부터 받아들여져야 한다(In the procedure of appointing a Prosecutor General, advice on the professional qualification of candidates should be taken from relevant persons such as representatives of the legal community (including prosecutors) and of civil society).

   2. 검찰총장이 의회에서 선출되는 나라들에서, 임명 절차가 정치화될 위험은 의회 위원회에 의

한 선출 준비의 제공으로 감소될 수 있다(In countries where the Prosecutor General is elected by Parliament, the danger of a politicisation of the appointment process could be reduced by providing for the preparation of the election by a parliamentary committee).

3. 검찰총장 선거에 가중다수결을 이용하는 것은 그러한 임용에 대한 폭넓은 합의를 촉진하는 메커니즘으로 간주될 수 있다(The use of a qualified majority for the election of a Prosecutor General could be seen as a mechanism to promote a broad consensus on such appointments).

4. 검찰총장은 종신 임용되거나 상대적으로 장기간 동안 그 기간이 종료되는 때에 연장 가능성 없이 임용되어야 한다. 검찰총장의 임기는 의회의 임기와 일치해서는 안 된다(A Prosecutor General should be appointed permanently or for a relatively long period without the possibility of renewal at the end of that period. The period of office of the Prosecutor General should not coincide with Parliament''s term in office).

5. 임기 만료 뒤에 검찰총장에 대해 추후 임용 조치가 이루어졌다면, 이는 임용 전에 명확하게 밝혀져야 한다. 반면에, 검찰총장의 임기 동안 또는 임기 후에 검찰총장이 다른 공직에 지원하는 것은 일반적으로 금지되지 않는다(If some arrangement for further employment for the Prosecutor General (for example as a judge) after the expiry of the term of office is to be made, this should be made clear before the appointment. On the other hand, there should be no general ban on the Prosecutor General's possibilities of applying for other public offices during or after his term of office).

6. 검찰총장의 해임 사유는 법에 규정되어야 하고 전문가 단체는 충분한 해임사유가 있는지 여부에 대해서 의견을 제시하여야 한다(The grounds for dismissal of the Prosecutor General must be prescribed in law and an expert body should give an opinion whether there are sufficient grounds for dismissal).

7. 검찰총장은 의회에서의 해명을 포함하여, 해임 절차에서 공정한 해명의 기회를 얻어야 한다 (The Prosecutor General should benefit from a fair hearing in dismissal proceedings, including before Parliament).

8. 소추 또는 불소추 사건 각각에 있어서 검찰총장의 의회에 대한 책임은 배제되어야 한다. 소추 또는 불소추 여부의 결정은 검찰청 단독으로 행해져야 하는 것이지 행정부나 입법부에 의해 행해져서는 안 된다. 하지만, 소추 정책을 입안하는 일은 입법부와 법무부 또는 정부가 적절하게 결정적인 역할을 할 수 있는 쟁점으로 보인다(Accountability of the Prosecutor General to Parliament in individual cases of prosecution or non-prosecution should be ruled out. The decision whether to prosecute or not should be for the prosecution office alone and not for the executive or the legislature. However, the making of prosecution policy seems to be an issue where the Legislature and the Ministry of Justice or Government can properly have a decisive role).

9. 책임 수단으로서 검찰총장은 의회에 공적 보고서를 제출하라는 요구를 받을 수 있다. 해당될 경우, 그러한 보고서에서 검찰총장은 행정부에 의해 내려진 일반 지시들이 어떻게 실행되었는

지에 대해서 명료하게 설명하여야 한다(As an instrument of accountability the Prosecutor General could be required to submit a public report to Parliament. When applicable, in such reports the Prosecutor General should give a transparent account of how any general instruction given by the executive have been implemented).

10. 검사가 소추하지 않기로 결정한 경우에, 책임 (좀 더 정확히 하자면 책임의 결여)라는 가장 큰 문제들이 발생한다. 예를 들어 범죄행위의 피해자로서 개인에 의한, 법적 구제책이 없다면, 무책임이라는 고도의 위험이 있게 된다(The biggest problems of accountability (or rather a lack of accountability) arise, when the prosecutors decide not to prosecute. If there is no legal remedy - for instance by individuals as victims of criminal acts - then there is a high risk of non-accountability).

11. 검찰총장 이외에 그 밖의 자격을 갖춘 검사들의 임용을 준비하기 위해서는, 전문가의 투입이 유용할 것이다(In order to prepare the appointment of qualified prosecutors other than the prosecutor general, expert input will be useful).

12. 검찰총장 이외에 그 밖의 검사들은 퇴직할 때까지 임용되어야 한다(Prosecutors other than the Prosecutor General should be appointed until retirement).

13. 징계사건에서 관련 검사는 심문 받을 권리를 가져야 한다(In disciplinary cases the prosecutor concerned should have a right to be heard).

14. 징계제재에 대하여 법원에 항소하는 것이 가능해야 한다(An appeal to a court against disciplinary sanctions should be available).

15. 이른바 불법 지시들에 대하여 유럽평의회 권고 제19호에 규정된 보호수단은 적절하지 않으며 이른바 불법 지시들이 내려지는 것을 막지 못하기 때문에 좀 더 개발되어야 한다. 하위 검사의 견해를 뒤집는 지시는 논리적으로 판단되어야 하며 지시가 불법적이라는 혐의가 있는 경우에는 법원이나 소추위원회 같은 독립된 기구가 지시의 적법성을 결정하여야 한다(The safeguard provided for in Recommendation 2000 (19) against allegedly illegal instructions is not appropriate and should be further developed because it does not prevent an allegedly illegal instruction from being given. Any instruction to reverse the view of an inferior prosecutor should be reasoned and in case of an allegation that an instruction is illegal a court or an independent body like a Prosecutorial Council should decide on the legality of the instruction).

16. 검사에 대한 전보 위협은 검사에게 압력을 가하는 수단으로 쓰일 수 있고 "불복종하는" 검사는 다루기에 미묘한 사건에서 제외될 수 있다. 소추위원회와 같은 독립 기구나 그와 유사한 단체에 대한 항소는 이용가능해야 한다(Threats of transfers of prosecutors can be used as an instrument for applying pressure on the prosecutor or a "non obedient" prosecutor can be remove from a delicate case. An appeal to an independent body like a Prosecutorial Council or similar should be available).

17. 검사는 일반 면책으로부터 이익을 얻어서는 안 된다(Prosecutors should not benefit from a general immunity).

18. 검사는 다른 국가공직에 재직하거나 다른 국가기능을 수행해서는 안 되며, 이는 판사에게도

마찬가지로 부적절하다 할 것이고 검사는 검사의 중립성 원칙과 충돌하는 공적 활동을 피해야 한다(A prosecutor should not hold other state offices or perform other state functions, which would be found inappropriate for judges and prosecutors should avoid public activities that would conflict with the principle of their impartiality).

19. 소추위원회가 존재할 경우, 소추위원회의 구성은 모든 직급의 검사들뿐만 아니라 변호사와 법학자들과 같은 다른 관계자들도 포함하여야 한다. 그러한 소추위원회의 구성원들이 의회에서 선출될 경우에는, 되도록이면 가중다수결로 행해져야 한다(Where it exists, the composition of a Prosecutorial Council should include prosecutors from all levels but also other actors like lawyers or legal academics. If members of such a council were elected by Parliament, preferably this should be done by qualified majority).

20. 소추위원회와 사법위원회가 각각 단일 조직이라면, 판사와 검사가 서로의 임명과 징계 절차에 영향을 줄 수 없다는 것이 보증되어야 한다(If prosecutorial and judicial councils are a single body, it should be ensured that judges and prosecutors cannot influence each others'' appointment and discipline proceedings).

21. 수행한 업무의 중요성에 따른 검사의 보수는 효율적이고 공정한 형사사법체계를 위해 필수적이다(Remuneration of prosecutors in line with the importance of the tasks performed is essential for an efficient and just criminal justice system).

22. 소추위원회와 같은 전문가 단체는 훈련 프로그램의 정의에 있어서 중요한 역할을 할 수 있다(An expert body like a Prosecutorial Council could play an important role in the definition of training programmes).

23. 수색이나 구금과 같이 인권에 영향을 미치는 검사의 행동은 판사의 통제 아래 남아야 한다(Prosecutor''s actions which affect human rights, like search or detention, have to remain under the control of judges).

24. 일부 국가에서 '검찰의 편견'은 검사의 그러한 모든 요청에 대한 준-자율적 승인으로 이어지는 것처럼 보인다. 이는 관련당사자의 인권뿐만 아니라 사법부 전체의 독립에 대해서도 위험이 된다(In some countries a 'prosecutorial bias' seems to lead to a quasi-automatic approval of all such requests from the prosecutors. This is a danger not only for the human rights of the persons concerned but for the independence of the Judiciary as a whole).

25. 검찰은 그 주요 초점을 형사법 분야에 두어야 한다(The prosecution service should have its primary focus on the criminal law field).

5. 검사와 관련한 유럽의 제 규범과 원칙(2014)

유럽검사자문회의는 매년 1건씩 중요 안건에 관한 공식 의견(Opinion)을 채택하고 있다. '검사와 관련한 유럽의 제 규범과 원칙'[473]은 유럽검사자문회의가 2014년에 내놓

---

473) Opinion No. 9 (2014) of the Consultative Council of European Prosecutors to the

은 공식 의견이다.474) 이 공식 의견은 검찰의 역할(동 의견 설명 2), 검사의 역할수행을 위하여 제공되는 검사의 지위와 안전조치(동 의견 설명 3), 검사의 권리와 의무(동 의견 설명 4), 검찰과 타 기관과의 관계(동 의견 설명 5), 검찰청의 조직(동 의견 설명 6) 등에 관하여 세부사항을 명시하고 있다. 그 세부내용 중에서 검찰의 독립에 관한 부분을 언급하면 다음과 같다.

【표 4-13】 검사와 관련한 유럽의 제 규범과 원칙(2014)

로마 헌장(ROME CHARTER) 유럽평의회 각료위원회로부터 검사와 관련한 유럽의 제 규범과 원칙에 관한 참조 문서를 제공하라는 요청을 받은 유럽검사자문회의(CCPE)는 다음과 같은 사항들에 동의하는 바이다(The Consultative Council of European Prosecutors (CCPE), having been requested by the Committee of Ministers of the Council of Europe to provide a reference document on European norms and principles concerning public prosecutors, agreed on the following): Ⅰ. 모든 법체계에서, 검사는 특히 공정하고 공평하며 효과적인 사법집행에 의해서 모든 경우에 그리고 절차의 모든 단계에서 자신의 권한 범위 내에서, 법의 지배가 보장되는 것을 보증하는 데 기여한다(In all legal systems, public prosecutors (hereafter prosecutors) contribute to ensuring that the rule of law is guaranteed, especially by the fair, impartial and efficient administration of justice in all cases and at all stages of the proceedings within their competence). Ⅱ. 검사는 사회를 대표하여 그리고 공익을 위해서 특히 인권과 기본적 자유의 보호를 위한 협약과 유럽인권재판소의 판례법에서 규정하고 있는 대로, 인권과 자유를 존중하고 보호하기 위해 행동한다(Prosecutors act on behalf of society and in the public interest to respect and protect human rights and freedoms as laid down, in particular, in the Convention for the Protection of Human Rights and Fundamental Freedoms and in the case-law of the European Court of Human Rights). Ⅲ. 형사사법 분야의 안팎에 걸쳐져 있는, 검사의 역할과 임무는 가능한 최고 수준으로 법률로 규정되어야 하며, 민주주의 원칙과 유럽평의회의 가치를 최대한 엄중하게 존중하면서 수행되어야 한다(The role and tasks of prosecutors, both within and outside the field of criminal justice, should be defined by law at the highest possible level and carried out in the strictest

Committee of Ministers of the Council of Europe on European norms and principles concerning prosecutors.

474) 2014년의 검사와 관련한 유럽의 제 규범과 원칙에 관한 유럽평의회 각료위원회에 대한 유럽검사자문회의의 의견 제9호는 '로마 헌장(Rome Charter)'이라 불리는 헌장(Charter)과 이 헌장에 나타나는 원칙들에 대한 상세한 '설명(Explanatory Note)'으로 구성된다.

respect for the democratic principles and values of the Council of Europe).

Ⅳ. 검찰의 독립성과 자율성은 사법부의 독립에 따른 불가결한 결과이다. 그러므로, 검찰의 독립성과 효율적 자율성을 향상하려는 일반적 경향은 장려되어야 한다(The independence and autonomy of the prosecution services constitute an indispensable corollary to the independence of the judiciary. Therefore, the general tendency to enhance the independence and effective autonomy of the prosecution services should be encouraged).

Ⅴ. 검사는 의사결정에 있어서 자율적이어야 하며, 권력분립의 원칙과 책임에 유념하면서, 외부의 압력이나 간섭으로부터 자유롭게 직무를 수행하여야 한다(Prosecutors should be autonomous in their decision-making and should perform their duties free from external pressure or interference, having regard to the principles of separation of powers and accountability).

Ⅵ. 검사는 항상 불편부당하고 객관적으로 행동하면서, 가장 높은 수준의 윤리 기준과 전문 기준을 고수하여야 한다. 따라서 검사는 독립적이고 불편부당하고자 노력해야 하고, 독립적이고 불편부당한 것으로 여겨져야 하며, 중립성 원칙과 양립할 수 없는 정치적 활동을 자제하여야 하고 검사 자신의 이익이나 사건 관계자와의 관계가 검사의 완전한 중립성을 방해할 수 있는 경우에는 행동에 나서서는 안 된다(Prosecutors should adhere to the highest ethical and professional standards, always behaving impartially and with objectivity. They should thus strive to be, and be seen as, independent and impartial, should abstain from political activities incompatible with the principle of impartiality, and should not act in cases where their personal interests or their relations with the persons interested in the case could hamper their full impartiality).

Ⅶ. 현대 민주주의 국가에서 검찰 업무에 있어서의 투명성은 필수적이다. 국제적 기준에 기반한, 직업윤리규범 및 직무규범이 채택되고 공표되어야 한다(Transparency in the work of prosecutors is essential in a modern democracy. Codes of professional ethics and of conduct, based on international standards, should be adopted and made public).

Ⅷ. 임무를 수행함에 있어서, 검사는 무죄추정, 공정한 재판을 받을 권리, 무기평등, 권력분립, 최종 법원 판결의 구속력을 존중하여야 한다. 검사는 사회에 봉사하는 데 초점을 두어야 하며 특히 아동 및 피해자와 같은 약자들이 처한 상황에 특별한 주의를 기울여야 한다(In performing their tasks, prosecutors should respect the presumption of innocence, the right to a fair trial, the equality of arms, the separation of powers, the independence of courts and the binding force of final court decisions. They should focus on serving society and should pay particular attention to the situation of vulnerable persons, notably children and victims).

Ⅸ. 검사는 표현의 자유 및 결사의 자유에 대한 권리를 향유한다. 검사와 대중매체 사이의 의사소통에 있어서, 다음의 원칙들이 존중되어야 한다: 무죄추정, 사생활과 존엄에 관한 권리, 정보 및 출판의 자유에 대한 권리, 공정한 재판을 받을 권리, 방어권, 수사의 진실성·효율성·기밀성 및 투명성의 원칙(Prosecutors enjoy the right to freedom of expression and of association. In the communications between prosecutors and the media, the following principles should be respected: the presumption of innocence, the right to private life and dignity, the right to information and freedom of the press, the right to fair trial, the right to defence, the integrity, efficiency and confidentiality of investigations, as well as the principle of transparency).

Ⅹ. 검사는 일반 면책으로부터 이익을 얻어서는 안 되며, 직무를 수행함에 있어서 선의로 실행한 행동에 대해서는 기능적 면책으로부터 이익을 얻을 수 있다(Prosecutors should not benefit from a general immunity, but from functional immunity for actions carried out in good faith in pursuance of their duties).

Ⅺ. 그 기능을 이행한 결과 신변의 안전이 위협을 받는 때에는, 검사와 그 가족들은, 필요한 경우에, 국가로부터 보호를 받을 권리를 갖는다(Prosecutors and, where necessary, their families have the right to be protected by the State when their personal safety is threatened as a result of the discharge of their functions).

Ⅻ. 승진, 전보, 징계조치, 해임 등을 포함하여, 검사의 임용과 경력은 법률로 규제되어야 하며, 어떠한 차별도 배제하고 공정한 검토 가능성을 허용하면서 투명하고 객관적인 기준으로, 공정한 절차에 따라, 관장되어야 한다(The recruitment and career of prosecutors, including promotion, mobility, disciplinary action and dismissal, should be regulated by law and governed by transparent and objective criteria, in accordance with impartial procedures, excluding any discrimination and allowing for the possibility of impartial review).

ⅩⅢ. 가장 높은 수준의 전문적 기술 및 진실성은 효과적인 검찰의 서비스와 그 서비스에 대한 대중의 신뢰의 전제조건이다. 그러므로 검사는 전문화를 위해 적절한 교육과 훈련을 받아야 한다(The highest level of professional skills and integrity is a pre-requisite for an effective prosecution service and for public trust in that service. Prosecutors should therefore undergo appropriate education and training with a view to their specialisation).

ⅩⅣ. 대부분의 검찰 조직은 위계적 구조에 기반하고 있다. 위계제의 각각 다른 층위들 사이의 관계는 명확하고 모호하지 않으며 균형이 잘 잡힌 규정들에 의해 관장되어야 한다. 사건의 배당 및 재배당은 중립성 요건을 충족하여야 한다(The organisation of most prosecution services is based on a hierarchical structure. Relationships between the different layers of the hierarchy should be governed by clear, unambiguous and well-balanced regulations. The assignment and the re-assignment of cases should meet requirements of impartiality).

ⅩⅤ. 검사는 신뢰할 수 있고 법정에서 인정될 것으로 합리적으로 생각되는, 근거가 충분한 증거에 입각해서만 소추를 결정해야 한다. 검사는 불법적 방법에 의지하여 획득되었다고 합리적으로 생각되는 증거를 거부하여야 하는데, 특히 그 불법적 방법들이 심각한 인권 침해를 구성하는 경우에 그러하다. 검사는 그와 같은 방법들을 이용한 데 대하여 또는 기타 법률위반에 대하여 책임이 있는 자들에 대해서 적절한 제재가 가해지는 것을 보장하는 데 힘써야 한다(Prosecutors should decide to prosecute only upon well-founded evidence, reasonably believed to be reliable and admissible. Prosecutors should refuse to use evidence reasonably believed to have been obtained through recourse to unlawful methods, in particular when they constitute a grave violation of human rights. They should seek to ensure that appropriate sanctions are taken against those responsible for using such methods or for other violations of the law).

XVI. 소추는 단호하면서도 공정하게 행해져야 한다. 검사는 법원에 의해 공정한 판결이 내려지도록 하는 데 기여하며 효과적이고 신속하며 능률적인 사법체계 운영에 기여하여야 한다(Prosecutions should be firmly but fairly conducted. Prosecutors contribute to reaching just verdicts by the courts and should contribute to the effective, expeditious and efficient operation of the justice system).

XVII. 소추과정 및 법원에서 재량에 의한 결정이 내려졌을 경우에 일관성과 공정성을 성취하기 위해서는, 특히 소추 여부 결정에 관해서, 명료하게 게재된 가이드라인이 공표되어야 한다. 적합한 경우에는, 법률에 따라 검사는 소추에 대한 대안을 고려하여야 한다(In order to achieve consistency and fairness when taking discretionary decisions within the prosecution process and in court, clear published guidelines should be issued, particularly regarding decisions whether or not to prosecute. Where appropriate, and in accordance with law, prosecutors should give consideration to alternatives to prosecution).

XVIII. 검사는 법의 지배의 핵심이 되는 자신의 임무를 효과적으로 수행하기 위하여, 현대 기술을 포함하여 필요하고 적절한 수단을 갖추어야 한다(Prosecutors should have the necessary and appropriate means, including the use of modern technologies, to exercise effectively their mission, which is fundamental to the rule of law).

XIX. 검찰은 신속하고 적당한 방식으로 자신의 목표를 달성하기 위해서, 검찰의 요구를 평가하고 검찰 예산안을 협상하며, 할당된 재원을 투명한 방식으로 어떻게 이용할 것인가를 결정하는 것이 가능하도록 해야 한다. 검찰에게 자원관리가 맡겨진 경우에는, 검찰은 적절한 훈련을 제공받으면서, 현대적 관리방법을 효율적이고 투명하게 이용하여야 한다(Prosecution services should be enabled to estimate their needs, negotiate their budgets and decide how to use the allocated funds in a transparent manner, in order to achieve their objectives in a speedy and qualified way. Where the prosecution service is entrusted with the management of resources, it should use modern management methods efficiently and transparently, being also provided with adequate training).

XX. 상호 공정한 협력은 국가적 및 국제적 차원에서, 각기 다른 검찰청들 사이뿐만 아니라 같은 검찰청에 소속된 검사들 사이에 있어서도, 검찰의 효율성에 필수적이다. 검사는 자신의 관할권 내에서 국가적 차원에서 자기 업무의 경우와 동일한 성실성으로 국제적 지원 요청을 다루어야 하며 진실되고 효과적인 국제 사법 협력을 촉진하고 유지하기 위해서 훈련을 포함하여 필요한 수단을 원하는 대로 이용할 수 있어야 한다(Mutual and fair cooperation is essential for the effectiveness of the prosecution service at national and at international level, between different prosecution offices, as well as between prosecutors belonging to the same office. Prosecutors should treat international requests for assistance within their jurisdiction with the same diligence as in the case of their work at national level and should have at their disposal the necessary tools, including training, to promote and sustain genuine and effective international judicial cooperation).

2014년 12월 15일 로마에서 유럽검사자문위원회(CCPE)에 의해 승인됨
(Approved by the CCPE in Rome on 17 December 2014)

설명(Explanatory Note)

3.1. 검사의 독립(The independence of prosecutors)

33. 검사의 독립 − 이는 법의 지배의 본질이다 − 은 법으로 보장해야 하며 법관의 독립을 보장하는 것과 같은 방법으로 최대한의 수준에서 이루어져야 한다. 검찰이 정부로부터 독립되어 있는 국가의 경우에는 검찰 독립의 본질과 범위가 법에서 보장될 수 있도록 효과적인 조치를 취해야 한다. 검찰이 정부에 종속되어 있거나 정부의 한 기관일 경우 또는 검찰이 이와는 다른 지위를 갖는 경우 국가는 검찰과 관련하여 정부의 권력의 본질과 범위를 법으로 정하고 정부가 투명하게 국제협약에 따라 그리고 국내법과 보편적 법원칙에 따라 권력을 행사하도록 해야 한다(Independence of prosecutors − which is essential for the rule of law − must be guaranteed by law, at the highest possible level, in a manner similar to that of judges. In countries where the public prosecution is independent of the government, the state must take effective measures to guarantee that the nature and the scope of this independence are established by law. In countries where the public prosecution is part of o r subordinate to the government, or enjoys a different status that the one described above, the state must ensure that the nature and the scope of the latter's powers with respect to the public prosecution is also established by law, and that the government exercises its powers in a transparent way and in accordance with international treaties, national legislation and general principles of law).

34. 유럽인권재판소는 "민주사회에서 법원과 수사기관은 정치적 압력으로부터 자유로워야 한다"는 점을 강조하고 있다. 이와 함께 검찰은 자유롭게 의사결정을 할 수 있어야 하며 동시에 다른 기관과 협력해야 하고 권력분립과 책임성과 관련하여 자신의 의무를 이행함에 있어 의회나 입법부의 개입이나 외압으로부터 자유로워야 한다. 유럽인권재판소는 검찰의 독립을 "검찰의 기능상 독립성을 보장하고 검찰업무의 위계와 사법적 통제로부터 검찰의 기능적 독립성을 보장하는 일반적 안전장치"라는 맥락에서 설명하고 있다(The European Court of Human Rights (hereafter "the Court") considered it necessary to emphasise that "in a democratic society both the courts and the investigation authorities must remain free from political pressure". It follows that prosecutors should be autonomous in their decision making and, while cooperating with other institutions, should perform their respective duties free from external pressures or interferences from the executive power or the parliament, having regard to the principles of separation of powers and accountability. The Court also referred to the issue of independence of prosecutors in the context of "general safeguards such as guarantees ensuring functional independence of prosecutors from their hierarchy and judicial control of the acts of the prosecution service").

35. 검찰의 독립은 검찰의 이익을 보호하기 위해 부여된 특권이 아니라 관계되는 사람의 공적 및 사적 이익을 보호하기 위한 공정하고 공평하며 효과적인 사법을 보장하기 위한 것이다(The independence of prosecutors is not a prerogative or privilege conferred in the interest of the prosecutors, but a guarantee in the interest of a fair, impartial and effective justice

---

that protects both public and private interests of the persons concerned).

36. 회원국은 어떠한 방해나 괴롭힘 또는 부당한 개입 없이 검사가 자신의 업무를 수행할 수도 있도록 해야 하며 부당하게 민사, 형사 또는 그 밖의 책임을 지는 일이 없도록 해야 한다(States must ensure that prosecutors are able to perform their functions without intimidation, hindrance, harassment, improper interference or unjustified exposure to civil, penal or other liability).

37. 검찰은 어떠한 경우에도 방해 없이 정부관료들이 범한 위반행위, 특히 부정부패, 불법적 권력 행사 및 인권의 심각한 유린 등에 대해 기소할 수 있어야 한다(Prosecutors should, in any case, be in a position to prosecute, without obstruction, public officials for offences committed by them, particularly corruption, unlawful use of power and grave violations of human rights).

38. 검찰은 반드시 입법부와 행정부로부터 독립해야 할 뿐만 아니라 경제, 금융, 언론 등 다른 주 체들로부터도 독립해야 한다(Prosecutors must be independent not only from the executive and legislative authorities but also from other actors and institutions, including those in the areas of economy, finance and media).

39. 검찰은 또한 법집행기관, 법원 및 그 밖의 기관과의 협력과 관련해서도 독립되어야 한다 (Prosecutors are also independent with regard to their cooperation with law enforcement authorities, courts and other bodies).

---

6. 형사사건의 수사에서 검사의 역할(2015)

유럽검사자문회의가 2015년에 발표한 의견 제10호인 '형사사건의 수사에서 검사의 역할'475)에서는 특히 검사와 경찰의 관계를 집중적으로 조명하고 있다. 의견 제10호는 검사의 수사에 대한 감독, 검사가 수사를 하는 상황, 경찰 또는 그 밖의 다른 수사기관 이 검찰의 지휘하에 수사를 하는 상황, 수사와 관련하여 경찰이 검사로부터 독립되어 있는 상황, 수사가 진행되는 중에 방어권의 존중과 관련한 검사의 역할, 수사의 기술, 수사에서 검사의 역할을 강화하기 위한 조치 등의 내용을 담고 있다. 이들 내용 중 수 사에서 검사와 경찰의 관계에 관한 지침을 발췌하여 제시하면 다음과 같다.

【표 4-14】 형사사건의 수사에서 검사의 역할(2015)

형사사건의 수사에서 검사의 역할에 관한 유럽평의회 각료위원회에 대한 유럽검사자문회의의 의견 제10호(2015년)

---

475) Opinion No.10 (2015) of the Consultative Council of European Prosecutors to the Committee of Ministers of the Council of Europe on the role of prosecutors in criminal investigations.

Opinion No. 10 (2015)
of the Consultative Council of European Prosecutors
to the Committee of Ministers of the Council of Europe
on the role of prosecutors in criminal investigations

Ⅰ. 서론(Introduction)

1. 유럽검사자문회의(CCPE)는 형사사법체계에서 검사의 역할에 관한 회원국들에 대한 각료위원회의 권고 제19호(2000)의 이행에 관한 쟁점들에 대한 의견을 제출하는 것을 업무로 하여 2005년 유럽평의회 각료위원회에 의해 설립되었다(The Consultative Council of European Prosecutors (CCPE) was established by the Committee of Ministers of the Council of Europe in 2005 with the task of rendering Opinions on issues concerning the implementation of Recommendation Rec(2000)19 of the Committee of Ministers to member States on the role of public prosecution in the criminal justice system).

2. 각료위원회는 형사사건의 수사에서 검사의 역할에 대해 주목하여 2015년에 의견을 마련하고 채택할 것을 유럽검사자문회의에 지시하였다. 유럽검사자문회의는 29개 회원국으로부터 받은 설문지에 대한 응답을 기초로 의견을 마련하였다[476](The Committee of Ministers instructed the CCPE to prepare and adopt an Opinion in 2015 for its attention concerning the role of prosecutors in criminal investigations. The CCPE has prepared this Opinion on the basis of replies to the questionnaire received from 29 member States).

3. 이러한 응답에 따르면, 검사와 수사기관 사이의 관계에 대한 다양한 측면들은 헌법과 국내법 및 내부 규제 수단(예컨대 검찰총장의 명령 및 지시, 행동준칙, 윤리규범 등)에 의해 결정되는 것으로 보인다(According to these replies, it appears that the various aspects of relations between prosecutors and investigation bodies are determined by the Constitution and/or national laws and internal regulatory instruments (e.g. orders and instructions by the Prosecutor General, rules of conduct, ethical codes, etc.).

4. 형사사건의 수사에서 검사의 역할은 체계마다 서로 다르다. 어떤 나라에서는, 검사가 수사를 지휘할 수 있다. 다른 나라에서는 경찰이 검사의 권한과 감독 아래 수사를 수행할 수도 있고 경찰이나 기타 수사기관이 독립적으로 행동할 수도 있다(The role of prosecutors in criminal investigations varies from one system to another. In some countries, prosecutors can

---

476) 설문에 대한 회원국들의 답변은 유럽검사자문회의 홈페이지의 예비작업(Preliminary work), "형사수사체제 내에서의 검사의 행동(Action of prosecutors within the framework of criminal investigation (2015)"에서 찾아볼 수 있다. 유럽검사자문회의 홈페이지, http://www.coe.int/en/web/ccpe/opinions/preliminary−works/opinion10.

conduct investigation. In other countries, either the police can conduct investigations under the authority and/or supervision of prosecutors, or the police or other investigative bodies can act independently).

5. 소추체계는 각 회원국들마다 다를 수 있다. 이는 기소법정주의와 기소편의주의에 기반한 것일 수 있다. 더욱이 다양한 소추체계는 전통적으로 직권주의나 당사자주의 모델을 반영하고 있다 (The system of prosecution may be different in each member State. It may be based on the principle of mandatory prosecution or discretionary prosecution. In addition, the various prosecution systems have traditionally reflected either the inquisitorial or adversarial models).

6. 최근 유럽에서, 특히 유럽인권재판소의 영향 아래, 이러한 모든 체제에 공유된 기본 가치의 준수를 주요 목표로 하여, 효과적인 수사와 관련당사자의 권리에 대한 존중 양자를 보증하려는 노력으로, 이러한 모델들이 보다 가까워지게 만드는 데 진전이 있었다(There has been an evolution in recent years in Europe, particularly under the influence of the European Court of Human Rights (hereafter the Court), in bringing these models closer together in an effort to ensure both effective investigation and respect for the rights of the persons concerned, with the main goal of compliance of all these systems with shared fundamental values).

Ⅱ. 형사사건 수사에서 검사의 역할(The role of prosecutors in criminal investigations)

A. 검찰의 수사 감독(Oversight of investigations by prosecutors)

16. 일반적으로, 검사는 늦어도 소추가 시작될 것인지 계속될 것인지 여부를 결정할 때까지 수사의 적법성을 면밀하게 검토하여야 한다. 이 점에 있어서, 검사는 또한 수사가 어떻게 수행될 것인지 그리고 인권이 존중되고 있는지를 감시하여야 한다(In general, prosecutors should scrutinise the lawfulness of investigations at the latest when deciding whether a prosecution should commence or continue. In this respect, prosecutors should also monitor how the investigations are carried out and if human rights are respected).

17. 그렇게 할 권한이 있는 경우에, 검사는 형사법의 실질적 및 절차적 규정뿐만 아니라 유럽인권협약에 위해 보증되는 권리의 준수 또한 보증할 목적으로 수사의 전체 과정이나 특정 수사활동에 관하여 수사기관에 대해 구속력 있는 지시, 조언, 명령 또는 가이드라인을 적절하게 내릴 수 있다(Where they have the power to do so, prosecutors may give binding instructions, advices, directions or guidelines as appropriate to investigative bodies regarding either the entire course of investigations or specific investigative acts with a view to ensuring compliance with both substantive and procedural rules of criminal law, as well as with rights guaranteed by the ECHR).

18. 효과적인 소추를 보증하기 위해서, 이러한 지시 또는 가이드라인은 취득해야 하는 증거, 수사의 전개과정에 있어서 적절한 전략, 증거수집을 위해 사용되는 수단 또는 도구, 명료화되고 입증되

어야 하는 사실과 수사 중에 취해져야 하는 조치들을 다룰 수 있다(With a view to ensuring effective prosecutions, these instructions or guidelines may deal with, inter alia, the evidence that must be obtained, the proper strategy in the development of investigations, the means or tools to be used for the collection of evidence, the facts that must be clarified and proven and measures to be taken during investigations).

19. 검사가 수사를 감독하는 역할을 맡게 된 경우에, 검사는 수사기관이 형사사건 수사의 진행, 검사에게 배당된 형사정책적 우선사항의 실행, 검사 지시의 적용에 대해서 검사에게 지속적으로 정보를 제공한다는 것을 보증해야 한다(Where prosecutors have a supervisory role over investigations, they should ensure that the investigative bodies keep the prosecutors informed of the progress of the investigation of criminal cases, of the implementation of criminal policy priorities that have been assigned to them and of the application of prosecutors' instructions).

20. (관련 사안이) 검사의 권한 내에 있는 회원국들에서, 검사는 다음과 같이 하여야 한다(In member States where it is within their competence, prosecutors should):

- 검사는 수사가 진실을 규명하고 사건을 명료화하는 것을 유일한 목적으로 하고, 합법적 방식으로 특히 유럽인권협약 제2조, 제3조, 제5조, 제6조와 제8조에서 선언된 인권과 기본원칙들을 존중하면서 행해지고, 객관적으로·불편부당하게·전문적으로 합당한 기간 안에 수행된다는 것이 보증되도록 노력해야 한다. 수사업무를 지휘·통제·감독하는 일을 담당할 경우에, 검사는 가능한 한 자신의 역량과 권한의 틀 안에서 수사관이 기본권뿐만 아니라 동일한 원칙들도 존중한다는 것을 보증하여야 한다(strive to ensure that investigations have the sole aim of festablishing the truth and clarifying the cases, are conducted in a lawful manner with respect for human rights and fundamental principles proclaimed, in particular, in Articles 2, 3, 5, 6 and 8 of the ECHR and are carried out in due time with objectivity, impartiality and professionalism. When in charge of directing, controlling or supervising the work of the investigators, they should ensure, as far as it is possible within the framework of their competence and powers, that the investigators respect the same principles as well as fundamental rights);

- 검사는 수사 중에 무죄추정과 피고인 측의 권리가 존중된다는 것을 보장하도록 노력하여야 한다. 가능하다면, 수사의 이 단계에서, 피의자의 신원을 공개적으로 밝히지 않도록 하고 피의자의 신변과 존엄권 및 사생활에 대한 보호가 보장되도록 하는 것이 필요하다(strive to ensure that the presumption of innocence and the rights of the defence are respected during investigations. Wherever possible, it is necessary, during this phase of investigation, not to disclose publicly the identity of suspects, and to ensure their personal safety and their rights to dignity and protection of their private life);

- 수사과정에서 검사는 수사의 진행과 효율성을 위태롭게 하지 않기 위해서 정보의 기밀성이 보장되도록 노력해야 한다(in the course of investigations, strive to guarantee the confidentiality of information in order not to jeopardise the progress and effectiveness of investigations);

- 검사가 관여된 수사 중에, 검사는 사건의 당사자들, 증인과 기타 참가자들의 권리와 신변안전이 보장되도록 하여야 한다(during the investigations, in which they are involved, ensure that the personal security and the rights of the parties, witnesses and other participants in the case are guaranteed);
- 검사는 피해자와 특히 약자들이 적절한 수단으로 그들의 권리를 존중받으면서 수사의 개시 및 결과에 대해서 고지받도록 보증하여야 한다(ensure that victims, and in particular vulnerable persons, are informed about the initiating and the outcome of the investigations by appropriate means, respectful of their rights);

21. 이러한 과업을 이행하면서, 검사는 자신의 직무를 공정하고, 일관되며, 신속하게 수행하여야 하는바, 이와 같이 하여 적법절차와 형사사법체계의 순조로운 기능을 보장하는 데 기여한다(In fulfilling these tasks, prosecutors should perform their duties fairly, consistently and expeditiously, thus contributing to ensuring due process and the smooth functioning of the criminal justice system).

22. (관련사안이) 자신의 권한 내에 있는 경우에, 검사는 인적 및 재정적 자원을 포함하여, 자원의 효과적인 운용에 관한 문제도 고려하여야 한다. 또한 검사는 불균형한 비용을 피하는 한편으로 법의 지배와 절차적 권리들을 존중하여야 한다(Where it is within their competence, prosecutors should also take into account the questions relating to the effective management of resources, including human and financial resources. They should also avoid disproportionate expenses, while always respecting the rule of law and procedural rights).

B. 검사가 수사를 지휘하는 경우(Situations in which the prosecutors conduct investigations)

23. 검사의 수사가 허용되는 회원국에서, 검사는 합법적으로, 전문성을 갖추고, 공정하고 신속하게, 능력이 미치는 최대한 그리고 누군가에 대한 어떤 편견이나 차별 없이 수사를 지휘하여야 한다. 또한 검사는 피고인 측에 유리할 수 있는 수사방침을 개발하고 이러한 측면에서 증거를 수집하고 공개하여야 한다(In member States where prosecutorial investigation is allowed, prosecutors must conduct investigations lawfully, professionally, fairly, expeditiously, to the best of their ability and without prejudice or discrimination against anyone. They should also develop lines of investigation which may be favourable to the defence and gather and disclose evidence in this respect).

24. 검찰 수사기능의 틀 안에서, 검사는 최소한 다른 수사기관과 동일한 권리와 의무를 가져야 할 뿐만 아니라 검찰 기능의 수행에 필요한 수단을 원하는 대로 이용하여야 한다(Within the framework of their investigative functions, prosecutors should at least have the same rights and obligations as other investigative bodies as well as have at their disposal the means necessary for the accomplishment of their functions).

C. 검찰의 지휘 하에 경찰 또는 다른 수사기관이 수사를 하는 경우(Situations in which the police or other investigation bodies conduct investigations under the authority of

prosecutors)

25. 경찰이 검찰의 지휘를 받거나 경찰의 수사가 검찰의 감독을 받는 회원국에서는 검사가 범죄사
건의 수사에서 국내법과 국제법에 따라 검사가 수사에 관한 자신의 임무를 완전하게 수행할 수
있도록 보장하기 위한 실효적인 조치를 갖추고 있어야 한다. 또한 수사는 가장 적합하고 가장
효과적인 방법으로 이루어져야 하며 법의 지배와 절차적 권리를 존중하는 범위에서 이루어져야
한다(In member States where the police is placed under the authority of the prosecution
or where police investigations are supervised by the prosecution services, prosecutors
should be vested with effective measures to guarantee that they can fully carry out their
tasks in criminal investigations, always in compliance with national and international law.
They should ensure that investigations are conducted in the most appropriate and
effective way and with a continuous respect for the rule of law and procedural rights).

26. 검찰의 업무는 다음을 포함한다(Such tasks may include);
   - 범죄정책의 우선순위의 효과적 이행(ensuring effective implementation of criminal policy
     priorities);
   - 범죄수사의 개시 시기 및 방법과 관련한 경찰에의 지시(giving instructions to police as to
     when to initiate and how to carry out criminal investigations);
   - 관련 수사기관에 대한 개별 사건의 배당(allocating individual cases to the relevant investigation
     agency);
   - 경찰과 검찰 간 유익하고 생산적이며 효과적인 협력 강화 및 다수의 기관들이 있는 경우 수
     사 조정(promoting a fruitful and effective co-operation between police and prosecution, and
     coordinating investigation when it concerns several bodies);
   - 법적 문제에 관한 지도의 제공과 지시(giving guidance and instructions on matters of the
     law);
   - 수사의 적법성과 형평성에 대한 감독(supervising the legality and quality of investigations);
   - 필요한 경우 법의 준수에 대한 사후평가와 관리 실시(carrying out evaluations and control,
     in so far as this is necessary, of compliance with the law);
   - 국내법에 따라 적합한 경우에는 위반에 대한 제재조치 또는 제재의 강화(and, where
     appropriate and in accordance with national law, sanction or promote sanctioning of
     violations).

27. 검사가 수사를 감독하는 회원국에서는 범죄수사가 법을 완전히 준수하면서 동시에 효과적으로 이루어지도
록 하기 위하여 검사에게 충분한 절차적 권한이 부여되어야 한다. 특히, 국내법이 정한 바에 따라 검사가
수사를 감독할 권한을 가지고 있는 경우에는 다음의 사항을 유의해야 한다(In member States where
prosecutors supervise investigations, they should be vested with sufficiently broad procedural
powers, in order to ensure that criminal investigations are carried out efficiently and in full
conformity with the law. In particular, in such member States where prosecutors have the
power, within the framework of the national law, to supervise investigations):
   - 형사사건의 수사개시, 중단 및 종료의 적법성과 관련해 검사는 수사관이 법을 준수하도록 해

야 하며, 피해자와 피의자/피고인을 포함해 모든 당사자의 절차참여권을 고려해야 한다. 이를 위해서 검사는 앞으로 있을 그리고 이미 이루어졌던 수사와 관련해 모든 중요한 결정사항을 알고 있어야 한다. 특히 이러한 결정사항이 형사절차 참여자의 권리와 자유를 엄격하게 제한하는 경우 모든 중요한 사항을 알아야 한다(예를 들면, 신고된 범죄행의 결과 및 수사와 관련한 중요한 사항(prosecutors should ensure that the investigators respect legal provisions, including those concerning the legality of initiating, suspending and terminating a criminal case, and also take due account of the rights of participants in criminal proceedings, including victims and defence parties. To be able to do so, prosecutors should be duly informed about all important decisions concerning investigations to be made in future and already made, particularly when they involve the possibility of serious limitation of the rights and freedoms of the participants in criminal proceedings (for instance, about the consequences of a reported crime and the main events of the investigations));

- 검사는 수사관의 중요한 결정을 채택하거나 기각시킬 수 있는 권한이 있다(prosecutors should have the power to either approve the adoption of such important decisions by the investigator or to overrule them);
- 형사절차 참여자의 적법한 이익이나 권리와 관련해 검사는 필요하다고 판단되면 이들 절차 참여인들에게 불복할 권리가 있음을 알려주어야 한다(in order for the rights and lawful interests of participants in criminal proceedings to be duly respected, prosecutors should also inform, where appropriate, these participants about their right to appeal before a superior prosecutor or a court);
- 검사는 수사의 기밀을 지켜야 한다. 수사관이나 또 다른 제3자로부터 받은 주요 기밀 정보를 공개해서는 아니 된다. 단, 이러한 정보의 공개가 정의를 위해 또는 법치의 준수를 위해 필요하다고 판단되는 경우는 그러하지 아니하다(prosecutors should observe confidentiality of the investigation. They should not allow disclosure of confidential information received from investigators or third parties, unless disclosure of such information may be necessary in the interests of justice or in accordance with the law);
- 검사는 수사관이 볼 수 있는 모든 범죄수사와 관련된 자료를 자유롭게 그리고 언제든지 볼 수 있는 바, 이는 시간상 수사를 효율적으로 감독할 수 있도록 하기 위함이며 필요에 따라서는 중요한 정보의 멸실을 방지하고 피해자에 대한 사건 수사 파일의 보호와 접근을 보장하고 기소 대상자들이 법망에서 빠져나가지 못하도록 하기 위함이다(prosecutors should have the possibility to get access freely and at any time to all materials relating to criminal investigation available to investigators in order to enable efficient timely supervision of the investigation, if necessary, to avoid the loss of important evidence, to ensure security and access (if the national law so permits) to the case-file for the victims, or to prevent the possibility of escaping from justice of those who should be prosecuted);
- 검사는 수사에 대한 감독권을 정기적으로 행사해야 하는 바, 이는 불법적이거나 근거없는 구금을 방지하기 위함이다(prosecutors should exercise supervision over investigations on a

regular basis, namely with a view to preventing illegal or ungrounded detention or imprisonment of persons);

- 검사는 국제법과 국내법에 따라 자유의 박탈당하거나 부당한 처우를 받지 않도록 최선을 다해야 하고 이러한 자유의 박탈이나 부당한 처우에 대한 주장은 매우 신중하게 다루어야 한다(prosecutors should strive to protect, according to international and national law, all persons deprived of liberty, from improper treatment on the part of officials and other persons, and they should consider carefully the claims filed in connection therewith);

- 검사는 수사관의 수사의 적법성과 지침의 이행을 평가하고 수사관에 의한 법의 위반을 방지하기 위해서는 법에 근거해 이를 감독할 수 있는 권한을 가져야 한다(prosecutors should have legally established competences enabling them not only to assess the lawfulness of investigators' actions and the fulfilment of their instructions, but also to prevent as far as possible violations of the law by these investigators);

- 수사관들이 불법적인 수사방법을 이용하고 이로 인하여 심각한 인권의 침해가 발생하는 경우 검사는 법을 위반한 수사관을 대상으로 형사기소를 할 수 있는 권한이 있고 관련 기관에 이들에 대한 형사기소나 징계 절차의 개시를 청구할 수 있다(whenever investigators use unlawful investigative methods resulting in serious violations of human rights, prosecutors should have the right to initiate criminal prosecution against such investigators, or to apply before the competent authorities for them to initiate criminal prosecution or disciplinary proceedings towards these investigators).

- 검사는 구금 중인 피의자나 피고인을 언제든지 면담할 수 있다(prosecutors should have the right to freely visit a suspect/defendant held in custody).

D. **경찰이 독립적으로 수사권을 갖는 경우(Situations in which the police is independent as regards conducting investigations)**

28. 경찰 또는 그 밖의 다른 수사기관이 독립적으로 수사를 할 권한을 가지고 있는 경우 수사의 적법성을 보장하고 경찰과 그 밖의 다른 수사기관이 공정하고 신속하게 본연의 업무에 맞게 사건을 처리할 수 있도록 적절한 감독 절차를 마련해야 한다(In member States where the police or other investigation authorities investigate independently, the legal systems should have in place appropriate supervisory procedures to ensure the lawfulness of investigations and to ensure that the police and other investigative authorities act professionally, fairly and expeditiously).

29. 어떤 경우에도, 검사는 수사기관과의 적절하고 기능적인 협력을 증진하기 위한 효과적인 조치를 취할 수 있도록 하여야 한다(In any case, prosecutors should be able to take effective measures to promote suitable and functional co-operation with investigative bodies).

권고사항(LIST OF RECOMMENDATIONS)

a. 회원국은 형사사건의 수사체계에 있어서 검사와 수사기관의 권리와 의무를 명확하게 정의하여야

한다(Member States should clearly define the rights and obligations of prosecutors and investigation bodies in the framework of criminal investigations).

b. 일반적으로, 검사는 늦어도 소추가 시작될 것인지 계속될 것인지 여부를 결정할 때까지 수사의 적법성을 면밀하게 검토하여야 한다. 이 점에 있어서, 검사는 또한 수사가 어떻게 수행될 것인지 그리고 인권이 존중되고 있는지를 감시하여야 한다(In general, prosecutors should scrutinise the lawfulness of investigations at the latest when deciding whether a prosecution should commence or continue. In this respect, prosecutors should also monitor how the investigations are carried out and if human rights are respected).

c. 이러한 업무를 수행함에 있어서, 검사는 수사의 적법성을 확인하고 법률위반에 대응하기 위한 법적·재정적·기술적 수단을 갖춰야 한다(In carrying out this task, prosecutors should have the legal, financial and technical means to verify the lawfulness of investigations and to react to any violation of the law).

d. 수사는 언제나 공정하게 수행되어야 하고 수사관으로 하여금 유·무죄에 관한 증거를 찾아서 보관하게 하는 의무를 포함하여야 한다(Investigations should always be carried out impartially and include an obligation on investigators to seek out and preserve evidence relevant to both guilt and innocence).

e. 검사는 이용할 수 있고 신뢰할 만한 모든 증거를 법원에 제출하여야 하며 피고인에게 관련된 모든 증거를 공개하여야 한다(Prosecutors should present all available credible evidence to the court and disclose all relevant evidence to the accused).

f. 검사는 언제나 피고인, 피해자, 증인 그 밖에 다른 소송 관여자의 권리를 존중하여야 한다 (Prosecutors should always respect the rights of the accused, victims, witnesses or persons otherwise involved in the proceedings).

g. 검사와 수사기관은 자신들의 기능 행사에 필수적인 모든 정보를 교환하고 협력해야 한다 (Prosecutors and investigative bodies should cooperate and exchange all information necessary for the exercise of their functions).

h. 검사와 수사기관은, 특히 사건이 피구금자와 관련된 경우에, 가장 효율적이고 신속한 방식으로 자신들의 업무를 이행하여야 하며 수사 수단을 이용함에 있어서 비례성의 원칙을 준수하여야 한다(Prosecutors and investigative bodies should fulfil their tasks in the most effective and expeditious manner, especially when the case concerns detainees, and should respect the principle of proportionality in using the means of investigations).

l. 검사와 수사기관은 법률과 최신 수사기법 양자에 관한 적절한 교육을 받아야 한다(Prosecutors and investigative bodies should have proper training, as appropriate, both as regards the law and the most modern techniques of the investigation).

j. 검사와 수사기관은 가장 효율적인 국제관계와 협력을 발전시켜야 한다(Prosecutors and investigative bodies should develop the most efficient international relations and cooperation).

k. 검사는 자신의 기능과 권한에 대한 정보를 제공함으로써 대중의 신뢰를 쌓는 데 힘써야 하는바, 그렇게 함으로써 검사의 업무에 대한 풍부한 지식을 함양하는 한편으로 동시에 무죄추정 및 공정한 재판을 받을 권리와 같은 기본권과 원칙들을 존중하는 데 기여한다(Prosecutors should seek to develop public confidence by providing information about their functions and powers, and thereby contributing to fostering a better knowledge of their work while at the same time respecting fundamental rights and principles such as the presumption of innocence and the right to a fair trial).

7. 테러범죄 및 중대조직범죄에 대한 투쟁을 포함한 검사 업무의 질과 효율성(2016)

유럽검사자문회의가 2016년에 발표한 의견 제11호에서는 '테러범죄 및 중대조직범 죄에 대한 투쟁을 포함한 검사 업무의 질과 효율성'[477]을 조명하고 있다.

【표 4-15】 검사 업무의 질과 효율성에 관한 유럽검사자문회의의 의견 제11호(2016)

제11차 본회의에서 유럽검사자문회의에 의해 채택된
테러범죄 및 중대조직범죄에 대한 투쟁을 포함한 검사 업무의 질과 효율성에 관한
유럽검사자문회의의 의견 제11호(2016년)
(스트라스부르, 2016년 11월 17-18일)
Opinion No. 11 (2016)
of the Consultative Council of European Prosecutors
on the quality and efficiency of the work of prosecutors,
including when fighting terrorism and serious and organised crime
adopted by the CCPE at its 11th plenary meeting
(Strasbourg, 17-18 November 2016)

Ⅰ. 서론(INTRODUCTION)

1. 각료위원회에 의해 위임된 약정서에 따라, 유럽검사자문회의(CCPE)는 테러범죄 및 중대조직범죄 에 대한 투쟁을 포함한 검사 업무의 질과 효율성에 관한 의견을 마련하였다. 회원국에서, 검사가 형사사법 이외에 기타 다른 기능을 수행하는 경우에는 본 의견의 원칙 및 권고사항 또한 이러한 기능들에 적용된다(In accordance with the terms of reference entrusted to it by the Committee of Ministers, the Consultative Council of European Prosecutors (CCPE) prepared an Opinion on the quality and efficiency of the work of prosecutors, including when fighting terrorism and serious and organised crime. In member states, where prosecution

477) Opinion No. 11 (2016) of the Consultative Council of European Prosecutors on the quality and efficiency of the work of prosecutors, including when fighting terrorism and serious and organised crime.

services perform other functions outside criminal justice, the principles and recommendations of this Opinion apply also to these functions).

2. 그 수가 늘어나고 있는 유럽평의회 회원국들에서, 일반적으로 공공 서비스와 특별하게는 검찰을 포함한 형사사법 분야의 제도에 대해 대중 및 정치가와 대중매체의 관심이 증대하고 있다. 그러므로, 검사는 최고의 현대적 전문성을 갖추고 자신의 직무를 수행한다는 것을 보여줄 필요가 있다(In a growing number of member states of the Council of Europe, the public service in general, and institutions in the field of criminal justice including prosecution services in particular, receive, to an increasing extent, attention from the public, politicians and the media. Therefore, prosecution services need to demonstrate that they fulfil their duties with an utmost and up-to-date professionalism).

3. 본 의견의 목표는 검사가 어떻게 최상의 질과 효율성으로 임무를 수행할 수 있을 것인지를 결정하는 데 있다. 본 의견은 또한 검사가 모든 최신 기술 방법과 수단을 이용하여 현대적 방식으로 어떻게 검사 업무를 구성하는지 그리고 검사 업무의 질과 효율성을 어떻게 평가할 것인지에 대해서 살펴본다. 본 의견의 제2부는 테러범죄 및 중대조직범죄에 대한 투쟁에 있어서 특수한 도전에 직면한 경우에 검사가 어떻게 질적 수준 및 효율성에 대한 증대되는 요구를 충족시킬 것인지에 대해서 다룰 것이다(The objective of this Opinion is to determine how prosecution services can fulfil their mission with the highest quality and efficiency. It also looks into how they should organise their work in a modern manner using all the latest technical methods and means, and how the efficiency and quality of their work can be measured and evaluated. The second part of the Opinion will address how prosecution services can meet the growing demands for quality and efficiency also when facing specific challenges in the fight against terrorism and serious and organised crime).

4. 유럽검사자문회의는 검찰이 복합적 공공 조직이라고 생각한다. 그러므로 보다 훌륭한 공공 서비스 제공에 대한 증대되는 요구, 사회적 과제와 압력에 적절하게 대응하기 위해서는 전반적인 법적·조직적·기술적 체제뿐만 아니라 필요한 재정적 및 인적 자원이 매우 중요하다(The CCPE considers that prosecution services are complex public organisations. Therefore, in order to respond adequately to increasing needs, social challenges and pressure for rendering better public services, the overall legal, organisational and technical framework as well as the necessary financial and human resources are of paramount importance).

5. 유럽평의회의 회원국들은 검찰을 포함하여 다양한 법 체계를 갖고 있다. 유럽검사자문회의는 각 회원국들의 다양성을 존중한다. 그러므로, 본 의견에서 논의되는 모든 요소들이 모든 회원국과 관련되지 않을 수 있다. 그러나, 이러한 모든 요소들은 주로 가능한 한 효율적으로 그리고 높은 질적 수준과 법률 및 인권에 대한 엄격한 존중을 지니고 일하기 위한 검사의 관심사를 다루고 있다(Member states of the Council of Europe have different legal systems including prosecution services. The CCPE respects each of them in their diversity. Therefore, not all the elements discussed in this Opinion may concern all member states. However, they mostly do address the concerns of prosecutors to work as efficiently as possible and with a high quality and strict respect for the law and human rights).

6. 본 의견은 인권과 기본적 자유의 보호에 관한 협약(ECHR)뿐만 아니라 다음과 같은 협약들을 포함하는 기타 유럽평의회의 협약문건에 기초하여 마련되었다: 1959년의 형사사법공조에 관한 유럽협약, 1977년의 테러행위 진압에 관한 유럽협약, 2001년의 사이버범죄에 관한 유럽협약, 2005년의 테러행위 예방에 관한 협약 및 그에 대한 2015년의 추가의정서, 2005년의 범죄수익의 세탁 · 수색 · 압수 · 몰수 및 테러자금 조달에 관한 협약, 2005년의 인신매매에 대항하는 조처에 관한 협약, 2000년의 형사사법체계에서 검찰의 역할에 관한 각료위원회 권고 제19호, 2012년의 형사사법 이외에 검사의 역할에 관한 각료위원회 권고 제11호(This Opinion has been prepared on the basis of the Convention for the Protection of Human Rights and Fundamental Freedoms (hereafter ECHR) as well as other Council of Europe instruments including: European Convention on Mutual Assistance in Criminal Matters of 1959, European Convention on the Suppression of Terrorism of 1977, European Convention on Cybercrime of 2001, Convention on the Prevention of Terrorism of 2005 and its Additional Protocol of 2015, Convention on Laundering, Search, Seizure and Confiscation of the Proceeds from Crime and on the Financing of Terrorism of 2005, Convention on Action against Trafficking in Human Beings of 2005, Recommendation Rec(2000)19 of the Committee of Ministers on the role of public prosecution in the criminal justice system and Recommendation Rec(2012)11 of the Committee of Ministers on the role of public prosecutors outside the criminal justice).

7. 본 의견은 또한 2002년의 인권 및 테러리즘에 대한 투쟁에 관한 각료위원회 가이드라인, 2005년의 테러행위를 포함하는 중대범죄와 관련된 "특수 수사 기법"에 관한 각료위원회 권고 제10호와 특히 2007년의 형사사법 분야에서의 국제협력 증진 방안에 관한 유럽검사자문회의 의견 제1호, 2012년의 검찰 서비스 수단의 관리에 관한 유럽검사자문회의 의견 제7호, 2014년의 "로마 헌장"을 포함하여 검사와 관련된 유럽의 규범과 원칙에 관한 유럽검사자문회의 의견 제9호, 2015년의 형사사건의 수사에서 검사의 역할에 관한 유럽검사자문회의 의견 제10호와 같은 이전 유럽검사자문회의의 의견들에 기초한다(This Opinion is also based on the Committee of Ministers Guidelines on human rights and the fight against terrorism of 2002, Recommendation Rec(2005)10 of the Committee of Ministers on "special investigation techniques" in relation to serious crimes including acts of terrorism, and previous CCPE Opinions, in particular No. 1(2007) on ways to improve international co-operation in the criminal justice field, No. 7(2012) on the management of the means of prosecution services, No. 9(2014) on European norms and principles concerning prosecutors, including the "Rome Charter", No. 10(2015) on the role of prosecutors in criminal investigations).

8. 다음의 유엔 협약문건들도 고려되고 있다: 1997년의 테러리스트의 폭탄공격 진압에 관한 협약, 1999년의 테러자금 조달 억제에 관한 협약, 2000년의 초국가적 조직범죄에 대항하기 위한 협약, 2003년의 반부패협약(The following United Nations instruments have also been taken into account: Convention for the Suppression of Terrorist Bombings of 1997, Convention for the Suppression of the Financing of Terrorism of 1999, Convention against Transnational Organized Crime of 2000, Convention against Corruption of 2003).

9. 유럽검사자문회의는 또한 1999년에 국제검사협회(IAP)에 의해 채택된 전문가로서의 책임 기준

및 검사 본연의 업무와 권리에 대한 성명을 고려한다(The CCPE has also considered the Standards of Professional Responsibility and Statement of the Essential Duties and Rights of Prosecutors, adopted by the International Association of Prosecutors (IAP) in 1999).

10. 본 의견을 준비하기 위해, 유럽검사자문회의는 특히 사무국에서 이러한 목적을 위해 작성한 설문에 대한 30개 회원국의 답변을 분석하였다(답변 모음집은 유럽검사자문회의 웹사이트에서 이용가능하다: www.coe.int/ccpe)(To prepare this Opinion, the CCPE analysed in particular the replies by 30 of its members to the questionnaire drafted for this purpose by the Secretariat (the compilation of replies is available on the CCPE website: www.coe.int/ccpe)).

II. 검사 업무의 질과 효율성 요인(QUALITY AND EFFICIENCY FACTORS OF THE WORK OF PROSECUTORS)

A. 외부환경(External environment)

11. 검사 업무의 질과 효율성은 검사의 재능과 기술에 의존할 뿐만 아니라 대부분 검사의 통제를 받지 않는 다음과 같은 외부 요인들에 의해서도 상당한 영향을 받는다: 입법부와 법원의 결정, 이용가능한 자원, 사회로부터의 기대. 결과적으로, 이러한 요인들은 그것이 검사 업무의 질과 효율성에 미치는 영향이라는 관점에서 볼 때 특히 주의 깊게 고려될 만하다(The quality and efficiency of the work of prosecutors depend not only on their talent and skills, but are also significantly affected by external factors which are mostly out of control of prosecutors: legislative and court decisions, resources made available and expectations from the society. Consequently, these factors merit a careful consideration particularly from the point of view of their impact on the quality and efficiency of prosecutorial work.

1. 법적 체계, 국가적 전통(Legal framework, national traditions)

12. 법의 지배에 대한 존중은 모든 유럽평의회 회원국들의 의무이다. 또한, 다수의 질적 수준에 관한 요건들이 유럽인권협약에 규정되어 있다. 따라서 동 협약 제6조는 사법부의 독립, 합리적인 기간, 접근성 및 공개성과 같은 형사사법의 질을 보장하기 위한 국가적 법 체계에 대한 중요한 요건을 정한다. 모든 검사가 법 체계 내에서 자신의 기능을 수행하고 있으므로, 입법은 검사 업무의 질과 효율성에 대한 매우 중요한 전제조건이 되고 있다. 법률과, 그리고 대부분의 보통법 체계에서, 판결은 검사에 의해 법원에 제기되는 사건의 유형과 양뿐만 아니라 사건이 처리되는 방식에도 영향을 준다. 이러한 체계는 운용이 명확하고 단순해야 하는데, 예를 들어 분쟁해결을 위한 대안을 수립함으로써, 국가 시스템이 넘쳐나는 사건들에 파묻히지 않도록 보증한다. 한편 빈약한 초안 또는 입법이나 법리에 있어서의 지나치게 빈번한 변화는 논리정연하고 설득력 있는 검찰의 결정에 심각한 장애물이 될 것으로 보인다(Respect for the rule of law is an obligation for all Council of Europe member states. Also, a number of quality requirements have been laid down in the ECHR. Thus, Article 6 sets important requirements for any national legal framework to ensure the quality of criminal justice, such as independence of the judiciary, reasonable time, accessibility and publicity. Since

every prosecution service carries out its functions within a legal framework, legislation is a paramount precondition for the quality and effectiveness of its work. Laws and, mostly in common law systems, judgments influence the type and volume of cases brought by prosecutors before the courts, as well as the ways in which they are processed. This framework should be clear and simple to operate, ensuring that national systems are not flooded with cases, for instance by establishing alternative ways of dispute resolution. On the other hand, poor drafting or too frequent changes in the legislation or jurisprudence may prove to be serious barriers for well-reasoned and convincing prosecutorial decisions).

13. 명확하고 단순한 법체계는 사법에의 접근을 용이하게 하며 이를 효율적으로 만드는 바, 예를 들어 과중한 업무량을 줄이는 것을 도움으로써, 특히 형사사법체계 내에서, 공공 자원을 보다 효과적이고 생산적으로 사용할 뿐만 아니라 공공질서를 심각하게 어지럽히는 범죄들에 보다 많은 시간과 재정 자원을 배정하도록 허용하는데, 특히 테러범죄와 중대조직범죄에 대해서 그러하다. 이와 마찬가지로, 국내법과 사법체계는 기술 발전을 고려하여야 하며, 데이터베이스 및 기타 관련 정보에 대한 검찰의 용이한 접근을 장려하여야 하고, 검사 업무의 질을 개선하기 위한 기반을 제공하여야 한다(A clear and simple legal framework facilitates access to justice and contributes to making it efficient, for instance by helping to reduce the heavy caseload, particularly within the criminal justice system, using public resources more efficiently and productively, as well as allowing for allocation of more time and financial resources for offences that severely disturb public order, in particular for offences of terrorism and serious and organised crime. Likewise, national legislation and justice systems should take into consideration technological development, promote easy access of prosecution services to databases and other relevant information and provide the basis for improving the quality of their work).

14. 정치체계 및 법적 전통 또한 검찰 업무에 직접적인 영향을 준다. 여기에는 검찰의 지위와, 특히, 행정부로부터의 독립이 포함된다. 게다가 여러 국가들이 테러범죄와 중대조직범죄의 증대되는 위협에 직면하고 있는 유럽의 현재 안보상황은 검사 업무의 질과 효율성을 개선하는 것을 목표로 하는 국가 형사정책으로 이어져야 한다(Political systems and legal traditions also have direct impact on the work of prosecutors. This includes the status of the prosecution services and, in particular, their independence from the executive power. Furthermore, the current security situation in Europe where countries face increasing threats of terrorism and serious and organised crime, should lead to national criminal policies aiming to improve the quality and efficiency of prosecutors' work).

15. 국제적 협력은 과거 수십 년 동안 지속적으로 개선되어 왔으나, 때로 다른 국가로부터의 요청에 대응하는 데 지연이 있다는 것은 정당화되지 못할 것으로 보인다. 이는 효율적인 범죄인 인도 및 기타 지원 요청을 저해하고 요청국에서의 검사 업무 및 법원 절차의 효율성을 훼손시킨다. 그러므로 국가들은 상호 신뢰를 바탕으로, 형사사건에서의 즉각적인 초국가적 협력을 위해 계속해서 노력해야 한다(Although international cooperation has been steadily improving in

the past decades, sometimes there are delays in answering requests from other states that may seem to be unjustified. This hinders efficient extradition and other requests for assistance and therefore undermines the efficiency of prosecutors' work and the court proceedings in the requesting states. States should thus continue to strive for immediate transnational cooperation in criminal cases, on a basis of mutual trust).

2. 자원(Resources)

16. 회원국에서 재정 자원 및 기타 자원의 이용가능성은 검사 업무의 질과 효율성에 직접적인 영향을 미친다. 이러한 맥락에서, 유럽검사자문회의는 특히 적절한 인적 및 기술적 자원을 보증할 필요성, 적절하고 일관된 훈련에 더하여 검찰 임무의 중요성에 상응하는 검사에게 제공된 사회보장 패키지의 범위를 강조한다. 더욱이 회원국의 상황은 운영과 관련된 대부분의 영역에서 (특히 예산과 관련된) 검찰의 일정 수준의 자율성에 의해 효율성이 증가할 수 있음을 보여준다(The availability of financial and other resources in member states has a direct impact on the quality and efficiency of prosecutors' work. In this context, the CCPE underlines in particular the need to ensure adequate human and technical resources, proper and consistent training, as well as the scope of the social security packages provided to prosecutors that should be commensurate with the importance of their mission. The situation in member states shows furthermore that efficiency can be increased by a certain level of autonomy (in particular regarding the budget) of prosecution services in most areas concerning management).

17. 그러므로 검사는 모든 관련 문제들을 고려하고 검토할 수 있도록 적절한 인적, 재정적, 물적 자원을 갖추어야 한다. 자격을 갖춘 직원의 지원, 충분한 최신 기술 장비 및 기타 자원은 검사의 과중한 부담을 덜어줄 수 있으며 그리하여 검사 업무의 질과 효율성을 개선할 수 있다(Prosecutors should thus have adequate human, financial and material resources in order to be able to consider and examine all relevant matters. The assistance of qualified staff, adequate modern technical equipment and other resources can relieve prosecutors from undue strain and therefore improve the quality and efficiency of their work).

3. 대중으로부터의 영향(Impacts from the public)

18. 검사는 사회의 모든 관련자들로부터 신뢰할 수 있고 포괄적인 정보를 신속하게 제공받을 필요가 있다. 그러므로 사법시스템 안팎의 다른 행위자들(예를 들어, 경찰과 그 밖의 국가 기관, 변호사, 비정부기구)과의 관계는 국가적 및 국제적 차원에서 관련 정보의 효과적 교환에 기반한 근거가 충분한 결정을 신속하게 내리는 검사의 능력에 중요한 역할을 한다. 이러한 목적으로, 검사는 이해관계에 비례하는 방식으로 적합한 결정을 내리는 데 필요한 정보 수집을 허용하는 일관성 있고 충분한 법규범과 절차를 필요로 한다(Prosecutors need receiving quickly reliable and comprehensive information from all relevant players in a society. Therefore, relations with other actors within and outside the justice system (e.g. police and other state authorities, lawyers, NGOs) play a vital role in the capacity of prosecutors to

quickly take well-founded decisions based on an effective exchange of relevant information at national and international level. For this purpose, prosecutors need coherent and sufficient legal norms and procedures allowing to gather information needed for taking qualified decisions in ways proportionate to the interests at stake).

19. 회원국은 대중매체로부터의 늘어나는 요구에 부응하고 그리하여 보다 투명하게 업무에 임함으로써 검찰에 대한 대중의 신뢰를 강화하도록 도울 수 있는 유럽인권협약에 규정된 권리들에 따라 조치를 취하여야 한다. 검찰에게 있어서, 현대적 정보 구조와 기법의 이용은 대중에게 신속하고 정확한 정보를 전달하는 데 필수적이다(Member states should take measures in line with the rights set out in the ECHR which can help to strengthen the public trust in prosecution services by responding to growing demands from the media and thus working more transparently. For prosecution services, the use of modern information structures and techniques is indispensable for delivering quick and accurate information to the public).

20. 형사사건에서 대중매체에 민감한 정보를 누설하는 것은 수사의 효율성을 감소시키고 피해자의 권리를 침해할 뿐만 아니라 무죄추정과 "낙인찍히지 않을" 권리에 대한 위험을 창출할 수 있다. 이를 막기 위해서, 권한이 없는 자가 민감 정보에 접근하는 것은 금지되어야 한다. 수사에 대한 잘못되고 편향된 뉴스는 대중의 신뢰를 배반하고 소추 체계 또는 법원의 독립성·공평성과 진실성에 대한 의심을 불러일으킨다. 그러므로 잘못되고 편향된 뉴스의 공개를 방지하거나 그로 인한 부정적인 효과를 최소화하는 것을 도울 수 있도록 검사와 대중매체 사이에 적절한 의사소통이 확립되어야 한다(The leaking, in criminal cases, of sensitive information to the media may not only reduce the efficiency of the investigation and infringe the victims' rights, but also create risks for the presumption of innocence and the right "not to be labelled". To prevent this, the access of unauthorised persons to sensitive information should be inhibited. False or biased news on investigations might betray the public trust and generate doubts as to the independence, impartiality and integrity of the prosecution system or the courts. Therefore, proper communication between the prosecution services and the media should be established, to help avoiding the publication of false or biased news or minimising the negative effects thereof).

21. 누구나 검사가 취한 조치에 대해서 항의하거나 항소할 권리를 가져야 한다. 검사가 내리는 결정의 질적 수준과 책임을 증대하기 위해서는, 효과적이고 공정한 항의 메커니즘이 확립되어야 하고 공정한 재판을 받을 권리의 관점에서뿐만 아니라 결점 제거 및 실패 방지를 통해 검사 업무의 질을 증진시키기 위해서 항의의 이유와 결과가 분석되어야 한다(Everyone should have a right to complain or appeal against a measure taken by a prosecutor. To increase the quality and accountability of prosecutors' decisions, an effective and impartial complaint mechanism should be established and the grounds and the results of the complaints should be analysed, not only from the point of view of the right to a fair trial, but also to promote the quality of prosecutors' work through eliminating their shortcomings and preventing failures).

4. 과도한 외부 영향(Undue external influence)

22. 검사는 직접적으로든 간접적으로든, 어디로부터든 어떤 이유에서든 외부의 과도한 영향, 권유, 압력, 위협 또는 간섭으로부터 자유롭게 자신의 기능을 행사하여야 한다(Prosecutors should exercise their functions free from external undue influences, inducements, pressures, threats or interferences, direct or indirect, from any quarter or for any reason).

B. 내부 환경(Internal environment)
1. 전략적 비전(Strategic vision)

23. 검사 업무의 질과 효율성은 내부 요인에 의해서도 상당한 영향을 받는다. 검찰 운영진은 전략적 리더십을 제공하여야 한다. 전문적 목표와 인적 및 물적 자원의 운용을 포함하는 전략적 계획이 검사 업무에 방향을 제시해야 한다. 전략 계획은 인적 자원과 사건의 적절한 운용을 통해 질적 수준과 효율성에 더하여 그 효과의 목표가 된 활동을 개선하는 내부 조치를 제공할 수 있다(The quality and efficiency of the work of prosecutors are also significantly affected by internal factors. The management of the prosecution services should provide strategic leadership. A strategic plan including professional objectives and management of human and material resources should guide the prosecutors' work. It can provide for internal measures to improve quality and efficiency through adequate management of human resources and cases, as well as targeted activities to that effect).

2. 인적 자원의 관리: 검찰의 선발, 임용, 승진 및 훈련(Management of human resources: selection, recruitment, promotion and training of prosecutors)

24. 질적 수준을 제고하기 위해서는, 검사의 선발, 임용, 승진 및 전보가 서면으로 법률 또는 내부 가이드라인에 규정된 명확하고 예측가능한 기준에 기반하는 것이 필요하다(To promote quality, it is indispensable that the selection, recruitment, promotion and relocation of prosecutors be based on clear and predictable criteria laid down in law or internal guidelines in written form).

25. 검사의 결정 또는 기타 다른 행동의 질적 수준은, 여러 요인들 중에서도 검사가 관여된 영구적인 훈련에 달려 있다. 유럽검사자문회의는 검찰청 및 기타 권한 있는 기관(예를 들어 사법 연수 기관)의 수장은 검사 업무에 있어서 제고된 질적 수준과 효율성을 제공하는 자신의 기관 내에서, 자기학습을 포함하여 능동적인 훈련 정책에 대해 책임을 져야 한다(The quality of prosecutorial decisions or other actions depends, among other factors, on permanent training of the prosecutors involved. The CCPE is of the opinion that the heads of prosecution offices and/or other competent institutions (e.g. judicial training institutions) should be responsible for an active training policy, including self-education, within their institutions that provides for increasing quality and efficiency in the work of prosecutors).

26. 검사는, 경력의 모든 단계에서, 자신의 전문적 기술을 유지하고 개선하기 위해 지속적인 훈련 프로그램을 이수해야 한다. 또한 그러한 훈련은 정보 기술, 윤리 및 의사소통 기술에 더하여 일반적으로는 이슈 관리 특별하게는 사례 관리를 포함하여야 하고, 모든 직급의 검사들이 이용할

수 있어야 한다. 특정 주제들은 (도움이 될 경우, 다른 기관과의 공통 훈련을 제공하면서) (아래 명시한 바대로, 테러리즘과 같은) 끊임없이 진화하는 문제들을 직시하는 데 필요한 전문 기술을 개선하기 위해 심도 깊게 다루어져야 한다(Prosecutors should have, at every phase of their career, a continuous training programme in order to maintain and improve their professional skills. Such training should also include information technology, ethics and communication skills, as well as management issues in general and case management in particular, and be available for every level of the prosecution service. Specific themes should be addressed in depth (providing also common training with other institutions, when useful) to improve professional skills needed to face constantly evolving challenges (such as terrorism, as specified below).

27. 이전의 몇몇 의견들에서, 유럽검사자문회의는 특히 정기 훈련 기간, 전문적인 행사 및 회의에의 참여를 통해서 검사의 전문성을 증진하는 일이 중요하다는 것을 강조하였다. 이러한 참여를 통해서 보다 고도의 지식을 얻고 기타 자격을 취득하는 것은 검사의 승진, 진급이나 보다 나은 보수로 이어질 수 있다(In several previous Opinions, the CCPE emphasised the importance of promoting specialisation of prosecutors, especially through participation in regular training sessions, professional events and conferences. Gaining more advanced knowledge through such participation and acquiring other qualifications may lead to promotions, advancement or better remuneration for prosecutors).

28. 시간관리, 적절한 방법론이나 사법행정체계의 다른 행위자들과의 증대되는 협력과 같은 쟁점들에 관한 원칙과 가이드라인은 일상적인 업무를 용이하게 하고 그렇게 함으로써 검사 업무의 질과 효율성을 향상하는 것을 지향해야 한다(Principles and guidelines on issues such as time management, adequate methodology or increased co-operation with other actors of the justice administration system should aim at facilitating everyday work and thus enhancing the quality and efficiency of prosecutorial work).

29. 진실성, 올바른 행위 기준, 그리고 직업적 및 개인적 측면 양자에 대해 그러한 규범이 존재하는 회원국들에서는 검사 윤리에 관한 법규정 또는 윤리규범이 검사 정기 훈련의 일부가 되어야 한다(Integrity, standards of good behaviour, both professional and personal, and, in member states where they exist, legal provisions on ethics or codes of ethics for prosecutors should be part of their regular training).

3. 검찰 운용(Management of prosecution services)

a. 검찰 업무의 구성: 책임, 행정과 권한 분배 등(Organisation of the work of prosecution services: responsibilities, administrative divisions, distribution of competence, etc.)

30. 검사 업무의 효율성과 질은 일반적으로, 검사의 관할권 영역에서 실제 범죄 상황 및 사회 환경에 따라 인적 및 물적 자원을 관리하기 위한 명료하고 적절한 조직 구성, 책임 및 역량을 필요로 한다. 한편, 새로운 범죄적, 사회학적, 경제적 및 국제적 과제에 직면한 경우에, 검찰의 구조와 운용 메커니즘은 적절하고 충분하며 신속하고 합법적인 방식으로 대응하기에 충분할 만큼 유연해야 한다(The efficiency and quality of prosecutors' work call, in general, for clear

and adequate organisational structure, responsibilities and competencies to administer human and material resources in line with the actual criminal or social situation in the area of their jurisdiction. On the other hand, when facing new criminal, sociological, economic and international challenges, the structure and working mechanisms of the prosecution services should be flexible enough to respond in an adequate, sufficient, quick and legal way).

31. 특히, 적절한 경우에, 검찰 체계에 전문 부서의 설치(예컨대 테러행위, 마약, 경제범죄, 환경보호 사건을 다루는 검사와 국제협력 분야에서 일하는 검사)를 고려하여야 한다(In particular, establishment, where appropriate, of specialised units in the framework of prosecution services (e.g. prosecutors dealing with cases of terrorism, narcotics, economic crimes, environment protection, and working in the area of international co-operation) should be considered).

32. 더욱이, 검찰은 검사 업무의 질과 효율성을 향상시키기 위해서 적절한 분석 및 방법론적 작업을 체계화하여야 한다(Furthermore, prosecution services should organise proper analytical and methodological work with a view to enhancing the quality and efficiency of prosecutors' work).

33. 회원국들에서, 일정 유형의 범죄를 다루는 최적관행의 보급뿐만 아니라 사건의 적절한 배분 및 정보 기술의 효과적 이용은, 단일 사건의 운용을 포함하여, 효율성을 증대시키고 보다 나은 질적 수준을 보장할 수 있다. 검찰청 및 기타 권한 있는 기관의 수장은 그러한 운용 수단의 이용을 촉진하고 자기 기관 내에서 최적관행에 대한 지식을 공유하는 데 대해서 책임을 져야 한다 (In member states, dissemination of best practices for dealing with certain types of crimes as well as proper distribution of cases and effective use of information technology, including for the management of single cases, may increase efficiency and ensure better quality. Heads of prosecution services/offices and/or other competent institutions, in particular, should be responsible for promoting the use of such management tools and for sharing the knowledge of best practices within their offices).

b. 윤리 규정(Ethical rules)

34. 대부분의 회원국에서, 질적 수준과 효율성을 향상시키기 위해, 검찰은 중·장기적으로 검사와 기타 직원들의 진실성을 평가한다. 이런 평가는 각기 다른 방식으로 행해진다. 법적 또는 일반 기준을 규정해 놓은 체계도 있고, 윤리규범을 채택하는 체계도 있다. 여전히 새로 임용된 검사 들에게 선서를 받는 체계도 있다. 이들은 개인적 및 직업적 자질, 공평성과 공정성, 진실성과 윤리적 무결성을 약속한다. 이전에 유럽검사자문회의는 "국제적 기준에 기초한 직업윤리규범 및 행동규범이 채택되고 공개되어야 한다"고 권고하였으며, "검사는 언제나 공정하고 객관적으로 행동하면서 최고 수준의 윤리 및 직업 기준을 고수하여야 한다"고 강조하였다(In most member states, to enhance quality and efficiency, prosecution services evaluate the integrity of prosecutors and other employees over a mid-term or long-term period. This is done in different ways. Some systems have laid down legal or general standards, others have adopted a code of ethics. Others, still, take oaths from newly appointed prosecutors.

They commit to personal and professional qualities, impartiality and fairness, integrity and ethical impeccability. The CCPE has previously recommended that "codes of professional ethics and of conduct, based on international standards, should be adopted and made public", having emphasised that "prosecutors should adhere to the highest ethical and professional standards, always behaving impartially and with objectivity").

35. 윤리규범의 주요 목표는 그러한 기준들이 적절하고 독립적인 검사 업무에 필수적인 것으로 인식되도록 하는 것이다. 검찰이 윤리규범을 채택하기로 한 경우, 앞서 언급한 바대로, 이러한 규범은 2000년의 형사사법체계에서 검사의 역할에 관한 유럽평의회 각료위원회의 권고 제19호, 2005년 5월 31일의 유럽검찰총장회의의 검사의 윤리 및 행동에 관한 유럽의 가이드라인(부다페스트 가이드라인), 앞서 인용된 2014년의 검사와 관련한 유럽의 제 규범과 원칙에 관한 유럽검사자문회의의 의견 제9호(로마 헌장)와 그 밖의 관련 국제 협약문건들에 규정된 바와 같은 채택된 공통 국제기준에 따라야 한다(The main aim of a code of ethics would be to promote those standards recognised as necessary for proper and independent work of prosecutors. If prosecution services are to adopt codes of ethics, these should, as mentioned above, be in line with adopted common international standards such as laid down in Recommendation Rec(2000)19 of the Committee of Ministers of the Council of Europe on the role of public prosecution in the criminal justice system (hereafter Rec(2000)19), the European Guidelines on ethics and conduct for public prosecutors of the CPGE, 31 May 2005 (Budapest Guidelines), CCPE Opinion No. 9(2014) on European norms and principles concerning prosecutors (Rome Charter) quoted above, and other relevant international instruments).

c. (양적 및 질적) 검찰의 직무수행 평가(Measuring the performance of the prosecution services (quantitative and qualitative))

36. 다수의 회원국들에서, 업무량, 검찰청의 업무성과와 관할영역에서의 범죄 상황의 측정을 가능하게 하는 통계가 있다. 많은 회원국들에서, 검사의 평가는 검찰의 질과 효율성을 향상시키는 데 이용된다(In a large number of member states, there are statistics available to measure the quantitative workload, the performance of the prosecutor's office and the criminal situation in the area of its jurisdiction. In many member states, the evaluation of prosecutors is used to enhance the quality and efficiency of the prosecution service).

37. 검찰은 주로 검사가 보다 높은 수준의 전문 업무를 지향하도록 동기를 부여하고자 지표와 후속 메커니즘을 투명한 방식으로 결정하여야 한다. 검찰 내에서의 내부 후속조치는 규칙적이고 비례균형이 맞아야 하며, 법의 지배에 기반하여야 한다(Prosecution services should determine indicators and follow-up mechanisms in a transparent way, primarily to motivate prosecutors to strive for higher levels of professional work. Internal follow-up within prosecution services should be regular, proportionate and be based on the rule of law).

38. 유럽검찰자문회의는 (사건 수, 절차기간 등)과 같은 양적 지표가 검찰의 기능에 있어서든 개별 검사의 업무에 있어서든, 효율성을 평가하는 유일한 관련기준이 되어서는 안 된다고 생각한다. 마찬가지로, 유럽법관자문회의(CCJE)에서도 "사법의 '질'은 단순히 사법체계의 '생산성'에 대한 동의어로 이해되어서는 안 된다"고 언명하였다(The CCPE considers that quantitative indicators as such (number of cases,

duration of proceedings, etc.) should not be the only relevant criteria to evaluate efficiency, either in the functioning of the office or in the work of an individual prosecutor. Similarly, it has been stated by the Consultative Council of European Judges (CCJE) "that "quality" of justice should not be understood as a synonym for mere "productivity" of the judicial system").

39. 이것이 적절하고 철두철미한 수사(그 수사가 검찰의 권한 내에 있는 경우), 증거의 적절한 사용, 혐의에 대한 정확한 해석, 법원에서의 전문가다운 행동 등과 같은 양적 지표들이 양적 특징이라는 보완지표의 방식으로 고려되어야 하는 이유이다. 신속한 소추의 만족도에 대해서는 유럽인권협약 제6조에 규정된 보호수단이 고려되어야 한다(This is why qualitative indicators, such as proper and thorough investigation (when this is under the prosecutor's competence), appropriate use of evidence, accurate construction of the accusation, professional conduct in court, etc., should also be taken into consideration as a way to complement indicators of a quantitative character. The desirability for speedy prosecutions should also take into account the safeguards provided by Article 6 of the ECHR).

40. 그러므로, 실제 최종 목표로서, 법체계는 유럽인권협약과 그 밖의 다른 국제 협약문건들에 따라, 본질적인 정의의 원칙을 존중하는 검사 업무의 양적 및 질적 지표를 가늠할 수 있는 평가체계를 제공할 수 있어야 한다(Therefore, as the real and final objective, legal systems should be able to provide for a system of evaluation capable of assessing both quantitative and qualitative indicators of prosecutors' work which respects the essential principles of justice, in line with the ECHR and other international instruments).

41. 테러범죄와 중대조직범죄의 특수성은 위에서 언급된 접근방식을 따르고 존중하는 일이 더한층 필요해지게 만든다. 이러한 경우에, 2015년의 형사사건의 수사에서 검사의 역할에 관한 유럽검사자문회의 의견 제10호에 규정된 보호조치의 고려가 필요하게 될 것인바, 특히 특별수사기법이 사용된 경우에 그러한데, 이는 특별수사기법에 상당한 인권 제한의 위험이 수반되기 때문이다(The special nature of terrorism and serious and organised crime makes it even more necessary to follow and respect the above-mentioned approach. In those cases, it will also be necessary to take into account the safeguards provided in CCPE Opinion No. 10(2015) on the role of prosecutors in criminal investigations, in particular when special investigation techniques are being used, due to the risk of significant human rights restrictions that they entail).

d. (양적 및 질적) 개별 검사업무 평가(Evaluating the work of individual prosecutors (quantitative and qualitative))

42. 검사와 그 업무에 대한 평가는 질적 수준, 효율성 및 전문성에 대한 발전해 나가는 요구를 마주하는 데 필요한 기술을 개선하기 위해서 유용한 전략적 도구가 될 수 있다. 또한 개별 평가는 모든 직급의 검사들에 대해서 가장 적합한 훈련을 개발하는 데 중요한 통계자료를 제공할 수 있다(Evaluation of prosecutors and their work may be a useful strategic tool in order to improve skills necessary for confronting the evolving demands for quality, efficiency and professionalism. Individual evaluations may also provide important input for

developing the most relevant training for prosecutors at all levels).

43. 유럽검사자문회의 구성원의 설문에 대한 답변은 공식 및 비공식 평가라는 두 가지 유형의 평가가 사용되고 있음을 보여준다. 공식 평가는 고정된 기간 내에(예컨대 매 3년 또는 5년) 행해진다. 공식 평가는 특별 절차에 의해 관장되며 평가대상이 된 특정 기술에 초점을 둔다. 때로 공식 평가는 다른 동료들과의 비교 및 보다 빠른 승진을 허용하는 등급제와 결합된다. 평가대상인 검사가 공식 평가의 결과를 받아들이지 않는 경우에, 공식 평가의 결과는 사법 심사를 위해 공개된다. 비공식 평가는 대체로 검사 업무의 질과 효율성을 개선하는 방법(예컨대 이해할 수 있는 혐의의 초안 작성, 공동작업 능력, 기준 위반 방지 등)에 관한 정보 또는 보다 전략적인 방식으로는, 예를 들어 검사가 자신의 업무를 이행하기 위한 기술을 지녔는지 여부에 관한 정보를 수집·제공하는 논의이다. 검사 업무에 대한 두 평가 유형의 목표는 기술 및 업무역량의 발전을 검토하고, 이에 더하여 승진 및 – 일부 국가에서는 – 우대조치와 상급을 예측하거나 일반적으로 무질서나 위법행위를 방지하고, 잠재적 징계조치를 회피하는 것이어야 한다(Responses to the questionnaire by members of the CCPE show that there are two types of evaluation used: formal and informal. The formal evaluation is made within a fixed timeframe (e.g. every 3 or 5 years). It is governed by a special procedure and focuses on specific skills to be evaluated. Sometimes, it is combined with a rating system which allows for comparison with other colleagues and for a quicker promotion. Its results are open for judicial review when they are not accepted by the evaluated prosecutor. The informal evaluation is more or less a discussion to collect and give information about how to improve the quality and efficiency of the prosecutor's work (e.g. drafting an understandable accusation, ability for team working, avoiding violation of standards, etc.) or in a more strategic manner, whether for instance prosecutors have skills to fulfil their duties. The aim of both types of evaluation of the prosecutors' work should be to examine the development of skills and working capacity, as well as to envisage promotion and – in some countries – incentives and awards, or generally to prevent disorder and misconduct, avoiding potential disciplinary measures).

44. 유럽검사자문회는 검사 업무의 평가는 실체적 및 절차적 규정에 관한 명확하고 사전에 공개된 기준에 기초하면서, 투명하고 예측할 수 있어야 한다고 권고한다(The CCPE recommends that the evaluation of prosecutors' work be transparent and foreseeable, having been based on clear and previously published criteria, both as regards substantive and procedural rules).

45. 투명하고 예측할 수 있는 평가란 평가를 받은 검사가 평가 결과에 대해 논의할 수 있거나 적절한 경우에, 상급자나 책임자에 의해 수행된 평가와 자기평가 결과를 비교할 수 있고, 그 결과가 다르다면, 심사를 위해 결과를 제출할 수 있다는 것을 의미한다. 평가 결과는 평가대상이 된 검사의 개인적 진실성과 명예를 침해할 수 있는 방식으로 공개되어서는 안 된다(Transparent and foreseeable evaluation means for the evaluated prosecutor to be able to discuss the results of the evaluation, or, where appropriate, compare the results of a self-evaluation with the evaluation conducted by the superior or by the person responsible, if different,

and to submit them for review. The results of the evaluation should not be published in a way that may infringe the personal integrity and honour of the evaluated prosecutor).

46. 평가는 검찰 내에서 동일한 수준에서 동등한 기준에 기반하여 수행되어야 한다. 검찰의 전체 직무수행을 평가하는 경우에서와 같이, 유럽검사자문회의는 검사 업무의 질을 정의함에 있어서는 소추개시 및 소추종결 사건의 수, 결정 및 결과 유형, 소추절차 기간, 사례관리 기술, 구두 및 서면으로 명료하게 주장하는 능력, 현대 기술에 대한 개방성, 다른 언어에 대한 지식, 조직 기술, 검찰 안팎에서 다른 사람들과 협력할 수 있는 능력과 같은 양적 및 질적 요소들을 포함하여야 한다고 생각한다(Evaluation should be conducted on the basis of equal criteria at the same level within the prosecution service. Like in the case of measuring the overall performance of the prosecution service, the CCPE considers that defining quality of prosecutors' work should contain both quantitative and qualitative elements, such as the number of opened and closed prosecution cases, types of decisions and results, duration of prosecutorial proceedings, case management skills, ability to argue clearly orally and in writing, openness to modern technologies, knowledge of different languages, organisational skills, ability to cooperate with other persons within and outside the prosecutor's office).

4. 사례관리(Management of cases)

47. 검사에 의한 높은 질적 수준의 결정이나 기타 관련 행동들은 이용할 수 있는 자료와 법률을 반영하며 이는 공정하고, 신속하게, 비례적으로, 명확하고 객관적으로 행해진다. 이런 점에서, 검사의 행동은 유럽인권협약 및 기타 관련 국제 협약문건들에 따라, 범죄를 소추함에 있어서 피해자와 피해자의 가족 및 증인의 권리를 존중하고 피고인의 권리와 균형을 이루도록 하는 데 더하여 공익과도 균형을 이루도록 하여야 한다는 것은 명백하다. 그러므로 검사는 이러한 원칙들에 따라 자신의 업무를 수행하도록 노력하여야 한다. 유럽검사자문회의의 의견은 검찰은 다양한 검사의 권한 및 직무 분야에서 사례관리의 우수 관행에 착수함으로써 검사 업무를 지원해야 한다는 것이다. 더 나아가 검사의 결정은 다음과 같은 요소들을 반영하여야 한다(A high quality decision or other relevant action by a prosecutor is one which reflects both the available material and the law, and which is made fairly, speedily, proportionally, clearly and objectively. In this respect, it is obvious that prosecutorial actions should, in line with the ECHR and other relevant international instruments, respect the rights of victims, their families and witnesses and be balanced with the rights of the defendants, as well as with the public interest in prosecuting crimes. Therefore, prosecutors should seek to carry out their work in accordance with these principles. It is the opinion of the CCPE that prosecution services should support prosecutors' work by setting out good practices of case management in various fields of prosecutorial competences and duties. Prosecutors' decisions should further reflect the following elements):

a. 객관성 및 공평성(Objectivity and impartiality)

48. 검사는 언제나 법의 지배, 형사사법체계의 진실성 및 공정한 재판을 받을 권리를 유지하면서,

자신의 기능을 수행하고 이를 행사함에 있어서 독립된 상태로 남아야 한다. 검사는 가장 높은 수준의 윤리적 및 전문적 기준을 고수하여야 하고, 자신의 직무를 공정하게 수행하여야 하며 항상 공평하고 객관적으로 행동하여야 한다(Prosecutors should remain independent in the performance of their functions and exercise them always upholding the rule of law, integrity of criminal justice system and the right to a fair trial. Prosecutors should adhere to the highest ethical and professional standards, should carry out their duties fairly, and always behave impartially and objectively).

49. 검사는 성별, 인종, 피부색, 국가적 및 사회적 기원, 정치적 및 종교적 신념, 재산, 사회적 지위 및 성적 지향을 이유로 하는 것을 포함하여, 어떤 종류의 차별 없이 법 앞에 개인의 평등을 제공하여야 한다(Prosecutors should provide for equality of individuals before the law without any kind of discrimination, including on the grounds of gender, race, colour, national and social origin, political and religious belief, property, social status and sexual orientation).

b. 포괄성(Comprehensiveness)

50. 검사의 모든 결정과 행동은 주의 깊에 고려되어야 한다. 검사는 유·무죄에 관한 증거를 찾아내야 하며 피고인 또는 피의자에게 유리한 증거로 이끄는 것들을 포함하여 모든 적절한 수사방침이 수행되고 있다는 것을 보증하여야 한다. 따라서 검사는 수사에 의해 인도된 증거가 명확하고 포괄적인지 고려하여야 한다. 하지만 이는 수사관에게 불균형적인 자원의 투입에 관여하라고 요청하는 것이 아니라, 각 사건의 사실관계를 합리적으로 그리고 현실적으로 해석하여야 한다는 것이다. 이는 관련이 있다고 생각하는 증거를 찾을 피고인 측 변호인의 책임을 폄하하는 것은 아니다(All decisions and actions by prosecutors should be carefully considered by them. They should seek out evidence relating both to guilt and innocence and should ensure that all appropriate lines of enquiry be carried out, including those leading to evidence in favour of the accused or suspected persons. Thus, they should consider if the evidence delivered by the investigation is clear and comprehensive. This does not, however, require an investigator to engage in a disproportionate commitment of resources and should be reasonably and realistically interpreted on the facts of each case. It does not take away from the responsibility of defence lawyers to seek out evidence they consider relevant).

51. 검사는 신뢰할 수 있고 법정에서 인정될 것으로 합리적으로 생각되는, 근거가 충분한 증거에 입각해서만 소추를 결정해야 하며 인권에 대한 중대한 위반과 관련된 증거의 사용은 거부하여야 한다(Prosecutors should decide to prosecute only upon well-founded evidence, reasonably believed to be reliable and admissible, and refuse to use evidence involving a grave violation of human rights).

c. 추론(Reasoning)

52. 명료한 추론과 분석은 검사 업무의 기본요건이다. 검사는 모든 관련 증거를 충분히 고려하고 수사에 의해서 그리고 당사자들에 의해서 드러난 사실에 입각한 쟁점 및 그 밖의 쟁점들을 검토하여야 한다. 검사의 모든 결정 내지 행동은 그와 같은 관련 증거를 반영하여야 하며, 그 사안에 관하여 존재할 수 있는 법률 및 일반 가이드라인에 부합하여야 한다. 검사의 결정과 행동

은 일관되고, 명확하며, 모호하지 않고 모순되지 않는 방식으로 정당화되어야 한다(Clear reasoning and analysis are basic requirements of prosecutors' work. They should fully consider all relevant evidence and examine factual and other issues revealed by the investigation and by the parties. All decisions or actions by prosecutors should reflect such relevant evidence, be in accordance with the law and general guidelines which may exist on the subject. Decisions and actions by prosecutors should be justified in consistent, clear, unambiguous and non-contradictory manner).

d. 명료성(Clarity)

53. 검사에 의해 내려진 모든 지시 내지 명령뿐만 아니라 어떤 공무상의 행동도 검사가 말을 건넨 사람이 명확하게 이해할 수 있는 것이어야 한다. 서면의 경우, 그러한 지시 내지 명령은 매우 명확한 언어표현으로 작성되어야 한다. 이에 더하여, 검사는 쉽게 알아볼 수 있도록 서면 지시와 명령의 구성방식에 특별한 주의를 기울여야 한다(All instructions or directives, as well as any official acts given by prosecutors should be clearly understandable by those to whom they are addressed. Where in writing, such instructions and directives should be drafted in a very clear language. In addition, prosecutors should pay particular attention to the format of written instructions and directives so that they can be readily identified).

e. 정보의 교환과 협력(Exchange of information and co-operation)

54. 협력은 서로 다른 검찰청 사이에서뿐만 아니라 같은 검찰청에 소속된 검사들 사이에, 그리고 검사와 법집행기관/수사관 사이에, 국내적 및 국가적 차원에서 검찰의 효율성을 위해 필수적이다. 검사의 전문성 향상은 이러한 협력의 효율성을 개선할 것으로 보인다(Co-operation is essential for the effectiveness of the prosecution service both at national and international levels, between different prosecution offices, as well as between prosecutors belonging to the same office, as well as between prosecutors and law enforcement agencies/investigators. Increasing specialisation of prosecutors is likely to improve the effectiveness of such cooperation).

55. 검사에게 수사 기능이 있는 경우, 검사는 그들 사이에서뿐만 아니라 그들과 법집행기관/수사관 사이에 적절한 방식으로 정보의 효과적인 교환을 보장하도록 노력하여야 한다. 이는 상호 연관되어 있는 사건에서 업무의 중복을 피할 뿐 아니라 다른 검사와 법집행기관의 활동을 보완하는 것을 돕는다(Where prosecutors have an investigative function, they should seek to ensure an effective exchange of information in a due manner among themselves, as well as between themselves and law enforcement agencies/investigators. This should help in avoiding duplication of work, as well as in complementing efforts of different prosecutors and law enforcement agencies in cases which are connected to each other).

56. 검사에게 그러한 수사기능이 없는 경우, 검사는 관련 수사기관과 수사 중에, 특히 관련 조언과 지침을 제공하면서, 적절하게 협력하여야 한다(Where prosecutors do not have such an investigative function, they should, as appropriate, co-operate during investigations with the relevant investigating agency, particularly in furnishing relevant advice and/or guidance).

57. 그와 같은 협력은 모든 관련 정보가 검사에게 이용 가능하고, 적절한 경우에, 피고인 측에 공개

되는 것을 보장하기 위해 수사종결 시까지 계속되어야 한다(Such co-operation should continue until the end of investigation, with a view to ensuring that all relevant evidence is made available to the prosecutor and disclosed, as appropriate, to the defence).

58. (누락)

Ⅲ. 테러범죄 및 중대조직범죄에 대한 투쟁에 있어서 질적 수준 및 효율성에 대한 현재의 주요 도전(MAJOR CURRENT CHALLENGES FOR QUALITY AND EFFICIENCY IN FIGHTING TERRORISM AND SERIOUS AND ORGANISED CRIME)

A. 서론(Introduction)

59. 유럽평의회의 회원국 대부분은 중대조직범죄가 보다 복잡해지고 국제화되어가는 것을 주시하고 있다. 테러범죄는 많은 나라들에 심각한 타격을 주었고 현재 검찰 업무의 최우선사항이다. 불법 이주는 이러한 맥락에서 테러범죄, 조직범죄 및 인신매매와 같은 영역에 새로운 문제를 제기한다(Most member states of the Council of Europe have observed that serious and serious and organised crimes have become more complex and international. Terrorism has severely hit many countries and is currently a major priority in the work of prosecution services. Illegal migration poses new challenges in this context such as in the areas of terrorism, organised crime and human trafficking).

60. 검사는 이러한 중대한 범죄를 법원에 소추하는 데 제일선에 있으며 그리하여 공공의 안전을 보호하고 법의 지배를 수호하는 데 있어서 필수적인 역할을 수행한다(Prosecutors are in the first line to pursue the prosecution of these grave crimes in courts and therefore they exercise an essential role in safeguarding public safety and protecting the rule of law).

B. 국가적 차원에서의 테러범죄 및 중대조직범죄에 대한 투쟁(Fighting terrorism and serious and organised crime at national level)

1. 테러범죄 및 중대조직범죄에 대한 투쟁 전략(Strategy of the fight against terrorism and serious and organised crime)

61. 2004년의 테러행위로 야기된 국제평화 및 안전에 대한 위협에 관한 유엔 안전보장이사회 결의 제1566호에 따라, 유럽검사자문회의는 "테러리스트 행위의 자금조달, 계획, 준비 또는 수행에 참여하는 것을 지원하고, 용이하게 하고, 참가하거나 시도하는 사람을 인도하거나 소추하는 원칙에 기반하여 법정에 세우는 것"을 검사의 핵심 의무로 생각한다. 적합하고 효율적인 방식으로 이러한 의무를 이행하기 위해서 검사는 국가적 또는 국제적 차원에서 이 분야의 모든 관련 이해당사자들과 협력하고 충분한 인적·물적 자원을 갖추기 위해 충분한 법적 체계 내에서 행위할 필요가 있다. 테러행위에 대한 새로운 위협(중대조직범죄에 의한 자금조달, 인터넷을 통한 선전, 전사의 모집 및 훈련)은 검사가 사회로부터 점점 더 요구되는 효율성과 질적 수준으로 행위할 수 있도록, 새로운 대응과 새로운 형태의 수사 및 소추 기법과 조치를 요구한다(In line with UN Security Council Resolution 1566 (2004) concerning threats to international peace and security caused by terrorism, the CCPE considers it as a key duty of prosecutors "to bring to justice, on the basis of the principle to extradite or prosecute, any person who supports,

facilitates, participates or attempts to participate in the financing, planning, preparation or commission of terrorist acts" or serious and organised crime. To fulfil this duty in a qualified and efficient way, prosecutors need to act within a sufficient legal framework, to cooperate with all relevant stakeholders in this field at national and international levels, and to have sufficient human and material resources. New threats of terrorism (financing by serious and organised crime, propaganda, recruitment and training of fighters through the internet) require new responses, new forms of investigation and prosecution techniques and measures, so that prosecutors are able to act with the efficiency and quality increasingly required by the society).

62. 유럽검사자문회의는 테러범죄 및 중대조직범죄 사건에 대한 검사의 수사 및 소추에 있어서, 검사의 독립과 중립성은 검사가 자신의 의무를 이행하는 데 있어서 특히 보호되어야 한다고 생각한다(The CCPE considers that in the investigation and prosecution of cases of terrorism and serious and organised crime, the independence and impartiality of prosecutors in performing their duties should be particularly safeguarded).

2. 이러한 범죄유형에 대해 제정하기 위한 입법체제, 검사가 이용할 수 있는 조직 및 재정 자원 (Legislative framework to set up for these types of crime, and organisational and financial resources to be made available to prosecutors).

63. 테러범죄, 중대조직범죄 및 사이버범죄와 자금 세탁을 포함하여 이들의 자금조달에 대항하기에 부적당한 입법 및 제도적 체계는 테러리스트, 중대조직범죄의 범죄자와 이들의 지지자들이 영토적 경계 없이 행동하고 자신들의 활동을 수행하고 확장하는 데 자신들의 자금을 사용하도록 허용한다. 실질적으로, 검사는 테러리스트에 대한 선전 및 테러리스트 모집 등을 포함하여, 테러활동 및 중대조직범죄에 대한 직·간접적 지원을 구성하는 활동들을 명확하게 범죄화하는 입법에 의존하고 있다. 이는 심각한 형태의 범죄행위를 위해 마련된 법적 수단을 적용함으로써 검찰이 테러범죄 및 중대조직범죄에 대항하는 투쟁에서 검사가 자신의 활동 영역을 넓히도록 허용할 것이다(An inadequate legislative and institutional framework for combating terrorism, serious and organised crime and cybercrime and their financing, including money laundering, allows terrorists, perpetrators in the field of serious and organised crime and their supporters to act without territorial limits and to use their funds to carry out and expand their criminal activities. To be effective, prosecutors depend on the legislation that clearly criminalises any activities which constitute a direct or indirect support to terrorist activities and serious and organised crime, including propaganda for, and recruitment of terrorists, etc. This would allow prosecutors to widen their field of action in the fight against terrorism and serious and organised crime by application of legal instruments set up for severe forms of criminality).

64. 테러와의 투쟁 그리고, 특히 잠재적 테러리스트의 모집, 조직 가입, 테러리스트 선전, 테러 목적의 정보 공유, 테러활동을 위한 훈련과 준비 및 테러 목적의 수송은 초기 단계에서 테러리스트 및 중대조직범죄에 관한 내부 정보를 가지고 있을 필요성을 요구할 것이다. 그러나 기본권

및 자유에 대한 불균형한 제한은 피해야 한다. 같은 이유로, 법률의 비례성에 맞는 적용을 위한 명료한 한계와 기준이 확립되어야 하고, 특히 소추에 앞서 예방적 조치가 취해진 경우, 형사절차에 관한 통상적인 법률의 대상이 된다(The fight against terrorism and, in particular, recruitment of potential terrorists, admission into the organisation, making terrorist propaganda and sharing information with terrorist purposes, training and preparation for terrorist activities and transporting with terrorist purposes would require the need to have at an early stage insider information about terrorist and serious and organised crime. However, disproportionate restriction of fundamental rights and freedoms should be avoided. For the same reason, clear limits and criteria for a proportionate application of the laws should be established, especially when preventive measures are to be brought before the prosecution, and so being subject to regular law of criminal procedure).

3. 수사기법 및 최신 정보 기술을 포함하는 특별 도구 및 수단의 이용(Investigation techniques and using special tools and means including modern information technologies)

65. 대부분의 회원국들에서, 전자감시 및 첩보활동 같은 특별 수사 기법은 테러범죄 및 중대조직범죄에 대항하기 위한 효과적인 수단인 것으로 보인다. 적어도 검사가 수사권을 가지고 있는 국가에서 이러한 수단들은 검찰청이 이용할 수 있게 되고 있다. 이러한 수단들은 피의자뿐만 아니라 수사중인 관련 범죄상황에 필연적으로 관여된 것은 아닌 다른 사람들의 프라이버시권을 침해하기 때문에, 이러한 조치의 이용은 수사의 결과가 법원과 사회 전반에 의해 받아들여지도록 절차의 어느 단계에서나 검사에 의한 철저하고 영구적인 고려를 필요로 한다(In most member states, special investigative techniques such as electronic surveillance and undercover operations have been shown to be effective tools to combat terrorism and serious and organised crime. These tools are being made available to prosecution offices, at least in jurisdictions where prosecutors have investigative powers. As they infringe the right of privacy not only of suspects but of other persons not necessarily involved in the relevant criminal situation under investigation, the use of these measures needs thorough and permanent consideration by prosecutors at any stage of the proceedings, so that the outcome of the investigation is accepted by courts and society at large).

66. 적절하고 비례하는 정도까지, 사기업 및 통신회사에 의한 트래픽 정보와 위치 정보의 보유 및 보존은, 국가 및 국제 관할권뿐만 아니라 유럽인권협약과 1981년의 개인정보의 자동처리와 관련된 개인의 보호에 관한 유럽평의회 협약을 존중하면서, 보장되어야 한다(The retention and preservation, to an appropriate and proportional extent, of traffic and location data by private enterprises and communication companies should be ensured, while respecting the national and international jurisdiction as well as the ECHR and the Council of Europe's Convention for the Protection of Individuals with Regard to Automatic Processing of Personal Data of 1981).

67. 설문에 대한 답변은 모든 회원국들이 테러범죄 및 중대조직범죄 사건에서 검사가 내리는 결정

의 질적 수준과 효율성을 향상시키기 위한 조직적 조치를 취하고 있음을 보여준다. 검찰청 내에 전문부서를 두고 있는 나라도 있고, 나라 전체에 대한 이 임무를 한 기관에 이관하는 나라도 있다. 유럽검사자문회의는 형사사건의 수사 및 소추를 전문 부서에 집중시키는 것이 바람직하다고 생각한다. 이는 특별 수사 기법의 이용에서뿐만 아니라 이 분야의 다른 이해관계자들에 대한 그리고 이해관계자들과의 의사소통을 발전시키는 데 있어서 필요한 전문성을 보장한다. 이는 또한 관련 검사의 특별 훈련을 보장하고 검사가 이용가능한 최신 기술적, 법적, 조직적 수단을 수용하도록 허용한다. 직접적으로 검찰기관에 종속되거나 검찰기관의 처분에 맡겨져 있는 전문화된 경찰 부서 또는 전문가는, 적절한 경우, 테러범죄 및 중대조직범죄에 대항하는 수사의 질적 수준과 효율성을 향상시킬 수 있다. 그와 같은 조직적 체계는 검사가 완전히 독립적이고 공평하게, 피의자의 인권에 대해 필요한 존중과 피해자, 증인 및 형사절차에 관여한 그 밖의 사람들에 대한 필수적인 보호와 함께 자신의 임무를 수행하도록 한층 더 도울 것이다(The answers to the questionnaire show that all member states have taken organisational steps to enhance the quality and efficiency of prosecutorial decisions in terrorist and serious and organised crimes cases. Some have specialised units within the prosecution offices, others have transferred this duty to one office for the whole country. The CCPE considers it desirable to concentrate the investigation and prosecution of these criminal cases in special units. This can ensure the necessary professionalism not only in the use of special investigative techniques but in developing the communication to, and with, other stakeholders in this field. This can also ensure special training of the prosecutors involved and allowing them to receive the most modern technical, legal and organisational means available. Specialised police units or experts, which are directly subordinated to and are at the disposal of the prosecution entities, where appropriate, may enhance the quality and efficiency of the investigations combating terrorism and serious and organised crime. Such organisational framework will further help prosecutors to perform their duties with full independence and impartiality, with the necessary respect for the human rights of suspects, and the necessary protection of victims, witnesses and other persons involved in the criminal process).

4. 사례 관리(Case management)

68. 적절한 사례 관리 방법론은 중대한 범죄가 하나 또는 그 이상의 개인들에 의해서 또는 아직 확인되지 않은 개인이나 개인들의 집단에 의해 행해지거나 준비되거나 준비되고 있다고 믿기에 충분한 근거가 있는 경우에 침입적 성격의 특별 수사 기법은 필수적인 사법 심사의 대상이 되는 것을 조건으로 해서만 사용되어야 한다는 것을 보증한다(A proper case management methodology can ensure that special investigation techniques that are intrusive are only to be used, subject to the necessary judicial oversight, where there is sufficient reason to believe that a serious crime has been committed or prepared, or is being prepared, by one or more individuals or by an as-yet-unidentified individual or group of individuals).

69. 유럽검사자문회의는, 유럽인권재판소의 판례법에 따라, 특별 수사 기법은 비례성의 원칙을 존중

하면서만 사용되어야 하고 기밀성·진실성·이용가능성의 최소요건을 충족하여야 한다고 강조한다(The CCPE underlines that, according to the case-law of the European Court of Human Rights (hereafter the ECtHR), special investigations techniques are only to be used while respecting the principle of proportionality and they should meet minimum requirements of confidentiality, integrity and availability).

70. 테러범죄 및 중대조직범죄에 관한 법률이 형사 절차에서의 개인의 권리에 관해 규정하고 있는 경우에, 그러한 제한의 적용을 결정하는 검사는 언제나 그것이 비례성의 의무에 관하여 정당화 되는지 여부에 대해서 고려하여야 하고, 증거가 고문 및 그 밖의 잔혹하고 비인도적인 또는 굴욕적인 대우를 수단으로 하여 취득되지 않았음을 보증하여야 하며, 유럽인권재판소 판례법에서의 이러한 개념에 대한 해석을 근거로 한다. 테러범죄 및 중대조직범죄의 심각성에도 불구하고, 자격 있고 효율적인 사례 관리는 검찰의 결정이 기한을 존중하면서 내려지고, 객관적이고 공평하며 전문적인 방식으로, 무죄추정과 방어권에 더하여 범죄피해자의 권리를 존중하면서 수행된다는 것을 보증한다. 법집행기관의 절차 전반에 걸쳐 검사가 기본 원칙과 자유의 측면을 감시하는 것은 검사의 권한 중 일부이다(In cases, where the law on terrorism and serious and organised crime provides for the limitation of the rights of individuals in criminal proceedings, prosecutors who decide to apply such a limitation should always consider whether it is justified vis-à-vis the obligation of proportionality, and ensure that evidence is not obtained by means of torture or other cruel, inhuman or degrading treatment, taking as a basis the interpretation of these concepts in the case-law of the ECtHR. Notwithstanding the gravity of the offences of terrorism and serious and organised crime, a qualified and effective case management ensures that prosecutorial decisions are taken with respect for the time limits and are carried out in an objective, impartial and professional manner, respecting the presumption of innocence and the right to defence, as well as the rights of victims of crime. It is part of their competences, that prosecutors should monitor the respect of these fundamental principles and freedoms throughout the proceedings of law enforcement agencies).

71. 피해자와 증인이 자신의 익명성을 보존하는 것이 허용된 경우, 피고인의 권리와의 올바른 균형이 지켜져야 한다(If victims and witnesses are allowed to preserve their anonymity, the right balance should be preserved with the rights of accused persons).

72. 적절한 절차가 피해자, 증인 및 검사 그 자신과 검사의 가족을 포함해서 그 밖에 절차에 관여된 사람들에 대하여 적용되어야 한다(Appropriate protection should be applied towards victims, witnesses and other persons involved in the proceedings including prosecutors themselves and their families).

5. 훈련(Training)

73. 2000년의 유럽평의회 권고 제19호는, 새로운 형태의 범죄 출현과 형사 문제에 있어서 지속적인 국제적 협력의 필요성을 고려할 때, 검사의 지속적인 훈련에 특별한 주의를 기울여야 한다고 지적한다. 가장 효율적인 소추를 수행하기 위해서, 검사는 모든 형태의 테러범죄와 중대조직

범죄를 수사하고 소추하는 데 있어서 끊임없이 업데이트되고 전문화되고 있다. 이러한 범죄 영역에서의 특별한 필요와 관련하여, 검사의 훈련은 특히 지역적, 국가적 및 국제적 차원에서의 증거의 수집 및 이용, 이해관계인의 협력 형태와 기술, 경험 및 최적관행의 교환, 가능성 있는 인권 위반에 대한 이해, 잠재적 테러리스트 모집에 있어서 소셜미디어의 역할과 대중매체와의 적절한 의사소통에 초점을 두어야 한다(Rec(2000)19 indicates that special attention should be paid to continuous training of prosecutors, given the emergence of new forms of crime and the necessity of continuing international cooperation in criminal matters. To carry out the most efficient prosecution, prosecutors have constantly to be updated and specialised in investigating and prosecuting terrorism and serious and organised crime in all their forms. As regards special needs in these fields of criminality, training of prosecutors should in particular focus on the collection and use of evidence at regional, national and international levels, forms and techniques of co-operation of stakeholders, exchange of experience and best practices, understanding of possible violations of human rights, the role of social media in recruitment of potential terrorists, and proper communication with the media).

74. 이러한 분야에서의 훈련은 관련된 국가적 및 국제적 법적 수단과 인권재판소의 판례법도 포함해야 한다는 것이 유럽검사자문회의의 의견이다(The CCPE is of the opinion that training in this field should also cover relevant national and international legal instruments and the case-law of the ECtHR).

6. 정보관리(교환, 협력)(Information management (exchange, cooperation))

75. 관련 부서와의 증거 내지 정보의 공유는 테러범죄 및 중대조직범죄와의 투쟁에 있어서 가장 중요한 요소 중 하나이다. 이러한 정보는 특히 정보 부서, 보안 부서, 법무 부서 그리고 적절한 경우, 수차례에 걸쳐 테러활동의 표적이 된 기관과 공유되어야 한다. 더욱이 필요하고 유익하다고 생각되는 경우, 테러리스트와 관련된 증거와 정보는 대중에게도 직접 공개될 수 있다(Sharing of evidence or information with relevant units is among the most important elements of fighting terrorism and serious and organised crime. Such information should especially be shared with intelligence and security units, judicial units and, where appropriate, institutions that have been targeted numerous times by terrorist activities. Moreover, if deemed necessary and beneficial, evidence and information regarding terrorists may be directly disclosed to the public as well).

76. 경찰과 기타 법집행 당국 및 정보 당국이 입수된 관련 정보를 적시에 공유하지 못하는 때에 수사에서 있을 수 있는 약점 중 하나가 발생한다. 이러한 문제를 방지하기 위해서, 관련 검찰 당국과 경찰 당국 사이에 합동 수사를 장려하는 것이 바람직할 수 있다. 검사에게 수사권이 있는 회원국에서, 검사는 이러한 행동을 조직화하고 관리하여야 한다(One of the possible weaknesses in investigations occurs when the police and other law enforcement and intelligence authorities do not share relevant received information with prosecutors at the right time. To avoid this problem, it could be advisable to promote joint investigations between

relevant prosecutorial and police authorities. In member states, where prosecutors have investigative powers, they should coordinate and manage these actions).

77. 효율성 증대 목적으로, 협력 및 활동 중에 일어난 특정 문제의 공동 해결 외에, 검찰이 참가한 다양한 분야의 전문가들로 구성된 자문회의를 개최하는 것이 효과적이라고 판명된다(For the purposes of greater efficiency, besides cooperation and joint resolution of specific problems in the operations, it has been proved to be effective to hold consultative meetings with members of multidisciplinary groups with the participation of prosecutors).

78. 유럽검사자문회의는 집중적이고 체계적이며 일관된 접근방식을 통해서 테러범죄와 중대조직범죄의 재정시스템을 수사하고 소추하는 효율성을 향상시킬 필요성을 강조한다. 우선, 국가 데이터 기반 정보시스템을 통해서 정보를 교환할 필요가 있다. 게다가 법집행기관과 은행, 이에 더하여 기타 사법인과 개인(보험회사, 중개업, 공증인, 변호사, 집행관 등) 사이에는 긴밀한 협력을 확립할 필요가 있다. 또다른 점점 더 중요해진 수사 접근방식은 가상화폐와 디지털화폐를 추적하기 위한 인터넷 서비스 제공자와의 협력이다(The CCPE stresses the necessity to enhance the efficiency of investigating and prosecuting the financing systems of terrorism and serious and organised crime through an intensive, systematic and consistent approach. First of all, there is a need to exchange information through a national data based information system. Furthermore, it is necessary to establish close cooperation between law enforcement agencies and banks, as well as other private legal entities and individuals (insurance companies, brokerages, notaries, lawyers, bailiffs, etc.). Another increasingly important investigative approach is the cooperation with internet service providers to follow virtual or digital money).

C. 국제적 차원에서의 테러범죄 및 중대조직범죄에 대한 투쟁(Fighting terrorism and serious and organised crime at international level)

79. 검사들 사이의 국제적 협력은 증가하는 국가간 범죄 수로 인하여, 특히 테러범죄를 포함하여 중대조직범죄에 필수적인 도구가 되고 있다. 세계화와 현대적 통신수단에 의해 가능해진 범죄단체와 개인 간 관계의 국제적 규모는 그러한 범죄를 수사하고 소추할 뿐만 아니라 이를 방지하고자 하는 단일 국가적 대응만으로는 충분하지 않다는 것을 의미한다(International cooperation between prosecutors has become a vital tool due to the increasing number of transborder crimes, in particular severe and serious and organised crime, including terrorism. The international scale of the relations between criminal groups and individuals, facilitated by globalisation and modern means of communications, means that a solely national focus on investigating and prosecuting those crimes, as well as preventing them, is not sufficient).

80. 유럽검사자문회의에 의해 확인된 바와 같이, 검사는 항상 자발적으로 협력하는 모습을 보여야 하고 "자신의 관할권 내에서 국가적 차원에서 자기 업무의 경우와 동일한 성실성으로 국제적 지원 요청을 다루어야 하며 진실되고 효과적인 국제 사법 협력을 촉진하고 유지하기 위해서 훈련을 포함하여 필요한 수단을 원하는 대로 이용할 수 있어야 한다"(As affirmed by the CCPE,

prosecutors should always show willingness to cooperate and "should treat international requests for assistance within their jurisdiction with the same diligence as in the case of their work at national level and should have at their disposal the necessary tools, including training, to promote and sustain genuine and effective international judicial cooperation").

81. 테러범죄 및 국제적 중대조직범죄로 야기된 공격수준과 문제점들을 고려하면서, 이러한 요건들을 이행하는 것은 오늘날 특히 시급해지고 있다. 효과적인 국제적 협력은 이러한 범죄의 예방을 위해서 뿐만 아니라 이러한 범죄의 가해자들을 수사·소추·입증하고 법적으로 처벌하기 위해서 그리고 범죄수익을 몰수하고 이를 되찾기 위해서도 불가피하다. 이러한 목적들은 범죄단체 및 개인의 자금 조달, 이들의 병참 및 작전기지, 위조문서·무기·폭발물의 공급을 탐지하고 파괴하기 위한 최대한의 노력 분담을 상정한다. 현대 범죄자로 인한 큰 과제는 (소셜미디어, 인터넷 네트워크를 포함하여) 이들의 현대적 통신수단의 이용에서 유래하는바, 이에 대한 감시와 합법적 감청은 국제적인 공조를 요한다(Fulfilling these requirements has become particularly urgent today, taking into account the level of attacks and challenges raised by terrorism and international serious and organised crime. Effective international cooperation is unavoidable not only to prevent, but also to investigate, prosecute, prove and legally punish perpetrators of those crimes and to confiscate and recover criminal proceeds. These objectives presume a shared maximum effort to detect and destroy the financing of criminal groups and individuals, their logistical and operational bases, the supply of false documents, weapons and explosives. A great challenge by modern criminals comes from their use of modern means of communication (including social media and networks in the internet), whose monitoring and legal interception require a global action).

82. 국가 검찰 사이의 직접 접촉은, 법적 지원 요청에 응답함으로써 뿐만 아니라 병행수사에서 비롯된 정보 교환을 촉진함으로써 그리고 때로 합동수사팀을 설치함으로써, 국경을 넘어선 형사사건들에 있어서 효율성과 질적 수준을 높이는 효율적이고 적절한 방법이다. 유럽검사자문회의는 회원국들이 직접적 협력을 위한 법적 근거를 개선하고 테러범죄 내지 중대조직범죄와 같은 특정 유형의 범죄에 관한 국가적 중점사항 지정을 통해서 그리고 다른 나라에 법무협력관을 임명함으로써 신속하고 유연한 협력을 증진하도록 장려한다(Direct contacts between national prosecution services are an efficient and adequate way to raise efficiency and quality in cross-border criminal cases, not only by responding to requests for legal assistance, but also by promoting exchanges of information originating from parallel investigations and sometimes by setting up joint investigation teams. The CCPE encourages member states to improve legal basis for direct co-operation and to promote quick and flexible cooperation through the appointment of national focal points on certain types of crime like terrorism or serious and organised crime and/or by appointing liaison magistrates in other countries).

83. 범죄행위의 법적 분류와 절차의 적법성 양측면에 관하여, 국내 입법과 국제법적 기준을 조화롭

게 하는 것은 국경을 넘어선 협력을 상당히 수월하게 만들 것이다. 이는 국내법률의 가능성 있는 체계화와 조화에도 동일하게 적용된다. 그러므로 국가 문화에서 비롯된 장애요인들을 극복하기 위해 전력을 다하여야 하는바, 형법에서의 자율성을 각 국가 형사체제의 정체성의 귀중한 일부로서 고려하여야 한다(Harmonising national legislation with international legal standards, regarding both legal classification of criminal acts and the legality of the proceedings, would significantly ease cross—border cooperation. The same applies to the possible systematisation and harmonisation of national laws. A strong effort should thus be made to overcome obstacles arising from national cultures, which consider autonomy in criminal law as a valuable part of the identity of each national criminal system).

84. 국제적 협력을 개선하고 용이하게 만들기 위해서는, 다음과 같은 세 가지 주요 측면이 고려되어야 한다: 순조롭고 효과적인 협력의 법적 근거; 모든 참여국들에서의 국제적 법적 수단의 적절한 시행; 실용적이고 운용가능한 수단의 창설(In order to improve and facilitate international cooperation, three main aspects should be considered: the legal basis for a smooth and effective cooperation; an adequate implementation of international legal instruments in every participating state; creation of practical and operational instruments).

85. 국제협력의 장애요인들은 제거되어야 한다. 국경 저편의 동료를 알지 못하고, 동일한 언어로 말하지 못하고, 다른 문화를 이해하지 못하는 것은 범죄와의 투쟁에서 함께 일하는 것을 자연스럽게 주저하게 만든다. 그러한 목적으로, 국제협력기관 및 네트워크가 제도적으로 그리고 비공식적으로 설립되었다. 유럽형사경찰기구와 국제형사경찰기구 같은 법집행 단계에서의 공식적 네트워크 조직과 유럽형사사법협력기구와 유럽사법네트워크 같은 사법 단계에서의 공식적 네트워크 조직은 법체계, 문화, 언어 사이의 틈을 메우면서 국경을 가로지르는 법적 협력을 발전시키는 신속하고 효율적인 방법이다. 국가는 순조롭고 성공적인 국제적 지원을 위해 필요한 능력을 이러한 기관들에 제공하여야 한다. 검찰 기능의 행사와 관련된 국제적 기준을 체계화하고 무수한 접점들을 통해서 세계 도처의 검사들과 연결되는 데 기여한(예컨대, 2015년에 테러사건을 다루는 검사 네트워크가 설립되었고, 2010년에 사이버범죄를 다루는 검사 네트워크가 창설되었다) 국제검사협회와 같은 덜 공식적인 조직 또한 국경을 넘어선 범죄와의 투쟁에 유용할 수 있다(Obstacles to international cooperation should be removed. Not knowing the colleagues on the other side of the border, not speaking the same language, not understanding other cultures in fighting crime cause natural hesitation to work together. For that purpose, international cooperation bodies and networks have been set up, both institutional and informal. Formal network organisations at law enforcement level, such as Europol and Interpol, and at judicial level, such as Eurojust and the European Judicial Network, are swift and efficient ways to develop legal cooperation across borders, bridging gaps between legal systems, cultures and languages. States should provide those organisations with capacities needed for smooth and successful international assistance. Less formal organisations can also be useful in fighting crime across borders, like the International Association of Prosecutors, which contributes to systematising international standards related to the exercise of prosecutorial functions, and to

connecting prosecutors all over the world through thousands of contact points (e.g. network of prosecutors dealing with terrorist cases established in 2015, and the network of prosecutors dealing with cybercrime created in 2010)).

권고사항(RECOMMENDATIONS)

1. 투명성과 책임에 대한 대중의 요구에 응답하기 위해서, 검찰은 검사 업무에 있어서 가능한 최고 수준의 질과 효율성을 보장하려는 목적으로 전략적으로 행동해야 한다(In order to respond to public demands for transparency and accountability, prosecution services should act strategically with a view to ensuring the highest possible level of quality and efficiency in the work of prosecutors).

2. 모든 검사가 법 체계 내에서 자신의 기능을 수행하고 있으므로, 입법은 검사 업무의 질과 효율성에 대한 매우 중요한 전제조건이 되고 있다(Since every prosecution service carries out its functions within a legal framework, proper legislation is a paramount precondition for the quality and effectiveness of its work).

3. 국제적 협력을 개선하고 용이하게 만들기 위해서는, 범죄인 인도, 법적 지원 및 범죄수익의 회수를 포함하여, 다음과 같은 세 가지 주요 측면이 고려되어야 한다: 순조롭고 효과적인 협력의 법적 근거; 모든 참여국들에서의 국제적 법적 수단의 적절한 시행; 실용적이고 운용가능한 수단의 창설(In order to improve and facilitate international cooperation, including in extradition, legal assistance and recovery of criminal proceeds, three main aspects should be considered: legal basis for smooth and effective cooperation; adequate implementation of international legal instruments in every participating state and creation of practical and operational tools).

4. 검사의 중립성은 인권보호의 질적 수준을 개선하는 데 중요한 요건이다. 그러므로 회원국은 검사가 직접적으로든 간접적으로든, 어디로부터든 어떤 이유에서든, 과도한 영향, 권유, 압력, 위협 또는 간섭으로부터 자유롭게 자신의 기능을 행사할 수 있도록 보장하여야 한다(The impartiality of prosecutors is an important requirement for improving the quality of human rights protection. Therefore, member states should ensure that prosecutors can perform their functions with maximum independence, free from undue influences, inducements, pressures, threats or interference, direct or indirect, coming from any quarter or for any reason).

5. 검사 업무의 질은 검사와 그 가족의 신변 안전에 대하여 제공되는 보장에 달려 있다. 특히 검사가 테러범죄 및 중대조직범죄 사건에 관여된 경우, 검찰은 검사의 생명, 건강, 자유, 신체적 완전성과 재산의 보호를 위한 사전예방 조치를 취해야 한다(The quality of prosecutors' work depends also on guarantees provided for the personal safety of prosecutors and their families. In particular, when prosecutors are involved in cases of terrorism and serious and organised crime, prosecution services should take proactive measures for the protection of their lives, health, freedom, physical integrity and property).

6. 수사에 대한 잘못되고 편향된 뉴스는 사법의 질적 수준에 대한 대중의 신뢰를 저해하고 소추 체계와 법원의 독립성·공평성과 진실성에 대한 의심을 불러일으킨다. 그러므로 대중매체와 대중에 대한 능동적인 정보 정책을 성취하여야 한다(False or biased news on investigations might betray the trust of the public in the quality of justice and generate doubts as to the independence, impartiality and integrity of the prosecution system and the courts. Therefore, one should achieve an active information policy towards the media and the public).

7. 대중이 기대하는 효율성과 질적 수준으로 행위하기 위해서, 검사는 검찰 체계 내의 전문 부서를 포함하여, 사건을 고려함에 있어 모든 관련 문제들에 적절한 주의를 기울이기 위해서 적절한 인적, 재정적, 물적 자원을 갖추어야 한다. 자격을 갖춘 직원의 지원, 초기훈련 및 지속적 훈련, 중앙 집중 데이터베이스 시스템을 포함한 충분한 최신 기술 장비 및 기타 자원의 제공은 검사의 과중한 부담을 덜어줄 수 있으며 그리하여 검사 결정의 질적 수준과 검찰의 효율성을 제고한다. 이러한 모든 조치들은 중·장기적 전략적 관점 내에서 달성되어야 한다(In order to act with the efficiency and quality expected by the public, prosecutors should have adequate human, financial and material resources in order to give appropriate attention to all relevant matters in considering their cases, including specialised units in the framework of prosecution services. Providing them with the assistance of qualified staff, initial and continuous training, adequate modern technical equipment including centralised database systems, and other resources can relieve prosecutors from undue strain and therefore increase the quality of their decisions and the efficiency of prosecution services. All these measures should be encompassed within a mid-term or long-term strategic view).

8. 유럽검사자문회의는 검사 업무와 검사의 질적 수준을 정의하는 기준은 소추개시 및 소추종결 사건의 수, 결정 및 결과 유형, 소추절차 기간, 사례관리 기술, 구두 및 서면으로 명료하게 주장하는 능력, 현대 기술에 대한 개방성, 다른 언어에 대한 지식, 조직 기술, 검찰 안팎에서 다른 사람들과 협력할 수 있는 능력과 같은 양적 및 질적 요소들을 포함하여야 한다고 생각한다(The CCPE considers that standards for defining quality of the work of prosecution services and of prosecutors should contain both quantitative and qualitative elements, such as number of opened and closed prosecution cases, types of decisions and results, duration of prosecutorial proceedings, case management skills, ability to argue clearly in speaking and in writing, openness to modern technologies, knowledge of other languages, organisational skills, ability to cooperate with other persons within and outside the prosecutor's office).

9. 명료한 추론과 분석은 검사 업무의 질적 수준에 대한 기본요건이다. 그러므로 검사는 모든 관련 증거를 충분히 고려하고 수사에 의해서 그리고 당사자들에 의해서 드러난 사실에 입각한 모든 관련 쟁점 및 그 밖의 쟁점들을 검토하여야 한다. 검사의 모든 결정 내지 행동은 그와 같은 관련 증거를 반영하여야 하며, 그 사안에 관하여 존재할 수 있는 법률 및 일반 가이드라인에 부합하여야 한다. 검사의 결정과 행동은 일관되고, 명확하며, 모호하지 않고 모순되지 않는 방식으로 정당화되어야 한다(Clear reasoning and analysis are basic requirements for the quality of prosecutors' work. Therefore, they should fully consider all relevant evidence and examine all relevant factual and other issues revealed by the investigation and by the parties. All

decisions or actions by prosecutors should reflect such relevant evidence, be in accordance with the law and general guidelines which may exist on the subject. Decisions and actions by prosecutors should be justified in consistent, clear, unambiguous and non-contradictory manner).

10. 적절한 경우에 국내 입법에 따라, 검찰은 소추의 개시와 수행에 있어서 길잡이 역할을 하는 원칙들을 일반적인 용어로 설명하는 검사를 위한 가이드라인을 공표하여야 한다. 그와 같은 가이드라인은 공정하고 논리정연하며 일관된 정책이 검찰의 개입을 뒷받침하도록 소추의 각기 다른 단계에서 고려되어야 할 요인들을 설명하여야 한다. 검찰은 주로 검사가 보다 높은 수준의 전문 업무를 지향하도록 동기를 부여하고자 지표와 후속 메커니즘을 투명한 방식으로 결정하여야 한다. 검찰 내에서의 내부 후속조치는 규칙적이고 비례균형이 맞아야 하며, 법의 지배에 기반하여야 한다(Where appropriate and in line with national legislation, prosecution services should publish guidelines for prosecutors setting out in general terms the principles which should guide the initiation and conduct of prosecutions. Such guidelines should set out the factors to be taken into account at different stages of a prosecution, so that a fair, reasoned and consistent policy underpins the prosecution intervention. Prosecution services should determine indicators and follow-up mechanisms in a transparent way, primarily to motivate prosecutors for higher levels of professional work. Internal follow-up within prosecution services should be regular and based on the rule of law).

11. 검사 업무의 질적 수준을 제고하기 위해서, 관련 이해당사자들과 함께 수행되는 효과적이고 공평한 항의 체제와 정기적 설문은 체계에 있을 수 있는 결점을 인지하는 측면에서 유익하다는 것을 보여준다. 검사의 결정을 감시하는 통제 메커니즘은, 특히 고소인이나 피해자가 없는 범죄에 관하여, 수사 및 소추 단계 중에 일어날 수 있는 실수를 바로잡는 것을 가능하게 할 수 있다(To increase the quality of prosecutors' work, an effective and impartial complaint system and periodical questionnaires carried out with relevant stakeholders have been shown to be beneficial in terms of identification of possible deficiencies in the system. A control mechanism monitoring the prosecutors' decisions, especially as regards offences without a complainant or victim, may make it possible to redress possible mistakes made during the investigation and prosecution phases).

12. 자격 있고 효율적인 사례 관리는 검찰의 결정이 기한을 존중하면서 내려지고, 객관적이고 공평하며 전문적인 방식으로, 무죄추정과 방어권에 더하여 범죄피해자의 권리를 존중하면서 수행된다는 것을 보증한다. 법집행기관의 절차 전반에 걸쳐 검사가 이러한 기본권과 자유의 측면을 감시하는 것도 검사의 권한 중 일부이다(Qualified and effective case management ensures that prosecutorial decisions are taken with respect for any time limits and are carried out in an objective, impartial and professional manner, respecting the presumption of innocence and the right to defence, as well as the rights of victims of crime. It is part of their competences that prosecutors should also monitor respect for these fundamental rights and freedoms throughout the proceedings of law enforcement agencies).

13. 테러범죄 및 중대조직범죄 사건에 있어서, 회원국은 검사에게 특별 수사 기법의 이용을 허용하

는 적절하고 비례에 맞게 균형감 있는 조치를 취하여야 한다(cases of terrorism and serious and organised crime, member states should take appropriate and proportional measures to allow prosecutors the use of special investigation techniques).

8. 유럽회의·평의회 회원국가들의 검찰·검찰청의 독립성과 중립성에 관한 보고서(2020)

2020년 3월 30일 발간된 2019년판 유럽회의·평의회(Council of Europe)의 회원국가들의 검찰·검찰청의 독립성과 중립성(the independence and impartiality of the prosecution services)에 관한 보고서에 따르면, 유럽검찰자문위원회는 다음과 같은 내용을 유러피언 스탠더드(european standards)로 정리하고 있다.[478] 핵심내용만 발췌해서 정리하면 다음과 같다.

(1) 중요한 유러피언 스탠더드의 개관

가. 행정권, 입법권 그리고 다른 권력기관들로부터 검찰청의 조직적 독립성 (Organisational independence of the prosecution services from the executive and legislative powers and other actors)

【표 4-16】 검찰·검찰청의 독립성과 중립성에 관한 보고서(2020)

15. 형사사법체계는 유럽 전반을 통해 다양한 모습을 보인다. 이러한 서로 다른 체계는 상이한 법적 문화에 뿌리를 두고 있고, 모든 국가에 대해 동일한 모델은 존재하지 않는다. 예를 들어 형사절차의 기본 틀에서 그 본질에서 대립당사자주의와 규문적 절차 사이의 차이점이 존재한다. 그럼에도 불구하고 수 세기를 거쳐 오면서 다양한 유럽의 형사사법체계는 서로 다른 쪽의 것들을 광범위하게 차용하였고, 결국 오늘날은 외부로부터 다른 중요한 요소들을 받아들이지 않은 순수한 체계는 존재하지 않는다고 할 수 있다. 이러한 체계들 간의 차용은, 비록 항상 인정되는 것은 아니지만, 일정 수준 수렴되는 결과를 가져왔다고 볼 수 있다.

16. 가장 중요한 수렴현상·내용이자 사실상 모든 형사사법체계가 함께 하는 것은 법의 지배와 사법의 독립성을 위한 전제 조건으로서 검찰청 독립의 요구이다. 심지어 결과적으로 석방으로 종결된 경우라도 형사소송절차가 개인에게 주는 심각한 결과 때문에 검사는 반드시 기소 여부를 결정하고 어떤 범죄의 책임을 물을 것인지를 결정하는 데 공정하게 행위해야만 한다. 검사는 판사와 같이 그의 개인적인 이해가 문제되는 사건에서는 행위해서는 안 되며, 그의 비당파성과

---

478) Bureau of the consultative council of european prosecutors, Report on the independence and impartiality of the prosecution services in the Council of Europe member states (2019 Edition), Strasbourg, 30 March 2020, pp.6.

염결성을 확보하는 것을 목적으로 하는 특정 제약에 종속될 수 있는 것이다.

17. 따라서 검찰청의 독립성과 자율성은 사법의 독립성의 당연한 귀결이며, 그러한 검찰청과 검사들의 독립성과 자율성을 위한 일반적인 경향은 보다 더 장려되어야만 하는 것이다. 그러한 독립성은 법률에 의해 반드시 보장되어야만 하고, 가능한 가장 높은 수준에서, 판사의 그것과 유사한 방식으로 이루어져야만 한다. 검찰청이 정부로부터 독립된 나라들에서, 국가는 이러한 독립성의 속성과 범위가 법에 의해 확립될 것을 보장하기 위한 효과적인 조치를 반드시 취해야만 한다.

18. 검찰청이 정부의 일부이거나 정부에 배속된 나라에서는, 혹은 위에서 언급된 것과는 다른 어떤 지위를 누리고 있는 국가에서는 그 국가가 반드시 검찰에 관련하여 정부의 권한의 본질과 범위도 명확하게 법률에 의해 규정될 것을 보장해야만 하고 정부의 권한사용은 투명한 방법으로 그리고 국제 조약과 기준, 국가의 법률 그리고 법의 일반원칙에 부합되게 이루어져야만 한다.

19. 유럽인권법원(ECtHR)은 민주주의 사회에서 법원과 수사관청은 반드시 정치적 압력에서부터 자유로워야만 한다는 것을 강조할 필요가 있다고 생각했다.[479] 검사들은 다른 기구들과 협업함에 있어서 그들의 의사결정에서 자율적이어야만 하고, 권력분립과 책임원칙을 고려하여 행정권과 의회로부터의 간섭 혹은 외부적 압력으로부터 자유롭게 그들의 의무를 수행해야만 한다. 유럽인권법원은 또한 그들의 위계관계로부터 검사의 기능적 독립성과 검찰청의 행위의 사법적 통제를 확보하는 안전장치와 같은 일반적인 안전판이라는 맥락에서 검사의 독립성이라는 주제를 주목하였다.

20. 회원국가의 전통과 문화는 무시되어서는 안 되는 중요한 요소들이다. 강한 독립성의 전통은 검사들을 보호할 수 있다. 몇몇 회원 국가들에서는 특히 아주 최근에 제정된 헌법들에서 검사의 독립성(알마니아)과 검찰청의 독립성(크로아티아, 그리스, 헝가리, 포르투갈, 슬로베니아 등)이 헌법에서 보장되었다. 다른 회원국가들에서는 제정 법률(에스토니아, 폴란드, 루마니아, 러시아, 우크라이나)에서 보장되고 있다. 몇몇 국가들에서는 각각 다른 권한을 가진 분리된 검찰위원회들이 존재(알바니아, 크로아티아, 포르투갈)하고 있고, 또 다른 국가들에서는 판사와 검사를 위한 공동위원회가 설치(벨기에, 보스니아, 헤르체고비나, 불가리아, 프랑스, 이탈리아, 루마니아, 스페인, 터키 등)되어 있기도 하다.[480]

21. 특정 사건에 관한 행정부에 의한 지휘·지시는 일반적으로 바람직하지 못한 것이다. 이러한 맥락에서 특정 사례에서 기소하지 말라는 지시·명령(instructions)은 원칙적으로 금지되어야만 한다. 그렇지 않은 경우, 그러한 지시는 반드시 예외적인 것에 그쳐야 하고 일련의 요구조건들 뿐만 아니라 특히 투명성 보장을 위한 관점에서 적절한 특정 통제를 받아야만 한다.

22. 검사들의 불편부당성을 보증하기 위하여 검찰청이 다른 국가 권력으로부터 외적인 독립성은 물론이고, 검사들이 검찰시스템 내에서 부적절한 압력으로부터 자유롭게 객관적인 판단을 할 수 있는 능력을 고려하는 것이 중요하다. 유럽검찰자문위원회(CCPE)는 검사들의 활동에 비 개입의 적절한 보장책을 발전시키는 것이 필수적이라는 점에서 베니스 위원회에 동의하고 있다. 비 간섭·비 개입(non interference)은 검사들의 활동들, 특히 소송절차에서의 활동들은 외적인 압력으로부터 자유로울 뿐만 아니라 검찰체계 내에서부터 부적절하거나 불법한 내적 압력으로 부터도 자유로운 것을 보장한다는 것을 의미한다.

23. 이런 관점에서 CCPE는 위계적 구조는, 그들이 수행하는 과업의 본질을 고려할 때 대부분의 검찰청의 통

상적인 측면임을 언급했다. 위계의 상이한 층들 사이의 관계는 반드시 명확하고 모호하지 않고 잘 균형잡힌 규정들에 의해 통제되어야만 하고, 적절한 견제와 균형의 체계가 이를 위해 반드시 제공되어야만 한다. 법의 지배에 의해 통치되는 국가에서는 검찰청의 구조가 위계적인 경우, 검찰의 효율성은, 검사와 관련하여, 권위, 책임성, 예측가능성의 투명한 라인으로 강하게 결속되어야만 한다. 위계적 시스템에서는 검사장(검찰청장, superior prosecutor)은, 개인 검사들의 권리의 적절한 보장책을 조건으로, 반드시 검찰의 결정에 대해 적절한 통제를 행사할 수 있어야만 한다.

24. 나아가, 국가들은 반드시 검사들이 위협, 방해, 괴롭힘, 부적절한 개입 혹은 부당한 민사, 형사 혹은 다른 책임에 노출됨이 없이 그들의 기능을 수행할 수 있도록 보장하여야만 한다. 검사들은 방해없이, 공무원에 의해 범해진 범죄에 대해, 특히 부패, 권한의 오남용, 그리고 인권의 중대한 침해와 같은 사건에서, 그 공무원을 기소하는 지위에 있어야만 한다.

25. 검사들은 반드시 행정기관과 입법기관으로부터 독립되어야만 할 뿐만 아니라, 경제, 재정 그리고 언론의 영역에서 관계자들이나 기관을 포함하여 다른 관계자들과 기관들로 부터도 독립되어야만 한다. 검사들은 또한 반드시 법집행기관들, 법원 그리고 다른 기구들과의 협업에서도 독립적이어야만 한다.

나. 기능적 독립성: 검사의 임명과 정년보장(Functional independence: appointment and security of tenure of prosecutors)

26. CCPE는 판사와 검사의 임무의 밀접하고 유사한 속성이 그들의 지위 그리고 근무의 조건들, 특히 채용, 교육, 경력개발, 보수, 훈육과 이동(이것들은 반드시 법률에 따라 혹은 그들의 동의에만 영향을 받을 수 있다), 직무배제(파면) 등에서 유사한 요구조건과 보장들을 만들어 낸다는 것을 강조한다. 이러한 이유 때문에 적절한 정년을 보장하고, 승진, 징계, 해고 등의 적절한 준비가 보장되어야만 한다.

27. 회원 국가들은 그들의 외적 독립성과 내적 독립성을 보장하는 검사의 지위를 보장해야만 하고, 이것은 가장 높은 수준의 법규에 의해 그리고 명확하고 동의된 과정과 절차에 의해 규제되는, 특히 임용, 경력, 징계를 위한 검찰위원회와 같은 독립적인 기구에 의해 그 적용이 보장되는 것이 좋다.

28. 특히, 회원 국가들은 다음 각 호를 보장하기 위한 조치를 취해야만 한다.
a) 검사의 임용, 승진 그리고 이동이 공정하고 불편부당한 절차를 통해 수행되고 성별, 인종,

---

479) ECtHR *Guja v. Moldova* (Grand Chamber), no. 14277/04, para 86; Bureau of the consultative council of european prosecutors, Report on the independence and impartiality of the prosecution services in the Council of Europe member states (2019 Edition), Strasbourg, 30 March 2020, p.7.

480) Bureau of the consultative council of european prosecutors, Report on the independence and impartiality of the prosecution services in the Council of Europe member states (2019 Edition), p.8 각주들 참조.

피부색, 언어, 종교, 정치적 견해 혹은 다른 입장, 출생국 혹은 사회적 신분이나 출생, 국가적 소수자와의 연대, 성적 취향, 부, 출생 혹은 다른 지위를 이유로 한 차별을 배제하는 절차에 따라 수행된다.

b) 검사들의 경력, 그들의 전문직업적 평가, 그들의 승진과 이동은, 역량과 경험과 같은 투명하고 객관적인 기준에 의해 통제된다. 임용기관은 역량과 기술을 기초로 하여 선별되어야만 하고 그들의 기능은 비당파적이고 객관적인 기준에 기초하여 이행해야만 한다.

c) 검사의 이동은 근무의 필요성에 의해 관리되어야만 한다.

29. 어떠한 형태로든 검사의 채용, 경력 전망들을 관리해야만 하는 비당파성·중립성을 성취하기 위해 노력하면 결국 전문직업에 들어가는 경쟁적 시스템을 위한 준비를 하게 되고 전체의 사법을 위한 혹은 단지 검사들만을 위한 최고위원회(High Councils)의 설립에 이르게 될 수 있다.

30. 검사들은 은퇴할 때까지 임용되어야만 한다. 재임용의 가능성을 지닌 기간제 임명은 검사가 자신의 판단을 법률에 기초하는 것이 아니라 인사권자의 눈치를 보며 행동할 가능성을 높일 위험이 있다.

31. 검찰총장이 임명되고 해임되는 방법은 검찰청의 옳은 기능을 보장하는 체계에서는 중요한 역할을 한다. 만약 정부가 검찰청의 장의 임명에 어떤 통제를 행사하는 경우라면 중요한 것은 그 선정의 방법이 대중의 확신과 존중을 얻고, 사법체계와 검찰체계 그리고 법적 직업인의 구성원의 확신과 존중을 얻는 것이다. 검찰총장은 그의 재임기간의 안정성을 보장하고 그의 정치적 변화에 대한 독립성을 보장하기 위하여 충분하게 긴 임명기간을 보장하거나 영구적으로 임명되어야만 한다.

32. 언급한 바와 같이 외적 독립성(external independence)에 더하여, 회원국가들은 검사들의 내적 독립성(internal independence)도 보장해야만 한다. 이 맥락에서 만약 지시(instructions)가 위계에 의해 검사에게 주어진다면 그 지시들은 문서로 행해져야만 하고, 완전하게 투명한 방식으로, 그리고 항상 권리와 자유를 존중하면서 법의 적용의 목적으로 하고, 추구되는 합법적인 목적에 균형이 맞지 않은 제한 없는 식으로 행해져야만 한다.

Ⅱ. 국제기구의 검찰관련(수사·기소) 규정

1. 각종 국제형사재판소

(1) 국제형사재판소

국제형사재판소(The International Criminal Court, ICC)는 1998년 7월 17일에 유엔 전권 외교 사절 회의에서 채택되어 2003년 3월 11일 집단살해죄(genocide), 반인도적 범죄(crime against humanity), 전쟁범죄(war crime), 침략범죄(the Crime of Aggression)의 처벌을 위해 다자 조약인 '국제형사재판소에 관한 로마규정'(Rome Statute of the International Criminal Court)481)에 근거하여, 네덜란드 헤이그에 설치되었다. 이 재판소는

---

481) 국제형사재판소에 관한 로마규정(Rome Statute of the International Criminal Court)은 현재 120

뒤에 언급될 다른 재판소와는 달리 상설재판소이다.[482] ① 재판소장단(the Presidency),[483] ② 상소심 재판부, 제1심 재판부 및 예심 재판부(An Appeals Division, a Trial Division and a Pre-Trial Division), ③ 검사부(the Office of the Prosecutor), ④ 사무국(the Registry)으로 구성되어 있다.[484]

【표 4-17】 국제형사재판소에 관한 로마규정

Rome Statute of the International Criminal Court
Article 42 The Office of the Prosecutor ① The Office of the Prosecutor shall act independently as a separate organ of the Court. It shall be responsible for receiving referrals and any substantiated information on crimes within the jurisdiction of the Court, for examining them and for conducting investigations and prosecutions before the Court. A member of the Office shall not seek or act on instructions from any external source.
② The Office shall be headed by the Prosecutor. The Prosecutor shall have full authority over the management and administration of the Office, including the staff, facilities and other resources thereof......

국제형사재판소에 관한 로마규정
제42조 검사부 ① 검사부는 재판소의 별개 기관으로서 독립적으로 활동한다. 검사부는 재판소에 회부되는 관할범죄와 그 범죄에 관한 구체적 정보를 접수하며, 이를 조사하고 수사하여 재판소에 기소를 제기하는 데 대한 책임을 진다. 검사부의 구성원은 외부로부터 지시를 구하거나 지시에 따라 활동하여서는 아니 된다.
② 검사부의 장은 검찰관(Prosecutor)으로 한다. 검찰관은 직원, 시설 및 다른 자원을 포함하여 검사부의 관리 및 행정에 전권을 가진다......

위 규정에서 보는 것처럼, 국제형사재판소도 검사부(The Office of the Prosecutor)가 수사 및 기소를 모두 관장한다. 즉 체결국 회의(ASP, Assembly of States Parties)에서 선출한 검사부의 장인 수석 검찰관(Chief Prosecutor)이 인사와 시설, 검사부의 수사 및 기소, 공소유지 등을 지휘하고, 수사관을 임명한다.[485]

여개 당사국이 가입되어 있는 다자 조약으로, 우리나라는 2003. 2. 1. 로마규정을 비준하였고, 2007. 12. 21. 실행입법인 '국제형사재판소의 관할 범죄의 처벌 등에 관한 법률'을 제정하였다.
482) 제1조(재판소) 재판소는 상설적 기구이며, 국제적 관심사인 가장 중대한 범죄를 범한 자에 대하여 관할권을 행사하는 권한을 가지며, 국가의 형사관할권을 보충한다.
483) 인원은 3명으로 모두 상근이며, 18명의 판사 전원의 과반수 투표로써 선출된다. 임기는 9년이다.
484) 로마 규정 제34조.
485) 로마 규정 제44조.

(2) 구 유고슬라비아 국제형사재판소

'구 유고슬라비아 국제형사재판소'(The International Criminal Tribunal for the former Yugoslavia, ICTY)는 유엔 안전보장이사회 결의 제827호에 의해 1993년 5월 네덜란드 헤이그에 설치된 국제형사재판소이다. 1991년 이후 구(舊)유고슬라비아 영역 내에서 행해진 민족 청소, 집단 강간 등의 책임자에 대한 소추와 처벌을 위해 설립되었다. 2017년 12월 31일부로 모든 제1심 재판을 마치고 해산하였는데, 조직은 재판부(3개의 제1심 재판부와 1개의 상소심 재판부; three Trial Chambers and an Appeals Chamber), 검사부(the Prosecutor), 사무국(the Registry)으로 구성되었다.486)

【표 4-18】 구 유고슬라비아 국제형사재판소 개정 규정

Article 16 The Prosecutor ① The Prosecutor shall be responsible for the investigation and prosecution of persons responsible for serious violations of international humanitarian law committed in the territory of the former Yugoslavia since 1 January 1991.
구 유고슬라비아 국제형사재판소 개정 규정
제16조 검사 ① 검사는 1991년 1월 1일부터 구 유고슬라비아 영역에서 범해진 심각한 국제인도법 위반행위에 책임이 있는 사람에 대한 수사와 기소에 대한 책임이 있다.

위 규정에서 보는 것처럼, 구(舊)유고슬라비아 국제형사재판소도 검사(the Prosecutor)가 수사 및 기소 모두 관장하였다.

(3) 르완다 국제형사재판소

'르완다 국제형사재판소'(The International Criminal Tribunal for Rwanda, ICTR)는 유엔 안전보장이사회 결의 955호에 의해 1994년 11월 탄자니아 아루샤에 설치되어 2015년 12월경 활동을 종료하였고, 1994년 1월 1일부터 1994년 12월 31일까지 르완다 및 주변 국가에서 자행된 집단학살 등의 책임자(장 캄반다 전 르완다 총리)에 대한 소추와 처벌을 담당하였다. ① 3개의 제1심 재판부와 1개의 상소심 재판부(three Trial Chambers and an Appeals Chamber), ② 검사부(the Prosecutor), ③ 사무국(the Registry)으로 구성되어 있었다.487)

---

486) '구 유고슬라비아 국제형사재판소 개정 규정'('Updated Statute of the International Criminal Tribunal for the Former Yugoslavia') 제11조.

487) '르완다 국제형사재판소 규정'(Statute of the International Tribunal For Rwanda) 제10조.

【표 4-19】 르완다 국제형사재판소 규정

Statute of the International Tribunal For Rwanda
Article 15: The Prosecutor ① The Prosecutor shall be responsible for the investigation and prosecution of persons responsible for serious violations of international humanitarian law committed in the territory of Rwanda and Rwandan citizens responsible for such violations committed in the territory of neighbouring States, between 1 January 1994 and 31 December 1994.

르완다 국제형사재판소 규정
제15조 검사 ① 검사는 1994년 1월 1일부터 1994년 12월 31일까지 르완다에서 범해진 국제인도법의 심각한 위반행위에 책임이 있는 사람, 르완다 및 인접 국가에서 범해진 위와 같은 위반행위에 책임이 있는 르완다人에 대한 수사와 기소에 대한 책임이 있다.

위 규정에서 보는 것처럼, 르완다 국제형사재판소에서도 검사(the Prosecutor)가 수사 및 기소를 모두 관장하였는데, 인류 역사에서 지속적으로 벌어진 대량학살 책임자를 국제재판에서 최초로 처벌했다는 데 큰 의미가 있다.

(4) 시에라리온 특별재판소

'시에라리온 특별재판소'(The Special Court for Sierra Leone)는 유엔 안전보장이사회 결의 1315호 및 유엔과 시에라리온 정부간 협정에 의해 2002년 서부 아프리카 연안에 있는 시에라리온 프리타운에 설치되어 2013년 12월경 활동을 종료하였고, 1996년 11월 30일 이후 시에라리온에서 발생한 국제인도법 위반자에 대한 소추와 처벌을 담당하였다.[488] 조직은 ① 1개 또는 수개의 제1심 재판부 및 1개의 상소심 재판부(one or more Trial Chambers and an Appeals Chamber), ② 검사부(the Prosecutor), ③ 사무국(the Registry)으로 구성되어 있었다.[489]

【표 4-20】 시에라리온 특별재판소 규정

Statute of the Special Court for Sierra Leone
Article 15 The Prosecutor ① The Prosecutor shall be responsible for the investigation and prosecution of persons who bear the greatest responsibility for serious violations of international humanitarian law and crimes under Sierra Leonean law committed in the territory

---

488) 신태훈, "이른바 '수사와 기소 분리론'에 대한 비교법적 분석과 비판", 형사법의 신동향 통권 제57호, 대검찰청 미래기획단, 98면.
489) '시에라리온 특별재판소 규정'(Statute of the Special Court for Sierra Leone) 제11조.

---

of Sierra Leone since 30 November 1996......

시에라리온 특별재판소 규정

제15조 검사 ① <u>검사</u>는 1996년 11월 30일 이후 시에라리온에서 범해진 국제인도법위반 및 시에라리온법에 의한 범죄에 대하여 가장 큰 책임이 있는 사람에 대한 <u>수사와 기소에 대한 책임이 있다</u>......

위 규정에서 보는 것처럼, 시에라리온 특별재판소에서도 검사(the Prosecutor)가 수사와 기소 모두 관장하였다.

(5) 레바논 특별재판소

'레바논 특별재판소'(The Special Tribunal for Lebanon)는 유엔 안전보장이사회 결의 1757호에 의해 2009년 3월 네덜란드 헤이그 부근 Leidschendam에 설치되어 현재도 활동 중이다. 2005년 발생한 폭탄테러(레바논 전 총리이자 당시 야당 지도자였던 라피크 하리리(Rafiq Hariri)를 포함한 22명이 사망)의 책임자에 대한 소추와 처벌을 목적으로 설립되었다. ① 1명의 예심판사, 1개의 제1심 재판부와 1개의 상소심 재판부(a Pre-Trial Judge, a Trial Chamber and an Appeals Chamber), ② 검사부(the Prosecutor), ③ 사무국 (the Registry), ④ 변호인 사무실(The Defence Office)로 구성되어 있다.[490]

【표 4-21】 레바논 특별재판소 규정

Statute of the Special Tribunal for Lebanon

Article 11 The Prosecutor ① The Prosecutor shall be responsible for the investigation and prosecution of persons responsible for the crimes falling within the jurisdiction of the Special Tribunal......

② The Prosecutor shall act independently as a separate organ of the Special Tribunal. He or she shall not seek or receive instructions from any Government or from any other source.

레바논 특별재판소 규정

제11조 검사 ① <u>검사</u>는 본 특별재판소의 관할에 속하는 범죄를 범한 자들에 대한 <u>수사와 기소에 관한 책임이 있다</u>......

② <u>검사는 특별재판소의 분리된 기관으로서 독립적으로 활동한다. 그는 어떠한 정부 기타 타인에게도 지시를 구하거나 받아서는 안 된다.</u>

위 규정에서 보는 것처럼, 레바논 특별재판소에서도 검사(the Prosecutor)가 수사 및 기소 모두 관장한다.

---

490) '레바논 특별재판소 규정'(Statute of the Special Tribunal for Lebanon) 제7조.

(6) 기 타

위 5개의 국제형사재판소 외에 과거 제2차 세계대전 당시 전범의 처벌을 위해 설치된 뉘른베르크 전범재판소[491]와 도쿄 전범재판소[492]도 모두 검사가 수사 및 기소를 통할하였다.

결론적으로 주목할 것은 그동안 설치된 국제형사재판소 중 '수사와 기소가 분리'된 곳은 단 한 곳도 없다는 점이다.[493]

【표 4-22】각종 국제형사재판소의 수사·기소 제도 요약

국문 명칭	영문 명칭	설치 근거	수사 권한	기소 권한	상설 기관 여부
국제형사재판소	The International Criminal Court	다자 조약	검사	검사	상설
구 유고슬라비아 국제형사재판소	The International Criminal Tribunal for the former Yugoslavia	유엔 안전보장이사회 결의	검사	검사	임시
르완다 국제형사재판소	The International Criminal Tribunal for Rwanda	유엔 안전보장이사회 결의	검사	검사	임시
시에라리온 특별재판소	The Special Court for Sierra Leone	유엔 안전보장이사회 결의 및 유엔과 시에라리온 정부간 협정	검사	검사	임시
레바논 특별재판소	The Special Tribunal for Lebanon	유엔 안전보장이사회 결의	검사	검사	임시

---

491) "Agreement for the Prosecution and Punishment of the Major War Criminals of the European Axis, and Charter of the International Military Tribunal, 82 U.N.T.S. 280, entered into force Aug. 8, 1945", Article 15.

492) "International Military Tribunal for the Far East, Special proclamation by the Supreme Commander for the Allied Powers at Tokyo January 19, 1946" Article 8.

493) 신태훈, "이른바 '수사와 기소 분리론'에 대한 비교법적 분석과 비판", 형사법의 신동향 통권 제57호, 대검찰청 미래기획단, 100면.

2. 유럽연합에서 유럽검찰청의 설치에 관한 논의

(1) 의 의

1950년대 이후로 유럽연합이 지속적으로 발전되어 왔음에도 형사사법 분야는 유럽연합 회원국간의 협력의 방식으로 이루어지고 있을 뿐 유럽연합이 독자적으로 형벌권을 행사할 수 없다. 그러나 유럽연합 자체의 고유한 이익을 확보하기 위하여 이미 1990년대 초반부터 유럽연합의 독자적 형벌권이 논의되기 시작하였다. 유럽검찰청의 설치에 관한 논의도 이와 직접 관련되어 있다.

(2) 유럽검찰청 도입을 위한 논의 배경

유럽검찰청이란 유럽연합으로부터 독립된 기관으로서 유럽연합의 재정적 이익에 손해를 끼친 범죄를 척결하기 위한 목적으로 설립될 검찰청을 말한다. 그 근거는 리스본조약이라고 불리는 유럽연합의 기능화에 관한 조약(the Treaty on the Functioning of the European Union) 제86조이다. 현재 유럽검찰청이 설치되어 있는 것이 아니라 설치를 위한 논의가 막바지 단계에 와 있다. 2017. 6. 8. 유럽연합 회원국 법무부장관들의 회동에서 총 28개 회원국 중 20개 회원국이 룩셈부르크에 유럽검찰청을 설치하기로 정치적인 합의에 도달하였다.

유럽연합이 유럽검찰청 설치를 논의하게 된 현실적인 배경은 유럽연합의 예산에서 지출되는 보조금이나 교부금 등 자금집행을 둘러싸고 사기, 조세포탈, 배임, 뇌물, 자금세탁, 관세범죄 등과 같은 범죄가 적지 않게 발생하고 있기 때문이다. 이들 범죄로 인하여 유럽연합에 매년 500억 유로(한화 약 65조)의 손실이 발생하는 것으로 추산되고 있다.[494] 유럽연합 회원국은 자국의 형법에 사기죄, 보조금사기죄, 조세포탈죄, 문서위조죄 등과 같은 범죄구성요건을 갖추고 있기 때문에 국내 형사절차를 통하여 이러한 범죄를 소추할 수 있지만 회원국의 형법규정이 상이하게 구성되어 있다는 것이 문제가 되었다. 예를 들어 미수의 가벌성이나 법인의 형사처벌 가능성 등이 회원국마다 다르기 때문이다. 유럽연합 회원국들의 상이한 형법규정은 조직범죄에 대한 기소와 유죄의 가능성을 낮추어 결국 범죄조직에게 매력적인 기회를 제공해 주었다. 유럽연합 자체의 재정적 이익을 보호하기 위한 단일한 형법규범의 제정이 필요한 이유도 바로 이 때문이었다. 그뿐만 아니라 유럽연합 회원국들이 유럽연합에서 집행되는 예산을 이른바 '눈먼 돈'으로 보아 국내 예산을 집행하는 경우와 동일한 정도로 주의를 기울이지 않는다는 경향도 나

---

494) 「EU−Staatsanwalt könnte künftig Mehrwertsteuer−Betrüger verfolgen」, Bild, 14 Oktober, 2016, http://www.bild.de/geld/aktuelles/wirtschaft/eustaatsanwalt−koennte−kuenftig−mehr wertsteuerbetrueger−48289684.bild.html.

타났다.[495)]

결국 유럽연합 자체에서 집행되는 예산을 둘러싸고 조직적으로 범해지는 사기, 조세포탈, 문서위조 등과 같은 범죄가 유럽의 통합에 중대한 걸림돌로 작용하기 때문에 이를 실효적으로 소추할 수 있는 시스템을 구축해야 한다는 것이 유럽검찰청 설치 논의의 취지이다.

이에 따라 유럽연합은 2007년 '유럽연합 기능조약' 제86조에 '유럽검찰청' 창설에 관한 근거규정을 입법하였으며, 유럽연합 집행위원회(European Commission)는 2013년 7월 '유럽검찰청' 창설을 공식 제안하였고,[496)] 유럽 의회(European Parliament)는 2015년 4월 29일[497)] 및 2016년 10월 5일[498)] 2회에 걸쳐 '유럽검찰청' 창설을 촉구하는 결의안을 통과시킨 바 있다. 이후 최근까지 '유럽검찰청'이 창설될 경우 각 회원국의 주권을 일부 제한하게 되는 점 등에 관하여 회원국간 이견이 있어 계속 논의 중이었고, 네덜란드·스웨덴·폴란드·헝가리는 반대, 덴마크·아일랜드·영국은 Opt Out,[499)] 독일·프랑스 등 나머지 20여개 국가는 찬성하는 것으로 알려져 있다.[500), 501)]

【표 4-23】 유럽연합 기능조약

Treaty on the Functioning of European Union[502)]
Article 86 ② The European Public Prosecutor's Office shall be responsible for investigating, prosecuting and bringing to judgment, where appropriate in liaison with Europol, the perpetrators of, and accomplices in, offences against the Union's financial interests, as

---

495) Nürnberger, Silke, 「Die zukünftige Europäische Staatsanwaltschaft – Eine Einführung」, ZJS, 2009, S. 495.

496) Proposal for a Council Regulation on the establishment of the European Public Prosecutor's Office(2013. 7. 17.), <http://eur-lex.europa.eu/legal-content/EN/TXT/?uri=celex:52013PC0534>.

497) European Parliament resolution of 29 April 2015 on the proposal for a Council regulation on the establishment of the European Public Prosecutor's Office (COM (2013)0534 – 2013/0255(APP)), <http://www.europarl.europa.eu/sides/getDoc.do?type= TA&reference= P8-TA-2015-0173&language=GA>.

498) European Parliament resolution of 5 October 2016 on the European Public Prosecutor's Office and Eurojust (2016/2750(RSP)), <http://www.europarl.europa.eu/sides/getDoc.do?pubRef=-//EP//TEXT+TA+P8-TA-2016-0376+0+DOC+XML+V0//EN>.

499) 유럽연합의 특정 정책에 불참하는 것을 의미한다.

500) <http://www.politico.eu/article/new-eu-prosecutors-will-crack-down-on-cross-border-fraud>.

501) <http://www.politico.eu/article/france-and-germany-make-new-push-for-eu-prosecutor>.

---

determined by the regulation provided for in paragraph 1. It shall exercise the functions of prosecutor in the competent courts of the Member States in relation to such offences.
유럽연합 기능조약
제86조 ② <u>유럽검찰청은</u>, 적절한 경우 유로폴과 협력하여, 제1호에 따른 규칙에 의해 결정되는 유럽연합의 재정적 이해를 침해하는 <u>범죄의 행위자와 공범을 수사하고, 기소하며</u> 재판을 받도록 할 책임이 있다.

위와 같이 각 회원국이 만장일치에 이르지 못하자[503] 유럽연합을 주도하고 있는 독일, 프랑스 등이 이른바 'enhanced cooperation'[504]에 따라 '유럽검찰청'의 창설을 강력히 추진해 왔고, 그 결과, 2017년 10월 12일 유럽연합 회원국 28개 국가 중 20개국[505]이 참여하여 '유럽검찰청' 창설을 확정지은 상황이다.[506] 유럽의회에 따르면 '유럽검찰청'은 2020년 내지 2021년에 활동에 돌입할 계획이고, 본부는 룩셈부르크에 설치될 예정이라고 한다.[507]

【표 4-24】 각료이사회 규칙(2017)

COUNCIL REGULATION (EU) 2017/1939 of 12 October 2017 implementing enhanced cooperation on the establishment of the European Public Prosecutor's Office ('the EPPO') **Article 4 Tasks.** The EPPO shall be responsible for investigating, prosecuting and bringing to judgment the perpetrators of, and accomplices to, criminal offences affecting the financial interests of the Union which are provided for in Directive (EU) 2017/1371 and determined by

---

502) <http://eur−lex.europa.eu/legal−content/EN/TXT/?uri=celex%3A12012E%2FTXT>.
503) 위 'EU 기능조약' 제86조에 의하면 원칙적으로 만장일치로 '유럽검찰청'을 창설하도록 되어 있다.
504) 위 'EU 기능조약' 제86조, 회원국 중 9개국 이상이 찬성할 경우 찬성국끼리 독자적으로 추진 가능하다.
505) 유럽연합 회원국 28개 국가 중, 그리스, 독일, 라트비아, 루마니아, 룩셈부르크, 벨기에, 리투아니아, 불가리아, 스페인, 슬로바키아, 슬로베니아, 에스토니아, 오스트리아, 이탈리아, 체코, 크로아티아, 키프로스, 포르투갈, 핀란드, 프랑스 등 20개국이 참여하였고, 네덜란드, 덴마크, 몰타, 스웨덴, 아일랜드, 영국, 폴란드, 헝가리는 불참하였다. 다만, 최근 네덜란드가 합류하기로 결정하였다는 보도가 있었다. <http://www.dutchnews.nl/news/archives/2017/ 10/the−netherlands−will−join− eu−fraud−prosecution−office−after−all/>.
506) COUNCIL REGULATION (EU) 2017/1939 of 12 October 2017 implementing enhanced cooperation on the establishment of the European Public Prosecutor's Office ('the EPPO'), <http://eur−lex.europa.eu/eli/reg/2017/1939/oj>.
507) <http://www.europarl.europa.eu/news/en/press−room/20171002IPR85127/ep−green−light−for−setting−up−eu−prosecutor−to−fight−fraud−against−eu−funds>.

> this Regulation. In that respect the EPPO shall undertake investigations, and carry out acts
> of prosecution and exercise the functions of prosecutor in the competent courts of the
> Member States, until the case has been finally disposed of.
>
> **2017년 10월 12일 유럽검찰청 창설에 관한 '고양된 협력' 절차의 집행을 위한 각료이사회 규칙**
>
> **제4조 임무.** 유럽검찰청은 지침 2017/1371호 이 규칙에서 정한, 유럽연합의 재정적 이해에 영향을
> 미치는 범죄의 행위자와 공범을 수사하고, 기소하며 재판을 받도록 할 책임이 있다. 그 점에서 유
> 럽검찰청은 사건이 최종 종결될 때까지 수사를 지휘·감독하고, 소추행위를 수행하며 각 회원국의 법
> 원에서 검사의 역할을 수행한다.

(3) 유럽검찰청 설치안

유럽연합 이사회는 특별입법절차에 따라서 유럽연합 의회와 만장일치로 집행명령을 통하여 유럽검찰청을 설치할 수 있다(유럽연합의 기능화에 관한 조약 제86조 제1항). 지금까지 채택된 유럽연합 집행위원회와 이사회의 유럽검찰청 설치안을 간략하게 설명하면 다음과 같다.

첫째, 유럽검찰청은 1명의 유럽검찰총장, 5명의 차장검사, 회원국에서 지명되어 유럽연합 이사회에서 선출되는 유럽검사, 회원국에서 임명되는 유럽파견검사로 구성된다. 현재 115명 정도의 검사가 유럽검찰청을 구성할 것으로 예상되고 있다.[508]

둘째, 유럽검찰청의 임무는 유럽연합의 재정적 이익에 손해를 끼친 범죄행위를 범한 행위자와 공범을 수사하여 기소하고 경우에 따라서는 상소를 제기하는 것이다. 유럽검찰청은 이러한 범죄에 대한 수사를 지휘하고 감독하며 수사와 기소 및 상소에 대한 책임을 부담한다. 특히 유럽검찰은 유럽연합의 재정적 이익에 손해를 끼친 범죄를 수사하고 기소함에 있어 회원국의 관할 법원에서 국내 검찰의 임무를 수행한다.

셋째, 유럽검찰청이 자신의 임무를 수행하기 위한 실체법적 전제조건은 어떠한 행위가 유럽연합의 재정적 이익을 침해하는 것인지 범죄구성요건으로 사전에 확정되어 있어야 한다는 점이다. 현 시점까지 이에 관한 구체적인 범죄구성요건이 확정되지는 않았지만 유럽연합 차원에서는 이미 1990년대 중반 이후로 유럽연합의 재정적 이익을 침해하는 유럽연합의 재정적 이익을 보호하기 위한 형법규정의 제정에 관한 입법제안이 나왔고,[509] 그동안 유럽연합 차원에서 부패, 내부자거래 및 주가조작, 통화위조, 마약류범

508) 「EU−Staatsanwaltschaft kommt nach Luxemburg: 115 Mitarbeiter sollen den grenzü
berschreitenden Steuerbetrug bekämpfen」, Luxemburger Wort, 8 Juni 2017, https://
www.wort.lu/de/politik/neue−europaeische−institition−eu−staatsanwaltschaft−kommt
−nach−luxemburg−59392d73a5e74263e13c187c# (2017. 9. 30. 최종검색).

509) Delmas−Marty, Mireille(Hrsg.), 「Corpus Juris der strafrechtlichen Regelungen zum Schutz

죄, 테러, 인종주의 및 혐오주의, 도박 등의 개별 범죄별로 다수의 협약이 체결되었다. 이 점에서 유럽검찰청이 활동하기 위한 실체법적 근거가 되는 형법규정을 제정하는 데는 큰 문제가 없을 것으로 보인다.

(4) 구조 및 권한

'유럽검찰청'은 본부(Central Office)와 각 회원국에 배치되는 '유럽검찰청 수임검사'(the European Delegated Prosecutors)로 구성된다. 본부는 '검사협회'(the College), '상설위원회'(the Permanent Chambers), '유럽검찰청 검사장'(the European Chief Prosecutor), 2명의 '유럽검찰청 부검사장'(the Deputy European Chief Prosecutor), '유럽검찰청 검사'(the European Prosecutor), '사무국장'(the Administrative Director)으로 구성된다.[510] '유럽검찰청 검사장'은 유럽 의회와 각료이사회가 합의로 지명하고 임기는 7년이다.[511]

위 각 규정에서 보는 바와 같이 '유럽검찰청'은 유럽연합의 재정적 이해관계를 침해하는 범죄에 대한 수사, 수사지휘, 기소에 대한 책임이 있다. 그 외의 범죄는 기존대로 각 회원국이 담당한다. '유럽검찰청'의 수사 및 기소는 '유럽검찰청 수임검사'가 담당[512]하고, '유럽검찰청 검사'가 지휘한다.[513] '유럽검찰청 수임검사'는 직접 수사하거나 회원국 수사기관을 지휘하여 수사하고, 회원국의 수사기관은 '유럽검찰청 수임검사'의 지휘를 따라야 한다.[514] 한편, '유럽검찰청'에서도 업무수행에 있어 '유럽검찰청' 자체와 그 구성원의 독립성이 강조된다.[515]

---

der finanziellen Interessen der Europäischen Union」, Carl Heymanns Verlag, 1988 참조.

510) 위 REGULATION의 Article 8 Structure of the EPPO.

511) 위 REGULATION의 Article 14 Appointment and dismissal of the European Chief Prosecutor.

512) 위 REGULATION의 Article 13 The European Delegated Prosecutors.

513) 위 REGULATION의 Article 12 The European Prosecutors.

514) 위 REGULATION의 Article 28 Conducting the investigation.

515) 위 REGULATION의 Article 6 Independence and accountability.

05

현행법상 수사권(수사기관) 관련규정 및 개정 형사소송법 등에 대한 해설

제1절 현행법상 수사권(수사기관) 관련 규정

Ⅰ. 헌 법

1. 의 의

헌법에 기술되어 있는 형사절차에 관한 규정은 형사절차를 지배하는 최고법으로서 형사소송법의 법원이 된다. 왜냐하면 헌법은 피고인 및 피의자의 기본적 인권을 보장하기 위하여 형사절차에 관한 상세한 내용을 규정하고 있기 때문이다. 예컨대 적정절차의 원칙(제12조 제1항), 고문금지와 불이익진술거부권(동조 제2항), 영장주의(동조 제3항), 변호인의 조력을 받을 권리(동조 제4항), 체포·구속적부심사청구권(동조 제6항), 자백배제법칙과 자백의 보강법칙(동조 제7항), 일사부재리의 원칙(제13조 제1항), 신속한 공개재판을 받을 권리(제27조 제3항), 피고인의 무죄추정(동조 제4항), 형사보상청구권(제28조) 등을 들 수 있다. 이러한 헌법의 규정은 국민의 인신보호를 위한 적법절차의 원리 및 사전영장주의를 명문화한 것으로, 경찰 등 수사기관은 반드시 준사법기관인 검사에게 영장을 신청하도록 하고, 검사는 영장을 검토하여 구속의 사유와 필요가 있다고 판단되는 경우에만 법원에 영장을 청구하여 최종적으로 판사가 영장을 심사하도록 함으로써, 검사와 판사에 의한 이중의 영장심사 장치를 두어 공권력에 의하여 부당하게 신체의 자유를 침해받지 않도록 국민을 보호하고 있다[1]고 볼 수 있다.

이에 대하여 수사권 문제는 헌법상의 문제가 아닌 법률상의 문제이고 수사의 주재자가 검사라는 점은 헌법사항이 아니라 법률사항이며, 헌법 제12조 제3항은 검사에 의한 영장청구와 법관에 의한 영장심사를 규정하고 있는 것일 뿐, 수사권의 주체를 규정하고 있다고 보는 것은 무리한 확장해석이라고 보는 견해도 있다[2] 경찰도 헌법 제12조 제3항 및 제16조는 국민의 신체 또는 주거의 자유를 제한하는 강제처분인 체포·압수·

---

1) 수사지휘론, 법무연수원(2003), 107면.

2) 서보학, 「검찰·경찰간의 합리적 수사권 조정방안」, 검·경 수사권조정에 관한 공청회 자료집 (2005. 4. 11), 수사권조정자문위원회, 205면; 조국, 「실사구시의 원칙에 선 검찰·경찰 수사권 조정 방안」, 동 자료집, 243면.

수색을 공정하고 독립적인 지위가 보장된 법관의 판단에 의한다는 "강제처분 영장주의" 원칙을 선언하고 있는 규정으로서, 체포·구속 등 강제처분의 경우에는 반드시 검사의 신청에 의해 법관이 발부한 영장이 필요함을 규정하고 있을 뿐이며, 동 규정들을 이른 바 "검사가 수사절차를 주도해야 한다는 국민의 헌법적 결단"이라고 해석하는 것은 지나친 논리의 비약으로서 우리 헌법학계·형사법학계에서조차 주장된 바 없는 독단적 견해에 불과하다3)고 보고 있다. 2009년 8월 김형오 국회의장 직속의 헌법연구자문위원회도 헌법 제12조 제3항에 규정된 검사의 영장 청구 권한을 삭제하는 내용의 보고서를 작성한 바 있는데, "검사가 법원에 체포·압수·수색·구속영장을 청구하도록 한 영장제도는 신체의 자유를 보장하기 위한 헌법상 영장주의와 직접 관련이 없는 입법 정책적 문제이기 때문에 영장 청구권자를 누구로 할지는 헌법이 아닌 법률로 정해야 한다"는 것으로, 미국·독일·프랑스·일본 헌법에는 영장 청구권자에 대한 규정이 없다는 점을 그 근거로 들고 있다.4) 따라서 이하에서는 '검사경유 원칙'의 입법 경위 및 헌법규정으로 편입 과정을 살펴보기로 한다.

2. 검사경유원칙의 입법 경위

(1) 입법과정

일제 강점기의 경찰의 불법구금과 고문의 폐해가 해방 후 경찰에서도 계속되자, 그 폐해의 방지를 위해 영장제도를 도입하여야 한다는 논의가 높아졌다. 먼저, 1947. 3.경 대법원에서 형사소송법 응급조치에 관한 요강을 마련하였는데 검찰관 또는 사법경찰관의 체포 또는 구류장 발부 금지(제5항), 체포장과 규류장의 발부절차(제6항), 압수·수색·검증의 사전영장원칙과 예외(제7항), 피의자가 구속되어 있는 경우 검찰의 공소제기 기간 도과 및 경찰의 송치기간 도과에도 불구하고 석방되지 않은 경우 피의자에 대한 석방명령 등 8개항에 걸친 것이었다.5)

1947. 5. 하순경 경성 법조회에서는 경찰의 불법구금이나 고문으로 인한 인권침해 상황을 해결하기 위한 인권옹호대책안을 발표하였는데, 그중 7호로 구인, 구류, 압수, 수색, 검증, 사체해부 등에 영장주의를 도입할 것, 8호 사법경찰관은 검찰관을 통하여 심판관으로부터 영장을 얻어 검찰관의 지휘하에 범죄수사를 할 것, 9호 현행범 체포시 24

---

3) 수사권 조정 추진방향(2005. 5.), 경찰청, 3면.
4) 독일, 프랑스, 미국, 일본 등 외국의 경우, 신체의 자유에 대한 보장을 위하여 헌법에서 법관의 영장을 통한 통제장치 및 국가작용으로서의 사법부에 대하여 규정하고 있을 뿐, 검사에 대하여 직접적으로 규정하고 있는 예는 거의 없다(각국 헌법상의 검사에 관한 규정에 대하여는 유일준, 「검사의 헌법상 지위」, 형사법과 헌법이념(제1권), 공법연구회, 박영사, 2006, 4-10면 참조).
5) 문성도, 『영장주의의 도입과 형성에 관한 연구』, 서울대학교 대학원 박사학위논문, 2000, 110면.

시간 이내에 심판권에게 영장을 청구할 것, 10호 구인, 구류장을 받지 못할 때에는 체포한 자를 즉시 석방할 것 등이 있었다.[6] 사법경찰관은 검찰관을 통해서 영장을 받는 것이 이미 여론화되어 있었던 것이다.

1947. 6. 미국사법제도시찰단이 미국으로 가서 미국의 제도를 시찰한 후 1947. 9. 1. 귀국하였는데,[7] 그 시찰단의 보고서에도 검찰제도와 경찰제도의 민주화와 인권보호라는 항목에서 사법경찰관은 48시간, 검찰관은 10일간 이상 피의자를 구속하지 못하게 할 것, 검찰관이 10일을 초과하여 피의자를 구속할 필요가 있을 경우 재판관에게 구류장 발부를 요청하게 할 것을 제안하였다.[8]

이후 1948년 초경에 사법부의 안으로서 형사소송에 관한 임시조치령안이 작성되었는데, 그중 영장주의와 관련하여 종래에 인정되던 검찰관과 사법경찰관의 구인장, 구류장 발부권한 및 압수, 수색권한을 없애고 모두 재판소의 영장을 받도록 하였고, 사법경찰관이 체포영장 또는 수색영장의 발부를 청구하는 때에는 검찰관을 경유할 것을 요하도록 하였다(제12조).[9] 이러한 사법부안에 대해 다시 검찰에서는 사법부안에 대한 수정이유라는 제목으로 수정안을 제시하였는데, 사법부안에 대비하면 사법경찰관이 유치갱신을 하는 경우 검사의 허가를 받도록 한 점과 법원의 재판상 구속기간 갱신을 제한하는 조문을 둔 것이 특징적이었다.[10]

(2) 최초의 입법화

우리나라에 영장주의가 최초로 도입된 것은 1948. 3. 20. 공포된 미군정법령 제176호("형사소송법의 개정", 시행일: 1948. 4. 1.)이었다.[11] 그런데, 위 법령에서는 영장주의만 도입이 되었을 뿐, 영장의 청구절차에 대해서는 별다른 규정이 없었다. 이러한 점이 논란되자, 위 법령의 공포 직전인 1948. 3. 31. 공포된 미군정법령 제180호(형사소송법의 보충규정, 시행일: 1948. 4. 1.)에서는 검사는 직접 법원에 영장을 청구하되, 사법경찰관은 검사를 경유하여 법원에 청구할 것을 규정하였다.[12] 이것이 우리나라에서 사법경찰관

---

6) 동아일보 1947. 5. 27.자.
7) 이상기 대법관, 이호 고등검찰청장, 강병순 법원국장, 전규홍 입법의회 사무총장, 장경근 서울지
   방심리원장 등이 구성원이었다(동아일보 1947. 9. 3.자).
8) 문준영, 법원과 검찰의 탄생, 역사비평사, 2010, 684면.
9) 문성도, 앞의 논문, 116 – 118면.
10) 문성도, 앞의 논문, 127 – 128면.
11) 미군정법령 제176호(형사소송법의 개정) 제3조 누구든지 구속당할 자의 성명 및 피의사건을 기
   재한 재판소가 발한 구속영장 없이는 신체의 구속을 받지 아니한다. 그러나, 다음 사항의 1에
   해당하며 또한 긴급을 요하는 경우에는 그렇지 아니하다…(이하 생략)…(신양균 편저, 형사소송
   법 제·개정자료집(상), 한국형사정책연구원, 3면 참조).
12) 미군정법령 제180호(형사소송법의 보충규정) 제5조 구속영장 또는 수색영장의 신청 수속은 다음

영장의 "검사경유원칙"이 최초로 모습을 나타낸 규정이다. 이에 따라 당시까지 적용되던 조선형사령에 규정된 검사와 사법경찰관의 독자적인 강제처분권은 폐지되고 우리나라 형사소송절차에 영장주의가 도입되었다. 영장청구절차에서 사법경찰관 및 기타 관헌은 소관 검찰관에게 청구하며 그 검찰관은 이를 재판소에 신청하도록 하였고, 검사의 유치장 감찰을 명문화한 것이다. 다만 법원, 검찰청이 설치되어 있지 않은 지역은 영장발부 권한을 부여받은 특별심판원(치안관)에게 직접 영장 발부를 신청할 수 있도록 하였다(형사소송법 보충규정 제6조). 즉, 사법경찰관은 검찰청이 설치된 지역에서는 검사를 통하여 영장을 신청하고, 검찰청이 설치되지 않은 지역에서는 검사를 경유하지 않고 직접 특별심판원에게 영장발부를 신청할 수 있는 2개의 절차가 병행하게 된 것이다.

　다만 여기에서 한 가지 지적하고 넘어가야 할 부분은 제정 검찰청법 제5조[13])를 위시하여, 1954년 제정 형사소송법은 종래의 구법체계를 유지하여 검사를 수사의 주재자로, 사법경찰관을 그 보조자로 규정하고 있다는 점이다(동법 제195조, 제196조).[14] 그 이유는 일제시대때 경찰(순사)들이 국민들을 상대로 자백을 받아내기 위하여 고문을 행하였다는 반성에서 출발하여, 고문근절의 방법으로 경찰작성조서에 대하여 피고인이 법정에서 부인을 하기만 하면 그 조서의 증거능력을 부정하기로 한 방안(형사소송법 제312조 제3항, 당시 조문으로는 제312조 단서)과 아울러 법관에 준하는 법률지식을 갖추고 인적 자질이 우수한 검사에게 국민의 인권을 보장할 사명을 부여하자는 입법자의 결단이 있었기 때문으로 볼 수 있다.[15]

과 같다.

　　가. 검찰관은 그 소속 재판소에 신청한다.

　　나. 사법경찰관 및 기타 관헌은 **소관 검찰관에게 청구하며**, 그 검찰관은 이를 재판소에 신청한다.(신양균 편저, 형사소송법 제·개정자료집(상), 한국형사정책연구권, 9면 참조).

13) 제5조 검사는 다른 법령에 의하여 그 권한에 속하는 사항 이외에 형사에 관하여 공익의 대표자로서 좌의 직무와 권한이 있다.

　1. 범죄수사, 공소제기와 그 유지에 필요한 행위

　2. 범죄수사에 관한 사법경찰관리의 지휘감독

　3. 법원에 대한 법령의 정당한 적용의 청구

　4. 재판집행의 지휘감독

14) 제195조(檢事의 搜査) 檢事는 犯罪의 嫌疑있다고 思料하는 때에는 犯人, 犯罪事實과 證據를 搜査하여야 한다.

　제196조(司法警察官吏) ① 搜査官, 警務官, 總警, 警監, 警衛는 司法警察官으로 檢事의 指揮를 받아 搜査를 하여야 한다.

　② 警査, 巡警은 司法警察吏로서 檢事 또는 司法警察官의 指揮를 받아 搜査의 補助를 하여야 한다.

　③ 前二項에 規定한 者以外에 法律로써 司法警察官吏를 定할 수 있다.

그런데, 1954년 제정 형사소송법에서는 어찌된 일인지 검사와 사법경찰관이 병렬적으로 영장청구권자로 규정된 것으로 나타났다.[16] 해방 직후부터 경찰의 인권유린 수사관행, 이승만 정권 하에서 정치세력과의 유착 등의 문제로 사법경찰에 대한 검사의 통제강화 필요가 법조계의 일치된 인식이었다는 시대적 배경에 비추어 보면, 위 제정 형사소송법상 사법경찰관에게 독자적인 영장청구권을 부여하는 입법은 지금 시각에서도 선뜻 납득이 되지 않는다.[17] 제정 형사소송법 초안과 관련한 국회 공청회, 정기회의 속기록 등을 살펴봐도 사법경찰관이 영장청구권자로 등장하게 된 배경이나 설명을 찾기가 어렵다. 오히려 제정 형사소송법의 정부안 검토과정에 참여한 김병로 대법원장은 당시 국회 정기회의에서 다음과 같이 발언한다.

> "... 그 다음에 문제는 세상에 항상 말썽되는 영장문제인데,...(중략)... 이 안에 있어서는 법제사법위원회에서 역시 그 점에 있어서 퍽 신중한 고려를 한 결과 이 안이 전체적으로 되기를 물론 영장은 법관이 그것을 발행하고 경찰을 경유해서 검찰이 청구해서만 영장을 교부하게 되었습니다...(이하 생략)..."[18]

---

15) 1950년대 당시 영장의 남발로 인한 국민의 피해를 살펴보면, 당시 경찰에게 영장청구권을 부여한 결과, 구속사건의 70%가 석방 또는 불기소 되었다고 한다(1957. 3. 4.자 법률신문(제239호) "사법경찰관이 직접 순회판사에게 구속영장을 청구하고 있는 현실에 대하여 (중략)... 구속영장의 신청 및 발부 후에 불기소 또는 석방된 인원이 칠할 가량이라 함은 구속영장의 막연한 청구와 그 남발이라는 평을 면치 못할 것이라는데 경찰로서는 구속영장 청구에 있어 검사를 경유하지 않고 직접 청구하는 현실이라면 영장의 남발상태는 여전히 지속될 것").
16) 1954년 제정 형사소송법 제201조 ① 피의자가 죄를 범하였다고 의심할만한 상당한 사유가 있고, 제70조 제70조 제1항 각호의1에 해당하는 사유가 있을 때에는 검사 또는 사법경찰관은 관할 지방법원 판사의 구속영장을 받아 피의자를 구속할 수 있다. (형사소송법 제215조 압수수색영장에서도 동일)
17) "...경찰을 제외한 법조계의 인식이 일치하는 부분이 있었다. 바로 검사의 사법경찰에 대한 수사지휘가 실효적으로 이루어질 수 있도록 제도개선이 이루어져야 한다는 것이었다. 그 제도적 실현형태는 검찰직속의 사법경찰기구를 창설하는 것, 궁극적으로 사법경찰을 행정경찰에서 분리해 완전히 검찰에 직속시키는 것이었다. 그 자체만 놓고 보면, 얼핏 검찰의 이해관계만 반영된 것 같지만, 당시에는 검사의 수사지휘권 강화, 검찰중심의 일원적 수사체계가 수사민주화를 위한 개혁과제로 인식되고 있었다. 해방 이후 한국경찰은 예전보다 훨씬 중앙집권적인 조직으로 재편되었고, 고문 등 심각한 인권유린을 자행했으며, 정치권력(미군정, 이승만 정권)에 기대어 법원과 검찰의 통제로부터 벗어나려 하고 있었다. 때문에 사법경찰을 확고하게 검찰의 통제 아래 두어야 한다는 인식이 힘을 얻었다. 검찰청법과 형사소송법에 담긴 검찰 통제장치들은 단순히 대륙형 형사사법제도가 연속된 것으로서가 아니라, 이 시기 강렬한 경찰불신의 산물로서도 이해할 수 있다."(문준영, 법원과 검찰의 탄생, 역사비평사, 683면).
18) 신양균 편저, 앞의 책, 155면.

1954년 제정 형사소송법에서 검사경유원칙이 후퇴한 이유나 배경은 명확하지 않는 가운데, 이 문제에 대하여 문성도 교수는 박사학위 논문에서 다음과 같이 분석하고 있다.

> "정부안에서는 검사경유원칙을 규정하고 있었고, 법사위안이나 추가수정안에서도 이에 대한 수정이 이루어지지 않았는데, 공포된 제정 형사소송법에 이에 대한 내용이 없었다. 본회의 통과 후 법사위 자구 정리 과정에서 누락된 것으로 보인다. 이것이 입법과정상의 착오였는지 아니면 일부러 누락시킨 것인지 궁금하지 않을 수 없다"[19]

다시 말해, 1954년 제정 형사소송법상 검사경유원칙이 무너지고, 사법경찰관에게 독자적인 영장청구권자의 지위를 부여한 것은 당시 입법자의 진정한 의사가 아니라는 의미이다. 이는 당시 경찰에 대한 비판적 여론에 비추어보면, 지극히 상식적인 추측이다. 이러한 결론을 다시 한 번 확인해주는 객관적 자료가 있는데, 당시 국회 법사위에서 제정 형사소송법안을 심의한 서일교 전문위원은 그의 저서에서 영장청구 절차와 관련한 전체 형사소송법을 다음과 같이 해석하고 있다.

> "...(이상 생략)... 이상의 규정에 의하여 신청을 받은 판사는 상당하다고 인정할 때에는 구속영장을 발부한다. 그 신청을 기각한 때에는 그 취지를 기재하여 신청한 검사에게 교부한다. <u>따라서 구속영장의 신청은 검사만이 할 수 있는 것으로 사법경찰관은 검사를 경유하여야 한다.</u> 이는 사법경찰관이 범죄의 수사에 있어서 검사의 지휘감독을 받는 현 제도하에서는 당연하다 하겠다(196조 1항 참조, 검5조 2호 참조). 검사는 사법경찰관의 영장청구에 대하여 수사의 지휘권에 기하여 이를 거부할 수 있다...(이하 생략)..."[20]

1954. 9. 23. 제정 형사소송법이 공포된 날과 같은 날 정부는 다시 형사소송법 개정안을 국회에 제출하는데, 그 형사소송법 개정안에는 영장청구 절차와 관련하여 사법경찰관은 검사를 경유하여 영장을 청구하도록 하는 "검사경유원칙"이 포함되어 있다.[21]

---

19) 문성도, 영장주의의 도입과 형성에 관한 연구 - 1954년 형사소송법의 성립을 중심으로-, 서울대학교 대학원 법학박사 학위논문(2001. 2.), 249면.

20) 서일교, 신형사소송법(1954), 일한도서출판사, 200면(문성도, 앞의 논문, 250면에서 재인용).

21) "제201조 제1항 본문을 다음과 같이 한다.
피의자가 죄를 범하였다고 의심할만한 상당한 이유가 있고, 제70조 제1항 각호의 1에 해당하는 사유가 있을 때에는 검사는 관할 지방법원 판사의 구속영장을 받아 피의자를 구속할 수 있고, 사법경찰관은 검사에 청구하여 관할지방법원 판사에 구속영장을 받아 피의자를 구속할 수 있다. ...(중략)...
제215조를 다음과 같이 한다.
① 검사는 범죄수사에 필요한 때에는 지방법원 판사가 발부한 압수, 수색영장에 의하여 압수, 수색 또는 검증할 수 있다.

즉, 최초형사소송법 제정을 위한 법전편찬위원회 초안에서는 제195조는 '피의자가 죄를 범하였다고 의심할 만한 상당한 이유가 있고 제70조 각호에 해당하는 사유가 있을 때에는 검사 또는 사법경찰관은 관할지방법원 판사의 구속영장을 받어 피의자를 구속할 수 있다. 3만원이하의 벌금, 구류, 과료에 해당하는 범죄에 관하여는 피의자가 일정한 주거가 없는 경우에 한한다. 법원판사는 검사의 신청에 의하여 정당하다고 인정한 때에는 구속영장을 발부한다.'고 규정되어 있었다.[22] 검사와 사법경찰관이 법관의 영장에 의해 피의자를 구속할 수 있다고 하여 영장주의의 기본을 규정하면서도 신청권자로는 검사만을 규정한 것이다. 이후 형사소송법에 대한 법사위 수정안에서 제7항으로 '구속영장의 신청에는 구속의 필요를 인정할 수 있는 자료를 제출하여야 한다.'는 조문과 제8항으로 '제1항의 신청을 받은 판사는 상당하다고 인정할 때에는 구속영장을 발부한다. 그 신청을 기각할 때에는 신청서에 그 취지를 기재하여 신청한 검사에게 교부한다.'는 조문을 추가하였는데,[23] 이는 법원의 심사를 위해 필요한 자료를 제출하여야함을 명문화하고, 법원이 기각할 수 있음과 기각할 때의 절차를 규정한 것이었다. 이 안에 대하여 1954. 2. 15.의 국회 정기회 제1회 독회에서 김병로 대법원장은 다음과 같이 설명을 하고 있다.[24]

> "이 안이 지금 전체적으로 되기를 물론 영장은 법관이 그것을 발행하고 경찰을 경유해서 검찰이 청구해서만 영장을 교부하게 되었습니다. 최근 현행하는 것은 이렇게 되어 있습니다. 영장청구를 하는 데에는 즉 말하면 형식심사입니다. 그 어떠한 간단한 형식만 인가되면 급한데 영장 청구하는데 재판소에서는 언제 불러다가 조사할 수도 없고 사람이 나가서 조사할 수도 없으니까 형식만 되면 영장을 교부했다 말이에요. 그래서 영장을 교부하면 영장으로 해서 구속당한 피의자가 절대 나는 이렇게 구속당할 범행이 없소해서 그 구속이 적당한가 아닌가 하는 심사신청을 재판소에 곧 제출하면 그 때에는 비로서 장본인 구속신청한 사람이나 또는 구속을 당한 사람이나를 다 불러서 심사해가지고 기록이고 무엇이고 다 심사해서 적당한가 아닌가 하는 결정을 해서 내놓습니다. 그런데 지금 편찬위원회에서도 그 점도 많은 고려를 했는데 법제사법위원회에서는 거기에 일층 더 영장을 청구할 때에는 재료를 법관에 제공하라는데까지 한걸음 더 나가서 상세히 규정되었습니다. 그것이 없는 재료를 제출하라는 말은 아니겠지요. 가급적 무엇이든지 있으면 법관이 영장을 교부하는데 재료될 만한 참고할 만한 것이 있는 대로 재료를 제공하라는 거기까지 주의를 가했습니다. 그래서 그 점에 있어서는 아마 결국은 사람이 잘해야 되

---

② 사법경찰관이 범죄수사에 필요한 때에는 검사에게 청구하여 지방법원 판사가 발부한 압수, 수색영장에 의하여 압수, 수색 또는 검증할 수 있다."(신양균 편저, 앞의 책, 221 – 222면).

22) 대검찰청, 형사소송법 제정·개정자료집, 1997, 288 – 289면.
23) 대검찰청, 형사소송법 제정·개정자료집, 1997, 365면.
24) 대검찰청, 형사소송법 제정·개정자료집, 1997, 384 – 385면.

겠지요마는 법으로서는 영장신청하는데 있어서도 아마 상당한 주의를 가하게 된 것으로 생각합니다."

이후 1954. 2. 19. 본회의에서 법안이 통과되는데 당시 법사위원장은 다음과 같이 원문을 읽는다.

"원문을 한번 읽겠습니다. 「제195조 제1항 피의자가 죄를 범하였다고 의심할 만한 상당한 이유가 있고 제70조 각 후에 해당하는 사유가 있을 때에는 검사 또는 사법경찰관은 관할지방법원 판사의 구속영장을 받아 피의자를 구속할 수 있다.」 2항에 「만오천환 이하의 벌금, 구류, 과료에 해당하는 범죄에 관하여는 피의자가 일정한 주거가 없는 경우에 한한다.」 그 다음에 3항으로 「법원판사는 검사의 신청에 의하여 정당하다고 인정한 때에는 구속영장을 발부한다.」 그 다음에 제4항으로 「전 3항의 규정에 의하여 구속을 받는 자나 변호인, 법정대리인, 배우자, 직계존속, 직계비속 또는 기족은 관할 법원에 구속의 적부여부의 심사를 청구할 수 있다.」 「제5항 전항의 청구를 받은 법원은 지체없이 구속한 자와 구속을 받은 자를 신문하여 그 청구가 이유없다고 인정한 때에는 결정으로 이를 기각하고 이유가 있다고 인정한 때에는 결정으로 구속받은 자의 석방을 명하여야 한다.」 「제6항 전항의 결정에. 대하여는 즉시항고를 할 수 있다.」 여기에 대해서 4항으로 배우자에다가 형제자매를 삽입합니다. 그 다음에 6항에 「전항의 청구를 기각하는 결정에 한하여 항고할 수 있다.」 이것을 삽입합니다. 그 다음에 제7항으로 「구속영장의 신청에는 구속의 필요를 인정할 수 있는 자료를 제출하여야 한다.」 이것은 이전에 수정한 제한설명에도 말씀드리고 대법원장의 설명에도 말씀드렸든 것입니다. 「제8항 제1항의 신청을 받은 판사는 상당하다고 인정할 때에는 구속영장을 발부한다. 그 신청을 기각할 때에는 신청에서 그 취지를 기재하여 신청한 검사에게 교부한다.」

그런데 이 법안에 대해 대통령이 거부권을 행사하고 국회에서 재결의한 후 공포되는 과정에서 최종적으로 공포된 법안에서는 국회에서 통과된 법안 중 제3항이 없어지고 개별 항들이 합쳐지면서 다음과 같이 되었다.

제201조 (구속) ① 피의자가 죄를 범하였다 의심할 만한 상당한 이유가 있고 제70조제1항 각호의 1에 해당하는 사유가 있을 때에는 검사 또는 사법경찰관은 관할지방법원판사의 구속영장을 받아 피의자를 구속할 수 있다. 단, 1만5천환 이외의 벌금, 구류 또는 과료에 해당하는 범죄에 관하여는 피의자가 일정한 주거가 없는 경우에 한한다.
② 구속영장의 신청에는 구속의 필요를 인정할 수 있는 자료를 제출하여야 한다.
③ 제1항의 신청을 받은 지방법원판사는 상당하다고 인정할 때에는 구속영장을 발부한다. 그 신청을 기각할 때에는 신청서에 그 취지를 기재하여 신청한 검사에게 교부한다.
④ 전3항의 규정에 의하여 구속을 받은 자 또는 그 변호인, 법정대리인, 배우자, 직계친족, 형제

자매, 호주나 가족은 관할법원에 구속의 적법여부의 심사를 청구할 수 있다.

⑤ 전항의 청구를 받은 법원은 지체없이 구속한 자와 구속받은 자를 심문하여 그 청구가 이유 없다고 인정한 때에는 결정으로 이를 기각하고, 이유 있다고 인정한 때에는 결정으로 구속받은 자의 석방을 명하여야 한다.

⑥ 전항의 청구를 기각하는 결정에 한하여 항고를 할 수 있다.

본회의를 통과한 법률안에서 구속적부심조항 이후에 절차적 규정이 있던 것을 앞으로 당겨서 청구절차규정을 앞에 두고 그 뒤에 구속적부심조항으로 정리하면서 법사위원장이 낭독한 조문 원문에서 제2항을 제1항의 단서로 정리하고, 제7항과 제8항이 자료제출과 영장발부, 기각절차이므로 이를 제1항에 이어서 제2항, 제3항으로 정리하면서 원문 제3항으로 들어 있던 검사의 영장청구 문구가 누락된 것이다. 따라서 어떤 경위로 제1항에서 사법경찰관의 경우 검사를 경유하여 영장을 신청하도록 하는 문구가 빠지게 되었는지 명확하지 않으나, 학계나 검찰실무에서는 제3항에서 신청을 기각할 때에는 그 취지를 기재하여 검사에게 교부한다는 조문과 입법경위로 볼 때 검사를 경유하여야 한다고 해석되었던 것이다. 그리고 이는 사법경찰관이 범죄의 수사에 있어 검사의 지휘를 받는 체제(제정 형사소송법 제196조 제1항)에서 당연한 절차로 보았으며, 강제처분이야말로 인권침해에 중대한 영향을 주는 처분이므로 통상적인 업무에 있어 강제처분 여부에 대해서는 사전적으로 검사의 지휘를 받는 것이 적절하기 때문이다.[25]

그러나 법무부에서는 제정 형사소송법의 공포법률로 국회에서 넘어온 법률안이 검사를 영장청구권자로 한 국회 통과안과 다른 안이었고, 해석상 혼란을 유발하기 때문에 그 혼란을 없애고자 공포 즉시 사법경찰관은 검사를 경유하여 청구하여야 함을 보다 명확히 표현한 안을 정부 개정안으로 제출하였던 것입니다. 위 검사경유원칙과 관련한 위 정부안의 제안이유를 보면, 이와 같이 불분명한 이유로 형사소송법에서 누락된 "사경 영장의 검사경유원칙"을 재확립하려는 의사를 명확히 알 수 있다.

"제201조 제1항과 제251조는 사법경찰관이 검사를 경유하지 않고, 직접 판사의 영장을 청구하여 강제수사를 할 수 있게 되었는데, 이것은 우리 형사소송제도의 취지에 반하는 것이며, 검사가 범죄수사의 주동이 되고, 사법경찰관리는 검사의 보조자로서 검사의 지휘를 받게 되어 있는데, 사법경찰관리가 검사를 경유치 않고 직접 판사의 영장을 받아 강제수사를 할수 있다며는 검사가 범죄수사의 책임자에서의 임무를 다할 수 없게 되는 결과가 되는 것이므로 검사부지(不

---

25) 권오병, 형사소송법요론, 미국의 소리사, 1959, 222면; 서일교, 신형사소송법학, 일한도서출판사, 1954, 200면; 최대교, 개정 형사소송법강의, 박영사, 1955, 143면. 검찰에서도 1954. 9. 25. 신형사소송법 시행에 따른 회의를 통해 피의자에 대한 구속영장신청은 검사의 손을 통해야 한다고 지침을 마련하였다(경향신문 1954. 9. 29.자).

知)의 강제수사가 없게 하여야 할 것이다."[26]

다만, 1954년 이후에도 수년간 법원, 검찰청이 설치되지 않은 지역에서 특별심판원 제도가 일부 존재하여 사법경찰관이 특별심판원에게 영장을 직접 청구하는 실무가 계속되었는데 이에 대해서는 검찰에서도 사실상 검찰청이 설치되지 않은 격지 지역에서의 실무 필요상 용인하여 결과적으로 제정 형사소송법 이전의 투트랙이 얼마간 존속하게 되었던 것이다. 그러나 이러한 투트랙으로 인한 구속의 남발 등의 문제점이 계속 노정되었고, 특별심판원제도가 폐지되고 검찰이 조직상으로도 정비가 된 상황이 되어 1961년 형사소송법 개정시에 영장청구절차를 일원화하는 것으로 명확히 표현된 법안으로 개정이 되고, 실무도 완전한 일원적 체계를 갖추게 된 것이다.

결국 위 1954년 형사소송법 개정안(정부안), 1956년 형사소송법 개정안(국회 법사위 수정안),[27] 1957년 다시 제출된 형사소송법 개정안(정부안)[28]에서는 모두 "검사경유원칙"을 담고 있는데,[29] 이러한 입법적 노력이 1950년대에 계속되다가 1961년 형사소송법이

---

26) 신양균 편저, 앞의 책, 224면.

27) <1956년 국회 법제사법위원회 수정·개정안 제안이유, 주요골자>
- 형사절차상 피의자 및 범법자의 인권과 직접 관계된 조항을 개정하여 이들의 권익이 법익과 조리에 맞게 보호될 수 있도록 하기 위하여,
- 사법경찰관은 판사의 구속영장을 받아 피의자를 구속할 수 있게 되어 있는 현행법을 구분하여 검사는 판사의 영장에 의하여, 사법경찰관은 검사에 청구하여 판사의 구속영장을 받아 피의자를 구속할 수 있도록 하는 동시에...
- 제198조의 2를 신설하여 지방검찰청 검사장 또는 동지청장은 불법구속의 유무를 조사하기 위하여 검사로 하여금 매월 1회 이상 관하경찰서와 피의자의 구속장소를 감찰하게 하여야 하며..
  * 정부개정안 수용, 나아가 검사의 구속장소 감찰규정도 국회 심의과정에서 신설됨.

28) <1954년 및 1957년 정부의 형소법 개정안 제안이유>
- 이 법의 시행과정에서 노정된 모순점을 정정키 위하여 수사의 일원화를 기하고.. 사법경찰관리가 검사를 경유치 않고 직접 판사의 영장을 받아 강제수사를 할 수 있다며는 검사가 범죄수사의 책임을 다할 수 없게 되는 결과가 되는 것이므로 검사不知의 강제수사가 없게 하여야 할 것이다.

29) 검사경유원칙을 규정하게 된 이유로 당시 사법경찰의 인신구속영장 남발에 대한 비판여론을 들 수 있을 것이다.
<1950년대 당시의 언론기사>
- 1957. 3. 4.자 법률신문(제239호): 구속영장의 신청 및 발부 후에 불기소 또는 석방된 인원이 7할 가량이라 함은 구속영장의 막연한 청구와 그 남발이라는 평을 면치 못할 것. 경찰로서 구속영장 청구에 있어 검사를 경유하지 않고 직접 청구하는 현실이라면 영장의 남발상태는 여전히 지속될 것..
- 1959. 11. 16.자 법률신문(제368호): 구속사건 석방율 44%, "인신구속영장 남발(濫發) 경향 여전. 사건의 경미 또는 무혐의인 자 18,312명이 구속을 당하였던 것.."

개정[30])되면서 앞서 제출된 형사소송법안상의 조문형식과 내용이 그대로 형사소송법에 도입하게 된 것이다. 즉, 1961년 형사소송법 개정시에 "검사경유원칙"이 도입하게 된 것은 5·16. 군사쿠데타와는 별다른 관련이 없고, 그 이전부터 정부와 국회에서 지속적으로 논의된 내용이 그대로 반영된 것에 불과하다. 왜냐하면 현재까지 5·16. 군사쿠데타와 연계시키는 주장을 뒷받침할 명확한 근거나 자료가 없을 뿐만 아니라, 이 조항의 필요성에 대한 논의가 5·16. 군사쿠데타가 발생하기 수년 전인 1954년경부터 이미 국회에서 논의가 되었기 때문이다.[31])

　　오히려, 1954년 제정 형사소송법 심의과정에서 사법경찰관을 독자적인 영장청구권자로 인정하려는 어떠한 논의나 배경이 발견되지 않고, "검사경유원칙"이 무너진 원인이 '자구누락'으로 의심되는 상황, 제정 형사소송법이 공포된 직후인 1954년 정부의 형사소송법 개정안[32])에서도 "검사경유원칙"을 재확립하려는 목적이 있었던 상황 등에 비추어 당시의 입법자들의 진정한 의사 속에는 사법경찰관에게 독자적인 영장청구권자 지위를 부여할 생각은 전혀 없었다고 보는 것이 타당할 것이다.

(3) 헌법규정으로 편입과정
가. 1962년 제5차 개헌

　　1962년 제5차 헌법개정안[33])에 대한 공식 설명자료("헌법개정과 국민투표")에 의하면, 검사경유원칙을 헌법규정에 도입하려는 이유에 대하여 다음과 같이 명확하게 밝히

---

30) 1961. 9. 1. 개정 형소법 제201조 및 제198조의 2
- 제201조 사법경찰관은 검사에게 청구하여 관할지방법원 판사의 구속영장을 받아 피의자를 구속할 수 있다.
- 제198조의 2 ① 지방검찰청 검사장 또는 지청장은 불법구속의 유무를 조사하기 위하여 검사로 하여금 매월 1회 이상 관하 경찰국, 경찰서의 피의자의 구속장소를 감찰하게 하여야 한다. 감찰하는 검사는 피구속자를 심문하고 구속에 관한 서류를 조사하여야 한다.
　② 검사는 피구속자가 불법으로 구속된 것이라고 의심할 만한 상당한 이유가 있는 경우에는 즉시 사건을 검찰에 송치할 것을 명하여야 한다.
31) 김상겸, "검사의 영장청구에 관한 헌법적 연구", 형사법의 신동향 제57호(2017. 12.), 대검찰청 미래기획단, 21면.
32) <1954년 및 1957년 정부의 형소법 개정안 제안이유>
　• 이 법의 시행과정에서 노정된 모순점을 정정키 위하여 수사의 일원화를 기하고.. 사법경찰관리가 검사를 경유치 않고 직접 판사의 영장을 받아 강제수사를 할 수 있다며는 검사가 범죄수사의 책임을 다할 수 없게 되는 결과가 되는 것이므로 검사不知의 강제수사가 없게 하여야 할 것이다.
33) 1962년 제5차 개정헌법에서 검사(검찰관)라는 용어가 처음으로 사용되었는데, 이는 검찰제도를 채택하고 있는 우리 법제에서 검사의 헌법적 근거를 처음으로 마련하였다는 데에도 그 의의가 있다(이금로, 「헌법상의 인신구속제도에 대한 소고」, 형사법과 헌법이념, 박영사, 2006, 159면).

고 있다.

> "...체포 구금 압수 수색에는 검찰관의 신청에 의하여 법관의 영장을 發하도록 하여 법관에 대한
> 영장의 신청은 반드시 검찰관이 행하게 함으로써 사법경찰관의 영장신청에 의한 인권침해를 막
> 으려고 하는 현행 형사소송법의 규정을 헌법에 규정하여 그 효력을 높이었다. (안 제10조)"[34]

또한, 당시 헌법개정안 마련을 위하여 구성된 "헌법심의위원회"에서도 위 규정의 도
입배경을 알 수 있는 의견이 제시되었다.

> "(전문위원 이경호) 그래서 저도 법조계의 의견을 들어 봤는데, 특히 신체의 자유에 관해서 형
> 사소송에 채택되고 지금 시행되고 있는 원칙 중에서 중요한 것이 외국헌법상에도 규정되어 있
> 는데, 역시 우리나라 헌법상에도 규정하는 것이 좋겠다는 얘기입니다. 지금 현재는 헌법에 없더
> 라도 법률에 있으니까 그것이 보장되는데, 어떻게 사태가 나중에 변해가지고 법률이 개정되고
> 헌법에 없을 적에는 어떻게 하느냐? 그래서 그러는 것이 좋고, 따라서 신체의 자유 같은 데에
> 상세히 규정하는 것이 좋다는 그런 의견입니다."[35]

추가로, 우리나라 헌법의 대표적인 기본권 조항으로 고문금지 규정(헌법 제12조), 인
간의 존엄과 가치 규정(동법 제10조)이 있고, 위 규정이 가지는 객관적 의미, 헌법적 가
치에 대해서는 누구도 함부로 낮게 평가하지는 못할 것이다. 그런데, 위 규정들은 모두
1962년 제5차 개헌시 최초로 우리나라 헌법에 도입된 규정들이다.

<1962. 12. 26. 제5차 개정 헌법 제10조 제3항>
— 체포·구금·수색·압수에는 검찰관의 신청에 의하여 법관이 발부한 영장을 제
시하여야 한다.[36]

---

34) 공보부, 헌법개정과 국민투표(1962), 29면 참조.
35) 대한민국 국회, 헌법개정심의록(2007) 제1편, 358면 참조.
36) 제5차 개정헌법 제14조는 '모든 국민은 주거의 침입을 받지 아니한다. 주거에 대한 수색이나 압
수에는 법관의 영장을 제시하여야 한다'라고 규정하여 제10조 제3항의 내용과 달리 영장청구권
자를 '검찰관'으로 제한하지 아니하였다. 그러나 신체에 관한 체포·구금·압수·수색과 마찬가
지로 주거에 대한 수색·압수 역시 수사를 위한 강제처분에 해당하므로 제10조 제3항 개정내용
과의 통일적 해석상 당연히 '검찰관'에 의한 영장청구가 필수적으로 해석해야 할 것이다. 후술
하는 것처럼, '영장발부절차와 영장청구절차의 분리론'에 따라 전자만 영장주의의 본질적 사항
(강제처분의 법관유보)이라고 한다면, 명문의 규정이 없을 뿐만 아니라 헌법의 본질적 사항이
아니므로 후자에 대해서는 '사법경찰관'도 영장을 청구할 수 있다는 논리가 되는데, 이러한 해

따라서 위 규정들을 1961. 5. 16. 군사쿠데타와 연관지어 헌법적 가치를 의심하거나 국민들의 헌법적 결단이 아니라는 식의 해석을 하는 것은 적어도 일반적인 해석론은 아니라고 본다. 왜냐하면 1961. 5. 16. 군사쿠데타 세력들이 '국가재건최고회의(國家再建最高會議)'를 설치하고 혁명내각을 조직한 것은 사실이지만, 국가재건최고회의의 특별위원회로서 '헌법심의위원회(憲法審議委員會)'를 발족시킨 후, 동 위원회가 기초한 '신헌법요강(新憲法要綱)'에 참여한 '9인 소위원회' 위원들37)의 활동을 보면, 그들의 고민을 알 수 있기 때문이다. 즉, 이들이 선정한 5차 개정헌법의 주된 논점 중 기본권의 내용과 보장방식에 관한 핵심주제는 ① 자유권에 관한 유보규정을 어떻게 할 것인가, 특히 언론·출판·집회·결사의 자유에 관하여 어떻게 규정할 것인가, ② 수익권의 내용을 현실에 맞도록 어떻게 조정할 것인가, ③ 개헌 방식에 관한 소급입법의 금지를 규정할 것인가였던 것이다. 이 중 「자유권에 관한 유보 규정을 어떻게 할 것인가」에 대한 논점이 주로 언론·출판·집회·결사의 자유와 관련되어 논의되었는데, 그 과정에서 자유권의 내용과 제한을 헌법유보로 할 것인지 법률유보로 할 것인지에 관해 심도 있게 논의한 후, 'due process of law', 즉 적법절차의 원칙을 어떻게 규정할 것인지를 깊이 의논한 결과 결국은 적법절차의 핵심인 영장주의와 관련해 다른 나라의 헌법 입법례에서 찾아보기 힘든 '검사의 영장청구권'을 규정한 것이다.38) 이에 군사정부는 동 개정헌법을 1962. 12.17. 국민투표에 부의하였고, 1962. 12. 26. 확정된 개정헌법은 1963. 12. 17.자로 발효되었다. 물론 5차 개헌이 헌법상의 개정절차를 따르지 않고 국가비상조치법이 규정한 국민투표에 의하여 개정되었다는 점에서, 절차상 흠결은 있다.

【표 5-1】 헌법적으로 격상한 헌법 제10조 다른 사법절차 규정

쟁 점	헌 법	법 률
고문·불이익진술 강요금지	▸ 제10조 제2항	▸ 폭행, 가혹행위 처벌(형법 제125조) ▸ 진술거부권 고지(형사소송법 제244조의3)
변호인조력권	▸ 제10조 제4항	▸ 국선변호인(형소법 제33조)
자백배제, 보강법칙	▸ 제10조 제6항	▸ 위법수집증거의 배제(형소법 제308조의2) ▸ 강제 등 자백의 증거능력(형소법 제309조) ▸ 불이익한 자백의 증거능력(형소법 제310조)

석이 타당한 것인지 의문이다.

37) '9인 소위원회 위원'에 유진오(兪鎭午), 한태연(韓泰淵), 박일경(朴一慶), 이경호(李坰鎬), 강병두(姜炳斗), 김도욱(金道旭), 신직수(申稙秀), 문홍주(文鴻柱), 이종극(李鍾極)이 선정되었다.

38) 정은혜, "헌법상 검사 영장청구권의 연혁과 존재 의의에 관한 연구", 수사지휘권 확립방안(연구보고서 30), 검찰미래기획단, 19면.

한편, 제5차 개정헌법 제10조 제3항이 제헌헌법 제9조 제2항 단서(단, 범죄의 현행 · 범인의 도피 또는 증거인멸의 염려가 있을 때에는 수사기관은 법률의 정하는 바에 의하여 사후에 영장의 교부를 청구할 수 있다)의 규정에 명백하게 위반하여 '검사'만에 의한 영장청구권을 규정한 1961년 제1차 형사소송법 개정 법률의 취지가 그대로 옮겨져 문제가 있다는 주장이 있다.39) 그러나 이러한 주장은 제5차 개정헌법 제10조 제3항의 개정 취지가 그동안 논란이 된 영장청구권자의 일원화(검사의 독점적 지위)를 명확히 하여 검찰의 수사지휘권을 확보하기 위함과 동시에 법률전문가에 의하여 영장발부의 합법성을 높여 궁극적으로 기본권 침해방지를 위한 이중적 장치를 설치하겠다는 의도를 제대로 평가하지 못한 해석으로 보인다.

나. 1972년 제7차 개헌

1972. 12. 27. 개정된 제7차 개정헌법 제14조 후문에 「주거에 대한 압수나 수색에는 검사의 요구에 의하여 법관이 발부한 영장을 제시하여야 한다」고 규정하여 최초로 주거에 대한 압수 · 수색영장 발부에 '검사의 요구'라는 문구가 삽입되었으며, 처음으로 제10조 제3항 본문 및 제14조 후문의 '검찰관'이라는 용어 대신 '검사'라는 용어를 사용하였다.

다. 1972년 제8차 개헌

1980. 10. 27. 개정된 제8차 개정헌법에서는 기존의 '검사의 요구'라는 문구를 '검사의 신청'으로 변경하였다.

라. 1987년 제9차 개헌

1987. 10. 29. 제9차 개정헌법(현행헌법)은 이전의 헌법에 '적법한 절차'에 따라 검사가 영장을 신청하여야 한다는 문구를 삽입하였다. 이러한 제9차 개정헌법은 우리나라 민주화 운동 이후의 성과를 바탕으로 마련되었고, 국민투표로 국민들의 의사를 확인받아 개정된 헌법이기에 대다수 국민들과 많은 학자들도 현행 헌법의 민주적 정당성을 의심하지는 않는다. 이에 1987년에 개정된 제9차 헌법(현행 헌법)은 당시의 정치협상의 결과였고, 영장청구권 주체에 관한 충분한 논의가 불가능한 상황이었으며, 검사영장청구권 규정도 논의된 흔적이 없다는 이유로 실질적인 국민의 의사가 반영된 것으로 보기 어렵다는 견해도 있다.40) 그러나 이러한 주장은 현행 헌법 개정과정에 대한 일반적인 인식과는 동떨어진 주장이고, 헌법개정안에 대한 국민투표 결과 명백히 확인된 국민의 의사

---

39) 천진호, "영장주의와 영장청구권의 귀속주체", 치안연구소, 76면.

40) 김선택, "헌법상 영장청구 주체규정의 개정방향", 국회의원 강창일/헌법이론실무학회/비교형사법학회 공동정책토론회, 「국가형사사법체계 정상화를 위한 헌법적 과제」(2017. 3. 3.), 발표자료집, 28면, 38면.

를 아무런 근거없이 폄훼하고 있는 것이다.

또한, 검사 영장청구권 규정과 관련해서도 제9차 헌법개정안의 주요골자 제6항에서는 다음과 같은 내용이 명확하게 포함되어 있다.

> "6. 법률과 적법한 절차에 의하지 아니하고는 처벌, 보안처분 또는 강제노력을 받지 아니하도록 하였으며, 체포, 구속, 압수수색에는 적법한 절차에 따라 검사의 신청에 의하여 법관이 발부한 영장을 제시하도록 함(안 제12조 제1항 및 제3항)"

이처럼 헌법개정안의 서두의 주요골자에 명백히 포함되어 국민투표로 국민의 의사를 확인한 내용을 국민의 의사가 명확히 확인되지 않았다고 주장한다면, 도대체 어떤 방식으로 확인해야 국민의 의사가 확인되었다고 인정할 것인지 반문하지 않을 수 없다.

그리고 1987년 민주화운동은 전두환 군사정권의 오랜 억압에 대한 국민적 반감이 밑바탕에 작용하고 있었지만, 보다 직접적인 촉발의 계기는 "박종철군 고문치사 사건"이었음은 모두가 익히 알고 있는 사실이다. 당시 경찰은 남영동 치안본부 대공분실에서 물고문으로 박종철군을 숨지게 한 후, "책상을 탁 치니, 억 하고 죽었다"고 발표하였다. 그러나 그 이후 경찰이 물고문을 한 사실이 밝혀졌고, 많은 국민들이 이에 분노를 표시하면서, 1987년 민주화운동의 도화선이 된 것이다.[41)]

이러한 당시 상황에서 검사의 영장청구권 규정을 헌법에서 삭제하고, 경찰에게 독자적인 영장청구권을 인정해주자는 견해는 전혀 가당치 않은 주장이었다. 1987년 헌법 개정 논의시에 검사의 영장청구권 규정이 논의되지 않은 것은 시간이 짧았다는 등의 이유가 아니라, 그런 논의를 할 필요가 없었을 만큼 국민적 의사가 확고했기 때문으로 보는 것이 정확한 분석일 것이다.

3. 헌법상 검사의 영장청구 규정의 삭제 논의

(1) 삭제론

가. 비교법적 관점

영장청구권자를 검사로 한정한 현행 헌법 제12조 제3항 및 제16조 제2문에 대하여, "당해 국가가 처한 정치적, 경제적, 역사적, 문화적 사정이나 국민의 정신적, 정서적 가치관에 따라 매우 중요한 의미를 가지고 있어서 헌법적 지위를 부여하고자 할 경우, 이를 정당화할 만한 특별한 사정이 한국에만 존재한다는 전제하에서만 정상적인 입법이라고 할 수 있고", "비교헌법적으로 외국에 동일한 또는 유사한 입법례가 있느냐 없느냐

---

41) 이에 대한 최근의 언론기사로는 "박종철 고문사 밝힌 검사와 의사, 30년 만에 만났다(2017. 1. 13.자 한겨레 기사 참조).

하는 것은 참고의 가치가 있기는 하지만, 그 자체만으로 한국 헌법에서도 마찬가지로 입법할 것이 반드시 요구된다고 할 수는 없다"고 보면서, "이러한 헌법상 검사의 전속적인 영장청구권 규정 도입은 국가재건최고회의의 의심스런 의도가 가려진, 입법의 구체적인 이유를 알 수 없는 불법이며, 검사의 수사지휘권 확보를 위한 만들어 낸 작품"이라는 견해[42]가 있다.

나. 사정변경론

일부 견해는 검사의 영장청구권 규정이 수차례 개정된 헌법에서도 전혀 진지하게 논의대상이 된 적이 없었다는 점을 전제한 후, 국민적 결단을 다시 받을 필요가 있다는 주장을 하고 있다. 또한, 일제 강점기 시대와 비교해서 경찰의 수준 향상 등의 사정변경을 이유로 새로이 국민의 결단을 받아보아야 한다[43]고 주장한다. 물론 검사의 영장청구권 규정이 "검찰을 통한 또 한 차례의 스크린이 국민의 입장에서 유리한 측면이 있음은 부정할 수 없을 것"이라는 점은 동의하고 있다. 그러나 이러한 국민의 인권보장 기능에도 불구하고, 첫째, 수사기관 내부의 절차에 불과하고, 둘째, 수사의 신속성 방해, 셋째, 피의자의 인신구금기간이 1~2일 길어지는 폐단, 넷째, 권력분립 원리에 위배, 다섯째, 신체의 자유 판단주체에 대한 오해를 초래한다는 등의 주장을 내세우면서 국민의 입장에서 이익은 명백하지 않고, 불이익이 분명하다는 결론을 내리고 있다.

다. 영장발부절차와 영장청구절차의 분리론

영장주의의 본질은 인신의 자유를 제약하는 강제수사에 있어서 수사의 당사자가 아닌 제3자로서 사법권독립에 의하여 그 신분이 보장됨으로써 객관적인 입장에서 공정하게 판단할 수 있는 법관에게 그러한 강제처분의 위법성 및 부당성 여부를 판단하게 하자는 것이며, 이것이 '강제처분의 법관유보'라고 주장한다. 이에 따르면 법관의 사법판단 영역에 속하는 영장발부절차와 수사기관의 판단 영역에 속하는 영장청구절차를 분리하여, 전자의 경우 영장주의의 본질적인 부분이라고 할 수 있지만, 후자의 경우는 영장주의의 본질적 부분에는 해당하지 않는다는 것이다. 결국 한국헌법처럼 영장청구의 주체를 별도로 규정하는 것은 영장주의의 헌법적 보장과 필연적인 관련이 없다[44]는 것이다.

---

42) 김선택, 앞의 논문, 28면.

43) 김선택, 앞의 논문, 41면.

44) 김선택, "영장청구주체 헌법규정의 해석론 및 개정론", 공법연구 제38권 제2호(2009), 261면; 서보학, 「각국 영장제도 비교분석에 따른 시사점 및 입법론적 대안」, 국회의원 강창일/헌법이론실무학회/비교형사법학회 공동정책토론회, 「국가형사사법체계 정상화를 위한 헌법적 과제」(2017. 3. 3.), 발표자료집, 53면.

라. 입법사항론

일부 견해는 영장청구권의 주체에 관한 규율은 수사 권한과 절차에 관한 구체적 입법이라고 할 수 있는 형사소송법 등의 형사절차법의 영역이라고 할 수 있고, 따라서 국회 등 입법자가 구체적인 국가사정을 고려하여 정할 입법사항이므로 오히려 국회법률 이하의 차원에서 규율하는 것이 더 바람직하다[45]고 주장한다.[46] 그 근거로 영장주의 규정은 신체의 자유라는 국민의 기본권을 보장하기 위한 규정이므로 실질적 의미의 헌법에 해당하는 사항으로 볼 수 있는 반면, 영장청구권을 누구에게 귀속시키느냐 하는 문제는 수사절차상 수사기관의 권한문제이고 현행 헌법이 규정하고 있는 검사의 경우, 국정운영에 있어서 주도적 위치에 있는 헌법기관 또는 헌법이 명문으로 규정할만한 핵심적인 국가기관으로 보기 어려우므로 '실질적 의미의 헌법에 해당하는 사항'이 아니라는 것이다. 즉, 인신구속을 비롯한 수사기관의 강제처분은 검찰에 의하든 경찰에 의하든 다 신체의 자유의 침해를 의미하는 것이고 따라서 법관에 의한 사법판단의 대상이 되어야 마땅하며, 그 점에서는 차이가 없다는 점을 근거로, 영장청구 주체를 누구로 하느냐, 영장청구 절차를 어떻게 짜느냐 하는 문제는 수사기관 내부의 문제인 것이고, 따라서 여러 사정을 고려하여 입법자가 법률로 규정하면 될 사항인데도 이것을 군이 헌법에 명문으로 검사로 한정해 놓을 실익이 없다[47]고 주장한다.

마. 수사 · 기소 분리론

경찰이 수사권을 갖고, 검찰에게는 기소 및 공소유지를 위한 보완수사요구권을 인정하는 소위 '수사 · 기소 분리론'의 입장에서, 헌법상 검사의 독점적인 영장청구권을 삭제해야 할 뿐만 아니라 영장청구권을 경찰에게 독점시키자는 견해이다.[48]

---

45) 김선택, 앞의 논문, 37면.

46) 2017년 국회 헌법개정특별위원회와 그 자문위원회가 국회주도의 본격적인 개헌논의를 시작한 이후 현행 헌법의 신체의 자유에 규정된 검사의 영장신청 규정의 폐지론이 반영되어 국회자문위안에 반영되었고, 2018년 3월 마련되어 국회에 제출된 정부개헌안에서도 검사의 영장신청 규정이 삭제되었으며, 한국헌법학회가 2017년 12월 출범시켜 2018년 3월 국민 앞에 제시한 헌법개정안도 '검사의 영장신청규정은 헌법상 영장주의의 본질적 부분이 아니라는 입장'에 따라 검사의 영장신청규정을 삭제하였다.

47) 서보학, 앞의 논문, 52면 이하; 박노섭, 「사법경찰관의 수사에 관한 일반근거조항과 검사의 사법적 통제」, 비교형사법연구 제7권 제1호(2005), 241면; 천진호, "영장청구권의 귀속 주체에 관한 검토", 법학논고 제26집(2007), 342면; 손동권, "경찰의 수사독립권과 체포영장청구권에 대한 논의", 경찰대학 청람논단 제10집(1994), 138면.

48) 윤동호, "대선공약, 국정과제 이행을 위한 수사 · 기소 분리방안", 비교형사법연구 제19권 제14호 (2018), 한국비교형사법학회, 171면; 서보학 · 박노섭 · 이동희 · 이기수 · 이성기, "글로벌 스탠더드에 부합하는 수사 · 기소 분리 모델 설정 및 형사소송법 개정안 연구", 경찰청(2016. 12.), 197

(2) 의미부여론

가. 논의의 전제조건

헌법상 검사 영장청구 규정을 삭제하자는 헌법학자의 주장을 살펴보면, 기본적으로 검사를 수사기관으로 인식하고 있으며,[49] 검사의 지휘를 받는 경찰도 개별적인 사법경찰이 아니라 경찰이라는 집단[50]으로 생각하는 것 같다. 즉, 검찰/경찰 수사권문제와 관련된 논의를 할 때마다 일부 헌법학자들은 모든 경찰작용이 마치 검찰에 예속된 것처럼 이야기를 하고 있다. 그러나 경찰작용에는 보안·교통·작전·경비·통신·정보활동 등 많은 부분이 있는데, 이러한 경찰활동에 대하여는 아무런 검사의 지휘를 받지 않는다. 오로지 구체적 범죄사건이 발생했을 때, 경찰보다는 법률전문가인 검사의 지휘를 받아서 사건을 처리하라는 것이고, 그 근저에는 국민의 인권을 침해하는 이러한 경찰작용에 부조리나 부패가 작용할 수 있으니까 118,177명 경찰(2019년 기준)의 17.7%(20,940명)에 해당하는 사법적 경찰작용(특별사법경찰 작용 포함)에 대하여 통제를 가하여 국민에 대한 인권침해의 소지를 줄이자는 것이다.[51] 따라서 엄밀한 의미에서는 '독립'(獨立)이라는 용어 자체도 문제의 소지가 있는 말이다. 왜냐하면 '독립'이라는 말은 일제시대때 우리나라의 독립운동처럼 추구해야 할 가치를 전제해 두고 현재의 상태는 잘못되었기 때문에 무조건 지양해야 할 그 무엇으로 생각하게 만들기 때문이다. 따라서 수사권의 독립이란 표현도 검사의 경찰에 대한 지휘·감독이 마치 신분적 예속관계에 있는 듯한 오해를 불러 일으켜 이것을 언젠가는 쟁취해야 할 필연적인 가치로 볼 수 있도록 만들 우려가 있다. 이런 정치적 맥락에서 일부 학자들도 문제를 꼼꼼히 분석하거나 비판적으로 성찰하는 이성을 잃어버리고, 지금 현 상태는 무언가 잘못되었기 때문에 경찰의 수사권을 독립시키는 것만이 사회정의를 실현하는 일이라고 생각하는 것 같다. 그러나 수사권문제는 '국민의 권리를 어떻게 더 보호할 것인가'라는 법적 정의의 관점에서 바라보아야지 어떤 권력을 뺏고 뺏기는 투쟁의 문제가 아니라는 사실이다.[52]

나. 영장발부절차와 영장청구절차의 분리론에 대하여

영장발부절차와 영장청구절차를 분리하여 전자만이 영장주의의 본질로서 헌법사항이라는 주장은 각 나라의 역사적 환경을 무시한 발상으로 보인다. 왜냐하면 독일에서는

면 이하.

49) 김선택, 앞의 논문, 40면.
50) 김선택, 앞의 논문, 45면.
51) 안미영, 「우리 헌법상 검사의 영장신청권 조항의 의의」, 형사법의 신동향 통권 제24호(2010. 2.), 대검찰청 미래기획단, 25-26면.
52) 정웅석, 수사지휘에 관한 연구, 대명출판사, 2011, 6면 이하 참조.

과거 나치 정권하에서 경찰이 국민의 인권을 침해한 역사를 반복하지 않기 위해서 헌법에 "경찰은 누구든지 체포한 다음 날이 종료할 때를 초과하여 구금할 수 없다"고 규정 (독일헌법 제104조②)을 두고 있는데, 이 규정을 잘못이라고 지적하는 학자는 없기 때문이다. 즉, 각 나라의 역사적 환경에 따라 하위법규에 표현되어도 좋을 특유한 세부적 사항을 헌법에 규정할 수도 있으며, 이는 헌법제정권자의 결단에 해당하는 사항이다. 그런데 우리나라의 경우 제1공화국 시대 경찰의 무분별한 영장청구에 대한 역사적 경험을 토대로 본 조항이 신설된 것으로, 헌법에 규정된 내용을 비본질적 부분으로 치부할 수는 없다고 본다.

　더욱이 현행 헌법이 국민의 기본권을 가능한 최대한 보장하기 위하여 형사절차 중 일부 중요한 절차를 규정한 것에는 검사 영장청구 조항만 있는 것은 아니다. 형사절차와 관련하여 헌법이 규정하고 있는 대표적인 것으로는 제12조 제5항 제1문의 체포·구속에서 체포·구속이유와 변호인조력권의 고지제도, 제12조 제5항 제2문의 체포·구속에서 가족 등에 대한 통지제도, 제12조 제6항의 체포·구속적부심사제도 등이 있으며, 이 규정들의 취지는 형사소송법 제200조의5, 제209조, 제200조의6, 제214조의2 제1항 등에 보다 상세하게 규정되어 있다. 따라서 기본권의 최대한 보장을 실질적으로 보지 않는다면 검사 영장청구 조항과 마찬가지로 이 조항들도 굳이 헌법에 규정할 필요없이, 형사소송법에 규정한 것만으로도 충분하다고 생각할 수 있기 때문이다. 그러나 헌법은 국민의 기본권을 최대한 보장하는 것을 원칙으로 한다는 '기본권의 최대한 보장원칙'에 따를 경우, 영장제도에 있어서 법관과 대응하여 검사의 영장청구를 규정하고 있는 것이 결코 영장주의의 본질이 아니라거나 헌법사항이 아니라고 볼 수는 없을 것이다.[53]

다. 수사의 신속성을 방해한다는 주장에 대하여

　검사의 영장심사 규정은 수사의 적법성을 통제하기 위해서 마련된 절차이지, 수사의 신속성을 위하여 도입된 절차가 아니다. 즉, 애초에 수사의 신속성보다는 수사의 적법성, 특히 경찰의 강제수사를 법치주의적 관점에서 통제하고 조정하기 위하여 도입된 규정이라는 점을 간과한 주장이다. 국민의 기본권 보호가 헌법의 최고이념이기에 수사의 신속성보다는 국민의 신체의 자유 보호 내지 인권보호가 당연히 우위에 있는 가치임은 지극히 당연하다.

라. 피의자 인신구금기간이 1-2일 길어지는 폐단이 있다는 주장에 대하여

　이는 현재 검찰과 법원의 실무를 전혀 알지 못한 주장에 불과하다. 현행 형사소송법 제201조의2에 따르면, 법원은 구속영장이 청구된 다음날 피의자 심문기일로 지정하

---

53) 김상겸, "검사의 영장청구에 관한 헌법적 연구", 형사법의 신동향 제57호(2017. 12.), 대검찰청 미래기획단, 23면.

도록 규정하고 있고, 법원의 실무도 위 규정대로 이루어지고 있다. 검찰도 사법경찰로부터 구속영장이 신청된 날 즉시 법원에 영장을 청구하거나 기각하는 결정을 하고 있기에 피의자의 구금기간이 1−2일 늘어난다는 주장은 성립하기 어렵다. 게다가 검찰이 신청된 구속영장을 기각함으로써 억울한 구속을 방지하거나 조기에 석방시켜주는 사람이 연간 5,000−6,000명에 달한다는 사실을 간과하고 있는 것으로 보인다.

마. 권력분립 원리에 어긋난다는 주장에 대하여

권력분립 원리는 국가작용의 원활한 수행과 개인의 기본권보장을 위하여 입법·행정·사법 등의 국가기능이 상호 독립성을 유지하는 가운데 각기 상이한 기관이 담당하게 하는 것이 합리적이라는 데에 기초한 이론이다.[54] 한편, 국가형벌권의 행사절차는 수사개시와 수사종결에 이어 소추절차로 연속적으로 이어지게 되고, 재판절차가 완결되면 비로소 형벌이 과하여지게 되는데, 그 일관된 과정을 三分하여야 한다는 이론은 입법·행정·사법의 정립된 삼권을 나누는 삼권분립의 원리와는 전혀 무관한 주장이다. 후술하는 것처럼, 수사는 범죄 발생 이후에 사법적으로 국가 형벌권의 존부를 규명·확정하는 절차인 『검찰권(Justiz)』에 속하는 권능으로, 치안유지 내지 위험방지 등을 목적으로 하는 『경찰권(Polizei)』 작용과는 근본적으로 다른 것임이 확고히 인식되어 있기 때문이다. 즉, 권력분립상 수사는 본질적으로 행정작용이 아니라 사법작용이므로 수사권은 사법관(수사판사, 치안판사 등)이나 준사법관인 검사에게 귀속되는 것으로 본다.

이처럼 수사와 공판은 엄연히 형사사법의 문제로 보아야 하는데도 불구하고, 왜 (사법)경찰에게 수사권, 영장청구권을 나누어 주자는 행정부 내 기관 간의 권한의 배분문제로 변질시켜, 견제와 균형이라는 논리를 내세워 치안과 위험예방을 담당하는 경찰과 그를 지휘하는 검찰의 권한을 분배하는 권력분립의 논리로까지 전개하는지 이해하기 어렵다. 결국 수사를 경찰에 맡기자는 주장은 사법권의 일부인 수사권을 행정권에 전속시키는 것과 같고, 이는 오히려 권력분립의 기본정신에 반하는 주장과 다름없다고 본다.

바. 신체의 자유 판단주체에 대한 오해를 불러일으킨다는 주장에 대하여

신병지휘를 통한 경찰영장신청의 문제는 강제수사에 대한 통일적 기준을 적용할 필요가 있다는 점을 간과하고 있다. 동일한 유형의 동일한 범주에 있는 사건인데도 수사주체가 경찰, 검찰로 나뉘어져 있다고 해서 구속 여부도 달리 결정되어서는 안 될 것이다. 긴급체포(형사소송법 제200조의3)에 대한 사후영장의 대체문제도 현행 형사소송법 법률규정의 문제이지, 검사의 지휘나 헌법상 영장청구권 문제와는 별개의 문제이다.[55] 또한 법원에 대하여 영장청구(특히 체포영장)에 대하여 영장이 형식적 하자만 없으면 자동

---

54) 성낙인, 헌법학(제16판, 2016), 법문사, 339면

55) 정웅석/최창호, 형사소송법, 대명출판사, 2017, 5−6면 참조.

적으로 발부되리라고 기대하는 경향이 있어서 법원의 영장발부 권한을 형해화했다는 주장도 어떤 합리성이나 논리성을 찾기 힘든 주장이다. 전술(前述)한 것처럼, 검사는 사법경찰관으로부터 신청받은 구속영장, 체포영장, 압수수색영장을 심사하면서 부당한 강제수사에 대해서는 사전에 이를 기각함으로써 국민의 인권보호에 기여하고 있기 때문이다.

결론적으로 경찰에게 독자적인 영장청구권을 부여하자고 주장하는 것은 검사의 경찰에 대한 영장통제기능을 포기하는 것으로, 이는 국민의 인권보호 및 신체의 자유에 대한 명백한 후퇴이다. 일각에서는, 검사비리 사건 등 국민의 요구에 부응하지 못하는 일부 사례를 들어 검사 영장청구 조항 자체의 삭제를 주장하나, 이는 국민의 눈높이에 맞는 별도 개선방안을 마련하는 것으로 해결할 문제이지, 국민전체의 인권과 맞바꿀 수는 없다고 본다.

사. 검사의 영장심사가 수사기관들 내부절차라는 주장[56]에 대하여

검사는 법률상 수사권을 가지고 있지만, 그 외에도 공소관으로서 기소권을 보유하고 있고, 판사에 준하는 법률전문가로서 사법경찰관의 수사를 지휘하고, 통제하는 임무도 담당하고 있다. 이러한 검사의 지위와 역할을 사법경찰관의 지위와 역할과 동일하게 인식하는 것은 전제가 잘못된 주장이다. 물론, 우리나라의 검찰이 중요사건에 대한 직접수사에 많이 나서면서 우리나라의 많은 국민들은 검찰을 수사기관으로 인식하고 있는 측면이 있으나, 이는 이미지가 왜곡된 현상에 불과하다. 검찰은 특수부 검사보다 형사부 검사의 수가 훨씬 많고, 사건 수에 있어서도 사법경찰로부터 송치받은 사건 수가 90% 이상이다. 그렇다고 검찰의 직접수사를 지금처럼 유지해야 한다는 주장은 결코 아니다. 검찰도 직접수사는 지금보다 줄이고, 사법경찰 수사를 통제하고 지휘하는 수사지휘기관으로서의 역할에 보다 충실할 필요가 있다. 따라서 검찰의 직접수사가 지나치게 많다는 점을 지적하고 싶다면, 그러한 문제를 직접적으로 지적해서 검찰이 바로 서도록 올바른 방향을 제시하는 것이 바람직하다고 본다. 잘못된 현상은 고치지 않은 채, 이를 바탕으로 사법경찰의 강제수사에 대한 통제를 해제하는 것은 매우 잘못된 처방이다. 무엇보다도 검사를 행정기관으로 만들어 그 중립성과 공익성을 말살하겠다는 의도가 아니라면, 좀 더 신중하게 그 본질을 보아야 할 것이다.[57]

---

56) 검사에 의한 영장통제는 사법적 통제일 수 없고, 행정기관끼리의 내부통제인 행정통제에 불과하다는 견해로는 서보학, "각국 영장제도 비교분석에 따른 시사점 및 입법론적 대안", 「국가형사사법체계 정상화를 위한 헌법적 과제」 토론회 – 영장청구권을 중심으로 –, 강창일 의원/헌법이론실무학회/비교형사법학회 공동정책토론회(2017. 3. 3.), 20면 이하.

57) 김성룡, 「헌법상 검사 영장청구권의 현대적 의미」, 한국의 형사사법개혁Ⅱ: 강제처분의 현대적 의미와 인권보호, 한국형사정책연구원/서울대학교 법학연구소/한국공법학회 공동학술세미나(2017. 3. 24.) 자료집, 111면.

(3) 헌법상 검사의 영장청구 규정 삭제시 문제점

가. 필연적으로 형사소송법 및 특사경법 개정 논의 촉발

헌법상 영장청구의 주체 규정을 삭제한다면, 다시 법률개정에 대한 논의가 시작될 수밖에 없는데,[58] 이 경우 국가기관 간에 극렬한 대립과 갈등 및 혼란이 발생할 것이다. 헌법에 영장청구 주체가 명시되어 있음에도 경찰은 독자적 영장청구 필요성을 강하게 주장하면서 검사에 의한 영장심사를 배제하려고 시도하는 마당에, 향후 해양경찰, 국정원, 국세청, 관세청, 시·도청 등 소속 특별사법경찰의 독자적 영장청구 논란으로의 확산은 불을 보듯 뻔하다.

나. 안보감청, 금융기관의 거래내역 확인 등 영장주의 예외 확대

헌법상 '검사신청 + 법관발부에 의한 영장'이 명확히 규정된 체포·구속·압수·수색의 경우 헌법상 요건을 충족한 경우에만 기본권을 제한하는 것이 가능하며, '검사 신청' 및 '법관 발부'라는 영장주의의 예외는 존재하지 않는다. 반면, 헌법에 규정되지 않은 감청, 금융거래내역 확인 등 법률에 의한 기본권 제한은 법률상 다양한 예외가 존재하는데(예: 대통령의 승인을 받아 실시하는 안보감청(통신비밀보호법 제7조 제1항 제2호), 금융감독원 등 거래내역 확인(금융실명법 제4조 제1항 제4호) 등), 영장규정을 삭제하는 경우에는 예외 영역의 확대가 우려될 수밖에 없다.

(4) 헌법상 검사경유원칙의 의미

검사의 영장청구권 규정이 '실질적 의미의 헌법에 해당하는 사항'이 아닌 '법률사항'에 불과하므로 이를 삭제하자는 주장은 타당하지 않다.[59] 만약 위 규정을 삭제하기 위해서는 지금의 시스템보다 국민의 인권보호를 위하여 더 나은 제도나 대안이 있는 상태에서 삭제를 논의해야 한다. 그러한 방안이나 대안 없이 규정을 삭제하는 것은 국민의 인권보호, 신체의 자유에 대한 명백한 후퇴이기 때문이다. 더욱이 헌법상 검사경유원칙을 삭제하고 법률사항으로 만든 후, 법률개정을 통해 경찰이 직접 영장을 청구하는 방식을 취하는 경우 우리나라 법체계상 논리적 모순이 발생한다. 우리나라는 과거 독재정권의 인권탄압을 경험한 이후, 다른 나라에 없는 특이한 영장실질심사제도를 두고 있기 때문이다. 그런데 경찰이 영장을 청구한다면, 과거 삼성 이재용 부회장의 사례에서 보듯이, 구속영장실질심사때 경찰이 들어가 삼성측 변호사와 법리적 다툼을 해야 하는데

---

58) 사법경찰이 신청한 영장에 대해 검사는 형식적, 절차적 하자만 심사하도록 하는 형사소송법 개정안(표창원 의원 대표발의안 의안번호: 2005016)이 발의된 상태이다.

59) 이경렬, 「강제처분에 관한 검사의 영장청구권 규정의 함의」, 형사법의 신동향 통권 제56호 (2017. 9.), 대검찰청 미래기획단, 10-33면 참조.

이것이 타당한 논리인지 의문이다.

결국 위에서 언급한 것처럼, 헌법 제12조, 제16조의 '검사경유의 원칙'은 경찰에 대한 법치국가적 통제에 기반한 검찰제도의 본질적인 사항으로, 절차법적 측면에서 인권보호의 기능을 하게 하는 규정으로 보아야 한다.[60] 즉, 단순히 영장청구권의 부여규정이 아닌 기본권의 보장규정으로, 입헌자가 이를 헌법적 사항으로 격상시켜 규정한 것이다.[61]

헌법재판소의 결정도 이러한 취지를 반영한 것으로 보인다.

> "헌법 제12조 제3항은 "…… 구속 …… 을 할 때에는 …… 검사의 신청에 의하여 법관이 발부한 영장 ……"이라고 규정함으로써 마치 모든 구속영장의 발부에는 검사의 신청이 필요한 것처럼 규정하고 있다. 이와 같은 규정은 제헌헌법에는 구속영장의 발부에 관하여 "체포, 구금, 수색에는 법관의 영장이 있어야 한다" (제9조)라고만 되어 있던 것이 1962. 12. 26. 제5차 개정헌법에서 처음으로 "…… 구금 …… 에는 검찰관의 신청에 의하여 법관이 발부한 영장을 제시하여야 한다." (제10조 제3항 본문) 라는 규정에 의하여 처음 도입된 이래 현행 헌법에 이르기까지 표현에 있어 약간의 차이는 있지만 같은 내용으로 존속되어 온 것이다.
> 위와 같이 제5차 개정헌법이 구속영장의 발부에 관하여 "검찰관의 신청"이라는 요건을 추가한 이유는 1961. 9. 1. 형사소송법의 개정과 관련하여 이해할 수 있다. 즉, 형사소송법이 처음 제정 (1954. 9. 23. 법률 제341호) 될 당시에는 수사기관의 영장신청에 관하여 "피의자가 죄를 범하였다고 의심할 만한 상당한 이유가 있고 제70조 제1항 각 호의 1에 해당하는 사유가 있을 때에는 검사 또는 사법경찰관은 관할지방법원판사의 구속영장을 받아 피의자를 구속할 수 있다" (제201조 제1항 본문)라고 규정함으로써 검사뿐만 아니라 사법경찰관에게도 영장신청권을 주고 있던 것이 1961. 9. 1. 형사소송법 개정(법률 제705호)으로 "피의자가 죄를 범하였다고 의심할 만한 상당한 이유가 있고 제70조 제1항 각 호의 1에 해당하는 사유가 있을 때에는 검사는 관할 지방법원판사의 구속영장을 받아 피의자를 구속할 수 있다" (제201조 제1항 본문)로 개정되어

---

60) 검사에 의한 영장통제는 사법적 통제일 수 없고, 행정기관끼리의 내부통제인 행정통제에 불과하다는 견해로는 서보학, "각국 영장제도 비교분석에 따른 시사점 및 입법론적 대안", 「국가형사사법체계 정상화를 위한 헌법적 과제」 토론회 ― 영장청구권을 중심으로 ―, 강창일 의원/헌법이론실무학회/비교형사법학회 공동정책토론회(2017. 3. 3.), 20면 이하.

61) 대한민국 국회, 헌법개정심의록(2007) 제1편, 제358면((전문위원 이경호) "그래서 저도 법조계의 의견을 들어 봤는데, 특히 신체의 자유에 관해서 형사소송에 채택되고 지금 시행되고 있는 원칙 중에서 중요한 것이 외국헌법상에도 규정되어 있는데, 역시 우리나라 헌법상에도 규정하는 것이 좋겠다는 얘기입니다. 지금 현재는 헌법에 없더라도 법률에 있으니까 그것이 보장되는데, 어떻게 사태가 나중에 변해가지고 법률이 개정되고 헌법에 없을 적에는 어떻게 하느냐? 그래서 그러는 것이 좋고, 따라서 신체의 자유 같은 데에 상세히 규정하는 것이 좋다는 그런 의견입니다.").

영장신청권자를 검사로 한정하였는데, 위와 같은 형사소송법의 개정내용이 1962년의 헌법 개정에 반영된 것이다.

그렇다면 제5차 개정헌법이 영장의 발부에 관하여 "검찰관의 신청"이라는 요건을 규정한 취지는 검찰의 다른 수사기관에 대한 수사지휘권을 확립시켜 종래 빈번히 야기되었던 검사 아닌 다른 수사기관의 영장신청에서 오는 인권유린의 폐해를 방지하고자 함에 있다고 할 것이고, 따라서 현행 헌법 제12조 제3항 중 "검사의 신청"이라는 부분의 취지도 모든 영장의 발부에 검사의 신청이 필요하다는 것이 아니라 수사단계에서 영장의 발부를 신청할 수 있는 자를 검사로 한정한 것으로 해석함이 타당하다. 즉, 수사단계에서 영장신청을 함에 있어서는 반드시 법률전문가인 검사를 거치도록 함으로써 다른 수사기관의 무분별한 영장 신청을 막아 국민의 기본권을 침해할 가능성을 줄이고자 함에 그 취지가 있는 것이다."[62]

문제는 헌법상 '검사' 청구의 의미를 검찰청법상(조직법상)의 검사가 아니라 검사라는 명칭을 가진 모든 사람으로 해석한다면, 정부 각 부처에 파견나간 검사들이 어디서나 영장을 청구하더라도 무방하다는 결론이 도출될 뿐만 아니라, 이는 사실상 검찰·경찰 간의 수사권조정은 물론 특별사법경찰관리도 검사라는 직책을 법률규정으로 만들기만 하면,[63] 영장청구권을 청구할 수 있다[64]는 논리가 가능하며,[65] 실제로 이러한 주장

---

62) 헌재결 1997.3.27, 96헌바28(형사소송법 제70조 제1항 위헌소원 등).

63) 경찰개혁위원회가 경찰은 수사를, 검찰은 기소와 공소유지를 각각 담당하는 수사권·기소권 분리 방안을 권고하면서, "개헌 전이라도 검찰이 부당하게 영장을 청구하지 않을 때 이의를 제기할 수 있도록 하거나, **경찰 소속의 '영장검사' 제도를 도입하는 법 개정을 추진하도록 하겠다**"는 내용을 발표한 바 있다(2017. 12. 7.).

64) 찬성하는 견해로는 정태호, 「권리장전의 개정방향」, 공법연구 제34집 제4호 제2권, 한국공법학회(2006. 6.), 123면("검사만이 영장을 신청할 수 있도록 한 현행 영장신청제도(제12조 제3항, 제16조)에 대한 수정이 필요하다. 인신구속의 오남용을 방지하기 위하여 영장은 신분이 보장된 독립적인 법관의 심사를 거쳐 발급된다. 따라서 검사에게만 영장신청권을 부여하여야 할 필연적인 이유가 없다. 검사의 영장신청권은 1962년 헌법에 처음으로 명시된 뒤에 그 필요성 여부에 대한 진지한 검토 없이 계속 유지되고 있다. 그러나 한때 검토 대상이 되었던 고위공직자비리공수처의 수사관이나 경찰청 소속의 수사경찰관도 검사를 경유하지 않고 법관에게 영장을 청구할 수 있도록 '검사의 신청에 의하여'라는 문구를 삭제하는 것이 향후의 수사구조의 변경을 보다 용이하게 하는 길이다").

65) "사법경찰관리의 직무를 수행할 자와 그 직무범위에 관한 법률 제8조(국가정보원 직원) 국가정보원 직원으로서 국가정보원장이 지명하는 자는 「국가정보원법」 제3조제1항제3호 및 제4호에 규정된 범죄에 관하여 사법경찰관리의 직무를 수행한다"와 "국가정보원법 제16조(사법경찰권) 국정원 직원으로서 원장이 지명하는 사람은 제3조 제1항 제3호 및 제4호에 규정된 죄에 관하여 「사법경찰관리의 직무를 수행할 자와 그 직무범위에 관한 법률」 및 「군사법원법」의 규정에 따라 사법경찰관리와 군사법경찰관리의 직무를 수행한다"라고 규정하고 있는데, 이 문구에 "**사법경찰**

을 하는 학자들[66]도 있다. 더욱이 상위법인 헌법상 검사의 개념을 조직법상의 검사가
아니라고 본다면, 하위법인 형사소송법상 검사의 개념도 동일하게 보아야 할 것이다. 따
라서 이에 따르면, 영장의 청구(형사소송법 제201조, 제215조)는 물론, 종래 검사에게만
인정된 권리인 증거보전청구권(동법 제184조), 증인신문청구권(동법 제221조의2), 피의자에
대한 감정유치청구권(동법 제221조의3), 감정처분허가청구권(동법 제221조의4), 체포·구속
장소감찰(동법 제198조의2), 긴급체포시 사후승인권(동법 제200조의3 제2항) 등도 모두 인
정되어야 할 것이다. 그렇다면 법관의 경우도 동일한 논리가 가능하다는 것인데, 위의
주장을 하는 학자들이 과연 동일한 논리를 받아들일 수 있을 것인지 의문이다.

결국 검사의 영장청구권 규정은 우리나라의 1950년대 경찰의 인권침해적 수사,
1987년 경찰의 박종철군 고문치사 사건 등과 같은 역사적 사건을 배경으로, 판사와 더
불어 국민에 대한 강제수사를 이중으로 점검하는 이중보호장치로서, 국민들의 헌법적 결
단이 반영된 규정으로 보아야 한다.[67]

다른 나라에서도 그 나라의 고유한 역사적 배경에 따라서 형사절차 중 특별히 중요
한 규정은 헌법으로 명문화하고 있다. 우선 독일의 경우, 헌법(기본법) 제104조 제2항에
서 경찰의 구금기간을 체포일의 익일로 제한하고 있는데, 이는 나치 정부하에서 경찰의
불법구금을 경험한 독일 국민들이 경찰의 구금기간을 법률로 늘리지 못하도록 아예 헌
법에 규정해둔 독일 국민의 헌법적 결단이다. 일본 헌법 제33조[68]에서는 현행범체포만
을 영장주의의 예외로 인정하고 있는데, 이것도 제국주의 시대 경찰의 인권침해 수사를
경험한 일본 국민들의 헌법적 결단이 반영된 것이다. 미국의 경우에는 연방 수정헌법
제4조에서 불합리한 압수·수색 및 체포의 금지,[69] 제6조에서 배심재판을 받을 권리 및
자기에게 불리한 증인과 대질신문을 받을 권리 등을 규정하고 있다. 이처럼 세계 각국
에서는 각 나라마다 고유한 사정에 따라 형사절차 중 특별히 중요한 규정은 헌법에 둠

관리 및 검사(변호사 자격이 있는 자 중에서 임명함)와 군사법경찰관리의 직무를 수행한다"로
변경한다고 하여, 과연 이 문구만으로 국정원 직원이 영장청구까지 할 수 있다고 해석할 수 있
을지 의문이다.

66) 세계일보 2021. 12. 2.자, 「경찰 소속 영장청구 검사 신설?... 정책 제안 '갑론을박'」.

67) 이완규, 「헌법상 검사의 영장청구권 규정의 연혁과 의의」, 형사소송 이론과 실무 제9권 제1호
(2017. 6.), 한국형사소송법학회, 24면.

68) 제33조(체포에 대한 보장) 누구든지, 현행범으로서 체포되는 경우를 제외하고는 권한을 가진 사
법 관헌이 발행하고, 또한 이유가 되는 범죄를 명시한 영장에 의하지 않으면 체포되지 아니한다.

69) 미국 수정헌법 제4조는 영장제도에 관하여 규정하고 있으나, 영장청구권자에 대하여는 규정하고
있지 않다. 즉, 수정헌법 제4조는 「신체, 주거, 서류 및 소유물에 대한 불합리한 압수·수색 및
체포로부터 안전하여야 할 인민의 권리는 침해되어서는 안 되고, 어떠한 영장도 선서 또는 확약에
의해 뒷받침된 상당한 이유에 근거하지 않거나 수색 장소 내지 체포·압수될 사람 내지 물건을 특정
하여 표시하지 않고서는 발부되어서는 안 된다」고 규정하고 있다.

으로써 법률개정으로 이를 바꾸지 못하도록 하고 있다.

【표 5-2】해외국가의 헌법규정

순 번	해외국가	헌법 규정
1	독일	제104조② **경찰**은 자기의 권한으로 누구라도 **체포의 익일을 초과하여 구금할 수 없다.**
2	미국	제6조 피고인은… **배심**에 의한 신속한 공판을 **받을 권리**.. 자기에게 불리한 증인과 **대질심문을 받을 권리**… 가 있다.
3	스페인	제126조 **사법경찰**은 범죄수사와 범인의 발견 및 체포에 관한 업무수행에 있어 법률이 정하는 바에 따라 판사, 재판부와 **검찰에 종속**한다.
4	이탈리아	제109조 **사법부(법원, 검사)는**… **사법경찰을 직접적으로 이용**할 수 있다.
5	오스트리아	제90조a 검사는 사법기관이다. **검사**는 사법적으로 형사처벌가능한 행위로 인한 절차에서 **수사**와 공소를 담당한다.
6	벨기에	제151조 **검사**는… **개별 수사** 및 기소에 있어 독립적이다.
7	포르투갈	제219조 ① **검찰은 국가를 대표하고** 법이 정한 이익을 수호하며, 아래 항에 따라, 그리고 법률이 정한 바에 따라, 주권을 행사하는 주체에 의해 정의된 **형사정책의 실행**에 참여하며, 적법성의 원칙에 따라 형사처벌을 집행하고, 민주적 법치주의를 수호할 책임이 있다.
8	헝가리	제29조 검찰총장 및 **검찰**은 다음의 의무가 있다. a. **수사와 관련된 권한을 행사**한다.
9	칠레	제83조 독립적이고 계급적 조직인 **검찰**은 범죄를 구성하는 사실.. 피고인의 무혐의를 입증하는 사실에 대한 **수사를 독점적으로 지휘**하고, 법률에 정하는 바에 따라 소추한다.
10	멕시코	제16조 ⑦ 조직범죄의 경우에 조사가 필요하고 사람 또는 재산을 보호할 필요가 있거나 피의자가 사법조치를 회피할 수 있는 합리적인 위험이 있는 때에는, 사법기관은 **검사의 요청**에 따라 법률이 정한 시간과 장소를 준수하여 피의자를 구속할 것을 명령할 수 있다. ⑨ 수색영장은 **검사의 요청**에 따라 사법기관만이 발부할 수 있다. 제21조 경찰과 함께 **범죄를 수사하는 것은 검찰의 책임**이며 **경찰은 검찰의 지시에 따라 활동**한다. 법원에 공소를 제기하는 것은 검찰의 배타적인 활동이다.

따라서 검사의 영장청구권 규정이 세계적으로 유례가 없는 규정이라고 주장하는 것[70]은, 국민의 인권보호를 위해서 경찰수사를 통제하거나 형사절차를 강화한다는 기본정신은 살피지 않은 채, 규정의 조문과 방식만을 비교하는 것으로 매우 편협한 주장이다. 독일 헌법의 경찰 구금기간 제한규정이나 미국 연방헌법의 배심제 규정은 세계적으로 매우 드문 입법례이지만, 모두 국민의 기본권을 보호하기 위하여 각 나라 국민들의 헌법적 결단을 통해서 도입된 규정들이기에 그 헌법적 가치는 존중되어야 하며, 전술한 것처럼 스페인, 이탈리아, 오스트리아 등 국가의 헌법이 검사의 직무와 독립성 등에 관한 조문을 두고 있는데, 헌법에 검사의 직무 등에 관한 규정을 두는 것이 일반적이지 않다고 하여 이들 국가 헌법의 검사와 관련된 규정들을 이상하고 부적절하다고 할 수는 없는 것이다.

이에 대하여 각 특별검사설치법에 따라 임명되었던 특별검사들은 검찰청에 소속되어 검찰청법의 적용을 받는 검사가 아님에도 불구하고 형사소송절차에서 검사가 행하는 강제처분 권한을 법률로 부여받아 행사하는 것이므로, 영장청구권을 행사할 수 있는 '검사'는 반드시 검찰청에 소속되어 검찰청법의 적용을 받는 검사로 한정할 필요가 없다는 견해가 있다.[71] 헌법이 군검찰관의 영장청구권에 대해 언급하지 않고 있더라도 군형사절차에서 군검찰관이 영장청구권을 행사하고 있는 것(군사법원법 제232조의2, 제238조)도 동일한 맥락으로, 만약 검찰이 헌법상의 규정을 근거로 영장청구권이 여전히 '검찰청 소속의 검사'들만의 전속권한이라고 주장한다면, 그동안 및 현재의 특별검사와 군검찰관제도는 모두 위헌이라는 판단을 내릴 수밖에 없다는 것이다.[72]

---

70) 서보학, "바람직한 수사구조개혁 추진 방안", 「검·경 수사권조정에 관한 심포지엄」(2019. 7. 9.), 대한변호사협회, 7면(OECD 국가 중 멕시코를 제외하고는 헌법에 영장청구 주체 규정을 두고 있는 나라가 없음).

71) 서보학, "각국 영장제도 비교분석에 따른 시사점 및 입법론적 대안", 「국가형사사법체계 정상화를 위한 헌법적 과제」 토론회 – 영장청구권을 중심으로 –, 강창일 의원/헌법이론실무학회/비교형사법학회 공동정책토론회(2017. 3. 3.), 29면; 정태호, 「권리장전의 개정방향」, 공법연구 제34집 제4호 제권, 한국공법학회(2006. 6.), 123면("검사만이 영장을 신청할 수 있도록 한 현행 영장신청제도(제12조 제3항, 제16조)에 대한 수정이 필요하다. 인신구속의 오남용을 방지하기 위하여 영장은 신분이 보장된 독립적인 법관의 심사를 거쳐 발급된다. 따라서 검사에게만 영장 신청권을 부여하여야 할 필연적인 이유가 없다. 검사의 영장신청권은 1962년 헌법에 처음으로 명시된 뒤에 그 필요성 여부에 대한 진지한 검토 없이 계속 유지되고 있다. 그러나 한때 검토 대상이 되었던 고위공직자비리수사처의 수사관이나 경찰청 소속의 수사경찰관도 검사를 경유하지 않고 법관에게 영장을 청구할 수 있도록 '검사의 신청에 의하여'라는 문구를 삭제하는 것이 향후의 수사구조의 변경을 보다 용이하게 하는 길이다").

72) 이에 대한 상세한 비판적 견해는 이경렬, 「강제처분에 대한 검사의 영장청구권 규정의 함의」, 형사법의 신동향 통권 제56호(2017. 9.), 대검찰청 미래기획단, 5면 이하 참조.

이와 관련하여 헌법재판소는 특별검사 제도를 대법원장이 임명하도록 한 것이 권력분립원칙에 반한다는 헌법소원 사건에서, "특별검사제도는 검찰의 기소독점주의 및 기소편의주의에 대한 제도적 견제장치로서 권력형 부정사건 및 정치적 성격이 강한 사건에서 대통령이나 정치권력으로부터 독립된 특별검사에 의하여 수사 및 공소제기·공소유지가 되게 함으로써 법의 공정성 및 사법적 정의를 확보하기 위한 것이다. 이처럼 본질적으로 권력통제의 기능을 가진 특별검사제도의 취지와 기능에 비추어 볼 때, 특별검사제도의 도입 여부를 입법부가 독자적으로 결정하고, 특별검사 임명에 관한 권한을 헌법기관 간에 분산시키는 것이 권력분립의 원칙에 반한다고 볼 수 없다."73)라고 결정한 바 있다.

그러나 위 헌법재판소의 결정은 권력형 부정사건이나 정치적 성격이 강한 사건에 대해 일시적으로 단기간에 걸쳐 운영되는 특별검사에 대한 결정으로, 영구적인 인적·물적 조직을 갖추어 대통령과 국무총리, 법무부장관 모두의 지휘·감독권을 영구적으로 배제하고, 누구의 통제도 받지 않는 조직 형태에 그대로 적용할 수는 없다74)고 본다. 즉, 위 결정은 '권력통제의 필요성'만을 특검제도의 합헌성 근거로 추상적으로 언급하고 있을 뿐, 권력분립의 원칙과 그 원칙을 훼손할만한 특검 제도를 통해 달성되는 법의 공정성이나 사법적 정의로 언급되는 중대한 공익과의 이익형량의 구체적인 기준에 대해서는 침묵하고 있다는 점에서, 모든 형태의 독립수사 및 공소제기기구에 대해 결코 일반화되기는 어렵다고 본다.

또한 군검찰관의 문제도 우리나라 헌법 제110조 제1항이 "군사재판을 관할하기 위하여 특별법원으로서 군사법원을 둘 수 있다"고 규정하여 군사법원을 특별법원으로 설립할 수 있는 근거를 제공하고 있다는 점에서 위헌으로 볼 수는 없다. 헌법재판소도 "군 임무의 특성상 전시에는 말할 것도 없고 평시에도 적의 동태나 작전계획에 따라 자주 이동하고, 급박하게 상황이 변화하므로 이에 대응하여 언제, 어디서나 신속히 예외법원적인 군사법원의 군사재판을 할 수 있어야 한다"75)고 판시하여 이를 인정한 바 있다. 더욱이 변호사의 자격이 있는 사법경찰관에게 독자적 수사를 위한 영장청구권한을 부여한다면, "검찰청 소속" 검사의 객관의무를 잠시 도외시하고서 이제는 소송절차의 다른 쪽에서 피의자 내지 피고인의 방어를 위해 노력하는 변호사 자격을 가진 형사변호인에 대해 담당변호사건의 실체를 규명하여 의뢰인의 변호에 철저한 준비를 하는 조사에 필요할 수도 있는 이른바 '영장청구'권한을 부여하지 말아야 할(아니면 않아야 할) ─무기

---

73) 헌재결 2008.1.10, 2007헌마1468.

74) 김태우, 「고위공직자비리수사처 입법론적 검토 ─ 현재 발의된 관련 법안의 합헌성을 중심으로 ─」, 형사법의 신동향 통권 제54호(2017. 3.), 대검찰청 미래기획단, 84면.

75) 헌재결 1996.10.31, 93헌바25.

대등원칙상의 - 합당한 이유를 어디에서 찾아야 할 지 의문이 아닐 수 없다는 견해[76]도 동일한 취지로 보인다.

(5) 검사경유원칙의 진정한 가치

일부에서는 현행 헌법에 법관에 대하여 영장발부를 청구함에 있어 검사를 반드시 경유하도록 규정한 취지는 헌법재판소 판례에서 설시하고 있듯이 "수사단계에서 영장신청을 함에 있어서는 반드시 법률전문가인 검사를 거치도록 함으로써 다른 수사기관의 무분별한 영장 신청을 막"[77]기 위한 것이므로, 검사가 직접 영장을 청구하는 경우와 사법경찰관이 검사에게 영장청구를 신청하는 경우를 달리 보아, 후자의 경우 검사는 원칙적으로 영장발부요청의 적법성을 주로 검토하는 데 그치는 것이 바람직하다는 견해[78]가 있다. 검사의 독점적 영장청구제도는 규범적으로나 현실적으로 그 정당성을 인정할 수 없으므로 헌법상 영장청구조항에서 검사를 삭제하되 헌법 개정 전까지는 경찰의 영장청구가 있는 이상 검사는 형식적인 심사를 마친 후 의무적으로 법원에 영장을 청구하도록 해야 하고, 형사소송법에 검사의 처분에 대한 경찰의 준항고 제도를 도입해야 하며, 형사소송법의 개정을 통해 경찰조직 내에서 일정한 자격을 가진 자를 영장청구권을 행사하는 자로 지명하도록 해야 한다는 주장도 동일한 입장[79]이라고 할 것이다.

그러나 이 논리대로 한다면, 검사의 헌법상 영장청구 규정을 삭제하는 것이 지금보다 인권보장에 도움이 된다는 것인지, 또 국정원 등 특별사법경찰 모두 직접 영장을 청구하는 것이 인권보장에 유리한 것인지 등에 대한 답을 해야 할 것이다. 더욱이 '권력만이 권력을 억제할 수 있다'는 것이 법치국가원리의 핵심내용인 권력분립의 기본정신임을 내세우면서, 이를 형사소송절차에 적용하면, '기관 간 분립'으로서는 수사권 - 기소권 - 재판권을 경찰 - 검찰 - 법원 간에 분립시켜 상호견제케 하고, '기관 내 분립'으로서는 수사기관 내의 기능분리를 통하여 상호견제케 해야 한다는 발상[80]은 '경찰에 대한 법치국가적 통제'를 위하여 탄생된 검찰제도를 심각하게 오해한 데 기인한 것으로 보인다. 현재 우리나라 경찰은 10일간의 구속수사를 할 수 있는 권한을 가지고 있지만, 우리나라를 제외한 미국·영국·프랑스·독일·일본 등 주요 선진문명국가에서는 경찰에게 독자적인 구속수사권이나 구속영장을 신청할 수 있는 권한 자체를 부정하고 있으며,

---

76) 이경렬, "강제처분에 관한 검사의 영장청구권 규정의 함의", 형사법의 신동향 통권 제56호 (2017. 09.), 대검찰청 미래기획단, 29면(각주 66).

77) 헌재결 1997.3.27, 96헌바28.

78) 김선택, 앞의 논문, 34면.

79) 서보학, "검사독점적 영장청구제도에 대한 비판과 입법론적 대안, 비교형사법연구 제12권 제1호 (2010), 비교형사법학회, 277-307면.

80) 김선택, 앞의 논문, 46면.

통상 현행범체포 등에 따른 일정시간(대개 48시간) 구금할 수 있는 권한만 존재하기 때문이다. 따라서 다른 나라에서는 헌법에 영장청구권을 규정할 필요 자체가 없지만, 우리 나라에서 필요한 이유가 여기에 있다.

【표 5-3】 주요 국가의 경찰 영장청구 권한

주요 권한	한국	독일	프랑스	일본	미국	영국
경찰 구속영장 신청권	○	X	X	X	X	X
경찰 자체 구속기간	○	X	X	X	X	X

무엇보다도 우리 헌법 제12조와 제16조는 구속영장뿐만 아니라 체포·압수·수색 등 모든 영장청구권을 검사에게만 부여하고 있는 바, 가장 대표적인 수사권한이자 수사의 핵심인 강제수사권이 헌법상 검사에게 전속되어 있기 때문에 이에 부수되는 일반적이고 구체적인 수사내용과 방법을 검사가 주도적으로 결정하거나 지휘하는 것은 너무나 당연하며, 바로 이러한 점에서 수사권의 귀속문제나 검사의 수사주재자적 지위는 국민의 헌법적 결단사항으로 보아야 하는 것이다. 즉 대표적 수사권인 검사의 강제수사권한이 헌법에 엄연히 규정되어 있는 이상 이에 부수되는 일반적인 수사권한도 이러한 헌법규범으로부터 파생된다고 보는 것이 타당하며, 우리 헌법은 수사에 있어 그 주재자가 검사가 되어야 한다는 점을 천명하고 있는 것이고, 경찰에 대한 사법적 통제는 검사의 수사주재자성을 구현하기 위한 핵심적 제도장치인 것이다. 그런데, 만약 검사의 경찰에 대한 사법적 통제를 배제하거나 경찰을 검사와 대등한 독자적 수사주체로 인정할 경우, 검사는 강제처분의 필요성 및 이를 위한 수사의 내용과 방법 등을 적극적으로 결정하는 수사주재자의 지위를 상실한 채 강제수사에 대한 단순한 허가자의 지위로 전락하게 되어, 결국 헌법이 명시하는 검사의 영장청구권과 수사주재자성이 완전히 훼손됨으로써 국민의 헌법적 결단에 반하는 결과를 초래할 것이다.

결국 우리 헌법상 검사의 영장청구권 조항의 진정한 가치는, 강제처분에 있어서 경찰의 권한남용을 방지하기 위해서는 단순히 법관의 영장을 받는 제도만으로 하여 법관의 심사만으로는 부족하고, 검사가 영장청구 전에 한번 더 심사하여 2중의 심사장치를 만듦으로서 더욱 강력한 통제장치를 만들고자 함에 있다[81]고 보아야 할 것이다. 헌법재

---

81) 2011년 1월부터 2014년 12월까지 사법경찰관이 신청한 구속영장을 검사가 기각한 사건의 연인원 총 22,822명(평균기각률 16.65%) 중에서, 정식기소에 이르지 않는 경우가 약 20.85%(4,759명)이며, 특히 '각하', '무혐의' 또는 '죄가 안됨' 처분으로 종결되는 경우가 구속영장 기각인원

판소도 대한민국의 입법자가 영장청구권을 검사에게 전속시킨 이유를 '영장청구권에 대한 검사의 독점적 지위를 명확히 하여 검찰의 수사지휘권을 확보하기 위한 규정인 동시에 법률전문가에 의하여 영장발부의 합헌성을 높여서 궁극적으로 기본권 침해방지를 위한 이중적 장치로서 규정된 것'[82]이라고 선언한 점을 상기할 필요가 있다.

4. 공수처 설치·운영과 관련된 헌법적 규정의 부재

(1) 헌법규정의 합리적 해석

현행 헌법은 대통령, 총리, 국무위원, 행정 각부, 감사원, 법원, 헌법재판소, 선거관리위원회, 지방자치단체 및 의회는 물론 검찰청, 검찰총장, 검사 등[83]에 대하여 헌법상 설치 근거를 명확히 하고 있는 반면, 공수처에 대해서는 헌법상 설치 근거가 전무(全無)한 것이 사실이다. 따라서 기능적 권력분립론 입장에서 볼 때, 실질적인 권력분립 원칙의 확보를 위한 견제장치로서 상설적인 독립된 강제기구를 설치하는 것이 헌법적 가치에 부합하는가에 달려있다고 할 것이다.

그런데 헌법 제1조 제1항은 대한민국을 민주공화국으로 선언하여 국가권력구조의 형태로서 민주주의와 공화주의를 선언하고 있으며, 제2항은 대한민국의 주권은 국민에게 있고, 모든 국가권력은 국민으로부터 나온다고 규정하여 국민주권주의를 선언하고 있다. 즉, 국민주권주의는 국가권력의 보유자가 국민이며 정치적으로 권력기관의 설치와 조직이 국민으로부터 나오는 정당성과 국민의 결정에 기인할 것을 요구한다.

한편 민주주의는 국민이 국가권력을 행사한다는 원리가 핵심이므로 국민의 권력행사를 현실에서 구현하기 위해 국가권력의 조직이나 정부조직을 그러한 원리를 구현할 수 있도록 구성할 것을 요구한다. 그런 의미에서 헌법이 규정하고 있는 민주주의는 국가권력 및 정부형태를 규정하는 의미도 가지며 나아가 국가권력의 보유 및 행사에 대한 조직원리라고 할 수 있을 것이다.[84] 이에 우리 헌법도 주권을 다시 입법권, 행정권과 사법권으로 3분 하면서, 입법권은 국회(헌법 제40조)에, 행정권은 대통령을 수반으로 하

의 9.43%에 해당하는 2,152명에 달한다. 결국 4년간 사법경찰관이 구속영장을 신청하였으나 검사가 기각한 총 22,822명의 피의자 중에서 정식기소에 이른 사람은 11,141명으로 약 48.8%에 불과하며, 동일 기간동안 사법경찰관이 신청한 체포영장을 검사가 기각한 사건의 피의자 총인원수는 22,895명에 달해 연평균 11.38%에 해당한다(김성룡, 앞의 논문, 102-103면)고 한다.

82) 헌재결(전원재판부) 2007.3.29, 2006헌바69.

83) 검사는 헌법 제12조(신체의 자유), 제16조(주거의 자유), 검찰총장은 제89조(국무회의 심의 사항)에 명확한 설치근거가 존재한다.

84) 정종섭, 『헌법학 원론』, 박영사(2014), 132면; Böckenförde, "Demokratie als Verfassungsprinzip", Handbuch des Staatsrechts der Bundesrepublik Deutschland(HdBStR) Bd Ⅱ, C.F.Müller, 2004, § 24. Rndr. 9.

는 정부(헌법 제66조 제4항)에, 사법권은 법관으로 구성된 법원(헌법 제101조 제1항)에 속하도록 하여, 3권의 담당기구에 대한 헌법규정을 통해 이들 기관의 헌법상 기구적 정당성을 부여한 후, 정부조직법·국회법·법원조직법 등 헌법의 위임규정에 따른 법률에 따라 구체적 기구들을 설치함으로써 그 정당성을 이어가고 있다.

결국 헌법상 행정권력에 대한 실질적 정당성의 구현 체제를 보면, 헌법은 국민의 대의기구로서 국회를 두면서, 첫째, 각부 장관인 국무위원이 행정권력의 행사에 대해 국회에 대해 책임을 지는 체제를 구성하며, 둘째, 행정권력이 각부 장관의 지휘체계 안에 들어오게 구성함으로써 실질적인 민주적 정당성을 구현하고 있는 것이다.[85]

그런데 현행 헌법상 공수처가 행사하는 수사, 기소권은 행정권에 속하므로 그 귀속처는 정부로 볼 수밖에 없는데, 공수처법은 공수처의 소속을 어디에도 두고 있지 않다. 즉, 공수처법은 헌법과의 연결고리가 없다는 점에서 헌법상 근거를 상실하고 있을 뿐만 아니라, 국회의 통제를 받지 않아 실질적인 민주적 정당성을 결여한 기관으로 되어 있다는 점에서 위헌적 요소가 다분하다고 본다. 왜냐하면 권력분립의 원리란 국가권력을 입법권, 행정권, 사법권으로 분리하고, 분리된 권력을 각각 별개의 기관에 분속시킴으로써, 권력에 의한 권력의 억제와 균형을 통해 국민의 자유와 권리를 보장코자 하는 헌법상의 통치기관 구성원리[86]이기 때문이다.

더욱이 헌법은 국회에 전속된 법률 제·개정을 제외하고, 대통령(제75조), 총리 및 행정 각부(제95조), 대법원(제108조), 헌법재판소(제113조), 선거관리위원회(제114조), 지방자치단체(제114조)에만 위임 입법권을 부여하고 있으므로, 공수처가 대통령, 총리, 행정 각부에 속하지 않는 이상 규칙 제정권을 인정하는 것은 곤란할 것이다. 즉, 동법 제9조 인사위원회 구성과 운영 등 필요한 사항을 공수처규칙으로 정하는 이외에,[87] 헌법상 공수처규칙 제정권의 근거가 존재하지 않는다는 점에서 과연 독립된 강제기구를 설치하는 것이 헌법상 타당한지 의문이 든다.[88]

---

85) 이완규, "고위공직자범죄수사처법의 해석과 운영방향" 토론문, 한국형사소송법학회 2020년 6월 월례발표회 자료집, 한국형사소송법학회, 80면.

86) 한충록, "권력분립의 원리" 사회과학연구 제20권 제2호, 조선대학교 사회과학연구원, 1999, 20면.

87) 더불어민주당 백혜련 의원이 2020. 6. 1. 국회법 일부개정법률안과 인사청문회법 일부개정법률안, 고위공직자범죄수사처장후보추천위원회의 운영 등에 관한 규칙안을 대표발의했는데, 국회법 일부개정법률안은 공수처 소관 상임위원회를 법제사법위원회로 하고 인사청문 대상에 고위공직자범죄수사처장을 추가하는 것이 골자이며, 인사청문회법 일부개정법률안은 인사청문 절차상 국회가 법정기간 내에 공직후보자에 대한 인사청문회를 마치지 못해 대통령 등이 인사청문경과보고서를 송부해 줄 것을 국회에 요청할 수 있는 공직후보자 대상에 고위공직자범죄수사처장을 추가하는 내용이다. 공수처장후보추천위 운영 등에 관한 규칙안은 공수처장 추천위의 운영 등에 필요한 사항을 규정하기 위한 국회규칙이다.

이에 대하여 공수처 합헌론자들은 뢰벤슈타인(Loewenstein)의 기능적 권력분립론이 권력분립의 현대적 의미를 가지는 것이라고 소개하면서, 오늘날 권력분립을 '기능의 분립'(separation of function)으로 보고, 권력행사의 효율성(efficiency)을 증대시키기 위한 '분업의 원리'로 이해하는 경향[89]이 있다거나 현대자유민주국가의 통치구조에서는 기계적이고 획일적인 '권력분리'에서 목적지향적이고 유동적인 '기능분리'로, 그리고 권력간의 '대립적인 제한관계'가 '기관간의 협동적인 통제관계'로 바뀌었고, 권력분립의 주안점이 '형식적인 권력분리'에서 '실질적인 기능통제'로 옮겨졌다는 설명[90] 등을 소개하면서, 공수처도 이러한 입장에서 이해할 수 있다는 입장[91]이다.

그러나 오늘날 권력분립주의를 정부와 의회의 여당을 한 축으로 하는 국민들의 이해관계와 의회의 야당을 한 축으로 하는 국민들의 이해관계를 어떻게 합리적으로 견제시키고 균형을 갖추어 갈 것인가에 대하여 조직적인 해답을 찾는 문제로 귀결된다고 본다면,[92] 오늘날 권력분립은 의회의 야당으로 하여금 정부와 의회 여당이 행하는 국가권력 행사를 어떠한 범위 내에서 어떻게 견제할 수 있도록 할 것인가의 문제라고 볼 수 있다. 더욱이 칼 뢰벤슈타인의 3분법(정책결정/정책집행/정책통제)에 따르더라도 새로운 삼분법의 핵심은 세 번째 기능, 즉 정책통제에 있다.[93]

그런데 공수처에 대한 어떠한 통제장치도 존재하지 않는다는 점에서 기능적 권력분립론의 관점에서도 문제가 있다고 본다. 왜냐하면 대통령을 정점으로 하는 내각에서 행정을 전담하도록 한 것이 대통령 직선제, 삼권분립의 헌법정신임에도, 공수처는 입법·행정·사법 등 그 어디에도 속하지 않는 독립기관으로 설치될 뿐만 아니라, 법무부장관의 지휘·감독을 받는 검찰과 달리 아무런 통제나 견제도 받지 않는 무소불위의 '초헌법적 권력기관'이기 때문이다. 더욱이 공수처 처장의 정치적 성향 및 대통령과의 관계, 국회 의석분포에 따라 '제왕적 대통령'의 탄생을 야기할 수도 있다.

과거 국가안전기획부를 대통령직속기관으로 한 정부조직법 제14조가 행정각부를 국

---

88) 우리나라 공수처의 모태로 보이는 중국의 감찰위원회도 「중화인민공화국 각급 감찰위원회는 국가의 감찰기관이다」라는 조항을 헌법에 넣고 국가기관 제1장에 감찰위원회를 추가한 헌법 개정안이 통과된 후 설치되었다.

89) 윤명선, "권력분립원리에 관한 재조명" 미국헌법연구 제18권 제1호, 미국헌법학회, 2007, 5면.

90) 허영, 한국헌법론, 박영사, 2011, 709면.

91) "공수처법의 해석 및 운영방안"과 관련하여, 한국형사소송법학회가 주최한 6월 월례발표회(2020. 6. 19.)에서 임지봉 교수(서강대 법전원)가 주장한 내용이다.

92) 황도수, "현대국가의 권력분립 – 예산의 수립과 통제를 중심으로 –, 일감법학 제35호(2016년), 건국대학교, 2016. 111면.

93) 자세한 내용은 칼 뢰벤슈타인 지음, 김기범 옮김, 현대헌법론, 동아법학 (74), 2017, 195–511면 참조.

무총리의 통할하에 두도록 한 헌법 제86조 제2항에 위반하는지 여부와 관련하여, 헌법재판소 다수의견(5인)이 「헌법 제86조 제2항은 그 위치나 내용으로 보아 국무총리의 헌법상 주된 지위가 대통령의 보좌기관이라는 것과 그 보좌기관인 지위에서 행정에 관하여 대통령의 명을 받아 행정각부를 통할할 수 있다는 것을 규정한 것일 뿐, 국가의 공권력을 집행하는 행정부의 조직은 헌법상 예외적으로 열거되어 있거나 그 성질상 대통령의 직속기관으로 설치할 수 있는 것을 제외하고는 모두 국무총리의 통할을 받아야 하며, 그 통할을 받지 않는 행정기관은 법률에 의하더라도 이를 설치할 수 없음을 의미한다고는 볼 수 없을 뿐만 아니라, 헌법 제94조, 제95조 등의 규정취지에 비추어 정부의 구성단위로서 그 권한에 속하는 사항을 집행하는 모든 중앙행정기관이 곧 헌법 제86조 제2항 소정의 "행정각부"라고 볼 수도 없으므로, 결국 정부조직법 제14조가 국가안전기획부를 대통령직속기관으로 규정하고 있다 하더라도 위 규정이 헌법 제86조 제2항에 위반된다 할 수 없다」고 본 반면, 별개의견(3인)은 「정부기관으로부터 수사권을 분리시키는 것이 반드시 헌법적 지시라고까지는 할 수 없으나 정보기관이 수사권까지 가지는 것은 바람직스러운 것은 아니므로 그 수사권은 필요한 최소한에 그쳐야 할 뿐만 아니라 그 권한의 남용을 막을 수 있는 적절한 견제장치가 마련되어 있어야 함에도 불구하고, 이 사건 심판대상규정은 국가안전기획부를 대통령 소속하에 두어 국무위원 아닌 자를 그 장에 보할 수 있게 함으로써 국회의 국가안전기획부에 대한 견제기능을 현저히 약화시킨데다가 개정 전의 구(舊)국가안전기획부법은 국회의 관여를 여러 가지로 제한하는 특례규정을 두고 국가안전기획부로 하여금 그 본래의 직무내용에 비추어 과도한 수사권을 부여하는 등 법상 실효성 있는 견제장치가 없었으므로, 이 사건 심판대상규정은 구(舊)국가안전기획부법을 논리적 전제로 하는 한 헌법체계부조화 상태에 있었다」는 입장이며, 반대의견(1인)은 「국가안전기획부는 행정부의 권한에 속하는 사항을 집행하는 중앙행정기관으로서 성질상 국무총리의 통할하에 두어야 할 "행정각부"에 속하는 것이 명백하므로, 국가안전기획부를 행정각부에 넣지 않고 대통령의 직속하에 두어 국무총리의 지휘, 감독을 받지 않도록 한 행정조직법 제14조 제1항은 헌법 제86조 제2항 및 제94조에 위반된다」는 입장을 취한 바 있다.

결국 9명의 헌법재판관 중 4인이 수사권한을 가지고 있는 기구가 대통령 직속 기구로 소속되어 있는 것에 대해 정부조직원리 및 국회 통제에 반한다고 하면서, 헌법체계에 부적합하다고 결정을 내린 것이다(6인이 위헌을 인정해야 위헌 결정이 가능함). 이는 비록 수사권을 가진 기구를 대통령 직속으로 두는 것이 단정적으로 위헌은 아니라고 하더라도, 헌법정신에 들어맞거나 헌법체계와 조화를 이루는 것은 아니라는 것을 확인하는 의미로 볼 수 있다. 다만, 대통령 직속의 국가정보원(구(舊)국가안전기획부)을 설치해도 헌법에 반하지 않는다는 다수의견에 따를 경우 대통령 직속 행정기구를 임의로 창설하

더라도 헌법적으로 문제가 없다는 논리인데, 경우에 따라서 이는 대통령은 중요한 행정
기능을 국무위원이 아닌 별도의 기구로 하여금 담당하게 함으로써 국회의 통제 및 책임
을 배제할 수 있다는 논리로 귀결될 수 있다. 즉, 여당이 과반 다수를 장악하고, 대통령
이 여당을 통해 이러한 법률을 통과시켜 행정각부에 최소한의 핵심 기능만 남기고, 중
요한 기능은 모두 대통령 직속으로 설치하여 대통령이 직접 지휘하여 국회의 통제를 받
지 않게 하더라도 위헌으로 볼 수는 없을 것이다. 물론 국가정보원의 경우 대통령의 헌
법수호책무(헌법 제66조 제2항, 제69조)와 직접적인 관련이 있는 헌법 적대적·헌법 파괴
적 행위의 봉쇄를 목적으로 하는 업무를 담당하는 정보기관으로서 비밀취급을 그 속성
으로 한다는 점에서 볼 때, 정보수집 및 보안업무에 관한 국가정보원을 대통령 직속기
관으로 설치하여 국회에 의한 정부견제기능에 예외를 두고 있다고 하여 헌법체계상 문
제가 될 것으로 보이지는 않는다.

그러나 헌법규정이나 특별한 사유가 있는 예외적인 경우[94]가 아닌 한, 국회에 의한
견제(제65조의 탄핵소추권, 제62조의 국무총리·국무위원 등의 국회 출석 및 답변요구권, 제63
조의 해임건의권, 제61조의 정부에 대한 국정감사 및 조사권 등)가 정부조직상 중요한 지위
를 차지하는 행정기관에 미치도록 하는 것이 헌법체계와 조화를 이루는 것이다. 따라서
수사기구는 국회 통제를 받는 행정각부에 소속되어야 함이 원칙이고, 다만, 검찰의 지
휘·감독이 있다면 행정각부에 속하지 않는 특별사법경찰로서의 기능이 인정될 수 있을
뿐이다. 그런데 수사권한을 가진 공수처는 행정권을 항시 행사하면서도 행정부에 속하지
않는 독립기구로서 입법·사법·행정과는 별도의 제4부에 해당함에도 헌법적 근거가 없
고, 국회에 의한 통제는 물론 어떠한 행정권에 의한 통제장치가 없어 정부조직 원리 및
국회 통제원리에 반할 소지가 크다는 점에서, 헌법체계 부조화의 문제는 매우 심각하다
고 할 것이다. 설령 위헌 선언에 이를 정도는 아니라고 하더라도 헌법정신에 부합한다
고 보기는 어려울 것이다.

---

94) 감사원과 같이 헌법적 근거가 있는 기구이거나 한시적·예외적인 기구 또는 자문(권고)·보좌·
연구·지원기능과 같은 비침입적 행정기능이나 고도의 기술이나 전문지식을 필요로 하는 경우와
같이 권력적 성격이 적은 행정기능 등을 들 수 있다.

【표 5-4】검찰청법상의 검사와 공수처검사의 비교

구 분	검사(검찰청)	공수처검사(공수처)
법률용어	검사	공수처검사(공수처법 제29조, 제30조, 제43조의 **검사 의제규정은 검사와 공수처검사가** 별도 의제규정이 없는 한 법률상 동일하지 않은 별개 개념임을 의미) ※ 공수처법 제2조, 제5조, 제12조, 제13조, 제16조도 검사와 공수처검사를 엄격히 구분
헌법상 근거	헌법 제12조, 제16조	없음
최종 감독자 및 헌법상 근거	법무부장관(구체적 사건은 검찰총장) 헌법 제96조(법무부장관) 헌법 제89조(검찰총장)	공수처장 없음
최종 감독자에 대한 입법부의 통제	헌법 제63조(국회의 해임건의) ※ 헌법상 국회 출석 및 보고 의무 등(헌법 제62조)	없음 ※ 법률상 국회 출석 및 보고 의무 등(공수처법 제17조)
소속기관 및 법적 근거	검찰청 ※ 헌법(제96조)의 위임에 따라 정부조직법(제32조)에 근거를 마련하고, 이에 따라 검찰청법으로 설치	공수처 ※ 헌법과 정부조직법에 설치 근거나 위임 없고, 공수처법이 유일한 설치근거
권력분립원칙에 따른 소속 영역 (입법, 행정, 사법)	검찰청은 헌법과 정부조직법에 따라 행정각부(행정부)인 법무부의 외청(즉 행정부 소속)	공수처는 헌법과 정부조직법에 설치 근거가 없고, 공수처법(제3조, 제22조)에 따르면 입법, 사법, 행정 어떤 영역에도 속하지 아니한 독립조직
직무권한	① 모든 범죄수사(일부 수사개시만 한정), 공소제기 및 유지 ② 특별사법경찰지휘감독 ③ 법령의 정당한 적용 청구 ④ 재판집행 지휘·감독 ⑤ 국가의 법률대리인 ⑥ 다른 법령에 정한 권한 ※ 개정 검찰청법과 개정 형사소송에 따르더라도 검사의 사법경찰에 대한 사법통제(보완수사요구 등) 권한은 형태를 달리하여 유지	① 고위공직자범죄(등) 수사, 고위공직자범죄 중 법원, 검찰, 경찰 범죄 공소제기 및 유지 ② 법령의 정당한 적용 청구 ③ 다른 법령에 정한 권한 ※ ②③은 ①수행을 위해 필요한 범위로 한정(공수처법 제8조, 제20조) ※ 공수처검사는 재판집행 지휘·감독 권한이 없는 바, 재판은 판결, 결정, 명령을 포함하는 개념으로 영장 청구에 대한 판사의 결정도 재

		판에 해당하므로(2006모646), 형집행은 물론 영장집행도 재판집행에 포함
직무권한의 주체	검사	공수처(공수처법 제3조)
직무권한의 본질	직무(의무)이자 권한 ※ 검찰청법 제4조 제1항 '직무와 권한이 있다'고 규정하여 직무(의무)이자 권한임을 명시	권한 ※ 공수처법 제8조 제4항 '직무를 수행할 수 있다'고 명시되어 있어 의무 부과 없이 권한만 부여
국민 전체에 대한 봉사자 규정	헌법 제7조 검찰청법 제4조 제2항	공수처법 제22조(정치적 중립만 규정) ※ 공수처법 제22조에 국민전체에 대한 봉사자 지위를 미부여(헌법 제7조에 따라 공무원으로서 지위 부여) ※ 공수처법 제8조 제4항은 '검사의 직무(검사의 직무는 검찰청법 제4조 제1항에 규정)를 수행할 수 있다'고 명시하여 검찰청법 제4조 제2항을 준용하지 않음이 명백
직업공무원제도와 신분보장	임용 후 정년보장 별도 임기 제한 없음 특정직 공무원	임용 후 정년보장 없음 임용 후 임기 3년, 3회 연임 한도 특정직 공무원
인권옹호 직무	정부조직법 제32조(법무부 분장 사무에 인권옹호 명시) 형법 제139조(검사의 인권옹호직무) 검찰청사무기구에관한규정 제9조의3 (인권부 분장사무)	관련 근거 전무하여 직무 부여 인정 곤란
불기소결정에 대한 국민의 불복수단	항고(검찰청법), 재정신청(형소법)	재정신청(공수처법)

(2) 헌법재판소의 입장

헌법재판소는 2021년 1월 28일 재판관 5(합헌): 3(위헌): 1(각하)의 의견으로, 구 고위공직자범죄수사처 설치 및 운영에 관한 법률 제2조, 고위공직자범죄수사처 설치 및 운영에 관한 법률 제3조, 제8조 제4항이 청구인들의 기본권을 침해하지 않고, 나머지 심판청구는 부적법하다는 결정을 선고하였다[기각, 각하].[95)]

이에 대하여 구 고위공직자범죄수사처 설치 및 운영에 관한 법률 제2조, 고위공직

자범죄수사처 설치 및 운영에 관한 법률 제3조, 제8조 제4항에 대한 심판청구는 부적법
하다는 재판관 이선애의 반대의견, 구 고위공직자범죄수사처 설치 및 운영에 관한 법률
제2조, 고위공직자범죄수사처 설치 및 운영에 관한 법률 제3조 제1항, 제24조 제1항이
권력분립원칙에 위반되고, 위 제24조 제1항은 적법절차 원칙에도 위반된다는 재판관 이
은애, 재판관 이종석, 재판관 이영진의 반대의견, 구 고위공직자범죄수사처 설치 및 운
영에 관한 법률 제2조, 고위공직자범죄수사처 설치 및 운영에 관한 법률 제3조가 사법
권의 독립 및 평등권을 침해한다는 재판관 이종석, 재판관 이영진의 반대의견, 고위공직
자범죄수사처 설치 및 운영에 관한 법률 제24조 제1항이 권력분립원칙 및 적법절차원칙
에 위반되지 않고 구 고위공직자범죄수사처 설치 및 운영에 관한 법률 제2조 및 고위공
직자범죄수사처 설치 및 운영에 관한 법률 제3조 제1항이 사법권의 독립을 침해하지 않
는다는 재판관 이석태, 재판관 문형배, 재판관 이미선의 법정의견에 대한 보충의견이 있
었다. 구체적인 내용을 살펴보면 다음과 같다.

가. 공수처법 제2조 및 공수처법 제3조 제1항에 대한 판단

헌법재판소 다수의견은 「헌법 제66조 제4항은 "행정권은 대통령을 수반으로 하는
정부에 속한다."고 규정하고 있다. 여기에서의 '정부'의 의의에 대하여 헌법이 명시적으
로 밝히고 있지는 않으나, 헌법은 제4장에서 '정부'라는 표제 하에 대통령(제1절)과 행정
부(제2절)를 통합하여 규정하고 있고, 헌법 제66조 제4항이 헌법 제40조(입법권) 및 제
101조 제1항(사법권)과 함께 헌법상의 권력분립원칙의 직접적인 표현인 점을 고려할 때,
헌법 제66조 제4항에서의 '정부'란 입법부와 사법부에 대응하는, 넓은 개념으로서의 집
행부를 일컫는다 할 것이다. 나아가 헌법은 대통령의 명을 받은 국무총리가 행정각부를
통할하도록 규정하고 있으나(제86조 제2항), 대통령과 행정부, 국무총리에 관한 헌법 규
정의 해석상 국무총리는 행정에 관하여 독자적인 권한을 가지지 못하고 대통령의 명을
받아 행정각부를 통할하는 기관으로서의 지위만을 가지며 행정권 행사에 대한 최후의
결정권자는 대통령으로 보아야 할 것이므로, 국무총리의 통할을 받는 '행정각부'에 모든
행정기관이 포함된다고 볼 수 없다(헌재 1994. 4. 28. 89헌마221 참조). 다시 말해 정부의
구성단위로서 그 권한에 속하는 사항을 집행하는 중앙행정기관을 반드시 국무총리의 통
할을 받는 '행정각부'의 형태로 설치하거나 '행정각부'에 속하는 기관으로 두어야 하는
것이 헌법상 강제되는 것은 아니라 할 것이므로, 법률로써 '행정각부'에 속하지 않는 독
립된 형태의 행정기관을 설치하는 것이 헌법상 금지된다고 할 수 없다」고 하면서, 「공
수처법은 수사처의 직무수행상의 독립을 명시하면서(제3조 제2항), 대통령 및 대통령비서

실의 공무원은 수사처의 사무에 관하여 업무보고나 자료제출 요구, 지시, 의견제시, 협의, 그 밖에 직무수행에 관여하는 일체의 행위를 하여서는 아니 된다고 규정하고 있다(제3조 제3항). 그러나 공수처법에 의하면, 수사처장은 추천위원회에서 추천한 2명 중 1명을 대통령이 지명한 후 인사청문회를 거쳐 임명하고, 차장은 수사처장의 제청으로 대통령이 임명하며, 수사처검사는 인사위원회의 추천을 거쳐 대통령이 임명한다(제5조 제1항, 제7조 제1항, 제8조 제1항). 또한 수사처검사 뿐만 아니라 수사처장과 차장도 징계처분의 대상이 되고(제14조), 징계처분 중 견책은 수사처장이 하지만 해임·면직·정직·감봉은 수사처장의 제청으로 대통령이 한다(제42조 제1항). 이처럼 대통령은 수사처장과 차장, 수사처검사의 임명권과 해임권 모두를 보유하고 있는데, 이들을 임명할 때 추천위원회나 인사위원회의 추천, 수사처장의 제청 등을 거쳐야 한다는 이유만으로 대통령이 형식적인 범위에서의 인사권만 가지고 있다고 볼 수는 없고(헌재 2019. 2. 28. 2017헌바196 참조), 수사처 구성에 있어 대통령의 실질적인 인사권이 인정된다고 할 것이다. 또한 공수처법 제17조 제3항에 의하면 수사처장은 소관 사무와 관련된 안건이 상정될 경우 국무회의에 출석하여 발언할 수 있는 한편, 그 소관 사무에 관하여 독자적으로 의안을 제출할 권한이 있는 것이 아니라 법무부장관에게 의안의 제출을 건의할 수 있다. 이상의 점들에 비추어 보면, <u>수사처가 직제상 대통령 또는 국무총리 직속기관 내지 국무총리의 통할을 받는 행정각부에 속하지 않는다고 하더라도 대통령을 수반으로 하는 행정부에 소속된 행정기관으로 보는 것이 타당하다.</u> 공수처법이 대통령과 대통령비서실의 공무원에 대하여 수사처의 직무수행에 관여하는 일체의 행위를 금수사처 직무의 독립성과 정치적 중립성을 보장하기 위한 것으로, 위 규정을 들어 수사처가 행정부 소속이 아니라고 볼 수 없다」는 입장이다.

결국 <u>수사처의 소속에 대하여 정부조직법에는 아무런 규정을 두고 있지 않지만, 다른 법령[96]에서 수사처를 '행정기관'으로 규정하고 있으므로 행정업무를 수행하면서도 입법부·행정부·사법부 어디에도 속하지 않는 기관이 아니라, 그 관할권의 범위가 전국에 미치는 행정부 소속의 중앙행정기관으로 보아야 한다</u>는 것이다.

이에 대하여 소수의견은 독립행정기관을 창설하는 입법도 헌법이 규율하는 국가형

---

96) 예컨대 '공공감사에 관한 법률' 제2조 제2호에서는 중앙행정기관을 '정부조직법 제2조에 따른 부·처·청과 감사원, 국가인권위원회, 국민권익위원회, 공정거래위원회, 금융위원회, 방송통신위원회 및 그 밖에 대통령령으로 정하는 기관'으로 정의하면서, 동법 시행령 제2조에서 수사처를 그중 하나로 규정하고 있다. 공직자윤리법 제5조 제1항에서도 공직자가 재산을 등록하여야 하는 등록기관을 구분하면서 제5호에서 '정부의 부·처·청(대통령령으로 정하는 위원회 등의 행정기관을 포함한다) 소속 공무원은 그 부·처·청'에 등록하는 것으로 규정하였는데, 동법 시행령 제4조의3 제1항 제6호의2에서 수사처도 위에서 말하는 '대통령령으로 정하는 위원회 등의 행정기관'에 포함되는 것으로 규정하고 있다.

태 및 기능에 관한 기본적 원칙과 체계를 준수하여야 하므로, 다음과 같은 권력분립원칙에 따른 헌법적 기준과 한계를 가진다는 입장이다.

첫째 헌법 제66조 제4항은 행정권은 "대통령을 수반으로 하는 정부에 속한다."고 규정하고 있다. 여기서 '대통령을 수반으로 하는 정부'란 좁게는 국무총리, 국무위원, 국무위원이 장으로 있는 행정각부를 말하고, 넓게는 감사원 및 각종 자문기관을 포함하는 개념이다(헌법 제86조부터 제100조 참조). 헌법 제66조 제4항의 의미와 관련하여, 적어도 행정권의 핵심영역이나 전통적으로 행정부의 영역에 해당하는 전형적 행정업무는 헌법에서 따로 규정하고 있지 않는 한 '대통령을 수반으로 하는 정부인 행정각부'에 속하여야 한다고 보는 것이 타당하다. 따라서 국회가 법률을 제정하여 독립행정기관을 설치하더라도 해당 독립행정기관에게 행정권의 핵심영역 또는 전통적인 행정부의 영역으로 인정되는 행정업무의 전부 또는 일부를 취급하도록 허용하는 것은 헌법 제66조 제4항에 위반된다.

둘째, 국회가 행정의 비대화를 방지하고 행정의 효율성을 증대하기 위하여 법률로써 독립행정기관을 설치하고 새로운 기술적·전문적 영역이나 행정부 내부의 이해관계 충돌이 있는 영역에서 비전형적 업무에 관한 권한을 부여한다고 하여도, 그 권한 행사는 행정부 내부의 다른 조직 및 다른 국가기관과 상호 협력적 견제를 유지하도록 하여야 한다. 만약 독립행정기관 설치 법률이 해당 독립행정기관에게 일방적 우위의 지위를 부여하고 다른 국가기관의 핵심적 기능을 침해하는 권한을 행사하도록 하고 있다면 이는 권력분립원칙에 위반된다.

셋째, 독립행정기관이 헌법적으로 정당화되기 위해서는 독립행정기관의 조직, 운영 및 권한 등에 있어서 독립성이 충분히 보장되어야 한다. 만약 국회가 '행정권의 비대화 방지'라는 독립행정기관의 설치 목적을 도외시한 채 특정 분야와 관련된 업무를 외견상 독립행정기관으로 이전시키면서도 해당 업무와 관련된 실질적 권한을 부여하지 않거나 독립성을 확보하는 입법을 제대로 하지 않는다면, 대통령 및 기존 행정관청은 이러한 독립행정기관을 이용하여 손쉽게 업무 영역을 확장하면서 자의적 결정을 내릴 수가 있어 오히려 행정권의 비대화를 심화시키고 권력분립원칙에 역행하는 부작용을 초래하게 된다.

넷째, 독립행정기관은 법률에 의해 독립적 권한을 보장받아야 하지만, 다른 한편으로는 이에 상응하는 책임도 함께 부담하여야 헌법에 부합한다고 할 것이다. 만약 독립행정기관이 독립성만을 부여받고 국민에 대하여 아무런 책임을 지지 않는다면, 이는 국민의 기본권 보장에 위협이 될 뿐만 아니라 국가기능의 효율성을 저해할 위험성도 크게 된다. 따라서 국회가 법률로써 독립행정기관을 구체적으로 형성할 때는 그 권한행사 과정에서 절차적인 공정성을 확보하도록 하여야 하고, 행정부 내부의 협력과 통제는 물론 입법부와 사법부에 의한 적절한 견제가 함께 이루어지도록 하여야 한다. 특히 독립행정기관에 대한 민주적 정당성 및 책임성을 구현하기 위해서는 입법자인 국회에 의한 견제와 감독은 매우 중요하다고 할 것이다.

나. 공수처법 제8조 제4항에 대한 판단

헌법재판소 다수의견은 「우리 헌법이 영장주의를 실현하는 과정에서 수사단계에서의 영장신청권자를 검사로 한정한 것은 검찰의 다른 수사기관에 대한 수사지휘권을 확립시켜 종래 빈번히 야기되었던 검사 아닌 다른 수사기관의 영장신청에서 오는 인권유린의 폐해를 방지하고, 반드시 법률전문가인 검사를 거치도록 함으로써 다른 수사기관의 무분별한 영장신청을 막아 기본권침해가능성을 줄이는 데에 그 목적이 있다(헌재 1997. 3. 27. 96헌바28등 참조). 이처럼 영장신청권자를 검사로 한정한 취지를 고려할 때, 영장신청권자로서의 '검사'는 '검찰권을 행사하는 국가기관'인 검사로서 공익의 대표자이자 인권옹호기관으로서의 지위에서 그에 부합하는 직무를 수행하는 자를 의미하는 것이지, 검찰청법상 검사만을 지칭하는 것으로 보기 어렵다. 실제로 군사법원법 및 '특별검사의 임명 등에 관한 법률' 등에 의하여 검찰청법상 검사 외에 군검사와 특별검사도 영장신청권을 행사한다. 군검사와 특별검사는 검찰청법상 검사에 해당하지는 않으나 검찰권을 행사하는 국가기관으로서 수사단계에서 다른 수사기관을 지휘·감독하여 수사대상자의 인권을 보호하는 역할을 하고 법률전문가로서의 자격 또한 갖추고 있으므로, 검찰청법상 검사와 마찬가지로 수사단계에서 영장을 신청할 수 있도록 규정되어 있다 할 것이다. 따라서 헌법에 규정된 영장신청권자로서의 '검사'가 '검찰청법상 검사'에 한정된다고 할 수 없다」고 보면서, 「수사처검사는 직무를 수행함에 있어 검찰청법 제4조에 따른 검사의 직무 및 군사법원법 제37조에 따른 군검사의 직무를 수행할 수 있는데(공수처법 제8조 제4항), 검찰청법 제4조 제1항은 검사가 '공익의 대표자'로서 직무를 수행한다는 점을 명시하고 있다. 검찰청법 제4조 제1항에 규정된 직무를 수행하는 수사처검사 또한 공익의 대표자로서, 다른 수사기관인 수사처수사관을 지휘·감독하고, 단지 소추권자로서 처벌을 구하는 데에 그치는 것이 아니라 피고인의 이익도 함께 고려하여 공정한 재판을 구하는 등 수사대상자의 기본권을 보호하는 인권옹호기관으로서의 역할을 한다고 할 것이다. 또한 수사처검사는 변호사 자격을 일정 기간 보유한 사람 중에서 임명하도록 되어 있으므로(공수처법 제8조 제1항), 법률전문가로서의 자격도 충분히 갖추었다. 이처럼 수사처검사의 지위와 직무 및 자격의 측면에서 볼 때, 수사처검사는 고위공직자범죄등 수사를 위하여 영장신청권자로서의 검사의 지위와 권한에 따라 직무를 수행한다고 볼 수 있으므로, 수사처검사의 영장신청권 행사가 영장주의원칙에 위반된다고 할 수 없다」는 입장이다.

결국 공소제기 및 유지행위가 검찰청법상 검사의 주된 직무에 해당한다고 할 것이나, 헌법에서 검사를 영장신청권자로 한정한 취지는 검사가 공익의 대표자로서 인권을 옹호하는 역할을 하도록 하는 데에 있고, 검사가 공소제기 및 유지행위를 수행하기 때문에 검사를 영장신청권자로 한정한 것으로 볼 수는 없다는 것이다. 즉 헌법상 공소권이 있는 검사에게만 반드시 영장신청권이 인정되어야 하는 것은 아니며, 수사처검사가 공익의 대표자로서 수사대상자의 기본권을 보호하는 역할을 하는 한 수사처검사가 영장신청권을 행사한다고 하여 이를 영장주의원칙에 위반된다고 할 수 없고, 공소권의 존부와 영장신청권의 행사 가부를 결부시켜야 한다는 주장은 직무와 지위의 문제를 동일하게 본 것으로 받아들이기 어렵다는 입장으로 정리할 수 있을 것이다.

Ⅱ. 형사소송법

형사소송법 제196조는 '검사의 수사'라는 제목 하에 "검사는 범죄의 혐의가 있다고 사료하는 때에는 범인, 범죄사실과 증거를 수사한다"고 규정하고 있다. 이 규정에 의해 검사의 수사권은 법률에 의해 곧바로 부여되는 것이며, 다른 기관의 권한에서 파생되어 나왔거나 다른 기관으로부터 위임받은 권한이 아닌 것이다. 즉, 본원적인 수사권이다. 반면에 제197조 제1항은 '사법경찰관리'라는 제목 하에 '경무관, 총경, 경정, 경감, 경위는 사법경찰관으로서 범죄의 혐의가 있다고 인식하는 때에는 범인, 범죄사실과 증거를 수사한다'고 규정하고 있는데, 모든 경찰관을 사법경찰관으로 규정하지 않고 경무관 이하의 직급에만 한정하고 있다. 이는 수사를 경찰 전체의 임무로 하지 않고 경찰 중에서 일정한 직접 이하 경찰관의 임무로 한 것이다. 경찰의 주 임무는 치안이지만, 치안과 관련된 수사를 경찰이 담당하는 것이 효율적이므로, 치안 관련 수사 업무를 담당하되, 일선 실무자들인 경무관 이하의 경찰관만 사법경찰관으로서 수사를 하도록 한 것이다.

이러한 경찰관 중에서 구체적 사건에서 누가 수사주체가 될 것인지는 「경찰법」에서 정하고 있다. 경찰법은 경찰관서장을 관청으로 하고 있으므로 수사주체는 관청이 되는 관서장이다. 예컨대 성북 경찰서 관내에서 수사권을 행사할 주체는 경찰서장(총경)인 사법경찰관이고, 그 소속 하의 사법경찰관은 성북경찰서장의 보조기관일 뿐 수사주체는 아니다. 다만, 전술(前述)한 것처럼 경무관 등은 단독관청97)이 아니므로 이 규정에 의해 본원적인 수사권이 나올 수가 없으며, 그렇다고 개정 형사소송법 제196조 제1항이 검ㆍ

---

97) 국가의 의사를 결정하고 외부적으로 표시할 수 있는 기관을 관청이라고 하며, 일반적으로 행정기관의 장을 관청으로 한다. 관청은 1인이 관청이 되는 단독제 관청과 여러 사람이 합의체를 구성하여 의사결정하는 합의체 관청이 있는데, 검사는 단독관청이다. 합의체 관청의 예로는 법원의 합의부나 위원회 형태의 관청을 들 수 있다.

724 제 5 장 현행법상 수사권(수사기관) 관련규정 및 개정 형사소송법 등에 대한 해설

경관계를 상호 협력관계로 규정하고 있다는 점에서 과거처럼 검찰의 수사권으로부터 파생되었다고 보는 것도 논리상 맞지 않다. 결국 경무관 이하의 사법경찰관의 수사권이 법률에 의해 부여된 것은 맞지만, 이를 설명할 논리는 너무나 궁색한 것이다.

한편, 개정 형사소송법은 '사법경찰관에 대한 검사의 지휘'규정(구법 제196조)을 삭제하고, 검사와 사법경찰관이 협력관계임을 명문화하면서 검·경이 협력관계에서 준수하여야 할 수사준칙을 대통령령으로 정하도록 하였다.[98] 다만, 개정법에 따르더라도 검사의 보완수사요구권(제197조의2), 시정조치요구권(제197조의3), 재수사요청권(제245조의8) 이외에 헌법의 규정에 따라 사법경찰관은 독자적으로 법원에 영장을 청구할 수 없고 검사에게 신청하여 검사가 영장을 청구하여야 하며(제200조의2, 제200조의4 제1항, 제201조 제1항, 제215조), 사법경찰관이 긴급체포를 한 때에도 즉시 검사의 승인을 얻어야 한다(제200조의3 제2항). 또한 사법경찰관리는 검사의 지휘에 의하여 각종 영장을 집행하여야 하고(제200조의5, 제209조, 제81조 제1항, 제219조, 제115조 제1항), 관할구역 외에서 수사를 하거나 관할구역 외의 사법경찰관리의 촉탁을 받아 수사를 할 때에는 관할 지방검찰청 검사장 또는 지청장에게 보고하여야 하며(제210조), 압수물을 대가보관·가환부·피해자환부하는 등의 처분을 할 때에는 검사의 지휘를 받아야 하고(제219조, 제132조 내지 제134조), 검사는 사법경찰관에게 변사체의 검시를 명할 수 있으며(제222조 제3항), 사법경찰관이 고소 또는 고발을 받은 때에는 신속히 조사하여 관계서류와 증거물을 검사에게 송부하여야 하고(제238조), 사법경찰관리는 검사의 지휘에 의하여 형집행장을 집행하여야 한다(제475조, 제81조 제1항). 그리고 검사는 체포·구속장소에 대한 감찰을 실시하여 불법체포·구속여부와 관계서류를 조사(제198조의2)하여야 하는 등 수사전반에 걸쳐 검사가 사법경찰관리를 감독하는 규정을 두고 있다.

Ⅲ. 검찰청법

1. 구체적 사건에서의 수사권의 주체

(1) 수사권의 주체로서의 검사장 등

전술(前述)한 형사소송법에서 검사를 수사권의 주체로 규정하고 있으나, 구체적인 사건에서 수사권을 행사할 검사가 누구인가는 조직법인 「검찰청법」에서 정하고 있다. 즉, 대검찰청에서는 검찰총장(동법 제12조 제2항), 고등검찰청에서는 고등검찰청 검사장

---

98) 제195조(검사와 사법경찰관의 관계 등)
　① 검사와 사법경찰관은 수사, 공소제기 및 공소유지에 관하여 서로 협력하여야 한다.
　② 제1항에 따른 수사를 위하여 준수하여야 하는 일반적 수사준칙에 관한 사항은 대통령령으로 정한다.

(동법 제17조 제2항), 지방검찰청에서는 지방검찰청 검사장(동법 제21조 제2항), 지청에서는 지청장(동법 제22조 제2항)이 각 해당청의 사무를 맡아 처리한다고 규정하고 있다. 이들 각 조항에서 규정하는 사무는 행정사무뿐만 아니라 수사와 공소를 포함하는 검사의 사무 전체를 포함한다. 이런 점에서 각 재판부가 독립관청인 법원에서 각급 법원장들이 '사법행정사무'만 관장하는 것(법원조직법 제13조 제2항, 제26조 제3항, 제29조 제3항, 제31조 제3항)과 다르다. 따라서 해당 청에서 행하는 사건에 대한 수사권의 주체는 해당청의 기관장인 검찰총장, 검사장, 지청장 등이 된다.[99]

여기서 각급 검찰청의 검사장 권한이 그 상급자의 권한을 위임받은 관계로 설정하지 않고, 직접 법률에 의해 부여되는 것으로 규정하여 본원적 권한자로 규정하고 있다는 점이 다른 행정기관의 규율체제와 다르다.

본원적 권한자들 간의 지휘관계에서는 본원적 권한자의 권한이 그 상급자의 권한에서 유래한 것이 아니므로, 상급자의 지휘권은 원칙적으로 일정한 행위를 하도록 하거나 그 행위를 중지하게 하는 지시에 그치고, 지휘를 받는 권한자의 사건을 인수하여 직접 행사할 수는 없다. 그런 행위를 하기 위해서는 특별한 법적 규정을 필요로 한다.

검찰청법은 검사장의 권한을 본원적 권한으로 규정하고 있으므로 검사장과 그 상급의 지휘권자인 검찰총장이 모두 본원적 권한자이다. 이에 따라 검찰총장의 지휘권에 검사장의 사건을 인수하여 직접 처리할 수 있는 권한을 포함시키려면 특별한 법적 규정이 필요하다. 이에 관하여 검찰청법 제7조의2 제2항은 검찰총장, 각급 검찰청의 검사장 및 지청장은 소속 검사의 직무를 자신이 직접 처리하거나 다른 검사로 하여금 처리하게 할 수 있다고 규정하고 있어, 그 해석을 어떻게 할 것인가가 문제된다. 여기서 검찰총장의 '소속 검사'를 대검찰청 검사만을 의미한다고 하면 검찰총장은 일선 검사장의 직무를 자신이 직접 처리할 수 없고, 만일 '소속 검사'를 검찰청 전체의 검사로 해석하면 자신이 직접 처리하는 것이 가능할 것이다.

그런데 지휘권은 의회주의에 따른 책임이라는 민주적 정당성의 연결고리이므로 지휘권자의 의사는 관철될 수 있어야 한다. 지휘권자의 의사가 관철될 수 없으면 책임의 연결고리가 끊기게 되기 때문이다. 따라서 지휘권자의 지휘에 지휘를 받는 자가 따르지 않고 거부하는 경우에 그 지휘권자의 의사를 관철하는 방법은 ① 지휘권자가 지휘를 받는 자의 직무를 직접 인수할 수 있도록 하는 방식과 ② 다른 사람에게 그 직무를 처리하도록 이전하는 방법을 생각할 수 있는데, 통상 실무에서는 사건배당이라는 절차에 의해 행해지며, 사건을 배당받은 검사를 그 사건의 주임검사라고 한다.

그런데 검찰청법은 이와 같은 검사를 검사장의 보조기관으로 하지 않고 검사 본인을 관청으로 규정하고 있으므로, 주임검사는 관청으로서 자신의 명의로 권한을 행사한

---

99) 이완규, 검경 수사권 조정 관련 법안 긴급 검토, 2019, 46면.

다. 즉, 우리 법률상 검사는 검사장과 마찬가지로 단독제 관청이므로 여기서의 위임은 관청과 관청 간의 위임인 것이다. 물론 이러한 위임에 의해 주임검사가 지정되고 그 주임검사가 그 사건의 수사주체가 된다고 하더라도 사건의 처리에 관한 모든 권한을 위임받는 것은 아니다. 검사장의 지휘감독권은 유보되어 있어 사건 처리와 관련하여 지휘감독권을 행사할 수도 있다.

(2) 외국의 입법례

검사를 관청으로 할 것인지 아니면 보조기관으로 할 것인지에 대해서는 입법례가 다르다. 예컨대 독일은 형사소송법상 검찰권 행사자를 검사들 전체로서의 검찰로 규정하고 있고, 각급 청에서는 검사장 이외의 다른 검사들은 검사장의 대리인으로 구성(다만 외부적으로는 위임관계를 표시하지 않음)하고 있다(독일 법원조직법 제144조).

프랑스는 형사소송법상 검찰권 행사자가 검사장인데, 1심 절차(수사절차 포함)에서는 지방검찰청 검사장이 검찰권 행사자이다. 지방검찰청의 검사는 검사장(Procureur de la Républic), 차장검사(Procureur de la république adjoint), 부장검사(vice Procureur), 검사(substitut)로 구성되는데, 외부적 권한행사의 경우 공소장 등에는 "Procureur de la Républic" 다음에 "substitut 이름 서명"으로 표시한다.

미국은 검사장이 검사이고 그 외는 보조자(assistant)로서, 공소장 등에는 연방검찰은 Assistant U.S. Attorney라고 표시하고 서명한다.

일본은 우리와 같은 법률구조로서 검사장을 권한자로 하고, 위임관계로 규정하며, 단독제 관청인 개별 검사가 자신의 명의로 권한을 행사한다.[100]

(3) 검 토

사건을 배당받은 검사는 단독제 관청으로서 자신의 명의로 사건을 처리하지만, 상사의 지휘·감독을 받는다. 검사장은 배당을 통해 해당 검사에게 사건처리를 위임해도 지휘·감독권을 유지하고 있고, 지휘·감독권도 직접 행사하거나 아니면 각 일선청마다 일상적인 경우에 행해질 위임의 단계구조를 일반화한 규정인 '위임전결규정'에 따라 차장검사 또는 부장검사가 행사하기도 하고, 때로는 지휘·감독을 받지 않고 주임검사가 전권으로 처리하게 하기도 한다.

2. (구)검찰청법 개정내용

개정 전 검찰청법(2011년)은 수사권조정과 관련하여 검찰청법 제53조의 명령·복종

---

100) 독일, 프랑스, 미국의 권한행사 방법에 대해서는 김종구 외 7인, 「검찰제도론」, 법문사, 2012 참조.

의무 규정을 삭제하였으며, 다만 검사의 수사지휘·감독권을 제도적으로 보장하기 위하여 지방검찰청 검사장에게 수사중지명령권과 교체임용요구권은 그대로 인정하였다(법 제54조).[101] 이처럼 검찰청법 제53조의 명령·복종의무 규정을 폐지한 취지는 동 규정의 복종이라는 용어가 구태의연한 표현이고, 수사지휘규정이 있으므로 중복되어 불필요한 조항이라는 것이다.[102]

그러나 명령·복종의무규정이 검찰청법에 규정된 것은 그 명령·복종관계가 수사를 담당하는 사법기관의 내부관계규정이라는 취지 때문이다. 이에 대한 이해를 위해서는 그 모델인 독일법계와 우리법제의 연혁을 살펴볼 필요가 있다. 전술한 것처럼 대륙법계인 독일은 수사와 재판을 모두 법원의 업무였던 전통하에서 이를 모두 사법영역으로 보며, 검찰도 법원에서 분리된 사법기관으로서 이에 따라 법원조직법에 검찰관련 규정이 있다. 사법경찰도 조직상으로는 경찰에 있으나, 수사라는 직무상으로는 사법사무를 담당하는 기관으로서 개념상으로 검사의 기관으로 본다. 따라서 사법영역의 조직법인 법원조직법에 검찰관련 규정도 들어가고, 그 검찰의 장에 검사와 사법경찰관의 명령복종의무가 규정된 것이다. 형사소송법에는 권한과 행위 규범이 규정되고, 조직 구성과 조직 내부의 관계는 조직법인 법원조직법에 규정하는 체제이다. 그리고 이러한 조문체제는 독일에서는 법원과 검찰이 모두 사법사무를 담당하는 기관으로서 법무부에 속하고 있다는 점도 감안하여 이해할 필요가 있다.[103]

이러한 독일법계에 따라 제2차 대전 이전의 일본법제에서도 검찰관련 규정 및 검사의 명령에 대한 사법경찰관의 복종의무규정은 법원조직법에 해당하는 재판소구성법에 있었다.[104] 다만 우리나라의 경우 대한제국 시대에는 재판소구성법이 아니라 민형사소송

---

101) 제54조(교체임용의 요구) ① 서장이 아닌 경정 이하의 사법경찰관리가 직무 집행과 관련하여 부당한 행위를 하는 경우 지방검찰청 검사장은 해당 사건의 수사 중지를 명하고, 임용권자에게 그 사법경찰관리의 교체임용을 요구할 수 있다.
　② 제1항의 요구를 받은 임용권자는 정당한 사유가 없으면 교체임용을 하여야 한다.

102) 2011. 3. 11. 국회 사법제도개혁특별위원회 제11차 회의에서 주성영 위원의 6인 소위 합의사항 중 수사권조정에 대한 설명은 다음과 같다. "경찰 수사권 조정은 우리 6인 소위원회나 검찰관계법 소위원회에서도 수사권 조정단계가 아니다 하는 결론을 내려 놨습니다. 다만, 이 명문화하는 규정은 현재도 경찰에 수사권이 있습니다. 경찰이 검사도 수사할 수 있고 국회의원도 수사할 수 있습니다. 수사할 수 있는 수사개시권이 있음에도 불구하고 형사소송법에는 마치 없는 것처럼 되어 있기 때문에 이걸 명문화해주는 겁니다. 두 번째 검찰청법에 규정되어 있는 경찰의 복종의무를 삭제하는 것은 형사소송법에도 검사의 수사지휘 권한이 명시되어 있고, 검찰청법 제4조에도 수사지휘 규정이 명시되어 있습니다. 또 중복해서 검찰청법 제53조에 똑같은 규정이 들어있기 때문에 이 규정을 삭제하는 것입니다."라고 한다. 제298회 국회(임시회) 사법제도개혁특별위원회회의록(제11호), (2011. 3. 11), 3면.

103) 이완규, 「개정 형사소송법상 수사체제」, 법조 통권 660호(2011.9.), 법조협회, 16면.

규칙에 제151조로 복종의무 규정을 두었다.

【표 5-5】 民·刑事訴訟規則[105]

> 제149조 : 檢事는 犯罪가 有홈으로 思量혼 時는 其 搜査를 行홈이 可흠
> 제150조 : 警觀·警部는 司法警察官이라 ᄒ야 檢事의 指揮를 受ᄒ야 犯罪捜査ᄒ이 可흠
> 　　　　巡査는 司法警察吏라 ᄒ야 檢事 及 司法警察官의 指揮를 受ᄒ야 犯罪搜査의 補助를
> 行ᄒ이 可흠
> 제151조 : 司法警察官은 司法警察事務에 關ᄒ야 檢事의 命令을 從ᄒ이 可흠

한편, 일제강점기에 대한제국의 재판소구성법과 민·형사소송규칙이 폐지되면서 형사소송과 관련해서는 조선형사령에 따라 일본 구형사소송법을 의용하게 되었으며, 다만 재판소구성과 관련해서는 총독부재판소령이 별도로 발령되어 일본의 구재판소구성법이 의용되지 않았다. 이에 따라 사법경찰관의 복종의무는 조선형사령에 별도로 규정되게 되었는데, 조선형사령에서는 사법경찰관과 관련해서도 일본 구형사소송법과 달리 조선의 실정에 따라 특칙을 두었다.

그런데 해방 후 조선형사령, 총독부재판소령 등이 폐지되고 우리의 사법체제 관련 법률을 제정함에 있어 미국의 영향을 받아 일단 법원이 법무부로부터 분리되어 인사, 행정업무까지 독립적으로 행할 수 있도록 하여 행정부로부터 완전히 분리되어 나감에 따라 법원조직법에 법원과 검찰을 함께 규정하던 독일식 법제를 그대로 유지할 수 없게 되었다. 즉 1948년 3월 20일 군정법령 176호 '형사소송법의 개정'이 공포되어 법관의 영장에 의한 인신구속·구속기간 제한·불법인신구속에 대한 구속적부심제도의 도입·검찰관의 유치장감찰권의 명문화·수사 및 공판단계에서의 보석 인정·피고인과의 교통권 등 인권보장을 위한 제도가 도입됨을 계기로 하여, 1948년 5월 4일에는 군정법령 제192호 '법원조직법'이 제정·공포되어 사법권의 독립이 이루어졌으며, 1948년 8월 2일에는 군정법령 제213호로 '검찰청법'이 제정·공포되어 검찰청이 법원으로부터 분리되는 효시가 되었다. 이에 따라 1945년 12월 29일자 법무장관의 「검사에 대한 훈령 제3호」는 검찰청법 제32조 가항의 규정에 의하여 폐지되었으며, 동법 제6조 1호 가목은 "범죄수사에 관하여 사법경찰관을 지휘감독함"을 명시하였다.

이 양대 법률에 의하여 지금까지 사법부의 소관이었던 법원행정이 대법원으로 넘어

---

104) 일본 구재판소구성법 제84조 제1항.

105) 1908년 7월 13일 법률 제13호로 제정된 「民·刑事訴訟規則」은 검사의 직무에 관하여 다음과 같은 규정을 두고 있는데, 검사에게 범죄수사권 및 사법경찰관에 대한 지휘권 그리고 인신구속에 있어서 영장을 요구한 점에서 특색이 있다.

가게 되었으나, 역으로 검사국이 법원에 병치(倂置)되었던 구법의 조직체계는 종료되고 조직상으로 검찰이 법원으로부터 완전히 독립된 계기가 되었다. 이렇게 하여 법원과 검찰을 司法(Justiz)이라는 개념하에 통합적으로 조직을 관리·운용하는 독일식 내지 구법체계는 종료하였으며, 이제 종래의 사법행정이라는 법원행정과 법무행정으로 분화되게 되었고 후자의 한 분야로서 검찰행정이 자리잡게 된 것이다. 그리고 이에 따라 검사와 사법경찰관리와의 관계는 검사의 사법경찰관에 대한 지휘권이 유지되게 되어 사법경찰관이 검사의 지휘계통하에 있게 되었으므로 종전처럼 사법영역의 수사기관 내부관계로 규율하여 명령·복종의무규정이 조직법인 검찰청법에 규정되게 된 것이다.106) 따라서 사개특위 6인 소위의 2인 간사가 동 조문이 수사지휘문구와 중복되므로 불필요한 조항으로 본 것107)은 본 조문의 연혁 및 체계에 대한 이해의 부족에서 비롯된 것으로 보아야 할 것이다.

3. 검찰청법 개정

(1) 개정취지

제1장에서 전술(前述)한 것처럼, 「검·경 수사권 조정 합의문」의 취지를 반영하여, 검사의 특정 사건에 관한 직접 수사권을 구체화하여 검사의 직무 조항에 검사의 직접수사 범위를 규정하고(제4조 제1항 제1호), 검사의 범죄수사에 관한 지휘·감독 대상에서 일반사법경찰관리를 제외하였으며(제4조 제1항 제2호), 「형사소송법 일부개정법률안」상의 검찰청 직원 조항 신설에 따라 검찰청 직원의 사법경찰관리로서의 직무근거를 규정하였다. 그런데 검사의 직접수사가 원칙적으로 "부패범죄, 경제범죄, 공직자범죄, 선거범죄, 방위사업범죄, 대형참사 등 대통령령으로 정하는 중요 범죄" 등 6대 범죄로 한정되어 있다는 점에서 다음과 같은 문제점이 지적되고 있다.

---

106) 이완규, 앞의 논문, 17면.

107) 2011. 3. 11. 국회 사법제도개혁특별위원회 제11차 회의에서 주성영 위원의 6인 소위 합의사항 중 수사권조정에 대한 설명은 다음과 같다. "경찰 수사권 조정은 우리 6인 소위원회나 검찰관계법 소위원회에서도 수사권 조정단계가 아니다 하는 결론을 내려 놨습니다. 다만, 이 명문화하는 규정은 현재도 경찰에 수사권이 있습니다. 경찰이 검사도 수사할 수 있고 국회의원도 수사할 수 있습니다. 수사할 수 있는 수사개시권이 있음에도 불구하고 형사소송법에는 마치 없는 것처럼 되어 있기 때문에 이걸 명문화해주는 겁니다. 두 번째 **검찰청법에 규정되어 있는 경찰의 복종의무를 삭제하는 것은 형사소송법에도 검사의 수사지휘 권한이 명시되어 있고, 검찰청법 제4조에도 수사지휘 규정이 명시되어 있습니다. 또 중복해서 검찰청법 제53조에 똑같은 규정이 들어있기 때문에 이 규정을 삭제하는 것입니다.**" 제298회 국회(임시회) 사법제도개혁특별위원회회의록, 제11호, 2011. 3. 11, 3면.

(2) 문제점

가. 검사가 위 범위 밖의 범죄를 발견하거나 고소·고발받은 경우

검사가 수사과정에서 위 범죄 이외 분야에 대해 수사하거나 자백을 받은 경우 그 자료의 소송법적 효과에 대하여 어떻게 할 것인지 문제된다. 예컨대 검사가 사회적으로 큰 문제가 되었던 버닝썬 사건(폭행, 독직폭행, 물뽕 성폭행이 문제되었는데, 개정법에 따르면 검사는 독직폭행만 수사할 수 있을 뿐 나머지는 검사의 수사개시 불가)의 독직폭행사건을 수사하다가 물뽕 성폭행 범죄를 발견하여 이에 대한 자백을 받은 경우, 수사권이 없는 검사가 받은 자백의 증거능력이 있는지 불분명하므로 법정에서 이 자백의 증거능력이 부정될 가능성도 배제할 수 없다.[108]

나. 검사가 송치사건 수사 중에 새로운 공범이나 위 범위 외의 관련 범행이 밝혀진 경우

사건 접수 시부터 일부는 검사 직접수사개시 범위 내이고, 일부는 범위 외인 것이 명확하게 판명되는 사안에서, 검사의 직접수사를 한정하는 경우, 검찰 수사 과정에서 누락한 범인, 범죄를 적발하는 사례가 매년 7,000~8,000건에 달하지만, 이 경우 수사범위 밖이면 검찰 인지수사가 불가능할 뿐만 아니라 경찰에 보완수사를 요구하기도 어려운 문제가 발생한다. 예컨대 단순 전자금융거래법위반으로 송치된 사건에서 검사가 대포통장을 개설하여 유통시킨 사범을 밝혀낸 경우, 검사의 수사범위 밖이므로 이 사건을 수사할 수 없고, 경찰에 보완수사요구를 하더라도 보완수사요구의 범위 밖이라고 경찰이 수사를 거부할 경우 대응 방법이 없으며, 더욱이 경찰이 수사하지 않더라도 통제가 불가능하다. 무엇보다도 구속사건 등 보완수사요구를 할 시간이나 경찰이 관여된 사건 등이면 보완수사를 요구할 수도 없고, 직접 수사할 수도 없어 결국 범죄 대응에 공백이 발생할 것이다. 따라서 일부 사건이 검사의 직접수사개시 범위 내이고, 직접수사할 필요성이 있다고 판단되는 경우, 범위 외 부분만 분리하여 경찰에 이첩하고, 그 관계서류와 증거물을 경찰에 송부할 수 있도록 하는 규정이 필요할 것이다.

다. 검찰에 접수된 고소·고발사건이 검사 수사 대상범죄인 경우

이 경우도 문제는 여전히 있는데, 경찰이 수사하는지 검사가 수사하는지 불분명하기 때문이다. 만약 후자라면 오히려 검찰의 직접수사가 폭발적으로 증가하여, 검찰의 인력을 지금의 3~5배 이상 늘려야 할 것이다(우리나라의 고소·고발, 진정사건은 연간 약 40~50만 건).

---

108) 김기춘 전 비서실장에 대한 블랙리스트 수사에서, 김기춘 전 실장은 '자신에게 적용된 문화예술계 블랙리스트 혐의가 특검법상 수사대상이 아니라'며 문제 제기를 한 바 있다.

라. 국민들의 고소·고발을 지나치게 제한

검찰에 고소·고발·진정할 수 있는 사건의 범위를 제한하는 것은 검찰의 직접수사를 원하는 국민들의 요구와 권리를 침해할 뿐만 아니라 국민들은 앞으로 검찰이 수사할 수 있는 수사범위를 확인하여 그에 맞춰서 고소·고발을 해야 할 것이다. 예컨대 2017년 검찰 접수 고소·고발 사건 중 '사기·횡령·배임'은 약 45%에 해당하는데, 「검사의 수사개시 범죄 범위에 관한 시행규칙」 제2조(중요 범죄) 1. 부패범죄 (바)목은 「형법」 제357조(배임수증죄) 및 제359조(미수범)에 해당하는 범죄로 한정하고 있다는 점에서 검찰의 직접수사가 가능하다고 볼 수 없을 것이다.

마. 새로운 처벌조항이 입법되는 경우, 그것이 검찰 수사범위 내인지에 대해 새로운 논의와 입법이 필요함

예컨대 블록체인 기술을 활용한 신종범죄가 발생하여 검찰이 직접 수사해야 할 필요성이 높다고 판단된다고 하더라도, 검찰청법상 검사의 수사범위에 포함되지 않으므로 검찰수사가 불가능할 것이다. 결국 지능범죄로서 검찰에서 직접 수사할 필요성이 높다고 판단될 경우 검찰이 수사하려면 검찰청법을 개정해야 할 것이다. 즉 새로운 범죄가 발생할 때마다 검찰청법을 개정해야 하는 문제점이 제기되는 것이다.

바. 경찰의 '직무관련' 범죄로 제한하는 경우 경찰 비위사건 수사 제한

검찰청법(제4조 제1항 제1호 나목)은 '경찰공무원이 범한 범죄'라고만 규정하고 있으므로 경찰의 모든 범죄를 의미하는 것인지 '직무관련' 범죄로 한정하는 것인지 논란이 있을 수 있다. 만약, '직무관련' 범죄로 한정한다면, 직무관련성 여부는 수사 초기에 파악하기 어려울 뿐만 아니라 직무와 무관한 범죄 혹은 직무관련성에 다툼이 있는 범죄의 경우 수사가 제한될 것이다.[109] 이에 따르면 경찰공무원의 비직무범죄는 오직 사법경찰관만 수사를 개시할 수 있게 되고, 이는 사법경찰관에 의한 사건 암장의 위험이 제도화되는 결과를 야기하게 될 것이다(경찰에서 수사할 경우 편파수사, 증거인멸 우려 있음). 더욱이 사건관계인이 경찰관인 경우 검찰에 고소·고발하여도, 경찰공무원의 직무범죄가 아니고, 부패범죄도 아닌 경우 검찰은 직접 수사를 할 수 없게 된다. 예컨대 최근 인천지검에서 성매매업소를 운영한 경찰관을 인지, 구속하였는데, 향후 이런 수사가 가능한지 문제될 것이다. 왜냐하면 검사가 다른 사건 수사과정에서 경찰관의 성매매업소 운영 사실을 알게 되더라도 경찰공무원의 '직무범죄'에 해당하지 않기 때문에 검사의 직접수사 대상범죄가 아니므로 수사가 불가능하기 때문이다. 물론 경찰에 정보제공, 이첩 등을

---

[109] 고위공직자범죄수사처 설치 및 운영에 관한 법(소위 '공수처'법)은 경찰공무원 중 경무관 이상 경찰공무원의 직무범죄만 공수처의 수사대상으로 규정하고 있다(동법 제2조, 제3조).

할 수 있으나 경찰이 별다른 수사 없이 종결할 경우, 이의제기하는 사람이 없으므로 그 대로 종결되고, 검찰이 재수사요구를 하더라도 경찰이 이를 거부할 경우 강제할 방법이 전혀 없게 된다.

사. 중대, 중요범죄 발생시 문제점

대공, 테러, 대형사고, 선거 등 국가안보 및 사회방어와 관련된 중대·중요범죄에 대해서 수사초기 검사의 수사 관여가 불가능한데, 이로 인해 대형사건 발생시 합동수사 본부에 검사가 참여하지 못하거나,[110] 선거사건 등에서 경찰이 공소시효(6개월)에 임박 하여 송치할 경우 등에는 검찰이 해결할 수 없는 문제가 발생한다. 더욱이 '과실', '인과 관계' 등 법리적으로 첨예하게 대립하는 사건은 초기수사방향 결정이 매우 중요한데, 초 동수사부터 검사의 참여로 까다로운 업무상 과실사건을 성공적으로 규명한 바 있으나 앞으로는 이런 절차가 불가능할 것이다. 더욱이 경찰은 범인을 체포하는 데는 능숙하지 만, 공소유지를 해보지 않았기 때문에 증거법적 절차에 미숙하고 그로 인해 초동수사에 서 큰 낭패를 볼 수 있을 것이다. 예컨대 2014년 발생한 경주 마우나오션리조트 체육관 붕괴사고[111]에서, 사고 발생 즉시 검찰이 수사대책본부를 구성하여 '국과수 감정만으로 충분하다'는 경찰의 주장과 달리 강구조학회에 감정을 의뢰하였는데, 국과수는 감정불능 으로 회신하였으나, 강구조학회의 감정결과를 바탕으로 피고인들의 과실을 밝혀내 유죄 가 선고된 사례가 있으나, 개정법에 따르면 이 경우 검사가 수사대책본부를 구성하거나 이에 관여할 수 없게 될 것이다.

4. 검찰청 직원의 사법경찰관리로서의 직무근거 규정

현　　　행	개　정　안
제46조(검찰수사서기관 등의 직무) ① (생　략) 　② 검찰수사서기관, 수사사무관 및 마약수사사 　　무관은 검사를 보좌하며 그 지휘를 받아	제46조(검찰수사서기관 등의 직무) ① (현행과 같음) 　②＿＿＿＿＿＿＿＿＿＿＿＿＿＿＿＿＿＿＿＿ 　＿＿＿＿＿＿＿＿＿＿＿＿＿＿＿＿＿＿＿＿

---

110) SBS 뉴스 2021. 3. 9.자, 「LH 의혹 합동 특별수사본부에서 검찰이 빠진 이유」(......수사와 기소 를 분리하고, 경찰에 대한 검찰의 수사지휘를 폐지해, 경찰의 수사권을 검찰로부터 독립시킨 현 정부의 검경수사권 조정 이후에는 '수사'는 검찰의 영역이 아니라고 보고 있기 때문에 정부 합동 특별수사본부에 검찰을 포함하지 않고 경찰(국수본)이 주도하게 했다는 뜻으로 해석되는 발언이었습니다. 정부 합동 특별수사본부가 수사할 주된 범죄 혐의인 부동산 투기 의혹 등은 개정된 검찰청법에 따라 검사가 직접 수사할 수 있도록 허용된 6대 중대범죄에 포함되지 않습 니다. 지금 법 체계에서는 검사가 부동산 투기와 관련된 범죄 혐의를 직접 수사할 수는 없다는 뜻입니다......).

111) 스포츠조선 2014. 2.18.자, 「경주 마우나리조트 붕괴 사고 원인은? "지붕 눈만 치웠더라도…"」.

범죄수사를 한다.	「형사소송법」 제245조의9제2항에 따른 사법경찰관으로서 검사의 지휘＿＿＿＿＿＿＿＿ ＿＿＿＿＿.
③·④ (생 략)	③·④ (현행과 같음)
제47조(사법경찰관리로서의 직무수행) ① 검찰주사, 마약수사주사, 검찰주사보, 마약수사주사보, 검찰서기, 마약수사서기, 검찰서기보 또는 마약수사서기보로서 검찰총장 또는 각급 검찰청 검사장의 지명을 받은 사람은 소속 검찰청 또는 지청에서 접수한 사건에 관하여 다음 각 호의 구분에 따른 직무를 수행한다.	제47조(사법경찰관리로서의 직무수행) ① ＿＿＿＿ ＿＿＿＿＿＿＿＿＿＿＿＿＿＿＿＿＿＿＿ ＿＿＿＿＿＿＿＿＿＿＿＿＿＿＿＿＿＿＿ ＿＿＿＿＿＿＿＿＿＿＿＿＿＿＿＿＿＿＿ ＿＿＿＿＿＿＿＿＿＿＿＿＿＿＿＿＿＿＿ ＿＿＿＿＿＿＿＿＿＿＿＿＿＿＿＿＿＿＿ ＿＿＿＿＿.
1. 검찰주사, 마약수사주사, 검찰주사보 및 마약수사주사보: 「형사소송법」 제196조제1항에 따른 사법경찰관의 직무	1.＿＿＿＿＿＿＿＿＿＿＿＿＿＿＿＿＿＿ ＿＿＿＿＿＿＿＿＿＿＿＿＿＿＿＿＿＿＿ ＿＿＿＿＿＿＿＿: ＿＿＿＿＿＿제245조의9제2항 ＿＿＿＿＿
2. 검찰서기, 마약수사서기, 검찰서기보 및 마약수사서기보: 「형사소송법」 제196조제2항에 따른 사법경찰리의 직무	2. ＿＿＿＿＿＿＿＿＿＿＿＿＿＿＿＿＿＿ ＿＿＿＿＿＿＿＿＿＿＿＿＿＿＿＿＿＿＿ ＿＿＿＿＿＿＿: ＿＿＿＿＿＿＿제245조의9제3항 ＿＿＿＿＿＿＿＿＿
② 별정직공무원으로서 검찰총장 또는 각급 검찰청 검사장의 지명을 받은 공무원은 다음 각 호의 구분에 따른 직무를 수행한다.	② ＿＿＿＿＿＿＿＿＿＿＿＿＿＿＿＿＿＿ ＿＿＿＿＿＿＿＿＿＿＿＿＿＿＿＿＿＿＿ ＿＿＿＿＿＿＿＿＿＿＿＿＿＿＿＿＿＿.
1. 5급 상당부터 7급 상당까지의 공무원: 「형사소송법」 제196조제1항에 따른 사법경찰관의 직무	1. ＿＿＿＿＿＿＿＿＿＿＿＿＿＿＿＿＿＿ ＿＿＿＿＿＿＿＿＿＿＿＿＿＿＿＿＿＿＿ ＿＿＿＿＿＿＿: ＿＿＿＿＿제245조의9제2항＿ ＿＿＿＿＿＿＿
2. 8급 상당 및 9급 상당 공무원: 「형사소송법」 제196조제2항에 따른 사법경찰리의 직무	2.＿＿＿＿＿＿＿＿＿＿＿＿＿＿＿＿＿＿ ＿＿＿＿＿＿＿＿＿＿＿＿＿＿＿＿＿＿＿ ＿＿＿＿＿＿＿: ＿＿＿＿＿제245조의9제3항＿ ＿＿＿＿＿＿
제49조(통역공무원 및 기술공무원) ① (생 략)	제49조(통역공무원 및 기술공무원) ① (현행과 같음)
② 제1항의 공무원은 상사의 명을 받아 번역·통역 또는 기술에 관한 사무에 종사한다. 다만, 전산사무관, 방송통신사무관, 전산주사, 방송통신주사, 전산주사보, 방송통신주사보, 전산서기,	② ＿＿＿＿＿＿＿＿＿＿＿＿＿＿＿＿＿＿ ＿＿＿＿＿＿＿＿＿＿＿＿＿＿＿＿＿＿＿ ＿＿＿＿＿＿＿＿＿＿＿＿＿＿＿＿＿＿＿ ＿＿＿＿＿＿＿＿＿＿＿＿＿＿＿＿＿＿＿

방송통신서기, 전산서기보, 방송통신서기보로서 검찰총장 또는 각급 검찰청 검사장의 지명을 받은 사람은 소속 검찰청 또는 지청에서 접수한 사건에 관하여 다음 각 호의 구분에 따른 직무를 수행한다.	_____ _____ _____ _____ _____ _____ _____.
1. 전산사무관, 방송통신사무관, 전산주사, 방송통신주사, 전산주사보, 방송통신주사보: 「형사소송법」 제196조제1항에 따른 사법경찰관의 직무	1. _____ _____: _____제245조의9제2항 _____
2. 전산서기, 방송통신서기, 전산서기보, 방송통신서기보: 「형사소송법」 제196조제2항에 따른 사법경찰리의 직무	2. _____ _____: _____제245조의9제3항 _____

검찰청 소속 직원의 수사개시 가능범위와 관련하여, 법률에 명문규정이 없다. 다만, 검찰청 소속 직원은 사법경찰관리의 지위에 있어 법상 수사개시 범위에 제한이 없는 것으로 보는 것이 타당하다. 따라서 검사 수사개시 범위 외 사건에 대해서도 검찰청 소속 사법경찰관에게 수사지휘를 하는 것이 가능하다고 본다(후술).

Ⅳ. 대통령령의 규정

1. 법 규정

종래 '사법경찰관리집무규칙'이 '검사의 사법경찰관리에 대한 수사지휘 및 사법경찰관리의 수사준칙에 관한 규정'으로 개정되었으나, 2020년 개정 형사소송법에 따라 대통령령인 「검사와 사법경찰관의 상호협력과 일반적 수사준칙에 관한 규정」(제정 2020. 10. 7. [대통령령 제31089호]; 이하 **수사준칙**이라고 약칭함)이 2021. 1. 1.부터 시행되고 있다. 본 수사준칙의 목적(제1조)을 보면, "이 영은 「형사소송법」 제195조에 따라 검사와 사법경찰관의 상호협력과 일반적 수사준칙에 관한 사항을 규정함으로써 수사과정에서 국민의 인권을 보호하고, 수사절차의 투명성과 수사의 효율성을 보장함을 목적으로 한다."고 규정하고 있다.

2. 형사소송법 제195조 제2항 대통령령의 위임문제

(구)형사소송법 제196조 제3항(2011년)은 "사법경찰관리는 검사의 지휘가 있는 때에는 이에 따라야 한다. 검사의 지휘에 관한 구체적 사항은 대통령령으로 정한다."라고 규정하고 있었는데, 2020년 형사소송법의 개정에 따라 "제1항에 따른 수사를 위하여 준수하여야 하는 일반적 수사준칙에 관한 사항은 대통령령으로 정한다"(제195조 제2항)고 변경되었을 뿐이다.

원래 (구)형사소송법 제196조 제3항의 전(前)문은 구 검찰청법 제53조에 규정된바 검사의 명령에 대한 사법경찰관리의 복종의무 규정을 용어를 순화하여 이전한 것이며, 후(後)문의 대통령령 위임규정은 개정법상 대통령령으로 규정하고 있는 검사의 사법경찰관리에 대한 수사지휘 및 사법경찰관리의 수사준칙에 관한 규정'의 근거규정이다.[112] 즉, (구)'사법경찰관리 집무규칙'은 검찰청법 제11조의 위임규정과 구체적 조문으로서 검찰청법 제4조, 제53조, 제54조에 근거한 것인데, 중요 조문인 검찰청법 제53조가 삭제되고 형사소송법으로 이전되어 령(令)의 근거에 대한 논란의 여지가 있으므로 명확히 하자는 차원에서 법무부에서 법무부령의 근거규정을 형사소송법에 규정할 필요가 있다고 주장하였던 것이다.[113] 그리고 2011. 6. 20. 정부 합의안 성안시에 그 주장이 받아들여졌었던 것인데, 법무부령으로 정하도록 하였던 원안이 법사위 논의과정에서 대통령령으로 수정된 것이다.

전술(前述)한 것처럼, 원래 본 규정은 법무부령으로 되어 있는 (구)사법경찰관리집무규칙의 근거규정으로 주장되었던 것이었다. 그리고 그것을 법무부령으로 하였던 것은 형사소송법상 수사와 공소에 관한 시행세칙은 현행법 체제에서 모두 법무부령으로 하고 있는데 따른 것이었다. 이는 수사와 공소의 사법적 성격과 이를 담당하는 검사의 준사법기관으로서의 지위를 존중하고, 수사와 공소의 중립성과 독립성을 보장하기 위해 자율성을 보장하고, 대통령이나 다른 관계장관들이 관여하지 않도록 한 것이다.[114] 이에 대하여 경찰측에서는 정부 합의안이 발표된 후에 마치 이 법무부령이 지휘권의 범위에 대하여 규정할 수 있는 것, 즉 지휘 대상인 "모든 수사"의 구체적 내용을 정할 수 있는

---

112) (구)검사의 사법경찰관리에 대한 수사지휘 및 사법경찰관리의 수사준칙에 관한 규정 제1조(목적). 이 규정은 「형사소송법」 제196조제3항에 따른 검사의 수사지휘에 관한 사항과 사법경찰관리의 수사에 관한 집무상의 준칙을 규정함으로써 수사과정에서 국민의 인권을 보호하고, 수사절차의 투명성과 수사의 효율성을 보장함을 목적으로 한다.

113) 제229회 국회(임시회) 사법제도개혁특별위원회회의록, 제12호, 2011. 4. 1, 31−33면의 이귀남 법무부장관의 발언 및 제229회 국회(임시회) 사법제도개혁특별위원회(검찰관계법심사소위원회) 회의록, 제15호, 2011. 4. 18, 12면의 황희철 법무부차관의 발언 참조.

114) 이완규, 앞의 논문, 38면.

것, 다시 말해 내사와 수사의 구별을 규정할 수 있는 것처럼 오해하였다. 이에 따라 경찰측의 격렬한 반대속에 법무부령을 만들 때 이에 대한 경찰의 발언권을 제도적으로 강화하여 준다는 취지에서 대통령령으로 변경하는 수정이 이루어진 것이다.

그런데 대통령령인 수사준칙 제70조(영의 해석 및 개정)는 "이 영의 해석 및 개정은 법무부장관이 행안부장관과 협의하여 결정한다"고 규정하고 있다. 그러나 수사는 형사사법절차의 핵심으로서, 형사소송법의 시행령인 수사준칙은 형사법체계의 근간인 수사절차 전반을 규율한다는 점에서 국가의 법무 사무를 관장하는 법무부장관의 소관이고, 수범자인 행안부·검찰·경찰 등은 관계기관에 해당함이 명백하다. 법제업무운영규정(대통령령)도 입법추진 기관인 '주관기관(결정주체)'과 입법결과 규율 범위 내에 드는 기관인 '관계기관'을 명확히 구별하고 있을 뿐만 아니라,[115] 정부조직법[116]과 법제업무운영규정은 법무부와 법제처[117]에만 법령해석의 권한을 부여하고 있다.[118] 이처럼 법무부·법제처의 법령해석 권한은 법률에 따라 부여된 독자적인 소관사무이므로 행정각부를 비롯한 중앙행정기관의 장은 국가의 법무·법제업무를 소관하는 법무부 또는 법제처에 해석 요청을 할 수 있을 뿐이다.[119] 더욱이 법령의 해석은 성질상 협의하여 결정될 사항이 아니고 해석에 대한 이견이 있는 경우 최종적으로 결정할 주체가 특정되어 있어야 하므로, 위

---

115) 법제업무운영규정(대통령령) 제11조(정부입법과정에서의 기관 간 협조) ① 법령안 주관기관인 장은 법령안의 입안 초기단계부터 관계기관의 장(법령에 의한 협의대상기관의 장을 포함한다)과 협의하여야 하며, 법령안을 입안하였을 때에는 해당 법령안의 내용을 관계기관의 장에게 보내 그 의견을 들어야 한다.

116) 정부조직법 제32조(법무부) ① 법무부장관은 검찰·행형·인권옹호·출입국관리 그 밖에 법무에 관한 사무를 관장한다.

117) 정부조직법 제23조(법제처) ① 국무회의에 상정될 법령안·조약안과 총리령안 및 부령안의 심사와 그 밖에 법제에 관한 사무를 전문적으로 관장하기 위하여 국무총리 소속으로 법제처를 둔다.

118) 정부조직법 제34조(행정안전부) ① 행정안전부장관은 국무회의의 서무, 법령 및 조약의 공포, 정부조직과 정원, 상훈, 정부혁신, 행정능률, 전자정부, 정부청사의 관리, 지방자치제도, 지방자치단체의 사무지원·재정·세제, 낙후지역 등 지원, 지방자치단체간 분쟁조정, 선거·국민투표의 지원, 안전 및 재난에 관한 정책의 수립·총괄·조정, 비상대비, 민방위 및 방재에 관한 사무를 관장한다.
   * 행정안전부는 법령의 공포 외에 법무, 법제 사무권한이 없다.

119) 법제업무운영규정 제26조(법령해석의 요청) ① 중앙행정기관의 장은 지방자치단체의 장 또는 민원인으로부터 법률적 판단이 필요한 질의를 받는 등 법령을 운영·집행하는 과정에서 해석상 의문이 있는 경우에는 행정운영의 적법성과 타당성을 보장하기 위하여 법령해석업무를 관장하는 기관(민사·상사·형사, 행정소송, 국가배상 관계 법령 및 법무부 소관 법령과 다른 법령의 벌칙조항에 대한 해석인 경우에는 법무부를 말하고, 그 밖의 모든 행정 관계 법령의 해석인 경우에는 법제처를 말한다. 이하 "법령해석기관"이라 한다)에 법령해석을 요청하여야 한다.

와 같이 정부조직법과 법제업무운영규정이 법령해석의 주체를 규정하고 있는 것이다.

결국 수사준칙은 법무부장관이 단독으로 소관하는 사항임이 명백하므로 그 해석과 개정을 행안부장관과 협의하여 결정하도록 규정한 내용은 관계법령과 모순된다고 할 것이다.

3. 문제점

(1) 대통령령으로 검·경관계를 정하는 문제

앞서 언급한 것처럼 본 규정의 도입취지와 논의경과에서 살펴본 것처럼 이를 대통령령으로 정한다고 규정하였으나, 검·경관계에 관한 사항을 법무부령이 아닌 '대통령령'으로 정하는 것은 첫째, 절대 권력으로 표현되는 행정과 사법을 분리시켜야 한다는 입헌주의 이념에 위배된다는 점, 둘째, 그동안 수사와 관련된 세부절차를 법무부령으로(검찰청법 제11조), 재판에 관한 세부절차를 대법원 규칙으로 정하도록 함으로써 사법작용인 수사와 재판에 대통령의 관여를 배제시킨 대원칙에 위배된다는 점, 셋째, 정부조직법에 따르면 수사는 법무부장관의 권한으로, 치안은 행정안전부장관의 권한으로 규정되어 있는데,[120] 사법적 통제에 관련된 사항을 대통령령으로 정하면 이에 위배된다는 점, 넷째, 검사의 사법적 통제에 관한 사항을 경찰이 참여하는 대통령령에 정하면 결과적으로 사법적 통제를 받는 쪽에서 사법적 통제 범위를 정하게 되는 문제가 있다는 점, 다섯째, 법률상 사법경찰관에 대한 사법적 통제권을 검사에게 부여하고도 사법적 통제를 받는 사법경찰관의 동의와 합의 없이는 사법적 통제에 관한 어떤 규정도 제정할 수 없게 된다면 이는 형사소송법의 정신과 취지에 반하는 결과를 초래할 수도 있다는 점 등을 고려해 볼 때, 타당한 입법으로 볼 수 없다.[121] 즉 수사에 관한 검사의 업무의 일환으로서 사법경찰관리의 감독에 관한 시행세칙인 (구)사법경찰관리집무규칙을 법무부령에서 대통령령으로 변경하는 것은 이 부분에 대한 검찰의 자율성을 훼손하는 것이고, 크게는 준사법기관으로서의 자율성을 존중하는 전체 법체제의 한쪽이 무너지는 것으로서 검찰제도 본질에 관한 훼손인 것이다.

결국 검사의 준사법기관으로서의 지위와 그 독립성, 중립성을 제도적으로 보장하기 위하여 인정되고 있는 자율성에 대한 훼손 등을 고려할 때, 향후 법무부령으로 다시 개정되어야 할 것이다.

---

120) 정부조직법 제29조 제4항은 "치안에 관한 사무를 관장하기 위하여 행정안전부장관 소속으로 경찰청을 둔다"고 하여 행안부의 소관은 '수사'가 아닌 '치안'임을 분명히 하고 있다.

121) 정웅석/백승민, 형사소송법 전정제5판, 대명출판사, 83면.

(2) 검사가 적법하게 개시한 사건의 의무적 이송 규정

대통령령인 수사준칙 제18조는 적법하게 개시된 사건 수사 중 그 범죄가 개시범위 외로 판단될 때, 의무적으로 사건을 사법경찰관에게 이송하도록 규정하고 있다. 그러나 검사는 형사소송법에 따라 모든 범죄에 대한 수사가 가능하나, 개정 검찰청법(제4조)에 따라 일정 범죄에 대한 수사'개시'만 제한될 뿐 진행은 제한이 없으므로 적법하게 개시한 사건 수사 중 그 범죄가 개시 범위 외로 판단될 때 의무적으로 사건을 사법경찰관에게 이송하게 하는 것은 개정 검찰청법 및 형사소송법에 반한다. 더욱이 '사건 수사 중 그 사건이 개시범위로 판단되는 때'란 사건 실체에 대한 혐의뿐만 아니라 의율 죄명이 특정될 정도로 수사가 진행된 경우인데, 그럼에도 불구하고 확인된 혐의가 개시범죄 외의 범죄라는 이유로 사법경찰관에게 사건을 이첩하게 하는 것은 신속한 절차 진행을 통한 사건관계인의 인권보호, 국가수사력 낭비 측면에서도 바람직하지 않다. 예컨대 고소인이 피해액수 7억 원의 사기로 고소하여 수사개시하였으나, 수사결과 피해액이 3억으로 형법상 사기로 판명된 경우, ① 검사 수사 중단 후 사법경찰관 이첩 → ② 사법경찰관은 다시 기록을 검토하여 수사를 진행 → ③ 그 혐의 유무에 따라 검사에게 사건을 송치하거나 기록 송부 → ④ 검사가 다시 사건을 수사하거나 검토하는 절차 진행이 불가피한데, 그에 따른 사법비용이 기하급수적으로 늘어나는 것은 별론으로 하더라도, 고소인의 권리구제 절차를 지연시키고, 피의자도 재차 사법경찰관과 검사에게 수사를 받는 절차로 신속한 재판을 받을 권리를 침해당하는 등 인권침해의 우려가 심각하다.

결국 이미 개시된 사건은 검찰이 진행, 종결까지도 할 수 있도록 의무이송 규정을 삭제하는 것이 타당하게 보인다.

(3) 검사의 지휘 없이 체포된 피의자의 석방 가능

대통령령인 수사준칙 제36조(피의자의 석방)는 사법경찰관이 검사의 지휘 없이 영장에 의해 체포된 피의자를 석방하도록 규정하고 있다.

그러나 이는 신병에 관하여 법관이 발부한 영장의 효력을 사법경찰관이 임의로 상실(석방)시키는 것으로 헌법상 영장주의에 위배된다. 더욱이 형사소송법상 재판(영장) 집행 및 그 지휘는 검사의 직무로서 영장집행의 효력을 중단시키는 결정 주체는 검사임이 명백하므로, 영장에 의해 체포·구속된 피의자의 석방 여부는 체포·구속의 사유에 대한 고도의 사법적 판단이 필요함에도 '사법경찰관'이 독단적으로 석방을 결정하는 것은 법에 정면으로 위반된다. 왜냐하면 석방은 구속영장을 청구하지 않는다는 검사의 결정에 뒤따르는 효과이므로 법문상으로도(형사소송법 제200조의2) 사법경찰관은 '구속영장을 청구하지 않는다'는 검사의 결정이 있어야 석방할 수 있기 때문이다.

결국 재판(영장)의 집행은 검사가 지휘한다는 형사소송법상 명문의 규정에 따라 영장 집행의 효력을 상실시키는 체포·구속의 취소도 검사의 집행지휘 범위에 포함된다고 보아야 한다. 이는 영장의 청구권자를 검사로 일원화한 헌법 취지에도 부합할 뿐만 아니라 영장청구권자가 아닌 사법경찰관에 청구권자인 검사를 배제하고 독자적으로 영장의 효력을 상실시키는 권한을 부여할 수도 없고, 법적 근거도 없다. 현실적으로도 피의자를 석방하는 경우 수사, 공소제기 및 유지에 장애를 초래할 수 있으므로 공소제기 및 유지를 담당하는 검사가 그 당부(도망, 증거인멸 우려 등 구속 필요성)를 최종적으로 판단해야 할 필요성도 존재한다.

이에 대하여, 경찰은 체포영장의 경우 검사가 석방을 거부하면서 구속영장을 청구하지 않을 경우 48시간 이후에는 석방하여야 하므로, 검사의 거부가 인권침해 우려가 있다는 주장을 하나, 법률상 검사가 체포 피의자에 대해 추가조사나 구속영장 청구를 지휘하지는 못하더라도 검·경이 수사, 공소제기를 위해 협력한다는 대원칙에 따라 의견을 제시할 수 있을 뿐만 아니라 검사의 의견제시는 국가의 범죄 대응 및 사건관계인 등의 인권 보호를 위해서도 반드시 필요한 바, 법률의 규정에 따라 체포자 석방 시 검사의 지휘를 받도록 하여야 할 것이다.

한편, 수사준칙은 체포·긴급체포된 피의자 석방절차만을 규정하고 영장에 의하여 구속된 피의자의 석방절차에 관하여는 명시적인 규정이 없어 실무상 혼란이 예상된다. 특히 형사소송법 제208조 등 재구속 등이 제한되어 위법 또는 부당한 석방의 경우 그 시정이 사실상 불가능하여 실체진실 발견이 저해되거나 피해자 보호가 어려워지는 결과를 초래한다. 결국 영장에 의해 체포·구속된 피의자의 석방 시 검사의 지휘를 받도록 규정할 필요가 있다.

(4) 전자정보 압수·수색·검증 규정의 문제점

대통령령인 수사준칙 제41조는 전자정보의 압수·수색·검증 방법을 규정하고 있다. 그러나 형사소송법 제195조 제2항에 따른 수사준칙은 검·경의 수사에 관한 협력관계에 기한 일반적 수사원칙과 사항을 규정하는 것인데, 전자정보 압수·수색 절차 등은 수사에 관한 협력과 무관하게 전자정보 대상 강제수사 과정에서 검·경이 준수해야 하는 절차, 방법 등에 관한 것으로 수사준칙 규정대상이 아니다. 더욱이 전자정보 압수·수색의 절차를 수사준칙에서 일률적으로 규정하는 경우 고도화·전문화되는 범죄 등 수사환경에 신속하게 대응할 수 없는 결과를 초래한다. 결국 검·경이 각 기관별 수사환경에 맞는 디지털 증거의 수집·분석·처리 등에 관한 규정을 마련 시행하면 족하므로 수사준칙상 별도의 규정은 불필요하며,122) 이를 수사준칙에서 규정하는 것은 위임입법의 한계를 벗

---

122) 현재 검찰은 '디지털 증거의 수집·분석 및 관리'(대검 예규 제991호)에서, 경찰은 '디지털 증

어난 것으로 보인다.

V. 기타 법령

헌법, 형사소송법, 검찰청법, '검사와 사법경찰관의 상호협력과 일반적 수사준칙에 관한 규정' 이외에 폭력행위등처벌에관한법률, 통신비밀보호법, 즉결심판에관한절차법 등에서도 검사의 사법적 통제권을 규정하고 있다. 즉 관할검찰청 검사장은 폭력행위등처벌에관한법률 제2조 내지 제6조의 범죄가 발생하였음에도 불구하고 이를 보고하지 아니하거나 그 수사를 태만히 하거나 수사능력의 부족 기타의 이유로 사법경찰관리로서 부적당하다고 인정하는 자에 대하여는 그 임용권자에게 당해 사법경찰관리의 징계, 해임 또는 체임을 요구할 수 있고, 이 요구가 있을 경우에 임용권자는 2주일 이내에 당해 사법경찰관리에 대하여 행정처분을 한 후 이를 관할검찰청 검사장에게 통보하여야 한다(폭력행위등처벌에관한법률 제10조).

또한 사법경찰관이 범죄수사를 위하여 통신제한조치를 하는 때에는 검사에게 허가를 신청하여야 하고(통신비밀보호법 제6조 제2항), 사법경찰관이 긴급통신제한조치를 할 경우에는 미리 검사의 지휘를 받아야 하며, 특히 급속을 요하여 미리 지휘를 받을 수 없는 사유가 있는 경우에는 긴급통신제한조치의 집행착수 후 지체없이 검사의 승인을 얻어야 한다(동법 제8조 제3항). 아울러 경찰서장은 관할법원에 청구한 즉결심판사건에 대하여 무죄·면소·공소기각이 선고·고지된 때에는 7일 이내에 정식재판을 청구할 수 있으나, 이 경우 관할지방검찰청 또는 지청의 검사의 승인을 얻어야 한다(즉결심판에관한절차법 제14조 제2항). 경찰서장에게 통상적인 재판청구를 인정한 것은 검사의 기소독점주의에 대한 중대한 예외를 인정한 것이므로, 정식재판청구에 따라 공소를 유지하여야 하는 검사로 하여금 정식재판청구의 타당성 여부를 심사하도록 하여 인권보호와 적정한 소추권 행사를 도모하기 위해 검사의 승인을 얻도록 한 것이다.

VI. 검 토

위에서 과거에 논의된 수사권(수사기관) 관련 규정의 의미 및 개정법상 검·경 관계와 관련된 논의과정을 살펴보았다. 종래 논의의 핵심은 경찰에게 독자적인 수사권(수사종결권)이 없는 것인지, 아니면 수사권이 있으나 다만 검사의 수사지휘(사법적 통제)를 받으라는 의미에 불과하다고 볼 것인지에 달려 있었다.

거 수집 및 처리 등에 관한 규칙'(경찰청 훈령 제845호)에서 정보저장매체 대상 강제수사의 절차, 방식 및 준수사항 등을 규정하고 있다.

이에 수사권독립을 찬성하는 입장에서는 국가정책적 고려를 요하는 범죄나 법률관계가 복잡한 범죄를 제외하고는 대부분 검사의 지휘없이 사법경찰의 독자적 판단아래 이루어지고 있지만, 법규상으로는 모든 수사가 검사의 지휘·감독아래 수행하게 되어 현실과 법규범 사이의 불일치를 낳고 있는 현실을 볼 때, 형사소송법 개정을 통해 사법경찰관에게 독자적 수사권을 시급히 인정하여 수사개시의 적법성 논란을 제거해야 한다는 입장이었다. 즉, (구)형사소송법 제196조 제2항을 통해서 사법경찰관의 독자적인 수사개시·진행권은 인정되고 있으므로 '수사종결권'을 형사소송법으로 명문으로 인정해야 한다는 것이다.

생각건대 수사권의 존부와 수사권을 행사함에 있어서 지휘를 받는 것은 명백히 구별되는 문제로서, 국민의 인권을 보장하고 권익보호에 만전을 기하기 위하여는 법률전문가인 검사가 전(前) 수사과정을 지휘·감독하지 않으면 안 된다. 그리고 (구)형사소송법 제196조 제2항에 규정된 사법경찰관의 수사개시·진행 문구는 구 형사소송법 제196조 제1항의 "검사의 지휘를 받아 수사하여야 한다"는 문구의 의미를 조금 더 명확히 한 것일 뿐 그 자체로 다른 새로운 의미를 가지는 것은 아니다. 더욱이 수사종결권은 소추하지 않겠다는 것을 전제로 하는 것이어서 기소권에 내재되는 권한이므로, 경찰에게 수사종결권을 부여한다면 국가소추주의의 근간을 훼손할 우려가 있다. 왜냐하면 사법경찰의 수사사건을 모두 검찰에 송치토록 하여 검사의 결정을 거치도록 하는 근본취지는 법률전문가에 의한 수사과정의 사법적 감독과 적정한 형벌권의 행사를 조화하는데 있다고 할 것이기 때문이다. 따라서 경찰이 독자적으로 혐의 유무를 판단하여 사건을 자체 종결할 경우, 국민의 기본권 침해여부에 대한 사법적 판단이 결여되어 인권보장에 정면으로 배치된다. 무엇보다도 법률전문가인 검사의 불기소결정에 대하여도 항고 등 법률전문가인 상급관청의 감독뿐만 아니라 헌법소원·재정신청 등 외부기관에 의한 통제가 가해지는 점을 감안할 때, 비법률전문가인 사법경찰에 대하여 자체종결권을 부여하자는 주장은 수사과정에 대한 사법적 통제의 필요성을 간과한 것이다.

소추과정을 검토해 보더라도, 수사에 의하여 밝혀진 사실이 과연 정확한 것인가를 증거법을 적용하여 검토하고, 그 사실에 대한 법률적 평가를 내리고, 그런 다음 형사정책적인 판단을 거쳐 소추여부가 결정되므로 소추권자가 적정한 소추권의 행사를 위하여 소추와 불가분의 관계에 있는 수사에 관여하는 것은 불가피하다고 본다. 왜냐하면 만일 수사과정에 소추권자가 관여하지 못하도록 제도적 장치를 해 놓더라도 수사담당자가 확정한 범죄사실이 소추권자의 판단과 배치되는 경우 수사담당자의 수사는 무익한 것이 되고 결국 그 사건은 불가피하게 보완수사과정을 거치지 않을 수 없게 될 것이기 때문이다. 따라서 소추를 목적으로 하지 않는 수사가 있다면 모르되, 모든 수사는 결국 소추를 목적으로 하므로 수사과정의 초동단계에서부터 소추권자의 판단을 거치도록 하는 것

이 수사권의 효율적인 행사를 위해서도 바람직할 것이다.[123]

　　독일 형사소송법(StPO)도 '수사(Ermittlung)'에 관한 정의규정을 두고 있지 않지만, 수사에 관한 의무규정인 제160조(사실관계규명 의무)를 제2편(1심절차) 제2장 제1절 '공소'에 이어, 제2절 '공소의 준비'에서 다룸으로써, 수사절차가 합목적적으로 지향하는 바를 명시하고 있다. 동조 제1항이 '사실관계규명 의무'라는 표제하에 "검찰은 신고 또는 다른 경로를 통하여 범행의 혐의를 알게 된 즉시 공소제기 여부를 정하기 위하여 사실관계를 조사하여야 한다"고 규정하고 있기 때문이다(제160조 제1항).

　　문제는 불가분적 일체관계에 있는 수사와 소추권이 하나의 조직에 통합되어 있지 않고 수사권만을 가진 별개의 조직이 있다는 점에서 파생된다. 이 경우 수사와 소추권이 별개의 조직에 나누어져 있으므로 수사권만을 가진 사법경찰을 소추권자인 검사로부터 분리·독립시켜야 한다는 주장은 본말이 전도된 주장이다. 오히려 수사와 소추의 불가분성에 비추어 볼 때 수사권만을 가진 사법경찰을 소추기관인 검사에 통합시키는 것이 바람직하며, 그렇지 않고 역사적 전통에 의하여 양 기능이 별개의 조직에 분업적으로 분장된 경우에도 소추기관에서 수사기능을 통합·조정하게 함이 능률적이고 현대 행정조직 원리에도 부합된다고 볼 수 있다.

　　결국 검찰개혁에 대한 논의가 검찰의 권력비대화 현상에서 촉발된 상황을 고려해 볼 때, 이 문제를 해결하기 위한 방법은 검찰의 특별수사 등 인지수사(직접수사)를 축소하고, 경찰의 1차 수사에 대한 감독과 공소제기 여부의 객관적 판단 및 공소유지라는 본연의 기능을 수행하도록 제도적 장치를 마련하는 것이다. 그런데 개정법은 오히려 검사의 경찰에 대한 수사지휘권을 폐지하여 경찰수사의 적정성 감독이라는 검사의 본연의 기능을 없애버리는 방향으로 엉뚱한 해법을 해놓고 있을 뿐만 아니라 검사의 수사권 자체를 제한한다는 발상으로 공소기관으로서의 검사의 기능 수행에서도 장애를 초래하고 있다. 그러나 검찰의 인지수사 활동의 축소는 검찰의 인지수사 부서와 인력을 축소하고, 인지수사 부서의 인지 활동범위를 제한하는 것으로 해결해야 한다. 그리고 경찰에 대한 사법적 통제방안으로 검찰의 경찰정보 접근권을 인정하는 방안을 모색해야 할 것이다.[124] 이러한 검찰의 경찰 정보접근권은 사건 송치 이전에 경찰이 어떤 활동을 하고 있는지를 알 수 있는 가능성을 열어 주는 것으로 이러한 가능성을 가지고 있어야 검찰이 비로소 실질적으로 경찰의 수사활동을 통제할 수 있게 될 것이다.[125] 결론적으로 검

---

123) 하태훈, 「범죄수사단계에서의 사법경찰과 검찰관의 관계」, 홍대논총 제30집(1998), 18-19면.

124) 현재 우리나라 형사사법기관의 정보화 현황을 살펴보면, 우선 각 기관은 각기 별도의 정보시스템 보유 및 운영하고 있는 바, 경찰에서는 범죄정보관리시스템 등 13개 시스템을 운영하고 있고, 검찰은 검사실수사정보시스템 등 13개 시스템을, 법원은 형사공판시스템 등 총 13개 시스템을 운영하고 있으며, 법무부는 통합교정정보시스템 등 총 5개 시스템을 운영하고 있다.

찰개혁의 명분하에 검사의 수사지휘권이 폐지되고, 검사와 사법경찰관의 상호협력관계로 형사소송법이 개정된 것은 개악이라고 볼 수밖에 없다.

　이하에서는 검·경과 관련된 개정형사소송법의 내용을 검토하고자 한다.

---

125) 이완규, 「독일 검찰제도의 역사와 전망」, 해외연수검사연구논문집(Ⅱ) 제17집, 273면.

제2절   상호협력관계로서의 검·경관계 규정

Ⅰ. 사법경찰의 독자적 수사주체성 명시

1. 개정 형사소송법 관련규정

> **제195조(검사와 사법경찰관의 관계 등)** ① 검사와 사법경찰관은 수사, 공소제기 및 공소유지에 관하여 서로 협력하여야 한다.
> ② 제1항에 따른 수사를 위하여 준수하여야 하는 일반적 수사준칙에 관한 사항을 대통령령으로 정한다.
> **제197조(사법경찰관리)** ① 경무관, 총경, 경정, 경감, 경위는 사법경찰관으로서 범죄의 혐의가 있다고 사료하는 때에는 범인, 범죄사실과 증거를 수사한다.
> ② 경사, 경장, 순경은 사법경찰리로서 수사의 보조를 하여야 한다.
> ③ 삭제(사법경찰관리는 검사의 지휘가 있는 때에는 이에 따라야 한다. 검사의 지휘에 관한 구체적 사항은 대통령령으로 정한다.)
> ④ 삭제(사법경찰관은 범죄를 수사한 때에는 관계 서류와 증거물을 지체 없이 검사에게 송부하여야 한다.)
> ⑤ 삭제(경사, 경장, 순경은 사법경찰리로서 수사의 보조를 하여야 한다.)
> ⑥ 삭제(제1항 또는 제5항에 규정한 자 이외에 법률로써 사법경찰관리를 정할 수 있다.)

개정형사소송법(이하 '개정법'이라고 약칭함)은 '사법경찰관에 대한 검사의 지휘'규정(제196조)을 삭제하고, 제195조의 신설 및 제197조를 개정하여, 수사와 공소에 있어서 검사와 사법경찰관의 협력관계 및 사법경찰관의 독자적 수사주체성을 명문화하였다. 그리고 검·경이 협력관계에서 준수하여야 할 수사준칙을 대통령령으로 정하도록 하였으며, 이에 따라 대통령령인 「검사와 사법경찰관의 상호협력과 일반적 수사준칙에 관한 규정」 제6조(상호협력의 원칙) 제1항은 "검사와 사법경찰관은 상호 존중하고 수사, 공소제기 및 공소유지에 관하여 협력해야 한다"고 규정하고 있다.

한편, 구법과 동일하게 사법경찰관으로 경무관, 총경, 경정, 경감, 경위를 사법경찰관으로 규정하고 있다. 이는 1954년 형사소송법 제정 당시에 경무관 이하를 사법경찰관으로 규정했는데, 그 당시 경찰은 내무부 소속 치안국 체제로서, 특별시·직할시와 도 단위의 경찰관서인 경무국의 국장이 경무관이었다. 따라서 치안국은 수사를 하지 않고, 도의 경무국과 그 예하의 경찰서에서 수사를 하되, 그 수사에 대한 지휘는 관할 검찰청 검사장이 하는 체제로 만든 것이다. 그래서 사법경찰관의 계급을 경무관 이하로 했던 것이다.126) 이후 내무부 치안국의 경무관은 사법경찰관이 아닌 것으로 법문화하였는데, 이는 치안국은 수사를 하지 않는 것으로 했기 때문이다.127)

그러나 그 후 내무부 산하에 수사기구를 두고 수사를 하는 실무가 형성되어 형사소송법 제정 당시의 구상과 다른 실무가 정착되었다. 나아가 1991년 경찰청이 독립하면서도 경찰청에서 수사를 하는 실무가 계속되었고, 경찰 직제가 상향조정(치안감, 치안정감 신설)됨에 따라 지방경찰청장을 치안감이나 치안정감으로 보(補)하면서 형사소송법상의 사법경찰관은 경무관 이하로만 두게 되어, 지방경찰청장까지도 사법경찰관이 아니게 되는 괴리가 생긴 것이다.

그런데 개정법이 검사의 수사지휘를 폐지한 결과 '사법경찰이 영장을 신청한 경우에 대한 보완수사요구' 외에는 사법경찰이 수사 중인 사건에 대한 검사의 수사관여가 곤란하게 됨에 따라, 수사초기 증거수집 단계부터 검·경이 유기적으로 협력하기 어려워

---

126) 형사소송법 제정 당시 법률 초안에 대한 공청회에서 치안국이 직접 수사를 하는 기관으로 할 것인가를 논의하면서 사법경찰관을 경무관·총경·경감·경위로 정한 초안에 대해, 치안국은 수사를 직접 하는 기관으로 하지 말고 특별시와 도 이하의 사법경찰관만 수사를 하는 기관으로 하는 것이 좋겠다고 하면서, 이를 통해 이들이 지방검찰청 검사장의 지휘를 받게 하면 수사기관 일원화에 만전을 기할 수 있다는 취지에서 특별시 또는 도 경무관·총경·경감·경위로 조문화하자는 법전편찬위원회 소위원회 의견이 제시되었다(전문위원 서일교의 설명). 이에 한격만 검찰총장이 전문위원 설명대로 치안국에서는 수사를 하지 말자는 의견에 공감을 표현하면서, 다만 이를 「형사소송법」에 명문화하는 것은 좀 어떨까 한다는 의견을 제시하였다. 그 후 이 부분에 이견이 없어 법안은 경무관·총경·경감·경위를 사법경찰관으로 하는 안으로 정해졌다고 한다(대검찰청, 「형사소송법 제정·개정 자료집」(1997), 330~332면.

127) 형사소송법 제정 당시에는 내무부에 치안서기관과 치안국 부국장급인 치안부이사관, 치안국장인 치안이사관 등의 직급이 있었는데, 1966년 경무관 위의 계급으로 치안감이 생겼고, 치안국장은 여전히 치안이사관이었다. 1969년 경찰공무원법이 제정되면서 경찰공무원 계급에 치안감, 치안총감 등이 추가되었고, 치안서기관은 경무관, 치안부이사관은 치안감, 치안이사관은 치안총감에 임용된 것으로 보도록 하였다(1967. 1. 7. 경찰공무원법 부칙 제3조). 그런데 이와 같이 내무부에서는 수사를 하지 않도록 한 형사소송법 제정 당시의 취지에 따라, 부칙 제3조에 내무부에 근무하는 경무관은 형사소송법 제196조의 적용을 받지 아니한다고 하여 사법경찰관이 아님을 명문화하였다. 이 취지는 1991년 경찰청이 설치되면서 개정된 경찰공무원법 부칙 제4조 제4항에서도 위 부칙(1969년의 부칙 제9조는 치안국이 치안본부 1983년 개정에서 부칙 제6조로 변경되었다) 문구 중 내무부는 경찰청으로 한다고 규정하여 경찰청 소속 경무관이 사법경찰관이 아닌 상황이 그대로 유지된 것이다.

수사·공소제기 및 공소유지가 곤란할 것이다. 그러나 검사와 사법경찰관을 수평적 협력 관계로 규정한다고 하더라도 수사는 국민의 권익 침해를 필연적으로 수반하므로, 사법경찰관의 수사에 대한 견제와 감시를 통해 인권을 보장하는 방향의 사법통제는 반드시 필요하다고 본다. 이런 점에서 볼 때, 검사와 사법경찰관을 동등한 수사주체로 인정한 개정형사소송법은 다음과 같은 이론적 문제점이 제기될 것이다.

2. 이론적 문제점

(1) 헌법정신에 반함

우리 헌법 제12조 및 제16조는 사법경찰의 수사사건에 대하여도 검사가 영장을 청구하도록 하여 검사가 수사주재자임을 천명하고 있는데, 개정법 제195조처럼 사법경찰을 검사와 대등한 수사주체로 명시할 경우, 사법경찰의 직접 수사사건에 대한 검사지휘가 배제되어 검사의 수사주재자로서의 지위를 인정하고 있는 헌법정신에 반한다.

무엇보다도 사법경찰을 대등한 수사주체로 규정하여 검사의 사법적 통제를 사후적으로 행사하도록 하면, '사법적 통제를 받는 사법경찰의 수사'는 예외가 되고, 오히려 '검사지휘 없는 사법경찰의 독자적 수사'가 원칙이 되므로 사법적 통제는 사법경찰의 수사종결 이후에 비로소 가능하게 된다. 이에 따르면 수사개시·진행 및 종결에 대한 결정은 사법경찰의 전속적 권한이 되고, 검사지휘는 제한적·사후적 통제에 머무를 수밖에 없다.

더욱이 "검사와 사법경찰은 …… 수사를 하여야 한다"는 요건을 충족하기 위해서는 검사의 수사영역과 사법경찰의 수사영역을 구분하는 것이 이론적으로 가능해야 하지만,[128] 검사의 수사권과 사법경찰관의 수사권은 그 내용과 대상, 그리고 의미에 있어서 완전히 다를 뿐만 아니라 세계적으로 검사의 수사권을 사법경찰관의 수사권과 동일규정에 함께 규정하는 입법례가 없다.

(2) 경찰이 수사의 주도권을 행사

사법경찰을 수사주체로 명시하여 수사단계의 검사지휘를 배제하면 사법경찰이 명실상부하게 수사의 주도자가 되는 것이다. 우선 내사를 포함, 수사단계의 검사지휘가 불가능하며, 아울러, 경찰수사에 대한 정보접근권이 없는 상태에서 송치전 경찰수사에 대한 검사지휘가 사실상 형해화되므로 사법경찰은 전체 형사사건의 98%에 대해 독자적으로 수사개시·진행 및 종결을 하게 되고, 검찰에 송치되기 전까지는 강제처분 등의 조치가

---

128) 일본은 "사법경찰직원은 범죄가 있다고 사료되는 때에는 범인 및 증거를 수사한다"고 규정하고 "검찰관은 필요하다고 인정하는 때에는 스스로 범죄를 수사할 수 있다"고 규정하여, 1차적 수사권을 사경에 부여한 반면, 예외적 2차적 수사권을 검찰관이 행사하도록 하고 있다.

없는 한 아무런 지휘를 받지 않게 될 것이다.

3. 사법경찰관에 수사종결권 부여시 수사 실무상 문제점

개정법이 검사의 수사지휘를 폐지한 결과 '사법경찰이 영장을 신청한 경우에 대한 보완수사요구' 외에는 사법경찰이 수사 중인 사건에 대한 검사의 수사관여가 곤란하게 됨에 따라 실무상 다음과 같은 문제점이 발생할 것이다.

(1) 당사자 이의제기는 통제 방법이 못됨

당사자가 이의제기하면 검찰에 송치하므로 통제가 된다고 설명하지만, 경찰 인지사건·뇌물·도박·마약·환경사범 등 국민이 피해자인 사건은 아무도 이의제기를 하지 않을 것이다. 예컨대 2017년 광주지방경찰청에서 7개 병·의원에 대한 의약품 리베이트 수수 사건을 수사하던 도중 세무공무원 및 경찰관(전 광주지방경찰청 수사과장)의 뇌물수수 혐의를 발견, 세무공무원만 구속·수사하고, 경찰관 뇌물수수 사건은 '혐의없음' 결정하였으나, 광주지검에서 위 사건을 송치받아 전면 재수사를 실시하여 위 경찰관이 960만 원의 뇌물을 수수한 사실을 밝혀내어 구속·기소하였는데, 개정법에 따르면 이 경우 경찰관 뇌물수수 사건은 그대로 경찰에서 종결하고, 이를 문제제기할 사람이 없으므로 그대로 암장될 것이다.

더욱이 이의제기를 할 고소·고발인, 피해자가 없는 사건도 다수인데, 경찰이 불기소종결하면 그대로 종결되는 것이 대부분이 될 것이다. 예컨대 아동학대 사건에서 경찰은 피의자가 아이를 잠시 맡아 양육하였다는 피의자의 변소에 따라 '혐의없음' 의견으로 송치(2015년 논산지청)한 경우, 검사는 피의자가 아이를 맡게 된 경위 등에 대해 보완수사하도록 지휘하여 인터넷에서 아동 6명을 매매한 사실을 적발하고 주범을 구속기소하였으나, 개정법에 의하면 이러한 경우 경찰에서 그대로 아동학대 사건이 종결되고, 피해아동의 이의제기를 기대할 수 없으므로 그대로 종결되고 아동 매매 사범을 적발할 수 없게 될 것이다. 또한 송치 전에 수사지휘권이 없는 상태에서 검사가 사건을 송치하지 아니한 것이 위법 또는 부당한 여부를 판단하기도 현실적으로 거의 불가능할 뿐만 아니라[129] 재수사요청을 하는 경우에도 경찰이 다시 불기소사건이라고 판단하여 검사에게 계속 사건을 송치하지 않는다면 그 의미가 사라질 것이다.

한편, 내부자제보에 의한 사건 수사의 경우, 경찰이 그대로 종결하여도 제보자는 이의제기를 할 수 없고, 검사의 직접수사 대상사건도 아니라면(이른바 '사무장병원' 운영으로 인한 의료법위반 등) 암장이 될 가능성을 배제할 수 없다. 즉, 경찰공무원의 직무범죄 외

---

129) 이재홍, "2018.6.21.자 수사권 조정 합의문상 사법경찰관의 불송치결정에 대한 통제방법에 관한 헌법적 분석", 형사정책 제30권 제2호(2018. 8.), 한국형사정책학회, 167면.

의 범죄(음주운전, 도박, 유흥주점에 투자하여 불법수익 취득 등)의 경우 검찰에 고발하여도 직접 수사권이 없으므로 경찰에서 조사 후 종결해 버릴 가능성이 있는 것이다. 문제는 후술하는 것처럼([표 8-2]), 개정법 이전 경찰의 수사결론이 검찰단계에서 변경된 사건의 인원만 매년 4만 명 내외에 달하고 있다는 점이다.

(2) 경찰관의 유흥업소, 불법조직과의 유착 우려

행정법규위반·마약범죄·조직폭력범죄의 경우 경찰단계에서 사건이 종결될 수 있어 범죄자들의 경찰에 대한 로비 시도가 더욱 증가할 것이다. 실제 버닝썬 사건의 경우 전직 경찰관이 위 업소와 경찰관의 연결고리 역할을 하였는데, 유흥업소와 경찰 간의 유착관계가 형성되면 내부에서 일어나는 마약범죄, 미성년자 관련범죄, 각종 행정법규 위반범죄 등 피해자가 없는 사건들은 그대로 암장될 것이며(버닝썬 사건의 경우도 피해자인 김OO씨의 폭행 신고로 인해 사건의 전말이 세상에 드러나게 된 것임), 불법게임장이나 성매매알선 범죄의 경우에도 경찰이 종결할 경우 그 누구도 이의제기를 할 사람이 없어 암장 및 유착 가능성이 높을 수밖에 없다.

(3) 종결된 사건 원본을 검사가 90일 이내에 검토하여 기록 반환

매년 불기소되는 사건이 70~80만 건에 달하는데, 형사부 검사 800여 명으로 하여금 그 70~80만 건을 90일 이내에 전부 파악하여 그 적정여부를 검토하라는 것은 형사부 검사들에게 불가능에 가까운 일을 하라는 의미이다. 더욱이 사건 '기록'만으로 불법·부당을 판단하라는 것은 공상에 가까운 발상이다(예컨대 드루킹 사건, 버닝썬 물뽕 무혐의 사건 등). 즉, 검사에게 무혐의를 위해 사법경찰이 만든 기록만 보고 그 부당성을 찾아내라는 것은 눈으로 보고 대장암을 찾아내라는 주장처럼 허무맹랑한 것이다.

한편, 경찰이 종결한 사건의 부당성이 나중에 밝혀진다고 하더라도 90일 안에 그 부당성을 밝혀내지 못한 검사에게 책임을 묻고, 경찰의 불법에는 무제한 면책권을 주는 것인데, 이는 사실상 사법경찰에게 수사종결권에 대한 권한만 주고 책임은 검사에게 지우는 것이다.

(4) 재수사요청의 허구

개정법에 의하면 검사가 경찰이 종결한 사건을 90일 동안 검토하여 그 불송치가 위법·부당한 경우 재수사요청할 수 있도록 규정하고 있으나, 이에 대해서는 아무런 절차규정이 없는 졸속 입법의 극치에 불과하다. 왜냐하면 재수사요청에 대해 경찰은 임의로 종결하고 불송치할 수 있는데, 이에 검사는 다시 90일 동안 그 사건의 위법·부당성을 찾아내 다시 재재수사요청만 할 수 있기 때문이다. 즉, 검사가 사건송치를 요구할 수 있는 규정이 없고, 경찰에게 조치결과의 검찰에 대한 통지의무가 없으므로 경찰이 이를 거부할 경우 아무런 보완방법이 없는 것이다. 더욱이 대통령령인 수사준칙 제64조 제2항[130]은 검사의 재수사요청 횟수를 1회로 제한하고 있으므로 사법경찰이 검사의 재수사요청에 따른 재수사 후 기존의 불송치 결정을 유지하는 경우 검사는 재수사요청을 하는 것도 불가능하다.

결국 사법경찰이 불송치한 후 검사가 90일 이내에 기록을 검토하여 재수사요청을 하더라도 경찰이 수사를 진행하지 않고 방치한다면, 제재방법이 없으므로 분쟁은 미해결 상태로 방치될 수밖에 없을 것이다. 불송치 기록 자체로 기소 가능한 경우의 규정이 부재하므로 불송치가 위법·부당하더라도 검사는 '재수사요청'만을 할 수 있기 때문이다.

(5) 강제수사 진행한 사건도 불송치 가능

사법경찰이 영장을 발부받아 집행한 사건에서도 검사의 사법통제 없이 종결이 가능하므로 강제수사에 대한 사법통제가 사실상 사문화될 우려가 있다. 예컨대 경찰이 특정업체에 대한 기획수사를 하여 1년 넘게 수사를 진행하면서 압수수색·출국금지 등을 하다가 혐의없다고 종결할 경우, 검찰은 그 사실을 알지도 못하고, 압수·수색 절차의 적법성 및 수사의 적법성 등에 대해 검토는 물론 수사도 할 수 없는 것이다.

결국 강제수사를 진행한 사건도 경찰이 임의로 종결할 수 있다는 것은 경찰에 밉보인 기업들에 대한 괴롭히기 수사를 무한정 열어주는 결과를 초래할 것이다.

(6) 무책한 기소의견 송치

사법경찰이 청탁을 받아 종결하는 사건과 반대로, 민원제기 우려가 있는 사건이나 수사가 귀찮은 사건의 경우 별다른 조사 없이 만연히 기소의견으로 송치할 가능성도 무시할 수 없다. 예컨대 A가 B의 부탁으로 피해자 C를 B에게 소개해 주었다가 C가 B로부터 사기를 당하는 바람에 C가 A, B를 사기죄의 공범으로 고소한 경우, 경찰은 A의 혐의가 인정되기 어렵다고 판단하였음에도 B에 대한 송치기록 외 A에 대한 불송치기록을 별도로 만들어 검찰에 송부해야 하는 이중의 노력이 들고, C의 이의제기를 우려하기

---

130) 제64조(재수사 결과의 처리) ① 사법경찰관은 법 제245조의8 제2항에 따라 재수사를 한 경우 다음 각 호의 구분에 따라 처리한다.
2. 기존의 불송치 결정을 유지하는 경우: 재수사 결과서에 그 내용과 이유를 구체적으로 기재하여 검사에게 통보
② **검사는 사법경찰관이 제1항 제2호에 따라 재수사 결과를 통보한 사건에 대하여 다시 재수사요청을 하거나 송치요구를 할 수 없다.** 다만, 사법경찰관의 재수사에도 불구하고 위법 또는 부당이 시정되지 않은 경우로서 관련 법리에 반하거나 명백히 채증법칙에 위반되는 경우 또는 공소시효나 소추요건 판단에 오류가 있는 경우에는 재수사결과를 통보받은 날로부터 30일 이내에 법 제197조의3에 따라 사건송치를 요구할 수 있다.

나 이의제기시 어차피 송치해야 한다는 이유로 A, B 모두를 기소의견으로 송치할 수 있고, 이 경우 A는 혐의가 없음에도 검찰 및 법정까지 가서 억울함을 호소해야 하는 피해가 발생하는 것이다.

한편 기소·불기소 의견이 혼재되어 있거나, 피의자별 기소·불기소 의견이 나누어지는 경우 등 송치·송부절차도 문제가 된다. 예컨대 버닝썬 사건에서 일부만 기소, 일부 불기소 의견인 경우 기소부분만 검찰에 송치되는데 그 뒤 이의제기가 있어서 송치되는 경우, 도중에 보완수사요구가 있었던 경우, 불기소한 후 90일 동안 검찰에 기록이 있는 경우, 검찰이 재수사요청을 하는 경우 등에 사건 관리나 수사 담당이 누구인지에 대한 고민이 개정법에 전혀 담겨져 있지 않으므로 검·경간 끊임없는 싸움과 갈등이 반복될 우려가 이다.

결국 섣부르거나 편의적인 수사종결은 최종적인 사건처리 및 분쟁의 종국적 해결을 지연시키고, 이를 바로잡는 과정에서 많은 사회적 비용과 형사사법시스템에 대한 국민불신을 야기할 것이다.

(7) 국민의 변호사 비용 폭증

형사사법 서비스를 받기 위한 국민들의 비용부담이 증가할 것이다. 왜냐하면 사법경찰은 원하는 대로 사건종결이 가능하고, 원하는 사건만 보완수사가 가능하므로 어쩔 수 없이 경찰 출신 변호사를 선임해야 하기 때문이다.

결국 경찰·검찰 출신 전관 변호사들에 대한 수요 급증, 전관예우로 인한 부작용이 우려된다. 더욱이 수사준칙 제51조 제4호[131]가 있다고 하더라도 피의자중지·참고인중지

---

131) 제51조(사법경찰관의 결정) ① 사법경찰관은 사건을 수사한 경우에는 다음 각 호의 구분에 따라 결정해야 한다.
  1. 법원송치
  2. 검찰송치
  3. 불송치
    가. 혐의없음
     1) 범죄인정안됨
     2) 증거불충분
    나. 죄가 안됨
    다. 공소권없음
    라. 각하
  4. 수사중지
    가. 피의자중지
    나. 참고인중지
  5. 이송

에 해당하는 사건의 경우 경찰이 수사편의를 위해 최종처분이 아닌 '중간결정'이라는 이유로 검찰에 사건기록을 송부하지 않을 우려가 높다. 물론 당사자의 이의제기가 가능하지만, 이미 종결된 사건에 대해 검사가 현재처럼 자기·사건으로 생각하고 수사할 것을 기대하기는 어려울 것이다. 왜냐하면 검사가 보완수사를 요구하면 검사로부터 사건이 없어지고(KICS에서 형제번호가 사라지므로 '미제사건'으로 분류가 되지 않음), 경찰의 사건으로 처리되는 시스템(종국적으로 경찰이 책임)인데, 과연 경찰이 의지를 갖고 수사를 할지 의문이 들기 때문이다. 결국 참고인중지된 사건에 대하여 보완수사를 요구하면 형식적으로 수사하다 다시 종결하는 등 동일한 사건처리가 무한 반복될 가능성도 배제할 수 없다.

Ⅱ. 수사의 경합

1. 개정 형사소송법 관련규정

제197조의4(수사의 경합) ① 검사는 사법경찰관과 동일한 범죄사실을 수사하게 된 때에는 사법경찰관에게 사건을 송치할 것을 요구할 수 있다.

② 제1항의 요구를 받은 사법경찰관은 지체 없이 검사에게 사건을 송치하여야 한다. 다만, 검사가 영장을 청구하기 전에 동일한 범죄사실에 관하여 사법경찰관이 영장을 신청한 경우에는 해당 영장에 기재된 범죄사실을 계속 수사할 수 있다.

개정법은 검사와 사법경찰의 수사가 경합하는 경우 검사에게 '우선적 수사권'을 부여하고, 사법경찰이 계속 수사할 수 있는 예외를 규정하고 있다. 이에 따라 중복수사로 인한 국가수사력의 낭비 및 사건관계인의 인권침해 방지를 위해 검사의 송치요구의 대상, 범위에 관한 기준을 명확히 설정할 필요가 있다.

---

② 사법경찰관은 하나의 사건 중 피의자가 여러 사람이거나 피의사실이 여러 개인 경우로서 분리하여 결정할 필요가 있는 경우 그중 일부에 대해 제1항 각 호의 결정을 할 수 있다.

③ 사법경찰관은 제1항 제3호 나목 또는 다목에 해당하는 사건이 다음 각 호의 어느 하나에 해당하는 경우에는 해당 사건을 검사에게 이송한다.

1. 「형법」 제10조제1항에 따라 벌할 수 없는 경우

2. 기소되어 사실심 계속 중인 사건과 포괄일죄를 구성하는 관계에 있는 경우

④ 사법경찰관은 제1항 제4호에 따른 수사중지 결정을 한 경우 7일 이내에 사건기록을 검사에게 송부해야 한다. 이 경우 검사는 사건기록을 송부받은 날부터 30일 이내에 반환해야 하며, 그 기간 내에 법 제197조의3에 따라 시정조치요구를 할 수 있다.

⑤ 사법경찰관은 제4항 전단에 따라 검사에게 사건기록을 송부한 후 피의자 등의 소재를 발견한 경우에는 소재 발견 및 수사 재개 사실을 검사에게 통보해야 한다. 이 경우 통보를 받은 검사는 지체 없이 사법경찰관에게 사건기록을 반환해야 한다.

2. 송치요구 대상

(1) 송치요구 대상이 되는 동일한 범죄사실의 판단기준

대통령인 수사준칙 제48조(동일한 범죄사실 여부의 판단 등)는 송치요구 대상이 되는 '동일한 범죄사실'에 대한 관련규정이 없다. 따라서 첫째, 검·경 간의 '동일한 범죄사실'의 해석[132]에 관한 다툼(견해차)이 있는 경우 해결방안이 없다.[133] 즉, 동일사건이 아니라는 이유로 송치거부시 대책이 없는 것이다. 왜냐하면 동일한 범죄사실인지 여부가 불명확한 것이 현실이며, 특히 수사를 진행하는 과정에서 동일성 여부를 판단하기 어려운 경우가 많기 때문이다. '영장기재 범죄사실의 범위(사건의 동일성 등)' 등의 해석과 관련해서도 실무상 갈등이 우려되는데, 사법경찰이 '동일사건'이 아니라는 이유 등으로 송치요구를 거부하는 경우, 이행을 담보할 장치 역시 부재하다.

결국 형사소송법상 공소사실의 동일성, 영장의 효력범위,[134] 공소장의 변경(심판의 대상),[135] 기판력 범위 등을 기본적 사실관계의 동일성 여부를 기준으로 정하고 있는 바, 통일적 해석을 위하여 수사의 경합에서의 '동일한 범죄사실'도 기본적 사실관계의 동일성 여부를 그 기준으로 해석하는 것이 상당할 것이다. 특히 형사소송법상 '1개의 목적을 위하여 동시 또는 수단·결과의 관계에서 행하여진 행위'는 동일한 범죄사실로 간주되어 재구속이 제한되는 바(제208조 제2항), 이 경우에는 단일한 수사·재판절차 내에서 진행되도록 하는 것이 인권보호에 충실하여 입법취지에도 부합하므로 동일한 범죄사실로 보는 것이 타당할 것이다.

---

132) 대법원 2017. 9. 21. 선고 2017도7843 판결.

133) 프랑스는 경찰의 조직상 상관과 검사의 수사지휘가 상호 충돌할 때를 대비하여 형사소송법 R. 2 및 R. 2-1에 "사법경찰관은 검사 또는 수사판사의 지휘사항을 집행함에 있어 그가 속한 사법기관에 요청하거나 그 기관으로부터의 명령이나 지시에만 따를 수 있다. 사법경찰관은 그 임무가 종료되기를 기다리지 않고 그가 속한 사법기관에 각종 수사행위를 하여야 한다"고 하여 입법적으로 해결하고 있다.

134) 형사소송법 제201조(구속) ⑤ 검사가 제1항의 청구를 함에 있어서 동일한 범죄사실에 관하여 그 피의자에 대하여 전에 구속영장을 청구하거나 발부받은 사실이 있을 때에는 다시 구속영장을 청구하는 취지 및 이유를 기재하여야 한다.
형사소송법 제208조(재구속의 제한) ① 검사 또는 사법경찰관에 의하여 구속되었다가 석방된 자는 다른 중요한 증거를 발견한 경우를 제외하고는 동일한 범죄사실에 관하여 재차 구속하지 못한다.

135) 형사소송법 제298조(공소장의 변경) ① 검사는 법원의 허가를 얻어 공소장에 기재한 공소사실 또는 적용법조의 추가, 철회 또는 변경을 할 수 있다. 이 경우에 법원은 공소사실의 동일성을 해하지 아니하는 한도에서 허가하여야 한다.

(2) 동일한 범죄사실의 판단 주체

법문상 검사가 '송치요구'여부를 결정하고, 송치요구시 사법경찰은 '지체 없이 사건을 송치'하도록 규정하고 있으므로 해석상 '동일성'여부 판단의 주체는 '검사'로 보아야 할 것이다.

3. 사법경찰의 계속 수사를 위한 '영장신청'의 범위

(1) 영장의 범위

수사의 경합은 검·경이 중복수사를 진행할 경우 초래되는 사건관계인의 방어권 보장 및 국가수사력의 낭비, 두 기관의 다른 판단으로 인한 법적 안정성 침해, 수사기관의 신뢰 훼손 방지라는 입법취지를 고려할 때, 영장의 범위를 한정적으로 해석할 필요가 있다.

이에 개정법 제197조의4 제2항에서 선착수 여부를 판단하는 기준으로 제시한 '영장신청'에 '통신사실확인자료 확보를 위한 신청, 금융거래정보제공명령을 위한 신청 등'도 포함되는지 문제되는데, 대통령령인 수사준칙 제48조 제1항은 체포·구속영장, 신체·주거지 압수수색영장 외에 통신영장·금융계좌 영장도 포함하고 있다. 그러나 무리한 '사건탈취'를 방지하기 위한 선착수 우선원칙의 취지가 왜곡되어서 '사건선점'의 수단으로 '영장'이 활용될 여지가 있다. 즉, 범죄혐의를 수명할 정도로 수사가 진행되지 않거나 강제수사의 필요성이 인정되지 않는 상황임에도 수사권 확보를 위하여 무리하게 영장신청을 남발할 우려가 있고, 그 과정에서 심각한 인권침해가 발생할 우려가 있는 것이다. 따라서 피의자 등 사건관계인들에게 직접적으로 이루어지는 체포·구속영장의 신청, 신체·주거지 등에 대한 압수·수색영장 신청으로 한정하는 것이 타당하다고 본다. 이러한 영장들은 집행 시 사건관계인들이 수사진행 사실을 바로 인식할 수 있으므로 해당기관이 수사를 계속하도록 하는 것이 수사의 효율성 제고와 사건관계인의 방어권 및 예측가능성 보장 측면에서도 타당하기 때문이다.

(2) 영장 '신청'의 의미

대통령령인 수사준칙 제48조(동일한 범죄사실 여부의 판단 등) 제3항은 '검찰이 사법경찰관의 영장신청서를 접수 거부 또는 접수를 지연하여서는 아니된다'고 규정하고 있다. 그러나 중요한 형식적 요건의 결여 등 영장 신청서류 그 자체로 흠결이 있어 영장을 기각한 경우는 적법 또는 유효한 영장이라고 보기 어려우므로, 계속 수사를 허용하지 않는 것이 입법취지에 부합할 것이다. 따라서 중요한 형식적 요건 결여 등 영장신청서류 그 자체로 흠결이 있는 경우 등 접수 거부나 지연에 정당한 사유(예컨대 피의자, 범죄사실, 영장신청이유 등 필요적 기재사항이 누락된 경우나 사법경찰리가 신청한 경우 등)가 있는 때에는 예외를 인정할 필요가 있을 것이다.

4. 중복수사 해소방안

개정법(제197조의4 제2항)에 따라 사법경찰관이 계속 수사를 하는 경우에도 검사가 수사를 계속할 수 없다거나 사법경찰관에게 사건을 이송하여야 한다고 할 수는 없다. 그러나 사건의 내용, 수사 진행상황 등에 따라서는 중복수사로 인한 사건관계인의 권익 침해를 방지할 현실적 필요성은 있을 수 있으므로 이를 위한 방안을 마련할 필요가 있다. 다만, 이는 개별사안에 있어서 검사의 구체적 판단이 이루어져야 하는 사항으로 그 기준을 수사준칙에서 일률적으로 규정하는 것은 사실상 불가능할 것이다. 이에 대통령령인 수사준칙 제49조(수사경합에 따른 사건송치)도 검사는 사법경찰관에게 사건송치를 요구할 때에는 그 내용과 이유를 구체적으로 기재한 서면으로 해야 하며(제1항), 사법경찰관은 요구를 받은 날로부터 7일 이내에 사건을 검사에게 송치하고, 관계서류와 증거물을 검사에게 송부해야 한다(제2항)고 절차만을 규정하고 있다.

5. 영장 '신청' 및 '청구' 기준 시점

우리 형사사법체계는 도달주의를 원칙으로 하고 있고, 영장신청 및 접수시기는 검·경 뿐만 아니라 법원과의 관계에 있어서도 통일적인 해석이 필요한 사항이다. 그런데 형사소송법 등은 영장 '청구'의 방식을 '서면'으로 하도록 규정하면서, '서면'이 접수된 때를 '청구'로 보고 있으므로[136] 영장신청도 영장청구와 마찬가지로 '서류 접수시점'을 기준으로 하는 것이 타당하다. 이에 대통령령인 수사준칙 제48조(동일한 범죄수사 여부의 판단 등)는 영장청구 신청의 선후는 검사의 영장청구서와 사법경찰관의 영장신청서가 각각 법원과 검찰청에 접수된 시점(서류 도달시점)을 기준으로 판단하도록 되어 있다(제2항). 다만, 검사는 사법경찰이 신청한 영장의 접수를 거부하거나 지연하지 않아야 한다고 규정하고 있다(제3항).

그러나 사법경찰관의 영장신청만으로 선착수를 인정하는 것은 문제가 있다. 경찰이 영장신청을 한 것만으로 선착수를 인정하게 되면, 영장신청에 대해 검사가 기각해 실질적으로 강제수사에 들어가지 못한 경우까지 광범위한 우선권을 인정하게 되는 것이기

---

136) * 형사소송규칙 제93조(영장청구의 방식) ① 영장의 청구는 서면으로 하여야 한다.
　　 * 대법원 인신구속사무의 처리에 관한 예규(재형 2003-4) 검사의 청구서가 제출되면 접수인을 찍고 재판사무시스템에 전산입력하여 접수한다.
　　 * 형사소송법 제214조의2(체포와 구속의 적부심사) ④ 제1항의 청구를 받은 법원은 청구서가 접수된 때부터 48시간 이내에 체포 또는 구속된 피의자를 심문하고...(이하 생략).

때문이다. 이로 인해 경찰이 수사초기 기각될 수 있지만, 영장신청만 하면 선착수한 것으로 인정받을 수 있어 사건선점의 수단으로 전락할 우려가 있다.137)

한편 개정법에는 검사의 구속장소감찰(법 제198조의2), 검사의 긴급체포 승인(법 제200조의3), 사법경찰관리의 관할 외 수사 보고(법 제210조), 변사자 검시제도(법 제222조)가 대상에서 빠져 있는데, 부분적으로 검사의 경찰에 대한 사법통제 장치가 유지되는 것은 바람직하지만, 제도적 일관성 측면에서 어떤 것은 들어가고 위 조항들은 왜 빠졌는지 합리적 설명이 필요할 것이다.

6. 문제점

첫째, 동일한 범죄사실인지 모르고, 검·경이 각각 상당기간 수사를 진행한 결과 동일한 범죄사실이라는 것을 뒤늦게 인지하게 된 경우, 선착수 우선원칙을 고수하는 것이 타당한 것인지 검토할 필요가 있다. 왜냐하면 전혀 별개의 사건을 각각 검·경이 수사하는데, 동일한 피의자 또는 일부 범죄사실이 중복되면서 동일한 범죄사실인지 여부가 문제되는 경우, 어떻게 해결할 수 있는지 법문상 불분명하기 때문이다.

둘째, 대통령령인 수사준칙 제50조(중복수사의 방지)는 검사에게만 중복수사를 피하기 위해 노력하도록 규정하고 있으나, 중복수사로 인한 인권침해를 방지하기 위해서는 검·경 모두가 노력해야 할 것이다.

Ⅲ. 공소유지를 위한 협력절차 마련

개정법 시행으로 검사작성 피의자신문조서의 증거능력이 부정되는 경우, 조사를 담당한 사법경찰관을 증인으로 신청하여 그 법정진술(소위 '조사자 증언')을 증거로 활용할 필요성이 증대된다.

그러나 사법경찰관이 수시 법정출석으로 인한 업무 과중 및 위증 등의 부담으로 출석 또는 증언을 기피하는 경우가 상당수 있을 것으로 예상되는 바, 사법경찰관의 재판 출석 및 충실한 증언을 담보할 수 있는 방안을 마련할 필요가 있다. 또한 충실한 공소유지를 위해 기소 이후에도 증거를 수집하여 법정에 제출하는 등 사법경찰관이 검사의

---

137) 김지미, "국민을 위한 수사개혁방향 심포지엄", 대한변호사협회 주관(2020. 7. 17.), 57면(개정 형사소송법 제197조의4에 의해 검사와 사법경찰관 사이에 수사의 경합이 있는 경우 원칙적으로 검사에게 우선권이 있으나 사법경찰관이 영장을 신청한 경우 해당 영장에 기재된 범죄사실은 계속 수사할 수 있게 된다. 여기에서 경찰이 영장 신청을 남발할 가능성이 있다는 우려가 있다. 특히 압수수색영장의 경우 2018년의 경우 발부율이 87.8%(250,701건 청구, 219,815건 발부)로 구속영장의 9배에 달할 정도로 신청 건수와 발부 건수가 압도적으로 많은데 수사권 경합의 해결 수단으로 앞으로 더 높아질 수도 있다고 보는 것이다).

공소유지에 협력하도록 수사준칙에 사법경찰관이 ① 법정출석에 협력할 의무, ② 검사가 실시하는 증인 사전면담에 응할 의무 등 증언 준비에 협력할 의무, ③ 양형자료 등 증거수집·제출에 협력할 의무 등을 규정할 필요가 있을 것이다.

Ⅳ. 사법경찰관이 신청한 영장의 청구 여부에 대한 심의

1. 개정법 규정

> **제221조의5(사법경찰관이 신청한 영장의 청구 여부에 대한 심의)** ① 검사가 사법경찰관이 신청한 영장을 정당한 이유 없이 판사에게 청구하지 아니한 경우 사법경찰관은 그 검사 소속의 지방검찰청 소재지를 관할하는 고등검찰청에 영장 청구 여부에 대한 심의를 신청할 수 있다.
> ② 제1항에 관한 사항을 심의하기 위하여 각 고등검찰청에 영장심의위원회(이하 이 조에서 "심의위원회"라 한다)를 둔다.
> ③ 심의위원회는 위원장 1명을 포함한 10명 이내의 외부 위원으로 구성하고, 위원은 각 고등검찰청 검사장이 위촉한다.
> ④ 사법경찰관은 심의위원회에 출석하여 의견을 개진할 수 있다.
> ⑤ 심의위원회의 구성 및 운영 등 그 밖에 필요한 사항은 법무부령으로 정한다.

개정법은 검사의 영장기각에 대한 불복장치로 외부위원으로 구성된 영장심의위원회를 신설하고, 사법경찰의 위원회 출석 및 의견 개진의 기회를 보장하고 있다. 다만, '검사의 영장심사'는 헌법이 규정하고 있는 기본권 보호제도로서, 헌법정신이 충분히 구현될 수 있는 관련 법령을 마련할 필요가 있는데, 현재 법무부령 제996호(2021. 1. 1. 시행)인 「영장심의위원회 규칙」이 제정되어 시행되고 있다.

2. 문제점

(1) 영장심의위원회의 위험성

국민은 경찰의 판단에 따라 재차 강제수사의 위험에 빠질 뿐만 아니라 민간인에 의한 영장재판을 받게 될 것이므로 그 실익이 있는지 의심스럽다. 국민을 강제수사의 위험에 한번 더 빠뜨리게 하는 것은 기본권을 제한하는 것이고, 헌법상 영장주의를 무너뜨리는 것이기 때문이다. 더욱이 예전에는 검사의 영장 기각결정이 있으면 즉시 강제수사에서 벗어나게 되었으나, 앞으로는 수사경찰이 심의신청을 하는 것을 지켜봐야 하는 상황이 되므로 절박한 국민들이 수사경찰에 대해 수동적이고 열세한 지위에 처하게 될 우려도 있다.

한편, 검사의 보완수사요구를 회피하는 수단으로 활용될 가능성도 있다. 경찰이 신청한 영장의 청구에 필요하다고 판단한 사항에 대해 검사가 보완수사를 요구했는데, 경찰이 그 보완수사요구가 정당하지 않다고 판단해 영장심의위원회에 이의를 제기하는 경우 영장신청사건에 관한 보완수사요구가 경찰의 판단에 따라 형해화될 우려가 있기 때문이다. 이는 보완수사요구의 회피뿐만 아니라 수사 진행상황 및 향후 추가 수사방향을 적법하게 외부에 공개하는 수단으로 악용될 가능성까지 있다. 예컨대 엉성하게 수사하고 일단 영장을 신청했는데, 검사의 보완수사요구가 있을 경우 외부위원으로 구성된 영장심의위원회에 심의를 신청한 경우, 심의과정에서 수사 진행상황이나 확보된 증거자료는 물론 검사가 법리상 추가수사가 필요하다고 생각하는 부분(기각사유) 등이 외부위원에게 사실상 공개되어 수사의 밀행성이 훼손될 수 있는 것이다.

(2) 영장심의위원회의 위헌성

영장심의위원회의 결정에 따라 영장청구를 하는 것이 적정하다고 판단하는 경우 검사가 영장심의위원회의 결정에 따라 영장청구를 해야 한다는 내용까지 전제한 것이라면, 검사가 아닌 영장심의위원회에 의한 영장청구로 위헌논란이 있을 수 있다. 즉, 외부위원으로 구성되는 심의위원회에 영장청구 여부에 대한 결정권한이 부여될 경우 이는 헌법개정이 필요한 사항이고, 심의위원회의 결정에 권고적 효력만 부여될 경우 이는 시간과 사회적 비용만 증가시키게 될 것이다.

특히, 영장심의위원회에 수사 주체인 사법경찰은 참석하여 의견을 개진할 수 있으나, 그 대상자인 국민은 아무런 절차를 보장하고 있지 않아 독재국가에서나 가능한 위헌적 독소조항이다. 만약 대상자도 심의회에 나가 의견 제시를 할 수 있게 한다면 이것은 사실상 재판이 되는 것이고, 법관이 아닌 자에 의한 재판을 받는 것으로 역시 위헌문제가 제기될 것이다.

(3) 영장심의위원회 구성, 운영 등에 관한 문제

법문의 '외부위원'이란 외부 민간위원을 의미하는 것으로 보이는데,[138) 외부 민간위원이 비상임인 경우 심의신청된 당해 사건에서 영장청구가 필요한지 여부를 신속하게

---

138) 영장심의위원회 규칙 제3조(후보단의 구성) ① 각 고등검찰청 검사장은 심의위원회를 구성하기 전에 심의위원회 직무 수행의 공정성을 높이기 위하여 각 고등검찰청에 20명 이상 50명 이하의 심의위원회 위원 후보(이하 "위원후보"라 한다)로 심의위원회 위원 후보단(이하 "후보단"이라 한다)을 구성한다.
② 위원후보는 사법제도 등에 관한 학식과 경험이 풍부하고 덕망이 있는 사람 중에서 각 고등검찰청 검사장이 위촉한다.
③ 각 고등검찰청 검사장은 법조계·학계·언론계 등 사회 각 분야에서 위원후보를 추천받을 수 있으며, 후보단이 특정 직업이나 분야에 편중되어 구성되지 않도록 노력해야 한다.

판단할 수 있을지 의문이다. 특히 심의신청 사건이 많을 경우 위원회 방식으로 심의하게 되면 신속한 심의가 가능할지 의문이고, 이로 인한 수사지연이 있을 수 있으며, 외부위원 심의과정에서 사실상 수사 진행상황이 공개되고, 향후 수사방향이 외부로 유출되는 문제도 존재한다. 예컨대 지방 소도시의 경우 심의과정에서 누구의 어떤 사건인지 그간 수사 진행상황이나 확보된 증거자료, 사건 수사방향 및 수사상 약점이 사실상 전부 노출되는 문제가 발생할 것이다.

(4) 영장심의위원회의 정치성 편향성 문제

영장심의위원회 위원을 고등검찰청 검사장이 임명한다고 하더라도 민변이나 시민단체(참여연대) 등 집권 여당측 인사위주로 선정하는 경우, 정치적 중립성 등에서 많은 문제점이 발생할 것이다. 즉, 외부위원으로 심의위원회를 구성하더라도 검찰 내 위원회라는 점, 위원의 위촉을 고등검찰청 검사장이 하도록 되어 있다는 점, 헌법상 영장청구권이 검사에게 부여되어 있어서 위원들의 판단이 편파적일 가능성이 있다는 점 등을 감안하면, 검사의 영장기각에 대한 견제기능을 충실히 할 수 있는 방안에 대한 고민이 필요해 보인다.

(5) 영장심의위원회의 실효성과 경제적 비용 문제

경찰이 신청한 영장을 정당한 이유없이 검사가 청구하지 않을 경우 경찰은 각 고등검찰청에 설치되는 영장심의위원회(위원장 포함 10인으로 구성)에 심의신청을 할 수 있는데,[139] 2016년 통계를 보면 연간 경찰이 38,033명의 구속영장을 신청하여 6,088명이 검사에 의해 기각되었으므로 기각율은 16.4%이다. 압수·수색영장 신청 건수는 훨씬 많을 것인데, 그에 대한 검사 기각도 심의신청의 대상이다. 따라서 개정법에 따라 기각 인원의 절반인 3,000명 정도에 대해서만 경찰이 이의신청해도 3,000건인데, 이러한 위원회를 소집하고 결정하는 일이 보통 일이 아닐 것이다. 또한 위원들 수당을 지급해야 하는데, 이 모든 것은 국민세금으로 지불될 것이므로 과연 무엇을 위한 영장심의위원회인지 의

---

139) 영장심의위원회 규칙 제5조(심의위원회의 구성) ① 심의위원회는 법 제221조의5제3항에 따라 위원장 1명을 포함하여 10명의 위원으로 구성한다.

　　② 심의위원회 위원장(이하 "위원장"이라 한다)은 위원후보 중에서 후보단의 추천을 받아 각 고등검찰청 검사장이 위촉한다.

　　③ 위원장을 제외한 심의위원회 위원(이하 "심의위원"이라 한다)은 심의신청이 있을 때마다 각 고등검찰청 검사장이 위원후보 중에서 추첨 등 무작위 추출방식으로 선정하여 위촉한다.

　　④ 각 고등검찰청 검사장은 심의위원회의 회의가 개최되기 전에 제2항 및 제3항에 따라 위촉한 심의위원회 위원(이하 "위원"이라 한다)으로 하여금 별지 제3호서식의 서약서를 작성·제출하도록 하여 제8조제1항 각 호에 따른 결격사유 또는 제9조제1항 각 호에 따른 제척사유나 같은 조 제3항에 따른 회피사유가 없는지를 확인해야 한다.

문이 든다.

3. 심의 신청 대상·범위

(1) 영장의 범위

가정폭력범죄처벌에 관한 특례법 등에 규정된 임시조치는 그 실질이 영장이 아니므로 보완수사요구의 대상에 해당하지 않는다고 주장하는 견해140)가 있다. 대통령령인 수사준칙 제58조(보완수사요구의 대상과 범위) 제3항 역시 보완수사요구 대상영장의 범위에서 가정폭력범죄처벌에관한특례법 및 아동학대처벌등에관한특례법에 규정된 임시조치를 제외하고 있다.

그러나 개정법상 '영장'의 범위에 관한 명시적인 규정이 없지만, 검사의 영장기각에 대한 사법경찰의 불복수단으로 신설된 취지를 고려할 때, 보완수사요구 대상인 영장은 체포·구속영장, 압수·수색·검증영장, 통신비밀보호법이 규정하는 허가서, 가정폭력범죄처벌에관한특례법 및 아동학대처벌등에관한특례법에 규정된 임시조치 등이 모두 포함되어야 할 것이다. 왜냐하면 헌법 제12조 제3항은 체포·구속·압수 또는 수색을 할때에는 적법한 절차에 따라 검사의 신청에 의하여 법관이 발부한 영장을 제시하도록 규정하고 있고, 헌법재판소는 형사절차에 의한 것이든 행정절차에 의한 것이든 신체의 자유를 제한하는 경우 헌법상 영장주의가 적용된다141)고 판시하고 있는 바, 가정폭력·아동학대범죄에 대한 임시조치142)는 국민의 신체·주거에 관한 자유를 제한하는 수사상의 강제처분임이 명백하기 때문이다.

현재 법무부령인 영장심의위원회 규칙 제2조(영장심의위원회의 심의대상)는 "① 체포·구속영장, ② 압수·수색·검증영장, ③ 「통신비밀보호법」 제6조·제8조에 따른 통신

---

140) 서보학, "검찰개혁 완수를 위한 현 정부의 숙제", 황운하 의원 주최 검찰개혁 현 주소와 향후 과제 토론회 자료집(2020. 7. 3.), 19－22면 참조.

141) 헌재결 2016.3.31, 2013헌바190(헌법 제12조 제1항의 적법절차원칙은 형사소송절차에 국한되지 않고 모든 국가작용 전반에 대하여 적용되므로, 전투경찰순경의 인신구금을 내용으로 하는 영창처분에 있어서도 적법절차원칙이 준수되어야 한다. 그런데 전투경찰순경에 대한 영창처분은 그 사유가 제한되어 있고, 징계위원회의 심의절차를 거쳐야 하며, 징계 심의 및 집행에 있어 징계대상자의 출석권과 진술권이 보장되고 있다. 또한 소청과 행정소송 등 별도의 불복절차가 마련되어 있고 소청에서 당사자 의견진술 기회 부여를 소청결정의 효력에 영향을 주는 중요한 절차적 요건으로 규정하는바, 이러한 점들을 종합하면 이 사건 영창조항이 헌법에서 요구하는 수준의 절차적 보장 기준을 충족하지 못했다고 볼 수 없으므로 헌법 제12조 제1항의 적법절차원칙에 위배되지 아니한다).

142) 가정폭력범죄의 처벌 등에 관한 특례법 제29조 및 아동학대범죄의 처벌 등에 관한 특례법 제19조에 따라 임시조치로 최장 6개월 동안 신체·거주 등 자유 제한이 가능하다.

제한조치허가서 및 같은 법 제13조에 따른 통신사실 확인자료제공 요청허가서, ④ 그 밖에 사법경찰관이 관련 법률에 따라 신청하고 검사가 법원에 청구하는 강제처분"을 심의대상으로 규정하고 있다.

(2) 보완수사요구 이행 전 심의신청 불가

검사가 사법경찰이 신청한 영장에 관하여 보완수사를 요구한 경우, 보완수사요구 이행 전 심의신청이 가능한지 문제될 수 있는데, 개정법이 사법경찰에게 1차적 사건종결권을 부여하고 그에 대한 검사의 사법통제 수단으로 보완수사요구를 신설한 취지를 고려해 볼 때, 보완수사요구 이행 후 영장심의를 신청하도록 하는 것이 타당할 것이다. 왜냐하면 보완수사요구 불이행에 정당한 이유가 없음에도 불구하고 바로 영장심의를 신청할 수 있다면, 검사의 사법경찰에 대한 사법통제를 형해화하는 결과를 초래하기 때문이다. 다만, '검사의 반복적 보완수사요구로 인하여 사법경찰의 심의신청 기회가 제한될 수 있다'는 우려도 있는데, 이는 사법경찰이 일정 횟수의 보완수사요구를 이행한 경우 심의신청이 가능하도록 하는 절차를 마련하면 해결이 가능할 것이다. 이에 대하여, 영장심의위원회 규칙 제13조(심의신청 절차)는 검사가 보완수사요구 없이 한 영장을 청구하지 않기로 한 결정서를 송부한 경우와 사법경찰관이 영장을 신청한 날이 지나도록 영장의 청구 여부를 결정하지 않은 경우를 구분하여 규정하고 있다.[143]

4. 검사의 의견개진 필요

개정법에는 검사의 의견개진 절차에 대한 명시적 규정은 없으나, 심의대상인 '영장의 청구 여부'는 검사가 최종 판단 주체이고, 부실 심의를 방지하기 위해서라도 검사의

---

143) 영장심의위원회 규칙 제13조(심의신청 절차) ① 사법경찰관은 다음 각 호의 구분에 따른 날부터 7일(토요일과 공휴일은 제외한다) 이내에 심의신청을 해야 한다.

1. 담당검사가 법 제197조의2제1항제2호에 따른 보완수사요구(이하 "보완수사요구"라 한다) 없이 영장을 청구하지 않기로 한 결정서를 송부한 경우: 해당 결정서가 영장을 신청한 사법경찰관 소속 경찰관서에 접수된 날

2. 담당검사가 사법경찰관이 영장을 신청한 날(담당검사가 관계 서류와 증거물을 사법경찰관에게 반환하지 않은 상태로 보완수사요구를 한 경우에는 사법경찰관이 보완수사요구 이행 결과 서면을 검찰청에 접수한 날을 말한다. 이하 이 호에서 같다)부터 5일(토요일과 공휴일은 제외한다)이 지나도록 영장의 청구 여부를 결정하지 않은 경우: 영장신청일부터 5일(토요일과 공휴일은 제외한다)이 지난 날. 다만, 담당검사와 영장을 신청한 사법경찰관이 협의하여 영장신청일부터 10일(토요일과 공휴일은 제외한다) 이내의 범위에서 영장 청구 여부의 결정기한을 연기했을 때에는 그 기한이 지난 날로 한다.

3. 사법경찰관이 죄명과 기본적 사실관계가 동일한 내용의 영장에 대하여 두 차례에 걸쳐 보완수사요구를 받아 이를 이행한 경우: 담당검사로부터 세 번째 보완수사요구를 받은 날

의견개진 절차가 필요하다고 본다. 그 방식과 관련하여, 검사는 원칙적으로 서면으로 의견을 개진하고, 희망하는 경우 출석하여 의견개지을 할 수 있는 절차를 마련하면 족하다고 본다.

5. 심의·의결의 효력

개정법상 영장심의위원회의 의결 효력에 대한 명문규정은 없으나, 기속력을 인정할 경우 국민의 기본권 보호를 위해 헌법이 규정한 검사에 의한 영장청구제도를 무력화하는 결과를 초래할 우려가 있다. 국민참여재판에서도 법관이 법과 양심에 따라 유·무죄 및 양형을 판단할 수 있도록 배심원의 평의와 의결은 법원을 기속하지 않는 것으로 정하고 있는 취지를 고려할 때,[144] 기속력을 인정하는 것은 불가능하다고 본다. 다만, 검사의 영장기각에 대한 사법경찰의 불복수단으로 영장심의위원회가 신설된 취지를 감안하여 위원회 심의결과를 존중하도록 하는 내용은 규정할 필요가 있을 것이다.

6. 검 토

사법경찰관이 신청하는 영장은 신속하게 집행되어야 실효성이 있는 경우가 통상적이고, 48시간의 체포시한 준수 등을 위해 야간이나 휴일에 청구·발부되어야 하는 경우도 빈번하다. 그러나 심의위원회는 야간이나 휴일에 개최도기 어렵고, 소집·개최 및 후속절차에 장시간이 소요될 것이어서, 주요 사건의 경우 사법경찰관이 심의위원회의 심의를 신청할 가능성이 높지 않다.

결국 검사가 영장신청을 기각한 경우 사법경찰관은 기존의 영장 재신청제도를 선호할 가능성이 높고, 이에 영장재신청 제도와 별도로 심의위원회를 설치할 필요성은 크지 않다고 본다.

---

144) 국민의 형사재판 참여에 관한 법률 제46조(재판장의 설명·평의·평결·토의 등) ⑤ 제2항부터 제4항까지의 평결과 의견은 법원을 기속하지 아니한다.

제3절 검사의 보완수사요구

I. 개정 형사소송법 관련규정

> **제197조의2(보완수사요구)** ① 검사는 다음 각 호의 어느 하나에 해당하는 경우에 사법경찰관에게 보완수사를 요구할 수 있다.
>
>   1. 송치사건의 공소제기 여부 결정 또는 공소의 유지에 관하여 필요한 경우
>
>   2. 사법경찰관이 신청한 영장의 청구 여부 결정에 관하여 필요한 경우
>
> ② 사법경찰관은 제1항의 요구가 있는 때에는 정당한 이유가 없는한 지체없이 이를 이행하고, 그 결과를 검사에게 통보하여야 한다.
>
> ③ 검찰총장 또는 각급 검찰청 검사장은 사법경찰관이 정당한 이유 없이 제1항의 요구에 따르지 아니하는 때에는 권한 있는 사람에게 해당 사법경찰관의 직무배제 또는 징계를 요구할 수 있고, 그 징계 절차는 「공무원 징계령」 또는 「경찰공무원 징계령」에 따른다.

　개정법은 검·경 관계를 협력관계로 전환하면서도 영장 및 송치사건에 대한 검사의 사법적 통제장치로 보완수사요구권을 신설하였다. 즉, 사법경찰에 대한 수사지휘를 폐지하는 대신, 사법경찰관에게 보완수사를 요구할 수 있도록 규정한 것이다. 따라서 보완수사요구는 사법경찰의 수사에 대한 검사의 실효적 통제·견제가 가능하도록 해석·운용하는 것이 타당하지만, 실무적으로 많은 문제점이 거론되고 있다.

　그런데 검사의 수사지휘에는 ① 검사가 경찰이 행하는 수사과정에 관여하여 지휘를 하는 것과 ② 검사 스스로 행하는 수사를 경찰에 지휘하여 하도록 하는 수사지휘가 있는데, 개정법은 경찰의 수사과정에 대한 지휘뿐만 아니라 검사 스스로 행하는 수사에 대한 지휘권도 폐지한 결과, 검사는 자기 스스로 하는 수사(6대 범죄에 대한 직접수사)에서도 경찰을 지휘하지 못하고 스스로 해결해야 한다. 사법경찰관에 대한 송치전 수사지휘를 폐지한 일본 형사소송법에서 검사 스스로 하는 수사에 대한 지휘는 할 수 있도록 한 구조와도 다르다. 즉, "검사는 스스로 범죄를 수사하는 경우에 필요가 있을 때는 사법경찰직원을 지휘하여 수사를 보조하게 할 수 있다"고 규정하고 있는데(일본 형사소송법 제193조 제3항), '지휘'라는 포괄적 용어를 사용하여 검사가 상황에 따른 탄력적 대응을

할 수 있도록 하고 있다.

Ⅱ. 보완수사요구 대상·범위

1. 송치사건에 대한 보완수사요구

(1) 관련자·관련사건에 대한 보완수사요구

형사소송법은 '검사는 범죄 혐의가 있다고 사료하는 때에는 범인, 범죄사실, 증거를 수사하여야 한다(제196조)' 및 '경무관, (중략) 경위는 사법경찰관으로서 범죄의 혐의가 있다고 사료하는 때에는 범인·범죄사실·증거를 수사한다(제197조 제1항)'라고 규정하고 있는바, 결국 범죄는 범인·범죄사실·증거로 구성된다고 할 것이다. 이에 대통령령인 수사준칙 제59조(보완수사요구의 대상과 범위) 제2항은 ㉠ 범인에 관한 사항, ㉡ 증거 또는 범죄사실 소명에 관한 사항, ㉢ 소송조건 또는 처벌조건에 관한 사항, ㉣ 양형 자료에 관한 사항, ㉤ 죄명 및 범죄사실의 구성에 관한 사항, ㉥ 그 밖에 송치사건의 공소제기 여부 결정 또는 공소의 유지에 관하여 필요한 사항을 보완수사요구의 범위로 규정하고 있다.

한편, 형사소송법 제11조는 '관련사건'을 ㉠ 1인이 범한 수죄, ㉡ 수인이 공동으로 범한 죄, ㉢ 수인이 동시에 동일 장소에서 범한 죄, ㉣ 범인은닉죄, 증거인멸죄, 위증죄, 허위감정통역죄 또는 장물에 관한 죄와 그 본범의 죄를 관련범죄로 규정하고 있다. 그런데 형사소송법 제11조 중 ㉠은 범인의 동일성, ㉡은 범인의 관련성 및 범죄사실의 동일성, ㉢은 일부 범죄사실(시간과 장소)의 동일성 내지 관련성과 그에 따른 증거(진술, 증언, 증거물)의 동일성 내지 관련성, ㉣은 증거(진술, 증언, 증거물)의 동일성 내지 관련성이 인정되어 관련사건으로 규정된 것으로 판단된다. 이와 관련하여, 대통령령인 수사준칙 제59조(보완수사요구의 대상과 범위) 제2항은 "형사소송법 제11조 제1호(1인이 범한 수죄)의 경우는 수사기록에 명백히 현출되는 사건에 한한다"고 규정하고 있다.

결국 관련자 또는 관련사건에서의 관련성이란 수사기록을 기준으로 2가지 이상 범죄 상호간에 범인, 범죄사실, 증거에 대한 하나 또는 둘 이상이 관련된 경우를 의미한다고 보는 것이 타당하다. 이에 ㉠ 사법경찰이 기소의견으로 송치한 피의자 외의 공범의 범죄혐의가 의심되는 경우, ㉡ 사법경찰이 송치한 피의자는 혐의 없고 다른 진범이 있는 경우(이상 관련자), ㉢ 사법경찰이 송치한 피의사실 외에 피의자의 여죄가 확인되는 경우(관련사건)에는 국가형벌권의 적정한 행사 및 실체적 진실(범죄동기·원인·과정·수단·결과, 범행 후 정황 포함) 발견을 위해 보완수사요구가 필요할 것이다.

또한 형사소송법이 '관련사건'에 대한 재판은 병합심리될 수 있도록 하고(제10조), 1개의 목적을 위하여 동시 또는 수단결과의 관계에서 행하여진 행위를 동일한 범죄사실로 간주하여 재구속을 제한(제208조)하는 취지는 상호 관련성 있는 범죄에 대해서는 단일한 수사·재판절차 내에서 진행되도록 하는 것이 국민의 인권보호에 충실하기 때문이므로 위 취지를 보완수사요구 범위 결정에도 반영하는 것이 타당할 것이다.

한편, 관련사건 중 일부가 송치(기소의견), 나머지는 불송치한 경우에 일률적으로 '송치 부분에 대해서는 보완수사요구, 불송치 부분에 대해서는 재수사요청'이 이루어진 경우, 형사분쟁의 1회적 해결이 어렵고, 사건관계인의 권익이 침해될 우려가 현저하므로, 검사가 사법경찰이 불송치한 부분 중 송치한 부분과 '관련자' 또는 '관련사건'에 해당하는 사항에 대한 보완수사가 필요하다고 판단한 경우에는 그 부분에 대한 재수사요청과 동시에 보완수사요구를 할 수 있어야 할 것이다.

(2) 보완수사요구 대상이 되는 관련자·관련사건의 범위

보완수사요구의 대상이 되는 관련자나 관련사건의 범위를 유형별로 한정적으로 규정하기는 어렵고, 송치사건의 피의자 및 범죄사실과 포착된 추가혐의의 내용에 따라 '공소제기 여부 결정 또는 공소의 유지에 필요'한지 여부를 개별적으로 판단할 수밖에 없을 것이다. 다만, ㉠ 형사소송법 제11조의 '관련사건', ㉡ 진범, 공범, 무고 혐의가 있는 고소인, 범죄수익은닉 사범 등 관련자, ㉢ 동종·유사범죄, 형사소송법 제208조 제2항에서 동일사건으로 간주하는 '1개의 목적을 위해 동시 또는 수단결과의 관계에서 행하여진' 범죄, 증거가 동일하거나 증거를 공유하는 범죄 등 관련자 또는 관련사건은 보완수사요구 대상에 당연히 포함되는 것으로 보는 것이 타당할 것이다.

2. 사법경찰 신청 영장에 관한 보완수사요구

개정법 제197조의2 제1항 제2호는 '사법경찰관이 신청한 영장의 청구 여부 결정에 관하여 필요한 경우'에 검사가 보완수사요구를 할 수 있도록 규정하고 있고, 보완수사요구가 가능한 범위에 관하여 다른 제한을 두고 있지 않다. 따라서 검사가 영장청구 여부를 결정하기 위해 필요한 경우 영장신청서에 기재된 범죄사실에 관한 관련자나 관련사건 등에 대한 보완수사요구가 가능하다고 보는 것이 법문에 충실한 해석으로 보인다. 예컨대 공범·진범 등에 관한 사항은 영장청구 발부의 요건인 '범죄혐의 소명' 등과 직결되는 것으로서 '영장의 청구 여부 결정에 관하여 필요한 경우'에 해당함이 명백하고, '1인의 수죄' 등 '관련사건'의 혐의인정 여부도 구속영장 등의 청구 여부를 결정함에 있어서 반드시 규명되어야 할 중요한 사항이기 때문이다.

Ⅲ. 보완수사요구 방식 및 절차

1. 기록송부 여부

대통령령인 수사준칙 제60조(보완수사요구의 방법과 절차) 제1항은 '보완수사요구'를 검사의 처분주문으로 신설하면서, 추송 형태의 보완수사요구를 인정하고 있다.

생각건대 검사의 보완수사요구에 따라 사법경찰이 보완수사를 하는 경우 수사의 주체는 검사가 아닌 사법경찰관으로 사법경찰관이 기록을 보유하면서 그 책임 하에 수사를 재개하는 것이 개정법의 취지와 책임수사의 원칙에 부합할 것이다. 왜냐하면 사법경찰의 보완수사시 검찰에서 사건과 기록을 보유하면 대외적으로 수사의 주체가 불분명해져, 피의자·고소인 등 사건관계인이 자료제출, 의견제시, 진행상황 등을 함에 있어서 혼란이 발생하기 때문이다. 따라서 검사의 보완수사요구 시 원칙적으로 보완수사의 주체인 사법경찰에게 사건 기록 및 증거물을 함께 송부하는 것이 타당할 것이다.

2. 보완수사 이후 사법경찰관의 송치여부 판단

대통령령인 수사준칙 제60조(보완수사요구의 방법과 절차)에 따르면, 사법경찰이 보완수사 결과 혐의가 있다고 판단한 경우에는 기록을 송부하고(제3항), 그 외에는 불송치 또는 '수사중지'도 가능하도록 규정하고 있다(제4항).

생각건대 사법경찰에게 1차적 수사종결권을 부여하면서 그 책임도 강화한 개정법의 취지를 고려할 때, 검사의 보완수사요구 시 사법경찰은 사건 자체를 반환받아 자체 책임하에 다시 사건송치 여부를 판단하는 것이 타당할 것이다. 즉, 사법경찰관은 검사의 보완수사요구에 따라 보완수사를 한 결과, 혐의가 인정된다고 판단되면 법 제245조의5 제1호에 따라 송치하고, 그 밖의 경우에는 제245조의5 제2호에 따라 불송치(송부)를 하면 되는 것이다. 이와 달리 '사법경찰이 기소의견으로 일단 송치하면 검찰의 책임 하에 사건을 종결하여야 하는 형태'로 설정할 경우, 사법경찰은 혐의유무가 모호하거나 혐의규명이 사실상 어려운 경우에도 일단 기소의견으로 송치하여 사건에 관한 종결책임을 검찰에 전가할 우려가 있을 수 있기 때문이다. 그러나 이는 사법경찰에게 1차적 수사종결권을 부여하면서 강화된 책임을 부과한 개정법의 취지에 정면으로 반하는 것이다.

다만, 예외적으로, ① 송치된 구속사건에 대한 보완수사요구, ② 기소를 위하여 사실확인 등 추가자료 송부를 요청하는 보완수사요구, ③ 공판 진행 중 공소유지를 위한 보완수사요구 등의 경우 보완수사 사항의 성질 및 사안의 긴급성 등을 고려, 검사가 기록 및 사건을 사법경찰관에게 반환하지 않고 기존 추가수사요구와 유사한 형태로 운영하는 것은 무방하다고 본다.

3. 보완수사 이행기한 설정

개정법은 '사법경찰관은 검사의 보완수사요구를 지체없이 이행한다(법 제197조의2 제2항)'고 규정하고 있다. 생각건대 국민의 지위 불안정을 최소화하기 위해서는 검사가 보완수사요구시 그 이행기한(결과통보 기한)을 설정하고, 사법경찰관이 이를 준수하도록 하는 것이 타당할 것이다.

Ⅳ. 문제점

1. 보완수사요구의 현실적 문제점

첫째, 송치사건에 대하여 추가수사가 불가능하다고 본다면, 피의자에 대한 추가수사, 피의자 추가입건, 여죄수사 등을 위해 필요한 경우마다 보완수사요구를 해야 한다. 더욱이 경찰이 어떤 사건에 대해 검사의 기소의견에도 불구하고 불기소의견이라면서 불송치 결정을 고집하면 검사가 이를 시정할 수 있는 방법이 없으므로 경찰이 공소권의 일부를 행사하는 공소기관으로까지 등장하는 셈이다.

둘째, 검사의 보완수사요구에 따라 경찰이 보완수사를 하고, 보완수사결과를 통보받았는데, 검사가 해당 보완수사결과를 보니 다른 측면에서 추가수사가 필요하다고 판단하는 경우 또다시 기록을 경찰로 돌려보내고 재보완수사요구를 해야 하는 문제점이 발생한다. 한편, 경찰이 이행하지 않아 검사가 사건을 송치받아 직접수사하는 경우, 검찰청법상 검사 직접수사 범위 내 아니면 검사의 직접 보완수사도 불가능한 문제가 발생한다. 즉, 경찰이 보완의 범위를 벗어났으므로 수사를 하지 않을 정당한 이유가 있다고 주장하며 수사를 거부할 경우 해결방법이 없으며, 검찰청법상 검사의 수사범위는 제한되어 있으므로 이 경우 검찰이 직접 수사할 수도 없다. 더욱이 사법경찰관이 '정당한 이유'가 있다고 주장하면서 보완수사요구를 거부[145]하거나 '인권침해 등이 발생한 경우'가 아니라고 하면서 시정조치요구를 거부하는 경우, 당해 사건에서 즉시 시정할 수 없는 어려움도 발생할 것이다.

셋째, 보완수사결과, 경찰이 당해 사건의 피의자들 중 일부에 대해 기존 의견을 변경해서 송치의견에서 불송치결정을 하게 되는 경우(피의자들 전부 또는 일부에 대한 죄명 변경도 동일) 불송치결정 이유서와 함께 기록을 검찰로 다시 보내면, 검사는 다시 보완수

---

145) 미군정 시절 「**법무국장의 검사에 대한 훈령 제3호**」를 통하여 "검사는 경무국이 행할 조사사항을 경무국에 의뢰"하도록 하였으나, 당시 경찰은 "의뢰(request)"라는 표현에 근거하여 "의뢰를 받고 안 받는 것도 자유요, 의뢰를 받고도 그 취지대로 하지 않는 것도 임의"라고 하면서 검찰에 대해 비협조적인 모습을 보인바 있다.

사요구를 하지 못하고 불송치결정한 부분에 관하여는 재수사요청을 하는 것인지 모호하다. 특히 하나의 사건에서 일부 기소 및 일부 불기소를 하는 경우, 기록을 분리해야 하는지 논란이 있으며, 만약 기록을 분리한다고 하더라도 고소인 등의 이의신청 시 그 이의신청에 따른 절차진행에 어려움이 있을 것이다.

넷째, 검사가 송치된 사건에 여죄, 공범이 있다고 판단하여 '공범들에 대한 수사'나 '다른 장소에 대한 압수수색영장 신청' 등 보완수사를 요구한 경우, 경찰이 '보완수사요구' 범위를 벗어났다고 불응하거나, '수사권남용'이라는 이유를 들어 거부할 경우, 해결방법이 없다. 예컨대 버닝썬 사건에서 경호원들에게 폭행당한 김씨 사건을 검찰에 송치된 후, 검사가 '김씨가 경찰관에게도 폭행당한 독직폭행' 사건과 '클럽내에서 마약을 이용한 성폭력' 사건이 벌어진 것을 발견할 경우, '마약 성폭력 사건'은 검찰청법상 검사의 수사범위에 포함되지 않으므로 검찰수사가 불가하며, 경찰에 독직폭행, 마약 성폭력 사건을 다시 수사하라고 보완수사를 요구하더라도 경찰이 이는 처음 사건(폭력)의 보완이 아닌 새로운 수사를 지휘하는 것이라고 거부한다면 이에 대한 대책이 전무하다. 즉, 버닝썬 사건에서 경찰관의 유착 의혹이 있어 경찰에 버닝썬 컴퓨터와 회계담당자의 휴대전화, 장부 등을 압수하라고 보완수사를 요구하더라도 경찰이 보완수사요구 범위 밖이라고 거부할 경우 대책이 없으며, 검찰에서 추후 수사에 착수할 경우 컴퓨터와 장부, 휴대전화 등은 모두 폐기된 상태로 증거수집이 불가능하여 결국 사건은 암장될 것이다.[146]

다섯째, 한 사건의 일부는 기소의견으로 일부는 불기소의견인 경우, 기소의견인 부분만 송치하고, 불기소의견인 부분은 기록송부를 하도록 함으로써 피의자가 다수인 사건이거나 죄명이 다수인 사건의 경우에 혼선이 불가피하다. 만약 송치하는 부분에 관한 추가수사 · 보완수사가 필요하고, 불기소의견이라 기록만 보내는 부분에 관하여도 의견을 변경하거나 추가수사 · 보완수사가 필요한 경우 보완수사요구와 재수사요청을 같이 해야 하는 것인지 등 복잡한 상황이 발생할 수 있다.

여섯째, 보완수사요구의 형식은 서면이 적절하다고 보여지는데, 이와 관련된 검 · 경의 의견 대립이 기록으로 남겨질 경우, 사건관계자(고소인, 피해자, 피의자 등)는 자신에게 유리한 한쪽 입장을 근거로 수사의 문제점 또는 정당성을 주장할 수 있는바, 검 · 경 간의 대립에 사건 관계자들이 가세하여 분쟁이 확대될 우려가 있다. 특히 검사의 처분에 불만을 품은 사건관계자는 공수처에 검사를 고소 내지 고발할 가능성이 매우 농후하다. 열람 · 등사를 제한적으로 허용한다 하더라도 기관 내 다툼이 아니라, 기관 간 다툼이므로 예상치 못한 시기와 방식으로 대립이 표출될 수 있을 것이다.

일곱째, 보완수사 기한과 관련하여, '지체 없이'로 규정되어 있지만, 개별사건의 특

---

146) 버닝썬 수사에서도 초기에 유착 의심이 드는 경찰관에 대한 압수 · 수색을 하지 않아, 모든 경찰관들이 자신의 휴대전화를 분실했다고 입을 맞춘 바 있다.

수성·수사환경 등을 고려하면 구체적인 기한설정이 어렵다고 하더라도 적절한 시점에 보완수사가 완료되지 못한다면 검·경 간의 대립으로 이어질 수 있고, 이는 사건관계인에게 불측의 피해를 안길 수 있다.

여덟째, 송치사건에서 경찰에 대한 보완수사요구의 범위를 "공소제기 여부 결정 및 공소의 유지에 관하여 필요한 경우"로 한정하고 있어서, 경찰이 송치사건으로 기재하여 보낸 사항 이외에는 검사가 사건의 실체를 확인하여 송치 시의 실체파악에 관한 경찰의 오류를 시정할 수 있는 방법이 없다. 이는 사건의 최종 결정권자가 소추권자이므로 소추권자인 검사의 의사가 수사활동을 하는 사법경찰관의 의사보다 우선해야 한다는 기본원칙에도 반하는 것이다.

2. 징계요구로 보완 가능?

검사의 직무배제요구나 징계요구는 '보완수사요구 불응'을 구체적인 징계사유로 명시하는 효과는 있을 수 있으나, 이러한 제도 자체가 새로운 통제장치가 아니고 현행법상 이미 존재하는 제도이다. 즉, 개정법의 '직무배제요구'는 현행 검찰청법 제54조의 '교체임용의 요구'제도와 구조적으로 동일하고, '징계요구'는 공무원징계령 제7조에 따른 일반적인 징계요구제도와 구조적으로 동일하므로 직무배제요구나 징계요구를 새로운 통제장치나 강화된 통제장치로 평가하기 어려우며, 이 역시 아무런 강제력도 가지고 있지 않아서 사법경찰이 무시해버리면 그만이다.[147] 일본이 징계소추권을 부여한 이유도 여기에 있다. 현재도 검사가 사법경찰의 내사사건에 대해 인권침해를 사유로 기록 제출을 지시하여도[148] 사법경찰이 거부하는 사례가 빈번하게 발생하고 있는데, 이 문제를 결코 무시해서는 안 될 것이다. 예컨대 도촬사건이 검찰에 송치된 후 검사가 피의자 휴대전화에서 술에 만취한 여성과 성관계를 하는 영상을 확인하여 새로운 성폭력 혐의를 발견한 경우, 성폭력은 검사의 직접수사 대상사건이 아니어서 직접수사를 할 수 없어 경찰에 보완수사요구를 하더라도 경찰이 보완수사요구 범위 밖의 새로운 수사라는 이유로 거부하거나, 사생활침해 방지를 정당한 사유라고 주장하고 보완수사요구를 따르지 않을 경우 대책이 없는 것이다. 물론 경찰은 이에 대해 징계요구를 할 수 있다고 주장하지만, 일본처럼 징계소추가 아닌 징계요구에 불과하여 경찰청이 무시하면 그만이다. 또한 징계

---

147) 감사원법 제32조에 따른 징계요구도 파면을 제외하고 별다른 구속력이 없고 이에 따른 이행률도 높지 않은 상황에서 사법경찰관에 대해서만 징계요구의 구속력을 인정하는 입법례를 취하기는 어려울 것이다.

148) 수사준칙 제18조 제3항은, 내사사건에 있어 '사건관계인이 검사에게 이의를 제기하거나, 검사가 사건관계인의 인권이 침해되었다고 인정할 만한 현저한 이유가 있다고 판단하여 검사가 구체적 사건을 특정하여 관계 서류와 증거물을 제출할 것을 서면으로 지시한 때에는 사법경찰관리는 그 지시에 따라야 한다.'고 규정하고 있다.

가 받아들여진다고 하더라도 이미 위 사건은 암장된 이후이므로 범죄수사의 공백을 막을 수는 없을 것이다. 그리고 설령 경찰이 보완수사요구를 따른다고 하더라도 수사 후 혐의가 인정되지 않는다고 종결할 경우 그 사건은 검찰에 송치되지 않고, (피해자는 그 사실을 몰라) 이의제기할 사람이 없어 그대로 종결되는 것이고, 결국 성폭력 범죄는 암장될 수밖에 없는 것이다.

3. '정당한 사유'의 문제점

첫째, 조문구조상, 보완수사요구 이행과 관련된 '정당한 이유'의 1차적 판단을 경찰이 하게끔 되어 있는데, 정당한 이유없이 보완수사 요구를 이행하지 않을 경우 검찰총장 또는 검사장이 직무배제 또는 징계요구를 할 수 있으므로 검·경 간의 '정당한 이유'의 해석에 관한 다툼이 생길 소지가 있다.

둘째, '정당한 이유'가 없으면 보완수사요구에 따르라고 하는 것은 보완수사요구 자체의 효력을 무효화시키는 것이고, 또한 검·경 간의 극한 갈등을 조장하는 조항에 불과하다. 특히 검사의 직무범위를 벗어난 사건의 수사와 관련하여, 검사의 보완수사요구에 '정당한 이유'로 불응하겠다고 하는 경우 검사가 직접 수사할 수도 없고, 경찰이 수사한 대로 기소할 수도 없어서 그 사건을 처리할 수 없는 상황에 이르게 될 것이다. 예컨대 버닝썬 사건에서 검사가 피해자가 주장하는 독직폭행 사건에 대해 보완수사요구를 할 경우, 경찰이 '명백한 무혐의 사건을 추가로 더 수사하는 것은 인권침해이므로 독직폭행 수사를 하지 않은 것은 정당하다'라고 주장하며 거부한다면, 이에 대한 해결방법은 없고 결국 검찰과 경찰이 서로 법적 다툼을 할 수밖에 없는 것이다.

V. 보완수사요구 및 징계 등 요구의 실효성 확보방안

1. 보완수사요구의 실효성 확보

개정법 제197조의2 제2항에 따르면, '정당한 이유가 있는 경우에는 사법경찰이 검사의 보완수사요구를 이행하지 않을 수 있다'고 해석이 가능한 반면, 개정법 제197조의2 제3항에 따르면, 사법경찰의 보완수사요구 불이행이 '정당한 이유가 없다고 판단되는 때'에는 검찰총장·검사장은 징계요구 등을 할 수 있도록 규정하고 있다. 이에 대통령령인 수사준칙 제61조(직무배제 또는 징계요구의 방법과 절차) 제2항은 "직무배제 요구를 받은 경찰관서장은 정당한 이유가 없으면 그 요구를 받은 날로부터 20일 이내에 해당 사법경찰관을 직무에서 배제해야 한다"고 규정하고 있으며, 제3항은 "처리 결과와 그 이유를 직무배제 또는 징계요구를 한 검찰총장 또는 각급 검찰청 검사장에게 통보해야 한다"고 규정하였다.

2. 징계 등 요구의 실효성 확보

개정법은 검찰총장이나 검사장의 징계 요구에 대해 '공무원 징계령(경무관 이상)' 또는 '경찰공무원 징계령(총경 이하)'에 규정된 징계절차를 따르도록 규정하고 있다(법 제197조의2 제3항, 제197조의3 제7항). 그런데 위 징계령은 징계위원회에의 징계의결 요구를 기관장의 재량으로 규정하고 있으므로, 검찰총장·검사장의 징계요구에 대해 경찰관서장(총경 이상)이 재량으로 징계의결 요구 없이 종결하는 것이 가능하다.[149] 대통령령인 수사준칙 제8조(검사와 사법경찰관의 협의) 제1항 역시 '정당한 이유'에 대하여 이견이 있는 경우 검사–사법경찰관 및 검사가 소속된 검찰청의 장과 해당 사법경찰관이 소속된 관서의 장의 협의에 따르도록 규정하고 있을 뿐, 제61조(직무배제 또는 징계요구의 방법과 절차)도 의무적 징계의결요구와 관련된 규정을 두고 있지 않다.

생각건대 징계의 실효성 확보를 위해서는 「공무원 징계령」 및 「경찰공무원 징계령」을 개정하여 사법경찰에 대해 징계요구의 기속력을 인정하는 규정을 신설할 필요가 있을 것이다. 왜냐하면 '일반적 행정작용'과 '준사법작용인 수사'는 구별되고, 검사의 사법경찰에 대한 사법적 통제 관점에서 본 규정이 신설된 점, 사전에 이견을 해소할 수 있는 절차를 거친 점 등을 고려할 때, 위 징계령상의 일반 징계요구의 경우와는 구별하는 것이 타당하기 때문이다. 따라서 감사원법상 징계요구와 동일하게, 검찰총장 등으로부터 징계요구를 받은 경찰관서의 장은 의무적으로 징계위원회에 회부하도록 하여 징계절차를 개시하도록 하는 것이 필요하다고 본다.

---

149) 경찰공무원징계령 제9조(징계 등 의결의 요구) ① 경찰기관의 장은 소속 경찰공무원이 다음 각 호의 어느 하나에 해당할 때에는 지체 없이 관할 징계위원회를 구성하여 징계등 의결을 요구하여야 한다. (중략)

1. 「국가공무원법」 제78조 제1항 제1호부터 제3호까지의 어느 하나에 해당하는 사유(이하 "징계 사유"라 한다)가 있다고 인정할 때

제4절 검사의 시정조치요구 등

Ⅰ. 개정 형사소송법 관련규정

> **제197조의3(시정조치요구 등)** ① 검사는 사법경찰관리의 수사과정에서 법령위반, 인권침해 또는 현저한 수사권 남용이 의심되는 사실의 신고가 있거나 그러한 사실을 인식하게 된 경우에는 사법경찰관에게 사건기록 등본의 송부를 요구할 수 있다.
> ② 제1항의 송부 요구를 받은 사법경찰관은 지체 없이 검사에게 사건기록 등본을 송부하여야 한다.
> ③ 제2항의 송부를 받은 검사는 필요하다고 인정되는 경우에는 사법경찰관에게 시정조치를 요구할 수 있다.
> ④ 사법경찰관은 제3항의 시정조치 요구가 있는 때에는 정당한 이유가 없는 한 지체없이 이를 이행하고, 그 결과를 검사에게 통보하여야 한다.
> ⑤ 제4항의 통보를 받은 검사는 제3항에 따른 시정조치 요구가 정당한 이유 없이 이행되지 않았다고 인정되는 경우에는 사법경찰관에게 사건을 송치할 것을 요구할 수 있다.
> ⑥ 제5항의 송치 요구를 받은 사법경찰관은 검사에게 사건을 송치하여야 한다.
> ⑦ 검찰총장 또는 각급 검찰청 검사장은 사법경찰관리의 수사과정에서 법령위반, 인권침해 또는는 현저한 수사권 남용이 있었던 때에는 권한 있는 사람에게 해당 사법경찰관리의 징계를 요구할 수 있고, 그 징계 절차는 「공무원 징계령」 또는 「경찰공무원 징계령」에 따른다.
> ⑧ 사법경찰관은 피의자를 신문하기 전에 수사과정에서 법령위반, 인권침해 또는 현저한 수사권 남용이 있는 경우 검사에게 구제를 신청할 수 있음을 피의자에게 알려주어야 한다.

개정법은 사법경찰의 수사과정에 대한 검사의 사법통제를 위해 시정조치요구 제도를 신설하였다. 따라서 실효적 사법통제가 이루어질 수 있도록 시정조치요구 대상, 절차 등을 명확히 하고, 국민들의 실질적 권리구제를 위한 제반절차를 마련할 필요가 있다.

Ⅱ. 시정조치요구 대상 및 범위

1. '수사과정'의 의미

종래 내사·수사의 구별과 관련하여, 학설 및 판례[150]는 '범죄인지 여부를 불문하고 실질적으로 수사행위가 있었다면 수사가 개시된 것이다'라는 소위 실질설 입장을 따르고 있다. 따라서 형식적 입건 여부를 불문하고 수사기관이 입건 의무를 부담하는 피의자신문조서의 작성, 체포·구속, 신체·주거지 등에 대한 압수수색의 경우는 물론이고(현행 수사준칙 제18조, 검찰사건사무규칙 제143조의2 제2항, 경찰 내사처리규칙 제12조의2), 내사대상자를 수사기관으로 소환해 조사하는 등 특정한 범죄혐의를 전제로 한 증거수집 목적의 대외적 활동, 즉 '실질적 수사'가 있었다면 '수사과정'에 해당한다고 보아야 할 것이다. 따라서 형식적 입건 전이라도 실질적 수사에 해당하는 경우에는 시정조치요구 대상에 포함되는 것이 타당하다고 본다. 이에 대하여 대통령령인 수사준칙은 입건여부와 관련된 규정을 두고 있지 않다.

2. 법령위반·인권침해·현저한 수사권 남용

'법령'은 '수사과정에서 직무수행과 관련하여 준수하여야 할 모든 법령'으로 실체법과 절차법을 불문하며, 형사법에 한정할 수 없다고 본다. 나아가 시정조치요구의 '법령'에는 기본권 보호 차원에서 법규명령 뿐만 아니라 수사과정에서 지켜야 할 훈령, 예규 등 행정입법 일체가 포함된다고 보아야 할 것이다.

'인권'이란 헌법 제10조가 규정한 '불가침의 기본적 인권'으로 수사과정에서의 인권침해란 '사법경찰의 권한 행사 또는 불행사를 통해 기본권 인권을 제약, 제한하거나 그 행사를 방해하는 것'을 의미한다.

'수사권 남용'이란 수사의 개시·진행 등 수사와 관련된 권한 일체를 행사함에 있어

---

150) 대법원 2001.10.26. 선고 2000도2968 판결. 「검찰사건사무규칙 제2조 내지 제4조에 의하면, 검사가 범죄를 인지하는 경우에는 범죄인지서를 작성하여 사건을 수리하는 절차를 거치도록 되어 있으므로, 특별한 사정이 없는 한 수사기관이 그와 같은 절차를 거친 때에 범죄인지가 된 것으로 볼 것이나, 범죄의 인지는 실질적인 개념이고, 이 규칙의 규정은 검찰행정의 편의를 위한 사무처리절차 규정이므로, 검사가 그와 같은 절차를 거치기 전에 범죄의 혐의가 있다고 보아 수사를 개시하는 행위를 한 때에는 이때에 범죄를 인지한 것으로 보아야 하고, 그 뒤 범죄인지서를 작성하여 사건수리 절차를 밟은 때에 비로소 범죄를 인지하였다고 볼 것이 아니며, 이러한 인지절차를 밟기 전에 수사를 하였다고 하더라도, 그 수사가 장차 인지의 가능성이 전혀 없는 상태하에서 행해졌다는 등의 특별한 사정이 없는 한, 인지절차가 이루어지기 전에 수사를 하였다는 이유만으로 그 수사가 위법하다고 볼 수는 없고, 따라서 그 수사과정에서 작성된 피의자신문조서나 진술조서 등의 증거능력도 이를 부인할 수 없다」.

사회적 상당성을 잃은 경우를 포괄하는 개념이다. 그런데 수사는 전형적인 침해적 행정행위이므로 판례 등을 통해 확립된 재량권 일탈·남용 법리에 비해 판단기준을 강화하고, 수사권 '남용'을 보다 폭넓게 인정해야 할 것이다. 다만, 법문상 수사권남용이 현저할 것을 요하고 있으나, 현저성의 정도, 그 여부 판단의 기준 등은 개별적 사안과 별개로 논할 수는 없다고 본다. 왜냐하면 법령위반, 인권침해, 현저한 수사권남용은 사법적 '판단'의 문제로 그 태양을 열거적으로 한정하는 것은 법기술적으로 불가능하기 때문이다. 지방자치법·감사원법 등 유사제도 관련 법령 역시 시정명령 발령요건을 '위법·부당' 등으로 규정할 뿐, 열거적·한정적인 형식을 취하지 않고 있다. 나아가 법상 위임규정도 없어 수사준칙에서 시정조치요구의 범위를 제한하는 방향으로 조문화하는 것은 체계정당성의 관점에서도 불가능하다.

Ⅲ. 시정조치요구 가능시기

통상 피의자 등 사건관계인은 사법경찰의 수사과정에서 인권침해 등을 당하더라도 수사가 진행 중인 경우에는 불이익을 우려하여 검사에게 신고하는 것을 주저할 우려가 존재한다. 이 경우 검사는 사법경찰이 사건을 종결한 후 송치하거나 기록을 송부하기 전까지는 법령위반 사실 등을 인식하기 어렵다.

그런데 개정법은 시정조치 요구의 대상을 '사법경찰관리의 수사과정에서'의 인권침해 등으로 한정할 뿐, 시정조치요구 시점을 제한하는 규정을 두고 있지 않으며, 대통령령인 수사준칙 역시 아무런 규정을 두고 있다. 특히 등본송부 요구는 시정조치 요구 판단을 위해 검사에게 법률상 보장된 수단 중 하나일 뿐, 등본송부 요구가 시정조치요구의 전제조건이 되는 것은 아니다. 물론 수사종결 후에는 시정조치요구가 불가능하고, 검사가 법령위반 등을 이유로 사법경찰을 피의자로 인지하거나 징계요구를 하는 것으로 족하다고 주장하는 견해도 가능하지만, 시정조치요구는 '위법성 시정'에 주안을 두고 있고, 징계요구는 '행위자의 책임'에 대한 문제로 각기 목적과 대상을 달리하므로 이러한 주장은 2개 제도를 병렬적으로 규정한 개정법의 취지에 반한다고 본다.

구체적으로 수사 종결 후 시정조치요구가 가능한 사례를 들어보면, ① 사법경찰이 피의자의 소유권포기서 작성을 이유로 압수물을 미반환한 경우 검사가 형사소송법 제133조(압수물 반환의무) 위반을 이유로 압수물을 반환하라는 취지의 시정조치요구, ② 사법경찰이 고소인 등에 대한 불송치 취지·이유를 미통지한 채 기록을 송부한 경우 검사가 개정법 제245조의6(고소인 등에 대한 송부통지) 위반을 이유로 불송치 취지·이유를 통지하라는 취지의 시정조치요구, ③ 사법경찰이 범죄피해자의 신변보호조치 요청을 미이행한 경우 검사가 범죄피해자보호법 제9조 위반 및 인권 침해 등을 이유로 신변보호절차 개시 취지의 시정조치요구, ④ 사법경찰이 출국금지사유 소멸에도 불구하고 출국금지 해제 요청을 미이행한 경우 검사가 출입국관리법 제4조의3(출국금지의 해제) 위반을 이유로 출국금지 해제를 즉각 요청하라는 취지의 시정조치요구 등이 여기에 해당할 것이다. 다만, 이미 사법경찰이 사건을 송치한 경우에는 '송치요구'가 불가능하고 시정조치요구만 가능하다고 보아야 할 것이다.

Ⅳ. 조사 가능 여부 및 범위

1. 조사의 필요성 및 법적 근거

사법경찰이 수사과정에서 법령위반, 인권침해, 수사권남용 등 소지가 있더라도 사건기록에는 그와 관련된 내용이 별도로 기록되어 있지 않을 가능성이 농후하다. 뿐만 아니라 사건관계인이 수사결과에 불만을 가지고 근거 없이 일방적으로 인권침해 등을 주장할 가능성도 상존한다. 따라서 시정조치 요부와 관련하여, 왜곡된 판단을 방지하고 검·경 간의 원활한 협력관계를 유지하기 위해 사실관계 확인을 위한 조사는 반드시 선행되어야 할 절차이다. 나아가 '법령위반, 인권침해 또는 현저한 수사권남용이 의심되는 사실의 신고가 있거나 그러한 사실을 인식한 경우' 사실관계 확인을 위한 절차는 실무상 진정 또는 내사에 해당하고, 시정조치요구 요부의 판단을 위한 조사관련 권한은 검사의 진정 또는 내사관련 임의조사권한에서 도출되는 것이므로, 법률상 근거 또한 명백하다고 할 것이다.

2. 조사방법 및 범위

사실관계 확인을 위한 절차는 그 본질이 '진정 또는 내사에 있어서 임의조사'이므로 사법경찰에 대한 조사 및 소명기회 제공, 신고인 면담, 자료제출 요구 등 정형화하기 어려운 다양한 방법으로 이루어질 수 있을 것이다. 특히, '기록에 근거가 남아있지 않은 위법행위' 여부가 문제되는 경우 기록등본 검토만으로는 실체를 파악하기 어려워 검사가 별도로 특정한 자료의 제출 요구도 필요할 것이다. 예컨대 검사가 사법경찰의 사건관계인 폭행 의혹과 관련하여 관서 내의 CCTV 영상제출을 요구하거나, 검사가 청탁수사 의혹과 관련하여, 청탁인과 담당 사법경찰 간 통화내역·관서 출입 관련 자료제출 요구 등을 들 수 있다.

V. 시정조치요구의 방식 및 절차

1. 기록등본송부 또는 시정조치요구 방식

기록등본송부 요구시 그 사유를, 시정조치요구시 그 내용과 사유를 서면으로 명시하여 절차를 기록화·명확화할 필요가 있다.

2. 기록등본송부 요구시 신고 등에 대한 근거자료 첨부는 불가능

기록등본송부 요구시 그 사유의 명시와 함께 근거자료를 송부해야 하는지 논란이 있는데, 위법성 관련 신고는 '공익신고'로서 신고인을 보호할 필요성이 있고, 근거자료를 첨부할 경우 신고인의 신원노출로 신고인 보호에 반할 뿐만 아니라[151] 진상규명에 지장을 초래할 우려가 있으므로 근거자료 첨부는 불가하다고 본다. 또한 기록등본 송부 요구 단계에서는 의심사실의 신고 내지 인식이 있을 뿐이어서 신고 외 여타 사실과 관련된 자료 자체가 존재하지 않을 가능성도 농후하다.

3. 기록등본송부·시정조치 이행기한 등 설정

기록등본송부 및 시정조치 요구는 법상 '지체 없이' 이행하여야 한다고 규정하고 있는 바, 신속한 권리구제, 위법상태 시정 등을 위해서도 이행기한을 명확히 설정할 필요가 있다. 이에 대통령령인 수사준칙 제45조 제2항은 '사법경찰관은 시정조치요구를 받은 날로부터 7일 이내에 사건기록 등본을 검사에게 송부해야 한다'고 규정하고 있다. 다만, 시정조치 이행에 추가시일이 필요한 경우에는 검사의 승인을 받아 기일을 연장하는 것이 상당할 것이다. 따라서 기일을 도과하였음에도 시정조치가 이행되지 않았거나 기일연장도 받지 않은 경우에는 시정조치의 불이행에 해당한다고 보아야 할 것이다.

4. 기록등본송부의 범위

수사 중인 사건기록 전부를 수정·가감 없이 등본하여 송부하는 것이 원칙이다. 하나의 기록으로 조제된 사건 중 일부에 대해 신고접수 등이 있는 경우에도 기록 분리의 정확성과 공정성을 담보할 별도 장치가 없으므로 기록 전부를 등본하여 송부하는 것이 타당하다고 본다.

5. 검사의 기록등본 검토기한 설정

대통령령인 수사준칙 제45조(시정조치 요구의 방법 및 절차 등) 제3항은 검토기한을

---

151) 공익신고자보호법은 공익신고자 보호를 위해 비밀보장, 신변보호조치 등 다양한 보호조치를 의무화하고 있다.

30일로 한정하면서, 사안의 경중 등을 고려하여 10일의 범위에서 한 차례 연장할 수 있도록 규정하고 있다.

6. 시정조치요구와 '정당한 이유'

송치요구의 대상이 되는 시정조치요구 불이행의 '정당한 이유' 여부에 대한 판단은 검사의 사법경찰관에 대한 사법통제를 위해 마련된 제도 취지 등을 고려할 때, '검사'에게 있다고 보아야 한다. 다만, 사법경찰관이 검사의 시정조치요구에 대해 이견이 있는 경우 그 사유를 밝히고 소명할 수는 있을 것이다. 따라서 요구 불이행의 정당한 이유 여부는 '사법경찰관의 정당한 이유 소명 후 검사의 최종 결정' 과정을 거쳐 확정된다고 본다.

7. 시정조치요구 불이행에 따른 송치요구시 이행기한 설정

검사가 시정조치요구가 정당한 이유 없이 이행되지 않았다고 판단하여 사법경찰관에게 사건송치를 요구하는 경우, 신속한 권리구제 및 위법상태 시정을 위해 사법경찰관은 송치요구를 받은 때로부터 단기에 송치하도록 규정할 필요가 있다. 이에 대통령령인 수사준칙 제45조 제6항은 '사법경찰관은 송치요구를 받은 날로부터 7일 이내에 사건을 검사에게 송치하고, 관계서류와 증거물을 송부해야 한다'고 규정하였다. 다만, 공소시효 만료일 임박 등 특별한 사정이 있는 때에는 검사는 서면에 그 사정을 명시하고 별도의 송치기한을 정하여 사법경찰관에게 송치할 수 있으며, 이 경우 사법경찰관은 정당한 사유가 없으면 해당 송치기한까지 사건을 검사에게 송치해야 한다(동조 제7항).

8. 징계요구의 실효성 확보방안

사법경찰관의 수사과정에서 법령위반·인권침해 또는 현저한 수사권 남용이 있었던 때에도 검사장 등의 징계요구와 관련된 절차만 규정하고 있으므로 보완수사요구 불이행시 이루어지는 징계요구와 같이 그 실효성을 담보하기 어렵다. 따라서 보완수사요구의 실효성 확보방안과 동일하게, 징계요구의 기속력을 인정하는 방향으로 「공무원 징계령」 및 「경찰공무원 징계령」을 개정하고, 징계령 개정이 어려울 경우 수사준칙에 관련 조문을 제정하는 방안을 적극적으로 검토해 보아야 할 것이다. 특히 '법령위반·인권침해 또는 현저한 수사권남용'은 그 자체가 징계사유로서 현행법에 의해서도 징계요구가 가능하므로, 개정법이 징계요구 절차를 신설한 취지 등을 고려할 때, 위와 같이 징계령 등을 제·개정하는 것이 반드시 필요할 것이다.

VI. 시정조치요구의 내용

1. 관련규정의 취지

개정법은 검사가 '필요하다고 인정되는 경우'에 시정조치를 할 수 있다고 규정하면서 시정조치의 유형과 내용을 제한하고 있지 않다. 대통령령인 수사준칙 제45조(시정조치요구의 방법과 절차 등)도 시정조치요구의 내용과 관련된 구체적 규정을 두고 있지 않다.

2. 시정조치의 구체적 내용

(1) '시정조치'는 위법성 시정을 위한 조치를 모두 포함함

검사가 사법경찰에게 요구할 수 있는 시정조치는 ㉠ 위법·부당한 상태를 해소하거나, ㉡ 재발방지 또는 위법·부당한 상태의 파급효과를 차단함과 아울러, ㉢ 그 이행까지 담보하기 위해 필요한 모든 조치를 포함한다. 이에 시정을 위해 구체적으로 필요한 조치는 구체적 사안에 따라 내용과 유형이 다양할 수밖에 없어 이를 정형화하기는 곤란할 것이다. 통상 위법성 해소를 위해 직접 필요한 조치는 불법체포·구금 피의자에 대한 석방 요구, 위법수집증거 반환 요구, 긴급임시조치 후 사후 임시조치 미신청 사안에 대한 원상회복 요구, 피해자지원절차 미개시 사안에 대한 절차개시 요구, 출국금지 사유 해소된 사안에서 출금금지 해제 요구 등을 들 수 있고, 재발방지 및 위법·부당성 파급효과의 차단조치는 사건관계인에 대한 폭언·폭행, 변사체 부검지휘 이행 없는 사체인도, 장기간 사건 방치로 시효 임박한 상태에 이른 사안 등에서 직무배제·송치 등을 요구하는 것 등을 들 수 있다.

(2) 시정조치로서 '직무배제' 요구 가부

시정조치란 사건관계인의 인권보장, 적법절차로의 복귀를 위해 필요한 모든 조치를 포함하므로 직무배제도 시정조치에 당연히 포함된다고 보아야 한다. 경찰 인권보호 규칙,[152] 범죄수사규칙[153] 등에도 인권침해 또는 불공정한 수사 등의 사유가 있는 경우

---

152) 경찰 인권보호 규칙(경찰청 훈령 제930호) 제38조(인용 및 구제조치) ② 경찰청 및 그 소속기관의 장은 인권침해의 의심이 있고, 이를 방치하면 회복하기 어려운 피해자 발생할 우려가 있다고 인정할 경우 다음 각 호의 조치를 하거나 관련 부서에 그 조치를 하도록 지시할 수 있다.
    4. 인권챔해 행위를 일으키고 있다고 판단되는 경찰관등의 그 직무로부터의 배제
    ⑤ 경찰청 및 그 소속기관의 장으로부터 제1항 제2호, 제4호 또는 제5호 또는 제2항 각 호의 조치를 지시받은 해당 부서의 장은 즉시 지시 내용을 이행하고, 결과를 보고하여야 한다.
153) 범죄수사규칙(경찰청 훈령 제954호) 제8조의2(기피의 원인과 신청권자) ① 피의자, 피해자, 변호인은 다음 경우에 해당 경찰관의 기피를 신청할 수 있다.
    2. 경찰관이 사건 청탁, 인권 침해, 방어권 침해, 사건 방치 등 불공정한 수사를 하였거나, 불

수사를 중지시키거나 직무에서 배제하도록 규정하고 있다. 한편, 현행 검찰청법(제54조)에 따르더라도 검사장의 교체임용 요구권에 의해 직무배제 조치가 가능하다.

Ⅶ. 구제신청 고지의 시기 및 범위

개정법은 사법경찰로 하여금 '수사과정에서 법령위반·인권침해·현저한 수사권남용'이 있는 경우 검사에게 구제신청을 할 수 있음을 고지하도록 하면서, 이를 '피의자 신문 전'에 하도록 규정하고 있다.

그러나 시정조치는 사법경찰의 수사과정에서의 인권침해 등을 통제하기 위해 신설된 제도로 피의자뿐만 아니라 사건관계인 모두가 구제신청권을 가진다는 점에서 논란의 여지가 없고, 인권보호를 위한 권리의 '객관적 존재 사실'을 피의자 지위에 있는 사람에 한정하여 고지하는 것은 다른 사건관계인의 권리를 침해한 것이라고 볼 여지도 있다. 따라서 '조사대상'인 사건관계인에게는 그 지위를 불문하고 구제신청권을 고지할 필요가 있다고 본다. 특히 범죄피해자의 경우는 범죄피해자보호법 규정[154]이 구체신청권 고지의무를 부과한다고 보는 것이 타당할 것이다. 또한 체포 및 압수·수색영장 집행 등 법령위반, 인권침해, 수사권남용의 우려가 상존하는 강제처분시에도 구제신청권을 고지하도록 할 필요가 있을 것이다.

Ⅷ. 시정조치요구의 문제점

1. 해석 및 적용에 다툼이 있는 경우 해결방법의 전무

'법령위반, 인권침해 또는 현저한 수사권남용'의 해석·적용에 관한 다툼이 있는 경

공정한 수사를 할 염려가 있다고 볼만한 객관적·구체적 사정이 있는 때

제8조의4(기피 신청각하와 처리) ⑧ 기피 신청 접수일부터 수용 여부 결정일까지 해당 사건의 수사는 중지된다. 다만, 수사기일 임박, 증거인멸 방지 등 수사의 필요성이 있어 수사부서 장의 지휘가 있는 경우에는 그러하지 아니하다.

154) 범죄피해자보호법 제8조(형사절차 참여 보장 등) ① 국가는 범죄피해자가 해당 사건과 관련하여 수사담당자와 상담하거나 재판절차에 참여하여 진술하는 등 형사절차상 권리를 행사할 수 있도록 보장하여야 한다.

범죄피해자보호법 제8조의2(범죄피해자에 대한 정보제공 등) ① 국가는 수사 및 재판 과정에서 다음 각 호의 정보를 범죄피해자에게 제공하여야 한다.

1. 범죄피해자의 해당 재판절차 참여권 등 형사절차상 범죄피해자의 권리에 관한 정보

2. 범죄피해 구조금 지급 및 범죄피해자 보호·지원 단체 현황 등 범죄피해자의 지원에 관한 정보

3. 그 밖에 범죄피해자의 권리보호 및 복지증진을 위하여 필요하다고 인정되는 정보

우 해결방법이 없다. 즉, 이를 폭넓게 해석·적용하는 경우 사실상 수사지휘의 부활로 이어질 수 있고, 반대로 엄격하게 해석·적용하는 경우 경찰수사절차에 대한 통제장치로 기능하기 어려울 것이다. 특히 '법령위반, 인권침해, 현저한 수사권남용'에 관한 경찰과 검찰의 의견차이가 있어 경찰이 "정당한 이유"를 들어 시정요구를 거부할 경우 검사는 사건송치를 요구할 수 있고(제197조의3 제5항), 경찰은 이에 따르도록 하고 있다. 문제는 검사의 직무범위를 제한한 검찰청법에 따를 경우 송치받은 사건이 검사의 직무범위를 벗어나면 개정법 제197조의3 제6항에 따라 송치받은 사건을 예외적으로 수사할 수 있다는 것인지 아니라면 어떻게 한다는 것인지 모호하다는 점이다.

2. 조사절차의 미규정

대통령령인 수사준칙 제45조(시정조치 요구의 방법과 절차 등)는 개정법이 이미 정한 절차를 구체화하였을 뿐, 조사절차와 관련하여 명시적 규정을 두고 있지 않다. 이에 경찰측은 검사가 시정조치요구 절차에서 기록등본을 검토할 수 있을 뿐, 조사는 할 수 없다는 주장을 반복하고 있으나,[155] 시정조치요구는 현행 형사법체계에 존재하지 않는 새로운 제도인 바, 조사할 수 없다는 오인이 확산될 경우 사건관계인의 협조를 얻지 못해 아무런 조치 없이 종결되는 사례가 빈발할 것으로 보인다. 이는 불분명한 시행령으로 법치주의의 근간을 지키는 제도가 작동하지 못한 결과, 국민이 위법·부당으로부터 구제받지 못하게 되는 것이다. 따라서 조사절차를 명시적으로 규정하여 시정조치요구 제도가 본질적 기능을 다할 수 있도록 하여야 할 것이다.

3. 조사절차의 법적 성격 모호

시정조치를 위한 조사절차의 법적 성격이 모호하다. 개정법에 따르면 법령위반 등의 신고·인지시 사건기록 '등본'을 송부하도록 요구할 수 있고, 이 요구에는 지체없이 따르도록 하고 있으나, 당해 사건의 증거물은 어떻게 처리해야 하는지 규정이 없고, 개정법상으로 기록만 '복사'해서 보내면 되고 증거물은 송부하지 않아도 되는 것으로 설계되어 있다.

그런데 법령위반 여부는 별론으로 하더라도, 인권침해 또는 현저한 수사권남용을 사건기록만으로 파악하기 어려울 수 있어 검찰에서 신고·인지사실이 실제 존재하는지, 경찰측 입장이 무엇인지 확인하는 과정이 필요한데 이에 관한 아무런 절차규정이 존재하지 않아 실제 시정조치요구를 위한 조사가 이루어질 수 있을지 의문이다.[156]

---

155) 2020. 5. 21.자 국민일보 「경찰 "수사 전후 시정조치요구 불가"... 수사권 디테일 싸움」.
156) 양홍석, "검·경 수사권 조정의 의미와 향후 과제", 「국민을 위한 수사개혁방향 심포지엄」 자료집(2020.7.17.), 대한변호사협회 주관, 79면.

4. 신고 · 인지시점에 관한 절차규정의 부재

신고 · 인지시점에 따른 절차규정이 없다. 법령위반 등의 신고 · 인지시점이 경찰이 당해 사건을 수사 중인 때라면, 시정조치를 요구하고 이에 불응할 경우 (검사의 직접수사는 별론으로 하고) 당해 사건을 송치하도록 할 수 있지만, 법령위반 등의 신고 · 인지시점이 경찰이 당해 사건에 관한 수사를 종결하고 송치 또는 불송치하였고 검사가 아직 처분 전이라면, 우선 기록을 '송치'하도록 할 수 없으며(개정법은 이 부분을 예정하지 않았음), 검사가 이 경우 어떤 시정요구를 할 수 있는지 의문이다.

결국 송치사건에 관하여 검사가 처분 전에 법령위반 등의 신고 · 인지한 경우, 불송치사건에 관하여 검사가 기록검토기간(90일) 내에 법령위반 등의 신고 · 인지한 경우 각각 어떻게 처리할 것인지에 관한 규정이 필요하고, 이 경우 송치사건에 관한 보완수사요구, 불송치사건에 관한 재수사요구와 시정조치요구를 어떻게 구분할 것인지 규정도 필요하다. 또 불송치사건에 관하여 검사가 재수사요구와 시정조치요구를 했는데 만약 경찰이 시종조치에 불응하면 사건을 송치하도록 할 수 있는데, 이 경우 불송치사건을 송치받은 예외로 활용될 여지가 있으나, 이렇게 송치받은 사건이 종결된 것인지 아니면 종결되었다가 재기된 것인지도 모호하다.

반면, 법령위반 등의 신고 · 인지시점이 경찰이 당해 사건에 관한 수사를 종결하고 송치 또는 불송치한 후 검사의 검토까지 마친 때라면, 송치사건에 관하여 검사가 기소한 경우에는 추가로 법령위반 등에 관하여 시정요구를 할 수 있다(실제 이 경우 어떤 시정요구가 가능할 것인지는 별론). 이는 불송치사건에 관하여 검사의 검토기간(90일)이 지나 기록이 다시 경찰로 돌아간 경우 검사가 다시 기록등본 송부를 요구하고, 이를 검토해 어떤 시정조치요구를 하는 것까지는 가능하나, 만약 경찰이 이를 거부하는 경우 사건을 송치할 것을 요구할 수 있다는 것인데, 이 경우 송치요구를 하게 되면 이미 종결된 사건이 다시 재기되는 것인지, 검사가 시정조치요구를 하면서 시정조치를 위해 재수사요구를 하는 경우 이것이 허용되는 것인지, 검사가 직접 수사를 할 수 있는지 등 절차규정이 전무하다.[157]

5. 시정조치요구 판단 시한의 단기

대통령령인 수사준칙 제45조 제3항은 기록등본을 송부받은 날로부터 시정조치요구

---

[157] 개정법에 보완수사가 아니라 재수사만 요청할 수 있도록 제한해 놓은 취지를 고려할 때 이 경우 검사가 직접 수사를 진행할 수 없다는 설명으로는 최호진, "수사권조정에 있어서 경찰의 송치 · 불송치 결정에 대한 몇 가지 문제점", 형사정책 제32권 제1호(2020. 4.), 한국형사정책학회, 82면.

까지 시한을 최장 40일로 규정하고 있다(원칙적 30일 + 10일 범위에서 한 차례 연장). 그러나 이는 형사법이 사실관계 확정에 필요한 원칙적 기간을 3개월로 상정하고 있는 점과 배치되고,[158] 통상 형사사건 수사에 소요되는 시일을 전혀 고려하지 않은 규정이다. 뿐만 아니라 사건관계인의 협조를 얻는데 필요한 시일(형사사건과 달리 강제수사 불가), 출석요구시 필요한 시간적 여유(대통령령 제19조), 당사자의 질병·출국 등 특수한 사정이 발생할 가능성 등 실무여건과 달라진 수사환경도 전혀 고려하지 아니한 규정이다. 나아가 통상의 경우 조사가 불필요한 불송치 송부기록 검토에 설정한 시일이 90일인 점과 균형이 맞지 않고, 행정절차와 관련해서도 유사 입법례를 찾기 어려운바 명백히 불합리한 제한으로 보인다.

【표 5-6】 검찰 고소·고발 사건 중 경찰 지휘시부터 검찰 송치까지 기간

(단위: 건/점유율)

	2015	2016	2017	2018	2019
3개월 초과	22,607(32%)	21,273(31%)	19,851(31%)	23,790(33%)	25,217(32%)
6개월 초과	2,538(0.04%)	2,531(0.04%)	2,356(0.03%)	3,521(0.05%)	5,046(0.06%)
합계	71,221	69,573	64,590	72,759	77,713

결국 현행 진정사건 처리기한(3월)과 동일하게 규정하면서, 사법경찰의 조사 내지 자료제출 요구 불응이나 사건관계인의 해외거주, 사안의 복잡성 등을 고려하여 기한을 한 차례 연장할 수 있는 예외규정을 두는 것이 타당하게 보인다.

6. 내사의 미포함

개정법은 시정조치요구 대상과 관련하여, 대통령령인 수사준칙은 내사에 관한 규정

---

[158] 형사소송법 제257조(고소 등에 의한 사건의 처리) 검사가 고소 또는 고발에 의하여 범죄를 수사할 때에는 고소 또는 고발을 수리한 날로부터 3월 이내에 수사를 완료하여 공소제기여부를 결정하여야 한다.
* 제260조(재정신청) ② 제1항에 따른 재정신청을 하려면 「검찰청법」 제10조에 따른 항고를 거쳐야 한다. 다만, 다음 각 호의 어느 하나에 해당하는 경우에는 그러하지 아니하다.(중략)
   2. 항고 신청 후 항고에 대한 처분이 행하여지지 아니하고 3개월이 경과한 경우
* 제266조의12(공판준비절차의 종결사유) 법원은 다음 각 호의 어느 하나에 해당하는 사유가 있는 때에는 공판준비절차를 종결하여야 한다. 다만, 제2호 또는 제3호에 해당하는 경우로서 공판의 준비를 계속하여야 할 상당한 이유가 있는 때에는 그러하지 아니하다.
   2. 사건을 공판준비절차에 부친 뒤 3개월이 지난 때

을 두고 있지 않다. 그런데 '수사'를 전제로 한 정당한 법적 통제를 회피하고자 형식적 입건을 지연·누락하는 '내사 악용 사례'가 존재하여 왔는바, 실질적 수사에 해당하는 내사는 사법통제의 필요성이 가장 큰 영역이다. 특히 사법경찰은 불입건 사안의 경우 송치(불송치)조차 하지 않을 수 있어 내사제도를 '사건암장의 수단'으로 악용할 가능성도 배제할 수 없다. 사법경찰이 지난 5년간 대물적 강제처분(현장 압수수색 제외), 피혐의자 출석조사, 현행범인 체포·인수 이후 입건을 하지 않은 현황은 아래와 같다.

【표 5-7】(구)수사준칙 제18조 제2항[159]에 따른 경찰 송부의 내사사건 현황[160]

	2015	2016	2017	218	2019	합계
사건 수(건)	13,057	13,645	11,741	9,331	9,581	57,355

결국 수사·내사 구별은 실질에 따라야 한다는 확립된 학설 및 판례에 비추어 '수사'라는 개정법 문언에 '실질적 수사에 해당하는 내사'가 포함되어야 하는 것은 당연하다. 왜냐하면 입건의 의도적 지연·누락 여부는 사건기록 검토 등 없이는 확인이 불가능하므로 시정조치요구 절차를 통해 검사가 사법통제할 수 있는 가능성을 반드시 열어두어야 하기 때문이다.

---

159) (구)수사준칙 제18조(사건기록의 관리) ① 사법경찰관리가 다음 각 호의 어느 하나에 해당하는 행위를 한 때에는 범죄인지서 작성 여부와 관계없이 관계서류와 증거물을 검사에게 제출하여야 한다.
    1. 피의자신문조서를 작성한 때
    2. 긴급체포를 한 때
    3. 검사에게 체포·구속영장을 신청한 때
    4. 사람의 신체, 주거, 관리하는 건조물, 자동차, 선박, 항공기 또는 점유하는 방실에 대하여 압수·수색·검증영장을 신청한 때
 ② 사법경찰관리는 다음 각 호의 어느 하나에 해당하는 행위를 하고, 범죄인지서를 작성하지 아니한 사건에 대해서는 매 분기별로 해당 사건의 목록과 요지를 검사에게 제출하여야 한다.
    1. 제1항 제4호의 압수·수색·검증을 제외한 압수·수색·검증, 통신제한조치, 통신사실확인자료 제공 등 법원으로부터 법 및 다른 법령에 따른 영장 또는 허가서를 발부받아 대물적 강제처분을 집행한 때
    2. 피혐의자를 출석시켜 조사한 때
    3. 현행범인을 체포·인수한 때
160) KICS상 전송된 목록만 반영(공문 발송 등 다른 방법으로 전송된 내역은 미반영)된 것으로 대검찰청의 도움을 받았음.

제5절 사법경찰관의 사건송치 등

I. 개정 형사소송법 관련규정

1. 의 의

> **제245조의5(사법경찰관의 사건송치 등)** 사법경찰관은 범죄를 수사한 때에는 다음 각 호의 구분에 따른다.
> 1. 범죄의 혐의가 있다고 인정되는 경우에는 지체 없이 검사에게 사건을 송치하고, 관계 서류와 증거물을 송부하여야 한다.
> 2. 그 밖의 경우에는 그 이유를 명시한 서면과 함께 관계 서류와 증거물을 지체 없이 검사에게 송부하여야 한다. 이 경우 검사는 송부받은 날로부터 90일 이내에 사법경찰관에게 반환하여야 한다.

기존에는 사법경찰의 수사 후 전건(全件)송치 후 검사처분이 이루어졌으나, 개정법에 따르면 사법경찰은 '범죄의 혐의가 있다고 인정되는 경우'에 검사에게 사건을 송치하고, '그 밖의 경우'에는 사건기록만 송부(불송치)하도록 하여 사실상 사법경찰의 1차적 수사종결권을 부여하고 있다.[161] 이에 따라 사법경찰관이 자체 종결한 사건은 기록을 검사에게 송부하여 검토하게 한 후 90일 이내에 반환되도록 하고, 고소인·고발인·피해자 등이 이의를 신청하면 사건을 송치하도록 규정하고 있다. 이러한 개정법에 따라 사법경찰관에게 사건종결권을 부여하면, 【표 5-8】에서 보는 것처럼 사법경찰관이 사건송

---

161) 중국 형사소송법상 불기소 사건기록을 송치하지 않는다는 조문은 따로 없지만, 아래 제160조의 반대해석에 따라 공안은 수사결과 기소의견만 송치하고 불기소의견은 기록을 송치하지 않고 있다. 따라서 공안의 사건철회(내사 후 불입건, 입건 후 불기소 결정 등 의미) 사건에 대한 검찰의 수사감독이 제대로 이행되지 않고 있는 실정이다.

〈중국 형사소송법 제160조〉
공안기관이 수사를 종결한 사건은 범죄사실을 명백히 하고, 증거가 확실하고 충분해야 하며 또 기소의견서를 작성하여 사건기록자료, 증거와 함께 동급 인민검찰원에 송치하여, 심사, 결정하게 하는 동시에 사건송치 상황을 범죄피의자와 그의 변호사인 변호인에게 고지하여야 한다.

치 없이 사건을 자체 종결하는 비율은 전체사건 중 40%에 이를 것으로 보인다.

그런데 '불기소 결정'은 '기소 결정'과 별도로 이루어지는 결정이 아니라 사건의 증거관계와 법리판단을 검토한 후, '기소하지 않는다'는 법률적 결정인데, 사법경찰관에게 불기소 의견 사건을 송치하지 않아도 되는 사건종결권을 부여하는 것은 사법경찰관에게 소추권한을 새로이 부여하는 것과 같다. 왜냐하면 사법경찰관이 수사를 하고 사건을 검사에게 보내는 송치는 사실행위에 불과할 뿐, 법적 효과를 발생하게 하는 처분이 아니기 때문이다.

결국 소추기관이 아닌 사법경찰관에게 기소 여부를 판단하도록 하는 것도 문제이지만, 법률전문가인 검사의 검토를 거치지 않고, 사법경찰관이 자체 종결하는 사건의 비율이 40%에 달하는 것은 매우 심각한 문제이다. 따라서 사건송치의 범위, 기록송부 등의 방법 등에 대한 명확한 기준이나 절차 등을 마련할 필요가 있다. 왜냐하면 사법경찰관이 사건을 송치하는 이유는 명령복종관계속에 예속되고자 하는 의사표시가 아니라, 종국적으로 적정한 형벌권의 실현을 위해 수사의 방향과 증거법적인 요건을 충족시키기 법률전문가의 법적 조언을 받는데 요체가 있기 때문이다.

【표 5-8】 송치 의견별 사건송치 현황(2018년 기준)

송치의견	인원(명)	점유율(%)	비교
기소	1,146,088	55.6	55.7%
혐의없음	295,604	14.3	44.3%
공소권없음	276,577	13.4	
죄가 안됨	3,837	0.2	
각하	106,120	5.1	
기소중지	163,576	7.9	
참고인중지	5,244	0.3	
기타(이송 등)	64,225	3.1	
합계	2,061271	100	

2. 경찰 불송치처분의 법적 성질

개정법상 경찰의 불송치는 그 법적 성질이 사건에 대한 처분이며, 검사의 불기소처분과 마찬가지로 피의자에 대한 형사절차를 종결하는 처분이다. 이와 관련하여 개정법은 "검사에게 송부하고"와 "반환하여야 한다"는 사실행위만을 문구로 하고 있을 뿐 검사가 기록을 송부받아 반환하는 절차의 법적 성질이 무엇이며, 검사가 이 절차에서 어떤 권한을 행사하는지 규정하고 있지 않다.

여기서 검토와 반환의 법적 성질을 단순히 검토해 준다는 의미의 사실행위로 본다면, 왜 검사가 업무 부담을 감수하고 법률적으로 아무 의미가 없는 이러한 사실행위를 그것도 90일이라는 기한까지 정해서 강제당해야 하는지 의문이다. 경찰은 검사에게 기록을 보내서 검토받았다는 점을 내세워서 불송치처분의 정당성을 주장할 수 있겠지만, 검사는 경찰의 이러한 정당성 보강을 위해 아무런 법적 의미가 없는 검토행위로 경찰을 도와주는 기관이 되기 때문이다. 그러나 어떤 기관에 일정한 행위에 대한 의무를 부담하게 하면서 법적인 의미가 없는 사실행위로만 규정하는 것은 타당하지 않다.

한편, 검사가 경찰의 불송치처분을 검토하고 반환하는 행위의 법적 성질을 불송치처분의 승인으로 구성할 수도 있을 것이다. 법적 성질을 이렇게 보면, 경찰의 불송치처분은 검사의 승인을 받는 경우에 할 수 있는 것이므로 결과적으로 사건의 최종적인 결정권자는 검사가 된다. 또 이와 같이 보면 개정법의 재수사요청은 경찰 불송치결정의 불승인에 해당한다. 그런데 이와 같이 검사가 경찰의 불송치처분에 대한 승인권자라고 한다며, 무엇 때문에 이런 제도를 만들었고, 그 효용성이 무엇인지 의문이다. 어차피 검사가 최종적 결정권을 행사하는 것이라면, 현재와 같이 그 기록을 송부받은 검사가 스스로 불기소처분을 하면 되고, 개정법처럼 승인하고 기록을 다시 경찰에 반환할 필요가 없기 때문이다.

한편, 검사가 경찰의 처분을 승인하는 것이라면, 이는 검사와 경찰의 관계를 지휘관계로 하는 것을 전제로 한다. 그런데 개정법은 검사의 검토와 반환의 과정을 법률적 의미를 가지는 '승인'이라는 용어를 사용하지 않고 일부러 사실행위로서 '송부'와 '반환'이라는 용어를 사용하고 있다는 점에서, 개정법의 취지대로 검사와 경찰이 대등관계라면 경찰의 처분을 검사가 검토한다는 것 자체가 대등한 관계 설정과 모순되는 것이다.[162]

Ⅱ. 사법경찰의 사건 송치범위

1. '범죄의 혐의가 있다고 인정되는 경우'의 해석

'범죄의 혐의가 인정되는 경우'의 의미가 ㉠ 구성요건 해당성인지, ㉡ 구성요건에 해당하고 위법·유책한 '범죄의 성립'인지, ㉢ '범죄의 성립'에서 더 나아가 처벌·소추조건 등까지 갖춘 것인지가 문제된다. 예컨대 구성요건 해당성은 인정되지만, 위법성조각사유(정당방위, 정당행위 등), 책임조각사유(강요된 행위 등)가 있는 경우 송치 또는 불송치 대상인지 문제되는 것이다.

162) 이완규, 검경 수사권 조정 관련 법안 긴급검토, 2019, 95면.

(1) '혐의없음'의 반대되는 개념

법 문언상 '범죄의 혐의가 있다고 인정되는 경우'는 검사의 결정주문 중 하나인 '혐의없음'의 반대라고 보는 것이 상당하므로 '구성요건해당성이 인정되는 경우'로 해석함이 타당하다. 왜냐하면 검사의 '혐의없음' 주문은 검찰사건사무규칙(법무부령)에 근거하고 있는바, 구성요건해당성이 없는 경우에는 '혐의없음' 사유에 해당하는 것이 명백하기 때문이다.163)

(2) 형사소송법 및 다른 법령에서의 '범죄의 혐의'

현행 법령상 '범죄의 혐의' 문구 사용은 크게 ㉠ 수사기관의 수사개시·진행과 ㉡ 수사기관에 대한 범죄의 고발·통보로 구분이 가능한데, 먼저 ㉠ 수사기관의 수사개시·진행에서의 '범죄의 혐의'란 수사기관은 '범죄의 혐의'가 있다고 인식·사료·인정하는 경우에는 수사를 개시·진행하므로 '범죄의 혐의'는 '구성요건해당성'을 의미한다. 왜냐하면 구성요건해당성이 인정되면 일단 위법성과 책임(비난가능성)이 징표되므로 수사기관이 위법성·책임이 조각되는 예외적인 사유까지 판단하여 수사를 개시하여야 한다고 보는 것은 불합리하기 때문이다. 다만, 수사기관 입장에서는 구성요건 외 다른 요건(예컨대 소추요건)이 없다는 판단이 가능한 경우(예컨대 공소시효 완성)에는 '수사의 실익'이 없어 수사개시·진행을 하지 않을 수는 있을 것이다. ㉡ 수사기관에 대한 범죄의 고발·통보해야 하는 '범죄의 혐의'도 수사기관의 수사개시·진행에서의 '범죄의 혐의'와 마찬가지로 '구성요건해당성'을 의미한다고 보아야 한다. 왜냐하면 고발·통보의무를 가진 기관164)이 범죄의 구성요건해당성 외에 위법성·책임·소추조건·처벌조건 등 다른 요건들에 대한 정확한 판단 후 수사기관에 고발·통보해야 한다고 해석할 경우, 해당 기관이 사실상 최종적 수사종결권을 행사하는 불합리한 상황이 초래되기 때문이다. 다만, 구성요건 외 다른 요건이 없다는 것이 명백한 경우(예컨대 대상자 사망)에는 고발이 이루어지지 않을 것인바, 이는 구성요건해당성 인정여부와 무관하게 '형식 판단'만을 하는 등

---

163) 검찰사건사무규칙 제69조(불기소처분) ③ 불기소결정의 주문은 다음과 같이 한다.

　　2. 혐의없음

　　　가. 혐의없음(범죄인정안됨): 피의사실이 범죄를 구성하지 아니하거나 인정되지 아니하는 경우

　　　나. 혐의없음(증거불충분): 피의사실을 인정할 만한 충분한 증거가 없는 경우

　　3. 죄가 안됨: 피의사실이 범죄구성요건에 해당하나 법률상 범죄의 성립을 조각하는 사유가 있어 범죄를 구성하지 아니하는 경우

164) 감사원법 제35조(고발) 감사원은 감사 결과 범죄 혐의가 있다고 인정할 때에는 이를 수사기관에 고발하여야 한다; 부정청탁 및 금품등 수수의 금지에 관한 법률 시행령 제9조 등 다수의 규정이 존재한다.

'고발·통보할 실익이 없다'는 기관의 판단에 따른 것이다.

결국 '범죄의 혐의'는 '구성요건해당성'을 의미하고, 사법경찰이 사건을 송치해야 하는 '범죄의 혐의가 있다고 인정되는 경우'란 '구성요건해당성'이 인정되는 사건을 의미한다고 보아야 할 것이다.

2. 사법경찰관의 사건 송치·불송치 구체적 범위

(1) 기본적 사항

대통령령인 수사준칙 제51조 제1항 제3호는 불송치대상으로 혐의없음(범죄인정안됨, 증거불충분), 죄가 안됨, 공소권없음, 각하를 규정하고 있으므로 구성요건해당성·위법성·책임·처벌조건이 모두 충족되어야만 송치대상이 될 것이다.

그러나 법문상 사건이 송치되는 '범죄의 혐의가 있다고 인정되는 경우'란 '구성요건해당성'이 인정되는 사건을 의미함에도 법해석에 반하는 문제점이 있다. 따라서 구성요건해당성이 인정될 경우 사법경찰관이 1차적 수사종결을 하는 것이 불가능하므로 위법성조각사유·책임조각사유 여부를 불문하고 검사에게 '송치'해야 할 것이다. 왜냐하면 '죄가 안됨' 대상인 위법성조각사유(정당행위, 정당방위, 긴급피난 여부 등) 내지 책임조각사유는 구성요건에 해당함을 전제로 하여 이루어지는 '사법적 판단'이므로 검사가 송치받아 최종적으로 결정하는 것이 타당하기 때문이다. 물론 '공소권없음'은 구성요건 판단에 선행하는 '형식판단'이므로 불송치해야 할 것이며, 형사미성년자는 책임조각사유이지만 일종의 '형식판단'으로 볼 수 있으므로 불송치가 가능하다. 즉, '구성요건해당성'이 인정되지 않을 경우에는 사법경찰관이 1차적 수사종결이 가능하므로 불송치가 가능하지만, 다른 법률에서 보호사건처리 등을 위해 검사에게 사건 전부 송치를 규정한 경우에는 사건이 불기소(공소권없음, 혐의없음) 등 의견으로 송치되어야 하는 경우가 있을 수 있을 것이다(가정폭력처벌법 제7조, 아동학대처벌법 제24조 등).

한편, 대통령령인 수사준칙 제51조 제3항은 ① 심신장애인(형법 제10조 제1항)과 ② 기소되어 사실심 계속 중인 사건과 포괄일죄 관계에 있는 사건은 '송치'가 아닌 '이송' 하도록 규정하고 있다. 그런데 심신장애인은 '죄가 안됨' 대상이나 검사가 치료감호를 청구할 수 있고, 상습범 등 포괄일죄 중 일부에 대해 재판 진행 중인 사건은 '공소권 없음' 대상이나 검사가 공소장변경이 가능하다. 그런데 이 경우 구성요건해당성·위법성이 인정되어야 하는바(더 나아가 포괄일죄의 경우에는 책임성까지 인정 필요), 이를 확인하기 위한 보완수사가 필요한 경우에도 사건이 '송치'되지 않는다면 개정법 제197조의2(보완수사요구) 제1항 제1호(송치사건의 공소제기 여부 결정 또는 공소의 유지에 관하여 필요한 경우) 문언상 경찰에게 보완수사요구가 불가능할 것으로 보인다. 또한 치료감호법상 심신장애인에 대한 치료감호 청구를 위해서는 ① 검사는 전문의 진단·감정을 참고해야 하고(제4조 제2항),[165] ② 검사 및 경찰은 치료감호에 필요한 자료를 조사해야 한다(제5조).[166] 따라서 치료감호법에 규정된 절차를 따르기 위해서라도 경찰이 1차 수사를 진행한 사건에 대해 검사의 보완수사요구가 반드시 가능해야 할 것이다.

결국 심신장애인 등 사건은 '이송'에서 '송치'대상으로 변경하는 것이 필요하다고 본다.

(2) 예외적 불송치 사건의 구체적 범위

일반적으로 '공소권 없음' 사유들은 '구성요건해당성' 인정에 대한 판단없이 '형식판단'을 우선하게 되므로 '범죄의 혐의가 있다고 인정되는 경우'에 해당하지 않는다는 점에서 불송치 대상이다. 즉, 교통사고나 폭행사건과 같이 '구성요건해당성'이 일응 명백한 사건도 '구성요건해당성'이 있다는 판단이 아닌 '공소권 없음'이라는 판단을 하게 되는 것이다. 다만, 동일사건이 이미 공소제기되어 '공소권 없음'에 해당하더라도 예외적으로 포괄일죄 등 공소제기된 사건의 공소장변경이 가능하여 사법경찰이 '구성요건해당성'이 인정된다는 판단을 하는 사건은 '범죄의 혐의가 있다고 인정되는 경우'에 해당하여 송치 대상이 될 것이다. 예컨대 상습범·영업범 등 포괄일죄 중 일부에 대해 재판 진행 중인 경우 '공소권 없음' 사유에 해당하지만, 검사의 공소장변경(추가기소 의미)이 가능한 경우 사법경찰이 '구성요건해당성'이 인정된다는 판단을 하며 송치하는 것이 가능하다.

【표 5-9】 사법경찰의 송치/불송치 상황

'구성요건해당성'이 인정될 경우 → 송치 원칙 - '죄가 안됨' 해당사유(위법성/책임조각사유 등) → 송치(다만, 형사미성년자는 불송치) - '공소권 없음' 해당사유(소추조건 미구비 등) → 불송치
'구성요건해당성'이 인정되지 않을 경우 → 불송치 * 타 법률에서 사건의 전부 송치를 규정한 경우는 예외

---

165) 치료감호 등에 관한 법률 제4조(검사의 치료감호 청구) ① 검사는 치료감호대상자가 치료감호를 받을 필요가 있는 경우 관할 법원에 치료감호를 청구할 수 있다.
② 치료감호대상자에 대한 치료감호를 청구할 때에는 정신건강의학과 등의 전문의의 진단이나 감정(鑑定)을 참고하여야 한다. 다만, 제2조제1항제3호에 따른 치료감호대상자에 대하여는 정신건강의학과 등의 전문의의 진단이나 감정을 받은 후 치료감호를 청구하여야 한다.(후략)
166) 제5조(조사) ① 검사는 범죄를 수사할 때 범죄경력이나 심신장애 등을 고려하여 치료감호를 청구함이 상당하다고 인정되는 자에 대하여는 치료감호 청구에 필요한 자료를 조사하여야 한다.
② 사법경찰관리(특별사법경찰관리를 포함한다. 이하 같다)는 검사의 지휘를 받아 제1항에 따른 조사를 하여야 한다.

3. 사법경찰의 '수사중지' 사건은 불송치 대상임

대통령령인 수사준칙 제62조 제1항에 따르면, 경찰수사 중 피의자 등 핵심 사건관계인이 소재불명되어 수사종결이 되지 않는 '수사중지'의 경우(검사의 기소중지, 참고인중지 사유)는 불송치 대상조차 아니다. 대신 검사는 '수사중지' 사건기록을 송부받아 30일 이내에 시정조치요구를 할 수 있도록 규정하고 있다(수사준칙 제51조 제4항).

그러나 개정법 제245조의5는 경찰이 범죄를 수사한 때에는 '송치'와 '그 밖의 경우인 불송치'만을 예정하고 있다. 따라서 사법경찰이 피의자 등 사건관계인의 소재불명을 이유로 소위 '수사중지'한 경우(검사의 기소중지, 참고인중지 처분사유), 이는 불송치 대상인 법 제245조의5 제2호의 '그 밖의 경우'에 해당한다. 따라서 '수사한 때'의 의미를 '수사를 종결한 때'로만 한정하여 '수사중지' 사건을 불송치 대상에서 제외하는 해석은 위임입법의 한계를 벗어난 법률위반이라 할 것이다. 특히 '수사중지' 사건은 피의자나 고소인 등 핵심 사건관계인이 소재불명되어 기소할 증거를 확보하지 못한 사안이므로 '증거 불충분 무혐의'사건과 그 성격이 사실상 동일하다. 이와 같이 '수사중지'사건은 경찰의 1차적 수사종결인 '무혐의'와 명확하게 구분하기 어려움에도 이를 구분하여 피해자의 권익구제 측면에서 절차와 효과를 달리하는 것은 형평에 반하는 결과를 초래한다. 더욱이 '수사중지'가 수사가 종결되기 전의 '중간단계'라고 하여 불송치사건으로서 기록송부 등이 이루어지지 않을 경우 재수사요청 등을 통한 검사의 사법통제가 불가능할 뿐만 아니라 고소인 등의 이의신청권도 인정되지 않아 고소인 등의 헌법상 '형사피해자의 재판절차진술권'을 침해하는 결과를 초래할 것이다. 이는 검사의 '참고인중지'나 '기소중지' 처분에 대해서도 다른 불기소처분과 동일하게 취급하여 고소인 등의 항고권을 인정하고 사실을 보면 잘 알 수 있다

그런데 일각에서는 '수사중지' 사건에 대한 '시정조치요구'를 통해 국민 권익구제 및 사법통제 측면에서 '불송치 사건'과 동일한 효과를 얻을 수 있다는 주장도 하고 있으나, 부실수사 등 '부당 수사중지' 사건이 과연 시정조치요구 대상(법령위반·인권침해·현저한 수사권남용)이 되는지를 둘러싼 검·경 간 불필요한 갈등의 소지가 있을 뿐만 아니라, 시정조치요구는 '경찰관' 상대로 이루어지는 조치로 '사건'에 대해 이루어지는 재수사요청이나 송치요구와는 그 규율 평면이 달라 '부당 수사중지 사건'을 시정하기에는 부적합하다고 할 것이다.

결국 '수사중지' 사건은 사건관계인의 소재불명으로 혐의유무를 판단할 수 없어 수사를 잠정적으로 종결하는 경우이므로 '불송치' 대상이 되어야 할 것이며, '수사중지' 사건이 위법·부당한 경우에는 다른 사건들과 동일하게 검사의 재수사요청 등을 통한 사법통제가 가능하다고 보아야 할 것이다.

Ⅲ. 외국의 입법례

1. 프랑스 형사소송법

형사소송법 제19조 제1항은 「사법경찰관이 중죄·경죄 및 위경죄를 인지한 경우에는 지체 없이 이를 검사에게 보고하여야 한다. 사법경찰관이 임무를 완료한 경우에는 작성한 조서의 원본 및 그 인증등본 1통을 직접 검사에게 제출하여야 하고, 일체의 관련서류 및 기록, 압수한 물건 등도 동시에 검사에게 송부하여야 한다」라고 규정하여 전건송치주의를 채택하고 있다.

2. 독일 형사소송법

형사소송법(StPO) 제163조 제2항은 「경찰의 기관과 그 공무원은 그들의 모든 수사자료를 지체 없이 검사에게 송부하여야 한다」라고 규정하여 전건송치주의를 채택하고 있다.

3. 일본 형사소송법

일본은 전건 송치주의를 원칙으로 하면서, 검사가 지정한 일정한 경미사건의 경우에만 경찰이 종결하는 '미죄처분' 제도를 운용하고 있으며, 우리나라도 과거 '즉결심판제도'를 통해 일부 경미범죄의 경우 송치하고 있지 않다. 이에 일본 형사소송법 제246조는 「사법경찰관은 범죄의 수사를 한 때에는 이 법률에 특별한 규정이 있는 경우를 제외하고는 신속하게 서류 및 증거물과 함께 사건을 검찰관에게 송치하지 아니하면 아니 된다. 단, 검찰관이 지정한 사건에 대하여는 그러하지 아니하다」고 규정하고 있다.

4. 중국 형사소송법

위에서 보는 것처럼, 대륙법계 국가들은 모두 전건 송치주의를 채택하고 있는 반면, 중국의 경우 기소의견인 사건만을 검찰에 송치하도록 규정하고 있다. 즉, 제162조는 「공안기관이 수사를 종결한 사건은 범죄사실을 명백히 하고, 증거가 확실하고 충분해야 하며, 또한 기소의견서를 작성하여 사건기록자료, 증거와 함께 동급 인민검찰원에 송치하여 심사, 결정하게 하는 동시에 사건송치 상황을 범죄피의자와 그의 변호사인 변호인에게 고지하여야 한다」고 하면서, 제163에서 「수사과정 중에 범죄피의자에 대하여 형사책임을 추궁해서는 안 되는 것을 알게 된 경우, 사건을 철회하여야 한다. 범죄피의자가 이미 구속되어 있는 경우에는 즉시 석방하고, 석방증명서를 발급해야 하며, 구속을 비준한 원래의 인민검찰원에 통지하여야 한다」라고 규정하고 있다.

Ⅳ. 이론적 문제점

1. 경찰의 불기소 사건 종결로 국민의 권익침해 우려

매년 4만 명 내외에 달하는 인원에 대한 사법경찰관의 사건 송치의견이 검사 수사 단계에서 변경되고 있다. 즉, 후술하는 [표 8-2]에서 보는 것처럼, 사법경찰관의 기소 의견 송치사건을 검사가 보완수사하여 불기소한 인원 수가 매년 2-3만 명에 이르고, 사법경찰관의 불기소 의견 송치사건을 검사가 보완수사하여 기소한 인원 수가 매년 약 4,000명 내외이며, 특히 불기소 의견으로 송치한 사건을 검사가 구속한 인원 수가 매년 60-150명에 달하고 있다. 이처럼 사건이 송치된 후 검사의 사후 검토와 보완수사를 거쳐 많은 사건들이 수정·보완되고 있으나,[167] 개정법 체계에서는 사법경찰관의 수사결론을 시정하는 것이 어려워질 것으로 보인다.

2. 강제수사 사건 자체종결·불송치로 인권침해 우려

현행 형사사법시스템은 인권보장을 위해 임의수사의 원칙 및 불구속수사의 원칙을 채택하고 있고, 국민의 인권침해와 강제수사 남용을 막기 위해 영장제도를 두어 사법경찰관이 신청하고 검사가 청구하여 법관이 발부한 영장에 의해서만 강제처분이 가능하도록 요건을 엄격하게 하고 있다.

그런데 검사와 판사의 이중 점검을 거쳐 영장이 발부된 사건을 사법경찰관이 종결할 수 있다면, 영장제도를 두어 기본권을 보호하는 취지가 몰각될 수밖에 없다. 특히 계좌거래내역, 이메일 등에 대해 광범위한 분야에서 이루어지는 압수수색영장의 경우 사법경찰관이 압수수색영장을 신청한 사건의 기소율이 약 17%(2018년 기준)에 불과한 바, 수사과정의 적법성 및 불기소의 적정성 등에 관한 점검이 반드시 필요하다고 본다. 왜냐하면 강제수사로 인한 기본권 침해 여부 점검은 기소 의견으로 송치되는 사건보다 불기소로 종결되는 사건에서 필요성이 더욱 크므로, 강제수사로 진행된 사건에 대해서는 검사로 하여금 영장발부·집행 여부, 집행과정, 취득자료의 내용·범위 그리고 결론의 적정성을 점검하게 하는 것이 국민의 기본권 침해가능성을 줄이는 것으로 보이기 때문이다.

---

167) 세간에 알려진 일명 '버닝썬' 사건의 경우 경찰에서 '윤총경'에 대해 수수한 금품이 처벌기준에 미달한다는 이유로 부정청탁금지법위반 혐의에 대해 혐의없음 의견으로 송치하였으나, 검찰에서 보강수사를 통해 공여자로부터 경찰수사 관련 편의제공 등 명목으로 비상장 주식 1만주를 수수한 사실 등을 밝혀 구속한 바 있다(2019. 10. 10. 동아일보, '버닝썬 유착 의혹 윤총경 구속수감... 법원 범죄혐의 소명).

3. 경찰 자체 사건종결에 대한 이의제기 곤란

개정법은 고소인·고발인·피해자 등이 이의신청을 하면 검찰에 사건을 송치하도록 규정하고 있다. 그러나 고소·고발 사건이 아닌 '사법경찰관의 인지사건' 특히 뇌물 등 공직비리, 부패범죄, 대기업 경제범죄, 도박 등 사행행위, 환경범죄 등과 같이 국민과 사회가 피해자인 국가적·사회적 법익 침해사건의 경우에는 사법경찰관의 자체 사건종결에 대하여 이의신청을 할 고소인·고발인·피해자가 없으므로 사건이 암장될 수도 있을 것이다.

한편, 공익을 침해하는 행위를 수사기관에 제보·신고한 공익신고자의 경우 사법경찰관이 그대로 종결하여도 공익신고자는 이의신청을 할 수 없고, 검사의 직접수사 대상 사건도 아니라면(이른바 '사무장 병원' 운영으로 인한 의료법위반 등) 사건의 실체를 확인하는 것이 불가능하게 될 것이다.

【표 5-10】에서 보는 것처럼, 2011년 수사권조정 이후 사법경찰관 인지사건에서 검사에 의해 불기소(공소권 없음, 기소유예 제외) 처분된 인원이 2011년 98,645명에서 2017년 130,065명으로 계속 증가하였는데, 사법경찰관이 '수사개시' 및 '수사과정'에서 전폭적인 자율성을 갖고 있는 인지사건의 경우만이라도 반드시 전건 송치하도록 하여 '사건종결'의 적절성에 관해 사법통제를 받도록 하는 것이 타당할 것이다.

【표 5-10】 사법경찰관 인지사건 불기소 처분 현황 (단위 : 명)

	2011	2012	2013	2014	2015	2016	2017
혐의없음	96,783	111,041	117,395	132,226	148,954	161,951	134,212
죄가 안됨	1,666	1,548	1,330	1,654	1,463	1,906	1,689
각하	196	326	336	254	68	239	164
합계	98,645	112,915	119,061	134,134	150,485	164,096	136,065

더욱이 대통령령인 수사준칙 제54조 제1항 및 제2항은 '수사중지' 사건에 대한 고소인 등의 이의신청시 법률에 따라 검사에게 송치되는 것이 아니라 경찰에서 자체적이 이의제기 절차를 마련하고 있는데, 이는 법률의 근거 없이 고소인 등으로 하여금 검사의 판단을 받을 권리를 침해하고 있다. 이의신청 또한 법률에 반하여 수사를 한 경찰 소속 관서장이 아닌 '상급' 경찰관서장에게 하도록 규정하고 있는 점 역시 문제이다. 왜냐하면 '고소인 등의 이의신청' 제도는 범죄피해자가 경찰 불송치 결정에 '이의신청'을 하는 경우 검사에게 즉시 사건이 송치되게 하여 검사에 의한 사건 재검토·재수사를 보

장하는 내용이기 때문이다.

【표 5-11】개정형사소송법과 대통령령 수사준칙 비교

개정 형사소송법	대통령령 수사준칙
제245조의7(고소인 등의 이의신청)① 제245조의6의 통지를 받은 사람은 해당 사법경찰관의 소속 관서의 장에게 이의를 신청할 수 있다. ② 사법경찰관은 제1항의 신청이 있는 때에는 지체 없이 검사에게 사건을 송치하고 관계 서류와 증거물을 송부하여야 하며, 처리결과와 그 이유를 제1항의 신청인에게 통지하여야 한다.	제54조(수사중지 결정에 대한 이의제기 등) ① 제53조에 따라 사법경찰관으로부터 제51조제1항제4호에 따른 수사중지 결정의 통지를 받은 사람은 해당 사법경찰관이 소속된 바로 위 상급 경찰관서의 장에게 이의를 제기할 수 있다. ② 제1항에 따른 이의제기의 절차·방법 및 처리 등에 관하여 필요한 사항은 경찰청장 또는 해양경찰청장이 정한다.

결국 모든 사건관계인이 사법경찰관의 불법·부당한 사건종결에 대하여 스스로 이의신청권을 적절하게 행사하여 시정될 것으로 기대하는 것은 이상에 불과하고, 이를 전제로 사법제도를 설계할 수는 없다고 본다. 무엇보다 경찰의 자체 사건종결에 대해 시간·노력을 투입하기 어렵고 변호인 선임 등의 경제적 여유가 없는 서민들로서는 이의제기를 하기 어려울 것이므로, 이의제기 절차만으로 권리구제가 충분히 이루어진다고 할 수 없을 것이다. 고소인 등이 부정확한 법률적 판단 등을 그대로 받아들여 이의신청을 하지 않은 경우 역시 잘못된 수사결론을 시정할 기회가 없게 될 것이다.

결국 대통령령 제54조(수사중지 결정에 대한 이의제기 등)는 법률상 보장된 고소인 등의 이의신청권을 박탈하여, 법률상 항고권, 재정신청권과 헌법상 기본권인 '형사피해자의 재판절차진술권' 침해 결과를 초래하여 위헌·위법일 뿐만 아니라, '형사절차법정주의 원칙'에도 위배하여 기본권을 침해하는 규정이라고 할 것이다.

4. 90일 기록 검토만으로는 실체 파악 불가능

개정법은 사법경찰관이 사건을 자체 종결한 후 기록을 보내면 검사가 90일 동안 검토만 할 수 있도록 하고, 검사가 직접 보완수사도 할 수 없이 사법경찰관에게 재수사요청만 할 수 있도록 규정하고 있다. 그러나 검사가 사건을 수사하여 경찰이 확보한 자료 외에 증거를 찾아내는 것이 아니라 경찰이 불기소를 위해 수집해 놓은 자료만을 토대로 사건의 실체를 파악하는 것은 불가능하며, 설령 검사가 사건 종결이 위법·부당한 경우에도 재수사요청밖에 할 수 없어 기록 자체로 기소 가능한 경우에도 바로 송치받아 기소할 수도 없다. 또한 사법경찰관은 재수사요청을 받더라도 얼마든지 다시 불송치 종결을 할 수 있으므로 '재재수사요청 → 불송치 → 재재재수사요청' 등의 절차가 무한히 반복될 것이고(수사준칙 제64조는 재수사요청 횟수를 1회로 제한하고 있으나, 모법인 형사소송법에는 횟수 제한이 없다), 결국 수사지연, 중복조사 등의 문제가 발생하여 국민의 기본권이 침해될 우려가 높아지게 될 것이다.

Ⅴ. 실무상 문제점

1. 피의자가 다수이거나 다수 죄명인 사건의 경우

다수 피의자, 다수 죄명인 사건에 관하여 일부 기소의견인 경우의 사건처리가 문제된다. 즉, 피의자 1명, 죄명 하나인 사건인 경우 기소·불기소가 간명할 수 있으나, 피의자가 다수이거나 죄명이 다수인 경우 기소·불기소 여부가 달라질 수 있는데, 기소사건 송치사건과 불기소의견으로 인한 불송치사건이 하나의 기록에 혼재해 있는 경우 어떻게 처리해야 하는지 불명확하다. 또 기소·불기소 혼재사건의 경우 불기소부분에 관하여는 90일 이내 기록 등을 반환해야 하는지(기소한 부분과 관련없는 기록과 증거를 분리해서 경찰로 다시 돌려보내야 하는지) 여부도 불명확하다.

2. 하나의 사건에 대한 처리시기가 달라지는 경우

하나의 사건에 대해 처리시기가 달라지는 경우 논란이 있을 수 있다. 즉, 일부 기소의견으로 송치한 후 불기소 부분은 이후에 송치하는 경우처럼 경찰이 하나의 사건 중 일부를 기소의견으로 송치하고 나머지 부분은 추가수사해서 불기소의견으로 불송치결정을 하는 경우 하나의 사건이 2건으로 분리될 수밖에 없다. 그런데 검사가 불기소부분에 관한 기록이나 증거를 검토하지 못한 채 경찰이 송치한 부분만으로 기소 여부를 판단해야 한다면 부적절한 판단을 할 수도 있으며, 뒤늦게 불송치 결정을 하는 부분까지 검토한 결과 기소한 부분에 관한 공소사실이나 죄명 등을 변경해야 하거나 공소취소까지 고려해야 할 상황으로 인한 문제점이 발생할 수 있다. 반면에 일부 불송치 후 일부 기소의견으로 송치하는 경우처럼 불송치결정에 따른 기록송부 후 90일 이내에 기소의견으로 송치하는 경우에는 그나마 같이 검토할 가능성이 있으나, 이 경우에도 불송치결정으로 송부한 기록검토기한(90일) 내에 기소의견으로 송치한 부분과의 종합적인 검토가 어려울 수 있다.

결국 불송치결정에 따른 기록송부 후 90일 이후에 기소의견으로 송치하는 경우 불송치결정부분을 다시 검토할 필요가 있더라도 이에 대한 제도적 장치가 없을 뿐만 아니라 이런 경우 적절한 판단이 이루어질 수 없는 어려움이 존재한다.

3. 불송치 사유의 통일적 기준 문제

불송치사유별 검토를 하면, 현재 검사의 불기소처분은 ① 공소권 없음, ② 죄가 안됨, ③ 혐의없음(범죄인정 안됨, 증거불충분), ④ 각하, ⑤ 기소유예, ⑥ 공소보류, ⑦ 기소중지, ⑧ 참고인중지 등이 있는데, 경찰이 불송치결정을 하게 되는 것이 어떤 경우까지인지 명확한 규정이 없다. 즉, 법령상 분명한 사유에 따른 처리기준을 정할 필요가 있는데도 불구하고 어떤 범위에서 불송치결정을 할 수 있는지를 정하지 않은 것이다. 따라서 불기소처분사유에 해당하는지 여부에 관한 판단은 법률해석과 판단에 관한 것으로 법률전문가인 검사가 하는 것이 타당하고, 전국적으로 동일한 기준으로 운용해야 할 필요가 있는 것들(대표적으로 위법성조각사유, 책임조각사유, 각하사유 등)이 상당수 있지만, 통일적 기준에 따라 경찰이 어떤 식으로 이를 처리할 수 있을지 의문이다.

물론 불송치결정은 그 자체로 검사의 기소범위를 제한하는 효과가 있으므로 불송치사유 자체도 중요하지만, 그 사유를 어떻게 해석과 적용하느냐에 따라 경찰이 검사의 기소여부에 관한 판단권을 먼저 행사하는 것이다. 이는 수사－기소를 분리하자는 입장에 의하더라도 수사권이 기소권을 본질적으로 침해하는 결과라고 볼 수 있을 것이다.

개별적으로 살펴보면, ㉠ '공소권없음' 사유와 관련하여, 공범의 존재여부, 공범에 대한 공소제기여부, 그로 인한 공소시효정지 여부 파악을 어떻게 할 것인지, 또 동일한 피의자에 대한 공소제기여부, 공소제기된 사건과 당해사건의 동일성을 어떻게 할 것인지 문제된다. ㉡ '죄가 안됨' 사유와 관련하여, 위법성조각사유(정당행위, 정당방위, 긴급피난, 자구행위, 피해자의 승낙, 일시오락 등)와 책임조각사유(심신상실, 강요된 행위, 과잉방위, 과잉피난 등) 등의 판단에 관하여 경찰과 검찰의 기준이 다를 경우 매 사건마다 충돌이 불가피할 것이다. ㉢ '기소유예'와 관련하여, 기소유예는 기소권의 불행사이므로 기소유예사유에 해당한다는 이유로 불송치하는 것은 기소권에 대한 침해가 될 수 있고, 형사소송법 개정을 통해 현재 기소유예할 경우에 경찰이 불송치결정을 할 수 있도록 하는 것이 입법정책적으로 불가능한 것은 아니지만, 기소유예사유가 존재하는 경우 불송치결정을 하도록 하는 것이 타당한지에 관한 사회적 합의가 선행되어야 하며, 경찰이 불송치결정한 경우와 검사가 기소유예한 경우 수사자료의 처리, 향후 상습성 여부 판단 등에 관한 것도 통일적 처리를 위한 기준 마련이 필요할 것이다. ㉣ '공소보류' 사유와 관련하여, 경찰에 권한을 부여할 것인지 논의가 필요하고, 이 부분은 공안사건에 관한 처리기준과도 관련이 있을 것이다. ㉤ '기소중지' 및 '참고인중지' 사유와 관련하여, 기소중지사유가 있는 경우 경찰은 기소의견으로 송치하고 검사가 기소중지를 하는 것인지 아니면 경찰단계에서 참고인중지를 인정할 것인지 등 논의가 필요하다. 결국 불송치사유의 내용에 따라 경찰권 통제가 가능할지 여부가 달라지고 실무상 오랫동안 확립된 기준과 관행이 전부 바뀌게 되는 것이므로 경찰이 불송치할 수 있는 세부적인 기준을 마련하는 것이 필요한데, 이 부분에 대해서는 아무런 규정이 없는 것은 문제가 아닐 수 없다.[168]

한편, 현재 일반적으로 기소중지 송치사건의 경우 경찰은 보통 피의자의 소재가 불명하다는 이유로 혐의를 밝히지 못하고 송치하고 있어 개정법에 따르면 경찰에서 자체적으로 사건을 종결하고 기록만 검찰에서 검토해야 하는 상황이다. 그런데 개정법에 따르면 소재수사지휘가 불가능하고, 직접수사 범위도 제한되는 상황인 바, 결국 경찰이 소재가 불명하다고 관련자료를 만들어 사건을 기소중지로 자체종결하면 검사는 이를 받아들여야만 하는 구조인 것이다.

4. 불송치 종결 기록 보관방식 문제

개정법에 따르면 사법경찰관이 자체 종결한 사건은 사법경찰관이 기록을 보존하고, 검사가 불기소 처분한 사건은 검사가 기록을 보존하게 된다. 이처럼 기록을 검찰과 경찰 등으로 분산하여 보관하면, 관련사건 병합수사가 필요하더라도 개별사건을 송치받거나 지휘할 수 없어, 실체진실을 밝히는데 한계가 있을 수밖에 없다.[169]

5. 사건기록 등본절차

대통령령인 수사준칙 제56조 제1항은 사건기록 등본절차를 규정하고 있으나, 실무상 사건기록을 분리 송부하는 것이 적정한 경우가 존재한다는 것을 확인하는 수준에 그치고, 어떠한 경우가 그에 해당하는지 사건기록 분리 송부 기준을 명확하게 규정하고 있지 않다. 사법경찰관이 단일 사건 중 일부는 송치, 다른 일부는 불송치하는 경우 등이 '사건 관계서류와 증거물을 분리하여 송부할 필요성이 있는 경우'에 해당하는지에 대해서 규정이 없는 것이다. 그 결과 실무상 문제가 되는 '일부 송치, 일부 불송치' 등의 경우 사건기록 분리 송부가 필수적인지 여부에 대해 혼선이 발생할 수밖에 없다. 더욱이 실무상 사건기록을 분리 송부하는 것이 불가능하거나 현저히 곤란하여 기록 등본을 생성하여 송부하는 것이 적정한 경우가 존재한다는 것을 확인하는 수준에 그치고 있을 뿐, 사건기록 등본 생성주체를 명확하게 규정하고 있지 않다. 즉, 사안별로 기록을 등본하여야 하는 주체, 그에 따른 구제적 절차 등에 대해서는 아무런 규정이 없다. 그 결과 실무상 문제가 되는 '일부 송치, 일부 불송치' 내지 '일부 보완수사요구, 일부 기소' 등의 경우 검 · 경 중 사건기록 등본을 생성할 의무가 있는 주체가 누구인지 등에 대해 혼선이

---

168) 양홍석, "2018년 검 · 경 수사권 조정 합의에 관한 소견", 「검경 수사권 조정에 관한 법안 검토」, 형사소송법학회 긴급토론회(2018. 12. 5.), 30면.

169) 현재 관련사건의 병합수사 등을 위해 연간 약 35만 건의 불기소 기록(기소중지 기록 제외)이 대출되어 활용되고 있다고 한다.

발생할 수밖에 없다.

Ⅵ. 일부송치·불송치 사건의 기록 송부 방안

1. 사법경찰의 기록 송부 절차

전술(前述)한 것처럼, 단일한 사건에 대해 송치·불송치가 혼재되어 있는 상태에서 사법경찰관이 사건기록 원본 1부만 검사에게 송부하면 그 후속절차에서 다음과 같은 문제가 발생한다. 예컨대 다수인의 공동범행을 사법경찰이 1건으로 수사하여(보이스피싱 범죄단 수사) 일부 피의자에 대해서만 혐의가 인정된다고 판단한 후, ① 일부 피의자에 대해서는 기소의견으로 송치하고, ② 다른 피의자에 대해서는 불송치 기록 송부를 하면서 사건기록 원본 1부만 검찰에 송부하거나, 피의자 1명의 다수 범행을 사법경찰이 1건으로 수사하여(피의자 1명이 다수 피해자 상대로 동일·유사한 수법으로 금원 편취한 다수 범행을 1건으로 수사) 일부 범행에 대해서만 혐의가 인정된다고 판단한 후 ① 일부 범행에 대해서는 기소의견으로 송치하고, ② 다른 범행에 대해서는 불송치 기록 송부하면서, 사건기록 원본 1부만 검찰에 송부한 경우 등을 들 수 있다.

(1) 보완수사요구 이후 고소인 등의 이의신청이 접수된 경우

검사가 일부에 대해 보완수사요구를 하여 사건기록이 사법경찰에 있는 상태에서 고소일들 중 일부가 일부 피의자에 대한 불송치에 대해 이의신청을 하면, 사법경찰은 보완수사를 하고 있던 상황에서 다시 검사에게 사건기록을 송부하게 될 것이다. 그러나 사법경찰은 검사에게 사건기록이 있는 기간 동안 보완수사가 곤란하고, 검사는 조속한 기록반환의 필요로 인해 충실한 기록검토 등이 곤란할 것이다. 다수 고소인 등이 순차적으로 이의신청을 하는 경우 위와 같은 문제가 중첩·반복적으로 발생할 것이다.

한편, 검사가 고소인이 이의신청하면서 제출한 증거자료 등을 기초로 즉시 기소함이 타당하다고 판단하여 기소하는 경우, ㉠ 사건기록이 법원으로 송부되어 보완수사 및 수사기록 생성의 주체인 사법경찰이 사건기록을 보유하지 못하게 되는 결과가 발생하고, ㉡ 최종적으로 사법경찰의 불송치가 타당하다고 판명되는 부분에 대한 검사의 기록 반환의무 및 사법경찰의 기록 보관의무의 이행이 곤란할 것이다.

(2) 재수사요청 이후 고소인 등의 이의신청이 접수되는 경우

검사가 일부에 대해 재수사요청을 하여 사건기록이 사법경찰에 있는 상태에서 고소인들 중 일부가 재수사요청이 이루어진 범위 외의 불송치 부분에 대해 이의신청을 하면, 사법경찰은 재수사를 하고 있던 상황에서 다시 검사에게 사건기록을 송부하게 될 것이다. 그러나 사법경찰은 검찰에 사건기록이 있는 기간 동안 재수사가 곤란하고, 검사는 조속한 기록반환의 필요로 인해 충실한 기록검토 등이 곤란할 것이다.

한편, 검사가 고소인이 이의신청하면서 제출한 증거자료 등을 기초로 즉시 기소함이 타당하다고 판단하여 기소하는 경우, ㉠ 사건기록이 법원으로 송부되어 재수사 및 수사기록 생성의 주체인 사법경찰이 사건기록을 보유하지 못하게 되는 결과가 발생하고, ㉡ 최종적으로 사법경찰의 불송치가 타당하다고 판명되는 부분에 대한 검사의 기록 반환의무 및 사법경찰의 기록 보관의무의 이행이 곤란할 것이다.

(3) 불가피한 일부 기소가 필요한 경우

검사가 공소시효 완성 임박 등의 사유로 송치된 범죄사실 중 일부에 대해 불가피하게 즉시 기소하고, 그 외 부분은 보완수사요구 또는 재수사요청을 하여야 하는 경우, 사건기록이 법원으로 송부된 이유로 증거기록 분리제출 원칙에 따라 사건기록 전체의 복원이 곤란할 것이다. 이는 ㉠ 보완수사·재수사 및 수사기록 생성의 주체인 사법경찰이 사건기록을 보유하지 못하게 되는 결과가 발생하고, ㉡ 최종적으로 사법경찰의 불송치가 타당하다고 판명되는 부분에 대한 검사의 기록 반환의무 및 사법경찰의 기록 보관의무의 이행이 곤란할 것이다. 반면, 사법경찰이 불송치한 부분에 대해 고소인 등이 이의신청을 하면, 사법경찰은 송치할 사건기록이 없는 상황이 되고, 검사는 송치 이후의 보완수사요구·재수사요청 또는 보완수사 및 기소를 할 수 없는 상황이 될 것이다.

(4) 일부 이송처분이 필요한 경우

검사가 일부 피의자에 대해 재판관할권이 없는 등의 사유로 불가피파게 이송하고 그 외 부분에 대해서는 보완수사요구 또는 재수사요청을 하여야 하는 경우 사건기록이 다른 청에 송부되므로 위 '불가피한 일부 기소가 필요한 경우'와 동일한 문제가 발생한다.

(5) 해결방안

일부 송치·불송치 시 사건기록 원본의 생성주체이자 불송치 사건기록의 보관주체인 사법경찰이 등본을 제작하여 원본과 함께 검사에게 송부하도록 하는 것이 타당할 것이다. 이에 따르면 검사는 원본과 등본을 사법경찰로부터 송부받은 후 '기소·이송 또는 보완수사요구'에 따른 절차는 원본으로 진행하고, '기록검토 후 반환 또는 재수사요청'에 따른 절차는 등본으로 진행할 수 있게 될 것이다. 아울러 검사의 보완수사요구·재수사요청 이후 고소인 등의 이의신청이 접수되어 사법경찰이 일부 송치하는 경우, 향후 다른 고소인 등의 이의신청이 가능한 상황에서는 사법경찰이 재차 등본을 제작·보관하여 향후 이의신청으로 인한 송치에 활용하는 것이 타당할 것이다. 또한 보완수사·재수사를 완료한 결과 재차 일부 송치·불송치하는 경우, 수사 및 기록생성 주체인 사법경찰이 다시 동본을 제작하고 검사에게 송부하여 위와 같은 문제가 발생하지 않도록 하는 것이 타당하다고 본다.

2. 검사의 보완수사요구 및 재수사요청에 따른 기록 송부 등

단일한 사건에 대해 송치·불송치가 혼재되어 있는 사안에 대해 검사가 보완수사요구나 재수사요청이 필요하다고 판단하는 경우, 다음과 같은 방식으로 설계되어야 후속절차에 지장이 발생하지 아니할 것이다.

(1) 사법경찰이 송치한 부분에 대한 보완수사요구만 하는 경우

검사가 보완수사요구서를 사건기록 원본에 편철하여 사법경찰에게 송부하고, 사건기록 등본은 사법경찰에게 반환하면 된다.

(2) 보완수사요구와 재수사요청을 동시에 하는 경우

검사가 '보완수사요구 및 재수사요청서'의 원본을 사건기록 원본에, 등본을 사건기록 등본에 각각 편철하여 사건기록 원본과 등본을 함께 사법경찰에게 송부하면 된다.

(3) 재수사요청만 하는 경우

검사가 재수사요청서를 사건기록 등본에 편철하여 사건기록 등본을 사법경찰관에게 송부하면 된다.

(4) 보완수사요구와 재수사요청을 각각 하는 경우

검사가 보완수사요구서를 사건기록 원본에, 재수사요청서를 사건기록 등본에 각각 편철하여 사건기록 원본과 등본을 함께 사법경찰관에게 송부하면 된다.

제6절 고소인 등에 대한 불송치사건의 통지 등

Ⅰ. 개정 형사소송법 관련규정

> 제245조의6(고소인 등에 대한 송부통지) 사법경찰관은 제245조의5제2호의 경우에는 그 송부한 날로부터 7일 이내에 서면으로 고소인·고발인·피해자 또는 그 법정대리인(피해자가 사망한 경우에는 그 배우자·직계친족·형제자매를 포함한다.)에게 사건을 검사에게 송치하지 아니하는 취지와 그 이유를 통지하여야 한다.

개정법 제245조의6은 「사법경찰관은 제245조의5 제2호의 경우에는 그 송부한 날부터 7일 이내에 서면으로 고소인·고발인·피해자 또는 그 법정대리인(피해자가 사망한 경우에는 그 배우자·직계친족·형제자매를 포함한다)에게 사건을 검사에게 송치하지 아니하는 취지와 그 이유를 통지하여야 한다」고 규정하면서, 사법경찰관으로부터 불송치 통지를 받은 사람은 이의신청이 가능하도록 규정하고 있다(동법 제245조의7 제1항). 이러한 '고소인 등의 이의신청'은 헌법상 형사피해자의 재판절차진술권 보장과 직결되는 바, 고소인 등의 범위, 통지 방식 및 이의신청 등에 대한 명확한 기준과 절차를 마련할 필요가 있다.

Ⅱ. 불송치 통지 대상 '고소인 등'의 범위 등

1. 헌법상 기본권인 '형사피해자의 재판절차진술권' 보장과 직결

사법경찰에게 1차적 수사종결권이 부여됨에 따라 헌법상 기본권인 '형사피해자의 재판절차진술권'이 큰 영향을 받게 되었다. 종래 범죄피해자는 '사법경찰 수사 후 전건송치 → 검사 처분'에 따라 검사의 불기소처분시 (재)항고, 재정신청, 헌법소원[170] 등의 절차를 밟아 헌법상 '형사피해자의 재판절차진술권'(제27조 제5항)을 보장받고 있었다. 그러나 개정법상 검사에게 전건(全件)송치가 되지 않게 됨에 따라 범죄피해자는 사법경

---

170) 헌재 91헌마12, 91헌마31(고소를 제기하지 않은 범죄피해자는 항고권이 없어 검사의 불기소처분에 대해 곧바로 헌법소원 청구가 가능하다).

찰의 불송치에 대한 '이의신청'을 통해 사건이 검사에게 송치되게 할 수 있다. 이처럼 '고소인 등의 이의신청'은 기본권인 '형사피해자의 재판절차진술권'과 직결되므로 법문상 권리를 제한적으로 해석하거나 대통령령인 수사준칙에서 이를 제한하는 것은 체계정당 성 차원에서 불가능하다고 본다.

2. 통지 대상 '고소인 등'의 범위

(1) '피해자'의 범위

이의신청 제도는 헌법상 형사피해자의 재판절차진술권 보장과 직결되므로 피해자의 기준은 원칙적으로 헌법재판소의 '형사피해자' 개념에 따르는 것이 타당하다. 헌법재판 소는 '형사피해자'에는 ㉠ 형사실체법상의 직접적인 보호법익의 주체뿐만 아니라 ㉡ 범 죄행위로 말미암아 법률상 불이익을 받게 되는 자도 포함한다고 설시하고 있다.[171]

(2) 고소인·고발인의 범위

진정 등에 의하여 입건하였다가 불송치된 경우, 고소·고발사건에 의하여 진정인에 게 이의신청할 수 있도록 하는 것이 타당할 것이다. 물론 상당수 진정인은 피해자에 포 함될 것으로 보이지만, 피해자가 아닌 고발인 성격인 경우도 있기 때문이다(예컨대 지인 이 입은 범죄피해 관련 진정).

(3) 법정대리인의 범위

법정대리인이란 ㉠ 미성년자의 법정대리인, ㉡ 미성년후견인, ㉢ 성년후견인 등을 의미한다(민법 제911조, 제938조 등). 또한 특별법(성폭력범죄의 처벌 등에 관한 특례법 등) 에서 피해자 등이 선임한 변호사에게 소송행위에 관한 '포괄적 대리권'을 인정하는 경우 에도 법정대리인의 지위를 인정하여 통지대상으로 보는 것이 타당할 것이다.

3. 통지 대상 '고소인 등'에 대한 규정 형태

이의신청이 가능한 '피해자'는 실질적 피해자를 포함한 개념으로 보는 것이 상당하 므로, 통지대상인 고소인 등(특히 '피해자')의 범위를 수사준칙에서 얼마나 구체적으로 규 정해야 하는지 문제된다. 왜냐하면 형사피해자의 범위는 실체법 및 헌법재판소의 결정례 등을 활용하여 어느 정도 정형화·유형화가 가능하지만, 다수사건의 경우 일률적으로 사 전에 정해놓기 곤란하기 때문이다. 따라서 수사준칙에는 '피해자의 개념'만을 정의하고 개별사건에서 구체적인 '피해자'를 식별하는 것이 타당할 것이다.

---

171) 헌재 90헌마91, 90헌마106 등.

Ⅲ. 고소인 등에 대한 통지 방식·범위

1. 통지 방식

대통령령인 수사준칙 제53조는 '서면' 통지방식에 대한 언급이 없다. 그러나 개정법 (제245조의6)은 경찰의 불송치 사건에서 고소인 등에 대한 통지방식은 법률상 '서면'으로 명시되어 있으므로 통지는 반드시 '서면'으로 이루어져야 하고, 이와 다른 방식의 통지는 법률위반으로 보아야 한다. 현재 고소인 등에 대한 검사 처분고지도 '서면'통지를 명시하고 있으며(형사소송법 제258조 제1항),[172] 실무상 모두 '서면'통지를 실시 중이다.

2. '피해자' 통지의 범위

피해자가 직접 고소·고발·신고 등을 하지 않아 피해자(특히 실질적 피해자)를 확인하기 곤란한 상황이 발생할 가능성도 있다. 따라서 불송치의 통지대상인 '피해자'의 범위는 헌법재판소가 설시한 '형사피해자' 개념을 기준으로 정하는 것이 타당할 것이다. 다만, '실제 통지대상 피해자'에 대한 기준을 미리 설정하는 것은 곤란하므로 구체적 사건의 ㉠ 수사개시 경위, ㉡ 수사진행 경과, ㉢ 사건관계인과 범죄사실, ㉣ 조치결과 등을 종합적으로 고려하여, 사법경찰이 합리적으로 판단하여 성실하게 확인, 특정해야 할 것이다.

그런데 사법경찰이 직무상 성실하게 피해자를 확인하였음에도 사실상 특정하기 곤란한 경우에는 그 내용을 기재하여 사건기록에 편철하는 것이 필요하다고 본다. 이에 따르면, 검사는 송부기록에서 사법경찰이 '통지 대상 피해자'로 식별한 내용을 검토하여, 통지가 이루어졌어야 하는 피해자에 대한 확인 내지 통지 누락이 있는 경우, 시정조치 요구(법령위반) 등을 통해 시정하는 것이 가능할 것이다.

3. 통지를 받지 못한 고소인 등의 통지요구권 신설

법상 통지를 받은 고소인 등만 이의신청을 할 수 있도록 되어 있는 바, 통지를 받지 못한 고소인 등은 이의신청을 할 수 없어 헌법상 인정된 '형사피해자의 재판절차진술권'이 침해된다. 이에 통지를 받지 못한 통지대상자가 사법경찰에게 통지요구를 할 수 있는 규정을 마련할 필요가 있다고 본다.

---

172) 제258조(고소인등에의 처분고지) ① 검사는 고소 또는 고발있는 사건에 관하여 공소를 제기하거나 제기하지 아니하는 처분, 공소의 취소 또는 제256조의 송치를 한 때에는 그 처분한 날로부터 7일 이내에 서면으로 고소인 또는 고발인에게 그 취지를 통지하여야 한다.

Ⅳ. 고소인 등의 이의신청

> **제245조의7(고소인 등의 이의신청)** ① 제245조의6의 통지를 받은 사람은 해당 사법경찰관의 소속 관서의 장에게 이의를 신청할 수 있다.
> ② 사법경찰관은 제1항의 신청이 있는 때에는 지체 없이 검사에게 사건을 송치하고 관계 서류와 증거물을 송부하여야 하며, 처리결과와 그 이유를 제1항의 신청인에게 통지하여야 한다.

1. 취 지

개정법 제245조의7은 위의 통지를 받은 고소인 등이 해당 사법경찰관의 소속 관서의 장에게 이의를 신청할 수 있으며, 담당 사법경찰관은 위의 신청이 있는 때에는 지체 없이 검사에게 사건을 송치하고 관계 서류와 증거물을 송부하여야 하며, 처리결과와 그 이유를 신청인에게 통지하도록 규정하고 있다.

2. 문제점

첫째, 고소인 등의 이의신청 기간 등에 대한 제한이 없다. 물론 개정법이 고소인 등의 이의신청 기간에 제한을 두고 있지 않음에도 이를 대통령령인 수사준칙에서 제한하는 것은 기본권 제한을 법률로써만 하도록 한 법률유보원칙(헌법 제37조 제2항)에 위배될 뿐만 아니라,[173] 헌법상 기본권인 '형사피해자의 재판절차진술권' 침해로서 위헌이다. 따라서 고소인 등의 이의신청 기간을 법률에서 명확하게 규정할 필요가 있을 것이다.

둘째, 국가적 법익·사회적 법익에 관한 죄와 관련하여, 고발인이 없는 경우 현실적·제도적으로 이의제기할 사람이 없을 것이다.

셋째, 이의신청의 시기 및 절차에 관한 규정이 없다. 즉, 검사의 불송치사건 검토기간(90일) 내에 이의신청이 있는 경우 사건을 송치받고 기록 '등본'이 아니라 '원본'과 증거물까지 송부받을 수 있는데(예외적 송치가 가능함), 문제는 이런 경우 이의신청사건의 전부 또는 일부가 검사의 직무범위에서 벗어나는 사건이라면 검사가 이의신청사건에 관하여 송치는 받았지만, 수사는 할 수 없게 되므로 이 경우 어떻게 처리할 것인지에 관한 규정이 없다.

특히 검토기간 이후에 이의신청이 된 경우에는 이미 검사의 검토까지 마친 사건이므로 이 이의신청에 관한 절차가 어떤 성격을 갖는 것인지 명확하게 할 필요가 있는데, 이는 검찰항고·재항고 절차를 유지한다면 이 이의신청절차와 어떻게 조정할 것인가에

---

173) 헌법 제75조에 의해 구체적으로 범위를 정한 법률 위임이 있다면, 대통령령에 의한 기본권 제한이 가능하지만(헌재 2002헌마193), 형사소송법에 이와 관련된 구체적 위임이 있다고 보기 어렵다.

관한 검토가 필요하다. 또한 이의제기가 이유없다고 판단할 경우 이후 절차(기록처리, 검찰항고 여부 등), 이의제기가 이유있다고 보는 경우 재수사요청을 하게 되는지에 관한 절차규정이 없는 것도 문제이다.

3. 일부 이의신청 시 처리절차

(1) 쟁점 및 방향

다수 피의자 또는 1인의 수개의 범죄에 대해 일부에 대해서만 이의신청이 있거나 수명의 고소인이나 피해자 중 일부만 이의신청을 한 경우 처리절차가 문제된다. 기본적으로 전술(前述)한 사법경찰이 일부 송치·불송치하는 경우(송치·불송치 혼재한 경우)와 동일하게 처리하는 것이 타당할 것이다.

(2) 재수사요청 이후 고소인 등이 이의신청한 경우(원칙)

법문상 '지체없이' 송치하게 되어 있고, 사법경찰의 재수사가 장기화될 경우 이의신청인의 권익을 부당하게 침해하고, 이의신청 제도를 형해화할 우려가 있으며, 이의신청의 내용에 따라 재수사의 방향 및 쟁점이 달라질 수 있음에도 기존의 재수사를 진행하는 것은 무의미할 수 있다. 따라서 고소인 등의 이의신청이 있는 경우 사법경찰이 사건을 지체없이 검사에게 송치하도록 하는 것이 타당할 것이다.

(3) 재수사요청 이후 일부에 대한 이의신청이 있는 경우

검사의 재수사요청에 따라 사법경찰의 재수사 중 일부에 대해서만 이의신청이 있는 경우, 사법경찰이 1건으로 수사를 진행한 '관련사건'에서 이의신청 부분은 송치되고 그 외 부분은 분리되어 재수사가 계속되는 것은 절차 혼란으로 인한 형사분쟁의 1회적 해결저해 및 사건관계인의 권익 저하가 초래된다. 따라서 사법경찰이 1건으로 수사를 진행한 '관련사건'(상호 연관이 없음에도 사법경찰이 임의로 1건으로 수사한 다수 피의자 사건은 제외)의 경우 사법경찰은 검사에게 이의신청 부분은 송치, 그 외 부분은 재수사를 중단하고 송부하는 것이 타당할 것이다(이후 필요시 보완수사요구 및 재수사요청 등 가능).

반면, 상호 아무런 연관이 없음에도 사법경찰이 임의로 1건으로 수사한 다수 피의자 사건은 이의신청된 부분만 송치하고, 그 외 부분은 사법경찰이 계속 재수사를 진행하며, 그 이후의 절차는 단일 사건이 일부 송치, 일부 불송치된 경우(송치·불송치 혼재된 경우)와 동일하게 취급하면 될 것이다. 즉, 수사의 실효성과 실체적 진실(범죄 동기·원인·과정·수단·결과, 범행 후 정황 포함) 발견을 위해 송치된 범죄사실 외의 범죄에 대해서도 필요시 보완수사요구 및 재수사요청 등이 가능하다고 본다.

제7절 검사의 재수사요청 등

Ⅰ. 개정 형사소송법 관련규정

제245조의8(재수사요청 등) ① 검사는 제245조의5제2호의 경우에 사법경찰관이 사건을 송치하지 아니한 것이 위법 또는 부당한 때에는 그 이유를 문서로 명시하여 사법경찰관에게 재수사를 요청할 수 있다.
② 사법경찰관은 제1항의 요청이 있는 때에는 재수사하여 제245조의5 각 호에 따라 처리하여야 한다.

개정법은 사법경찰의 불송치 사건에 대한 검사의 사법통제를 위해 재수사요청 제도를 신설하고, 사법경찰에게 재수사의무를 부여하고 있다. 다만, '보완수사요구' 및 '시정조치요구'와 달리 '정당한 이유가 없는 한' 규정이 없다. 그러나 재수사요청의 사유가 '사건을 송치하지 않은 것이 위법 또는 부당한 경우'임에도 검사의 '송치요구권'이 인정되지 않아 사법경찰이 재수사하여 재차 불송치 후 검사가 다시 재수사요청하는 형태의 재수사요청－불송치가 무한 반복될 가능성이 상존한다.

Ⅱ. 문제점

1. 위법·부당 여부를 판단하기 위한 규정 부존재

검사가 위법·부당 여부를 판단하기 위해 추가수사나 조사를 할 수 있는지에 관한 규정이 없다. 따라서 불기소에 부합하는 증거 및 진술만 모아둔 불기소기록을 '서류'로만 검토해서 위법·부당 여부를 발견하는 것은 상당히 어려운 문제이다. 즉, 불송치결정문과 수사기록등본만으로 경찰의 불송치결정의 위법·부당 여부를 파악하는 것이 가능한지 의문이 든다. 반면에 위법·부당 여부를 확인하기 위하여 검사가 추가수사를 하게 되면 현행 제도와 다를 것이 없을 것이다. 결국 추가수사나 조사를 하지 못하고 오로지 '서류'검토를 통해서만 위법·부당 여부를 가려내라고 하는 것은 매우 비현실적이다.

2. 재수사요청의 실효성 담보규정 부재

검사의 재수사요청을 경찰이 따르지 않는 경우 재수사요청에 따를 의무가 없으므로 경찰이 종전 결론과 같이 불송치결정을 하게 되면, 재수사요청의 실효성이 제한적일 수 있다(재수사요청에 따른 처리결과 통지의무도 없다). 한편, 재수사요청의 범위와 달리 경찰이 재수사하는 경우, 재수사요청에 대해 무기한 재수사 사건진행중이라고 지연하는 경우 등에 관한 견제장치 역시 필요할 것이다.

3. 재수사요청의 요청 횟수 제한문제

대통령령인 수사준칙 제64조는 검사의 재수사요청 횟수를 1회로 제한하고 있어, 사법경찰이 검사의 재수사요청에 따른 재수사 후 기존의 불송치결정을 유지하는 경우 검사는 다시 재수사요청을 하는 것이 불가능하다. 그러나 형사소송법상 검사가 재수사요청을 할 수 있는 횟수에 제한이 없음에도 불구하고 대통령령에서 이를 1회로 제한하는 것은 위임입법의 한계를 벗어나 법률위반이다.

4. 사건송치 요구기간의 단기

개정법은 재수사요청 기간을 별도로 규정하고 있지 않음에도 불구하고, 대통령령인 「수사준칙 제63조에서 '검사의 불송치 기록 반환기한'인 90일을 '검사가 재수사요청을 할 수 있는 기간'으로 제한하는 것은 위임입법의 한계를 벗어나 법률위반이다. 만약 사건관계인의 법적 안정성을 고려하여 수사준칙과 같이 재수사요청 기한을 원칙적으로 90일로 하더라도 90일 후에도 재수사요청이 필요한 예외적 상황을 충분히 인정할 필요가 있을 것으로 보인다.

그러나 수사준칙은 재수사요청 기간을 90일로 정하고, 이에 대한 예외사유를 2가지(불송치 결정에 영향을 줄 수 있는 명백히 새로운 증거 또는 사실이 발견된 경우 및 증거 등에 대해 허위, 위조 또는 변조를 인정할 만한 상당한 정황이 있는 경우)로 한정하고 있어서 위법성이 해소되지 않고 있다. 따라서 위법성해소를 위해 90일에 대한 예외사유로 ① 불송치에 영향을 미칠 만한 사항의 발생·발견, ② 기타 재수사요청을 하는 정당한 사유가 있는 경우와 같은 보충조항이 추가로 규정되어야 할 것이다.

한편, 대통령령인 수사준칙 제64조(재수사 결과의 처리)는 재수사결과에 대한 사건송치를 요구할 수 있는 기간을 30일에 불과하도록 규정하고 있다. 그러나 재수사요청 기간이 원칙적으로 90일인 점에 비추어, 30일이라는 기간은 실무상 지나치게 단기간이므로 최소 90일 이상으로 규정되어야 하며, ㉠ 새로운 증거 또는 사실이 발견된 경우, ㉡ 사법경찰관이 사건을 송치하지 아니한 것에 영향을 미칠 만한 사항이 발생하거나 발견된 경우, ⓒ 증거 등에 대해 허위, 위조 또는 변조를 의심할 만한 정황이 있는 경우, ⓔ 사건에 관여한 사법경찰관리에 대해 해당 사건과 관련하여 수사 또는 징계절차가 진행되었거나 진행 중인 경우, ⓜ 기타 재수사요청을 하는 정당한 사유가 있는 경우와 같은 예외적 상황을 고려한 보완규정을 마련하는 것이 타당하다고 본다.

5. 사건송치를 요구할 수 있는 사유의 확대 필요

사법경찰의 재수사에도 불구하고 불송치 사건의 위법·부당이 시정되지 않는 경우로서, ① 법리 위반, ② 명백한 채증법칙 위반, ③ 공소시효나 소추요건 판단 오류의 경우 검사는 30일 이내에 시정조치 요구 규정에 따라 '사건송치 요구'가 가능하도록 규정하고 있다. 그러나 검사가 사회변화, 과학기술 발달, 신종범죄 등장 등으로 판례변경의 필요성이 높다고 판단되는 경우 사건송치 요구가 가능해야 하므로(이는 사법경찰관의 재수사에도 불구하고 '부당'이 시정되지 않은 경우임), '사건송치 요구'를 할 수 있는 사유들에 대한 확대가 필요하게 보인다. 반면, 채증법칙은 증거능력 내지 증거의 가치판단 등을 의미하는 바, '명백히' 채증법칙에 위반될 것을 요구할 경우 그 판단기준이 모호하여 검·경 간 불필요한 갈등을 유발할 소지가 있으므로 '명백히' 부분은 삭제를 하는 것이 타당하게 보인다.

Ⅲ. 검사의 '송치요구' 필요

1. 검사의 '송치요구'가 반드시 필요한 경우

(1) 재수사요청이 당초 무의미한 경우

사건 불송치의 위법·부당한 상태를 해소하기 위해서는 '송치요구'가 필요하고, 당초 재수사요청이 무의미한 경우가 있다. 예컨대 판례를 오해하여 혐의가 인정됨에도 혐의가 없다고 불송한 경우, 공소시효 계산을 잘못하여 시효가 완성되지 않았음에도 완성되었다고 불송치한 경우, 제반증거 상 공소제기가 가능할 만큼 혐의가 명백한 경우, 관련사건 수사를 위해 사건을 송치받을 필요가 있는 경우 등이다.

(2) 추가적인 재수사요청을 하는 것이 사실상 무의미한 경우

재수사요청을 통해 불송치의 위법·부당이 해소되지 않고, 추가적인 재수사요청이 사실상 무의미한 경우가 있다. 예컨대 동일 사건에서 검사가 수차례 재수사요청을 하였음에도 사법경찰이 계속 부실하게 수사를 진행하는 경우(재수사의 형식적 내지 부실 이행), 재수사요청 이후 사법경찰이 사건을 부당하게 장기 방치하는 경우(재수사의 지연 이행) 등이다.

(3) 그 밖의 경우

사회변화와 과학기술의 발달, 신종범죄의 등장 등 기존판례나 법리 해석에만 의존하는 것이 부당한 경우(판례 변경이 필요한 경우)이거나 사회적 약자인 피해자(예컨대 아동, 발달장애인 등)의 경우 자신 스스로 권리구제를 하는데 취약한 경우가 있어 실체발견 및 인권보호(사회적 약자인 피해자 보호필요성이 존재하는 경우)를 위해서는 검사가 사건을 송치받아 검토할 필요가 있을 것이다.

2. 검사 '송치요구'의 법적 근거

(1) 검사의 '공익의 대표자'(검찰청법 제4조 제1항) 및 '공소제기권자'(형사소송법 제246조) 지위와 '송치요구'

공익의 대표자이자 공소제기권자인 검사는 실체적 진실에 입각한 국가형벌권 실현을 위하여 수사·공소제기 및 유지의무를 부담한다(검찰청법 제4조 제1항, 형사소송법 제196조). 따라서 혐의가 인정됨이 명백함에도 사법경찰이 동의하지 않는 한 검사가 수사·기소가 불가능한 경우가 존재할 수 있도록 법령을 설계하는 것은 검사의 수사·공소제기 및 유지의무와 불합치한다. 사법경찰에게 '1차적 수사권' 및 '1차적 수사종결권'을 부여한 반면, 검사에게 재수사요청권을 부여하고 사법경찰에게 조건 없는 재수사의무를 부과한 개정법의 취지를 고려하면, 검사의 의견이 최종적으로 관철되도록 하는 것이 합리적이다. 왜냐하면 송치요구가 인정되지 않을 경우 사법경찰은 '1차적 수사종결'을 넘어서 '최종적 수사종결' 내지 '최종적 불소추' 권한까지 보유하게 되는 모순이 발생하기 때문이다.

(2) 고발인의 이의신청에 의한 사건 송치와의 비교

만약 검사의 '송치요구'를 인정하지 않는다면, 고발한 일반인이나 공무원이 사법경찰의 불송치에 대해 이의신청을 하면 검사에게 모두 송치되지만, 수사권·소추권이 있는 '공익의 대표자'인 검사의 이의가 있더라도 사법경찰의 불송치에 이의제기할 수 없다는 불합리한 결과가 초래된다.

(3) 국가가 실질적 피해자인 경우에 대한 검사의 '송치요구' 가능

국가적·사회적 법익침해 범죄의 '보호법익의 주체'는 국가와 사회이므로 공익의 대표자인 검사는 실질적 피해자인 국가를 대리하여 사법경찰의 불송치의 위법·부당을 바로잡기 위한 이의신청 차원의 '송치요구' 및 기소가 가능하다고 보는 것이 타당할 것이다. 예컨대 환경·식품범죄 등과 같이 피해자가 명확히 식별되지 않는 사건에서 사법경찰의 수사결과(무혐의)가 위법·부당한 경우, 검사의 '송치요구'를 통한 재검토가 필요하기 때문이다.

3. 검사의 '송치요구' 불인정시 발생하는 현실적 문제점

사법경찰이 사건을 송치한 후 검사가 수사지휘하여 사법경찰의 송치의견이 변경된 사건이 연간 7,000여 건에 이르는 점에 비추어 볼 때, 국가형벌권의 적정한 행사를 위해 검사의 사법통제가 필요하다. 특히 사법경찰관이 인지한 후 불기소 의견으로 송치한 사건 중 검사가 기소한 사건도 연간 약 1,000건에 달한다는 점에서 검사의 송치요구를 통한 사법통제의 필요성이 인정된다.

제8절 검찰청 직원 및 특별사법경찰관리

Ⅰ. 개정 형사소송법 관련규정

제245조의9(검찰청 직원) ① 검찰청 직원으로서 사법경찰관리의 직무를 행하는 자와 그 직무의 범위는 법률로 정한다.

② 사법경찰관의 직무를 행하는 검찰청 직원은 검사의 지휘를 받아 수사하여야 한다.

③ 사법경찰리의 직무를 행하는 검찰청 직원은 검사 또는 사법경찰관의 직무를 행하는 검찰청 직원의 수사를 보조하여야 한다.

④ 사법경찰관리의 직무를 행하는 검찰청 직원에 대하여는 제197조의2부터 제197조의4까지, 제221조의5, 제245조의5부터 제245조의8까지의 규정을 적용하지 아니한다.

제245조의10(특별사법경찰관리) ① 삼림, 해사, 전매, 세무, 군수사기관 기타 특별한 사항에 관하여 사법경찰관리의 직무를 행할 특별사법경찰관리와 그 직무의 범위는 법률로 정한다.

② 특별사법경찰관은 모든 수사에 관하여 검사의 지휘를 받는다.

③ 특별사법경찰관은 범죄의 혐의가 있다고 인식하는 때에는 범인, 범죄사실과 증거에 관하여 수사를 개시·진행하여야 한다.

④ 특별사법경찰관리는 검사의 지휘가 있는 때에는 이에 따라야 한다. 검사의 지휘에 관한 구체적 사항은 법무부령으로 정한다.

⑤ 특별사법경찰관은 범죄를 수사한 때에는 지체 없이 검사에게 사건을 송치하고, 관계 서류와 증거물을 송부하여야 한다.

⑥ 특별사법경찰관리에 대하여는 제197조의2부터 제197조의4까지, 제221조의5, 제245조의5부터 제245조의8까지의 규정을 적용하지 아니한다.

개정법은 경찰청 소속 사법경찰관리의 경우 경무관부터 순경까지 형사소송법에 명시한 반면, 검찰청 소속 사법경찰관리의 경우 그 대상과 직무의 범위를 검찰청법에 위임하고 있다. 또 개정법 제245조의10(특별사법경찰관리) 및 개정 검찰청법 제4조 제1항 제2호는 특별사법경찰관에 대해서는 기존 검사의 수사지휘 제도를 유지하고 있는 반면, 자치경찰에 대해서는 별도의 규정을 두지 아니하여 검사의 수사지휘 폐지 등 일반사법경찰관에 대한 규정이 자치경찰에도 적용되도록 하고 있다.

Ⅱ. 문제점

1. 위임규정 및 용어정리 문제

수사는 국민의 인권을 침해할 가능성이 크므로 수사를 진행하고 수사와 관련된 처분을 할 수 있는 직책을 검찰청법에 위임하는 것보다는 형사사법절차에 관한 기본법인 형사소송법에 명시하는 것이 타당하다고 본다. 그리고 '검찰청 직원'은 조직법상 개념에 불과하므로 형사절차법상의 용어인 '검찰청 소속 사법경찰관리'로 변경하는 것이 형사절차의 명확성 및 법률 체계의 일관성을 확보하는 방안으로 보인다.

2. 수사지휘 문제

개정법은 일반사법경찰인 경찰만 수사지휘를 받지 않고 검찰청 수사관 및 특별사법경찰은 여전히 검사의 지휘를 받도록 하고 있어서 제도의 일관성 측면에서 근본적인 결함이 있다. 따라서 사법경찰에 대한 수사지휘를 배제하려면 특사경을 포함하여 모두 배제하던지 유지하려면 모두 유지해야 하는데, 경찰청(국가수사본부) 소속 사법경찰만 지휘 대상에서 빠지는 것은 논리적으로 문제가 있다.

한편, 공수처 소속 검사의 지위와 관련하여, 기소권을 가진 사건(판사, 검사, 경무관 이상 고위경찰)에 대해서는 검사의 지위를 인정할 수 있지만, 기소권이 없는 사건을 수사한 경우에는 특별사법경찰로 해석해야 할 것이다. 수사처법 제26조 제1항174)이 사법경찰은 모든 사건 송치의무를 규정한 (구)형소법 제196조 제4항 '사법경찰관은 범죄를 수사한 때에는 관계 서류와 증거물을 지체 없이 검사에게 송부하여야 한다'는 조문 내용과 일치하기 때문이다. 따라서, 기소권을 가진 사건(기소가능범죄)을 제외하고 나머지 사건은 기소(의견), 불기소(의견)를 불문하고 모두 검찰에 의무적으로 송치할 필요가 있다. 물론 수사처법 제47조(형소법 준용)에 따라 불기소 사건은 수사처 자체 종결이 가능하다(사법경찰과 동일한 1차 종결권을 보유한다는 이유)는 반론이 있을 수 있으나, 형사소송법 등 준용은 수사처법 규정에 반하지 아니하는 경우에만 가능하므로 사법경찰의 종결권 준용은 불가능하다고 보는 것이 상당할 것이다. 이 경우 검사의 보완수사요구가 가능한지 논란이 있는데, 보완수사요구권 및 재수사요청권 등은 검사의 수사지휘가 인정되지 않는 경우에 인정되는 개념이며, 특사경에 대해서는 검사의 수사지휘가 인정되므로 보완수사요구권 등이 인정되는지 여부가 문제되지 않는다. 개정법 역시 제245조의10(특별사법경찰관리) ⑥ "특별사법경찰관리에 대하여는 제197조의2부터 제197조의4까지, 제221조의

---

174) 제26조(수사처검사의 관계 서류와 증거물 송부 등) ① 수사처검사는 제3조제1항제2호에서 정하는 사건을 제외한 고위공직자범죄등에 관한 수사를 한 때에는 관계 서류와 증거물을 지체 없이 서울중앙지방검찰청 소속 검사에게 송부하여야 한다.

5, 제245조의5부터 제245조의8까지의 규정을 적용하지 아니한다."는 규정을 두고 있다.

3. 특사경의 직무범위에 해당하는 범죄와 관련된 문제

현재 특별사법경찰관의 직무범위에 속하는 범죄의 대부분은 국민의 민생과 관련된 범죄에 해당하고, 국민의 민생과 직결되는 범죄인 근로기준법·선원법·출입국관리법·관세법위반 등은 특별사법경찰관에게 전속적 관할이 인정되어 일반사법경찰관은 이에 대해 수사할 권한이 없다.

그런데 특별사법경찰관은 대부분 수사전문가로 양성되는 자원이 아니고 일반사법경찰관에 비하여 수사업무를 수행할 여건이 현저히 취약하므로, 대규모 범죄 등 중요 사안에 대해서는 검사의 직접수사나 검사와 사법경찰관의 합동수사가 절실한 상황임에도 불구하고, 개정 검찰청법은 특별사법경찰관의 직무범위에 해당하는 범죄를 검사가 수사를 개시할 수 있는 범위에서 제외시켰다. 따라서 개정 검찰청법에 따를 경우, 특별사법경찰관의 전속관할에 속하는 민생관련 범죄에 대한 수사 및 처벌에 있어 상당한 공백이 초래되어 국민의 민생에 적지 않은 악영향이 있을 것으로 보인다.

제9절 수사기관 작성 조서의 증거능력

Ⅰ. 개정 형사소송법 관련규정

> **제312조(검사 또는 사법경찰관의 조서 등)** ① 검사가 작성한 피의자신문조서는 적법한 절차와 방식에 따라 작성된 것으로서 공판준비 또는 공판기일에 그 피의자였던 피고인 또는 변호인이 그 내용을 인정할 때에 한하여 증거로 할 수 있다.
> ② 삭제(제1항에도 불구하고 피고인이 그 조서의 성립의 진정을 부인하는 경우에는 그 조서에 기재된 진술이 피고인이 진술한 내용과 동일하게 기재되어 있음이 영상녹화물이나 그 밖의 객관적인 방법에 의하여 증명되고, 그 조서에 기재된 진술이 특히 신빙할 수 있는 상태 하에서 행하여졌음이 증명된 때에 한하여 증거로 할 수 있다.)
> ③ ～ ⑥ (현행과 같음)

1. 개정 배경

형사소송법 제312조 개정문제는 과거 사법개혁추진위원회(이하 '사개추위'라고 약칭함)가 공판중심주의와 관련된 사법개혁을 추진하면서 주장한 내용이다. 그런데 2005. 4. 25. 증거법 분야와 관련하여 사개추위에서 1차 확정안(이하 '가안(假案)'이라고 함)으로 제시한 내용은 증거법의 영역을 다루면서 기존의 모든 수사관행을 일거에 뒤집는 파격적인 내용을 제시하여, 사법의 한 축인 검찰 입장에서는 도저히 받아들일 수 없는 충격적인 내용을 담고 있었다. 이를 구체적으로 살펴보면 2004년 12월 16일 선고된 대법원 판결[175]을 전제로 하여 검사작성의 피의자신문조서와 참고인진술조서 등 피고인이 동의

---

[175] 대법원 2004. 12. 16. 선고 2002도537 전원합의체 판결(형사소송법 제312조 제1항 본문은 "검사가 피의자나 피의자 아닌 자의 진술을 기재한 조서와 검사 또는 사법경찰관이 검증의 결과를 기재한 조서는 공판준비 또는 공판기일에서의 원진술자의 진술에 의하여 그 성립의 진정함이 인정된 때에 증거로 할 수 있다."고 규정하고 있는데, 여기서 성립의 진정이라 함은 간인·서명·날인 등 조서의 형식적인 진정성립과 그 조서의 내용이 원진술자가 진술한 대로 기재된 것이라는 실질적인 진정성립을 모두 의미하는 것이고, 위 법문의 문언상 성립의 진정은 '원진술자의 진술에 의하여' 인정되는 방법 외에 다른 방법을 규정하고 있지 아니하므로, 실질적 진

하지 않으면 일체의 증거능력을 부정하고, 공판정에서의 피고인신문도 폐지하며, 수사과정에서 획득한 진술은 오로지 검사가 법정에서 증언(조사자의 증언)하는 방법으로만 현출될 수 있도록 엄격히 통제하였다.176) 즉 수사과정에서 얻게 된 모든 진술증거는 법정에서 전면 부인되고, 법정에서 새롭게 제출되는 증거만으로 재판을 진행하겠다는 내용이었다.

이에 대하여 검찰은 사개추위가 공판중심주의를 앞세워 사실상 검찰의 수사권을 부인하는 내용이라고 반발하였고, 그 후 수차례의 수정과 조정 끝에 2005. 5. 9. 실무위원회에 피고인신문의 존치, 피고인 부동의시 피고인(참고인) 인정진술과 조사자 증언 등으로 수사단계 진술을 공판정에 현출하는 방안을 수용하면서, 다만 영상녹화물에 대하여는 ① 부동의시 증거능력 불인정, ② 수사담당자 증언내용 다툼시 예외적 증거능력 인정, ③ 진정성립과 특신상태로 증거능력을 인정하는 3개안을 복수상정하기로 하는 등 일부 타협된 방안이 상정되어 타결되었고, 5명의 실무위원으로 소위원회(위원장 신동운)를 구성하여 논의과정을 좀 더 거친 후 7월 실무위원회에서 결정하기로 결론을 내렸다.

그 후 제1-5차 소위원회(5. 20. – 6. 17.)는 논의를 하면서 2005. 5. 9. 실무위원회 상정안보다 후퇴한 소위원회 검토안을 마련하였는데, 그 내용을 살펴보면, ① 인정진술에 대한 입증제도를 폐지하여 피의자신문조서에 대한 내용부인시 오로지 조사자 증언으로만 입증 가능, ② 참고인이 수사기관에서 모순 진술한 사실을 구체적으로 증언하면 그 범위 내에서 진술조서의 증거능력 인정, ③ 영상녹화물은 본증이 아닌 탄핵증거로만 사용하되 재판장의 재량에 따라 탄핵증거의 사용도 제한 가능, ④ 피고인신문은 재판장

정성립도 원진술자의 진술에 의하여서만 인정될 수 있는 것이라고 보아야 하며, 이는 검사 작성의 피고인이 된 피의자신문조서의 경우에도 다르지 않다고 할 것인바, **검사가 피의자나 피의자 아닌 자의 진술을 기재한 조서는 공판준비 또는 공판기일에서 원진술자의 진술에 의하여 형식적 진정성립뿐만 아니라 실질적 진정성립까지 인정된 때에 한하여 비로소 그 성립의 진정함이 인정되어 증거로 사용할 수 있다고 보아야 한다**).

176) 대법원 2005. 8. 19. 선고 2005도3045 판결(형사소송법 제312조 제1항 본문은 "검사가 피의자나 피의자 아닌 자의 진술을 기재한 조서와 검사 또는 사법경찰관이 검증의 결과를 기재한 조서는 공판준비 또는 공판기일에서의 원진술자의 진술에 의하여 그 성립의 진정함이 인정된 때에 증거로 할 수 있다."라고 규정하고 있고, 여기서 성립의 진정이라 함은 간인·서명·날인 등 조서의 형식적인 진정성립과 그 조서의 내용이 원진술자가 진술한 대로 기재된 것이라는 실질적인 진정성립을 모두 의미하는 것이다. 그리고 위 법문의 문언상 성립의 진정은 "원진술자의 진술에 의하여" 인정되는 방법 외에 다른 방법을 규정하고 있지 아니하므로, 실질적 진정성립도 원진술자의 진술에 의하여서만 인정될 수 있는 것이라고 보아야 하며, 이는 검사 작성의 피고인이 된 피의자신문조서의 경우에도 다르지 않다고 할 것이다. 또한, **검사 작성의 피고인이 된 피의자신문조서에 대하여 실질적 진정성립이 인정되지 아니하는 이상 그 조서에 기재된 피고인의 진술이 특히 신빙할 수 있는 상태하에서 행하여진 경우라고 하여도 이를 증거로 사용할 수 없다고 보아야 한다**).

의 재량에 따라 실시 여부 결정 등을 들 수 있다. 하지만 이러한 내용도 수사력 위축을 심화시킨다는 검찰 측의 반대에 부딪혀, 제6회(7월 5일) 및 제7회(7월 6일) 소위원회에서 ① 검사작성 피의자신문조서의 증거능력 인정(진정성립에 대하여 피고인진술 이외에 영상녹화 등 객관적인 방법에 의한 증명 가능), ② 참고인진술조서는 검사와 사법경찰관 구분 없이 증거능력 인정, ③ 영상녹화물은 전 과정 녹화, 조사자증언, 변호인 참여 등의 특신상태 증명을 조건으로 증거능력 인정, ④ 경찰단계에서의 피의자진술은 조사자증언으로 입증 가능, ⑤ 피고인신문은 법원에 신청하여 할 수 있도록 규정, ⑥ 진술거부권과 변호인 조력권 고지, 수사과정 기록제도, 변호인참여권 등 수사과정의 투명화를 위한 제도 도입 등 조서와 영상녹화물에 대한 증거능력을 인정해야 한다는 검찰의 주장을 상당부분 수용하였다.

반면에 학계에서는 위의 타협에 대하여, 실질상 검찰 피의자신문조서의 증거능력을 강화하여 수사기관에 이중의 무기를 부여하고 증거법 체계를 교란한 것이라는 비판이 제기되었다. 이에 2007년 형사소송법 제312조 제1항 및 제2항이 개정된 이후에도 일부 학자들을 중심으로 검사작성 피의자신문조서에 대해 사법경찰관 작성의 조서와 동일하게 원칙적으로 증거사용을 차단하는 것이 바람직하다는 견해[177]가 꾸준히 제기되었으며, 피고인의 '내용인정'을 증거능력 인정의 요건으로 규정하자는 논의가 지속되었다. 이는 2010년 한국형사법학회의 형사소송법개정특별위원회가 한국형사정책연구원과 공동으로 연구하여 제출한 형사소송법개정안의 내용(【표 5-12】)을 보면 잘 알 수 있다.[178]

【표 5-12】 한국형사법학회의 형사소송법개정특별위원회 개정안

현행법	형사정책연구원 및 형사법학회 개정안(2010. 9. 30)
제308조의2(위법수집증거의 배제) 적법한 절차에 따르지 아니하고 수집한 증거는 증거로 할 수 없다.	제308조의2(위법수집증거의 배제) 적법한 절차에 따르지 아니하고 수집한 증거는 증거로 할 수 없으며 진술의 증명력을 다투기 위한 증거로도 할 수 없다.

---

177) 정승환, "검사작성 피의자신문조서의 증거능력과 특신상태", 형사법연구 제19권 제3호(2007), 695면; 박노섭, "개정형사소송법상 조서재판위험성에 대한 소고", 경찰학연구 제7권 제2호(2007), 24면; 이용식, "조사자증언제도에 대한 비판적 소고", 형사정책 제24권 제3호, 한국형사정책학회(2012), 314면.

178) 2010년 한국형사법학회의 형사소송법개정특별위원회(위원장: 신양균, 위원: 박미숙, 박용철, 서보학, 이승호, 이은모, 이천현, 이호중, 정한중, 천진호; 존칭 생략)가 한국형사정책연구원(원장: 박상기)과 공동으로 연구하여 제출한 형사소송법개정안(제312조 제2항 및 제4항의 진정성립의 객관적 증명시 원진술자의 인정여부와 상관없이 증거능력 인정)에 대하여, 국회 법제사법위원회에 제출한 의견서에서, "이는 현행법 및 판례의 입장보다도 대폭 후퇴한 것으로서 개정의 의미를 전혀 찾기 어렵다"고 하였다.

제312조 (검사 또는 사법경찰관의 조서 등) ① 검사가 피고인이 된 피의자의 진술을 기재한 조서는 적법한 절차와 방식에 따라 작성된 것으로서 피고인이 진술한 내용과 동일하게 기재되어 있음이 공판준비 또는 공판기일에서의 피고인의 진술에 의하여 인정되고, 그 조서에 기재된 진술이 특히 신빙할 수 있는 상태하에서 행하여졌음이 증명된 때에 한하여 증거로 할 수 있다.	좌동
② 제1항에도 불구하고 피고인이 그 조서의 성립의 진정을 부인하는 경우에는 그 조서에 기재된 진술이 피고인이 진술한 내용과 동일하게 기재되어 있음이 영상녹화물이나 그 밖의 객관적인 방법에 의하여 증명되고, 그 조서에 기재된 진술이 특히 신빙할 수 있는 상태하에서 행하여졌음이 증명된 때에 한하여 증거로 할 수 있다.	삭제
제313조 (진술서등) ① 전2조의 규정 이외에 피고인 또는 피고인이 아닌 자가 작성한 진술서나 그 진술을 기재한 서류로서 그 작성자 또는 진술자의 자필이거나 그 서명 또는 날인이 있는 것은 공판준비나 공판기일에서의 그 작성자 또는 진술자의 진술에 의하여 그 성립의 진정함이 증명된 때에는 증거로 할 수 있다. 단, 피고인의 진술을 기재한 서류는 공판준비 또는 공판기일에서의 그 작성자의 진술에 의하여 그 성립의 진정함이 증명되고 그 진술이 특히 신빙할 수 있는 상태하에서 행하여 진 때에 한하여 피고인의 공판준비 또는 공판기일에서	**제313조 (진술서등)** ① 전2조의 규정 이외에 피고인 또는 피고인이 아닌 자가 작성한 진술서나 그 진술을 기재한 서류로서 그 작성자 또는 진술자의 자필이거나 그 서명 또는 날인이 있는 것은 공판준비나 공판기일에서의 그 작성자 또는 진술자의 진술에 의하여 그 성립의 진정함이 증명된 때에는 증거로 할 수 있다. ② 단, 피고인의 진술서는 공판준비 또는 공판기일에서의 그 작성자의 진술에 의하여 그 성립의 진정함이 증명되고 그 진술이 특히 신빙할 수 있는 상태하에서 행하여 진 때에 한하여 피고인의 공판준비 또는 공판기일에서의 진술에 불구하고 증거로 할 수 있다. ③ 또한, 피고인의 진술을 기재한 서류는 공판준비 또는 공판기일에서의 피고인 및 작성자의 진술에 의하여 그 성립의 진정함이 증명되고 그 진술이 특히 신빙할 수 있는 상태하에서 행하여 진 때에 한하여 피고인의 공판준비 또는 공판기일에서의

<u>의</u> 진술에 불구하고 증거로 할 수 있다.	진술에 불구하고 증거로 할 수 있다.
② 감정의 경과와 결과를 기재한 서류도 <u>전항과</u> 같다.	④ 감정의 경과와 결과를 기재한 서류도 <u>제1항과</u> 같다.
제314조 (증거능력에 대한 예외) 제312조 또는 제313조의 경우에 공판준비 또는 공판기일에 진술을 요하는 자가 사망 · 질병 · 외국거주 · <u>소재불명, 그 밖에 이에 준하는 사유로 인하여</u> 진술할 수 없는 때에는 그 조서 및 그 밖의 서류를 증거로 할 수 있다. 다만, 그 진술 또는 작성이 특히 신빙할 수 있는 상태하에서 행하여졌음이 증명된 때에 한한다.	**제314조 (증거능력에 대한 예외)** 제312조 또는 제313조의 경우에 공판준비 또는 공판기일에 진술을 요하는 자가 사망 · 질병 · 외국거주 · <u>행방불명에 준하는 사유로 인하여</u> 진술할 수 없는 때에는 그 조서 및 그 밖의 서류를 증거로 할 수 있다. 다만, 그 진술 또는 작성이 특히 신빙할 수 있는 상태하에서 행하여졌음이 증명된 때에 한한다.
제316조 (전문의 진술) ① 피고인이 아닌 자<u>(공소제기 전에 피고인을 피의자로 조사하였거나 그 조사에 참여하였던 자를 포함한다. 이하 이 조에서 같다)</u>의 공판준비 또는 공판기일에서의 진술이 피고인의 진술을 그 내용으로 하는 것인 때에는 그 진술이 특히 신빙할 수 있는 상태하에서 행하여졌음이 증명된 때에 한하여 이를 증거로 할 수 있다.	**제316조 (전문의 진술)** ① 피고인이 아닌 자(**삭제**)의 공판준비 또는 공판기일에서의 진술이 피고인의 진술을 그 내용으로 하는 것인 때에는 그 진술이 특히 신빙할 수 있는 상태하에서 행하여졌음이 증명된 때에 한하여 이를 증거로 할 수 있다.
제318조의2 (증명력을 다투기 위한 증거) ① 제312조부터 제316조까지의 규정에 따라 증거로 할 수 없는 서류나 진술이라도 공판준비 또는 공판기일에서의 <u>피고인 또는 피고인이 아닌 자</u>(공소제기 전에 피고인을 피의자로 <u>조사하였거나 그 조사에 참여하였던 자를 포함한다. 이하 이 조에서 같다)</u>의 진술의 증명력을 다투기 위하여 증거로 할 수 있다.	**제318조의2 (증명력을 다투기 위한 증거)** 제312조부터 제316조까지의 규정에 따라 증거로 할 수 없는 서류나 진술이라도 공판준비 또는 공판기일에서의 <u>피고인이 아닌 자</u>(삭제)의 진술의 증명력을 다투기 위하여 증거로 할 수 있다.

② 제1항에도 불구하고 피고인 또는 피고인이 아닌 자의 진술을 내용으로 하는 영상녹화물은 공판준비 또는 공판기일에 피고인 또는 피고인이 아닌 자가 진술함에 있어서 기억이 명백하지 아니한 사항에 관하여 기억을 환기시켜야 할 필요가 있다고 인정되는 때에 한하여 피고인 또는 피고인이 아닌 자에게 재생하여 시청하게 할 수 있다.	제318조의3 (기억환기를 위한 재생) 전조에도 불구하고 피고인 또는 피고인이 아닌 자의 진술을 내용으로 하는 영상녹화물은 공판준비 또는 공판기일에 피고인 또는 피고인이 아닌 자가 진술함에 있어서 기억이 명백하지 아니한 사항에 관하여 기억을 환기시켜야 할 필요가 있다고 인정되는 때에 한하여 피고인 또는 피고인이 아닌 자에게 재생하여 시청하게 할 수 있다.

결국 박근혜 대통령의 탄핵으로 출범한 문재인 정부는 검찰개혁이라는 미명하에 패스트 트랙(신속처리 안건)으로 개정형사소송법(제312조 제1항의 개정 및 제2항의 폐지)을 통과시켰다.[179] 따라서 앞으로는 피의자나 변호인이 법정에서 '검찰에서 진술한 내용은 사실과 다르다'고 주장하면(내용의 부인) 검사작성 피의자신문조서의 증거능력이 부정될 것이다.

문제는 위의 사개추위 가안(假案)이나 수정안(修正案) 그리고 개정법의 내용은 '**공판중심주의**'라는 미명 하에 수사권을 무력화시키고 법정에서 새롭게 제출된 자료로만 판단하자는 것으로서, 이는 '수사를 검찰이 할 것이냐 아니면 법원이 할 것이냐'라는 핵심적인 질문과 관련되어 있다는 점이다. 따라서 사개추위의 가안(假案)이 일부 전제하는 바와 같이 원칙적으로 법원에게 일부 수사를 허용하려 한다면 단순히 증거법상 검사작성 피의자신문조서의 증거능력을 약화시키는 정도의 증거법만으로는 부족하고, 프랑스의 수사판사와 같이 사법경찰관을 지휘하고, 수사판사 작성의 피의자신문조서에 무조건 증거능력을 부여하여 바로 재판에서 증거로 사용하는 제도를 도입해야 할 것이고, 수사판사를 재판판사로부터 분리하여 별도로 운영해야만 한다.

그런데 이러한 제도는 그토록 사개추위에서 검찰을 공격하면서 주장하였던 '당사자주의'와는 배치되는 것으로, 수사판사제도란 직권주의의 극단적 형태로서 바로 조서수사 및 조서재판을 완벽히 구현하는 제도라 볼 수 있어 이는 사개추위의 명분과 전혀 맞지 않는 것이라고 할 것이다. 특히 수사판사제도는 직권주의 재판제도를 가진 프랑스, 이탈리아 등 일부 나라에서만 운영하는 제도로서, 같은 직권주의인 독일에서는 1974년에 수사판사제도를 포기하고 검사제도로 일원화하였으며, 일본에서도 2차 대전 이후에 이를 포기하였고, 오스트리아도 마찬가지이다. 더욱이 현실적으로 수사능력이 없는 우리나라의 법원에 수사권을 부여한다고 한들 이데올로기적 원칙론을 떠나서 국민들이 전문적인

---

179) 경향신문 2020. 7. 30.자, 「검찰, 공직자 비리 수사 사실상 '4급 이하'만 가능해질 듯」.

수사기관으로부터 받아오던 서비스의 질만큼 유지할 수 있는가는 또 다른 문제라 할 것이고, 나아가 법원의 수사개입은 결국 사법권의 독립을 침해할 수밖에 없다는 점에서 법원이 수사와 재판을 모두 행하던 규문주의 절차에서 수사를 법원으로부터 분리해 내는 탄핵주의적 절차로 변화한 것이 근대 형사사법절차의 발전방향이라는 점에 비추어 볼 때 쉽게 이해할 수 있다.

무엇보다도 수사는 본질적으로 수사대상의 인권침해를 어느 정도 예상하고 수인의 무를 부담시키는 절차이다. 왜냐하면 자신과 상관없는 사건에 목격자로서 진술하기 위하여 수사기관에 증인으로 출석하는 의무는 법적 절차에 따르는 수사기관의 엄격한 법집행이라는 담보장치 없이는 인권침해행위에 불과하기 때문이다. 더욱이 수사기관이 사람을 소환하고 체포·구금하는 것은 신체의 자유·거주이전의 자유 등 기본권을 침해하는 것이고, 압수·수색하는 것은 주거 침해로 그 평온을 해치는 것이며, 계좌 추적이나 각종 정보를 수집하는 것은 개인 비밀을 침해하는 것이고, 감청하는 것은 통신 비밀의 자유를 침해하는 것으로, 일반인이 권한 없이 위와 같은 행위를 한다면 모두 중형에 처해질 만한 범죄행위들이다.

물론 종래 사법경찰단계에서의 피의자수사가 1차로 이루어진 후 다시 한 번 동일한 내용의 신문이 검찰단계에서 행해지므로 국민으로서는 피의자 내지 참고인의 지위에서 2중의 신문객체로 전락하게 되며, 따라서 무용한 시간과 노력의 낭비를 부담하게 되는 문제점이 있었던 것은 사실이다.[180] 그런데 이러한 이중신문의 관행이 정착하게 된 것은 검찰조서가 가지는 거의 절대적인 증거능력에 기인한 것으로, 사법경찰관의 조서는 피의자가 법정에서 그 내용을 부인하면 아무리 그 조서의 진정성립이 인정되더라도 증거로서의 자격이 상실되기 때문이다. 또한 법원도 만일 검찰조서에 증거능력을 인정하지 않으면 유죄판결의 기초가 되는 결정적인 증거가 없기 때문에 공판절차에서 동일한 내용의 신문을 법원측이 주도적으로 행해야 하므로 법원으로서는 소송경제의 관점에서 검찰측의 조서에 대한 증거능력을 되도록 문제삼지 않음으로써 신속하고도 경제적으로 형사사건의 종국을, 그것도 99%를 상회하는 유죄판결로 서두르게 되었던 점을 부인할 수 없다. 이에 사법경찰단계에서의 신문, 검찰단계에서의 신문, 공판단계에서의 신문이라는 3중의 신문과정을 보다 축소함으로써 실질적으로 국민의 자유와 권리를 보장하고 신속한 형사재판의 이상을 실천하는 방안을 모색해 볼 필요가 있다는 주장이 큰 설득력을 얻은 바 있다.

그런데 개정법은 검사작성 피의신문조서의 증거능력을 경찰작성이 피의자신문조서와 동일한 수준으로 격하시킴으로써 사실상 조사가 법정에서 사용할 수 없는 상황에 이르렀

---

180) 신동운, "사법개혁추진과 형사증서법의 개정", 서울대학교 법학 제47권 제1호, 서울대학교 법학 연구소(2006), 118면.

다. 더욱이 기존 판례에 따르면, 피의자신문조서에 대해 피고인이 공판정에서 내용을 부인하면 그 조서의 증거능력은 물론 조서에 담긴 진술을 영상녹화물이나 녹음물 등 다른 매체에 담아 증거로 제출해도 증거로 할 수 없다. 이와 같이 피의자의 진술을 어떤 방법으로도 증거로 사용할 수 없게 하는 것은 실체적 진실 발견을 위한 모든 방법을 막기 때문에 2007년 형사소송법을 개정하면서, 그 예외로서 사법경찰관이 조서에 담긴 피의자의 진술을 법정에서 증언하면 증거로 사용할 수 있도록 하는 규정(법 제316조 제1항)을 둔 것이다.

그런데 그 이후의 실무를 보면, 이와 같은 증언도 그 단서인 '특히 신빙할 수 있는 상태 하의 진술'임을 인정하기 어렵다는 이유로 대부분 증거능력을 인정받지 못하였으므로, 실제로 경찰관이 증언을 하는 사례가 거의 없었다. 이를 두고 조사자증언이 보충적 증거로 전락하여 후보선수 역할에 머물게 되었고 수사기관에 이중의 무기를 제공하여 전문증거의 과잉을 초래하였다는 비판,[181] 형사소송법상 진술증거의 원칙적 현출방법은 조서이기 때문에 법체계에 맞지 않는다는 비판,[182] 조사자증언의 입법은 오류이므로 제한하여 해석하여야 한다는 비판[183] 등이 제기된 것이다.

결국 개정법 시행으로 조사를 담당한 사법경찰관을 증인으로 신청하여 그 법정진술(소위 '조사자 증언')을 증거로 활용할 필요성이 증대되었다고 하더라도, 잦은 법정출석으로 인한 업무의 비효율성 및 위증 등의 부담으로 사법경찰관이 출석 내지 증언을 기피하는 경우가 상당히 있을 것으로 예상된다.

2. 이론상 문제점

(1) 증거법에 대한 이해 부족

법정 인정진술이라는 것은 피의자나 참고인이 수사기관 앞에서 A라고 진술하였는데, 공판정에서 B라고 진술을 번복하는 경우에 A라고 한 진술을 증거로 사용하기 위하여 법정에서 피의자였던 피고인이나 참고인이었던 증인에게 수사기관 앞에서 A라고 진술한 사실이 있는지를 물어서 그 대답을 듣는 것이다. 이때 피고인이나 증인이 수사기관에서 A라고 진술한 사실이 있다고 인정하면 이 **'인정진술'**이 증거가 되면서 A라는 사실판단을 할 수 있는 것이다.

이러한 인정진술이 영미법계든 대륙법계든 기본적인 증거방법임에도 이 인정진술에 대한 거부감을 보이면서, 이를 증거로 인정해서는 안 된다는 주장이 한국의 개정법을

---

181) 이용식, "조사자 증언제도에 대한 비판적 소고", 형사정책 제24권 제3호(2012), 301, 315면.

182) 이은모·김정환, 형사소송법(제8판), 박영사(2021), 699면.

183) 임웅·도규엽, "개정 형사소송법 제316조에 대한 고찰 -조사자 증언제도를 중심으로-", 성균관법학 제23권 제2호(2011), 성균관대학교 법학연구소, 227면 이하.

주도하는 사람들에 의해 강력히 주장되었던 것은 기본적으로 증거법이론에 대한 이해부족에서 나온 것으로 보인다.[184] 즉 수사절차상 행해진 '진술(A)'을 공판정에서 증거로 한다고 할 때 이를 사실인정의 자료로 삼기 위하여 공판정에 현출해야 하는 것은 이러한 '진술(A)'이 있었다는 사실 자체이다. 그리고 이러한 사실 자체를 현출하는 방법이 바로 원진술자의 법정인정진술, 조사자증언, 조서, 영상녹화물 등인 것이다. 그러므로 수사절차상 행해진 '진술(A)'을 증거로 한다는 선택을 하면, 이를 입증하는 방법으로 인정진술, 조사자 증언, 조서, 영상녹화물 등을 구별할 필요가 없는 것이다. 결국 증거로 할 것인가의 문제와 어떻게 현출할 것인가의 문제의 구별에 대한 이해가 부족한 것으로 보인다.[185]

한편, 현행 형사소송법은 제310조의2에서 전문증거를 정의하면서 「제311조 내지 제316조에 규정한 것 이외에는 공판준비 또는 공판기일에서의 진술에 대신하여 진술을 기재한 서류나 공판준비 또는 공판기일 외에서의 타인의 진술을 내용으로 하는 진술은 이를 증거로 할 수 없다」고 하고 있다. 이에 따르면 진술을 기재한 서류는 자신의 진술이든 타인의 진술이든 묻지 않고 전문증거이지만 공판정에서의 전문진술은 **'타인의 진술'**을 내용으로 하는 진술에 제한된다. 즉 제310조의2에 의하면 피고이든 증인이든 공판정에서 진술하는 한 자신이 한 공판정외에서의 진술(A)을 내용으로 하는 진술(이것이 인정진술임)은 전문증거가 아니며, 따라서 당연히 증거가 되는 것이다.[186] 그런데 법조문이 이

---

184) 이완규, 「공판중심주의와 증거법의 이상, 현실 그리고 미래」, 공판중심주의 확립을 위한 형사소송법 개정안 공청회(2005. 6. 24.), 사법제도개혁추진위원회, 136면.

185) 국가인권위원회 2019. 11. 14.자 상임위원회 결정(검사가 작성한 피의자신문조서가 전문증거로서 원칙적으로 증거능력이 인정되기 어렵다는 점, 검사작성 피의자신문조서의 증거능력을 인정하는 것이 밀실에서 자백 진술의 확보 중심의 수사를 유도하여 인권적 측면에서 바람직하지 않으며, 피의자의 방어권 행사에 구조적으로 불리한 작용을 하고, **법정 외에서의 진술을 증거로 인정하여 공판중심주의를 약화시킨다는 점**, 일반 국민의 수사기관에 대한 신뢰가 부족하여 이들이 작성한 전문증거의 증거능력을 쉽게 인정하기 어렵다는 점, **다른 나라에서도 유사한 입법례를 찾기 어렵다는 점**, 사법부, 법무부, 변호사단체, 시민단체들도 검사작성 피의자신문조서의 증거능력 인정요건을 강화할 필요가 있다는 데 동의한다는 점, 입법부도 동일한 노력을 기울이는 등 사회적 공감대가 형성되었다는 점을 종합하여 볼 때, 형사소송법 제312조를 개정하여, 검사가 작성한 피의자신문조서의 증거능력 인정요건을 강화하여, 검사가 작성한 피의자신문조서와 검사 이외의 수사기관이 작성한 피의자신문조서의 증거능력 인정 요건 간에 차이가 없도록 개정하는 것이 바람직하다).

186) 제310조의2는 전문법칙에 대한 일반조항으로서 전문법칙의 증거능력을 부정하고 있지만, 제311조 내지 제316조는 전문법칙의 예외로서 적극적으로 '증거로 할 수 있다'고 규정하고 있으며, 더욱이 제310조의2의 전문증거의 제한규정은 이 규정에 의해 전문증거의 개념에 들어오는 것은 제311조 내지 제316조의 예외사유에 해당하지 않는 한 증거로 할 수 없다는 규정이므로

렇게 구성되어 있음에도 불구하고 학계나 일부 실무가들이 이 인정진술에 대하여 부정적인 이유는 사법경찰관작성 피의자신문조서 규정과 관련하여 조사자 증언에 대한 판례이론과 현실의 재판관행을 들 수 있다. 즉 사법경찰관작성 피의자신문조서의 증거능력을 제한하고 있는 제312조 제3항과 관련된 문제로서, 이 규정을 직접주의적인 규정으로 해석한다면 사법경찰관 앞에서의 피의자의 진술은 제312조 제3항에 의하여 조서로는 증거로 현출될 수 없으나, 법정 인정진술이나 조사자 증언(법 제316조 제1항)의 형태로는 증거로 현출되어 사용될 수 있어야 할 것이다.

그런데 판례는 처음에 조사자증언의 증거능력을 인정하여 이에 대하여 제316조 제1항에 따라 피고인의 진술이 신빙할 수 있는 상태하에서 행하여졌는지를 기준으로 판단하는 태도를 취하여 그 증언을 증거로 사용할 수 있다고 판시하다가, 1968년경부터 제316조 제1항에 따른 판단을 하되, '특신상태'를 제한적으로 인정하여 증거능력을 부인하는 태도를 취하였으며, 그 후, 1973년의 73도2123판결[187] 및 1976년의 76도32판결[188]을 거치면서 제316조 제1항에 의하여 특신상태를 기준으로 하던 태도를 변경하여 제312조 제3항에 따라 신빙할 수 있는 상태여부를 묻지 않고 피고인이 내용을 부인하면 증거로 할 수 없다고 판시하였다. 이러한 판례의 법해석에 따라 사법경찰관의 신문에서 이루어진 피고인의 진술에 대하여는 피고인이 부인하기만 하면 증거로 사용할 수 있는 길이 완전히 차단되게 되어, 수사기록 확인위주의 조서재판이 열리게 된 것이다.

그런데 이처럼 조서와 진술을 일체로 판단하는 것은 '진술(A)' 자체를 전문증거(hearsay)인지 여부에 따라 증거로 긍정 내지 부정하는 영미법계의 전문법칙적 접근방식인 것으로, 형사소송법 제312조 제3항과 관련하여 경찰의 수사절차상 진술(A)을 현출하는 모든 방법을 차단하는 것은 전문법칙에 충실한 해석일 수도 있지만, 후술(後述)하는 것처럼, 조서와 진술의 증거능력을 일체로 판단하는 영미법계 체제에서는 피의자의 진술은 전문증거의 예외(영국) 또는 전문증거의 배제영역(미국)으로서 증거로 할 수 있는 것을 전제로 하고 있다. 그러나 같은 전문법칙의 해석원리를 적용하면서 우리나라에서는 오히려 이것이 피의자의 수사절차상 진술을 조서든 진술이든 아예 일체 증거로 할 수 없다는 식으로 해석하는데 사용되었다는 점에서 문제인 것이다.

그런데 이제까지 한국에서 이러한 해석론을 전개하여도 실무에서 큰 무리가 없었던

반대로 이 규정에 의해 전문증거의 개념에 들어오지 않는 것은 당연히 다른 규정이 없어도 증거로 할 수 있는 것이다.

187) 대법원 1974. 3. 12. 선고 73도2123 판결.

188) 대법원 1979. 5. 8. 선고 79도493 판결(피고인이 경찰조사시 범행을 자백하였고 그에 따라 범행사실을 확인하였다는 조사경찰관의 증언이나 같은 내용의 동인에 대한 검사 작성의 참고인 진술조서는, 피고인이 경찰에서의 진술을 부인하는 이상, 증거능력이 없다).

것은 바로 제312조 제1항에 의하여 검사작성 피의자신문조서의 증거능력이 인정됨으로써 수사절차에서의 피의자의 진술이 공판정에 현출될 수 있는 길이 남아 있었기 때문이다.[189] 즉 사법경찰관의 수사단계와 즉시 연결되는 검사의 수사단계에서, 단기간 내에 진술내용을 확인하였고, 검사 앞에서도 경찰에서의 진술이 유지된 경우는 공판정에서 진술을 번복하여도 검사 앞에서의 진술이 (사실상의 추정을 근거로)증거능력이 인정되었으므로 수사절차상 진술이 증거로 유지될 수 있었으며, 검사 앞에서 경찰에서의 진술을 번복하는 경우 검사가 사법경찰에 대한 수사지휘 및 직접수사를 통하여 실체적 진실을 더 확인을 하였고, 이에 따라 범죄혐의를 좀 더 구체적으로 확인한 후 공소를 제기하여 왔던 것이다. 나아가 부정부패범죄, 조직폭력범죄 등 국가나 사회적으로 중요한 범죄에 대하여는 수사 초기단계에서부터 검사가 직접 수사하는 체제로 대처하여 왔기 때문에 형사사법 운영을 큰 무리없이 유지할 수 있었던 것이다.[190]

그런데 형사소송법 개정과정에서 2004년 12월 16일 선고된 대법원 판결을 전제로 하여 검사작성의 피의자신문조서와 참고인진술조서 등 피고인이 동의하지 않으면 일체의 증거능력을 부정하고, 공판정에서의 피고인신문도 폐지하며 수사과정에서 획득한 진술은 오로지 검사가 법정에서 증언하는 방법으로만 현출될 수 있도록 엄격히 통제하자고 주장한 이론(과거 사개추위의 사고방식)이 조국 전(前)법무부장관의 사태를 계기로 검찰개혁의 이론으로 주장되면서, 검사작성 피의자신문조서의 증거능력을 부정하게 된 것이다. 그러나 이는 어느 나라에도 없는 입법례로서 수사절차상 피의자의 진술이 공판정에서 번복되면 증거로 제출할 방법이 없게 되는 피의자·피고인만을 위한 범죄천국의 이상한 나라가 될 것이다.

물론 형사소송법의 개정원인으로 그동안 조서재판의 실무관행도 지적하지 않을 수 없다. 즉 이제까지의 한국의 공판정 모습은 수사절차에서의 진술증거의 현출방법은 주로 '조서의 제출'이었고 법원 또한 이 조서를 제출받아 조서의 내용을 피고인이나 증인에게 하나하나 물어가면서 중요부분을 확인하고 공판정에서 조서의 기재내용과 다른 진술을 하면 그 이유를 물어 확인하며, 실제로 그러한 취지로 진술한 것이 맞는지 등을 확인하면서 심리를 진행한 것이 아니라 인적·물적 여건의 미비로 재판은 간단한 사항만 심문하고, 대신 그 서류를 판사실로 가져가서 읽어보고 그 조서에 따라 심증을 형성하여 판결문을 작성하는 식의 재판을 해 왔던 것이다.[191] 따라서 독일처럼 판사가 조서의 내용

---

189) 이완규, 「공판중심주의와 증거법의 이상, 현실 그리고 미래」, 공판중심주의 확립을 위한 형사소송법 개정안 공청회(2005. 6. 24.), 사법제도개혁추진위원회, 140면.

190) 이완규, 위의 논문, 140면.

191) 현재 형사단독 재판부가 매월 80 - 90건의 신건을 받는 상황에서, 5분 재판을 할 수밖에 없는 것이 조서재판의 근본원인이다(재판원칙의 준수 문제가 아님).

을 구체적으로 확인하면서 심리를 진행하였다면, 이러한 수사상 조서에 대한 인정진술을 증거로 하는 것에 대해 부정적인 시각을 갖지 않았을 것인데, 이런 식의 심리를 제대로 하지 않고 그저 조서를 중심으로 한 수사기록 확인위주의 재판을 해왔기 때문에 문제가 된 것이다.

(2) 증거법과 소추기능과의 관련성에 대한 이해부족

증거법은 공판절차에만 한정하여 법정에 제출된 증거를 선별하는 과정만의 문제가 아니라 공소제기절차에도 영향을 미친다는 점에서 중요한 의미를 지니고 있다. 그러므로 증거능력 규정의 불안정화는 현실의 세계에서 검사의 공소제기여부 결정을 혼란에 빠뜨리고 이는 나아가 범죄자의 상당부분이 아예 기소도 되지 않은 채 처벌을 면하게 되는 반면,[192] 범죄피해자는 국가형벌권의 행사에 깊은 불신을 품고 사적인 복수를 추구할 것이므로 이러한 사태는 사회공동체의 유지에 결코 도움이 되지 않을 것이다. 왜냐하면 목격자 없는 살인사건이나 강간, 뇌물, 마약사건 등 피의자 본인의 진술이 진실의 발견에 있어서 중요한 의미를 갖는 사건에서 피고인의 수사기관 진술의 증거능력을 원천적으로 차단할 경우, 무죄 → 유죄로의 오판의 위험(A)은 줄일 수 있겠지만, 유죄 → 무죄로의 오판의 위험(B) 또한 필연적으로 증가하기 때문이다. 따라서 수사절차상 진술의 증거사용을 아예 증거로 할 수 없게 극단적으로 제한하거나 개정법과 같이 피의자의 진술은 오로지 조사자증언만에 의하여 현출하며, 참고인의 진술은 참고인이 공판정에서 번복하면 원칙상 증거로 사용할 수 없게 하는 이런 식의 이론은 모든 사건에 있어서 피고인이나 증인의 진술이 없어도 물증만을 확보하는 방법으로 범죄를 확인하고 처리할 수 있다는 전제가 성립하면 타당할 것이지만, 현실은 그렇지 않다.

거리에서 일어나는 단순 폭력사범이나 음주운전 등 현행범 사건 등을 제외하면 온라인 불법도박, 음란물공유, 자본시장법위반, 보이스피싱 등 시간과 장소에 큰 제약 없이 다수 공범이 범행에 가담하는 복잡한 사건일수록 범죄의 전말을 다 밝혀줄 물증이나 목격자가 없는 경우가 많으므로 피고인이나 공범 등의 진술내용의 종합 없이 사건의 실체를 파악하는 것이 여간 어려운 일이 아니다. 특히 중요한 범죄일수록 범죄를 저지르는 사람은 많은 사람들이 보는 앞에서 범죄를 행하려 하지는 않을 것이며 대부분 은밀히 행해지므로, 이러한 범죄를 밝혀내기 위한 과정은 범죄흔적의 단편들을 찾아가면서 이들 관련자의 진술을 통하여 연결시켜 가는 것이고 따라서 관련자들의 진술은 범죄를 확인하는데 불가결하다.

---

192) 이완규, 「공판중심주의와 증거법의 이상, 현실 그리고 미래」, 공판중심주의 확립을 위한 형사소송법 개정안 공청회(2005. 6. 24.), 사법제도개혁추진위원회, 146면.

그런데 이러한 극단적인 증거법에 의하면 이러한 경우 물증으로서 범죄흔적의 단편들을 가지고 관련자들의 진술을 얻어 범죄사실에 대한 혐의를 확인한 경우에도 검사는 공소제기를 할 것인가를 결정할 단계에 이르면 매우 당혹스럽게 될 것이다. 왜냐하면 피고인이나 증인이 공판정에서 수사단계에서 그렇게 말한 일이 없다고 말만 하면 수사절차에서의 진술은 모두 증거가 되지 않으므로 무죄판결을 받을 가능성이 있기 때문이다.

그런데 수사와 공소제기를 담당하는 수사검사의 입장에서는 적법하게 수집된 증거들로 혐의가 입증된다고 판단되는 사건이라면 공소제기를 할 수밖에 없을 것이다. 왜냐하면 대부분의 범죄는 누군가의 신고나 고소, 고발, 제보 등으로 인지되므로 이 경우 피해자의 존재를 고려하지 않을 수 없는데, 검사가 피의자의 자백진술이 피의자신문조서로 확보되어 있음에도 불구하고, 법정에서 위 조서를 내용 부인할 경우 남은 증거로 공소사실을 입증하기에는 어려움이 있다는 가능성만으로 불기소처분하는 것을 납득할 수 있는 피해자가 있을지 매우 회의적이기 때문이다. 따라서 설령 해당 사건에서 피의자의 진술이 핵심 증거이고 내용부인으로 증거능력이 상실될 수 있음을 인지한다고 하더라도 피의자가 수사기관에서 자백하고 그에 대한 보강증거가 적법하게 수집된 사건을 '법정에서 위 자백이 기재된 피의자신문조서를 내용 부인할 수 있다'는 가능성만으로 불기소처분을 할 수는 없는 것이다.

결국 당장은 피고인이나 관련자들이 마음을 바꾸지 않고 진술을 번복하지 않을 것을 바라면서 기소할 수밖에 없을 것이지만, 피고인이나 관련자가 어떤 연유든 간에 마음을 바꾸어 진술을 번복하면 무죄판결을 받을 수밖에 없고, 무죄판결이 난 후 검사가 무리한 기소를 하였느니, 무리한 수사를 하였느니 하는 비판을 받게 된다면, 이제 검사는 피고인이나 관련자들이 범죄사실에 혐의가 인정되는 진술을 하여도 이 진술들이 법정에서 번복되는 상황을 예상하여 그렇게 번복되는 경우에도 유죄판결을 받을 수 있는 상황이 아니라면 기소하지 않을 것이다. 즉 예외적인 경우를 법정에서 걸러내기 위하여 취한 증거능력 제한이 실제로 범죄자일 가능성이 많은 사건에 대하여 아예 기소도 하지 못하게 되는 결과를 초래하게 되는 것이다. 따라서 증거법을 논함에 있어 판결을 하는 판사의 관점에서만 논하지 말고 수사와 공소제기 및 공판에 모두 관여하는 검사의 관점도 고려해야 할 것이다.

물론 이론적으로는 피고인의 자백이 기재된 피의자신문조서가 증거능력이 부정하더라도 공소사실을 입증할 수 있는 객관적 증거를 충분히 수집하고 공소제기를 할 수 있다는 비판이 있을 수 있다. 그러나 수사기관으로 하여금 피고인이 자백하고 특별한 쟁점이 없는 사건까지 모두 피의자신문조서 없이도 공소사실을 입증할 수 있도록 객관적 증거를 수집하도록 요구하는 것은 현실성이 부족할 뿐만 아니라, 수사역량에도 한계가 있다는 점을 고려할 때 사건의 난이도와 범죄의 중대성을 고려하여 수사역량을 배분할 수밖에 없는 것이다.

(3) 증거의 안전성에 대한 고려 부족

수사절차상 피의자의 진술이든 참고인의 진술이든 그것을 증거로 하는 선택을 하면 그러한 진술이 행해진 것은 객관적인 기준에 따라 현출되어야지 피고인이나 원진술자의 선택에만 맡겨져서는 안 된다. 예컨대 수사절차상 피의자의 진술(A)을 공판정에서 증거로 사용한다는 선택을 하면 그 진술(A)을 증거로 현출하는 것은 피의자였던 피고인이 그 진술을 한 사실을 부인하는 경우에도 가능하도록 하여야 안정성이 있다고 할 수 있다. 만약 그런 진술이 행해졌다는 것을 피고인의 공판정 진술로만 입증할 수 있도록 한다면 실제로 그런 진술이 행해졌음에도 피고인이 이를 인정하지 않는다고 하여 증거로 할 수 없게 되는 이상한 결과가 되며 이는 정의에 반한다고 할 수 있다.193)

이는 참고인의 진술에서도 마찬가지다. 수사절차상 참고인의 진술을 증거로 사용한다는 입법적 선택을 한다면 그러한 진술이 있었는지를 인정하는 방법으로 참고인의 공판정 진술로만 입증할 수 있게 하는 것은 안정성이 없고 실제로 그런 진술을 한 일이 있음에도 불구하고 참고인이 부인한다고 하여 증거로 할 수 없는 것은 정의에 반하다고 할 수 있다. 따라서 미국, 영국, 독일, 일본 등 다른 나라의 입법례를 보면 모든 나라에서 이와 같이 수사절차상의 진술(A)을 원진술자의 번복진술 여하에도 불구하고 공판정에 증거로 현출할 수 있는 길을 열어 놓는 것이다. 물론 그런 안정성을 검사에게만 부여할 것인지, 사법경찰관에게도 부여할 것인지는 입법례에 차이가 있을 수 있다. 예를 들어 우리나라는 피의자신문조서에 대하여 종래 (사실상의 추정을 근거로)검사에게만 증거능력을 인정하고, 이탈리아도 원칙적으로 검사에게만 피의자신문조서의 증거능력을 인정하며, 일본은 참고인진술조서에 있어서 그러한 안정성을 검사에게만 인정하여 사법경찰관과 차등을 두고 있다. 그렇지만 어떻든 검사가 기소결정을 안정적으로 하기 위하여는 검사의 수사와 사법경찰관의 수사를 합한 전체의 수사절차를 통틀어 최종적으로 기소여부 결정을 하는 단계에서는 **'증거의 안정성'**이 보장되어야 하는 것이다.194)

그런데 배심재판 및 당사자주의를 근간으로 하는 미국에 있어서는 소추의 단계에서 '죄를 범하였다고 믿을 만한 상당한 이유'(probable cause)가 있으면 족하고 유죄판결시 요구되는 '합리적인 의심을 배제할 수 있는 정도의 입증'(Beyound a Reasonable Doubt)을 요구하지 않는 반면, 우리나라에 있어서는 유죄판결을 받아내기에 충분할 정도로 증

---

193) 이완규, 「공판중심주의와 증거법의 이상, 현실 그리고 미래」, 공판중심주의 확립을 위한 형사소송법 개정안 공청회(2005. 6. 24.), 사법제도개혁추진위원회, 148면.
194) 이완규, 위의 논문, 149면.

거가 갖추어진 경우에 한하여 기소를 할 수 있고, 그 정도의 수준에 미치지 못하는 경우에는 불기소처분을 하고 있다는 점에서 증거구비 후 기소가 더 엄격하고 볼 수 있는데, 수사절차상의 진술이 법정에서 전혀 증거능력을 부여받지 못한다면 어떻게 검사가 기소를 자신있게 할 수 있을지 의문이다. 더욱이 우리나라는 자백 이외에 별도의 보강증거(법 제310조)를 요구할 뿐만 아니라 증거능력의 안정성이 확보되어도 그 말을 믿을 것인지 아니면 공판정에서의 번복진술을 믿을 것인지는 법원의 자유심증(법 제308조)에 의하며, 이러한 증명력 판단을 위하여 검사와 피고인, 변호인간의 공방이 이루어질 것이므로 유죄판결로 바로 직결되는 것도 아니다.

(4) 공판실무에 대한 이해 부족

한국의 실정에서는 조사자가 증언하는 것이 조서를 기억하는 방식의 증언이 될 수밖에 없다고 할 때 실무에 있어서 조서의 증거능력을 인정하는 것과의 차이는 조서를 낭독하는 사람이 공판검사에서 사법경찰관이나 수사검사로 바뀐다는 정도가 될 것이다. 즉 조서의 증거능력을 인정하지 않으면 조사자가 증인으로 조서를 낭독하고, 조서의 증거능력을 인정하면 공판검사가 조서를 증거로 제출하면서 낭독하는 차이에 불과한 것이다. 그런데 수사검사가 증인으로 낭독한 경우는 증인이 되었다는 이유로 공판관여를 할 수 없게 되어 사건을 가장 잘 파악하고 있는 수사검사의 공판관여가 차단되게 될 수 있고, 이렇게 하는 것이 타당한 것인가에 대하여도 충분한 검토가 있어야 할 것이다.[195]

한편 조서의 증거능력을 인정하지 않으면 수사기관이 증인으로 조서를 낭독할 뿐 조서가 법원에 제출되지 않으나, 조서의 증거능력이 인정되면 조서가 법원에 제출될 것이다. 결과적으로 조서의 증거능력이 인정되면 법원은 낭독하는 것을 듣기도 하고 제출된 조서를 읽어볼 수도 있으나, 증거능력이 인정되지 않으면 법원은 조서내용을 듣기만 하고 재판을 해야 하는 것이다.

그런데 법원이 조사자의 증언이나 조서의 낭독만을 듣고 재판하는 방식은 진술 내용이 조금만 길어져도 내용을 즉시 파악하기 어렵고 진술 내용에 대한 기억이 쉽게 없

---

195) 독일에서도 실무상 수사검사가 공판관여를 하는 것이 원칙이므로 공판관여 검사가 증언을 하고 나서 다시 계속 공판관여를 할 수 있는가에 대한 논의가 있었다. 독일제국시대에는 증인으로 증언한 검사는 이후의 공판관여를 할 수 없다고 하였으나, 독일연방법원은 이러한 해석에 대해 많은 수정을 가하여 수사검사가 공판관여를 하는 것이 바람직하다는 기본입장 하에서 공판의 이른 단계에서 증언을 한 경우는 상관이 없다든가, 피의자신문당시의 외부적 상황 등에 관한 증언의 경우는 상관이 없다거나 또는 자신의 증언에 대한 설명이나 의미부여 등에 관여하지 않는다면 공판관여가 허용된다든가 하는 예외들이 나타나게 되었다고 한다(BGHSt 1, 265, 267; BGHSt 21, 85).

어질 수도 있다. 사건 중에는 기록이 1,000페이지가 넘는 사건도 있으며, 사건이 조금만 복잡하면 정리된 기록을 2-3회 정독하고 나서야 비로소 사건 파악이 되는 경우도 많은 것이다. 그러므로 정확하고 적정한 재판을 위해서는 법원도 구두진술의 내용을 다시 확인할 수 있는 장치가 필요할 것이다.

또한 속기를 한다고 하여도 변론종결 후 즉시 속기록이 작성되기도 어렵고 녹음을 한다고 하여도 어느 부분을 다시 들어야 하는지 찾기도 어려울 뿐만 아니라 그 내용을 다시 듣는 것은 상당한 시간이 소요될 것이다. 즉 법원이 법정에서 현출된 증거를 충분히 검토하고 적정한 심증형성을 하는 '숙고형 재판'을 위해서는 무언가 심리중에 현출된 진술을 다시 검토할 수 있는 기록물이 있어야 할 것인데, 현재 실무에서 이 부분을 보충하여 왔던 것이 바로 수사기관이 작성한 조서였던 것이다.

그런데 조서의 증거능력을 부인하면 조서가 법원에 제출될 수 없게 되어 법원은 향후 조서없이 재판을 하여야 할 것인데,[196] 이 부분에 대해서는 실무에 있는 판사들에게 현실적으로 가능한지, 지금 당장 가능하지 않다면 어떤 대안을 생각할 수 있을 것인지 의견을 들어볼 필요가 있을 것이다.[197]

(5) 재판의 장기화 및 형사소송의 사회적 비용 증가

검사작성 피의자신문조서는 증거를 토대로 한 사건의 핵심내용이 정리되어 있어 피고인이나 변호인도 이를 열람·등사하여 재판자료도 활용하고 있다. 그런데 이러한 현실에서 내용 부인만으로 조서의 증거능력이 부정되면 검사의 피의자신문조서 작성 건수는 줄어들고, 조서 없이 개별 증거만 편철된 채 공소제기 및 재판이 이루어지는 사례가 늘어나 형사소송의 사회적 비용이 급증하게 될 것이다. 왜냐하면 조서가 증거로 제출되지 않을 경우 피고인은 사건의 쟁점을 명확히 파악하여 대응하기 어렵고, 그 결과 변호인 선임료 등 법률비용이 증가할 수밖에 없기 때문이다. 법원 역시 개별 증거에 대한 상세한 증거조사 및 피고인신문이 이루어져야 하므로 필연적으로 재판의 장기화가 수반되고, 막대한 재판비용의 증가로 인해 국민들의 부담이 크게 가중될 것이다.

더욱이 90% 이상의 형사사건이 유죄협상제도(plea bargaining)에 의해 처리되는 영미법계 국가[198]와 달리 우리나라의 경우 혐의가 인정되는 대부분의 사건이 기소되고,

---

196) 직권주의를 취하고 있는 독일에서는 공소제기와 함께 기록전체가 법원에 미리 제출되기 때문에 별도로 조서를 제출하는 방법을 마련할 필요가 없다.

197) 이상훈·백광균·정성민, 「수사기관 작성 조서의 증거 사용에 관한 연구: 2020년 개정 형사소송법에 따른 실무 변화 모색」, 사법정책연구원 연구보고서(2021), 제3장 참조; 모성준, "형사소송법 제312조 개정의 실무적 함의", 대법원형사법연구회 및 한국형사소송법학회 공동학술대회 (2020. 12. 4.) 발표자료 참조.

198) 모성준, 「피의자신문조서 증거능력 제한과 형사재판」, 사법정책연구원/대한변호사협회/한국형사

그중 상당수가 장기간에 걸쳐 2, 3심까지 진행되는 상황에서,[199] 검사의 조서를 활용하지 못하면 재판의 장기화는 더욱 심화될 것이고, 그 피해는 국민들에게 돌아갈 것이다.

【표 5-13】형사사건 심급별 처리기간(공판 사건 기준)[200]   (단위: 명)

구분			3월 이내	6월 이내	9월 이내	1년 이내	2년 이내	2년 초과	평균 (월)
1심	2018	합의	8,031	7,234	1,982	866	959	271	4.9
		단독	108,740	64,119	22,569	11,024	10,526	1,378	4.5
2심	2018	고등	2,887	4,916	1,121	305	172	56	4.7
		지방	26,040	25,511	9,377	3,036	2,619	193	4.7
3심	2018	합의	3,009	552	107	49	105	90	3.5
		단독	17,328	2,135	380	102	257	215	2.5

3. 수사단계에서의 진술을 증거로 사용하지 못할 경우의 실무상 문제점

(1) 실체적 진실발견의 곤란

수사와 재판 사이의 간격을 고려할 때, 기억이 비교적 생생한 수사단계에서의 진술을 전혀 증거로 사용할 수 없다면 형사소송에 있어서 실체적 진실을 규명할 수 없게 되는 경우가 적지 않을 것이다. 피고인은 형사절차의 진행과 함께 유죄판결의 가능성이 높아진다고 느끼면 종전의 자백진술을 부인하기 쉬운데 반해, 법원으로서는 진술거부권으로 인하여 피고인에게 새로운 진술을 요구할 수 없으므로 그가 진범일지라도 증거불충분으로 무죄를 선고하지 않으면 안 될 경우가 생겨날 수 있기 때문이다. 나아가 공범의 진술 이외에 객관적 증거를 확보할 수 없는 사건에서 피의자와 공범이 모의하여 법정에서 검사 작성 피신조서의 내용을 부인하는 경우, 수사기관에서의 진술을 증거로 현출할 방법이 없어 부당하게 무죄가 선고되는 사례들이 빈발하게 될 것이다.

법학회/대법원형사법연구회 공동학술대회(2021. 10. 29.), "개정 형사소송법 제312조 제1항 시행에 따른 피의자신문조서 증거사용 변화" 토론문, 91면.

미국 연방(2016)의 경우 guilty plea 및 plea bargin으로 종결되는 사건은 전체의 88.7%, trial로 유죄가 선고된 사건은 2%, acquitted된 사건은 0.4%, dismissed된 사건은 8.9%이므로 trial이 진행되는 사건은 극히 일부에 불과하다(plea bargain이 필수적).

199) 2014 – 2018년 항소율은 38.5% – 42.9%, 상고율은 32.4% – 34.5%이다(공판사건 기준).

200) 출처: 사법연감(2019).

무엇보다도 수사단계에서 이루어진 진술을 증거로 사용할 수 없게 한다면 원진술자가 법정에서 진술을 번복하면 법정진술만이 증거로 되므로 이 경우 수사절차는 사건관계인의 진술을 단순히 수집만 하는 절차에 불과하고, 그 진술의 신빙성에 대한 판단은 의미를 상실하게 될 것이다. 즉, 수사단계에서의 진술이 번복되면 법관은 범행에 대한 피의자의 최종 입장만 확인할 수 있을 뿐 진술이 변화된 과정을 알기 어려워 아무런 의미가 없어지는바, 이는 기소이전 단계에서 사건관계인에 대한 조사를 원칙적으로 불허하는 사인소추적 시스템으로의 전환과 다를 바 없다 할 것인바, 이 시스템에서는 수사단계에서 수집된 진술이 법정에서 번복되면 그 실체적 진실에 대한 판단없이 법정진술에 따라 공소를 취소하거나 무죄를 선고받게 된다. 따라서 이러한 형태의 사법체계에서는 공소취소율이나 무죄율이 높을 수밖에 없어서 실체적 진실발견 및 정의의 구현에 반하게 될 것이다. 제6장에서 보는 것처럼, 대륙법계 형사절차에서는 유죄율이 95% 내외인 반면, 영미법계 형사절차에서는 유죄율이 80% 정도(유죄협상제도를 이용하는 미국은 90% 정도)를 유지하고 있다는 점이 이를 증명한다(후술).

결국 수사기관에 의하여 혐의가 밝혀진 피고인을 상대로 재판을 하면서 수사 결과를 무시하고 백지상태에서 다시 피고인의 혐의유무를 가리는 것은 수사기관의 수사권을 무력화시키는 것이며, 노력과 비용의 낭비, 즉 고비용 저효율의 소송제도가 될 가능성이 있다.

(2) 증거법 변경에 따른 검사의 공소권의 변화 초래

검사의 공소권은 공소제기 여부의 결정과 공소유지권으로 구성되어 있다. 그런데 수사단계에서의 진술을 증거로 사용하지 않는 법제를 취하면 검사의 공소권은 공소유지 및 공소취소가 중점이 되고, 공소제기 여부의 결정은 중요성을 상실하게 될 것이다. 검사가 공소제기 여부를 판단할 때 근거로 하는 증거로는 '물적 증거'와 '진술증거'가 있는데, 사건 중에는 물적 증거가 없이 진술증거만 있는 경우도 있고, 물적 증거가 있어도 그 의미를 진술증거가 보충해 주어야 하는 경우가 대부분이기 때문이다. 따라서 검사가 이러한 진술증거와 물적 증거를 근거로 하여 공소를 제기하는 결정을 하는데, 검사작성 피의자신문조서의 증거능력을 없애는 것은 검사가 공소제기 여부를 판단하는 근거가 되는 중요한 축인 피의자 진술을 고려대상에서 제외해야 하는 것을 의미하므로 검사는 매우 곤란한 상황에 처하게 될 것이다. 이는 공소제기를 판단하는 혐의유무에 대한 판단기준이 낮아져서 쉽게 기소되어 법정에 서게 되는 것이다. 따라서 가능하면 국민을 법정에 세우지 않으려는 대륙법계 법제에서 쉽게 법정에 세우는 영미법계 체제로의 전환이 되는바, 이는 피고인의 인권침해를 초래할 소지가 크므로 국민적 결단이 필요하다.[201]

---

201) 미국 사법통계국의 자료에 의하면 1973년부터 2004년까지 약 30년간 사형을 선고받고 복역하

(3) 조사자 증언제도로는 부족

내용 부인만으로 검사 작성 피의자신문조서의 증거능력이 부인된다면, 검사는 조사를 담당한 사법경찰관을 증인으로 신청하여 그 법정 진술을 증거로 활용할 수밖에 없을 것이다. 그런데 이는 조사 당시의 상황에 대한 사법경찰관의 기억에 의존해야 하는 것으로, 피의자의 진술이 기재된 조서에 비해 증명력이 낮고 기억의 정확성에 대한 논란이 야기되는 등 효율성도 높지 않다. 왜냐하면 경찰관 등이 피의자신문을 한 시점과 법정에 나와 조사자증언을 하는 시점 사이에는 상당한 간격이 있을 수밖에 없으므로, 피의자의 구체적인 진술 내용을 기억하기 위해서는 증언과정 또는 증언 전에 기억을 환기시키는 과정을 거칠 필요가 있고, 이를 위해서는 피의자신문의 구체적인 내용을 기록해 두었던 자료를 참조할 수밖에 없기 때문이다. 그러므로 기억 환기에 참조되는 자료의 정확성이 조사자증언의 정확성 확보를 위한 관건이 된다. 정확하지 않은 자료의 참조는 기억을 왜곡, 오염시키기 때문이다.

그런데 우리 형사소송법상 조사자가 기억환기를 위하여 어떠한 방법을 취할 수 있는지는 조문 자체로 명확하지 않은데, 미국에서는 기억환기를 위한 자료에 아무런 제한을 두고 있지 않고,[202] 증거능력이 인정될 필요도 없으며,[203] 심지어는 허위의 자료라도 무방하다[204]고 한다. 다만, 통상적으로 피의자로부터 진술을 청취한 후 진술청취 수사보고서를 작성하고 이 수사보고서가 기억 환기의 자료로 활용되는데, 이 경우 증인은 자료를 통하여 재생된 기억 자체에 의존하여 진술을 하여야 하는 것이지 자료 자체에 의존하여 증언을 하는 것은 허용되지 않는다.[205]

다가 결백이 입증된 사형수가 무려 119명에 이른 반면, 우리나라와 일본에서는 사형이 확정된 후 무죄가 입증된 사례가 거의 없다고 한다(공판중심주의 형사소송법 개정백서(2005. 9.), 검찰, 444면).

202) christopher Mueller, Laird Kirkpatrick, Liesa Richter, Evidence: 6th. Ed., Wolters Kluwer, 2018, p.634.

203) United States v. Scott, 701 F.2d 1340 (11th Cir. 1983).

204) United States v. Carey, 589 F.3d 187 (5th Cir. 2009).

205) 증인(경찰관)이 자료를 통해 기억을 환기하는 것이 불능하여 자료 자체에 의존하여 증언을 할 수밖에 없다면, 해당자료가 연방증거규칙 제803조 제5항에서 정하고 있는 '기록된 과거의 기억'(recorded recollection)의 요건(증인이 그것에 대한 지식을 가지기는 했으나 현재는 충분한 기억을 가지고 있지 않거나, 충분하고 정확하게 진술할 수 없는 사항에 대하여, 그 증인에 의해 채택(adopted)되었거나 만들어졌고, 현재 법정에서 증인에게 보여주는 방법으로, 증인의 기억을 환기시키고 지식을 정확히 회상하기 위하여 제시되는 메모나 기록. 만일 증거로 사용된다면, 반내당사자에 의하여 제시되는 경우를 제외하고는, 위 메모나 기록은 그 자체를 증거로 할 수 없고, 그 내용을 읽는 방법으로 제시되어야 한다)을 충족하는 경우 그 자료에 증거능력이

결국 형식적으로는 구두주의적 원칙이 관철된 것과 같은 외관이 형성되지만, 그 실질을 들여다보면 기억환기를 위해 활용된 수사보고서가 경찰관의 '입'을 통해 우회적으로 증거로 활용되는 것임을 알 수 있다.[206] 더욱이 사법경찰관은 수시로 법정에 출석하여 증언을 해야 하므로 영미의 유죄협상제도(plea bargaining)가 도입되지 않는 한, 수많은 사건의 증인으로 출석해야 하는 부담이 있을 뿐만 아니라, 3심제를 취하고 있는 우리나라 재판제도에서 사실심인 항소심의 경우 제1심 공판조서의 실체적 사항(증인의 증언내용 등)에도 증명력을 인정할 것인지 등 많은 문제점이 있다.

Ⅱ. 외국의 증거법 체계

1. 영 국

(1) 1967년 형사소송법

1967년 형사소송법(Criminal Justice Act) 제9조는 한 당사자인 원진술자가 법정에서 증언할 수도 있었던 범위안에서 원진술자를 법정에 소환하지 않은 채 서면진술(written statement)을 증거로 제출할 수 있도록 규정하고 있었다. 이 절차는 종종 이용되기는 하였으나, 당사자 한쪽이 반대하는 경우 증거로 사용할 수 없기 때문에 당사자간에 다툼이 없는 증거의 경우에만 이용되었다.

(2) 1988년 형사소송법

1988년 개정된 형사소송법(Criminal Justice Act) 제23조는 1차 전언된 전문증거(first-hand hearsay), 즉 원진술자에 의하여 구두로 진술되었을 경우 증거로서 인정될 사실에 대한 서면진술은 그 사건이 (전문진술의 예외에 대한) 특정범주에 포함되는 한, 그 자체로서 증거능력이 인정된다고 규정하였다. 위 특정범주는 원진술자가 직접 증언하지 못하는 경우로서, 첫째, 원진술자가 사망하거나 신체적 또는 정신적 상태가 증인으로서 출석하는 것이 상당하지 않은 경우, 둘째, 원진술자가 국외에 있어서 그 출석을 확보하는 것이 합리적으로 기대될 수 없는 경우, 셋째, 원진술자를 찾기 위해 모든 합리적인 수단을 다했으나 실패한 경우, 넷째, 원진술이 경찰관 또는 기타의 수사관에 대하여 이루어지고, 원진술자가 두려움때문에 증언을 하지 않는 경우 등이 여기에 해당한다. 반면에 "business etc documents"라는 제목의 제24조는 무역, 사업, 직업수행 과정에서 작성된 서류의 증거능력을 인정하는 규정이다.

부여된다.

206) 홍진영, "우리나라 형사재판의 문제점과 개선방안", 개정 형사소송법의 평가(개정방향), 대한변호사협회/한국형사소송법학회 공동학술대회(2019. 12. 20.) 자료집, 151면.

다만, 이 경우 1988년 형사소송법에 의하여 진술의 증거능력이 인정되기 위하여는 다음의 요건을 구비하여야 하는데, (1) 증거능력 인정의 대상이 되는 것은 법 자체가 규정하고 있는 진술(statement)[207]개념에 포함되어야 하며, (2) 해당 진술은 법이 정하고 있는 서류(document)[208]개념에 해당하는 문서에 기재되어야 하고, (3) 동법 제23조(first-hand hearsay)와 제24조(business record)가 정하는 종류의 진술이어야 하며, (4) 동법 제23조와 제24조가 정하는 종류의 서면진술인 경우, 원진술자는 제23조가 규정하고 있는 이유 중의 하나로 인하여 직접 구두증언을 할 수 없는 경우라야 하고, 아울러 판사나 치안판사가 서면을 허용하는 것이 정의에 반한다고 인정될 때에는 그것을 허용하지 않을 수 있다는 제25조상의 증거배척의 재량을 행사하지 않았어야 하며, (5) 사업상 기록에 기재된 진술이라 하더라도 형사소송(criminal proceedings)이나 수사단계(criminal investigation)에 제출될 목적으로 작성되었다면, 원진술자는 동법 제23조가 정한 요건에 의하여 구두증언이 불가능하거나 원진술자가 당시 상황을 정확하게 기억할 수 있다고 인정하기 어려운 경우에만 증거능력이 인정되며, 이 경우 동법 제26조에 의하여 법원의 사전허가를 얻어야 한다.[209]

(3) 1996년 형사절차및수사법

1996년 형사절차및수사법(Criminal Procedure and Investigation)은 이송심리절차(committal)에서 이루어진 진술이나 치안판사 앞에서의 증언에 대해 증거능력을 인정할 수 있는 여지를 허용하고 있다.[210] 즉 절차에 참여한 당사자가 부동의하는 경우 원칙적으로 그 증거능력이 인정되지 않으나, "법원이 사법정의에 부합한다고 판단하는 경우" 그 재량으로 증거능력을 인정할 수 있도록 하였다. 이에 따라 판사가 진술이나 증언이 증거로 사용될 수 없도록 배제할 수 있는 권한을 갖지만, 재량행사의 기준에 대해서는 전혀 언급하지 않고 있다. 결국 이에 따르면 진술자가 반대신문을 받은 적이 없으며, 현재 증언을 하는 것이 불가능하지도 않은 경우에 그 진술을 증거로 사용할 수 있는 재량권을 법원에 줌으로써 새로운 전문법칙의 예외를 창출한 것이다.

이에 대하여는 첫째, 원진술자가 증언할 수 있음에도 그 진술의 증거능력이 인정되며, 둘째, 상대방 측에 그 증거능력을 다투거나 원진술자의 신빙성을 탄핵할 수단을 보

---

207) 진술의 개념이 광범위하게 규정되어 "어떤 방식으로 진술되었는지를 불문하고 사실에 대한 설명인 경우"로 규정되어 있다.

208) 서류의 개념이 광범위하게 규정되어 "어떤 정보에 대하여 행해진 설명이 담겨진 모든 것"이라고 규정되어 있다.

209) Law Commission, *Evidence in Criminal Proceedings: Hearsay and related Topics*, 1995, p.20-21.

210) Law Commission, op.cit., p.50.

장하지 않고 증거능력을 인정하고 있으며, 셋째, 법원이 재량을 어떻게 행사할 것인지에 대한 예측가능성이 전혀 없다는 점에서 비판을 받고 있다.

(4) 2003년 형사소송법

영국법상 전문증거는 증거능력이 부정되지만, 이에는 많은 예외가 존재하며, 그중 가장 중요한 것이 피고인의 법정외 자백(confession)으로서 증거능력이 인정된다(Criminal Justice Act 2003, 제118조 제1항). 또한 공판정에서 증언할 수 없는 목격자의 경찰진술도 전문법칙의 예외로 인정된다.[211]

그런데 종래 영국에서도 전문법칙에 대한 비난이 점증하고 있었는데, 복잡성 및 원칙과 예외가 비논리적일 뿐더러 제대로 기능하지 못하고 있다는 점 등을 그 이유로 한다. 1993년 발간된 왕립형사사법위원회의 보고서(Law Commission)[212]도 「일반적으로 어떤 진술이 전문진술이라는 사실은 법원이 그 진술에 더 적은 비중을 두어야 한다는 것이지, 아예 처음부터 증거로 사용할 수 없다는 것을 의미하는 것은 아니다. 우리는 관련 증거의 증명력은 원칙적으로 배심원에 의하여 판단되어야 한다고 믿는다. 그러므로 우리는 현 상황에서 전문증거에 좀 더 넓은 증거능력을 부여해야 한다고 제안한다」[213]고 하면서 주요 개정안을 제시한 바 있다. 이에 따라 영국은 1984년 경찰 및 형사증거법을 제정한 후, 1985년 검찰제도를 도입한 이래 지속적으로 사법개혁을 추진하면서 형사증거법의 변화를 모색하여 왔는데, 2003년 형사소송법(Criminal Justice Act 2003)을 제정함으로써 종래의 common law상 전문법칙에 대한 수정을 가하였다.

먼저 진술증거와 관련된 주요한 변화내용을 살펴보면, 첫째 증인이 공판정에서 수사단계에서 일정한 진술(A)을 한 사실을 인정하면 이 인정진술을 증거로 할 수 있으며, 나아가 증인이 A라고 말한 사실 자체를 다투는 경우 A라고 말한 사실을 입증함으로써 이를 증거로 할 수 있도록 한 것을 들 수 있다. 그리고 이때 증인을 신문하면서 조서를 보여줄 수 있다(동법 제119조). 즉 증인의 인정진술의 증거능력과 증인의 공판정외 진술의 입증을 허용한 것으로 이는 증인의 수사단계에서의 진술에 대한 독일의 증거법과 유

---

211) 전문증거가 증거능력이 인정되는 경우란 영국 형사소송법(Criminal Justice Act 2003) 제114조 이하의 전문법칙의 예외에 해당하거나 제118조에 의하여 common law상 일정한 범주 내에서 증거능력이 인정되는 경우, 형사소송절차에서 모든 당사자가 증거능력의 인정에 동의한 경우 또는 전문증거의 증거능력을 인정하는 것이 사법적 정의에 부합한다고 법원이 인정한 경우를 말한다.

212) Law Commission은 1995년 발표한 형사증거법에 관한 보고서에서 문제점을 지적하고 개선안을 제안하였으며, 이 제안이 받아들여져 2002년 의회에서 채택한 Criminal Justice Bill을 거쳐 2003년도에 법으로 제정된 것이다.

213) Law Commission, op.cit., p.1.

사하다. 특히 이 규정의 성문화 의미는 기존의 전문법칙의 예외사유로 신빙성(reliability) 기준이 법원의 재량판단에 의해 증거능력의 부여가 결정되었으나, 이 규정으로 법원의 신빙성 판단을 받지 않고 자동적으로 증거능력이 부여되었다는 점이다.

둘째, 전문증거의 예외적 허용사유로 두려움(fear) 개념을 도입하여 증인이 두려움으로 인하여 법정에서 진술하기 어렵거나 법정에 출석하여도 진술을 계속하지 못하는 경우는 수사단계에서의 진술을 증거로 할 수 있게 하였고(동법 제116조 제2항 e호), 여기서 두려움의 개념은 생명·신체의 위해에 대한 것뿐만 아니라 재산상 손실도 포함하는 것으로 광범위하게 해석되는 개념으로 규정하였다(동법 제116조 제3항).[214] 따라서 종래의 common law상의 전문법칙의 예외사유보다 수사기관의 참고인진술조서 등이 증거로 사용될 수 있는 범위가 크게 확장된 것이다.

셋째, 1970년대에 들어 발생한 Confait 살인사건[215]을 포함한 일련의 사건 등을 계기로 기존 영국경찰의 신문기법이 인권침해의 소지가 많다는 여론이 확산되자, 영국정부는 1983년 녹음제도를 시험적으로 실시한 후, 영상녹화물의 증거능력에 관하여 증인의 공판정외 진술에 대하여도 일정한 요건하에 영상녹화물의 증거능력을 인정한 것이다(동

---

214) 2003년 형사사법에 관한 법률 제116조(증인이 곤란한 경우)

(2) 위 요건은 다음과 같다.

(e) 해당인이 두려움 때문에 또는 진술의 주요 내용과 관련하여 소송에서 구술증거를 제공하지 아니하고, (또는 구술증언을 제공하다가 그만두고) 법원이 진술을 증거로 제출하는 것을 허가할 때

(3) 제2항 (e)에서 「두려움」이란 폭넓게 해석할 수 있고, (예컨대) 다른 사람의 사망, 상해, 본인의 재정손실을 포함한다.

(4) 제2항 (e)에 따른 허가는 법원이 다음과 관련하여 정의의 관점에서 진술을 허용하여야 한다고 인정한 경우에만 내릴 수 있다.

(a) 진술의 내용

(b) 그것의 허용 또는 배제가 소송 당사자에게 불공정을 초래할 위험(및 특히 해당인이 구술증거를 제공하지 아니할 경우 얼마나 해당 진술을 탄핵하기 어려울지)

(c) 해당할 경우, 1999년 소년사법과 형사증거에 관한 법률(Youth Justice and Criminal Evidence Act 1999) 제19조(두려운 증인의 증거 제공을 위한 특별 수단 등)에 따른 지시가 해당인과 관련하여 내려진 사실

(d) 그 밖의 모든 관련 사정

215) 1972년 영국 런던에서 Maxwell Confait라는 남창(男娼)이 불탄 집에서 질식사한 채로 발견되었는데, 그 후 3명의 청소년들이 경찰에서 범행을 자백하여 살해혐의로 기소되었으나, 재판과정에서 경찰에서 한 자백이 허위로 밝혀져 무죄가 선고된 사안이다(Henry Fisher, *Report of an Inquiry into the circumstances leading to the trial of three persons on charges arising out of the death of Maxwell Confait and the fire at 27 Dogget Read*, London SE6, HMSO, 1977).

법 제137조). 물론 증인이 공판정에 나와 있는 것을 전제로 하여 증인의 기억이 생생한 때에 영상녹화하였다는 등 여러 가지 요건이 있지만, 모든 사건에 있어 증인의 진술에 대한 영상녹화물의 증거능력이 인정되게 된 것은 획기적인 것이라 할 수 있다.

요약하면, 영국 형사소송법은 증인의 법정외 진술이 기억이 생생한 때에 녹화되었고, 증인이 법정에서 녹화된 진술내용이 진실이라고 주장하는 등 일정한 요건을 갖춘 경우에는 영상녹화물의 증거능력을 인정하는 것이다. 이러한 법규정은 영미법상 최량증거의 원칙(best evidence rule)에 대한 수정이라고 볼 수 있다.[216] 구두주의는 증거법의 세계에서 최우량증거원칙과 중복조사금지원칙으로 표현되는데, 최우량증거의 원칙은 재판의 적정하고 효율적인 진행을 위해서는 동일한 내용의 증거로서 증거능력이 있는 증거가 여러 개 있는 경우에도 가능하면 최우량의 증거를 조사하라는 것이고, 중복증거금지원칙은 중복된 증거는 반복하여 조사하지 않아도 된다는 것이다.[217] 따라서 법정에서 증인이 출석하여 증언할 수 있다면 굳이 참고인진술조서, 진술서, 영상녹화물을 증거조사할 필요는 없는 것이다. 전통적으로 영미법상 최량증거는 증인이 보거나 들은 것을 법정에서 회상하는 것을 의미해 왔는데, 사건 발생 후 수개월이 지나 공판이 열리게 되면 증인의 기억이 변형되거나 소멸될 가능성이 높다. 그런데 과학기술의 발전에 따라 증인이 보거나 들은 것을 녹화할 수 있다면 기억이 생생할 때 녹화한 것을 최량증거로 취급할 수 있는 것이다. 따라서 증인이 법정증언을 할 수 있음에도 불구하고, 녹화된 내용이 진실이라고 주장하고 법정외 진술이 기억이 생생할 때 녹화되었다면 당해 영상녹화물 자체를 증거로 삼을 수 있다는 점에서 전통적인 최량증거의 법칙이 일부 수정되었다고 볼 수 있는 것이다.[218]

영국에서 이와 같이 증거법을 크게 개혁한 이유로 가장 중요한 것은 진실발견의 중요성에 대한 인식을 들 수 있다. 이 점에 관하여 Law Commission이 1995년 발표한 형사증거법에 관한 보고서에서 문제점을 지적하고 개선안을 제안하였고, 이 제안이 받아들여져 2002년 의회에서 채택한 Criminal Justice Bill을 거쳐 2003년도에 법으로 제정된 것이다. 즉 Law Commission은 「증인의 종전진술이 진실된 것이라고 인정할 수 있는 경우에 왜 사실판단자가 이를 진실한 것으로 인정하여서는 안되는지 의문이다. 배심원단이나 치안판사들에게 증인이 전체적으로 거짓말하고 있다고 판단하고 그 증인의 증언을 무시할 수 있는 권한을 주고 있는데 왜 배심원단이나 치안판사들이 그 증인의 종전진술

---

216) 최량증거의 원칙이란 서증의 내용을 증명하기 위해서는 원칙적으로 원본이 증거로 제출되어야 한다는 원칙으로, 여기서의 서증이란 문서, 녹음, 사진 등을 포함한다(Roger C. Park, Evidence Law, Thomson, p.591).

217) 이완규, 개정 형사소송법의 쟁점, 탐구사, 192면.

218) 허인석, "영상녹화제도의 합리적 운용과 발전방향", 법조 제57권 9호(통권 제624호), 58면.

을 진실된 것이라고 인정하고 그들이 확신을 가질 수 있는 증언의 부분들을 신뢰할 만하다고 자유롭게 판단할 수 없는지 의문이다」219)라고 하면서, 「법원 또는 배심원단에게 종전진술과 번복진술의 두 가지를 모두 사용하도록 하는 것이 유용할 것으로 보이며 특히 사건 발생 후 오랜 시간이 지난 후에 공판이 행해지는 경우는 더욱 그러하다」는 이유로 인정진술의 증거사용을 권고한 것이다.220)

한편 두려움(fear)의 도입과 관련해서는 피고인의 방어권 보장뿐만 아니라 피해자의 인권을 보호하는 것도 중요하다는 점을 강조하면서 이러한 피해자의 인권보호를 경시함으로 진실이 왜곡되는 것을 막아야 한다는 점을 지적하고 있다. 즉 「범죄의 피해자들도 피고인과 마찬가지로 인권을 가지고 있다. 어떤 나라의 형법·형사소송법 등이 그러한 피해자를 보호하는데 비효율적이라면 이러한 결함으로 인하여 언젠가 피해자들은 그들의 권리가 침해되는 것에 대하여 불만을 표시하게 될 것이다」라고 하고, 「이러한 권리에 대한 소홀은 그 결과로 이런 범주에 있는 사람들 중 많은 합리적인 사람들로 하여금 이를 매우 심각하게 생각하게 하여 차라리 범죄자를 방면하여도 좋다는 식의 선택을 하게 된다」221)는 것이다.

2. 미 국

미국 증거법은 common law의 영향으로 위의 영국의 증거법과 체계적으로 유사하지만, 예컨대 피의자의 자백을 전문법칙의 예외(exception to the hearsay rule)가 아니라 아예 전문증거가 아니라고 규정하는 등 세세한 측면에서 차이를 두고 있다.222) 즉 미국 연방증거규칙 제801조 (d)(2)223)에 의하여 공판정 외에서의 피의자의 불이익한 사실을

---

219) Law Commission, op.cit., p.165.
220) Law Commission, op.cit., p.166.
221) Law Commission, op.cit., p.63.
222) 이는 신빙성(reliability)이나 신용성의 문제보다는 금반언의 원칙(estoppel)문제라고 볼 수 있으며, 또한 自認을 한 반대편 당사자가 법정에 있기 때문에 증거로 제출된다고 하더라도 전문증거가 갖는 위험성을 예방할 수 있다는 점에 근거하고 있다. 즉 반대당사자의 자인이 증거로 제출된다고 하더라도 그 당사자가 법정에 있으므로 제출된 증거에 대하여 충분히 탄핵할 수 있으므로 일반적인 전문증거가 가지는 위험성이 없다는 것이다(Park/Leonard/Goldberg, *Evidence Law*, 2nd ed., Thomson/West, 2004, p.274).
223) Best A., Evidence, *Examples and Explanations*, 4th ed., pp.90−93; Federal Rules of Evidence § 801(d)(2) Federal Rules of Evidence § 801(d)(2) Admission by party−opponent. The statement is offered against a party and is (A) the party's own statement in either an individual or a representative capacity, or (B) a statement of which the party has manifested an adoption or belief in its truth, or (C) a statement by a person authorized by the party to make a statement concerning the subject, or (D) a

인정하는 진술(admission by party opponent)은 전문진술이 아니라고 규정하고 있다.[224]
전문법칙의 예외는 정황에 의하여 신용성의 보장을 요구하는데 피의자의 자백에는 이러
한 법칙을 적용하기 어렵고,[225] 무엇보다 자신에게 반대신문을 할 수 없기 때문에 연방
증거규칙은 아예 피의자의 자백을 전문증거가 아니라고 규정하고 있는 것이다. 이는 서
면에 의한 것이든, 구두에 의한 것이든 마찬가지다.[226] 따라서 피의자를 조사한 경찰관
은 수사 당시에 피의자가 불이익한 사실을 진술하였다는 점을 법정에서 증언하면, 피고
인의 증언 여부나 인정 여부에 불구하고 그 증거능력을 인정받게 된다.[227] 피고인 자신
의 진술을 내용으로 하는 공판외 진술은 다른 경우와 달리 피고인 자신이 법정에 있으
므로 선서가 이루어지지 않았다든가, 진술내용에 대한 반대신문을 하지 못하였다든가 하
는 것은 의미가 없다. 다만 이와 같이 수사단계에서의 피의자의 자백 또는 불리한 사실
에 대한 진술이 증거로 사용될 수 있기 위하여는 다른 기준에 의한 검토가 요청되고 그
진술의 임의성 여부가 중요한 기준이 되며 구체적으로 억압, 협박 또는 회유 기타 임의

---

statement by a party's agent or servant concerning a matter within the scope of the
agency or employment, made during the existence of the relationship, or (E) a statement
by a coconspirater of a party during the course and in furtherance of the conspiracy(증
언이 반대당사자에 대하여 제출되고, (A) 개인 혹은 대리권을 가진 반대당사자가 행한 반대당
사자 자신의 진술이거나, (B) 그 반대당사자가 채택하거나, 진실하다고 믿고 있다는 것을 명백
히 한 진술이거나, (C) 그 반대당사자로부터 일정한 주제에 대하여 진술을 할 수 있는 권한을
부여받은 사람에 의한 진술이거나, (D) 대행이나 고용관계의 범위내에 있는 문제에 대하여, 그
대행이나 고용관계가 존재하고 있는 동안에 행해진 당사자의 대행인이나 직원에 의한 진술이
거나, (E) 공모를 진행 중이거나 혹은 이를 더 진행시키기 위한 과정에서 행하여진 당사자와의
공범자의 진술).

224) 미국에는 형사소송에만 적용되는 증거법이 따로 있는 것이 아니라 연방증거법만 존재하며, '연
방형사증거법'이나 '연방민사증거법'이 없다. 그러므로 미국 연방증거법은 검찰이나 피고인을
모두 당사자(party)로 지칭하고, 검찰피의자신문조서나 경찰피의자신문조서 등을 별도로 취급하
는 규정을 아예 두고 있지 않다. 이러한 이유로 형사피의자의 수사기관에서의 진술은 당사자의
법정 외에서의 진술에 다름 아니고, 따라서 전문증거인지 여부만이 문제되는데, 연방증거법 제
801조(d)는 전문증거가 아닌 것(statements which are not hearsay)의 하나로 당사자 본인의
진술(the statement is offerd against a party and is the party's own statements)을 열거하고
있는 것이며, 원진술자 운운할 것 없이 당연히 증거능력이 부여되는 것이다.

225) Roper C. Park, *Evidence Law*, Thomson, p.274.

226) Best A., op.cit., p.90.

227) 실무상 수사경찰관 대부분은 통상 1주일에 2일가량 법정에서 자신이 수사한 사건에 대해 증언
을 하고, 상당한 액수의 시간외 근무수당을 지급받는다고 한다. 또한 조사경찰관은 증언에 대
비하여 피의자신문 후 보고서나 메모를 남겨두는 것이 일반적이라고 한다(이두봉, "미국 검사
의 증인면접 및 조사자 증언실무연구", 검사 장기국외훈련 해외검사연구논문, 2008, 31면).

성을 의심할 사정 등이 검토되는 것이다.

결국 수사단계에서 피의자가 한 진술에 대하여 임의성을 의심할 만한 사유가 없는 경우 그 진술이 법정에 현출되는 전형적인 방식은 수사경찰관이 증언을 하는 것이다.[228] 즉 증언을 함에 있어서 피의자가 진술한 내용이 전문의 형식으로 법정에 현출되고, 나아가 그 자백이 이루어진 경위나 정황에 대하여 피고인측에 의한 반대신문이 행해지면서 탄핵할 가능성이 주어지게 되며, 이처럼 수사단계에서 이루어진 진술의 신빙성에 대한 음미과정을 거침으로써 피의자의 진술을 내용으로 하는 수사경찰관의 증언의 증거능력이 인정되는 것이다.

또한 영미법계 재판에서는 피고인신문이 없으므로, 피의자진술의 증거현출방법은 원칙적으로 조사자의 증언이며, 다만 피고인이 증인으로 진술하면서 수사단계에서 한 진술을 인정하면 그 인정진술도 증거로 사용할 수 있다. 즉 기소인부절차(Arraignment)에서 부인진술을 하면 공판정에서는 피고인신문없이 증거를 제출하여야 하며, 피고인이 수사단계에서 어떤 진술을 하였더라도 그러한 진술을 하였는지 피고인에게 물을 수가 없으므로 수사단계에서의 피고인의 진술을 증거로 제출하기 위하여는 경찰관이 증언으로 나서는 것이 원칙적인 모습이 될 수밖에 없는 것이다.

한편 미국 형사법 하에서도 피의자가 수사기관에서 작성한 자백의 진술서는 법정에 현출되어 증거능력을 인정받을 수 있다.[229] 피의자가 수사단계에서 자백을 할 경우 그 자백 내용을 피의자로 하여금 진술서(written statement) 형식으로 작성케 하고, 이를 증거로 제출하는 것이 경찰관의 일방적 증언보다 증명력이 높다는 점을 근거로 한다. 최근, 특정 강력사건의 경우 수사기관으로 하여금 위와 같은 진술서 작성을 의무화하는 입법례도 생기고 있다.[230] 더욱이 미국 연방절차법 규정[231]은 물론 미국 연방증거법의

228) 이완규, 「공판중심주의를 둘러싼 개념상의 혼동과 해결방향」, 법조 통권 585호(2005.6), 42면.
229) U.S. v. Wilfred Joseph Jackson, 690 F.2d 47(1982)(범행사실을 부인하던 피고인이 거짓말탐지기 조사 이후에 자백취지의 진술서에 서명하였고, 이후 기소되었는데 피고인의 반대에도 불구하고 위 진술서가 증거로 채택되어 유죄판결이 선고된 사안으로서 원심은 피고인이 거짓말탐지기 조사 이전에 미란다고지를 받았으므로 증거로 허용된다고 판시하였으나, 항소심법원은 거짓말탐지기 이후에 재차 미란다고지가 있었어야 했음에도 그것이 생략되었다는 점을 근거로 원심을 파기한 것으로, 미국의 경우도 정당한 피의자신문의 결과로서의 조서 내지 진술서는 미국 증거법상 당연히 증거능력이 인정되는 것이다).
230) Washington D.C. Electronic Recording Procedures Act of 2002, IV Procedural Guidelines 참조.
231) 미국 연방절차법(18 U.S.C. 3501).
(a) 미국의 각 주와 워싱턴DC에서 이루어지는 모든 형사절차에서 임의성이 있는 자백(아래 (e)에서 정의)은 증거능력이 있다(In any criminal prosecution brought by the United States or by the District of Columbia, as defined in subsection (e) hereof, shall be admissible in evidence if it is voluntarily given).

경우 29개의 예외사유(exceptions)와 8개의 배제사유(exemptions)가 규정되어 있으며, 미국의 수십 여개 주의 판례상으로도 필요성과 신빙성(reliability)이라는 일반적 기준에 의하여 참고인진술의 증거허용이 확대되어 왔다. 특히 증인이 공판정에 출석한 경우에는 수사절차상 진술에 대하여도 진술 당시는 아니지만 공판정에서는 반대신문이 가능하므로 신빙성 심사와 반대신문권 보장요건 충족에 문제가 없다는 이유로 수사절차상 진술을 증거로 사용하는 범위가 확대되고 있는 추세이다.232)

3. 프랑스

프랑스 형사소송법 제427조 제1항 전단은 「법률이 달리 규정하고 있는 경우를 제외하고는 범죄사실은 모든 증거방법에 의하여 증명할 수 있으며 판사는 그 자유심증에 의하여 판단한다」고 규정하고 있으며(증거자유의 원칙), 동조 후단은 「판사는 법정에서 제시되고 자신의 면전에서 대심의 방식으로 토의된 증거만을 판단의 근거로 한다」고 규정하여 자유심증주의를 천명하고 있다. 피고인의 자백 역시 자유심증주의에 포섭되는 증거에 불과하여, 다른 증거와 마찬가지로 법관의 자유로운 판단에 의해 평가된다(제428조).233) 즉 **'증거자유의 원칙'**이라는 대원칙 하에 일단 서류이든, 증거물이든 모든 형태의 자료가 유죄인정의 자료로 사용될 수 있고, 다만 법률이 달리 정한 예외적인 경우에만 증거의 사용을 제한한다는 구조를 취하고 있는 것이다. 따라서 영상녹화물도 그것이 형사소송법에 규정된 영상녹화조사에 의해 생성된 것이고 또 법률에 그 증거능력을 제한하는 아무런 규정이 없으므로 당연히 증거능력이 인정되며, 다른 증거와 마찬가지로 영상녹화물의 증거가치는 자유심증에 의해 판단될 뿐이다. 피고인 역시 모든 형태의 반증으로 자신을 방어할 수 있음이 원칙이며 이는 증거자유의 원칙이 검사의 소추와 피고인의 방어에 동일하게 적용되기 때문으로 설명된다.

이처럼, 프랑스에는 영국의 전문법칙 내지 독일의 직접주의 원칙에 상응하는 원칙이 없으므로 작성자가 수사판사이든 사법경찰관이든 피의자나 증인의 진술을 기재한 조서는 증거능력이 인정된다. 다만 법령상 명시적인 규정은 없지만, 판례상 이른바 위법수집증거배제의 원칙이 확립되어 있으므로 피의자 또는 피해자, 기타 제3자의 신체적 완전성이

(e) 이 조에서 자백이라 함은 범죄를 저질렀다거나 스스로에게 형사적으로 불리할 만한 구두의 혹은 서면상의 고백을 말한다(As used in this section, the term confession means any confession of guilt of any criminal offense or any self−incriminating statement made or given orally or in writing).

232) Nadel, Andrea G, Use Admissibility of prior inconsistent statements of witness as substantive evidence of facts to which they relate in criminal case−modern cases, 30 American Law Reports 4th. 414, § 2. (a).

233) 형사소송법 제428조 자백도 다른 증거와 마찬가지로 법관의 자유로운 판단에 맡긴다.

침해된 상태에서 작성된 조서, 경찰 및 사법관(판사, 검사)의 위법수집증거, 부정직한 방법으로 수집된 증거, 함정수사 및 그와 유사한 범죄유도방식에 의하여 수집된 증거에 대하여는 증거능력이 부인된다. 물론 증명력과 관련해서는 사법경찰 작성의 조서에 대해 증거가치를 제한하는 취지의 규정이 일부 존재한다. 즉, 프랑스 형사소송법에는 경죄에 관하여 사법경찰이 작성한 조서와 보고서의 증거가치에 관한 특별규정들이 존재하는바, ① 법률이 달리 규정하는 경우를 제외하고 경죄를 입증하는 사법경찰 작성의 조서와 보고서는 단순한 참고자료로서의 가치만 있고(동법 제430조), ② 법률의 특별규정에 따라 조서 또는 보고서에 의하여 경죄를 입증할 수 있는 권한을 부여받은 사법경찰이 작성한 조서와 보고서는 반증이 있을 때까지는 그 내용의 진정이 추정되며(동법 제431조), ③ 특별법상의 일정한 조서는 위조의 증명이 있을 때까지는 그 내용의 진정이 추정된다(동법 제433조)는 규정이다. 다만, ②와 ③의 경우, 이를 준용하지 않는 중죄사건에 있어서는 사법경찰 작성의 조서가 항상 단순한 참고자료로서의 증거가치만 있다. 물론 증거자유의 원칙은 피고인의 방어권 측면에서도 마찬가지로 적용되는 원칙이므로 피고인은 법률이 달리 정한 경우를 제외하고 모든 형태의 반증으로 자신을 방어할 수 있다.[234]

한편, 법관은 공판정에 제시되고 그 면전에서 대심(contradictoire) 방식으로 심리된 증거만을 판단의 근거로 하여야 한다(제427조 제2항).[235] 즉 공판과정에서 법정에 현출되어 당사자에 의해 논의된 증거만이 판단의 근거가 될 수 있으며, 다른 절차 등을 통해 개인적으로 알게 되거나 변론종결 후에 알게 된 사실, 변론에 제출된 바 없는 자료를 통해 알게 된 사실 등은 심증형성의 근거가 될 수 없다. 여기서 '대심방식의 심리'는 독일식의 직접주의와 구별된다. 따라서 진술이 기재된 수사기관 조서의 경우에 원진술자가 공판정에 출석하여 양 당사자에 의한 신문을 받아야 함을 의미하지는 않는다.[236] 따라서 수사기관 작성 조서가 공판정에 현출되어 법관이 요지를 낭독하고 피고인으로 하여금 그에 대한 의견진술의 기회를 부여하였다면, 대심방식의 심리요건은 충족된다. 요컨대 대심에 의한 심리가 반드시 실제로 진행되었을 필요는 없고 심리의 가능성이 있었던 것으로 충분하다고 함으로써 대심주의를 완화하고 있다.

결국 형사소송법 제427조에서 규정한 증거자유의 원칙상 법률 및 판례에서 달리 제한하지 아니하는 한 모든 증거가 유죄 입증의 증거로 사용될 수 있는 것이며,[237] 다만

---

234) 김영기, "프랑스 형사절차의 현재와 개혁동향", 형사소송이론과 실무, 2009. 창간호, 한국형사소송법학회, 149면.

235) 형사소송법 제427조 ② 법관은 공판정에 제시되고, 자기의 면전에서 대심의 방식으로 토의된 증거만을 그 판단의 근거로 한다.

236) 사법정책연구원 연구총서(2021 – 14), 「수사기관 작성 조서의 증거 사용에 관한 연구: 2020년 개정 형사소송법에 따른 실무 변화 모색」, 130면.

237) 김종구, 「형사사법개혁론 – 새로운 패러다임의 비교법적 모색 –」, 2004(개정판), 법문사, 147면.

증거자유 원칙의 중대한 예외로서 사법경찰이 독자적으로 작성한 조서는 단순한 정보로서의 가치만 가질 뿐이다.

현재 프랑스의 실무는 수사판사가 우리의 검사실과 같은 사무실에서 피의자, 참고인을 서기의 입회하에 우리와 동일한 방식으로 조사하고, 조서를 작성하며, 변호인이 거의 100%에 가깝게 참여하는데, 구체적 신문과정을 살펴보면 일정 분량의 신문과 답변이 있은 후 수사판사가 그 내용을 거의 완벽히 재생, 정리 요약하여 입회서기에게 구술하여 주면 그때 입회서기가 타이핑을 하므로 수사판사의 책상 바로 앞에 마주보고 앉아 있는 피의자 및 변호인도 그 내용을 모두 들을 수 있으며, 조서작성을 마친 후에는 피의자에게 다시 읽어보게 한 후 조서의 각 페이지 말미에 서명을 하도록 한다고 한다. 그러나 공판과정에서는 수사판사 작성의 조서를 피고인에게 읽어주지 않는다고 한다.

4. 독 일

직접주의를 취하는 독일의 경우 피의자의 진술이든 참고인의 진술이든 수사절차상 '진술'은 아무런 제한 없이 증거로 사용될 수 있다. 즉 독일에서는 전문법칙이 적용되지 않는다. 다만 직접주의가 적용되는 관계로 전문법칙과 다른 방법으로 법정외 진술의 증거능력을 인정하고 있다.

독일 형사소송법 제250조는 인적 신문의 원칙(Grundsatz der persönlichen Vernehmung)이라는 제목하에 "어떠한 사실의 증거가 사람의 지각에 근거하는 경우에는 그 사람을 공판절차에서 신문하여야 한다. 전에 이루어진 신문에 관하여 작성된 조사나 서류상의 진술을 낭독하는 것으로 이러한 신문을 대체하는 것은 허용될 수 없다"고 규정하여 실질적 직접주의[238]를 천명하고 있는데, 이는 **'서증(書證)에 대한 인증(人證)의 우선원칙'**에 근거를 둔 것이다.[239] 이처럼 독일 형사소송법은 공판심리의 기본원칙으로서의 구두주의

---

238) 독일 형사소송법상 직접주의 원칙은 '형식적 직접주의(직접심리주의)'와 '실질적 직접주의(직접증거주의)'로 구분되는바, 전자는 법원의 재판은 공판절차에서 이루어진 스스로의 지각에 근거하여야 한다는 것으로, 증거조사를 다른 사람(수탁판사, 수명법관 등)에게 위임하는 것이 원칙적으로 허용되지 아니한다는 것을 말하며, 후자는 법원이 피고인이나 증인을 법정에서 직접 신문하여야 하며 법정 이외에서 행해진 신문에 의한 조서나 기타 서면을 낭독하는 것으로 이러한 직접신문을 대체하는 것은 원칙적으로 허용되지 않는다는 것을 말하는데, 형사소송법 제250조는 이 중 '실질적 직접주의'를 의미한다.

239) 대륙법계의 독일에서는 규문시대의 경험과 영미법계의 다른 사법적 절차로서의 수사개념과 이에 따른 수사기관의 광범위한 권한 등에 따라 조서에 대하여 그 기재내용의 정확성 및 조사가 주는 인상 등을 이유로 한 객관성의 문제 등 때문에 수사절차상의 진술을 현출하는 방법으로 인정진술과 조사자증언을 우선하고 조서를 제한하고 있다(Gehard Schaefer, *Die Praxis des Strafverfahrens*, 6.Aufl., Kohlhammer, 2000, S.381.).

가 원칙으로 대두되었고, 증거조사방법과 관련해서는 직접주의가 확립되었는바, 피고인이나 증인을 공판정에서 직접 신문하여야 하며, 공동피고인 등의 신문에 대한 피고인 등이 동의한 경우[240])나 기억을 돕기 위한 낭독과 모순시 낭독[241])을 제외하고는, 공판정 이외에서 행해진 신문에 의한 조서나 기타 서면을 낭독하는 것으로 이러한 직접신문을 대체하는 것이 원칙적으로 허용되지 않는다는 것을 의미한다. 이는 수사단계에서 작성된 조서나 서류에 대하여 독자적인 증거능력을 원칙적으로 부인하는 것이라 할 수 있다.

그러나 조서의 독자적인 증거능력이 부인된다고 하더라도 이것은 원진술자의 출석이 가능하다면 원칙적으로 원진술자를 공판정에서 신문하는 것이 원칙이고 그에 대한 공판정외 조서만으로 공판정증언을 대체할 수 없다는 것일 뿐, 원진술자의 공판정외에서의 진술이 공판정에서 증거로 사용될 수 없다는 것을 의미하는 것은 아니다. 즉, 증인의 생명 또는 신체에 대한 위험 등 "제거할 수 없는 장애"가 존재하는 경우 공동피의자에

---

240) 독일형사소송법(StPO) 제251조(조서의 낭독) ① 다음의 경우 증인, 감정인 또는 공동피의자에 대한 신문을 이들의 서면진술을 포함하는 기록이나 이들에 대한 다른 신문조서의 낭독으로 대체할 수 있다.

  1. 공판피고인에게 변호인이 있으며 검사, 변호인, 공판피고인이 동의한 때

  2. 증인, 감정인 또는 공동피고인이 사망하였거나 다른 사유로 인하여 이들에 대한 법원의 신문이 당분간 이루어질 수 없는 때

  3. 기록 또는 문서가 재산상 손해의 존재 또는 정도에만 관련된 때

 ② 다음의 경우 증인, 감정인 또는 공동피의자에 대한 신문을 이들에 관한 과거 법관의 신문조서의 낭독 또는 그의 서류상의 진술로 대체할 수 있다.

  1. 질병, 노쇠 기타 제거할 수 없는 장애로 인해 증인, 감정인 또는 공동피의자의 공판에의 출석이 장기간 또는 불확정기간 동안 불가능한 경우

  2. 증인 또는 감정인의 진술의 중요성을 고려해 볼 때 원격으로 인하여 이들의 공판에의 출석을 기대할 수 없는 경우

  3. 검사, 공판피고인 및 변호인이 낭독에 동의한 경우

 ③ 직접적으로 판결에 이르기 위한 것과 다른 목적, 특히 어떤 자에 대한 소환과 신문 수행 여부에 관한 판단의 준비를 위해 낭독되어야 하는 경우에도 신문조서, 기록 기타 증거방법으로 사용되는 문서를 낭독해야 한다.

 ④ 제1항과 제2항의 경우 낭독명령 여부는 법원이 결정하며, 낭독의 근거를 고지한다. 법관의 신문조서를 낭독하는 경우 피신문자의 선서 여부를 확인한다. 선서가 필요하다고 법원이 인정하거나 아직 선서가 가능한 경우 이를 추완한다.

241) 독일형사소송법(StPO) 제253조(기억을 돕기 위한 낭독과 모순시 낭독) ① 증인이나 감정인이 일정사실을 더 이상 기억할 수 없다고 밝히는 경우 이들에 대한 과거 신문내용 중 이들의 기억을 도울 수 있는 조서의 관련부분을 낭독할 수 있다.

 ② 공판을 중단하는 이외의 다른 신문에서 나타난 과거진술과의 모순을 확인하거나 제거할 수 없는 경우에도 전항과 같은 동일한 조치를 취할 수 있다.

대한 신문조서에 대해서도 예외적으로 증거능력을 인정하고 있다(StPO §251 ②). 결국 서증으로 증인신문을 대체하는 것을 원칙적으로 금지할 뿐, 보충하는 것을 금하는 것은 아니다.[242] 또한 비법관 조서(특히 경찰 신문조서)는 제254조[243]에 의해 증거조사의 목적으로 낭독할 수 없다고 하더라도, 경찰에서 범행에 대해 상세히 진술하며 자백을 한 피고인이 공판에서 종전 진술을 번복하는 경우 그에 대한 경찰 신문조서를 낭독할 수 없고, 그를 신문하였던 경찰관을 증인으로 신문할 수 있으며,[244] 피고인에게 그 조서를 제시(Vorhalt)하는 것도 가능하다.[245] 독일 판례 역시 "경찰 또는 검찰 피의자신문조서에 담긴 피고인의 진술이 수사판사에 의한 신문의 본질적인 구성요소가 되어 이것이 조서로 기록된 경우, 예외적으로 그 경찰 또는 검찰 피의자신문조서를 (법관 조서로서) 제254조에 기해 낭독하는 것이 허용된다"[246]는 입장이다. 물론 이러한 경우에도 최소한 사건에 관한 진술의 주요 내용은 직접 법관 조서에 기재되어야 한다. 그리고 형사소송법(StPO) 제254조 제1항은 '신문의 영상녹화물'에 담긴 피고인의 진술도 자백에 관한 증거조사를 목적으로 상영할 수 있다고 규정하고 있는데, 여기서의 신문에는 비법관의 신문도 포함된다.[247] 형사소송법(StPO) 제254조 제1항의 '신문의 영상녹화물 상영' 부분은 2017. 8. 17. 「보다 효율적이고 실무 적합적인 형사절차 설계에 관한 법률(Gesetz zur effektiveren und praxistauglicheren Ausgestaltung des Strafverfahrens)」[248]에 의해 신설되었기 때문이다(제3조 제31호).

결국 조서에 기재된 진술이라도 일단 그 원진술자가 공판정에서 나와 그 조서기재 내용을 구두주의에 따라 '진술'의 형식으로 공판정에서 현출하면 증거가 되는 것이고, 그 증거로서의 가치는 피고인이 공판정에 새로이 한 진술과 동등하며, 어느 쪽을 믿을 것인가는 법관의 자유심증의 문제인 것이다. 이에 따르면 피고인이 공소사실을 부인하는 경우, 피고인신문시에 피고인에게 조서의 내용을 보여주거나 낭독하여 주는 방법 등으로

242) Dölling/Duttge/Rössner, Gesamtes Strafrecht Handkommentar, Nomos 2008, StPO § 250. Rn. 2 (Schork); Joecks, Studienkommentar StPO, 2. Aufl,. 2008, § 249 Rn. 1ff.

243) 독일형사소송법(StPO) 제254조(자백 또는 모순 시에 법관 조서의 낭독) ① 법관에 의한 조서에 또는 신문의 영상녹화물에 담긴 피고인 진술은 자백에 관한 증거조사를 목적으로 낭독하거나 상영할 수 있다.
② 신문에서 드러난 그 전의 진술과의 모순이 공판의 정지 외의 다른 방법으로는 확인되거나 제거될 수 없는 경우에도 제1항과 동일하게 할 수 있다.

244) Haller/Conzen, Das Strafverfahren, C.F.Müller, 8. Auflage 2018, Rn. 551, 554.

245) KK－StPO/Diemer StPO § 254 Rn. 1.

246) MüKoStPO/Kreicker StPO § 254 Rn. 20.

247) BeckOK StPO/Genter StPO § 254 Rn. 2; Beulke/Swoboda, Strafprozessrecht, C.F.Müller, 14. Auflage 2018, Rn. 416.

248) BGBl. 2017 I, S.3202.

알려주면서(이를 Vorhalt라고 함) 수사단계에서 진술한 것에 대하여 신문을 하고, 이때 피고인이 조서의 내용대로 진술하였음을 인정하는 때에는 그 피고인의 진술이 증거로 사용되어 공판정에서의 번복진술과 함께 법관의 자유심증에 의한 판단대상이 되는 것이고, 피고인이 조서의 내용대로 진술한 사실 자체를 부인하는 경우에는 신문담당자 또는 신문시에 입회한 자 등이 법정에서 증언하거나 기타의 방법으로 피고인이 수사단계에서 그러한 진술을 하였음을 입증하는 경우에는 이를 증거로 할 수 있는 것이며,[249] 이는 사법경찰관의 조서이든 검사의 조서이든 같다. 다만, 독일 형사소송법 제254조 제1항은 "법관작성 조서에 기재된 피고인의 진술은 자백에 관한 증거사용 목적으로 낭독될 수 있다"고 규정하고 있으므로 동 조항의 반대해석상 경찰작성의 조서자체는 그 내용이 증거로 사용될 목적으로 낭독될 수 없다고 보는 것이 통설[250] 및 판례[251]이다. 즉 경찰에서의 자백을 공판정에서 부인하거나 진술거부를 하여도 경찰에서 작성된 조서자체를 증거로 제출하여 낭독케 하는 방법은 원칙적으로 금지되어 있으므로 경찰에서의 자백을 공판정에서 현출하는 방법이 조사경찰관의 증언이다.

한편, 증인 등의 기억이 분명하지 아니한 경우 독일 형사소송법 제253조 제1항은 "증인 또는 감정인이 일정 사실에 대해 더 이상 기억이 나지 않는다고 진술하는 때에는 이들에 대한 이전의 신문조서의 해당부분을 기억의 보완을 위하여 낭독할 수 있다"고 하여 피의자신문조서를 법정에서 낭독하는 한 경찰에서의 자백에 부합하는 조사자의 증언내용을 독자적인 증거로 사용할 수 있도록 규정하고 있다. 즉 기억환기용으로 경찰조서를 제시하여 조서가 낭독되는 경우에도 이를 토대로 한 증인의 증언내용을 증거가 사용할 수 있도록 한 것이다.

이처럼 독일법상의 직접주의는 규문주의의 기초를 이루었던 서면주의에 대한 반성으로 수사단계에서의 진술이 법정에 증거로 들어오는 방법을 제한하여 조서의 형태가 아닌 진술의 형태로 들어오게 하도록 '조서'와 '조서에 담긴 진술내용'을 분리하여 취급하므로, 수사기관의 조서가 그 자체로 법정에 현출되는 것이 아니라 피고인이 수사기관에서 그렇게 말한 사실이 있다고 인정하는 진술이나 경찰에서의 자백을 부인하는 경우에는 조사자 증언의 형식으로 조서의 내용이 법정에 현출되는 것이다. 즉 독일 형사소송법상 조사자 증언을 명시적으로 허용하는 규정이나 일반적인 증인적격에 관한 규정은 없지만, 직접주의 원칙상 조서를 작성하더라도 원칙적으로 이러한 조서 자체가 증거로 사용되는 것이 아니라 조서를 작성한 경찰관을 직접 증인으로 신문하여 얻은 그 증언자체를 원칙적인 증거로 사용하는 것이다.

---

249) Diemer, StPO−Karlsruher Kommentar, 4 Aufl., 1999, § 249, Rn. 46.

250) Lutz Meyer−Goßner, Strafprozessordnung, C.H.Beck, 48.Auflage(2005), S. 926.

251) BGHSt 1, 339; BGHSt 14, 311.

한편 독일 형사소송법 제244조 제2항은 "법원은 진실발견을 위한 결정에 의미를 가지는 모든 사실과 증거에 관하여 직무상 증거조사를 하여야 한다"는 진실발견의무를 규정하고 있는바, 이는 법관의 직무상 증거조사의무로서 독일 연방대법원도 "법원의 진실발견의무로 인해 법원은 공판절차에서 피고인이 진술거부권을 행사하는 경우 전에 자백한 내용에 관하여 조사자를 증인으로 신문하여야 할 의무가 있다"고 명시적으로 판시한 바 있다.252) 이에 따라 독일에서는 수사기관에서의 진술을 피고인이 법정에서 번복하거나 진술을 거부하는 경우 수사기관에서의 자백을 공판정에 현출할 의무가 법원에 있다고 보는 것으로, 피고인을 조사한 조사자의 증언은 이러한 법원의 진실발견 차원에서도 논의되고 있다.253)

5. 일 본

일본은 직권주의와 당사자주의를 혼합하여 양 체계가 가지고 있는 제도상의 일관성을 유지하지 못하게 되어 제도가 충돌하면서 문제점이 발생하는바, 그 문제점을 해결하기 위하여 여러 제도를 만들어 내고 있다. 먼저 일본은 공판절차는 매우 당사자주의적으로 구성하였으나, 수사절차는 검사의 수사단계를 유지하고 있고 나아가 체포 · 구속상태의 피의자에 대한 강제적 취조가 허용되어254) 피의자의 변명을 듣고 피의자가 검사에게 자신의 자료를 제출하는 예비재판적 수사구조를 유지하고 있으므로 결과적으로 공판절차를 당사자주의적으로 구성하였다고 하여도 재판은 검사가 수집한 증거 특히 기록을 중심으로 이루어질 수밖에 없다. 따라서 제도상으로는 공판절차에서 피고인신문제도를 폐지하였다고 하더라도 수사단계에서의 피의자에 대한 조서의 내용이 공판정에 현출되는 것이 매우 중요하게 되는바, 이에 대하여 일본에서는 피의자에 대한 조서의 증거능력을 서명 · 날인을 요건으로 하여 사법경찰관의 조서까지 광범위하게 인정함으로써 조서 낭독으로 피고인의 진술을 대체함으로써 이 문제를 해결하고 있다.255) 즉 검사가 피고인신문을 하는 대신 피의자에 대한 조서를 제출하면 되므로 피고인신문을 하는 경우

---

252) BGH NJW 66, 1524.

253) 변필건, "조사 경찰관에 의한 전문진술의 현출방법에 관한 비교법적 고찰", 형사법의 신동향 통권 제19호(2009. 4.), 대검찰청 미래기획단, 159면.

254) 일본 형사소송법 제198조 ① 검찰관 · 검찰사무관 또는 사법경찰직원은 범죄의 수사를 함에 있어 필요한 때에는 피의자의 출석을 요구하여 이를 조사할 수 있다. 단 피의자는 체포 또는 구류되어 있는 경우를 제외하고는 출석을 거부하거나 출석 후 언제라도 퇴거할 수 있다.

255) 일본 형사소송법 제322조 제1항은 "피고인이 작성한 공술서 또는 피고인의 공술을 녹취한 서면으로 피고인의 서명 혹은 날인이 있는 것은 그 공술이 피고인에게 불이익한 사실의 승인을 내용으로 하는 것인 때 또는 특히 신용할만한 정황 하에서 행하여진 것인 때에 한하여 이를 증거로 할 수 있다"고 규정하고 있다.

보다 더 간편하게 수사단계의 진술을 증거로 사용할 수 있는바, 이는 공판중심주의를 일본식으로 변형한 것이라고 할 것이다. 특기할만한 점은, 검사 작성의 피고인의 진술을 녹취한 서면(우리나라의 피의자신문조서)과 사법경찰관 작성의 피고인의 진술을 녹취한 서면 사이에 증거능력의 차이가 없다는 점이다. 이는 피고인이 행한 자신에게 불리한 진술은 신용성이 높고, 피고인에게 진술거부권이 있어 법정에서 진술을 거부할 경우 공판정 외의 진술을 증거로 할 필요성과 상당성이 인정된다고 보는 것이다.

다만, 피의자에 대한 조사를 하고 있는 일본의 검사는 독일의 검사와 마찬가지로 객관적으로 피의자에게 불리한 증거뿐 아니라 유리한 증거도 수집하여야 하는 객관의무가 있다고 할 것이므로, 공소제기 후 증거개시의 문제는 검사가 가지고 있는 증거의 개시가 중점이 될 수밖에 없을 것이다. 그런데 일본은 예단배제라는 취지하에 공소장일본주의를 도입하고, 이에 따라 검사가 공소제기시 기록을 법원에 제출하는 것을 금지하는 것으로 해석하여 검사의 기록이 공판기일 이전에는 법원에 제출되지 않게 되었다. 그리고 이 공소장일본주의가 당사자의 증거신청을 기본으로 하는 당사자주의적 구조와 결합되면서 수사단계에서 검사가 객관적으로 수집한 증거에 대하여 피고인은 검사가 이를 공판정에서 제출하기 전에는 알기 어렵게 되어 있고, 특히 검사가 공판정에 제출하지 않는 자료에 대하여는 접근할 수 없게 되는 문제점이 발생하게 되었다. 이에 따라 공소제기 후에 검사가 가지고 있는 증거의 개시문제가 발생하여 판례로 일부 인정되어 오다가 입법화된 것이라고 한다.[256]

결국 일본에서는 검찰의 피의자신문조서이든 경찰의 피의자신문조서이든 가리지 않고 서류의 형식적 진정 성립만 인정되면 증거능력을 부여되므로 일본 형사소송법 제324조[257]가 우리나라 형사소송법 제316조와 동일한 내용으로 구성되어 있다고 하더라도 조사자가 굳이 법정에서 증언할 필요성이 적다고 할 수 있다.[258]

---

256) 2004. 5. 형사소송법 일부 개정으로 공판전정리절차가 도입되었고 이에 증거개시관련 규정이 도입되었다.
257) 일본 형사소송법 제324조 ① 피고인 이외의 자의 공판준비 또는 공판기일에서의 진술로서 피고인의 진술을 그 내용으로 하는 것에 대하여는 제322조의 규정을 준용한다.
② 피고인 이외의 자의 공판준비 또는 공판기일에서의 진술로서 피고인 이외의 자의 진술을 그 내용으로 하는 것에 대하여는 제321조 제1항 제3호의 규정을 준용한다.
258) 정웅석, "수사경찰관의 법정진술의 증거능력", 형사법의 신동향 통권 제4호(2006. 10.), 대검찰청 미래기획단, 73면.

【표 5-14】 피고인의 수사단계 진술의 현출에 관한 입법례259)

		전문법칙 유무	수사기관 진술 증거능력		수사기관 진술 수집방법	수사기관 진술 현출방법
			인정 여부	인정요건		
영국		O	O	자백은 전문법칙 예외	원칙: 녹음, 녹화 예외: 조서	녹음, 녹화 재생 녹취서 제출
미국		O	O	공판정 외 피의자의 불이익한 진술은 전문증거 아님	보고서·메모 영상녹화 진술서 등	조사자증언 등
독일		X	O	직접주의를 통해서 증거인정	조서 (일부 영상녹화)	피고인신문 과정에서 제시 조사자증언
프랑스		X	O	곧바로 증거사용 (증거자유의 원칙)	조서 (일부 영상녹화)	범죄종류별 차등(중/경/위경죄)
일본		O	O	본인에게 불리하거나 특신상태에서 진술은 형식적 진정성립으로 증거능력 부여	조서	조서의 낭독 또는 요지 고지
한국	개정 전	O	O	경찰	조서: 내용 인정 조사자증언: 특신상태	조서	조서: 내용인정시 조사자증언: 내용 부인시
				검사	조서: 진정성립 등 조사자증언: 특신상태		조서: 성립진정 증명시 조사자증언: 조서 증거능력 인정곤란시
	개정	O	O	내용 인정		조서: 내용인정시 조사자증언: 내용 부인시

---

259) 이상훈, "개정 형사소송법 제312조 제1항 시행에 따른 피의자신문조서 증거사용 변화", 「피의자신문조서 증거능력 제한과 형사재판」, 사법정책연구원/한국형사법학회/대한변호사협회/대법원 형사법연구해 공동학술대회 발표자료집(2021. 10. 29.), 11-12면.

Ⅲ. 개정형사소송법 제312조 제1항 및 제2항의 해석

1. 의 의

종래 형사소송법 제312조 제1항 및 제2항의 해석과 관련하여, ① 구두변론주의·직접심리주의에 배치되고 서면심리주의의 길을 열어 놓고 있는 제312조를 폐지하자는 견해,260) ② 검사작성의 피의자신문조서의 증거능력을 사법경찰관작성의 그것과 마찬가지로 끌어내려 법정에서 피고인이 그 내용을 인정하는 경우에만 증거능력을 인정하자는 견해,261) ③ 경찰실무가를 중심으로 사법경찰관작성의 피의자신문조서의 증거능력을 검사작성의 그것과 동일하게 개정하자는 주장, 그리고 ④ 제312조 제1항 단서의 '특신상태'에 대하여 법원이 증거능력의 주도권을 갖고 증거능력을 인정하면 족하다는 견해262) 등이 제시되어 왔다.

이에 개정 형사소송법은 수사기관별 증거능력요건의 차등을 없애고 작성주체가 검사이든 사법경찰관이든 피의자신문조서는 적법한 절차와 방식에 따라 작성된 것으로서 공판준비 또는 공판기일에 그 피의자였던 피고인 또는 변호인이 그 내용을 인정할 때에 한하여 증거로 할 수 있도록 증거능력 인정의 요건을 엄격히 하였다. 그 이유로 개정전 형사소송법하에서는 검사작성의 피의자신문조서의 증거능력은 사법경찰관 작성의 피의자신문조서보다 완화되어 있고, 피고인이 성립의 진정을 부인하는 경우에도 영상녹화물이나 그 밖의 객관적인 방법에 의하여 조서에 기재된 진술이 피고인이 진술한 내용과 동일하게 기재되어 있음이 증명되면 증거능력이 인정되는 등 특별하게 취급되고 있는 상황에서 조서중심의 재판263)으로 공판중심주의가 형해화되고 공소유지를 위하여 검찰수사 단계에서 피의자신문조서를 다시 작성하게 되는 문제가 발생한다는 것이다.264)

그러나 전술한 것처럼, 종래 사법경찰관 작성의 피의자신문조서의 증거능력이 엄격

---

260) 손동권, "전문법칙과 사법경찰", 형사판례연구(2), 1994, 박영사, 268면.

261) 서보학, "피의자신문에 있어서 인권보장 및 방어권 강화 방안", 형사법연구 제20호(2003 가을), 한국형사법학회, 272면.

262) 정웅석, 형사소송법(제4판), 대명출판사, 2007, 831면.

263) 조서의 증거사용에 대한 비판으로는 하태훈(당시 사개추위 기획연구팀장), "공판중심주의 확립을 위한 형사소송법 개정안", 공판중심주의 확립을 위한 형사소송법 개정안 공청회(2005. 6. 24.) 자료집, 20면(피고인이 공판정에 나와 있음에도 그의 진술을 들어보는 대신에 신문조서를 증거로 쓴다는 것은 재판제도 자체를 부정하는 것과 같다. 한마디로 게임은 공판정이라는 링위에서 피고인과 변호인, 검사 모두가 참여한 가운데 벌어져야 한다. 어느 일방(검사 또는 사법경찰관)이 변호인도 없는 폐쇄된 조사실에서 주도하는 수사절차가 본 게임화 되는 것을 막자는 것이 공판중심주의의 핵심이다).

264) 사법개혁특별위원회(2018. 7. 13.), 활동결과보고서, 45－46면.

한 이유는 경찰의 수사권남용으로부터 인권보호차원에서 정해진 것이고, 외국의 경우 신문조서가 아닌 영상녹화물이나 조사자의 증언제도 등 다른 대안들이 있는 반면, 우리나라는 그렇지 않고 오히려 피고인의 내용부인만으로 증거능력이 부정된다면 수사상 조사가 무의미해진다는 점(피의자신문조서의 증거가치 부정)에서 피의자신문조서의 증거능력 일원화로 인한 수사상 혼선은 불가피할 것으로 보인다.

2. 제312조 제1항에 따른 증거능력의 인정요건

(1) 적법한 절차와 방식에 따라 작성된 것일 것

여기서 '적법한 절차와 방식의 작성'이란 일차적으로는 형식적 진정성립(서명·날인의 진정성)을 의미하며, 나아가 피의자신문과 참여자(제243조), 피의자신문조서의 작성(제244조), 변호인의 참여(제243조의2), 수사과정의 기록(제244조의4) 등 '조서작성의 절차와 방식'에 따라 작성된 것을 의미한다고 볼 수 있다. 구체적으로 판례를 살펴보면, ㉠ 서명날인은 공무원이 작성하는 서류에 관하여 그 기재 내용의 정확성과 완전성을 담보하는 것이므로 검사 작성의 피의자신문조서에 작성자인 검사의 서명날인이 되어 있지 아니한 경우 그 피의자신문조서는 공무원이 작성하는 서류로서의 요건을 갖추지 못한 것으로서 위 법규정에 위반되어 무효이고 따라서 이에 대하여 증거능력을 인정할 수 없다고 보아야 할 것이며, 그 피의자신문조서에 진술자인 피고인의 서명날인이 되어 있다거나, 피고인이 법정에서 그 피의자신문조서에 대하여 진정성립과 임의성을 인정하였다고 하여 달리 볼 것은 아니고,265), ㉡ 조서말미에 피고인의 서명만이 있고, 그 날인(무인 포함)이나 간인이 없는 검사 작성의 피고인에 대한 피의자신문조서는 증거능력이 없다고 할 것이고, 그 날인이나 간인이 없는 것이 피고인이 그 날인이나 간인을 거부하였기 때문이어서 그러한 취지가 조서말미에 기재되었다거나, 피고인이 법정에서 그 피의자신문조서의 임의성을 인정하였다고 하여 달리 볼 것은 아니다266)라고 판시한 바 있다.267)

(2) 그 피의자였던 피고인 또는 변호인이 그 내용을 인정할 것

이는 피의자였던 피고인 또는 변호인의 진술에 의하여 그 내용이 인정되었다는 것을 의미하는 것으로, 내용의 인정이란 조서의 진정성립(실질적 진정성립)뿐만 아니라 조서의 기재내용이 객관적 진실에 부합한다는 조서내용의 진실성을 의미한다. 판례도 「형

---

265) 대법원 2001. 9. 28. 선고 2001도4091 판결.

266) 대법원 1999. 4. 13. 선고 99도237 판결.

267) 반면, 독일의 경우 형사소송법(StPO) 제168조(법관의 심리행위에 관한 조서)와 제168a조(법관의 심리행위의 조서 작성 방법)의 요건을 갖추지 못한 경우, 그 증거사용 자체가 금지되지는 않고, 그 조서의 증거가치가 감소되거나 없어질 뿐이라고 한다(KK–StPO/Griesbaum StPO § 168b Rn. 7.).

사소송법 제312조 제1항에서 말하는 검사작성의 피의자신문조서의 성립의 진정이라 함은 간인·서명·날인 등 조서의 형식적인 진정성립뿐만 아니라 그 조서가 진술자의 진술내용대로 기재된 것이라는 실질적인 진정성립까지 포함하는 뜻으로 풀이하여야 한다」268)고 보면서, 「형사소송법 제312조 제3항(개정전 형사소송법 제312조 제2항)에서 '그 내용을 인정한 때'라 함은 검사 이외의 수사기관 작성의 피의자신문조서의 기재내용이 진술내용대로 기재되어 있다는 의미가 아니라 그와 같이 진술한 내용이 실제 사실과 부합한다는 것을 의미한다」269)는 입장이다. 따라서 피고인이 공판정에서의 피고인의 진술내용과 배치되는 기재부분을 부인한다고 진술할 때에는 내용을 인정한 경우라고 볼 수 없다.

내용인정의 방법은 피의자였던 피고인이나 변호인의 진술에 의하여야 한다. 따라서 사법경찰관이 작성한 피의자신문조서는 피고인이 내용을 부인하면 증거로 할 수 없으며, 조서의 기재내용을 들었다는 다른 증인의 증언에 의하여도 증거능력을 인정할 수 없다.270) 피고인의 변호인도 피고인의 의사에 반하여 피의자신문조서의 내용을 인정한다는 의사표시를 할 수 없다고 해석하여야 한다. 변호인이 피의자의 자백이 기재된 피의자신문조서의 내용을 인정하면 그 피의자신문조서의 증거능력이 인정되기 때문이다. 따라서 변호인이 피고인의 의사에 반하여 경찰작성 피의자신문조서의 내용을 인정한다는 의사표시를 한 경우에 피고인은 변호인의 의사표시를 취소할 수 있다고 보아야 할 것이다.

3. 제312조 제2항에 따른 증거능력의 인정요건(삭제)

(구)형사소송법 제312조 제2항271)은 종래의 완화요건설에 따라, 실질적 진정성립 및 특신상태를 증명하면 피고인이 된 피의자신문조서의 증거능력을 인정하는 규정이었다. 즉, 피고인이 수사상 진술을 부인하는 경우, 제312조 제1항의 실질적 진정성립의 증명방법으로 영상녹화물 기타 객관적인 방법을 통하여 조서의 증거능력을 부여받기 위한 것이다. 이는 원진술자가 조서의 진정성립을 인정하는지 여부에 따라 증거능력을 부여하던 2007년 개정전 형사소송법 체제를 변경하여 조서의 진정성립을 '증명'하는 체제로 전환한 것이었지만, 2020년 개정법에서 동 규정이 삭제되었다.

---

268) 대법원 1984. 6. 26. 선고 84도748 판결; 대법원 1993. 1. 19. 선고 92도2636 판결.
269) 대법원 2001. 9. 28. 선고 2001도397 판결; 대법원 2010. 6. 24. 선고 2010도5040 판결.
270) 대법원 1975. 5. 27. 선고 75도1089 판결.
271) 제312조 ② 제1항에도 불구하고 피고인이 그 조서의 성립의 진정을 부인하는 경우에는 그 조서에 기재된 진술이 피고인이 진술한 내용과 동일하게 기재되어 있음이 영상녹화물 기타 객관적인 방법에 의하여 증명되고, 그 조서에 기재된 진술이 특히 신빙할 수 있는 상태 하에서 행하여졌음이 증명된 때에 한하여 증거로 할 수 있다.

4. 공동피고인 진술의 증거능력

(1) 의　의

공동피고인이란 동일소송절차에서 공동으로 심판받는 수인의 피고인을 말한다. 공동피고인은 반드시 공범자임을 요하지 않으며, 수개의 사건이 동일법원에 계속되어 있는 경우에 불과하다. 그러나 공동피고인의 진술에 대한 증거법적 평가는 공동피고인 사이에 공범관계가 존재하는가에 따라 구별하지 않으면 안 된다. 공동피고인 甲과 乙 사이에 공범관계가 있는 경우에는 乙의 자기의 범죄사실에 대한 진술은 동시에 甲의 범죄사실에 대한 진술이 되지만, 공범관계가 없는 경우에는 이러한 특수관계가 없기 때문이다.

(2) 문 제 점

공동피고인의 진술과 관련하여 ㉠ 공범이 공동피고인으로서 공판정에서 한 진술을 다른 공동피고인에 대한 유죄의 증거로 사용할 수 있는가, ㉡ 공범이 수사절차에서 한 진술을 다른 공범에 대한 유죄의 증거로 사용하려면 어떠한 요건이 구비되어야 하는가, ㉢ 다른 증거가 없는 경우에 공범의 자백만으로 피고인을 유죄로 인정할 수 있으며 공범의 자백을 피고인의 자백에 대한 보강증거로 사용할 수 있는가 등이 문제된다. 가령 乙로부터 뇌물을 수수하였다는 범죄사실로 기소된 甲에 대한 유죄의 증거로 乙의 법정진술 혹은 수사기관에서의 진술이 유일한 증거인 경우 乙의 위 진술만으로 일관하여 자신의 혐의를 부인하고 있는 甲을 유죄로 인정할 수 있는지 여부와 관련하여 논의되며, 이는 공동피고인의 증인적격을 인정할 것인가와 직접 관련되는 문제이기도 하다.

(3) 법정진술의 증거능력

피고인 甲, 乙이 공동피고인인 경우 공동피고인 乙의 진술, 특히 공범자인 乙의 자백을 다른 공동피고인 甲의 공소사실에 대한 증거로 사용할 수 있는지 문제된다. 이는 甲과 乙이 공범으로 함께 기소된 경우 乙의 공동범행의 자백은 동시에 甲의 범죄사실에 대한 고백이기도 한데, 이 경우 甲의 입장에서 볼 때 乙은 순전히 제3자와 다를 바 없기 때문에 선서의 제재나 반대신문을 거치지 아니한 乙의 진술을 그대로 甲의 범죄사실에 대한 유죄의 증거로 사용하는 것이 부당하지 않는가 하는 점이다. 그러나 한편 乙은 여전히 피고인으로서 진술하는 것이지 증인으로 진술하는 것이 아니기 때문에 선서의 제재하에 진실을 말할 의무가 있는 것이 아니며, 또 甲이 乙에 대해 반대신문을 한다 하더라도 乙이 피고인으로서의 전면적인 진술거부권을 행사하게 되면 甲의 반대신문권은 무용지물이 되는 결과가 나타난다. 여기에서 반대신문권과 진술거부권의 충돌이라는 문제가 발생한다.

가. 공범자인 공동피고인 진술의 증거능력

학설은 ㉠ 피고인신문절차에서 공동피고인은 진술거부권을 가지고 있을 뿐만 아니라 자백의 진실성이 선서에 의하여 담보되어 있지도 않다는 점을 근거로 공판절차를 분리하여 乙을 증인신문절차에 의하여 신문할 때에만 증거능력이 있다고 하는 소극설, ㉡ 공동피고인의 진술은 법관 앞에서 행하여진 임의의 진술이며, 전문증거가 아닌 피고인의 진술에 대하여 반대신문권의 보장을 엄격히 요구할 이유가 없다는 점을 근거로 공동피고인의 공판정에서의 진술을 다른 피고인에 대한 유죄의 증거로 사용할 수 있다는 적극설, ㉢ 공동피고인 乙의 진술이 자신의 범죄사실과는 전혀 무관하고 다른 피고인 甲의 공소사실에만 관계되는 경우(공범자 아닌 공동피고인)에는 절차를 분리하여 乙을 甲의 공소사실에 대한 증인으로서 신문하는 것이 타당하지만, 공동피고인 乙의 진술이 자신의 공소사실에 관한 것임과 동시에 甲의 공소사실에도 관계되는 경우(공범자인 공동피고인)에는 공동피고인 乙의 공판정에서의 진술에 대하여 다른 공동피고인 甲의 반대신문이 충분히 행해지거나 그 행사가 보장된 경우면 족하다는 절충설이 대립하고 있다.

이에 대하여 판례는 「종래 공범자인지를 불문하고 공동피고인의 법정자백에 증거능력을 인정할 수 있다」[272]고 판시한 바 있으나, 그 후 공범자가 아닌 공동피고인의 법정자백에 관하여, 「피고인과 별개의 범죄사실로 기소되어 병합심리중인 공동피고인은 피고인의 범죄사실에 관하여는 증인의 지위에 있다 할 것이므로 선서없이 한 공동피고인의 법정진술이나 피고인이 증거로 동의한 바 없는 공동피고인에 대한 피의자신문조서는 피고인의 공소범죄사실을 인정하는 증거로 할 수 없다」[273]는 요지의 판시를 거듭한 반면, 공범자인 공동피고인이 법정에서 공동범죄사실을 자백한 사안에서는 「공동피고인의 진술에 대하여는 피고인의 반대신문권이 보장되어 있어 독립한 증거능력이 있다」[274]거나, 「형사소송법 제310조 소정의 자백에는 공범인 공동피고인의 진술은 포함되지 아니하므로 공범인 공동피고인의 진술은 다른 공동피고인에 대한 범죄사실을 인정하는 증거로 할 수 있다」[275]고 하는 등 공범자인 공동피고인의 법정진술에 대하여는 반대신문이 실제로 충분히 행하여졌는지의 여부를 따지지 아니하고 다른 공동피고인에 의한 반대신문권이 보장되어 있음을 이유로 그대로 증거능력을 인정하고, 공범자 아닌 공동피고인의 법정진술에 대하여는 증거능력을 부정하는 입장이다.

생각건대 공범자인 공동피고인인 경우 변론의 분리없이 피고인으로 신문할 때, 乙의 진술거부권과 甲의 반대신문권 중 어느 것을 우선하여야 할 것인가 하는 문제에 귀

---

272) 대법원 1981. 2. 10. 선고 80도2722 판결.
273) 대법원 1979. 3. 27. 선고 78도1031 판결; 대법원 1982. 9. 14. 선고 82도1000 판결.
274) 대법원 1992. 7. 28. 선고 92도917 판결.
275) 대법원 1986. 10. 28. 선고 86도1773 판결.

착되는 것으로 볼 수 있다. 그러나 ㉠ 반대신문권은 증거법적인 분야에서 요청되는 권리임에 반하여 진술거부권은 피고인의 지위를 보장하는 헌법적인 기본권으로 어떤 이유에서든 간과될 수 없다는 점, ㉡ 공범자인 甲과 乙이 각각 공동피고인으로서 공동으로 심리를 받고 있는 경우라면, 절차를 분리하여 乙을 甲에 대한 증인으로 신문하더라도 공범자인 것은 변함이 없으므로 재판장의 절차분리선언 하나로 乙의 진술의 증거능력이 좌우되는 것은 매우 기교적이라는 점, ㉢ 전문법칙의 인정이 법관의 면전 이외의 장소에서 행한 진술은 직접주의의 원칙에 반하여 허용될 수 없다는 데 근거하기도 하는 것이므로 법관의 면전에서 공동피고인 乙의 진술에 대하여 甲이 사실상 충분히 반대신문을 한 경우라면 반드시 절차를 분리하여 乙을 증인으로 신문하지 않더라도 그 증거능력을 인정하는 것이 보다 간명한 점 등을 고려하면 이론상 절충설이 타당하다고 생각한다.

나. 공범자 아닌 공동피고인의 진술의 증거능력

피고인과 별개의 범죄사실로 기소되어 병합심리 중인 공동피고인은 피고인에 대한 관계에서는 증인에 불과하므로 증인으로 선서한 후에 증언해야 할 것이다. 따라서 공범자 아닌 공동피고인의 법정진술에 대하여는 증인으로 신문하지 아니한 경우 다른 공동피고인에 대한 관계에서 그 증거능력을 인정할 수 없다(통설).

(4) 법정외 진술의 증거능력(공범자가 공동피고인이 된 경우)

종래 검사 작성의 공범에 대한 피의자신문조서가 다른 공범에 대하여 어떠한 요건 하에 증거능력이 인정되는지 문제된다. 종래 공범자인 공동피고인의 법정진술에 대하여는 대법원판례에 의하여 그대로 증거능력이 인정되어 왔으나, 공범자인 공동피고인에 대한 검사작성의 피의자신문조서의 증거능력의 인정요건에 관하여는 이를 명시한 대법원판례가 없었고,[276][277] 학설은 개정전 형사소송법하에서 동법 제1항의 '피고인이 된 피의자'는 '기소된 피의자', 즉 '피의자로 수사받았으나 결국 기소되지 아니한 공동피의자는 제외한다'는 의미일 뿐이므로 '공동피고인이 된 피의자'도 포함된다는 해석이 가능하다는 점에서, 피고인신문절차에서 공범자에 대한 다른 피고인의 반대신문권이 당연히 보장된 전제하에 검사작성의 공동피고인에 대한 피의자신문조서의 경우 제312조 제1항에 따

---

276) 일부 견해는 대법원 2014. 8. 26. 선고 2011도6035 판결을 들면서, 판례가 제312조 제4항 적용설을 따른 것으로 보고 있으나, 본 판결은 피고인과 공동피고인이 아닌 공범에 대한 검사작성의 피의자신문조서에 대한 것이므로 차원이 다른 것이다.

277) 종래 실무는 공동피고인은 공범자 여부를 불문하고 제312조 제4항을 적용한 것으로 보인다(법원실무제요 형사(Ⅱ), 법원행정처(2014), 110면; 이현종, "수사기관 작성 조서의 증거능력", 형사재판의 쟁점과 과제, 사법발전재단(2008), 113면; 정지선, "공범 진술의 증거법적 쟁점", 재판실무연구 2013, 광주지방법원(2014.1), 335면 등).

라 증거능력을 인정해야 한다는 견해(제312조 제1항설)[278]와 제312조 제1항은 검사작성의 피의자신문조서의 증거능력을 규정한 것이 아니라, 피고인이 된 피의자의 진술이 기재된 조서의 증거능력을 규정하고 있으므로, 공범자나 공동피고인에 대한 피의자신문조서에 대하여는 제312조 제1항이 적용될 여지가 없으며, 따라서 제312조 제4항에 따라 증거능력을 인정해야 한다는 견해(제312조 제4항설)[279]가 대립하고 있었다.

　반면에 초기 대법원판례는 「원진술자인 피고인이 그 조서에 간인과 서명, 무인한 사실이 있음을 인정하는 검사작성의 피의자신문조서는 그 간인과 서명, 무인이 형사소송법 제244조 제2항, 제3항 소정의 절차를 거친 바 없이 된 것이라고 볼 사정이 없는 한 원진술자의 진술내용대로 기재된 것이라고 추정된다 할 것이고, 따라서 원진술자인 피고인이 공판정에서 검사작성의 피의자신문조서에 기재된 진술내용이 자기의 진술내용과 다르게 기재되었다고 다투더라도 그 조서의 간인, 서명, 무인한 사실이 있음을 시인하여 조서의 형식적인 진정성립을 인정하고, 한편 그 간인과 서명, 무인이 위 형사소송법 절차를 거친 바 없이 이루어진 것이라고 볼만한 사정이 발견되지 않는 경우라면 그 피의자신문조서는 원진술자의 공판기일에서의 진술에 의하여 성립의 진정함이 인정된 것으로 볼 수 있다 할 것이다」[280]라고 하여 조서의 형식적 진정성립이 인정되면 실질적 진정성립이 추정된다는 입장을 취하고 있었으나, 공동피고인의 법정외 진술에 대하여는 「검사작성의 공동피고인(乙)에 대한 피의자신문조서는 **그 공동피고인(乙)이 법정에서 성립 및 임의성을 인정한 경우**에는 공동피고인(甲)이 증거로 함에 부동의하더라도 피고인 甲에 대한 유죄의 증거로 사용할 수 있다」[281]고 판시하여 실질적 진정성립을 요건으로 관련 피고인에 대하여 증거능력을 인정하고 있었으며, 다만 특신상황을 요건으로 하지 않는 위 판시취지를 미루어 볼 때, 판례는 공범인 공동피고인은 제312조 제1항 단서의 '피고인'에는 해당하지 않는 것으로 해석되었다.

---

278) 정웅석, "공범의 수사상 진술의 증거능력을 인정하기 위한 대면권과 전문법칙의 관계". 형사소송 이론과 실무 제4권 제1호(2012), 한국형사소송법학회, 29면; 정웅석, "검사작성 피의자신문조서의 증거능력", 법조 제66권 제1호(2017), 법조협회, 129－130면; 정웅석, "공범에 대한 조사자증언의 허용여부 및 공범조서와의 관계", 저스티스 통권 제143호, 26면.

279) 이재상·조균석·이창온, 형사소송법(제13판), 박영사(2021), 648면; 이은모, "공범자에 대한 피의자신문조서의 증거능력", 법학논총 제32집 제4호(2015), 한양대학교 법학연구소, 229면; 장승혁, "공범인 공동피고인의 진술과 반대신문권의 실질적 보장", 인권과 정의 통권 제485호(2019), 대한변호사협회, 86면 등.

280) 대법원 1984. 6. 26. 선고 84도748 판결; 대법원 1986. 3. 25. 선고 86도218 판결; 대법원 1992. 6. 23. 선고 92도769 판결; 대법원 1994. 1. 25. 선고 93도1747 판결; 대법원 1995. 5. 12. 선고 95도484 판결; 대법원 2000. 7. 28. 선고 2000도2617 판결.

281) 대법원 1990. 12. 26. 선고 90도2362 판결; 대법원 1991. 4. 23. 선고 91도314 판결; 대법원 1992. 4. 14. 선고 92도442 판결.

그런데 그 후「검사가 피의자나 피의자 아닌 자의 진술을 기재한 조서는 공판준비 또는 공판기일에서 **원진술자의 진술에 의해 형식적 진정성립뿐만 아니라 실질적 진정성립까지 인정된 때에 한해 비로소 그 성립의 진정함이 인정되어 증거로 사용할 수 있다고 봐야 한다.** 이같이 해석하는 것이 우리 형사소송법이 취하고 있는 직접심리주의 및 구두변론주의를 내용으로 하는 공판중심주의의 이념에 부합하는 것이다. 이와 달리 원진술자인 피고인이 공판장에서 간인과 서명, 무인한 사실을 인정해 형식적 진정성립이 인정되면 거기에 기재된 내용이 자기의 진술내용과 다르게 기재되었다고 하여 그 실질적 진정성립을 다투더라도 그 간인과 서명, 무인이 형사소송법 제244조 2항과 3항의 절차를 거치지 않고 된 것이라고 볼 사정이 발견되지 않는 한 그 실질적 진정성립이 추정되는 것으로 본 84도748판결 등 종전 대법원견해는 변경한다」[282]라고 판시하여 이러한 구별이 의미가 없게 되었다. 결국 이러한 판례의 입장을 검토해 볼 때, 乙이 성립의 진정을 인정(제312조 제1항)한 경우에만 甲에 대한 증거로 사용할 수 있다고 보아야 하며, 성립의 진정을 부정(제312조 제2항)하는 경우까지 확대하여 甲에 대한 증거로 사용할 수는 없다고 보아야 할 것이다.

생각건대 공동피고인이 진정성립을 인정하는 경우에는 조문의 위치만 다를 뿐 실질적으로 큰 차이가 없다고 하더라도 공동피고인이 진정성립을 부인하는 경우에는 큰 차이가 난다. 왜냐하면 공동피고인(乙)이 진정성립을 부인하는 경우에도 현행 형사소송법 제312조 제4항에 따라 피고인(甲)에게도 증거능력이 인정된다고 본다면, 피고인의 자백에 공범자의 자백이 포함되지 않는다는 보강증거불요설(다수설)에 따라 공범자(乙)의 자백만으로 피고인(甲)에게 유죄판결이 가능해지기 때문이다. 더욱이 제312조 제4항설에 따르면 피고인을 증인으로 채택하여 증언을 하게 한 후, 다시 변론을 병합하여 증인의 지위에서 공동피고인의 지위로 전환하여 재판을 진행해야만 하는데, 전술(前述)한 것처럼 공범인 공동피고인의 증인적격을 부정하면서 어떻게 '피고인이 아닌 자의 진술(참고인진술)'로 공판정에 나올 수 있는지 의문일뿐더러, 공범 乙에게 위증죄가 성립할 수도 있다(진술거부권의 불인정)는 점에서 불합리하다.

다만, 개정법 하에서는 사법경찰관작성의 공범에 대한 피의자신문조서의 증거능력에 관한 논의가 검사작성의 공범에 대한 피의자신문조서의 증거능력의 인정요건에도 동일하게 적용될 것이다.[283]

---

282) 대법원 2004. 12. 16. 선고 2002도537 전원합의체 판결.

283) 박정난, "2020년도 형사소송법 중요판례평석", 형사소송 이론과 실무 제13권 제1호(2021), 형사소송법학회, 21면; 이승주, "개정 형사소송법상 공범의 진술증거 확보 문제 -검사 작성 피의자신문조서의 증거능력 제한에 따른 대안-", 법조 제69권 제4호(2020), 법조협회, 291면; 김현철, "형사소송법 제312조 제1항의 개정에 따른 수사와 공판 실무의 예상되는 변화와 바람직

(5) 사법경찰관작성의 공범에 대한 피의자신문조서의 증거능력

가. 학 설

형사소송법 제312조 제4항의 '피고인 아닌 자의 진술을 기재한 서류'에 해당한다고 보는 견해(제312조 제4항설)[284]와 제312조 제3항설이 대립하고 있으며, 다만 제312조 제3항이 적용된다고 볼 경우 그 내용인정을 누가 해야 하는지 여부와 관련하여, (반대신문권이 보장된다는 전제하에서) 공동피의자였던 공동피고인이 공판정에서 그 피의자신문조서의 내용을 인정하면 증거능력이 인정된다는 견해[285]와 상피고인이 그 내용을 인정한 경우에 한하여 증거능력이 있다는 견해[286]가 대립하고 있다.

나. 판 례

종래 대법원은 「당해 피고인에 대한 검사 이외의 수사기관이 작성한 피의자신문조서를 유죄의 증거로 하는 경우뿐만 아니라 당해 피고인과 공범관계에 있는 다른 피고인에 대한 검사 이외의 수사기관이 작성한 피의자신문조서를 피고인에 대한 유죄의 증거로 채택할 경우에 있어서도 다같이 적용된다고 보아야 할 것이다. 따라서 사법경찰관작성의 공동피고인(乙)에 대한 피의자신문조서를 그 공동피고인이 법정에서 진정성립 및 내용을 인정했더라도 **공동피고인(甲)이 그 피의자신문조서의 진정성립 및 내용을 인정하지 아니하는 한 피고인 甲에 대한 증거능력이 없다**」[287]고 판시한 이래 이를 확고히 유지하고 있고, 최근에는 이 법리를 공범 외 관계에 확대적용하기도 하였다.[288]

그 근거로 만약 이와 같이 보지 아니하고 원진술자인 피의자가 피고인에 대한 형사

한 운영 방안", 법학논총 제41권 제2호(2021), 전남대학교 법학연구소, 262면; 지은석, "형사소송법 제312조 제2항의 확대 적용", 형사법의 신동향 통권 제69호(2020), 대검찰청, 291면.

284) 이완규, "공범인 피의자에 대한 경찰 피의자신문조서의 증거능력", 형사법의 신동향 통권 제16호(2009), 대검찰청 미래기획단, 219면 이하; 강동범, "사법경찰관이 작성한 공범에 대한 피의자신문조서의 증거능력", 법학연구 제41집(2014), 전북대학교 법학연구소, 162면; 공범 아닌 공동피고인인 경우에 한하여 제312조 제4항을 적용하는 견해로 문영식, "공범에 대한 사법경찰관작성 피의자신문조서의 증거능력", 서울법학 제21권 제1호(2013), 서울시립대학교 법학연구소, 74면.

285) 정웅석, "공범의 수사상 진술의 증거능력을 인정하기 위한 대면권과 전문법칙의 관계", 형사소송 이론과 실무 제4권 제1호(2012), 한국형사소송법학회, 33면.

286) 이재상·조균석·이창온, 형사소송법(제13판), 박영사(2021), 652면; 이은모, "공범자에 대한 피의자신문조서의 증거능력", 법학논총 제32집 제4호(2015), 한양대학교 법학연구소, 229면; 김봉수, "피고인의 공소사실과 관련한 공동피고인에 대한 경찰작성 신문조서의 증거능력 −왜 제312조 '제4항'이 아니라 '제3항'을 적용하는가?−", 형사법연구 제22권 제1호(2010), 한국형사법학회, 79면 이하 등.

287) 대법원 2010. 1. 28. 선고 2009도10139 판결; 대법원 2009. 10. 15. 선고 2009도1889 판결.

288) 대법원 2020. 6. 11. 선고 2016도9367 판결.

피고사건의 법정에 나와 그 내용을 인정하게 되면 증거능력이 부여된다고 보게 되면, ㉠ 형사재판이 각각 별도로 이루어진 경우 자기의 형사 피고사건에서는 법정에서 그 내용을 부인하여 유죄의 증거로 되지 아니한 피의자신문조서도 공범관계에 있는 다른 피고인에 대한 관계에 있어서는 유죄의 증거가 될 수 있는 불합리하고 불공평한 결과가 생길 수 있고, ㉡ 공범관계에 있는 그 피의자에 대한 형사 피고사건에서 피고인이 되었던 그 피의자 또는 변호인이 내용을 인정한 바 있다 하여 이를 다른 피고인에 대한 형사 피고사건의 증거로 할 수 있다고 본다면 당해 피고인의 반대신문의 기회도 없었던 진술만으로 증거능력을 인정하는 것이 될 뿐만 아니라, ㉢ 만일 그 피의자에 대한 형사사건에서 유죄의 증거로 되었던 이유가 그의 변호인이 피의자신문조서의 내용을 인정하였기 때문인 경우라면 당해 피고인으로서는 자기의 변호인도 아닌 사람의 소송행위로 불이익을 받는 결과가 되어 부당하기 때문이라는 일관된 입장을 취하고 있다.

다. 검 토

제312조 제4항설은 공동피고인이 성립의 진정을 부정함에도 불구하고 객관적인 방법으로 증명되면 증거능력을 인정하고, 반대신문권의 인정을 전제로 이를 다시 상피고인에게 증거로 사용할 수 있다고 보는 것은 증거능력의 지나친 확대로 보일 뿐만 아니라, 자기 사건에서는 유죄의 증거로 될 수 없는데 다른 공범자의 사건에서는 유죄의 증거가 될 수 있는 불공평한 결과가 발생할 가능성도 배제할 수 없다. 더욱이 공동피고인이 아닌 공범자의 진술을 '타인의 진술'로 보는 경우(증인의 지위에 해당하므로) 조사자 증언방식의 증거사용이 불가능한 반면(제316조 제2항), 공동피고인이 된 공범자의 경우는 조사자 증언방식의 증거사용이 가능하게 되는데(제316조 제1항), 공동피고인으로 함께 재판받는지 아니면 별개로 재판을 받는가라는 외부적 상황에 따라 동일한 진술의 증거능력에 차별을 두는 것은 문제가 있다.

결국 현행법의 해석상 공범자에 대한 피의자신문조서도 제312조 제3항의 '검사 이외의 수사기관이 작성한 피의자신문조서'의 개념에 포함된다고 보고, 공동피의자였던 공동피고인이 공판정에서 그 피의자신문조서의 내용을 인정하면 (관련피고인의 반대신문권을 보장하는 전제하에서) 관련피고인에게도 증거능력이 인정된다고 보아야 할 것이다.

(6) 공범자가 공동피고인이 되지 않은 경우

수사기관(검사 또는 사법경찰관)작성의 공동피고인이 아닌 공범자에 대한 피의자신문조서는 원진술자인 공범자가 자신의 공판기일에 출석하여 내용의 진정을 인정하면 자신에 대하여 증거능력이 부여된다는 점은 이론(異論)이 없다. 다만 공범자의 피의자신문조서가 다른 공범자에 대하여 증거로 사용하기 위하여 원진술자인 공범이 피고인에 대한 현재의 공판절차에 증인으로 출석하여 진술해야 하는지 논란이 있으나, 당연히 현재의 피고인, 즉 수사서류에 의하여 사실인정을 당하는 피고인에 대한 공판기일을 의미한다고 보아야 할 것이다. 판례도 「원진술자인 공범이나 제3자가 각기 자신에 대한 공판절차나 다른 공범에 대한 형사공판의 증인신문절차에서 위 수사서류의 진정성립을 인정해 놓은 것만으로는 증거능력을 부여할 수 없고, 반드시 공범이나 제3자가 현재의 사건에 증인으로 출석하여 그 서류의 성립의 진정을 인정하여야 증거능력이 인정된다」[289]고 판시하고 있다.

결국 원진술자가 출석하여 내용의 진정을 인정하면 다른 공범자에 대하여 증거능력이 인정되는 것이며, 원진술자가 출석할 수 없으면 원진술자가 자신에 대한 공판절차에서 내용의 진정을 인정해 놓은 것을 근거로 증거능력이 인정되는 것이 아니라, 제314조를 적용하여 그 요건하에서만 증거능력을 얻을 수 있는 것이다.

(7) 공범에 대한 제314조의 적용여부

가. 문제점

형사소송법 제314조는 서증의 증거능력을 지나치게 제한하여 사실인정의 자료로 사용할 수 없도록 한다면 확실한 범죄인을 처벌하지 못할 우려가 있다는 점을 고려하여 전문법칙의 예외의 전형적인 경우를 규정한 것이다. 그런데 종래 검사 또는 사법경찰관이 작성한 공범자(공동피의자)에 대한 피의자신문조서도 제314조의 서류에 해당하는지 논란이 있었다.

나. 학 설

검사작성의 피의자신문조서에 대하여, 제314조는 피고인 또는 피의자로서 신문받은 자가 출석할 수 없는 경우이므로 필요성이 없다고 할 수 없으며, 신용성의 정황적 보장은 성립의 진정에 의하여 판단되는 것이 아니고, 제314조에 의한 조서도 증거능력이 없는 조서는 아니므로 공동피의자에 대한 검사작성의 피의자신문조서에 대하여 적용된다는 긍정설[290]과 현행법 제312조 제1항 내지 제2항은 '피고인이 된 피의자'의 진술이 기재된 조서의 증거능력을 규정하고 있으므로 피고인의 출석없이는 원칙적으로 개정할 수 없다는 점에서 제314조를 근거로 피고인에 대한 피의자신문조서의 증거능력을 인정하는 것은 부당하다는 부정설[291]이 대립하고 있었지만, 사법경찰관작성의 피의자신문조서에 대해서는 피고인 또는 변호인이 내용을 인정한 때에만 증거로 할 수 있으므로 진술불능의 근거로 인정된 '사망·질병 기타 사유' 가운데 피고인의 사망이란 생각할 수 없고, 또 질병 기타 사유 때문에 피고인의 공판정출석이 불가능하거나 곤란한 경우에는 공판

---

289) 대법원 1999. 10. 8. 선고 99도3063 판결.
290) 노/이, 625면; 강구진, 456면; 백형구, 강의, 665면; 이영란, 748면.
291) 배/이/정/이, 651면; 신동운, 1091면; 이은모, 635면; 이/조, 556면; 임동규, 522면.

절차를 정지하여야 하기 때문에(제306조) 피고인의 질병이나 기타 사유를 들어 증거능력을 부여하려는 시도는 제312조 제3항의 입법취지를 무시하는 것이므로 공동피고인의 사법경찰관에 대한 자백이 특히 신빙할 수 있는 상태하에서 행하여졌느냐 여부를 불문하고 공동피의자에 대한 사법경찰관작성의 피의자신문조서에 대한 증거능력을 부정해야 한다는 부정설이 통설이었다.

다. 판 례

대법원은 종래 「...사법경찰관사무취급이나 검사의 피의자의 진술을 기재한 조서는 제312조, 제313조의 규정에 의해서만 증거능력이 있고, 다만 예외로 제314조의 경우에 한하여 증거능력이 인정된다...」[292]라고 하여 긍정설을 취하고 있었으나, 그 후 전원합의체판결에서 「형사소송법 제312조 제2항(개정법 제312조 제3항)은 검사 이외의 수사기관이 작성한 당해 피고인에 대한 피의자신문조서를 유죄의 증거로 하는 경우뿐만 아니라 검사 이외의 수사기관이 작성한 당해 피고인과 공범관계에 있는 다른 피고인이나 피의자에 대한 피의자신문조서를 당해 피고인에 대한 유죄의 증거로 채택할 경우에도 적용되는바, **당해 피고인과 공범관계가 있는 다른 피의자에 대한 검사 이외의 수사기관 작성의 피의자신문조서는 그 피의자의 법정진술에 의하여 그 성립의 진정이 인정되더라도 당해 피고인이 공판기일에서 그 조서의 내용을 부인하면 증거능력이 부정되므로 그 당연한 결과로 그 피의자신문조서에 대하여는 사망 등 사유로 인하여 법정에서 진술할 수 없는 때에 예외적으로 증거능력을 인정하는 규정인 형사소송법 제314조가 적용되지 아니한다**」[293]고 하여 부정적인 입장으로 변경한 이래, 최근 판결도 「검사 이외의 수사기관이 작성한 해당 피고인에 대한 피의자신문조서를 유죄의 증거로 하는 경우뿐만 아니라 검사 이외의 수사기관이 작성한 해당 피고인과 공범관계에 있는 다른 피고인이나 피의자에 대한 피의자신문조서를 해당 피고인에 대한 유죄의 증거로 채택할 경우에도 적용된다. 따라서 해당 피고인과 공범관계가 있는 다른 피의자에 대하여 검사 이외의 수사기관이 작성한 피의자신문조서는 그 피의자의 법정진술에 의하여 성립의 진정이 인정되는 등 형사소송법 제312조 제4항의 요건을 갖춘 경우라도 해당 피고인이 공판기일에서 그 조서의 내용을 부인한 이상 이를 유죄 인정의 증거로 사용할 수 없고, 그 당연한 결과로 위 피의자신문조서에 대하여는 사망 등 사유로 인하여 법정에서 진술할 수 없는 때에 예외적으로 증거능력을 인정하는 규정인 형사소송법 제314조가 적용되지 아니한다」[294]는 입장이다.

한편, 수사기관에서 진술한 참고인이 법정에서 증언을 거부하여 피고인이 반대신문

---

292) 대법원 1984. 1. 24. 선고 83도2945 판결.

293) 대법원 2004. 7. 15. 선고 2003도7185 전원합의체 판결(피고인과 공범관계에 있는 다른 피의자에 대한 사법경찰관리 작성의 피의자신문조서의 증거능력과 형사소송법 제314조의 적용 여부).

294) 대법원 2020. 6. 11. 선고 2016도9367 대법원 판결.

을 하지 못하였으나 정당하게 증언거부권을 행사한 것이 아닌 경우, 형사소송법 제314
조의 '그 밖에 이에 준하는 사유로 인하여 진술할 수 없는 때'에 해당하는지 여부 및 이
때 수사기관에서 그 증인의 진술을 기재한 서류의 증거능력 유무와 관련하여, 판례의
다수의견은 「수사기관에서 진술한 참고인이 법정에서 증언을 거부하여 피고인이 반대신
문을 하지 못한 경우에는 정당하게 증언거부권을 행사한 것이 아니라도, 피고인이 증인
의 증언거부 상황을 초래하였다는 등의 특별한 사정이 없는 한 형사소송법 제314조의
'그 밖에 이에 준하는 사유로 인하여 진술할 수 없는 때'에 해당하지 않는다고 보아야
한다. 따라서 증인이 정당하게 증언거부권을 행사하여 증언을 거부한 경우와 마찬가지로
수사기관에서 그 증인의 진술을 기재한 서류는 증거능력이 없다. 다만 피고인이 증인의
증언거부 상황을 초래하였다는 등의 특별한 사정이 있는 경우에는 형사소송법 제314조
의 적용을 배제할 이유가 없다. 이러한 경우까지 형사소송법 제314조의 '그 밖에 이에
준하는 사유로 인하여 진술할 수 없는 때'에 해당하지 않는다고 보면 사건의 실체에 대
한 심증 형성은 법관의 면전에서 본래증거에 대한 반대신문이 보장된 증거조사를 통하
여 이루어져야 한다는 실질적 직접심리주의와 전문법칙에 대하여 예외를 정한 형사소송
법 제314조의 취지에 반하고 정의의 관념에도 맞지 않기 때문이다」[295]고 판시한 반면,
별개의견은 「증인이 정당하게 증언거부권을 행사한 것으로 볼 수 없는 경우에는 형사소
송법 제314조의 '그 밖에 이에 준하는 사유로 인하여 진술할 수 없는 때'에 해당한다고
보아야 한다. 증인이 정당하게 증언거부권을 행사하여 증언을 거부하는 경우에는 형사소
송법 제314조의 '그 밖에 이에 준하는 사유로 인하여 진술할 수 없는 때'에 해당하지
않아 그에 대한 수사기관 작성 참고인 진술조서는 증거능력이 없고, 그 후 증언거부의
사유가 소멸된 시점에 증인이 재차 법정에 출석하여 또다시 증언을 거부하더라도 더 이
상 형사소송법 제314조에 의하여 그의 참고인 진술조서의 증거능력이 인정될 수는 없다
고 보아야 한다」는 입장이다. 이에 따르면, 복잡사건의 공모관계에 대한 증거는 공범들
의 진술 외에는 달리 없는데, 공범들의 진술조서에 대해 내용부인을 하거나 증언거부권
을 행사(헌법 제12조)하면, 공모관계에 관한 관련증거를 제출하는 것이 곤란할 것이다(형
사소송법 제314조 미적용).[296] 더욱이 적법한 증언거부권의 행사라면 제재할 수 없을 뿐
만 아니라 정당한 이유 없이 선서나 증언을 거부하는 경우 50만 원 이하의 과태료를 선
고할 수밖에 없으므로 공범에 대한 참고인진술조서 또한 정당한 증언거부권의 행사가
아닌 경우라 하더라도 형사소송법 제314조가 적용되지 않는 관계로 결국 공범 전부에
대한 무죄판결이 불가피할 것이다.

---

295) 대법원 2019. 11. 21. 선고 2018도13945 전원합의체 판결.
296) 대법원 2004. 7. 15. 선고 2003도7185 전원합의체 판결.

라. 검 토

앞에서 언급한 것처럼 판례는 공범인 공동피의자에 대한 사법경찰관작성의 피의자신문조서에 대하여 피고인이 공판절차에서 그 조서의 내용을 인정하는 것을 증거능력요건으로 보므로, 원진술자의 진술불능과 특신상태의 요건이 구비되더라도 피고인이 그 내용을 부인하는 한 증거능력이 부정된다고 보는 것이 논리적일 것이다. 반면에 공동피고인이 되지 않은 공범자(乙)의 경우에 원진술자(乙)가 다른 공범자(甲)의 공판정에 출석할 수 없다면 결국 제314조를 적용하여 증거능력을 인정할 수밖에 없으며, 구(舊)법상 판례이지만 판례는 공동피의자(乙)에 대한 검사작성의 피의자신문조서에 대하여 그 공동피고인(乙)이 법정에서 성립 및 임의성을 인정한 경우에는 (공동)피고인(甲)이 증거로 함에 부동의하더라도 피고인(甲)에 대한 유죄의 증거로 사용할 수 있다[297]고 보므로 검사작성의 피의자신문조서에 대하여는 제314조가 적용된다고 보아야 할 것이다. 왜냐하면 현행법체계 하에서 공모관계에 관하여 굳이 진술을 하는 이유는 다른 공범의 진술이 자신에게 불리하게 작용할 것이라는 우려가 있기 때문인데((진술거부권을 행사하더라도 공범에 대한 피신으로 유죄인정 가능), 만약 다른 공범에 대한 검찰작성 피의자신문조사가 직접 증거로 제출될 수 없다면, 모든 공범은 진술거부권 행사 및 공범에 대한 검찰작성 피의자신문조서에 대한 부동의 전략을 채택하는 것이 가능하게 되며, 결국 공모관계에 대한 무죄를 선고될 것이기 때문이다.

【표 5-15】 공동피고인 乙진술의 甲에 대한 증거능력 인정요건(판례)

비 교	법정진술(공동피고인)		법정 외 진술(공범자인 경우)			
피고인 乙을 기준	공범자인 경우	공범자 아닌 경우	공동피고인 된 경우		공동피고인 아닌 경우	
			검사 [298]	사경	검사	사경
甲	부인		부인		부인	
乙	자백		자백		자백	
甲에 대한 증거능력	甲에게 인정	乙이 증인으로 증언해야 甲에게 인정	甲이 乙의 자백조서 내용인정시 인정		乙이 甲사건의 증인으로 증언해야 甲에게 인정	
제314조 적용여부	X	X	X	X	X	X

그러나 현행법이 조사자증언제도를 도입하여 피고인이 진정성립을 부정하거나 내용을 인정하지 않더라도 증거능력을 인정하고 있다는 점 및 제314조의 입법취지가 제312

---

297) 대법원 1991. 11. 8. 선고 91도1984 판결; 대법원 1992. 4. 14. 선고 92도442 판결.
298) 개정법에 따라 검사의 경우는 사법경찰에 준하여 판단하였음.

조, 제313조의 원칙을 고집할 경우 죄를 범한 것이 확실한 자를 처벌할 수 없는 불합리한 결과의 발생을 막기 위하여 '신용성의 정황적 보장'을 전제로 증거능력을 인정하는 것이므로 이제는 검사 및 사법경찰관작성의 피의자신문조서 전부에 제314조의 '필요성' 요건은 충족된다고 보아야 할 것이다.

5. 피고인신문의 활용

개정법이 시행되어 검찰 피의자신문조서에의 의존이 약화되고 공판정에서 구술심리의 실질화가 촉진되면 심리의 장기화 현상은 어느 정도 가시적으로 예견되므로 법원이 피고인신문을 적극적으로 활용하자는 견해가 있다. 피고인신문은 원칙적으로 증거조사 종료 후에 시행되나(형사소송법 제296조의2 제1항 본문) 그 시기는 재판장의 재량에 맡겨져 있으므로(같은 항 단서), 피고인이 범행을 부인하고 장기간 재판진행이 예상되는 사건에서는 형사소송법 제296조의2 제1항 단서 및 제2항을 활용하여 피고인신문을 먼저 실시하는 방안이 검토될 수 있다[299]는 것이다. 이 경우 피고인의 변소와 그에 대한 수사기관의 검증, 피고인에게 유리한 정상 및 양형자료 등을 광범위하게 재판자료로 편입하는 것이 가능할 것이다.

그러나 일반적으로 '피고인의 내용부인으로 모든 피의자신문조서의 증거능력이 부정된 사건'에서, 피고인이 검사의 핵심 질문에 대하여 진술거부권을 행사하면 피고인신문 절차가 무의미해진다는 점이다. 피고인은 헌법 제12조 제2항과 형사소송법 제283조의2에 의하여 진술을 거부할 권리를 보장받기 때문이다. 따라서 피고인이 피고인 신문절차에서 진술거부권을 행사하는 것을 제한할 방법도 없고, 이를 제한해서도 안 될 것이다. 이는 전술(前述)한 것처럼, 2005년 사개추위 '가안(假案)'에서 검사작성의 피의자신문조서와 참고인진술조서 등 피고인이 동의하지 않으면 일체의 증거능력을 부정하고, 공판정에서의 피고인신문도 폐지하며, 수사과정에서 획득한 진술은 오로지 검사가 법정에서 증언(조사자의 증언)하는 방법으로만 현출될 수 있도록 엄격히 통제하고자 한 내용[300]을 보면 잘 알 수 있다.

결국 수사기관에서 자백을 하였으나 법정에서 공소사실을 다투며 수사기관이 작성한 피의자신문조서를 내용부인한 피고인이 진술거부권을 행사하지 않고 자신의 범죄사실을 사실대로 진술하는 것을 기대하기는 어렵다고 본다.

---

299) 피고인신문을 사실상 영미의 기소사실인부절차와 같은 방식으로 운용하자는 견해로, 모성준, 2020. 12. 4. "형사소송법 제312조 개정의 실무적 함의", 법원 형사법연구회 및 한국형사소송법학회 공동학술대회 발표자료 참조.

300) 자세한 내용은 신동운, "사법개혁추진과 형사증거법의 개정", 서울대학교 법학 제47권 제1호 (2006), 서울대학교 법학연구소, 123면 이하 참조.

6. 내용부인 된 피의자신문조서의 탄핵증거 사용 허용여부

대법원은 종래 일관하여 피고인이 내용을 부인한 피의자신문조서에 임의성을 의심할 사정이 없는 한 탄핵증거로 허용하고, 다만 이에 기초하여 범죄사실이나 간접사실을 인정할 수 없다[301]고 판시하여 왔다. 간접사실 또한 주요사실 유무를 추인하게 하므로 엄격한 증명 대상이기 때문이다.

한편 피고인의 진술이 진술조서에 담긴 경우에도 피의자신문조서와 마찬가지로 탄핵증거의 사용을 허용하였다.[302] 그러나 내용부인 된 피의자신문조서의 공판정 현출 허용 자체가 조서 사용 요건을 엄격화한 입법취지를 몰각하므로 허용될 수 없다는 학설의 비판[303]이 있고, 일부 하급심 판결 역시 탄핵증거로 사용할 수 없다[304]는 입장을 취한 바 있다.

그러나 수사상 중요한 위법이 있거나 임의성에 의심이 있는 경우는 위법수집증거배제법칙(제308조의2)이나 자백의 임의성법칙(제309조)에 의하여 사전에 차단될 것이므로, 내용부인으로 인한 증거능력의 배제효는 전문법칙위배에 한정하면서, 탄핵증거의 사용을 허용하는 것이 타당하다[305]고 본다. 법 개정에도 불구하고 피의자신문조서제도가 여전히 유지되고 있기 때문이다. 특히 다수 공범사건의 경우 피고인의 수사과정에서의 변소와 그에 대한 검증과정을 확인할 필요가 있고, 다른 공동피고인이 진술을 번복한다면, 그 내용을 확인할 필요가 있다. 따라서 공범간 진술의 확인을 위해서도 탄핵증거의 제출을 폭넓게 허용할 필요가 있을 것이다.

---

301) 대법원 2005. 8. 19. 선고 2005도2617 판결.

302) 현행 법제상 증거능력 없는 증거 중 탄핵증거로 사용할 필요가 가장 큰 것은 전문법칙에 의해 증거능력이 부정된 증거라는 견해로는 최병천, "탄핵증거이론의 재구성", 경찰법연구 제13권 제1호, 한국경찰법학회(2015), 216면.

303) 입법론 차원에서 피고인 진술을 탄핵 대상에 포함하는 것은 재검토를 요한다는 견해로 이은모·김정환, 형사소송법(제8판), 박영사(2021), 738면; 류전철, "범죄피해자의 관점에서 탄핵증거의 허용범위에 관한 소고", 피해자학연구 제20권 제2호, 한국피해자학회(2012), 125면 이하; 이승준, "형사소송법 제318조의2(탄핵증거)의 해석에 대한 소고", 한양법학 제23권 제3집, 한양법학회(2012), 97면 등.

304) 서울고등법원(춘천) 2012. 4. 25. 선고 2012노28 판결.

305) 이상훈, "개정 형사소송법 제312조 제1항 시행에 따른 피의자신문조서 증거사용 변화", 피의자신문조서 증거능력 제한과 형사재판, 사법정책연구원/대한변호사협회/한국형사법학회/대법원형사법연구회 공동학술대회(2021. 10. 29.) 발표자료집, 29면.

Ⅳ. 조사자증언(법 제316조)과의 관계

1. 증거능력의 의미

(1) 문제점

증거능력의 의미에 대하여 종래 통설은 "법률상 증거로서 그 조사가 허용되고 또 판결에 있어서 이를 사실인정의 자료로 할 수 있는 것을 인정하는 자격의 의미"라거나,[306] "증거가 엄격한 증명의 자료로 사용될 수 있는 법률상의 자격"으로 보고 있다.[307] 따라서 증거능력의 의미를 미리 법률에 의하여 형식적으로 결정되어 있다는 제한적(소극적) 의미로 사용하고 있다.[308]

그러나 증거능력이란 자유심증주의 원칙하에서 요증사실과의 관련성이 인정되고, 법률상 제한이 없는 한[309] 원칙적으로 무제한적으로 인정된다[310]고 보아야 한다.[311] 왜냐하면 법률에 특별히 증거능력을 배제하는 규정이 없는 한 모든 증거는 증거능력이 인정되는 것을 전제로, 법관의 자유로운 심증에 따라 증명력을 판단하게 하는 것이 자유심증주의이기 때문이다.

(2) 외국의 입법례
가. 영미법계

우리의 증거능력 개념에 해당하는 'admissibility'에 대하여, BLACK'S LAW DICTIONARY는 "The quality or state of being allowed to be entered into evidence in a hearing, trial, or other proceeding[312](청문절차, 공판절차, 또는 이와 유사한 절차에

---

306) 정영석, 형사소송법(제5전정판), 법문사, 1985, 132면.

307) 배종대/이상돈/정승환/이주원, 형사소송법(제2판), 홍문사, 2016, 559면; 손동권, 형사소송법, 세창출판사, 2008, 492면; 송광섭, 형사소송법, 형설출판사, 2010, 532면; 신현주, 형사소송법(신정2판), 박영사, 2002, 552면; 신동운, 신형사소송법, 법문사, 2008, 863면; 이재상/조균석, 형사소송법(제11판), 박영사, 2017, 535면; 임동규, 형사소송법(제3판), 법문사, 2004, 431면; 차용석/최용성, 형사소송법(제3판), 21세기사, 2008, 459면.

308) 이를 신현주교수는 "증거능력은 그 '제한'을 기초로 한 소극적인 개념이다"라고 표현하고 있다(앞의 책, 552면).

309) 현행법상 증거능력에 대하여 제한을 하고 있는 경우는 위법수집증거배제법칙(법 제308조의2)과 자백의 임의성법칙(법 제309조) 그리고 전문법칙(법 제310조의2 내지 제316조) 등이 있다.

310) 정웅석/최창호, 형사소송법, 대명출판사, 2018, 522면.

311) 양 설의 차이점은 법률에 명문규정이 없는 영상녹화물의 증거능력의 인정여부에서 명확하게 드러난다. "전문법칙의 예외조항을 놓고 볼 때 서면 형태의 각종 조서에는 증거능력 인정을 위한 근거규정이 마련되어 있지만 조서를 대체하는 영상녹화물에 대해서는 명문의 허용근거가 없다"는 견해(신동운, 앞의 책, 977면)가 이를 대변하고 있다.

서 증거로 제출하는 것이 허용되는 상태 내지 자격)"으로 정의하고 있으며, 미국 연방증거법 제402조는 '일반적으로 관련증거는 증거능력 있음; 비관련증거는 증거능력 없음'이라는 제목하에 "모든 관련증거는 미국 헌법이나 법률 내지 본 증거법, 미국 대법원 판례에 의하여 금지된 경우와 같이 달리 정해진 경우를 제외하고는 증거로 사용될 수 있다. 관련없는 증거는 증거능력이 없다"313)고 규정하여 달리 법률상 제한이 없는 한, 관련성(Relevance)314)만 있으면 증거능력을 인정하고 있다. 특히 영미에서는 일방 당사자가 제출하는 증거가 증거법상의 요건에 맞지 않는 경우에도 상대방의 이의제기(Objection)가 없으면 통상 받아들여지므로, 증거를 배제할 책임은 상대방 당사자(특히 변호사)에게 있다.315)

이처럼 증거능력의 판단자(법관)와 사실인정의 판단자(배심원)가 다른 영미법계에서는 증거의 허용성(admissibility)의 의미를 법률상 특별한 제한이 없는 한 배심원들 앞에 그 증거를 제출하게 하는 개념으로 보고 있으며, 따라서 증거능력의 판단에 있어서 판사가 사실판단에 대한 배심원들의 결정권한을 먼저 검토하여 배심원들의 사실인정에 관한 기능을 위축시키는 것이 허용되지 않는다. 즉 판사의 기능은 배심원들이 보기에 불필요하거나 오염된 정보를 차단하는데 그쳐야 하는 것이며, 제출된 증거들을 종합적으로 고려하여 사실상의 추론을 통해 결론에 도달하는 것은 배심원들의 역할이다.

나. 대륙법계

독일 형사소송법 제245조(증거조사의 범위) 제1항은 "증거조사를 금지하지 않는 경우, 이는 법원에 의해 소환되어 출석한 증인과 감정인 및 그 밖에 제214조 제4항316)에

---

312) 예컨대 기소배심(Grand Jury)절차를 들 수 있다.
313) Rule 402. Relevant Evidence Generally Admissible; Irrelevant Evidence Inadmissible. All relevant evidence is admissible, except as otherwise provided by the Constitution of the United States, by Act of Congress, by these rules, or by other rules prescribed by the Supreme Court pursuant to statutory authority. Evidence which is not relevant is not admissible.
314) 연방증거법 제401조는 관련성이 있는 증거에 대한 정의를 다음과 같이 규정하고 있다. "관련성이 있는 증거란 그 증거가 없는 것보다 그 증거가 있음으로써 소송의 결정에서 중요한 사실의 존재에 대하여 더 가능성이 많다거나 더 적다는 것을 입증할 수 있는 증거를 말한다"(Rule 401. Definition of "Relevant Evidence". "Relevant evidence" means evidence having any tendency to make the existence of any fact that is of consequence to the determination of the action more probable or less probable than it would be without the evidence).
315) Roger C. Park 외 3인, EVIDENCE LAW, 3rd., WEST, 2011, p.42.
316) StPO § 214. (4) Die Staatsanwaltschaft bewirkt die Herbeischaffung der als Beweismittel dienenden Gegenstände. Diese kann auch vom Gericht bewirkt werden(검사는 증거방법으로 이용될 목적물을 제출한다. 법원도 이를 행할 수 있다).

따라 법원이나 검사에 의해 제출된 증거방법을 포괄하여야 한다. 검사, 변호인 및 공판 피고인이 동의하는 경우 개별증거의 조사를 배제할 수 있다"[317]고 규정하고 있으며 동법 제261조[318]는 자유심증주의를 규정하고 있다. 프랑스 형사소송법 제427조 제1항 전단도 "법률이 달리 규정하는 경우를 제외하고 범죄사실은 모든 증거방법에 의하여 증명할 수 있다"고 하여 증거자유의 원칙을 선언하고 있다(전술).

다. 일 본

일본 형사소송법 제318조는 "증거의 증명력은 재판관의 자유로운 판단에 맡긴다"는 자유심증주의를 채택하면서, 동법 제322조 제1항은 "피고인의 서명 또는 날인이 있는 것으로서 자신에게 불리한 사실을 시인하는 내용이거나, 또는 특히 신용할 만한 정황하에서 작성된 것일 때에는 증거로 사용하는 것"을 허용하고 있다. 이에 따라 일본에서는 검찰의 피의자신문조서이든 경찰의 피의자신문조서이든 서류의 형식적 진정성립만 인정되면 증거능력이 부여되는데,[319] 여기서 '특히 신용할 만한 정황'이라는 요건은 판례와 실무상 거의 인정되고 있으므로, 사실상 요건이라고 말하기 어렵기 때문이다. 따라서 실제 법정에서 피고인의 공판기일 외의 진술을 둘러싸고 논란의 대상이 되는 것은 오로지 자백 내지 불이익한 사실을 승인한 수사기관에 대한 진술조서의 임의성만이 문제된다[320]고 한다.

라. 검 토

본래 소송은 당사자의 주장과 입증을 기초로 사안의 진상을 밝혀 객관적 진실을 가리는 시스템인데, 객관적 진실을 가리는 작업은 증거능력의 차단을 통하여 발견되는 것이 아니라 보다 많은 증거를 법정에 현출시켜서 이의 비교를 통해 최종적으로 판단을 내리는 것이 자유심증주의에서 말하는 소위 '합리적 의심의 여지가 없는 증명(proof

---

317) StPO § 245. (1) Die Beweisaufnahme ist auf alle vom Gericht vorgeladenen und auch erschienenen Zeugen und Sachverständigen sowie auf die sonstigen nach § 214 Abs. 4 vom Gericht oder der Staatsanwaltschaft herbeigeschafften Beweismittel zu erstrecken, es sei denn, daß die Beweiserhebung unzulässig ist. Von der Erhebung einzelner Beweise kann abgesehen werden, wenn die Staatsanwaltschaft, der Verteidiger und der Angeklagte damit einverstanden sind.

318) StPO § 261. Über das Ergebnis der Beweisaufnahme entscheidet das Gericht nach seiner freien, aus dem Inbegriff der Verhandlung geschöpften Überzeugung(법원은 심리 전체로부터 얻어진 자유로운 신념에 따라 증거조사의 결과에 관하여 재판한다).

319) 백승민, 「개정 형사소송법상 검사작성 피의자신문조서의 증거능력」, 법조 통권 제613호(2007. 10), 법조협회, 204면.

320) 신동운 역, 입문 일본형사수속법, 법문사, 2003, 270면 이하 참조.

beyond a reasonable doubt)'의 정도에 이를 가능성은 더 높다고 할 수 있다. 따라서 임의성없는 자백이나 위법하게 수집된 증거가 아닌 한, 원칙적으로 수사상 진술(번복전 진술)을 어떤 형태로든 공판정에 현출시키는 것이 타당한 것이며, 증거가치를 잘못 판단할 것을 우려하여 조금이라도 오해의 소지가 있는 증거를 처음부터 재판절차에 등장시키지 않으려고 하는 것은 오판의 위험성에 대한 지나친 기우로 보인다. 왜냐하면 반대당사자에게 적절한 반대신문권을 부여함으로써 공방을 벌이는 경우와 처음부터 수사상 진술의 공판정 진입을 차단한 경우를 비교해 보았을 때, 어느 쪽이 더 실체진실에 접근하여 오판의 위험성을 줄일 수 있는가는 증거능력에 대한 선행적인 법관의 문지기(gatekeeper) 역할에 달려있는 것이 아니라 공판정에서의 치열한 항쟁과 탄핵속에서 발견되는 것이기 때문이다. 따라서 법원의 역할은 법률에서 요구하는 적법절차를 거쳤다면, 배심원에게 지나치게 편견을 줄 수 있거나 관련성이 없는 증거들을 배제하는 제한적인 증거의 선별 작업에 한정되어야 하며, 공판정에서 실체진실의 추구는 실질적인 이해관계를 가지는 당사자의 치열한 공방에 맡겨두는 것이 당사자주의에 입각한 실질적 공판중심주의[321]에 부합할 것이다.

결국 성립의 진정을 부정하는 검사작성의 피의자신문조서에 관한 규정(형사소송법 제312조 제2항)을 삭제하고(다수설에 따르면 동법 제316조 제1항 조사자증언도 증거능력이 부정될 것임), 오로지 피고인의 법정진술만을 증거로 인정한 개정법은 아예 법관의 문지기 역할까지 피고인(범죄자)에게 부여한다는 점에서, 세계 어느 나라에도 없는 입법을 만든 것으로 도저히 그 이론적인 합리성을 찾아볼 수 없다.

2. 공판중심주의에 따른 증거판단의 우선순위

(1) 문제점

법률상 특별한 제한이 없는 한, 원칙적으로 적법하게 수집한 수사상 진술증거(번복전 진술)의 공판정제출이 허용된다고 볼 때, 그 판단순위와 관련하여 수사상 조서가 우선하는 것인지 아니면 조사자의 증언이 우선하는 것인지, 또 '조서'와 '진술'의 증거능력을 일괄해서 판단하는 것이 타당한 것인지 아니면 별도로 판단하는 것이 타당한 것인지 논란이 있다.

원래 1954년에 제정된 형사소송법 제316조에는 현행법의 제2항에 해당하는 조문만 수록되어 있었으나,[322] 원래 1961. 9. 1.자로 형사소송법이 개정되어 종래의 조문

---

321) 대판 1984.6.12, 84도796. 「형사소송에 있어서는 입증책임의 분배를 엄격하게 따질 수는 없다고 할 것이나 **당사자주의를 그 소송구조로 하고 있는 현행 형사소송법 체계에서는** 소송범죄사실 또는 피고인의 변소사실이 증거가 없거나 불충분한 경우에 불이익을 받을 당사자는 바로 검사이거나 피고인이므로 공소범죄사실에 대한 입증책임은 검사에게 있다」.

은 내용변경 없이 약간의 자구만 수정되어 제2항으로 가고 현행법의 제1항이 추가되었다. 1954년 형사소송법 제정 당시의 제316조(현행법 제316조 제2항)는 1948년에 제정되고 1949년부터 시행된 일본의 신형사소송법 제324조 제2항의 실질적 내용와 매우 유사하다. 1961. 9. 1.자 형사소송법 개정으로 추가된 현행법 제316조 제1항 역시 그 내용이 동일하지는 않지만, 일본 형사소송법 제324조 제1항의 규정형식, 실질적 내용과 매우 유사하다.[323] 즉, 조사자증언과 관련된 제316조 제1항은 「피고인 아닌 자(공소제기 전에 피고인을 피의자로 조사하였거나 그 조사에 참여하였던 자를 포함한다)의 공판준비 또는 공판기일에서의 진술이 피고인의 진술을 그 내용으로 하는 것인 때에는 그 진술이 특히 신빙할 수 있는 상태하에서 행하여졌음이 증명된 때에 한하여 이를 증거로 할 수 있다」고 규정하고 있다. 이는 원진술자가 피고인 자신이므로 '원진술자가 사망·질병 기타 사유로 인하여 진술할 수 없는 때'를 증거능력의 요건으로 규정하지 않은 것이다. 일본 형사소송법 제324조 제1항이 전문진술의 원진술자가 피고인인 경우에는 원진술이 '피고인에게 불이익한 사실의 승인'인 때는 임의성만을 요건으로 하고, 원진술이 피고인에게 유리한 진술인 경우에는 특신정황을 요건으로 증거능력을 인정하는 것과 대비된다.

(2) 2020년 개정법 이전의 기존 학설

가. 제312조 제3항설

종래의 통설은 제312조 제3항과의 관계에 비추어 피고인이 그 내용을 부인하는 경우에는 증거로 할 수 없다는 입장으로, 2007년 개정형사소송법 하에서도 동일한 입장을 취하고 있다. 그 근거로 제312조 제3항이 단순히 전문법칙의 예외라는 측면을 넘어서서 위법수사의 방지장치라는 의미를 가진다는 점에서[324] 피고인을 신문한 사법경찰관이 그 진술내용을 법정에서 진술하는 것은 제312조 제3항의 입법취지상 허용될 수 없다[325]는

---

322) 1954. 9. 23. 법률 제341조 형사소송법 제316조 「피고인 아닌 자의 공판준비 또는 공판기일에 있어서의 진술이 피고인 아닌 자의 진술을 그 내용으로 하는 것인 때에는 원진술자가 사망, 질병 기타 사유로 진술할 수 없는 때에 한하여 증거로 할 수 있다. 단, 그 진술이 특히 신빙할 수 있는 상태 하에서 행하여진 때에 한한다」

323) 일본 형사소송법 제324조 제1항 「피고인 이외의 자의 공판준비 또는 공판기일에 있어서의 진술로서 피고인의 진술을 그 내용으로 하는 것에 대하여는 제322조의 규정을 준용한다」.

324) 신동운, 신형사소송법(제4판), 법문사, 1142면.

325) 예컨대 ① 법 개정에도 불구하고 제312조 제3항의 입법취지를 우선 고려하여 이와 충돌되는 범위 내에서는 조사자증언의 증거능력을 부정하고 그 외의 경우에만 증거능력을 인정하자는 견해(배종대 외 공저, 형사소송법(제2판), 홍문사(2016), 662면), ② 조서의 존재를 전제로 하는 조사자증언 제도의 도입은 입법적 오류이므로 종국적으로 폐지하는 것이 바람직하지만 현행법이 조서의 증거사용을 허용하는 이상 조사자증언을 조서의 진정성립이나 특신상태의 증명

것이다.326)

그 근거로 첫째, 사법경찰관리가 작성한 피의자신문조서에 기재된 자백과 같은 진술은 피의자였던 피고인이 공판정에서 그 조서의 내용인 경찰자백을 부인하면 그 경찰자백이 특히 신빙할 수 있는 상태에서 행하여졌다고 인정되는 경우에도 증거능력이 부정되는데 그 피의자신문조서를 작성한 수사경찰관의 전문진술은 피의자였던 피고인이 공판정에서 경찰자백을 부인하는 경우에도 증거능력이 인정된다는 것은 상호 모순되어 불합리하다는 점, 둘째, 수사경찰관의 증언에 의해서 피의자의 경찰진술이 특히 신빙할 수 있는 상태에서 행하여졌다고 인정되는 경우가 적지 아니할 것인데 피의자의 경찰진술을 내용으로 하는 수사경찰관의 전문진술의 증거능력을 제316조 제1항에 의해서 판단하게 되면 수사경찰관의 증언에 의해 피의자의 경찰진술이 유죄의 증거로 사용되는 경우가 생길 것이며 이는 제312조 제3항의 입법취지에 어긋난다는 점, 셋째, 제312조 제3항은 피의자의 인권보장을 도모하려는 규정이므로 그 적용범위를 넓히는 방향으로 해석해야 한다는 점, 넷째, 피고인에게 유리한 형사소송법 규정을 축소해석함으로써 피고인에게 불리하게 되는 때에는 유석해석금지의 원칙에 해당된다는 점에서 '조서'의 개념을 축소해석하여 진술이 기재된 사법경찰관 작성의 '조서'의 증거능력은 제312조 제3항에 의해 엄격히 제한하면서, 조서에 기재된 '진술 자체'는 제316조 제1항에 의하여 증거능력을 완화하게 되면 유추해석금지의 원칙에 위배되기 때문이라는 것이다.327)

나. 제316조 제1항설

형사소송법 제312조 제3항의 조서의 내용을 부인하는 경우란 수사경찰관이 작성한 피의자신문조서의 증거능력을 부인하는 것이지 그것을 청취한 경찰관의 전문증언 또는 정황진술을 부인한 것은 아니고, 따라서 제316조 제1항의 요건 아래에서 증거능력이 인정된다는 입장이다.328) 이는 청취자의 전문증언은 그의 조서보다는 한 단계 전

───────────

수단 또는 탄핵증거 등으로만 활용하도록 해야 한다는 견해(심재무, "피의자 진술의 법정현출 방식과 조사자 증언의 증거능력", 비교형사법연구 제12권 제1호(2010), 327면), ③ 제316조에 근거한 조사자증언의 독자적인 증거능력 인정은 허용되지 않고, 다만 조서의 존재를 전제로 하여 그 진정성립을 인정하기 위한 수단으로만 인정하자는 견해(이은모, "개정 형사소송법에 있어서 수사절차상 진술의 증거능력에 관한 검토", 동북아법연구 제1권 제2호(2007. 12.), 189면) 등이 그것이다.

326) 배종대/이상돈/정승환/이주원, 앞의 책, 662-663면; 조국, "검사작성의 피의자신문조서와 영상녹화물의 증거능력", 저스티스 통권 제107호(2008. 10.), 180-181면.

327) 김태명, 「공판중심주의의 관점에서 본 증거법의 바람직한 운용방안」, 형사법연구 제26권 제1호(2014 봄, 통권 제58호), 한국형사법학회, 200면.

328) 이재상/조균석, 앞의 책, 636면; 정웅석/최창호, 앞의 책, 642면.

문성이 약한데다가 반대신문을 받는 증인으로서 진술하며, 또한 제316조 제1항의 '특신상태'의 요건도 충족해야 하므로 그가 작성한 조서와는 달리 취급할 수 있다고 보는 것 같다.

그 근거로 첫째, '조서'와 '진술 자체'는 명백히 구별되는 개념인데, 형사소송법 제312조 제3항의 법문은 '조서'의 증거능력을 부인하고 있으므로 조서를 진술자체로 해석하는 것은 조서가 가지는 문언의 가능한 의미를 벗어난 것이며, 둘째, 일본식민지 시대에 한국에서는 일본329)과 달리 조선형사령에 의하여 검사 및 사법경찰관이 증거조사와 관련하여 예심판사와 같이 피의자를 신문하고 조서를 작성할 권한을 가지게 되었으며, 이에 더하여 사법경찰관작성 피의자신문조서가 공판정에서 그대로 증거능력을 가지고 증거자료로 사용됨으로써 경찰조서에 대한 서면심리라는 일제하 조선형사령 시대의 특유한 폐해상황이 나타나게 된 것이므로 서면심리 위주의 재판방식을 방지할 필요성이 인정된다고 하더라도 수사단계에서의 고문 등 위법을 배제하면서도 실체적 진실을 발견하도록 하되, 구두변론주의와 직접주의 또는 공판중심주의적 재판운용으로 서면심리 또는 조서재판의 폐해를 배제하고자 하는 영미법계와 대륙법계의 공통적인 해결방안과도 상반되고, 오히려 피의자였던 피고인의 진술을 증거로 사용하는 방법에 있어 근대적 형사소송법의 발전방향으로 진행하는 것을 방해하는 결과를 낳고 있다는 점을 고려할 때, 그 정당성을 인정하기 어렵다330)는 것이다.

(3) 판례의 입장

전술한 것처럼, 대법원은 경찰작성 피의자신문조서에 대하여 처음에는 형사소송법 제316조 제1항에 따라 피고인의 진술이 신빙할 수 있는 상태하에서 행하여졌는가를 기준으로 판단하는 태도를 취하다가,331) 그 후, 1973년의 73도2123판결332) 및 1976년의

---

329) 일본 구 형사소송법은 제273조에 검사 또는 사법경찰관이 구두의 고소 또는 고발을 받은 때에는 조서를 작성하여야 한다고 하고 있고, 그 조서작성에 있어서 법관의 조서작성과 관련된 제56조 제3항 내지 제5항을 준용하고 있으나, 피의자신문조서의 작성에 관한 규정은 없다.

330) 이완규, "피고인의 경찰 진술을 내용으로 하는 수사경찰관 증언의 증거능력", 저스티스 통권 제78호(2004. 4.), 154－156면.

331) 대판 1968.11.19, 68도1368. 「(수사경찰관의 증언에 관하여) … **위 각 증거는 … 제316조 제1항의 피고인의 진술을 그 내용으로 하는 피고인 아닌 자의 공판기일에서의 진술에 해당하여** 일응 증거능력이 있는 듯이 보이나, 위 제316조 제1항 소정의 전문진술은 그 진술 즉 피고인의 진술이 특히 신빙할 수 있는 상태하에서 행하여진 때에 한하여 증거능력이 인정되는 것이고, … 형사소송법 제312조 제2항의 규정에 비추어 피고인의 경찰조사시에 범행을 자백하고 그 자백이 임의성이 있었다는 내용의 진술 내지 조서는 **특단의 사정이 없는 한 그 피고인의 진술이 특히 신빙할 수 있는 상태하에서 행하여진 것으로는 볼 수 없다고 함이 상당할 것이다**」.

332) 대판 1974.3.12, 73도2123. 「피고인이 인정하지 아니하는 경찰의 피의자신문조서는 제312조 제

76도32판결을 거치면서 제316조 제1항에 의하여 특신상태를 기준으로 하던 태도를 변경하여 제312조 제2항에 따라 신빙할 수 있는 상태여부를 묻지 않고 피고인이 내용을 부인하면 증거로 할 수 없다고 판례를 변경하였으며,333) 이러한 판례의 법해석에 따라 사법경찰관의 신문에서 이루어진 피고인의 진술에 대하여는 피고인이 부인하기만 하면 증거로 사용할 수 있는 길이 완전히 차단되게 되어, 수사기록 확인위주의 조서재판이 열리게 된 것이다.

한편, 검찰 작성의 피의자신문조서의 경우에는 과거에 형식적 진정성립이 인정되면, 원진술자가 조서내용과 같이 진술하지 않았다고 주장하는 등 실질적 진정성립을 부정하더라도 실질적 진정성립을 추정하고 증거능력을 부여하였으나, 2004년 전원합의체 판결334)을 통해 '성립의 진정이란 간인·서명·날인 등 조서의 형식적인 진정성립과 그 조서의 내용이 원진술자가 진술한 대로 기재된 것이라는 실질적인 진정성립을 모두 의미하는 것이다'라고 하여 기존 판례의 입장을 변경하여 "위 법문(구 형사소송법 제312조 제1항 본문)의 문언상 성립의 진정은 '원진술자의 진술에 의하여' 인정되는 방법 외에 다른 방법을 규정하고 있지 아니하므로, 실질적 진정성립도 원진술자의 진술에 의하여서만 인정될 수 있는 것이라고 보아야 하며, 이는 검사 작성의 피고인이 된 피의자신문조서의 경우에도 다르지 않다고 할 것이다"라고 판시하여 실질적 진정성립은 추정되는 것이 아니라 원진술자의 진술에 의하여서만 인정될 수 있다고 판시하였다.

이러한 판례이론의 변경은 사법경찰관의 수사단계에서의 고문 등 불법수사를 억제할 목적으로 증거능력을 제한하고자 하였던 제정형사소송법상의 입법취지와 우리나라 1970년대의 정치상황 및 인권상황, 그리고 경찰수사의 실태 등을 감안한 목적론적 해석으로 보이지만, 이러한 해석으로 인하여 이제 판례는 조서를 증거로 하는 체제와 진술을 증거로 하는 체제의 구별을 폐기하게 되었으며, 조서와 진술을 함께 판단하는 체제,

---

2항에 의하여 증거능력이 없다고 하면서 조서기재내용을 들었다는 증인의 증언을 취신한다는 것은 모순이므로 피고인이 경찰에서 조사받을 때 범행사실을 시인하더라는 조사경찰관의 증언을 취신하여서는 안 된다」.

333) 대판 1979.5.8, 79도493; 대판 1983.6.14, 83도1011; 대판 1985.10.8, 85도1590; 대판 1990.9. 28, 90도1483; 대판 1995.3.24, 94도2287; 대판 1997.10.28, 97도2211. 「피고인이 사법경찰관 앞에서의 진술의 내용을 부인하고 있는 이상 피고인을 수사한 경찰이 증인으로 나와서 수사과정에서 피고인이 범행을 자백하게 된 경위를 진술한 증언은 형사소송법 제312조 제2항의 규정과 그 취지에 비추어 볼 때 역시 증거능력이 없고, 이러한 결론은 당해 피고사건과 전혀 별개의 사건에서 피의자로 조사받은 경우에 이 피의자신문조서에 형사소송법 제312조 제2항을 적용하고 있는 이상 전혀 별개의 사건에서 피고인이 범행을 자백하게 된 경위를 수사경찰관이 진술한 경우에도 동일하게 적용되어야 한다」.

334) 대판 2004.12.16, 2002도537.

즉 조서와 진술을 패키지로 판단하는 체재로 들어서게 된 것이다. 그러나 피의자에 대한 인권보장은 조서의 증거능력 인정요건을 엄격하게 함으로써 달성되는 것이 아니라, 오히려 조사자를 증언대에 세움으로써 달성되는 것이며, 그 증거능력을 부정하는 방법도 조서의 진정성립 이전에 자백의 임의성(제309조)이나 위법수집증거배제법칙(2007년 이전에는 학설로 인정; 이후에는(법 제308조의2))으로 해결하는 것이 정도(正道)였을 것이다.

그 후 2007년 형사소송법 개정에 의하여 검사작성 피의자신문조서에 대하여는 피의자가 실질적 진정성립을 부인하는 경우에도 원진술자의 진술이라는 방법 이외에 "영상녹화물 또는 그 밖의 객관적 방법"에 의하여 진정성립을 인정할 수 있는 것은 물론 제316조 제1항에 의하여 조사자증언을 인정함으로써 (경찰/검사) 피의자신문조서의 경우 그 자백내용을 들은 경찰관 등이 법정에서 증언을 하면 증거능력을 인정하여 진술과 증언을 분리하는 계기가 되었다. 다만, (구)형사소송법 제312조 제2항의 '영상녹화물 기타 객관적인 방법에 의하여 증명될 것'의 의미와 관련하여, 종래 통설은 조사자 내지 조사참여자의 증언처럼 피의자와 신뢰관계가 없는 사람의 증언을 허용할 경우 조서를 불인정하면서 진정성립을 부인하는 원진술자의 진술에도 불구하고 조서의 증거능력을 사실상 제한 없이 인정하는 결과를 초래할 것이고, 조사자 등 증언시에는 조서 대신 그 증언 자체를 증거로 사용하면 될 것인데 다시 조서를 사용하는 것은 공판중심주의에 위반된다[335]는 입장이었다. 판례도 「원심은, 피고인을 조사하였던 경찰관 공소외인의 원심 법정진술은 '피고인이 이 사건 공소사실 기재와 같은 범행을 저질렀다'는 피고인의 진술을 그 내용으로 하고 있는바, 이를 증거로 사용할 수 있기 위해서는 피고인의 위와 같은 진술이 특히 신빙할 수 있는 상태하에서 행하여졌음이 증명되어야 하는데, (㉠)피고인이 그 진술 경위나 과정에 관하여 치열하게 다투고 있는 점, (㉡)위와 같은 진술이 체포된 상태에서 변호인의 동석없이 이루어진 점 등을 고려해 보면, '피고인의 위와 같은 진술이 특히 신빙할 수 있는 상태하에서 행하여졌다는 점이 증명되었다고 보기 어려우므로', 피고인의 위와 같은 진술을 내용으로 한 공소외인의 당심 법정에서의 진술은 증거능력이 없다고 판단하였다. 원심판결 이유를 기록에 비추어 살펴보면, 원심의 이러한 판단은 정당한 것으로 수긍이 가고, 거기에 상고이유에서 주장하는 바와 같은 조사자증언에 대한 법리오해, 채증법칙 위반 등의 잘못이 없다」[336]고 판시하여, 제316조의 특신상태에 대해서 엄격한 기준을 요구하고 있으며, 그 후에도 「검사 작성의 피의자신문조서에 대한 실질적 진정성립을 증명할 수 있는 수단으로서 형사소송법 제312조 제2항에 규정된 '영상녹화물이나 그 밖의 객관적인 방법'이란 형사소송법 및 형사소송규칙에 규정된 방식과 절차에 따라 제작된 영상녹화물 또는 그러한 영상녹화물에 준할 정도로

---

335) 배/이/정/이, 630면; 손/신, 602면; 송광섭, 609면; 이/조, 608면; 임동규, 504면.
336) 대법원 2012. 10. 25. 선고 2011도5459 판결.

피고인의 진술을 과학적·기계적·객관적으로 재현해 낼 수 있는 방법만을 의미하고, 그 외에 조사관 또는 조사 과정에 참여한 통역인 등의 증언은 이에 해당한다고 볼 수 없다」337)는 입장이었다.

결국 대법원 판례의 입장은 2007년 개정 형사소송법 이전에는 제312조 제3항의 입법취지를 고려하여 조사자의 증언 자체를 배제한 반면, 조사자의 증언이 명시적으로 규정된 2007년 개정 형사소송법 이후에는 증거능력 인정의 요건인 '특신상태에 대한 제한된 해석'을 통해서 조사자증언의 증거능력을 사실상 차단하고 있었다고 볼 수 있다. 즉, 조사자의 증언이 제312조 제2항의 '그 밖의 객관적인 방법'에 포함되지 않으므로 이의 연장선상에서 제316조 제1항의 '특히 신빙할 수 있는 상태하에서 행하여졌음이 증명'되는 것에 매우 소극적으로 판단하고 있는 것이다. 그 이유를 분석해 보면, 경찰에서의 자백이 강압수사에 의한 것이어서 허위일지도 모른다는 이유로 피고인의 내용부인에 따라 증거능력을 전면 부정해 놓고, 그 조서를 작성한 경찰관이 법정에 나와 선서를 하고 증언한다는 이유로 자백의 허위성에 대한 추정을 곧바로 번복시켜 경찰관의 증언에 대하여 증거능력을 인정한다는 사고가 법관의 머릿속에서 그리 원활하게 이루어지지 않는 것이다.338)

(4) 검 토

이상의 논의를 종합해 보면, 수사서류에 대하여 가중요건설을 취한 대법원 2004. 12. 16. 선고 2002도537 전원합의체 판결로 다시 돌아가자는 한 축(조서와 진술의 일체화)339)과 수사서류와 별도로 조사자증언의 증거능력을 인정할 수 있다(조서와 진술의 분리)는 또 다른 축의 대립으로 정리할 수 있으며, 판례는 개정법상의 조사자증언을 인정하면서도 '특신상태'에 대한 제한된 해석을 통하여 증거능력을 차단하려는 입장으로 볼 수 있다. 다만 <u>아이러니하게도 양 설 모두 그 근거로 '공판중심주의'를 거론하고 있다는 점이다.</u> 즉 전자의 견해는 공판중심주의 원칙상 수사서류의 공판정 제출을 엄격히 제한해야 한다고 주장하면서, ㉠ 검사작성 피의자신문조서의 경우 피의자였던 피고인이 성립을 진정을 부인하면 그 조서에 기재된 진술이 피고인이 진술한 내용과 동일하게 기재되어 있음이 영상녹화물이나 그 밖의 객관적인 방법으로 증명되어야 하는데(제312조 제2항), 조사자증언은 '객관적 방법'에 해당하지 않으므로 조서의 증거능력을 인정하기 위한

---

337) 대법원 2016. 2. 18. 선고 2015도16586 판결.

338) 홍진영, "개정 형사소송법 제312조에 대한 검토 – 조사자증언은 과연 최우량증거인가? – ", 형사소송 이론과 실무 제12권 제1호, 한국형사소송법학회 (2020. 6.), 224면.

339) 이는 2010년 한국형사법학회의 형사소송법개정특별위원회(위원장: 신양균)가 한국형사정책연구원(원장: 박상기)과 공동으로 연구하여 제출한 형사소송법개정안의 내용(【표 5-12】)을 보면 잘 알 수 있다.

보완적 내지 보충적 방법으로 부정됨에도 불구하고 이러한 조사자증언을 제316조 제1항을 통해서 쉽게 증거능력을 부여하려는 시도는 타당하지 않으며, ⓒ 사경작성 피의자신문조서의 경우도 피고인이 '내용을 인정'해야만 증거능력이 인정되는데(제312조 제3항), 그 피고인을 조사한 조사자의 증언에 대하여 증거능력을 인정하는 것은 사경작성 피의자신문조서의 증거능력을 엄격히 제한한 입법취지에 반한다는 것이다.

반면에 후자의 견해는 공판중심주의 원칙상 수사서류의 공판정제출을 제한 내지 부정한다면 수사기관이 조사한 증거에 대하여 구두주의 원칙상 조사자의 증언을 통해서 공판정에 제출할 수 있는 통로를 열어주어야 한다는 입장인 것이다.

그런데 2020년 개정법은 검사작성 피의자신문조서의 증거능력을 사법경찰관작성 피의자신문조서의 증거능력과 동일하게 규정하였으므로, 이러한 논의가 이제는 검사작성 피의자신문조서에도 적용될 것이다. 그러나 이러한 입법태도는 다음과 같은 이론적 근거 때문에 부정하다고 본다.

가. 형사소송법 제310조의2 전문증거의 개념(피고인의 인정진술과 전문서류의 관계)

1961년 형사소송법은 전문증거의 개념을 도입하면서, 동법 제310조의2에서 전문증거를 정의하기를 「제311조 내지 제316조에 규정한 것 이외에는 공판준비 또는 공판기일에서의 진술에 대신하여 "진술"을 기재한 서류나 공판준비 또는 공판기일 외에서의 **"타인의 진술"**을 내용으로 하는 진술은 이를 증거로 할 수 없다」고 규정하였는데, 이에 따르면 진술을 기재한 서류는 자신의 진술이든 타인의 진술이든 묻지 않고 전문증거이지만 공판정에서의 전문진술은 타인의 진술을 내용으로 하는 진술에 제한된다. 즉 형사소송법 제310조의2에 의하면 피고인이든 증인이든 공판정에서 진술하는 한 자신이 한 공판정외에서의 진술을 내용으로 하는 진술(인정진술)은 전문증거가 아니며, 따라서 당연히 증거가 되는 것이다[340]. 그리고 이러한 인정진술은 진술자 본인이 스스로 그 진술을 한 사실을 인정하는 것이므로 왜곡전달의 위험도 없다는 점에서, 검사 앞에서 한 진술이건 사법경찰관 앞에서 한 진술이건 증거능력의 판단기준에 차이를 둘 필요도 없다.

전술한 것처럼, 미국 연방증거규칙 제801조 (c)항도 "전문증거란 주장된 사실의 진실성을 입증하기 위하여 증거로서 제공된, 공판이나 심리시 증언하는 원진술자(the

---

340) 형사소송법 제310조의2는 전문법칙에 대한 일반조항으로서 전문증거의 증거능력을 부정하고 있지만, 제311조 내지 제316조는 전문법칙의 예외로서 적극적으로 '증거로 할 수 있다'고 규정하고 있을 뿐만 아니라 제310조의2의 "전문증거와 증거능력의 제한규정"에 의해 '전문증거'의 개념에 들어오는 한 제311조 내지 제316조에 규정한 것 이외에는 증거로 할 수 없다는 의미이므로 반대로 이 규정에 의해 전문증거의 개념에 들어오지 않는 것은 당연히 다른 규정이 없어도 증거로 할 수 있는 것이다. 즉 (증거제한)원칙에 대한 예외사유의 증거능력을 인정한다면, 처음부터 원칙의 개념 속에 포함되지 않는 한, 당연히 증거능력을 인정하는 것이 타당할 것이다.

declarant)의 진술 이외의 진술이다"[341]라고 규정하면서, 동법 제801조 (d)(2)는 공판정 외에서의 피의자의 불이익한 사실을 인정하는 진술(admission by party opponent)은 전문 진술이 아니라고 규정하고 있다. 양자의 차이점은 우리나라 형사소송법은 전문증거의 범위를 처음부터 **'타인의 진술'**로 제한하여 공판정외에서의 **'자신의 진술'**을 내용으로 하는 진술을 전문증거로 보고 있지 않는 반면,[342] 미국 연방증거규칙은 **원진술자**(the declarant)로 지칭하면서 별도규정으로 피의자의 자백을 제외하고 있는 점이 다르다.

다만, 미국에서는 피의자가 자백을 하면 바로 유죄협상(Plea Bargaining)이 시작되고 (죄명 및 형량까지 협상하여 정함), 그 후 기소사실인부절차(Arraignment)에서 임의성여부만을 확인할 뿐 공판이 열리지 않으므로 우리나라와 같은 피의자신문조서의 증거능력 등을 논할 실익이 없다. 따라서 경찰관이 법정에서 증언하는 대부분의 경우, 우리나라와 같은 피의자신문조서의 진정성립을 확인하기 위한 것이 아니라, 피고인이 부인하는 사건에서 당시 사건내용 자체를 묘사하거나 주로 증인(참고인)으로부터 들은 것을 진술하기 위하여(대면권이 필요한 이유임) 법정에 서는 것이다. 그리고 이러한 수사상 자백이 영상녹화 내지 진술서에 기재될 때도 있고, 매우 드물지만 조서를 작성하는 경우도 있으나, 대부분 피의자의 자백과 동시에 변호인(국선변호인 포함)과 검사가 바로 유죄협상을 시작하므로 큰 의미를 가지지 않는다. 반면에 우리나라의 증거법체계는 피의자의 자백이 기재된 조서를 중심으로 전문법칙이 구성되어 있다는 점에서 영미식과 큰 차이를 보이고 있다.

나. 조서와 진술의 일체화 문제

형사소송법 제311조 내지 제315조는 진술을 기재한 서면의 증거능력에 관한 것인데 반하여, 제316조는 공판정에서의 진술 자체가 전문(傳聞)을 내용으로 하는 경우에 그에 대한 증거능력을 규정한 것으로, 영미법계 체제에서는 피의자의 진술을 전문증거의 배제영역으로 보고, 조사자의 증언을 통해 증거로 할 수 있는 것이 당연히 전제되어 있다. 특히 판례는 재전문진술이나 재전문진술을 기재한 조서에 대해서는 제310조의2에 따라 증거능력을 부정하면서, 전문진술을 기재한 조서(재전문서류)에 대하여는 제312조 내지 제314조 및 제316조의 규정에 따른 조건을 갖춘 경우에는 증거능력을 인정하는데,[343]

---

341) Federal Rules of Evidence Rule 801 (c) Hearsay. "Hearsay" is a statement, other than one made by the declarant while testifying at the trial or hearing, offered in evidence to prove the truth of the matter asserted.

342) 1961년 형사소송법(관보 제2946호, 1961년 9월 1일) 제312(검사 또는 사법경찰관의 조서) 제1항에서 '원진술자의 진술'이라는 표현을 쓰고 있는 것을 고려해 볼 때, 입법자가 의도적으로 제310조의2(전문증거와 증거능력의 제한)에서 '타인의 진술'로 입법한 것으로 보인다.

343) 대법원 2000. 9. 8. 선고 99도4814 판결.

이는 '조서'(제312조 제3항)와 '진술'(제316조 제1항)을 동일한 증거가치로 파악하는 종전의 판례의 입장과도 상치될 뿐만 아니라 전자(재전문진술과 재전문서류)의 경우에는 법조문을 형식논리적으로 해석하면서 후자(전문진술과 전문서류)의 경우에는 입법정책까지 고려하는 것은(오히려 조서에 더 증거능력을 부여하는 등 논리적 타당성은 별론으로 하고), 이 것 자체가 이미 '조서'와 '진술'의 차이를 인정하고 있는 것으로 볼 수 있다.

다. 전문조서와 조사자증언과의 관계

피고인이 수사상 진술의 성립의 진정을 인정하는 한, 조사자의 증언은 의미가 없을 것이다. 그런데 피고인신문의 순서 및 피고인신문을 임의규정으로 한 상황(피고인신문을 행할지 불완전한 상황)에서 피고인의 인정진술이 어려운 현행 형사소송법상 조사자의 증언을 통해서 수사상 진술이 현출될 수밖에 없으므로 이 경우 형사소송법 제316조 제1항의 전문진술(조사자증언 포함)과 제312조 내지 제313조의 전문서류와의 관계를 어떻게 해석할 것인지 문제된다. 왜냐하면 원래 형사소송법 제312조[344] 내지 제313조[345]는 조서를 법정에서 증거로 사용하기 위하여 직접주의의 예외를 인정하는 조문이었으나, 영미법상의 전문법칙규정이 도입되면서 오히려 직접주의의 예외를 인정하려던 원래의 취지는 상실되고, 난데없이 피고인의 수사단계 진술을 통제하는 규정으로 변신을 하면서, 구조적인 혼란이 일어나게 된 것이기 때문이다. 즉 제정형사소송법[346]과 달리 제3자의 증언을 통하여 피고인의 자백을 법정에 제출하게 하는 원칙을 천명한 제316조 제1항이 신설(1961년 형사소송법)[347]되었으므로 제312조와 제313조는 이제 그 원칙에 추가하여 피

---

344) 제정형사소송법 제312조(증거능력) 검사 또는 사법경찰관의 피의자 또는 피의자 아닌 자의 진술을 기재한 조서, 검증 또는 감정의 결과를 기재한 조서와 압수한 서류 또는 물건은 공판준비 또는 공판기일에 피고인 또는 피고인 아닌 자의 진술에 의하여 그 성립의 진정함이 인정된 때에는 증거로 할 수 있다. 단 검사 이외의 수사기관에서 작성한 피의자의 신문조서는 그 피의자였던 피고인 또는 변호인이 공판정에서 그 내용을 인정할 때에 한하여 증거로 할 수 있다.

345) 제정형사소송법 제313조(증거능력) 전이조(前二條)의 규정 이외에 피고인 또는 피고인 아닌 자의 작성한 서류 또는 그 진술을 기재한 서류로서 작성 또는 진술한 자의 자필이거나 그 서명 또는 날인이 있는 것은 공판준비 또는 공판기일에 피고인 또는 피고인 아닌 자의 진술에 의하여 그 성립의 진정함이 증명된 때에는 증거로 할 수 있다.

346) 제316조(증거능력의 제한) 피고인 아닌 자의 공판준비 또는 공판기일에 있어서의 진술이 피고인 아닌 자의 진술을 그 내용으로 하는 것인 때에는 원진술자가 사망, 질병 기타 사유로 인하여 진술할 수 없는 때에 한하여 증거로 할 수 있다. 단 그 진술이 특히 신빙할 수 있는 상태하에서 행하여진 때에 한한다.

347) 1961년 9월 1일(관보 제2946호) 刑事訴訟法中改正法律 제316조를 다음과 같이 한다.
제316조(전문의 진술) ① 피고인 아닌 자의 공판준비 또는 공판기일에 있어서의 진술이 피고인의 진술을 그 내용으로 하는 것인 때에는 그 진술이 특히 신빙할 수 있는 상태하에서 행하여진 때에 한하여 이를 증거로 할 수 있다.

고인 및 증인의 수사단계 진술이 기재된 조서를 법정에 제출하기 위한 예외조항으로 보아야 함에도 불구하고, 거꾸로 피고인 및 증인의 수사단계의 진술은 조서의 형태로만 법정에 제출될 수 있다는 식으로 해석함으로서 제312조 및 제313조가 제316조 제1항을 통제하고 더 나아가 제316조 제1항 소정의 구두주의 원칙이 몰각되어버린 혼란이 발생한 것이다.[348]

　　그러나 전문법칙은 당사자주의를 전제로 하고, 당사자주의적 공판중심주의에서는 구두주의를 전제로 하므로, 제316조 제1항이 전문법칙의 원칙적인 규정이고, 제312조 및 제313조는 조서에 의한 수사와 재판에 익숙한 우리나라의 형사사법 관행에 뿌리박은 전문법칙의 보충적 내지 보완적 예외조항으로 보아야 할 것이다.[349] 즉 수사기관이 피의자신문조서 내지 진술서를 제출하는 것보다는 위증의 제재하에 공판정에서 증언을 하는 것이 공판중심주의 및 구두주의의 원칙에 부합한다고 보아야 한다. 왜냐하면 피의자·피고인의 인권보장은 진술의 임의성(제309조) 내지 위법수집증거배제법칙(제308조의2)으로 해결하면 족하며, 전문증거의 문제는 오로지 증거의 신빙성만을 따지는 것이 타당하기 때문이다. 이렇게 해석하지 않는 한, 수사기관작성 피의자신문조서에 대해서 피의자가 법정에서 내용을 부인하는 방법으로 다투게 되면, 검찰로서는 종래 피의자의 진술 이외에 조서의 진정성립을 증명할 방법이 없으므로 종래 자신의 의사에 따라 자백을 법정에 현출시키지 못하게 할 수 있는 '**증거능력판단의 주도권**'을 진 피의자가 자백배제법칙 이전에 실질적 진정성립을 부인할 경우, 자백의 임의성법칙 내지 위법수집증거배제법칙은 아무 소용이 없을 것이기 때문이다.

라. 증거능력 판단의 주도권 문제

　　형사소송법 제310조의2는 전문법칙에 대한 일반조항으로서 전문증거의 증거능력을 부정하고 있지만, 제311조부터 제316조까지는 전문법칙의 예외로서 적극적으로 '증거로 할 수 있다'고 규정되어 있으며, 특히 제312조 제3항이 '피의자였던 피고인이나 변호인'으로 규정되어 있어서 '조서'에 대한 '**증거능력판단의 주도권**'을 피고인측에게 주고

　　② 피고인 아닌 자의 공판준비 또는 공판기일에 있어서의 진술이 피고인 아닌 타인의 진술을 그 내용으로 하는 것인 때에는 원진술자가 사망, 질병 기타 사유로 인하여 진술할 수 없고 그 진술이 특히 신빙할 수 있는 상태하에서 행하여진 때에 한하여 이를 증거로 할 수 있다.

348) 정웅석, "공범의 수사상 진술의 증거능력을 인정하기 위한 대면권과 전문법칙과의 관계", 형사소송 이론과 실무 제4권 제1호, 한국형사소송법학회(2012), 17면.

349) 학계에서는 사법경찰관 증언의 증거능력 인정은 현행법에 대한 대법원 판례에 반하고, 제정형사소송법 이래 존재하고 있는 경찰의 피의자신문조서의 증거능력 제한의 경찰 위법수사의 방지책으로서의 성격을 몰각시키는 것으로 부적절하다는 의견을 사개추위에 제시한 바 있다 (2005. 6. 27.자 한국형사법학회, 한국형사정책학회, 한국비교형사법학회 공동 명의의 "사법제도개혁추진위원회의 형사소송법 개정안에 대한 형사법 관련 3개 학회의 공동의견서" 참조).

있는 반면, 제316조 제1항은 '그 진술이 특히 신빙할 수 있는 상태하에서 행하여진 때에 한하여 이를 증거로 할 수 있다'고 하여 '법원'에 적극적으로 '진술'에 대한 '증거능력판단의 주도권'을 부여하고 있는데, 이는 법관이 전혀 관여하지 않는 조서와 달리 법정에 현출되는 진술을 들어보고 특신상태를 판단하라는 입법자의 결단으로서 구두주의(口頭主義)의 실현인 것이다.[350] 더욱이 경찰 작성의 피의자신문조서와 경찰 앞에서 어떤 진술을 했는가는 차원이 다른 문제이므로 조서의 증거능력을 인정 또는 부정한다고 해서, 경찰 앞에서의 진술(종전진술)을 경찰관이 나와서 증언하는 경우 그 진술의 증거능력을 인정 또는 부정해야 할 필연적인 관련성도 없다. 왜냐하면 조사자의 증언 자체에 증거능력을 부여할 수 있는지 문제와 조사자의 증언으로 내용을 부인하는 경찰 작성 피의자신문조서의 증거능력을 인정할 수 있는지 문제는 차원이 다른 문제이기 때문이다.

그런데 피고인이 조서의 '내용의 진정'을 부정한다고 해서 수사경찰관의 법정진술의 증거능력을 무조건 인정하지 않는다면 제316조 제1항의 규정에 반하여 사실상 증거능력 판단의 권한이 법관으로부터 피고인에게 전이되는 결과를 초래할 뿐만 아니라 구두변론주의(제275조의3)의 의미도 사라지게 될 것이다.

결국 조사자증언의 증거능력 인정여부는 제312조 제3항에 의해서가 아니라, 반대신문과 탄핵과정을 거쳐 제316조 제1항에 의한 '특히 신빙할 수 있는 상태'의 기준, 그리고 이와 별도의 자백의 임의성 및 위법수집증거여부 등의 기준에 따라 판단되어야 할 것이다.

마. 고문 등 인권침해에 대한 방지와의 관계

인권옹호적인 관점에서만 본다면 수사를 한 경찰관이 언제든지 법정에 나가 증언할 가능성을 열어두는 것이 조서의 증거능력을 무조건 부정하는 것보다 오히려 피의자신문 과정에서 진술강요와 같은 피의자의 인권침해적 행위에 대한 적절한 통제장치로 작용할 수 있다. 왜냐하면 종래 고문 등 가혹행위를 당한 피해자들의 증언을 들어보면, 누가 실제로 가혹행위를 했는지 알 수 없다는 점을 가장 큰 문제점으로 지적하고 있으므로, 조서만을 작성한 담당자이건 실제로 수사를 담당했던 담당자이건 이들을 법정에 불러내어 익명성을 없애는 것만이 오히려 고문 등 인권침해적 행위를 방지하는 첩경이 될 것이기 때문이다. 더욱이 조사자가 과거에 강압수사를 한 전력이 밝혀진다면, 그 조사자증언의

---

350) 종래 검사작성 피의자신문조서의 증거능력에 대해서도 피의자였던 피고인의 부인만으로 무조건 증거능력을 부정하는 가중요건설, 사실상의 추정을 근거로 무조건 증거능력을 인정하는 완화요건설이 있었으나, 필자는 법문에 충실하게 법원이 특신상태에 대한 엄격한 심사를 통하여 증거능력의 인정여부를 판단해야 한다는 '특신설'을 주장한 바 있다(정웅석, 형사소송법 제4판, 2007, 831면).

신빙성은 결정적으로 타격을 입게 되므로, 조사자의 입장에서도 이전보다 피의자신문시 적법절차를 더 준수하게 될 것이다.

바. 증인적격과의 관계

증인적격이란 누가 증인될 자격이 있는가, 즉 법원이 누구를 증인으로 신문할 수 있는가의 문제를 말한다. 그런데 독일 형사소송법과 달리 우리나라 형사소송법 제146조는 '법원은 법률에 다른 규정이 없으면 누구든지 증인으로 신문할 수 있다'고 규정하고 있으므로 원칙적으로 누구든지 증인적격이 있다고 할 수 있다. 이에 따라 실무에서도 자백의 임의성이나 검사작성조서의 증거능력을 증명하기 위하여 검찰주사 또는 사법경찰을 증인으로 신문하고 있다.

그런데 피고인신문에 앞서 증거조사단계에서 증인적격을 인정하는 것은 증거능력을 부여하기 위한 절차에 불과하므로 수사경찰의 증인적격이 인정된다면, 자백의 임의성을 부정하지 않는 한 원칙적으로 그 수사경찰의 법정진술에 증거능력을 부여하는 것이 법해석상 타당하다. 형사소송법 제309조의 「피고인의 자백이 고문·폭행·협박·구속의 부당한 장기화 또는 기망 기타의 방법에 의하여 자의로 진술된 것이 아니라고 인정될 때에는 유죄의 증거로 삼을 수 없다」는 규정도 반대해석을 하면, 이러한 의미로 이해할 수 있을 것이다.

헌법재판소도 형사소송법 제146조가 무죄추정의 원칙에 반하는지 여부와 관련하여 「**가.** 수사기관으로서의 검사와 소추기관으로서의 검사는 그 법률상의 지위가 다르므로 공판에 관여하는 소송당사자로서의 검사와 사법경찰관리를 지휘, 감독하는 수사 주재자로서의 검사를 동일하게 볼 수 없고, 실체 판단의 자료가 되는 경찰 공무원의 증언내용은 공소사실과 관련된 주관적 '의견'이 아닌 경험에 의한 객관적 '사실'에 그치는 것이며, 또한 형사소송구조상 경찰 공무원은 당사자가 아닌 제3자의 지위에 있을 뿐만 아니라, 나아가 경찰 공무원의 증언에 대하여 피고인 또는 변호인은 반대신문권을 보장받고 있다는 점에서, 이 사건 법률조항에 의하여 경찰 공무원의 증인적격을 인정한다 하더라도 적법절차의 원칙에 반한다거나 그 근거조항인 위 법 조항이 합리적이고 정당한 법률이 아니라고 말할 수는 없다......**라.** 경찰 공무원에 대한 증인적격의 인정은 피고인이나 피의자에 대한 헌법상의 기본권을 침해하거나 기본원칙에 반하는 것이 아니라 오히려 형사소송의 이념인 실체적 진실의 발견에 도움이 된다는 점, 그리고 증인 채택의 여부는 법원의 재량적 판단사항일 뿐 아니라 이에 불복이 있는 경우에는 이의신청이라는 불복방법에 의하여 다툴 수 있는 점, 또한 증거의 증명력은 법관의 자유판단에 의하는 것이라는 점 등에 비추어 볼 때, 이 사건 법률조항에 의하여 경찰 공무원이 증언할 수 있게 된다 하더라도 이로써 당해 피고인의 인간으로서의 존엄과 가치가 훼손된다고는 말할 수 없다」351)고 판시한 바 있다.

사. 증거능력과 증명력을 분리하는 배심재판의 도입

종래 공판정에서의 증거조사절차를 살펴보면, 주로 수사서류(피고인신문조서, 참고인 진술조서 등)가 가장 먼저 제출되고, 피고인이 다투는 경우에 한하여 참고인을 소환하여 수사기관에서 진술조서에 서명·날인한 적이 있는지를 확인하는 요식적 절차를 진행하고, 참고인의 소환이 불능한 경우에는 이러한 절차도 생략된 채 증거조사가 완료되며, 법관은 법정에서 형식적인 증거조사가 된 수사기록을 집무실에서 검토하여 유·무죄의 심증을 얻고 양형을 결정하는 심리방식(1주일에 1일 재판하고 나머지는 기록검토와 판결서 작성에 투여하는 업무 형태)을 취하고 있었다.

이러한 수사기록 중심의 재판방식은 일제시대 일본인 판사가 일본어를 사용하여 재판을 하면서 일본어를 모르는 피고인의 진술에 대해 통역을 통하여 청취해야 하는 번거로움을 피하기 위하여 수사기관이 작성한 조서에 절대적 증거능력을 인정하고 법정에서 조서내용의 정확성을 확인하는 요식절차로 진행하는 재판방식에서 유래되었고, 해방 이후에도 꾸준히 계속되어 왔다.352) 하지만 선진국의 형사재판에서는 먼저 증인이나 증거물을 증거로 신청하고, 수사기관이 작성한 서류를 증인신청에 앞서 증거로 제출되는 경우는 거의 없으며, 먼저 증인을 법정에서 신문하고 증언내용이 수사기관에서의 진술과 상이한 경우에 한하여 증언내용을 탄핵하고 공소사실을 입증하기 위하여 수사서류를 법정에 제출한다. 따라서 수사기록 확인 위주의 재판방식이 근대 형사소송법의 이념인 구두변론주의, 직접심리주의, 공판중심주의에 배치되므로 법정중심의 충실심리를 하는 재판방식으로 바뀌어야 할 것은 당연하다고 볼 수 있다. 더욱이 배심재판을 도입한 현행 형사소송법하에서 조사자증언을 우선시하지 않는 한, 배심원들은 조서의 낭독으로 사실인정을 판단해야 하는데, 어떻게 재판진행이 가능할 것인지 의문이다.

(5) 피고인의 진술을 들은 조사자증언의 공범에 대한 증거능력

가. 문제점

위에서 언급한 것처럼 2007년 형사소송법 제316조 제1항이 개정되어 피고인이 아닌 자의 개념속에 명문으로 '공소제기 전에 피고인을 피의자로 조사하였거나 그 조사에 참여하였던 자를 포함한다'라는 문구가 들어간 후부터 판례가 조사자의 증언을 허용하고 있는데, 이러한 조사자(丙)의 증언이 공범(甲)에 대하여도 증거능력이 인정되는 것인지 문제된다.

---

351) 헌재결 2001.11.29, 2001헌바41.

352) 법원행정처, 『새로운 형사재판 운영방식』의 시행 — 뉴 밀레니엄 시대에 맞춘 형사재판의 개혁 —, 보도자료 216번 참조.

이는 '피고인 아닌 타인'에 공동피고인이 포함되는지 여부와 관련되는 것으로, 형사소송법 제316조 제1항과 제2항을 어떻게 해석할 것인지에 달려있다. 왜냐하면 제316조 제2항이 적용된다면 조사자(丙)의 증언은 원진술자인 공범(乙)이 사망·질병 기타 사유로 인하여 진술할 수 없고, 공범(乙)의 조사자에 대한 진술이 특히 신빙할 수 있는 상태하에서 행하여진 때에 한하여 피고인(甲)의 공소사실을 유죄로 인정하는 증거로 사용할 수 있는 반면, 제316조 제1항이 적용된다면 이러한 필요성의 요건없이 공범(乙)의 조사자에 대한 진술이 특히 신빙할 수 있는 상태하에서 행하여지면 피고인(甲)의 공소사실을 유죄로 인정하는 증거로 사용할 수 있기 때문이다. 다만 이러한 문제는 공범이 공동피고인이 아닌 경우(처음부터 분리기소되었거나 병합기소되었다고 하더라도 변론이 분리된 경우)나 공동피고인이 공범자가 아닌 경우에는 제316조 제2항이 적용된다는 점에 대해서는 이견(異見)이 없으므로 공범자인 공동피고인에 한정하여 논의되는 문제이다.

나. 학 설

조사자 丙의 진술은 乙뿐만 아니라 甲의 공소사실과 자연적 관련성이 있기 때문에 제316조 제1항이 적용되어야 한다는 제316조 제1항 적용설(구체적 정의설)353)과 형사상 불이익한 진술(특히 자백)을 단순히 원진술자인 공동피고인 乙의 유·무죄를 인정하는 범위를 넘어서서 다른 피고인인 甲의 유·무죄를 판정하는 공소범죄사실에 사용하려는 경우에는 그 다른 공범의 대질권이나 반대신문권을 침해하게 된다는 점을 근거로 원문에 충실하게 제316조 제2항이 적용되어야 한다는 제316조 제2항 적용설(반대신문권 중시설)354)이 대립하고 있다.

다. 우리나라의 판례

대법원은 2007년 개정 전 형사소송법 하에서 「(제316조 제2항)에서 말하는 "피고인 아닌 타인"이라 함은 제3자는 말할 것도 없고 공동피고인이나 공범자를 모두 포함한다고 해석하여야 한다」355)라고 판시한 바 있고, 2007년 개정 후 형사소송법 하에서 「형사소송법 제316조 제2항은 "피고인 아닌 자의 공판준비 또는 공판기일에서의 진술이 피고인 아닌 타인의 진술을 그 내용으로 하는 것인 때에는 원진술자가 사망, 질병, 외국거

---

353) 정웅석, "공범에 대한 조사자증언의 허용여부 및 공범조서와의 관계", 저스티스 통권 제143호 (2014), 한국법학원, 184면.

354) 신동운, 간추린 형사소송법(제12판), 법문사(2020), 567면; 제316조 제1항을 적용하는 입장에 대해 검사의 기소에 따라 공동피고인으로 함께 재판받는가라는 외부적 사정에 의해 증거능력이 좌우되는 것이 불합리하다는 점을 이유로 반대하는 견해로는 이완규, "공범인 피의자에 대한 경찰 피의자신문조서의 증거능력", 형사법의 신동향 통권 제18호, 대검찰청(2009), 217면 이하.

355) 대판 2000.12.27, 99도5679; 대판 2007.2.23, 2004도8654.

주, 소재불명, 그 밖에 이에 준하는 사유로 인하여 진술할 수 없고, 그 진술이 특히 신빙할 수 있는 상태하에서 행하여졌음이 증명된 때에 한하여 이를 증거로 할 수 있다"고 규정하고 있고, 같은 조 제1항에 따르면 위 '피고인 아닌 자'에는 공소제기 전에 피고인 아닌 타인을 조사하였거나 그 조사에 참여하였던 자(이하 '조사자'라고 한다)도 포함된다. 따라서 조사자의 증언에 증거능력이 인정되기 위해서는 원진술자가 사망, 질병, 외국거주, 소재불명, 그 밖에 이에 준하는 사유로 인하여 진술할 수 없어야 하는 것이라서, 원진술자가 법정에 출석하여 수사기관에서 한 진술을 부인하는 취지로 증언한 이상 원진술자의 진술을 내용으로 하는 조사자의 증언은 증거능력이 없다」[356]고 하여 제316조 제2항이 적용된다는 입장을 취하고 있다.

라. 검 토

전술한 것처럼 판례가 공동피고인(乙)에 대한 사법경찰관 작성의 피의자신문조서(전문조서)에 대하여 형사소송법 제314조의 적용을 부인하면서, 상피고인(甲)이 내용을 인정할 때에만 상피고인(甲)에게 피의자신문조서의 증거능력을 인정하는 반면, 위의 판례가 전문진술에 대해서는 공동피고인(乙)의 불출석(필요성)을 요건으로 신용성의 정황적 보장만으로도 상피고인(甲)에게 증거능력을 인정했다는 점에서, 전문조서의 증거능력에 비하여 전문진술의 증거능력을 완화하고 있는 점은 고무적이다.

그러나 ㉠ 조사자의 증언을 명문으로 규정하고 있지 않았던 구(舊)형사소송법에 대한 판례해석으로는 타당성이 있을지 모르지만, 조사자의 증언을 명문으로 인정하고 있는 현행 형사소송법의 해석으로는 무리한 해석이며, ㉡ 종래 공동피고인(乙)이 법정에서 성립의 진정을 부인하거나 증거조사 후에 피고인신문이 행해지는 현행 형사소송법의 절차상 조사자가 법정에 나올 수밖에 없는 상황인데도 불구하고 공동피고인(乙)의 불출석을 요건으로 한다는 자체가 논리모순이며, ㉢ 피고인과 조사자과의 관계에서 당해 피고인만을 의미할 때에는 '그' 피의자였던 피고인(제312조 제3항)이라는 표현을 쓴다는 점에서 법 제316조 제1항의 '피고인을 피의자로 조사하였거나 그 조사에 참여하였던 자'의 표현과는 차이가 있으며, ㉣ 甲이 공판정에 출석하는 한 조사자 丙에게 반대신문을 할 수 있으므로 '그 다른 공범의 대질권이나 반대신문권을 침해하는 상황'은 일어날 수 없으며, ㉤ 판례에 따르면 공동피고인의 공판정외에서의 자백을 내용으로 하는 증인(조사자) 丙의 진술이 공동피고인(乙)의 범죄사실에 대해서는 증거능력이 있으나, 필요적 공범관계에 있는 다른 피고인(甲)의 범죄사실에 대해서는 증거능력이 없다는 부당한 결론에 도달한다. 이는 공동피고인(乙)이 공판정외에서 다른 피고인(甲)과의 범죄사실을 자백한 경우에 그 자백을 자신의 공소범죄사실을 인정하는 증거로는 사용할 수 있으나, 다른 공

---

356) 대판 2008.9.25, 2008도6985.

동피고인(甲)의 범죄사실을 인정하는 증거로 사용할 수 없다는 것으로 형사사법의 구체적 정의에 반한다. 후술하는 것처럼, 피고인에게 불리한 공범성 증인인 처(Sylvia)가 경찰관에게 한 진술과 관련된 Crawford 판결[357]에 따르더라도 법정외 '증언적'(testimonial) 진술은 원진술자가 (1) 반대신문을 위하여 출석이 가능하거나(available for cross-examination) 혹은 (2) 출석불능이 증명되고 그래서 증언적 진술이 이전에 피고인에 의하여 반대신문에 놓여졌을 때에만(proved unavailable and the testimonial statement was subject to cross-examination by the accused previously) 피고인에게 불리하게 사용될 수 있다는 것이므로, 반대신문권의 보장이 중요한 것이지 원진술자의 출석여부는 큰 의미가 없는 것이다.

결국 원진술자인 乙이 공판정에서의 진술이나 출석이 불가능한 경우는 별론으로 하고(곧바로 제314조를 적용할 것이 아니라 오히려 제316조 제2항의 적용을 우선적으로 검토하는 것이 타당할 것이다), 자연적 관련성이 있는 필요적 공범의 경우에 공동피고인인 乙의 조사자(丙)에 대한 반대신문을 통해서 다른 피고인 甲과의 관계가 충분히 밝혀질 것이고 이 경우 피고인 甲은 전문증인 丙에 대한 반대신문은 물론 원진술자인 공동피고인 乙에게도 (사실상의) 반대신문권을 행사할 수 있다는 점에서, 제314조의 적용여부를 검토하기 이전에 제316조 제1항을 적용하는 것이 타당하다. 그리고 이에 따르는 경우 특신상태의 문제는 반대신문권의 보장에 의하여 사실상 추정된다고 보아야 할 것이다. 다만 이 견해를 따르더라도 원진술자(乙)가 사망·질병 기타 사유로 인하여 공판정에서의 출석이나 진술이 불가능한 경우에는 乙은 (공동)피고인의 입장에서 반대신문을 한 적이 없으므로 甲에게 제316조 제2항이 적용되어야 할 것이다.

(6) 제312조 제4항과 제316조 제2항과의 관계

증인의 종전진술(참고인진술; 불일치진술)과 관련하여, 제312조 제4항은 오로지 서류, 즉 진술조서만 가능한 것으로 규정하고 있으며, 서류가 아닌 진술은 제316조 제2항에 따라 원칙적으로 허용될 수 없다. 제316조 제2항은 원진술자(참고인)의 불출석(필요성)을 전제로 증거능력을 인정하고 있기 때문이다. 이는 다른 입법례에서는 찾아보기 힘든 규정으로, 보통 전문법칙의 예외라면 서류가 아닌 진술(조서작성자)의 형태로도 얼마든지 법정에 들어올 수 있다.

---

357) Crawford v. Washington, 124 S.Ct. 1354(2004).

3. 법 제316조 제1항의 '특히 신빙할 수 있는 상태하'의 의미

(1) 의 의

형사증거법에서 특신상태란 전문증거를 사용하기 위한 예외사유의 일반적 기준인 신용성의 정황적 보장과 필요성 중 신용성의 정황적 보장에 관한 것으로, 이는 증명력을 의미하는 신용성을 '정황적으로 보장할 수 있는 상태'(circumstantial guarantees of trustworthiness)를 말한다. 즉 특신상태(신용성의 정황적 보장)는 '진술이 이루어진 상황이 신빙할 만하다'는 것이지 진술 자체의 신빙성을 의미하는 것이 아니다. 그러므로 특신상태의 개념은 배심재판을 전제로 하여 전문법칙을 발전시킨 영미법계의 증거법상 개념이며, 직업법관 위주의 독일법에서는 증거능력과 관련하여 이런 개념을 사용하지 않는다. 이러한 특신상태 내지 신용성의 정황적 보장이 일반적 기준이라는 것은, 이 기준이 전문법칙에 관한 모든 예외사유에 기본적으로 전제되어 있고, 구체적 유형으로 예외사유가 인정되는 경우가 아닌 때에도 이 일반적 기준에 의하여 증거로 사용할 만하다고 인정되면 증거능력이 인정되는 포괄적 기준으로 작용하기 때문이다.[358] 예컨대 피고인 자신의 불리한 진술의 예외, 영업문서 등의 예외 등은 그 자체로 신용성의 정황적 보장이 있다고 보아 증거능력을 인정하는 사유로 유형화된 것이고, 그러한 유형적 예외사유에 해당하지 않아도 일반적 기준으로 신용성의 정황적 보장이 있는 경우에는 증거능력을 인정할 수 있는데, 이를 포괄적 예외(residual exception)라고 한다.[359]

(2) 문제점

전술(前述)한 것처럼, 증거능력은 자유심증주의 원칙하에서 요증사실과의 관련성이 인정되고, 법률상 제한이 없는 한 원칙적으로 인정된다고 보아야 하는데, 자백의 임의성 법칙(제309조)과 위법수집증거배제법칙(제308조의2)을 통과하고, 사실상 반대신문권까지 부여된 상태에서 과연 '특신상태'가 부정되는 상황이 실제로 존재할 수 있는지 논란이 있다.

(3) 미국 연방대법원의 입장

미국법상 법정외 진술이 재판에서 증거로 사용하기 위해서는 수정헌법상의 증인대면권(Confrontation) 조항에 위반되지 말아야 하며, 또한 증거법상 전문증거로서 증거능력이 없는 경우[360]에 해당하지 않아야 한다. 그러나 과거 연방헌법상의 증인대면권 조

---

358) 정웅석, "형사소송법상 특신상태의 필요성에 대한 비판적 고찰", 저스티스 통권 제136호)(2013.8), 한국법학원, 2면.

359) 보통법상 인정되는 예외사유이며, 미국 연방증거법은 제807조로 성문화하고 있다.

360) Federal Rules of Evidence 802. 전문진술은 이 법이나, 의회의 위임에 의해 연방대법원이 제

항은 사실상 별다른 의미를 갖지 못했었다. 즉 미국 연방대법원은 1980년 Ohio v. Roberts 판결[361]에서 전문진술이 피고인에 대한 증거로 사용될 수 있도록 하기 위한 2 단계 요건을 제시하였는데, 첫째, 원진술자가 법정에서 진술할 수 없는 사실이 소명되고 (the declarant generally must be shown to be unavailable),[362] 둘째, 진술을 신빙할 만한 징표가 충분한 정황하에서 행해졌어야 한다(the statement must have been made under circumstances providing sufficient 'indicia of reliability')는 것이다. 다만 두 번째 요건과 관련하여 연방대법원은 "그 진술이 전통적으로 확립된(firmly rooted) 전문법칙의 예외에 해당하기만 하면 헌법적인 관점에서 충분히 신빙할 만한 것이라고 추정된다"고 판시함 으로써, 어떠한 전문진술이 전문법칙의 전형적인 예외에 해당하면 신빙성의 보장이 있는 것으로 추정되고, 이 경우 − 현재 증언이 불가능하다는 것이 입증되기만 하면 − 헌법 상의 증인대면권이 만족되는 것으로 보기 때문에 전문법칙의 예외에 해당하는지 여부를 따지는 이외에 별도로 증인대면권 문제를 검토할 필요가 없게 된 것이다.

그런데 Crawford 판결[363]을 통하여 비로소 연방헌법상의 증인대면권 조항이 실질 적인 의미를 갖게 되었고, 전문진술의 증거능력을 규제하는 독자적인 파수꾼으로서 기능 하게 된 것이다. 다만 Crawford 판결이 증인대면권에 대하여 실질적인 의미를 갖도록 만들었다고 하더라도 증인대면권의 적용을 받는 '증언적(testimonial)' 진술에 대하여 구 체적인 정의를 내리지 않았으므로 향후 판례의 변화 양상이 많은 관심을 끌었는데, 미 국 연방대법원은 Michigan v. Bryant 판결[364]을 통해 '증언적(testimonial)' 진술의 의미 에 대하여 자세한 내용을 언급한 바 있다(후술).

결국 종래 Roberts 판결이 전문진술의 신용성의 정황적 보장이 있느냐, 없느냐로 증인대면권의 문제를 해결하였다면, Crawford 판결 아래에서는 신용성의 정황적 보장의 문제가 아니라 ① 진술이 증언적(testimonial)인지, 비증언적(non-testimonial)인지, ② 증 언적(testimonial)인 것이라면 증인에 대하여 반대신문을 할 기회가 주어진 적이 있는지 여부가 쟁점이 되었으며, 증언적인 진술의 경우 "아무리 신용성의 정황적 보장이 있는

정한 규칙 혹은 의회가 제정한 법에 의한 예외에 해당하지 않는 한 증거로서 사용할 수 없다 (Hearsay is not admissible except as provided by these rules or by other rules prescribed by the Supreme Court pursuant to statutory authority or by Act of Congress).

361) Ohio v. Roberts, 448 U.S. 56(1980).

362) 이 판결 후 12년 뒤, 연방대법원은 White v. Illinois, 502 U.S. 346(1992) 판결에서, 흥분상태 에서의 진술이나 치료를 받을 때의 진술과 같은 전문법칙의 예외들은 신뢰성이 '현저히 보 장'(substantial guarantees)되기 때문에 부재를 입증할 필요가 없다고 판결하여, 사실상 증언불 가능성(unavailability)의 요구조건을 폐기하였다.

363) Crawford v. Washington, 124 S.Ct. 1354(2004).

364) Michigan v. Bryant, 131 S.Ct. 1143(2011).

진술이라 하더라도 반대신문을 할 기회가 주어진 적이 없었다면 증거로 사용할 수 없다"고 판시하여 전문법칙과 대면권의 관계를 명확히 한 것이다.[365]

(4) 종래 우리나라 대법원 판례의 입장

가. 법 제312조의 '특신상태'의 의미

검사작성의 피의자신문조서의 증거능력에 대하여 판례는 "피고인이 검사 작성의 피의자신문조서에 기재된 진술을 임의로 한 것이 아니라고 다투는 경우에는 법원은 구체적인 사건에 따라 당해 조서의 형식과 내용, 피고인의 학력, 경력, 직업, 사회적 지위, 지능 정도 등 제반 사정을 참작하여 자유로운 심증으로 피고인이 그 진술을 임의로 한 것인지의 여부를 판단하면 되며, 이는 진술이 특히 신빙할 수 있는 상태하에서 행하여진 때 즉 이른바 특신상태에 관하여도 같다"[366]고 판시하여 특신상태에 대하여 임의성 판단과 동일한 기준을 적용하고 있다.[367]

먼저, 피고인이 검사작성의 피의자신문조서에 대하여 성립의 진정을 인정한 경우 '특신상태'는 별다른 의미가 없다고 보아야 한다. 왜냐하면 ㉠ 영미에서 피고인의 진술은 전문법칙의 적용을 받지 않을 뿐만 아니라 수사기관에서의 피의자자백의 증거능력의 요건으로 임의성 이외에 별도로 신용성의 정황적 보장(특신상태)을 요구하는 선진국의 입법례가 없으며, ㉡ 전문법칙은 배심제와 함께 대표적인 당사자주의 제도로서 당사자가 증거능력을 인정하는 마당에 법원이 이에 개입하여 특신상태 여부에 따라 증거능력을 부여하려는 시도는 직권주의적 발상이고, ㉢ 영미법상 신용성의 정황적 보장은 원진술자의 진술이 불가능하거나 무의미한 경우에 인정되는 개념인데, 원진술자가 공판정에 출석하여 진정성립을 인정하는데도 불구하고, 신용성의 정황을 검토한다는 것은 타당하지 않으며, ㉣ 영미법상 전문증거라도 당연히 증거능력이 배척되는 것이 아니라 당사자가 즉시 이의신청을 제기하여 판사의 증거채부 결정에 따라 증거능력이 배제되는 것이

---

365) 자세한 내용은 정웅석, "참고인진술의 증거능력을 인정하기 위한 대면권과 전문법칙과의 관계 — Crawford 판결과 Bryant 판결을 중심으로 —", 형사법의 신동향 통권 제35호(2012. 6), 130면 이하 참조.

366) 대판 1995. 5. 12, 95도484.

367) 대판 2011. 10. 27. 2009도1603. 「피고인이 피의자신문조서에 기재된 피고인 진술의 임의성을 다투면서 그것이 허위 자백이라고 주장하는 경우, 법원은 구체적인 사건에 따라 피고인의 학력, 경력, 직업, 사회적 지위, 지능 정도, 진술 내용, 피의자신문조서의 경우 조서 형식 등 제반 사정을 참작하여 자유로운 심증으로 진술이 임의로 된 것인지를 판단하되, 자백의 진술 내용 자체가 객관적인 합리성을 띠고 있는가, 자백의 동기나 이유 및 자백에 이르게 된 경위는 어떠한가, 자백 외 정황증거 중 자백과 저촉되거나 모순되는 것이 없는가 하는 점 등을 고려하여 신빙성 유무를 판단하여야 한다」.

고, 증거가 제출됨으로써 불이익을 받는 당사자가 이의신청을 적시에 하지 않아 실기하게 되면 증거로 사용되는 것이므로, 구두주의에 따른 충실한 공판중심주의를 위하여 법원의 역할은 중립적인 제3자의 위치에 있는 것이 바람직하기 때문이다.

그러나 피고인이 검사작성의 피의자신문조서의 진정성립을 부정하는 경우에는 '특신상태'가 매우 중요한 의미를 갖는다. 다만, 자백의 임의성법칙(법 제309조)과 위법수집증거배제법칙(법 제308조의2)을 통과한 후에도 (구)제312조 제2항은 엄격한 요건을 규정하고 있었으므로 '특신상태' 이전에 첫째, 적법한 절차와 방식에 따라 작성된 것일 것, 둘째, 성립의 진정을 부인할 경우 객관적인 방법으로 증명할 것 등에서 대부분 차단될 것이므로 이러한 요건을 통과한 이후의 '특신상태'가 부정되는 경우는 매우 제한적일 것이다.

나. 법 제316조의 '특신상태'의 의미

조사자가 수사과정에서 청취한 피의자의 자백을 증언한 사안에서, 대법원은 「원심은, 피고인을 조사하였던 경찰관 甲의 원심 법정진술은 '피고인이 이 사건 공소사실 기재와 같은 범행을 저질렀다'는 피고인의 진술을 그 내용으로 하고 있는바, 이를 증거로 사용할 수 있기 위해서는 피고인의 위와 같은 진술이 특히 신빙할 수 있는 상태 하에서 행하여졌음이 증명되어야 하는데, 피고인이 그 진술 경위나 과정에 관하여 치열하게 다투고 있는 점, 위와 같은 진술이 체포된 상태에서 변호인의 동석 없이 이루어진 점 등을 고려해 보면, 피고인의 위와 같은 진술이 특히 신빙할 수 있는 상태하에서 행하여졌다는 점이 증명되었다고 보기 어려우므로, 피고인의 위와 같은 진술을 내용으로 한 甲의 당심 법정에서의 진술은 증거능력이 없다고 판단하였다. 원심판결 이유를 기록에 비추어 살펴보면, 원심의 이러한 판단은 정당한 것으로 수긍이 가고, 거기에 상고이유에서 주장하는 바와 같은 조사자 증언에 대한 법리오해, 채증법칙 위반 등의 잘못이 없다」[368]고 판단한 바 있으며, 또한 대법원은 「조사자 증언의 증거능력이 인정되기 위해서는 조사 당시 진술자의 진술이 '법관의 면전에서 진술이 이루어진 것과 동일시할 수 있는 정도로 객관성과 공정성을 담보할 수 있는 구체적인 외부적인 상황' 아래에서 이루어졌음이 증명되어야 하고, 그 특신상태에 대하여는 검사가 입증하여야 한다. 특히 형사소송법 제312조 제3항은 검사 이외의 수사기관인 사법경찰관이 작성한 피의자신문조서는 그 실질적·형식적 진정성립 여부를 고려하지 아니한 채 피고인이 그 내용을 인정하는 경우에만 증거로 할 수 있다고 규정하고 있으므로, 그 조사자가 사법경찰관인 경우에는 조사자 증언을 통해 위 규정의 적용을 회피하는 것을 막기 위해 그 특신상태를 더 엄격하게 판단할 필요가 있다」는 항소심 판결이 정당하다[369]고 판시한 바 있다.

---

368) 대판 2012.10.25, 2011도5459.

369) 대판 2020.12.24, 2016도3752 참조.

결국 종래 제312조 제2항의 '객관적 방법'에 조사자증언은 포함되지 않는다는 입장을 고수한다면,[370] 제316조 제1항의 '특신상태'의 판단기준으로 조사자증언을 인정하는 것은 매우 제한적일 것이다. 따라서 개정 형사소송법 제312조 제1항의 시행으로 검사작성 피의자신문조서 역시 피고인의 내용 부인만으로 증거능력이 부정된다고 하여, 판례가 기존의 입장을 전향적으로 변경할 가능성은 희박하게 보인다. 오히려 입법자가 검사작성 피의자신문조서까지 피고인의 내용부인으로 증거능력이 부정되도록 한 취지를 고려하여, 기존보다 증거능력 및 증명력의 인정기준을 더 엄격하게 할 가능성도 없지 않다.

(5) 헌법재판소의 입장

헌법재판소는 전문법칙의 예외를 규정한 제314조의 위헌여부과 관련된 '신용성의 정황적 보장'이라는 제약조건의 정당성여부에 대하여 「**특히 신빙할 수 있는 상태하'라 함은** 진술내용이나 조서의 작성에 있어서 허위개입의 여지가 없고 진술내용의 신용성이나 임의성을 담보할 구체적이고 외부적인 정황이라고 법원의 판례가 오랜 세월을 통하여 개념짓고 있으며, 이는 **진실성이나 신용성에 있어 '반대신문을 갈음할 만한 외부적 정황'이라고 할 것으로,** 부득이한 사유로 법관의 면전에서 진술되지 아니하고 피고인의 반대신문의 기회가 부여되지 않은 진술인 증거를 요증사실의 인정자료로 삼을 수 있는 제약조건으로서는 합리성이 있는 조건이라고 할 것이다」[371]라고 판시한 바 있으며, 「**피고인에게 불리한 증거는 법관의 면전에서 직접 진술되어야 하고 피고인에게 반대신문의 기회를 부여하여야 하는 이러한 권리보장은 적법절차에 의한 공정한 재판을 받을 권리나 공개재판을 받을 기본권실현을 위한 여러 방법 중의 한 방법일 뿐이고, 헌법상 명문으로 규정된 권리는 아니다.** 따라서 원칙적으로 이 권리를 부여하고 이 권리를 인정하는 근거를 배제할 만한 부득이한 사유가 있는 경우에 그 예외와 그 예외의 범위를 정하는 것은 입법권자가 규범체계 전체와의 조화를 고려하여 정할 문제로서 **적법절차에 의한 공정한 공개재판을 받을 기본권을 본질적으로 침해하는 것이라거나 이를 형해화한 것이라고 할 수 없다**」[372]고 판시하여 피고인의 대면권을 헌법상의 권리가 아닌 입법권자의 입법형성의 문제로 보고 있다.

(6) 검 토

미국에서 연방증거법 제807조의 포괄적 예외기준을 적용함에 있어서는 제803조나 제804조에 규정된 유형화된 예외사유[373]에 해당하는 정도의 신용성을 요구하지 않으며,

---

370) 대판 2016.2.18, 2015도16586.
371) 헌재결 1994.4.28, 93헌바26.
372) 헌재결 1998.9.30, 97헌바51.
373) 두 조항의 가장 큰 차이점은 제803조의 경우 원진술자가 증언하는 것이 불가능할 것임을 요건

실무상 그보다 신용성이 덜한 증거들도 제807조[374])에 의하여 증거능력이 인정된다고 하는데, 결국 이것은 '특신상태'라는 기준이 증거의 신빙성에 대한 최종적인 판단이 아니라 그 증거를 다른 증거들과 함께 고려할 수 있을 정도의 자격이 있다고 하는 낮은 단계의 신빙성 판단임을 보여주는 것이라고 할 것이다.[375]) 왜냐하면 배심재판의 경우 어떤 증거를 배심원에게 보여줄 것인가를 법률전문가인 판사가 선별한다는 의미에서 낮은 단계의 신빙성이라는 특신상태 기준으로 증거능력을 가리고, 그 증거능력을 통과한 증거들을 종합하여 배심원들이 어떤 부분을 믿을 것인가를 최종적으로 증명력으로 판단한다는 구조상 당연한 것이기 때문이다.

이러한 미국 연방대법원의 판례 등을 고려해 볼 때, 형사소송법의 해석상 원진술자가 사망, 질병, 외국거주, 소재불명, 그 밖에 그에 준하는 사유로 공판에서 직접 진술할 수 없어 법 제314조나 제316조 제2항에 따라 특신상태의 존재만으로 전문증거에 곧바로 증거능력을 부여하는 경우와 그렇지 않고 원진술자가 공판에 출석하여 진술하는 경우는 각각 달리 볼 필요가 있다.[376]) 왜냐하면 법관이나 배심원이 공판에 출석한 원진술자를 상대로 반대신문 등을 통하여 원진술의 신빙성 여부를 직접 따져볼 수 있는 기회가 있는 경우에는, 원진술자의 얼굴 한번 보지 못하고 특신상태만으로 증거능력이 인정될 수 있는 경우에 비하여 특신상태라는 요건의 중요성이 상대적으로 떨어진다고 보아야 할 것이기 때문이다. 즉 공판정에서 원진술자의 진술을 들어볼 기회도 없는 경우에는 전문증거의 신중한 취급을 위하여 엄격한 기준 하에 증거능력의 인정여부를 판단할 실익이 있겠으나, 그와 반대로 원진술자가 공판에서 진술하는 경우에는 바로 그 자리에서 원진술의 신빙성 여부에 대해서까지 어느 정도 가늠이 가능할 것이므로, 굳이 그 원진술이 행해질 때의 상황이 어떠했는지 여부를 엄격한 기준으로 판단할 만한 실익이나 필요성이 크다고 볼 수 없다.

으로 하지 않는 반면, 제804조는 원진술자의 증언불가능성을 요건으로 한다는 점이다 (unavailability).

374) 연방증거법 제807조 나머지 예외(Residual Exception)

법원이 (A) 진술이 중요사실에 대한 증거로 제출되고, (B) 진술이 증거 신청자가 합리적인 노력을 통하여 획득할 수 있는 다른 증거들이 제공하는 것보다 사안에 대하여 보다 더 증거가치가 있고, (C) 그 진술을 증거로 채택하는 것이 이 법의 일반적 목적과 정의의 이익에 가장 잘 부합하는 경우라고 인정하는 경우, 법 제803조와 제804조에 의하여 증거능력이 인정되지 않더라도, 신빙성의 정황적 보장이 인정된다면, 전문법칙에 따른 증거능력 배제사유에 해당하지 않는다. 그러나, 증거 제출자는 위 진술에 대하여 준비할 공정한 기회를 가지도록, 재판이나 심리의 충분한 이전 시간에 그 상대방에게 위 진술을 제출하려 하는 의도, 원진술자의 이름 및 주소를 포함한 그 진술의 특징을 고지하여야 하고, 그렇지 않으면 증거로 할 수 없다.

375) 이완규, 형사소송법연구Ⅰ, 탐구사, 2008, 329면.

376) 한제희, "특신상태의 의의와 판단기준", 형사판례연구(21), 한국형사판례연구회편, 박영사, 549면.

특히 실무상, 특신상태의 존부가 문제되는 것은 주로 원진술자가 수사과정에서는 공소사실에 부합하는 취지의 진술을 하였다가 공판과정에서 이를 번복하는 경우일 텐데, 이러한 경우 상반되는 두 진술 중 공판과정에서의 진술에 의해서만 사실관계를 판단해야 한다고 법이 특별히 규정하고 있지 않는 한, 그 두 진술의 내용을 상호비교하여 과연 어느 진술이 경험칙에 부합하는지를 따져보는 것이 실체진실의 발견을 위해 타당한 방법일 것이다. 따라서 원진술자가 공판에 출석하여 수사과정에서의 원진술을 번복하는 내용의 진술을 한 경우, 그 수사과정에서의 원진술에 대해 특신상태의 판단기준을 엄격하게 설정하여 그 증거능력을 쉽게 배척해 버린다면 공판과정에서의 진술내용과 수사과정에서의 원진술 내용을 비교하는 작업 자체가 불가능해지고, 공판과정에서의 진술만을 갖고 그 진술의 신빙성 여부를 판단해야 하는 궁색한 상황이 생길 수밖에 없을 것이다.[377]

결국 미국의 경우 '신용성의 정황적 보장'의 요건이 인정되더라도 추가적인 요건으로 '증인대면권'을 요구하지만, 우리나라의 경우에는 '신용성의 정황적 보장'(특신상태)이 있으면 '반대신문을 갈음할 만한 외부적 정황'이 있는 것으로 간주하므로, 반대신문을 거치는 한 신용성의 정황적 보장도 추정된다고 보는 것이 타당할 것이다. 더욱이 우리나라의 경우 필요성과 신용성의 정황적 보장이 충족된다고 하더라도 곧바로 증거능력이 인정되는 것이 아니라 '다시' 법관이 증거능력의 인정여부를 판단하게 하는 두 단계를 요구하고 있다. 즉 미국 연방증거법 제803조 및 제804는 전문법칙의 예외를 인정하여, 원진술자의 출석면제 및 출석불능의 경우에 무조건 증거능력을 인정하고 있으므로 이에 대한 제동장치로 증인대면권 조항이 필요한 반면, 우리나라의 경우에는 일반적인 전문법칙의 예외규정을 두면서 이에 대한 제동장치로 '법관'에게 증거능력 판단의 주도권을 인정한 것이다.[378]

---

377) 한제희, 위의 논문, 동면.
378) 대판 2001.9.14, 2001도1550. 「형사소송법은 제161조의2에서 피고인의 반대신문권을 포함한 교호신문제도를 규정함과 동시에, 제310조의2에서 법관의 면전에서 진술되지 아니하고 피고인에 의한 반대신문의 기회가 부여되지 아니한 진술에 대하여는 원칙적으로 증거능력을 부여하지 아니함으로써, 형사재판에 있어서 모든 증거는 법관의 면전에서 진술·심리되어야 한다는 직접주의와 피고인에게 불리한 증거에 대하여는 반대신문할 수 있는 권리를 원칙적으로 보장하고 있는바, 반대신문권의 보장은 형식적·절차적인 것이 아니라 실질적·효과적인 것이어야 하므로, 증인이 반대신문에 대하여 답변을 하지 아니함으로써 진술내용의 모순이나 불합리를 드러내는 것이 사실상 불가능하였다면, 그 사유가 피고인이나 변호인에게 책임있는 것이 아닌 한 그 진술증거는 법관의 올바른 심증형성의 기초가 될 만한 진정한 증거가치를 가진다고 보기 어렵다 할 것이고, 따라서 이러한 증거를 채용하여 공소사실을 인정함에 있어서는 신중을 기하여야 한다」.

본래 전문법칙에서 '특신상태'라 함은 전문증거를 증거로 사용하기 위한 예외사유의 일반적 기준으로서의 신용성과 필요성 중에서 신용성에 관한 것으로 그 신용성을 정황적으로(circumstantially) 보장할 수 있는 상태를 말하는 것이다. 그리고 여기서 말하는 신용성은 그 진술로서 공소사실을 인정할 것인가라는 높은 단계의 증명력 수준의 신용성이 아니라, 그 진술을 다른 증거들과 같이 증명력 판단의 대상으로서 평가할 수 있는가라는 정도의 신용성에 불과한 것이다. 이런 정도의 신용성이 있는 증거를 증거로서의 자격을 부여하여 다른 증거와 같이 평가의 대상으로 놓은 후에 다른 증거자료와 함께 검토하여 공소사실을 인정할 수 있는 증명력이 있다고 하여 공소사실을 인정하는 증거로 사용하든지 아니면 다른 증거자료들에 비추어 볼 때 그 진술을 믿을 수 없다고 판단하면 증명력을 배제하여 이를 증거로 사용하지 않으면 되는 것이며 이는 증명력에 관한 법원의 자유심증의 문제인 것이다. 따라서 제312조 제2항이 폐지된 상황에서, 통상적으로는 진술내용의 신빙성이나 임의성을 담보할 구체적 외부적인 정황이 있는 경우인 실제 변호인이 참여한 경우나 신뢰관계자의 동석이 있는 경우, 영상녹화를 한 경우 등에는 제316조 제1항의 특신상태의 요건은 큰 문제가 없다고 보아야 할 것이다. 전술한 것처럼, 판례는 특신상태의 의미를 "그 진술을 하였다는 것에 허위 개입의 여지가 거의 없고, 그 진술내용의 신빙성이나 임의성을 담보할 구체적이고 외부적인 정황"을 내용으로 하는 것이며, 진술시를 기준으로 판단되므로, 조사자증언과 개정법 시행 전의 검찰 피의자신문조서 간에 특신상태의 내용이나 입증 방법을 달리 판단할 필연적 이유는 없기 때문이다.

V. 결 론

공판중심주의가 충실하게 실현된다는 미국, 영국, 독일 등의 증거법을 비교해 볼 때, 증거법 문제에 있어 수사절차상 진술증거를 어떤 범위에서 사용할 것인가의 문제는 영미법계나 대륙법계나 유사하게 접근하여 이제 중점적 문제는 아닌 것으로 보인다. 즉 영미법계의 전문법칙과 대륙법계의 직접주의 방식의 큰 차이가 증인(피고이 포함)의 공판정외 진술을 사용할 것인가에 있었는데, 그것은 전문법칙의 일반원칙으로서만 차이가 있었을 뿐 전문법칙에서도 많은 예외이론을 발달시켜 이미 증인의 공판정외 진술의 많은 부분을 사용하고 있으며, 나아가 최근의 경향은 공판정에 출석한 증인의 공판정외 진술에 대하여 미국에서도 넓게 인정하고 있을 뿐만 아니라 영국은 아예 입법적으로 인정하는 것으로 변경하여 독일의 직접주의적 방식과 거의 차이가 없게 되었기 때문이다. 따라서 공판중심주의와 관련된 증거법의 세계적 경향은 이제 증거를 어떻게 현출시킬 것인가에 중점이 있으며, 다만 수사절차상 진술이라도 원진술자가 나오지 않고 조서만으로 대체하지는 않으며, 일단 원진술자가 법정에 나와 진술하게 하는 것을 우선시한다는 점이다. 이는 공판중심주의의 심리는 공중에 의한 사법통제의 이념하에 공판정에 모인 다른 사람이 공판의 과정을 보고, 알아듣고 따라갈 수 있는 방식으로 하여야 한다는 요청의 관점에서 보면 기본적인 것이다. 현행 형사소송법도 "공판정에서의 변론은 구두로 하여야 한다"고 명시적으로 구두변론주의(제275조의3)를 규정하고 있다.

그런데 그동안 일부 학자들이 공판중심주의의 개념에서 조서를 비롯한 수사단계에서의 진술의 증거능력에 중점을 두면서 소위 "조서재판의 극복"이라는 명목하에 공판중심주의 = 조서재판의 극복 = 조서의 증거능력 부정 = 수사단계에서의 진술의 증거능력의 부정으로 이어지는 논리를 전개하면서,[379] 수사기관이 수집한 진술증거의 법정 현출(증거능력)을 가급적 제약하고자 하는 법원칙, 즉 "공판정에서 행해진 진술만으로 재판하는 것"이 공판중심주의라는 식[380]으로 도식화하면서,[381] 호도한 것이 작금의 상황이다.[382]

그러나 공판중심주의는 사건의 '심리'와 '심증 형성'에 관한 재판상의 원칙이고, 심리는 증거조사와 피고인신문을 포함하는 개념인데, 어떤 근거로 '공판기일 외에서 수집된 증거를 공판기일의 심리에 집중시키는 것'을 넘어서 '수사상 진술증거'에 한하여 증거사용을 제한하는 것이 공판중심주의에 보다 충실하다는 것인지 의문이다. 따라서 수사단계에서의 증거자료(자백 등)의 증거능력을 인정하더라도 그것의 실질적인 증거가치를 공판정에서 진술자 및 조사자의 증언을 통해 하나씩 확인해 나간다면 공판중심주의에 역행하는 것이 아니다. 즉 종래 조서 내지 진술서에 지나치게 의존하여 공판정에서의 실질적인 심리를 생략하는 조서재판이 문제되었던 것이지, 법관이 공판정에서 모든 사실관계를 확인하며 심리·판단하는 '공판중심적' 재판이 문제될 수는 없는 것이다. 오히려 공판중심주의가 제 기능을 다하기 위해 당사자의 적극적인 주장과 공방을 통하여 실체

---

379) 이에 대한 비판적 견해로는 이완규, 형사소송법특강 —이념과 현실의 균형을 위한 모색—, 법문사, 2006, 343면 이하 참조.

380) "공판정에서 행해진 진술만으로 재판하는 것"이 공판중심주의에 부합한다면, 사법경찰관을 지휘하고 수사판사 작성의 피의자신문조서에 무조건 증거능력을 부여하여 증거로 사용하는 프랑스식 수사판사제도를 도입해야만 가능할 것이다. 그러나 이것은 수사와 재판을 동시에 진행하는 규문주의(inquisitorial system)에 다름 아니며, 우리나라의 경우 수사판사와 공판판사를 어떻게 구분할 것인가 하는 등 여러 가지 문제가 발생한다.

381) 서보학, 「형사사법 토론회 자료집」, 사법제도개혁추진위원회, 2005, 595면, 597면, 599면; 하태훈, 「공판중심주의 확립을 위한 형사소송법 개정안」, 공판중심주의 확립을 위한 『형사소송법 개정안』 공청회(2005. 6. 24), 사법제도개혁추진위원회, 20면.

382) 조사자증언의 증거능력(형사소송법 제316조 제1항)을 부정하는 사람들은 영상녹화물의 증거능력(본증)도 부정하고 있다.

적 진실이 가려져야 한다는 입장에서 본다면, 법정 증언과 수사기관에서 적법하게 수집한 진술증거를 공개된 법정에 집중시키고, 법관이 심리과정에서 이를 다양하게 비교·음미하도록 함으로써 실체적 진실발견이 추구될 필요가 있다. 물론 이 과정에서 열악한 지위에 있는 피의자·피고인의 인권보장을 위한 변호권의 충실한 보장과 수사절차상 적법성에 대한 요건을 강화할 필요성이 인정되는 것은 당연한 것이다. 따라서 구두주의 원칙상, 증거판단의 우선순위로 조사자의 증언(제316조 제1항)이 나와야 하며, 보충적으로 조서 내지 영상녹화물을 활용해야 할 것이다.

06

우리나라 형사사법구조
개편의 전제조건과 대안

제1절 서 설

I. 의 의

　조국 전(前) 법무부장관에 대한 수사 및 기소를 계기로 검찰제도를 둘러싸고 많은 비판이 있었으며, 이제는 '검수완박'이라는 신조어까지 등장한 상태이다. 물론 일련의 사태에 대하여 검찰조직을 책임진 간부들의 불미스런 행동과 부도덕성 등 개인적인 문제에도 중심이 있지만, 검찰권의 비대화, 정치적 편향성 등 검찰제도 나아가 형사사법체제에 대한 제도상의 문제점을 지적하면서 검찰개혁을 완수해야 한다는 사람도 적지 않다. 그리고 이러한 주장의 근저에는 공판중심주의로 표현되는 **'당사자주의 형사사법구조'**의 우수성, 즉 직권주의는 문제있는 사법시스템이므로 당사자주의로의 개편을 주장하는 것으로 보인다. 그럼에도 불구하고, 공판중심주의를 실현하기 위한 전제조건인 유죄협상제도, 면책조건부증언제도, 허위진술죄 등 미국식 제도의 전면적인 도입에 대해서는 부정적인 시각을 드러내고 있다. 반면, 여론조사를 보면, 고소·고발사건을 경찰보다는 검찰이 처리해 주기를 바라는 국민들이 더 많은 것 같다.

　세상에 완벽한 제도는 없다. 그런데 한 나라의 법체계는 그 나라의 사회적, 문화적 제반환경과 밀접하게 관련되어 있어 이를 무시한 채 단순히 현상이나 제도만을 비교하는 것은 정확한 처방이 아니다. 예를 들어 미국 형사법의 증거배제법칙이나 전문증거금지법칙, Miranda Rule 등은 영미법의 공판중심주의, 배심재판제도와 직접 관련이 있으며, 미국에서 널리 활용되는 유죄협상제도(plea bargaining)도 배심재판을 전제로 하고 있다. 누누이 언급한 것처럼, 영미의 사법제도는 범죄를 반사회적인 것으로 보기보다는 개인적인 피해로 보고 양 당사자가 심판자 앞에서 치열하게 싸워 승자에게 정의의 실현이라는 휘장이 주어지는 인식이 형사사법체제의 출발점이었으며, 이러한 체제에서 중요한 것은 싸움에서의 규칙, 즉 **'무기대등의 원칙'**(Grundsatz der Waffengleichheit) 등 외형적인 공평성 나아가 적정절차(due process)였던 것이다.[1] 이에 따라 범죄혐의자도 혼신의 힘을 다하여 법정에서 싸워야 하는데, 혐의자를 보호한다는 명분하에 일반인이 도저

---

1) 표성수, 미국의 검찰과 한국의 검찰, 육법사(2000), 310면.

히 이해할 수 없을 정도로 복잡하게 형사절차(특히 증거법칙)가 구성되어 있어서 고액의 보수로 형사전문변호사에게 사건을 위임하거나 아니면 정부가 많은 예산을 들여 국선변호인을 선임하여 주지 않으면 소송진행이 어렵다는 점에서 형사사법비용이 적지 않게 들어가는 문제점이 발생한다.[2] 따라서 형사사법제도의 미국화, 특히 검찰의 기능과 역할을 미국식으로 일방 당사자화하는 것이 과연 바람직한 것인지 고민이 필요하다. 형사사법이 지향하는 정의의 실현과 효율성, 경제성을 원칙으로 하면서 적법절차의 준수, 공정하고 신속한 사건의 처리, 합리적인 제도운영 비용 등을 고려할 때, 실제 우리나라 형사사법의 근간이 되었던 대륙법계 사법제도를 후진적인 시스템으로 단순히 폄하할 것이 아니라, 영미법계 형사사법제도와의 치밀한 비교·검토를 통해 결정해야 하는 이유가 여기에 있다.

그런데 전술(前述)한 것처럼, 우리나라 형사사법제도의 개혁에 대한 다양한 논의 속에서 영미법계 사법사법을 도입하면 좋은 개혁인 반면, 현재의 대륙법계 사법제도는 규문주의라고 치부하면서, 후진적인 시스템으로 폄하하는 확증경향이 광범위하게 퍼져 있는 것 같다. 많은 식자들이 공판중심주의 관련 형사소송법 개정, 재정신청의 확대, 국민참여재판제도 도입, 수사권 조문의 개정 등을 환영하면서도 근간에 있는 본질적인 제도적 차이에는 큰 관심을 보이지 않는 이유이기도 하다. 그러나 수사기관의 수사와 기소 등 다른 대부분의 대륙법계 제도와 절차를 그대로 둔 채 그리고 국민들의 법의식이나 법감정이 변하지 않은 상황에서 영미식의 국민참여재판(배심제)을 도입함과 동시에 법원의 재판절차만을 당사자주의소송구조로 철저하게 변경한 개정 형사송법이 국가형벌권을 전제로 하는 우리 형사소송의 토양에 과연 뿌리를 내릴 수 있을지 의문이 들지 않을 수 없다. 왜냐하면 2020년 개정형사소송법 시행 이후, 한국의 형사사법시스템이 망가졌다고 보는 실무자가 갈수록 늘고 있기 때문이다.

결국 영미법계 사법제도이건 대륙법계 사법제도이건 일부만 도입하여 효율성을 따지는 것은 의미가 없으며, 전면적인 사법체계가 도입되어야 한다. 이에 어떤 형사사법체계의 전면적인 도입도 찬성하면서, 대륙법계 및 영미법계 형사사법시스템에서 검사의 기능과 역할을 비교한 후, 우리나라 형사사법 구조를 근본적으로 개편하기 위한 전제조건이 무엇인지 및 바람직한 대안을 제시하고자 한다.

---

2) 1994년에 발생하여 1995년 판결이 선고된 O. J. Simpson사건에 있어서 L.A. 지방검찰이 사용한 경비는 900만 달러이며, 이에 대하여 Simpson이 방어를 위하여 사용한 변호사 선임료 등 경비 또한 추정컨대 400~700만 달러에 이른다고 한다(CNN 1995. 10. 3.자 방송 참조).

Ⅱ. 대륙법계 및 영미법계 형사사법의 비교

1. 형사사법체계의 단계

검·경 수사권조정의 주요 내용에 대한 비교·분석을 위해서는 대륙법계 및 영미법계 형사사법체계의 각 단계에 따른 구조를 이해하는 것이 필요하다.

【표 6-1】 형사사법체계의 각 단계에 따른 형사사법 관여자

범죄예방/진압(A)	범죄발생(㉠)	공판전(前)단계			공판단계(㉣)
		수사단계(㉡)		공소제기단계(㉢)	
		수사개시권(B)	수사종결권(C)		
일반경찰(정보경찰)	사법기관 담당 여부	피해자의 제소(고소), 고발 직권적 형사절차개시 + 혐의자특정 및 예비적 조사		공판을 개시할 정도의 혐의 확인	재판주체
	대륙법계 (직권주의)	사법경찰관	수사판사, 검사	수사판사, 검사	법원 (검사, 피고인)
	영미법계 (당사자주의)	경찰 기타 수사기관		법원(소추관)과 피고인	법원 (소추관, 피고인)

2. 구체적 고찰

(1) 범죄예방/진압(A)

검찰제도가 시작된 프랑스와 이를 계승한 독일, 이탈리아, 스코틀랜드 등 대륙법계 국가에서는 범죄예방(진압) 영역(A)과 범죄발생 이후 조사영역(㉠)이 명확하게 분리되어 있다. 왜냐하면 수사는 범죄 발생 이후에 사법적으로 국가 형벌권의 존부를 규명·확정하는 절차인 『검찰권(Justiz)』에 속하는 권능으로, 치안유지 내지 위험방지 등 범죄예방 및 진압을 목적으로 하는 『경찰권(Polizei)』 작용과는 근본적으로 다른 것임이 확고히 인식되어 있기 때문이다. 즉, 권력분립상 수사는 본질적으로 행정작용이 아니라 사법작용이므로 수사권은 사법관(수사판사, 치안판사 등)이나 준사법관인 검사에게 귀속되는 것으로 본다.

이에 따라 대륙법계 국가에서는 규문주의 형사사법의 폐해를 해결하기 위하여 소추 시점을 전후로 前단계 사실규명(수사)의 책임은 검사에게, 그 후 단계 사실확정의 책임은 판사에게 맡겨 검사와 법원이 서로 견제토록 하는 **"사법권력의 분할"**에서 그 방안을 찾았던 것이다. 다만, 소수인 검사가 모든 수사활동을 직접 담당할 수 없으므로 수사를

보조할 인력이 필요하게 되며, 이 보조인력이 바로 「사법경찰」로서 행정경찰과 엄격히 구별되는 개념인 것이다. 그리고 이러한 사법경찰의 구성방법으로는 사법기관 내에 별도로 설치하는 방법과 행정경찰 일부를 사법경찰로 지명하는 방법이 있는바, 우리나라를 비롯한 대부분 대륙법계 국가가 후자방식을 채택하고 있다. 따라서 검사의 수사지휘가 전제되지 않는 사법경찰의 수사란 성립될 수 없는 것이며, 사법경찰이 수사권을 보유하고 수사주체로 활동하는 근거가 바로 검사의 수사지휘에 있는 것이다.

반면에 영미법계 형사사법은 국가라는 형벌권의 주체를 상정하지 않으므로, 형사재판도 민사소송처럼 사인간(an individual against an individual) 분쟁과정으로 파악하는 이념과 철학을 바탕으로 하고 있다. 따라서 영미법계에서는 시민들(대배심)이 직접 "사실을 확인"하며, 사법관은 사인간의 공방절차만을 주재 내지 관여할 뿐 "스스로 조사활동"을 할 수 없는 형사사법 체계가 형성·정착되어 있다. 왜냐하면 본래 사인소추제도, 당사자주의 및 공판중심주의하에서는 형사절차가 민사절차와 다를 바 없으므로 일방 당사자의 상대방 당사자에 대한 범죄혐의 유무의 규명을 위한 수사는 인정되지 아니하고 일방의 당사자로서 공판정에 제출할 증거의 수집만이 허용되기 때문이다. 그리고 이처럼 국가의 배타적인 형벌권이 인정되지 아니하므로 변호사나 개인의 의뢰에 따라 범죄의 단서를 발견하고 법정에 제출할 증거를 수집하는 사설탐정이 필요하게 되며, 변호사의 독자적인 조사능력이 소송의 승패에 큰 영향을 끼치게 된다. 따라서 영미법계에서는 범죄예방 영역과 범죄발생 영역을 명확히 분리하지 않을 뿐만 아니라 이러한 연유로 영미법계에서는 본래의 행정경찰과 구별되는 사법경찰이라는 개념 자체가 존재하지 않는다.

다만 미국의 경우 영국과 같이 사인소추를 원칙으로 하였으나, 비교적 일찍부터 프랑스의 검찰제도를 계수하여 연방 및 각 주 혹은 도시에 검찰청을 두고, 공선된 검사가 소추를 하는 국가소추주의를 채택하였다. 즉 1704년 코네티컷주는 사인소추를 배제하고 모든 county법원에 검사를 임명하였고 다른 대부분의 주가 이를 따랐으며, 독립 당시에는 이미 미국의 독자적이고 고유한 제도인 지방검사제도(District Attorney)가 자리잡고 있었다. 그리고 시대의 변화와 함께 수사만을 전담하는 수사경찰이 등장하였는데, 이를 Detective 또는 Investigator라고 부르며 일반 경찰(Police)과는 완전히 별개의 조직으로 운영되고 있다.

(2) 범죄발생(【표 6-1】 ㉠)

㉠단계는 피해자나 범죄를 알고 있는 목격자, 주변인들이 알고 있을 수 있으나, 형사사법을 담당하는 기관에 범죄가 아직 알려지지 않은 단계이다. 즉, 범죄가 발생하였으나 형사사법절차는 아직 개시되지 않은 상태로서, 이때부터 대륙법계에서는 일반경찰과 다른 형사사법기관(사법경찰)이 등장하는 시점이다. 이에 반하여 영미법계에서는 일반경

찰이 수사를 담당하지만, 경찰조직은 고도로 지방분권화되어 미국의 경우 연방경찰, 주경찰, 지방경찰로 구분되어 있을 뿐만 아니라 우리나라와 달리 중앙경찰청을 중심으로 일사불란한 명령체계를 가지고 있지 않고 경찰기관끼리 상호 독립적이다. 자치경찰의 인사권도 각 지방경찰서가 자체적으로 가지고 있으며, 수사도 지방경찰이 독자적으로 수행한다.

(3) 수사단계 및 공소제기단계(【표 6-1】 ⓛ + ⓒ)

대륙법계에서는 강제처분과 피의자신문 등 조사활동이 모두 공판전 조사활동으로 수사절차에 속하며 이것을 검사 또는 수사판사가 주재하고 사법경찰이 보조하고 있는 것이고(ⓛ+ⓒ), 영미법계에서는 체포와 그에 부수하는 피의자 인터뷰정도까지만 경찰수사의 영역이고(ⓛ) 그 이후의 본격적인 사실규명 활동은 모두 치안판사 등 법원의 절차에서 이루어지는 것이며(ⓒ), 불구속사건의 경우에는 피의자 소환부터의 절차가 모두 법원의 절차로 진행되는 것이다. 특히 사기 등 재산범죄와 관련된 고소사건의 경우, 이러한 사건의 수사는 치안질서유지를 위한 위험예방·위험억지라는 경찰의 업무와는 매우 이질적인 것인 바, 영미법계에서는 이런 사건에 대한 조사행위는 애초부터 치안판사의 피고소인 소환으로 이루어지는 것이지 경찰이 조사를 할 수 있는 것이 아닌 전형적인 사법의 업무이다. 반면에 우리나라에서는 사법경찰이 고소사건에서 고소인과 피고소인을 소환하여 사실이 규명될 때까지 조사할 수 있는 광범위한 수사권을 행사하고 있는데, 이는 검사로부터 지휘와 통제를 받는 등 사법권으로부터 사실규명에 관한 위임을 받고 있다는 근거가 있기 때문에 가능한 것이다. 즉, 우리나라의 사법경찰은 고소사건 조사 중 필요에 따라 고소인과 피고소인, 참고인 등을 동시에 소환하여 대질조사까지 벌이는 경우가 다반사인데, 우리나라 사법경찰이 경찰권의 본래적 기능에 속하지 않는 그러한 사법적 사실규명 행위까지 수행할 수 있는 것은 바로 사법적 지휘·통제 하에서 수사권한을 부여받고 있기 때문인 것이다.

그런데 대륙법계 국가 중 프랑스처럼 사법관인 예심판사 내지 수사판사(juge d'instruction)가 수사를 직접 담당하여 수사권의 귀속과 개념에 대한 인식이 정착된 나라에서는 수사권독립 논쟁의 소지가 적다. 그러나 우리나라처럼 수사판사 제도 없이 대부분의 수사를 검사의 지휘하에 경찰이 담당하는 체계에서는 경찰이 다시 수사상 큰 권력으로 등장하여 경찰이 독자적 수사권을 행사하던 과거 규문시대로 회기하려는 시도가 지속될 가능성이 있다. 따라서 독일의 수사권독립 논쟁과정을 보더라도 학자들의 실증적 수사실무 연구를 통해 검사의 지휘가 미치지 못하는 광범위한 경찰수사 영역이 존재함을 확인, 그 폐해를 방지하기 위하여 검사의 수사주재자로서의 지위 강화가 오히려 논의되고 있는 실정이다.

독일의 경우도 형사소송법(StPO) 제163조 제1항이 경찰의 초동수사권(Recht und

Pflicht des ersten Zugriff der Polizei)을 규정하고 있으므로, 모든 경찰공무원은 검찰의 보조공무원의 자격여부에 상관없이 초동수사를 할 수 있지만, 그 수사활동의 범위는 초동수사에 그치며, 그 수사활동도 또한 개시되면 검사의 통제와 지휘의 범위 안에 들어오는 것이다.

문제는 우리나라에서 경찰수사권 독립을 주장하는 사람들이 우리나라 (구)형사소송법 규정[3]을 마치 경찰의 독자적인 수사개시·진행권의 근거조항인 동시에 검사의 지휘가 배제되는 영역이라고 주장하면서, 경찰의 독자적 수사의 한 입법례로 독일의 초동수사권 규정을 소개하고 있다[4]는 점이다. 물론 경찰이 초동수사를 하는 경우, 특히 행정경찰과 사법경찰의 구분이 명확하지 않는 우리나라에서 검사의 지휘를 받지 않는 초동수사와 그 이후의 수사를 동일한 (사법)경찰이 계속하는 경우에 그 한계가 불명확해질 수밖에 없는데, 바로 이 점 때문에 검사의 사법경찰에 대한 수사지휘가 논란이 될 수 있다. 즉 우리나라에서는 초동수사권이 검사의 지휘를 받지 않고 수사를 개시할 수 있는 개념이라는 점을 이용하여 사법경찰 자신이 사건을 수사하여 송치할 때까지 모든 수사를 스스로 하면서(강체처분 등 특별히 검사의 지휘를 받아야 할 필요가 없다면 이런 경우가 대부분일 것이다) 송치할 때까지의 그 수사는 초동수사라고 주장하고 따라서 송치이전에는 검사가 지휘를 할 수 없다고 주장할 소지가 있는 것이다.[5] 따라서 이 초동수사권이 본래의 의미 내지 취지와 달리 '송치전 수사 = 초동수사'라는 식으로 묶어지고, '송치전 수사 = 지휘받지 않는 독자수사'라는 식으로 이상하게 변형된 주장의 수단으로 오용되었으며, 종래 국회에서 논의되었던 수사권조정 법안(특히 표창원 의원안)들이 사법경찰에게 수사종결권까지 부여하는 근거로 이러한 개념을 원용하였던 것이다.

그런데 독일에서의 수사권논쟁은 사실상 대부분의 사건을 경찰이 처리하는 현실인식에 기초하면서도 수사절차에 있어서의 검사의 주재성은 결코 훼손할 수 없는 원칙임을 전제로 하여 그 안에서 현실적인 문제로서 사법경찰관의 자율성을 얼마만큼 인정하여 줄 것인가에 관한 찬반 논의인 것으로, 우리나라에서 주장된 것처럼 검사의 수사지휘를 배제하는 논의는 결코 아니다. 즉 수사의 개시와 진행에 있어서도 강제처분 등 기본권침해의 위험이 있는 부분이나 사건이 복잡한 경우, 중요한 경우 등 일정한 경우는 사건의 송치 이전에 검찰이 개입할 수 있고 검찰의 지휘를 받아야 하는 경우를 인정하

---

3) 우리나라 (구)형사소송법 제196조 제2항 사법경찰관은 범죄의 혐의가 있다고 인식하는 때에는 범인, 범죄사실과 증거에 관하여 수사를 개시·진행하여야 한다.

4) 이관희, "민주주의와 경찰수사권의 독자성 확보"(토론문), 헌법학연구 제8집 제4호(2002), 한국헌법학회, 214면.

5) 경찰의 수사주체성 및 검·경 상호협력관계 정립방향, ―「수사권 조정 토론회」참고자료(2005. 2. 24) ―, 경찰청, 31면.

는 점에는 전혀 이견(異見)이 없으며, 다만 이를 어떤 식으로 범위를 정하여 나머지 영역에서의 수사의 개시와 진행에 있어서의 경찰의 자율성을 부여할 것인가의 논쟁일 뿐이다.

결국 우리 검찰제도의 모체가 된 독일의 검찰제도는 그 탄생시부터 경찰기능에 대한 법치국가적 통제를 위하여 창설되었으며, 검사의 지휘에 대한 경찰의 복종의무를 규정한 것 역시 바로 이 법치국가적 이념을 형사절차의 전 과정을 통하여 관철하려는 목적에서 비롯된 것으로 볼 수 있다. 따라서 대륙법계에서는 긴급한 상황에서 경찰의 초동수사(수사개시권)가 이루어진다고 하더라도 수사지휘와 무관한 사법경찰의 **'독자적인 수사개시·진행권'**(【표 6-1】 B) 및 **'독자적인 수사종결권'**(【표 6-1】 C)이 인정되지 않는 반면, 영미법계에서는 경찰이 직접 치안판사에게 사건을 송치한다는 점을 고려하면, 경찰의 '독자적인 수사개시·진행권'(【표 6-1】 B) 및 '독자적인 수사종결권'(【표 6-1】 C)이 인정된다고 볼 수 있지만, 일단 치안판사에게 송치된 이후에는 사실상 검찰의 통제(review)를 받게 되는 것이다. 왜냐하면 전술한 것처럼, 미국의 경우 '징벌적 손해배상'이 일반적으로 인정되어 경찰관의 직무상 불법행위(false arrest, false imprisonment 등)로 인한 손해배상 액수가 매우 다액이고, 고액 변호사 비용까지 경찰관이 부담하는 등 매우 강한 민사책임이 부과될 수 있기 때문이다. 즉, 자체 종결권이 있는 사건의 경우에도 경찰이 검사의 검토 없이 폭행사건을 자체 종결하였다가 그 당사자간 재차 폭행범죄가 발생하여 한 당사자가 사망에 이른 경우, 경찰은 첫 사건 종결에 대하여 거액의 민사소송을 당할 수 있는 것이다. 그런데 첫 사건을 경찰이 자체 종결하지 않고 검찰에 송치하여 검찰이 종결하였다면 경찰의 책임은 없게 되므로 경찰은 거의 모든 사건을 검찰에 송치하여 검토(review)를 받고 있는 것이다.

더욱이 영미법계에서는 경찰의 입건단계 수준에서부터 바로 치안판사 등 법원의 절차로 넘어가는 것으로 구성되어 있으므로 법원의 절차가 매우 일찍 시작되며, 공판으로 넘어가는 단계의 혐의 정도도 대륙법계에 비해 매우 낮은 수준이다. 따라서 공판중심주의 원칙상 공판정에서 진술을 얻기 위한 면책조건부 증언제도(Immunity), 유죄협상제도(Plea Bargaining), 기소사실인부제도(Arraignment)는 물론 거짓진술을 한 경우에 처벌되는 사법방해죄(Obstruction of Justice) 등이 미국에서 발달한 이유도 여기에 있다.

실제로 미국에서는 검사가 경찰관의 체포행위[6]를 정당하다고 인정한 이후에 진행되

---

6) 미국의 경우 '상당한 이유(probable cause)'만 있으면 '영장없는 체포(arrest without warrant)'가 폭넓게 허용되는데, 이후 경찰이 체포한 피의자를 석방 또는 charge를 결정하고, 경찰이 charge를 결정한 사건은 검사가 이를 다시 검토(주별로 검사가 사전에 검토하는지 여부는 차이가 있으나, 연방의 경우 반드시 검사의 사전 검토를 받음)하여 '소추절차개시서'(complaint)를 치안법원에 제출할지 여부 등을 결정한다. 여기서 '소추절차개시서'(complaint)란 법원에 제출

는 법정절차를 통한 사실규명 과정을 "Investigation"이라고 부르고 있고, 경찰이 피의자에 대해 사실을 확인하는 방법은 간단한 인터뷰(Interview)나 진술의 취지를 묻는 질문 정도의 수준에 그치는 것이다. 더구나 체포사건의 경우 24시간 이내에 피의자를 법원에 출석[7])시켜야 하므로 경찰의 수사는 시간적 한계가 있을 수밖에 없고, 법정출석 후 기소사실인부절차(Arraignment)[8])에서 기소사실을 부인하면 정식재판절차로 가게 되는 바, 원래 사건이 수사미진인 경우 장기간에 걸쳐 검사와 변호인의 유상협상절차(Plea Bargain)가 진행되면서 이후의 필요한 수사는 자연히 검사의 몫이 된다.[9]) 특히 미국의 경우 경찰은 수사종결 후 모든 사건을 검찰청에 송치하여 검토(Review)를 받아야 하며, 검사만이 사건의 기소 및 불기소 여부를 최종적으로 결정하고, 경죄사건이라도 경찰이 독자적으로 판단하여 사건을 종결할 수는 없다. 즉, 경찰 수사결과 혐의가 없다고 판단되는 경우에도 경찰은 사건을 검찰에 송치하여 최종적으로 검사의 판단을 받고 검사가 불기소결정(reject)을 해야 한다. 다만, 법원과 업무협약(MOU)이 체결된 사건의 경우, 예를 들어 단순폭행사건으로서 피의자가 초범이고 피해자와 합의된 경우에는 수사보고서(police report)가 작성되었다 하더라도 경찰단계에서 자체 종결이 가능하다.

실무적으로도 피의자에게는 변호인의 조력을 받을 권리, 진술거부권 등 헌법에 근거한 기본권이 인정되므로 공소관인 검사 앞에서 피의자가 스스로 불리한 진술을 하지 않게 마련이며, 변호인 또한 그러한 진술을 거부하도록 조언하므로 실제 피의자를 상대로 하는 수사가 이루어질 수 없다. 즉 미국은 철저한 공판중심주의와 당사자주의 소송

되는 서류로서 경죄의 경우에는 위 서류 자체가 공소장의 역할을 하고, 중죄의 경우에는 이후 정식 기소장(indictment)으로 대체된다. 이러한 Complaint가 제출될 경우 법원의 사건번호가 부여되는 등 피의자를 법원의 심판대상에 들게 하는 역할을 하는 것으로 경죄뿐만 아니라 중죄의 경우에도 최소한 법원에 대하여 소추절차의 개시를 최초로 신고한다는 성격이 있다는 점에서 '소추절차개시서'로 번역하는 것이 타당할 것이다. 미국 연방 형사소송규칙(Federal Rules of Criminal Procedure) 제3조는 Complaint에 대하여 '소추된 범죄를 구성하는 핵심 사실을 기재한 서면 진술서이고, 예외적인 경우를 제외하고는 치안판사나 주 또는 지방법원 사무관 앞에서 그 내용에 대한 선서가 이루어져야 한다'고 규정하고 있다.

7) 미국 연방 형사소송규칙(Federal Rules of Criminal Procedure) 제5조에서는 "without unnecessary delay"라고 규정하고 있는데, 많은 지역에서는 24시간 이내에 compaint 제출과 피의자 출석을 요구하고 있으며, 어떤 지역에서는 주말에 법정개정을 제한하기 위하여 최대 48시간까지 허용하고 있다(Kamisar et al., Basic Criminal Procedure, 11th ed, ThomsonWest, 2005, p.12).

8) 중죄에서 ① 대배심(grand jury)에 의한 기소(indictment)나 ② 대배심 절차 없이 검사에 의한 기소(information)로 정식재판에 회부되는 정식기소 이후, 피고인에게 기소내용을 고지하고 피고인의 범행인정 여부 답변을 청취하는데, ① 피고인이 범행을 자백하면 선고절차로 진행하고, ② 피고인이 범행을 부인하면 정식재판 절차로 진행된다.

9) 미국의 검찰제도(Ⅰ), 법무부, 1994, 261면.

구조를 가지고 있기 때문에 거의 모든 증거는 최종적으로 법정에 직접 제출해야 하며, 공판중심주의의 특성상 현출된 피의자의 자백이나 진술조서 등 서증이 Miranda 법칙이나 전문법칙(Hearsay Rule) 등에 의하여 거의 무용지물이 되므로 검사가 수사기관이 확보한 증거를 다시 조사하거나 조서를 작성하는 것은 거의 의미가 없게 되는 것이다.

(4) 공판단계(【표 6-1】 ㄹ)

ㄹ단계는 정식의 공판단계로 영미법계의 형사사법체계하에서는 배심재판과 당사자주의적 공판진행이 이루어지며, 대륙법계 형사사법체계하에서는 참심제도 또는 직업법관의 합의체하에서 법원이 주도하는 절차진행이 특징적이다.

(5) 검 토

대륙법계 체계와 영미법계 체계 중 어느 제도가 더 훌륭한 것인지는 각국의 역사적 배경과 경험, 문화에 기인하여 각각 형성된 것이므로 우열을 가리기 어려울 뿐만 아니라 무엇이 더 나은 제도인지를 판단하는 것도 의미가 없다. 왜냐하면 검사 및 사법경찰관이 제도적으로나 현실적으로 형사사건에 있어서 사실규명을 위한 '**조사자**'(피의자신문권 포함)로서 광범위한 수사권을 행사하고 있는 우리나라를 비롯한 대륙법계 제도를 논함에 있어서, 그러한 조사권한 자체를 가지지 못한 영미법계 검사와 경찰 간의 관계나 그 권한 및 실태의 단편적인 내용들을 근거로 하여 전개되는 주장은 각국의 제도와 수사개념에 대한 이해의 부족에서 비롯된 것이기 때문이다. 따라서 형사사법체계를 운영하는 기관인 법원·검찰·경찰의 구조가 너무나 다른 미국을 바라보고 미국식 형사사법체계, 특히 수사절차를 모델로 하여 수사절차만 그 방향으로 가자고 주장하는 것은, 영미법계 형사사법체계가 가지고 있는 권력기관의 분산적 체계와 이에 대한 시민의 직접 통제라는 견제체계 등을 보지 못한 채, 대륙법적 형사사법체계의 기반 하에 구성되어 있는 현재 우리나라의 기관 간 통제 및 견제체계를 오히려 왜곡시키거나 상실시킬 우려마저 있다.

더욱이 송치전의 경찰수사에 대하여 검찰관이 관여할 수 있는 아무런 법적 근거가 없는 일본에서도, 경찰수사에 검찰관의 관여가 사실상 경찰의 자발적 요청에 의하여 이루어지고 있다는 사실은 경찰수사에 검찰관여의 불가피함을 잘 보여주고 있는데, 그 관여의 방식이 '상담'인지 또는 '지휘'인지 하는 것은, 검사 의사의 경찰에 대한 법적 구속력 유무에 관한 문제에 불과하며, 수사는 소추를 목적으로 행하여지는 것이므로 경찰과 검찰의 의사가 대립되는 경우 소추관인 검찰의 의사가 우월하여야 한다는 것은 너무나도 당연한 논리적 귀결이다. 그렇지 않다면 일본에서 나타난 바와 같이 경찰과 검찰의 의사가 대립되는 경우 수사를 통일적으로 수행할 기준이 결여되는 문제가 생기고, 결국 경찰은 검찰의 의사와 배치되는 수사를 독자적으로 진행시키고, 송치받은 후 검찰은 자신의 의사에 따른 수사를 진행시켜 경찰의 수사를 무효화시키게 될 것인바, 이렇게 된다면 경찰의 수사는 무익한 노력의 소모이며 그 과정에서 국민은 불필요한 중복수사를 받게 되는 부담을 지게 될 것이기 때문이다. 다만 우리도 검사의 경찰에 대한 사법적 통제가 위 쿠니마츠 타카츠키의 글처럼 「나쁜 짓을 한 자에게 법의 제제를 받게 하기 위하여 수사가 효율적이면서도 적법절차에 따라 이루어지도록 하자는 검·경의 공동의 목적을 달성」하고자 하는 것이므로 적정한 사법통제의 주체·대상 및 방법에 대한 보다 심층적인 연구와 노력이 있어야 할 것이다.

결국 어떤 법체계를 받아들일 것인지 여부는 국민의 몫이라고 본다. 다만, 대륙법계에서는, 유죄판결을 받기에 충분한 혐의까지 공판전 단계에서 조사되는 법제도 하에서 그 전통의 골격을 유지한 채 단계별 주재자를 구분하여 공판전 수사절차는 이를 검사에게 맡기고 있는 것이고, 이에 따라 검사가 주재하는 수사절차에서는 판사가 유죄판결을 할 때의 확신에 가까운 정도의 고도의 혐의가 입증될 때까지 조사가 이루어지고(【표 6-1】ⓒ단계) 그 이후 공소제기를 통해 공판으로 넘어가게 되는 것임에 반해(【표 6-1】ⓔ단계), 영미법계에서는 경찰의 입건단계 수준에서부터 바로 치안판사 등 법원의 절차로 넘어가는 것으로 구성되어 있고 이에 따라 법원의 절차가 매우 일찍 시작되며(【표 6-1】ⓒ단계) 공판으로 넘어가는 단계의 혐의의 정도도 대륙법계에 비해 매우 낮은 수준인 것이다.

즉 【표 6-1】 ⓒ단계가 치안판사 법원이나 기소배심(대배심)절차와 같이 법원의 절차로서 당사자주의적으로 진행되는지, 아니면 검사나 수사판사에 의한 직권적 조사절차로 진행되는지 여부가 영미법계와 대륙법계 형사사법체계에 있어 큰 차이점이며, 영미법계에서는 이 단계가 '수사의 범위'에서 제외되어 있는 반면, 대륙법계에서는 이 단계가 수사의 범위 내에 있으며, 영미법계와 달리 대륙법계의 수사에 대하여 사법적 성격을 갖는다고 하는 것은 특히 이 부분 때문이라고 할 수 있다.[10]

이는 대륙법계와 영미법계의 유죄율을 비교해 보면, 잘 알 수 있다. 즉, 대륙법계 형사절차에서는 유죄율이 95% 내외인 반면, 영미법계 형사절차에서는 유죄율이 80% 정도를 유지하고 있다는 점이다(후술). 따라서 검사 및 사법경찰관이 제도적으로나 현실적으로 형사사건에 있어서 사실규명을 위한 '조사자'(피의자신문권 포함)로서 광범위한 수사권을 행사하고 있는 대륙법계 제도를 논함에 있어서, 그러한 조사권한 자체를 가지지 못한 영미법계 검사와 경찰 간의 관계나 그 권한 및 실태의 단편적인 내용들을 근거로 하여 전개되는 주장은 각국의 제도와 수사개념에 대한 이해의 부족에서 비롯된 것으로 보인다. 더욱이 우리나라의 수사기관은 세계에서 유래가 없을 정도로 저비용으로 운영되고 있는 반면, 무죄율은 【표 6-2】에서 보는 것처럼, 다른 국가들과 비교할 때 매우 낮은 편에 속하는 등 운영 면에 있어서 상당한 고효율을 보여주고 있다.[11] 이는 【표 6-3】

---

10) 이완규, 검찰제도와 검사의 지위, 성민기업, 2005, 16면.

의 제1심 형사공판사건 무죄율을 살펴보면 공판중심주의를 강조한 2006년 이래 상승세를 보이고 있으나(2016년 3.72% 기록), 전술(前述)한 영미법계 국가보다는 매우 낮은 무죄율을 보여주고 있음에도 불구하고 세계에서 유래가 없을 정도로 저비용으로 운용되고 있음을 잘 알수 있다. 즉, 인원과 예산면을 보더라도, 우리나라는 현재 검사 약 2,200명12)이 약 20,000명의 경찰(사법경찰; 수사경찰)을 지휘하여13) 연간 250만 명 이상의 피의자를 수사하고 있으며,14) 검찰의 1년 예산도 약 9천억 원에 이르고 있고,15) 3,200명 내외의 판사16)가 이를 처리하고 있다. 반면에 일본17)의 경우 검찰이 실제로 거의 수사를 하지 않고 공소관으로만 기능하고 있음에도 불구하고, 판사는 3,866명(2018년),18) 검사는 부검사를 포함하여 2,764명을 운용하고 있으며(2017년),19) 예산은 법원이 3조

---

11) 미국의 인구 10만 명당 수감자는 753명으로 한국 97명의 7.76배에 이름에도 불구(2008 – 2009)하고, 미국의 10만 명당 살인사건은 5.0건(한국 2.9건), 10만 명당 강도사건은 133건(한국 13건)으로, 살인은 한국의 1.7배, 강도는 10.2배를 기록(2010 – 2012)하고 있다(Nick Cowen/Nigel Williams, "Comparisons of Crime in OECD Countries", CIVITAS Institute for the Study of Civil Society, 2010 – 2012, 4–8면)고 한다(이민, "검찰개혁, 방향과 과제 토론문", 「검찰개혁 방향과 과제」, 국회의원 금태섭/백혜련/송기헌/조응천 국회 세미나 자료집, 금태섭 의원실, 2016. 7. 18., 77면).

12) 2019년 1월 1일 현재 전국 검사의 정원은 2,292명이다; 검사정원법 제1조(검사의 정원) 「검찰청법」 제36조 제1항에 따라 검사의 정원을 2,292명으로 한다.

13) 2016년도 기능별 경찰공무원 정원을 살펴보면, 수사경찰은 20,427명으로 전체 경찰인원(114,658명)의 17.8%를 차지하고 있다(경찰청, 2016년 경찰통계연보, 2017, 8면).

14) 2016년 검찰이 처리한 인원은 2,581,748명이다. 검찰처리인원의 추이를 살펴보면, 1997년에 2,110,436명이었던 검찰처리인원은 2008년에 2,736,064명, 2009년에 2,820,395명으로 크게 늘어났다가 2010년에 2,398,984명으로 줄어들어 현재까지 220만~250만선을 유지하고 있다(대검찰청, 2017 검찰연감, 2017, 786면).

15) 2016년도 검찰 일반회계 세출예산 총액은 9,116억 557만 원으로 법무부 일반회계 세출예산의 29.9%를 차지하고 있다(대검찰청, 2017 검찰연감, 2017, 751면). 2006년도 검찰 일반회계 세출예산 총액은 5,238억 2,685만 원으로 이 중 557억 7,439만 원이 수사활동에 사용되었다(2005년도 검찰 일반회계 세출예산 총액 4,924억 2,208만 원, 수사활동 561억 1,246만 원)(대검찰청, 2007 검찰연감, 2007, 492면; 대검찰청, 2006 검찰연감, 2006, 439면). 2007년 이후 일반회계 예산 세항별 내역이 검찰행정/검찰청운영/수사활동에서 인건비성경비/청운영기본경비/세부사업비로 바뀌어 현재 수사활동에 어느 정도의 예산이 소요되고 있는지 통계상으로는 알 수 없으나, 대략 예산의 10% 내외가 수사활동에 사용되고 있는 것으로 사료된다.

16) 2019년 1월 1일 현재 각급 법원의 판사정원은 3,214명이다.

17) 2012년 기준으로 일본 인구는 약 1억 2,700만 명이라고 한다(네이버 백과사전).

18) 최고재판소장과 최고재판소 판사 14인을 포함하여 고등재판소장 8인과 판사 2,085명, 판사보 952명, 간이재판소 판사 806명이 있다. 일본 재판소직원정원법(裁判所職員定員法) 제1조 참조(2018. 4. 18일 개정 및 시행).

원,[20] 검찰이 1조 원 정도[21]를 사용하고 있다.

【표 6-2】 우리나라의 제1심 선고사건 무죄율 추이(2009~2015년)[22]

	무죄인원	무죄율
2009	4,447	0.35
2010	5,268	0.47
2011	5,594	0.61
2012	5,935	0.57
2013	5,003	0.52
2014	5,264	0.56
2015	5,084	0.58

【표 6-3】 제1심 형사공판사건 무죄인원수 및 무죄율 누년비교표[23]

	판결인원수	무죄인원수	무죄율(%)
2006	192,772	2,314	1.20
2007	214,005	3,166	1.48
2008	237,234	4,025	1.70
2009	248,704	6,240	2.51
2010	241,105	21,229	8.80
2011	246,619	47,947	19.44

---

19) 일본 검찰청 홈페이지, http://www.kensatsu.go.jp/soshiki_kikou/shokuin.htm.

20) 일본 법원 홈페이지, http://www.courts.go.jp/about/yosan_kessan/yosan/index.html.

21) 일본 법무성 홈페이지, 해당년도 예산 중 검찰관계경비 참조, http://www.moj.go.jp/yosan_index.html.

22) 출처: 법무부, (2013년도 국정감사) 법제사법위원회 위원 요구자료 (Ⅲ), 2013, 199면; 법무부, (2016년도 국정감사) 법제사법위원회 위원 요구자료 (Ⅷ), 2016, 39-40면; 우리나라의 제1심 선고사건 무죄율은 무죄선고인원/제1심 선고인원(약식명령 포함)으로 확정 기준이 아니라 선고를 기준으로 산정한 것으로, 여기서 무죄선고인원은 검찰처분인원을 기준으로 하고 재심, 재정 신청사건에서 무죄가 내려진 경우는 제외한 것이다.

23) 출처: 법원행정처, 2017 사법연감, 2017, 693면; 2010년부터 무죄율이 급등한 데에는 2009년에 헌법재판소가 도로법 등의 양벌규정에 대해서 위헌결정을 내림으로써 재심청구사건이 급증한 것이 원인으로 작용했다.

2012	257,091	60,399	23.49
2013	230,691	32,543	14.11
2014	239,960	21,014	8.76
2015	230,559	11,858	5.14
2016	243,781	9,080	3.72

그런데 경찰에게 1차적 수사종결권을 준 개정형사소송법은 영미식 수사구조를 따른 것으로 보인다. 왜냐하면 영국의 경우 경찰은 자체적으로 범죄혐의가 인정되지 않는다고 판단하는 사안에 대해서는 검찰의 조언을 구하지 않고 불기소 결정을 내리는 것이 가능하므로, 경찰의 '독자적인 수사개시·진행권' 및 '독자적인 수사종결권'이 인정된다고 볼 수 있으며, 미국의 경우도 경찰이 직접 치안판사에게 사건을 송치한다는 점을 고려하면, 경찰의 '독자적인 수사개시·진행권' 및 '독자적인 수사종결권'이 인정된다고 볼 수 있기 때문이다. 그러나 영국도 일단 경찰이 charge결정을 내리면, 검찰의 통제를 받게 되며, 미국의 경우도 경찰에 대한 수사지휘권을 검사가 법률상 확보하고 있지 아니하므로 개개사건에 대하여 지휘권을 행사할 수 없다는 점을 고려하면, 검사와 경찰의 관계가 형식적으로 상호 협력관계로 볼 수 있지만, 경찰의 수사방향·증거수집·법률적용 등에 있어서 의견을 제시하고 체포영장, 압수·수색영장을 검사가 사전에 검토한 후 법원에 청구하는 등 실질적으로는 우리 검찰과 유사하게 경찰의 수사를 지도하고 있다고 볼 수 있다. 따라서 수사권 조정문제를 국가기관 간의 권한대립의 문제로 볼 것이 아니라 과연 검사의 사법경찰에 대한 사법적 통제가 국민의 인권보호에 기여하는가 또한 형사사법정의의 실현에 유익한 것인가라는 측면에서 논의하여야 하며, 특히 영미식 수사구조로 변경하고자 하는 경우 사법비용의 증가 및 무죄율의 상승 등에 대한 깊은 연구가 선행되어야 할 것이다.

문제는 체포시부터 24시간 내지 48시간 이내에 치안판사에게 보내는 영미식과 달리 우리나라의 경우 30일간의 구속기간(형사소송법 제202조, 제203조, 제205조)이 인정되고 있으며, 국가의 형벌권을 전제로 국가가 국법질서 확립을 위해 수사 및 재판을 통하여 진실을 규명하고 범인을 처벌한다는 대륙법계 국가의 이념과 철학을 바탕으로 하고 있다는 점이다. 이에 따라 우리 검찰제도의 모체가 된 독일의 경우 경찰기능에 대한 법치국가적 통제를 위하여 검찰제도가 탄생되었으며, 검사의 지휘에 대한 경찰의 복종의무를 규정한 것 역시 바로 이 법치국가적 이념을 형사절차의 전 과정을 통하여 관철하려는 목적에서 비롯된 것으로, 수사지휘와 무관한 사법경찰의 '독자적인 수사개시·진행권' 및 '독자적인 수사종결권'을 인정하지 않는 이유가 여기에 있다.

【표 6-4】 대륙법계 국가의 prosecute와 영미법계 국가의 Charge의 차이

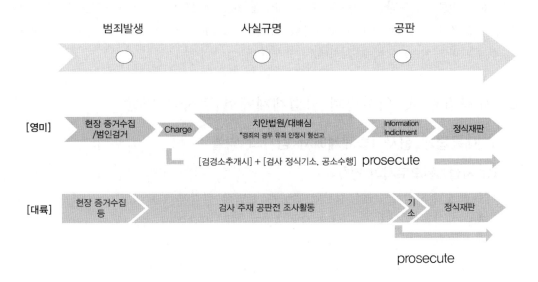

반면에 행정경찰과 수사경찰을 분리하지 않은 채 검찰이 (자체 수사인력을 가지고) 6
대 범죄에 대해 직접수사를 하도록 규정한 개정형사소송법 및 검찰청법은 대륙법계 사
법체계와 일치하지 않는 부분이다. 왜냐하면 검찰제도의 탄생배경이 법원 및 경찰에 대
한 법치국가적 통제를 위하여 만들어진 것인 만큼 검찰이 직접수사를 한다면 검찰의 존
재이유가 사라지기 때문이다. 영미와 달리 대륙법계 국가에서 검찰의 사법기관성(Organ
der Rechtspflege)을 인정하는 이유도 여기에 있다.24) 더욱이 이러한 법치국가적 통제를
위하여 프랑스의 경우 관할 고등검찰청의 고등검사장에 의한 사법경찰관 자격부여권·사
법경찰관의 자격취소/정지권·징계회부권·직무능력 평가제도 등이 법률상 규정되어 있
다. 반면에 개정형사소송법은 사법경찰관이 정당한 이유 없이 검사의 보완수사요구에 따
르지 않은 경우 검찰총장 또는 각급 검찰청검사장은 경찰청장을 비롯한 징계권자에게
직무배제 또는 징계를 요구할 수 있고, 징계에 관한 구체적 처리는 '공무원 징계령'(대통
령령) 등에서 정한 절차에 따른다는 것으로, 인사권자가 경찰청장인데 자기 식구인 경찰
에게 얼마나 효과적인 직무배제25) 내지 징계 등을 할 수 있을 것인지 의문이다.

---

24) 헌재결 1995.6.29, 93헌바45. 「검사는 행정기관이면서도 동시에 사법기관인 이중의 성격을 가진
기관이고, 오로지 진실과 법령에 따라 직무를 수행하여야 할 의무를 가지고 있는 준사법기관이
며, 검사는 판사와 동일한 자격을 갖춘 자로서 임명되고 공익의 대표자라는 지위에서 활동하므
로...」.

25) 현재도 검찰청법 제54조에 교체임용의 요구규정(① 서장이 아닌 경정 이하의 사법경찰관리가 직
무집행과 관련하여 부당한 행위를 하는 경우 지방검찰청 검사장은 해당 사건의 수사 중지를 명

결국 개정형사소송법은 영미법계 수사구조도 대륙법계 수사구조도 아닌 경찰과 검찰의 문제 있는 부분만을 억지로 짜깁기한 잘못된 개혁으로, 사실상 공안기관(경찰)이 큰 권력을 가지고 있는 중국의 형사사법모델(【표 1-41】 한국·일본·중국 검찰/경찰(공안기관) 수사권 비교 참조)과 비슷한 형태로 평가된다.

Ⅲ. 대륙법계 및 영미법계 사법체계에서 검사의 역할

1. 대륙법계 형사사법체계에서 검사의 역할

(1) 사법기관으로서의 검찰

대륙법계 형사법체계에서 검사의 활동은 사법적 성격을 띠고 있다. 그 이유는 검찰권은 본래 행정권의 일정으로 사법권과 구별되지만, 범죄수사, 공소의 제기와 유지, 재판의 집행 등을 내용으로 하고 있으므로 사법권과 밀접한 관련을 맺고 있다는 점에서, 수사절차 및 재판절차에서 '**사법적 중요성**'(Justizförmigkeit)이 매우 중요시되고 있기 때문이다. 이러한 검찰권의 사법적 속성 때문에 그 공정성을 담보하기 위해 검사의 자격요건에 법관과 같은 수준의 엄격한 요건을 필요로 하고, 그 신분도 일반 행정공무원에 비해 강력하게 보장하는 등의 조치를 취하고 있다.

가. 이탈리아

검찰을 행정부 소속이 아닌 사법기관으로 인정하는 입법례로는 이탈리아를 들 수 있는데, 이탈리아는 이미 1908년 사법부를 국가권력으로부터 독립시키기 위해 최고사법회의(Consiglio Superiore della Maistratura)를 설립했다.[26] 이후, 파시스트 정권이 끝난 1948년 헌법개정을 통하여 검찰을 최고사법의회 아래 두어 법원(Corte Suprema di Cassazione인 대법원은 순수 재판업무만 담당)과 병존시킴으로써 검찰의 독립성을 보장하고 있다. 물론 과거 이탈리아 검찰도 중앙집권적 검찰로 행정부에 완전히 소속된 상명하복 구조로 출발하였다.

그러나 2차대전 당시 파시스트 정권 때 검찰이 정권의 도구로 이용되는 역사적 경험을 거치면서, 1946년 사법권 보장에 관한 법률로 법무부장관의 검찰 지휘권을 폐지하고 감독권으로 대체한 것이다. 즉, 1948년 헌법 제107조 제4항에 "검사는 사법조직법이 정하는 바에 따른 보장을 받는다"라고 규정하면서부터 검사가 사법부에 소속되면서 판

하고, 임용권자에게 그 사법경찰관리의 교체임용을 요구할 수 있다. ② 제1항의 요구를 받은 임용권자는 정당한 사유가 없으면 교체임용을 하여야 한다)이 있지만, 거의 행사된 적이 없다고 한다.

26) 이에 관해서는 Antoinette Perrodet, "The public prosecutor", European Criminal Procedures (Mireille Delmas–Marty and J.R.Spencer(Ed), Cambridge university press, 2002, pp.429.

사와 완전히 동등한 지위를 가지게 된 것이다. 정부(법무부)로부터 독립된 이탈리아 검찰은 1992년부터 시작된 마니폴리테(깨끗한 손) 바람을 일으켜 정권의 비리를 파헤친 결과, 당시 기민당 기사당 연립정권을 붕괴시켰으며, 2010년에는 현직 총리 베를루스코니 총리를 기소하기도 했다.[27]

나. 프랑스

프랑스는 검사인사의 독립성과 객관성을 보장하기 위하여 헌법기관으로 최고사법평의회(Conseil supérieur de la Magistrature)가 설치되어 있으며, 2013년 7월 25일 법률로 법무부장관의 구체적 사건에 관한 검찰지휘권을 폐지하였다(형사소송법 제30조 개정). 아울러 2016년 6월 프랑스가 형사소송법 제39-3조를 신설하여, 검사에게 사법경찰의 수사를 통제할 핵심적인 역할을 확인하고, 검사의 객관의무를 확인한 이유도 여기에 있다.

다. 독 일

전술(前述)한 것처럼, 독일 역시 법관에 대한 자격, 임명, 직무외 법률업무취급의 금지, 징계 등의 규정은 검사에게도 준용됨을 정하고 있다(DRiG 제122조). 물론 '검사를 법관법에 포함시켜야 하는가' 하는 문제와 관련하여 독일법관법 초안이 발표되었을 당시에는 여러 가지 상반된 견해들이 존재하였다. 즉, 검사는 비록 헌법에서 보장하는 신분보장이나 사법권의 독립과 같은 보장은 받지 못하고 있지만, 수사의 주재자로서 또는 공소관으로서의 활동을 포함한 검찰사무의 집행을 통하여 독자적으로 법을 실현하고 구체화하는 점에서 정의실현을 목적으로 삼는 사법사무의 범주를 벗어날 수 있는지 문제되었다. 이에 검사는 법의 수호자라는 공익적 지위에서 피의자·피고인의 정당한 이익을 옹호해야 하며, 이를 통하여 실질적 변호를 해야 할 의무가 있다는 점, 수사종결에 즈음하여 기소여부에 관하여 법관에 앞서 법관과 유사한 성격의 사법적 판단을 내려야 한다는 점 그리고 법원에 대하여 법령의 정당한 적용을 청구할 수 있는 권한을 갖는다는 점에서 검찰도 '법원과 동등한 지위를 갖는 사법의 기관', 즉 독자적인 사법기관(selbständiges

---

27) 판사와 검사의 임명과 인사이동은 모두 최고사법회의 관할이다. 판사가 검사가 되기도 하고 검사가 판사가 되기도 한다. 최고사법회의는 위원 33명으로 구성된다. 그중 3분의 2는 다양한 심급에 속한 모든 평법관들에 의해 선출되고, 3분의 1은 15년 이상의 경력을 가진 법학교수와 변호사 중에서 국회의 상하원 합동회의에서 선출된다. 위원회는 국회에서 선출된 위원 중에 위원회의 부의장을 선임한다. 선출직 위원의 임기는 4년이고, 연임할 수 없다. 위원(33인) 중 3인은 대법원장, 검찰총장, 그리고 대통령(의장이 된다)이다(이상 헌법 제104조). 이탈리아 검찰은 제도적으로 외부(정부)로부터 독립되어 있을 뿐 아니라 내부적으로도 독립적 단위로 움직인다. 즉 159개 지방검찰 당국도 자율성을 가지고 있기 때문에 검사동일체의 원칙이 적용되지 않는다. 전국적 수사를 할 수 있는 조직은 마피아수사국(DNA) 정도이다.

Organ der Rechtspflege)의 일종으로 보는 것이 독일연방대법원[28] 및 독일의 통설적인 견해[29]이다. 물론 연방대법원은 어떤 근거에 의해 이러한 견해를 취하였는지, 그리고 이런 견해가 구체적으로 어떠한 효과를 가지는지에 대해서는 언급하지 않았다.

이러한 '검사의 객관성'이라는 표상의 법적 기초는 독일 법원조직법과 형사소송법에 정착되어 있다. 즉, 독일 법원조직법(GVG) 제150조가 "검찰은 공적 직무수행에 있어서 법원으로부터 독립되어 있다"고 규정하고 있고, 독일 형사소송법(StPO) 제160조 제2항은 검사에게 피의자에 대한 유리한 사항과 불리한 사항을 동등하게 수사하여야 할 의무를 부과하고 있다는 점에서 동 규정으로부터 객관성에 대한 실질적 의무가 도출된다. 이처럼 검사는 객관적으로 정의와 진실이라는 법가치실현에 봉사해야 할 임무를 맡고 있으므로 피의자·피고인에게 불리한 사정만 조사할 것이 아니라 그에게 이익이 되는 사정도 조사해야 한다. 또한 피고인에게 유리한 증거신청이나 공판심리 도중이라도 피고인의 무죄가 확실히 번복되기 어려운 객관적인 사정이 발견된다면 그의 무죄를 위한 변론도 행하여야 하며, 피고인의 이익을 위한 상소제기와 재심의 청구도 해야 한다. 이러한 의미에서 검사는 객관적 지위에 있으며, 검사의 이러한 지위를 **'객관의무'**라고도 부른다.

이와 관련하여, '사법기관'으로서의 속성을 갖기 위해서는 ① 행정부로부터 독립성, ② 상급자로부터 자율성, ③ 사건관계자로부터 중립성이 보장되어야 하는데, 우리나라 검찰은 ① 행정부 소속, ② 상급자 지휘·감독, ③ 피의자·피고인과 대립하는 당사자로, 어떤 점에서도 객관적인 제3자가 볼 수 없어 검사를 준사법기관으로 볼 수 없다는 견해도 있다.[30] 그리고 입법례로 유럽 인권재판소가 유럽인권협약 제5조 제3항에 규정된 사법관이 되려면, 행정부와 소추당사자에 대하여 독립성을 가져야 하며, 검사는 행정부에 대하여 특히 독립성이 결여되어 사법기관이 아니라고 판시한 바 있으며,[31] 독일 연방헌법재판소도 2001년 검사의 긴급수색행위는 반드시 법원의 심사를 받아야 한다고 결정하면서, 그 근거로 검사의 행위는 결코 사법행위가 될 수 없으며, 검찰은 행정기관에 속한다고 명시했다[32]는 점을 들고 있다.

물론 독일검찰이 일반적인 공무원법상의 사건적합의무 하에 있는 위계적 구조의 관청이라는 점과 검찰은 다른 관청들과 비교할 때 법무부장관에 대하여 더 큰 독립성을

---

28) BGHSt 24, 171.
29) Roxin/Schünemann, Strafverfahrensrecht, 28. Aufl., § 9 Rn. 10.
30) 서보학, '정부 수사권 조정 합의문'의 함의와 바람직한 개선 방안, 검·경 수사권 조정에 관한 공청회(2018. 11. 14.), 국회 사법개혁특별위원회, 29면.
31) CEDH, 10 juillet 2008, Medvedyev. c. France.
32) NJW 2001, S.1121.

갖는 관청의 장, 즉 검찰총장을 가지고 있지만, 그럼에도 불구하고 형식적으로든 내용적
으로든 판사적인 독립성에 가까이 이르지는 못하고 있다.[33] 특히 법관은 형법상의 법왜
곡죄 규정에 의해 일반적인 특권을 누리고 있는데, 그 규정은 법관의 잘못된 행위가 극
단적인 사례에 이르는 경우에만 책임을 규정하고 그와 동시에 그 이외의 모든 잘못에
대해서는 민사적으로든 형사적으로든 그 책임을 지지 않는 것으로 하고 있는 반면, 검
사들은 이러한 민사적 책임이 인정되는 한 단지 "보통의" 공무원과 같이 취급되는 것이
다.[34] 이에 따라 독일 연방대법원 판례도 수사절차에서 불기소처분을 지체한 경우,[35]
범죄혐의가 흠결되었음에도 구속영장을 청구한 경우,[36] 의무에 위반한 공소제기[37]에 검
사의 민사법적인 손해배상책임을 긍정한 바 있다.

다만, 검찰이 담당하는 사건들 중의 많은 부분에 있어 검사가 고유의 권한으로 종
국적으로 처리한다는 점을 고려할 필요가 있다. 이는 형사소송법(StPO) 제170조 제2항에
의해 범죄혐의의 불충분으로 인한 불기소의 경우에만 한정된 것이 아니라, 오히려 검찰
은 기소편의주의적 관점에서 부여된 권한 범위 내에서, 기소함에 충분한 혐의가 있는
사건들의 거의 절반을 비공식적으로, 즉 기소하지 않거나 공판 종료에 따르는 판결의
효력을 받지 않으면서 처리한다(【표 2-9】독일의 기소유예 처분현황 참조)는 점이다. 물론
이러한 결정이 진정한 의미에서의 기판력은 가지고 있지 않지만, 그럼에도 불구하고 절
차를 사실상 종결하게 된다는 점에서 법원의 판결과 유사하다. 이러한 점에서 검사의
준판사적 활동이 있는 것이며, 이는 검사의 업무 성질을 판단함에 있어서 간과해서는
안 될 사항이라고 할 것이다.

독일 헌법재판소도 일찍부터 검찰의 법률기속성을 강조하고 행정기관으로서 검찰의
지위를 보다 중요시한 것은 사실이지만, 검찰이 형사재판에서 갖는 사법기관으로서의 속
성을 전면 배제한 것은 아니다. 즉, 수사절차와 형사재판 등 법원과의 사법공동작용에서
검찰권의 특수성을 인식하고 있으며,[38] 검찰의 주된 임무가 바로 형사소추와 형사절차
에 기여하는데 있다는 점을 주목하고 있다.

독일에 검찰제도가 도입된지 약 120년 지난 1968년, 독일 법률신문에 실린 독일법

---

33) 독일의 경우 통상적으로 임관 자격을 갖춘 사람이 먼저 검사로서 사법직무를 행하며, 몇 년간
   근무를 한 후 비로소 법관직을 선택할 수 있는 선택권이 주어진다.
34) 독일의 공무원법에 의하면 공무원은 잘못을 한 경우에 고의가 있거나 중대한 과실이 있는 경우
   에만 개인적인 책임을 지고, 그 이외의 경우는 기본법 제34조, 민법 제839조에 의하여 국가가
   그를 대신하여 책임을 진다.
35) BGH NJW 1989, 96.
36) BGH NJW 1998, 751; StV 2004, 330.
37) BGH 2000, 2672.
38) BVerfGE 9, 223, 338.

관 연합 소관위원회의 이름으로 '제3의 권력(사법부)에서의 검사'라는 제목의 글이 실렸는데,[39] 그 글 초입을 옮겨보면 다음과 같다.[40]

독일 검찰은 3월 혁명에 이르기까지의 개혁과 1848년 3월 혁명에서 표현된 민주주의와 자유주의의 사상이 낳은 자식이다. 검찰의 탄생은 규문주의절차의 종말을 뜻하며, 법관이 수사와 심판을 모두 하던 낡고 흠결 가득한 절차를 마감하는 것이었다. 형사절차는 비밀리에 이루어지고 참심(Laienrichter)이 전혀 개입할 수 없었기에 그 해악은 더욱 커졌고, 독일 국민들은 항소심을 순전히 참심만으로 이루어진 절차로 도입하자는 극단적 주장에 이르렀다. 양면을 가진 법관의 이원주의가 검찰의 창설로 인해 제거되고, 사건을 밝히는 수사활동은 배타적으로 검찰이라는 사법(법무)기관(Justizbehörde)에게 옮겨간 것이다. 독일 검찰의 모범은 프랑스 검사제도였고, 프랑스 사법체계 내에서 검찰의 역할은 그 예를 찾기 어려울 정도로 강력한 지위로 표현된다. 나폴레옹 지배기를 거치면서 독일 라인 왼편의 프로이센, 바이에른, 헤센에서부터 도입되기 시작한 검찰제도는 독일 전역으로 확대되게 된다.

독일 검찰이 사전절차(Vorverfahren)에서 법관의 역할을 하게 되었다는 것으로 지금까지 법관의 과제가 행정의 과제로 변경되지는 않았다. 만약 그런 의미였다면, 수사활동은 검사가 아니라 경찰에게 넘겨졌을 것이다. 만약 그렇게 되었다면 사법영역에 경찰국가적 요소들을 도입하는 것이 되었을 것이고, 그것은 가장 강력한 반발에 부딪혔을 것이다. 경찰국가에서 탈피하여 법치국가로 가자는 것이 해결책이었고, 이러한 관점에서 모든 오해를 피하기 위해 검찰은 내무부도 경찰부도 아닌 사법(법무)부장관(Justizministerium)하에 설치되었던 것이다. 전체적인 형사영역(Kriminalbereich)에서 경찰국가적 사고를 법치국가적 방법들로 극복하는데 기여하는 법적 해결책이 바로 검찰제도의 도입이었던 것이다.

검사는 행정의 일부가 아니라 사법기구로 구성되었고, 분할되지 않은 사법의 새로운 일원이 되었고, 그 사법에 통합된 것이다. 1959년 3월 19일 독일연방헌법재판소는 '검사는 사법의 일부이며, 법원과 검찰이 함께 사법을 지키는 과제를 충족하는 것이 바로 법치국가의 가장 본질적인 요소의 하나'임을 확인했다.

공판을 개시·진행하기 위해서는 검사의 공소제기가 있어야 하고, 절차의 진행을 위해서는 공판정에 검사가 참여해야 한다는 것은 검사가 사법기관임을 다시 확인해 주는 것이고, 검사에게 피고인에게 유리한 증거를 수집하고, 피고인에게 유리한 상소를 제기할 수 있도록 하는 등 객관의무와 권한을 부여한 것도 사법기구로서의 검사의 위상을 확인해 주는 것이다.

---

39) Die Kommission für die Angelegenheiten der Staatsanwälte im Deutschen Richterbund, "Der Staatsanwalt in der Dritten Gewalt", Deutsche Richterzeitung, 1968, S. 357.

40) 김성룡, "헌법상 영장청구권 검사전속 규정의 현대적 의미와 검찰개혁을 위한 올바른 개헌방향", 형사법연구 제29권 제4호(2017 겨울·통권 제73호), 한국형사법학회, 74-75면.

생각건대 검사는 국가의 형사사법기관으로서 범죄수사(수사기관)와 형사소추(소추기관)라고 하는 법의 요구를 객관적으로 정당하게 수행할 임무는 있지만, 민사소송의 대립당사자처럼 자기의 주관적 이익이나 목적을 추구하는 것이 아니다. 형사소송절차에서 범인과 공소사실이 특정되어 있지만, 그것은 어디까지나 단지 소송의 대상(Prozeßgegenstand)에 불과할 뿐 계쟁물(Streitsache)이 아니다. 형사소송에는 민사소송에서와 같은 계정물이 없으며, 계쟁물을 둘러싼 대립당사자도 없다. 더욱이 형사소송은 이미 무죄추정이라는 전제에서 출발하고 있기 때문에 입증책임도 검사가 부담한다. 이 점 때문에 독일의 통설은 검사가 소송주체(Prozeßsubjekt)이지만, 소송당사자(Prozeßpartei)는 아니라는데, 의견이 일치하고 있다. 더욱이 독일 형사소송법상 강제수사 및 강제처분은 피의자 개인의 자유제한과 인권침해적 요소가 크기 때문에 그 절차과정을 법률로 정하여 놓았을 뿐만 아니라, 그 절차의 중요한 부분은 법관 또는 검사의 법률적 판단을 거치도록 되어 있다. 특히 강제처분에서 법관의 명령을 기다릴 여유가 없는 긴급한 상황 하에서는 검사가 우선 그것을 대신할 수 있다는 규정이 산재되어 있다.

반면에 우리나라의 경우 당사자주의적 소송구조를 기본으로 하고 있으므로 검사와 피고인은 소송당사자라고 하는 견해가 우세하지만, 피고인과 검사가 소송당사자인가라는 문제는 사실상 소송구조 여하에 좌우되는 것이 아니다. 직권주의 또는 당사자주의는 소송주체간의 소송상의 역할분배에 관한 원칙일 뿐이기 때문이다. 왜냐하면 당사자주의를 기본적 구조로 삼는다고 할 때, 그것은 한 소송절차 내에서 소송상 역할이 법관보다 주로 검사와 피고인의 양 소송주체에게 부여되어 있다는 의미를 내포할 뿐 민사소송처럼 검사와 피고인이 계쟁물을 둘러싼 진정한 의미에서의 대립당사자(kontradiktorische Partei)가 된다는 의미는 아니기 때문이다. 특히 우리나라에서 검사를 '준사법기관'(Quasi-Richter)이라고 칭하고 있는 이유는 검찰권이 그 공정성이라는 측면에서 사법권에 준하는 성격을 갖고 있지만, 검사동일체의 원칙에 따른 직무이전권(Substitutionsrecht)과 직무승계권(Devolutionsrecht)이 주어져 있을 뿐만 아니라 헌법상 법관과 같은 신분보장을 결하고 있어 법관의 신분상 독립성과 다른 제도적 특징을 갖고 있기 때문이다.

결국 사법적 요식성이 중요시되는 수사절차에서 준사법기관으로서 검찰의 역할이 강조되는 것은 검사의 법률가신분성에 대한 시민적인 신뢰와 이를 뒷받침하는 법문화적인 배경이 깔려있기 때문이다. 특히 예심판사가 중죄사건을 수사하던 구조가 1974년 형사소송법 개정때 폐지되면서, 중죄사건 수사담당자였던 예심판사의 역할은 대부분 검찰의 몫이 되었다. 따라서 우리나라의 검찰행태에 대한 비판은 별론으로 하고, 우리나라 검찰도 법의 적정한 운용과 실현에 관여한다는 점에서 사법기관이며, 공익대표자로서의 지위, 인권옹호기관으로서의 지위 그리고 법령의 정당한 적용을 청구하는 청구권자의 지위를 갖는다는 종래의 단편적 성격규정들은 '사법기관'이라는 포괄적인 용어의 구체적인

내용으로 보아야 할 것이다.[41]

물론 여기서 말하는 사법기관이란 재판권의 담당기관인 사법부의 일부라는 의미가 아니다. 원래 사법(Rechtspflege)은 법질서에서 정의와 법적 안정성 그리고 인간존엄성의 보장요구를 진실발견의 절차를 통해 실현하는 영역이며, 이런 의미의 사법영역, 특히 형사사법에서 활동하는 기관으로는 법원은 물론 검찰과 변호인도 포함되는 것이다. 그런데 경찰이 수사를 많이 한다는 이유 내지 사실상 경찰의 수사를 검사가 대부분 그대로 인용한다는 것을 이유로, 이제는 헌법과 법률의 형사정책적 규범을 존재하는 사실에 맞추자고 주장하는 것은 무엇보다 **'형사절차의 사법성'**(Justizformigkeit)을 의문시하는 위험한 발상인 것이다.[42] 즉, 사실을 규범에 맞추어야 할 일이지, 규범을 사실에 맞춘다는 것은 '현실은 모든 것을 결정한다'라는 위험하고 무책임한 발상이 아닐 수 없는 것이다.

(2) 수사주재자로서의 역할

독일 형사소송법(StPO)은 '수사(Ermittlung)'에 관한 정의규정을 두고 있지 않다. 다만, 수사에 관한 의무규정인 제160조(사실관계의 규명 의무)를 제2편(1심절차) 제2장 제1절 '공소'에 이어, 제2절 '공소의 준비(Vorbereitung der öffentlichen Klage)'에서 다룸으로써, 수사절차가 합목적적으로 지향하는 바를 명시하고 있다. 이에 따르면, 수사란 검사의 공소권 행사여부를 판단하는 기초자료로서의 사실규명 행위이며, 범죄가 되는 사실, 이를 부인하는 사실 및 그에 대한 증거 등을 조사하여 범죄혐의를 확인하는 활동이라고 할 수 있다.[43] 왜냐하면 수사의 개시단서로서는 신고와 형사소고(StPO §158 Strafanzeige; Strafantrag)) 이외에 인지 등이 있지만, 그러한 단서와 직면하여 실체적 진실을 탐지하고 정의이념에 입각하여 형사소추를 해야 할 것인지 아니면 공판절차를 피하여 절차중지(우리나라의 불기소처분에 해당)[44]로써 매듭지어야 할 것인지를 판단하려면,

---

41) 이에 대하여 "한국의 검사는 수사기관이고 기소기관이므로 피의자를 위한 수사활동은 기대할 수 없으며, 그럼에도 준사법기관론으로 검사에게 법관과 유사한 지위를 주어 인권침해 행위에 면죄부를 부여, 나아가 수사기관 사이에서는 상하의 차이가 없는 것이 원칙인데도 경찰에 대한 통제의 기반이 되고 있다"면서, "검찰의 준사법기관론은 하나의 신화에 불과하다"는 견해도 있다 (문재인, 김인회의 검찰을 생각한다, 오월의 봄(2011) 참조).

42) Roxin/Schünemann, Strafverfahrensrecht, 29 Auf., 2017, § 9 Rn. 21.

43) 차종진·이경렬, "1970년대 독일의 수사권 조정 논의와 시사점", 형사법의 신동향 통권 제60호 (2018. 9.), 대검찰청 미래기획단, 47면.

44) 독일 형사소송법(StPO) 제170조 기소 여부에 관한 판단(Entscheidung über eine Anklageerhebung)
  (1) 수사 결과 공소제기를 위한 충분한 근거가 밝혀지면, 검찰은 관할법원에 기소장을 제출함으로써 공소를 제기한다.
  (2) 그렇지 않은 경우에 검찰은 절차를 중지한다. 피범행혐의자가 피범행혐의자로서 신문을 받

먼저 혐의점에 대한 진실여부를 탐지해야 하기 때문이다. 만약 혐의점에 대한 충분한 근거가 확인되면, 검사는 증거자료를 모으고, 조서를 작성하고, 공소장을 만들어 법원에 공소를 제기해야 한다.

독일 형사소송법은 이러한 수사절차를 검사의 임무로 규정하고(제160조 제2항, 제3항), 이 절차과정에서 다른 수사기관들을 지시·감독하게 하여(제161조, 제163조), 수사절차에 대한 검찰의 지배(Herrschaft)를 확립하였다(제163조, 제167조). 물론 검찰은 충분한 수사인력과 장비를 갖추고 있지 못하므로 독일 형사소송법은 검찰의 이러한 부족을 채우기 위해 우선 경찰청과 경찰공무원들이 검찰의 범죄수사를 지원하도록 의무지우고 있는데, 동법 제161조 제1항 제1문은 제160조 제1항에서 제3항까지에 규정된 목적을 실현하기 위해 검찰은 원칙적으로 모든 관청에 자료를 요구할 수 있고, 모든 종류의 수사를 스스로 실행하거나 경찰관청과 경찰공무원을 통해 수사를 수행하게 할 수 있다는 일반적인 수사권 규정을 마련한 것이다. 이 문언이 법적인 수권의 토대로서 2000. 8. 2.자 발효된 독일 형사소송법 개정조항이다.[45] 이러한 수사절차는 검사가 절차를 중지할 것인지 아니면 공소를 제기할 것인지 스스로 조정할 수 있을 만큼 사안이 밝혀지면 종료된다. 수사종결권은 검찰만이 갖기 때문이다(제170조). 다만 독일 형사소송법은 기소법정주의를 채택하고 있기 때문에 절차중지사유가 없는 한 원칙적으로 기소해야 한다. 따라서 절차중지사유는 기소법정주의 하에서 그것을 완화하기 위한 기소편의주의적 착상이라고 할 수 있다.

(3) 소송주체로서의 지위

사법기관인 검사는 객관적으로 진실과 정의라는 법가치 실현에 종사할 의무를 맡고 있으므로 피의자·피고인에게 불리한 사정만 조사할 것이 아니라 그에게 이익이 되는 사정도 조사하여 그 혐의점의 진위를 밝혀야 한다. 따라서 피고인의 이익을 위한 상소제기와 재심의 청구도 해야 한다.

(4) 재판의 집행기관으로서의 지위

형집행에 관하여 '법원주의'를 따르는 영미법계 국가와 달리 대륙법계 국가는 '검사주의'를 취하고 있다. 예컨대 독일 형사소송법(StPO) 제7편 제1장(형 집행; Strafvoll-streckung) 제457조 제1항은 검찰이 수사과정에서 모든 공권력과 경찰력의 도움을 받을 수 있도록 규정하고 있는 제161조를 검찰의 형집행장의 집행에 준용하는 규정을 두고

있거나 그에 대한 구속명령이 발령된 경우에 검찰은 피범행혐의자에게 절차 중지 사실을 알려준다; 이는 피범행혐의자가 통지를 요청했거나 그 고지에 특별한 이익이 있음이 명백한 경우에도 마찬가지다.

45) pfeiffer, StPO Kommentar. 2005, §161 Rn.1.

있으며,[46] 프랑스 형사소송법(CPP) 제5권 제1편(형사판결의 집행) 제1장 제708조 제1항은 "판결이 확정된 때 검사의 청구에 따라 선고된 형을 집행한다"고 하면서, 제709조에서 "검사 및 고등검사장은 형의 집행을 확보하기 위하여 경찰력의 도움을 직접 청구할 수 있다."고 명시하고 있다.

우리나라 형사소송법 역시 제460조 제1항에서 재판의 성질상 법원 또는 법관이 그 집행을 지휘해야 하는 경우를 제외하고는 형사재판을 한 법원에 대응한 검찰청의 검사가 재판의 집행을 지휘하도록 규정하고 있다.[47] 이는 형집행에 관한 검찰의 포괄적인 집행관할권을 규정하고 있는 것으로, 그 의미는 우리 형사사법제도가 대륙법계의 법치국가적 전통에 따라 검찰(검사주의)을 형집행기관으로 규정하고 있다는 점이다.

2. 영미법계 형사사법체계에서 검사의 역할

(1) 행정기관으로서의 검찰

영미법계 국가 중 미국의 경우는 삼권분립에 따라 법원만 별도로 분리되어 있을 뿐 연방검사 모두가 연방법무부 소속이며, 별도의 외청 조직이 아니다. 따라서 연방의 법무부가 우리나라의 법무부와 대검찰청의 역할을 담당하며(연방 법무부장관이 동시에 검찰총장임), 대검찰청과 고등검찰청을 따로 두고 있지 않다. 더욱이 미국 검사들은 자신의 경력을 발판으로 다른 정치적 자리로의 상승, 좋은 조건의 변호사로의 변신을 시도하는 경향이 강하여 직업자체에 대한 평생복직의 관념이 희박하고 검찰의 수장이 대개 선거에 의하여 임명되어 지역주민의 여론에 민감한 만큼 자신의 경력관리를 위하여 불합리하게 사건을 기소하고 처리하는 경향도 부인할 수 없다. 즉 행정공무원에 불과한 검사들은 연방이냐 지방이냐를 불문하고 자신의 직책을 더 나은 자리로의 변화를 위한 중간

---

46) 독일 형사소송법 제457조(조사행위; 구인명령, 집행구속명령)

　(1) 제161조를 이 장에 규정된 목적에 맞도록 준용한다.

　(2) 유죄판결 받은 사람이 형의 개시를 위한 출석요구에 불응했거나 도망할 염려가 있는 경우에 집행관청은 자유형의 집행을 위하여 구인명령 또는 구속명령을 발령할 수 있다. 수형자가 도주하거나 그 밖의 방법으로 집행을 면탈하는 경우에도 집행관청은 구인명령 또는 구속명령을 발령할 수 있다.

　(3) 그 밖에 제2항에 해당하는 경우에, 유죄판결 받은 사람을 체포하기 위하여 조치가 정해지고 그것이 적합한 한, 집행관청은 형사소추관청과 동일한 권한을 가진다. 비례성의 심사에서는 앞으로 집행할 자유형의 기간을 특히 고려해야 한다. 필요한 재판은 제1심법원이 한다.

47) 제460조(집행지휘) ① 재판의 집행은 그 재판을 한 법원에 대응한 검찰청검사가 지휘한다. 단, 재판의 성질상 법원 또는 법관이 지휘할 경우에는 예외로 한다.

　② 상소의 재판 또는 상소의 취하로 인하여 하급법원의 재판을 집행할 경우에는 상소법원에 대응한 검찰청검사가 지휘한다. 단, 소송기록이 하급법원 또는 그 법원에 대응한 검찰청에 있는 때에는 그 검찰청검사가 지휘한다.

과정(stepping stone)으로 여기므로 정의를 수호하는 것보다 선거에 내세우기 위한 유죄
평결실적이 중요하며, 따라서 일반인의, 구체적으로는 선거인의 요구에 부응하는데 초점
을 맞추는 것이다.[48]

한편, 미국의 검사들은 형사사건 뿐만 아니라 연방이나 주정부가 관계된 민사사건·
행정사건 등에서 정부를 대리하고 법률문제에 대하여 자문을 하는 등 여러 가지 업무를
취급하고 있다. 즉, 연방검찰은 연방 우체국화물과 관련하여 발생한 다수의 소송을 직접
수행하고 있고,[49] 주검찰의 경우 주민들을 위한 집단소송이나 소비자보호를 위한 민사
소송의 청구, 주민들에 대한 24시간 전화상담 등 주민을 위한 법률서비스를 제공하고
있을 뿐만 아니라, 민사벌제도가 구비되어 있는 주에서는 검사들이 민사벌로 처벌하기
위한 제소절차를 담당하는 등 다양한 업무를 처리하고 있으며, 심지어는 노선조정의 공
평성과 합법성을 보장하기 위하여 시의 버스노선 조정문제에도 관여하는 등 국가의 종
합법률서비스기관이라고 할 수 있다.[50] 이는 영미법계에서 치안(행정경찰)과 사법(사법경
찰)의 구분이 없는 이유에 기인하는 것으로 보인다.

반면에 우리나라 검찰은 검찰청법 제4조 제1항에 규정되어 있듯이, 형사사건의 처
리에 업무가 집중되어 있으며, 현실적으로도 검사의 대부분은 형사사건의 처리에 투입되
고 있다.

(2) 소송당사자로서의 지위

전술(前述)한 것처럼, 영미법계 형사사법체계는 당사자주의 내지 대립적 구조(adversary
system)에 바탕을 두고 있다. 즉, 검사와 피고인이 서로 대립하는 당사자로서 최선을 다
하여 각자의 주장과 입증을 하고 중립적인 법관이나 배심원이 그 주장의 당부를 판단하
는 구조를 취하고 있다. 이러한 구조에서 검사는 정부의 이익을 위하여 또는 일반대중
의 이익을 대변하는 당사자로 이해되며, 역으로 이러한 노력을 다하지 않은 검사는 자
신의 책임을 다하지 않은 것으로 비판될 수 있다. 특히, 미국의 검사는 사회방위를 위한
공격자의 모습을 띄게 되며, 이것이 업무수행에 가장 철저한 검사의 모습이라고 할 수
있다.[51] 자신의 임무에 충실한 검사는 범죄를 증오하고 사회방위를 위해 공격적으로 혐

---

48) joseph F. Lawless, *Prosecutorial Misconduct*, Law, Procedure, Forms, Kluwer Academic
   Publishers, 1985, p.6.
49) 미국의 검찰제도 2, 32면.
50) 표성수, 미국의 검찰과 한국의 검찰, 육법사 54면.
51) 이론상으로는 검사가 죄없는 사람을 방면하고 죄있는 사람을 처벌하는 수호자로 되어 있으나,
   당사자적 대립구조는 이러한 원칙을 왜곡시켰으며, 이러한 구조의 경쟁적이고 투쟁적인 본질이
   검사를 정의의 챔피언이 아니라 승리를 추구하는 사람으로 바꾸어 놓았다는 비판이 있다
   (joseph F. Lawless, op.cit., p.17).

의자의 범행을 추구하여 기소할 뿐만 아니라 공판에서도 조금의 양보 없이 피고인의 유죄평결을 위하여 최선을 다하게 되며,[52] 이는 미국 형사사법구조상 당연하다.[53] 따라서 재판에서 이기는 것이 어렵다고 판단하면 자유롭게 철회(drop) 내지 공소기각(dismissal)이 가능하며, 결정의 이유를 당사자에게 고지하지 않을 뿐만 아니라 결정과정에 있어서도 사전·사후의 감독절차가 결여되어 있는 경우가 많다. 실무상 기소시 증거에 관한 상당한 이유(probable cause)만의 요구는 형사사법의 구조와 함께 검사의 기능에 대한 이러한 인식이 바탕을 이루고 있다고 보아야 한다.

수사 역시 공무원의 독직, 조직범죄, 환경범죄 등을 제외하고는 대체적으로 형사범죄를 직접 인지, 수사하지 아니하고 경찰 등 수사기관이 송치한 사건에 대하여 기소여부 등을 결정할 뿐이며, 송치사건의 보완수사가 필요한 경우에도 수사관들로 하여금 수사하게 하고, 직접 보완수사에 나서지 않는다. 더욱이 검사가 당사자나 증인을 직접 조사하지 아니하고 증거의 현출과 판단을 공판에 집중시키는 만큼 검사가 모든 증거를 기소 전(前) 단계에서 정확히 검토하도록 기대하는 것은 매우 어렵다.

(3) 재판의 집행기관은 법원

피고인이 기소인부절차에서 유죄답변을 하거나 배심재판을 통해 유죄평결이 내려진 경우 판사가 이에 따라 형량을 선고하게 된다(공판절차이분론 내지 소송절차이분론). 피고인이나 검사는 선고 전에 양형자료에 대한 조사를 법원에 요청할 수 있고, 이 경우 보호관찰관이 피고인의 전과사실, 직업, 가족관계, 주위환경 등을 조사하여 법원에 보고서를 제출하면 판사가 이를 참고하여 형을 선고하게 된다. 즉, 소추된 범죄사실이 그다지 중한 것이 아니면 판사는 기소사실인부에 이어 곧바로 형을 선고하는 경우도 있으나, 보다 신중한 양형이 필요한 경우에는 피고인에 관한 기록을 보호관찰부서(the probation department)로 보내고 보호관찰관(a probation officer)이 피고인의 전과사실, 직업, 범죄경위, 주변환경 등을 참작하여 양형에 대한 의견을 제기하면 판사가 적정하다고 판단되는 형을 정하여 선고하며, 형집행 역시 법원이 행한다.

---

52) 정당성 여부를 떠나 윤석열 검찰총장으로 대표되는 검찰이 조국 전(前) 법무부장관에 대한 수사를 너무 가혹하게 했다는 식의 주장이 미국에서는 받아들여질 수 없는 이유도 여기에 있다.

53) 표성수, 미국의 검찰과 한국의 검찰, 육법사, 292면.

제2절 영미법계 형사사법구조로 개편하기 위한 전제조건

Ⅰ. 제도적 측면

1. 범죄자 처벌의 국가기관에 대한 인식의 전환 필요

영미법계 체계를 취하는 경우, 앞에서 언급한 것처럼 범죄를 국법질서 침해행위로 보지 않고 피해자에게 가한 일종의 불법행위로 파악하므로 수사기관이 범죄자를 수사의 객체로 삼아 혐의유무를 가리고, 법원에 공소제기를 한다는 것은 "당사자주의"에 반하여 허용될 수 없을 뿐만 아니라 피해자나 그를 대리하는 소추인의 고발에 따라 법정에서 진실을 규명하는 **"공판중심주의"**가 필연적으로 수반되며, 이것은 민사소송과 마찬가지로 당사자(또는 변호인)의 역량에 좌우된다는 점이다. 이는 변호사의 역할 증대와 사설탐정업이 도입될 수밖에 없는 구조이다.

2. 수사기관의 구속기간 폐지

영미법계 국가의 경우 체포시부터 48시간 이내에 치안판사에게 인계해야 하므로, 우리나라의 경우도 30일간의 구속기간(형사소송법 제202조, 제203조, 제205조)이 삭제되어야 할 것이다.[54] 특히 치안판사에게 인계된 후, 보석이 필요적으로 고지되고(무죄추정의 원칙)

---

54) 대륙법계 국가인 독일의 경우 구속기간의 제한이 없고, 다만 재범의 위험성을 이유로 한 구속의 경우 1년을 초과할 수 없다(StPO 제122조의a). 재범의 위험성을 이유로 구속한 경우 구속기간이 1년으로 제한되나 구속의 근거를 다른 사유로 변경하는 때는 다시 구속기간의 제한이 없으므로 계속 구금이 가능하다. 프랑스의 경우 일반 형사범죄 사건의 원칙적 구속기간은 4개월이지만(CPP 제145조-1조 제1항), 혐의범죄가 10년 이상의 법정형에 해당하는 경우 또는 범죄사실이 국외에서 행해지거나 마약거래, 테러, 조직범죄, 조직매춘, 탈세 또는 범죄단체조직 등에 해당하는 때에는 2년까지 연장할 수 있다(CPP 제145-1조 제2항). 중죄사건의 경우 피의자는 원칙적으로 1년을 초과하여 수사상 구속을 할 수 없다. 다만 석방구금판사는 예심수사를 계속하여야 할 특별한 사유가 있는 때에는 6개월을 초과하지 아니하는 범위 내에서 구속기간을 연장할 수 있다. 이 연장결정은 구속결정과 마찬가지로 심문을 거쳐야 한다(CPP 제145-2조 제1항).

일정한 보석금 내지 보석보증금을 내면 석방되는 불구속재판 구조를 감내해야 할 것이다.

3. 범죄입증의 정도

수사단계에서 영장의 청구, 고발장의 제출, 검사의 공소장 제출을 위한 증거의 정도는 혐의자가 범행을 하였다는 상당한 근거만 있으면 가능한 것으로, 이러한 입증의 정도는 유죄의 평결에서 요구되는 합리적인 의심을 배제할 정도의 입증과 현격한 차이가 있다. 즉, 미국의 보편적인 형사절차는 일방 당사자인 공소관이 낮은 정도의 입증만으로 우선 혐의자에 대한 소추를 개시하고 자신이 확보한 증거자료를 법정에 제출하면 변호인 측은 반대의 자료를 제출하고 사실확인자인 판사나 배심이 고도의 입증기준에 의하여 범행의 존부를 결정하는 것이다.[55]

그리고 전술한 것처럼, 미국의 검사는 일방당사자이므로 우리나라와 달리 검사의 조서에 증거능력이 인정되지 아니할 뿐만 아니라 검사가 혐의자나 참고인을 직접 소환, 조사하면서 증거의 가치를 음미하는 기회를 가지는 것도 공식적으로 허용되어 있지 않다.[56] 따라서 이러한 체제에서 검사는 혐의의 존부에 대한 철저한 검토를 할 수 없고, 기소 전의 철저한 검토가 반드시 기대되어 있지도 않다.

4. 대폭적으로 무죄가 선고되는 상황 감내

(1) 의 의

당사자주의의 형사사법 체계를 따르는 경우, 대폭적으로 무죄가 선고되는 상황을 감내해야 한다. 일례로 당사자주의 체계를 취하는 영국의 경우 형사법원에서 21% 정도 무죄선고율을 보여주는 반면, 직권주의 체계를 취하는 독일은 3.9% 정도 무죄선고율을 보여주고 있는데(후술), 이를 단지 영국의 법정에서 많은 억울한 사람이 그 소원을 풀었구나 하는 측면에서 파악할 것이 아니라, 철저한 당사자주의를 시행할 경우에 엄청난 숫자의 사람들이 기소의 대상이 되어 불필요한 재판을 받는 구조를 받아들여야 하는 것이다. 전술한 것처럼, 낮은 정도의 혐의만으로 형사절차가 개시되므로 형사사법자원의 낭비를 초

---

55) 검사의 입증에 관하여 가장 낮은 단계부터 살펴보면, (1) 합의적 의심(reasonable suspicion), (2) 개연성(Probable Cause), (3) 증거의 우월(Preponderance of Evidence), (4) 분명하고 명확한 증거(Clear and Convincing Evidence), (5) 합리적 의심없는 정도의 증명(beyond reasonable doubt)로 나눌 수 있는데, 영미에서는 (3)이상만 충족하면 공소를 제기할 수 있다고 한다.

56) 미국의 경찰은 피의자 및 참고인을 소환하여 조사할 수 있는 권한이 없다. 따라서 소위 목격자 등 증인이나 피해자를 찾아가 인터뷰하는 방식으로 조사가 진행된다(반면 검찰은 대배심소환장(subpoena)을 이용하여 소환, 조사가 가능하다). 다만 피의자의 경우에는 영장이 없어도 범죄혐의가 있다고 의심할 만한 상당한 이유(probable cause)가 있으면 혐의자를 체포할 수 있으므로, 사법경찰은 혐의자를 체포한 다음 치안판사 앞에 데려갈 때까지 해당 사법기관 내에서 조사할 수 있다.

래할 염려가 있을 뿐만 아니라 해당 당사자에게도 불이익이 가중되는 것이다. 일본에서 '정밀사법'과 'rough Justice'에 대한 치열한 논의가 있는 이유도 여기에 있다. 국가별 유·무죄율 현황은 다음과 같다.

(2) 우리나라의 제1심 선고사건 무죄율

전술(前述)한 【표 6-3】에서 보는 것처럼,[57] 1%가 채 되지 못하는 미미한 비중이지만 제1심 선고사건의 무죄율은 2000년대 이후 상승세를 기록하고 있다. 2000년에 0.08%였던 무죄율은 해마다 늘어,[58] 2011년에는 0.61%까지 치솟게 된다. 무죄율 상승의 원인으로는 공판중심주의의 강화가 제일 먼저 거론되지만, 【표 6-5】에서 보는 것처럼 검사의 과오 사례가 늘어난 것도 이에 한몫하고 있는 것으로 분석된다. 무죄 등 사건 평정에서 수사 미진, 법리오해 등 검사의 과오로 분류되는 사례가 과거에 비해 증가하였다.

【표 6-5】 최근 10년간 무죄 등 사건 평정 현황[59]

	평정 건수	과오 없음 (법원과 의 견해 차이 등)	검사과오							
			계	수사검사 과오						공판검사 과오
				수사 미진	법리 오해	사실 오인	증거 판단 잘못	의율 착오	기타	공소유지 소홀
2006	3,148	2,872	546	221	187	10	91	6	1	30
2007	3,453	2,940	513	234	147	17	82	11	0	22
2008	3,274	2,617	657	350	170	4	69	16	47	1
2009	3,537	2,904	633	460	123	0	22	7	21	0
2010	5,097	4,328	769	440	179	2	30	0	116	2

---

57) 산정기준이 다른 까닭에 검찰의 제1심 선고사건 무죄율 추이와 법원의 제1심 형사공판사건 무죄율 추이 사이에는 상당한 차이가 발생한다.

58) 「검찰기소 무죄율 해마다 증가…서울중앙지검 2년새 2.4배」, 경향신문 2009. 9. 13.자, http://news.khan.co.kr/kh_news/khan_art_view.html?artid=200909131807105&code=940301#csidxe6f32525f36e4b894f30076dae90484.

59) 출처: 법무부, 「(2008년도 국정감사) 법제사법위원회 위원 요구자료 (Ⅶ)」, 2008, 51면; 법무부, 「(2013년도 국정감사) 법제사법위원회 위원 요구자료 (Ⅴ)」, 2013, 94면; 법무부, 「(2016년도 국정감사) 법제사법위원회 위원 요구자료 (Ⅱ)」, 2016, 73면.

2011	4,899	4,121	778	332	166	0	38	0	237	5
2012	8,044	6,937	1,107	591	403	0	33	0	73	7
2013	8,163	6,675	1,488	811	559	0	54	0	52	12
2014	6,421	5,390	1,031	532	414	0	34	0	47	4
2015	7,191	5,567	1,624	965	502	0	49	0	85	23

(3) 프랑스 중죄법원과 경죄법원의 유죄율

프랑스 중죄법원의 유죄율이 경죄법원의 유죄율보다 낮게 나타나며, 위경죄의 경우 전과기록에 남는 제5급 위경죄를 다루는 경찰법원의 유죄율이 근린법원의 유죄율보다 낮게 나타나고 있다.

【표 6-6】 중죄법원의 유죄율(2006~2010년)[60]

	중죄(Crime) 제1심 법원			
	중죄법원(Cour d'assises)			
	판결인원 (Personnes jugées)	유죄판결 (Condamnations)	무죄 (Acquittements)	유죄율
2006	3,743	3,493	250	93.32%
2007	3,580	3,344	236	93.40%
2008	3,240	3,033	207	93.61%
2009	3,032	2,842	190	93.73%
2010	2,886	2,715	171	94.07%

---

60) 출처: Ministère de la Justice, Annuaire Statistique de la Justice: Édition 2011−2012, 2012, p.127, 프랑스 법무부 홈페이지(http://www.justice.gouv.fr/statistiques−10054/annuaires−statistiques −de−la−justice−10304/annuaire−statistique−de−la−justice−23263.html).

【표 6-7】 경죄법원의 유죄율(2006~2010년)[61]

	경죄(Délit) 제1심 법원			
	경죄법원(Tribunal correctionnel)			
	판결인원 (Personnes jugées)	유죄판결 (Condamnations)	무죄 (Relaxes)	유죄율
2006	598,030	575,202	22,828	96.18%
2007	584,699	561,685	23,014	96.06%
2008	555,818	532,161	23,657	95.74%
2009	560,373	536,326	24,047	95.71%
2010	536,797	507,578	29,219	94.56%

【표 6-8】 경찰법원의 유죄율(2006~2010년)[62]

	1–5급 위경죄(Contravention) 제1심 법원			
	경찰법원(Tribunal de Police)			
	판결인원 (Personnes jugées)	유죄판결 (Condamnations)	무죄 (Relaxes)	유죄율
2006	48,479	44,303	4,176	91.39%
2007	54,161	50,650	3,511	93.52%
2008	48,850	44,919	3,931	91.95%
2009	47,170	43,628	3,542	92.49%
2010	54,398	51,460	2,938	94.60%

---

61) 출처: Ministère de la Justice, Annuaire Statistique de la Justice: Édition 2011－2012, 2012, p.129.

62) 출처: Ministère de la Justice, Annuaire Statistique de la Justice: Édition 2011－2012, 2012, p.133.

【표 6-9】 근린법원의 유죄율(2006~2010년)[63]

| | 1-4급 위경죄(Contravention) 제1심 법원 | | | |
| | 근린법원(Juridiction de proximité) | | | |
	판결인원 (Personnes jugées)	유죄판결 (Condamnations)	무죄 (Relaxes)	유죄율
2006	308,191	294,119	14,072	95.43%
2007	353,110	341,626	11,484	96.75%
2008	382,652	365,839	16,813	95.61%
2009	344,709	331,041	13,668	96.03%
2010	335,266	321,409	13,857	95.87%

(4) 독일 제1심 형사법원의 무죄율

독일의 경우에는 중죄 제1심 법원인 지방법원(Landgericht)의 무죄율이 경죄 제1심 법원인 구법원(Amtsgericht)의 무죄율보다 높게 나타나고 있다.

【표 6-10】 경죄(Vergehen) 제1심 법원인 구법원의 유죄율(2011~2016년)[64]

	형사피고인	유죄판결 (Verurteilung)	무죄판결 (Freispruch)	무죄율
2011	865,701	345,708	34,050	3.93%
2012	822,444	325,336	32,072	3.99%
2013	779,352	301,746	31,965	4.10%
2014	750,576	280,649	30,258	4.03%
2015	739,848	268,124	29,200	3.95%
2016	728,441	263,332	27,272	3.74%

---

63) 출처: Ministère de la Justice, Annuaire Statistique de la Justice: Édition 2011－2012」, 2012 p.135.

64) 출처: Statistisches Bundesamt, Rechtspflege: Strafgerichte, 각 해당연도 2.3 Art der Erledigung für die einzelnen Beschuldigten in Strafverfahren 참조.

【표 6-11】중죄(Verbrechen) 제1심 법원인 지방법원의 무죄율(2011~2016년)[65]

	형사피고인	유죄판결 (Verurteilung)	무죄판결 (Freispruch)	유죄율
2011	19,597	12,841	913	4.65%
2012	19,321	12,627	815	4.21%
2013	18,503	11,851	892	4.82%
2014	18,129	11,325	906	4.99%
2015	17,953	10,901	936	5.21%
2016	18,136	11,006	942	5.19%

(5) 영국의 치안판사법원과 형사법원의 유죄율

영국의 형사재판은 죄의 경중과 기소유형에 따라 제1심 법원이 달라지게 되는데, 경죄(Summary Offences)의 경우에는 치안판사법원이 제1심 법원이 되고 중죄(Serious Offences)의 경우에는 형사법원이 제1심 법원이 된다. 치안판사법원에서의 유죄율이 형사법원에서의 유죄율보다 높게 나타나고 있다.

【표 6-12】영국의 치안판사법원과 형사법원의 유죄율[66]

		치안판사법원 (Magistrates' Court) 유죄율	형사법원 (Crown Court) 유죄율
2013/14년도	제1분기	84.70%	81.40%
	제2분기	84.30%	81.30%
	제3분기	84.30%	81.30%
	제4분기	84.40%	79.80%
2014/15년도	제1분기	84.30%	80.10%

---

65) 출처: Statistisches Bundesamt, Rechtspflege: Strafgerichte, 각 해당연도 4.3 Art der Erledigung für die einzelnen Beschuldigten 참고.

	제2분기	83.80%	79.40%
	제3분기	83.80%	78.90%
	제4분기	84.00%	79.20%
2015/16년도	제1분기	83.80%	80.00%
	제2분기	83.50%	78.00%
	제3분기	83.60%	79.20%
	제4분기	84.30%	79.70%
2016/17년도	제1분기	84.70%	79.20%
	제2분기	84.20%	78.30%
	제3분기	84.60%	78.80%

(6) 미국 연방지방법원 형사재판 유죄율

사실심인 미국 연방지방법원의 형사재판 유죄율은 1990년대에 80%대에 머물렀으나 2000년 이래 90%대를 유지하고 있다. 특기할 점은 미국의 유죄판결 중 절대 다수가 유죄답변을 통해 이루어지고 있다는 점이다(2011회계연도에는 81,228명, 2012회계연도에는 78,647명, 2013회계연도에는 73,397명에 대한 절차가 유죄답변을 통해 종결되었는데, 이는 각 회계연도당 유죄판결을 받은 형사피고인의 97%에 해당한다).[67] 2010회계연도에는 42,140건의 형사사건이 연방 대배심에서 다루어졌으나,[68] 불기소결정(no true bill)이 내려진 것은 11건에 불과했다.[69]

---

66) 출처: 영국 검찰청 홈페이지, Key Measure 참조, https://www.cps.gov.uk/key−measures.

67) 각 해당 회계연도의 미국 연방검찰청 연간 통계 보고서(Annual Statistical Reports) 참조. 미국 연방검찰청 홈페이지, https://www.justice.gov/usao/resources/annual−statistical−reports.

68) Executive Office for United States Attorneys, 「United States Attorneys' Annual Statistical Reports Fiscal Year 2010」, U.S. Department of Justice Executive Office for United States Attorneys, 2010, p.9.

69) Motivans, Mark, 「Federal Justice Statistics 2010 − statistical Tables」, Bureau of Justice Statistics, 2013, p.12.

【표 6-13】 2010회계연도 미국 연방검찰의 불기소처분 사유 중 연방 대배심의 불기소결정 건수

TABLE 2.3
Reasons U.S. attorneys declined to prosecute, October 1, 2009–
September 30, 2010

Reason for declination	Suspects in criminal matters declined by U.S. attorneys	
	Number	Percent[a]
Total declinations[b]	30,670	100%
No crime	7,699	25.6%
No true bill returned	11	--
No federal offense	1,308	4.3
Lack of criminal intent	6,380	21.2

【표 6-14】 미국 연방지방법원 형사재판 유죄율(2010~2015년)

	형사피고인	유죄판결 (Guity)	무죄판결 (Not Guilty)	유죄율
2010	88,369	81,934	416	92.7%
2011	90,461	83,860	390	92.7%
2012	87,709	80,963	356	92.3%
2013	82,092	75,718	328	92.2%
2014	80,174	74,392	312	92.8%
2015	74,990	69,561	230	92.8%

【표 6-15】 미국 연방지방법원 형사재판 유죄율(2001~2009년)[70]

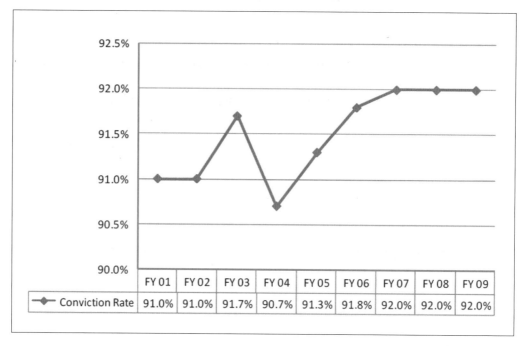

	FY 01	FY 02	FY 03	FY 04	FY 05	FY 06	FY 07	FY 08	FY 09
Conviction Rate	91.0%	91.0%	91.7%	90.7%	91.3%	91.8%	92.0%	92.0%	92.0%

【표 6-16】 미국 연방지방법원 형사재판 유죄율(1992~2001년)[71]

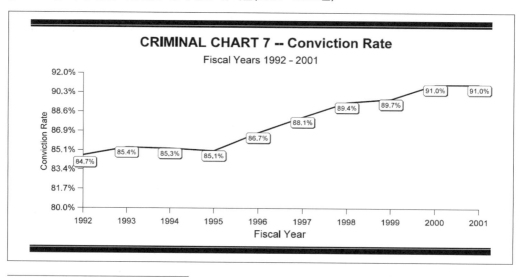

---

70) 출처: Executive Office for United States Attorneys, 「United States Attorneys' Annual Statistical Reports Fiscal Year 2009」, U.S. Department of Justice Executive Office for United States Attorneys, 2009, p.11.

71) ※ 출처: Executive Office for United States Attorneys, 「United States Attorneys' Annual Statistical Reports Fiscal Year 2001」, U.S. Department of Justice Executive Office for United States Attorneys, 2001, p.13.

Ⅱ. 기소배심 내지 대배심제도 도입여부

1. 의 의

미국 검사들도 실무상 기소여부의 판단과 공소유지 활동을 위하여 필요한 경우에는 사건관계인들을 다양한 방식으로 면담 또는 조사한다. 그런데 미국 연방검사의 경우에는 우리나라와 달리 대배심(Grand jury)을 활용하여 수사를 진행하기도 하는데 연방 및 각 주의 내용은 후술하기로 하고, 여기서는 일반론만 살펴보기로 한다.

2. 대배심의 수사권

(1) 대배심 수사권의 근거 및 범위

연방대배심은 증언과 문서제출을 강제할 수 있는 광범위한 권한을 보유하고 있다. 이러한 권한은 연방 형사소송규칙 제17조에 근거한다. 대배심의 수사활동을 정당화하기 위하여 범죄가 발생하였다는 점에 대한 어떠한 입증책임도 필요하지 않다. 불법행위가 저질러졌다는 단순한 의혹이나 범죄가 발생하지 않았다는 사실을 단순히 확인하기 위해서도 수사할 수 있다.[72) 수사의 단서가 첩보, 풍문, 검사가 제시한 증거, 배심원의 개인적 지식이 될 수도 있다.[73) 나아가 대배심은 수사진행과정에서 증거법에 의한 제약을 받지 않는다.[74) 따라서, 전문증거도 허용되고,[75) 증인은 대배심의 관할위반을 근거로 소환에 불응할 수 없고,[76) 자신이 갖고 있는 정보가 수사와 무관함을 주장할 수도 없다.[77) 또한, 미국 연방대법원은 미국 연방 제4차 수정헌법[78)이 대배심 단계에서는 대부분 인정되지 않는다는 취지로 판결하여 왔다. 즉, 대법원은 대배심의 증거제출요구서가 실질적으로 위 수정헌법상의 압수에 해당한다는 주장을 배척하였다.[79) 다만, 대법원은 증거제출요구서가 지나치게 광범위할 경우에는 비합리적일 수 있다는 입장을 견지하여 왔다.[80) 또한, 대법원은 증거배제법칙이 대배심 단계에서는 적용되지 않기 때문에 증인

---

72) United States v. Morton Salt Co., 338 U.S. 632, 642−43, 70 S.Ct. 357, 364, 94 L.Ed. 401 (1950).

73) Costello v. United States, 350 U.S. 359, 362, 76 S.Ct. 406, 408, 100 L.Ed. 397 (1956).

74) United States v. Dionisio, 410 U.S. 1, 17, 93 S.Ct. 764, 773, 35 L.Ed.2d 67 (1973).

75) Costello v. United States, 350 U.S. 363, 76 S.Ct. 408.

76) Blair v. United States, 250 U.S. 282−83, 39 S.Ct 471.

77) United States v. R. Enterprises, Inc., 111 S.Ct. 722, 112 L.Ed.2d 795. (1991).

78) '신체, 주거, 서류, 소지품에 대한 불합리한 압수·수색으로부터 안전할 권리는 침해되지 않는다. 상당한 이유가 있고 선서 등에 의하여 혐의가 소명되며, 압수·수색할 장소, 신체, 물건이 특정되지 아니하는 한 압수·수색영장이 발부되어서는 아니된다.'는 내용이다.

79) United States v. Dionisio, 410 U.S. 1, 93 S.Ct. 764, 35 L.Ed.2d 67 (1973).

은 소환장이 경찰의 불법행위에서 비롯되었다는 점을 이유로 증언을 거부하거나 증거제출을 거부할 수 없다고 판결하였다.[81]

(2) 대배심 수사권의 한계

증거제출요구서(subpoena duces tecum)의 경우, 제출을 요구받은 당사자는 연방 형사소송규칙 제17조를 근거로 하여 '제출을 요구받은 자료의 범위가 지나치게 광범위함'을 주장할 수도 있고, 단순히 증인에게 고통을 주기 위한 목적으로 증거제출요구서가 발부되었음을 주장할 수도 있다. 또한, 기소 후 여죄발견을 위하여 발부된 증거제출요구서, 대배심의 수사와 관련 없는 문제에 관하여 검사 또는 사법경찰관에게 진술하거나 증거를 제출하도록 강요하는 증거제출요구서는 대배심 권한의 남용으로 금지된다.

(3) 대배심 수사에 있어서 검사의 역할

대배심의 독립은 형사절차에 있어 근본적인 원칙이다. 형식적으로 보면, 대배심 절차에 있어서 검사는 법률적 조언자이고 대배심의 심리를 위하여 증거를 제출하는 역할을 맡는다.[82] 하지만, 실제에 있어서는 검사가 수사할 내용과 소환할 증인을 선정하고, 소환장을 발부하며, 증인들이 대배심에 출석하기 전에 증인들을 사전에 면담하고, 대배심에서 전적으로 질문[83]하는 등 검사가 대배심에 많은 영향을 미친다.[84] 이에 대해 '대배심이 검사의 수사상 무기가 되어 왔다'는 비판이 제기되기도 한다.[85]

한편, 검사는 피의자에게 유리한 증거를 대배심에 제출할 의무가 없으나,[86] 미국 연방법무부는 "검사가 피의자의 범죄혐의를 직접 조각할 충분한 증거를 알게 된 경우 대배심의 기소판단을 구하기 전에 그러한 증거를 대배심에 제출하여야 한다."는 지침을 마련하여 시행하고 있다.[87]

---

80) Hale v. Henkel, 201 U.S. 43, 26 S.Ct. 370, 50 L.Ed. 652 (1906).

81) United States v. Calandra, 414 U.S. 338, 343, 94 S.Ct. 613, 617. 다만, 미국연방 법무부는 정책적으로 위헌적 방법으로 취득한 증거를 대배심에 제출하는 것을 금하고 있다.

82) DOJ Manual § 9-11.020 (1989); United States v. Kleen Laundry & Cleaners, Inc., 381 F.Supp. 519, 521 (E.D.N.Y.1974). 위 판결에 의하여 검사가 대배심에 증거와 증인을 제시할 권한이 부여되었다.

83) 피의자나 피의자의 변호인은 대배심에 출석한 증인을 상대로 반대신문할 권리가 없다.

84) In re Grand Jury Proceedings(Schofield I), 486 F.2d 85, 90 (3rd Cir.1973).

85) In re Melvin, 546 F.2d 1, 5(1st Cir. 1976).

86) United States v. Williams, 112 S.Ct. 1735, 118 L.Ed.2d 352 (1992).

87) Harry I. Subin et al., op.cit., 181면.

(4) 출석의 강제

대배심의 증인출석요구서는 미국 내에서 어디든 송달이 될 수 있고,[88] 소환대상자가 미국 국적이거나 거주자이며 그 증언이 필요한 경우에는 외국에 소재하는 자에게도 송달될 수 있다.[89]

(5) 증인을 위한 면책권(immunity)

증인출석요구서가 발부된 증인이라도 미국연방 제5차 수정헌법상의 자기부죄금지 특권을 주장하며 그 요구에 적법하게 불응할 수 있다. 검사가 그러한 증인에게 증언을 강제하기 위해서는 법원에서 면책결정(immunity order)을 얻어야 한다. 면책 관련 법률규정에 의하면 "면책결정에 의하여 강제된 증언과 이에서 직·간접적으로 파생된 정보를 형사사건에 있어서 그 증인에게 불리하게 사용하여서는 아니 된다."라고 규정하고 있다.[90]

위 법률규정에 의하면, 검사는 법무부로부터 승인을 얻은 이후 법원에 서면으로 증인의 증언이 공익을 위하여 필요하고, 그 증인이 자기부죄금지 특권을 근거로 증언을 거부하고 있거나 거부할 가능성이 있음을 주장하도록 하고 있다.

실제에 있어서는, 검사가 증인의 증언거부 가능성을 미리 알고 있는 것이 통상이다. 그런 경우, 검사는 증인의 대배심 출석일 이전에 법원의 면책결정을 얻겠다는 점에 관하여 미리 법무부의 승인을 얻은 후 출석일에 증인이 출석하여 자기부죄금지 특권을 주장하면 검사가 법원에 증인에 대한 면책결정을 신청한다. 그러면, 법원의 심리가 열리는데 검사가 미리 법적 요건을 구비하여 두었기 때문에 심리는 사실상 형식적이고 통상 면책결정이 이뤄진다.[91]

(6) 대배심 명령의 강제수단

미국법상 법정모욕에는 형사적 법정모욕과 민사적 법정모욕이 있다. 전자는 법정모욕이 인정되면 이를 형벌로써 처벌하는 것으로 법정모욕이 성립한 후 법원의 지시에 따른 행동을 한다고 하더라도 그 선고된 형을 피할 수 있는 것이 아니므로 그에게 부과된 형벌은 종국적인 것인 반면, 민사적 법정모욕은 형벌이 아닌 구류나 벌금과 같은 간접강제 형식의 제재를 가함으로써 피소환자에게 증언을 강제하는 것으로 피소환자가 사후 소환영장에 순응하면 그 제재가 종료된다는 점에서 조건적이라고 할 수 있다. 연방대법

---

88) 미국 연방 형사소송규칙 제17조 제(e)항.

89) 28 U.S.C.A.(United States Code Annotated) § 1783 (1926).

90) 18 U.S.C.A. § 6003(b)(1970).

91) In re Grand Jury Investigation, 657 F.2d 88, 90－1(6th Cir. 1981).

원은 판사가 민사적 법정모욕에 의한 제재가 이행을 강제하기에 부적절하다고 판단한 경우에만 형사적 제재를 취하여야 한다는 태도를 취하고 있다.[92]

가. 민사상 법정모욕(Civil Contempt)

정당한 이유 없이 증인출석요구에 불복하는 자는 법정모욕으로 판단될 수 있는데, 그런 사건은 연방 민사상 법정모욕 규정에 의해 규율된다. 그러나 민사적 법정모욕의 경우 법원은 증인이 증언하거나 필요한 정보를 제공할 때까지 즉각 증인을 적절한 장소에 구금하도록 명할 수 있으나, 그 기간은 최대한 18개월을 넘을 수 없을 뿐만 아니라 대배심의 회기를 초과할 수도 없다.[93] 다만, 법정모욕을 정하고 있는 연방법률에 의하면 '재판 또는 대배심절차 또는 이에 준하는 절차에서 증인이 정당한 이유없이 증언을 거부하는 경우'라고 한정하고 있으므로 후술(後述)하는 검찰 벌칙부 소환영장에 의한 피소환자의 경우는 민사적 법정모욕으로 처벌할 수 없다.

나. 형사상 법정모욕(Criminal Contempt)

법원 명령의 불이행은 한편으로는 벌금이나 구금으로 처벌되는 형사상 범죄에 해당한다.[94] 다만, 형사적 법정모욕의 경우 벌금 또는 구금형은 선택적이므로 이를 병과할 수 없으며, 구금형의 경우 그 상한은 없으나 6개월을 넘는 형을 선고하기 위하여는 소배심에 의한 재판을 받아야 한다.

검사가 형사사건으로 나아간 경우에는 피고인에게 대배심의 심사, 배심재판 등 모든 권리가 보장된다.[95] 다만, 대법원은 대배심 증인들을 우선적으로 민사상 법정모욕으로 규율하고, 만약 민사상 법정모욕에 의한 강제가 불충분한 경우에만 형사상 법정모욕으로 처벌하도록 강력히 권고하고 있다.[96]

3. 미국 연방 대배심제도

(1) 기원과 발전과정

대배심은 그 연원을 1166년 잉글랜드의 헨리 2세 시대에 제정된 The Assize of Clarenden에서 찾는 것이 일반적이다. 초기의 대배심은 왕권의 집행수단으로서 혐의자

---

92) Shillitani v. U.S., 384 U.S. 364(1966).

93) 박세현, "미국의 기소배심(Grand Jury) 실무 연구", 「국외훈련검사 연구논문집」 제24집 1권, 2009, 72면.

94) 18 U.S.C.A. § 401(3) (1948). 연방 법률 중에서 유독 벌금 액수나 구금기간에 대한 제한이 없으나(United States v. Gracia, 755 F.2d 984, 988−89(2d Cir. 1985)), 미국연방 제8차수정헌법상의 '잔인하고 예외적인 처벌 금지' 조항은 적용된다.

95) Simkin v. United States, 715 F.2d 34, 37−38(2d Cir. 1983).

96) Yates v. United States, 355 U.S. 66, 74, 78 S.Ct. 128, 133, 2 L.Ed.2d (1957).

에게 범죄혐의를 통보하는 기능을 갖춘 것일 뿐 혐의자의 이익을 보호하는 기능은 없었으나, 그 후 17세기에 대배심은 국가권력의 부당한 침해로부터 열악한 형편에 처한 시민을 보호하는 제도로 정착되었다.[97] 초기의 잉글랜드 대배심은 소추기능과 심시기능을 겸비하였으나 14세기 말부터 소추배심과 공판배심으로 분화되었으며, 그 후 소추배심의 기능은 치안판사에게 넘어갔고, 16세기 이후 대배심은 사인(私人)소추의 억제적 기능을 가지는 것 뿐으로 정리되었으며, 이러한 소추배심의 기능은 거의 소멸되었다가 1933년 영국 의회에 의하여 완전히 폐지되었다.

한편, 영국의 청교도혁명 후, 영국 청교도들이 1630년 미국에 정착하면서, 1635년 최초로 매사추세츠 지방에 그들의 대배심원 제도를 시행하기 시작하였는데,[98] 이때의 대배심원은 시민들의 자발적인 참여로 이루진 것이 특징이며, 시민에 의해 구성된 위원회에서 대배심원을 선출하였다. 초기의 대배심원은 영국 식민지 상황에서 활동하였기에 애국적인 차원에서 정치적 발언에도 앞장섰다.[99] 대표적으로 필라델피아 대배심원들은 영국의 식민지 미국에 대한 세금에 대해 비판하였다.[100]

또한 식민지의 대배심원들은 각각의 사건에 있어 중요한 판결을 내렸는데, 이들은 영국법을 어긴 용의자에 대해 기소결정을 내지 않았으며,[101] 또한 미국 독립에 관한 사건에 대해 기소를 하지 않았다.[102] 영국을 위한 기소거부와 정치범에 대한 기소거부로 인해 영국은 미국 식민지의 대배심원들의 권한을 약화시키기 위해 부단한 노력을 하였음에도 불구하고, 그들은 영국에 대한 반식민지 정책에 대해 저항하였다.[103]

영국으로부터 독립한 미국은 역사적·정치적으로 식민지 시절 대배심원이 처했던

---

97) Yale Kamisar 외 2인, *Modern Criminal Procedure*, pp.634−636.

98) NEWCASTLE COURANT: WITH NEWS FOREIGN & DOMESTICK, Mar. 26, 1712, at 4, https://www.newspapers.com/image/404008545.

99) John Gibson, PA. GAZETTE, Sept. 27, 1770, at 3(https://www.newspapers.com/image/39402060/).

100) Ibid.

101) 1734년 뉴욕의 Weekly Journal의 발행인 John Peter Zenger가 식민지 행정관 William Cosby를 맹공하여 Zenger가 명예훼손으로 고발당하였을 때 대배심이 2번이나 기소를 거부한 사건은 혐의자의 이익을 권력으로부터 보호한 유명한 사례로 소개된다(Yale Kamisar 외 2인, op.cit., pp.635).

102) St. Christophers, March 14, 1772, MD. GAZETTE, Oct. 1, 1772, at 1(https://www.newspapers.com/image/41042874/).

103) Presentment of the Philadelphia Grand Jury, 3 January 1745, in 3 THE PAPERS OF BENJAMIN 9−12 (Leonard W. Larabee, ed., 1961), William Bell, FRANKLIN://founders.archives.gov/?q=%22grand%20jury%22&s=1111311111&sa=&r=5&sr=#BNFN−01−03−02−0002−fn−0012−ptr.

상황에도 불구하고, 최초의 헌법에는 대배심원의 보호에 관한 내용을 담지 않았다.[104) 따라서 후에 헌법 개정의 요구가 일어나게 되어 수정 헌법 제5조를 탄생시켰으며, 대배심원의 권한이 헌법에 명시된 것이다.

결국 미국의 대배심원제도는 개인이 가져야 할 마땅한 권리를 쟁취하기 위한 시민들의 부단한 노력으로부터 제도가 시행되었고, 후에 영국으로부터의 압제에 대한 저항으로 그 역할을 하였다. 미국 독립의 주체이며, 미국의 권력이 국민으로부터 나온다는 사실을 명백히 보여주는 제도라고 할 수 있다. 다만, 1820년대에 이르러 영국의 공리주의 철학자 제레미 벤담(Jeremy Bentham)은 '대표성도 없고 비효율적'이라는 이유로 영국의 대배심제도를 비판하였으며, 그 영향으로 영국에서는 대배심제도를 폐지하기에 이르렀고(1933년), 미국에서도 미시간州(1859년)를 시작으로 주 범죄에 대한 공소제기의 방식을 대배심에 의한 정식기소에 의할 것인지, 아니면 검사의 약식기소에 의할 것인지를 선택할 수 있게 하는 州가 늘어나면서 1884년 약식기소(Information)에 의한 공소제기가 헌법에 합치한다는 판결을 하기에 이르렀다.[105) 이러한 상황변화에도 불구하고 대배심의 수사권능은 선거에 의하여 선출되는 지방정부의 검사들이 그 정치적 속성 때문에 수사하기를 꺼리는 지방정부 공무원 부패사건이나, 1930년 뉴욕의 갈취조직범죄사건 수사과정에서 특별검사의 임명을 통하여 나타난 것처럼 조직범죄나 화이트칼라 범죄사건의 수사에서 많은 성과를 보여 여전히 대중의 '정부에 대한 감시자(watchdog over government)'로서의 이미지를 고양시키고 있다[106)고 한다.

(2) 대배심원의 헌법적 가치 – 수정헌법 제5조

미국 헌법은 총 27차례 수정되어 국가의 권력이 국민으로부터 나온 것이며, 국민이 정부기관을 규제하는 주체임과 동시에 국민의 자유와 재산 그리고 생명은 적합한 절차가 아니고서는 침해될 수 없다는 것을 확인하였다. 따라서 국민에 의해 권력이 사용되어야 한다는 기본 전제와 헌법정신에 입각하여 대배심원 제도를 운영하고 있다.

이러한 미국의 수정헌법 제5조는 미국 권리장전의 일부이며, 정부의 권한 남용을 막고 적법한 절차에 의한 집행을 국민이 정부에게 강제하는 조항이다. 특히, 형사사건에 대한 부분에 있어서 수정헌법 제5조는 '형사사건에 대하여서는 대배심원의 고발이나 공소제기에 의하지 아니하고는 어느 누구도 강제될 수 없다'[107)고 명시되어 있다. 즉, 미

---

104) James Madison, for instance, called rights provisions "parchment barriers" that would prove least effective "on those occasions when its most needed." Sanford Levinson, America's Other Constitutions: The Importance of State Constitutions for Our Law and Politics, 45 TULSAL. REV. 813, 818 (2013).

105) Hurtado v. California, 110 U.S. 516, 4 S.Ct.111, 28 L.Ed. 232(1884).

106) Wayne R. LaFave 외 2인, op.cit., pp.408 – 409.

국 사회의 공공질서를 저해하는 자들에 대한 심판은 국민에 의해서만 행하여져야 한다
는 것이다.

　　미국의 연방대법원 역시 수정헌법 제5조에 입각하여 개인의 범죄사실에 대한 자백
을 하지 않을 권리가 보장된다고 판시하였고 이에 따라 강압에 의한 자백은 법적 효력
이 없다는 것, 공판중심주의, 범죄사실 입증의 책임은 정부가 진다는 것 등을 추가적으
로 판시하였다.108) 다만, 남북전쟁 이후 시간의 낭비를 초래할 뿐만 아니라 비효율적이
라는 이유로 대배심제도에 대한 비판이 증가하였고, 1884년 연방대법원이 Hurtado사
건109)에서 이러한 대배심의 기소가 미국 연방 제14차 수정헌법의 적법절차조항(due
process of law clause)에 의하여 각 주에 반드시 필요한 것은 아니라고 결정을 함에 따
라,110) 20세기 초반까지 서부의 많은 주에서 대배심에 의한 기소제도를 폐지하기에 이
르렀다. 현재 연방은 대배심의 기소를 유지하고 있으나, 26개주는 검사의 공소장만으로
기소가 가능하며, 5개의 주에서는 사형 등 특별한 범죄에 한하여만 대배심을 거치도록
되어 있다.

(3) 대배심의 특징
가. 수사절차로서의 특징

　　오늘날 미국에서는 대배심제도가 '방패'로서의 기능보다는 '칼'로서의 기능이 강조되
고 있는데,111) 그 이유로 대배심제도가 갖는 소환영장제도(subpoena power)와 기소면책
(immunity)을 통한 증언취득이라는 두 가지 측면에 기인하는 바 크다. 그러나 이러한 대
배심 특유의 권한 이외에도, 대배심 절차는 기본적으로 수사절차라는 특징으로 인하여
일반 형사소송절차와는 확연히 다른 모습을 나타낸다.112) 즉 형사재판이 당사자주의적,
상호적, 공개적인 특징을 갖는다면, 대배심 절차는 기본적으로 직권주의적(inquisitorial),
일방적(ex parte), 밀행적(secret)인 특징을 갖는다. 이는 미국의 대배심이 구성에 있어서
법원에 소속된 것일 뿐, 그 실질적인 운영이 검사에 의해 주도되고 있을 뿐만 아니라,

---

107) See Grand Jury Practice§ 6.01.

108) Malloyv. Hogan, 378 U.S. 1, 9, 84 S. Ct. 1489, 12 L.Ed.2d 653 (1964) (quoting Boyd
　　 v.United States, 116 U.S. 616, 632 n.7, 6 S.Ct. 524, 29 L.Ed. 746 (1886)). Seealso,
　　 Ullmann v. United States, 350 U.S. 422, 426-428, 76 S.Ct. 497, 100 L.Ed.511 (1956).

109) Hurtado v. California, 110 U.S. 516 (1884).

110) Hurtado v. California, 110 U.S. 516, 538, 4 S.Ct. 111, 122(1884); George R. Dekle, Sr.,
　　 op.cit., 57면.

111) Ibid, p.410.

112) Susan W. Brenner, *Is the grand jury worth keeping?*, Judicature, March-April 1998.
　　 Vol.81. No.5, p.193("대배심은 법원이 아니다. 대배심에서의 심리절차는 경찰에서의 조사절차
　　 와 유사한 것이지 법원의 심문과는 다른 것이다."라고 설명하고 있다).

대배심절차가 검사의 기소취지를 검토한 후 기소에 대한 승인을 해 주는 절차이므로 근본적으로 수사 및 기소과정으로서의 특징을 갖게 되기 때문이다. 이러한 절차적 특징으로 인하여, 기본적으로 공판절차에서 인정되는 전문법칙(hearsay rule) 등 다양한 증거법칙도 적용되지 않으며, 피의자는 증인으로 소환되지 않는 한 절차에 참여할 권리도 없으므로 절차의 적법성에 관한 법원의 사후적 통제 외에는 그 운영과정에 법원이 관여할 여지도 없게 된다.113)

나. 대배심절차의 밀행성(密行性)

연방 및 대부분의 주에서는 대배심절차가 비공개로 진행되며, 배심원·검사·속기사·통역인 등은 대배심 자료에 대하여 누설할 수 없으며, 그 이외의 사람들은 법원의 허가를 받지 아니하면 대배심 자료에 접근할 수 없다.114) 증인이나 피의자 및 그 변호인의 출석 또한 인정되지 않는다. 이러한 대배심절차의 밀행성은 수사와 관련된 자들에 대한 위협 등을 방지하거나, 잠재적 피고인에 대한 편견이 생길 수 있는 것을 방지하고, 평결 결과의 공정성을 확보하는 등 다양한 목적을 위해 필요한 것으로 인정되고 있다.115)

따라서 대배심의 비공개주의의 이점은 첫째, 그와 같은 비공개요구가 피조사자에게 조사의 이유를 알려지지 않도록 하는 역할을 한다는 점이다. 즉 그 사람(A person)이 조사의 목적이 무엇인지 알지 못한 채 조사를 받게 될 수 있으며, 혹은 설사 그가 "피조사자(target)"라는 점을 알고 있다 하더라도 그의 활동 중 어떤 부분이 조사대상이고, 그에 대한 정보를 누가 제공했는지 여부를 알지 못한 채 조사를 받게 될 수 있다. 피조사자에게 이런 문제들이 알려지지 않도록 하는 것이 매우 중요한데, 이는 피조사자가 기소를 회피하기 위하여 도망을 가거나 증거를 인멸하거나 대배심의 증인에게 보복을 할 수도 있기 때문이다.116)

둘째, 대배심의 비공개요구는 대중 여론으로부터 조사 자체를 보호하는 독자적인 가치를 갖고 있다고 여겨져 왔다. 피조사자가 중요인물이라면, 조사 자체를 대중에게 공

---

113) 대배심 절차가 법원의 한 부속절차이냐 아니면 이와 독립된 절차이냐에 대해서는 지금도 논란이 없는 것은 아니나, 1992년 미국 연방대법원은 U.S. v. Williams 판결에서 "대배심절차는 법원과 분리된 것이므로 그 절차에 관하여 법원은 관여할 권한이 없다."고 판시하였다. 이 판결은 특히 대배심절차는 입법, 행정, 사법 어느 영역에도 속하지 않는 것이라고 판시하였는데, 이에 대하여는 비판적인 견해도 있다(Susan W. Brenner, op.cit., p.195).

114) FRCP Rule 6(e) 참조.

115) Sara Sun Beale, William C. Bryson, James E. Felman, Michael J. Elston, *Grand Jury Law and Practice*, 2004(Westlaw.com Database 2d ed. 2004. 10.) Ch 5, §5:1.

116) Wayne R. LaFave 외 2인, op.cit., p.414.

개하는 것은 설사 그와 같은 조사로 인해 실제로는 기소가 이루어지지 않는다 하더라도 그의 명성에 만회할 수 없는 손상을 가져올지도 모르며, 또한 조사가 공개되게 된다면, 검사는 기소가 확실하지 않을 경우 조사활동의 시작 자체를 주저하게 될지도 모른다. 다른 한편 대배심의 조사과정이 비공개로 유지됨으로써, 검사는 보다 적은 이유 —단순한 의혹—만으로도 조사를 시작할 수 있을 것이다. 즉 혐의내용이 사실이 아니라고 판명된다 하더라도 혐의를 받은 자의 명성은 손상되지 않을 것이며, 반대로 혐의가 있다고 명백히 밝혀진다면 검사는 어쩌면 다른 방식으로는 결코 얻지 못했을 기소의 단서를 얻을 수도 있을 것이다.[117]

(4) 대배심의 대상사건

미국 수정헌법 제5조에서는 "누구든지 대배심에 의한 고발(presentment)이나 정식기소(indictment)에 의하지 아니하고는 사형에 처해질 범죄나 파렴치범(infamous crime)으로 처벌받지 아니한다."고 규정하고 있다. 여기서 "파렴치범"은 구금형으로 처벌할 수 있는 모든 범죄[118]를 의미하고, 모든 연방 중죄(felony)는 위와 같은 형으로 처벌할 수 있으므로, 결국 모든 연방 중죄에 대하여는 피고인이 포기하지 않는 한 대배심의 정식기소에 의하여 소추하여야 한다.[119]

미국 연방형사소송규칙[120]에 따르면, 사형에 처해질 수 있는 사건의 경우 대배심을 통한 기소가 필요적이며, 1년을 초과하는 구금형이나 노역형에 처해질 수 있는 사안일 경우 피의자가 포기하지 않는 한 대배심에 의한 기소가 필요한 것으로 규정하고 있다. 따라서 연방차원의 경우 1년을 초과하는 구금형에 처해질 수 있는 범죄로서 피의자가 달리 선택하지 않는 한 대배심을 통한 기소가 필요하지만, 미국 연방대법원은 법정모욕죄(Contempt)의 경우 그 특성으로 인하여 대배심에 의한 기소를 요하지 않는다고 판시하고 있다.[121] 또한, 처벌형이 벌금일 수 밖에 없는 법인에 대한 기소는 대배심에 의한 기소를 요하지 않는 것으로 보고 있다.[122]

---

117) Ibid.

118) Mackin v. U.S. 117 U.S. 348, 350−51(1886). 「대배심의 대상이 되는 'infamous crime'이란 법정형에 의해 결정되며, 사형 및 구금형, 노역형에 처해질 수 있는 범죄가 여기에 해당한다」.

119) 서창희, "Grand Jury 및 Immunity를 이용한 수사−미국법상 비협조적 참고인에 대하여 진술을 강제하는 방법", 법무연수원, 해외연수검사연구논문집 제11집(1995), 11면.

120) FRCP, Rule 7(a).

121) Green v. U.S. 356 U.S. 165(1958).

122) U.S. v. Yellow Freight System, Inc., 637 F.2d 1248, 1253−55(9th Cir. 1980).

(5) 대배심원의 선정과 역할

대배심원 제도는 미국 사법부 역사의 한 축을 담당하면서 중요한 역할을 수행해왔으며, 국민의 자유수호와 정부의 압제에 대한 저항의 수단이라 볼 수 있다.[123] 연방대배심의 구성에 관하여는 연방형사소송규칙 제6조에서, 배심원의 자격이나 선정절차 등에 관하여는 『The Jury Selection and Service Act of 1968』에서 규정하고 있다.[124] 대배심원의 선정은 16명에서 23명이 무작위로 지역사회의 구성원들 중에서 선정되며, 선정과정 모두를 기록으로 남긴다. 미국 시민권자이며, 18세 이상의 법적 자격[125]이 충족되면 법원은 사건과 이해관계가 있는지, 참석을 못 할 사정에 대한 조사 후 결격 사유가 없는 한 선서를 통해 대배심원을 최종적으로 선정한다.

선정된 대배심원은 잠재적인 형사사건 피의자에 대한 기소 여부를 상정하고 심의하며, 수사과정에서 수집된 증거[126]를 바탕으로 기소 여부를 결정한다. 이때 검사는 대배심원들이 실질적인 기소에 대한 토의장소를 제외하고는 참석하여 사건과 관련된 모든 정보와 관련 진술을 제출한다. 또한 일반 시민들 중 무작위로 선정되었기에 검사는 대배심원을 상대로 일정한 법적 지식을 전달하는 교육을 제공하기도 한다.

이때 잠재적인 형사사건 피의자에게 기소 여부가 제기되었다는 사실을 알리지 않는다는 것을 전제로 하며, 만약 그 사실을 알았을 경우 피의자는 대배심원을 상대로 자신의 변론을 제기할 권리는 없다. 만약 피의자가 심의에 참고인 자격으로 출석하게 된다면, 변호사 선임의 권리는 있으나 변호사는 대배심원을 상대로 변론할 수 없다.

(6) 대배심의 운용
가. 대배심의 성격

대배심은 통상 검사가 제출하는 증거에 의하여, 변호인의 변론은 듣지 아니한 채 피의자가 중죄(felony)혐의로 재판을 받아야 하는지 여부에 대하여 판단한다. 대배심이

---

123) United States v. Sells Engineering Inc., 463 U.S. 418, 103 S.Ct. 3133, 77 L.Ed.2d 743(1983). See also, Wood v. Georgia, 370 U.S. 375, 82 S Ct. 1364, 8 L.Ed.2d 569(1962); In re Groban, 352 U.S. 330, 352-353, 77 S.Ct. 510, 1 L.Ed.2d 376(1957).

124) 박세현, "미국의 기소배심(Grand Jury) 실무 연구", 「국외훈련검사 연구논문집」 제24집 1권, 2009, 11-12면.

125) 여기서 법적 자격이라 함은 법률적 지식을 소유한 자를 의미하는 것이 아니라, 금치산자나 중범죄의 기록이 있는지 등의 보통 시민으로써 자격을 갖추었는지를 말한다(United States v. Busch, 795 F. Supp. 866, 868(N.D. Ill. 1992)).

126) 이때 제출된 증거들은 수사기관에서 수집된 증거들로써 증거법에 근거하여 적합성 여부를 판단 받지 않은 상태의 것이며 차후 기소가 제기되면 증거력에 대한 판단은 법원에서 증거법에 근거하여 판단된다.

범죄혐의에 관한 상당한 이유가 있다는 평결을 하더라도 검사의 서명이 없으면 기소의 효과가 발생하지 않고, 법원이 검사로 하여금 기소장(indictment)에 서명하도록 명령할 수도 없다.[127] 또한, 대배심에서 기소하지 않기로 결정(no true bill)하더라도 검사가 기소할 수 없는 것은 아니다. 즉, 검사는 다른 대배심에 사건을 회부하거나 검사의 단독기소(information)가 허용되는 주라면 검사의 단독기소로써 사건을 재판에 회부할 수도 있다.[128]

한편, 대배심원은 법률에 의하여 엄격한 비밀유지 의무를 진다. 그 이유는 배심원을 피의자나 그 관련자로부터 보호하고, 피의자의 도주를 방지하며, 증인이 대배심 앞에서 충분하고 진실한 정보를 제공하도록 하고, 증인이 증언을 하기 전에 진술을 조작하는 것을 방지하며, 증인에 대한 위협을 차단하고, 향후 수사가 아무런 결실을 얻지 못하였을 때 피의자에게 단순히 수사대상이 되었다는 사실만으로 오명이 씌워지는 것을 막기 위함이다.[129]

배심원은 대배심실에서 있었던 문제들에 관하여 검사에게만 공개할 수 있으나, 평의 및 찬반투표 과정에서 있었던 일에 관하여는 검사라 하더라도 이에 관하여 고지하여서는 아니 된다. 배심원은 법원의 명령이 있는 경우에만 대배심에서 발생한 문제들에 관하여 외부에 공개할 수 있다. 그 외에는 배심원의 친구, 가족, 배우자 등 누구에게도 공개하여서는 아니 된다.

나. 대배심의 구성

대배심의 배심원은 통상 두 가지 절차에 의해 선발되는데, 연방 대배심과 같이 선거인단명부 등에서의 무작위 추첨방식에 의하는 경우도 있고, 일부 주에서 인정되는 것과 같이 배심원선정위원회에서 위원들의 추천에 의해 선발되는 'keymen system'도 인정된다.[130] 배심원은 심리배심과 같은 일정한 자격요건이 요구되므로,[131] 시민권 여부, 정신적·신체적 결함 여부, 일정 연령, 일정기간 이상 거주, 영어구사능력 등이 자격요건으로 규정되기도 한다. 다만 대배심의 배심원 선발과정에는 심리배심과 달리 검사나 변

---

127) United States v. Cox, 342 F.2d 167(5th Cir. 1965).

128) George R. Dekle, Sr., op.cit., 57면.

129) Administrative Office of the United States Courts(미국 법원행정처), Washington, D.C., Handbook for Federal Grand Jurors(연방대배심원을 위한 안내서), 6면.

130) Keymen System은 텍사스주 등 일부 지역에서 실시되고 있는데, 법원에서 지역 저명인사를 배심선정위원으로 선발하고 배심선정위원들이 3-4명씩의 친분이 있는 지역 저명인사를 대배심원으로 선정하며, 이러한 절차에 의하여 대배심원이 구성될 경우에는 자연적으로 대배심원은 다소 고령의 은퇴한 저명인사들로 구성되고 상류층 백인의 고학력 시민들이 대배심원의 주류를 차지하게 된다(Sara Sun Beale 외, op.cit., Ch 3. §3:1)고 한다.

131) FRCP, Rule 6. (a)(2).

호인에 의한 기피권의 행사가 인정되지 않으므로 대배심의 구성에 있어서 변호인의 관여 여지는 극히 제한된다. 물론 법원은 대배심원이 자격을 갖추었는지에 관하여 간단한 신문을 할 수 있으나, 심리배심과 같은 검사와 변호인의 예비신문절차(voir dire)는 거치지 않으며, 전단적 기피(peremptory challenge)도 인정되지 않는다. 다만 대배심원의 적격 여부는 사후에 공소기각(dismissal) 사유가 될 수 있으므로 그 범위에서 검사와 변호인은 대배심원의 선정을 조사할 수 있다.

그러나 대배심의 선정과정 및 대배심원의 적격여부에 위법사유가 있다고 하더라도 그 자체만으로 공소기각의 사유가 되는 것은 아니며, 부적격한 대배심원이 있었다 하더라도 대배심원의 최종적인 평결결과에 영향을 미치지 않았다면 공소기각 사유가 되지는 않는다고 한다.132) 이러한 대배심원은 통상 18개월을 임기로 하며, 임기제로 구성된 대배심은 그 기간동안 대배심에 회부된 사안을 모두 심의하게 되는데, 이는 심리배심이 각 사안별로 구성되며 개별 사안의 종료와 함께 임기가 만료되는 것과 구별된다.

대배심원이 처음 구성되면 임기 시작과 함께 선서를 하게 되며, 통상 해당 법원에서는 대배심으로서의 의무와 책임에 대해 교육을 실시하고, 배심원 중에서 배심원대표 (foreman)를 선정하게 된다.133) 배심원대표는 배심원단을 대표하여 절차 진행, 평결 기록 등 행정적 임무를 수행하게 되며, 기소를 승인하는 경우 배심원단을 대표하여 기소장(true bill)에 서명하게 된다.

다. 정족수

연방대배심의 정족수는 23인 중 16인의 참석이다. 만약, 일시라도 정족수에 미달할 경우에는 즉시 대배심을 중단하여야 한다.134) 평결에 있어서는 대배심원 전원이 평결에 참여하게 되지만, 연방 법원이나 일부 지역에서는 모든 대배심원이 반드시 심리기간 동안 계속 출석해야 평결에 참여할 수 있는 것은 아니라고 하고 있다.135) 다만 실제 대배심원으로 선발된 사람들은 종종 재판상 배심원들보다 그 대표성이 적다고 보여지는데, 이는 대배심원들이 보다 오랜 기간 동안 재판에 참석해야 하므로 이러한 강도높은 법률의무의 수행을 감내할 만한 사람들이 배심원으로 선출되는 경향이 있기 때문이다. 그 결과 많은 사법관할구역에서, 가정주부나 퇴직자들, 혹은 배심활동 기간동안 동인의 노동력이 계속적으로 대체될 수 있을 만한 사람들이 주로 대배심원으로 선발된다136)고 한다.

---

132) Sara Sun Beale 외, op.cit., Ch 3. §3:9.

133) FRCP Rule 6. (c).

134) 18 U.S.C. §3321, FRCP Rule 6.(a)(1), (f).

135) Sara Sun Beale 외, op.cit., Ch 4. §4:1.

136) Wayne R. LaFave 외 2인, op.cit., p.416.

라. 대배심 앞에서의 증거

연방대법원은 대배심의 수사권한을 폭넓게 해석하고 있다. 즉, "범죄에 대한 수사 및 유효한 기소 승인이라는 대배심의 역할로 인해 대배심의 수사권한은 폭넓게 인정되지 않을 수 없다. 대배심의 심리 범위는 대상이 된 사안의 수사로 인한 예견가능한 결과에 한정되는 것도 아니며, 수사의 대상이 된 개인에게 한정된 것도 아니다"[137]라고 한다. 이러한 대배심의 수사권한은 증인에 대한 소환 및 증언강제권한에 의해 뒷받침되는데, 대배심으로부터 소환된 증인은 면책특권(privilege)이 인정되지 않는 한, 대배심에 출석하여 증언할 의무를 부담하게 된다.[138] 이러한 의무는 원래적 의미의 제3자적 증인(witness) 뿐만 아니라, 기소의 대상이 되는 피의자(target)에게도 부과되며, 따라서 잠재적 피고인의 지위에 있다는 이유로 대배심의 소환에 불응하는 것은 허용되지 않는다.[139]

연방대배심과 같이 전형적인 형태로서의 대배심절차에서는 심리절차에 있어 대배심 심리의 대상이 된 피의자(target)의 출석이 허용되지 않으며, 증인은 변호인을 대동할 수 없으므로 변호인의 절차 관여도 허용되지 않는다. 다만 증인이 신문 도중에 심리가 개최되는 심리실(grand jury room)에서 나와 변호인에 대해 조언을 구할 수 있을 뿐이다.[140] 특히 증인의 변호인이 대배심 심리실 밖에 있는 경우에도 신문과정에 자신의 변호인과 상의하기 위해 나갈 수 있으려면 상당한 이유가 인정되어야 하며, 통상은 이러한 기회조차 매우 제한적으로 허용된다고 한다. 피의자도 증인으로 소환되지 않는 한 절차에 관여할 여지가 없으며, 증인으로 소환된 이상 미란다 원칙(Miranda Rule)원칙도 적용되지 않는다.

통상 대배심에서의 소환장은 증인에게 출석하여 대배심 앞에서 증언하도록 명령하는 증인소환장(subpoena ad tesficantum)과 영장에 지정된 문서를 가지고 증인으로서 법정에 나오도록 명령하는 문서지참소환영장(subpoena duces tec um)의 두 가지로 나눌 수 있다.[141]

이러한 대배심절차에 있어서 증인소환이나 문서지참소환명령에는 수정헌법 제4조나

---

137) Branzburg v. Hayes, 408 U.S. 665(1972).

138) Blair v. U.S. 250 U.S. 273, 282(1919). 「증인으로 소환되면 진술거부 특권이 인정되지 않는 한, 대배심에서 자신으로부터 알고자 하는 내용이 현재 대배심에서 조사중인 사안과 무관하다거나, 진술할 경우 타인으로부터 보복받을 우려가 있다는 이유만으로는 소환에 응하지 않을 수 없다」.

139) U.S. v. Mandujano, 425 U.S. 564, 585-602 (1976).

140) Susan W. Brenner, op.cit., p.194.

141) Wayne R. LaFave 외 2인, op.cit., p.412.

제5조가 적용되지 않기 때문에 증인 소환에 있어 상당한 이유(probable cause)를 소명할 필요가 없으며,[142] 문서지참소환명령은 수정헌법 제4조에 의한 압수·수색의 제한규정도 적용되지 않는다. 게다가 상당한 이유가 소명되는 경우라도, 이러한 소환영장이 행정적 측면에서 보다 더 유리한 이점을 갖는 경우도 있다. 예를 들어 다양한 지역에서 많은 양의 기록을 압수·수색하고자 할 경우 이를 전부 수색한다는 것은 비실용적이다. 이 경우 문서지참소환영장이 있다면, 이를 발부받은 자로 하여금 여러 지역에서 기록들을 모아와 이들을 선별해오도록 하는 의무를 부과할 수 있다. 또한 은행과 같은 제3의 기관으로부터 기록들을 확보할 필요가 있을 때는 문서지참소환영장이 더 선호되는데, 이는 subpoena가 그들의 업무를 보다 덜 방해하기 때문이다. 또한 문서지참소환영장은 피조사자로 하여금 조사이유를 알지 못하게 하는데 있어 보다 더 유리하다고 할 수 있는데, 이는 subpoena가 단순히 제공된 문서를 확인하기만 할 뿐, 그것이 왜 수집되었는지 여부를 언급하지 않기 때문이다. 반면에 수색영장의 경우에는 수색의 상당한 이유가 기재된 affidavit[143])이 요구되고, 이를 거부하기 위해서는 법원의 특별명령이 필요하다. 따라서 수색이 헌법에 반하여 이루어졌을 경우 이에 대한 구제방법은 수색으로 얻어진 증거의 사용을 금하는 것이지만, 문서지참소환영장이 허용되지 않는 상황에서 발부되었을 경우, subpoena에 대한 이의제기가 허용되므로 그 취소를 구할 수 있다. 이는 정부로 하여금 이와 같은 이의제기에 맞추어 소환장을 재구성할 수 있게끔 하고, 그와 같은 수정으로 인해 위법으로 인한 증거의 상실을 막을 수 있는 장점이 있는 것이다.[144]

  대배심은 기소가 정당한지 여부를 가리기 위하여 증인의 증언을 듣고 문서나 다른 증거들을 검토하는 데 많은 시간을 할애한다. 통상의 경우에는 검사가 대배심에 범죄혐의와 관련된 증거를 제출한다. 또한 검사는 대배심원들에게 소환이 필요한 증인과 제출되어야 할 문서가 무엇인지에 관하여 조언한다. 대배심은 필요한 경우 추가 증인을 소환할 것을 요청할 수도 있다. 검사는 대배심원들이 기소여부를 평의(deliberation)하고 찬

---

142) United States v. R. Enterprises, INC, 498 U.S. 292(1991)(grand jury subpoenas에 probable cause를 요구하고 있지 아니하는 이유를 대배심의 수사는 어떤 범죄가 범하여졌는지 여부와 관련하여 관련된 가능한 모든 수사의 단서가 나오고, 모든 증인이 적당한 방법으로 심리되었을 경우에 비로소 진행될 수 있음을 근거로 하고 있다); United States v. Dionisio, 410 U.S. 1(1973)(grand jury subpoenas에 probable cause를 요구하고 있지 아니하는 이유를 수사에서의 체포나 혹은 stop과 달리, 대배심의 절차는 강제적 수단이 포함되어 있지 아니하는 다른 종류의 법적인 하나의 절차로서 이해되기 때문이라고 한다).

143) 'affidavit'이란 '선서진술서'로 번역가능한데, 이는 진술자의 선서나 확약을 통해 확인되고, 그러한 선서 등을 집행할 수 있는 권한이 부여된 공무원 앞에서 서명한 당사자가 자발적으로 작성한 사실의 진술기록을 말한다.

144) Wayne R. LaFave 외 2인, op.cit., p.413.

반투표(vote)하는 동안 평의실에 남을 수 없다.

마. 증인신문145)

증인은 한 사람씩 소환된다. 각 증인은 선임 배심원 앞에서 선서한 후 신문에 응하게 된다. 증인신문은 보통 검사가 먼저하고, 선임 배심원, 기타 배심원이 순차로 이어서 한다. 비밀유지 필요성으로 인하여 증거가 제시되는 동안 권한 있는 사람 이외에는 대배심에 참석할 수 없다. 즉, 대배심원, 검사, 신문대상인 증인, 속기사, 통역인만이 참석할 수 있는데, 권한 없는 자가 참석할 경우 대배심의 기소가 무효로 될 수도 있다. 때때로 증인이 질문에 대답을 하기 전에 변호인과 상의하기 위하여 잠시 대배심실에서 나갈 수 있도록 요청하기도 하는데, 증인에게는 변호인과 상의할 권리가 있으므로 이러한 요청은 허용되어야 한다.

나아가, 증인이 제5차 수정헌법상의 자기부죄금지 특권(the Fifth Amendment privilege against self-incrimination)을 주장하며 대답하기를 거부하는 경우, 대배심이 증인에게 질문을 강요할 수 있는지 여부에 관하여 법원의 결정을 얻어야 한다. 다만, 이로 인하여 증인의 대배심 출석의무가 면제되는 것은 아니며, 증인 자신의 혐의 여부에 대한 신문도 허용된다.146) 증인은 자기부죄금지특권 등 면책특권(privilege)에 의하여 자신의 유죄에 관한 증언을 거부할 수 있으나, 이때에도 면책조건부 증언취득권한에 의하여 증인에 대한 기소면책(immunity)147)을 조건으로 증언을 강제할 수 있다.

바. 수사상 증인소환148)

보통의 경우에는 피의자나 피의자측 증인들이 대배심에 출석하지 않는다. 하지만, 피의자 측의 서면에 의한 요청이 있는 경우 대배심에 출석할 기회가 주어지기도 한다. 대배심에 출석한 피의자는 헌법상 자기부죄금지 특권으로 인해 진술을 강요받지 않는다. 만약, 대배심이 피의자의 진술을 강제하려 한 경우에는 대배심의 기소가 무효화될 수 있다. 피의자의 대배심 출석으로 인해 법률상 복잡한 문제들이 초래될 수 있기 때문에, 대배심이 피의자의 출석을 요구하거나 피의자의 요구를 받아들여 출석하도록 하기 전에 검사와 상의하거나 필요하다면 법원과 상의하여야 한다. 피의자가 자발적으로 진술하고

---

145) 미국 법원행정처, 동 안내서, 4면.
146) Susan W. Brenner, op.cit., p.194(특히 증인의 입장에서는 자기부죄금지특권을 명시적으로 주장하는 경우에도 검사의 신문을 중단시킬 수 없을 뿐만 아니라, 심지어 노련한 검사는 표면적으로는 아무런 문제가 없는 질문을 교묘히 사용하여 증인으로 하여금 스스로 혐의를 인정하는 진술을 하도록 하는 것이 실상이라고 지적하고 있다).
147) 이에 대한 자세한 내용은 이영상, 「면책조건부 증언취득제도 도입 시론」, 형사법의 신동향 제4호(2006. 10), 대검찰청, 1-44면 참조.
148) 미국 법원행정처, 동 안내서, 5면.

자 하더라도 피의자에게 진술거부권이 고지되어야 하고, 진술거부권을 포기한다는 문서
에 서명할 것이 요구되기도 한다.

사. 기소 결정(true bill)을 위해 필요한 증거149)

대배심의 임무는 범죄가 발생하였고 피의자가 그 범죄를 저질렀다고 믿을 만한 상
당한 이유(probable cause)가 있는지 여부를 가리는 것이다. 대배심은 피의자가 합리적
의심을 넘어서(beyond a reasonable doubt) 유죄인지 여부를 결정하는 것이 아니다. 또
한 대배심실에서 대배심 앞에 제시된 증거에 의하여만 기소여부를 결정할 수 있다.

아. 평의(deliberation)150)

대배심이 일정한 혐의에 관한 모든 증거를 수집하게 되면 배심원 이외의 모든 사람
은 대배심이 평의를 시작할 수 있도록 대배심실을 떠나야 한다. 그렇지 않으면 대배심
의 기소가 무효화될 수 있다. 이후 선임 배심원의 요청으로 평의와 찬반투표를 하게 된
다. 모든 배심원은 자신의 의견을 표명할 권리가 있고, 결정 전에 모든 배심원의 의견을
들어야 한다. 각 배심원에게 의견표명의 기회가 주어진 후 찬반투표가 진행된다. 대배심
의 기소를 위해서는 최소 16명의 출석과 12명의 기소의견이 있어야 한다.

선임 배심원은 기소의견에 찬성하는 배심원의 숫자를 기록하여 법원직원에게 제출
하여야 한다. 기소 평결이거나 불기소 평결인 경우 공개법정에서 판사나 치안판사에게
이를 고지하여야 한다. 불기소 평결인 경우 피의자가 즉시 석방되거나 보석상태에서 자
유로워질 수 있도록 즉시 서면으로 법원에 고지하여야 한다.

(7) 증거배제원칙의 비적용

대배심원은 재판에서 허용될 수 없는 증거일지라도 기소 여부를 판단하는 근거로
사용할 수 있으며, 비합법적으로 얻은 증거라는 이유로 답변을 거부할 수 없다. 또한 소
송 당사자가 가족이나 친척일지라도 증언을 거부할 수 없다.

(8) 대배심원과 심리배심(형사재판배심)원의 차이

대배심원과 심리배심원의 가장 큰 차이는 첫째, 대배심원은 형사사건에 있어 용의
자에 대한 기소 유무를 심리하는 것이고, 심리배심원은 기소된 용의자에 대한 범죄사실이
있는지 판단하는 것이다. 따라서 대배심원은 용의자가 형사사건에 가담하였는지에 대한
사실관계를 파악하기 위한 심리로써 증거력이 부족한 증거들까지 접근이 가능한 반면, 심
리배심원은 증거법에 의해 필터링된 증거를 바탕으로 용의자의 범죄사실을 판단한다.

---

149) 미국 법원행정처, 동 안내서, 5면.
150) 미국 법원행정처, 동 안내서, 5면.

둘째, 대배심원은 기소 여부를 심리하기 때문에 검사 주도로 심리가 이루어진다. 검사에 의해 준비된 증거와 증인을 바탕으로 기소 여부를 결정한다. 이에 비해 심리배심원은 변호사를 선임할 수 있으며, 변호사는 증거법에 근거하여 피고인에게 불리한 증거를 가려내고 피고인에게 유리한 증거를 제시하며 변론한다.

셋째, 대중에 대한 공개 여부에서도 차이가 있다. 우선 대배심원의 경우 특정 용의자가 범죄에 가담하였다는 어떠한 법적 판단을 받지 않은 상태이다. 또한 어떠한 법적 판단이 나지 않은 상태이기 때문에 대배심원 혹은 검사에 의해 소집된 증인의 경우 사건과 무관할 수 있는 경우가 있으므로 이들을 보호하기 위한 조치로써 대배심원 심리는 비밀성을 원칙으로 한다. 반면에 형사재판은 국민의 알 권리에 바탕한 헌법적 근거에 의해 공개재판을 원칙으로 하며, 특수한 사안에 대해서만 비공개로 진행할 수 있다.

마지막으로, 캘리포니아 주를 비롯한 몇 개 주에서는 대배심원이 지방 정부에 대한 감사 역할도 수행한다. 이러한 대배심원 권한으로는 자체적 수사권을 가지고 있으며, 정부 문서를 비롯한 정부 인사에 대한 소집권도 가진다.

【표 6-17】 대배심원과 심리배심원의 차이

차 이	대배심원	심리배심원
구성규모	23명	12명에서 16명 사이
배심원 활동 기간	2주에서 3달 사이	재판이 끝날 때까지
증거 제출	검사 단독	검사 외 변호사
변호사 출석	단지, 용의자가 대배심원의 증인으로 소환되었을 경우에 한함, 그러나 반대, 의견 소명 제시를 못하며, 대배심원을 상대로 어떠한 질문도 하지 못함.	피고가 스스로 변호하지 않는 한 재판 기간 내내 동석하여 피고를 변호함.
판사 참석	판사는 단지 대배심원 선정 절차에 참여하며, 증거 심의 동안에는 참석하지 못함. 그러나 대배심원의 질문이 있을 경우 답변할 수 있음.	재판 기간 내 참석하여 재판을 관장함.
증거 심의에 필요한 정족수	최소 16명	12명 모두 참석 필요
결정 사항	기소 여부	검사가 범죄 사실에 대해 어떠한 의혹 없이 범죄를 증명하였는가

결정 채택 가능 정족수	최소 16명이 참석하여야 기소 여부를 결정할 수 있으며, 그중 최소 12명이 사건에 중요한 증거와 법적 요구에 동의하여야 함.	최소 12명 출석에 만장일치로 결정됨.
대중 공개 여부	비공개 원칙으로 하며, 심의 진행에 필수 인원만 참석 가능.	공개 원칙으로 하되, 배심원의 심의 과정만 비공개로 진행. 단, 판사 재량에 의해 비공개 재판도 가능함.

(9) 실무상 대배심의 존재의의

애초에 대배심은 검사의 자의적 기소를 방지하기 위한 검찰권 견제 장치로서 출발하였으나, 미국에서 대배심의 존치를 희망하는 기관은 다름 아닌 검찰이라고 한다. 그 이유는 유명 정치인 관련 사건, 기업 관련 사건, 대형 부정부패 사건 등 사회적으로 이목이 집중되는 사건 수사에 있어서 검찰이 공정성 시비에 휘말리는 것을 막아주기 때문이다. 또한, 대배심의 증인출석요구, 문서제출요구 등을 이용하여 자발적으로는 출석·진술하지 않으려는 참고인들의 출석·진술, 문서제출을 강제할 수 있고, 이는 법원의 영장이 없이도 강제수사를 할 수 있는 강력한 수단이 되며, 대배심이 출석한 증인의 증언을 고정시키는 역할까지 하고 있기 때문이다. 다만, 대배심은 법률지식에 문외한인 일반 시민들로 구성되기 때문에 법률전문가인 검사가 거의 전적으로 영향력을 미칠 수 있다는 비판적 지적도 많이 제기되고 있다.[151]

4. 주 대배심원

미국의 사법체계의 발전과 함께 각 주는 각기 다른 판례법(Case Law)을 발전시키면서 각 주의 특유의 대배심원 제도를 발전시켜왔다. 따라서 대배심원의 세부적인 관련 법들은 주마다 조금씩 다르다. 실례로 뉴욕과 캘리포니아 대배심원을 비교하여 보더라도 그 차이를 쉽게 찾아볼 수 있다.

캘리포니아의 경우 대배심원이 지방 정부에 대한 감사권을 가지고 있는 반면, 뉴욕은 감사권이 없다. 이처럼 다양한 대배심원의 주법을 통합하는 차원에서 연방법이 만들

---

151) 2014. 12. 6.자 조선일보 인터넷판, 2014. 11. 25.(미주리 주 퍼거슨 대배심은 18세의 흑인 청년을 총으로 사살한 경찰관에 대하여 불기소 결정을 한 데 이어 2014. 12. 3. 뉴욕 주 스태튼 아일랜드 대배심이 마약밀매 혐의를 받고 있던 흑인을 체포 과정에서 목졸라 숨지게 한 경찰관에 대하여 또다시 불기소 결정을 하자, 미국 내에서는 시민들의 항의시위와 함께 검사가 심리과정을 사실상 주도하고 인적 구성상 백인이 배심원 다수를 차지하는 이러한 대배심 제도를 개혁해야 한다는 여론이 강하게 일고 있다).

어졌으며, 연방차원에 해당하는 사건에 적용되며, 일부 주는 연방 대배심원법을 따르기
도 한다.

(1) 뉴욕 주 대배심제도

뉴욕 대배심원은 결격사유가 없는 일반 시민 23명으로 구성되며, 형사사건에 대한
기소 여부를 심리한다. 심리에 있어서는 전적으로 검사 주도로 이루어진다. 판사는 대배
심원 선정에 관여할 뿐 대배심원의 요청이 있을 경우에만 제한적으로 참여한다. 한 번
대배심원으로 선정된 인원은 향후 6년간 법정 배심원 혹은 대배심원으로 선정되지 않는
다. 11일 이상 대배심원으로 선정된 인원의 경우에는 향후 8년간 대배심원으로 선정되
지 않는다.

대배심원은 사전 교육을 마친 후 대배심원 위원회 혹은 판사의 주관 하에 23명의
인원이 무작위로 선정되는데, 선정된 대배심원은 2주에서 몇 달간 대배심원 직을 수행
하며, 한 주에 하루 혹은 이틀 동안 대배심원 심리에 참석한다. 배심원 위원회(Commissioner
of Jurors)에서 선정된 대배심원에게 일정을 비롯한 참석기간 등의 상세한 일정을 제공하
며, 대배심원들에 대한 교육을 실시한다.

대배심원의 심리152)에 있어 정족수는 16명으로 한다. 대배심원의 결정사항이 투표
로 이어질 경우 반드시 12명의 대배심원이 중요성이 강조된 증거에 대해 고지받아야 하
며, 또한 법적 지시사항에 대한 고지를 받아야 한다. 12명의 대배심원이 고지를 받지 못
하였을 경우 대배심원의 결정은 무효가 된다.

【표 6-18】뉴욕 대배심원 제도

선정 기준	대배심원은 18세 이상의 시민권자로서 영어 소통에 불편함이 없어야 하며, 중범죄로 기소된 적이 없어야 한다.
직무 기간	형사사건 개시와 상관없이 주기적으로 선임되어 2주에서 길게는 몇 달간 직무를 수행한다.
주도 기관	검사에 의해 대배심원 교육 및 증거 제시가 이루어진다.
직 무	검사에 의해 제기된 형사 사건에 대한 기소 심리
특이사항: 증인의 면책특권을 포기한 자는 변호사를 선임할 권리를 가진다.	

---

152) 증거 심의(hearing evidence)를 비롯한 검사에 의해 제공된 증거물 심의 및 증인 신문 등의
기소 결정이 아닌 대배심원의 절차를 말한다.

대배심원은 대배심원 심리기간 동안 사건에 대한 의견을 대배심원 심리과정에 관련된 인원 외에 외부인들과 나눌 수 없다. 그러나 대배심원과는 달리 증인들은 비밀준수의 의무를 지지 않는다. 따라서 증인은 심리 이외의 장소에서는 외부인과 의견을 나눌 수 있다. 증인 외의 대배심원에 속한 인원은 비밀준수의 의무를 지기 때문에 이를 위반할 경우 법적 책임을 질 수 있다. 또한 대배심원 심리과정에 참여하는 증인의 경우 면책특권153)을 가진다.

대배심원은 죄의 여부를 판단하는 것이 아니라 용의자에 대한 기소 여부만을 판단한다. 대배심원 심리에 있어 검사는 대배심원에게 증거물을 제공하며, 판사는 대배심원 심리 과정에 참석할 수 없다. 단 대배심원의 요청이 있을 경우, 판사는 사건에 핵심 쟁점을 정리해 준다. 또한, 대배심원의 필요에 의한 질문사항이 있을 경우 답할 수 있다. 대배심원 심리에 관한 모든 과정은 비밀성이 보장된다. 비밀성을 보장하는 이유로는 첫째, 소집된 증인들의 성실한 협력을 구하기 위함이다. 둘째, 대배심원의 결정에 있어 외부의 간섭에서 자유롭게 하기 위함이다. 셋째, 무고한 증인들에 대한 보호 차원이다.

기소 결정에 대한 투표에 있어 대배심원의 정족수 16명이 반드시 참석하여야 한다. 대배심원에 의한 최종 기소 결정에 대한 투표가 진행되기에 앞서, 검사는 대배심원을 상대로 범죄성립의 요건 등을 다시금 상기시키고 대배심원들로부터 있을 질의에 대해 답하며, 대배심원들은 기소에 관한 사항들에 대해 서로 의견을 나눈다. 기소 결정이 이루어지기 위해서는 12명의 대배심원의 투표가 있어야 한다.

대배심원들의 숙고과정 이후 대배심원들은 투표를 진행하게 되는데, 이때 투표 장소에는 대배심원 외에 어느 누구도 참석이 제한된다.154)

---

153) A witness who gives evidence in a grand jury proceeding receives immunity unless: (a) He has effective waived such immunity pursuant to section 190.45; or (b) Such evidence in not responsive to any inquiry and is gratuitously given or volunteered by the witness with knowledge that it is not responsive. (C) The evidence given by the witness consists only of books, papers, records or other physical evidence of an enterprise, as defined in subdivision one of section 175.00 of the penal law, the production of which is reqired by a subpoena duces tecum, and the witness does not possess a privilege against self-incrimination with respect to the production of such evidence the witness to immunity except as provided in subparagraph (a) and (b) of this subdivision.

154) 만약 수화 통역이 필요한 경우 수화 통역사는 입장이 허용된다.

【표 6-19】뉴욕 주 주요 대배심원 관련 법령[155]

Section 190.20	〈대배심원 구성 및 선서〉 대배심원 선임은 관련 법에 의해 관장되며, 대배심원은 독립성이 보장된다. 선임된 대배심원은 대배심원의 대표와 서기를 선출하여야 하며, 법원에서 대배심원의 의무에 대한 선서를 한다. 선서를 마친 대배심원에 한해 법원은 대배심원 직무 및 관련 법령들을 대배심원에게 전달하여야 하며 이와 관련된 교육을 실시한다.
Section 190.25	〈대배심원 일반적 심리 절차〉 최소 16명의 대배심원이 심리에 참석하야야 하며 심리에 있어 증인을 비롯한 검사, 그 외에 필수 인원 이외엔 참석이 불가하며 기소 결정에 있어서는 반드시 대배심원과 수화 통역사를 제외하곤 참석을 허용하지 않는다.

뉴욕 대심원 심리에 관련 법령	
Section 190.30	〈대배심원에게 제출되는 증거〉 대배심원에게 제출되는 보고서는 반드시 공무원 혹은 공무원에 의해 임명된 인원(의사, 총기 식별전문가, 생체 전문가 등)에 의해서 작성되어야 한다. 또한 대배심원 심리에 소환된 증인은 선서를 한다.
Section 190.32	〈영상 증거〉 12세 이하의 형사 피해자 및 12세 이상의 형사 피해자이나 사건으로 인한 심한 정신적 장애를 겪고 있는 경우를 비롯해 거동에 불편함이 있는 경우에 한하여 영상 증거로 대체할 수 있다.
Section 190.40	〈대배심원 심리 대상 증인〉 증인은 대배심원 요구에 의한 증거 제출 요구에 반드시 순응해야 하며, 자신에게 불리한 증거라 해서 거부할 수 없다. 증거를 제출한 증인은 면책 대상자로써 보호를 받는다.
Section 190.45	〈증인의 면책 특권 포기〉 증인의 면책 특권을 포기하였을 경우 반드시 서면으로 제출하여야 한다. 면책 특권 포기는 불리한 진술을 강요받지 않을 권리를 포기하는 것도 포함한다.
Section 190.50	〈증인 소환〉 증인으로 소환된 자는 소환에 거부할 수 없으며 소환 될 증인은 검사에 의해 사건과 관련성이 있다고 판단된 자이다.
Section 190.52	〈변호사 선임권〉 증인의 면책 특권을 포기한 자는 변호사를 선임할 수 있다. 참석한 변호사는 증인에게 법률자문만을 할 수 있다.
Section 190.55	〈대배심원 증거 심리〉 대배심원은 검사에 의해 제출된 증거만을 가지고 기소 결정을 한다.

---

155) 출처: New York State Court, Grand Juror's Handbook.

Section 190.60	〈대배심원 심리 결정〉 대배심원은 증거를 검토 후 기소 유무를 결정한다.
Section 190.75	〈불기소〉 검사가 제출한 증거를 바탕으로 심리한 결과 용의자가 범행에 가담했다는 충분한 법적 근거가 부족하다고 판단될 때, 즉시 불기소 처분을 법원에 제출한다.
Section 190.80	〈대배심원 심리 지연〉 용의자가 구금된 상태로 대배심원 심리가 진행될 경우 45일을 초과해서 용의자를 구금할 수 없으며, 용의자의 동의 혹은 심리 지연에 충분한 이유가 없을 경우 반드시 구금 상태를 해제하여야 한다.

(2) 캘리포니아 대배심제도

일반 시민으로 구성된 캘리포니아 대배심원은 비밀성이 보장된 위원회에서 검사 (District Attorney)가 준비한 증거물을 가지고, 용의자가 형사재판 기소에 있어 충분한 증거가 있는지에 대한 여부를 심의한다. 또한 캘리포니아는 대배심원에게 수사권을 부여하여 지역 사회의 문제에 대한 자체 수사를 진행할 수 있으며, 정기적으로 캘리포니아 주 정부에 보고한다. 캘리포니아 대배심원의 권한은 캘리포니아 형법(Penal Code)과 판례 (Case Law)에 의해 보장된다. Monroe 판례는 통해 캘리포니아 대배심원 독립성과 권한에 대해 판시하였다.156)

캘리포니아 주에 속한 58개의 시와 군(county)은 매년 7월과 8월 사이 새로운 대배심원을 선정한다. 대배심원의 정족수는 시의 인구에 의해 조정되며, 만약 시의 인구가 이만 명 미만의 경우에는 대배심원은 통상 11명이 선정된다.157) 대배심원 선정과 심의 과정을 포함한 모든 제반에 소요되는 예산은 법원이 아닌 캘리포니아 시 정부 예산으로 운영된다.

---

156) 원문은 다음과 같다.

In our system of government a grand jury is the only agency free from possible political or official bias that has an opportunity to see operation of the government on any broad basis. It performs a valuable public purpose in presenting its conclusions drawn from that overview. The public may, of course, ultimately conclude that the jury's fear were exaggerated or that its proposed solutions are unwise. But the debate which reports, such as the one before us, would provoke could lead only to a better understanding of public governmental problems. They should be encouraged and not prohibited.(See, Monroe v Garrett (1971), 17 Cal App 3d 280).

157) 관할 위원회의 결정에 따라 19명까지 대배심원이 선정될 수 있다. 또한 로스엔젤레스와 같은 규모가 큰 시는 23명이 대배심원에 선정되며, 캘리포니아 주에서 150,000명이 대배심원으로 한해에 선정된다.

대배심원의 선정 기준은 18세 이상의 시민권자로서 기타 결격사유가 없을 경우 선정된다.[158] 대배심원으로 선정된 자는 재판에 관련된 배심원으로 선정될 수 없으며, 공무원 면책특권을 가진다. 또한 대배심원으로 선정된 기간 동안 선출직 공무원으로 선임될 수 없다.

【표 6-20】 캘리포니아 대배심원 제도

선정 기준	18세 이상의 미시민권자로서 영어 사용에 어려움이 없어야 하며, 중범죄로 기소된 적이 없으며, 금치산자 혹은 한정치산자가 아니어야 한다.	
직무 기간	7월에 선정에 다음 해 6월까지 직무를 수행한다(1년).	
보 수	주정부의 예산으로 대배심원 보수를 지급한다.	
직 무	1. 형사 기소 직무 • 배심원 위원 사무소(Office of Jury Commissioner)에서 대배심원 관련 직무 수행 • 형사 사건 기소 전담	2. 공공 감시자 직무(Civil Watch Dog) • 캘리포니아 대배심원 협회에서 대배심원 관련 직무 수행 • 캘리포니아 시와 군(County) 단위의 행정 단위의 지방 정부 감사 전담
특이사항: 뉴욕을 비롯한 여러 주들은 대배심원들이 형사 기소 직무를 수행하는 데 비해 캘리포니아 주는 정부 감시자의 역할을 같이 수행한다.		

가. 형사 기소(Criminal Indictments)

검사 주도로 소집된 대배심원들은 비밀성이 보장된 위원회에서 용의자의 기소 심의가 시작된다. 비밀성을 목적으로 하기 때문에 위원회에 참석하는 인원[159]은 제한되며, 참석하는 인원은 반드시 선서 후에 참석한다. 증인의 경우 참석 시 변호사를 동반하지 못하며, 변호인을 동반하였을 경우 변호인은 위원회 밖에서 대기하며, 밖에서의 법률 조력은 허용된다.

위원회 심의과정에서는 검사가 참석하며, 검사 주도로 대배심원을 상대로 증거물을

---

158) A citizen of the United States 18 years or older; a resident of the county for one year immediately prior to being selected; in possession of their natural faculties; of ordinary intelligence, sound judgment, and fair character; and possessed of sufficient knowledge of the English language. These subjective criteria are dealt with during the vetting and interview process.

159) 대배심원 이외에 위원회에는 검사, 증인, 법원서기가 참석하며, 특히 검사와 법원서기는 대배심원의 비밀에 대한 선서를 한다.

제시한다. 또한 검사는 검사에게 불리한 증거가 있을 경우 대배심원에게 제시하여야 하며, 대배심원은 기소 심의과정 중 검사를 상대로 증거물에 대한 의문점160)을 제기 할수 있으며, 검사는 대배심원의 요청에 답할 의무를 진다. 기소의 원칙은 대배심원에 의한 서면 고발이다.161)

나. 공공감시자로서의 대배심원

캘리포니아 형법 제916조는 대배심원에게 자체적인 수사권을 보장하여 대배심원이 사회 감사자(Civil "Watchdog" Oversight)로서의 역할을 수행하도록 하고 있다.162)

대배심원은 시민들의 제보와 대배심원 위원회 건의 사항들을 검토하여 수사권을 발동한다. 이때 2명 내지 필요시 그 이상의 대배심원이 사안에 대한 수사를 시행하며, 수사 후 사안에 대한 수사보고서를 발표한다. 대배심원의 수사권에는 사건에 관련된 인물에 대한 증인소환(Subpoena)을 행사할 수 있으며, 증인의 증언내용을 녹음할 수도 있는데, 배심원의 수사행위에 있어 어떠한 법적 책임을 지지 않는다. 모든 대배심원의 수사는 비밀성이 보장되어야 하므로, 대배심원은 비밀성에 대한 선서를 반드시 하여야 한다. 대배심원 수사과정에서 제시된 증거와 증언내용 그리고 수사과정에서 오고간 대화 내용에 대한 비밀의무를 준수하여 한다.163) 또한 대배심원은 수사과정에서 있어 생긴 의문이나 기타 사안에 대해 외부의 법률조력을 받을 수 없다.

다. 시 공무원에 대한 고발(Accusation)

캘리포니아 형법 제919조 c항에 의거 대배심원에게 시 공무원의 불법행위에 대한 수사권이 인정된다. 또한 정부법(Government Code) 제3060조에 의거하여 기소권을 행사할 수 있으며, 해당 공무원에 대한 탄핵에 관련된 재판을 회부시킬 수 있다.164) 대배심

---

160) 대배심원 기소 심의에 제시된 증거물은 적법성을 판명 받지 않은 상태이기에 대배심원은 검사에게 서면으로 증거법에 의한 적법한 증거물인지에 대한 물음을 요청할 수 있다.

161) Penal Code Section 889. An indictment is an accusation in writing, presented by the grand jury to a competent court, charging a person with a public offense.

162) 캘리포니아 형법 제925조는 대배심원의 수사대상 및 영역에 대해 구체적으로 기술하고 있는데, 법 조항은 다음과 같다(대배심원은 시와 군 단위의(County)의 행정, 회계, 그리고 기록 등과 시 공무원과 관련된 기록들을 조사할 수 있다. 또한 대배심원은 캘리포니아 형법에 의거 공무원들의 부정부패, 공무원과 연계된 여러 단체들에 대한 수사권을 가지고 있다. 하지만 주정부를 비롯한 연방정부 그리고 개인 사업체에 대해서는 그 수사권이 제한된다).

163) 단, 대배심원의 최종수사보고서에 대한 비밀준수의무는 없다.

164) 원문은 다음과 같다.

An accusation in writing against any officer of a district, county, or city, including any member of the governing board or personnel commission of a school district or any humane officer, for willful or corrupt misconduct in office, may be presented by the

원의 자체적인 조사에 의해 고발이 이루어지면 검사에게 기소 사실을 통보하며, 검사는 즉각적으로 공무원 탄핵 재판이 열리도록 하여야 한다. 대배심원은 조사 및 기소권 외 정기적으로 캘리포니아 대법원 판사에게 공무원 감사보고서를 제출하게 되어있다.

5. 한국의 검찰수사심의위원회와 비교

검찰수사에 있어 국민의 신뢰 제고를 목적으로 2018년 9월 20일 검찰수사심의위원회 운영지침에 관한 법률이 시행되었는데,[165] 검찰수사심의위원회는 미국의 대배심원제도를 모델로 하였다고 전 문무일 검찰총장이 밝힌 바 있다.[166]

【표 6-21】 검찰수사심의위원회와 미연방 대배심원 제도 비교표

구 분	검찰수사심의위원회	미연방 대배심원 제도
목적	검찰수사의 절차 및 결과에 대한 국민의 신뢰를 제고	국민에 의한 기소
변호사 역할	변호사 검찰과 동등한 입장	변호사 역할은 제한적 혹은 전무함
증거 제시	검찰, 변호사	검찰 주체
증거배제원칙	–	증거배제의 원칙이 적용되지 않음
변호사 선임권 및 미란다	–	변호사 선임권 및 미란다 고지 의무 없음
심의 대상	• 수사 계속 여부 • 공소제기 또는 불기소 처분 여부 • 구속영장 청구 및 재청구 여부 • 공소제기 또는 불기소 처분된 사건의 적정성·적법성 등 • 기타 검찰총장이 위원회에 부의하는 사항	• 기소 여부
구성 방식	검찰총장의 직위에 의한 위촉	시민들 중 무작위 선별

---

grand jury of the county for or in which the officer accused is elected or appointed. An accusation may not be presented without the concurrence of at least 12 grand jurors, or at least eight grand jurors in a county in which the required number of members of the grand jury is 11.

165) 국가법령정보센터 <http://www.law.go.kr/행정규칙/검찰수사심의위원회운영지침/>.

166) 서울 신문 <http://www.seoul.co.kr/news/newsView.php?id＝20100612 016015>.

시행 방법	사건관계인의 신청	연방의 경우 필수 절차
심의 운영 방법	검사와 사건관계인 혹은 법률대리인에 의한 의견서 제출 및 소명 진술	필터링 없는 사건 관련 정보 및 증언
효력	주임검사는 현안위원회의 심의의견 존중하나 구속력 없음	심의 결과에 의한 기소 유무 결정

한국의 검찰수사심의위원회는 미연방 대배심원(Grand Jury) 제도와 유사점을 많이 가지고 있다. 미연방 대배심원 제도는 '국민이 기소를 한다'라는 취지에서 국민에 의한 정의사회 구현을 목적으로 운영되고 있으며, 헌법에서 보장하고 있다. 따라서 사법부의 독립된 구성체로써의 권한을 가지고 있다.

반면, 검찰수사심의위원회 운영지침에 관한 법률 제3조를 보면 위원회는 1. 수사 계속 여부, 2. 공소제기 또는 불기소 처분 여부, 3. 구속영장 청구 및 재청구 여부, 4. 공소제기 또는 불기소 처분된 사건의 수사 적정성·적법성 등, 5. 기타 검찰총장이 위원회에 부의하는 사항, 총 다섯 가지 역할을 수행한다. 이에 비해 미연방의 대배심원에서는 잠정적 피의자에 대한 기소 여부 한 가지만 판단한다. 반면, 한국의 검찰수사심의위원회 역할의 비중으로 인해 동 법률 제4조에 명시된 것과 같이 사법제도에 대한 상당한 지식을 가지지 않고서는 사안에 대한 심의가 어렵다.

절차상 요건을 보면 미연방 대배심원 제도와 달리 고소인 혹은 변호인을 포함한 사건관계인이 위원회 소집을 신청하여야 심의를 받을 수 있으며, 심의과정에서 보면, 제출된 30면을 넘지 않는 의견서를 바탕으로 주임검사와 신청인이 현안위원회에 출석하여 각각 30분 이내로 해서 사건에 대한 설명과 의견을 개진하여 전문인으로 구성된 위원들이 심의하는 과정으로 진행된다. 특히, 의견을 개진하는 과정에 신청자의 변호사자격을 가진 법률대리인이 심의과정에 참여한다는 특징이 있다. 이는 미 대배심원 제도와는 달리 한국의 검찰수사심의위원회 심의위원들이 판사 역할을 하고, 검사와 피고인을 비롯한 법률대리인 양방이 참여하는 일종의 약식재판의 형식을 보이고 있다.

6. 검 토

미국에서 대배심의 반대론자들은 첫째, 대배심은 비능률적이고 불필요한 비용을 증가시키며 혐의자에 대한 기소를 지연시킨다는 점, 둘째, 대배심은 그 구성원의 법률지식과 경험의 부족으로 실제 불기소하는 경우가 거의 없고 검사의 고무인(rubber stamp) 역할밖에 하지 못한다는 점, 셋째, 때때로 대배심제도는 검사의 재량권행사에 대한 일반인의 정밀조사로부터 검사를 보호하는 기능을 하는데 그친다는 점, 넷째, 자의적이고 잘못된 소추로부터 시민을 보호하는 기능을 하여야 할 대배심은 가끔 기소하여야 할 사건을 기소하지 않거나 부당하게 기소함으로써 정의에 반하는 결정을 하는 경우가 있다는 점, 다섯째, 제도로서의 대배심은 회복할 수 없을 정도로 일반인의 존경과 신뢰를 상실하였다고 주장한다.

반면에 미국에서 대배심의 지지자들은 첫째, 대배심은 민주적이고 지방적인 제도로서의 성격을 가지며 최소한 큰 정부와 국가주의를 거부하는 유효한 수단이 된다는 점, 둘째, 기소율이 높은 것은 검사가 사려 깊게 사건을 검토한 결과로 보아야 하며 검사가 대배심을 통제한다기보다 대배심의 결과를 예측하였다고 보아야 한다는 점, 셋째, 대배심의 명성이 실제로 드러나는 것은 소수의 중요한 사건에 한정되어 있다는 점, 넷째, 대배심의 심사는 검사와 판사에 의한 심사와 반드시 중복되는 것이 아니며 검사의 공소장으로 사람을 재판에 회부하는 것은 정치적, 개인적 남용의 위험이 큰 힘을 한 개인에게 부여하는 것이라는 점, 다섯째, 대배심에 대한 일반인의 지지가 상실되었다는 것은 예컨대 뉴욕주의 경우나 Watergate사건의 경우를 보면 근거가 없다는 점 등을 들고 있다.[167]

생각건대 우리나라의 형사법기관의 관행, 수사 및 재판시스템 개혁을 단행하는 데 있어서 국민의 눈높이와 법의식을 공정하고 객관적으로 반영할 필요가 있다. 물론 그동안 검사의 공소권통제에 대한 시민참여제도로 검사의 불기소처분에 대하여 항고를 담당하는 고등검찰청에 설치된 '항고심사위원회', 재정신청사건에 대한 '공소심의위원회', 가해자와 피해자가 중립적인 제3자의 중재 하에 형사소송절차를 거치지 않고서도 피해에 따른 원상회복 내지 분쟁해결의 기회를 제공하는 '형사조정위원회', 공소제기여부와 관련된 사실관계를 분명하게 하기 위하여 직권이나 피의자 등의 신청에 의해 전문수사위원을 수사절차에 참여하게 하는 '수사자문위원회'(형사소송법 제245조 내지 제245조의4), 구속취소 내지 재구속영장청구가 있을 때 참여국민의 의견을 반영하는 '구속심사위원회'는 물론 개정 형사소송법상 '영장심의위원회'도 설치되었지만, 검찰활동에 대한 시민참여의 경우 발전과 보완을 위한 진정한 '참여'보다는 형식적인 '들러리'에 가까운 경우가 많았다는 비판이 제기되고 있다. 따라서 검찰의 수사 및 공소권에 대한 통제수단으로 공수처보다는 실질적인 시민참여수단인 '기소배심 내지 대배심제도'의 도입이 더 절실하게 보인다. 왜냐하면 검사의 수사지휘가 폐지되고 직접수사 범위가 특정범죄로 제한되었으며, 사법경찰 단독으로 불송치 결정을 내리고 사건을 잠정적으로 종결할 수 있는 권한이 인정된 개정 형사소송법 하에서 미국식 당사자주의의 추종에 따라 검찰이 기소기관으로 자리매김을 하고 있는 현 상태에서는 기소에 대한 통제수단을 강구하는 것이 더

---

167) NDAA의 기소기준, pp.185 – 186.

바람직하게 보이기 때문이다.

Ⅲ. 진술을 얻기 위한 다양한 제도의 도입

1. 수사상 진술을 얻기 위한 유죄협상제도의 도입

(1) 의 의

유죄협상제도(Plea Bargaining)[168]란 피의자가 기소사실인부절차에서 소추사실에 대하여 유죄답변을 하는 것을 조건으로, 검사와 소추범죄사실에 대하여 상대적으로 가벼운 범죄사실로 변경하거나 보다 관대한 형을 선고받을 수 있도록 구형을 낮출 것을 서로 협상하는 것을 말한다. 예컨대 고의에 의한 살인혐의를 받고 있는 피의자가 유죄답변을 한다면 과실에 의한 살인혐의로 소추할 것을 제의하여 협상하는 것이다. 이와 같은 답변협상은 피의자가 소추되기 전이나 그 후 언제든지 검사와 피의자 사이에서 이루어 질 수 있다. 실제로는 피의자를 대리한 변호인과 검사 사이에서 답변협상이 이루어지는 경우가 많으며, 경우에 따라서는 법정에서 판사의 권유에 의하여 이루어지기도 한다. 이러한 제도는 배심재판의 절차가 복잡하여 시일이 많이 걸리기 때문에 가급적 피고인과 검사 사이에서의 협상을 통한 유죄답변을 유도함으로써 배심공판절차를 생략토록 하려는데 그 현실적인 배경이 있지만, 보다 근본적인 배경은 미국 형사사법절차가 대륙법계 국가의 경우와 달리 당사자주의를 그 근간으로 하고 있기 때문이라고 한다.

(2) 이용실태

미국에 있어서 대부분의 범죄는 재판절차에 해결되는 것이 아니고 답변거래(plea bargaining)에 의하여 해결된다. 지역에 따라 약간의 차이가 있으나 중죄사건에 관한 유죄 중 80－90%는 피고인의 유죄답변에 기초하는 것이며,[169] 경죄사건에 있어서는 그 비율이 더 높다.[170] 구체적인 통계를 살펴보면, 2007. 10. 1.부터 2008. 9. 30.까지 1년

---

168) Plea Bargaining의 번역과 관련하여 답변거래, 답변협상, 유죄인정협상 등 다양한 용어가 사용되고 있으나, Plea Bargaining이 기본적으로는 기소인부절차(arraignment)에서 피고인이 어떻게 답변할(Plead) 것인지에 대한 것이므로 '유죄협상'으로 호칭하기로 한다.

169) 1998년 Cook 카운티 형사법정(시카고의 형사지방법원이자 가장 바쁜 중죄 법정)에서는 중죄 피고인 중에서 오직 1%만이 배심재판을 받았고, 나머지 사건은 정식기소되지 않거나 플리바게닝으로 처리되었다. 2001년 미국 연방지방법원에서 다루어진 사건의 94%가 유죄답변(Plea guilty)으로 또는 다툼없이(no contest) 종결되었는데, 1984년 법원에서 다루어진 사건의 84%가 플리바게닝으로 종결된 이후 그 수치가 점차 증가하고 있다(데이비드 존슨, "거절할 수 없는 제안: 미국의 플리바게닝", 형사법의 신동향 통권 제17호(2008. 12.), 대검찰청, 107면)고 한다.

간 연방검찰청에서 기소되어 선고된 인원 91,728명 중 90.3%인 82,823명에 대해 유죄가 선고되었는데, 유죄를 선고받은 피고인 중 79,762명이 유죄답변(guilty)에 기해, 422명이 불항쟁답변(nolo contendere)에 기해, 2,396명이 배심재판에 기해, 243명이 배심없는 재판에 기해 각 유죄를 선고받았다.171) 즉, 유죄를 선고받은 피고인 중 96.8%가 그의 유죄 또는 불항쟁 답변에 기해 유죄를 선고받았고, 정식으로 재판절차를 거쳐 유죄를 선고받은 피고인은 3.2%에 불과한 것이다.

일반적으로 유죄답변협상은 증거에 의하여 인정되는 피고인의 혐의보다 경한 범죄로 인정하여 처벌하는 것이 상당하다고 검사와 피고인 쌍방이 합의한 상황에서 이루어진다. 이러한 "거래"가 피고인에게 유리하다고 여겨지는 몇 가지 이유는 다음과 같다. 첫째, 경한 죄목은 상대적으로 낮은 법정형으로 처벌되므로 피고인으로서는 경한 죄목에 관하여 유죄인정답변을 하여 판사의 양형 재량을 제한할 수 있다. 반면, 경한 죄목에 관하여 피고인이 유죄답변을 함으로써 판사의 양형재량을 오히려 최대화할 수도 있는데, 이는 곧 중죄에 관하여 규정된 형의 높은 하한선을 벗어나거나 보호관찰을 받을 여지도 있게 되는 것이다. 셋째, 피고인은 실제로 행한 범죄에 관한 평결을 기록으로 남기고 싶어 하지 않을 수도 있다. 즉, 피고인이 성범죄 혐의를 받다가 질서위반행위라는 모호한 범죄사실에 관하여 유죄인정답변을 함으로써 파렴치 범죄에 따른 낙인을 피하고 싶어 하기 때문이다. 또 다른 경우로는 중죄 혐의에 관한 유죄평결을 피함으로써 유죄평결에 따른 부수적 효과, 예컨대 시민권의 상실이나 일정한 형태의 고용에 있어서 불이익 등을 피하기 위해서도 유죄인정답변이 피고인에게 유리한 측면이 있다.

두 번째 형태의 유죄답변협상으로는, 피고인이 "정면으로" 본 혐의에 대하여 유죄인정을 하고 자신에게 부과될 형에 관하여 검사로부터 모종의 약속을 받아내는 경우이다. 검사는 관대한 처분에 관하여 일반적으로 동의하거나 보호관찰과 같은 특정한 처분을 청구하겠다고 약정하기도 한다. 경우에 따라서는 검사는 판사에게 의견개진을 하지 않거나 피고인 측에 의하여 이루어지는 형감면 주장에 이의를 제기하지 않겠다는 정도의 약정만을 하기도 한다. 검사에 따라서는 검찰 구형을 존중하는 판사의 관행을 근거로 자신이 받아낼 수 있다고 생각하는 특정한 형량을 피고인의 유죄인정의 대가로 대담하게 약정하기도 한다. 그러나 어떤 사건에 관하여는 판사가 검사의 구형을 따르지 않을 가능성 ― 대부분의 지역에서는 그 가능성은 높지 않으나 ― 이 있기 때문에 '형량'에 관한 협상은 '기소'에 관한 협상보다 다소 위험성이 높다.

---

170) U.S. Department of Justice, *Compendium of Fedral Justice Statistics* 2003(http://www.ojp.usdoj.gov/bjs/pub/pdf/cfjs03.pdf, 2005) 접속에 의하면 2002년 9월부터 2003년 8월까지 사이에 유죄판결을 받은 피고인 중 96%가 유죄답변을 하였다고 한다.

171) 김종구 외 7인, 검찰제도론, 법문사(2011), 528면.

또 다른 형태의 유죄답변협상은 일정한 범죄사실에 관하여 피고인이 직접적으로 유죄인정을 하면서 검사로부터 다른 범죄사실에 대하여는 기소하지 않거나 공소취소하기로 하는 약정을 받는 것이다. 피고인에 대하여 실체적이든 잠정적이든 여러 범죄사실이 경합하는 경우는 드물지 않다. 하나의 범죄행위에 적용가능한 수개의 형법조항들을 위반한 것으로 인정될 수 있고, 동일한 피의자에 대한 수사과정에서 서로 관련이 없는 여러 개의 범죄사실이 밝혀질 수도 있는 것이다(수개월 동안에 이루어진 수개의 주거침입죄의 관계도 마찬가지이다). 다만, 이러한 형태의 협상은 논의에 그칠 가능성이 높은데, 이는 유죄인정을 하지 않는 피고인에 대하여 수개의 혐의를 부과하는 경우 자체가 드물 뿐만 아니라, 그러한 수개의 혐의를 부과하더라도 결국 하나의 형량으로 귀결되는 경우가 많기 때문이다.

(3) 유죄협상제도의 발전

유죄답변협상은 미국에 특유한 제도는 아니지만,[172] 다른 나라에 비하여 미국에서 확고하게 자리 잡았다는 점에는 이론이 없다. 이 제도는 19세기 초·중반에 나타나기 시작하여 19세기 후반에는 미국 내 도시지역 형사법원의 전형적 특징으로 제도화되었는데, 이러한 유죄답변제도는 법원 사건처리의 부담을 해소하고자 도입되었고 또 존속되었다는 것이 일반적인 설명이다.

그러나 법원의 업무부담이 심각하지 않은 지역과 시대에도 유죄답변협상 실무가 계속하여 발전해 왔다는 점에서 위에서 설명한 이유가 유일한 도입근거라고 할 수는 없다. 유죄답변협상제도가 현재의 비중을 갖게 된 다른 중요한 이유들은 다음과 같다. ㉠ 경찰과 검찰의 전문성이 증대됨에 따라 형사사건을 더욱 신중하게 처리하게 되어 배심재판에 의하여 해결되어야 할 유·무죄에 관한 법정공방이 줄어들게 되었기 때문이다. ㉡ 피고인의 변호인의 조력을 받을 권리가 확대되고 변호인들의 전문화가 이루어지게 되어, 변호인들이 재판 전 절차에서부터 피의자들에 대한 법률서비스를 제공할 수 있게 되었기 때문이다. 즉 커먼로 시대의 배심재판은 사인(私人)간 또는 보안관이 개입하는 간단한 절차이었으나, 1789년까지 거의 모든 주가 검찰제도를 도입하였고 미국헌법은 당사자주의의 기반을 마련하였으며, 또한 19세기 초반까지는 소추기관이나 피고인측에 법률전문가의 관여없이 형사재판이 이루어지는 것이 통상적인 일이었지만, 미국에서 법률가의 수가 급증하기 시작하면서 재판에 변호사들이 관여하기 시작하였고, 배심재판에 소요

---

172) Plea Bargaining은 검사 제도나 고정적인 양형기준이 없고 상대적으로 사건 부담이 많지 않았던 영국에서도 제한된 형태로 존재하였다고 한다(Yale Kamisa, Wayne R. LaFave, Jerold H. Israel, Nancy J. King, *Modern Criminal Procedure* 11th edition, Thomson/West, 2005, p.1301.

되는 기간도 길어짐에 따라 Plea Bargaining의 비율이 증가한 것이다. ⓒ 상대적으로 간단한 절차였던 배심재판절차가 점차 고비용의 성가신 절차로 변화하였기 때문이다. ⓓ 적정절차의 원칙에 관한 변화로 인하여 재판 전 절차와 평결 후 절차에 관하여 검찰 측에 가해지는 법적 요구가 높아지고, 이에 따라 피고인에게는 검찰에 대한 그의 협상력을 제고할 수 있는 추가적인 권리가 부여되었기 때문이다. ⓔ 또한 실체 형법의 확장에 기인하기도 하는데, 특히 법공동체로부터 전폭적인 지지를 받지 못하는 새로운 형사입법의 등장도 이러한 제도를 도입하게 된 배경을 이룬다. ⓕ 또한, 엄격한 법정형에 따라 인정되는 형량보다 개개인의 범죄자들을 형사사법 종사자의 시각에 비추어 적정한 형으로 처벌하려고 하는 검사 및 판사들의 욕구도 일조하였다.[173]

이들 유죄답변의 대부분은 검사와 피고인 내지 변호인간의 답변거래에 기초하여 이루어지는데, 이러한 답변거래에 대하여 헌법위반의 문제가 여러 차례 제기되었으나, 1970년 미국 연방대법원은 Brady v. United States 사건[174]에서 Plea Bargaining이 검찰과 피고인 양측에 이점이 있다고 판시하였으며, 배심재판을 받으면 사형을 선고받을 수 있는 경우에도 유죄답변이 분별력 있고 자발적으로 이루어진 한 반드시 무효인 것은 아니라고 판결하였다. 1971년 Santobello v. New York 사건[175]에서 연방대법원은 주정부에는 빠르고 효율적으로 형사사건을 처리해야 할 이해관계가 있으며 Plea Bargaining이 정식 배심재판에 비해서 비용이 적게 들고 신속하다는 점을 지적함으로써 이 제도의 합헌성을 명백히 하였으며, 그 이후 1974. 4. 22. 연방대법원이 제정하여 의회에 상정된 연방형사소송규칙 개정안에 답변거래절차 등에 대하여 상세한 규정을 두게 되었고, 동 개정안이 시행되기에 이르렀다.[176] 이에 따라 미국 연방대법원은 Bordenkircher v. Hayes 사건[177]에서, "플리바게닝의 기본적인 합법성을 인정하게 되면 유죄인정답변이 단지 플리바게닝 과정의 최종결과라는 이유로 유죄인정답변의 헌법적 의미에서의 비임의성 주장을 받아들이지 않게 된다 … 피고인에게 더 무거운 처벌의 위험을 부과하는 것은 분명히 피고인이 재판권 행사를 단념하게 하는 효과가 있을 것이지만, 이러한 어

---

173) Wayne R. LaFave 외 2인, *Criminal Procedure*, 4th edition, Thomson/West, 2004, p.968.

174) Brady v. U.S., 397 U.S. 742(1970); McMann v. Richardson, 397 U.S. 759(1970).

175) Santobello v. New York, 404 U.S. 257(1971).

176) F.R.Crim.P. § 11(e)(f)(g)(h).

177) Bordenkircher v. Hayes, 434 U.S. 357(1978)(Kentucky의 검사가 88.30달러의 위조수표를 유통시킨 혐의로 기소된 재범 Paul Lewis Hayes에게 "유죄답변을 하고 5년형을 받거나, 아니면 전과가 있으므로 의무적인 종신형을 부과하도록 새로운 기소를 제기하겠다"고 하였는데, 법원은 "피고인이 검사의 제안을 자유롭게 받아들이거나 거절할 수 있는 한 플리바게닝에 처벌이나 보복적 요소는 없다"고 판시하면서 피고인에게 요구한 "선택"에 강요는 없었다고 결정하였던 사안이다).

려운 선택권의 부여는 플리바게닝 협상을 용인하고 장려하는 어떠한 합법적인 제도에도 존재하는 불가피한 - 허용되는 - 속성이다"라고 하면서, 검사와 피고인은 상대적으로 동등한 협상력을 보유하는 것으로 추정되며, 능력 있는 변호인의 조력을 받는 피고인은 검사의 설득에 대하여 지적인 결정을 내릴 수 있고, 피고인의 이익을 보호하기 위한 각종 장치로 인하여 허위의 자백을 할 위험성은 높지 않다고 판시하기까지 이르렀다.[178]

(4) 유죄협상제도에 대한 찬반론

유죄협상제도는 그 본고장인 미국에서도 뜨거운 논쟁의 대상이다. 이미 뿌리 깊게 자리 잡은 제도이고 판례나 실무가들에 의해 현실적인 필요성이 주장되고 있음에도 불구하고, 이러한 답변거래에 대하여 대다수의 법학자들은 비판적인 입장을 취하고 있는바, 그 논거로 첫째, 일부는 답변거래가 범죄자들에게 부적절한 관용을 준다는 양형의 차이를 이유로 반대한다. 특히, 양형가이드라인이 있기 전에는 유죄답변을 한 피고인들은 무죄를 주장한 피고인들이 받았을 형보다 30~40% 가량 낮은 형을 선고받을 가능성이 높았다고 한다.[179] 이와 같이 범죄자들이 마땅히 받아야 할 처벌보다 낮은 형을 받기 때문에, 결국 처벌을 통한 억제력이 약화된다고 한다. 한편, 이러한 양형의 차이 때문에 무죄를 주장하며 정식재판을 받고자 하는 피의자들에게 답변협상은 상당한 부담이 될 수도 있다고 한다.

둘째, 답변거래에 대한 비판자들은 답변거래 절차에서 변호인의 자질과 능력에 대하여 의문을 표시하면서, 사선변호인의 경우, 경제적으로 성공하는 두 가지 방법이 있는데, 하나는 고품질의 법정변호사로서 명성을 높이거나 또는 많은 사건을 맡는 것이고, 다른 방법은 최소한으로 저항하는 방법을 택한다는 것이다. 즉 재판 전 변호인은 너무나 자주 플리더(Pleader)가 되는데, 그 결과 피의자는 잘못된 조언을 받거나 변호인으로

---

178) 미국 ABA(American Bar Association, 미국변호사협회)도 판사가 피고인에 대한 범죄사실이나 양형상의 Concession을 인정할 때 고려해야 할 유죄협상의 기준으로, ⅰ) 피고인이 유죄를 시인함으로써 그에 대한 신속하고 정확한 교정조치를 취하는데 도움이 된 경우, ⅱ) 피고인이 자신의 죄를 인정하고 그에 대한 책임을 지려는 적극적인 의사를 보이는 경우, ⅲ) Concession이 피고인의 사회복귀, 사회방위, 범죄억지 등 각종 교정조치의 목적을 달성하는데 있어 보다 나은 대체적인 교정수단이 될 수 있는 경우, ⅳ) 공개재판이 바람직하지 않은 사안에서 피고인이 공개재판을 받지 아니하기로 한 경우, ⅴ) 피고인이 협력함으로써 그와 동등 또는 그 이상으로 중한 범죄를 범한 다른 범인들을 성공적으로 소추하는데 도움이 되거나 그 가능성이 있는 경우, ⅵ) 피고인이 유죄시인을 함으로써 그와 동등 또는 그 이상으로 중한 범죄를 범한 다른 범인들을 성공적으로 소추하는데 도움이 되거나 그 가능성이 있는 경우 등 6가지를 규정한 바 있다(ABA Standards on Pleas of Guilty(1970) 1.8(a)).

179) Joshua Dressler, *Understanding Criminal Procedure*, 3rd ed., LexisNexis, 2002, p.674.

부터 유죄답변을 하도록 부적절하게 영향을 받는다는 것이다. 반면에 가장 윤리적이나 사건에 쌓인 공공변호사는 사건 부담을 해결해야 하므로 답변거래에 상당하게 의존하는 경향이 있으며, 더욱이 공공변호사들은 매일 상대하는 검사들과 협력해야 하는 유인을 갖게 되므로, 답변거래가 항상 고객에게 최고의 이익을 주는 것은 아니라는 것이다.[180] 특히, 변호인들은 고객이 정식재판을 받았을 경우에 무죄 또는 더 관용적인 형벌을 받을지 여부를 판단할 수 있는 방법이 없기 때문에 유죄답변을 하기로 하는 결정이 잘못된 것으로 판단될 수 없는 반면, 변호인이 무죄답변을 하도록 권고할 경우 그가 유죄판결을 받거나 검사의 구형보다 높은 형을 선고받을 경우에는 잘못된 것으로 증명되므로 유죄답변을 받아들이려는 성향이 존재한다고 주장한다.

셋째, 무능한 변호(incompetent representation)때문에 무고한 사람이 유죄판결을 받을 위험성을 높인다는 것이다. 즉 답변거래에 대한 비판론자들은 합법적인 답변거래가 피의자에게 많은 압박을 준다고 한다. 예컨대 답변거래의 경우 정식재판에 의한 위험을 피하고자 하는 피의자에게 많은 압박을 주며, 설령 변호인이 있더라도 마찬가지라고 주장한다. 따라서 무고한 사람이 답변협상을 할 가능성이 높다고 한다.

반면에 이 시스템에 참여하는 검사, 변호사, 판사들의 대부분은 이 절차에 의하여 두드러진 불편함이 없거나 이에 대한 적극적인 지지를 표명하고 있는바,[181] 그 논거를 살펴보면, 첫째, 피고인의 관점에서 보면, 답변거래는 변호인의 조력을 받은 피고인들이 유죄답변에 의한 처벌이 정식재판을 이후에 예상되는 형보다 낮은지 여부를 결정할 수 있도록 허용하는 절차로서 기능한다고 주장한다. 특히 유죄선고를 받을 가능성이 높은 경우에는 답변거래는 피고인에게 처벌, 법률적 비용 및 불안감을 최소화하게 해준다고 주장한다.[182]

둘째, 답변거래는 검사에게도 유익하다는 것이다. 검사는 자원을 분배하는 관점에서 가장 높은 수준의 처벌, 즉 죄에 합당하고, 가장 억제력이 있으며, 그리고 위반자를 사회에 복귀시킬 필요성에 맞추어진 처벌을 최소의 비용으로 얻기 위하여 노력하고 있는데,[183] 답변거래가 허용되는 사법체제 하에서 검사는 재판 비용·유죄의 가능성·적정한 선고형 등을 판단할 수 있으며, "범죄를 형벌에 맞추는"(fit the crime to the punishment) 교섭절차를 이용할 수 있다는 것이다.

---

180) Alschuler, *The Prosecutor's Role in Plea Bargaining*, 36 U.Chi. L.Rev. pp.1181－1270.

181) Robert E. Scott & William J. Stuntz, Plea Bargaining as Contract, 101 Yale L. J. 1909(1992), pp.1909－1910.

182) Brady v. United States, 397 U.S. 742, 752(1970). 이 사건에서 대법원은 "무죄 가능성이 낮다고 보는 사람들에게, 유죄답변을 하고 가능한 처벌의 한계를 짓는 것의 유리함은 명백하다"고 판시하였다.

183) Stephen J. Schulhofer, Plea Bargaining as Disaster, 101 Yale L.J. 1979, 1980(1992).

셋째, 답변교섭의 결과로서, 사회는 보다 즉각적으로 형을 부과함으로써 범죄의 처벌이라는 목표를 보다 효과적으로 달성한다고 한다. 연방대법원도 "정식재판을 피함으로써, 모자라는 사법과 검찰의 자원들은 피고인의 유죄 여부에 대한 본질적인 다툼이 있는 사건이나 정부가 증명의 부담을 계속 유지할 수 있는지에 대한 근본적 의문이 있는 사건을 위하여 보존되어야 한다"고 제시해 왔다는 것이다.[184] 즉, 명백하게 범죄를 저지른 사람들을 정식재판절차에서 빠져 나오도록 함으로써 보다 다툼이 많은 사건을 위해서 시간과 에너지를 할애하도록 해 주는데, 답변거래 주창자들은 그 결과로서 사법체계를 더 신뢰할 수 있다고 주장한다. 무엇보다도 찬성론자들은 답변협상이 없으면 법률가와 판사들이 홍수같이 밀려오는 사건에 보조를 맞추면서 재판의 질은 극단적으로 떨어지며, 그 결과로서 재판과정은 오늘날보다 덜 신뢰받게 된다고 주장한다.[185]

(5) 유죄협상제도(Plea Bargaining)의 절차[186]
가. 협상의 절차

검사와 변호인 혹은 변호인이 없는 경우에 피고인은 답변에 관한 협상을 할 수 있다. 이 협상에는 법원이 관여할 수 없다. 검사는 피고인이 입건된 범죄나 그보다 가벼운 범죄 혹은 관련성 있는 범죄에 대해서 유죄의 답변을 하는 경우에는 다음과 같은 반대급부를 제공하겠다는 약속을 할 수 있는데, ⅰ) 일부 혐의사실에 대한 공소를 제기하지 않거나 철회하겠다는 약속,[187] ⅱ) 특정한 선고형 혹은 그 범위를 추천하거나 양형기준법의 특정 조항, 양형정책 혹은 양형요소의 적용여부에 관한 의견을 제시하겠다는 약속 또는 이러한 점에 대한 피고인의 의견제시에 반대하지 않겠다는 약속(이러한 약속은 법원에 대한 구속력이 없음),[188] ⅲ) 특정한 선고형 혹은 그 범위가 적절하다거나 양형기준법의 특정조항, 양형정책, 양형요소의 적용여부에 관한 동의(이러한 약속은 법원이 답변 합의를 받아들이는 경우 법원을 구속함) 등으로,[189] 이처럼 피고인에게 주어지는 양보(concession)의 내용에 따라 ⅰ)을 기소협상(Charge bargaining), ⅱ)와 ⅲ)을 판결협상(Sentence bargaining)이라고 한다. 그리고 기소협상은 다시 ⅰ) 다시 가벼운 혐의로 기소하기로 하고 유죄를 시인하기로 하는 협상과 ⅱ) 일부 범죄혐의를 공소사실에서 제외시켜 주기로 하고 유죄를 시인하기로 하는 협상으로 나눌 수 있는데, 전자의 경우 이러

---

184) Brady v. United States, 397 U.S. 742, 752.

185) Scott & Stuntz, pp.1932-1934.

186) Plea Bargaining의 구체적인 절차는 연방 및 주에 따라 다양하지만 여기에서는 연방의 형사절차를 위주로 살펴본다.

187) F. R. Crim. P. 11(c)(1)(A).

188) F. R. Crim. P. 11(c)(1)(B).

189) F. R. Crim. P. 11(c)(1)(C).

한 형태의 협상이 이루어지는 이유는 가벼운 죄명으로 기소될 경우에 피고인이 낮은 형량을 기대할 수 있기 때문이다. 특히, 양형기준법으로 인하여 특정 죄명에 대해서 강제적인 최고형량이 설정되어 있거나, 혹은 형량의 감경에 대한 판사의 재량권이 제한되어 있는 경우에 죄명의 변경은 낮은 선고형을 가능하게 해 주며, 또한 피고인이 성폭력 범죄 등 사회적으로 지탄의 대상이 되는 죄명을 피하고 싶을 때도 이러한 협상이 이루어지는 경우가 있다. 반면에 후자의 경우는 하나의 행위가 여러 범죄에 해당하는 경우이거나 혹은 서로 관계가 없는 다수의 범죄가 행해졌을 때 일부에 대해서만 공소를 제기하는 경우가 여기에 해당하는데, 미국의 경우 이러한 형태의 협상은 환상에 지나지 않는다는 견해도 있다. 유죄답변을 하지 않을 경우에도 대부분의 경우 모든 혐의에 대해 공소가 제기되지 않으며, 설사 제기된다고 하더라도 법원이 다수의 선고형의 형기가 동시에 진행되도록 판결(concurrent sentencing)하는 경우가 많기 때문이라는 것이다.[190]

검사와 피고인 사이의 협상에 법원이 관여해서는 안 된다는 것은 다음과 같은 이유를 근거로 한다.[191] 첫째, 양형에 관한 전권을 가지고 있는 판사가 협상에 개입할 경우 피고인은 판사의 제안을 거부하기 어렵게 되고 따라서 유죄 답변을 강요받을 위험성이 있다고 한다.[192] 둘째, 판사가 협상에 관여하였는데도 유죄의 답변이 이루어지지 않을 경우에 재판 과정이 공정해지기 어렵다고 한다. 셋째, 판사가 협상에 관여하는 경우에는 Arraignment 절차에서 피고인의 자발성 등을 심리할 때 중립적인 태도를 기대할 수 없다고 한다. 넷째, 판사가 협상 과정에서 양형에 관한 일정한 약속을 하는 것은 선고 전 양형조사를 하는 것과 모순된다고 한다. 다섯째, 판사의 관여는 사법의 순수성을 해치고 피고인은 법원도 자신과 반대되는 입장에 서 있는 공무원의 한사람으로 인식하게 된다고 한다.

이러한 논리에 대하여는 검사와 피고인 사이의 협상력의 차이로 인한 유죄 답변의 강요 위험성이 판사의 경우보다 오히려 더 크며, 판사가 협상에 관여하였는데 유죄의 답변이 이루어지지 않은 경우에도 배심재판에 있어서는 판사의 영향력이 크지 않고 필요한 경우 회피할 수 있다는 점을 근거로 한 반대 의견이 있다. 판사의 역할이 커져야 한다고 주장하는 입장에서는 ⅰ) 판사가 협상에 관여할 경우 단순히 협상결과를 승인하는 위치에서 벗어나 양형에 관한 역할을 충실히 수행할 수 있고, ⅱ) 양형에 관한 정보를 수집할 수 있으며, ⅲ) 협상 결과에 대한 법원의 태도를 예측할 수 없어 '암흑 속에

---

190) 금태섭, 「Plea Bargaining 제도와 그 도입문제」, Plea Bargaining 제도에 관한 연구, 미래기획단 연구총서Ⅰ, 9면.

191) Wayne R. LaFave 외 2인, op.cit., pp.1002-1003.

192) United States ex rel. Elksnis v. Gilligan, 256 F.Supp. 244(1966).

서 협상을 해야 하는' 피고인에게 도움이 될 수 있고, ⅳ) 검사의 권한행사, 경찰의 행동, 변호인의 능력에 대한 법원의 적극적인 관여가 가능하다는 이점을 제시한다.193) 이러한 견해를 받아들여 일부 주에서는 일정한 한도 내에서 법원이 협상에 관여하는 것을 허용한다고 한다.

나. 유죄협상의 절차

연방형사소송법은 제4장 Arraignment and Preparation for Trial에 유죄협상제도 (Arraignment)에 관한 절차적 규정을 두고 있다. 피고인은 공개법정에서 공소장의 낭독을 듣거나 공소사실의 요지를 들은 후 이에 대한 답변 기회를 제공받는다. 답변을 하기 전에 피고인에게 공소장 사본을 교부하여야 한다.194) 무죄 답변을 하는 경우에는 법원의 허가를 얻어 법정에 출석하지 않고 피고인과 변호인이 각각 서명한 서면을 제출할 수 있다.

다. 피고인의 답변

유죄협상절차에서 피고인이 할 수 있는 답변의 종류는 크게 세 가지인데, 무죄답변 (not guilty plea),195) 유죄답변(guilty plea), 불항쟁답변(nolo contendere plea)으로, 무죄 답변은 공소사실에 대한 부인에 해당하고, 유죄답변은 공소사실에 대한 자백에 해당하며, 불항쟁답변은 다투지 않는다는 뜻으로 유죄답변과 같은 효과가 있다. 다만, 유죄답변과는 달리 불항쟁답변을 한 피고인의 주요 이익은 동일한 행위에 기초한 민사소송에서 잘못이 있음을 인정하는 자료로 사용되지 않는다.196) 따라서 불항쟁답변을 하려면 법원의 동의가 필요하고, 법원은 반드시 당사자들의 견해와 효과적인 사법행정 (administration of justice)에서의 공공의 이익을 반드시 고려해야 한다.197) 또한, 피고인은 법원과 검사 모두가 동의하는 경우에는 조건부 답변(conditional plea)을 할 수도 있는데, 이는 피고인의 특정한 재판전 신청(pretrial motion)에 대한 결정에 관하여 항소심에 심사를 청구할 수 있는 권리를 보유하면서 조건부로 유죄답변 또는 불항쟁답변을 하는 것이다. 만약 항소심에서 그 이의가 받아들여지면 피고인은 답변을 철회할 수 있다.198)

---

193) Wayne R. LaFave 외 2인, op.cit., pp.1002-1003.

194) F. R. Crim. P. 10.

195) 무죄답변은 다시 단순한 무죄주장과 정신이상(Insanity)을 이유로 하는 무죄주장으로 나눌 수 있다.

196) 연방증거규칙(Federal Rules of Evidence(이하 F. R. E.로 약칭함) § 410.

197) F. R. Crim. P. 11(a)(3).

198) F. R. Crim. P. 11(a)(2).

라. 법원의 고지의무

피고인이 유죄 혹은 불항쟁의 답변을 한 경우에 법원은 다음의 사항을 고지하고 피고인이 이를 이해하고 있는지 확인하여야 한다.[199] ㉠ 피고인이 선서 하에서 행한 진술은 위증죄로 기소될 수 있다는 사실(유죄협상절차에서 법원은 피고인에게 선서를 명할 수 있다), ㉡ 무죄의 답변을 할 수 있으며, 이미 무죄의 답변을 하였다면 이를 유지할 권리가 있다는 사실, ㉢ 배심재판을 받을 권리가 있다는 사실, ㉣ 재판을 비롯한 형사절차에서 변호인을 선임할 권리가 있으며, 필요한 경우 법원에 변호인의 선임을 요청할 권리가 있다는 사실, ㉤ 불리한 증언을 하는 증인을 대면할 권리, 자기부죄금지의 원칙, 증언하거나 증거를 제출할 권리, 증인을 소환할 권리가 있다는 사실, ㉥ 법원이 유죄나 불항쟁의 답변을 받아들이는 경우 피고인이 이러한 권리를 포기하게 된다는 사실, ㉦ 피고인이 답변을 한 공소사실의 내용, ㉧ 자유형, 벌금형, 감독부석방의 기간(term of supervised release) 등을 포함한 법정 최고형, ㉨ 강제적인 최저 형량(minimum penalty), ㉩ 적용 가능한 몰수형(forfeiture), ㉪ 손해배상(restitution)을 명할 수 있는 법원의 권한,[200] ㉫ 특별부과금(special assesment)을 부과하여야 하는 법원의 의무, ㉬ 양형기준(Sentencing Guidelines)을 적용하여야 하는 법원의 의무 및 특정한 상황에서 이를 벗어날 수 있는 법원의 재량(discretion),[201] ㉭ 양형에 대한 상소 또는 부차적 이의(collateral attack)를 할 수 있는 권리를 포기하는 답변합의(plea agreement)에 대한 약정 등이 여기에 해당한다.

검사가 피고인에게 특정한 선고형 혹은 그 범위를 추천하거나 양형기준법의 특정 조항, 양형정책 혹은 양형요소의 적용여부에 관한 의견을 제시하겠다는 약속 또는 이러한 점에 대한 피고인의 의견 제시에 반대하지 않겠다는 약속을 하고 피고인이 이에 따라 유죄 또는 불항쟁의 답변을 한 경우에는 법원은 피고인에게 법원이 그러한 추천을 따르지 않더라도 답변을 철회할 수 없다는 경고를 해야 한다.[202]

마. 법원의 심리사항

무죄답변을 하는 경우에는 바로 재판절차로 이행되지만, 유죄답변 또는 불항쟁답변

) F. R. Crim. P. 11(b)(1).

200) 1984년에 제정된 범죄피해자법(The Victims of Crimes Act)에 의하여 범죄피해자기금(Crime Victims Fund)이 설립되었는데, 법원은 유죄판결을 선고하는 피고인에게 특별부과금을 부과하도록 하고 있다. 특별부과금은 죄의 종류에 따라서 위경죄의 경우 5달러에서부터 중죄의 경우 400달러까지 다양하다(18 U.S.C. §3013).

201) 1984년에 제정된 양형개혁법에 의하여 마련된 양형기준에는 양형요소, 양형범위, 정책론 등에 대하여 자세히 설명하고 있다.

202) F. R. Crim. P. 11(c)(3)(B).

을 하는 경우 법원이 이를 검토하고 수용하기 전에 반드시 일정한 절차를 거쳐야 한다.203) 즉, 법원은 유죄답변 또는 불항쟁답변을 수용하기 전에, 피고인에게 선서 후에 답변하도록 할 수 있으며, 법원은 반드시 공개된 법정에서 피고인에게 필요한 사항을 알려주어야 하고, 답변이 자발적인지를 확인하여야 하며, 답변에 대한 사실적 기초 (factual basis)가 있는지를 결정하여야 한다.

바. 법원의 결정

피고인이 공소사실에 대한 답변을 하면 법원은 이에 대한 결정을 한다. 무죄 답변의 경우에는 특별한 절차가 필요 없고 유죄나 불항쟁의 경우에도 협상에 따른 합의사항이 없을 때에는 마찬가지이나, 합의사항이 있을 때는 별도의 절차가 필요하다.

검사가 일부 혐의사실에 대한 공소를 제기하지 않거나 철회하겠다는 약속을 했거나 혹은 특정한 선고형 혹은 그 범위가 적절하다거나 양형기준법의 특정 조항, 양형정책, 양형요소의 적용여부에 관한 동의를 한 경우에 법원은 이러한 합의사항을 승인하거나 거절하거나 혹은 양형보고서를 검토할 때까지 결정을 유보할 수 있다.204) 이러한 합의 사항을 승인할 경우에는 피고인에게 그 합의내용이 판결에 포함된다는 사실을 고지하여야 한다.205) 승인하지 않는 경우에는 원칙적으로 공개법정에서 다음의 조치를 취하고 이를 기록에 남겨야 한다.206) 첫째, 양 당사자에게 법원이 합의사항을 승인하지 않는다는 사실을 고지해야 한다. 둘째, 피고인에게 법원이 합의에 따를 의무가 없음을 설명하고 답변을 철회할 기회를 부여하여야 한다. 셋째, 피고인이 답변을 철회하지 않는 경우 합의된 내용보다 불리한 처분을 받을 수 있음을 알려야 한다.

답변이 이루어진 절차는 기록되어야 하며 유죄나 불항쟁의 답변이 있었을 경우에는 법률에 규정된 고지 의무가 이행되었다는 사실도 기록되어야 한다.207)

(6) 답변의 유효요건

피고인의 답변이 유효하기 위한 요건으로는 흔히 임의성, 이해와 분별력, 그리고 사실적 기초가 거론된다.

---

203) 법원이 공개된 법정에서 답변절차를 진행할 때 피고인에게 구체적으로 질문하는 방식과 순서, 관련 서식 등 구체적인 절차에 대하여는 5 West's Federal Forms, District Courts－Criminal §§7423－7429(4th ed.)를 보면 된다.

204) F. R. Crim. P. 11(c)(3)(A).

205) F. R. Crim. P. 11(c)(4).

206) F. R. Crim. P. 11(c)(5).

207) F. R. Crim. P. 11(g).

가. 임의성(voluntariness)

피고인의 답변은 임의적이고 자발적이어야 한다. 연방대법원은 Brady v. United States 사건[208]에서 유죄답변이 협박·부적절한 괴롭힘을 중단하겠다는 약속 또는 잘못된 설명에 의한 것이 아니었거나, 뇌물과 같이 검사의 업무와 적절하지 않은 관계에서 나오지 않았다면 그 유죄답변은 강요된 것이 아니라고 판결하였다. 즉 연방납치법에 따라 유죄인정답변을 한 피고인이 30년형을 선고받자 자신의 유죄인정은 무효라고 주장하였던 Brady 사건에서 피고인의 주장을 받아들이지 않으면서, 법원에 의하여 유지되어왔던 유죄인정답변의 유효성 심사기준─유죄인정답변이 '자발성' 및 '인지성'을 충족되는 한 유효하다는 것─을 바꿀 것을 시사하는 것도 아니라고 판시하면서, 법원은 (a) "유죄인정답변이 잘못된 기대에 근거한 것으로 사후에 인정된다고 하여" 그러한 유죄인정답변이 무지에서 비롯된 것이라고 할 수 없으며, (b) "사형선고 가능성을 피하기 위하여 유죄인정답변을 하였다"고 하여 그러한 답변이 비자발적으로 이루어졌다고 할 수 없다고 결론지었다. 다만 연방대법원은 Brady사건에서 긍정적으로 용인한 것은 검사가 피고인으로 하여금 "부과된 혐의 가운데 경한 공소사실에 관하여 유죄인정답변을 하거나", "다른 공소사실이 철회될 것이라는 생각을 갖도록 하여 유죄답변을 하도록" 하는 것이며, 만약 유죄인정답변이 "협박에 의한 것이거나(또는 부당한 해악을 중단하는 것에 대한 약속에 의한 것이거나), 허위진술에 의한 것이거나(지켜질 수 없거나 지켜지지 않을 약정에 의한 것이거나), 검찰 업무와 상관이 없는 본질적으로 부당한 약속(예컨대 뇌물 등)에 의하여 이루어진 것이라면 그 유효성을 인정할 수 없다"고 판시하였다.

---

208) Brady v. United States, 397 U.S. 742(1970)(이 사건에서 피고인은 1959년에 납치(kidnapping) 범죄로 기소되었는데, 당시 연방납치법에 의하면 피고인은 오로지 배심원들만이 사형을 권고할 경우에만 사형선고를 받을 수 있었다. 즉, 그녀가 배심재판을 받을 권리를 포기하거나 유죄답변을 하면 사형이 선고되는 위험에서 자유로울 수 있다. 그 결과, 피고인은 공동피고인이 그에 대하여 증언할 것을 알고서는 유죄답변을 하였다). 한편, 거의 10년이 지나서 대법원은 U.S. v. Jackson, 397 U.S. 742(1970) 사건에서 납치범죄에 대하여 사형을 규정하고 있는 일부 조항은 배심 재판을 받을 권리가 있는 피고인에게 허용될 수 없는 부담을 주기 때문에 헌법위반이라고 판결하였다. 그 후 Brady는 자신의 답변을 무효로 하기 위하여 사형의 위험이 없었으면 유죄답변을 하지 않았을 것이라고 주장했으며, 또한 그 위협이 헌법적으로 용인될 수 없다고 하였다. 그러나 연방대법원은 그 주장을 기각하였는데, 연방대법원은 변호인의 조력을 받은 피고인이 "두려움에 사로 잡혀서(gripped with fear)" 유죄답변의 이익과 재판을 받았을 때의 이익을 이성적으로 심사숙고할 수 없었다는 증거가 없다고 판시했다. 재판부는 당시 피고인의 상황과, '판사가 배심보다 더 관용을 보일 수 있다'는 변호사의 조력을 받는 사람 또는 더 중한 죄목이 철회될 것을 인식하면서 유죄답변을 한 사람의 상황 사이에 특별한 차이점이 없다고 보았던 것이다.

한편 임의성의 판단과정에 답변을 할 능력에 관한 판단이 당연히 포함되는 것은 아니지만, 피고인의 정신적인 능력을 의심할만한 근거가 있을 때에는 판사는 결정을 유보하고 이에 대한 판단을 해야 한다.[209] 이와 관련하여 법정에 설 수 있는 적절성의 판단기준으로 피고인이 "자신에 대한 절차를 합리적으로 이해할 수 있고, 상당한 이해력을 가지고 변호인과 상의할 수 있는 능력 및 그에게 불리한 절차에 대하여 사실적인 이해뿐만이 아니라 합리성도 가지고 있는지 여부"[210]가 포함되는지 논란의 대상이었으나, 연방대법원은 이를 긍정하면서도, Godinez v. Moran 판결[211]에서 그보다 더 높은 기준인 "여러 가지 대안 중에서 합리적인 선택을 할 수 있는 능력"까지 갖출 필요는 없다고 판시하였다.

나. 이해와 분별력(knowing and intelligence)

유죄답변을 하는 피고인은 우선 그에 대한 공소사실을 이해하고 있어야 한다.[212] 공소사실을 이해하지 못하는 상태에서의 유죄 답변은 임의적이라고 할 수 없기 때문이다. 그러나 공소사실에 대하여 어느 정도의 이해가 필요한지는 명확하지는 않다. 법원이 각각의 공소사실의 구성요소를 피고인에게 설명해 준 때에는 이 요건을 충족시켰다고 할 수 있지만, 항상 모든 사항을 알려주어야 하는 것은 아니다.[213] Henderson v. Morgan 사건[214]에서 피고인은 1급 살인죄로 기소되었다. 그의 변호인은 공소사실을 악의없는 살인죄(manslaughter)로 변경하려고 시도하였으나, 결국 2급 살인죄로 경감시키는 데 그치고 말았다. 변호인은 피고인에게 2급 살인죄의 성립을 위해서도 살인의 고의가 필요하다는 점을 설명해주지 않았고, 유죄협상절차에서도 이에 대한 설명이 없었다. 연

209) Wayne R. LaFave 외 2인, op.cit., p.1008.

210) Dusky v. United States, 362 U.S. 402, 80 S. Ct. 788, 4L.Ed.2d 824(1960)

211) Godinez v. Moran, 509 U.S. 389(1993).

212) F. R. Crim. P. 11(c).

213) Wayne R. LaFave 외 2인, op.cit., pp.1008−1009.

214) Henderson v. Morgan, 426 U.S. 637(1976)(동 사안은 19세의 소년인 피고인이 자신의 고용주인 피해자와 임금지불을 두고 시비를 벌이다가 야간에 피해자의 집에서 동인을 칼로 찔러 죽였는데, 피고인은 평균보다 상당히 지능이 떨어지는 사람으로 당시 정신장애를 이유로 학교를 그만두고 있는 상태였다. 검사는 피고인을 1급 살인죄(first degree murder)로 기소한 반면, 피고인의 변호인은 악의없는 살인죄(manslaughter, 우리 형법의 과실치사죄 정도에 해당)로 혐의사실을 경감시키려고 하였으나, 피고인의 변호인이 검사와의 유죄협상끝에 2급 살인죄(second degree murder)로 유죄답변을 하기로 약정하는데 그쳤으며, 이와 관련하여 변호인은 피고인에게 변경된 새로운 공소사실(2급 살인죄)이 성립하기 위해서는 살인의 고의(Intent to kill)을 요건으로 한다는 사실을 말해주지 아니하였고 법원의 유죄답변 확인과정에서도 이에 대한 조사가 되지 않았던 사안임).

방대법원은 피고인이 이 점을 이해하지 못하고 유죄 답변을 한 것은 적법절차(Due Process)를 위반한 것이라고 하면서 유죄판결을 파기하였는바, "유죄에 대한 답변은 헌법적인 맥락에서 자발적이지 아니할 때에는 판결의 근거가 될 수 없다. 또한 명확하게도 답변은, 피고인이 그에게 부과된 혐의의 진정한 본질에 대하여 정확한 고지를 받지 못하여서 그가 범죄를 저질렀다는 점에 대한 인식을 구성하지 아니하고는 자발적이라고 할 수 없다. 이는 적법절차원칙상 처음으로 또한 가장 일반적으로 알려진 사실이다"라고 판시하였다. 다만 연방대법원은 피고인이 범죄의 모든 요소를 알 필요는 없으며, 단지 살인의 고의는 2급 살인죄와 악의없는 살인을 구별하는 요소이기 때문에 '중요한 (crucial)' 요소라고 판시하였으나, 어떤 요소가 "중요한" 요소인지는 아직까지 명확하지 않다.

피고인이 유죄나 불항쟁의 답변을 하는 경우에 법원은 그로 인한 결과를 피고인에게 설명해 주어야 한다.[215] 여기서의 결과는 직접적인 결과만을 말하며 부수적인 결과 (collateral Consequences)는 포함되지 않는다. 예컨대 다음 소송절차에서 피고인의 답변을 증거법적으로 사용할 수 있는지 여부에 관한 것, 유죄판결에 의해 저하된 명예나 다른 사회적인 결과, 선거권의 박탈, 여권의 미발급과 여행의 자유 상실, 총포류를 소지할 수 있는 권리의 상실, 공직 취임권의 박탈, 취업기회상실이나 가석방 또는 그 취소의 가능성, 사업자격증이나 운전면허증의 박탈 등이 여기에 해당한다. 따라서 직접적인 결과는 확정적이고 즉각적이며 대체로 자동적인 결과를 말하는데, 선고형에 관한 사항이 직접적인 결과에 해당한다. 그렇지만 특정 결과가 직접적인 것인지 또는 부수적인 것인지를 결정하는 기준에 대하여는 완전한 의견일치가 있는 것은 아니다. 이 두 묶음을 구분하는 것은, 나타나는 결과가 피고인의 처벌의 범위의 영향에 있어서 명확하고 직접적이며 상당히 자동적으로 나타나는지에 의해 결정된다고 종종 일컬어진다.

전통적으로, 판례는 판사가 피고인이 받을 수 있는 가장 중대한 형(법정 최고형, the maximum possible penalty provided by law)에 대하여만 고지를 하여야 하는 요건이었으나, 최근의 연방 실무상의 요건에는 판사가 피고인에게 "징역형, 벌금이나 보호관찰 등의 최대한 무거운 형벌의 가능성"만을 조언하는 것이 아니라, "필수적으로 부과되는 최소형"(강제적인 최저형량)을 알려주는 것도 포함된다[216]고 하며, 몇몇 주에서는 이에 상응하는 요건을 도입하였다.

또한 피고인은 유죄나 불항쟁의 답변으로 인해서 포기하게 되는 헌법상의 권리를 이해하고 있어야 한다. 연방대법원은 다섯 개의 특수절도 혐의(armed robbery)로 기소된 Boykin v. Alabama 사건[217]을 통해서 이를 명백히 했으며, 이 판결 이후 대부분의 주

---

215) Wayne R. LaFave 외 2인, op.cit., pp.1010 — 1011.
216) F. R. Crim. P. 11(b)(1)(I).

들이 입법을 통해서 Arraignment 과정에서 법원으로 하여금 피고인이 포기하는 권리에 대한 설명을 해주도록 하는 규정을 만들게 되었다.[218]

다. 답변의 사실적 기초(factual basis)에 대한 확인

유죄답변에 대한 판단에 들어가기 전에 법원은 반드시 그 답변에 대한 사실적 기초가 있는지를 판단하여야 한다.[219] 통상적으로 법원은 피고인에 대한 신문이나 검사 또는 변호인에 대한 질문, 답변에 부수된 합의사항에 대한 조사, 기록 등을 통하여 자유롭게 사실적 기초 여부를 확인한다. 연방을 비롯하여 많은 주에서 이 요건에 관한 규정을 두고 있으나 사실적 기초를 인정하기 위해 필요한 증명의 정도를 특정하고 있지는 않다.[220] 이런 사실적인 근거에 대한 조사는 여러 가지 의미있는 기능을 담당하게 된다. 가장 중요하게도, 이는 답변을 자발적으로 하는 위치에 있는 피고인을 보호하는데, 답변의 사실적인 근거에 대한 질문은 법원으로 하여금 피고인의 능력, 유죄답변을 하려는 의지, 혐의에 대한 피고인의 이해를 잘 파악하도록 하고, 혐의를 감축해주는 실무 관행의 투명성을 증가시키고, 적당한 기록을 남김으로 해서, 답변이 후에 성공적으로 뒤집어질 수 있는 가능성을 최소화하고, 수정하는 기관들이 자신의 역할을 하도록 도움을 준다. 한편 불항쟁답변에 대하여는 사실적 기초에 대하여 확인할 필요가 없다.

이와 관련하여 문제되는 것은 보다 가벼운 범죄로 기소된 경우이다. 대부분의 경우에는 중한 범죄에는 가벼운 범죄의 요소가 포함되므로 별문제가 없으나, 범죄의 구성요건과 관련하여 부가적 상황이 상이한 경우에는 논리적으로 문제가 있을 수 있다. 예를 들어 형이 무거운 야간 주거침입죄를 범한 피고인에 대하여 유죄답변을 조건으로 주간 주거침입죄로 기소한 경우에는 사실적 기초가 없을 수 있는 것이다. 이에 대하여는 피고인에게 이익이 되는 한 이를 이유로 답변의 효력을 부정하지는 않아야 한다는 것이 다수의 견해로 보인다.[221]

이와 관련하여 유죄의 답변을 하면서도 동시에 혐의를 부인하는 경우가 문제된다. North Carolina v. Alford 사건[222]에서 피고인은 2급 살인죄에 대해 유죄답변을 한 후에 증언대에서 자신은 살인죄를 저지르지 않았으며 단지 사형 선고를 피하기 위해서 유죄 답변을 하였을 뿐이라고 주장하였다. 피고인이 유죄답변을 고집하는 상황에서 제1심 법원은 이를 받아들였다. 연방대법원은 통상적으로 유죄답변은 재판 청구권의 포기와 범

---

217) Boykin v. Alabama, 395 U.S. 238(1969).

218) Wayne R. LaFave 외 2인, op.cit., p.1013.

219) F. R. Crim. P. 11(b)(3).

220) Wayne R. LaFave 외 2인, op.cit., p.1013.

221) Wayne R. LaFave 외 2인, Ibid, p.1014.

222) North Carolina v. Alford, 400 U.S. 25(1970).

죄사실의 인정을 포함하는 개념이지만, 후자는 헌법적인 요구사항이 아니라고 판시하였
다. 즉 범행을 인정하지 않는 경우에도 임의적으로 상황을 이해하면서 유죄답변을 하는
경우에 답변은 유효하며, 이 경우에 피고인은 1급 살인죄로 재판을 받을 것인지 2급 살
인죄에 대해 유죄답변을 할 것인지 숙고한 후에 합리적인 결정을 내린 것이므로 유효한
답변을 한 것이라고 판단하였다. 더 나아가, 연방대법원은 기록에 의하여 사실상의 유죄
(actual guilty)에 대한 강력한 증거(strong evidence)를 포함하고 있다면 피고인이 무고함
을 주장하고 있더라도 유죄답변을 수용할 수도 있다고 판시하면서, 증거에 비추어 볼
때 이 사건에서 피고인의 유죄에 대한 압도적 증거(overwhelming evidence)가 있다고 보
았다. 다만 일반적인 견해는 피고인이 범행을 부인하는 경우에는 보다 확실한 사실적
기초가 필요하다고 본다.223)

(7) 답변의 효력

법원이 피고인의 유죄 답변을 받아들이면 배심재판에서 유죄 평결을 받은 것과 마
찬가지이므로 절차는 양형 단계로 이전된다. 그러나 정식 재판에 의해서 유죄 평결을
받았다면 파기 사유가 될 수도 있었을 하자가 있는 때에도 유죄 답변의 경우에는 파기
사유가 되지 않는 경우가 있다. McMann v. Richardson 사건224)에서는 수년 전에 유죄
답변을 하였던 기결수들이 자신들은 자백을 강요당했고 이에 따라 유죄 답변에 이르게
되었다고 주장하면서 구제를 청원하였다. 연방항소법원은 증거조사를 명하였으나, 연방
대법원은 유죄 답변을 한 경우는 정식 재판을 받은 경우와 다르다고 하면서 청원자들이
구제받을 수 없다고 판시하였다. 즉, 유죄 답변에 앞서서 있었던 자백은 판결의 기초가
되지 않았고 증거로 제시된 적도 없었기 때문에 그 하자에 대한 조사가 이루어질 필요
도 없다는 것이다. 이렇게 해석하지 않을 경우에는 유죄 답변의 최종성에 관한 주 정부
의 이해에 대한 침해가 된다고 한다.

이러한 유죄답변과 관련하여 문제되는 것은 협상위반의 문제, 유죄답변의 철회 또
는 이의제기의 문제, 그리고 Arraignment 과정에서 있었던 진술 등의 증거능력의 문제
이다.

가. 협상위반의 문제

유죄답변에 이르는 과정에서 검사와 피고인 사이의 약속은 원칙적으로 지켜져야 하
며 피고인의 신뢰는 보호된다. Santobello v. New York 사건225)에서 피고인은 검사로
부터 양형에 관한 의견을 제시하지 않는다는 약속을 받고 무죄 답변을 철회한 후 보다

---

223) Wayne R. LaFave 외 2인, op.cit., p.1015.
224) McMann v. Richardson, 397 U.S. 759(1970).
225) Santobello v. New York, 404 U.S. 257(1971).

가벼운 범죄에 대해서 유죄의 답변을 하였다. 그 후 여러 달 후에 이루어진 양형 절차에는 피고인과 협상을 한 검사가 아닌 다른 검사가 출석하였고 법정최고형을 구형하였다. 피고인은 유죄 답변을 철회하려 하였으나 법원은 이를 불허하고 검사의 구형에 따라 법정최고형을 선고하였다. 연방대법원은 양형을 한 1심 판사가 검사의 구형에 영향을 받았는지 여부에 관계없이(제1심 판사는 구형에 영향을 받지 않았다고 진술하였다) 검사의 약속 불이행을 이유로 유죄판결은 취소되어야 한다고 판시하면서, "형사사법절차의 이러한 단계와 유죄답변을 받아들이는데 있어서 고유한 심판의 요소는 피고인을 그러한 상황아래에서 합리적으로 적당하게 보호할 수 있는 안전장치에 의하여 수반되어야 한다. 그러한 환경들은 다양할 수 있으나, 하나의 변함없는 요소는 답변은 검사의 약속이나 합의에 의하여 어떤 중요한 정도로 의지하고, 따라서 그러한 약속은 반드시 이루어져야만 한다"고 판시하였다.

　이와 달리 피고인이 협상에 따른 약속을 지키지 않았을 경우에는 검사도 약속을 지킬 의무가 없다. Ricketts v. Adamson 사건[226]에서 1급 살인죄로 기소되었던 피고인은 2급 살인죄에 대하여 유죄 답변을 하고 공범에 대하여 증언을 한다는 조건으로 형량에 대한 협상을 하였다. 협상 문안에는 피고인이 증언을 거부하는 경우에는 "협상은 무효가 되고 원래의 기소가 자동적으로 복원되며, 당사자는 합의 이전의 상태로 돌아간다."고 명시적으로 기재되어 있었다. 법원은 피고인의 유죄 답변을 받아들이고 구형에 따라 징역형을 선고했으며, 피고인은 공범에 대해서 증언을 했고 그 공범은 1급 살인죄로 유죄 평결을 받았다. 그러나 공범에 대한 유죄 평결이 파기되고 새로운 재판이 열리게 되자 피고인은 이미 협상에 따른 자신의 의무를 다했다는 이유로 다시 증언하는 것을 거부했다. 검사는 피고인을 1급 살인죄로 기소했고 법원은 이중위험금지 위반이라는 피고인의 주장을 배척하고 2급 살인죄의 유죄 판결을 무효로 한 다음 피고인에게 사형을 선고하였다. 연방대법원은 피고인의 의무는 새로운 재판에서 증언하는 것까지 포함하며 이러한 의무 위반으로 인해서 이중위험금지의 원칙은 적용되지 않는다고 하면서 상고를 기각하였다.

　그러나 피고인이 유죄 답변을 하기로 한 약속을 위반하더라도 검사가 이를 이유로 죄명을 중한 것으로 변경하는 등 보복적 기소를 할 수는 없다. 검사의 보복적 의도는 추정되는 경우도 있고[227] 피고인이 입증해야 하는 경우도 있으나,[228] 어느 경우에나 원래 헌법상 인정되는 권리를 행사한다는 이유로 불이익한 처분을 하는 것은 금지된다.

---

226) Ricketts v. Adamson, 481 U.S. 1(1987).
227) Blackledge v. Perry 417 U.S. 21(1974).
228) United States v. Goodwin 457 U.S. 368(1982).

나. 답변의 철회 및 이의제기

법원이 유죄 또는 불항쟁의 답변을 받아들이기 전에는 피고인은 언제든지 답변을 철회할 수 있다.[229] 그러나 법원이 유죄 또는 불항쟁의 답변을 수용하였으나 형을 선고하기 전에는 다음과 같은 경우에만 답변을 철회할 수 있다.

첫째, 검사가 일부 혐의사실에 대한 공소를 제기하지 않거나 철회하겠다는 약속을 했거나 혹은 특정한 선고형 혹은 그 범위가 적절하다거나 양형기준법의 특정 조항, 정책론(policy statement), 양형요소(sentencing factor)의 적용여부에 관한 동의를 한 경우에 법원이 연방형사소송규칙 제11(c)(5)조에 의하여 이러한 답변합의를 수용하지 않은 경우에는 유죄답변 또는 불항쟁답변을 철회할 수 있다.[230]

둘째, 피고인이 답변철회를 요구하는 것이 공정하고 정당한 이유(fair and just reason)가 있다는 증명을 하는 경우에도 그 답변을 철회할 수 있다.[231] 여기서 '공정하고 정의로운 답변'을 제출하는 기준에 대하여, 일부 법원은 형선고 전에 답변을 철회하려는 의사는 검사가 철회가 된다면 편견이 형성될 수 있다는 점을 증명하지 못하는 한 "공정하고 올바르다"고 한다. 그렇지만 다른 법원은 피고인이 그의 답변을 철회하는 데 합당한 이유를 보여주지 못하는 한 편견 여부에 대하여 조사할 경우는 없다는 입장을 취하고 있는데, 이것이 다수의 견해이다. 이와 관련하여 U.S. v. Clark 사건[232]에서 제5항소법원은 피고인이 공정하고 정당한 이유가 있다는 입증을 하였는지를 판단함에 있어서 다음의 요소를 고려하였는데, 즉 ㉠ 피고인이 자신의 무고함을 주장하였는지 여부, ㉡ 정부가 침해(prejudice)를 당하는지 여부, ㉢ 피고인의 철회신청이 지체되었는지 여부, ㉣ 철회가 법원을 불편(inconvenience)하게 하는지 여부, ㉤ 변호인의 밀접한 조력이 있었는지 여부, ㉥ 최초의 답변이 그 내용을 알고 임의적으로 하였던 것인지 여부, ㉦ 철회가 사법적 자원을 낭비할 수 있는 것인지 여부로서, 피고인이 최초의 답변시에 할 수 있었던 것을 나중에 한 이유 또는 피고인이 답변철회 신청을 왜 지연하였는지에 대

---

229) F. R. Crim. P. 11(d)(1).

230) F. R. Crim. P. 11(d)(2)(A).

231) F. R. Crim. P. 11(d)(2)(B).

232) U.S. v. Clark, 931 F.2d 292(5th Cir. 1991). 이 사건에서 피고인 Clark는 투자회사를 기망하여 거액의 투자를 하도록 하였다는 범죄에 대하여 유죄답변을 하였고, 법원은 피고인이 검찰의 수사에 협조할 기회를 주기 위하여 판결 선고를 연기하였다. 그 후로 2년 이상이 지난 후에 피고인은 자신에 대한 양형조사보고서에 답변합의에서 합의된 사항 외에 추가로 피해배상 200만달러를 지급할 책임이 있다는 내용이 기재된 것을 알고 유죄답변 철회신청을 하였다. 그러나 그 신청은 기각되었고, 법원은 피고인에게 8년의 자유형, 벌금 2만 달러, 피해배상 200만 달러를 명하는 판결을 선고하였다. 피고인은 위 판결이 명백한 오류라고 주장하면서 판결을 경정해 줄 것을 신청하였으나 기각을 당하였고, 피고인은 항소하였다.

한 이유 등이라고 하면서, 각 사유를 검토한 후 제1심 법원의 판결을 지지하였다[233]고
한다.

한편 판결 선고 이후에는 답변의 철회는 불가능하며 "명백한 부정의(manifest
injustice)"가 있는 경우에 한하여 다툴 수 있다.[234] 여기서 '명백한 부정의'의 기준이 어
구 자체로 정의되는 것은 아니지만, 미국변호사협회의 형사사법기준(ABA Standards for
Criminal Justice Section 14−2.1(b)(ⅱ))을 살펴보면, ⅰ) 피고인의 헌법, 성문법, 규칙 등
에 의하여 보장된 변호인의 조력을 받을 권리를 거부당한 경우, ⅱ) 답변이 피고인 및
피고인의 이익을 위하여 행동할 자에 의해서 제출되지 않거나 승인되지 않은 경우, ⅲ)
답변이 자발적이지 아니하거나 혐의 및 부과된 형벌이 부과될 수 있다는 사실을 인식하
지 못하고 답변을 제출한 경우, ⅳ) 유죄협상에서 기획된 혐의나 형의 양보(concessions)
를 받지 못한 경우이거나 변호사가 유죄협상과정에서 약속된 양보를 추구하는데 실패하
거나 반대하지 못한 경우, ⅴ) 유죄협상에서 기획된 혐의나 형의 양보를 받지 못하였는
데, 이것이 잠정적으로나 완전히 법원에 의하여 행해져서 피고인은 법원이 더 이상 합
의에 동의하지 않아서 피고인이 이를 인정하든지 철회하든지를 요구받은 뒤에 답변을
확언하지 않은 경우, ⅵ) 만일 혐의나 형의 선고의 양보가 후에 법원에 의하여 거절될
경우, 유죄답변을 철회할 수 있다고 판사의 승인에 의하여 명시적인 조건하에 제출된

---

233) U.S. v. Clark, 931 F.2d 292, 294 (7th Cir. 1985). 연방항소법원이 1심 판결을 지지한 이유를
보면, 무고함에 대한 주장(위 ⓐ항)과 관련하여 피고인이 그의 무고함을 지속적으로 주장하지
않았으며, 관련된 사건에서 증인으로 출석하여 명료하게 진술하지도 않았다고 하였다. 더 나아
가 단순하게 무죄를 주장하더라도 이를 뒷받침하는 실질적인 자료가 없는 한 유죄답변을 철회
할 수 없다고 하였다. 정부의 침해(위 ⓑ항)와 관련하여, 현재 이 사건을 수사한 요원이 없고
기록의 대부분이 사용하기 좋은 형태로 되지 않은 상황에서 사건이 종료된 지 상당한 시간이
지난 후에 수사를 재개하려면 상당한 어려움이 있다고 판단하였다. 또한, 철회신청의 지체(위
ⓒ항)와 관련해서는 철회신청이 2년 이상 경과한 것으로서, 피고인은 변호인이 주저하였기 때
문에 늦었다고 주장하였다. 그러나 법원은, 피고인이 신청을 지체할수록, 그러한 신청을 뒷받
침할 수 있는 충분한 이유가 있어야 하는데 피고인의 주장은 빈약하다고 하였다. 그리고 변호
인의 조력(위 ⓓ항)과 관련하여, 피고인은 자신의 변호인이 독자적인 조사를 하지 않았기 때문
에 무능(ineffective)하였다고 주장하였으나, 법원은 독립적인 조사를 많이 하지 않은 것만으로
는 이를 받아들일 수 없다고 하였다. 또한, 자백의 임의성(위 ⓔ항)과 관련하여, 피고인은 자신
의 처를 기소하겠다는 검찰의 위협 때문에 유죄답변을 강요당하였다고 주장하였으나, 법원은
피고인이 똑똑하고 경험이 있는 협상자로서 그 내용을 알면서 임의적으로 자백을 하였다고 하
였다. 특히 정부가 그의 처를 기소할지에 대해 고려하는 과정에서 위선적이었다고 믿을만한 증
거가 없다고 하였다. 마지막으로 사법적 자원의 낭비(위 ⓕ항)와 관련하여, 1심 법원은 철회신
청을 받아들이는 것은 사법적 낭비라고 하면서 그 구체적인 점을 적시하지 않았지만 항소심법
원은 그것만으로는 1심 법원의 실수를 뒤집을 정도까지 이르지는 않는다고 하였다.

234) F. R. Crim. P. 11(e).

경우 등을 들 수 있을 것이다. 이처럼 판결선고후 유죄시인의 철회를 매우 엄격히 제한하는 이유는 ⅰ) 판결선고후에는 피고인이 유죄협상을 전략상의 실수(tactical mistake)로 보아 이를 취소하기를 원하는 경우가 많고, ⅱ) 판결선고시에는 통상 유죄협상의 다른 부분이 이미 실행되어(예컨대 혐의범죄사실을 추가하지 아니하기로 하는 약속) 후에 피고인이 유죄시인에 대하여 이의(attack)를 하더라도 이를 원상회복하기 어렵고, ⅲ) 자발적인 유죄시인에 따른 형사판결에 최종성(finality)을 부여하려는 정책적 고려 등이 그 주된 이유라고 한다.235)

어떤 근거에서든지 유죄답변이 철회된 경우에는 검사도 그 반대급부로 주어졌던 약속에 기속되지 않는다. 만약 피고인이 유죄답변을 철회하는 것이 허용됨에도 불구하고 검사만 약속에 기속되는 경우에는 검사가 협상을 꺼리게 될 것이고 법원도 피고인의 답변 철회를 잘 허용하지 않을 것이기 때문이다.236) 연방대법원도 Santobello v. New York 사건237)에서 같은 취지의 판결을 하였다.

다. 답변 및 이와 관련된 진술의 증거능력

유죄답변이 철회된 경우에 그 과정에서 이루어진 진술의 증거능력이 문제되는데, 답변(plea), 답변논의(plea discussion) 그리고 이와 관련된 진술의 증거능력은 연방증거규칙 제410조의 규정에 의한다. 동 규정에 의하면 일정한 증거에 대하여는 답변을 하거나 답변논의(plea discussion)에서 참가하였던 피고인에 대한 어떠한 민사소송 또는 형사소송절차에서도 불리한 증거로 사용될 수 없도록 규정하고 있다. 즉 그 증거는 ㉠ 나중에 철회된 유죄답변, ㉡ 불항쟁답변, ㉢ 불항쟁답변 또는 철회된 유죄답변에 관하여 연방형사소송규칙 제11조의 규정에 의한 절차 또는 이와 동등한 州 절차를 진행하는 과정에서 있었던 진술, ㉣ 소추의 권한이 있는 검사와 답변에 대한 논의과정에서 이루어진 진술로서 유죄답변에 이르지 않거나 유죄답변이 철회된 경우 등에 증거로 쓸 수 없다. 다만 그러한 진술이라고 하더라도 ⅰ) 동일한 답변을 하거나 또는 답변논의를 하는 과정에서 그와 다른 진술이 제기되어 원래의 진술과 동시에 고려되는 것이 공정한 경우, ⅱ) 피고인이 선서를 하고 진술하였고, 그 진술이 변호인이 현존하는 상황에서 기록된 때에는, 그 진술에 대한 위증(perjury) 또는 허위진술(false statement)로 소추된 사건의 절차 등에서는 증거로 사용될 수 있다.

(8) 검 토

우리나라 검찰이 유죄협상제도의 도입을 검토하겠다고 발표했을 때 언론에서 우려

---

235) Wayne R. LaFave 외 2인, op.cit., p.1022.

236) Wayne R. LaFave 외 2인, Ibid, p.1023.

237) Santobello v. New York, 404 U.S. 257(1971).

를 제기한 것은 당사자 사이의 협상을 통해서 사건이 자의적으로 처리될 수 있다는 점이었다. 실체적 진실의 발견을 이상으로 하는 형사소송에 있어서 협상은 원칙적으로 인정되지 않는다거나[238], 법관에 의한 재판을 받을 권리를 침해할 위험성이 있다거나 하는 견해들도 동일한 입장[239]으로 볼 수 있다. 판례도 「일정한 증거가 발견되면 피의자가 자백하겠다고 한 약속이 검사의 강요나 위계에 의하여 이루어졌다던가 또는 불기소나 경한 죄의 소추 등 이익과 교환조건으로 된 것으로 인정되지 않는다면 위와 같은 자백이 약속하에 된 자백이라 하여 곧 임의성없는 자백이라고 단정할 수 없다」[240]고 판시하여 협상을 통한 사건처리에 대하여 부정적인 입장이다.

【표 6-22】 2019년 주요국 법관 업무량 비교

국가	인구(2019)	1인당 GDP($) (2019)	법관 인원 (2019)	민사, 형사 본안 접수(2019)	
				전체	법관 1명당
독일	83,132,800	46,445.2	23,835	2,136,254	89.63
프랑스	67,059,890	40,493.9	7,427	1,459,538	196.52
일본	126,264,930	40,246.9	3,881	589,106	151.79
우리나라	51,709,100	31,846.2	2,966(현원)	1,376,438	464.07

대법원 보도자료(【표 6-22】)에 따르면,[241] 우리나라 법관 1인당 사건 수는 민사·형사 본안에 한정할 경우 464.07건으로 독일(89.63건)의 5.17배, 프랑스(196.52건)의 2.36배, 일본(151.79건)의 3.05배에 달한다고 하며, 판사 수는 우리나라는 2,966명에 불과하지만, 독일은 22,835명, 프랑스 7,427명, 일본 3,881명에 달한다고 한다. 따라서 독일과 같은 수준으로 사건을 처리하려면 우리나라 법관 수는 15,356명이 돼야 하고, 프랑스 수준은 4,004명, 일본 수준은 9,068명이 돼야 한다는 입장이다. 결국 독일 수준이 되려면 12,390명을 증원해야 하고, 프랑스 수준은 4,038명, 일본 수준은 6,102명이 돼야 한다는 것이다.

결국 유죄협상제도를 도입할 것인가는 정책판단의 문제이지만, 유죄협상제도(Plea

---

238) 하태훈, "형사소송절차상의 협상제도", 비교형사법연구 제6권 제2호(2004), 212면.

239) 윤동호, "플리바게닝(Plea Bargaining) 도입론 비판", 형사법연구 제21권 제3호(통권 제40호), 2009, 4면.

240) 대판 1983.9.13, 83도712.

241) 대법원 보도자료(2021. 9. 23.) 「각국 법관의 업무량 비교와 우리나라 법관의 과료 현황」.

Bargaining)를 제외하면 사건처리의 효율성을 실질적으로 제고하는 방법이 사실상 없다는 점을 고려할 때, 많은 당사자들이 법정에서 자신의 입장을 설명할 수 있는 시간을 보다 많이 갖기를 원하고 절차적 보장의 중요성이 부각되는 현 상황에서 권한의 배분문제에 지나치게 매달려 공정하고 신속한 재판을 받을 권리를 충분히 보장하지 못하는 것은 적절하지 못하다고 본다. 영미법계 국가는 물론 대륙법계 국가에서도 유죄협상제도(Plea Bargaining)를 도입하는 이유가 여기에 있다. 즉 이탈리아는 1989년 형사소송법 개정을 통하여 검사와 피고인이 공동으로 법관에게 3분의 1 정도 감경된 형벌의 선고를 신청할 수 있는 제도를 도입하였으며,242) 스페인도 같은 해 형사소송법을 개정하여 장기 6년이 넘지 않는 자유형에 대하여 협상제도를 도입하였고,243) 최근에는 프랑스가 2003년도 형사소송법 개정을 통하여 '미리 유죄를 인정한 경우의 소송절차'라는 이름으로 Plea Bargaining 제도를 도입하였는데, 이에 의하면 검사는 피고인에게 1년이 넘지 않는 구금형을 제안할 수 있으며, 협상 과정에는 반드시 변호인이 참여하도록 규정되어 있다.

다만, 미국 형사사법체계 하에서는 범죄 피해자가 피해의 구제를 받았는지, 범죄자의 처벌을 바라는지 여부가 그 범죄자에 대한 처벌 여부 및 정도에 영향을 미치지 않는 반면, 우리 형사사법체계에서는 범죄피해자의 의사가 범죄자에 대한 처벌의 경중을 좌우하는 중요한 요소로 되어 있다244)는 점에서 유죄협상제도를 도입할 경우, 현행의 고소 및 고발제도와 어떻게 조화시킬 수 있는 것인지 등 다음 사항에 대한 심층적인 연구가 필요할 것으로 보인다.

첫째, 미국에는 검사의 불기소 결정에 대하여 피해자 등이 이의를 제기하는 제도가 없으나, 형사소송법은 검사의 불기소처분에 대하여 전면적인 재정신청을 인정하고 있다. 따라서 유죄협상제도를 도입하는 경우에 검사의 불기소 약속에 대한 피의자의 신뢰를 보호하면서 동시에 범죄 피해자의 권리도 보호하는 제도적 장치가 필요할 것이다.245)

둘째, 유죄협상제도를 도입하는 경우 협상 전 과정에 걸쳐 변호인의 참여권이 보장되어야 한다. 검사가 자백감면절차를 진행하는 과정에서 피의자에게 위협을 가하거나 부당한 압력을 가할 가능성이 존재하는 한편, 피의자가 자신의 범죄사실과 처분 결과의 내용을 구체적으로 이해하지 못하는 상황에서 자백감면절차에 응할 수 있기 때문이다.

---

242) 윤동호, 「형사절차와 협상」, 한국형사정책연구원(2003), 66면.

243) 윤동호, 앞의 보고서, 68－69면.

244) 형사소송법은 범죄피해자에게 고소권(제223조), 고소취소권(제232조), 수사종결시 피해자에 대한 통지(제259조의2), 재정신청권(제260조 제1항), 공판정진술권(제294조의2) 등을 인정하고 있다.

245) 전강진, 「국민을 위한 신속처리절차의 모색」, 경죄사건의 신속처리절차 공청회 자료집, 사법제도개혁추진위원회(2005), 67면.

다만, 피의자가 국선변호인의 참여를 원하지 않는다는 의사를 명시적으로 표시할 때에는 변호인의 참여없이 자백감면절차를 개시하여도 무방하다고 본다.

　　셋째, 형사사건을 처리함에 있어서 피해자 또는 고소·고발인의 입장도 충분히 반영하여 사건을 처리할 필요가 있다. 따라서 검사가 자백감면절차의 내용과 결과에 대하여 피해자 또는 고소·고발인에게 통지하도록 함으로써, 피해자 등이 재판과정에서 자신의 의견을 충분하게 진술할 기회를 부여받아야 한다. 다만, 제3자에 대한 수사 또는 재판의 필요상 자백감면절차의 내용과 결과를 통지하기 적절하지 않은 경우 등 특별한 사정이 있는 때에는 그 사유가 해소되는 때까지 통지를 유예할 수 있도록 하는 것이 상당할 것이다.

2. 공판정에서 진술을 얻기 위한 다양한 제도 도입

　　공판중심주의 원칙상 공판정에서 진술을 얻기 위한 면책조건부 증언제도(Immunity), 유죄협상제도(Plea Bargaining), 기소인부제도(Arraignment)는 물론 피의자를 포함하여 수사기관 등에서 거짓진술을 한 경우에 처벌하는 위증죄(Perjury and False Declaration) 및 허위진술죄(False statement) 등 사법방해죄가 도입되어야 한다.[246]

(1) 사법방해죄 등

【표 6-23】 미국의 사법방해죄 법체계

U.S.C CHAPTER 73—OBSTRUCTION OF JUSTICE
1501. Assault on process server.
1502. Resistance to extradition agent.
1503. Influencing or injuring officer or juror generally.
1504. Influencing juror by writing.
1505. Obstruction of proceedings before departments, agencies, and committees.
1506. Theft or alteration of record or process; false bail.
1507. Picketing or parading.
1508. Recording, listening to, or observing proceedings of grand or petit juries while deliberating or voting.

---

246) 우리나라는 허위진술, 증거조작, 참고인과 증인 회유 및 출석방해 등을 막는 장치가 매우 미흡하다. 수사단계에서 참고인의 허위진술과 이를 교사하는 행위, 수사나 법정에서 피의자(피고인)가 자신의 형사사건에 사용될 증거를 은닉하는 행위를 처벌하지 못한다. 위증죄는 '선서한 증인'에게만 적용되어 수사단계의 참고인의 허위진술과 교사행위를 처벌하지 못한다. 재판에서 증인으로 채택된 사라를 회유하여 증언을 막는 경우도 처벌하기 어렵다.

1509. Obstruction of court orders.

1510. Obstruction of criminal investigations.

1511. Obstruction of State or local law enforcement.

1512. Tampering with a witness, victim, or an informant.

1513. Retaliating against a witness, victim, or an informant.

1514. Civil action to restrain harassment of a victim or witness.

1514A. Civil action to protect against retaliation in fraud cases.

1515. Definitions for certain provisions; general provision.

1516. Obstruction of Federal audit.

1517. Obstructing examination of financial institution.

1518. Obstruction of criminal investigations of health care offenses.

1519. Destruction, alteration, or falsification of records in Federal investigations and bankruptcy.

1520. Destruction of corporate audit records.

1521. Retaliating against a Federal judge or Federal law enforcement officer by false claim or slander of title.

가. 사법방해죄

사법방해죄는 미국 연방법률 제18장 제73절에 22개 조문에 걸쳐서 규정되어 있는데 (【표 6-23】), 규정 순서대로 살펴보면, 제1501조(집달리에 대한 폭행), 제1502조(범죄인인 도 업무담당자에 대한 저항행위), 제1503조(사법담당 공무원, 배심원 등에 대한 방해행위), 제1504조(서면으로 배심원에게 영향을 끼치는 행위), 제1505조(정부부처 등 연방기관, 위원회 등의 절차 방해), 제1506조(기록 등의 절취·변조, 보석 편취), 제1507조(시위나 농성), 제1508조(대·소 배심원들의 평결과정 등 녹음, 청취), 제1509조(법원의 명령에 대한 방해), 제1510조(범죄 수사 방해), 제1511조(주 정부 또는 지방정부의 법 집행 방해), 제1512조(증인, 피해자, 제보자 등에 대한 회유), 제1513조(증인, 피해자, 제보자 등에 대한 보복), 제1514조(피해자 또는 증인의 괴롭힘을 억제하기 위한 민사소송), 제1515조(특정조항에 대한 정의, 일반조항), 제1516조(연방 회계감사 방해), 제1517조(금융기관에 대한 조사 방해), 제1518조(보건범죄 수사 방해), 제1519조(연방조사 및 파산 관련 증거자료, 손괴, 변조, 위조), 제1520조(회사회계감사자료 파괴), 제1521조(허위청구나 권리비방에 의한 연방판사, 연방 공무원에 대한 보복) 등이며, 이 중 핵심조항은 연방법률 제18편 제1503조, 제1505조, 제1510조, 제1512 등이다.

특히 일반조항적 성격의 제1503조[247]가 대표적인 규정인데, 본 죄가 적용되기 위해

---

247) 18 U.S. Code § 1503. 사법담당 공무원이나 배심원들에게 영향을 끼치는 행위(Influencing or

injuring officer or juror generally)

(a) 누구든지 부정한 방법으로, 또는 협박이나 유형력의 행사, 또는 편지나 다른 통신수단에 의한 협박으로, 대배심원, 소배심원, 미국 법원의 공무원, 미국의 치안판사나 위원회 판사 앞의 조사나 절차에 종사하는 공무원에게 영향을 미치거나, 위협을 가하거나, 방해하려고 노력하는 때 또는 피고인에게 행하여진 평결이나 기소, 배심원이거나 배심원이었다는 사실을 이유로 하여 위 대배심원이나 소배심원의 신체나 재산에 손상을 가한 때 또는 위 공무원, 치안판사, 위원회 판사가 그의 공적 업무를 수행하였다는 사실을 이유로 신체나 재산에 손상을 가한 때, 또는 부정하게, 또는 협박이나 유형력의 행사, 또는 편지나 다른 통신수단에 의한 협박으로, 적법한 사법 행정에 대하여 영향을 미치거나, 위협을 가하거나, 방해하거나, 영향을 미치거나, 위협을 가하거나, 방해하려고 노력하는 때에는 제b항에 규정된 바에 따라 처벌한다. 전문의 범죄행위가 형법사건의 재판과 관련하여 행하여지고, 이 조의 위반행위가 신체적인 유형력을 통한 위협이나 신체적인 유형력으로 발생한 경우에는 그 밖의 다른 법의 규정이나 재판을 받는 범죄행위에 부과되는 형의 최고형보다 더 높은 징역형에 처하여질 수 있다(Whoever corruptly, or by threats or force, or by any threatening letter or communication, endeavors to influence, intimidate, or impede any grand or petit juror, or officer in or of any court of the United States, or officer who may be serving at any examination or other proceeding before any United States magistrate judge or other committing magistrate, in the discharge of his duty, or injures any such grand or petit juror in his person or property on account of any verdict or indictment assented to by him, or on account of his being or having been such juror, or injures any such officer, magistrate judge, or other committing magistrate in his person or property on account of the performance of his official duties, or corruptly or by threats or force, or by any threatening letter or communication, influences, obstructs, or impedes, or endeavors to influence, obstruct, or impede, the due administration of justice, shall be punished as provided in subsection (b). If the offense under this section occurs in connection with a trial of a criminal case, and the act in violation of this section involves the threat of physical force or physical force, the maximum term of imprisonment which may be imposed for the offense shall be the higher of that otherwise provided by law or the maximum term that could have been imposed for any offense charged in such case).

(b) 이 조를 위반한 범죄행위에 관하여는(The punishment for an offense under this section is)

(1) 살인을 한 경우에는 제1111조 및 제1112조에 규정된 바에 의하여 처벌하고(in the case of a killing, the punishment provided in sections 1111 and 1112),

(2) 살인 미수에 그친 경우 또는 소배심원에 대해 범죄가 자행된 경우 그리고 A급 중죄나 B급 중죄로 기소된 경우에는 20년 이하의 징역형에 처하거나, 이 법이 정한 벌금형에 처하거나 이를 병과하고(in the case of an attempted killing, or a case in which the offense was committed against a petit juror and in which a class A or B felony was charged, imprisonment for not more than 20 years, a fine under this title, or both; and).

(3) 그 밖의 경우에는 10년 이하의 징역형에 처하거나, 이 법이 정한 벌금형에 처하거나 이를

서는 피고인이 "부정한 수단이나 혹은 협박이나 위협을 사용하여, 혹은 위협적인 편지 기타 통신 매체를 통해서 대배심원, 소배심원, 미연방법원의 공무원, 혹은 미연방 치안 판사가 실시하는 감정 기타 절차에 관여한 공무원의 직무집행과 관련하여 영향력을 행사하거나 위협하거나 방해하려고 노력하거나, 배심원이 평결 기타 기소에 찬성하거나 참여하고 있거나 했었다는 이유로 배심원의 신체나 재산에 위해를 가한 경우, 상기 공무원, 치안판사 등의 직무수행을 이유로 신체나 재산에 위해를 가한 경우, 혹은 부정한 수단으로, 혹은 협박 또는 위력을 사용하거나 위협적인 편지 기타 통신매체를 통하여 적정한 사법절차의 실행에 영향력을 행사하거나 방해하거나 이러한 노력을 한 경우'이어야 한다.[248) 따라서 본죄가 성립하기 위해서는 ① 사법절차가 계속 중일 것(Pending Judicial Proceedings), ② 고의로 부정한 행위를 할 것(Acting Corruptly with Intent), ③ 사법방해 또는 사법방해를 위한 시도행위(Acts Prosecuted Under §1503 or Endeavor)[249) 가 있을 것이 요구된다. 이 규정은 민·형사재판에 모두 적용되고, 사법절차의 모든 단계에서 광범위하게 적용되지만,[250) '사법의 정당한 법집행(due administration of justice)' 이라는 문구로 보아 최소한 대배심 수사와 같은 진행 중인 사법절차는 전제되어야 하는 것으로 보는 것이 일반적이다.[251) 따라서 적어도 대배심에서 공식적인 조사가 시작되어 기소 여부를 가리는 시점[252)부터 적용되므로, 수사기관의 내사나 일방적 수사가 행해지고 있는 시점(수사기관의 조사)에서 허위진술을 하거나 증거를 왜곡시키는 행위가 있더라도 이 조항에 따른 처벌대상이 되지 않는다. 다만, 연방항소법원은 Davis사건[253)에서, 언제 사법절차가 '계속 중'이 되는지에 대하여, '대배심에 현재 제출이 고려되고 있는 증거(presently contemplated presentation of evidence before the grand jury)'를 확보하기 위하여 수사가 착수된 경우에는 사법절차가 계속 중이라고 판시하여 대배심 절차의 시작을 다소 완화하여 해석하고 있다.

연방법률 제18장의 제1505조는 행정부나 입법부의 절차에 대해 적용되는데, 위의

병과한다(in any other case, imprisonment for not more than 10 years, a fine under this title, or both).
248) 조상준, 「허위진술죄 Ⅱ - 허위진술에 의한 형사사법 부실에 대한 대책 -」, 참고인 진술 확보 방안 연구, 대검찰청 미래기획단, 2007, 117면.
249) 시도(endeavor)란 미수보다 광범위한 개념으로서 법에서 금지하고 있는 것을 악의적인 목적을 가지고 수행하려고 노력하거나 시험해 보는 것이다. United States v. Silverman, 745 F.2d 1386 (11th Cir. 1984)
250) 박미숙, 「미국의 사법방해죄에 관한 연구」, 한국형사정책연구원, 1999, 47면.
251) United States v. Davis 183 F.3d 231 (3th Cir.1999).
252) United States v. Sutherland 921 F.3d 421, 423+, 4th Cir.(N.C.) (2019).
253) United States v. Davis, 183 F.3d 231, 240-41 (3d Cir. 1999).

제1503조와 본죄가 적용되는 전형적인 예는 ① 사법, 입법, 행정 절차진행에 관련된 문서를 은닉, 변경, 파괴한 경우, ② 위와 같은 절차에서 허위의 증언을 하거나 이를 권유하는 행위, ③ 수사기관 등 정부기관에게 허위진술을 하는 행위, ④ 증인이 진술거부권을 행사할 특별한 이유가 없음에도 증인으로 하여금 진술거부권을 행사하도록 권유하는 행위, ⑤ 배심원이나 법원직원 등을 협박하는 행위 등이라고 한다.[254]

---

18 U.S. Code § 1505. 정부부처 등 연방기관, 위원회 등의 절차 방해(Obstruction of proceedings before departments, agencies, and committees)

누구든지, 전체적으로 또는 부분적으로, 독점금지민사소송법에 의거하여 적정하고 적절한 독점거래상 수사 요구를 회피하거나, 피하거나, 방해하거나, 훼방하려는 의도를 가지고, 수사 요구의 대상인 서류 자료, 서면질의에 대한 답변, 구술진술에 대한 답변을 의도적으로 보류하거나, 어떤 장소로부터든지 거짓으로 제시하거나 제거한 때, 또는 은닉하거나, 감추거나, 파괴하거나, 손상하거나, 변경하거나 또는 다른 방법으로 위조한 때 또는 그 미수에 그친 때 또는 이에 대하여 조언을 받은 때, 또는(Whoever, with intent to avoid, evade, prevent, or obstruct compliance, in whole or in part, with any civil investigative demand duly and properly made under the Antitrust Civil Process Act, willfully withholds, misrepresents, removes from any place, conceals, covers up, destroys, mutilates, alters, or by other means falsifies any documentary material, answers to written interrogatories, or oral testimony, which is the subject of such demand; or attempts to do so or solicits another to do so; or)

누구든지, 불법하게, 협박이나 또는 폭력을 사용하여, 협박하는 편지나 서신으로, 미국의 부나 청 앞에 계류되어 있는 사건에 대한 적당하고 적절한 법의 집행에 관하여나 또는 상원 또는 하원이나 그 소속 위원회 또는 합동위원회가 그 권한 하에서 적당하고 적절하게 행하는 질문이나 조사에 관하여 영향을 미치거나, 위협을 가하거나, 방해하려고 노력하거나 이를 위하여 노력하는 때에는(Whoever corruptly, or by threats or force, or by any threatening letter or communication influences, obstructs, or impedes or endeavors to influence, obstruct, or impede the due and proper administration of the law under which any pending proceeding is being had before any department or agency of the United States, or the due and proper exercise of the power of inquiry under which any inquiry or investigation is being had by either House, or any committee of either House or any joint committee of the Congress) -

이 편이 정한 벌금형 또는 5년 이하의 징역형에 처하거나 이를 병과한다. 위 범죄행위가 국제적인 또는 국내적인 테러리즘을 포함하는 때에는 이 법이 정한 벌금형 또는 8년 이하의 징역형에 처하거나 이를 병과한다(Shall be fined under this title, imprisoned not more than 5 years or, if the offense involves international or domestic terrorism (as defined in section 2331), imprisoned not more than 8 years, or both).

---

254) Green, Stuart P., "Uncovering the Cover-Up Crimes", 42 Am. Crim. L. Rev. 9, Georgetown University Law Center, 2005, p.18.

한편 제1510조는 주로 수사기관에 뇌물을 주어 형사범 수사를 방해하는 죄에 대한 규정인데,[255] 제1503조와 달리 동조의 (a)항은 수사가 개시되기 이전에도 성립될 수 있다. 동조 (b)의 (1)항 및 (2)항은 금융기관의 직원이 배심원이나 법원으로부터 받은 소환명령 또는 제출명령의 내용이나 소환자 등을 알려주는 것을 금지하고 이를 어겼을 경우에 사법방해죄로 처벌하는 규정이다.

---

18 U.S. Code § 1510. 범죄 수사 방해(Obstruction of criminal investigations)

(a) 누구든지, 의도적으로, 미국의 형사법령위반과 관련된 정보의 전달을 방해하거나 지연시키기 위하여 제3자를 통하여 수사관에게 뇌물을 제공하고자 노력하는 때에는 이 편이 정한 벌금형 또는 5년 이하의 징역형에 처하거나 이를 병과한다(Whoever willfully endeavors by means of bribery to obstruct, delay, or prevent the communication of information relating to a violation of any criminal statute of the United States by any person to a criminal investigator shall be fined under this title, or imprisoned not more than five years, or both).

(b) (1) 누구든지, 경제기구의 공무원인 자가, 사법절차를 방해할 의도를 가지고, 직접적 또는 간접적으로, 위 경제기구의 기록을 위한 소환장이나 위 소환장에 대응하여 배심원에게 전달한 것의 존재나 내용을 제3자에게 통지한 때에는 이 편이 정한 벌금형 또는 5년 이하의 징역형에 처하거나 이를 병과한다(Whoever, being an officer of a financial institution, with the intent to obstruct a judicial proceeding, directly or indirectly notifies any other person about the existence or contents of a subpoena for records of that financial institution, or information that has been furnished to the grand jury in response to that subpoena, shall be fined under this title or imprisoned not more than 5 years, or both).

(2) 누구든지, 경제기구의 공무원인 자가, 직접적 또는 간접적으로, 다음과 같은 자에게 통지한 때에는(Whoever, being an officer of a financial institution, directly or indirectly notifies) −

(A) 경제기관의 고객으로서 배심원의 소환장에 의하여 정보를 찾고 있는 자; 또는(a customer of that financial institution whose records are sought by a grand jury subpoena; or)

(B) 소환장에 언급된 다른 자(any other person named in that subpoena);

소환장이나 위 소환장에 대응하여 배심원에게 전달한 것의 존재나 내용에 대하여, 이 편이 정한 벌금형 또는 5년 이하의 징역형에 처하거나 이를 병과한다(about the existence or contents of that subpoena or information that has been furnished to the grand jury in

---

) Criminal Resource Manual 1728. PROTECTION OF GOVERNMENT PROCESSES −− OBSTRUCTION OF FEDERAL CRIMINAL INVESTIGATION −− 18 U.S.C. 1510(제1510조는 기존에 뇌물과 함께 "허위표현, 위협, 유형력 또는 협박"을 처벌하였으나, 위 규정은 1982년에 삭제되었다. 제1510조에 대한 개정은 1982년에 제1512조가 추가되면서 이루어졌다. 현재 제1510조는 뇌물을 통하여 사법방해를 기도하는 행위만을 처벌한다. 뇌물 이외의 이전 제1510조에 열거된 연방 범죄 수사의 방해는 제1512조, 제1513조의 적용을 받는다).

response to that subpoena, shall be fined under this title or imprisoned not more than one year, or both).

(3) 본 항에 사용된(As used in this subsection)

(A) "경제기구의 공무원"이라는 용어는 위 경제기관의 또는 경제기관을 위한 국장, 과장, 동업자, 피고용자, 대리인 또는 변호인을 의미하고(the term "an officer of a financial institution" means an officer, director, partner, employee, agent, or attorney of or for a financial institution; and),

(B) "기록을 위한 소환장"이라는 용어는 다음과 같은 범죄행위를 저질렀거나 저지르려고 모의하는 것과 관련하여 제공된 고객의 기록에 대한 연방 대배심의 소환장이나 법무부의 소환장을 의미한다(the term "subpoena for records" means a Federal grand jury subpoena or a Department of Justice subpoena (issued under section 3486 of title 18), for customer records that has been served relating to a violation of, or a conspiracy to violate).

(i) 제215조, 제656조, 제657조, 제1005조, 제1006조, 제1007조, 제1014조, 제1344조, 제1956조, 제1957조 내지 31편 제53장 또는(section 215, 656, 657, 1005, 1006, 1007, 1014, 1344, 1956, 1957, or chapter 53 of title 31; or)

(ii) 경제기구에 영향을 주는 제1341조 또는 제1343조(section 1341 or 1343 affecting a financial institution).

(c) 본 조에서 사용된 "범죄조사자"라는 용어는 미국의 부, 청, 군대에 의하여, 미국의 형법을 위반한 행위에 대한 조사나 기소를 진행하거나 종사할 권한이 부여된 개인을 의미한다(As used in this section, the term "criminal investigator" means any individual duly authorized by a department, agency, or armed force of the United States to conduct or engage in investigations of or prosecutions for violations of the criminal laws of the United States).

(d) (1) 누구든지(Whoever),

(A) 보험 사업에 종사하는 자로서, 그의 행위가 주간의 무역에 영향을 미치는 자의 국장, 과장, 대리인 또는 피고용자인 자 또는 이 지위로 행동하는 자, 또는(acting as, or being, an officer, director, agent or employee of a person engaged in the business of insurance whose activities affect interstate commerce, or)

(B) 그의 행위가 주간의 무역에 영향을 미치는 보험 사업에 종사하거나 또는 위 사업의 업무를 영위하는 것에 관련된 거래를 하는 자가(is engaged in the business of insurance whose activities affect interstate commerce or is involved (other than as an insured or beneficiary under a policy of insurance) in a transaction relating to the conduct of affairs of such a business)

사법절차를 방해할 의도를 가지고, 직접적 또는 간접적으로, 위 사업에 종사하는 자의 기록을 위한 소환장이나 위 소환장에 대응하여 배심원에게 전달한 것의 존재나 내용을 제3자에게 통지한 때에는 이 편이 정한 벌금형 또는 5년 이하의 징역형에 처하거나 이를 병과한다(with intent to obstruct a judicial proceeding, directly or indirectly notifies any other person about the existence or contents of a subpoena for records of that person engaged in such business or information that has been furnished to a Federal grand jury in response to that subpoena, shall be fined as provided by this title or imprisoned not more than 5 years, or both).

　(2) (d)(1)에 사용된 "기록을 위한 소환장"이라는 용어는 이 편 제1033조의 범죄행위를 저질렀거나 저지르려고 모의하는 것과 관련하여 제공된 기록에 대한 연방 대배심의 소환장을 의미한다 (As used in paragraph (1), the term "subpoena for records" means a Federal grand jury subpoena for records that has been served relating to a violation of, or a conspiracy to violate, section 1033 of this title).

　　제1512조는 증인, 피해자, 정보원을 살인, 물리력 행사, 협박, 강요, 학대, 기망, 보복 등의 방법으로 증거를 조작하는 행위를 금지하는 규정이다.

18 U.S. Code § 1512. 증인, 피해자 또는 제보자 등에 대한 회유(Tampering with a witness, victim, or an informant)

　(a) (1) 누구든지 다음과 같은 의도를 가지고 다른 사람을 살해하거나 그 미수에 그친 때에는 (Whoever kills or attempts to kill another person, with intent to)

　　(A) 공적인 절차에서 어떤 사람의 출석이나 증언을 막기 위하여(prevent the attendance or testimony of any person in an official proceeding);

　　(B) 공적인 절차에서 기록, 서류 또는 다른 물건의 생산을 막기 위하여, 또는 prevent the production of a record, document, or other object, in an official proceeding; or)

　　(C) 어떤 사람이 미국의 법집행공무원이나 판사에게 연방 범죄가 범해졌거나 범해졌을 가능성에 대한 정보나 보호관찰·가석방 또는 사법절차 계류 중 석방의 조건 위반에 대한 정보를 제출하는 행위를 막기 위하여(prevent the communication by any person to a law enforcement officer or judge of the United States of information relating to the commission or possible commission of a Federal offense or a violation of conditions of probation, parole, or release pending judicial proceedings)

　　(a)(3)항에 따라 처벌된다(shall be punished as provided in paragraph (3)).

　(2) 누구든지, 다음과 같은 의도를 가지고, 사람에게 신체적인 폭력이나 이를 사용한다는 위협을 가하거나 그 미수에 그친 때에는(Whoever uses physical force or the threat of physical force against any person, or attempts to do so, with intent to)

　　(A) 공적인 절차에서 어떤 사람의 증언에 영향을 미치거나, 증언을 연기하게 하거나 막기 위하여(influence, delay, or prevent the testimony of any person in an official proceeding);

　　(B) 어떤 사람이 다음과 같은 행위를 하도록 야기하거나 유도하기 위하여(cause or induce any person to)

　　(i) 공적인 절차에서 증언을 철회하거나, 기록, 서류 또는 기타 물건의 제출을 철회하는 행위(withhold testimony, or withhold a record, document, or other object, from an official proceeding);

(ii) 공적인 절차에 사용하기 위한 물건의 완전성이나 유효성을 방해하기 위한 의도를 가지고 물건을 변경하거나, 파괴하거나, 절단하거나 또는 은닉하는 행위(alter, destroy, mutilate, or conceal an object with intent to impair the integrity or availability of the object for use in an official proceeding);

(iii) 공적인 절차에서, 증인으로서 법정에 출석하기 위하거나 기록, 서류 또는 그 밖의 물건을 제출하기 위한 법적 소환 절차를 회피하게 하는 행위; 또는(evade legal process summoning that person to appear as a witness, or to produce a record, document, or other object, in an official proceeding; or);

(iv) 법적 절차를 통하여 소환된 자가 공적인 절차를 불출석하게 하는 행위; 또는(be absent from an official proceeding to which that person has been summoned by legal process; or);

(C) 미국의 법집행공무원이나 판사에게 연방 범죄가 범해졌거나 범해질 가능성에 대한 정보나 보호관찰·감독조건부 석방·가석방 또는 사법절차 계류 중 석방의 조건 위반에 대한 정보의 전달을 방해·지연하거나 막기 위하여(hinder, delay, or prevent the communication to a law enforcement officer or judge of the United States of information relating to the commission or possible commission of a Federal offense or a violation of conditions of probation, supervised release, parole, or release pending judicial proceedings);

(a)(3)항에 의하여 처벌된다(shall be punished as provided in paragraph(3)).

(3) 이 항을 위반한 자에 대하여는 다음과 같이 처벌한다(The punishment for an offense under this subsection is).

(A) (제1111조에서 정의된 바와 같은) 살인의 경우에는 사형 또는 무기징역, 기타 살인의 경우에는 제1112조에서 규정된 처벌(in the case of murder (as defined in section 1111), the death penalty or imprisonment for life, and in the case of any other killing, the punishment provided in section 1112)

(B) 다음과 같은 경우(in the case of)

(i) 살인 미수; 또는(an attempt to murder; or)

(ii) 어떤 사람에게 신체적인 폭력을 사용하거나 사용하려 한 경우에는 20년 이하의 징역형(the use or attempted use of physical force against any person; imprisonment for not more than 20 years; and)

(C) 어떤 사람에게 신체적 폭력을 사용하겠다고 협박한 경우에는 10년 이하의 징역형(in the case of the threat of use of physical force against any person, imprisonment for not more than 10 years)

(b) 누구든지 인식하면서도 다음과 같은 의도를 가지고 위협을 가하거나, 협박하거나 불법하게 설득한 때 또는 그 미수에 그치거나 다른 사람을 오인하게 하는 행위에 종사한 때에는(Whoever knowingly uses intimidation, threatens, or corruptly persuades another person, or attempts to do so, or engages in misleading conduct toward another person, with intent to)

(1) 공적인 절차에서 다른 사람의 증언에 영향을 미치거나, 증언을 연기하게 하거나 막기 위하여(influence, delay, or prevent the testimony of any person in an official proceeding)

(2) 어떤 사람이 다음과 같은 행동을 하도록 야기하거나 유도하기 위하여(cause or induce any person to)

(A) 공적인 절차에서 증언을 철회하거나, 기록, 서류 또는 기타 물건의 제출을 철회하는 행위(withhold testimony, or withhold a record, document, or other object, from an official proceeding);

(B) 공적인 절차에 사용하기 위한 물건의 완전성이나 유효성을 방해하기 위한 의도를 가지고 물건을 변경하거나, 파괴하거나, 절단하거나 또는 은닉하는 행위(alter, destroy, mutilate, or conceal an object with intent to impair the object's integrity or availability for use in an official proceeding);

(C) 공적인 절차에서, 증인으로서 법정에 출석하기 위하거나 기록, 서류 또는 그 밖의 물건을 제출하기 위한 법적 소환 절차를 회피하게 하는 행위, 또는(evade legal process summoning that person to appear as a witness, or to produce a record, document, or other object, in an official proceeding; or);

(D) 법적 절차를 통하여 소환된 자가 공적인 절차를 불출석하게 하는 행위, 또는(be absent from an official proceeding to which such person has been summoned by legal process; or);

(3) 미국의 법집행공무원이나 판사에게 연방 범죄가 범해졌거나 범해질 가능성에 대한 정보나 보호관찰·감독조건부 석방·가석방 또는 사법절차 계류 중 석방의 조건 위반에 대한 정보의 전달을 방해·지연하거나 막기 위하여(hinder, delay, or prevent the communication to a law enforcement officer or judge of the United States of information relating to the commission or possible commission of a Federal offense or a violation of conditions of probation, supervised release, parole, or release pending judicial proceedings;

이 편이 정한 벌금형 또는 5년 이하의 징역형에 처하거나 이를 병과한다(shall be fined under this title or imprisoned not more than ten years, or both).

(c) 누구든지 불법하게(Whoever corruptly)

(1) 공적인 절차에 사용하기 위한 물건의 완전성이나 유효성을 방해하기 위한 의도를 가지고 물건을 변경하거나, 파괴하거나, 절단하거나 또는 은닉하는 때, 또는(alters, destroys, mutilates, or conceals a record, document, or other object, or attempts to do so, with the intent to impair the object's integrity or availability for use in an official proceeding; or);

(2) 다른 방법으로 공적인 절차를 방해하거나, 훼방하거나 중단하게 하는 때에는(otherwise obstructs, influences, or impedes any official proceeding, or attempts to do so),

이 편이 정한 벌금형 또는 20년 이하의 징역형에 처하거나 이를 병과한다(shall be fined under this title or imprisoned not more than 20 years, or both).

(d) 누구든지 의도적으로 다른 사람을 괴롭혀, 이로 인하여 어떤 사람이 다음과 같은 행위를 방해하거나, 연기하게 하거나, 막거나, 단념하게 한 때(Whoever intentionally harasses another person and thereby hinders, delays, prevents, or dissuades any person from)

(1) 공적인 절차에 출석하거나 증언하는 행위(attending or testifying in an official proceeding);

(2) 미국의 법집행공무원이나 판사에게 연방 범죄행위가 범해졌거나 범해질 가능성에 대한 정보 또는 보호관찰·감독조건부 석방·가석방 또는 사법절차 계류 중 석방의 조건 위반에 대한 정보를 보고하는 행위(reporting to a law enforcement officer or judge of the United States the commission or possible commission of a Federal offense or a violation of conditions of probation, supervised release, parole, or release pending judicial proceedings);

(3) 연방 범죄행위와 관련된 다른 사람을 체포하거나 체포하려고 하는 행위, 또는 (arresting or seeking the arrest of another person in connection with a Federal offense; or),

(4) 범죄기소나 가석방 또는 보호관찰 취소 절차가 시도 또는 시작되도록 야기하거나 그러한 소추 또는 절차를 돕는 행위(causing a criminal prosecution, or a parole or probation revocation proceeding, to be sought or instituted, or assisting in such prosecution or proceeding);

또는 그 미수에 그친 때에는 이 법이 정한 벌금형 또는 5년 이하의 징역형에 처하거나 이를 병과한다(or attempts to do so, shall be fined under this title or imprisoned not more than one year, or both).

(e) 이 조에 규정된 범죄행위를 기소한 경우에 피고인이 입증책임을 지고, 충분한 증거에 의하여 입증을 하여야 하는 위 행위가 오직 적법한 행위로만 이루어졌고, 피고인의 의도가 오직 다른 사람으로 하여금 진실하게 증언하기 위하여 격려하거나, 유도하거나 야기한 경우에는 유효한 항변이 된다(In a prosecution for an offense under this section, it is an affirmative defense, as to which the defendant has the burden of proof by a preponderance of the evidence, that the conduct consisted solely of lawful conduct and that the defendant's sole intention was to encourage, induce, or cause the other person to testify truthfully).

(f) 본 조의 목적으로(For the purposes of this section),

(1) 범죄행위시에 공적인 절차가 진행 중이거나 시작되려는 경우일 필요는 없고(an official proceeding need not be pending or about to be instituted at the time of the offense; and),

(2) 증언, 기록, 서류 또는 다른 물건의 증거능력이 있거나 특권의 영향을 받을 필요는 없다(the testimony, or the record, document, or other object need not be admissible in evidence or free of a claim of privilege).

(g) 이 조에 규정된 범죄행위를 기소한 경우로서 다음과 같은 경우에는 고의를 입증할 필요가 없다(In a prosecution for an offense under this section, no state of mind need be proved with respect to the circumstance).

(1) 판사, 법원, 치안판사, 대배심 또는 정부대리인 앞에서의 공적인 절차가 미국의 판사 또는 법원, 미국의 치안판사, 파산전담판사, 연방대배심, 연방정부 대리인 앞인 경우, 또는(that the official proceeding before a judge, court, magistrate judge, grand jury, or government agency is before a judge or court of the United States, a United States magistrate judge, a bankruptcy judge, a Federal grand jury, or a Federal Government agency; or)

(2) 판사가 미국의 판사이거나, 법집행공무원이 연방 정부의 공무원 또는 피고용자이거나 연방정부를 위하여나 그 이익을 위하여 행동할 권한이 있거나, 연방정부의 조언자나 고문으로 종사하는 경우(that the judge is a judge of the United States or that the law enforcement officer is

an officer or employee of the Federal Government or a person authorized to act for or on behalf of the Federal Government or serving the Federal Government as an adviser or consultant).

(h) 이 조에 규정된 범죄에 대하여는 영토를 초과한 연방 관할권의 대상이다(There is extraterritorial Federal jurisdiction over an offense under this section).

(i) 이 조나 제1503조를 위반한 행위에 대한 기소는 영향이 미칠 수 있었던 공적 절차(절차가 진행 중인지 여부 및 시작되기 직전인지 여부는 관계없이)의 관할 지방법원에 제기되거나 범한 것으로 여겨지는 범죄행위를 구성하는 행위가 행하여진 지방법원에 제기될 수 있다(A prosecution under this section or section 1503 may be brought in the district in which the official proceeding (whether or not pending or about to be instituted) was intended to be affected or in the district in which the conduct constituting the alleged offense occurred).

(j) 이 조에 규정된 범죄가 형사사건 공판과 관련하여 일어난 경우, 그 범죄에 부과될 수 있는 최고형은 법에 달리 규정된 최고형이나 그러한 사건으로 기소된 범죄행위에 부과되었을 수 있는 최고형보다 높아야 한다((If the offense under this section occurs in connection with a trial of a criminal case, the maximum term of imprisonment which may be imposed for the offense shall be the higher of that otherwise provided by law or the maximum term that could have been imposed for any offense charged in such case).

(k) 누구든지 이 조에 규정된 범죄를 음모한 때에는 그 음모의 목적이 된 범죄의 형벌과 동일한 형벌에 처한다(Whoever conspires to commit any offense under this section shall be subject to the same penalties as those prescribed for the offense the commission of which was the object of the conspiracy).

나. 법정(원)모욕죄(Contempt)

미국 연방법률 제18절 제401조[256]는 미국연방법원이 법원의 권한에 대한 모욕행위에 대하여 벌금이나 구금형에 처할 수 있도록 규정하고 있는데, 동 규정에 따르면 "판

---

256) 18 U.S. Code § 401. Power of court(법원의 권한)

미국의 법원은 다음과 같이 법원의 바로 그 권한에 대하여 모욕을 하는 경우 재량으로 벌금이나 징역형으로 처벌하거나 이를 병과할 수 있는 권한이 있다(A court of the United States shall have power to punish by fine or imprisonment, or both, at its discretion, such contempt of its authority, and none other, as).

(1) 재판의 진행을 방해하기 위하여 법원에서나 법원의 근처에서 부당한 행위를 하는 경우(Misbehavior of any person in its presence or so near thereto as to obstruct the administration of justice);

(2) 사법부 공무원의 공적 업무 집행에 대한 부당한 행위를 하는 경우(Misbehavior of any of its officers in their official transactions);

(3) 적법한 영장, 절차, 명령, 결정, 선언명령, 지휘 등에 대하여 불복종하거나 저항하는 경우(Disobedience or resistance to its lawful writ, process, order, rule, decree, or command).

사의 면전이나 혹은 그에 근접한 상황에서 사법작용을 방해하기 위한 어느 누구의 행위” 또는 “적법한 영장, 소송절차, 명령, 법률, 규칙에 불복종하거나 저항하는 행위”도 모욕행위에 해당한다. 따라서 변호사의 불출석, 소환명령에 응하지 않은 증인의 불출석 또는 증언거부, 허위의 증거제출 또는 신청, 증인의 증언에 영향을 끼치려는 부적절한 시도가 있는 경우 모두 간접모욕으로 처벌되며(notice 및 hearing 필요), 증인이 정당한 이유 없이 증언 등을 거부하는 경우에는 재판절차 등 절차종료시까지 18개월 한도 내에서 구금도 가능하다(28 U.S.C. § 1826).

다. 위증죄(Perjury and False Declaration)

피의자를 포함한 누구라도 선서를 하고 수사기관 등에서 거짓진술을 할 경우에는 미국 연방법률 제18장 제1621조와 제1623조의 위증으로 처벌받는다. 이 경우 전자의 위증은 선서를 받을 수 있는 권한이 있는 위원회, 공무원, 개인 앞에서 선서를 한 후 행한 허위의 진술을 대상으로 함에 반하여, 후자의 위증은 법원이나 대배심의 절차 혹은 그 이전의 관련 절차에 있어서의 선서 후에 행한 허위의 진술을 대상으로 한다는 점에 차이가 있는데, 검사는 구성요건에 해당되면 제1621조와 제1623조의 위증죄 중 하나를 선택하여 기소를 할 수 있다.

---

18 U.S. Code § 1621. Perjury generally(위증)

누구든지(Whoever)

(1) 미국법이 정한 선서를 하는 어떠한 경우에도, 사실만을 증언, 진술, 증명할 것이고 또는 그가 기재한 증언서, 진술서, 조서, 확인서는 진실이라는 선서를, 자격을 갖춘 법관, 공무원 혹은 자연인 앞에서 한 자가, 의도적으로 그리고 그와 같은 선서 진술이나 기재에 반하여, 그가 사실이라고 믿지 아니하는 어떠한 중요한 사실을 진술하거나 기재하는 경우; 또는(having taken an oath before a competent tribunal, officer, or person, in any case in which a law of the United States authorizes an oath to be administered, that he will testify, declare, depose, or certify truly, or that any written testimony, declaration, deposition, or certificate by him subscribed, is true, willfully and contrary to such oath states or subscribes any material matter which he does not believe to be true; or),

(2) 미국 연방법률 제28편 제1746조에 의하여 위증의 죄책이 부과되는 어떠한 신고서, 면허증, 사실확인서, 진술에 있어서 진실이라고 믿지 아니하는 중요한 사실을 진실로서 의도적으로 기재하는 경우(in any declaration, certificate, verification, or statement under penalty of perjury as permitted under section 1746 of title 28, United States Code, willfully subscribes as true any material matter which he does not believe to be true);

그러한 자는 법에 의하여 명시적으로 규정된 경우를 제외하고, 위증의 죄책을 지며 이 편이 정한 벌금형 또는 5년 이하의 징역에 처하거나 이를 병과할 수 있다. 본 조는 그 진술이나 기재가 미국 국내 또는 국외 중 어디에서 행해진 경우라도 적용된다(is guilty of perjury and shall, except as otherwise expressly provided by law, be fined under this title or imprisoned not more than five years, or both. This section is applicable whether the statement or subscription is made within or without the United States).

18 U.S. Code § 1623. False declarations before grand jury or court(대배심 또는 법정에서의 거짓 진술)

(a) 누구든지 미국의 어떠한 법원이나 대배심 및 그에 부속된 절차에서 선서를 한 자 (또는 미국 연방법률 제28편 제1746조에 의하여 위증의 죄책이 부과되는 어떠한 신고서, 면허증, 사실확인서, 진술에 있어서) 고의적으로 어떠한 거짓된 중요한 진술을 하거나, 어떠한 내용이 거짓임을 알면서 이를 담기 위한 서적, 서류, 문서, 기록, 녹화물 등을 만들거나 행사하는 경우 이 편에 의한 벌금 또는 5년 이하의 징역에 처하거나 이를 병과할 수 있다(Whoever under oath (or in any declaration, certificate, verification, or statement under penalty of perjury as permitted under section 1746 of title 28, United States Code) in any proceeding before orancillary to any court or grand jury of the United States/ knowingly makes any false material declaration or makes or uses any other information, including any book, paper, document, record, recording, or other material, knowing the same to contain any false material declaration, shall be fined under this title or imprisoned not more than five years, or both).

(b) 본 조는 위와 같은 행위가 미국 국내 또는 국외 중 어디에서 행해진 경우라도 적용된다(This section is applicable whether the conduct occurred within or without the United States).

(c) 선서를 한 피고인이 둘 중 하나는 반드시 허위일 수밖에 없을 정도로 양자가 불일치하는 복수의 진술을 고의적으로 하였다 하더라도 아래와 같은 경우 어떤 진술이 거짓인지를 밝힐 필요는 없다(An indictment or information for violation of this section alleging that, in any proceedings before or ancillary to any court or grand jury of the United States, the defendant under oath has knowingly made two or more declarations, which are inconsistent to the degree that one of them is necessarily false, need not specify which declaration is false if).

   (1) 각 진술이 질문의 요지에 있어 중요한 것이고(each declaration was material to the point in question, and),

   (2) 각 진술이 본 조에 의거하여 기소되는 범죄의 공소시효 내에 행해진 경우(each declaration was made within the period of the statute of limitations for the offense charged under this section).

본 조 위반으로 기소되는 경우, 진술이나 정보의 허위성은, 피고인이 선서를 하고, 대배심 또는 어떤 법정 앞에서 또는 그 부수절차에서, 논점에 있어 중요한 점에 대하여 양립 불가능한 모순적 진술을 하였다는 것을 증거로서 충분하게 입증하여야 한다. (c)항 제1문에 의한 기소에 있어서 피고인이 진술 당시 자신의 진술이 진실이라고 믿었다는 사실은 항변이 된다(In any prosecution under this section, the falsity of a declaration set forth in the indictment or information shall be established sufficient for conviction by proof that the defendant while under oath made irreconcilably contradictory declarations material to the point in question in any proceeding before or ancillary to any court or grand jury. It shall be a defense to an indictment or information made pursuant to the first sentence of this subsection that the defendant at the time he made each declaration believed the declaration was true).

(d) 진술이 행해진 것과 동일성 있게 계속되는 법정 또는 대배심 절차에서 행위자가 위 진술이 거짓이었음을 자백하는 경우에, 위 자백이 행해진 시점에 위 진술이 실질적으로 절차 진행에 영향을 끼치지 아니하였거나 위와 같은 거짓이 공개되었거나 공개될 것임이 명백한 것이 아니라면, 본 조에 의한 기소를 하지 아니한다(Where, in the same continuous court or grand jury proceeding in which a declaration is made, the person making the declaration admits such declaration to be false, such admission shall bar prosecution under this section if, at the time the admission is made, the declaration has not substantially affected the proceeding, or it has not become manifest that such falsity has been or will be exposed).

(e) 본 조에 의거한 합리적 의심의 여지가 없는 정도의 입증은 유죄판결을 내리기에 충분하다. 일정수의 증인 또는 문서나 기타 유형의 증거에 의해 그러한 입증이 이루어질 것을 필요로 하지는 않는다(Proof beyond a reasonable doubt under this section is sufficient for conviction. It shall not be necessary that such proof be made by any particular number of witnesses or by documentary or other type of evidence).

구성요건상으로도 제1621조의 위증죄가 성립하려면 ① 선서를 하여야 하고, ② 의도적(willfully)으로 허위의 진술을 하여야 하며, ③ 허위의 진술은 중요한 것(material)이어야 하는 반면, 제1623조의 위증죄는 의도적일 필요는 없어 단지 허위인 것을 알면서(mere knowledge) 허위의 진술을 하면 족하며, 그로 인하여 사법정의를 해한다는 구체적인 의도까지 필요한 것은 아니다. 이와 관련하여 미국 연방대법원은 위증죄의 주된 처벌목적은 수사기관 등으로 하여금 피의자 등의 사적 이익에 따른 거짓말 등으로 인하여 방해받지 않고 수사를 하도록 하는데 있다[257]는 입장이다.

한편 제1621조 (2)에 따르면 피의자 등이 실제로 선서를 하지 않은 경우라 하더라도, 미국 연방법률 제28장 제1746조에 따라 거짓진술시 위증의 처벌을 받는다는 내용의 기재하에 작성된 진술서, 확인서 등에 서명을 한 경우 그 내용이 거짓이면 위증죄로 처벌을 받는다.

라. 허위진술죄(False Statement)[258]

미국 연방법률 제18장 제1001조는 미국 입법부, 행정부, 사법부 등 정부에 대하여 허위진술을 한 경우에 적용되는 포괄규정으로서, 피의자를 포함한 누구라도 정부의 권한

---

257) United States v. Williams, 341 U.S. 58, 68(1951).

258) 위증죄(False Declaration)와 허위진술죄(False Statement)의 차이는 기본적으로 선서의 유무에 있는데, 전자의 경우에는 선서를 요함에 반하여 후자의 경우에는 이를 요하지 않는다.

있는 기관에 대하여 알면서 의도적으로 거짓진술을 한 경우에는 허위진술죄로 처벌받는데, 피의자 등이 위 조항에 따라 처벌받기 위해서는 ① 피의자 등이 진술(statement)을 하였을 것, ② 그 진술이 허위일 것, ③ 그 진술이 중요한 사항에 관한 것일 것(material), ④ 그 진술 등이 허위임을 알면서 의도적으로(Knowingly and willfully) 하였을 것, ⑤ 연방정부가 위와 같은 진술을 받을 권한이 있을 것(government agency jurisdiction) 등을 요한다. 이 조항은 주로 수사기관이나 국세청, 정부의 각종 보건 기관, 이민국, 노동부, 군대, 우체국 등 각 행정기관이 행하는 조사과정에서 조사관에게 허위진술을 한 경우에 적용되는데, 경찰, 국세청 등 행정기관의 수사과정에서 이루어진 허위진술을 처벌 대상으로 한다는 점에서 대배심에 의한 조사가 시작된 이후의 단계에서 이루어진 허위진술 등을 처벌대상으로 하는 제1503조의 사법방해죄와 구별된다.259)

---

18 U.S. Code § 1001. 허위진술죄: 진술 또는 기재(Statements or entries generally).
(a) 이 조에서 달리 규정된 경우를 제외하고는 미 연방행정부, 입법부, 사법부의 관할권에 속하는 어떠한 사항에 대하여 알면서 의도적으로 다음 각 호의 행위를 하는 자에 대해서는(Except as otherwise provided in this section, whoever, in any matter within the jurisdiction of the executive, legislative, or judicial branch of the Government of the United States, knowingly and willfully)—
  (1) 위계, 계략, 계책에 의하여 중요한 사실을 위조, 은닉, 은폐하는 행위,(falsifies, conceals, or covers up by any trick, scheme, or device a material fact);
  (2) 중요한 사실에 관하여 허위, 가공, 사기의 진술이나 표시를 하는 행위; 또는(makes any materially false, fictitious, or fraudulent statement or representation; or)
  (3) 중요한 사실에 관하여 허위, 가공, 사기의 진술이나 기재를 포함한 허위 문서 혹은 자료를 알면서 작성하거나 사용하는 행위(makes or uses any false writing or document knowing the same to contain any materially false, fictitious, or fraudulent statement or entry);
이 편에 의한 벌금을 부과하고 5년 이하의 징역에 처하거나 제2331조에 규정된 바와 같은 국제 또는 국내 테러행위와 관련된 범죄의 경우에는 8년 이하의 징역에 처하거나 양자를 병과할 수 있다(shall be fined under this title, imprisoned not more than 5 years or, if the offense involves international or domestic terrorism (as defined in section 2331), imprisoned not more than 8 years, or both).
(b) 위 (a)항은 사법절차에 있어서 소송의 당사자나 대리인이 그 절차 내에서 판사나 치안판사에게 진술, 표시, 서류나 문서를 제출한 경우 그 당사자나 대리인에 대해서는 적용하지 않는다(Subsection (a) does not apply to a party to a judicial proceeding, or that party's counsel, for statements, representations, writings or documents submitted by such party or counsel to a judge or magistrate in that proceeding).

---

259) 이선욱, '사법방해죄에 관한 연구', 해외연수검사 연구논문집 통권 제21호(2006), 426면 참조.

(c) 입법부의 관할에 속한 사항에 관하여 위 (a)항은 오직 다음과 같은 경우에만 적용된다(With respect to any matter within the jurisdiction of the legislative branch, subsection (a) shall apply only to)—

(1) 지급청구를 포함한 행정적인 문제, 재산과 용역의 확보, 인사 혹은 고용 관행, 조달 행정, 혹은 법률, 명령이나 규칙에 의하여 의회나 입법부의 공무원에게 제출하도록 되어 있는 서류; 또는 (administrative matters, including a claim for payment, a matter related to the procurement of property or services, personnel or employment practices, or support services, or a document required by law, rule, or regulation to be submitted to the Congress or any office or officer within the legislative branch; or)

(2) 위원회, 소위원회 기타 의회 공무원의 권한 내에서 상하 양원의 규정에 맞추어 실시되는 수사 혹은 재심(any investigation or review, conducted pursuant to the authority of any committee, subcommittee, commission or office of the Congress, consistent with applicable rules of the House or Senate).

물론 미국 연방법률 제18장은 제1014조에서 정부로부터 대출을 받거나 정부에 대하여 신용거래 신청을 하는 경우 등과 관련하여 허위진술을 하는 경우를, 제1027조는 공무원 퇴직소득보증법상 서류와 관련된 허위진술을 하는 경우를 각 처벌하는 구체적인 규정을 두고 있으나, 대개의 허위진술죄는 제1001조에 의하여 기소된다[260]고 한다. 왜냐하면 제1001조만을 적용하여 기소할 수도 있고, 구체적인 다른 법령과 함께 기소될 수도 있는 등 수사기관으로서는 편의적이기 때문이라고 한다.

문제는 수사기관이 먼저 질문을 시작한 경우 **"무죄변명의 부인(Exculpatory No)"**을 하는 것이 여기에 포함되는지 여부인데, 미 연방 제9 순회재판소는 위 무죄변명의 부인이 허위진술죄가 되지 않기 위한 요건으로 다음과 같은 5가지 요건을 제시하였다. 즉 (1) 허위진술이 정부에 대한 청구나 특권의 주장과 관련되지 않아야 할 것, (2) 진술자가 연방부처나 기관에 의해 개시된 신문에 답변하는 경우라야 할 것, (3) 허위진술이 법에 의해 그 부처나 기관에 위임된 기본적인 기능을 훼손해서는 안 될 것, (4) 정부의 신문은 일상적인 행정업무의 집행이 아닌 수사활동의 일환일 것, (5) 진실하게 답변하는 것이 피고인의 유죄를 인정하는 결과가 되는 경우일 것[261] 등이 여기에 해당한

---

260) 조상준, 「허위진술죄 I 」, 참고인 진술 확보 방안 연구, 대검찰청 미래기획단, 2007, 61면.

261) 원문은 다음과 같다. "(1) the false statement must be unrelated to a claim to a priviledge or a claim against the government; (2) the declarant must be responding to inquiries initiated by the federal agency or department; (3) the false statements must not impair the basic functions entrusted by law to the agency; (4) the government's inquiries must not consitutes a routine exercise of administrative responsibility; and (5) a truthful answer

다.262) 이에 대하여 미국 연방대법원은 United states v. Grayson 사건263)에서 "(1) 위 제1621조의 진술은 어떤 진술도 포함되게 되어 있고, 따라서 문리적으로 볼 때 '아니다'라는 진술도 포함되는 것은 당연하고, (2) 무죄변명의 부인을 처벌하지 않는다는 이유가 무죄변명의 부인이 정부기관의 기능이 저해되지 않는다는 것을 논거로 하는데, 무죄변명의 부인을 하는 경우에도 정부기관의 기능이 저해되지 않는다고 보기 어렵고, (3) 피의자 등으로 하여금 ① 유죄취지의 답변을 하거나, ② 침묵하거나, ③ 거짓으로 범죄를 부인한 경우 허위진술로 처벌받도록 하는 3가지 중 하나를 선택하도록 강요하는 것이 미국 연방수정헌법 제5조의 자기부죄금지의 특권을 침해하는 것이라는 주장은, 피의자 등이 죄가 없다면 거짓으로 범죄를 부인하여 허위진술죄로 처벌받을 일이 없고, 정직하고 죄를 뉘우치는 범인이라면 허위진술로 처벌받을 거짓진술을 선택할 일이 없으며, 위 미국 연방수정헌법 제5조의 자기부죄금지의 특권은 침묵할 권리를 말하며, 허위로 진술할 권리를 말하지 않는다는 면에서 타당하지 않다"고 하여 '무죄변명의 부인'도 처벌되어야 한다고 판시하였으며, United States v. Brogan 사건264)에서 연방대법원은 "실제로 정부기능이 침해되어야만 허위진술죄가 성립한다면, 정부의 관리가 거짓말에 속았는지 안 속았는지에 따라 범죄성립이 좌우된다는 희한한 결과가 발생할 것이므로 허위진술죄가 성립하기 위해서는 정부의 기능이 침해될 우려가 있으면 충분하고 실제로 침해의 결과가 발생할 필요가 없으며, 또한 죄를 지은 사람이라면 원칙적으로 당연히 진실을 말하여야 하는 것이고, 자기부죄와 관련하여 헌법이 정하는 마지노선은 묵비권일 뿐 거짓말할 권리와 헌법과는 아무런 관련이 없다"고 보면서, 피의자인 노조간부가 수뢰 여부에 관한 FBI의 신문에 대하여 부인하는 대답을 한 경우에도 (수뢰사실이 진실인 경우에는) 제1001조에 위반된다고 판결함으로써 단순부인의 경우에도 허위진술죄가 성립한다고 보았다.

(2) 면책조건부 증언취득제도의 도입

가. 의   의

원래 권한있는 기관의 소환에 응하고 그 신문에 답변하여야 할 증언의무는 사법·

---

would have incriminated the declarant"(Kraft, Jennifer L./Sadoff, David A., 「False Statements」, 31 Am, Crim. L. Rev. 539, Georgetown University Law Center, 1994, p. 547).

262) United States v. Equihua-Juarez, 851 F.2d 1222, 1224(C.A.9 1988)(제9 항소법원의 심사를 충족시키기 위한 요건들을 들고 있음); United States v. Taylor, 438 F.2d 774(8th Cir. 1971)(제9 항소법원의 심사방법을 채택함); United States v. Cogdell, 307 F.2d 176(D.C. Cir. 1962)(제4, 제8 항소법원도 제9 항소법원의 견해를 따랐음).

263) United states v. Grayson, 438 U.S. 41, 98 S.Ct. 2610, 57 L.Ed.2d 582(1978).

264) States v. Brogan, 522 U.S. 398(1998).

998 제 6 장 우리나라 형사사법구조 개편의 전제조건과 대안

입법기능의 원활한 운영과 실체적 진실의 발견이라는 공익적 요청에 따라 보통법상 요구되는 의무로 인정되어 왔다. 따라서 증언의무에 우선하는, 보편적으로 승인된 권리를 주장하지 못하는 한 증언의무는 누구나 부담하는 일반적 의무로 받아들여지고 있다.[265] 이와 같은 일반적 증언의무에 대한 가장 중요한 예외로서, 증언의무를 통해 추구하는 공익에 항상 우선하는 것으로 보편적으로 승인된 권리가 바로 "누구든지 형사사건에 있어 스스로에게 불리한 증언을 하도록 강요받지 아니한다."라는 자기부죄거부특권이다.

이러한 자기부죄거부특권은 17세기 말 영국에서, 왕정복고시대 이전에 종교적이고 정치적인 박해, 특히 금지된 신념을 신봉하는지 여부를 판단하기 위해 선서를 하게 한 후 용의자들을 조사하는 관행에 대한 반작용으로 보통재판소에 의하여 확립되었고,[266] 이를 미국연방 수정헌법 제5조가 계승하면서 근대 형사소송법의 기본원칙으로 확립되기에 이르렀다.

나. 미국 연방법 규정

미국 연방법 제18편 제6001조부터 제6005조(18 U.S. Code §§ 6001－6005)는 증인이 법원, 연방대배심, 연방의회 등에서 증언함에 있어 연방지방법원이 연방검사의 신청에 따라 그 증인에게 면책권(immunity)을 부여할 수 있도록 규정하고 있다. 법상 연방검사는 면책권 부여가 공익에 부합함을 입증하여야 하는데, 증인이 증언할 범죄의 중대성, 범죄 입증에 있어 해당 증언의 필요성, 증인의 위증 또는 진술번복 가능성 등이 고려된다. 면책권에는 그 증인이 제공한 증거 또는 증언과 관련하여 그 증인의 형사처벌을 면제해주는 '행위면책(Transactional Immunity)', 그 증인이 제공한 증거 또는 증언과 그로부터 파생된 모든 증거를 증인에게 불리한 증거로는 사용할 수 없도록 하되 별개 증거에 의하여는 형사처벌이 가능하도록 하는 '사용 및 파생면책(Use and Derivative Use Immunity)'이 있다. 여기의 증인에는 피의자 또는 피고인인 공범이 포함된다. 증인이 정당한 이유 없이 증언을 거부하면 법정모독죄로 처벌될 수 있고, 면책권이 부여되었더라도 증인이 허위사실을 증언할 경우 위증죄로 처벌될 수 있다. 법정 또는 연방대배심에서 공범, 하급자 등 중요한 증인의 증언을 획득하여 실체 진실을 파악함에 있어 연방검사는 '사용 및 파생면책'을 중요한 수단의 하나로 활용할 수 있다. 이러한 제도는 일견 유죄 협상(Plea Bargaining) 제도와 유사해 보인다. 그러나 유죄 협상 제도는 피의자가 유죄를 인정할 경우 사실관계에 대한 조사를 생략하고 신속하게 양형절차로 이관하여 소송경제 측면의 공익을 도모함에 주된 목적이 있는 반면, 면책조건부증언 제도는 조직

---

265) United States v. Bryan, 339 U.S. 323, 331, 70 S.Ct. 724, 730, 94 L.Ed. 884(1950).

266) John H. Wigmore, Evidence in Trials at Common Law § 2250(John T. McNaughton rev. 1961 & supp. 1995).

적 공모범죄에서 실체 진실 발견이라는 공익 도모에 주된 목적이 있다는 점에서 양자의 주된 차이가 있다.

이러한 자기부죄거부특권을 인정하는 근거로는 ① 무고한 피고인이 미숙한 증언으로 인하여 처벌을 받을 위험을 배제한다는 점, ② 허위 증언으로 인한 법원의 부담을 최소화한다는 점, ③ 형사처벌을 받을 것이 두려워 증언을 회피하는 참고인의 자발적 증언을 유도한다는 점, ④ 국가권력의 한계로 작용함으로써 국가권력과 기본권 사이의 균형을 도모한다는 점, ⑤ 형사소송절차의 규문주의화를 저지한다는 점, ⑥ 자백에 의존하지 않는 수사관행을 유도한다는 점, ⑦ 무죄의 추정을 받는 피고인은 스스로 범행을 입증할 의무가 없다는 점 등이 제시되고 있는데,[267] 이는 자기부죄거부특권이 비이성적인 조사방법에 대한 방지책(prophylaxis)으로 작용을 한다는 것과 개인으로 하여금 위증죄를 범하거나, 법정모독죄로 유죄판결을 받거나, 검찰측 증인으로 봉사하게 하는 등의 세 가지 궁지에 빠지게 하는 것은 태생적으로 비인간적이라는 점에 근거한 것으로 보인다.[268]

이처럼 자기부죄거부특권이 피의자나 피고인을 조사의 객체로 전락시키는 규문주의를 타파하고 확립된 탄핵주의, 특히 당사자주의 소송구조와 함께 등장한 근대형사소송법의 중추적 요소이고 그 본질적 가치를 훼손할 수 없다는 점에는 이론이 있을 수 없으나, 자기부죄거부특권으로 인하여 실체적 진실발견 및 형사사법정의의 실현이라는 다른 형사소송법의 기본가치를 양보해야 하는 경우가 발생한다는 점도 부인할 수 없다.

한편 자기부죄거부특권은 형사처벌을 당할 위험으로부터 피의자·피고인 또는 참고인을 보호하는 것이므로 사면, 무죄판결의 확정 등으로 형사처벌을 당할 위험성이 제거되면 더 이상 자기부죄거부특권을 주장할 수 없는데, 이러한 인식과 법리를 토대로 증언으로 인한 형사처벌 가능성을 배제하는 것을 조건으로 증언을 강제함으로써 자기부죄거부특권을 침해하지 않는 범위 내에서 실체적 진실발견 및 형사사법정의의 실현을 도모하는 제도로 활용되는 것이 바로 면책조건부 증언취득제도(Immunity)이다.[269]

---

267) John H. Wigmore, Ibid, §2251.

268) Murphy v. Waterfront Comm., 378 U.S. 52, 54(1964)(이 특권은 우리의 가장 근원적인 가치와 가장 고귀한 열망 즉: 우리가 형사사건의 용의자로 하여금 자기부죄, 위증 또는 법정모독이라는 잔인한 3가지 궁지에 빠지게 하는 것을 원하지 아니한다는 것; 형사사법 정의에 있어 우리가 규문주의 제도보다는 탄핵주의를 선호한다는 것; 자기부죄의 발언은 비인간적인 대우와 학대로부터 나올 것이라는 우려; 정부가 개인의 권리를 침해할만한 좋은 구실을 찾기 전까지는 개인을 내버려 두고, 개인과의 경쟁에서 정부가 전적으로 짐을 지도록 함으로써 주와 개인간의 공정한 균형을 이루게 해야 한다는 우리의 공정경쟁 의식 등을 반영하고 있다).

269) 이영상, 「면책조건부 증언취득제도 도입 시론」, 형사법의 신동향 제4호(2006.10), 대검찰청, 4면.

다. 현행 제도의 미비점

우리 형사소송법상 수사 및 재판과정에서 형사사건 관련자의 진술을 들을 수 있는 방법은 피의자·피고인신문(형사소송법 제201조 제1항, 제287조)과 임의수사의 일종인 참고인조사(동법 제221조) 및 참고인에 대한 증인신문(동법 제146조) 등이 있다.

먼저 공판단계를 보면, 우리 형사소송법에도 일반적 증언의무를 인정하는 전제에서 증인의 출석의무·선서의무·증언의무를 규정하고 의무위반자에 대한 제재수단이 마련되어 있으나(동법 제146조, 제151조, 제152조, 제156조, 제157조 제2항, 제161조 등), 우리 헌법 제12조 제2항이 "모든 국민은 고문을 받지 아니하며, 형사상 자기에게 불리한 진술을 강요당하지 아니한다."라고 규정하여 영미법상의 자기부죄거부특권을 보장하고, 형사소송법에서 헌법상의 기본권인 자기부죄거부특권을 피의자·피고인의 진술거부권(동법 제200조 제2항, 제289조)과 증인의 증언거부권(동법 제148조)으로 실현하고 있으므로, 결국 증인이 증언으로 인하여 형사처벌을 받을 가능성을 소명하여 증언을 거부하면 증언을 강제할 방법이 전혀 없다. 다음으로 수사단계를 보면, 위에서 언급한 것처럼 참고인조사는 임의수사로만 가능하므로 수사기관에 대한 출석과 진술을 강제할 수 있는 방법이 없다.

결국 현행제도상 피의자나 참고인이 자기부죄거부특권을 주장하며 진술이나 증언을 거부할 경우 별다른 제재수단이 존재하지 않는다. 물론 기소독점주의 및 기소편의주의에 기대어 피의자나 참고인에 대해 불기소처분을 약속하고 그 대가로 필요한 진술이나 증언을 획득하는 방법이 활용될 수 있으나, 현행제도 하에서 불기소약속은 그야말로 검사의 약속에 그칠 뿐이므로 피의자나 참고인의 진술 또는 증언을 유인하는 충분한 수단이 될 것으로 기대하기 어려울 뿐 아니라, 검사의 기소재량에 근거한 약속으로 피의자와의 관계에서 형평성 시비나 수사편의주의라는 비난에 노출될 가능성 때문에 현실적으로 쉽게 활용하기 어려운 방법이라 할 것이다.

라. 도입의 필요성

수사실무에서는 참고인의 진술이 없으면 사건의 진상을 규명하기 어려운 경우가 많다. 특히 뇌물범죄 등 이른바 화이트칼라 범죄, 마약·조직범죄 등 강력범죄, 기업 관련 범죄의 수사에서는 내부자의 정보제공이 없으면 수사의 단서조차 포착하기 어려울 정도로 내부자에 대한 의존도가 높다. 나아가 변호인의 적극적인 피의자신문 참여를 유도하는 등 진술거부권을 실질적으로 보장하고 공판중심주의를 강화하는 추세에 따라 수사 전반에 걸쳐 참고인 진술에 대한 의존도가 가중될 것으로 예상된다. 그럼에도 불구하고 현행 제도상으로는 참고인에 대한 조사가 임의수사의 영역으로만 국한되어 있어, 참고인의 수사기관 출석이나 진술을 강제할 방법이 없고 재판과정에서도 증인이 증언거부권을 행사하면 증언을 강제하기도 어려운 형편이다. 그 결과 진범을 처벌하지 못하는 상황이 초래되고 참고인의 수사기관 불출석과 증언거부 등으로 불안정한 피의자 신분을 종국적으로 해소하지 못하는 사건이 빈발하는 등 형사사법정의의 실현과 법치질서의 확립이 저해되는 폐단이 야기되고 있다.

결국 최소한 일정한 범위의 면책을 조건으로 참고인의 진술과 증언을 강제하는 제도의 도입을 긍정적으로 검토해 보아야 할 것이다. 부패방지법에서도 이미 내부고발자에 대해서는 관련 범죄행위가 적발되더라도 형을 감경하거나 면제하는 근거규정을 두고 있다.[270]

마. 도입에 관한 찬반론

2005. 1. 16. 검찰에서 유죄협상제도와 면책조건부 증언취득제도의 도입을 검토하겠다고 발표하자 즉시 이에 대한 비판적인 견해가 비등하였다. 비판의 초점은 유죄협상제도로 모아졌지만, 면책조건부 증언취득제도에 대해서도 수사편의적 발상으로 자의적 행사의 위험성을 제어하기 어렵다는 점을 우려하는 견해가 많았다.[271] 이와 관련하여 면책조건부 증언취득제도에 관한 학계의 논의는 아직까지 활발하지 못하지만, 진술거부권의 포기문제와 관련해서 "첫째, 한 공범자가 자신이 면책되기 위해 다른 무고한 사람을 공범자로 만들 위험이 있고, 둘째, 현행법이 기소사실인부절차(arraignment)를 인정하지 않기 때문에 공범자인 공동피고인의 증인적격은 부정해야 한다."라며 그 도입에 반대하는 견해를 찾아볼 수 있다.[272]

그러나 날이 갈수록 피의자·피고인의 인권이 중시되고 수사활동에 여러 가지 제약이 가해지는 현실에서 합법적인 테두리 하에서 보다 핵심적인 증거를 효율적이고 신속하게 확보할 수 있는 법적 장치의 마련은 필요하다 할 것이고, 그러한 법적 장치 중의 하나가 바로 이러한 면책조건부 증언규정이라고 할 것이다. 물론 우리나라에서는 아직도 본 규정이 상당히 생소한 개념이라 할 것이고, 이러한 규정의 도입에 대해서는 수사기관의 권한 강화를 초래할지 모른다는 단순한 오해와 배반자에게 혜택을 준다는 것에 대한 우리나라 국민의 부정적인 심리가 반대편에 자리 잡고 있을 수도 있다.

그러나 면책조건부 증언규정으로 인하여 수사과정에서 인권 침해 소지를 차단하면서도 더욱 효과적이고 신속하게 양질의 증거를 수집함으로써 실체적 진실 발견에 한걸음 더욱 빨리 나아갈 수 있다는 점에 대해 충분한 공감대를 형성할 수 있다고 본다. 따라서 이를 위해서는 외국에서의 운용을 통해 나타난 여러 가지 문제점들에 대해 면밀히 검토하여 법치국가의 원칙이나 평등원칙에 대한 침해 소지를 최소화하면서도, 형사사법

270) 부패방지법 제35조 제1항.
271) "죄값 협상, 편한 길 찾는 檢" 경향신문 사설 2005. 1. 17. 등.
272) 배종대/이상돈, 형사소송법, 홍문사, 1996, 98면.

에 있어서의 구체적 정의를 신속히 실현할 수 있는 기틀을 마련하는 것이 필요하다고
할 것이다.

(3) 벌칙부소환장제도
가. 의 의
① 대배심 벌칙부 소환영장제도: 대배심의 벌칙부 소환영장제도(grand jury subpoena)
란 검사가 대배심를 이용하여 참고인에게 소환장을 발송, 대배심에 출석하게 하여 진술
을 듣고 소환된 참고인 중 이른바 자기부죄금지특권을 주장하는 자에게는 적극적으로
기소면제(Immunity)를 부여하고 진술하게 하는 경우를 말한다.273)

② 검찰 벌칙부 소환영장제도: 검찰 벌칙부 소환영장제도(criminal investigative
subpoena)란 형사사건을 수사하는 과정에서 기소검사 또는 항소검사는 어떤 서적, 문서,
기록 또는 증거자료 등을 제공할 수 있는 중요참고인으로 하여금 검사의 면전에서 선서
하게 한 후 진술하게 할 목적으로 기소검사 또는 항소검사 사무실로 출석하도록 강제하
는 소환영장을 항소법원판사에게 발부해 달라고 요구할 수 있는 것을 말한다. 본 제도
에 대하여 특별법을 두고 있는 미국의 각주에서는 주범죄에 대하여 또는 법정형이 벌금
형만 규정되어 있거나 피고인이 대배심절차를 포기한 연방범죄에 대하여 소환영장을 청
구할 수 있다274)고 한다.

나. 연 혁
① 대배심 벌칙부 소환영장제도: 위에서 언급한 것처럼 대배심제도는 미국 식민시
대에 영국법의 다른 요소와 함께 형사사법절차의 일부분으로 채택되었는데, 처음에는 그
들의 고발장이 많은 분야에서 시민의 불평을 나타내는 주요한 전달수단으로 사용되었으
나, 점점 영국의 식민정책에 대한 불만족이 증가함에 따라 영국 식민관리들에 대한 견
제수단 및 영국관청이 기소하기를 거절하는 영국군인을 포함한 영국관리들의 범죄에 대
한 형사고발을 승인하기 위하여 광범위하게 활용되었다. 독립 이후 각주 헌법은 모든
중죄의 기소는 대배심에 의한 정식기소나 고발에 의하여 진행되는 것을 명문화하였고,
그 후 연방헌법으로서의 권리장전(1781년)에 이를 명시함으로써 헌법상의 제도로 보장되
게 되었다.

② 검찰 벌칙부 소환영장제도: 전통적으로 대배심제도를 시행하던 지역의 검사들은
대배심 벌칙부 소환영장을 통하여 형사사건의 기소 이전에 증거를 수집하거나 참고인들
의 진술을 확보할 수 있었다. 이러한 강제적인 참고인 소환제도는 참고인이 자신이 목
격한 내용에 관하여 또는 자신이 관리하는 의료기록 및 은행계좌 등과 같은 비밀문서에

---

273) 서창희, 「Grand Jury 및 Immunity를 利用한 搜査」, 해외파견검사연구논문집 제11집, 153면.
274) 정석우, 「美國의 檢察 罰則附 召喚令狀制度」, 해외파견검사연구논문집 제15집, 59면.

관한 협조를 거부하는 경우 관련사건을 기소할 지 여부를 결정하는데 결정적인 역할을 하여 피의자에 대한 유죄판결 선고를 유도할 뿐만 아니라 무고한 국민을 기소하는 일을 사전에 차단하는 역할까지 하게 된다.

그런데 1995년 이전 대배심제도가 없는 미국 미주리州에서는 검사가 기소하기 이전에 출석불응하는 자를 강제적으로 소환하여 조사할 권한이 없었다. 따라서 검사는 간접 증거 등의 수사를 통하여 특정증거자료가 특정장소에 있다는 사실에 관하여 상당한 이유가 있는 경우에만 법원으로부터 압수·수색영장을 발부받아 증거자료를 확보할 수 있었으므로, 검사들은 기소이후에 제출되는 증거자료들이 공소사실을 입증하는 내용과 일치할 것이라는 기대만으로 행운을 빌면서 기소를 하는 경우가 종종 있었다[275]고 한다.

이에 따라 1995년 미주리 의회에서는 수사기관에 검찰 벌칙부 소환영장 청구권을 부여하였으며, 1996년경 미주리주 대법원은 동 법률규정이 헌법에 위배되지 않는다는 헌법합치판결을 선고하였다[276]고 한다.[277]

다. 종 류

① **증인소환영장**(subpoena ad testificandum): 증인소환영장은 소환장을 받은 사람으로 하여금 특정한 일시, 장소에 출석하여 증언하도록 하는 내용의 소환영장을 말한다. 이는 대배심에서의 증언을 강제할 뿐이므로 검찰에서의 신문(interview)을 강제하기 위한 수단으로 사용할 수는 없다.[278] 그러나 소환장을 받은 사람이 자발적으로 검찰의 신문에 응하는 것에는 아무런 제한이 없다. 다만 이러한 소환이 불편하고 귀찮을지라도 대배심앞에 나타나도록 하는 증인소환영장은 수정헌법 제4조가 규정하고 있는 체포는 아니므로 압수·수색영장과 달리 상당한 이유(probable cause)을 제시하지 않더라도 승인될 수 있다.[279]

② **문서지참소환영장**(subpoena duces tecum): 문서지참소환영장은 소환영장을 받은 사람으로 하여금 책, 서류, 문서 기타 물적 증거 등을 제출하도록 명하는 소환장을 말한다. 이 소환영장을 이용하여 제출을 명할 수 있는 기타 증거에는 음성표본, 필적표본, 모발표본 등이 포함된다. 다만 개인이 자기의 사적인 기록 등을 제출함으로써 유죄를 받을 가능성이 있는 경우에는 자기부죄거부특권이 적용되므로 제출을 거절할 수 있다.[280]

---

275) 정석우, 앞의 논문, 54면.

276) Johnson v. State, 925 S.W.2d 834(Mo. banc 1996).

277) 정석우, 앞의 논문, 53면.

278) United States v. Digiglo, 538 F.2d 972, 985(3d Cir.1976).

279) U.S. v. Dionisio, 410 U.S. 1, 93 S.Ct. 764, 35 L.Ed.2d 67(1973).

280) U.S. v. Doe 465 U.S. 605, 104 S.Ct. 1237, 79 L.Ed.2d 552(1984).

이러한 문서지참 소환장도 증인소환영장과 동일하게 압수·수색영장과 달리 상당한 이유(probable cause)가 있을 정도까지 요구하는 것은 아니며, 더욱이 상당한 이유가 요구된다고 할지라도 소환영장이 더 적당할 때가 있다. 예컨대 수색을 행하는 것이 불가능한 다방면의 장소로부터 많은 기록들을 압수하기 위하거나 범죄혐의와 관련없는 은행과 같은 제3자로부터 기록들을 얻기 위하여 필요하기 때문이다.

라. 권 한

연방 대배심의 권한 중 중심이 되는 권한이 소환장 발부권한이다. 즉 소환장을 발부하여 증인을 출석케 하고 증언을 강제하거나, 소지하고 있는 문서등을 제출하도록 강제함으로써 대배심은 범죄수사에 있어서 핵심적 역할을 수행한다. 따라서 대배심으로부터 벌칙부 소환영장을 수령한 증인은 보통법 또는 헌법에 의하여 인정되는 진술거부특권이 없는 한, 소환 및 증언하기 위하여 법정 또는 대배심에 나오는 것이 시민의 의무이며, 이러한 개인적 희생은 공공의 안녕을 위하여 감수되어야만 한다.[281]

마. 효력의 강제

정당한 이유없이 판사가 발부한 소환영장에 규정된 출석일시에 피소환자가 출석을 거부하거나 출석하지 못하는 경우(증인소환장의 경우), 또는 그 소환영장에 규정된 문서의 제출을 이행하지 아니하거나 고의적으로 불충분하게 이행한 경우(문서지참 소환영장) 피소환자는 그 소환장을 발부한 법원 또는 소환장이 연방치안판사에 의하여 발부된 경우에는 소환장을 발부한 재판구(裁判區) 법원에 대한 법정모욕죄가 성립한다.[282] 즉, 증인소환장의 경우 이것이 적법하게 송달되었다면 피소환자가 이에 응하지 않은 것만으로도 법정모욕이 성립한다. 반면에 문서지참소환장의 경우 소환장을 받고 출석한 증인이 소환장에서 요구한 문서의 제출을 거부하는 것만으로는 아직 법정모욕죄가 성립하지 않으며, 법원이 그 문서를 제출하도록 명령한 경우 다시 발령된 명령에 따르지 않는 경우라야 법정모욕이 성립한다. 이 경우에는 유효한 송달 이외에 첫째 법원의 명령이 행하여진 이후에도 수령자가 문서를 제출하지 아니하여야 하고, 둘째 법원이 제출을 명한 그 문서가 그 당시에 존재하여야 하며, 셋째 소환장을 수령한 자가 그 당시에 문서를 관리하고 있어야 법정모욕이 성립한다.[283] 또한 소환된 참고인이 검사의 면전에서 정당

---

281) Blair v. U.S., 250 U.S. 273, 39 S.C.t. 468, 63 L.E.d. 979(1919).

282) FRCP 17(g) Failure by any person without adequate excuse to obey a subpoena served upon him may be deemed a contempt of the court from which the subpoena issued or of the court for the district in which it issued if it was issued by a United States magistrate.

283) Federal Grand Jury Practice, Ch 6 Subpoena power, 288.

한 사유없이 선서를 거부하거나 진술을 거부하는 경우에도 마찬가지로 법정모욕이 성립한다.

결국 법원의 영장, 규칙, 절차, 명령 등을 고의적으로 어기거나 각종 방법으로 법원의 권위를 해치는 행위를 한 자는 판사의 재량에 따라 구금형이나 벌금형으로 처벌할 수 있다.[284] 따라서 대배심으로부터 발부받은 벌칙부 소환영장뿐만 아니라 검찰 벌칙부 소환영장을 무시하고 고의적으로 출석, 문서제출명령을 거부한 자도 위 조항에 따라 구금 또는 벌금형으로 처벌될 수 있다.

(4) 중요참고인체포제도
가. 의 의

전통적으로 미국에서 구금은 범죄행위로 기소되거나 유죄가 확정된 개인에 대하여 행하여졌다. 그러나 어떤 요건하에서 연방과 각주의 법규는 집행기관에게 범죄를 범하지 않는 사람들을 체포하여 구금하는 것을 허용하고 있는데, 이러한 개인을 구금하는 근거가 중요참고인법률조항에서 발견된다. 즉 어떤 사람이 범죄를 목격하였으나 벌칙부소환영장(Subpoena)에 의해서는 그의 출석을 확보하는 것이 불가능할 때 이러한 구금이 확대되어 나타날 수 있다.

연방이나 각 주의 형사소송법규는 이러한 중요참고인의 개념을 명문으로 규정하고 있지는 않으나 일반적으로 중요참고인이란 "어떤 특별한 사항에 관한 증언을 할 수 있는 유일하거나 극히 드문 사람(A person who can give testimony relating to a particular matter no one else, or at least very few, can give)[285]"을 말한다. 먼저 살인사건현장의 유일한 목격자와 같은 순수한 의미의 참고인이 이에 해당됨에는 의문의 여지가 없다. 다만 공범관계에 있는 한 사람이 다른 공범에 대한 관계에 있어 중요참고인이 될 수 있는지는 문제가 될 수 있는데, 오클라호마市 연방건물 폭탄테러사건에서 연방법원이나 연방검찰청은 적극적인 입장을 취하였다고 볼 수 있다.[286] 이처럼 공범관계에 있는 1인이야말로 다른 공범의 범행에 대하여 누구보다도 직접적이고 중요한 참고인에 해당하므로, 어떤 사람이 다른 사람의 공범으로서의 의심은 가지만 동 범행에 대한 상당한 이유(probable cause)가 없어 수정헌법 제4조에 규정된 절차에 따라 체포할 수는 없는 경우 우선 중요참고인으로 체포하여 놓고 공범관계에 대하여 계속 수사하는 것이 필요할 수 있다.

---

284) 18 USC § 401.

285) Black's Law Dictionary 977(6th ed. 11th Reprint‒1997).

286) 오클라오마사건에서 연방당국은 1995.4.19. 발생한 폭발사고 며칠 후 테리 니콜스(Terry Nichols)를 중요참고인으로 체포하였다가 1995.5.9. 그를 직접가담자로 기소하였으며, 그 형인 제임스 니콜스(James Nichols) 역시 중요참고인으로 체포하였다가 후에 폭탄제조혐의로 기소하였다.

그러나 이를 중요참고인의 개념에 포함시키는 경우 수사기관이 위 제도를 남용할 여지가 있다는 비판이 있으며 위 연방건물 폭탄테러사건 수사과정에서도 체포된 참고인의 변호인측에서 이를 강력히 문제삼은 바 있다. 즉 권리장전에 있는 모든 헌법상의 보호는 피의자를 위한 것이므로 형사피의자와는 달리 중요참고인에게는 형사피의자에게 제공되는 표준적인 미란다경고가 부여되지 않을 뿐만 아니라, 검사들이 어떤 사람이 증언하기를 원할 때 그리고 그들이 원하는 방식으로 증언하도록 압력을 가하기 원할 때, 우선 중요참고인으로 그들을 체포한다고 비난한다. 더욱이 참고인을 체포하는 수사기관의 진정한 의도가 동인이 저질렀을지 모를 범행에 관한 자백을 받거나 기타 증거를 수집하기 위하여 중요참고인체포제도가 사용된다는 것이다.[287]

이는 배심원으로서 심의하는 동안 자유제한을 수반하지만 감옥이 아닌 호텔에 격리되어야 할 의무, 불심검문의 상황에 처하여 정지·수색(Stop and Frisk)을 당할 의무, 벌칙부 소환영장에 응하여야 할 의무 및 수정헌법 제6조상의 증인에 대한 강제절차 등과 비교할 때, 중요참고인이라는 이유만으로 법정에서의 증언을 위하여 무고한 사람들을 구금하는 것은 중대한 인권침해행위이며, 또한 이들 대부분이 자유를 박탈당한 감금에 대한 정당한 보상이나 대가를 받지 못하고 있다는 점에서 중요참고인법률은 무고한 시민에 대한 엄청난 위협일 뿐만 아니라, 대부분의 경우 이러한 감금은 증인을 보호하려는 측면보다는 법정에서의 용이한 증언을 위한 법원의 이기적인 행동이라고 강력히 비난하는 견해도 있다.[288] 실질적으로 본안 사건의 심리가 피고인의 청원 때문에 연기되는 동안 참고인은 두 달이 지나도록 구금상태에 놓인 적도 있었으며,[289] 중요참고인체포영장이 집행된 시간에 압수된 물적 증거로부터 불법무기위반죄로 기소된 적도 있다.[290] 그러므로 중요참고인체포제도를 활용하기보다는 진술녹취서를 사용하거나 배심원에게 증인의 태도를 보여주기를 원하는 검사들을 위해서는 비디오촬영을 하는 것으로 족하다는 것이다.[291]

이에 대하여 판례는 피고인이 어떤 살인사건의 중요참고인으로 체포되어 8일간 구금되어 있는 동안 동인으로부터 위 사건을 자신이 저질렀다는 자백을 받은 후 동인을 살인죄로 기소한 사안에 관하여 「참고인이 체포될 당시에 어떤 용의자도 수사선상에 올라있지 않더라도 그 체포는 정당하다」라고 함으로써 제도의 남용이라는 주장을 일축한

---

287) Stacey M. Studnicki, 「Material witness detention: Justice served or denied」, Wayne L. Rev. Summer(1994), p.1565.

288) Ronald L. Carlson/Mark S. Voelpel, 「Material Witness and material injustice」, Washington University Law Quarterly Vol.58, p.2.

289) United States v. Linton, 502 F. Supp. 878, 879 (D. Nev. 1980)

290) United States v. Oliver, 683 F.2d 224, 226 (7th Cir. 1982).

291) Ronald L. Carlson/Mark S. Voelpel, op.cit., p.40.

바 있으며,292) 범죄수사의 과정으로서 목격증인(피해자 포함)으로 하여금 피의자 또는 용의자가 범인과 同一人인지 여부를 확인하게 하기 위하여 라인업(line-up)에 출석하라는 대배심의 벌칙부 소환영장에 불응한 후 중요참고인으로 체포된 사안에서, 피고인측은 중요참고인에 관한 연방법률이 오직 진술의 청취만을 위하여 체포를 허용한 것이지 전시증거(demonstrative evidence)의 수집을 위하여 이를 허용한 것은 아니라고 주장하였으나, 법원은 위의 전시증거를 수집하기 위하여 벌칙부 소환영장 이전에 발부된 증언청취를 위한 벌칙부 소환영장에 불응한 것을 근거로 체포된 것이라는 점을 들어 위 주장을 배척하였다.293)

한편 본 제도에서 말하는 참고인의 개념에는 공소제기전 수사단계에서의 참고인이 해당됨은 물론이고 공소제기후의 증인도 포함된다.294)

나. 연 혁

1100년대에 형성되기 시작한 배심제도는 처음에는 이웃에 있는 일정한 자격을 가진 사람들이 모여서 분쟁중인 사실이나 사건에 대해 토론할 위원회의 형식을 취했는데, 그 후 필요에 따라 사실이나 사건에 대해 특별한 지식을 가진 사람들 사이에서 비공식적인 조사가 행해졌으며, 이것이 점점 발전하여 배심원앞에 증인을 불러 조사하게 된 것이라고 한다.295)

그러던 가운데 1562년 엘리자베스법296)이 법정 비용으로 증언하기를 거절하는 사람에 대하여 벌금부과나 민사소송의 대상이 될 수 있음을 처음으로 규정하였으나, 이 법은 명백히 민사소송에만 적용되었다.

형사절차에서 증인을 구금할 수 있는 권한이 제도화된 것에 대해서는 많은 논쟁이

---

292) United States ex rel. Allen v. Lavallee, 411 F.2d 241 (2nd Cir. 1969).

293) In re De Jesus Berrios, 706 F.2d 355(1st Cir. 1983).

294) 안태근, 「美國 刑事訴訟法上 重要參考人 逮捕制度」, 해외연수검사연구논문집 제15집(1999), 법무연수원, 95면.

295) John William Strong, *McCormick on Evidence*(4th. Ed. 1992), p.424.

296) Statute of Elizabeth, 1562-63, 5 Eliz. I, c. 9, 12, provided: If any person or persons upon whom any process out of any of the courts of record within this realm or Wales shall be servedto testify or depose concerning any cause or matter depending in any of the same courts, and having tendered unto him or them, according to his or their countenance or calling, such reasonable sums of money for his or their costs or charges as having regard to the distance of the places is necessary to be allowed in that behalf, do not appear according to the tenor of the said process, having not a lawful and reasonable let or impediment to the contrary, that then the party making default shall forfeit £ 10 and give further recompense for the harm suffered by the party aggrieved.

있으나, 대부분의 학자는 1555년에 제정된 제2차 필립·메리법(Philip and Mary)[297]이 그 원형이라는 입장을 취하고 있는 바, 동법은 형사법원이 증인으로 하여금 형사절차에 출두하여 피고인에 불리한 증언을 강요할 수 있도록 규정하고 있다.

반면 미국에서는 1789년에 제정된 제1차 법원조직법(The First Judiciary Act)[298]이 증인의 출석 및 증언의무를 최초로 규정하였는데, 동법은 형사절차에서 중요참고인들로부터 출석하여 증언하겠다는 내용의 서약서를 요구할 수 있으며 이에 불응할 경우 그들을 구금할 수 있는 근거를 마련해 놓았다. 이 권한은 1948년까지 법에 의하여 부여되었으나, 그 후 의회는 중요참고인을 체포할 수 있는 권한을 제공한 두 조항(제657조 및 제659조)을 연방형사법률에서 삭제하였다. 그 결과 새로 제정된 연방형사소송규칙이 이러한 상황하에서 명시적으로 증인을 체포할 수 있다고 언급하지 않았기 때문에 중요참고인을 체포할 직접적인 법적 권한이 없어졌다.

그러나 1789년부터 1948년까지 중요참고인을 체포하고 구금할 법적 권한의 존재가 1948년 중요참고인법률조항의 폐기에 의하여 반드시 방해된 것은 아니다. 왜냐하면 의회가 형사절차에서 중요참고인을 체포할 수 있는 오래된 관행을 명백히 폐지할 의도는 아니었으며, 대신 폐지된 제657조와 제659조를 고려하여 연방형사소송규칙 제46조(b)[299]

---

297) This statute provided follows: And be it further enacted, That the said Justices shall have Authority by this Act, to bind all such be Recognizance or Obligation, as do declare any Thing material to prive the said Manslaughter or Felony against such Prisoner as shall be so committed to Ward, to appear at the next general Gaol—delivery to be holden within the County, City or Town Corporate where the Trial of the Said Manslaughter or Felony shall be, then and there to give Evidence against the Party.

298) Act of Sept. 24, 1789, ch. 20, §§ 30, 33, 1 Stat. 23, 88−91.

299) F.R.C.P. 46(b), read as follows: If it appears from an affidavit that the testimony of a person is material in any criminal proceeding and if it is shown that it may become impracticable to secure his presence by subpoena, the court or commissioner may require him to give bail for his appearance as a witness, in an amount fixed by the court or commissioner. If the person fails to give bail the court or commissioner may commit him to the custody of the marshal pending final disposition of the proceeding in which the testimony is needs, may order his release if he has been detained for an unreasonable length of time and may modify at any time requirement as to bail(형사절차에 있어 어떤 사람의 증언이 결정적으로 중요하다는 것이 선서공술서에 의하여 인정되고, 벌칙부 소환영장에 의해서는 위 증인의 출석을 담보하는 것이 불가능할 경우에는 법원 또는 수탁판사는 위 증인의 출석담보용 보석금의 지불을 명할 수 있다. 만약 증인이 위 보석금을 지불하지 아니하는 경우에는 법원 또는 수탁판사는 심리중인 형사절차가 끝날 때까지 그를 구금할 수 있으며, 위 증인이 불합리하게 장기간 구금되어 있었다고 인정될 경우에는 석방을 명할 수 있다).

를 제정하는 것으로 결론내렸기 때문이다.[300] 따라서 중요참고인을 체포할 권한은 묵시적으로 연방형사소송규칙에 규정되어 있다고 볼 수 있다.[301]

판례도 연방형사소송규칙 제46조(b)와 그 당시 유효한 중요참고인법률조항(18 U.S.C. §3149)이 체포할 권한을 제공하고 있지 않으므로 정부가 자기를 중요참고인으로 체포할 권한이 없다고 주장한 Bacon사안에서, 1948년 연방법 개정에서 부주의하게 증인을 체포할 권한을 빠뜨린 것이라고 언급하면서, 연방형사소송규칙 제46조(b)항은 체포·구금된 중요참고인에 대한 보석을 규정하고 있는 바, 만약 중요참고인을 체포할 권한을 부인하면서 같은 참고인을 보석으로 석방하는 것을 인정한다면 논리적으로 모순이므로 균형상, 중요참고인을 체포할 권한은 연방형사소송규칙 제46조(b)와 제3149조에서 추론될 수 있다고 결론내렸다.

이와 병행하여 1966년의 보석개혁법(Bail Reform Act of 1966)[302]은 입법적으로 중요참고인의 구금에 관하여 직접적으로 언급하고 있는데, 다만 동법은 중요참고인의 석방만을 규정함으로서 표면적으로는 증인의 체포에 대한 권한을 준 것은 아니었다. 이러한 명백하게 불충분한 규정은 보석개혁법의 수정에 의하여 1984년에 치유되었으며,[303] 제3144조는 중요참고인의 구금 및 석방(Release or detention of a material witness)을 규정하고 있다.[304] 아울러 연방형사소송규칙도 보석개혁법의 개정에 발맞추어 1966년 및

---

300) Bacon v. U.S. 449 F.2d 938(9th Cir. 1971). There is evidence indicating that Congress thought that the repealed provisions, sections 657 and 659 of Title 18, had been superseded by the new Federal Rules of Criminal Procedure, which were promulgated in 1946.

301) Stacey M. Studnicki, op.cit., p.1539.

302) 18 U.S.C. §3141 (1966).

303) The Bail Reform Act as amended in 1984 is reported at 18 U.S.C. §3141 (1984).

304) 18 U.S.C. §3144 (1988) provides: If it appears from an affidavit filed by a party that the testimony of a person is material in a criminal proceeding, and if it is shown that it may become impracticable to secure the presence of the person by subpoena, a judicial officer may order the arrest of the person and treat the person in accordance with the provisions of section 3142 of this title. No material witness may be detained because of inability to comply with any condition of release if the testimony of such witness can adequately be secured by deposition, and if further detention is not necessary to prevent a failure of justice. Release of a material witness may be delayed for a reasonable period of time until the deposition of the witness can be taken pursuant to the Federal Rules of Criminal Procedure(형사절차에 있어서 어떤 사람의 증언이 결정적으로 중요하다는 것이 선서공술서에 의하여 인정되고, 벌칙부 소환영장에 의해서는 위 증인의 출석을 담보하는 것이 불가능하게 보일 경우, 법원은 증인의 체포를 명할 수 있으며, 그 증인은 제3142조(심리 중인 피고인의 석방 또는 구금)의 규정에 준하여 취급한다. 그 증인의 증언이 진술녹취서에 의

1984년에 개정되었는데, 동규칙 제46조(a)항은 중요참고인에 대한 본안전 보석에 관한 문제들에 대하여는 위 보석개혁법(Bail Reform Act of 1984)을 준용하는 한편, 제46조(g)항은 피의자나 증인의 본안전 구금에 대한 감독책임이 법원에 있음을 분명히 하였으며, 구금되어 있는 피의자나 증인의 신병상태에 대하여 격주로 검사가 보고할 것을 요구하고 있다.

다만 동 제도에 관한 현재의 연방 법령이 그 이전의 법령과 비교할 때 특히 진일보하였다고 할 수 있는 것은 첫째, 법관이 체포된 중요참고인의 출두서약서(recognizance) 내지 무담보출두보증서(unsecured appearance bond)에 의한 석방(제3142조(b)) 및 석방조건(Release on conditions)을 결정함에 있어서 참고인의 출석을 합리적으로 담보할 수 있는 최소한의 제한적 조건만을 요구한 점(제3142조(c)), 둘째, 참고인의 석방에 붙이는 조건을 정함에 있어 심문(제3142조(f))을 거쳐야 할 뿐만 아니라 변호인의 조력을 받을 합리적인 기회가 제공될 것을 요구한 점(제3142조(i))등 수정헌법 제5조가 규정하고 있는 적법절차가 참고인(증인)에 대하여도 적용되어야 한다고 명시한 점을 들 수 있다.

다. 중요참고인 체포제도의 합헌성

중요참고인구금은 개인의 권리와 형사절차의 필요사이에 헌법적 딜레마를 제공한다. 즉 어떤 사람이 범죄행위를 목격해서 그가 중요참고인으로 분류된다면, 중요참고인법률조항은 그의 출석을 보장하기 위하여 그 사람에게 서약서를 제출하도록 요구하고 있으며, 만약 참고인이 거절하여 그의 법정출석을 확보하는 것이 불가능하다면, 그 사람은 구금된다. 따라서 본 제도의 헌법적 유효성과 관련하여 불합리한 체포를 규정하고 있는 수정헌법 제4조, 적법절차규정인 수정헌법 제5조, 지나치게 과다한 액수의 보석보증금(excessive bail) 및 과도한 처벌(cruel and unusual punishment)을 금지하는 수정헌법 제8조의 위반 여부 등이 문제되며, 미란다경고의 고지여부 등 절차적 적법의 문제도 제기되고 있다.

이와 관련하여 증인체포의 합헌성에 대하여 이의를 제기한 최초의 사안은 1928년의 Barry v. U.S. ex rel. Cunningham사안[305]인데 동 사안에서, 연방법원은 Cunningham의 체포 및 구금을 지지하면서, 이러한 행위를 정당화시키는 연방법의 합헌성은 의심할 여지가 없다고 판시한 바 있으며, 1953년 Stein v. New York사안[306]에서도 모든 시민

해서 적절하게 보존될 수 있고, 사법정의의 실현을 위하여 더 이상의 구금이 필요하지 아니한 경우에는 그 어떤 중요참고인도 석방조건을 이행할 수 없다는 이유로 구금되어서는 안된다. 중요참고인의 석방은 연방형사소송규칙이 정한 바에 따른 진술녹취서의 작성에 필요한 합리적인 기간동안 지연될 수 있다).

305) Barry v. U.S. ex rel. Cunningham, 25 F.2d 733.
306) Stein v. New York, 346 U.S. 156(1953).

은 알고 있는 죄를 공개할 의무가 있고, 따라서 동 의무의 중대성으로 인하여 비록 아무 죄도 짓지 아니한 사람일지라도 보석보증금을 제출하지 않는다면 구금시키는 것은 불가결하다고 판시한 바 있다.

Hurtado v. U.S. 판결[307]은 중요참고인의 구금 및 그들의 감금에 대한 보상액에 대하여 매우 광범위한 문제점이 포함되어 있다. 먼저 위 판결의 사안을 보면, 여러 명의 중요참고인들은 그들을 밀입국시킨 피고인에 대한 재판에서 증언을 하기 위하여 구금되어 있었는데, 구금되어 있는 기간동안 1일에 1달러에 해당하는 금액을 보상금으로 지급받자, 이에 동인들은 단체소송을 제기하여 이러한 보상금은 너무 형식적(nominal)이어서 적정한 보상 및 적법절차를 보장하고 있는 수정헌법 제5조에 배치될 뿐만 아니라 수정헌법 제13조가 금지하는 자신의 의사에 반하는 고역(involuntary servitude)을 부과하고 있다고 주장하였다. 이에 관하여 연방대법원은 참고인들이 구금되어 있는 기간동안 더 많은 보상액을 받아야 한다는 결론을 내리면서도,[308] 보상금의 문제는 위헌시비의 대상이 아니라고 판시하였다. 즉 연방대법원은 중요참고인의 재판전 구금은 수정헌법 제5조 소정의 재산권의 박탈에 해당되지 아니한다는 점을 지적하면서, 제5조 및 제13조 조항에 근거한 증인의 청구를 배척하였다.

United States v. Anfield 사안[309]에서는 피고인이 별건인 제3자를 형사피고인으로 하는 재판에서 중요참고인으로 증언하였는데, 그 증언내용이 허위여서 위증으로 기소된 본건 사안에서, 별건인 United States v. Leslie Jackson 사안의 중요참고인으로 체포되기 이전에 미란다 경고(Miranda Warning)를 고지받았어야 하는데, 이를 고지받지 않았으므로 당시의 증언은 증거능력이 없고 따라서 위증으로 기소된 본건은 무죄라고 항변하였다. 이에 관하여 연방항소법원은 법원이 그 재량에 의하여 중요참고인에 대한 체포영장을 사전에 벌칙부 소환영장(subpoena)없이도 발부될 수 있다고 지적하면서, 중요참고인으로서 개인의 구금상태는 그 사람에게 수정헌법 제5조의 권리를 통고할 것을 요구하지 않는다고 판시함으로써 미란다원칙이 중요참고인체포의 경우에는 적용되지 아니함을 분명히 하였다.

반면에 In re Cochran사안[310]에서는 네브라스카州의 중요참고인에 관한 규정에 근

---

307) Hurtado v. U.S., 410 U.S. 578(1973).

308) Id. at 586−87. The Court concluded that a material witness in custody during a trial or judicial proceeding is entitled to receive $ 20 compensation for each day of confinement durind the trial, pursuant to 28 U.S.C. § 1821, which provided that a "witness attending in any court of the United States … shall receive $ 20 for each days'attendance and for the time necessarily occupied in going to and returning from the same…".

309) United States v. Anfield, 539 F.2d 674(9th Cir. 1976).

거하여 체포된 두 사람이 평등권[311]과 적법절차조항을 근거로 인신보호영장 청원과정에서 네브라스카주의 중요참고인법률의 합헌성에 대하여 이의를 제기하였는데, 연방최고법원은 네브라스카주법이 청구인들을 체포하기 위한 요지(allegations)에 관하여 서면통지(written notice)를 하지 않았다는 이유로 증인의 적법절차권이 침해되었다고 결론내렸다.

　　In Re Class Action Application For Habeas Corpus사안[312]에서는 중요참고인으로 구금된 사람에게 적법절차에 따라서 변호사선임권이 부여된다는 중요한 결정이 있었다. 종래 보석개혁법(Bail Reform Act)이 의회에서 통과된 1984년 이전에는 체포된 참고인이 그와 같은 권리를 향유하는지에 대하여 명백한 판례나 법률이 없었던 관계로 빈곤한 중요참고인을 위하여 반드시 변호사가 제공되지는 않았다. 다만 법원은 형사피고인에 대하여 보석을 허용하는 규정과 동일하게 취급되어져야 한다고 보았다. 이에 대하여 연방대법원은 입법과정과 중요참고인법률의 해석에 기초하여 의회가 중요참고인사건의 경우에도 변호권을 제공하려는 의도였다고 결정하면서, 변호사의 임명은 수정헌법 제5조에 의하여 요구될 뿐만 아니라 증인의 구금이 확대되는 것을 방지하기 위해서도 필요하다고 판시하였다.

　　중요참고인의 체포 및 구금과 관련된 중요한 판례는 소위 9·11 테러 이후, 테러혐의로 체포된 피의자와 사실상 공범관계에 있는 것으로 강하게 의심되는 제3자를 참고인체포영장에 의하여 체포·구금한 사안과 관련된 U.S. v. Awadallah 사건[313]인데, 위 판결에서 연방대법원은 국가기관의 수사의 필요성을 감안해 볼 때, 참고인에 대한 구금이 합리성을 잃은 것이 아니라고 하면서 특별히 국가기관이 참고인을 대배심에서 조사하는 것 외에 다른 목적을 가졌다고 볼 만한 증거가 없다고 판시하였다. 나아가 전쟁에 상응할 만한 위험한 상황을 발생시킬 수 있는 사안에 대하여 국가기관이 조사를 함에 있어서 대배심이 참고인구인제도를 이용하여 참고인을 구금하고 조사하는 것은 성공적인 수사와 기소를 위한 것이라며, 수사기관의 손을 들어주었는데, 이는 법률적·제도적으로 구금된 참고인에 대한 석방이 보장되어 있고, 구금된 참고인에 대한 석방이 필요한 경우에는 그에 의하여 석방하면 족하다는 취지로 볼 수 있을 것이다.

---

310) In re Cochran, 434 F. Supp. 1207(D.Neb. 1977).

311) 특히 청구인들은 네브라스카주의 법률이 기혼의 여자나 미성년자에 대한 보증금의 상한을 미화 100달러로 규정한 것에 비하여 성인 남자에 대한 보증금에는 그 상한을 두지 않았기 때문에 수정헌법 제14조의 평등권조항에 위배된다고 주장하였다(Ibid. at 1211).

312) In Re Class Action Application For Habeas Corpus, 612 F. Supp. 940(1985).

313) U.S. v. Awadallah, 349 F.3d 42, 2 A. L. R. Fed. 2d 705(2d Cir. 2003), cet. denied, 125 S.Ct. 861, 160 L. Ed 781(US 2005).

라. 중요참고인으로 체포하기 위한 요건

중요참고인을 체포하기 위하여는 참고인에 대한 체포영장이 상당한 이유(Probable Cause)에 근거하여야 하고, 위 상당한 이유는 두 가지 요소로 구성되어 있는데, Bacan v. United States사안에서 연방항소법원은 첫째 어떤 사람의 증언이 사건의 해결에 결정적으로 중요할 뿐 아니라(material), 둘째 벌칙부 소환영장(Subpoena)만으로는 그 증인의 출석을 보장할 수 없을 것을 요한다고 판시한 바 있다.[314) 위에서 언급한 중요참고인법률조항인 제3144조도 연방법원에서 증인의 구금을 확보하기 위하여 준수해야 하는 절차로 첫째 형사절차에 있어서 어떤 사람의 증언이 결정적으로 중요하다는 것이 당사자가 신청한 선서공술서에 의하여 인정되고, 둘째 벌칙부 소환영장에 의해서는 위 증인의 출석을 담보하는 것이 불가능하다는 점을 당사자가 증명해야만 한다고 규정하고 있다. 당사자가 이러한 요구조건을 충족시키면 증인은 체포되어지며, 그 이후의 절차는 형사피고인의 석방 또는 구금에 적용되는 법규에 의존한다.[315)

먼저 '어떤 참고인의 증언이 결정적으로 중요할 것'의 의미를 살펴보면 이는 그가 당해 범죄 또는 그 피고인과 직접적으로 관련된 사실을 알고 있어야 함을 의미한다. 여기서 '형사절차'에는 1심 형사소송 뿐 아니라 대배심 또는 검사(District Attorney)의 수사과정 등도 포함한다.

둘째, '벌칙부 소환영장에 의해서는 증인의 출석을 보장할 수 없을 것'은 증인이 벌칙부 소환영장을 받고도 나타나지 않거나, 증인에게 벌칙부 소환영장을 송달할 수 없는 경우[316)를 의미한다고 볼 수 있을 것이다.

이와 관련된 판례를 살펴보면 United States v. Feingold사안[317)에서 청원자는 증인이 실제로 벌칙부 소환영장에 복종하지 않았을 때에 비로소 중요참고인체포영장이 발부되어야 한다고 주장하였는데, 연방대법원은 벌칙부 소환영장으로 증인을 집행하기 위한 일련의 시도가 성공하지 못했다는 이유로 불출석의 요구조건이 충족되었다고 판시하였으며, United States v. Coldwell사안[318)에서는 정부측이 첫째, 참고인이 피고인으로부터 통제물질(Controlled substance), 즉 마약류를 구입하였으며, 둘째 피고인의 혐의사실에 대한 유일한 목격자이며, 셋째 기소면제(Immunity)를 제공하지 않는다면 증언하지 않고 벌칙부소환영장의 집행을 피하기 위하여 도망하겠다는 조건을 내세워 사실상 출석하여 증언하는 것을 거부하였다고 주장하자 법원은 이러한 상황하에서의 체포영장은 적절하

---

314) Bacan v. United States, 446 F.2d 933, 943(9th Cir. 1971).

315) 18 U.S.C. § 3142(1988).

316) Stacey M. Studnicki, op.cit., p.1544.

317) United States v. Feingold, 416 F. Supp. 627, 628(1976).

318) United States v. Coldwell, 496 F. Supp. 305(E. D. Okla. 1979).

다고 판시한 바 있다.

마. 벌칙부 소환영장제도와의 차이점

① **목 적**: 벌칙부 소환영장(subpoena)은 기소여부를 결정하기 위하여 대배심에 부여된 권한이므로 정식기소가 행하여진 이후에 동일한 사건의 예심절차(preliminary procedure) 또는 공판절차에서 사용하기 위한 증거를 수집하기 위하여는 사용할 수 없는데 반하여 중요참고인의 체포는 범죄의 수사, 증거의 수집, 공소유지를 위한 제도로서 활용시기나 목적에 제한이 없다.

② **효 력**: 벌칙부 소환영장에 의하여 소환된 증인이 소환에 불응하거나 소환에 응하더라도 증언을 거부할 경우 법정모욕의 제재절차를 통하여 이행을 강제할 수 있다.[319] 즉 연방법원은 재량에 따라 법원의 권위를 모욕한 행위에 대하여 벌금이나 구금으로 처벌할 수 있다. 그러나 그 자체로 구인 또는 체포 등의 강제권이 수반되어 있지 않다. 반면에 중요참고인으로 체포된 증인의 경우에는 소환불응의 문제는 발생하지 아니하고 증언거부의 경우에도 대배심에 의하지 않는 경찰이나 검찰에서의 진술거부를 이유로 처벌할 수 없다.

③ **피의자(피고인)의 참여권 보장문제**: 벌칙부 소환영장에 의하여 소환된 증인이 대배심에서 증언함에 있어서는 피의자의 참여권이 보장되어 있지 아니한 반면 중요참고인으로 체포된 증인의 경우에는 피고인의 반대심문권이 보장되어 있다.

바. 참고인에 대한 체포·구금의 절차

참고인체포절차에서 가장 중요하게 고려해야 할 것은 진술녹취서(deposition)이다. 연방중요참고인법률규정인 제3144조도 「그 증인의 증언이 진술녹취서에 의해서 적절하게 보존될 수 있고, 사법정의의 실현을 위하여 더 이상의 구금이 필요하지 아니한 경우에는 그 어떤 중요참고인도 석방조건을 이행할 수 없다는 이유로 구금되어서는 안 된다」[320]고 규정되어 있으며, 「중요참고인의 석방은 연방형사소송규칙이 정한 바에 따른 진술녹취서의 작성에 필요한 합리적인 기간동안 지연될 수 있다」라고 함으로써 중요참고인의 권익을 절차적으로 보장하고 있다. 그러므로 체포된 중요참고인은 연방형사소송규칙 제15조에 의거하여 구금되는 대신 진술녹취서의 작성을 조건으로 석방을 청구할 수 있으며, 그는 진술녹취서에 의하여 자신의 증언이 적절하게 보존될 수 있으며, 더 이상

---

319) FRCP 17(g), Failure by any person without adequate excuse bo obey a subpoena served upon him may be deemed a contempt of the court from which the subpoena issued or of the court for the district in which it issued if it was issued by a United States magistrate.

320) 18 U.S.C. § 3144(1988).

의 구금이 사법정의를 실현하는데 필요하지 아니하다는 점을 소명하여야 한다.[321) 참고인의 진술녹취서가 동인의 실제 증언을 대체하기에 적당하지 아니한 경우에는 법원은 위 청구를 기각할 수 있다.[322)

위 규정에 근거하여 참고인을 체포할 절차를 살펴보면 우선 해당 참고인의 증언이 결정적으로 중요하다고 주장하는 측의 선서부 진술이 포함된 영장청구서가 작성되어야 할 것이고, 이를 청구한 쪽에서는 벌칙부 소환영장(Subpoena)에 의하여는 그 참고인의 출석을 보장할 수 없다는 점을 소명하여야 한다. 이러한 요건들이 구비된 경우 법관은 그 참고인의 체포를 명할 수 있다. 그리고 참고인이 일단 체포되고 나면 법관의 재량에 따라 참고인은 계속 구금될 수도 있고, 일정한 조건하에 석방될 수도 있고, 아무 조건도 없이 석방될 수도 있다.[323)

그러므로 중요참고인이 달아날 위험이 있고, 그 어떤 석방의 조건도 참고인의 출석을 보장할 수 없다고 하더라도 법원으로서는 동인을 계속 구금할 것이 아니라 진술녹취서에 의하여 참고인의 진술이 적절히 보존될 수 있는 것인지 판단하여야 한다. 만약 그렇다면 법원은 진술녹취서(deposition)를 작성하는 동안만 참고인에 대한 구금의 연장을 허용할 수 있을 것이다.

결국 중요참고인으로 체포된 자를 재판시까지 계속 구금하기 위하여는, 첫째 참고인이 도주할 가능성이 있을 것, 둘째 참고인을 석방함에 있어 추후 재판에 출석하는 것을 담보하기 위하여 어떠한 조건을 붙이더라도 그 출석을 보장할 수 없을 것, 셋째 위 참고인이 법정에서 증언하지 아니하면 사법정의의 실현이 어렵다고 판단될 것 등과 같은 세 가지 요건이 구비되어야 할 것이다.[324)

사. 중요참고인 작성의 진술녹취서의 증거법적 효력

In United States v. Guadian—Salazar사안[325)에서 항소법원은 중요참고인법률조항에 근거하여 받은 진술녹취서는 대면조항하에서 인정될 수 없다고 판시하면서 피고인의 유죄를 번복하였으나, In United States v. Eufracio—Torres사안[326)에서는 계류중인 소송에서 중요참고인을 구금해 달라는 피고인의 신청을 거부하고 동 참고인들을 석방하였는데 그 후 그 증인을 구할 수 없을 뿐더러 공판정에 그를 출석시키기 위하여 선의의 노력(good faith efforts)이 행하여졌다면 전에 획득한 진술녹취서의 증거능력을 인정할

---

321) Stacey M. Studnicki, *op.cit.*, p.1555.

322) Aguilar—Ayala v. Ruiz, 973 F.2d 413.

323) Stacey M. Studnicki, *op.cit.*, p.1554.

324) 18 U.S.C. §3144.

325) In United States v. Guadian—Salazar, 824 F.2d 344(5th Cir. 1987).

326) In United States v. Eufracio—Torres, 890 F.2d 266(10th Cir. 1989).

수 있다고 판시하였다. 이는 정부가 증인의 법정출석을 확보하기 위하여 상당한 노력(reasonable attempts)을 했다면, 진술녹취서는 증인의 공판정 불출석에도 불구하고 인정될 수 있다는 것을 의미한다.[327] 즉 증인을 제804조(a)[328]에 의거하여 획득할 수 없다고 판단되면, 그 진술녹취서는 피고인의 대면권과 전문증거 배제에도 불구하고 기록의 일부분이 될 수 있다는 것을 의미한다.

아. 참고인의 출석의무 등 신설시 고려사항

현행 형사소송법은 공판단계에서 소환받은 증인이 정당한 이유없이 출석하지 아니한 때에는 결정으로 500만원 이하의 과태료에 처하고 출석하지 아니함으로써 생긴 비용

---

327) Aguilar—Ayala v. Ruiz, 973 F.2d 411, 418(5th Cir. 1992).

328) Rule 804.(HEARSAY EXCEPTIONS; DECLARANT UNAVAILABLE)

(a) Definition of unavailability. "Unavailability as a witness" includes situations in which the declarant — —

   (1) is exempted by ruling of the court on the ground of privilege from testifying concerning the subject matter of the declarant's statement; or

   (2) persists in refusing to testify concerning the subject matter of the declarant's statement despite an order of the court to do so; or

   (3) testifies to a lack of memory of the subject matter of the declarant's statement; or

   (4) is unable to be present or to testify at the hearing because of death or then existing physical or mental illness or infirmity; or

   (5) is absent from the hearing and the proponent of statement has been unable to procure the declarant's attendance (or in the case of a hearsay exception under subdivision (b)(2), (3), or (4); the declarant's attendance or testimony) by process or other reasonable means.

A declarant is not unavailable as a witness if exemption, refusal, claim of lack of memory, inability, or absence is due to the procurement or wrongdoing of the proponent of a statement for the purpose of preventing the witness from attending or testifying.(증언불능의 정의: 증인으로써 증언불능이라 함은 원진술자가 (1) 증인이 증언거부의 특권을 행사함으로써 증언의 면제를 받았거나, (2) 법원의 명령에도 불구하고 증인이 자기가 한 진술에 관하여 증언하기를 계속 거부하는 경우, (3) 증인이 자기가 한 진술에 대하여 기억이 없다고 증언하는 경우, (4) 증인이 사망 혹은 소환당시의 육체적 혹은 정신적 질병 등으로 인하여 법정에 출석할 수가 없거나 증언할 수가 없는 경우, (5) 증인이 심리시에 출석하지 않거나 그의 진술을 제출하는 자가 법원의 소환권 또는 기타의 합리적인 방법으로도 증인을 출석(다음의 (b)(2)(3)(4)의 전문예외의 경우에, 원진술자의 출석 혹은 증언)케 할 수가 없는 경우 등이 포함된다. 다만 증인이 출석하거나 증언하는 것을 방해할 목적으로, 원진술자의 면제, 증언거부, 기억이 없다는 주장, 무능력, 또는 불출석 등이 증거제출자의 주선이나 불법행위로 인한 경우에는 증인의 출석이 불가능한 경우가 아니다).

의 배상을 명할 수 있고(제151조 제1항, 벌금등임시조치법 제4조 제5항), 별도로 구인할 수 있으며(제152조), 소환에 응하였으나 정당한 이유없이 증언을 거부하는 경우에는 결정으로 50만원 이하의 과태료에 처할 수 있다(제161조)고 규정하고 있다. 다만 법원실무상 비용배상이나 과태료 부과결정은 그 예를 찾아보기 어렵고 구인영장을 발부하는 것이 일반적이라고 한다. 그 이유는 증인이 출석하지 아니함으로써 발생하는 소송비용의 액수가 크지 아니하고 과태료의 집행이 어려워 실효성이 없기 때문이라고 한다.

그런데 원활한 형사사법절차의 진행을 위해서는 공판단계뿐만 아니라 수사단계에서도 국가형벌권의 실현과정에 협조해야 하는 것이 공익을 위한 시민의 의무이므로, 참고인의 자발적인 협조가 불가능하면 독일 및 프랑스의 입법례와 같이 형사소송법에 참고인의 출석 및 진술의무에 관한 명문규정을 신설하고 이에 위반할 때에는 비용배상, 벌금이나 과태료를 부과하는 방안을 고려해 볼 시점이 되었다고 본다. 다만 현 상태에서는 국민의 의식변화, 참고인보호대책의 수립, 수사관행의 개선 등 참고인의 출석불응의 원인을 제거하지 아니한 채, 참고인의 출석을 강제하기 위하여 출석 및 진술의무를 규정하고 의무를 이행하지 아니할 경우 징벌적인 의미로써 소송비용을 배상케 하거나 벌금을 부과하는 것은 시기상조이며, 아무런 이유없이 고의적으로 출석을 거부할 경우에 한하여 법관의 영장을 발부받아 구인하는 방향으로 나아가는 것이 타당할 것이다. 이 경우 참고인을 법관의 영장에 의하여 구인하는 경우 헌법상 보장되는 신체의 자유 및 형사소송법상의 임의수사 원칙에 위배된다고 볼 수는 없을 것이다. 왜냐하면 헌법상의 신체의 자유는 형사소송법상 강제처분법정주의로 구현되고 있으므로 강제처분의 내용이 법률에 규정되고 적법한 절차에 따라 법관이 발부한 영장에 의하면 피의자뿐만 아니라 참고인도 체포할 수 있다고 해석되며, 형사소송법상의 증인신문의 청구, 국가보안법상의 참고인 구인도 강제처분법정주의를 실현한 것이므로 형사소송법에 참고인구인에 관한 규정을 신설하여도 신체의 자유 및 임의수사원칙에 위배되지 아니하기 때문이다.

또한 출석에 불응하는 참고인을 구인하는 것은 국민의 법적 안정성을 해하는 수사편의주의적 발상으로 현행 증인신문청구제도의 활용으로 수사의 목적을 달성할 수 있음에도 참고인 구인제도를 신설하는 것은 부당하다는 견해가 있을 수 있다. 그러나 범죄수사도 공익을 위한 것이므로 신속하고 합리적인 사건해결에 제3자인 참고인이더라도 협조하여야 하며, 참고인의 출석불응에 따른 수사지연 및 실체진실 발견에 대한 장애로 인해 사건관계인들에게 실질적인 피해가 발생할 뿐만 아니라 궁극적으로는 형벌권이 적정하게 실현되지 아니하여 국민 모두에게 피해가 돌아갈 우려가 있다. 결국 참고인구인의 요건을 어떻게 마련할 것인지 여부가 중요하다고 본다.

① **실체적 요건**: 참고인에 대한 구인은 참고인이 수사기관의 정당한 출석요구를 받고도 출석하지 아니한 경우 및 출석거부의 의사표시를 명백히 하는 등 출석을 확보하는

1018 제6장 우리나라 형사사법구조 개편의 전제조건과 대안

것이 불가능하다고 판단되는 경우에 판사의 구인을 위한 구속영장을 발부받아 구인할 수 있도록 하여야 할 것이다. 구체적으로 살펴보면 참고인의 범위, 즉 모든 범죄의 참고인에 대하여 요건에 충족하면 구인을 할 것인가, 아니면 그 범위를 제한하여 중요범죄에 대하여만 구인을 하도록 할 것인가의 문제 및 몇 회정도 출석에 불응할 경우 구인을 하도록 하여야 하는가의 문제가 발생한다.

먼저 출석불응회수에 관해서 살펴보면, 1991.8. 법무부 형사소송법 개정연구반에서 마련한 시안은 2회 이상으로, 1995.2. 서울지검 형사1부에서 마련한 개정시안은 3회 이상으로 하자고 각 의견을 제시한 바 있다.[329] 독일이나 프랑스의 형사소송법은 출석불응 회수가 참고인 구인이나 보호유치의 요건으로 되어 있지 아니하지만, 우리의 법의식에 비추어 볼 때 출석요구도 없이 곧바로 참고인을 구인하기에는 무리가 있다. 따라서 소환불응을 2회 이상으로 하되 출석에 응하지 아니한다는 명백한 의사표시가 있는 등 출석요구에 의하여 참고인의 출석을 기대하는 것이 불가능하다고 보이는 경우에는 출석불응여부에 관계없이 구인할 수 있도록 하는 것이 타당할 것이다.

둘째, 참고인 범위에 관하여는 모든 참고인에 대하여 구인할 수 있도록 하자는 의견과 중요범죄의 참고인에 대하여 구인을 할 수 있도록 하자는 의견이 있다. 그리고 중요범죄에 관하여 단기 5년 이상의 징역이나 금고로 하자는 의견과 장기 3년 이상의 징역이나 금고로 하자는 견해가 있다.[330]

생각건대 피의자에 대한 체포도 정당한 이유없이 수사기관의 출석요구에 응하지 아니한 경우 죄를 범하였다고 의심할 만한 상당한 이유를 요구할 뿐만 아니라 다액 50만원의 벌금, 구류, 과료에 해당하는 경미사건에 관하여는 피의자가 일정한 주거가 없는 경우에 한하여 체포할 수 있도록 한 점(제200조의2) 및 참고인의 제3자적 지위를 고려하여 일정한 제한을 두는 것이 타당하다고 본다. 다만 참고인구인의 요건을 엄격하게 하면 수사기관이 편법을 사용할 우려가 있을 뿐더러 구인의 효력도 24시간에 불과하므로 신체자유에 대한 제한이 심하지 아니하다는 점을 고려할 때 위의 단기 5년 이상의 징역이나 금고 내지 장기 3년 이상의 징역이나 금고로 하자는 견해는 지나친 제한으로 보여진다.

셋째, 참고인의 출석의무와 관련하여 외국의 입법례에서 살펴본 것처럼 검사에 대한 출석의무만을 인정하는 독일 형사소송법, 검사가 주관하는 대배심에 의해서만 소환영장이 발부되고, 이를 전제로 참고인에 대한 체포·구금이 가능한 미국의 형사소송법, 참고인이 불출석할 경우 검사에게 보고를 하여 검사의 공권력 행사를 통해서만 강제처분이 가능하도록 한 프랑스의 형사소송법의 입법형태를 들 수 있는데, 6대 범죄에 한정하

---

329) 「拘束制度整備方案硏究」, 대검찰청 검찰21세기기획단, 332면.
330) 「拘束制度整備方案硏究」, 대검찰청 검찰21세기기획단, 333면.

여 검사의 직접수사권을 인정하고 있는 현행법의 태도에 비추어 일단 동 범죄에 한정하여 시행해 보는 것이 타당할 것이다.

② **절차적 요건:** 실체적인 요건이 충족되었을 때 검사는 소명자료를 첨부하여 관할 지방법원 판사에게 청구하여 구인을 위한 구속영장을 발부받아 참고인을 구인하도록 하여야 할 것이다. 이 경우 참고인 구인은 피고인 구인과 마찬가지로 24시간을 초과할 수 없도록 하고, 구속과 이유의 고지(형사소송법 제72), 구속영장의 방식(동법 제75조), 구속영장의 집행(동법 제81조, 제83조, 제85조) 등이 준용되어야 할 것이다.

결국 참고인구인제도를 신설함과 동시에 수사기관에서 허위의 진술을 하는 경우 이를 엄벌함으로써 수사기관에서의 허위진술로 인한 엄청난 국가적, 사회적 비용을 줄일 수 있도록 사법방해죄 등을 신설할 필요가 있다. 즉 미국에서 전반적으로 시행되고 있는 것처럼 사법방해죄 등 규정을 검토하여 현행 형법 제138조에 규정된 법정모욕죄의 '법정(法廷)'이라는 장소적 제한규정을 삭제하고, '모욕'이라는 구성요건을 "모욕 또는 법원의 명령 또는 지시에 위반하는 행위"로 수정하여 명실공히 판사의 명령 또는 지시에 위반하는 행위를 처벌할 수 있도록 하는 한편 검사 등 수사담당자에게 위증선서의무를 강제적으로 시킬 수 있는 권한을 부여할 수 있도록 관련법률의 정비작업이 필요하다고 본다.

Ⅳ. 공판중심주의에 따른 철저한 대면권의 보장

1. 의 의

개정 형사소송법은 검사작성 조서의 증거능력을 사실상 폐지함에 따라(제312조 제1항 및 제2항), 제316조 제1항의 조사자증언제도가 중요한 의미를 갖게 되었다. 특히 동조 제1항에서는 '신용성의 정황적 보장'이란 요건이 구비된 때에만 그 증거능력을 인정하고 있으며, 제2항에서는 전문법칙의 예외를 인정하는 일반법리인 '필요성'과 '신용성의 정황적 보장'이란 두 개의 요건을 갖추었을 때에 그 증거능력을 인정하고 있다. 따라서 '신용성의 정황적 보장'과 관련된 미국 연방대법원의 판례(증인대면권)를 소개하고자 한다.

2. 미국의 증거법체계

전문증거 부분은 연방증거법(Federal Rules of Evidence; 이하 FRE라고 함) 제8장에서 규정하고 있는데, 제8장은 제801조부터 제807조까지 이루어져 있다. 제801조에서 전문증거의 정의 및 전문증거에 해당하지 아니하는 '비전문증거'(Not-hearsay)에 대한 정의 규정을 두고 있고, 제802조에서는 전문증거의 증거능력을 부인하는 이른바 '전문법칙'(the Rule Against Hearsay)을 규정하고 있다. 그리고 제803조에서는 원진술자의 출석

가능성 여부가 문제되지 않는 전문법칙의 예외(Exceptions to the Rule Against Hearsay
- Regardless of Whether the Declarant is Available as a Witness)에 해당하는 경우를 규
정하고 있고, 제804조에서는 원진술자가 법정에 출석할 수 없는 경우 그 증거능력을 인
정하는 전문법칙의 예외(Exceptions to the Rule Against Hearsay - When the Declarant
is Unavailable as a Witness)를 규정하고 있으며, 제807조(Residual Exception)는 제803조
와 제804조에 포섭되지 않는 나머지 전문증거 중 신용성의 정황적 보장이 동등하게 인
정되는 증거를 예외적으로 규정하고 있다.

그런데 이러한 전문법칙의 예외를 인정하는 이론적인 근거는 통상 두 가지로 설명
되는데, 첫째는 반대신문이 결여되어 있다고 하더라도 그 신용성이 보장된다는 것
(guarantee of trustworthiness)이고, 둘째는 전문증거임에도 불구하고 증거로 허용해야 할
실무적인 필요성(necessity or practical convenience)이 존재한다[331]는 것이다.

3. 전문법칙에 관한 한국과 미국의 차이점

한국의 전문법칙은 ㉠ 전문법칙의 예외규정이 서면을 대상으로 하는 것(형사소송법
제311조-제315조; 이하 '법'이라고 함)과 전문진술을 대상으로 하는 것(법 제316조)으로
나누어지고, 전자의 비중이 크다는 점, ㉡ 법관면전조서(법 제311조), 수사기관 작성의
피의자신문조서(법 제312조-제312조) 등 일부의 서면에 관하여 특이한 취급을 하고 있다
는 점, ㉢ 미국 연방증거법(FRE)에서 전문법칙의 예외에 해당하는 경우(예컨대 흥분상태
에서의 진술, 임종상태에서의 진술 등)를 고려하고 있지 않다는 점, ㉣ 전문법칙이 형사절
차에만 채용되어 있다는 점 등에서 미국법과는 현저하게 차이가 있다.

무엇보다도 영미법계에서는 일찍이 공판정외에서 이루어진 피고인의 불이익한 진술
(admission)을 내용으로 하는 전문증거는 전문법칙이 적용되지 않는 경우로서 증거로 사
용하는 것이 허용되고 있다. Common law에서는 이러한 진술을 전문법칙의 예외
(exception to the hearsay rule)로서 파악되어 허용되었으나, 미국 연방증거법(FRE)은 이
를 아예 전문증거가 아닌 것으로 정의하고 있다. 즉 미국에서 피의자의 법정 외 진술은
전문진술이 아니므로 피의자를 조사한 경찰관이 조사 당시나 현장에서 피의자가 진술을
하였다는 사실을 청취한 후, 법정에서 위 사실을 증언하면 피고인의 증언여부에 불구하
고 증거능력을 인정받게 되는 것이다.

그러나 미국의 전문법칙을 계수한 한국의 경우 종래 조서중심으로 증거법체계가 구
성되어 있을 뿐만 아니라, 조사자증언(법 제316조 제1항)도 조서에 대한 2차적 내지 보완
적 증거로 인정될 뿐이었다.

---

331) 한웅재, "미국법상 전문법칙의 의의와 예외 - FRE를 중심으로 -," 형사법의 신동향 통권 제8
호(2007.6), 대검찰청 미래기획단, 129면.

4. 증인대면권에 관한 미국 연방대법원의 판례 변천

(1) 의 의

미국 수정헌법 제6조는 "모든 형사재판에서, … 피고인은 그에게 불리한 모든 증인을 대면할 권리를 갖는다."[332)]는 대면권 조항을 규정하고 있는데, 이 수정헌법의 문구에 대하여는 문맥에 따라 다양한 합리적인 해석이 가능하다.

이와 관련하여, 미국 연방대법원이 대면권이 전제되지 않은 모든 전문진술의 배제, 즉 절대로 증거로 사용할 수 없다는 극단적인 태도를 취한 적은 없다.[333)] 왜냐하면 증인이 법정에 출석하지 않는 이상 피고인에게 불리한 진술을 증거로 사용할 수 없다는 것은 검찰에게 불가능한 부담을 지우는 것이고 형사사법체계의 붕괴를 야기할 수도 있기 때문이다.[334)] 반면, 연방대법원이 법정 외 진술의 증거능력을 일반적으로 인정한 것도 아니다. 후술하는 것처럼 판례가 지적하고 있듯이 증인대면권의 개념은 로마법까지 거슬러 올라갈 수 있는 것일 뿐만 아니라,[335)] 유명한 Sir Raleigh 반역 사건[336)] 등 역사적 교훈을 통하여 증인대면권은 영미법의 중요한 전통으로 자리를 잡았기 때문이다. 따라서 종래 미국 연방대법원은 중도적인 해석을 시도해 왔는데, 이는 수정헌법 제6조에 대한 초기 판례 중 Mattox v. United States 판결[337)]을 보면 잘 알 수 있다. 즉 피고인

---

332) The Sixth Amendment provides: <u>In all criminal prosecutions, the accused shall enjoy the right</u> to a speedy and public trial, by an impartial jury of the State and district wherein the crime shall have been committed, which district shall have been previously ascertained by law, and to be informed of the nature and cause of the accusation; <u>to be confronted with the witnesses against him</u> to have compulsory process for obtaining witnesses in his favor, and to have the assistance of counsel for his defense. (Emphasis added) Sixth Amendment, 1791.

333) Laird Kirkpatrick, *Crawford: A Look Backward, A Look Forward*, Criminal Justice, American Bar Association, Summer 2005, Vol 20, Number 2 (2005), p.7.

334) Ibid.

335) Crawford 124 S.Ct. at 1359.

336) 1603년의 Sir Raleigh 반역사건은 증인대면권의 역사에 있어서 큰 의미를 갖는 중요한 사건이다. 이 사건에서 Cobham경은 추밀원(Privy Council)의 조사과정과 서신에서 자신이 Raleigh경과 함께 반역을 모의하였다고 자백하였다. 이 자백은 재판과정에서 배심원들에게 낭독되었다. 이에 대하여 Raleigh경은 Cobham이 생명을 구하기 위하여 자신을 모함한 것이라고 주장하였고, Cobham을 증인으로 출석시켜달라고 요구하였다. Raleigh경의 요구는 거절당하였고 결국 그는 사형선고를 받았다. 이 재판에 관여한 판사 중 한 명은 후에 Raleigh경에 대한 사형선고만큼 영국의 사법제도가 추락한 일은 없었다고 한탄했으며, 이 사건을 계기로 영국은 반역죄의 경우에 피고인에게 증인과 "대면(face to face)"할 수 있는 권리를 규정하는 등 증인대면권을 인정하는 법규정을 두기 시작하였다.

이 현재 재판받고 있는 사건보다 앞서서 재판을 받은 별개의 사건이 있었고, 그 공판에서 증언을 한 증인이 사망하였는데, 법원이 그 이전의 재판에서의 증인의 진술을 기재한 공판조서를 현재의 재판에서 증거로 사용하자, 피고인이 이는 수정헌법 제6조의 증인대면권을 침해하는 것이라고 주장하였다. 이에 연방대법원은 "이런 경우에 있어서 법의 일반원칙은 아무리 관대하게 적용하고 또 피고인에게 중요한 것이라고 하더라도, 공공의 이익과 개별 사건에서의 필요성을 고려하는 관점에서 때때로 양보해야만 한다"[338]고 판시하면서, 피고인의 주장을 인정한다면 "그에 대한 헌법적 보호는 무제한이 될 것이지만, 반면에 공공의 이익도 피고인의 우연한 사정으로 얻게 된 이익을 보호하기 위하여 전적으로 희생될 수는 없는 것"[339]이라고 판시하여, 종전 재판에서 행해진 증언은 현 공판에서의 증언에 다음가는 명백한 차선책이라는 점을 중요시했다. 종전 재판에서의 증언은 당시 피고인의 운명을 결정지을 배심원들 앞에서 피고인이 대면하여 반대신문을 할 수 있는 상황에서 행해진 것이었고, 이러한 대면은 수정헌법 제6조가 의도한 것이었기 때문이다. 이러한 이유로 미국 연방대법원은 항상 종전재판에서 행해진 증언에 대한 증거능력을 허용하기 전에 원진술자가 현재 법정에서 진술할 수 없다는 점에 대해 헌법적으로 적절한 입증할 것을 요구하였고, 위 Mattox사건 이후에 증인대면권이 문제된 사건의 많은 판결들[340]도 '원진술자의 법정진술 불능(unavailability)'이라는 요건이 어느 정도 강력하게 요구되어야 하는지의 문제를 포함하였다.[341]

결국 종래 미국 연방대법원이 증인대면권을 보장하면서도 지나친 형식주의에 빠지지 않기 위하여 법정 외 진술을 증거로 사용하기 위한 요건으로 거론해 온 것이 **'증인의 증언불능'**(unavailability)과 **'신빙성의 보장'**(indicia of reliability)이다. 그리고 신빙성을 보장할 수 있는 가장 확실한 방법으로 반대신문의 기회를 들고 있다. 다만 미국 연방대법원이 종전 재판에서 행해진 증언과 같이 피고인이 반대신문의 기회를 가졌던 진술에 대해서만 증거능력을 인정한 것은 아니었다. Dutton v. Evans 판결[342]에서 연방대법원은 "신빙성의 징표(indicia of reliability)"가 충분하고 반대신문이 별 의미가 없는 경우라면,

---

337) Mattox v. United States, 156 U.S. 237(1895).

338) Ibid at 243(general rules of law of this kind, however beneficent in their operation and valuable to the accused, must occasionally give way to considerations of public policy and the necessities of the case).

339) Ibid(would be carrying his constitutional protection to an unwarrantable extent and the rights of the public shall not be wholly sacrificed in order that an incidental benefit may be preserved in the accused).

340) Barber v. Page, 309 U.S. 719(1968); Mancusi v. Stubbs, 408 U.S. 204(1972) 등.

341) Laird Kirkpatrick, op.cit., p.7.

342) Dutton v. Evans, 400 U.S. 74(1970).

반대신문이 행해지지 않은 전문진술도 증거로 사용할 수 있다고 판시하였기 때문이다. 이러한 접근방식은 전문진술이 헌법상 대면조항 기준을 충족하기 위해서는 어느 정도까지 신빙성이 있어야 할 것인가의 문제와 전문진술이 기존의 전문법칙의 예외에 해당하기만 하면 더 이상의 요건없이 증거로 허용되는데 충분한 것이냐는 의문들을 야기하였으며,343) 연방대법원은 1980년 Ohio v. Roberts 판결344)을 통하여 신빙성의 보장에 관하여 기본적인 기준을 제시하였다.

결국 전통적으로 혹은 전문법칙에 대하여 "확고하게 뿌리내린" 예외에 포함되는 전문증거는 대면조항 하에서 허용되며, 따라서 그 예외는 출석불능을 요구하지 않고, 헌법이 그것을 요구한다는 것도 연방대법원은 지지하지 않는다345)는 것이다. 연방대법원은 1992년에 이러한 해석을 확고하게 하면서, 헌법은 무의식적인 상태의 진술에 대한 예외 그리고 의료치료를 하는 과정에서 만들어진 진술346)에 대하여 출석불능을 요구하지 않는다는 입장을 유지했다. 그리고 전문증거의 예외가 출석불능을 요구할 때에는, 대면권은 그러한 사실인정을 요구할 뿐만 아니라, 다른 당사자보다도 검찰측에 보다 엄격한 증명을 요구하는 것 같다.347) 즉 전문증거가 형사사건에서 검찰을 위하여 또 다른 예외 하에서 허용되어지는 경우에, 법원은 연방규칙과 주에서 요구하는 "동등한 신용성의 정황적 보장(equivalent circumstantial guarantees of trustworthiness)"보다 더 명백한 검사인 "신용성의 특별한 보장(particularized guarantees of trustworthiness)"을 요구하고 있는 것이다.348) 덧붙여, 기소는 정황을 보강하는 점에서 진실일 것 같다는 것보다 진술 자체의 신빙성에 의존해야만 한다.

다만 몇몇 문제가 연방대법원에 의한 판결에 대하여 아직 남아 있었다. 즉 전문법칙에 확고하게 뿌리내린 예외는 무엇이며, 대면권은 어느 정도로 비전통적인 상황에 전통적인 전문법칙의 예외에 대한 적용을 제한할 수 있는가이다. 예컨대, 州가 형사사건에서 피고인에게 불리한 경찰기록의 제출을 허용하기 위하여 공문서에 전통적인 예외를 자유롭게 적용할 수 있는가? 州가 피고인을 연루시키는 참고인의 형사상 이익에 반하는 진술을 인정하는데 있어서 어느 정도까지 할 수 있는가? 그러한 소송에서 법원은 Bourjaily사건349)에 있어서와 같이 전통적인 전문예외의 존재만을 찾아야 할 것인가 혹은 적어도 Wright사건350)에 있어서와 같이 신용성의 특별한 보장의 특수한 인정을 요구

---

343) Laird Kirkpatrick, op.cit., p.7.

344) Ohio v. Roberts, 448 U.S. 56(1980).

345) Strong, supra op.cit., p.442.

346) White v. Illinois, 112 S.Ct. 746 (1992).

347) Strong, op.cit., p.443.

348) Ibid.

349) Bourjaily v. United States, 483 U.S. 171 (1987).

할 것인가? 더욱이, 州가 예컨대 이익에 반하는 진술에 대하여 출석불능의 전통적 요구조건을 면제할 수 있는가?

이에 대하여 McCormick은 전문법칙이 적용된다고 보면 당연히 배제되는 대면권과 대비하여, 적법절차조항은, 충분한 신뢰성과 중요성이 있다면, 전문증거이더라도 증거능력을 인정할 수 있다[351]는 입장이다. 연방대법원도 Chambers사건[352]에서, 현지의 증인규칙 때문에 증인으로써 피고인의 무죄를 입증하는 자백을 하는 사람을 반대신문할 수 없을 뿐더러, "신빙성을 상당히 보증할 수 있는 정황하에서" 주어진 그 자백의 증거능력을 인정하지 않는 것은 적법절차에 위배되었다고 판결했다. 다만 McCormick은 이 판결이 주어진 상황에 신중히 제한되었기 때문에, 그 이상의 적용가능성에 놓인다면, 헌법적 차원에서는 불확실하다[353]고 보고 있다.

그런데 후술하는 2004년 Crawford 판결을 통하여 비로소 연방헌법상의 증인대면권 조항이 실질적인 의미를 갖게 되었고, 전문진술의 증거능력을 규제하는 독자적인 파수꾼으로서 기능하게 된 것이다.[354]

(2) Crawford 판결의 내용 및 의미

가. 사안의 내용

1999년 8월 5일 Kenneth Lee(Kenny)가 자신의 아파트에서 칼에 찔리는 사건이 발생했는데, 경찰은 그날 밤 Michael D. Crawford와 그의 처인 Sylvia를 유력한 용의자로 체포하였다. 경찰 조사과정에서 Crawford는 피해자가 Sylvia를 강간하려고 했었기 때문에 화가 나서 처와 함께 피해자를 찾아다녔고, 아파트에서 피해자와 싸우게 되었으며, 그 과정에서 피해자가 흉부를 찔리고 자신도 손에 자상을 입은 사실은 인정했지만, 피해자가 먼저 흉기를 꺼내들었다는 취지의 진술을 했다. Crawford의 진술이 사실이라면 정당방위가 인정될 수도 있는 상황이었다. Sylvia의 진술도 대체로 이와 일치했지만, 단지 피해자가 흉기를 꺼내든 시점이 Crawford가 피해자를 찌른 다음이라는 점에서만 달랐다. 즉, 이 사건의 중요한 쟁점은 피해자인 Kenneth Lee가 흉기를 꺼낸 시점이 Crawford가 Kenneth Lee를 칼로 찌른 시점보다 앞섰느냐 아니냐 하는 것이었다. 이에

---

350) Idaho v. Wright, 110 S.Ct. 3139 (1990).

351) Ibid.

352) Chambers v. Mississippi, 11 Cl. & F. 85, 8 Eng.Rep. 1034(1844).

353) Strong, op.cit., p.443.

354) Crawford 판결에 대해 하급심 법원들은 "연방헌법 해석에 있어서 코페르니쿠스적 전환"(People v. Victors, 819, N.E.2d 311, 323 (2004), "증거법 영역에 있어서의 혁명적인 판결"(People v. Pantoja, 18 Cal.Rptr.3d 492, 498 (2004), "증인대면권에 있어서 상전벽해적인 변화"(State v. Grace, 111 P.3d28, 36 (2005) 등의 평을 하였다.

대하여 경찰과 Sylvia 사이에 오간 대화내용은 다음과 같다.[355]

문) Kenny가 남편의 공격을 막으려고 어떤 행동을 했습니까?(Did Kenny do anything to fight back from this assault?)

답) (잠시 시간이 흐른 후에) 그가 주머니 속에 손을 넣은 것 같은데… 정확히 무엇을 꺼내려고 했는지는 모르겠어요.((pausing) I know he reached into his pocket … or somethin' … I don't know what).

문) 칼에 찔린 다음에 말입니까?(After he was stabbed?)

답) 남편이 다가오는 것을 보고 손을 들었어요… 가슴은 열려 있었고, 남편의 손을 치려고 했거나 뭐 그런 행동을 했던 것 같은데…(청취불능)(He saw Michael coming up. He lifted his hand … his chest open, he might [have] went to go strike his hand out or something and then (inaudible).

문) 좋습니다. 좀 크게 말씀해 주세요.(Okay, you, you gotta speak up).

답) 예, 그는 남편의 손을 쳐내거나 그러기 위해서 손을 머리 위로 올렸어요. 그리고 나서 손을… 오른쪽 손을 오른쪽 주머니에 집어넣었고, … 그리고 한발 물러섰는데… 남편이 그를 찌르려고 다가갔어요. 그때 그의 손은… 뭐라고 말해야 좋을까요.… 팔을 벌리고 있었고… 손은 펴고 있는 상태로 쓰러졌어요.… 그리고 우리는 도망쳤어요.(공격자를 향하여 손을 펴고 있는 모습을 묘사하다)(Okay, he lifted his hand over his head maybe to strike Michael's hand down or something and then he put his hands in his … put his right hand in his right pocket … took a step back … Michael proceeded to stab him … then his hands were like … how do you explain this … open arms … with his hands open and he fell down … and we ran (describing subject holding hands open, palms toward assailant)).

문) 좋습니다. 그러니까 Kenny가 손을 펴고 있었다는 것이지요?(Okay, when he's standing there with his open hands, you're talking about Kenny, correct?)

답) 예, 그 일이 있은 후에, 맞습니다.(Yeah, after, after the fact, yes).

문) 그때 그의 손에 무엇이 들려 있었나요?(Did you see anything in his hands at that point?)

답) (잠시 시간이 흐른 후) 음, 음, 아니요.((pausing) um um (no)).

검사는 Crawford를 폭행 및 살인미수로 기소하였고 재판과정에서 Crawford는 정당방위를 주장했다. Sylvia는 워싱턴주 법상 배우자의 증언면제특권(spousal privilege)에 따

---

355) Crawford 124 S.Ct. at 1357.

라 증언을 하지 않았는데, 이에 따르면 배우자 일방은 상대방의 동의가 없는 한 증언을 할 수 없도록 되어 있었다. 그러나 워싱턴에서 이러한 특권은 전문법칙의 예외로 허용될 수 있는 배우자의 법정 외 진술에까지 확장되지 않는다. 이에 검사는 칼로 찌른 것 (the stabbing)이 정당방위(self-defense)가 아니라는 증거로서 실비아에 대한 경찰신문으로부터 얻은 오디오테이프(audiotape)를 제출하였다.

그런데 Sylvia가 Crawford를 피해자의 아파트로 데려갔으며, 이에 따라 폭행을 조장했다는 어떤 사실도 인정하지 않자, 검사는 워싱턴주 증거법356)이 형사상 이해관계에 반하는 진술(statements against penal interest)을 전문법칙의 예외로 인정한다는 점을 근거로, 경찰관의 신문에 대한 Sylvia의 진술의 증거능력이 인정되어야 한다고 주장했다. 이에 Crawford는 Sylvia의 진술이 워싱턴주의 증거법에 따라 허용된다고 하더라도, 그러한 진술은 자신의 증인대면권을 침해하는 것이 된다는 이유로 이의를 제기하였다.

Roberts 판결에서 설시한 증인대면권에 대한 연방대법원의 견해에 따르면, 진술이 신빙성의 적절한 징표(adequate indicia of reliability)를 가지는 한 형사피고인에게 불리한 출석할 수 없는 증인의 증언을 허용하는 것이 금지되지 않는다. 그리고 이러한 기준에 합당하기 위해서는, 진술이 확고하게 자리잡은 전문법칙의 예외(firmly rooted hearsay exception)에 해당하거나 신용성의 특별한 보장(particularized guarantees of trustworthiness)이 인정되어야만 한다. 그런데 워싱턴주 제1심 법원은 Sylvia의 진술이 후자의 범위에 속한다고 하면서, 그녀의 진술이 책임을 남편에게 돌리는 것이 아니라 정당방위 내지 정당한 보복행위(justified reprisal)로 행동했다는 남편의 진술과 부합하는 내용이며, 직접 현장을 목격한 자의 진술이고, 최근의 사건에 관한 진술이며, 중립적인 법집행기관에 대한 진술이라는 이유로 테이프의 진술이 신용성의 특별한 보장(particularized guarantees of trustworthiness)을 가지고 있으므로 Roberts 기준에 따라 허용된다고 판시하였다.

이에 워싱턴주 항소법원은 Sylvia의 진술이 신빙성의 특별한 보장을 가지고 있는지에 관하여 9개의 요인에 대한 검사를 한 후, 몇 가지 이유를 들어 신빙성의 특별한 보장이 없다는 이유로 피고인에 대한 유죄평결을 파기하였다. 즉 그 진술은 Sylvia가 과거에 행한 진술과 모순되며, 특정한 진술에 대한 답변으로 만들어졌으며, 칼로 찌르는 그 시점에서 눈을 감고 있었다는 사실을 Sylvia가 인정하고 있으며, 두 진술이 겹칠 정도로 남편 Crawford와 처 Sylvia의 진술이 일치하다는 이유만으로 그 진술을 신용할 수는 없다는 것이다.

그러나 워싱턴주 대법원은 Sylvia의 진술이 확고하게 자리잡은 전문법칙의 예외에 해당하지 않는다고 할지라도, 피고인과 Sylvia의 진술내용이 실질적으로 동일(부합)한다는 점을 들어 신용성의 보장이 인정된다(although Sylvia's statement did not fall under a firmly

---

356) Washington Rule Evidence 804(b)(3)(2003).

rooted hearsay exception, it bore guarantees of trustworthiness: "When a codefendant's confession is virtually identical[to, i.e., interlocks with,] that of a defendant, it may be deemed reliable.")고 판시하면서 유죄평결을 유지하였다. 이에 Crawford는 연방대법원에 상고를 제기하였으며, 연방대법원은 법정에서 증언을 거부한 Sylvia의 수사기관에서의 진술("피해자가 공격당할 때 피해자의 손에 무기가 없었다"는 내용)을 Crawford에게 불리하게 사용할 수 있는지 여부를 심리하기 위하여 상고를 허용하였다.357)

나. 판결의 내용

연방대법원은 워싱턴주 대법원의 판결을 파기하고, 종래 전문증거의 기준인 Roberts 판결에 대한 종속관계 및 신빙성에 대한 Roberts 판결의 초점을 거절하면서 증인대면권이 제공하는 권리에 대하여 새로운 원칙을 만들었다. 즉 법정 외 '증언적'(testimonial) 진술은 원진술자가 (1) 반대신문을 위하여 출석이 가능하거나(available for cross-examination) 혹은 (2) 출석불능이 증명되고 그래서 증언적 진술이 이전에 피고인에 의하여 반대신문에 놓여졌을 때에만(proved unavailable and the testimonial statement was subject to cross-examination by the accused previously) 피고인에게 불리하게 사용될 수 있다는 것이다. 그리고 증인대면권이 생성된 역사적 배경과 중요한 사건을 분석한 후, 다음과 같은 두 가지의 결론을 이끌어 낸다.

우선 첫째로 헌법상의 증인대면권이 예상하고 있는 폐해는 대륙법계 형사절차(the civil-law mode of criminal procedure)이고, 특히 피고인의 참여가 없는 일방적인(ex parte) 조사결과를 피고인에게 불리한 증거로 사용하는 것이라고 한다.358) 악명높은 Sir Raleigh 반역재판도 이러한 절차에 의한 것이었고, 이런 것이야말로 영미법상의 증인대면권이 금지하려는 것이었다는 것이다. 다만 법정 외에서 이루어진 진술이라고 하여 모든 경우에 증인대면권이 문제가 되는 것은 아니다. 예를 들어 무심결에 이루어진 법정 외 진술도 그 정확성이 문제가 될 수 있고 전문법칙에 의하여 증거능력이 부정될 수 있지만, 그러한 진술은 대륙법계 국가에서 이루어지는 일방적인 조사절차와는 관계가 없고 따라서 증인대면권 조항이 규제하려는 대상이 아니라는 것이다. 이와 반대로 일방적인 조사과정에서 이루어지는 진술은 설사 일반적으로 인정되는 전문법칙의 예외사유에 해당한다고 하더라도 헌법초안자들(Framers)이 증인대면권 조항을 통하여 금지하려고 시도했던 대상이라는 것이다. 그러한 진술은 일반적으로 "어떠한 사실을 입증하려는 의도로 이루어진 언명"이라는 점에서 "증언적" 진술이라고 한다.

연방대법원은 직접 "증언적" 진술의 정의를 내리지 않으면서도, "법정에서 상대방의

---

357) Roger C. Park 외 3인, *EVIDENCE LAW*, 3rd. Ed., 2011, WEST, p.416.

358) Crawford 124 S.Ct. at 1363.

참여없이 이루어진 진술, 혹은 이와 기능적으로 동등한 진술, 선서진술서, 구속상태에서의 신문결과, 피고인이 반대신문을 할 수 없었던 종전의 증언, 혹은 이와 유사한 재판전 진술로서 진술자가 나중에 소추를 위한 증거로 사용될 것을 합리적으로 예상할 수 있는 것(ex parte in-court testimony or its functional equivalent-that is, material such as affidavits, custodial examinations, prior testimony that the defendant was unable to cross-examine, or similar pretrial statements that declarants would reasonably expect to be used prosecutorially)"[359] 또는 "나중에 재판에서 사용될 것이라고 합리적으로 예상할 수 있는 상황에서 이루어진 진술(statements that were made under circumstances which would lead an objective witness reasonably to believe that the statement would be available for use at a later trial)"[360] 등 이에 관한 몇 가지 견해를 들면서, 어떠한 기준에 의하더라도 사전청문절차에서의 일방적인 진술(ex parte testimony at a preliminary hearing)이나 수사기관의 조사과정에서 이루어진 진술(Statements taken by police officers in the course of interrogations)은 이에 해당한다고 판시하였다.

연방대법원이 역사적 배경으로부터 이끌어 낸 두 번째 추론은, 헌법초안자들은 증인이 현재 증언이 불가능하고, 그래서 피고인이 증인을 반대신문할 기회를 가졌었다는 요건이 충족되지 않는 한, 법정에 나타나지 않은 증인의 증언적 진술을 허락하지 않았을 것이라는 것이다(the Framers would not have allowed admission of testimonial statements of a witness who did not appear at trial unless he was unavailable to testify, and the defendant had had a prior opportunity for cross-examination). 즉 신빙성의 보장이 있다고 하더라도 피고인이 증인을 반대신문할 기회를 가지지 못하였다면 법정 외 진술을 증거로 사용할 수 없다는 것이다. 이 판결은 이러한 점에서 반대신문이 행해지지 않은 증언적 전문진술에 대해서 신빙성이 있다는 이유로 증거능력을 인정했던 Roberts 판결을 뒤집은 것으로, Roberts 판결의 치명적인 폐해는 예측가능성이 없다는데 있는 것이 아니라 대면조항의 헌법초안자들이 배제하고자 했던 핵심적인 증언적 전문진술에 대하여도 증거능력을 인정할 여지를 만들었다는 데 있다[361]는 것이다. 물론 다수의견도 수정헌법 제6조가 만들어질 당시에 전문법칙의 예외가 있었다는 Rehnquist 대법원장의 주장을 부정하지는 않지만, 그러한 예외는 성격상 증언적 진술이 아닌 사업 장부(business record), 공모의 실현을 위한 공범자의 진술(statements in the furtherance of a conspiracy)에 해당하는 것이라고 본다. 그러므로 다수의견은 역사적 배경을 근거로 반

---

359) 피고인측 의견서(Brief for Petitioner 23), Crawford 124 S.Ct. at 1364.

360) Brief for National Association of Criminal Defense Lawyers et al. as Amici Curiae 3, Crawford 124 S.Ct. at 1364.

361) Ibid. at 1371.

대신문의 기회를 갖는 것은 증언적 진술의 증거능력을 인정하기 위한 충분조건이 아니라 필요조건이라고 주장한다. 즉 증언적 진술의 증거능력을 단순히 증거법 – 전문법칙의 예외 – 의 변화에 맡기거나 혹은 "신빙성"이라는 모호한 개념에 의존시키는 것은 수정헌법 제6조의 초안자들의 의도가 아니라는 것이다.362)

결국 증인대면권 조항의 궁극적인 목표는 증거의 신빙성을 확보하는 데 있는 것이지만, 그것은 실체적 보장이라기보다는 절차적 보장을 의미하는 것이며, 특정한 방법 – 반대신문권 – 을 통하여 확보되어야 한다는 것이 다수의견의 견해이다.363)

다. 판결의 의미

Crawford 판결은 공범성 증인인 처가 경찰관에게 한 진술이 공범성 증인 스스로에게 형사적으로 불리한 진술이라는 이유로 연방증거법 제804(b)(3)에 해당하는 주 증거법의 예외사유에 해당한다면서 그 진술의 피고인에 대한 증거능력을 인정한 사건이다. 그러나 연방대법원은 이 전문진술을 증거로 하였던 예외사유가 확립되지 않은(not firmly rooted) 것에 해당한다거나, 그 진술이 신빙성이 없기 때문이 아니라 **'증언적 전문진술'**이므로 수정헌법 제6조를 위반한 것이라고 판시한 것이다. 따라서 Crawford 판결의 특별한 의미는 온갖 예외로 범벅이 된 전문법칙의 한계를 일깨운 점에 있다고 볼 수 있다.364) 즉 종래 Roberts 판결이 전문진술의 신빙성이 있느냐, 없느냐로 증인대면권의 문제를 해결하였다면, Crawford 판결 아래에서는 신빙성의 문제가 아니라 ① 진술이 증언적(testimonial)인지, ② 증언적(testimonial)인 것이라면 증인에 대하여 반대신문을 할 기회가 주어진 적이 있는지 여부가 쟁점이 되었으며, 증언적인 진술의 경우 아무리 신빙성이 있는 진술이라 하더라도 반대신문을 할 기회가 주어진 적이 없었다면 증거로 사용할 수 없다365)고 판시하여 전문법칙과 대면권의 관계를 명확히 한 것이다.

생각건대 진술이 의도적으로 피고인에게 불리하거나, 원진술자가 그 진술이 피고인의 형사사건 소추와 관련하여 증거로 사용될 것이라는 점을 알고 있을 때에는 피고인이 원진술자를 직접 대면하여 신문할 수 있도록 하는 것이 피고인을 한층 더 보호하는 것은 물론 상징적이고 도덕적으로 가치가 있는 일이다. 왜냐하면 경험칙상 어떤 사람의 뒤에서 행해진 진술은 그 사람의 면전에서 동일하게 행해지지 않는 경우도 많으며, 특

---

362) 금태섭, "미국헌법상 증인대면권과 전문법칙과의 관계", 형사법과 헌법이론(제2권), 공법연구회 편, 박영사, 72면.

363) Crawford 124 S.Ct. at 1370.

364) 김희균, "크로포드 사건: 형사피고인의 대질심문권의 재발견", 법조 통권 제584호(2005.7.), 법조협회, 162면.

365) 박찬익, "미국법상의 증인대면권(confrontation)에 관하여", 재판자료 제119집, 외국사법연수논집(29), 대법원 법원도서관, 2010, 305면.

히 어떤 사람에 대한 유죄의 직접증거가 되는 진술일 때에는 원진술자의 동기를 잘 살펴야 할 필요성도 있기 때문이다. 그리고 그 진술이 경찰의 신문과정에서 행해진 것이라면 그 진술이 부적절한 강요나 협박에 의한 것인 아닌지를 확인할 필요도 있다. 다만 위에서 본 것처럼 Crawford 판결이 Roberts 판결의 "신빙성 보장" 이론을 전면적으로 폐기한 것은 아니다. 다수의견이 설시하고 있듯이 "비증언적 전문진술이 문제가 된 경우에는 개별적 주들에게 Roberts 판결이 하였듯이 전문법칙 규정을 발전시킴에 있어서 유연성을 부여해 주는 것이 헌법초안자들의 의도에 전적으로 부합한다"고 판시하고 있기 때문이다.[366]

그러나 Crawford 판결에 의하여 적어도 증언적 진술에 대하여는 헌법상의 증인대면권이 새로운 의미를 갖게 되었다. 증언적 진술은 설사 전문법칙의 예외에 해당한다고 하더라도 피고인이 반대신문의 기회를 갖지 못한 이상 증거로 사용할 수 없게 되었기 때문이다.

라. Crawford 판결의 문제점

첫째, 증언적 전문진술의 범위와 관련하여, Crawford 판결은 전문진술을 증언적인 것과 비증언적인 것으로 분류한 후, 비증언적인 전문진술의 경우에는 대면조항에 의한 헌법적 보호를 할 필요가 없다고 제안하였다. 여기서 '증언적 전문진술'의 범위가 문제되는데, Thomas 대법관은 "대면조항은 법정 외에서의 진술이 선서진술서, 공판전 증인진술조서, 종전의 법정증언 또는 자백 등과 같이 정형화된 증언적 자료에 담겨있는 경우에만 문제가 된다(the Confrontation Clause "is implicated by extrajudicial statements only insofar as they are contained in formalized testimonial material, such as affidavits, depositions, prior testimony, or confessions")"는 극단적인 좁은 견해를 밝힌 바 있으며,[367] 이미 Scalia 대법관도 이전에 Thomas 대법관이 이러한 견해를 처음 제안하였을 때 이에 동조한 일이 있다.[368] 따라서 연방대법원이 궁극적으로 Thomas 대법관의 의견을 채택하거나 이와 근접한 견해를 취한다면 현재 대면권 차원에서 논의되고 있는 대다수의 전문진술이 수정헌법 제6조의 논의 밖에 놓이게 될 것이다.[369]

둘째, 비증언적 전문진술의 대면권 조항 배제여부와 관련하여, Crawford 판결의 설시처럼, 비증언적 전문진술이 대면권 조항의 적용대상에서 제외된다면, 입법자들은 현재의 Roberts 판결에 의해 부과되고 있는 헌법적 제약에 대한 고려에서도 벗어나 비증언적 전문진술의 예외법칙을 마음대로 입법하거나 개정할 수 있을 것이다. 입법자들은 최

---

366) Crawford 124 S.Ct. at 1374.

367) Lilly 527 U.S. at 143.

368) White 502 U.S. at 358.

369) Laird Kirkpatrick, op.cit., p.10.

근에 현재의 전문법칙의 예외를 확대하고 특정 범죄에 대한 소추가 가능해지도록 새로운 예외를 만들라는 지속적인 압력에 시달려왔는데, 이러한 새로운 법안들의 전문법칙의 예외조항은 Roberts 판결의 기준에 맞추어 '신빙성'과 '법정증언의 불가능' 기준에 좀 더 강조점을 두면서 긍정적인 영향력을 발휘할 것이다.[370] 예컨대 일리노이주에서 전직 경찰관인 페터슨(Drew Peterson)이라는 자가 자신의 네 명의 아내 중 세 번째 아내를 살해한 혐의로 기소되었는데, 일리노이주 의회는 그 특정한 사건의 상황을 처리하기 위해 전문법칙의 예외 하나를 채택하였다. 그것은 살해당한 증인의 전문진술을 증거로 사용하도록 하는 것이었다.[371] 그 유명한 사건이 진행되면서 Peterson에 의한 과거의 학대와 위협에 관한 피해자의 진술을 가지고 증인들이 나타났다. 그런데 이러한 전문진술이 당시의 전문법칙의 예외규정의 요건을 충족하지 못하자, 일리노이주 의회는 2008년에 드류 페터슨법(Drew Peterson Law)이라고 알려진 전문법칙의 하나의 예외를 입법하였던 것이다.[372]

셋째, 피고인에게 '불리한 증인'의 의미와 관련하여, Crawford 판결문 말미의 의견(dictum)이 법으로 채택된다면, 수정헌법 제6조의 불리한 증인(witness against) 개념은 전적으로 재정의되어야 할 것이다. 대법원은 Crawford 판결 이전에는 피고인에 불리하게 제출된 전문진술의 원진술자는 대면조항의 해석상 '불리한 증인'을 의미한다고 해석해 왔다. 따라서 그 전문진술이 증거능력이 있느냐 여부가 문제되었을 뿐이다. 그런데 만약 비증언적 전문진술이 이러한 대면권 조항의 영역 밖이라고 해석하게 된다면, 이것은 비증언적 전문진술의 원진술자는 더 이상 수정헌법 제6조에서의 '불리한 증인'에 해당하지 않는다는 것을 의미하게 된다. 그 전문진술이 아무리 피고인 혐의인정에 결정적이거나 피고인에게 불리한 것이라고 하더라도 그렇게 된다는 것이다. 이에 따르면 원진술자가 수정헌법 제6조의 불리한 증인에 해당하는지 여부는 오로지 그 진술이 증언적인가 아닌가에 좌우되는 결과를 초래하게 될 것이다.

이러한 재해석의 시도를 지지하면서, 미국 연방대법원은 증인의 정의로서 '증언을 하는 사람'(those who bear testimony)이라는 견해를 인용하였다.[373] 그러나 증인개념에 대한 권위있는 정의 중의 하나는 "어떤 것을 목격하거나 그에 대한 직접적인 설명을 하는 사람"([a] solemn declaration or affirmation made for the purpose of establishing or

---

370) Ibid.

371) 725 ILCS 5/155-10.6(a hearsay statement is not inadmissible if it was made by a declarant who was intentionally killed by the party against whom it is offered).

372) 김종구, 「미국 배심재판에서 전문증거와 대면권」, 법학논총 제18권 제3호, 조선대학교 법학연구원, 2011, 512면.

373) Crawford 124 S. Ct. at 364.

proving some fact)이다.[374) 검찰이 원진술자가 법정 밖에서 한 진술을 증거로 낼 때 후자의 정의를 적용한다면, 그 진술은 수정헌법 제6조에 부합하는 피고인에 불리한 '증인'으로 해석하는 것이 자연스럽다. 그리고 이와 같은 해석이 Crawford 판결 이전에 100년 이상 유지되어왔던 법원의 견해였다.

그런데 위의 새로운 시도는 어떤 진술이 증언적인지 여부를 결정하는데 있어서 그 진술이 피고인에게 유리한 것이지, 불리한 것인지 여부와는 무관하므로 이상한 결론에 도달할 수 있다. 비록 증언적 전문진술이 피고인에게 불리한 것일 가능성이 더 높고, 비증언적 전문진술이 덜 불리할 가능성이 있다고 하더라도, Crawford 판결에는 이러한 결과로 가도록 보장하는 아무것도 없으며 그리고 그것은 사안마다 다를 것이다.[375) 따라서 경찰관이 신문 중에 얻은 중립적인 진술(예를 들면, "예, 피고인이 지난달에 저에게 월세를 현금으로 주었습니다."라는 진술)이라 할지라도 이는 증언적이기 때문에 대면권 조항의 최대한 적용을 받게 되어 반대신문 없이는 증거로 사용할 수 없게 된다. 반면에, 사적인 자리에서 제3자에게 비밀리에 한 말로서 피고인에게 대단히 불리한 진술(예를 들면, "저 사람이 방금 나에게 마약을 팔려고 했어"라는 진술)이라 하더라도, 이는 비증언적인 것이기 때문에 수정헌법 제6조의 적용을 받지 않게 된다. 후자의 진술이 현장인지(present sense impression)와 같은 주법상의 전문법칙의 예외[376)에 해당하게 된다면, 그 진술은 Crawford 판결의 견해에 따르는 한 반대신문 없이 그리고 신빙성을 보이지 못하더라도 또 원진술자가 법정에 나올 수 없다는 점이 입증되지 않더라도 피고인에 대한 증거로서 증거능력을 인정받게 되는 것이다.[377)

넷째, 반대신문의 필요성과 관련하여, Crawford 판결과 달리, 피고인에게는 증언적 전문진술의 경우만큼이나 비증언적 전문진술에 대하여도 반대신문을 할 필요가 있는 경우들이 종종 있다. 예컨대 오후 3시 2분에 주류판매점 주인이 총을 맞아 살해된 사건을 상상해 보자. Art는 3시 정각에 주류판매점 옆을 운전하여 가고 있었고, 손님인 Will에게 "저기 Dan이 진을 사러 주류판매점에 들어가고 있군요"라고 말하였다. Dan이 살인

---

374) Webster's New World Dictionary 3d. ed., 1996; 또한 United States v. Hubbell, 530 U.S. 27, 50(2000) 참조.

375) Laird Kirkpatrick, op.cit., p.10.

376) 제803조 전문법칙의 예외(Exceptions to the Rule Against Hearsay): 원진술자의 법정출석이 요건이 아닌 경우(Regardless of Whether the Declarant is Available as a Witness) 다음 진술은 진술자의 출석 가능성 여부와 관계없이 전문법칙의 예외로서 증거능력이 있다. (1) 현장인지(Present sense impression) 원진술자가 사건이나 상태를 인지하는 동안 또는 그 직후에 그 사건이나 상태를 묘사하거나 설명하는 진술

377) Laird Kirkpatrick, op.cit., p.10.

혐의로 기소된 사건의 공판정에서 검사는 Dan이 살인사건이 일어난 시점에 주류판매점에 있었다는 점을 입증하기 위하여 Will을 증인신청하여 당시 Art가 Will에게 했던 진술을 현장인지(present sense impression)라는 전문법칙의 예외로서 현출시킨다. 당시 주류판매상에는 다른 손님은 없었고, 다른 목격자도 없으며 Art의 진술은 Dan이 살인사건과 관계가 있느냐를 확인하기 위한 결정적인 증거이다. Dan의 변호인은 Art가 Dan을 지목한 것이 어느 정도 정확한지 확인하기 위하여 Art를 신문하는 것이 필수적이라고 주장할 것이다. 그리고 최소한 검사는 Art가 법정에서 진술할 수 없다는 사실을 소명해야 한다고 주장할 것이다. 그러나 Crawford 판결 말미의 견해가 채택된다면, 이와 같은 주장은 수정헌법 제6조에 의한 보호대상이 아니다. Art는 Dan의 사건에 있어 수정헌법 제6조에서 말하는 증인이 아니기 때문이다(비록 Dan이 납득하기 어렵겠지만 말이다).378) Dan은 적법절차 조항을 주장할 수도 있겠지만, 적법절차 조항은 다른 방법으로 주법 하에서 증거능력을 인정받는 증거의 사용을 제한하는 경우에는 별로 효력이 없다.

　　결국 Maryland v. Craig 판결379)에서, 연방대법원이 "대면권 조항의 중요 관심사는 피고인에게 불리한 증거를 판사나 배심원들 앞에서의 대심적(adversary) 절차에 의하여 치열하게 검증되도록 함으로써 이에 대한 신빙성을 보장하려는데 있다"라고 판시한 것처럼, 때로는 이러한 대심적 절차에 의한 검증이 비증언적 전문진술에 대해서도 필요한 경우가 있을 것이다.

　　다섯째, 입법의사주의적 해석과 관련하여, Crawford 판결에서 Scalia 대법관의 의견은 헌법조항에 대한 입법의사주의적(originalist) 해석의 전형이다. 이 의견은 헌법 초안자들 시대의 경험, 실무, 법률뿐만 아니라 당시의 사법절차의 공정성에 대해 그들이 가졌을 것으로 보이는 개념에 기초하여 대면조항 입법자들의 의도에 초점을 맞춘 것이다. 그러나 헌법해석에 있어 이러한 입법의사주의론은 법원으로 하여금 헌법조항에 숨어 있는 좀 더 일반적인 관심사를 간과한 채 특정 주제에 대해서만 초점을 맞추게 할 우려도 있다. 물론 1791년의 헌법초안자들이 증인에 대한 일방적인 신문결과에 초점을 맞추고 있었던 것은 맞다. 당시에 문제가 되어 논쟁이 된 것은 증인에 대한 일방적 신문의 실무로부터 기인하였기 때문이다.380)

　　그러나 오늘날 법원이 직면하고 있는 가장 어려운 대면의 문제는 1791년도와는 다르다. 그러므로 대면권 개념을 발전시킨 보통법시대의 판사들이나 헌법 초안자들이 오늘날의 상황을 어떻게 생각하였을까를 아는 것은 어려운 일이다. 비록 1700년대에 전문법칙의 '일반적이고 확립된'(general and settled) 원칙이 법의 주요부분으로 수용되었지만,

---

378) Laird Kirkpatrick, op.cit., p.11.
379) Maryland v. Craig, 497 U.S. 836, 845(1990).
380) Laird Kirkpatrick, op.cit., p.11.

당시에는 이에 대한 수정과 예외조항이 충분히 발전되지 않았다.[381] 그럼에도 불구하고 당시 법원은 현재 법정에서 상투적으로 사용되는 많은 전문진술들, 예컨대 아동의 진술(statements by young children), 의사의 소견(statements to diagnosing doctors), 현상인지(present sense impression), 형사적으로 불리한 진술(declarations against penal interest) 또는 일반조항의 예외(the variety of hearsay offered under the catchall exception) 등을 증거로 인정하지 않았다. 당시에는 911 비상전화도 없었고, 강간 피해자 보호센터도 없었고, 아동 성폭력 피해자를 위한 상담원제도도 없었다. 비록 현재 연방대법원은 오늘날의 경찰관에 의하여 확보된 진술을 "경찰의 조사과정이 영국에서 치안판사들에 의한 조사과정과 매우 유사하다"는 이유로 증언적이라고 쉽게 추론하고 있지만,[382] 1791년 당시에는 조직화된 경찰관조차 없었다.

결국 연방대법원이 행한 역사적 자료에 대한 많은 연구는 전적으로 영국 및 미국 법원에서 일방적인 증인조사결과와 관련된 실무의 변천을 추적하는 것과 그러한 조사결과로서의 증언적 전문진술과 관련하여 반대신문권 개념이 어떻게 인식되었는지를 연구하는데 집중되었다. 그러므로 역사적 기록에 의하면 증언적 전문진술에 대하여 반대신문이 행해져야 한다는 결론을 내릴 수는 있지만, 헌법초안자들이 다른 형태의 전문진술에 대하여도 관심이 있었는지 혹은 없었는지에 대하여 쉽게 결론내릴 수는 없다.

Crawford 판결은 Raleigh경의 반란사건 재판을 헌법 제정권자들이 방지하고자 하였던 불공정한 사례의 대표사례로 반복해서 언급하고 있으나, 현대의 전문법칙하에서도 왕에 대한 반역모의에 Raleigh경이 관련이 있다는 Cobham의 진술은 검사가 예컨대 처 또는 제3자에게 행해진 자신에게 형사적으로 불리한 진술에 해당하는 비증언적인 진술이라고 주장하면서 증거로 제출하는 것이 그리 어려운 일은 아닐 것이다.[383] 따라서 당시 검사가 Cobham의 진술을 비증언적 전문진술로 주장하여 증거능력을 인정받았더라도 Raleigh경의 재판이 상당히 공정한 것이라고 인정받을 수 있었을지, 또 증인을 내 앞에 불러달라는 Raleigh경의 요구에 대해 헌법초안자들이 관심을 기울이지 않았을 것이라고 말할 수 있을지 의심스럽다.[384]

---

381) 이에 대해서는 T. P. Gallianis, "*The Rise of Modern Evidence Law*", 84 Iowa L. Rev. 499, 534-535(1999) 참조.
382) Crawford 124 S.Ct. at 1364.
383) Sanders v. Moore, 156 F. Supp. 2d 1301(M.D. Fla. 2001 사건에서, 피고인이 함께 살인을 저지르자고 제의하였다는 말을 남편이 처에게 하였는데 남편의 그 진술은 형사적으로 불리한 진술로서 피고인에 대하여 증거능력이 인정되었다; 법원은 Roberts 판결의 기준 하에 피고인의 대면권이 침해되었다고 판단하였고 피고인에 대한 인신보호영장을 인용하여 피고인을 석방하였는데, 당시에는 이와 같은 남편의 진술은 확립된(firmly rooted) 전문법칙의 예외조항에 해당하지 않고, 특별한 신빙성의 보장이 없다고 판단하였다).

(3) Crawford 판결 이후의 '증언적' 진술의 구체화

Crawford 판결 이후, 연방대법원 판례에서 주목해야 할 점은 과연 어떠한 진술을 "증언적"으로 보아야 하는 것이었다. 왜냐하면 일단 증언적 진술로 판정을 받게 되면 전문법칙의 예외에 해당하더라도 반대신문권의 보장이 없으면 증거능력이 부정되기 때문이다. 물론 Crawford 판결에서 예시한 어떤 견해에 의하더라도 쉽게 판단을 내릴 수 있는 경우는 많다. 예컨대 "아는 사람에게 별 생각 없이 얘기한 것"[385]을 "증언적"이라고 할 수는 없다. 반대로 "비디오테이프로 녹화된, 경찰관 앞에서의 피해자에 의한 진술"이 '증언적'이라는 것에는 이론(異論)의 여지가 없다. 그러나 모든 법정 외 진술을 이렇게 명확하게 나눌 수 있는 것은 아니며, 증언적 진술과 관련하여 초기에 논란이 되었던 것은 다음의 두 가지 문제였다.[386]

첫 번째 문제는 경찰관을 상대로 행한 모든 진술이 '증언적'인가이다. 이 점이 문제가 되는 것은 경찰관에게 초점을 맞추어 볼 때, 경찰관을 상대로 한 진술에서 경찰관은 '신문'을 한다고 볼 수 있으며, Crawford의 다수의견도 '수사기관의 조사과정'에서 이루어진 진술은 어떠한 기준에 의하더라도 '증언적'이라고 판시했기 때문이다. 또한 진술자의 입장에서 보더라도 경찰관에게 진술을 하는 사람은 그 진술이 나중에 법정에서 증거로 쓰일 수 있다는 것을 예상할 수 있는데, 이 점은 '증언적' 진술로 보게 되는 중요한 근거가 된다. 그러나 경찰관을 상대로 한 모든 진술이 '증언적'인지는 아래 판례에서 보는 것처럼 좀 더 구체적인 검토가 필요하다.

두 번째 문제는 진술이 '증언적'이기 위해서는 반드시 경찰관 등 공무원을 상대로 한 것이어야 하는가이다. 긍정하는 논자들은 Crawford 판결에서 Scalia 대법관이 '증언적' 진술의 예로 든 진술의 어떤 것도 사인(私人) 사이에 이루어진 진술이 아니라는 점을 근거로 든다. 반대 견해를 가진 사람들은 Scalia 대법관이 '증언적' 진술의 기준으로 든 "나중에 재판에서 증거로 사용될 수 있다고 합리적으로 믿을만한가"인데, 사인간의 대화 중에도 이런 기준을 충족시킬 수 있는 것들이 있다고 한다. 이러한 점을 염두에 두고 실제 판례를 보면 다음과 같다.

연방대법원은 2006년에 Davis v. Washington 및 Hammond v. Indiana 사건을 합쳐서 내린 판결[387]에서 "경찰관의 어떠한 신문이 증언에 해당"하여 대면권 조항의 제한을 받는지에 더 깊이 접근하였다. 연방대법원은 Crawford 판결에서 "경찰관의 신문이

---

384) Laird Kirkpatrick, op.cit., p.11.

385) Crawford 124 S.Ct. at 1364.

386) 금태섭, 「크로포드 판결 이후 미국 연방대법원 판례의 경향」, 형사소송이론과 실무, 한국형사소송법학회, 2009. 창간호, 11면.

387) Davis v. Washington, 547 U.S. 813(2006).

증언적인 전문진술의 범위에 정면으로 들어오면, 곧바로 그 신문은 범인을 확인하거나 유죄판결의 증거를 확보하기 위한 목적의, 순전히 과거 범죄의 사실관계를 확인하기 위한 신문으로 보아야 한다. 그러한 신문의 결과물은 원진술자의 서명을 갖춘 서면이 되거나 아니면 신문한 경찰관의 기억 또는 노트로 남았는지를 불문하고, 증언적이다"라고 판시하였다. 따라서 연방대법원은 Davis 판결에서 경찰관으로부터 질문을 받았다고 모두 증인이 되는 것이 아니며, "경찰관으로부터의 모든 질문"이 모두 대면권 조항의 적용을 받는 것은 아니라는 것을 분명히 하였다.

Davis 및 Hammon 사건은 모두 가정폭력 사건들이다. Davis 사건에서 Michelle McCottry는 전 남자친구인 Adrian Davis와의 가정 내 폭력사건 중 911 전화교환원에게 "그가 또 내게 덤벼들어요"(He's here jumpin' on me again)와 "그가 주먹을 쓰고 있어요"(He's usin' his fists)라는 문제의 진술을 하였다. 전화교환원은 당시 McCottry에게 Davis의 성과 이름, 중간 이니셜을 물었는데, 그러한 대화의 과정 중 McCottry는 Davis가 차를 타고 달아난다고 말하였다.[388] McCottry는 Davis의 재판에 출석하지 않았으며, 주정부는 911 교환원과 그녀간의 대화기록을 증거로 제출하였다.

Davis 사건과 함께 판결된 Hammon 사건에서는 경찰관이 Amy 및 Hershel Hammon의 집으로부터 걸려온 가정폭력 신고전화를 받고 곧바로 Amy를 그 집 앞 현관에서 발견했다. 그녀는 "다소 두려워하는 듯이"(somewhat frightened) 보였으나 그들에게 "아무 일도 없다"(nothing was the matter)라고 말했다. 그녀는 경찰관들에게 집으로 들어가도 좋다고 허락했고, 집안에서 경찰관들은 유리판이 달린 가스히터가 부서져 마루에 흩어져 있는 것을 발견하였다. 경찰관 한 명은 Hammon과 부엌에 남고, 다른 경찰관은 거실에서 Amy에게 무슨 일이 있었는지를 물었다. Hammon은 몇 번에 걸쳐 Amy와 경찰관간의 대화에 끼려고 하였고, 경찰관이 그에게 Amy로부터 떨어지라고 말하자 화를 냈다. 경찰관이 Amy에게 폭력사건의 진술서(battery affidavit)를 작성 및 서명해줄 것을 요구하자, 그녀는 "히터를 부수고, 나를 거실 바닥의 깨진 유리 위로 밀쳤다. 나의 가슴을 때리고, 나를 집어던졌다. 전등과 전화기를 부수었다. 내가 집을 나가지 못하도록 차량을 부수고, 내 딸을 때렸다."라고 적었다.[389] Amy는 Hammon의 재판에 출석하지 않았고, 그래서 그녀와 대화한 경찰관이 그녀의 진술에 대하여 증언하고, 그녀의 진술서가 진본임을 확인하였다. 사실심법원은 그녀의 진술서를 '현장인지(Present Sense Impression)'로서, 그녀의 구두진술 부분은 '흥분상태에서의 진술(Excited utterance)'로서 각각 전문증거의 예외에 해당하는 증거로 인정하였으나, 인디애나주 대법원은 Amy의 구두진술 부분은 '증언적'(testimonial)이지 않으며, 비록 진술서는 증언적 전문진술로서

---

388) Davis 547 U.S at 817–818.
389) Ibid. at 819–820.

그 증거인정이 잘못되었지만 이는 무해한 오류라고 판시하면서, Hammon의 유죄판결을 인용하였다.

양 사건의 사실관계를 설명하면서, 연방대법원은 '증언적'의 의미를 최초에 Crawford 사건에서 사용했던 것보다 넓히고, 현재 진행 중인 위급상황의 개념을 다루었다. 즉 연방대법원은 "객관적 정황상 그 신문의 주된 목적이 경찰관으로 하여금 현재 진행 중인 위급상황에 대처하도록 하는 것임이 명백한 상황에서 이루어진 경찰의 신문에 대한 진술은 비증언적이다. 반면에 객관적 정황상 그러한 현재 진행 중인 위급상황이 없고, 신문의 주된 목적이 추후 예상가능한 형사재판에 관련된 과거 사건을 확인하거나 입증하기 위한 것이라면 이는 증언적이다."(Statements are nontestimonial when made in the course of police interrogation under circumstances objectively indicating that the primary purpose of the interrogation is to enable police assistance to meet an *ongoing emergency*. By contrast, a Statement is testimonial when the circumstances objectively indicate that there is no such ongoing emergency, and that the primary purpose of the interrogation is to *establish or prove past events* potentially relevant to later criminal prosecution)라고 설명하였다.[390]

연방대법원은 이러한 정의에 비추어 Davis 및 Hammon 사건의 진술을 검토한 후, Davis 사건의 진술은 비증언적인 반면, Hammon 사건의 진술은 증언적으로 판단하였다. 연방대법원은 Davis 사건의 진술을 피해자가 "과거 사건을 묘사하기보다 그 사건이 실제로 일어나고 있는 와중에 진술을 하였고", 실제로 위급상황이 진행 중이었으며, 또한 교환원이 "유도한 진술은 그 진행 중인 위급상황을 해결하기 위하여 필요하였고", 그 진술은 공식적이지 않았다는 점 등 여러 가지 면에서 Crawford 사건과 다르다고 판단하였던 것이다. 즉 Davis사건에서 피해자는 과거의 사건을 묘사하는 것(describing past events)이 아니라 실제로 일어나고 있었던 사건에 대하여 이야기를 하고 있었다(speaking about events *as they were actually happening*)는 것으로, 신문의 주요 목적은 '진행중인 긴급상황'에 대하여 대응하는 것이었지, 재판에 제출하기 위한 기록을 만드는 것이 아니라는 것이다. 즉 그것은 위협적인 상황을 끝내는데 초점이 맞춰져 있는 것이지, 후의 형사기소와 관련된 과거사실을 증명하기 위한 것이 아니라는 것이다.[391] 주로 긴급성을 해결하기 위한 목적으로 주어진 진술은 조작의 가능성을 현저하게 감소시킨다고 추정되므로, 대면권은 그러한 진술이 반대신문의 시련(crucible)에 종속할 것을 요구하지 않는다는 사상이 Davis판결에 함축되어 있는 것이다.

반면 Hammon 사건에서는, "신문이 과거의 범죄행위에 대한 조사의 일부로서 이루

---

390) Ibid. at 827.
391) Ibid. at 832.

어졌음이 정황상 명백하다"고 판단하였다. 여기에는 "아무런 진행 중인 위급상황도 없었고"(no emergency in progress), Amy에게 질문을 한 경찰관은 '무엇이 진행 중인지'를 알아내려고 한 것이 아니라, '무엇이 일어났는지'를 알려고 한 것이었다(was not seeking to determine 'what is happening,' but rather 'what happened').392) 또한 경찰관은 '언급된 사건이 끝난 후', 남편이 없는 별도의 방에서 그녀를 신문하였는데, 그녀가 "폭력행위가 어떻게 시작하였고 진행되었느냐는 경찰관의 질문에 대하여 충분히 생각한 후 답변을 하였다"는 점에서 이는 "충분히 공식적"일 뿐만 아니라 그녀의 진술은 "구조를 요청하는 외침도 아니었고, 경찰관이 즉시 위협적인 상황을 끝낼 수 있도록 정보를 제공하는 것도 아니기" 때문에 그 진술은 증언적이라고 판결하였다. 이처럼 Davis 및 Hammon 사건은 가정폭력의 상황에서 일어난 것이므로 그것이 어떤 상황인지 여부가 연방대법원에 명백하다는 점에서 문제가 없다.

그런데 연방대법원은 이제 가정폭력의 상황이 아닌, 공공장소에서 피해자가 발견되고, 치명적인 총상을 입고, 경찰관이 그를 발견했을 때 가해자의 위치가 어디인지 알 수 없는 새로운 상황을 만났다. 즉 연방대법원은 Davis 판결에서 언급된 "현재 진행 중인 위급상황"이 최초의 피해자로부터 현장에 출동한 경찰관 및 일반인들에 대한 잠재적인 위협으로 확대되는 상황을 최초로 접하였던 것이다. 이러한 새로운 상황은 연방대법원으로 하여금 Davis 판결에서 언급한 "신문의 주된 목적이 경찰관으로 하여금 현재 진행 중인 위급상황에 대처하도록 돕는 것"(the primary purpose of the interrogation is to enable police assistance to meet anongoing emergency)이라는 기준에 대한 추가적인 해명을 요구한 것으로, 이것이 Michigan v. Bryant393) 판결이 나오게 된 배경이다.

(4) Bryant 판결의 내용과 의미
가. 사안의 내용

2001년 4월 29일 오전 3시 25분경 미시간주 Detroit 경찰관들은 어떤 사람이 총에 맞았다고 알리는 무선전파방송(radio dispatch)을 교신한 후, 주유소 주차장에서 피해자 Anthony Covington이 자신의 차량 옆에 쓰러져 있는 것을 현장에서 발견했다. 그는 복부에 총상을 입어서 매우 고통스러워 보였으며, 간신히 말을 할 수 있었다. 경찰관이 그에게 "무슨 일이냐? 누가 당신을 쏘았느냐?, 총격은 어디에서 발생했느냐?"고 묻자, Covington은 오전 3시경 "Bryant의 집 후문에서 Bryant(Richard Bryant)에 의해 총을 맞은 후, 자신이 차를 운전하여 주유소로 왔다"고 말했다.394) 그리고 이러한 경찰관과

---

392) Ibid. at 830.
393) Michigan v. Bryant, 131 S.Ct. 1143(2011).
394) Ibid. at 1150.

Covington의 대화는 구급차가 오기까지인 5분 내지 10분 사이에 끝났으며, Covington은 병원으로 후송되었고, 몇 시간 내에 사망하였다. 한편, 경찰관들은 Covington과의 대화 후 주유소를 떠났고, 보충인력을 요청하였으며, Bryant의 집으로 향했는데, 그 곳에 Bryant는 없었으나, 핏자국과 후문 현관에 떨어져있는 총탄 그리고 후문 안의 명백한 총탄구멍을 발견하였다. 아울러 집 밖에 놓여있던 Covington의 지갑과 신분증을 발견하였다.395)

　　Crawford 및 Davis 판결 전에 이루어진 재판에서, 주유소에서 Covington과 대화한 경찰관들은 Covington의 진술내용을 증언하였으며, 배심원들은 기소내용인 2급살인죄(charges of second—degree murder), 총기휴대 및 중범죄 중 총기휴대에 대하여 유죄평결을 하였다. Bryant는 항소를 하였으나 미시간주 항소법원이 그의 유죄를 인용하자, Bryant는 법원이 경찰관에 대한 Covington의 진술을 받아들인 것은 잘못되었다고 주장하면서 미시간주 대법원에 상고하였다. 이에 미시간주 대법원은 2006년 Davis 판결의 취지에 맞게 사건을 다시 심리할 것을 명하며 환송하였고, 항소심법원은 Covington의 진술은 증언적(testimonial)이지 않으므로 이를 받아들인 것은 적법하다는 이유로 재차 유죄판결을 인용하였으며, Bryant는 미시간주 대법원에 다시 상고하였고, 그 유죄판결은 번복되었다.

　　미시간주 대법원에서, Bryant는 Covington의 경찰에 대한 진술은 Crawford 및 Davis 판결에 비추어 증언적이며, 그러므로 증거능력이 없다고 주장하였다. 주정부는 반대로, 그 진술은 미시간주 증거법이 정한 "흥분상태의 진술(Excited Utterances)"로서 증거능력이 있다고 주장하였다. Covington의 재판출석이 불가능하다는 점과 Bryant가 그를 반대신문을 할 수 있는 기회가 없었다는 점에 대하여는 다툼이 없었다. 따라서 주 대법원은 Covington이 경찰관에게 총을 쏜 사람, 총격의 시간과 장소를 확인 및 묘사한 진술이 대면권 조항의 적용을 받는 증언적 전문진술인지 여부만을 평가하였다. 이에 미시간주 대법원은 그 상황은 "신문의 '주된 목적'이 이미 발생한 사건의 사실관계를 확인하는 것이지, 경찰관이 현재 진행 중인 위급상황에 대처하도록 하기 위함이 아니라는 점을 명백히 보여준다(clearly indicate that the 'primary purpose' of the questioning was to establish the facts of an event that had *already* occurred; the 'primary purpose' was not to enable police assistance to meet an ongoing emergency)"고 결론지었다. 주 대법원은, Covington이 과거의 사건을 설명하였으며, 그러므로 "그가 경찰관에게 진술한 주된 목적은 누가 자신에게 범행을 가하였는지, 어디서 범행이 일어났는지, 그리고 경찰관들이 어디에서 범인을 찾을 수 있는지를 말하는 것"이라고 설명하였다. 주 대법원은 경찰관들의 행동에 비추어 당시 그들이 주유소에서 위급상황이 진행 중이라는 것을 인식

---

395) Ibid.

하였다고 보기 어려운 점을 지적하면서, 당시 사실상 아무런 위급상황이 없었다고 판단하였다. 주 대법원은 원진술자의 911 전화에 대한 진술이 증언적이지 않다고 연방대법원이 판단한 Davis 사건과 이 사건의 사실관계는 다르며, 오히려 이 사건의 사실관계는 연방대법원에서 Davis 사건과 함께 결정된, 폭행 직후의 원진술자의 경찰에 대한 진술이 증언적이라고 판단한 Hammon 사건과 유사하다고 보았다. 이러한 분석에 기초하여, 미시간주 대법원은 Covington의 진술에 대한 증거능력의 인정은 판결의 파기사유에 해당하는 편견적인 오류에 해당한다는 이유로 재심을 명하였다. 주 대법원은 대면권 조항의 제한이 없었다면, 미시간주 전문진술 조항이나 적법절차 조항에 의하여 진술의 증거능력이 인정될 수 있을지에 대하여는 언급하지 않았다.[396]

이러한 다수의견에 대하여는 두 개의 반대의견이 있는데, 두 의견 모두 Covington의 진술이 정황상 경찰로 하여금 현재 진행 중인 위급상황에 대처하도록 함을 그 '주된 목적'으로 한다는 이유로 증거능력을 인정하는 것이다. 즉 Corrigan 대법관은 반대의견에서 "위급상황의 발생과 그 위급상황에 대한 진술 사이의 시간과 공간을 반드시 명확하게 고려해야 한다."라고 주장하면서, 객관적인 정황상 Covington과 경찰관간의 상호관계는 이 사건을 Crawford 사건의 증언적 진술보다는 Davis 사건의 비증언적 진술에 더 가깝게 한다고 결론지었다.[397]

결국 연방대법원은 Covington의 진술이 대면권 조항에 의하여 금지되는지를 판단하기 위하여 연방대법원에 대한 상고를 받아들였다.

나. 판결의 내용

Bryant 사건에서 연방대법원은 "대면이 일어난 상황과 그에 대한 당사자들의 진술 및 행동에 대한 객관적인 분석이 '신문의 주된 목적'에 대한 가장 정확한 평가를 가능하게 한다"고 보면서, "대면이 일어난 상황은 ─ 즉, 범죄현장 또는 그 부근이냐 아니면 경찰서냐, 진행 중인 위급상황이냐 아니면 그 이후냐는 ─ 명백히 객관적인 문제들이다. 당사자들의 진술 및 행동 역시 객관적으로 평가되어야 한다. 이는 그 특정 대면상황에서 각 개인들의 주관적 또는 실제 목적을 살피지 않고, 오히려 각 개인의 진술과 행동 및

---

396) 미시간주 대법원은 최초에는 "임종시의 진술(Dying Declarations)" 및 "흥분상태의 진술(Excited Utterances)"을 모두 주장하였던 검찰이 예비심문기일(preliminary examinatioin)에서는 오직 "흥분상태의 진술"로만 근거를 주장하였으므로 피해자의 진술이 "임종시의 진술"로서 증거능력이 인정될지의 문제가 적절하게 제기되지 않았다고 판단하였다. 사실심 법원은 그 진술이 흥분 상태의 진술로서 증거능력이 있다고 판단하고, 그 진술이 '임종시의 진술'로서 증거능력이 있는지에 대하여는 판단하지 않았다. 연방대법원도 Crawford 사건에서 "6차 개정헌법이 임종시 진술에 대한 예외를 인정하는지에 대하여는 결정할 필요가 없다"라고 판시한 바 있다.

397) Michigan 131 S.Ct. at 1152.

그러한 대면이 발생한 상황으로부터 확인되는, 합리적인 참가자라면 가졌을 목적에 대한 심사이다"(An objective analysis of the circumstances of an encounter and the statements and actions of the parties to it provides the most accurate assessment of the "primary purpose of the interrogation." The circumstances in which an encounter occurs – e.g., at or near the scene of the crime versus at a police station, during an ongoing emergency or afterwards – are clearly matters of objective fact. The statements and actions of the parties must also be objectively evaluated. That is, the relevant inquiry is not the subjective or actual purpose of the individuals involved in a particular encounter, but rather the purpose that reasonable participants would have had, as ascertained from the individuals'statements and actions and the circumstances in which the encounter occurred.)라고 판시하였다.[398] 즉 개인과 경찰관이 대면하였을 때 "진행 중인 위급상황"(ongoing emergency)의 존재는 신문의 "주된 목적"이 무엇인지를 알려주는 가장 중요한 요소이며, 진행 중인 위급상황의 존재는 위급상황이 그 관계인으로 하여금 "추후 형사재판에 관련될 수 있는 과거사건을 밝히는 일"이 아니라, 오히려 "그 위협적인 상황을 끝내는 일"에 집중하게 하기 때문에 그 신문의 주된 목적을 판단하는데 밀접하게 관련되어 있다는 것이다.

결국 Davis 판결에 내재된 논리는 위급상황을 해결하기 위한 주된 목적을 위하여 제공된 진술은 짐작컨대 조작의 가능성이 상당히 줄어들기 때문에, 대면권 조항은 그러한 진술이 대질신문의 시련을 겪을 것을 요하지 않는다는 것이다.[399] 이러한 논리는 전문법칙에 있어 "흥분 상태에서의 진술(Excited Utterances)"의 예외를 인정하는 것과 다르지 않다. 즉 연방증거법 제803(2)[400] 및 미시간주 증거법 제803(2)가 명시하는 "놀라운 사건 또는 상황에 관련된" 것으로서 그 진술자가 그 흥분의 영향하에 있는 동안에 이루어진 진술은 흥분상태에 있는 그 진술자가 허위로 조작하기 어렵기 때문에 신뢰성이 있는 것으로 보는 것처럼, 현재 진행 중인 위급상황도 개인들에게 그 위급상황에 대처하도록 집중시켜 유사한 효과를 갖게 하는 것이다.

그런데 연방대법원은 하급심법원이 Covington이 경찰과 진술한 상황을 검토하는 과정에서, Davis 판결의 취지를 과도하게 해석하여 "현재 진행 중인 위급상황"에 대하여

---

398) Ibid. at 1156.

399) Michigan 131 S.Ct. at 1157.

400) 제803조 전문법칙의 예외(Exceptions to the Rule Against Hearsay): 원진술자의 법정출석이 요건이 아닌 경우(Regardless of Whether the Declarant is Available as a Witness) 다음 진술은 진술자의 출석 가능성 여부와 관계없이 전문법칙의 예외로서 증거능력이 있다.
(2) 흥분상태에서의 진술(Excited utterance).
깜짝 놀랄 만한 사건이나 상황에서 지각으로 인한 흥분이 가시지 않은 상태에서 행한 진술

그 실제 판결보다 지나치게 한정적인 해석을 내렸다고 평가하였다.

첫째, 미시간주 대법원은 Davis 판결에서 "현재 진행 중인 위급상황"(ongoing emergency)이 '정의되었다(defined)'라고 반복적으로 설시하는 오류를 범하였다는 것이다. 사실, Davis 판결에서는 위급상황의 범위가 논의되지도 않았다. 미시간주 대법원은 Davis 판결에서 "피의자가 피해자에 대한 공격을 마치고 현장을 떠난 후 이루어진 진술은 '진행 중인 위급상황'에서 이루어진 것이 아니다"라고 설시된 것처럼 해석하는 오류를 범하였다. 그러나 연방대법원은 Davis 판결에서 명백하게 911 전화교환원에 대한 McCottry의 최초 진술이 증언적 성격을 띠느냐의 문제만을 검토하였고, 따라서 그녀의 다른 진술의 증거능력을 인정한 하급심 법원의 판단이 무해하다는 워싱턴주 대법원의 판단이 옳다고 가정하였으며, 이러한 그녀의 추후 진술 역시 현재 진행 중인 위급상황을 해결하기 위한 주된 목적을 가지고 있는지는 검토하지 않았다는 것이다.[401]

두 번째로, Davis 판결이 "현재 진행 중인 위급상황"의 외연적 한계를 정의하였다는 가정하에, 미시간주 대법원은 위급상황이 존재하는지 및 진행 중인지가 매우 상황의존적인 문제(context−dependent inquiry)라는 점을 간과하였다는 것이다. Davis 및 Hammon 판결은 가정폭력 사건으로서, 이미 존재와 인적사항이 알려진 가해자에 대한 것이다. 또한 Hammon 판결에서는 그 위협이 이미 제거된 상태였다. Davis 및 Hammon 판결이 가정폭력에 관한 것이었기 때문에, 연방대법원은 오직 피해자에 대한 위협의 면에만 초점을 맞추었고, 그들에게 계속적으로 가해지는 위협이 있는지의 관점에서 현재 진행 중인 위급상황을 판단하였던 것이다. 통상 Davis 및 Hammon과 같은 가정폭력 사건들은 공공의 안전을 위협하는 사건보다 그 피해자의 범위가 좁다. 그러나 경찰과 일반인을 위협하는 위급상황이 진행 중이냐의 판단은 현장에 출동한 경찰관 및 공중 일반에 대한 위협이 계속될 수 있기 때문에, 최초의 피해자에게 가해진 위협이 제거되었느냐라는 좁은 측면으로만 판단할 수 없다는 것이다.[402]

또한 미시간주 대법원은 위급상황의 지속과 범위가 사용된 흉기의 종류에 따라 일부 달라질 수 있다는 점을 간과하였다는 것이다.[403] 미시간주 대법원은 본 사건에서 위급상황의 범위를 판단하는 척도로 Davis 및 Hammon 판결을 인용하였으나, 위 사건들에서 가해자는 주먹을 사용한 반면 본 사건에서는 총이 사용되었기 때문이다. 이러한 논증의 문제점은 Amy에 대한 공격의 측면에서 살펴보면 명백하다. Hammon은 그 부인을 공격할 당시 오직 자신의 주먹만을 사용하였으므로, Amy를 별개의 방으로 옮기는 것만으로도 그 위급상황이 종료될 수 있었다. 그러나 만일 Hammon이 총을 가지고 있

---

401) Michigan 131 S.Ct. at 1158.

402) Ibid.

403) Ibid.

는 것으로 신고되었다면, 단순히 같은 집의 다른 방으로 떼어놓는 것만으로는 그 위급 상황을 종료하기에 충분하지 않았을 것이다.[404]

한편, 미시간주 대법원이 Davis 판결의 상황의존적인 측면을 간과한 것은 또한 진술자의 신체적 상황의 관련성을 무시하는 결과를 가져왔다("미시간주 대법원은 피해자가 의료처치를 요하느냐의 문제가 '현재 진행중인 위급상황'과 관련이 있는지에 대하여 아무런 검토를 하지 않았다").[405] 그러나 Davis 및 Hammon 사건은 피해자에게 일정한 상해를 가하기는 하였으나, 의학적인 위급상황이 제시되지는 않았다. 그러므로 미국 연방대법원이 피해자의 심각한 상처가 신문의 주된 목적에 대하여 갖는 관련성을 이 사건 이전에 검토한 적이 없으며, 배제한 적은 더더욱 없다. 피해자의 신체적 상황을 고려하는 것은 미시간주 대법원이 밝힌 바와 같이 "심각하게 다친 피해자에 대한 경찰의 질문에 대한 피해자의 모든 진술을 비증언적으로 만드는 것"이 아니다. 다만 피해자의 의학적 상황은 피해자가 경찰관의 질문에 대답함에 있어 어떠한 목적을 가질 수 있는지 여부 자체 및 어떠한 목적이 있었다면 반드시 그 진술이 증언적으로 되는 가능성을 해결한다는 범위에서 주된 목적의 판단에 중요성을 갖는다. 즉 피해자의 의학적 상태는 또한 현장에 출동한 경찰관이 피해자에게 계속되는 위협이 있는지 및 그 심각성에 대하여 판단할 수 있게 하는 중요한 자료를 제공하는 것이다.[406]

물론 피해자의 상태가 폭력 범죄의 가해자가 검거되지 않은 모든 시간 동안, 모든 장소 또는 단순히 피해자의 주위에서 위급상황이 진행 중인지에 대하여 설명해 주지는 않는다. 더욱이 Davis 판결에서 연방대법원이 인정하였듯이, "위급상황의 구조 여부를 판단하기 위한 질문으로 시작하는 대화"는 '증언적 진술'로 발전할 수도 있다. 이러한 전개는 예컨대 진술자가 경찰관에게 위급상황으로 보이던 것이 더 이상 위급상황이 아니거나, 공중에 대한 위협으로 보이던 것이 사실은 개인간의 다툼이었음을 명백하게 보여주는 정보를 제공하는 경우에도 일어날 수 있다. 또한 이러한 경우는 가해자가 총기를 버리거나, 투항하거나, 체포되거나, 아니면 Davis 사건과 마찬가지로 공중에 대한 위협을 가할 생각이 거의 없이 도망가는 경우에도 있을 수 있다. 따라서 법원은 비증언적 진술이 증언적 진술로 바뀌었는지 여부를 최초에 판단할 수 있고, "증언적으로 바뀐 어떠한 진술의 일부를, 그렇지 않았더라면 증거능력이 인정되었을 부당히 편파적인 부분과 함께" 증거에서 배제할 수 있다.[407] 다만 현재 진행 중인 위급상황의 존부에 의하여 증언적 신문인지 여부가 결정되는 것으로 이해되어서는 안 된다는 것이다. Davis 판결에

---

404) Ibid. at 1159.

405) Ibid.

406) Ibid.

407) Ibid.

서 명백히 밝혔듯이, 현재 진행 중인 위급상황의 존재는 신문의 '주된 목적'에 대한 궁극적 심사에 정보를 제공하는 단순한 하나의 – 비록 중요한 요소이긴 하나 – 요소에 불과하기 때문이다.

　마지막으로 연방대법원은 미시간주 대법원이 충분히 고려하지 못한 또 하나의 요소로 피해자와 경찰관이 만난 상황의 비형식성(informality)의 중요성을 들고 있다.[408] 형식성(Formality)이 연방대법원의 주된 목적에 대한 심사에서 유일한 시금석은 아니지만, 형식성은 위급상황의 부존재를 시사하며, 따라서 신문의 목적이 "추후 형사재판에 관련된 과거의 사실관계를 밝히고 입증하기 위한" 것일 가능성을 높이기 때문이다. 물론 비형식성이 반드시 위급상황의 존재를 가리키거나 증언적 의도를 보여주는 것은 아니지만, 이 사건에서 신문은 노출된 공공의 장소에서, 위급의료지원팀의 도착 이전에, 그리고 비체계적으로 이루어졌다는 점 등을 고려할 때, 경찰서에서 형식적으로 이루어진 Crawford의 진술과 구별되도록 하는 것은 사실이다.[409]

다. 판결의 의미

　첫째, Crawford 판결에서는 '질문의 주된 목적'을 평가함에 있어서 누구의 관점 – 진술자, 관찰자, 또는 모두 – 이 중요한지에 대하여 언급하지 않은 반면, Bryant 판결에서 연방대법원은 관련자들의 모든 진술 및 행동을 검토하여 '질문의 주된 목적'을 객관적으로 평가하였다는 점이다. 즉 연방대법원은 어떤 진술의 법정 증거사용이 대면권 조항으로 인하여 금지되느냐를 판단함에 있어 당사자들의 진술과 행동을 그 질문이 발생한 상황에 비추어 객관적으로 평가함으로써 '질문의 주된 목적'을 결정하고 있는 것이다. 그리고 이러한 복합적인 분석은 또한 일방 당사자만을 살폈을 때의 문제점을 개선한다는 것이다. 왜냐하면 이러한 상황에 가장 빈번하게 문제되는 것은, 신문자와 답변자 양쪽 모두에게 복합적인 동기가 있는 경우이기 때문이다. 즉 우리 사회에서 경찰관들은 현장출동 및 범죄수사의 역할을 모두 겸하고 있으므로 그들의 이중적 책임은 그들이 동시에 또는 곧바로, 서로 다른 동기에서 업무를 수행하는 것을 의미할 수도 있으며, 피해자들 역시 경찰관에게 진술을 함에 있어 복합적인 동기를 가지는 경향이 있다. 현재 진행 중인 위급상황하에서 피해자는 자신 및 다른 잠재적 피해자에 대한 위협이 종료되길 바라지만, 그렇다고 곧바로 피해자가 가해자의 형사소추를 원하거나 예상하는 것은 아니다. 피해자도 가해자가 일시적으로 무력화되거나 재사회화를 거치기를 바랄 수도 있는 반면, 매우 심하게 다친 피해자는 질문에 대답함에 있어 아무런 의도를 갖지 못하고, 단순히 반사적으로 대답할 뿐일 수도 있다. 상처로 쇠약해진 피해자는 자신의 진술이 현

---

408) Ibid. at 1160.
409) Ibid.

재 진행 중인 위급상황에 대하여 알리기 위한 목적인지, 아니면 추후의 형사소추를 위한 것인지 충분하고 명확하게 생각하지 못할 수도 있다. 이렇게 피해자의 상처를 고려하는 것이 객관적인 심사를 주관적인 심사로 전환시키지 않으며, 심사는 피해자의 신체상태를 명백히 포함하여 – 실제 피해자가 처한 상황에서 합리적인 피해자의 이해 및 목적에 초점을 맞추기 때문에, 여전히 객관적이라는 것이다. 이에 대하여 소수의견인 SCALIA 대법관은 다수의견이 위급상황이라는 논리를 그럴싸하게 세우려는 헛된 노력하에, 경찰관과 진술자의 의도를 모두 살핀다는 심사기준을 채택하고 있으나, 원진술자의 관점이 더 중요하다고 강조한다.

구체적으로 양 당사자의 주장을 살펴보면, Byrant 및 미시간주 대법원의 입장은 당시 "발생 중인 범죄행위가 없었고, 아무런 총도 발사되지 않았으며, 흉기를 소지한 사람이나, 현장에서 공포로 움츠리거나 달아나는 사람도 없었으므로" 이는 현재 진행 중인 위급상황이 아니라는 것이다. Byrant는 비록 "피해자에게 심각하거나 치명적인 상해를 가하였다는 점"은 인정하면서도, 원진술자의 의학적 위급상태가 현재 진행 중인 위급상태를 결정하는 것은 아니라고 주장한다. 반면, 기소측의 입장은 경찰이 어떤 남자가 총에 맞았다는 전화를 받고 출동하여 Covington이 주유소 주차장에서 피를 흘리며 쓰러져 있는 것을 발견하였을 때, "경찰관들은 Covington이 누구인지, 총을 주유소에서 맞았는지 아니면 다른 장소에서 맞았는지, 누가 공격을 하였는지 또는 그 가해자가 Covington이나 다른 사람들에게 계속적인 위해를 가하는지에 대하여 알지 못하였다"고 주장한다. 따라서 "경찰관들이 현장에 도착하였을 때 어디에 가해자가 있는지, 그가 무장을 하였는지, 그가 다른 피해자를 목표로 하는지, 그리고 그곳 또는 다른 장소에서 계속하여 폭력이 계속될지 여부를 몰랐기 때문에, 그러한 사실을 밝혀 상황을 파악하고자 하는 주된 목적을 가진 질문은 현재 진행 중인 위급상황의 요건을 충족하고, 따라서 비증언적이다"이라는 것이다. 또한, 최초 가해자 및 피해자 외의 사람들에 대한 위협의 측면에서 볼 때에서도, Covington이 경찰에게 말한 어떠한 내용도 그 총격이 순전히 개인간의 원한에 의한 것이거나 그 가해자로부터의 위협이 종료되었는지에 대하여 말해주지 않으며, 기록을 보더라도 이 사건 총격의 동기에 대하여 거의 알려주지 않는다. 단지 Covington이 경찰관들에게 말한 것은 그가 Bryant의 뒷문 현관으로부터 도망을 쳤다는 것인데, 이는 그가 위협이 계속 중이라고 믿었다는 것을 보여줄 뿐이며, 경찰관들도 위협이 그에게 한정된 것인지 알지 못하였고, Covington도 그들에게 말한 바 없다. 따라서 이 사건에서 분쟁의 잠재적인 범위 및 그에 따른 위급상황의 존재는 Davis나 Hammon 사건에서 문제된 것보다 더욱 확대되며, 잠재적으로 경찰관 및 일반인에 대한 위협을 포함하고 있다는 점이다.

둘째, 이 사건은 연방대법원의 Crawford 판결에서 대면권 조항을 언급한 이래 최초로 총기가 사용된 사건이라는 점이다. Hammon 사건에서는 피해자를 물리적으로 떼어 놓는 것만으로도 위급상황을 종료시키기에 충분하였으나, 이 사건에서 Covington은 Bryant의 집 뒷문을 통하여 총에 맞았다. Bryant는 "더 이상 총이 발사되는 상황이 아니었으므로" 현재 진행 중인 위급상황이 없었다고 주장하지만, 이는 진행 중인 위급상황을 너무나 좁게 해석한 것이다. 위급상황이란 가해자가 방아쇠를 당겨 총알이 피해자에 맞을 때까지만 유지되는 것은 아니다. 왜냐하면 만일 보이지 않는 저격수가 총격 사이에 잠시 멈춘다면, 그 멈춤 사이에 위급상황이 중지된다고 말할 사람은 아무도 없을 것이기 때문이다. 그런데 본 사안에서, Covington과 경찰관의 대화 동안 그들 중 누구도 가해자가 어디에 있는지를 몰랐다. 사실 Bryant는 경찰관이 그의 집을 수색할 오전 5:30경에는 집에 없었고, 오전 3:00경 내지 5:30경 사이에 그의 집을 나왔다. 따라서 실제로 총으로 무장한 사람이 총격 후 그 동기와 위치가 알려지지 않은 상태에서, 경찰이 Covington을 발견한 장소로부터 몇 블록, 몇 분 내 거리에서 그에게 치명상을 입혔다면 현재 진행 중인 위급상황이 있다고 보아야 한다.

경찰관들의 입장에서 보더라도, 경찰관들은 어떤 남자가 총을 맞았다는 전화를 받고 출동하였으나, 경찰관들은 왜, 어디서, 언제 총격이 일어났는지에 대하여 알지 못하였고, 총을 쏜 사람이 어디에 있는지 여부 및 그 범행이 일어난 상황에 대하여 아무 것도 알지 못하였다. 그들이 물어본 질문 – "무슨 일이 일어났느냐, 누가 당신을 쏘았느냐, 어디서 총격이 발생하였느냐"라는 – 은 경찰관이 "그 상황, 자신들이 안전과 잠재적인 피해자 및 일반인에 대한 위험을 평가하고", "그들이 폭력행위의 범죄자와 마주칠 것인지"를 확인하기 가장 정확한 종류의 질문이었다. 달리 말하면, 그들은 "현재 진행 중인 위급상황에 대처할 수 있기 위하여" 필요한 정보를 수집하였던 것이다.

셋째, Bryant 사건에서 연방대법원은 상황과 질문의 비형식성을 검토하고 있다는 점이다. 이 상황은 Crawford 사건에서 경찰서에서 이루어진 체계적인 조사시 진술보다는, Davis 사건에서 어쩔 줄 몰라서 911에 건 신고전화와 비록 똑같지는 않더라도, 매우 유사하다. 경찰관들의 법정 증언에 나타나듯이, 당시 상황은 유동적이었고 매우 혼란스럽기까지 했다. 경찰관들은 각각 다른 시간에 도착하였고, 모두들 도착하자마자 Covington에게 "무슨 일이냐"라고 물었으며, 체계적인 질문을 하지도 않았다. 이러한 비형식성은 질문자들의 주된 목적이 단순히 자신들이 위급상황으로 인식하고 있는 점을 전달하는 것이며, 이러한 상황은 Covington에게 미래의 잠재적인 형사재판에서 자신의 진술이 쓰일 수 있는 가능성에 대한 경각심을 갖게 해주었을 형식성을 결여한 것이다.

결론적으로 증언적 진술인지 여부를 판단함에 있어서, 경찰관에 대한 진술이라고 하더라도 그 "질문의 주된 목적이 경찰관으로 하여금 현재 진행 중인 위급상황에 대처하게 하는 것"에 대하여 객관적으로 판단해야 한다는 것이다. 그런데 Bryant 사건의 경우 피해자와 경찰관이 대면한 상황뿐만 아니라, Covington과 경찰관들의 진술 및 행동이 "경찰관들로 하여금 현재 진행 중인 위급상황"에 대처하도록 하는 것이 "질문의 주된 목적"이었음을 객관적으로 보여주므로, 가해자의 인적사항, 총격의 장소에 대한 Covington의 확인진술 및 설명은 증언적 전문진술의 범위에 들지 않는다는 것이 연방대법원의 입장으로 볼 수 있다.

물론 이에 대하여, 다수의견이 경찰관들이 현장에 왔을 때 그들이 알던 내용, 그들이 물었던 질문의 내용, Covington이 진술한 특정한 내용, 문제되는 총기, 그리고 Covington의 신체적 상태에 초점을 맞추는데, 이는 이러한 심사가 법집행기관 및 하급심 법원에 대하여 가져올 불명확함을 보여준다는 비판 및 5명의 경찰관들이 죽어가는 사람에게 그를 죽인 사람에 대한 증언을 얻고 보존하자는 목적이 아니라, 어딘가에 있을 살인자로부터 그와 경찰관들, 그리고 다른 시민들을 보호하고자 하는 주된 목적을 가지고 그에게 계속적으로 질문을 하였다는 다수의견은 명백히 허구적이어서, 그를 믿으라는 주장 자체가 말하는 이의 위신을 상하게 할 정도이며, 오늘의 다수의견은 대면권 조항의 법리(jurisprudence)를 왜곡하고, 이를 난장판(shambles)으로 만들었다는 점에서 대면권 조항이 최초에 채택된 의미 그대로, Crawford 판결에서 판시된 내용대로 받아들여야 한다는 SCALIA 대법관의 반대의견도 있다.[410] 즉 다수의견이 향후의 사건에서 어떤 진술이 증언적인지를 결정할 때 "특정한 진술들을 신빙성 있는 것으로 정의하기 위하여 고안된 전문진술의 일반법칙들"을 살피겠다고 하지만, Ohio v. Roberts 판결에서도 놀랄 만큼 유사한 말("확고히 뿌리내린 전문법칙의 예외에 속하거나" 또는 "충분한 '신빙성의 표지'가 있다면" 증거능력이 있다는 등)을 한 적이 있다는 것이다. 더욱이 다수의견은 신빙성에 대한 그의 부활한 관심을 Crawford 판결의 구조에 맞추려고 하지만, 그 결과는 앞뒤가 맞지 않는다고 비판한다. 즉 다수의견은 "법정 외 진술이 법정증언의 대체물이 될 수 있느냐"라는 문제에 있어 신빙성이 훌륭한 지표가 될 수 있다고 말하지만, 이는 명백히 오류라는 것이다. 왜냐하면 신빙성은 어떠한 진술이 증언적이냐에 대하여 아무것도 말하지 못하며, 증언적이거나 비증언적인 진술은 모두 다양한 신빙성의 정도를 가지고 존재하기 때문이라는 것이다. 예컨대 자동차 접촉사고 후 목격자 증인의 경찰에 대한 진술은 신빙성이 있는 동시에 증언적인 반면, 운전자가 경찰관에게 다른 운전자를 비난하는 진술을 한다면 유사하게 증언적이지만 그 신빙성은 매우 적다는 것이다.

결론적으로 다수의견은 판사들로 하여금 신빙성과 관련된 모든 환경의 종합적인 요소에 대하여 "제약없는 형량 심사"와 "완전히 주관적인 것이 아니라면, 무정형한 심사"

---

410) Ibid. at 1168.

를 하도록 요구하는데, 검찰이 "위급상황"이라고 외치면, 진술의 증거능력은 피고인이 제출한 흉기의 종류; 피고인이 저지른 범죄의 종류; 진술자의 신체적 상태; 진술자가 다쳤는지; 긴급의료팀이 현장에 왔었는지; 진술자와 경찰의 대면이 "노출된 공공의 장소" 였는지; 대면이 비체계적으로 일어났는지; 진술자가 목적을 형성할 수 있었는지; 경찰이 범죄현장을 보존하였는지; 진술의 형식성; 그리고 마지막으로 그 진술이 신뢰할만하게 보이는지에 대한 "**매우 상황의존적인 심사**"를 발동시킨다는 것이다. 따라서 정직하게 Crawford 판결을 파기하는 것은 사법적 소극주의(juducial minimalism)와 억제수단을 파괴하는 것이고, 이는 법원으로 하여금 어떻게 대법관의 선호가 국민이 채택한 대면권 조항과 조화를 이루었는지 설명하도록 – 아니면 오직 대법관의 선호만이 사실상 중요하였다는 것을 고백해야만 한다는 것이다.411)

5. 현행법의 입법태도

한국의 헌법재판소는 「피고인에게 불리한 증거는 법관의 면전에서 직접 진술되어야 하고 피고인에게 반대신문의 기회를 부여하여야 하는 이러한 권리보장은 적법절차에 의한 공정한 재판을 받을 권리나 공개재판을 받을 기본권실현을 위한 여러 방법 중의 한 방법일 뿐이고, 헌법상 명문으로 규정된 권리는 아니다. 따라서 원칙적으로 이 권리를 부여하고 이 권리를 인정하는 근거를 배제할 만한 부득이한 사유가 있는 경우에 그 예외와 그 예외의 범위를 정하는 것은 입법권자가 규범체계 전체와의 조화를 고려하여 정할 문제로서 적법절차에 의한 공정한 공개재판을 받을 기본권을 본질적으로 침해하는 것이라거나 이를 형해화한 것이라고 할 수 없다」412)고 판시하여 피고인의 대면권을 헌법상의 권리가 아닌 입법권자의 입법형성의 문제로 보고 있다.

그런데 통상적으로 피고인이 자기에게 불리한 진술을 하여 자백하는 이유는 각양각색일 것이다. 예컨대 윤리적 반성(악행에 대한 후회, 피해자에 대한 사과 등)에 기초를 두거나, 감정적 흥분(불안감, 불면 등)으로부터 벗어나서 평안을 구하려고 하거나, 다른 이기적 계산(가볍게 처벌되는 것에 대한 기대, 중대한 범죄의 은닉 등)을 동기로 하는 경우 등이 여기에 해당한다. 따라서 아무런 대질신문의 검증 없이 진술을 허용하는 것은 피고인에 대하여 불공평할 뿐 아니라 이러한 상태에서 유죄를 선고받게 되는 경우 피고인에게 지나치게 가혹한 것이 될 수도 있다. 따라서 참고인진술의 경우보다 더 엄격하게 대면권 조항을 적용해야 할 것이다. 왜냐하면 헌법에 기술되어 있는 형사절차에 관한 규정은 형사절차를 지배하는 최고법으로서 형사소송의 법원이 되는데, 헌법은 피고인 및 피의자의 기본적 인권을 보장하기 위하여 형사절차에 관한 상세한 내용(예컨대 적정절차

---

411) Ibid. at 1175.
412) 헌재결 1998.9.30, 97헌바51.

의 원칙 등)을 규정하고 있기 때문이다. 따라서 헌법재판소가 피고인의 반대신문권은 헌법상 명문으로 규정된 권리가 아니므로 적법절차에 의한 공정한 공개재판을 받을 기본권을 본질적으로 침해하는 것이 아니라고 본 것 등은 헌법합치적 해석론의 중요성이 점점 증가하고 있음에도 불구하고 지나친 형식논리에 치우친 판단이다. 왜냐하면 피의자·피고인의 인권보장을 위하여 절차법조문의 해석에 있어서 형사소송법의 '헌법합치적 해석방법'이 중요할 뿐만 아니라 법률의 규정이 없는 경우에는 헌법적 고려에 의한 해석이나 보충이 가능하기 때문이다. 앞에서 언급한 것처럼 Crawford 판결도 "확실히, 대면조항의 궁극적인 목적은 증거의 신빙성을 높이는 것이다. 그러나 이 조항은 실체에 관한 장치가 아니라 절차적인 장치이다. 이 조항은 증거가 신용할 만한 것이어야 함을 요구하는 것이 아니라 신빙성이 특정한 방법, 즉 호된 반대신문에 의하여 검증될 것을 요구하는 것이다."[413]라고 판시한 바 있다.

결국 전문법칙 규정에 관한 한미 양국의 입법형식을 비교할 때, 우리나라의 증거법의 시급한 개선방안으로 첫째, 전문증거에 대한 정의규정을 신설해야 한다는 점, 둘째, 조사자증언을 공판중심주의를 실현하는 원칙적인 증거로 보고 적극적으로 활용해야 한다는 점, 셋째, 우리나라의 특별한 규정인 (참고인)진술서의 증거능력을 인정하기 위한 요건(원진술자인의 출석과 성립의 진정)에 대한 새로운 해석 내지 규정이 필요하다는 점, 넷째, 영상녹화물은 물론 디지털증거 등 과학적 증거의 증거능력에 대한 규정을 신설해야 한다는 점을 들 수 있다.

V. 우리나라 특유의 고소·고발사건의 처리방안 마련

1. 고소의 의의

형사소송법상 고소란 범죄의 피해자 또는 그와 일정한 관계에 있는 고소권자가 수사기관에 대하여 범죄사실을 신고하여 범인의 처벌을 희망하는 의사표시를 말한다.[414] 이와 관련하여 형사소송법 제223조는 '범죄로 인한 피해자는 고소할 수 있다'고 규정하고 있으며, 검찰사건사무규칙 제141조 제3항도 고소장의 내용이 불분명하거나 구체적 사실이 적시되어 있지 아니한 경우[415] 또는 처벌을 희망하는 의사표시가 없거나 취소된 경우[416]에는 진정사건으로 접수·처리할 수 있다고 규정하고 있을 뿐 고소의 요건에 대

---

413) Crawford 124 S. Ct. at 1370.

414) 서울고등검찰청, 항고·고소제도 개선 및 사건처리절차 합리화방안 연구, 1997, 19면; 한국형사정책연구원, 고소제도에 관한 연구, 1998, 11면.

415) 사건사무규칙 제141조 제3항 제1호.

하여는 상세히 규정하고 있지 않다.

그런데 고소의 요건 및 고소장 형식의 비정형·포괄성을 규정한 우리나라와 달리, 스페인에서는 고소요건 법정주의를 규정하면서 서면제출주의를 채택하고 있으며, 일본의 경우에는 동경지검 특수부 직고수리계에서 서면에 의한 고소장 접수를 원칙으로 하고 있어서 위와 같은 입법례는 남고소에 따른 사회적 피로현상이 가중되고 있는 우리나라의 실정에 비추어 볼 때, 참고할 만한 가치가 있다고 생각된다.

2. 고소의 법적 성격

우리나라에서는 고소인에게 고소인 통지·항고권·재정신청권·헌법소원 등 고소에 따른 갖가지 권리를 부여하고 있는데, 이러한 절차적 권리는 고소인에 대한 생래적인 소송법적 권리로 사회적으로 이해되고 있고 오히려 확대되는 경향에 있지만 원칙적으로 고소가 소송법상 특별한 의미가 있는 것은 아니다. 왜냐하면 수사와 이를 통한 형벌권 발동이 국가의 권능으로 확립된 근대 시민사회 이후에는 범죄사실 또는 범죄의 혐의가 있다고 보여지는 경우, 범죄사실을 수사하여 범인을 처벌하는 것은 국가기관의 의무이지 私人 간에 분쟁이 있다하여 사인이 국가형벌권 자체에 개입할 성질의 것은 아니기 때문이다. 따라서 고소는 피해자의 진정이나 신고와 마찬가지로 수사단서의 하나에 그치고 소송법상 특별한 의미를 갖는다고 볼 수 없으며, 국가와 피해자 사이에 존재하는 공법상의 관계로서 수사기관의 수사권 발동을 촉구하는 의미에 불과하다.

그런데 그동안 국가형벌권을 전제로 고소·고발이 되면 피고소인·피고발인에 대한 수사를 전담하였으나, 영미법계 사법체계로 개편한다면 이 문제를 어떻게 해결할 것인지 문제가 되지 않을 수 없다. 고소인에게 인정되는 항고권·재정신청권·수사단계에 있어 각종 통지를 받을 권리의 성격도 문제되는데, 이는 고소인에게 원래 인정되는 권리가 아니라 고소사건에 대한 형사사법작용의 적정을 담보하기 위한 부수적 담보장치로 보아야 할 것이다.[417]

---

416) 사건사무규칙 제141조 제3항 제2호.
417) 항고·고소제도 개선 및 사건처리절차 합리화방안 연구, 앞의 책, 20면

3. 고소사건의 실태

(1) 고소사건의 과다현상

【표 6-24】전체 사건 대비 피고소·고발인원 현황[418]

연　도	총접수인원	고소사건		고발사건	
		인　원	점유율(%)	인　원	점유율(%)
1990	1,505,411	238,528	15.9	257,613	17.1
1991	1,646,582	256,631	15.6	336,164	20.4
1992	1,669,286	296,841	17.8	345,559	20.7
1993	1,889,926	384,656	20.4	358,058	19.0
1994	1,861,736	417,495	22.4	358,965	19.3
1995	1,933,806	493,762	25.5	327,296	16.9
1996	2,060,196	575,453	27.9	280,636	13.6
1997	2,160,639	544,779	25.2	264,932	12.3
1998	2,391,960	619,784	25.9	286,349	12.0
1999	2,464,605	634,393	25.7	256,350	10.4
2000	2,381,239	528,897	21.4	214,561	9.0
2001	2,471,568	534,886	21.6	232,338	9.4
2002	2,460,211	550,285	22.4	232,268	9.4
2003	2,486,813	614,407	24.7	237,033	9.5
2004	2,656,611	661,073	24.8	238,235	8.9
2005	2,439,002	624,890	25.6	215,776	8.8
2006	2,467,522	638,792	25.9	211,842	8.6
2007	2,612,622	592,443	22.7	197,442	7.6
2008	2,797,436	621,473	22.2	187,245	6.7
2009	2,891,156	662,246	22.9	181,747	6.3

　　1990년부터 2004년까지 19년간 전체 사건 인원은 1,505,411명에서 2,891,156명으로

---

418) 구수포함, 인원기준. 대검찰청, 종합심사분석(1990－2004) 참조.

176% 증가하여 연평균 증가율은 12.6%에 해당하며, 동 기간 고소사건 인원(피고소인수)은 238,528명에서 661,073명으로 277% 증가하여 연평균 증가율은 19.7%에 달한다. 이러한 통계를 살펴보면, 전체사건 증가율에 비하여 고소사건 증가율이 현저히 높음을 알 수 있다.[419] 고소·고발 최근 자료도 비슷한 모습을 보이고 있다.

【표 6-25】 고소·고발 접수현황[420]

구 분	2016	2017	2018	2019	2020
계	366,939	381,387	407,023	421,211	409,407
고소	323,973	309,609	339,574	353,716	354,664
고발	72,966	71,778	67,449	67,495	54,743

【표 6-26】 일본의 고소사건 처리 현황(단위: 명)[421]

	전체 사건	고소사건	고소사건 비율	고소사건 중 기소
2001	2,701,306	11,280	0.4%	3,132 (27.8%)
2002	2,682,333	10,452	0.4%	2,866 (27.4%)
2003	2,641,005	10,225	0.4%	2,616 (25.6%)
2004	2,628,126	10,807	0.4%	2,439 (22.5%)

【표 6-27】 한국(2009년)과 일본(2004년)[422] 고소사건 현황 비교[423]

구 분	총 인구	총 접수인원	피고소인원	피고소인원 비율(%)	10만명당 피고소인원
한 국	49,773,145	2,044,376	629,300	30.78	1264.33명
일 본	127,635,000	481,337	10,807	2.24%	8.46 명

---

419) 송길룡, 「고소사건 처리의 NEW 패러다임」, 민사적 형사분쟁의 합리적 해결방안 모색 공청회 (2006.4.21), 대검찰청, 43면.

420) 이현일, 형사 전자소송의 바람직한 발전 방향 토론문, 전자소송 10년, 회고와 전망(2021. 9. 3.), 215면.

421) 구수포함, 인원기준, 일본 법무성 검찰통계연표 참조.

422) 일본의 경우 최신자료를 알 수 없어서, 2004년을 기준으로 비교·분석하였다.

423) 신수기준, 인원기준(교통사범 제외), 한국의 자료는 대검찰청, 종합심사분석(2004년) 참조; 일본의 자료는 법무성, 검찰통계연표 참조.

2009년 한국에서 교통사범 846,780명을 제외한 사건인원 2,044,376명 중 38.78%인 629,300명[424]이 피고소인원인 반면, 같은 해 일본의 피고소인원은 10,807명으로서 한국이 일본의 58.3배에 이르므로, 인구 10만 명당 피고소인원은 한국이 일본의 155.6배에 달한다.

(2) 고소사건의 죄명별 분포

【표 6-28】 2009년도 죄명별 고소인원의 분포[425]

구 분	사기	저작권법 위반	횡령 배임	근로기준법위반	상해 중상해	사문서등 위조변조	강간과 추행	기타
인원	275,000	88,146	46,647	20,221	18,338	13,555	11,543	155,850
점유율(%)	43.7	14.0	7.4	3.2	2.9	2.2	1.8	24.8

2009년도 형사고소 사건 중 재산범죄인 사기, 횡령, 배임이 51.1%로 고소사건의 상당수가 지능범 내지 경제사범으로서 주로 경제분쟁이 고소되고 있음을 알 수 있다.

【표 6-29】 2009년도 사기 · 횡령 · 배임사건에서 고소사건이 차지하는 비율[426]

	한국(2009년)			일본(2004년)		
	총인원	고소인원	고소점유율	총인원	고소인원	고소점유율
사 기	393,710	275,000	69.85%	18,118	1,156	6.38%
횡령·배임	58,847	46,647	79.27%	51,952	672	1.29%
합 계	452,557	321,647	71.07%	70,070	1,828	2.60%

2009년 중 사기 · 횡령 · 배임의 재산범죄 사건인원은 한국이 452,557명, 일본이 70,070명으로 한국이 일본의 6.78배에 달하는데(인구차를 감안하면 약 17배), 같은 해 한국의 사기 · 횡령 · 배임 범죄 중 고소사건이 차지하는 비율은 한국이 88.61%로 일본의 2.60%에 비해 월등히 높다. 이처럼 재산범죄의 피입건인원이 일본보다 월등히 많은 것은 재산범죄의 고소사건이 과다한데서 비롯되었음을 알 수 있다.

---

424) 표1에서는 구수를 포함하여 피고소인원이 662,246명이나 표2에서는 신수기준으로 629,300명이다.
425) 신수기준, 인원기준. 대검찰청, 종합심사분석(2009).
426) 신수기준, 인원기준. 대검찰청, 종합심사분석(2009).

(3) 고소사건의 기소율

【표 6-30】 최근 13년간 전체 형사사건과 고소사건의 기소율 대조[427]

구 분	1996	1997	1998	1999	2000	2001	2002	2003	2004	2005	2006	2007	2008	2009
전체 사건 기소율(%)	48.3	52.3	52.7	49.9	51.7	54.1	55.6	53.2	52.7	48.3	45.5	47.8	48.1	42.4
고소 이외 사건 기소율(%)	59.1	62.8	62.9	59.7	60.0	62.6	64.8	63.3	62.5	58.4	55.0	56.0	56.4	49.4
고소사건 기소율(%)	17.5	17.5	19.3	18.8	19.4	20.0	20.2	19.4	18.3	17.2	17.3	18.2	17.9	17.9

2009년 전체사건의 기소율이 42.4%인데, 고소 이외 사건의 기소율은 49.4%인 반면 고소사건의 기소율은 17.9%에 불과하며, 일본의 2004년도 고소사건의 기소율은 22.5%에 해당한다. 이는 범죄가 되지 아니하거나 기소할 수 없는 사건들이 과도하게 고소되고 있음을 알 수 있는데, 최근 14년간 전체 사건과 고소 이외 사건의 기소율이 대체로 증가추세를 보이는 반면, 고소사건의 기소율은 1996년의 17.5%에서 2009년의 17.9%로 증가 추세를 보이고 있다.

(4) 종합 분석

2009년 한국의 피고소인원이 629,300명으로서 국민 79명당 1명꼴로 고소를 당하나, 그중 17.9%만이 기소되는 반면, 2004년 일본의 피고소인원은 10,807명으로 한국의 피고소인원이 일본의 58.3배(인구비례 감안 시 155.6배)에 해당한다. 특히 2009년 전체 고소사건 중 51.1%가 재산범죄(사기·횡령·배임)로서 주로 경제적 분쟁이 고소사건화 되는 것을 알 수 있다.

4. 각국의 고소관련 입법례

(1) 미 국

미국은 피해신고와 다른 개념으로서의 고소를 인정하고 있지 않다. 따라서 처벌을 원하는 의사표시는 모두 동일하게 피해신고(complaint, report)로 다루어지고 있으며, 별도로 재정신청이나 항고 등의 제도는 물론 피해자에 대한 통지제도도 없다. 이처럼 미

---

427) 구수포함, 인원기준. 대검찰청, 종합심사분석(1996-2009).

국에서는 '고소권'이라는 개념 자체가 없기 때문에[428] 고소를 통해 사적 분쟁을 형사절차로 해결하려는 시도가 효과적이지 않다. 왜냐하면 범죄신고를 하더라도 검사가 해당 범죄를 저지른 자(혹은 범죄라고 주장된 행위를 한 자)를 기소하지 않기로 결정하였다면 이에 불복할 만한 수단도 마땅치 않기 때문에, 타인의 불법적인 행위로 인한 피해에 대해 권리를 구제받고 싶은 사람은 필연적으로 민사절차에 의존할 수밖에 없기 때문이다. 그러나 미국이라고 해서 우리나라와 특별히 다른 민사절차를 가지고 있지는 않다. 쌍방간 분쟁이 발생하였을 때 상호 화해나 조정으로 해결하지 못하면 결국 소송을 통해 해결하는 수밖에 없다. 그리고 패소한 피고가 자력이 없는 경우에는 소송결과에 따른 의무를 이행하지 못한다고 하더라도 달리 형벌로서 강제할 수도 없는 노릇이다.

그러나 미국에는 악의적인 불법행위의 경우 가해자에게 피해액을 초과하는 배상을 명령하는 '징벌적 손해배상'제도가 있어, 굳이 수사기관의 손을 거치지 않더라도 피해자는 가해자에게 극심한 경제적인 고통을 줄 수 있는 동시에 자신이 받은 피해를 초과하는 금액을 배상받을 수 있다. 결국 미국에서는 민사절차인 '징벌적 손해배상'을 통해 실질적이고 효과적으로 그와 같은 결과를 달성하고 있는 것이다.[429]

(2) 독 일

독일에서의 수사절차는 ① 직무상의 인지(amtliche Wahrnehmung) ② 고발(Anzeige) ③ 형사소추의 신청(Antrag auf Strafverfolgung)에 의하여 개시되는데, 형사소추의 신청은 형사소추의 요구를 포함한 모든 통고를 의미하고, 친고죄의 고소(Strafantrag)도 형사소추 신청의 일종에 해당한다. 이처럼 독일 형사소송법에는 형사소추의 신청자에 대한 제한이 없으나, 형법에서 친고죄의 고소권자를 규정하고 있다. 즉 국가소추주의의 예외로서 독일은 친고죄의 고소에 관한 규정을 두고 있는데,[430] 친고죄의 고소는 소송조건으로서 이에는 고소가 있어야만 수사 및 공소를 제기할 수 있는 절대적 친고죄[431]와 소추에 대한 특별한 공익을 이유로 직권에 의해 개입할 필요가 있다고 인정하는 경우에 고소가

---

428) 미국은 범죄피해를 당한 사람이 수사기관에 범죄피해를 신고(report)하면, 범죄피해자로서 보호를 받을 뿐이지 고소인으로서 어떠한 권리 −항고권 등− 가 보장되지는 않는다. 이는 우리나라에서 범죄피해자에 대한 보호와는 별개로 고소인을 제도적으로 보호하고 있는 것과 큰 차이이다.

429) 자세한 내용은, 정유미, "미국의 형사고소를 대체할 민사적 분쟁해결수단 연구 – 징벌적 손해배상제도를 중심으로", 국외훈련검사 연구논문(2013. 11.).

430) 친고죄의 고소는 소송조건으로서 그 성질상 형사소송법의 문제이지만, 독일은 형법 제77조에 규정하고 있다.

431) 주거침입(독일형법 제123조), 가정내 및 가족간 절도(제247조), 가정내 및 가족간 사기(제263조 제4항), 16세 미만 소녀에 대한 성교유혹(제182조), 모욕(제185조 이하), 死者에 대한 추억의 비방(제189조) 등이 여기에 해당한다.

없더라도 공소제기가 가능한 상대적 친고죄432)가 있다.

한편 고소의 방식 및 통지와 관련하여 고소는 법원이나 검사에게 서면 또는 조서에 기재하는 방식으로 해야 하며, 검사의 불기소 결정시에는 그 사실과 이유를 고소인에게 통지하여야 한다. 특히 독일에서 친고죄는 대부분 사인소추가 가능하므로 이러한 사인소추 대상범죄는 공익보다는 사익적 법익을 침해하는 성격이 강한 주거침입, 모욕, 지적재산권 범죄에 한정된다. 다만 독일은 사인소추시 화해를 우선적으로 거치도록 하는 화해전치주의를 채택하고 있다는 점에 특색이 있는데, 이러한 사인소추 대상범죄 외에는 검사의 불기소처분에 대하여 고소인에게 재정신청이 인정된다.

(3) 프랑스

프랑스에서는 피해자가 수사기관에 범죄가 행하여진 사실을 통보하는 것을 고소(plainte)라고 하는데, 고소는 모두 수사의 단서에 불과하므로 고소사건이라 하여 인지사건과 특별히 다르게 취급하지는 아니한다고 한다.

고소의 방식에 관하여도 별도의 규정을 두고 있지 아니하므로(프랑스 형사소송법 제17조), 사법경찰관 또는 검사, 수사판사에게 서면 또는 구두로 고소를 할 수 있으며, 이 경우 검사는 고소인 및 피해자에게 불기소처분에 관하여 통지하여야 한다(동법 제40조). 다만 프랑스의 경우 실제적·직접적인 피해를 입은 피해자에게 사인소추를 허용하고 있는데, 사인소추시 손해배상과 함께 신청하여야 하며 소송비용을 공탁한다고 한다.

(4) 일 본

수사기관 이외의 자에 의한 수사의 단서로 일본 형사소송법은 고소·고발 ·자수에 관한 규정을 두고 있으나, 일본에서의 고소는 범죄의 신고와 그 법적 취급에서 다르지 아니하여 상당수는 구두로 피해신고를 하고 있는데,433) 소송조건으로서 강간죄434)와 같은 보통의 친고죄(절대적 친고죄)와 친족상도례와 같이 일정한 신분관계가 전제되는 상대적 친고죄로 구별된다.

고소의 방식은 서면이나 구두로 검찰관이나 사법경찰원에게 가능하며(일본 형사소송

---

432) 고의 및 과실에 의한 상해(독일형법 제232조 제1항), 소액사건의 절도 및 횡령(제248조a), 소액사건의 횡령(제263조 제4항), 기물손괴(제303조), 자료조작(제303조a), 컴퓨터업무방해(제303조b) 등이 여기에 해당한다.

433) 범죄 피해자의 경우 검사의 불기소처분에 대하여 고소인과 마찬가지로 검찰심사회에 심사청구를 할 수 있고, 범죄에 대한 피해신고를 하는 사람이 있는 때에는 경찰관은 그 신고에 관한 사건이 관할구역 사건인지 여부를 불문하고 수리하도록 규정하고 있다(일본 범죄수사규범 제61조).

434) 일본은 형사소송법 개정(2005.5.)을 통해 친고죄 중 강간죄 등의 성범죄에 관하여 고소기간의 제한을 철폐하였다(동법 제235조 제1항 제1호).

법 제242조 제1항), 구두에 의한 고소를 받은 때에는 조서를 작성하여야 한다(동조 제2
항). 이 경우 검찰관이 공소제기·불기소·이송 등의 결정을 한 경우에는 그 취지를 고
소인에게 통지하여야 하는데(제260조), 통지는 주문결정만을 통지하면 되고 공소사실이나
불기소이유까지 통지할 필요는 없으나, 불기소처분시 피의자의 청구가 있으면 이유를 고
지하여야 한다(제261조). 이와 관련하여 일본은 2004. 사법개혁 당시 고소인에게 고의
또는 중대한 과실이 있는 경우에는 소송비용을 부담시킬 수 있는 규정[435](유책 고소인에
게 소송비용의 부담규정)을 신설한 바 있다.

(5) 스페인

스페인은 고소(la Querella)를 제기하려는 자에게 변호사를 통하여 고소를 하도록 하
는 변호사 강제주의를 채택하고 있으므로(형사소송법 제277조) 피해자가 아닌 자가 고소
를 하기 위해서는 일정 금액의 보증금을 납입해야 한다(동법 제280조). 고소요건에 대해
서도 법정주의를 취하고 있으므로 고소인과 피고소인의 인적사항, 장소 및 범죄일시를
포함한 사건관련 정황, 사실증명을 위한 조사내용(증거), 서명 등을 법정요건화하고 있으
며, 아울러 친고죄의 고소에 대하여는 고소인과 피고소인간의 합의시도증명서를 첨부해
야 한다(동법 제278조). 또한 고소는 반드시 서면으로 해야 하며, 구술이나 전화에 의한
고소장의 제출을 불허하고 있다.

5. 고소사건의 과다로 인한 문제점

(1) 피고소인의 인권침해 우려

우리나라의 경우 고소의 남용으로 인한 국민의 불편이 상당하며 특히 무혐의 피고
소인의 인권침해에 대한 우려가 심각한 수준에 이르고 있다. 예컨대 2004년 피고소인원
630,709명 중 75.9%인 475,684명이 불기소되었지만, 고소·고발시 혐의 유무를 불문하
고 피의자로 입건되어 각종 불이익을 감수해야만 한다. 그러나 기소되지도 않을 피고소
인들이 입건 후 조사과정에서 겪는 정신적·경제적 타격과 불편이 심각한 것으로 1999
년도 한국형사정책연구원 조사결과 피고소인들 중 상당수가 고소제도를 이용하면서 수
사기관의 소극적 태도(59.5%), 인권침해(53.5%), 경제적인 비용낭비(86.2%), 주위에서의
곱지않은 시선(69.5%), 정신적 스트레스(96.5%)를 겪은 것으로 답변한 바 있다(각, "확실
히 그렇다" 또는 "대체로 그렇다"고 답변한 비율의 합산).[436]

---

435) 일본 형사소송법 제183조 ② 고소·고발사건에 대하여 공소가 제기되지 않은 경우에 고소·고발인
　　에게 고의 또는 중대한 과실이 있는 때도 전항(필자 주: 전항은 형사소송비용부담 규정임)과 같다.
436) 「고소제도에 대한 시민의식조사: 고소인과 피고소인을 중심으로」, 한국형사정책연구원, 105면.

【표 6-31】

구 분	확실히 그렇다	대체로 그렇다	별로 그렇지 않다	전혀 그렇지 않다
수사기관의 소극적 태도	22.4	37.1	33.6	6.9
수사과정에서의 인권침해	21.6	31.9	36.2	10.3	2.6
경제적인 비용 낭비	50.0	36.2	11.2	1.7
시간적 손실	62.9	31.9	3.4	
주위에서의 곱지 않은 시선	25.2	44.3	22.6	7.8	0.9
고소과정의 정신적 스트레스	72.4	24.1	1.7	

피고소인

(2) 수사기관의 채권추심기관 또는 조정기관화

대부분의 재산범죄 고소의 경우, 고소인들은 채무불이행의 거래 상대방으로부터 "돈을 받을 목적으로" 고소하고 있다. 이는 고소인을 피고소인보다 상대적으로 우위에 두는 형사사법제도와 맞물려 민사적 분쟁의 형사화를 부채질하고 있을 뿐만 아니라 수사기관도 변제자력 또는 변제의사 등 혐의 확정에 노력을 기울이기보다 당사자간 합의가 사건처리에 보다 용이하다는 점 때문에 합의에 보다 더 관심을 보임으로써 수사기관이 사인의 채권추심기관이나 이해조정기관화 되는 결과를 야기하고 있는 것이다.

(3) 사법비용의 증대

현행 형사사법 구조는 서구적 계약관계에 익숙하지 못한 우리의 사회·경제적 문화 및 민사와 형사를 일괄 해결해 온 역사적 풍토와 맞물려 민사적 분쟁의 형사화를 가속화하고 있다. 즉 민사소송의 종국판결을 받을 때까지 막대한 비용과 시일이 소요되므로 공권력에 의한 손쉬운 해결방편으로 고소를 선호하는 것이다. 더욱이 고소인에게 인정되는 항고와 재정신청, 헌법소원 등 중층적 불복절차로 인해 형사절차의 복잡·장기화가 불가피하여 고소 관련자 뿐만 아니라 수사 및 사법기관 관련자 모두의 고소사건 해결비용이 기하급수적으로 증가하는 문제점을 노출하고 있다.

(4) 수사기관의 효율적 수사력 배분의 왜곡

고소사건의 과다로 인한 만성적인 업무량 과중으로 검찰·경찰이 진정한 피해자에 대해서는 실질적인 도움을 주지 못하는 반면, 악의의 고소인에게 이용당한다는 우려도 있다. 즉 제한된 수사력을 국민이 공감하는 거악의 척결에 투입하지 못하고, 악의적 고소인의 개인적 권리보호에 과도하게 이용당하는 역선택의 문제점이 심각한 수준에 이르고 있으며, 이에 대한 국민의 불만이 수사기관에 대한 신뢰 저하로 직결되고 있는 것이다.

6. 濫고소의 원인과 해결방안

(1) 濫고소의 원인

사회·경제적 여건이 서구 선진국과 달라 개인간 금융거래 등이 성행하는 반면, 거래의 요식행위화·투명화가 이루어지지 아니하여 사인간 분쟁이 다발하는데, 이는 계약체결 등 각종 법률행위시 당사자간의 신뢰관계를 중시하거나 현대적인 거래관행이 정착되지 못한 관계로 계약서 등 근거서류를 정확하고 세밀하게 작성하지 않음으로써 분쟁발생의 소지가 많은데 기인한다.[437] 특히 법치주의 사법제도가 도입되었음에도 민사분쟁의 해결수단이 효과적이지 못하고, 고소를 특별취급하는 형사절차로 인해 고소가 분쟁해결의 최우선 수단으로 자리잡고 있으며, 이와 같은 문제로 민사재판의 증거확보를 위하여 수사기관을 이용하는데, 이는 민사재판절차의 지연과 재산은닉으로 인한 집행의 실효성 저하 등의 이유로 민사사건의 형사사건화를 통한 해결을 기도하는 경향이 강하게 나타나고 있는 것이다.[438]

(2) 해결방안

사적자치영역(민사사안)에 대하여 국가기관이 개입하는 것은 부적절하므로 국민소득 3만불 시대에 걸맞게 조정제도 등으로 사인간 분쟁을 자율적으로 해결하는 토대를 마련하고, 극히 사적인 분쟁은 국가 형벌권에 의한 일도양단식 해결을 지양해야 할 것이다. 이를 위해서는 고소사건 수사의 내실화 방안을 강구하며, 검찰 보완조사의 최소화를 통해서 모든 고소사건을 동일하게 취급할 것이 아니라 혐의가 명백한 사건은 정식절차로, 재산상 분쟁 등 사적 분쟁은 간이절차로 신속하게 처리한다는 수사의 뉴 패러다임이 정립되어야 할 것이다. 더욱이 남고소는 사법비용의 증대 및 한정된 수사자원 활용에 막대한 지장을 초래하므로 스페인처럼 고소요건을 법정화하여 무익한 고소가 남발되는 것을 사전예방하고, 허위고소에 대하여는 일본 형사소송법처럼 절차이용비용을 부담하도록 하는 등 합리적인 남고소의 억제방안도 강구되어야 할 것이다. 아울러 외국과 비교될 수 없을 정도로 그 수가 많은 고소의 남발은 정(情)을 중시하고 법을 경원시하여 거래의

---

437) 김종구, 형사사법개혁론 - 새로운 패러다임의 비교법적 모색 -, 496면.

438) 신동운, 「민사분쟁형 고소사건의 합리적 해결방안」, 민사적 형사분쟁의 합리적 해결방안 모색 공청회(2006. 4. 21), 대검찰청, 9면.

증빙자료를 만들지 않음으로써 불명확한 법률관계와 분쟁을 양산하는 우리의 법문화에 기인하므로 분쟁 발생이 원인이 되는 불명확한 법률관계를 명확히 하기 위하여 중요 법률행위를 요식행위화하는 등 법과 제도의 개선이 필요하다고 볼 수 있다. 구체적으로 민법을 개정하여 사인간 금전거래 등 중요 법률행위는 일정하게 정형화된 양식에 따라 하도록 함과 아울러 이를 인증하도록 하는 방안을 강구하거나, 위와 같은 요식화된 거래에 대하여만 고소·소송 등 권리주장을 위한 법률행위를 하였을 때 이를 적법한 증거로 인정하는 방법도 고려해 볼 수 있을 것이며, 모든 금액의 거래에 대하여 인정하기 어렵다면 일정 금액 이상의 거래에 대하여만 우선 적용하는 등 단계적으로 시행하고 장기간의 계도기간을 둠으로써 부작용을 최소화할 수 있을 것이다.

제3절 대륙법계 형사사법구조로 개편하기 위한 전제조건

Ⅰ. 행정경찰과 수사경찰의 분리

대륙법계 형사사법 구조로 개편하기 위해서는 대륙법계 국가처럼 행정경찰과 수사경찰이 분리되어야 한다. 이는 형사소송법 제정 당시의 역사적 배경을 검토해 보더라도 자명한 것이다.

※ 1949년 검찰청법 제정 당시 국회에서 권승렬 법무장관의 발언: "수사는 일원화되어야 합니다. 수사의 일원화가 되면 수사의 최고장관은 누구냐 그것은 검찰총장입니다. 결코 내무부장관이 아닙니다. 치안국장도 아닙니다. 왜 그러냐하면 경찰관은 국가의 안녕질서를 유지하는 즉, 치안의 책임자일 것이고 범죄수사에 관한 책임자로 말하면 검찰총장입니다. 그런데 치안유지하는 선을 넘어서 범죄의 면에 들어갈 것 같으면 그 범죄에 대한 **수사에 대하여는 내무부에서 하는 것이 아니라 검찰이 하는 것이니까 즉 말하자면 검찰총장의 계통을 따라가야지 만일 치안국장이나 내무부장관이 수사에 관해서 사법경찰을 지휘한다면 이것은 수사기관이 이원이 됩니다.** 왜 그러냐하면 내무부장관은 수사의 최고장관이고 검찰총장은 수사의 최고장관이라면 만일 두 사이에 문제가 일어날 것 같으면 그것은 누가 결정하느냐 그렇게 되고 마는 것입니다. 즉 말할 것 같으면 수사의 최고장관은 검찰총장이 될 것이고 내무장관은 5만의 경찰을 통솔하여 국내의 치안을 유지해서 국내에 무슨 일이 일어날 것 같으면 국내의 혼란을 미연에 방지하고 이것은 예방을 위한 것이고 범죄가 일어날 것 같으면 그 때에는 검찰총장의 지휘에 의해서 하는 것입니다. …"

※ 1954년 형사소송법 제정 당시 엄상섭 의원 발언: "미국에 있어서 왜 수사는 경찰관, 기소는 검사, 이렇게 노났느냐 하면 이것은 역시 미국 사람들 생각에는 권력이 한군데에 집중되면 남용되기 쉬우므로 권력은 분산이 되어야 개인에게 이익이 된다, 이렇게 생각했든 것입니다. 그런데 우리나라 실정으로 보면 수사기관이 범죄수사의 주도체가 된다면 기소권만을 가지고도 강력한 기관이거늘 또 수사의 권한까지 푸라스하게 되니 이것은 결국 검찰 팟쇼를 가지고 온다는 것입니다. 그런데 지금 일본이나 미국 같은 데 있어서는 경찰기관이라는 것은 자치단체에 드러

가 있어요. 혹은 영국 같은 데서도 그렇습니다. 이런 나라에서도 '수사는 경찰관이 해라, 기소 여부는 검찰관이 해라…' 또 '증거가 모자라면 경찰에다가 의뢰해라…' 이렇게 되어 있는데, 우리나라는 경찰이 중앙집권제로 되어 있는데, 경찰에다가 수사권을 전적으로 맡기면 **경찰 팟쇼 라는 것이 나오지 않나, 검찰 팟쇼보다 경찰 팟쇼의 경향이 더 시지 않을까?** 이런 점을 보아 가지고 소위원회나 법제사법위원회에서는 오직 우리나라에 있어서 범죄수사의 주도권은 검찰 이 가지는 것이 좋다는 정도로 생각을 했든 것입니다."

※ 1954년 형사소송법 제정 당시 국회에서의 한격만 검찰총장의 발언: "…각국의 입법례가 경찰관과 검사와 대등한 입장으로 수사권을 가지는 그러한 예도 있고 또한 대륙법계에서는 검사의 지휘를 받아 가지고 경찰관이 수사를 하는 예도 있을 줄로 압니다. 또한 경찰에게는 수사를 맡기고 기소는 검사가 한다, 이런 데도 있을 줄로 압니다. 그러나 이제 엄 의원과 서 전문위원 께서 여러 가지 설명한 바와 마찬가지로 우리나라의 실정은 해방 이후 오늘날까지 여러 가지 사정은 제가 말씀하지 않드라도 여러분이 잘 아실 줄로 압니다만, 수사의 일원화 또 검사의 지휘권을 강화해야 된다는 것은 여러분이 다 추측하실 줄로 압니다. 그래서 지금까지 시행해 온 형사소송법에는 사법경찰관은 검사의 한 보조역으로 수사를 한다고 이렇게 되어 있는데 이 문제에 대해서는 법전편찬위원회에서도 여러 가지 논의가 많이 있었습니다. 그래서 여러 가지 절충해 가지고 이 원안이 나왔는데 저는 이 원안을 찬성합니다. 지금 우리나라 있어서 이 정도로 하는 것이 대단히 타당하다고 생각합니다. 그러나 **이론적으로 말하면** 아까 엄 의원이 말씀한 바와 마찬가지로 **수사는 경찰에 맡기고 검사에게는 기소권만 주자는 것은 법리상으로서는 타당 합니다만 앞으로 백년후면 모르지만 검사에게 수사권을 주는 것이 타당하다고 생각합니다.**…"

검찰청법이나 형사소송법 제정 당시의 이러한 논의를 보더라도, 당시 입법자들도 치안과 수사를 명백히 분리하고 있음을 알 수 있는데, 이는 행정경찰과 사법경찰을 분리하지 않으면 인사권 및 예산권, 감사권 등을 가진 경찰관서장이 사법경찰의 수사에 영향력을 행사하여 경찰권이 남용될 가능성이 높다는 점을 우려하는 것이다. 2005년 수사권조정 당시 "수사권조정과 병행하여 경찰 또는 국회가 경찰개혁을 위하여 즉각적으로 추진해야 할 조치가 있다. 사법경찰이 아닌 행정경찰의 구체적 사건에 대한 수사개입을 차단하고, 경찰 '내부'에의 수사권행사의 독립성을 강화하는 가시적 조치를 취해야 한다. 경찰 내에서 수사조직을 사법경찰관 중심의 준독립적 단위로 재조직할 필요가 있다"는 주장[439]이나, 그 후 "현재 한국의 현실에서 경찰 수사의 공정성을 확보하기 위해서는 인사나 지휘체계에서 행정경찰의 영향을 받지 않도록 행정경찰과 사법경찰의 조직을 분리하는 것이 필요하다"는 주장[440] 역시 동일한 입장으로 보인다.

---

439) 조국, "현 시기 검찰·경찰 수사권조정의 원칙과 방향 – 형사소송법 제195, 196조의 개정을 중심으로 –", 서울대학교 법학 제46권 제4호(2005), 서울대학교 법학연구소, 238면.

결국 행정경찰과 사법경찰을 분리하는 것만이 수사에 대한 책임소재 및 수사경찰의 전문성이 향상될 것이며, 이는 사법경찰에 대한 수사지휘를 통해 수사과정에서의 법치주의를 구현하는 역할을 검사에게 기대하고 있다고 볼 수 있다. 이에 대하여 치안확보를 위한 법집행은 행정법·형사법적 작용이 유기적으로 연계되어야 목적달성이 가능할 뿐만 아니라 행정경찰과 사법경찰이 분리되면 효율성이 떨어지고, 치안력이 약화될 것이라는 주장441)도 있으나, 독일 및 프랑스의 입법례에서 본 것처럼, 대륙법계 국가에서는 모두 행정경찰과 사법경찰을 분리하고 있다는 점에서 타당한 지적이 아니다. 더욱이 이 견해에 따르면, 경찰관서장의 사법경찰에 대한 수사지휘를 찬성할 수밖에 없는데, 종전의 입장442)과도 배치된다. 따라서 행정경찰과 사법경찰을 분리하는 것이 불가능하다면, 경찰개혁위원회의 「수사의 공정·독립성 확보를 위한 일반경찰의 수사 관여 차단 방안」 권고443)에 반대하면서444) 일본처럼 경찰관서장을 포함한 모든 (행정)경찰을 사법경찰로 규정함과 동시에 경찰관서장의 소속 사법경찰에 대한 수사지휘권도 당연히 인정하는 입법안을 추진하는 것이 논리적으로 보인다.

Ⅱ. 검찰의 직접수사 지양

검찰제도의 탄생배경이 법원 및 경찰에 대한 법치국가적 통제를 위하여 만들어진 것인 만큼 검찰이 직접수사를 한다면 검찰의 존재이유가 사라지므로 검찰은 어디까지나 수사기관에 대한 견제기관으로 남아야 한다. 그런데 그동안 검찰은 직접수사사건(이른바 직수사건)에 대한 영역을 점점 확대해 왔으며, 이것 때문에 경찰과도 자주 충돌이 일어

---

440) 정승환, "형사소추기관의 구조개혁과 수사기관의 일원화", 형사정책 제24권 제2호(2012), 한국형사정책학회, 16면.

441) 서보학, "주제발표1 바람직한 수사구조개혁 추진 방안 – 국회 신속처리법안 주요쟁점 및 개선방향을 중심으로–", 검경 수사권 조정에 관한 심포지엄, 인권과 정의 제484호(2019), 대한변호사협회, 105–106면.

442) 서보학, "범죄수사의 공정성과 인권보장 방안연구", 치안연구소 연구보고서, 2004, 33–34면(경찰수사권 독립이 정착되려면 경찰조직 자체가 정치적 영향력으로부터 자유롭고 경찰조직 내부에서도 수사권독립이 확보되어야 한다. 사법경찰을 행정경찰과 분리·관리하는 것은 경찰수사권의 정치적 중립성 확보와 수사전문인력 양성을 위해서 반드시 필요하다. 수사간부는 직무수행에 있어서 독립된 관청으로서의 지위를 누릴 수 있어야 한다).

443) 경찰청 경찰개혁위원회, 「수사의 공정·독립성 확보를 위한 일반경찰의 수사 관여 차단 방안」, 권고안(2017. 10. 16.).

444) 경찰청은 보도자료를 통해 그 수용의사를 공식적으로 표명한 바 있다(경찰청 보도자료, "일반경찰의 수사 관여 차단" 권고 – 개방직 국가수사본부장 신설 등 수사경찰의 독립성 보장 –, 경찰개혁위원회(2017. 11. 22.).

났다고 볼 수 있다. 즉, 검찰이 직접수사를 하는 경우 불이익을 받는 정치집단에서는 "정치집단"이라는 슬로건으로, 경찰은 "검찰과 경찰이 무엇이 다른가?"라는 비난 내지 비판이 끊임없이 제기될 수밖에 없는 구조인 것이다. 따라서 일선 지검의 인지수사 기능을 없애고, 고등검찰청 단위로 통합하여 검찰의 직접 인지수사를 최소화할 필요가 있다. 이는 경제범죄(Wirtschaftskriminalität)의 수사 및 소추를 전담하게 함과 아울러 다른 지방검찰청의 관할에 속하는 경제사건까지 함께 수사할 수 있도록 하는 독일의 중점검찰청(Schwerpunktstaatsanwaltschaft) 또는 재정경제수사를 전담하는 프랑스의 재정경제전담 거점수사부(Pôle financier)를 설치하는 효과를 가져 올 것이다. 대상사건도 정치인 또는 고위공직자 부패사건, 재벌·금융 등 경제관련사건, 조직범죄, 직접적인 피해자가 없거나 공공성이 강한 대규모 보건·환경범죄사건 등에 역량을 집중해야 할 것이다. 따라서 검찰개혁의 시발점은 검찰청 사무기구에 관한 규정(예컨대 '제13조 서울중앙지방검찰청에 둘 부와 그 분장사무' 등을 개정) 및 검사정원법 시행령을 개정하여 직접수사를 하는 특수부 검사의 정원을 단계적으로 줄어나가면서, 최종적으로 검사는 경찰에 대한 사법통제기관으로 자리매김을 해야 할 것이다.

07

군사법원법 개정에 따른
군검찰관의 지위

제1절 서 설

Ⅰ. 군 사법제도의 이념과 군 사법제도의 발전경과

1. 군 사법제도의 이념

군이란 전투를 고유의 임무로 하는 특수한 조직체로서 국가방위와 국민의 생명 및 재산의 보호를 위하여 대통령의 군통수권에 근거한 일정한 규율과 질서아래 조직·편제되어 있는 통일된 장병의 집단이다. 21세기 현 시점에서도 거의 모든 국가는 군대를 보유하고 있으며, 각국의 전통과 상황에 따른 다소의 차이는 있으나, 각국의 군대는 무기와 병력의 보유, 계급제도의 인정, 지휘권의 보장, 군기강의 확립, 지휘관의 부하의 비행에 대한 지휘책임 등의 보편성을 지니고 있다.[1] 따라서 군사법(軍司法)의 의미는 일반형법과 군형법이 규정하고 있는 죄를 범한 경우 군이라는 특수한 조직내에서 임무와 역할에 기인하여 일반 국민과는 달리 특별한 형사소송절차에 의하여 처벌하는, 군에 특별히 적용되는 제한된 사법을 말한다고 할 수 있다.

2. 군사법원의 특수성

우리나라의 경우 남북분단의 군사적 대치상황에서 강한 군대를 통한 국가안보의 확립을 바라는 국민들의 안보 공감대와 함께 군사독재의 경험으로 인한 군에 대한 부정적 시각이 상존하고 있는 것이 현실이다. 대다수의 군인들이 열악한 환경에서 국방의 신성한 의무를 묵묵히 수행하고 있음에도 불구하고, 과거 일부 역사적 과오 때문에 군이라는 존재 자체를 부정하거나 군인들을 비하하는 현상이 남아 있고, 일부에서는 과거의 부정적 경험 때문에 군사법원의 폐지 내지 평시 군사법원의 폐지론 등을 주장하고 있다.

그러나 현재 우리나라의 군사법제도 역시 일반사법의 이념인 실체진실주의, 적법절차의 원칙, 신속한 재판의 원칙을 근본이념으로 하고, 이를 구현하기 위하여 최종심을 대법원으로 하는 3심제를 운영하고 있을 뿐만 아니라 영장제도, 집중심리제도 등을 운

---

1) 김형동, "평시 군사법원 존치 필요성에 대한 고찰", 국가안보를 위한 군형사재판절차 개혁 자료집(2017. 3. 17.), 국방부/한국형사소송법학회 주최 세미나, 2면.

영하고 있다는 점에서, 과거와 달리 보아야 할 것이다. 왜냐하면 군은 국가안전보장과 국토방위의 임무를 수행하기 위하여 외부의 적에 대항하는 전투집단으로 생명을 걸고 위험한 행동을 해야 하며, 군사범죄는 이러한 군조직을 급속도로 오염시켜 군기를 일거에 붕괴시킬 우려가 있기에 일반사법과는 다른 군의 특성에 맞는 군사법제도를 운영할 필요성이 있기 때문이다. 일반법원과 달리 군사재판제도를 운용하는 미국에서도 전 세계에 걸쳐서 군장병을 파병할 필요성(the worldwide deployment of military personnel), 군장병의 신속한 동원 필요성(the need for instant mobility of personnel), 전투로 인한 증인채택의 곤란을 피하고 신속한 재판을 받기 위한 필요성(the need for speedy trial to avoid loss of witnesses due to combat effects and needs), 전투 및 전투준비에 수반하는 스트레스를 포함한 병영생활의 특수성(the peculiar nature of military life, with the attendant stress of combat or preparation for combat), 군장병에 대한 군기강확립의 필요성(the need for disciplined personnel) 등을 이유로 군 사법제도를 두어야 한다는 입장이 강하다.[2]

【표 7-1】 군사법제도 이념 및 구성

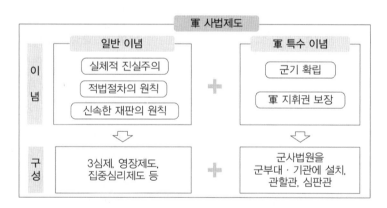

3. 군사법원법의 개정사

(1) 국방경비법

해방 직후 한반도 이남지역에 미군정이 실시된 기간에는 미군정청 법령 제21호 (1945. 11. 2.) 제2호가 정하는 바에 따라 미군정 당국에 의한 군정재판이 이루어졌고,[3] 동년 11월 13일에 미군정청 법령 제28호에 의거 국방사령부(조선군정청 국방사령부)가 설

---

2) Francis A. Gilligan & Fredric I. Iederer, Court-Martial Procedure, Vol. I, 1991, p.4.

3) 국방부사, 제1집(1954), 5면 이하.

치되었으며, 이듬해인 1946년 1월 15일에 국군의 모태인 국방경비대가 창설되면서 우리 군의 기틀이 형성되었다. 이에 따라 동년 6월 15일 미군정청 법령 제86호 제4호에 의거하여 「조선경비법」이 제정·공포되었는데, 이 법은 미 육군전시법(Articles of War; AOW)을 거의 그대로 번역하였으나 급히 번역한 탓에 흠결이 많이 발견되었다. 이에 일부를 보완한 후, 2년 뒤인 1948년 7월 5일 「국방경비법」과 「해안경비법」이 제정되어 각각 육군과 해군에 적용되었다.4) 이후 1948년 8월 15일 대한민국 정부가 수립되었고, 「국군조직법」(1948. 11. 30. 법률 제19호)이 제정됨에 따라 국군이 창설됨으로써 군형법이 적용될 수 있는 기반이 마련되었다. 그리고 「국방경비법」은 1950년 1월 21일 국방부 훈령 제6호 「공군형사법 임시조치에 관한 잠정규정」에 의하여 육군에서 시행 중이던 군사법에 관한 제법령 및 규정과 함께 공군에도 적용되었다.5)

그런데 종래 민간인 재판조항이 있다는 점 등을 근거로 국방경비법 자체가 위헌적인 법률이라는 견해가 많았으나, 판례는 「구 국방경비법은 우리 정부가 수립되기 전 미군정 아래의 과도기에 시행된 법률로서 그 제정 및 공포의 경위에 관하여 관련 자료의 미비와 부족으로 불분명한 점이 없지 않으나, 위 법이 그 효력 발생일로 규정한 1948. 8. 4.부터 실제로 시행되어 온 점 및 관련 미군정법률과 정부수립 후의 군형법, 군법회의법의 규정내용 등 여러 정황에 비추어 볼 때, 위 법은 당시의 법규에 따라 군정장관이 1948. 7. 5. 자신의 직권에 의하여 남조선 과도정부 법령(South Korean Interim Government Ordinance)의 하나로 제정하여 군정청 관보에의 게재가 아닌 다른 방법에 의하여 공포한 것으로 보여지므로, 위 법은 적법하게 제정·공포되어 유효하다」6)는 입장이다. 그 근거로 「미군정법령기의 법령체계나 제정, 공포방식은 지금과는 차이가 많은 과도기적인 것으로서 '법령 기타 법규'의 형식을 가진 법령이 반드시 '법률'보다 하위의 규범이라 할 수 없고, 그 공포방식도 정형화 되어 있지 않았던 바, 구 국방경비법은 군정장관이 직권에 의하여 '법령'으로 제정한 것이거나 '조선경비청에 대한 규정'을 개정하는 '기타 법규'로서 군정청관보에의 게재가 아닌 다른 방법에 의하여 공포한 것이라고 볼 수 있고, 특히 구 국방경비법 제32조, 제33조는 1948. 7. 5. 전부터 이미 존재하고 있었다고 볼 수 있는 점, 같은 법은 정부 수립 후 1962. 1. 20. 폐지될 때까지 유효한 법률로 취급받고 유효한 법률이었음을 전제로 입법이 되는 등 국민들과 법 제정당국 및 법 집행당국 등에 의하여 실질적으로 규범력을 갖춘 법률로 승인된 점 등을 종합하여 볼

---

4) 이헌관, 「군사법제도의 개선에 관한 연구 - 심판관 및 관할관제도를 중심으로 -」, 연세대학교 박사학위논문, 2004, 5면.

5) 박안서, 「군형법의 개정방안에 관한 연구 - 인권보장과 전투력강화의 조화를 중심으로 -」, 한양대학교 박사학위논문, 2011, 15면.

6) 대판 1999.1.26, 98두16620.

때 구 국방경비법의 유효한 성립을 인정함이 합리적이다」[7]라고 보아야 한다는 것이다.

원래 국방경비법은 형사벌과 징계벌이 혼화된 형태의 법률이었다. 이러한 특징은 전통적인 영미식 군법에 영향을 받은 것이라 볼 수 있다.[8] 따라서 지휘관은 소속장병의 경미한 범죄에 대하여 군법회의에 의하지 않고 징계처분을 할 수 있도록 규정하고 있다. 군법회의는 관할대상의 계급과 범죄·형벌의 범위에 따라 크게 약식, 특설, 고등으로 구분되었는데, 약식 군법회의는 독립 중대장급이, 특설 군법회의는 연대장급 지휘관이, 고등군법회의는 장관급 지휘관이 소집하였다. 재판부는 일반장교로 구성되었으며, 특히 고등군법회의에만 법무장교 1인이 포함되었다.

형사절차는 기소, 예심[9] 및 심판회부[10] 절차로 구분되었다.[11] 중대한 범죄로 기소되는 경우에는 원칙적으로 구속을 하였으며, 지휘관은 피고인이 구속당한 날로부터 1개월 이내에 심판회부를 하여야 하며, 법무장교인 예심조사관에 의해 기소에 표현된 사실의 진실성 및 양식을 조사하게 된다. 검찰관의 업무는 구형뿐만 아니라 현재 법원의 업무인 공판조서까지 작성하도록 되어 있었으며, 군법회의를 소집한 소집권자는 군법회의의 판결에 대해 면제·감경, 부인·무효 선언이 가능했으며 재심도 명할 수 있었다. 다만, 이러한 판결승인권은 법무장교로 구성된 판결심사 심의회에서 미리 심의하도록 되어 있었다. 가장 큰 특징은 국방경비법상 군법회의가 단심제라는 점이다.

---

7) 헌재결 2001.4.26, 98헌바 79.

8) 동 법률과 관련된 자료의 소개와 분석으로는 최경옥, "미군정하의 국방경비법의 유래와 변천 - 「朝鮮(國防)警備法·朝鮮海岸警備法」(1946년) 자료 발굴에 즈음하여 -", 공법연구 제35집 제2호 (2006. 12.), 한국공법학회, 267면 이하.

9) 고등군법회의에 기소된 사건에 한하여 재판회부 전에 군법회의 설치장관이 예심조사관을 임명하여 사실조사를 행하는 예심조사 제도를 두었다. 예심조사의 목적은 기소사건에 표시된 사항의 진실성, 기소의 양식, 사건처리 방책 등을 조사·규명함에 있으며 완전 공평한 예심조사를 하지 않고는 이를 심판에 회부할 수 없었다. 예심조사관은 통위부장(필자주: 1946년 당시 창군 주역들은 대한제국 시기 군제였던 통위영을 본떠 국방부를 '통위부'라고 부름)이 제정하는 규정에 의거하여 법무부 장교 중에서 이를 임명한다. 이 예심조사에 있어서 제기된 기소에 표시된 사항의 전부, 기소양식, 군사법과 군기상 취하여야 할 당해 피고사건 처리에 관한 요령을 포함한다(국방경비법 제65조 제1항). 예심조사관은 피고인에게 소환 가능한 전 증인을 반대 신문할 기회와 피고인 자신을 위해 변호 또는 정상작량이 될 어떤 것이라도 요구하면 기회를 부여하여야 하며, 또한 피고인이 신청한 소환 가능한 증인을 신문하여야 한다(동조 제2항). 예심조사관은 조사를 종료하면 양 당사자로부터 청취한 증언의 골자를 기록한 증인의 진술서를 첨부한 조사보고서를 피고사건과 함께 제출하여야 한다(동조 제3항).

10) 국방경비법은 고등군법회의 심판 회부시 법무심사관의 심사를 거쳐야 한다(국방경비법 제64조 제5항)고 규정하고 있다.

11) 현재 절차는 이 세 가지 절차가 기소절차로 통합되어 검찰관이 행사하고 있다.

(2) 헌법규정

　　우리나라 군사법제도는 1954년 개정헌법 제83조의2에 규정되기 전까지는 헌법적 근거 없이 운영되어 왔으며, 다만, 1948. 11. 30. 제정된 국군조직법 제20조에서 "국군현역과 소집을 당한 군인 및 군속은 군사법령의 적용을 받는다. 군인·군속에 대한 심판은 원칙적으로 군법회의에서 행하며, 죄와 심판의 수속은 따로 법률로 정한다."라고 함으로써 군인·군속에 대한 군법회의 관할권을 규정하고 있었다. 그 후, 1954년 제2차 개정헌법 제83조의2에서 "군사재판을 관할하기 위하여 군법회의를 둘 수 있다. 단, 법률이 정하는 재판사항의 상고심은 대법원에서 관할한다. 군법회의의 조직, 권한과 심판관의 자격은 법률로써 정한다."라고 규정하여 비로소 그 헌법적 근거를 마련하였고, 이후 몇 차례 개헌을 거쳐 현행 헌법에 이르고 있다. 현행 헌법 제110조 제1항은 "군사재판을 관할하기 위하여 특별법원으로서 군사법원을 둘 수 있다."고 하면서, 제2항 "군사법원의 상고심은 대법원에서 관할한다." 및 제3항 "군사법원의 조직·권한 및 재판관의 자격은 법률로 정한다."라고 규정한 것이다.

【표 7-2】 군사법 관련 헌법개정 내용

헌법개정일자	내 용
1. 제2차 개정헌법 (1954. 11. 29.)	제83조의2 군사재판을 관할하기 위하여 군법회의를 둘 수 있다. 단, 법률이 정하는 재판사항의 상고심은 대법원에서 관할한다. 군법회의의 조직, 권한과 심판관의 자격은 법률로써 정한다.
2. 제5차 개정헌법 (1962. 12.26.)	제106조 ① 군사재판을 관할하기 위하여 특별법원으로서 군법회의를 둘 수 있다. ② 군법회의의 상고심은 대법원에서 관할한다. ③ 비상계엄하의 군사재판은 군인·군속의 범죄나 군사에 관한 간첩죄의 경우와, 초병·초소·유해음식물공급·포로에 관한 죄 중 법률에 정한 경우에 한하여 단심으로 할 수 있다.
3. 제8차 개정헌법 (1980. 10. 27.)	제111조 ① 군사재판을 관할하기 위하여 특별법원으로서 군법회의를 둘 수 있다. ② 군법회의의 상고심은 대법원에서 관할한다. ③ 군법회의의 조직·권한 및 재판관의 자격은 법률로 정한다. ④ 비상계엄하의 군사재판은 군인·군무원의 범죄나 군사에 관한 간첩죄의 경우와, 초병·초소·유해음식물공급·포로에 관한 죄중 법률에 정한 경우에 한하여 단심으로 할 수 있다.

4. 제9차 개정헌법 (1987. 10. 29.)	제110조 ① 군사재판을 관할하기 위하여 특별법원으로서 군사법원을 둘 수 있다. ② 군사법원의 상고심은 대법원에서 관할한다. ③ 군사법원의 조직·권한 및 재판관의 자격은 법률로 정한다. ④ 비상계엄하의 군사재판은 군인·군무원의 범죄나 군사에 관한 간첩죄의 경우와 초병·초소·유독음식물공급·포로에 관한 죄중 법률이 정한 경우에 한하여 단심으로 할 수 있다. 다만, 사형을 선고한 경우에는 그러하지 아니하다.

(3) 군법회의법

「국방경비법」에 의해 단심제로 운영되던 군법회의 제도가 헌법의 인권보장조항과 불일치할 뿐만 아니라 군사재판의 상고심을 대법원이 관할한다는 헌법정신에 위배된다는 논란을 불식시키고자, 1962. 1. 20. 실체법인 「군형법」 및 「군행형법」을 새로 제정하고, 3심제 도입과 대법원의 상고심 관할을 주요 내용으로 하는 「군법회의법」이 제정되었으며, 형사벌과 징계벌이 분리되어 징계에 관한 사항은 군인사법에 포함되었다.

한편, 군법회의를 설치할 수 있는 권한은 지휘관이 그대로 유지하되 약식 및 특설 군법회의를 폐지함에 따라 하급지휘관의 군법회의 소집권한이 폐지되었으며, 2심 재판기관으로 고등군법회의를 각 군 본부에 설치하였다. 또한 지휘관의 재심명령권을 폐지하고, 형사소송법상 재심제도를 도입하였으며, 검찰관에 의한 기소독점주의를 도입하고 예심제도를 폐지하였다. 이에 따라 검찰관은 상설기관이 되었으며, 지휘관의 심판회부권한 역시 폐지되었다. 군법회의 설치장관 및 정부수석에 의한 판결의 승인·확인·감경제도는 유지되었으나, 법무심사관의 사전심사제도는 폐지되었다. 동법에서는 각군본부 및 편제상 장관급장교가 지휘하는 각급부대에 보통군법회의를 설치하고 군검찰부는 보통군법회의에 부치(附置)하였다.

(4) 군사법원법(1987. 12. 4.) 제정

'군법회의'라는 용어 대신에 '군사법원'을 사용하고, '군법무사'를 '군판사'라는 용어로 변경하였다. 동법 제정으로 인해 형사소송법상 인권보장 및 적법절차를 위한 제도가 대폭 도입되었다. 특히 모든 범죄에 대하여 구속적부심사 제도를 도입하고, 범죄피해자의 재판상 진술권 보장, 구속시 보장되는 변호인 선임 의뢰권을 현행범인 체포의 경우에도 인정하였다.

(5) 1994년 군사법원법 개정

군사법제도의 가장 큰 변화는 1994년 1월 5일 「군사법원법」 개정에서 이루어졌는

데, 구속영장의 발부권자를 관할관에서 군판사로 변경하고, 관할관의 확인조치권을 축소
하여 군단장급 이상 지휘관만 확인조치권을 보유하고, 2심의 확인조치권을 폐지하였다.
또한 군판사를 국방부 또는 각군 본부 소속으로 상향시키고, 국방부에만 고등군사법원을
설치하여 각 군 고등군사법원을 폐지하였다. 심판관 제도를 축소하여 보통군사법원의 재
판부 구성을 군판사 1명과 심판관 2~4명에서 군판사 2명과 심판관 1명으로 축소하고,
고등군사법원은 관할관이 지정한 사건의 경우에만 군판사 3명과 심판관 2명으로 구성하
였다. 군검찰부를 군사법원으로부터 독립하여 설치하고 약식절차제도를 도입하였다. 군
검찰부는 군사법원의 부치개념이 아닌 군사법원으로부터 독립하여 설치하였다[12]. 그리고
1994년부터 보통군사법원을 군단급 부대에만 설치 운영하다가, 2000년에 다시 사단급부
대까지 확대하였다.

(6) 1999. 12. 18. 개정

1999. 12. 18. 개정으로 체포영장제도, 영장실질심사제도 및 즉결심판제도를 도입하
고, 2002. 6. 1. 개정으로 사단급 보통군사법원으로 환원하였다.

【표 7-3】 2000년 이전 군사법 발전과정

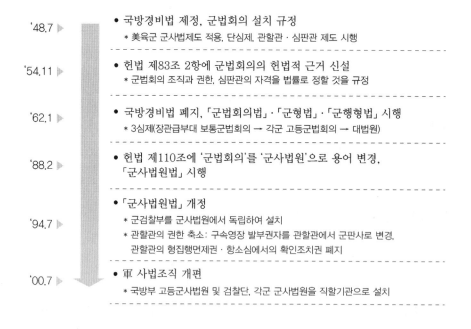

'48.7	• 국방경비법 제정, 군법회의 설치 규정 * 美육군 군사법제도 적용, 단심제, 관할관·심판관 제도 시행
'54.11	• 헌법 제83조 2항에 군법회의의 헌법적 근거 신설 * 군법회의 조직과 권한, 심판관의 자격을 법률로 정할 것을 규정
'62.1	• 국방경비법 폐지, 「군법회의법」·「군형법」·「군행형법」 시행 * 3심제(장관급부대 보통군법회의 → 각군 고등군법회의 → 대법원)
'88.2	• 헌법 제110조에 '군법회의'를 '군사법원'으로 용어 변경, 「군사법원법」 시행

'94.7	• 「군사법원법」 개정
	  * 군검찰부를 군사법원에서 독립하여 설치
	  * 관할관의 권한 축소: 구속영장 발부권자를 관할관에서 군판사로 변경,
	    관할관의 형집행면제권·항소심에서의 확인조치권 폐지

'00.7	• 軍 사법조직 개편 * 국방부 고등군사법원 및 검찰단, 각군 군사법원을 직할기관으로 설치

---

12) 헌법의 "체포·구속을 할 때에는 적법한 절차에 따라 검사의 신청에 의하여 법관이 발부한 영장을
제시하여야 한다"는 규정에도 불구하고 군법회의 제도가 시작된 이래 관할관이 영장의 발부권자
로 유지되다가 1994년 「군사법원법」 개정에서 비로소 영장 발부권자를 군판사로 변경하였다.

(7) 2007년 군사법원법 개정

2003년 출범한 사법개혁위원회도 군사법개혁을 중요한 항목 중 하나로 선정하였고, "사법의 독립성과 군조직의 특수성을 조화하여 장병들의 인권을 보장하고 군내 법질서를 효과적으로 유지할 수 있도록 군사법제도를 개선할 필요가 있다"라는 문제의식 하에서, 2004년 11월 29일 "군사재판의 독립성·공정성 강화, 군검찰의 독립성·군사법경찰관에 대한 통제권 강화, 징계영창제도의 공정성 강화, 미결피의자의 구금시설 개선" 등을 요지로 하는 군사법제도개혁안을 의결하여, 2005년 1월 12일 사법개혁을 위한 건의문을 대통령에게 보고한 바 있다.[13]

이에 사법개혁위원회의 후속기관인 사법제도개혁추진위원회는 "군사법원의 독립성·공정성 강화", "장병참여재판", "군검찰의 중립성 강화", "징계영창 및 미결구금제도의 개선" 등을 구체화한 일련의 법안들(군사법원의조직등에관한법률, 군검찰의조직등에관한법률, 군형사소송법 등)을 의결하여 2005년 12월 26일 국회에 제출하였으나,[14] 그 법률안들은 여야의 이념적·정치적 대립 속에서 국회에서 제대로 논의조차 되지 못하고 17대 국회의 회기만료로 자동폐기되었다.

그런데 2006년 당시 전국에는 국방부 및 육군·해군·공군을 합하여 제1심에 해당하는 보통군사법원 86개, 항소심에 해당하는 국방부 고등군사법원 1개로 모두 87개의 군사법원이 소장급 이상의 장교가 지휘하는 부대에 설치되어 있었으며, 군사법원이 설치된 부대의 지휘관은 군사법원의 관할관으로서 군사법원 운영 지휘·감독권(군사법원법 제7조, 제8조), 군사법원 구성권(제23조 내지 제25조), 판결에 대한 확인조치권(제379조) 등 형사사건의 처리에 관련된 모든 절차를 관장하고 있었다. 군검찰부의 경우 군사법원이 설치되어 있는 부대를 포함한 94개소에 설치되어(제36조) 관할관인 부대지휘관이 검찰사무도 함께 관장하며, 소속 군검찰관을 지휘·감독하는 체제(제38조 내지 제41조)이며, 동시에 군사법경찰기구인 헌병 부대에 대한 지휘·감독권한까지 행사하고 있었다. 이에 「군사법제도개혁 관련 법안」에 관한 공청회에서 제도개혁의 필요성이 논의되었다.[15]

첫째, 군사법원·군검찰의 독립성 및 공정성을 보장한다. 즉, 종래 군사재판은 군사법원의 관할관이 특정한 사건에 대해 심판관을 포함한 재판관을 지정함으로써 특정사건을 담당할 재판부가 구성되며, 일정한 판결에 대해 관할관의 확인(감경)조치에 의하여 제1심 사건이 종결되는 비상설 군법회의의 형태로 운영된 관계로, 군지휘관이 수사단계

---

13) 사법개혁위원회, "국민과 함께 하는 사법개혁", 사법개혁위원회 백서, 2005, 219-220면 참조.

14) 사법제도개혁추진위원회, "사법 선진화를 위한 개혁", 사법제도개혁추진위원회 백서(상), 2006, 256-275면.

15) 최재석(국방부 검찰단장), "군사법제도개혁의 의의와 개혁법률(안) 소개", 「군사법제도개혁 관련 법안」에 관한 공청회(2006. 9. 21.), 국회법제사법위원회, 공청회 자료집, 8-10면.

부터 기소 및 재판부 구성, 판결확인에 이르기까지 전 과정을 관장하는 결과가 되어 기소와 심판의 분리라는 근대 사법제도의 원칙에 맞지 않을 뿐만 아니라 우리 헌법상의 3권분립의 원칙 및 사법권 독립의 원칙에 반하여 군사재판의 독립성과 공정성을 침해하고 있다. 또한 군내에 86개 군사법원 및 94개 군검찰부가 각급부대에 설치되어, 군사법원 및 군검찰부마다 관할관의 상이한 기준에 따라 검찰권과 확인권을 행사함으로써 사법권 행사의 불균형을 야기하고 있다. 군에 있어서 징벌권(징계권)은 통수작용 또는 일반 행정작용으로서 군지휘관에게 있는 것이나, 국가의 형벌권은 사법권의 작용에 의하여 행사되어야 하는 것이다.16)

둘째, 병의 재판받을 권리를 보장해야 한다. 왜냐하면 헌법은 모든 국민에 대해 '헌법과 법률이 정한 법관에 의하여 재판을 받을 권리'를 규정하고 있으며 국제인권규약(International Covenant on Human Rights) 「시민적·정치적 권리에 관한 국제규약」(B규약)17) 제14조는 "독립적이고 공평한 법원에 의한 공정한 공개심리를 받을 권리"를 규정하고 있는데, 장병도 '제복입은 국민'(Citizen in Uniform)으로서 헌법적 기본권이 보장되어야 한다는 것이다. 군인은 일반국민과 달리 법률의 정함에 따라 군사재판을 받도록 하고 있으나 국민의 재판받을 권리의 본질적 부분까지 침해할 수 있는 것은 아니라는 것이다. 특히 전시도 아닌 평시에 법률적 자격이 없는 일반 군인인 심판관이 재판장으로 군사재판에 참여하고 관할관이 구속영장승인 및 판결결과에 대하여 감경권을 행사하는 현 제도는 국제규범적으로나 헌법상 보편적 가치로 요구되는 장병의 재판받을 권리의 본질적 부분을 침해하고 있다는 것이다.

셋째, 군내 사건처리의 공정성 및 투명성을 제고할 필요성이 있다. 지휘관은 소속부대에서 사건이 발생한 경우 자신의 인사에 영향을 미칠 수 있어 이를 축소, 은폐하고

---

16) 군사재판이 사법작용이냐 군지휘권 확보를 위한 보조수단으로 행정작용이냐의 논쟁이 있으나 군사법원 판결은 국가형벌권을 행사하는 작용으로서 사법작용임은 당연하다고 하겠다.
헌법은 제5장에 사법기능에 관하여 규정하면서 법원과 군사법원을 규정하고 있으며(헌법 제110조제1항), 군사법원의 상고심은 대법원이 관할하며(헌법 제110조제2항, 군사법원법 제9조, 법원조직법 제14조제3호), 위헌법률심사제청권이 군사법원에도 인정되고(헌법재판소법 제41조제1항), 군사법원과 일반법원 사이에 발생한 재판권에 관한 재정은 대법원에서 행하고(군사법원의재판권에관한법률 제2조제1항), 일반법원과 군사법원간의 상응한 법원으로서의 사건이송 규정을 두고 각 이송된 사건에 대하여 각 이송 전에 행한 소송행위는 이송후에도 그 효력에 영향이 없으며(형사소송법 제16조의2, 군사법원법 제2조제3항), 군사법원의 내부규율과 사무처리에 관한 규칙 제정권이 대법원에 있다는 사정(군사법원법 제4조제1항) 등을 비추어 보면, 사법 기능의 측면에서는 군사법원도 대법원의 하위법원이라 할 수 있다. 즉 재판업무에 대하여는 대법원이 최종적으로 재판을 통하여 군사법원을 통할한다.
17) 우리나라는 1990년 3월 16일 국회비준동의를 거쳐 1990년 4월 10일 가입하였다.

자 하는 유혹을 떨치기 어렵고 군내 사망사고 및 부정부패 사건이 은폐·왜곡될 수 있기 때문이다. 따라서 군내 사건 처리의 공정성과 투명성 제고를 위해서도 군사법원과 군검찰의 중립성 확보가 필요하다. 더욱이 현행법상 군지휘관은 인사권(근무평정권, 진급 지휘추천권, 보직해임권, 현역복무부적합 조사 회부 및 강제전역권 등), 징계권, 감찰권 그리고 단위별 헌병대를 통한 수사권 등을 가지고 있어서 부대 지휘 및 기강 확립에 필요한 모든 권한이 보장되어 있다. 군사법원의 독립성이 확보되고 군검찰의 중립성이 보장되면 엄정하고 공정한 법 집행을 통해 군대 구성원으로 하여금 책임과 규범에 대한 자발적인 준수와 충성심을 유발하여 군기강이 더욱 확보될 수 있을 것이다.[18]

이에 대하여 특수법원으로서의 군사법원의 존재 필요성 및 군사법원의 특수성을 간과한 채, 군에 대한 부정적 시각을 이용 왜곡된 방향으로 개정하여 전승 보장과 군기 유지라는 군사법원의 존재 목적이나 기능을 상실한 기형적인 군사재판제도로 변형시킨다는 반대의견도 있었다.[19]

논란 끝에 개정된 군사법원법의 주요 내용을 살펴보면, 군사법원을 편제상 장관급 이상 부대를 기준으로 설치하였으며, 보통 군사법원의 재판관은 비상설로 운영하고 있고, 관할관은 군사법원의 행정사무를 관장하면서 재판관(군판사, 심판관) 지정권, 보통 군사법원의 판결에 대한 확인조치권을 보유하였다.[20] 심판관은 군사법원별로 영관급 장교

---

18) 미국에서도 군법회의 목적에 대하여 司法正義라는 의견과 군내 법질서유지 또는 군기강 확립 이라는 의견이 미국 군사법제도의 창설과 더불어 대립하여 왔다. 그러나 미국의 군사법제도는 점차 司法化되었으며 또 民間化되어 가고 있으며, 현재는 사법정의에 목적을 두고 있다고 학자들은 판단하고 있다. Francis A. Gilligan 교수는 군사법제도의 목적을 사법정의에 둔다고 해서 이것이 군기강확립과 서로 배치되는 것이 아니라는 것을 전제하면서, 미국 연방의회는 암묵적으로 미국의 군대 내에서의 군기확립은 확고한 사법정의가 구현될 때만 이루어 질 수 있다고 판단 했다고 기술하고 있다. 그는 부연하여 미국에서는 군기강확립을 위하여 사법정의에 바탕을 둔 군사법제도를 운영하고 있으며, 사법정의는 군기유지에 필수 불가결함을 역설하고 있다.("In short, the United States uses a justice–oriented system to ensure discipline; in our case, justice is essential to discipline.") Francis A. Gilligan & Fredric I. Lederer, Court–Martial Procedure Vol I, p.7, (1991).

19) 오윤성, "군사법제도 개선 방향에 대한 고찰", 한국경찰학회보 제9호(2005), 93–95면; 이만종, "군사법제도 개혁방안에 대한 고찰", 법과 정책연구 제6집 제1호(2006), 25면.

20) 군사법원법 제79조(판결에 대한 관할관의 확인조치)

① 관할관은 무죄, 면소, 공소기각, 형의 면제, 형의 선고유예 또는 형의 집행유예의 판결을 제외한 판결을 확인하여야 하며, 「형법」 제51조 각 호의 사항을 참작하여 형이 과중하다고 인정할 만한 사유가 있을 때에는 형을 감경할 수 있다.

군사법원의 소송절차에 관한 규칙(대법원규칙) 제45조(관할관의 확인조치) 관할관·군검찰부·심판관의 임명 및 권한에 관한 훈령(국방부훈령) 제6조(관할관의 확인조치)

③ 관할관이 형을 감경하는 경우에는 형의 종류를 변경할 수 없다. 다만, 사형을 징역형으로 감

로 명부 유지하며, 지휘관이 법무참모의 건의를 통해 명부에 지정된 장교 중에서 재판관으로 지정하되 고등군사법원의 경우 심판관은 중요사건 심사 등 예외적으로 필요한 경우에만 관할관이 지정하고 있다.[21] 검찰의 경우 각급부대 설치 부대장은 소속 검찰관을 지휘·감독한다.

(8) 2016년 개정군사법원법의 주요 내용

군사재판의 공정성·독립성·전문성에 대한 비판여론을 수용하여, 군사법원 설치부대를 축소하고, 심판관 제도를 제한적으로 운용하며, 관할관의 확인 감경권을 제한하고, 양형기준 존중을 규정하는 군사법원법이 2016년에 마련되었는데, 구체적인 개정내용은 다음과 같다.

첫째, 평시에는 사단급 보통군사법원이 폐지된다. 개정 군사법원법에 의하면, 사단급 이상 부대에서 설치·운용되고 있던 보통군사법원을 원칙적으로 군단급 이상의 부대에서 설치·운영하도록 하고, 그 설치부대를 법으로 구체적으로 명시하였다(2017. 7. 7. 시행, 군사법원법 제6조 제2항).

둘째, 보통군사법원은 원칙적으로 군판사 3명으로 재판부를 구성하되, 예외적으로 관할관이 지정한 군형법 및 군사기밀보호법에 규정된 죄에 관한 사건 중 고도의 군사적 전문지식과 경험이 필요한 사건에 한하여 심판관 1명을 재판관으로 할 수 있다(2017. 7. 7. 시행, 군사법원법 제26조 제1항, 제27조의2).

셋째, 관할관의 확인 감경권이 제한되었다. 즉, 관할관이 감경권을 행사할 수 있는 대상범죄를 작전 등 업무를 성실히 수행하는 과정에서 발생한 범죄로 한정하고, 형의 감경비율도 3분의 1 미만으로 제한하여 군사재판의 공정성과 투명성을 제고하도록 하였다(2017. 7. 7. 시행, 군사법원법 제379조 제1항).

경하는 경우에는 그러하지 아니하다.

④ 관할관은 판결 확인서에 형을 감경하는 이유를 구체적으로 적어야 한다. 다만 전시, 사변 시 또는 계엄지역인 경우에는 그러하지 아니하다.

21) 군사법원법 제2조(군사법원의 구성)

③ 재판관은 군판사와 심판관으로 하고 재판장은 선임재판관이 된다.

제4조(심판관의 임명과 자격)

① 심판관은 다음 각 호의 자격을 갖춘 장교 중에서 관할관이 임명한다.

1. 법에 관한 소양이 있는 사람

2. 재판관으로서의 인격과 학식이 충분한 사람

② 관할관의 부하가 아닌 장교를 심판관으로 할 때에는 해당 군 참모총장이 임명한다.

제7조(고등군사법원의 재판관)

① 고등군사법원에서는 군판사 3명을 재판관으로 한다. 다만, 관할관이 지정한 사건의 경우 군판사 3명과 심판관 2명을 재판관으로 한다.

넷째, 군판사도 군 사법기관으로서 법률지식뿐만 아니라 지휘권 확립, 국가의 존립 확보 및 국가안보 강화라는 군 사법제도의 취지를 살리기 위해서는 일정한 군 경력을 통한 군에 대한 이해가 필수적으로 요구된다는 점을 고려하여, 군판사의 계급을 '영관급 이상의 군법무관'으로 명시하였다(2017. 7. 7. 시행, 군사법원법 제23조 제1항). 또한 군판사의 임기를 3년으로 정하고 연임이 가능한 것으로 규정하여 군판사의 임기를 보장하였다(2017. 7. 7. 시행, 군사법원법 제23조 제4항).

문제는 군사재판의 정치적 악용의 위험성을 보여주는 대형사건이 터질 때마다 또는 군인의 기본권 보장을 강화할 목적으로, 수차에 걸친 개정 작업이 이루어져 왔으나, 김훈 중위 자살사건 등 군내 사망사고에 대한 각종 민원을 확인하는 과정과 2002년 대통령선거를 앞두고 벌어진 소위 병풍 공방사건에서 그동안 잘 알려져 있지 않았던 군검찰 등의 군사법기관이 일반 국민들의 관심사에 오르게 되면서, 군사법기구를 대폭 정비해야 한다는 각계의 주장이 제기되었고, 군사정권시절에 군복무를 하였거나, 계엄군사법원의 정치적 재판으로 기본권을 침해당했던 국민들이 마음속에 품고 있던 군사법제도에 대한 불신이 표출되어 군사법원의 폐지 및 민간법원으로의 이양을 주장하는 목소리까지 나오게 된 것이다.[22]

【표 7-4】 2016년 개정군사법원법 체계

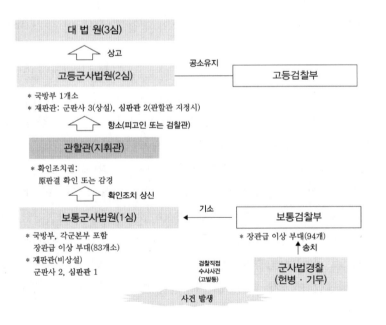

---

22) 김형동, "평시 군사법원 존치 필요성에 대한 고찰", 국가안보를 위한 군형사재판절차 개혁 세미나(2017. 3. 17.), 국방부/한국형사소송법학회 주최 세미나, 7면.

(9) 2021년 개정군사법원법의 주요 내용

최근 공군 이중사 사망사건[23]을 계기로 2021. 8. 25. 국회를 통과한 군사법원법이 2021. 9. 14. 공포되었는데, 주요 내용은 다음과 같다.

첫째, 성폭력범죄, 군인등의 사망사건의 원인이 되는 범죄 및 군인등이 그 신분을 취득하기 전에 저지른 범죄를 군사법원의 재판권에서 제외하였다(제2조 제2항).

둘째, 군사법원 항소심 민간 법원 이관 및 국방부장관 소속의 군사법원을 설치하였다(현행 제5조 삭제, 제6조 및 제10조, 별표 1 신설). 이를 위하여, ㉠ 군 장병의 재판받을 권리를 실질적으로 보장하기 위하여 군사재판 항소심을 서울고등법원으로 이관하며, ㉡ 군단급 이상의 부대에 설치되어 1심 군사재판을 담당하던 보통군사법원을 폐지하고, 국방부에 각 군 군사법원을 통합하여 중앙지역군사법원·제1지역군사법원·제2지역군사법원·제3지역군사법원·제4지역군사법원을 설치하였다.

셋째, 군사법원의 재판관 구성 및 군판사에 의한 심판권 행사를 규정하였다(제8조 및 제22조). 이를 위하여, ㉠ 공정한 법원에서 법관에 의한 재판을 받을 권리를 보장하기 위한 관할관 확인제도를 폐지함과 아울러 심판관 관련 규정도 삭제함으로써 군판사 외에 심판관이 재판에 참여하던 군사법원의 재판관 구성을 민간 법원의 조직구성과 유사하게 변경하였으며, ㉡ 군사법원에서는 군판사 3명을 재판관으로 하고, 군사법원에 부(部)를 두기로 하였다.

넷째, 국방부장관 및 각 군 참모총장 소속의 검찰단 설치 및 군검사에 대한 구체적 지휘권의 행사를 제한하였다(제36조, 제38조 및 제39조). 이에 ㉠ 종전에는 장성급 장교가 지휘하는 부대에 보통검찰부를 설치하였으나, 앞으로는 국방부장관 및 각 군 참모총장 소속으로 검찰단을 두는 것으로 변경하였으며, ㉡ 군검찰 수사의 독립성을 강화하기 위하여 국방부장관 및 각 군 참모총장은 군검사를 일반적으로 지휘·감독하고, 구체적 사건에 관하여는 소속 검찰단장만을 지휘·감독하도록 하였다.

다섯째, 군검사와 군사법경찰관의 협조의무 명시하였다(제228조 및 제283조, 제228조의2 신설). 이를 위하여, ㉠ 군검사와 군사법경찰관은 구체적 사건의 범죄수사 및 공소유지에 관하여 상호 간에 협력하여야 함을 명시하였으며, ㉡ 군사법경찰관이 수사를 시작하여 입건하였거나 입건된 사건을 이첩받은 경우에는 48시간 이내에 관할 검찰단에 통보하도록 하였고, ㉢ 군사법경찰관은 사건을 송치한 후 군검사로부터 보완 수사를 요청받은 때에는 정당한 이유가 없는 한 지체없이 이를 이행하고 그 결과를 군검사에게 통보하도록 하였다.

여섯째, 부대의 장의 구속영장청구 승인권을 폐지하였다(현행 제238조 제3항 삭제).

---

23) 세계일보 2021. 6. 3.자, "공군 이 중사 사망 9일 뒤 가해자 장모 중사 휴대전화 확보".

즉, 군검사가 구속영장을 청구할 때 해당 군검찰부가 설치되어 있는 부대의 장의 승인을 받도록 하던 규정을 삭제한 것이다.

일곱째, 전시 군사법원의 설치근거와 관할, 재판관으로 심판관 지정·판결의 확인조치 등 관할관의 권한, 전시 군검찰부의 설치근거와 군검찰부에 대한 지휘관의 지휘권 등 전시 특례를 신설하였다(제534조의2부터 제534조의18까지 신설).

이에 따르면, 군내 성범죄·사망사건 등을 제외한 비군사범죄와 군사반란·기밀유출 등 군사범죄의 경우 제1심은 보통군사법원에서, 제2심은 민간 고등법원에서 재판이 진행될 것이다. 이로써 1965년 '국방부본부 고등군법회의'란 이름으로 시작한 고등군사법원도 56년 만에 역사 속으로 사라지게 되었다. 조직면에서도 국방부와 육·해·공 각군 부대(군단급 이상)를 포함해 총 30개가 운영되고 있는 보통군사법원의 경우 상대적으로 업무 부담이 줄면서 지역별 5개 법원으로 재편되며, 이에 따라 보통군사법원은 각 부대 지휘관이 아닌 국방부 장관 소속으로 바뀌게 될 것이다. 다만, 평시에는 군사법제도를 폐지하고 일반 형사사법절차를 통하여 군형사사건을 처리하자는 주장[24]과 관련하여, '평시 군사법원 폐지'는 이번 개정에 반영되지 않았다.

4. 군검찰관의 지위

일반적으로 사법체계는 영미법계와 대륙법계로 양분되는데, 영미법계 국가인 미국·영국·캐나다는 물론 중국·터키 등 약 31개국이 군사법원을 운영하고 있는 반면, 대륙법계 국가인 독일·프랑스·헝가리 등은 군사법원과 민간법원을 혼합형으로 운영하고 있다. 일본·스웨덴 등은 군사법원을 설치하고 있지 않다.

우리나라의 경우 일반 형사법 체계는 주로 대륙법계를 계수하였지만, 군사법 체계는 영미법계의 영향을 많이 받았는데, 이는 해방 후 미국의 군정 시기를 거치면서 미국의 군사법 제도를 모델로 삼았기 때문이며, 군검찰관의 지위 역시 미국의 군사법제도를 기초로 구성되었다. 다만, 평시에 군지휘관이 수사·공소제기·재판의 모든 단계에 관여하는 군사법 운영으로 인하여, 군사법기관 상호간의 견제와 균형이 미흡하고, 사법적 기능으로서의 재판의 독립, 준사법적 기관으로서의 검찰의 독립성 보장과 같은 헌법적 가치의 구현에 충실하지 못했다는 비판이 제기되었다. 특히 군내 대형비리, 군내 사망사고 등의 처리에 있어서 공정한 군내 법질서 확립이 미진하였다는 군내외의 지적과 함께 군사법제도 전반에 대한 국민의 불신과 불안감이 가중되어 왔다.

이에 2006년 노무현정부가 들어서면서, 군내 법치주의를 확립하고 국민의 대군신뢰를 확보하기 위하여, 군사법원의 독립성과 군검찰의 중립성을 강화하고 공정한 군사법권

---

24) 이행규, "군사법제도 개혁을 위한 제언", 민주사회를 위한 변호사 모임, 군사법제도 개혁을 위한 토론회 발제문(2003. 4. 6.), 10면.

1106 제 7 장 군사법원법 개정에 따른 군검찰관의 지위

실현을 가능케 하는 개혁입법을 추진한 바 있으나, 문재인 정권에 들어와서는 형사소송
법상 '민간경찰에 대한 검사의 수사지휘권 폐지'에 발맞추어 '군사법경찰에 대한 군검찰
관의 지도권의 인정' 등 군사법제도의 개혁이 무의미하게 되었다. 즉, 1962년 최초 「군
법회의법」에 따라 군검찰부가 보통군법회의에 부치(附置)되어 설치되었다가, 1994년 개
정 군사법원법에서 군사법원의 부치개념이 아닌 군사법원으로부터 독립하여 설치된 이
래, 군대에서 실질적인 파워를 지닌 군사법경찰과 정보사령부(舊기무사령부)에 대한 수사
지도권을 한 번도 행사하지 못한 채, 개혁이라는 미명하에 사실상 퇴출되는 운명을 겪
게 된 것이다.

> 과연 "...과거정부에서 피해자는 자신의 신분이나 사건의 내용에 상관없이 가해자가 군인이라는
> 이유만으로 가해자가 속한 군의 조직, 즉 군검찰단의 수사를 받아야만 했습니다. 성범죄 재판에
> 대한 경험이 적고, 가해자들과 같은 신분인 군인에 의한 재판에 의해 피해자들의 고통은 가중
> 되었습니다. 피해자가 선택할 수 없는 가해자의 신분, 가해자가 속한 군이라는 집단이라는 특수
> 성으로 원치 않는 피해와 고통을 받아야만 했던 대한민국의 현실이었던 것입니다..."라는 전수
> 미 더불어민주당 상근부대변인의 논평[25]이 타당한 것인지 의문이다.

원래 군 법무기능은 법무참모기능[26]과 군검찰기능 및 군사법원기능으로 이루어지
고, 통상 법무참모가 총괄하여 수행하는 것이 일반적인 현실이다. 그런데 검찰과 법원이
엄격히 분리된 민간과는 달리, 군검찰관과 군판사의 인사교류가 불가피한 현실에서, 군
법무조직이 범죄수사·공소제기 및 유지·재판 등 사법절차 전반을 장악하고 징계업무까
지 주관하고 있는 것이 종래 실무의 현실이었던 바,[27] 이는 국가권력을 견제와 균형의
원리에 따라 분리하는 권력분립의 정신에 위배될 뿐만 아니라 하나의 조직에 의한 권력

---

25) 2021. 8. 25. 「군 성범죄 사건의 민간 이양을 환영합니다」 논평 중 발췌한 것임.
26) 군조직은 지휘관과 참모로 구성되어 있으며, 이러한 참모기능의 하나로서 법무참모기능이 있는
데, 법무참모는 지휘관의 개인참모로서 군법, 국내법, 외국법, 국제법 및 국제협약에 관한 모든
문제에 관하여 지휘관 및 인사참모, 정보참모에게 조언하고 군사재판에 관한 행정업무와 제반
법률업무에 대한 감독을 실시하며, 군인, 군인가족 및 인가된 인원에 대하여 제반 법률문제에 관
한 조언을 하는 법률자문 참모를 말한다(육군본부, 야전교범 101 – 1 지휘관 및 참모업무 참조).
27) 조동양, "군사법원 설치부대 법무참모와 군판사 간의 관계 검토", 국방부 군사법논집 제2집
(1995), 381면(법무참모에 관해서는 실정법 규정에는 근거가 없지만, 육군규정, 부대내규, 야전
교범 등을 통해 법무참모가 군사법 업무에 관여하도록 하고 있고, 또한 실무상 관할권으로부터
위임된 범위 내에서 그 권한대행자로서의 역할을 수행하고 있는 것이 현실이다. 이와 같이 법
무참모가 군사법제도에 관여하는 실무상의 관행은 곧 법무참모와 군판사, 검찰관 등 군사법 구
성요소와의 갈등요소로 작용할 수 있다).

의 독점은 지휘권 확립과 장병의 인권보장에 역행할 수밖에 없었다. 세계적인 추세를 보더라도 대륙법계인 유럽의 거의 모든 나라는 물론 영미법 국가에서도 군 사법권의 행사와 군 지휘권을 연계시키는 근대 초기의 전통은 급격히 사라지고 있으며,28) 국제인권규약 「시민적·정치적 권리에 관한 국제규약」(B규약) 제14조에 따른 권리 및 국제인권규약 제14조의 유럽판인 유럽인권협약(The European Convention on Human Rights) 제6조가 규정한 "독립적이고 공평한 법원에 의한 재판을 받을 권리"의 침해여부가 문제가 된 '핀들리 대 영국 사건' 이후 영국 정부 역시 군 사법제도를 대폭 개혁하기에 이르렀다. 따라서 군검찰의 조직 및 운영에 관한 법률과 군사법원의 운영에 관한 법률을 분리·제정하는 것이 군사법에 대한 신뢰성과 공정성을 회복하는 방안으로 보인다. 즉, 현재의 법무병과는 검찰기능과 참모기능만 수행하도록 하고, 군사법원은 법무병과와 완전히 분리한 후, 군내 군사재판을 담당시키면 족하다고 본다.

Ⅱ. 평시 군사재판권 폐지문제

1. 학 설

(1) 폐지 찬성론

국민이 군사재판을 받는 것은 비상계엄하 일반법원의 기능 작동이 불가능하거나 현저히 어려운 제한적인 경우에 한정되고 그밖의 경우는 군사재판을 받지 않아야 한다는 견해이다.29) 즉, 현재의 군사법원은 일반법원과 달리 군사법원의 전문성, 독립성, 민주성에서 상당한 문제점을 드러내고 있으며, 이는 국민의 재판을 받을 권리를 침해할 가능성이 높다는 것이다. 그 근거로 첫째, 재판관의 하나인 심판관의 임명과정, 지휘계통을 통하여 법무참모가 재판에 개입하는 점, 둘째, 관할관이 확인조치권을 남용하여 재판결과를 왜곡시키는 점, 셋째, 군사법원에 대한 헌법규정이 제5장 법원편에 있음에도 불구하고 국방부장관 아래 조직되어 운용되는 것은 권력분립의 원리와 사법권 독립의 원칙에 대한 중대한 침해라는 점,30) 넷째, 분단국가라는 현실도 과거 서독이나 현재의 대

---

28) 군 사법권과 군 지휘권을 연계시키는 전통을 군국주의의 유물로 이해하면서 덴마크는 1919년 군사법원을 폐지하였고, 독일과 일본은 제2차 세계대전 패전이후 군사법원을 폐지하였다. 네덜란드와 포르투갈은 1991년과 1997년에 평시의 군사법원을 폐지하였다. 이탈리아의 경우 1981년 법 개정을 통해 민간인이 군사법원의 재판을 주재하게 되었다. 프랑스는 1980년대 초에 군사법제도를 근본적으로 개혁하였다. 미국은 2차 대전이후 군 사법제도를 대폭 개혁하여 군사법통일법전(UCMJ)을 제정하였고, 1968년과 1983년에 주된 개정이 있었다.

29) 송기춘, 「평택미군기지이전과 관련된 군사시설보호구역지정의 위법성과 일반국민에 대한 군형법 적용의 문제」, 민주법학 제31호(2006), 223면.

30) 송기춘, "군사재판에 관한 헌법학적 연구", 공법연구 제33집 제3호(2005), 282-286면.

만이 모두 별도의 군사법제도를 갖고 있지 않다는 점, 다섯째, 무력의 보유나 군사기밀의 보유 등의 문제도 무력이나 기밀을 보유한 경찰, 국정원, 통일부, 방산전문기업 등이 별도의 법원을 갖고 있어야 할 필요가 없을 뿐만 아니라 격오지에 존재하는 부대 특성의 문제도 현재 아무런 문제없이 운용되는 시군법원의 예를 생각하면 군사법원의 존재 이유로 삼을 근거가 될 수는 없다는 점 등을 들고 있다. "군사법제도는 항상 특별히 존재해야 한다"는 생각은 군사법제도가 사법권의 독립과 군인 및 국민의 인권보장에 기여하는 제도로서가 아니라 군대조직의 특수한 이해관계가 언제나 우선적으로 반영되어야 한다는 잘못된 사고에 지나지 않는 것이며, 실제 그 제도에 따라 혜택을 누리는 집단이 상대적으로 우월한 위치에 있는 고위 계급군인이라는 점을 볼 때에도 그 폐지의 필요성은 분명하다는 주장[31]도 동일한 입장으로 볼 수 있다.

결론적으로 사법권의 독립과 국민의 인권보장에 대한 제약을 감수하면서까지 평시에 특별법원으로 군사법원의 설치, 그리고 특별한 절차로서 군사법절차를 유지해야 할 합리적이고 필연적인 이유는 없으므로 군사법원은 폐지되어야 한다는 것이다. 이러한 논리는 2015. 6. 22. ─ 군사법원은 재판의 독립성·전문성 부족으로 공정성에 대한 국민적 불신 초래, 민간법원 군사부 신설 제안 ─ 하에 "국민 신뢰 못 받는 평시 군사법원 폐지" 보도자료에도 잘 나타나 있다.

【표 7-5】 군 사법체계 개선 위원회 보도자료

〈보도자료〉
「군 인권개선 및 병영문화혁신 특별위원회」 산하
군 사법체계 개선 소위원회 (위원장 민홍철, 위원 김용남, 정성호)
공동 기자회견   2015.6.22.(월) 11시 국회 정론관
                                                              * 첨부: 기자회견문

《기자회견문》

군 사법제도 개혁, 반드시 이루어야 합니다

o 지난해 전 국민에게 충격을 준 제28사단 윤일병 사건을 비롯해, 끊임없이 일어나고 있는 군대 내 구타·가혹행위 및 총기 난사, 각종 성범죄, 방산비리 등 빈번한 군 관련 사건의 처리 과정을 보면 과연 군대 내에 '사법정의'가 제대로 구현되고 있는지, 사건의 은폐·축소·왜곡·제식구 감싸기 의혹이 제기되는 등 처리 과정의 공정성과 독립성에 대한 국민적 불신이 깊어졌습니다.

o 국방 개혁 과제들 중 '군 사법제도 개혁'은 장병인권보호와 공정한 사건 처리를 위해 실질적인

---

31) 최강욱, 「군사법제도 관련 법률의 폐지 내지 개선의 필요성」, "군 사법제도 및 인권침해 개선에 관한 토론회"(2014. 11. 12.), 대한변호사협회, 4면.

개선 방안을 마련하라는 국민적 요구가 가장 높습니다.

o 이에 국회는, 지난해 10월 「군 인권 개선 및 병영문화혁신 특별위원회」를 구성하고, 산하에 《군 사법체계 개선 소위원회》(위원장 민홍철, 위원 김용남, 정성호)를 설치하여, 군사법원 폐지, 관할 관제도 및 확인조치권 폐지, 심판관 제도 폐지, 군 검찰 및 군 사법경찰 제도 운영 개선 등 4가 지의 〈군 사법체계 개선 분야 정책개선과제〉를 제안하였습니다.

o 그러나, 국방부가 지난 5월 11일 입법예고한 「군사법원법 일부개정법률안」은 국회 특위의 개선요 구에 부응하지 못하여, 과연 국방부가 국민이 납득할 수 있는 개혁에 대한 의지가 있는 것인지 묻고 싶습니다.

o 《군 사법체계 개선 소위원회》 민홍철, 정성호, 김용남 위원은 국방부의 각성을 촉구하며, 군 사법 제도 개혁이 이번 기회에 반드시 이루어져야 함을 다음과 같이 주장합니다.

o 특별법원으로서의 군사법원을 폐지하고, 이에 따른 관할관 제도 및 심판관제도도 함께 폐지되어 야 하며, 군 검찰 및 사법경찰 운영이 개선되어야 합니다.

평시 군사법원은 폐지되어야 합니다!

o 현재 군인과 군무원 등의 형사재판을 위해 군사법원을 두고 있습니다. 그러나 군사법원은 독립 성, 전문성 등이 부족합니다. 또한 국민의 불신의 대상이 되어 왔습니다.

o 따라서 현행 특별법원으로서의 군사법원은 폐지되어야 합니다. 대신 민간법원에 군인 등에 대한 형사재판을 담당하는 군사부를 신설할 것을 제안합니다.

o 군사법원은 엄격한 권력분립의 원칙에 의해 독립성이 보장되는 민간법원과 다릅니다. 소속 지휘 관의 영향력에서 자유롭지 못합니다. 철저히 지휘관의 명령에 따르는 군수사기관에서 이루어진 수사 결과를 두고 재판마저 군행정권의 영향력 하에 있는 군사법원에서 이루어지고 있는 것이 지금의 현실입니다.

o 얼마 전 보도된 바와 같이 방위산업 비리사건에서 구속된 현역장교 5명 중 4명이 보석과 구속적 부심에서 석방되었는데, 같은 혐의로 민간법원에서 구속된 민간인들은 한 명도 석방된 예가 없었 던 것에서도 군사재판의 공정성에 심각한 의문을 제기하지 않을 수 없는 실정입니다.

o 판사로 임명된 후 상당한 기간 동안 사실상 도제식 교육이 이루어지는 민간법원과 달리, 군사법 원에서는 지도를 담당할 역량을 갖춘 선임 군판사가 없습니다. 또한 군검찰관, 법무참모, 군판사 등이 순환보직 형태로 인사가 이루어지고 있습니다. 그래서 판관(判官)으로서의 전문성이 떨어지 고 민간법원에 비하여 훨씬 높은 상고심 파기환송율을 보이고 있습니다.

o 한편, 전시나 계엄 하에서는 전시관계법령에 의해 평시와는 전혀 다른 편제의 군사법원이 구성되 므로, 전시 등을 염두에 두고 평시에도 군사법원을 운영할 필요는 없다고 할 것입니다.

o 세계적으로도 평시 군사법원은 폐지되고 있습니다. 중국과 긴장관계에 있는 대만도 부대 내 가혹 행위 사망사건의 처리와 관련한 국민적 불신을 계기로 작년에 군사법원을 폐지하였습니다. 군사 법원의 원조격인 영국도 공정한 재판이 이루어지기 어렵다는 유럽인권법원의 결정에 따라 군사 법원을 폐지하였습니다.

o 현재도 군인 등에 대한 민사재판, 가사재판 등은 모두 민간법원에서 이루어지고 있습니다. 굳이 형사재판만이 군사법원에서 행해질 이유를 찾기 어렵습니다.

관할관 제도 및 확인조치권은 폐지되어야 합니다!

o 관할관 제도는 군 재판과정의 독립성과 전문성을 훼손하는 핵심적인 요소로 반드시 폐지되어야 합니다. 관할관이 된 지휘관은 군검찰의 수사를 지휘감독할 권한부터 재판관 지정권, 판결확인조치권까지 전 과정에 개입할 수 있습니다.

o 진급이나 업무평가에서의 불이익을 피하기 위해 지휘관은 수사내용을 은폐·축소하는 경우가 많고, 법조인 아닌 일반장교 중에 임명되는 심판관은 상관인 지휘관의 눈치를 볼 수밖에 없습니다.

o 특히, 관할관 확인조치권 행사의 98%가 원 판결에 대한 확인에 그치고, 감경된 범죄는 군 특수성이 없는 폭행, 절도 등 단순사건이 대부분이며, 이마저도 지휘관의 성향에 따른 부대별 양형상의 불균형 문제가 노출되었습니다.

심판관제도는 폐지되어야 합니다!

o 심판관 제도 역시 폐지되어야 합니다. 군사법원 재판관의 일부를 법조인 자격이 없는 일반장교가 맡음으로서, 법관에 의한 재판을 받을 권리와 평등권 등이 침해되고, 재판의 공정성이 훼손되고 있습니다. 헌법이 보장한 법관에 의한 재판을 받을 권리 강화 및 판결의 신뢰성·공정성 확보를 위해 심판관 제도는 반드시 폐지되어야 합니다.

군 검찰 및 군 사법경찰 제도 운영이 개선되어야 합니다!

o 군 검찰 및 군 사법경찰 제도의 운영에서도 독립성, 전문성, 투명성이 확보되어야 합니다. 공정성 침해가 우려되는 사건의 상급 검찰부로의 관할이전을 의무화하고, 군검찰관 호칭을 군 검사로 변경하며, 군 사법경찰관의 지휘관으로부터의 독립 및 초동수사 개선책을 마련하고, 국방부 검찰단장을 장관급 이상으로의 격상, 군 교도소에 변호인 접견실 설치 등 군 검찰과 사법경찰 제도 운영 역시 개선되어야 할 것입니다.

o 이제 더 이상, 국방부는 군 사법제도 개혁을 두려워하고 미뤄서는 안 됩니다. 국민 여론에 마지못해 미봉책으로 개선의 시늉만 낸다면, 결국에는 군 사법제도 개혁이 당사자인 군의 의지와 상관없이 외부로부터 이루어지게 될 수 있음을 국방부는 명심해야 합니다.

o 국방부는 군 사법제도 개혁이 군의 사기를 저하시킨다고 주장하고 있습니다. 그러나 오히려 개혁을 통해서만 장병들의 사기가 올라가고 실질적인 전투력 상승으로도 연결될 것입니다.

o 나아가, 선진화된 군 사법제도가 마련될 때 부모들이 자식들을 안심하고 군대에 보낼 수 있고, 우리 장병들은 본연의 임무에 충실하여, 국민에게 사랑받고 신뢰받는 든든한 군대로 제대로 자리매김 할 수 있을 것입니다.

o 국방부의 전향적인 입장 변화를 촉구하며, 앞으로도 국회는 국민들의 기대에 부응하는 군 사법제도 개선을 위해 더욱 더 노력하겠습니다. 감사합니다.

국회 군 인권 개선 및 병영문화혁신 특별위원회
군 사법체계 개선 소위원회
위원장 민홍철, 위원 정성호, 김용남

(2) 제한적 허용론

전쟁을 억제하고 전시 필승을 위해 존재하는 군은 평시에도 그 임무의 특수성으로 인하여 조직의 성격·운영에 있어서 일반사회와는 다른 특수성이 존재하며, 이러한 이유들로 인하여 군대내 특별법원으로서 군사법원을 설치·운영할 필요가 있다는 견해이다. 그 논거는 다음과 같다.[32]

첫째, 군대내의 사건은 엄정한 군기강 확립을 위해서 신속히 처리되어야 한다. 군은 국가안전보장과 국토방위의 임무를 수행을 위한 합법적인 무력집단으로 군조직을 운영·유지함에 있어 엄정한 군기강의 확립은 필요불가결한 요소이다. 특히 군사범죄는 군대조직을 급속도로 오염시켜 군기를 일거에 붕괴시키는 특징이 있고, 전시극한의 상황에서 전장이탈 및 비인도적 범죄행위를 방지하기 위해서 신속한 군사재판을 통해 엄정한 군기강확립이 필요하다. 또한, 전장의 고립된 부대 내에서 최소한의 사법절차를 통한 범법자처벌이 필요하다.

둘째, 군은 지휘관을 중심으로 통합된 군사력을 발휘할 필요가 있다. 지휘관이 완벽한 군사대비태세를 유지하고, 유사시 작전수행을 위해서는 지휘권아래 부대의 인적·물적 요소가 완벽히 갖추어져야 한다. 그런데 민간 사법기관이 군인에 대한 수사 및 재판을 담당하게 된다면, 지휘관은 군사력발휘의 핵심인 소속 부대원에 대한 인적 통제력을 상실할 우려가 있게 된다. 만약 소속 부대원이 어느 수사기관에서 무슨 이유로 수사를 받는지, 언제 인신구속이 되는지 파악할 수 없고, 지휘관이 부하의 수사·재판에 관련하여 병력이동을 파악·통제할 수 없다면 효과적인 부대관리 및 전투준비가 불가능할 것이다.

셋째 수사 또는 재판의 과정에서 군사기밀유지가 필요하다. 군내의 수사 및 재판은 군사법경찰관, 군법무관에 의해 이루어져 비밀의 취급 및 관리상의 문제가 발생하지 않는다. 그러나 민간수사기관이 이를 담당할 경우 군사기밀의 보관 및 처리절차·능력의 부재로 사법처리과정에서 군사기밀 유출의 위험성이 있을 수 있다. 특히, 군작전 운용상의 책임을 묻는 재판을 민간법원에서 진행할 경우 군 위기조치 및 작전내용이 유출될 우려가 있다.

넷째, '전시' 군사법원의 효율적 운영을 위하여 '평시' 군사법원의 운영이 필요하다. 평시 군사법원을 운영하지 않고 전시에만 창설할 경우 전쟁초기 엄정한 사법권 행사를 통한 군기강확립 및 지휘권확립이 중요함에도 불구하고 전시 군사법원 창설 초기의 업무미숙으로 군 사법체계가 원활히 작동하지 않을 가능성이 크다. 더욱이 북한의 국지적 도발(천안함사건, 연평도포격 도발 등)이 빈번한 현 안보상황에서 전시와 평시를 시간적으

---

32) 임천영, 「군사법제도의 발전방향」, "군 사법제도 및 인권침해 개선에 관한 토론회"(2014. 11. 12.), 대한변호사협회, 59면.

로 명확하게 구별하는 것은 사실상 불가능하여 전시 군사법원의 창설시기 자체에 대한 논란이 발생할 수 있다.

2. 헌법재판소의 입장

헌법재판소는 민간 형사재판절차와는 구별된 군사재판제도가 위헌인지 여부에 대하여 1996년 최초로 심판을 하였는데, 위헌법률심판 청구인들은 군사법원법 제6조가 다음과 같은 3가지 이유로 헌법에 위반된다는 취지를 주장하였다.

첫째, 헌법 제101조에서 「사법권은 법관으로 구성된 법원에 속하고, 법원은 최고법원인 대법원과 각급법원으로 조직된다」고 하였으므로 특별법원인 군사법원도 대법원을 정점으로 하는 사법부내에 설치되어야 하는데, 행정부 내의 각급 부대에 설치됨으로서 삼권분립의 원칙에 위배된다.

둘째, 헌법 제110조 제3항에서 군사법원의 조직·권한 및 재판권의 자격을 법률로 정한다고 하였으나, 군사법원을 군부대에 설치한다는 명시적인 위임이 없으므로 삼권분립과 국민의 정당한 재판을 받을 권리 등의 헌법정신에 비추어 군사법원법 제6조는 위임의 범위를 일탈하였다.

셋째, 군사법원을 군부대에 설치하여 결국 법원이 아닌 군인장교가 재판을 하게 되어 헌법 제27조 제1항의 국민의 재판을 받을 권리를 본질적으로 침해하고, 헌법 제11조의 평등의 원칙에 반한다는 것이다.

이러한 청구인의 주장에 대하여, 헌법재판소는 다음과 같이 심판을 하였다. 즉, 「헌법 제110조 제1항에서 "특별법원으로서 군사법원을 둘 수 있다"는 의미는 군사법원을 일반법원과 조직, 권한 및 재판관의 자격을 달리하여 특별법원으로 설치할 수 있다는 뜻으로 해석되므로, 법률로 군사법원을 설치함에 있어서 군사재판의 특수성을 고려하여 그 조직, 권한 및 재판관의 자격을 일반법원과 달리 정하는 것은 헌법상 허용하고 있다. 그러나 아무리 군사법원의 조직, 권한 및 재판관의 자격을 일반법원과 달리 정할 수 있다고 하여도 그것이 아무런 한계 없이 입법자의 자의에 맡겨질 수는 없는 것이고, 사법권의 독립 등 헌법의 기본원리에 위반하거나 헌법 제27조 제1항의 재판청구권, 헌법 제11조 제1항의 평등권, 헌법 제12조의 신체의 자유 등 기본권의 본질적 내용을 침해하여서는 안 될 헌법적 한계가 있다고 할 것이다」라고 판시한 바 있다.

또한 헌법재판소는 군사법원을 군부대 내에 설치한 것에 대해서도 합헌이라고 판시하였는데, 그 이유로 첫째, 군대임무의 특수성, 즉 국토방위를 위해 목숨까지 바칠 것을 요구하는 임무의 위험성과 이러한 군조직을 유지, 운용함에 있어서 군기의 유지와 지휘권 확립의 필요성, 둘째, 군사범죄의 특수성, 즉 범죄행위가 군대 내에 신속히 전파되고 일거에 군기강을 마비시키는 특수성, 셋째, 전·평시를 막론하고 빈번한 군대의 이동과 기동성 등을 들고 있다. 즉, "군 임무의 특성상 전시에는 말할 것도 없고 평시에도 적의 동태나 작전계획에 따라 자주 이동하고, 급박하게 상황이 변화하므로 이에 대응하여 언제, 어디서나 신속히 예외법원적인 군사법원의 군사재판을 할 수 있어야 한다"[33]고 판시하였다.

3. 검 토

많은 문제점을 내포하고 있음에도 국방부의 자체적인 혁신대책이 실효성을 가지지 못한 근본적인 이유는 군이 국가안보와 군의 특수성을 이유로 군의 폐쇄성을 극복하기 위한 본질적·핵심적 개혁(군사법제도, 군 옴부즈만제도 등)은 거부하면서 군의 자체적인 노력과 병영환경 개선을 위한 예산확보에만 주력해 왔다는 점을 부정할 수 없다. 이는 부대지휘관이 바뀌고 지휘 방침이 달라지면 병영문화나 인권의식과 같은 무형자산들이 순식간에 수포로 돌아가는 것을 의미한다.[34]

그러나 남북 분단상황에서 다른 나라와 달리 징병제를 시행하고 있다는 점 및 군인 인구가 60만에 이르는 점 등을 고려할 때, 일반 국민에 대한 군사재판권을 일체 인정하지 않는 것은 문제가 아닐 수 없다. 헌법재판소도 "군대는 각종 훈련 및 작전수행 등으로 인해 근무시간이 정해져 있지 않고 집단적 병영생활 및 작전위수구역으로 인한 생활공간적인 제약 등 군의 특수성으로 인하여 군인이 군대 외부의 일반법원에서 재판을 받는 것은 군대조직의 효율적인 운영을 저해하고..."라고 설시하여,[35] 평시 군사법원 운영의 필요성을 인정하고 있다.[36]

---

33) 헌재결 1996.10.31, 93헌바25.

34) 과거 군사법제도 개선과 관련하여, 국방부가 근본적 문제점을 스스로 인정하고 2006년 군사법제도 개선안을 정부입법으로 국회에 제출했음에도 불구하고 군 지휘관들의 반대로비와 임기말 개혁동력 상실로 17대 임기만료와 함께 폐기된 적이 있다. 즉, 당시 국방부 법무관리관은 '군사법제도 개혁의 필요성'이라는 언론기고에서 "군 지휘관이 군사법원의 관할관이면서 검찰까지도 향유하는 현재의 제도는 행정과 사법을 분리한 삼권분리의 기본원칙에 반하는 전근대적인 제도"로 이야기한 적이 있으며, 이어 "군 지휘관이 부대 내에서의 검찰권, (재판)관할권, 확인권 남용과 일탈은 어떠한 제한적 규정도 없이 자의적으로 행사되도록 방치되어 있었고 이로 인해 독선적 행위에 대해 법률적 제한조치를 할 수가 없었다"고 밝힌 바 있다((2006년 9월 18일자 법률신문).

35) 헌재결 2009.7.30, 2008헌바62.

36) 헌재결 1996.10.31, 93헌바25. "헌법 제110조 제2항에 의하면 군사법원의 상고심은 대법원에서 관할한다고 규정하여 대법원을 군사재판의 최종심으로 하고 있고, 군사법원법 제21조 제1항은 '군사법원의 재판관은 헌법과 법률에 의하여 그 양심에 따라 독립하여 재판한다'라고 규정하여 재판관의 재판상의 독립을, 같은 조 제2항은 '군사법원의 재판관은 재판에 관한 직무상의 행위로 인하여 징계 기타 어떠한 불이익한 처분도 받지 아니한다'라고 규정하여 재판관의 신분을 보장

결국 군사법원의 설치를 헌법에서 군대에 설치해야 한다는 명시적인 규정은 없지만, 군사법원의 연혁적 사실과 현행 군사법원법 제6조 등을 고려해 볼 때, 헌법 자체가 제한하지 않고 있는 한 입법론은 별론으로 하고, 해석상으로는 평시에 운용하는 것이 위헌은 아니라고 본다. 다만, 군범죄의 대부분이 영외에서 발생하는 교통사고나 성폭력 내지 폭행범죄 등인데, 예를 들어 군인과 민간인이 공범으로 범죄행위를 하였을 경우나 피고인이 재판진행 중 전역할 경우 관할법원이 달라짐으로 인하여 재판의 비효율이 발생하는 것은 물론 공범의 법정진술에 대하여 증거능력을 인정하는데 있어서의 차이 그리고 민간법원 재판과의 형벌균형성의 문제 등이 발생하게 된다. 더구나 피해자의 입장에서 민간법원과 군사법원을 오가야 하는 불편함도 무시할 수 없을 것이다. 또 군기관련범죄도 대부분 단순 군무이탈 내지 영내구타인 점을 감안하면 이들 범죄는 일반법원에서도 얼마든지 처리할 수 있는 성격의 사건으로 볼 수 있다. 따라서 국가의 안전보장과 국토방위라는 군 임무의 특수성을 고려할 때, 군사적 전문성과 특수성이 고려되어야 할 **'순정군사범죄'**는 무엇이며, 실제 어떤 경우인지에 대한 논의가 중요하다고 본다. 왜냐하면 군사법원은 군인 등 특정신분에 의한 관할을 기본으로 하는바, 민간법원과의 관할 이원화로 인하여 많은 불합리성 내지 비효율성이 나타나기 때문이다.

하고 있고, 또한 같은 법 제22조 제3항, 제23조 제1항에 의하면 군사법원의 재판관은 반드시 일반법원의 법관과 동일한 자격을 가진 군판사를 포함시켜 구성하도록 하고 있는 바, 이와 같은 사정을 보면 군사법원법 제6조가 일반법원과 따로 군사법원을 군부대 등에 설치하도록 하였다는 사유만으로 청구인이 주장하는 바와 같이 헌법이 허용한 특별법원으로서 군사법원의 한계를 일탈하여 군사법원의 독립을 침해하고 위임입법의 한계를 일탈한 것이거나 헌법 제27조 제1항의 재판청구권, 헌법 제11조의 평등권을 본질적으로 침해한 것이라고 할 수 없고...".

제2절 군사법제도에 대한 외국의 입법례

I. 미국의 군사법제도

1. 군사법원법의 체계

(1) 역사적 배경

미국은 일반적인 사법체계와 군사법체계를 분리하여 독립적으로 다루고 있는 가장 대표적인 국가이다. 그러나 피고인과 국가 소추기관인 검사로 대별되는 양 당사자의 대립적인 소송구조를 이루는 일반적인 형사법체계와는 달리, 군 형사소송절차와 관련하여 군대내 지휘관에게 폭넓은 지배적 권한을 인정해 주고 있다는 점이 커다란 특색이다.[37] 이는 미국이 세계 각지의 분쟁지역에 광범위한 군사적 개입 정책을 추구하고 있는데 기인하는 것으로 판단된다.[38]

그런데 미국의 경우 미국 연방헌법 제3장(Article Ⅲ)은 사법부(the Judicial Branch)에 관해 규정하고 있는데, 군사법원과 관련된 명문의 규정은 없다. 다만, 미국 연방헌법 제3조 제1항은 "합중국의 사법권은 1개의 연방대법원에, 그리고 연방의회가 수시로 제정하고 설치하는 하급법원에 속한다. 연방대법원 및 하급법원의 판사는 그 행상이 선량한 한 그 직을 보유하며, 그 직무에 대하여 정기에 보수를 받으며 그 보수는 재직 중에 감액되지 않는다"고 규정함으로써 미국의 사법권의 근거와 범위를 정하고 있다. 또, 제2항은 "사법권은 본 헌법과 연방법률 그리고 합중국의 권한에 의해 체결되었거나 체결될 조약으로 인해 발생하는 모든 보통법 상 및 형평법 상의 사건, 대사와 그 밖의 외교사절 및 영사에 관한 모든 사건, 해사재판 및 해상관할에 관한 모든 사건, 합중국이 당사자가 되는 분쟁, 두 개 주 이상의 주 간에 발생하는 분쟁, 상이한 주 구성원들 간의 분쟁, 그리고 어떤 주나 그 주의 주민과 외국과의 사이에 발생하는 분쟁에 미친다"라고 규정하고 있다. 제3조는 이처럼 주와 연방 간의 사법권 관할에 대해서 헌법에 정함으로써, 장래 사법권과 관련된 분쟁을 미연에 방지하는 역할을 하고 있다. 그래서 보통 제3

---

37) 관할관 제도 및 심판관 제도에 관한 자세한 내용은 김현주, "군 사법제도 개선의 핵심 쟁점에 관한 연구", 형사정책 제20권 제1호(2008), 한국형사정책학회, 33면 이하 참조.

38) 최환철, "軍司法운영실태 분석 및 개선방안 연구", 연세대학교 법무대학원, 2012, 49면.

조 관할이라고 함은 미국에서 연방법원이 관여할 수 있는 문제가 어디까지인지를 설명할 때 주로 사용되는 개념이다. 여기서 제3조 관할에 중요한 예외가 하나 있는데, 그것이 바로 군사법원의 예외이다. 쉽게 말하면, 군사법원이 관할하는 사건에 대해서는 미국 연방의 사법권, 구체적으로 말하면, 일반법원의 사법권이 미치지 못하는 것이다.

역사적인 관점에서 보면 미국의 군 사법제도는 1775년 제2회 대륙의회(the Second Continental Congress)가 제정한 69개조의 전쟁법규(American Articles of War)에서 기원하는 데, 독립전쟁 이후 1789년에 발효된 미합중국헌법 제1조 제8절는 의회에 지상과 해군을 통제할 수 있는 권한을 부여하였고, 그에 따라 미국 의회는 1806년 4월 10일 전쟁법규를 101개조로 전면 개정하였다. 최초의 군사관할은 제한된 범위의 군법 위반사건(장교, 병사, 종군민간인이 절도, 강도, 장교신분위조 등의 범죄를 범한 경우)에만 적용되었는데, 동일한 범죄라 하더라도 피해자가 민간인이고 군부대나 주둔지에서 군령을 위반하여 범해진 경우가 아니면 군사법원이 아닌 민간법원 관할사건으로 다루어졌다.[39]

(2) 군사법의 법적 근거

현재 미국 군사법제도의 근간을 이루고 있는 법률적 근거는 미국 "통일군사법전(UCMJ, Uniform Code of Military Justice, 10 U.S.C.; UCMJ라고 약칭함)"[40]인데, U.S.C. 제10편의 전체적인 조문 체계는 다음과 같다.

【표 7-6】 USC title 10. Armed Forces(제10편 군사)

Subtitle A. General Military Law - A. 군사법 총강
 Part I — Organization and General Military Powers (§§ 101-499a)
        - 군대의 편제 및 일반적인 군사력
      [Chapter 1 ~ Chapter 24]
 Part II — Personnel (§§ 501-1801) - 군인
      [Chapter 31 ~ Chapter 89]
      〈Chapter 47. Uniform Code of Military Law - 통일군사법전〉
 Part III — Training and Education (§§ 2001-2200j) - 훈련 및 교육
      [Chapter 101 ~ Chapter 112]

---

39) 김대홍, "미국의 군 사법제도", 맞춤형 법제정보/USA, 21면.
40) 현재까지 우리나라에서 미국의 군사법제도를 연구한 문헌들은 모두 U.S.C. 제10편 [10 U.S.C. - Armed Forces]을 통일군사법전, 즉 UCMJ(Uniform Code of Military Justice)로 표기하고 있는데, 이러한 표기는 혼동을 일으킬 여지가 있으므로 U.S.C.상 통일군사법전의 조문 위치를 구체적으로 밝혀둔다. 따라서 본고에서 사용하는 통일군사법전의 의미는 U.S.C. 제10장 전체를 지칭하는 것이 아니라, U.S.C. 제10편 A. Part 2. 제47장(Chapter 47)에 위치한 법을 의미한다.

Part Ⅳ — Service, Supply, and Procurement (§§ 2201-2926)
　　　[Chapter 131 ~ Chapter 173]
Part Ⅴ — Acquisition (§§ 3001 - 4881)
Subtitle B. Army - B. 육군
Subtitle C. Navy and Marine Corps - C. 해군 및 해병대
Subtitle D. Air Force - D. 공군
Subtitle E. Reserve Components - E. 예비군

　　동 법은 범죄의 유형 및 그에 대한 처분 등 실체법적 성질과 재판절차, 형선고절차 등 절차법적 성질을 모두 내포하고 있다. 통일군사법전(UCMJ) 제36조[41])에 규정된 바에 따라 법률의 구체적인 시행을 위하여 필요한 사항에 관한 규칙의 제정권은 대통령에게 유보되어 있으며, 이 규정에 의거하여 제정된 하위법규(행정명령)가 "군사법원교범(The Manual for Courts-martial, MCM)"[42])이다. 동 교범을 통하여 군사법원의 구성과 운영, 범죄의 유형 및 처벌에 관한 사항 등을 실질적이고 구체적으로 실현한다.[43])

---

41) UCMJ Subchapter Ⅶ, Article 36. President may prescribe rules 대통령의 규칙 제정 권한.
　　(a) Pretrial, trial, and post trial procedures, including modes of proof, for cases arising under this chapter triable in courts-martial, military commissions and other military tribunals, and procedures for courts of inquiry, may be prescribed by the President by regulations which shall, so far as he considers practicable, apply the principles of law and the rules of evidence generally recognized in the trial of criminal cases in the United States district courts, but which may not be contrary to or inconsistent with this chapter.

42) MCM은 서문에서 '군법의 목적은 사법정의를 구현하고 군의 질서와 군기를 확립하며 효율적인 군운영을 실현하여 미합중국의 국가안보를 보장하는데 있다.'고 천명하고 있으며, 우리나라 헌법재판소(헌재결 1996.10.31, 93헌바25)도 군사법원법 제6조 등 위헌법률심판에서 '군사법원을 특별법원으로 설치할 때에는 군대조직 및 군사재판의 특수성을 고려하고 군사재판을 신속, 적정하게 하여 군기를 유지하고 군 지휘권을 확립하기 위한 것'이라고 판시함으로써 논란의 여지는 있지만 사법적 정의의 구현과 군기강(또는 군지휘권) 확립의 조화로운 추구가 군사법제도의 이념일 수 있음을 시사하고 있다(정준섭, "군사법제도의 문제점과 개선방안", 형사법연구 통권 제45호, 한국형사법학회, 2010, 69면 이하; 지대남, "한국과 미국의 군사재판제도의 비교", 헌법학연구 제17권 제1호, 한국헌법학회, 2011, 375-376면).

43) 이처럼 미국은 군사법의 실질적 운영을 위해 필요한 사항에 관한 규칙 제정권한이 대통령에게 유보되어 있는데, 이는 우리나라의 군사법원법과 다른 점이다. 우리 군사법원법 제4조 제1항에 규정된 바에 따르면 군사법원의 내부규율과 사무 처리에 관한 군사법원규칙 제정 권한은 군법무관회의의 의결을 거쳐 대법원이 갖고 있다.
　　[군사법원법 제4조(대법원의 규칙제정권)]
　　① 대법원은 군법무관회의의 의결을 거쳐 군사법원의 내부규율과 사무처리에 관한 군사법원규칙을 정한다.

미국 통일군사법전(UCMJ)은 1951년 5월 31일 제정되어 이전의 전쟁법규를 대체하였으며, 이후 1968년 및 2016년에 대폭 개정되었다. 특히 1968년의 개정은 군판사의 권한을 높이고 불법적이고 부당한 지휘영향력으로부터의 독립을 보장한 점 및 군사법원의 소송절차에서 피고인의 변호인의 조력을 받을 권리를 신장시키는 점 등 군사재판절차의 공정성을 확보하고 피고인의 권리보장을 강화하였다는 점에서 큰 의의를 갖는다.

통일군사법전(UCMJ)은 우리나라의 '군사법원법', '군형법', '군인사법', '군에서의 형의 집행 및 군수용자의 처우에 관한 법률' 등 군사관계법을 총망라하고 있다. 즉, 우리의 군사관계법은 개별 법률의 형식으로 제정되어 있는 반면, 미국의 통일군사법전(UCMJ)은 복합적인 성질을 띤다.[44] 구체적으로 살펴보면, 동법은 전문 146여 개 조문으로 구성되어 있으며, 제47편 제801절(제1조)부터 제946a절(제146a조)에 규정되어 있다. 군사법원에 관련된 조항, 체포와 억류, 공판 전부터 선고 후의 절차에 관한 절차법적 성질을 띤 조항, 징계에 관련된 조항(Non-Judicial Punishment) 등을 담고 있으며, 우리나라의 군형법에 해당하는 실체적 형벌조항(Punitive Articles)은 제77조에서 제134조까지 규정되어 있다.

【표 7-7】통일군사법전(UCMJ)의 전체 조문체계

Ⅰ. 일반조항 General Provisions: Articles 1 ～ 6b
Ⅱ. 체포 및 억류 Apprehension and Restraint: Articles 7 ～ 14
Ⅲ. 약식처벌 Non-Judicial Punishment: Articles 15
Ⅳ. 군사재판의 관할 Court-Martial Jurisdiction: Articles 16 ～ 21
Ⅴ. 군사법원의 구성 Composition of Court-Martial: Articles 22 ～ 29
Ⅵ. 재판전 절차 Pre-Trial Procedure: Articles 30 ～ 35
Ⅶ. 재판절차 Trial Procedure: Articles 36 ～ 54
Ⅷ. 선고 Sentences: Articles 55 ～ 58b
Ⅸ. 선고후 절차 및 항소 Post-Trial Procedure & Review of Court: Articles 59 ～ 76b
Ⅹ. 형벌규정 Punitive Articles: Articles 77 ～ 134
ⅩⅠ. 기타조항 Miscellaneous provisions: Article 35 - 40a
ⅩⅡ. 연방군사항소법원 United States court of appeals for the armed forces: Article 41 - 46a

통일군사법전(UCMJ)은 살인(murder), 강간(rape), 절도(larceny), 강도(robbery), 방화(arson), 주거침입(housebreaking) 등 일반 형법상 범죄도 규정하고 있으나, 근무이탈(desertion), 상관모욕(disrespect toward superior commissioned officer), 명령 불복종

---

② 군법무관회의는 국방부장관을 의장으로 하고, 국방부장관이 지정하는 군법무관 2명과 각 군참모총장이 지정하는 군법무관 각 2명씩으로 구성한다.

③ 군법무관회의는 재적 구성원 3분의 2 이상의 출석과 출석 구성원 과반수의 찬성으로 의결한다.

44) 강구진/이인수, "미국의 군사법제도 - 우리 제도와의 차이점을 중심으로 -", 사법행정 제11권 제6호, 한국사법행정학회, 30면.

(failure to obey order or regulation), 하급자에 대한 가혹행위(cruelty and maltreatment), 군용물 분실·손괴(military property of united states—loss, damage, destruction, or wrongful disposition), 주취상태 하에서의 자동차·비행기·선박의 운전(drunken or reckless operation of a vehicle, aircraft, or vessel) 초병의 음주 등(misbehavior of sentinel), 간첩행위(spies), 이적행위(aiding the enemy), 결투(dueling), 근무회피 목적의 꾀병(malingering) 등 군대의 존재와 운영을 저해하는 행위도 범죄로 규정하여 처벌하고 있다. 특히 통일군사법전(UCMJ) 제134조는 특별히 처벌을 정하고 있지 않은 경우라도 군의 질서와 군기를 저해하는 일체의 무질서 및 태만, 그리고 군의 신뢰를 손상시키는 일체의 행위에 대해서는 해당 위반행위의 성격과 정도에 상응하여 군사법원의 법정재량에 따라 처벌할 수 있는 일반조항(general article)을 규정하고 있다.45)

통일군사법전(UCMJ)의 적용대상은 동법 제2조에 규정되어 있으며, 12개의 범주로 나누어져 있다. 즉, 군인, 군무원(현역, 예비역, 퇴역을 불문), 육·해·공군 사관생도, 군에 배속된 국립해양대기관리청(the National Oceanic and Atmospheric Administration) 또는 공중위생관리청(Public Health Service) 등의 소속 인원, 군교도소 수감자, 전쟁포로, 미국이 당사국인 조약 또는 일반적으로 승인된 국제법규에 따라 미국 영토 외에서 미국에 복무 중이거나 고용된 자, 미국이 당사국인 조약 또는 일반적으로 승인된 국제법규에 따라 미국 정부의 통제 하에 미국이 임대하거나 취득하고 있는 미국 영토 외의 지역에 거주하는 자 등이 포함된다.46)

(3) 군사법의 특징

첫째, 범죄발생시 범죄수사를 담당하는 육군 CID, 해군 NCIS 등의 수사와는 별개로 미국의 지휘관은 군사재판 회부여부를 판단하기 위하여 법무참모(staff judge advocate)를 지정하여 사건을 조사하게 하는데, 지휘관은 그 보고결과에 기속되지 않는

---

45) 10 U.S. Code § 934 — Art. 134. General article.

Though not specifically mentioned in this chapter, all disorders and neglects to the prejudice of good order and discipline in the armed forces, all conduct of a nature to bring discredit upon the armed forces, and crimes and offenses not capital, of which persons subject to this chapter may be guilty, shall be taken cognizance of by a general, special, or summary court—martial, according to the nature and degree of the offense, and shall be punished at the discretion of that court. As used in the preceding sentence, the term "crimes and offenses not capital" includes any conduct engaged in outside the United States, as defined in section 5 of title 18, that would constitute a crime or offense not capital if the conduct had been engaged in within the special maritime and territorial jurisdiction of the United States, as defined in section 7 of title 18.

46) 10 U.S. Code § 802 — Art. 2. Persons subject to this chapter.

다. 또한 군사재판 회부여부를 결심하기 전에 법무참모의 조언을 받아야 하지만, 그 조언에 따를 필요는 없다(UCMJ 제34조).

둘째, 우리나라는 비록 지휘관의 지휘·감독을 받기는 하지만, 군검찰관이 군검찰관의 명의로 기소를 하는 반면,[47] 미국의 경우 검찰관은 공소유지만 담당하며, 지휘관이 지휘관의 명의로 군사재판에 회부하는 권한을 가진다.

셋째, 미국의 경우 군사재판 회부권을 가진 지휘관의 계급, 피고인의 계급, 가능한 형량에 따라, 일반군사법원(General Court-Martial), 특별군사법원(Special Court-Martial), 약식군사법원(Summary Court-Martial)의 세 등급의 군사법원이 있다. 반면, 구(舊) 군사법원법에서는 우리 군의 경우 사단장급 이상의 장성급 지휘관만이 관할관으로서 군사재판을 열 수 있었다. 즉, 우리나라와 달리 미국의 경우에는 중하급 지휘관들도 군사재판 회부권을 가지고 있는 것이다.

넷째, 미국의 경우 지휘관이 군사법원을 소집하는 경우(convening the court-martial) 배심원을 선정할 권한(appointing authority)을 가진다.

다섯째, 미국의 지휘관은 매우 강한 확인조치권(Reviewing authority)을 가지고 있는바, 관할관인 지휘관은 유죄판결을 기각(dismiss)하거나 감경을 할 수 있으며, 공소장의 죄목보다 경한 죄목으로 죄명을 변경할 권한을 갖는다(UCMJ 제60조). 반면, 구(舊) 군사법원법은 지휘관에게 제한된 범위의 확인조치권만을 인정하였다.

여섯째, 미국 UCMJ는 지휘관의 불법적인 재판관여를 UCI(Unlawful Command Influence)[48]로 금지하는 규정을 두고 있다(UCMJ 제37조).

---

47) 군사법원법 제285조(군검사의 사건처리)
   군검사는 사건의 수사를 마쳤을 때에는 다음 각 호의 어느 하나에 해당하는 처분을 하여야 한다.
   1. 공소를 제기함이 상당하다고 인정할 때에는 공소의 제기
   2. 범인이 체포되지 아니하였거나 공소권 또는 범죄혐의가 없다고 인정될 때 또는 「형법」 제51조 각 호의 사항을 참작하여 공소를 제기하지 아니하는 것이 상당하다고 인정할 때에는 불기소의 처분
   3. 그 군검찰부에 대응하는 군사법원에 관할권이 있지 아니하거나 관할권이 있더라도 다른 관할 군사법원에서 심리하는 것이 상당하다고 인정할 때에는 관할 군사법원에 대응하는 군검찰부에 송치

48) UCMJ ART 37. Command influence
   (a) (1) No court-martial convening authority, nor any other commanding officer, may censure, reprimand, or admonish the court or any member, military judge, or counsel thereof, with respect to the findings or sentence adjudged by the court, or with respect to any other exercise of its or his functions in the conduct of the proceeding.
   (2) No court-martial convening authority, nor any other commanding officer, may deter or attempt to deter a potential witness from participating in the investigatory process or testifying at a court-martial. The denial of a request to travel at government expense or refusal to make a witness available shall not by itself constitute unlawful command influence.

(3) No person subject to this chapter may attempt to coerce or, by any unauthorized means, attempt to influence the action of a court—martial or any other military tribunal or any member thereof, in reaching the findings or sentence in any case, or the action of any convening, approving, or reviewing authority or preliminary hearing officer with respect to such acts taken pursuant to this chapter as prescribed by the President.

(4) Conduct that does not constitute a violation of paragraphs (1) through (3) may include, for example—

(A) general instructional or informational courses in military justice if such courses are designed solely for the purpose of instructing persons on the substantive and procedural aspects of courts—martial;

(B) statements regarding criminal activity or a particular criminal offense that do not advocate a particular disposition, or a particular court—martial finding or sentence, or do not relate to a particular accused; or

(C) statements and instructions given in open court by the military judge or counsel.

(5)

(A) Notwithstanding paragraphs (1) through (3), but subject to subparagraph (B)—

(i) a superior convening authority or officer may generally discuss matters to consider regarding the disposition of alleged violations of this chapter with a subordinate convening authority or officer; and

(ii) a subordinate convening authority or officer may seek advice from a superior convening authority or officer regarding the disposition of an alleged offense under this chapter.

(B) No superior convening authority or officer may direct a subordinate convening authority or officer to make a particular disposition in a specific case or otherwise substitute the discretion of such authority or such officer for that of the subordinate convening authority or officer.

(b) In the preparation of an effectiveness, fitness, or efficiency report, or any other report or document used in whole or in part for the purpose of determining whether a member of the armed forces is qualified to be advanced in grade, or in determining the assignment or transfer of a member of the armed forces or in determining whether a member of the armed forces should be retained on active duty, no person subject to this chapter may, in preparing any such report (1) consider or evaluate the performance of duty of any such member as a member of a court—martial, or (2) give a less favorable rating or evaluation of any member of the armed forces because of the zeal with which such member, as counsel, represented any person in a court—martial proceeding.

(c) No finding or sentence of a court—martial may be held incorrect on the ground of a violation of this section unless the violation materially prejudices the substantial rights of the accused.

(d)

(1) A superior convening authority or commanding officer may withhold the authority of a subordinate convening authority or officer to dispose of offenses in individual cases, types of cases, or generally.

(2) Except as provided in paragraph (1) or as otherwise authorized by this chapter, a

(4) 군사법원의 종류와 관할 (제16조 이하)[49]

미국의 군사법원은 3심급으로 구성되어 있다. 제1심을 담당하는 군사법원은 범죄의 경중에 따라 일반군사법원(General Court-Martial), 특별군사법원(Special Court-Martial), 약식군사법원(Summary Court-Martial)으로 나뉘며, 제2심 법원으로는 각 군 법무감이 개설하여 제1심 사건을 재심리하는 형사항소법원(Review by Court of Criminal Appeals)이 있고, 제3심으로는 국방부에 설치된 상고법원(Review by The United States Court of Appeals for the Armed Forces)이 있다.[50]

---

superior convening authority or commanding officer may not limit the discretion of a subordinate convening authority or officer to act with respect to a case for which the subordinate convening authority or officer has authority to dispose of the offenses.

49) 10 USC § 816 — Art. 16. Courts-martial classified [제816절 제16조. 군사법원의 분류]

(a) In General.—The three kinds of courts-martial in each of the armed forces are the following:

(1) General courts-martial, as described in subsection (b).

(2) Special courts-martial, as described in subsection (c).

(3) Summary courts-martial, as described in subsection (d).

(b) General Courts-martial.—General courts-martial are of the following three types:

(1) A general court-martial consisting of a military judge and eight members, subject to sections 825(e)(3) and 829 of this title (articles 25(e)(3) and 29).

(2) In a capital case, a general court-martial consisting of a military judge and the number of members determined under section 825a of this title (article 25a), subject to sections 825(e)(3) and 829 of this title (articles 25(e)(3) and 29).

(3) A general court-martial consisting of a military judge alone, if, before the court is assembled, the accused, knowing the identity of the military judge and after consultation with defense counsel, requests, orally on the record or in writing, a court composed of a military judge alone and the military judge approves the request.

(c) Special Courts-martial.—Special courts-martial are of the following two types:

(1) A special court-martial consisting of a military judge and four members, subject to sections 825(e)(3) and 829 of this title (articles 25(e)(3) and 29).

(2) A special court-martial consisting of a military judge alone—

(A) if the case is so referred by the convening authority, subject to section 819 of this title (article 19) and such limitations as the President may prescribe by regulation; or

(B) if the case is referred under paragraph (1) and, before the court is assembled, the accused, knowing the identity of the military judge and after consultation with defense counsel, requests, orally on the record or in writing, a court composed of a military judge alone and the military judge approves the request.

(d) Summary Court-martial.—

A summary court-martial consists of one commissioned officer.

미국의 제1심 군사법원은 세 종류의 법원으로 분류된다. 그러나 주의할 것은 이 세 종류의 군사법원이 우리나라의 군사법원법상 보통군사법원과 고등군사법원과 같이 하급법원과 상급법원으로 구분되는 것이 아니라는 점이다. 즉, 일반군사법원, 특별군사법원, 약식군사법원은 모두 우리나라의 보통군사법원과 동일하게 제1심 군사법원이다. 다만, 미국의 군사법원은 범죄의 경중에 따라 각 법원이 재판권을 가질 수 있는 사건을 제한하고 있다는 점에서, 소송의 경제성을 도모하고 인력을 효율적으로 이용할 수 있다는 장점이 있다.

가. 일반군사법원(General Court-Martial)

일반군사법원은 1명의 군판사(military judge)와 8인 이상의 배심원(member)으로 구성된다. 그러나 법원 구성 전에 피고인이 군판사의 신원을 알고 있고, 피고인측 변호인과 상의를 거친 후에 기록이 남는 진술 또는 서면으로 1인의 군판사만으로 구성된 재판부를 요구하고 당해 군판사가 이를 승인한 경우에는 1인의 군판사로 구성된 일반군사법원이 설치된다(UCMJ §16 (b)(3)).

일반군사법원은 사형과 무기징역을 포함한 통일군사법전(UCMJ)에 의하여 인정되는 모든 형벌을 내릴 수 있는 형사재판권을 가진 군사법원이다. 일반군사법원은 사형을 포함한 형을 선고할 수 있지만, 군판사 1인으로 구성된 일반군사법원의 경우에는 법정형으로 사형이 규정된 범죄에 관해서 사전에 비사형사건으로 언급되지 않은 이상 그를 심리할 수 없다.[51] 현재의 미군 편제상 일반군사법원은 사단급 이상의 부대에 설치되고 있다.

---

50) 군사재판제도가 헌법에 반하지 여부에 대하여, 미국 연방대법원은 판결이유에서 "훈련을 받고 또 경험이 있는 군대구성원이 군대규율을 위반한 군인에 대하여 재판을 행사하는 것이 더 적합하며, 특히 재판 대상범죄가 순정 군사범일 경우 그 필요성이 더욱 크다"(United States ex rel. Toth v. Qualles, 350 U. S. 11, 18 (1955))고 판시한 바 있다.

51) 10 USC § 818 ─ Art. 18. Jurisdiction of general courts-martial [일반군사법원의 관할]
(a) Subject to section 817 of this title (article 17), general courts-martial have jurisdiction to try persons subject to this chapter for any offense made punishable by this chapter and may, under such limitations as the President may prescribe, adjudge any punishment not forbidden by this chapter, including the penalty of death when specifically authorized by this chapter. General courts-martial also have jurisdiction to try any person who by the law of war is subject to trial by a military tribunal and may adjudge any punishment permitted by the law of war(본편 제817조에 규정된 바에 따라 설치된 일반군사법원은 본장의 적용대상자가 본장의 규정에 따라 처벌을 받는 범죄 행위에 대하여 본장에 규정되어 있지는 않더라도 대통령령으로 정한 처벌 한계를 넘지 않는 범위 내에서, 본장의 규정에 따라 특별한 권한이 있는 경우 사형을 포함한 적절한 처벌을 할 재판권을 갖는다. 또한 일반군사법원은 전쟁법(law of war)에 따라 군사법원(military tribunal)의 재판을 받게 된 자에 대하여 재판권을 갖고, 전쟁법에 의거해 처벌할 수 있는 행위에 대한 재판을 할 수 있다).

나. 특별군사법원(Special Court-Martial)[52]

특별군사법원은 1인의 군판사와 4인의 배심원으로 구성되거나 또는 피고인이 원하

(b) A general court-martial of the kind specified in section 816(b)(3) of this title (article 16(b)(3)) shall not have jurisdiction to try any person for any offense for which the death penalty may be adjudged unless the case has been previously referred to trial as a noncapital case(본편 제816조 제(b)(3)호(제16조 (b)(3)호) 규정된 바에 따라 설치된 일반군사법원은 범죄행위로 인하여 이전 재판에서 사형에 해당하지 않는다는 판결을 받은 사건이 아닌 한, 사형의 선고를 받게 될 자에 대한 재판권을 행사하지 못한다).

(c) Consistent with sections 819 and 820 of this title (articles 19 and 20), only general courts-martial have jurisdiction over the following offenses:

(1) A violation of subsection (a) or (b) of section 920 of this title (article 120).

(2) A violation of subsection (a) or (b) of section 920b of this title (article 120b).

(3) An attempt to commit an offense specified in paragraph (1) or (2) that is punishable under section 880 of this title (article 80).

52) 10 USC § 819 - Art. 19. Jurisdiction of special courts-martial [특별군사법원의 관할]

(a) In General.—

Subject to section 817 of this title (article 17), special courts-martial have jurisdiction to try persons subject to this chapter for any noncapital offense made punishable by this chapter and, under such regulations as the President may prescribe, for capital offenses. Special courts-martial may, under such limitations as the President may prescribe, adjudge any punishment not forbidden by this chapter except death, dishonorable discharge, dismissal, confinement for more than one year, hard labor without confinement for more than three months, forfeiture of pay exceeding two-thirds pay per month, or forfeiture of pay for more than one year(일반론 - 본편 제817조에 규정된 바에 따라 설치된, 특별군사법원은 본장의 적용대상자가 범한 범죄행위가 본장의 규정에 따라 사형에 해당하지 않는 범죄에 대하여 재판권을 갖고, 대통령령에서 정한 법정형이 사형에 해당하는 사건에 대해서도 재판권을 갖는다. 특별군사법원은 사형, 불명예제대, 파면, 1년 이상의 구금형, 3개월 이상의 노역, 한 달의 2/3를 초과하는 몰수, 1년치 이상에 해당하는 봉급의 몰수형을 제외하고 본 장에 규정되어 있지 않은 사항이라고 하더라도 대통령령에서 정한 한계의 범위 내에서 본장의 규정에 따라 금지되지 않은 행위를 처벌할 수 있다). .

(b) Additional Limitation.—

Neither a bad-conduct discharge, nor confinement for more than six months, nor forfeiture of pay for more than six months may be adjudged if charges and specifications are referred to a special court-martial consisting of a military judge alone under section 816(c)(2)(A) of this title (article 16(c)(2)(A)).

(c) Military Magistrate.— If charges and specifications are referred to a special court-martial consisting of a military judge alone under section 816(c)(2)(A) of this title (article 16(c)(2)(A)), the military judge, with the consent of the parties, may designate a military magistrate to preside over the special court-martial.

는 경우에는 1명의 군판사만으로 구성될 수 있다(UCMJ §16 (c)(1)(2)). 특별군사법원은 사형, 불명예 제대(dishonorable discharge), 1년 이상의 구금형, 3개월 이상의 구금을 수반하지 않는 중노동형, 1년 연봉 이상의 감봉이나 2/3월 월봉치를 초과하는 감봉에 해당하는 범죄를 제외한 범죄에 대해서 재판권을 행사한다. 만약 특별군사법원이 피고인에 대하여 징계 제대(bad-conduct discharge)이나 6개월 이상의 구금형, 또는 6월 월봉치 이상의 감봉을 선고할 경우에는 공판조서 및 증언(a complete record of the proceedings and testimony)이 모두 기록되어야 한다.

다. 약식군사법원(Summary Court-Martial)[53]

약식군사법원은 경미한 범죄에 대한 신속한 판단을 위한 법원으로 군법무관이 아닌 일반 장교(Commissioned Officer) 1명만으로 구성된다(UCMJ §16 (d)). 장교(Officer), 육·해·공군 및 해상보안사관학교의 생도(Cadets), 사관후보생도(Aviation Cadets) 이외의 자가 범한 경미 범죄행위에 대한 재판권을 갖는다(사실 이 약식군사법원은 재판과 같은 절차로 진행되지 않아서 non-judicial court라고 부른다). 다만, 사형을 선고할 수는 없다.

약식군사법원은 사형, 불명예 또는 징계 제대, 1월 이상의 구금형, 45일 이상의 노역, 2개월 이상의 특정장소에서의 근신(Restriction to specified limits), 2/3월 월봉치 이상의 감봉에 해당하는 범죄를 제외한 범죄에 재판권을 행사한다. 만약 피고인이 공판이 시작되기 전에 약식군사법원에서 재판을 받기를 원치 않는 때에는 거부를 할 수 있고, 이 경우 일반군사법원 또는 특별군사법원에 의한 재판을 받게 된다.

---

53) 10 USC § 820 - Art. 20. Jurisdiction of summary courts-martial [약식군사법원의 관할]

(a) In General.—

Subject to section 817 of this title (article 17), summary courts-martial have jurisdiction to try persons subject to this chapter, except officers, cadets, aviation cadets, and midshipmen, for any noncapital offense made punishable by this chapter. No person with respect to whom summary courts-martial have jurisdiction may be brought to trial before a summary court-martial if he objects thereto. If objection to trial by summary court-martial is made by an accused, trial may be ordered by special or general court-martial as may be appropriate. Summary courts-martial may, under such limitations as the President may prescribe, adjudge any punishment not forbidden by this chapter except death, dismissal, dishonorable or bad-conduct discharge, confinement for more than one month, hard-labor without confinement for more than 45 days, restriction to specified limits for more than two months, or forfeiture of more than two-thirds of one month's pay.

(b) Non-criminal Forum.—

A summary court-martial is a non-criminal forum. A finding of guilty at a summary court-martial does not constitute a criminal conviction.

(5) 군사법원의 소집과 구성(제22조 이하)
가. 군사법원의 소집

미국의 군대에는 장병을 기소하기 위한 상설법원(permanently established trial courts)이 설치되어 있지 않으므로 군법회의를 소집할 수 있는 권한을 가진 지휘관이 필요에 따라 수시로 군법회의를 소집할 수 있다. 이에 따라 군사재판절차를 소집할 수 있는 권한을 가진 사람은 대통령, 국방장관, 관련 장관, 지휘관(commanding officer) 등이며,[54] 배심원(Member)을 임명할 권한을 갖고 있다. 배심원들은 대개 비법률가들이지만, 군 법무관(Staff Judge Advocate)의 도움을 받아 절차를 진행한다. 피고인인 병(兵)은 자신과 같은 병을 배심으로 요청할 권리가 있다. 이 경우 배심의 3분의 1은 최소한 병이어야 한다.

한편 사건이 비밀스럽고, 까다로운 증거와 관련되어 있을 때 혹은 아동을 증언으로부터 보호하고자 할 때에는 소집관과 범죄혐의자 사이에 사전합의(Pretrial Agreements)가 이루어질 수 있다. 이것은 일반 형사절차에서 유죄답변거래(Plea Bargaining)와 마찬가지로 혐의자의 자백과 형량의 감경을 내용으로 하며, 선고가능성이 높은 사안에 제한된다.

---

54) 10 U.S. Code § 822 — Art. 22. Who may convene general courts—martial

(a) General courts—martial may be convened by—

(1) the President of the United States;

(2) the Secretary of Defense;

(3) the commanding officer of a unified or specified combatant command;

(4) the Secretary concerned;

(5) the commanding officer of an Army Group, an Army, an Army Corps, a division, a separate brigade, or a corresponding unit of the Army or Marine Corps;

(6) the commander of a fleet; the commanding officer of a naval station or larger shore activity of the Navy beyond the United States;

(7) the commanding officer of an air command, an air force, an air division, or a separate wing of the Air Force or Marine Corps, or the commanding officer of a corresponding unit of the Space Force;

(8) any other commanding officer designated by the Secretary concerned; or

(9) any other commanding officer in any of the armed forces when empowered by the President.

(b) If any such commanding officer is an accuser, the court shall be convened by superior competent authority, and may in any case be convened by such authority if considered desirable by him.

나. 군사법원의 구성

군사법원에서 재판을 하기 위해서는 군판사(military judge), 재판장(president), 배심원(Members),[55] 변호인(defense counsel, 보조변호인 포함), 검찰관(Prosecutor: Staff Judge Advocate - SJA), 서기(reporter), 번역인(interpreter), 정리(guard) 등이 있어야 한다. 군사법원도 일반 민간법원과 마찬가지로 기본적으로 군판사가 법률문제(예컨대, 전문법칙 등 증거능력 판단)를 결정하고 배심원들이 사실문제(가령 유무죄 여부)를 판단한다.

군판사는 연방법원 또는 주 대법원의 변호사단(辯護士團)의 일원이어야 하고, 해당 법무감(The Judge of Advocate General)에 의하여 군판사로서의 직무를 위하여 자격이 인정된 장교여야 한다.[56] 이들은 법무장교이고 보통 중령(Lt. Col) 또는 대령(Colonel) 계급이다. 군판사는 군사법원에서 변호인, 검사 또는 양자로서 많은 경험을 가진 사람 중에서 임명된다. 군판사는 오직 다른 군판사에 의해서만 감독을 받으며, 일반적인 군사적 의무가 부과되지는 않는다. 군판사는 피고인과 변호인이 출석하지 않은 상황에서 배심원과 협의할 수 없으며, 배심의 평의에 참여하지 못한다.[57] 다만, 민간법원의 판사와 다른 점은 판사로서 복무하는 기간이 따로 정해져 있는 게 아니라는 점이다. 즉, 판사 업무에 배정될 때만 판사로서 근무하고, 그 외 다른 업무에 배정되면 판사의 지위에서 벗어난다. 일단 판사가 되면 정해진 기간 동안 판사 업무만 계속하는 민간법원과는 확연히 다른 것이다.

배심원단(Members, Panel)은 군판사가 사형사건에서는 12명, 비사형사건에서는 8명, 특별군사법원은 4명을 위촉한다. 군사법원의 배심원은 일반장교(commissioned officer), 기술장교(준사관, warrant officer), 기타 사병(피고인과 같은 부대(unit)에 속하지 않은 경우)으로 이루어지며, 가능하면 피고인보다 상위 계급의 군인들로 구성한다.[58]

---

55) 배심원이 되기 위하여는 ① 현역으로 복무중인 자일 것, ② 자격있는 범주에 속하는 자일 것 등의 자격요건이 충족되어야 하며, ②의 요건은 군인을 장교, 준사관, 사병의 3가지 범주로 구분한 다음, 장교에게는 어떠한 범주에 속하는 피고인에 대하여도 배심으로서의 자격을 인정하고, 준사관에게는 다른 준사관과 사병에 대해서만, 사병에게는 다른 사병에 대해서만 배심원으로서의 자격을 인정하는 것이다.

56) UCMJ § 826. Art. 26. (b) A military judge shall be a commissioned officer of the armed forces who is a member of the bar of a Federal court or a member of the bar of the highest court of a State and who is certified to be qualified for duty as a military judge by the Judge Advocate General of the armed force of which such military judge is a member.

57) UCMJ § 826. Art. 26 (e) The military judge of a court-martial may not consult with the members of the court except in the presence of the accused, trial counsel, and defense counsel, nor may he vote with the members of the court.

배심원은 비밀투표로써 평의를 하지만, 투표 이전에 서로 상대편의 의견을 물어볼 수는 있다. 그리고 평결이 이루어진 후에는 자신의 투표내용에 대하여 비밀을 준수하여야 한다. 증인의 증언에 관하여 의문이 생긴 경우에는 검찰이나 피고인측에게 직접 물어볼 수는 없고 법관에게만 질문하거나 녹화된 테이프의 청취를 요구할 수 있다. 일반 법원과 마찬가지로 "합리적 의심을 넘는 정도(beyond a reasonable doubt)"의 유죄심증이 있어야 유죄결정을 할 수 있다. 평의하는 도중에 이루어진 토론은 계급관계에 의해서 영향을 받아서는 안 되며, 배심원으로서의 역할은 일반 근무평정(performance report)에서 고려되지 않는다. 민간법원에서와 같이 만장일치제가 아니라 군사법원에서는 배심원의 3분의 2 이상의 찬성이면 유죄결정이 가능하다.

(6) 형의 선고(Judgement and sentencing)

미국 통일군사법전(UCMJ)은 각종 범죄에 따른 형벌을 규정하고 있지 않으며, 다만 사형 등에 처할 중요범죄에만 직접 규정하고 있을 뿐이다. 예컨대 이적행위(UCMJ 899 Art 99), 간첩죄(UCMJ 906 Art 106), 살인죄(UCMJ 918 Art 118) 등이 여기에 해당한다. 즉 각칙에 해당하는 각 조문은 단지 범죄구성요건만을 규정하고 있으며, 형벌의 종류나 형량은 대통령이 정하는 명령에 위임하고 있다(UCMJ § 856 Art 56).[59] 이러한 점은 죄형법정주의를 고수하는 우리나라의 법률체계와는 크게 다른 점이다. 위의 통일군사법전(UCMJ) 제56조에 의한 대통령령으로 '최대형량표'(Table of Maximum Punishment)가 있다. 이 최대형량표에는 그 형벌의 종류와 형량으로 각 범죄에 따라 다음과 같이 정하고 있다. 즉, ① 불명예파면, 봉급과 수당금액의 몰수, ② 비행파면, 봉급과 수당금액의 몰수, ③ 징역 ④ 봉급의 3분의 2의 몰수이다.[60] 이 최대형량표 외에 다시 '형량등가

---

58) MCM Rule. 502 (a) Members.

(1) Qualifications.

The members detailed to a court-martial shall be those persons who in the opinion of the convening authority are best qualified for the duty by reason of their age, education, training, experience, length of service, and judicial temperament. Each member shall be on active duty with the armed forces and shall be:

(A) A commissioned officer;

(B) A warrant officer, except when the accused is a commissioned officer; or

(C) An enlisted person if the accused is an enlisted person and has made a timely request under R.C.M. 503(a)(2).

59) UCMJ § 856. Art. 56. MAXIMUM LIMITS.

The punishment which a court-martial may direct for an offense may not exceed such limits as the President may prescribe for that offense.

60) 파면, 봉급 및 수당의 몰수를 군법회의 판결로 할 수 있도록 한 것은 우리와 다른 점이다.

표'(Table of Equivalent Punishments)가 있어 형벌의 종류는 좀 더 다양하게 된다. 예컨대, 징역형으로 1日이라면 금고형으로는 하루 반에, 또 몰수형으로는 1日 봉급의 몰수에 해당된다고 하는 것과 같고, 이 경우 징역형을 선고하지 않고 금고형 또는 몰수형을 선고할 수 있는 것이다.

형의 선고는 군판사에 의하며, 군판사 없이 배심원이 재판하는 경우에는 재판장에 의하여 선고된다.

(7) 심사제도(Review)

판결의 선고 후 군법회의 소집권자(Convening authority)에 의하여 재판기록을 심사하는 절차를 거치게 되는 바, 이는 우리의 (舊)관할관에 의한 확인조치제도에 해당된다. 그러므로 모든 군법회의의 재판은 군법회의 소집권자에 의한 심사없이는 집행할 수 없는 것이다.[61] 다만 군사법원 소집권자가 심사를 하고 결정을 내리기 위하여는 법무참모(Staff judge advocate) 또는 법무장교의 의견을 받아들여야 하나, 의견이 일치하지 않아 건의된 내용에 반대되는 결정을 내릴 때에는 반드시 그의 의견과 법무참모 또는 법무장교의 건의문을 첨부하여 기록을 해당 법무감(the Judge Advocate General)에게 이송해야

---

[61] UCMJ § 860 – Art 60. Post–trial processing in general and special courts–martial

(a) the findings and sentence of a court–martial shall be reported promptly to the convening authority after the announcement of the sentence.

(b) (1) the accused may submit to the convening authority matters for consideration by the convening authority with respect to the findings and the sentence. Except in a summary court–martial case, such a submission shall be made within 10 days after the accused has been given an authenticated record of trial and, if applicable, the recommendation of the staff judge advocate or legal officer under subsection (d). In a summary court–martial case, such submission shall be made within seven days after the sentence is announced.

(2) If the accused shows that additional time is required for the accused to submit such matters, the convening authority or other person taking action under this section, for good cause, may extend the applicable period under paragraph (1) for not more than an additional 20 days.

(3) In a summary court–martial case, the accused shall be promptly provided a copy of the record of trial for use in preparing a submission authorized by paragraph (1).

(4) The accused may waive his right to make a submission to the convening authority under paragraph (1). Such a waiver must be made in writing and may not be revoked. For the purposes of subsection (c)(2), the time within which the accused may make a submission under this subsection shall be deemed to have expired upon the submission of such a waiver to the convening authority.

한다.

관할관(사령관)은 판결의 사실확정, 법률적용 및 형의 선고 등 전반적인 사항에 관하여 판결을 승인하거나 이를 변경하는 권한을 보유하나 그 권한은 "1심"에만 인정되고 있으며, 선택적 사건처리권,[62] 군법회의 소집, 비사법적 절차에 의한 처벌, 행정적 교정조치가 가능하고 군법회의의 배심원을 선정할 수 있다. 그리고 판결된 사건 자체를 기각시킬 수 있고, 인정된 범죄보다 경미한 범죄로 변경 혹은 군사법원에서 판결된 사실확정과 선고된 형의 전부 또는 일부에 대하여 불승인할 수 있는데(UCMJ §60), 우리나라의 확인조치권에 대응되는 권한에 해당한다고 볼 수 있다.

한편, 관할관은 독자적인 재량에 따라 형의 승인/불승인, 형의 감경, 형의 종류의 변경, 형의 집행유예를 할 수 있으나 군법회의에서 무죄가 선고된 경우에는 변경할 수 없다. 그리고 이러한 관할관의 확인조치권을 행사하기 이전에 미리 재판의 결과, 법무참모 또는 법률장교의 조언, 변호인이나 피고인이 제출한 의견서 등을 고려해야 하는데, 재판과정에서 지휘관의 불법적인 영향력을 행사한 것이 밝혀지면 재판이 무효화되고 해당 지휘관은 5년 이상의 형사처벌을 받게 된다(UCMJ §97). 현재 ① 군사법원 절차를 통제하려는 시도, ② 군사법원의 증인의 증언에 영향을 미치는 행위, ③ 어떤 종류의 범죄의 처리/처벌에 대하여 경직되거나 폐쇄된 마음으로 대하는 경우, ④ 군사법원에 관여한 배심원의 직무평정을 작성함에 있어 이들이 재판에 임하여 한 행위를 그 평정에 반영하는 행위, ⑤ 군판사 및 배심원에 대하여 이들이 재판과 관련한 행위에 대하여 문책하는 행위, ⑥ 군판사의 판결에 개입하여 간섭하는 행위 등이 규정되어 있다.[63] 다만, 불법적인 영향력 행사를 판단함에 있어서 법원은 실질성과 명백성을 그 요건으로 하고 있다고 한다.[64]

(8) 상소심의 재심리(Appellate Review)
가. 고등군사법원에 의한 재심리(Review by Court of Criminal Appeals)

군사법원에서 제1심 판결을 선고 받은 자는 일반군사법원이나 몇 개 특별군사법원의 관할에 해당하는 사건의 경우 4개 권역에 걸쳐 법무감(the Judge Advocate General)이 관할하는 고등군사법원(Courts of Criminal Appeals, CAA)에 항소할 수 있다. 고등군사법원은 민간법원과는 달리 법률문제뿐만 아니라 사실문제까지 다룰 수 있는 곳으로, 군사법원 제1심이 판단한 사항을 속심으로 판단해서, 유무죄나 형량 판단을 새로 할 수

---

62) '선택적 사건처리권'이란 초동수사를 마치고 사건을 소추할지, 지휘권 내에서 행정적 교정조치, 비사법적 절차에 의한 처벌 등으로 해결할지를 결정하는 것을 말한다.

63) 10 U.S. Code § 837 — Art. 37. Command influence.

64) U.S v. Allen, NMCMR 1990, 31 M.J 572, review granted in part 32 M.J 222, affirmed 33 M.J.

있다(review de novo). 이러한 고등군사법원은 3명 이상의 항소심 군판사(appellate military judges)로 배심원단을 구성하여야 하는데, 고등군사법원에 임명된 군판사 (appellate military judges)는 연방법원 또는 주 대법원의 변호인단의 일원인 장교이거나 민간인이어야 한다.[65] 법무감은 그에 의하여 개설된 고등군사법원의 군판사 중 한 명을 재판장으로 임명할 수 있다.[66] 법무감은 군법회의 재판이 사형, 장교·사관후보생·해군 사관학교후보생의 불명예 제대·징계 제대 또는 1년 이상의 징역 또는 금고에 달하는 모든 사건의 기록을 고등군사법원에 회부해야 한다.[67] 1심 군사법원과 다른 점은 고등

---

65) 10 U.S. Code § 866 — Art. 66. Courts of Criminal Appeals.

66) UCMJ § 866 Art. — 66. REVIEW BY COURT OF MILITARY REVIEW.

(a) Each Judge Advocate General shall establish a Court of Military Review which shall be composed of one or more panels, and each such panel shall be composed of not less than three appellate military judges. For the purpose of reviewing court—martial cases, the court may sit in panels or as a whole in accordance with rules prescribed under subsection (f). Any decision of a panel bay be reconsidered by the court sitting as a whole in accordance with such rules. Appellate military judges who are assigned to a Court of Military Review may be commissioned officers or civilians, each of whom must be a member of a bar of a Federal court or the highest court of a State.

67) UCMJ § 866 — Art. 66. REVIEW BY COURT OF MILITARY REVIEW.

(b) Review.—

(1) Appeals by accused.—A Court of Criminal Appeals shall have jurisdiction over a timely appeal from the judgment of a court—martial, entered into the record under section 860c of this title (article 60c), as follows:

(A) On appeal by the accused in a case in which the sentence extends to confinement for more than six months and the case is not subject to automatic review under paragraph (3).

(B) On appeal by the accused in a case in which the Government previously filed an appeal under section 862 of this title (article 62).

(C) On appeal by the accused in a case that the Judge Advocate General has sent to the Court of Criminal Appeals for review of the sentence under section 856(d) of this title (article 56(d)).

(D) In a case in which the accused filed an application for review with the Court under section 869(d)(1)(B) of this title (article 69(d)(1)(B)) and the application has been granted by the Court.

(2) Review of certain sentences.—

A Court of Criminal Appeals shall have jurisdiction over all cases that the Judge Advocate General orders sent to the Court for review under section 856(d) of this title (article 56(d)).

군사법원부터는 민간인인 판사가 경우에 따라 재판부의 구성원이 될 수 있다는 사실이다. 다른 판사들은 법무감의 지시에 따라 재판에 관여하는 군인들로 구성되지만, 그 중 일부라도 민간인이 들어올 수 있다는 점에서 고등군사법원의 특징이 있다.

나. 연방군사항소법원의 재심리(Review by The United States Court of Appeals for the Armed Forces)

고등군사법원의 판결에 이의가 있는 경우 연방군사항소법원(Court of Appeals for the Armed Forces; CAAF)에 재심리를 요청할 수 있다. 여기서 말하는 연방군사항소법원(CAAF)은 앞서 본 고등군사법원(CAA)과 달리 민간법원으로서 군사법원과는 다른 관점에서 사건에 대해 판단해 주는 법원이다. 이러한 연방군사항소법원은 미합중국 헌법 제1조에 의하여 설립되며, 오로지 행정적 목적상 국방성(國防省)에 설치되어 있다.[68] 이 법원은 상원의 인준을 받아 15년의 임기로 대통령에 의하여 임명된 5명의 민간법관으로 구성된다. 판사들은 연임하여 임명될 수 있으며, 5명의 판사 중 3인 이상이 동일한 정당에 소속될 수 없으며, 연방법원 또는 주 대법원의 변호사단의 일원이어야 한다.[69] 위

---

(3) Automatic review.—

A Court of Criminal Appeals shall have jurisdiction over a court-martial in which the judgment entered into the record under section 860c of this title (article 60c) includes a sentence of death, dismissal of a commissioned officer, cadet, or midshipman, dishonorable discharge or bad-conduct discharge, or confinement for 2 years or more.

[68] 10 USC § 941 — Art. 141. Status

There is a court of record known as the United States Court of Appeals for the Armed Forces. The court is established under article I of the Constitution. The court is located for administrative purposes only in the Department of Defense.

[69] 10 U.S. Code § 942 — Art. 142. Judges.

(a) Number.—

The United States Court of Appeals for the Armed Forces consists of five judges.

(b) Appointment; Qualification.—

(1) Each judge of the court shall be appointed from civilian life by the President, by and with the advice and consent of the Senate, for a specified term determined under paragraph (2). A judge may serve as a senior judge as provided in subsection (e).

(2)

(A) The term of a judge shall expire as follows:

(i) In the case of a judge who is appointed after January 31 and before July 31 of any year, the term shall expire on July 31 of the year in which the fifteenth anniversary of the appointment occurs.

(ii) In the case of a judge who is appointed after July 31 of any year and before February 1 of the following year, the term shall expire fifteen years after such July 31.

판사들은 직무태만(職務怠慢), 직무상의 위법행위 또는 정신적·육체적 무능력만을 이유로 하여 대통령에 의하여 해임될 수 있으며, 연방군사항소법원은 소송규칙은 물론 의결 정족수(quorum)에 필요한 판사의 수를 결정할 수 있다.[70]

한편, 연방군사항소법원은 ① 통일군사법전 제867(a)(1)조[71]에 따라 고등군사법원에서 연방군사항소법원에 상소한 사건, ② 제867(a)(2)조에 따라 고등군사법원 법무감이 연방군사항법원의 판단을 받기로 결정한 사건, ③ 제867(a)(3)조에 따라 피고인의 신청 또는 합당한 이유가 있어서 연방군사항소법원의 판단을 받기로 결정한 사건, ④ 위 세 가지 경우에 해당하지 않는 사건에도 상고허가를 할 수 있다.[72]

(B) If at the time of the appointment of a judge the date that is otherwise applicable under subparagraph (A) for the expiration of the term of service of the judge is the same as the date for the expiration of the term of service of a judge already on the court, then the term of the judge being appointed shall expire on the first July 31 after such date on which no term of service of a judge already on the court will expire.

(3) No person may be appointed to be a judge of the court unless the person is a member of the bar of a Federal court or the highest court of a State.

(4) A person may not be appointed as a judge of the court within seven years after retirement from active duty as a commissioned officer of a regular component of an armed force.

(c) Removal.—Judges of the court may be removed from office by the President, upon notice and hearing, for—

(1) neglect of duty;

(2) misconduct; or

(3) mental or physical disability.

A judge may not be removed by the President for any other cause

70) 10 USC § 944 – Art. 144. Procedure.

The United States Court of Appeals for the Armed Forces may prescribe its rules of procedure and may determine the number of judges required to constitute a quorum.

71) 형벌에 사형이 규정된 사건을 말한다.

72) 10 U.S. Code § 867a – Art. 67a. Review by the Supreme Court.

(a) Decisions of the United States Court of Appeals for the Armed Forces are subject to review by the Supreme Court by writ of certiorari as provided in section 1259 of title 28. The Supreme Court may not review by a writ of certiorari under this section any action of the United States Court of Appeals for the Armed Forces in refusing to grant a petition for review.

(b) The accused may petition the Supreme Court for a writ of certiorari without prepayment of fees and costs or security therefor and without filing the affidavit required by section 1915(a) of title 28.

결국 미국 군사법원은 제1심에 해당하는 일반군사법원, 특별군사법원, 약식군사법원을 거쳐, 제2심에 해당하는 고등군사법원을 두고 있으며, 여기서 내린 판결은 법무감의 결정이나 연방군사항소법원의 상고허가에 따라 민간인으로 구성된 연방군사항소법원의 판단을 받는다. 그리고 최종적으로는 연방대법원의 심사를 받게 되므로 군사재판은 4심제라고 할 수 있으나, 현실적으로 대부분의 사건은 연방군사항소법원에서 상고를 기각함으로써 끝나게 된다.

다. 형의 집행

군법회의 판결은 군법회의 소집권자에 의하여 받아들여지지 않는 한 집행되지 않지만, 이에 부가하여 일정한 재판은 상급당국에 의하여 승인되지 않는 한 집행되지 않는다. 즉 사형은 대통령에 의하여 승인되지 않는 한 집행되지 않으며, 장교·사관후보생·해군사관학교후보생의 불명예 제대는 관계 군장관이나 관계 군장관의 임명에 의한 부장관의 승인이 없는 한 집행될 수 없다.

2. 군 수사 체계

(1) 군사법경찰 및 검찰의 수사 및 기소

미국의 군 수사업무는 헌병과 미 각군 소속의 범죄수사대(Criminal Investigation)[73]가 담당하는데, 헌병(MP)이 초동수사를 하고 중범죄에 대해서는 전문수사기관(CID)이 독립적으로 수사를 한다.[74]

Decisions of the United States Court of Appeals for the Armed Forces may be reviewed by the Supreme Court by writ of certiorari in the following cases:

(1) Cases reviewed by the Court of Appeals for the Armed Forces under section 867(a)(1) of title 10.

(2) Cases certified to the Court of Appeals for the Armed Forces by the Judge Advocate General under section 867(a)(2) of title 10.

(3) Cases in which the Court of Appeals for the Armed Forces granted a petition for review under section 867(a)(3) of title 10.

(4) Cases, other than those described in paragraphs (1), (2), and (3) of this subsection, in which the Court of Appeals for the Armed Forces granted relief.

[73] 미국 육군범죄수사사령부(United States Army Criminal Investigation Command; USACIDC or CID), 미국 해군범죄수사청(Naval Criminal Investigative Service; NCIS), 미국 공군특별수사국(United States Air Force Office of Special Investigations; AFOSI, or OSI), MP(Military Police) 등이 여기에 해당한다.

[74] MPI는 1년 미만의 가벼운 범죄(경미한 교통사고, 폭행사건)를 담당하고 사형이나 1년 이상의 금고가 선고될 수 있는 중죄의 경우 전문 범죄수사기관인 CID가 담당한다.

군검찰은 공소유지 업무만을 담당하며 대배심 절차는 거치지 않는데,[75] 지역사령부의 법무참모부 소속으로 공소유지 및 이에 수반되는 업무를 수반할 뿐, 기소할 수 있는 권한은 존재하지 않는다. 즉, 군사사법에서 '회부(Referral)'는 검사의 공판청구가 아니라 지휘관(CA)이 보통군법회의로써 그 사건을 심리하라는 명령이다. 이 명령을 근거로 그 군법회의의 공판담당검사(Trial counsel)는 피의자에게 소추청구장(Charge sheet)의 부본을 송달한다. 전시를 제외하고는 송달로부터 공판심리(UCMJ 제39조의 심문을 포함한다)까지 적어도 5일(일요일·공휴일은 제외한다)을 초과하는 일수의 간격을 두어야 한다.

한편, 기소사실인부절차(Arraignment)에서 무죄의 답변을 한 피고인에 대하여는 군법회의의 본체인 공판절차로 이행하게 되지만, 이때 일반형사절차와 동일하게 배심심리로 진행할 것인지 아니면 배심원없이 심리하는 '벤치재판(Bench trial)'인 군판사만으로 심리를 진행할 것인지를 선택하게 된다(UCMJ, Art. 18.). 배심(Petty jury)이라고는 하지만, 군사사법에 있어서 배심재판은 일반 형사사법의 배심재판(Jury trial)과는 다르다. 즉 군사법에서 배심원은 'Members of Court—martial'로, 배심은 'Members of Court—martial Panel'으로 불리기 때문이다. 배심원의 수는 보통군법회의에서는 5인 이상(UCMJ, Art. 29 (b)), 사형사건에서는 12인이며, 특별군법회의에서는 3인 이상(UCMJ, Art. 29 (c))으로 규정되어 있다.

(2) 군 지휘관의 군 수사기관에 대한 지휘

지휘관은 부하장교 중 수사장교를 임명하여 수사하게 하거나 독자적으로 범죄를 수사할 수도 있고, 수사 도중 형사피의자를 구속할 필요성이 있는 경우에 피의자에 대한 구속명령권을 가진다.[76] 수사장교는 법률가일 필요는 없지만 대부분 군법무관들이 임무를 수행한다.

Ⅲ. 영 국

1. 근거법률

영국의 군사법제도의 주요 법원(法源)은 1955년 제정된 육군 및 공군법과 1957년 제정된 해군 훈련법이 있으며, 이러한 법들은 1961년에 개정되어 현재에 이르고 있다.[77] 그리고 동 법률에 의해 절차규칙을 제정하는 권한은 왕실에 부여되어 있으며, 군

---

75) 수정헌법 제5조는 군법회의의 피적용자에게는 대배심(Grand Jury)에 의하여 기소여부를 결정받을 권한을 배제하고 있다.

76) MCM(군법회의교범) Part2 RCM(군법회의규정) 제304조 및 제305조.

77) 한명권, "군사법제도 개혁방향에 관한 연구", 연세대 대학원(2005. 12.), 12면.

대생활의 세부적인 규칙은 각 군에 별개로 왕실규정으로 상세히 기술되어 있다. 이처럼 영국의 군사법제도는 군주제 국가의 전통에서 비롯한 독특한 형태를 가지고 있으며, 군사법제도 특징으로는 군사법 관련 법규가 지속적인 효력을 가지는 것이 아니라 의회승인을 요하는 각 군 위원회령에 의해 매년 개정되며, 매 5년마다 의회로부터 효력발생규정이 보충되어야 법규의 효력이 지속된다는 점이 특징이다.

2. 군사법원제도

(1) 군사사건에 대한 관할

영국의 군사법원 제도의 가장 중요한 특징은 전문직업교육의 일환으로 제공된 것 이외에는 법률지식이 전혀 없는 장교들로 그때그때 사건에 따라 재판관을 선임하여 재판부를 구성하는 것이다. 재판부는 법률관계뿐만 아니라 사실관계를 판단하는 법관으로서, 유·무죄를 결정하고 형을 선고한다. 다만, 국제인권규약 제14조의 유럽판인 유럽인권협약 제6조가 규정한 "독립적이고 공평한 법원에 의한 재판을 받을 권리"의 침해여부가 논란이 된 '핀들리 대 영국사건'[78] 이후, 영국정부는 군 사법제도를 대폭 개혁한 바 있다.[79] 물론 심각하고 복잡한 사건의 경우에는 법원은 군법무관[80]의 지원을 받지만,

---

[78] Findlay v. UK 사건은 포클랜드 전쟁 참전 후 중대한 정신장애로 시달리고 있었던 원고가 동료를 총으로 위협한 일 때문에 군법회의에서 2년형을 선고받자, 유럽인권법원에서 영국의 군사법원제도의 위법성을 다룬 사건이다. 이 사건에서 유럽인권법원은 영국의 군사법원제도가 유럽인권협약 제6조가 보장하고 있는 '독립·공정한 재판을 받을 권리'를 침해한다고 선고하였는데, 동 법원은 판결이유 부분에서 군법회의 소집권, 군법회의에 참여할 장교선임권, 군검찰관 임명권을 모두 지휘관 한 사람이 갖도록 한 영국군사법원제도의 문제점을 집중적으로 거론하였다. 판결문 전문은 아래 주소에 수록되어 있다(http://hudoc.echr.coe.int/Hudoc1doc/HEJUD/sift/602.txt). 국가인권위원회, "군대 내 인권실태 및 개선방안 마련을 위한 기초연구", 서울, 2002, 부록에 우리말로 요약·번역되어 있다.

[79] 이 판결에 대한 해설은 Richard Clayton/Hugh Tomlinson, The Law of Human Rights, Vol. 1, Oxford Univ. Press, 2000, p.686 참조(이 사건에서 convening officer의 권한과 책임이 막중하였다는 것은 인정된다. 왜냐하면 그는 어떤 혐의가 재판되어야 하고, 어떤 재판소가 이를 담당할지를 결정하기 때문이다. 그는 군사법원을 소집하고 구성원들을 임명하며 검찰관과 변호인을 선임하였다. 법상 그는 검찰관과 법무관에게 증거의 요지를 제공하고, 어떤 증거가 사용되지 않을지를 고지할 권한이 있었다. 그는 검찰관과 변호인측에 필요한 증인을 법정에 세울 권한과 의무도 있었다. 기소된 죄명보다 낮은 죄명으로 인정하기 위해서는 convening officer의 동의가 있어야 했으며, 재판회부를 철회하기 위해서도 그의 동의가 필요했다. 따라서 본 재판부는 convening officer의 역할이 본 건의 기소에 매우 중요한 역할을 했다고 인정한다.

다음으로 재판부의 구성원들이 convening officer로부터 독립적이냐 그리고 공평하냐도 문제된다. 재판의 독립을 위해서는 재판 독립의 외관도 중요하다. 본 건의 모든 구성원들은 계급적으로 convening officer보다 하급자이며, convening officer에 의해 임명되고, 재판장과 구성원들

법무관은 재판장과 그 구성원들이 심리를 하고 판결을 할 수 있도록 하는 등의 재판진행 과정을 지도할 뿐 직접 재판을 주재하거나 형을 선고하지도 않으며 형의 선고를 제안하지도 않는다. 평결은 최고형의 경우를 제외하고는 전원일치일 필요는 없고 다수결에 의한다.

(2) 재판절차

영국은 약식절차와 군사법원 재판절차를 가지고 있다. 약식절차의 근거법률은 1955년 육군법(Army Act)이며, 지휘관이 병사·부사관의 경미한 범죄에 대한 조사·심리(Summary Hearing) 후 제한된 처벌을 부여하는 제도이다. 상급지휘관(Appropriate Superior Authority)에게는 준사관, 장교에 대한 동등한 약식재판 권한이 부여된다. 약식절차는 2000년 군징계법(Armed Forces Discipline Act)에 의해 대폭 개정되었는바, 지휘관이 피고인을 약식심리나 군사재판에 앞서 구금할 필요가 있을 때에는 독립적인 사법장교의 허가가 필요하고, 피고인에게 약식심리 이전에 방어에 필요한 증거사본을 받을 권리와 피고인에게 약식심리에 앞서 군사법원에 의한 재판을 선택할 권리가 부여되었다. 지휘관은 피고인에 대한 증거를 조사할 수 있고, 피고인은 증인을 신문하거나 자신의 증인을 세워 증거를 반박할 수 있다. 지휘관은 범죄사실이 증명되면 감경사유를 고려하여 형을 부과한다. 지휘관의 처벌권한은 제한되어 있는바, 28일까지의 구금(특별히 허가된 경우 60일까지 구금)이 가능하고, 대안으로 28일까지의 급여를 벌금으로 부과할 수 있다. 구금형을 선고받은 피고인은 결정일로부터 14일 범위 내에서 구금의 개시를 연기할 수 있으며, 지휘관의 결정에 대하여 약식항소법원에 항소할 기회가 부여된다. 약식항소법원은 1명의 법무관과 2명의 장교로 구성되며, 지휘관의 결정을 확인·파기·변경하는 것이 가능하다. 모든 피고인은 약식항소법원에 항소할 권리가 있다.[81]

은 convening officer의 지휘감독을 받는 자들이라는 점에서 Findlay의 본 건 재판에 대한 독립성과 공평성에 대한 의심은 객관적으로 정당화된다.

convening officer가 confirming officer가 되는 것도 문제이다. 영국 군사재판의 결과는 confirming officer에 의해 확인되기 전까지 효력이 없다. 재판부의 구속력있는 결정은 비사법적 기구에 의해 변경될 수 없다는 것은 확립된 법원칙임에도 본 건은 이에 위배된다.

또한 이러한 법적 흠결들은 군법무관이 본 건 재판에 관여한다고 하여 치유되지도 않는다. 군법무관은 재판부의 구성원이 아니며, 그의 조언은 공개되지도 않는다. 다음으로 이러한 법적 흠결들은 확인절차의 존재에 의해 치유되지도 않는다. 따라서 본 재판소는 Findlay의 재판을 담당한 군사법원은 독립적이고 공평한(independent and impartial) 법원이 아니라고 판결한다).

80) 군법무관은 형사재판의 배심원과의 관계상 영국 일반 법관이 수행하는 역할과 비슷한 기능을 담당한다.

81) 김형동, "평시 군사법원 존치 필요성에 대한 고찰", 국가안보를 위한 군형사재판절차 개혁 세미나 자료집, 국방부/한국형사소송법학회(2017. 3. 17.), 13면.

한편, 약식절차와 별개로 존재하는 육군과 공군에 지방 군사법원(District Court－martial) 과 일반 군사법원(Court－martial)의 두 가지 군사법원이 있는데, 사건의 중대성과 피고 인의 계급에 따라, 검찰은 일반 군사법원에 기소할지 아니면 지방 군사법원에 기소할지 를 선택한다. 지방 군사법원은 최장 2년의 구금형을 선고할 수 있으며, 장교를 재판할 수는 없다. 지방 군사법원은 1명의 법무관과 3명의 구성원(장교 또는 준사관)으로 구성되 며, 일반 군사법원은 1명의 법무관과 5명의 구성원(장교 또는 준사관)으로 구성된다. 피 고인은 사실판단과 양형에 대하여 군항소법원(Court－Martial Appeal Court)에 항소를 할 수 있다. 이러한 군사법원의 인적 구성은 1인의 판사와 무작위로 선택된 12인의 배심원 단에 의해 재판을 받게 되는 민간인에 대한 순회형사법원(England Crown Court)의 인적 구성과는 매우 상이한 것이다. 그러나 법원의 인적 구성의 차이에도 불구하고, 범죄행위 에 대한 선고 권한은 민간법원이나 군사법원이나 동일하다. 대체로 군사법원의 권한은 순회형사법원(Crown Court)의 권한과 일치한다고 말할 수 있다.[82]

해군의 경우에는 타군의 일반군사법원과 유사한 한 가지의 군사법원만 있으나, 지 휘관에게 약식처벌권[83]이 폭넓게 인정되므로 군사법원은 중죄의 경우나 장교를 재판하 는 경우에만 소집된다. 다만, 야전일반군사법원(Field General Court－Martial)은 전시에 소 집되며, 상설민간인법원(Standing Civilian Court)은 1976년 군법에 의하여 도입, 영국 국 외에서 육군을 위하여 일하거나 동반되는 민간인을 재판하기 위하여 설립되었다.[84] 재판 부는 1인의 치안판사로 구성되며, 관할범죄는 영국 국내에서 치안판사에 의하여 처리되 는 범위와 동일하고 처벌범위는 6개월의 징역 또는 5,000파운드의 벌금으로 제한된다.

군인은 군사법원의 결정에 대해 군 항소법원(Court－Martial Appeal Court)에 항소할 수 있는데, 군 항소법원은 완전한 민간법원이다. 또한 민간인과 동일한 항소이유에 근거 하여 상원(귀족원, the House of Lords)[85]에 상고할 수도 있는데, 항소나 상고되는 사건 은 극소수에 불과하다[86]고 한다.

---

82) 국가인권위원회, "군사법제도 운영 및 인권침해현황 설문조사", 2004, 180면.
83) 구류·벌금·견책·과다업무부과 및 특권 제한 등이 있는데, 이는 우리나라의 징계벌에 해당한 다. 영국의 육군과 공군에서는 구류와 벌금을 28일(특별한 허락을 득하면 60일)을 한계로 하고 있으나 해군의 경우에는 모든 범죄에 대하여 약식처벌을 할 수 있고 그 기간도 3개월로 되어 있다.
84) 해외에서 군인과 동반한 부양가족은 상설민간인법원의 재판관할 범위 내에 있다.
85) 의회의 상원으로 실질적으로는 대부분의 상고심사건 심리는 5인의 상임 항소귀족에 의해서 구성 되는 귀족원에서 행하여지고 있는데, 귀족원은 스스로 '판결'을 행할 권한을 갖고 있지는 않고, 단지 의견을 첨부하여 사실심 판사에게 사건을 이송할 수 있을 뿐이며, 그 의견은 사건을 이송 받은 사실심 판사에 의해 판결에 반영된다.
86) 항소되는 사건은 불과 매년 10건 이하이고, 그중 인용되는 것은 극소수이며, 상원에 상고된 사

한편, 영국에서는 영국 영토 내에서 범한 범죄는 그 범죄가 반역죄(treason), 모살죄(murder), 고살죄(manslaughter), 강간, 집단 학살, 국제형사재판소법(2001) 제51조와 52조에서 규정하고 있는 범죄들, 생물학적 무기에 관한 법률(1974)에서 규정하고 있는 범죄인 경우에는 반드시 민간법원에서 재판하여야 한다. 그 외에는 중복(concurrent) 관할권이 인정된다. 보통 범죄가 민간인과 관련되거나 민간인의 재산과 관련된 경우에는 민간법원의 관할권이 우선한다. 해외에 주둔 중인 군인은 육군법(1955)에 편입되어 있는 군법과 영국 일반 형법 및 웨일즈의 일반 형법 규정에 복종해야 한다. 만약 군인이 주둔국뿐만 아니라 영국과 웨일즈 법에 반하는 범죄를 저지른 경우에는 민간법원이 동시적 관할권을 행사할 수 있다. 이 경우 주둔군 지위협정에 따라 관할의 우월여부나 배타적 관할인지 여부가 결정된다. 이중처벌위험(Double Jeopardy)금지와 관련해서는 군인은 군형법에 따라, 민간법원에서 이미 다룬 바 있는 동일한 범죄로 다시 재판받지 않는다. 일사부재리(ne bis in idem) 원칙은 그 역으로도 작용한다. 군사법원의 재판과 군 지휘관에 의한 간이재판은 민간법원에서의 재판과 똑같은 위상을 갖기 때문이다.[87]

(3) 관할관 및 지휘관의 개입가능성

군사법원의 판결은 군사법원 소집권자인 관할관의 확인조치가 있어야 효력을 가지는데, 관할관은 형을 감경하거나 확인조치를 유보할 수 있고 재심을 명할 수 있다.

(4) 군사법의 개혁

1966년 이전에는 해군, 육군, 공군의 3군 체제 하에서 약식재판과 군사법원의 운용에 지휘관이 상당한 정도의 통제권한을 가지고 있었다. 약식재판은 지휘관이 주재하였고, 증거법이 엄격하게 적용되지 않았으며, 변호인의 조력을 받을 권리도 인정되지 않았다. 또한 항소도 인정되지 않았으며, 상급 지휘관에 의한 심사만 허용될 뿐이었다. 군사법원과 관련해서는 관할관이 존재하였고, 해군에는 현역법무관만 군법무관이 될 수 있었던 반면, 육군과 공군은 현역 및 민간인이 군법무관이 될 수 있었으며, 확인조치권을 담당하는 고위장교가 존재하였다. 이에 전술(前述)한 Findlay v. UK 재판 이후, 1996년 군법(Armed Forces Act 1996)이 만들어져 관할관(Convening officer)과 확인관(Confirming officer)이라는 제도가 없어졌고, 독립적인 검찰기구가 만들어졌으며, 약식재판에 회부된 피고인들에게 정식재판청구권이 인정된 것이다.

한편, Human Rights Act 1998이 2000. 10. 2.에 발효되어 2000년 군 징계법(Armed Forces Discipline Act 2000)이 만들어졌는데, 이는 주로 약식재판에 대한 것으로

건은 30년간 거의 한·두건에 불과하다(한명권, 앞의 논문, 13면).
87) 국가인권위원회, 앞의 보고서, 182면.

약식재판에 회부된 피고인들이 정식재판을 청구할 권리를 가지게 되었고, 약식항소재판소가 만들어져 군법무관이 있는 법원에서 재판을 받을 수 있게 되었다. 이와 관련하여, Grieves v. UK 판결[88])에서 해군 군사재판에서 군인 신분을 가진 법무관으로만 이루어진 재판부에 의한 재판이 문제가 되었는데, 해군의 군사재판에서 민간인 판사가 군사재판에 참여할 수 없는 것은 육군과 공군에서 인정되는 재판의 독립성 보장(guarantees of independence)의 불충족이라고 인정되었다.

(5) 2006년 이후 개정의 주요 내용

현재의 영국 군사법체계는 2006년 개정된 군법(the Armed Forces Act 2006)에 의해 규율된다. 과거에는 육·해·공군 별로 각각의 법률이 있었으나, 현행 군법은 육·해·공군 모두에게 동일하게 적용된다. 또한 독립적인 군검찰이 조직되었고, 민간인 신분의 군법무관이 있는 상설군사재판소가 존재하게 되었다. 동 군법에 따르면 약식공판(Summary Hearing)과 군법회의(Court Martial) 두 가지로 구성된다.

약식공판은 지휘관(Commanding Officer)에 의해 결정되는데, 군인에 의한 대부분의 범죄가 이에 의해 처리된다. 약식공판은 경범죄를 주로 다루며, 그 예로 무단이탈, 불복종, 꾀병, 좋은 명령에 피해가 가는 행동, 부하에 대한 부적당한 행동, 민간법률위반(도독, 폭행, 형사적 피해, 부주의한 운전 등) 등이 이에 해당한다. 다만 약식공판으로 다루어질 수 없는 범죄로 이적죄, 부당한 작전에 대한 조치, 적전 항복, 직무유기, 군기침해, 하극상, 탈영 등이 이에 속한다. 본 법정에 기소된 피고인은 약식공판이 아닌 군법회의에 따라 재판받기를 선택할 수 있다. 지휘관이 피고인이 유죄라고 판단을 하면 다음과 같은 처벌을 할 수 있다. 장교의 경우 선임자 특권박탈, 부사관의 경우 강등, 하위 계급의 장병에 대해서는 유치장이나 군 교정시설(Military Corrective Training Center)에 28일 구금할 수 있다(중한 사건인 경우 90일). 그 외에 과외 업무부과 또는 휴가제한의 조치를 취할 수도 있으며, 구금일수에 해당하는 벌금을 부과할 수도 있다. 약식공판의 결정에 대해서는 약식항소법원(Summary Appeal Court)에 항소할 수 있다.

약식항소법원은 군법무관과 일반 장교에 의해 구성된다. 본 법정은 기소에 대해 신문하고 결정에 대해 재판을 다시 하는 것이다. 법무장교는 신문절차를 주관하고, 법의 집행 및 절차에 관한 문제에 대해서 규율한다. 결정은 다수결에 의하며, 항소기각 또는 인정의 결정을 한다. 법률적 관점에서 약식항소법원의 결정을 다투는 것도 가능한데, 이에 대한 상소는 민간 1심법원(the High Court of England)이 담당한다.

군법회의(Court Martial)는 2006년 개정된 군법에 따라 상시 군법회의를 2009년 11월 1일부터 창설하였다. 군법회의는 민간 형법위반 범죄를 관할할 수 있으며, 절차는 민

---

88) Grieves v. UK, European Court of Human Rights, 16 Dec. 2003.

간사법기관과 거의 비슷하다. 법정은 법무장교에 의해 관장되며, 3명에서 7명의 장교로 구성된 배심원이 있다. 법적인 문제와 소송절차는 법무관에 의해 결정되고, 유·무죄에 관한 사실관계를 다수결로 배심원이 결정한다. 선고에 대한 심의에 배심원이 참석하는 점이 군법회의의 독특한 점이다.

군법회의에 의해 부과될 수 있는 처벌은 민간교도소에 수감(종신형 가능), 군 교정시설에 2년 이하의 구금, 명예 또는 불명예 전역, 무한대의 벌금이며 이는 지휘관에게도 부과할 수 있다. 약식공판 대신에 군법회의를 선택한 피고인에 대해서는 약식공판이 부과할 수 있는 형벌보다 가중할 수 없다. 군법회의 결정에 불복한 피고인은 군항소법원에 항소를 제기할 수 있으며, 본 법정은 민간판사로 이루어진다. 상고는 대법원(the Supreme Court of UK)에 할 수 있다

3. 군 수사 체계

군검찰국 장교(법률가의 자격을 가진)들이 기소업무를 담당하는데, 군검찰은 군 내부의 명령체계로부터 독립된 조직으로 군 위계질서나 국방부로부터 독립성을 보장받고 있다.[89] 한편, 2011년 군법(Armed Forces Act 2011)에 따라 군내 사건을 수사하는 헌병은 영국 국왕에 의해 임명되고, 지휘관의 불법적인 관여로부터 독립하여 수사를 할 수 있게 개정되었다.

Ⅳ. 독 일

1. 군사법원제도

1898년 제국 전반에 통하는 군형사재판법을 공포하여 소송절차에 대하여는 보통형사소송법과 거의 동일한 원칙에 따르게 되었다. 그 후 독일 연방공화국의 성립과 함께 평시에 있어서는 군사법원을 설치하지 않기로 함으로써, 동법은 그대로 효력을 존속함에도 불구하고 적용되는 경우는 극히 적었다.[90]

독일에서는 1957년 제정되고 1974년에 개정된 특별법으로서의 군형법은 존재하지만 군 고유의 형사법원조직·절차에 대하여 규정하는 법률은 존재하지 않으며, 이에 따라 우리가 알고 있는 군사법원, 즉 군형사법원을 두고 있지 않다. 독일 기본법 제96조 제2항이 "연방은 연방재판소로서 군인을 위한 군사법원(Wehrstrafgerichte)을 설치할 수 있다. 단, 군사법원은 방위사태의 경우에 한하여 또는 국외에 파병되었거나 군함에 승선하

---

89) 국가인권위원회, 앞의 보고서, p.186.
90) 독일에서는 사령관이 약식으로 군사법을 운용하였으며, 심판관은 군목이 하였고 형으로는 사형, 태형, 또는 승마몰수형 등이 있었다.

고 있는 군복무자에 대해서만 형사재판권을 행사할 수 있다. 그 밖의 세부사항은 연방법률로 정한다. 이 군사법원은 연방법무장관의 소관분야에 속한다. 군사법원의 전임법관은 법관의 자격을 가져야 한다"라고 규정하고 있으나, 이 경우에도 군사법원의 설치는 의무가 아니며 군 형사법원이 설치되더라도 그 관할은 국방부가 아닌 법무부에 속하게 된다. 평시에는 군인에 대한 형사소송절차에 형사소송법이 적용되어 일반형사법원이 군 형사사건에 관한 관할권을 가지고 있다.[91]

이처럼 독일에서는 고유한 의미의 군사재판제도가 존재하지 않으므로 군사법권을 행사하는 별도의 군검찰관은 없으며, 일반검사가 군사법권도 행사한다. 따라서 독일의 경우 일반적으로 알려진 군사법원은 군사징계법원[92]이며, 형벌을 부과하는 법원이 아니다. 이러한 군사징계법원은 독일의 북부지구와 남부지구에 각각 설치되어 있으며, 군사징계법원에는 각 지구 군사징계법원의 관할구역 별로 22부의 部(Kammer)가 설치되어 있다.

현행 독일의 군징계법은 군인 및 전직 군인(퇴역 군인과 예비군)을 그 적용대상으로 하며, 징계권자가 처분할 수 있는 단순징계[93]와 군징계법원이 선고할 수 있는 징계처분인 사법적 징계[94]로 구분하여 규정하고 있는데, 징계재판은 2심제적 구조를 갖고 있으며, 군징계법원이 행한 결정 및 판결에 대하여 연방 행정법원내의 군사부(Wehrdienstsenate)에 항고·항소를 제기할 수 있다. 동 군사부는 법무부장관에 의하여 임명된 3인의 판사와 판사의 추첨에 의하여 선임된 2인의 명예 판사 등 5명으로 재판하며, 공판정외의 결정에 있어서는 3명의 판사만으로 심리한다.

2. 근거법률

독일 기본법 제96조 제2항에서 보는 것처럼, 독일의 경우 평시에 엄격한 의미의 군사법원은 없으나, 전평시를 구분하여 전시에는 군사법원을 둘 수 있도록 하고 있고, 평시에도 군인들의 군기위반사항 및 소원을 처리하는 군무법원(Military Servive Courts; Truppendienstgerichte)과 17개 지역 군무법정(Kammer)을, 이에 대한 항소심으로 연방행정법원내에 병무재판소(Wehrdienstsenate)를 두고 있으며, 군무법원은 민간재판관 1인과 군인

---

91) 평시에 독일 영토 내에서 군인이 범한 범죄들에 대해서까지 관할권을 행사하는 특별 군 형사법원의 설립은 군인법 제56조에 의하여 금지되어 있다.

92) 군징계법원은 법규에 의거하여 국방부장관이 창설하며, 군징계법원이 설치되지 아니한 곳 또는 국외에서는 군징계부를 설치할 수 있다. 군징계법원의 재판부는 재판장과 4인의 일반 판사 등 5인으로 구성되며, 군징계부는 재판장과 2인의 명예 판사 등 3명으로 구성하되 사건의 규모와 중요성을 고려하여 재판장은 공판기일 전에 2인의 판사를 추가로 선임할 수 있다.

93) 단순징계처분의 종류에는 견책, 중견책, 벌금, 영내대기, 영창 등 5가지가 있다.

94) 사법적 징계의 종류에는 감봉, 진급제한, 강등, 파면, 퇴직금 감액, 퇴직금 몰수 등 6가지가 있다.

인 심판관 2명으로, 병무재판소는 민간재판관 3명과 군인 배석관 2인으로 재판부를 구성하고 있다.[95] 다만, 군사법원의 설치는 의무가 아니므로, 기본법 제96조 제2항이 말하는 연방법률인 "군대에 관한 군 형사법원 설치 및 기본법 제96조 제2항에 기초한 방위사태에서 군 형사재판권의 행사에 대한 법률"에 따른 군사법원이 한번도 설치된 적은 없다.

3. 일반형사법원 및 군무법원

군사법원의 부재로 국내에 주둔하는 연방군인의 형사사건의 관할은 일반법원이 가진다. 해외 파병 군인의 경우에는 파병 직전 군부대 숙영지가 소속된 일반법원 혹은 해당 군인의 독일 내 주소지를 관할하는 일반법원에서 관할한다. 그런데 해외파병 군인의 경우 그 수가 적어 2013년 4월 1일, Kempten시 법원이 전속적 관할권을 갖게 되었으며, 현재 군기위반사항 및 소원을 처리하는 군무법원이 17개 있다. 그 구성은 법조인인 일반 판사 1명과 군 출신의 심판관 2명으로 구성된 합의부이며, 심판관 2명 중 1명은 피고인과 동급이어야 하고 다른 1명은 합동참모 이상의 직급이어야 한다. 그리고 항소심으로 연방행정법원 내에 병무재판부를 두고 있는데, 법조인인 일반 판사 3명과 군심판관 2명으로 구성되어 있다. 현재 법무부 관할하의 연방행정법원 소속 두 곳의 사단이 고등군사법원이다.

4. 군 수사 체계

군 관련 사건은 일반검사가 처리하는 체제이고 징계에 관하여는 연방행정법원 소속의 군율담당검사가 처리하는데, 전문 판사 자격을 갖춘 관료가 기율담당검사로 임명될 수 있고 군대구성원에 관한 징계절차상의 기소를 담당한다.

V. 프랑스

1. 군사법원의 폐지 배경

프랑스헌법에는 군사법원과 관련된 명문규정이 없으며, 새로운 심급의 법원설치에 관해서는 법률로 규정하도록 하고 있다(프랑스헌법 제34조 제1항). 이에 프랑스는 1982년 군사법제도를 근본적으로 개혁하였는데, 평시에는 군사법원을 두지 않고 일반법원에서 사건을 처리하나, 전시나 평시의 해외파병시에만 군사법원을 운용하는 구조이다.

구체적인 내용을 살펴보면, 첫째, 1982년 프랑스 영토 안에서 범죄를 저지른 군인에 대한 군사법원의 재판권이 없어졌다. 그 대신 프랑스 영토 안에서 범죄를 저지른 군인들은 일반법원의 군사특별부에서 재판을 받게 되었으며, 민간법원의 군사특별부의 판

---

95) 김형동, 앞의 논문, 9면.

사들은 군사적 문제에 관하여 특별한 교육을 받은 민간인 판사들로 구성되었다. 그러나 이때까지도 독일과 아프리카에 주둔하는 프랑스 군대를 위한 군사법원은 유지되었으나, 1999년 독일과 아프리카에 주둔하는 프랑스 군대를 위한 군사법원이 Armed Forces Court in Paris 한 개로 통합되었다. 그 후 2011년 Armed Forces Court in Paris가 폐지되었고, 해외에서 범죄를 저지른 프랑스 군인들은 군사문제에 전문지식을 가진 민간인 판사들로 이루어진 지역법원에서 재판을 받게 되었다. 이에 따라 2014년 군사문제에 전문화된 일반법원의 수가 33개에서 7개로 줄어들었다.[96]

2. 근거법률

형사소송법 제697조는 평시의 군에 대한 중죄 및 경죄 재판은 각 고등법원 관할구역 내에 있는 지방법원에서 이를 행한다고 규정하고 있으며, 형사소송법 제699조[97]는 군사법원이 설치되기 전까지 사건을 담당하던 법원이 재판을 관할하고 군사법원이 설치된 후 사건은 군사법원으로 이송한다고 규정하고 있다.

한편, 형사소송법 제699-1조는 정부가 동원령 또는 경계령을 발동한 경우에는 법무부장관과 국방부장관의 보고서를 바탕으로 행정최고재판소의 심의를 거친 전시 군사법원법의 전시조항이 적용될 수 있다고 규정하고 있다.

3. 군사법원제도(재판부의 구성 및 관할)

지방법원에 군사사건을 담당하는 전문재판부를 두고 있는데, 관할 지방법원 법관회의의 의견을 듣고 사법관으로 전문재판부를 구성하고 있다(형사소송법 제697조 제1항, 제2항). 군사재판에 특화된 7개의 지역법원은 delit[98]로 분류된 군사범죄들을 3명의 직업법관과 배심원 6명으로 구성된 재판부에서 재판한다. 반면에 crimes[99]로 분류된 군사범죄들은 지방법원 전문재판부가 아닌 특화된 중죄법원이 배심원 없이 재판한다(형사소송법 제697조 제3항). 7개의 지역법원과 특화된 중죄재판소의 검사·판사·수사판사들은 민간인 신분으로 보통 분기별로 소집되는데, 소집시 약 2주 동안 재판을 한다.

검사들은 국방부장관에게 사건을 처리함에 있어 의견을 구하여야 하고, 국방부장관의 의견이 한 달 안에 주어지지 않으면 검사들은 사건처리를 그대로 진행한다. 이러한

---

96) 김형동, 앞의 논문, 10면.
97) 제699조 ① 전시에는 즉시 군사법원이 설치된다.
　② 군사법원이 활동을 개시할 수 있게 되기까지는 그 관할에 속하는 사건은 제697조에 규정된 법원에 계속된다. 제697조에 규정된 법원은 군사법원에 사건이 계속함에 동시에 소송계속을 해제한다.
98) 중죄가 아닌 경죄(輕罪)를 말한다.
99) 경죄가 아닌 중죄(重罪)를 말한다.

의견을 구하는 것은 범죄가 발생한 경우 군측에 발생한 범죄에 대한 정보를 제공하고, 지휘관들이 필요한 조치를 할 수 있게 하기 위한 것[100]이라고 한다.물론 이러한 의견에 법적 구속력은 없다.

4. 군 수사 체계

(1) 군 사법경찰 및 검찰의 수사

평시에는 군 사법경찰이 일반 사법경찰의 권한을 가지고 범죄를 인지한 경우 검사에게 보고하며, 파리 지방법원 검사가 군의 사법경찰을 지휘한다. 이러한 군 사법경찰은 범죄인지, 증거수집, 당사자조사 후, 예심수사가 시작되면 예심판사에게 이양한다(군사법원법 제L211－2조). 이러한 군 사법경찰의 자격은 장교, 부사관, 일정한 계급의 헌병 그리고 제한된 범위에서의 공무원에게 인정된다(군사법원법 제L211－3조).[101]

(2) 군 수사기관에 대한 지휘

평시 군 사법경찰은 일반 사법경찰의 권한을 가지므로 범죄를 인지한 때에는 지체없이 검사에게 보고하고, 파리 지방법원 검사의 지휘를 받는다(형사소송법 제40조2항, 제19조 제1항).

(3) 배심제

형사소송법 제698－6조는 군 관련 사건의 경우 피고인에게 불리한 결정(형에 대한 결정을 포함)을 과반수의 찬성으로 결정할 수 있다고 규정하고 있다. 참고로 일반사건의 경우 1심인 중죄법원에서 3명의 법관과 6인의 배심원 가운데 6인의 찬성이 있어야만 피고인에게 불리한 결정을 할 수 있고, 2심인 항소중죄법원에서 3명의 법관과 9인의 배심원 가운데 8인의 찬성이 있어야 한다(형사소송법 제359조).

VI. 일 본

1. 군사법체계

일본의 군사법체계는 1872년 육군성 및 해군성을 설치하고 육·해군 형법을 제정하여 군인·군속의 범죄는 모두 육·해군성의 육군법원 및 해군법원에서 처단하도록 하여 군사재판제도가 최초 형태를 갖추게 되었다. 다만, 1873년에 육·해군 형법을 개정하여

---

100) 김형동, 앞의 논문, 10면.
101) 1. 장교와 형사소송법 제16조가 적용되어 사법경찰로 임명되었던 헌병과 같은 헌병 계급자
2. 장교나 부사관 또는 법률이 사법경찰의 자격을 부여하고 있는 경우 법령에 의하여 그들에게 부여한 개별적인 임무를 수행하기 위한 다른 군의 선서를 한 공무원

군사법원의 재판권을 군사범(軍事犯)에 한정하였다.

그 후 1883년 태정관포고(太政官布告)로서 '육군치죄법'과 1884년 '해군치죄법'을 제정하여 군인·군속의 모든 범죄를 다시 군법회의에서 이를 심판하는 제도로 복귀하였고, 태정관 폐지에 따라 1888년 육군치죄법(법률 제2호)과 해군치죄법(법률 제5호)을 제정하여 법적 근거를 마련하였다. 1921. 4. 26. 육군 군법회의법(법률 제85호)과 해군 군법회의법(법률 제91호)를 제정, 1922. 4. 1.부터 시행된 동법에 따라 양 군법회의에서는 군인 신분인 자의 모든 범죄를 재판하였다.

2. 군사법원의 폐지

1945년 일본이 제2차 세계대전에서 연합국 측에 패전한 이후 일본 헌법은 군대 자체를 인정하고 있지 않으며,[102] 헌법 제76조가 "모든 사법권은 최고재판소와 법률이 정하는 바에 의하여 설치되는 하급재판소에 속한다. 특별재판소는 이를 설치할 수 없다"[103]라고 규정하여, 현재 군사법원이 운영되지 않고 있다. 여기서 말하는 '특별재판소'란 "헌법 제76조 제1항의 재판소 조직체계와 전혀 연결되지 않는 재판소" 또는 "특수한 사람 또는 특수한 사건에 대하여 재판하기 위하여, 통상재판소의 계열 외에 설치되는 특별재판기관", "사건의 종류, 당사자의 범위 등을 특정해서 재판하기 위하여 통상재판소의 계열과 다르게 설치되는 재판소"를 말한다. 따라서 종전의 군사법제도는 모두 폐지되고 자위대원의 경우 일반형법의 적용을 받으며, 일반법원에서 재판을 받도록 되어 있다. 현재의 자위대에도 군법회의는 존재하지 않으며, 다만 자위대법 제5조 제3절에 자위대원에 대한 징계 및 그 절차가 규정되어 있을 뿐이다.

---

102) 일본 헌법 제9조(전쟁 포기, 군비 및 교전권의 부인)
① 일본 국민은 정의와 질서를 기조로 하는 국제평화를 성실하게 희구하고, 국권이 발동되는 전쟁과 무력에 의한 위협 또는 무력의 행사는 국제분쟁을 해결하는 수단으로서는 영구히 이를 포기한다.
② 전행의 목적을 달성하기 위하여 육·해·공군 기타의 전력은 이를 보유하지 아니한다. 국가의 교전권은 이를 인정하지 아니한다.
103) 일본헌법 제76조(사법권, 재판소, 특별재판소의 금지, 재판관의 독립)
① 모든 사법권은 최고재판소 및 법률(재판소법)이 정하는 바에 의하여 설치되는 하급재판소에 속한다.
② 특별재판소는 이를 설치할 수 없다. 행정기관은 종심으로 재판을 할 수 없다.
③ 모든 재판관은 그 양심에 따라 독립하여 그 직권을 행사하고, 이 헌법 및 법률에만 구속된다.

Ⅶ. 대　만

1. 군사법원의 폐지 배경

　　우리와 안보상황이 비슷한 대만의 경우 1999년 10월 1일 입법원(立法院)은 사법원의 기존 「군사심판법」 위헌판결[104]과 변화된 시대 환경을 반영하여 '군사장관의 판결사정권과 부의권 및 법정 구성에 대한 사정권 폐지', '군관의 심판참여 배제' 및 '심판과 검찰 분립의 엄격한 시행' 등을 내용으로 「군사심판법」을 개정한 바 있다. 그런데 대만 내 군인에 대한 부정적 시각이 지배적인 상황에서 의무복무 중이던 상병 홍쫑치우(洪仲丘; Hung Chung Chiu, 24세)가 군 내의 영창에 구금(detention)되어 있던 중 사망한 사건이 촉발되어 군사법원이 폐지되었다. 즉, 2013. 6. 28. 상병 홍쫑치우는 군 의무복무 중 카메라폰을 부대에 무단 반입한 이유로 영창 7일의 징계처분을 받은 후, 같은 해 7. 3. 영창에서 얼차려(체력단련)를 받던 중 열사병으로 입원, 의식불명이 되어 같은 해 7. 4. 1년의 의무복무를 마치고 전역하기 이틀 전 사망한 사건을 시발점으로 국민여론이 악화됨에 따라 대통령이 사과 담화를 발표하고, 이후 평시 군사법원이 폐지되는 방향으로 법률이 개정된 것이다.

2. 근거법률

　　2013. 8. 6. 평시 육해공군형법을 위반한 군인의 범죄에 대하여 군사심판법이 아닌 형사소송법에 의한 수사 및 재판절차를 진행하는 것을 골자로 하는 군사심판법 개정안이 대만 입법원을 통과하였고, 8. 15. 군사심판법이 공식 발효되었다. 이에 군사심판법 제1조(적용범위)는 전시에 현행 군인이 육해공군형법 또는 관련 특별법에 규정된 범죄를 범한 경우 군사법원이 재판관할을 가지나, 평시(비전시)에는 일반형사법원이 재판관할을 갖는다고 규정하고 있다.[105]

---

104) 1997년 10월 3일 대만 사법원(司法院)은 '군사심판 기관의 행사 역시 국가 형벌권의 일종이기 때문에 그 발동과 운용은 반드시 독립적이고 공정한 심판기관의 절차를 비롯하여 정당한 법률 절차의 최저 요구에 부합되어야 한다'고 하면서, 구 「군사심판법」은 '행정권으로 하여금 군사 심판권의 행사에 개입하도록 하여 헌법취지에 부합되지 아니하므로 헌법에 부합하지 아니한다'는 판결을 하였다.

105) 「軍事審判法」(中華民國102年08月06日)

　　第一條（適用範圍）

　　現役軍人戰時犯陸海空軍刑法或其特別法之罪，依本法追訴、處罰。

　　現役軍人非戰時犯下列之罪者，依刑事訴訟法追訴、處罰：

　　一、陸海空軍刑法第四十四條至第四十六條及第七十六條第一項。

　　二、前款以外陸海空軍刑法或其特別法之罪。

3. 군사법원제도(재판부의 구성 및 관할)

(1) 군 관련 사건의 관할

군사법원 폐지로 인하여 군사사건은 일반 민간법원의 관할로 넘어왔는데, 군사사건과 관련하여 특수법원 내지 지방법원의 합의부를 따로 설치·운영하지 않고 지방법원에서 다른 형사사건과 동일하게 다루고 있다.

(2) 군 관련 사건 담당 판사의 자격(요건)

군사사건 담당 판사는 따로 지정·배정되어 있지 않고, 모든 판사가 판결할 수 있다. 다만, 보통은 일정 시간동안 군사관련 지식 및 배경에 대하여 교육을 이수한 이후 판결을 하게 되는데, 군사사건의 특수성 및 전문성 확보를 위해 일반 판사가 약 1개월 정도의 교육을 이수하는 제도를 두고 있고, 필요한 경우 군사사건 전문가를 신청하여 의견을 들을 수 있다고 한다.

4. 군 수사 체계

현재 군사사건의 경우 지휘관이 이를 군대 내 징계로 처리할지 (일반)검찰에 이송할지를 결정하는 선택적 사건처리권을 가진다. 다만, 마약, 살인, 강간 등 일부 강력범죄의 경우에는 지휘관과 관계없이 일반 검찰이 수사 및 기소할 수 있다.

非現役軍人不受軍事審判。

제3절 2021년 개정 군사법원법의 의미와 평가

Ⅰ. 서 설

【표 7-8】 최근 5년간 국방부 검찰단 형사사건 현황

구 분		2013		2014		2015		2016		2017. 6. 30	
		입 건	기 소	입 건	기 소	입 건	기 소	입 건	기 소	입 건	기 소
합 계		178	83	243	80	275	94	268	84	178	30
군형법범	상관에대한죄	1		1		4		2		1	
	항명	3		1				1			
	군무이탈	3		1	1	2		2		1	
	군용물범죄							1	1	1	
	초병에대한죄										
	강간/추행(92조)	2	2	5	2	10	4	11	4	7	
	기 타	7		1	1	5	1	3	2	4	2
교통범죄	교특법위반	14	7	15	1	24	6	30	4	8	1
	도교법위반	2		6	2	4		5	1	3	
	도교법, 음주	36	35	19	18	27	26	32	25	15	10
	특가법, 도주			2	1			1			
폭력범죄	형법위반	21	5	27	5	27	2	16		20	2
	폭처법위반	12	3	10	6	7	6	2		7	1
성범죄	형법위반	2	2	9	3	6	2	9		4	
	성폭법위반	4	2	7	4	1	1	7	2	7	4
	청소년성보호			3	2	1	1	3	1	1	

	성매매	1				3		4	2	2	
기타형법범	뇌물죄	12	8	17	14	21	11	14	13	14	4
	문서, 인장	6		13	1	24	13	8	4	6	1
	성풍속	1	1	3	1						
	살인죄										
	과실치사상									2	
	절도, 강도	6	2	11		6		4		12	
	사기, 공갈	7	3	11	4	6	1	15	2	13	2
	횡령, 배임	5	3	11	1	23	1	14	7	3	
군사기밀보호법		2	2	7	5	8	7	11	8	3	1
국가보안법		1	1								
기 타		30	7	63	8	66	12	73	8	44	2

【표 7-9】 최근 5년간 군형법범 기소/불기소 현황

구 분		2013		2014		2015		2016		2017. 6. 30	
		기 소	불기소	기 소	불기소	기 소	불기소	기 소	불기소	기 소	불기소
군형법범	항명(44조)				1				1		
	상관제지불복종 (46조)										
	명령위반 (47조)										
	상관폭행, 협박 (48조)						1				
	상관모욕 (64조)		1				2				1
	강제추행 (92조의3)	2		2	4	4	5	4	3		
	추행(92조의6)										

【표 7-10】 최근 5년간 군검찰에 의해 입건된 사병·장교의 기소율

연 도	국방부		육 군		해 군		공 군	
	사 병	장 교	사 병	장 교	사 병	장 교	사 병	장 교
2013	52.8	49.1	44.3	47.8	32.4	40.6	29.2	37.5
2014	32.0	36.7	48.2	54.2	35.1	51.0	35.5	31.5
2015	44.4	37.3	44	44.9	31.4	38.7	33.6	41.7
2016	17.9	42	43	45.2	39.3	40.2	29.2	37.5
2017.6.30.	13.2	20	30.5	26.1	41.1	36.7	35.5	31.5

【표 7-11】 최근 5년간 군검찰에 의해 입건된 사병·장교의 유죄 판결 비율

연 도	국방부		육 군		해 군		공 군	
	사 병	장 교	사 병	장 교	사 병	장 교	사 병	장 교
2013	100	100	99.7	99.5	97.7	97.3	98.0	90.5
2014	100	100	99.6	99.1	98.4	95.9	98.4	93.8
2015	57.1	95	99.7	99.5	96.6	83.3	**93.3**	**85.2**
2016	42.8	54.7	97.3	94.5	94.1	85.5	99.4	96.2
2017.6.30.	14.2	38.4	98.9	97	92.2	89.2	96.4	100

Ⅱ. 성폭력범죄 등 일부 범죄의 민간법원으로 이양

1. 의 의

　　최근 2년간 군인에게 성범죄 피해를 입은 피해자는 2010년 223명에서 2011년 264명으로 20% 가까이 증가했고, 아동·청소년의 성보호에 관한 법률 위반 혐의로 검거된 현역 군인 숫자는 2009년 29명에서 2011년 40명으로 늘어났다.[106] 2013년 6월 18일 이데일리가 김춘진 민주당 의원을 통해 입수한 '최근 5년간 군인 성관련 법률 위반사고 현황'에 따르면, 지난해 형사처벌 대상 군인 성범죄가 454건에 달했으며, 이는 군인 1만

---

106) 경향신문 2013. 1. 16.

명당 7.2명이 성범죄를 저지른 것으로 4년 만에 30%가량 늘었다[107]고 한다. 경찰청이 2011년에 조사한 자료를 봐도 군인의 성범죄율은 민간인보다 높다. 2011년 현재 성범죄는 3만 2800여건으로 국민 1만 명당 6.6명이 성범죄를 저질렀는데, 같은 해 군인은 1만 명당 6.7명으로 민간인 성범죄율보다 높았기 때문이다.

2. 군내 성범죄 발생현황[108]

【표 7-12】 국방부

구 분			영 내					영 외				계
			군형법위반	형법위반	성폭법위반	청소년성보호법위반	기타	형법위반	성폭법위반	청소년성보호법위반	기타	
계			0	0	0	0	0	4	7	0	0	11
장교	불기소	공소권없음							1			1
		혐의없음							1			1
		기소유예										
		기타										
	기소	구약식						1				1
		구공판										
		기 타										
부사관	불기소	공소권없음							1			1
		혐의없음										
		기소유예										
		기타										
	기소	구약식							1			1
		구공판							1			1
		기 타							1			1
병	불기소	공소권없음						1				1
		혐의없음										
		기소유예						1				1
		기타										
	기소	구약식										
		구공판										
		기 타						1	1			2
군	불기	공소권없음										
		혐의없음										

---

107) 이데일리 뉴스 2013. 6. 18.

108) 통계자료는 국방부 법무관리관실에서 발간한 2012년 국방 법무통계 자료집에서 발췌한 것임.

무	소	기소유예									
		기타									
원	기소	구약식									
		구공판									
		기 타									

【표 7-13】육 군

구 분			영 내					영 외					계
			군형법 위반	형법 위반	성폭법 위반	아청법 위반	기 타	군형법 위반	형법 위반	성폭법 위반	아청법 위반	기 타	
계			57	4	4			16	123	80	73		357
장교	불기소	공소권없음						5	2				7
		혐의없음							2		2		4
		기소유예	1						2	1			4
		기 타											
	기소	구약식								1	1		2
		구공판	1					1	1	2			5
		기 타								3	1		4
부사관	불기소	공소권없음			1				11				12
		혐의없음							1	1	1		3
		기소유예	4					3		1	3		11
		기 타											
	기소	구약식								2			2
		구공판	4		1			3	4	2			14
		기 타							1	2			3
병	불기소	공소권없음	3	1				2	42	6	2		56
		혐의없음		1					15	5	15		36
		기소유예	20					2	6	8	11		47
		기 타											

			군형법위반	형법위반	성폭법위반	청소년성보호법위반	기타	형법위반	성폭법위반	청소년성보호법위반	기타	계
	기소	구약식		1				2	4	3		10
		구공판	20	1	2			23	32	19		97
		기 타	3					9	10	12		34
군무원	불기소	공소권없음						2				2
		혐의없음										
		기소유예										
		기 타										
	기소	구약식								1	1	2
		구공판						1				1
		기 타	1									1

【표 7-14】 해 군

구 분			영 내					영 외				계
			군형법위반	형법위반	성폭법위반	청소년성보호법위반	기타	형법위반	성폭법위반	청소년성보호법위반	기타	
계			16	2	4	0	0	16	16	4	4	62
장교	불기소	공소권없음						1				1
		혐의없음										0
		기소유예									1	1
		기 타										0
	기소	구약식							1			1
		구공판							1			1
		기 타										0
부사관	불기소	공소권없음	1		1			4	1			7
		혐의없음	1	1					1	1	2	6
		기소유예	1		2			1				4
		기 타										0
	기소	구약식								1		1
		구공판			1				2			3

										1	1	2
병	불기소	공소권없음	6	1				4				11
		혐의없음						2				2
		기소유예	4						1			5
		기 타										0
	기소	구약식						1				1
		구공판						2	6	1		9
		기 타	3						1		1	2
군무원	불기소	공소권없음						1				1
		혐의없음							1			1
		기소유예										0
		기 타										0
	기소	구약식										0
		구공판										0
		기 타										0

【표 7-15】공 군

구 분			영 내					영 외				계
			군형법 위반	형법 위반	성폭법 위반	청소년성 보호법 위반	기타	형법 위반	성폭법 위반	청소년성 보호법 위반	기타	
계			4	1	2	0		5	7	5	0	24
장교	불기소	공소권없음						1				1
		혐의없음										
		기소유예										
		기 타										
	기소	구약식										
		구공판							1			1
		기 타							2			2
부	불	공소권없음										

사관	기소	혐의없음						1				1
		기소유예										
		기 타										
	기소	구약식									1	64
		구공판	1		2			1			1	32
		기 타								1	1	16
병	불기소	공소권없음										
		혐의없음										
		기소유예	3								1	8
		기 타										
	기소	구약식										
		구공판		1				1		1	1	4
		기 타									1	2
군무원	불기소	공소권없음										
		혐의없음									1	1
		기소유예										
		기 타										
	기소	구약식										
		구공판										
		기 타						1				1

위의 통계를 중심으로 군인성범죄의 현황을 살펴보면, 형법상 성범죄는 2009년 129건에서 2012년 149건으로 3년새 15.5% 증가했고 성폭력범죄의처벌등에관한특례법(이하 "성폭법"이라고 함) 위반은 같은 기간 70건에서 121건으로 62.9% 급증했다. 아동·청소년의성보호에관한법률(이하 "아동청소년법"이라고 함) 위반도 역시 53건에서 83건으로 58.5% 증가했다 군인성범죄의 총 건수도 2009년 328건, 2010년 338건, 2011년 426건에서 2012년 454건으로 급증하였다.

【표 7-16】연도별 군인 성관련 법률 위반사고 현황(형사사건)

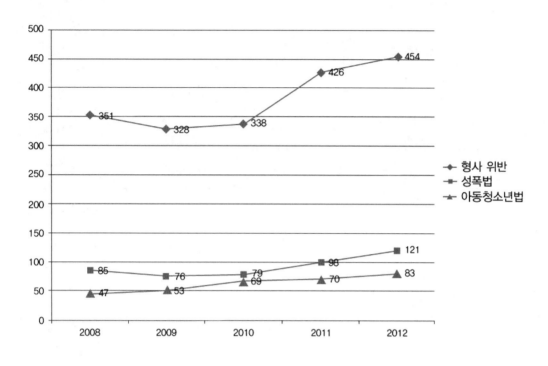

3. 여군에 대한 성범죄 현황

(1) 국방부

순 번	사건번호	가해자 계급	피해자 계급	범죄사실	처리결과
1	2012-20	육군중사	육군대위	여자 탈의실을 몰래 촬영함	벌금 500만원
2	2012-92	육군대위	육군중위	숙소에 침입하여 피해자를 추행함	혐의없음

(2) 육 군

순 번	사건번호	가해자 계급	피해자 계급	범죄사실	처리결과
1	육본보검 2012-011	준장	하사	강제추행	공소권없음
2	1군사 2012-047	중령	대위	업무상위력 등에 의한 강제추행	벌금 4,000,000원
3	수도군단 2012-038	소령	소령	강제추행	1심 진행중
4	수방사 2012-054	대위	중위	강제추행	공소권없음
5	8사단 2012-027-02	대위	대위 (진)	강제추행	공소권없음
6	8사단 2012-027-01	대위	대위 (진)	강제추행	공소권없음
7	1군지사 2012-013	대위	중위	여군 강간	공소권없음
8	1군사 2012-021	대위 (진)	대위 (진)	주거침입 후, 강제추행	타관송치 (군외)
9	12사단 2012-043	중위	중사 (진)	주거침입 후, 강제추행	징역 1년 6월, 집행유예 3년
10	7사단 2012-044	원사	하사	강제추행 등	기소유예
11	수기사 2012-10-11	원사	하사	여군 강간치상(미수)	1심 진행중
12	25사단 2012-068	상사	하사	강제추행	기소유예 등
13	27사단 2012-074	상사	하사	강제추행	1심 진행중
14	2작사 2012-015	중사	대위	주거침입 후, 강간치상(미수)	3심 진행중
15	17사단 2012-146	중사	중사 (진)	성폭법위반(주거침입 강간 등) 인정된 죄명: 주거침입	2심 진행중
16	8사단 2012-029	하사	하사	강제추행 등	기소유예 등

(3) 해 군

순 번	사건 번호	가해자 계급	피해자 계급	범죄사실	처리결과
1	2012형제7호	상사(진)	하사	강제추행	공소권 없음
2	2012형제5호	중사	중사(진)	강간미수	항소심 진행 (1심: 징역 2년 6개월, 집행유예 4년)
3	2012형제28호	상사	하사	강제추행	공소권 없음
4	2012형제26호	상사	하사	강제추행	혐의없음
5	2012형제59호	소위	중위	주거침입 및 강제추행	1심 진행 중

(4) 공 군

순 번	사건번호	가해자 계급	피해자 계급	범죄사실	처리결과
1	2012형제2호	하사	하사	피해자(여군, 하사)를 추행함	징역 1년6월 집유 2년

(5) 현황에 대한 분석

위의 통계를 중심으로 여군에 대한 성범죄의 현황을 살펴보면, 2012년 24건이 발생했으며, 범죄사실은 대부분 장교 및 하사관에 대한 상관의 강제추행 및 강간이다.[109] 그러나 여군들 사이에 군 간부의 성범죄 사실을 신고하면, 진급 등 여러 가지 불이익을 받을 것을 두려워 신고하지 않은 점 등을 고려할 때, 위의 통계보다는 상당히 많은 성범죄가 발생했을 것으로 보인다. 따라서 여군에 대한 성범죄를 감소시키기 위해서는 후술하는 것처럼 국방부 차원에서 강력한 처벌이 뒤따라야 할 것이다.

---

109) "<2012년 여군 인권상황 실태조사 보고서>에 따르면 여군의 11.9%가 최근 1년간 성희롱 피해를 경험한 적 있다고 응답했다"며 "주변의 여군이 성희롱 피해를 겪는 것을 인지한 응답자는 41.3%에 이르는 것을 감안할 때 실제 군내 성희롱이 빈번히 벌어지고 있을 것이란 사실을 추측할 수 있다"고 설명하고 있다.

4. 군내 성범죄 판결현황(신분별, 범죄별, 처분별)110)

(1) 고등군사법원

【표 7-17】 고등군사법원 성범죄 판결현황

신분	구분	영					영				계
		군형법위반	형법위반	성폭법위반	아동청소년성보호법	기타	형법위반	성폭법위반	아동청소년성보호법	기타	
군무원	기타										
군무원	처분 기타										
군무원	처분 무죄										
군무원	처분 선고유예										
군무원	처분 벌금										
군무원	처분 집행유예										
군무원	처분 징역										
병	기타										
병	처분 기타										
병	처분 무죄						2				2
병	처분 선고유예	1									1
병	처분 벌금						3	2	1		6
병	처분 집행유예	7		5			2	4	3		21
병	처분 징역	2		2			4	8	7		23
부사관	기타										
부사관	처분 기타										
부사관	처분 무죄										
부사관	처분 선고유예										
부사관	처분 벌금										
부사관	처분 집행유예	3					2	2			7
부사관	처분 징역						1	2	1		4
장교	기타										
장교	처분 기타										
장교	처분 무죄										
장교	처분 선고유예	1									1
장교	처분 벌금								1		1
장교	처분 집행유예	1		1							2
장교	처분 징역	1						2			3
계		16	0	8	0	0	14	20	13	0	71

---

110) 통계자료는 국방부 법무관리관실에서 발간한 2012년 국방 법무통계 자료집에서 발췌한 것임.

(2) 국방부 보통군사법원

【표 7-18】 국방부 보통군사법원 성범죄 판결현황

구분			영내					영외				계
			군형법위반	형법위반	성폭법위반	아동청소년성보호법	기타	형법위반	성폭법위반	아동청소년성보호법	기타	
군무원	재판	징역										
		집행유예										
		벌금금고										
		선고유예·무죄										
		기타										
	기타											
병	재판	징역										
		집행유예										
		벌금금고										
		선고유예·무죄										
		기타										
	기타											
부사관	재판	징역								1		1
		집행유예										
		벌금금고									1	1
		선고유예·무죄										
		기타										
	기타											
장교	재판	징역										
		집행유예										
		벌금금고						1				1
		선고유예·무죄										
		기타										
	기타											
계			0	0	0	0	0	1	0	1	1	3

(3) 육 군

【표 7-19】육군 성범죄 판결현황

구분	내영 군형법위반	내영 형법위반	내영 성폭법위반	내영 아동청소년성보호법	내영 기타	외영 군형법위반	외영 형법위반	외영 성폭법위반	외영 아동청소년성보호법	외영 기타	계
군무원 기타											
군무원 재판 기타											
군무원 재판 무죄											
군무원 재판 선고유예											
군무원 재판 벌금								1	1		2
군무원 재판 집행유예											
군무원 재판 징역											
병 기타							5	9	5		19
병 재판 기타							5	4	1		10
병 재판 무죄								1			1
병 재판 선고유예	2						1				3
병 재판 벌금							2	6	5		13
병 재판 집행유예	10	1	7				5	14	7		44
병 재판 징역							5	7	7		19
부사관 기타						1	1				2
부사관 재판 기타						1	2	1			4
부사관 재판 무죄											
부사관 재판 선고유예	3										3
부사관 재판 벌금								2	2		4
부사관 재판 집행유예	1							1			2
부사관 재판 징역						1	2	1	1		5
장교 기타						1					1
장교 재판 기타											
장교 재판 무죄											
장교 재판 선고유예	1										1
장교 재판 벌금									1		1
장교 재판 집행유예									1		1
장교 재판 징역									1		1
계	17	1	7	0	0	4	28	47	32	0	136

(4) 해 군

【표 7-20】 해군 성범죄 판결현황

계급	처분	남 군형법위반	남 형법위반	남 성폭법위반	남 아동청소년성보호법	남 기타	여 군형법위반	여 형법위반	여 성폭법위반	여 아동청소년성보호법	여 기타	계
군무원	기타											
군무원	처분 기타											
군무원	처분 무죄											
군무원	처분 선고유예											
군무원	처분 벌금											
군무원	처분 집행유예											
군무원	처분 징역											
병	기타											
병	처분 기타											
병	처분 무죄											
병	처분 선고유예											
병	처분 벌금											
병	처분 집행유예	3							4			7
병	처분 징역											
부사관	기타							1	1		1	3
부사관	처분 기타											
부사관	처분 무죄											
부사관	처분 선고유예											
부사관	처분 벌금								1	1	1	3
부사관	처분 집행유예			1					1			2
부사관	처분 징역								1			1
장교	기타											
장교	처분 기타											
장교	처분 무죄											
장교	처분 선고유예											
장교	처분 벌금											
장교	처분 집행유예											
장교	처분 징역								1			1
계		3	0	1	0	0	0	1	9	1	2	17

(5) 공 군

【표 7-21】 공군 성범죄 판결현황

대상	구분	영내					영외					계
		군형법위반	형법위반	성폭법위반	아동청소년성보호법	기타	군형법위반	형법위반	성폭법위반	아동청소년성보호법	기타	
군무원	기타											
	기타											
	무죄											
	선고유예											
	벌금											
	집행유예											
	징역											
병	기타											
	기타											
	무죄											
	선고유예											
	벌금									1		1
	집행유예		2						1			3
	징역									1		1
부사관	기타											
	기타											
	무죄											
	선고유예	1										1
	벌금								1			1
	집행유예			1				1	1			3
	징역							1				1
장교	기타											
	기타											
	무죄											
	선고유예											
	벌금											
	집행유예								1			1
	징역											
계		1	2	1	0	0	0	2	4	2	0	12

(6) 현황에 대한 분석

앞의 통계를 중심으로 군인 성범죄에 대한 판결현황을 살펴보면, 장교에 대하여는 11명이 기소되어 징역은 4명, 집행유예는 3명, 기타 벌금 등 선고유예가 4명이었다. 부사관의 경우에는 30명이 기소되어 징역은 8명, 집행유예는 12명, 기타 벌금 등 선고유예가 10명이었다. 병의 경우에는 65명이 기소되어 징역은 24명, 집행유예는 31명, 기타 벌금 등 선고유예가 10명이었다.

앞의 통계를 중심으로 현황을 분석하면, 장교의 경우 실형선고율은 36.3%, 부사관의 경우 26.6%, 사병의 경우 36.9%이므로 기소된 사안 중 실형을 기준으로 본다면 장교에 대하여 특별히 경하게 처벌된다는 세간의 인식을 잘못된 것으로 보인다.

5. 미국의 군인 성범죄에 대한 처벌규정 및 운영실태

(1) 의 의

군인이 범죄를 범한 경우 그 처벌에 대한 수사권·소추권·재판권을 군사법원과 일반법원 중 어느 법원에 귀속시킬 것인가의 문제는 '군인'이라는 신분적 특수성을 고려하지 않을 수 없고, 군 내부적으로도 군기와 질서유지 차원에서 군인에 대한 관할권을 어느 법원이 가지는가 하는 점은 매우 민감한 문제가 아닐 수 없다. 그런데 개정 군사법원법 제2조 제2항[111]에 따르면, 성범죄와 군대입대 전 범죄에 대해서는 민간법원이 재판권을 가지므로, 경합범과 관련된 보안처분제도의 운용과 관련하여 일부 문제점이 제기되고 있다. 연방국가인 미국 역시 군인이 성범죄를 범한 경우 연방법에 해당하는 군사법통일법전의 규정과 각 주의 제정법이 서로 경합되어 피고인에 대한 재판권이 어느 법원에 귀속되는지 여부를 결정하는 것이 필요할 것이다.

---

111) 제2조(신분적 재판권) ② 제1항에도 불구하고 법원은 다음 각 호에 해당하는 범죄 및 그 경합범 관계에 있는 죄에 대하여 재판권을 가진다. 다만, 전시·사변 또는 이에 준하는 국가비상사태 시에는 그러하지 아니하다.
   1. 「군형법」 제1조제1항부터 제3항까지에 규정된 사람이 범한 「성폭력범죄의 처벌 등에 관한 특례법」 제2조의 성폭력범죄 및 같은 법 제15조의2의 죄, 「아동·청소년의 성보호에 관한 법률」 제2조제2호의 죄
   2. 「군형법」 제1조제1항부터 제3항까지에 규정된 사람이 사망하거나 사망에 이른 경우 그 원인이 되는 범죄
   3. 「군형법」 제1조제1항부터 제3항까지에 규정된 사람이 그 신분취득 전에 범한 죄

(2) 군인 성범죄에 대한 처벌규정

가. 미국 군형법상 처벌하는 성범죄의 종류

시간이 지날수록 증가하는 군인의 성범죄율 때문에 미국의 군대 내에서도 군인이 범한 성범죄가 심각한 문제로 인식되어 그 해결방안을 모색해야 한다는 목소리가 높아지고 있다. 이에 미국 국방부는 군인에 의한 성범죄에 대하여 전면적으로 강경 대응하고, 피해자에 대한 보호와 치료를 확대하겠다는 방침을 잇달아 내놓고 있다. 2011년 4월부터 성범죄 피해자 보호를 위해 'DoD Safe Helpline'을 개설하는가 하면, '미 국방부 성범죄 예방 및 대응 프로그램(U.S. Department of Defense Sexual Assault Prevention and Response)'을 운영 중이다.

미국 군사법통일법전)에 규정된 성범죄의 종류는 강간, 의제강간, 간통, 스토킹, 계간, 성기 노출죄, 성매매 또는 알선, 음란한 언어 사용죄 등이 있고, 범죄에 따라 미수, 공범을 처벌한다. 동법 제134조에 규정된 바에 따라 군대의 질서유지 및 규율을 저해하는 모든 불온하고 태만한 행위, 군대의 명예를 손상하는 모든 행위 및 사형에 해당하는 범죄 및 불법행위를 제외하고 본 장의 규정을 적용받는 자로서 범죄 및 불법행위를 한 자(다만 사형에 해당하는 범죄 또는 불법행위를 범한 자는 제외) 보통군사법원, 특별군사법원, 약식군사법원의 인지에 의해 자연법 또는 각 범죄에 정한 예에 따라 처벌받을 수 있으며, 각 법원의 재량에 의해 처벌할 수 있다. 이러한 규정에 근거하여 군사법통일법전 시행령(MCM)에서는 성범죄의 종류를 더욱 구체적으로 세분화하고 있으며, 범죄의 종류 및 그에 대한 처벌의 상한은 아래【표 7−22】에서 보는 바와 같다.

【표 7−22】 군형법 상 성범죄의 종류와 처벌의 최대 형량[112]

(MCM Appendix 12 − Maximum Punishment Chart)

법조항 (Article)	범죄(Offense)	전역처분 (Discharge)	구금 (Confinement)	몰수 (Forfeitures)
120	Rape and sexual assault generally(강간 및 성폭행 일반)			
	Rape(강간)	불명예제대(DD)[113]	무기징역 (Life)	전액 (Total)
	sexual assault(성폭행)	불명예제대(DD)	30년	전액 (Total)
	Aggravated Sexual Assault	불명예제대(DD) or	20년	전액

---

112) 제120조, 제120b, 제120c의 최대형량은 2019년 1월 1일 이후 행한 범죄부터 적용된다.

	(가중처벌되는 성접촉)	전역처분(BCD)[114]		(Total)
	Abusive Sexual Contact (가학적인 성적 접촉)	불명예제대(DD) or 전역처분(BCD)	7년	전액 (Total)
120a	Mail:deposit of obscene matter (음란물 유통)	불명예제대(DD) or 전역처분(BCD)	3년	전액 (Total)
120b	Rape and sexual assault of a child(미성년자 강간 및 성폭행)			
	Rape of a child(미성년자 강간)	불명예제대(DD)	무기징역 (Life)	전액 (Total)
	Sexual assault of a child (미성년자 성폭행)	불명예제대(DD)	30년	전액 (Total)
	Sexual abuse of a child — Cases involving sexual contact	불명예제대(DD) or 전역처분(BCD)	20년	전액 (Total)
	Sexual abuse of a child — Other cases	불명예제대(DD) or 전역처분(BCD)	15년	전액 (Total)
120c	Other sexual misconduct(기타 성적 부정행위)			
	Indecent viewing(외설 상영)	불명예제대(DD) or 전역처분(BCD)	1년	전액 (Total)
	Indecent recording(외설 제작)	불명예제대(DD) or 전역처분(BCD)	5년	전액 (Total)
	Broadcasting or distributing of an indecent recording (외설물의 방영 또는 배포)	불명예제대(DD) or 전역처분(BCD)	7년	전액 (Total)
	Forcible pandering (강제적 성매매 알선)	불명예제대(DD) or 전역처분(BCD)	20년	전액 (Total)
	Indecent exposure(성기 노출)	불명예제대(DD) or 전역처분(BCD)	1년	전액 (Total)

---

113) Dishonorable Discharge(불명예 제대).
114) Bad Conduct Discharge(전역 처분).

나. 미국의 군인에 의해서 범해진 성범죄 현황

2013년 미 국방부(Department Of Defense Of United States, 이하 DOD)가 작성한 '군내 성범죄 실태 조사 연례보고서(Fact Sheet on Department of Defense Annual Report on sexual Assault in the military For Fiscal 2011)'[115]에 따르면 2012년 한 해 동안 군대의 구성원이 피해자 또는 대상으로 연관된 성범죄의 신고 건수는 총 3,374건이다. 이러한 신고와 관련된 범죄의 범위는 강간부터 가학적인 성적 접촉까지 해당된다. 이는 전년도(2011)에 집계된 신고 건수인 3,192건에서 증가한 수치임을 나타낸다.

2012년에 신고가 접수된 성범죄 3,374건 중 816건의 신고는 연말까지 피해자가 수사가 진행되지 않기를 원하는 형식으로 남아 있었다. 'A restricted report'란 피해자의 요청으로 수사가 진행되지 않는 형식의 신고를 지칭한다. 피해자는 대기명령 또는 형사상 수사없이 치료 및 다양한 서비스를 제공받는다. 이러한 신고 형태는 피해자가 수사를 원하거나 군사법 절차에 참여하는 것을 선택하지 않는 한 피고인에 대한 기소가 이루어지지 않는다. 한편 2012년에 피해자가 수사를 원하는 형식의 신고를 한 경우는 2,558건으로 집계됐다.

【표 7-23】 2010년~2012년 보고된 군내 성범죄 발생 현황

	수사가 진행된 신고 (Unrestricted Reporting)	피해자의 요청으로 수사가 진행되지 않은 신고 (Restricted Reporting)	총 계
2010년	2,410건	748건	3,158건
2011년	2,439건	753건	3,192건
2012년	2,558건	816건	3,374건

---

115) '군인에 의한 성범죄 실태 조사 연례보고서(Fact Sheet on Department of Defense Annual Report on sexual Assault in the military For Fiscal 2011)'는 2011년 미 하원 민주당 소속 의원이자 군사위원장인 아이크 스켈턴(Ike Skelton)이 발의하고, 같은 해 국회에서 통과된 '국방수권법(The Ike Skelton National Defense Authorization Act for Fiscal Year 2011)'에 따라 국방부가 군대 내에서 발생한 성범죄의 현황 및 수사상황, 피고인에 대한 징계처분 (Disciplinary Actions) 등에 대해 보고서를 작성하도록 강제되어 있어 2011년부터 국회 군사위원회에 제출되고 있다(Department of Defense, April 13. 2012 / May 7. 2013).

(3) 군내 성범죄에 대한 처분현황

매년 성범죄 혐의를 받고 있는 범죄자 중 많은 사람이 신원이 밝혀지지 않거나 민간인 또는 외국인이거나, 일반 사법절차 또는 외국에 재판권이 있거나, 혐의가 밝혀지지 않은 이유로 국방부의 법적인 관할에 귀속되지 않았다.

'2013년 국방부가 작성한 성범죄 실태 조사보고서'에 따르면 지휘관들은 국방부의 법적인 관할에 해당하고, 혐의를 받고 있는 범죄자 1,714명 중 66%에 해당하는 자들에 대하여 군사법원의 판결, 징계처분, 불리한 행정처분 및 전역처분 형태의 처분을 할 수 있을 만큼 범죄를 입증할 만한 충분한 증거를 확보했다. 이는 2009년 57%라는 집계 수치보다 증가한 것이다.

2012년 연말까지 형사수사의 대상이 된 자들 중에 36%가 국방부의 법적인 관할에 해당하지 않았다. 64%는 국방부가 법적인 관할권을 가진 자들로 지휘관들은 66%의 범죄자들에 대하여 공소를 제기하기에 충분한 증거를 확보하여 군사법원에 공소장을 제출, 징계처분, 불리한 행정처분 내지 전역 처분의 형태로 처벌을 집행한 바 있다. 이를 통해 2009년도(59%)와 비교하여 그 수치가 증가했다는 사실을 알 수 있다.

국방부의 법적인 관할에 속하는 자들 중 34%에 대하여는 사건과 연관된 증거가 불충분하다는 이유로 불기소처분되었다. 2012년 군사법원에 의한 재판을 받은 자들 중 79%는 적어도 1개 이상의 유죄판결을 받았다. 19%는 기각 판결을 받았다. 25%는 군사법원에 의한 판결 대신에 전역 또는 사임을 했다.

(4) 군입대 자격요건 및 성범죄자의 군입대 가능여부

가. 군입대 자격요건

징병제를 채택한 우리나라와는 달리 모병제를 취하고 있는 미국[116])에서는 지원자의

---

116) 미국은 닉슨 행정부 시기인 1971년 수정병역법(Public-Law 92-129: Amendments to the Military Services Act of 1971) 입법을 통해 징병제에서 모병제로 병역제도를 전환하여 현재까지 유지하고 있다. 남북전쟁 이후 미국 병역제도의 역사는 징병제와 모병제를 반복했다. 미국은 제1차 세계대전 기간에 부족한 병력을 징집으로 충원하는 의무병역법을 제정·실시하여 징병제를 유지했으나 종전과 함께 폐지했다. 이후 루즈벨트 행정부 시기 선택적 훈련복무법(STSA: Selective Training and Service Act of 1940)을 제정하여 평시에도 징병제를 채택해 제2차 세계전을 치렀다. 그 후 징병제는 닉슨 통령이 모병제 도입을 시도하기 전까지 약 30년간 지속되었다. 닉슨 행정부에서 병역제도가 모병제로 바뀐 결정적 계기는 베트남 전쟁이었다. 엄청난 전쟁 비용이 소요되고 많은 병력이 투입된 베트남 전쟁은 사실상 미국의 패배로 전개되는데, 베트남 전쟁 참전의 명분과 성과에 대해 미국 내에서 논쟁이 격화되었던 것이다(남궁곤/김근혜, 미국의 모병제 도입 연구: 닉슨 행정부의 수정병역법(1971) 입법적 성공과정을 중심으로, 한국정치외교사논총, 제33집 제2호, 111면).

지원을 통해 군대가 구성되고 유지된다. 군인이 되고 싶어 하는 자의 지원이 있으면 육·해·공군, 해병대 등 각 군에서 마련한 절차에 따라 지원자의 군입대 적합성을 심사하고 있다.

  미국은 모병제를 토대로 하기 때문에 의무적으로 군에 입대해야 하는 징병제를 채택하고 있는 우리나라와는 달리 성범죄자의 입대에 대한 사전차단이 가능하다. 먼저 연방통일법전 제10편 군사에 관한 법률 제504조(10 U.S.C. §504)의 규정에 따라 정신이상자, 약물중독자, 또는 탈영병, 중범죄의 유죄 판결을 받은 자는 군입대를 할 수 없다. 다만, 장관이 탈영병, 중범죄로 유죄판결을 받은 자의 입대 신청에 대해 그의 공로를 인정할 수 있다고 판단할 경우 예외적으로 군입대를 허용할 수 있다.[117]

나. 보호관찰 중인 자의 군입대 가능 여부

  보호관찰 중인 자가 군입대를 원하는 경우 지원을 하는 것은 그의 자유에 달려있다. 그러나 보호관찰 중인 자가 지원을 할 경우 보호관찰을 명한 법원에 먼저 이러한 사실을 알려야 한다. 법원이 보호관찰 중인 자에게 입대를 허가하여야 군에서도 지원자의 입대를 받아들일 수 있다. 그러나 대부분 군에서는 보호관찰기간이 종료되지 않은 지원자의 입대를 허가하지 않는 경우가 많다. 보호관찰 중인 자가 입대를 거부당한 경우 그의 보호관찰기간이 끝난 후 법원에서 전과 기록을 말소한다는 명령(expungement)[118]을

---

117) 10 USC § 504 - Persons not qualified [군입대를 할 수 없는 자]

  (a) Insanity, Desertion, Felons, Etc.— No person who is insane, intoxicated, or a deserter from an armed force, or who has been convicted of a felony, may be enlisted in any armed force. However, the Secretary concerned may authorize exceptions, in meritorious cases, for the enlistment of deserters and persons convicted of felonies.

  (a) 정신이상자, 탈영병, 중범죄의 죄책을 지는 자, 기타 - 정신이상자, 약물중독자, 또는 탈영병, 중범죄의 유죄판결을 받은 자는 군입대를 할 수 없다. 다만, 장관이 탈영병, 중범죄로 유죄판결을 받은 자의 입대 신청에 대해 그의 공로를 인정할 수 있다고 판단할 경우 예외적으로 군입대를 허용할 수 있다.

118) 전과의 말소는 범죄자의 전과기록을 삭제하는 법적 절차를 의미한다. 전과의 말소에 따라 컴퓨터, 파일, 기타 형사 기소 전력 등을 관리하는 자가 보관 중인 기록 또는 정보가 공식적으로 파괴되거나 지워지거나 말소된다. 주법상 전과말소의 절차에 대해 규정하고 있는 주가 있으나, 이는 각 주별로 다르다. 법원은 전과자로부터 그 기록을 말소하길 원한다는 요청이 있으면 법원은 전과기록 말소에 관한 법률요건에 따라 절차를 진행한다. 법원은 전과의 말소가 정의 실현에 필요한 것이라는 사실의 증명이 있으면 전과기록 말소를 명할 수 있다. 전과기록이 말소된 후에는 체포, 수사, 재판, 구금, 유죄판결 등 범죄에 관한 세부적인 기록이 봉인되거나 주또는 연방에서 활동하는 기록 관리자가 보유한 기록도 지워진다. 그러나 많은 주에서 전과와 관련된 기록이 모두 지워지는 것은 아니고 법집행기관에서 말소된 기록을 사용할 수 있도록 규정되어 있다.

얻어 지원을 해야 한다.[119] 이와 관련된 [육군규정 601-210(Army Regulation 601-210): 모병에 관한 규정]을 보면 다음과 같다.

Chapter 2. Enlistment in the Regular Army, Army Reserve, or Army National Guard for Nonprior Service Applicants(육군 상비군(정규군)(RA), 예비군(AR), 육군 주방위군(ARNG)에 처음 지원하는 지원자의 입대)

Section Ⅰ. 기본적인 자격기준(Basic Eligibility Criteria)

2-11. 품행 및 관리 기준(Conduct and administrative criteria)

지원자는 각각의 경우에 필요한 포기각서(waiver)의 유무에 관계없이 입대에 필요한 적격성 심사를 받을 수 있다. 지원자가 가석방, 보호관찰, 구금된 경험이 있을 경우, 본 규정 4-34에 규정된 바에 따라 대기기간이 있을 수 있다.[120]

전과기록 말소를 명령할 수 있는 법원은 범죄자의 기록을 만든 법원이다. 일반적으로 경미한 수준의 전과는 말소된다. 그러나 강간, 미성년자를 대상으로 한 범죄 등 중죄에 해당하는 범죄에 관한 전과기록은 말소될 수 없다. 18세에 이르지 아니한 자를 대상으로 한 중죄, 18세 미만의 자를 대상으로 한 1급 경범죄, 성폭행, 강간, 미성년이 관련된 음란영상물 또는 외설행위, 미성년자에 대한 부정행위, 성행위 강요 등과 관련된 중죄에 관한 전과 기록의 말소를 허용하지 않고 있다.

119) 미국 육군 모병 지원의 대략적인 절차는 다음과 같다(http://blog.naver.com/soultrain59?Redirect=Log&logNo=163391338). 미 육군사병으로 입대하려면 근처의 모병소(U.S. Army Recruiting Center)에 가서 신청서를 작성하고(혹은 온라인으로) 모병관과 상담을 해야 한다. 미성년자인 경우는 모병관이 부모동석을 요청할 수도 있다. 그 다음 ASVAB(Armed Services Vocational Aptitude Battery) 테스트를 받게 되는데, 이것은 지원자가 군인이 적성에 맞는지, 적응할 수 있을지를 보는 것이고, 10개 분야에 대해 어떤 직종으로 근무를 해야 적합한지 판단을 하는 것으로 General Science(일반과학), Arithmetic Reasoning(산술논리), Word Knowledge(단어지식), Paragraph Comprehension(단락이해), Mathematics Knowledge(수리능력), Electronics Information(전자관련), Auto and Shop Information(자동차관련), Mechanical Comprehension(기술이해), Assembling Objects(물건조립)이 테스트 항목이다. 그 다음은 MEPS(Military Entrance Processing Station)에서 지원자의 실제자격과 적성, 그리고 도덕성같은 것을 판정받고 신체검사를 받는다. MEPS는 국방성과 민간의 합동기구로 민간인 전문가들이 많이 투입되어 있다. 여기서 최종심사가 끝나면 지문을 찍고 FBI의 신원조회에 통과하면 입대자격을 부여 받는다. 입대를 하면 9주간의 전투기초훈련(BCT: Basic Combat Training)을 받고 훈련이 끝난후 자신이 원하는 병과의 고급전문교육(Advanced Individual Training)을 받을 수 있는 자격이 생긴다. 그다음 리더십에 대한 교육이나 특수병과에 대한 교육을 받기 원한다면 Ongoing Training을 신청할 수 있다.

120) 2-11. Moral and administrative criteria

Applicants may be eligible for enlistment with or without waiver as indicated in each

a. 지원자에 대한 면접의 실시 - 신병 모집자는 각 기록이 말소 또는 삭제되었는지 여부에 관계없이 지원자의 체포 기록, 기소, 소년 법원의 판결, 교통 위반 사실, 보호관찰 명령, 기소된 경험이 있거나 기각되었거나 유죄판결을 받은 기록에 대한 면접을 실시할 수 있다. DD Form 369가 없는 자는 입대 또는 고용이 불허된다. 법률 위반 기록표(receipt of a tech check)를 보유한 군 상담관(Guidance counselors)은 사전에 고지되지 않았던 지원자의 법률 위반 사실을 발견한 즉시 미 육군 모병 사령부(US Army Recruiting Command, USAREC) 규정 601-96에 따라 그에 적합한 절차를 개시한다. 모병 담당관은 범죄 기록 증명서가 요구되는 곳으로 통지한다. 만약 지원자가 기소종결, 경미한 교통 위반이 아닌 사실, 또는 중범죄에 관한 사실에 이의를 주장하는 경우 DD Form 369를 사용하여 지난 3년 간 지원자가 거주했거나 일했거나 학교에 재학했던 도시, 카운티(군), 주에 지원자의 범죄기록의 조회를 할 수 있다. 범죄기록의 조회는 기간에 관계없이 지원자가 경미한 교통 위반 또는 중범죄 혐의로 기소가 제기되었던 도시, 카운티, 주에 DD Form 369을 사용하여 확인한다.[121]

(1) DD Form 369의 사용 - 본 양식은 경찰에 등록되어 있는 기록에 대한 정보를 확인하기 위하여 사용된다. 신병 모집자는 경찰 측의 업무 간소화를 위하여 공식적인 회신용 봉투를 제공한다. 외국의 범 집행기관에 우편으로 보내진 범죄기록 증명은 효력이 없다.[122]

(2) 잠정기소 - 만약 지원자가 포기가 요구되지 않는 잠정기소의 대상인 경우 유죄선고를 받

---

case. Applicants may have a waiting period as cited in paragraph 4-33 if they have had parole/probation/incarceration(see chap 4).

121) a. Applicant interview.

Recruiter will interview applicant on any records of arrest, charges, juvenile court adjudications, traffic violations, probation periods, and dismissed or pending charges or convictions, including those that have been expunged or sealed. No applicants will be allowed to enlist or ship without a DD Form 369[1]. Guidance counselors upon receipt of a tech check that lists a law violation(s) not previously disclosed will initiate match proceedings in accordance with USAREC Regulation 601-−96. Recruiters will then be notified as to where they are required to run police record checks. If an applicant claims to have a charge off, minor nontraffic, or higher offense, then police record checks using DD Form 369 will be ran for the city, county, and state that the applicant has lived, worked, and attended school for the past 3 years. Police record checks using DD Form 369 are also required to be run in the city, county, and state where the applicant claims to have been charged with a minor traffic or higher offense regardless of how long ago the charge occurred.

122) (1) Use of DD Form 369. This form will be used to record information obtained in police records check. Recruiter will provide self−addressed official mail envelopes to minimize work for police authorities. Mailing police records checks to a foreign law enforcement agency is not authorized.

게 될 경우라도 군인 직업적성평가(Armed Services Vocation Aptitude Battery, ASVAB)에 참여할 수 있다. 그러나 지원자가 포기가 요구되는 잠정기소의 대상인 경우 유죄가 선고되었거나 보호관찰 또는 가석방 기간 중에 있거나 집행유예가 선고된 때에는 모든 절차는 종료된다.[123]

f. 성범죄자 확인 - 모든 지원자는 성범죄자로 등록이 되어 있는지, 성범죄자로 등록을 요구받았는지를 질문받는다. … 모든 지원자의 입대절차에서 전미 성범죄자 공공 등록부(the National Sex Offender Public Registry)[124]의 조회가 이루어진다. 만약 지원자가 성범죄자로 등록이 되어 있거나 등록이 요구되는 자인 경우 군 입대가 금지된다.[125]

6. 개정법상 경합범과 관련된 보안처분제도의 운영상 문제점

(1) 의 의

개정 군사법원법에 따르면, 성범죄 및 군인신분 이전에 범한 범죄(개정군사법원법 제2조 제2항)와 군대내에서 범한 범죄가 있는 경우, 전자는 민간법원이, 후자는 군사법원이 재판해야 하지만, 동법 제2조 제2항은 경합범 관계에 있는 범죄에 대하여 민간법원의 재판권을 인정하고 있다. 종래 우리 대법원 역시 초병을 협박하여 총기를 강취하려 한 사건과 관련하여, 특수절도·폭력행위등처벌에관한법률위반·군용물 특수절도·초병 특수협박 등을 모두 군법회의에서 심리하여 유죄를 선고한 사건에 대해, 「군형법 제1조 제4항에 정한 죄를 범한 내외국인은 군법 피적용자로서 군법회의가 재판권을 가지므로 초병을 흉기로 협박하고 엠16소총을 절취하거나 또는 이를 강취하려 미수에 그친 자에 대하여 군법회의가 그 재판권을 행사하는 것은 적법하다」[126]고 판시하면서, 원심법원이 재판권이 없다는 취지의 피고인측 상고를 기각한 바 있다.

---

123) (2) Pending charges. If applicant is subject to pending charge(s) that would not require a waiver if found guilty, Armed Services Vocation Aptitude Battery (ASVAB) testing is authorized. If applicant is subject to pending charge(s) that would require a waiver if found guilty or if placed on probation or parole, or if given a suspended sentence, all processing will be terminated (see para 4--34).

124) 전미 성범죄자 공공 등록부 (NSOPR, The National Sex Offender Public Registry)란 미 법무부에서 운영하는 성범죄자 신상정보 제공사이트를 말한다.

125) f. Each applicant will be specifically asked whether he or she is a registered sex offender and asked if he or she is required to register as a sex offender. Responses to this question will be captured in the remarks section of the DD Form 1966, page 4. Additionally, a query of the National Sex Offender Public Registry must be conducted on every applicant that processes for enlistment. If the applicant is a registered sex offender or required to register as a sex offender, enlistment is prohibited.

126) 대판 1986.3.25, 86도283.

그러나 최근 이런 태도를 바꿔 경합범 중 일부에 대해서는 군사법원, 나머지 일부에 대해서는 일반법원에 재판권이 있다고 판례를 변경한 바 있다. 즉, 「군사법원법 제2조가 '신분적 재판권'이라는 제목 아래 제1항에서 '군형법 제1조 제1항부터 제4항까지에 규정된 사람'이 '범한 죄'에 대하여 군사법원이 재판권을 가진다고 규정하고 있으므로, 위 조항의 문언해석상 군인 또는 군무원이 아닌 국민이 군형법 제1조 제4항 각 호에 정한 죄를 범함으로써 군사법원의 신분적 재판권에 속하게 되면 그 후에 범한 일반 범죄에 대하여도 군사법원에 재판권이 발생한다고 볼 여지가 있다. 그러나 헌법 제27조 제2항은 어디까지나 '중대한 군사상 기밀·초병·초소·유독음식물공급·포로·군용물에 관한 죄 중 법률이 정한 경우'를 제외하고는 일반 국민은 군사법원의 재판을 받지 아니한다고 규정하고 있으므로, 이러한 경우에까지 군사법원의 신분적 재판권을 확장할 것은 아니다. 즉, 특정 군사범죄를 범한 일반 국민에게 군사법원에서 재판을 받아야 할 '신분'이 생겼더라도, 이는 군형법이 원칙적으로 군인에게 적용되는 것임에도 특정 군사범죄에 한하여 예외적으로 일반 국민에게 군인에 준하는 신분을 인정하여 군형법을 적용한다는 의미일 뿐, 그 '신분' 취득 후에 범한 다른 모든 죄에 대해서까지 군사법원에서 재판을 받아야 한다고 새기는 것은 헌법 제27조 제2항의 정신에 배치된다」고 판시하였다. 이에 대하여 반대의견은 「일반 국민이 군사법원의 재판을 받지 않을 권리는 헌법이 보장한 기본권이므로, 군인·군무원 등 본래의 신분적 요소가 아니라 특정 군사범죄를 범하였다고 하는 행위적 요소 때문에 군사법원의 재판권 행사 대상이 된 경우에는 특정 군사범죄 이외의 일반 범죄에 대하여는 일반 법원에서 재판을 받도록 한 것이 헌법 규정이다」라고 보면서, 「헌법 제27조 제2항이 "행위적 요소"에 의한 신분적 재판권을 창설하는 조항으로 이해하고, 이와 반대로 본래 군인인 경우에는 "본래의 신분적 재판권"이 있다」는 입장이다. 다만, 반대의견도 그렇게 창설된 신분적 재판권 조항에 의해서도 그와 별개의 행위라고 할 수 있는 다른 범죄에 대해서까지 재판권이 확장될 것은 아니라고 지적하고 있다.[127]

결론적으로 군사법원법이 개정되기 전의 대법원 판례는 경합범의 경우 헌법과 군사법원법에 따라 재판대상이 된 것을 제외하고는 법원이 재정결정을 통해서 일반법원의 재판을 받도록 해야 한다고 결론을 내리고 있다. 이에 개정 군사법원법은 민간법원의 재판권을 인정하면서도, 국방부장관에게 해당 사건을 군사법원에 기소하도록 결정할 수

---

127) 대판 2016.6.16, 2016초기318 전원합의체 결정 반대의견(그 경우에는 대법원이 재정결정을 할 때에도 특정 군사범죄와 일반 범죄를 분리하여 군사법원과 일반 법원에서 따로 재판을 받도록 하거나 특정 군사범죄까지 일괄하여 일반 법원에서 재판을 받도록 정할 수는 있지만, 일반 범죄까지도 군사법원에서 재판을 받도록 하는 것은 헌법상 기본권을 침해하는 결과가 되므로 허용될 수 없다).

있는 권한(동법 제2조 제4항)을 주고 있으나, 성범죄의 경우에는 요건에 해당될 가능성이 희박하다고 본다.

현행 군사법원법	개정 군사법원법

제2조(신분적 재판권) ① (생 략)
② 군사법원은 제1항제1호에 해당하는 사람이 그 신분취득 전에 범한 죄에 대하여 재판권을 가진다.
③ 군사법원은 공소(公訴)가 제기된 사건에 대하여 군사법원이 재판권을 가지지 아니하게 되었거나 재판권을 가지지 아니하였음이 밝혀진 경우에는 결정으로 사건을 재판권이 있는 같은 심급의 법원으로 이송하되, 고등군사법원에 계속(繫屬)된 사건 중 단독판사가 심판할 사건에 대한 항소사건은 지방법원 항소부로 이송(移送)한다. 이 경우 이송 전에 한 소송행위는 이송 후에도 그 효력에 영향이 없다.
	① (현행과 같음)
	② 제1항에도 불구하고 법원은 다음 각 호에 해당하는 범죄 및 그 경합범 관계에 있는 죄에 대하여 재판권을 가진다. 다만, 전시·사변 또는 이에 준하는 국가비상사태 시에는 그러하지 아니하다.
	  1. 「군형법」 제1조제1항부터 제3항까지에 규정된 사람이 범한 「성폭력범죄의 처벌 등에 관한 특례법」 제2조의 성폭력범죄 및 같은 법 제15조의2의 죄, 「아동·청소년의 성보호에 관한 법률」 제2조제2호의 죄
	  2. 「군형법」 제1조제1항부터 제3항까지에 규정된 사람이 사망하거나 사망에 이른 경우 그 원인이 되는 범죄
	  3. 「군형법」 제1조제1항부터 제3항까지에 규정된 사람이 그 신분취득 전에 범한 죄
	  ③ _____
	_____
	_____
	_____ 법원으로 _____.
	_____
	_____
	_____.
	④ 국방부장관은 제2항에 해당하는 죄의 경우에도 국가안전보장, 군사기밀보호 기타 이에 준하는 사정이 있는 때에는 해당 사건을 군사법원에 기소하도록 결정할 수 있다. 다만, 해당 사건이 법원에 기소된 이후에는 그러하지 아니하다.
	⑤ 검찰총장 및 고소권자는 제4항 본문의 결정에 대하여 7일 이내에 대법원에 그 취소를 구하는 신청을 할 수 있다.

(2) 군인 성범죄에 대한 보안처분제도의 적용시 문제점
가. 보안관찰법상의 특례조항에 대한 판례[128)

【범죄사실】

가. 아동·청소년의성보호에관한법률위반(강간등)

피고인은 2010. 7. 18. 18:43경 서울 서초구 반포동 327-77 소재 한양아파트 (동수 생략)에 있는 승강기 안에서 이름을 알 수 없는 피해자(여, 약 15세)를 강제추행할 것을 마음먹고, 오른손으로 피해자의 왼쪽 가슴 부분을 한번 만지고 다시 한번 왼손으로 피해자의 왼쪽 가슴 부분을 한번 만지는 방법으로 아동·청소년인 피해자를 강제추행하였다.

나. 성폭력범죄의처벌등에관한특례법위반(13세미만미성년자강간등)

피고인은 2010. 7. 18. 18:46경 위 제1항 기재 장소에서 피해자 공소외 1(여, 10세)을 강제추행할 것을 마음먹고, 오른손으로 피해자의 오른쪽 가슴 부분을 한번 만지는 방법으로 13세 미만인 피해자를 강제추행하였다.

다. 피해자 공소외 3에 대한 절도

피고인은 2010. 7. 17.부터 18. 사이 저녁 무렵 서울 강남구 논현동에 있는 피해자 공소외 3 경영의 '△△ 공판장'에서 피해자가 계산을 하느라 주위가 산만한 틈을 이용하여 피해자 소유의 시가를 알 수 없는 과자 3개와 음료수 1병을 피고인의 남방 안에 숨겨 넣어 가 이를 절취하였다.

라. 피해자 공소외 2에 대한 절도

피고인은 2010. 7. 16. 14:00경 서울 강남구 논현동 200 신논현역 지하에 있는 피해자 공소외 2 운영의 ○○마트 신논현역점에서 이름을 알 수 없는 종업원이 계산을 하느라 감시가 소홀한 틈을 이용하여 진열대에서 시가 24,400원 상당의 이어폰, 로션 등을 가방에 넣어 가 절취하였다.

【대법원 판시사항】

[1] 현역 군인 등 군법 적용 대상자에 대한 특례를 규정한 '보호관찰 등에 관한 법률' 제56조, 제64조 제1항의 해석상 군법 적용 대상자에게 보호관찰, 사회봉사, 수강명령을 명할 수 있는지 여부(소극)

[2] '특정 범죄자에 대한 위치추적 전자장치 부착 등에 관한 법률'상 특정범죄를 범한 자에 대하여 형의 집행을 유예하는 경우에는 보호관찰을 명하는 때에만 위치추적 전자장치 부착을 명할 수 있는지 여부(적극)

[3] 현역 군인인 성폭력범죄 피고인에게 집행유예를 선고하는 경우 '보호관찰 등에 관한 법률'

---

128) 대판 2012.2.23, 2011도8124.

이 정한 군법 적용 대상자에 대한 특례 규정상 보호관찰을 명할 수 없어 보호관찰의 부과를 전제로 한 위치추적 전자장치의 부착명령 역시 명할 수 없는데도, 원심이 피고인에 대하여 전자장치의 부착을 명한 것은 위법하다고 한 사례

【판결요지】

[1] 보호관찰 등에 관한 법률(이하 '보호관찰법'이라 한다) 제56조는 군사법원법 제2조 제1항 각 호의 어느 하나에 해당하는 사람에게는 보호관찰법을 적용하지 아니한다고 규정하고, 제64조 제1항에서 사회봉사·수강명령 대상자에 대하여는 제56조의 규정을 준용하도록 함으로써 현역 군인 등 이른바 군법 적용 대상자에 대한 특례 조항을 두고 있는데, 군법 적용 대상자에 대한 지휘관들의 지휘권 보장 등 군대라는 부분사회의 특수성을 고려할 필요가 있는 점, 군법 적용 대상자에 대하여는 보호관찰 등의 집행이 현실적으로 곤란하고 이러한 정책적 고려가 입법 과정에서 반영된 것으로 보이는 점 등 보호관찰 등에 관한 현행 법체제 및 규정 내용을 종합적으로 검토하면, 위 특례 조항은 군법 적용 대상자에 대하여는 보호관찰법이 정하고 있는 보호관찰, 사회봉사, 수강명령의 실시 내지 집행에 관한 규정을 적용할 수 없음은 물론 보호관찰, 사회봉사, 수강명령 자체를 명할 수 없다는 의미로 해석된다.

[2] 특정 범죄자에 대한 위치추적 전자장치 부착 등에 관한 법률 제28조 제1항은 "법원은 특정 범죄를 범한 자에 대하여 형의 집행을 유예하면서 보호관찰을 받을 것을 명할 때에는 보호관찰 기간의 범위 내에서 기간을 정하여 준수사항의 이행 여부 확인 등을 위하여 전자장치를 부착할 것을 명할 수 있다."고 규정하고 있고, 제9조 제4항 제4호는 "법원은 특정범죄사건에 대하여 선고유예 또는 집행유예를 선고하는 때(제28조 제1항에 따라 전자장치 부착을 명하는 때를 제외한다)에는 판결로 부착명령 청구를 기각하여야 한다."고 규정하고 있으며, 제12조 제1항은 "부착명령은 검사의 지휘를 받아 보호관찰관이 집행한다."고 규정하고 있으므로, 법원이 특정범죄를 범한 자에 대하여 형의 집행을 유예하는 경우에는 보호관찰을 받을 것을 명하는 때에만 전자장치를 부착할 것을 명할 수 있다.

[3] 현역 군인인 성폭력범죄 피고인에게 집행유예를 선고하는 경우 보호관찰 등에 관한 법률 제56조가 정한 군법 적용 대상자에 대한 특례 규정상 보호관찰을 받을 것을 명할 수 없어 보호관찰의 부과를 전제로 한 위치추적 전자장치의 부착명령 역시 명할 수 없는데도, 원심이 피고인에 대하여 전자장치의 부착을 명한 것은 위법하다고 한 사례.

이러한 대법원 판례에 따르면 보호관찰법 제56조는 「군사법원법 제2조 제1항 각 호의 어느 하나에 해당하는 사람에게는 보호관찰법을 적용하지 아니한다」고 규정하고, 제64조 제1항에서 사회봉사·수강명령 대상자에 대하여는 제56조의 규정을 준용하도록 함으로써 현역 군인 등 이른바 군법적용 대상자에 대한 특례조항을 두고 있는데, 위 특례

조항은 군법적용 대상자에 대하여는 보호관찰법이 정하고 있는 보호관찰·사회봉사·수강명령의 실시 내지 집행에 관한 규정을 적용할 수 없음은 물론 보호관찰·사회봉사·수강명령 자체를 명할 수 없으며, 따라서 군법적용 대상자인 피고인에 대하여 보호관찰을 받을 것을 명할 수 없으므로 보호관찰의 부과를 전제로 한 전자장치의 부착명령 역시 허용될 수 없다는 입장이다. 따라서 개정된 군사법원법에 따라 성범죄에 대한 재판은 민간법원이 하더라도 보호관찰법이 정하고 있는 보호관찰·사회봉사·수강명령 자체를 명할 수 없을 것이다.

　　그러나 첫째, 이는 일반인과 비교할 때 법적용의 형평성에 어긋날 뿐만 아니라 사법권의 통합적 행사를 통한 법의 질서있는 해석·운용을 저해하고 있으며, 특히 성범죄를 저지른 군인의 사회복귀시 이를 관리·감독할 기준이 없어 군인의 성범죄 예방에 큰 장애가 된다는 점, 둘째, 전자장치 부착명령 및 보호관찰 등은 '형법', '특정 범죄자에 대한 보호관찰 및 전자장치 부착 등에 관한 법률', '성폭력범죄의 처벌 등에 관한 특례법' 등에 근거하여 부과되는 것이고, 이 법은 판결의 집행에 관한 사항을 규정한 '절차법'에 불과할 뿐, 보호관찰 등의 부과 근거법률이 아니며, 또한 '특정 범죄자에 대한 보호관찰 및 전자장치 부착 등에 관한 법률' 제34조는 "이 법을 적용함에 있어서 「군사법원법」 제2조제1항 각 호의 어느 하나에 해당하는 자에 대하여는 군사법원은 법원의, 군검사는 검사의, 군사법경찰관리는 사법경찰관리의, 군교도소장은 교도소장의 이 법에 따른 직무를 각각 행한다"고 하여 군인에게 전자장치 부착명령의 선고가 가능함을 규정하고 있으므로 대법원의 현행 제56조에 대한 기존해석에는 문제가 있다. 따라서 성범죄에 대한 민간법원의 재판권을 고려할 때, 별도의 입법적 조치가 필요하다고 할 것이다.

나. 일반 성범죄자가 군에 입대하는 경우

　　병역법 제3조 제4항은 "병역의무자로서 6년 이상의 징역 또는 금고의 형을 선고받은 사람"은 병역에 복무할 수 없도록 규정되어 있다. 그런데 '성매매알선 등 행위의 처벌에 관한 법률'[129]은 물론 '성폭력범죄의 처벌 등에 관한 특례법'은 유기징역과 동시에

---

129) 동법의 최고형벌은 5년 이상의 유기징역이므로 동법상 모든 범죄가 적용대상이 된다.

성매매알선 등 행위의 처벌에 관한 법률 제18조(벌칙)

① 다음 각 호의 어느 하나에 해당하는 사람은 10년 이하의 징역 또는 1억원 이하의 벌금에 처한다.

1. 폭행이나 협박으로 성을 파는 행위를 하게 한 사람

2. 위계 또는 이에 준하는 방법으로 성을 파는 사람을 곤경에 빠뜨려 성을 파는 행위를 하게 한 사람

3. 친족관계, 고용관계, 그 밖의 관계로 인하여 다른 사람을 보호·감독하는 것을 이용하여 성을 파는 행위를 하게 한 사람

4. 위계 또는 위력으로 성교행위 등 음란한 내용을 표현하는 영상물 등을 촬영한 사람

보호관찰 내지 사회봉사·수강명령을 명할 수 있도록 되어 있으며, 형법상의 보호관찰부 집행유예를 선고하는 경우에도 보호관찰 내지 사회봉사·수강명령을 명할 수 있도록 규정되어 있다.

그리고 ① 성폭력범죄자의 경우 성폭력범죄로 징역형의 실형을 선고받은 사람이 그 집행을 종료한 후 또는 집행이 면제된 후 10년 이내에 성폭력범죄를 저지른 때, ② 성폭력범죄로 위치추적 전자장치법률에 따른 전자장치를 부착받은 전력이 있는 사람이 다시 성폭력범죄를 저지른 때, ③ 성폭력범죄를 2회 이상 범하여(유죄의 확정판결을 받은 경우를 포함한다) 그 습벽이 인정된 때, ④ 16세 미만의 사람에 대하여 성폭력범죄를 저지른 때의 어느 하나에 해당하면, 전자장치 부착명령을 청구할 수 있으므로 '6년 미만의 징역 또는 금고의 형을 선고받은 병역의무자'에게 전자장치가 부착될 수 있다.

결국 보호관찰법상의 특례규정이 없다면 보호관찰 내지 사회봉사·수강명령을 선고받은 성범죄자가 군에 입대하는 경우, 어떻게 이를 집행해야 하는지 문제된다. 즉, 보호관찰법 제15조(보호관찰소의 관장 사무)에 따라 보호관찰소(보호관찰지소를 포함한다. 이하 같다)가 보호관찰·사회봉사명령 및 수강명령의 집행을 담당하므로, 보호관찰 대상자는 대통령령으로 정하는 바에 따라 주거·직업·생활계획·그 밖에 필요한 사항을 관할 보호관찰소의 장에게 신고하여야 한다(동법 제34조 제2항). 이 경우 그 보호관찰기간은 동

---

② 다음 각 호의 어느 하나에 해당하는 사람은 1년 이상의 유기징역에 처한다.

1. 제1항의 죄(미수범을 포함한다)를 범하고 그 대가의 전부 또는 일부를 받거나 이를 요구·약속한 사람

2. 위계 또는 위력으로 청소년, 사물을 변별하거나 의사를 결정할 능력이 없거나 미약한 사람 또는 대통령령으로 정하는 중대한 장애가 있는 사람으로 하여금 성을 파는 행위를 하게 한 사람

3. 「폭력행위 등 처벌에 관한 법률」 제4조에 규정된 단체나 집단의 구성원으로서 제1항의 죄를 범한 사람

③ 다음 각 호의 어느 하나에 해당하는 사람은 3년 이상의 유기징역에 처한다.

1. 다른 사람을 감금하거나 단체 또는 다중(다중)의 위력을 보이는 방법으로 성매매를 강요한 사람

2. 성을 파는 행위를 하였거나 할 사람을 고용·관리하는 것을 이용하여 위계 또는 위력으로 낙태하게 하거나 불임시술을 받게 한 사람

3. 삭제 <2013.4.5>

4. 「폭력행위 등 처벌에 관한 법률」 제4조에 규정된 단체나 집단의 구성원으로서 제2항제1호 또는 제2호의 죄를 범한 사람

④ 다음 각 호의 어느 하나에 해당하는 사람은 5년 이상의 유기징역에 처한다.

1. 업무관계, 고용관계, 그 밖의 관계로 인하여 보호 또는 감독을 받는 사람에게 마약등을 사용하여 성을 파는 행위를 하게 한 사람

2. 「폭력행위 등 처벌에 관한 법률」 제4조에 규정된 단체나 집단의 구성원으로서 제3항제1호부터 제3호까지의 죄를 범한 사람

법 제30조(보호관찰의 기간)[130]에 따라, 첫째, 보호관찰을 조건으로 형의 선고유예를 받은 사람은 1년, 둘째, 보호관찰을 조건으로 형의 집행유예를 선고받은 사람은 그 유예기간(다만, 법원이 보호관찰 기간을 따로 정한 경우에는 그 기간) 동안 보호관찰을 받는다. 따라서 군인에 입대한 성범죄자에게 보호관찰이 선고된 경우, 어떻게 보호관찰소의 장에게 신고하여야 하는지 문제된다.

결국 이 경우에는 동법상의 임시해제규정[131]을 준용하여 해결할 수밖에 없다고 생각된다. 다만, 우리나라의 경우는 외국과 달리[132] 거주이전 등의 신고[133]를 제외하고는

---

130) 보호관찰 등에 관한 법률 제30조(보호관찰의 기간) 보호관찰 대상자는 다음 각 호의 구분에 따른 기간에 보호관찰을 받는다.
  1. 보호관찰을 조건으로 형의 선고유예를 받은 사람: 1년
  2. 보호관찰을 조건으로 형의 집행유예를 선고받은 사람: 그 유예기간. 다만, 법원이 보호관찰 기간을 따로 정한 경우에는 그 기간
  3. 가석방자: 「형법」 제73조의2 또는 「소년법」 제66조에 규정된 기간
  4. 임시퇴원자: 퇴원일부터 6개월 이상 2년 이하의 범위에서 심사위원회가 정한 기간
  5. 「소년법」 제32조제1항제4호 및 제5호의 보호처분을 받은 사람: 그 법률에서 정한 기간
  6. 다른 법률에 따라 이 법에서 정한 보호관찰을 받는 사람: 그 법률에서 정한 기간
131) 보호관찰 등에 관한 법률 제52조(임시해제)
  ① 심사위원회는 보호관찰 대상자의 성적이 양호할 때에는 보호관찰소의 장의 신청을 받거나 직권으로 보호관찰을 임시해제할 수 있다.
  ② **임시해제 중에는 보호관찰을 하지 아니한다. 다만, 보호관찰 대상자는 준수사항을 계속하여 지켜야 한다.**
  ③ 심사위원회는 임시해제 결정을 받은 사람에 대하여 다시 보호관찰을 하는 것이 적절하다고 인정되면 보호관찰소의 장의 신청을 받거나 직권으로 임시해제 결정을 취소할 수 있다.
  ④ 제3항에 따라 임시해제 결정이 취소된 경우에는 그 임시해제 기간을 보호관찰 기간에 포함한다.
132) 앞에서 언급한 것처럼 미국의 보호관찰부 형의 집행유예의 경우에는 매달 5일 이내에 보호관찰관에게 진실되고 완벽한 보고서류를 제출하도록 되어 있다.
133) 보호관찰 등에 관한 법률 제32조(보호관찰 대상자의 준수사항)
  ② 보호관찰 대상자는 다음 각 호의 사항을 지켜야 한다.
  1. 주거지에 상주하고 생업에 종사할 것
  2. 범죄로 이어지기 쉬운 나쁜 습관을 버리고 선행을 하며 범죄를 저지를 염려가 있는 사람들과 교제하거나 어울리지 말 것
  3. 보호관찰관의 지도·감독에 따르고 방문하면 응대할 것
  4. 주거를 이전하거나 1개월 이상 국내외 여행을 할 때에는 미리 보호관찰관에게 신고할 것
  * 보호관찰 등에 관한 법률 시행령 제18조(주거이전등의 신고)
  ① 보호관찰대상자는 법 제32조제2항제4호의 규정에 의한 신고를 할 때에는 법무부령이 정하는 바에 의하여 본인의 성명, 주거, 주거이전예정지 또는 여행지, 주거이전이유 또는 여행목적,

신고규정이 없다는 점에서 보호관찰을 집행하더라도 집행상의 큰 어려움은 없다고 본다.

위에서 언급한 것처럼, 보호관찰소가 사회봉사명령 내지 수강명령의 집행을 담당하는데, 일반인과 달리 군인 성범죄자에 대하여 어떻게 이를 집행할 것인지 문제된다. 즉 사회봉사명령 내지 수강명령의 경우, 법원이 사회봉사를 명할 때에는 500시간, 수강을 명할 때에는 200시간의 범위에서 사회봉사를 하거나 수강할 분야와 장소 등을 지정하지만,134) 선고 당시에 군입대 여부를 알 수 없으므로 사회봉사 장소 및 수강할 분야 등이 문제될 수 있으며, 이후 군대에 입대한 경우에는 그들을 어떻게 민간장소에 보낼 수 있을 것인지 의문이다. 무엇보다도 보호관찰관이 군부대 내에 있는 자까지 보호관찰 내지 수강명령 등을 집행하게 하는 것은 현실적인 어려움이 있을 것이다.

결국 사회봉사명령 내지 수강명령이 제대로 지켜지기 위해서는 군대내에서 이를 해결하는 것이 타당하지만, 이는 보호관찰소를 대신할 조직편성상의 문제 및 예산상 문제 등으로 큰 어려움이 예상된다.

한편, 부착명령 요건을 갖추면 전자장치의 부착이 가능하지만, 군인 등은 도보 등 훈련을 할 뿐만 아니라 군부대 내에서 생활하므로 전자장치를 부착하는 실천적 의미가 적을 것이다. 따라서 실제로 문제되는 경우는 이러한 군인성범죄자가 휴가 등으로 민간사회에 소속될 경우이므로 반드시 보호관찰관에게 신고하는 등의 절차를 마련하는 것이 타당하다고 본다. 이 경우 그 근거조항은 보호관찰 등에 관한 법률 제32조(보호관찰 대상자의 준수사항) 제2항 제4호 및 특정 범죄자에 대한 보호관찰 및 전자장치 부착 등에 관한 법률 시행령 제12조(주거이전·국내여행 및 출국 허가 등)135)에 따라 처리하면 족할 것

주거이전일자 또는 여행기간 등을 신고하여야 한다.

② 보호관찰대상자가 다른 보호관찰소의 관할구역안으로 주거를 이전한 때에는 10일 이내에 신주거지를 관할하는 보호관찰소에 출석하여 서면으로 주거이전의 사실을 신고하여야 한다.

134) 보호관찰 등에 관한 법률 제59조(사회봉사명령·수강명령의 범위)

① 법원은 「형법」 제62조의2에 따른 사회봉사를 명할 때에는 500시간, 수강을 명할 때에는 200시간의 범위에서 그 기간을 정하여야 한다. 다만, 다른 법률에 특별한 규정이 있는 경우에는 그 법률에서 정하는 바에 따른다.

② 법원은 제1항의 경우에 사회봉사·수강명령 대상자가 사회봉사를 하거나 수강할 분야와 장소 등을 지정할 수 있다.

135) 특정 범죄자에 대한 보호관찰 및 전자장치 부착 등에 관한 법률 시행령 제12조(주거이전·국내여행 및 출국 허가 등)

① 피부착자는 법 제14조제2항에 따른 신고를 할 때 주거, 직업, 생활계획, 그 밖에 피부착자에 대한 지도·감독에 필요한 사항을 적은 서면을 제출하여야 한다.

② 피부착자는 법 제14조제3항에 따른 주거이전 등의 허가를 받으려고 할 때에는 본인의 성명, 주거, 주거이전 예정지나 국내여행 예정지 또는 출국 예정지, 주거이전 이유나 국내여행 목적 또는 출국 목적, 주거이전 일자나 국내여행 기간 또는 출국 기간 등을 적은 허가신청서와

이다.

　　앞에서 언급한 것처럼 미국의 경우에도 주거지나 직장이 변경되었으면 그로부터 적어도 10일 이내에 보호관찰관에게 그 사실을 고지하도록 되어 있다.

다. 군법적용 대상자가 성범죄를 범한 경우

　　군인사법 및 병역법상 장교·부사관은 집행유예 이상의 형을 받으면 군인신분을 잃고 민간인으로 전환되며, 군인사법 및 병역법상 사병은 1년 6개월 이상의 실형을 받으면 군인신분을 잃고 민간인으로 전환되므로 실형이 선고된 경우에는 큰 문제가 없다. 문제는 이보다 짧은 형을 선고받은 경우 위 대법원 판례에 따르면 판결시 군인이라는 이유로 전자발찌 부착 등 보호관찰 등을 선고할 수 없을 것이다. 보호관찰법상의 특례규정이 삭제되더라도 위에서 언급한 동일한 문제점이 발생한다.

　　한편, 공익근무요원의 경우 현행 병역법 시행령 제136조(수형자 등의 병역처분)에 따

소명자료를 보호관찰소에 출석하여 제출하여야 한다.

③ 제2항에 따른 허가 신청을 받은 보호관찰관은 신청일부터 7일 이내에 주거이전 예정지나 국내여행 예정지 또는 출국 예정지, 주거이전 이유나 국내여행 목적, 출국의 목적 또는 법 제9조의2 및 「보호관찰 등에 관한 법률」 제32조에 따른 준수사항 이행 정도 등을 종합적으로 고려하여 허가 여부를 결정하여야 한다. <개정 2013.5.31>

④ 보호관찰관은 제3항에 따라 피부착자의 출국 허가를 결정할 경우 피부착자가 다음 각 호의 어느 하나에 해당하는 경우에는 출국을 허가하지 아니할 수 있다. 다만, 제1호의 경우에는 출국을 허가하지 아니하여야 한다. <신설 2013.5.31>

1. 「출입국관리법」 제4조 등 다른 법률의 규정에 따라 출국이 금지된 경우

2. 출국의 목적에 관한 소명자료를 제출하지 아니하는 경우

3. 부착명령 집행기간 중 정당한 사유 없이 출국 허가기간 내에 귀국하지 아니하였거나 허가를 받지 아니하고 출국한 전력(前歷)이 있는 경우

⑤ 보호관찰관은 제3항에 따라 피부착자의 출국 허가를 결정할 경우 그 허가기간을 출국일부터 3개월 이내의 범위에서 정하되, 불가피한 경우에만 이를 초과하여 정할 수 있다. <신설 2013.5.31>

⑥ 피부착자는 주거이전 허가를 받아 다른 보호관찰소의 관할 구역으로 주거를 이전한 경우 3일 이내에 새로운 주거지를 관할하는 보호관찰소에 출석하여 제1항의 신고를 하여야 한다. <개정 2013.5.31>

⑦ 보호관찰소의 장은 소속 보호관찰관이 제3항에 따라 피부착자에게 출국을 허가한 경우 법무부장관에게 피부착자의 출입국 사실을 통보하여 줄 것을 요청하여야 한다. <개정 2013.5.31>

⑧ 법무부장관은 제7항에 따른 요청을 받은 경우에는 피부착자의 출입국 시 지체 없이 그 사실을 보호관찰소의 장에게 통보하여야 한다. <개정 2013.5.31>

⑨ 제3항에 따른 출국 허가를 받아 출국했던 피부착자는 입국한 후 지체 없이 관할 보호관찰소에 출석하여 전자장치가 정상적으로 작동하는지를 확인받아야 한다. <개정 2013.5.31>

르면, 현역병입영 대상자, 승선근무예비역 또는 보충역(보충역의 장교·준사관·부사관 및 보충역의 복무 또는 의무종사를 마친 사람은 제외한다)으로서 6개월 이상 1년 6개월 미만의 징역 또는 금고의 실형을 선고받거나 1년 이상의 징역이나 금고의 형의 집행유예를 선고받은 사람은 공익근무요원 소집대상으로 분류되는데, 이러한 자가 성범죄를 범한 경우에 어떠한 보안처분을 해야 하는지 문제된다.[136]

생각건대 공익근무요원은 출퇴근 근무하므로[137] 군대내의 특수성을 인정할 필요가 없을 뿐만 아니라 일반 시민과의 형평성 차원에서 다른 성범죄자와 동일하게 해결해야 할 것이다.

라. 성범죄자에 대한 군입대의 거절 가능여부

미국과 동일하게 보호관찰 중인 자의 군입대를 거절할 수 있는가이다. 전술한 것처럼 미국은 모병제를 토대로 하기 때문에 의무적으로 군에 입대해야 하는 징병제를 채택하고 있는 우리나라와는 달리 성범죄자의 입대에 대한 사전차단이 가능하며,[138] 보호관찰 중인 자가 군입대를 희망하는 경우 보호관찰을 명한 법원에 이러한 사실을 알려야 하고, 법원이 보호관찰 중인 자에게 입대를 허가하여야 군에서도 지원자의 입대를 받아들일 수 있다. 이에 대하여 우리나라의 경우 군입대 불허에 대한 어떠한 규정이 없을 뿐만 아니라 의무적 징병제를 채택하고 있다는 점을 고려할 때, 군입대 자체를 불허할 수는 없다고 본다.

마. 군법적용 대상자가 성범죄를 범한 경우, 병적 제적 가능여부

장교, 준사관 및 부사관의 경우는 군인사법에 따른 결격사유에 해당하므로[139] 성범

---

136) 1년 6개월 이상의 징역 또는 금고의 실형을 선고받고(다만, 법 제86조에 따라 병역의무를 기피하거나 감면받을 목적으로 신체를 손상하거나 속임수를 써서 징역형을 선고받은 사람은 제외한다) 제2국민역에 편입된 경우에는 민간인과 동일한 취급을 하면 될 것이다.

137) 병역법 제31조(사회복무요원의 복무 및 보수 등) ④ 사회복무요원은 출퇴근 근무하며, 소속기관장의 지휘·감독을 받는다. 다만, 출퇴근 근무가 곤란하거나 업무수행의 특수성 등으로 인하여 필요한 경우에는 합숙근무를 하게 할 수 있다.

138) 품행 및 관리 기준(Conduct and administrative criteria)
f. 성범죄자 확인 – 모든 지원자의 입대 절차에서 전미 성범죄자 공공 등록부의 조회가 이루어진다. 만약 지원자가 성범죄자로 등록이 되어 있거나 등록이 요구되는 자인 경우 군 입대가 금지된다(f. Sex offender check. A query of the National Sex Offender Public Registry1) must conducted on every applicant that processes for enlistment. If the applicant is a registered sex offender or required to register as a sex offender, enlistment is prohibited.).

139) 군인사법 제10조(결격사유 등)
① 장교, 준사관 및 부사관은 사상이 건전하고 품행이 단정하며 체력이 강건한 사람 중에서

죄로 인하여 자격정지 이상의 형의 선고유예를 받았다면 장교, 준사관 및 부사관으로 임용될 수 없다. 따라서 병적에서의 제적이 가능하다고 본다. 반면에 병역법 제3조 제4항은 "병역의무자로서 6년 이상의 징역 또는 금고의 형을 선고받은 사람은 병역에 복무할 수 없으며 병적(兵籍)에서 제적된다"고 규정하고 있으며,140) 현역병(복무 중인 사람과 현역병입영대상자 포함), 승선근무예비역 또는 보충역으로 복무중인 경우 동법 제65조 제1항 제2호141)에 따라 수형(受刑) 등 대통령령(제136조)으로 정하는 사유로 병역에 적합

임용한다.

② 다음 각 호의 어느 하나에 해당하는 사람은 장교, 준사관 및 부사관으로 임용될 수 없다.

1. 대한민국의 국적을 가지지 아니한 사람

1의 2. 대한민국 국적과 외국 국적을 함께 가지고 있는 사람

2. 피성년후견인 또는 피한정후견인

3. 파산선고를 받은 사람으로서 복권되지 아니한 사람

4. 금고 이상의 형을 선고받고 그 집행이 종료되거나 집행을 받지 아니하기로 확정된 후 5년이 지나지 아니한 사람

5. 금고 이상의 형의 집행유예를 선고받고 그 유예기간 중에 있거나 그 유예기간이 종료된 날부터 2년이 지나지 아니한 사람

6. 자격정지 이상의 형의 선고유예를 받고 그 유예기간 중에 있는 사람

6의 2. 공무원 재직기간 중 직무와 관련하여 「형법」 제355조 또는 제356조에 규정된 죄를 범한 사람으로서 300만원 이상의 벌금형을 선고받고 그 형이 확정된 후 2년이 지나지 아니한 사람

6의 3. 「성폭력범죄의 처벌 등에 관한 특례법」 제2조에 따른 성폭력범죄로 100만원 이상의 벌금형을 선고받고 그 형이 확정된 후 3년이 지나지 아니한 사람

6의 4. 미성년자에 대한 다음 각 목의 어느 하나에 해당하는 죄를 저질러 파면·해임되거나 형 또는 치료감호를 선고받아 그 형 또는 치료감호가 확정된 사람(집행유예를 선고받은 후 그 집행유예기간이 경과한 사람을 포함한다)

가. 「성폭력범죄의 처벌 등에 관한 특례법」 제2조에 따른 성폭력범죄

나. 「아동·청소년의 성보호에 관한 법률」 제2조제2호에 따른 아동·청소년대상 성범죄

7. 탄핵이나 징계에 의하여 파면되거나 해임처분을 받은 날부터 5년이 지나지 아니한 사람

8. 법원의 판결 또는 다른 법률에 따라 자격이 정지되거나 상실된 사람

③ 제2항의 결격사유에 해당하는데도 불구하고 임용되었던 장교, 준사관 및 부사관이 수행한 직무행위 및 군복무기간은 그 효력을 잃지 아니하며 이미 지급된 보수는 환수되지 아니한다.

140) 병역법 제3조(병역의무)

① 대한민국 국민인 남성은 헌법과 이 법에서 정하는 바에 따라 병역의무를 성실히 수행하여야 한다. 여성은 지원에 의하여 현역 및 예비역으로만 복무할 수 있다. <개정 2011.5.24>

② 이 법에 따르지 아니하고는 병역의무에 대한 특례를 규정할 수 없다.

③ 제1항에 따른 병역의무 및 지원은 인종, 피부색 등을 이유로 차별하여서는 아니 된다.

④ 병역의무자로서 6년 이상의 징역 또는 금고의 형을 선고받은 사람은 병역에 복무할 수 없으며 병적에서 제적된다.

하지 아니하다고 인정되는 사람은 신체검사를 거쳐 보충역 또는 전시근로역 편입을 할 수 있다고 규정하고 있다.142) 이에 따르면, 사병의 경우 6개월 이상 1년 6개월 미만의 징역 또는 금고의 실형을 받거나, 1년 이상의 징역이나 금고의 형의 집행유예를 선고받은 경우 보충역 편입대상이 되며, 1년 6개월 이상의 징역 또는 금고의 실형을 선고받은 경우 전시근로역 편입대상이 된다.143)

---

141) 제65조(병역처분 변경 등) ① 현역병(제21조 및 제25조에 따라 복무 중인 사람과 현역병입영 대상자를 포함한다), 승선근무예비역 또는 보충역으로서 제1호에 해당하는 사람에 대하여는 신체검사를 거쳐 보충역 편입·전시근로역 편입 또는 병역면제 처분을 할 수 있고, 제2호 및 제3호에 해당하는 사람에 대하여는 보충역 편입 또는 전시근로역 편입을 할 수 있다.

1. 전상·공상·질병 또는 심신장애로 인하여 병역을 감당할 수 없는 사람

2. 수형자로서 대통령령으로 정하는 사람

3. 「국적법」에 따른 귀화 및 그 밖에 대통령령으로 정하는 사유로 병역에 적합하지 아니하다고 인정되는 사람

142) 제136조(수형자 등의 병역처분) ① 현역병입영 대상자, 승선근무예비역 또는 보충역(보충역의 장교·준사관·부사관 및 보충역의 복무를 마친 사람은 제외한다)으로서 법 제65조 제1항 제2호 및 제3호에 따라 보충역 또는 전시근로역으로 편입할 수 있는 사람과 대체역으로서 법 제65조의2 제1항에 따라 소집을 면제 또는 해제할 수 있는 사람은 다음 각 호에 따른다. 이 경우 형이 부정기형으로서 장기와 단기를 정하여 선고된 경우에는 장기를 적용한다.

1. 보충역 편입 대상은 다음 각 목의 어느 하나에 해당하는 사람. 다만, 법 제86조에 따라 병역의무를 기피하거나 감면받을 목적으로 신체를 손상하거나 속임수를 써서 징역형을 선고받은 사람은 제외한다.

가. 6개월 이상 1년 6개월 미만의 징역 또는 금고의 실형을 선고받은 사람

나. 1년 이상의 징역이나 금고의 형의 집행유예를 선고받은 사람

2. 전시근로역 편입 대상은 다음 각 목의 어느 하나에 해당하는 사람

가. 1년 6개월 이상의 징역 또는 금고의 실형을 선고받은 사람. 다만, 법 제86조에 따라 병역의무를 기피하거나 감면받을 목적으로 신체를 손상하거나 속임수를 써서 징역형을 선고받은 사람은 제외한다.

나. 가족관계등록부상 부모를 알 수 없는 사람

다. 13세 이전에 부모가 사망하고 부양할 가족(「민법」 제779조 및 제974조에 따른 가족을 말한다)이 없는 사람

라. 18세 미만의 아동으로 「아동복지법」 제52조제1항에 따른 아동양육시설·아동보호치료시설 또는 공동생활가정에 5년 이상 보호된 사실이 있는 사람

마. 「국적법」 제5조부터 제8조까지의 규정에 따라 대한민국국적을 취득한 사람

바. 성을 전환하여 가족관계등록부상 여성에서 남성으로 성별이 정정된 사람

3. 대체복무요원 소집면제 또는 해제 처분 대상: 제2호 나목부터 바목까지의 어느 하나에 해당하는 사람

143) 현재 군대내에 현역복무부적격심의위원회가 설치되어 있는데, 6개월 이하라도 대부분 부적합결정을 내려 전역을 시키고 있다고 한다.

7. 군인 성범죄에 대한 종합적 대책

군인성범죄의 종합적인 현황을 분석해 보면, 첫째, 영내보다는 영외에서 성범죄가 훨씬 많이 발생한다는 점, 둘째, 영내에서는 군형법 위반이 많지만, 영외에서는 성폭력범죄 및 피해자보호 등에 관한 법률 및 아동·청소년의 성보호에 관한 법률 위반이 많다는 점, 셋째, 민간의 기소율이 평균 53% 안팎인 반면 군인 성범죄의 기소율은 지난 5년간 평균 44.7%정도로 8%포인트 가량 기소율이 낮다는 점,[144] 넷째, 장교 및 군무원보다는 부사관 및 사병의 성범죄가 많이 발생한다는 점, 다섯째, 여군에 대한 성범죄는 주로 장교 내지 부사관에 의하여 발생한다는 점, 여섯째, 군내 성범죄에 대한 판결의 경우 징역 내지 집행유예가 매우 많은 것으로 보아 죄질이 중하다는 점을 알 수 있다. 특히 군내 여성인력의 증가와 함께 아직까지 장병들의 성인지력 부족과, 성폭력에 대한 신고 활성화 등으로 성폭력 건수가 증가한 것으로 판단된다.

그런데 여군에 대한 성범죄는 대부분 상관의 강제추행 및 강간이다. 그럼에도 불구하고 최근 5년간 여군 대상 성범죄 61건 가운데 실형이 내려진 건 단 3건에 불과한 점[145]을 고려해 볼 때, 아직까지도 여군을 동등한 군인으로 보지 않고 성적인 대상으로 보는 것 같다. 따라서 국방부 차원에서 성범죄를 감소하기 위한 적극적인 성범죄 예방 및 대응 프로그램을 개발하여 군법 대상 적용자 모두에게 이를 주지시키는 작업도 중요하지만, 업무상 위력 등에 의한 간음죄[146]와 같은 새로운 처벌규정[147]을 신설하거나, 실형의 선고와 동시에 의무적인 위치추적 전자장치의 부착을 명하는 등 강력한 처벌을 통해 군기강을 확립하는 것만이 여군에 대한 성범죄를 줄이는 방안이 될 것이다.

---

144) 군 성범죄의 낮은 기소율은 '기소유예'나 '공소권 없음'이 많아서다. 기소유예는 군 검찰이 기소를 하지 않았다는 의미이고 공소권 없음은 고소가 취하된 사례다. 군 당국이 성 범죄를 처벌할 의지가 적거나 당사자가 군인일 때 합의가 쉽게 이뤄지기 때문인 것으로 풀이된다(이데일리뉴스 2013. 6. 18.).

145) 경향신문 2013. 10. 28.자에 따르면 "국회 법사위 소속 민주당 서영교 의원은 28일 국방부 군사법원에 대한 국정감사 질의자료를 통해 "최근 5년간 여군 대상 성범죄 61건 중 단 3건 (4.9%)만 실형이 내려졌다"면서 "기소유예, 공소권 없음, 혐의 없음 등으로 죄를 묻지 않는 사례가 39건(63.9%)"이라고 밝혔다. 집행유예 또는 벌금 등 가벼운 처분이 내려진 사례도 9건 (14.7%)에 달했다"고 한다.

146) 형법 제303조(업무상 위력 등에 의한 간음) 제1항은 "업무, 고용 기타 관계로 인하여 자기의 보호 또는 감독을 받는 부녀에 대하여 위계 또는 위력으로써 간음한 자는 5년 이하의 징역 또는 1천 500만원 이하의 벌금에 처하도록 규정"하고 있는데, 군형법에는 이러한 범죄구성요건이 없다.

147) 군형법 제96조의7(업무상 위력 등에 의한 간음) 업무 기타 관계로 인하여 자기의 지휘를 받는 여군에 대하여 위계 또는 위력으로써 간음한 자는 10년 이하의 징역에 처한다.

Ⅲ. 군사법원 항소심 민간법원 이관 및 국방부장관 소속의 군사법원 설치

1. 군사법원 항소심의 민간법원 이관

　군사법원에 대해 일반 법원이 전면적으로 관할하는 것은 시기상조이므로 절충적 입장에서, 사실심의 최종·최고 법원인 고등법원의 재판을 일반 고등법원에서 관할하도록 하여, 재판의 공정성과 독립성을 보장하기 위한 방안으로 보인다. 다만, 고등군사법원을 폐지할 경우, 각군 고등검찰부장의 직위(대령)도 사라질 것으로 장기복무를 지원하는 군 검찰관도 없어질 것이다. 그렇다면, 과연 누가 막강한 군사법경찰과 군정보사령부를 통제할 수 있을 것인지 의문이다.

【표 7-24】 국방부 고등군사법원 재판현황(2016)[148]

구 분		계	처 분							
			생명형	자유형 (실형)	집행 유예	재산형 (벌금)	선고 유예	무 죄	기 타	진행중
장 교	장 성	3		1		1			1	
	영 관	43		7	11	9	2	6	3	5
	위 관	41		3	11	10	2	7	7	1
준·부사관		132		15	37	28	12	19	16	5
병		243		64	47	37	3	10	80	2
군무원		17		3	6	3		2	2	1
민간인		6		2	3			1		
합 계		485	0	95	115	88	19	45	109	14

　※ 기타: 이송 67, 항소취하 40, 파기환송 1, 면소 1

---

148) 2013년에는 326건, 2014년에는 413건, 2015년에는 515건이다.

【표 7-25】국방부 보통군사법원 제1심 재판 항소율

연 도	재판건수	항 소	항소율
2013년	104	26	25.0%
2014년	81	28	34.5%
2015년	91	32	41.7%
2016년	97	37	38.1%
2017년 (6. 30.까지)	45	7	15.5%

※ 약식사건 포함된 현황임.

【표 7-26】육군군사법원 제1심 재판 항소율

연 도	재판 건수	항 소	항소율
2013년	2,371	263	11.1%
2014년	2,734	416	15.2%
2015년	2,639	336	12.7%
2016년	2,484	338	13.6%
2017년 (6. 30.까지)	947	60	6.3%

【표 7-27】해군군사법원 제1심 재판 항소율

연 도	재판 건수	항 소	항소율
2013년	95	30	32%
2014년	148	25	17%
2015년	129	38	29.5%
2016년	171	60	35.1%
2017년 (6. 30.까지)	116	20	17.2%

【표 7-28】 공군군사법원 제1심 재판 항소율

연 도	재판 건수	항 소	항소율
2013년	68	10	14.7%
2014년	69	23	33.3%
2015년	74	24	32.4%
2016년	92	37	40.2
2017년 (6. 30.까지)	38	9	23.7

2. 국방부장관 소속의 군사법원 설치

현재 군검찰부가 설치되어 있는 소속 부대의 장이 소속 검찰관을 일반적·구체적으로 지휘·감독을 할 수 있도록 규정하고 있어 군검찰부의 중립성 및 사건처리의 공정성 및 부대간의 형평성 보장에 문제가 많다는 지적을 받아 왔다. 이에 국방부는 개정된 군사법원법에 따라 2022년 1월 14일 '군사법원의 조직에 관한 규정(안) 입법예고'에서 "군사법의 독립성과 군 장병의 공정한 재판을 받을 권리를 실질적으로 보장하기 위해 제1심 군사재판을 담당하는 군사법원을 국방부장관 소속으로 설치하고 고등군사법원을 폐지해 민간 법원에서 항소심을 담당하게 한다"며 "이런 내용으로 군사법원법이 개정됨에 따라 변경되는 사항을 반영한다"고 밝힌 바 있다. 즉, 고등군사법원이 폐지되고 중앙지역군사법원과 제1·2·3·4지역군사법원이 설치되고, 중앙지역군사법원과 제1·2·3·4지역군사법원은 군사재판 제1심만 관할하며, 항소심은 서울고등법원으로 이관된다. 제1심 군사재판의 범위 역시 줄어드는데, 성폭력 범죄, 군인 등의 사망사건의 원인이 되는 범죄, 군인 등이 그 신분을 취득하기 전에 저지른 범죄는 군사법원이 아닌 민간 법원에서 다뤄진다.

군검찰 조직도 개편되는데, 입법예고된 군검찰부의 조직에 관한 규정에 따르면 수사의 공정성과 군검찰의 독립성을 확보하기 위해 국방장관과 각 군 참모총장 소속으로 검찰단이 설치되며, 각 군 검찰단은 소속 군검사와 군검찰 사무를 관장한다고 한다. 이에 따르면 군검찰을 국방부와 각 군 참모총장 소속으로 통합하여 단위 부대의 장으로부터 독립적으로 활동하게 하고, 통일된 기준에 따라 사건을 처리하게 함으로써 군검찰의 중립성과 형평성을 제고하게 될 것이다.

Ⅳ. 관할관 제도 및 심판관 제도 폐지

1. 관할관 제도

군사법원법상 관할관이란 군사법원이 설치되어 있는 부대의 장을 말한다. 현재 군사법원은 장관급 장교가 지휘하는 부대, 즉 육군은 군단, 해군은 함대사령부, 공군은 전투사령부 이상의 부대에 설치되어 있는데,[149] 이러한 부대의 지휘관이 군사법원법상 관할관이 된다.[150]

관할관 제도는 해방 후 미군 전시군법을 그대로 계수하여 도입되었으며, 군법회의 소집을 명할 권한을 지닌 군지휘관이라는 의미로 '군법회의 설치장관'이란 용어를 사용하다가, 1962. 6. 1. 법률 1004호로 제정된 군법회의법에서 '관할관'이란 명칭으로 변경되었으며,[151] 동법 제369조는 관할관에게 판결에 대한 감경 또는 형집행 면제권을 부여하였다.

그런데 과거 관할관의 권한으로 명시되었던 군검찰부에 관한 권한이 1994년 1. 5. 군사법원법 일부 개정시 바뀌었는데 그 내용을 살펴보면, 먼저 검찰관의 임명권자가 관할관에서 각 군 참모총장으로 변경하면서, 관할관의 확인조치권에서 형집행 면제권을 폐지하고, 판결 중 무죄, 면소, 공소기각, 형의 면제, 형의 선고유예 또는 형의 집행유예의 판결을 확인조치권의 형감경 대상에서 제외하였다. 또한 고등군사법원의 판결에 대한 관할관의 확인조치권을 폐지하고, 약식명령에 있어서의 관할관의 확인조치권의 적용배제 조항을 신설하였다.

그 후 2016. 1. 6. 법률 제13722호로 일부개정된 군사법원법부터 관할관은 무죄·면소·공소기각·형의 면제·형의 선고유예·형의 집행유예·사형·무기징역 또는 무기금고의 판결을 제외한 판결을 확인하여야 하며, 형법 제51조 각 호의 사항을 참작하여 형이 과중하다고 인정할 만한 사유가 있을 때에는 피고인이 작전, 교육 및 훈련 등 업무를 성실하고 적극적으로 수행하는 과정에서 발생한 범죄에 한정하여 선고된 형의 3분의 1 미만의 범위에서 그 형을 감경할 수 있는 것으로 개정되어 형의 집행면제권은 폐지되었다.[152] 이

---

149) 보통군사법원 설치 부대(군사법원법 제6조 제2항 관련 별표).
150) 제7조(군사법원 관할관)
  ① 군사법원에 관할관을 둔다.
  ② 고등군사법원의 관할관은 국방부장관으로 한다.
  ③ 보통군사법원의 관할관은 그 설치되는 부대와 지역의 사령관, 장 또는 책임지휘관으로 한다. 다만, 국방부 보통군사법원의 관할관은 고등군사법원의 관할관이 겸임한다.
151) 임천영, 「군사법제도의 발전방향」, "군 사법제도 및 인권침해 개선에 관한 토론회"(2014. 11. 12.), 대한변호사협회, 64면 이하 참조.
152) 제379조(판결에 대한 관할관의 확인조치)

러한 관할관의 확인조치권에 대하여 종래 찬반 논의가 있었으나,153) 관할관은 판결 중에서 실형만 감경의 대상으로 할 뿐 형의 집행정지권, 집행유예, 선고유예 등은 대상에서 제외하고 있으므로 그 실익은 그다지 크지 않았다고 생각된다.

생각건대 관할관의 확인조치권은 전시상태에 있거나 전 세계에 군인들을 파견하고 있는 미국이나 영국 정도를 제외하고는 평시에 이를 운용하는 나라가 없을 뿐만 아니라 군법회의에서 형벌 및 징계벌을 선고할 수 있는 등 우리나라와는 다른 영미법계 국가에서 인정되는 제도이므로 평시에는 이를 폐지하는 것이 타당하다고 본다. 더욱이 아래 【표 7-29】에서 보는 것처럼, 최근 5년간 감경권의 행사현황을 보면, 2013년 이래 국방부는 감경권을 행사한 적이 없고, 육군의 경우 2013년 25건(2014년 8건, 2015년 3건)이고, 해군의 경우 9건(2015년 3건)을 제외하면, 2016년 이래 감경권을 행사한 적이 없는데도 불구하고 군대 부조리의 주범처럼 취급되기 때문이다.

【표 7-29】 최근 5년간 관할관 확인감경권 행사 현황154)

구 분	국방부			육 군			해 군			공 군		
	원판결 확인	1/2 미만 감경	1/2 이상 감경	원판결 확인	1/2 미만 감경	1/2 이상 감경	원판결 확인	1/2 미만 감경	1/2 이상 감경	원판결 확인	1/2 미만 감경	1/2 이상 감경
2013년	69			1,720	18	7	260	7	2	85		
2014년	51			1,830	5	3	302	3		106		
2015년	63			1,843	2	1	295	2	1	118		

① 관할관은 무죄, 면소, 공소기각, 형의 면제, 형의 선고유예, 형의 집행유예, 사형, 무기징역 또는 무기금고의 판결을 제외한 판결을 확인하여야 하며, 「형법」 제51조 각 호의 사항을 참작하여 형이 과중하다고 인정할 만한 사유가 있을 때에는 피고인이 작전, 교육 및 훈련 등 업무를 성실하고 적극적으로 수행하는 과정에서 발생한 범죄에 한정하여 선고된 형의 3분의 1 미만의 범위에서 그 형을 감경할 수 있다. <개정 2016.1.6>

② 제1항의 확인조치는 판결이 선고된 날부터 10일 이내에 하여야 하며 확인조치 후 5일 이내에 피고인과 군검사에게 송달하여야 한다. 확인조치 기간을 넘기면 선고한 판결대로 확인한 것으로 본다. <개정 2016.1.6>

③ 제2항에 따른 관할관의 확인조치와 그 송달에 걸린 기간은 형집행기간에 산입한다.

153) 관할관의 확인조치권이 필요하다는 견해로는 김현주, "군 사법제도 개선의 핵심 쟁점에 대한 연구", 형사정책 제20권 제1호(2008), 한국형사정책학회, 54면 이하 참조; 폐지하자는 견해로는 윤상민, "군형사사법제도의 개혁방안", 비교법학 제8집, 전주대학교 비교법학연구소, 2008, 11면 이하 참조.

2016년	68			1,805			390			162		
2017년 6. 30.	24			639			158			66		
합 계	275			7,856	25	11	1,405	12	3	537		

2. 심판관 제도

심판관 제도란 법관의 자격이 없는 일반 장교 중에서 법에 관한 소양이 있는 자를 관할관이 심판관으로 임명하여 군판사와 함께 군사법원의 재판관으로서 재판에 참여하도록 하는 제도를 말한다. 관할관제도 이외에 일반형사재판과 다른 군사법원만의 독특한 제도 중 하나이다.[155]

현행 군사법원 제도의 모태인 국방경비법은 군법회의를 약식·특설·고등군법회의 3종류로 구분하였으며, 단심제로 운영되었다. 약식군법회의는 1명의 장교로 구성되었고, 특설군법회의는 3명 이상의 장교로 구성되었으며, 고등군법회의는 법무사(군판사)인 법무장교 1명을 포함한 5명 이상의 장교로 구성되었다. 이후, 국방경비법이 폐지되고 제정된 군법회의법에서는 군법회의를 보통군법회의와 고등군법회의의 2종류로 구분하였으며, 3심제로 운영하였다. 보통군법회의는 재판관 3명 또는 5명으로 구성되는데, 재판관 3명인 경우에는 심판관 2명과 법무사 1명, 재판관 5명인 경우에는 심판관 4명과 법무사 1명으로 구성되었다. 고등군법회의는 재판관 5명으로 구성되는데, 그 구성원은 심판관 2명과 법무사 3명이었다. 2016년 개정된 군사법원법에서의 군사법원 구성은 보통군사법원 및 고등군사법원 모두 3명의 재판관으로 구성되는 것을 원칙으로 하되(제26조 제1항, 제27조), 예외적으로 보통군사법원 약식절차의 경우에는 1명의 군판사로(제26조 제2항),[156] 관할관이 지정한 고등군사법원 사건의 경우에는 군판사 3명과 심판관 2명인 재판관 5명으로 구성된다(제27조).[157]

---

154) 오해의 소지를 없애기 위해 현 정부의 통계가 아닌 박근혜 정부의 통계를 제시한다.
155) 관할관 제도 및 심판관 제도에 관한 자세한 내용은 김현주, "군 사법제도 개선의 핵심 쟁점에 관한 연구", 형사정책 제20권 제1호(2008), 한국형사정책학회, 33면 이하 참조.
156) 제26조(보통군사법원의 재판관)
① 보통군사법원에서는 군판사 3명을 재판관으로 한다. 다만, 관할관이 지정한 사건에서는 군판사 2명과 심판관 1명을 재판관으로 한다. <개정 2016.1.6>
② 제1항에도 불구하고 약식절차에서는 군판사 1명을 재판관으로 한다. <개정 2016.1.6>
③ 관할관은 군판사인 재판관 중 1명을 주심군판사로 지정한다. <신설 2016.1.6>
157) 제27조(고등군사법원의 재판관)

이러한 심판관 제도를 도입한 배경에는 당시 군사법원의 재판부가 법무장교인 군판사가 아닌 일반장교로 구성되는 것이 원칙이었고, 현실적으로도 군내 법률가의 수가 적고 군판사의 계급이 낮아 피고인보다 높은 계급의 재판부를 구성할 필요성이 있었기 때문이다. 즉, 일반장교로 구성되는 군법회의가 군판사가 중심인 군사법원으로 변천하는 과정에서 군판사에게 부족한 군사지식과 경험 및 병영환경이나 부대임무 등에 대한 이해를 보완하여 군의 실정이나 특성에 부합하는 재판을 도모하고자 하는 데 그 취지가 있었던 것이다.

생각건대 심판관 제도는 군사재판에서 군의 특수성을 반영하기 위하여 관할관이 법에 소양이 있는 일반장교를 심판관으로 임명하여 재판에 참여하도록 하고 있으나, ① 현행법상 심판관에 대한 자격요건이나 절차에 대하여 특별한 제한이 없고 피고인이 소속한 부대의 참모 등이 임명됨으로써 재판부 구성의 공정성 및 객관성이 확보되기 어렵고, ② 심판관은 재판장으로서 군판사와 동일한 권한을 행사하나 법률적 소양이나 법적 절차에 대한 무지로 월권행위를 하는 경우도 있으며, ③ 지휘관이나 사건관련자들의 청탁이나 압력의 통로로 작용할 가능성이 있고, ④ 관할관이 군판사 및 심판관을 재판시마다 임명함으로써 군사법원이 비상설 법원으로 운영되는 등 장병의 재판받을 권리와 관련하여 여러 문제점이 지적되고 있으므로 평시에는 이를 폐지하는 것이 타당하다.

이에 2021년 개정 군사법원법은 심판관 제도를 폐지하고 있다. 이는 기존에 군 사법제도가 사법정의의 실현보다는 군 지휘권의 확보라는 측면만을 강조하고 있어서 헌법에 합치되지 않는다는 비판을 전향적으로 수용한 것158)으로 긍정적인 개정이라고 판단된다. 다만, 이번 개정에는 포함되지 않았으나, 과거 사법제도개혁추진위원회에서 심판관 제도의 개선방안으로 제시한 장병 형사재판 참여제도를 전향적으로 고려해 보아야 할 것이다. 왜냐하면 일반법원의 형사재판에 있어서도 사법의 민주적 정당성과 신뢰를 확보하기 위하여 사법권력에 대한 국민의 참여를 보장하는 국민참여재판제도가 도입되어 시행 중에 있는데, 이러한 국민참여재판제도를 군사법원에 도입함으로써 그간에 많이 노정되었던 군사재판의 문제점들을 일거에 해소할 수 있을 것으로 보이기 때문이다. 특히 배심원이 재판에 참여하는 경우, 군판사의 경력이나 부족한 경험 등의 문제도 해소될 수 있을 뿐만 아니라 피고인의 신분에 따라 다양한 신분의 배심원을 재판에 참여하게 함으로써 신분에 따른 차별 우려를 불식하고 재판결과에 대한 신뢰도 확보할 수 있을 것이다.

---

① 고등군사법원에서는 군판사 3명을 재판관으로 한다. 다만, 관할관이 지정한 사건의 경우 군판사 3명과 심판관 2명을 재판관으로 한다.

② 관할관은 군판사인 재판관 중 1명을 주심군판사로 지정한다.

158) 김범식, "군 사법제도의 정당성과 개정 군사법원의 함의", 형사소송 이론과 실무 제9권 제1호, 한국형사소송법학회, 2017, 263면.

V. 군검사에 대한 구체적 지휘권의 행사 제한

1. 법 규정

현행 군사법원법	개정 군사법원법
제36조(군검찰부) ① 군검찰부는 검찰사무를 관장한다.	제36조(군검찰단) ① 군검사의 사무를 관장하기 위하여 국방부장관과 각 군 참모총장 소속으로 검찰단을 설치한다.
② 군검찰부는 고등검찰부와 보통검찰부로 하고, 고등검찰부는 국방부와 각 군 본부에 설치하며, 보통검찰부는 보통군사법원이 설치되어 있는 부대와 편제상 장성급 장교가 지휘하는 부대에 설치한다. 다만, 국방부장관은 필요할 때에는 군검찰부의 설치를 보류할 수 있다.	② 국방부검찰단 및 각 군 검찰단에 각각 고등검찰부와 보통검찰부를 설치하고, 보통검찰부는 제6조에 따른 군사법원에 대응하여 둔다. 다만, 필요한 경우 보통검찰부를 통합하여 둘 수 있다.
③ 국방부 소속으로 국방부검찰단을 설치하고, 단장은 국방부장관이 군법무관 중에서 영관급 또는 장성급 장교를 임명한다.	③ 국방부검찰단장은 국방부장관이 장성급 장교인 군법무관 중에서 임명한다.
④ 국방부검찰단은 국방부에 설치된 고등검찰부 및 보통검찰부에 관한 사무(관련 범죄정보업무를 포함한다)를 관장한다.	④ 고등검찰부의 관할은 보통검찰부의 관할사건에 대한 항소사건·항고사건 및 그 밖에 법률에 따라 고등검찰부의 권한에 속하는 사건으로 한다. 다만, 각 군 검찰단 고등검찰부는 필요한 경우 그 권한의 일부를 국방부검찰단 고등검찰부에 위탁할 수 있다.
⑤ 고등검찰부의 관할은 관하(管下) 각 부대 보통검찰부의 관할사건에 대한 항소사건·항고사건 및 그 밖에 법률에 따라 고등검찰부의 권한에 속하는 사건으로 한다. 다만, 각 군 본부 고등검찰부는 필요한 경우 그 권한의 일부를 국방부 고등검찰부에 위탁할 수 있다.	⑤ 국방부검찰단 및 각 군 검찰단의 보통검찰부의 관할은 다음 각 호와 같다.
⑥ 보통검찰부의 관할은 대응하는 보통군사법원의 관할에 따른다. 다만, 군사법원이 설치되어 있지 아니한 부대에 설치된 보통검찰부의 관할은 다음 각 호와 같다.	1. 국방부검찰단: 국방부 본부, 국방부 직할부대 소속의 군인 또는 군무원이 피의자인 사건. 다만, 국방부검찰단장은 필요한 경우 관할의 일부를 각 군 검찰단에 위임할 수 있다.
1. 군검찰부가 설치되는 부대의 장의 직속부하와 직접 감독을 받는 사람이 피의자(被疑者)인 사건	2. 각 군 검찰단: 다음 각 목의 사건
2. 군검찰부가 설치되는 부대의 작전지역·관할지역 또는 경비지역에 있는 자군부대에 속하는 사람과 그 부대의 장의 감독을 받는 사람이 피의자인 사건	가. 각 군 본부, 각 군 직할부대 소속의 군인, 군무원이 피의자인 사건
	나. 각 군 부대의 작전지역·관할지역 또는 경비지역에 있는 자군(自軍)부대에 속하는 사람과 그 부대의 장의 감독을 받는 사람이 피의자인 사건
3. 군검찰부가 설치되는 부대의 작전지역·관할지역 또는 경비지역에 현존하는 사람과	다. 각 군 부대의 작전지역·관할지역 또는 경비지역에 현존하는 사람과 그 지역에서 죄를 범한 「군형법」 제1조에 해당하는 사람이 피의자인 사건
	⑥ 제5항에도 불구하고 국방부검찰단장은 범죄

그 지역에서 죄를 범한 「군형법」 제1조에 해당하는 사람이 피의자인 사건 ⑦ 제6항에도 불구하고 각 군 본부의 고등검찰부장은 범죄의 성질, 피의자의 지위, 부대의 실정, 수사의 상황 및 그 밖의 사정으로 인하여 수사의 공정을 유지하기 어렵다고 판단되는 경우에는 직권으로 또는 해당 부대 보통검찰부 군검사의 신청에 의하여 상급부대 보통검찰부로 그 사건의 관할을 이전할 수 있다. ⑧ 국방부 또는 각 군 본부의 보통검찰부는 제6항 및 제7항에도 불구하고 장성급 장교가 피의자인 사건과 그 밖의 중요 사건을 관할할 수 있다. ⑨ 국방부검찰단의 조직 및 운영 등에 필요한 사항은 대통령령으로 정한다.	의 성질, 피의자의 지위 또는 소속 부대의 실정, 수사의 상황 및 그 밖의 사정으로 인하여 수사의 공정을 유지하기 어렵다고 판단되는 경우에는 직권으로 또는 각 군 검찰단 소속의 군검사의 신청에 의하여 국방부검찰단으로 그 사건의 관할을 이전할 수 있다. ⑦ 국방부검찰단은 제5항 및 제6항에도 불구하고 장성급 장교가 피의자인 사건과 그 밖의 중요 사건을 관할할 수 있다. ⑧ 국방부검찰단 및 각 군 검찰단의 조직 및 운영 등에 필요한 사항은 대통령령으로 정한다.
제38조(국방부장관의 군검찰사무 지휘·감독) 국방부장관은 군검찰사무의 최고감독자로서 일반적으로 군검사를 지휘·감독한다. 다만, 구체적 사건에 관하여는 각 군 <u>참모총장만을</u> 지휘·감독한다.	제38조(국방부장관의 군검찰사무 지휘·감독) ___ _____ _____. _____ _____ 참모총장과 국방부검찰단장만을 _____.
제39조(각 군 참모총장의 검찰사무 지휘·감독) 각 군 참모총장은 각 군 검찰사무의 지휘·감독자로서 <u>예하부대 보통검찰부에 관할권이 있는 군검찰사무를 총괄하며, 소속 군검사를</u> 지휘·감독한다.	제39조(각 군 참모총장의 검찰사무 지휘·감독) _____ 일반적으로 소속 군검사를 _____ _____. 다만, 구체적 사건에 관하여는 소속 검찰단장만을 지휘·감독한다.

2. 평 가

종전에는 장성급 장교가 지휘하는 부대에 보통검찰부를 설치하였으나 앞으로는 국방부장관 및 각 군 참모총장 소속으로 검찰단을 두는 것으로 변경하였으며, 군검찰 수사의 독립성을 강화하기 위하여 국방부장관 및 각 군 참모총장은 군검사를 일반적으로 지휘·감독하고, 구체적 사건에 관하여는 소속 검찰단장만을 지휘·감독하는 것으로 개정되었다. 국방부장관은 구체적 사건에 관하여는 수사에서부터 공소제기 및 형의 집행에 이르기까지 고등검찰단장이 소속 군검사에게 대하여 가지는 지휘·감독권을 매개로 하여 검찰사무에 개입할 수 있기 때문이다.

VI. 군검사와 군사법경찰관의 협조의무 명시

1. 현행 규정

군 수사기관은 군검찰관과 군 사법경찰관리로 구성되며, 「형사소송법」상의 사법경찰관과 달리 군검찰관 뿐만 아니라 군 사법경찰관도 독자적인 범죄수사권을 보유하고 있다.159) 이처럼, 「군사법원법」은 군 사법경찰관에 대하여 광범위한 범죄수사권을 부여하고 있으나, "군 사법경찰관은 범죄를 수사함에 있어 직무상 상관의 명령에 복종하여야 한다"(제45조)고 규정하고 있을 뿐이고, 군 사법경찰관의 수사절차에 관한 하위법령이 제정되고 있지 않은 실정이다.

한편, 「군사법원법」은 헌법 제12조 제3항160)의 신체의 자유와 관련한 구속절차 등 강제수사에 관한 규정 이외에 군 사법경찰관의 수사절차 통제규정으로 검찰관의 체포·구속장소감찰(제230조), 입건·이첩사실 통보의무 규정(제228조 제2항, 1999. 12. 28. 신설) 등을 규정하고 있으나, 군 사법경찰에 대한 사법적 통제규정이 미비하여 범죄수사과정에 발생할 수 있는 군수사기관의 인권침해를 방지하고 수사절차의 적법성을 확보하기 위한 규정을 신설할 필요성이 제기되고 있다. 물론 군검찰 및 군사법경찰의 관계를 수사지휘관계가 아닌 '상호 협력관계'로 규정함으로써 범죄수사의 효율성과 군수사기관간의 상호 견제를 통한 인권침해 방지 및 수사절차의 적법성을 제고하기 위한 것으로 볼 수도 있으나, 군사법경찰관은 군내 범죄에 대하여 독자적인 범죄내사, 수사개시권이 있고 수사를 종결한 경우에 이를 군검찰에 송치하게 된다는 점에서 이번 이중사 사건을 보더라도 초기 수사부터 문제점이 드러날 수밖에 없는 구조이다.

2. 논의경과

군 수사기관에 대한 군검찰 수사지도권 도입방안은 장병에 대한 인권보장 차원에서 참여정부 시절 사개추위에서 수사 독립성·공정성 강화를 위한 방안으로 제기되고, 정부 입법안으로 발의('05. 12. 26.)되어 추진되다가 17대 회기만료로 폐기된 바 있다. 그 후에도 19대 국회에서 이상민 의원,161) 전해철 의원이 발의한 군 사법 개혁 법안 등 군

---

159) 「형사소송법」 제195조(검사의 수사) 검사는 범죄의 혐의있다고 사료하는 때에는 범인, 범죄사실과 증거를 수사하여야 한다.
제196조(사법경찰관리) ① 수사관, 경무관, 총경, 경감, 경위는 사법경찰관으로서 검사의 지휘를 받아 수사를 하여야 한다.
「군사법원법」 제228조(검찰관·군사법경찰관의 수사) ① 검찰관 및 군사법경찰관은 범죄의 혐의가 있다고 생각되는 때에는 범인·범죄사실 및 증거를 수사하여야 한다.
160) 헌법 제12조(신체의 자유, 자백의 증거능력) ③ 체포·구속·압수 또는 수색을 할 때에는 적법한 절차에 따라 검사의 신청에 의하여 법관이 발부한 영장을 제시하여야 한다.

사법제도 개선 관련 정부입법안 및 12개 의원입법안이 1소위에 계류 중 회기만료로 폐기되었다.

【표 7-30】전해철 의원 군사법원법 전부개정법률안('15.6.19)

- **수사지침 등 수사지도권(제287조~288조 / 제353조~354조)**
  ① 군사법경찰관리는 개별적 사건을 수사하는 때에는 **군검사의 구체적 수사지침에 따라 군검사에게 협력**하여야 함
  ② 군사법경찰관은 **수사기록**에 수사지침 일자·내용 등을 기재한 **수사보고서를 편철**하여야 함
  ③ 군사법경찰관은 **수사를 시작**하여 입건 또는 입건된 사건을 이첩받은 경우에는 **48시간 이내에 지역검찰단장에게 통보**하여야 함
  ④ 군사법경찰관이 **중요범죄 등**에 대한 **범죄발견시**에는 48시간 이내에 관할 지역검찰단장에게 통보, 당해사건의 증거판단 등에 관하여 **군검사의 구체적 수사지침을 받아야 함**[162]
  ⑤ 군사법경찰관은 **사건송치전** 증거판단 등에 관하여 **군검사의 수사지침을 받아야** 하며, **사건송치후** 수사를 속행하려고 할 때에는 미리 **군검사의 수사지침을 받아야** 함

- **직무감찰 및 교체임명 요구권(제355조~356조)**
  ① **군사법경찰관리**가 개별적 사건에 있어서 기간 내에 입건·이첩사실을 통보하지 않는 등 **불법행위**가 있을 때에는 **군검사**는 검찰단장의 승인을 얻어 **소속부대장에게 감찰을 요구**할 수 있음.
  ② 고등검찰단장은 대위 이하의 **군사법경찰관리가 의무불이행 등 불법행위**를 하는 때에는 소속 부대장으로 하여금 **사건의 수사를 중지하도록** 하고, 징계권자 또는 보직권자에게 **징계·보직해임 및 교체임명을 요구**할 수 있음

　그 후, 2017. 8. 28. 국방부 핵심정책 토의시 문재인 대통령이 "군 사법제도 개혁을 위한 전향적이고 획기적인 대책을 마련할 것"을 지시하자, 국방부는 군 사법기구를 전향적으로 개편하여 적극적인 군 사법개혁을 추진하면서, 군검찰에게 헌병 등 군 사법경찰에 대한 수사지도권 부여방안이 논의한 바 있다. 그러나 2021년 개정군사법원법은 이를 도입하지 않는 대신, 군검사와 군사법경찰관의 협조의무를 명시하였다. 결국 군사법경찰((구)헌병)과 정보사령부((구)기무사령부)의 반대에 부딪혀, 군사법제도에 대한 획기적인 개혁이 좌초한 것이다.

---

161) 군검찰의 조직 등에 관한 법률안(2014. 8.1 3.) 제4조 제2호. 「군검사는 "개별적 사건에 관한 군사법경찰관리의 수사지도"를 할 직무와 권한을 가진다」.

162) 참고로 군형사소송법 제214조 제1항은 '중요범죄 등에 대한 범죄발견 및 증거확보시'로 규정하고 있다.

현행 군사법원법	개정 군사법원법
규정 없음	제228조의2(군검사와 군사법경찰관의 협조 의무) ① 군검사와 군사법경찰관은 구체적 사건의 범죄수사 및 공소유지에 관하여 서로 협력하여야 한다. ② 제1항에 따른 수사를 위하여 준수하여야 하는 일반적 수사준칙에 관한 사항은 대통령령으로 정한다.

3. 사법적 통제 현황

기무사령부에서 2012년 이후 신청한 영장 중 군 검찰부에서 기각한 사례는 없고, 군 검찰부에서 군사법원에 청구한 영장은 총 255건으로 이중 E-mail 압수·수색 영장 5건이 기각되어[163] 총 250건이 발부되었으며, 현황은 다음과 같다.

【표 7-31】 압수·수색·구속영장 청구 및 발부 현황　　　　　　　　　단위: 건

구 분		계		'12년		'13년		'14년		'15년		'16년		'17. 6.	
		청구	발부	청구	발부	청구	발부	청구	발부	청구	발부	청구	발부	청구	발부
계		255	250	61	61	57	55	37	36	27	25	46	46	27	27
압수수색	소 계	250	245	60	60	57	55	36	35	25	23	45	45	27	27
	주거지	53	53	20	20	6	6	5	5	7	7	12	12	3	3
	E-mail	197	192	40	40	51	51	31	30	18	16	33	33	24	24
구 속		5	5	1	1	0	0	1	1	2	2	1	1	0	0

이는 후술(後述)하는 【표 8-4】의 사법경찰관 신청의 구속영장 기각률(18.3%) 및 【표 8-5】의 사법경찰관 신청의 압수영장 기각률(7.3%)과 비교해 볼 때, 국군 기무사의 영향력이 얼마나 큰 것인지를 잘 알 수 있다.

---

163) E-mail 영장 관련하여, '13년도 2건, '14년도 1건, '15년도 2건은 범죄혐의에 대한 소명자료 부족으로 기각됨.

4. 외국의 군 수사체계

전술(前述)한 것처럼, 영미법계 국가인 미국의 경우 군 수사업무는 헌병과 미 육군 범죄사령부 소속의 각 지부인 범죄수사대CID(Criminal Investigation)가 담당하는데, 헌병 (MPI)이 초동수사를 하고 중범죄에 대해서는 전문수사기관(CID)이 독립적으로 수사를 한다.[164] 군검찰은 공소유지 업무만을 담당하며 대배심절차는 거치지 않는데,[165] 지역사령부의 법무참모부 소속으로 공소유지 및 이에 수반되는 업무를 수반할 뿐, 기소할 수 있는 권한은 존재하지 않는다.

반면에 대륙법계 국가인 프랑스의 경우 평시에는 군 사법경찰은 일반 사법경찰의 권한을 가지고 범죄를 인지한 경우 검사에게 보고하면, 파리 지방법원 검사가 군의 사법경찰을 지휘한다. 따라서 평시에 국방부장관이 범죄를 고발하거나 소추의견을 내는 군 담당자를 임명하는데, 군 사법경찰은 예심수사가 시작되기 전에 범죄에 대하여 인지하고 증거를 수집하고 당사자를 조사하고 예심수사가 시작되면 예심재판에 이양한다(군사법원법 제L211-2조).

5. 학 설

(1) 부정적인 견해((구)헌병 조사본부 의견)

첫째, 군 사법경찰이 일방적으로 군검찰의 수사지침을 받도록 하는 것은 군 사법체계의 왜곡을 가져올 뿐 아니라 군 특수성을 무시하는 결과를 초래한다는 것이다. 즉, 군 사법경찰관과 군검찰은 군대 내 동일계급 질서 내에 있어, 헌병·기무병과인 군 사법경찰관을 법무병과인 군검찰이 지도한다는 것은 명령체계의 이원화로 인해 수사 효율성 저하와 업무의 혼선이 발생할 수 있다는 것이다.

둘째, 군 사법경찰의 48시간 이내 수사개시통보는 훈련·작전 등 군 특수성을 고려하지 않아 비현실적이며, 헌병참모의 역할을 지나치게 약화시키게 된다는 것이다.

셋째, 입건 전 중요범죄 발견시 수사대상자의 인적사항 등 개인정보의 군검찰 통보는 '무죄추정의 원칙' 및 인권침해의 여지가 있다는 것이다.

넷째, 군검찰의 계급이 군 사법경찰관보다 낮은 경우에 계급이 높은 군 사법경찰관을 수사지도하는 것은 계급조직인 군 정서상 군의 위계질서를 훼손할 가능성이 있다는 것이다.

---

164) MPI는 1년 미만의 가벼운 범죄(경미한 교통사고, 폭행사건)를 담당하고 사형이나 1년 이상의 금고가 선고될 수 있는 중죄의 경우 전문 범죄수사시관인 CID가 담당한다.

165) 수정헌법 제5조는 군법회의의 피적용자에게는 대배심(Grand Jury)에 의하여 기소여부를 결정 받을 권한을 배제하고 있다.

다섯째, 군검찰의 군 사법경찰에 대한 수사지도권 행사로 전쟁이라는 특수한 목적을 위해 존재하는 군 조직과 기능 유지를 위해 절대적으로 필요한 지휘명령체계가 흔들릴 수 있는 부작용이 우려된다는 것이다. 현재 군 사법경찰관리는 일반적인 지휘체계에 의해 헌병대장의 지휘를 받는데, 수사에서는 군검사의 지휘를 받아야 한다면 양자의 지휘내용이 충돌할 때 어느 쪽을 따를지 혼선이 발생할 수 있다는 것이다. 더구나 군검사의 수사에 대한 지휘감독권을 각 군 참모총장이 위임받아 행사할 경우, 군검찰단과 헌병대가 함께 참모총장의 지휘를 받게 되는데, 참모총장의 지휘권이 어떻게 행사되어야 하는지, 총장의 지휘를 받는 참모인 검찰이 역시 같은 참모인 헌병을 지휘할 수 있는지, 만약 총장이 검찰이 아닌 헌병이 실질적 수사지휘를 하도록 한다면 이는 법률에 위반되는 것인지 여러 가지 문제가 야기된다166)는 것이다.

여섯째, 군사검사가 현실적으로 실질적인 수사지휘를 할 수 있는지 의문이 든다는 것이다. 수사경험이 많지 않을 뿐만 아니라 직속의 수사인력을 갖고 있지 않는 군검사의 역량상 다른 지휘계통에 있는 군 사법경찰관리를 지휘하여 수사하는 데에는 한계가 있을 수밖에 없다167)는 것이다.

결국 한국형사법학회의 지적처럼,168) (군형사소송)법률안이 군검찰의 독립성 강화에 초점을 맞추다보니 군검찰이 권력기관으로 등장하여 군내에서 사실상 군검찰을 견제할 수 있는 제도적 장치가 없다는 점 등으로 정리될 수 있을 것이다.

(2) 긍정적인 견해

첫째, 군검찰의 군 사법경찰관에 대한 수사지도권은 군에서 수사의 독립성과 공정성을 높이고 피의자 인권보호에 기여하게 될 것이다.

둘째, 적정한 수사에 의하여 밝혀진 실체적 진실을 기반으로 하여야만 올바른 소추권의 행사가 가능하므로 수사의 목적은 소추에 있고, 소추는 수사를 기본으로 하는 일체 불가분의 관계에 있으므로 기소권자인 군검찰이 수사지도를 하는 것은 지극히 당연한 일이다.

셋째, 군사법경찰((구)헌병) 및 정보사령부((구)기무사령부)의 막강한 수사 및 정보력을 통제하기 위해서는 수사지도권이 필요하다.

---

166) 김현주, "군 사법제도 개선의 핵심 쟁점에 대한 연구", 형사정책 제20권 제1호(2008), 한국형사정책학회, 54면; 오윤성, "군사법제도 개선 방향에 대한 고찰", 한국경찰학회보 제9호(2005), 94면, 정승환, "군사법제도 개혁관련 법안에 대한 의견", 군사법개혁 관련 법안에 대한 공청회(국회법제사법위원회), 2006, 115－116면.

167) 김창규, "군사법제도 개혁관련 법안에 대한 의견", 군사법개혁 관련 법안에 대한 공청회(국회법제사법위원회), 2006, 132－133면.

168) 한국형사법학회(회장: 박상기), 군사법제도 개혁안에 대한 의견, 2005.

6. 검   토(수사권과 기소권 분리시 논리적 문제점)

(1) 군 사법경찰의 무제한적 수사권 확대 초래

검사의 지위에서 전술(前述)한 것과 동일하게 행정작용인 '기무 내지 헌병 등'은 「국민주권 → 대통령 → 국방부장관 → 각군 참모총장(단독관청) → 기무사령관 내지 헌병대장 → 군 사법경찰관 → 군 사법경찰리」으로 이어지는 행정 지휘계통의 '명령'에 좇아 집행되도록 규정하고 있는 반면, 사법작용인 '수사'는 「국민주권 → 대통령 → 국방부장관 → (절연장치) → 각군 참모총장(단독관청) → 군검찰부가 설치되어 있는 부대의 장 → 군검사 → (?)군 사법경찰관[169] → 군 사법경찰리[170]」로 이어지는 준사법적 지휘계통에 의해 '실체적 사실관계'를 좇아 집행되도록 규정하고 있다.

그런데 헌병이나 정보부대 직원은 물론 국정원이나 검찰수사관 등 군사법경찰관에게 군검찰의 수사지도(수사지휘)를 받지 않은 독자적인 수사주체성을 부여하게 되면, 그 수사권이 귀속되는 주체는 개개 「군사법경찰관」이 아니라 「헌병이나 정보사」 또는 「국가정보원 또는 대검찰청」 기관 전체가 될 수밖에 없는데(헌병대장이나 정보사령관, 국가정보원장 및 검찰총장을 제외하고는 단독관청이 아니므로), 이는 현재 수사권을 「군검찰」이라는 기관이 아니라 단독관청인 「군검사」에게 귀속시키고 그 수사의 사법적 공정성을 확보하기 위해 군검사에게 직무 독립성과 신분을 보장해 주고 있는 체계에서, 수사권을 군검사 외에 행정기관으로서의 「군 사법경찰」 전체에도 부여하여, 직무 독립성이나 신분 보장이 없는 헌병 또는 정보사 소속 직원 전체 그리고 국가정보원이나 검찰청 소속 직원 전체가 수사권을 행사하게 되는 체계로 국가의 수사권 구조 및 그 규모가 전면적으로 변질되는 결과를 초래하게 될 것이다. 즉, 현재 법규정으로 군 사법경찰관을 헌병

---

169) 제43조(군 사법경찰관)

다음 각 호의 어느 하나에 해당하는 사람은 군 사법경찰관으로서 범죄를 수사한다.

1. 헌병과의 장교, 준사관 및 부사관과 법령에 따라 범죄수사업무를 관장하는 부대에 소속된 군무원으로서 범죄수사업무에 종사하는 사람

2. 법령에 따른 기무부대에 소속된 장교, 준사관 및 부사관과 군무원으로서 보안업무에 종사하는 사람

3. 국가정보원 직원으로서 국가정보원장이 군사법경찰관으로 지명하는 사람

4. 검찰수사관

170) 제46조(군사법경찰리)

다음 각 호의 어느 하나에 해당하는 사람은 군 사법경찰리로서 군검사 또는 군 사법경찰관의 명령을 받아 수사를 보조한다. <개정 2016.1.6>

1. 헌병인 병

2. 법령에 따른 기무부대에 소속되어 보안업무에 종사하는 병

3. 국가정보원장이 군사법경찰리로 지명하는 국가정보원 직원

및 정보사에서 장교 및 부사관 등으로 한정할 수 있는 이유는 군 사법작용에 대한 개개의 위임(군검사)에 따른 것으로 볼 수 있지만, 수사와 기소가 분리되는 경우에는 이러한 논리가 성립할 수 없는 것이다. 따라서 군 사법경찰관인지 아닌지를 불문하고 헌병대 소속 내지 정보사 소속 직원이면 누구나 수사권능을 행사할 수 있다는 결론에 이르게 된다.

결국, 수사/기소 분리주장에 따르면, 국가의 수사권과 수사권능 행사의 주체들이 사실상 무제한적으로 확대되는 실로 엄청난 국가 권력구조 대변혁이 초래될 수밖에 없다. 따라서 이 문제를 마치 군검사와 군 사법경찰관 간의 수사영역 배분문제 정도로 접근하는 것은 논리적으로 문제가 있다고 본다.

(2) 우리나라 법체계상 논리적 모순 발생

우리나라는 과거 독재정권의 인권탄압을 경험한 이후, 다른 나라에 없는 특이한 영장실질심사제도를 두고 있다(군사법원법 제238조의2).[171] 그런데 수사권과 기소권을 분리

---

171) 제238조의2(구속영장청구와 피의자심문)

① 제232조의2·제232조의3 또는 제248조에 따라 체포된 피의자에 대하여 구속영장을 청구받은 보통군사법원 군판사는 지체 없이 피의자를 심문하여야 한다. 이 경우 특별한 사정이 없으면 구속영장이 청구된 날의 다음 날까지 심문하여야 한다.

② 제1항 외의 피의자에 대하여 구속영장을 청구받은 보통군사법원 군판사는 피의자가 죄를 범하였다고 의심할 만한 이유가 있는 경우에 구인을 위한 구속영장을 발부하여 피의자를 구인한 후 심문하여야 한다. 다만, 피의자가 도주하는 등의 사유로 심문할 수 없는 경우에는 그러하지 아니하다.

③ 보통군사법원 군판사는 제1항의 경우에는 즉시, 제2항의 경우에는 피의자를 인치한 후 즉시 군검사, 피의자 및 변호인에게 심문기일과 장소를 통지하여야 한다. 이 경우 군검사는 피의자가 체포되어 있으면 심문기일에 피의자를 출석시켜야 한다. <개정 2016.1.6>

④ 군검사와 변호인은 제3항의 심문기일에 출석하여 의견을 진술할 수 있다. <개정 2016.1.6>

⑤ 보통군사법원 군판사는 제1항 또는 제2항에 따라 심문할 때에는 공범의 분리심문이나 그 밖에 수사상의 비밀보호를 위한 적절한 조치를 하여야 한다.

⑥ 제1항 또는 제2항에 따라 피의자를 심문하는 경우 서기는 심문의 요지 등을 조서로 작성하여야 한다.

⑦ 피의자심문을 하는 경우 군사법원이 구속영장청구서·수사 관계 서류 및 증거물을 접수한 날부터 구속영장을 발부하여 군검찰부에 반환한 날까지의 기간은 제239조와 제240조를 적용할 때 구속기간에 산입하지 아니한다.

⑧ 심문할 피의자에게 변호인이 없을 때에는 보통군사법원 군판사는 직권으로 변호인을 선정하여야 한다. 이 경우 변호인 선정은 피의자에 대한 구속영장 청구가 기각되어 효력이 소멸한 경우를 제외하고는 제1심까지 효력이 있다.

⑨ 군사법원은 변호인의 사정이나 그 밖의 사유로 변호인 선정결정이 취소되어 변호인이 없게

하여 수사권을 군 사법경찰관리에 맡길 경우, 구속영장실질심사때 군 사법경찰이 들어가 피의자측 변호사와 법리적 다툼을 해야 하는데 이것이 타당한 논리인지 의문이다. 반면, 군검찰관이 영장실질심사에 들어간다고 하더라도 수사내용을 모른 채 영장심사에 임하는 경우 어떻게 피의자측 변호사와 법리적 다툼을 할 수 있는지 궁금하다.

Ⅶ. 전시특례 규정 신설

전술(前述)한 것처럼, 개정 군사법원법은 전시 군사법원의 설치근거와 관할, 재판관으로 심판관 지정·판결의 확인조치 등 관할관의 권한, 전시 군검찰부의 설치근거와 군검찰부에 대한 지휘관의 지휘권 등 전시 특례를 신설하였다(제534조의2부터 제534조의18까지 신설). 전시에는 작전계획에 따라 부대가 자주 이동하고, 급박하게 상황이 변화하므로 언제, 어디서나 신속히 군사재판을 할 수 있도록 하기 위하여 군사법원을 군부대 등에 설치할 필요가 있고, 극한적인 전투상황하에서 군지휘관의 지휘권이 확립하고, 부대의 전투력을 유지하기 위하여 군지휘관을 군사법원의 관할관으로 두는 등 군사법원 체제를 전시체제로 조직할 필요가 있기 때문이다.

되었을 때에는 직권으로 변호인을 다시 선정할 수 있다.

⑩ 제2항에 따라 구인을 하는 경우에는 제111조, 제111조의2, 제114조, 제119조부터 제121조까지, 제123조제1항·제3항·제4항, 제124조, 제125조, 제127조제1항, 제129조부터 제131조까지 및 제232조의5를 준용하고, 피의자를 심문하는 경우에는 제82조·제85조·제87조·제87조의3 및 제326조의2를 준용한다[전문개정 2009.12.29.].

08

우리나라 수사체계의
바람직한 운영과 개선방안

제1절   1차(직접) 수사기관에 대한 사법적 통제 필요성

Ⅰ. 서 설

1. 의 의

제도는 문화의 산물이자 시대의 산물이기도 하다. 우리사회와 우리시대의 삶의 양식과 의식이 바뀌면 바뀐 만큼 전해 내려온 제도를 손질하는 것은 당연하다. 문제는 무엇을 어떻게 손질하는 것이 좋은지에 관한 합리적인 정책마인드가 있느냐하는 점이다. 수사권 등을 포함한 사법제도도 그 예외가 아니다. 특히 국민의 인권에 직결되는 수사권제도를 개혁하고자 하면, 방법론적으로 적어도 다음과 같은 법 정책적 사유과정이 필요하다.

첫째, 현재의 수사제도를 둘러싼 우리의 현주소에 대한 객관적이고도 냉정한 분석과 검토가 선행되어야 한다. 우리나라 수사제도의 뿌리는 어디에서 연유된 것이며, 또 법제화의 출발점에서 우리 입법의 아버지들이 무엇을, 어떻게 고민한 결과, 현행 제도가 산출되었는지를 법제사적 관점에서 관찰하고 동시에 현재의 수사관행과 수사현실에 대해서도 주목할 필요가 있는 것이다. 문제는 오늘날의 수사실무에서 사법경찰관리가 검사의 연장된 팔에 불과하다는 법제도의 취지가 실제에서는 거꾸로 뒤바뀌어 검사가 사법경찰관의 연장된 팔 노릇을 하는 양상이 전개되기도 한다는 점이다. 그렇다면 법규범과 변화된 실제적 현실 사이의 간극을 어떻게 조정하고 그 가교를 놓을 것인가 하는 점이 바로 법정책의 공식적 대상(formal object), 즉 현안이 된다.

둘째, 우리나라 형사사법구조 및 이에 따른 수사체계의 개혁방향과 목표점을 신중하게 설정하는 일이다. 현행 제도의 문제점이 무엇이며, 그 문제점이 국민의 자유와 인권, 국민의 편익 제고 차원에서 어디까지 개선되어야 합당한지를 가치합리적으로 판단하고 결정해야 하는 것이다. 특히 국가의 형벌권 실현이라는 중요한 권력작용의 하나인 수사권을 현재의 이해관계 당사자인 세 권력기관(공수처·검찰·경찰) 간의 권한 분쟁과 땅 따먹기식 조정에만 치우친다면 그것은 이러한 가치합리적 목표설정에서 빗나간 일탈이라 비난해도 좋을 것이다. 여기에서 목표설정의 과제는 주로 수사권을 가치합리적으로 수행하기 위한 1차 수사기관(경찰 및 공수처)과 검찰 간의 관계설정이 되겠지만, 보다 근본적으로는

첫째, 영미법계 수사체계에 따라 ① 1차적 수사기관(경찰 및 공수처 등)을 다양화하고, 검찰은 공소권의 전담자로 하는 방안 내지 ② 공수처는 폐지하고, 사법경찰관리를 경찰권과 분리하여 법무부 산하에 두는 방안을 검토하거나,

둘째, 대륙법계 수사체계에 따라 ① 검찰을 수사권의 주재자로 하되, 경찰 및 공수처를 제한된 영역에서 1차적 수사기관으로 인정하는 방안 내지 ② 검찰을 수사권의 주재자로 하되, 공수처는 폐지하고 경찰을 1차적 수사기관으로 인정하는 방안을 검토하거나,

셋째, 절충적인 입장으로 ① 경찰 및 공수처를 제1차적 수사기관으로 삼고, 검찰을 제2차적·보충적 수사기관으로 삼는 방안 또는 ② 경찰, 공수처, 검찰을 각각 독립된 수사기관으로 하되, 구체적으로 수사권 충돌이 일어나는 경우 검찰수사권의 우위를 인정하거나, ③ 공수처는 폐지하고, 수사권을 전담하는 사법경찰관리들을 기존의 검·경과 분리된 독립된 국가기관으로 개편하는 문제 등이 검토될 수 있을 것이다.

물론 구체적 세부사항은 비록 정도의 차이는 있을지라도 단순한 형사소송법 관련조항의 개정뿐만 아니라 더 넓게는 정부조직법상의 국가권한을 기능적으로 개편하는 작업과 연계되지 않을 수 없다. 이에 수사권조정에 대한 기존 논의를 먼저 소개한 후, 구체적인 입법방향을 제시하고자 한다.

2. (구)수사권조정에 관한 구체적 입법형태

(1) 경찰에게 1차적 수사권을 부여하는 방안(제1안)

가. 내 용

이 방안은 일본의 수사권체계와 같이 검사와 사법경찰의 경쟁체제가 도입되었을 때 국민의 인권이 오히려 신장될 수 있다는 취지에서 경찰에게 1차적·본래적 수사권을 부여하고, 검사에게 2차적·보충적 수사권을 부여하자는 것이다.[1] 여기서 검사의 수사가 2차적·보충적이라는 것은 기소·불기소의 권한을 적정하게 행사하기 위하여 사법경찰의 수사내용을 보충하거나 사건의 성질상 사법경찰보다 검사 자신이 수사를 개시하는 것이 적당하다고 판단하는 경우(예컨대 공소제기 여부를 판단하기 위해 혐의사실의 확인이 더 필요하거나 증거의 수집이 더 필요하다고 판단되는 경우, 경찰의 수사결과가 논리적이지 못한 경우 등) 또는 경찰의 수사결과에 대해 불복하는 자가 검찰항고를 제기하는 경우, 경찰관

---

1) 김충남, 「자치경찰제의 도입과 경찰의 수사권 독립」, 한국 경찰학회보 Vol. 3(2001), 한국경찰학회, 35면; 장석헌, 「경찰의 수사권 독립방안」, 한국공안행정학회보 제7호(1998. 11), 한국공안행정학회, 517면.

에 의한 피의자인권의 침해시비가 있는 경우 등에만 검찰이 독자적으로 수사할 수 있다는 것이다.[2]

이에 경찰의 독자적인 수사개시권을 인정하여 사법경찰은 범죄의 혐의가 있다고 인정될 때에는 검사의 수사지휘없이 독자적으로 수사를 개시할 수 있도록 형사소송법상의 관련규정(구 제195조, 제196조)을 개정해야 하며, 검찰청법상의 검사의 의무(검찰청법 제4조), 사법경찰관리의 의무(구 검찰청법 제53조), 교체임용의 요구(동법 제54조) 등의 조항은 현실에 맞게 상호 대등한 협력관계로 조정하거나 삭제해야 하고, 폭력행위등처벌에관한법률상의 사법경찰관리의 행정책임(제10조)[3]도 현행법상 경무관 이하의 계급까지 사법경찰로 되어 있으나, 현실적으로 총경 계급 이상은 행정관청인 경우가 많으므로 경정이하로 조정하든지 아니면 삭제해야 한다[4]고 주장한다. 그리고 이를 위하여 사법경찰이 작성한 피의자신문조서의 증거능력은 검사가 작성한 피의자신문조서의 증거능력과 동일하게 효력을 부여해야 하며,[5] 또한 자치경찰이 시행되면 경찰최고기관인 국무총리 소속의 국가경찰위원회에서 총리령으로 "검사와 사법경찰과의 관계에 관한 규칙"을 제정·시행하고, 법무부의 부령인 사법경찰관리집무규칙은 폐지되어야 하며, 경찰법에 검찰총장과 국가경찰위원회 위원장은 항상 긴밀한 협력을 유지해야 한다는 규정을 신설해야 한다[6]고 본다.

다만 이처럼 검사와 사법경찰의 관계를 상호 협력관계로 정하고 수사권이 경합했을 경우 양자가 서로 대등관계에 있다고 보더라도, 원칙적으로 검사에게 일반적 지시권·일반적 지휘권·구체적 지휘권을 인정하는 것이 타당하다고 본다. 그 근거로 ① 수사가 공소의 제기 및 수행을 목적으로 행하여지는 이상 공소제기 및 유지의 관점에서 수사상 불비한 점을 보완할 필요가 있고, ② 경찰에 의한 1차적 수사 후에 체포된 피의자의 신병 및 서류를 검사에게 송치할 의무가 있기 때문이며, ③ 경찰은 수사업무 외의 행정경찰업

---

2) 서보학, "수사권의 독점 또는 배분 - 경찰의 수사권 독립 요구에 대한 검토 -", 형사법연구 제12권, 한국형사법학회, 414면; 경찰대학, 경찰수사론, 1998, 73면.

3) 제10조(사법경찰관리의 행정적 책임) ① 관할 지방검찰청 검사장은 제2조부터 제6조까지의 범죄가 발생하였는데도 그 사실을 자신에게 보고하지 아니하거나 수사를 게을리하거나 수사능력 부족 또는 그 밖의 이유로 사법경찰관리로서 부적당하다고 인정하는 사람에 대해서는 그 임명권자에게 징계, 해임 또는 교체임용을 요구할 수 있다.
② 제1항의 요구를 받은 임명권자는 2주일 이내에 해당 사법경찰관리에 대하여 행정처분을 한 후 그 사실을 관할 지방검찰청 검사장에게 통보하여야 한다.

4) 장석헌, 앞의 논문, 515면.

5) 경찰수사권독립을 찬성하는 입장에서도 피고인의 이익을 위하여 경찰작성의 피의자신문조서이든 검사작성의 피의자신문조서이든 공판정에서 피고인 또는 변호인이 그 내용을 인정하는 경우에만 증거능력을 인정하는 쪽으로 개정되어야 한다는 견해도 있다(서보학, 앞의 논문, 417면).

6) 장석헌, 앞의 논문, 517면.

무가 많고 탈세·지능범사건·대형경제사건·고도의 법률적 지식이 필요한 사건 등 수사기법을 요구하는 사건에서 검찰의 독자적인 수사의 필요성이 있기 때문이라고 한다.[7]

나. 비 판

이 방안에 따를 경우 경찰에서 결론을 내려 수사를 마친 상태에서 피의자 등의 이의신청에 따라 검찰에서 다시 수사를 하여 이를 바꾼다는 것은 거의 불가능할 것으로 보인다. 박종철 고문치사사건[8]에서 볼 수 있듯이 수사는 초동단계의 수사가 무엇보다도 중요한데, 경찰의 독단적인 1차 수사과정에서 사실관계가 왜곡되어 버린다면 시간이 한참 흐른 뒤인 검찰의 2차 수사과정에서 이를 바로잡기는 너무 어렵기 때문이다. 더욱이 경찰의 1차 수사에 대한 수사지휘 배제는 오히려 인권침해의 위험과 불편이 가중될 우려도 있다. 왜냐하면 구체적인 사건에 대하여 수사지휘가 모두 불가능하게 되므로 검찰에서 다시 모든 사건을 재수사하게 되어 사건관계인은 상당한 기간이 경과한 후에 다시 수사를 받게 되는 등 수사구조가 비효율적으로 변할 뿐만 아니라 이에 따른 국민적 비용과 불편이 대폭 증가할 것이기 때문이다.

(2) 수사권의 분점방안(제2안)

가. 내 용

이 방안은 공무원범죄·지능범죄·정치범죄·마약범죄 등 고도의 법률적 지식을 요하는 사건과 검사가 인지한 사건에 대해서만 검찰이 수사하되 강력범죄·재산범죄 등 일반적 민생범죄에 대해서는 경찰이 독자적으로 수사토록 하자는 것이다.[9] 즉, 일정한 범죄종류, 법정형량, 수사단서 등을 기준으로 하여 사법경찰이 독자적인 수사의 개시·실행·종결권을 갖고 고도의 법률적 지식이나 중요한 범죄에 대해서만 검사의 수사권을 인정하며, 필요시에는 사법경찰이 검사의 수사를 보조하는 것이다.[10] 이를 위하여 경찰

---

7) 김형만, 「일본의 수사구조 및 사법경찰제도」, 주요국가의 수사구조 및 사법경찰제도, 치안연구소, 1996, 53면.

8) 대판 1988.2.23, 87도2358.

9) 김동률, "바람직한 검경 관계모델에 대한 연구", 한국공안행정학회보 제23권 제4호(2014. 12.), 한국공안행정학회, 52면; 박기석, "검찰수사의 문제점과 합리적 검경관계 – 개정 형사소송법과 제정 대통령령을 중심으로 –", 한국경찰연구 제11권 제1호(2012. 3.), 87면; 승재현, "경찰과 검찰간의 합리적 수사권 조정에 관한 쟁점과 논의", 한국경찰학회보 제11권 제2호(2009. 5.), 한국경찰학회, 193면; 정지운, "경·검 수사권의 합리적 조정에 관한 연구", 비교형사법연구 제12권 제1호(2010. 7.), 한국비교형사법학회, 268면.

10) 김경회, 「경찰 수사권 독립에 관한 소고」, 중부대학교 논문집 제13집(1999. 8), 115면; 경찰대학, 경찰수사론, 1998, 87면; 박상기 교수도 '독립된 수사권의 행사대상범죄를 제한하고 이 경우 검찰은 공소제기와 공소유지를 담당하도록 하여야 한다'는 입장이므로 동일한 방안으로 볼

에게 일반적 민생범죄에 대한 독자적인 수사권을 부여하며, 검찰은 공소유지에 필요한 범위내에서 수사의 보완지시 및 검사 스스로 인지한 사건에 대한 보조지시 등 구체적 지휘권을 인정하면서 경찰 스스로의 책임과 권한하에 수사를 허용하자는 입장이다.

종래 경찰측은 이 방안을 지지하면서 '상해·폭행·절도 등 일부 단순범죄가 전체범죄의 57%에 해당하는데, 법령상으로는 검사의 지휘를 받고 처리해야 하지만 현실적으로는 검사의 지휘를 받지 않고 처리되고 있으므로, 이러한 단순범죄에 대하여는 경찰에게 독자적인 수사권을 부여해야 한다'고 입장을 밝힌 바 있다.[11] 그리고 이 방안을 따를 경우 일반적 지시권·구체적 지휘권은 인정하지만, 일반적 지휘권은 인정하지 않는 것이 원칙이라고 한다.[12]

나. 비 판

민생범죄에 한하여 경찰에게 수사권을 인정하자는 주장은 우리 경찰이 경미한 범죄를 검사의 지휘없이 처리하고 있는 수사현실을 고려하여 이러한 방안을 제시하고 있으나, 경미한 범죄의 범위를 설정하는 것은 물론 수많은 경미한 범죄를 어떠한 법령에 규정할 것인가에 대한 문제도 심각하게 고려해야 한다는 점에서 한계가 있다. 더욱이 범죄의 종류에 따라 검사의 수사지휘 여부를 달리 정하자는 주장도 세계에서 유례가 없는 입법례이며, 수사지휘의 본질에도 맞지 아니할 뿐더러 범죄를 경미사건과 중한 사건으로 구분하여 경찰과 검찰이 나누어 담당토록 하는 것은 현실적으로 불가능하고, 경찰이 중한 사건을 경미사건으로 축소·조작하여 수사를 종결할 경우 이를 통제할 수 없기 때문에 중범죄가 암장될 우려도 있다. 또 국가형벌권의 적정행사를 위하여 일사불란해야 할 수사지휘 체계의 혼선으로 국정운영에 중대한 장애가 초래될 우려도 있다.

무엇보다도 민생치안범죄는 전체 형사사건의 70% 이상을 차지하고 있을 뿐 더러 서민의 삶에 직결되어 실제 수사과정에서 부정과 인권유린의 소지가 더 큰 분야로써 검사의 사법적 통제가 더욱 필요하다. 왜냐하면 사기·횡령 등 재산범죄는 형사사건의 결론이 민사사건에 큰 영향을 주는 관계로 각자 변호사를 선임하여 총력을 다하면서 수사기관의 일거일동에 지대한 관심을 보이기 때문에 인권침해의 우려가 상대적으로 작다고 할 수 있지만, 폭력·절도·교통사고 등은 서민들이 변호사없이 조사받는 경우가 많아 경찰의 의도에 따라 초동수사가 이루어질 공산이 크므로 법률전문가인 검사가 한번 더 검증하고 인권침해 여부를 감시해 주는 과정이 반드시 필요하기 때문이다. 더욱이 국민들에게는 경찰이 더 가깝지 검찰이 더 가까운 것은 아니므로 경찰의 작은 권력이라도

수 있다(「한국검찰, 무엇이 문제인가?」, 연세법학연구 제9집 제2권(통권 제14호), 연세법학회 (2003. 2), 65면).

11) 1998년 1월 10일 경찰청이 정권인수위원회 정무분과위원회에 보고한 내용이다.

12) 장석헌, 앞의 논문, 513면.

국민들에게는 피부에 와닿는 실제적인 현실이지만, 검찰권력은 추상적인 개념에 불과하다. 즉 국민들에게 실제로 접하는 수사기관 중 검사가 많은지, 아니면 경찰이 많은지 설문조사를 한다면 아마 대부분 경찰일 것이므로 두 기관에 대하여 직접 국민이 느끼는 체감온도는 너무나 다른 것이다. 이처럼 경찰은 너무나 국민들에게 가깝게 있으므로 약간의 부정과 부패가 국민들에게는 치명적인 아픔을 줄 수 있다. 더욱이 범죄의 종류가 다르다는 이유만으로 국민의 입장에서 전혀 다른 서비스, 즉 검사의 지휘배제라는 차별을 받아야만 하는 이유는 도대체 무엇인가? 무엇보다도 힘없고 돈없는 국민들의 경우 상대적으로 변호사의 법률서비스 등을 받을 기회가 적다는 현실을 감안한다면, 오히려 인권의 사각지대에 있는 민생관련범죄에 대하여 사법적 통제(수사지휘)를 배제하자는 주장은 서민의 입장을 너무나 고려하지 않는 것이다.

과거 통계를 보면, 실무적으로도 현재 검찰에서 수사한 결과 경찰의 송치의견과 달라진 사건이 민생관련범죄에서도 연간 무려 6만 명 이상에 달한다. 더욱이 현재 경찰은 매년 경미한 민생치안범죄 6만 건 이상을 즉결심판에 독자적으로 회부하고 있고 비교적 사안이 무거운 민생범죄 120만 건만을 검찰에 송치하고 있으며, 이외에도 상당수 민생범죄에 대해 경찰서·파출소에서 소위 '훈방(訓放)'이라는 법률적 근거가 없는 형식으로 종결·처리하고 있는 것이 작금의 현실이다.

문제는 이러한 민생치안범죄를 가볍게 취급하여 경찰에 일임하면 서민들이 수사 과정에서 법률전문가의 조력을 받을 기회를 아예 봉쇄당하는 결과가 되어 빈부간의 위화감을 조성하고 국민적 통합을 저해할 우려가 높다는 점이다. 더욱이 위 즉결심판제도는 검사의 기소독점주의에 대한 예외로서 이론적으로도 문제가 많을 뿐만 아니라 인권침해의 위험성 때문에 외국에서는 그 예를 찾기도 어렵다. 일본에서도 우리나라의 즉결심판에 해당하는 사건들을 우리나라처럼 경찰서장이 하는 것이 아니라 모두 검찰에 송치되어 정식으로 처리되고 있다. 나아가 즉결심판제도는 국민의 인권침해의 우려뿐만 아니라 범죄의 암장 및 중한 범죄의 가벼운 처벌수단 등으로 악용되어 경찰 부조리 발생의 한 원인이 될 우려도 있다. 물론 검사의 체포·구속장소 감찰시 즉결장부의 검토(법 제198조의2) 등으로 사후적인 통제가 이론적으로 가능하지만, 근본적인 해결책으로는 미흡한 실정이다.

결국 국민의 일상생활과 직결되는 이러한 민생사건이야말로 오히려 부정과 인권유린의 소지가 있으며, 경찰이 축소·조작할 경우 이에 대한 사법적 통제를 어떻게 할 수 있다는 것인지 궁금하다. 더욱이 특정사건이 경미사건에 속하는지 또는 중대한 사건에 속하는지에 대하여 비법률전문가인 경찰이 결정하는 모순이 있고 검찰과 경찰의 의견이 다를 경우에는 무익한 갈등이 증폭될 우려가 있다. 예컨대 조직폭력배가 사람을 때리는 폭행사건을 가벼운 경미사건으로 처리하는 것이 타당한 것인지, 또 상해와 폭행은 형법적으로 신체의 어느 부분을 맞아서 생리적 기능이 훼손되었다고 볼 수 있는가에 따라 상해죄와 폭행죄로 구분되는데, 과연 이러한 경우에 검사의 수사지휘받는 것을 싫어하는 경찰이 검사의 지휘를 받는 사건으로 처리하겠는가? 본질적으로 수사권문제는 국가형벌권의 적정한 실현에 있는 것이지 국민의 편에서 흥정하듯이 주고받을 수 있는 것은 아니다.

(3) 송치전까지 경찰에게 완전한 수사권을 부여하는 방안(제3안)
가. 내 용
이 방안은 영미법계의 수사권체계와 같이 모든 범죄에 대하여 경찰의 독자적인 수사의 개시·실행·종결권을 인정하여 검사의 지휘없이 명실공히 수사의 주재자로서 역할을 담당하고, 검사에게는 공소의 제기 및 유지권만을 인정하자는 것이다.[13] 즉 경찰은 수사권을 갖고, 수사 후 범죄혐의가 인정된다고 판단하는 경우에만 사건을 검찰에 송치하며, 검찰은 기소 및 공소유지를 위한 보완수사를 요구할 수 있고, 예외적으로 경찰이 범한 범죄는 직접 수사할 수 있다는 것이다. 검찰의 독점적 영장청구권 역시 폐지하여 검찰을 배제시킨 영장청구권을 경찰에게 독점시키고 있다. 이에 따르면 공소유지를 위하여 필요한 범위 내에서 검사에게 수사 및 증거를 보완하는 요구권만을 인정하고, 송치시까지는 수사지휘권을 인정하지 않는 것을 원칙으로 하여 경찰은 수사권, 검찰은 공소권만을 전담함으로써 기관 상호간에 견제·균형을 유지하면서 실질적인 대등·협력관계를 유지하도록 하자는 것이다. 경찰청이 용역을 의뢰하여 2016년 발간한 보고서(일명 '경찰청보고서안')[14]도 이 방안을 제시하고 있다. 그 근거로 굳이 독자적 수사권을 인정해 주면서, 그 범위를 제한할 합리적인 이유가 없을 뿐만 아니라, 만약 현재와 같이 공직자 비리 사건·대형경제사범·노동 등 공안사범 등에 대한 수사를 검찰에게만 맡긴다면 이 부분의 검찰수사에 대한 견제장치를 다시 마련해야 하는 문제가 발생한다는 점을 들고 있다.

나. 비 판
첫째, 정부조직상의 권력분립의 원리를 원용하여 수사는 경찰, 소추는 검찰, 재판은 법원이 담당해야 한다는 주장은 일면 그럴듯해 보이지만, 이는 삼권분립의 원리를 엉뚱한 곳에 적용하는 언어의 유희이며 검사의 수사권을 박탈하는 내용을 포함하고 있으므

13) 신양균, "검사의 수사지휘권에 대한 검토", 경찰학연구 제7권 제1호(통권 제13호, 2007. 4.), 166면; 신영민·박광섭, "경찰과 검찰간의 합리적 수사권배분을 위한 입법론적 고찰", 법학연구 제24권 제1호(2013. 6.), 충남대학교 법학연구소, 527-28면; 조기영, "수사권조정과 수사절차 개선", 비교형사법연구 제21권 제1호(2019. 4.), 한국비교형사법학회, 43면; 천진호, "합리적 수사권 조정에 관한 연구", 경찰학연구 제9호(2005. 10.), 경찰대학, 12면.
14) 서보학·박노섭·이동희·이기수·이성기, "글로벌 스탠더드에 부합하는 수사·기소 분리 모델 설정 및 형사소송법 개정안 연구", 경찰청(2016. 12.), 197면 이하.

로 엄밀하게는 소위 '수사권독립' 주장의 한계를 넘어서는 주장이다. 또 경찰의 수사종결권을 주장하는 견해도 검사의 소추권을 부정하지 않는 이상 범죄혐의가 인정되는 사건은 검찰에 송치해야 하므로 이 주장은 결국 불기소사건에 대한 경찰의 수사종결권을 의미한다고 볼 수 있다. 그러나 검찰제도를 갖고 있는 나라에서 사법경찰의 수사종결권을 인정하는 나라는 없으므로 이 주장은 현행 수사지휘 제도의 일각을 허물어뜨려 제도 전체를 철폐시키려는 의도를 갖고 있는 주장으로 보인다. 더욱이 공소권 유무의 판단이야말로 전형적인 법률판단이므로 검사에의 사건송치없이 경찰에 수사종결권을 주는 것은 법률지식의 부족 또는 부조리에 의한 사건의 암장·왜곡을 필연적으로 초래하여 형사사법정의의 실현을 저해할 수도 있다. 왜냐하면 반의사불벌죄에서 처벌불원의 의사, 친고죄에서의 고소취소 등이 법적으로 유효한 것인가를 판단하는 문제라든가, 교통사고에 있어서 중앙선 침범에 해당되는지의 여부 등 대법원 판례상으로도 난해한 문제가 수시로 발생하며, 그 판단이 용이하지 않은 사례가 허다하기 때문이다. 실무상으로도 경찰에서 송치한 단순 교통사고 사건이 검찰의 수사결과 도주차량 사고로 밝혀지고, 횡단보도사고나 중앙선침범사고, 음주운전사고 등으로 드러나는 경우가 적지 않으며, 명예훼손죄 등 친고죄나 반의사불벌죄의 경우에도 고소나 그 취소, 처벌의사의 철회 등의 적법성 판단에 고도의 법률적 지식이 필요한 경우가 많이 발생하고 있다.

그런데 이러한 사건들은 대부분 검사가 기록을 검토하여 그 적법성을 심사하는 것으로 충분하기 때문에 사건처리 담당 경찰의 수사업무에는 물론 사건관계인들에게도 전혀 불편을 주지 않는다. 논리적으로도 소추권자인 검사가 소추조건인 공소권 여부를 판단해야 하지 1차 수사권자가 먼저 공소권이 없다는 이유로 사건을 송치하지 않는다는 것은 이치에 맞지 않은 일이다. 또한 경찰의 구속영장 직접청구와 관련하여 기록을 검토하는 시간 동안의 불편함을 어떻게 구속의 남용우려라는 본질적 문제와 비교하는지 그 발상이 참으로 납득하기 어려우며, 이는 왜곡된 인권의식을 보여주는 주장일 뿐이다.

특히 우리나라의 경찰서장은 즉결청구권까지 보유하고 있는데, 경찰이 영장청구까지 검사의 검토를 받지 않겠다는 것은 국민의 인권보호측면에서 우려될 만한 발상이다. 위 경찰의 주장처럼 어차피 판사의 판단을 받으면 족하지 않느냐는 논리를 전개하나, 인신보호장치는 많으면 많을수록 좋은 것으로 그와 같은 생각은 행정편의적인 발상에 불과하다. 또한 특정분야의 수사는 경찰뿐만 아니라 특별사법경찰관도 하고 있는데, 만일 경찰의 논리대로 한다면 특별사법경찰에게도 역시 직접 영장청구권을 주어야 한다는 결론이 된다.

그런데 이들의 구속영장청구를 검사가 종합적으로 통제·지휘하지 않는다면 사건처리의 형평성, 국민의 인권 등에 많은 문제를 초래하게 됨은 익히 예상할 수 있다. 따라서 실제상의 이유뿐만 아니라 이론상으로도 수사와 소추의 불가분성 때문에 사법경찰관이 검사에게 영장을 신청하도록 하는 것이 타당하다. 영장발부도 인신구속 여부를 결정하는 넓은 의미의 재판이므로 소추관이 장차의 공소제기 가능성이나 형사정책적인 고려에 의해서 통일적으로 판단해 처리하는 것이 이론적인 일관성도 있기 때문이다. 더욱이 우리나라는 구속영장이 발부되면 경찰이 10일간 피의자를 구속할 수 있는데, 이는 외국에도 유례가 없는 장기간의 구속기간이므로 국민의 인권침해를 방지하기 위하여 법률전문가인 검사의 심사는 필수적인 요청일 수밖에 없다.

물론 외국의 입법례에서 언급한 것처럼 미국의 경우도 경찰이 직접 체포영장을 청구할 수 있으나, 이러한 경우 판사는 법률전문가인 검사의 검토를 거치지 않았다는 이유로 영장을 반려하는 것이 관례이기 때문에 사실상 경찰이 검사를 거치지 않고 직접 청구하는 사례는 거의 없다고 볼 수 있다. 따라서 10일간 구속수사할 수 있는 경찰이 영장청구까지 자의로 하겠다는 것은 국민의 인권보호를 위한 제도개선에 역행하고 있다는 비난을 면치 못할 것이며, 체포·구속은 적법한 절차에 따라 검사의 청구에 의하여 법관이 발부한 영장을 제시하도록 한 헌법 제12조 제3항에 정면으로 배치되는 주장이다.

둘째, 검사가 경찰의 수사를 지휘한다고 해서 협력관계가 아니라고 하는 것은 고정관념의 산물이며, 검사가 경찰의 수사에 관여할 수 없는데도 이를 협력관계라고 하는 것은 모순이다. 왜냐하면 공판과정에서 재판장과 법원이 소송지휘권을 갖는다고 해서 법원과 소송당사자를 상명하복관계라고 할 수는 없는 것과 동일하기 때문이다. 결국 검사의 경찰에 대한 사법적 통제장치(수사지휘 등)의 폐지는 검찰개혁이나 국민권익옹호의 관점에서 효과적인 대안이라 할 수 없고, 입법례를 보아도 영미법계를 제외하고 검사의 수사지휘를 인정하지 않는 나라는 거의 없다.

(4) 검사의 수사지휘를 유지하되, 검사의 직접수사는 예외적인 경우에 허용하는 방안(제4안)

가. 내 용

이 방안은 대륙법계 국가의 검사와 동일하게 검사의 수사지휘권을 인정하되 사법경찰이 1차적 수사를 담당하고, 검사의 수사는 원칙적으로 송치사건에 한정하자는 것이다. 다만, 수사의 필요성이 있는 경우 검사의 직접수사가 가능하지만, 고검장의 승인을 요하도록 하는 등 일정한 제한을 가하자는 입장이다. 일선 지검의 직접수사(인지수사) 기능을 없애고, 고검 단위로 통합하며, 일선 지검은 철저히 사법경찰관에 대한 수사지휘 및 공판 등 본연의 업무에 집중하는 방안이다. 즉, 민생범죄 등 형사사건에 대해서는 경찰이 일차적인 수사를 하고 검찰은 수사지휘권을 통해서 부패통제 및 적법절차 등을 감독하는 것이 검·경간의 올바른 갈등해소책이라는 것이다.[15] 물론 이를 위해서는 일본처럼

---

15) 자세한 내용은 정웅석, "2011년 개정 형사소송법 제196조에 대한 평가와 과제", 형사법의 신동

10년 이상의 경력검사를 형사부에 집중 배치하여 실질적인 수사지휘가 이루어질 수 있도록 해야 할 것이다.

나. 비 판

검찰이 소추를 독점하고 있으므로 공소의 제기 및 유지를 위해 필요한 부분에 한하여 경찰수사에 개입하는 것은 불가피하더라도, 개입의 시기는 수사의 개시 및 1차적 수사과정이 아니라 원칙적으로 사건송치 후 소추와 관련된 2차적 보강수사의 시기가 되어야 되며, 이때에도 양자의 관계는 일방적인 명령과 복종의 관계가 되어서는 안 되고 상호 간에 의견을 조정하고 합의하는 협력관계가 되어야 하는데, 그 이유는 경찰과 검사의 사건평가가 서로 다를 때 검사의 판단이 항상 정당하다는 보장이 없기 때문이다.[16] 한 국가기관이 그에게 부여된 권리를 독자적으로 행사할 수 있어야 하는 것은 당연한 요청임에도 불구하고, 다른 수평적 국가기관에 예속되는 것은 그 자체가 모순이라는 것이다.

결국 사건송치 전의 수사에 대해서 경찰과 검찰은 '상호 협력관계'와 '견제 및 균형의 관계'를 함께 유지하는 것이 능률적이고 공정한 범죄수사가 되는 데 기여할 것이라는 것이다.

(5) 검 토

2020년 형사소송법은 경찰에게 송치전까지 경찰에게 완전한 수사권을 부여하는 방안(제3안)을 중심으로 개정되었으며, 별도의 입법으로 공수처를 설치하였다. 그러나 이에 따르면 국가형벌권의 적정행사를 위해 일사불란해야 할 수사지휘 체계의 혼선으로 국정운영에 중대한 장애가 초래될 우려가 있다.[17] 현행 검찰청법상 대통령은 국무위원인 법무부장관을 통해 형벌권 행사의 구체적 방향을 정할 수 있으나, 행정자치부장관이 수사

향 통권 제33호(2011.12), 1-90면 참조.

16) 손동권, 「수사독립권, 경찰에게 보장하여야 한다」, 시민과 변호사(1994. 11), 212면.

17) 헤럴드 경제 2021. 9. 28.자, 「수사권 조정·공수처 설치 여파…대장동 수사 '컨트롤 타워'가 없다」(……대장동 의혹 관련 고발이 이어지고, 수사 주체 또한 여러 갈래로 나뉘면서, 사건은 혼선을 빚는 모양새다. 실제 공수처는 이 지사 수사 여부가 불확실하다. 공수처법상 성남시장은 공수처 수사 대상이 아니지만, 경기지사에 대해서는 수사가 가능하다. 화천대유 투자자 선정은 성남시장 시절이지만, 배당은 지금도 계속 이어지는 중이다. 이런 경우 공수처가 관할을 가지는지 명확한 선례가 없다. 경찰 역시 향후 수사 방향을 예측하기 쉽지 않다. 예전엔 검찰에 수사지휘권이 있어, 사건을 넘겨받아 수사주체를 단일화해 효율적인 수사에 나설 수 있었다. 별도의 특별수사본부를 만들어 경찰과 '투트랙 수사'도 가능했다. 반면 지금은 경찰이 수사종결권을 가지고 있어, 검찰에서 수사지휘권을 발동하기 어렵다. 수도권의 한 검사장은 "수사권 조정 이전 같으면 제한 자체가 없었지만, 지금은 검찰 수사 사안인지부터 따지는 분위기"고 말했다……).

와 관련하여 지휘권을 행사하기는 부적합할 뿐만 아니라 행정자치부와 경찰청(국가수사본부)의 역학관계상 행정자치부장관의 지시가 실효성 있게 이행된다는 보장도 없기 때문이다. 왜냐하면 대검찰청은 정부조직법상 마치 경찰청과 같은 외청인 것처럼 설치되어 있으나, 인사·예산·조직에 대한 권한은 법무부장관이 행사하고 오로지 수사에 관한 권한을 행사하고 있는 반면, 경찰청장은 명실상부한 외청장으로 인사·예산·조직·행정·수사 권한을 자율적으로 행사하고 있기 때문이다. 더욱이 수사 및 기소권을 행사하는 공수처는 입법(헌법 제40조)·사법(동법 제101조 제1항, 제111조)·행정(동법 제66조 제4항) 중 어디에도 속하지 않고, 아무런 견제도 받지 않는 독립기관으로 설치되어 있다. 즉, 공수처는 헌법상 설치근거가 명확한 검찰청·검찰총장·검사 등과 달리 헌법상 설치근거가 전무할 뿐만 아니라 법제처·인사혁신처·식약처 등과 달리 정부조직법에도 설치가 예정되어 있지 않다.[18]

결국 국민의 권익보호의 시각에서 볼 때, 국민의 생명·신체에 직접 영향을 주는 사법작용은 신중에 신중을 기해야 하며, 절대로 수사기관이나 재판기관의 편의위주로 사법작용을 운영해서는 안 되는 것이다. 과연 1차적 수사기관(경찰 등)의 한번 조사로 재판에 회부되는 것보다 검사가 이를 다시 한번 검토하고 잘못된 점은 없는지 재조사하는 것을 국민에게 불리한 제도로 볼 수 있는 것인지 의문이 든다. 일부사건에서 이중조사로 인한 불편이 있다고 하더라도 이들의 인권보다 우선할 수는 없기 때문이다. 무엇보다도 진상규명이 제대로 되지 아니한 부실한 수사로 유·무죄가 뒤바뀌거나 사건관계인의 권익을 제대로 보호하지 못한다면 이것이야말로 진정한 국민의 불편이 아니겠는가? 돈없고 힘없는 인권의 사각지대에 있는 국민들을 위하여 진실을 좀 더 밝혀 국민들이 보다 편안하게 살 수 있도록 하는 것이 바로 검사의 임무인 것이며, 이는 "한 문화의 도덕적 차원을 시험하는 기준은 그 사회가 약자와 무력한 사람을 대우하는 태도인 것이다"라는 미국의 유명한 제로미 프랑그판사[19]의 말을 상기했으면 한다.

3. 사법적 통제 약화의 원인

독일에서 경찰력의 비대화와 이에 따른 검찰의 사법적 통제(수사지휘권 등) 약화의 원인으로는 ① 경찰의 검찰에 대한 인적·수사학적·기술적 우위, ② 대부분의 고소·고발·신고 등이 경찰에 행해지는 점, ③ 경찰에 의하여 행해지는 광범위한 예방적 활동에 포함되는 사전적 수사활동에 대한 통제불가능성, ④ 조직의 분리로 인하여 자원의 배분,

---

18) 김진환, 「사법개혁의 방향」, 저스티스 통권 제118호(2010. 8.), 한국법학원, 74면; 전태희, "주요국 공직자비리수사기구의 현황과 시사점", 국회입법조사처(2010. 11. 16), 70면.

19) 미국 제2연방 항소법원 판사를 지낸 제롬 프랑크판사는 1953년 Haelan 사건에서 '퍼블리시티권'(Right of Publicity)을 최초로 사용한 판사로 유명하다.

즉 어디에 집중적인 수사를 할 것인지 등에 관한 결정에 대해 광범위한 영역의 자료에 관한 경찰의 우위성, ⑤ 경찰활동의 국제화에 따른 국제적 경찰조직 및 이에 대한 검찰의 통제수단 미확보 등이 논의되고 있다.[20] 그중 가장 중요한 것이 바로 **'경찰의 정보 우위성'**인 바, 이로 인하여 검찰에 대한 통제력 약화는 현대 사회에 있어 큰 문제로 지적되고 있다. 즉 경죄사건이든 중죄사건이든 형사소추기관의 정보상태는 수사에 큰 영향을 미치게 되는 것은 말할 필요도 없으며, 나아가 현대사회에 있어 전산정보처리체계에 의해 뒷받침되는 수사방법은 날이 갈수록 수사절차의 구조에 영향을 미치고 있는데, 그럼에도 불구하고 예방적 범죄투쟁은 아직 범죄행위가 행해지지 않은 상태이므로 형사소추의 영역이 아니고 따라서 경찰 고유의 영역이라는 논리에 따라 이러한 경찰의 정보에 대하여 검찰의 접근이 차단되어 있어 실질적으로 검찰이 경찰의 활동을 통제하기 어렵고 이런 상황은 정보화사회가 진전될수록 더욱 심화될 것이라고 한다.[21]

Ⅱ. 수사지휘(사법적 통제)[22]의 의미, 범위 및 가치 등

1. 수사지휘의 의미

검사의 수사 지휘·감독은 피지휘자인 사법경찰관의 모든 수사권 발동을 일일이 구체적으로 완전히 통제한다는 의미가 아님에도 불구하고 검사가 경찰의 모든 수사권 발동을 일일이·구체적으로, 완전히 통제하는 것인 양 오해되고 있는 것이 현실이다. 이에 따라 검사의 수사지휘권 문제를 검찰이 경찰을 지배하고 경찰은 검찰에 복종한다는 수직적인 사고방식으로서 권위주의적 발상[23]이라고 매도하는 경우도 비일비재하며, 일부 경찰대 교수는 현재 검사의 '지휘'라는 것이 결국 수사내용을 검찰의 뜻에 맞추라는 것이라고 단언하고 있다. 더 나아가 현실적으로 검사의 개별적·구체적인 지휘없이 수사된 많은 사건들은 검사의 지휘를 받도록 규정하고 있는 법규범에 반하는 것이므로 규범과 현실의 불일치를 극복하기 위해서도 검사의 수사지휘·감독권은 폐지되어야 한다고 주장하였다. 경찰이 절도범을 잡으러 쫓아가면서 휴대폰으로 검사에게 전화를 걸어 범인을 잡아야 할지 말아야 할지를 지휘받지 않으면 안 되게 되어 있다는 식의 황당한 주장까

20) Roxin, 「Zur Rechtsstellung der Staatsanwaltschaft damals und heute」, DRiZ, 1997, S.120.

21) Lilie, 「Das Verhältnis von Polizei und Staatsanwaltschaft in Ermittlungsverfahren」, ZStW 106(1994), S.631ff.

22) 경찰에 대한 검사의 수사지휘는 사법적 통제의 한 형태이지만, '지휘'라는 용어가 부정적 어감이 있는 관계로 최근에는 사법적 통제라는 표현을 사용하는 경우도 있지만, 설명의 편의상 (구)형사소송법상의 '수사지휘'를 그대로 사용하고자 한다.

23) 서보학, "수사권의 독점 또는 배분 – 경찰의 수사권 독립 요구에 대한 검토 –", 형사법연구 제12권, 한국형사법학회, 399면.

지 하는 실정이었다. 결국 이들의 주장을 종합해 보면, 검사의 지휘는 전(全) 세계 어디에도 그 유례가 없는 예외적인 제도이자, 전근대적인 제도이므로 반드시 폐지해야 한다는 입장이다.

그러나 대륙법계 검사에게 인정되는 수사지휘·감독권은 사법경찰관의 독자적 의사결정에 의한 자율적인 수사권 행사를 인정하면서, 법률 전문가인 검사가 일반적 지침과 일반적 또는 구체적 지시를 통해 사법경찰관의 수사활동을 법적으로 조정·통제하고, 둘 사이에 의견의 불일치가 생긴 경우 검사의 의사가 우월하다는 의미에 불과하다.[24] 따라서 어떤 용어를 사용하건(수사지휘 또는 사법적 통제 등) 수사권조정문제는 검찰과 경찰이라는 국가기관 사이의 권한배분의 문제가 아니라, 구체적 범죄사실이 발생한 경우 그 사건을 수사하는 '사법경찰관'과 그 사건을 지휘 내지 사법적 통제하는 '개개 검사'와의 기능적 관계에 불과할 뿐이며, 그 사건이 처리되면 둘 사이의 관계는 끝나므로 그 사법경찰관이 수사지휘를 하는 그 검사를 견제한다거나 권력적 균형이 필요하다는 말 자체가 성립하지 않는다.[25]

더욱이 수사지휘의 개념은 매 사건에 그리고 사전에 미리 지휘를 하여야 한다는 개념이 아니다. 경찰에서 수사기록이 검찰에 송치된 경우 경찰의 수사기록을 원용·재수사 없이 공소를 제기하거나(주로 약식명령청구의 경우이다), 불기소를 결정하는 것은 그것이 사실상 지휘를 행사하고 있지 않다는 의미가 아니라 검찰에서 그 기록을 판단한 결과 기소·불기소를 결정함에 있어 보완이 없어도 충분하기 때문이다. 더욱이 '범죄의 충분한 혐의' 유무에 따라 기소, 불기소를 결정하는 검찰의 여과기적 기능을 고려하여야 한다. 아울러 검찰은 경찰수사의 결과에 대하여 그것의 공소제기 가능성을 높인다는 관점에서 사건을 처리하지 않으며, 그 가능성이 충분하지 못할 때 불기소처분을 하는 불기

24) 조국, "실사구시의 원칙에 선 검찰·경찰 수사권조정 방안", 「검·경 수사권조정에 관한 공청회」 자료집(2005. 4. 11.), 수사권조정자문위원회, 248면(「**수사에 있어서 검사의 우월적 지위는 비법률가인 경찰이 수사의 합목적성을 추구하는 과정에서 발생할 수 있는 각종의 불법, 탈법행위를 법률가이자 '준(準)사법기관'인 검사가 감독·통제하고 법률적용의 정확성을 담보하라는 법치국가적 요청의 결과이다. 이러한 요청의 정당성은 현 시기에도 여전히 정당하다. 물론 이러한 검사의 우위성은 사법경찰관리의 범죄수사에 한정되는 것이지, 경찰 전체에 대한 검찰의 우위성을 인정하는 것은 아니다**」).
25) 조국, 위의 논문, 254면(「우리 사법경찰관은 10일간의 피의자구속권, 피의자신문권, 구속영장신청권 등 다른 현대 민주주의 국가의 경찰이 갖지 못한 권한을 보유하고 있다는 점도 유념해야 한다. 이러한 현실에서 경찰수사에 대한 검사의 지휘권은 폐지될 수 없다고 본다. 공소제기 후 법원에 의한 경찰수사에 대한 사후적 통제는 증거배제 차원에서 이루어지는데 그칠 수밖에 없고, 시민단체나 언론에 의한 경찰수사에 대한 통제도 한계를 가질 수밖에 없기 때문에, **공소의 책임자이자 법률가인 검사가 경찰수사를 지휘하는 장치를 유지하는 것은 실체적 진실발견과 피의자의 인권보호에 유리한 제도적 환경을 강화할 것이다**」).

소처분기관(Einstellungsbehörde)인 점도 고려하여야 한다.

특히 '지휘' 또는 지배의 법사회학적 개념은 예컨대 인간과 가축의 관계에서처럼 일방이 타방에 대하여 직접적으로 그리고 영구적으로 행사하는 관계로부터, 부모와 어린아이의 관계와 같이 통제는 적어지고 독자적 결정이 증가하는 단계를 지나, 일방이 타방에 대하여 비난의 가능성만 가지고, 가끔 일반적·구체적인 지시를 행하는 이른바 '의존관계'를 생각할 수 있는데, 최후자에 있어서는 일방의 타방에 대한 지시가 지휘하는 자에 따라 입안되고 무언(無言) 중에 타방이 이를 실행하는 일반적인 행동지침이 있다. 이러한 관계는 검찰과 경찰의 관계뿐 아니라 모든 국가 사회생활에서도 엿볼 수 있다. 빈번히 이러한 관계는 감추어진 본성 때문에 제3자가 보기에는 누가 지휘자이고 누가 그것을 받아들이는가를 구별하기가 곤란하지만, 어떠한 유형의 지휘관계에 있어서도 그것의 궁극적인 점은 '名目上'의 지휘자가 그 지휘를 받는 자와 서로 다툼이 있을 경우 '누구'가 그 의사를 강제할 수 있는가에 있으며, 입법자의 의사는 수사에 있어서 그 결정권을 검찰에 부여한 것이다. 이렇게 볼 때 검찰이 경찰에 대하여 다발범죄 등의 경우 재수사지시 등을 행하지 않은 것은 검찰이 경찰이 생각하는 관점과 일치하기 때문에 그것을 정정할 이유가 없기 때문인 것이다.

이는 전술(前述)한 것처럼, OECD 36개국 중 29개 국가가 검사의 '수사지휘'제도를 통해 수사를 통제하고 있는 것을 볼 때, 수사지휘에 의한 사법통제는 글로벌하고 보편적인 제도라고 할 것이다.

【표 8-1】 수사지휘 용어를 사용하고 있는 국가들[26]

용어	국가	사전적 의미
diriger(direct)	프랑스	지휘, 지도, 통솔
Auftrag(order)	독일	지시, 위임, 위탁
Anordnungen(order)	오스트리아	지시, 명령
direct	포르투갈, 슬로베니아	지휘, 총괄, 지시
order	네덜란드, 체코, 헝가리	명령, 지시, 주문
supervise	폴란드, 라트비아	감독, 지휘, 지도
command	터키	명령, 지휘, 통솔
指揮	일본	지휘

---

26) 김웅, "거꾸로 가는 형사사법개혁", 검·경 수사권조정에 관한 심포지엄(2019. 7. 9.) 자료집, 대한변호사협회, 66면.

결국 사법경찰관은 검사의 구체적·개별적·사전적 지휘가 없더라도 독자적으로 수사권을 행사할 수 있으며(수사행위의 주체), 다만 그러한 수사권 행사는 사법기관인 검사의 수사지휘를 전제로 하여 이루어지고 있을 뿐이다. 즉 "수사권의 귀속주체인 검사로부터 유래되는 수사권(사법권)을 개개의 사법경찰관에게 위임하고 있으므로 본래적(본원적) 주체인 검사의 지휘에 맞게 수사권을 행사하라"는 의미가 수사지휘의 개념인 것이다. 따라서 과거 사법경찰관에게 수사권이 없다는 주장은 진실을 도외시한 일방적 주장에 불과하며, 법규정의 문리해석상으로도 옳은 주장이 아니다. 왜냐하면 수사행위의 주체성을 인정하는 것과 그 수사권을 행사함에 있어서 검사의 지휘를 받는 것과는 명백히 다른 차원의 문제이기 때문이다.

과거 판례도 「사법경찰관은 형사소송법과 사법경찰관리직무규정 등이 정하는 바에 따라 검사의 지휘를 받아 수사를 하여야 하나 형사소송법 제196조의 검사의 수사지휘권에 관한 규정은 일반적 포괄적인 규정이라고 풀이할 것이며 사법경찰관리직무규정의 범죄인지보고는 그에 열거되어 있는 따위의 중요사건에 관한 것이고 범죄의 혐의가 있으면 그 어떠한 경우를 막론하고 반드시 검사에게 범죄 인지보고를 하여 그 지휘를 받아 수사를 하여야 되는 것은 아니라고 할 것이다.」[27]라고 판시한 바 있으며, 하급심판례도 「형사소송법과 검찰청법의 관련 규정을 종합하면, 우리 법체계는 사법경찰관도 수사의 주체로서 제한된 범위 내에서 수사권을 행사하되, 수사와 법률 전문가인 검사가 일반적 지침 또는 일반적·구체적 지시와 지휘를 통해 사법경찰관의 수사 활동을 법적으로 조정·통제하고, 검사와 사법경찰관의 의견이 일치하지 아니할 경우에는 검사의 법률적 판단에 따라 수사를 진행하고 사건을 처리하는 제도를 입법적으로 채택하였음을 알 수 있다. 그 결과 검사는 수사의 주재자로서, 상호협조가 아닌 상명하복의 관계에서 사법경찰관리에 대하여 수사에 관한 일반적 지휘권과 구체적 지휘권을 행사하게 된다. 일반적 수사지휘는 대검찰청 소관부서에서 각급 검찰청에 대하여 예규 또는 지침의 형식으로 지시하면 지방검찰청 검사장 또는 지청장이 관할 사법경찰관리에게 이를 시달하는 방법으로 이루어지고, 구체적 수사지휘는 특정 사건 또는 사안을 담당하는 소관 검사가 사법경찰관리에게 지시하는 개별적 수사지휘인데, 이는 사법경찰관리가 수행하는 모든 수사 활동에 대하여 이루어지고 그 내용과 형식 등은 구체적 상황에 따라 다를 수 있다. 여기서 검사의 지시 및 지휘를 받게 되는 사법경찰관리의 범위는 그가 행하는 담당 업무의 구체적인 실질에 따라 결정되고, 수사업무에 종사할 경우 검사의 수사지휘에 복종하여야 할 사법경찰관리의 지위에 놓이게 된다(따라서 형사소송법 제196조 제1항의 해석을, 검찰 직수사건의 경우에 검사가 직접 사법경찰관을 일반적으로 지휘하여 수사 지시도 할 수 없다고 해석하려는 변호인의 주장은 현행법의 체계에 비추어 받아들이기 어렵다)」[28]고 판시한

---

27) 대판 1982.6.8, 82도117.

바 있다.

2. 수사지휘의 형태

종래 국민들은 지휘개념을 군대에서의 '상하복종' 개념으로 이해하여 매우 거부감을 가지고 있는 것 같다. 그러나 실무상 수사지휘의 형태는 경찰에서 올라온 서류를 꼼꼼히 검토하여 법률상 오류가 없는지, 잘못된 부분이 없는지를 살펴보고, 이에 대하여 그 서류상에 또는 별도의 종이를 붙여서 미비점을 보완하라고 적는 것을 말한다. 다만, 현실적으로 모든 형사사건의 수사단계마다 수사지휘권이 행사되는 것은 아니며, 사건의 송치 전에는 특별히 검사의 판단을 필요로 하는 경우, 예컨대 사건을 다른 경찰서로 이첩하거나 피의자의 신병에 관하여 결정을 할 필요가 있는 경우 또는 법률상 문제가 있어서 검사의 판단이 필요한 경우에 한정하여 경찰의 수사를 지휘하게 되고 사건이 송치된 이후에는 실체적 진실을 파악하기 위하여 수사가 미진한 사항에 대하여 보완을 지시하는 등으로 지휘권을 행사하고 있었을 따름이다. 개정형사소송법에 따르더라도 특별사법경찰관리에 대한 검사의 수사지휘를 인정하는 이유가 여기에 있다(제245조의10 제2항).

3. 수사지휘의 방식

(구)'검사의 사법경찰관리에 대한 수사지휘 및 사법경찰관리의 수사준칙에 관한 규정' 제5조 제1항은 "검사는 사법경찰관리에게 사건에 대한 구체적 지휘를 할 때에는 서면 또는 「형사사법절차 전자화 촉진법」에 따른 형사사법정보시스템(이하 '형사사법정보시스템'이라 한다)을 이용하여 지휘하여야 한다. 다만, 천재지변, 긴급한 상황, 이미 수사지휘한 내용을 보완하거나 지휘 내용이 명확한 경우, 수사 현장에서 지휘하는 경우 등 서면 또는 형사사법정보시스템에 의한 지휘가 불가능하거나 필요 없다고 인정되는 경우 등에는 구두나 전화 등 간편한 방식으로 지휘할 수 있다"고 규정하고 있었으며, 동조 제2항은 "사법경찰관은 검사가 제1항 단서에 따라 간편한 방식으로 지휘하였을 때에는 서면 또는 형사사법정보시스템을 이용하여 지휘해 줄 것을 요청할 수 있다"고 규정하고 있었다. 아울러 동조 제4항은 "검사는 사건이 복잡하여 설명이 필요한 경우 사법경찰관리에게 대면하여 설명할 것을 요구할 수 있고,[29] 사법경찰관리는 수사 중인 사건에 관

---

28) 춘천지법 강릉지원 2007.4.30, 2007고합6(직권남용권리행사방해·직무유기).

29) 대판 2010.10.28, 2008도11999. 「피의자의 인권에 대한 부당한 침해를 초래하지 않도록 긴급체포의 적법성 여부를 심사하면서 수사서류 뿐만 아니라 피의자를 검찰청으로 출석시켜 직접 대면조사할 수 있는 권한을 가진다고 보아야 한다. 따라서 이와 같은 목적과 절차의 일환으로 검사가 구속영장 청구 전에 피의자를 대면조사하기 위하여 사법경찰관리에게 피의자를 검찰청으로 인치할 것을 명하는 것은 적법하고 타당한 수사지휘 활동에 해당하고, 수사지휘를 전달받은 사법경찰관리는 이를 준수할 의무를 부담한다. 다만 체포된 피의자의 구금장소가 임의적으로 변

하여 필요할 때에는 검사에게 대면하여 보고할 수 있다"고 규정하여 검사의 대면권을 인정하고 있었다.

다만, 수사권조정 후에는 상호 협력관계를 고려하여, 경찰수사규칙(행정안전부령 제233호) 제3조 제2항은 「사법경찰관리는 검사에게 협력요청 등을 하는 경우에는 「형사사법절차 전자화 촉진법」제2조 제4호에 따른 형사사법정보시스템 또는 서면으로 해야 한다」고 규정하고 있다.

4. 수사지휘의 범위

일반적으로 수사란 범죄의 혐의가 있다고 사료되는 때에 그 혐의의 진위를 확인하고, 범죄가 발생하였다고 인정되는 경우 범인을 검거하고 증거를 수집·보전하는 수사기관의 활동을 말하는데, 이러한 수사는 소추를 전제하고 있다고 볼 수 있다. 그런데 소추권은 검사에게 전속되어 있으므로 소추권의 적정한 행사를 위한 검사의 사법경찰관에 대한 수사의 지휘·감독(사법적 통제)은 모든 사건에 대해 수사의 어느 단계에서도 가능하다. 이러한 검사의 사법경찰관리에 대한 수사지휘는 모든 사법경찰관리가 공통적으로 준수하여야 할 범죄수사의 절차와 사용서식, 사건처리기준 등과 같은 사항에 대하여 예규(例規) 또는 지침(指針)을 시달하는 방법으로 행하는 일반적 수사지휘와 특정사건 또는 사안에 대하여 사법경찰관리에게 개별적·구체적으로 지시하는 구체적 수사지휘가 있다.

그러나 검사의 사법경찰에 대한 수사지휘·감독권은 현실적으로 검찰의 조직·인력상의 한계와 기존의 수사지휘 관행상의 한계가 있을 수밖에 없으므로 수사지휘·감독권의 범위를 합리적으로 설정하여 탄력적으로 행사할 수밖에 없다. 왜냐하면 검사가 수사의 주재자로서 사법경찰관리가 수행하는 모든 사건의 수사를 지휘할 수 있는 권한과 의무가 있다고 하더라도 한정된 검찰인력 및 조직에 비추어 모든 사건을 수사개시부터 종결단계까지 구체적으로 지휘한다는 것은 현실적으로 불가능할 뿐만 아니라 오히려 비효율적이기 때문이다. 따라서 현실적으로 어떤 사건에 대하여 어느 정도의 수사지휘를 할 것인가, 즉 수사지휘의 대상 및 범위를 합리적으로 설정하여 운영할 필요가 있는데, 이는 수사지휘의 본질과 역할, 수사의 신속성과 합목적성 등을 고려하여 결정할 수밖에 없

경되는 점, 법원에 의한 영장실질심사제도를 도입하고 있는 현행 형사소송법 하에서 체포된 피의자의 신속한 법관 대면권 보장이 지연될 우려가 있는 점 등을 고려하면, 위와 같은 검사의 구속영장 청구전 피의자 대면조사는 긴급체포의 적법성을 의심할 만한 사유가 기록 기타 객관적 자료에 나타나고 피의자의 대면조사를 통해 그 여부의 판단이 가능할 것으로 보이는 예외적인 경우에 한하여 허용될 뿐, 긴급체포의 합당성이나 구속영장청구에 필요한 사유를 보강하기 위한 목적으로 실시되어서는 아니된다. 나아가 검사의 구속영장 청구전 피의자 대면조사는 강제수사가 아니므로 피의자는 검사의 출석요구에 응할 의무가 없고, 피의자가 검사의 출석요구에 동의한 때에 한하여 사법경찰관리는 피의자를 검찰청으로 호송하여야 한다」.

다. 이에 종래 '검사의 사법경찰관리에 대한 수사지휘 및 사법경찰관리의 수사준칙에 관한 규정' 제74조는 12개 유형의 중요범죄 및 검찰총장 승인을 얻어 지방검찰청 검사장과 지청장이 지정한 사건에 한하여 의무적으로 발생 즉시 관할 지방검찰청 검사장 또는 지청장에게 보고하도록 규정하고 있었으나,[30] 개정 형사소송법에 따라「검사와 사법경찰관의 상호협력과 일반적 수사준칙에 관한 규정」은 상호협력의 원칙에 따라 본 규정을 삭제하였다. 즉, 사전적 수사지휘를 폐지한 대신, 사후적 통제 중심으로 개편한 것이다.

5. 수사지휘의 가치

(1) 경찰에 대한 법치국가적 통제

흔히 세간에서는 수사지휘의 내용을 검사가 사법경찰에게 사실관계 내지 증거를 더 찾도록 요청하여 실체적 진실에 보다 접근하고자 하는 기능개념으로 오해하는 경향이 있다. 그러나 이는 검사가 수사를 직접하거나(직수사건) 사법경찰을 통한 간접수사를 하는 정도의 차이밖에 없는 것으로, 이러한 점 때문에 검사는 제2차적 보완수사에 그쳐야 한다는 개념 등이 등장하는 것이다.

그러나 검사의 주된 임무는 검사가 경찰에 대한 법치국가적 통제로 기능하는데 있는 것으로, 이러한 의미에서 검사는 국가권력을 행사하기 위한 수단이 아니라 국가권력으로부터 국민의 자유를 보장하기 위한 제도로 등장한 것이며, 따라서 정의에 대한 국가의 의지를 상징하는 **'법치국가원리의 대변인'**(Vertreter des rechtsstaatlichen Prinzips)[31] 또는 **'현대 법치국가원리의 기초'**(Fundamente des rechtsstaatlichen Prinzips)[32]로 기능하는 것이고, 이는 사법경찰에 대한 수사지휘를 통해서 실현되는 것이다.

(2) 2차적·보충적 수사만의 허용문제

평범한 보통사람들은 누구나 경찰관이 전화해서 '조사를 받으라'고 요구하면 밤잠을 설칠 것이고, 가족과 주변사람들까지 경찰서에 불려 나가고 집과 직장이 압수·수색 당하기라도 하면 그 피해는 가히 헤아리기 어렵다. 그런데, 이러한 일을 겪은 사람이 아무런 죄도 없는 사람이었다면, 얼마나 억울한 일인지 생각해 보아야 한다. 왜냐하면 아무런 죄도 없는 사람에 대해 수사해 놓고 나중에 죄가 없었다고 결론만 올바로 내려준다

30) 과거 대검찰청에 확인한 바, 서울중앙지방검찰청은 2009년 서울중앙지방검찰청 관내 경찰서에서 수사하여 송치한 사건은 총 203,333명이고 그중 구속영장신청은 5,033명이며, 신병지휘건의는 4,906건으로서 경찰 송치사건 중 영장신청이나 신병지휘건의 등 검사의 수사지휘를 받은 사건은 많게 보아 9,939건으로 약 4.9%에 불과하고, 나머지 사건들은 경찰에서 거의 수사지휘를 받지 아니한 채 독자적으로 판단하여 사건수사를 종결, 송치하고 있었다고 한다.
31) Eb. Schmidt, "Die Rechtsstellung der Staatsanwälte", DRiZ 57, 278.
32) Wagner, "Die Ermittlung der Staatsanwaltschaft", DRiZ 72, 166.

고 하여 원상회복되는 것은 절대로 아니기 때문이다. 따라서 죄 없는 사람에 대한 수사는 최소화하고 불가피하게 하더라도 조기에 종결시켜야 하며, 이를 위해서는 필연적으로 소추기관의 사법통제는 불가피하고, 이러한 통제시점은 빠르면 빠를수록 좋은 것이며, 2차적·보충적 수사만으로는 해결될 수 없는 것이다. 무엇보다도 국민의 인권을 보장하기 위하여 사법적 통제장치를 가능한 한 일찍 발동시키는 것이 왜 문제로 인식되는지 도저히 이해할 수가 없다. 아래 표는 보완조사로 수사결론이 변경된 인원 및 사경 기소의견이 불기소(혐의없음, 각하)로, 불기소(혐의없음, 죄가 안됨, 각하, 공소권없음)의견이 기소로 변경되는 등 결론의 오류가 명백한 인원을 합산한 것이다.

【표 8-2】 사법경찰의 수사결론과 검찰의 처분이 다른 사건 현황(단위: 명)

구 분	2011	2012	2013	2014	2015	2016	2017	2018
경찰 기소의견 송치 → 검찰 불기소 (혐의없음, 죄가 안됨, 각하)	28,722	33,253	29,682	31,154	28,599	28,630	24,330	22,318
경찰 불기소의견(혐의없음, 죄가 안됨, 각하, 공소권없음) → 검찰 기소	3,403	4,147	4,112	4,346	3,980	4,070	3,242	3,189
경찰 불구속 송치 → 검찰 직접구속	2,873	3,151	3,892	4,180	3,577	4,449	3,459	2,409
경찰이 누락한 범인/범죄 적발	7,438	7,678	8,099	10,013	9,091	9,845	8,450	7,248
합 계	42,436	48,229	45,785	49,693	45,247	46,994	39,481	35,164

(3) 공판정에서 증거제출의 문제

범죄자를 처벌하기 위해서는 유죄입증에 도움이 되는 사실관계를 수사해야 하는데, 증거는 시간이 지나면 사라지는 휘발성이 강하므로 적시에 확보하지 않으면 영원히 없어질 위험이 있고 설사 증거를 확보하더라도 복잡한 증거법의 법칙을 따르지 않으면 재판에 사용할 수 없어 범죄자를 놓치게 된다. 따라서 소추기관인 검사가 증거를 증거법의 법칙에 따라 올바로 수집하도록 하여 범죄자에 대한 필벌을 통해 사회를 보호하고, 나아가 범죄와 무관한 사항에 대한 수사를 막아 공권력의 낭비를 예방해야 한다.

전술(前述)한 것처럼, 미국의 경우도 경찰이 사건수사에 있어 엄격한 민·형사적 책임을 지는 관계로 미국의 복잡한 증거법 등 적법절차의 숲을 헤쳐 나가야 하는 경찰로서는 매 사건을 검찰로 가지고 가서 일일이 법률전문가인 검사의 검토·지휘를 받을 수밖에 없는 구조이다. 즉, 미국의 경우 피의자의 진술거부권, 변호인의 조력을 받을 권리 등 헌법에 근거한 기본권이 발달하여 수사단계에서 수사기관에 의한 피의자신문(피의자가 자발적으로 응하는 경우를 제외하고는)은 거의 불가능하다. 따라서 수사단계에서의 수사는 참고인 인터뷰, 물적 증거조사 등에 그치며 더구나 피의자가 체포된 사건의 경우 최대 48시간 이내에 피의자를 법원에 출석시켜야 하므로 경찰의 수사는 시간적 한계가 있을 수밖에 없고, 법정출석 후 기소사실인부절차(Arraignment)에서 기소사실을 부인하면 검사와 변호인의 유죄답변절차(Plea Bargaining)로 가게 되는 바, 원래 사건이 수사미진인 경우 장기간에 걸쳐 협상이 진행되면서 이후의 필요한 수사는 자연히 검사의 몫이 된다. 따라서 연방 및 지방검사가 진행하는 주요직무의 내용은 관할 범죄에 대한 기소·불기소 결정권 및 공소유지를 담당하면서 지정사건에 대하여 직접 수사를 하고(뉴욕 지방검찰청 소개 책자 참조) 개별사건 수사를 협의하는 과정에서 경찰의 수사방향과 증거수집 등에 대하여 실질적인 수사지휘를 하는 것이다.

우리나라의 경우도 적정한 수사에 의하여 밝혀진 실체적 진실을 기반으로 하여야만 올바른 소추권의 행사가 가능하므로 수사의 목적은 소추에 있고, 소추는 수사를 기본으로 하는 일체 불가분적 관계에 있다고 볼 수 있다. 따라서 범죄수사가 이처럼 소추를 목적으로 하는 공소제기의 준비행위로서의 성격을 갖고 있는 이상, 그 준비행위의 필요성과 타당성을 공소제기권자인 검사가 검토하고 지휘하는 것은 이론적으로 지극히 당연한 일이라고 볼 수 있다.

(4) 재산범죄에 대한 고소·고발이 많은 우리나라 특유의 문제

전술(前述)한 것처럼, 우리나라 사법환경이 외국과 결정적으로 다른 것은 고소·고발이 엄청나게 많은 반면, 기소율은 현저하게 떨어지고 무고·위증 등 거짓말사범은 매우 많다는 점이다. 예컨대 2016년 한해 고소·고발된 인원은 약 74만 명으로, 인구 10만 명 당 고소·고발 인원은 일본의 150배인 반면 기소율은 20%에 불과하고,[33] 이에 따라 인구비율 대비 무고·위증사범은 일본의 20배이다.[34] 따라서 아무런 죄를 저지르지 않은 국민이라도 누군가의 고소·고발로 수사대상이 될 수 있고, 무고·위증 등 상대방의 교묘한 거짓말로 억울한 옥살이를 할 가능성이 언제든지 존재하는 상황이다. 그런데 재산범죄는 '법률적, 전문가적 판단'이 필요한 분야이기 때문에 경찰관 1명의 판단에 맡겨

---

33) 2017. 5. 15. 헤럴드경제 '무고에 멍든 사회'.
34) 2015. 11. 28. 한국일보 '뒤틀린 세 치 혀에.. 거짓말 공화국'.

두기에는 너무나 위험한 것이고, 따라서 이중, 삼중으로 점검하고 체크하는 기능을 두는 것이 국민의 인권보장에 기여함은 당연하다고 할 것이다.

(5) 영장에 대한 통제

전술(前述)한 것처럼, 경찰은 1980. 2. "경찰의 정치적 중립과 독자수사권 확립을 위한 제도적 장치 마련 건의" 제하의 헌법개정에 대한 건의서를 발표하고, 경찰의 정치적 중립을 위하여는 유신헌법의 잔재인 검사의 영장청구권 조항의 폐지가 필요하다고 주장한 이후부터 수사지휘와 검사의 영장청구 규정을 계속하여 연계시키고 있는데, 이처럼 수사지휘의 가치는 헌법상 검사의 영장청구 규정과 필연적인 연관을 가지고 있을 수밖에 없다. 즉, 가장 대표적인 수사권한이자 수사의 핵심인 강제수사권이 헌법상 검사에게 전속되어 있기 때문에 이에 부수되는 일반적이고 구체적인 수사내용과 방법을 검사가 주도적으로 결정하거나 지휘하는 것은 너무나 당연하며, 바로 이러한 점에서 수사권의 귀속문제나 검사의 수사주재자적 지위는 국민의 헌법적 결단사항으로 볼 수 있기 때문이다. 왜냐하면 대표적 수사권인 검사의 강제수사권한이 헌법에 엄연히 규정되어 있는 이상 이에 부수되는 일반적인 수사권한도 이러한 헌법규범으로부터 파생된다고 보는 것이 타당하며, 우리 헌법은 수사에 있어 그 주재자가 검사가 되어야 한다는 점을 천명하고 있는 것이고, 수사지휘는 검사의 수사주재자성을 구현하기 위한 핵심적 제도장치이기 때문이다. 따라서 만약 검사의 수사지휘를 배제하는 경우, 검사는 강제처분의 필요성 및 이를 위한 수사의 내용과 방법 등을 적극적으로 결정하는 수사주재자의 지위를 상실한 채 강제수사에 대한 단순한 허가자의 지위로 전락하게 되어, 결국 헌법이 명시하는 검사의 영장청구권과 수사주재자성이 완전히 훼손됨으로써 국민의 헌법적 결단에 반하는 결과를 초래할 것이다.

이러한 점에서 법무·검찰개혁위원회가 제8차 권고안[35] — 검·경 수사권 조정 — 의 내용으로, 수사에 관하여 검사의 지휘를 받도록 한 형사소송법 규정을 삭제하고, 검사와 사법경찰관은 수사를 위하여 상호 협력하는 관계로 규정하도록 권고하면서도, 국민의 인권과 직결되는 체포·구속·압수수색 등 강제수사에 대하여는 검사의 영장심사를 받도록 현행 규정을 유지하는 내용을 발표한 것은 논리적 타당성을 결여한 것으로 볼 수밖에 없다. 아래 통계는 사법경찰관이 신청한 체포·구속·압수영장에 대한 검사의 기각 건수와 검사가 직접 판사에게 청구한 영장기각 건수를 비교한 것이다.

---

35) 법무부 2018. 2. 8.자 보도자료: 법무·검찰개혁위원회, 「검·경 수사권 조정안」 권고 참조.

【표 8-3】 사법경찰관 신청 체포영장 검사 기각률

	사경 신청		검사 청구	
	영장신청 인원	검사 기각	영장청구 인원	판사 기각
2015	48,390	5,853 (12.0%)	42,446	552 (1.3%)
2016	46,778	5,787 (12.3%)	40,932	528 (1.2%)
2017	43,857	5,600 (12.7%)	38,219	516 (1.3%)

【표 8-3】을 살펴보면, 사법경찰은 연간 45,000건 내외의 체포영장을 신청하는데, 이에 대하여 검사가 연간 5,700건 내외 기각을 하고 있다. 따라서 사법경찰 신청의 체포영장 중 "검사기각 + 판사기각"률은 약 13~14%에 해당한다고 볼 수 있으나, 수사단계에서 검사 기각율이 압도적으로 많은 것을 볼 때, 적어도 검사의 사법경찰에 대한 영장통제가 국민의 인권보호에 매우 기여하고 있다는 사실을 부인할 수는 없다고 본다.

【표 8-4】 사법경찰관 신청 구속영장 기각률

	사경 신청		검사 청구	
	영장신청 인원	검사 기각	영장청구 인원	판사 기각
2015	37,097	5,695 (15.3%)	31,357	5,314 (16.9%)
2016	38,033	6,088 (16.0%)	31,918	5,383 (16.8%)
2017	35,782	6,580 (18.3%)	29,183	5,202 (17.8%)

【표 8-4】를 살펴보면, 사법경찰은 연간 37,000건 내외의 구속영장을 신청하는데, 이에 대하여 검사가 연간 6,000건 내외 기각을 하고 있다. 따라서 사법경찰 신청의 구속영장 중 "검사기각 + 판사기각"률은 약 32~36%에 해당한다고 볼 수 있으나, 수사단계에서 검사 기각율이 압도적으로 많은 것을 볼 때, 적어도 검사의 사법경찰에 대한 영장통제가 국민의 인권보호에 매우 기여하고 있다는 사실을 부인할 수는 없다고 본다.

【표 8-5】 사법경찰관 신청 압수영장 기각률

	사경 신청		검사 청구	
	영장신청 건수	검사 기각	영장청구 건수	판사 기각
2015	190,441	14,837 (7.7%)	175,460	1,415 (0.8%)
2016	194,419	14,439 (7.4%)	179,851	1,446 (0.8%)
2017	212,441	15,588 (7.3%)	196,781	1,740 (0.8%)

【표 8-5】를 살펴보면, 사법경찰은 연간 20만 건 내외의 압수영장을 신청하는데, 이에 대하여 검사가 연간 15,000건 내외 기각을 하고 있다. 따라서 사법경찰 신청의 압수영장 중 "검사기각 + 판사기각"률은 약 8%에 해당한지만, 수사단계에서 검사 기각율이 압도적으로 많은 것을 볼 때, 적어도 검사의 사법경찰에 대한 영장통제가 국민의 인권보호에 매우 기여하고 있다는 사실을 부인할 수는 없다고 본다.

이와 관련하여, 일부에서는 현행 헌법에 법관에 대하여 영장발부를 청구함에 있어 검사를 반드시 경유하도록 규정한 취지는 헌법재판소 판례에서 설시하고 있듯이 "수사단계에서 영장신청을 함에 있어서는 반드시 법률전문가인 검사를 거치도록 함으로써 다른 수사기관의 무분별한 영장 신청을 막"기 위한 것[36]이므로, 검사가 직접 영장을 청구하는 경우와 사법경찰관이 검사에게 영장청구를 신청하는 경우를 달리 보아, 후자의 경우 검사는 원칙적으로 영장발부요청의 적법성을 주로 검토하는 데 그치는 것이 바람직하다는 견해[37]가 있다, 그렇다면 검사의 헌법상 영장청구 규정을 삭제하는 것이 지금보다 인권보장에 도움이 된다는 것인지, 또 국정원 등 특별사법경찰도 직접 영장을 청구하는 것이 인권보장에 유리한 것인지 등에 대한 답을 해야 할 것이다. 더욱이 '권력만이 권력을 억제할 수 있다'는 것이 법치국가원리의 핵심내용인 권력분립의 기본정신임을 내세우면서, 이를 형사소송절차에 적용하면, '기관 간 분립'으로서는 수사권 – 기소권 – 재판권을 경찰 – 검찰 – 법원 간에 분립시켜 상호견제케 하고, '기관 내 분립'으로서는 수사기관 내의 기능분리를 통하여 상호견제케 해야 한다는 발상[38]은 '경찰에 대한 법치국가적 통제'를 위하여 탄생된 검찰제도를 심각하게 오해한 데 기인한 것으로 보인다.

이와 관련하여, 일부에서는 법원의 구속영장 기각률이 경찰보다 검찰의 직접수사에

---

36) 헌재결 1997.3.27, 96헌바28.
37) 김선택, "헌법상 영장청구 주체규정의 개정방향", 국회의원 강창일/헌법이론실무학회/비교형사법학회 공동정책토론회, 「국가형사사법체계 정상화를 위한 헌법적 과제」(2017. 3. 3.), 발표자료집, 34면.
38) 김선택, 위의 논문, 46면.

현저히 높아서, 검찰이 영장청구권 독점의 주된 근거로 "인권보호"를 내세울 명분이 없다는 견해도 있다.[39] 즉, 아래【표 8-6】에서 보는 것처럼 검찰이 청구한 영장에 대한 기각률(2015년 기준 23.4%)이 경찰이 신청한 영장의 기각률(2015년 기준 16.7%)보다 더 높다는 사실자료가 있는데도 불구하고 검사가 경찰보다 인권보호 내지 인권친화적인 기관이라고 감히 말할 수 있는가라고 묻고 있는 것이다.

【표 8-6】 사경의 영장신청 및 검찰의 영장청구 기각률

구속영장[40]	검찰이 직접 청구한 영장				경찰이 신청한 영장			
	접수 건수	발부 건수	발부율	기각률	접수 건수	발부 건수	발부율	기각률
2013년	7,339	5,407	73.7%	26.2%	25,526	21,519	84.3%	15.6%
2014년	8,109	6,078	75.0%	25.0%	27,478	22,221	80.9%	19.0%
2015년	7,272	5,567	76.6%	23.4%	30,581	25,429	83.2%	16.7%

그러나 첫째,【표 8-6】은 경찰이 신청한 구속영장에 대하여, 검사가 기각한 경우(2015년 기준 15.4)를 산정하고 있지 않다는 점에서 정확한 분석이 아니다(2015년 검사+판사 기각률 29.7%). 그리고 이러한 추이는 아래【표 8-7】에서 보는 것처럼, 최근까지 계속되고 있다.

【표 8-7】 검사 및 판사의 기각률

연 도	사 경							검 찰		
	영장신청	검사기각	검사 기각률 (%)	영장청구	판사기각	판사 기각률 (%)	검사+ 판사 기각률(%)	영장 청구	판사 기각	기각 률(%)
2015	37,097	5,695	15.4	31,357	5,309	16.9	29.7	7,013	1,528	21.8
2016	38,033	6,088	16.0	31,918	5,375	16.8	30.1	8,165	1,812	22.2
2017	35,782	6,574	18.4	29,183	5,197	17.8	32.9	5,899	1,485	25.2

---

39) 진선미, "법원의 구속영장기각율, 경찰보다 검찰의 직접수사사건이 현저히 높아", 법률신문 2018. 04. 02.자; 서보학, "바람직한 수사구조개혁 추진 방안", 검·경 수사권 조정에 관한 심포지엄, 대한변호사협회(2019. 7. 9.) 자료집, 28면.

40) 조순열,「국가형사사법체계 정상화를 위한 헌법적 과제」-영장청구권을 중심으로-, 강창일 국회의원/헌법이론실무학회/비교형사법학회 공동정책토론회(2017. 3. 3.), 자료집 토론문, 146면, 황운하, 동 자료집 토론문, 164면의 통계(법원행정처 자료로 인용)를 통합한 것임.

둘째, 위 통계자료에 등장하는 경찰의 신청 건수는 경찰이 신청한 영장을 정식으로 기각하지 않고 수사지휘 과정에서 반려한 건수가 누락되어 있고, 이 경우에 속하는 사안은 주로 그 자리에서 수정하여 처리할 수 없는 경우, 즉 쉽게 하자를 고치기 어려운 경우임을 말한다. 형식적 하자가 너무 많거나 영장종류를 착각했거나, 엉뚱한 범죄사실을 첨부했거나, 영장 필수적 기재사항 자체를 누락하는 등 짧은 시간에 수정이 불가능하거나 정식으로 기각하여 기록에 첨부되면 수사내용 자체의 신뢰성이 의심받을 수 있기 때문에 이를 공식화할 수 없는 경우에는 경찰에 전화해서 취지를 설명한 뒤 영장을 반려하고 다시 신청하도록 하곤 한다[41]는 것이다. 이러한 암수까지 모두 반영한다면 검찰과 경찰의 영장청구건수에 대한 기각률의 차이는 약 7%가 아니라 상당한 수준으로 벌어질 것이라는 것이다.

셋째, 영장 기각률이 양적 비교에 그쳐서는 안 되는 또 다른 중요한 이유로 검찰과 경찰이 현재 처리하는 대상 범죄의 질적 차이와 수사 및 증거수집의 난이도 차이를 고려해야 하기 때문이라는 지적도 있다. 즉, 경찰의 경우 사실 1차 수사기관으로서 민생치안사범들에 대한 초동수사업무가 다수를 차지하고 있고, 예를 들어 교통사범, 폭력, 강·절도, 성폭력 사건 등이 주를 차지하고 있고, 상대적으로 사건 자체의 복잡성이 덜하고, 혐의 유무도 명확하여 통상 경찰이 영장을 신청하면 검사나 판사가 특별히 기각하기 어려운 사건들이 많다[42]는 것이다. 반면에 검사의 경우 수사인력의 한계는 물론 민생치안사범보다는 대규모 재산범죄, 뇌물수수, 부정부패사범, 조직폭력, 마약사범, 방위(비리)사범, 다량의 개인정보유출사범 등 상대적으로 수사하기 쉽지 않고 법리가 복잡한 사건들을 다루게 되는 경향이 있다[43]는 것이다. 따라서 그런 사건의 특성으로 인해 영장기각률이 상대적으로 다소 높아질 수 있다는 점도 감안한다면 기각률의 양적 차이는 더 크게 벌어질 수 있다는 것이다.

한편, 일부 견해는 영장청구권의 주체에 관한 규율은 수사 권한과 절차에 관한 구체적 입법이라고 할 수 있는 형사소송법 등의 형사절차법의 영역이라고 할 수 있고, 따라서 국회 등 입법자가 구체적인 국가사정을 고려하여 정할 입법사항이므로 오히려 국회법률 이하의 차원에서 규율하는 것이 더 바람직하다[44]고 주장한다. 그 근거로 영장주의 규정은 신체의 자유라는 국민의 기본권을 보장하기 위한 규정이므로 실질적 의미의 헌법에 해당하는 사항으로 볼 수 있는 반면, 영장청구권을 누구에게 귀속시키느냐 하는 문제는 수사절차상 수사기관의 권한문제이고 현행 헌법이 규정하고 있는 검사의 경우,

---

41) 권상대, 앞의 자료집 토론문, 5면.
42) 권상대, 앞의 자료집 토론문, 5면.
43) 권상대, 앞의 자료집 토론문, 5면.
44) 김선택, 앞의 논문, 37면.

국정운영에 있어서 주도적 위치에 있는 헌법기관 또는 헌법이 명문으로 규정할만한 핵심적인 국가기관으로 보기 어려우므로 '실질적 의미의 헌법에 해당하는 사항'이 아니라는 것이다. 즉, 인신구속을 비롯한 수사기관의 강제처분은 검찰에 의하든 경찰에 의하든 다 신체의 자유의 침해를 의미하는 것이고 따라서 법관에 의한 사법판단의 대상이 되어야 마땅하며, 그 점에서는 차이가 없다는 점을 근거로, 영장청구 주체를 누구로 하느냐, 영장청구 절차를 어떻게 짜느냐 하는 문제는 수사기관 내부의 문제인 것이고, 따라서 여러 사정을 고려하여 입법자가 법률로 규정하면 될 사항인데도 이것을 굳이 헌법에 명문으로 검사로 한정해 놓을 실익이 없다[45]고 주장한다.

그러나 판사의 영장점검은 발부 또는 기각 등 OX 식 점검인 반면,[46] 검사의 영장점검은 수사 방향 지도 등 주관식 점검으로서, 만약 위 규정을 삭제하기 위해서는 지금의 시스템보다 국민의 인권보호를 위하여 더 나은 제도나 대안이 있는 상태에서 삭제를 논의해야 할 것이다. 왜냐하면 검사의 영장점검은 판사 영장점검과 같은 사항에 대한 단순 반복점검이 아니라 그 사각지대를 메워주는 기능을 수행하는 등 고유의 가치도 있어 인권보장적 기능이 더욱 뚜렷하기 때문이다. 따라서 어떤 방안이나 대안 없이 규정을 삭제하자고 주장하는 것은 국민의 인권보호 및 신체의 자유에 대한 명백한 후퇴이기 때문이다.

일각에서는, 검사비리 사건 등 국민의 요구에 부응하지 못하는 일부 사례를 들어 검사 영장청구 조항 자체의 삭제를 주장하나, 이는 국민의 눈높이에 맞는 별도 개선방안을 마련하는 것으로 해결할 문제이지, 국민전체의 인권과 맞바꿀 수는 없다고 본다. 더욱이 헌법상 검사경유원칙을 삭제하고 법률사항으로 만든 후, 법률개정을 통해 경찰이 직접 영장을 청구하는 방식을 취하는 경우 우리나라 법체계상 논리적 모순이 발생한다. 우리나라는 과거 독재정권의 인권탄압을 경험한 이후, 다른 나라에 없는 특이한 영장실질심사제도(구속전피의자심문)를 두고 있기 때문이다. 그런데 경찰이 영장을 청구한다면, 과거 삼성 이재용 부회장의 사례에서 보듯이, 구속영장실질심사때 경찰이 들어가 삼성측

---

45) 김선택, 앞의 논문, 40면; 서보학, 앞의 논문, 52면 이하; 박노섭, 「사법경찰관의 수사에 관한 일반근거조항과 검사의 사법적 통제」, 비교형사법연구 제7권 제1호(2005), 241면.

46) 판사는 영장을 발부 또는 기각할 수 있으나, 영장 청구 여부에 대한 지휘는 할 수 없어 반복적·중첩적 영장 청구로 인한 기본권 침해를 사전에 방지하는 것은 불가능하다. 최근 언론에 보도된, 「무학산 살인사건 이들 검사가 없었다면 미궁에 빠졌다. 엉뚱한 사람만 용의선상에」(16. 5. 3. 중앙, 매일경제) 사건도 검사가 억울한 사람에 대한 경찰의 구속영장을 기각하면서 수사 방향을 제대로 지도하여 누명을 벗겨주는 동시에 진범을 구속하도록 한 사례이다. 만일, 판사만 영장을 점검하였다면 그 최선의 결과는 억울한 사람이 구속되지 않는 정도일 뿐 여전히 살인용의자로 계속 수사받게 되어 인권보장의 사각지대가 발생하나, 검사의 영장점검은 진범 검거를 통해 억울한 사람의 누명을 벗길 수 있어 그 사각을 메울 수 있는 것이다.

변호사와 법리적 다툼을 해야 하는데, 이것이 타당한 논리인지 의문이다.

　　외국의 입법례를 살펴보더라도 검사만이 구속영장을 청구하고, 경찰의 독자적 구속영장 신청 및 구속기간을 불허하는 법규범이 확립되어 있다. 즉, 우리나라를 제외한 대다수 선진국에서는 경찰에 독자적 구속영장 신청권을 부여하고 있지 않으므로 헌법적 논란의 소지가 없다. 왜냐하면 경찰은 24시간(미국), 48시간(일본) 등 단시간에 한해 자체적 체포가 가능하고, 체포시한 내 반드시 법원 또는 검찰에 송치하고 있기 때문이다. 반면에 우리나라는 경찰의 독자적 구속기간(10일)을 허용하고 있어서, 구속에 대한 이중적 통제장치가 절실하다고 할 것이다.

【표 8-8】인신구속관련 각국 경찰 권한 비교

순 번	주요 권한	한 국	미 국	영 국	일 본	프랑스	독 일
1	경찰 현행범 체포권	○	○	○	○	○	○
2	경찰 체포영장 신청(청구)권	○	○	○	○	X	X
3	**경찰 구속영장 신청권**	○	X	X	X	X	X
4	**경찰 자체 구속기간**	○	X	X	X	X	X

6. 검 토

　　어떤 용어를 사용하더라도 국민의 인권을 보호하기 위해서는 1차적 수사기관에 대한 사법적 통제의 필요성은 당연히 인정된다. 다만, 사전적·사후적 지휘를 인정할 것인지 아니면 사후적 지휘 내지 통제만을 인정할 것인지 차이가 있을 뿐이다. 따라서 이하에서는 사법적 통제의 필요성 및 우리나라에서 사법경찰에 대한 사법적 통제를 배제하는 경우 나타날 문제점을 살펴보기로 한다.

Ⅲ. 사법적 통제의 필요성(논거)

1. 이론적 근거

(1) 수사와 소추의 불가분성

　　범죄수사란 범죄가 발생한 경우에 범인 및 범죄의 증거를 발견·수집·보존해서 그 범인의 형사책임을 추궁하는 절차를 말하므로 본질상 법원에 공소를 제기할 것인지 여부를 결정하기 위한 준비행위로서의 성격을 가진다. 따라서 국가형벌권의 한 측면인 소추권이 적정하게 행사되기 위해서는 반드시 적정한 수사가 선행되는 것이 필요하다. 왜냐하면 적정한 수사에 의하여 밝혀진 실체적 진실을 기반으로 하여야만 올바른 소추권의 행사가 가능하므로 수사의 목적은 소추에 있고, 소추는 수사를 기본으로 하는 일체 불가분적 관계에 있다고 볼 수 있기 때문이다. 따라서 검찰측은 범죄수사가 이처럼 소추를 목적으로 하는 공소제기의 준비행위로서의 성격을 갖고 있는 이상 그 준비행위의 필요성과 타당성을 공소제기권자인 검사가 검토하고 지휘하는 것은 이론적으로 지극히 당연한 일이라고 볼 수 있다는 입장이다.47)

이에 대하여 수사권독립을 찬성하는 입장에서는 수사의 목적에는 공소제기 이외에도 많은 것들이 있다고 강조한다. 첫째, 범인을 잡아 공소를 제기하지 못하는 한이 있더라도 억울한 의심이나 의혹을 받는 사람이 없도록 용의선상에서 제외시켜 일상생활의 평온을 속히 회복할 수 있도록 해 주어야 하며, 둘째, 변사 등 범죄인지 아니면 단순사고인지 모르는 사안에 대해서도 성실한 수사를 통해 진상을 규명하여 해당 사건을 둘러싼 주변에 평화를 가져다주어야 하고, 셋째, 수사과정에서 범죄사건의 수법과 형태 등을 파악하여 또 다른 피해자가 발생하지 않도록 신속히 방범기능에 전파하여 범죄를 예방해야 하며, 넷째, 정확하며 정중한 수사활동 및 이에 수반되는 경찰의 보호와 지원활동을 통해 피해자에게 안전감과 사회에 대한 신뢰를 심어주고 범죄피해로부터 속히 회복하여 정상적인 생활로 복귀하도록 도와주어야 하고, 다섯째, 사건발생의 원인규명과 수사진전 사항의 고지 및 의혹해소의 노력 등을 통해 궁극적으로 범죄사건으로 인하여 그 일상적인 평화가 깨어진 지역사회의 평화를 다시 복원하기 위하여 그 역할을 다해야 한다는 것이다. 즉 실제 현장에서 범인이 잡히기 어려워 공소제기 가능성이 희박한 단순절도사건이나 장기 미아사건, 그 외형적 피해가 미약하여 공소제기가 어려운 소액 절도나 스토킹 사건 등에 있어서도 수사활동을 해야만 하는 것은 수사가 단순한 '공소제기의 전단계(前段階)'가 아니기 때문이며, 선진 각국에서 수사를 경찰의 책임하에 두는 이유가 경찰이 기소기관이 아닌 지역사회의 평화와 안전(치안)유지 활동을 수행하는 기관이기 때문이라는 것이다.

결론적으로 검찰측은 범죄수사가 소추의 준비행위이고 그 불가분적 관계때문에 검사의 수사지휘권이 인정되어야 한다고 주장하나, 현실은 대부분의 사건이 경찰의 독자적인 수사에 의해 완결되고 검찰은 그 결과를 가지고 공소제기 여부를 결정하며, 또한 내부적 사무분장에 따른 결과이기는 하지만 검찰 내에서도 수사검사와 공소유지를 담당하는 검사가 따로 있어 대부분 수사검사가 관여하지 않고 있으므로 엄밀히 말하면 수사와 공소제기 및 공소유지의 불가분성 및 통일성이 지켜지지 않고 있는 것이 현실이라는 것이다.48) 아울러, 공소제기가 이루어지는 사안에 있어서도 편견과 선입견에 치우치지 않

---

47) 수사지휘론, 14면.

고 사실관계를 명확하게 규명하기 위해서는 수사와 기소가 분리되어야 한다는 것이다. 왜냐하면 기소권자가 수사단계에서부터 지나친 권한을 가지고 우월적 지위에서 관여하게 되면 상대적으로 피의자의 방어권이 심대하게 제약을 받을 여지가 있으며, 수사과정의 특성에 따라 형성된 수사관으로서의 피의자에 대한 의심을 기소관이 공유하게 된다면 기소의 타당성 여부 및 증거의 적합성 여부 등에 대한 판단을 함에 있어서 쉽게 객관성을 상실할 수 있다는 것이다. 이는 영국에서 1985년 국립기소청을 신설하여 종래 수사권과 기소권을 모두 보유·행사하고 있던 경찰로부터 기소권을 분리하면서 내세운 이유이기도 하며, 경찰이 검찰의 강력한 지휘와 통제 하에 있는 우리나라에서 그 동안 숱한 인권침해와 편파수사, 비리가 행해진 주된 이유 중 하나이기도 하다[49]는 점을 들고 있다.

(2) 적법절차의 보장 및 국민의 인권보장

종래 소추권과 심판권이 동시에 법관에게 있던 규문주의적 형사절차를 폐지하고, 탄핵주의적 형사절차로의 근본적인 개혁의 결정적인 수단으로 등장한 것이 바로 검사제도이다. 따라서 검찰측은 현행 형사소송법이 검사제도를 도입한 이상 장래에 있어서 피의자·검사·법관의 삼면관계로 발전되는 과정에서 검사가 그 역할을 원활히 수행할 수 있도록 수사단계에서부터 검사에게 주도적 권한을 부여하는 것이 실체적 진실발견과 국민의 인권보장에 유익하다고 볼 수 있다는 입장이다.[50] 더욱이 경찰은 범죄수사 이외에 방범, 경비, 정보 등 광범위한 행정기능을 담당하는 비법률가 조직이므로 법률 전문가인 검사의 수사지휘를 통하여 수사의 적법성을 확보해야 할 필요성이 있다고 본다. 즉 경찰은 인권보장기관이 아니라 질서·치안유지기관이므로 임무의 성질상 그 수행과정에서 발생할 수 있는 인권침해를 예방하기 위해 인권보장기관인 검사의 지휘·감독을 받는 것은 당연하다는 것이다. 왜냐하면 수사절차는 그 목적달성을 위하여 본질적으로 합목적성과 밀행성을 가지므로 공판절차에 비하여 법률적 색채가 약하다는 특징을 갖고 있고, 이에 따라 수사절차의 활동에 관한 세부사항에 대하여 일일이 법적 규제를 가한다는 것은 사실상 불가능하므로 수사절차에서 적법절차를 준수하고 국민의 인권을 보장하기 위하여는 준사법기관인 검사가 수사과정에 개입하지 않을 수 없기 때문이라는 것이다. 이는 경찰이 검사의 지휘·감독하에 수사권을 행사하고 있으면서도 박종철 고문치사사건, 부천서 성고문사건 등 다수의 고문사건이 발생하였고, 각종 비리

---

48) 서보학, 「수사권의 독점 또는 배분 – 경찰의 수사권 독립 요구에 대한 검토 –」, 형사법연구 제12권, 한국형사법학회, 409면.

49) 표창원, 「경찰수사권 독립이 인권보장의 첩경」, 형사정책 제15권 제1호(2003), 한국형사정책학회, 70–71면.

50) 수사지휘론, 17면.

로 처벌되는 경찰관이 속출하는 점을 보더라도 검찰의 수사지휘가 더욱 필요하다고 볼 수 있다는 것이다.

이에 대하여 수사권독립을 찬성하는 입장에서는 적법절차의 보장과 국민의 인권을 보호하기 위하여 경찰도 노력하고 있으며, 항상 논의가 되는 경찰의 자질문제는 조사실 무요원을 경찰대학, 간부후보생 출신 등 우수자질의 간부로 교체하고 있으므로 자질시비 문제는 해소될 것이라고 한다.[51] 또한 미국에서처럼 수사절차가 '법의 적정절차'의 보장 아래 있는 곳에서도 경찰의 독립수사권을 인정하고 있다는 사실에 비추어 보면 그렇게 설득력있는 논거는 아니라고 주장한다.

그러나 2011년 형사소송법 개정(2012. 1. 시행)으로 경찰이 법률상 독자적인 수사개 시 · 진행권을 갖게 된 후, 실제 송치 전 수사지휘 건수는 2011년 198,695건에서 2018년 6,889건으로 약 19만 건, 96.5% 급감하였다. 이처럼 검사의 수사지휘를 받아 송치하는 사건이 급감함에 따라 일단 송치된 후 다시 수사지휘하는 사건이 2011년 18,766건에서 2018년 38,641건으로 증가하였고, 송치 후 수사지휘에 따라 경찰이 송치의견을 변경하 여 다시 송치된 인원이 2011년 7,527명에서 2018년 18,309명으로 증가하였다. 그리고 2018년 경찰의 재송치 의견이 변경된 18,309명 중 3,004명이 불기소의견에서 기소의견 으로 변경되었고, 7,641명이 기소의견에서 불기소의견으로 변경되었다.

그런데 검찰청법 개정에 따라 검사의 수사개시 범위는 부패범죄 · 경제범죄 · 공직자 범죄 · 선거범죄 · 방위사업범죄 · 대형참사범죄로 제한되고, 개정 형사소송법에 따라 수사 종결권을 가진 사법경찰관이 대부분의 수사를 담당하게 되는데, 이와 같이 비대해진 사 법경찰관의 권한에 대하여 충분한 견제와 감시가 이루어져야 국민의 인권이 보장될 수 있으므로 검사의 사법통제는 반드시 필요한 것이다.

결국 수사현장에서 실제로 이루어지는 검사의 수사지휘는 법리와 증거관계를 꼼꼼 히 살펴서 경찰수사의 적법성 · 적절성을 검토하고, 신속한 기소 여부 결정을 위해 수사 방향을 제시하는 것으로, 사법경찰관의 모든 수사활동에 관여하는 것이 아니라 당해 사 건의 증거판단 및 법률적용에 있어 타당한 결론이 도출될 수 있도록 사법적으로 통제할 뿐이므로 검 · 경 간의 협력의무와도 모순되지 않는다고 할 것이다.

(3) 이원화된 수사권으로 인하여 수사권의 충돌문제가 발생

국가형벌권을 위한 형사재판 및 소추는 모두 사법작용에 속하는 것으로서, 재판의 절차와 내용이 이원화될 수 없듯이 수사의 절차와 내용도 이원화되어서는 안 된다. 그런 데 사법경찰관에게 독자적인 수사주체성(수사개시 · 진행 및 종결권; 귀속주체성)을 인정하여 검사의 수사권과 사법경찰관의 수사권을 병렬적으로 규정할 경우, 동일한 범죄에 대한

---

51) 이문국, 「수사권 독립에 관한 고찰」, 경찰대학 논문집 제15집(1995), 552면.

검사의 수사권과 사법경찰관의 수사권이 동시에 발동될 수 있어 양 기관의 수사권이 충돌하게 되는데, 이는 국가 수사권 체계의 난립상을 초래할 뿐만 아니라 국민의 자유와 권리를 심각하게 침해할 가능성이 농후하다. 왜냐하면 시장에서의 기업 간 경쟁은 소비자의 기호를 충족시키기 위한 목적을 가지고 또 소비자의 최종 선택에 맡겨진 문제인 데에 반해, 수사에 있어서의 실적 경쟁은 시민의 처벌을 목적으로 하는 것이고 시민에게는 그 수사를 당하고 안 당하고의 선택권이 전혀 없는 것이므로, 국가 권력기관 간의 수사실적 경쟁과 수사권의 충돌은 곧 국민의 자유와 권리의 위축으로 직결되는 것이기 때문이다.

이와 같이 수사권이 일원체제로 구성되고 위임자·수임자 관계로 설정되어야 사법경찰관의 수사에 관한 지휘관계가 포괄적인 지휘관계로 자연스럽게 설정될 수 있고, 경찰의 수사영역 중 검사의 지휘권이 미치지 않는 자유로운 영역을 인정하지 않는 관계가 논리적으로 쉽게 도출될 수 있다. 왜냐하면 수사권이 이원적으로, 즉 검사의 수사권과 경찰의 수사권이 각각 독립적으로 병립되게 되면 지휘관계를 설정하는 경우 어느 범위까지 지휘관계를 인정할 것인지에 대해 복잡한 문제가 발생하고 필요에 따라서는 일일이 구체적인 명문규정을 둘 필요가 있는데, 이러한 이원적 체제는 일본처럼 검사의 수사지휘권을 벗어난 경찰수사의 독립적인 영역을 인정하고자 하는 경우에 채택하는 입법방식이기 때문이다.

이는 「국가경찰과 자치경찰의 조직 및 운영에 관한 법률」 제14조 제3항이 국가경찰권의 담당자로서 경찰청장을 규정하면서 "경찰청장은 국가경찰사무를 총괄하고 경찰청 업무를 관장하며 소속 공무원 및 각급 경찰기관의 장을 지휘·감독한다"고 규정한 후, 제28조 제3항이 "시·도경찰청장은 국가경찰사무에 대해서는 경찰청장의 지휘·감독을, 자치경찰사무에 대해서는 시·도자치경찰위원회의 지휘·감독을 받아 관할구역의 소관 사무를 관장하고 소속 공무원 및 소속 경찰기관의 장을 지휘·감독한다. 다만, 수사에 관한 사무에 대해서는 국가수사본부장의 지휘·감독을 받아 관할구역의 소관 사무를 관장하고 소속 공무원 및 소속 경찰기관의 장을 지휘·감독한다"고 규정함으로써 국가경찰권의 귀속자로서 경찰청장 및 국가수사본부장과 그 권한을 원천으로 하여 일부를 위임받아 행사하는 시·도경찰청장의 관계를 규정하고 있는 것과 동일한 논리이다. 즉, 이러한 규정체제가 의미하는 것은 권한의 근본이 되는 사람을 규정하고, 그 본원적 권한자의 지휘계통하에서 본원적 권한자(귀속주체)가 필요한 때에는 언제든지 지휘권을 발동하여 본원적 권한을 행사할 수 있되, 통상적인 경우에는 그 권한을 위임받아 그 한도에서 자율적으로 권한을 행사할 수 있는 파생적 권한자(행위의 주체)를 규정하는 체제인 것이다. 그러므로 본원적 권한자와 파생적 권한자의 관계에 있어 파생적 권한자의 권한은 본원적 권한자와 별개로 가지는 권한이 아니고 본원적 권한자의 권한의 일부가 되는 것이다. 이를 권한의 일원화, 지휘계통의 일원화라고 부르는 견해도 있다.[52] 이 경우 파생적 권한자들이 모든 권한행사에 있어 일일이 본원적 권한자의 지휘나 명령을 받아야 하는 것이 아니고 본원적 권한자가 구체적인 지휘권을 행사하지 않는 한도에서는 자율적으로 그 권한을 행사할 수 있음은 위임관계에 있어 명백하다. 이는 수사권의 경우에도 동일하게, 파생적 권한자인 사법경찰관의 독자적인 의사결정에 의한 자율적인 수사권 행사(행위주체성)를 인정하면서, 일반적·구체적 지시 등으로 조정·통제하고 의견 불일치가 생긴 경우에 최종적으로 본원적 권한자(수사권의 귀속주체)인 검사의 의사가 우월하다는 의미에 불과하다. 따라서 이러한 규정체제를 놓고 매 사항마다 지휘를 받아야만 권한행사를 할 수 있는 것이라는 해석론을 주장하는 것은 수사지휘권의 개념이나 존재의의에 대한 이해가 부족하거나 의도적인 주장이라 할 수 있다.

결국 수사절차를 검사 주재형으로 할 것인지, 경찰 주재형으로 할 것인지는 입법정책의 문제이나, 검사와 경찰을 각각 대등하고 독립적인 수사주체로 인정하는 방안은 형사사법의 이론적 측면에서 타당하지 않고 세계적으로도 유례가 없는 입법형태를 낳게 될 것이다. 또한, 검사와 경찰의 수사권을 독자적·병렬적으로 규정하면서도 수사권의 충돌을 막기 위해서는 검사가 할 수 있는 수사의 영역(수사내용과 범위, 범죄의 종류)과 사법경찰이 할 수 있는 수사의 영역을 일일이 구분해야 하는데, 이는 입법기술적으로 사실상 불가능한 것일 뿐 아니라, 국민의 입장에서 볼 때에 범죄의 종류에 따라 서로 다른 기관으로부터 사법서비스를 받는 것이 과연 바람직한 것인지도 고려해 보아야 한다. 무엇보다도 사법경찰관에게 독자적인 수사권(귀속주체성)을 인정하면 검사의 지휘권 여부와 무관하게 경찰은 독자적인 수사주체가 되는 것이고, 그렇다면 경찰청 및 그 상급기관인 행정자치부도 수사사무의 관장 부서가 되어야 하는 것은 물론이다.

그런데 만약, 그와 같은 입법을 하려면, 우선 정부조직법 제34조 제5항 행정안전부·경찰청의 관장 사무를 "치안" 뿐만 아니라 "치안 및 수사"로 규정하여, 수사사무를 관장하는 정부부처를 법무부와 행정자치부로 이원화하고, 수사의 주무장관도 법무부장관(검찰총장)과 행정자치부장관으로 이원화하여야 할 것이다. 이는 곧, 수사에 관한 양 장관 및 부처 간 의견 충돌이 있어도 이를 그대로 방치하거나, 아니면 수사사무를 관장하는 정부부서를 법무부로 계속 일원화하기 위해 수사사무의 또 다른 주체가 되는 사법경찰을 경찰청에서 분리하여 법무부 소속으로 이관하는 방향으로, 정부조직법을 먼저 개정해야만 함을 의미한다. 또한, (특별)사법경찰관이 소속된 수많은 지방자치단체·행정기관들도 모두 주어진 수사권의 영역에 있어서 독립적인 수사 주무기관이 되는 것이므로, 그 각 행정기관의 관장 사무에도 모두 '수사'를 포함하도록 정부조직체계를 전면적으로 개정하고, 아울러 이들 각 행정기관과 법무부 및 검찰의 관계도 전면 재정립해야 한다

---

52) 이완규, 「개정 형사소송법상 수사체제」, 법조 제60권 제9호(통권 제660권), 법조협회, 2011, 13면.

는 것을 의미한다.[53]

더욱이 검사의 수사지휘를 배제한 결과 가장 높은 직급의 사법경찰관인 경무관을 수사의 최종책임자로 규정하고 있는데, 최종 책임자인 경무관은 행정안전부의 외청인 경찰청 소속 공무원인바, 현행 정부조직법에 따르면 행정안전부장관은 '치안행정'의 주무장관일 뿐이어서 사법작용의 일부인 수사에 관하여 사법경찰관리를 지휘·감독할 수 없으며, 현행 정부조직법과 검찰청법에 따른 수사 및 법무행정에 관한 주무장관은 법무부장관이므로 개정법은 현행 정부조직법에 부합하지 않는다.[54]

(4) 이원화된 수사권으로 국가수사권의 무제한적 확대 초래

검사는 직무상 행정기관에 속하지만 그 직무가 사법권과 불가분의 관계에 있기 때문에 사법권독립의 정신은 검사에게도 요구되며 이러한 관점에서 검사는 준사법기관(準司法機關)으로 이해된다.[55] 이러한 이유로 모든 검사는 검찰사무를 단독으로 하는 단독관청이며, 법관에 준하는 임용자격 및 신분보장이 인정[56]되고 있는 것이다. 즉 일반 행정기관에서는 1인의 장만이 권한을 가진 행정관청이고, 그 산하의 국장·과장 등은 보조기관으로서 그 장의 권한을 분장하고 있는 데 불과하다. 예컨대 행정작용인 '치안'은 "대통령 → 행안부장관 → 경찰청장 → 치안정감 → 치안감 → 경무관 → 총경 → 경정 → 경감 → 경위 → 경사 → 경장 → 순경"으로 이어지는 행정 지휘계통의 '명령'에 좇아 집행되도록 규정하고 있다.

그러나 사법작용인 '수사'는 "대통령 → 법무부장관 → (절연장치) → 검찰총장 → 검사 → 사법경찰관 → 사법경찰리"로 이어지는 준사법적 지휘계통에 의해 '실체적 사실관계'를 좇아 집행되도록 규정하고 있으며, 그 과정에서 '명령'이 지배하는 행정부와 준사법기관인 검찰을 단절하는 장치로서 검찰청법은 법무부장관의 개개 검사에 대한 지휘체계를 절연시키는 한편(검찰청법 제8조), 형사소송법은 검사를 개개 결정의 주체이자 단독관

---

53) 참고로 2018. 6. 공표된 '검·경 수사권 조정 정부 합의문'에도 「경찰은 사법경찰직무에 종사하지 않는 경찰이 사법경찰직무에 개입·관여하지 못하도록 절차와 인사제도 등을 마련하여야 한다」는 문구가 명시되어 있다.

54) 국가수사본부가 생겼다고 하더라도 경찰청장(치안총감), 지방경찰청장(치안정감, 치안감)은 사법경찰관이 아니라 행정경찰에 불과하여 사법경찰관리의 수사업무에 개입하거나 관여할 수 없음에도 경찰청 직제상 경찰청장과 지방경찰청장의 산하에 있는 경무관 이하 사법경찰관리의 수사에 대해 지휘·감독을 하고 있는 것이 현재의 실태이다.

55) 헌재결 1995.6.29, 93헌바45. 「검사는 행정기관이면서도 동시에 사법기관인 이중의 성격을 가진 기관이고, 오로지 진실과 법령에 따라 직무를 수행하여야 할 의무를 가지고 있는 준사법기관이며, 검사는 판사와 동일한 자격을 갖춘 자로서 임명되고 공익의 대표자라는 지위에서 활동하므로...」.

56) 검찰청법 제37조(검사는 탄핵 또는 금고 이상의 형을 받거나 징계처분 또는 적격심사에 의하지 아니하면 파면·퇴직·정직 또는 감봉 등의 처분을 받지 아니한다).

청으로 규정하고 있는 것이다. 즉, 검찰청은 검사의 사무를 통할하는 관서에 불과할 뿐 검찰청이 직접 검찰권을 행사하는 주체로 되는 것이 아니며, 검찰청의 장도 소속 검사에 대한 지휘·감독권을 가지고 있으나 그 지휘·감독권과 검찰권은 엄연히 구별되어 검찰권의 주체는 어디까지는 개개의 검사라는 점에서 조직상 본질적인 차이가 있는 것이다. 따라서 검사가 외부기관 파견 등으로 '사법' 지휘 계통을 벗어나게 되면 그 즉시 형사소송법상 수사권한을 상실하는 것처럼, '사법'경찰관리 또한 '사법' 지휘계통에 속하기 때문에 '사법'경찰인 것이지 이 지휘계통을 벗어나는 순간 '사법' 공직을 상실하여 형사소송법상 '사법' 수사권도 동시에 상실하게 되는 것이다. 다시 말하면, 사법경찰권의 '수사권'은 위와 같이 우리 법체계(형사소송법 제196조 제1항)57)가 채택하고 있는 '사법' 지휘 계통 안에서만 인정되는 것이지, 그 계통을 벗어난 채 '자율적'이나 '독자적'으로 이루어지는 수사권이라는 개념 자체가 존재할 수 없는 것이다. 이에 대하여 형사소송법 제197조 제1항58)을 근거로 사법경찰관에게도 독자적인 수사권이 인정될 수 있다는 비판이 가능하지만, 왜 단독관청도 아닌 **경무관 이하의 사법경찰관**에게 법률에서 수사권을 인정하고 있는지의 근원적인 질문에 대한 답변은 될 수 없다고 본다. 단순히 법률에 그렇게 규정되어 있으므로 권한을 가지고 있다는 식의 답변으로는 무언가 부족하기 때문이다.

무엇보다도 검찰의 수사지휘를 배제하게 되면, 그 수사권이 귀속되는 주체는 개개 '사법경찰관'이 아니라 '경찰' 기관 전체가 될 수밖에 없는데(경찰청장을 제외하고는 단독관청이 아니므로),59) 이는 현재 수사권을 '검찰'이라는 기관이 아니라 단독관청인 '검사'에게 귀속시키고 그 수사의 사법적 공정성을 확보하기 위해 검사에게 고도의 직무 독립성과 신분을 보장해 주고 있는 체계에서, 수사권을 검사 외에 행정기관으로서의 '경찰' 전체에도 부여하여, 직무 독립성이나 신분 보장이 없는 경찰청 소속 정보·보안·작전 경찰 등 12만 경찰 전체가 수사권을 행사하게 되는 체계로 국가의 수사권 구조 및 그 규모가 전면적으로 변질되는 결과를 초래하게 되는 것이다. 따라서 사법경찰인지 아닌지를 불문하고 경찰청 소속 경찰관이면 누구나 수사권능을 행사할 수 있다는 결론에 이르게 되고, 그렇다면, 사법경찰만이 수사할 수 있도록 한 형사소송법에 부합하도록, 일본

---

57) 현재는 형사소송법 제196조 제1항이 '경무관, 총경, 경정, 경감, 경위'까지만 사법경찰관으로 지정하여 수사권을 위임(Auftrag)하고 있으므로(수사행위의 주체 인정) 그 위 계급인 치안감, 치안정감, 치안총감(경찰청장)은 사법경찰관이 아니다.

58) 제197조(사법경찰관리) ① 경무관, 총경, 경정, 경감, 경위는 사법경찰관으로서 범죄의 혐의가 있다고 사료하는 때에는 범인, 범죄사실과 증거를 수사한다.

59) 「국가경찰과 자치경찰의 조직 및 운영에 관한 법률」 제16조(국가수사본부장) ① 경찰청에 국가수사본부를 두며, 국가수사본부장은 치안정감으로 보한다.
제17조(하부조직) ① 경찰청의 하부조직은 본부·국·부 또는 과로 한다.

처럼 우선 경찰청장을 포함한 경찰관 전원이 사법경찰관이 되어야 한다는 전제가 해결되어야 하고, 아울러, 「사법경찰관의 수사주체성 인정」이라는 경찰의 종래 요구는 수사권의 귀속주체에 대한 표현부터가 완전히 잘못된 것이므로, 「경찰의 수사주체성 인정」요구로 정정되어야 할 것이다.

【표 8-9】일본 경찰법과 일본 형사소송법

※ 일본 경찰법 제62조 경찰관의 계급(장관을 제외한다)은 警視總監, 警視監, 警視長, 警視正, 警視, 警部, 警部補, 巡査部長 및 巡査로 한다.
※ 일본 형사소송법 제189조(司法警察職員) ① **경찰관은 각각 다른 법률 또는 國家公安委員會 혹은 都道府縣公安委員會가 정하는 바에 의하여 사법경찰직원으로서 직무를 행한다.**

결국, 수사/기소 분리주장에 따르면, 국가의 수사권과 수사권능 행사의 주체들이 사실상 무제한적으로 확대되는 실로 엄청난 국가 권력구조 대변혁이 초래될 수밖에 없다. 따라서 우리나라에서 사법경찰관에게 독자적인 수사권(귀속주체성)을 인정하는 문제의 본질은 검사에게 주어진 현재의 수사권을 경찰과 배분해야 하는 것인지에 국한된 문제가 결코 아니라, 국가 수사권 자체의 규모와 범위를 현재와는 비교할 수도 없는 크기로 전격적으로 확대할 것인지의 문제라는 점을 분명히 이해해야 할 것이다. 따라서 이 문제를 마치 검사와 사법경찰관 간의 수사영역 배분 문제 내지 밥그릇 싸움 정도로만 접근하거나 또는 그 정도의 문제에 불과한 것처럼 축소·왜곡하는 것은 참으로 위험하고 무책임한 태도가 아닐 수 없다. 왜냐하면 국민들이 검사에게 맡긴 수사권(정확히 말하면 '의무')을 일부 떼어 경찰에게 맡길 것인가의 문제만 하더라도 이는 국가수사권 구조와 형사사법의 근간을 바꾸는 문제이므로, 반드시 국민의 결단이 요구되는 사항이라 할 것인데, 하물며 대표적 국가 공권력인 수사권 자체의 거대한 확대 문제를 앞에 놓고, 이를 검찰과 경찰 사이의 협의 정도로 결론 내려 한 것은 도저히 묵과할 수 없는 일이기 때문이다. 결국 사법경찰관에게 독자적인 수사권(귀속주체성)을 인정할 것인가는 반드시 국민의 헌법적·입법적 결단에 의해 결정되어야 하는 국가 전체 권력구조의 문제로서, 이는 수사권의 조정문제가 아니라 수사권 전체에 대한 새로운 시각에서 논의되어야 할 사항이라고 본다.

【표 8-10】 노무현정부때 수사권조정자문위원회 제14차 회의록[60)

[제14차 수사권조정자문위원회 회의록]

O 황덕남 위원

일단 취지만 좀 명백하게 하겠습니다. 그런데 그것이 가능한지가 지금 저로서는 다시 한번 말씀드리지만 국가의 어떤 권한 분배가 지금 사법경찰관 구조가 그렇게 되어 있느냐는 말이지요. 사법경찰관이라는 것이 어떤 독립된 국가의 한 권한, 행위 권능이 아니라 권한을 가질 수 있는 별개의 조직이냐는 말이지요. 결국 가게 된다면 그것은 전체 경찰에게 가는 것 아니겠어요?(37면)

O 황운하 전문연구원

제가 한번...(37면)

O 황덕남 위원

맞죠? 그것이 맞죠? 그러면 결국은 앞으로 사법경찰관의 구체적인 수사행위에 대해서 경찰 전체 조직이 지휘·명령을 할 수 있게 되는 것이지요. 왜 사법경찰관과 사법경찰관이 아닌 경찰과의 지휘·명령 계통, 범죄수사에 관한 것 그 부분이 연결된다는 취지인 것이지요?(37-38면)

O 황운하 전문연구원

전체 경찰의 수사지휘...(38면)

O 황덕남 위원

전체 경찰이죠?(38면)

O 황운하 전문연구원

예(38면).

O 황덕남 위원

결국 제195조의 개정을 원하시는 취지는 국가조직 면에서 보면 검사와 사법경찰관 또는 사법경찰관리가 아니라 검사와 경찰 이렇게 되는 것이지요?(38면)

O 황운하 전문연구원

그렇습니다(38면).

---

60) 1. 일 시: 2005. 4. 18. 15:00 ~ 18:00

    2. 장 소: 대검찰청 15층 소회의실

    3. 참석자 (22명)

      O 자문위원

        위원장: 김일수

        위 원: 성유보, 서경석, 최영희, 김주덕, 신성호, 황덕남,

                정웅석, 서보학, 조 국, 오창익, 김희재, 김학배 위원

        * 김희수 위원은 불참

      O 간 사: 최세훈 검사, 황운하 총경

      O 전문연구원: 이 옥 검사, 이상호 검사, 차경환 검사

              김윤환 총경, 민갑룡 경정, 박노섭 경감

(5) 민주적 정당성의 연결 문제

사법경찰관의 수사에 대한 검사의 수사지휘는 사법경찰관의 수사권 행사에 대한 민주적 정당성을 근거지우는 연결고리이므로, 만약 검사의 수사지휘를 배제하려면 다른 방법으로 민주적 정당성의 고리를 연결지어 주어야 한다.[61] 그런데 비교법적 관점에서 살펴본다면, 민주주의 원리를 구현하기 위해 의회민주주의와 장관책임 체제를 가지고 있는 프랑스나 독일의 경우 법무부장관 → 검사 → 사법경찰관으로 연결되는 지휘체계를 가지고 있는데, 이러한 통제권의 의미를 갖는 지휘체계는 민주적 정당성의 관점에서 쉽게 이해될 수 있다.

반면에 영국이나 미국에서는 사법경찰관의 수사에 대한 통제권의 의미에서 검사의 수사지휘권이 규범적으로 인정되지 않고, 이들 국가들은 경찰의 수사권 행사에 대한 민주적 정당성의 구조가 다르다. 즉, 이들 나라는 철저한 자치경찰제가 시행되고 있고, 자치경찰이 지방자치단체장의 지휘감독 하에 있어, 경찰이 수사를 잘못한 경우, 지방자치단체장이 국민에 대해 책임을 진다. 또 예컨대 미국의 연방기관인 연방수사국(FBI)은 연방 법무부장관의 소속이므로 검사의 지휘체계를 거치지 않아도 곧바로 법무부장관에게 연결된다. 일본의 경우에는 송치전 수사에서는 경찰이 독자적인 수사권을 행사하고, 송치 후에는 검사의 수사지휘를 받는 절충적 구조로 되어 있다. 이러한 일본도 도도부현(都道府縣) 단위의 자치경찰제를 시행하고 있다.

그런데 만약 경찰 내 사법경찰관의 수사권 행사에 대한 지휘·감독을 소속장관인 행정안전부장관이 하도록 하고, 그에 대한 책임을 행정안전부장관이 지게 하면, 국회에 대한 책임이라는 민주적 정당성 문제는 해결될 수 있다.

그러나 그렇게 되면 수사 업무를 담당하는 장관이 행정안전부장관과 법무부장관의 2인으로 나뉘게 되는데, 이는 국정의 효율성과 수사의 정치적 중립성이라는 점에서 문제가 있다. 왜냐하면 정부의 권한을 배분함에 있어 국가권력 행사 자체가 제대로 기능하게 하려면 1인의 책임자를 두고 그 지휘계통을 일원화하는 것이 중요하기 때문이다. 이에 따라 행정의 모든 영역이 그 영역을 담당하는 1인의 장관을 두고 지휘체계를 일원화하고 있다. 예컨대 국방행정의 업무 영역에 대해 1인의 국방부 장관을 두어야 국방정책(모병제로 전환할 것인지 아니면 징병제를 유지할 것인지 등)이나 업무에서 장관이 최종 결정을 하고 그 책임 하에 업무가 추진될 것이다. 국방을 담당하는 장관이 2인이라면, 양자의 의견이 대립할 경우 업무 추진이 어렵다.

물론 각 장관이 담당하는 영역이 다른 장관의 영역과 일부 겹치는 부분이 있고, 그 영역에서 다툼이 있을 때는 국무총리가 나서서 조정할 수 있을 것이다. 그러나 수사는 그런 영역이 아니다. 따라서 수사를 담당하는 장관을 행정안전부 장관과 법무부 장관으로 이원화하는 것은 정부 권한 중 중요한 수사 영역의 업무에서 의사결정을 하나로 통일

---

61) 이완규, 검경 수사권 조정 관련 법안 긴급 검토, 2019, 57면.

하기 어렵고, 효율성과 원활성을 담보하기 어렵다. 더욱이 국무총리도 조정하지 못한다면 대통령이 나설 수밖에 없는데, 이렇게 되면 수사에 대해 정치적 영향력이 적나라하게 미치는 체제가 되어 객관성과 공정성을 이념으로 하는 수사의 정치적 중립성이 훼손된다.

그래서 현행법은 수사에 관해 국민에 대해 책임지는 장관을 법무부장관으로 하고 있고, 이에 따라 지휘체계를 법무부장관으로 일원화하고 있다. 이러한 일원화에 따라 경찰 내의 사법경찰관뿐만 아니라 행정 각부에 소속된 특별사법경찰관들도 모두 검사의 지휘체계를 통해 법무부장관에게 연결되고 있는 것이다.

그런데 검사의 수사지휘가 폐지되면 경찰 내의 사법경찰관은 지휘체계상 사법경찰관 (경위부터 경무관까지) → 국가수사본부장 → 경찰청장 → 행정안전부 장관으로 연결된다. 하지만 현행법상 행정안전부장관은 수사에 관한 직무를 수행하지 않는다(정부조직법 제34조). 경찰에 관하여 정부조직법 제34조 제5항은 "치안에 관한 사무를 관장하기 위하여 행정안전부장관 소속으로 경찰청을 둔다"고 규정하고 있으므로 장관의 경찰청에 대한 지휘감독은 치안에 관한 사무에 있다. 따라서 장관의 국회에 대한 책임이라는 민주적 정당성 체제를 위해서는 행정안전부장관의 사무에 수사를 포함시켜야 하며, 그러자면 「정부조직법」의 개정이 필요할 것이다. 문제는 정부조직법을 개정하여 행정안전부장관의 직무에 수사를 포함시킬 경우, 행정부 내 지휘체계의 이원화로 행정안전부장관과 법무부장관의 의사 충돌이라는 또 다른 문제가 발생한다[62]는 점이다.[63]

(6) 사법경찰관이 아닌 상급자가 수사지휘를 하는 문제 발생

현재 국가수사본부장이나 지방경찰청장은 사법경찰관이 아닌 치안감이나 치안정감이고, 경찰청장도 사법경찰관이 아닌 치안총감이다. 따라서 이들은 사법경찰관이 아니므로 수사권이 없는데, 이들이 경찰법상 행사하는 지휘감독권에 수사에 관한 지휘권도 포함되는지 문제된다. 그런데 만약, 경찰법상의 지휘권에 수사를 담당하는 사법경찰관에 대한 수사지휘권도 포함된다고 해석하면, 그 상급자의 수사 관여에 대한 지휘체계는 지방경찰청장을 거쳐 최종적으로는 경찰청장으로 이어질 것인데, 경찰청장의 상급자인 행정안전부장관은 수사 업무 담당자가 아니며, 수사 업무에 대해 국회에 책임을 지는 장관이 아니다.

결국 경찰의 수사권독립 시에는, 사법작용인 수사의 공정성·투명성 확보를 위하여 일반경찰과 구분되는 사법경찰을 두고 검사의 지휘를 받도록 한 형사사법체계의 기본적 질서가 붕괴되어 수사(사법)경찰이 행정경찰 간부에 완전 예속되는 결과를 초래하게 될 것이다.

---

62) 이완규, 위의 책, 59면.

63) 개정 형사소송법 제197조의2(보완수사요구)에 따르는 경우 송치전의 수사는 경찰이, 송치후의 수사는 검사가 담당하므로 송치전 경찰 수사에 대하여는 행정안전부장관이 책임을 지고, 송치 후에는 법무부장관이 책임을 지게 될 것이다.

(7) 경찰업무의 본질

검찰측은 경찰의 업무는 행정행위로서 행정경찰행위만이 실질적인 경찰의 개념이고, 범죄수사는 이에 포함되지 않는데, 현행 경찰공무원법상 범죄수사를 포함시킨 것은 경찰에게 사법조사의 권한을 위임하였기 때문이라는 것이다. 즉 경찰작용은 공공의 안녕과 질서유지를 위한 것으로 현상유지 또는 예방활동으로 보아야 하고, 범죄수사는 헌법상 보장된 개인의 기본권침해이므로 이를 경찰개념에 포함시킬 수 없다는 것이다.[64] 즉, '수사'는 본래 형사사법 기능이고 인권침해가 크게 우려되는 영역이므로, 신분과 사법적 독립성이 보장되는 준사법기관인 검사로 하여금 이를 주재하도록 하는 것이 형사사법의 근간이고, 경찰은 '치안'을 고유 업무로 하는 행정기관임에도, 경찰은 『수사는 경찰, 소추는 검찰, 재판은 법원』이라는 견강부회식 권한분배 논리를 내세워 "치안"과 "사정(수사)" 기능을 독점, 경찰권 강화를 기도하고 있는 것이며, 이는 경찰대학 출신을 중심으로 한 일부 경찰간부들이 치안유지 기관으로서 본분보다는 수사를 주재하는 검사 권한까지 독점하여 스스로 사법관이 되려는 의도를 가지고 있기 때문이다.

【표 8-11】 2010년 총경이상 경찰간부 615명 출신 분석[65]

- 치안총감 1명
- 치안정감 4명
- 치안감 28명
- 경무관 38명
- 총경 486명

- 총경 승진후보자
  (승진이 확정됐으나
  정원 문제로 대기
  중인 경정) 60명
  9월 19일 현재

대 학

총경 이상(615명)	경무관 이상(69명)
① 경찰대 217명(35.2%)	경찰대 20명(28.6%)
② 동국대 79명(12.8%)	동국대 19명(27.1%)
③ 한국방송통신대 51명(8.3%)	한국방송통신대 8명(11.6%)
④ 영남대 18명(2.9%)	고려대 5명(7.2%)
⑤ 전남대 17명(2.8%)	경북대, 동아대, 영남대, 중앙대 2명씩(2.9%)

---

64) 석진강, 앞의 논문, 236면.
65) 동아일보 2010. 9. 20.자(10명 중 4명 경찰대, 5명 중 1명 TK).

	입직경로	① 간부 후보 232명(37.7%)	간부 후보 26명(37.7%)
		② 경찰대 217명(35.2%)	경찰대 20명(29.0%)
		③ 순경공채 46명(7.5%)	사법시험, 특차간부 각 6명(8.7%)
		④ 경사특채, 순경특채 각 27명(4.4%)	행정고시 5명(7.2%)
	지 역	① 서울 92명(14.9%)	경남 11명(15.9%)
		② 대구 69명(11.2%)	대구 10명(14.5%)
		③ 경남 66명(10.7%)	부산 8명(11.6%)
		④ 광주 59명(9.6%)	서울 7명(10.1%)
		⑤ 경북 47명(7.6%)	광주·대전 각 5명(7.2%)
	고 교	① 검정고시 32명(5.2%)	진주고 5명(7.2%)
		② 진주고 13명(2.1%)	검정고시 3명(3.3%)
		③ 전주고 12명(1.9%)	광주동신고, 광주제일고, 대륜고, 동래고, 마산고, 부산고, 전주고, 충남고 각 2명(2.9%)
		④ 마산고 11명(1.8%)	
		⑤ 대구고, 계성고, 목포고 각 9명(1.5%)	

최근 국회 행정안전위원회 소속 서범수 의원(미래통합당 울산 울주군)이 경찰청으로부터 제출받은 자료에 따르면, 2020년 5월 31일 기준 경찰관 전체 현원 12만 7천 377명 중 경찰대학 출신은 3천 293명으로 전체 인원의 2.6%에 불과하다. 하지만, 경찰서장급인 총경 이상 고위 간부의 경우 전체 726명 중 60%에 달하는 436명이 경찰대 출신인 것으로 드러났다.

계급별 분석 자료를 보면 총경 609명 중 356명(58.5%), 경무관 83명 중 58명(69.9%), 치안감 현원 27명 중 17명(63.0%), 치안정감 6명 중 4명(66.6%)이 경찰대 출신인데다 치안총수인 경찰청장까지 경찰대 출신인 것으로 밝혀졌다. 또 경찰청 본청 소속 경정 이상 268명 중 164명(61.1%)이 경찰대 출신으로 구성되는 등 승진에 유리한 근무지에 배치돼 있어 보직에서조차 특별대우를 받는 것으로 조사됐다.

한편 서 의원실이 경찰청으로부터 제출받은 '경위 이상 입직별 징계 현황' 자료에 따르면, 경찰대 출신은 최근 3년 간 공무원 징계 중 최고 수위인 '파면' 처분을 단 한 건도 받은 적이 없는 것으로 드러나 징계에서조차 '특별 배려'를 받는 것 아니냐는 의혹이 제기되고 있다.

결국 "12만 경찰 조직에서 단 3%에도 못 미치는 경찰대 출신들이 총경 이상 고위 간부직을 60%나 차지하는 것은 매우 비정상적이고 기형적인 구조"인 것으로, 지휘계통으로 올라갈수록 경찰대 출신의 독점 현상이 심화되고 있는 것이다. 검·경 수사권 조정을 주도해 온 경찰대 출신 고위 간부들이 경찰 내 조직 경화현상을 유발하고 있다고 볼 수 있는 대목이다. 이는 경찰대학 출신 등 사조직에 의한 경찰조직 장악과 행정경찰의 수사경찰 지배가 결합하여 경찰내 비민주화가 급속히 진행됨으로써 국가경찰체계의 심각한 난맥상 야기가 우려되며, 경찰에 대한 검사의 법률적 통제장치가 제거되면 대국민 직접 강제력을 행사하는 경찰의 부정부패 차단도 불가능하게 될 것이다.

이에 대하여 수사권독립을 찬성하는 입장에서는 경찰의 정치적 중립성이나 신분상의 독립성이 확고하지 않다는데 문제가 있다는 점을 인정하면서도, 정치적으로는 어떤 의미에서 다수의 경찰을 중앙에서 통제하기보다는 소수의 검사에 대한 통제가 보다 효율적이라는 관점에서 볼 때에는 정치적 영향을 검찰측이 더 받기 쉬울 수도 있다[66]고 주장한다.

그러나 행정부(행정안전부)에 소속되어 있으며, 본래의 업무도 보안 내지 행정경찰작용을 중심으로 구성되어 있는 경찰은 정치적 영향을 크게 받으며 신분에 있어서도 안정을 보장받지 못하고 있으므로, 이들에게 범죄수사를 맡기는 것보다는 법관과 거의 대등한 신분보장을 받고 있는 준사법기관인 검사로 하여금 수사를 주재토록 하는 것이 정치적 영향이나 이에 좌우될 위험이 적다고 볼 수 있을 것이다.

(8) 형사정책적 측면

검사는 소추기관일 뿐만 아니라 형사정책적 고려에 따라 국가형벌권의 행사여부와 범위를 결정하는 기관이다.

그런데 형사소송법은 범죄의 객관적 혐의가 인정되는 경우에도 검사가 제반사정을 종합적으로 고려하여 기소·불기소결정을 할 수 있는 기소편의주의를 채택하고 있으므로 (제247조 제1항) 국가형벌권을 행사할 필요가 없는 범인을 기소전 단계에서 용서해 주는 것이 소추권 행사에 있어서 구체적 타당성을 기할 수 있을 뿐더러 형사정책적 견지에서도 타당하다고 볼 수 있다. 왜냐하면 검사는 소추기관인 동시에 공익의 대변자이므로 처벌가치가 없거나 미약한 범죄자를 불기소, 불입건 또는 불구속입건으로 처분함으로써 수사과정상 검사의 형사정책적 의지가 반영되지 않으면 안되기 때문이다. 특히 민생침해범죄 등 일반사건이 형사사건의 대부분을 차지하고, 범행의 수법·동기와 범죄자의 환경·직업·연령 등의 다양성으로 인해 기소여부의 구체적 타당성이 요구되는 현실에서

---

66) 이존걸, 「경찰의 수사권 독립방안」, 사회과학논총 제16집(2000. 12), 전주대학교 사회과학종합연구소, 232면.

검사의 형사정책적 의지를 반영하기 위하여는 오히려 수사지휘권을 강화하는 것이 상당하다고 본다. 이러한 점을 근거로 검찰측은 소추권 행사의 구체적 타당성을 기하고, 형사정책적 의지를 반영하기 위하여는 처벌가치없는 범죄행위자의 입건여부나 신병결정 등 수사절차의 초동단계에서부터 검사가 개입해야만 한다고 주장한다.[67]

이에 대하여 수사권독립을 찬성하는 입장에서는 수사단계에서 법률지식은 그렇게 치밀한 이론을 갖출 필요가 없고, 수사활동을 가능하게 할 정도면 충분하며, 치밀한 법률적용은 공소제기단계에서 법률전문가인 검사에게 맡기면 되고, 또한 공판정에서 법관의 소송지휘아래 법률전문가인 검사와 변호인의 법적 투쟁에 맡기면 된다는 것이다. 오히려 수사업무의 경우 검찰의 지휘·조정·통제는 수사정책 지침의 일관성을 저해할 가능성이 높다고 본다. 즉 지침내용의 부적합성뿐만 아니라 지침내용의 전문성을 둘러싼 갈등이 발생하면 조정과 해결이 어려워지고 검찰측의 판단을 강제할 경우 집행요원의 사기가 저하될 것이라는 것이다.[68]

(9) 검찰권에 대한 견제와 경찰권 강화는 전혀 무관한 문제

검찰권 비대화에 대한 우려가 있다면 이는 그 자체의 원인과 대책을 찾아 해결해야 하는 것이지 검찰권을 떼어 경찰권을 강화시키자는 주장은 문제해결에 전혀 도움이 되지 아니하며, 검찰권에 대한 견제는 검찰의 정치적 중립성·독립성의 강화, 검찰 내부 개혁 및 재정신청 확대, 인신구속의 제한, 피의자의 방어권 강화, 변호권 실질적 보장 등의 사법개혁을 통해 해결해야 하는 것이다. 현재도 검사는 고도의 법률지식과 인권의식을 갖추고 신분이 보장된 법률전문가임에도, 법무부·검찰 내부 감찰, 결재제도를 통한 내부 통제, 항고·재항고를 통한 통제, 재정신청을 통한 통제, 헌법소원을 통한 통제, 법원에 의한 견제 등에 의해 그 권한남용 우려가 철저히 통제·견제되고 있는데, 검찰권 견제를 빙자하여, 제대로 기능하고 있는 검찰의 경찰에 대한 통제·견제기능을 폐지하는 것은 경찰권 비대화라는 새로운 문제만을 초래할 뿐 아무 해결책이 되지 못하는 것이다. 더욱이 검찰의 경우에는 최근 사법개혁위원회, 검찰개혁자문위원회 등 연구와 논의를 통해 유례없이 강도 높은 제도개혁을 추진하면서, 검찰권 남용 방지장치를 적극 수용해 나가고 있음에 비하여 현재 경찰은 경찰권 남용 방지를 위한 제도개혁 노력보다는 경찰권의 확대를 위한 노력에만 주력하고 있다.

(10) 법치주의와 형사사법체계 근간 훼손

경찰은 위험방지, 범죄진압 등 치안을 담당하는 행정기관이므로, 법치성보다 합목적

67) 수사지휘론, 19면.
68) 정정길, 「경찰업무의 효율적 집행을 저해하는 요인과 이의 극복방안」, 경찰과 법집행(1992. 10), 21면.

성에 의해 움직이는 조직이다. 따라서 법치성이 강력히 지배하여야 하는 수사업무에 있어서는 이를 비록 행정기관인 경찰이 담당하더라도 그 사법적 독립성·법치주의성을 담보할 검사의 수사지휘는 반드시 필요하며, 경찰 수사권독립은 곧 경찰수사의 법치주의성 포기를 의미하고 수사의 본질도 치명적으로 손상시키게 된다. 특히, 국가의 법치주의를 상징하고 사법행정을 관장하는 부서가 바로 "법무부"인데, 검사 지휘를 전제로 하지 않는 경찰 수사권이 인정될 경우 "행전안전부"도 국가의 형사사법을 병렬적으로 관장하는 부서가 된다는 엉뚱한 결과가 야기되며, 이는 수사를 위해 법무부 산하에 검찰청을, 치안을 위해 행정안전부 산하에 경찰청을 둔 국가 행정조직 체계의 붕괴 및 행정부 내 사법행정 관장부서의 무분별한 이원화 초래를 의미한다. 또한, 중요 형사사법작용인 수사를 주재하도록 법관에 준하는 신분과 독립성을 보장해 준 검사로부터 수사권을 뺏어 경찰에 일임하자는 것은 사법적 독립성이 보장되지 않은 사법경찰관에게 검사 역할을 대신시키는 무책임하고 위험한 발상이다.

(11) 진실 발견을 위한 수사 효율성의 급격한 저하

소추 시점 이전 단계의 형사사법 업무를 책임지도록 검사제도가 탄생된 것임에도, 검사로 하여금 수사에 관여하지 못하게 하자는 것은 그 자체로 이율배반이며, 실체진실 발견이라는 목적 하에 '증거수집, 신병확보, 신문, 조사' 등 절차를 구성하는 수사의 사법형성적 과정을 기대할 수 없어, "수사 따로 재판 따로"라는 기이한 현상 발생을 초래한다. 더욱이 범죄 구성요건 사실, 증거능력, 법률적용 등을 모두 고려한 법률적 시각에서의 수사지휘를 배제한 상태에서 진행될 수사활동 결과는 향후 형사재판에서 활용가치가 적거나 오히려 장애가 되어 대단히 심각한 비효율성이 나타날 것이다.

(12) 국민의 형사사법에 대한 총체적 불신 초래

검사 수사지휘를 배제할 경우 광범위한 경찰 수사권행사에 대해 국가가 사법적 통제의무를 일체 방기함으로써 국민의 인권이나 권익 보호를 소홀히 하는 결과를 초래할 것이므로, 경찰을 위해 국민을 희생시켰다는 비난을 면할 수 없다. 또, 조직·부패범죄 등 거악에 대한 국가 수사역량도 약화되어 민생이 불안해지는 심각한 문제가 발생하게 되며, 특히 수사 주재자로 검사를 명시한 헌법규정에 반하는 하위 입법이나 수사관행이 속출하게 되어 국가 수사체계 전체의 규범적 혼돈상태의 초래가 불가피하게 된다. 결국 경찰 수사권독립은 일부 고위 행정경찰을 만족시키는 방안이 될지는 몰라도, 이는 곧 경찰에 대한 통제불능 상태로 이어져 형사사법에 대한 총체적 불신을 불러오고, 정부·정치권에 대한 국민적 불만으로도 표출될 가능성이 매우 높다.

2. 현실적 필요성

(1) 경찰권의 비대화에 대한 견제 필요

검찰측은 우리 경찰이 강력한 중앙집권적 국가경찰제를 채택하여 약 12만 명의 방대한 인원과 군대에 버금가는 물리력뿐만 아니라 전국 범위의 독자적 정보망을 보유하고 있고, 수사에 있어서도 자유로운 수사개시권·10일간의 구속수사권·경찰서장의 즉결심판청구권 등 강력한 수사권을 보유·행사하고 있기 때문에, 이러한 경찰의 수사권에 대한 유일한 견제장치인 검사의 수사지휘권까지 배제될 경우 경찰의 권한 남용시 견제가 불가능하여 경찰국가화의 길을 걸을 위험성이 있다고 본다.[69] 즉 경찰수사권이 독립되어 검사로부터 지휘를 받지 않으면 경찰의 방대한 정보기능과 수사기능이 결합되어 경찰의 권한이 지나치게 막강하게 되므로 그때에는 어느 누구도 경찰을 견제할 방법이 없게 될 것이라는 점을 강조한다.[70]

이에 대하여 수사권독립을 찬성하는 입장에서는 현재의 검찰과 경찰은 모두 국민적 불신의 대상이므로 보다 철저한 법적·민주적 통제를 강화하고 개방화·투명화해야 하며, 더 나아가 기소와 수사를 분리하여 각기 법원의 직접적 통제 및 경찰위원회와 검찰위원회 등을 통한 민주적 통제, 국가인권위원회[71]와 국가청렴위원회[72] 및 언론 등을 통

---

[69] 수사지휘론, 20면.

[70] 신동운, 「법조선진화와 검찰인구」, 서울대 법학 제29권 1호, 1988, 59면.

[71] 국가인권위원회는 불가침의 기본적 인권을 보호하고 그 수준을 향상시킴으로써 인간으로서의 존엄과 가치를 구현하고 민주적 기본질서의 확립에 이바지함을 목적으로 2001년 11월 26일 출범했다. 국가인권위원회는 인권침해행위와 평등권을 침해하는 차별 행위에 대해 조사하고 구제하는 것을 주 업무로 하고 있는데, 특히 국가권력이 저지르는 각종 인권침해행위에 대한 구제에 중점을 두고 있다. 여기서 평등권을 침해하는 차별 행위란 합리적인 이유 없이 성별, 종교, 장애, 나이, 사회적 신분, 출신지역, 출신국가, 출신민족, 용모 등 신체조건, 혼인여부, 임신 또는 출산, 가족상황, 인종, 피부색, 사상 또는 정치적 의견, 형(刑)의 효력이 실효된 전과(前科), 성적(性的) 지향, 병력(病歷)을 이유로 고용이나 교육 등 일상 생활에서 특정한 사람을 우대·배제·구별하거나 불리하게 대우하는 행위를 말한다. 국가인권위원회는 위원장 1인과 3인의 상임위원을 포함한 11인의 인권위원으로 구성되는데, 위원은 인권문제에 관하여 전문적인 지식과 경험이 있고 인권의 보장과 향상을 위한 업무를 공정하고 독립적으로 수행할 수 있다고 인정되는 자 중에서 국회가 선출하는 4인(상임위원 2인 포함), 대통령이 지명하는 4인, 대법원장이 지명하는 3인을 대통령이 임명하도록 되어 있다. 위원장은 위원 중에서 대통령이 임명하며, 특히 위원 중 4인 이상은 여성을 임명하도록 되어 있다. 위원장 및 위원의 임기는 3년이며, 1차에 한하여 연임할 수 있다.

[72] 국가청렴위원회(Korea Independent Commission Against Corruption)는 부패방지에 필요한 법령, 제도 등의 개선과 정책의 수립 시행 등을 담당하는, 직무상 독립성을 가진 대통령 소속하의 합의제 국가기관으로서, 2001년 7월 제정된 부패방지법에 따라 2002년 1월 25일 부패방지위원

한 감시와 견제가 보다 실질적으로 이루어지도록 하여야 한다고 본다. 무엇보다도 검·경간 기능상의 상명하복 연결고리를 끊고 서로 분리해 낸 후에 검찰은 검찰청법의 개정을 통한 민주화·인권화로의 개혁을 이루어내고, 경찰은 지방자치경찰제를 포함한 분권화와 민주화를 이루어내어 수사권, 검찰제도, 경찰제도 등 국민생활에 직결되는 형사사법제도 전반의 국민 주도 및 국민 입장에서의 대대적 개혁의 필요성을 강조한다.73) 그 근거로 검사는 수사·공소·공판의 집행으로 이루어지는 모든 형사절차에 걸쳐 독점적 권한을 가지고 있고, 수사의 종결권을 비롯하여 기소독점주의·기소편의주의 등 각종의 권한을 행사하고 있으며, 이러한 독점적인 검사의 권한은 검찰의 독재 또는 검찰공화국이라는 용어로 표현될 만큼 커다란 위험성을 안고 있다는 점을 강조한다. 실제로도 헌법소원의 절반 이상이 검사의 불공정한 공소권행사에 대한 것이라는 것을 비추어 볼 때 심각하다 하지 않을 수 없다는 것이다.

(2) 전문화·지능화된 범죄에 효율적 대처

검찰측은 경찰이 우수한 인재를 충원하여 조직을 혁신하더라도 경찰의 조직 구조상 범죄수사 이외의 업무에도 종사하여야 하는 관계로 수사전문가가 되기 어렵기 때문에 범죄수사만을 전문적으로 연구·수행하는 검사의 지휘가 있어야만 전문화·지능화된 범죄에 효율적인 대처가 가능할 것이라고 본다.74)

이에 대하여 수사권독립을 찬성하는 입장에서는 검찰이 공소업무 이외에도 다른 선진국 검찰과 달리 직접 수사와 경찰수사지휘에 매달리게 되어 업무량 과중75)으로 공소업무와 날로 늘고 있는 경제범죄·지능범죄의 수사 등 검사의 개입이 필수적인 분야에는 상대적으로 소홀해져 국가의 우수인력의 낭비를 초래하고 있다고 한다. 더욱이 검찰의 수사권행사를 위하여 수사보조 인력을 대규모로 증원하여 검찰수사의 보조인력의 숫자가 강·절도범 검거 등 민생치안을 책임지고 있는 경찰 수사인력의 31%에 육박하는 실정인데, 이렇게 늘린 검찰인력으로 행정법규위반단속 등 종래 경찰의 고유영역으로 여

회로 출범하였고, 2005년 7월 21일 국가청렴도를 높이고 부패방지관련 업무를 효과적으로 수행하기 위해서는 '부패방지'라는 소극적인 목표보다 '국가 청렴도 제고'라는 적극적인 목표달성을 위해 현재와 같이 국가청렴위원회로 명칭이 변경되었다. 현재 국가청렴위원회 위원은 9명으로 구성되어 있으며, 위원 중 3인(상임위원)은 대통령이 임명하고, 비상임위원 중 3인은 국회, 3인은 대법원장 추천자를 대통령이 임명 또는 위촉하며, 임기는 3년이다.

73) 표창원, 앞의 논문, 72면.

74) 수사지휘론, 21면.

75) 2019. 1. 1. 현재 전국 검찰청 검사의 정원은 2,292명인데, 2017년 한 해 동안 전국에서 처리한 범죄인원이 약 220만 명(즉결심판에 의한 처리 인원 제외)이므로 검사 1인당 연평균 처리인원은 1,100명에 이른다(2017년 범죄연감, 대검찰청).

겨져 왔던 분야에서까지 활동하게 됨에 따라 기관간 업무의 중첩으로 국가의 인력과 예산이 비효율적으로 배분되는 결과를 초래하였다는 것이다.[76]

(3) 대형 재난 사건에 대한 대응 곤란

법무부장관은 2019. 8. 정책보도자료를 통해 「다중피해안전사고에 대한 책임자를 반드시 찾아내 처벌하고, 사고의 원인까지 규명하여 같은 사고가 반복되지 않도록 전문적인 수사지원체계를 만들겠다」고 발표한 바 있다. 특히 「사고발생시 즉시 검경이 협력하여 자동적으로 수사팀이 만들어지도록 시스템을 개선하고, 수사지원 부서를 전문화하여 신속하면서도 체계적인 수사가 이루어지도록」 하겠다는 의지를 밝힌 바 있다. 따라서 발생하지 않아야 할 국민적 불행인 4·16세월호참사, 김해 항공기 추락, 삼풍백화점·성수대교 붕괴, 대구 지하철 화재 등과 같은 대형 재난사건에서는 검·경 합동본부를 설치하여 발생 초기부터 현장수습, 세밀한 유류품 수집, 피해자 유족에 대한 대책 마련, 사건 관계인들에 대한 진술 및 신병확보, 원인 규명 및 법률상 고의·과실·인과관계 입증을 위한 증거 확보 등이 필요하다.

그런데 수사준칙 제7조(중요사건 협력절차)[77]가 있다고 하더라도 임의규정에 불과하므로 위와 같은 사건 발생 시에도 검사는 사건이 송치되기 전까지 사법경찰관에게 법률적 쟁점이나 수사방향 등에 대해 어떠한 의견도 제시할 방법이 없어서 초기 수사과정에서 수사부실, 증거확보 실패 등의 문제가 발생할 우려가 크다.

결국 사건 초기 단계부터 공소제기 및 유지를 위한 법리적 관점에서 철저하고 정확한 수사가 이루어질 수 있도록 사법통제 장치를 반드시 마련해야 할 것이다. 이는 LH 사건의 수사[78]에서 잘 드러난 바 있다.

(4) 변사·살인 사건 수사의 공백

화성 연쇄살인 사건 등과 같은 강력·살인 사건은 초동수사 과정에서 적법절차에 따라 DNA 등 과학적 증거를 확보하는 것이 필수적이고, 이에 따라 사건 수사의 성패가 좌우된다. 특히 변사·살인 사건은 관련자 조사시 변호인 참여 등을 철저하게 준수하거나 증거수집 및 분석 등 과정에서 법적 절차에 문제가 발생하지 않도록 하여 관련 증거

---

76) 이준걸, 앞의 논문, 240면.

77) 제7조(중요사건 협력절차) 검사와 사법경찰관은 공소시효가 임박한 사건이나 내란, 외환, 선거, 테러, 대형참사, 연쇄살인 관련 사건, 주한 미합중국 군대의 구성원·외국인군무원 및 그 가족이나 초청계약자의 범죄 관련 사건 등 많은 피해자가 발생하거나 국가적·사회적 피해가 큰 중요한 사건(이하 "중요사건"이라 한다)의 경우에는 송치 전에 수사할 사항, 증거수집의 대상, 법령의 적용 등에 관하여 상호 의견을 제시·교환할 것을 요청할 수 있다.

78) 부산일보 2021. 3. 10.자, 「'LH 수사' 검찰 참여 가시화… 직접 수사 범위는 제한적」.

의 증거능력 및 증명력을 확보하는 것이 매우 중요하다.

그런데 개정법에 따르면, 검사는 사법경찰관에게 사체에 대한 검시·부검처분만을 명할 수 있을 뿐(형사소송법 제222조), 타살이 의심되거나 살인사건이 명백한 경우에도 사건종결 전에 수사할 사항 등에 관하여 의견제시 외에는 실질적으로 관여할 방법이 없다.[79]

결국 사건종결권을 가진 사법경찰관이 변사사건에 대해 혐의없음 처분을 한 경우, 검사는 변사체 검시 등에 의해 타살의 의심이 있는 경우에도 사법경찰관의 사건 수사에 관여할 기회를 실질적으로 갖지 못하게 되므로 사건이 암장되는 것을 방지할 수 없을 것이다. 더 이상 <영화 1987>의 소재가 된 박종철 고문치사 사건[80]처럼 변사사건 지휘를 통해 암장된 역사적 사건의 진실이 밝혀질 수 없는 것이다.

(5) 선거 사건 수사의 충실하고 공정한 처리 장애

대통령 선거, 국회의원 선거, 지방자치단체 선거 등 각급 선거 사건 수사는 연장이 불가능한 6개월의 단기공소시효(공직선거법 제268조)가 적용되므로 6개월 이내에 수사 및 기소를 완료하도록 (구)「형사소송법상 수사지휘 규정 및 (구)검사의 사법경찰관리에 대한 수사지휘 및 사법경찰관리의 수사준칙」에 관한 규정의 수사개시보고(제74조), 송치전 지휘(제77조) 등에 따라 선거사건을 수사하는 사법경찰관에 대하여는 검사에 의한 사법통제가 이루어지고 있었다.

---

79) 수사준칙 제17조(변사자의 검시 등) ① 사법경찰관은 변사자 또는 변사한 것으로 의심되는 사체가 있으면 변사사건 발생사실을 검사에게 통보해야 한다.

② 검사는 법 제222조제1항에 따라 검시를 했을 경우에는 검시조서를, 검증영장이나 같은 조 제2항에 따라 검증을 했을 경우에는 검증조서를 각각 작성하여 사법경찰관에게 송부해야 한다.

③ 사법경찰관은 법 제222조제1항 및 제3항에 따라 검시를 했을 경우에는 검시조서를, 검증영장이나 같은 조 제2항 및 제3항에 따라 검증을 했을 경우에는 검증조서를 각각 작성하여 검사에게 송부해야 한다.

④ 검사와 사법경찰관은 법 제222조에 따라 변사자의 검시를 한 사건에 대해 사건 종결 전에 수사할 사항 등에 관하여 상호 의견을 제시·교환해야 한다.

80) 1987. 1. 14. 발생한 고(故) 박종철(서울대 언어학과) 고문치사 사건 당시 최환 서울지검 공안2부장은 경찰에서 쇼크사로 사건 내용을 은폐하면서 부모 합의 등을 근거로 단순 변사사건으로 처리하여 화장할 수 있게 지휘해 달라고 요청하였으나, 이를 거부하고 다음 날 정식 변사사건 지휘를 받도록 한 다음 부검지휘를 통해 고문치사임을 밝혀낸 사건이다.

【표 8-12】 19대 대선(2017. 5. 9.)관련 서울중앙지검 수사지휘사건 송치 현황[81]

송치일자	송치인원(명)	비 율
3개월 이내(2017. 5. 9.–8. 9.)	31	60%
4개월(8. 10.–9. 9.)	7	13%
5개월(9. 10.–10. 9.)	11	21%
6개월(10. 10.–11. 9.)	3	6%
합 계	52	100%

그러나 개정법에 따르면, 사법경찰관이 검사의 수사지휘 없이 6개월의 단기공소시효 완성에 임박한 시점에 사건을 송치하면, 검사는 수사력을 집중하여 추가로 증거를 수집하고 관련자를 조사하여 기소하는 것이 물리적으로 불가능하게 될 것이다. 즉, 사법경찰관이 기소의견으로 송치한 사건에 오류가 있는 경우에도 검사는 이에 대하여 충실한 보완수사·법률검토를 통해 검증할 수 있는 시간을 갖지 못하는 문제가 발생하게 되는 것이다.

그런데 선거사건은 구속 및 기소 여부뿐만 아니라 수사개시, 입건, 선거사무소·후보자 주거지 등 압수·수색만으로도 선거 결과에 중대한 영향을 미치게 된다. 더욱이 수사 대상자가 지역 유력자인 경우가 많고, 관련자들 간에 유대가 깊고 정치적 이해에 따라 고발이 취소되는 경우도 빈번하여, 사건암장, 축소·과잉수사의 위험이 크다는 점에서 사법통제의 필요성이 크다고 할 것이다.

(6) 특별사법경찰과의 권한충돌시 혼란 발생

개정 형사소송법은 경찰청 소속 사법경찰관리의 경우 경무관부터 순경까지 형사소송법에 명시한 반면, 검찰청 소속 사법경찰관리의 경우 그 대상과 직무의 범위를 검찰청법에 위임하고 있다. 또 개정 형사소송법 제245조의10(특별사법경찰관리) 및 개정 검찰청법 제4조 제1항 제2호는 특별사법경찰관에 대해서는 기존 검사의 수사지휘 제도를 유지하고 있는 반면, 자치경찰에 대해서는 별도의 규정을 두지 아니하여 검사의 수사지휘 폐지 등 일반사법경찰관에 대한 규정이 자치경찰에도 적용되도록 하고 있다.

현재 특별사법경찰관의 직무범위에 속하는 범죄의 대부분은 국민의 민생과 관련된 범죄에 해당하고, 국민의 민생과 직결되는 범죄인 근로기준법·선원법·출입국관리법·관

---

81) 19대 대선 6개월 공소시효 기간은 2017. 5. 9.~11. 9.까지이며, 검사의 수사지휘를 통해 6개월의 수사기간 중 3개월 경과 전에 60%의 사건이 송치되었고, 3개월 경과 후 송치된 사건이 40%에 이르렀다.

세법위반 등은 특별사법경찰관에게 전속적 관할이 인정되어 일반사법경찰관은 이에 대해 수사할 권한이 없다. 하지만, 원산지를 속인 식자재를 유통하는 경우, 불법 대부업을 하는 경우, 폐수를 무단으로 방류하는 경우와 같이 식품위생, 공중위생, 의약, 원산지와 관계된 범죄, 금융 등은 일반경찰작용으로는 단속의 한계가 있으며, 이를 방치하는 경우 국민의 건강과 안전에 직접적인 영향을 미칠 수 있다.

그런데 특별사법경찰관은 대부분 수사전문가로 양성되는 자원이 아니고 일반사법경찰관에 비하여 수사업무를 수행할 여건이 현저히 취약하므로, 대규모 범죄 등 중요 사안에 대해서는 검사의 직접수사나 검사와 사법경찰관의 합동수사가 절실한 상황임에도 불구하고, 개정 검찰청법은 특별사법경찰관의 직무범위에 해당하는 범죄를 검사가 수사를 개시할 수 있는 범위에서 제외시켰다. 따라서 개정 검찰청법에 따를 경우, 특별사법경찰관의 전속관할에 속하는 민생관련 범죄에 대한 수사 및 처벌에 있어 상당한 공백이 초래되어 국민의 민생에 적지 않은 악영향이 있을 것으로 보인다.

현재 특별사법경찰의 직무범위와 수사관할은 사항적 혹은 지역적으로 각각 다르므로 '사법경찰관리의 직무를 수행할 자와 그 직무범위에 관한 법률'[82](이하 '특사경법'이라고 함)과 '특별사법경찰관리 집무규칙'(이하 '특사경규'라고 함) 등에 개별적으로 규정되어 있지만,[83] 이러한 특별사법경찰의 관장사항에 대하여 일반사법경찰이 권한을 행사하지 못하는 것은 아니다. 일반사법경찰의 직무범위에는 사항적 제한이나 지역적 제한 등이 존재하지 않으므로 이들은 일반적인 모든 범죄에 대하여 수사권을 행사할 수 있기 때문이다. 따라서 이론적으로는 특별사법경찰이 수사권을 가지는 것에 대하여 일반사법경찰도 수사권을 가지고 있다고 볼 수 있으므로 이러한 직무범위상 중복관계로 인하여 관할

---

82) 특사경법 제1조(목적) 이 법은 「형사소송법」제197조에 따라 사법경찰관리의 직무를 수행할 자와 그 직무범위를 정함을 목적으로 한다.

83) 현재 특사경법이 인정하는 특별사법경찰관리는 ㉠ 이 법에서 당연직 사법경찰관리로 규정하는 경우와 ㉡ 이 법에서 규정하고 있는 자 중 근무지를 관할하는 지방검찰청검사장의 지명절차를 거쳐야 하는 경우로 나눌 수 있다. ㉠의 경우는 교도소·구치소·소년교도소의 장이나 출입국관리업무에 종사하는 4급 내지 9급 국가공무원(동법 제3조), 산림보호에 종사하는 임업직 공무원(동법 제4조), 근로감독관(동법 제6조의2), 선장·기장(동법 제7조), 국립공원관리공단 임·직원(동법 제7조의2), 금융감독원 직원(동법 제7조의 3), 국가정보원직원(동법 제8조) 등이고, ㉡의 경우는 동법 제5조 각 호에서 구체적으로 나열하고 있는데, 총 22,000명 정도의 특별사법경찰이 있다. 구체적으로 살펴보면, 중앙부처에서 특별사법경찰을 운영하는 기관으로는 고용노동부(노동사무소 등), 국방부(국군정보사령부 등), 국토교통부(국토관리청, 철도공안 등), 기획재정부(국세청, 관세청), 농림축산식품부(국립농산물품질관리원, 농촌진흥청, 산림청, 역학조사, 식물검역 등), 문화체육관광부(저작권 보호 등), 법무부(교정청 등), 보건복지부(식약청 등), 산업통상자원부(원산지 표시에 관한 단속 사무 등), 여성가족부(청소년보호 업무), 해양수산부(해양경찰청 등), 행정안전부(소방청 등), 환경부 등이 있다.

권 충돌 내지 경합의 문제가 발생한다. 이에 일반사법경찰과 특별사법경찰의 관할권충돌
을 해결하기 위하여 일반사법경찰관리인 경찰공무원이 범죄를 수사함에 있어서의 방법
과 절차 등을 정하고 있던 (구)범죄수사규칙이 개정되어(경찰청훈령 제1035호, 2021. 9.
16., 일부개정) 경찰공무원과 특별사법경찰관리가 모두 수사권을 가지는 사안에 대하여 4
가지 경우(직접수사, 인계, 인수, 경합)로 각각 나누어 경찰공무원이 할 처리방법을 제시하
고 있다.

【표 8-13】특별사법경찰과 일반사법경찰의 경합시 해결방안

범죄수사규칙(경찰청훈령 제1035호)
제3조(특별사법경찰관리 직무범위 사건을 직접 수사하는 경우) 경찰관은 특별사법경찰관리의 직무범위에 속하는 범죄를 먼저 알게 되어 직접 수사하고자 할 때에는 경찰관이 소속된 경찰관서의 장(이하 "소속 경찰관서장"이라 한다)의 지휘를 받아 수사하여야 한다. 이 경우 해당 특별사법경찰관리와 긴밀히 협조하여야 한다.
제4조(이송하는 경우) 경찰관은 특별사법경찰관리에게 사건을 이송하고자 할 때에는 필요한 조치를 한 후 관련 수사자료와 함께 신속하게 이송하여야 한다.
제5조(사건을 이송받았을 경우) ① 경찰관은 특별사법경찰관리의 직무범위에 해당하는 범죄를 이송받아 수사할 수 있으며, 수사를 종결한 때에는 그 결과를 특별사법경찰관리에게 통보하여야 한다. ② 제1항의 경우에 있어서 필요한 때에는 해당 특별사법경찰관리에게 증거물의 인도 그 밖의 수사를 위한 협력을 요구하여야 한다.
제6조(수사가 경합하는 경우) 경찰관은 특별사법경찰관리가 행하는 수사와 경합할 때에는 경찰관이 소속된 경찰관서 수사부서의 장(이하 "소속 수사부서장"이라 한다)의 지휘를 받아 해당 특별사법경찰관리와 그 수사에 관하여 필요한 사항을 협의하여야 한다.

이처럼 특별사법경찰은 '특별한 사항'에 관하여 수사활동을 행하는 것으로 되어 있
으나, 그 수사활동에 대하여 사항적 제한을 받지 아니하는 일반사법경찰이 존재하므로
특별사법경찰의 수사활동의 범위는 항상 일반사법경찰의 그것과 경합되는데, 이러한 양
쪽 사법경찰의 수사활동의 범위가 경합되는 경우, 수사의 제1차적 책임을 특별사법경찰
이 갖고 있다고 해석한다고 하더라도 사법경찰관에 대한 수사지휘권이 없는 상황에서, 양
기관 간의 수사권 경합시 마땅한 해결방안이 없다는 점이다. 즉, 과거에는 일반사법경찰관
리와 특별사법경찰관의 수사가 경합하는 경우 최종적으로 경찰관은 관할 지방검찰청 또는

지청의 검사에게 보고하여 그 조정에 관한 지휘를 받아서 관할 경합의 문제를 해결할 수 있었지만, 개정 형사소송법이 일반사법경찰에 대한 수사지휘를 폐지하면서 특사경에 대한 수사지휘는 규정하고 있으므로 이제는 이러한 방식을 유지할 수 없게 되었다.

결국 국가수사권이 수많은 행정기관에 다원적으로 분산되어 각 기관의 독자적인 정책판단에 따라 수사권이 중구난방식으로 행사되어도, 검사를 정점으로 하여 수사권을 통일적·일원적으로 표출하는 것이 불가능해져 국가수사권의 체계가 총체적으로 붕괴될 뿐만 아니라 통일적이고 균형적인 국가형벌권의 구현도 불가능하게 될 것이다. 즉, 수많은 행정관청·관서에 배치되어 있는 특사경이 행정청의 독자적 정책판단에 따라 중구난방식으로 수사권을 행사하면, 통일적이고 균형적인 국가 형벌권 구현은 불가능해지고 국가수사권체계의 총체적 붕괴가 초래될 수도 있는 것이다. 더욱이 논리에 일관할 경우 그 정도에 그치는 것이 아니라 현재 검사에게만 부여되어 있는 국가의 수사권이 특별사법경찰권을 가진 수많은 행정관청에도 모두 부여되고, 따라서, 검사 지휘를 받는 특별사법경찰만이 수행하고 있던 수사활동의 권능이 당해 행정청의 장(장관 등)을 포함한 모든 소속 공무원에게 일제히 부여될 것이다.

Ⅳ. 사법적 통제 배제시 문제점

1. 방대한 국가경찰조직에 대한 통제 곤란

우리나라는 중앙집권적 국가경찰제를 채택하여 강력한 경찰을 국가 통치의 물리적 수단으로 이용하므로 그 결과 수사에서 검찰의 지휘를 받고 있음에도 경찰은 양적인 팽창과 함께 경찰권의 강화·중앙집권화로 방대한 조직과 정보망을 구축하고 있다.

그런데 이처럼 방대한 조직을 갖추고, 수사권 외에도 제한없는 정보수집권과 무장병력을 보유하고 있는 경찰의 수사권에 대한 유일한 견제장치인 검사의 수사지휘권까지 배제될 경우, 경찰의 자의적인 수사권 행사 등 권한 남용에 대한 견제가 불가능하게 되어 경찰권의 비대화 내지 경찰국가화 등 심각한 부작용을 초래할 우려가 있다. 왜냐하면 경찰의 수사권이 독립되어 검사로부터 지휘를 받지 아니하면 경찰의 방대한 정보기능과 수사기능이 결합되어 경찰의 권한이 지나치게 막강하게 되어 그때는 어느 누구도 경찰을 견제할 방법이 없게 될 것이며, 이러한 수사권의 비대화는 국가기관간의 견제와 균형의 원칙에 위배되고 국민의 인권보장에 중대한 위협이 되기 때문이다. 실제로 경찰에 대한 검찰의 견제가 약화된 일본의 경우 이미 "경찰국가"라는 비판에 직면해 있는 한편, 검찰의 통일적·조직적 수사기능이 약화되어 조직폭력(야쿠자)이 기승을 부리는 등 법의 사각지대가 발생하고 있다.

이러한 문제점 때문에 후술하는 것처럼, 독일에서는 오히려 검찰의 경찰에 대한 정보접근권을 인정해야 한다는 견해가 나오고 있다. 다만 그 적용영역과 관련하여 경찰 전산자료를 예방활동적 자료와 형사소추적 자료로 나누어 형사소추적 자료에만 접근권을 인정하자는 견해와 현대사회에 있어 예방적 범죄투쟁활동과 사후적인 형사소추가 밀접한 관련을 이루고 있으므로 이를 구분함이 없이 검찰이 이 자료에 접근할 수 있어야 한다는 견해로 나뉘고, 그 범위도 경찰 전산망에의 연결(Anschliessung)에서 나아가 관여(Beteiligung)까지 하게 하는 등 전산자료 수집과 처리에 새로운 법적 규율이 필요하다는 주장이 나타나고 있다.[84] 그런데 이러한 검찰의 경찰정보에의 접근권은 정보화 사회에 있어 경찰에 대한 실질적 통제를 위하여 불가결하다고 할 수 있으며 경찰의 독자수사권 논의시에도 검찰의 실질적 통제력 확보를 위하여 반드시 필요한 사항으로 논의되어 법무·내부 공동위원회의 준칙에도 정보체계의 참여와 보고의무가 명시되었던 것인데, 현재 경찰측의 반대로 이루어지지 않고 있는 실정이다.

이에 대하여 우리나라를 '검찰공화국'이라고 부르게 할 만큼 거대한 국가권력으로 성장한 검찰이 다른 기관의 비대화와 권력남용을 우려하면서도 스스로는 견제받지 않는 권한을 계속 유지하겠다는 것은 사리에 맞지 않는다는 견해도 있다.[85] 그러나 치안은 경찰이 담당하고 사정은 검찰이 담당하고 있는 현행 법체계에서 치안과 사정을 경찰에게 집중시키게 되면 결국 치안, 사정, 정보 등 대부분의 공권력이 경찰에 집중되어 상상하기 힘든 초권력기관이 탄생하게 되는데, 유독 수사분야만을 놓고 검찰권과 경찰권간 균형이 없다고 주장하는 것은 타당하지 않으며, 만약 검찰권의 비대화에 대한 우려가 있다면 이는 검찰의 독립성 강화나 재정신청 확대 등의 사법적 통제를 통해 해결할 문제이지 경찰권의 비대화로 이어질 검사의 수사지휘권 폐지가 검찰권의 비대화 우려에 대한 해결책이 될 수는 없다. 더욱이 종래 국가정보원의 경우를 보더라도 수사와 공판의 결합보다 정보와 수사의 결합시 더 큰 인권침해가 우려되므로 경찰에 수사권을 결합시키자는 주장에 대하여는 동의할 수 없다.

2. 행정경찰의 사법경찰 지배

검찰에서는 조사 단계부터 법률전문가인 검사가 개입하지만, 경찰은 하위직 경찰이 실제 조사를 전담하고 있고 더구나 행정경찰인 경찰간부가 수사를 지휘하고 있으므로 수사의 전문성과 공정성에 많은 문제와 부작용이 발생할 가능성이 존재한다. 왜냐하면 엄격한 신분보장을 받고 변호사 자격이 있는 검사와 달리 경찰의 경우 소신있는 사법적 결정을 담보할 만한 제도적 장치가 미비하고, 현실적으로도 인사권을 가진 행정경찰간부

---

84) Lilie, ZStW 106(1994), S.643.

85) 서보학, "수사권의 독점 또는 배분 – 경찰의 수사권 독립 요구에 대한 검토 –", 형사법연구 제12권, 한국형사법학회, 409면.

에 예속되어 정책적 판단이 우선할 가능성이 상존하기 때문이다. 특히 사관식 교육을 받아 일체감이 강하고 집단적으로 정치적 의사를 수차례 피력해 온 경찰대 출신들이 경찰 수뇌부를 차지한 상태에서 검사의 지휘를 받지 않고 수사권을 자의적으로 행사한다면 국민의 비난에 봉착, 결국 국정운영에 상당한 부담이 될 수 있을 것이다.

3. 국가형벌권의 효율적 행사에 지장 초래

　　수사와 소추는 국가형벌권의 효율적 행사라는 단일 목표를 지향하는 상호보완적 복합기능이므로 관련기관들이 밀접한 관련을 맺고 유기적으로 활동하는 것이 효율적이다. 따라서 소추관인 검사가 국가형벌권을 효율적으로 행사하고 형사사법정의를 실현하기 위하여는 그 전제가 되는 수사에 적극 개입하고 사법경찰을 지휘·감독하지 않을 수 없다.

　　그런데 편의상 사법경찰업무를 수행하는 경찰이 수사의 개시나 진행을 사실상 독자적으로 행사하고 있는 부분이 있다고 해서 전적으로 검사의 수사지휘나 감독을 배제하겠다고 나서는 것은 우리 형사사법체계의 근간을 뒤흔드는 발상으로서 법률가인 검사만이 영장을 청구할 수 있도록 한 주권자인 국민의 헌법적 결단에 정면으로 배치된다. 더욱이 수사의 본질은 단순하게 국가공권력의 행사라는 실력작용에 그치는 것이 아니라 법률의 해석작용과 범죄행위의 법률적 구성 등 법률적 평가작용이 당연히 수반되므로 고도의 법률적 지식을 갖춘 검사로 하여금 사법경찰관리의 수사에 대한 법률적 감시·지도기능을 수행하도록 하는 것이 타당하다고 본다. 왜냐하면 수사가 법률전문가인 검사의 관여없이 이루어짐으로써 법률에 적합한 수사전개나 필요한 증거수집에 지장을 초래하여, 결국 범죄자에 대한 효과적인 처벌이 어렵게 되고 국가형벌권의 약화로 종국적으로는 형사사법정의의 실현이 크게 위협받게 될 것이고, 특히 전문지식을 요하는 지능범죄나 신종범죄에 대처하기는 더욱 어려울 것이기 때문이다.

4. 정보권과 수사권의 결합시 거대권력기관의 탄생

　　우리나라의 수사권문제를 논의할 때, 간과해서는 안 될 사항은 8,000여 명에 이르는 정보경찰이 존재한다는 점이다.[86] 현재 경찰은 운전면허(주민등록번호, 주소), 차적·차량이동정보(번호판 자동인식), 범죄경력, 지문, DNA, CCTV, 인터넷 모니터링(게시물, 댓글) 등을 통하여 광범위한 정보권을 가지고 있는데, 정보 경찰 관련 근거 법령으로는 「국가경찰과 자치경찰의 조직 및 운영에 관한 법률(약칭 '경찰법')」 제3조(경찰의 임무)

---

86) 2010년 9월 현재 정보경찰 총 인원은 공식적으로 3,577명, 전체 경찰공무원 중 3.59%로 파악되나, 이는 경찰 측의 공식적인 수치로서 보안과 등 정보 유사 업무에 종사하는 경찰 공무원은 이보다 많을 것으로 판단된다.

제5호의 '공공안녕에 대한 위험의 예방과 대응을 위한 정보의 수집·작성 및 배포', 「경찰관직무집행법」 제2조(직무의 범위) 제4호의 '공공안녕에 대한 위험의 예방과 대응을 위한 정보의 수집·작성 및 배포', 「경찰청과 그 소속기관 직제」 제14조(정보국)의 "정보국장은 ① 치안정보업무에 관한 기획·지도 및 조정, ② 정치·경제·사회·문화 등 제분야에 관한 치안정보의 수집·종합·분석·작성 및 배포, ③ 정책정보의 수집·종합·분석·작성 및 배포, ④ 집회·시위 등 집단사태의 관리에 관한 지도 및 조정, ⑤ 신원조사 및 기록관리 등의 업무를 분장" 등이 있으며, 기타 규정으로 경찰청 정보국 산하 정보1·2·3·4과의 분장 업무 및 서울경찰청 정보관리부 산하 정보1·2과의 분장 업무, 기타 지방경찰청의 정보 부서 편재 등을 「경찰청과 그 소속기관 직제 시행규칙」에서 규정하고 있다.

【표 8-14】 경찰 내 정보 기구 현황[87)

1948.~1976.	1976.~1981.	1981.~1986.	1986.~1991.	1991.~2020.	2021.~현재.
치안국 (치안본부) 정보과	치안본부 정보1, 2과	치안본부 정보 1~3과	치안본부 정보 1~5과	경찰청 정보국[88) 정보심의관 정보 1~4과	경찰청 공공안전정보국[89) 공공안전심의관 정보관리과, 정보분석과, 정보상황과, 정보협력과

　　그런데, (약칭) 경찰법 등 현행 법령상 '공공안녕에 대한 위험의 예방과 대응을 위한 정보 내지 치안정보'의 개념 자체가 불분명하고 정보수집절차 등 제반절차에 관한 규정도 미비하여, 무제한적인 정보활동으로 개인의 사생활이 침해될 소지가 농후하다.[90) 특히 경찰의 정보활동에 대한 법적 근거가 불명확한 상황에서 거대한 조직과 인원을 동원하여 광범위하고 무제한적인 정보활동을 할 경우 국민 일상생활에 대한 감시 등 국민

---

87) 경찰청과 그 소속기관 직제 시행규칙(행정안전부령 제272호) 일부개정 시행 2021. 7. 30.

88) 경찰청 정보국에 정보국장(치안감 또는 경무관)과 정보심의관(경무관)을 두면서, 정보국 산하에 정보 1, 2, 3, 4과를 두고 있다. 이른바 '정책정보' 관련 업무는 정보2과 소관이다.

89) 경찰청 공공안녕정보국에 공공안녕정보국장(치안감 또는 경무관)과 공공안녕정보심의관(경무관)을 두면서, 공공안녕정보국 산하에 정보관리과·정보분석과·정보상황과 및 정보협력과를 둔다. 이른바 '정책정보' 관련 업무는 정보분석과 소관이다(경찰청과 그 소속기관 직제 시행규칙 제11조).

90) 참고로, 국내 최고의 정보기관인 국가정보원은 '국외 정보 및 국내 보안정보[대공(對共), 대정부전복(對政府顚覆), 방첩(防諜), 대테러 및 국제범죄조직]의 수집·작성 및 배포'를 직무로 한다고 규정(「국가정보원법」 제3조 제1항 제1호)한 바 있으나, 국정원의 국내 정보 수집기능도 경찰로 이관된다.

의 기본권 보장에 심각한 문제를 초래할 것이다. 더욱이 경찰 직제 규정상 '정책정보' 수집활동은 법률상 근거조차 없는 사실상의 '법외 개념'으로 탈법적 경찰 정보활동의 정당화 근거로 악용될 가능성이 상존함에도 불구하고, 경찰은 치안 유지에 도움이 되는 치안정보 수집보다는 이른바 '정책정보' 수집에만 치중하고 있는 것이 현실이다.

결국 정보 및 수사의 결합으로 인한 경찰 수사의 공정성·독립성이 저해될 뿐만 아니라 정보/수사 기능이 결합될 경우 경찰의 정치도구화 위험이 상존한다. 이는 무한한 정보수집 기능을 갖고 있는 경찰이 독자적인 수사종결권까지 부여받았다는 점에서 향후 무소불위의 거대 '첩보·수사기관'으로 변질될 가능성이 높다. 특히, 정보기능을 수행하는 행정경찰이 수사기능을 담당하는 사법경찰을 인사, 예산 등으로 통제, 장악하고 있는 우리 현실에 비추어, 경찰의 정치도구화는 경찰 수사에까지 영향을 미쳐 결국 경찰 수사의 공정성, 중립성 확보에 장애 요인이 될 것이다.

반면 독일의 경우, 비밀 첩보기관과 경찰기관이 결합되어 인권유린 등 각종 불법행위를 자행한 '나치'에 대한 역사적 반성으로 2차 세계대전 이후 수사권이 없는 영국 정보기관(MI5)을 모델로 연방헌법보호청 등을 창설하여 '정보기관'과 '경찰기관'을 엄격히 분리하고 있으며, 미국 또한, 수사기관인 FBI와는 달리 정보기관인 CIA에는 수사권을 부여하지 아니하여 '정보기관'과 '경찰기관'의 분리원칙에 충실한 입장이다.

【표 8-15】각국의 수사·정보기관 현황

구 분	수사기능	정보기능 (별도기구)	정보기관 소속
미 국	(분산) - 자치경찰 등 수사기구 (18,000여개 법집행기관) 연방 수사기구(70여개)	CIA	대통령 직속
영 국	(분산) -자치경찰(40여개) -SFO, NCA 등 국가수사기구	M15	내무부
독 일	(분산) -자치경찰 등 수사기구 -연방범죄수사청(BKA)	연방헌법보호청 (BfV)	내무부
프랑스	국가경찰, 국가헌병대	국내안전총국 (DGSI)	내무부
일 본	(분산)자치경찰	내각정보조사실	총리실산하 관방장관

결국 지금의 논의는 수사경찰에 대한 법치국가적 통제를 의미하지만, 경찰이 수사권을 독점할 때에는, 정보권와 수사권이 결합된 거대한 권력조직이 탄생하게 될 것이다. 이는 과거 안기부가 있던 시절에 국민들이 경험하지 않았는가?

【표 8-16】 참여연대 '정보경찰 유지하면 경찰개혁도 없다'

정보경찰 조직에 대한 실질적 개편 조치가 빠졌다. 지금도 경찰은 국가공무원법과 공직선거법 제86조에 따라 선거에 영향을 미치는 행위가 금지되어 있다... 당정청은 정치관여시 형사처벌 규정을 신설하는 것이 대단한 통제장치인 양 발표했다.

검찰은 수사와 기소를 독점했다고 하지만 경찰은 수사만 독점하지 못했는데 이제 수사의 자율성을 한층 더 강화하는 방향으로 나아가려고 한다. 경찰이 정보기능과 수사권을 동시에 가지게 될 경우 무소불위의 권한을 가지게 될 위험이 크다. 그렇다면 최소한 정보 기능은 분리시켜야 한다. 그러나 당정청은 일탈을 막는 시스템 개선방안인 정보경찰 폐지를 선택하지 않았다.

지금도 12만명이 넘는 거대한 조직인 경찰은 검경수사권 조정을 통해 더욱 권한이 커질 예정이다. 당·정·청은 정권 유지의 첨병임을 자임해왔던 정보경찰을 사실상 그대로 유지하고, 무늬만 자치경찰제를 도입하면서 경찰개혁이라고 이야기하고 있다. 그러나 비대한 권한을 폐지하거나 나누고, 조직을 쪼개는 개혁이 없다면 '개혁'이라 부를 수 없다. 정보경찰 폐지와 분권에 기반한 자치경찰제 도입은 '경찰개혁'이라 부를 수 있는 개혁의 최소치이다. '경찰개혁' 방안에 대한 전면적 재검토가 필요하다.

5. 즉결심판청구권의 문제

현재 경찰이 법원에 소추하여 국민의 신체의 자유·재산을 박탈하는 경우는 역사적으로 공중소추의 제도를 유지해 오고 있는 영국의 경우를 제외하면 거의 그 예를 찾아보기 어렵다. 특히 한국 경찰은 최장 30일 미만의 구류형을 과할 수 있는 즉결심판을 법원에 청구할 수 있는 권한을 가지고 있으며, 현재도 즉결심판을 통해 검사의 통제없이 6만 건 이상의 사건을 처리 중이다.

【표 8-17】 즉결심판 청구 현황

구분	계	청구			결과							
		경범	특별법범	형법범	구류	벌금	과료	청구기각	무죄	선고유예형면제	면소공소기각	정식재판
'18. 8월	41,966	15,877	7,537	18,552	32	32,448	292	1,253	444	5,210	109	56
'17년	58,727	22,521	12,994	23,262	61	55,285	567	1,967	875	8,513	298	65
'16년	70,475	36,489	12,088	21,898	50	60,218	1,016	1,868	1,161	5,690	472	82
'15년	53,318	28,128	10,188	15,002	51	45,179	995	1,140	528	4,228	279	83
'14년	45,263	25,871	8,751	10,641	145	40,120	981	770	420	2,656	171	43

【표 8-18】 즉결심판청구 사건에 대한 처리 현황

구분 / 연도별	처리									정식재판청구
	합계	형의선고			선고유예	청구기각	무죄	면소·공소기각	기타	
		벌금	구류	과료						
2008년	62,486 (100.0)	50,937 (81.5)	1,145 (1.8)	4,000 (6.4)	3,900 (6.2)	871 (1.4)	615 (1.0)	359 (0.6)	659 (1.1)	241
2009년	76,753 (100.0)	64,584 (84.1)	1,030 (1.3)	3,491 (4.5)	4,385 (5.7)	1,083 (1.4)	866 (1.1)	557 (0.7)	757 (1.0)	409
2010년	61,348 (100.0)	52,069 (84.9)	391 (0.6)	3,087 (5.0)	3,323 (5.4)	888 (1.4)	459 (0.7)	328 (0.5)	803 (1.3)	340
2011년	56,324 (100.0)	47,375 (84.1)	423 (0.8)	2,759 (4.9)	3,062 (5.4)	824 (1.5)	617 (1.1)	379 (0.7)	885 (1.6)	204
2012년	53,048 (100.0)	45,946 (86.6)	260 (0.5)	2,314 (4.4)	2,252 (4.2)	808 (1.5)	631 (1.2)	262 (0.5)	575 (1.1)	124
2013년	56,098 (100.0)	49,665 (88.5)	188 (0.3)	1,842 (3.3)	2,169 (3.9)	858 (1.5)	624 (1.1)	186 (0.3)	566 (1.0)	70
2014년	46,435 (100.0)	40,898 (88.1)	143 (0.3)	1,028 (2.2)	2,373 (5.1)	1,019 (2.2)	452 (1.0)	177 (0.4)	345 (0.7)	206
2015년	54,239 (100.0)	46,403 (85.6)	94 (0.2)	993 (1.8)	4,018 (7.4)	1,584 (2.9)	547 (1.0)	290 (0.5)	310 (0.6)	198
2016년	74,551 (100.0)	63,155 (84.7)	58 (0.1)	982 (1.3)	5,678 (7.6)	2,588 (3.5)	1,272 (1.7)	464 (0.6)	354 (0.5)	254
2017년	70,313 (100.0)	57,106 (81.2)	69 (0.1)	993 (1.4)	8,314 (11.8)	2,517 (3.6)	897 (1.3)	289 (0.4)	128 (0.2)	205

【표 8-18】에 따르면, '즉결심판청구 사건 중 법원이 청구기각이나 무죄를 선고한 사건 비율'은 2008년 2.4%에서 2017년 4.9%로 2배 이상 증가하였으며, 4~5% 수준이었던 선고유예 비율도 2017년 11.8%로 2배 이상 증가한 것이다.

【표 8-19】 전체 형사사건 대비 즉결심판 사건 현황

연도별 \ 구분	전체 형사사건 접수 (A)	즉결사건 접수 (B)	비율(%) (B/A×100)
2008년	1,989,785	62,487	3.1
2009년	1,930,039	76,753	4.0
2010년	1,703,845	61,349	3.6
2011년	1,655,333	56,334	3.4
2012년	1,619,141	53,054	3.3
2013년	1,656,961	56,099	3.4
2014년	1,582,373	46,469	2.9
2015년	1,577,686	54,239	3.4
2016년	1,644,804	74,580	4.5
2017년	1,546,597	70,319	4.5

【표 8-19】에 따르면, '전체 형사사건에서 즉결심판이 차지하는 비율'은 2014년 이후 꾸준히 증가해 2017년에는 4.5%였다. 경찰의 즉결심판 청구는 형법과 특별법 위반 사건은 꾸준히 증가한 반면, 경범죄 위반 사건은 2017년 크게 감소했다.

【표 8-20】 전체 형사사건 대비 즉결심판 사건

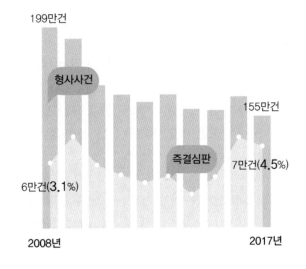

전체 형사사건 대비 즉결심판 사건

【표 8-21】 범죄 유형별 즉결심판 청구

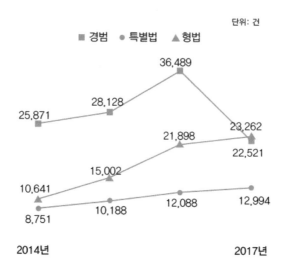

원래 '즉결(即決)'이라는 용어는 일제치하의 '범죄즉결례(犯罪即決例)'에서 유래하는 것으로, 나아가 현재 즉결심판의 집행을 확보하기 위하여 행해지는 '유치명령(留置命令)'도 조선형사령하의 사법경찰관의 강제처분권의 일종으로 행해졌던 유치명령의 용어와 동일하다.[91] 그런데 검찰의 지휘로부터 독립하여 수사권을 행사하게 되면서 동시에 즉결심판청구권을 종래와 같이 유지한다면 그것은 경찰이 수사기관임과 동시에 소추기관이 되는 것을 의미한다. 거기에다가 현재와 같은 즉결심판절차의 운용상황, 즉 경찰작성의 범죄사실조사서만을 기초로 하여 전문증거에 관한 법칙이나 자백의 보강법칙에 관한 증거법칙이 배제된 가운데 소위 30초 재판으로 진행되는 즉결심판의 현상[92]을 더해 본다면 그것은 법관이라는 형식적 관여자를 매개로 한 경찰사법의 등장을 의미하게 될 것이다.[93] 이처럼 30일 미만이라는 결코 짧지 않은 기간동안 국민의 신체의 자유를 제한할 수 있는 즉결심판절차가 검사의 관여가 배제된 채 진행된다는 것은 심각하게 재검토해 보아야 하는 문제가 아닐 수 없다. 일본이 모든 불기소사건을 검찰에 송치하고, 즉결심판사건의 경우도 우리나라에서처럼 경찰서장이 하는 것이 아니라 검찰에서 기소하여 종국처리하는 것도 이러한 이유 때문이다.

---

91) 朝鮮刑事令 제13조 제1항: 司法警察官은 前條 제2항의 規定에 의하여 被疑者를 訊問한 후 刑事訴訟法 제87조 제1항 각호(구속사유: 필자 주)에 規定한 事由가 있다고 사료한 때에는 10일을 넘지 않는 기간 이를 留置할 수 있다.

92) 즉결심판절차에 대한 임상적 보고로는, 이재홍, 「형사재판실무상의 몇가지 문제점」, 대한변호사협회지(1988. 1), 38면 이하 참조.

93) 신동운, 「한국 검찰제도의 현황과 개선책」, 서울대 법학 제29권 제2호, 54면.

제2절 우리나라 검찰의 정치적 중립성 및 독립성 확보방안

I. 서 설

어떤 사법체계를 따르더라도 우리나라 검찰의 정치적 중립성 확보는 매우 시급한 과제라고 하지 않을 수 없다. 왜냐하면 문재인정권이 들어선 후, 법무부장관으로 임명된 박상기 - 조국 - 추미애 - 박범계를 거치는 동안 검찰제도는 완전히 망가져 버렸기 때문이다. 전술(前述)한 것처럼, 개정 형사소송법이 사실상 공안기관(경찰)이 큰 권력을 가지고 있는 중국의 형사사법모델과 비슷한 형태로 평가된다는 점, 추미애 법무부 장관이 윤석열 검찰총장에게 라임자산운용(라임) 로비의혹 사건과 총장가족의혹 사건의 수사지휘를 중단하라고 지시를 한다든지, 장관의 명(命)을 거역했다는 이유로 윤석열 검찰총장의 직무를 배제하고 징계를 청구하는 행동 등은 법치주의 국가에서는 있을 수 없는 일이기 때문이다.

결국 우리나라 검찰개혁의 핵심은 '검찰개혁의 이론적 배경'의 어떤 논리를 갖다 붙이더라도 권력기관(정확히는 청와대 등 집권세력)으로부터 '정치적 중립성'을 확보하는 방향성 이외에 다른 것을 논하는 것은 큰 의미가 없다고 본다. 일부에서는 권력기관(공수처 신설)을 새로 만들어 검찰권력을 제어하는 방안만이 검찰개혁의 최선이라고 주장했지만, 공수처가 신설된 현재의 상황을 보더라도 검찰권 행사의 객관성과 공정성을 확보하는 방안이 더 타당하게 보인다. 검찰조직의 독립성과 중립성을 지켜주지 못한 정치권력이 공수처라는 새로운 독립된 조직을 만든다고 해서, 그 조직의 정치적 독립성과 중립성이 보장될 것이라고 기대하는 것은 권력기관의 속성을 너무 간과한 것이다. 그것이 가능하다면 지금 검찰을 그렇게 독립적이고 중립적으로 만드는 방법을 택하는 것이 여러 가지 점에서 쉽고 경제적인 길일 것이기 때문이다.

Ⅱ. 검찰의 정치적 중립성 확보방안

1. 정치권의 인식 변화

1993년 검찰에서 검사 및 검찰직원을 대상으로 한 설문조사에서 21세기 검찰의 기본목표로서 '검찰권의 중립성 확보'(1550명)가 가장 높았으며, 그 다음으로 '최고수사기관으로서의 역량강화'(450명), '검찰조직 및 인사제도의 개편'(350명), '인권옹호 및 대민봉사기능의 내실화'(150명), '통일에 대비한 조직의 정비와 역량비축'(60명)으로 의견이 제시된 바 있다.[94] 이처럼 검찰 내부에서도 검찰의 정치적 중립성에 대한 의구심이 검찰불신의 핵심으로 지목된 지 오래다. 물론 그동안 '권력의 시녀'라는 국민적 비판에 직면하여 검찰의 정치적 중립성을 확보하기 위한 방안으로 검찰총장임기제의 도입(1988), 검찰총장 인사청문회제도의 도입(2003), 검찰인사위원회의 심의기구화 및 검사적격심사위원회의 도입(2004), 검사동일체원칙의 완화(2004), 검찰총장후보추천위원회의 신설 및 검찰인사위원회의 개선(2011) 등이 이루어졌으며, 사회 전반의 민주화 및 인권의식의 성장 등으로 어느 정도 검찰이 정치권력의 외압에서 벗어날 수 있는 제도적 장치는 마련되어 있다고 볼 수 있다.[95]

그러나 검찰의 정치적 중립성을 확보하기 위해서는 정치검찰의 존재여부를 떠나서 정치권과 검찰상층부의 유착관계를 차단하는 작업이 이루어져야 한다. 이를 위해서는 검찰총장 임기제(2년)와 같은 정치적 중립장치가 철저히 지켜질 수 있도록 해야 하며, 검찰총장도 퇴직후 '더 높은 자리'로 가기 위한 발판으로 삼아서는 안 될 것이다.[96] 왜냐하면 국민 입장으로 볼 때, 검찰고위직 인사가 퇴임후 집권당의 정무직 혹은 정치권으로 진출한다는 것은 그의 재직 중 활동의 정치적 중립성을 의심케 하기에 족하기 때문이다. 무엇보다도 정치권력으로부터의 **'인사권 독립'**이야말로 정치적 중립성을 지키기 위한 시대적 사명이라고 본다.

---

94) 검찰21세기연구기획단, 1993년도 연구결과 종합보고, 대검찰청(1994), 42면.

95) 미국에서도 검사의 정치적 독립이 대단히 중요함을 인식하고 있다. 이에 관한 미변협의 지침을 보면, "검사가 선거에 의하든 임명되든 간에 궁극적인 목표는 검찰로부터 정치를 몰아내는 것이다. 이렇게 하는 것은 법조와 정당의 지지와 협력을 필요로 한다. 검사의 지위는 파당적 정치의 요구나 압력으로부터 독립하여야 한다는 인식을 같이 할 수 있도록 노력하여야 한다. 그리고 검사의 지명은 판사의 경우와 마찬가지로 변협과 상의한 후에 능력에 기초하여 이루어져야 한다"고 지적하고 있다(미국변호사협회의 형사사법에 관한 기준(Standards for Criminal Justice) 중 기소기능(The Prosecution Function) 3−2. 3.의 평석)

96) 1997. 1. 검찰청법에 '검찰총장은 퇴직일로부터 2년 이내에는 공직에 임명될 수 없고 정당의 발기인이 되거나 당원이 될 수 없다'는 규정이 신설되었으나, 같은 해 7월 헌법재판소에서 위헌 결정이 난 후, 2004.1. 동 규정이 삭제되었다.

문제는 보수정권인 MB정권 및 박근혜정권은 말할 것도 없고, 현 문재인 정부의 기반인 참여정부 아래서 검찰개혁을 일관되게 추진했고, 뚜렷한 목표와 방향을 가졌다고 자부하는 사람들의 이야기를 들어보면, 수사나 기소의 전 영역에 불편부당의 공정성과 진실발견으로 정의를 세우고자 하는 사법적 이념에서 출발하는 것이 아니라 소위 이념적 가치를 공유하는 차원에서 검찰개혁을 시작했다는 점이다. 예컨대 사람사는 세상(노무현 전 대통령 공식 홈페이지)에 실려 있는 "법무부 장관은 정치권에서 구할 수 있으니 괜찮은데 검찰총장은 정말 쉽지 않습니다. <u>문제는 총장을 꿈꾸는 사람은 전부 보수적입니다.</u>"(이호철 전 민정수석), "장관은 인사를 통해 권력을 보여줄 때 자리를 잡을 수 있습니다. 언제 이 조직이 장악되는구나 하고 느꼈느냐면, 제가 2004년 5월에 인사를 하고 난 다음이었습니다. 그러고 나니 느낌이 확 오더라고요. 충성하는 분위기를 느낄 수 있었습니다. <u>인사권을 행사하고 검찰총장보다 장관이 힘이 세다는 것을 보여주니 검찰이 완전히 충성하기 시작했습니다.</u> 그때는 제대로 개혁할 수 있었지요."(강금실 전 법무부장관), "검찰이 왜 반발했을까요? 강정구 교수를 불구속하는 것이 도저히 정의감에서 견딜 수가 없어서? 검찰의 인식은 뭐냐? 검찰권이라는 것은 우리 꺼야, 우리 검사들이 국가를 위해 가지고 있는 우리 권한이야, 근데 우리 조직이 갖고 있는 권한을 검사도 아닌 놈이 와서 관여를 해? 나는 이런 이유로 그 사람들이 반발했다고 생각합니다. 자기들의 기득권 지키기예요. <u>검사들은 자신의 수장이 검찰총장이 어떤 사람이 되어야 한다고 믿느냐 하면 우리의 권익을 지켜줄 사람, 자기들이 직접 말하지는 않겠지만 검찰의 기득권을 지켜줄 사람이 총수가 되어야 한다고 생각합니다.</u>"(천정배 전 법무부 장관) 등의 말속에서 검찰을 바라보는 당시 집권권력층의 현주소를 잘 알 수 있다.

이는 문재인정권에서 청와대 대변인을 지내고 <승부사 문재인>이라는 책을 저술한 강민석 전(前) 중앙일보 기자(부국장)[97]가 이 책에서 윤석열 전 검찰총장에게 '씨'라는 표현을 쓰면서,[98] **"본인이 걷어차고 나간 사람에게 '전 검찰총장'이 합당한가"**라는 감정적인 용어를 사용하거나,[99] 추미애 전(前) 법무부장관이 과거 **'검찰총장이 제 명을 거역해'**라거나, '검사장' 혹은 '부원장'이 아닌 한동훈'씨'라는 표현을 먼저 사용하면서 양측 간에 '씨' 공방 논쟁을 일으킨 것[100]을 보면 얼마나 오만한 정권인지 잘 알 수 있다. 우리 편이 아니라면, 공직을 지낸 사람에 대한 최소한의 예우도 필요없다고 생각하는 것이다.

---

97) 이에 대한 비판적인 기사로는 중앙일보, 2020. 2. 7.자, 이상언의 시시각각, 「강민식 대변인, 정말 모르시나요?」 참조.

98) 경향신문 2021. 10. 9.자, 「"본인이 걷어차고 나간 사람에게 '전 검찰총장'이 합당한가"」.

99) 비자발적으로 회사를 퇴사한 사람만이 '전'(前)이라는 표현을 쓸 수 있다면, 자발적으로 회사(조직)을 퇴직하는 무수한 사람들이 '전'(前)이라는 표현을 쓰면 부당하다는 것인데, 과연 합당한 논리인지 의문이 든다.

100) 조선일보 2021. 8. 13.자, 「한동훈 "추미애씨"에… 秋 "한동훈씨, 상관을 '씨'라니 용기 가상"」.

2. 대통령의 독점적 검찰인사권 개선

검사와 법관은 전국을 단위로 순환보직을 하고 있는데, 서울선호도가 특히 높은 한국사회의 분위기 속에서 검사와 판사는 서울에서 먼 지방에서 근무하게 될 때 가족을 서울에 두고 혼자 떠나는 경우가 적지 않다. 따라서 주중에는 혼자 지방에서 근무하고 주말에는 가족이 있는 서울로 복귀하는 불편한 일상생활에서 인사제도야말로 검찰에게 영향을 끼치는 가장 중요한 변수가 될 수밖에 없다. 물론 인사권자의 뜻에 거역하는 사람이 있지만, 윤석열 검찰총장의 사례에서 보듯이 그러한 사람은 그 자리를 유지할 수 없게 마련이고, 따라서 현실세계에서는 그런 사람을 찾는 것이 쉽지 않다. 왜냐하면 인사권을 가진 사람은 자신의 뜻에 따라 잘 움직여 줄 사람을 임명하고, 사람을 잘못 보아 임명한 사람이 예상과 달리 말을 잘 안 듣게 되면 기회를 봐서 곧바로 경질시키기 때문에 인사제도는 인사권자의 눈치를 보게 만드는 방향으로 작동될 수밖에 없기 때문이다. 이러한 현실은 '인사앞에 장사없다'는 말로 통칭된다.

그런데 검찰의 경우 이 인사권이 법무부장관에게 일임되며, 결국은 법무부장관을 임명한 대통령에게 귀속된다. 현행 검찰청법 제34조에 '검사의 임명 및 보직은 법무부장관의 제청으로 대통령이 행한다'고 하여 대통령을 최종적인 인사권자로 규정하고 있기 때문이다.101) 이처럼 모든 검사들의 공통 관심사인 검사인사권이 검찰 내부에 존재하지 않고, 장관 및 대통령에게 일임된 상황 속에서 보직과 승진을 위해 정치권의 눈치보기나 줄서기, 그리고 연줄망 형성에 신경을 쓰지 않을 수 없게 될 것이다. 따라서 프랑스가 채택하고 있는 검찰과 법원을 통괄하는 '최고사법회의' 같은 기구를 두기 전까지는 검찰총장 직속의 독립된 인사위원회(검찰인사위원회)에 검찰총장을 제외한 검찰인사102)에 대한 1차적 권한(심사권, 추천권 등)을 부여하는 것이 타당하며,103) 부차적인 문제이지만 검사의 청와대,104) 국정원 등 민정·사정관련 타 기관의 파견근무도 실질적으로 금지해야 할 것이다. 예컨대 퇴직후 2년 이내에는 대통령 비서실이나 국정원에서 근무할 수 없으며, 대통령 비서실이나 국정원에서 근무한 자는 2년 이내에 검사로 근무할 수 없도

---

101) 문재인 정부가 들어서면서 돈봉투사건을 계기로 이영렬 서울 중앙지검장 및 안태근 검찰국장이 좌천되었으며, 언론에서 우병우 사단으로 지목된 일부 검사장들이 면직된 후 사표를 제출하였다. 대신 국정원 댓글사건에서 '사람에 충성하지 않는다'는 유명한 말을 남긴 윤석열 대전고검 검사가 기수를 뛰어넘어 서울중앙지검장에 임명된 후, 2019. 6. 17. 검찰총장에 임명되었다. 당시 4명의 검찰총장 후보 중 가장 기수(23기)가 낮았는데, 전임 문무일 검찰총장(18기)보다 다섯 기수나 아래로 기수 문화가 남아있는 검찰에서는 파격적인 인사였다.

102) 검찰청법 제6조(검사의 직급) 검사의 직급은 검찰총장과 검사로 구분한다.

103) 검찰청법 제35조(검찰인사위원회) 제1항은 법무부에 검찰인사위원회를 두도록 규정되어 있다.

104) 1997. 1. 검찰청법상 검사의 청와대 파견금지 규정이 신설된 바 있다.

록 제도화하는 것이다. 아울러 대검찰청의 주요 보직에 대하여는 일정한 가이드라인(예 컨대 그 분야의 전문성 등)을 제시한 후, 공모제를 통해 선발하는 것이 타당할 것이다.

이와 관련하여 현재 검찰청법 제35조(검찰인사위원회)는 위원장 1인을 포함한 11명 의 위원으로 구성하도록 하였으며, 법무부장관이 임명할 수 있는 최대 인원을 5명으로 제한하여 과반수가 넘지 않도록 규정하고 있으나,[105] 법원행정처장이 추천하는 판사 2 명은 검사의 신규 임명에 관한 심의에만 참여하도록 함으로써 사실상 중요한 자리의 임 명에는 법무부장관의 형식적 거수기 역할을 할 가능성도 상존하고 있다. 즉 동조 제2호 를 제외하면, 9명 중 5인을 법무부장관이 임명하고, 위원장도 법무부장관이 임명하거나 위촉하는 구조이므로 과연 공정한 인사가 이루어질 것인지 의문이다.

한편, 검찰청법 제34조의2는 법무부장관이 제청할 검찰총장 후보자의 추천을 위하 여 법무부에 검찰총장후보추천위원회[106]를 두도록 하고 있는데, 위원 9명 중 법무부장

---

105) 제35조(검찰인사위원회)

① 검사의 임용, 전보, 그 밖의 인사에 관한 중요 사항을 심의하기 위하여 법무부에 검찰인사 위원회(이하 "인사위원회"라 한다)를 둔다. <개정 2011.7.18>

② 인사위원회는 위원장 1명을 포함한 11명의 위원으로 구성하고, 위원장은 제3항에 따른 위 원 중에서 법무부장관이 임명하거나 위촉한다. <개정 2011.7.18>

③ 위원은 다음 각 호의 어느 하나에 해당하는 사람을 법무부장관이 임명하거나 위촉하되 임 기는 1년으로 한다. <신설 2011.7.18>

  1. 검사 3명. 다만, 제28조 및 제30조에 해당하는 자격을 가진 검사를 제외한 검사가 1명 이상이어야 한다.

  2. 법원행정처장이 추천하는 판사 2명. 다만, 제4항제2호의 검사의 신규 임명에 관한 심의 에만 참여한다.

  3. 대한변호사협회장이 추천하는 변호사 2명

  4. 사단법인 한국법학교수회 회장과 사단법인 법학전문대학원협의회 이사장이 각각 1명씩 추천하는 법학교수 2명

  5. 학식과 덕망이 있고 각계 전문 분야에서 경험이 풍부한 사람으로서 변호사 자격을 가 지지 아니한 사람 2명

④ 인사위원회는 다음 각 호의 사항을 심의한다. <신설 2011.7.18>

  1. 검찰인사행정에 관한 기본계획의 수립 및 검찰인사 관계 법령의 개정·폐지에 관한 사항

  2. 검사의 임용·전보의 원칙과 기준에 관한 사항

  3. 검사의 사건 평가와 관련하여 무죄사건이나 사회적 이목을 끈 사건으로 위원 3분의 1 이상이 심의를 요청한 사항

  4. 그 밖에 법무부장관이 심의를 요청하는 인사에 관한 사항

⑤ 인사위원회는 재적위원 과반수의 찬성으로 의결한다. <신설 2011.7.18>

⑥ 그 밖에 인사위원회의 구성과 운영 등에 필요한 사항은 대통령령으로 정한다. <신설 2011.7.18>

106) 제34조의2(검찰총장후보추천위원회)

관이 임명할 수 있는 4인(동조 제1항 제1호 및 제7호)과 동조 제1항 제2호(법무부 검찰국장)를 합하면 과반수가 넘기 때문에 사실상 법무부장관의 의도대로 임명될 가능성을 부인할 수 없다. 법무부장관이 검찰총장후보추천위원회의 인사권을 장악함으로써 동 위원회가 형식적인 기구로 전락하게 되는 문제가 있는 것이다. 따라서 법무부장관이 임명하는 검찰총장후보추천위원 역시 과반수를 넘길 수 없도록 한 다음(동조 제1항 제2호 삭제), 가칭 '평검사협의회'[107]를 법정기구로 신설하여 이 기구의 추인을 거쳐 대통령이 임명하는 절차로 제도가 개선되어야 할 것이다.

3. 검찰의 사법기관성 인정

전술(前述)한 것처럼, 대륙법계 형사법체계에서 검사의 활동은 사법적 성격을 띠고 있다. 그 이유는 검찰권은 분류상 행정권의 일종으로 사법권과 구별되지만, 범죄수사,

---

① 법무부장관이 제청할 검찰총장 후보자의 추천을 위하여 법무부에 검찰총장후보추천위원회 (이하 "추천위원회"라 한다)를 둔다.

② 추천위원회는 법무부장관이 검찰총장 후보자를 제청할 때마다 위원장 1명을 포함한 9명의 위원으로 구성한다.

③ 위원장은 제4항에 따른 위원 중에서 법무부장관이 임명하거나 위촉한다.

④ 위원은 다음 각 호의 어느 하나에 해당하는 사람을 법무부장관이 임명하거나 위촉한다.

   1. 제28조에 따른 대검찰청 검사급 이상 검사로 재직하였던 사람으로서 사회적 신망이 높은 사람

   2. 법무부 검찰국장

   3. 법원행정처 차장

   4. 대한변호사협회장

   5. 사단법인 한국법학교수회 회장

   6. 사단법인 법학전문대학원협의회 이사장

   7. 학식과 덕망이 있고 각계 전문 분야에서 경험이 풍부한 사람으로서 변호사 자격을 가지지 아니한 사람 3명. 이 경우 1명 이상은 여성이어야 한다.

⑤ 추천위원회는 법무부장관의 요청 또는 위원 3분의 1 이상의 요청이 있거나 위원장이 필요하다고 인정할 때 위원장이 소집하고, 재적위원 과반수의 찬성으로 의결한다.

⑥ 추천위원회는 검찰총장 후보자로 3명 이상을 추천하여야 한다.

⑦ 법무부장관은 검찰총장 후보자를 제청하는 경우에는 추천위원회의 추천 내용을 존중한다.

⑧ 추천위원회가 제6항에 따라 검찰총장 후보자를 추천하면 해당 위원회는 해산된 것으로 본다.

⑨ 그 밖에 추천위원회의 구성과 운영 등에 필요한 사항은 대통령령으로 정한다.

107) 가칭 '평검사협의회'는 고(故)노무현정부때 대통령이 검사와의 대화에서 약속한 사안인데, 현재까지 상설화되고 있지 않다. 그러나 어떤 조직이건 그 내부구성원이 정확하게 조직의 인물 및 상황 등을 알고 있으므로 모든 구성원의 추인 정도는 거치도록 하는 것이 제도적 정당성은 물론 조직의 청렴도 내지 염결성 차원에서 가장 바람직한 제도라고 본다.

공소의 제기와 수행, 재판의 집행 등을 내용으로 하고 있으므로 사법권과 밀접한 관련을 맺고 있다는 점에서, 수사절차 및 재판절차에서 사법적 중요성(Justizförmigkeit)이 매우 중요시되고 있기 때문이다. 이러한 검찰권의 사법적 속성 때문에 그 공정성을 담보하기 위해 검사의 자격요건에 법관과 같은 수준의 엄격한 요건을 필요로 하고, 그 신분도 일반 행정공무원에 비해 강력하게 보장하는 등의 조치를 취하고 있다. 영미법계 국가에서는 검사를 행정기관으로 보는바, 이러한 논의 자체가 없다.

문제는 우리나라 검찰의 준사법기관성을 긍정하더라도 검찰제도를 탄생시킨 이념 및 연혁을 근거로 삼아 긍정적인 해석론을 전개하지만, 그러한 역할과 기능이 제도론적으로 충분히 뒷받침되고 있지 않다는 점이다. 검찰청법상의 정치적 중립성 선언도 선언적 프로그램에 불과하고, 형사소송법상의 객관의무에 관한 규정도 마찬가지이다. 검사의 임명, 예산 및 인사가 행정부(대통령과 법무장관)에 완전히 종속되어 있기 때문이다. 더욱이 구체적 사건에 대한 법무부장관의 지휘권이 존재하는 한, 그리고 법무부장관에 대한 임명권을 대통령이 좌지우지 할 수 있는 한, 법무부장관을 매개로 한 정부(정치)로부터의 외풍을 막을 방도가 없으며, 이러한 문제는 공수처의 경우에도 더욱 심하게 작용할 것으로 보인다.

결국 검찰의 사법기관성을 회복하는 방법은 헌법상 검찰을 법원과 나란히 사법부로 독립시키고 검찰과 법원을 통괄하는 '최고사법회의' 같은 기구를 두면서 그 최고사법회의에서 검사와 판사의 임용 및 신분보장을 하고, 기능적으로만 검찰과 법원이 분리되도록 설계한다면, 검찰의 독립성이 가장 강도높게 보장될 것은 분명해 보인다. 그런데 현재 검찰사무의 기획업무가 법무부 검찰국과 대검찰청 기획조정부로 이원화되어 있을 뿐더러, 평가기능도 대검 감찰부와 법무부 검찰국으로 분산되어 있다. 더욱이 검찰인사에 관한 실무업무를 정치적 임명직인 법무부장관이 직접 관할하는 법무부 검찰국에서 담당함으로써 검찰권의 독립성마저 저해할 소지가 있다.

그러므로 법무부는 권력기관으로서의 성격을 탈피하여 대국민 서비스 제공기관으로서의 성격을 확립해야 하며, 종래 검찰 위주의 조직과 운영에서 탈피하여 민간부문과의 협력체계를 강화해야 할 것이다. 따라서 헌법개정이 필요한 '최고사법회의'가 도입되기 전까지, 한시적으로 법무부 검찰국의 인사기능을 폐지하고 검찰국 업무의 대부분을 검찰로 이관[108]시키는 한편, 감찰권은 오히려 법무부로 통합하여 검찰총장을 제외한 검사인

---

108) '법무부와그소속기관직제'에 의하면 법무부의 행정제도 개선업무를 총괄하고, 정책 및 기획을 조정·심사평가하며, 인사·예산·행정관리 및 시설관리에 관한 사무를 관장하기 위하여 기획조정실을 두고, 운영지원과, 법무실, 검찰국(2006.2. 검찰국 산하의 각 과 명칭을 변경하고 '형사법제과'를 신설함), 범죄예방정책국(2008.3. 보호국이 범죄예방정책국으로 개편되어 검사장이 국장을 맡고 있음), 인권국(2006.5. 인권국이 신설됨), 교정본부(2007.11. 교정국이 교정본부로 확대 개편됨) 및 출입국·외국인정책본부(2007.5. 출입국관리국이 출입국·외국인정책본부로 승격됨)를 두고 있으며, 장관 밑에 감찰관 1인 및 장관정책보좌관 2인을 두고 있다.

사권은 검찰(검찰총장)에, 감찰권은 법무부로 분리하는 방안이 타당하다고 본다. 아울러 법무부와 검찰간 인사교류를 최소화하고 법무부에 개방형 임용제를 도입하여 전문성을 제고해야 할 것이다.[109]

4. 기소편의주의에서 기소법정주의로의 전환문제

한국의 경우 그동안 기소독점주의, 기소편의주의(Opportunitätsprinzip)[110]에 더하여 검사동일체의 원칙까지 인정되어 검찰의 기소재량권에 대한 효과적인 통제수단이 존재하지 않았다. 이에 대하여 검사의 불기소처분에 대한 통제장치로서, 독일처럼 기소법정주의로 전환을 주장하는 견해[111]가 있다. 그동안 기소독점주의와 함께 기소권이 권력일 수 있도록 지탱해 주는 또 하나의 축으로서 아직 유지되고 있는 것이 기소편의주의라는 것이다.[112] 따라서 기소를 하지 않을 수 있다는 규정을 기소를 하여야 한다는 내용으로 개정하고 기소를 하지 않음이 마땅한 사안을 유형화 하여 기소편의주의가 아니라 기소법정주의(Legalitätsprinzip)를 원칙으로 하자는 것이다.[113] 기소법정주의가 원칙이 되면 기소권을 행사하지 말라는 정치권 고위공직자의 압력을 피할 수 있는 좋은 핑계가 될 것이기 때문이다.

물론 독일 형사소송법(StPO)은 검찰이 공소를 제기한다고 하여 기소일원주의(우리나라에서는 '기소독점주의'로 번역됨)를 규정하고 있다(형소법 제152조, 제170조).[114] 다만 이

---

109) 2008년 말에는 '법무부와 그 소속기관 직제시행규칙'이 개정되어 출입국·외국인정책본부장과 인권국장을 개방직에서 자율직으로 바꿔 검사장급을 배치할 수 있도록 하였다.

110) 형사소송법 제247조는 검사가 형법 제51조의 사항을 참작하여 공소를 제기하지 아니할 수 있도록 정하고 있다. 형법 제51조는 양형조건에 관한 규정인데 여러 가지 측면을 종합해서 범죄 혐의가 확인되더라도 기소하지 않을 수 있는 것이다.

111) 김봉수, "검찰개혁, 어디로 가고 있는가?", 비교형사법연구 제22권 제3호(2020. 10.), 한국비교형사법학회, 40면.

112) 이석연, 검사의 불기소처분의 헌법적 통제를 위한 시론 – 기소편의주의에 대한 반성적 측면에서, 『법과 사회』(법과사회이론학회) 제6권 (1992), 107면 이하.

113) 김성천, "고위공직자범죄수사처의 형사사법체계 정합성에 관한 고찰", 중앙법학 제21권 제4호, 중앙법학회, 72면.

114) 제152조 ① 공소제기는 검사의 권한에 속한다. ② 법률에 다른 규정이 없는 때에는, 검사는 충분한 사실적 근거가 존재하는 모든 형사소추 가능한 범죄행위에 대하여 공소를 제기하여야 한다. 제156조 공판절차개시 이후에는 공소를 취소할 수 없다.
제160조 ① 검사는 고발이나 그 밖의 방식으로 범죄행위의 혐의에 대하여 알게 되는 즉시 공소제기 여부를 결정하기 위하여 사실관계를 조사하여야 한다. ② 검사는 책임을 가중시키는 것뿐 아니라 감경시키거나 면제하는 사정에 대하여도 수사하여야 하며, 멸실의 우려가 있는 증거의 조사를 위한 조치를 마련하여야 한다. ③ 검사는 행위의 법적 효과를 확정하는 데 중요한 의미가 있는 사정에 대해서도 수사하여야 한다. 이를 위하여 검사는 사법보조관을 이용할 수

에 대한 예외로서, 조세범 사건에 있어서 '세무관청의 약식명령 청구권'이 인정되고(독일 조세법 제399조 제1항, 제499조), 독일 형사소송법 제374조[115]에 따라 일정한 경죄나 사적 영역 보호의 성격이 강한 범죄에 대하여 '사소(私訴)'가 인정되고 있다. 또 기소법정주의를 원칙으로 하고 있으나, 형사소송법 제150조 제2항에 "법률에 다른 규정이 없는 때에는"이라는 예외를 열어놓고, 이에 따라 합리적인 사정이 있는 때에는 기소하지 않을 수 있는 '기소합리주의' 규정들이 개별조항[116] 차원에서 많이 도입되어 있다.

그러나 기소편의주의를 채택한 우리나라의 기소유예 비율(건수 기준)이 2011년 12.1%, 2012년 12.4%, 2013년 12.2%, 2014년 12.5%, 2015년 14.1%인 반면, 독일의 경우 기소법정주의의 예외로서 기소유예 처분 건수는 점차 증가 추세에 있으며, 전술(前述)한 【표 2-9】에서 보는 것처럼(독일의 기소유예 처분현황), 우리나라보다 그 비율이 더 높다. 다만, 기소편의주의가 경직된 형사사법권 행사를 피할 수 있는 유용한 제도라고 하더라도 그것이 유전무죄 무전유죄 현상을 불러오는 요인이 된다면 형사사법체계에 대한 신뢰의 붕괴를 가져올 뿐 구체적 정의를 이루기 위한 도구라고 할 수 없다. 지금까지는 검찰의 기소권 행사가 권력이나 금력을 가진 사람에게 유리하게 운용되는 것으로 비춰져 비난이 일어났기 때문이다.

결국 권력형 범죄나 독직 및 직권남용 등의 범죄·법조비리·선거관련 사건 등에 대

있다. (이하 생략)

제163조 ① 경찰기관과 경찰공무원은 범죄행위를 조사하여야 하고, 사실관계가 불분명해지지 않도록 예방하기 위해 지체해서는 안 될 모든 명령을 내려야 한다. 이러한 목적에서 경찰기관과 경찰공무원은 다른 기관에 대해 정보제공을 의뢰할 권한이 있고, 긴급을 요하는 경우에는 정보를 요구할 수 있으며, 다른 법률규정에 권한과 관련하여 별도로 규정하고 있지 않는 한 모든 종류의 수사를 행할 권한이 있다. (이하 생략)

제170조 ① 수사결과 공소제기를 위한 충분한 근거가 밝혀진 경우 검사는 관할법원에 공소장을 제출함으로써 공소를 제기한다. ② 그렇지 않을 때에는 검사는 절차를 중지한다. (이하 생략)

115) 독일 형사소송법 제374조 제1항에 따라 사소가 가능한 범죄는 주거침입죄(형법 제123조), 모욕죄(형법 제185조 내지 제189조) 가운데 형법 제194조 제4항에 규정된 정치단체에 대한 것이 아닌 경우, 서신비밀침해죄(형법 제202조), 상해죄(형법 제223조 및 제229조), 스토킹죄(형법 제238조 제1항) 또는 협박죄(형법 제241조), 업무상 수뢰 또는 증뢰죄(형법 제299조), 재물손괴죄(형법 제303조), 형법 제323조a에 따른 행위로서 그 행위가 명정상태에서 저질러진 위 죄들에 해당하는 경우, 부정경쟁방지법 제16조 내지 제19조에 따른 범죄행위, 특허법 제142조 제1항, 실용신안법 제25조 제1항, 반도체보호법 제10조 제1항, 종자보호법 제39조 제1항, 상표법 제143조 제1항과 제143조a 제1항과 제144조 제1항과 제2항, 의장법 제51조 제1항, 제65조 제1항, 저작권법 제106조 내지 제108조b 제1, 2항 및 조형미술과 사진작품 저작권관련법 제33조에 따른 범죄행위이다.

116) 형사소송법 제153조, 제153조a, 제153조b, 제153조c, 제153조d, 제153조e, 제153조f, 제154조, 제154조a, 제154조b, 제154조c, 제376조, 소년법원법 제45조, 마약류관리법 제31조 등.

하여 기소법정주의를 채택하자는 주장도 일리가 있으나, 정치인 또는 고위공직자 부패사건, 재벌·금융 등 경제관련사건 등 국민들의 이목을 집중시키는 사건에 대하여 일본식의 검찰심사회제도나 소추심사위원회 같은 시민적 통제방안 내지 미국식의 대배심제도를 도입하는 것이 검찰의 기소재량권의 남용을 통제하는 동시에 검찰의 정치적 중립성에도 도움이 될 것이다. 왜냐하면 사법기관에 대한 국민참여는 이제 거스를 수 없는 시대적 대세이며, 검찰업무에 대한 투명성과 객관성을 높여주는 지름길이기 때문이다.

5. 법왜곡죄 신설

검사와 판사는 형사사건의 피고인이나 피의자를 소추하고 재판하는 업무를 담당한다는 점에서 고도의 객관성, 도덕성 및 청렴성이 요구된다. 이에 대륙법계 형사사법시스템을 갖고 있는 국가에서는 법관이나 검사의 직무규정이나 윤리규정 이외에 법왜곡 행위에 대한 형사처벌의 규정을 두고 있다. 독일 형법 제339조에서 정하는 법왜곡(Rechtbeugung)죄란 "법관, 기타 공직자 또는 중재인이 법률사건을 지휘하거나 결정함에 있어 일방 당사자에게 유리하거나 또는 불리하게 법을 왜곡하는 것"으로,[117] 이러한 입법[118]은 과거 법관이나 검찰이 정권유지를 돕기 위해 부당하게 법을 왜곡해서 적용했던 역사적 사실에 기인한다. 이러한 법왜곡은 정당하지 못한 법률적용이나 재량권 행사의 남용뿐만 아니라 사실관계를 잘못 확정하는 경우에도 법왜곡행위에 해당하며, 적극적이고 능동적인 행위는 물론 소극적인 부작위를 통해서도 가능하다고 본다.[119]

이에 우리나라에서도 기소독점주의와 기소편의주의를 보완하는 수단으로 이러한 법왜곡죄를 신설하자는 주장이 있다.[120] 법왜곡죄가 신설되면, 기소를 하여야 할 사건임에도 검사가 법을 왜곡하여 기소를 하지 않으면(불기소처분) 형사처벌 대상이 된다는 점에서, 처벌의 위험을 무릅쓰고 법을 왜곡할 검사는 없을 것이라는 점을 근거로 든다. 특히 검사의 재량권남용과 관련하여 문제가 되는 경우는 검사가 범죄의 혐의를 포착하고도 수사를 개시하지 않은 경우인데, 형사소송법은 공소제기에 대해서는 기소편의주의를 채

---

117) 독일형법 제339조(법왜곡) 법관, 기타 공직자 또는 중재인이 법률사건을 지휘하거나 결정함에 있어 당사자 일방에게 유리하게 또는 불리하게 법을 왜곡한 경우에는 1년 이상 5년 이하의 자유형에 처한다.

118) 직권남용죄의 구성요건을 통하여 법관의 법왜곡 행위를 처벌하는 입법례로는 오스트리아 형법 제302조(직권남용), 스위스 형법 제312조(직권남용), 프랑스 형법 제432−4조(타인의 권리행사방해죄)와 제434−7−1조(재판거부죄) 등이 있고, 독자적인 법왜곡죄의 구성요건을 명시하고 있는 입법례로는 독일 형법 제339조, 스페인 형법 제446−449조, 노르웨이 형법 제110조 등이 있다.

119) BGHSt 47, 105[113ff].

120) 이진국, "독일 형법상 법왜곡죄의 구성요건과 적용", 비교형사법연구 제21권 제1호(2019), 한국비교형사법학회, 163면 이하 참조.

택하고 있지만, 수사 자체에 대해서는 수사법정주의를 채택하고 있기 때문이라는 것이다.121) 이에 따르면, 검찰이 특정사건을 수사대상에서 의식적으로 누락시킨 경우 직무유기죄가 성립한다는 입장이다.

독일에서 법왜곡죄의 대상으로 판사 이외에 검사를 포함시키는 이유는 검사의 객관의무(사법기관)를 인정하기 때문이다. 그런데 검사를 행정기관의 일종으로 보면서, 영미식 당사자주의를 강조하는 견해에서 검사에 대한 법왜곡죄의 도입을 신설하자는 것은 논리모순으로 보인다. 행정기관에 불과한 검사가 어떻게 법왜곡의 해석을 할 수 있다는 것인지 궁금하기 때문이다.

결국 검사에게 법왜곡죄의 책임을 인정하기 위해서는 대륙법계 형사사법구조처럼 법관과 동일하게 '사법기관'으로서의 지위를 인정한 후, 도입을 검토해야 할 것이다.

Ⅲ. 정치적 독립성 확보방안

1. 법무부 장관의 구체적 사건에 대한 지휘권 폐지

(1) 제도적 취지

검찰청은 행정조직상으로 법무부에 소속되어 있으므로 검찰권의 행사에 관하여 궁극적으로는 행정부가 책임을 져야 한다. 여기서 검찰사무에 관한 최고감독권을 어떠한 행태로든 법무부장관에게 인정할 필요가 있다. 그러나 검찰사무는 형사사법의 운용에 중대한 영향을 갖고 있으므로 검찰권의 행사는 항상 공익의 대표자로서 공정하게 행하여져야 하며, 행정부의 정치적 세력, 여당의 정략, 특정인의 이해 등에 의하여 좌우되는 것을 방지하여야 한다(검찰청법 제4조 제2항). 이러한 견지에서 법률은 검사에 대한 법무부장관의 지휘·감독권에 제한을 두고 있다. 즉 법무부장관은 검찰사무의 최고감독자로서 일반적으로 검사를 지휘·감독할 수 있으나, 구체적 사건에 대하여는 검찰총장만을 지휘·감독할 수 있도록 규정하고 있다(동법 제8조). 이는 임기제에 의하여 신분이 보장된 검찰총장을 완충대로 하여 행정부 또는 법무부장관으로부터의 부당한 간섭을 저지하여 검찰권의 독립을 보장하자는 데 그 취지가 있다.

(2) 법무부와 검찰청과의 관계

전술(前述)한 것처럼, 대륙법계 국가의 경우 법무부에 법원이 소속되어 있고, 검찰청은 부치되어 있으므로 법무장관 밑에 대법원장과 검찰총장이 있다.122) 따라서 기능적으

---

121) 전지연, "법왜곡죄의 도입을 위한 시론", 형사법연구 제20호(2003 가을), 한국형사법학회, 200면, 同旨, 허일태, "검찰의 법왜곡행위와 이에 대한 대책", 형사법연구 제11호(1999), 한국형사법학회, 315면.

로 법원과 검찰청이 독립되어 있다는 점을 제외하고는 검찰은 법무부 소속이며, 법무부의 사무를 수행한다. 다만, 법원이 법무부 산하에 있다고 하더라도 법무부장관은 법원의 재판에 관여하지 못하고, 법관은 재판권을 독립적으로 행사한다. 법무부는 법원의 인사, 예산 등 법원행정에만 관여할 뿐이다. 즉, 법원행정은 행정부인 법무부에서 관장하고 있지만, 재판에는 관여하지 않는 것으로 재판권의 독립이 보장된다.

반면에 영미법계 국가 중 미국의 경우는 삼권분립에 따라 법원만 별도로 분리되어 있을 뿐 연방검사 모두가 연방법무부 소속이며, 별도의 외청 조직이 아니다. 따라서 연방의 법무부가 우리나라의 법무부와 대검찰청의 역할을 담당하며(연방 법무부장관이 동시에 검찰총장임), 대검찰청과 고등검찰청을 따로 두고 있지 않다. 영국의 경우는 법무부장관 밑에 대법원장과 검찰총장이 있지만, 전술(前述)한 것처럼 형사소추 여부는 준사법작용인 것을 고려하여 영국 검찰업무지침에 따라 법무부장관은 국가안전보장에 관계된 사안이 아닌 한 개별 사안에 대하여 지휘를 하지 않는다.

(3) 구체적 사건에 대한 지휘·감독

법무부장관이 검찰총장에 대해 구체적 사건에 관한 지휘를 한 경우 검찰청법 제8조의 자구(字句)만을 보면, 법무부장관이 지휘권을 가지고 있는 결과 검찰총장에게는 이에 복종할 의무가 있으므로, 그 지휘가 위법한 것이 아닌 한 이에 따라 직접 사무를 처리하거나 부하검사에게 명령하여 처리하도록 해야 할 것이다. 이에 따라 법무부장관이 검찰총장에 대해 구체적 사건에 관하여 지휘할 수 있는 권한을 속칭 '지휘권'이라고 부르고 법무부장관이 그 권한을 행사하는 것을 '지휘권발동'이라고 한다. 그러나 검찰권은 사법권과 밀접불가분의 관계에 있고, 사법권의 적정한 실현을 위해서는 검찰권이 공정하게 행사될 것이 불가결한 전제가 된다. 따라서 사법권의 독립을 확보하기 위해서는 검찰권의 입법권 및 다른 행정권으로부터의 독립이 담보되어야 할 것인바, 오늘날 우리나라와 같은 정당정치체제하에서는 특히 그 필요성이 크다.123)

---

122) 연방검찰청은 우리나라의 대검찰청과 달리 고등검찰청의 상위(上位)에 있는 것이 아니라 법관과 마찬가지로 연방정부의 법무부에 소속되어 법률에 근거한 일정한 권한을 행사하는 독립된 관청이다.

123) 松尾浩也, 형사소송법(상), 보정제4판, 홍문당, 1998, 25면은 「검찰관의 직무독립에 관해 곤란한 문제를 제공하는 것은 행정권의 주체인 내각과의 관계이다. 검찰에 관한 사항은 법무부의 소관사무로 되어 있고, 그 장인 법무부장관은 행정조직상의 원리만에 의하면, 검찰권의 행사를 완전하게 통제할 수 있다. 그러나 정당정치의 정점에 서 있는 내각의 의사가 법무부장관을 통해서 검찰권의 활동을 마음대로 지배하게 되면 사법권의 운영 그 자체가 정치 내지 행정일반의 힘에 흔들릴 위험이 생긴다. 그래서 검찰청법은 검찰사무에 관한 법무부장관의 지휘감독권에 대해 미묘한 제약을 두었다.」「형식상으로는 권한을 정한 것이나 단서의 실질은 지휘권발동

원래 법무부장관은 검찰총장의 '상사'(上司)에 해당한다. 따라서 법무부장관이 구체적 사건에 관해서 검찰총장을 지휘할 경우에는 국가공무원법 제57조(복종의 의무)의 규정에 따라 통상적인 경우 검찰총장이 그 지휘에 따라야 하는 것은 당연하다. 그러나 검찰청법 제8조의 존재이유는 단순히 법무부장관과 검찰총장의 명령복종의 관계를 규정한 것에 그치지 않고 행정부 내지 그 일원인 법무부장관과 검찰권의 접촉점에 관한 이상적인 상태를 규정한 것으로 이해해야 한다. 불행하게도 법무부장관의 지휘에 관해서 법무부장관과 검찰총장의 의견이 다른 경우에 검찰권의 대표자인 검찰총장이 법무부장관의 지휘가 위법이 아닌 한 이를 무조건 따라야 한다고 해석하는 것은 문제가 있다. 따라서 양자의 의견이 상이한 경우, 우선 검찰총장으로서는 소신에 따라 상세하게 법무부장관에게 의견을 개진함과 동시에 법무부장관의 진의를 파악하도록 최대한의 노력을 다해야 할 것이며, 그와 같은 사실상의 조치에도 불구하고 최종적으로 상호 의견이 대립된 경우에는 검찰총장은 ㉠ 불복이지만 법무부장관의 지휘에 따르든지, ㉡ 지휘에 따르지 않고 스스로 이에 반하는 처리를 하거나 부하검사에게 법무부장관의 지휘에 반하는 지휘를 하든지, ㉢ 관직을 사임하든지의 세 가지 태도를 취할 수밖에 없을 것이다.124)

이와 관련하여, 문재인 정권의 초대 검찰총장인 문무일 총장 재임시 설치·운영된 대검찰청의 검찰개혁위원회125)가 검찰의 정치적 중립성·독립성 확보방안에 대한 논의 결과를 권고형식으로 언론에 공개했는데, 내용은 다음과 같다.

【표 8-22】 대검찰청 검찰개혁위원회 권고사항

[제8차 권고(2018.3.5.) 권고사항]
<u>검찰의 정치적 중립성·공정성 확보 방안 1 권고</u>
■ 검찰 수사에 대한 외부개입 금지를 위한 지침을 제정·시행한다.

에 대한 제한에 지나지 않는다」라고 서술하고 있다.

124) 일본의 경우 사선업계가 정부에 구제금융을 요청하면서 집권당인 자유당 정치인들에게 뇌물을 건넨 1954년 4월 조선의옥사건(造船疑獄事件)에서 일본 역사상 유일무이한 법무상의 지휘권발동이 이루어졌는데, 이 사건으로 체포된 사람은 71명이나 되었으나, 기소된 사람은 34명에 그쳤고 이 중 정치가는 5명에 불과하였지만, 당시 지휘권을 발동한 요시다정권도 '외압'이라는 비판여론에 시달리다 총리와 법무상이 사임하는 등 정권이 붕괴되었다.

125) 2017. 9. 19. 발족한 대검찰청의 '검찰개혁위원회'는 학계 4인, 법조실무 8인, 사회단체 2인, 언론 2인, 검찰 내부 2인으로 구성되어 있는데, 총 14회 권고사항을 언론을 통해 표명하였다.

가. 필요성

o 최근 강원랜드 채용비리 수사 관련 외압의혹 사건, 검사의 수사기록유출 사건 등과 관련하여, 검찰 수사과정에 정치권력 등 검찰 외부의 인사 또는 수사지휘·감독관계에 있지 아니한 검찰 내 인사가 부당한 영향력을 행사하였다는 의혹이 언론을 통해 보도된 바 있고, 관련 수사도 진행 중이다.

o 검출 수사에 대한 외부 개입은 실체적 진실 발견을 곤란하게 할 뿐만 아니라 수사의 공정성·중립성을 훼손할 가능성이 농후하므로 이를 개선할 대책을 마련할 필요성이 있다.

나. 주요 내용

o 검찰공무원은 취급 중인 사건에 관하여 검찰 외부의 인사 또는 수사지휘·감독관계에 있지 아니한 검찰 내 인사가 전화를 하거나 방문한 경우 소속 기관장에게 보고하고(소속 기관정이 전화를 받거나 방문을 받은 경우에는 상급기관장에게 보고), 각 검사실마다 관리대장을 마련하여 접촉 사실과 그 취지를 서면으로 기록하여 보존한다.

o 수사 또는 징계절차와 관련하여 필요한 경우에 한하여 법령에 따라 위 관리대장을 공개한다.

다. 기타사항(시행방법)

o 검찰총장은 권고의 취지에 따라 조속히 관련 지침을 마련하고, 필요시 관련 법령을 제·개정을 법무부에 건의한다.

o 검찰총장은 지침 제정과 별도로 수사 지휘·감독관계에 있지 아니한 검찰공무원의 수사관여는 허용되지 않고, 이를 위반할 경우 징계, 수사 등 필요한 조치를 취할 것임을 대내외적으로 천명한다.

■ 법무부장관의 검찰총장에 대한 지휘는 반드시 서면으로 하고, 각급 검찰청의 장의 법무부 장관에 대한 수사보고는 대검찰청을 경유하여야 한다.

가. 필요성

o 법무부장관은 검찰청법 제8조에 따라 검찰사무의 최고 감독자로서 일반적으로 검사를 지휘·감독하고, 구체적 사건에 대하여는 검찰총장만을 지휘·감독한다.

 - 그러나, 법무부장관의 구체적 사건에 대한 지휘·감독권이 투명하게 행사하지 않게 행사되는 경우 검찰수사에 대한 정치권력의 부당한 영향력 행사의 통로로 악용되어 수사의 정치적 독립성과 공정성을 훼손한다는 비판이 지속적으로 제기되어 왔다.

o 또한, 현행 검찰보고사무규칙은 제2조에서 각급검찰청의 장이 상급검찰청의 장과 법무부장관에게 동시에 보고하되, 특별한 사유가 있는 때에는 법무부장관에게 보고한 후, 상급검찰청의 장에게 보고할 수 있도록 규정하고 있다.

 - 이 규칙은 제5공화국 정권이 검찰을 통제하기 위해 만든 대표적인 제도로서 사실상 법무부장관의 수사 관여를 가능하게 하고 있다는 비판이 제기되어 왔고, 현 정부 출범 이후 법무부는 대검찰청을 통하여 검찰 수사 관련 보고를 받고 직접 일선 검찰청 접촉을 하고 있지 않는 바, 일부 규정은 이러한 현재의 보고실무와도 맞지 않는다.

o 따라서, 법무부 장관이 투명하지 않은 방법으로 검찰 수사에 수시로 개입한다는 불필요한 오해

를 차단하고, 검찰의 정치적 중립성과 공정성을 보장하기 위해서는, 구체적 사건에 대한 법무부 장관의 지휘내용을 서면화하고, 위 규칙을 현행 보고실무를 반영하여 개정할 필요성이 있다.

나. 법무부장관은 구체적 사건에 관하여 검찰총장을 지휘하는 경우 반드시 서면으로 지휘하여야 한다.
ㅇ 우리 위원회는 제3차 권고에서 '검찰 의사결정 과정의 투명화 방안 수립·시행'을 권하면서 일선 검찰청의 결제 과정을 모두 기록화 할 뿐만 아니라 대검찰청의 일선 검찰청에 대한 지휘·지시까지 모두 기록하도록 권고한 바 있다.
ㅇ 그 권고의 연장선에서, 법무부장관이 구체적 사건에 관하여 검찰총장을 지휘·감독하는 경우에도 구두가 아닌 서면으로 함으로써 지휘·감독에 대한 기록을 남기도록 개선할 필요가 있다.

다. 각급검찰청의 장은 개별 사건에 대하여 상급검찰청의 장에게 보고하고, 검찰총장은 필요하다고 판단하는 경우 법무부장관에게 보고한다.
ㅇ 검찰보고사무규칙 제2조를 개정하여 각급검찰청의 장은 구체적 사건에 대하여 상급검찰청의 장에게만 보고하도록 하고, 검찰총장은 필요하다고 판단하는 경우 법무부장관에게 보고하도록 한다.
ㅇ 변화된 사회 환경에 맞지 않는 검찰보고사무규칙 제3조 제3항은 삭제한다.

라. 기타 사항(시행방법)
ㅇ 검찰총장은 권고의 취지에 따라 검찰청법 및 검찰보고사무규칙 개정을 법무부에 건의한다.

그런데 현행 검찰청법 제8조는 위와 같은 극단적인 경우에 검찰총장이 어떻게 대처해야 할 것인가에 대하여는 규정하고 있지 않으므로 결국 검찰총장이 어떠한 태도를 취할 것인가는 당해 사안의 성질, 내용, 지휘의 내용과 목적, 파급효과, 나아가 검찰총장의 인생관과 처세관 등에 따라 좌우될 것이며, 그 이상은 검찰청법 제8조의 해석론의 범위를 벗어나는 것으로 보인다.

(4) 외국의 입법례
과거 독일에서는 1970년 독일법관협회의 검찰위원회에서 정치적 공무원인 장관이 검찰에 대해 지휘권을 행사하는 것은 검찰의 정치적 중립성을 해할 우려가 있다는 이유로 개별 사건에 있어서 장관의 지휘권을 폐지해야 한다는 제안을 한 일이 있으며,[126] 최근으로는 2003. 9. 21. 드레스덴에서 Sachsen주 신법관연합(Neuen Richtervereinigung Sachsen), 민주와 인권을 위한 유럽 법률가 연합, 민주주의를 위한 법률가 연합 등이 공동주최한 국제회의에서도 구체적 사건에 관한 법무부장관의 지휘권을 폐지하는 것을 중심으로 한 선언문이 채택되기도 하였다.[127] 또한, 2004. 3. Nordrhein-Westfalen주에

---

[126] Kommission für die Angelegenheiten der Staatsanwälte im Deutschen Richterbund, DRiZ 1970, 187.

서 기민당이 법무부장관의 지휘권을 폐지하는 법안을 제출하기도 하였으나128) 입법화되지는 않았다.

한편, 2015. 2. 및 4.경에 독일의 Netzpolitk이라는 언론매체에서 헌법수호를 위해 온라인망에 대한 감시체제를 강화하려는 계획에 대해 보도를 하였는데, 2명의 언론인이 관련 문서의 유출에 관련되어 있다는 이유로 헌법수호청(BfV)이 고발을 하였고, 이에 연방검찰총장 Range가 국가비밀누설혐의로 2명의 언론인에 대한 수사를 개시하였고, Netzpolitk이 보도한 정보가 국가비밀에 해당하는지에 대하여 외부인의 감정을 위탁하고자 하였다. 그런데 이러한 수사에 대해 언론측에서 언론의 자유 침해라는 비판을 하자, 연방법무부장관 Maas가 수사를 중지하라고 지휘하였고,129) 연방검찰총장 Range는 법무부장관 Maas의 지휘권행사가 사법(Justiz)의 독립성을 침해하였다고 공개적으로 비판을 한 것이다. 이후 연방검찰총장 Range와 법무부장관 Maas의 갈등은 연방수상 Merkel이 Range를 해임하고, 새 연방검찰총장을 임명함으로써 해결하였고, 신임 연방검찰총장은 위 수사를 중지하였다.

이를 계기로 독일법관협회에서는 법무부장관의 지휘권 행사가 사법적 성격을 가진 검찰의 독립성을 침해하였다고 비판하면서 법무부장관의 구체적 사건 지휘권을 폐지하여야 한다는 주장을 하기도 하였으나, 종전 논의와 같이 실질적 민주적 정당성130)의 근거로서 의회의 책임과 통제수단으로서의 장관의 지휘권은 유지되어야 한다는 논의에 따라 입법화로 이어지지는 않았다.

현재 독일에서는 민주적 정당성의 보장을 위해 장관의 검찰에 대한 지휘관계를 인정하지만, 구체적 사건에서의 정치적 중립성을 보장하기 위해 법해석의 방법으로 장관의

---

127) www.vdj.de/Erklaerungen/2003-09-21_Dresdener-plaedoyer.html.

128) 제안서 전문은 Nordrhein-Westfalen Drucksachen 13/5111에 게재되어 있으며, 주 의회 인터넷 홈페이지(www.landtag.nrw.de/portal/www/Webmaster/GB_1/1.4/Dokume)에도 게시되어 있다.

129) 전화통화에 의한 지시로 Range는 이를 장관의 지휘권행사라고 하고, Maas는 지휘권행사는 아니라고 하였다.

130) 실질적 정당성(sachlich-inhaltliche demokratische Legitimation, materielle Legitimation)이란 ① 국가권력의 행사가 국민의 의사인 법에 기속되는 것과 ② 국가권력 담당자들의 권력행사에 대하여 국민의 대의기관인 의회에 의한 한 통제체제를 갖추는 것을 요구하는데 두 번째의 통제장치가 핵심이다. 이에 따라 특히 행정부의 권력행사에 대해서는 ① 국민의 대표인 의회로부터 통제를 받고 의회에 대해 책임을 지는 책임체제의 확보(Verantwortlichkeit gegenüber dem Parlament)와 ② 그 책임을 지는 사람이 그 하부기관들에 대한 지휘체계를 갖추고 그의 지시를 받는 사람이 따라야 하는 지시권의 기속력(Weisungsabhängigkeit)을 갖추는 것이 실질적 정당성의 관점에서 핵심적 요소이다(Jarass/Pieroth, GG, Grundgesetz für die Bundesrepublik Deutschland, C.H.Beck, 2004, § 20 Rdnr 4; BVerfGE 93, 37/66f, § 20 Rdnr 9a).

지휘권을 제한하려는 논의가 통설이고 실무도 이와 같이 이해하고 운영하고 있다고 한다.131) 즉, 법무부장관의 지휘권은 의회에 의한 국민의 통제를 위하여 인정되는 수단이므로 검찰권의 사법적 성격을 감안하면 검찰권행사가 위법하거나 심히 부당하여 도저히 묵과할 수 없는 경우에만 극히 제한적으로 행사되어야 한다는 것이다.132) 또한 최후수단으로서 행사되는 경우에도 지휘권행사 자체가 사건 외적인 영향력, 특히 정치적 영향력을 미친다는 외관과 오해를 불러일으킬 수 있으므로 최대한 자제되어야 한다고 본다.

전술(前述)한 것처럼, 프랑스에서는 검사인사의 독립성과 객관성을 보장하기 위하여 헌법기관으로 최고사법평의회(Conseil supérieur de la Magistrature)가 설치되어 있으며, 2013년 7월 25일 법률로 법무부장관의 구체적 사건에 관한 검찰지휘권을 폐지하였다(형사소송법 제30조 개정).

이탈리아 역시 2차대전 당시 파시스트 정권 때 검찰이 정권의 도구로 이용되는 역사적 경험을 거치면서, 1946년 사법권 보장에 관한 법률로 법무부장관의 검찰 지휘권을 폐지하고 감독권으로 대체한 것이다. 즉, 1948년 헌법 제107조 제4항에 "검사는 사법조직법이 정하는 바에 따른 보장을 받는다"라고 규정하면서부터 검사가 사법부에 소속되면서 판사와 완전히 동등한 지위를 가지게 된 것이다.

일본에서는 이 규정의 입법과정에서 1947. 3. 19. 제92회 제국의회중의원본회의에서 사법대신 키무라(木村篤太郎)가 제안이유를 설명하면서, "검찰관은 종래와 마찬가지로 사법대신의 지휘감독에 따르지만 검찰권행사의 독립성을 담보하기 위하여 개개사건의 수사 또는 처분에 관해서는 사법대신은 검사총장만을 지휘할 수 있도록 되어 있다"고 설명하였다. 또 1947. 3. 28. 제국의회 귀족원 검찰청법안특별위원회에서 정부위원인 사토(佐藤藤佐)는 "종래와 같이 사법대신이 개개의 사건의 수사, 처분에 관해서도 모두 직접 개별 검찰관을 지휘한다고 하면 장차 여러가지 폐해가 있을 것으로 생각됩니다. 종래는 이와 같은 폐해가 나타나지 아니하였지만 점차 정당정치가 발전해 감에 따라 사법대신이 직접 개개의 사건의 처리에 관해서 개개의 검찰관을 지휘하는 것은 적당하지 않을 것이라는 생각에서 개개의 사안을 지휘하는 경우에는 반드시 먼저 검사총총장에게 지휘하도록 하고, 검사총장은 사법대신의 지휘에 응하여 자신의 의견을 이에 덧붙여 적당한 조치를 하는 이러한 방식을 취하는 것이 장래의 검찰사무의 운영상 적절할 것으로

---

131) 이완규, "법무부장관 지휘권 사태와 검찰 독립성: 문제점과 대안", 박수영 국회의원/유상범 국회의원/한반도선진화재단 주최 정책세미나 자료집(2020. 7. 30.), 18면.

132) 예컨대 2004. 11. 23. 독일 Mainz에서 개최된 독일 법관협회 Rheinland-Pfalz주 분회의 50주년 기념행사에서의 논의결과 발표에서 당시로서는 장관의 지휘권 규정의 개정을 요구하지는 않으나 구체적 사건에서는 극히 예외적으로(außerordentlich selten) 행사되어야 한다고 주장되었다(www.richterbund-rlp.de/index.php?_=&kat_id=6&aktion=zeig&art_id=34).

생각한다."고 하였다.133)

이 규정에 대해 검찰권이 행정권의 일부라는 점에 비추어 보면 법무부장관은 검찰
행정사무든 검찰사무든 불문하고 검사가 행하는 모든 사무에 관하여 지휘감독권을 가지
며 국회에 대해 책임을 지는 것인 반면, 검찰권은 사법권과 밀접한 관계에 있어 사법권
의 적정한 실현을 위해서는 검찰권이 공평타당하게 행사될 것이 불가결한 전제가 되므
로 사법권의 독립을 확보하기 위해서는 검찰권도 입법권 및 다른 행정권으로부터 독립
이 담보될 필요성이 있다는 것이 다수의견이다. 따라서 책임정치의 원리에 따른 요청과
검찰권의 독립성 담보의 요청의 조화로서, 한편으로는 정부의 의회에 대한 책임에 있어
서 검찰의 독선을 방지함과 동시에 다른 한편으로는 예컨대 정당의 이해나 사정에 의해
좌우되는 등 그 공평을 상실하는 운영에 빠지는 것을 피하기 위해 법무부장관의 검찰
전반에 대한 지휘감독권을 전제하면서도 검찰사무에 관한 지휘권 행사에 대하여는 제한
을 가한 것으로서 검찰권행사에 관하여 정부의 부당한 간섭의 기회를 줄일 수 있음과
동시에 만일 그러한 부당한 간섭이 이루어진 때에는 검사총장의 책임으로 올바르게 처
리하도록 한 것이고 설명된다.134)

(5) 한 계

입법자가 국가공무원법 제57조(복종의 의무)의 규정과 별도로 검찰청법 제8조를 규
정한 이유는 검찰총장에게 법무부장관과 대등한 지위에서 지휘의 적법성 및 타당성에
대하여 스스로의 책임하에 검토해야 할 권한과 의무를 부여한 것이다. 따라서 만약 검

---

133) 小田中聰樹 " 법무대신의 지휘권에 대하여", ロースクール 제53호 p.90(법무대신의 구체적 지
휘권은 어떠한 경우에 제한되어야 할 것인가? 첫째로 소송법상 부적법한 조치(예컨대 공소권남
용에 해당하는 공소제기)를 명하는 지휘 및 실체법상 위법한 조치(예컨대 고문이나 강제적 조
사 등)를 명하는 지휘는 허용되지 않는다. 둘째로 구체적 지휘권을 행사함에 있어서는 다음의
요건을 구비할 필요가 있다. ① 검찰권의 운용(행사 또는 불행사)이 정치적인 의도에서 이루어
지는 등 헌법 및 형사소송법의 정신을 몰각하는 악의를 가지고 이루어지거나 이루어지려고 할
것, ② 만일 이를 방치하면 회복하기 어려운 중대한 손해가 발생할 우려가 있을 것, ③ 달리
이를 억지할 수단과 방법이 없을 것, ④ 지휘내용이 필요하고 최소한도의 조치를 명하는 것일
것, ⑤ 법무대신은 지휘권행사의 이유를 검사총장에게 명백히 함과 아울러 이를 일반국민에게
공개할 것 등이다. 따라서 위에서 서술한 것과 같은 요건을 구비하지 아니한 구체적 지휘는 부
적법하여 무효이며, 복종의무는 발생하지 않는다고 해석하고자 한다).
134) 伊藤榮樹, 檢察廳法逐條解說, 良書普及會, 1986, pp.86－87(일본 검찰청법 입안과정에서 1947.
3. 19. 제92회 제국의회 중의원본회의에서 사법대신 木村篤太郎은 제안이유를 설명하면서 검찰
관은 종래와 마찬가지로 사법대신의 지휘감독에 따르지만, 검찰권행사의 독립성을 담보하기 위
하여 개개사건의 수사 또는 처분에 관해서는 사법대신은 검사총장만을 지휘할 수 있도록 되어
있다고 설명하였다).

찰총장이 법무부장관의 위법한 지휘를 따라 그 지휘를 일선에 행한다면, 최종적인 책임은 검찰총장이 진다고 보아야 할 것이다. 이와 같이 검찰청법 제8조는 법무부장관과 검찰총장의 관계를 다른 행정기관과 달리 규정하고 있는 특별규정이므로 법무부장관의 지휘·감독권 역시 검찰권의 행사가 위법한 경우 내부적인 지휘체계로도 그 불법상황이 해결되지 않는 예외적인 상황에서 적법성통제를 위해서만 행사되어야 할 것이다(내재적 한계). 왜냐하면 검찰총장의 지휘권이 박탈된 경우, 해당 수사의 지휘권이 누구에게 갈 것인지 모호할 뿐더러 이를 인정한다면 장관이 수사주체를 결정하게 되는 상황이 초래되기 때문이다.

그럼에도 법무부 어용기관인 법무부 법무검찰개혁위원회(위원장: 김남준)는 2020. 7. 27. 정부과천청사에서 43차 회의를 열고 검찰총장의 구체적 수사지휘권 폐지, 검찰총장의 직접 인사 의견권 금지, 검찰총장의 임명 다양화 등의 내용을 담은 21차 검찰개혁 권고안을 발표한 바 있다. 내용은 검찰총장의 권한을 줄이는 대신 법무부장관의 권한을 대폭 강화한 것으로, 검찰총장의 수사지휘권을 각 고등검찰청 검사장에게 분산하고 고검장에 대한 구체적 수사지휘권을 '법무부장관'이 갖도록 규정한 것이다. 검찰총장의 수사지휘권을 폐지하고 법무부장관의 고검장 수사지휘를 상정하는 것은 오히려 검찰개혁의 본질인 정치적 중립성과 독립성을 약화시킬 수 있다는 점에서, 이는 사실상 윤석열 검찰총장을 식물총장으로 만들고, 추미애 장관이 실질적인 검찰총장 역할을 하는 권고안으로 보인다. 이에 참여연대와 경제정의실천시민연합(경실련) 등 진보시민단체는 물론 한국형사소송법학회에서도 아래와 같은 성명서를 발표한 바 있다.

【표 8-23】 한국형사소송법학회 성명서 내용

검찰의 정치적 중립성 훼손하는 개혁위 권고안 등, 학계와 사회 각계 논의 수렴해 재고(再考)해야 한다.
법무·검찰개혁위원회(이하 "개혁위")는 지난 7월 27일 (월), 검찰총장과 법무부 장관 간 권력의 균형을 잡겠다는 의도에서 '검찰총장의 수사지휘권을 폐지하여 각 고등검사장에게 분산하고, 법무부장관이 각 고등검사장에게 구체적 사건에 대하여 수사지휘를 한다'는 내용의 권고안을 발표했다. 물론 검찰개혁에 대한 국민적 열망을 배경으로 출범한 개혁위가 그동안 보여준 성과와 수고는 높이 평가받을만하다. 그러나 권고안대로 검찰이 운영될 경우, 검찰은 준사법기관으로서의 속성을 잃고 정치에 종속될 우려가 있다. 권고안은, 개혁위가 현재 검찰총장 제도에 대한 헌법적·학술적 연구가 부족한 상태에 있는 게 아닌가 하는 인상마저 주고 있다. 먼저, **법무부장관의 확대된 수사지휘권은 부당하다.** 검찰총장과 법무부장관은 모두 인사청문회를 거쳐 대통령이 임명한다. 그러나 검찰총장은 검찰총장

후보추천위원회의 검증과 추천을 거쳐 그 임명에 사회 각층의 의견이 수렴되는 반면, 법무부장관은 사실상 대통령의 의지만으로 임명되고 있다는 점에 큰 차이가 있다. 그럼에도 불구하고 법무부장관이 오히려 구체적 사건에서 검찰총장보다 더욱 확대된 권한을 가지는 것은 부당하다.

검찰청법 제6조는 '검사의 직급은 검찰총장과 검사로 구분한다'고 규정한다. 따라서 고등검찰청 검사장 역시 개별 검사에 해당하며, 권고안에 따르면 법무부장관이 구체적 사건에 관하여 개별 검사인 고등검사장을 지휘하여 모든 사건을 사실상 직접 처리할 수 있다. 정치인인 법무부장관이 이처럼 기소절차에 직접 관여하고 간섭하게 하는 것은 검찰의 준사법기관적 속성에 배치된다.

다음, **정당 이익을 대변하게 될 것이 우려된다.**
검찰 사무는 국민의 기본권 보호, 사법 정의 구현을 핵심으로 한다. 이와 같은 검찰의 준사법적 속성에 비추어, 검찰에 대한 정치의 영향력을 최소화해야 한다는 점에는 이견을 찾기 어렵다. 그런데 정당에 가입할 수 없는 검찰총장과 달리, 법무부장관은 현행 헌법상 당적을 보유할 수 있고 국회의원을 겸직하여 의정활동도 할 수 있다. 이처럼 정당의 이익을 대변하게 될 우려가 큰 법무부장관이 직접 수사지휘를 할 경우, 정당이 수사권을 장악하게 되는 위험한 상황이 초래될 수 있다.

법무부는 입법예고된 개정 형사소송법, 검찰청법의 대통령령 등 제정안에 대해 관련 학회의 의견을 청취하기 바란다. 향후 국민의 인권에 중요한 형사법안에 대해서는 입법예고에 앞서 관련 학회의 학술적 의견을 청문하는 절차를 거쳐 주기를 당부한다.

〈끝〉
2020. 8. 10.
(사)한국형사소송법학회 회 장 정 웅 석

결국 검찰청법 제8조의 취지가 검찰총장의 일차적 지휘권을 전제조건으로 하고 있다는 점에서 검찰총장의 권한을 '박탈하는 지휘'는 할 수 없으며, 이는 검찰청법 제8조의 한계를 벗어난 것으로 보아야 할 것이다.135) 기본적으로 정무직 공무원인 법무부장

---

135) 법무부장관이 구체적 사건에 대해 검찰총장에게 지휘한 것은 ① 1949. 4. 이승만 정부때 이인 법무부장관이 임영신 상공부장관 등의 독직사건에서 권승렬 검찰총장에게 불기소지시를 하였으나 기소를 하는 바람에 이인 장관이 사임한 사건, ② 2005. 10. 노무현 정부때 천정배 법무부장관이 강정구 동국대 교수에 대한 국가보안법 위반사건에서 김종빈 검찰총장에게 불구속 수사를 하도록 수사지휘한 결과 검찰총장이 이를 수용하는 대신 사퇴하고 강정구 교수는 불구속 수사를 받게 된 사건, ③ 2020. 6. 문재인 정부때 추미애 법무부장관이 윤석열 검찰총장에게 '한명숙 전 총리 사건 위증교사의혹' 사건과 관련하여 참고인 한모씨를 서울중앙지검 인권감독관이 아닌 대검 감찰부에서 조사하도록 하고, 이어서 '검·언유착의혹' 사건과 관련하여 대검 전문수사자문단 소집절차를 중단하고 서울중앙지검장이 지휘 중인 수사에 관하여 검찰총장으로 하여금 수사지휘를 하지 못하도록 한 사건이 있다. 또한 2020. 10. 추미애 장관은 윤석열 총장에게 라

관에게 준사법기관인 검찰에 대한 민주적 통제의 역할을 맡기는 것 자체가 정치적 논란을 부를 수 있다는 점에서, 입법적으로는 법무부장관에게 검사에 대한 일반적인 지휘·감독권만을 부여하고 구체적인 사건에 대하여는 지휘할 수 없도록 하는 것이 바람직할 것이다.[136]

다음 표는 2018년 발간된 유럽 평의회 산하 '사법의 효율성을 위한 유럽위원회'(CJPEJ)의 보고서, "사법의 효율성과 품질"의 보고서의 자료를 소개한다. 총 46개국 회원국의 현황을 격년으로 정리 발행하는 보고서인데, 이스라엘과 모로코를 포함하면 총 48개국이다.

【표 8-24】 2016년 기준 유럽 46(48)개국 검사의 지위[137]

국가/독립단체	검사의 역할(Role of public prosecutors)			
	법률상 독립	법무장관 산하 혹은 다른 중앙관청산하	기 타	기소여부에 대한 구체적 지휘를 금지하는 규정
알바니아				
안도라				
아르메니아				
오스트리아				
아제르바이잔				
벨기에				
보스니아 헤르츠고비나				
불가리아				
크로아티아				
사이프러스				
체코공화국				
덴마크				
에스토니아				
핀란드				
프랑스				

임사건 및 윤석열 총장의 가족 관련 사건에서 수사지휘권을 배제하는 지휘를 한 바 있다.

136) 천정배 전 법무부장관의 경우처럼, 국회의원으로서는 시민단체인 참여연대의 입법청원을 받아들여, 구체적 사건에 있어서는 법무부장관의 검찰총장에 대한 수사지휘·감독권을 폐지해야 한다고 주장하였으나, 막상 본인이 장관이 된 후에는 2005년 강정구 교수의 구속수사와 관련하여, 최초의 수사지휘권을 발동함으로써 검찰수사팀과의 갈등 및 검찰총장의 퇴임을 불러왔는데, 검찰수사에 대한 정치권의 직접 개입이라는 좋지 못한 선례를 남기게 되었다.

137) CEOEJ, STUDES NO. 26, Edition 2018(2016 data), p.126.

조지아				
독일				
그리스				
헝가리				
아이슬란드				
아일랜드				
이탈리아				
라트비아				
리투아니아				
룩셈부르크				
몰타(Malta)				
몰도바				
모나코				
몬테니그로				
네덜란드				
노르웨이				
폴란드				
포르투갈				
루마니아				
러시아 연방				
세르비아				
슬로바키아				
슬로베니아				
스페인				
스웨덴				
스위스				
마케도니아				
터키				
우크라이나				
영국 (UK-Eng. and Wales)				
스코틀랜드				
이스라엘(47)				
모로코(48)				
Total	46	46	46	46
Yes	30	14	9	28
No or NAP	16	32	37	18
Nb of NA	0	0	0	0

위 【표 8-24】에서 보듯이 검찰이 법무부에 배속되거나 혹은 다른 중앙부처에 속해 있는 국가들 중에서 헌법이나 법률에서 그 독립성을 규정하거나 검사에 대한 구체적인 지시를 금지하는 규정을 두고 있는 경우가 유럽 46개국 중 41개국이다. 단지, 5개국, 즉 오스트리아, 덴마크, 모나코, 네덜란드, 노르웨이(회원국이 아닌 경우는 모로코)가 헌법이나 법률에 검찰의 독립성 규정을 두고 있는 것도 아니고, 장관의 구체적 지시를 금하는 규정도 두지 않은 경우이다. 하지만 이런 나라들에서도 형식적·조직적 종속과 달리 기능적인 독립성은 당연히 보장되고 있다는 점에서,[138] 사실 검찰의 독립이 보장되지 않은 국가가 법치국가와 인권보장을 말하는 것은 명칭사기이며 기만인 것이다.[139]

(6) 기존에 이루어진 수사지휘의 효력문제

수사지휘를 한 추미애 법무부장관과 윤석열 검찰총장이 사퇴한 상황에서 기존에 이루어진 수사지휘의 효력은 어떻게 되는지 문제된다. 생각건대 '한명숙 전 총리 사건 위증교사의혹' 사건과 '라임사건 및 윤석열 총장의 가족 관련 사건'에 행해진 수사지휘가 윤석열 총장과 관련된 문제에서 기인되었다고 하더라도 부당한 평가는 별론으로 하고, 장관이 총장에게 한 수사지휘의 효력이 없어진다고 볼 수는 없을 것이다. 따라서 현 검찰총장(김오수)이 현 법무부장관(박범계)에게 상황 변화를 이유로 수사지휘의 철회를 건의하고, 장관이 기존의 수사지휘를 철회하는 방식으로 해결하는 것이 타당하다고 본다.

학설상 논란이 있으나, 입법적으로는 법무부장관에게 검사에 대한 일반적인 지휘·감독권만을 부여하고, 구체적인 사건에 대해서는 지휘할 수 없도록 하는 것이 바람직하다고 본다. 왜냐하면 막강한 대통령 중심제의 우리나라의 상황을 고려할 때, 정무직 공무원인 법무부장관(주로 국회의원 등 여당측 주요인사들이 임명됨)에게 준사법기관인 검찰에 대한 민주적 통제를 맡기는 것 자체가 정치적 논란을 부를 수 있기 때문이다.

2. 검사장 직선제(선거제) 방안

(1) 의 의

우리나라에서 검사장 직선제는 약 10년 전부터 검찰개혁의 방안으로 언급되기 시작했으며,[140] 참여연대 등 일부 시민단체에서는 지방검사장 직선제야말로 선출 주민 및 병렬적인 다른 검찰청과 잠재적 검사장 경쟁자에 의한 감시에 노출되어 부패의 진원지

---

138) CEOEJ, STUDES NO. 26, Edition 2018(2016 data), p.126-127.

139) 김성룡, "수사권한이 조정의 대상인가?", 형평과 정의 제33집(2018), 대구지방변호사회, 187면.

140) 이국운, "검사장 직선제안 토론 - 독립 검찰위원회의 제안을 담아", 검사장 직선제 도입을 위한 토론회: 송영길·박주민·이용주 국회의원/대한변호사협회 주최(2016. 12. 8.) 토론회 자료집, 89면.

로 되고 있는 현재의 검찰의 모습에 일대 혁신을 기대할 수 있다고 주장한다. 이러한 검사장 직선제안의 핵심은 주민이 검사장을 선출함으로써 주민이 선거를 통해 직접 검찰권을 통제하고, 검찰권의 지방분권화를 통해 집중된 검찰권력을 분할하는 것이며, 그 사상적 기초는 국민주권·민주주의와 지방자치에 있다. 그동안 민주적 통제에 의하여 검찰권의 남용을 제한하자는 방안들로 재정신청제도 확대·강화, 미국의 기소대배심, 일본의 검찰심사회 등의 시민참여제도가 논의되어 왔다. 이에 박주민 의원 등 10인이 2016. 11. 30. 제20대 국회에서 검사장 직선제를 도입하자는 검찰청법 일부개정 법률안을 발의함으로써 처음으로 국회에서 검사장 직선제 법안이 발의되었다.

(2) 참여연대안[141]

【표 8-25】 참여연대 지방검찰청 검사장 주민직선제안

△ 직위: 지방검찰청 검사장
△ 임기: 4년, 다만 계속 재임은 3기에 한함
△ 후보자격: 법조경력 10년 이상의 판사, 검사, 변호사, 공인된 대학의 조교수 이상의 법학교수 등 (각 경력은 합산)
△ 유권자자격: 관할구역 내의 지방선거유권자와 동일
△ 정당추천여부: 금지, 후보자등록신청개시일로부터 과거 1년 내에 정당원이 아니었어야 함
△ 선거 시기: 지방선거와 함께 실시
△ 선거관리 등: 「지방교육자치에 관한 법률」의 교육감선거에 관한 관련 규정 인용
△ 선거운동 등: 「지방교육자치에 관한 법률」, 「공직선거법」의 관련 규정 인용
△ 권한: 현행 「검찰청법」상 지방검찰청 검사장으로서의 모든 권한, 관할 지방검찰청 소속 검사의 보직에 관한 권한, 지방검찰청 차장검사 임명에 관한 의견 제시 권한
△ 주민소환, 보궐선거 등: 「지방교육자치에 관한 법률」의 교육감 관련 규정 인용
△ 기타 관련사항: 기본적으로 「공직선거법」 등 관련 법령의 규정 준용

※ 전국 18개 지방검찰청: 서울 중앙/동부/남부/북부/서부, 의정부, 인천, 수원, 춘천, 대전, 청주, 대구, 부산, 울산, 창원, 광주, 전주, 제주

참여연대안은 종래 이국운 교수가 제안했던 "지방검찰청 검사장 직선제안"에서, "선거의 당선자를 대통령이 해당 지방검찰청 검사장으로 임명"한다는 항목[142]을 제외시킨

---

141) 지방검찰청 검사장 주민직선제: 2016. 12. 1. 참여연대 정책자료, 참여연대 사법감시센터, 2016, 8면.
142) 이국운, "국민에 의한 검찰권 통제", 시민과 세계 제21호, 참여연대 참여사회연구소, 2012, 295, 297-298면(이국운 교수는 "지방검찰청 검사장의 임명과 관련해 현재의 국가 검찰 제도

것 외에 이국운 교수의 방안과 큰 차이는 없다. 이국운 교수가 제시한 "당선 후 대통령의 임명"이라는 부분은 주민의 투표에 의해 검사장으로 당선된 자에 대하여 다시 대통령의 임명 절차를 요구할 필요가 없으므로 참여연대안에서 삭제되었다.[143)]

(3) 박주민안[144)]

국회에 제출한 제안이유에서 검찰의 정치화와 비리를 거론하면서 막강한 권력을 가진 검찰이 국민들의 감시와 견제에서 벗어나 있기 때문에 국민이 검찰의 공과를 직접 평가하고 통제하는 제도를 갖춰 검찰이 국민의 신뢰를 회복하고, 민주정치의 기본 원칙을 검찰 안에서 복원시키기 위하여 검사장 직선제를 제안한다고 설명하고 있다. 박주민안은 참여연대안을 토대로 검사장 직선제를 법안으로 구체화하였다. 그 주요 내용은 ① 재임이 3기에 한하여 허용되는 임기 4년의 지방검찰청 검사장을 주민의 선거로 선출하며(제26조의2), ② 지방검찰청 검사장 후보는 과거 1년 이내 정당원이 아니었어야 하며, 판사·검사·변호사 또는 공인된 대학의 법률학 조교수 이상의 직에 10년 이상 재직했어야 하고(제26조의3), ③ 주민은 지방검찰청 검사장을 소환할 수 있도록 하며(제26조의5), ④ 법무부장관이 지방검찰청 소속 검사의 보직을 제청하는 경우에 검찰총장의 의견 외에도 해당 지방검찰청 검사장의 의견을 들어야 한다(제34조 제2항).[145)] 다만, 참여연대안

와 조화하게 하려면 검찰청법에 지방검찰청 검사장 선거의 당선자를 대통령이 지방검찰청 검사장으로 임명하게 하는 규정을 두는 게 불가피할 것이다. 이때 대통령의 임명 행위는 예컨대 헌법 제111조 3항에서 국회가 선출한 후보자를 대통령이 헌법재판관으로 임명하는 것과 마찬가지로 상징적인 임명권 행사로 이해돼야 할 것이다."라고 그 이유를 설명하고 있다).

143) 김진욱, "검사장 주민직선제로의 확장된 검찰개혁 – 검찰민주화 및 분권사회 실현을 위하여, 검사장 주민선거제를 제안하며": 참여연대/더불어 민주당 박주민의원·국민의당 이용주의원·정의당 노회찬의원 공동주최 2016. 8. 17. '국민의 검찰' 만들기 방안 모색 토론회 자료집, 23면(김진욱 변호사는 이국운 교수의 대통령 임명 방안에 대하여 "선거의 당선자를 대통령이 해당 지방검찰청 검사장으로 임명하는 방식에 대하여는 다른 의견이 있을 수 있다. 다른 선출직처럼 임기시작일시에 자동으로 권한을 갖는 것으로 되는 것이 타당하다고 본다. 대통령의 임명이 의례적인 의미에 불과할 것이지만 예측할 수 없는 사유로 임명행위가 이루어지지 않는 경우에는 궐위사태가 발생하는 문제가 있을 뿐만 아니라 선출직은 국민이 임명하는 것인데 또다시 대통령의 임명이 있어야 한다는 것은 논리적 정합성이 없다. 당선확정으로 당선인의 지위를 갖고, 임기시작일로부터 당연히 권한을 행사할 수 있어야 한다."고 지적하였다).

144) 박주민안 제26조의2 제1항은 지방검찰청 검사장은 선거에 따라 "선출"한다고 규정하고 있어서 참여연대안과 동일하다.

145) 박주민안은 현행 검찰청법 제34조(검사의 임명 및 보직 등)의 "검사의 임명과 보직은 법무부장관의 제청으로 대통령이 한다. 이 경우 법무부장관은 검찰총장의 의견을 들어 검사의 보직을 제청한다."를 법무부장관이 대통령에게 검사의 보직을 제청하는 경우에 검찰총장의 의견(지방검찰청 소속 검사의 보직을 제청하는 경우에는 해당 지방검찰청 검사장의 의견을 포함한다)을

과 달리 박주민안은 참여연대안에는 없는 "지방검찰청 검사장직 인수위원회"에 관한 규정을 두고 있는데, 박주민안에 의하면 지방검찰청 검사장으로 당선된 사람을 보좌하여 지방검찰청 검사장직의 인수와 관련된 업무를 담당하기 위하여 해당 지방검찰청에 지방검찰청 검사장직 인수위원회를 둘 수 있다(제64조 제1항).

(4) 검 토

검사장 직선제는 실질적으로 검찰권을 분할하는 것이다. 검사장 직선제는 형식적으로 국가 검찰이라는 하나의 검찰권을 유지하지만 실질적으로 그 안에서 대검찰청과 고등검찰청으로 대표되는 소위 중앙검찰과 선출직 검사장들의 18개의 지방검찰로 이원화된다. 검사장 직선제는 검찰의 분할 방법에 있어서 공수처와 다른 방식을 취하고 있다. 공수처는 기존 검찰의 외부에 별도로 설립되는 독립된 기구이다. 현재 공수처는 수사권 및 제한적 기소권만 가지고 있는 반면, 검사장 직선제는 검찰의 조직을 이원화하는 내부적 분할이고, 공수처는 검찰과 독립된 기구를 만들어 검찰권을 외부적으로 분할시키는 것이다.[146]

그러나 18개 지방검찰청장을 직선제로 선출한다고 가정할 경우, 그 소속 검사는 어떻게 임명할 것인지, 광역수사의 경우[147] 어떻게 처리할 것인지, 예산 및 직원은 어떻게 할 것인지 등 많은 문제점을 안고 있다. 더욱이 직선제로 선출할 경우, 지금보다 더 큰 문제가 발생할 가능성도 있다. 예컨대 지방자치단체장 선거와 동일하게 치를 경우, 다수파가 지방행정권력 및 입법권력은 물론 사법권력까지 장악하게 되므로 오히려 지금보다 더 정치적 소용돌이에 함몰될 가능성도 배제할 수 없기 때문이다.

통상 선출직의 대표적인 나라로 미국을 들고 있으나, 미국 형사절차의 두드러진 특색은 연방과 주의 이원적 법체계를 중심으로 하고 있다는 점을 고려해야만 한다. 즉 미국의 모든 제도가 연방, 주 및 지방별로 다양하고 복잡하여 이해하기가 매우 어렵듯이, 검찰제도도 예외는 아니어서 연방과 주 및 지방별로 설치배경과 근거, 선임방법과 기능 등에 있어 차이를 보이기 때문에 한마디로 단정할 수는 없다.

그런데 주 검찰총장이나 지방검사의 경우 대륙법계 제도하의 검사와 달리 지방정부의 공무원으로서 정부의 다른 단계로부터의 감독을 받지 않으며, 관할내 최고의 법집행 공무원으로서 거의 심사받지 않는 재량을 행사하는 대신, 대륙의 경우와 달리 임명직이 아니고 선거직인 것이 특징이다. 왜냐하면 미국은 주(州) 및 county별로 독립된 예산과

들어야 한다는 내용으로 개정할 것을 제안하고 있다.

146) 이윤제, "검찰개혁과 검사장직선제", 형사법연구 제29권 제2호(통권 71호), 한국형사법학회, 2017. 235면.

147) 광역수사의 문제점에 관해서는 정웅석, 「사법경찰의 광역수사에 대한 통제방안」, 법조 통권 650호(2010.11), 법조협회, 128-172면 참조.

치안 등 주민자치가 활성화되어 있기 때문이다. 그러나 주간을 뛰어넘는 연방사건을 다루는 연방검사의 경우 대통령이 임명하되 상원의 동의를 얻어야 되며(28 U.S.C. § 541), 임기는 4년이고, 그 밑에 수 명 내지 수십 명의 연방검사보(Assisant U.S. Attorney)들이 있다(예컨대 로스앤젤레스의 경우 250명, 샌프란시스코의 경우 80여명, 새크라멘토의 경우 43명). 연방검사보들은 민사·형사·항소·특별 등 여러 부서(Division)로 나누어져 있고, 각 부서는 또 몇 개의 작은 단위부서(Unit)로 나누어지며, 각 부서에는 우리나라의 차장검사·부장검사에 해당하는 중간책임자들이 있는데, 연방검사의 추천으로 법무부장관이 임명하고(28 U.S.C. § 542) 연방검사의 지휘·감독을 받아 직무를 처리한다.[148] 즉 주정부 내지 county권력과 연방정부의 이원적 권력 가능성이 상존할 뿐만 아니라 의회도 상·하원(연방 및 각 주)으로 구성되어 있고, 통일된 조직으로서의 국립경찰은 없으며, 다만 연방(Federal), 주(State), 카운티(County), 시(City)별로 다양한 경찰조직을 갖고 있을 뿐이다. 이러한 미국에서도 선거제는 검사의 기본적인 선택이 파당적인 정치적 기초 위에서 결정될 뿐만 아니라 선거를 위한 과도한 경비의 문제도 있어 결국 공정한 법 집행을 저해하고 열성적인 법 집행을 막는 결과가 된다는 비판이 있다.[149] 이에 대하여 미국의 지방검사협의체인 NDAA는 선거제를 지지하면서, 임명제의 경우 정치적 영향을 많이 받게 될 뿐만 아니라 지방주민의 의사보다 중앙권력의 영향을 많이 받게 되는 문제점이 있다[150]고 지적하고 있다.

생각건대 미국에서 검사를 선출직으로 한 것은 주민의 인기에 영합하는 결정을 할 위험이 있다는 점을 인식하면서도, 한편 주민들이 감시자의 역할을 하므로 특정인의 압력이나 정치적 영향에서 오히려 독립할 수 있다는 점이 보다 보편적으로 받아들여진 결과로 보인다. 따라서 미국과 사회적, 문화적 배경이 전혀 다른 우리나라에서 검찰의 정치적 중립성을 위한 지방검찰청 검사장에 대한 직선제 방안의 도입은 심도있는 연구를 한 후, 신중하게 결정해야 할 것이다.

Ⅳ. 수사권과 기소권의 분리문제

수사와 기소의 분리를 원칙적 목표라고 하는 입장도 상설특검이든 수사처든 검찰외 독립된 특별기구의 신설과 관련해서는 이 신설될 특별기구가 수사권과 기소권(이하 '공소유지권'도 포함한다) 모두를 가져야 하는 것임이 당연한 것인 양 전제하고 있다.[151]

---

148) 정웅석, 수사지휘에 관한 연구, 대명출판사, 2011, 159면.
149) 미국변호사협회의 형사사법에 관한 기준(Standards for Criminal Justice) 중 기소기능(The Prosecution Function) 3-2. 3.의 평석 참조.
150) NDAA의 기소기준 1. 1 A의 평석 10~11면 참조.
151) 단계적 조정을 제안하면서도 그리고 상설특검이나 수사처의 경우에는 예외적으로 혹은 별도로

그러나 수사는 기소를, 기소는 다시 법선언(Rechtssprechung)이라는 의미의 판결을 향해 진행되어가는 역동적인 국가권력적 행위라면, 본질상 사법의 일종으로서 불가분의 관계에 있는 것이다. 수사역할을 담당하는 경찰을 '사법'경찰이라고 불러왔던 것도 이러한 맥락적 차원 때문이다. 이와 같이 수사는 – 기소와 함께 – 사법의 영역이었거나 사법의 영역에 근접해 있는 것이므로 사법과 마찬가지로 다른 권력으로부터의 독립성이 관건이지, 그 수사권을 어느 특정 주체에게 분점시키는 것은 관건이 아닌 것이다. 수사 및 기소와 재판은 긴밀하게 연관되어 있어 따로 분리되기 어려운 속성을 가지고 있기 때문에 기소뿐만 아니라 수사의 독립성이 침식되는 만큼 사법의 독립성도 그만큼 제한된다는 점은 자명하다.152)

【표 8-26】 주요 선진국 검찰의 수사 및 기소권한 비교표

구 분	한국	프랑스	독일	일본	미국	영국
수사권	○	○	○	○	○	△
수사지휘권	○	○	○	○	△	X153)
기소권	○	○	○	○	○	○
영장청구권	○	○	○	○	○	○

수사와 기소가 통합되어야 한다고 하면서도, 여전히 양자의 분리 원칙을 목표점으로 설정하는 태도로는 김인회, "견제와 분산을 위한 검찰개혁과제의 재검토", 민주법학, 제43호, 2010, 404-405면: 김인회, "상설 특별검사제 도입 법률안 시론", 법학연구, 제16집 제2호, 인하대학교 법학연구소, 2013, 349면; 이호중, "검찰개혁의 방향, 과제, 전망", 법과사회 제44호, 2013, 54면.

152) 김성돈, 「검찰외 독립된 특별기구 신설의 필요성과 구체화방안」, 제13회 월송기념 학술심포지엄, 헌법과 형사법, (재)유기천교수기념사업출판재단, 2017, 219면.

153) 영국 검찰지도 규칙(Legal Guidance: CPS Relations with the Police)은 원칙 항목에서 「검찰과 경찰의 기능은 완전히 다르며, 검사는 경찰에 수사상 조언을 하는 과정에서 수사관 역할을 하려 하거나 경찰을 지휘하려 해서는 안 된다」(The functions of the CPS and the police are different and distinct. In giving advice to the police, you must not assume the role of investigator or direct police operational procedures)고 명시하고 있다. 다만 2003년 형사사법법(Criminal Justice Act 2003) 제정을 통해 영국 검사의 수사상 조언 제도를 확대하게 된 배경을 감안하면, 검찰의 수사상 조언 제도는 경찰이 수사를 모두 마친 뒤에 '기소여부' 결정 등 법률적 결정이나 법률적 조언만을 법률가에게 맡기기 위해 만들어진 제도가 아니고, 가능한 한 수사 초기부터 법률가가 사실관계도 포함하여 수사에 개입할 수 있어야 적정한 사건 수사와 처리가 가능하다는 입장에서 만들어진 것임을 이해할 수 있다는 견해로는 김한수, 「영국 검사의 지위와 기능」, 검찰제도의 비교법적 검토를 통해서 본 한국검찰의 나아갈 방향, 2016년도 동계 공동학술대회 자료집,(2016. 12. 16.), 110면 이하 참조.

연혁적으로 보더라도 수사와 기소는 서로 분리되지 않은 채, 사법의 영역에 속해 있었다. 영미법계 국가에서의 수사와 기소의 분리는 그들 국가의 고유한 역사와 문화라는 배경하에서 전개된 필연적인 결과이지 검찰권력의 분산이라는 개혁방향과는 전혀 다른 차원을 가지고 있다.[154) 최근에는 영국에서도 검사가 경찰의 수사절차에 개입하고, 경찰 역시 수사상 법률적 자문을 얻기 위해 검찰의 도움을 필요로 하여 경찰과 검찰이 수사단계에서부터 협력적 관계가 강조되는 경향성이 대세가 되고 있는 등 수사와 기소의 엄격한 분리원칙은 과거지사가 되고 있다. 미국에서도 수사권을 둘러싼 경찰과 검찰의 다툼은 없고, 경찰과 검찰은 협력관계 내지 검찰의 "실질적인 수사지휘"를 통해 공소유지 및 유죄판결을 받아내기에 힘쓰고 있다.

요컨대 영미법계 국가에서 수사와 기소의 분리원칙은 검찰제도가 확립되지 않았던 과거시대에 기소권이 경찰로부터 분리되는 현상을 포착한 것이고, 검찰이 가지고 있었던 수사권을 경찰에게 맡겨 검찰은 오직 소추권만 행사하도록 검찰력을 제한하는 차원이 아니었다. 뿐만 아니라 영미법계에서도 특수범죄영역을 담당하는 기관 또는 하부조직이 만들어지면 수사와 기소는 분리되기는 커녕 언제나 통합적으로 운용되어 온 전통을 가지고 있다.

이와 같이 수사와 기소의 본질적 측면, 연혁적 관점 외에도 현실적·제도론적 차원에서 보더라도 수사와 기소를 분리독립하여 수사권을 경찰에게만 일임하는 방향은 목적달성과 더욱 멀어져 간다. 권력형비리사건의 경우 문제해결의 출발점이 정치 또는 자본권력으로부터의 독립이라면 수사의 '독립성'은 수사권이 검찰에게서 경찰에게 넘어간다고 해서 조금도 나아질 수 없기 때문이다. 만약 수사권을 경찰에게만 독자적으로 부여한다면, 수사가 검찰로부터만 독립성을 쟁취할 수 있을 뿐, 경찰이 정치적 영향력으로부터 독립될 수 없다는 점에서 볼 때는 수사의 외부적 독립성이라는 목표에는 한 발자국도 더 나아가기 어렵다. 법제도적인 차원에서 보더라도 경찰은 이러한 차원의 독립성 측면에서 검찰과 비교할 때 훨씬 더 취약성을 보이는 국가기관이라고 해도 과언이 아니다.[155) 경찰 단독수사권보장은 외부권력으로부터의 수사 독립성이라는 목표에는 오히려 멀어져 간다. 왜냐하면 경찰과 달리 검사에게는 객관의무가 부과되어 있을 뿐 아니라 검찰의 정치적 중립성을 담보하기 위한 규정도 있으며, 검찰의 수사권 및 기소권에 대해서는 법원의 통제장치가 마련되어 있지만, 검찰의 인사권과 예산권을 쥐고 있는 강력한 대통령제 국가에서 검찰권 역시 외부권력으로부터 중립적으로 행사하기 힘든 구조적

---

154) 정웅석, "검찰개혁의 바람직한 방향", 형사법의 신동향 통권 제54호(2017), 19면.

155) 2013년 4월 국정원 직원의 댓글사건과 관련하여 경찰의 태도와 검찰의 태도는 정반대의 태도를 보여주었음이 단적인 사례라고 할 수 있다. 그러나 그 후, 검찰도 결국 대통령과 법무장관의 합세 그리고 국정원의 정치공작 등에 의한 정치적 압력에 굴복하고 말았다.

문제점을 가지고 있기 때문이다.

전술(前述)한 것처럼, 대륙법계 국가인 프랑스와 독일은 이러한 검찰의 문제점을 해결하기 위하여 이미 수백 년간 검찰의 정치적 중립성에 관하여 논의해왔다. 그 과정에서 프랑스는 수사, 소추, 재판의 분리 및 사소(私訴)제도[156]의 보충적 적용이라는 제도를 통해 검찰의 정치적 중립성과 독립성 및 일반 시민의 대리인으로서 검찰의 당사자성을 강조한 반면, 독일은 기소법정주의와 검사의 객관의무 강조라는 제도를 통해 정치적 중립성을 달성하려고 했다고 볼 수 있다. 영미법계 국가인 미국은 선거에 의한 검사선출 및 특별검사제도를 통해 정치적 중립성을 달성하려고 한 것이다. 더욱이 전술한 것처럼, OECD 회원국은 헌법 및 법률규정은 통해서 검사의 기능과 역할을 강조하고 있으며, 유럽평의회는 2000. 10. 6. 각료위원회에서 권고 제19호로 '형사사법체계에서 검찰의 역할'을 채택하여 검찰의 독립성, 검찰과 타 기관 간의 관계 등 검찰제도 전반에 걸친 기준을 정립하여 각 회원국의 검찰제도가 이 권고에 부합되게 개혁되도록 권고하였으며, 유럽평의회의 한 기구인 '법을 통한 민주주의를 위한 유럽위원회'(이른바 베니스위원회)는 2011. 1. 3. '사법체계의 독립성과 관련한 유럽표준'에서 일반적으로 검찰이 경찰에 대하여 수사지휘를 하는 등 수사를 통제하고 있으며, 수사와 기소를 분리하는 것이 검찰의 권한남용을 줄일 수는 있지만, 경찰이 권한을 남용하게 될 더 큰 위험을 만들어낸다고 경고한 바 있다. 유럽검사자문회의 역시 2015년에 발표한 의견 제10호인 '형사사건의 수사에서 검사의 역할'에서 검사와 경찰의 관계를 집중적으로 조명한 바 있다. 그리고 2020. 3. 30. 발간된 2019년판 유럽회의·평의회(Council of Europe) 회원 국가들의 검찰·검찰청의 독립성과 중립성(the independence and impartiality of the prosecution services)에 관한 보고서에 따르면, 유럽검찰자문위원회는 유러피언 스탠더드(european standards)로 ① 행정권, 입법권 그리고 다른 권한 자들로부터 검찰청의 조직적 독립성(Organisational independence of the prosecution services from the executive and legislative powers and other actors)과 ② 검사의 임명과 정년보장(Functional independence: appointment and security of tenure of prosecutors) 등 기능적 독립성을 강조하고 있다.

---

156) 타인의 범죄행위로 피해를 입은 사람이 수사기관에 고소를 제기하는 방법 이외에 일정한 요건 하에 예심수사판사 또는 재판법원에 가해자를 상대로 직접 소추를 제기할 수 있는데(형사소송법 제2조), 다만 이러한 예심수사판사에 대한 사소청구가 곧바로 허용되는 것은 아니다. 피해자가 직접 사법경찰 또는 검사에게 고소장을 접수하여 검사가 이를 허용한 경우, 피해자가 검사에게 고소장을 제출하여 접수증을 받거나 배달증명우편 영수증을 받은 후 3개월이 경과하였음을 증명한 경우, 사법경찰에게 고소장을 제출하고 그 사본을 검사에게 송부한 후 3개월이 경과하였음을 증명한 경우에만 피해자가 예심수사판사에게 직접 고소장을 제출하여 사소청구인이 될 수 있다(동법 제85조).

그런데 이러한 세계입법의 추세에도 불구하고, 검찰 본연의 모습을 찾는 작업이 아닌 별도의 권력기관 창설을 통한 검찰권의 통제 내지 견제가 검찰개혁에 더 바람직한 것인지 의문이다. 즉, 검찰을 개혁하기 위하여, 그 기관의 정치적 독립성과 중립성을 보장하는 방향이 아니라 다른 권력기관의 신설을 통한 통제가 더 타당한 것인지에 대한 충분한 논의가 선행되어야 할 것이다.

V. 공소장의 공개시기

1. 영미법계 국가

(1) 문제점

울산시장 사건의 공소장이 공개됨으로써 공소장의 대중 공개여부에 대한 논의가 이루어지고 있다. 우선 국민의 알 권리와 공정한 재판을 보장 측면에서 공소장 공개를 찬성하는 입장과 공소장의 임의적인 공개는 피고인의 인권침해와 불필요하고 소모적인 오해를 불러일으킬 수 있기 때문에 반대하는 입장이 있다.

공소장과 관련된 대한민국 형사소송제도에서 헌법에 보장하는 국민의 알 권리,[157] 피고인의 인권보호, 정보의 자유, 그리고 공정한 재판의 실현이 상충되는 요소가 있다. 이에 비해 미국 역시 헌법상 국민의 권리 부분의 상충의 문제로 인해 절충안으로 간략한 사실관계를 적시하여 공공에 공개한다.

그런데 현행 형사소송법 제47조(소송서류의 비공개)[158]는 공소장 비공개를 원칙으로 하기 때문에 국민의 알 권리를 침해할 수 있는 소지가 있다. 또한 형사소송법 제254조(공소제기의 방식과 공소장)[159]에 공소장의 형식을 규정하고 있다. 특히, 범죄사실에 대한

---

157) 황정익, "범죄사건보도와 피의자인권", 형사정책연구 제39호(1999 가을), 149면(피의자의 행위로 사회가 범죄공포의 피해를 본 이상 그들에 대한 모든 정보를 알아야 할 필요성이 있는 것이고, 그런 과정에서 설사 지존파나 탈주범의 프라이버시가 어느 정도 침해당하는 것은 수인하여야 마땅할 것이다. 그러므로 이런 피의자가 취재대상이 되어서 침해받는 명예권, 프라이버시권, 무죄추정권 등은 다른 일반인의 것과 결코 동등하게 보호될 수 없다).
158) 형사소송법 제 47조(소송서류의 비공개) 소송에 관한 서류는 공판의 개정 전에는 공익상 필요 기타 상당한 이유가 없으면 공개하지 않는다.
159) 형사소송법 제 254조(공소제기의 방식과 공소장)
　① 공소를 제기함에는 공소장을 관할법원에 제출하여야 한다.
　② 공소장에는 피고인수에 상응한 부본을 첨부하여야 한다.
　③ 공소장에는 다음 사항을 기재하여야 한다.
　　가. 피고인의 성명 기타 피고인을 특정할 수 있는 사항
　　나. 죄명
　　다. 공소사실

특정을 할 수 있도록 적시하여야 하므로 공소장이 상당히 자세히 작성됨으로 피고인의 인권침해가 발생할 소지를 가지고 있다.

반면, 미국 연방형사소송절차(US Federal Rules of Criminal Procedure)는 공소장 (Indictment Document)을 공공문서(Public Document)로 분류하여 누구든지 접근이 가능하며, 정부의 자유와 국민의 알 권리를 충족시켜주는 문서이다. 또한 미국의 공소장에는 매우 기본적인 정보만 표기하도록 법률로 규정하고 있다.160) 따라서 피고인의 이름과 적용법조, 죄목 그리고 범죄를 구성하는 필수적 사실관계를 최대한 축약하여 공소장을 작성하게 되어 있다. 또한 공소장에 과잉기술(Surplusage)된 경우 피고인은 과잉기술에 대해 법원에 삭제명령을 신청할 수 있다.161)

결국 미국 공소장의 경우 대개 피고인 이름, 적용법조 그리고 죄명만을 명시하며 공공문서화 하여 대중의 접근을 가능하게 한다.

(2) 공소사실에 대한 검사의 비밀준수 의무

헌법상 규정된 국민의 권리를 지키기 위해서는 사건 담당 검사의 대중에 대한 역할에 있어 명확한 지침이 있어야 한다. 대한민국의 경우 1999년부터 법무부 훈령으로 검사 윤리강령162)과 2007년 검사 윤리강령운영지침을 제정하여 검사의 비밀유지에 관한 시행령을 실시하고 있으나, 언론과의 접촉 및 소통에 대한 구체적이고 치밀한 지침이 없을 뿐더러, 단지 '직무상 비밀유지를 해야 한다'라고 명시되어 있다. 따라서 피고인의 인권 침해적 내용들이 언론을 통해 공개될 소지가 있다.

이에 비해 미국의 연방검사는 '연방검사 업무지침'에 의해 엄격하게 통제받는다. 또

라. 적용법조

④ 공소사실의 기재는 범죄의 시일, 장소와 방법을 명시하여 사실을 특정할 수 있도록 하여야 한다.

⑤ 수개의 범죄사실과 적용법조를 예비적 또는 택일적으로 기재할 수 있다.

160) US Federal Rules of Criminal Procedure Rule 7(The Indictment and the Information).

Rule 7 (c)(1) The indictment or information must be a plain, concise, and definite written statement of the essential facts constituting the offense charged ... For each count, the indictment or information must give the official or customary citation of the statute, rule, regulation, or other provision of law that the defendant is alleged to have violated.

161) US Federal Rules of Criminal Procedure Rule 7 (The Indictment and the Information)

Rule 7 (d) Surplusage. Upon the defendant's motion, the court may strike surplusage from the indictment or information.

162) 검사윤리강령 제 22조(직무상 비밀유지) 검사는 수사사항, 사건 관계인의 개인 정보 기타 직무상 파악한 사실에 대하여 비밀을 유지하여야 하며, 전화, 팩스, 또는 전자우편 그리고 기타 통신수단을 이용할 때에는 직무상 비밀이 누설되지 않도록 유의한다.

한 미국의 연방검사는 업무지침을 숙지하고 따라야 한다. 이 업무지침은 연방검사의 공
명정대한 역할과 윤리적인 의무를 지키기 위한 원칙을 제정해 놓은 것이다. 이 업무지
침에는 아직 진행되고 있는 재판과 공소장에 기재되어 있지 않은 구체적인 수사기록 및
피고인에 대한 구체적 정보를 자칫 잘못 유출하면 피고인의 인권을 침해할 수 있으므로
대언론 접촉 및 정보공개에 대한 지침을 구체적으로 정립해 놓고 있다. 이것이 바로 비
밀보호와 언론정책인데,163) 민사ᅳ형사와 관련된 정보공개에 있어 검사들이 지켜야 할
규칙이다. 비밀보호와 언론정책은 피고인의 인권보호, 국민의 알 권리, 그리고 효율적인
정의실현의 균형을 수립해 세 가지 가치의 충돌을 방지한다.164)

　　미국 연방검사 업무지침은 공개 가능한 정보와, 불가능한 정보를 확실하게 구분해 놓
는데, 정보공개 절차와 언론과의 소통방법까지 명시해 놓고 있다. 또한, 모두가 합리적으
로 이해할 수 있는 객관적인 규정이 설립되어 있고, 재판 당사자뿐만 아니라 일반인도 구
체적인 지침을 검색하고 숙지할 수 있도록 온라인에 공개되어 있다. 반면, 한국은 검사윤
리강령과 운영지침을 인터넷에서 검색할 수 있지만, 미국과 같은 상세한 검사업무지침이
존재하는지, 존재한다면 공개했는지, 그리고 내용은 무엇인지 현재로서 확인하기 어렵다.

(3) 공개 기준 및 절차
가. 진행 중인 형사·민사·행정사건 수사에 대한 정보
　　수사 중인 사항에 대한 정보는 원칙적으로 언론에 공개하지 않으나, 중요한 지역사
회 사건에 대하여 해당 지역사회가 알기를 원하거나 공공의 안전을 위한 경우, 적절한
절차를 거쳐 공개할 수 있다.

Justice Manual (미법무부 매뉴얼)

1-7.400 - Disclosure of Information Concerning Ongoing Criminal, Civil,
　　　or Administrative Investigations

A. Any communication by DOJ personnel with a member of the media relating to a pending
investigation or case must be approved in advance by the appropriate United States
Attorney or Assistant Attorney General, except in emergency circumstances. For
administrative investigations not overseen by a U.S. Attorney or Assistant Attorney General,

---

163) The United States Department of Justice, CONFIDENTIALITY AND MEDIA CONTACTS
　　　POLICY, Justice Manual, https://www.justice.gov/jm/jm-1-7000-media-relations.
164) The United States Department of Justice, CONFIDENTIALITY AND MEDIA CONTACTS
　　　POLICY, Justice Manual, 1-7.001 Purpose.

approval must be obtained from the Assistant Attorney General for Administration. Where the investigation is being handled by the Office of the Inspector General, approval must come from the Inspector General.[165]

B. DOJ generally will not confirm the existence of or otherwise comment about ongoing investigations. Except as provided in subparagraph C of this section, DOJ personnel shall not respond to questions about the existence of an ongoing investigation or comment on its nature or progress before charges are publicly filed.[166]

C. When the community needs to be reassured that the appropriate law enforcement agency is investigating a matter, or where release of information is necessary to protect the public safety, comments about or confirmation of an ongoing investigation may be necessary, subject to the approval requirement in subparagraph A.[167]

나. 형사사건에서의 공개 기준 및 절차

사건과 관련해 공개되는 정보는 공소장 내용과 함께, 누가 수사했고, 피고인이 누구인지, 체포 당시의 상황, 그리고 유죄판결이 날 때까지 무죄추정을 해야 한다는 것을 반드시 명시해야 한다.

Justice Manual (미법무부 매뉴얼)

1-7.500 - Release of Information in Criminal, Civil, and Administrative

---

165) 미국 연방법무부 직원이 진행 중인 수사나 관련된 사건에 대해 언론 관계자와 소통하는 경우, 긴급상황이 아닌 한, 해당 미국 관할 연방검사장 (US Attorney) 또는 관할 법무부 차관보 (Assistant Attorney General)의 허락을 받아야 한다. 미국 관할 연방검사나 관할 법무부 차관보가 감독하지 않는 행정수사(조사에 대한 사항)은 법무부 행정담당 차관보(Assistant Attorney General for Administration)의 승인을 받아야 한다. 또한 연방감사관실(Office of the Inspector General)이 진행하는 수사는 연방감사장(Inspector General)의 승인을 받아야 한다.

166) 일반적으로 미국 연방법무부는 진행 중인 수사의 존재 여부를 확인하거나 수사내용에 대한 언급을 하지 않는다. 미국 연방법무부 직원은 제C호에 규정된 경우가 아닌 한, 공식적인 공소제기(기소)가 되기 전에는 진행 중인 수사의 존재 여부에 대한 질문이나 그 성격이나 진행상황에 대한 언급을 하면 안 된다.

167) 어떤 지역사회의 문제에 대하여 적절한 법집행기관(law enforcement agency)이 수사한다는 것을 지역사회가 알기를 원하거나 또는 공공의 안전을 위하여 정보공개가 필수적인 경우, A호의 승인요건에 따라 진행 중인 수사의 존재 여부를 공식으로 확인시켜주거나 진행 중인 수사에 대해 언급을 할 수 있다.

Matters—Disclosable Information[168]

Subject to limitations imposed by law or court rule or order, and consistent with the provisions of this Policy, DOJ personnel may make public he following information in any criminal case in which charges have been brought:

A. The defendant's name, age, residence, employment, marital status, and similar background information;
B. The substance of the charge, as contained in the complaint, indictment, information, or other public documents;
C. The identity of the investigating or arresting agency and the length and scope of the investigation; and
D. The circumstances immediately surrounding an arrest, including the time and place of arrest, resistance, pursuit, possession and use of weapons, and a description of physical items seized during the arrest.

다. 민사 및 행정사건에서의 공개 기준 및 절차

공공의 법 집행 목표달성이 되고, 공공에게 도움이 된다면 공개할 수 있다.

Justice Manual (미법무부 매뉴얼)

1-7.500 - Release of Information in Criminal, Civil, and Administrative
Matters—Disclosable Information[169]

In civil and administrative cases, subject to limitations imposed bylaw or court rule or order, and consistent with the provisions of this Policy, DOJ personnel may release similar identification material regarding parties and the concerned government agency or program, along with a summary of the claim and an explanation of the government's interest.

---

168) 법률, 법원 규칙 또는 명령에 따른 제한과 이 정책규정과 일치하는 한, 미국 연방법무부 직원은 공소가 제기된 모든 형사사건에 대해 다음의 정보를 공개할 수 있다:
   A. 피고인의 이름, 나이, 거주지, 취업, 혼인 여부 및 이와 유사한 배경 정보
   B. 고소장, 고발장, 공소장 그밖에 공공문서에 포함되어 있는 혐의의 요지
   C. 수사기관 또는 체포기관 명시 및 수사범위와 수사기간 명시
   D. 유죄인정 이전의 언론 공개에서는 관련 기소는 단지 혐의일 뿐이며, 피고인이 유죄판결이 확정될 때까지는 무죄로 추정됨을 명시하여야 한다.

The public policy significance of a case may be discussed by the appropriate United States Attorney or Assistant Attorney General when doing so would further law enforcement goals.

라. 형사 · 민사 · 행정사건에서의 비공개

원칙적으로 공판에 영향을 미치거나, 재판 관련자들에게 편견을 조장할 수 있는 정보는 비공개를 원칙으로 하고 있다.

Justice Manual (미법무부 매뉴얼)

1-7.600 – Release of Information in Criminal, Civil, and Administrative Matters—
Non-Disclosure
DOJ personnel shall not make any statement or disclose any information that reasonably could have a substantial likelihood of materially prejudicing an adjudicative proceeding.[170]

마. 재판에 영향을 미치는 정보공개 금지 및 제한

예단의 우려가 있는 정보공개는 금지한다. 특히, 피고인의 진술과 자백 그리고 거짓말탐지기 등 각종 과학적 수사의 결과 공개는 원칙적으로 금지하고 있다. 또한, 피고인의 사진이 공공문서인 경우 외에는 피고인의 사진이 언론에 유포되는 것을 금지한다.

Justice Manual (미법무부 메뉴얼)

1-7.610 – Concerns of Prejudice[171]

Because the release of certain types of information could prejudice an adjudicative proceeding, DOJ personnel should refrain from disclosing the following, except as

---

169) 민사 및 행정사건의 경우, 법률, 법원 규칙 또는 명령에 따른 제한과 이 정책규정과 일치하는 한, 미국 연방법무부 직원은 소장에 제기된 당사자와 관련 정부기관, 프로그램에 관한 유사한 식별자료를 청구 요약본 및 정부의 설명과 함께 공개할 수 있다. 법 집행 목표 달성에 도움이 되는 경우, 적절한 미국 관할 연방검사장(US Attorney) 또는 관할 법무부 차관보가 사건의 공공 정책적 중요성에 대해 논의할 수 있다.
170) 합리적으로 볼 때 공판절차에 실질적으로 영향을 끼치거나, 예단의 가능성이 큰 정보의 경우, 미국 연방법무부 직원은 이에 대한 어떠한 진술도 할 수 없고, 어떠한 정보도 제공하여서는 아니 된다.

appropriate in the proceeding or in an announcement after a finding of guilt:

A. Observations about a defendant's or party's character;

B. Statements, admissions, confessions, or alibis attributable to a defendant or party, or the refusal or failure of the accused to make a statement;

C. Reference to investigative procedures, such as fingerprints, polygraph examinations, ballistic tests, or forensic services, including DNA testing, or to the refusal by the defendant to submit to such tests or examinations;

D. Statements concerning the identity, testimony, or credibility of prospective witnesses;

E. Statements concerning anticipated evidence or argument in the case; and

F. Any opinion as to the defendant's guilt, or the possibility of a plea of guilty to the offense charged, or the possibility of a plea to a lesser offense.

DOJ personnel should not encourage or assist news media in photographing or televising a person held in custody. DOJ personnel should not voluntarily disclose a photograph of a defendant unless it serves a law enforcement function or unless the photograph is already part of the public record in the case.

(4) 울산시장 사건에서의 공소장과 미국 The Welcome to Video Website (손정우) 공소장 비교

한국에서 최근 공개된 '울산시장 사건' 공소장[172]을 한 언론사가 입수했는데, 그 경

---

171) 특정한 정보의 공개는 소송절차에서 편견을 초래할 수 있기 때문에, 미국 연방법무부 직원은 소송절차에서 적정하다고 판단되는 경우 또는 유죄 판결 이후 보도하는 경우 이외에는 다음의 정보에 대한 공개를 삼가야 한다.

　A. 피고인 또는 당사자의 성격에 대한 관측 의견

　B. 피고인 또는 당사자가 한 것으로 보일 수 있는 진술, 승인, 자백이나 알리바이 또는 피고인의 진술 상 오류나 진술거부 사실

　C. 지문, 거짓말탐지기 검사, 탄도검사, 그 밖에 DNA 검사를 포함한 과학적 검사 등과 관련된 수사과정의 정보 또는 피고인이 그러한 검사에 응하지 않은 사실에 대한 언급

　D. 예상되는 증인의 인적사항, 증언내용 또는 신빙성 등에 관한 진술

　E. 예상되는 사건의 증거 또는 주장과 관련된 진술

　F. 피고인의 유죄, 공소사실에 대한 유죄 인정의 가능성 또는 혐의 감경 주장 가능성과 관련된 모든 의견

　미국 연방법무부 직원은 보호감독 상태에 있는 사람을 촬영하거나, 피고인의 사진이 언론 매체를 통해 유포되는 것을 돕거나 유도해서는 안 된다. 미국 연방법무부 직원은 피고인의 사진 공개가 법 집행 기능을 수행하거나, 해당 사진이 이미 공공문서인 경우 외에는 자발적으로 사진을 공개해서는 안 된다.

로가 확실하지 않다. 관행상 공소장은 '국회 증언 감정법'을 근거로 국회에 제출하는 것인데, 울산시장 사건 공소장은 "적법하게 입수"했다는 언급 외에는 입수방법이 확인되고 있지 않다. 언제, 누가, 공소장 제출요구를 했고, 언론사에 공소장 전문을 전달했는지 알지 못한다.

공개된 공소장 전문은 미국의 공소장과 다르게, 피고인의 이름과 죄목이 첫 번째 장에 적혀 있지 않고, '1. 선거에 있어 공무원의 정치적 중립의무'와 '2. 송철호 선거캠프의 선거운동 전략 수립'을 설명하는 문단이 나열되어 있다. 공소장은 총 118개의 문단으로 구성되어 있고, 범죄 구성요건을 충족하는 정도의 정보 이상으로 수사내용이 서술되어 있다.

미국의 공소장은 최대한 짧고 간결하게, 피고인의 이름과 죄목, 적용조항을 기재해야 하는데, 이 공소장에는 위반된 가치 및 의무를 명시해 놓았지만, 정확히 어떤 형법조항이 위반되었는지 명시되어 있지 않다. 또한, 언론보도시 "유죄판결이 날 때까지 무죄 추정해야 한다"는 것이 명시되어 있지 않았다.

한편, 언론보도에 대한 미국 연방검사업무지침을 따르면, 공개되는 내용과 공개금지 내용, 예단의 가능성이 있는 내용, 피고인의 진술 등을 재판 전에 공개하면 안 된다. 하지만, 한국에서는 공소장이 공공문서가 아님에도 불구하고 공소장 전문 공개에 대한 정확한 해명 없이 언론사를 통해 공개가 되었다. 또한, 공소장의 두 번째 그리고 세 번째 문단에 '선거에 있어 공무원의 정치적 중립의무'에 대한 해석이 필수적인 기재사항이었는지 알기 어렵다. 또한, 공소장에 적힌 "네거티브 선거운동" 및 "범죄첩보서"라는 용어는 피고인의 행동에 대한 결론을 유추할 수 있도록 해석한 용어이다. 따라서, 혼란의 소지를 최대한 줄이기 위해, 공소장에 기재되는 특정 용어들을 하나씩 간략하게 설명할 필요가 있다.

반면, The Welcome to Video Website 사건 공소장에서는 각 공범에 대해 한 문단씩 정리하여 설명하고 있다. 공범이 어떤 행동으로 범행을 저지르게 되었는지에 대한 가장 기본적인 내용이 기재되어 있다. 한편, 울산시장 사건 공소장에는 각 수사내용에 대한 설명이 구체적으로 나오고, 공소장에 새로운 공범("피고인")이 소개될 때에는 여러 문단에 걸쳐 여러 의혹을 설명한다. 또한, 공소장에는 피고인이 어떤 특정한 "취지"로 구체적인 행동을 했다고 설명이 되어있기도 한데, 이것은 미국 공소장에 대조해 보았을 때 죄목 및 범죄구성요건을 충족하는 정도 이상의 내용으로, 특정한 결론에 대한 수사 내용의 과잉서술 및 예단의 우려가 있을 수 있다. 따라서, 미국 형사법 관점에서 재판이 열리기 전까지는 피고인의 진술 및 반대심문을 거치지 않은 서술적인 내용은 언론에 공개되면 안 되며, 수사내용은 최대한 축약하여 설명했어야 한다. 다만, 이러한 언론에 대한 규칙은 미국의 형사재판의 특성상, 대부분의 형사재판이 배심재판으로 진행되므로 배

---

172) 동아일보, [단독] '靑선거개입 의혹'사건 공소장 전문 공개합니다.
http://www.donga.com/news/article/all/20200207/99578275/1

심재판 및 배심원들이 언론을 통해서 재판 이전에 편견을 갖지 않게 하는 제도적인 장치 중 하나라고 이해할 수 있다.

(5) 언론에 대한 가이드라인
가. 의 의

원칙적으로, 모든 언론 접촉과 기자회견은 관할 부서장의 지휘통제를 받아야 하고, 언론에 공개되는 정부는 공소장과 재판관련 공공문서로 제한하여야 한다. 또한 기관 변호사법이나 변호사의 윤리, 법무부 규정 및 적법절차의 틀을 벗어나면 안 된다. 또한 국세청과 관련된 정보는 공개해서는 안 된다.

Justice Manual (미법무부 매뉴얼)

1-7.700 Guidance for Media Contacts[173]

A. Press conferences should be held only for significant newsworthy actions, or if an important law enforcement purpose would be served. Before holding a press conference or making comments on a pending investigation regarding another DOJ component, the U.S. Attorney or Assistant Attorney General shall coordinate any comments, including written statements, with the affected component.
B. There are circumstances when media contact may be appropriate after indictment or other formal charge, but before conviction. In such cases, communications with the media should be limited to the information contained in publicly available material, such as an indictment or other public pleadings.
C. DOJ personnel must avoid making public statements that violate DOJ guidelines, regulations, or legal requirements, including those imposed by case law, applicable bar policies, and local court rules.
D. In juvenile proceedings, special rules apply and should be followed to ensure that the identity of a minor is not revealed. See JM 9-8.000, et al.
E. In cases where the IRS has provided information to DOJ, care should be taken to comply with applicable statutory disclosure provisions, including26 U.S.C. § 6103. When communicating with the media, DOJ personnel should attribute the immediate sourcing of information to the public record of the judicial proceeding. No information should be provided from IRS materials, even if those materials are located in DOJ files.
F. In clemency matters, DOJ acts both as prosecutor and as advisor to the President. Any communications concerning clemency should be approved by OPA and the Deputy Attorney General to ensure that there is no infringement upon the President's prerogative in exercising his clemency powers.

나. 언론 협조 시 고려사항

법원의 구체적인 명령이 없는 경우, 뉴스매체가 합법적으로 어떤 사안에 대해 기록하거나 보도하는 것을 방해하면 안 된다.

Justice Manual (미법무부 매뉴얼)

1-7.710 — Assisting the News Media[174]

A. DOJ personnel shall not prevent lawful efforts by the news media to record or report about a matter, unless by reason of a court order. DOJ personnel may enforce access restrictions tha tapply to all persons, such as a crime scene perimeter.

B. In order to promote the aims oflaw enforcement, including the deterrence of criminal conduct and the enhancement of public confidence, DOJ personnel, with the prior approval of the appropriate United States Attorney or Assistant Attorney General, may assist the news media in recording or reporting on a law enforcement activity. The United States Attorney or Assistant Attorney General shall consider, among other things, whether such assistance would:

1. Unreasonably endanger any individual;

2. Prejudice the rights of any person; or

3. Be otherwise proscribed by law.

---

173) A. 기자회견은 중대한 뉴스 가치가 있거나 중요한 법 집행 목표가 충족될 경우에만 개최되어야 한다. 기자회견을 열거나 법무부 내 다른 부서(components)에 대해 진행 중인 수사에 대한 의견을 전달하기 전에, 미국 관할 연방검사장 또는 관할 법무부 차관보가 관련된 법무부 부서(component)와 모든 의견 및 서면진술을 조율해야 한다.

B. 공소의 제기나 공식 고발 후, 아직 유죄판결이 나지 않았지만 언론과의 접촉이 필요할 때가 있다. 이런 상황에는, 언론에 공개할 수 있는 정보를 공소장과 재판에 접수된 공공문서로 제한해 공개한다.

C. 미국 연방법무부 직원은 법무부 지침, 규칙, 또는 법적 의무, 관련판례, 기관 변호사법 및 지방법원 규정과 위반되는 공개적인 진술을 하면 안 된다.

D. 소년재판절차에는 특별한 규칙이 적용되며, 미성년자의 신원이 공개되지 않도록 해야 한다.

E. 미국 국세청이 법무부에 정보를 제공한 경우, 26 U.S.C. § 6103을 포함한 정보공개 규정을 준수하도록 주의를 기울여야 한다. 또한, 언론과 소통할 때 미국 연방법무부 직원은 즉각적으로 정보의 출처가 재판절차의 공공기록이라는 것을 밝혀야 한다. 해당 정보가 법무부 파일에 위치했더라도, 국세청 자료라면 그것과 관련된 어떠한 정보도 제공해서는 안 된다.

F. 형벌의 사면 또는 감형과 관련된 사건에 대해서는, 미국 연방법무부는 대통령에게 검사와 법률자문 역할을 둘 다 수행한다. 형벌의 사면 또는 감형과 관련된 그 어떤 소통은 공보국(Office of Public Affairs)와 법무부 차관(Deputy Attorney General)의 승인을 받아야 하고, 대통령의 면책권 행사에 대한 특권을 침해하는 일이 없도록 해야 한다.

다. 영장관련 정보 공개 금지

영장관련 정보공개는 연방검사장 또는 법무부 차관보의 공식 승인없이 공개할 수 없다.

Justice Manual (미법무부 매뉴얼)[175]

C. In cases where a search warrantor arrest warrant is to be executed, no advance information will be provided to the news media without the express approval of the appropriate United States Attorney or Assistant Attorney General. This requirement also applies to operations in preparation for the execution of a warrant.

---

2. 대륙법계 국가

(1) 독 일

독일은 범죄정보를 공개하는 제도를 가지고 있지 않다. 따라서 원칙적으로 일반 국민에게 공개되지 않으므로 공판 이전에 공소장 내용을 그대로 인용해 보도하는 것은 형법(제353조d)[176]에 따라 처벌될 수 있지만, 독일 헌법이 보장하는 언론의 자유 규정상[177] 실제 처벌 사례는 드물다[178]고 한다. 그러나 공소가 제기되면 변호인은 법원에

---

174) A. 미국 연방법무부 직원은 법원의 명령이 없는 한, 뉴스 매체가 어떤 사안에 대해 기록하거나 보도하는 합법적인 노력을 방해해서는 안 된다. 미국 연방법무부 직원은 특정 사람이나 범죄 현장에 대한 접근을 상황에 따라서 제한할 수도 있다.
B. 범죄행위의 억제와 대중의 신뢰를 포함한 법 집행의 목적을 촉진하기 위해, 미국 연방법무부 직원은 적절한 미국 검사 또는 관할 법무부 차관보의 사전 승인을 받아 언론 매체가 법 집행 활동을 기록하거나 보도하는 것을 보조할 수 있다. 미국 관할 연방검사장 또는 관할 법무부 차관보는 무엇보다도 언론보도를 허락하는 것이 다음을 수행하는 것인지 고려해야 한다.
  1. 어떤 개인을 불합리하게 위험에 빠뜨리는 행위
  2. 편견을 유발하여 특정 사람의 권리를 침해할 수 있는 행위
  3. 그 외에 법으로 금지된 행위
175) C. 압수수색 영장이나 체포영장 발부 시, 미국 관할 연방검사장 또는 관할 법무부 차관보의 공식 승인 없이 그 어떤 정보도 언론에 공개되면 안 된다. 이 규칙은 영장 발부 준비과정에도 적용된다.
176) 독일형법(StGB) 제353조d(금지된 법원심리의 전달) 다음 각호의 1에 해당하는 자는 1년 이하의 자유형 또는 벌금형에 처한다.
  1. 법률상 금지에 위반하여 그 공개가 배제된 법원의 심리 또는 사건과 관련된 공적 문서의 내용을 공연히 전달한 자
  2. 법률을 근거로 법원으로부터 명해진 묵비의무에 위반하여 법원의 비공개심리를 통해서 또는 사건과 관련된 공적 문서를 통하여 알게 된 사실을 권한 없이 공개한 자
  3. 공판에서의 낭독 또는 소송절차종료 이전에 공소장 또는 형사소송절차·과태료부과절차·징계절차에 관한 기타 공적 문서의 전부 또는 주요 부분을 원문대로 공연히 전달한 자

제출되었거나 공소가 제기되면 법원에 제출될 기록을 열람하고, 공적으로 보관하는 증거물을 검사할 수 있으며(StPO 제147조), 직권주의 구조상 공소장에 수사의 주요 결과도 기재하므로(StPO 제200조 제2항),[179] 공소가 제기되면 수사와 관련된 내용이 대부분 공개될 것으로 보인다.

(2) 일 본

일본에선 검찰이 형사사건 관련 정보를 언론에 공개하는 것을 처벌하는 규정이 없다. 통상 공소장 내용은 첫 공판 때 공개되는데, 일본 형법은 아직 공소가 제기되지 아니한 사람의 범죄행위에 관한 사실도 공공의 이해에 관한 사실로 간주하므로(제230조의2 제2항) 그 이전에 언론이 공소장 내용을 보도하더라도 문제를 삼기는 어려울 것으로 보인다. 물론 일본 형법에 '명예훼손죄' 규정(제230조)[180]이 있지만, 공익을 위한 사건 공개에는 이를 적용할 수 없다. 우리나라와 동일하게 공익 목적이거나 진실하다고 증명되는 보도는 명예훼손으로 처벌되지 않기 때문이다.[181]

---

177) 독일 기본법 제5조(의사표현의 자유, 신문의 자유, 방송, 예술과 학문의 자유) ① 누구든지 자신의 의사를 말, 글 및 그림으로 자유로이 표현·전달하고, 일반적으로 접근할 수 있는 정보원으로부터 방해받지 않고 정보를 얻을 권리를 가진다. 신문의 자유와 방송 및 영상보도의 자유는 보장된다. 검열은 허용되지 않는다.

178) 국민일보 2021. 10. 7.자, 「해외 전문가들 "정보 공개 기준·절차, 일관성과 공정성이 필수"」.

179) 독일형사소송법(StPO) 제200조 (1) 기소장에는 예비피고인, 그에게 책임을 지우고 있는 범행, 그 범행을 저지른 시간과 장소, 범죄의 법률적 표지, 적용법조를 기재해야 한다(기소문, Anklagesatz). 그 밖에도 기소자에는 증거방법, 공판이 열릴 법원, 변호인을 기재해야 한다. 증인을 거명하는 경우에는 그의 주소지 또는 거소지를 기재해야 하지만 주소 전부를 기재할 필요는 없다. 제68조 제1항 제2문, 제2항 제1문의 경우에는 증인 이름의 기재로 충분하다. 신원의 전부 또는 일부를 공개해서는 안 되는 증인을 거명하면, 그 사정을 기재해야 한다. 증인의 주소지 또는 거소지를 비밀로 해야 하는 경우에도 이를 준용한다.
(2) 기소장에는 수사의 주요 결과도 기재한다. 기소가 형사법관에게 되는 경우에 이를 기재하지 않을 수 있다.

180) 제230조 ① 공연히 사실을 적시하여 사람의 명예를 훼손한 자는 그 사실의 유무에 관계없이 3년 이하의 징역이나 금고 또는 50만엔 이하의 벌금에 처한다.

181) 제230조의2 ① 전조 제1항의 행위가 공공의 이해에 관한 사실에 관계되고 또한 그 목적이 오로지 공익을 위함에 있었다고 인정되는 경우에는 사실의 진실 여부를 판단하여 진실이라는 증명이 있는 때에는 이를 벌하지 아니한다.
② 전항의 규정의 적용에 관하여는 아직 공소가 제기되지 아니한 사람의 범죄행위에 관한 사실은 공공의 이해에 관한 사실로 간주한다.
③ 전조 제1항의 행위가 공무원 또는 공선(公選)에 의한 공무원의 후보자에 관한 사실에 관계되는 경우에는 사실의 진실 여부를 판단하여 진실하다는 증명이 있을 때에는 이를 벌하지 아니한다.

3. 대한민국 현행 공소장 공개에 관한 법령 정비

(1) 한국과 미국의 차이

공소장 공개와 관련하여, 대한민국의 공소장은 미국과 큰 차이가 있다.

첫째, 공소장을 공공문서로 취급하지 않는다.

둘째, 공소장에 범죄를 구성하는 필수적 사실관계보다 지나치게 구체적으로 수사내용 언급이다.

셋째, 수사내용과 공소관련 내용의 공표에 대한 구체적인 지침이 필요한 점이다.

(2) 공소장의 국회제출

공소장 국회제출은 국회법[182]과 2005년부터 국민의 알 권리와 국회의 자료요구 권한을 내세우며 시행된 '국회 증언 감정법' 등을 근거로 진행되어 온 관행이다. 국회의원 단독으로 정부 부처 등에 관련자료를 요구하고, 정부 부처는 주로 이러한 요구에 응해왔다. 하지만, 제출요구를 할 수 있는 보고 또는 서류, 영상, 사진 등은 목적, 주체와 대상 등의 제한이 있고, 국회증언 감정법에서도 법의 적용대상을 '국회에서의 안건심의 또는 국정감사나 국정조사와 관련하여 하는 보고와 서류제출'로 국한하고 있다.[183]

또한, 공소장은 형사절차에서 일방의 의견이 담긴 문서로, 재판과정에서 공소사실을 뒷받침하는 증거에 대한 법률적 평가 및 사실관계에 대한 피고인의 반박 등을 통해 재평가되는 과정을 거쳐야 한다. 한국 형사소송법 제47조에 "공소장은 소송에 관한 서류는 공판의 개정 전에는 공익상 필요 기타 상당한 이유가 없으면 공개하지 못한다"고 되어있는 만큼, 공익상 필요가 단지 국회의원의 자료 제출요구로 충족하는지, 그리고 공소장이 현재 형식으로 그대로 공개된다면 피고인의 방어권 보장과 공정한 재판을 받을 권리를 침해할 수 있는지 신중히 검토해야 한다. 공소장에 명시된 기소내용이 제한 없이 기정사실화 될 경우, 피고인의 재판에 영향을 줄 수 있고, 이는 피고인의 인권 침해로, 공정한 재판을 받을 권리도 침해될 수 있다.

한편, 공소장 공개가 완전히 금지될 경우, 정보의 자유와 국민의 알 권리, 언론의 자유를 침해하고, 역설적으로 불합리한 공소사실이 있을 경우, 대중에 알려지지 않음으로 피고인의 기본적인 인권까지 침해될 소지가 있다. 따라서 공소장이 공공문서로 지정된다면, 국회의 제출요구와 상관없이 법무부가 별도로 공개를 해야 한다. 즉, 미국과 같

---

182) 국회법 제128조(보고-서류 등의 제출 요구): '본회의, 위원회 소위원회가 그 의결'로 '안건의 심의 또는 국물'의 제출을 요구할 수 있다. 국가법령정보센터,
http://www.law.go.kr/%EB%B2%95%EB%A0%B9/%EA%B5%AD%ED%9A%8C%EB%B2%95.

183) 민주사회를 위한 변호사 모임, [논평] 공소장 국회 제출 관련 논란에 대한 입장과 제안.

이 공소장이 입법을 통해 공공문서로 제정이 된다면, 국회의원의 단독적인 요구만으로 공개되거나, 정치적으로 남용되는 일이 없을 것이고, 모든 국민이 접근할 수 있게 된다. 다만, 공소장에 기재되는 내용은 현재 공소장보다 훨씬 축약하고, 공소를 제기하는데 필수적인 사항과 내용으로 제한하여야 한다.

(3) 공소장 내용

공소장에 기재되어야 할 4가지 사항 중 하나는 공소사실이다. 한국의 형사소송법 제254조(공소제기의 방식과 공소장) 제4항에 따르면, 공소사실에는 "범죄의 시일, 장소와 방법을 명시하여 사실을 특정할 수 있도록 하여야 한다." 그러나 재판 전 공개된 공소장을 보면, 형사소송법 제254조 제4항에 명시된 사항들보다 추가적인 정보가 더해져 있다는 것을 알 수 있다. 한 예로, 2020년 2월 달에 언론을 통해 공개된 울산시장 사건 공소장 전문을 보면, 단순히 범죄의 시일, 장소와 방법뿐만 아니라, 피고인의 범행동기 등 추가적인 수사내용을 기록하고 있다. 이러한 추가적인 사실이 공소장에 기재되고, 국회의원의 제출요구로 공소장을 전달받고, 언론을 통해 모두에게 알려진다면, 재판당사자에 대한 일방의 의견이 담긴 문서가 언론과 국민의 눈에 기정사실화 될 위험이 높고, 이는 피고인·당사자 그리고 가족에게 필요 이상의 부담을 안길 수 있다. 또한, 만약 이 재판이 배심제도를 활용할 경우, 배심원들이 언론을 통해 피고인에 대한 부정적인 편견을 품을 수 있는 우려가 있다.

따라서, 공소장에 기재되는 사항과 내용은 미국의 공소장 형식같이 최대한 간단하게 축약하여, 형사소송법 제254조에 명시된 사항만 기재한다면, 충분히 공공문서로서 일반인에게 공개할 수 있다. 그러므로 공소장 공개에 대한 관련 법제도의 정비가 필요하고, 법무부나 법원이 공개할 수 있도록 공공문서로 지정을 해야 한다.

4. 검 토

종래 형사사건의 공개여부는 박상기 전 장관때 만든 '형사사건 공개금지 등에 관한 규정'(법무부훈령 제1265호, 2019. 11. 29., 일부개정)에 따라 '공개금지 및 예외적 공개'를 원칙으로 하고 있었다.[184] 그 후, 2020년 2월 11일자 법무부 기자간담회에서 추

---

184) 제4조(형사사건 공개금지 원칙) 형사사건에 관하여는 법령 또는 이 규정에 따라 공개가 허용되는 경우를 제외하고는 그 내용을 공개해서는 안 된다.
　제5조(공소제기 전 공개금지) ① 공소제기 전의 형사사건에 대하여는 혐의사실 및 수사상황을 비롯하여 그 내용 일체를 공개해서는 안 된다.
　② 수사 또는 내사가 종결되어, 불기소하거나 입건 이외의 내사종결의 종국처분을 한 사건(이하 "불기소처분 사건"이라 한다)은 공소제기 전의 형사사건으로 본다.
　제6조(공소제기 후 제한적 공개) 공소제기 후의 형사사건에 대하여는 국민들에게 알릴 필요가

미애 법무부 장관은 공개의 필요성이 인정되는 중요사건의 경우, 공개재판개시 이후 '형사사건공개심의위원회' 등 중립성을 담보할 수 있는 위원회의 의결을 거쳐 공소장 전문을 공개할 것이라고 하면서,185) 기소 직후 검찰 공소장을 국회에 제출하는 '관행'을 없애 버렸다. 문제는 공적 사건 공개를 지나치게 차단한 결과, 국민의 알권리가 침해된 것은 물론 권력형 비리에 대한 언론과 시민사회의 감시와 견제는 갈수록 어려워졌다는 점이다.

【표 8–27】 서울중앙지검 공인 수사 보도 및 사건 처리 현황186)

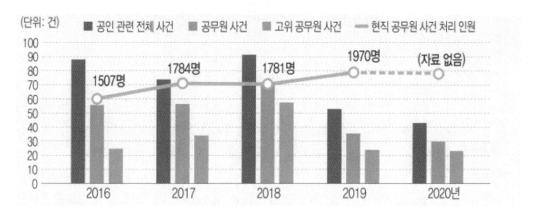

위 국민일보 기사에 따르면, 「형사사건 공개금지 등에 관한 규정」이 본격적으로 적용된 2020년의 경우 전현직 고위 공직자 수사 결과는 23건, 전현직 공무원 수사 결과는 30건, 공인 사건 관련 전체 수사 결과는 43건 보도됐는데, 2019년과 비교해 각각 4.2%, 16.7%, 18.9% 줄어든 것이라고 한다. 검찰개혁 본격화 이전인 2018년과 비교하면 2년 만에 고위 공직자 범죄 수사 결과 보도는 60.3%, 공무원 수사 보도는 58.3%, 공인 사건 전체 수사 보도는 53.3% 감소했다는 것이다.

있는 경우 공개할 수 있다. 다만 피고인의 공정한 재판을 받을 권리를 침해하지 않도록 유의해야 한다.

185) 형사사건 공개금지 등에 관한 규정 제21조(위원회의 설치) 예외적 공개 여부 및 범위 등을 심의·의결하기 위하여 대검찰청, 고등검찰청, 지방검찰청 및 지청에 형사사건공개심의위원회(이하 '위원회'라고 한다)를 설치한다.

186) 국민일보 2021. 9. 16.자, 「檢 개혁 시행 후 고위공직자 범죄 보도 확 줄었다」

【표 8-28】 최근 3년간 서울중앙지검 수사 보도[187] (단위: 건)

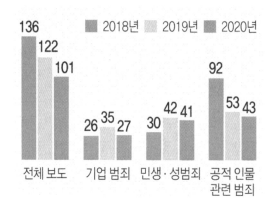

위 국민일보 기사에 따르면, 민생·성범죄 수사 결과 보도는 2018년 30건, 2019년 42건, 2020년 41건인 반면, 2019년에 진행된 검찰개혁 이후 전현직 국회의원과 고위 공직자 등 공인 범죄 보도 건수만 대폭 감소한 것으로 나타났는데, 이는 고위 공무원을 비롯한 권력층만 형사사건 공개금지의 덕을 본 것이 아니냐는 비판이 제기된다는 것이다.

결국 공소장을 공개가 가능한 '공공문서'(public document)로 취급하되, 그 공개내용은 형사소송법 제254조에 명시된 필수적인 기재사항으로 제한하는 것이 타당하다고 본다. 그리고 언론과의 접촉이 필요한 경우, 수사내용의 언론보도에 대한 명확한 기준·시점·주의사항 및 제한사항을 규정한 언론지침을 만든 후, 이 규정에 따라 투명하게 처리하는 것이 타당할 것이다. 물론 이 경우 미국의 연방검사 업무지침 – 비밀보호와 언론정책처럼, 피의자의 인권과 정의실현, 그리고 국민의 알 권리에 초점을 맞춰 보도하되, 피의자의 범죄전력, 진술, 유무죄에 관한 의견 등의 언론공개는 제한해야 할 것이다. 또한 무죄추정의 원칙에 따라 기소시 발표하는 보도자료에 "기소 범죄사실은 단순한 혐의에 불과하며 재판확정시까지 무죄로 추정된다"는 점을 반드시 명시하도록 해야 할 것이다. 그리고 피고인의 변호사가 공소장을 검토하면서 기본적이고 필수적인 사실 이외의 사실이 기재된 것을 확인한 경우, 그 과잉서술을 삭제하도록 요청할 수 있는 제도[188] 역시 도입해야 할 것이다.

---

187) 국민일보 2021. 9. 16.자, 「檢 개혁 시행 후 고위공직자 범죄 보도 확 줄었다」
188) 미국 연방형사소송절차 7장(d).

Ⅵ. 고위공직자비리수사처와 경합문제

1. 의 의

2019. 12. 24. 형사소송법 일부개정법률안에 대한 수정안(박주민의원 대표발의)이 통과된 후, 2019년 12월 30일 검찰개혁의 일환으로 독립된 수사기관인 고위공직자범죄수사처법 역시 통과되었다. 검찰에 대한 외부적 통제를 강화함으로써 검찰권 행사의 객관성과 공정성을 확보하는 방안보다는 검찰의 구조 자체를 개혁하는 혁명적인 방안(권력기관을 새로 만들어 권력을 제어하는 방안)을 강구한 것이다. 선행하는 정치적 독립성만이 권력기관의 정치적 중립성을 보장하는 조치라고 본 것이다.[189]

그런데 공수처장 후보자를 추천하기 위한 공수처장후보추천위원회의 의결정족수와 관련하여, 그동안 여당과 야당이 계속 대치하다가 2020. 12. 10. 기존의 위원 6인 이상의 찬성 규정(공수처법 제6조 제5항)을 제7항으로 옮기면서 "위원 6인 이상의"를 "재적위원 3분의 2 이상의"로 하는 내용 등 「고위공직자범죄수사처 설치 및 운영에 관한 법률」 일부개정법률안(대안)이 통과되었다. 이에 따르면, 위원 7인 중 5인 이상이면, 공수처장 추천이 가능하므로 야당의 비토권은 사실상 무의미하게 되었다고 볼 수 있다. 이러한 상황은 다수당의 의도대로 공수처의 장이 임명될 것이므로 이에 따른 정치적 중립성 내지 편파성은 끊임없이 제기될 가능성이 있다. 더욱이 전문적인 수사기관인 검찰이 있는데도 공수처를 따로 설치하여 고위공직자의 부정과 비리를 수사하도록 하겠다는 것이 타당한가 여부인데, 이는 공수처 특별검사와 특별수사관이 현재보다 더 공직자비리를 척결할 수 있는가에 달려있다고 본다. 이것이 가능하다면, 공수처를 설치하는 것에 반대하는 사람은 별로 없을 것이기 때문이다. 문제는 공수처를 설치하는 경우, 기존의 경찰 및 검찰의 영역다툼과 동일한 문제가 발생한다는 점이다.

2. 이론적 문제점

(1) 제왕적 대통령제 강화 수단

공수처가 입법·사법·행정 어디에도 속하지 않는 독립기관으로 설치되고, 법무부 지휘·감독을 받는 검찰과 달리 아무런 통제·견제를 받지 않아 '주요 고위공직자'를 대상으로 무소불위의 권력을 휘두를 수 있다.[190] 즉, 대통령이 공수처장만 장악하면, 공수

---

189) 김성돈, 「검찰외 독립된 특별기구 신설의 필요성과 구체화방안」, 제13회 월송기념 학술심포지엄, 헌법과 형사법, (재)유기천교수기념사업출판재단, 2017, 203면 이하.
190) 일반적으로 권력분립원리는 다음과 같은 두 가지를 주요 내용으로 하는 헌법원리이다. 첫째, 국가권력을 입법권·행정권·사법권으로 분할하고, 이들 권력을 각각 입법부·행정부·사법부에게 부여한다. 둘째, 각 부(府, branch)는 다른 부의 권한을 침해할 수 없다. 권력분립원리의 궁

처를 통해 '주요기관 전체'를 장악할 수 있어 제왕적 대통령제의 폐해가 악화될 수 있기 때문이다. 더욱이 기존 검찰 조직이 가지고 있었던 정치적 종속성 문제를 해결하기 위한 제도적 장치가 강구되어 있지 않다는 점에서, 본질적으로 다를 바 없는 조직을 검찰청 밖에다 만들자는 시도에 불과할 뿐이기 때문이다.

이는 문재인 정부의 검사장에 대한 첫 인사를 보면 잘 알 수 있다. 즉, 문재인 정부는 전(前)정권에서 역할을 해 온 고위 검사들에 대하여, 사건 처리과정에서 어떻게 부적절했는지, 근무성적이 얼마나 나빴는지 하는 객관적인 조사 내지 결과 없이,[191] 청와대에서 자기들이 보기에 부적절하다고 생각하는 검사장들 전부의 옷을 벗긴 반면, 기수 파괴를 하면서까지 코드에 맞는 윤석열 검사를 서울중앙지검장 그리고 검찰총장에 임명했다.[192]

이러한 상황에서 문재인 정부가 정치적 편향성을 갖춘 공수처장 및 특별검사를 임명하는 경우 과연 차기 정권을 포함한 누가 승복을 하겠으며, 이들 특별검사들이 정치적 중립성을 지킨다고 생각할 것인지 의문이다. 이는 2002년 병풍사건, 2007년 BBK사건, 2012년 국정원댓글사건, 2016년 박근혜 전 대통령 탄핵사건처럼 향후 대선에서도 중요한 정치쟁점이 형사사건화 될 수밖에 없는 구조이므로, 그런 상황에서 현직 대통령이 임명한 공수처 처장(3년 임기) 및 9년 임기(연임 가능)의 공수처 검사가 수사를 한다면 공수처의 정치적 중립성문제는 계속 논란이 제기될 것이다.

극적 취지는 물론 이러한 권력의 분할과 견제와 균형을 통해 국민의 자유와 권리를 보장하는 데 있다(Black's Law Dictionary(7th ed.), West Group, 1999, pp.1369-70).

191) 다음뉴스(2017. 07. 29), '정윤회 문건 수사' 유상범 검사, 떠나며 한 말. "진실이 결국 밝혀질 것을 믿고 밖에서 기다리겠다"고 말했다. 유 검사장은 이날 검찰 내부망인 '이프로스'에 올린 사직의 글에서 "사의를 표명한 이 순간, 저는 3차장으로 수사를 지휘하며 오로지 진실을 밝히고자 혼신의 노력을 다했고 문서의 진위와 유출 경위에 대해 역량이 되는 한 빠짐없이 모든 진상을 밝혔다고 감히 말씀 드린다"고 항변했다. 그는 "(정윤회 문건 수사에) 부끄러운 일이 없었는지, 빠진 것이 없었는지 무수히 자문했다"면서 "수사와 관련된 오해를 해소하기 위한 노력 속에서 검찰에 대한 불신이 얼마나 큰 것인지 절실히 깨닫기도 했다"고 덧붙였다. 그는 사직의 글에서 검찰 외부의 따가운 시선을 의식한 듯 "불신의 광풍이 부는 와중에…" "오해와 편견이 크다고 해도…" "당당함과 의연함을 잃지 않겠다" 등의 표현을 사용하며, 사건처리에 문제가 없었다는 입장을 여러 차례 강조했다. 유 검사장은 지난달 창원지검장에서 광주고검 차장검사로 '찍어내기' 인사를 당한 데 이어, 전날 수사업무와 무관한 법무연수원 연구위원으로 다시 인사가 났다. 현직 검사장이 연구위원으로 인사가 난 전례가 없어 검찰 내부에선 '나가라'는 신호로 받아들여졌다. 그는 앞서 창원지검을 떠날 때도 정윤회 문건 수사에 대해 "결코 부끄러움 없이 사건을 처리하고자 노력했다"고 밝혔었다.

192) 과거 문재인정권이 임명한 윤석열 총장과 조국 법무부장관 및 추미애 법무부장관과의 갈등을 보면, 정치가 검찰을 얼마나 장악하고자 하는지 잘 알 수 있다.

이와 관련하여 공수처가 권력기관 소속 고위공무원이 아닌 야당 국회의원들을 표적으로 수사하게 되면 '국민의 지지와 신뢰를 바로 상실'하게 될 수밖에 없음을 간과하면 안 된다는 주장이 있다.193) 국민의 지지와 신뢰를 곧바로 상실하게 될 것이기 때문에 절대로 공수처는 그와 같은 행동을 하지 않을 것이라는 말인데, 공수처장을 국회가 추천하고 대통령이 임명하는 구조 아래에서는 설득력이 없어 보인다. 자신을 임명하는 사람이 국민들이면 모르겠지만 대통령이 임명을 하는 마당에 대통령의 눈치를 보지 국민의 눈치를 보지는 않을 것이기 때문이다.

(2) 수사만능주의를 심화시키는 정쟁의 블랙홀

정치이슈를 대화와 타협이 아닌 형사사건으로 해결하려는 수사만능주의 풍토 하에서 상대 정치세력 등에 대한 고소·고발·수사의뢰가 난무하는 정쟁의 장이 될 것이다. 더욱이 다수당의 힘의 논리에 따라 정치적 소용돌이에 휘말릴 우려가 있는 야당의 비토권을 없앤 공수처법 개정안을 볼 때, 공수처가 고위공직자 부패사건을 처리하는 데에 있어서 검찰보다 더 중립성이 보장되는 것이 아니라 수사만능주의를 심화시키는 정쟁의 블랙홀이 될 수도 있다.

즉, 지금도 기존의 학연·지연·혈연을 넘어 이념적·세대적 갈등으로까지 정치적 이해관계가 확대된 우리나라의 특수한 상황에서 권력을 가진 사람은 수사와 기소를 담당하는 검찰권을 장악하여 자기에게 유리한 환경을 만들고 싶은 욕망을 추구하는 반면, 권력을 잃고 그 권력을 다시 찾으려는 사람은 반대의 입장에서 검찰권을 자신의 편으로 만들고 싶거나 적어도 중립성을 요구하기 위하여 끊임없이 검찰을 비난하는 상황에서, 전선이 국회로까지 확대되는 것인데, 과연 공수처가 공정성 시비에서 자유로울 수 있을 것인지 의문이다. 왜냐하면 사회·정치적으로 큰 영향력을 가지고 있는 적극적 권력인 공수처의 수사 및 기소권이 정의의 이념에 따라 공정하게 행사되지 않고 스스로 사회·정치적 영향력을 강화한다든지 어느 한편을 들어 편파적으로 행사되면 반대편의 입장에서는 재기불능의 상태에 빠질 수밖에 없기 때문에 지금보다 더 필사적으로 저항할 수밖에 없는 구조이기 때문이다.

(3) 정계진출을 위한 편파수사 가능성

공수처의 정치적 중립성을 위하여 공수처법은 처장·차장에 대해 각각 퇴임 후 일정 공무원 직위에 대한 임용제한 규정을 두고 있으나(공수처법 제16조), 공수처 검사는 각자가 단독관청(논란 있음)이므로 공수처 검사의 정치적 편향성을 어떻게 극복할 수 있는지 의문이다.194) 즉, 수사와 기소는 국민의 기본권을 침해하는 권익침해적 권력작용임

---

193) 정한중, 공수처가 필요한 네 가지 이유, 프레시안, 2018. 3. 5.

에도 불구하고 입법·사법·행정 어디에도 속하지 않고 아무런 견제를 받지 않는 독립기관으로 설치하는 것은 권력기관의 속성을 간과한 것이다. 왜냐하면 공수처 검사는 세 번 연임이 가능한 9년 동안 과거 대검찰청 중앙수사부처럼 통제되지 않는 권한을 부여받지만, 탄핵을 제외하고는 어떠한 견제장치도 없기 때문이다.

반면에 공수처 검사가 향후 정치적 입지를 다지기 위하여 정치적 편향성을 나타내는 경우 역시 문제가 아닐 수 없다. 즉, 처장·차장·공수처검사의 정계진출에 대한 제한이 없으므로 정치적 사건을 편파수사한 후, 정계진출을 도모할 우려도 배제할 수 없기 때문이다. 이는 사회 각계에서 명망을 얻은 대부분의 명망가들이 정치로 뛰어든 우리나라 현실을 볼 때, 공수처 검사들의 정계진출 가능성이 더 있을 것으로 보이기 때문이다. 결국 공수처를 독립적 기구로 하건, 종속적 기구로 하건 현재의 검찰문제(정치적 중립성)를 해결하기 위한 대안이 될 수 없다고 본다.

더욱이 기존 검찰의 정치적 편향성 때문에 공수처를 필요로 한다면, 공수처가 검찰보다 더 독립적이고 중립적으로 대통령 측근이나 여권 실세의 비리에 대해서도 더 엄정하게 수사나 기소를 할 수 있다고 보는 근거가 무엇인지 의문이다.

(4) 권력기관 총량만 증가시키는 옥상옥 기구문제

2016. 9. '청탁금지법'의 시행으로 검찰 공무원은 물론 모든 공직자들의 대가성 없는 금품수수까지 형사처벌할 수 있게 됨으로써 공직자의 부패범죄를 걸러낼 사회적 그물망이 촘촘히 형성되었으므로(진경준 전 검사처럼 거액을 수수하고서도 '대가성'이 없다는 이유로 처벌을 면하는 사례는 더 이상 발생하지 않음) 검찰로서도 공직자 부패범죄에 더욱 엄정하게 대응하여야 할 수밖에 없는 상황이 만들어졌기 때문에 검찰 외 추가로 공무원 부패범죄를 수사할 기구를 설치할 필요가 반감되었다고 할 수 있다. 또한 공수처를 설치하지 않더라도 이미 시행 중인 특검법, 특별감찰관제도를 잘 활용하면 공수처를 설치한 것과 같은 효과를 거둘 수 있으나, 정치권 협의로 이러한 제도를 만들고서도 제대로 활용해 본 적이 없다. 따라서 현 특검·특감제의 보완 없이 또 다른 권력기관을 창설하는 것은 권력기관의 총량만을 증가시키는 '옥상옥'에 불과하고, 사정기관 상호간의 주도권 다툼도 예상되며,195) 인력·장비의 중복 등에 따른 국민혈세의 낭비가 불가피할 것으로 보인다.

---

194) 헌법재판소처럼 합의제기관의 경우(대통령 3명 임명, 국회 3명 선출, 대법원장 3명 지명)에는 재판관 개개인이 정치적 편향성을 가지고 있다고 하더라도 전체적인 관점에서 재판관 개인의 의사가 희석되어 나타나므로 큰 문제가 되지 않는다.

195) 헌법상 기관이 아닌 법률에 의해 설치된 국가기관은 권한쟁의심판의 당사자능력이 인정되지 아니한다는 헌법재판소의 결정(헌재결 2010.10.28, 2009헌라6, 판례집 22-2하, 1 참조)을 고려할 때, 법률로 공수처를 설치할 경우 검찰과의 관할권 충돌을 어떻게 해결할 수 있을지 의문이다.

이는 기존의 수사기관인 검찰 조직과 신설하자고 하는 공수처 조직만을 비교해 보면 본질적으로 다른 점이 없다. 표로 비교해 보면 다음과 같다.

【표 8-29】 검찰 조직과 공수처 조직의 비교

비교대상	검찰 조직	공수처 조직
조직대표 임명권자	대통령	대통령
조직대표 추천위원회	검찰총장후보추천위원회	공수처장후보추천위원회
수사의 주체	검사 및 수사관	공수처검사 및 공수처수사관
영장청구의 주체	검사	공수처검사
공소제기 및 유지	검사	공수처검사 또는 검사

【표 8-29】에서 보는 것처럼, 검찰총장후보추천위원회는 검찰청법 제34조의2에 따라 법무부장관이 구성하는데 비해 공수처장후보추천위원회는 국회에서 구성하도록 되어 있다는 점 외에는 별다른 차이점을 찾을 수 없다. 또한 대법원장, 대법관, 판사, 검찰총장, 검사, 경무관 이상 경찰관에 관한 사건에 대해서는 공수처 검사가 직접 공소제기와 유지를 담당하지만, 나머지 고위공직자에 관한 사건은 공수처에서 수사만 하고 공소제기 및 유지는 검찰에서 담당하도록 하고 있다. 조직의 속성도 다르지 않고 기존 검찰 조직과의 연결성이 완전히 제거되어 있는 것도 아니다.

이러한 점을 감안하면 고위공직자범죄를 전담하여 수사할 검찰조직을 검찰청 내에 만드는 대신 외부에 설치하는 것 이상도 이하도 아닌 것으로 보인다. 검찰청 내 고위공직자범죄 전담 수사부가 아니라 검찰청 외 '옥외옥' 형태의 고위공직자 전담 수사부가 되는 것이다.[196] 기존 검찰 조직이 가지고 있었던 정치적 종속성 문제를 해결하기 위한 제도적 장치가 강구되어 있지 않다는 점에서 근원적으로 다를 바 없는 조직을 검찰청 밖에다 만들자는 시도에 불과하다고 할 수 있다.

이에 대하여 공수처는 검찰 위에서 검찰을 통제하려는 것이 아니라 검찰 외부에 독립적인 공수처를 만들어서 권력형 부정비리와 뇌물사건을 중립적이고 공정하게 담당하

---

196) 공수처 조직을 '옥상옥'으로 보는 견해도 있지만(이근우, "옥상옥, 펜트하우스가 될 것인가 옥탑방이 될 것인가?", 『형사정책』(한국형사정책학회) 제31권 제1호(2017), 43면 이하), 검찰조직에서 벗어나 존재하고자 하고 있으므로 '옥외옥'이라고 하는 것이 타당하다는 견해도 있다(김성천, "고위공직자범죄수사처의 형사사법체계 정합성에 관한 고찰", 중앙법학 제21권 제4호(2019), 중앙법학회, 57면).

도록 하는 것이므로 옥외옥(屋外屋)이라거나[197] 고비처(공수처)의 관할은 인적으로는 고위공직자, 범죄로서는 권한남용, 부패범죄를 대상으로 하므로 검찰의 권한을 제한적으로 분리하여 수사를 하는 기구에 불과할 뿐이라는 견해[198]도 있다.

그러나 정경유착 관행의 잔존 및 대규모 국책사업·개발사업 등 대형 권력형 비리 가능성이 상존하는 현 상황에서, 독자적인 디지털포렌식센터는 물론 범죄정보 수집기능(첩보기능)도 없는 공수처 검사가 60년 이상의 역사를 가진 검찰보다 더 부패행위를 근절할 만큼 제반여건이 갖추어질 수 있다고 보는 것인지 의문이다.[199] 따라서 정치적 중립성을 상실한 채 막강한 권한을 행사한다는 비판을 받고 있는 검찰을 견제하기 위하여, 즉 국가기관의 잘못된 권한 행사를 견제하기 위하여 또 하나의 권력기관을 탄생시킬 것이 아니라, 국가권력의 총량을 증가시키지 않는 범위 내에서 '국민'에 의한 견제가 가능하도록 하는 방법을 찾는 것이 더 타당할 것이다.

(5) 상시 사찰기구화 또는 무능한 수사기관화의 위험성

고위공직자 비리는 주로 기업범죄 등 경제범죄 수사에서 단서가 확보되나, 공수처는 기업범죄 수사권이 없어 독자적 비리 적발이 어려울 것으로 예상된다. 후술하는 것처럼, 최근 5년 홍콩 염정공서, 싱가포르 탐오조사국 기소인원의 88.2%, 90%가 각각 일반 국민이며, 특히, 별도의 반부패 전담수사기구로서 역사가 가장 오래된 홍콩 염정공서의 수뢰공무원 기소도 연 평균 3명에 불과하다. 따라서 이처럼 수사단서의 확보가 어려운 상황에서 가시적 성과 도출이라는 조직생존 논리에 따라, 공수처는 고위공직자 등을 표적으로 미행, 함정수사를 하는 비정상적 사찰기구가 될 우려가 높다.

이러한 위험성은 ① 법무부장관의 지휘를 받는 검찰과 달리 공수처는 그 어디의 통제도 받지 않는다는 점, ② 검찰의 대표적인 특수수사 부서인 서울중앙지검 특수부의 경우 검사 연속 근무연한이 통상 1년, 최장 2년인 것에 비교할 때, 공수처 검사는 3 연임시 최장 9년(공수처법 제8조 제3항), 공수처 수사관은 연임시 정년까지(동법 제10조 제3항) 특수 수사부서에서 근무한다는 점에서 더욱 커진다. 이처럼 검찰과 달리 공수처는 정기인사가 없어 공수처 검사 및 수사관 등 직원들이 계속 동일 보직에 장기 근무함에

---

197) 한상훈, 「검찰개혁과 고위공직자비리수사처의 신설에 대한 토론문」, 한국의 형사사법개혁1: 검찰개혁, 2017 한국형사정책연구원/한국형사소송법학회 공동학술세미나(2017. 2. 13.), 124면.

198) 김인회, 「검찰개혁과정에서 발생하는 몇 가지 의문, 불안에 대하여」, 법조언론인클럽 10주년 기념 세미나(2017. 7. 12.) "국민을 위한 법조개혁, 어떻게 할 것인가?", (사)법조언론인클럽 자료집, 55면.

199) 최순실 사건을 조사한 서울중앙지검 특별수사부의 경우 파견을 포함하여 55명의 베테랑 검사가 참여하였다. 그런데 통상 서울중앙지검 특별수사부 검사로 근무하기 위해서는 수사경력 7-8년 이상이 되어야 하며, 수사관도 10년 이상이 되어야 근무할 수 있다고 한다.

따라 당연히 부패가 발생할 가능성이 상존하고, 표적수사, 청탁수사나 무제한 수사, 보복수사 등이 뒤따를 우려도 있다. 반면에 위와 같이 비정상적인 수사방법을 동원하지 못한다면, 공수처는 수사역량이 축적된 검찰에 비해 고위공직자 등 부패사범에 대한 수사능력이 현저히 떨어지므로 무능한 수사기관으로 전락할 가능성 또한 부인할 수 없을 것이다.

결국 역대 특검 대부분이 그러했듯이, 투입된 시간과 노력, 비용에 비해 성과는 생각했던 것보다 높지 않을 가능성이 크고, 그로 인하여 장기적으로는 국민들에게도 외면당할 가능성이 높다고 할 것이다.

(6) 권한 과다의 위험성

공수처에는 기존 검찰이나 경찰에 존재하는 최소한의 견제수단이 없다. 경찰은 영장청구권을 비롯해서 검찰의 통제를 받는다. 검찰은 법무부장관의 지휘를 받고, 인사·예산·조직 등에 있어서 정부조직 원리에 따라 책임을 진다. 반면 공수처는 대통령을 비롯한 어느 누구의 명령이나 지시, 간섭도 받지 않고 권한을 행사한다. 대통령과 비서실 소속 공무원은 업무보고나 자료제출 요구 등을 할 수 없다(공수처법 제3조 제3항). 인사에 있어서도 실권이 없는 검찰총장과 달리 공수처장은 공수처 차장, 공수처 검사에 대해 인사제청권이 있고(동법 제7조 제1항, 제8조 제1항), 공수처 수사관에 대해서는 임명권이 있다(동법 제10조 제1항).[200] 검찰총장의 임기는 2년이지만, 공수처장의 임기는 3년이다(동법 제7조 제3항). 더욱이 검찰과 달리 공수처는 정기인사가 없어 간부·직원들이 계속 동일 보직에 장기 근무함에 따라 당연히 부패가 발생할 것이고, 표적수사, 청탁수사나 무제한 수사, 보복수사 등이 뒤따를 것이다.

따라서 위에서 언급한 것처럼, 공수처장이 정치적 야심 등의 이유로 편파적인 수사를 하거나 무리한 기소를 하는 경우, 어떻게 견제를 할 것인지 의문이 들지 않을 수 없다.

3. 실무적 문제점

(1) 이원화된 수사권으로 인하여 수사권의 충돌문제가 발생

국가형벌권을 위한 형사재판 및 소추는 모두 사법작용에 속하는 것으로서, 재판의 절차와 내용이 이원화될 수 없듯이 수사의 절차와 내용도 이원화되어서는 안 된다. 그런데 공수처에 독자적인 수사권을 인정하여 검사(내지 경찰)의 수사권과 공수처의 수사권을 병렬적으로 규정할 경우, 동일한 범죄에 대한 양 기관의 수사권이 동시에 발동될 수 있어 양 기관의 수사권이 충돌하게 되는데,[201] 이는 국가 수사권 체계의 난립상을

---

200) 검찰총장은 대검찰청 차장검사, 검사, 수사관에 대해서 인사권이 없다.
201) 한국일보 2021. 10. 15.자, 「LIVE ISSUE 대장동 개발 특혜 의혹, 검찰, 유동규 옛 휴대폰 확

초래할 뿐만 아니라 국민의 자유와 권리를 심각하게 침해할 가능성이 농후하다. 왜냐하면 시장에서의 기업간 경쟁은 소비자의 기호를 충족시키기 위한 목적을 가지고 또 소비자의 최종 선택에 맡겨진 문제인 반면, 수사에 있어서의 실적 경쟁은 시민의 처벌을 목적으로 하는 것이고 시민에게는 그 수사를 당하고 안 당하고의 선택권이 전혀 없는 것이므로, 국가 권력기관 간의 수사 실적 경쟁과 수사권의 충돌은 곧 국민의 자유와 권리의 위축으로 직결되는 것이기 때문이다.

【표 8-30】 민간기관과 수사기관(국가기관)의 차이점

시장 경쟁	경쟁적 수사
소비자의 기호 충족 목적	시민의 처벌 목적
시민의 상품 선택권 있음	시민의 수사여부 선택권 없음
소비자의 자유와 권리 신장	국민의 자유와 권리 위축

이에 대하여 독자적인 수사주체간의 수사권 경합문제는 일본·미국 등에서도 마찬가지로 존재하며, 이들 나라에서도 합동수사나 상호 긴밀한 협의를 통해 이 문제를 해결하고 있는 점을 볼 때, 양 기관이 모두 수사주체가 되더라도, 양 기관간의 수사권 행사 협의·조정 시스템을 마련하여 민주적 방식으로 원만히 해결이 가능하다는 반론이 제기될 수 있다. 공수처 법안도 "제16조(다른 기관과의 관계) ① 수사처의 범죄수사와 중복되는 다른 기관의 범죄수사는 수사처로 이첩하여야 한다. 다만, 처장은 다른 기관이 수사·공소제기 및 유지하는 것이 적절하다고 판단될 때에는 그 다른 기관에 사건을 이첩할 수 있다. ② 수사처의 직원의 비리 등에 대해서는 검찰이 수사하여야 한다."고 규정하여 어느 정도 수사권의 이원화를 방지하고 있다.

그러나 공직자에 대한 수사를 뒤집어보면, 상대방은 대부분 기업 등 거대 사기업일 경우가 많은데, 이 경우 공직자에 대한 뇌물사건과 횡령·배임사건이 여러 건 있을 경우, 공직자와 연결된 범죄는 공수처가, 공직자와 연결되지 않은 사건은 경찰 내지 검찰이 한다는 것인지 또 이를 어느 시점에서 판단을 할 것인지, 만약 경찰 내지 검찰이 공수처의 범죄수사와 중복되지 않는다고 판단하여 이첩하지 않으면 어떻게 할 것인지 의문이다. 따라서 이하에서는 수사권의 이원화를 방지하기 위한 외국의 입법례를 살펴보고자 한다.

가. 대륙법계 국가
독일, 프랑스 등 대륙법계는 진실 규명을 위한 형사소송 절차를 소추 전에는 검사

보… 중복 수사 우려도」.

라는 사법관이, 소추 후에는 판사라는 사법관이 책임지도록 하는 체계로서(즉, 사법관료
가 사실을 확정함), 대륙법계 수사구조는 검사의 수사주재를 근간으로 하여 사법경찰을
검사의 보조자로 규정하고 있으므로, 대륙법계에서는 검사의 수사권과 사법경찰의 수사
권이 충돌하는 경우란 원천적으로 있을 수 없다.

나. 영미법계 국가

영미법계 국가에서는 진실규명을 위한 형사소송의 모든 절차를 시민들이 직접 책임
지고 사실관계도 시민들이 확정하는 당사자주의구조로 되어 있으며, 따라서 자치경찰의
수사내용도 위험예방 및 치안유지라는 일반 경찰권과 직결되어 수행되는 증거수집과 범
인확보 활동이 그 주요 내용이므로 대륙법계와 달리 수사기관에게는 사법적·직권적 수
사권 자체가 부여되어 있지 않다. 검사도 경찰관의 수사에 대해 법률적 관점에서 조언
또는 지도를 하는 역할을 수행하고 형사재판에 있어서 피해자를 대변하는 당사자의 지
위를 가지고 있을 뿐이며, 다만 연방범죄, 공직자범죄 등에 있어 검사가 직접 특별수사
팀을 구성하여 수사하는 경우에는 그 수사의 관할을 검사에게 귀속시키고 있을 뿐이다.
더욱이 다양한 경찰조직을 가지고 있는 미국의 경우 관할권조정을 통해 수사권의 이원
화를 근본적으로 방지하고 있다. 예컨대 미국의 FBI의 경우, 미법무부 산하의 수사기구
로서, 형사범죄 수사부에 "조직범죄(마약사범 포함)", "공갈범", "자금세탁", "폭력범죄(수
배자 검거, 교도소 탈주범, 기소를 회피하기 위한 불법도피, 폭력조직, 연쇄살인, 유괴, 은행강
도 등 포함)", "여러 주에 걸친 폭력 및 재산범죄", "인디언 보호구역에서의 범죄", "해
외거주 미국인에 대한 범죄", "국유재산의 절도", "화이트컬러 범죄", "정부를 상대로 하
는 사기", "공무원의 부정부패 범죄", "건강보험 사기", "선거범 위반사범", "공민권 침
해범죄" 등과 같은 범죄의 수사를 조정하는 임무를 담당하고 있다.[202]

다. 일 본

일본은 대륙법계 사법적 수사구조에 영미법계 당사자주의를 타협적·정치적으로 결
합시킴으로써 검사의 수사권과 사법경찰의 수사권이 충돌할 소지가 상존한다. 그러나 일
본 역시 수사권 이원화에 따른 수사권 충돌을 방지하기 위하여, 형사소송상 경찰에게는
「수사상 의무」를 부과하는 반면, 검사에게는 「수사할 수 있는 재량」을 부여하고 있다.
즉, 일본은 혼합형 수사구조를 채택한 결과 동일 범죄에 대해 검사의 수사권과 사법경
찰의 수사권이 충돌할 가능성을 방치하고 있으나, 검사의 수사는 권리형태로, 사법경찰
의 수사는 의무형태로 달리 규정함으로써[203] 수사권 이원화 문제에 대한 최소한의 고민

---

202) 김후곤, 「FBI 연구」, 각국의 특별수사기구 연구, 검찰미래기획단, 135면.

203) 일본 형사소송법 제189조 제2항과 제191조의 문언의 차이는 현행 형사소송법에서 당사주의가
　　강화된 결과 검찰관의 직무 중 공소관으로서의 그것이 점하는 비중이 구법시대에 비하여 대단

흔적을 보이고 있다.204) 하지만 수사실무상 검사와 경찰간, 일반 사법경찰과 특별 사법경찰간의 수사권 충돌이라는 문제가 발생하고 있어 양 기관이 수사권 행사범위에 대한 협정까지 맺는 사례가 있는데,205) 이는 1차적인 수사권 행사에 있어 검사의 수사지휘가 배제되어 교통정리(조정)가 되지 않는데서 기인한다고 한다.206)

(2) 공소유보부 이첩(재이첩권)의 허용문제

공수처법 제25조 제3항은 "처장은 피의자, 피해자, 사건의 내용과 규모 등에 비추어 다른 수사기관이 고위공직자범죄 등을 수사하는 것이 적절하다고 판단될 때에는 해당 수사기관에 사건을 이첩할 수 있다"고 규정하여 공수처장의 재이첩권을 인정하고 있다. 문제는 공수처장이 수사기관에 사건을 재이첩하면서, 기소권을 유보한 채 수사권만 재이첩을 하는 것도 가능하다고 볼 것인지 여부이다.

이에 대해, 김진욱 공수처장은 "공수처법 제3조 제1호와 제2호, 제25조 제2호에 공수처가 검사의 고위공직자범죄에 대한 수사권과 공소제기권을 모두 보유하고 있다"는 점 및 동법 제24조 제3항이 공수처장의 사건이첩 재량권을 규정하고 있다는 점을 근거로 수사와 기소를 분리하여, 수사권한만 재이첩을 하는 것도 가능하다는 입장이다. 즉, 대(大)에 소(小)가 포함되고, 전체는 부분을 포함하므로 재량 이첩권을 인정하고 있는 이상, 아무런 단서를 달지 않고 단순 이첩을 하는 경우도 있고, 아니면 공소제기권을 유보한 채 이첩하는 재량을 행사할 수도 있다는 것이다. 그리고 이러한 관점에서 수사처 규칙 제25조 제2항은 '처장은 제1항에 따라 다른 수사기관에서 수사하는 것이 적절하다고 판단한 경우 별지 제8호 서식의 사건이첩서에 따라 해당 수사기관에 관계 서류와 증거물 등을 이첩한다. 다만, 제14조 제3항 제1호 나목207)에 해당하는 경우, 처장은 해당 수

히 중하게 된 것이라고 생각되는 점 및 범죄수사를 포함한 경찰활동의 지방분권화, 경찰의 민주화가 전후 일본의 중요과제가 된 점 등으로부터 오로지 수사의 제1차적 책임을 분권화된 경찰에 분재하여야 한다는 데에 그 이유가 있다(宮下, 新刑事訴訟法逐條解說Ⅱ, 司法警察研究會 公安發行所, 24면)고 한다.

204) 일본 구형사소송법에서는 검사에게 수사상 '의무'를 부담시키고 사법경찰은 검사의 지휘를 받아 수사하도록 규정하여 수사권이 일원화되어 있었다.

205) 실제로 형사소송법 개정 후 반세기가 지난 1998년, 오사카 소재 三田工業의 회계분식 사건이라는 대형 사건에 있어서도 검찰과 경찰이 모두 자신들이 먼저 수사하겠다고 주장, 결국 검찰이 2명, 경찰이 4명을 체포하여 수사하는 것으로 타협을 봐야 했던 문제점이 드러나기도 했다.

206) 자세한 내용은 藤永幸治外 2人, 大コンメンタール刑事訴訟法, 第三卷, 靑林書院, 47면 이하 참조.

207) 공수처 규칙 제14조 ③ 1. 나. 처장이 법 제3조 제1항에 따라 수사처가 수사권 및 공소제기와 그 유지 권한까지 보유한 사건에 대하여 법 제24조 제3항에 따라 다른 수사기관에 사건을 이첩하면서 수사처가 추가수사 및 공소제기 여부를 판단할 수 있도록 해당 수사기관의 수사 완료 후 법 제24조 제1항에 따라 수사처로 이첩하여 줄 것을 요청하는 경우

사기관의 수사 완료 후 사건을 수사처로 이첩하여 줄 것을 요청할 수 있다'고 하여 재이첩권을 규정하였다.

그러나 '이첩'이란 특정기관이 조사한 사건을 다른 기관으로 보내 다른 기관이 사건을 처리하게 하는 행위이므로 공수처가 이첩한 이상 공수처가 다시 사건을 처리할 권한은 없다고 보는 것이 타당하다. 왜냐하면 첫째, 공수처법 제24조 제1항이 '수사처의 범죄수사와 중복되는 다른 수사기관의 범죄수사에 대하여 처장이 수사의 진행 정도 및 공정성 논란 등에 비추어' 이첩을 요청할 수 있도록 규정하고 있는데, 이는 다른 수사기관(예컨대 검사의 범죄혐의에 대한 국가수사본부 등)의 수사를 허용하고 있다고 보는 것이 타당하므로 검사의 수사 및 기소에 대한 전속권 관할권을 주장하는 것은 문구에 반하며, 둘째, 공수처법 제24조 제3항은 '사건'을 이첩할 수 있다고 규정되어 있으므로 수사권한만 이첩할 수 있다고 보는 것은 문언의 해석 및 권한법정주의에 반하며, 셋째, 공수처의 송치요구는 사건을 재이첩하라는 것인데, 이러한 공수처의 송치요구는 수사기관 간 '사건 돌리기(핑퐁)'와 마찬가지로 그 과정에서 사건처리의 지연, 수사대상자의 권익침해, 불공정 수사논란 등 문제가 심각하게 발생할 수 있고, 넷째, 법원 간의 사건의 이송의 경우에도 이송결정이 확정되면 사건은 이송된 법원에 계속되므로, 다시 그 사건을 이송한 법원으로 역송할 수 없다(통설)는 점에서 타당하지 않다.[208]

또 대(大)에 소(小)가 포함되고, 전체는 부분을 포함하므로 재량 이첩권을 인정하고 있는 이상, 아무런 단서를 달지 않고 단순 이첩을 하는 경우도 있고, 아니면 공소제기권을 유보한 채 이첩하는 재량을 행사할 수도 있다고 보는 것도 타당하지 않다. 왜냐하면 이에 따를 경우 공수처가 수사권을 쪼개서 검사에게 피의자신문(권) 내지 참고인조사(권)만 하고 사건을 다시 이첩하라고 하는 것도 가능하기 때문이다. 또한 헌법재판소 소수의견이 지적한 것처럼, 국회가 행정의 비대회를 방지하고 행정의 효율성을 증대하기 위하여 법률로써 독립행정기관을 설치하고 새로운 기술적·전문적 영역이나 행정부 내부의 이해관계 충돌이 있는 영역에서 비전형적 업무에 관한 권한을 부여한다고 하더라도 그 권한행사는 행정부 내부의 다른 조직 및 다른 국가기관과 상호 협력적 관계를 유지하도록 해야 할 것이다. 따라서 헌법적 근거없이 독립행정기관 설치 법률(공수처법)이 해당 독립행정기관에게 일방적 우위의 지위(동법 제24조 제1항)를 부여하고 다른 국가기관의 핵심적 기능을 침해하는 권한(동법 제3조 제1항)을 행사하도록 하고 있다면 이는 권력분

---

208) 김학의 전 법무부 차관 불법 출금금지 의혹과 관련해 기소된 이규원 검사 등에 대한 공판준비기일에서, 서울중앙지법 형사합의27부(김선일 부장판사)는 "검찰이 (공수처의 요청을 거부하고 한)공소제기가 위법이라는 명확한 근거를 찾지 못해 본안 심리를 진행하겠다"고 판단하였는데, 이는 공수처의 조건부 이첩주장에 대해 부정적인 입장을 취한 것으로 보인다(연합뉴스 2021. 06. 21.자: '조건부 이첩' 검찰 손 들어준 법원… 공수처 난감).

립원칙에 위반된다고 보아야 한다.

결국 현행 헌법상 공수처가 행사하는 수사·기소권은 행정권에 속하므로 그 귀속처는 정부로 볼 수밖에 없는데, 공수처법은 공수처의 소속을 어디에도 두고 있지 않다는 점에서 체계적 정당성에 문제가 있다고 본다. 즉, 공수처법은 헌법과의 연결고리가 없다는 점에서 헌법상 근거를 상실하고 있을 뿐만 아니라, 국회의 통제를 받지 않아 실질적인 민주적 정당성을 결여한 기관으로 되어 있다는 점에서 위헌적 요소가 다분하다. 왜냐하면 권력분립의 원리란 국가권력을 입법권·행정권·사법권으로 분리하고, 분리된 권력을 각각 별개의 기관에 분속시킴으로써, 권력에 의한 권력의 억제와 균형을 통해 국민의 자유와 권리를 보장코자 하는 헌법상의 통치기관 구성원리이기 때문이다. 참고로 우리나라 공수처의 모태로 보이는 중국의 감찰위원회도 '중화인민공화국 각급 감찰위원회는 국가의 감찰기관이다'라는 조항을 헌법에 넣고 국가기관 제1장에 감찰위원회를 추가한 헌법 개정안이 통과된 후 신설되었다.

한편, 헌법은 국회에 전속된 법률 제/개정을 제외하고, 대통령(제75조), 총리 및 행정 각부(제95조), 대법원(제108조), 헌법재판소(제113조), 선거관리위원회(제114조), 지방자치단체(제114조)에만 위임 입법권을 부여하고 있으므로, 공수처가 대통령, 총리, 행정 각부에 속하지 않는 이상 규칙제정권을 인정하는 것도 곤란할 것이다. 즉, 동법 제9조 인사위원회 구성과 운영 등 필요한 사항을 공수처규칙으로 정하는 이외에, 헌법상 공수처규칙 제정권의 근거가 존재하지 않는다는 점에서 과연 독립된 강제기구를 설치하는 것이 헌법상 타당한지 의문이 든다.

(3) 영장 청구권 등 문제

공수처검사와 공수처수사관을 구분하여 공수처법을 제정하면서 기소가능범죄(판사, 검사, 경무관 이상 고위직 경찰)와 수사만 가능한 범죄로 이분된 입법이 되었지만, 전자를 수사한 공수처검사가 헌법상의 영장신청(형사소송법상으로는 청구) "검사"(조직법상의 검사)인지는 논란이 있어도 통상 기능적으로 말하는 '검사'인 점은 분명하다. 따라서 영장을 청구할 수 있는 주체는 헌법상 검사로 제한돼 있고 그 검사가 검찰청법상 검사로 제한되지 않는다 하더라도 적어도 '검사'라는 신분은 필요하다고 보아야 하며, 즉 검사와 검사가 아닌 수사기관을 구분하는 핵심은 '기소권'의 보유 여부라고 할 것이다. 결국 공수처 검사는 판사·검사·경무관 이상 경찰공무원에 대해서만 기소권을 가지므로 그 한도에서만 검사이고, 그 외 수사범위에서는 검사가 아닌 사법경찰관에 불과하므로 압수·수색 등 영장을 청구할 수 없다고 보아야 한다.

그런데 공수처검사가 수사만 가능한 범죄를 처리한 경우, 헌법상 영장(압수/수색영장 및 체포/구속영장)청구를 할 수 있는지, 구속기간은 어떻게 되는지(사경의 10일, 검사의

10＋10일 중 어느 규정의 적용), 구속영장실질심사시 검사의 지위를 갖는 것인지 등 많은 논란이 예상된다.[209]

【표 8-31】영장청구에 관한 공수처와 검찰의 시각 차이[210]

표 내용:

공수처의 '기소권 없는 사건' 수사를 둘러싼 입장 차

공수처	쟁점	검찰
"검사, 헌법재판소도 공수처 검사를 검사로 인정"	공수처 검사의 자격	"기소권 있는 사건에서 검사 역할이지만 기소권 없는 사건에선 사법경찰관"
"수사권을 갖는 공수처 검사는 수사 도중 영장 청구 가능"	영장 청구	"수사권만 있는 사건을 수사할 때는 영장을 검찰에 신청해야"
"수사한 모든 범죄 사건에 대해서 불기소 결정권 가져"	불기소 처분	"기소권 있는 사건에 대해서만 불기소 처분 가능"

공수처는 판사와 검사, 경무관 이상 경찰관을 제외한 다른 고위공직자에 대해서는 수사만 할 수 있고, 검찰에 기소를 요구해야 함.

【표 8-31】에서 보는 것처럼, 조희연 교육감 사건 역시 공수처의 공식 '1호 사건' 이지만, 교육감사건이어서 수사만 할 수 있을 뿐이고, 기소(영장 청구 포함)와 공소유지는 기소권을 가진 검찰이 하는 것이 타당하다고 본다. 만약 공수처의 영장청구가 허용된다면, 국정원 등 특사경이나 일반사법경찰이 변호사직원을 "검사"라고 지칭하면서 영장청구 등 검사의 역할을 하도록 한 경우 어떤 근거로 부정할 수 있을 것인지 의문이다.

(4) 공수처 송치 사건과 검사의 직접(보완) 수사권문제

공수처에서 검찰로 송치된 사건(이하 '공수처 송치 사건')을 검사가 직접보완수사할 수 있는지 여부에 대해 공수처법에는 아무런 명문규정이 없다. 따라서 공수처 송치 사건에 대하여는 검사의 직접 수사가 불가능하고, 검사는 기소·불기소 여부만 판단 가능하다는 주장이 제기될 가능성(수사/기소 분리)이 상존한다.

그러나 검사의 수사권은 공수처법이 부여하는 것이 아니라, 검찰청법 제4조와 형사소송법 제196조에 의해 부여되는 것이므로 공수처 송치사건에 대하여도 당연히 기소여부 결정을 위한 수사권을 보유한다고 보아야 할 것이다. 왜냐하면 형사소송법에도 사법

---

209) 헤럴드경제 2021. 5. 21.자, 「공수처, 서울시교육청 압수수색 논란… "기소권 없어 영장 불가"」.
210) 동아일보, 2021. 8. 4.자, 「공수처－檢, '조희연 사건' 놓고 권한 갈등… "엉성한 법 때문"」.

경찰 송치사건에 대해 검사가 직접 수사할 수 있다는 명문규정이 없으나, 검찰청법 제4조 및 형사소송법 제196조에 근거하여 수사가 진행되고 있기 때문이다. 따라서, 공수처법 등 다른 법률에 검사의 수사권을 제한하는 규정이 없는 이상 공수처 송치사건에 대한 검사의 수사권 제한 등은 어렵다고 본다. 따라서, 검찰청법 및 형사소송법, 공수처법의 체계적 해석상 검사는 공수처에서 송치(송부)된 사건에 대해 불기소결정권과 보완수사권을 보유한다고 보는 것이 타당할 것이다. 즉, 현행법 해석상 검사의 보완수사권과 사법경찰에 대한 보완수사요구권은 다르다고 볼 수밖에 없다. 왜냐하면 개정형사소송법 제245의10 제 6항이 제197조의2(보완수사요구) 규정을 적용하지 아니한다고 규정하고 있으므로 (기소가능범죄를 제외하고는 공수처검사를 특사경으로 보는 한) 검사의 공수처에 대한 보완수사요구는 어렵다고 해석되기 때문이다. 검사의 사법경찰에 대한 수사지휘를 제한하다보니, 조문체계의 정합성이 많이 떨어진다는 점을 부인할 수 없다.

결국 개정 형사소송법에 따르면, 상호 협력관계에 있는(제195조) (일반)사법경찰에 대해서는 보완수사요구를, 검사가 모든 수사에 대해 지휘권을 가지고 있는(제245조의10 제2항) 특별사법경찰에 대해서는 직접(보완)수사를 해야 한다는 것으로 해석할 수밖에 없다.

(5) 관련인지 사건의 이첩

공수처법 제27조는 공수처장은 고위공직자범죄에 대하여 불기소 결정을 하는 때에는 해당 범죄의 수사과정에서 알게 된 관련범죄 사건을 대검찰청에 이첩하여야 한다고 규정하고 있다. 반면에 동법 제26조는 기소대상사건(제3조 제1항 제2호)을 제외한 고위공직자범죄등에 관한 수사를 한 때에는 관계 서류와 증거물을 지체 없이 서울중앙지방검찰청 소속 검사에게 송부하도록 규정하면서, 동법 제27조에서는 불기소결정을 한 경우 대검찰청에 이첩하도록 규정하고 있는 것이다. 따라서 대검찰청 이첩의무의 발생 요건인 '불기소 결정을 하는 때'의 의미와 이첩 대상인 '관련범죄' 사건의 의미에 대해 검토할 필요가 있다.

첫째, 공수처법은 '고위공직자범죄'와 '고위공직자범죄등'을 엄격히 구분하고 있으므로 관련 범죄를 제외한 고위공직자범죄에 대한 불기소결정만이 해당한다고 보아야 한다. 왜냐하면 문언상 '고위공직자범죄'에 국한됨이 명백하기 때문이다.

둘째, '불기소결정을 하는 때'의 의미와 관련하여, 공수처검사는 기소권을 가진 범죄를 제외한 나머지 범죄는 검찰에 송치하므로, 결국 '불기소 결정을 하는 때'란 기소권을 가진 범죄에 대해 불기소결정을 하는 때를 의미한다고 본다.

따라서 '수사과정에서 알게 된'의 의미에서, '수사과정'이란 '고위공직자범죄 수사과정'임이 명백하며, '알게 된'의 의미는 '인지한 경우', '발견한 경우'를 이미 다른 조문에서 별도로 사용하고 있는 점에 비추어 볼 때, 인지 또는 발견과는 별개의 개념으로 보는 것이 타당할 것이다. 결국, 형사소송법상 특별사법경찰의 수사개시 요건[211]인 '인식 하는 때'와 유사한 의미인 '인식하여 알게 된'으로 해석하는 것이 타당할 것이다.

한편, 공수처법 제27조의 '관련범죄'는 제2조 제4호의 '관련범죄'와 용어가 정확히 일치하고, 같은 법률의 같은 용어는 동일하게 해석할 수밖에 없으므로 '관련범죄'는 제2 조 제4호의 '관련범죄'로 해석하는 것이 타당하다고 본다. 따라서 공수처검사가 고위공 직자범죄를 불기소결정하는 경우 고위공직자범죄가 아닌 관련범죄에 대하여는 공수처법 제23조에 따라 공수처검사의 수사개시 의무가 없으므로 대검찰청으로 이첩해야 할 것이 다. 공수처법 제23조에 따르면 공수처검사에게 수사의무가 부과된 대상은 '고위공직자범 죄' 혐의이며, 관련 범죄를 포함한 '고위공직자범죄등' 혐의가 아니기 때문이다.

(6) 대상 건수의 문제

【표 8-32】에서 보는 것처럼, 실제 고위공직자 범죄는 일 년에 몇 건이 되지 않는 다. 따라서 사찰하고, 정보를 수집하고, 뒷조사하는 기구로 전락할 가능성이 다분하 다[212]고 본다.

【표 8-32】 고위공무원범죄 통계(피의자 원표 기준으로 기소, 불기소 무관)[213]

소 속	직 급	죄 명	2011	2012	2013	2014	2015	합 계
중앙부처	1급	뇌물범죄	0	2	0	0	0	2
		직무관련범죄	0	2	2	1	2	7
	2급	뇌물범죄	0	3	5	2	4	14
		직무관련범죄	0	8	1	18	2	29
	3급	뇌물범죄	0	2	1	2	3	8
		직무관련범죄	0	5	7	0	1	13
국회	3급 이상	뇌물범죄	2	0	0	2	4	8
		직무관련범죄	1	0	1	0	0	2
법원	3급 이상	뇌물범죄	1	4	1	4	12	22

---

211) 형사소송법 제245조의10 제3항은 「특별사법경찰관은 범죄의 혐의가 있다고 인식하는 때에는 범인, 범죄사실과 증거에 관하여 수사를 개시·진행하여야 한다」라고 규정하고 있다.
212) TV조선 2021. 6. 8. 25.자, 「공수처 "사찰 아냐"… 학계 "언론 자유 위축시켜 반헌법 소지"」.
213) 출처: 범죄분석(대검찰청 발행 2011-2015년).

검찰	3급 이상 (검사, 검찰직 고위공무원)	직무관련범죄	0	0	0	0	0	0
		뇌물범죄	0	0	0	0	0	0
		직무관련범죄	3	6	10	5	0	24
경찰	3급 이상 (경무관)	뇌물범죄	0	2	0	0	0	2
		직무관련범죄	1	0	0	0	0	1
계			8	34	28	34	28	

4. 대안 제시 - 검찰을 공수처로 전환

검찰과 별도로 공수처를 설치할 경우 검찰권 행사의 통일성을 저해하고 검찰기관의 이원화를 초래할 뿐더러, 더욱이 이를 국회에 설치할 경우에는 정치적 논란의 중심에 공수처가 있게 되므로, 검찰의 직접 수사기능을 축소하는 대신 고위공직자 및 정치인의 부정부패 수사나 정치적 중립이 요구되는 사건에 대하여는 검찰청을 독립된 외청으로 만들어 수사를 맡기거나 대검 산하의 중앙수사부를 부활시켜 사건을 담당시키는 것이 타당하다고 본다. 왜냐하면 국회에서 논의되는 안에 따르면 "형법상 공무원의 직무에 관한 죄와 횡령·배임죄, 특경법(특정경제범죄 가중처벌 등에 관한 법률)과 특가법(특정범죄 가중처벌 등에 관한 법률)상의 수재 및 알선수재 등의 죄를 비롯하여 정치자금법, 변호사법, 범죄수익은닉의 규제 및 처벌 등에 관한 법률 위반을 범죄행위로 규정"하고 있으며, 이에 따르면 사실상 모든 주요공직자 범죄가 포함되므로, 공수처와 동일하게 검찰에 대한 독립성을 보장한다는 전제하에 기존의 검찰조직을 이렇게 전환시키는 것이 더 타당할 것으로 보인다.[214]

Ⅶ. 검 토

위에서 언급한 것처럼, 검찰을 바라보는 국민의 시각은 복합적인 것으로 보인다. 검찰에 대한 개혁을 요구하면서도, 다른 한편으로 '검찰권에 대한 과도한 제약이나 통제'로 인하여 힘 있는 자에 대한 검찰권의 또 다른 형태인 '권력의 시녀화'도 원하지 않는

---

214) 최순실 국정농단사건을 수사 중인 구성원들의 면면을 보면, 박영수 특별검사도 검사출신이고, 특별검사보 5명 중 4명이 검사출신이며, 검사 20명이 검찰청에서 파견되어 수사가 이루어지고 있다.

것이다. 즉, 국민은 무소불위의 권력을 휘두르는 검찰을 원하지도 않지만, 우리나라처럼 학연·혈연·지연 및 이념적 갈등이 첨예하게 대립된 나라에서 갈등조정의 능력을 상실한 검찰은 더욱 원하지 않는 것이다.

그런데 전술(前述)한 것처럼, 공수처 설치 찬성론자들은 우리나라 검찰이 기소독점주의와 기소편의주의를 기반으로 다른 나라에서 유례를 찾아볼 수 없는 무소불위의 막강한 권력을 가지고 있기 때문에 고위공직자에 대해서 독립적이고 공정한 수사를 하지 못하고 있다는 입장이다. 이와 관련하여, 검찰이 일반인을 대상으로 엄정한 수사를 하지 않는다는 지적은 찾아볼 수 없으므로, 핵심은 고위공직자에 대한 수사 부작위, 즉 고위공직자의 부패범죄를 인지하고도 모르는 척 한다는 점에 집중되어 있다고 할 것이다.[215]

그런데 검찰이 실제로 견제받지 않는 막강한 수사권력을 가지고 있다면, 공수처 찬성론자들의 주장대로 왜 고위공직자에 대해서만 칼날이 무뎌지는 것인지 살펴보아야 한다. 특정 대상에 대해서 칼날이 무뎌진다면 이는 그 사람들과 아주 친하거나 아니면 그 사람들을 건드렸다가는 큰일이 나기 때문일 것이다. 물론 검사도 고위공직자이므로, 검사들끼리는 동료관계 때문에 봐주는 경향이 있을 수 있다. 그러나 이 문제는 공수처를 신설해서만 해결될 문제가 아니며, 다른 제도적 장치를 통해서도 충분히 해결이 가능하다고 본다.

그러면 남은 문제는 검사를 제외한 나머지 고위공직자들에 대해서 같은 식구도 아님에도 불구하고 왜 칼날이 무뎌지는가 하는 점인데, 누누이 보았듯이 살아있는 권력에 손을 대는 순간 인사권 등을 통해 집권층의 보복이 이루어지기 때문이다. 형법상의 내란 및 군형법상의 반란 행위를 통해서 정권을 장악했던 신군부 집단의 예를 들어 보더라도 12·12 군사반란과 5·18 내란 행위에 대한 고소·고발 사건을 당시 검찰은 불기소처분으로 종결처리한 바 있는데,[216] 군사반란과 내란으로 정권을 장악한 집단이 권력을 유지하고 있는 동안 검찰이 그 집단의 구성원을 기소하는 것이 사실상 가능했을 것이라고 보는 사람은 없을 것이다. 헌법재판소 역시 노태우 정권이 끝나는 1993년 2월 24일까지 신군부 집단의 12·12 군사반란과 5·18 내란 행위 사건에 대한 공소시효가 정지되었다고 보는 특별법의 성격에 대하여 '형성적 법률'이 아니라 '확인적 법률'이라고 동일한 판단을 한 바 있다.[217] 이는 검찰이 살아있는 권력을 수사하고 기소하는 것은 사실상 불가능한 일이라는 점을 헌법재판소가 확인하였던 것인데, 그 이후 지금까지 검

---

215) 김성천, 앞의 논문, 52면.
216) 당시 검찰은 5·18 고소고발 사건에 대한 1년 2개월에 걸친 수사를 마친 후 종결 처리하면서, 1995년 7월 18일에 '공소권 없음'이라는 결론을 내린 바 있다.
217) 헌재결 1996.2.16, 96헌가2 판결문 80면.

찰제도에 근본적인 변화는 없었다. 여전히 검찰총장은 검찰청법 제34조 제2항에 따라 대통령이 임명하며, 같은 법 제8조에 따라 법무부장관으로부터 구체적 사건에 대한 지휘를 받아야 한다. 한동훈 검사장 사건을 보더라도, 자신을 임명하고 법무부장관을 통해 자신을 지휘하는 대통령과 그 주변의 권력 실세들을 검찰총장의 지휘 아래 있는 검찰조직이 수사하고 기소를 한다는 것은 가능한 일이 아니다.

결국 고위공직자의 부패행위를 근절하고 공직사회의 투명성을 높이려는 목적추구성에 대해서는 높이 평가하지만, 사정기구를 새로 하나 만든다고 해서 부정부패가 씻은 듯이 없어지는 것은 아니다. 더욱이 한국사회의 부패문제는 어떤 제도의 미비에 있는 것이 아니라 한국적인 혈연·지연·학연의 연고주의와 선물·접대문화,218) 과정과 절차를 무시한 집단이기주의, 관료적 무사안일주의 등 만성화된 사회구조적 측면에 기인하는 경우가 상당히 많다. 따라서 이의 극복을 위해서는 투명한 사회·경제시스템, 공정한 인사제도 및 능력에 합당한 처우 그리고 무엇보다도 국민의식의 대전환을 위한 교육 등 종합적이고 체계적인 대책만이 그 해결책이 될 것이다.

---

218) 2016. 9. 28.자로 소위 '김영란법'이라고 알려진 「부정청탁및금품등수수의금지에관한법률」이 시행되고 있지만, 여러 상황으로 사실상 사문화되어 있는 실정이다. 차라리 이번 기회에 프랑스에서 입법화된 '범죄수익의 추정규정'을 도입하는 방안을 검토하는 것이 타당할 것이다(자세한 내용은 정웅석, 「한국의 범죄수익 환수(몰수) 관련 입법 현황 및 문제점」, 2016 5개국 국제학술대회 "범죄수익의 동결과 박탈" 자료집, 한국형사정책연구원/한국형사소송법학회, 39면 이하 참조).

제3절   사법경찰의 통합 운영 방안(미국식 FBI 설치방안)

Ⅰ. 서 설

1. 문제점

수사는 근세 이전 규문주의시대부터 판사가 담당하던 형사사법 영역 중의 일부로서, 국민의 생명, 신체에 직접 영향을 미치는 사법작용인 점에서, 공공질서와 치안유지를 목적으로 하는 경찰 행정작용과는 근본적으로 다르다. 따라서 대륙법계 수사체계는 물론 영미법계 수사체계를 지향한다고 하더라도 순수 국가형벌권 실현작용인 사법경찰 기능은 검찰·행형 등 형사사법업무를 담당하는 법무부에 편입하는 것이 일반적 조직구성원리에 부합한다. 왜냐하면 행정경찰과 사법경찰은 기본적으로 상이한 법규, 지도원리에 따라 행해지는 이질적 작용이며, 사법경찰에 대한 수사지휘권과 인사·감독권이 분리되어 있어, 사건 수사에 있어서도 법률적인 관점보다 신분상의 감독권을 가진 행정경찰 간부의 지시를 따르는 경우가 많아, 사실상 사법경찰이 수사에 관여해서는 안 되는 행정경찰로부터 지휘·감독을 받고 있는 실정이기 때문이다. 특히 우리나라의 경우 강력한 중앙집권적 국가경찰제의 토대위에서 방대한 조직을 갖추고 있는 행정경찰이 국내 정보 수집권 및 수사권(사법경찰)까지 보유한 상태이므로 경찰에 대한 사법적 통제의 필요성은 매우 중요한 문제이다. 이에 사법경찰의 통합 운영방안, 즉 미국식 FBI 설치방안이 다시 논의되는 것이다.

2. 연 혁

전술(前述)한 것처럼, 1947년 6월 대검찰청, 서울고등검찰청, 서울지방검찰청이 합동명의로 러취 군정장관에게 제출한 건의서, 다음달 7월 이인 검찰총장이 역시 러취 군정장관에게 제출한 건의서에서 사법경찰기구를 검찰에 직속시키는 방안을 건의하였으며, 특히 3검찰청 합동명의의 건의서에는 대검찰청에 사법경찰총감부를 설치하여 전국의 사법경찰관을 통할지휘한다는 내용을 담고 있었다.[219] 또한 1947년 6월초 사법부고문 코넬리(John W. Connelly Jr.)를 통하여 군정장관에게 제출된 제안서에서도 행정경찰과 사법경찰의 분리, 사법부장관과 검찰총장의 통제를 받는 사법경찰청의 설치를 내용으로 하고 있었다.

1947년 7월에는 대법관 이상기(李相基), 과도입법원 사무총장 김규홍(金奎弘), 서울지방심리원장 장경근(張景根), 사법부 변호사국장겸법무국장 강병순(姜柄順), 서울고등검찰청검찰관 이호(李澔) 등이 미국 사법제도를 직접 시찰한 결과를 담아 보고서를 제출하였다.[220] 동 보고서는 한국의 현행 형사소송제도가 무엇이 문제이며, 이 문제를 미국제도는 어떻게 해결하고 있는지를 언급하면서, 원칙적으로 대륙법계의 제도위에 대륙법계가 미흡한 부분에 한하여 영미법계의 제도를 수정·적응시켜 받아들인다는 관점에서 형사사법제도의 방향의 개혁방향을 제시한 바 있는데, 이 중에서 검찰제도와 사법경찰제도에 관한 부분만 소개하면 다음과 같다.

【표 8-33】 미국 사법제도 시찰보고서(1947)

제4장 검찰제도와 사법경찰제도

(1) 검찰제도와 경찰제도의 민주화와 인권보호하기를 위하여

  (가) 사법경찰관은 48시간, 검찰관은 10일간 피의자를 구속치 못하게 할 것.

  (나) 검찰관이 10일을 초과하여 피의자를 구속할 필요가 있는 경우에는 재판관에게 요청하여 구류장을 발부하도록 하는 방법을 취할 것.

제7장 검찰관직속의 사법경찰제도

(1) 검찰관직속의 사법경찰관을 설치함이 가하다고 사료함. 단 일반경찰관리도 사법경찰관리로서 검찰관에 보조하는 것은 종전과 같이함.

(2) 검찰관의 검찰권행사에는 그 보조기관으로 경찰이 필요한바, 현재와 같은 우니제도하에서는 인사권 등이 없는 관계로 명령계통이 확립되지 않아 검찰권운용에 지장이 다대한 바 차 사태를 개선하기 위하야 검찰사무를 보조하는 현재의 일반경찰 이외의 검찰관 직속의 사법경찰제도를 신설하야

  (가) 인사권과 신분감독권이 유한 검찰관의 명령에 절대복종하는 사법경찰관리로 하여금 구애없이 활약시키도록 하며

  (나) 여사한 직속사법경찰관리를 훈련하야 일반경찰이 모범이 되도록 할 것.

  (다) 수사에 대하야 일반경찰의 검찰당국의 검찰권운용에 협력치 않는 경우에라도 검찰권을 유효히 행사할 수 있도록 함이 절실히 필요되는 바이다.

---

219) 대검찰청, 「수립될 신정부의 사법, 검찰기구에 관한 건」, 검찰제요, 부록 13면; 신동운, 「수사지휘권의 귀속에 관한 연혁적 고찰(Ⅰ) - 초기 법규정의 정비를 중심으로 -」, 서울대 법학 제42권 제1호(2001. 5), 219-221면.

220) 미국사법제도시찰단, 「미국사법제도시찰보고서」(1947), 법정 제2권 제9호, 47면, 50-53면.

1948년 4월 사법부의 법전편찬위원회 형사소송법분과위원회는 대륙법에 의한 심판양식을 변경하여 영미법에 의한 미국식 공판중심주의의 심판양식으로 시정할 것을 4대 3으로 가결하였는데,[221] 형사소송법분과위원회가 작성하여 법전편찬위원회 제5회(1949.1.8), 제6회(1949.1.22) 총회에 회부된 형사소송법요강안에서도 그러한 기조가 유지되고 있었으며,[222] 동 요강안은 검찰직속의 사법경찰을 창설한다는 내용도 포함되어 있었다.

【표 8-34】법전편찬위원회 형사소송법분과위원회 형사소송법요강안

4. 검찰관 직속의 사법경찰을 창설하는 동시에 직속 사법경찰 이외의 일반 경찰에 대하여도 검찰관의 범죄수사상의 지휘명령권을 명백히 규정할 것.

그 후 검찰청조직법안(1947년 8월)은 "수립될 신정부에 사법, 검찰기구에 관한 건"이라는 건의서에서 검찰조직의 분리독립, 사법경찰기구의 검찰직속 등을 주장하였으며, 과도검찰청법안(1948년 7월)에서는 사법경찰기관의 직속에 관한 규정은 사라졌으나, 대신 '사법경찰관리는 소속검찰관 및 그 검찰관의 상사가 발한 직무상 명령에 복종하여야 한다'(제36조), '지방검찰청 검사장은 사법경찰관리직무집행이 적당치 않다고 인정하는 때는 직무집행의 정지를 명하여 우(又)는 그 소속장관에게 체임을 요구할 수 있다(제37조)'는 규정이 신설되었다. 아마 이는 경찰측의 반발로 사법경찰기구의 검찰직속 구상이 좌절되자, 사법경찰관에 대한 지휘감독권을 강화하는 방향으로 선회한 것으로 보여진다. 이 중 제37조의 직무집행정지명령권과 체임요구권은 과도검찰청법에서는 사라지지만, 1949년의 제정검찰청법에서 다시 부활하게 된다.

3. 사법경찰 통합 운영방안에 대한 찬/반 논거

(1) 찬성 논거

첫째, 효율적 수사시스템의 구축으로 형사사법기능 극대화가 가능하다. 즉 검찰과 경찰이 중복적으로 수행하고 있는 주요 범죄 담당 수사인력과 기구를 통합하여 전문화함으로써 전통적 범죄에 대하여 효율적으로 진압하고, 지능화 · 흉폭화 · 광역화 · 첨담화해가는 현대의 신종범죄에 대하여 신속히 대처할 필요가 있다.

둘째, 막강한 정보력을 독점하고 있는 행정경찰이 사법경찰을 지휘함으로써 발생할 수 있는 인권 침해 위험 및 경찰권 비대화가 방지될 것이다.

셋째, 행정경찰 간부의 수사간섭 등에 따른 사법경찰의 사기저하문제가 해소된다.

---

221) 조선일보, 1948. 4. 26.
222) 「법전편찬위원총회의사록(초)」, 법률평론 제1권 제1호(1949. 1), 33-34면.

즉 경찰 인사에 있어 사법경찰의 특수성이 고려되지 않고 있어 사법경찰이 정보분야 등 행정경찰에 비하여 상대적으로 받고 있던 불이익이 해소되며, 사법경찰의 수사과정에서 발생할 수 있는 행정경찰의 부당한 간섭을 배제하여 진정한 수사의 자율성을 회복함으로써 사법경찰의 사기 저하도 방지된다. 실제로 수사를 담당하고 있는 일선 사경들은 내부결재라인에 있는 행정경찰로부터의 자율성 확보를 최우선 과제로 생각하고 있다.

넷째, 검찰과 경찰의 수사권문제를 둘러싼 갈등이 종식될 것이다.

다섯째, 양 기관의 불필요한 경쟁 및 대립으로 인하여 제대로 운영되지 못하고 있는 국립과학수사연구소와 유전자정보은행의 합리적 운영 방안의 모색이 가능하다. 이에 따라 시설·장비 공동 이용에 따른 예산 절감 효과까지 기대가 가능할 것이다.

여섯째, 경찰청의 수사관(사법경찰관리)와 검찰의 수사관을 묶어서 국가수사청(지방수사청 포함)을 신설하면, 국가수사청은 수사만을 전담하게 되고, 경찰청은 치안(예방 및 진압) 및 정보분야를 담당하게 되므로 정보와 수사가 자연스럽게 분리될 수 있을 것이다. 아울러 그동안 검찰의 직접수사로 인해 검찰수사관의 숫자가 불필요하게 증대되었는데,[223] 이들에 대한 처리문제도 해결될 것이다.

일곱째, 세계적으로도 미국의 연방수사국(FBI), 마약수사청(DEA)과 벨기에, 스위스의 사법경찰은 법무부 소속으로 되어 있고, 네덜란드는 행정경찰과 사법경찰을 포함한 국가경찰 전체가 법무부 소속으로 되어 있으며, 독일과 프랑스의 경우에도 사법경찰은 처음부터 검사의 보조자로 지정되어 기능상 행정경찰과는 완전히 분리되어 있다.[224]

(2) 반대 논거

첫째, 현행 경찰의 수사로도 중요범죄수사를 효율적으로 처리하고 있으므로 별도의 기구신설의 필요성이 없다. 왜냐하면 범인검거율이 선진국에 비해 압도적으로 높고, 마피아·야쿠자 같은 조직범죄가 발붙이지 못하고 있으며, 중앙에 경찰기능이 없었던 연방국가에서는 중앙수사기구를 설치할 필요성이 있으나, 중앙경찰기능이 있는 국가에서는 불필요하다. 입법적으로 중앙경찰조직을 운영중인 영국·프랑스·일본의 경우 테러·조직

---

223) 황문규, "검사의 직접수사권에 관한 검토 – 검사 직접수사권의 제한 또는 폐지의 관점에서 –, 한국형사소송법학회 월례발표회(2018. 10. 19.) 자료집, 88면(2013년 현재 검찰공무원은 7,870명이며, 이 중 수사부서에 근무하는 것으로 볼 수 있는 인원은 약 5,500명으로 추산되고 있으며, 검찰의 직접수사는 전체 형사사건의 5%이내에서 이루어지고 있다)고 한다.

224) 독일 대부분의 州경찰에서는 일반예방경찰(Schutzpolizei)과 수사경찰(Kriminalpolizei)이 대체로 엄격하게 분리되어 있으며, 승진을 비롯한 인사이동이 제한되어 있으므로 일반예방경찰 중에서 수사경찰을 지망하는 경찰관은 별도의 선발절차를 거쳐 전문화 교육과정(보통 6개월 정도)을 수료한 후 배치되는데, 경찰대학과정에서도 수사부서 지원자와 일반부서 지원자를 별도로 교육(3학년 이후)하는 경우도 있다고 한다(임준태, 독일형사사법론, 21세기사, 387면).

범죄에 대응하는 경찰의 중앙수사기구를 확대, 강화하고 있기 때문이다. 즉 영국은 내무부 산하에 NSC(중앙범죄수사대), NCIS(중앙범죄정보국) 신설한 후 양자를 통합한 SOCA(특수범죄수사청)를 운영중이며, 독일은 연방내무부 산하에 연방경찰로 구성된 '연방범죄수사청'을 운영, 연방관할 주요범죄를 수사하고 있고, 일본 역시 경찰의 중앙수사기능 확대, 조직범죄대책부·외사정보부·사이버대책과 등을 운영 중이다.

둘째, 사법경찰과 행정경찰 분리하는 것은 경찰기능의 와해를 초래한다. 질서유지 기능(행정경찰)과 범죄수사·진압 기능(사법경찰)은 한 조직체 안에서 유기적으로 융합될 때에만 효율적인 치안활동이 가능하다는 것은 공지의 사실이다. 예컨대, 유흥업소의 경우 조직폭력·마약·성매매, 탈세 등의 범죄가 복합적으로 매개되고 있는데, 행정경찰의 영업단속권을 행사하지 않고서는 범죄양상을 파악할 수 없으며, 사법경찰의 수사력 뒷받침없이 행정경찰만으로는 영업단속이 불가능하며, 행정경찰도 범죄예방은 물론 범죄진압(수사)에 있어서도 수사경찰에 못지않은 역할을 수행하고 있어 분리가 불가능하다.225) 한때 독일(1920년대) 및 일본(1947년) 등 대륙법계 국가에서 제기되었다가 치안상 전혀 실익이 없어 사장된 주장을 다시 거론하는 것은 국민불안을 초래할 수 있다.

셋째, 남북관계 불안정, 테러위협, 범죄의 증가 등 치안여건이 긴박한 상황에서 경찰의 핵심기능이 분리되어 버리면 치안확보가 불가능하다. 미국·유럽 등 선진국에서 최우선 국가정책으로 경찰의 치안역량을 강화하고 있음에도 이러한 추세에 반하는 주장을 하는 것은 국가와 국민의 안위에 역행한다.

넷째, 외국 입법례를 보더라도, 선진외국에서는 사법경찰을 행정경찰과 분리하여 법무부 소속으로 편입·통합시킨 예는 찾아보기 힘들다. 검찰에서 스위스·벨기에는 행정경찰과 사법경찰이 분리되어 있는 것처럼 주장하나, 개념상으로 양자를 구분하고 있을 뿐이며 조직상으로는 우리나라와 마찬가지로 행정경찰과 사법경찰 기능을 일반경찰기관에 두고 있다.226)

(3) 검 토

21세기 세계화 흐름의 가속화는 범죄의 세계화, 조직범죄와 재정경제범죄의 급증이라는 또 다른 어두운 모습으로 다가왔고, 이제 그 도전에 대해 적절한 대응이 시급한 상황이 되었다. 이에 선진 각국은 오래전부터 특별수사기구나 조직을 구성하여 전문화된 역량을 집중적으로 관련 범죄수사에 투입하고 있는 바, 글로벌화된 첨단범죄, 조직범죄

---

225) 2003년 총범죄자 처리 중 수사경찰은 32%를 검거한 반면, 기타 기능의 경찰이 68%(방범경찰 43.7%, 교통경찰 19.3%)를 검거하였다(경찰청, 범죄분석, 2004).
226) 치안연구소 연구보고서, "스위스의 경찰제도와 수사구조에 관한 연구", 2000년, 17면; 벨기에 연방경찰 인터넷홈페이지 www.fedpol.be 참조.

및 재정경제범죄에 대해 효과적으로 대처하기 위해서 특별수사기구 또는 수사조직의 설치는 이제 선택이 아닌 필수적인 사항이 되었다. 최근에는 경찰의 광역수사대에 대한 통제 필요성 차원에서도 논의되고 있다.

4. 경찰의 광역수사대에 대한 통제 필요성

(1) 문제점

현재 경찰청 특수수사과, 지방경찰청 및 일선 경찰서 등에서 수십 명 내지 수백 명의 피의자를 인지하는 대규모 인지수사가 급증하고 있는데, 이러한 인지수사는 경찰들의 실적경쟁 과정에서 묻지마 입건, 관할위반 수사, 과도한 홍보 등 수사로 인한 부작용으로 심각한 실정에 있다. 무엇보다도 이러한 경찰의 무리한 기획수사는 인권 침해 등 국민의 불편을 가중시키는 한 요인이므로 그 개선방안에 대해서 검토할 필요가 있다. 더욱이 광역수사대운영규칙(1999. 7. 31. 경찰청훈령 제59호)에 따르면 지방경찰청장 소속하에 광역수사대를 두고(동 규칙 제3조) 지방경찰청장의 명을 받아 수사과장이 운영하도록 규정하고 있으나(동 규칙 제7조),[227] 개정 형사소송법 제197조 제1항에 따르면 사법경찰관은 경무관·총경·경감·경위로 한정되어 있다는 점에서[228] 사법경찰관이 아니라 행정경찰에 불과한 지방경찰청장이 검사의 지휘 내지 위임없이 수사권을 행사하는 것은 이는 형사소송법의 입법취지를 잠탈한 것으로 볼 수밖에 없다. 이처럼 지방경찰청이 운영하는 광역수사대는 법률적 근거가 없을 뿐만 아니라 관할을 위반하여 기획수사를 하는 관계로 인권 침해 등 심각한 문제를 야기하고 있다.

(2) 광역수사대 연혁

1986년 10월에 형사기동대가 창설되고, 1999년 6월에는 기동수사대가 발족(청 강력계)되었으며, 2004년 2월 28일 서울지방경찰청 형사과 내 강력계, 폭력계, 마약계, 조직

---

227) 제7조(운영) ① 광역수사대는 지방경찰청장의 명을 받아 수사과장이 운영한다.

② 경찰청장은 지방경찰청장의 요청에 따라 필요하다고 인정될 때에는 다른 지방청 광역수사대에 대하여 파견을 명할 수 있다.

③ 전항의 규정에 의하여 파견된 광역수사대는 파견받은 지방경찰청장의 지휘를 받는다.

④ 광역수사대장은 각종 사건 수사사항 및 검거보고시에는 지방경찰청 주무계장에게 통보하여야 하고, 지방경찰청 주무계장은 관내 범죄 발생·검거현황을 광역수사대장에게 통보하여야 한다.

⑤ 광역수사대장은 지방경찰청 관내에서 발생한 중요 강력사건에 대하여 현장에 임장할 수 있으며, 경찰서 수사·형사과장은 이에 협조하여야 한다.

228) 제197조(사법경찰관리) ① 경무관, 총경, 경정, 경감, 경위는 사법경찰관으로서 범죄의 혐의가 있다고 사료하는 때에는 범인, 범죄사실과 증거를 수사한다.

② 경사, 경장, 순경은 사법경찰리로서 수사의 보조를 하여야 한다.

폭력계를 광역수사대로 통폐합한 후, 2004년 10월 1일 기동수사대가 광역수사대로 승격되었다. 그 후 2005년 형사1계＝조직폭력계, 형사2계＝강폭력계, 형사3계＝지능범죄수사계로 직제를 개편하였으나, 현재는 강력범죄를 담당하는 광역 1계 및 2계, 그리고 마약수사를 담당하는 마약수사계가 따로 있다. 계급과 관련하여, 2008년 광역수사대장을 "총경"으로 승격시켰으며, 직제도 형사과에서 서울지방경찰청 광역수사대로 등급을 상향조정하였다.229)

한편, 치안정감 또는 치안감인 지방경찰청장은 (구)형사소송법 제196조(현 제197조 제1항)의 사법경찰관이 아니어서 일반적·구체적 수사권이 없는데도 불구하고, 2004. 9. 22. 제정된 경찰청 훈령 432호 '광역수사대 운영 규칙'에서 행정경찰인 지방경찰청장 소속하에 '광역수사대를 두고, 그 임무를 '지방경찰청장이 지시한 중요 사건 등'으로 규정하고 있어, 사법경찰이 아닌 치안감 이상의 지방경찰청장으로 하여금 범죄수사를 지시할 수 있도록 명문화함으로써 형사소송법 규정에 정면으로 배치되는 문제를 발생시킨 바 있다. 즉, 조직법상의 구조에 따라 경찰권의 주체로서 관청이 되는 지방경찰청장이나 국가수사본부장은 수사권의 주체가 될 수 없는 경찰관이므로, 지방경찰청이나 국가수사본부에 소속된 사법경찰관이 수사를 하는 경우 그 주체와 관련하여 법리상 괴리가 생기는 것이다. 예컨대 경찰법상 충북지방경찰청에서 '관청'은 충북지방경찰청장이고, 그 소속 경찰관들은 모두 보조기관이나 보조자들이다. 따라서 충북지방경찰청에 소속된 광역수사대에 근무하는 甲(갑) 경위가 어떤 사건을 수사할 때, 그가 충북경찰청장의 보조기관으로서의 지휘계통에서 수사를 한다면 그 수사의 주체는 관청인 충북지방경찰청장이 될 것이다. 그런데 형사소송법상 충북지방경찰청장인 치안감은 수사권자가 아니므로 수사권자가 아닌 사람이 수사의 주체가 되어 수사를 한다는 문제가 있다.

이에 대하여 수사는 광역수사대에서 하는 것이며, 지방경찰청장은 수사를 하지 않고 지휘만 할 뿐이라고 주장할 수도 있겠으나, 그런 논리는 현행법상 성립할 수 없다. 왜냐하면 경찰법상의 지휘계통에서 광역수사대는 관청이 아니고, 관청인 지방경찰청장의 보조기관이므로 광역수사대에서 수행하는 수사의 법적 효과는 지방경찰청장에게 귀속하기 때문이다. 수사권이 없는 지방경찰청장이 수사권을 행사하는 것이 되어 위법한 점은 동일한 것이다.230)

결국 이러한 문제를 해결하기 위해서는 일본처럼, 그 기관장 자신이 수사주체가 될 수 있는 수사권자, 즉 사법경찰관이 되어야만 할 것이다.

---

229) 서울 광역수사대 구조를 살펴보면, 서울지방경찰청장 － 수사부장(경무관) － 광역수사대장(총경: 경찰서 서장급) － 계장(경정: 경찰서 과장급) － 팀장(경감: 경찰서 계장급) － 수사반으로 되어 있으며, 수사반은 반장(경위: 경찰서 팀장급)과 반원(수사관 5－8명)으로 구성되어 있다.
230) 이완규, 검경 수사권 조정 관련 법안 긴급 검토, 2019, 66면.

(3) 광역수사대의 기획수사 문제점

갈수록 범죄가 지능화·흉폭화·광역화·사이버화되는 현실에서 기획수사를 통하여 이러한 신종범죄의 뿌리를 제거해야 할 필요성이 있는 것은 사실이지만,231) 기획수사 테마에 해당되기만 하면 관할을 불문하고 원거리 거주자에 대하여 소환을 남발하여 국민 불편을 가중시키고 있다. 그러나 사법경찰관리는 원칙적으로 각 소속관서의 관할구역 내에서 직무를 수행토록 규정하고 있다는 점에서(경찰수사규칙 제15조),232) 법적인 관할권 없는 장소에 대한 압수·수색 실시 등으로 청탁 수사 시비 등 수사의 적정성과 형평성을 둘러싼 민원을 발생시키는 요인이 되고 있다.

더욱이 경찰의 기획수사의 경우, 결과가 나올때까지 수사하는 소위 끝장 보기식 수사 내지 장기간 사건 방치후 재수사 등으로 인해 수사대상의 지위를 장기간 불안정하게 하는 등 인권침해의 가능성이 높다. 특히 경찰 자체 첩보에 근거한 내사의 경우 일반적으로 공개하기 어려운 사건이나 정치적으로 극히 민감한 사안이 그 대상으로 되는 경우가 많으므로 담당경찰관이나 직속감독자만이 알고 내사사건부의 기재 등 기록상 근거를 전혀 남기지 아니한 상태에서 무기한 조사를 계속하거나 내사종결할 가능성도 배제할 수 없어 사실상 통제가 불가능한 상태에 놓여있다.

(4) 통제방안

현재 광역수사대의 수사는 형사소송법 등 법률에 근거하지 않는 토지관할위반의 수사이므로 형사소송법에 광역수사대의 관할과 일반 지역경찰의 관할을 구분하여 이를 법적으로 명시한 다음, 검찰청에 이에 대한 전담부서를 설치할 필요가 있다. 예컨대 미

---

231) 경북지방경찰청 광역수사대에 따르면 H씨(33) 등은 올 초부터 최근까지 대구시 북구에 불법 대부업체 사무실을 차려놓고 전국의 생활정보지에 대출광고를 낸 뒤 이를 보고 찾아온 100여 명에게 휴대전화 개설토록 하고 휴대전화 1대당 10만원씩 빌려주는 수법으로 휴대전화 360여 대를 대포폰으로 유통시킨 혐의를 받고 있는데, 경찰 조사결과 이들은 전화기를 대당 25만 −30만원에 되팔아 1억여원의 부당이익을 챙기고 대포폰으로 팔아넘기기 직전까지 영화표 예매, 상품권 구입 등 소액결제 등에 사용하였으며, 또 대포폰 이용자들이 3−4개월 가량 전화기를 이용하면서 발생한 통화요금 2억5천만원을 제대로 내지 않아 대출자들을 '신용불량자'로 만들었다(대구신문 2010. 9. 6)고 한다.

232) 경찰수사규칙 제15조(직무 관할) 사법경찰관리는 소속된 경찰관서의 관할구역에서 직무를 수행한다. 다만, 다음 각 호의 어느 하나에 해당하는 경우에는 관할구역이 아닌 곳에서도 그 직무를 수행할 수 있다.
    1. 관할구역의 사건과 관련성이 있는 사실을 발견하기 위한 경우
    2. 관할구역이 불분명한 경우
    3. 긴급을 요하는 등 수사에 필요한 경우

국의 FBI의 경우, 미법무부 산하의 수사기구로서, 형사범죄 수사부에 "조직범죄(마약사범 포함)", "공갈범", "자금세탁", "폭력범죄(수배자 검거, 교도소 탈주범, 기소를 회피하기 위한 불법도피, 폭력조직, 연쇄살인, 유괴, 은행강도 등 포함)", "여러 주에 걸친 폭력 및 재산범 죄", "인디언 보호구역에서의 범죄", "해외거주 미국인에 대한 범죄", "국유재산의 절 도", "화이트컬러 범죄", "정부를 상대로 하는 사기", "공무원의 부정부패 범죄", "건강 보험 사기", "선거법 위반사범", "공민권 침해범죄" 등과 같은 범죄의 수사를 조정하는 임무를 담당한다.233) 따라서 우리나라의 경우도 미국의 FBI의 경우처럼 광역수사대가 담당할 수 있는 관할을 명확히 정한 후, 검찰청에 전담부서(중점검찰청)를 설치하여 이에 대한 사법적 통제를 하는 것이 필요하다.

또한 검찰청법 제54조(교체임용의 요구)는 「서장이 아닌 경정 이하의 사법경찰관리가 직무 집행과 관련하여 부당한 행위를 하는 경우 지방검찰청 검사장은 해당 사건의 수사 중지를 명하고, 임용권자에게 그 사법경찰관리의 교체임용을 요구할 수 있으며, 이러한 요구를 받은 임용권자는 정당한 사유가 없으면 교체임용을 하여야 한다」고 규정하고 있는바, 부당한 직무집행을 하는 사법경찰관리에 대해서는 이러한 체임요구권을 적극적으로 행사할 필요가 있다. 다만 서울 광역수사대의 구조를 살펴보면, 서울지방경찰청장 – 수사부장(경무관) – 광역수사대장(총경: 경찰서 서장급) – 계장(경정: 경찰서 과장급) – 팀장(경감: 경찰서 계장급) – 수사반으로 되어 있으며, 수사반은 반장(경위: 경찰서 팀장 급)과 반원(수사관 5–8명)으로 구성되어 있으므로, 경정 이하의 사법경찰관리의 체임을 요구하는 것은 큰 의미가 없을 것이다. 따라서 경찰의 기획수사에 대한 실질적인 통제를 위해서는 광역수사대장(총경)에 대한 체임요구를 할 수 있도록 법을 개정하는 것이 타당하다고 본다.

Ⅱ. 구체적인 입법안

1. 곽상도의원 대표발의안

2018년 11월 14일 발의된 국가수사청법안(곽상도의원 대표발의)은 법무부 소속 범죄 수사 전담기관인 수사청을 신설하고, 검사가 가지고 있는 기소권과 수사권 중 수사권을 분리하여 국가수사청 소속 수사관리에게 이전하는 것을 주요 내용으로 한다. 이러한 국 가수사청법안은 한편으로는 검찰에 과도하게 집중되어 있는 권한을 조정하여 국민으로 부터의 신뢰를 회복하고, 다른 한편으로는 수사권 조정논의를 통해 경찰에 독립적인 수 사권을 인정하게 되는 경우 자칫 경찰에 지나치게 비대한 권력이 집중됨으로써 인권이 침해되는 현상이 나타나는 것을 막기 위한 것으로 이해된다.

---

233) 김후곤, 「FBI 연구」, 각국의 특별수사기구 연구, 검찰미래기획단, 135면.

【표 8-35】 곽상도의원의 국가수사청법안 내용[234]

안 건	주 제	주요 내용	사개특위 검토보고	관계기관 의견
국가수사 청법안	수사청 신설	범죄의 수사 업무를 수행하도 록 하기 위하여 수사청을 설치	입법정책적으로 판단할 사항	○ **법무부**: **신중 검토**(현재 계류 중인 수사권 조정 및 자치경찰제 관련 법 안들과 함께 심도깊게 논의필요) ○ **경찰청**: **신중 검토**(행정경찰 · 사법경 찰은 법집행과정에서 그 기능을 분 리하기 어려움. 경찰의 수사기능 분 리는 경찰공무원의 수사상 권한을 박탈하는 것으로, 범죄 대응기관으로 서의 법집행을 불가능하게 할 우려 가 있고, 범죄의 진압 및 수사업무의 단절로 치안유지체제가 무력화될 것 으로 예상) ○ **검찰청**: **신중 검토**(형사사법제도 근 간을 바꾸는 것으로 심도 있는 논의 필요. 수사청의 수사관은 기존의 사 법경찰에게 부여된 수사권한을 그대 로 허용하나, 검사의 사법통제(수사 지휘)를 폐지 변경하게 된다면, 사법 통제를 받지 않는 수사청의 수사관 에게 사법적 권한을 그대로 허용하 기 곤란함(곽상도의원 형소법 개정안 관련).
	소속	법무부장관 소속	– 입법정책적으로 결정할 필요 – 입법례 및 국민 적 공감대 등을 종합적으로 고려	○ **법무부**: 입법 취지에 공감(수사청 설 치를 전제로 할 때, 수사는 본질적으 로 사법 기능이므로 행정부 중 사법 과 관련된 업무를 담당하는 법무부 소속으로 두고, 국회에 대하여 법무 부 장관이 책임을 지도록 하는 것이 타당) ○ **경찰청**: **신중 검토**(수사청을 법무부 산하에 두는 것은 견제와 균형을 통 한 사법개혁 취지에 역행할 우려가 있음. 법무부 소속으로 수사청을 둘 경우, 법무부 장관의 지시 · 명령에

---

234) 곽상도의원실에서 보내준 자료임.

			의해 수사청과 검찰이 밀접하게 연결될 수 있으므로, 상호 견제가 불가능한 구조이며, 수사와 기소가 결합될 우려가 있음)
조직 구성	* 수사청장(수사총감) 1인: 15년 이상 판·검사·변호사 또는 법률학 조교수 이상 경력, 후보자추천위의 추천을 받아 법무부 장관의 제청으로 대통령이 임명(국회 인사청문), 임기3년, 1회 연임 * 차장(수사정감) 1인 및 하부조직	○ 검찰총장의 경우 변호사 자격이 있던 사람을 요건으로 하나, 경찰청장은 특별한 치안, 수사 경험 등의 일정 자격요건X. ○ 수사청의 하부조직, 지방수사청은 현행 「경찰법」과 유사한 체계를 두고 있으며, 「정부조직법」에 함께 반영되어야.	○ **법무부:** 입법 취지 공감 – 수사청 설치 법안 전체에 대한 의견과는 별론으로 수사청 설치를 전제로 할 때, 국민의 인권에 직결되는 수사 절차를 총괄하고 소속 공무원 및 소속 기관의 장을 지휘·감독하는 수사청장에게는 높은 법률적 소양 및 풍부한 실무 경험이 요구된다는 점에서 일정한 자격 요건과 정치적 중립성을 갖춘 추천 및 임명 절차를 규정하고, 현행 경찰법에 규정된 것과 유사한 내용으로 수사청의 하부조직, 지방수사청의 조직 등을 구성할 필요가 있다는 입법 취지에 공감. ○ **경찰청:** 신중검토 – 법조인만 수사청장이 될 수 있도록 할 경우, 수사·기소·재판 전 영역의 법조인 연대를 강화함으로서 법조비리를 강화시킬 우려가 있으며, 전관예우를 근절하자는 현 사법개혁 방향과 배치됨.
수사 공무원 및 결격 사유	○ 수사공무원의 임용, 복무 등에 관하여 「경찰공무원」법 준용 ○ 결격사유에 해당하는 경우 당연퇴직하도록 함 ○ 수사공무원에 권한 남용 금지 의무 부과	○ 수사공무원을 특정직공무원으로 하여 신분보장, 징계, 소청 등 인사 절차에 따를 수 있도록 「국가공무원법」에 "수사공무원" 규정 필요. ○ 결격사유시 당연퇴직하는 조항은 별다른 문제가 없음.	○ **법무부:** 입법 취지 공감 – 수사청 설치 법안 전체에 대한 의견과는 별론으로 수사청 설치를 전제로 할 때, 현행 경찰공무원 등에게 적용되는 것과 유사한 내용으로 수사공무원의 계급·결격사유·권한 남용금지 의무 등을 규정할 필요가 있다는 입법 취지에 공감함.

			○ 권한남용금지 조항 별다른 문 제 없음.	

2. 구체적인 운영방안

(1) 행정경찰과 사법경찰의 분리

경찰청 소속의 국가수사본부 사법경찰을 국가수사청에 소속시키는 한편, 국가수사청 소속의 사법경찰은 법무부가, 일반 행정경찰은 행정안전부(경찰청)가 인사 및 보직 등을 담당할 필요가 있다. 왜냐하면 사법경찰과 행정경찰을 분리하는 것은 경찰수사권의 정치적 중립성 확보뿐만 아니라 수사전문인력의 양성 확보를 위해서도 반드시 필요하기 때문이다. 또한 일반적 조직구성의 원리에서 볼 때에도, 순수 국가 형벌권 실현작용인 사법경찰 기능은 치안을 담당하는 행정경찰과는 분리하여 수사를 담당하는 검찰·사법기능과 결합시키는 것이 타당하다. 다만, 곽상도의원의 국가수사청법안은 검사의 수사관리에 대한 수사지휘를 부정하고 있다. 그러나 검사의 수사지휘를 부정한다면 영미식의 사법체계에 따라 지체없이 사건을 법원에 송치하여 공판정에서 유·무죄를 다투는 시스템(공판중심주의)으로 변경되어야 할 것이다.

(2) 수사검사와 공판검사의 분리

수사검사와 공판검사를 분리하여 수사검사는 국가수사청에 근무하면서 사법경찰관의 수사를 지휘하고, 공판검사는 검찰청에서 공소의 제기 및 유지 여부를 담당하는 방안이다. 현재도 일선 수사 및 공판의 실무를 보면 수사를 직접 수행한 검사가 공판절차에서 공판에 관여하는 것은 예외적인 현상이며, 중요사건을 제외하고는 수사검사는 공판정에 출정하지 아니하고 공판만을 담당하는 공판부의 공판검사만이 공판절차에 관여하는 구조를 취하고 있다.

(3) 검찰수사관제도의 폐지

현행 검찰청 소속으로 편제되어 있는 검찰수사관을 사법경찰과 행정경찰로 분리하여 각각의 청에 별도로 편입시키고, 향후 검찰사무직 공무원 시험을 폐지할 필요가 있다.[235)]

---

235) 박찬걸, "경찰권과 검찰권의 조정을 통한 '국가수사청' 설치에 대한 시론", 비교형사법연구 제20권 제1호(2018), 비교형사법학회, 219면.

Ⅲ. 검 토

전술(前述)한 것처럼, 미국은 FBI를 설치하여 연방정부의 수사업무를 총괄하면서, 테러범죄·재정경제범죄·사이버범죄 등 첨단범죄에 대해 전문적 수사조직과 전문수사관을 통해 효과적으로 대응하고 있어 가장 모범적인 사례를 보여주고 있고,[236] 독일의 경우도 연방내무부 산하 범죄수사청(BKA)에서 국제범죄·조직범죄·무기밀매·화폐위조 등 중요 대형사건을 수사하도록 별도의 특별사법경찰기구[237]를 구성하고 있다. 프랑스는 별도의 특별사법경찰기구를 설치하고 있지는 않으나, 대신 검찰과 경찰 내에 특별수사조직을 구축하여 조직범죄와 재정경제범죄 등에 대처하고 있는데, 검찰에 거점조직(pôle)을 두고 재정경제범죄 등 주요범죄에 대해서는 물적 수사설비와 예산을 집중시키고 전문적 지식을 갖춘 검사와 직원을 배치하며 정부기관이나 특채한 전문자문관으로 팀을 구성하여 전문적이고 조직적인 수사를 전개하고 있으며, 2004년 3월 9일 형사소송법 개정을 통해서는 국제범죄와 광역범죄에 대해 더욱 효과적으로 대처할 수 있도록 특별광역법원과 특별광역검찰청을 설치하였다.[238]

그런데 특별수사의 강화를 위해 미국이나 독일과 같이 특별사법경찰기구를 별도로 신설하는 형태로 할 것인지, 프랑스와 같이 기존의 검찰과 경찰조직은 그대로 두면서 내부적으로 전문수사부서를 두는 형태를 할 것인지 여부는 각 제도의 장단점을 면밀히 검토하여 정책적으로 결정할 사안이라 할 것이다. 다만 우리나라의 경우 현재 사법경찰에 대한 사법적 통제권과 인사감독권이 검사와 경찰에 각각 분리되어 있어, 사법경찰은 수사에 관여해서는 안 되지만 신분상의 감독권을 지니고 있는 행정경찰 간부의 위계적·합목적적 지시에 사실상 따르게 될 수밖에 없고 이 때문에 수사의 공정성·순수성을 담보하기 어렵다. 더욱이 개정형사소송법은 사법경찰을 검사와 대등한 수사주체로 규정하여 검사의 수사지휘권마저 배제한 상황이므로 사법경찰의 행정경찰 예속화는 더욱 심화될 것이다.

결국 대안으로 선진수사 시스템의 대명사라고 할 수 있는 미국의 FBI와 유사한 가칭 '특별수사기구'의 설치와 같은 새로운 수사패러다임을 검토할 필요가 있다. 즉, 부정부패사범, 대형경제범죄, 조직폭력·마약 등 주요 강력범죄 등 주요 범죄 인지수사를 담당하는 경찰청 소속의 국가수사본부의 사법경찰을 행정경찰로부터 분리한 후, 검찰 일부

---

236) 이에 관한 자세한 내용은 자세한 내용은 안성수, 「미국의 FBI 조직의 국내 도입방안」, 비상임 연구관 발표자료(2006.4.), 검찰미래기획단 참조.
237) 이에 관한 자세한 내용은 최기식, 「독일의 중점검찰청 제도」, 해외연수검사연구논문집(Ⅱ), 제22집(2006), 법무연수원 참조.
238) 이에 관한 자세한 내용은 김종민, 「프랑스 재정경제범죄 수사시스템에 관한 연구」, 각국의 특별수사기구 연구, 검찰미래기획단 참조.

수사인력과 통합하여 별도의 특별수사청을 신설하되, 민생치안 범죄 등은 지방자치경찰이 담당하도록 하는 방안이다. 이렇게 함으로써 강력한 중앙집권적 체계하에 방대한 조직·정보망을 갖춘 행정경찰이 사법경찰을 지휘함으로써 발생할 수 있는 인권침해와 경찰권의 비대화 우려가 해소됨과 아울러 검찰의 비대화 문제도 해결할 수 있고, 대배심 제도 등의 도입과도 궤를 같이 하게 될 것이다.

제4절 자치경찰제 도입에 따른 검/경 관계

Ⅰ. 서 설

1. 자치경찰제 추진배경

1991년 우리나라에 지방자치제도가 도입되고 1995년경 전면적으로 실시된 후, 지방자치의 본질이라고 할 수 있는 자치행정, 자치교육, 자치경찰 중 유독 자치경찰제만 실시되지 않고 있다. 물론 참여정부에서 고 노무현 대통령의 선거공약인 자치경찰제 도입을 위해 의견수렴 및 공청회 등을 통해 정부시안을 마련하여 광역자치단체가 아닌 기초자치단체인 시·군·자치구에 자치경찰을 두는 「주민생활중심의 자치경찰제」 도입방안을 확정(2004. 9. 16.)한 후, 자치경찰제의 주요 정책을 심의·자문하기 위해 정부혁신지방분권위원회에 '자치경찰위원회'를 두고, 실무추진기구로 행정자치부장관 소속 하에 「자치경찰제추진실무단」을 구성하여 2005. 11. 3. 총 8장 36개 조문으로 구성된 「자치경찰법(안)」을 국회에 제출한 바 있으며, 그에 앞서 지방분권특별법을 제정하여 자치경찰제 도입을 의무화[239]한 바 있다.

그러나 위 지방경찰법안은 도입단위와 사무범위 등에 대한 의견차이로 행정자치위원회 법안심사 소위에서 한번 논의가 된 이후 진척을 보지 못하다가 결국 17대 국회의 임기종료와 함께 폐기되었고, 다만 2003. 4. 참여정부의 지방분권 핵심정책과제로 '자치경찰제' 지정한 이래, 2004. 1. 16. 자치경찰제 도입을 명문화하였고(구 지방분권특별법 제10조 제3항), 2006. 2. '제주특별자치도 설치 및 국제자유도시 조성을 위한 특별법' 제정으로 특정 사무분야에 자치경찰제도를 도입하여 2006. 7. 1.부터 제주특별자치도에 제주자치경찰이 창설되어 정부안인 위 자치경찰법안의 주요 내용이 거의 반영되어 시범적으로 운영되고 있다.[240]

현재 제주특별자치도에서 시행 중인 자치경찰제도는 기존 기초자치단체인 4개의 시

---

239) 지방분권특별법(법률 제7060호, 법률 제8423호) 제10조 제3항 참조. 그러나 2008. 2. 29. 위 법률은 지방분권촉진에관한특례법으로 개정되어 자치경찰제 도입의무조항이 삭제되었다.

240) 행정자치부 자치경찰제실무추진단, "자치경찰제 추진 중간보고서", 서문, 국회도서관(2008).

군을 폐지하고, 1개 도, 2개 행정시의 광역자치체제로 개편한 것으로, 제주자치도에 자치경찰기구인 자치경찰단을 두고, 2개의 행정시에는 자치경찰단의 자치경찰사무집행을 담당하기 위하여 그 업무를 담당할 보조기관으로서 자치경찰대를 설치하였으며, 자치경찰단장은 도지사가 임명하고, 도지사의 지휘·감독을 받고 있다.

이후 이명박/박근혜 정부에서는 자치경찰제의 도입이 소강상태에 있다가 문재인 정부가 들어서면서, 개혁과제의 하나로 자치경찰제의 도입(100대 국정과제 중 하나임)이 다시 추진되었다. 즉, 대통령 소속 자치분권위원회(이하 '자분위')가 관련 전문가 및 시민단체 관계자 등 총 9명이 참여하는 '자치경찰제 특별위원회(이하 '특위')'를 구성하였는데, 이에 특위에서는 후술하는 ① 경찰개혁위원회(이하 '경찰개혁위') 권고안과 ② 서울시 건의안, ③ 99년 경찰청 시안 그리고 제주 자치경찰 사례 등을 종합적으로 검토하여 자치경찰제 도입안을 마련하였다[241]고 한다. 그리고 여기서 마련된 자치경찰제 도입안은 2018년 자치경찰법 제정, 2019년 시범실시 등의 과정을 거쳐 2020년부터 전국에서 전면적으로 실시될 계획이었지만,[242] 국가수사본부의 설치[243]로 무늬만 자치경찰제가 시행되는 것으로 마무리되었다.

2. 자치경찰제 논의배경

현재 우리나라는 국가영토의 협소성, 경찰력의 분산으로 인한 광역경찰기능의 약화, 일사분란하게 움직여야 하는 경찰조직의 특성, 경찰 위계질서의 해이, 지역 간 경찰력의 질적 수준 불균형, 지자체의 낮은 재정자립도 등을 이유로 자치경찰제를 도입하지 않고, 경찰청장부터 지구대 순경까지 연결되는 가장 강력한 중앙집권적 국가경찰제도를 유지하고 있다. 이에 수직적인 경찰조직의 지휘체계를 변경하여 인사·예산권 등을 지방자치단체에 이양함으로써 중앙에 집중된 경찰 행정권을 지방에 분권하고 지역별 특성에 맞는 민생치안을 확립하여 봉사하는 경찰상을 구현하겠다는 것이 자치경찰제의 도입배경이다. 즉, 선진국 경찰처럼 지역주민과 함께 하는 주민중심 또는 봉사중심의 고객지향적 치안서비스를 제공함과 동시에 경찰에 대한 주민통제를 강화함으로써 과도한 중앙집권적 국가경찰제도의 폐해를 제거하자는 것이다. 나아가 실효적인 자치경찰제도가 시행되면, 주민의 참여로 주민의 의사가 경찰운영에 적극 반영하고, 주민이 경찰활동을 감시·통제할 수 있게 되어 권한 남용이 줄어들 수밖에 없다는 것이다. 물론 이는 지방자치제

---

241) 황문규, "자치경찰제 도입의 방향과 과제", 한국형사소송법학회 5월 공동학술대회자료집(2018. 5. 13.), 한국형사소송법학회/한국헌법학회, 65면.

242) 2018. 4. 2.자 연합뉴스, 자치경찰제 2020년 전면 시행… "검경수사권 조정 안돼도 한다".

243) 2017. 10. 16. 경찰청 경찰개혁위원회는 '수사의 공정·독립성 확보를 위한 일반경찰의 수사 관여 차단 방안'으로서 국가수사본부의 설치를 권고한 바 있다.

의 실시를 매개로 국가기능과 지방기능간 구분의 명분 내지 실익이 논의되고 있는바, 국가 또는 자치경찰제도의 채택여부 또한 동일한 맥락에서 접근할 수 있을 것이다.

우리나라의 현행 경찰법 및 관련 법률도 모두 전면적인 자치경찰제의 도입을 전제로 규정되어 있다.

【표 8-36】참고규정 내용

경찰법 제2조(국가경찰의 조직) ② 경찰청의 사무를 지역적으로 분담하여 수행하게 하기 위하여 **특별시장·광역시장 및 도지사(이하 "시·도지사"라 한다) 소속으로 지방경찰청을 두고, 지방경찰청장 소속으로 경찰서를 둔다.** (후략)

지방자치분권 및 지방행정체제개편에 관한 특별법 제12조 ③ 국가는 지방행정과 치안행정의 연계성을 확보하고 지역특성에 적합한 치안서비스를 제공하기 위하여 **자치경찰제도를 도입하여야 한다.**

④ 교육자치와 **자치경찰제도의 실시에 관하여는 따로 법률**로 정한다.

지방교육자치에 관한 법률 제2조(교육·학예사무의 관장) 지방자치단체의 교육·과학·기술·체육 그 밖의 학예(이하 "교육·학예"라 한다)에 관한 사무는 특별시·광역시 및 도(이하 "시·도"라 한다)의 사무로 한다.

지방자치법 제9조(지방자치단체의 사무범위) 규정에 "경찰"에 관련된 내용은 없음

제113조(직속기관) 지방자치단체는 그 소관 사무의 범위 안에서 필요하면 대통령령이나 대통령령으로 정하는 바에 따라 **지방자치단체의 조례로 자치경찰기관(제주특별자치도에 한한다)**, 소방기관, 교육훈련기관, 보건진료기관, 시험연구기관 및 중소기업지도기관 등을 직속기관으로 설치할 수 있다.

---

3. 문제점

개정법 제245조의10(특별사법경찰관리)은 특별사법경찰관에 대해서는 기존 검사의 수사지휘 제도를 유지하고 있는 반면, 자치경찰에 대해서는 별도의 규정을 두지 아니하여 검사의 수사지휘 폐지 등 일반사법경찰관에 대한 규정이 자치경찰에도 적용되도록 하고 있다. 그런데 개정된 경찰법은 ① 기존 국가경찰조직을 대부분 유지하면서 지구대와 파출소 단위만 자치경찰로 이관하고 있고, ② 실질에 있어서 자치경찰을 국가경찰에 새롭게 덧붙이는 내용이어서 오히려 국가경찰의 권한과 조직을 확대하고 있으므로 이를 민주적 통제장치가 충분히 확보되는 실효적 자치경찰제의 도입으로 보기는 어렵다.

따라서 이하에서는 과거에 논의되었던 각 안에 대하여 개괄적 소개를 한 후, 자치경찰제와 수사권조정은 어떤 관계에 있는지를 살펴보고자 한다

Ⅱ. 자치경찰제의 개념 및 유형

1. 자치경찰의 의의

　　자치경찰은 국가경찰과 대비되는 개념으로, 경찰조직의 설치·운영 및 그에 따른 경찰권 행사의 귀속주체가 국가에 있으면 국가경찰이고, 지방자치단체(이하 '지자체')에 있다면 자치경찰이라고 정의할 수 있다. 이 경우에도 경찰의 기능배분 또는 경찰활동에 대한 지자체의 책임성 혹은 주민참여 등 어느 부분을 더 강조하느냐에 따라 자치경찰은 다양하게 정의된다.[244] 이에 헌법재판소가 "지방자치제도라 함은 일정한 지역을 단위로 일정한 지역의 주민이 그 지방주민의 복리에 관한 사무·재산관리에 관한 사무·기타 법령이 정하는 사무(헌법 제117조 제1항)를 그들 자신의 책임하에서 자신들이 선출한 기관을 통하여 직접 처리하게 함으로써 지방자치행정의 민주성과 능률성을 제고하고 지방의 균형있는 발전과 아울러 국가의 민주적 발전을 도모하는 제도이다. 지방자치는 국민자치를 지방적 범위내에서 실현하는 것이므로 지방시정에 직접적인 관심과 이해관계가 있는 지방주민으로 하여금 스스로 다스리게 한다면 자연히 민주주의가 육성·발전될 수 있다는 소위 "풀뿌리 민주주의"를 그 이념적 배경으로 하고 있는 것이다. 공업화·도시화·국제화의 추세가 가속되어 가고 있는 오늘날 우리나라처럼 국토도 협소하고 언어·풍속·문화·생활양식 등도 지방에 따라 현저한 차이가 없는 단일민족국가에서는 오히려 중앙집권의 강화가 바람직하다는 견해도 없지 않지만, 지방자치제도는 현대 입헌민주국가의 통치원리인 권력분립 및 통제·법치주의·기본권보장 등의 제원리를 주민의 직접적인 관심과 참여속에서 구현시킬 수 있어 바로 자율과 책임을 중시하는 자유민주주의 이념에 부합되는 것이므로 국민(주민)의 자치의식과 참여의식만 제고된다면 권력분립원리의 지방차원에서의 실현을 가져다 줄 수 있을 뿐 아니라(지방분권) 지방의 개성 및 특징과 다양성을 국가전체의 발전으로 승화시킬 수 있고, 나아가 헌법상 보장되고 있는 선거권·공무담임권(피선거권) 등 국민의 기본권의 신장에도 크게 기여할 수 있는 제도라고 할 것이다. 이와 같이 지방자치제도는 민주정치의 요체이며 현대의 다원적 복합사회가 요구하는 정치적 다원주의를 실현시키기 위한 제도적 장치로서 주민의 자발적인 참여·협조로 지역내의 행정관리·주민복지·재산관리·산업진흥·지역개발·문화진흥·지역민방위 등(헌법 제117조 제1항, 지방자치법 제9조 참조) 그 지방의 공동관심사를 자율적으로 처결해 나간다면, 국가의 과제도 그만큼 감축되는 것이고, 주민의 자치역량도 아울러 배양되어 국민주권주의와 자유민주주의 이념구현에 크게 이바지할 수 있는 것이다. 민주주의의 본질은 국가권력의 형성 및 그 행사에 있어서 그 근거를 국민적 합의에 두는 것이므로 지방자치가 진실로 민주정치의 발전에 기여할 수 있기 위하여서는 우선 무엇보다도

---

244) 황문규, 앞의 논문, 66면.

지방의회의 구성이 당해 지역주민 각계각층의 의견이 민주적이고도 합리적으로 수렴된 유루(遺漏)없는 합의에 의하여 이루어질 수 있도록 제도화되어야 하는 것이다."[245]라고 정의하고 있으므로, 자치경찰의 개념에는 자치경찰의 구성 및 운영에 있어서 주민의 의사 반영이라는 개념이 필수적으로 포함되어야 할 것이다.

2. 자치경찰업무와 국가경찰업무의 구별

(1) 참여정부자치경찰법안 제6조

자치경찰과 국가경찰의 개념이 그 나라의 역사적·사회적 배경에 따라 가변적이고 상대적인 것이고, 국민의 자유와 생명과 신체, 재산의 안전을 보호하고 공공질서를 유지해야 하는 경찰기능은 국가사무적 성격과 자치사무적 성격을 아울러 가지고 있어 자치경찰업무와 국가경찰업무의 구별이 쉽지 않다. 이와 관련하여, 지방분권촉진에관한특례법 제6조는 자치단체의 사무의 기준을 '지역주민생활과 밀접한 관련이 있는 사무'라고 규정하고 있는데, 좀더 구체적인 기준으로는 참여정부의 자치경찰법안 제6조[246]를 들 수 있다.

동 법안 제6조는 자치경찰의 임무를 ① 주민의 생활안정 활동에 관한 사무(생활안전을 위한 순찰 및 시설의 운영, 주민참여 방범활동의 지원 및 지도, 안전사고 및 재해, 아동·청소년·노인·여성 등 사회적 보호가 필요한 자에 대한 보호 및 가정·학교폭력 등의 예방, 주민의 일상생활과 관련된 사회질서의 유지 및 그 위반행위의 지도·단속), ② 지역교통활동에 관한 사무(교통안전 및 교통소통에 관한 사무, 교통법규 위반의 지도·단속), ③ 시·군·구의 공공시설 및 지역행사장 등의 지역경비 등에 관한 사무, ④ 「사법경찰관리의 직무를 행할 자와 그 직무범위에 관한 법률」에서 자치경찰공무원의 직무로 규정하고 있는 사법경찰관리의 직무 등 4가지로 규정하고 있는데, 이 중 ①②③은 그 행정적 성격으로 인하여 자치경찰의 원래 업무로 파악될 수 있는 반면, ④는 특별사법경찰관의 업무 중 일정업무로서 주민생활과 직결되는 업무로서, 성질상 사법경찰의 영역에 해당하지만, 지역주민과 밀접한 관련이 있는 지방자치사무와 직결되는 위생, 보건 등 특정분야에 관한 것으로, 원래는 국가경찰의 업무이나 지방자치사무와의 연계성으로 인하여 국가에서 "지방자치단체에 위임한 업무"로 파악하는 것이 타당할 것이다.

(2) 수사사무를 핵심으로 사법경찰업무의 경우

수사사무를 핵심으로 하는 사법경찰업무가 국가경찰업무인지 아니면 지방경찰업무인지 논란이 있으나, 이는 지방자치단체와 국가의 기본구조가 어떤 것이냐에 따라 달리 파악될 수 있다. 즉, 후술하는 것처럼, 미국과 같은 연방제 국가에 있어서는 입법, 행정,

245) 헌재결 1991.3.11, 91헌마21.
246) '제주특별자치도 설치 및 국제자유도시 구성을 위한 특별법' 제104조의 규정도 유사하다.

사법이 완벽하게 분리되어 있어 주별로 처벌법규를 포함한 법률을 제정하고, 주 검찰·주 경찰·주 법원의 형사사법시스템을 구비하고 있어 관할 지역의 수사사무도 자치사무로 보아 자치경찰업무라고 할 수 있으나, 우리나라의 경우 국민의 기본권을 제한하는 형사입법은 국회에서만 가능하고 대법원 산하의 통일된 국가 사법조직이 전국을 관할하고 있으며, 국회에서 제정한 형법과 형사소송법에 준거하고, 헌법재판소 및 법원에서 이를 심사·통제하는 구조이고, 국가기관으로서 검찰의 공소제기 및 유지업무와 불가분의 관계에 있는 수사업무는 본질적으로 국가사무라고 할 것이다. 현행 지방자치법 제11조 제1호는 사법업무를 국가사무로 규정하고 있다.

3. 자치경찰과 국가경찰과의 관계에 따른 구분

(1) 국가 · 자치경찰 완전분리형

지방자치단체가 경찰권을 보유하며, 경찰은 소속 자치단체 지역 내에서만 경찰권을 행사하고, 국가경찰은 국가안보 등 중대범죄에 관한 사법경찰의 형태로 존재하는 형태로서, 경찰운영비용은 원칙적으로 당해 자치단체에서 부담하게 된다.

(2) 국가경찰형

경찰기능을 순수한 국가기능으로 인식하여 중앙정부의 하급기관으로 하여금 경찰업무 전반을 관장토록 하는 형태로서, 국가가 경찰권을 보유하며 전국 경찰을 일원적으로 지휘·감독하며, 경찰운영의 제반비용은 국가에서 부담하는 형태이다.

(3) 절충형

경찰업무를 국가사무와 자치사무로 구분하여 국가경찰과 자치경찰을 함께 조직하여 운영하거나, 지역을 나누어서 국가경찰 운영지역과 자치경찰 운영지역으로 구분하여 운영하는 형태로서, 자치경찰 운영의 일정비용을 국가에서 부담하는 형태이다.

4. 자치경찰업무 담당기관과의 구조에 따른 구분

(1) 직속기관형과 독립기관형

자치경찰조직과 지방자치단체장과의 관계에 따라, 자치경찰조직을 지방자치단체장의 직속기간 또는 보조기관으로 설치하는 유형과 자치단체장으로부터 분리하여 독립기관으로 설치하는 유형으로 구분할 수 있다.

(2) 합의제형과 독임제형 및 절충형

자치경찰조직을 독립기관형으로 설치하더라도 그 조직운영 형태에 따라, 자치경찰조직을 위원회에 의한 합의제로 운영하는 유형과 자치경찰최고책임자의 단독결정과 책임하에 두는 독임제형, 자치경찰조직을 위원회의 소속에 두는 절충형으로 구분할 수 있다.

(3) 선거형과 임명형

자치경찰조직 운영을 합의제로 하든 독임제로 하든지 여부와 상관없이, 그 위원 또는 자치경찰조직의 장을 선출함에 있어, 선거로 선출하는 선거형과 자치단체의 장이 당해 의회의 동의를 얻어 임명하는 임명형으로 나눌 수 있다.

Ⅲ. 외국의 입법례

1. 국가 · 지방경찰 완전분리형(미국)

미국은 연방제 국가로서, 미국 경찰조직은 고도로 지방분권화되어 연방경찰, 주경찰, 지방경찰로 구분할 수 있는데, 우리나라와 달리 중앙경찰청을 중심으로 일사불란한 명령체계를 가지고 있지 않고 경찰기관끼리 상호 독립적이다. 자치경찰의 인사권은 각 지방경찰서에서 자체적으로 가지고 있으며 수사에 있어서도 지방경찰이 독자적으로 수행한다.

결국 연방검사와 연방수사국은 수사지휘 관계로 설정되어 있지 않으나, 연방수사국이 연방 법무부장관 소속이므로 법무부장관을 통해 의사결정의 일원화가 확보된다.

2. 국가경찰중심형

(1) 독   일

독일기본법 제30조[247])에 의하면 경찰의 시설과 조직은 기본적으로 州의 관장사항이며, 연방은 제한된 범위내에서 독자적 경찰기관을 가지고 있을 뿐이다.[248] 즉, 州를 중심으로 한 경찰제도를 취하여 경찰의 권한이 지방으로 분산된 자치경찰제로서, 경찰권은 원칙적으로 州정부의 권한으로 州경찰은 각 州의 내무부 산하에 소속되어 있다. 이에 따라 대부분의 州 경찰국장을 민간인으로 보하고, 경찰조직내에서 고유업무 이외의 비경찰업무는 민간인이 담당하고 있다.

물론 주에 따라서 주경찰의 업무가 상이한데, 바덴−뷔르템베르크 주(Land Baden−Württemberg)[249]의 경우 게마인데(Gemeinde; 우리의 면 단위)에 특정 경찰업무(불법주차 견

---

247) 독일기본법 제30조. 「국가적 기능의 행사와 국가적 임무의 수행은 이 기본법이 다른 규정을 두지 아니하거나 허용하지 않는 한 州의 사항이다」.

248) Claus Roxin, Strafverfahrensrecht, 24.Auf., S.52.

249) 바덴뷔르템베르크 주(Land Baden−Württemberg)는 독일 남서부에 있는 주로, 주도는 슈투트가르트이며, 면적은 3만 6000km2, 인구는 1,047만 명이다. 제2차 세계 대전 후에 바덴, 뷔르템베르크, 호엔촐레른 지역을 통합하여 신설된 주이다. 북서쪽으로는 라인란트팔츠 주, 북쪽으

인, 환경보호 업무 등)를 수행하기 위한 집행공무원을 두고, 경찰공무원과 동일한 권한(주 경찰법 제80조)을 주고 있으며, 헤센 주((Land Hessen))250)의 경우 란트크라이스(Landkreis, 지방 자치구)251)와 게마인데(Gemeinde)에서 경찰 직무를 조력하기 위한 질서경찰관(보조경 찰관)을 두고, 경찰 권한을 보유하도록 규정하고 있다(주 경찰법 제99조).

반면, 연방 내무부(Bundesministerium des Innern: BMI)에 속하는 연방경찰은 공안 및 각 州의 범죄수사 조정 등을 담당하는데, 연방의 다른 부서의 소관사무에 속하지 않 는 국내 행정사무 전반을 관할하고 있으며 특히 경찰관계와 국경수비에 대하여는 내무 부의 경찰국252)이 관장하고 있다. 따라서 주경찰과 연방경찰과의 관계는 상호 독자적 지위를 유지하는 대등한 관계이지 연방경찰이 주경찰의 상위기관이 아니며, 자연재해, 대규모 시위, 비상사태 등이 발생했을 때 상호 협력관계에 선다.

한편, 이러한 독일의 경찰체제에 대해서는 연방제 하의 분권화된 독일경찰, 주 단위 국가경찰, 광역별 자치경찰, 주 단위로 경찰권 분산, 각 주별 중앙집권적 경찰 체제 등 의 평가가 다양하게 나뉘고 있다.

결국 연방검사와 주검사가 분리되어 있고, 주검사와 주경찰의 사법경찰관이 모두 주정부 소속인 관계로 검사와 사법경찰관이 주정부라는 하나의 의사결정체에 함께 있으 므로 검사와 사법경찰관의 관계를 수사지휘 관계로 설정하고 있는데, 이는 주정부의 의 사결정을 위한 지휘체계 일원화의 결과이다.

(2) 프랑스

프랑스의 국가경찰은 원칙적으로 중앙집권적인 「국가경찰」이 근간으로서 우리와 달 리 내무부 소속의 '국가경찰(Police d'Etat)'과 국방부 소속의 '국가군경찰(Gendarmerie

---

로는 헤센 주, 동쪽으로는 바이에른 주와 접하며, 남쪽으로는 스위스, 서쪽으로는 프랑스와 국 경을 접한다.

250) 헤센 주(Land Hessen)는 독일 중서부에 위치한 주로 주도는 비스바덴, 최대 도시는 프랑크푸 르트암마인이며 면적은 21,110km², 인구는 6,077,000명(2006년 기준)이다. 북쪽으로는 니더작 센 주, 동쪽으로는 튀링겐 주, 남동쪽으로는 바이에른 주, 남쪽으로는 바덴뷔르템베르크 주, 남 서쪽으로는 라인란트팔츠 주, 서쪽으로는 노르트라인베스트팔렌 주와 접한다.

251) 독일의 군(郡)은 단순히 크라이스(Kreis)로 알려져 있는 노르트라인베스트팔렌 주와 슐레스비히 홀슈타인 주를 제외하고는 란트크라이스(Landkreis, 지방 자치구)라 불리는 행정 구역이다. 독 일의 군의 대부분은 란트크라이스이며, 그 수는 295개에 이른다.

252) 연방내무부 장관을 중심으로 한 연방내무부 중 내부국장(Staatsekretär) 소속내의 B파트에서 연방 경찰관련 업무를 맡고 있다(www.bmi.bund.de 참조). 이러한 연방경찰에는 약 30,000명의 남녀 경찰관을 포함하여 모두 약 40,000여명이 일하고 있는데, 경찰관 30,000명 중 약 21,000명은 국 경수비, 철도 및 항공 경찰업무를 맡고 있고 약 6,000명은 비상경찰(als Bereitschaftspolizei)로 서, 나머지 30,000명은 항공서비스 업무 또는 정보통신부서 등에서 각 활동하고 있다.

Nationale)인 헌병'으로 이원화되어 경찰권이 분산되어 있다. '국가경찰'은 내무부 산하에 국가경찰총국을 두고, 국가경찰총국을 구성하는 시민안전국의 지휘 감독을 받아 전국적으로 95개 도의 관할지역에 배치되어 경찰활동을 수행하며, 이들은 주민의 안녕과 신변보호, 재산보호 등을 책임지고, 행정경찰의 업무뿐만 아니라 사법경찰의 업무도 동시에 수행한다.

한편, '국가군경찰'인 헌병은 전국의 4,250개 군경찰대(Caserne)에서 근무하며 국가경찰이 없는 인구 2만 명 미만의 소도시와 농촌지역 등에서 경찰업무를 수행하는데, 전 국토 면적의 95%를 관할하는 것이다. 국가군경찰은 국방부 소속이지만 평시 경찰업무(주로 예방적 경찰활동으로서 취약지구에 대한 지속적 감시임부)를 집행할 때는 내무부장관이 지휘하고, 비상시에는 국방부장관이 지휘하며, 특히 국가군경찰이 사법경찰활동을 할 경우에는 이는 사법부의 관할 책임영역이므로 검사장(Procureur de la Republique)의 지휘를 받는다.

인국 2만 명 이하의 꼼뮌에 실시되는 자치경찰제도는 1977. 1. 27. 꼼뮌법에 규정된 것으로서 자치경찰의 권한의 불명확성 등으로 인하여 1998년 '자치경찰법'이 통과되었다. 프랑스는 자치경찰의 '구성'에 관해서는 꼼뮌법에서, 자치경찰의 '사법경찰활동'에 대해서는 형사소송법에서, 자치경찰의 '무기휴대'에 관하여는 행정대법원령에서 각 규정하고 있다. 프랑스 자치경찰은 자치단체장(꼼뮌의장)의 책임 하에 행정경찰기능을 중심으로 임무를 수행하며, 자치경찰권에 대한 모든 책임은 자치단체장이 지고, 5명 이상의 자치경찰 운영을 위해서는 자치단체장과 국가도지사, 검사장이 협의 후 협약을 체결하여야 하며, 그 협약으로 자치경찰의 개입장소, 개입의 원인과 방식이 특정되며, 내무부장관은 도지사, 검사장, 자치단체장의 요청에 따라 감사를 실시한다.

한편, 자치경찰의 주 임무는, 질서유지, 공공의 평온과 안녕 유지 업무, 통학로 안전확보 및 주차위반단속, 순찰 및 경계활동, 거동수상자에 대한 직무 질문 및 신체 수색, 환경보호 업무 등이며, 사법경찰업무와 관련하여서는 자치 경찰은 범죄 및 관련정보 수집을 위한 행정조사 시행과 사법경찰관의 통제 하에 범죄와 관련된 수사에 보조요원으로서 협조하며, 자치경찰관이 범죄의 발생을 인지한 경우 즉시 국가경찰 소속 사법경찰관을 통해 검사에게 보고하여야 한다. 즉, ① 국내안전법전 제511−1조 등에 따라 질서유지, 공공안녕과 안전, 공중위생 확보 등 행정경찰 기능을 중심으로 수행하고, ② 형사소송법 제21조, 제21−2조 및 국내안전법전 제511−1조(지방자치법전 제2212−5조에서 준용)에 따라 국참사원령으로 정한 도로법전(Code de la route)과 형법전 제6권(위경죄), 자치법규에 위반한 위경죄에 대한 조서 작성, 인지 등 사법경찰의 임무도 수행한다. 또한, 자치경찰직무법에 따라 자치경찰관은 법령이 정한 위경죄를 범한 자에 대해 신분증 제시를 요구할 수 있고, 음주측정을 할 권한도 있다. 위반자가 이를 거부할 경우 국가경찰 또는 국가헌병대에 이러한 사실을 즉시 통보해야 하고, 이들이 요구할 때에는 지체 없이 위반행위자를 출두시켜야 한다. 이러한 자치경찰은 시장(기초단체장)이 도지사와 검사의 동의를 얻어 임명[253])하는데 도지사의 동의는 행정경찰임무의 수행을 위한 것이며, 검사의 동의는 사법경찰임무의 수행을 위한 것이다.

한편, 국가경찰 및 국가헌병대의 경우, 사법경찰권 행사시 내무부장관의 지시에서 벗어나 검사의 지휘 통제 아래 기능하도록 법정화되어 있고(국내안전법 제411-1조, 시행령 제434-23조), 자치경찰의 경우, 형사소송법상 보조 사법경찰리로서 사법경찰 임무수행시 검사의 지휘통제 아래 있다(형사소송법 제21조, 자치경찰직무법 제5조). 즉, 어느 경우이든 사법경찰은 사법관인 검사의 지휘를 받는 일원적 체제를 유지하고 있는 것이다.

결국 프랑스는 경찰이 주로 국가경찰로 구성되어 검사와 경찰이 중앙정부 소속인 관계로 사법경찰과 행정경찰을 기능적으로 분리하여, 사법경찰에 대해서는 검사의 사법통제를 바탕으로 하고 있고, 자치경찰은 ① 행정경찰 업무에 있어서는 시장의 지휘에 따르지만 ② 사법경찰 업무에 있어서는 보조 사법경찰이 되어 검사의 지휘통제에 따르도록 규정하고 있는 것이다.

3. 절충형

(1) 영 국

전통적인 「자치경찰제」 국가로서, 원칙적으로 모든 경찰은 지방의회에 설치된 위원회의 통제를 받는 자치경찰이다. 예외적인 국가경찰기구로 1992년 국립범죄정보국(National Criminal Intelligence Service)이 창설되고, 1998년에는 국립수사국(National Crime Squad)이 신설되어 범죄의 광역화, 국제화에 대처하고 있으며, 1829년 설치되어 오랜 기간 영국 유일의 국가경찰기구로 기능하던 수도 경시청(The Metropolitan Police)도 2000. 7. 주민투표를 통해 자치경찰로 전환하였다. 자치경찰은 지방의회 의원 등으로 구성되는 경찰위원회(Police Committee) 또는 공안위원회(Watch Committee)에 속하여 중요 안건은 위원회에서 결정하는데, 자치단체의 자치권을 존중하는 한편 권력을 수반하는 경찰행정을 시민의 대표자가 감시하고 있는 것이다.

현재 영국은 우리나라의 경찰청과 같은 경찰조직의 최정점에 있는 경찰기구가 없으

---

253) 시법전 「Code des communes」 Article L412-49 'Lorsque l'agrément d'un agent de police municipale est retiré ou suspendu dans les conditions prévues <u>au troisième alinéa de l'article L, 511-2 du code de la sécurité intérieure</u>,....', 국내안전법전 「Code de la sécurité intérieure」 Article L511-2 'Ils sont <u>nommés par le maire</u> ou le président de l'établissement public de coopération intercommunale, <u>agréés par le représentant de l'Etat dans le département et le procureur de la République,</u> puis assermentés.'

며, 내무부가 과학수사연구소, 경찰대학과 경찰정보센터를 직접 운영하고, 국가보조금의
책정, 경감 이상의 간부교육, 정책연구 및 과학수사 지원 등의 활동을 하며, 독립된 관
리위원회 산하에 국가경찰인 국가범죄정보국, 국가범죄수사대를 운영하고 있다.

한편, 전국 52개 지방경찰청의 관리는 내무부장관, 지방경찰위원회, 지방경찰청자의
3자가 권한과 책임을 분담하는 형태를 취하고 있는데, 위와 같이 1994년 법에 의해 구
성된 지방경찰위원회는 지방정부와 분리된 독립기관으로서 지방정부와 협력관계에 있다.
이들은 통상 관할지방행정구역을 대표하는 9명의 지방의원, 3명의 치안판사, 별도의 선
발위원회에서 선출된 독립위원 5명 등 17명의 위원으로 구성되는데, 다만 지역의 특수
성 때문에 필요한 경우 내무부장관이 경찰위원회의 구성인원을 17명 이상으로 늘릴 수
있도록 되어 있다. 지방경찰위원회는 관할구역에서 효과적으로 경찰력이 유지되도록 하
는 궁극적인 책임을 맡고 있어 지방경찰행정서비스의 우선적 목표를 설정하고 자체예산
을 세우며, 경찰운용에 필요한 재정계획을 승인하고 기타 경찰운영에 관련된 성과를 감
독한다. 지방경찰위원회는 내무부장관의 승인을 받아 지방경찰청장을 임명한다.

지방경찰청장은 임기제의 계약직으로서 지방경찰의 최고위 직급이며 관할지역의 경
찰활동계획안과 예산을 편성하고, 인력, 재산, 물자, 장비 등에 대하여 책임을 지고, 경
찰서장을 임명한다. 경찰위원회는 이러한 계획안을 승인하거나 경찰인력의 충원, 건물과
장비 등의 보충 등 재정관련 사안에 대하여 동의권을 가진다.

(2) 일 본

일본은 국가경찰과 자치경찰이 동시에 존재하는 이원적 경찰조직을 가지고 있으나,
합의제인 공안위원회에 의한 경찰관리라는 특징 외에는 사실상 국가경찰과 자치경찰이
단일체제로 운영되는 형태로서, 일본의 경찰조직은 국가경찰조직인 국가공안위원회와 그
관리 하의 경찰청, 7개 관구 경찰국으로 구성된 「국가경찰」과 都·道·府·縣 공안위원
회와 그 관리하의 동경경시청·경찰본부로 구성된 「자치경찰」의 이원적 조직 체계로 구
성되어 있다. 전술(前述)한 것처럼, 1954년 경찰법의 개정 등을 통해 國家公安委員會 -
警察廳 - 都道府縣公安委員會 - 都道府縣警察로 이루어지는 조직이 완성되어 현재에
이르고 있는데, 국가경찰로는 경찰청과 경찰청직속의 지방기관인 관구경찰국(管區警察局)
이 있으며, 자치제경찰로는 동경도경시청(東京道警視廳) 및 도부현경찰본부(道府縣警察本
部)가 있다.

지방자치경찰조직인 都·道·府·縣 공안위원회는 지사 관할로 설치되어 있으며, 경
시청 및 道·府·縣 경찰본부의 감독기관 역할을 수행하고, 동경경시청 및 道·府·縣 경
찰본부(총 47개)와 그 산하경찰서에서 실제 경찰업무(범죄의 예방·진압 및 수사 등)를 수
행하는데, 수도 동경경시청의 경시총감은 국가공안위원회가 동경공안위원회의 동의를 얻

은 후 총리 승인을 얻어 임명하고, 나머지 경찰본부장들은 국가공안위원회가 道·府·縣 공안위원회의 동의를 얻어 임명한다.

한편, 경찰청 소속 경찰관과 都·道·府·縣 경찰본부의 경시정(우리의 총경에 해당) 이상 경찰관은 '국가공무원'으로서 국가공안위원회가 都·道·府·縣 공안위원회의 의견을 들어 임명하고, 都·道·府·縣 경시(우리의 경정에 해당) 이하 공무원은 지방공무원으로서 경시총감과 도, 부, 현 경찰본부장이 都·道·府·縣 공안위원회의 의견을 들어 임명하는데, 이처럼 일본은 경찰관을 국가공무원과 지방공무원으로 구분하고 있다. 또 都·道·府·縣 경찰의 지휘명령권을 都·道·府·縣 공안위원회가 아니라 경찰청이 갖는다는 점에서 실제로는 국가경찰과 자치경찰의 절충형에 가깝다고 할 것이다.

특히 일본의 경우 국가경찰은 주로 경찰제도에 관한 기획입안사무, 국가의 공공안전에 관한 경찰운영, 범죄감식, 통신, 교육훈련 등의 인프라 정비, 국가경찰기관과 지방경찰기관 간에 겹치는 경찰행정의 중복 조정사무 등을 실시하며(경찰법 제5조 제2항), 국민에 대한 직접적인 경찰사무는 都·道·府·縣 경찰이 실시하도록 함으로써 경찰의 지방분권을 꾀하는 한편, 치안유지 및 전국적인 조정이라는 관점에서 필요최소한의 범위 내에서 국가가 관여하는 제도(경시정 이상의 간부 임명 및 재원(국고지원금과 보조금) 등)를 구축하고 있는 것이다. 결국 일본의 통합형 경찰제도는 국가가 통제하는 중앙집권적 성격을 갖는 동시에 지방정부가 운영하는 지방분권적 경찰제도의 결합이라고 할 것이다.

Ⅳ. 우리나라 자치경찰제 모델의 조직, 인사, 인력, 권한, 기능 등

1. 의 의

과거 자치경찰제의 도입 모델에는 ① 1999년 경찰청 시안, ② 2017년 경찰개혁위 권고안, ③ 2017년 서울시 건의안 등이 주로 논의되고 있었으므로, 여기에서도 3가지 모델에 대한 주요 내용을 소개하고자 한다.254)

2. 1999년 경찰청 시안

(1) 모 형

광역단위에서 자치경찰제를 도입하면서도 자치경찰에 대한 국가경찰의 영향력을 인정하는 이른바 '일본식 절충형 모델'이다.

---

254) 이하의 3가지 모형의 표는 자치분권위원회 자치경찰제도과에서 2018년 4월 자치경찰제 특별위원회 회의참고자료로 배표한 자료라고 한다(주승희, "검·경수사권 조정론 및 자치경찰제 도입론에 관한 소고 및 해법", 한국형사소송법학회 5월 공동학술대회 자료집(2018. 5. 12.), 한국형사소송법학회/한국헌법학회, 116면).

【표 8-37】 1999년 경찰청 시안

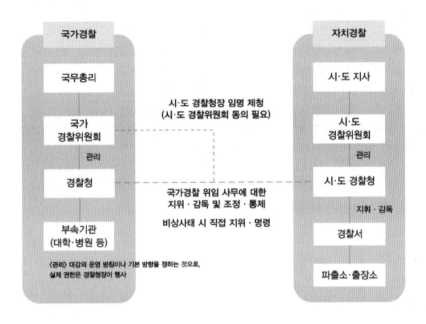

(2) 구성요소별 주요 내용

구성요소별 주요 내용은 다음과 같이 정리할 수 있다.

구성 요소	주요 내용
조직	• 국무총리 소속으로 경찰위원회를 두고, 집행기관으로 경찰청 설치 • 시도에 '시도 경찰위원회'를 두고, 집행기관으로 '시도 경찰청' 설치 • 국가경찰의 지방청 이하는 시도 경찰위원회에서 관리
시도 경찰 위원 회	• 합의제 심의 · 의결기관으로 시도 경찰위원회를 설치 • 시도 경찰위원회는 5인으로 구성하며 시도지사가 임명하되, △시도 의회가 2인 △국가경 찰위원회가 1인 추천 • 시도 경찰위원회는 시도의 경찰사무에 대한 일반적 방침과 처리의 기준을 심의 · 의결하되 법률에 그 권한으로 규정한 사항을 수행
사무	• 국가경찰사무는 경찰법에 열거하여 명시하고, 시도 경찰에 위임하여 수행하되 필요한 경우 경찰청이 직접 수행 • 국가경찰사무에는 정책입안적 · 총괄적 사무 / 테러 · 광역 사건 등 공안 사무 / 장비 · 전 산 등 전국적 통일 사무 등이 해당 • 자치경찰사무는 국가경찰사무를 제외한 방범 · 수사·교통 등 경찰의 모든 임무
인사	• 시도 경찰청장은 국가경찰위원회가 시도 경찰위원회 동의를 얻어 제청하면 대통령이 임명 ※ 단, 국가경찰위원회는 제청에 앞서 경찰청장의 의견을 들어야 함 • 경찰서장은 시도 경찰청장의 제청으로 경찰청장이 임명

인력	• △경찰청 및 그 소속기관 직원 △시·도의 경정급 이상 경찰관은 국가공무원 • 시도에 근무하는 경감 이하는 지방공무원(전체 경찰관의 97% 상당) • 경찰청과 시도 경찰청 및 시도 경찰청 상호간 인사교류 가능
재정	• 원칙적으로 자치경찰 사무에 소요되는 경비 및 인건비 등은 자치단체 부담, 시도 경찰이 수행하는 국가경찰사무 경비·인건비 등은 국가 부담 • 단, 자치단체의 재정자립도가 미흡하므로 국고지원 필요
상호 관계	• 경찰청장은 국가 비상사태 등의 경우 시도 경찰청장에 대한 직접 지휘·명령 가능 • 이 경우 경찰청장은 시도 경찰에 대한 조치 사항을 국가경찰위원회에 보고하고, 위원회 승인을 얻지 못하면 지휘·명령은 효력을 상실

3. 2017년 경찰개혁위 권고안

(1) 모 형

현행 경찰조직 체제를 유지하면서 국가경찰 이외 자치경찰을 '신설'하는 모델이다.

【표 8-38】 2017년 경찰위 권고안

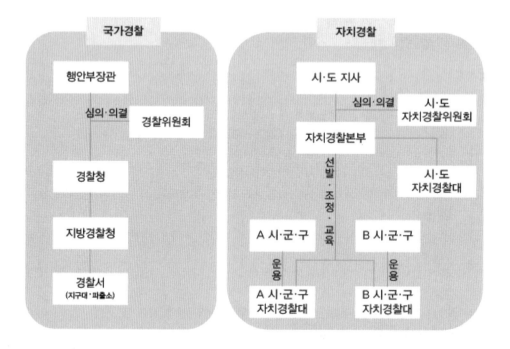

(2) 구성요소별 주요 내용

이 모델에 따른 자치경찰의 구성요소별 주요 내용을 정리하면 다음과 같다.

구성요소	주요 내용
조 직	• 현행 국가경찰 조직 유지 • 자치경찰의 조직은 시도지사─자치경찰위원회─자치경찰본부(시도)─자치경찰대(시군구)
자치경찰 위원회	• 자치경찰위원회는 시도지사 소속의 심의·의결 기구로서 시도지사, 시도 의회 등에서 추천한 9~15인으로 구성 • 심의·의결사항은 자치경찰의 인사, 예산 등에 관한 주요정책, 자치경찰본부장 추천 등 • 지역 치안 현안과 관련, 시도 의회는 국가지방경찰청장에게 의회 출석 요청 및 질의 가능
사무 및 권한	• 현행 국가경찰은 모든 경찰사무 수행 가능 • 자치경찰은 생활관련 치안, 지역교통, 지역경비에 관한 사무, 그리고 특별사법경찰사무 • 전체 313개 경찰사무 중 보안·외사 등 국가전담사무 외 156개 담당 • 자치경찰 사무는 자치경찰이 우선 처리하되, 치안공백 없도록 국가경찰이 보충 • 주민생활과 밀접한 학교·가정 폭력 및 성폭력 범죄 등에 대한 수사권 부여
인 사	• 자치경찰에 대한 인사권은 시도지사에게 부여 • 자치경찰본부장은 시도 자치경찰위원회가 추천한 3배수 후보자 중 시도지사가 임명 • 자치경찰대장은 자치경찰본부장이 시·군·구청장 동의를 받아 시도지사에게 후보자를 추천하면 시도지사가 임명 • 자치경찰은 시도지사 소속 특정직 지방공무원
인 력	• 자치경찰의 인력은 시도에서 일괄 선발하여 운용 • 다만, 자치경찰제 도입 초기 소요인력의 상당부분은 국가경찰에서 이관(이관규모는 미정)
재 정	• 국가경찰에서 이관되는 인력과 필요한 일부 장비에 대해 국가에서 부담 • 지구대 등 국가경찰 건물에 대해 자치경찰과 공동자원 활용 방안 검토
상호 관계	• △통신망·전산망 공동 활용 △합동단속·수사 △치안협력단체 공동 협력·지원

4. 2017년 서울시 건의안

(1) 모 형

서울시 건의안은 원칙적으로 현 경찰조직인 경찰청 본청과 17개 지방경찰청 중 17개 지방경찰청을 자치경찰로 전환하는 모델이다.

【표 8-39】 2017년 서울시 건의안

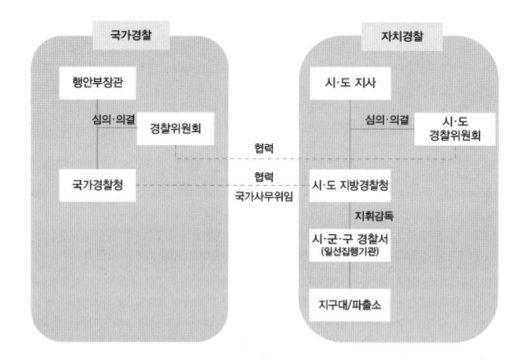

(2) 구성요소별 주요 내용

우선, 구성요소별 주요 내용을 간략히 정리하면 다음과 같다.

구성 요소	주요 내용
조직	• 현행 국가경찰 조직 중 경찰청만을 국가경찰로 남겨두는 형태 • 시도지사 소속하에 자치경찰위원회–시도 지방경찰청–경찰서를 두는 형태
시도 경찰 위원 회	• 합의제 의결기관으로 시도 경찰위원회 설치 • 시도 경찰위원회는 7인으로 구성하며, 시도 의회 동의를 거쳐 시도지사가 임면 • 시도지방경찰청장에 대한 임명 및 해임 제청권, 자치경찰의 인사권과 자치경찰의 치안정 책수립에 관한 사항들을 심의 · 의결
사무	• 원칙적으로 현 경찰사무를 모두 자치경찰 사무화 • 예외적으로 정보 · 대공 · 외사 · 전국적 수사 사무만 국가경찰이 담당하고, 그 외 모든 사무 (일반수사 포함)는 자치경찰이 담당
인사	• 자치경찰에 대한 인사권은 시도지사에게 부여 • 지방경찰청장은 시도 경찰위원회 3배수 추천을 받아 시도지사가 임면 • 경찰서장은 마찬가지로 시도 경찰위원회 3배수 추천을 받아 시도지사가 임면하되, 필요시

	시군구청장 협의 • 자치경찰은 시도지사 소속 특정직 지방공무원
인 력	• 현행 지방경찰청을 자치경찰로 그대로 이관하고 신규채용 최소화 • 단, 일괄적인 전환이 법적·제도적 한계가 있는 경우에는 시·도지사가 지휘·감독권을 보유하는 것을 전제로 ① 1단계 국가공무원 유지 → ② 2단계 지방공무원화 검토
재 정	• 국세와 지방세 세원 조정과 연계 검토 필요(교통 과태료 등 부과징수권의 지방이양 등) • 조정 전까지는 현행 지방경찰청 예산을 자치경찰에 재배정하는 방안을 제도화 • 사무 이관시 원칙적으로 국가경찰 건물·장비 등도 시도에 이관
상호 관계	• 수사관할조정위원회(가칭) 등을 설치, 자치경찰과 국가경찰의 수사우선권 문제 해결

5. 소 결

지금까지 자치경찰제 도입의 방향, 도입 논의에서 고려되어야 할 사항, 그리고 논의 중인 각 모델별 자치경찰제에 대해 살펴보았다. 자치경찰제 도입의 방향 및 고려사항을 감안하여 각 모델이 가지고 있는 장·단점을 간략히 정리하면 다음과 같다.[255]

【표 8-40】 각 모델의 장·단점

구 분	경찰개혁위 권고안	'99년 경찰청 시안	서울시 건의안
주요 내용	• 현 국가경찰 조직체계를 유지하고, 시도지사 소속으로 별도의 자치경찰 조직 신설 • 국가경찰은 모든 경찰사무 수행 가능 • 자치경찰은 생활안전·교통·경비 및 특사경 사무의 일부 수행	• 기존 국가경찰 조직의 지방청 이하를 시·도에 이관하되, 경찰위원회가 집행기관인 경찰청을 관리토록 함 • 경찰사무는 자치경찰이 수행하고, 국가경찰은 지휘·감독 및 조정·통제업무 수행	• 현 국가경찰 조직의 지방청 이하를 모두 시도에 이관 • 원칙적으로 모든 경찰사무를 자치경찰 사무 • 국가경찰은 법률에 열거된 정보·대공·외사·전국적 수사 등만 예외적으로 담당
장 점	• 현 국가경찰이 치안을 책임짐으로써 치안의 부담이 없는 자치경찰에 의한 community policing 구현	• 일원적 국가경찰체제의 자치경찰체제로의 전환 가능성 • 지역토호세력으로부터의 영향력 차단 • 경찰 총량의 유지에 따른 재정부담 및 주민 혼란 최소화	• 자치경찰의 이상적 모형에 부합 • 지방분권국가를 지향하는 헌법 개정에 부합하는 모형 • 경찰 총량의 유지에 따른 재정부담 최소화

255) 황문규, 앞의 논문, 91면.

단점	• 경찰의 지방분권화 및 민주적 통제 미흡 • 사무의 인위적 구분에 따른 치안현장에서의 혼란 • 경찰 총량의 증가에 따른 재정부담	• 자치경찰에 대한 국가경찰의 인사권 등 과도한 통제로 형식적 자치경찰제에 불과하다는 비판 • 자치경찰의 자율성 침해가능성으로 지역특성에 부합하는 맞춤형 치안서비스 제공 의문 • 계급에 따라 국가경찰과 자치경찰을 구분한데 따른 불만 우려	• 급격한 경찰체제 변동에 따른 국민 불안 우려 • 국가경찰조직을 와해할 것이라는 경찰의 우려와 반발 • 자치경찰이 국가경찰사무에 대한 지휘·통제 불응시 실효적 대책 미흡

그러나 무늬만 자치경찰 형태를 취한 채, 미완의 자치경찰제도가 도입되었다. 즉, 당초 여당은 국가경찰과 자치경찰을 아예 분리하는 '이원화 모델'을 제시했다가, 예산 문제 등을 이유로 '일원화 모델' 도입으로 급작스럽게 선회한 것이다. 2021. 7. 1. 자치경찰제도가 전국적으로 실시되었는데, 자치경찰은 시·도자치경찰위원회 소속으로 운영된다. 총 7명으로 구성되는 자치위는 자치경찰에 대한 인사권을 갖는데, 위원 추천 몫은 시·도의회 2명, 국가경찰위 1명, 시·도교육감 1명, 시·도자치경찰위의 추천위 2명으로 배분됐고, 1명은 시·도지사가 지명한다.

이처럼 시·도지사가 자치경찰위원회 위원 7명 중 1명만 임명권을 가지고 있으며, 경찰 초급 간부(경감, 경위 등)의 승진 임용권을 갖고 있다고 하더라도 정작 승진자를 결정하는 승진심사위원회는 서울경찰청과 각 경찰서에만 둘 수 있는 관계로 경찰에 대한 지휘권을 행사할 수 없는 구조이다.[256] 따라서 시·도 경찰청의 조직과 인력을 시·도로 이관하는 이원화 모델(서울시 건의안)을 골자로 한 자치경찰제의 근본적 개혁이 필요할 것이다.

---

256) 조선일보 2021. 10. 12.자, 「오세훈, 자치경찰제 작심 비판… "민선시장 허수아비 만들어"」(… 오 시장은 "최근 가락시장 코로나19 집단감염 대처 과정에서 시장은 방역 관련 경찰 지휘권이 없어서 건건이 경찰에 협조를 구하느라 시간을 낭비해야 했다"며 "시·도 경찰청의 조직과 인력을 시·도로 이관하는 이원화 모델을 골자로 한 자치경찰제의 근본적 개선에 조속히 착수해 달라"고 말했다…).

【표 8-41】 우리나라에 도입된 자치경찰 모델257)

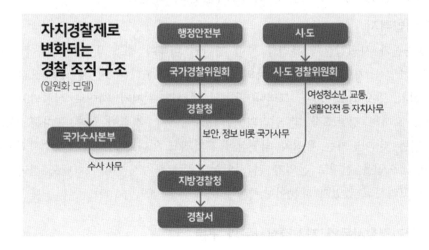

Ⅴ. 수사기관의 사무에 관한 개정법의 태도

1. 공수처, 검찰 및 국가수사본부의 대상사건

【표 8-42】 검/경 수사권 조정에 따른 국가수사본부의 관할

		검경수사권 조정 및 공수처 신설(현재)
검찰	수사	6대 범죄(부패, 경제, 공직자, 선거, 방위사업 범죄 및 대형 참사) ▪ 4급 이상 공직자 범죄 ▪ 3000만 원 이상 뇌물 사건 ▪ 5억 원 이상 경제 범죄 ▪ 5000만 원 이상 정치자금법 위반, 알선수재 사건 등
	기소	기소 및 공소유지(재판)
경찰(국가수사본부 포함)		6대 중대범죄를 포함한 각종 고소, 고발, 인지 사건에 대한 수사(공직자 범죄는 5급 이하 공무원의 범죄로 한정)
공수처		대통령 등 6부 요인, 3급 이상 공무원, 검사 및 판사 등의 고위공직자 범죄 수사 및 기소

257) 한국일보 2020. 12. 9.자. "지휘라인 다른 '한 지붕 세 가족' 공룡 경찰 내년 출범".

2. 국가경찰(국가수사본부)과 자치경찰의 대상사건

(1) 입법취지

행정경찰과 사법경찰의 분리를 통한 경찰권 비대화 해소 및 경찰수사에 대한 경찰관서장의 개입을 차단하고, 경찰수사의 전문성을 제고한다는 거창한 명분으로 국가수사본부가 설치, 운영되고 있다. 그러나 당초의 목적과 취지가 제대로 실현되고 있는지는 의문이며, 오히려 경찰조직 및 인력의 확대로 이어져, 경찰이 향후 또다른 무소불위의 검찰이 되는 것 아닌가는 우려와 의구심이 제기되고 있다. 종래 검·경 수사권조정은 자치경찰제도 도입을 전제로 논의가 된 사안이며,258) 자치경찰제의 형태도 전면적인 자치경찰제를 고려하고 있었기 때문이다.259)

(2) 국가경찰사무와 자치경찰사무의 구분

국가경찰과 자치경찰의 조직 및 운영에 관한 법률 제4조(경찰의 사무)는 국가경찰사무와 자치경찰사무를 다음과 같이 구분하고 있다.

1. 국가경찰사무: 제3조260)에서 정한 경찰의 임무를 수행하기 위한 사무. 다만, 제2호의 자치경찰사무는 제외한다.
2. 자치경찰사무: 제3조에서 정한 경찰의 임무 범위에서 관할 지역의 생활안전·교통·경비·수사 등에 관한 다음 각 목의 사무261)
가. 지역 내 주민의 생활안전 활동에 관한 사무 1) 생활안전을 위한 순찰 및 시설의 운영 2) 주

---

258) 아시아투데이(2018. 3. 29.자), 청와대, 문무일 '先자치경찰－後수사권 조정' 주장에 "병행해야".
259) 연합뉴스(2018. 3. 29), '문무일, "수사권 조정 구체경과 몰라.. 경찰 수사종결권 상상불가"(종합)'.
260) 제3조(경찰의 임무)
경찰의 임무는 다음 각 호와 같다.
1. 국민의 생명·신체 및 재산의 보호
2. 범죄의 예방·진압 및 수사
3. 범죄피해자 보호
4. 경비·요인경호 및 대간첩·대테러 작전 수행
5. 공공안녕에 대한 위험의 예방과 대응을 위한 정보의 수집·작성 및 배포
6. 교통의 단속과 위해의 방지
7. 외국 정부기관 및 국제기구와의 국제협력
8. 그 밖에 공공의 안녕과 질서유지
261) 가목부터 다목까지의 자치경찰사무에 관한 구체적인 사항 및 범위 등은 대통령령으로 정하는 기준에 따라 시·도조례로 정하며, 라목의 자치경찰사무에 관한 구체적인 사항 및 범위 등은 대통령령으로 정한다(동조 제2항 및 제3항).

민참여 방범활동의 지원 및 지도 3) 안전사고 및 재해·재난 시 긴급구조지원 4) 아동·청
소년·노인·여성·장애인 등 사회적 보호가 필요한 사람에 대한 보호 업무 및 가정폭력·학
교폭력·성폭력 등의 예방 5) 주민의 일상생활과 관련된 사회질서의 유지 및 그 위반행위의
지도·단속. 다만, 지방자치단체 등 다른 행정청의 사무는 제외한다. 6) 그 밖에 지역주민의
생활안전에 관한 사무

나. 지역 내 교통활동에 관한 사무 1) 교통법규 위반에 대한 지도·단속 2) 교통안전시설 및 무
인 교통단속용 장비의 심의·설치·관리 3) 교통안전에 대한 교육 및 홍보 4) 주민참여 지
역 교통활동의 지원 및 지도 5) 통행 허가, 어린이 통학버스의 신고, 긴급자동차의 지정 신
청 등 각종 허가 및 신고에 관한 사무 6) 그 밖에 지역 내의 교통안전 및 소통에 관한 사무

다. 지역 내 다중운집 행사 관련 혼잡 교통 및 안전 관리

라. 다음의 어느 하나에 해당하는 수사사무 1) 학교폭력 등 소년범죄 2) 가정폭력, 아동학대 범
죄 3) 교통사고 및 교통 관련 범죄 4) 「형법」 제245조에 따른 공연음란 및 「성폭력범죄의
처벌 등에 관한 특례법」 제12조에 따른 성적 목적을 위한 다중이용장소 침입행위에 관한
범죄 5) 경범죄 및 기초질서 관련 범죄 6) 가출인 및 「실종아동등의 보호 및 지원에 관한
법률」 제2조제2호에 따른 실종아동등 관련 수색 및 범죄

(3) 국가수사본부와 자치경찰과의 관계

가. 경찰청장의 수사지휘권

국가수사본부 설치 이전에는 경찰청장은 제주자치경찰단을 제외한 국가경찰사무를
총괄하는 경찰기관의 최고책임자로서, 국가경찰의 수사에 관한 사무를 총괄하고 지휘·
감독하는 권한을 부여받았다(경찰청 훈령 범죄수사규칙 제13조의2 제1항). 그런데 국가수사
본부 설치 이후에도 경찰청장은 국가경찰사무를 총괄하고, 경찰청 업무를 관장하며 소속
공무원 및 각급 경찰기관의 장을 지휘·감독하는 경찰기관의 최고책임자이다(국가경찰과
자치경찰의 조직 및 운영에 관한 법률 제14조 제3항). 물론 경찰청장은 경찰의 수사에 관한
사무의 경우에는 개별 사건의 수사에 대하여 구체적으로 지휘·감독할 수 없다. 다만,
국민의 생명·신체·재산 또는 공공의 안전 등에 중대한 위험을 초래하는 긴급하고 중요
한 사건262)의 수사에 있어서 경찰의 자원을 대규모로 동원하는 등 통합적으로 현장 대

---

262) 「국가경찰과 자치경찰의 조직 및 운영에 관한법률 제14조 제10항에 따른 긴급하고 중요한 사
건의 범위 등에 관한 규정」 제2조(긴급하고 중요한 사건의 범위 등) ① 법 제14조제6항 단서
에 따른 긴급하고 중요한 사건은 다음 각 호의 어느 하나에 해당하는 사건 및 이와 직접적인
관련이 있는 사건으로 한다.
1. 전시·사변 또는 이에 준하는 국가 비상사태가 발생하거나 발생이 임박하여 전국적인 치안
유지가 필요한 사건
2. 재난, 테러 등이 발생하여 공공의 안전에 대한 급박한 위해(危害)나 범죄로 인한 피해의 급

응할 필요가 있다고 판단할 만한 상당한 이유가 있는 때에는 제16조에 따른 국가수사본부장을 통하여 개별 사건의 수사에 대하여 구체적으로 지휘·감독할 수 있다(경찰법 제14조 제6항 단서). 이 경우 국가경찰위원회에 보고하여야 하며(동법 제14조 제7항), 동법 제14조 제6항 단서의 사유가 해소된 경우에는 개별 사건의 수사에 대한 구체적 지휘·감독을 중단하여야 한다(동법 제14조 제8항).

이는 개별 사건의 수사가 경찰청장을 매개로 한 행정부 등 집권세력에 의한 부당한 간섭을 방지하는데 그 취지가 있지만, 국가수사본부장의 임명이 경찰청장의 직·간접적인 개입의 가능성이 열려 있다는 점에서, 기존의 경찰청장 대신 국가수사본부장을 방패막이(완충대)로 내세운 것에 불과한 것으로 보인다. 왜냐하면 초대 국가수사본부장의 외부임용을 추진하다가 갑자기 내부인사인 현직 지방경찰청장을 임명하는 등 절차상 혼선은 별론으로 하더라도, 수사경찰관에 대한 국가수사본부장의 인사권은 국가수사본부 안에서의 경정 이하에 대한 전보권(경찰공무원 임용령 제4조 제2호), 총경에 대한 전보추천권(동령 제4조 제7호)에 불과하여 과연 인사평정, 승진 등의 인사권 및 감찰권을 장악한 직속 상관인 경찰관서장의 영향력을 배제할 수 있는지, 또한 경찰청의 보조기관에 불과한 국가수사본부가 그 조직과 인원을 조정하는데 일정한 한계[263]를 안고 있을 뿐만 아니라, 예산 등에서 단독 수립·편성권한을 갖지 못함에 따라 국가수사본부장이 경찰청장의 영향력을 실질적으로 배제할 수 있을 것인지 의문이 들기 때문이다.[264]

결국 개정경찰법상 국가경찰사무, 자치경찰사무, 수사사무는 사무의 구분에 불과하며, 국가수사본부가 국가경찰인 경찰청으로부터 독립된 별도의 기관으로 분리된 것이 아니라 행정기관인 경찰청장을 보조하는 내부 하위조직으로 구성함에 따라, 국가수사본부장 설치의 근거가 되었던 일반경찰(경찰관서장)의 수사에 대한 영향 차단방안은 도입되지 않은 채, 오히려 경찰청장을 중심으로 경찰권이 집중된 결과를 초래한 것이다. 즉, 개정경찰법은 국가수사본부장을 경찰수사결과에 대한 책임자로 상정하면서도[265] 독립된

속한 확산을 방지하기 위해 신속한 조치가 필요한 사건

3. 국가중요시설의 파괴·기능마비, 대규모 집단의 폭행·협박·손괴·방화 등에 대하여 경찰의 자원을 대규모로 동원할 필요가 있는 사건

4. 전국 또는 일부 지역에서 연쇄적·동시다발적으로 발생하거나 광역화된 범죄에 대하여 경찰력의 집중적인 배치, 경찰 각 기능의 종합적 대응 또는 국가기관·지방자치단체·공공기관과의 공조가 필요한 사건

263) 경찰청 훈령인 「경찰청과 그 소속기관 조직 및 정원관리규칙」 제13조 제3항에 따라 전국 수사부서 경정이하 공무원에 대한 정원조정권은 국가수사본부장에게 부여되어 있다.

264) 유주성, "검·경 수사권 조정에 따른 국가수사본부 설립안 검토", 형사정책 제32권 제1호 (2020), 한국형사정책학회, 51면.

265) 개정경찰청법 제16조 제5항(국가수사본부장이 직무를 집행하면서 헌법이나 법률을 위배하였을

행정관청이 아니라 경찰청장의 보조기관으로 규정하면서, 예산·인사·감찰 등 행정관청
으로서의 실질적 권한은 물론 국가수사본부장의 추천권(경찰공무원법 제7조 제1항)까지
모두 경찰청장에게 부여하고 있는데, 이는 수사의 독립성·중립성은 물론 수사경찰에 대
한 검사의 수사지휘를 배제한 수사권조정의 의미도 반감될 것으로 보인다.

나. 국가수사본부장의 수사지휘권

경찰청에 국가수사본부를 두며, 국가수사본부장은 치안정감으로 보하는데(동법 제16
조 제1항), 국가수사본부장은 「형사소송법」에 따른 경찰의 수사에 관하여 각 시·도경찰
청장과 경찰서장 및 수사부서 소속 공무원을 지휘·감독한다(동법 제2조). 국가수사본부
장의 임기는 2년으로 하며, 중임할 수 없다(동법 제3조). 여기서 '경찰의 수사'는 국가경
찰사무로서 수사사무뿐만 아니라 자치경찰사무로서 수사사무까지 포함하는 개념이다. 따
라서 수사사무에 관한 한 시도경찰청장을 지휘·감독한다. 다만, 국가수사본부장은 다음
각 호의 사항266)을 제외한 일반적인 사건수사에 대한 지휘는 시·도경찰청장에게 위임
할 수 있다(경찰청훈령 범죄수사규칙 제17조).

다. 시·도경찰청장의 수사지휘권

시·도경찰청장은 자치경찰사무의 경우 자치경찰위원회의 지휘·감독을 받아 관할구
역의 소관 사무를 관장하고 소속 공무원 및 소속 경찰기관의 장을 지휘·감독함에도 불
구하고, 수사사무에 관한 한 국가수사본부장의 지휘·감독을 받아 관할구역의 소관 사무
를 관장하고 소속 공무원 및 소속 경찰기관의 장을 지휘·감독해야 한다(동법 제28조 제3
항).267) 경찰관서장으로서 시·도경찰청장은 소속 경찰관이 담당하는 사건의 수사진행

때에는 국회는 탄핵 소추를 의결할 수 있다).
266) 1. 수사관할이 수 개의 시·도경찰청에 속하는 사건
  2. 고위공직자 또는 경찰관이 연루된 비위 사건으로 해당 관서에서 수사하게 되면 수사의 공
  정성이 의심받을 우려가 있는 경우
  3. 국가수사본부장이 수사본부 또는 특별수사본부를 설치하여 지정하는 사건
  4. 그 밖에 사회적 이목이 집중되거나, 파장이 큰 사건으로 국가수사본부장이 특별히 지정하는
  사건
267) 제28조(시·도경찰청장) ① 시·도경찰청에 시·도경찰청장을 두며, 시·도경찰청장은 치안정
  감·치안감(치안감) 또는 경무관(경무관)으로 보한다.
  ② 「경찰공무원법」 제7조에도 불구하고 시·도경찰청장은 경찰청장이 시·도자치경찰위원회와
  협의하여 추천한 사람 중에서 행정안전부장관의 제청으로 국무총리를 거쳐 대통령이 임용한다.
  ③ 시·도경찰청장은 국가경찰사무에 대해서는 경찰청장의 지휘·감독을, 자치경찰사무에 대해
  서는 시·도자치경찰위원회의 지휘·감독을 받아 관할구역의 소관 사무를 관장하고 소속 공무
  원 및 소속 경찰기관의 장을 지휘·감독한다. 다만, 수사에 관한 사무에 대해서는 국가수사본
  부장의 지휘·감독을 받아 관할구역의 소관 사무를 관장하고 소속 공무원 및 소속 경찰기관의

사항에 대하여 명시적인 이유를 근거로 구체적으로 지휘를 하여야 하며, 필요한 경우 수사진행에 관하여 소속 경찰관에게 수사보고를 요구할 수 있다(경찰청훈령 범죄수사규칙 제22조 제1항). 경찰서에서 수사 중인 사건을 지휘할 필요성이 있다고 인정될 때에는 구체적 수사지휘를 할 수 있다(경찰청훈령 범죄수사규칙 제24조 제2항).

경찰서장은 해당 경찰서 관할 내의 수사에 대하여 지휘감독하며, 합리적이고 공정한 수사를 위하여 그 책임을 다하여야 한다(경찰청훈령 범죄수사규칙 제19조).

【표 8-43】국가수사본부와 자치경찰과의 관계[268]

3. 자치경찰 수사권한과 사법적 통제

(1) 논의의 필요성

수사작용은 형사사법작용이고, 경찰자치는 행정작용의 문제이므로 작용 영역이 다르며, 형사사법작용은 국가목적적 작용으로서 지방자치사무가 될 수 없으므로, 자치경찰제와 검찰의 수사지휘권 배제 논의는 법 이론상으로 아무런 관련이 없으나, 자치경찰제와 검찰의 수사지휘권 배제 논의를 함께 다루는 경우가 있는데, 이는 경찰의 거대한 구조와 권한은 그대로 놓아둔 채 수사권만 독립시킨다면 그것은 검찰의 권한을 분립시키는 것이 아니라 오히려 경찰권에 권력을 집중시키는 결과가 되기 때문에 검찰의 경찰에 대

장을 지휘·감독한다.

④ 제3항 본문의 경우 시·도자치경찰위원회는 자치경찰사무에 대해 심의·의결을 통하여 시·도경찰청장을 지휘·감독한다. 다만, 시·도자치경찰위원회가 심의·의결할 시간적 여유가 없거나 심의·의결이 곤란한 경우 대통령령으로 정하는 바에 따라 시·도자치경찰위원회의 지휘·감독권을 시·도경찰청장에게 위임한 것으로 본다.

268) 동아일보 2019. 5. 21.자 "국수본이 수사 전담… 본부장은 법조인—교수 등에도 개방".

한 수사지휘 배제를 논하기 위해서는 경찰을 국가경찰권과 지방경찰권으로 분할하여야 하고, 따라서 자치경찰제의 도입을 전제로만 검찰의 수사지휘권 배제 문제를 고려할 수 있다는 현실적 이유에 기인하는 것이다. 물론 2017년 경찰개혁위 권고안처럼 자치경찰에 일반적인 수사권을 부여하지 않는다면, 자치경차제와 검찰의 수사지휘권 배제를 연관 짓는 현실적 이유 자체도 그 근거가 없어짐은 당연하다.

(2) 각 유형에 따른 사법통제 필요성
가. 1999년 경찰청 시안
이 안은 일본식 경찰모델에 상당히 가까운 것으로, 현재 진행되고 있는 검경 수사권조정도 일본식 모델에 가깝다는 점에서, 자치경찰에 대한 사법적 통제도 동일하게 고려하면 될 것이다.

나. 2017년 경찰개혁위 권고안
이 안은 국가경찰이 자치경찰과 무관하게 수사권을 그대로 보유한다는 점에서, 국가경찰에 대한 사법적 통제도 동일하게 보아야 할 것이다.

다. 2017년 서울시 건의안
이 안은 자치경찰이 원칙적으로 수사권을 보유한다는 점에서, 이러한 자치경찰에 대한 사법적 통제를 인정할 것인지 문제된다.

라. 검 토
검사의 수사지휘권 배제론자들은 자치경찰제 도입과 관련하여 ⅰ) 경찰을 자치화해도 검찰이 수사지휘권을 이용하여 예방·단속 등 법집행과 관련된 각종 행정에 간섭할 경우 자치단체의 고유한 치안행정에 국가기관이 관여하는 결과를 야기하고, ⅱ) 현재와 같이 상명하복 체제로 유지할 경우 검찰에 의한 중앙집권적 경찰운영이 되어 자치경찰제의 도입취지에 반할 뿐더러, ⅲ) 사실상 96~97%의 사건을 독자적으로 수사하고 있는 경찰의 수사현실을 감안하여 자치경찰이 행정적·사법적 측면에서 자율적으로 책임있게 경찰운영을 할 수 있도록 뒷받침해야 한다는 점 등을 이유로 수사권독립을 주장하고 있다.

이에 대하여 지방자치는 자치행정에 한하는 개념이고 법을 적용하는 사법에서 자치사법(自治司法)이라는 개념은 통용될 수 없기 때문에 자치경찰제 시행과 경찰수사권독립 사이의 관련성을 그다지 크지 않다고 하는 견해[269]와 자치경찰제를 도입한다고 해도 치안질서의 유지는 지방자치단체의 고유사무에 속하지 않고 일종의 국가위임사무이기 때문에 중앙정부의 감독권이 완전히 배제되는 것은 아니라는 견해[270]도 있기 때문에 섣불

---

269) 손동권, 「자치경찰제도의 시행과 경찰수사권독립의 문제」, 자치경찰제 도입에 따른 쟁점과 도입방향, 경실련 자치경찰제 대토론회 자료집, 1999, 33면.

리 자치경찰제가 경찰의 수사권독립을 전제로 하고 있다고 결론을 내리는 것은 무리라고 본다. 왜냐하면 자치경찰제도가 도입되어 시행된다고 하여도 ⅰ) 기본적으로 수사는 기본권 침해의 소지가 높은 국가사무이며, ⅱ) 자치경찰마다 사건처리가 통일되지 않으면 적정한 형벌권의 행사가 이루어지지 않을 뿐더러, ⅲ) 행정경찰에 의한 수사지휘의 문제 및 자치경찰과 지방토호세력과의 유착 가능성 등 문제의 소지를 안고 있기 때문이다. 경찰의 수사권독립을 찬성하는 입장에서도 사법경찰의 범죄수사에 대한 정치적·행정적 영향력은 지방자치단체장에게 경찰조직이 소속되는 경우에 오히려 더 크게 작용할 수 있다고 지적하면서, 경찰수사권독립과 지방자치경찰제도를 연계하는 주장은 설득력이 없다[271]고 주장하는 이유도 여기에 있다.

따라서 2017년 서울시 건의안처럼 자치경찰에 일정한 범위의 수사권을 부여한다고 하더라도, 자치경찰제도의 도입은 경찰의 민주화, 정치적 중립을 위한 것으로 경찰 내부의 지휘체계의 변경 및 인사, 예산 등 권한의 지방이양에 관한 것이므로 검찰의 수사지휘권과 직접적인 관련성은 없는 것이다. 경찰의 임무는 국민의 생명, 신체 및 재산의 보호, 범죄의 예방, 진압 및 수사, 치안정보의 수집, 교통의 단속, 경비, 요인경호, 대간첩작전 수행 등 다양한데, 범죄수사는 이러한 경찰 임무 중 일부에 지나지 않으며 기본적으로 수사란 범인을 발견, 확보하고 범죄사실을 확인하며 증거를 수집, 보전하는 절차이고, 이러한 수사절차는 본질상 합목적성과 밀행성을 갖고 있어 법관에 의한 규제만으로는 수사기관의 세부 활동을 일일이 규제하는 것이 사실상 불가능하므로 적법절차준수와 인권보장을 위하여 준사법기관인 검사의 사법적 통제가 반드시 필요하다. 문제는 현재의 지방경찰제는 수사지휘권이 경찰청장에서 국가수사본부장으로 변경된 것 이외에 어떠한 변화가 없다는 점이다. 따라서 경찰청장·지방청장 등이 일반경찰의 수사에 개입하는 것을 차단하려는 것이 주목적이라면, 먼저 자치경찰제를 통해 경찰조직을 지역적으로 분산하는 것을 전제로 자치경찰제의 모델에 따라 국가수사본부의 조직을 정리할 필요가 있다.

그런데 개정된 자치경찰제는 경찰의 조직과 인력의 전환을 통한 이원화모델 대신 국가경찰 중심의 일원적 자치경찰제를 실시하여 경찰권의 지역적 분산이 이루어지지 않았을 뿐만 아니라, 자치경찰에게 극히 제한적인 수사사무만을 허용함에도 불구하고 자치경찰의 수사사무에 대하여까지 국가수사본부의 지휘·감독을 받도록 함으로써 자치경찰제를 통한 자치분권의 취지마저 퇴색시키고 있다(경찰법 제28조 제3항).

결국 검사와 사법경찰관의 관계에 수사지휘 관계를 폐지하고 별개 기관으로 하려면, 사법경찰관의 소속을 중앙정부에서 지방정부 소속으로 변경해야 한다. 사법경찰관이 지방정부 소속의 자치경찰이 되면 자치경찰에 대한 지휘와 책임을 자치단체장이 지게

270) 허영, 「검·경 수사권 다툼을 보며」, 동아일보 시론, 1999. 5. 8일자.
271) 손동권, 「기존경찰수사권독립에 대한 검토」, 경찰행정(1998. 10), 23면.

된다. 그러므로 중앙정부 의사의 단일화에는 영향이 없게 될 것이다. 검사와 사법경찰관의 관계를 수사지휘 관계로 설정하지 않는 영국, 미국, 일본은 경찰이 자치경찰로서 지방자치단체 소속으로 되어 있는 이유이다. 중앙정부의 의사결정에 있어 의사는 하나로 단일하고, 통일되게 행사되어야 하므로 수사권을 행사하는 검사와 경찰이 중앙정부에 함께 있는 한 검사와 사법경찰관의 관계를 수사지휘 관계로 설정할 수밖에 없다. 이처럼 자치경찰제의 도입은 경찰 내부의 지휘체계의 변경 및 인사, 예산 등 권한의 지방이양에 관한 것이므로 단순히 민생침해사범(Street Crime) 등 질서범죄에 대한 수사를 자치경찰로 이관하는 방안(1999년 경찰청 시안)은 문제가 있으며, 모든 범죄에 대한 수사기능을 자치경찰에 이관하는 방안(2017년 서울시 건의안)이 민주적 정당성의 확보차원에서 타당하다고 본다. 만약 경찰을 중앙정부에 유지하면서 검사의 수사지휘 관계를 폐지하되, 수사권 행사와 관련된 민주적 정당성 확보와 의사 단일화와 통일이라는 조직원리를 충족하려면, 수사를 하는 사법경찰관을 행정안전부 소속에서 분리하여 법무부장관 소속으로 해야 한다. 그러면, 법무부장관의 결정으로 의사가 단일하게 결정될 수 있을 것이다.

Ⅵ. 검 토

자치경찰제의 실시로 자치단체에 속한 자치경찰이 일부 사법경찰관의 업무를 수행하게 된다는 가정 하에, 자치경찰의 수사업무는 중앙정부소속인 검사로부터 독립하여 자치단체가 독자적으로 처리하고, 검사의 사법적 통제를 받을 필요가 없다는 주장은, 시·, 도·자치구 등 지방자치단체 소속인 특별사법경찰관도 검사가 아닌 시장이나 구청장 등 지방자치단체장의 지휘를 받아야 한다는 주장과 다름 아닌 것이라 할 것이다. 위에서 이미 살핀 바와 같이 우리나라의 법체계상 사법업무는 본질적으로 국가사무일 수밖에 없고, 특히, 공소의 주체와 수사주체의 연결은 필수불가결하고, 검찰제도가 존재하는 이상 경찰수사는 자치경찰의 경우에도 "국가사무를 기관 위임받은 것"으로 보아야 하고, 따라서 검사의 사법적 통제를 받아야 하는 것이다.

오히려, 자치경찰제도가 도입된다면 법집행의 형평성, 통일성을 기하고 인권보장을 담보하기 위하여 범죄수사에 관한 전국적으로 공정하고 통일적인 형사사법을 실현하기 위하여 검사의 사법적 통제는 더욱 강화되어야 할 필요성이 있다. 자치경찰제를 실시하고 있는 대부분의 대륙법계 국가에서도 검사의 수사경찰에 대한 수사지휘·감독권 등이 확고하게 확립되어 있고, 영미법에서도 형식상은 검찰과 경찰이 협력관계로 되어 있으나 실질적으로는 검사의 수사지휘를 받고 있으며, 검사의 경찰에 대한 수사지휘·감독이 강화되고 있는 추세이다.

결론적으로, 검찰의 경찰에 대한 사법적 통제 문제는 공정하고 효율적인 법집행과 국민의 인권옹호를 전제로 그 나라의 역사와 전통, 현재의 여건, 구성원의 자질과 능력 등을 종합적으로 고려한 형사사법제도에 관한 문제, 즉 수사기관 간의 권한 대립문제나 행정편의 등의 차원에서 볼 것이 아니라 과연 검사의 경찰에 대한 사법적 통제가 국민의 인권보호에 기여하는가, 또한 형사사법정의의 실현에 유익한 것인가라는 형사사법제도 전체문제로 보아야 할 것이다.

제5절 증거사용의 합리적 대안(1) - 영상녹화

I. 조서의 증거능력 제한에 따른 증거의 공판정 현출 방안

1. 의 의

형사절차법은 개인에 대한 국가의 형벌권을 구체적으로 실현하기 위한 절차를 규율하는 법으로서 다른 법의 경우와 마찬가지로 궁극적으로 정의를 실현하는데 그 목적이 있다. 즉 형사절차법은 사건의 진상을 정확하게 파악하여 죄 있는 자를 처벌하고 죄 없는 자가 무고하게 벌을 받는 일이 없도록 함으로써, 형사사법을 통한 정의를 실현하여 판결의 실질적 정당성을 확보하는데 그 목적이 있다. 그런데 적정한 형벌권을 실현하기 위해서는 어떠한 행위가 범죄에 해당하는지 여부를 확인하는 **'사실확인과정'**이 무엇보다도 중요하며, 특히 범죄가 발생하여 수사절차가 개시되는 경우 자신이 관여한 범죄사실에 대하여 가장 많은 진실을 알고 있는 피의자에 대한 진술청취는 수사절차에 있어서 필수불가결의 과정이다. 이러한 까닭으로 실무상 피의자신문은 수사절차에 있어서 반드시 거쳐야 할 과정으로 인식되고 있으며,[272] 피의자신문을 생략한 채 기소되는 사례는 거의 없다고 말할 수 있을 정도이다.

문제는 수사절차상 행해진 진술의 증거능력과 관련하여, 피의자를 포함한 원진술자가 수사상 진술을 공판정에서 번복할 경우,[273][274] 사실인정의 자료로 '수사상 진술(번복

---

[272] 과거 우리나라 수사기관의 잘못된 수사관행 때문에 피의자는 선이고 수사기관은 악이라는 이분법적 사고방식에 사로잡혀 피의자조사(Interview) 내지 신문(Investigation)을 인권침해적인 행위로 파악하는 경향이 있으나, 미국 수사드라마인 CSI(뉴욕, 마이애미, 라스베가스), 국경특수수사대, 미제사건(cold case), 성범죄전담반(Law and Order), Criminal mind, Close to home, without a trace 등을 보더라도 세계 어느 나라에서나 피의자조사 내지 신문은 필요하며, 그 기법 또한 다양화되고 있는 것을 알 수 있다(Reid 기법 등).

[273] 수사 및 공판정 모두에서 자백하거나 부인하는 경우에는 아무런 의미가 없을 것이므로 실제로 조사자의 증언이 필요한 부분은 수사단계에서 자백한 후, 공판정에서 부인하는 극히 예외적인 경우에 한정될 것이다.

전 진술)증거'를 허용할 것인지 아니면 부정할 것인지 여부 및 전자의 경우에도 그 판단 순위와 관련하여 수사상 **'조서'**가 우선하는 것인지 아니면 **'조사자증언'**이 우선하는 것인지 문제된다.

먼저 인권의 측면에서 보면 수사절차에서 수집되는 진술증거가 가질 수 있는 문제점, 즉 위법한 수사행위에 의한 왜곡의 우려, 전달의 정확성의 문제점, 일방적으로 행해져 허위일 가능성이 있으므로 피고인의 반대신문으로 검증될 필요가 있다는 점 등에서 수사절차에서의 진술은 원진술자가 공판정에서 진술을 번복하면 증거로 할 수 없게 하자는 견해가 있을 수 있다.

반대로 진실의 측면에서 보면, 수사절차에서 수집되는 진술증거도 진실일 가능성이 많고 오히려 공판정에서 번복된 진술이 허위일 가능성이 있으므로 수사절차에서의 진술을 전혀 증거로 할 수 없게 한다면 '진실'을 확인하여야 하는 국가형벌권의 실현에 있어 큰 공백을 초래할 우려가 있다. 예컨대 ① 살인사건 피의자가 절벽에서 밀어서 살해했다고 자백하였다가 법정에서 피해자가 실족사한 것이라고 부인하는 경우, ② 마약사건 피의자가 현금을 받고 마약을 팔았다고 자백하였다가 이를 부인하거나 함께 마약을 투여하였다고 자백하였다가 이를 부인하는 경우, ③ 조직폭력사건 공범자가 두목의 개입 부분에 대하여 자백하였다가 보복이 두려워 법정에서 부인하는 경우, ④ 사기사건 피의자가 고의로 차량을 담벽에 충격시켜 보험금을 편취한 사실을 자백하였다가 번복하는 경우, ⑤ 폭력사건 피의자들이 상호 싸움을 자백하였다가 나중에 말을 맞춰 부인하는 경우, ⑥ 절도사건 피의자가 절도범행을 자백하였다가 나중에 부인하는 경우, ⑦ 뇌물사건의 경우 뇌물공여자와 수수자가 자백하였다가 나중에 말을 맞춰 부인하는 경우, ⑧ 사문서 위조 피의자가 처음에 문서위조를 자백하였다가 나중에 다른 문서와 혼동하였다고 하며 진술을 번복하는 경우, ⑨ 교통사고 피의자가 신호위반을 자백하였다가 나중에 부인하거나 면허취소 사실을 알고 운전했다고 자백하였다가 나중에 부인하는 경우 등이 여기에 해당한다.[275] 그러므로 수사절차상 진술도 증거로 할 수 있게 하되 일정한 제한을 둔다든지 법관의 자유심증에 의한 판단에 중점을 두게 될 것이다.

한편, 수사절차상 진술을 증거로 사용할 것인지의 문제에서 증거로 사용한다는 선택을 하고 나면, 그 다음으로 문제되는 것이 그 '진술'을 어떤 방식으로 공판정에 현출할 것인가가 문제된다. 이는 진술을 번복할 때가 문제될 것이므로 일단 수사절차에서 A

---

274) 강수진, "검찰의 보완조사 실태분석", 대검찰청 용역연구과제 연구보고서(2013), 24면에 의하면 경찰·검찰에서 모두 자백하고 검찰 피의자신문조서가 작성된 대상사건에서 피의자신문조서 증거능력 부여를 사유로 작성한 건이 전체 대상사건의 26.2%를 차지하였다고 한다.

275) 이정수, 「검사 작성 조서의 진정성립과 증거능력 — 실질적 진정성립 추정여부와 그 인정방법 —」, 법조 통권 585호(2005. 6), 법조협회, 256면.

라고 진술하였다가 공판정에서 B라고 번복하는 것을 상정하고 논의를 전개하도록 한다.

2. 수사절차상 '진술'의 현출방법

수사기관의 역할을 부정하지 않는 한, 어떠한 방법으로든 수사절차에서의 진술이 공판정에 현출되어야만 하는데, 이에는 수사담당자가 공판정에 나와 증언하거나(조사자증언),[276] 수사상 조서 및 인정진술을 허용하거나, 아니면 영상녹화물을 활용하는 방법이 있다. 여기서 조사자증언과 인정진술은 사람의 진술에 의한 것이므로 인증(人證)이고, 조서나 영상녹화물 등은 증거물(證據物)이다. 즉 조서나 영상녹화물은 수사절차상 이에 담긴 내용대로의 진술이 있었다는 사실을 입증하는 증거물인 것이다.[277] 물론 그 증거물에 담긴 내용이 진술증거이므로 전문법칙이 적용되는 것이다.

(1) 서 면

원진술자의 법정진술에 갈음하여 조서나 서면증거를 증거로 사용한다는 것은 원진술자가 그 진술을 한 사실이 없다거나 내용을 다투는 경우에도 조사자가 그 진술내용에 대하여 일일이 증언을 하지 않아도 조서나 서면증거 작성상의 절차이행만을 입증하여 조서내용을 증거로 할 수 있는 것을 말한다. 또한 조서를 증거로 사용한다는 의미는 원진술자의 수사기관에서의 진술내용과 법정에서의 진술 내용을 비교하여 법관이 자유심증에 의해 사건의 진상을 밝히자는 것이다. 한편 증거조사에 있어서도 조서를 낭독하거나 특별한 사정이 있는 경우는 내용고지 등의 간이한 방법을 사용할 수 있을 것이다. 이러한 서면에는 스스로 작성한 것과 다른 사람이 진술을 듣고 이를 기재한 것이 있으며 특히 후자의 경우, 수사기관이 조사하고 그 진술내용을 기재한 '조서'가 중요한 의미를 갖는다.

그런데 수사기관의 피의자신문조서에는 수사절차의 구조적 특성상 반대신문에 의해 검증되지 않은 진술이 기재되어 있으며,[278] 그 작성 과정에서 인간으로서 한계를 갖는 수사주체에 부지불식 간에 내재될 수 있는 확증편향으로 인한 진술내용의 누락·생략 또는 의도적인 왜곡·문답전환 등 조작이나 그 밖의 요인, 이를테면 청취 및 작성의 동시 진행에 따른 시간상의 중첩과 간극 등으로 인하여 조서기재의 부정확성이 완전히 배제되기 어렵다.[279] 또한 '증거능력 판단의 주체'와 '증명력 판단의 주체'가 동일한 우리

---

276) 미국의 경우 조사경찰관이 증언을 할 수 있는 절차로 공판 전 단계와 공판단계로 구분할 수 있는데, 공판 전 단계의 절차 중 조사경찰관이 증언을 할 수 있는 절차에는 ① 대배심 절차(Grand Jury), ② 사전청취절차(Preliminary Hearings), ③ 증거배제신청절차(Suppression Hearings) 등이 있으며, 흔히 이야기하는 조사자증언은 후자(공판단계)를 말한다.
277) 영미법계에서는 조서 등 서류도 물건과 마찬가지로 증거물(exhibit)이라고 한다.
278) 이상원, "공판중심주의와 조서의 증거능력", 민주사회를 위한 변론 통권 제64호(2005), 26면.

나라의 상황에서 조서의 기재내용이 증거능력의 판단주체인 법관에게 먼저 입력되는 경우에는 심증형성이 조서 내에 이미 정리된 서사구조 틀 안에 한정될 우려가 있고, 일단 조서의 내용이 기존 인지로서 법관의 뇌리에 자리 잡으면 그 후 반대신문이 효과를 얻기 쉽지 않게 될 것이다.

반면, 수사단계에서의 조서를 증거로 사용할 수 없다면, 증거조사의 신속성과 효율성 면에서 큰 어려움이 생길 수밖에 없다. 왜냐하면 서면이 증거로 제출되는 경우 그 증거조사방법은 '낭독' 또는 '요지의 고지'이므로, 공판정에서 서면에 기재된 내용을 일일이 피고인이나 증인에게 물어보는 것보다는 낭독 또는 요지의 고지로 증거조사함으로써 공판절차의 진행이 훨씬 단시간에 행해질 수 있는데, 공판정에서의 진술만을 고집한다면 이러한 절차의 신속성과 효율성은 사라지게 될 것이기 때문이다.[280] 특히 우리나라의 독특한 범죄환경 내지 범죄문화, 예컨대 ① 금융권을 통하지 않는 개개인의 금전거래가 빈번한 거래현실, ② 분쟁이 생기는 경우 우선 고소부터 하고 보자는 발상이 지배적이고 이로 인해 고소사건은 일본의 50배가 넘는 현실, ③ 국가기관에서 당연히 이와 같은 고소사건을 해결하여 고소인에게 돈을 받아주기를 바라는 의식이 팽배한 현실, ④ 야간 술자리 문화의 발달로 인한 폭력사건의 과다발생 현상, ⑤ 미국과 달리 여러 명의 피고인(공동피고인은 물론 협의의 공범 포함)을 같이 재판하는 재판형태 및 2심이 사실심으로 운용되는 우리나라 심급제도 등도 고려해야 할 것이다.

(2) 원진술자의 공판정 인정진술

피고인이 공소사실을 부인하는 경우, 피고인신문시에 피고인에게 조서의 내용을 보여주거나 낭독하여 주는 방법 등으로 알려주면서(이를 Vorhalt라고 함) 수사단계에서 진술한 것에 대하여 신문을 하고, 이때 피고인이 조서의 내용대로 진술하였음을 인정하는 원진술자의 공판정 진술을 증거로 하는 것이다. 즉 피의자나 참고인이 수사절차에서 A라고 진술하였다가 공판정에서는 진술을 번복하여 B라고 진술하였지만, 자신이 수사절

---

279) 이형근, "피의자신문조서의 형태에 관한 연구 – 문답식과 서술식의 병용 가능성, 필요성 및 방향을 중심으로 –, 경찰법연구 제19권 제2호, 한국경찰법학회(2021), 14면 이하.

280) 이에 대하여 중요한 것은 형사사법기관(업무)의 편의성, 유·불리성, 효율성 이전에 어떠한 제도가 형사사법의 정의를 실현하는데 더욱더 바람직한가에 달려있으므로 그런 관점에서 볼 때, 사개추위안은 종래의 조서재판의 폐해를 직시하여 조서자체가 법정에 현출되어 조서에 의한 재판을 행하는 것을 원칙적으로 금지하고 공개된 법정에서 객관적인 증거와 증언을 통한 변증법적 진실발견을 꾀하겠다는 공판중심주의의 입장을 천명하면서도 실체적 진술발견을 위한 배려(제316조의2, 제318조의2)에도 그다지 소홀하지 않다는 측면에서 균형감을 갖고 있다는 견해도 있다(민영성, 「공판중심주의의 활성화방안」, 한국형사법학회 2005년 하계학술회의 – 형사사법개혁의 주요과제 –, 10면).

차에서 A라고 진술하였던 일이 있음은 인정하는 것이다. 이처럼 법정에서 원진술자가 수사절차에서 A라고 진술한 사실이 있었음을 인정하는 진술을 '인정진술'(認定陳述)이라고 한다. 다만, 피고인이 공판정에서 공소사실을 부인하면서 수사상 진술을 인정하는 경우는 흔치 않을 것으로 예상된다.

(3) 조사자의 증언

수사절차에서의 A라는 진술을 공판정에 현출시키는 가장 일반적인 방법은 조사한 수사담당자가 법정에 증인으로 출석하여 원진술자가 A라고 말한 사실이 있음을 증언하는 것이다. 이 방법은 증거현출의 방법으로 피고인에게 조사자를 반대신문하여 탄핵함으로써 방어할 기회를 부여한다는 장점이 있다. 그러나 조사자는 수사절차상의 진술내용을 일일이 기억하기 어려우며 따라서 피고인이 공판정에서 수사절차에서 A라고 말한 사실을 다툴 때 A라고 말하였는지를 확인할 수 있는 것이 오로지 조사자의 증언뿐이라고 한다면, 그 증언의 신빙성(信憑性)을 두고 검사와 피고인간의 공방이 있을 것이며 이때 기억을 제대로 하지 못하는 것이 당연함에도 조사자가 때때로 기억을 하지 못한다는 이유로 쉽게 탄핵될 우려가 있다. 나아가 공방에 따르는 소송기술상의 노력이나 증언에 나선 조사자의 성격이나 공개법정에서의 진술능력 등에 따라 진실이 왜곡될 가능성도 있다. 그러므로 조사자 증언 그 자체는 매우 불안정한 증거현출방법이다. 왜냐하면 사법경찰관 등 조사자가 피의자를 신문한 시점과 법정에 나와 증언을 하는 시점에는 상당한 간격이 있을 수밖에 없는데, 매달 수백 건의 사건을 처리하는 수사실무에 비추어 수개월 전에 이루어진 조사내용을 기억하고 진술하는 것은 사실상 불가능하기 때문이다. 더욱이 우리나라는 원칙적 단심제(배심재판)를 취하는 영미법계 국가와 달리 3심제를 취하고 있을 뿐만 아니라 항소심재판은 사실심(속심)이다.

특히, 증인이란 오관(五官)의 작용으로 경험한 사실을 진술하는 자인데, 조사자증언은 들은 사실을 진술한다는 점에서 "증인"으로 볼 수 있는지, 증인이 아니라면 형사소송법 제316조 제1항이 '조사자증인'이라는 특칙을 규정한 것인지(특신상태 판단), 그럼 증인사전면담의 필요성 및 허용범위도 다르게 볼 수밖에 없는 것인지 등 많은 논의가 필요할 것이다. 왜냐하면 미국은 자백사건의 경우 유죄협상(plea bargaining)을 통해 공판(사실인정절차)이 열리지 않으므로 피의자로부터 들은 사실(자백)을 다시 진술하기 위한 조사자증언이 필요가 없지만, 개정법 하에서는 조사자증언을 활용할 수밖에 없으므로 다르게 해석될 필요가 있기 때문이다.

결국 증언 전날 조서를 열람하고 그 내용에 기초하여 증언하는 수준에 머무를 것이고, 재판장이 조서를 낭독하는 것보다 효율적이지 못하다. 더욱이 수사기록만 1,000페이지가 넘고 조사받은 공범만 수십 명인 경우에 조사자가 그 내용을 전부 기억하고 증언하라는 것은 불가능한 일을 강요하는 것이다. 물론 조사자가 증인으로 나오는 경우, 반대신문을 통하여 진술의 임의성과 관련된 사정을 다투어보고, 실제로 그런 진술이 있었는지를 다투어 볼 수 있는 이점이 있는 것은 부인할 수 없다. 다만, 조사자에 대한 반대신문을 하더라도 피의자의 진술을 정확하게 기억하였다가 법정에서 이를 왜곡되지 않게 전달하고 있는지, 피의자신문 과정에서 위법은 없었는지 확인하기 위해 유의미한 측면도 분명 존재하겠지만, 많은 경우에는 적법하게 신문하였고, 진술을 정확하게 기억하고 있다 내지는 조서에 기재된 내용이 맞을 것이다 정도의 소극적 답변 이상을 얻어내기는 쉽지 않을 것으로 보인다. 조사자의 신빙성 탄핵을 위한 충분한 정보, 즉 조사자의 경력, 수사와 관련하여 징계를 받은 사실이 있는지 여부, 해당 조사자가 수사하였던 다른 사건에서 자백의 신빙성이 의심된다는 이유로 무죄판결이 선고된 사실이 있는지 여부 등의 정보를 피고인이 충분히 입수할 수 없기 때문이다.

한편, 조사과정상의 문제로 임의성과 관련된 사실을 다투고 싶다면, 이는 제309조의 자백의 임의성이나 제317조의 진술의 임의성에 관한 문제로서 별도의 규정이 있으므로 이를 진술 자체의 증거능력과 관련하여 전제조건으로 하려는 것 역시 적절하지 않다. 특히, 조사자증언에 있어서 주목할 것은 조사자증언에 있어서의 반대신문은 원진술자에 대한 반대신문이 아니라, 원진술자인 피고인이 된 피의자의 진술을 전달하는 조사자에 대한 반대신문이라는 점이다. 그러므로 원진술자인 피의자의 진술의 진실성, 법정진술과의 일관성, 객관적인 증거와의 합치성 등에 대한 점검은 증언을 하고 있는 조사자에 대하여 행하여질 것은 아니며, 피고인 본인에 대한 반대신문이라는 것은 개념 자체로 성립할 수 없다. 이 점이 미국에서 피의자의 수사기관에서의 진술을 전문증거로 보지 않는 가장 주된 근거이다.[281]

이와 관련하여, 수사기관이 조사 시점에서 수개월이 경과한 피고인의 진술을 정확하게 기억하는 것은 현실적으로 기대하기 쉽지 않으므로 형사소송규칙 제83조[282]에 따라 기억 환기를 위한 조서의 제시가 허용될 수 있는가이다. 만약 허용된다면, 그 방법으로 ① 사전에 재판장의 허가를 얻고, ② 상대방에게 열람할 기회를 준 후, ③ 증인인 조사자에게 피의자신문조서를 제시하는 방식에 의할 수 있을 것이다. 물론 조사자증언에

---

281) Ronald J. Allen et.al, *An Analytical Approach to Evidence: Text, Problems, and Cases*, 6th.Ed., 2016, p.506.

282) 형사소송규칙 제83조(기억의 환기가 필요한 경우) ① 증인의 기억이 명백치 아니한 사항에 관하여 기억을 환기시켜야 할 필요가 있을 때에는 재판장의 허가를 얻어 서류 또는 물건을 제시하면서 신문할 수 있다.

② 제1항의 경우에는 제시하는 서류의 내용이 증인의 진술에 부당한 영향을 미치지 아니하도록 하여야 한다.

③ 제82조 제2항의 규정은 제1항의 경우에 이를 준용한다.

의하여 증거능력 및 증명력을 갖는 것은 조사자의 증언이며 조서 자체는 증거조사의 대상이 아니므로, 내용부인된 피의자신문조서가 기억 환기용으로 제시되더라도 이것이 본증으로 제출될 수는 없다고 본다.

(4) 영상녹화물

최근에 영상녹화기술 특히 디지털 영상녹화기술의 발달에 따라 조사과정의 모습과 진술내용을 그대로 녹화하여 이로써 수사상 진술을 대체하는 방법이 선진국에서 점점 확대되고 있다. 이러한 영상녹화물은 원진술자가 진술한 내용대로 기재되었는지 여부에 의문이 없게 되고, 수사과정을 모두 보여주어 투명화시킴으로써 조서에 내재하는 밀행성의 단점을 크게 해소하고 있는 획기적 방법이다. 다만 영상녹화물을 증거로 사용하기 위하여는 영상녹화물을 재생하여야 하고, 조사시간이 길었던 경우는 공판정에서 장시간 재생하여 시청하여야 하는 불편이 있을 수 있으며, 너무 생생하기 때문에 사실상 증거능력의 문제뿐만 아니라 증명력까지 쉽게 인정될 우려가 있다(후술). 특히 현행 형사소송법 제318조의2 제2항이 '피고인 또는 피고인이 아닌 자의 진술을 내용으로 하는 영상녹화물은 공판준비 또는 공판기일에 피고인 또는 피고인이 아닌 자가 진술함에 있어서 기억이 명백하지 아니한 사항에 관하여 기억을 환기시켜야 할 필요가 있다고 인정되는 때에 한하여 피고인 또는 피고인이 아닌 자에게 재생하여 시청하게 할 수 있다'고 규정하여 기억 환기용으로만 영상녹화물을 사용하도록 명시하고 있다는 점에서 해석상 논란이 있다.

3. 증거현출의 방법 및 우선 순위

(1) 영미법계(진술위주에서 서면 보완으로)

영미법계의 배심재판을 중심으로 한 공개주의적 재판제도는 기본적으로 공중의 감시가 이루어지는 재판이었고, 따라서 심리의 내용이 공중에 전달될 수 있는 방식으로 형성되었다. 증거법의 측면에서도 전문법칙에 의하여 증인의 직접적 증언을 원칙적으로 사용하게 되는 방식을 뒷받침하게 되었다. 그러나 이러한 증언위주의 재판은 증인의 기억의 한계 등으로 인하여 기록물의 보완을 필요로 하며 그 기록 중 진술기재서면이 중요한 의미를 가진다. 따라서 일정한 사실을 기록한 서면을 증언시에 보고 증언할 수 있고 제시될 수 있으며, 아예 기록된 기억이라는 전문법칙의 예외사유를 통하여 더이상 기억을 하지 못할 때에는 메모나 기록 자체가 증거로 사용된다(【표 5-14】 피고인의 수사단계 진술의 현출에 관한 입법례 참조).

결국 영미법계에서는 수사절차상 진술증거의 현출방식으로 피의자의 진술은 ① 조사자증언 내지 영상녹화, ② 조서의 보완으로, 그리고 참고인의 진술은 ① 법정 인정진술, ② 조사자증언과 조서의 보완으로 구성되고 있다고 할 것이다.

(2) 대륙법계(조서로부터 진술위주, 조서보완으로)

공판중심주의의 배경이념이 되고 있는 공개주의는 근대적 사법의 핵심이라고 할 수 있는데 이는 특히 대륙법계 형사사법체계에서 절대주의 시대의 규문절차를 극복하고 근대적 형사소송절차가 성립할 때 강조된 기본이념이었다. 즉 규문시대의 수사에 있어서도 법원에 의한 밀실주의적 수사와 그 이후에 이루어지는 재판도 밀실적인 데서 오는 폐해에 대한 반성으로 공개성이 확보되어야 한다는 주장이 계몽시대에 형사사법절차와 관련하여 주정된 개혁의 기본이념이었던 것이다. 특히 공판심리의 원칙으로서의 구두주의가 원칙으로 대두되었고, 증거조사 방법과 관련하여 독일에서 확립된 직접주의의 핵심은 수사단계에서 작성된 조서나 서류를 원진술자가 공판정에서 진술하지 않는 채 조서나 서류만으로 증거조사를 하는 것을 원칙적으로 부인하는 것이다. 그러나 조서나 서류 그 자체를 증거로 사용하는 것을 금할 뿐, 조서나 서류에 담긴 진술내용은 원진술자를 직접 신문하거나 조사자 증언 등을 통해 현출하여 증거로 할 수 있으므로 조서 자체가 증거로 사용되지 않는다고 하여 수사절차상 진술이 전혀 증거로 사용할 수 없는 것은 아니다. 즉, 진술의 증거자료로서의 자격은 인정하되, 현출방법은 원칙적으로 조서가 아니라 사람의 진술을 통하게 하는 것으로 조서와 그 내용인 진술을 분리하는 것이다. 다만, 대륙법계의 직접주의가 오로지 진술만으로 운영되는 것은 아니다. 전술한 것처럼, 직권주의적 소송구조에 따라 검사의 수사기록이 법원에 제출되고, 법원이 이 기록을 토대로 직접 피고인이나 증인을 신문함으로써 조서가 신문의 기초가 되어 진술위주 재판을 보완하고 있고, 참고인진술조서의 경우는 직접주의의 예외사유가 있는 때에는 조서 자체로 증거로 사용되고 있다(【표 5-14】 피고인의 수사단계 진술의 현출에 관한 입법례 참조).

결국 대륙법계(독일)에서는 수사절차상 진술증거의 현출방법으로 ① 법정인정진술, ② 조사자 증언, ③ 조서의 보완으로 구성되는 것이다.

(3) 검 토

첫째, 수사절차에서의 진술을 전혀 증거로 하지 않는 나라는 없다. 즉, 수사절차에서의 피의자나 참고인의 자격으로 진술한 것을 공판정에서 번복하는 경우 그 진술을 전혀 증거로 할 수 없도록 하는 나라는 없다. 그런 식의 증거법은 '진실'부분을 너무 왜곡할 우려가 있기 때문이다. 나아가 이러한 증거법 하에서는 범죄발생의 거의 초동단계부터 법원의 법정절차로 사실확인이 행해져야 할 것인데, 이런 식의 구성은 범죄사건이 얼마 되지 않은 작은 공동체 사회라면 모를까 범죄가 대량으로 발생하고 복잡한 현대사회에서는 현실적으로 운영이 불가능하다. 특히 피해사실을 신고하면서, 혹은 초동수사과정에서 피해자 혹은 목격자가 생생하게 전한 말이라면 실체진실의 발견을 위하여 유용한 정보라고 볼 수 있다. 따라서 이러한 정보를 사법경찰관이 '증인' 자격으로 나와서 전하는 것이라면, 충분히 들어볼 가치가 있는 것이며, 이를 인정한다고 수사기관에게 한 진술이 피고인의 운명을 결정하는 것도 아니다. 법관은 증인의 법정진술도 가감 없이 듣기 때문이다. 결국 증인과 수사기관의 진술을 공평하게 다 들어보고 판단하자는 취지일 뿐이다.[283]

둘째, 피의자의 진술을 전혀 증거로 하지 않는 나라도 없다. 즉, 수사절차에서 피의자가 진술한 것을 공판정에서 번복하였다고 하여 수사절차에서의 피의자진술을 전혀 증거로 할 수 없도록 하는 나라는 없다. 왜냐하면 피의자는 자신이 관련된 그 사건에 대한 진상을 가장 잘 아는 사람으로서 '진실'을 파악하기 위한 가장 중요한 정보원이기 때문이다. 나아가 피의자는 사건에 직접적인 이해관계를 가진 사람으로서, 피의자가 한 불리한 진술은 진실일 가능성이 높다. 따라서 대륙법계 국가나 영미법계 국가 모두 피의자의 진술은 중요한 증거로 취급되고 있는데, 영미법계의 전문법칙에 따르더라도 전문법칙의 가장 중요한 논거인 반대신문권의 행사에 관한 한 피고인이 자신이 스스로 한 말에 대하여 반대신문을 한다는 것은 의미가 없으므로 피의자의 진술은 전문법칙의 예외라는 것이 common law상 일반원칙이었고, 전술(前述)한 것처럼 미국 연방증거법에서는 아예 전문증거가 아니라고 규정하고 있는 것이다.

셋째, 참고인의 수사단계에서의 진술을 대하는 방식이 영미법계와 대륙법계가 다르다. 즉, 수사절차에서 참고인이 진술한 것을 증거로 할 것인가는 대륙법계와 영미법계가 다르다는 점이다. 대륙법계의 직권주의하에서는 법원이 진실발견의 권한과 의무가 있으므로 법원은 진실을 발견하는데 도움이 되는 모든 증거를 사실판단의 근거로 할 수 있으며, 따라서 수사절차에서의 참고인의 진술이라도 마찬가지이다. 반면에 영미법계의 전통적인 전문법칙하에서는 증인의 공판외 진술은 그 진술을 번복하는 한, 전문증거로서 원칙적으로 증거로 하지 못하고 증인의 공판정 진술을 탄핵하는 자료로 사용될 뿐이다. 그 근거는 ① 1차적 증거가 아닌 2차적 증거는 신빙성이 떨어진다는 점, ② 경험사실의 전달자에 대해 선서가 행해지지 않았으며, 피고인의 반대신문이 행해질 수 없으므로 피고인에게 불리하다는 점, ③ 전문증거의 사용을 허용하게 되면 법정에 현출되는 증거가 부적절하게 확장될 수 있는 점, ④ 법원이 진술자의 태도증거에 의한 심증형성을 할 수 없다는 점 등이 논의되며, 이들 근거 중 특히 반대신문권의 보장이 피고인의 방어권이라는 인권의 측면에서 강조되고 있다. 다만 이러한 비교를 함에 있어서, 반대신문권을 근거로 한 전문법칙을 이해하면서 영미법계의 전문법칙은 피고인의 방어권이 강조된 인

---

283) 김희균, "불일치진술의 증거능력에 관한 비교법적 검토", 형사법연구 제21권 제1호(2009 봄·통권 제38호), 한국형사법학회, 437면.

권적 증거법이고 대륙법계 증거법은 인권침해적 또는 인권에 소홀한 증거법이라는 식으로 이해하는 것은 적절하지 않다는 점이다. 이러한 점을 이해하기 위해서는 제2장 대륙법계 형사사법체계(수사절차)와 제3장 영미법계 형사사법체계(수사절차)에 대한 이해가 선행되어야 할 것이다.

Ⅱ. 영상녹화의 의의 및 필요성

1. 영상녹화조사의 의의

영상녹화조사(녹음·녹화조사제도)란 수사과정의 투명성확보를 통한 인권보장을 위하여 피의자나 참고인의 수사기관에서의 진술을 오디오, 비디오 또는 DVD로 녹음·녹화하여 이를 법정에 제출하는 일련의 조사과정을 총칭한다.[284] 통상 사람의 의사소통수단을 언어적 수단과 비언어적 수단으로 나누고 비언어적 수단을 음성·얼굴표정·몸짓으로 나눈다면, 조서는 언어적 내용만을 보고하고 있을 뿐임에 반하여, 음성녹음은 언어적 내용과 함께 음성을 보고하고 있고, 영상녹화는 언어적 내용·음성은 물론 얼굴표정과 몸짓을 고스란히 담고 있다는 점에서 '백문이불여일견'(百聞而不如一見)의 증거가 될 것이다. 그런데 정보통신기술의 비약적인 발전은 우리들의 삶의 모습을 여러 가지 측면에서 변화시키고 있으며, 이 중 형사법 분야에서 매우 심도있게 논의되고 있는 분야가 영상녹화물[285] 등의 이용이라고 할 수 있다.

이에 따라 주요 선진국도 인권보장과 실체적 진실발견의 조화를 위해 종래 서면위주의 증거자료에서 녹음·녹화자료로 증거의 중심을 이동하고 있는데, 이는 정보화 진전으로 전자법정의 구현 및 각종 수사장비의 디지털화 등이 급속도로 진행되어 paperless 수사 및 재판시대가 가능해졌기 때문이다.[286] 더욱이 개정 형사소송법이 검사작성 피의자신문조서의 증거능력 요건을 강화함에 따라, 수사상 진술의 증거능력을 획득하는 것이 어렵게 되었다.

그런데 우리나라의 경우 사회적 이목을 집중시킨 각종 뇌물사건에서 확인된 바와 같이 공판정에서 수사상 진술을 번복하는 경우가 비일비재하지만, 피의자·피고인의 인권을 우선시하는 사회적 풍조 등으로 사회정의의 실현은 큰 의미를 부여받지 못하는 실

---

284) 수사과정의 녹음·녹화제 운영실태보고, 법무연수원, 수사과학연구회 자료집(2003. 12.).

285) 영상녹화물의 개념에 대하여 형사소송법에 명문규정이 없지만, 검찰보존사무규칙 제2조(정의) 1의2에서 영상녹화물이란 "형사소송법 제221조 및 제244조의2에 따라 수사과정에서 피의자 또는 피의자 아닌 자의 조사과정을 영상녹화하여 이동가능한 특수매체에 저장한 것"으로 규정하고 있다.

286) 정웅석, "피의자신문의 영상녹화에 관한 연구", 법조 통권 제625호(2008. 10), 법조협회, 7면.

정이다. 아마도 그 근저에는 범죄 자체보다 수사기관의 수사가 더 문제라는 시각을 갖고 있기 때문으로 보인다. 따라서 조사과정의 모습과 진술내용을 그대로 녹화하여 공판정에 제출한다면, 원진술자가 진술한 내용대로 기재되었는지 여부에 의문이 없게 되고, 수사과정을 모두 보여주어 투명화시킴으로써 조서에 내재하는 밀행성의 단점을 크게 해소할 수 있을 것이다.287)

이와 관련하여 다른 나라에서는 수사기관이 영상녹화물의 도입에 소극적인 입장인 반면, 우리나라에서는 일부 교수나 시민단체 등에서 영상녹화물의 도입을 지속적으로 반대하고288) 오히려 수사기관이 영상녹화물의 도입에 적극적인 입장을 취하고 있는 점은 매우 아이러니한 모습이다.289) 왜냐하면 유엔인권위원회의 한국보고서에서도 영상녹화를 권고하고 있기 때문이다.290)

---

287) 이에 대하여 우리 형사소송법에서 수사과정의 영상녹화제도를 도입하게 된 이유로 종래 '수사의 투명성과 수사과정에서의 인권보장을 목적으로 하는 외국의 입법례와 달리 수사기관이 보다 효율적이고 안정적인 유죄의 증거를 확보하기 위해 모색된 결과'로 보는 견해(이영한, 「새로운 형사소송법에서의 조서와 영상녹화」, 법조 통권 617호(2008. 2.), 법조협회, 109면)도 있지만, 비록 수사기관의 의도가 무엇이든지간에 영상녹화물이 도입됨으로써 수사의 투명성과 수사과정에서의 인권보장이 현재보다 더욱 보장될 것임은 입론의 여지가 없다고 할 것이다.

288) 참여연대는 「공판중심주의 법정심리절차 확립을 위한 형사소송법 개정안에 대한 의견서」(2005. 11.)에서 '비록 엄격한 조건을 붙이기는 했지만, 영상녹화물이 증거로 사용될 수 있는 근거조항이 마련되었다는 점은 매우 우려할 만한 조치라고 평가하지 않을 수 없으며, 따라서 영상녹화물에 대해 증거능력을 부여할 수 있는 근거조항을 전면 삭제하는 것이 바람직하다'는 입장을 보인 바 있다.

289) 법무부장관을 역임한 조국 교수 역시 과거 '외국과 달리 막강한 조서의 위력이 유지되는 한국 형사법현실을 사상한 채 영상녹화 도입 찬반을 평가하고 있다'(조국, 「검사작성 피의자신문조서와 영상녹화물의 증거능력」, 저스티스 통권 제107호(2008. 10.), 한국법학원, 188면)고 부정적인 입장을 취한 바 있는데, 조서의 형식적 진정성립만 인정되면 사실상 조서의 증거능력이 무조건 인정되는 일본에서 학계 및 변호사단체를 중심으로 강력하게 도입을 주장하여 입법화된 사실을 주목할 필요가 있다.

290) Human Rights Committee

Eighty–eighth session

Geneva, 16 October–3 November 2006

ADVANCED UNEDITED VERSION

CONSIDERATION OF REPORTS SUBMITTED BY STATE PARTIES UNDER ARTICLE 40 OF THE COVENANT

Concluding Observations of the Human Rights Committee

REPUBLIC OF KOREA

13. The Committee is concerned about allegations of torture or other forms of ill–treatment in places of detention.   Moreover, the Committee regrets the continued

2. 필요성

종래 진술위주의 증거법에서 조서 등 서면의 보완을 필요로 하였던 것이 수사절차상 진술의 안정성, 즉 진술의 기억을 위한 보완이었다면, 영상녹화물이야말로 기억력을 위한 보완으로서는 완벽한 것이다.

본래 조서는 속기 등으로 전체녹취서를 만들지 않는 한 진술을 들은 조사자가 진술내용을 요약하여 정리하므로 조사당시 이루어졌던 진술내용이 전부 다 포함될 수가 없으며, 조서 작성에 드는 시간 및 업무부담을 감안하면 일반적인 사건에서 진술 내용의 전부를 기재한다는 것은 불가능하기도 하고 불필요하다. 그런데 바로 이렇게 진술 내용이 전부 다 적히지 않는 이유 때문에 숨기는 것은 없지 않은가 하는 의문이 생기며, 나아가 정리하여 기재해야 한다는 부담 때문에 그 정리가 진술의 취지대로 정리되어 있는지도 의심을 받게 되는 것이다. 수사기관에 대한 국민적 신뢰가 뒷받침된다면 아무런 문제가 되지 않겠지만 불신이 생기면 문제가 될 수 있는 것이다.

물론 이러한 영상녹화물에 대하여, 종래 「영상녹화물은 영상물을 취급하는 자에 의한 가공이 가능할 뿐만 아니라 영상시점을 조정함으로써 실제로 얼마든지 편집의 효과를 가져올 수 있다. … 피의자가 수사기관에 머무는 동안 계속하여 촬영을 할 수는 없기 때문에 촬영실 밖에서 미리 사전 유도와 협박에 의한 신문을 하고 자백을 받아낸 다음 촬영실에서 녹화가 이루어질 경우 영상물은 신문의 위법성을 증명하는 것이 아니라 역으로 자백의 임의성을 증명하는 증거로 둔갑되어 사용되어질 수 있는 것이다. … 검찰은 수사에 대한 불신을 해소하기 위하여 수사과정을 녹화하여 그 녹화물을 법원에 공개하겠다고 주장하나 영상녹화물은 피의자의 자백이나 참고인의 진술이 담긴 것으로 영상

---

practice of certain forms of disciplinary punishment, in particular, the use of manacles, chains, and face masks, and the continuation of disciplinary punishment through the "stacking" of 30 day periods of isolation without any apparent time limit. In light of this, the Committee is also concerned at the lack of thorough investigation and adequate punishment of the responsible officials (arts. 7 and 9).

The State party should take appropriate measures to prevent all forms of ill－treatment by law enforcement officials in all places of detention including mental health hospitals. <u>Appropriate measures may include independent investigative bodies, independent inspection of facilities and videotaping of interrogations</u>. The State party should prosecute perpetrators of such acts and ensure that they are punished in a manner proportionate to the seriousness of the offences committed by them, and grant effective remedies, including compensation to victims. In addition, the State party should discontinue harsh and cruel measures of disciplinary confinement, in particular, the use of manacles, chains, and face masks, and the "stacking" of 30 day periods of isolation.

녹화물이 도입된다고 하여 자백이나 진술 이외의 물적 증거를 확보하는 수사의 과학화에 도움을 주는 것도 아니며, 오히려 영상녹화물은 그 객관적이라는 표상으로 인해 사실심 법원의 기초가 되는 소송자료는 구두변론에 의하여 제출되고 설명되어져야 하며, 법원은 자신이 직접 조사한 증거에 의하여만 재판을 한다는 공판중심주의의 실현에 오히려 장애요소로 작용할 가능성을 배제할 수 없다. 왜냐하면 조서대신 영상물에 대한 분석에 중심이 옮겨질 뿐이기 때문이다」291)라거나 「영상녹화물을 법정의 증거로 활용하는 데는 몇 가지 문제점을 안고 있다. 먼저, 과연 피의자가 수사기관에 있는 모든 시간을 녹화할 수 있는가의 문제이다. 수 시간 또는 수일동안 이뤄진 수사과정 전체를 빠짐없이 모두 녹화한다는 것이 가능한지 여부를 따져봐야 할 것이다. 또한 이를, 즉 수 시간 혹은 수일동안의 상황을 그대로 법정에서 재생한다는 것이 가능한지, 의미가 있는지 여부 등을 따져봐야 할 것이다. 실제 수사과정에서 피의자에 대한 강압이나 회유 등은 조서를 작성하기 전단계에서 이루어지는 것이 보통이고 또한 녹화의 주체가 수사기관인지라 언제든지 녹화를 중단하고 강압이나 회유가 이뤄질 수 있다는 점에서 영상녹화물의 증거능력 역시 한계를 가질 수밖에 없을 것이다」292)라는 비판이 있었다.

하지만 영상녹화물은 전체기록을 다 할 수 있을 뿐만 아니라 그 기록방식도 기계가 자동적으로 녹화하므로 조서를 작성하는 것보다 업무가 훨씬 간편하다. 더욱이 조서는 조사과정이 나타나지 않으므로 조사과정에서 조사자의 부당한 행위가 있었는지를 조서만으로는 알 수 없으므로, 진술위주의 증거를 사용하여 조사자가 증언을 하는 등으로 수사절차상 진술을 현출하여도 그 진술이 임의로 행해졌는가에 대한 다툼이 있을 때에는 이를 입증할 방법도 마땅치 않다. 그래서 진술위주의 증거를 사용하는 선진국에서는 이러한 임의성에 대한 다툼이 주된 법정공방이 되고 그 판단이 쉽지 않은 것이다.

그런데 영상녹화물은 진술과정을 전부 녹화하여 진술 당시의 상황을 그대로 영상으로 볼 수 있으므로 임의성에 대한 다툼을 쉽게 해결할 수 있다. 따라서 개정형사소송법처럼 사실상 조서의 증거능력을 부정한다면, 영상녹화물의 증거능력을 인정하는 것이 타당하다고 본다.

3. 공판중심주의 내지 직접주의와의 관계

녹음·녹화시스템이 신문절차의 적법성 확보와 진술의 임의성 확보에 긍정적인 역할을 할 수 있을지라도 이는 공판중심주의와 구두변론주의에 반하는 전문진술(傳聞陳述)

---

291) 권영국, 「사개추위의 형사소송법 개정안에 대한 의견」, 공판중심주의 확립을 위한 『형사소송법 개정안』 공청회(2005. 6. 24.), 사법제도개혁추진위원회, 60면.

292) 김민영, 「사개추위의 형사소송법 개정안에 대한 참여연대의 입장」, 공판중심주의 확립을 위한 『형사소송법 개정안』 공청회(2005. 6. 24.), 사법제도개혁추진위원회, 71면.

에 불과할 뿐만 아니라 조서와 마찬가지로 자백위주의 수사관행을 유지시키게 하는 또
다른 방식의 조서에 불과하므로 비록 피의자진술의 증거가치를 높이는 효과가 있다고
하더라도 증거능력을 당연히 인정할 수는 없다는 견해293)가 있다. 비디오 진술녹화는
어디까지나 적법한 절차에 따른 인권수사를 위한 보완장치 가운데 하나이지 그 자체가
피의자진술의 적법성과 임의성을 모두 담보할 수 있는 수단은 아니라는 점에서, 만약
피의자진술에 대한 녹음·녹화자료가 첨부되었다는 이유로 기존 조서에 대한 증거능력보
다 완화하게 된다면, 사실상 수사기관의 신문에 절대적인 증거능력을 부여하는 결과를
초래할 수 있기 때문이라는 것이다.

　　그러나 영상녹화는 사건의 발생 직후 피신문자의 기억이 비교적 생생할 경우에 이
루어지므로 판사는 공판이 1년 이후에 이루어진다고 하더라도 마치 현장에서 진술자가
진술하는 것과 동일한 진술을 보고 들을 수 있다. 즉 영상녹화는 신문과정을 시각적·음
향적으로 거의 완전하게 복원할 수 있어 경과진행에 대한 재구성은 시간적인 제한을 받
지 않는 것이다. 이처럼 영상녹화는 판사에게 조서상 드러나지 않던 부분까지 시간적
제약없이 자세하게 제공해 준다는 점에서, 실제적으로 서면의 의한 신문조서보다 훨씬
더 직접주의 원칙에 가깝게 접근하는 것이다.294) 따라서 영상녹화물의 제출을 공판중심
주의에 반하는 것으로 보는 것은 영상녹화의 본질을 오해한 측면에 기인한 것으로, 오
히려 공판중심주의에 더 친근한 제도로 파악해야 할 것이다.

4. 우리나라 영상녹화의 운영실태

(1) 관련규정

　　2007년 개정 형사소송법 제244조의2의 근거규정 이외에 특별법 규정으로, 성폭력범
죄의 피해자가 19세 미만이거나 신체장애 또는 정신상의 장애로 사물을 변별하거나 의
사를 결정할 능력이 미약한 경우에 비디오녹화기 등 영상물 녹화장치에 의하여 촬영을
의무화하고 있는 「성폭력범죄의 처벌 등에 관한 특례법」 제30조 규정295)과 2013. 6.

---

293) 탁희성, 「피의자신문의 녹음·녹화시스템에 관한 비교법적 고찰」, 형사정책연구소식 제84호
　　　(2004), 형사정책연구원, 18면.
294) 박노섭, 「수사절차상의 신문과 비디오 녹화제도」, 형사정책 16권 제1호(2004), 125면.
295) 제30조(영상물의 촬영·보존 등) ① 성폭력범죄의 피해자가 19세 미만이거나 신체적인 또는 정
　　　신적인 장애로 사물을 변별하거나 의사를 결정할 능력이 미약한 경우에는 피해자의 진술 내용
　　　과 조사 과정을 비디오녹화기 등 영상물 녹화장치로 촬영·보존하여야 한다.
　　　② 제1항에 따른 영상물 녹화는 피해자 또는 법정대리인이 이를 원하지 아니하는 의사를 표시
　　　한 경우에는 촬영을 하여서는 아니 된다. 다만, 가해자가 친권자 중 일방인 경우는 그러하지
　　　아니하다.
　　　③ 제1항에 따른 영상물 녹화는 조사의 개시부터 종료까지의 전 과정 및 객관적 정황을 녹화

19.부터 시행되고 있는 「아동·청소년의성보호에관한법률」 제26조[296] 및 「특정범죄신고자등보호법」 제10조[297]를 들 수 있다. 이에 따르면, 영상녹화물에 대하여 '성폭력범죄의 처벌및피해자보호에관한법률'의 경우 피해자나 조사과정에 동석하였던 신뢰관계에 있는 사람 또는 진술조력인의 진술에 의하여, '아동·청소년의성보호에관한법률'의 경우에는 피해자 또는 조사과정에 동석하였던 신뢰관계에 있는 자의 진술에 의하여 그 성립의 진정함이 인정되면 증거로 사용할 수 있는 반면, '특정범죄신고자등보호법'에 따르면 '특정범죄에 관한 신고·진정·고소·고발 등 수사 단서의 제공, 진술 또는 증언이나 그 밖의 자료제출행위 및 범인검거를 위한 제보 또는 검거활동'에 대하여 판사가 직권으로 또는 검사의 신청에 의하여 형사소송법 제184조(증거보전의 청구와 그 절차) 또는 제221조의2(증인신문의 청구)에 따른 증인신문을 하는 경우 그 과정을 비디오테이프 등 영상물로 촬영하면 아무런 제한없이 증거능력이 인정되고 있다.

하여야 하고, 녹화가 완료된 때에는 지체 없이 그 원본을 피해자 또는 변호사 앞에서 봉인하고 피해자로 하여금 기명날인 또는 서명하게 하여야 한다.

④ 검사 또는 사법경찰관은 피해자가 제1항의 녹화장소에 도착한 시각, 녹화를 시작하고 마친 시각, 그 밖에 녹화과정의 진행경과를 확인하기 위하여 필요한 사항을 조서 또는 별도의 서면에 기록한 후 수사기록에 편철하여야 한다.

⑤ 검사 또는 사법경찰관은 피해자 또는 법정대리인이 신청하는 경우에는 영상물 촬영과정에서 작성한 조서의 사본을 신청인에게 발급하거나 영상물을 재생하여 시청하게 하여야 한다.

⑥ 제1항에 따라 촬영한 영상물에 수록된 피해자의 진술은 공판준비기일 또는 공판기일에 피해자나 조사과정에 동석하였던 신뢰관계에 있는 사람 또는 진술조력인의 진술에 의하여 그 성립의 진정함이 인정된 경우에 증거로 할 수 있다.

⑦ 누구든지 제1항에 따라 촬영한 영상물을 수사 및 재판의 용도 외에 다른 목적으로 사용하여서는 아니 된다.

296) 제26조(영상물의 촬영·보존 등) ① 아동·청소년대상 성범죄 피해자의 진술내용과 조사과정은 비디오녹화기 등 영상물 녹화장치로 촬영·보존하여야 한다.

②~⑤ 위와 동일

⑥ 제1항부터 제4항까지의 절차에 따라 촬영한 영상물에 수록된 피해자의 진술은 공판준비기일 또는 공판기일에 피해자 또는 조사과정에 동석하였던 신뢰관계에 있는 자의 진술에 의하여 그 성립의 진정함이 인정된 때에는 증거로 할 수 있다.

⑦ 위와 동일

297) 제10조(영상물 촬영) ① 범죄신고자등에 대하여 「형사소송법」 제184조(증거보전의 청구와 그 절차) 또는 제221조의2(증인신문의 청구)에 따른 증인신문을 하는 경우 판사는 직권으로 또는 검사의 신청에 의하여 그 과정을 비디오테이프 등 영상물로 촬영할 것을 명할 수 있다.

② 제1항에 따른 영상물의 촬영비용 및 복사에 관하여는 「형사소송법」 제56조의2(공판정에서의 속기·녹음 및 영상녹화)제2항 및 제3항을 준용한다.

③ 제1항에 따라 촬영한 영상물에 수록된 범죄신고자등의 진술은 이를 증거로 할 수 있다.

(2) 영상녹화의 추진과정

영상녹화의 추진경과를 간략히 살펴보면, 검찰은 2004. 1. 검찰총장에게, 2004. 2. 법무부장관에게 도입을 건의하였고, 10개 지방검찰청298)을 지정하여 2004. 6. 1.부터 수사과정 녹음·녹화제를 시범·실시한 후, 2004. 12.에는 서울남부지검에 검사신문실(신개념 전자조사실)을, 서울중앙·남부·인천, 수원지검에 여성·아동 전용조사실을 시범설치하여 운용하였으며, 2005. 1.경부터 서울남부지방검찰청은 검사의 피의자신문과정을 녹음·녹화한 CD를 법원에 증거로 제출하고 있으며, 2015. 5. 현재 전국 63개 고검·지검 및 지청 전부에 영상녹화실이 설치되어 있고, 773개의 영상녹화조사실이 운영 중이라고 한다.299)

【표 8-44】검찰영상녹화조사 관련 통계

연 도	건 수	명 수
2010	15,273	18,474
2011	10,312	12,665
2012	14,623	18,035
2013	19,468	23,686
2014	26,769	32,052

Ⅲ. 영상녹화물 사용의 장·단점

1. 영상녹화물 사용의 장점(필요성)300)

(1) 실체적 진실발견에 유용

종래 조서에 의한 수사는 근본적으로 조서작성시의 오류개입과 협박 내지 강압에

---

298) 서울중앙, 서울서부, 인천, 수원, 대전, 청주, 대구, 부산, 울산, 광주지검 등.

299) 법무부에 조회하여 회신받은 내용임을 밝힌다(2015. 5. 18.).

300) 영상녹화의 장점에 대하여 Buckley/Jayne교수는 ① 피의자의 행동징후(the suspect's behavior symptoms)를 분석하는 데 도움을 준다. ② 피의자의 부인과 그들의 진술의 비일관성을 기록한다. ③ 다른 혐의(other allegations)를 반박하는 행동을 기록한다. ④ 조서의 정확성과 완결성을 높인다. ⑤ 수사관의 개인적 안전을 증진시킨다. ⑥ (수사관들의 조사나 신문기술을 향상시키는 데 도움을 준다. ⑦ 수사관들에 의해 신문기술의 부분으로 사용될 수 있다. ⑧ 재판에 소요되는 시간을 줄인다. ⑨ 미란다 권리의 고지사실과 피의자의 미란다 권리의 포기사실을 기록한다. ⑩ 신문중의 피의자의 표정을 기록한다. ⑪ 수사관들의 기억을 새롭게 하여 재판에서 증언을 할 때를 대비한다. ⑫ 자백의 임의성(the voluntariness of a confession)을 기록한다 등을 들고 있다(Buckley/Jayne, *ELETRONIC RECORDING of INTERROGATIONS*, 2005, p.13).

의한 허위기재의 가능성을 내포하고 있는데, 피의자신문시 영상녹화를 한다면 수사기관의 의도로 진술자의 진술내용을 왜곡할 수 있는 가능성을 방지할 수 있을 뿐만 아니라, 초동수사시 확보할 수 있는 실체적 진실에 근접한 최초진술의 증거가치를 확보할 수 있다.301) 더욱이 일정한 시간이 흐른 뒤, 피신문자로부터 최초의 진술보다 더 신뢰할 만한 정확한 진술을 얻는다는 것은 거의 불가능하다. 물론 영상녹화에 심리적으로 위축된 피의자가 진술을 회피할 수 있고, 조작의 위험성도 상존하므로 영상녹화를 활용하는 방식이 완벽하게 신뢰할 수 있는 피의자의 신문내용을 보장하는 것은 아니다. 그러나 수사기관이 피의자를 조사하는 전 과정을 기계적인 방법으로 녹음·녹화한다면, 조사자와 피조사자의 질문과 답변이 생생하게 녹음·녹화되어 수사관의 신문방식과 아울러 여러 관점에서 달리 이해될 수 있는 피의자의 진술취지가 여과없이 드러난다는 점에서 수사과정의 투명하고도 공정한 장치로 활용될 수 있을 것이다.

(2) 사건관계인의 인권보호에 기여

　형사소송법은 피의자신문시 검찰수사관이나 사법경찰관리 등이 참여할 의무(제243조), 조서의 열람 등과 오기 및 증감변경의 유무 확인(제244조 제2항) 이외에 불구속 수사 원칙의 천명(제198조 제1항), 수사과정에서의 변호인 참여권 보장(제243조의2), 진술거부권 등의 고지(제244조의3), 수사과정의 기록제도(제244조의4) 등을 규정하여 수사절차의 적법성을 한층 제고하고 있다. 그러나 이러한 수사절차의 적법성 제고에도 불구하고, 장시간의 조사를 받고 더구나 피의자의 신병이 체포 내지 구속되어 있거나 다수의 피의자와 피해자, 참고인들 간에 이루어지는 복잡한 내용의 대질조서를 피의자가 처음부터 끝까지 상세히 읽어보고 일일이 조서의 증감변경을 구한다는 것은 현실적으로 항상 가능한 일이 아니다. 따라서 수사기관이 피의자를 신문하는 모든 과정을 빠짐없이 녹음·녹화하게 된다면 신문의 밀행성의 약화로 고문 등의 가혹행위가 발생할 가능성은 대폭 감소하게 될 뿐만 아니라,302) 가혹행위 등이 자행되었을 경우에는 이에 대한 처벌을 확보해 주는 수단으로 활용될 수도 있을 것이다. 왜냐하면 영상녹화물의 경우 조서와 달리 진술내용이 그대로 반영되므로 조사자의 편집이나 요약 등 주관이 개입될 위험성이 없기 때문이다. 영국에서도 수사과정의 녹음·녹화는 수사과정의 투명성을 보장해 주는 장치로서 ㉠ 내·외적 감시·감독을 담보함으로써 인권보호장치로서의 기능을 가지고 있으며, ㉡ 피의자나 참고인 진술의 증명력을 높여주고, ㉢ 법정에서 불필요한 번복을 방지

---

301) 우리나라와 형사소송체계가 비슷한 일본과 구체적으로 비교하면 법정에서 허위증언이 얼마나 만연한지를 알 수 있다. 즉, 2017년 한국과 일본 양국 경찰청 통계를 살펴보면, 한국(5천만)은 1,930건, 일본(1억 2천만)은 10건도 되지 않으므로 인구 대비 430배에 달하는 엄청난 숫자이다.
302) 허일태, 「피의자 비디오진술녹화와 인권과의 관계」, 수사연구(2004. 4.), 수사연구사, 34-35면.

하여 수사의 효율성을 높여주며, ㉣ 변호인의 입회를 줄여주고, ㉤ 녹음·녹화된 수사과정을 체계적이고 과학적으로 분석함으로써 수사기법의 개발에 긍정적 영향을 미치는 것으로 평가되고 있다[303]고 한다.

(3) 피의자진술의 임의성 유무 등에 관한 사후확인가능성

기존의 조서방식에 의할 경우에는 조사의 분위기나 조서에 기록되지 않는 부수적인 신문과 답변의 내용은 사후확인이 불가능하다는 문제점이 있으나, 신문의 전과정을 빠짐없이 녹음·녹화할 경우에는 조사자와 진술자의 진술태도나 어조, 신문의 방식과 대화내용 등을 모두 보존할 수 있어 피의자신문의 정황을 사후적으로 판단하는 자료로 활용할 수 있을 것이다.[304] 더욱이 핵심을 벗어난 주변적인 내용의 진술은 그것이 진술의 신빙성판단에 실질적인 역할을 담당함에도 불구하고 조서작성시 경시되거나 아예 기록될 수 없지만,[305] 빠짐없이 영상녹음·녹화를 한다면 판사는 모든 신문내용을 확인할 수 있어 마치 신문현장에 있었던 것과 같은 유사한 간접경험을 얻을 수 있을 것이다.

(4) 수사기법의 선진화 및 형사절차 전반의 구조적 변화를 초래

피의자의 자백을 얻어내기 위한 윽박지르기나 회유 등은 녹화라는 물리적 환경에서 제약받을 수밖에 없고, 대신 신문기법의 연구, 피의자의 표정과 행동관찰, 조사하는 사람들에 대한 감독과 평가가 가능하게 되므로 수사기법의 발달은 물론 조사대상자의 우월성(수사 잘하는 검사 및 경찰)도 판가름이 날 것이다.[306] 왜냐하면 영상녹음·녹화가 행해졌다면, 사건의 실체에 대하여 피의자의 신문 도중에 관찰된 기망적인 행동을 법과학(Forensic Science) 등의 도움을 받아 보다 정확하게 판정해 낼 수 있기 때문이다. 그리고 수사과정의 공정성과 신뢰성을 제고하고 전자조사실·전자법정 등 현대 정보화 사회에 적합한 형사사법제도의 운영을 위한 획기적인 전기도 마련될 수 있을 것이다. 전자적 기록이 피의자 보호, 효율적이고 공정한 수사기관이 될 수 있다는 공적 이익, 부적절한 수사실무에 대한 논란에 대비할 수 있다는 점에서 수사경찰의 이익 등 피의자, 일반시민, 수사경찰 제3자에게 모두 이익을 준다는 것도 동일한 입장으로 볼 수 있다.[307]

303) 수사과정의 녹음·녹화제 운영실태보고, 수사과학연구회 자료집(2003. 12), 대검찰청, 28면.
304) 김성돈, 「미란다법칙과 위법수사통제방안」, 형사법연구 제14호(2000), 한국형사법학회, 27면; 허일태, 앞의 논문, 35면; 이동희, 「사개추위안의 피의자신문 녹음·녹화제도 도입방안에 대한 검토」, 비교형사법연구 제8권 제1호 특집호(2006), 한국비교형사법학회, 522면.
305) 박노섭, 「수사절차상의 신문과 비디오 녹화제도」, 형사정책 16권 제1호(2004), 한국형사정책학회, 114면.
306) 신정훈/지영환, 「진술녹화제도의 현황과 문제점 및 개선방안에 관한 연구」, 형사법연구 제26호 특집호(2006 겨울), 한국형사법학회, 780면.
307) 하태훈, 「미국 수사과정 영상녹화제도와 영상녹화테이프의 증거능력」, 비교형사법연구 제8권

(5) 경찰수사의 증거능력 인정

증거능력에 있어서 사법경찰관작성의 피의자신문조서에 '내용의 인정'이라는 엄격한 요건을 규정한 취지는 종래 사법경찰관이 피의자의 자백을 얻는 데 편중하여 가혹행위를 행하는 등 인권유린의 위험성이 많았기 때문에 이를 방지하려는 입법정책적 고려에서 나온 것으로서 증거의 전문성과는 직접 관련이 없다. 즉 사법경찰관의 강요에 의한 자백은 임의성없는 자백이므로 형사소송법 제309조에 의해서 증거능력이 부인되지만, 사법경찰관리로부터 자백을 강요받았다는 사실(예컨대 고문을 당했다는 사실)을 피고인이 공판기일에 입증한다는 것은 거의 불가능하므로 피의자신문과정에서 사법경찰관리의 자백강요를 위한 위법행위(예컨대 고문, 협박, 기망)를 억제하기 위해서는 사법경찰관리가 작성한 피의자신문조서에 기재된 자백의 증거능력을 부정함으로써 인권을 보장하는데, 입법이유가 있었다. 종래 대법원도 「증거능력에 있어서 검사 이외의 수사기관 작성의 피의자신문조서에 엄격한 요건을 요구한 취지는 검사 이외의 수사기관의 피의자신문에 있어 있을지도 모르는 개인의 기본적 인권보장의 결여를 방지하려는 입법정책적 고려라고 할 것이다」308)라고 판시한 바 있다. 따라서 경찰에서 받은 영상녹화진술이 임의성이나 그 신빙성에서 아무런 문제가 없다면 경찰에서의 영상녹화물을 법정에 제출하는데 아무런 제약을 두어서는 안 될 것이다.

2. 영상녹화물 사용의 단점(문제점)309)

(1) 소송지연 및 공판중심주의의 형해화

신문의 전과정을 녹음·녹화한다면, 이러한 녹음·녹화에 지나치게 많은 시간이 소요되어 소송을 지연시킬 뿐만 아니라 법정심리시간이 수사과정을 담은 영상녹화물의 재현에 대부분 할애됨으로써 충실한 법정심리를 통한 생생한 심증형성이라는 공판중심주

제1호(2006), 한국비교형사법학회, 450면.

308) 대판 1982.9.14, 82도1479.

309) 영상녹화의 단점에 대하여 Buckley/Jayne교수는 ① 프라이버시의 상실 - 전자적으로 기록된다면 피의자는 자백을 하지 않을 것이다. ② 전자기록을 만들기 위하여 수사기관이 지출하는 비용은 비합리적인 부담으로 작용할 것이다. ③ 자백이 증거로 채택되지 못할 잠재적인 신문기법상의 문제가 너무 많다. ④ 전자적으로 기록되지 않은 자발적인 자백은 증거로 채택되지 못할 것이다. ⑤ 수사기관은 모든 기록물을 저장할 공간이 없다. ⑥ 전자기록은 피고인 측에서 검찰 측에 대항할 항변자료를 제공해 줄 수 있다. ⑦ 전자기록은 진술의 비일관성을 입증하기 위하여 피고인측에 의하여 이용될 것이다. ⑧ 전자기록은 피고인의 변호인이 신문기법을 공격하는데 사용될 것이다. ⑨ 수사관의 진술이 맥락에 맞지 않을 수 있다. ⑩ 법관과 배심원들이 경찰의 신문기술을 이해하지 못할 것이다 등을 들고 있다(Buckley/Jayne, op.cit., p.14).

의가 다시 형해화될 우려가 높다는 비판이 있다.[310] 즉 피의자의 진술이 담긴 영상녹화물을 조서 대신 증거로 제출하여 사용하는 것은 자칫 비디오재판을 초래해 조서재판보다 오히려 더 공판중심주의를 구축(驅逐)할 위험성이 크다는 것이다. 법관이나 배심원이 피의자가 수사기관에서 진술한 모습을 녹화한 영상 중 검사가 지정하는 전체 또는 일부를 보고 심증을 형성하여 결론을 내린다면 종래의 조서를 중심으로 하던 재판이 비디오재판으로 바뀌는 것에 불과하여 영상녹화물에 대해 증거조사하게 되는 거의 모든 사건에 있어 수사기관의 심증형성 과정이 법관에게 고스란히 전이됨으로써 행정권력에 속하는 소추기관이 사법권력인 재판기관의 전권인 재판을 사실상 좌우하게 될 지도 모른다는 우려가 제기될 수 있는바, 이는 공판중심주의를 해치는 것이며 직접주의에도 위반된다는 주장도 동일한 입장으로 볼 수 있다.[311]

그러나 영상녹화물은 시각적·음향적으로 무엇이 진술을 혹은 자백을 이끌어냈는가에 대하여 명확하게 보여주므로 이를 통하여 판사가 신속하게 진술의 신뢰성을 판단할 수 있다는 점에서 기존의 신문조서의 숙독을 통한 사안파악과 비교해 볼 때, 오히려 양적인 측면에서는 시간이 더 절약될 것으로 보인다. 더욱이 처음부터 영상녹화물을 상영하는 것이 아니라, 조사자의 증언을 들어본 후에 피고인과 다툼이 있는 사실에 한정하여 영상녹화물을 상영하는 것이므로[312] 후술하는 것처럼 비디오재판을 초래한다는 것은 영상녹화물의 사용에 관한 지나치게 과장된 표현에 불과하다고 본다.

(2) 조작의 위험

피고인의 방어권과의 관계에서 영상녹화물이 가질 수 있는 문제점, 즉 영상녹화물 자체가 가지는 편견 제공의 우려, 촬영자나 편집자의 일방적인 영향력 및 촬영이나 편집기법에 따른 조작의 가능성이 상존한다는 견해가 있다.[313]

그러나 피의자신문의 진행과 동시에 실시간으로 두 개의 CD에 녹음·녹화되며, 그 중 하나는 수사 및 재판에 활용하고, 다른 하나는 피의자의 서명날인을 받은 후 엄밀히 봉하여 특수압수물에 준하여 보관·처리하며, 종국으로는 녹음·녹화된 데이터를 중앙컴퓨터에 자동적으로 저장시켜 관리한다면 증거조작의 위험은 원천적으로 불가능할 것이

---

310) 참여연대, 「공판중심주의 법정심리절차 확립을 위한 형사소송법 개정안에 대한 의견서」.

311) 이영한, "새로운 형사소송법에서의 조서와 영상녹화", 법조 통권 제617호(2008. 2.), 법조협회, 113면.

312) 수사 및 공판정 모두에서 자백하거나 부인하는 경우에는 아무런 의미가 없을 것이므로 실제로 영상녹화가 필요한 부분은 수사단계에서 자백한 후, 공판정에서 부인하는 극히 예외적인 경우에 한정될 것이다.

313) 서보학, 「피의자진술의 비디오녹화 도입에 따른 법정책적 검토 및 재판상 증거능력」, 수사연구(2004.4), 수사연구사, 28면; 이영한, 앞의 논문, 113면.

다. 실무에서도 서울남부지검의 영상녹화조사 시설을 살펴보면, 카메라가 고정 설치되어 있어 조사시나 도중에 이를 임의로 변경할 수 없고, 조사종료 직후 조사내용이 녹화된 CD를 출력하여 피조사자가 확인할 수 있도록 하고 있으며, 서명날인을 받아 봉인하고 있다. 비디오신문 전의 인권침해행위에 대해서도 체포시각은 물론 피의자신문의 개시시각을 기재토록 하고, 피의자가 원하는 경우 변호인참여권 및 영상녹화의 내용에 대한 이의진술권을 보장한다면 충분히 극복될 수 있는 문제이며(법 제244조의4(수사과정의 기록)), 만약 사회가 이 정도로 불법적인 사회라면 영상녹화물이 아니라 어떤 수단과 방법을 쓰더라도 인권침해적인 가혹행위 등을 방지할 수는 없을 것이다. 더욱이 전자적으로 기록되기 이전의 수사단계에서 발생할 수 있는 자백진술의 강요나 회유에 대하여 무기력할 수밖에 없는 구조적 한계는 조서를 작성하는 경우에도 나타나며, 무엇보다도 영상녹화물에 피의자의 겁먹은 동공 등이 나타날 수 있으므로 적어도 조서보다는 가혹행위의 입증 등에 훨씬 유리하다고 할 것이다.

(3) 법관에 대한 올바른 심증형성을 방해할 위험성

영상녹화의 경우 피의자신문의 전과정을 녹화하도록 담보할 실질적인 안전장치를 마련하는 것이 사실상 불가능하고 대부분 신문과정의 일부분(특히 자백하는 장면)만을 법정에 전달할 수밖에 없는 한계를 가지고 있음에도 불구하고, 피의자의 진술장면과 육성을 담고 있는 영상녹화물이 법정에서 그대로 재현될 경우 법관이나 재판에 참여하는 배심원에게 매우 강력한 인상을 남겨 올바른 심증형성을 방해할 위험성이 매우 크다는 것이다.[314]

그러나 실질적 의미의 피의자방어권이라는 것은 진실된 자백은 진실되게, 허위나 조작가능성이 있는 자백은 믿지 않는 것이 타당한 것이며, 생생하게 기록되어 나중에 이를 부정하기 어렵다는 이유만으로 사법정의와 어긋나게 이를 배척하는 것은 문제가 있다.[315] 더욱이 형사소송법은 전 과정 및 객관적 정황을 영상녹화하도록 규정(제244조의2)하고 있을 뿐만 아니라 조사나 신문을 전자적으로 기록하기 위한 전자기록의 장비적 측면에서 고려해야 할 궁극의 목적은 조사나 신문, 자백이 법정에서 증거로 사용될 수 있도록 기록되어야 한다는 점에서,[316] 피고인에 대한 증거의 신빙성을 강화하는 수단으로 법정에서 사용하는 것이 오히려 당연한 결론이라고 생각된다.

---

314) 참여연대, 「공판중심주의 법정심리절차 확립을 위한 형사소송법 개정안에 대한 의견서」.

315) 나영민/박노섭, "피의자신문제도의 개선방안에 관한 연구, 녹음·녹화방식을 중심으로", 한국형사정책연구원(2006. 12.), 74면.

316) Buckley/Jayne, op.cit., p.17.

(4) 신문기법의 효율성 감소

전자기록된 신문과정이 범죄자들의 세계에 비밀을 드러내게 되어 결과적으로 신문기법의 효율성을 감소시킬 수 있다는 것이다.[317] 특히 우리나라의 경우 물적 증거가 없어 범인의 진술 이외에는 진상해명이 불가능한 뇌물사건 등이 적지 않을 뿐만 아니라 조직범죄 등의 경우 변호인에 의한 영상녹화물의 열람을 통해 범죄조직원에게 유출될 가능성도 있으므로 수사 자체가 불가능해질 수 있다는 것이다.

Ⅳ. 외국의 입법례

1. 영미법계 국가

(1) 영 국

가. 도입배경

영국에서는 일찍이 1960년대부터 피의자조사과정을 녹음하는 제도의 도입이 제창되었으나,[318] 수사기관인 경찰의 반대로 제도의 도입이 이루어지지 못하다가 1980년대에 들어 발생한 Confait 살인사건[319]을 포함한 일련의 사건 등을 계기로 기존 영국경찰의 신문기법이 인권침해의 소지가 많다는 여론이 확산되자 녹음의 필요성이 지적되었다. 이에 영국정부는 1983년 녹음제도를 시험적으로 실시하기에 이르렀으며, Guildford Four 폭탄공격사건[320] 등을 계기로 피의자의 유치 및 조사(Interview) 등을 적정화하기 위하여

---

317) Buckley/Jayne, op.cit., p.2.

318) 이에 대한 최초의 논의는 1960년 G. Williams의 "경찰관에 의한 조사: 몇 가지 실질적인 검토"라는 논문에 의해 제기된 것으로, 그는 경찰관이 협박, 위계 등을 사용하거나, 부정확한 자백조서를 기재하는 사례를 지적하면서 이스라엘 등에서 시행하는 테이프녹음제도의 도입을 주장했다(탁희성/백광훈, 「수사상 녹음·녹화자료의 증거능력 부여방안」, 한국형사정책연구원 (2003), 69면)고 한다.

319) 위 사건은 1972년 영국런던에서 맥스월 콘페라는 남창(男娼)이 불탄 집에서 질식사한 채로 발견된 후 3명의 청소년들이 경찰에서 범행을 자백하여 살해혐의로 기소되었으나, 재판과정에서 그 사인(死因)이 피의자들의 행위로 인한 것이 아니라 경찰에서의 자백이 허위로 밝혀져 무죄가 선고된 사안이다(Henry Fisher, Report of an Inquiry into the circumstances leading to the trial of three persons on charges arising out of the death of Maxwell Confait and the fire at 27 Dogget Read, London SE6, HMSO, 1977).

320) 1974년 IRA 폭탄공격에 직접 관여하였다는 Guildford Four(Paul Michael Hill, Gerard "Gerry" Conlon, Patrick "paddy" Armstrong, Carole Richardson)의 자백에 기초하여 이들에게 무기형이 선고되었는데, 그 후 이들의 자백이 가족에 대한 위협을 포함해서 경찰의 협박과 고문 때문으로 밝혀져 유죄가 파기된 사안이다(David Waddington, The Interim Report on

그 근거법인 경찰 및 형사증거법(Police and Criminal Evidence Act 1984; 약칭 PACE법)을 제정하였고, 이 PACE법에 기초하여 1988년 피의자신문의 녹음에 대하여 규정한 실무규범E(Code E; Code of Practice on Recording of Interviews Suspects)[321]에 이어, 2001년 형사사법 및 경찰법(Crimimal Justice and Police Act 2001)의 시행에 따라 2002년부터는 비디오녹화에 대하여 규정한 실무규범 F(Code F)에 의해 비디오녹화제도가 시행되고 있는데, 증인이 공판정에 나와 있는 것을 전제로 하여 증인의 기억이 생생한 때에 영상녹화하였다는 등 여러 가지 요건이 있지만, 모든 사건에 있어 증인의 진술에 대한 영상녹화물의 증거능력을 인정하였다는 점이다.

현재 영국에서는 녹음이 원칙적인 피의자의 조사방법으로 되어 있으므로(PACE 제60조)[322] 통상 녹음조사를 마친 경우에는 테이프에 녹음된 신문내용에 대한 조사보고서(Record of Taped Interview, ROTI)를 작성하여야 한다. 이에 2001년 PACE의 개정에 의하여 소관 장관에게 녹화에 관한 운용규정을 정할 수 있는 규정이 신설되었다(PACE 제60조a 제1항).[323] 영상매체의 발전과 보급에 따라 이에 대비하기 위한 조치인 것이다.

PACE 제60조에 기하여 녹음에 대해 마련된 것이 실무규범 E이고 제60조a에 기하여 녹화에 대해 마련된 것이 실무규범 F이다. 실무규범 F는 대체로 실무규범 E의 기준을 따르고 있다. 여기에서 피의자신문과정의 녹음에 관하여 규정하고 있는 실무규범 E

---

the Maguire Case: The Inquiry into the circumstances surrounding the convictions arising out of the bomb attacks in Guild and Woolwich in 1974, House of Commons, 1990).

321) Code E는 1988년 시행되었으며, 이후 관련법의 개정 및 제정에 따라 1991년, 1995년, 1997년, 1999년 등에 개정이 있었다.

322) PACE60. Tape−recording of interviews.— (1) It shall be the duty of the Secretary of State —
(a) to issue a code of practice in connection with the tape−recording of interviews of persons suspected of the commission of criminal offences which are held by police officers at police stations; and (b) to make an order requiring the tape−recording of interviews of persons suspected of the commission of criminal offences, or of such descriptions of criminal offences as may be specified in the order, which are so held, in accordance with the code as it has effect for the time being.
(2) An order under subsection(1) above shall be made by statutory instrument and shall be subject to annulment in pursuance of a resolution of either House of Parliament.

323) PACE 60A. Visua lrecording of interviews (1) The Secretary of State shall have power —
(a) to issue a code of practice for the visual recording of interviews held by police officers at police stations; and
(b) to make an order requiring the visual recording of interviews so held, and requiring the visual recording to be in accordance with the code for the time being in force under this section.

의 주요 내용 몇 가지를 소개하면 다음과 같다.

(1) 녹음은 피의자신문과정이 중립적이고 정확하게 기록되었다는 신뢰를 구축할 수 있도록 공개적으로 이루어져야 한다.

(2) 정식기소범죄(indictableoffence)에 대해 권리고지를 행한 후 실시하는 피의자신문 등 경찰관서에서 이루어지는 피의자신문에는 신문과정을 반드시 녹음한다.

(3) 테러범죄의 경우에는 테러방지법(TheTerrorism Act2000)의 녹음에 관한 규정에 따르며, 운용규정의 적용을 받지 않는다.

(4) 기계장치의 고장, 녹음신문실의 미확보, 지체없는 신문의 필요성 등 합리적인 이유가 있는 경우에는 유치담당관(custodyofficer)의 허가를 얻어 녹음을 하지 않을 수 있다. 기소되지 않을 것이 명백한 경우에도 같다.

(5) 피의자가 녹음신문실의 입실이나 재실을 거부하는 상황에서 지체없는 신문이 필요한 경우에는 유치담당관이 재량으로 휴대용 녹음기에 의한 녹음을 허가할 수 있다. 이것이 여의치 않은 경우에는 서면으로 기록할 수 있다. 이 경우 그 이유를 기재해야 한다.

(6) 녹음은 피의자신문의 전과정에 대해 이루어져야 한다. 여기에는 진술의 철회 및 반복이 포함된다.

다만 일정한 예외적인 경우에 한정하여 부분적으로 우리나라의 피의자신문조서 작성과 유사한 방식으로 피의자의 진술내용을 서면으로 기록하는 방식도 사용되고 있다. 이러한 경우에는 진술내용이 반드시 서면에 기록되어야 한다. 진술기재서면(record)의 작성은 신문 도중이나 신문 종료 후 가능한 한 빠른 시점에 이루어져야 한다. 진술기재서면에는 기록자가 서명하여야 하며, 피의자에게는 진술기재서면을 읽고 수정을 요구할 수 있는 기회를 제공하지 않으면 안된다(실무규범 C11.7-14). 그런데 피고인 측에서 자백의 증거능력에 대하여 이의를 제기하는 경우에는 배심원이 없는 자리에서 판사가 증거능력에 관하여 재판을 하게 되는데(전술한 증거배제신청절차), 이러한 경우 검사는 녹음테이프를 제시하거나 조사경찰관을 증인으로 신청하여 자백의 임의성을 입증할 수 있는바, 다만 모든 사건에 경찰관이 증인으로 출석하는 것이 아니며, 증인 출석여부는 소송전략 차원에서 검사가 판단할 문제라고 한다.[324]

나. 영상녹화물의 증거능력

영국의 증거법상 영상녹화물은 전문증거에 포함되지만, 피의자에 대한 영상녹화물은

---

324) 변필건, 「조사 경찰관에 의한 전문진술의 현출방법에 관한 비교법적 고찰」, 형사법의 신동향 통권 제19호(2009. 4.), 대검찰청, 173면.

common law에 따라 전문법칙의 예외로서 증거능력이 인정되고,[325] 참고인에 대한 영상녹화물은 전문법칙상 일정한 예외가 인정되면 증거능력이 부여된다.[326] 특히 증인에 대한 영상녹화물은 일정한 요건을 갖추면 최량증거의 원칙의 수정을 통해 그 자체로 증거능력이 인정된다. 결국 영국에서 영상녹화물의 증거능력을 인정하는 것은 common law와 전문증거에 대한 전문법칙의 예외에 근거한 것이지, 특별법이 있다거나 입법 정책적으로 증거능력을 부여하는 규정이 있기 때문이 아니다.[327]

다. 영상녹화실무

영국에서는 녹음제도가 도입됨에 따라 조사관의 신문기술의 문제점이 차츰 드러나게 되었으며, 이에 경찰은 PEACE모델[328]이라고 하는 신문기술을 개발하여 조사경찰관들을 교육시키게 되었고, 이로써 수사기관의 신문기술이 진보하게 되는 성과도 이루게된 것으로 평가되고 있다.[329]

---

325) 영국 형사소송법 제118조 제1항은 피의자의 자백(confession)에 대하여 common law에 따라 증거능력을 인정할 수 있도록 규정하고 있다.

326) 전문증거가 증거능력이 인정되는 경우란 영국 형사소송법 제114조 이하의 전문법칙의 예외에 해당하거나, 제118조에 의하여 common law상 일정한 범주 내에서 증거능력이 인정되는 경우, 형사소송절차에서 모든 당사자가 증거능력의 인정에 동의한 경우 또는 전문증거의 증거능력을 인정하는 것이 사법적 정의에 부합한다고 법원이 인정한 경우를 말한다(Criminal Justice Act 2003, 제114조 제1항)

327) 허인석, 앞의 논문, 59면.

328) PEACE모델이란, 피의자·목격자·피해자 등의 진술인이 가지고 있는 정보를 효율적으로 취득하기 위해 수사관이 면담(Interview)시 유념해야 할 지침과 절차를 제시한 조사기술의 일종이며, 실무가·법학자·과학자·심리학자 등이 참여하여 개발한 것으로 1992년부터 경찰관 교육에 사용되고 있다(National Crime Faculty, "Practical Guide to Investigating 2000", 2000 참조). 계획과 준비(Planning and Preparation), 도입과 설명(Engage and Explain), 진술청취·명확화와 반론조사(Account, Clarification and Challenge), 종료(Closure), 평가(Evaluation)의 이니셜을 딴 약칭이다. 수사관의 주도적인 준비하에서 이루어지며, 피의자의 진술을 부인·자백에 관계없이 명확히 한 후에 진술자체의 모순이나 다른 증거와의 모순의 유무를 확인하고, 때로는 이를 탄핵해 나가는 기법을 사용한다(PEACE모델에 대한 자세한 설명은 Rebecca Milne·Ray Bull, "Investigative Interviewing: Psychology and Practice", John Wiley & Sons Inc, 1999 참조).

329) 필자가 영상녹음·녹화시스템을 조사하기 위하여 2007. 12. 8-17. 영국·네덜란드·스위스·이탈리아의 법무부(검찰청) 및 일선 경찰서를 방문한 적이 있는데, 영국의 경우 영상녹화증거가 있는 경우에는 이를 확보하는 것이 조사자(경찰) 및 검찰의 의무로 규정되어 있으며, 영상녹화증거의 존재사실 및 수집절차를 사건 문서에 명기해야 하고(Code of Practice under Sections 23 and 25 Criminal Procedure and Investigations Act 1996, Attorney-General's Guidelines in relation to disclosure of information in criminal proceedings), 실무에서 이러한 영상녹화물

먼저 실무규범 E의 테이프녹음에 관한 구체적인 절차를 보면, 신문개시절차에 관하여는 녹음기기의 설치방법, 조사관 및 입회자의 확인, 신문시간 및 신문장소의 확인, 테이프녹음에 관한 설명, 진술거부권 및 무료에 의한 변호인의 법적 조언을 받을 권리의 고지 등을 규정하고 있다(Code E 4.3~4.5 E). 또한 신문도중의 절차에 관하여도 상세한 규정을 두고 있는데, 구체적으로 피의자로부터의 이의신청에 대한 취급절차, 녹음테이프의 교환방법, 휴식절차, 녹음기가 고장난 경우에 취해야할 조치, 신문 도중의 녹음테이프 인출방법 등이 여기에 해당한다(Code E 4.8-4.15). 신문종료절차에서는 정정신청의 기회부여, 종료시간의 기록, 피의자에 대한 테이프녹음의 개시에 관한 설명이 행해질 것이 규정되어 있다(Code E 4.17~4.19). 그리고 신문종료 후 동시에 녹음된 2개의 테이프 가운데 1개는 피의자의 면전에서 봉인되어 '마스터 테이프(Master Tape)'로서 별도로 보관된다. 특히 1992년부터는 테러범죄 등의 일부 예외를 제외하고는 원칙적으로 범죄에 대한 신문과정에 있어서 신문의 전 과정을 의무적으로 녹음하고 있는데(Code E 3.1~3.4),[330] 녹음은 더블 데커의 신문전용 녹음기기에 의해 2개의 테이프가 동시 녹음되며, 이 중 1개는 변경방지를 위해 봉인하여 보관하고, 나머지 1개는 증거로서 사용하되 그 복제본을 피의자에게 교부한다.

비디오녹화에 관한 실무규범 F(Code F)는 녹음테이프를 규정한 실무규범 E와 유사하며 비디오녹화에 따라 고려될 사항이 추가되어 있는데, 기소가능 범죄 및 기소할 수도 있는 범죄는 원칙적으로 녹화하며, 농아·맹인 또는 언어능력을 상실하여 수화를 사용하는 자에 대한 조사시, 피의자나 대리인의 요청이 있는 경우 등 특별한 사정이 있는 경우도 녹화한다고 규정되어 있다.[331] 다만 피의자신문을 비디오녹화하는 것이 합리적으로 실행가능하지 않는 경우에는 실무규범 E에 따라 테이프녹음으로도 기록할 수 있도록 규정되어 있다(Code F 3.3).

(2) 미 국

가. 도입배경

미국은 연방차원에서는 영상녹화제도에 관한 명문규정을 두고 있지 않지만, 1977년

이 임의성을 입증하기 위한 자료로 활용하지만, 일단 임의성이 입증되면 영상녹화물을 증거(본증)로 사용하는데 아무런 제약이 없다고 하였다(Gatwick Police Station의 Andy Griffiths, Detective Chief Inspector, North Downs Division Command의 진술).

330) 영국의 영상녹화는 중죄에 한정하여 의무적으로 시행되고 있다는 견해도 있으나(이영한, 앞의 논문. 111-112면), 원칙적인 조사방법으로서 몇 가지 예외가 있는 경우에만 영상녹화를 하지 않을 수 있을 뿐 기소될 수 있는 거의 모든 범죄에 대하여 영상녹화를 실시해야 한다고 규정하고 있다.

331) 수사과정의 녹음·녹화제 운영실태보고, 수사과학연구회 자료집(2003. 12.), 대검찰청, 18면.

Montana주에서 사건에 대한 반복된 진술로부터 아동을 보호하기 위하여 수사절차에서 아동의 진술을 녹화한 비디오를 공판정에서 증인(아동)의 진술을 대체할 수 있도록 허용한 이래, 1990년에 이미 33개 주에서 이를 도입하여 실시하고 있다.332) 다만 아동에 대한 비디오신문과 달리 피의자의 경우에는 미란다원칙에 의해 피의자조사에 있어 변호인의 입회를 요구하면 경찰은 변호인의 입회 없이는 피의자를 조사할 수 없으므로, 이러한 미란다고지가 적절하게 이루어졌는가를 입증하는 방법의 일환으로 비디오녹화제도가 고려되어 왔으며,333) 일부 주에서 이를 인정하여 판례나 성문법에 의하여 실시하고 있다.334) 결국 1966년 미란다 판결이 모든 피의자들의 헌법적 권리를 한층 더 끌어올린 것과 마찬가지로 신문과정의 영상녹화는 허위자백을 치료할 수 있는 만병통치약(panacea)으로 인식되었으며, 이러한 영상녹화신문에 대한 기대는 만약 경찰에서 신문과정을 영상녹화하지 않았다면, 경찰이 부적절한 행위를 하였다는 것을 의미하는 정도로까지 발전되었다.335)

이와 관련하여 미국 국가사법위원회(National Institute of Justice, NIJ)는 법집행기관이 피의자신문과 관련하여 비디오녹화기술을 사용한 빈도와 사용경험을 조사하기 위해 전국적 설문조사의 자금을 지원한 바 있는데, 2,400개의 수사기관 중 384개(16%) 기관이 조사나 신문, 자백을 영상녹화한 것으로 조사되었으며, 대부분의 응답기관이 영상녹화에 대하여 긍정적인 경험을 표시하였다336)고 한다. 특히 영상녹화는 ㉠ 법정에서 자백의 진실성과 자발성을 입증하는 데 도움이 되고, ㉡ 수사관의 법정 증언을 준비하는 데 도움이 되며, ㉢ 부적절한 기법을 사용하지 않았느냐는 의심을 차단하는 데 도움이 된다는 것이다. 그리고 신문과정의 어떤 부분도 비디오 녹화를 하지 않기로 결정한 2,016개 기관이 이러한 결정을 하게 된 근거에는 두 가지 중요한 이유가 있었는데, 첫째 영상녹화는 부적절한 신문기법을 사용하였다는 피고인의 항변을 증가시킨다는 우려이고, 둘째 신문과정을 영상녹화하는 것은 진실을 말하고자 하는 피의자의 의도를 방해할 것이라는 우려였다337)고 한다.

---

332) 2005년 기준으로 41개주 260여개 경찰관서에서 영상녹화제도를 전면 실시하고 있다고 한다(하태훈, 수사과정에서의 영상녹화제에 관한 연구, 2005년 대검찰청 용역과제, 12면).

333) 김성돈, 앞의 논문, 27면.

334) 탁희성, "피의자신문의 녹음·녹화시스템에 관한 비교법적 고찰", 형사정책연구소식 제84호 (2004), 12-13면.

335) Buckley/Jayne, op.cit., p.4.

336) Ibid, p.7.

337) Ibid.

나. 헌법적 근거

영상녹화물의 증거능력에 대한 대부분의 논쟁은 헌법적인 토대에 기초한다. 즉 미국 연방 수정헌법 제5조의 자기부죄금지특권이 자백 등 유죄의 내용이 담긴 피고인의 진술을 녹화한 영상녹화물을 증거로 사용하는 것에 부정적으로 작용하고 있는가이다. 이와 관련하여 State v. Lusk사건[338])에서 Missouri대법원은 비디오테이프에 담긴 피고인의 자백내용을 배심원들에게 보여주는 것은 피고인의 자기부죄금지특권을 침해하는 것이라는 피고인의 주장에 대하여 「원심법원에 의하여 그것이 자발적으로 이루어졌는지가 결정된 이후에 피고인의 자백을 담은 정당하게 인증된 비디오테이프를 배심원들에게 보이는 것은 어떠한 헌법적 권리를 침해한 것도 아니다. 피고인의 자백이 자유로운 상태에서 자발적으로 이루어진 것이 아니라는 주장은 형사재판에서 자주 보여진다. 그러나 자백이 "movietone"의 방법으로 보여진다면, 법원이 보다 정확하게 사실을 확정하거나 그러한 주장이 거짓임을 확인하는 것을 가능하게 할 것이다」라고 판시하면서 피고인의 주장을 기각한 것은 정당하다고 판시하였다. 유사하게 불법적인 압수·수색을 금지한 수정헌법 제4조 및 적법절차와 관련된 제5조도 그러한 녹화물의 증거로서의 사용을 금지하지는 못한다. People v. Higgins사건[339])에서 New York주 대법원도 「미란다 고지후에 피고인이 명백히 자발적으로 그의 헌법적 권리를 포기하고 자백한 것을 담은 비디오테이프는 증거능력이 있으며, 그에 따라 원심법원은 증거이의신청을 효과적으로 기각하였다. 여기서 비디오테이핑을 한 기술자가 증언을 한 것과 관련하여 제공된 비디오의 증거물로서의 신빙성을 담보하는 증명방법으로서 사진가, 전문가 또는 기술자, 그 외 묘사된 사실을 관찰한 누구에 의하여서도 증명될 수 있다」고 판시한 바 있다. 아울러 영상녹화물은 그것의 사용이 도청을 금지하는 법률에 위반한다는 이유로 증거로서 배제되지도 않는다고 한다.

다. 영상녹화물의 증거능력

미국은 1961년 워렌 대법원장이 연방증거규칙 제정을 권고함에 따라 1972년 연방대법원이 연방증거규칙(Federal Rules of Evidence)을 완성하여 1975년부터 시행하고 있다. 연방증거규칙에 의하면 어떤 증거에 증거능력이 인정되기 위해서는 증거가 특정사건의 주요한 법적 쟁점과 실질적으로 관련되어야 하고(relevant), 그 쟁점을 입증할 증거가치가 있어야 하며(material), 증거배제법칙에 해당하지 않고 증거능력이 있어야 한다(competent). 영상녹화물은 일종의 법정외 진술에 해당하기 때문에 그 증거능력유무를 확인하기 위해서는 전문증거 및 전문법칙의 예외에 대한 검토가 필요하다. 연방증거규칙

---

338) State v. Lusk, 452 SW 2d 219(1970).

339) People v. Higgins, 89 Miac 2d 913, 392, NYS2d 800(1977).

제801조(c)는 전문증거를 "원진술자의 법정외 진술(statement)로서 주장하는 사실이 진실함을 증명하기 위하여 제출한 것"이라고 정의하고 있다. 여기서의 진술(statement)에 관하여 연방증거규칙 제801조(a)는 구두 또는 서면에 의한 주장, 주장을 의도하는 비언어적 행동이라고 정의하고 있으므로 진술서, 조서, 영상녹화물 등을 모두 포함한다.

일부 논문은 녹음·녹화테이프는 전통적인 증거법 이론의 입장에서 본다면 실물증거(real evidence) 내지 설명증거(demonstrative evidence)와 달리 그 자체로서는 증언의 진술에 의하여 설명되는 사실을 그대로 묘사하는 정도의 설명능력 이외에 독자적인 증거가치가 있는 것이 아닌 '사진증거(photographic evidence)'로 평가되고 있다[340]고 기술하고 있으나, 이는 문제있는 표현이다. 왜냐하면 비디오테이프를 실물증거의 일부로 구분하고 있는 연방증거규칙 제901조(a)(5)는 특수매체기록의 증거조사방법 등을 규정한 한국의 형사소송법 제292조의3에 준하는 것으로 주로 현장상황이 녹화된 비디오테이프에 관한 것으로 보아야 하고, 그 녹화된 진술내용을 증거로 인정하기 위해서는 여전히 전문법칙이 적용되기 때문이다.

한편, 영상녹화물이 전문증거의 진술에 해당한다면 그 증거능력을 어떻게 인정받을 수 있는지 문제되는데, 연방증거규칙은 피의자의 법정외 진술과 증인의 법정외 진술을 구별하여 증거능력을 인정하고 있다. 전술(前述)한 것처럼, 피의자의 법정외 진술에 대하여 연방증거규칙 제801조(d)(2)는 피의자는 자인(admission by party-opponent)은 아예 전문증거가 아니라고 규정하고 있기 때문에 증거능력이 인정된다.

반면에 증인의 법정외 진술에 관하여는 전문법칙을 적용하되, 연방증거규칙 제803조 이하에서 원진술자의 증언이 불가능한 경우 및 원진술자에 대한 신문가능성이 중요하지 않는 경우로 나누어 전문법칙의 예외사유를 개별적으로 규정하고 있다. 연방증거규칙은 원진술자의 증언이 불가능한 경우로 증인의 종전 증언(former testimony), 이해관계에 반하는 증언(statements against interest), 임종전 진술(dying declaration) 등을 열거하고 있고, 원진술자에 대한 신문가능성이 중요하지 않은 경우로 정신상태에 관한 진술(state of mind), 흥분상태의 진술(excited utterances), 감각적 진술(present sense impression), 신체상태에 대한 진술(declaration of physical condition), 업무상 기록(business record) 등을 열거하고 있다. 또한 1997년에는 연방증거규칙 제807를 신설하여 전문증거가 중요사실에 관하여 제출되었고, 제출된 전문증거의 입증가치가 다른 증거에 비하여 우월하며, 증거능력을 인정하는 것이 사법정의에 부합하는 경우에는 당해 전문증거가 제803조 및 제804조에 해당하지 않더라도 증거능력을 인정할 수 있다[341]고 규정하고 있다.

---

340) 이영한, 앞의 논문, 104면.

341) FRE 제807조 나머지 예외(Residual Exception)

  법원이 (A) 진술이 중요 사실에 대한 증거로 제출되고, (B) 진술이 증거 신청자가 합리적인 노

미국판례 역시 영상녹화된 진술은 피의자의 헌법적 권리가 침해되지 않았고, 공정성과 정황성에 관한 적절한 기초(proper Foundation)가 세워진다면 증거로서 허용된다는 입장이다. 즉 United State v. Branch 사건에서 구체적인 기준을 정하고 있는데, ① 녹음장치가 대화녹음에 적합하여야 하고, ② 녹음자가 기계작동에 적임이어야 하며, ③ 녹음은 일어난 일에 대해 정확히 기록되어야 하며, ④ 어떤 변화, 추가 또는 삭제도 있어서는 안 되며, ⑤ 법정에 제출되는 방법으로 보존되어야 하며, ⑥ 대화자가 누구인지 알 수 있어야 하고, ⑦ 허용되지 않는 유도신문이 없어야 한다는 것이다.342) 여기서 ①과 ②의 요건은 정확성에 관한 것이고, ③과 ④는 진정성립의 요건이며, ⑤는 보관의 연속성(chain of custody), ⑥은 관련성(Relevance), ⑦은 증거능력(Competency)에 관한 요건으로서, 위와 같은 요건은 조사자 또는 영상녹화장비 작동자가 법정에 출석하여 증언하면 입증할 수 있을 것이다.343)

라. 각 주의 구체적 입법형태

미국에서는 구금된 피의자조사과정의 녹음·녹화에 대한 법적 강제여부에 대하여 연방차원에서 통일적으로 규율하지 아니하고, 각 주에 따라 자율적으로 규정하고 있다. 왜냐하면 영상녹화와 관련된 개별 주의 입법은 원래 증거가 아닌 영상녹화물의 증거능력을 인정하기 위한 특별법이 아니라 특정사건에 대한 녹화를 의무화함으로써 적법절차를 확실하게 보장하기 위하여 제정된 것이며, 주 최고법원의 판례도 원래 증거가 아닌 영상녹화물에 증거능력을 부여하기 위한 조건을 판시한 것이 아니라, 기본권 보장을 위

력을 통하여 획득할 수 있는 다른 증거들이 제공하는 것보다 사안에 대하여 보다 더 증거가치가 있고, (C) 그 진술을 증거로 채택하는 것이 이 법의 일반적 목적과 정의의 이익에 가장 잘 부합하는 경우라고 인정하는 경우, 법 제803조와 제804조에 의하여 증거능력이 인정되지 않더라도, 신빙성의 정황적 보장이 인정된다면, 전문법칙에 따른 증거능력 배제 사유에 해당하지 않는다. 그러나 증거 제출자는 위 진술에 대하여 준비할 공정한 기회를 가지도록, 재판이나 심리의 충분한 이전 시간에 그 상대방에게 위 진술을 제출하려 하는 의도, 원진술자의 이름 및 주소를 포함한 그 진술의 특징을 고지하여야 하고, 그렇지 않으면 증거로 할 수 없다.

342) United State v. Branch, 970 F.2d 1368(4th Cir. 1992).

    (1) the recording device was capable of recording the conversation;

    (2) the operator was competent to operate the machine;

    (3) the recording is a correct rendition of the occurrence;

    (4) no changes, additions or deletions have been made;

    (5) the recording has been preserved in a manner shown to the Court;

    (6) the speakers are identified; and

    (7) there was no impermissible inducement.

343) 허인석, "영상녹화제도의 합리적 운용과 발전방향", 법조 제57권 9호(통권 제624호), 법조협회, 68면.

해 영상녹화가 필요한 사건의 범위와 절차를 언급할 뿐이기 때문이다.344) 즉 위 판례의
공통점은 구금조사시 적법절차 보호를 위해 영상녹화제도를 도입하여야 하고, 심지어 영
상녹화되지 않은 법정외 진술의 증거능력까지 배제하고 있다는 점이다. 따라서 이하에서
소개할 입법례 및 판례 등으로 해당 주에만 영상녹화물의 증거능력을 인정한다고 잘못
해석해서는 아니될 것이다.

미국 각 주의 녹음 · 녹화제의 실시형태는 ⅰ) 입법(legislation)에 의한 경우, ⅱ) 판
례법을 통하여 수사상 녹화제도를 채택한 경우(court ordered recording), ⅲ) 각 경찰서
에서 자율적인 판단으로 시행하는 경우(individual department policies)로 나눠볼 수 있는
데, 입법에 의한 경우는 Washington D.C · Illinois · Maine · New Mexico · Texas 등이
고, 판례법에 의한 경우는 Alaska · Minnesota · New Jersey · Massachusetts · New
Hampshire 등이며, 나머지 주에서는 수사기법상의 이유 등을 들어 수사기관의 자율에
맡기고 있으나, 주법원에서 피의자진술이 담긴 영상녹화물에 대하여 대부분 증거능력을
인정하고 있어, 대부분의 수사기관에서 중요사건의 경우에 녹음 · 녹화를 선호하고 있
다.345) 2019. 1. 기준으로 총 27개 주에서 법원의 판결 또는 법제화의 형태로 도입되어
점차 그 도입이 확대되어 가는 추세라고 한다.346)

구체적인 입법형태를 살펴보면, Alaska주에서는 수사기관에서의 수사과정의 임의성
및 적법절차 준수여부 확인을 위해 반드시 구금된 피의자조사과정을 녹음 · 녹화하도록
강제하고 있고, 장비가 갖추어져 있음에도 녹음 · 녹화하지 아니하면 진술의 임의성을 배
제하고 있으며,347) Minnesota주에서는 법원이 구금장소에서의 조사과정을 전자적으로
녹음 · 녹화할 것을 요구하고 있을 뿐만 아니라348) 법관의 배심원들에 대한 지침 중에

---

344) 허인석, 앞의 논문, 63면.

345) 미국의 일부 주들이 구금조사 또는 중범죄에 대한 영상녹화조사를 의무화하는 내용의 법률을
    제정한 것과 관련하여, 일부 논문은 미국의 수사실무상 영상녹화조사가 예외적으로 활용된다거
    나 다른 주들은 영상녹화제도를 도입하지 않았다고까지 잘못 주장하지만, 위에서 언급한 것처
    럼 미국증거법상 영상녹화물은 다른 전문증거와 마찬가지로 일정한 요건하에 증거능력이 인정
    되며, 주의 이러한 입법은 구금조사 내지 중범죄에 대하여 의무적으로 영상녹화를 활용하라는
    의미라는 점에 유의해야 한다.

346) 홍진영, "개정 형사소송법 제312조에 대한 검토", 형사소송 이론과 실무 제12권 제1호(2020.
    6.), 한국형사소송법학회, 245면.

347) Stephan v. State, 711 P.2d 1156(1985). 「구속 중 신문에 대한 전자적 기록이 면책될 수 없는
    이유로 실패한 경우에는 알라스카 헌법하에 적법절차에 따른 피의자의 권리를 위반한 것이라
    는 점을 확인하고 따라서 이 경우의 피의자의 진술은 증거로서 받아들일 수 없다」.

348) State v. Scales, 518 N.W.2d 587(1994). 「권리나 권리의 포기 그리고 모든 질문을 포함한 강
    제적 신문이 용이한 상황에서는 전자적으로 기록되어야 하고, 구금장소에서 신문이 진행된 때
    에는 녹화되어야 한다. 만약 사법경찰관이 이 녹화요건을 충족하지 못하였을 때에는 수사에 따

'신문이 영상녹화되지 않았다면 반드시 피고인의 자백을 주의깊게 살펴보아야 한다'라는 내용을 포함시키고 있다.

Texas주에서는 구금된 피의자의 경우 자필로 쓴 진술서(Written Statement) 외에도 일정한 요건을 갖추어 녹음·녹화된 진술에 대하여 증거능력을 인정하는 형사소송법(제38장 제22절)[349]규정을 마련함으로써 사실상 녹음·녹화를 강제하고 있다.

Illinois주는 2005년 사형선고를 받은 다수의 피고인들이 DNA증거를 통해 무죄석방된 이후, 형사소송법(주법 제725장) 제103-2.1조의 (b)항(2005.7.18.)에서 구금된 자(custodial interrogation)[350] 및 살인 피의자에 대한 조사시 의무적으로 영상녹화할 것을 규정하였는데,[351] 이는 1985년 Alaska주, 1994년 Minnesota주에 이어 수사기관으로 하여금 의무적으로 영상녹화를 요구한 세 번째 주에 해당한다.

New York주에서는 살인·성범죄사건 전체에 대하여 피의자 신문과정에 대한 녹

르는 피의자의 어떠한 진술도 재판에 사용되지 못한다」.

349) Texas Code of Criminal Procedure Article 38.22(1979, 1989.). Sec. 3. (a) 어떤 강제적 신문의 결과로서 행해진 피의자의 자백 등의 진술이 아래의 요건을 갖추지 못하였다면 형사절차에서 피고인에게 불리한 증거로 허용될 수 없다.
(1) 동작사진(motion picture), 비디오테이프(video tape), 또는 다른 시각적 기록(other visual recording)을 포함한 전자적 기록(electronic recording)으로 진술을 기록한 경우
(2) 진술에 앞서 녹화 중에 피의자는 동법 제2조 (a)항의 권리들을 고지 받아야하고 그 권리들을 알고(knowingly), 인지하고(intelligently), 자발적으로(voluntarily) 포기해야 한다.
(3) 녹화장치(recording device)는 정확한 녹화를 할 수 있어야 하고 녹화장치를 작동하는 자(operator)는 자격 있는 자이어야 한다. 그리고 녹화(recording)는 정확해야 하며 편집되어서는 안 된다.
(4) 녹화자료에서의 육성은 식별되어져야 한다.
(5) 녹화가 시작된 날로부터 20일 이내에 피의자를 대리하는 변호사에게 이 법 조항에 따라 피의자의 진술을 녹화한 모든 자료를 진정하고 완전하며 정확한 사본으로 만들어 제공되어야 한다.
350) custodial interrogation에 대하여 한국에서는 강제적 신문, 구금조사 등으로 번역되고 있는데, 명칭이야 어떻든 custodial interrogation이라 함은 구속 뿐만 아니라 어떠한 방법에 의해서이든 피의자의 행동의 자유가 박탈된 상태에서 이루어지는 조사를 총칭하며, custodial interrogation의 경우에는 miranda 권리를 고지해야 한다는 점에서 non-custodial interrogation과 차이가 있다.
351) 일리노이주 형사소송법(주법 제725장) 제103-2.1조의 (b)항(2003.7.18.) 경찰서 또는 다른 구금장소에서의 강제적 신문의 결과로서 피의자에 의하여 행해진 구두, 서면, 또는 표식언어에 의한 진술은 다음의 요건을 갖추지 못하면 형사소송절차에서 증거로서 허용되지 않는 것으로 간주된다.
(1) 강제적 신문은 전자적으로 기록되어야 하며,
(2) 강제적 신문의 전자적 기록은 실질적으로 정확하고 의도적으로 변경되어서는 안 된다.

음·녹화를 임의로 시행하고 있었으나, 2018년 중죄 사건에 대하여 피의자신문영상녹화의 강제규정이 도입되었다. 나머지 범죄는 사안에 따라 필요한 경우에 한하여 녹음·녹화가 시행되고 있는데, 이 경우 원칙적으로 피의자만 시행하되, 피해자나 참고인이 아동인 경우에는 제3자에 대해서도 시행하고 있다.

Washington D.C.에서는 2003. 6. 23.부터 시행된 워싱턴 D.C.의 녹음·녹화절차법(Electronic Recording Procedures Act of 2002)에 따라 체포사건 모두에 시행하나, 살인·중상해·성범죄에 대해서는 의무적으로, 나머지 범죄의 경우에는 담당 경찰관의 재량에 의하여 녹음·녹화할 수 있도록 규정하고 있으며, 다만 참고인이나 피해자에 대해서는 원칙적으로 시행하지 않고 있다.[352] 그런데 이 법률의 제정에도 불구하고 경찰측의 대응이 만족할 만한 것이 아니라는 판단을 내린 워싱턴 DC의회(Council of the District of Columbia)는 녹음·녹화를 의무적으로 실시하도록 하기 위하여 녹음·녹화 등에 의한 전자기록 없는 진술은 임의성이 없는 것으로 추정한다는 조항을 포함시킨 2004년 전자적 기록 절차법(Electronic Recording Procedure Act of 2004)을 제정하였다. 다만, 이 간주조항에 대해 미국의 연방검찰이 '헌법이 규정하고 있는 이상의 거증책임을 검찰에 부담시킨 것'이라고 반대하자, 이후 워싱턴 DC시장, 검사국장 등의 활동에 의해 2005년 전자적 기록절차 및 벌칙에 관한 임시법(Electronic Recording Procedure and Penalty Temporary Act of 2005)이 성립되었다. 문제는 이 임시법률은 의무적 녹음·녹화를 의도적으로 이행하지 않은 경우에 대해 징계를 가하도록 규정하고 있을 뿐 증거배제에 관한 규정은 두고 있지 않은 관계로, 2004년 법률을 무효로 한다는 취지인지 여부에 대하여 논란이 제기된 바 있다.

2005년 New Jersey주도 자백이 증거로 채택되기 위해서는 반드시 전자적으로 기록되어야 한다고 요구하였으며, 콜롬비아 특별구법 17(statute 17)도 경찰서장에게 경찰이 위험한 범죄나 폭력범죄의 피의자를 신문할 경우 신문을 전자적으로 기록할 것을 요구하는 일반명령을 채택할 것을 요구하고 있다.[353]

미국에서 수사기관이 녹음·녹화를 선호하는 이유는 피의자가 공판과정에서 수사기관에서 자백한 사실을 부인하는 경우 자백과정 및 수사과정의 공정성을 배심원들에게 보여주는데 효과적이며, 특히 성폭력 피해아동(juvenile victim)의 경우에 반복조사를 피하

---

352) 녹음·녹화절차법(Electronic Recording Procedures Act of 2002)에 따르면 경찰관이 피해자나 참고인에 대하여 녹음·녹화를 하고자 할 경우에는 검찰청(US ATTorney's Office) 검사의 검토(consulting)을 받아 허가(authorize)를 받도록 규정하고 있으며, 다만 동 법률은 세부절차에 대해서는 경찰 자체의 내규(GO(general order)-SPT-304.16)에 포괄적인 위임을 하고 있다.

353) 미국전역 수사기관에 대한 설문조사 결과를 보면, 인구 5만 명을 넘는 지역을 관할하는 경찰서의 1/3 정도가 영상녹화를 하고 있다(Buckley/Jayne, op.cit., p.5.)고 한다.

고 기억력의 한계로 최초진술이 번복되는 것을 막기 위한 것으로 알려져 있다. Arizona 항소법원도 아동학대사건에 대한 판결에서 '6살된 피해자인 아동이 법정에서 증언하기에 적절한 상황이 아니라는 전문가의 조사내용, 비디오진술시 피고인 또는 그의 변호인이 함께 있었으며 당시 반대신문을 할 기회가 주어진 점' 등을 들어 피해자의 진술내용을 담은 영상녹화물의 증거능력을 인정한 바 있다.

(3) 캐나다

캐나다에서는 1988년에 제정된 Criminal Code Section 715. 1을 통해 참고인에 대한 비디오신문을 피해자가 사건당시 18세 이하인 경우에 허용하고 있는데,[354] 그 목적은 증거의 보전 및 실체적 진실의 발견에 있다. 왜냐하면 영상녹화는 좀 더 자연스러운 상황에서 아동이 한 증언을 보전함으로써 과거의 사실을 가장 잘 설명할 수 있을 뿐만 아니라 범죄 발생 이후의 외부적 영향에 의해 증언이 변질되는 것을 방지할 수 있기 때문이다. 예컨대 4세 때 학대를 받은 아동은 1-2년 후의 재판과정에서 학대사실을 제대로 기억하지 못할 수도 있는데, 재판에서 영상녹화물을 이용한다면 아동에게 심리적 압박이나 충격을 완화할 수 있을뿐더러 아동이 재판 이전에 학대받았던 아픈 기억에 대하여 낯선 수사관으로부터 수차례 같은 질문을 받는 횟수를 줄일 수 있는 것이다.

물론 이러한 영상녹화에 의한 증언은 전형적인 전문증거로 피고인의 대면신문권이

---

354) Criminal Code PART XXII PROCURING ATTENDANCE. VIDEO-RECORDED EVIDENCE. 715. 1 (1) (Evidence of viction or witness under 18) In any proceeding against an accused in which a victim or other witness was under the age of eighteen years at the time the offence is alleged to have been committed, a video recording made within a reasonable time after the alleged offence, in which the victim or witness describes the acts complained of, is admissible in evidence if the victim or witness, while testifying, adopts the contents of the video recording, unless the presiding judge or justice is of the opinion that admission of the video recording in evidence would interfere with the proper administration of justice.
(2) (Order prohibiting use) The presiding judge or justice may prohibit any other use of a video recording referred to in subsection (1).
형사법 제22장 출석담보. 영상녹화증거 제715조 제1항 제1호(18세 미만 피해자 또는 증인의 특칙) 피해자 또는 증인이 범행 당시 18세 미만인 경우, 범행 후 적절한 시간내에 피해자 또는 는 증인의 피해 또는 목격진술을 녹화한 영상 녹화물은 피해자 또는 증인이 법정에서 영상녹화내용의 진정성립을 인정한 경우 증거로 사용할 수 있다. 다만, 재판장이 영상녹화물을 증거로 채택할 경우 사법정의의 적정한 실형에 지장을 초래한다고 판단하는 때에는 그러하지 아니하다.
제2호(사용금지명령) 재판장은 전호에 규정된 영상녹화물의 다른 용도 사용을 금지할 것을 명할 수 있다.

지나치게 침해된다는 논란이 있어 왔는데, 피고인이 위 규정이 전문증거법칙을 위배하여 공정한 재판을 받을 권리를 침해하였다고 주장한 사건에서, 대법원은 아동의 영상녹화 진술은 아동이 그 내용을 인정할 경우 법정내 증언의 일부가 되므로 전문증거가 아니라고 판시한 바 있다.[355] 다만 아동증인이 '내용을 인정한다'는 의미에 관해서는 하급심 간 논란이 있었는데, Alberta주 항소법원은 설사 증인이 자신의 진술 내용을 기억하지 못한다고 하더라도 증언을 했던 사실, 그리고 그 당시 증인이 진실을 증언했다는 사실이 있으면 내용을 인정하는 것으로 해석해야 한다[356]고 판시한 반면, Ontario주 항소법원은 증인이 현재의 기억에 의하여 영상녹화 진술내용의 정확성을 확신할 때 비로소 내용을 인정하는 것으로 보아야 한다[357]고 판시한 바 있다. 이에 대하여 1997년 대법원은 입법취지에 비추어 볼 때 Ontario주 항소법원의 해석은 지나치게 제한적이라고 지적하면서 Alberta주 항소법원의 손을 들어 주었고,[358] 이 판결로 인해 수사기관은 아동피해자에 대하여 영상녹화조사를 본격적으로 활용하게 되었고 아동피해사건 수사의 패러다임이 바뀌는 전환점이 되었다[359]고 한다.

한편 피의자신문에 대해서는 1978년 온타리오(Ontario)주의 R. v. Vangent and Green판결에서 처음으로 언급되었으며, 2001년 Moore-McFarlane판결[360]에서 온타리오 항소심은 「용의자가 구금상태에 있고, 녹화장비를 갖추는 것이 쉬운 경우에는 경찰은 반드시 신문과정을 비디오로 녹화하여야 한다. 만약 고의적으로 신뢰할 수 있는 기록을 만드는 것을 생각하지 않고 용의자를 신문하기 시작하였다면 그 신문내용은 필연적으로 그 결과로 남는 녹화가 되지 않는 신문들을 의심스럽게 만든다」고 판시한 바 있다. 즉 만약 녹화장비가 사용되지 아니한 이유에 대하여 신문경찰관이 만족할 만한 근거를 가지고 설명을 하지 않는다면 판사는 피고인의 자백이 임의적이 아닌 것으로 추정할 권한이 있다는 것이다. 다만 동의없는 녹음·녹화에 대하여 Duarte판결[361]에서 캐나다 대법원은 대화의 참여자 중의 한명이 정부의 대리자인 경우 대화를 비밀리에 녹음하는 경우는 Charter 섹션 8을 위반하는 것이라고 판결한 바 있는데, 이는 사생활의 합리적인 기대를 침해하고 청취자의 범위를 고를 권한을 없애버리는 것이 된다는 것이다.[362]

---

355) R. v. L.(D.O.) (1993), 25 C.R. (4th) 285(S.C.C.).
356) R. v. Meddoui. (1990), 2 C.R. (4th) 316 at 323-24(Al. C.A.).
357) R. v. Toten (1993), 83 C.C.C. (3d) 5(Ont. C.A.).
358) R. v. F(C.C.) (1997), 120 C.C.C. (3d) 225 at 234(S.C.C.).
359) 김윤상, 「영상증언제도에 대한 검토 - 캐나다 제도를 중심으로 -」, 해외연수검사연구논문집 (Ⅰ) 제22집(2006), 법무연수원, 617-618면.
360) Moore-McFarlane(2001), 160 C.C.C. (3d)493(Ont. C.A).
361) Duarte(1990), 53 C.C.C. (3d) 1(S.C.C.).

(4) 호 주

호주에서 녹음제도가 도입된 것은 1989년부터 1991년 사이에 자백의 임의성이 다투어진 몇 건의 형사사건에 있어서 법원에 의해 조사의 전과정이 녹음 · 녹화되지 않은 자백은 원칙적으로 증거능력을 부정한다는 판결이 나오게 된 것이 그 계기가 되었는데,363) 비디오녹화시스템(Electronic Recording of Interviews with Suspected Persons; ERISP)제도는 경찰 · 검찰의 공동연구의 결과물이라고 한다. 이러한 수사과정 녹음 · 녹화에 대한 법적 근거로 호주 형사소송법 제108조(1986)는 「대부분의 피의자와 주요 범죄의 참고인을 녹화하고, 특별한 경우가 아니면 피해자와 고소인은 녹화하지 아니하며(중죄의 경우 의무적, 나머지 경죄는 선택적 녹화), 이 경우 법정에서 증거능력을 갖기 위해서는 자백하는 것이 조사자에 의하여 녹화되어야 하고, 녹화테이프가 법정에서 채택되고 이용되는 것을 전문증거법칙(Hearsay Rule)이 방해하지 아니하며, 녹화가 제대로 이루어지지 아니한 경우에는 검사가 합리적인 이유(기술적 결함, 녹화 거부 등)를 입증하여야 한다」는 규정을 들 수 있다. 물론 호주는 연방국가이므로 영상녹화의 실시에 대해서는 각 주마다 규율형태가 다르지만, 영상녹화가 가장 진전되어 있다고 평가되는 곳이 New SouthWales주의 경우 1995년의 법률 제정에 따라 녹음 또는 녹화테이프가 없으면 원칙적으로 피의자 단계의 피고인의 진술의 공판절차(trial)에서 증거능력이 인정되지 않는다.

한편 호주 형법(WA, 1992.) Ch.60A 제570조 - 제570H조(10개 조항)364)도 영상녹화

---

362) 수사과정의 녹음 · 녹화제 운영실태보고, 수사과학연구회 자료집(2003.12), 대검찰청, 55면.

363) 호주의 경우, 녹음·녹화의 방법은 주에 따라 다소 차이가 있으며, 시드니가 소재한 뉴사우스웨일즈(New SouthWale)주에서는 피의자신문의 전자적 기록시스템(ERISP, Electronic Recording of Interviews with Suspected Person)이 정비되어 원칙적으로 조사의 전과정이 녹음 · 녹화되고 있다. 이에 의하면, 피의자신문은 동시에 3개의 테이프에 녹음되고 별도로 비디오촬영이 이루어지고 있으며, 그중 1개의 녹음테이프는 피의자에게 교부된다(日本辯護士連合會(編), 裁判員制度と取調べの可視化, 明石書店, 2004, 103면 이하).

364) 호주 형법(WA, 1992) Ch.60A 제570조: 용어(조사, 변호인, 피의자, 비디오테이프 등) 정의
제570A조: 피의자가 기소되었을 때 14일 이내에 비디오테이프를 열람, 등사할 수 있음을 규정.
제570B조: 권한없는 자의 비디오테이프 소유 및 상영 금지규정(비디오테이프의 소지가 허용되는 자로 피의자나 변호인, 조사자, 경찰국장 등을 열거함).
제570C조: 비디오테이프의 내용 방송 금지규정.
제570D조: 중대한 범죄로 기소된 피고인의 자백은 녹화되지 않은 경우 증거능력 배제(Accused admission in serious cases inadmissible unless videotaped)
(1) 이 장에서, 자백(admission)이란 경찰서나 부패방지위원회 직원에 대한 피의자의 시인으로 구두, 행동 또는 기타 방법을 가리지 않는다. 중대한 범죄(serious offence)란 기소된 자가 18세 미만의 자인 경우에는 그 자가 구금에 처해지게 되는 모든 범죄를 의미하며, 18세 이상인 경우에는 약식으로 다루어질 수 없는 성격의 기소범죄를 의미한다.

에 관한 자세한 내용을 규정하고 있는데, 이 조항들이 경찰조사 전체를 비디오로 녹화하도록 요구하는지 여부는 명확하지 않지만, 대부분의 주는 1992년부터 모든 사건의 피의자에 대한 의무적 영상녹화를 실시하고 있다고 한다. 판례도 Kelly v. The Queen 판결(1990)에서 「비디오 시설이 이용가능한 모든 사건에 있어서 모든 피의자의 증거가 비디오로 녹화되어야 한다고 명령하는 공공정책이 예정되어 있지는 않으나, 특정한 정황에 있어서 비디오의 비사용은 불공정성에 대한 현실적인 문제를 야기할 수 있다는 견해를 가지고 있다. 그러한 문제가 야기된 경우 사실심 법관이 재량을 행사할 것인가의 여부를 결정함에 있어서 비디오 시설의 비사용이 허위자백을 만들어낼 가능성이 있는가의 여부를 고려할 필요가 있다. 만약 그렇다면 그 증거를 배척할 강력한 근거가 될 것이다」[365]라고 판시한 바 있다.

결국 불구속 사건의 경우 영상녹화물 뿐만 아니라 조서, 조사자 증언 등으로도 피의자 자백의 증거능력을 인정할 수 있지만, 구속 피의자 등 중대한 사건의 경우에는 녹화된 법정외 진술만 증거능력이 인정된다.[366]

---

(2) 중대한 범죄를 저지른 피고인에 대한 공판에서는 다음과 같은 예외가 없는 한 자백진술의 증거능력이 없다.
    (a) 영상녹화된 자백진술
    (b) 또는 검사가 자백이 영상녹화되지 않은 합리적 사유(reasonable excuse)를 증명한 경우
    (c) 또는 법원이 자백의 증거능력을 인정하는 것이 정의의 관점에 부합된다고 판단하는 예외적인 상황이 있는 경우
(3) 제(2)항은 피의자가 죄를 범하였다는 합리적인 근거가 발생하기 전에 피의자가 이미 자백해버린 경우에는 적용하지 않는다.
(4) 제(2)항에서 말하는 합리적 사유(reasonable excuse)란 다음과 같은 사항을 포함한다.
    (a) 영상녹화를 하는 것이 가능하지 않은 상태에서의 자백
    (b) 피의자를 구금하는 동안 영상녹화장비를 구하지 못한 경우
    (c) 피의자가 영상녹화에 동의하지 않은 경우
    (d) 영상녹화장비가 오작동을 일으킨 경우
제570E조: 비디오테이프가 재판에서 증거로 허용되는 경우 배심원은 심의 도중에 비디오테이프를 상영할 수 있다고 규정.
제570F조: 법원은 비디오테이프의 제공, 복사, 편집, 삭제, 상영 및 방송 등에 관한 지시를 할 수 있다고 규정.
제570G조: 비디오테이프는 최소한 5년 동안 경찰에 의해 안전하게 보관되도록 규정.
제570H조: 예비경찰관, 예비변호인 등을 대상으로 한 교육목적의 비디오테이프 상영기준 규정.

365) Anthony Karstaedt, "Videotaping Police Interviews with Suspects", Murdock University Electronic Journal of law, Vol.4, No.1, 1997, no.2.
366) 허인석, 앞의 논문, 69면.

(5) 뉴질랜드

1985년 판사회의에서 뉴질랜드 경찰의 자백진술 기록에 대한 상당한 우려가 표명되어 기록의 전자적 녹화에 대한 다른 나라의 실태파악을 위한 소위원회가 구성되었는데, 이 소위원회의 보고서에 따라 1987년 뉴질랜드 증거법 개혁위원회는 법무장관에게 경찰조사의 녹음·녹화에 관심을 촉구하기에 이르렀고, 법무장관은 영국·캐나다·호주의 전자적 녹화기법에 대한 조사에 착수하여 1988. 11. '경찰조사의 전자녹화'에 대한 보고서가 작성되었으며, 1991년경 6개월간의 시범실시 후, 1991. 7. 모든 사건의 피의자에 대한 영상녹화를 전면 실시하고 있다고 한다. 따라서 원칙적으로 피의자조사는 비디오녹화에 의하는데, 기술적 문제 등으로 녹화가 불가능할 때에는 이를 기록하도록 되어 있고, 녹화를 못하게 되는 것에 대하여는 합리적인 사유가 있어야 하고, 후에 법원에서 이를 확인한다고 한다.

(6) 홍 콩

법원의 요청에 의해 1997.경부터 시범·실시한 후, 2000.경부터 전면적으로 실시하고 있으며, 영국과 미국의 FBI에서 실시하는 제도를 연구하여 실정에 맞게 변형하고 있다고 한다. 현재 정부의 조례(Memorandom of Government)에 규정되어, Magistrater가 처리하는 경죄는 Chief Inspector에 의해 녹화여부가 결정되고, District Court에 기소하는 사건은 모두 녹화(배심원 재판사건은 모두 녹화)되는데, 다만 이 경우 피의자에 대하여만 녹음·녹화하고, 참고인이나 피해자 등에 대한 녹화는 하지 않으나, 아동 피해자와 성폭력 피해자 등에 대하여는 예외적으로 녹음·녹화한다고 한다.

2. 대륙법계 국가

(1) 독 일

독일의 경우 종래 피의자신문과 관련하여 녹음·녹화를 의무적으로 강제하는 규정이 없는 반면, 1998. 4. 30. 개정 공포된 형사소송법 중 「형사절차상 증인신문에 있어서 증인보호와 피해자보호의 개선에 관한 법률: 증인보호법」(Gesetz zum Schutz von Zeugen bei Vernehmungen im Strafverfahren und zur Verbesserung des Opferschutzes: ZSchG)이 1998. 12. 1.경부터 시행되게 되었는데, 그 주된 내용은 형사소송법 제58조a, 제247조a, 제255조a의 신설로서, 수사기관이나 법원에서의 증인[367]신문시 영상－음성매

---

367) 독일 형사소송법은 증인의 개념을 우리 형사소송법과는 달리 '법원 또는 법관'에 대한 것이 아니라 人證(Personliche Beweismittel)으로 자기 자신과 관련이 없는 형사절차에서 사실관계에 대한 정보를 제공할 수 있는 제3자로 보므로 증인과 참고인을 개념상 구별하여 규정하지 않는다. 따라서 독일 형사소송법상 '證人(Zeuge)'의 개념은 공소제기 후에 법원에 채택된 피고인

체물, 즉 비디오 및 오디오 등 동영상 기술을 도입하는데 있다. 즉 형사소송법 제58조a
는 수사기관에서의 증인신문시 영상-음성 매체물에 의한 녹화, 제247조a는 증인에 대
한 비디오에 의한 법정외 신문, 제255조a는 영상-음성 매체물에 대한 증거조사 방법에
관하여 각각 규정하고 있다. 먼저 영상-음성 매체물에 의한 녹화방식규정인 형사소송
법(StPO) 제58조a(증인신문의 녹음·녹화; Aufzeichnung von Zeugenaussagen auf Bild-
Ton-Trägern)를 살펴보면, 제1항에서 증인신문은 비디오나 녹음기에 녹화·녹음할 수
있도록 하는 임의규정을 두면서도 (a) 증인이 18세 미만의 사람, 어린이 또는 청소년이
거나 (b) 증인이 공판기일에 증인신문을 받지 못할 우려가 있거나 증인신문의 녹화가
필요한 경우에는 증인신문을 반드시 녹화·녹음하도록 의무규정을 두고 있으며, 다만 동
조 제2항에서는 비디오나 녹음기의 사용은 형사소추의 목적 및 진실규명을 위하여 필요
한 경우에만 그 사용이 허용된다고 명시함으로써 영상녹화 방식의 증언취득은 예외적인
경우에 사용될 수 있음을 명백히 하고 있다. 물론 본 조항은 증인보호가 입법취지이므
로 피고인신문에 대해서는 적용되지 않는다.

　한편 경찰단계에서 신문을 녹화하면, 영상녹화물을 증거물로 검찰에 송치하고 신문
요약서 또는 녹취서를 기록에 편철하며, 변호인은 참고인의 진술을 녹화한 영상녹화물의
열람을 청구할 수 있으나, 검사는 수사종결 전에는 열람청구를 기각할 수 있으며, 이 결
정에 대하여 법원에 이의를 신청할 수 있다. 다만 영상녹화조사의 대상이 된 참고인이
피의자나 그 변호인의 당해 녹화물 열람신청에 대해 동의하지 않는 경우에는 녹화물 대
신 녹취서를 교부하여 열람하게 한다.

　또한 영상-음성 매체물에 대한 증거조사 방법을 규정하고 있는 제255조a(녹화된 증
인신문의 상영) 제2항을 살펴보면, 성범죄 피해자이거나 살인죄의 목격자인 아동이 증인
으로 신문받을 경우의 특칙을 규정하고 있는데, 성적 자기결정권에 대한 범죄(형법 제
174조 내지 제184조j), 생명을 침해하는 범죄(형법 제211조 내지 제222조), 보호대상자에
대한 학대(형법 제225조) 또는 개인적 자유를 침해하는 범죄(형법 제232조 내지 제233조a)
에 대한 소송에서 18세 미만에 증인에 대한 신문은 공판기일전의 증인신문을 녹화한 영
상-음성 매체물의 사용에 의해 대체될 수 있도록 하고 있다. 이때 공판기일전의 신문
에는 피고인이 변호인과 함께 참여하여야 하고 증인에 대한 보충신문은 허용된다. 즉
원칙적으로 참고인이 법정에 출석하여 증언을 하여야 하고 증언없이 녹화물 재생만으로
는 증거로 사용할 수 없으며, 참고인이 수사과정에서의 진술과 다른 진술을 하는 등 일
정한 경우에 한하여 녹화물을 재현하여 증거로 할 수 있는데(참고인도 증인으로 나오는
것을 전제로 하여 영상녹화물을 증거로 할 수 있도록 한 것임), 다만 판사가 수사단계에서
참고인을 증인으로 신문하여 그 진술을 녹화한 녹화물은 일정한 경우(18세 미만의 증인)

　이외의 자에 국한되지 아니하고 수사기관에서의 참고인 또한 증인으로 규정하고 있다.

에 그 신문시 참여권자(검사, 피의자, 변호인)에게 참여의 기회를 주거나, 그 신문내용에 영향을 줄 수 있는 기회를 부여한 것을 조건으로 증인의 출석없이도 이를 증거로 사용할 수 있도록 한 것이다.

이처럼 독일에서는 증인, 특히 아동피해자에 대한 녹음·녹화제도가 활용되고 있으나, 피의자신문에 대하여는 녹음·녹화제도를 시행하지 않았는데, 이는 전문법칙이 적용되지 않는 직권주의 국가에서는 당연한 것으로, 독일에서 시행되고 있는 영상물 녹화방식은 피의자신문과 기록의 문제점을 해결하기 위한 방안이라기보다는 증인의 보호에 더 큰 가치를 두고 있었다는 것을 알 수 있다.

그런데 최근 독일 형사법학계에서도 비디오 녹화제도를 단순히 아동성폭력 피해자 등 제한된 참고인에게만 국한해서 적용할 것이 아니라 모든 참고인 더 나아가 피의자에 대해서도 촬영을 의무화함으로써 수사기관이 작성하는 신문조서(진술조서)의 객관성을 높이고자 하는 논의가 있었으며, 이에 형사소송법(StPO) 제136조(신문; Vernehmung) 제4항368)을 신설하여369) 피의자신문을 영상녹화(audiovisuelle Aufzeichnung)할 수 있도록 하고, 특정한 경우에는 영상녹화를 의무화하는 조치를 취하였다. 즉 "피의자신문은 영상과 음성으로 기록될 수 있다. 신문은 만약 1. 고의의 살인죄가 절차의 기초가 되고 영상녹화(기록)가 신문의 외적 사정들이나 특별한 긴급성에 저촉되지 않은 경우; 2. 정신적 능력이 제한되거나 중대한 정신적 장애를 겪고 있는 피의자의 보호가치 있는 이익이 기록을 통해 더 보장될 수 있는 때에는 녹화되어야만 한다"는 것이다.

그런데 전술한 것처럼(제2장 제3절 독일의 검찰제도 참조) 동 조항의 도입이유로 강조되는 것은 영상녹화로 신문과정을 기록하는 것이 진실발견 가능성을 보다 높여준다는 것이다. 비디오녹화는 신문과정을 진정하게 재현해주고 서면으로 이루어진 종래의 내용조서(Inhaltsprotokoll), 즉 대화의 내용을 요약적으로 발췌·기록하여 재현하는 조서보다 우월하다는 것이다. 의사소통과정에서 자연스레 발생하게 되는 인지흠결도 비디오녹화에

---

368) StPO § 136 Vernehmung (4) Die Vernehmung des Beschuldigten kann in Bild und Ton aufgezeichnet werden. Sie ist aufzuzeichnen, wenn

  1. dem Verfahren ein vorsätzlich begangenes Tötungsdelikt zugrunde liegt und der Aufzeichnung weder die äußeren Umstände noch die besondere Dringlichkeit der Vernehmung entgegenstehen oder

  2. die schutzwürdigen Interessen von Beschuldigten, die erkennbar unter eingeschränkten geistigen Fähigkeiten oder einer schwerwiegenden seelischen Störung leiden, durch die Aufzeichnung besser gewahrt werden können.

58a Absatz 2 gilt entsprechend.

369) 동 조항은 직접적으로는 법관의 피의자신문에 적용되는 규정이지만, 제163조a에 의하여 검사와 경찰의 피의자신문에도 준용된다.

서는 쉽게 감지되고 문서조서에서보다는 더 쉽게 이해할 수 있다는 것이다. 조서작성자에 의해 걸러지는 내용이 아니라 태도, 음성, 자세, 숨소리 하나까지 있었던 그대로 재현한다는 것이다. 또한 조서에 기재되지 않은 이전의 진술이 지금의 진술과 연결하여 새롭게 음미되어야 할 경우나, 그 의미의 종합적 평가가 필요한 경우 등을 생각하면, 문서로 작성하는 조서는 영상녹화를 도저히 따라올 수 없다는 것이다. 신체언어가 보여주는 신호가 수사절차에서 하는 기능이나, 이를 통해 사안해명의 중요한 단서가 주어질 수 있다는 등 여러 순기능들은 물론, 결국 피의자의 보호에도 많은 기능을 한다는 것이 정부의 개정이유이다.[370]

(2) 프랑스

원칙적으로 프랑스에서는 수사과정을 녹음·녹화하지 않으나, 미성년자의 보호를 목적으로 1998. 6. 17. 형사소송법 개정(Loi n° 98–468 du 17 juin 1998)에 의해 1999. 6. 1.부터 미성년 성범죄 피해자에 대한 예심수사판사 및 사법경찰의 조사시 영상녹화조사가 의무화되었고,[371] 2000. 6. 15. 형사소송법 개정(Loi n° 2000–516 du 15 juin 2000)에 의해 2001. 6. 15.부터 보호유치된 미성년 피의자에 대한 사법경찰의 신문시에도 영상녹화조사가 확대되었으며, 2007. 3. 5. 형사소송법 개정(Loi n° 2007–291 du 5 mars 2007)에 의해 2008. 6. 1.부터 중죄 혐의로 보호유치된 피의자에 대한 사법경찰의 신문시 및 중죄 혐의 피의자에 대한 예심수사판사의 신문시까지 영상녹화조사가 의무화되었다[372]고 한다.

의무적 영상녹화에 관한 구체적 내용을 살펴보면, 우선 중죄사건에서 사법경찰관의 현행범 수사나 예비수사시에 체포피의자 신문의 영상녹화, 예심판사의 피의자신문의 영상녹화는 피의자에 대한 수사과정의 영상녹화이다. 이 경우 신문과정 전체를 기록하는 영상녹화물의 작성의무가 부과된다. 다만 동일한 절차나 다른 절차에서 수 명의 피의자를 동시에 조사함으로 인해 영상녹화에 지장이 있는 경우에는 예심판사가 영상녹화의 필요 여부를 결정하여 피의자들 중 일부 또는 전부에 대해 영상녹화를 하지 않을 수 있

---

370) 보다 상세한 이유들은 BT Drs. 18/12777, S. 24f. 참조.

371) 형사소송법 제706–52조는 "강간 등 성범죄의 피해자가 18세 미만의 미성년자일 경우 당사자나 법정대리인의 동의를 얻어 녹음이나 녹화를 할 수 있는데, 대질신문에 관한 규정은 적용되지 아니하며, 1부의 사본과 1부의 원본을 만들어 원본은 밀봉하고, 사본은 수사판사 또는 법원서기가 참석한 가운데 비밀을 보장하는 조건으로 당사자 등이 언제든지 열람 가능하며, 원본은 수사판사의 결정에 따라 소송절차 중에 관람하거나 청취할 수 있고, 원본을 유포하거나 사본을 만든 경우 1년 이하의 징역 또는 15,000 유로 이하의 벌금형에 처한다"고 규정되어 있다.

372) 김영기, 「프랑스 형사절차의 현재와 개혁동향」, 형사소송이론과 실무, 창간호(2009), 한국형사소송법학회, 151면.

다(제64-1조 제5항). 그리고 영상녹화가 기술적으로 불가능하여 영상녹화를 할 수 없는 경우에는 조서에 그 이유를 명확히 기재하고 검사에게 이를 즉시 보고하여야 한다(같은 조 제6항).

영상녹화를 시행한 경우 영상녹화물의 원본은 봉인하여 보관하고, 그 사본을 수사 기록에 첨부한다. 영상녹화물은 예심수사절차 또는 공판절차의 진행 중 검사나 당사자의 신청에 의해서 예심판사 또는 재판법원 판사의 결정에 의해서만 열람될 수 있다(같은 조 제2항). 영상녹화기록을 유포한 자는 1년 이하의 구금형과 1만 5,000유로 이하의 벌금형에 처하고(같은 조 제3항), 영상녹화물은 공소시효 완성일로부터 5년 경과 후 1월 이내에 폐기한다(같은 조 제4항). 이 같은 사항은 위 세 유형의 영상녹화에 공통된다. 또한 이러한 규율은 체포된 미성년 피의자에 대한 영상녹화조사에 규율되었던 내용을 중죄수사에 확대 적용한 것이기에, 상술한 내용은 체포된 미성년 피의자에 대한 의무적 영상녹화조사에서도 기본적으로 같다.

다음으로 미성년 성범죄 피해자에 대한 영상녹화조사는 참고인에 대한 조사를 의무적으로 영상녹화 하는 특수한 경우이다(제706-52조 제1항). 이는 부모 등 신뢰관계인의 동석하에 실시되며(제706-53조) 조사의 전 과정을 기록한다. 다만 영상녹화조사로 인하여 피해자가 더 큰 피해를 입을 수 있는 경우 등 미성년자의 이익을 위한 때에는 검사 또는 예심판사의 결정에 의해 음성녹음조사만을 할 수 있다(같은 조 제2항). 영상녹화물의 원본은 봉인하여 별도로 보관하고, 사본은 수사기록에 첨부한다(같은 조 제5항). 영상녹화물 또는 녹음은 예심판사의 결정에 따라 예심수사시 예심판사 또는 서기의 입회하에 당사자, 변호인 또는 감정인이 시청 또는 청취할 수 있다(같은 조 제6항, 제7항). 유포행위의 처벌 및 폐기에 관한 사항은 앞서와 동일하다. 이러한 규정들은 수사절차에 관한 형사소송법상 일반규정 적용을 배제하지 않는 것이기 때문에, 기본적으로 일반 절차와 동일한 방법으로 신문이 진행되며 그에 대한 조서가 작성된다. 이 경우에도 조서는 녹취서와 구별되기 때문에 조서에 모든 진술 내용이 완벽하게 기재될 필요는 없다. 다만 미성년자인 피해자에 대한 조사시 미성년자가 너무 어린 관계로 조서열람이나 서명이 곤란한 등의 예외적인 사정이 존재하는 때에는 조서 대신에 영상녹화물의 녹취서를 작성하는 것이 금지되지 않는다.

문제는 영상녹화를 시행한 경우에 영상녹화물이 독립된 본증으로 사용될 수 있는 가, 또는 조서를 대체하는 효력이 있는가이다. 그러나 프랑스 형사소송법은 영상녹화물은 오직 신문조서의 내용을 확인하는 목적으로만 재생할 수 있다고 명시하여(제64-1조 제2항)[373] 신문절차 및 내용에 관한 조서 기재를 확인하는 의미만을 부여하고, 증거자유

---

373) 형사소송법 제64-1조 ② 예심 또는 정식재판에서 영상녹화물은 신문조서의 내용을 확인하는 목적으로만 재생할 수 있고, 영상녹화물을 틀지 여부는 검사 또는 양 당사자의 신청에 따라 예

주의가 적용되는 일반적인 경우와 달리 그 재생 여부 자체도 검사 또는 당사자의 신청에 따라 예심판사 또는 정식재판시 재판부가 결정하도록 규정하고 있다. 나아가 이 문제를 논의할 실익 자체도 우리에 비해 크지 않다.[374] 왜냐하면 프랑스에서는 피고인에 의한 조서의 진정성립 인정이 증거능력 요건으로 요구되지 않아 피고인이 공판에서 수사 단계 진술을 번의하더라도 조서가 증거로 사용됨에 변함이 없고, 다만 그 증명력의 판단을 법관의 자유심증에 맡길 뿐이기 때문이다.

결국 프랑스의 수사절차상 영상녹화조사의 적용범위가 점점 확대되는 추세에 있기는 하나, 영상녹화조사가 조서의 작성과 동일한 지위의 일반적인 조사방법으로 이용되고 있는 것은 아니며, 아직까지 수사기관이 사건 관련자들의 진술을 기록하는 가장 일반적인 수단은 조서이다. 중죄사건에 관한 영상녹화조사제도의 도입과정에서 영상녹화조사제도가 실익이 없으면서 많은 업무량과 예산상의 문제만 야기할 것이라는 비판도 제기된 이유도 여기에 있다.[375]

(3) 네덜란드

녹음·녹화가 불가능한 것은 아니지만, 특별히 이에 대한 논의가 진전된 바가 없고, 실무상으로도 활용사례가 드물다고 한다. 다만 구 유고에서 발생한 인종청소 등 중대인권유린행위를 처벌하기 위하여 유엔안보리의 결의에 따라 1993. 5. 네덜란드 헤이그에 설치된 구(舊) 유고전범재판소(International Criminal Tribunal for the former Yugoslavia)의 경우에는 재판소 규정 제43조[376]가 국제전범사건의 검사신문시 녹음·녹화를 의무적

심판사 혹은 정식재판 판사가 결정한다.

374) 사법정책연구원 연구총서(2021-14), 「수사기관 작성 조서의 증거 사용에 관한 연구: 2020년 개정 형사소송법에 따른 실무 변화 모색」, 127면.

375) 2006-2007 회기 제177호 상원 보고서(Sénat session ordinaire de 2006-2007, Rapport n° 177) 30면.

376) 재판소 규정 제43조. 검사가 피의자를 신문할 때에는 아래 절차에 따라 신문이 녹음 또는 녹화되어야 한다.

1. 신문내용이 녹음 또는 녹화된다는 사실이 피의자에게 피의자가 사용하고 이해하는 언어로 고지되어야 한다.

2. 신문 중 휴식시간을 가질 경우에는 그 사실 및 소요시간이 녹음 또는 녹화 종료전 기록되어야 하고 신문이 재개되었을 경우 그 시간도 기록되어야 한다.

3. 신문이 종료되었을 경우에는 피의자에게 자신이 행한 모든 진술을 명확히 하고, 추가진술할 기회를 제공하여야 하고, 신문종료시간이 기록되어야 한다.

4. 테이프 복사본 1개 또는 동시 녹음·녹화장비가 있는 경우에는 원본 중 1개가 피의자에게 교부되어야 한다.

5. 필요에 따라 복사본이 만들어지는 경우에는 원본은 피의자와 검사가 서명한 후 피의자의

으로 규정하고 있다. 이처럼 피의자신문에 대하여만 녹음·녹화의무를 부여하고 있는 것이 특징이며, 위 규정에 따라 실제 녹음·녹화가 시행되고 있으나, 이를 법정에 현출할 때에는 재판장의 허가를 받아야 하며, 재판장은 검사의 현출요청을 엄격히 심사하기 때문에 허가된 사례가 한 건도 없고, 오히려 피고인측에서 현출 요청한 것에 대하여 허가된 사례가 몇 건 있는 정도라고 한다.[377]

3. 기타 국가

(1) 대 만

대만에서는 형사소송법에 입법화되기 이전인 1970년대에 이미 수사기관이 자주적으로 피의자신문을 테이프녹음하는 제도를 실시하였다. 1977년 8월에 발해진 사법행정부(이후 '법무부'로 변경)의 내부훈령을 통해 검찰이 최초로 시행하였고, 경찰실무에서도 1970년대 후반부터 테이프녹음제도가 실시되었다.[378] 이는 명문의 법적 근거가 없는 상태에서 수사기관의 재량으로서 중대한 사건을 대상으로 실시된 것이며, 피의자신문의 적정성을 담보 및 공판에서의 피고인의 자백의 임의성이나 신용성에 대한 다툼을 감소시키는 것을 목적으로 한 것이었다.

그러나 실제 운용에 있어서는 수사기관이 재량으로서 사건을 선별하여 수사기관의 입장에서 중요한 부분만을 녹음하는 형태로 운용됨으로써 결국 수사기관의 범죄입증에 유리한 방향으로만 주로 활용되고, 피고인의 입장에서는 자백의 임의성을 다투는 것이 오히려 어려워지는 사태가 초래되었다는 비판이 대두되었다.[379] 이러한 실정을 고려하여 1990년 4월 법무부는 테이프녹음을 해야 할 사건의 범위를 '모든 형사사건'으로 확대함과 동시에 전과정을 녹화하도록 하고, 수사기관의 직권에 의해 비디오녹화도 실시할 수 있도록 하는 「검찰기관의 수사기록화를 지원하기 위한 테이프녹음의 실시요항」을 새롭게 작성하여 내부훈령으로서 발하였다. 그러나 이 실시요강은 법적 효력을 가진 것이 아니며, 특히 신문의 테이프녹음에 관한 절차의 위반에 대하여 어떠한 벌칙도 마련해두지 않았기 때문에 실무운용에서는 검사가 사건을 선별하여 수사기관의 입장에서 볼 때 중요한 부분만을 녹음하는 사례가 종종 발생하였다. 즉 피의자진술의 임의성을 입증한다고 하는

면전에서 봉인되어야 한다.

　　6. 피의자가 기소된 경우에는 녹취되어져야 한다.

377) 수사과정의 녹음·녹화제 운영실태보고, 수사과학연구회 자료집(2003.12), 대검찰청, 104면.

378) 검찰의 내부훈령은 "검사는 중대사건에 관하여 필요하다고 인정하는 경우에는 직권으로서 수사절차의 전부 또는 일부를 녹음할 수 있다. 당사자는 조사가 실시되기 전에 검사에 대하여 녹음기의 사용을 요구할 수 있다."는 내용이었다(三井誠陳運財, 被疑者取調べにおける弁護人立會い權－中華民國(台湾)の新しい制度－(8), 搜査研究 第474号, 東京法令出版, 1991, 86－87면).

379) 앞의 논문, 87면.

목적에 따라 재량적으로 신문내용을 부분적으로 녹음하는 것이 검찰의 실무였다.

이와 같이 명확한 법적 근거가 없는 상태에서 수사기관이 실시해온 녹음제도가 피의자신문에 대한 외부감시의 수단으로서 제대로 기능하지 못하고, 사실상 수사기관에게만 유리한 제도로서 활용되는데 대한 비판이 고조되던 가운데 의원입법의 형태로 1998년 1월 녹음·녹화제도가 형사소송법에 입법화되었으며, 현행 형사소송법에 의하면, 수사기관은 원칙적으로 '모든 형사사건'의 피의자신문을 의무적으로 녹음하여야 하며, 이때 반드시 '신문의 전과정'을 녹음하여야 한다(대만형사소송법 제100조의1 제1항).[380][381] 또한 조서에 기재된 피의자 진술이 녹음 또는 녹화된 내용과 불일치할 때에는 이를 증거로 사용할 수 없도록 제한하고 있다(동조 제2항). 비디오촬영은 필요가 있는 경우 - 범행을 부인하는 사건이나 중대사건 등이 대상이 된다고 함 - 에 병행하게 된다.

한편 이러한 입법적 조치에 수반하여, 검찰에서는 녹음·녹화제도와 관련된 내부훈령을 보완하여 대응하고 있고, 경찰은 세부적인 운용방식과 관련하여 「경찰의 피의자신문의 녹음·녹화에 관한 요점」을 제정하여 시행하고 있는데, 이러한 입법 이후, '모든 형사사건' 및 '신문의 전 과정'을 녹음하도록 규정한 것에 대하여 수사기관의 반대의견이 표출되고 있으며, 실무운용에 있어서도 수사기관이 통상의 사건은 전 과정을 녹음하지만 부인하는 사건이나 사안이 복잡한 사건에 대하여는 피의자가 범행을 자백할 때까지 필요한 설득이나 대화가 어렵게 된다는 이유로 전 과정을 녹음하지 않는 경우가 적지 않다고 한다.

그런데 대만의 형사법체계는 독일과 프랑스의 영향을 받은 전형적인 대륙법계 국가의 그것과 유사하다. 대만의 검사는 구독일의 예심판사 또는 프랑스의 수사판사의 역할을 그대로 유지하고 있고, 검찰의 권한은 프랑스 검찰과 유사하다는 점에서, 검사가 예심판사에 준한 지위에 있기 때문에 피의자나 참고인이 검사 앞에서 한 진술은 전문법칙의 예외에 해당하여 그대로 증거능력이 인정된다. 따라서 검사 면전에서의 피의자신문조서 또는 진술조서가 중요한 의미를 가지고 그 불일치 여부를 확인하기 위하여 영상녹화가 의무적으로 실시되고 있다고 한다.[382]

---

380) 대만형사소송법 제100조의1 ① 피고인(주, 대만형사소송법에 의하면, '피의자'가 검찰로 송치된 시점부터는 '피고인'으로 호칭된다)신문에 있어서는 전 과정을 연속하여 테이프녹음하여야 하며, 필요가 있는 경우에는 전 과정을 연속하여 비디오녹화를 동시에 하여야 한다. 단, 급속을 요하는 상황이 있고, 또한 이를 조서에 명기한 경우에는 그러하지 아니하다.

② 조서에 기재된 피고인의 진술이 테이프녹음 또는 녹화의 내용과 부합하지 않는 경우에는 전항의 단서가 있는 경우를 제외하고는 그 부합하지 않는 부분은 증거로 할 수 없다.

381) 이 조문은 형사소송법 제100조의2에 의하여 경찰단계의 '피의자'에게 준용되고 있다.

382) 김종률, 「영상녹화제도와 검찰수사실무 변화에 관한 연구」, 형사법의 신동향 제8호(2007. 6). 대검찰청, 76면; 대검찰청, 수사과정의 영상녹화제도에 관한 국제심포지엄 자료집, 2005, 230면.

(2) 일 본

일본의 경우, (구)형사소송법에 녹음·녹화제도가 도입되지 않은 상황에서도 학계 및 변호사단체를 중심으로 피의자신문의 적정화를 위해 도입의 필요성이 지속적으로 주장되었다. 국제법조협회(IBA) 역시 2003년 12월 일본의 검찰이 행하는 피의자신문의 전 과정을 녹화 또는 녹음하는 전자기록제도를 도입하자는 일변련의 제안[383]을 지지하는 제안서를 통해 일본정부에 제도도입을 권고한 바 있으며, 일변련은 2003년 12월 녹음·녹화제도 도입을 위한 형사소송법 개정안[384]을 제시하기도 하였다.

---

383) 일변련은 특별위원회를 구성하여 학술연구를 수행하고 있고, 각국에 대한 현지시찰이나 학술세미나 개최 등의 다양한 활동을 추진해왔는데, 2002년 12월에는 일본내각에 녹음·녹화제도 도입에 관한 질의서를 제출하는 등 정부에 대하여 개혁을 촉구하고 있으며, 지난 2004년 6월에는 동경에서 대한변협과 공동주최로 '피의자신문가시화 국제심포지엄'을 개최하기도 하였다.

384) 일변련의 동 개정안은 피의자의 출석요구와 취조에 대한 조항인 일본형사소송법 제198조에 이어 제198조의2를 다음과 같이 신설하고 있다.

제198조의2 ① 전조의 취조에 있어서는 검찰관, 검찰사무관 또는 사법경찰직원은 취조의 개시부터 종료까지의 전과정을 녹화 또는 녹음하여야 한다.

② 전항의 녹화 또는 녹음은 다음의 방법에 의하여야 한다.

1. 녹화 또는 녹음에 있어서는, 음성 및 화상 또는 음성을 기록하기 위한 비디오테이프, 녹음테이프 또는 전자적 방식·자기적 방식 기타 사람의 지각에 의해서는 인식할 수 없는 방법으로 만들어진 기록으로서 전자계산기에 의한 정보처리용으로 제공되는 기록매체 가운데 동일한 기록매체를 2개 이상 사용하여 동시에 기록하여야 한다.

2. 취조를 개시하는 경우에는 이에 앞서 녹화 또는 녹음을 개시하고, 피의자에게 시계를 보여주고 시각을 확인시켜야 한다.

3. 취조를 중단하는 경우에는 중단의 이유 및 재개예정시각을 피의자에게 고지하고, 피의자에게 시계를 보여주어 시각을 확인시킨 다음에 녹화 또는 녹음을 중단시켜야 한다.

4. 제2호의 규정은 취조의 재개시에 있어서도 이를 준용한다.

5. 취조를 종료한 경우에는 피의자에게 시계를 보여주어 시각을 확인시킨 후에 녹화 또는 녹음을 종류하여야 한다.

6. 녹화 또는 녹음의 종료 후 즉시 취조를 동시에 기록한 2개의 비디오테이프, 녹음테이프 또는 전자적 기록매체 가운데 1개에 대하여는 취조관이 서명날인하고 봉인하여야 한다. 이 경우 피의자에 대하여 서명날인을 요구하여야 한다. 다만, 피의자는 이를 거절할 수 있다.

③ 취조관은 전항 제6호의 봉인과 동시에 피의자에게 이하의 사항을 기재한 기록매체 목록을 교부하여야 한다.

1. 취조관의 성명·관직 및 기타 취조에 입회한 자의 성명 및 관직

2. 취조의 개시, 중단 및 종료의 연월일시

3. 취조장소

제도도입을 주장하는 입장에서는 그 이점으로서 대략 다음과 같은 점들을 들고 있는데, 첫째, 수사기관의 협박·이익유도 등의 부당한 신문을 방지 내지 감소할 수 있고, 둘째, 사후에 피의자 진술의 임의성이나 신용성에 관하여 법원에 의한 효과적인 체크가 가능하기 때문에 이에 따라 소송관계자의 입증부담이 경감되어 소송 지연이나 불필요한 다툼을 방지하는 부수적 효과가 기대되며, 셋째, 수사기관의 신문이 공명정대함을 보여줌으로써 국민의 신뢰를 향상시킬 수 있고, 넷째, 신문의 전 과정을 녹음·녹화함에 따라 수사에 있어서의 피의자신문중심주의의 폐해를 수사기관에 자각시켜 그 결과로서 현재의 상담자적 내지 가부장적인 성격의 신문을 변화시킬 수 있다는 점 등이다.

그러나 검찰은 녹음·녹화제도의 도입을 강하게 반대하였으며, 일본정부도 제도도입에 소극적인 자세를 견지해왔는데, 제도의 도입을 반대하는 입장에서는 수사업무 종사자와 피의자 사이의 신뢰관계(rapport)가 형성되었을 때 비로소 피의자가 사실을 진술하게 되는 것이 일반적인 바, 신문과정을 녹음·녹화할 경우에는 신문상황이 감시되기 때문에 신뢰관계가 형성되기 어려워 진실발견을 저해한다는 소위 '신뢰관계론(信賴關係論)'을 주된 논거로 제시한 바 있다. 기타 비용이 과다하게 소요된다는 점, 위조나 개작의 우려가 있다는 점 등도 부수적인 이유로 들었다.[385]

그러나 일본 최고검찰청은 2008년 4월부터 재판원 재판의 대상이 되는 모든 사건에 대하여 영상녹화를 실시하는 내용의 방침을 발표하였는데, 일본 최고검찰청이 그동안의 내부의 반대를 극복하고 영상녹화제도를 도입한 것은 재판원 재판의 심리시간을 단축하고, 자백한 피의자가 법정에서 진술을 번복한 경우 자백의 신용성을 보장하기 위해서라고 한다.[386] 현재 검찰은 재판원 대상사건에 대해서는 98.6%의 사건에서, 검찰 독자수

---

4. 피의자조서작성의 유무 및 그 횟수

④ 기록매체의 복제의 교부청구

　1. 피의자 또는 변호인은 피의자에 대한 취조를 기록한 비디오테잎, 녹음테잎 또는 전자적 기록매체의 복제(물)의 교부를 청구할 수 있다.

　2. 전호의 청구를 받은 검찰관, 검찰사무관 또는 사법경찰직원은 즉시 취조를 기록한 기록매체 중 제2항 6호의 봉인을 하지 않은 것(이하 '복제작성용 기록매체'라 한다)에서 복제를 작성하여 교부하여야 한다.

⑤ 검찰관은 공소를 제기한 때에는 신속하게 그 재판소의 재판관에게 제2항 6호에 의해 봉인한 기록매체(이하 '봉인기록매체'라 한다)를 제출하여야 한다.

⑥ 봉인기록 매체를 보관하는 재판소는 제4항에 의해 교부된 복제의 정확성을 확인하기 위하여 필요가 있다고 인정되는 때, 기타 정당한 이유가 있다고 인정되는 때에는 피고인 또는 변호인의 청구에 의해 봉인기록매체의 청취 혹은 열람, 또는 복제의 작성을 허가하여야 한다.

385) 椎橋隆幸, 被疑者取調べ(刑事手續の改革＜特集＞), 法律時報 第61卷 第10号, 日本評論社, 1989, 19면.

386) 허인석, "영상녹화제도의 합리적 운용과 발전방향", 법조 제57권 9호(통권 제624호), 법조협회, 76면.

사사건에 대해서는 100%의 사건에서 녹음·녹화를 행하고 있고, 게다가 양 사건의 70% 이상 사건에서 전 과정 녹화를 실시하고 있다. 한편 경찰은 2013년도에 재판원 대상사건에 대해서 93.7%의 사건에서 녹음·녹화를 실시하고 있는데, 2013년 10월부터 2014년 3월 사이에 있어서 한 사건당 평균 녹음·녹화시간은 약 308분(약 5시간 8분)이라고 한다.[387]

한편, 2009년 오사카지방 검찰청 특수부가 장애자 단체에 대한 우편요금 할인제도의 부정이용이 있었다고 하여 장애자단체, 후생노동성, 광고회사 등의 관계자를 체포, 기소한 사건에서 증거물건인 플로피디스크의 변작, 조사담당 검찰관에 의한 조사메모의 파기, 협박적인 조사 등 검찰이 위법, 부당한 수사를 하였다는 것이 나중 공판 등에서 알려지게 되었다. 이를 계기로 하여 법무대신의 자문을 받아 법제 심의회, '신시대의 형사사법제도 특별부회'(이하 특별부회라 한다)가 2011년에 설치되고 시대 즉응하는 새로운 형사사법제도를 구축하기 위한 법 정비가 심의되었다. 3년에 걸친 심의결과 2014년 7월 9일 특별부회는 경찰과 검찰에 대해 재판원재판 대상 사건과 검찰 독자수사 사건에 있어서 체포 구류중의 피의자를 조사함에 있어서는 원칙적으로 그 전 과정의 녹음·녹화를 의무지우도록 답신안을 마련하였다. 즉 검찰 또는 경찰은 체포 구속된 피의자를 재판원 대상사건[388]과 검찰관의 독자수사사건[389]에 관한 것에는 다음의 예외사유에 해당한 경우(① 기록에 필요한 기계의 고장 기타 부득이한 사정에 의해 기록이 곤란하다고 인정될 때, ② 피의자에 의한 거부 기타 피의자의 언동에 의해 기록을 하면 피의자가 충분히 진술할 수 없다고 인정될 때, ③ 피의자의 진술 상황이 분명히 드러나면 피의자 또는 그 친족에 대해 신체·재산의 가해행위 또는 외포·곤혹행위가 이루어질 우려가 있어서 기록한다면 피의자가 충분히 진술할 수 없다고 인정될 때, ④ 당해 사건이 지정(指定)폭력단의 구성원에 의한 것이라고 인정될 때)를 제외하고 조사의 전 과정을 녹음·녹화하지 않으면 안 된다.[390] 이에 따

---

387) 야나가와 시게키(柳川重規), "일본에서 조사의 녹음·녹화제도 도입에 관한 논의에 관하여", 한·일 비교 형사법 심포지엄(2014. 9. 26.), 성균관대학교, 자료집, 56면.

388) ① 사형 또는 무기징역·금고에 해당하는 죄에 관한 사건과 ② 법정합의사건(사형 또는 무기 혹은 단기 1년 이상의 징역·금고에 해당하는 죄에 관한 사건)이고 고의범죄에 의해 피해자를 사망시킨 죄에 관한 사건.

389) 검찰이 경찰로부터 사건송치를 받아 수사를 행하는 것이 아니고 독자적으로 수사를 행하는 사건으로 법령에 의한 제한은 없지만 정치가의 부패, 대형탈세, 기업범죄 등에 대해 행해지고 있다.

390) 야나가와 시게키(柳川重規), 앞의 자료집, 57면(이 답신안에는 동시에 피의자가 타인의 범죄 사실을 분명히 하기 위하여 진실한 진술을 한 경우에 검찰관이 피의자의 범죄사실 전부 또는 일부를 기소하지 않을 것을 인정하는 '수사·공판 협력형 협의·합의제도'의 도입, 증인에 대한 형사소추를 받을 가능성을 배제한 상태에서 증언을 의무지우는 것을 가능하게 하는 '형사면책제도'의 도입, 통신감청에 관한 범죄대상의 확대, 요건의 완화 등에 의한 합리화·효율화 등을 제언하고 있다).

라 2016. 5. 일본 정부는 경찰과 검찰에 의한 조사과정에서의 녹음·녹화 의무화 및 사법거래 도입, 통신도청 대상 확대를 주축으로 한 형사소송법을 개정하여 재판원재판 대상사건과 검찰 직접 수사사건에 대하여 영상녹화를 의무화하였고, 2019. 5.부터 위 법이 시행되었다.

(3) 중 국

중국은 검찰에서 직무범죄를 수사할 경우 영상녹화를 실시하되, 피고인이 수사과정의 가혹행위, 고문, 협박 등으로 허위자백하였음을 주장하면 검사가 법관에게 영상녹화물의 상영을 요청하여 증거조사를 실시하고 있다고 한다.391) 중국은 2005. 11. 1. 최고인민검찰원 제10회 검찰위원회 제43차 회의에서 "인민검찰원의 직무범죄 피의자신문시 전과정 동시 영상녹화 시행에 관한 규정"을 통과시켰는데, 그 주요 내용은 다음과 같다.392)

> 제2조: 인민검찰원의 직무범죄 피의자신문시 전과정 동시 영상녹화 시행이라는 의미는 인민검찰원이 직접 수리하여 수사하는 직무범죄 사건을 처리함에 있어 피의자를 신문할 때 신문 전과정을 영상녹화해야 한다는 것을 말한다.
> 제7조: 전과정을 촬영한 영상은 피의자, 검찰요원, 번역요원 및 신문장소 등의 정황을 반영하여야 하고, 피의자는 영상 중 전과정에 거쳐 반영되어야 하며, 신문이 진행되는 시간은 동시에 디지털로 표시되어야 한다.
> 제12조: 신문 종료 후 영상녹화 요원은 즉시 영상녹화물을 복제하여 신문요원에게 교부하고, 신문요원과 피의자는 확인서명 후 신문장소에서 영상녹화물 원본자료를 봉인하고 검찰기술부에 교부하여 보존하게 한다.
> 제15조: 사건 재판 중 인민법원, 피고인 또는 변호인이 신문활동에 대하여 이의를 제기하거나 피고인이 진술을 번복한 경우, 기타 고문에 의한 강요, 협박, 유인, 기망 등으로 인한 진술임을 주장하는 경우에는 검사는 재판정에게 당해 법정에서 영상녹화물의 상영을 요청하고, 관련 이의 또는 사실에 대하여 증거조사를 한다.

4. 검 토

위에서 언급한 것처럼 피의자신문 내지 조사와 관련하여 소송의 결과에 대하여 직접적인 이해관계를 가진 당사자에게 증거를 수집·제출케 함으로써 보다 많은 증거가 법원에 제출되도록 하고 법원은 순수한 제3자의 입장에서 재판을 진행하는 당사자주의

---

391) 허인석, 앞의 논문, 77면.
392) 허인석, 앞의 논문, 77면.

소송구조 및 배심재판제도를 취하고 있는 영미법계 국가에서는 공통적으로 common law 및 전문법칙의 예외이론에 의해 영상녹화물을 다른 전문증거와 같은 요건 하에서 증거능력을 인정하고 있는 반면, 심리의 주체인 법원이 형벌권의 실현을 위하여 적극적으로 간여하는 직권주의 소송구조를 취하고 있는 대륙법계 국가에서는 증인에 대한 영상녹화를 제외하고는 피의자에 대하여 소극적인 입장을 취하고 있었는데, 이는 대륙법계 국가에서 시행되고 있는 영상물 녹화방식이 피의자신문과 기록의 문제점을 해결하기 위한 방안이라기보다는 증인의 보호에 더 큰 가치를 두고 있었다는 것을 알 수 있다.

다만, 구두주의를 핵심으로 하는 소위 공판중심주의의 원조인 영미법계 국가에서 영상녹화물의 증거능력 인정여부는 입법정책의 문제가 아니라 각국이 규정하는 전문법칙의 예외에 근거하여 그 증거능력을 인정하고 있다는 사실이다. 즉, 영상녹화의 대상, 증거능력의 인정범위 등에서 다소 차이가 있다고 하더라도 위에서 본 각국의 입법례들이 원래 증거가 아닌 영상녹화물에 증거능력을 부여하는 논의가 아니라 "어떠한 경우에 의무적으로 영상녹화를 해야 하는가"의 문제와 밀접하게 관련되어 있다는 점이다. 따라서 외국 입법례를 들면서 영상녹화물의 증거사용을 제한하는 해석론을 내놓는 것은 깊은 성찰을 요한다고 할 것이다.

결국 미국식 당사자주의(공판중심주의)로 개편을 하고자 한다면, ⓐ 피고인이 다투는 사안과 다투지 않는 사안을 분리하여 처리한 후, ⓑ 다투는 사안에 대하여는 국민의 사법참여제도를 활용하여 집중적으로 충분하게 심리하고, 다투지 않는 사안은 유죄협상제도(plea bargaining)를 통해 신속하게 재판하며, ⓒ 재판 결과, 유죄판결을 받은 피고인에 대하여는 객관적이고 통일적인 양형이 선고되도록 하되, ⓓ 그 과정에서 변호인의 조력을 받을 권리를 최대한 보장해야 할 것이다. 그리고 영상녹화를 활용하여, 자백의 임의성을 증명하면 족하다고 본다.

반면, 독일식 직권주의를 유지하고자 한다면, 구두주의의 원칙에 따라 조서의 증거능력을 인정하는 것보다는 조사자의 증언을 활용하는 방안을 모색해야 하며, 증거사용의 합리적 대안으로 영상녹화의 증거능력을 인정하는 방안으로 입법이 추진되어야 할 것이다.

V. 영상녹화물의 본증 인정여부

1. 원진술자가 피고인인 경우

(1) 문제점

영상녹화물(엄밀히 말하면 그에 녹화된 진술)이 피고인의 법정진술과 별도의 독립된 증거가 될 수 있는지 문제된다. 예컨대 피고인이 검찰의 영상녹화 조사시에는 뇌물공여 사실을 구체적으로 진술하였다가 법정에서 이를 부인한 경우에 법정진술과 독립적으로 영상녹화물이나 그에 녹화된 진술내용을 유죄의 증거로 채택할 수 있는가이다.

종래 검찰은 수사과정에서 진술자가 특별히 진술을 번복할 가능성이 있는 경우에 검사가 임의적으로 진술을 영상녹화하여 법정에 증거로 제출하여 온 사례가 있었는데, 이 경우에 판사는 재판정에서 영상녹화물을 검증의 대상으로 하여 검증을 하되 그 진술된 부분은 전문진술로 파악하여 형사소송법 311조 이하의 규정에 의하여 증거능력이 인정될 경우에만 그 내용을 사용할 수 있도록 하여 왔다. 그러나 그동안 사법경찰관작성의 피의자신문조서에 대한 증거능력이 부인되더라도 검사작성의 피의자신문조서에 대한 증거능력이 인정되고 있었으므로 영상녹화된 진술은 단지 피의자신문조서의 임의성을 보완하는 정도의 의미만을 갖고 있었지만, 2004. 12. 16. 선고된 2002도537판결은 형식적 진정성립에 의한 실질적 진정성립의 추정을 폐기함으로써 검사작성의 피의자신문조서에 대한 증거능력을 사실상 부인하기 때문에 그동안 안정적인 검사작성의 피의자신문조서에 의하여 진행되었던 모든 수사가 이제 불안정한 상태에 놓이게 되었다. 즉 혐의가 있으면 일단 체포하여 놓고 기소하는 과정에서 수사가 진행되는 영미식과 달리 미리 사전에 엄밀하게 수사를 하여 유죄에 준하는 정도의 혐의가 인정될 경우에 구속과 기소를 하는 우리나라의 체제하에서 검사작성의 피의자신문조서의 증거능력이 흔들려 수사의 기본 철학 자체가 완전히 뒤집히게 되는 상황이 벌어지게 되었다. 더욱이 위에서 언급한 것처럼 사개추위에서 초안으로 제출한 증거법 규정은 검사작성의 피의자신문조서의 증거능력을 완전히 부인함으로써[393] 위 대법원 판결에 대한 결정판이 된 셈이었다.

이러한 상황에서 영상녹화물에 대한 논의는 매우 중요하고도 시급한 성격을 갖게 되었는데, 조서에 대한 증거능력을 부정하는 대법원 판결의 주요 근거는 신빙성이 없으므로 진정성립을 인정할 수 없다는 것이므로, 신빙성이 매우 뛰어나고 영미법계에서 높은 빈도로 활용중인 영상녹화물이 조서와 병행하는 또 하나의 대안으로 검토된 것이다. 그러나 영상녹화물에 대한 논의는 곧 벽에 부딪치게 되었는데, 법원 측에서 강력하게 반발하고 나온 것으로 영상녹화물은 너무 신뢰성이 높아서 사용할 수 없다는 것이다. 즉 공판중심주의 실현의 가장 핵심개념이 법정에 증거를 제출하여 평가하자는 것인데, 영상녹화물이 만들어질 경우 아무리 법정에서 이를 부인하는 증언을 한다고 하더라도 영상녹화물의 증거능력이나 증명력을 부인할 수 없게 되기 때문이다. 아울러 영상녹화물의 증거능력 인정여부는 형사재판에서의 사실상의 사실인정권(fact-finding authority)을

---

393) 관련 사개추위 최초 초안의 내용은 다음과 같다.
　　제312조(수사기관의 조서) ① 검사 또는 사법경찰관 작성의 피의자 또는 피의자 아닌 자의 진술을 기재한 조서는 공판준비 또는 공판기일에 그 피의자였던 피고인이나 변호인이 그 내용을 인정할 때에 한하여 증거로 할 수 있다.
　　② 피의자 또는 피의자 아닌 자가 수사과정에서 작성한 진술서도 제1항과 같다.

둘러싼 권력투쟁의 본질을 갖고 있다는 점도 간과될 수 없을 것이다.

이러한 입장을 저변에 깔고 있는 법원에서는 검사에게 분배되어 있는 사실상의 사실인정권을 더욱 강화시켜주는 영상녹화물의 도입을 반대할 수밖에 없었지만, 공판중심주의의 원조인 영미에서도 아무런 법적 문제없이 영상녹화물이 사용되고 있는 현실과 수사단계의 인권보호를 검사작성의 신문조서를 부인하는 근거로 삼아온 법원에서 가장 인권보호적인 대책으로 국제적으로 사용되어온 영상녹화물을 거부하기에는 입지가 약할 수밖에 없었다. 이와 같은 검찰과 법원의 입장대립의 결과, 극히 제한된 형태의 영상녹화물이 사개추위 법률안(형사소송법 개정안)에 삽입되게 되었으며, 이후 국회에서의 논의과정을 거치면서 일부 변경이 가해졌으나, 2007년 개정형사소송법 제312조 제2항에서 조서의 진정성립을 증명하기 위한 '객관적 방법'의 일종으로 영상녹화물이 규정되었다.

(2) 영상녹화물의 증거능력 부여에 관한 논의과정

위에서 언급한 것처럼 이 문제는 사개추위의 증거법 논의과정에서도 첨예하게 대립된 쟁점이었는데, 검찰에서는 피의자신문 과정에 일부 남아있는 문제점과 이로 인한 불신을 해결하기 위한 방편으로 영상녹화물에 본증으로 독립적 증거능력을 허용해야 한다고 입장을 주장한 반면,[394] 법원측에서는 조서의 증거능력을 모두 부인하면서 영상녹화물의 증거능력도 부인하는 안을 제시하였다. 즉 영상녹화물은 ① 수사기관에서의 진술상황을 너무나 생생히 재생하여 주게 되므로 사실인정을 하는 법원에 과도한 편견을 유발할 수 있다, ② 공판중심주의 및 직접주의의 원칙을 관철하기 위하여 검사나 사법경찰관들이 작성한 피의자신문조서나 참고인진술조서 모두 피고인이 내용인정하지 않으면 증거로 할 수 없도록 하여야 한다는 것과 같은 취지에서 조서와 같은 성질인 진술기록물인 영상녹화물도 당연히 증거능력을 부정하여야 한다, ③ 영상녹화물의 증거조사는 공판정에서 이를 재생하여 시청하는 것일 것인데 이는 공판절차를 과도하게 지연시킨다는 점 등을 들어 영상녹화물의 증거능력인정을 반대하였던 것이다.[395]

그런데 2007. 4. 16. 국회 법사위 논의과정에서 사개추위안에 규정되었던 피의자진술에 관한 영상녹화물의 독립적 증거조문(제312조의2)[396]이 삭제되자, 그 의미에 대하여

---

394) 이완규, "증거규정개선안", 「형사사법토론회 자료집」, 사법제도개혁추진위원회, 2005, 517-521면.

395) 오기두, "영상녹화물의 증거능력 및 증거조사방법", 「형사사법토론회 자료집」, 사법제도개혁추진위원회, 2005, 556-571면.

396) 사개추위안 제312조의2(피의자진술에 관한 영상녹화물)

　① 검사 또는 사법경찰관 앞에서의 피고인의 진술을 내용으로 하는 영상녹화물은 공판준비 또는 공판기일에 피고인이 검사 또는 사법경찰관 앞에서 일정한 진술을 한 사실을 인정하지 아니하고, 검사, 사법경찰관 또는 그 조사에 참여한 자의 공판준비 또는 공판기일에서의 진술 기

해석상 첨예하게 견해가 대립한 바 있으며, 현재는 제312조 제2항의 성립의 진정을 부인시 증명하는 규정도 사라졌다는 점에서 더욱 논란이 가중될 것으로 보인다. 어쨌든 형사소송법 제312조 제2항이 폐지되면서, 이제는 원진술자가 피고인인 경우 영상녹화물을 사용할 수 있는 근거가 사라지게 되었으며, 이는 종래 사개추위의 초안으로 제출되었던 증거법 규정(검사작성의 피의자신문조서의 증거능력 부인) 당시의 상황으로 돌아가게 되었다.

(3) (기존)학설
가. 부정설397)

2007년 개정법의 의미에 대하여 원진술자가 조서의 진정성립을 인정하는지 여부에 따라 증거능력을 부여하던 개정전 형사소송법 체제를 변경하여 조서의 진정성립을 증명하는 체제로 전환한 것으로 영상녹화물 자체에 증거능력을 인정할 수 없다는 견해이다.398)

타 다른 방법으로 이를 증명하기 어려운 때에 한하여 증거로 할 수 있다.

② 제1항의 영상녹화물은 적법한 절차와 방식에 따라 영상녹화된 것으로서 공판준비 또는 공판기일에 피고인이나 검사, 사법경찰관 또는 그 조사에 참여한 자의 진술에 의하여 조사의 전 과정이 객관적으로 영상녹화된 것임이 증명되고, 영상녹화된 진술이 변호인의 참여하에 이루어지는 등 특히 신빙할 수 있는 상태하에서 행하여졌음이 증명된 것이어야 한다.

③ 제1항의 영상녹화물을 증거로 제출하는 경우에는 녹취서를 제출하여야 한다.

397) 기존의 부정설을 2020년 개정형사소송법에 맞추어 내용(근거)을 수정하였으나, 2020년 개정형사소송법이 원진술자가 피고인인 경우 영상녹화물을 사용할 수 있는 근거 자체를 삭제하였으므로 현재보다 더 영상녹화물의 증거능력을 부정할 것으로 보인다.

398) 법원행정처, 「형사소송법 개정법률 해설」, 51면; 손동권, 형사소송법, 세창출판사(2008), 637면; 송광섭, 형사소송법, 형설출판사((2010), 647면; 신동운, 신형사소송법, 법문사(2008), 977면; 이재상, 신형사소송법, 박영사(2008), 569면; 김봉수, "수사상 영상녹화물의 증거활용에 대한 비판적 검토", 형사법연구 제20권 제3호(2008. 9.), 한국형사법학회, 187면; 김현숙, "검사작성 피의자신문 영상녹화물에 대한 비판적 검토", 형사법연구 제21권 제2호(2009), 한국형사법학회, 135면 이하; 신양균, "개정형사소송법의 쟁점과 과제", 대법원 형사실무연구회 특별심포지움 발표자료(2007. 12. 17.), 15면; 유해용, "공판중심주의와 전문법칙", 저스티스 통권 제98호(2007. 6), 한국법학원, 217면; 조국, 앞의 논문, 171면 이하; 천진호, "증거방법으로서 영상녹화물 활용 방안 연구", 동아법학 제52호(2011), 동아대학교 법학연구원, 464면; 조기영, "증거재판주의와 새로운 증명방법의 증거방법 – 재판의 정당화 관점에서 본 영상녹화물과 조사자증언의 증거능력", 동아법학 제66호(2015), 동아대학교 법학연구원, 430면; 한편 현행법의 해석상 부정적이나 입법론 차원에서 옹호하는 입장으로 노수환, "영상녹화물의 증거능력과 그 증거조사 방법", 성균관법학 제27권 제3호, 성균관대학교 법학연구소(2015), 110면; 신양균, "영상녹화물의 증거능력", 동북아법연구 제14권 제3호, 전북대학교 동북아법연구소(2021), 402면 이하 등.

그 근거로 ① 형사소송법 제244조는 동법 제244조의2 제1항에서 영상녹화를 '할 수 있다'고 규정하고 있는 것과 달리 피의자의 진술을 조서에 '기재하여야 한다'라고 규정하고 있으므로 규정 형식상 피의자신문조서의 작성의무는 인정된다고 보아야 하며, ② 2007년 형사소송법 개정에도 불구하고 제244조가 존치된 데에는 우리 입법자의 의지가 반드시 피의자의 진술을 조서에 기재하도록 강제하는 것으로 해석할 수 있는데, 법원의 공소장일본주의의 관철과 검찰의 증거분리제출 같은 단순한 업무처리 관행이 변화하였다는 것만으로 아무런 개정이 없는 법규정의 해석 자체를 바꾼다는 것은 입법자의 의지를 무시한 것이며,399) ③ (구)형사소송법 제312조 제2항에 따라 원진술자에 의해서 부인된 검사작성 피의자신문조서의 증거능력을 영상녹화물을 통해 다시 인정하도록 하는 것은 영상녹화물이라는 전문증거를 통해서 전문법칙에 대한 예외의 예외를 다시 인정하는 것으로서(즉 사실상 '또 다른 형식의 조서를 법적으로 인정한 것'이라고 평가할 수 있다), 제312조 제1항에서 규정하고 있는 원진술자의 공판정에서의 진술을 통한 '진정성립'(개정법에서는 '내용인정'으로 변경) 확인절차를 무의미하게 만들어, 전문법칙에 대한 예외의 예외 인정으로 증거법의 혼란을 초래할 우려가 있고, 원진술자의 진술을 통해 심증을 형성하고자 했던 이번 형사소송법 개정의 기본 방향, 즉 구두주의와 직접심리주의를 통한 공판중심주의의 실현과도 모순되며,400) ④ 영상녹화물은 일반적인 증거가 아니라 전문증거로서 원칙적으로 전문법칙에 따라 증거능력이 부정되는 성질의 것이므로 삭제된 제312조의2는 원칙적으로 허용되던 증거능력을 제한하는 규정이 아니라 원칙적으로 부정되던 전문증거의 증거능력을 제한적이고 예외적으로 인정하는 근거규정인데, 국회논의과정에서 제312조의2가 삭제되었다는 것은 제한적인 상황에서나마 예외적으로 인정되었던 영상녹화물의 독립적 증거능력이 다시 본래대로 부정되었음을 의미하며,401) ⑤ 입법자는 영상녹화물의 본증사용을 엄격히 금지하고 있으므로 녹음테이프·비디오테이프·컴퓨터용디스크 등 각종 정보저장매체가 수사기관의 영상녹화물에 해당할 때에는 그에 관한 규정이 우선 적용되므로 증거능력이 부인된 수사기관작성의 영상녹화물에 대해 형사소송법 제293조의3이 규정한 녹음테이프·비디오테이프·컴퓨터용디스크 등 정보를 담기 위하여 만들어진 물건이라는 명목으로 증거능력을 부여하려는 시도는 허용될 수 없으며,402) ⑥ 2007년 개정형사소송법에 의해 신설된 제312조 제2항에 의하면 원진술자의

---

399) 이영한, "개정 형사소송법상의 조서와 영상녹화", 개정 형사소송법과 국민참여재판의 주요 쟁점, 한국형사법학회 추계학술대회 토론문(2007. 11. 9.), 181−182면.

400) 천진호, "수사과정에서의 영상녹화제도의 합리적 운용방향", 비교형사법연구 제11권 제1호(2009), 한국비교형사법학회, 293면; 김봉수, "수사상 영상녹화물의 증거활용에 대한 비판적 검토", 형사법연구 제20권 제3호(2008. 9.), 한국형사법학회, 175−176면.

401) 김봉수, "수사상 영상녹화물의 증거활용에 대한 비판적 검토", 형사법연구 제20권 제3호(2008. 9.), 한국형사법학회, 183면.

부인에도 불구하고 영상녹화물 또는 기타 객관적인 방법을 통해 성립의 진정을 입증하면 당해 조서를 증거로 할 수 있다고 규정하고 있는데, 영상녹화물에 대해서도 이를 준용하게 되면 검사의 피의자신문에 대한 영상녹화물은 스스로가 실질적 진정성립의 입증자료인 동시에 그 자체가 독립된 증거로서 증거능력을 획득한다는 점에서 결국 검사의 피의자에 대한 영상녹화물 역시 타인의 진술을 기재한 전문증거임에도 불구하고 스스로의 증거능력을 그 자체에서 '자가생산' 해내는 이상한 형태의 증거가 되는 것이며,[403] ⑦ 피의자'신문'을 전제로 한 수사기관의 '조서'작성과 증거로서의 활용은 사실상 '진술거부권'이라는 피의자의 권리행사가 자유롭게 혹은 활발하게 이루어지고 있지 않은 우리의 권위적인 실무관행과 경직된 법현실이 없었다면 원시적으로 불가능하거나 지금처럼 활성화될 수 없었던 수사상 관행에 불과하므로 수사과정에서 한 '원진술자의 A라는 진술 자체'를 원진술자로부터 분리시켜 물적 증거화함으로써, 영상녹화물에 대하여 원진술자의 법정 진술과 동등한 진술증거로서의 자격을 인정받고자 하는 것은 '자백위주의 수사관행'과 이로 인한 '피의자의 권리침해'를 야기하는 또 다른 형태의 형사절차의 왜곡이며,[404] ⑧ 영상녹화물을 조서 대신 법정에 제출하여 사용하는 것은 자칫 비디오재판을 초래해 조서재판보다 오히려 더 공판중심주의를 구축(驅逐)할 위험성이 크며,[405] ⑨ 현재도 원진술자가 공판정에서 조서의 진정성립을 부정하더라도 영상녹화물에 의해서 이를 입증하고, (구)형사소송법 제312조 제1항 및 제2항에서 요구하는 '특신상태' 역시 동일한 영상녹화물을 통해 증명하면, 전문증거인 검사작성피의자신문조서는 원진술자의 부인에도 불구하고 증거능력을 획득할 수 있으며, ⑩ 수사기관 작성의 영상녹화물은 일단 재생되면 그로 인해 발생한 심리적 인상은 다른 증거자료에 의해 쉽게 희석되지 않을 뿐만 아니라 녹화된 모든 것들을 생생한 본래의 모습 상태로 법정에 제공될 수 있어 이를 보는 법관에게 과도한 신뢰감을 부여하고,[406] 이러한 사정은 특히 국민참여재판에서 시민이 배심원을 참여하는 경우에 더욱 심화되며, ⑪ 법관이나 배심원이 피의자나 참고인이 수사기관에서 진술한 모습을 녹화한 영상 중 검사가 지정하는 전체 또는 일부를 보고 심증을 형성하여 결론을 내린다면 종래의 조서를 중심으로 하던 재판이 비디오재판으로 바뀌는 것에 불과하여 영상녹화물에 대해 증거조사하게 되는 거의 모든 사건

---

402) 신동운, 신형사소송법, 법문사(2008), 980면.

403) 김봉수, "수사상 영상녹화물의 증거활용에 대한 비판적 검토", 형사법연구 제20권 제3호(2008. 9.), 한국형사법학회, 184면.

404) 김봉수, 앞의 논문, 192면.

405) 영상녹화물의 본증 인정에 대한 참여연대의 입장임(법원행정처, 형사소송법 개정법률 해설, 2007, 51면).

406) 이영한, "새로운 형사소송법에서의 조서와 영상녹화", 법조 통권 617호(2008. 2.), 법조협회, 112면.

에 있어 수사기관의 심증형성 과정이 법관에게 고스란히 전이됨으로써 행정권력에 속하는 소추기관이 사법권력인 재판기관의 전권인 재판을 사실상 좌우하게 될지도 모르며,[407] ⑫ 2007년 개정형사소송법을 통하여 수사절차의 통제라는 목적을 외면한 채 지난 반세기 가까운 기간 동안 조서라는 강력한 무기를 쥐고 있던 검사에게 유죄의 입증수단으로서 조사자의 증언제도뿐만 아니라 반대신문에 의한 탄핵이 불가능한 절대적인 신뢰성을 가진 매체인 영상녹화물을 추가해 주었다고 해석하는 것은 영상녹화제도의 의의에 비추어 볼 때, 그 유례가 없으며,[408] ⑬ 한국에서 영상녹화물이 도입된 배경은 주로 학자나 변호사들에 의하여 수사과정의 투명성을 높이고 피의자의 인권을 보호하기 위해 그 도입이 주장되는 외국의 경우와는 확연히 다른 것으로, 한국에서 영상녹화물의 증거능력 인정문제는 독일과 미국과 같이 원칙적으로 피의자신문조서의 증거능력이 인정되지 않는 나라에서 영상녹화물이 지니는 의미와는 평면적으로 비교할 수 없는 것이며,[409] ⑭ 영상녹화물은 불량증거이므로 증거로 허용할 수 없다[410]는 점 등을 들 수 있다.

결국 부정설은 "원진술자가 조서에 기재된 내용과 같은 진술을 한 적이 없다고 부인하는 상황에서 수사기관이 전문증거인 조서 등(영상녹화물 포함)을 가지고 원진술자와 증거능력을 놓고 대립하는 것이 과연 타당한 것인가?"와 "과연 피의자로부터 진술을 받아내서 기록하는 것만이 수사의 전부인가?"의 의문을 표시하면서, 원진술자인 피고인이 공판정에서 조서 등(영상녹화물 포함)의 진정성립을 부정하면 그것으로 전문증거인 조서 등은 당연히 존재가치를 잃는다고 보는 것이 타당하며, 오히려 수사의 핵심은 피의자의 진술 내지 자백과 같은 진술증거의 확보가 아니라 객관적인 증거물(비진술증거 내지 물적 증거)의 과학적인 수집과 확보에 있으며, 피의자가 수사과정에서 한 자신의 진술을 뒤집는 것이 오히려 자연스러운 '현실'이고 객관적인 증거를 통해 거짓진술을 하지 못하도록 압박하고 거짓진술의 빈틈을 공격하여 그 허위성을 폭로하는 것이 '수사'의 존재이유라

---

407) 이영한, 위의 논문, 113면.

408) 위의 논문, 112면.

409) 조기영, "증거재판주의와 새로운 증명방법의 증거방법 – 재판의 정당화 관점에서 본 영상녹화물과 조사자증언의 증거능력", 동아법학 제66호(2015), 동아대학교 법학연구원, 430면.

410) 제267조 국회(임시회) 법제사법위원회회의록(임시회의록) 제4호(2007. 4. 26.) 12－13면에서 법안심사 제1소위 위원장인 이상민 의원은 "영상녹화절차 및 영상녹화물의 증거능력에 대하여 말씀드리면, ... 영상녹화제도의 확대 인정과 피의자의 동의없는 영상녹화를 허용하는 것은 수사편의적이라는 의견이 있었습니다. 이러한 우려를 감안하여 영상녹화물을 독립증거 또는 본증으로 사용할 수 없도록 하였습니다. 당초 사개추위안에서는 영상녹화물이 독립증거로 사용할 수 있도록 마련되어 있었으나, 영상녹화물이 갖고 있는 위험성 또는 이중성의 위험성 때문에 우량증거에서 입증할 수 없는 한정된 경우에 불량증거로 입증할 수 없다는 그런 취지에서 영상녹화물의 독립증거 사용을 배제하였습니다"라고 밝힌바 있다.

는 입장으로 정리할 수 있을 것이다.[411]

이에 따라 오기두 판사는 "일반적으로 수사절차상 피의자신문이나 참고인 진술과정의 영상녹화물을 본증으로 사용하자는 주장은 검사나 그 입장을 지지하는 소수 교수들 이외에는 제기하지 않고 있다. 그러나 소수 주장이 정치적으로 다수 국민의 지지를 받을 리도 만무하다. 수사과정 영상녹화물의 증거능력을 이해함에 있어서는 이러한 헌법적 정치과정의 이해가 선행되어야 한다"[412]고 극단적인 표현까지 쓰면서 결론을 내리고 있다.

나. 긍정설[413]

2007년 형사송법에서 영상녹화물에 대한 특칙적 의미의 독립적 증거조문(개정안 제312조의2)이 없어졌고, 형사소송법 제310조의2에 영상녹화물이 포함되지 않고 있으므로 영상녹화물의 증거능력은 일반이론에 따라 증거능력을 인정할 수 있다는 견해이다.[414]

그 근거로 ① 기존의 판례이론에 따르면 영상녹화물[415]을 제외한 녹음테이프[416] · 컴퓨터디스켓[417] · MP3 등 각종의 특수한 진술기록매체들의 경우에는 여전히 기존 이론에 따라 조서 등 서류규정을 적용하여 증거능력을 판단해야만 할 것인데, 녹음테이프

---

411) 김봉수, "수사상 영상녹화물의 증거활용에 대한 비판적 검토", 형사법연구 제20권 제3호(2008. 9.), 한국형사법학회, 194면.

412) 오기두, "수사과정 영상녹화물의 증거조사(하)", 저스티스 통권 제139호(2013. 12.), 192면.

413) 필자가 긍정설을 따르는 입장이므로, 2020년 개정형사소송법에 맞추어 긍정설의 논거를 수정하였다.

414) 노명선/이완규, 형사소송법, 성균관대학교출판부(2009), 589-591면; 정웅석/백승민, 형사소송법(전정제3판), 대명출판사(2009), 450면; 이완규, 형사소송법연구 I, 탐구사(2008), 253-265면; 차동언, 증거증거법 I - 공판중심주의와 전문법칙, 법문사(2007), 276-281면; 김성돈, "미란다법칙과 위법수사통제방안", 형사법연구 제14호(2000), 27-28면; 안성조/지영환, "영상녹화물의 증거능력", 외대논집 제30집(2008. 5.), 25-32면; 이완규, "개정 형사소송법에서의 수사절차상 진술의 증거능력", 형사법의 신동향 제8호(2007. 6), 대검찰청, 52면; 김종률, "영상녹화제도와 검찰수사실무 변화에 관한 연구", 형사법의 신동향 통권 제8호(2007. 6.), 대검찰청, 62면 이하; 허인석, "영상녹화제도의 합리적 운용과 발전방향", 법조 제57권 9호(2008. 9.), 47면 이하; 박현식, "수사과정 영상녹화물의 증거능력에 관한 연구", 조선대학교 박사학위논문(2008. 8.), 118면 이하 참조; 최영승, "피의자신문에 있어서 적법절차의 법리에 관한 연구", 경희대학교 박사학위논문(2003), 234면 이하 참조; 조정래, "수사과정상 피의자진술을 현출하는 방법의 한계와 보완 - 영상녹화물의 활용을 중심으로 -", 법학논고 제36집(2011. 6.), 경북대학교 법학연구원, 344면.

415) 대판 1992.6.23, 92도682.

416) 대판 1996.10.15, 96도1669.

417) 대판 1999.9.3, 99도2317.

등에는 조서에 준하여 증거능력을 인정하면서, 이보다 더 진실에 가까운 영상녹화물에 대하여 증거능력을 부정하는 것은 논리적으로 맞지 않으며, ② 영상녹화물은 진술 당시의 표정이나 진술경위 등 원진술자의 진술을 생동감 있게 그대로 법정에 전달하기 때문에 조서의 단점을 보완할 수 있는 우량증거이며, ③ 영상녹화물이 재판에 적극 활용된다는 것만으로 비판의 대상이 될 수 없고, 새로운 유형의 증거방법이라도 피고인의 인권보장과 실체적 진실발견이라는 형사사법의 이념구현에 기여할 수 있는 것이라면 일정한 요건하에 활용할 필요가 있으며, ④ 영상녹화물의 장기간 시청에 따른 문제는 주요 증거로서 장시간 시청을 하는 것이 실체적 진실규명을 위해 불가피하다면 이를 시청하는 것이 당연하고, 그렇지 않은 경우는 영상녹화물의 부분적·선택적 상영에 의한 증거조사로 충분히 해결이 가능하며, ⑤ 실질적 의미의 피의자방어권이라는 것은 진실된 자백은 진실되게 인정받을 수 있는 반면, 허위나 조작가능성이 있는 자백은 배척하는 것이어야 생생하게 기록되어 나중에 이를 부정하기 어렵다는 이유로 사법정의와 어긋나게 이를 배척하는 것은 문제가 있으며,[418] ⑥ 우리 입법자는 조서보다는 진술, 즉 조사자의 증언제도를 원칙적인 증거능력의 부여방법으로 규정하고 있었으므로 조사자의 증언에 대하여 다툼이 있거나 불분명한 경우에 한정하여 예외적으로 영상녹화물을 활용하면 족하며,[419] ⑦ 영상녹화의 대상, 증거능력의 인정범위 등에서 다소 차이가 있지만 구두주의를 핵심으로 하는 소위 공판중심주의의 원조인 영미법계 국가들이 공통적으로 전문법칙의 예외에 근거하여 영상녹화물의 증거능력을 인정하고 있는데, 이는 원래 증거가 아닌 영상녹화물에 증거능력을 부여하는 것이 아니라 "어떠한 경우에 의무적으로 영상녹화를 해야 하는가"의 문제와 밀접하게 관련되어 있다는 점에서, 영상녹화물의 증거능력의 인정여부는 입법정책의 문제가 아니며,[420] ⑧ 영상녹화물의 증거능력을 인정한다고 하더라도 처음부터 영상녹화물을 상영하는 것이 아니라, 구두의 증거를 제출할 것을 요구하는 '구두주의'와 원진술자의 진술을 그 사람의 진술의 기록물인 조서나 영상녹화물보다 우선시키는 '최우량증거의 원칙'에 따라 원진술자가 수사단계에서 행한 일정한 진술에 대해 법정에서 구두진술로 현출하게 될 것이고, 만일 원진술자가 수사과정에서 일정한 진술을 했음에도 불구하고 그러한 사실이 없다고 진술을 번복할 때에는 조사자의 증언에 의해(법 제316조 제1항), 실질적 진정성립의 여부가 입증될 것이기 때문이며, 이때 마지막으로 영상녹화물이 증거로 제출될 가능성이 남아있기는 하지만, 최우량증거원칙과 동일한 내용의 증거는 중복해서 증거로 사용할 수 없다는 '중복증거금지의 원칙'

418) 나영민/박노섭, 피의자신문제도의 개선방안에 관한 연구: 녹음·녹화방식을 중심으로", 한국형사정책연구원 06-07 연구총서(2006.12), 74면.
419) 정웅석, "피의자신문의 영상녹화에 관한 연구", 법조 통권 제625호(2008. 10.), 52면.
420) 허인석, "영상녹화제도의 합리적 운용과 발전방향", 법조 제57권 9호(2008. 9.), 79면.

에 따라 법정에서 이미 원진술자 등으로부터 진술된 동일한 내용을 불필요하게 반복해서 제출하여 같은 내용을 반복하여 예단을 형성하고 소송을 지연시켜서는 안 되는바, 결국 영상녹화물의 증거능력을 인정하더라도 영상녹화물이 실제로 증거로 제출되는 경우는 거의 없을 것이므로,[421] 즉 일반적인 경우 영상녹화물에 들어있는 진술내용은 공판정에 출석한 원진술자의 공판정 진술로써 증거현출이 대부분 해결될 것이므로 법정이 비디오재판이 된다는 주장은 억지로 불과하며,[422] ⑨ 철저한 당사자주의를 취하지 않는한, 본래 소송은 당사자의 주장과 입증을 기초로 사안의 진상을 밝혀 객관적 진실을 가리는 시스템인데, 객관적 진실을 가리는 작업은 증거능력의 차단을 통하여 발견되는 것이 아니라 보다 많은 증거를 법정에 현출시켜서 이의 비교를 통해 최종적으로 판단을 내리는 것이 자유심증주의에서 말하는 소위 '합리적 의심의 여지가 없는 증명'(proof beyond a reasonable doubt)의 정도에 이를 가능성은 더 높다고 할 수 있으므로, 임의성 없는 자백이나 위법하게 수집된 증거가 아닌 한, 원칙적으로 수사상 진술(법정외 진술)을 어떤 형태로든 공판정에 현출시키는 것이 타당한 것이며, 증거가치를 잘못 판단할 것을 우려하여 조금이라도 오해의 소지가 있는 증거를 처음부터 재판절차에 등장시키지 않으려고 하는 것은 증거능력과 증명력을 동일하게 생각하는 오류를 범하는 것이며, ⑩ 적정절차의 보장을 받을 피고인 측의 이익과 공익의 대표자로서 진실을 규명하여 범인을 처벌함으로써 피고인의 이익도 포함하는 공공의 질서를 보장하는 검사측의 수사활동도 존중하여야 하므로, 법원이 과도하게 수사활동을 제약하여 스스로 수사활동을 하는 양으로 절차를 운영하는 것은 헌법이 요청하는 권력분립의 정신에도 반하고 자칫하면 규문주의에로의 후퇴를 초래할 위험을 낳는다[423]는 점 등을 들고 있다.

결국 긍정설은 영상녹화물은 서류와 같이 공판정외 진술의 기록물이라는 점에서 실질적으로 같으며 단지 기록매체만 다를 뿐이므로 증거능력 판단에 있어서는 개정법에서도 조서나 서류 규정을 준용하여 증거능력을 판단해야 한다는 점[424] 및 피의자신문의 효율성과 적법성, 그리고 신뢰성을 보장하는데 현재로서는 더 나은 방식이 없다[425]는 입장으로 정리할 수 있을 것이다.

(4) 판 례

개정 전 형사소송법상 검사가 직접 피의자를 신문한 녹음·녹화자료에 대하여, 대법원은 「증거자료가 되는 것은 여전히 테이프에 녹음·녹화된 대화나 진술의 내용이라고

---

421) 안성조/지영환, 앞의 논문, 27면.
422) 정웅석, 앞의 논문, 40면.
423) 차용석, "형사소송법상의 공판중심주의에 관한 고찰", 법조 통권 제617호(2008. 2.), 법조협회, 9면.
424) 이완규, "개정 형사소송법상 영상녹화물의 증거능력", 법조 통권 제613호(2007. 10.), 169면.
425) 정웅석, 앞의 논문, 51면.

할 것이므로, 그와 같은 테이프의 녹음·녹화내용이나 그에 대한 진술을 기재한 서류와 다를 바 없어, 피고인이 그 테이프를 증거로 할 수 있음에 동의하지 않은 이상, 형사소송법 제311조 내지 제315조에 규정한 것이 아니면 이를 유죄의 증거로 할 수 없다」[426)]고 판시한 바 있으며, 최근에도 「피고인과 피해자 사이의 대화내용에 관한 녹취서가 공소사실의 증거로 제출되어 그 녹취서의 기재내용과 녹음테이프의 녹음내용이 동일한지 여부에 관하여 법원이 검증을 실시한 경우에 **증거자료가 되는 것은 녹음테이프에 녹음된 대화내용 그 자체이고, 그중 피고인의 진술내용은 실질적으로 형사소송법 제311조, 제312조의 규정 이외에 피고인의 진술을 기재한 서류와 다름없어** 피고인이 그 녹음테이프를 증거로 할 수 있음에 동의하지 않은 이상 그 녹음테이프 검증조서의 기재 중 피고인의 진술내용을 증거로 사용하기 위해서는 형사소송법 제313조 제1항 단서에 따라 공판준비 또는 공판기일에서 그 작성자인 피해자의 진술에 의하여 녹음테이프에 녹음된 피고인의 진술내용이 피고인이 진술한 대로 녹음된 것임이 증명되고 나아가 그 진술이 특히 신빙할 수 있는 상태하에서 행하여진 것임이 인정되어야 한다」[427)]고 판시하여, 피고인이 증거로 동의하면 증거능력을 부여하지만, 피고인이 부동의할 경우에는 법정에서의 피고인 신문을 통해 녹화된 진술의 사실관계를 확인한 후, 이를 인정하면 법정진술을 증거로 사용하고 있었다.

2. 영상녹화물의 증거능력 부정 논거에 대한 비판

영상녹화물의 독립된 증거능력(본증)이 인정되는지에 관하여 2007년 형사소송법은 물론 2020년 개정형사소송법 역시 명문규정은 없다. 다만, 영상녹화물의 독립된 증거능력을 부정할 경우 다음과 같은 이론적 문제점이 발생할 것이다.

(1) 조서의 진정성립을 인정받기 위한 객관적 방법이라는 주장에 대하여

첫째, 형사소송법 제244조의2는 영상녹화조사시 조사의 전과정을 녹화하되, 원본을 봉인하고, 피의자가 요구하면 영상녹화물을 열람시키고 이의제기한 내용을 별도의 서면으로 작성하여 영상녹화물에 첨부해야 한다고 규정하고 있다. 위 조문은 구조상 피의자신문조서의 작성, 조서의 열람 및 증감변경을 기재 등을 규정한 제244조와 유사하다. 따라서 법 제244조의2는 영상녹화물을 증거법상 조서와 동등한 지위에 있는 것을 전제하고 규정한 것으로 해석하는 것이 타당하다. 만약 영상녹화물의 증거능력을 부정한다면 굳이 수사기관이 영상녹화물을 피의자 면전에서 봉인하거나(조서의 서명 또는 기명날인에 해당), 피의자의 요구시 열람 후 이의를 제기한 서면을 영상녹화물에 첨부할 필요가 없

---

426) 대판 2004.5.27, 2004도1449.
427) 대판 2008.3.13, 2007도10804.

을 것이다(조서의 열람, 증감변경에 해당). 즉, 영상녹화물의 독자적 증거능력을 부정하면 서, 영상녹화물에만 엄격한 절차와 방법을 규정한다는 것은 형평성에 맞지 않는다. 따라 서 형사소송법 제312조 제2항이 폐지되고, 동조 제4항의 규정이 영상녹화물로 조서의 진정성립을 증명할 수 있도록 규정하였다고 하여 반사적으로 종래 조서에 준해 증거능 력을 인정해 왔던 영상녹화물의 증거능력이 부정된다고 볼 수는 없다.

둘째, 조서작성이 의무적인 것인 반면, 영상녹화조사는 재량적인 것이라고 하더라도 검사가 조서작성을 하지 않는 경우, 어떤 제재를 할 수 있는지 궁금하다. 왜냐하면 개정 법상 수사기관 작성의 피의자신문조서의 증거능력이 부인되는 마당에, 증거제출책임이 있는 검사가 증거로 제출하지 않더라도 아무런 문제가 되지 않을 것이므로 조서작성의 무라는 말 역시 허상에 불과할 것이기 때문이다.

셋째, 부정설은 전문법칙을 규정하고 있는 형사소송법 제310조의2에서는 '서류 또 는 진술'이라고만 규정하고 있지만, 영상녹화물은 피의자의 진술을 기록한 매체로서 서 류와 다를 바 없어 전문법칙이 적용되어야 한다고 본다. 그런데 부정설은 원칙적인 규 정으로서 영상녹화물의 증거법상의 성질과 관련해서는 정작 서류에 준하는 영상녹화물 이라고 하여 전문법칙의 적용대상이라고 하면서, 전문법칙의 예외규정과 관련하여서는 서류에 준하여 판단하는 것이 아니라, 오히려 명문으로 증거능력을 인정하는 예외규정이 없으므로 증거능력을 부정해야 한다고 본다. 그러나 법 통일적인 해석관점에서 볼 때, 영상녹화물을 법 제310조의2 전문법칙을 규정하고 있는 서류에 준하여 전문법칙의 적용 대상으로 본다면, 당연히 전문법칙의 예외규정에 있어서도 서류에 준하여 판단해야 할 것이다.[428)]

결국 형사소송법 제정 당시인 1950년대에는 종이와 펜을 사용하는 조서가 피의자 등의 법정외 진술을 담을 수 있는 거의 유일한 수단이었지만, 과학기술의 발달에 따라 원진술자의 법정외 진술을 100% 확실하게 전달할 수 있는 매체가 등장하였음에도 활자 에 의존한 조서만을 증거로 사용해야 한다는 태도는 적법절차와 수사과정의 투명성 등 을 고려할 때 이미 합리성을 결여한 태도라고 할 것이다.

(2) 형소법 제244조에 규정된 "조서의 필요적 작성" 주장에 대하여

2020년 개정 형사소송법에서도 유지되고 있는 제244조는 제244조의2 제1항이 영상 녹화를 '할 수 있다'고 규정하고 있는 것[429)]과 달리 피의자의 진술을 조서에 '기재하여

---

428) 조정래, "수사과정상 피의자진술을 현출하는 방법의 한계와 보완 - 영상녹화물의 활용을 중심 으로 -", 법학논고 제36집(2011. 6), 경북대학교 법학연구원, 348면.

429) 형사소송법 제316조 제1항의 조사자증언에 대한 규정도 '....할 수 있다'라고 되어 있으므로 동 일한 논리가 적용될 수 있을 것이다.

야 한다'라고 규정하고 있으므로 규정 형식상 피의자신문조서의 작성의무는 현행법상으로도 인정될 뿐만 아니라 반드시 피의자의 진술을 조서에 기재하도록 강제하는 우리 입법자의 의지가 표현된 것이라는 견해[430]가 있다. 그 근거로 현행 형사소송법 제48조 이하의 규정과 제244조 이하의 규정은 독일 형사소송법이나 일본 신형사소송법에 그 예를 찾아보기 힘든 것으로서, 공판중심주의에서 유래하는 직접주의의 요청과 소송경제의 요청을 절충·조화시키기 위하여 우리 입법자가 독자적으로 결단한 것이기 때문이라는 것이다.

그러나 제244조를 강행규정으로 보아 조서를 작성해야 한다고 보는 것은 조서재판의 종래 폐해를 그대로 인정하자는 자가당착에 불과할 뿐만 아니라, 2007년 형사소송법이 '증거조사종료 후에 순차로 피고인에게 공소사실 및 정상에 관하여 필요한 사항을 신문'할 수 있도록 피고인신문을 임의규정으로 한 상황(피고인신문을 행할지 불완전한 상황)을 고려해 볼 때 논리적으로 옳지 않다. 왜냐하면 검사가 증거조사단계에서 조서를 증거로 제출할 경우, 원진술자인 피고인이 공판정에서 내용의 인정여부(제312조 제1항)를 인정해야 하는데, 증거조사단계에서 피고인을 어떤 자격으로 부를 것이며,[431] 어떻게 내용의 진정을 인정시킬 것인지 의문이 들기 때문이다. 물론 법원은 증거결정을 함에 있어서 필요하다고 인정할 때에는 그 증거에 대한 검사, 피고인 또는 변호인의 의견을 들을 수 있으며(형사소송규칙 제134조 제1항), 서류 또는 물건이 증거로 제출된 경우에 이에 관한 증거결정을 함에 있어서는 제출한 자로 하여금 그 서류 또는 물건을 상대방에게 제시하게 하여 상대방으로 하여금 그 서류 또는 물건의 증거능력 유무에 관한 의견을 진술하게 하여야 하는 규정(동조 제2항)이 있지만, 오히려 이는 증거제출의 책임이 당사자에 맡겨져 있다는 의미일 뿐 반드시 조서를 작성해야 하므로 이에 따라 조서의 증거능력이 조사자증언에 우선시해야 한다는 필연적인 연관을 인정할 수는 없다.

결국 형사소송법 제316조 제1항의 등장으로 법 제244조는 사실상 폐지되었다고 보아야 하는데, 판례가 그동안 의도적으로 법 제316조 제1항을 축소해석한 것이 문제였으며,[432] 더욱이 형사소송법이 조사자의 증언을 명문으로 규정하였을 뿐만 아니라 피고인

---

430) 신동운, 「영상녹화물의 피의자신문조서 대체 가능성에 대하여」, 형사재판의 제문제 제6권, 고현철 대법관 퇴임기념 논문집, 521면 이하 참조.

431) 우리나라 통설은 당사자로서의 지위 및 진술거부권을 무의미하게 한다는 점 등을 근거로 피고인의 증인적격을 부정하고 있다. 헌법재판소도 동일한 입장이다(헌재결 2001.11.29, 2001헌바41).

432) 대판 1995.3.24, 94도2287; 대판 1995.5.23, 94도1735; 대판 1997.10.28, 97도2211. 「피고인이 사법경찰관 앞에서의 진술의 내용을 부인하고 있는 이상 피고인을 수사한 경찰이 증인으로 나와서 수사과정에서 피고인이 범행을 자백하게 된 경위를 진술한 증언은 형사소송법 제312조 제2항의 규정과 그 취지에 비추어 볼 때 역시 증거능력이 없고, 이러한 결론은 당해 피고사건과 전혀 별개의 사건에서 피의자로 조사받은 경우에 이 피의자신문조서에 형사소송법 제312조

신문을 증거조사 뒤에 배치하였으므로 당연히 조사자증언이 먼저 이루어진다는 점에서도, 이제는 이러한 주장이 무의미하게 되었다고 보아야 할 것이다.[433]

(3) 증거능력의 제한에 반한다는 주장에 대하여

오기두 판사는 종래(2020년 형사소송법 개정 이전) "법문에 명시된 사항을 없는 것처럼 무시하는 해석론(0)이나 법에 쓰여 있지 않은 사항을 만들어 내는 것(+)은 입법자의 권한을 찬탈하여 헌법상의 삼권분립원칙을 침해하는 위헌적인 불법행위가 되거나 무의미한 해석론이 된다는 것이다. 오로지 허용되는 것은 법문 그대로 해석하는 것과 법문보다 축소하여 해석하는 것(-)뿐이다. 그런데 수사과정 영상녹화물의 공판정 증거사용을 명문으로 허용하는 규정은 검사작성 피의자신문조서의 진정성립을 인정하기 위한 경우(법 제312조 제2항), 검사나 사법경찰관 작성 참고인진술조서의 진정성립을 인정하기 위한 경우(같은 조문 제4항), 피고인이나 증인의 기억을 환기시킬 필요가 있는 경우(법 제318조의2 제2항)에 국한되고 있다. 이를 공소사실 입증을 위한 본증으로 사용할 수 있다고 허용한 규정을 찾아 볼 수 없다는 것이다. 그런데도 법이 영상녹화물의 증거능력에 관하여 아무런 규정을 두고 있지 않으니 피의자 진술의 영상녹화물을 피의자신문조서에 준하여 그 증거능력을 인정해야 한다고 할 수는 없다. 그와 같이 해석하는 것은 법에 쓰여 있지 않은 사항을 해석론으로 창설하는 것이고, 그러한 해석행위는 입법자의 권한을 찬탈하여 헌법상의 권력분립원칙을 반하는 행위가 된다. 따라서 그러한 해석론을 행정부측인 검사가 한다고 하더라도 사법부인 법원이 이를 받아들여줄 수 없다. 만약 법원이 그러한 해석론을 받아들인다면 다른 기관이 그 해석을 받아들인 법원의 재판을 위헌이라고 판단하겠다고 나설 위험이 있다"고 비판한 바 있다.[434]

그러나 증거능력의 판단자(법관)와 사실인정의 판단자(배심원)가 다른 영미법에서도 증거의 허용성(admissibility)의 의미를 법률상 특별한 제한이 없는 한 배심원들 앞에 그 증거를 제출하게 하는 개념으로 보고 있으며, 따라서 증거능력의 판단에 있어서 판사가 사실판단에 대한 배심원들의 결정권한을 먼저 검토하여 배심원들의 사실인정에 관한 기능을 위축시키는 것이 허용되지 않는다. 즉 판사의 기능은 배심원들이 보기에 불필요하거나 오염된 정보를 차단하는데 그쳐야 하는 것이며, 제출된 증거들을 종합적으로 고려

제2항을 적용하고 있는 이상 전혀 별개의 사건에서 피고인이 범행을 자백하게 된 경위를 수사경찰관이 진술한 경우에도 동일하게 적용되어야 한다」.

433) 이러한 입법에 대하여 부정적인 견해로는 신양균, "헌법상 적법절차의 형사소송법에서의 구현", 비교형사법연구 제8권 제1호 특집호(2006), 639면.

434) 오기두, "수사과정 영상녹화물의 증거조사(상) – 2008년 이후의 논의에 대한 답변", 저스티스 통권 제138호(2013. 12.), 298면.

하여 사실상의 추론을 통해 결론에 도달하는 것은 배심원들의 역할이다.

그런데 당사자주의 소송구조하에서 증거의 제출은 검사의 권한과 책임이므로 공소유지를 위하여 어떠한 증거를 제출할 것인가는 검사가 판단할 사항으로서, 피고인의 진술이 실제로 행하여졌음을 입증하는 수단으로 조서·진술서·녹음테이프·영상녹화물 등 여러 수단 중에서 가장 적절하고 효율적인 수단을 선택하여 제출하면 되는 것이고,[435] 법원은 제출된 증거에 대하여 법정에서 임의성 내지 위법하게 수집한 증거인지 여부만을 판단하는 것이 피고사건의 실체에 대한 유·무죄의 심증형성을 공판심리, 즉 '공개된 법정'에서의 심리에 의해야 한다는 공판중심주의의 기능에 부합할 것이다. 왜냐하면 수사기관의 역할을 부정하지 않는 한, 수사상 진술(법정외 진술)이 어떤 행태로든 공판정에 현출되어야만 하며, 그 방법의 하나로 조서(written statement)가 나올 수도 있고 조사자나 피고인의 인정진술(oral statement) 내지 영상녹화물이 나올 수도 있기 때문이다. 즉 증거현출의 방법으로 조서가 나오는 것이 문제가 아니라 조서만으로 재판하는 방식이 문제인 것이다. 현행 형사소송법도 제308조 이하에서 증거능력이 배제되는 경우를 제외하고는 모두 유죄의 증거로 사용할 수 있음을 전제로 제307조에서 "사실의 인정은 증거에 의하여야 한다"고 규정하고 있다.

물론 여기서 증거능력이 부여되는 것은 영상녹화물 자체에 대한 것이 아니라, 영상녹화물에 담긴 진술이다. 왜냐하면 먼저 조사자증언을 들은 후, 이를 통해 명확하지 않거나 다투는 부분이 있는 경우에 한하여 영상녹화물 등의 기록물을 재생하는 것이 공판중심주의의 원칙이 직접주의에 반하는 것이 아니기 때문이다. 따라서 피고인이 모두진술(제286조 제1항) 및 변호인의 증거관계 등에 관한 진술(제287조)에서 공소사실을 인정하면, 영상녹화물을 재생할 필요가 없지만, 공소범죄사실 등을 부인하면, 증거조사단계에서 조사자증언을 신청하여, 이러한 절차를 행하면 될 것이다.

이에 대하여 영상녹화기술에 의한 수사상 영상녹화물의 '생생한 재생력'과 공판중심주의의 세부원칙인 '직접주의'의 개념을 혼돈하고 있다는 비판이 있다. 즉 직접주의란 법관에게 정확한 심증을 형성할 수 있는 기회를 최대한 보장하고, 피고인에게 법관의 면전에서 증거에 대한 변명의 기회를 부여하기 위해서는 재판을 담당하는 법원이 공판정에서 직접 조사한 증거만을 재판의 기초로 삼을 수 있는 법원칙을 말한다는 점에서 아무리 영상녹화물의 생생한 재생력을 인정한다고 하더라도 그 안에 담겨진 진술에 관한 한 어디까지나 전문증거일 수밖에 없고, 전문증거인 이상 전문증거배제법칙 또는 직접주의원칙과는 본질적으로 조화될 수 없다는 것이다.[436]

---

435) 이완규, "개정법상 조서와 영상녹화물", 개정 형사소송법과 국민참여재판의 주요 쟁점, 한국비교형사법학회 추계학술대회(2007. 11. 9), 162면.

436) 김봉수, "수사상 영상녹화물의 증거활용에 대한 비판적 검토", 형사법연구 제20권 제3호(2008.

그러나 이 견해는 '법원이 공판정에서 직접 조사한 증거의 의미를 마치 '법원이 직권으로 증거를 수집해야 한다'는 의미로 곡해하는 우를 범하고 있으나, 직접주의란 첫째, 사실심 법원이 판결의 기초가 되는 소송자료를 직접 조사하여야 한다는 직접심리주의(直接審理主義)와 둘째, 법원이 본래적 증거에 의하여 사실관계를 스스로 파악할 것을 내용으로 하며 이에 따라 증거의 대체물을 이용하여서는 안 된다는 직접증거주의(直接證據主義)가 포함되어 있는 것으로, 전자에 따르면 원칙적으로 증거조사를 다른 사람(수탁판사, 수명법관 등)에게 위탁하여 하는 것은 이 원칙에 반하는 것이므로 이러한 일은 예외적으로만 허용되며, 후자에 따르면 피고인이나 증인을 법정에서 직접 신문하여야 하며 법정 이외에서 행해진 신문에 의한 조서나 기타 서면을 낭독하는 것으로 이러한 직접신문을 대체하는 것은 원칙적으로 허용되지 않는다는 의미이다. 즉 독일법상의 직접주의는 규문주의의 기초를 이루었던 서면주의에 대한 반성으로 수사단계에서의 진술이 법정에 증거로 들어오는 방법을 제한하여 조서의 형태가 아닌 진술의 형태로 들어오게 하도록 제한하는 것으로 **'조서'**와 **'조서에 담긴 진술내용'**을 분리하여 취급한다.

결국 실체진실을 확인하는 과정에서 영상녹화물이 생생하기 때문에 증거능력을 인정할 수 없다는 주장은 수사과정에서의 인권침해를 방지하기 위하여 피의자신문시 변호인의 참여를 통한 보장 등은 별론, 그 자체가 모순이 있는 주장에 불과하다고 할 것이다. 왜냐하면 "열 명의 범죄자는 놓쳐도 한 명의 억울한 사람을 만들지 말라"는 법언은 수사와 재판을 철저히 하여 억울한 사람이 없도록 하자는 것이지, 수사상에서 이루어진 자백진술을 절대로 볼 수 없다는 것은 아니기 때문이다.

(4) 증거제출의 순서에 대하여

영미의 경우 공판심리의 원칙인 구두주의로 인하여 조사자증언(특히 피고인의 경우)이 주로 사용되고 진술서면 등 기록물이 제출되는 경우는 드물다. 즉 공개법정에서 공중의 감시가 이루어지기 위해서는 심리의 내용이 공중에 전달될 수 있는 방식으로 형성되어야 하므로 기록물보다는 원진술자나 조사자 등이 법정에 나와 구두의 방법으로 증언하는 것이 우선이고, 그럼에도 불구하고 실제 그러한 진술이 있었는지가 계속 다투어질 때에는 기록물이 제출되게 되는 것이다. 즉 현출수단으로서의 증거능력 제한은 없으나, 구두주의에 의한 현출순서상 제한은 있다고 할 것이다.[437) 전술(前述)한 것처럼, 독일의 경우도 수사절차상 진술의 증거능력에 원칙적으로 아무런 제한이 없다. 따라서 피의자의 진술이든 참고인의 진술이든 모두 증거능력이 있으나, 피고인이 조서의 내용대로

---

9), 한국형사법학회, 186 - 187면.

437) 이완규, "개정 형사소송법에서의 수사절차상 진술의 증거능력", 형사법의 신동향 제8호(2007. 6), 대검찰청, 8면.

진술한 사실 자체를 부인하는 경우에는 신문담당자 또는 신문시에 입회한 자 등이 법정에서 증언하거나 기타의 방법으로 피고인이 수사단계에서 그러한 진술을 하였음을 입증하는 경우는 이를 증거로 할 수 있는 것이며, 이는 사법경찰관의 조서이든 검사의 조서이든 같다. 물론 심리방법에 있어 직접주의는 법원이 어떤 사람이 경험한 사실에 대하여는 먼저 그 사람을 법정에 출두하게 하여 그 사람의 진술을 듣는 것을 선순위로 행하고, 그 이후에 후순위로 간접경험자의 증언, 기록물 등을 현출하게 하는 것이므로 이러한 직접신문 등이 없이 무조건 먼저 영상녹화물을 증거로 제출하여 재생하는 것은 직접주의에 반하는 것이다.[438]

그러므로 독일의 직접주의를 말하면서 법원 면전에서 진술된 것만 증거가 되고, 수사단계 진술은 공판정에서 진술번복하면 증거로 사용할 수 없다는 식으로 설명한다면 이는 잘못된 것이다.

(5) 진술거부권의 침해라는 주장에 대하여

수사과정에서 한 '원진술자의 A라는 진술 자체'를 원진술자로부터 분리시켜 물적 증거화함으로써, 영상녹화물에 대하여 원진술자의 법정 진술과 동등한 진술증거로서의 자격을 인정받고자 하는 것은 '자백위주의 수사관행'과 이로 인한 '피의자의 권리침해'를 야기하는 또 다른 형태의 형사절차의 왜곡이라는 주장은 과거 우리나라 수사기관의 잘못된 수사관행 때문에 피의자는 선이고 수사기관은 악이라는 이분법적 사고방식에 사로잡혀 피의자조사(Interview) 내지 신문(Investigation)을 오로지 인권침해적인 행위로 파악하는 경향에서 출발하고 있다.

그러나 수사는 본질적으로 수사대상의 인권침해를 어느 정도 예상하고 수인의무를 부담시키는 절차이다. 따라서 수사에 있어서 인권보장과 실체진실의 발견은 엄격하고도 심도 있게 논의되지 않으면 안 되며, 단순히 피의자에게 진술거부권이 보장되어 있다는 이유만으로 피의자신문의 정당성을 부인하는 것은 타당하다고 볼 수 없다.

(6) 본증으로 인정하는 것은 세계적 입법추세에 반한다는 주장에 대하여

영상녹화물을 본증으로 인정하는 것은 영상녹화제도의 의의와 세계적 입법추세에 반한다는 주장이 있으나,[439] 어떠한 근거를 가지고 주장하는 것인지 의문이다.[440] 앞에

---

438) 이완규, "진술 영상녹화물의 활용방향", 홍익법학 제11권 제2호(2010), 홍익대학교 법학연구소, 72면.

439) 이영한, 앞의 논문, 112면(이 견해는 영상녹화물 자체는 일반적인 '사진증거'와 같이 취급되어 증인의 진술에 담긴 사실을 설명해 주는 정도의 증거가치를 벗어나지 못하는 것으로 평가될 뿐만 아니라 미연방증거규칙에 의해 전문법칙의 예외로서 증거능력을 부여받는 증거로 분류되지도 아니한다고 본다); 오기두, 앞의 논문, 281면(미국의 경우에는 구금된 피의자에 대한 수

사과정의 투명성을 확보하려는 목적으로, 그것도 그 영상녹화물의 증거능력을 부정하려는 쪽으로 초점을 맞추고 있을 뿐이다(Stephen E. Saguta, "Miranda Version 2.0: Upgrading American criminal procedure by utilizing a two-fold approach to facilitating the electronic recording of custodial interrogations" 89 U. Det. Mercy L. Rev. 117(Fall 2011) p. 118 ff.). 일본의 경우에는 변호사 단체 등의 줄기찬 요구에도 불구하고 다수의 검사들이 수사과정 영상녹화가 수사권을 침해할 수 있다고 반대하고 있다).

440) 오기두 판사가 앞에서 언급하고 있는 논문(Stephen E. Saguta, "Miranda Version 2.0: Upgrading American criminal procedure by utilizing a two-fold approach to facilitating the electronic recording of custodial interrogations" 89 U. Det. Mercy L. Rev. 117(Fall 2011)을 보더라도(위에서 언급한 오기두판사의 번역과는 반대로), 녹화제도가 피고인의 자백의 임의성을 평가하는데 중요한 기능을 수행하고 있으므로, 중죄에 대한 구금상태하에서의 조사(custodial interrogation)의 경우 의무적으로 녹화해야 한다고 보면서, 2009. 9. 15. 인디애나 최고법원은 "영상녹화를 하지 않은 진술은 피고인에게 불리하게 사용될 수 없으며, 법정에서도 유효하지 않다"는 법원규칙을 발표했다는 점을 강조하고 있다(On September 15, 2009, the Indiana Supreme Court issued the following Court Order, which later became Indiana Rule of Evidence 617: (a) In a felony criminal prosecution, **evidence of a statement made by a person during a Custodial Interrogation in a Place of Detention shall not be admitted against the person unless an Electronic Recording of the statement was made, preserved, and is available at trial**, except upon clear and convincing proof of any one of the following: (1) The statement was part of a routine processing or "booking" of the person; or (2) Before or during a Custodial Interrogation, the person agreed to respond to questions only if his or her Statements were not Electronically Recorded, provided that such agreement and its surrounding colloquy is Electronically Recorded or documented in writing; or (3) The law enforcement officers conducting the Custodial Interrogation in good faith failed to make an Electronic Recording because the officers inadvertently failed to operate the recording equipment properly, or without the knowledge of any of said officers the recording equipment malfunctioned or stopped operating; or (4) The statement was made during a custodial interrogation that both occurred in, and was conducted by officers of, a jurisdiction outside Indiana; or (5) The law enforcement officers conducting or observing the Custodial Interrogation reasonably believed that the crime for which the person was being investigated was not a felony under Indiana law; or (6) The statement was spontaneous and not made in response to a question; or (7) Substantial exigent circumstances existed which prevented the making of, or rendered it not feasible to make, an Electronic Recording of the Custodial Interrogation, or prevent its preservation and availability at trial. ... The contentious judicial inquiry of whether the Constitution requires electronic recording is rendered irrelevant when enacted by court rules and "taxing and spending" legislation. ... In the vein of Dole, Congress could, and should, use its taxing and spending power to

서 언급한 구두주의가 확립된 영미법계 국가에서는 증거법상 다른 증거와 마찬가지로 전문법칙 등 일반원칙에 따라 영상녹화물의 증거능력을 인정하고 있으며, 일본이 종래 영상녹화제도의 법제화에 주저했던 이유는 영상녹화물이 공판중심주의에 반하기 때문이 아니라 일본검찰의 소위 "신뢰관계 구축론"에 기인하기 때문이다. 또한 영상녹화물의 도입취지와 관련해서도 영국과 미국 모두 위법한 수사관행에 대한 반성과 회오에 따라 도입되었지만, 그만큼 적법절차의 절대적 보장과 진술의 신빙성을 담보할 수 있기 때문에 증거능력이 인정되는 것이다.

(7) 비디오재판이 된다는 주장에 대하여

오기두 판사는 종래(2020년 형사소송법 개정 이전) "그 신뢰성의 판단 방법에 관한 문제를 살펴보자. 논자가 주장하는 것처럼 수사과정 영상녹화물의 신뢰성이 높다면 이를 증거로 조사할 필요도 없는가? 설마 그렇게까지 주장하지는 않을 것이다. 아무튼 재판은 해야 할 것이기 때문이다. 그렇다면 그 영상녹화물의 증거조사방식은 어떻게 할 것인가? 전부 틀어보고 재생해 보아야 하지 않겠는가? 필요한 부분만 틀어보자고 할 것인가? 그렇다면 소추자에게 유리하게 편집하거나 왜곡했을 위험성은 어떻게 제거할 것인가? 또한 사람의 말이라는 것은 말 전체를 들어 보아야 그 정확한 진술내용을 알 수 있는 것이지 일부만 선별해 들어보아서는 알 수 없지 않은가? 부정확한 신문 인터뷰 기사에서 이런 일이 얼마나 자주 일어나는가? 일부만 선별해서 보자는 게 아니라면 전부 틀어보자는 것인가? 그 한 사건만 갖고 수사기관이 수사한 시간만큼 공판정에 법관과 법원 참여관과 실무관, 그리고 피고인, 변호인, 방청객, 교도관들이 앉아 이것을 틀어서 하염없이 보고 있자는 말인가? 그렇게 오랜 시간 공정에 앉아 퇴근도 못하고 있어야 하는 공판관여 검사는 괜찮을까? 극장에서 영화 보는 시간인 통상 2시간으로도 어려울 것이다. 그리고 영화는 다양한 장면이 흥미롭게 전개되어 관객의 주의를 집중케 하지만, 수사과정 영상녹화물은 무미건조한 집기들이 가득한 영상녹화실에서 녹화되었고(즉, 생방송도 아니고!!), 등장인물은 피의자와 수사관일 뿐이며, 지루한 문답만 장장시간 계속되는 내용일텐데, 그것을 공판정에서 주야장창 틀어놓는다면, 보는 사람의 주의력을 흩뜨리는 고문이 될 것이다. 그러느라 수많은 다른 사건은 진행도 하지 못할 것이다. 이러한 과도한 사법자원의 낭비가 어디 있는가? 알아서 판사도 더 충원하고, 법원 직원도 더 늘리고, 공판검사도 더 늘리고, 시설도 늘리라고? 설마 그런 무책임한 주장을 하지는 않을 것이다"라고 비판한 바 있다.441)

---

propose a bill conditioning states' receipt of a percentage of federal funding for state/local law enforcement activities on the states' enactment of a statute that mandates the recording of custodial interviews stemming from suspected felony proceedings).

441) 오기두, 앞의 논문, 287면.

그러나 첫째, 영상녹화물의 증거능력을 인정한다고 하더라도 처음부터 영상녹화물을 상영하는 것이 아니라, 형사소송법 제316조 제1항에 따라 조사자의 증언이 먼저 나오고, 조사자의 증언과 피고인의 진술이 상이한 경우에 한하여 그 부분에 한정하여 영상녹화물을 상영하면 될 것이므로 법정이 비디오재판이 된다는 주장은 억지에 불과하다.[442] 왜냐하면 구두의 증거를 제출할 것을 요구하는 '구두주의'와 원진술자의 진술을 그 사람의 진술의 기록물인 조서나 영상녹화물보다 우선시키는 '최우량증거의 원칙'에 따라 원진술자가 수사단계에서 행한 일정한 진술에 대해 법정에서 구두진술로 현출하게 될 것이고, 만일 원진술자가 수사과정에서 일정한 진술을 했음에도 불구하고 그러한 사실이 없다고 진술을 번복할 때에는 조사자의 증언에 의해(법 제316조 제1항), 실질적 진정성립의 여부가 입증될 것이기 때문이며, 이때 마지막으로 영상녹화물이 증거로 제출될 가능성이 남아있기는 하지만, 앞에서 언급한 것처럼 최우량증거 원칙과 동일한 내용의 증거는 중복해서 증거로 사용할 수 없다는 '중복증거금지의 원칙'에 따라 법정에서 이미 원진술자 등으로부터 진술된 동일한 내용을 불필요하게 반복해서 제출하여 같은 내용을 반복하여 예단을 형성하고 소송을 지연시켜서는 안 되는바, 결국 영상녹화물의 증거능력을 인정하더라도 영상녹화물이 실제로 증거로 제출되는 경우는 거의 없을 것이기 때문이다.[443] 즉 일반적인 경우 영상녹화물에 들어있는 진술내용은 공판정에 출석한 원진술자의 공판정 진술로써 증거현출이 대부분 해결될 것이므로 극장재판론이 우려하는 그와 같은 상황은 사실상 발생하기 어렵다[444]고 본다.

둘째, 당사자간에 다툼이 있는 경우, 법원이 전부 틀어보고 재생해 보아야 한다는 발상은 직권주의적 사고방식에 치우친 입장에 불과하다. 왜냐하면 당사자간에 다툼이 있는 경우란 검사의 증거제출에 대하여 피고인측 변호사 등이 반박을 하는 경우이므로 그 다툼의 내용이 명확하게 드러날 것이기 때문이다. 따라서 그 구체적인 다툼이 있는 부분에 대하여 법관이 판단하면 족하다고 본다.

셋째, 위와 같은 논리에 따르면, 조서의 경우도 전문증거 내지 재전문증거가 있는지 여부를 불문하고, 판사가 전부 읽어보아야 할 것이다. 왜냐하면 소추자에게 유리하게 편집하거나 왜곡했을 위험성은 영상녹화물보다는 조서의 경우가 더 높다고 보아야 하며, 또한 (사람의 말이라는 것은 말 전체를 들어 보아야 그 정확한 진술내용을 알 수 있는 것이지 일부만 선별해 들어보아서는 알 수 없지 않은 것처럼) 사실인정절차와 양형절차가 분리되지

---

442) 수사 및 공판정 모두에서 자백하거나 부인하는 경우에는 아무런 의미가 없을 것이므로 실제로 영상녹화가 필요한 부분은 수사단계에서 자백한 후, 공판정에서 부인하는 극히 예외적인 경우에 한정될 것이다.

443) 안성조/지영환, 앞의 논문, 27면.

444) 이완규, 개정형사소송송의 쟁점, 2007, 탐구사, 159면.

않은 현행법하에서 조서의 경우도 선별해서 볼 수는 없지 않은가? 그렇다면 전문법칙은 사실상 무의미하게 될 것이다.

(8) 무죄추정원칙에 반한다는 주장에 대하여

오기두 판사는 종래(2020년 형사소송법 개정 이전) "다음으로 피고인은 유죄확정판결을 받기 전까지는 무죄로 추정된다는 헌법상의 입증책임 분배원칙이 공심주의의 헌법 이념적 기처가 된다. 이것은 일반적인 헌법 원리로 승인된 법원칙이어서 헌법 개정 권력마저도 폐기할 수 없는 원칙이다. 하물며 그 하위법인 형사소송법 제정권을 가진 입법자나 또는 그 적용을 받는 행정부 소속의 수사기관 및 소추측, 나아가 법해석을 하는 연구자가 그 적용을 회피해갈 수 있는 헌법규정이 아니다. 그런데도 소추측이 작출한 영상녹화물에 담긴, 유죄의 편견에 가득찬 수사관의 질문에 답하는 피고인이나 참고인의 진술을 그대로 공판정에 들이 밀어 이를 증거라면서 조사하는 척 하는 것은 피고인에 대한 유죄의 추정을 하는 것과 같다. 그것은 헌법상의 무죄추정 원칙을 반하는 조처라고 하지 않을 수 없다"고 비판한 바 있다.445)

그러나 영상녹화물의 증거능력 인정여부와 무죄추정의 원칙과는 아무런 상관관계가 없다고 보아야 한다. 왜냐하면 헌법상 기본권인 무죄추정의 권리(헌법 제27조 제4항)에서 도출되는 "의심스러울 때에는 피고인에게 유리하게"의 거증책임의 원칙은 법원의 심리와 증거조사를 마친 후 종국적으로 사실의 진위가 불명한 경우에 불이익한 판단을 받게 되는 일방당사자의 위험부담을 말하는 것으로(통설) 증명력과 관련되는 개념이지, 증거능력과는 필연적으로 연결되는 개념이 아니기 때문이다. 만약 오기두 판사의 주장대로 '유죄의 편견에 가득찬 증거를 공판정에 들이미는 것이 부당하다면' 더 유죄의 편견에 가득한 '조서'를 공판정에 들이미는 것을 원천적으로 차단해야 하며, 이는 법관이 조사를 하는 시스템, 즉 규문주의로 회귀해야만 할 것이다.

그러나 인식론적으로 보아 증거의 '수집'과 증거에 대한 '판단'은 구별되는 과정이라고 하지 않을 수 없다. 엄밀히 말하면 양자가 동시에 한 주체에 의해 이루어질 수는 없다. 증거를 미리 수집한 이후에야 그 수집된 증거에 대한 객관적인 판단이 가능한 것이다. 사안을 인지할 때부터 최종판단을 내리게 되기까지 한 사람이 주재하였던 규문주의 재판에서는 증거수집 자체도 충실하지 못했을 뿐만 아니라, 이 과정에서 미리 사안을 예단하는 것을 피할 수 없었다. 두 과정을 준별함으로써만 비로소 재판관의 예단과 독선이 방지된다. 비록 간접증거이기는 하나 수사과정에서 작성된 조서가 공판과정에 현출되는 것이 허용되는 이유는, 법원 아닌 다른 주체가 확보한 증거를 법원의 판단 자료

---

445) 오기두, 앞의 논문, 279면.

로 하게 한다는 점에 있다. 물론 법원에서 구두로 바로 진술된 '직접적인 증거'가 우월한 것은 당연하나, 다른 한편에서 '여러 증거'가 정확한 판단에 도움이 되는 것임도 분명하다. 즉 수사과정에서 행한 피의자 진술의 증거능력을 인정한다면, 자유심증주의에 따라 증거의 가치를 스스로 판단해야만 하는 법관에게 결코 쓸모가 없지 않은 또 하나의 정보를 제공하는 셈이다.446) 만약 "영상녹화물에 담긴, 유죄의 편견에 가득찬 수사의 질문에 답하는 피고인이나 참고인의 진술을 공판정에 들이 밀어 이를 증거라면서 조사하는 척 하라는 것은 피고인에 대한 유죄의 추정을 하는 것과 같다"고 본다면, 수사기관의 일방적 주장 내지 작성에 불과한 조서에 대해서는 왜 공판정 제출을 허락하는지 반문하지 않을 수 없다.

(9) 공판중심주의에 반한다는 주장에 대하여

오기두 판사는 종래(2020년 형사소송법 개정 이전) "영상녹화물을 조서에 비교하여 그 '조서받는 공판중심주의 구현에 더 친근하다'고 말할 수는 없다. 조서는 이미 공판중심주의와는 반대되는 이미지를 갖는 증거로 인식되고 있기 때문이다. 나아가 조서건 영상녹화물이건 수사기관에서 한 진술을 원진술자 아닌 다른 매체(조서는 종이, 영상녹화물은 해당 CD)를 통해 공판정에 들이미는 점에 있어서는 본질에 있어서 같은 것이다. 조서는 물론이요. 영상녹화물도 공판중심주의에 친하지 않는 것에서는 같다. 따라서 조서와 영상녹화물 중 어느 것이 더 공판중심주의에 친근한지 여부를 가릴 성질의 것이 되지 못한다. 요컨대 조서보다 영상녹화물이 공판중심주의에 부합하는 것처럼 주장하는 것 자체가 커다란 개념상의 혼동을 하고 있는 것이라고 하지 않을 수 없다"고 비판한 바 있다.447)

생각건대 한국에서의 공판중심주의의 실현을 위해서는 먼저 공판중심주의가 도대체 무엇인가에 대하여 인식의 공유가 필요하다고 할 것이다. 같은 말을 내세우면서 서로 다른 내용의 주장을 하는 것은 의미 없는 논쟁에 불과하기 때문이다. 그런데 공판중심주의가 내포하고 있는 모든 법원칙을 포괄하는 개념정의는 용이하지가 않다. 이 개념에는 조서재판으로 표현되는 현실에 대한 반성과 그 현실을 대체할 이상적인 방안이 동시에 담겨져야 하기 때문이다.448)

이에 따라 우리나라에서는 통상 "공소사실에 대한 심리와 판단은 오로지 공판기일에서 한다는 의미",449) "모든 증거자료를 공판에 집중시켜 공판에서 형성된 심증만을 기

446) 남상근, "수사과정에서 영상녹화물 증거능력 인정여부", 서강법률논총 제2권 제2호, 2013, 93면.
447) 오기두, 앞의 논문, 288면.
448) 권순민, "공판중심주의의 이론·비교·정책", 고려대학교 법학박사 학위논문, 2007, 37면.
449) 박천봉, "공판중심주의", 사법행정 5권 4호(1964), 83면.

초로 하여 심판형성을 해야 한다는 주의",450) "피고사건에 대한 조서·심리를 공판기일의 심리에 집중시키는 주의",451) "공판기일 외에서 수집된 증거를 공판기일의 심리에 집중시키고 피고사건의 실체에 대한 심증형성도 공판심리에 의하여야 한다는 주의",452) "공판절차가 당해 사건에 관련된 모든 형사소송절차의 중심으로 기능하며 그 사건의 실체에 관한 유·무죄의 심증형성을 공판심리에 의한다는 원칙",453) "피고사건에 대한 조사·심리를 공판기일의 심리절차에 집중시켜 공판정에서 형성된 심증만을 토대로 사안의 실체를 해명해야 한다는 주의",454) "사건의 실체에 관한 법관의 심증형성은 공판기일의 심리를 통해서 이루어져야 한다는 원칙",455) "공판절차를 형사소송절차의 중심으로 기능하면서 공판심리에 의하여 유·무죄와 양형에 관한 심증형성을 하되, 최대한 원본증거를 공판절차에서 실질적으로 조사하여야 한다는 원칙"456) 등의 개념 정의가 제시되고 있는데, 그 의미를 오로지 "진실이 공판정에서만 발견되어야 한다"거나 "공판정에서 발견된 것만이 진실"이라는 식의 **'공판정중심주의'** 내지 **'법원중심주의'**로 해석하는 것은 문제가 있다고 본다. 왜냐하면 수사상 조서(검사 작성 피의자신문조서)의 증거능력을 인정한다고 하여 공판중심주의 실현에 장애가 된다고 할 수 없기 때문이다.

결국 공판중심주의 개념은 각 국가별로 고유의 체계를 갖고 있으므로 딱히 어떤 시스템이 우위에 있느냐의 문제를 논의하는 것은 적절치 않다. 다만, 어느 나라든 그 나라에서는 공판중심주의를 실현하기 위하여 전체적인 완결구조로서의 재판 및 수사시스템을 갖고 있다는 점이 중요하다. 예를 들어 수사 및 재판에서 조서를 주로 사용하는 독일이나 프랑스에서는 공판중심주의의 핵심 내용을 ① 공개주의, ② 구두주의, ③ 직접주의, ④ 집중심리 후 즉일선고 등 4개 요소를 핵심으로 잡고 있으며, 영미에서는 전문법칙과 관련성 등을 주요 핵심요소로 들고 있다. 특히 공판중심주의의 배경이념이 되고 있는 공개주의는 근대적 사법의 핵심이라고 할 수 있는바, 절대주의 시대의 규문절차를 극복하고 근대적 형사소송절차가 성립할 때 그 기본이념이 공개주의였다. 즉 규문시대에 수사에 있어서도 밀실주의적으로 수사를 하고 그 이후에 이루어지는 재판도 밀실적인 데서 오는 폐해에 대한 반성으로 공개성이 확보되어야 한다는 주장이 계몽시대에 형사사법절차와 관련하여 주장된 개혁의 기본이념이었던 것이다. 이러한 공개주의는 세 가지

---

450) 정영석, "공판중심주의", 고시연구 16권 12호(1983.12), 99면.
451) 백형구, "공판중심주의", 고시계 32권 6호(1987.6), 36면.
452) 이재상, 신형사소송법, 박영사, 2007, 391면.
453) 민영성, "공판중심주의와 공정한 재판", 법조 593호(2006.2), 98면.
454) 신양균, "바람직한 형사재판의 방향 −공판중심주의의 재정립을 위하여−", 저스티스 제78권 (2004), 128면.
455) 이은모, 형사소송법 제3판, 박영사, 2012, 408면.
456) 차정인, "공판중심주의 실현방안 연구", 부산대학교 법학박사 학위논문, 2009, 17면.

측면으로 주장되는데 그 하나는 재판정의 공개성, 둘째는 증거의 공개성, 셋째는 재판부의 공개성을 확보하는 것이었다.[457)]

그런데 공판중심주의는 이러한 공개성 확보를 위한 방법으로서 근대적 형사소송의 발전방향으로 볼 때 당연히 추구되어야 하였으나, 그동안 우리나라는 법조 및 경찰 등의 인적·물적 자원 및 사회적 여건 등으로 인하여 공판중심주의에 충실하지 못하였는 바, 앞으로는 이러한 후진적인 형사사법을 탈피하고 국민의 권익을 보호할 뿐만 아니라 공개성이 확보되는 투명하고 적정한 형사사법을 이루어 내기 위하여 공판중심주의가 충실히 실현되는 절차의 모습에 대한 논의가 적극적으로 이루어질 필요가 있다고 하겠다.

(10) '객관적인 증거물의 과학적인 수집이 수사의 본질'이라는 주장에 대하여

영상녹화물이 실질적으로 위력을 발휘하는 영역은 수사상에서 자백하고 공판정에서 부인하는 사건으로서 통상 피의자 내지 제3자의 진술밖에 없는 뇌물사건이나 성범죄사건이 여기에 해당한다. 그런데 이러한 논리에 따르면 뇌물사건 등 부정부패사건은 객관적인 증거물이 없으므로 수사하지 말하는 의미에 지나지 않는다. 그러나 왜 피의자였던 피고인이 공판정에서 거짓말하는 것은 당연시되고 또한 공판정에서 부인하는 피고인만 유리한 취급을 받는 것인지, 왜 범죄로부터 고통받은 피해자를 대신하여 검사가 제출하는 증거는 항상 불신의 눈으로 바라보아야 하는 것인지 의문이다. 이처럼 검사의 증거제출권을 제한한다면 형사소송법의 본질을 국가형벌권의 행사로 볼 수는 없고, 차라리 민사소송화하는 것이 오히려 타당할 것이다.

(11) 영상녹화물이 일반적으로 불공정한 증거 또는 편견을 주는 증거라는 주장에 대하여

미국 연방증거규칙 제403조를 언급하며 영상녹화물이 불공정한 증거 또는 편견을 주는 증거라고 주장하지만, 미국 연방증거규칙 제403조는 "당해 증거가 관련성이 있더라도 그 증명가치(probative value)보다 불공평한 편견(unfair prejudice), 쟁점의 혼돈(confusion of the prejudice), 배심원 오도(misleading the jury)의 위험이 상당히 크거나(substantially outweighed) 혹은 부당한 지연, 시간의 낭비, 불필요한 중복된 증거제시라는 동기가 상당히 큰 경우에는 증거에서 배제된다"고 규정하고 있을 뿐이므로 본 규정은 영상녹화물 뿐만 아니라 모든 증거에 적용되는 일반원칙이다. 따라서 법원은 편견우려 등을 추상적으로 판단하지 말고 개별적 사안에 따라 구체적으로 판단하여야 한다.[458)] 또한 여기서의 불공정성이란 "감정적 요소"와 같이 부적당한 근거(예컨대 선혈이

---

457) 이완규, 형사소송법특강 -이념과 현실의 균형을 위한 모색-, 법문사, 2006, 311면.

낭자한 식칼사건)에 의해 유무죄를 판단하는 경우를 의미하는 것이지 자백과 같이 일방에 유리한 증거를 의미하는 것은 아니다(일방에 유리한 증거를 모두 불공정하다고 한다면 피고인의 법정외 진술 등 전문증거는 절대로 증거로 사용할 수 없다).[459] 오히려 미국 연방대법원은 Stephan v. state. 사건[460]에서 "법원이 어느 당사자 일방의 편에 서있다는 비난으로부터 벗어날 수 있는 방편을 제공한다는 점에서 녹음·녹화제도는 상당히 의미가 있다"고 판시한 바 있다.

(12) 위법한 증거이므로 증거능력을 인정할 수 없다는 주장에 대하여

영상녹화물이 위법한 증거라면, 왜 특정범죄신고자등보호법에서 판사(수임판사)가 촬영을 명한 영상녹화물의 증거능력을 인정하는 것인지 의문이다. 혹자는 이 경우 검사가 신청하였더라도 판사가 촬영할 것을 명하였다는 점을 들 수도 있으나, 영상녹화조사의 신문기법을 고려해 볼 때, 촬영주체가 다르다고 증거능력을 달리 할 수 있는지 의문이다.

(13) 직접주의에 반한다는 주장에 대하여

녹음·녹화시스템이 신문절차의 적법성 확보와 진술의 임의성 확보에 긍정적인 역할을 할 수 있을지라도 이는 공판중심주의와 구두변론주의에 반하는 전문진술(傳聞陳述)에 불과할 뿐만 아니라 조서와 마찬가지로 자백위주의 수사관행을 유지시키게 하는 또 다른 방식의 조서에 불과하므로 비록 피의자진술의 증거가치를 높이는 효과가 있다고 하더라도 증거능력을 당연히 인정할 수는 없다는 견해가 있다.[461] 비디오 진술녹화는 어디까지나 적법한 절차에 따른 인권수사를 위한 보완장치 가운데 하나이지 그 자체가 피의자진술의 적법성과 임의성을 모두 담보할 수 있는 수단은 아니라는 점에서, 만약 피의자진술에 대한 녹음·녹화자료가 첨부되었다는 이유로 기존 조서에 대한 증거능력을 보다 완화하게 되면 사실상 수사기관의 신문조서에 대한 절대적인 증거능력을 부여하는 결과를 초래할 수 있기 때문이라는 것이다.

그러나 영상녹화는 사건의 발생 직후 피신문자의 기억이 비교적 생생한 시점에 이루어지므로 판사는 공판이 1년 이후에 이루어진다고 하더라도 마치 현장에서 진술자가 진술하는 것과 동일한 진술을 보고 들을 수 있다. 즉 영상녹화는 신문과정을 시각적·음향적으로 거의 완전하게 복원할 수 있어 경과진행에 대한 재구성은 시간적인 제한을 받지 않는 것이다. 이처럼 영상녹화는 판사에게 조서상 드러나지 않던 부분까지 시간적 제약없이 자세하게 제공해 준다는 점에서 실제적으로 서면의 의한 신문조서보다 훨씬

---

458) Park/Leonard/Goldberg, op.cit., p.134.
459) 허인석, 앞의 논문, 86면.
460) Stephan v. state. 711 p.2d 1156, 1158, Alaska 1985.
461) 탁희성, 앞의 논문, 18면.

더 직접주의 원칙에 가깝게 접근하는 것이다.[462] 따라서 영상녹화물의 제출을 공판중심주의에 반하는 것으로 보는 것은 영상녹화의 본질을 오해한 측면에 기인한 것으로, 오히려 공판중심주의에 더 친근한 제도로 파악해야 할 것이다.

3. 원진술자가 참고인인 경우

(1) 문제점

영상녹화물(엄밀히 말하면 그에 녹화된 진술)이 원진술자의 법정진술 내지 증언과 별도의 독립된 증거가 될 수 있는지 문제된다. 예컨대 예컨대 원진술자가 조직폭력배로부터 금품을 갈취당하였다고 진술하였다가 법정에서 이를 번복한 경우에 법정진술과 독립적으로 영상녹화물이나 그에 녹화된 진술내용을 유죄의 증거로 채택할 수 있는가이다. 물론 참고인진술의 경우에는 피의자와 달리 형사소송법에 그 진술을 조서에 기재하도록 강제하는 규정이 없으므로 검사가 참고인진술조서를 작성하여 제출하지 않고 참고인의 진술을 녹화한 영상녹화물만을 유죄의 증거로 제출하면, 공판전에 미리 영상녹화물을 열람한 피고인 또는 변호인이 그 진술내용을 부동의하는 경우에는 조서에 준하여 그 참고인을 증인으로 소환하여 생생한 법정 증언을 들을 수 있고, 이것이 직접주의와 공판중심주의의 원칙에 부합한다는 점에서 영상녹화물이 실제로 증거로 제출되는 경우는 거의 없고, 일반적으로는 영상녹화물에 들어있는 진술내용을 공판정에 출석한 원진술자의 공판정진술로서 증거현출이 대부분 해결될 것이다.

(2) 피고인의 대면권과의 관계

영상매체를 이용한 참고인증언을 허용하는 경우 피고인의 반대신문권을 보장하는 문제가 대두된다. 다만, 이러한 증인대면권은 미국 연방헌법상의 Confrontation Clause로부터 비롯되었다는 점에서 증인대면권을 규정한 헌법조항이 없는 우리나라의 경우, 대면권이 반드시 보장되어야만 하는지 문제된다. 이에 대하여 헌법재판소는 부정적인 입장을 취하고 있지만,[463] 헌법 제12조 제1항은 적법절차를 보장하고 있으므로 형사피고인의 증인에 대한 대면권 등 피고인의 방어권보장을 통한 공정한 재판을 받을 권리는 헌법상 당연히 보장되어 있다고 보아야 한다. 다만 성폭력피해자나 일정 연령 이하의 증인에게는 피고인측의 대면권을 제한하는 것은 당연하며, 위와 같은 경우가 아니더라도 잔혹한 범죄의 목격자나 조직에서 탈퇴한 조직원의 내부고발 등 범죄의 성질이나 증언내용의 성격이 증인이 공개법정에서 피고인 등 소송관계인의 면전에서 증언할 경우 정신적 부담을 크게 받아 평온한 상태에서 실체적인 진실을 진술하기 어려운 때에는 피고

---

462) 박노섭, "수사절차상의 신문과 비디오 녹화제도", 형사정책 16권 제1호(2004), 125면.
463) 헌재결 1998.9.30, 97헌바51.

인측의 대면권은 제한될 수 있다고 보아야 한다. 왜냐하면 이러한 증인의 경우 대면권의 제한은 증인보호 뿐만 아니라 형사사법의 이념인 실체적 진실발견에 결정적으로 기여하는 역할을 하기 때문이다. 더욱이 영상기술의 급속한 발달은 곧 증인의 세세한 표정 하나하나까지 포착할 수 있는 영상매체를 개발할 것이므로 피고인측의 대면권 주장은 점점 그 설득력을 인정받기 어려울 것이다.

(3) 학 설

참고인의 법정증언과 영상녹화물의 진술내용이 상이하거나 실질적으로 차이가 있어 법원이 증거조사가 필요하다고 판단되는 부분이 있는 경우에 그 부분만 공판정에서 증거조사를 하여 검증조서에 기재하면 가능하다는 견해464)와 원본증거인 참고인이 법정에 출석하여 증언할 수 있음에도 불구하고 영상녹화물을 증거로 사용하도록 허용하는 것은 직접주의를 침해하고, 영상녹화물의 특성상 과도한 신뢰감과 편견을 불러일으킬 수 있으므로 영상녹화물의 용도를 참고인진술조서의 진정성립을 위한 것으로 한정해야 한다는 견해465)가 있다.

(4) 판 례

대법원은 「수사기관이 아닌 사인이 피고인 아닌 사람과의 대화내용을 촬영한 비디오테이프는 형사소송법 제311조, 제312조의 규정 이외에 피고인 아닌 자의 진술을 기재한 서류와 다를 바 없으므로 피고인이 그 비디오테이프를 증거로 함에 동의하지 아니하는 이상 그 진술 부분에 대하여 증거능력을 부여하기 위하여는, 첫째 비디오테이프가 원본이거나 원본으로부터 복사한 사본일 경우에는 복사과정에서 편집되는 등 인위적 개작 없이 원본의 내용 그대로 복사된 사본일 것, 둘째 형사소송법 제313조 제1항에 따라 공판준비나 공판기일에서 원진술자의 진술에 의하여 그 비디오테이프에 녹음된 각자의 진술내용이 자신이 진술한 대로 녹음된 것이라는 점이 인정되어야 할 것인바, 비디오테이프는 촬영대상의 상황과 피촬영자의 동태 및 대화가 녹화된 것으로서, 녹음테이프와는 달리 피촬영자의 동태를 그대로 재현할 수 있기 때문에 비디오테이프의 내용에 인위적인 조작이 가해지지 않은 것이 전제된다면, 비디오테이프에 촬영, 녹음된 내용을 재생기에 의해 시청을 마친 원진술자가 비디오테이프의 피촬영자의 모습과 음성을 확인하고 자신과 동일인이라고 진술한 것은 비디오테이프에 녹음된 진술내용이 자신이 진술한 대로 녹음된 것이라는 취지의 진술을 한 것으로 보아야 한다」466)고 판시한 바 있다.

---

464) 이완규, 「개정법상 조서와 영상녹화」, 형사소송법과 국민참여재판의 주요 쟁점 −한국비교형사법학회 추계학술대회−, 한국비교형사법학회(2007.11.9), 171면.

465) 이영한, 「개정 형사소송법상의 조서와 영상녹화」, 개정 형사소송법과 국민참여재판의 주요 쟁점, 한국비교형사법학회 추계학술대회 토론문(2007. 11. 9), 181면.

(5) 검 토

참고인진술의 경우에는 피의자와 달리 형사소송법에 그 진술을 조서에 기재하도록 강제하는 규정이 없으므로 검사가 참고인진술조서를 작성하여 제출하지 않고 참고인의 진술을 녹화한 영상녹화물만을 유죄의 증거로 제출하면, 공판전에 미리 영상녹화물을 열람한 피고인 또는 변호인이 그 진술내용을 부동의하는 경우에는 조서에 준하여 그 참고인을 증인으로 소환하여 생생한 법정 증언을 들을 수 있고, 이것이 직접주의와 공판중심주의의 원칙에 부합한다는 점에서 영상녹화물이 실제로 증거로 제출되는 경우는 거의 없고, 특히 검찰측 증인(피고인에게 불리한 증인)의 경우는 영상녹화물에 들어있는 진술내용을 공판정에 출석한 원진술자(증인)의 공판정진술로서 증거현출이 대부분 해결될 것이다. 따라서 참고인진술에 대한 영상녹화물이 필요한 경우로는 원진술자인 공여자가 공무원에게 뇌물을 주었다고 진술하였다가 법정에서 이를 번복하는 경우에 법정진술과 독립적으로 사용할 필요가 있는 뇌물 등 부패범죄, 조직범죄, 마약범죄, 선거 등 정치인범죄 등이 여기에 해당할 것이다.

VI. 탄핵증거 및 보강증거 등 사용가능성

1. 탄핵증거의 사용가능성

(1) 형사소송법의 입법태도

형사소송법 제318조의2 제1항은 「제312조 내지 제316조에 따라 증거로 할 수 없는 서류나 진술이라도 공판준비 또는 공판기일에의 피고인 또는 피고인이 아닌 자(공소제기 전에 피고인을 피의자로 조사하였거나 그 조사에 참여하였던 자를 포함한다. 이하 이 조에서 같다)의 진술의 증명력을 다투기 위하여 이를 증거로 할 수 있다」고 규정하여 기억환기를 위한 영상녹화물의 재생을 허용하고 있는데, 이때 진술의 증명력을 다투기 위한 증거를 가리켜 탄핵증거라고 한다. 이는 탄핵증거가 범죄사실을 인정하는 증거가 아니므로 소송법상 엄격한 증거능력을 요하지 아니하며, 전문법칙에 의하여 증거능력이 없는 전문증거라 할지라도 증거로 사용될 수 있다는 것을 의미한다. 문제는 형사소송법 제1항의 탄핵증거 규정에 영상녹화물이 들어가 있지 않고, 제2항의 "불구하고", "한하여"라는 문구 때문에 '영상녹화물은 탄핵증거로는 사용할 수 없고, 오로지 기억환기용으로 신문과정에서 제시하는 신문수단으로만 사용할 수 있는 것은 아닌지 논란이 있다.

---

466) 대판 2004.9.13, 2004도3161.

(2) 학 설

가. 부정설

제318조의2 제2항이 '제1항(탄핵증거는 반드시 증거능력이 있는 증거이어야 하는 것은 아님을 규정)에도 불구하고'라고 규정하고 있으므로 '제1항에 불구하고'는 '탄핵증거의 예외적 허용규정에도 불구하고'라는 의미이므로 영상녹화물의 탄핵증거 사용은 불가능하다는 견해이다.[467] 즉 탄핵증거에 관한 일반조항인 제1항의 특칙으로 해석하여야 하고, 피고인 또는 피고인 아닌 자가 기억이 명백하지 아니하다고 주장하는 경우에만 영상녹화물을 사용할 수 있으며, 이 경우에도 영상녹화물을 재생하여 시청하게 할 경우 법관이나 배심원은 그 내용을 절대로 조사할 수 없고, 오로지 피고인 또는 피고인 아닌 자만 시청해야 한다는 것이다.

나. 긍정설

제318조의2 제2항은 탄핵증거와 전혀 무관한 증거로 사개추위 형사소송법 개정 논의당시 검찰이 독일의 Vorhalt를 모델로 영상녹화물을 신문보조수단으로 활용할 수 있도록 제출한 것을 법원의 주장으로 탄핵증거 항목에 포함시키는 바람에 혼란이 발생하였다는 견해이다.[468] 즉 제318조의2 제1항은 탄핵증거 규정인 반면, 동조 제2항은 기억환기용(신문수단으로서의 증거사용) 규정으로서 전혀 상관없는 별개의 성격을 갖는 두 개의 증거가 탄핵증거라는 제목으로 포함되어 비교법적으로 기억환기용으로 사용되는 자료가 마치 탄핵증거인 것처럼 오해를 불러 일으킨다는 것이다. 따라서 위 견해는 피고인 등이 종전진술을 번복한다면 제1항에 의해 영상녹화물로 법정진술을 탄핵하고, 기억이 명백하지 아니하는 경우에는 참고자료로 영상녹화물을 사용한다고 해석한다.

다. 입법론으로 해결해야 한다는 견해

입법론으로는 증거능력 없는 증거도 탄핵증거가 될 수 있을 뿐만 아니라, 영상녹화물의 경우는 법관의 심증형성에 큰 영향을 줄 수 있는 증거이며, 진실발견에 도움을 주는 과학적 증거방법임에도 불구하고 탄핵증거 사용을 부정하는 것은 타당하지 않다는

---

467) 신동운, 신형사소송법, 법문사, 1022면; 법원행정처, 형사소송법 개정법률 해설, 144면; 서보학, 「개정형사소송법에 의한 조서 및 영상녹화물 등의 증거능력에 대한 검토」, 한국형사법학의 오늘, 정온이영란교수화갑기념논문집, 846면; 조국, "검사작성 피의자신문조서와 영상녹화물", 저스티스 통권 제107호(2008. 10.), 187면; 천진호, "수사과정에서의 영상녹화제도의 합리적 운용방향", 비교형사법연구 제11권 제1호(2009), 294면.

468) 정웅석/백승민, 형사소송법(2009), 347면; 노명선/이완규, 형사소송법(2009), 671면; 안성수, "영상녹화물의 녹화 및 증거사용방법", 법학연구 제10집 제1호(2007. 3.), 인하대학교 법학연구소, 41면 −42면; 이완규, "개정 형사소송법상 영상녹화물의 증거능력", 법조 통권 613호(2007. 10.), 184면.

견해이다.[469]

(3) 판 례

탄핵증거의 허용범위에 관해서 어느 입장을 취하고 있는가에 관한 명백한 판례는 없지만, 피고인측이 제출하거나 피고인측에 유리하게 적용한 사안에서「유죄의 자료가 되는 것으로 제출된 증거의 반대증거인 서류 및 진술에 대하여는 그것이 유죄사실을 인정하는 증거가 아니므로 그 진정성립이 증명되지 아니하거나 전문증거로서 상대방이 증거로 함에 동의를 한 바 없었다고 하여도 증거능력을 다투기 위한 자료로 삼을 수는 있다」[470] 고 하거나,「형사소송법 제318조의2에 규정된 탄핵증거는 범죄사실을 인정하는 증거가 아니므로 그것이 증거서류이든 진술이든 간에 유죄증거에 관한 소송법상의 엄격한 증거능력을 요하지 아니한다」[471]고 판시하여 반증과 탄핵증거를 엄격하게 구별하지 않으면서, 피고인제출의 탄핵증거에 관하여는 어떤 제한을 두고 있는 것 같지는 않다. 반면에 검사측과 관련해서는「사법경찰리 작성의 피고인에 대한 피의자신문조서와 피고인이 작성한 자술서들은 모두 검사가 유죄의 자료로 제출한 증거들로서 피고인이 각 그 내용을 부인하는 이상 증거능력이 없으나 그러한 증거라 하더라도 그것이 임의로 작성된 것이 아니라고 의심할 만한 사정이 없는 한 피고인의 법정에서의 진술을 탄핵하기 위한 반대증거로 사용할 수 있다」[472]고 판시한 이외에는 다른 판례가 없다는 점에서 피고인의 진술을 탄핵하는 경우에는 원칙적으로 자기모순의 진술에 한정하고 있는 것으로 보인다.[473]

(4) 검 토

첫째, 미국 연방증거규칙 제612조의 기억의 회상(Refreshing Recollection)은 증인이 증언시 시간의 경과로 희미해진 기억을 되살리기 위해 진술내용을 기재한 서류 등을 참조할 수 있다는 것으로 서류 자체를 증거로 제출하는 동규칙 제803조(5)의 과거기록(past recollection recorded) 내지 기록에 의한 재생(Recorded Recollection)과 구별되는데, 전자는 증인의 증언방법과 관련된 제도로 증인의 증언이 증거로 제출되므로 탄핵증거와 전혀 무관한 반면, 후자는 증인이 기억이 생생할 때 그 내용을 기록해 놓았는데 법정에서 정확하고 충분한 증언을 하기에는 증인의 기억이 부족한 경우에 기록된 내용을 증거로

---

469) 이재상, 형사소송법(제6판), 609면; 사실인정을 위한 증거능력문제를 제외한 탄핵증거에 한정한다면 영상녹화물에 대해 탄핵증거로서의 사용을 허용하는 입법론이 타당하다는 견해로는 손동권, 형사소송법(2008), 637면.

470) 대판 1981.12.8, 81도370; 대판 1981.12.22, 80도1547.

471) 대판 1985.5.14, 85도441.

472) 대판 1998.2.27, 97도1770; 대판 1998.9.8, 98도1271; 대판 2005.8.19, 2005도2617.

473) 형사증거법, 사법연수원, 209면.

사용하므로 전문법칙의 예외로서 본증으로 사용된다[474]는 점에서 탄핵증거와 관련이 없다. 그런데 형사소송법 제318조의2 제2항을 탄핵증거라고 보면서 피고인 또는 피고인 아닌 자에게만 보여줄 수 있다고 해석하면,[475] 이러한 해석은 미국 연방증거규칙 제612조의 기억의 회상과 유사한 해석론이지만, 연방증거규칙 제612조는 탄핵증거와 아무런 관련이 없을 뿐만 아니라 증인신문의 방법과 관련된 조항을 탄핵증거에서 설명하는 것도 모순이다.

둘째, 본래 탄핵증거란 전문증거에 해당하여 증거능력이 없는 증거라도 진술의 증명력을 다투기 위하여 사용할 수 있는 증거이므로 영상녹화물에 한정하여 탄핵증거의 사용을 제한할 이유가 없다는 점에서 영상녹화물의 탄핵증거 사용은 당연히 가능하다고 보아야 한다. 왜냐하면 제318조의2 제1항에서 탄핵증거로 할 수 있는 "제312조 내지 제316조에 따라 증거로 할 수 없는 서류나 진술"에서의 '진술'은 어느 학설을 따르더라도 피의자나 참고인의 자기모순 진술을 포함하는 것이고, 따라서 그 진술이 비록 영상녹화물에 담겨 있다고 하더라도 탄핵의 수단으로 사용하고자 하는 것은 영상녹화물이 아닌 그 안에 담겨 있는 자기모순의 '진술'이므로 규정해석상 당연히 탄핵증거로 사용할 수 있기 때문이다.

2. 자백에 대한 보강증거의 사용가능성

자백에 대한 보강증거로서 영상녹화물의 사용가능성을 살펴보면, 형사소송법은 피고인의 자백이 그 피고인에게 불이익한 유일의 증거일 때에는 이를 유죄의 증거로 하지 못한다고 규정하고 있는바(법 제310조), 자백을 보강하는 증거로서 영상녹화물은 사용될 수 없다고 보아야 한다. 왜냐하면 자백을 보강하는 증거는 자백과는 독립된 증거이어야 하는데, 영상녹화물의 내용 자체가 자백의 내용을 담고 있기 때문이다.

---

474) 서류가 과거기록으로 증거능력을 부여받기 위해서는 (1) 증인이 과거에 개인적인 인식 내지는 지식을 갖고 있었고, (2) 지금은 증인이 그 사실에 대해 잊었고, 그 서류 내지는 메모가 증인의 기억을 불러오는데 실패하였고, (3) 그 서류 또는 메모가 증인에 의하여 작성되거나 증인에 의하여 원용되었고, (4) 그 서류 또는 메모가 정확한 내용이 기재되었다고 증언할 수 있을 것 등의 요건을 갖추어야 한다. 만약 위와 같은 요건이 갖추어진 경우에는 그 서류나 메모는 증거능력이 있게 되는데, 이때 증인은 그 서류나 메모를 배심원들에게 읽어줄 수는 있으나, 이를 배심원들에게 보여줄 수는 없으며, 반대 당사자는 그 서류나 메모를 배심원들에게 보여줄 수 있다(한웅재, "미국법상 전문법칙의 의의와 예외 – FRE를 중심으로 –, 형사법의 신동향 제8호(2007. 6.), 133면).

475) 법원내규인 형사소송규칙 제134조의5는 형사소송법 제318조의2 제2항의 문구에 "만"을 추가하여 "피고인 또는 피고인 아닌 자에게만"이라고 규정하고 있다.

3. 피의자진술의 임의성 확보에 한정할 것인지 여부

영상녹화물의 증거능력을 부정하는 견해도 영상녹화물이 피의자진술의 임의성 확인 등 사건관계인의 인권보장에 기여한다는 점을 부인하지는 않는 것 같다. 따라서 학설의 대립은 영상녹화물의 기능을 여기까지로 제한할 것인지 아니면 본증에 사용하도록 함으로써 적극적으로 영상녹화를 하도록 유도할 것인지에 있다고 볼 수 있다. 전자의 견해는 조서의 증거능력을 인정하는 현행법 체계하에서 영상녹화물의 증거능력까지 인정한다면, 공판중심주의의 기본취지인 '증거자료의 다양성'과는 차원이 다른 '전문증거의 과잉'문제가 발생하게 된다는 점을 주된 논거로 드는 반면, 후자의 견해는 증거능력의 판단과 증명력의 판단은 다르므로 전자의 범위를 확장한다고 하여, 반드시 유죄인정과 직결되는 것은 아니라는 점을 주된 논거로 드는 것 같다.

물론 증명력 판단자와 증거능력 판단자가 동일한 나라에서 동일한 재판 주체가 동일한 증거를 증거능력이라는 단계와 공소사실 인정단계(증명력 단계)로 나누어 판단하는 것은 불합리하다고 볼 수도 있다. 왜냐하면 증거능력 단계에서 고려되는 특신상태 내지 신용성의 정황적 보장과 공소사실 인정단계에서 고려되는 신빙성을 구별하기 어려울 뿐만 아니라 개념적으로 구별한다고 해도 실제로 구분하여 판단하는 것이 쉽지 않을 것이기 때문이다. 이는 영상녹화물에 대해 증거조사하게 되는 거의 모든 사건에 있어 수사기관의 심증형성 과정이 법관에게 고스란히 전이됨으로써 행정권력에 속하는 소추기관이 사법권력인 재판기관의 전권인 재판을 사실상 좌우하게 될 지도 모른다는 우려, 즉 **'사실인정의 판단권'**이 사실상 '판사'로부터 '검사'에게 전이될 수 있는바, 이는 권력분립에 위배될 뿐만 아니라 공판중심주의를 해칠 수도 있을 것이다.

그러나 2008. 1. 1.부터 우리나라도 국민참여재판을 시행하고 있으므로, 이제 우리나라의 판사들도 전문증거의 신용성을 판단할 때, 첫째, 배심원들에게 보여도 될 만한 자격이 있는가라는 기준에서의 판단과 둘째, 그런 자격을 인정한 후에 종합적으로 그 증거로써 최종적으로 공소사실을 인정할 수 있는가라는 판단을 명확히 나누어서 해야 하는 상황이 되었다.[476)]

그런데 너무 엄격하게 증거능력을 제한한다면, 이는 증거능력 판단에서 아예 최종적인 사실판단을 해 버리는 것이 되고, 그러면 결국 배심원의 사실판단권을 침해하는 것이기 때문이다. 왜냐하면 증거능력 단계의 임의성 내지 특신상태는 진술이 이루어진 상황이 특히 신빙할 만하다는 것이지 진술 자체의 신빙성을 요구하는 것이 아니며, 진술 자체의 신빙성 내지 신용성은 증명력 단계에서 판단해야 할 문제이기 때문이다. 더욱이 전문법칙의 이론적 근거가 반대신문권의 보장에 있다면 수사기관 작성의 피의자신

---

476) 이완규, 개정형사소송법의 쟁점(2007), 334면.

문조서는 반대신문권과 아무런 관계가 없다.

결국 '서증에 대한 인증의 우선원칙'[477])에 따라 조사자가 공판정에 출석하여 진술하였으나(법 제316조 제1항), 조사자의 증언에 대하여 다툼이 있거나 불분명한 경우에 한정하여 예외적으로 영상녹화물을 활용할 수 있는 길을 열어놓는 것이 타당할 것이다.

Ⅶ. 관련문제

1. 수사기관의 영상녹음·녹화에 피의자의 동의가 필요한지 여부

(구)형사소송법은 수사기관이 피의자의 진술을 영상녹화하는 경우에 피의자 내지 변호인의 동의를 받아야 하는지에 관하여 아무런 규정을 두고 있지 않는 반면, 참고인의 경우에는 그의 동의를 받아 촬영하도록 규정하고 있다(제221조). 그런데 당초 (구)형사소송법 정부원안에서는 피의자의 진술을 영상녹화하기 위해서는 피의자 또는 변호인의 동의를 필요로 하는 것으로 되어 있었다.[478])

그런데 법사위 논의과정에서 형사소송법 제312조 제1항 소정의 피의자신문조서의 법사위 논의과정에서 형사소송법 제312조 제1항 소정의 피의자신문조서의 증거능력에 관한 규정에 "원진술자의 진술 또는 영상녹화물 기타 객관적 방법"이 진정성립요건에 추가됨에 따라, 피의자 또는 변호인의 동의를 요한다면 영상녹화 제도의 실현 자체가 어렵게 된다는 점을 고려하여 피의자에 대하여는 고지만 하고 영상녹화할 수 있도록 하여야 한다는 견해가 대두되었다고 한다. 이에 대하여 비교법적으로 보더라도 피의자진술의 영상녹화는 수사과정의 투명성 제고와 적법절차의 준수여부를 확인하기 위해 도입된 것이고, 피의자의 동의를 요건으로 하는 영상녹화를 하는 입법례가 세계적 추세라는 점, 피의자의 진술거부권을 사실상 침해하고 초상권을 침해할 우려가 있다는 점, 피의자에 대하여 고지만으로 영상녹화를 할 수 있게 되면 수사기관의 편의에 따라 선별적으로 영상녹화가 이루어지는 등의 문제점이 있다는 반론이 제기되었으며, 이러한 논의 끝에 결국 "조사의 개시부터 종료까지의 전 과정 및 객관적 정황"을 영상녹화하도록 하되, 피의자에게 미리 영상녹화와 사실을 고지만 하고서 영상녹화할 수 있도록 규정하였다[479])고 한다.

그러나 사전동의를 요건으로 피의자의 진술에 대한 영상녹화가 허용된다면, 다음과 같은 이론적 문제점이 발생하므로 타당성을 인정하기 어렵다.

---

477) 2007년 형사소송법 제275조의3(구두변론주의) 공판정에서의 변론은 구두로 하여야 한다.
478) 법정에서 영상녹화물을 어떻게 사용할 것인지 그 사용용도와 관계없이 피의자의 동의없이 행한 영상녹화는 영장주의 원칙을 침해할 소지가 있다고 해석하는 견해로는 조국, 앞의 논문, 189면.
479) 이상의 설명으로는 법원행정처, 형사소송법 개정법률 해설, 2007, 50면 참조.

첫째, 수사기관의 수사기법이 피의자의 손에 좌지우지되는 우스운 결과를 초래한다. 영상녹화는 피의자의 인권보호를 위한 장치임과 동시에 수사기관이 취할 수 있는 수사기법 내지 증거확보수단 중의 하나이다. 피의자의 유죄의 입증책임을 지고 있는 수사기관은 적법절차 등 형사소송 및 헌법의 기본이념에 위배되지 않는 수사방법을 나름대로 취사선택할 권한이 있다고 본다. 피의자가 진술거부권을 행사하는 등 적법한 권리를 행사하는 것 외에 수사기관에 대하여 피의자신문조서를 작성하지 말라고 할 권한이 없는 것과 같은 이치라고 하겠다.

둘째, 미국의 Washington D.C. 입법례를 보더라도 수사기관의 녹화가 법률에 의하여 강제되어 있는 경우 피의자의 동의 등 일정한 요건하에 녹화를 하지 않을 수 있는 것이지, 동의할 경우만 녹화할 수 있도록 되어 있는 경우는 없다. 왜냐하면 영상녹화는 수사 또는 재판에 활용될 뿐, 외부의 공표가 전제되어 있지 않으므로 프라이버시권의 보호영역에 포함되지 아니하기 때문이다.

셋째, 피의자의 인권보호를 위하여 피의자의 동의가 필요하다는 발상은 기존의 조서재판에 대한 반성적 고려에서 나온 인권보장형 과학수사기법에 대한 이해가 부족한 점에서 비롯된 것으로 보인다. 영상녹화물이 조서에 비해 월등히 우수한 증명력을 가지고 있으며, 또한 피해자의 고문·가혹행위 등 주장을 입증할 수 있는, 오히려 피의자의 인권보호를 위하여 필요한 것임은 다시 말할 필요도 없다. 왜냐하면 현재 조서의 경우에는 서면의 형태를 띠고 있고 또한 조서의 사본도 교부하지 않으므로 상대적으로 사후조작이 비교적 용이할 뿐만 아니라 조작이 발각될 가능성도 낮지만, 영상녹화물은 영상기록이 중앙컴퓨터 등에 동시저장될 경우에는 수사기관이 조직적으로 합세하여 영상녹화시스템상의 모든 자료를 위·변작하지 않는 이상 기술적으로 쉽지 않고, 사본의 보존이나 피의자에의 교부를 의무화할 경우 조작사실이 사후에 발각될 가능성이 높으므로 수사기관이 형사처벌이나 징계처분을 감수하고 이를 조작할 개연성은 적다고 생각되기 때문이다. Hendricks v. Swenson[480]사건에서 연방항소법원도 「자백을 녹화하는 것은 피고인 자신의 방어를 위한 것이다. 왜냐하면 만일 그가 (진술하기를) 주저하거나, 불확실하거나, 더듬거린다면 그러한 사실이 비디오테이프에 나타날 것이기 때문이다. 그리고 만일 그가 육체적으로 고통을 받거나 다른 이유 때문에 비자발적으로 행동을 한 것이라면 조서(written statement)로는 불가능하였을 방법으로 그를 도와줄 것이다」라고 강조한 바 있다.

넷째, 수사기관에 의하여 자의적으로 왜곡될 가능성이 있는 조서의 경우 피의자의 동의여부와 관계없이 작성하도록 되어 있으면서, 사실상 왜곡될 가능성이 없는 영상녹화물의 경우는 오히려 피의자의 동의여부에 따라 작성된다는 것은 모순이며, 피의자의 사

---

480) Hendricks v. Swenson, 456 F2d 503(1972, CA8 Mo).

전동의에 따라 녹화물이 작성된다면 오히려 내용이 부실하고, 사실관계가 왜곡된 녹화물이 될 우려도 있을 수 있다.

다섯째, 기존 판례의 입장은 수사기관의 조사가 그 성질상 그 대화내용이 조서나 수사보고서 형태로 전환되어 증거로 사용될 것을 전제로 하고 있기 때문에 통신비밀에 해당한다고 보기 어려우며, 형사소송법도 일정한 조사과정에 반드시 참여자를 두고 조서를 작성하도록 하고 있는 점에 비추어 볼 때, 수사과정의 녹음·녹화제 도입과 관련하여 위 법을 적용하는 것은 곤란할 것이다.

여섯째, 영상녹화에 당사자의 동의를 요할 경우에는 영상녹화를 조서의 진정성립 증명수단으로도 활용하지 못할 가능성 있어 현행 법률규정에도 저촉된다.

일곱째, '피의자의 영상녹화조사 동의요구'는 외국 입법례에도 부존재한다.

여덟째, 참고인 영상녹화시, 사전 동의를 필요하는 것(제221조 제1항)은 참고인(진실규명 협조자)과 피의자(진실규명 대상)의 지위 차이로 인한 결과이다.

결국 영상녹화를 할 것인지 여부는 수사기관의 판단에 맡기되, 검사 또는 사법경찰관은 피의자나 참고인이 조사장소에 도착한 시각, 조사를 시작하고 마친 시각 등 조사과정을 기록하도록 하는 수사기록제도[481]를 통하여 수사기관이 변조·추가·삭제하는 것을 방지하고, 적절한 방법으로 보존을 하도록 하는 등 영상녹화물의 정확성을 담보하기 위한 요건의 법제화 내지 필요한 경우에는 일정범죄에 대한 녹화강제규정의 신설 등을 통하여 영상녹화물의 부작용을 최소화하는 것이 옳다고 본다.

2. 당사자의 영상녹화조사 신청권의 인정여부

영상녹화조사제도가 수사과정을 모두 보여주어 투명화시킴으로써 조서에 내재하는 밀행성의 단점을 보완하는 제도라면, 당사자의 영상녹화조사 신청권을 인정하는 것이 타당하다고 본다.

3. 피고인에 대한 사전열람의 기회부여 문제

형사소송법 제244조의2 제2항은 피의자 또는 변호인의 요구가 있는 때에는 영상녹화물을 재생하여 시청하게 하여야 하고, 그 내용에 대하여 이의를 진술하는 때에는 그 취지를 기재한 서면을 첨부하여야 한다고 규정하고 있으며, 동법 제266조의3은 피고인의 방어권을 충실히 보장하고 신속한 재판을 가능하도록 하기 위하여 피고인 또는 변호인이 공소제기된 사건과 관련된 서류나 물건을 열람·등사할 수 있도록 규정하고 있으

---

481) 2007년 형사소송법 제244조의5(수사과정 서면기록제도)는 피의자가 조사장소에 도착한 시각, 조사를 시작하고 마친 시각 기타 조사과정의 진행경과를 확인하기 위해 필요한 사항을 서면·기록할 것을 요구하고 있다.

므로 이 규정에 의해 녹화된 비디오테이프를 공판전 단계에서 확인할 수 있을 것이다. 현재도 법원 실무에서는 피고인에게 기록열람 복사를 허용하듯이 피고인 또는 변호인의 신청에 따라 CD를 복사하여 미리 검토할 수 있는 기회를 주어야 한다는 견해가 다수의 입장이라고 한다.

4. 영상녹화물의 작성개수 및 복제본의 피의자 교부여부

형사소송법에 따르면 영상녹화물에 관하여 봉인조치할 1개의 원본에 대하여만 규정하고 있을 뿐이며, 또 다른 원본 내지 복제본의 작성에 대하여는 아무런 언급이 없다. 또한 수사기관의 복제본 교부를 의무화하는 규정이나 피의자나 변호인에게 복제본의 교부를 청구할 수 있는 절차에 관하여도 규정하고 있지 않다. 이와 관련하여 형사소송법은 증거개시제도를 도입하여 피고인 변호인의 열람·등사권을 인정하고 있으나, 공소제기 후에 허용되고 검사의 거부권을 일정한 요건하에서 인정하고 있으므로(제266조의3), 복제본의 교부를 인정하는 것이 타당하다는 견해가 있다.[482]

그러나 아직 기술적으로 영상녹화물의 사본이 인터넷 등에 유통되는 것을 방지할 기술이 개발되어 있지 않으므로 사본의 교부는 영상물 유통으로 인한 프라이버시 침해 등으로 제도의 정착을 저해할 우려가 있으므로 영상녹화물의 개시는 증거개시규정으로 해결하면 족하다고 본다. 독일의 경우도 영상녹화조사의 대상이 된 참고인이 그 변호인의 당해 열람 신청에 동의하지 않는 경우에는 녹화물 대신 녹취서를 교부하여 열람하도록 하고 있다.

5. 수사보고(진술요약서)의 법적 성격

수사보고 내지 진술요약서란 수사관이 내부결제 등 목적으로 영상녹화물의 진술내용을 요약한 수사보고 형식의 내부문서로서, 피조사자의 진술내용을 개조식으로 요약한 형태, 중요한 부분만 녹취한 부분녹취형태, 전부녹취 형태가 있다. 종래 대검지침에는 "수사보고" 양식으로 진술내용을 요약하도록 하였으며, 2005. 하반기 서울남부지검에서 "진술요약서"라는 제목으로 법원의 공판조서를 모방한 양식을 개발하였으나, 법적 성질이 모호하고 그 근거를 찾기 어려워 2006. 2.경부터 "수사보고" 양식으로 복귀하였다고 한다. 그러나 수사보고 내지 진술요약서는 내부문서에 불과하므로 피고인이 동의하지 않는 한, 증거능력이 없다. 또한 녹취서의 경우도 수사보고의 일부로서 부분 또는 전부녹취의 형태로 첨부하고 있으나, 수사보고와 마찬가지로 피고인이 증거로 동의하지 않는 한 증거능력이 없다고 보아야 할 것이다.

---

482) 이동희, "사개추위안의 피의자신문 녹음·녹화제도 도입방안에 대한 검토", 비교형사법연구 제8
   권 제1호(2006), 526면.

Ⅷ. 구비되어야 할 영상녹음의 기록장비

1. 조사실의 구조

　　조사와 신문을 하기 위하여 디자인된 조사실은 밀실공포증을 일으키지 않으면서도 프라이버시를 보호할 수 있는 정도로 작아야 한다. 즉 조사실은 피의자가 심리학적으로 열려진 공간으로 도피하는 것을 허용할 정도로 커서는 안 된다. 또한 영상의 대비를 좋게 만들기 위해서는 조사실의 벽은 색깔이 있어야 하는데, 중립적 황갈색(neutral tans)이나 보다 연한 푸른색(lighter blues)이 좋을 것이다. 또한 조사실은 2-3개의 의자와 1개의 테이블 내지 책상이 필요한데, 의자는 디자인이 비슷해야 하며, 자리에 가벼운 쿠션이 깔려 있고 등받이가 있어야 하며, 의자는 바퀴나 롤러가 장착되지 않아야 하며, 바닥에 고정되어 있어서는 안 된다.[483]

　　한편 대개의 기록시스템(DVR-digital video recorder)은 현재 날짜와 시각을 기록할 수 있는 내장시계가 있지만, 내장시계가 없다면 시계는 조사실 안 피의자의 뒤벽에 설치되어야 하며, 시계의 앞면은 비디오테이프에서 분명하게 식별할 수 있을 정도로 커야 할 것이다.

2. 카메라의 형태

(1) 비노출카메라(covert camera) 사용의 장·단점

　　카메라는 비노출이나 노출방식으로 설치할 수 있는데, 비노출카메라는 종종 조사실 안의 일정 시설, 예컨대 온도 자동조절장치나 화재감지기 같은 것으로 위장한다. 이처럼 영상녹화 장비를 숨기는 가장 큰 장점은 피의자가 진실을 털어놓는 것을 방해하지 않는다는 점에 있다. 반면에 비노출카메라 사용의 단점은 비디오의 화질이 더 큰 렌즈를 사용하는 노출카메라보다 좋지 않으며, 조사나 신문 중에는 수사관이 종종 피의자의 바로 앞에 앉는데 많은 비노출카메라들이 종종 피의자의 건너편에 있는 벽에 피의자의 눈높이로 설치되기 때문에 수사관이 피의자의 전체모습을 가릴 수 있다는 점이다. 따라서 비노출카메라는 직접적으로 피조사자의 바로 앞에 위치하고 있어서는 안 되고, 피의자가 항상 보일 수 있도록 조사실의 한쪽으로 떨어져서 설치되어야만 할 것이다.

(2) 노출카메라(overt camera) 사용의 장·단점

　　노출카메라는 보다 나은 비디오화면을 제공한다는 점에 큰 장점이 있지만, 카메라를 노출하는 것은 수사관이 확보하고자 하는 프라이버시를 침해하는 등 부정적인 효과를 나타낼 수 있다. 따라서 노출카메라를 설치한다고 하더라도 피의자의 바로 앞 지점

---

483) Buckley/Jayne, op.cit., p.28.

에 설치된 삼각대 위에 카메라를 두기 보다는 카메라가 피의자를 향해 바로 내려 비추는 천정의 구석에 노출카메라를 설치하는 것이 더 바람직할 것이다. 왜냐하면 구석에 카메라를 설치할 때에만 피의자의 앞면 전체모습을 보여줄 뿐만 아니라 그 신문과정이 전자적으로 기록되고 있다는 사실이 지속적으로 기억되지 못하도록 충분한 눈높이 이상의 위치에 둘 수 있기 때문이다.[484]

(3) 형사소송법의 태도

형사소송법은 피의자에게 미리 영상녹화사실을 알려주어야 하며, 조사의 개시부터 종료까지의 전 과정 및 객관적 정황을 영상녹화하여야 한다(제244조의2)고만 규정하고 있을 뿐, 카메라의 형태에 대하여는 아무런 규정이 없다. 따라서 비노출방식이나 노출방식의 사용이 모두 가능할 것이다.

이와 관련하여 조사와 신문에 관한 리드테크닉(Reid Technique)을 훈련받은 알라스카와 미네소타 주의 800명의 수사관들이 이들 주에서 의무적으로 시행하고 있는 전자기록과 관련된 개인적 경험들에 관한 연구에 참가하도록 요청을 받아 112명의 수사관들이 지난 2년간의 전자기록의 경험에 관한 설문지를 작성하였는데, 22%의 수사관들이 전자기록이 자백율을 감소시킨다고 믿은 반면 74%는 전자기록이 자백을 이끌어 낼 수 있는 그들의 능력에 영향을 끼치지 않는다고 믿었으며, 조사나 신문 중에 녹화장비를 볼 수 있는지에 대한 질문내용과 관련해서는 각 수사관들의 통계에 의하여 자백율이 【표 8-45】과 같이 계산되었다[485]고 한다.

【표 8-45】 기록장비의 가시(Visibility)가 자백율에 끼치는 효과

조건(Condition)	자백율(Confession Rate)
절대 안 보임(Never Visible)	82%
가끔 보임(Sometimes Visible)	52%
대개 보임(Usually Visible)	50%
항상 보임(Always Visible)	43%

위 통계는 전자기록 장비가 보이면 보일수록 수사관에 대한 자백율이 떨어지고 있다는 것을 명백히 입증하고 있다. 이러한 결과를 통해 피의자로 하여금 카메라나 녹화장치를 통해 조사나 신문과정이 전자적으로 기록되고 있다는 사실을 상기시키는 것을

---

484) Buckley/Jayne, op.cit., p.26.

485) Buckley/Jayne, op.cit., p.9.

줄이기 위해서는 위 장치들을 눈에 띠지 않도록 숨기거나 조사실내에서 돌출되지 않도록 하는 것이 필요하다는 점을 나타내고 있다고 볼 수 있다.

3. 카메라의 각도

카메라 각도는 수사관이 행동분석을 위하여 비디오테이프를 검토할 수 있도록 하고, 법관이나 배심원들에게 수사관과 피의자 사이에 신체적인 접촉이 없었다는 것을 보여줄 필요가 있으므로, 최적의 카메라 각도는 피의자의 전체모습, 머리부터 발끝까지, 조사실 문, 피의자에 인접한 주변공간을 보여주는 것이어야 한다. 왜냐하면 법정에서 피의자의 감정상태나 그것이 결여된 상태인지를 평가할 경우에 피의자의 태도나 얼굴표정, 눈이 어디를 응시하고 있는지를 보고 분석할 수 있어야 하기 때문이다.

이와 관련하여 선입견을 배제하기 위하여 조사자와 피조사자의 모습이 화면에 대등하게 현출될 수 있도록 카메라를 설치해야 한다는 견해도 있으나, 조사자와 피조사자 중간에 카메라를 설치할 경우 피조사자의 진술 모습이 정면으로 드러나지 않아 그 진술 모습을 제대로 관찰하기 어렵게 되고, 조사자의 전면이나 측면 모습이 그대로 CD에 노출될 경우 복제시 외부에 유포되는 등으로 조사자의 얼굴이나 인적사항이 드러나 사생활 보호, 보복 방지 등에 만전을 기하기 어렵다는 문제가 있으므로 카메라 위치나 조사 각도에 대해서는 충분한 시간을 갖고 조사의 객관성과 공정성을 가장 적절히 담보할 수 있는 방안을 검토해 보아야 할 것이다.

IX. 결　어

과거 권위주의 정부시절에는 피의자의 진술을 확보하기 위한 수단이 별로 문제가 되지 않았다. 수사기관, 특히 검찰에서 소환하는데 과연 어느 누가 이를 거절할 수 있었겠는가? 이는 역설적으로 일반 국민들의 낮은 인권의식에도 문제가 있을 수 있지만, 그만큼 국가기관의 권한이 강력했다고 볼 수 있다. 그런데 민주화가 이루어진 현재 많은 실무가들은 수사환경이 바뀌어졌다는 점을 근거로 이제는 새로운 수사패러다임이 요구되는 시점이라고 보는 반면, 학계를 중심으로 많은 인권단체들은 수사기관에 대하여 불신의 시선을 보내면서 영상녹화물 등 녹음·녹화조사제도가 없었던 시절에는 수사를 어떻게 했느냐고 반문한다.

물론 사회안전을 위하여 피의자·피고인의 인권을 무시할 수 없는 것처럼, 피의자·피고인의 인권을 위하여 사회안전을 희생시킬 수도 없으며, 양자의 조화로운 해석이 가장 바람직하다고 본다. 다만 그동안 피의자·피고인의 인권보장에 지나치게 무게중심이 있었던 것은 아닌지, 현재의 형사소송법학이 현실세계와 유리된 이론적 사고의 틀 속에 움츠려 들어가 있었으며, 범죄로부터 고통 받는 자신의 주변세계에 눈을 감아버린 것은 아닌지 자문해본다.

그러나 공판중심주의가 충실하게 실현된다는 미국, 영국, 독일 등의 증거법을 비교해 볼 때, 증거법 문제에 있어 수사절차상 진술증거를 어떤 범위에서 사용할 것인가의 문제는 크게 논의되고 있지 않으며, 오히려 과학증거 내지 디지털증거를 어디까지 허용할 것인지, 그리고 이에 대한 통제를 어떻게 할 것인지에 중점이 있는 것 같다. 왜냐하면 첨단기술의 발달에 따라 시간과 장소의 제한으로 인한 불편은 점점 극복되어 가고 있는데, 이는 원거리에 떨어져 있는 증인이 법정 증언에 갈음하여 영상으로 증언을 하거나 수사절차에서 피의자신문을 영상녹화하여 공판정에 제출하는 등 과학적 기법들이 재판에서도 활용되는 것을 보면 잘 알 수 있기 때문이다. 더욱이 수사상 녹음·녹화제도는 무고한 자만을 보호하는 것이 아니라 죄인을 기소하고 처벌하고자 하는 우리 형사사법 체계에 대한 일반의 신뢰 또한 제고시키게 될 것이다. 물론 영상녹화를 하는 것이 완벽하게 신뢰할 수 있는 피의자신문의 내용을 보장하는 것은 아니다. 영상녹화물 앞에서 심리적으로 위축된 피의자가 진술을 회피할 수도 있고, 영상녹화의 조작가능성도 상존하기 때문이다. 그럼에도 불구하고 영상녹화가 필요한 이유는 사건관계인의 인권을 보호하면서도 실체진실을 발견할 수 있는 제도적 장치가 현재로서는 영상녹화조사보다 더 나은 수단이 없기 때문이다. 영상녹화물의 증거능력을 부정하는 견해도 수사과정상 적법절차의 보장과 피의자의 인권보장을 위해 영상녹화물이 필요하다는 사실에 대해서는 공감을 하는 이유가 여기에 있다.

문제는 영상녹화물에 대해 증거조사하게 되는 거의 모든 사건에 있어 수사기관의 심증형성 과정이 법관에게 고스란히 전이됨으로써 행정권력에 속하는 소추기관이 사법권력인 재판기관의 전권인 재판을 사실상 좌우하게 될 지도 모른다는 우려, 즉 **'사실인정의 판단권'**이 사실상 '판사'로부터 '검사'에게 전이될 수 있는 문제가 발생하는바, 이는 권력분립의 원칙에 반할 뿐만 아니라, 공판중심주의를 해칠 수도 있다는 점이다. 그러나 '서증에 대한 인증의 우선원칙'을 고려해 볼 때, 처음부터 영상녹화물을 상영하는 것이 아니라, 조사자의 증언을 들어본 후, 피고인과 다툼이 있는 사실에 한정하여 영상녹화물을 상영하는 것이므로 사실인정에 대한 판단과 더불어 판결의 실질적 정당성을 확보하는 데 도움을 줄 것으로 보인다. 더욱이 조서에 대한 수사기관의 필요적 작성의무를 부여하건 영상녹화조사에 대한 재량적 작성을 인정하든 간에 그 법적 효과는 공판정에 대한 증거제출로 귀결될 수밖에 없다는 점에서, 영상녹화물의 증거능력을 인정해 줌으로써 수사기관이 영상녹화조사를 하도록 동기를 부여하는 것이 오히려 피고인의 인권보호에 더 충실해질 수 있다는 점이다.

제6절 증거사용의 합리적 대안(2) - 전자소송을 기반으로 한 영상재판의 도입

I. 서 설

1. 의 의

2010. 4. 26. 특허 전자소송을 시작으로, 2011. 5. 2.에는 민사사건에도 전자소송이 도입되었고, 6년 만에 제1심 민사사건의 전자소송 처리 비율은 70%를 넘었다(2017년 71.9%, 2018년 77.2%, 2019년 82.0%). 반면에 형사사건은 (전자약식절차를 제외하면) 여전히 종이기록에서 벗어나지 못하고 있다. 이에 법무·검찰개혁위원회가 2019. 12. 9. 발표한 제10차 권고에도 형사사법절차의 투명성 확보, 피의자·피고인 등 사건관계인의 방어권 보장과 신속한 권리구제를 위하여 수사기록 등의 전자문서화를 즉시 추진하라는 것이 포함되어 있다.

2. 형사전자소송의 도입

(1) 전자소송의 도입 필요성

정보통신기술의 비약적인 발전으로 펼쳐지고 있는 오늘날의 사회모습을 흔히 정보화사회라고 한다. 인터넷망을 통한 정보교환이 가능해짐으로써 과거와 같이 종이문서(Paper Document)를 주고받는 방식의 우편제도를 대체하여 전자적 방식의 의사교환 방식인 전자우편(E-mail)을 활용하는 것이 일상화되어 가고 있기 때문이다. 더욱이 www(world wide web)의 혁명적 발달추세와 개인별 E-mail, 홈페이지 체제의 확산, digital 휴대통신 기술의 혁명적 변화, 화상통신(video conference)의 발달로 인하여 인터넷과 전통적인 통신의 경계선이 무너지고 있으며, 전 지구촌이 하나의 망으로 연결되고 있다.[486]

정보화 혁명이라고 일컬어지는 이러한 사회환경의 급격한 전환은 전자법정의 구현 등 수사 및 재판시스템에 엄청난 변화를 줄 것으로 보이는데, 첫째, 각 형사사법기관에서의 서류 작성과 이렇게 작성된 각종 서류를 유관 형사사법기관에 유통시키는 비용 및 원가를 절감함으로써 사무생산성을 향상시킬 수 있고, 둘째, 전자문서시스템을 이용함으

---

486) 강민구, "21세기 첨단 전자법정에 관한 연구 - 21세기 정보화 시대에 있어서 법정 개혁의 문제점 -, 법조 제51권 제1호(2002. 1), 법조협회, 158면.

로써 의사결정 과정이 단순화·신속화하고, 문서 접수에서부터 편철 및 보존에 이르는 문서처리절차가 비약적으로 축소되어 업무개선을 통한 조직의 경쟁력 제고에 기여할 수 있으며,[487] 셋째, 국가기관 내에 있어서 기록의 복사·편철·이동·보관방식의 혁명적 변화가 초래되고, 넷째, 사건발생에서 종료까지 어느 단계에서든지 해당 사건의 범죄정보에 대한 접근이 용이하여 소송기록을 검색하는데 편리하며, 다섯째, 수작업 입력과정에서 발생할 수 있는 자료의 오류나 함부로 변형되는 것을 원천적으로 방지할 수 있을 것으로 보인다.[488] 국민의 입장에서도 첫째, 형사사법업무의 신속성이 획기적으로 향상되므로 신속한 재판을 받을 헌법상 권리가 실질적으로 가능해지며, 둘째, 공권력의 발동절차가 투명하게 공개됨으로써 형사사법정보에 대한 접근이 보다 용이하게 될 것으로 보인다.

이에 따라 우리나라도 세계 최고 수준의 IT 인프라를 활용하여 형사사법업무를 표준화·전자화하고, 형사사법정보를 공동 활용하여 불필요한 시간과 자원의 낭비를 최소화하는 국민중심의 e-형사사법 서비스를 제공하기 위한 새로운 전자적 시스템인 'KICS 시스템(Korea Information System of Crimlnal Justice Services)'이 2010. 7. 12. 우리나라에 도입되었다.

원래 형사사법정보망 구축사업은 정보화촉진기본법 제8조 및 동법 시행령 제7조에 의하여 구성·운영되고 있는 "형사사법정보화 추진분과위원회"의 정보화촉진기본계획에 의거하여 시행된 사업으로서, 경찰·검찰·법원 등 여러 형사사법기관에서 각기 개별적으로 구축된 형사사건에 관한 DB자료를 전체 형사사법 유관기관에서 공동 활용하고자 하는데 목적이 있었다. 즉 본 사업은 처음부터 경찰·검찰·법원·소년원·보호관찰소·교정국·출입국관리국·법제처 등 형사사법 유관기관 전체를 연결하는 것을 고려하고 출발한 사업이 아니라 1995년 「법원·검찰간 형사DB 공동활용체계 및 EDI 구축」계획에 따라 법원과 검찰의 두 기관 사이에서 각각 보유하고 있는 형사사건 전산자료를 공동활용하자는 차원에서 시작된 것이다.[489]

그런데 이 사업의 범위가 확장되어 가면서 1996년 「사법기관간 형사DB공동활용체제 구축」계획으로 되어 법무부 보호국이 참여하여 소년원과 보호관찰소의 자료까지 공동 활용하는 것으로 확장되었고, 그 후 1997. 4. 형사사법정보화추진분과위원회가 설치되면서 「사법기관간 범죄수사정보 공동활용체계 구축」계획으로 발전되어 초동수사기관인 경찰과의 연계를 통해 범인의 검거단계에서부터 재판결과에 이르기까지 형사사건 처

---

487) 양문승, 「전자문서 도입의 단계별 발전모형 및 형사소송법체계 정비방안」, 형사사법절차에서의 전자문서 이용에 관한 법제도 세미나(2006. 11. 23.), 형사사법통합정보체계추진단, 7면.

488) 정웅석/백승민, 「약식절차에서 전자문서 등의 이용에 관한 법률 제정 의의」, 법조 통권 635호(2009. 8.), 법조협회, 284면.

489) 정웅석, "형사사법정보시스템의 운영현황 및 활용방안", 법조 통권 678호(2013. 3.), 법조협회, 8면.

리절차상의 일련의 프로세스에 따라 단계별로 생성되는 정형화된 각종 자료의 공유기반을 확대함과 동시에 수사자료라 할 수 있는 비정형화 자료도 공유할 수 있도록 기반을 구축하는 것으로 전개된 것이다.[490]

그러나 전자적 시스템의 기관간 구성방식에 대하여 경찰에서 '검찰과 하나의 DB'라는 것에 대하여 거부감을 표출하였고, 이에 더하여 국회에서도 2006. 하반기에 개최된 국정감사와 대정부 질의 등에서 일부 의원이 "KICS시스템이 법률적 근거가 미흡하고, 개인정보 보호와 관련한 인권침해 우려가 있다"고 지적하면서 "법 제도를 조속히 정비하고, 시스템 구성방식을 통합형에서 연계형으로 변경하여 추진할 것"을 주문하자, 2007. 9. 11. 기관간 합의가 다시 도출되었는데, 여기서 ① 형사사법의 전자화를 단계적으로 진행하되, 음주·무면허 운전사건은 완전 전자화하여 통합형 시스템에서 사건을 처리하고, ② 음주·무면허 운전사건을 제외한 경찰의 일반 사건의 수사시스템은 '형사사법 통합정보시스템'에서 분리하며, ③ 형사사법 정보센터내의 시스템은 별도의 중립적인 운영기구에서 관리하기로 하였다.

그리고 2009. 3. 26. 형사사법절차 전자화 입법 공청회를 통해서 논의된 의견을 토대로, 법무부는 형사사법절차의 전자화를 촉진하여 신속하고 공정하며 투명한 형사사법절차를 실현하고, 형사법 분야의 대국민 서비스를 개선하여 국민의 권익신장에 이바지하기 위한 "형사사법절차 전자화 촉진법" 및 약식절차의 정보화를 촉진하고 신속성과 효율성을 높여 국민의 권리보호에 이바지하기 위한 "약식절차에서의 전자문서 이용 등에 관한 법률"을 2010. 1. 25에 공포하였으며, 법무부·법원·검찰·경찰 등 4개 형사사법기관이 전자화를 통해 형사사법의 효율화와 대국민 형사사법서비스의 새로운 전기를 마련할 형사사법정보시스템을 2010. 7. 12. 개통하였고, 이에 발맞추어 2010. 8. 26.「형사사법 공통시스템 운영단」개소식을 개최하였다. 현재 동 운영단은 첫째, 대국민 형사사법 온라인 서비스, 둘째, 법무부 등 4대 형사사법 기관간 형사사법 정보 송·수신을 위한 연계시스템 운영·관리 등을 담당하고 있다. 따라서 현재는 경찰·검찰·법원·법무부 등 각 기관이 독립적으로 각자의 시스템을 운영하되 각 시스템은 공통시스템으로 연계되어 있고, 기관 공통시스템은 형사사법 공통시스템 운영단이 관리하고 있으며, 전체시스템의 원활한 운영을 위하여 각 기관시스템과 공통시스템이 유기적으로 연동되어 운영되고 있다.[491]

현재 형사사법공통시스템 운영단은 법무부 기획조정실 산하에 설치되어 있고, 법무부, 검찰, 경찰, 해경의 직원들이 2019년 9월 기준으로 총 23명 근무 중이다. 직원들은 각 기관 소속으로 일반적으로 1~2년간 법무부의 형사사법공통시스템 운영단에 파견근

---

490) 한봉조, 「형사사법정보망의 현황과 전망」, 검찰 통권 제111호(2000), 대검찰청, 4면.

491) 정웅석, "형사사법정보시스템의 운영현황 및 활용방안", 법조 통권 제678호(2013. 8.), 법조협회, 10면.

무를 하고 있다. 형사사법공통시스템 서버에 대한 관리 및 오류 시정 등은 외부 전문업체가 담당하고 있다. 외부인력 출입 시 형사사법정보의 보호를 위해 신원조회 및 로그인 기록을 하고 있는데, 내부망(각 기관의 형사사법정보시스템)과 외부망(형사사법포털)을 분리하여 운영하고 있다.

【표 8-46】 형사사법정보시스템(KICS) 전체 구성도

이에 대하여 일부 학계와 몇몇 인권단체를 중심으로 형사사법정보의 통합이 "또 하나의 빅브라더(big-Brother)"가 될 수도 있다는 우려를 제기한 바 있는데,[492] 이러한 우려제기가 형사사법정보화까지도 반대하는 것인지는 불분명하지만, 이러한 문제제기는 형사사법정보가 특히 민감한 개인정보라는 점에 논의의 중점을 두고 있는 것으로 보인다.[493] 형사사법정보도 공공기관에 의해 다루어지는 중대한 개인정보로서, "형사사법정

---

492) 민경배, "형사사법통합정보체계, 또 하나의 빅브라더가 될 것인가?", 시사저널(제897호), 2006. 8. 참조.
493) 열린우리당 최규식의원이 개최한 형사사법통합정보체계 구축사업 토론회(2006. 9. 26.)에서 인권실천시민연대 오창익 사무국장은 "국민의 인권을 철저히 외면하고 과잉권력화된 괴물같은 국가만이 존재하는 파시즘 국가를 꿈꾸고 있는 것은 아니냐"고 질의한 바 있으며, 김희수 전북대 교수도 "헌법 제10조와 제17조를 무력화시키려는 전체주의적 사고"일 뿐만 아니라 "개인정보보호법, 세계인권선언 등 국제법을 모두 위반하고 있다"고 지적하면서 "타당성 검토없이 사업을 추진해 혈세를 낭비한 것에 대해 감사원 감사와 국회차원의 조사를 통해 책임소재를 가려야 한다"고 비판한 바 있다.

보의 통합과 활용은 이중처벌에 다를 바 없는 심각한 정보인권 침해이며 개인이 갖고 있는 정보적 자기결정권의 침해"[494]라고 주장하고 있기 때문이다. 무엇보다도 형사사법 정보의 통합에 반대하는 입장에서는 엄청난 양의 국민에 관한 "비밀스럽고 치욕적인" 정보가 통합 DB에 대규모로 집적되면 이는 필연적으로 감시와 통제의 문제를 야기하며 "민주주의와 인권을 위협하고 침해하는 괴물"[495]이 될 것이라고 한다. 또한, 기술과 제 도의 본질적인 간극으로 인해 완벽할 수 없는 현재의 정보보안 수준을 고려할 때, 형사 사법정보는 외부의 또는 내부의 여러 가지 방법으로 침해될 수 있으며 언제라도 대규모 유출이 발생할 수 있다는 문제도 제기되는데, 형사사법정보가 통합되면 이러한 유출의 위험성은 더욱 증대되며, 유출의 피해는 정보의 밀집도에 따라 기하급수적으로 늘어날 뿐만 아니라 원상회복은 불가능에 가깝기 때문에, 형사사법정보의 통합은 매우 위험한 사업이라는 것이다. 게다가 형사사법정보가 수집되는 과정은 현행 형사소송 현실을 고려 할 때 정보주체와 정보수집자가 매우 불평등한 상황이며 따라서 수집시 정보주체의 의 사가 배제될 수밖에 없는 한계가 있다는 점도 문제로 지적한다.[496]

물론 이러한 우려들은 모두 나름대로의 충분한 논리를 가지고 있으며 하나하나가 결코 간과할 수 없는 중대한 문제인 것이 사실이지만, 다른 일반적인 개인정보의 경우 와 마찬가지로 형사사법정보도 이용이냐 아니면 보호냐의 기로에서 결코 양자택일의 방 법으로 해결해야만 하는 문제일 수는 없다고 본다. 더욱이 형사사법정보의 통합이 아닌 연계를 전제로 하고 있는 형사 전자소송에서 전자문서를 사용하는 것이 인권침해에 해 당한다거나 정보에 대한 자기결정권의 침해라고 주장하는 것은 논리적으로 문제가 있다. 왜냐하면 사회가 발달할수록 종이문서보다는 전자문서를 사용하는 것이 편리할 뿐더러 보안면에서도 더 우월하다고 볼 수 있는데,[497] 왜 똑같은 정보를 종이문서가 아닌 전자 문서로 전달한다고 하여 더 인권침해가 된다는 것인지 알 수 없기 때문이다.

(2) 전자민사소송법의 도입

대법원도 전자법원 구축을 위한 정보화 계획을 2003년에 수립한 후, 「재판절차에서의 전자문서 이용 등에 관한 법률 제정실무위원회」를 구성하여 전자문서 이용 등에 대하여 검토를 해 오면서 2004. 6. 종이서류를 대체하는 수단의 하나로 전자적 방법으로 각종 서 류를 작성하여 인터넷을 통해 법원에 제출하는 전자파일링 시스템(Electronic Case Filing) 또는 EFS(Electronic Filing System)[498]을 도입하면서 그 제1단계로 민사독촉·소액사건 중

---

494) 김희수, 「개인정보 수집·저장·이용의 적법성과 한계(정보인권 관점 등에서 본 형사사법통합정 보체계)」, 국가인권위원회 보고서, 2006, 7면.

495) 김희수, 앞의 연구보고서, 41면.

496) 김희수, 앞의 연구보고서, 42면.

497) 지금 거의 모든 사람들이 편지지보다는 E-mail을 사용하고 있는 것을 보아도 잘 알 수 있다.

의제자백과 공시송달사건·부동산 등기촉탁 등을 대상으로 실시한 후, 2010년부터 2015년까지 특허전자소송·민사전자소송을 도입하였으며, 2016년부터 2019년까지 대법원 홈페이지 웹 서비스 구축·차세대 행정전자결재 도입 등 길지 않은 시간 동안 대부분의 법률사건 영역으로 확산되었다. 그리고 재판과정에서 전자문서를 기존의 종이문서와 동일하게 인정한다는 내용으로 「재판절차에서의 전자문서 이용 등에 관한 법률」을 마련한 바 있으며, '민사소송 등에서의 전자문서 이용 등에 관한 법률'(이하 '전자민사소송법'이라고 함)'[499]이 제정되었고, 빅데이터 기반의 지능형 차세대 전자소송(BPR/ISP)을 구축 중에 있다.

【표 8-47】민사전자소송 전자접수 추이[500]

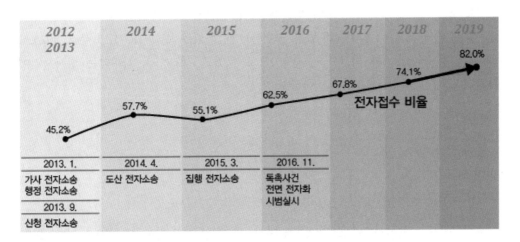

---

498) 종래 「재판절차에서의 전자문서 이용 등에 관한 법률(안)」은 '전자파일링'과 '전자파일링 시스템'의 개념에 대하여 다음과 같이 정의하고 있었다.

제2조(정의) 이 법에서 사용하는 용어의 정의는 다음과 같다.

2. "전자파일링"이라 함은 재판절차에 필요한 서류를 전자문서로 작성·제출·송달·보존하는 일체의 행위를 말한다.

3. "전자파일링시스템"이라 함은 전자파일링의 실시를 위해 마련된 전자정보처리장치로서 법원행정처장이 지정하는 것을 말한다.

499) 민사소송 등에서의 전자문서 이용 등에 관한 법률(법률 제10183호, 2010. 3. 24. 제정). 제정이유「민사소송 등 소송 전반에 있어 소송절차에서 전자문서를 제출할 수 있도록 하는 등 전자소송방식을 도입함으로써 당사자들의 편의를 증진하고 분쟁 해결의 효율성을 높이며 종이문서 제출·관리비용과 부담을 감소시키고 전자소송 관련 산업의 발전 등 경제 발전에 이바지하려는 것임」.

500) 유아람, 전자소송 10년, 회고와 전망, 한국민사소송법학회/한국형사소송법학회 공동학술대회 자료집(2021. 9. 3.), 61면.

(3) 외국의 입법례

독일은 2017. 7. 5. 「사법 부문의 전자기록 도입 및 관련 전자적 법적교류 개선에 관한 법률(Gesetz zur Einführung der elektronischen Akte in der Justiz und zur weiteren Förderung des elektronischen Rechtsverkehrs)」[501](이하 '전자기록 도입 법률'이라 한다)을 제정하여(2017. 7. 12. 공포) 2018. 1. 1.부터 부분적으로 형사 전자소송을 실시하되, 연방과 주에서 그 도입 범위와 도입 시기를 법규명령으로 정할 수 있고 각 법원·소추기관별로 또는 특정 절차에 국한하여 도입할 수 있도록 하였다(위 법률 제1조 제2호,[502] 위 법률 제33조 제1항[503]). 그리고 2026. 1. 1.부터는 전면적으로 형사 전자소송을 실시하되, 종이기록도 일부 유지할 수 있는 것으로 하였다(위 법률 제2조 제1호,[504] 위 법률 제33조 제6항 제1호[505]). 즉, 전자기록 도입 법률에 의해 신설된 형사소송법 제32조[506]는 형사절차에 있어 전자적인 기록 작성의 법적 근거를 마련하였는데, 2018. 1. 1.부터 2025. 12. 31.까지는 전자적인 기록 작성을 선택사항으로 두었고, 2026. 1. 1.부터는 형사사건에서 전자기록 작성을 필수사항[507]으로 하였다.[508]

---

501) BGBl. 2017 I S. 2208.

502) BGBl. 2017 I S. 2208.

503) BGBl. 2017 I S. 2228.

504) BGBl. 2017 I S. 2214.

505) BGBl. 2017 I S. 2229.

506) 독일 형사소송법(StPO) 제32조(전자기록 작성; 법규명령 제정 권한) ① 기록은 전자적으로 작성할 수 있다. 연방정부와 주(州)정부는 각 그 관할구역 내에서 기록을 전자적으로 작성하는 시점을 법규명령으로 정한다. 그 외에도 연방정부와 주(州)정부는 전자기록 작성을 개별 법원 또는 형사소추기관에만 제한하여 도입하거나 어떠한 특정 절차에만 제한하여 도입할 수 있고, 종이 형태로 제출된 기록을 전자기록 작성 후에도 종이 형태로 유지하는 것으로 정할 수 있다; 위와 같은 제한을 하는 경우, 어떠한 절차에서 기록을 전자적으로 작성할지를 공고되는 행정규칙으로 정할 수 있도록 법규명령에 규정할 수 있다. 법규명령으로 연방 또는 주의 관할 장관에게 권한을 위임할 수 있다.

② 연방정부와 주(州)정부는 각 그 관할구역 내에서, 데이터 보호, 데이터 안전, 장애 제거를 위하여 준수하여야 하는 요구사항을 포함하여 전자기록 작성에 적용할 조직적 기본조건과 기술 수준에 적합한 기술적 기본조건을 법규명령으로 정한다. 연방정부와 주(州)정부는 법규명령으로 연방 또는 주의 관할 장관에게 권한을 위임할 수 있다.

③ 연방정부는 형사소추기관과 법원 사이의 전자기록 전송에 적용할 표준을 연방상원의 동의를 얻어 법규명령으로 정한다. 연방정부는 연방상원의 동의 없이 법규명령으로 관할 연방장관에게 권한을 위임할 수 있다.

507) 독일 형사소송법(StPO) 제32조(전자기록 작성; 법규명령 제정 권한) ① 기록은 전자적으로 작성한다. 연방정부와 주(州)정부는 각 그 관할구역 내에서 종이 형태로 유지하는 것으로 법규명

미국의 경우 연방법원행정처(Administrative Office of the U.S. Courts)가 연방법원의 통합 사무관리시스템을 구축할 목적으로 1995년 사건관리 및 전자문건 시스템(CM/ECF)의 초기 모델을 개발하였다고 한다. 이에 파산법원을 위한 사건관리 및 전자문건 시스템(CM/ECF)은 2001년 초 전국적으로 구현되었고, 지방법원의 사건관리 및 전자문건 시스템(CM/ECF)은 2002. 5. 전국적으로 구현되었으며, 2005년에는 항소법원에 사건관리 및 전자문건 시스템(CM/ECF)이 구현되었다. 현재 사건관리 및 전자문건 시스템(CM/ECF)에는 4,100만 건 이상의 기록과 5억 개가 넘는 문서가 저장되어 있으며, 70만 명 이상의 변호사가 시스템을 이용하여 문건을 전자적으로 제출하고 있다[509]고 한다.

(4) 전자형사소송의 기반 구축

법무부장관은 2020. 8. 18. 법무부공고 제2020-249호로 「형사사법절차에서의 전자문서 이용 등에 관한 법률」제정(안) 입법예고를 하였고, 2021. 1. 29. 형사사법절차에서의 전자문서 이용 등에 관한 법률안(정부 제출, 의안번호 2107778)이 국회에 제출되었다. 위 법률안은 2021. 2. 1. 법제사법위원회에 회부되었으며, 2021. 9. 28. '형사사법절차에서의 전자문서 이용 등에 관한 법률'(이하 '형사전자소송법'이라고 약칭함)이 국회를 통과함으로써 형사소송에서도 전자소송의 시대가 개막될 것으로 보인다. 동 법률의 주요 내용은 다음과 같다.[510] 이에 따라 기존의 「약식절차에서 전자문서 등의 이용에 관한 법률」은 폐지되었다.

가. 적용범위(제3조)

동법에 따라 전자문서를 이용하도록 하는 형사사법절차의 범위를 「형사소송법」, 「가정폭력범죄의 처벌 등에 관한 특례법」 중 가정보호사건 부분, 「성폭력범죄의 처벌 등에 관한 특례법」, 「아동학대범죄의 처벌 등에 관한 특례법」 중 아동보호사건 부분, 「통신비밀보호법」 등에 따른 형사사법절차로 정하였다.[511]

령으로 정할 수 있다. 법규명령으로 연방 또는 주의 관할 장관에게 권한을 위임할 수 있다.

508) 사법정책연구원 연구총서(2020-05), "형사 전자소송의 바람직한 발전방향", 97면 이하 참조.
509) 앞의 보고서, 185면 참조.
510) 동 법률안은 공포 후 3년이 경과한 날부터 시행하되 형사사법절차에 대해서는 5년을 넘지 않는 범위에서 대통령령 또는 대법원규칙으로 적용시기를 달리 정하고 있다.
511) 제3조(적용범위) 이 법은 다음 각 호의 법률에 따른 형사사법절차에 적용한다.
   1. 「형사소송법」
   2. 「가정폭력범죄의 처벌 등에 관한 특례법」(제2장에 한정한다)
   3. 「보안관찰법」
   4. 「성매매알선 등 행위의 처벌에 관한 법률」(제3장에 한정한다)
   5. 「성폭력범죄의 처벌 등에 관한 특례법」

나. 전자문서에 의한 형사사법절차의 수행(제5조)

피의자 · 피고인 · 피해자 · 고소인 · 고발인 · 변호인 등은 형사사법업무 처리기관에 제출할 서류 또는 도면 · 사진 · 음성 · 영상자료 등을 전산정보처리시스템을 통하여 전자문서로 제출할 수 있도록 하였으며, 전자적인 형태로 작성되지 않은 서류 등을 동법에 따라 전자적인 형태로 변환 · 등재한 전자화문서는 원래의 서류 등과 동일한 것으로 보고, 동법에 따라 전산정보처리시스템을 통하여 전자문서를 출력한 서면은 전자문서와 동일한 것으로 보도록 하였다.

기존 형사소송법은 서면을 전제로 형사재판절차를 규정하고 있기 때문에(형사소송법 제48조, 제244조) 모든 형사사법기관들은 형사재판절차에 필요한 서면을 종이서류로 작성하여 이를 물리적으로 이동 · 보존하는 방식을 취하고 있는 실정이다. 그런데 이러한 종이문서 작성 및 송부에는 많은 시간과 인력이 소모되며, 인편에 의한 문서(영장 및 기록의 송부) 전달로 정보유출 가능성까지 상존하고 있었다. 따라서 형사사법정보의 전자화는 바로 이와 같은 종이문서 중심의 업무처리로 인한 인력과 시간의 낭비를 줄일 수 있을 것이다.[512]

한편, 형사소송절차에서 필연적으로 다루어지는 진단서, 탄원서와 같은 종이문서를 전자적으로 유통하기 위해서는 전자화문서의 개념을 정립할 필요가 있었으나,[513] 그동안 법령간 정의규정이 상이함에 따라 논란이 있었는데, 동법 제2조 제2호에서 「"전자화문서"란 종이문서나 그 밖에 전자적인 형태로 작성되지 아니한 서류 또는 도면 · 사진 · 음성 · 영상자료 등(이하 "전자화대상문서"라 한다)을 전자적인 형태로 변환하여 전산정보처리시스템에 등재한 전자문서를 말한다」고 정의규정을 둠에 따라 완전화가 가능할 것으로 보인다.

이와 관련하여 유통대상 문서에 제한을 두지 않을 경우 온갖 잡다한 문서가 유통될 우려가 있고, 전자문서로 작성 · 유통할 항목과 전자화문서로 작성 · 유통할 항목의 구별기준이 없으므로 정보처리시스템상에서 작성된 전자문서만 유통하는 것이 적절하다는

---

6. 「소년법」

7. 「아동학대범죄의 처벌 등에 관한 특례법」(제4장에 한정한다)

8. 「즉결심판에 관한 절차법」

9. 「통신비밀보호법」

10. 「형사보상 및 명예회복에 관한 법률」

11. 제1호부터 제10호까지의 법률을 적용하거나 준용하는 법률

512) 정웅석, "약식절차에서 전자문서 등의 이용에 관한 법률 제정 의의", 법조 통권 제635호 (2009), 법조협회, 288면.

513) (구)전자약식법률안은 형사소송절차에서 필연적으로 다루어지는 진단서, 탄원서와 같은 종이문서에 대하여 아무런 규정을 두고 있지 않아서 제도의 실효성에 의문이 제기되었다.

의견도 있을 수 있으나, 당사자 제출의 진술서 및 탄원서 등의 문서들은 사건처리에 매우 중요한 문서이지만 전자문서로 작성이 불가능한 문서인데, 이를 제외한다면 형사절차의 전자화를 도입한 의미가 퇴색된다는 점에서 전자화문서의 개념을 도입한 법률안이 타당한 입법으로 보인다.[514]

다. 전자문서의 접수(제9조)

전산정보처리시스템을 통하여 제출된 전자문서는 전산정보처리시스템에 전자적으로 기록된 때에 접수된 것으로 보도록 하였으며, 형사사법업무 처리기관은 전자문서를 제출한 자가 접수된 전자문서의 동일성 확인을 요구하는 경우 그 동일성을 확인할 수 있는 기회를 주도록 하였다. 또 형사사법업무 처리기관은 접수된 전자문서의 위조 또는 변조 여부를 확인할 필요가 있는 경우에는 전자문서를 제출한 자에게 그 원본을 제시하거나 제출할 것을 요구할 수 있도록 하였다.

라. 전자문서의 작성(제10조 및 제11조)

형사사법업무 처리기관 소속 공무원은 전자문서로 작성하는 것이 현저히 곤란하거나 적합하지 아니한 경우 등을 제외하고는 원칙적으로 형사사법업무와 관련된 문서를 전자문서로 작성하도록 하였다. 이에 형사사법업무 처리기관 소속 공무원은 종이문서나 그 밖에 전자적인 형태로 작성되지 아니한 문서를 전자적 형태로 변환하는 것이 현저히 곤란한 경우 등을 제외하고는 종이문서 등을 전자적 형태로 변환하여 전산정보처리시스템에 등재하도록 하였다.

종래 각 형사사법기관마다 작성하는 서면 중 사법경찰관 작성의 피의자신문조서 및 검사 작성의 피의자신문조서와 같이 앞 단계에서 작성한 서면과 내용이 거의 동일한 소송서류를 그 다음 단계의 사법기관에서 작성할 때 앞 단계에서 작성·송부된 소송서류를 펼쳐 놓고 작성방법은 컴퓨터 등을 이용하지만, 여전히 수기적 방법으로 또다시 서면을 출력·작성하여 다음 단계의 형사사법기관으로 송부하다 보니 1개 형사사건을 처리하는데 소요되는 종이만 해도 수천 페이지에 달하고 있으며, 실제 형사사건의 실체를 파악하고 처리하는데 요구되는 시간 이상으로 서면 작성으로 소요되는 시간을 허비함으로써 국가 예산의 낭비와 더불어 업무처리의 질이 떨어지고 그만큼 대국민 형사사법서비스는 낮은 것이 현실이었다.[515] 이에 동법은 형사사법업무 처리기관 소속 공무원에게

---

514) 정웅석, 앞의 논문, 297면.
515) 현재 우리나라 형사사법기관의 정보화 현황을 살펴보면, 우선 각 기관은 각기 별도의 정보시스템 보유 및 운영하고 있는 바, 경찰에서는 범죄정보관리시스템 등 13개 시스템을 운영하고 있고, 검찰은 검사실수사정보시스템 등 13개 시스템을, 법원은 형사공판시스템 등 총 13개 시스템을 운영하고 있으며, 법무부는 통합교정정보시스템 등 총 5개 시스템을 운영하고 있다.

원칙적으로 형사사법업무와 관련된 문서를 전자문서로 작성하도록 의무화함으로써, 피의자 인적사항 등 경찰송치자료, 검찰처분 및 법원선고자료 등을 중복 입력하는 과정에서의 오입력을 방지하였다.516)

마. 전자문서의 유통(제13조)

형사사법업무 처리기관이 형사사법절차와 관련하여 작성한 전자문서를 다른 형사사법업무 처리기관에 송부할 때에는 원칙적으로 전산정보처리시스템을 통하여 송부하도록 하였으며, 형사사법업무 처리기관이 형사사법업무 처리기관 외의 기관에 사건을 이송 또는 송치할 때에는 전자문서를 전산정보처리시스템을 통하여 출력한 후 그 서면을 송부하되, 전자문서를 송신·수신할 수 있는 시스템을 갖춘 기관에는 전자문서를 전자적 방법으로 송부할 수 있도록 하였다.

그런데 종래 실무를 살펴보면, 공소를 제기함에는 공소장을 관할법원에 제출하여야 하는데(형사소송법 제254조 제1항), 사안에 따라 공소장 자체의 분량이 매우 많아서(대규모 사기 사건이나 개인정보보호법위반 사건의 경우 공소장에 첨부된 범죄일람표가 수백 쪽에 달하기도 한다) 공소장만 접수된 단계에서 이미 기록이 분책 기준인 500쪽을 넘는 경우가 있었으나, 대법원은 공소사실의 일부를 종이가 아닌 전자적 저장매체로 제출하는 것이 허용되지 않는다고 판시한 바 있다.517) 따라서 종래 공소장의 분량이 아무리 많아도 전부 종이로 출력하여 제출할 수밖에 없었는데, 이는 검찰뿐만 아니라 법원에도 큰 불편을 야기하였다. 왜냐하면 판결문 작성 시 공소장에 첨부된 범죄일람표가 필요한데, 사

---

516) 정웅석, 앞의 논문, 289면.

517) 대판 2017.2.15, 2016도19027(공소제기에 관하여 전자문서나 전자매체를 이용할 수 있도록 한 입법적 조치는 마련되어 있지 않다. 그러므로 검사가 공소사실의 일부인 범죄일람표를 컴퓨터 프로그램을 통하여 열어보거나 출력할 수 있는 전자적 형태의 문서(이하 '전자문서'라 한다)로 작성한 다음 종이문서로 출력하지 않은 채 저장매체 자체를 서면인 공소장에 첨부하여 제출한 경우에는, 서면에 기재된 부분에 한하여 적법하게 공소가 제기된 것으로 보아야 한다. 전자문서나 저장매체를 이용한 공소제기를 허용하는 법규정이 없는 상태에서 저장매체나 전자문서를 형사소송법상 공소장의 일부인 '서면'으로 볼 수 없기 때문이다. 이는 공소사실에 포함시켜야 할 범행 내용이나 피해 목록이 방대하여 전자문서나 CD 등 저장매체를 이용한 공소제기를 허용해야 할 현실적인 필요가 있다거나 피고인과 변호인이 이의를 제기하지 않고 변론에 응하였다고 하여 달리 볼 수 없다. 또한 일반적인 거래관계에서 전자문서나 전자매체를 이용하는 것이 일상화되고 있더라도 그것만으로 전자문서나 전자매체를 이용한 공소제기가 허용된다고 보는 것은 형사소송법 규정의 문언이나 입법 취지에 맞지 않는다. 따라서 검사가 전자문서나 저장매체를 이용하여 공소를 제기한 경우, 법원은 저장매체에 저장된 전자문서 부분을 제외하고 서면인 공소장에 기재된 부분만으로 공소사실을 판단하여야 한다. 만일 그 기재 내용만으로는 공소사실이 특정되지 않은 부분이 있다면 검사에게 특정을 요구하여야 하고, 그런데도 검사가 특정하지 않는다면 그 부분에 대해서는 공소를 기각할 수밖에 없다).

건마다 검사에게 그 파일을 요구해야 하기 때문이다. 물론 검사가 검찰의 형사사법정보시스템을 통하여 공소장 내용을 법원의 형사사법정보시스템에 전송하므로 공소제기 시 범죄일람표 파일도 첨부파일로 전송할 수 있으나, 첨부를 누락하거나 전송할 수 있는 파일 용량이 작아 부득이 첨부하지 못하는 경우가 많았다. 더욱이 만약 범죄일람표 파일을 구하지 못하면 기록의 범죄일람표를 스캔하여야 하는데, 스캔을 위해 별도의 인력과 시간이 소요될 뿐만 아니라 출력물을 다시 스캔한 것이어서 화질이 떨어지는 단점도 있었다.[518] 결국 동법의 시행에 따라 전자문서를 전송하는 방법으로 공소를 제기할 수 있으므로 이러한 문제가 사라질 것이다.

바. 전자적 송달 또는 통지(제14조)

형사사법업무 처리기관은 전자적 송달·통지에 동의한 등록사용자 등에게 송달 또는 통지를 전산정보처리시스템을 통하여 전자적으로 할 수 있도록 하였으며, 전자적으로 송달 또는 통지를 할 때에는 전자문서를 전산정보처리시스템에 등재하고 그 사실을 송달 또는 통지를 받을 자에게 전자적으로 통지하는 방법으로 하도록 하였다. 이에 송달 또는 통지를 받을 자가 전산정보처리시스템에 등재된 전자문서를 확인한 때에 송달 또는 통지된 것으로 보도록 하되, 송달 또는 통지를 받을 자가 전산정보처리시스템에 등재된 전자문서를 확인하지 아니하는 경우에는 등재 사실을 전자적으로 통지한 날부터 14일이 지난 날에 송달 또는 통지된 것으로 보도록 하였다.[519]

---

518) 사법정책연구원 연구총서(2020 – 05), 형사 전자소송의 바람직한 발전방향, 27면.

519) 법률 제17354호(시행 2020. 12. 10.) 민사소송 등에서의 전자문서 이용 등에 관한 법률 제11조와 동일한 내용으로 기간만 2주로 연장되었다.
　[제11조(전자적 송달 또는 통지)]
　① 법원사무관등은 송달이나 통지를 받을 자가 다음 각 호의 어느 하나에 해당하는 경우에는 전산정보처리시스템에 의하여 전자적으로 송달하거나 통지할 수 있다.
　1. 미리 전산정보처리시스템을 이용한 민사소송등의 진행에 동의한 등록사용자로서 대법원규칙으로 정하는 자인 경우
　2. 전자문서를 출력한 서면이나 그 밖의 서류를 송달받은 후 등록사용자로서 전산정보처리시스템을 이용한 민사소송등의 진행에 동의한 자인 경우
　3. 등록사용자가 국가, 지방자치단체, 그 밖에 그에 준하는 자로서 대법원규칙으로 정하는 자인 경우
　② 소송대리인이 있는 경우에는 제1항의 송달 또는 통지는 소송대리인에게 하여야 한다.
　③ 제1항에 따른 송달은 법원사무관등이 송달할 전자문서를 전산정보처리시스템에 등재하고 그 사실을 송달받을 자에게 전자적으로 통지하는 방법으로 한다.
　④ 제3항의 경우 송달받을 자가 등재된 전자문서를 확인한 때에 송달된 것으로 본다. 다만, 그 등재사실을 통지한 날부터 1주 이내에 확인하지 아니하는 때에는 등재사실을 통지한 날부터 1주가 지난 날에 송달된 것으로 본다.

현재 형사사법시스템은 각 기관 중심으로 구성되어 있으므로 일반 시민이 민원을 해결하기 위해서는 각 기관을 개별적으로 방문해야만 하며, 형사사법기관 입장에서도 사법의 수요자인 국민들에게 사건진행상황에 대한 체계적이고 통일적인 서비스를 제공할 수 있는 여건이 마련되어 있지 않다. 따라서 민원인이 사건처리의 진행상태를 확인하기 위해서는 하나의 사건에 경찰·검찰·법원 등 기관별로 부여한 사건번호를 각각 알아야 하며, 또한 앞뒤 사건을 차례차례 추적해야만 사건을 전체적으로 확인할 수 있다.

그런데 동법의 시행에 따라 이러한 민원인 내지 소송관련자들의 편의가 도모될 뿐만 아니라, 더 나아가 형사절차에 대한 이해도를 높이고 시민의 사법참여를 용이하게 할 수 있다는 점에서 민주적 사법운용 및 형사사법의 공정성도 확보될 수 있을 것이다. 왜냐하면 현재의 각 기관에 산재된 문서 중심의 정보보관 방식은 민원 해결을 위해 각 형사사법기관을 개별적으로 직접 방문해야 하는 수고는 논외로 하더라도, 법률적 지식이나 경험이 없는 사건 관련자가 사건진행상황을 체계적이고 통일적으로 알 수 있는 방법이 없기 때문이다. 결국 형사사법정보의 전자화는 형사절차의 신속성 및 효율성 확보를 위하여 가장 기본적인 부분이며, 정보기술을 이용한 발전된 재판형태(전자법정)의 기초를 이루어 민주적 형사사법 절차를 형성하기 위해 유용한 수단이 될 수 있을 것이다.520)

사. 영장 및 재판의 집행에 관한 특례(제17조 및 제19조)

검사 또는 사법경찰관리는 구속영장·체포영장 등을 집행할 때 전자문서를 제시하거나 전송하는 방법으로 할 수 있도록 하되, 구속영장 등을 전자문서의 형태로 집행하는 것이 현저히 곤란하거나 적합하지 아니한 경우에는 전자문서로 발부된 구속영장 등을 전산정보처리시스템을 통하여 출력한 서면으로 집행할 수 있도록 하였다. 이에 검사는 재판서 또는 재판을 기재한 조서가 전자문서로 작성된 경우에는 전자문서로 재판의 집행을 지휘하도록 하되, 전자문서로 재판의 집행을 지휘하기 곤란한 경우에는 전자문서로 작성된 재판서 등을 전산정보처리시스템을 통하여 출력한 서면으로 재판의 집행을 지휘하도록 하였다.

종래 수사실무를 살펴보면, 검사가 영장을 청구할 때는 그 필요를 인정할 수 있는 자료를 제출하여야 하고, 통상 기록을 그대로 제출한다.521) 이에 법원은 검사의 영장 청구서가 접수되면, 접수인을 찍고 재판사무시스템에 전산입력하여 접수한다. 법원의 심리

---

⑤ 전산정보처리시스템의 장애로 인하여 송달받을 자가 전자문서를 확인할 수 없는 기간은 제4항 단서의 기간에 산입하지 아니한다. 이 경우 전자문서를 확인할 수 없는 기간의 계산은 대법원규칙으로 정하는 바에 따른다.

520) 정웅석, 앞의 논문, 291면.

521) 체포영장(형사소송규칙 제96조 제1항), 구속영장(형사소송법 제201조 제2항), 압수·수색·검증영장(형사소송규칙 제108조) 등.

후 영장이 발부된 경우에는 영장청구서를 법원에 보관하고(압수·수색·검증영장이 일부 기각된 경우, 즉 일부 발부된 경우에는 영장을 사본하여 그 사본도 영장청구서와 함께 법원에 보관한다) 영장은 기록과 함께 검찰청에 송부하며, 영장이 기각된 경우에는 영장청구서를 사본하여 그 사본을 법원에 보관하고 영장청구서 원본과 기록을 검찰청에 송부한다.

그런데 동법의 특례에 따르면, 이제는 검사가 영장을 청구하면서 검찰청의 형사사법정보시스템에 있는 전자기록을 법원의 형사사법정보시스템으로 전송하면, 법원은 검사로부터 송부받은 전자기록을 이용하여 영장사건을 심리·결정하게 될 것이다. 따라서 종래 종이기록의 경우 법원의 결정 후 법원은 검찰에, 검찰은 경찰에 기록을 다시 반환하는 절차를 거치게 되는 경우와 달리 전자기록의 경우 이를 어떻게 처리할 것인지 논란이 있으나, '반환'이라는 것은 물리적인 1개의 종이기록을 전제로 한 개념이므로 반환규정때문에 전자기록의 '삭제' 의무가 바로 부과된다고 단정적으로 해석하기는 어렵다고 본다. 왜냐하면 공소제기 여부를 검사가 결정하므로 경찰의 전자기록은 전부 검찰청의 형사사법정보시스템으로 전송되고, 기소 후 전자기록은 최종적으로 결국 법원의 형사사법정보시스템에 저장되는 점, 복수의 형사사법업무 처리기관의 형사사법정보시스템에 저장된다고 하여 정보 유출 가능성이 높다고 할 수 없고, 오히려 위·변조가 힘들어지는 장점이 있는 점 등을 근거로 전자기록의 삭제조항을 두는 것은 불필요하기 때문이다.

한편, 종래 대법원은 영장 원본의 제시와 관련된 수사기관이 금융기관이나 이메일 업체에 대하여 압수·수색영장을 집행할 당시 모사전송 방식으로 영장 사본을 송신하였을 뿐 영장 원본을 제시하지 않았고 압수조서와 압수물 목록을 작성하여 이를 피압수·수색 당사자에게 교부하였다고 볼 수도 없는 사안에서, "위와 같은 방법으로 압수된 금융거래 자료와 이메일 자료는 헌법과 형사소송법 제219조, 제118조, 제129조가 정한 절차를 위반하여 수집한 위법수집증거로 원칙적으로 유죄의 증거로 삼을 수 없고, 이러한 절차 위반은 헌법과 형사소송법이 보장하는 적법절차 원칙의 실질적인 내용을 침해하는 경우에 해당하고 위법수집증거의 증거능력을 인정할 수 있는 예외적인 경우에 해당한다고 볼 수도 없어 증거능력이 없다"는 원심의 판단을 유지한 바 있다.[522] 위 대법원 판결들의 입장은 "영장은 처분을 받는 자에게 반드시 제시되어야 하고(형사소송법 제219조, 제118조), 압수물을 압수한 경우에는 목록을 작성하여 소유자, 소지자 등에게 교부하여야 한다(같은 법 제219조, 제129조)"고 규정하고 있으므로 이를 따르지 않고 수집된 증거는 적법절차에 따르지 않은 것으로서 원칙적으로 유죄의 증거로 삼을 수 없다는 것이다. 즉, 압수·수색영장 집행 시 영장의 원본을 제시하지 않으면 그 압수물은 위법수집증거로 증거능력이 없다고 한 것이다.

그러나 금융·통신·인터넷 자료에 대한 모든 압수·수색영장의 집행 시 영장원본을

---

522) 대판 2017.9.7. 2015도10648; 대판 2019.3.14. 2018도2841.

제시하는 것은 현실적으로 어려움이 있을 수 있다. 특히 많은 금융·통신·인터넷 기업이 서울 또는 수도권에 집중되어 있는 상황에서 지방의 수사기관은 금융·통신·인터넷 자료를 압수하기 위해서는 매번 영장 원본을 가지고 서울로 이동해야 하기 때문이다.523) 결국 동법의 시행으로 전자영장이 도입되면 이러한 물리적 한계에서 벗어날 수 있으므로 압수·수색과 관련된 전자영장의 도입은 큰 의미가 있다고 본다.

아. 증거조사에 관한 특례(제18조)

형사재판에서 문자, 그 밖의 기호, 도면·사진 등에 대한 증거조사는 전자문서를 모니터·스크린 등을 통하여 열람하는 방법으로 할 수 있도록 하고, 음성이나 영상정보에 대한 증거조사는 전자문서의 음성을 청취하거나 영상을 재생하는 방법으로 할 수 있도록 하였다.

종래 실무를 살펴보면, 증거분리제출제도 실시 제외사건524)이 아닌 한 검사는 수사기록 중 증거로 제출할 서류만 선별하여 따로 편철하고 그 목록(증거목록)을 만든 후 증거채택결정이 되면 증거서류를 제출하며, 증거서류를 2회 이상의 공판기일에 나누어 제출하는 경우에는 「조서작성시 유의사항 및 색지와 인장의 규격 등에 관한 예규(재일 2003-10)」 제6조의 규정에 의한 색지를 매회 공판기일에 제출된 증거서류 사이에 편철하여 그 제출시기를 구분하여야 하고,525) 재판장의 명이 있으면 이와 달리 장수의 순서에 따라 편철할 수 있었다(같은 조 제6항).

그런데 수사기록에서 증거로 신청할 서류만 따로 빼내어 기록으로 묶는 것도 번거로운 일이지만, 증거 분리 제출로 인하여 증거서류를 묶은 기록에서 다시 해당 증거만을 빼내는 것도 번거로운 일이 아닐 수 없는데, 전자기록에는 이러한 물리적 제약이 없으므로 증거의 제출 및 조사가 훨씬 간편해질 것이다.526)

---

523) 기존의 수사기관의 압수·수색영장 집행 실무를 살펴보면, 금융·통신·인터넷 자료에 대한 압수·수색영장의 집행 시 자료를 보관하고 있는 회사에 모사전송방식으로 영장 사본만 제시하여 압수를 하고, 영장 원본은 제시하지 않고 있었으나, 2022. 1. 11. 형사소송법이 개정되었다. 이에 따르면 수사기관 등이 구속영장을 집행할 경우 피의자 등에게 영장을 제시해야 할 뿐만 아니라 그 사본을 반드시 교부하도록 하였으며, 압수수색 영장 집행 시에도 처분을 받는 대상자에게 원칙적으로 사본을 교부하도록 했다. 다만, 압수수색 처분을 받는 대상자가 현장에 없는 등 영장 제시나 사본 교부가 현실적으로 불가능한 경우 또는 처분을 받는 자가 이를 거부한 때에는 예외로 하도록 규정하였다.

524) 서울중앙지방법원에서는 2016. 9.경부터 음주·무면허운전, 교통사고, 폭력 등 정형적으로 처리되는 간이한 구공판 사건에 대하여 피고인이 자백 및 증거동의하는 경우 검사가 수사기록 전체를 증거로 제출하는 것을 허용하고 있다(공판절차연구위원회, "2017 공판절차 매뉴얼", 법원행정처 (2017. 2.), 47면)고 한다.

525) 증거분리제출제도의 시행에 따른 형사소송기록관리에 관한 예규(재형 2006-1) 제4조 제5항.

526) 사법정책연구원 연구총서(2020-05), 형사 전자소송의 바람직한 발전방향, 28면.

자. 전자문서의 폐기(제20조)

전산정보처리시스템을 통하여 작성된 전자문서는 형을 선고하는 재판이 확정된 사건은 그 형의 시효가 완성된 때에, 무죄·면소 등의 재판이 확정된 사건과 불기소 처분 또는 불송치 결정된 사건은 공소시효가 완성된 때에 삭제하도록 하였으며, 다만, 국내외적으로 중대한 사건, 공범에 대한 수사가 필요한 사건 등의 경우에는 전자문서를 영구 보관하거나 그 폐기 시기를 늦출 수 있도록 하였다.

(5) 차세대 형사사법정보시스템(형사전자소송)의 구축

차세대 형사사법정보시스템은 크게 신규 구축되는 영역과 기존의 시스템을 재구축하는 영역으로 구분할 수 있는데, 전자(빅데이터 분석 플랫폼)가 AI와 같은 새로운 기술을 도입하여 편의성을 높이는 것이라면(음성인식, 조서추천, 의견서 추천과 같은 빅데이터 분석 플랫폼 구축과 전자기록 뷰어, 전자기록 관리, 디지털 수사자료 관리 및 스캔시스템과 같이 전자문서화 시스템 등), 후자(전자문서화 시스템)는 기존의 종이서류인 원본을 대체할 수 있도록 모든 문서를 전자화하고 이를 열람할 수 있는 기반을 구축하는 것이다. 즉, 전자기록뷰어와 전자기록관리를 통해 사건과 기록을 완전히 전산화하여 궁극적으로 형사절차의 전자화를 확대하는 것이다.

【표 8-48】현재 공동활용하는 형사사법정보[527]

형사사법기관		주요 공유 정보	건 수
제공 기관	수신 기관		
경찰	검찰	피의자 인적사항, 수사지휘건의, 긴급체포승인건의, 영장반환보고, 경찰청 DNA 채취정보 등	72
	법원	소년보호사건송치서 정보	1
	법무부	범죄경력조회(교정, 보호관찰, 소년보호)	3
검찰	경찰	송치사건 수리, 처분미상전과 온라인 연계, 검찰직수 후 수사지휘 사건정보, 감정유치장, DNA채취정보 등	59
	법원	구공판 공소장, 증거목록, 증인신문신청서 등	42
	법무부	수용지휘서, 형집행지휘서, 벌과금 미납조회결과, 외국인범죄 처분 및 재판결과 등	43
법원	검찰	각종 영장발부·기각일자, 선고 결과, 배당 정보, 공판기일 정보, 상소 정보, 판결문 등	83

---

527) 자료: 법무부 형사사법공통시스템 운영단 제공

	법무부	재감인 소환부, 보호처분 결정문, 판결문, 상담조사 의뢰서 등	15
법무부	경찰	수용자 조회, 보호관찰 대상자 정보, 치료감호 대상자 종료자 관련 정보, 출입국사실 등	10
	검찰	재소자·출소자 수용 정보, 구속피의자 소환정보, 입국시 통보, 출입국사실 등	17
	법원	수감 정보, 집행지휘내역, 판결 전 조사보고서 등	16
	법무부	가석방자 명단, 보호관찰 대상자 전보, 치료감호 재원자·출원자 정보 등	19

3. 영상재판의 필요성

과학기술의 발전으로 인한 영상 및 음성을 압축·저장하는 기술이 발달되었고, 원거리에 떨어져 있다 하더라도 실시간으로 영상 및 음성 등을 전송할 수 있는 기술적인 수단(핸드폰을 통한 영상통화, 화상카메라, 아이폰, 화상을 통한 영상회의 등)들이 눈부신 발달을 거듭하고 있다. 이에 따라 법정과밀의 해소 및 원격지에 있는 증인 등이 시간적·경제적 불이익을 감수하면서 먼 곳에 떨어진 법정에 의무적으로 출석함으로써 야기되는 소송경제적인 비효율을 방지하고자 원격영상재판(화상통신을 이용한 재판)의 도입 필요성이 꾸준히 제기되고 있다. 더욱이 신종 코로나바이러스 감염증(코로나19) 사태가 장기화되면서, 직접 대면의 필요성이 적고 사실 확인의 성격이 강한 조사(Interview) 내지 심문(Interrogation) 등의 경우에는 더욱더 원격영상재판의 필요성이 인정된다고 할 수 있다.528)

그런데 그동안 법원업무의 현황을 살펴보면, 법정에서의 공판은 말할 것도 없고, 구속전피의자심문시 피의자가 체포되어 유치장 등에 구금되어 있는 경우 지방법원판사의 심문절차에 참여하기 위해 경찰관이 피의자의 호송업무를 수행하고 있으며, 구속된 미결수용자의 경우에도 검찰 또는 법원이 수사 및 재판의 진행을 위하여 교정기관에 수용자의 출정을 요청하면 교정기관이 위 요청에 따라 소환대상자의 출정 계호업무를 수행하고 있다. 유죄가 확정된 수형자의 경우에도 가석방심사를 위하여 보호관찰관이 수용기관을 방문하여 담당부서의 실무협조를 받아 조사대상자인 수용자와의 면담을 실시하고 있는 실정이다.

그런데 원래의 원격영상재판은 교통이 불편한 도서·산간벽지의 주민이 원거리에

---

528) 동아일보 2021. 4. 28.자, 「영상재판 확대하는 법원, 테스트 현장 가보니…」(...법원행정처는 형사 공판기일과 영장실질심사, 구속적부심사에서도 영상재판을 활용할 수 있게 해달라는 의견을 최근 국회에 전달했다. 피고인, 증인 등이 직접 법정에 나오기 힘든 상황에서도 재판을 진행할 수 있기 때문이다...).

있는 법정에 직접 출석하지 아니하고도 재판을 받을 수 있도록 함으로써 사법서비스를 확충하려는 취지에서 법원행정처와 정보통신부의 초고속정보통신망구축기획단이 초고속 정보통신망구축기반사업의 일환으로 공동 추진하였던 것이다. 즉 1995. 12. 6. 법률 제 5004호로 "원격영상재판에관한특례법"이 시행됨에 따라 1996. 2.부터 춘천지방법원 홍천군법원과 춘천지방법원 인제·양구군법원, 대구지방법원 경주지원과 대구지방법원 울릉등기소 사이에 영상회의시스템이 설치되어 민사소액사건, 화해·독촉·조정사건, 즉결심판 및 협의이혼사건을 대상으로 원격영상재판을 실시하였던 것이다.

그런데 경주지원과 울릉등기소 사이의 원격영상재판은 이용 실적의 저조 등으로 효과를 거두지 못하다가 1998. 11. 대구지방법원 포항지원의 신설로 울릉군의 관할이 포항지원으로 이전되면서 설비이전에 따른 비용문제 등으로 시스템 사용이 중단되었으며,529) 홍천군법원과 인제·양구군법원 사이의 영상재판 시스템 역시 과도한 운영비의 지출, 장비의 노후화 등의 문제점을 극복하지 못하고 2001. 4.경 폐지되고 말았다.530) 이처럼 실제로 그 시행은 단명에 그쳤지만, 동 법은 영상재판의 효시로서 원격영상재판531)을 정의하고 원격영상재판의 효과와 재판에 필요한 장치 등532)을 규정함으로써 영상증언을 포함한 영상재판제도가 활용될 수 있는 법률적 근거를 만들어 주었다는 데에서 의미를 찾을 수 있다. 그 후 2005년부터 대법원은 법관통합재판지원시스템·화상증인신문시스템·표준전자법정을 구축한 후 형사전자소송의 도입을 추진하였는데, 전술한 것처럼 2021. 9. 28. 「형사사법절차에서의 전문문서 이용 등에 관한 법률」이 국회를 통과

---

529) 법원행정처 송무국, "원격영상재판의 이용실태", 영상재판 확대 검토보고서, 대법원, 2001.

530) 2000년도의 원격영상재판 현황에 의하면, 양구군법원은 소액심판, 즉결심판 등 182건이 접수되어 165건이 처리되었고, 인제군법원은 소액심판, 즉결심판 등 272건이 접수되어 235건이 처리되었으며, 연간 운영비로 약 8,765만원이 지출되었다고 한다.

531) 원격영상재판에 관한 특례법 제2조는 "원격영상재판"이라 함은 재판관계인(법관·당사자·증인 등 법원의 재판절차에 참여하는 자)이 교통의 불편 등으로 법정에 직접 출석하기 어려운 경우에 재판관계인이 동영상 및 동시에 송·수신하는 장치가 갖추어진 다른 원격지의 법정에 출석하여 진행하는 재판을 말한다고 정의하고 있다.

532) 원격영상재판에 관한 특례법 제4조(원격영상재판의 효과)는 "원격영상재판은 재판관계인이 동일한 법정에 출석하여 진행하는 재판으로 본다."고 규정하였고, 동법 제5조(원격영상재판의 장치)는 "원격영상재판을 진행하기 위한 장치는 다음의 요건을 갖추어야 한다.
1. 동영상 및 음성의 송·수신장치는 양쪽에 모두 갖추어져 서로 상대방을 보면서 대화할 수 있어야 한다.
2. 동영상 및 음성의 전송은 양쪽에서 동시에 이루어져야 한다.
3. 전송되는 동영상 및 음성은 권한이 없는 자가 송·수신할 수 없도록 보안장치를 갖추어야 한다.
4. 기타 대법원규칙으로 정하는 요건을 갖추어야 한다."고 규정하고 있다.

하였다.

물론, 아무리 과학기술이 발전하여 증인의 증언이 생생히 재생된다 할지라도 중계장치에 의한 증인신문제도는 일종의 간접적인 증인신문방법으로서 형사소송법의 대원칙인 직접주의를 침해할 소지가 있으므로 증인이나 피고인에 대한 원격영상재판의 도입에 따른 문제점은 물론 현행법상 아무런 규정이 없는 참고인(피해자 포함)의 진술을 확보하기 위한 원격영상시스템의 도입이 필요한 것인지 심도있는 논의를 해야 할 것이다. 이하에서는 형사 전자소송의 도입을 기반으로 하는 화상통신을 이용한 재판 및 수사의 필요성 등에 대하여 살펴보고자 한다.

Ⅱ. 화상통신을 이용한 재판과 수사의 필요성 및 문제점

1. 필 요 성

(1) 공판절차의 효율성

사법서비스의 제공과정에서 첨단정보통신기술의 이용을 확대함으로써 재판의 효율성을 강화하고, 법정과밀을 해소하며, 사법의 선진화·국제화를 도모할 수 있다. 더욱이 구속전 피의자심문 등에 원격영상재판을 도입할 경우에는 피의자의 호송에 소요되는 인력과 경비 등을 절감할 수 있을 뿐만 아니라 호송 중 피의자의 도주 등도 방지할 수 있을 것이다. 증인의 경우에도 굳이 당해 법정에 나오지 아니하고 자신의 주거지 인근 법정에 출두하여 화상으로 증언할 수 있는데도 불구하고 원격지에 있는 증인이 시간적·경제적 불이익을 감수하면서 먼 곳에 떨어진 법정에 의무적으로 출석함으로써 야기되는 소송경제적인 비효율도 방지할 수 있을 것이다.533)

(2) 참고인 내지 증인 등 보호목적

형사소송의 목적은 피고인의 유·무죄 여부에 대하여 공정하고 적법한 절차를 통한 실체적 진실을 발견하여 법적 평화를 회복할 수 있는 판결을 얻어내는 데 있다. 따라서 실체적 진실을 발견하는 것은 공정한 형사사법을 위하여, 그리고 형사제도에 대한 국민의 신뢰를 확보하는 데에 필수적이다. 특히 참고인 내지 증인 등은 사안의 진상을 발견하기 위하여 수사 및 공판절차에 이르는 형사절차에 있어서 가장 중요한 자료가 된다.

그런데 우리 사회는 인정에 기초하여 남의 잘못을 고발하지 아니하고 동질의 집단 내에서 시비를 가리고 이를 포용하려는 대가족사회의 영향을 받아 남을 밀고하면 소속된 집단에서 소외를 당하여 사회생활을 영위할 수 없다는 의식이 전통적으로 계승되어 수사기관에 출석하여 진술하는 것을 꺼리게 되는 경향이 있으며, 사건 당사자와의 인간

---

533) 강민구, "21세기 첨단 전자법정에 관한 연구", 법조 통권 제544조(2002), 법조협회, 57면.

관계도 중요한 요소로 작용하고 있다. 또한 사회의 산업화 및 물질문명의 발달에 따른 개인주의의 심화로 타인의 사건에 휘말려들기를 원하지 아니하는 심리가 만연하게 되었다. 이에 따라 수사기관에 출석하는 것을 시간적·경제적·정신적 부담으로 받아들이게 되어 수사기관에 출석하는 것을 형사사법절차에 협조하여 사회질서를 유지하고 법치주의를 확립하는데 일조하는 것으로 생각하지 아니하고, 나에게 피해가 오는 귀찮은 일로 간주하고 수사기관의 출석요구를 잘 받아들이지 않는 현상이 나타나고 있다.

더욱이 이러한 수사에 대한 비협조적 경향은 도시화·산업화가 진전되면서 타인에 대한 무관심과 익명화 현상으로 점점 그 정도가 심해져 가고 있으므로 이들로부터 진술을 얻어낼 수 있는 효과적인 방안을 모색하는 것이 필요하다.534) 특히 일제시대의 순사제도 및 독재시대의 얼룩진 수사기관의 자화상을 통하여 우리나라 국민들은 수사기관에 가는 것 자체를 꺼리는 경향이 무척이나 크다는 것을 경험적으로 느끼곤 한다. 물론 일부에서는 목격자의 증언과 같은 인적 증거에 의한 수사는 시대에 뒤떨어지는 것으로 비난하는 경우도 있다. 그러나 물적 증거에 기한 과학수사의 원칙을 강조한다고 하더라도 범죄와 관련된 사람의 진술을 듣지 아니하고는 정확한 진상을 파악할 수 없는 사건이 대부분을 차지하고 있어 인적증거의 확보방법은 여전히 범죄수사에 있어서 중요한 부분을 차지하고 있다. 더욱이 물적 증거가 있는 경우에도 이를 보완할 참고인의 진술이 필요한 경우가 있으며, 단순한 언어에 의한 협박과 같이 물적 증거가 있을 수 없는 범죄의 경우에는 피해자 등 참고인의 진술만이 유일한 증거가 된다.

다른 한편 최근 범죄사실에 대하여 수사기관에 고소·고발하거나 범죄목격자로 진술한 참고인이나 증인 등에 대한 보복행위가 빈발하고 있는데, 이러한 이유로 피해자 내지 범죄목격자등은 수사기관에의 신고 또는 진술이나 법정에서의 증언을 기피하게 된다. 왜냐하면 아무리 수사 및 공판단계에서 범죄피해자 내지 신고자의 신분노출을 방지하려고 하여도 예산상의 이유 등으로 쉽게 그 목적을 달성할 수 없기 때문이다. 물론 수사단계에서는 가능한 한 피의자와 참고인 등의 대질조사를 최소화하고 피의자 등에게 수사기록의 열람을 금하고 있지만, 공판단계에 이르게 되면 피고인의 방어권보장을 위하여 기록의 열람 및 등사가 허용되며, 공개재판의 원칙상 참고인(증인)이 법정에 출석하게 되면 자연히 신분이 밝혀지게 되어 보복을 당할 우려가 있다. 특히 조직범죄를 진술하는 참고인의 경우는 위험부담이 매우 높으며 보복의 대상은 참고인 개인에 한하지 아니하고 어린 자녀 등 그 가족까지 확대되고 있다는 점도 진술을 꺼려하는 주요한 요인 중 하나일 것이다.

그런데 각종 고소사건에서 확인된 바와 같이 수사기관이 참고인의 소환불응에 대하

---

534) 길을 가다보면, '목격자를 찾습니다.(생략) 후사하겠습니다'라는 현수막을 자주 보게 되는데, 그 만큼 피해자에게는 목격자가 중요한 존재라는 것을 알 수 있다.

여 적극적으로 대처할 수 있는 마땅한 제도적 장치가 없으므로 참고인이 불출석하는 경우, 검찰은 통상적으로 '참고인중지'처분을 내리고 사건을 종결한다. 따라서 수사기관에의 출석을 꺼리거나 보복범죄를 당할 우려 등으로 진술을 주저하는 참고인 내지 증인의 경우, 원격영상시스템의 활용은 신문으로 인해 참고인 내지 증인이 받을 부담을 가능한 한 줄여 허위진술 내지 허위증언을 사전에 차단함으로써 실체적 진실을 확보하는 방안이 될 것이다. 더욱이 아동학대 또는 성범죄의 피해자의 경우 피의자 내지 피고인과 대면하면서 받게 되는 정신적 충격이나 보복위협을 예방하고 이로써 실체적 진실이 담보될 수 있을 것이다.[535] 특히 영상물을 통해 중계되거나 재현되는 장면은 증언하는 증인을 피고인이나 방청인들과 분리할 수 있어서, 증인의 증언에 심리적·육체적 도움을 줄 수 있으며, 동일한 증언을 반복하지 않을 수 있어서 특히 성폭력범죄의 피해자에게 도움이 될 것이다.

(3) 피해자진술권의 강화

헌법 제27조 제5항은 「형사피해자는 법률이 정하는 바에 의하여 당해 사건의 재판절차에서 진술할 수 있다」고 규정하고 있으며, 형사소송법도 제294조의2 이하에서 피해자 등의 진술권을 보장하고 있는데, 이러한 피해자의 진술을 공판정에서 원활하게 끌어내기 위한 방안으로 동법 제164조의2는 신뢰관계에 있는 자의 동석제도를 규정하고 있다. 특히 형사소송규칙 제96조의16(심문기일의 절차) 제5항에 따르면 판사는 구속여부의 판단을 위하여 필요하다고 인정하는 때에는 심문장소에 출석한 피해자 그 밖의 제3자에 대하여 심문할 수 있다.[536] 즉 참여를 원하는 피해자가 '구속전 피의자심문 참여 및 의견진술신청서'의 '방청' '의견진술' 난에 신청표시를 하면 검찰과 경찰 등 수사기관은 이를 구속영장청구·신청서와 함께 법원에 제출한 후, 판사의 최종 허락이 떨어지면 피해자는 영장실질심사에 출석할 뿐만 아니라 심사과정의 피의자에게 직접 질문도 할 수 있고, 구속에 대한 의견을 낼 수도 있다.

그런데 피해자측이 피의자와 직접적인 대면(face to face)을 원하지 않을 경우, 원격영상시스템을 통하여 피해자에게 진술하도록 하면 큰 도움이 될 것으로 보인다. 결국 피해자가 수사기관 내지 법원에 출석하여 진술해야 하는 불편함과 범죄피해자의 억울한

---

535) 정진수, "형사사법분야에서의 영상매체의 활용", 한국형사정책연구원(1999), 135면.

536) 대검예규 제432호 「범죄피해자 보호 및 지원에 관한 지침」 제19조(범죄피해자 통지)에 따르면, "범죄피해자에 대하여 당해 사건 처분결과, 공판의 일시·장소, 재판결과, 피의자·피고인의 구속·석방 등 구금에 관한 사실, 출소사실, 보호관찰 집행상황 등을 통지함으로써 범죄피해자의 권리를 보호"하며, 동법 제20조에 따르면 통지 대상자로 "범죄피해자 또는 그 법정대리인(피해자가 사망한 경우 그 배우자, 직계친족, 형제자매를 포함한다)이나 변호인으로 한다"고 규정하고 있다.

'한(恨)'은 물론이고 실체적 진실을 묻어두어야만 하는 사회적 비용을 비교해 볼 때, 원격 영상시스템을 도입하여 피해자의 진술을 확보하는 것이 사회정의에 더 부합한다고 본다.

(4) 재외국민의 진술확보에 유리

형사소송법 제314조는 검사 또는 사법경찰관의 조서(제312조) 내지 진술서(제313조)의 경우에 공판준비 또는 공판기일에 진술을 요하는 자가 외국거주 내지 소재불명 등으로 인하여 진술할 수 없는 때에는 그 조서 및 서류를 증거로 사용할 수 있다고 규정하고 있으나, 재외국민[537]의 경우에 어떻게 진술을 받아야 하는지에 관하여는 아무런 규정이 없다. 이는 공직선거법상 재외선거범죄(예컨대 대리투표 내지 부정투표)의 문제가 심각하게 대두될 가능성이 농후하게 됨에 따라 어떻게 수사를 해야 하는지와 관련된 문제이다.[538] 특히 우리나라의 대통령선거와 국민의원선거에 있어서는 그 투표율과 득표율을 재외국민의 투표권자의 인원수를 함께 고려할 때, 재외국민의 투표권 행사가 그 선거에 있어서 후보자의 당락에 결정적인 영향을 미칠 수가 있으므로 재외선거에 있어서 탈법 내지 불법선거운동이 행해질 가능성이 매우 높다.[539]

그런데 재외선거범죄는 정치적인 성격을 가지는 경우가 많으므로 해당 외국의 입장에서는 우리나라의 행정기관이나 사법기관이 선거범죄에 대하여 직접적으로 조사하거나 단속한다면 주권침해의 문제로 받아들일 수 있다.

이와 관련하여 공직선거법은 선거범죄에 대하여 선거관리위원회로 하여금 선거범죄

---

537) 재외동포의출입국과법적지위에관한법률 제2조 제1호에서 규정하는 '재외국민'이란 "대한민국의 국민으로서 외국의 영주권을 취득한 자 또는 영주할 목적으로 외국에 거주하고 있는 자"를 의미하며, 이는 제외동포의 개념에서 대한민국의 국적을 보유하였던 자 또는 그 직계비속으로서 외국국적을 취득한 자 중 대통령령이 정하는 자를 의미하는 외국국적동포를 제외한 개념이지만, 선거권과 관련한 재외국민은 외국 영주권을 취득하고 국외에 거주하는 경우, 외국영주권을 취득하고 국내에 거주하는 경우, 외국 영주권을 취득하지는 않았지만 해외이주의 목적으로 외국에 장기체류하는 경우는 물론 해외이주의 목적이 없이 외국에 장기체류하거나 국외여행자, 재외공관원, 상사주재원, 유학생 등 단기 해외체류하는 경우도 포함되는 것으로 이해하는 것이 타당할 것이다(이효원, 「재외선거범죄에 대한 법적 쟁점」, 서울중앙지역 법학교수·검찰실무연구회 제3회 학술토론회 자료집(2009. 6. 3.), 16-17면).
538) 헌법재판소는 2007년 6월 28일 주민등록을 요건으로 재외국민의 국정선거권(대통령·국회의원 선거권)을 제한하고 있는 것, 국내거주자에게만 부재자신고를 허용하고 국외거주자에게 이를 인정하지 않는 것, 주민등록을 요건으로 재외국민의 국민투표권을 제한하는 것은 재외국민의 선거권과 평등권을 침해하고 보통선거의 원칙에도 반한다는 취지로 헌법불합치결정을 내렸는데(헌재결 2007.6.28, 2004헌마644, 2005헌마360(병합)), 이러한 결정에 따라 2009년 2월 12일 공직선거법이 개정되어 대통령·국회의원 선거, 지방선거, 국민투표에 있어서 재외선거가 도입되었다(자세한 내용은 이효원, 앞의 논문, 9면 이하 참조).
539) 이효원, 앞의 논문, 21면.

를 조사할 수 있는 권한을 부여하고 있으나, 이 조사권은 형사절차상의 수사와는 구분
되고 행정목적의 범위 안에서만 허용되는 것이므로 그 목적 범위 내로만 한정되고, 강
제수사는 물론 사생활의 자유와 비밀을 현저히 침해하는 일이 없도록 해야 하는데, 선
거관리위원회가 외국에서 위 조사권을 행사하는 것은 해당 외국의 주권을 침해한다는
점에서 해당국 외국의 승인이 없이는 사실상 불가능하다고 할 것이다. 더욱이 판례는
영사작성 진술기재서면에 대하여 이를 '영사 진술서'라고 칭하면서 이를 형사소송법 제
313조 소정의 서류로 판단한 다음 동법 제314조에 의한 증거능력 부여 여부를 검토하면
서 특히 신빙할 만한 상태를 인정할 수 없다는 이유[540]로 증거능력을 부인한 바 있는
데,[541] 그 논거로 첫째, 뇌물공여사실을 부인하고 있는 피고인 등이 이 사건의 수사가
개시되기 직전 미국으로 출국한 이래 수년간 의도적으로 귀국·증언을 회피하고 있는
A(평소 피고인의 자금을 관리하는 사람으로서 대한민국 영사 앞에서 공조요청서에 첨부된 질문
사항에 대하여 자발적으로 답변하고 서명날인하였음)에게 그 내용에 대하여 면전에서 반대
신문을 할 수 있는 기회가 봉쇄되어 있어 실체적 진실발견에 극히 미흡한 점, 둘째, 영
사 진술서의 기재내용에 대하여 위증의 벌 등 아무런 법적 제재나 부담이 없는 상태에
서 작성되었고, 동인의 희망에 따라 녹음·녹화도 실시되지 않아 그 진술태도를 확인할
방법도 없는 점, 셋째, 자신에게 불리한 내용은 전혀 없고 모두 피고인이 줄곧 부인하고
있는 피고인의 뇌물 요구 지시사실만을 이야기하고 있다는 점 등을 들고 있다.

결국 재외선거범죄의 수사와 재판에 있어서는 국제법상 형사사법공조[542]를 이용할
필요성이 클 것으로 예상되는데,[543] 다만 형사사법공조에 있어서도 국제법원칙인 상호주

---

540) 대판 2006.9.28, 2006도3922.

541) 본 판례에 대한 평석은 이완규, "해외주재 영사작성 긴술기재서면", 형사판례연구(16), 한국형
사판례연구회편, 402면 이하 참조.

542) 국제형사사법공조란 외국에서 행해지는 형사절차를 돕기 위하여 사람 또는 물건의 소재수사,
서류·기록의 제공, 서류 등의 송달, 증거수집, 압수·수색·검증, 증거물 등 물건의 인도, 증인
및 감정인의 진술청취 기타 요청국의 수사에 협조하게 하는 조치로서 형사절차와 관련된 행위
를 수행하는 것을 말한다(국제형사사법공조법 제5조).

543) 우리나라 교포가 가장 많이 살고 있는 미국의 경우, 한미형사사법공조조약(Treaty Between the
Republic of Korea and the Unites States of America on Mutual Legal Assistance in Criminal
Matters)이 체결되어 있는데, 동 조약은 한국과 미국은 범죄의 예방·수사·기소 및 형사사건에서
의 재판절차와 관련하여 관계인의 증언 또는 진술의 취득; 서류·기록 및 증거물의 제공; 서류의
송달; 사람 또는 물건의 소재 또는 동일성의 파악; 구금중인 자의 증언 또는 다른 목적을 위한 이
송; 수색 및 압수요청의 집행; 몰수조치; 피요청국의 법에 금지되어 있지 아니한 기타 사항에 대
하여 상호 공조하여야 한다(한·미 형사사법공조조약 제1조)고 규정하고 있다. 그 밖에도 공조의
집행과 관련하여 구체적으로 피요청국에서의 증언 또는 증거에 관한 사항, 구금 중인 자의 이송,
신변안전, 문서의 송달, 수색 및 압수, 몰수절차에서의 공조 등을 규정하고 있다.

의,544) 쌍방범죄성의 원칙,545) 특정성의 원칙,546) 정치범불인도의 원칙 등으로 많은 어려움이 있을 것이다. 따라서 외국의 주권을 침해하지 않으면서도 수사의 원활한 진행을 위하여 많은 제도적 장치에 관한 연구가 요구되지만, 증인 등에 대한 진술청취와 관련해서는 일단 화상을 통한 수사 및 재판이 가능한 원격영상시스템의 도입이 필요하다고 본다.

2. 문 제 점 - 원격재판 내지 원격증언의 합법성 논란

형사피고인은 상당한 이유가 없는 한 지체없이 공개재판을 받을 권리를 가지는데(헌법 제27조 제4항), 공개주의란 일반 국민에게 심리의 방청을 허용하는 주의로서 국민에게 재판을 감시시켜 그 공정성을 담보하고 사법에 대한 국민의 신뢰를 유지하는 것을 말하므로 원격재판 내지 원격증언은 공판절차의 기본원칙인 공개주의에 위반될 소지가 다분하다. 또한 재판의 심리와 판결은 원칙적으로 공개하도록 되어 있는데(동법 제109조), 영상시스템을 이용한 증인신문을 시행하면 법관이 증인의 증언태도·표정 등을 세밀하게 살펴 증언의 신빙성을 판단하는 것이 어렵게 되고, 공개된 법정에서 증언하게 함으로써 위증에 대한 심리적 부담(공개석상에서 거짓말을 하는데서 오는 양심의 거리낌)을 가지게 하는 것이 곤란하며, 엄숙한 법정분위기에 압도되어 진실을 말하게 만드는 효과가 감소될 수 있다. 더욱이 피고인으로서는 증인과 직접 대면한 자리에서 상호신문을 통하여 자기에게 불리한 증언을 탄핵할 기회를 상실하게 되는 문제가 발생한다.

이와 관련하여, 우리나라는 일본 헌법 제37조 제2항547)과 달리 헌법상 반대신문권

---

544) 상호주의란 원래 양국 사이에 조약이 없는 경우 요청국이 피요청국에 공조요청을 하면서 장래에 있어서 유사한 사건의 경우 피요청국이 공조요청에 반대급부로서 협조하겠다는 보증을 하는 경우에 한하여 피요청국이 당해 사건에 관하여 공조를 제공하는 것을 말한다(백진현/조균석, 국제형사사법공조에 관한 연구, 형사정책연구원, 1993, 17면).

545) 쌍방범죄성의 원칙은 당해 범죄가 요청국과 피요청국의 형사법에 의하여 모두 가벌적으로 인정되어야 한다는 원칙으로서 그 적용범위에 대하여는 양국의 관련 형벌 법규가 추상적으로 동일하거나 유사한 경우이면 충분하다는 추상적 쌍방범죄성의 입장과 양국에서 구체적으로 동일한 범죄로 처벌될 수 있을 것을 요구하는 구체적 쌍방범죄성의 입장으로 구분된다(백진현/조균석, 앞의 논문, 18면).

546) 특정성의 원칙이란 형사사법공조에서 제공된 공조는 공조요청서에 명시된 범위에 한하여 사용되어야 한다는 것으로 요청국의 요청에 따라 피요청국이 제공한 증거나 관련증거 등은 공조요청서에 특정된 범죄의 수사, 기소, 재판절차에만 사용되어야 하며 그 이외의 목적으로 사용할 수는 없다는 사용상의 제한을 의미한다고 한다(백진현/조균석, 앞의 논문, 21면).

547) 일본 헌법 제37조 제2항은 "형사피고인은 모든 증인에 대하여 심문할 기회가 충분히 부여받고, 또한 공적 비용(公費)으로 자기를 위하여 강제적 절차에 의하여 증인을 청구할 권리를 갖는다"라고 규정하고 있다.

의 보장에 관하여 명문규정이 없으며 단지 형사소송법 제161조의2에서 증인신문의 방식을 규정하고 있는데,[548] 이에 대하여 헌법재판소는 「적법절차에 의한 공정한 공개재판을 받을 권리는 중요한 국민의 기본권의 하나이므로, 헌법은 제12조 제1항에서 적법절차에 의하지 아니하고는 처벌을 받지 않을 권리를, 제27조 제1항 및 제3항에서 법관의 법률에 의한 공정하고 신속한 공개재판을 받을 권리(재판청구권)를, 제4항에서 무죄추정의 원칙을 명문으로 규정하였다. 이러한 기본권들의 실현을 위하여 형사소송법은 제161조의2에서 피고인의 반대신문권을 포함한 교호신문권을 명문으로 규정하였고, 제310조의2에서 법관의 면전에서 진술되지 아니하고 피고인에 대한 반대신문의 기회가 부여되지 아니한 진술에 대하여는 원칙적으로 증거능력을 부여하지 아니하는 내용을 규정하여, 모든 증거는 법관의 면전에서 진술·심리되어야 하는 직접주의와 피고인에게 불리한 증거에 대하여는 반대신문할 수 있는 권리를 원칙적으로 보장하였다. 그러나 피고인에게 불리한 증거는 법관의 면전에서 직접 진술되어야 하고 피고인에게 반대신문의 기회를 부여하여야 하는 이러한 권리보장은 적법절차에 의한 공정한 재판을 받을 권리나 공개재판을 받을 기본권 실현을 위한 여러 방법 중의 한 방법일 뿐이고, 헌법상 명문으로 규정된 권리는 아니다. 따라서 원칙적으로 이 권리를 부여하고 이 권리를 인정하는 근거를 배제할 만한 부득이한 사유가 있는 경우에 그 예외와 예외의 범위를 정하는 것은 입법권자가 규범체계 전체와의 조화를 고려하여 정할 문제로서 적법절차에 의한 공정한 공개재판을 받을 기본권을 본질적으로 침해하는 것이라거나 이를 형해화한 것이라고 할 수 없다」고 판시하여 피고인의 대면권을 헌법상의 권리가 아닌 입법권자의 입법형성의 문제로 본 바 있다.[549]

　　그러나 현행 헌법 제12조 제1항 후단에서 "누구든지 법률에 의하지 아니하고는 체포·구속·압수·수색 또는 심문을 받지 아니하며, 법률과 적법한 절차에 의하지 아니하고는 처벌·보안처분 또는 강제노역을 받지 아니한다"라고 규정하고 있어 형사절차에 있어서 적법절차를 보장하도록 하고 있으므로 그 내용의 하나인, 형사피고인의 증인에 대한 반대신문권 등 방어권의 보장을 통한 공정한 재판을 받을 권리는 헌법상 당연히 보장되고 있다고 보아야 한다.

　　문제는 반대신문권의 보장을 헌법상의 권리로 인정하는 경우 어디까지 보장되는지 논란이 있는데, 미국의 경우 수정헌법 제6조가 피고인에게 자신의 증인에 대한 대면권(Confrontation Clause)을 보장하고 있으므로 전문법칙의 예외로서 법정에 제출이 허용된 증거라도 수정헌법 제6조의 대면권을 침해하였을 경우에는 헌법위반의 문제가 발생한다.

---

548)　형사소송법 제161조의2(증인신문의 방식) ① 증인은 신청한 검사, 변호인 또는 피고인이 먼저 이를 신문하고 다음에 다른 검사, 변호인 또는 피고인이 신문한다.

549)　헌재결 1998.9.30, 97헌바51.

전술(前述)한 것처럼, 이에 대하여 미국 연방대법원은 Crawford v. Washington 판결550)에서 "증언적(testimonial) 진술의 경우에는 현재 증언이 불가능하고, 피고인이 증인을 반대신문할 기회를 가졌었다는 두 가지 요건이 충족되지 않는 이상 증거로 사용할 수 없다"고 판시하여 반대신문의 기회를 갖는 것은 증언적 진술의 증거능력을 인정하기 위한 충분조건이 아니라 필요조건이라고 판시한 바 있다. 즉 신용성의 보장이 있다고 하더라도 피고인이 증인을 반대신문할 기회를 가지지 못하였다면 재판 외의 진술을 증거로 사용할 수 없다는 입장이다.551) 그러나 "비증언적 전문진술이 문제가 된 경우에는 개별적 주들에게 Roberts판결이 하였듯이 전문법칙 규정을 발전시킴에 있어서 유연성을 부여해 주는 것이 헌법 초안자들의 의도에 전적으로 부합한다"고 판시하여 비증언적 전문진술의 경우에는 헌법상의 대면권조항의 적용대상에서 제외된다고 보았다.

더욱이 원격재판 내지 원격증언의 경우도 일반인에게 공개된다는 점에서 공판절차의 기본원칙인 공개주의에 위배된다고 볼 수는 없으며, 위에서 언급한 것처럼 연방헌법 수정 제6조에 의하여 대면할 권리(자기에게 불리한 증언을 하는 증인과 육체적으로 대면할 권리와 교차신문을 행할 권리)를 보장한 미국에서조차도 대면권이 반드시 실제로 얼굴을 마주 본 상태(face to face)에서의 증언을 의미하는 것은 아니며, 다른 이익과 비교할 때 분리증언의 필요성이 우월하다면 영상재판을 이용한 증언을 허용하고 있으므로 대면권을 절대적인 권리로 볼 수 없고, 절박한 공익상의 필요성이 있을 경우에는 제한이 가능하다고 보아야 할 것이다. 우리나라에서도 비디오 등 중계장치나 차폐시설 등에 의하여 증인을 신문할 경우 피고인의 증인 대면권이 제한되기는 하지만, 반대신문권 자체는 보장된다는 입장이므로552) 큰 문제는 없을 것이다.

결국 증언적 진술과 관련이 없는 구속전 피의자심문이나 수형자에 대한 가석방심사의 경우에는 큰 문제가 없으므로, 헌법상의 대면권을 침해하지 않는 한도에서 원격영상재판을 시범적으로 실시한 후,553) 외국의 입법례처럼 성폭력피해자나 일정 연령 이하의 증인의 경우는 물론 위와 같은 경우가 아니더라도 잔혹한 범죄의 목격자나 조직에서 탈퇴한 조직원의 내부고발 등 범죄의 성질이나 증언내용의 성격이 증인이 공개법정에서 피고인 등 소송관계인의 면전에서 증언할 경우 정신적 부담을 크게 받아 평온한 상태에서 실체적인 진실을 진술하기 어려운 때에는 원격영상재판을 실시하는 것이 바람직할

---

550) Crawford v. Washington, 541 U.S. 36, 124 S.Ct. 1354(2004).

551) Counseller, W. Jeremy, Rickett, Shanon, *The Confrontation Clause after Crawford v Washington:* Smaller Mouth, Bigger Teeth, 57 Bayler L.Rev. pp.1–22.

552) 형사소송법 개정법률 해설, 법원행정처(2007.6), 151면; 개정형사소송법, 법무부(2007), 79면.

553) 미국의 경우도 공판전 심문절차는 비공개가 원칙이고, 상호심문이 행해지지도 않으므로 공판절차와는 근본적으로 성격이 다르다고 보기 때문에 공판전 심문절차에서 주로 시청각 시스템을 이용한 영상재판을 허용하고 있다.

것이다. 왜냐하면 이러한 증인의 경우 대면권의 제한은 증인보호 뿐만 아니라 형사사법의 이념인 실체적 진실발견에 결정적으로 기여하는 역할을 하기 때문이다.

Ⅲ. 영상재판에 관한 외국의 입법례

1. 영미법계 국가

(1) 미 국

미국의 경우 1972년 Cook County Circuit Court가 보석심리절차(Bail bond hearing)에서 폐쇄회로 텔레비전을 사용한 것을 시초로, 기소인부절차를 위한 피의자 호송에 따른 문제점을 해소하기 위하여 1974년 필라델피아시의 22개 경찰서 중 15개 경찰서에서 폐쇄회로TV를 이용한 기소인부절차(Arraignment) 및 보석심리절차를 시작하였는데,[554] 이후 아동학대 또는 성범죄의 피해자가 피고인과 대면할 경우의 정신적 충격을 예방하기 위하여 이들에 대한 증인신문에까지 확대된 것이다. 원래 폐쇄회로 TV로 화상과 음성을 전송하는 방식은 경죄에 대한 공판전 절차, 특히 위와 같은 보석심리절차나 기소인부절차 및 예비심문절차(preliminary hearing)에서 피의자를 호송하는 문제를 해결하기 위하여 사용되었다.[555]

한편 미국 연방형사소송규칙 제26조(증언)는 "모든 재판에서 증언은 공개된 법정에서 이루어져야 한다. 다만 연방법(Title 28)하의 법률에 의하여 다른 규정이 있을 때에는 그러하지 아니한다"[556]고 규정하고 있으며, 미국 연방법 제3509조는 아동피해자와 아동증인을 위한 영상증언제도를 규정하고 있으므로 연방 차원에서도 영상증거의 명문규정이 마련되어 있는 셈이다. 즉 동법 제3509조는 18세 미만의 아동이 신체학대·성적(性的) 학대 및 착취의 피해자이거나 제3자에 대한 범죄의 목격자인 경우, 법원이 (a) 아동이 두려움으로 인하여 증언할 수 없을 때, (b) 전문가의 증언에 의하여 아동이 증언으로 인하여 정신적 충격을 받을 것이 충분히 예상되는 경우, (c) 아동이 심신미약 또는 이에 준하는 상태에 있을 때, (d) 피고인 또는 변호인의 행동으로 인하여 아동이 더 이상 증언하기 어렵게 된 경우와 같은 사유로 아동증인이 공개법정에서 피고인을 대면한 상태

---

554) National Center for States Courts, Briefing Papers: Videoconferencing (1995); Shari Seidman Diamond Locke E. Bowman/ Manyee Wong / Matthew M. Patton, "Efficiency and Cost: The Impact of Videoconferenced Hearings on Bail Decisions", Journal of Criminal Law and Criminology Vol. 100 Issue 3 Summer, pp.877-878.

555) 황찬현, "원격영상재판", 재판자료-정보화와 재판실무 제79집 (1998), 82; 윤지영, "형사절차상 원격화상시스템의 활용방안", 한국형사정책연구원 (2012), 64면.

556) Rule 26(Taking Testimony). In every trial the testimony of witnesses must be taken in open court, unless otherwise provided by a statute or by rules adopted under 28. U.S.C.

에서 증언하기가 어렵다고 인정할 때에는 아동증인이 법정 외에서 폐쇄회로 텔레비전을 통하여 증언할 것을 명할 수 있도록 규정하고 있다.[557]

미국 연방대법원도 Mary v. Craig사건[558]에서 아동학대로부터 어린이의 보호와 같은 중요한 공익을 증진시키기 위하여 필요한 때에는 비디오를 이용한 출석이 허용된다는 입장을 취하고 있다. 즉, 폭행, 학대 및 성범죄의 피해 아동을 적대적인 피고인으로부터 보호하기 위하여 일방향 폐쇄회로 TV(one–way closed–circuit television)에 의한 증인신문절차를 허용할 수 있는지 문제되었는데, 폐쇄회로 TV에 의한 영상 증인신문, 특히 본 사건과 같은 일방향 폐쇄회로 TV영상을 이용하는 영상 증인신문의 경우, 피고인의 헌법상 권리인 대면권이 침해될 소지가 있기 때문이다. 이 사건에서 피해 아동은 피고인이 운영하는 유치원에서 심각한 성적, 육체적 학대를 당하였고 법원은 피해 아동의 증언을 그대로 법정에서 진행하는 경우 아동에게 부담과 심각한 후유증을 야기할 수 있으리라고 판단하였기 때문에 일방향 폐쇄회로 TV를 이용하여 외부에서 증언하도록 하였다. 증언을 위하여 피해 아동은 검사와 피고인측 변호인과 함께 다른 장소에서 증언 및 교호신문을 행하였고 이 장면은 폐쇄회로 TV를 이용하여 판사, 배심원 및 피고인이 있는 법정으로 중계되었다.[559] 피고인은, 일방향 폐쇄회로 TV를 이용하여 법정 외부의 장소에서 증언하는 것은 헌법상 대면권을 침해하는 것이라고 주장하였으나, 순회법원은 피고인의 주장을 배척하고 유죄판결을 내린 반면, Maryland 주 대법원은 원심을 파기환송하였다. 이에 연방대법원은 본 사건과 같은 일방향 폐쇄회로 TV를 통한 증인신문이라도 피고인 측에서 증인을 관찰 및 교호신문을 할 수 있었고 배심원도 증인의 태도를 살필 수 있었다는 점으로 미루어보아 대면권의 본질적인 부분이 침해되는 것이 아니라고 판단하였다. 또한 연방대법원은 대면권을 규정하고 있는 수정헌법 제6조가 어떤 방식으

---

557) 18 U.S.C.A. § 3509. Child victims' and child witnesses' rights

(b) Alternatives to live in–court testimony–

(1) Child's live testimony by 2–way closed circuit television–

(B) The court may order that testimony of the child be taken by closed–circuit television as provided in subparagraph (A) if the court finds that the child is unable to testify in open court in the presence of the defendant, for any of the following reasons:

(i) The child is unable to testify because of fear.

(ii) There is a substantial liklihood, established by expert testimony, that the child would suffer emotional trauma from testifying.

(iii) The child suffers a mental or other infirmity.

(iv) Conduct by defendant or defense counsel causes the child to be unable to continue testifying.

558) Maryland v. Craig, 497 U.S. 836 (1990).

559) 윤지영, "형사절차상 원격화상시스템의 활용방안", 한국형사정책연구원 (2012), 65면.

로 증언해야 하는지 명확히 요구 또는 금지하고 있지 않으므로 수정헌법 제6조가 규정하는 피고인의 대면권이 적대적 증인을 법정에서 대면할 권리까지 절대적으로 보장하고 있는 것은 아니라고 설시하면서, 아동학대로부터 아동의 보호와 같은 중요한 공익을 증대시키고 보호하기 위해 필요한 경우 폐쇄회로 TV를 이용한 법정 외에서의 증언이 허용된다[560]고 하였다.

Maryland v. Craig 판결 이후 아동 피해자 및 증인의 권리에 대한 법(Child Victims' and Child Witnesses' Right Act)이 제정되어 실제 법정 증언의 대안으로 쌍방향 폐쇄회로 TV 증언이 성문화되었다.[561] 동법은 피해 아동이나 그 밖의 아동 증인이 공개된 법정에서 피고인을 대면한 상태로 증언하기 어렵다고 인정되는 경우에는 쌍방향 폐쇄회로 TV에 의한 법정 외 증언을 허용하고 있으며 그 사유로 아동이 두려움 때문에 증언할 수 없는 경우, 전문가에 의해 아동이 증언으로 인해 정신적인 충격을 입을 상당한 가능성이 있다고 인정된 경우, 아동이 정신적 또는 기타 질병을 앓고 있는 경우, 피고인이나 피고인 측 변호인의 행동이 아동에게 증언을 계속할 수 없도록 유발하는 경우를 들고 있다.[562]

견해의 대립에도 불구하고 Maryland v. Craig 판결에서 설시된 판단기준은 "Craig Test(Craig requirement; Craig standard)"로 불려지며, 이후 법정 외 증언에 대하여 헌법상 대면권의 예외를 인정할 수 있는 심사기준으로 인정되었다. Craig Test에 의하면 헌법상 피고인의 대면권의 예외가 인정되기 위하여서는 첫째, 피고인의 대면권을 전면적으로 보장하지 않음이 중대한 공익을 위해 더 필수적이며, 둘째, 증언적 진술의 신빙성이 다른 방식으로, 다시 말해 증인이 선서하고, 교호신문이 가능하며 증언하는 모습이 판사와 대배심 및 피고인 측에게 보이는 앞에서 확인될 수 있어야 한다.[563]

---

560) Maryland v. Craig, 497 U.S. 836, 847, 850 (1990).

561) 윤지영, "형사절차상 원격화상시스템의 활용방안", 한국형사정책연구원 (2012), 65면.

562) 18 U.S.C.A. §3509 Child victims' and child witnesses' rights

(b) Alternatives to live in-court testimony

(1) Child's live testimony by 2-way closed circuit television.

(A) In a proceeding involving an alleged offense against a child, the attorney for the Government, the child's attorney, or a guardian ad litem appointed under subsection (h) may apply for an order that the child's testimony be taken in a room outside the courtroom and be televised by 2-way closed circuit television. The person seeking such an order shall apply for such an order at least 7 days before the trial date, unless the court finds on the record that the need for such an order was not reasonably foreseeable.

563) Marc Chase McAllister, "Two-Way Trial Testimony and the Confrontation Clause: Fashioning a Better Craig Test in Light of Crawford", 34 FLA. ST U. L. REV. 835, 846

특히, Crawford 판결이 헌법상 대면권의 문제를 전문법칙의 문제와 분리시키고 교호신문의 기회를 가장 핵심적인 대면권의 요소로 봄에 따라 원격영상회의기술에 의한 재판절차의 인정 역시 새로운 기준이 적용될 것인지 논의될 수 있다. 그러나 Crawford 판결이 언급한 바와 같이, 충분한 교호신문 기회의 제공이 법정 외 진술에 대한 신빙성을 인정하는 가장 중요한 요소가 된다면 쌍방향 원격영상회의기술은 단순히 녹취록이나 비디오테이프와 비교하여 교호신문의 가능성에 있어 현격한 차이를 가짐이 인정될 수 있고, 오히려 교호신문 기회를 충실히 제공할 수도 있을 것이다. 미국 연방대법원 판결의 내용도, 원격영상회의기술의 이용이 상대방의 얼굴변화나 태도를 읽을 수 있는지 등 단순히 기술적인 적정성의 문제를 놓고 원격영상재판의 가부를 논하고 있지 않다. 오히려 연방대법원은 법리적인 접근, 즉, 헌법상 대면권과 교호신문의 문제에 집중하고 있음을 알 수 있다.

한편, 미국은 2020년 3월 코로나19가 창궐하자, 역사상 최대규모의 경기부양 법안인 '코로나바이러스 지원·구제·경제안정을 위한 법안(The coronavirus Aid, Relief, and Economic Security Act)'을 시행하면서, 형사재판에 영상재판을 허용하는 절차적 규정을 마련한 바 있다. 즉, 미국 연방사법위원회가 비상사태로 연방법원의 기능이 일반적으로 심각한 영향을 받고 있거나, 정상적 재판업무에 지장을 받고 있는 해당 지방법원장은 법무장관의 신청이 있거나 담당 판사의 요청이 있는 경우 및 중죄(Felony)의 경우 대면재판이 공공의 건강과 안전을 심각하게 위협하는 경우 등의 상황에서 영상재판을 할 수 있도록 한 것이다.564) 다만, 미국 연방법원 행정처는 개정 가이드를 통해 언론과 일반

(2007); 윤지영, "형사절차상 원격화상시스템의 활용방안", 한국형사정책연구원 (2012), 71면.

564) From Title 18－CRIMES AND CRIMINAL PROCEDURE PART II－CRIMINAL PROCEDURE CHAPTER 201－GENERAL PROVISIONS §3014. Additional special assessment.

(a) Definition.－In this section, the term 'covered emergency period' means the period beginning on the date on which the President declared a national emergency under the National Emergencies Act (50 U.S.C. 1601 et seq.) with respect to the Coronavirus Disease 2019 (COVID-19) [declaration issued Mar. 13, 2020, beginning Mar. 1, 2020, see 85 F.R. 15337] and ending on the date that is 30 days after the date on which the national emergency declaration terminates.

(b) Video Teleconferencing for Criminal Proceedings.－

(1) In general.－Subject to paragraphs (3), (4), and (5), if the Judicial Conference of the United States finds that emergency conditions due to the national emergency declared by the President under the National Emergencies Act (50 U.S.C. 1601 et seq.) with respect to the Coronavirus Disease 2019 (COVID-19) will materially affect the functioning of either the Federal courts generally or a particular district court of the United States, the chief judge of a district court covered by the finding (or,

if the chief judge is unavailable, the most senior available active judge of the court or the chief judge or circuit justice of the circuit that includes the district court), upon application of the Attorney General or the designee of the Attorney General, or on motion of the judge or justice, may authorize the use of video teleconferencing, or telephone conferencing if video teleconferencing is not reasonably available, for the following events:

(A) Detention hearings under section 3142 of title 18, United States Code.

(B) Initial appearances under Rule 5 of the Federal Rules of Criminal Procedure [18 U.S.C. App.].

(C) Preliminary hearings under Rule 5.1 of the Federal Rules of Criminal Procedure.

(D) Waivers of indictment under Rule 7(b) of the Federal Rules of Criminal Procedure.

(E) Arraignments under Rule 10 of the Federal Rules of Criminal Procedure.

(F) Probation and supervised release revocation proceedings under Rule 32.1 of the Federal Rules of Criminal Procedure.

(G) Pretrial release revocation proceedings under section 3148 of title 18, United States Code.

(H) Appearances under Rule 40 of the Federal Rules of Criminal Procedure.

(I) Misdemeanor pleas and sentencings as described in Rule 43(b)(2) of the Federal Rules of Criminal Procedure.

(J) Proceedings under chapter 403 of title 18, United States Code (commonly known as the 'Federal Juvenile Delinquency Act'), except for contested transfer hearings and juvenile delinquency adjudication or trial proceedings.

(2) Felony pleas and sentencing. —

(A) In general. — Subject to paragraphs (3), (4), and (5), if the Judicial Conference of the United States finds that emergency conditions due to the national emergency declared by the President under the National Emergencies Act (50 U.S.C. 1601 et seq.) with respect to the Coronavirus Disease 2019 (COVID-19) will materially affect the functioning of either the Federal courts generally or a particular district court of the United States, the chief judge of a district court covered by the finding (or, if the chief judge is unavailable, the most senior available active judge of the court or the chief judge or circuit justice of the circuit that includes the district court) specifically finds, upon application of the Attorney General or the designee of the Attorney General, or on motion of the judge or justice, that felony pleas under Rule 11 of the Federal Rules of Criminal Procedure and felony sentencings under Rule 32 of the Federal Rules of Criminal Procedure cannot be conducted in person without seriously jeopardizing public health and safety, and the district judge in a particular case finds for specific reasons that the plea or sentencing in that case cannot be further delayed without serious harm to the interests of justice, the plea or sentencing in that case may be conducted by video teleconference, or by telephone conference if video teleconferencing is not reasonably available.

(B) Applicability to juveniles.—The video teleconferencing and telephone conferencing authority described in subparagraph (A) shall apply with respect to equivalent plea and sentencing, or disposition, proceedings under chapter 403 of title 18, United States Code (commonly known as the 'Federal Juvenile Delinquency Act').

(3) Review.—

(A) In general.—On the date that is 90 days after the date on which an authorization for the use of video teleconferencing or telephone conferencing under paragraph (1) or (2) is issued, if the emergency authority has not been terminated under paragraph (5), the chief judge of the district court (or, if the chief judge is unavailable, the most senior available active judge of the court or the chief judge or circuit justice of the circuit that includes the district court) to which the authorization applies shall review the authorization and determine whether to extend the authorization.

(B) Additional review.—If an authorization is extended under subparagraph (A), the chief judge of the district court (or, if the chief judge is unavailable, the most senior available active judge of the court or the chief judge or circuit justice of the circuit that includes the district court) to which the authorization applies shall review the extension of authority not less frequently than once every 90 days until the earlier of—

(i) the date on which the chief judge (or other judge or justice) determines the authorization is no longer warranted; or

(ii) the date on which the emergency authority is terminated under paragraph (5).

(4) Consent.—Video teleconferencing or telephone conferencing authorized under paragraph (1) or (2) may only take place with the consent of the defendant, or the juvenile, after consultation with counsel.

(5) Termination of emergency authority.—The authority provided under paragraphs (1), (2), and (3), and any specific authorizations issued under those paragraphs, shall terminate on the earlier of—

(A) the last day of the covered emergency period; or

(B) the date on which the Judicial Conference of the United States finds that emergency conditions due to the national emergency declared by the President under the National Emergencies Act (50 U.S.C. 1601 et seq.) with respect to the Coronavirus Disease 2019 (COVID-19) no longer materially affect the functioning of either the Federal courts generally or the district court in question.

(6) National emergencies generally.—The Judicial Conference of the United States and the Supreme Court of the United States shall consider rule amendments under chapter 131 of title 28, United States Code (commonly known as the 'Rules Enabling Act'), that address

국민은 코로나 사태 동안 진행되는 영상재판에 접근할 수 있지만, 법정 촬영 및 방송을 금지한 연방형사소송규칙 제53조(법정 촬영 및 방송 금지)565)는 그대로 유효하므로 영상재판을 부적절하게 녹화하거나 재방송하는 개인은 처벌될 수 있다고 밝혔다.

결국 헌법상 인정되는 대면권을 침해하지 않으면서 교호신문의 기회를 충분히 제공

---

emergency measures that may be taken by the Federal courts when the President declares a national emergency under the National Emergencies Act (50 U.S.C. 1601 et seq.).

(7) Rule of construction. — Nothing in this subsection shall obviate a defendant's right to counsel under the Sixth Amendment to the Constitution of the United States, any Federal statute, or the Federal Rules of Criminal Procedure.

(c) The amount provided by this section is designated by the Congress as being for an emergency requirement pursuant to section 251(b)(2)(A)(i) of the Balanced Budget and Emergency Deficit Control Act of 1985 [2 U.S.C. 901(b)(2)(A)(i)].

(b) 형사절차를 위한 영상재판 –

(1) 일반적으로. – (3)항, (4)항 및 (5)항에 따라, 미국 사법회의가 국가비상사태법(50 U.S.C. 1601 et Seq)에 따라 선포된 국가비상사태로 인한 비상사태 상황이 코로나바이러스 질병 2019(COVID-19)와 관련하여 연방정부의 물질적 기능에 영향을 미친다고 판단할 경우 법무장관의 신청에 따라, 일반적으로 일반법원 또는 미국의 특정 지방법원, 조사 결과에서 다루는 지방법원의 수석판사(또는 수석판사가 부재한 경우, 법원 또는 지방법원을 포함하는 순회재판소의 최고위급 현직판사) 법무장관의 지명자 또는 판사나 법무관의 동의로 영상재판 또는 영상재판이 합리적으로 가능하지 않은 경우 전화재판의 사용을 허가할 수 있다.

(A) 미국법률 제18조 제3142조에 따른 구금 청문회

(B) 연방 형사소송규칙의 규칙 5에 따른 최초 등장 [18 U.S.C. App.]

(C) 연방 형사소송규칙 5.1 규정에 따른 예비 청문회

(D) 연방 형사소송규칙 7(b)에 따른 기소의 포기

(E) 연방 형사소송규칙 제10조 규정에 따른 소환

(F) 연방 형사소송규칙 32.1에 따른 보호관찰 및 감독 해제절차

(G) 미국 법규 제18조 제3148조에 따른 공판전 석방 취소절차

(H) 연방 형사소송규칙 제40조에 따른 출두

(I) 연방 형사소송규칙 43(b)(2)에 설명된 경범죄 탄원 및 감형

(J) 미국 강령 제18장 제403장(일반적으로 '연방 청소년 비행법')에 따른 절차(경쟁된 이전 심리 및 청소년 비행 판결 또는 재판절차 제외).

565) Rule 53(Courtroom Photographing and Broadcasting Prohibited). Except as otherwise provided by a statute or these rules, the court must not permit the taking of photographs in the courtroom during judicial proceedings or the broadcasting of judicial proceedings from the courtroom(법원은 법령이나 이 규칙에서 특별히 규정한 경우를 제외하고는 재판 진행 중 법정에서 사진을 촬영하거나 재판 진행 상황을 방송하는 것을 허용해서는 안 된다).

할 수 있도록 영상회의기술을 재판절차에서 이용할 수 있는 방안이 무엇인지가 미국 연방대법원 판결의 주요 논제인 것이다. 나아가 교통의 불편이나 이동의 어려움 등은 그 자체로 가장 중요한 원격영상재판의 목적이 아니라, 개별적 사안에 따라 고려되는 하나의 요소인 것이다.[566]

(2) 영 국
가. 형사사법법 규정

민사절차법(Civil Procedure Rules) Part 32.3은 "법원은 증인의 증거제출을 비디오링크 기타 방법을 통해 할 것을 허가할 수 있다"고 규정하고 있으며 1988년 형사사법법(Criminal Justice Act 1988) 제32조 제1항은 "영국 이외의 곳에 거주하거나 14세 미만자가 사람에 대한 폭행, 상해, 협박 관련범죄 등에서 증인인 경우"에 "피고인 외의 사람은 실시간 TV 중계(live television link)를 통해 증거를 제출할 수 있다"고 규정하고 있다. 한편, 민사절차법의 하위 법령인 Practice Direction 32(Evidence) 제29조 제1항은 민사소송에서 영상전송의 사용에 관한 안내사항을 부속서(annex) 3에 규정하도록 하고, 영상전송이 가능한 법원들(county court)을 사법지원 사이트 홈페이지에 게시한다고 규정하고 있다.

또한 영국은 형사사법법(Criminal Justice Act. 2003) 제8장 현장중계(Live Link)[567] 제51조 내지 제56조에서 영상증언방식에 대하여 규정하고 있다. 즉 법원은 (a) 영상증언을 하는 것이 효율적이고 실체적 정의를 효과적으로 밝히는데 유용하고, (b) 영상증언과정을 법정에 현장중계할 수 있는 적절한 장치가 사용 가능하다는 통지가 국무장관으로부

---

566) 사법정책연구원 연구총서(2016 - 03), 원격영상재판에 관한 연구 - 외국의 원격영상재판 이용현황을 중심으로 -, 75면.

567) 'live link'란 영국내의 당해 사건 변론이 진행 중인 법원 건물 외에서 증인과 (a) 피고인 (b) 판사와 배심원 (c) 변호인 등 대리인 (d) 통역사 또는 법원으로부터 증인을 도와주도록 지정된 자가 서로 보고 들을 수 있는 텔레비전 장치 또는 이와 유사한 장치를 말한다고 규정하고 있다(Criminal Justice Act 56. (2) In this Part "live link" means a live television link or other arrangement by which a witness, while at a place in the United Kingdom which is outside the building where the proceedings are being held, is able to see and hear a person at the place where the proceedings are being held and to be seen and heard by the following persons.
(3) They are—
(a) the defendant or defendants,
(b) the judge or justices (or both) and the jury (if there is one),
(c) legal representatives acting in the proceedings, and
(d) any interpreter or other person appointed by the court to assist the witness.)

터 도달되고, (c) 위 통지가 철회되지 않은 경우 당사자의 신청을 받아 또는 법원의 직권으로 영상증언방식으로 증언할 것을 명할 수 있으며, 법원은 위 명령을 함에 있어서, 특히 (a) 증인의 증언 가능여부 (b) 증인의 법정출석 필요여부, (c) 사건절차에서 증언이 가지는 중요성, (d) 증인대면 필요여부, (e) 증언할 장소가 기술적 장치를 사용하기에 적정한지 여부, (f) 일방 당사자가 증언을 효과적으로 검증할 기회를 방해할 우려가 있는지를 반드시 고려하여야 한다.[568]

---

568) Criminal Justice Act 51(Live links in criminal proceedings).

  (1) A witness (other than the defendant) may, if the court so directs, give evidence through a live link in the following criminal proceedings.

  (2) They are—

  (a) a summary trial,

  (b) an appeal to the Crown Court arising out of such a trial,

  (c) a trial on indictment,

  (d) an appeal to the criminal division of the Court of Appeal,

  (e) the hearing of a reference under section 9 or 11 of the Criminal Appeal Act 1995 (c. 35),

  (f) a hearing before a magistrates' court or the Crown Court which is held after the defendant has entered a plea of guilty, and

  (g) a hearing before the Court of Appeal under section 80 of this Act.

  (3) A direction may be given under this section—

  (a) on an application by a party to the proceedings, or

  (b) of the court's own motion.

  (4) But a direction may not be given under this section unless—

  (a) the court is satisfied that it is in the interests of the efficient or effective administration of justice for the person concerned to give evidence in the proceedings through a live link,

  (b) it has been notified by the Secretary of State that suitable facilities for receiving evidence through a live link are available in the area in which it appears to the court that the proceedings will take place, and

  (c) that notification has not been withdrawn.

  (5) The withdrawal of such a notification is not to affect a direction given under this section before that withdrawal.

  (6) In deciding whether to give a direction under this section the court must consider all the circumstances of the case.

  (7) Those circumstances include in particular—

  (a) the availability of the witness,

  (b) the need for the witness to attend in person,

또한 재판장은 배심원에게 영상증언을 평가함에 있어 동일 증인이 법정 내에서 증언한 경우와 같은 비중으로 판단해야 한다는 점을 주의 주도록 하여[569] 영상증언이 배심원의 심증형성에 있어 저평가 받지 않도록 유의하고 있다.

한편, 영국에서도 2020년 3월 '코로나바이러스 법안 2020(Coronavirus Act 2020)'을 시행하면서, 영상 및 음성 재판을 할 수 있는 규정(Expansion of availability of live links in criminal proceedings)을 마련했다.[570]

나. 소년사법과 형사증거법 규정

1999년 소년사법과 형사증거법(Youth Justice and Criminal Evidence Act 1999) 제22조~제23는 모든 17세 미만의 아동에 대하여 법정에서의 직접 증언을 대체하는 비디오 녹화조사와 화상중계 등을 규정한 후, 동법 제63조에서 '영상녹화물'이란 음향을 포함해 동영상을 재생할 수 있는 모든 매체상의 기록을 의미한다고 규정하였다. 이후 법원이 최선의 증언을 들을 수 있도록 비디오녹화조사(특히 법정에서의 직접 증언을 대체하는) 및 법정 외에서 아동으로 하여금 증언할 수 있도록 하는 생중계망을 사용한 조사방법이 광

(c) the importance of the witness's evidence to the proceedings,

(d) the views of the witness,

(e) the suitability of the facilities at the place where the witness would give evidence through a live link,

(f) whether a direction might tend to inhibit any party to the proceedings from effectively testing the witness's evidence.

(8) The court must state in open court its reasons for refusing an application for a direction under this section and, if it is a magistrates' court, must cause them to be entered in the register of its proceedings.

569) Criminal Justice Act 54(Warning to jury).

(1) This section applies where, as a result of a direction under section 51, evidence has been given through a live link in proceedings before the Crown Court.

(2) <u>The judge may give the jury (if there is one) such direction as he thinks necessary to ensure that the jury gives the same weight to the evidence as if it had been given by the witness in the courtroom or other place where the proceedings are held.</u>

570) Courts and tribunals: use of video and audio technology

53 Expansion of availability of live links in criminal proceedings

Schedule 23 contains temporary modifications of—

(a) the Criminal Justice Act 2003,

(b) the Criminal Appeal Act 1968, and

(c) the Criminal Justice Act 1988.

범위하고도 성공적으로 채택되었다.

다. 아동 및 취약하거나 위협받고 있는 증인을 위한 지침

영국정부가 형사사법법의 시행을 위하여 공포한 "아동 및 취약하거나 위협받고 있는 증인을 위한 지침(Guidance for Vulnerable or Intimidated Witness, Including Children)"에서도 (a) 공판 중 법정 밖에서 법정 안으로 연결된 폐쇄회로망을 통하여 증언하는 원격지 영상증언(동법 제24조), (b) 증인에 대한 공판전의 영상녹화조사를 증언으로 채택(다만, 녹화장소에 대한 불충분하거나 또는 녹화가 증거법칙에 대한 심각한 위반을 한 경우에는 배제, 동법 제27조), (c) 영상녹화에 대한 반대신문 허용(동법 제28조), (d) 성범죄피해아동 등 특정 유형의 취약한 증인에 대하여는 변호인이 없는 피고인으로부터의 반대신문 불허(동법 제34조, 제35조), (e) 피해자 측의 성적(性的) 행동에 대한 질문이나 증언에 대한 제한(강간 등 성범죄에 있어 피고인이 피해자에게 성적 행동에 대한 증언을 초래할 질문 등을 제한(동법 제41조) 등을 규정하여 아동증인 및 취약하거나 위협받고 있는 증인을 보호하고 있다.

(3) 캐 나 다

캐나다 형사법(criminal code)[571]은 영상증거를 크게 영상·음성증언과 영상녹화물로 이분하고 있는데, 그중 전자는 영상증언과 음성증언으로 구분되며 이들은 다시 영상증언이 캐나다 국내에서 이루어진 경우[572]와 캐나다 국외에서 이루어진 경우[573]로, 음성증

---

571) 캐나다의 경우 우리나라와 달리 실체법인 형법과 절차법인 형사소송법이 1개의 법률(criminal code)에 함께 규정되어 있으므로 이를 '형사법'이라고 정의하기로 한다.

572) 714. 1(Video links etc.－witness in canada). A court may order that a witness in Canada give evidence by means of technology that permits the witness to testify elsewhere in Canada in the virtual presence of the parties and the court, if the court is of the opinion that it would be appropriate in all the circumstances, including

(a) the location and personal circumstances of the witness;

(b) the costs that would be incurred if the witness had to be physically present; and

(c) the nature of the witness' anticipated evidence.

제714조 제1항(국내에서의 영상증언) 법원은 다음 각호의 사항 등을 고려하여 상당하다고 인정할 때에는 증인으로 하여금 국내 법정 외의 장소에서 쌍방 당사자와 법원이 증인을 영상인식할 수 있는 기술적 장치에 의하여 증언 할 수 있도록 명할 수 있다.

(a) 증인의 물리적 위치와 개인적 여건

(b) 증인을 법정에 출석하도록 할 때 발생하는 비용

(c) 예상되는 증언의 성격

573) 714. 2. (1) (Video links etc.－witness outside canada) A court shall receive evidence

언이 캐나다 국내에서 이루어진 경우574)와 국외에서 이루어진 경우575)로 별도로 구분하

---

given by a witness outside Canada by means of technology that permits the witness to testify in the virtual presence of the parties and the court unless one of the parties satisfies the court that the reception of such testimony would be contrary to the principles of fundamental justice.

(2) (Notice) A party who wishes to call a witness to give evidence under subsection (1) shall give notice to the court before which the evidence is to be given and the other parties of their intention to do so not less than ten days before the witness is scheduled to testify.

제714조 제2항 제1호(국외에서의 영상증언) 법원은 국외에 소재한 증인이 쌍방 당사자와 법원이 증인을 영상 인식할 수 있는 기술적 장치에 의하여 한 증언을 증거로 할 수 있다. 다만, 일방 당사자가 이러한 채증방법이 기본적 정의원칙에 반한다는 사실을 입증한 경우에는 그러하지 아니하다.

제2호(통지) 제1호에 규정된 증인을 신청하려는 당사자는 증거신청 이전에 법원에 어떠한 증거를 제출할 지를 통지하여야 하고 반대 당사자에게도 증언예정일 10일 이전에 위 증인신청을 하는 목적을 통지하여야 한다.

574) 714. 3(Audio evidence-witness in canada). The court may order that a witness in Canada give evidence by means of technology that permits the parties and the court to hear and examine the witness elsewhere in Canada, if the court is of the opinion that it would be appropriate, considering all the circumstances including

(a) the location and personal circumstances of the witness;

(b) the costs that would be incurred if the witness had to be physically present;

(c) the nature of the witness' anticipated evidence; and

(d) any potential prejudice to either of the parties caused by the fact that the witness would not be seen by them.

제714조 제3항(국내에서의 음성증언) 법원은 다음 각호의 사항 등을 고려하여 상당하다고 인정할 때에는 증인으로 하여금 국내에 위치한 법정 외의 장소에서 쌍방 당사자와 법원이 증인의 증언을 듣고 신문할 수 있는 기술적 장치에 의하여 증언할 수 있도록 명할 수 있다.

(a) 증인의 물리적 위치와 개인적 여건

(b) 증인을 법정에 출석하도록 할 때 발생하는 비용

(c) 예상되는 증인의 성격

(d) 증인을 대면하지 못함으로써 일방 당사자의 권리가 침해될 가능성

575) 714. 4(Audio evidence-witness outside canada). The court may receive evidence given by a witness outside Canada by means of technology that permits the parties and the court in Canada to hear and examine the witness, if the court is of the opinion that it would be appropriate, considering all the circumstances including

(a) the nature of the witness' anticipated evidence; and

(b) any potential prejudice to either of the parties caused by the fact that the witness

여 규정되어 있다. 이러한 영상·음성증언은 재판과 동시에 진행되기 때문에 법정이 아닌 장소에서 증언이 이루어진다고 하더라도 시간적인 현장성을 갖추고 있으므로 법원이 영상·음성증언을 증거로 채택함에 있어서 영상녹화물과 대비해 볼 때 완화된 요건을 보여주고 있다. 또한 증인이 증언하는 소재지가 국내인지 국외인지에 따라 차별적인 요건을 두고 있으며, 증인이 국내에 있는 경우에는 법정에서 증언하는 것을 원칙으로 하되 일정한 요건 하에서만 예외적으로 허용하는 태도를 취하고 있다는 점에서, 증인과 피고인의 권리를 적절하게 조화하고 있는 입법으로 보인다.

2. 대륙법계 국가

(1) 독　　일

가. 법률규정

독일 형사소송법(StPO) 제247조a[576]는 영상기기 등 기술적 장치를 이용하여 법정 이외의 장소에 있는 증인의 진술을 법정에 동시에 현출하는 영상증언에 대하여 규정하고 있다. 즉 증인이 법정의 방청인 앞에서 신문을 받게 되면 증인의 복리에 중대한 불이익이 될 긴급한 위험(Dringende Gefahr eines schwerwiegenden Nachteils)이 있고, 이 위험을 다른 방법으로는(nicht in anderer Weise abgewendet werden), 즉 피고인을 법정에서 배제시키거나 신문을 비공개하는 등의 방법으로는 방지할 수 없는 경우에 법원은 증인이 신문을 받는 동안 다른 장소에서 머물 것을 명할 수 있고, 이때 증언은 비디오 화면과 스피커를 통해 공판정에 생중계된다. 이는 생명·신체 등에 중대한 위협을 받고 있는 증인이나 성추행 등을 당한 범죄피해자인 증인 모두를 보호하기 위한 것으로, 통상 우리나라에서 증인보호를 위하여 행해지는 피고인 퇴정 후 증언방식을 넘어서서 증

---

　　would not be seen by them.

　　제714조 제4항(국외에서의 음성증언) 법원은 다음 각호의 사항 등을 고려하여 상당하다고 인정할 때에는 국외에 소재한 증인이 쌍방 당사자와 법원이 증인의 증언을 듣고 신문할 수 있는 기술적 장치에 의하여 한 증언을 증거로 할 수 있다.

　　(a) 예상되는 증언의 성격

　　(b) 증인을 대면하지 못함으로써 일방 당사자의 권리가 침해될 가능성

576) 독일 형사소송법 제247조a(법정외 증인신문) (1) 증인이 본안절차에서 피고인의 면전에서 신문할 경우 피고인의 퇴정후 신문이나 비공개신문에 의한 방법에 의하더라도 증인에게 중대한 장애에 대한 긴급한 위험이 있는 경우 법원은 법정외 신문을 결정할 수 있다(중략).

　　(2) 위 결정에 대하여는 불복할 수 없다.

　　(3) 증인의 증언은 실시간으로 영상과 음성으로 법정으로 전송된다.

　　(4) 이러한 증인의 증언은 향후 재판에서 계속 신문할 수 없는 사정이 있고, 진실규명을 위하여 필요한 경우 녹화하여야 한다.

　　(5) 제58조a (2)항에 위 규정이 적용된다.

인에게 변호인 또는 방청객 대면의 부담을 덜어주는 배려를 하고 있는 것이다.[577]

특히 이 규정으로 인하여 조직범죄의 경우 조직의 이탈자나 수사정보원 등 증인들을 신문할 경우 그들이 선호하는 법정 외의 장소에서 신문할 수 있는 길이 열리게 된 것으로, 이는 독일 입법자가 현행 독일 형사소송법(StPO) 제238조(심리의 지휘), 제261조(자유심증주의)의 규정에도 불구하고 증인보호를 위하여 이러한 '분리된 본안재판(Gespaltenes Hauptverfahren)'을 할 수 있도록 결정하였음을 의미한다. 다만 비디오신문이 보충적으로만 실시된다는 법규정의 취지에 비추어 볼 때, 증인에 대한 법정외 신문의 실시여부에 대하여 의문이 생길 경우에는 형사소송법 제250조 제1문의 취지에 따라 증인을 법정에서 신문해야 할 것이다.

한편 이와는 별도로 형사소송법 제168조e는 증인이 신문참여권자 앞에서 신문을 받으면 증인의 복리에 중대한 불이익이 발생할 급박한 위험이 있고, 이 위험을 다른 방법으로 피할 수 없는 한, 판사는 증인신문을 참여권자(피고인 및 변호인)와 분리하여 진행시켜야 한다고 규정하고 있고 이때에도 신문은 피고인과 변호인이 있는 장소에 비디오 화면이나 스피커 등의 음향기기를 통해 생중계된다. 물론 독일 형사소송법 제168조c와 제247조에 따르면 필요한 경우 피고인의 퇴정을 명하고 증인신문을 행할 수 있으나, 동 규정은 법관의 재량사항에 불과할 뿐만 아니라 피고인의 공판정출석이 증인의 증언에 영향을 주게 되는 경우에 그 영향력을 배제하여 실체진실의 발견이라는 이념을 보장하기 위한 것이므로 다른 차원의 문제이다. 이처럼 증인보호의 필요성이 절실할 때에는 반드시 증인신문을 반대신문을 할 반대당사자와 분리하여 진행하도록 의무화하여 증거취득방식에 대한 재판부의 재량을 인정하지 않고 있는데, 법원의 소송지휘권도 법률상 부여된 권리이므로 공공복리의 목적을 위해서는 제한될 수 있다는 헌법상 원리를 일깨워주는 부분으로 입법자에게 시사하는 바가 크다 할 것이다.

나. 화상통신의 방법

증인의 증언은 실시간으로 영상과 음성으로 법정에 전달되는 방식으로 진행된다. 다만 입법자는 이러한 증인의 영상과 음성이 실시간으로 전달될 수 있도록 필요한 기술적인 면에 관하여는 아무런 규정을 두고 있지 않으나, 본 제도가 실효를 거두기 위해서는 증인의 증언시 증인의 증언 및 태도 등이 법정에 정확하게 전달될 수 있는 기술적인 장치를 구비해야 할 것이다.

---

577) 최초 독일 정부의 입법안에서는 증인이 "법원 내의 다른 장소(in einem andern Raum)"에서 증인신문을 할 수 있다 라고 하는 초안을 제시하였는데, 심의과정에서 증인을 법원 내의 다른 장소뿐만 아니라 법정외의 장소에서도 비디오, 즉 폐쇄회로 TV로 직접 연결하여 신문할 수 있도록 규정하게 된 것이라고 한다(정용수, "독일 형사소송법상 증인보호제도 - 수사 및 공판절차에 비디오 기술의 도입문제와 관련하여 -", 해외연수검사연구논문 제15집, 법무연수원, 345면).

다. 적용범위

독일 형사소송법(StPO) 제247조a는 그 적용대상에 대하여 특정한 범죄나 특정한 범위의 증인에 한정하고 있지 아니하므로 모든 증인에게 적용될 수 있다. 따라서 성폭행을 당한 피해아동의 경우는 물론 독일 형사소송법(StPO) 제255조에 규정된 보호가 필요한 증인(예컨대 성범죄로 인한 피해자, 증언시 위험에 처할 수 있는 수사정보원 뿐만 아니라 고령이거나 질병을 앓고 있는 증인 등)에게도 적용이 가능할 것이다. 이처럼 광범위한 적용범위에 따라 동 규정은 조직폭력범죄에 있어서 증인보호에 만전을 기할 수 있고, 진실규명에 도움을 줄 수 있을 뿐만 아니라 형사절차에 있어서 가장 중요한 증거방법인 증인에 관하여 그에 상응하는 법률적인 권리를 부여하여 결국 "증인역할로부터의 도피 (Flucht aus der Zergenrolle)"를 방지하고자 하는데 이바지할 수 있을 것이다.[578] 다만 적법절차 및 반대신문권 등의 피고인의 방어권 행사 보장도 증인에 대한 비디오에 의한 법정외 신문을 결정하는 경우, 중요한 요소로 고려해야 할 것이다.

(2) 프랑스[579]

가. 입법배경

2006. 11. 법무부·경찰·헌병(국방부 소속 일반 사법경찰) 감사관실, 국무총리실 행정감사실, 정보통신자문위원회와 딜로이트 컨설팅이 참여한 "법무·사법행정 현대화 감사단(Mission d'audit de modernisation)"에서 "형사사법망의 전자화(dématérialisation)에 관한 보고서"를 제출하였는데, 이는 사르코지정부 출범 이후 법무·사법행정 개혁의 일환으로서 2007. 11. 15. 형사소송법 시행령(Décret) 2007－1620 을 통해 관련 법적 근거를 완비하고, 2008. 1. 1.부터 시행에 들어가게 된 것이다. 동 보고서에 따르면 연간 500만 건 이상의 사건기록 등이 문서로 유통되는 형사사법절차를 전자화함으로써 첫째, 우송료·보관비용, 관련 공무원 감축 등 인적, 물적 예산절감, 둘째, 사건 검토시간 확대 등 사법관과 일반직원의 업무효율증대, 셋째, 통합 형사사법전산망을 통한 각종 통계작성 업무 자동화 등이 기대된다고 전망하고 있다.

나. 내 용

첫째, 고소, 각종 신청, 수사기록 등사의 전자화함으로써 인터넷을 통한 변호사의 고소장 및 증거서류, 의견서 제출, 각종 신청, 수사기록 등사신청 및 사본교부 등이 가능하며, 둘째, 법원·검찰 내부 서류송부의 전자화함으로써 기소, 검찰에 대한 의견 요

---

578) 정용수, 앞의 논문, 347면.

579) 본 내용은 2007.12.27. 김종민 부장검사님이 주 프랑스 법무협력관으로 재직 중 프랑스의 "형사소송절차의 전자화 시행"이란 내용으로 법무부에 보고한 사항을 요약·정리하였음을 밝힌다.

청, 법원에 대한 의견서 제출 등 법원, 검찰 간 서류송부, 경찰의 사건송치도 전자적 방법으로 시행하고, 셋째, 수사판사, 석방구금판사의 구치소 구금 피의자에 대한 각종 결정을 피의자의 법원 출석 없이 인터넷 화상시스템을 통해 할 수 있게 되었다. 다만 개정 시행령은 현행 문서방식과 병행하여 전자적 방법을 사용할 수 있도록 규정하였고, 변호사에 대해서만 허용하며 일반인의 형사소송행위에는 적용되지 않도록 하고 있다.

다. 공공 화상전화시스템의 설치

2007. 12. 3. 법무부와 프랑스텔레콤 간에 소규모 시·군청, 시·군법원(tribunal d'instance)에 공공화상전화시스템(Point visio-public)을 설치하는 협약이 체결되었는데, 동 시스템은 2008년 형사소송절차, 2009년 민사소송절차의 전자화를 목표로 시민의 사법접근성 및 편의증진을 위한 것으로, 위 시스템을 통해 원거리 거주 사건 당사자 또는 참고인은 법원 출석없이 화상회의 방식으로 재판에 참여하며, 법원으로부터의 각종 서류발급, 서명도 위 시스템으로 가능하도록 되어 있다.

(3) 이탈리아

이탈리아의 경우 법무부의 e-Justice 구현의 일환으로 1996년부터 '온라인 민사 소송' 프로젝트(Processo Civile Telematico)가 진행 중인데, 현재 이탈리아 내의 168개의 제1심 법원과 26개의 제2심 법원을 대상으로, 응용시스템간의 상호 운용성을 확보하여 판사·검사·변호사 및 소송 관련자간의 인증된 정보의 교환이 가능하도록 하고 있으며, 형사소송의 경우도 가까운 시일 내에 유사 프로젝트가 추진될 것이라고 한다.

3. 일   본

일본은 1996년 민사소송법을 전면 개정하면서 "영상 등의 송수신에 의한 통화의 방법에 의한 심문"규정(제204조)을 신설하여 "법원은 원격지에 거주하는 증인을 신문하는 경우에는 최고재판소규칙이 정하는 바에 의하여 격지자가 영상과 음성의 송수신에 의하여 상대방의 상태를 상호 인식하면서 통화할 수 있는 방법에 의하여 심문할 수 있다"라고 규정하고, 이를 당사자본인심문과 감정인심문에 준용하고 있으며, 세부적인 시행방법에 대하여는 정보통신기술의 진보에 발맞추어 탄력적으로 대응하기 위하여 최고재판소규칙에 위임하고 있는데, 민사소송규칙에서 이에 관한 상세한 규정(제123조)을 두고 있다.[580]

한편 2000. 5. 19. 형사소송법 개정시 영상증언제도에 관한 사항이 신설되었는데,

---

580) 일본 민사소송규칙 제123조 제1항은 증인심문을 영상시스템에 의하여 실시할 것인지 여부에 관하여 당사자에게는 신청권이 없고, 당사자의 의견을 듣고 법원이 재량으로 판단하도록 규정하고 있다.

동법 제157조의4에 의하면 "형법상 강간과 추행의 죄(미수죄 포함)의 피해자(동조 제1호), 아동복지법위반죄 또는 아동매춘, 아동포르노에관한행위등의처벌및아동의보호에관한법률 위반죄의 피해자(동조 제2호)나 범죄의 성질, 증인의 연령, 심신의 상태, 피고인과의 관계, 그 밖의 사정에 의하여 법관 및 소송관계인이 증인을 심문하기 위하여 재석하는 장소에서 진술하는 때에는 압박을 받아 정신의 평온이 현저하게 해쳐질 우려가 있다고 인정되는 자(동조 제3호)에 대하여는 법원이 검찰관 및 피고인 또는 변호인의 의견을 들어 법원 구내의 법정이 아닌 장소에 그 증인을 재석시키고 영상과 음성의 송수신에 의하여 상대방의 상태를 상호 인식하면서 통화를 할 수 있는 방법에 의하여 신문할 수 있다"고 규정하고 있다. 다만, 재판관 및 소송관계인이 증인을 신문하기 위하여 재석하는 장소 이외의 장소에 증인을 재석시키지만 동일한 구내에 있을 것을 요건으로 하고 있다. 즉, 법원 건물 구내의 다른 방실에서 증인이 재석한 가운데 기술적 장치로 신문하는 방식으로, 이는 증인의 법원 출석을 강제한다는 점에서 일본의 제도는 소송경제와 증인의 편의 도모라는 영상증언제도의 본질적 취지를 살리기보다는 증인보호의 목적에 치중한 제도라 할 수 있다. 그 밖에 변호인의 기록등사 제한규정(제40조)[581]과 신뢰관계인의 동석(제157조의2)[582] 및 차단막의 설치(제157조의3)[583] 등 증인보호를 위한 규정도 신설되었다.

---

581) 제40조 ① 변호인은 공소제기 후에는 재판소에서 소송에 관한 서류 및 증거물을 열람하거나 등사할 수 있다. 단 증거물의 등사에 대하여는 허가를 받아야 한다.

② 전항의 규정에도 불구하고 제157조의4 제3항에 규정된 기록매체는 등사할 수 없다.

582) 제157조의2 ① 재판소는 증인을 신문하는 경우에, 증인의 연령, 심신상태 기타 사정을 고려하여 증인이 현저히 불안 또는 긴장을 느낄 우려가 있다고 인정하는 때에는 검찰관 및 피고인 또는 변호인의 의견을 들어, 그 불안 또는 긴장을 완화함에 적당하고 또 재판관 혹은 소송관계인의 신문 혹은 증인의 진술을 방해하거나 또는 그 진술내용에 부당한 영향을 줄 우려가 없다고 인정되는 자를, 그 증인의 진술 중 증인을 돌봐주게 할 수 있다.

② 전항의 규정에 의하여 증인을 돌봐주게 된 자는, 그 증인의 진술 중 재판관 혹은 소송관계인의 신문 혹은 증인의 진술을 방해하거나 또는 그 진술내용에 부당한 영향을 줄 수 있는 언동을 하여서는 아니된다.

583) 제157조의3 ① 재판소는 증인을 신문하는 경우에, 범죄의 성질, 증인의 연령, 심신상태, 피고인과의 관계 기타의 사정에 의하여, 증인이 피고인의 면전(다음 조 제1항의 방법에 의하는 경우를 포함한다; 여기에서 다음 조 제1항은 제157조의4 제1항으로 상호를 인식할 수 있는 방법에 의한 영상증언을 말한다)에서 진술하는 때에는 압박을 받아 정신의 평온이 현저히 침해될 우려가 있다고 인정하는 경우로서 상당하다고 인정하는 때에는 검찰관 및 피고인 또는 변호인의 의견을 들어 피고인과 그 증인과의 사이에 한쪽으로부터 또는 서로 상대의 상태를 인식할 수 없도록 하기 위한 조치를 취할 수 있다. 단 피고인으로부터 증인의 상태를 인식할 수 없도록 하기 위한 조치에 있어서는 변호인이 출석하고 있는 경우에 한하여 이를 할 수 있다.

② 재판소는 증인을 신문하는 경우에, 범죄의 성질, 증인의 연령, 심신상태, 명예에 대한 영향 기타 사정을 고려하여 상당하다고 인정하는 때에는 검찰관 및 피고인 또는 변호인의 의견을

4. 네덜란드 ICTY

(1) 설립배경

ICTY(International Criminal Tribunal for the former Yugoslavia)는 1991년부터 구(舊) 유고연방에서 행해진 비인도주의적 범법행위에 대응하기 위하여 1993년 5월 25일 통과 된 UN 안전보장이사회의 결의안 827에 기초하여 설립되었는데, 그 목적은 첫째, 국제적 비인도적 범법자에 대한 처벌, 둘째, 피해자에 대한 정의 실현, 셋째, 추가범죄의 예방, 넷째, 범법자의 처벌을 통한 평화의 실현 등이다.

(2) 소송절차

개인, 정부, 국제기구 등으로부터의 정보나 검사장 개인의 판단에 의해 조사가 시작 되는데, 판사의 확인을 거쳐 기소하며, 피고인의 참석 하에서만 공판이 시작된다. 그리고 공정한 재판을 위하여 국제적으로 공인된 재판원칙을 따르며, ICTY의 법적 원조 프로그 램(Legal Aid Programme)을 통해 피고인에게 법정변호사를 선임시키는 반면, 증인의 안 전을 위하여 증인의 신원을 보장하는 등 여러 가지 보호 지원장치가 제공되고 있다.

(3) ICTY 전자화 현황

ICTY가 다루는 전쟁범죄, 인종 학살 등 반 인도적 범죄는 십 수 년에 걸친 전쟁을 배경으로 하며, 수개 국에 걸친 범죄 장소와 수백만 명의 피해자를 대상으로 하는데, 2007년 9월을 기준으로 관련 수사 및 재판기록은 7백만 쪽에 달하며, 이는 10초에 한 장씩 훑어 볼 때 14년이 걸리는 방대한 양으로써, 관련 재판부, 검찰, 변호인 각자가 종 이 인쇄물을 보관하는 것은 거의 불가능하다. 또한 구 유고연방이라는 ICTY 관할의 특 성상, BCS (Bosnian, Croatian, Serbian)언어로 된 증거물이 많으며, 이를 ICTY 공식언어 인 영어와 불어로 번역할 경우 막대한 자료의 증가가 불가피함에 따라 ICTY는 자료의 검색과 보관을 위해 모든 재판기록을 전자화하여 전자재판을 진행하고 있다.

결국 ICTY의 경우 사법 문서 및 업무의 전자화와 더불어 전자화된 문서 및 증거물 을 그대로 재판에 사용하기 위해 자연스럽게 재판과정의 전자화가 추진되었다고 볼 수 있는바, 방대한 양의 재판관련 문서를 다루기 위하여 전자재판 시스템을 단순한 편의성 차원이 아닌 필수요소로 여겨지고 있다. 즉 현재 ICTY의 경우 전자재판 시스템의 구현 을 위해 전자문서 관리시스템과의 연계는 물론, 온라인 속기 시스템, Interactive Presentation 도구, 원격 화상증언 시스템 등이 활용되고 있다.[584] 특히 화상증언 시스

들어 방청인과 그 증인과의 사이에 서로 상대의 상태를 인식할 수 없도록 하기 위한 조치를 취할 수 있다.

템과 관련하여, 구 유고전범들에 대한 증인이 법정에 출석하여 증언할 때, 첫째, 보복범행으로 살해되거나 하는 경우도 있어 이를 방지하기위한 경우 둘째, 물리적 거리가 매우 멀어 법정 출석이 어려운 경우 등에는 화상으로 원격 증인신문을 하는데, 이에 대한 특별한 반대는 없었다고 한다.585)

Ⅳ. 현행법상의 영상증언제도

1. 의   의

영상증언은 화상(畵像)증언, 영상매체물을 이용한 증언, 중계장치에 의한 증언,586) 영상물 촬영 등 여러 가지 명칭으로 일컬어지는데, 증인을 법정 외의 장소로서 비디오 등 중계장치가 설치된 증언실에 출석하게 하고, 영상과 음향의 송수신에 의하여 법정의 재판장 등과 증언실의 증인이 상대방을 인식할 수 있는 방법으로 이루어지는 증인신문을 일컫는 용어이다.587) 다만 후술하는 것처럼 현행법상의 영상증언제도는 피해자의 보호를 위한 영상증언만을 인정하고 있을 뿐, 피고인 내지 수형자를 위한 원격영상재판에 대해서는 아무런 규정을 두고 있지 않다. 그러나 원격영상재판이 증인 등을 보호하기 위한 목적뿐만 아니라 공판절차의 효율성을 위해서도 필요한 제도라는 점에서, 양자 모두를 고려한 새로운 시각에서 입법적 검토를 하는 것이 바람직할 것이다. 이하에서는

---

584) 필자가 2007년 9월 ICTY를 방문하여 직접 유고전범 재판과정을 볼 기회가 있었는데, 법정에서 판사, 검사, 피고인, 변호인이 모니터를 통하여 모든 수사자료나 증거자료를 실시간으로 볼 수 있음은 물론 자신이 필요한 부분에 메모나 형광표시 등을 하여 언제든 다시 활용할 수 있는 시스템까지 구축되어 있는 것을 보고 큰 충격을 받았다.

585) 법정과 원거리 소재 증인의 위치에 설치된 비디오 디스플레이 및 카메라를 통해 검사, 변호사, 판사 등이 증인신문을 진행하는 시스템구조이다.

586) 안경옥, 「형사재판절차에서 테크놀로지의 활용과 형사소송법적 문제점」, 21세기 형사사법개혁의 방향과 대국민 법률서비스 개선방안(Ⅴ), 한국형사정책연구원, 2004, 137면.

587) 재판예규 제1776－11호, 「공판정에서의 속기·녹음·영상녹화에 관한 예규((개정 2021. 7. 22.)」 제5조 (녹음·영상녹화의 방식 및 조서 인용)
　① 법 제56조의2 제1항에 따른 녹음은 디지털 방식의 법정녹음시스템을 이용하여 전자파일 형태로 녹음하는 것을 원칙으로 한다. 다만 필요한 경우 속기사, 법원사무관 등은 휴대하고 있는 이동식 장비를 이용하여 녹음한 후 그 전자파일을 법정녹음시스템에 등록할 수 있다.
　② 법 제56조의2 제1항에 따른 영상녹화는 디지털 영상촬영기를 이용하여 전자파일 형태로 촬영하는 것을 원칙으로 한다. 다만 디지털 영상촬영기가 구비되어 있지 않은 등 특별한 사정이 있는 경우에는 그러하지 아니하다.
　③ 재판장은 법원사무관 등이 공판조서 또는 증인신문조서 등을 작성할 때 녹음물 또는 영상녹화물을 조서에 인용하고 전자파일 형태로 보관하여 조서의 일부로 하게 할 수 있다.

주로 피해자를 보호하기 위한 특별법상의 영상증언 및 개정 형사소송법상의 관련규정을 간단히 살펴보기로 한다.

2. 특별법상의 영상증언 규정

(1) 특정범죄신고자등보호법상의 영상증언제도

형사절차에서 국민들이 안심하고 자발적으로 협조를 할 수 있도록 범죄신고자를 실질적으로 보호하고자 1999년 8월 31일 법률 제5997호로 「특정범죄신고자등보호법」이 제정되었는데, 동법 제10조는 범죄신고자등[588]에 대하여 형사소송법 제184조 소정의 증거보전청구를 하거나 법정에서 증인신문을 하는 경우 판사가 증언과정을 영상물로 촬영할 것을 명할 수 있도록 규정함으로써 영상증언제도를 최초로 명문으로 규정하였다.[589]

(2) 성폭력범죄의 처벌 등에 관한 특례법

성폭력범죄의 처벌 및 그 절차에 관한 특례를 규정함으로써 성폭력범죄 피해자의 생명과 신체의 안전을 보장하고 건강한 사회질서의 확립에 이바지함을 목적으로 2010년 4월 15일 법률 제10258호로 제정된 동법은 비디오 등 중계장치에 의한 증인신문제도를 도입하였다. 즉 동법 제40조 제1항은 "법원은 제2조 제1항 제3호부터 제5호까지의 범죄의 피해자를 증인으로 신문하는 경우 검사와 피고인 또는 변호인의 의견을 들어 비디오 등 중계장치에 의한 중계를 통하여 신문할 수 있다"고 규정하면서, 동조 제2항은 증인신문의 절차 · 방법 등에 관하여 필요한 사항은 대법원 규칙으로 정하도록 하였다.

3. 형사소송법상 관련규정

법원은 (1) 「아동복지법」 제40조 제1호 내지 제3호에 해당하는 죄의 피해자, (2) 「청소년의 성보호에 관한 법률」 제5조 내지 제10조에 해당하는 죄의 대상이 되는 청소년

---

588) "범죄신고등"이라 함은 특정범죄에 관한 신고 · 진정 · 고소 · 고발 등 수사단서의 제공, 진술 또는 증인 기타 자료제출행위 및 범인 검거를 위한 제보 또는 검거활동을 말하고(동법 제2조 제2호), "범죄신고자등"이라 함은 범죄신고등을 한 자를 말한다(동법 제2조 제2호).

589) 특정범죄신고자등보호법 제10조(영상물촬영) ① 범죄신고자 등에 대하여 형사소송법 제184조(증거보전의 청구와 그 절차) 또는 제221조의2(증인신문의 청구)에 의한 증인신문을 하는 경우 판사는 직권 또는 검사의 신청에 의하여 그 과정을 비디오테이프 등 영상물로 촬영할 것을 명할 수 있다.
② 형사소송법 제56조의2(공판정에서의 속기 · 녹취) 제2항 및 제3항의 규정은 제1항의 규정에 의한 영상물의 촬영비용 및 복사에 관하여 이를 준용한다.
③ 제1항의 규정에 의하여 촬영한 영상물에 수록된 범죄신고자등의 진술은 이를 증거로 할 수 있다.

또는 피해자, (3) 범죄의 성질, 증인의 연령, 심신의 상태, 피고인과의 관계 그 밖의 사정으로 인하여 피고인 등과 대면하여 진술하는 경우 심리적인 부담으로 정신의 평온을 현저하게 잃을 우려가 있다고 인정되는 자에 해당하는 자를 증인으로 신문하는 경우, 상당하다고 인정하는 때에는 검사와 피고인 또는 변호인의 의견을 들어 비디오 등 중계장치에 의한 중계시설을 통하여 신문하거나 차폐시설 등을 설치하고 신문할 수 있다(형사소송법 제165조의2). 아동 등 일정한 범위의 피해자가 소송관계인 및 방청인이 있는 법정에서 증언할 경우, 정신적 압박이라는 2차적 피해를 받을 수 있으므로 비디오 등 중계장치 또는 차폐시설 등에 의하여 신문하도록 한 것이다.

이러한 비디오 등 중계장치에 의한 중계시설 또는 차폐시설을 통한 신문의 실시여부에 대한 결정은 위의 대상자를 증인으로 신문하는 결정을 할 때, 증인의 연령, 증언할 당시의 정신적·심리적 상태, 범행의 수단과 결과 및 범행 후의 피고인이나 사건관계인의 태도 등을 고려하여 판단하여야 한다(형사소송규칙 제84조의4 제1항). 법원은 증인신문 전 또는 증인신문 중에도 비디오 등 중계장치에 의한 중계시설 또는 차폐시설을 통하여 신문할 것을 결정할 수 있다(동조 제2항).

증언실은 법원 내에 설치하고, 필요한 경우 법원 외의 적당한 장소에 설치할 수 있는데(동규칙 제84조의5), 이는 증인을 차폐시설을 사용한 증인신문590)과 달리 증인을 법정 외에 둠으로써 피고인 등과의 격리를 더욱 확실하게 하는 제도이다. 더욱이 피고인 등이 모니터를 통해 증인의 진술모습을 볼 수 있다는 점에서 차폐조치를 사용하는 경우보다 피고인의 방어권을 보다 충실하게 보장할 수 있다는 장점을 지닌 동시에,591) 법원이 증인의 보호를 위하여 피고인이 증인을 영상으로 인식할 수 있는 장치의 작동을 중지시킬 수 있다는 점에서 피해자의 권리도 동시에 보호하고 있다고 볼 수 있다.

비디오 등 중계장치에 의한 증인신문을 하는 경우, 증인은 증언을 보호할 수 있는 인형, 그림 그 밖에 적절한 도구를 사용할 수 있으며(형사소송규칙 제84조의8 제1항), 증인은 증언을 하는 동안 담요, 장난감, 인형 등 증인이 선택하는 물품을 소지할 수 있는데(동조 제2항), 전자가 보조도구의 사용이고, 후자가 위안품의 사용이다. 다만 이러한 보조도구 내지 위안품은 증인의 심리적 안정 내지 편의를 위하여 사용되는 것이므로 법관이나 배심원의 동정심을 자극할 목적이나 그들에게 잘못된 인식 내지 편견을 줄 목적으로 사용할 수는 없다고 보아야 한다.

---

590) 차폐시설을 사용한 증인신문의 방법이란 증인이 피고인이나 방청인 앞에서 증언하는 것이 정신적 부담으로 작용하는 경우에 증인과 피고인 및 방청인 사이에 차단장치를 설치하여 증인의 프라이버시와 신변을 보호하면서 동시에 증인의 원활한 진술을 유도하는 신문방식을 말한다.

591) 도중진, "형사절차에서 범죄피해자에 대한 재고찰", 피해자학연구 제10권 제1호(2002), 188면.

V. 소 결

각종 재판의 증인신문절차에서 원격지에 거주하는 증인, 감정인 등이 재판 계속 중인 법원에서 증언하기 위하여 장거리 이동해야 하는 불편을 해소하기 위하여 필요한 경우 및 구속된 자나 수형중인 자를 영상재판에 의해 증인으로 신문할 경우 호송 중의 문제점 등을 해소할 수 있을 것이다. 아울러 형사재판에서 증인보호의 필요성이 강한 사건(성범죄, 아동학대사건, 조직폭력사건 등)에서 피해자를 증인으로 신문할 경우 증인보호 프로그램의 하나로 시행될 수 있을 것이며, 이 경우의 영상재판은 본래의 법정과 별도의 장소에 영상재판시스템을 구축하고, 법정에 출석하여 증언하기 곤란한 증인이 별도의 장소에 출석하여 증언하도록 하면 될 것이다. 이와 관련하여 피의자 또는 피고인에게 선택권을 부여할 것인지 문제되는데, 피의자 또는 피고인에게 선택권을 줄 경우 실효성이 의문시되고, 사실상 소외계층에 속한 피의자 등만이 영상재판을 받게 되는 바람직하지 못한 결과가 초래될 수 있는 반면, 선택권을 주지 않을 경우 피의자 등의 방어권을 심각하게 침해한다는 비판이 제기되고, 변호사협회 등에서 반발할 가능성도 있다. 따라서 피고인 등의 반대신문권을 침해하지 않는 경우(예컨대 구속전 피의자심문,[592] 구속적부심사청구 등)로 한정하여 시행해 본 후, 시행성과를 분석하여 그 허용여부를 결정하는 것이 타당할 것이다. 이 경우 법원과 각 경찰서 또는 구치소에 영상회의 시스템 및 사건서류전송 시스템을 설치하고, 피의자가 각 경찰서 또는 구치소에 마련된 심문실에 위치한 상태에서 재판을 진행하는 방법으로 시행해야 할 것이다. 아울러 수사단계에서도 참고인 등이 출석을 원하지 않거나 해외 등 원거리에 있을 경우 원격영상수사를 적극적으로 활용할 수 있는 방안이 모색되어야 할 것이다.

---

592) YTN 2021. 12. 2.자, 「대법원, 첫 영상재판 실시... 피고인 구속 전 청문 진행」(... 대법은 오늘 소법정과 춘천교도소를 중계 장치로 연결해 피고인에 대한 구속 전 청문 절차를 진행했습니다. 대법원은 사기 혐의 피고인이 현재 다른 사건으로 구속된 뒤 오는 9일 영장 효력 기간의 만료를 앞두고 있어서 영상재판 방식의 구속 전 청문 절차를 통해 새로 구속영장을 발부할 사유가 있는지 확인했다고 설명했습니다. 구속 전 청문 절차는 원래 교도소 등 구금시설에 있는 피고인을 대법원 법정으로 소환해야 했지만, 지난 8월 형사소송법이 개정돼 시설 내 코로나19 발생 등 일정 요건을 충족하면 비디오 등 중계 장치에 의한 영상 청문 절차가 가능하게 됐습니다...).

09

결 론

그동안 한국 사회는 지역·계층·세대간에 치열한 내부적 대립과 갈등 속에서 성장해 왔다. 그러한 우리의 현대사는 한민족을 강인하게 만들었지만 한편으로는 많은 국민들을 지나치게 격렬하고 편향적으로 만들었다는 지적이 있는 것도 사실이다. 식자들조차 사회적인 주요 쟁점에 대하여 자신이 뿌리내리고 있는 토양에 충실한 결론부터 먼저 내린 후, 그 결론을 사수하기 위한 논리를 개발하는 모습을 보이는 경향도 없지 않다. 실제 통계를 보더라도 검찰부패와 관련된 사건은 1년에 1~2건에 불과하며, 5년간 (2013~2017) 군대 관할권 감경권의 행사현황(【표 7-29】)을 보면 2013년 이래 국방부는 감경권을 행사한 적이 없고, 육군의 경우 2013년 25건(2014년 8건, 2015년 3건)이고, 해군의 경우 9건(2015년 3건)을 제외하면, 2016년 이래 감경권을 행사한 적이 없는데도 불구하고 군대 부조리의 주범처럼 취급되고 있다. 【표 8-32】에서 보는 것처럼, 고위공무원범죄 역시 일 년에 몇 건이 되지 않는다. 반면에 권력기관의 감시를 생명으로 하는 시민단체에서 권력기관으로 자리를 옮긴 사례는 너무나 많다.[1] 문제는 그들이 주장하는 국가사법체계 및 수사구조의 개편내용을 살펴보면, 사실상 미국식 형사사법체계의 도입을 검찰개혁의 해결방안으로 주장하고 있다는 점이다. 검수완박을 주장하는 사람들 역시 검찰의 지휘를 받지 않고 수사를 하는 영미법계(미국 등)의 경찰을 그 유력한 입법례로 제시하고 있다.

그런데 미국식 형사사법구조(당사자주의)로 개편을 하고자 한다면, 유죄인부협상(plea bargaining)을 통한 재판으로 가는 사건의 대폭 감소, 자백의 임의성을 확인하기 위한 영상녹화제도, 경찰권력의 중앙집중화를 방지하기 위한 다양한 수사기구의 설치 및 자치경찰제도의 확립, 일방당사자 및 행정기관으로서의 검찰기능 개편, 배심제도(기소배심 및 대배심)의 도입, 수사 중심이 아닌 기소 중심(낮은 증명)에 따른 공판 위주의 재판시스템(공판정 진술을 확보하기 위한 다양한 제도의 도입), 배심재판에 따른 원칙적 단심주의 및 유죄평결에 이유의 미설시,[2] 완전한 배심재판을 위한 전문증거금지법칙 및 심판의 대상

---

1) 조선일보 2021. 9. 26.자, 「'정치와 섣부른 동거'··· 권력과 돈의 사다리 된 시민단체 대해부」(... 문재인 정부 출범 초기 차관급 이상 인사 중 20%(11명)가 참여연대를 비롯한 시민단체 출신이라는 통계도 있었다...).

2) 국민참여재판법에는 상소에 관한 특칙이 없다. 따라서 피고인 및 검사의 항소를 모두 인정해야 하고, 항소심은 현행대로 법관만으로 재판하는데, 제1심의 사실판단은 물론 법률판단에 대하여도 심사할 수 있고, 제1심 재판에 하자가 있는 경우에는 원칙적으로 파기자판을 해야 할 것이다. 그러나 만일 항소심이 제1판결의 사실인정 또는 양형의 부당함을 이유로 파기하고 이를 자판할 경우에는 재판의 정당성 문제가 생기며, 설사 환송한다고 하더라도 제1심법원은 다시 배심원을 참가시켜 동일절차를 반복할 수밖에 없는데, 이는 많은 시간과 비용을 투입해 시행하는 배심재판의 실효성에 대한 비난에 직면할 것이다. 미국의 경우 배심원이 인정한 사실문제에 대해서는 상소하여 다툴 수 없으므로 법률문제를 이유로 하는 경우에만 상소가 허용되는데, 검찰측

(소송물)으로서의 소인(count)제도 도입 등이 전제되어야 한다. 그리고 국민이 사법에 참여하는 이러한 사법구조를 유지하기 위해서는 막대한 비용이 드는 것은 물론이다..

공판절차를 중시하는 영미법계 국가인 미국의 경우 2017년 기준 연방법무부 예산이 약 30조 원,[3] 연방법원 예산이 약 7조 원이고,[4] 각 주별로 따지면 약 4천만 명 정도의 인구를 가지고 있는 캘리포니아 주의 경우도 법무부 예산이 약 9,000억 원, 법원 예산이 약 3조 8천억 원이 사용되고 있으므로[5] 캘리포니아 주가 미국 GDP의 약 10%를 부담한다는 점에 비추어 볼 때, 주에서는 대략 47조 원, 연방에서는 37조 원 도합 84조 원을 사법예산으로 사용하고 있다. 영국에서도 재판을 진행하는 판사가 모두 3만 명가량 있다[6]는 점에 비추어 볼 때, 적어도 우리나라 사법예산의 10배는 필요하다고 판단된다. 직권주의 국가인 독일의 경우에도 우리나라의 2배 정도 되는 연간 500만 건(2016년)을 처리하면서[7] 판사 2만 명, 검사 6천 명을 필요로 하여[8] 비율상 판사는 우리보다 7.7배, 검사는 2.7배를 더 고용하고 있다. 반면에 유죄율은 10%(영국의 경우는 20%)를 상회하고 있을 뿐만 아니라, 치안은 우리나라에 비하여 훨씬 열악하다. 마피아 등 기업형의 조직폭력단이 활개를 치고 있을 뿐만 아니라 마약·매춘 등 많은 사회적 문제도 해결되지 못하고 있다.

"미국의 형사사법제도는 모범적으로 운용되고 있는 선진 서유럽국가들, 즉 네덜란드, 스칸디나비아 국가들, 독일, 스위스 등의 형사사법제도와 구별되는 두 개의 분명한

의 상소는 전혀 인정되지 않거나 극히 예외적으로만 인정되는 반면, 피고인은 상소할 수 있는 권리를 가지고 있다. 영국의 경우 피고인은 법률위반이나 절차문제를 이유로 항소할 수 있을 뿐만 아니라 사실오인 또는 양형부당을 이유로 항소를 제기할 수 있는 반면, 검사는 무죄평결에 대하여 법률위반이나 절차문제로만 항소를 제기할 수 있고, 사실오인이나 양형부당을 이유로 항소를 제기할 수 없다.

3) 미국 법무부 홈페이지, https://www.justice.gov/doj/budget−and−performance.

4) 미국 연방법원 홈페이지, http://www.uscourts.gov/about−federal−courts/governance−judicial−conference/congressional−budget−summary.

5) 캘리포니아 주 입법분석실(Legislative Analyst's Office, LAO) 홈페이지, The Budget − Judicial Branch, Dpartment of Justice 참조, http://www.lao.ca.gov/Budget?year=2017.

6) 영국 법원 홈페이지, https://www.judiciary.gov.uk/publications/judicial−statistics−2017/. 2017년 4월 1일을 기준으로 법원(Court) 판사 3,134명, 재판소(Tribunal) 판사 5,236명, 잉글랜드와 웨일즈의 치안판사 16,129명이 있다.

7) Statistisches Bundesamt, Rechtsflege: Staatsanwaltschaften 2016(Fachserie 10 Reihe 2.6), 2017, S.13.

8) Statistisches Bundesamt, Finanzen und Steuern: Personal des öffentlichen Dienstes 2016(Fachserie 14 Reihe 6), 2017, S.78. 2016년 6월 30일을 기준으로 판사는 22,735명, 검사는 5,835명이 있다.

특징을 갖고 있다. 그 하나는 소송절차가 개시되기 이전 단계에서 철저하고 객관적인 그리고 판사 감독의 사실관계에 대한 수사절차를 갖고 있지 않다는 것이고, 다른 하나는 형사소송에 있어서 변호사들에게 사실을 왜곡하고 교묘한 술수를 사용할 수 있는 권한을 주어 버렸다는 것이다"[9]라는 비판이 영미법의 현 주소를 웅변적으로 표현하고 있다고 본다. 더욱이 미국의 경우 수사단계에서 피의자의 진술을 얻기 위하여 유죄협상제도를 인정하고 있으며, 대배심제도를 활용할 수도 있다. 또 참고인(증인)의 진술을 얻기 위하여 중요참고인 체포제도(18 U.S.C. §3144) 및 벌칙부 소환영장제도(grand jury subpoena)를 적극적으로 활용하며, 증인이 자기부죄거부특권을 주장하는 경우 면책조건부 증언취득제도를 시행하고 있으며, 이러한 면책특권(Immunity)을 부여했음에도 불구하고 증언을 거부하는 경우에는 법정모욕죄(18 U.S.C. §401)로 처벌할 수 있다. 또 대물적 강제처분을 원활하게 할 수 있도록 Plain view이론 등 다양한 이론들이 인정되고 있으며, 위치추적이 문제되자 최근에는 형사소송규칙(F.R.Crim.P.)을 개정하여 압수·수색의 개념에 추적장치(Tracking device)의 설치를 추가하였다.

　반면, 우리나라는 수사단계에서 피의자의 진술을 얻기 위한 제도적 장치가 없을 뿐만 아니라 참고인(증인)의 출석을 강제로 확보하는 수단도 없다. 판례는 한발 더 나아가 피의자나 피고인이 수사과정이나 공판과정에 '적극적으로' 허위의 진술을 하더라도 처벌할 수 없고, 피의자나 피고인은 자신을 방어하기 위해 본능적으로 거짓말을 할 수 있으므로 그것을 밝혀야 할 책무는 검사에게 있다[10]고 판시하고 있다. 수사과정에서 허위진술을 한 참고인을 처벌하는 조항도 없다. 그럼에도 불구하고, 현재 검사 약 2,200명이 약 20,000명의 경찰(사법경찰; 수사경찰)을 지휘하여 연간 250만 명 이상의 피의자를 수사하고 있으며, 검찰의 1년 예산도 약 9천억 원에 이르고 있고, 3,200명 내외의 판사가 이를 처리하고 있으므로 세계에서 유래가 없을 정도로 저비용으로 운영되고 있다고 할 수 있다. 이처럼 수사 및 재판은 저비용으로 운영되고 있으면서도, 무죄율은 세계에서 제일 낮을 정도로 고효율을 보여주고 있다. 더욱이 기업형 조직폭력단은 거의 없으며, 마약 및 매춘문제도 미국처럼 심각하지 않다. 외국 여행객이 한국의 최고 상품으로 안전한 '치안'을 드는 이유도 여기에 있다. 물론 미국과 달리 한국의 수사기관은 긴급체포 이외에도 최장 30일간 구속(사법경찰관 10일 + 검사 20일)할 수 있으며, 참고인진술의 증거능력을 확보하기 위한 증거보전절차(형사소송법 제184조 이하) 및 참고인에 대한 증인신문절차(동법 제221조의2)가 인정되고 있다. 또 검사의 기소재량을 이용하여 사실상 유죄협상과 동일한 효과를 거두고 있는 것도 부인할 수 없는 사실이다.

　국가수사체계와 관련해서도 미국의 경우 경찰자치가 실현되어 있어서 우리나라와

---

9) John H. Langbein, Money Talks, Clients Walk, Newsweek(1995. 4. 17.), p.32.
10) 대판 2011.10.10, 2011도7261.

같은 중앙집권적인 경찰조직과는 근본적으로 차이가 있다. 특히 미국의 경찰은 경찰서장의 주민선거와 같은 시민적 통제장치가 마련되어 있고, 일본의 경우에도 국가공안위원회를 위시하여 각종 지방자치단체에 공안위원회가 설치되어 경찰권력의 지방자치에 의한 분산 및 주민통제가 실현되고 있다. 그러나 이러한 경찰조직의 재편성이 인정되지 아니한 상태에서 현대형 범죄에의 효율적 대처라는 측면만을 내세워 경찰의 수사권을 독립시킨다면, 한국 형사사법의 현실에서는 검찰의 통제를 받지 않는 전국 통일의 거대한 권력조직이 등장하게 될 것이다. 오히려 외국의 입법례에서 살펴본 것처럼 범죄의 다양화·전문화·지능화의 추세에 따른 고도의 수사기술, 적법절차 요구에 의한 증거법적 지식의 요청으로 검사의 수사지휘권을 강화하는 것이 세계 각국의 경향이다. 또 이론적으로 보면 경찰작용은 행정법상의 개념이고 사실행위인 반면, 수사는 형사소송법상의 개념이고 법률적 행위이다. 제도의 연혁으로 보더라도 대륙법계 국가의 사법경찰이 경찰의 업무로 된 것은 프랑스 혁명 이후 경찰에 범죄수사 업무를 위임한 형식에서 비롯된 것이다. 그러므로 현재 경찰이 범죄수사 업무를 담당하고 있다고 하여 검사의 사법통제를 편의적인 것으로 생각하는 것은 잘못된 생각이다.

무엇보다도 우리사회에서 검·경 관계를 논의할 때 빠뜨려서는 안 되는 관점은 바로 경찰의 자질론이나 수사권의 형평분배가 아니라 치안을 담당하는 비법률가인 경찰이 독자적인 수사권을 갖고 시민사회에 사법작용을 담당하는 검찰이나 법관과 비슷한 모습으로 등장해도 좋으냐 하는 점이다. 물론 검찰도 그동안 국민의 신뢰를 받기에 부족한 점이 있는 것은 사실이지만, 검찰의 본질적 문제는 권력형 부패사건이나 정치적 사건에 대해서 정치권력의 눈치를 살피면서 수사를 주저하는 검찰의 행태가 문제되는 것이지, 이것과 아무런 관계가 없는 형사사건(민생침해사건 등)에 대해서도 경찰에 대한 사법적 통제를 포기하라는 것은 말이 되지 않는다. 즉 검찰에 대한 개혁은 정치권력으로부터 중립성을 어떻게 보장할 것인가에 초점이 맞추어져야지 이와 본질적 상관관계가 없는 수사권 문제를 거론하는 것은 논리의 비약이다. 더욱이 사법경찰관에게 독자적인 수사권을 부여하게 되면, 이는 필연적으로 수사권이 이원화(二元化)되어 수사권의 충돌문제가 발생할 수밖에 없는데, 인권을 다루는 국가기관의 업무에 사기업과 같은 경쟁의 원리를 도입할 수 있는 것인지, 지금보다 권력을 가진 기관을 더 확장시키는 것이 왜 국민에게 좋은 것인지, 그리고 국가정보원 직원이나 국세공무원 등 특별사법경찰마저 동일한 주장을 한다면 그 혼란과 형사사법의 불균형을 과연 누가 책임질 것인지 의문이 아닐 수 없다.

또한, 경찰에게 독자적인 수사권을 부여하게 되면 그 수사권의 귀속주체는 개개 사법경찰관이 아니라 '경찰' 기관 전체가 될 수밖에 없는데, 수사권을 검사 이외에 행정기관으로서의 '경찰' 전체에도 부여하여 직무 독립성이 없는 경찰청 소속 정보·보안·경비 등 12만 경찰 모두에게 수사권을 주는 것이 타당한 것이지도 의문이다. 왜냐하면 국민의 일상생활에 너무나 밀착되어 있는 경찰의 권력은 아무리 작은 권력이라도 국민들에게는 피부에 와닿는 것이 실제적인 현실인데, 이러한 경찰작용에 대한 여과적 기능을 하는 검사의 수사지휘권을 사실상 배제한 채 수사개시·진행권의 주체를 사실상 무제한으로 확대하는 것이 지금보다 국민의 인권보장에 더 도움이 될 것이라는 논리는 아무리 보아도 설득력이 떨어지기 때문이다.

입법론적으로도 제도로서의 사법과 그 사법작용의 실현에 관여하는 기관의 조직·구성·성격에 있어 ― 특히 형사사법의 영역에서 ― 우리의 제도가 비록 전후 영미법체제의 영향을 받았다는 점을 부정할 수는 없으나 검찰제도에 관한 한, 그 역사적 성격·조직·지위에 있어 대륙법계의 제도를 그 원형으로 삼고 있음이 사실이다. 따라서 검찰과 경찰의 관계를 정립함에 있어서는 이러한 제도적 성격을 전제로 출발하여야 할 것이다. 그런데 대륙법계의 검찰을 전제로 하는 한, 검찰제도의 역사적 성격, 즉 규문판사(糾問判事)와 그의 수사업무를 대신한 경찰의 자의성 배제, 검찰을 내무성에 두지 않고 국가의 법의지(法意志)를 대표하는 법무성 밑에 설치한 역사적 의미와 더불어 검찰의 객관적 성격, 수사의 실제에 있어서 가지는 법규적·실질적 통제기능 등의 검증을 통하여 보거나, 중요사건 수사에 있어서 검찰의 역할과 기능을 고려하면 그 해답은 자명하다 할 것이다.

결국 검·경 관계를 고려할 때, 검찰이 경찰보다 수사능력이 뛰어난지 여부, 정보를 많이 축적하고 있는지 여부, 수사현실에서 검사의 직접적 지시행위가 자주 이루어지는가 여부와는 관계없이 오직 **"형사절차에서의 법치국가적 이념의 관철"**이라는 규범론적 요청을 위하여 존재하는 것이며, 따라서 초동수사에서의 수사현실을 구실로 내세우는 경찰의 수사권 독립 주장은 사실상 법치국가적 이념의 포기를 주장하는 것으로 간주될 수밖에 없다. 혹자는 판사에 의한 수사과정의 통제가 가능한 이상 검사의 수사지휘권이 의미가 있는가라는 의문을 제기할 수도 있을 것이다. 그러나 판사에 의한 수사과정의 통제라는 것은 영장이 필요한 영역에 국한된 것이며, 따라서 영장의 요부가 문제되지 않는 대부분의 수사영역에 있어 만약 검찰의 수사지휘권이 존재하지 않을 경우 시민들은 어떠한 형태로든 통제받지 않는 경찰권력에 무방비로 노출될 수밖에 없다.

물론 이러한 문제를 근본적으로 해결하기 위해서는 부정부패사범, 대형경제범죄, 조직폭력 내지 마약밀매 등 주요 강력범죄, 컴퓨터 범죄 등을 담당하는 사법경찰을 행정경찰로부터 분리한 후 검찰의 일부 수사인력과 통합하여 미국의 FBI와 유사한 별도의 특별수사기구를 법무부에 신설하는 대신, 치안관련범죄 소위 길거리범죄(Street Crime) 등은 기존의 경찰인력이 담당하도록 하는 것이 한 방안이 될 수 있을 것이다. 이렇게 한다면 강력한 중앙집권적 체제하에 방대한 조직·정보망을 갖춘 행정경찰이 사법경찰을 지휘함으로써 발생할 수 있는 수사상의 혼선 및 경찰권의 비대화 우려가 해소됨과 아울러 검찰의 비대화 문제도 해결할 수 있고, 형사소송법이 도입한 국민참여재판(배심제도) 등과도 궤를 같이 할 수 있을 것이다.

그런데 이러한 기구의 신설방안은 단순히 검·경간의 수사권조정에만 국한된 문제가 아니라, 소위 글로벌 스탠더드(Global Standard)로 나아가는 형사사법체계 전반에 관한 개편작업과 연계하여 검토되어야 할 중대한 문제이지만, 외국의 선진적 수사시스템을 도입하는 방안에 대해서는 대다수 국민들도 상당히 호응할 것으로 기대된다. 왜냐하면 효율적인 수사시스템을 통해 국민의 불편을 최소화하면서도 국민의 인권보장과 사회정의의 실현에 보다 더 기여할 수 있다면 어느 누구도 반대하지 않을 것이기 때문이다. 더욱이 사건의 처리면에서 본다면 검사의 사법적 통제를 받지 않는 것이 효과적일 수 있지만, 수사의 효율성 못지않게 중요한 것은 국민의 인권보장이다. 수사의 효율성만을 강조한다면 왜 재판이 1심, 2심, 3심을 거쳐 형이 확정된 사건에 대하여 재심제도를 두겠는가? 이는 10명의 범인을 놓치더라도 피의자이건 피해자이건 한 사람의 무고한 시민이 희생되어서는 안 된다는 형사소송법의 대원칙에 근거하기 때문이다. 따라서 아무리 수사의 효율성이 중요하다 하더라도 국민의 생명·신체에 직접 영향을 주는 사법작용은 신중에 신중을 기해야 하며, 수사의 효율성을 강조하는 경제논리나 권력의 분점이라는 정치논리에서 이 문제를 접근하는 것은 너무나 위험한 발상이다.

위에서 누누이 언급한 것처럼, 독일과 프랑스 등 유럽의 다수 국가들이 사법부에 검찰을 배치하거나 판사와 검사를 모두 행정부에 배속시키지만 법무부(법원행정처와 법무부가 합해진 부서)에 둔 이유는 수사와 기소 및 공판 기능은 행정부로 넘어가서는 안 된다는 근대 민주적 법치국가 전통의 삼권분립의 근본원칙을 유지하고자 하는 이유도 있지만, 기본적으로 경찰의 권력은 전형적인 행정권력이자 집권권력의 수족이라는 점을 부정할 수 없기 때문이다. 따라서 법이론적으로 볼 때 우리나라 검찰개혁의 논란은 수사는 대륙법 체계(독일의 직권주의)를 취하고 있는 반면, 재판은 공판중심주의라는 미명하에 영미법 체계(미국의 당사자주의)를 추종하는 데서 발생하고 있다. 따라서 입법의 전제조건으로 우리나라 형사사법체계를 영미법 체계로 할 것인지 아니면 대륙법 체계로 할 것인지를 먼저 결정한 후, 만약 수사도 영미법 체계로 변경하고자 한다면, 영미의 사법시스템을 전면적으로 도입해야 할 것이다. 반면에 대륙법 체계를 고수한다면 검찰의 사법기관성을 더 강조하는 방안을 모색하는 것이 종국적인 해결방안으로 보인다.

그런데 일부 검사의 비리사례 등을 거론하면서, 우리 사회를 지탱하고 있는 형사사법구조의 본질을 바꾸려고 하는 것은 "빈대 잡으려 초가삼간을 태우는 격"이거나 "교각살우"의 우를 범하는 것이라고 할 것이다. 따라서 '안전하면서도 저렴한' 세계 최고 수준의 효율적인 수사시스템으로 평가받고 있는 우리나라 수사체계의 근간을 바꾸려면 그

것이 '**보다 나은 선진제도를 향한 올바른 개혁**'이라는 국민적 합의가 반드시 필요하다. 왜냐하면 영미식 당사자주의 사법구조는 투쟁적 본질을 강조하므로 형사공판에 흐르는 기조는 모든 당사자가 단순히 이기기를 원하며, 특히 미국의 검사들은 자신의 경력관리를 위하여 유죄평결의 비율을 올리려 하고 있을 뿐만 아니라 일반인이나 언론도 강하고 무자비하며 정력적이고 공격적인 점에 박수를 보내면서 이기기 위하여 열심히 싸우는 검사를 찬양하는 구조이기 때문이다. 영미식 당사자주의를 찬양하는 많은 식자들의 기대와는 달리, 현대의 당사자주의가 공정성, 정의 무엇보다도 진실을 희생하는 가운데(유죄협상제도 등) 승리를 찬양하는 체제로 변모하였다는 점도 지적하지 않을 수 없다. 더욱이 검사가 당사자나 증인을 직접 조사하지 아니하고 증거의 현출과 판단을 공판에 집중시키는 만큼 검사가 모든 증거를 기소 전(前) 단계에서 정확히 검토하도록 기대하는 것은 매우 어렵다.

독재권력이 막을 내린 오늘의 시점에서 '국가권력으로부터 국민을 어떻게 보호할 것인지 여부'(국가로부터의 자유)만이 중요한 문제가 아니라, 이제는 '국가가 범죄로부터 국민을 어떻게 보호할 것인지 여부'(국가에서의 자유)에 보다 더 큰 가치를 두는 논의와 입법이 필요한 시점이라고 본다. 즉 '행복의 최대화'보다는 '**불행의 최소화**'에 중점을 두는 피해자 중심의 사법, 즉 '증거능력판단의 주도권'을 피고인에게 주는 시스템이 아니라 국가(법원)가 갖는 시스템을 논할 시점인 것이다. 국가권력을 침해의 대상으로만 바라보는 한, 매일매일 쏟아지는 범죄의 홍수 속에서 무방비 상태에 노출되어 있는 일반시민을 보호할 방법이 없기 때문이다. 각 시대마다 시대정신이 있듯이 이제는 '국가를 바라보는 발상의 대전환이 필요한 시점'이라고 생각된다. 물론 아직까지 국민들의 가슴속에 독재시대의 잔영과 수사기관의 권한남용이 겹쳐있는 우리나라의 상황속에서, 수사단계에서는 물론 공판단계에서조차 '열 사람의 범인을 놓치는 한이 있더라도 한 사람의 죄 없는 사람을 벌하여서는 안 된다'라는 명제도 중요한 의미가 있다. 다만, 피의자·피고인의 인권을 이야기하면 개혁적 내지 진보적이고, 피해자의 억울한 한(恨)을 대신 풀어주는 국가(수사기관)의 역할에 주목하면 반개혁적 내지 수구적인 사람으로 몰리는 학계의 풍토나, 그동안 피의자·피고인의 인권보장에 지나치게 무게중심을 두면서 형사소송이 현실세계와 유리된 이론적 사고의 틀 속에 움츠려들어가 있었으며, 범죄로부터 고통받는 자신의 주변세계에 눈을 감아버린 것은 아닌지 진지한 고민이 있어야 할 것이다.

결국 검찰개혁이 필요하다면 '수사'와 '기소'의 분리가 아닌 검사의 '(직접)수사'와 '수사지휘'의 분리를 통한 검찰의 (준)사법적 성격을 회복하는 방향으로 개혁이 이루어져야 할 것이며, 이것만이 막강한 권력작용인 수사권 자체에 대한 통제장치로 작동하게 될 것이다. 그리고 대안으로 국가수사청을 신설한다면 수사청(국가수사청 및 지방수사청)에 직접수사권을 부여하되(수사에 대한 책임도 수사청의 수사관이 짐), 국가검찰청 및 지방

검찰청 소속 검사의 수사지휘를 받도록 하는 것이며, 굳이 검사의 수사지휘를 부정하고
자 한다면 영미식의 사법체계에 따라 지체 없이 사건을 법원에 송치하여 공판정에서
유·무죄를 다투는 시스템(공판중심주의)으로 변경되어야 할 것이다. 다만, 검찰개혁의 시
발점이 무엇이었는지 다시 한 번 되새겨 볼 필요가 있다. 왜냐하면 정치적 중립성을 잃
은 검찰의 직접 수사로 인한 문제를 아무런 문제없이 잘 이행되고 있던 98% 이상의 민
생사건의 형사처리시스템을 손보는 방법으로는 결단코 해결될 수 없기 때문이다.

결론적으로 형사절차 개혁은 고도로 정치적인 문제이고 개혁작업의 분석도 정치적
요인의 분석을 빼고는 생각할 수 없다고 하더라도 우리나라 형사사법구조 및 수사체계
의 개편방향은 무엇보다도 국민의 기본권을 최대한으로 존중해야 한다는 기본입장에서
검토되지 않으면 안 된다. 특히 수사기관 개혁의 문제를 국가기관 간의 권한대립의 문
제로 볼 것이 아니라 형사사법정의의 실현에 유익한 것인가라는 측면에서 논의해야 하
는 것이며, 검사의 기능과 역할에 따른 수사권논쟁 역시 우리나라의 개별적인 상황을
고려하면서도 국민의 기본권을 최대한 보장하는 방안에서 그 해법을 찾아야 할 것이다.
다만, 우리나라 검찰제도의 가장 큰 문제점은 무소불위의 권력을 가진 청와대에서 평검
사를 포함한 모든 검사인사를 행하는 것이므로, **'대통령의 독점적 검찰인사권에 대한 개선'**
이 없이는 어떤 개혁도 무의미할 것이다. 통제받지 않는 청와대의 검찰인사는 절대로
위험하다는 사실이며, 결국 그 몫은 고스란히 국민의 인권침해로 돌아올 것이다.

◈ 參 考 文 獻 ◈

Ⅰ. 국내문헌

1. 단행본

김용진, 「영국의 형사재판」, 서울: 청림출판, 1995.

_____, 「영미법해설」 서울: 박영사, 2009.

김종구, 「형사사법개혁론 −새로운 패러다임의 비교법적 모색−」, 서울: 법문사, 2004.

김형만 외 8인, 「비교경찰제도론」, 서울: 법문사, 2003.

노명선/이완규, 「형사소송법」, 서울: SKKUP, 2009.

박경래, 「주요국의 자치경찰제도와 한국의 자치경찰법안 연구」, 한국형사정책연구원, 2005.

박승진 외, 각국의 검찰제도, 한국형사정책연구원, 1998.

박창호 외 4인, 「비교수사제도론 − 한국 수사구조의 개혁을 향한 기초연구 −」, 서울: 박영사, 2005.

배종대/이상돈, 「형사소송법」 제6판, 서울: 홍문사, 2004.

백형구, 「형사소송법」 제8정판, 서울: 박영사, 2001.

_____, 「형사소송법강의」 신정2판, 서울: 박영사, 1996.

손동권, 「형사소송법」, 서울: 세창출판사, 2008.

손봉선, 「한국경찰제도의 개편에 관한 연구: 자치경찰제 도입여건분석을 중심으로」, 전북대학교, 1998.

송광섭, 「형사소송법」, 서울: 형설출판사, 2010.

신동운, 「신형사소송법」, 서울: 법문사, 2008.

_____, 「간추린 신형사소송법」, 서울: 법문사, 2007.

신동운 역, 「입문 일본형사소송법」, 서울: 법문사, 2003.

신양균, 「형사소송법」, 신판, 서울: 화산미디어, 2009.

안성수, 「형사소송법」, 서울: 박영사, 2009.

오희택, 「수사실무」, 법전출판사, 1987.

윤종남, 「미국 검찰의 조직과 기능」, 법무부, 1986.

이명원, 「우리나라 수사체제에 관한 고찰: 검찰과 경찰의 관계를 중심으로」, 서울대학교, 2000.

이완규, 「개정형사소송법의 쟁점」, 서울: 탐구사, 2007.

_____, 「형사소송법연구Ⅰ」, 서울: 탐구사, 2008.

임동규, 「형사소송법」, 제3판, 서울: 법문사, 2004.

임준태, 「독일형사사법론」, 서울: 21세기사, 2004.

이재상, 「신형사소송법」 서울: 박영사, 2007.

정균환, 「경찰개혁: 수사권 독립(상)」, 도서출판 좋은 세상, 1998.

_____, 「경찰개혁: 자치경찰(하)」, 도서출판 좋은 세상, 1998.

정웅석/백승민, 「형사소송법」, 전정제3판, 서울: 대명출판사, 2009.

정진환, 「비교경찰제도」, 서울: 학문사, 1996.

지대남/박경환, 『군사법원론』, ○○: 대명사, 2008.

차동언, 「형사증거법Ⅰ」, 서울: 법문사, 2007.

차명귀, 「경찰자치제도에 관한 연구」, 고려대학교, 1999.

차용석, 「형사소송법」, 서울: 세영사, 1997.

표성수, 「미국의 검찰과 한국의 검찰」, 서울: 육법사, 2000.

_____, 「영미 형사사법의 구조 ─ 그 가치에 대한 새로운 이해 ─」, 서울: 비봉출판사, 2004.

한귀현 역, 「일본경찰법」, 서울: 한국법제연구원, 2003.

한부환 외, 「미국의 검찰제도」, 법무부, 1994.

[기관 발간 책자 및 보고서]

국가인권위원회, 『군 사법제도 운영 및 인권침해현황 설문조사』, 2004.

사단법인 한국공법학회, 『군 수사와 사법제도 현황 및 개선방안』, 국가인권위원회, 2015.

군 인권개선 및 병영문화혁신 특별위원회, 『군 인권개선 및 병영문화혁신을 위한 정책 개선 과제
(안)』, 2015.

군인권센터, 『군 성폭력 실태조사 연구 용역 보고서』, 새정치민주연합 전국여성위원회, 2014.

대검찰청, 「한국검찰사」, 1976.

법무부, 「서독의 사법질서」, 법무자료 제117집, 1989.

_____, 「각국의 사법경찰제도(Ⅰ)(Ⅱ)」, 1988.

_____, 「자치경찰제 도입과 경찰수사권독립문제」, 1999.5.

법무연수원, 「수사지휘론」, 2003.

_____, 「수사구조에 관한 연구 ─ 수사절차에 있어서의 검찰·경찰제도의 비교법적 고찰」,
2007.

사법연수원, 「수사절차론」, 1999.

_____, 「검찰실무Ⅰ·Ⅱ」, 1999.

경찰대학, 「경찰수사론」, 1998.

경찰청, 「경찰백서」, 2001.

치안연구소, 「주요국가의 수사구조 및 사법경찰제도」, 1996.

_____, 「수사경찰: 수사권독립과정을 중심으로」, 치안연구(1994.3).

치안연구소 제도개선기획단, 「일본경찰연구자료집」, 1998.

법원행정처, 「형사소송법 개정법률 해설」, 2007.

법무부, 「프랑스의 사법제도」, 법무자료 제211집.

_____, 「각국 법무부의 조직과 기능: 미국」, 법무자료 제74집(1986).

_____, 「독일 형사소송법」, 법무자료 제220집(1998).

_____, 「자치경찰제의 도입과 경찰수사권독립의 문제」(1999.5.7).

_____, 「개정 형사소송법」, 2007.

대검찰청, 「종합심사분석자료」, 2004.

_____, 「민사적 형사분쟁의 합리적 해결방안모색 공청회(2006.4.21)」 자료집.

_____, 「수사과정의 녹음·녹화제 운영실태보고 Ⅱ」, 수사과학연구회 자료집(2004.12).

_____, 「검찰제도개선연구」, 검찰21세기연구기획단 연구자료 제7집.

_____, 「21세기 검찰을 위한 연구결과 종합보고」, 검찰21세기연구기획단 연구 자료 제8집.

법무연수원, 「효율적인 사법경찰관리 지휘방안」, 검사세미나 연수자료집(20기), 1996.

_____, 「각국의 교통사범 처리실태」, 1987.12.

_____, 「수사과정의 녹음·녹화제 운영실태보고」, 수사과학연구회 자료집(2003.12).

검찰미래기획단, 「검찰개혁 관련 논의사항 검토보고서」, 2006.

_____, 「고소제도 정비방안 연구」, 상임연구관 연구자료집 Ⅰ, 2006.

_____, 「검찰개혁 관련 논의사항 1−5」, 상임연구관 연구자료집 Ⅳ, 2006.

서울남부지방검찰청, 「영상녹화조사 제도 개관, −디지털 시대의 수사와 인권을 위한 새로운 시도」.

한국형사정책연구원, 「각국의 검찰제도」, 1998.

_____, 「고소제도에 대한 시민의식조사: 고소인과 피고소인을 중심으로」, 1999.

_____, 「국민의 시각에서 바라본 미래검찰의 기능과 역할」, 2006.

2. 논 문

강동욱, 「군 사법절차의 관할관 확인조치권에 관한 비판적 고찰」, 법과 정책연구 제12집 제1호, 2012.

강민구, 「21세기 전자법정에 관한 연구」, 법조 제51권 제1호, 법조협회, 2002.

_____, 「전자파일링(Electronic Filing)에 관한 연구 −21세기 정보화시대에 있어서 법원업무 자동화의 측면에서−」, 사법논집 제32집, 법원행정처, 2001.

구승모, 「미국 공판정에서의 조사자 증언 활용 실무」, 해외연수검사 연구논문집 제25집 제1권, 법무연수원, 2010.

권순건, 「평시 군사법원의 민간인에 대한 재판권 행사의 한계」, 법률신문(6월 29일), 2006.

권창국, 「한국 형사소송법에서의 전문증거법칙에 관한 재고찰 − 영미법상 전문법칙 또는 대륙식 직접주의의 수용인가」, 형사소송 이론과 실무 제2권 제1호, 한국형사소송법학회, 2010.

김경회, 「경찰 수사권 독립에 관한 소고」, 논문집 제13집, 중부대학교, 1999.8.

김기준, 「전자우편에 대한 증거수집과 관련된 문제점」, 해외파견검사연수집, 2000.

김도훈, 「민사소송 등에서의 전자문서 이용 등에 관한 법률안에 대한 검토」, 중앙법학, 2010.

_____, 「전자증거에 대한 민사소송법상 취급에 관한 연구」, 법학연구, 연세법학연구원, 2008.

김동환, 「검사와 그 수사지휘권」, 대한변호사협회지, 1980.3.

김백진, 「군사법원의 필요성과 목적에 대한 고찰」, 저스티스 제147호, 한국법학원, 2015.

김병수, 「국민을 위한 고위공직자비리수사처 설치방안」, 동아법학 통권 제80호, 동아대학교 법학연구소, 2018.8.

김봉수, 「피고인의 공소사실과 관련한 공동피고인에 대한 경찰작성 신문조서의 증거능력 - 왜 제312조 '제4항'이 아니라 '제3항'을 적용하는가? -」, 형사법연구 제22권 제1호, 한국형사법학회, 2010.

_____, 「디지털 증거와 포렌식」, 정보통신정책 제21권 제6호, 한국정보통신법학회, 2009.

_____, 「수사상 영상녹화물의 증거활용에 대한 비판적 검토」, 형사법연구 제20권 제3호, 한국형사법학회, 2008.9.

김상길, 「경찰의 수사권 독립을 위한 선행과제와 추진방향 고찰」, 법학연구 제12집, 한국법학회, 2003.

김상용/조병인, 「수사경찰의 의식에 관한 연구」, 형사정책연구원, 1991.

김성돈, 「미란다법칙과 위법수사통제방안」, 형사법연구 제14호, 한국형사법학회, 2000

김성룡, 「형사절차의 새로운 도전으로 전자 문서에 대한 독일의 대응과 그 시사」, IT와 法연구 제17집, 2018.

김영기, 「프랑스 형사절차의 현재와 개혁동향」, 형사소송이론과 실무, 창간호, 한국형사소송법학회, 2009.

김용빈, 「군사법원법 개정방향」, 군사법연구제7집, 육군본부, 1989.

김용세, 「현행 수사권체계의 문제점과 개선방안」, 사회과학논문집 제19권 제1호(통권 32호), 대구대학교 사회과학연구소, 2000.5.

김윤상, 「영상증언제도에 대한 검토 - 캐나다 제도를 중심으로 -」, 해외연수검사연구논문집(Ⅰ) 제22집, 법무연수원, 2006.

김원치 역, 「법무연구 제11호」, 법무연수원, 1984.

_____, 「검찰의 법적 지위와 미래의 과제」, 함부르크 검찰청 창설 100주년 기념강연, 검찰 100호, 1990.9.

_____, 「한독검찰제도 비교연구: 우리 검찰제도의 입법론적 과제를 위하여」, 해외연수검사연구논문집 제4집, 법무연수원, 1983.12.

김윤신, 「변사체 부검을 위한 영장제도에 관한 고찰」, 대한법의학회지 제25권 제1호, 대한법의학회, 2001.

김유철, 「04 프랑스 개정 형사소송법 연구」, 해외연수검사연구논문집 제22집 제2권, 법무연수원, 2006.

김이수, 「한국 군사법제도 현황 및 개선방안에 대한 연구: 군사법원 및 군법무관을 중심으로」, 한양대학교 행정·자치대학원 석사학위논문, 2010.

김인회, 「검찰의 수사권 및 공소권 남용 연구- 한명숙 전총리 뇌물수수사건을 중심으로 -」, 법과 사회 제39호, 법과사회이론연구회, 2010.

김일수, 「검·경 수사권 조정자문위원회 활동의 회고와 전망」, 형사정책연구 제18권 제3호, 2007.

_____, 「독일·오스트리아·스위스 형사법 개정추이 연구」, 법무부 용역과제, 2005.

김재훈, 「미국지방검찰청의 조직운영과 수사실무」, 해외연수검사연구논문집 제22집 제1권, 법무연수원, 2006.

김진우, 「검찰과 경찰과의 관계」, 사법행정, 1989.7.

김종률, 「영상녹화제도와 검찰수사실무 변화에 관한 연구」, 형사법의 신동향 제8호, 대검찰청, 2007.6.

김종민, 「프랑스 사법경찰제도에 관한 연구」, 법조 통권 제594호, 2006.

_____, 「프랑스 형사사법 개정동향」, 형사법의 신동향 통권 제3호, 대검찰청, 2006.

김종일, 「검찰수사요원의 전문화방안」, 해외연수공무원 연구논문, 법무연수원, 2003.

김충남, 「자치경찰제의 도입과 경찰의 수사권 독립」, 한국경찰학회보 Vol. 3, No.1, 한국경찰학회, 2001.

김태명, 「수사 및 소추절차에서의 경찰의 역할과 검찰과의 협력 - 영국과 미국의 사례를 중심으로 -」, 법학연구 제62권, 전북대학교 법학연구소, 2020.

_____, 「공판중심주의 관점에서 본 증거법의 바람직한 운용방안」, 형사법연구 제26권 제1호, 한국형사법학회, 2014.

김태업, 「형사증거법에서 '특히 신빙할 수 있는 상태'의 의의와 그 조사방법」, 청연논총 제10집, 2013.

김태우, 「고위공직자비리수사처 입법론 검토」, 형사법의 신동향 통권 제54호, 대검찰청 미래기획단, 2017.12.

김태현, 「프랑스 형사소송법상의 소추제도」, 해외파견검사연구논문 제7집, 법무연수원, 1989.12.

김학경·이성기, 영국지방자치경찰의 새로운 패러다임, 경찰학연구 제29권, 경찰대학, 2012.4.

김한균, 「형사사법정보의 빅데이터 활용을 위한 법·정책적 과제」, 법조 제67권 제4호, 2018.

_____, 「형사사법개혁의 지향가치와 실천전략」, 형사법의 신동향 통권 제39호, 대검찰청 미래기획단, 2013.6.

김한수, 「'2003 형사사법법' 제정에 따른 최근 영국 검찰제도의 변화」, 해외연수검사연구논문 제2집 제1권, 법무연수원, 2005.

김해룡, 「지방분권과 지방자치경찰제도」, 한국경찰학회보 제6권, 2003.

김해원, 「독립행정기관에게 입법권을 수권하는 법률에 대한 헌법적합성 심사로서 권한법적 한계」, 법학연구 통권 제23권 제3호, 2015.

김현소, 「자치경찰제 도입에 관한 연구」, 한국행정논집, 제10권 제2호, 2008.

김현숙, 「검사작성 피의자신문 영상녹화물에 대한 비판적 검토」, 형사법연구 제21권 제2호, 한국형사법학회, 2009.

김현주, 「군사법원의 민간인에 대한 재판권」, 한국군사학논집 제72집 1권, 2016.

_____, 「군 사법제도 개선의 핵심 쟁점에 대한 연구」, 형사정책 제20권 제1호, 2008.

김형동, 「군사법폐지론에 대한 비판적 검토」, 군사법논집 15집, 2011.

김홍창, 「독일의 경찰제도에 관한 소고」, 각국의 사법경찰제도에 관한 연구, 검찰미래기획단.

김후곤, 「FBI 연구」, 각국의 사법경찰제도에 관한 연구, 검찰미래기획단.

_____, 「피의자의 진술내용을 담은 영상녹화물의 증거능력」, 해외연구검사연구논문, 법무연수원, 2006.2.

김희수, 「개인정보 수집·저장·이용의 적법성과 한계(정보인권 관점 등에서 본 형사사법통합정보
　　체계)」, 국가인권위원회 보고서, 2006.

　　　　, 「형사소송 관점 등에서 본 형사사법통합정보체계의 문제점에 대한 고찰」, 민주법학 제34
　　권, 민주주의법학연구회, 2007.

나영민/박노섭, 「피의자신문제도의 개선방안에 관한 연구, 녹음·녹화방식을 중심으로」, 한국형사
　　정책연구원, 2006.12.

도중진, 「미국 군사재판의 형사절차에 관한 주요 특징과 시사점」, 원광법학 32권 제3호, 원광대학
　　교 법학연구소, 2016.

류부곤, 「검사작성 피의자신문조서의 증거능력에 대한 입법적 제언」, 형사소송 이론과 실무 제9권
　　제1호, 한국형사소송법학회, 2017.

　　　　, 「형사전자소송의 현황과 미래」, 비교형사법연구 제19권 제1호, 2017.

모성준, 「형사소송법 제312조 개정의 실무적 함의」, 대법원 형사법연구회 및 한국형사소송법학회
　　공동학술대회 자료집, 2020.12.4.

문성호, 런던의 자치경찰 전환과 시사점, 정치정보연구, 제7권 제2호, 2004.

문준영, 「한국검찰제도의 역사적 형성에 관한 연구」, 서울대학교 박사학위논문, 2004.

민경배, 「형사사법통합정보체계, 또 하나의 빅브라더가 될 것인가?」, 시사저널 제897호, 2006.

민영성, 「공판중심주의의 활성화방안」, 한국형사법학회 2005년 하계학술회의 － 형사사법개혁의
　　주요과제 －, 한국형사법학회.

　　　　, 「진술거부권의 행사와 불이익추정의 금지」, 저스티스 제66호, 한국법학원, 2002.

박경래, 「주요국의 자치경찰제도와 한국의 자치경찰법안 연구」, 한국형사정책연구원, 2005.

박기석, 자치경찰제 도입에 따른 과제와 대책, 한국지역사회학회 전국학술대회 발표논문집, 2001.

박노섭, 「수사절차상의 신문과 비디오 녹화제도」, 형사정책 16권 제1호, 한국형사정책학회, 2004.

박상기, 「한국검찰, 무엇이 문제인가?」, 연세법학연구 제9집 제2권(통권 제14호), 연세법학회,
　　2003.2.

박영관, 「일본검찰의 수사권 운용 역사, 실태 및 그 전망」, 해외연수검사 연구논문집, 법무연수원,
　　1998.

박용남, 「경찰 수사권독립 왜 필요한가」, 수사연구, 1993.1.

박재식, 「경찰 수사권 독립, 과연 시기상조인가」, 수사연구, 1992.12.

박재억, 「프랑스의 예심제도 실무」, 해외연구자료, 대검찰청, 2007.

박정섭, 「경찰수사의 선진화를 위한 수사권 독립에 관한 연구」, 수사연구, 1992.2.

박종록, 「일본의 사법경찰제도」, 법무부 법무자료 제98집, 1988.

박주선, 「영국의 사법경찰제도」, 법무부 법무자료 제98집, 1988.

박주인, 「미국의 검찰제도」, 해외연수검사연구논문 제1집, 법무연수원, 1977.

박진현, 우리나라 자치경찰제 도입방향에 관한 실증적 연구, 한국경찰학회보, 제4권, 2002.

박찬걸, 「군사재판에 있어서 관할관제도 및 심판관제도의 문제점과 개선방안」, 형사정책연구 제
　　23권 제4호, 한국형사정책학회, 2012.

박현식, 「수사과정 영상녹화물의 증거능력에 관한 연구」, 조선대학교 박사학위논문, 2008.8.

박형관, 「영국과 미국의 수사와 기소에 관한 절차적 통제구조와 시사점」, 형사소송 이론과 실무 제12권 제1호, 한국형사소송법학회, 2020.

배영곤, 「일반국민의 시각에서 본 경찰수사권독립」, 수사연구, 1992.10.

반지, 「영국의 검찰과 경찰 상호간의 관계 연구」, 국외훈련검사 연구논문집Ⅲ 제32집, 법무연수원, 2017.

백승민, 「개정 형사소송법상 검사작성 피의자신문조서의 증거능력」, 법조 통권 제613호, 법조협회, 2007.10

백승민/정웅석, 「참고인조사의 영상녹화에 관한 연구」, 한국형사법학의 오늘, 정온이영란교수화갑기념논문집.

백원기, 「프랑스의 수사구조 및 사법경찰제도」, 주요국가의 수사구조 및 사법경찰제도, 치안연구소, 1996.

백종인, 「일본의 경찰제도의 변천과 그 구조적 성격」, 공법연구 제26집 제1호, 1998.5.

백형구, 「경찰중립화론과 경찰수사권 독립론」, 사법행정, 1989.7.

서보학, 「국방부 군사법원법 개정안에 대한 의견서」, 군사법체계 개선 방안 마련을 위한 공청회, 군 인권개선 및 병영문화혁신 특별위원회, 2015.

_____, 「피의자진술의 비디오녹화 도입에 따른 법정책적 검토 및 재산상 증거능력」, 수사연구, 수사연구사, 2004.4.

_____, 「수사권의 중립을 위한 수사권의 합리적 배분」, 헌법학연구 제8집 제4호, 한국헌법학회, 2002.

_____, 「수사권의 독점 또는 배분? - 경찰의 수사권 독립 요구에 대한 검토-, 형사법연구 제12권, 한국형사법학회, 1999.

_____, 「개정형사소송법에 의한 조서 및 영상녹화물 등의 증거능력에 대한 검토」, 한국형사법학의 오늘, 정온이영란교수화갑기념논문집, 2008.

서영제, 「미국 검찰권의 정책적 조명」, 해외연수검사연구논문 제5집, 법무연수원, 1986.12.

석진강, 「왜 검사의 수사지휘가 필요한가」, 시민과 변호사, 1995.1.

선우영, 「영국의 검찰제도」, 검찰, 1990.

성낙인, 「지방경찰제 도입방안에 관한 연구」, 시정연구 제18호, 1998.

손기화, 「군사법절차에 있어서 관할권 제도에 관한 고찰」, 비교법연구 11권 2호, 2011.

손동권, 「수사독립권, 경찰에게 보장하여야 한다」, 시민과 변호사, 1994.11.

_____, 「수사절차에서의 경찰과 검찰의 관계 -독일과의 비교를 중심으로-」, 경찰대논문집 제13집, 1993.

_____, 「한국 형사사법의 현황과 발전방향」, 형사정책연구 제8권 제3호, 1997·가을.

송기춘, 「군사재판에 관한 헌법학적 연구」, 공법연구 33집 3호, 2005.

_____, 「군사법원의 재판을 받지 않을 권리에 관한 소고」, 공법연구 37집 4호, 2009.

송광섭, 「군사법제도의 개선방안」, 형사법연구 제24호, 한국형사법학회, 2005.

송광섭·곽병선, 「경찰수사권 독립과 수사체계의 문제점」, 법학연구 13, 원광대학교 법과대학, 1995.1.

송길룡, 「고소사건 처리의 NEW 패러다임」, 민사적 형사분쟁의 합리적 해결방안 공청회 자료집, 2006.4.21.

_____, 「형사사법 전자화의 현황과 과제」, 형사소송 이론과 실무 제2권 제2호, 2012.

송용선, 지방자치경찰제 도입논의의 패러다임 전환에 관한 연구, 국민윤리연구, 제56호, 2004.

신동운, 「일제하의 예심제도에 관하여 – 그 제도적 기능을 중심으로 –」, 서울대 법학 제27권 제1호, 1986.

_____, 「제정형사소송법의 성립경위」, 형사법연구 제22호, 한국형사법학회, 2004.

_____, 「한국 검찰제도의 현황과 개선책」, 서울대 법학 제29권 제2호, 1988.

_____, 「한국검찰의 연혁에 관한 소고」, 검찰 통권 제100권.

_____, 「민사분쟁형 고소사건의 합리적 해결방안」, 민사적 형사분쟁의 합리적 해결방안 공청회 자료집, 2006.4.21.

_____, 「영상녹화물의 피의자신문조서 대체 가능성에 대하여」, 형사재판의 제문제 제6권, 고현철 대법관 퇴임기념 논문집, 2009.

_____, 「형사절차와 적법절차의 원칙」, 형사법학의 현대적 과제, 동산손해목박사 화갑기념논문집, 1993.

신양균, 「헌법상 적법절차의 형사소송법에서의 구현」, 비교형사법연구 제8권 제1호 특집호, 한국비교형사법학회, 2006.

_____, 「개정형사소송법의 쟁점과 과제」, 대법원 형사실무연구회 특별심포지움 발표자료, 2007.12.17.

신정훈/지영환, 「진술녹화제도의 현황과 문제점 및 개선방안에 관한 연구」, 형사법연구 제26호 특집호(2006 겨울), 한국형사법학회, 2006.

신태영, 「프랑스의 사법제도」, 법무자료 제80집, 1987.

신현기, 영국경찰제도의 구조와 특징에 관한 연구, 한국유럽행정학회보, 제7권 제1호, 2010 여름.

신현창 외 2인, 「각국 수사지휘권의 운영실태 및 검사보수제도 시찰보고」, 법무부, 1980.

신현호, 「경찰수사권의 독자성 확보방안」, 수사연구, 1992.11.

심재무, 「피의자 진술의 법정현출방식과 조사자 증언의 증거능력」, 비교형사법연구 제12권 제1호, 한국비교형사법학회, 2010.

심희기, 「검면조서등의 '성립의 진정'의 의미와 인정방법」, 법률신문, 2005.1.31.

_____, 「일제강점기 조서재판의 실태」, 형사법연구 제25호, 한국형사법학회, 2006.

안경옥, 「사법경찰관 작성 피의자신문조서의 증거에 대한 비교법적 연구」, 치안논총 제25집, 치안정책연구소, 2009.

_____, 「전자법정의 도입과 앞으로의 발전방향」, 형사정책 제16권 제2호, 2004.

_____, 「전자적 증거의 수집과 증거능력」, 인터넷법률 통권 제21호, 2004.

_____, 「형사재판절차에서 테크놀로지의 활용과 형사소송법적 문제점」, 21세기 형사사법개혁의 방향과 대국민 법률서비스 개선방안 Ⅴ, 형사정책연구원, 2004.

안미영, 「우리 헌법상 검사의 영장신청권 조항의 의의」, 형사법의 신동향 통권 제24호, 대검찰청 검찰미래기획단, 2010.2.

안성수, 「미국의 FBI 조직의 국내 도입방안」, 비상임 연구관 발표자료, 검찰미래기획단, 2006.4..

_____, 「영상녹화물의 녹화 및 증거사용방법」, 법학연구 제10집 제1호, 인하대학교 법학연구소, 2007.3.

안원식, 「검시제도의 실태와 개선방안」, 강력검사연구논문집Ⅲ, 대검찰청, 1993.5

안해균, 「수사경찰의 근무실태」, 한국형사정책연구원, 1990.

_____, 「수사경찰의 근무실태에 관한 연구」, 형사정책연구, 한국형사정책연구원, 1991.봄.

양문승, 「경찰과 교정기관간 범죄정보 유통시스템 구축에 관한 연구」, 형사정책 제10호, 1998.

양문승/김지선, 「형사사법절차에서의 전자문서 이용에 대한 논의와 전자화 통합체계 도입방안」, 한국공안행정학회보 제24호, 한국공안행정학회, 2006.

오기두, 「영상녹화물의 증거능력 및 증거조사방법」, 형사사법토론회 자료집, 사법제도개혁추진위원회, 2005.

_____, 「형사절차상 컴퓨터관련증거의 수집 및 이용에 관한 연구」, 서울대학교 대학원 박사학위논문, 1997.

오병두, 「독립적 특별수사기구의 도입방안에 관한 연구 – '고위공직자비리수사처' 법안들을 중심으로 –」, 형사정책 제24권, 한국형사정책학회, 2012.

오영근, 「영국의 검찰과 경찰」, 법학논총 16집, 1999.10.

오원근, 「영국의 전자증거 및 컴퓨터 포렌직」, 해외연수검사연구논문, 법원연수원, 2008.

온대종, 「초동수사에 관한 연구 – 변사사건을 중심으로 –」, 전투발전, 육군교육사령부, 1998.

유계상, 「경찰의 수사권독립에 관한 연구」, 형사법학 제4권 4집, 1993.5.

유일준, 「검사의 헌법상 지위」, 형사법과 헌법이념, 공법연구회, 서울: 박영사, 2006.

유주성, 「프랑스, 미국, 일본의 자치경찰제와 비교법적 검토」, 동아법학 제80호, 동아대학교 법학연구소, 2018.8.

유해용, 「공판중심주의와 전문법칙」, 저스티스 제98호, 한국법학원, 2007.6.

윤동호, 「고위공직자비리수사처 신설의 정당성과 필요성」, 형사정책연구 통권 제85호, 2011.

윤상민, 「군 형사사법제도의 개혁방안」, 비교법학 제8집, 전주대학교 비교법연구소, 2008.

윤영철, 「검찰개혁과 독립된 특별수사기관의 신설에 관한 소고」, 홍익법학 제13권 제1호, 홍익대학교 법학연구소, 2012.

이관희, 「경찰수사권의 독자성 확보방안」, 수사연구, 1992.2.

_____, 「경찰의 정치적 중립과 수사권 독립문제」, 사법행정, 1989.7.

_____, 「민주주의와 경찰수사권의 독자성 확보」, 헌법학연구 제8집 제4호, 한국헌법학회, 2002.

_____, 「민주주의와 경찰수사권의 확보」, 수사연구, 1998.6.

이금로, 「검찰수사에 대한 통제 및 감독제도 소고 – 독일법과의 비교를 중심으로–」, 해외연수검사연구논문 제21집 제2권, 법무연수원, 2006.

이계수, 「군사법제도 운영 및 인권침해 현황 실태조사」, 국가인권위원회, 2004.

이계수/박병욱, 「군사법원 폐지를 위한 사례연구」, 민주법학연구 제60호, 2016.

이기수, 「영국 국립기소청 설립이후 경찰과 검찰 관계의 변화 연구」, 치안정책 연구 제24권 제1호, 2010.

이동희, 「사개추위안의 피의자신문 녹음·녹화제도 도입방안에 대한 검토」, 비교형사법연구 제8권 제1호 특집호, 한국비교형사법학회, 2006.

_____, 「수사경찰의 전문화를 위한 제언」, 수사연구, 수사연구사, 2005.1.

_____, 「한국 수사구조의 비교법제상 위상 및 개선방향 – 형사절차상 검사와 사법경찰의 역할 및 상호관계를 중심으로 –」, 경찰학연구 제7호, 경찰대학, 2004.

이만종, 「공직부패 수사를 위한 고위공직자비리조사처 설치 방안의 보완적 검토」, 경찰학논총 제7권 제1호, 2012.

이명현, 「군 사법체계 개선 분야", 군사법체계 개선 방안 마련을 위한 공청회」, 군 인권개선 및 병영문화혁신 특별위원회, 2015.

이문국, 「수사권 독립에 관한 고찰」, 경찰대학 논문집 제15집, 1995.10.

이문재, 「미국의 수색영장제도와 우리제도의 발전방향」, 대한변호사협회, 인권과정의 제156호, 1989.

이문호, 「과학수사의 현재와 미래」, 검찰, 대검찰청, 2000.12.

이상원, 「한국경찰의 자치경찰화를 위한 소고」, 한국공안행정학보 제4호, 1995.

이상원/김상균, 「한국의 경찰수사경과제의 문제점과 개선방안」, 한국공안행정학회보 제23호, 2006.

이상호, 「군사법제도 간담회: 관할관 확인권 및 심판관 제도를 중심으로」, 국회입법조사처 정치행정조사실 법제사법팀, 2012.

이승우, 「독일의 검찰과 경찰간의 관계」, 해외연수검사연구논문 제14집, 법무연수원, 1998.12.

이승주, 「개정 형사소송법상 공범의 진술증거 확보 문제 - 검사 작성 피의자신문조서의 증거능력 제한에 따른 대안」, 법조 제69권 제4호, 법조협회, 2020.

이연수, 「수사경찰의 의식에 관한 연구」, 형사정책연구 제2권 제1호, 형사정책연구원, 1991.

이완규, 「개정 형사소송법에서의 수사절차상 진술의 증거능력」, 형사법의 신동향 제8호, 대검찰청, 2007.6.

_____, 「개정법상 조서와 영상녹화물」, 개정 형사소송법과 국민참여재판의 주요 쟁점, 한국비교형사법학회 추계학술대회, 2007.11.9.

_____, 「검사의 지위에 관한 연구」, 서울대학교 박사학위논문, 2005.

_____, 「공범인 피의자에 대한 경찰 피의자신문조서의 증거능력」, 형사법의 신동향 제18호, 대검찰청, 2009.

_____, 「독일검찰제도의 역사와 전망」, 해외연수검사연구논문 제17집 제2권, 법무연수원, 2001.

_____, 「실질적 진정성립에 관한 판례이론의 비판적 검토」, 저스티스 제86호, 한국법학원, 2005.8.

_____, 「진술 영상녹화물의 활용방향」, 홍익법학 제11권 제2호, 홍익대학교 법학연구소, 2010, 72면.

_____, 「Claus Roxin, "검사의 법적 지위 – 과거와 현재"」, 형사법의 신동향 통권 제2호, 대검찰청, 2006.

이영한, 「새로운 형사소송법에서의 조서와 영상녹화」, 법조 통권 617호, 법조협회, 2008.2.

이윤제, 「국민의 공수처 VS 검찰의 수사처」, 형사법연구 제29권 제4호, 한국형사법학회, 2017.

_____, 「디지털 증거의 압수·수색과 증거능력」, 형사법의 신동향 통권 제23호, 대검찰청, 2009.

이재상 외, 「검사의 기소재량에 관한 연구」, 한국형사정책연구원, 1993.

이정석, 「경찰제도의 문제점」, 사법행정, 1989.7.

이종걸, 「경찰의 수사권 독립방안」, 사회과학논총 16, 전주대학교 사회과학종합연구소, 2000.12.

이준명, 「영국검찰제도상 수사의 공정성 및 정확성 확보를 위한 조치」, 해외연수검사연구논문 제16집 제2호, 법무연수원, 2000.4.

이진우, 「전자문서와 법률문제」, 정보법학 제2호, 한국정보법학회, 1998.

이진한, 「프랑스 수사판사제도에 관한 고찰」, 해외연수검사연구논문 제15집, 법무부, 1999.

이태헌, 「검찰과 경찰의 수사권 배분에 관한 연구」, 고황법학 제3권, 부산외국어대, 2001.5.

이 헌, 「수사권 독립논의에 앞선 당면과제」, 수사연구, 1992.3.

이헌관, 「군사법제도의 개선에 관한 연구」, 연세대학교 법무대학원, 2004.

이호중, 「검찰개혁으로서 고위공직자비리수사처 신설: 그 의미와 방향」, 한국형사정책학회 춘계 학술대회 발표집, 한국형사정책학회, 2017.

이희선, 「선진 각국의 자치경찰제를 통해 본 한국의 자치경찰제 도입의 시사점」, 한국경찰학회보, 제2권, 2003.

임태훈, 「국방감독관제도와 군인권법 도입의 필요성」, 윤일병 사건 관련 군인권문제 긴급토론회, 2014.

장석헌, 「경찰의 수사권 독립방안」, 한국공안행정학회보 제7호, 한국공안행정학회, 1998.11.

장영수, 「군 사법제도 개혁의요청과 군사법원의 발전방향」, 고려법학 제56호, 2010.

장호중, 「미국의 검찰제도와 한국의 검찰제도 비교연구」, 해외연수검사연구논문집, 법무연수원, 2000.

전승수, 「미국의 특별수사기구」, 형사법의 신동향 통권 제6호, 대검찰청, 2007.

정구환, 「경찰의 사건이송건의 실태와 검사의 수사지휘권 행사방향」, 검찰 제110호, 대검찰청, 1999.

정남희, 「일본검찰제도」, 사법행정 327호 – 330호(1988.3. – 1988.6.).

정상환, 「한국경찰제도의 운용에 관한 연구」, 우암논집 제25집, 청주대학교 대학원, 2002.6.

정웅석, 「공수처법상 공수처장의 재량이첩에 대한 비판적 검토」, 형사소송 이론과 실무 13권 제2호, 한국형사소송법학회, 2021.

_____, 「고위공직자범죄수사처법의 해석과 운영방향」, 형사소송 이론과 실무 제12권 제2호, 한국형사소송법학회, 2020.

_____, 「검경 수사권조정 개정안의 주요 내용에 대한 비교 분석 및 대안」, 형사소송 이론과 실무 제12권 제1호, 한국형사소송법학회, 2020.

_____, 「자치경찰제도와 수사권조정」, 형사소송 이론과 실무 제11권 제2호, 한국형사소송법학회, 2019.

_____, 「검경 수사권조정 개정안의 주요 내용에 대한 비교 분석 및 대안」, 형사법의 신동향 통권 62호, 대검찰청, 2019.

_____, 「검사의 직접수사의 개념과 수사지휘와의 관계 – 비교법적 관점에서 본 수사와 기소 분리의 허구성에 대하여 –」, 형사법의 신동향 통권 61호, 대검찰청, 2018.

_____, 「우리나라 수사절차 구조 개편에 관한 연구 – 형사사법체계 관점에서 본 검/경 수사권조정 합의문의 문제점을 중심으로 –」, 형사소송 이론과 실무 제10권 제1호, 한국형사소송법학회, 2018.

_____, 「사법경찰에 독자적인 수사종결권 부여시 문제점」, 형사법의 신동향 통권 59호, 대검찰청, 2018.

_____, 「수사지휘에 관한 쟁점과 과제」, 형사법의 신동향 통권 58호, 대검찰청, 2018.

_____, 「헌법상 검사의 영장청구의 의미와 가치에 관한 연구」, 형사소송 이론과 실무 제9권 제2호, 한국형사소송법학회, 2017.

_____, 「고위공직자범죄수사처의 신설에 관한 비판적 고찰」, 형사법의 신동향 통권 57호, 대검찰청, 2017.

_____, 「검찰개혁의 바람직한 방향」, 형사법의 신동향 통권 54호, 대검찰청, 2017.

_____, 「검사 작성 피의자신문조서의 증거능력」, 법조 제721호, 법조협회, 2017.

_____, 「진술서 등의 증거능력에 관한 고찰」, 저스티스 제158권 3호, 한국법학원, 2017.

_____, 「전문법칙의 의의에 따른 전문법칙의 적용범위」, 형사법의 신동향 제49호, 대검찰청, 2015.

_____, 「전문법칙 규정에 관한 한미 양국 비교를 통한 개선방안」, 형사소송 이론과 실무 제7권 제2호, 한국형사소송법학회, 2015.

_____, 「소년에 대한 구속영장발부사유의 구체화방안」, 저스티스 제148호, 한국법학원, 2015.

_____, 「영상녹화물의 증거능력에 관한 연구」, 형사소송 이론과 실무 제7권 제1호, 한국형사소송법학회, 2015.

_____, 「형사절차에서 원격영상시스템의 도입에 관한 연구」, 형사법의 신동향 통권 제25호, 대검찰청, 2010.

_____, 「형사절차에서 원격영상시스템의 도입에 관한 연구」, 형사법의 신동향 제25호, 대검찰청, 2014.

_____, 「공범에 대한 조사자증언의 허용여부 및 공범조서와의 관계」, 저스티스 제143호, 한국법학원, 2014.

_____, 「수사서류 및 조사자증언의 증거능력 인정여부에 관한 판례의 경향 및 분석」, 형사소송 이론과 실무 제6권 제1호, 한국형사소송법학회, 2014.

_____, 「일반사법경찰과 특별사법경찰의 관할 경합의 해결방안」, 형사법의 신동향 통권 43호, 대검찰청, 2014.

_____, 「형사소송법상 특신상태의 필요성에 대한 비판적 고찰」, 저스티스 제136호, 한국법학원, 2013.

_____, 「사회안정과 절차형법의 변화 – 과제와 전망」, 형사소송 이론과 실무 제5권 제1호, 한국형사소송법학회, 2013.

_____, 「참고인진술의 증거능력을 인정하기 위한 대면권과 전문법칙과의 관계 – Crawford 판결

및 Bryant 판결을 중심으로 -」, 형사법의 신동향 통권 제35호, 대검찰청, 2012.

_____, 「공판중심주의에 따른 증거능력의 개념 및 증거판단의 우선순위」, 저스티스 제130호, 한국법학원, 2012.

_____, 「사법경찰의 광역수사에 대한 통제방안」, 법조 통권 제638호, 법조협회, 2010.

_____, 「영상녹화물의 증거능력 인정에 관한 연구」, 형사법의 신동향 제29호, 대검찰청, 2010.

_____, 「내사사건의 통제방안에 관한 연구」, 형사정책 제20권 제1호, 한국형사정책학회, 2008.

_____, 「피의자신문의 영상녹화에 관한 연구」, 법조 통권 제625호, 법조협회, 2008.

_____, 「영상녹음 녹화에 관한 법적 고찰」, 형사법의 신동향 제7호, 대검찰청, 2007.

_____, 「조서와 진술의 증거능력관계」, 비교형사법연구 제8권 제1호 특집호, 한국비교형사법학회, 2006.

_____, 「수사경찰관의 법정진술의 증거능력」, 형사법의 신동향 제4호, 대검찰청, 2006.

_____, 「검사작성의 피고인이 된 피의자신문조서의 증거능력」, 저스티스 제83호, 한국법학원, 2005.

_____, 「수사권독립론에 관한 연구」, 법학연구 제15권 제1·2호 통합호, 연세대학교 법학연구소, 2005.

정웅석·백승민, 「약식절차에서 전자문서 등의 이용에 관한 법률 제정 의의」, 법조 제58권 제8호, 2009.

조 국, 「검사작성 피의자신문조서와 영상녹화물의 증거능력」, 저스티스 제107호, 한국법학원, 2008.10

조기룡, 「각국의 검시제도」, 해외연수검사연구논문집 제20집(Ⅰ), 법무연수원, 2005.

조기영 역, 「독일 형사소송법 수사절차 개정시안(수사권 부분)」, 형사법의 신동향 통권 제6호, 대검찰청, 2007.

조기영, 「증거재판주의와 새로운 증명방법의 증거능력」, 동아법학 제66호, 2015.

조병선, 「경찰수사권의 독립에 관한 비교법적 법사학적인 입문적 고찰」, 수사연구, 1992.4.

조성택, 한국의 자치경찰제 모형에 관한 이론적 탐색, 한국경찰학회보, 제9권, 2005.

조호대, 「한국경찰의 수사전문화 방안」, 현국경찰학회보 제11호, 2005.

주승희, 검·경수사권 조정론 및 자치경찰제 도입론에 관한 소고 및 해법, 한국형사소송법학회 5월 공동학술대회 자료집, 2018. 5.

지대남, 「미국의 군사법제도에 있어서 지휘관의 권한」, 공법학연구 제12권 제1호, 2011.

_____, 「한국과 미국의 군사재판제도의 비교」, 헌법학연구 17권 1호, 2011.

차동언, 「한국 형사사법의 미래를 생각하며」, 형사소송법 개정안 공청회 - 국민을 위한 바람직한 형사사법절차의 모색 -, 대검찰청, 2005.5.

차용석, 「완전독립보다 일정형벌 이하 범죄에 수사권부여 바람직」, 수사연구, 1992.3.

_____, 「형사소송법상의 공판중심주의에 관한 고찰」, 법조 통권 제617호, 법조협회, 2008.2.

천진호, 「수사과정에서의 영상녹화제도의 합리적 운용방향」, 비교형사법연구 제11권 제1호, 한국비교형사법학회, 2009.

_____, 「전자문서의 이용과 형사사법절차의 패러다임 전환」, 형사정책 제20권 제1호, 한국형사정

책학회, 2008.

＿＿＿, 「수사권행사의 기본원칙과 인권보장」, 비교형사법연구 제3권 제1호, 한국비교형사법학회, 2001.

최　관, 영국자치경찰과 제주자치경찰의 비교분석을 통한 한국자치경찰제도 발전방안, 지방행정연구, 제26권 제1호, 지방행정연구, 2012.

최강욱, 「군사법제도 폐지의 필요성」, 군 사법체계 개선 방안 마련을 위한 공청회, 제10차 군 인권개선 및 병영문화혁신 특별위원회, 2015.

＿＿＿, 「지휘관 사법의 폐해와 그 폐지론」, 홍익법학 제9권 제3호, 홍익법학회, 2008.

최경원, 「독일에 있어서의 중점검찰청에 관한 고찰」, 해외연수검사연구논문 제13집, 법무부, 1981.

최기식, 「독일의 중점검찰청 제도」, 해외연수검사연구논문집(Ⅱ) 제22집, 법무연수원, 2006.

최병천, 「피의자신문조서의 증거능력 － 미국과의 비교법적 고찰 －」, 법학연구 통권 제59집, 2019.

＿＿＿, 「미국의 전문법칙과 대면권에 비추어본 참고인 진술조서의 증거능력」, 저스티스 제131호, 한국법학원, 2012.

최선우, 「수사구조의 합리화에 관한 연구」, 한국경찰학회보 제8호, 2005.

＿＿＿, 「영국경찰의 정당성 확보와 저하에 관한 역사적 연구」, 경찰학논총 제11권 제4호, 2016.

최순용, 「프랑스 경찰의 수사와 그 통제에 관한 고찰」, 해외연수검사연구논문집 제14집, 법무연수원, 1998.

최영승, 「고위공직자범죄수사처 설치에 따른 바람직한 입법방향의 모색」, 형사법연구 제29권 제4호, 한국형사법학회, 2017.

최인호, 「유럽연합 및 유럽 각국의 형사사법관련 정보화 현황」, 해외연수검사연구 논문, 법무연수원, 2010.

탁희성, 「피의자신문의 녹음·녹화시스템에 관한 비교법적 고찰」, 형사정책연구소식 제84호, 형사정책연구원, 2004.

표창원, 「경찰수사권 독립이 인권보장의 첩경」 형사정책 제15권 제1호, 한국형사정책학회, 2003.

＿＿＿, 영미 과학수사제도 고찰, 대한법의학회지 제24권 제2호, 2000.

하광호, 「군법회의와 관할관 제도」, 군사법연구 제7집, 육군본부, 1989.

하태훈, 「미국 수사과정 영상녹화제도와 영상녹화테이프의 증거능력」, 비교형사법연구 제8권 제1호, 한국비교형사법학회, 2006.

＿＿＿, 「공판중심주의 확립을 위한 형사소송법 개정안」, 공판중심주의 확립을 위한 『형사소송법 개정안』 공청회, 사법제도개혁추진위원회, 2005.

＿＿＿, 「경찰수사권독립의 법이론적 문제점」, 수사연구, 1992.

한명관, 「프랑스 형사소송절차 개관」, 법조 제46권 5호, 1997.

＿＿＿, 「프랑스 형사소송절차 개관」, 법조 제46권 6호, 1997.

한봉조, 「형사사법정보망의 현황과 전망」, 검찰 통권 제111호, 대검찰청, 2000.

한상진, 「영국검찰의 권한 변화와 전망」, 해외연수검사연구논문집 제22집 제2권, 법무연수원,

2006.

한석현·이재일, 「군사법원법상 관할관·심판관제도 개선방안」, 국회입법조사처, 2013.4.5.

한연규, 「검사 작성 피의자신문조서의 증거활용에 대한 고찰」, 법조 제68권 제3호, 법조협회, 2019.

_____, 「사법경찰관의 조사자 증언과 수사상 진술의 증거활용」, 형사법의 신동향 제60호, 대검찰청, 2018.

한웅재, 「미국법상 전문법칙의 의의와 예외 － FRE를 중심으로 －」, 형사법의 신동향 제8호, 대검찰청, 2007.

한인섭, 「한국 검찰의 정치적 중립성 － 풀리지 않는 숙제? －」, 서울대 법학 제40권 제3호, 서울대학교 법학연구소, 1999.

한제희, 「조사자 증언 관련 특신상태의 판단과 증명」, 형사판례연구 제22권, 형사판례연구회편, 박영사, 2014.

_____, 「프랑스 형사증거법 연구 - 조서와 영상녹화물을 중심으로」, 해외연수검사 연구논문집 제24집 제2권. 법무연수원, 2008.

허남오, 「경찰수사권 독립의 공론화」, 수사연구, 1999.

_____, 「한국경찰의 독자적 수사권」, 한국공안행정학회보 제7호, 한국공안행정학회, 1998.

허인석, 「영상녹화제도의 합리적 운용과 발전방향」, 법조 제57권 9호(통권 제624호), 법조협회, 2008.

허일태, 「독일과 프랑스의 수사권 배분에 관한 비교법적 고찰」, 비교형사법연구 제6권 제1호, 한국비교형사법학회, 2004.

_____, 「법왜곡행위와 사법살인의 방지를 위한 입법정책」, 형사정책연구 제18권 제2호, 한국형사정책학회, 2007.

_____, 「제한된 범위내에서 독자적인 수사권 주어야」, 수사연구, 1992.

홍진영, 「개정 형사소송법 제312조에 대한 검토」, 형사소송 이론과 실무 제12권 제1호, 한국형사소송법학회, 2020.

홍창식, "The study of the unlawful command influence in USA Court Martial", 법학연구 제23권 제3호, 2015.

_____, 「특별법원으로서의 군사법원의 이념」, 군사법논집 6집, 2001.

홍효식, 「프랑스 사법경찰의 수사방법 연구」, 해외연수검사연구논문 제21집 제2권 법무연수원, 2006.

황경환, 「현행 군사법제도의 근본적인 문제점과 개선방안」, 군사법원에 의한 형사재판의 문제점과 개선방안 토론회, 참여연대 사법감시센터, 2002.

황운하, 「수사구조개혁, 이제는 결단이다」, 수사연구, 수사연구사, 2005.

황은영, 「피의자진술의 객관적 확보방법 － 현재 피의자신문조서의 증거능력의 한계점과 새로운 방법 모색 －」, 수사연구, 수사연구사, 2004.

황철규, 「미국의 비밀수사 연구」, 해외연수검사연구논문 제14집, 법무연수원, 1998.

황희철, 「전자서명과 법률문제」, 정보법학 제2권, 한국정보법학회, 1998.

Ⅱ. 외국문헌

1. 단행본

Buckley/Jayne, *ELETRONIC RECORDING of INTERROGATIONS*, 2005.

Cole, George F., *The American System of Criminal Justice*, 4th ed., 1986.

John E. Reid, *ELETRONIC RECORDING of INTERROGATIONS*, 2005.

John Sprack, *CRIMINAL PROCEDURE*, 12th. Ed., OXFORD,

McConville, M. & Wilson, G., *The Handbook of The Criminal Justice Process*, Oxford: Oxford University Press, 2002.

Rolando V. del Carmen, *Criminal Procedure* −Law and Practice−, 1995.

Stephen R. Wilson, *English Legal System*, 3rd Edition, 1995.

Terence Ingman, *THE ENGLISH LEGAL PROCESS*, 2ND ED., 1987.

LaFave, Wayne R. 외 2인, *Criminal Procedure*, 4th ed., 2004, West.

R.C. White, *The English Legal System in Action, The Administration*, 3rd Edition, Oxford: Oxford University Press, 1999.

Eryl H. Williams, *The Role of the Prosecutor*, London: Avebury, 1988.

Bill Isaeff, H. Lane Kneedler, James E. Mountain Jr., Catherine A. Rivlin, *The Attorney General*(소병철 역), 서울지방검찰청, 1995.

Law Commission, *Evidence in Criminal Proceedings*: Hearsay and related Topics, 1995.

Alex S. Vitale, The End of Policing, Verso, October 10, 2017.

Colin Rogers/Rhobert Lewis/Tim Johnson and Tim Read, Police Work -Principles and Practice, Routledge, 2011.

Hereward Senior, Constabulary: The Rise of Police Institutions in Britain, the Commonwealth and the United States, Dundurn, January 1, 1997.

Johnston, L., Policing Britain; Risk. Security and Governance, Longman, 2000.

Philip H.J.Davies, Intelligence and Government in Britain and the United States, Vol.1: Evolution of the U.S. Intelligence Community, Praeger Security International, 2012.

Pitschas, Maßstäbe des Verwaltungshandelns, in: Hoffmann−Riem · Schmidt−Aßmann · Voßkuhle (Hrsg.), Grundlagen des Verwaltungsrechts, 2 Aufl., Band 1, Verlag C.H. Beck, Band Ⅱ, 2012.

Robert reiner, The Politics of the Police, Oxford University Press; 4 edition, April 29, 2010.

Rob I. Mawby / Richard Yarwood, Rural Policing and Policing the Rural -A Constable Countryside? −, routledge, 2016.

Sergeant Mike Abdeen, Preventing Ideological Violence: Communities, Police and Case Studies of "Success" (International Law, Crime and Politics), Palgrave Macmillan; 2013 edition, April 29, 2013.

Stephen Smith, Stop! Armed Police!: Inside the Met's Firearms Unit, Robert Hale, March 1, 2014.

Wesley G. Skogan, On the Beat: Police and Community Problem—Solving, Westview Press, May 28, 1999.

Captain Gregory E. Maggs, "Judicial Review of the Manual for courts—martial", 160 Mil. L. Rev.96. 1999.

Carrie Morgen Whitcomb, "An Historical Perspective of Digital Evidence: A Forensic Scientist's View", International Journal of Digital Evidence, 2002.

George L. Paul, Foundations of Digital Evidence, ABA Publishing, 2008.

J. Douglas Walker, "Electronic Court Documents", NCSC, 1999.

Carter C. Cowles, "Document Imaging, Court Technology Report VOL 5", NCSC, 1995.

Randolph A. Bain/Cynthia A. King, "Comments: Guidelines for the Admissibility of Evidence Generated by Computer for purposes of Litigation", U.C. Davis Law Review vol 15. 1982.

Karl Peters, Strafprozeß, 3.Aufl., 1981.

Kleinknecht/Meyer—Goßner, Strafprozeßordnung, 44.Aufl., 1999. 6.

C. Roxin, Strafverfahrensrecht, 25.Aufl., 1998.

Lars hendrik Schröder, Das verwaltungsrechtlich organisatorische Verhältnis der strafverfol—genden Polizei zur Staatsanwaltschaft, 1995.

M. Weihrauch, verteidigung im Ermittlungsverfahren, 5.Aufl., 1997.

Walter Pilgermair, Staatanwaltschaft im 21. Jahrhundert, Verlag Österreich, 2001.

Paul E. Wedrac, Das Vorverfahren in der StPO, Manz, 1996.

Albin Dearing 外, Kriminalpolizei und Strafprozessreform, Verlag Österreich, 2001

Herbert Hausmaninger, The Austrian Legal System, Manz, 1998.

Christian Bertel 外, Strafprozessrecht, Manz, 2002.

Brend—Christian Funk 外, Verfassungsrechtlihe Beurteilung des Entwurfes eines Strafprozessreformgesetzes(Neugestaltung des Vorverfahrens)—Rechtgutachten—, www.bmj. gv.at, 2002.

Andreas Stegbauer, Das Urteil in Straf— und Bußgeldsachen, C.H.Beck, 4. Auflage 2019.

Beulke/Swoboda, Strafprozessrecht, C.F.Müller, 14. Auflage 2018.

Eisenberg, Beweisrecht der StPO, C.H.Beck, 10. Auflage 2017.

Haller/Conzen, Das Strafverfahren, C.F.Müller, 8. Auflage 2018.

Karlsruher Kommentar zur Strafprozessordnung mit GVG, EGGVG und EMRK, hrsg. von Hannich, C.H.Beck, 8. Aufage. 2019.

Meyer—Goßner/Appl, Die Urteile in Strafsachen, Verlag Vahlen, 30. Auflage 2021.

Pusz, Protokollführung in Strafsachen, Juristischer Verlag Pegnitz, 9. Auflage 2013.

松尾浩也, 「刑事訴訟法」 新版補正版, 弘文堂, 1998.

平野龍一, 「刑事訴訟法」, 改訂版, 有斐閣, 1991.

高田卓爾, 刑事訴訟法Ⅰ, 靑林書院, 1984.

渥美東洋, 刑事訴訟法(新版), 有斐閣, 1991.

平場安治/高田卓爾, 注解刑訴(中), 靑林書院新社.

官田三郎, 「日本警察法」, 한국법제연구원, 2003.

久保博司, 「日本警察」, 講鍰社, 1998.

田宮裕, 「日本の裁判(제2판)」, 弘文堂, 1996.

大阪刑事實務硏究会 編·量刑實務大系 第3卷: 一般情狀に關する諸問題(判例タイムズ), 2011.

石丸俊彦 [ほか]·刑事訴訟の實務(新日本法規出版, 3訂版), 2011.

松本時夫 [ほか] 編·条解刑事訴訟法(弘文堂, 第4版增補版), 2016.

伊丹俊彦 [ほか] 編·逐条實務刑事訴訟法(立花書房). 2018.

日本弁護士連合会·可視化への道 可視化からの道 – イギリスの取調べ、その進化を見る –(イギリ
ス取調べの可視化事情視察報告書), 2010.

前田雅英 編·刑事訴訟實務の基礎(弘文堂, 第3版), 2017.

河上和雄 [ほか] 編·大コンメンタール刑事訴訟法 第6, 7巻(靑林書院, 第2版), 2011.

2. 논 문

Anthony Karstaedt, *"Videotaping Police Interviews with Suspects"*, Murdock University
Electronic Journal of law, Vol.4, No.1, 1997, no.2.

D. Krause, Einzelfragen Zum Anwesenh—eitsrecht des Verteidigers im Strafverfahren, StV.,
1984.

Ernesti, Grenzen anwaltlicher Interessenvertretung im Ermittlungsverfahren, JR., 1982.

Gössel, Überlegungen über die Stellung der Staatsanwaltschaft im rechtsstaatl— ichen
Strafverfahren und über ihr Verhältnis zur Polizei, GA 1980.

Günter Hertweck, Staatsanwalt und Schîeßbefehl, DRiZ, 1971.

Kuhlmann, 「Gedanken zum Bericht über das Verhältnis "Staatsanwaltschaft und Polizei"」.
DRiZ, 1976.

Lilie, 「Das Verhältnis von Polizei und Staatsanwaltschaft in Ermittlungsverfahren」, ZStW 106.

E. Müller, Der Grundsatz, der Waffengleichheit im Strafverfahren, NJW, 1976.

_____, Strafverteidigung, NJW, 1981.

C. Richter Ⅱ, Grenzen anwaltlicher Interessenvertretung im Ermittlungsverfahren, NJW, 1981.

Josef Römer, Zukünftige rechtliche Ausgestaltung des Verhältnisses Staat—sanwalt—schaft—Polizei—aus der Sicht der Justiz, Kriminalistik 6/79.

Roxin, 「Zur Rechtsstellung der Staatsanwaltschaft damals und heute」, DRiZ, 1997.

R. Rupprecht, 「Keine Bedenken gegen die Leitsätze zum Verhältnis Staatsan—walt—schaft—Polizei」, ZRP, 1977.

Rüpping, 「Das Verhältnis von Staatsanwaltschaft und Polizei」, ZStW 95, 1983.

Hans Christoph Schäfer, 「zur Entwicklung des Verhältnisses Staatsanwaltschaft—Polizei」, Festschrift für Ernst Walter Hanack, 1999.

Armin Schoreit, 「Staatsanwaltschaft und Polizei im Lichte fragwürdiger Beiträge zur Reform des Rechts der Staatsanwaltschaft」, ZRP, 1982.

Weyer, 「Zum Verhältnis Staatsanwaltschaft—Polizei」, Die Neue Polizei, 1972.

Joachim Vogel, "Vorlesung Strafverfahrensrecht einschließlich Gerichtsverfassung Überblick über den Gang des Strafverfahrens", Ludwig—Maximilians—Universität München (Wintersemester 2011/2012).

Klaus Miebach, "Die Beweiswürdigung des Aussageverhaltens des Angeklagten in der Hauptverhandlung", NStZ—RR, 2018.

[저자 약력]

정웅석

- 연세대학교 법과대학 졸업/법학박사
- 서경대학교 사회과학대 학장
- 한국형사소송법학회 회장
- 4차산업혁명융합법학회 부회장
- 한국의료분쟁조정중재원 비상임위원
- 법무부 형사소송법개정 특별위원회 위원
- (전) 한국법학교수회 수석부회장
- (전) 한국법학원 부원장
- (전) 사법시험 및 입법고시 출제위원
- (현) 서경대학교 공공인재학부 교수

저 서

- 新형사소송법(공저)
- 형법총/각론(공저)
- 사례 형사소송법
- 수사지휘에 관한 연구
- 고의공직자범죄수사처 법과 제도의 이해

국가 형사사법 체계와 수사구조 연구
- 개정 형사소송법 및 군사법원법 해설-

초판발행	2022년 3월 15일
지은이	정웅석
펴낸이	안종만·안상준
편 집	장유나
기획/마케팅	오치웅
디자인	이영경
제 작	고철민·조영환
펴낸곳	(주) 박영사
	서울특별시 금천구 가산디지털2로 53, 210호(가산동, 한라시그마밸리)
	등록 1959. 3. 11. 제300-1959-1호(倫)
전 화	02)733-6771
f a x	02)736-4818
e-mail	pys@pybook.co.kr
homepage	www.pybook.co.kr
ISBN	979-11-303-4082-1 93360

정 가   69,000원